D1666175

Großkommentare der Praxis

Löwe-Rosenberg

Die Strafprozeßordnung und das Gerichtsverfassungsgesetz

Großkommentar

25., neubearbeitete Auflage

herausgegeben von

Peter Rieß

Siebenter Band

§§ 1–198 GVG; EGGVG; GVGVO

Bearbeiter:

§§ 1–21 GVG: Reinhard Böttcher
§§ 21a–21i GVG: Ottmar Breidling
§§ 22–114 GVG: Wolfgang Siolek
§§ 115–140a GVG: Ulrich Franke
§§ 141–168 GVG: Olaf Boll
§§ 169–198 GVG: Thomas Wickern
EGGVG; GVGVO: Reinhard Böttcher

2003

De Gruyter Recht · Berlin

Erscheinungsdaten der Lieferungen:

§§ 1–21 i GVG	(22. Lieferung):	Dezember 2002
§§ 22–114 GVG	(13. Lieferung):	Dezember 1999
§§ 115–168 GVG	(18. Lieferung):	September 2001
§§ 169–198 GVG	(23. Lieferung):	Dezember 2002
EGGVG; GVGVO	(10. Lieferung):	Januar 1999

16-05-09
Landtag von Sachsen-Anhalt
Bibliothek
(03.0015a)
Magdeburg

Ausgeschieden von
Landtagsbibliothek
Magdeburg
am 18.3.25

ISBN 3-89949-039-8

Bibliografische Information Der Deutschen Bibliothek

Die Deutsche Bibliothek verzeichnet diese Publikation in der Deutschen Nationalbibliografie; detaillierte bibliografische Daten sind im Internet über http://dnb.ddb.de abrufbar.

© Copyright 2002 by De Gruyter Rechtswissenschaften Verlags-GmbH, D-10785 Berlin

Dieses Werk einschließlich aller seiner Teile ist urheberrechtlich geschützt. Jede Verwertung außerhalb der engen Grenzen des Urheberrechtsgesetzes ist ohne Zustimmung des Verlages unzulässig und strafbar. Das gilt insbesondere für Vervielfältigungen, Übersetzungen, Mikroverfilmungen und die Einspeicherung und Verarbeitung in elektronischen Systemen.

Datenkonvertierung/Satz: WERKSATZ Schmidt & Schulz, 06773 Gräfenhainichen
Druck: Druckerei H. Heenemann GmbH, 12103 Berlin
Bindearbeiten: Lüderitz & Bauer GmbH, 10963 Berlin
Printed in Germany

Die Bearbeiter der 25. Auflage

Dr. **Werner Beulke**, Professor an der Universität Passau

Dr. **Reinhard Böttcher**, Präsident des Oberlandesgerichts Bamberg a. D., Honorarprofessor an der Universität München

Olaf Boll, Präsident des Landgerichts Konstanz

Ottmar Breidling, Vors. Richter am Oberlandesgericht Düsseldorf

Dr. **Hans Dahs**, Rechtsanwalt, Honorarprofessor an der Universität Bonn

Dr. **Ulrich Franke**, Oberstaatsanwalt beim Bundesgerichtshof

Dr. **Karl Heinz Gössel**, Professor an der Universität Erlangen-Nürnberg, Richter am Bayerischen Obersten Landesgericht a. D., München

Dr. **Walter Gollwitzer**, Ministerialdirigent im Bayerischen Staatsministerium der Justiz a. D., München

Dr. **Kirsten Graalmann-Scheerer**, Generalstaatsanwältin in Bremen, Honorarprofessorin an der Hochschule für Öffentliche Verwaltung in Bremen

Dr. **Ernst-Walter Hanack**, Professor an der Universität Mainz

Dr. **Hans Hilger**, Ministerialdirektor im Bundesministerium der Justiz a. D.

Dr. **Daniel M. Krause**, LL.M., Rechtsanwalt in Berlin

Dr. **Klaus Lüderssen**, Professor an der Universität Frankfurt am Main

Dr. **Holger Matt**, Rechtsanwalt in Frankfurt am Main

Dr. **Peter Rieß**, Ministerialdirektor im Bundesministerium der Justiz a. D., Honorarprofessor an der Universität Göttingen

Dr. **Gerhard Schäfer**, Vors. Richter am Bundesgerichtshof a. D.

Dr. **Wolfgang Siolek**, Vors. Richter am Oberlandesgericht Celle

Günter Wendisch, Generalstaatsanwalt a. D. in Bremen

Thomas Wickern, Oberstaatsanwalt in Düsseldorf

Inhaltsübersicht

Gerichtsverfassungsgesetz

Einführungsgesetz zum Gerichtsverfassungsgesetz

Gerichtsverfassungsgesetz

Vom 27. Januar 1877 (RGBl. S. 41) in der Fassung der Bekanntmachung vom 9. Mai 1975 (BGBl. I S. 101) mit späteren Änderungen

Vorbemerkungen

Übersicht

1. Begriff der Gerichtsverfassung. Das Gerichtsverfassungsrecht umfaßt, weit verstanden, alle Rechtsnormen, die sich auf die „Verfassung" der Gerichte beziehen, d. h. auf die Grundsätze für die Einrichtung und das Tätigwerden der Gerichte[1]. Aus diesem großen Normenkomplex regelt das GVG nur einen Teil. Das zeigt sich darin, daß das GVG unmittelbar nur für die ordentliche streitige Gerichtsbarkeit gilt (§ 2 EGGVG). Das ist ferner die Folge dessen, daß wichtige, zur Gerichtsverfassung im weiten Sinn gehörende Materien aus dem GVG abgewandert sind, z. B. in das DRiG. Es ergibt sich schließlich daraus, daß im Hinblick auf die Aufteilung der Kompetenzen zwischen Bund und Ländern der Bund im GVG nicht alle die Einrichtung und das Tätigwerden der Gerichte betreffenden Regelungen treffen kann. 1

2. Gesetzgebungskompetenz, Justizhoheit

a) Nach Artikel 74 Abs. 1 Nr. 1 GG hat der Bund die konkurrierende **Gesetzgebungszuständigkeit** für die Gerichtsverfassung. Dazu zählt man alle Vorschriften, die das Errichten und das Einrichten der Gerichte regeln[2], z. B. die Regelungen über den Aufbau der Gerichte[3], über die sachliche Zuständigkeit und über den Rechtszug[4], aber auch über die Organe der Rechtsprechung[5]. Das Gerichtsverfassungsrecht ist abzugrenzen vom Gerichtsorganisationsrecht, für das die Länder die Gesetzgebungskompetenz haben. Dazu gehört insbesondere die Bestimmung von Sitz, Bezirk und Größe der Gerichte[6]. Im Einzelfall kann zweifelhaft sein, ob eine Regelung dem Gerichtsverfassungsrecht oder dem Gerichtsorganisationsrecht angehört[7]. Da sich das GVG aber, wie aus den Motiven ersichtlich ist, von Anfang an als „fragmentarisch" verstanden hat und den Ländern auch im Bereich der Gerichtsverfassung Raum für ergänzende Regelungen läßt[8], hat dieses Abgrenzungsproblem in neuerer Zeit nicht zu Konflikten geführt. Tatsächlich gibt es in den Ländern nicht nur gerichtsorganisatorische Regelungen, sondern auch ergänzende Regelungen zum Gerichtsverfassungsrecht. 2

---

1 Vgl. *Kissel*[3], Einl. 1.
2 Vgl. *Maunz/Dürig* Art. 74, 73, 74.
3 *Maunz/Dürig* Art. 74, 74.
4 Vgl. BVerfGE **10** 285, 292; **24** 155, 166.
5 Vgl. BVerfGE **56** 110, 119.
6 BVerfGE **2** 307, 316; **24** 155, 166.
7 Vgl. dazu die in der 24. Auflage (Vorbem. 1) noch abgedruckte Stellungnahme der Bundesregierung aus dem Jahre 1954, DRiZ **1954** 126.
8 Vgl. *Mot.* S. 14; LR-*Böttcher* § 2 EGGVG, 6.

3 **b)** Von der Frage der Gesetzgebungszuständigkeit zu unterscheiden ist die Frage der **Justizhoheit**. Artikel 92 GG bestimmt, daß Träger der Gerichte mit Ausnahme der wenigen im GG vorgesehenen Bundesgerichte die Länder sind. Die Länder tragen die Last und die Verantwortung für die Funktionstüchtigkeit der Gerichte (und Staatsanwaltschaften), sie haben das aus dem Rechtsstaatsprinzip (Art. 20 Abs. 3 GG), teilweise auch aus Art. 19 Abs. 4 GG folgende Gebot der Rechtsschutzgewährung[9] zu erfüllen. Daraus, daß der Bund über die Gerichtsverfassung und das gerichtliche Verfahren entscheidet und die Länder ihre Gerichte in die Lage versetzen müssen, dem bundesrechtlichen Handlungsprogramm zu entsprechen, können sich Spannungen ergeben, die man durch Beteiligung der Landesjustiz an entsprechenden Gesetzgebungsvorhaben zu vermeiden sucht. Jedenfalls wird die Wirklichkeit der Rechtsgewährung nicht nur durch den bundesrechtlichen Rahmen, sondern wesentlich auch durch die Personal- und Haushaltspolitik der Länder bestimmt.

4 **c)** Das **Spannungsverhältnis**, das unauflöslich zwischen der bundesrechtlich determinierten Justizgewährungspflicht und dem Budgetrecht der Landesparlamente besteht[10], erfährt eine bedenkliche Zuspitzung, wenn im Zuge der sogenannten *Neuen Steuerungsmodelle* versucht würde, über den Haushalt auf die Verfahrens- und Entscheidungspraxis der Gerichte gezielt Einfluß zu nehmen[11]. Davon zu unterscheiden und unbedenklich ist es, wenn das Kostenbewußtsein und die Kostenverantwortung auch bei den Gerichten stärker entwickelt wird.

5 **3. Bedeutung des GVG.** Das GVG regelt (§ 2 EGGVG) nur die Verfassung der ordentlichen streitigen Gerichtsbarkeit. Das GG hat es in Abschnitt IX „Die Rechtsprechung" (Art. 92 bis 104) – weit über den Abschnitt „Die Rechtspflege" der Weimarer Reichsverfassung (Art. 102 bis 108) hinausgehend – unternommen, die Grundzüge der gesamten Gerichtsbarkeit, von der die ordentliche Gerichtsbarkeit nur einen Zweig darstellt, verfassungsrechtlich festzulegen. Es hat dabei in der Sache eine Reihe der grundlegenden Vorschriften des GVG übernommen. Damit sind nicht nur diese Vorschriften innerhalb des GVG mit der erhöhten Kraft des Verfassungssatzes ausgestattet worden, sondern über ihren ursprünglichen Geltungsbereich hinaus zu tragenden Bestandteilen des Gesamtssystems der Rechtsprechung mit ihren verschiedenen Zweigen der Gerichtsbarkeit, der „rechtsprechenden Gewalt", geworden, die das GG als dritten Machtträger im System der Gewaltenteilung ausgebaut und verselbständigt hat. Das ist bei ihrer Auslegung zu beachten. Über diese Bedeutungserweiterung, die einzelne seiner Vorschriften durch die Aufnahme in das GG erfahren haben, hinaus hat das GVG auch dadurch eine Erweiterung seines Anwendungsbereichs erfahren, daß seine allgemeinen, also nicht speziell auf die ordentlichen Gerichte zugeschnittenen Vorschriften in den Verfahrensordnungen der übrigen Zweige der Gerichtsbarkeit in mehr oder weniger großem Umfang für anwendbar erklärt worden sind. Dies gilt insbesondere für die Vorschriften über die Präsidialverfassung. Die Regelung der Rechtsstellung der Richter aller Zweige der Gerichtsbarkeit im Deutschen Richtergesetz 1961 hat dazu geführt, daß die allgemeinen Vorschriften über die Rechtsstellung der Richter der ordentlichen Gerichtsbarkeit dorthin übernommen und damit im GVG entbehrlich geworden sind.

---

[9] *Schmitt-Bleibtreu/Klein*[9] Art. 20, 21ff mit Nachw. der Rechtsprechung des BVerfG. Für die Ziviljustiz vgl. BVerfGE **74** 228, 234; **82** 126, 155. Für die Strafjustiz vgl. BVerfGE **46** 214, 222; **51** 324, 343; **74** 257, 262; **77** 65, 76.

[10] Vgl. BayVerfGH NJW **1986** 1326.

[11] Vgl. *Papier* NJW **2001** 1089, 1093 mit Nachw.; vgl. ferner *Röhl* JZ **2002** 838, 842 sowie in Schulze-Fielitz/Schütz (Hrsg.) Justiz und Justizverwaltung zwischen Ökonomisierungsdruck und Unabhängigkeit (2002) u. a. Schulze-Fielitz/Schütz S. 9, 20; *Böttcher* S. 27, 32; *Reinhardt* S. 179, 190.

ERSTER TITEL

Gerichtsbarkeit

Vorbemerkungen

Übersicht

1. Entstehungsgeschichte. Der erste Titel bestand ursprünglich aus den §§ 1 bis 11 1
und trug die Überschrift „Richteramt". Er enthielt Regelungen zur sachlichen und persönlichen Unabhängigkeit der Richter sowie zum Erwerb der Richteramtsbefähigung. Die Unabhängigkeit wurde schon in der Weimarer Reichsverfassung Gegenstand verfassungsrechtlicher Regelungen (Art. 102, 104 WRV). Das Grundgesetz regelt sie in Art. 97 GG. Das Deutsche Richtergesetz trifft in § 25ff DRiG nähere Bestimmungen zur Unabhängigkeit der Richter und regelt in §§ 5 ff DRiG die Befähigung zum Richteramt. Das war der Grund dafür, daß § 85 Nr. 1 DRiG die §§ 2 bis 9, 11 GVG aufgehoben hat; bestehen blieben § 1 und – in geänderter Form – § 10. Durch das Gesetz vom 26. 5. 1972 (BGBl. I S. 841) wurde der bisherige 1. Titel mit dem 2. Titel (§§ 12 bis 21 GVG), der die Überschrift „Gerichtsbarkeit" trug, zu einem Titel unter der Überschrift „Gerichtsbarkeit" vereinigt.

2. Regelung der richterlichen Unabhängigkeit. In seinem Wortlaut gegenüber der 2
ursprünglichen Fassung nicht geändert, enthält § 1 GVG den Kardinalgrundsatz jeder rechtsstaatlichen Rechtsprechung, die Gewährleistung der Unabhängigkeit der Gerichte. Da die Reichsverfassung von 1871 die richterliche Unabhängigkeit nicht erwähnte, war die Regelung in § 1 GVG im Jahre 1877 durchaus ein Fortschritt, obwohl sie, § 2 EGGVG, nur für die ordentliche streitige Gerichtsbarkeit Geltung beanspruchte. In der Folgezeit zogen die Verfassungstexte das Thema, das schon in der Frankfurter Reichsverfassung von 1849 eine Regelung gefunden hatte, wieder an sich mit der Folge, daß die einfachrechtliche Regelung in § 1 GVG verfassungsrechtlich überlagert wurde. Art. 102 WRV garantierte mit den Worten, die jetzt auch Art. 97 Abs. 1 GG verwendet („Die Richter sind unabhängig und nur dem Gesetz unterworfen.") die sachliche Unabhängigkeit der Richter. Art. 104 WRV regelte die persönliche Unabhängigkeit. Nach dem Zusammenbruch des nationalsozialistischen Regimes, das tiefe Einschnitte in die Unabhängigkeit der Gerichte gebracht hatte, trafen die neu entstehenden Landesverfassungen

Bestimmungen über die Unabhängigkeit der Gerichte (Art. 85, 87 BayVerf.; Art. 135 BremVerf.; Art. 62 HambVerf; Art. 126 HessVerf.; Art. 121 RhPfVerf.). Das Grundgesetz regelt in Art. 97 GG die sachliche und persönliche Unabhängigkeit der Richter und bestimmt in Art. 98 GG, daß die Rechtsstellung der Richter durch besonderes Gesetz zu regeln ist, der Bundesrichter durch Bundesgesetz, der Richter in den Ländern durch Landesgesetz, wofür der Bund nach Maßgabe des Art. 74a Abs. 4 GG Rahmenvorschriften erlassen kann. Dem ist durch das Deutsche Richtergesetz und die Richtergesetze der Länder entsprochen worden. § 1 GVG ist ebenso zu verstehen wie Art. 97 Abs. 1 GG und der gleichlautende § 25 DRiG. Wenn § 1 GVG die Unabhängigkeit den Gerichten, nicht den Richtern zugesteht, so kommt diesem sprachlichen Unterschied im Lichte der geschichtlichen Entwicklung keine sachliche Bedeutung zu. Das bedeutet im Ergebnis, daß zur Auslegung des § 1 GVG das reiche Schrifttum zu Art. 97 GG und zu § 25 DRiG herangezogen werden kann.

3. Rechtsprechung, Rechtspflege, Gerichtsbarkeit

3 **a) Rechtsprechungsmonopol der Gerichte.** Art. 92 GG bestimmt: „Die rechtsprechende Gewalt ist den Richtern anvertraut." Damit werden verfassungsmäßig die Richter als Repräsentanten, als die „besonderen Organe" (Art. 20 Abs. 2 GG) der Rechtsprechung anerkannt, die ihrerseits im System der Gewaltenteilung die dritte staatliche Gewalt ist. Das Grundgesetz hat die Richter nach dem viel zitierten Wort von Georg August Zinn[1] auf die Ebene verfassungsrechtlicher Organe emporgehoben. Es wollte, daß der Richter nicht länger ein „kleiner Justizbeamter" ist, sondern ein durch die Volkssouveränität unmittelbar legitimierter Vertreter der Rechtsprechung[2]. Weil Art. 92 GG die Rechtsprechung den Richtern anvertraut, ihnen allein[3], ist die Verwaltung von jeder rechtsprechenden Tätigkeit ausgeschlossen. Nur Richter, nicht auch Verwaltungsbeamte oder andere Amtsträger können Recht sprechen[4].

4 **b) Begriff der Rechtsprechung.** Rechtsprechung im Sinne des IX. Abschnitts des Grundgesetzes ist materiell die verbindliche Entscheidung von Einzelfällen im Wege der Rechtsanwendung in einem gesetzlich geregelten Verfahren durch unbeteiligte, unparteiische und unabhängige, mit staatlicher Macht ausgestattete Dritte[5]. Weil Art. 92 GG Fragen nach Inhalt und Umfang der rechtsprechenden Gewalt nicht beantwortet, ist strittig, nach welchen Kriterien im einzelnen abzugrenzen ist[6]. Ein formelles (deskriptives) Verständnis, wie es zur Auslegung der Reichsverfassung von 1871 und der Weimarer Reichsverfassung vertreten wurde, stellt auf die Entstehungsgeschichte und das vorrechtliche Gesamtbild des Art. 92 GG ab und versteht als Rechtsprechung die Gesamtheit der den Gerichten zugewiesenen Aufgaben[7]. Dem steht ein materielles (materiell-funktionelles) Verständnis gegenüber, wie es in der einleitenden Definition zugrunde gelegt ist. Danach hat schon die Verfassung selbst bestimmte Aufgaben der rechtsprechenden Gewalt zugewiesen. Diese Auffassung vertritt auch das Bundesverfassungsgericht; möge die Grenzziehung im einzelnen schwierig sein, so könne doch nicht zweifelhaft sein, sagt es[8], daß der Verfassungsgeber die traditionellen Kernbereiche der Rechtsprechung – bürgerliche Rechtspflege und Strafgerichtsbarkeit – der Recht-

---

[1] *Zinn* DÖV **1949** 278.
[2] *Zinn* DÖV **1949** 280.
[3] BVerfGE **32** 213.
[4] *Schmidt-Bleibtreu/Klein*[9] Art. 92 1 mit Nachw.
[5] Vgl. *Kissel*[3] Einl., 150; *Zöller/Gummer* Einl. 1.
[6] Vgl. *Maunz/Dürig/Herzog* Art. 92, 20ff mit Nachw.; BK-*Achterberg* Art. 92, 60ff mit Nachw.; *Schmidt-Bleibtreu/Klein*[9] Art. 92, 2ff.
[7] Vgl. *Kissel*[3] Einl., 144 und *Schmidt-Bleibtreu/Klein*[9] Art. 92, 2.
[8] BVerfG **22** 49, 73ff; **27** 18, 28; **76** 100, 106.

sprechung zugerechnet hat. Für die Strafjustiz kommt man auf beiden Wegen zu dem Ergebnis, daß sie als klassische Kernaufgabe der Rechtsprechung auch im Sinne des Grundgesetzes der Rechtsprechung zuzuordnen ist. Strafjustiz in diesem Sinne liegt vor, wenn Straftaten geahndet werden sollen. Davon zu unterscheiden ist die Verhängung von Geldbußen wegen Ordnungswidrigkeiten. Da der Geldbuße „der Ernst des staatlichen Strafens" fehlt[9], handelt es sich hierbei nicht um Strafjustiz; deshalb kann die Zuständigkeit der Verwaltungsbehörde begründet werden[10]; die nachträgliche gerichtliche Kontrolle im Einspruchsverfahren genügt Art. 19 Abs. 4 GG. In gewissem Umfang ist der Gesetzgeber befugt, bisher für strafwürdig erklärtes Unrecht zur Ordnungswidrigkeit herabzustufen[11]. Auch die Verhängung von Disziplinarmaßnahmen gehört nicht zur Rechtsprechung[12].

c) Rechtspflege. Da die Rechtsprechung durch die Einzelfallentscheidung im Wege der Rechtsanwendung unter richterlicher Unabhängigkeit gekennzeichnet ist, hebt sich davon der weitere Bereich der Rechtspflege ab, mit dem sich das Grundgesetz gewolltermaßen nicht befaßt. Die Rechtspflege, die man als staatliches Bemühen um die Durchsetzung der Gerechtigkeit und die Wahrung des Rechtsfriedens umschreiben mag[13], umfaßt neben der Rechtsprechung insbesondere die weisungsgebundene Justizverwaltungstätigkeit, die ihrerseits in die Gerichtsverwaltung (vgl. § 4 Abs. 2 Nr. 1 DRiG) und die Justizverwaltung im weiteren Sinn zerfällt. Zur Rechtspflege gehört die Tätigkeit der Staatsanwaltschaft, die durch ihre Verklammerung mit der rechtsprechenden Tätigkeit der Gerichte und durch ihre Nähe zur richterlichen Tätigkeit gekennzeichnet ist. Zur Rechtspflege zählen die Strafvollstreckung und der Strafvollzug. Andererseits gibt es Formen der Rechtspflegetätigkeit, die, da nicht unmittelbar auf eine Einzelfallentscheidung gerichtet, materiell keine Rechtsprechung sind, aber gleichwohl der Rechtsprechung zugerechnet werden, da sie von Richtern in richterlicher Unabhängigkeit wahrgenommen werden. Das ist der Fall bei der richterlichen Geschäftsverteilung durch das Präsidium gemäß § 21e GVG und bei der Geschäftsverteilung innerhalb des richterlichen Spruchkörpers gemäß § 21g GVG[14]. Zur Rechtspflege, aber nicht zur Rechtsprechung gehört die Gewährung von Amtshilfe einschließlich der Vornahme richterlicher Untersuchungshandlungen auf Ersuchen der Staatsanwaltschaft gemäß § 162 StPO[15]. Die richterliche Anordnung von Zwangsmaßnahmen ist dagegen Rechtsprechung[16]. **5**

d) Gerichtsbarkeit bedeutet Befugnis zur Ausübung der Rechtsprechung[17]. Je nach Art der Rechtstreitigkeit steht die Ausübung der Rechtsprechung einem bestimmten Zweig der Gerichtsbarkeit zu (Vor § 12, 1). Rechtsweg bedeutet den Weg zu den Gerichten eines Zweiges der Gerichtsbarkeit; es gibt mithin soviel Rechtswege wie es Zweige der Gerichtsbarkeit gibt. Den Weg zu den ordentlichen Gerichten bezeichnet Art. 19 Abs. 4 GG als den ordentlichen Rechtsweg. **6**

---

[9] BVerfGE **9** 167, 171; **22** 49, 79.

[10] BVerfG **27** 18, 33.

[11] BVerfG **22** 49, 78; **27** 18, 28.

[12] BVerfGE **22** 311, 317.

[13] BK-*Achterberg* Art. 92, 62 mit Nachw.; zum Begriff des Rechtspflegerechts s. auch LR-Rieß Einl. *B 29*.

[14] Dazu *Kissel*[3] § 21e, 102ff; § 21g, 31; *Zöller-Gummer* § 21e, 34; § 21g; LR-*Böttcher* § 23 EGGVG, 9.

[15] Vgl. BVerfGE **31** 43, 46 und LR-*Rieß* (24.) § 162, 2 mit Nachw.

[16] LR-*Rieß* § 162, 2; KK-*Wache* § 162, 1; *Kleinknecht/Meyer-Goßner*[45] § 162, 1, je mit Nachw.

[17] OLG Saarbrücken NJW **1975,** 506, 509. Vgl. auch BK-*Achterberg* Art. 92, 63: „Kompetenzieller Begriff".

4. Richter, Gerichte

7 a) **Begriff.** Eine Begriffsbestimmung des „Richters" und des „Gerichts" kennt das Grundgesetz nicht. Aus Art. 97 Abs. 1 GG („Die Richter sind unabhängig und nur dem Gesetz unterworfen") in Verb. mit Art. 92 Halbsatz 2 GG, wonach die rechtsprechende Gewalt durch die in Art. 92 bis 96 GG aufgeführten Bundesgerichte und durch die Gerichte der Länder ausgeübt wird, ergibt sich aber, daß Richter i. S. des GG nur ist, wer als Mitglied eines Gerichts und mit sachlicher Unabhängigkeit ausgestattet zur Ausübung der rechtsprechenden Gewalt berufen ist, wobei die sachliche Unabhängigkeit durch ein Mindestmaß persönlicher Unabhängigkeit garantiert sein muß[18]. Daraus, daß nach Art. 92 GG nur Richter Recht sprechen dürfen, folgt, daß „Gericht" im Sinne des Art. 92 GG nur ein staatliches Organ sein kann, das als „unbeteiligter Dritter" und demnach als besondere, von der Exekutive getrennte Institution über Einzelfälle in Anwendung des Rechts entscheidet und dessen Mitglieder – Berufsrichter oder ehrenamtliche Richter – sowohl sachlich unabhängig (weisungsfrei) wie auch persönlich mindestens in dem Sinne unabhängig sind, daß sie nicht jederzeit frei abberufbar sind, sondern vor Ablauf ihrer Amtszeit gegen ihren Willen nur kraft richterlicher Entscheidung und nur aus Gründen und in den Formen, die das Gesetz bestimmt, abberufen werden könne – vgl. § 44 Abs. 2 DRiG[19]. Zur Unparteilichkeit gehört, daß im Einzelfall ein Richter, der nicht die Gewähr der Unparteilichkeit bietet, von der Ausübung ausgeschlossen ist oder wegen Befangenheit abgelehnt werden kann[20]. Auch ein von einer Körperschaft des öffentlichen Rechts getragenes Gericht kann „staatliches" Gericht sein, wenn der Staat bei der Bestellung der Richter mindestens in Form einer Bestätigung mitwirkt[21].

8 b) Nicht unter Art. 92 fallen **gerichtsähnlich organisierte Behörden,** denen keine streitentscheidenden Aufgaben zufallen, wie etwa die zur Untersuchung von Seeunfällen eingesetzten Seeämter und das Bundesoberseeamt[22]. Sie sind keine Gerichte[23]. Werden solche Behörden herkömmlicherweise als Gerichte angesehen und bezeichnet, unterfallen sie aber Art. 74 Abs. 1 Nr.1 GG („Gerichtsverfassung")[24]. Ein Organ, das zwar über Rechtstreitigkeiten nach Rechtsgrundsätzen entscheidet, aber nicht institutionell von der Verwaltung getrennt ist (vgl. Art. 20 Abs. 2 GG: „besondere Organe"), ist kein Gericht[25]; seine Entscheidungen sind Verwaltungsakte. Unter diesem Gesichtspunkt gegen die Gerichtsqualität der Nichtigkeits- und Beschwerdesenate des Bundespatentamtes erhobene Bedenken führten zur Einrichtung des Bundespatentgerichts als Bundesgericht (Art. 96 Abs. 2 GG). Dem Art. 92 GG entspricht auch nicht eine Besetzung – entsprechend der früher bei den Verwaltungsgerichten anzutreffenden Übung – mit Personen, die teils als abhängige Verwaltungsbeamte, teils als unabhängige Richter verwendet werden[26]. Dagegen steht es mit Art. 92, 97 GG nicht im Widerspruch, die hauptamtlichen Richter eines Zweigs der Gerichtsbarkeit als nebenamtliche Richter eines anderen Zweigs der Gerichtsbarkeit zu verwenden[27].

---

18 BVerfGE **16** 56, 69ff.

19 BVerfGE **14** 56, 70; **18** 241, 255; **26** 186, 199; zum Gerichtsbegriff im Sinne von Art. 234 EGV vgl. EuGH NJW **1997** 3365, 3366 mit Nachw. aus der Rechtsprechung des EuGH.

20 BVerfGE **21** 139, 145.

21 BVerfGE **18** 241, 255.

22 Seeunfalluntersuchungsgesetz vom 6.12.1985 (BGBl. I S. 2146), zuletzt geändert durch das Gesetz vom 9. 9. 1998 (BGBl. I S. 2864).

23 BVerwG JZ **1970** 137 mit Anm. *Schick; Kissel*[3] § 14, 8.

24 BVerfGE **11** 192.

25 BVerfGE **18** 254.

26 BVerfGE **18** 255; BGHZ **34** 239.

27 Vgl. 27 Abs. 2 DRiG und dazu *Schmidt-Räntsch* § 27, 14ff.

c) Richter und Beamte. Die hauptamtlich angestellten Richter waren früher grundsätzlich dem allgemeinen Beamtenrecht unterstellt; sie waren richterliche Beamte (Beamtenrichter). Damit hat das Grundgesetz gebrochen[28]. So wie es die rechtsprechende Gewalt als dritten Machtträger im System der Gewaltenteilung herausgehoben hat, hebt es die Richter als Repräsentanten der dritten Gewalt äußerlich von den Amtsträgern der Verwaltung, den Beamten, ab. Das kommt u. a. in den Regelungen über das Tätigwerden von Richterwahlausschüssen bei der Berufung von Richtern (Art. 95 Abs. 2, Art. 98 Abs. 4 GG), in dem Institut der Richteranklage (Art. 98 Abs. 2, 5 GG) und insbesondere in dem Verfassungsgebot, die Rechtsstellung der Richter in besonderen Richtergesetzen des Bundes und der Länder zu regeln (Art. 98 Abs. 1, 3 GG) zum Ausdruck, aber auch in der Gesetzessprache des Grundgesetzes, die zwischen „Richtern" und „Beamten" auch da unterscheidet, wo Vorschriften erlassen werden, die für beide Berufsgruppen gelten (vgl. Art. 60 Abs. 1 GG). Heute ist die Rechtsstellung der Richter im Deutschen Richtergesetz und in den Richtergesetzen der Länder geregelt. 9

d) Rechtspfleger. In seiner ursprünglichen Fassung kannte das GVG als Rechtspflegeorgan nur den Richter (und den Staatsanwalt). Die spätere Rechtsentwicklung, die hier nicht im einzelnen dargestellt werden kann[29], hat über das Entlastungsgesetz 1921 und das Rechtspflegergesetz 1957 bis zum Rechtspflegergesetz 1969 mit späteren Änderungen eine deutliche Akzentverschiebung gebracht, indem zur Entlastung des Richters zahlreiche Aufgaben vom Richter auf den Rechtspfleger als einen Beamten des gehobenen Dienstes verlagert wurden. Der Rechtspfleger ist heute aus der Justiz nicht mehr wegzudenken. Gleichwohl findet sich der Begriff des Rechtspflegers in der StPO nicht; im GVG wird der Rechtspfleger nur marginal erwähnt[30]. Rechtsstellung und Aufgabenbereich sind geregelt im Rechtspflegergesetz vom 5. 11. 1969 (BGBl. I S. 2065), das seitdem wiederholt geändert wurde, wobei das Änderungsgesetz vom 6. 8. 1998 (BGBl. I S. 2130) die Stellung des Rechtspflegers noch einmal deutlich gestärkt hat. Im Strafverfahren wird der Rechtspfleger u. a. auf den Gebieten der Strafvollstreckung[31] und der Kostenfestsetzung[32] sowie bei der Aufnahme von Revisionsanträgen und ihrer Begründung seitens des Angeklagten (§ 341 Abs. 1, § 345 Abs. 2 StPO) oder von Wiederaufnahmeanträgen (§ 366 Abs. 2 StPO) tätig. Der Rechtspfleger erledigt die ihm übertragenen Aufgaben selbständig, soweit sich aus dem Gesetz nichts anderes ergibt. Er ist sachlich unabhängig und nur an Gesetz und Recht gebunden (§ 9 RPflG). Es finden die Regelungen über Ausschließung und Ablehnung auf ihn Anwendung (§ 10 RPflG). Er ist nach der Rechtsprechung des Bundesverfassungsgerichts gleichwohl nicht Richter[33], weder im Sinne des GG noch im Sinne des GVG; in einer viel beachteten Entscheidung hat das Bundesverfassungsgericht jüngst diese Auffassung erneut bekräftigt und außerdem entschieden, daß der Rechtspfleger auch nicht als „Gericht" im Sinne des Art. 103 Abs. 1 GG angesehen werden könne[34]; vor allem gegen letzteres richtet sich vielfältige Kritik[35]. 10

e) Ehrenamtliche Richter (Schöffen). Das GG enthält keine Regelungen über die Mitwirkung ehrenamtlicher Richter an der Rechtsprechung. Dagegen schreiben einzelne 11

[28] Vgl. dazu BayVerfGH JZ **1961** 418.

[29] Vgl. dazu *Kissel*[3] Einl., 88; *Arnold/Meyer-Stolte/Hansens/Rellermeyer*, RPflegerG., Einf.

[30] § 153 Abs. 3 Nr. 1 GVG: „Rechtspflegerprüfung".

[31] Vgl. LR-*Wendisch* § 451, 28 ff.

[32] Vgl. LR-*Hilger* § 464b, 8.

[33] BVerfGE **30** 170, 178; **56** 110, 127.

[34] BVerfGE **101** 397, 404.

[35] Vgl. *Gottwald* FamRZ **2000** 1477; *Habscheid* RPfl. **2001** 209; *Arnold/Meyer-Stolte/Hansens/Rellermeyer*, RPflegerG § 1, 71 ff mit Nachw.

Länderverfassungen eine Mitwirkung ehrenamtlicher Richter vor[36]. Das GVG regelt die Rechtsstellung der Schöffen in §§ 29ff ausführlich. Richterrechtiche Regelungen enthalten §§ 44ff DRiG. Nach § 45 Abs. 1 Satz 1 DRiG ist der ehrenamtliche Richter in gleichem Maße wie ein Berufsrichter unabhängig; dies kann freilich nur für die sachliche Unabhängigkeit i. S. des Art. 97 Abs. 1 GG gelten[37].

12 **5. Staatsanwaltschaft.** Die Staatsanwaltschaft, der der 10. Titel des GVG (§§ 141ff GVG) gewidmet ist, gehört nicht zur rechtsprechenden Gewalt i. S. des Art. 92 GG[38]; diese ist nur den Richtern anvertraut. Die Staatsanwaltschaft ist ein der rechtsprechenden Gewalt zugeordnetes Organ der Rechtspflege, das gemeinsam mit den Gerichten auf dem Gebiet der Strafrechtspflege die Aufgabe der Justizgewährung erfüllt[39]. Dabei ist die Staatsanwaltschaft vom Gericht unabhängig (§ 150 GVG). Sie ist zur Objektivität verpflichtet und deshalb im Strafprozeß nicht Partei[40]. Auf Staatsanwälte finden grundsätzlich die beamtenrechtlichen Vorschriften Anwendung.

13 **6. Private Gerichtsbarkeit** gibt es nur in engen Grenzen. Nur staatliche Gerichte sind Gerichte im Sinne des GG und des GVG. Niemand darf gegen seinen Willen den staatlichen Gerichten ferngehalten werden. Die Schiedsgerichtsbarkeit, die in §§ 1025ff ZPO geregelt ist, hat ihre Grundlage in der Privatautonomie. Ihre Entscheidungen werden als denen der staatlichen Gerichte grundsätzlich gleichwertig anerkannt, insofern die Freiwilligkeit der Schiedsvereinbarung, die Unparteilichkeit der Schiedsrichter und gewisse verfahrensrechtliche Standards gesichert sind[41]. Dies ist Ziel der gesetzlichen Regelung der ZPO. Nicht gesetzlich geregelt ist die sogenannte Betriebsjustiz, in deren Rahmen, vielfach unter Einhaltung eines gerichtsähnlichen Verfahrens, bei Verstößen der Arbeitnehmer gegen die betriebliche Ordnung Betriebsbußen festgesetzt werden. Die Festsetzung dieser Maßnahmen unterliegt der (arbeits)gerichtlichen Nachprüfung daraufhin, ob eine entsprechende Betriebsbußenordnung existiert, die dort genannten Voraussetzungen in materieller und verfahrensrechtlicher Hinsicht erfüllt sind und die Mitbestimmung beachtet wurde[42]. Ähnliches gilt bei Sanktionen, die durch die Vereins- oder Verbandsgerichtsbarkeit festgesetzt werden, sofern im Einzelfall nicht eine Schiedsvereinbarung vorliegt. Zwar unterliegt die Nachprüfung der von ihnen verhängten Maßnahmen durch die Zivilgerichte im Hinblick auf die Vereinsautonomie bestimmten Grenzen. Es ist aber seit langem anerkannt, daß die Zivilgerichte jedenfalls nachprüfen können, ob die verhängte Maßnahme eine Stütze im Gesetz oder in der Satzung hat, ob das satzungsmäßig vorgeschriebene Verfahren beachtet ist, sonst keine Gesetzes- oder Satzungsverstöße vorgekommen sind und ob die Maßnahme nicht grob unbillig oder willkürlich ist. Die Gerichte haben auch darüber zu befinden, ob die maßgebenden Tatsachen bei objektiver, an rechtsstaatlichen Grundsätzen ausgerichteter Tatsachenermittlung zutreffend festgestellt sind[43].

---

[36] Vgl. z. B. Art. 88 BayVerf.; Art. 79 Abs. 2 BerlVerf.; Art. 108 Abs. 2 BrandVerf.; Art. 135 Abs. 2 BremVerf.; Art. 72 Abs. 2 NWVerf.; Art. 123 Abs. 1 RhPf. Verf.

[37] *Schmidt-Räntsch* § 44, 2.

[38] *Roxin* DRiZ **1997** 109, 113; LR-*Boll* Vor § 141, 15; KK-*Schoreit* § 141, 3; *Kissel*[3] § 141, 8; s. auch LR-*Rieß* Einl. I 53ff.

[39] BVerfGE **9** 223, 228; **32** 199, 216; BGHSt **24** 170, 171.

[40] RGSt **60** 189; LR-*Boll* Vor § 141, 19; *Kissel*[3] § 141, 5; *Kleinknecht/Meyer-Goßner*[45] Vor 141, 8.

[41] Vgl. dazu *Zöller/Geimer* Vor § 1025, 1ff; zur Bedeutung der Schiedsgerichtsbarkeit *Zöller/Geimer* Vor § 1025, 6 mit Nachw.; kritisch *Kissel*[3] § 16, 72.

[42] Vgl. BAGE **63** 169; *Kissel*[3] § 16, 74.

[43] Für die Vereinsgerichtsbarkeit BGH NJW **1997** 3368; für die Parteischiedsgerichte BGH NJW **1994** 2610.

§ 1

Die richterliche Gewalt wird durch unabhängige, nur dem Gesetz unterworfene Gerichte ausgeübt.

Schrifttum. Die Literatur ist, der Bedeutung der richterlichen Unabhängigkeit für den gewaltenteilenden Rechtsstaat entsprechend, umfangreich und kann hier nicht vollständig dokumentiert werden. Wegen älterer Literatur wird auf die Nachweise in der 24. Auflage Bezug genommen. Die nachfolgenden Hinweise beziehen sich im wesentlichen auf neuere Beiträge.

Achterberg Die richterliche Unabhängigkeit im Spiegel der Dienstgerichtsbarkeit, NJW **1985** 3041; *Arndt* Die Unabhängigkeit des Richters, DRiZ **1971** 254; *Baer* Die Unabhängigkeit der Richter in der Bundesrepublik Deutschland und in der DDR, Diss. FU Berlin 1999; *Behrens* Kostencontrolling und Haushaltsflexibilisierung als Instrument einer modernen Justiz und Verwaltung, ZRP **1998** 386; *Benda* Bemerkungen zur richterlichen Unabhängigkeit, DRiZ **1975** 166; *Hassemer* Für eine Reform der Dritten Gewalt, DRiZ **1998** 391; *Herrmann* Die Unabhängigkeit des Richters, DRiZ **1982** 286; *Hoffmann-Riem* Über Privilegien und Verantwortung – Justiz zwischen Autonomie und Anomie, AnwBl. **1999** 2; *Hoffmann-Riem* Wahrheit, Gerechtigkeit, Unabhängigkeit und Effizienz – das Magische Viereck der Dritten Gewalt? JZ **1997** 1; *A. Kaufmann* Richterpersönlichkeit und richterliche Unabhängigkeit, FS Peters 295; *Klein* Richterrecht und Gesetzesrecht, DRiZ **1972** 333; *Kramer* Das neue Steuerungsmodell und die Unabhängigkeit der Richter, ZZP **114** (2001) 267; *Lamprecht* Vom Mythos der Unabhängigkeit – über das Dasein und Sosein der deutschen Richter (1996); *Limbach* „Im Namen des Volkes" – Macht und Verantwortung der Richter (1999); *Limbach* Die richterliche Unabhängigkeit – ihre Bedeutung für den Rechtsstaat NJ **1995** 281; *Mishra* Zulässigkeit und Grenzen der Urteilsschelte, Diss. Münster 1997; *Papier* Richterliche Unabhängigkeit und Dienstaufsicht, NJW **1990** 8; *Papier* Die richterliche Unabhängigkeit und ihre Schranken, NJW **2001** 1089; *Pfeiffer* Zum Spannungsverhältnis richterliche Unabhängigkeit – Justizaufsicht – Justizgewährungspflicht, FS Bengl 85; *Redeker* Legitimation und Grenzen richterlicher Rechtssetzung NJW **1972** 409; *Redeker* Justizgewährungspflicht des Staates versus richterliche Unabhängigkeit, NJW **2000** 2796; *Rudolph* Die Unabhängigkeit des Richters, DRiZ **1984** 135; *Rupp* Die Bindung des Richters an das Gesetz, NJW **1973** 1769; *Schaffer* Die dienstliche Beurteilung von Richtern und Staatsanwälten – Besonderheiten der Richterbeurteilung DRiZ **1992** 292; *Schaffer* Die Unabhängigkeit der Rechtspflege und des Richters, BayVBl. **1991** 641, 678; *Eb. Schmidt* Probleme der richterlichen Unabhängigkeit, DRiZ **1962** 401; *Schmidt-Jortzig* Aufgabenstellung und Funktion des Richters im demokratischen Rechtsstaat, NJW **1991** 2377; *R. Schmidt-Räntsch* Dienstaufsicht über Richter (1985); *Schulze-Fielitz/Schütz* (Hrsg.) Justiz und Justizverwaltung zwischen Ökonomisierungsdruck und Unabhängigkeit (2002); *Sendler* Fragwürdigkeit der richterlichen Unabhängigkeit, NJW **2001** 1256; *Staats* Richterbeförderung und richterliche Unabhängigkeit in Deutschland: Ein systemimmanenter, aber reduzierbarer Konflikt, FS Rieß (2002) 1017; *Voß* Kostencontrolling und richterliche Unabhängigkeit oder neues Steuerungsmodell contra unabhängige Rechtssprechung, DRiZ **1998** 379; *Wassermann* Die richterliche Gewalt – Macht und Verantwortung der Richter in der modernen Gesellschaft (1985); *Zätsch* Richterliche Unabhängigkeit und Richterauswahl in den USA und Deutschland, Diss. Dresden 2000; *Zipelius* Rechtsnorm und richterliche Entscheidungsfreiheit JZ **1970** 241.

Übersicht

I. Entwicklung und Reichweite

1 § 1 spricht, in seiner Reichweite beschränkt auf die ordentliche streitige Gerichtsbarkeit (§ 2 EGGVG), die sachliche Unabhängigkeit der rechtsprechenden Organe aus. Der Gesetzestext ist seit Inkrafttreten des GVG unverändert. Er hatte, da die Reichsverfassung von 1871 anders als andere Verfassungen des 19. Jahrhunderts[1], keine Regelung der richterlichen Unabhängigkeit enthielt, als reichsrechtliche Regelung durchaus sachliche Bedeutung[2], auch wenn der seit der Aufklärung gegen die Kabinettsjustiz und für die Gewaltenteilung und die Unabhängigkeit der Gerichte geführte Kampf[3] damals schon gewonnen war[4]. Nachdem Art. 97 Abs. 1 GG für alle Richter und für alle Zweige der Gerichtsbarkeit ausgesprochen hat: „Die Richter sind unabhängig und nur dem Gesetz unterworfen", hat § 1 keinen selbständigen Regelungsgehalt mehr. Gleichwohl erscheint es sachgerecht, daß dieser kardinale Grundsatz[5], der Grundlage einer rechtsstaatlichen Justiz ist[6], im GVG weiterhin ausgesprochen wird, so wie auch das Deutsche Richtergesetz nicht darauf verzichtet, diesen Grundsatz in § 25 DRiG den Einzelregelungen zur richterlichen Unabhängigkeit voranzustellen[7]. Maßgebend für die Auslegung sowohl des § 1 wie auch des § 25 DRiG ist die Auslegung des Art. 97 Abs. 1 GG, wes-

---

[1] Vgl. Titel VIII § 3 der bayerischen Verfassung von 1818; § 175 Frankfurter Reichsverfassung von 1849; Artikel 86 der preußischen Verfassung von 1850.

[2] *Sowada* Der gesetzliche Richter im Strafverfahren S. 69: „weiterer Markstein auf dem Weg zu einer Absicherung der richterlichen Unabhängigkeit".

[3] Vgl. *Eb. Schmidt* Lehrkomm. I, 457; *Kissel*[3], 13ff; eindrucksvoll Feuerbachs Antrittsrede am Appellationsgericht Ansbach am 21. 4. 1817 „Die hohe Würde des Richteramts", Kleine Schriften, Neudruck der Ausgabe von 1833 (1966) 123ff.

[4] *Kissel*[3] § 1, 18; *Schaffer* BayVBl. **1991** 641, 644.

[5] Vor § 1, 2.

[6] *Kissel*[3] § 1, 1.

[7] Dazu *Schmidt-Räntsch* § 25, 2.

halb Rechtsprechung und Literatur zu dieser Verfassungsbestimmung heranzuziehen sind[8]. Die richterliche Gewalt, von der § 1 spricht, ist das gleiche wie die „rechtsprechende Gewalt" des Art. 92 GG; der Ausdruck umfaßt den Inbegriff der Aufgaben und Befugnisse, die den Gerichten bei Ausübung der Rechtsprechung zufallen. Die Unabhängigkeitsgarantie beschränkt sich nicht auf den Rechtsspruch selbst, sondern umfaßt auch die zahlreichen richterlichen Entscheidungen und Maßnahmen, die dem Rechtsspruch dienen, indem sie ihn vorbereiten, begleiten oder ihm nachfolgen oder die eine nichtstreitige Erledigung zum Ziel haben. Zu den vorbereitenden Maßnahmen, die unter dem Schutz der Unabhängigkeit stehen, gehören auch die richterliche Geschäftsverteilung durch das Präsidium (§ 21e) und die Geschäftsverteilung innerhalb des Spruchkörpers (§ 21g). Zu eng wäre es, wollte man den Bereich weisungsfreier Rechtsprechung auf die Wahrnehmung solcher Aufgaben beschränken, für die eine Zuständigkeit des Richters im Gesetz selbst vorgesehen ist[9]. Vielmehr gehören auch im Gesetz nicht vorgesehene fürsorgliche Maßnahmen im Interesse rechtsunkundiger Rechtsuchender wie die Weiterleitung eines fehlgeleiteten Rechtsmittels und sonstiger Irrläufer an das richtige Gericht als nobile officium noch zur Rechtsprechung[10].

II. Weisungsgebundenheit in Justizverwaltungsangelegenheiten

Den Gegensatz zur „richterlichen Gewalt" bilden die Geschäfte der Justizverwaltung 2
im Sinne des § 4 EGGVG[11], zu denen auch die Gerichtsverwaltung im Sinne des § 4 Abs. 2 Nr. 1 DRiG[12] gehört. Bei ihnen sind die Richter, denen Aufgaben der Justizverwaltung übertragen sind, nicht unabhängig, müssen vielmehr den Weisungen der Vorgesetzten Folge leisten. Nach § 13 GVGVO 1935 und den vielfach an die Stelle dieser Regelung getretenen landesrechtlichen Regelungen[13] haben die Präsidenten der Gerichte und die aufsichtsführenden Richter der Amtsgerichte die ihnen zugewiesenen Geschäfte der Justizverwaltung zu erledigen. Sie werden bei Verhinderung durch ihre ständigen Vertreter vertreten und sie können die ihrer Dienstaufsicht unterstellten Beamten sowie – nach Maßgabe der sich aus §§ 4 Abs. 2, 42 DRiG ergebenden Beschränkungen – auch die Richter zu den Geschäften der Justizverwaltung heranziehen, die insoweit Organe der Justizverwaltung werden.

III. Bedeutung der Unabhängigkeit

1. Sachliche Unabhängigkeit. Was richterliche Unabhängigkeit beinhaltet, ist in 3
Art. 97 Abs. 1 GG nicht konkret bestimmt[14]. Aus der historischen Entwicklung, in der die Unabhängigkeit der Gerichte im Abwehrkampf gegen obrigkeitliche Eingriffe in die Rechtsprechung (Kabinettsjustiz) erstritten wurde[15], ergibt sich, daß die Weisungsfreiheit des Richters im Bereich der Rechtsprechung ein Kerninhalt der sachlichen Unabhängigkeit ist[16]. Dabei bedeutet Weisungsfreiheit nicht nur die Unzulässigkeit von Weisungen im engeren Sinn, sondern von Einflußnamen jeglicher Art, also auch von

---

8 So für § 25 DRiG auch *Schmidt-Räntsch* § 25, 2.
9 BVerwG JZ **1958** 577.
10 Ebenso *Eb. Schmidt* III, 5; *Schmidt-Räntsch* § 25, 8.
11 Dazu LR-Böttcher § 4, 3 EGGVG.
12 Dazu *Schmidt-Räntsch* § 4, 16.
13 Vgl. LR-*Böttcher* § 13 GVG VO, 1.
14 BGHZ **42** 163, 169.
15 § 1, 1.
16 BVerfGE **14** 5669, **27** 312, 322; **31** 137, 140; **36** 174, 185; BGH NJW **2002** 359, 360.

Ersuchen, Empfehlungen, Anregungen und Bitten[17]. Die Gewährleistung des Art. 97 Abs. 1 GG steht in engem Zusammenhang mit dem Grundsatz der Gewaltenteilung (Art. 20 Abs. 2 Satz 2 GG). Dieser Grundsatz kann Machtmißbrauch nur verhindern, wenn die rechtsprechende Gewalt von den beiden anderen Gewalten unabhängig ist[18]. Unabhängigkeit des Richters ist kein Grundrecht und auch kein Standesprivileg des Richters[19]. Sie dient der Erfüllung der Justizgewährungspflicht des Staates. Sie soll die ausschließliche Bindung des Richters an Gesetz und Recht gegen sachfremde Einflüsse von Außen absichern[20], es ermöglichen, daß der Richter objektiv und unparteiisch im Dienste von Wahrheit und Gerechtigkeit (so die Formel des Richtereides, § 38 DRiG) verhandelt und entscheidet. Die Kehrseite der Weisungsfreiheit ist also ein verfassungsmäßiges Verbot an Parlament, Regierung und Verwaltung, bei schwebenden Verfahren in anderer als prozeßordnungsgemäß vorgesehener Weise auf die zur Rechtsfindung berufenen Richter einzuwirken, ein Verbot jeglicher „Kabinetts- und Ministerialjustiz". Davon ist Kritik an richterlichen Verfahrensweisen oder Entscheidungen grundsätzlich zu unterscheiden. Die Justiz steht von Verfassungs wegen nicht außerhalb der Kritik. Exponenten der anderen Gewalten, insbesondere Parlamentariern, aber auch Mitgliedern der Regierung ist es nicht verwehrt, Kritik an gerichtlichen Entscheidungen zu äußern. Die rechtliche Grenze liegt dort, wo darin eine unzulässige Einflußnahme auf das kritisierte Verfahren oder auf zukünftige Verfahren zu sehen ist[21]. Das wird bei Diskussionen im Parlament oder sonst im politischen Raum selten der Fall sein. Enger sind die Grenzen für den Justizminister gezogen, der als oberste Dienstaufsichtsbehörde § 26 DRiG zu beachten hat. Es entspricht darüber hinaus gutem Stil, daß der Justizminister sich mit Kritik an gerichtlichen Entscheidungen seines Geschäftsbereichs völlig zurückhält, und daß Kritik im übrigen in einer Weise geäußert wird, die dem gebotenen Respekt der drei Gewalten voreinander entspricht. Keinen Verstoß gegen die richterliche Unabhängigkeit beinhalten die Existenz richterlicher Beförderungsämter und die Tatsache, daß die Exekutive über Beförderungen von Richtern entscheidet[21a]. Die richterliche Unabhängigkeit schützt auch vor unzulässiger Einflußnahme innerhalb des Gerichts, etwa durch den Vorsitzenden innerhalb des Spruchkörpers[22]. Dagegen schützt Art. 97 Abs. 1 GG nicht unmittelbar vor Kritik und Angriffen aus dem gesellschaftlichen Bereich, insbesondere vor Medienkritik, auch nicht vor überzogener Urteilsschelte durch die Medien[23]. Der Gesetzgeber ist nicht verpflichtet, (über § 353d StGB hinaus) rechtliche Instrumente zur Abwehr solcher Angriffe zu schaffen, z. B. einen Straftatbestand gegen contempt of court, was er wiederholt geprüft und bisher unterlassen hat[24]. Hier ist im wesentlichen die innere Unabhängigkeit des Richters gefragt (unten Rdn. 5)[25]. Außerdem ist es gute Übung und trägt der staatlichen Justizgewährungspflicht in besonderer Weise Rechnung, wenn sich in solchen Fällen die anderen staatlichen Gewalten, insbesondere auch der Justizminister, schützend vor ein zu Unrecht angegriffenes Gericht stellen.

---

17 BGHZ **46** 147, 149.

18 Vgl. *Papier* NJW **2001,** 1089.

19 BVerfGE **27** 211, 217; BGHZ **67** 184, 187; BGHZ **112** 189, 193.

20 *Papier* NJW **2001** 1089.

21 Vgl. *Kissel*[3] Einl. 170 und § 1, 103 mit Nachw.

21a BVerfGE **56** 146, 165; Vorschläge zur Minimierung des Einflusses des Beförderungswesens bei *Staats* FS Rieß 1017, 1036.

22 BVerfG NJW **1996** 2149.

23 Anders LR-K. *Schäfer*[24] § 1, 3 a. E.

24 Vgl. *Stürner* JZ **1978** 161; *Hassemer* NJW **1985** 1921; *Roxin* NStZ **1991** 153.

25 *Papier* NJW **2001** 1091: „richterliches Amtsethos gefordert"; vgl. auch *Kissel*[3] § 16, 68.

2. Persönliche Unabhängigkeit. Sachliche Unabhängigkeit kann nur bestehen, wenn sie durch persönliche Unabhängigkeit gesichert ist. Die persönliche Unabhängigkeit ist die notwendige Ergänzung der sachlichen Unabhängigkeit, notwendig auch im Interesse des Ansehens der Rechtspflege insgesamt[26]. Bei den hauptamtlich und endgültig planmäßig angestellten Richtern trifft Art. 97 Abs. 2 GG selbst die Regelung, daß sie vor Ablauf ihrer Amtszeit grundsätzlich weder entlassen noch dauernd oder zeitweise ihres Amtes enthoben noch an eine andere Stelle oder in den Ruhestand versetzt werden können. Das gilt nach der Rechtsprechung des Bundesverfassungsgerichts entsprechend für Maßnahmen mit inhaltsgleicher Wirkung, etwa für den Fall, daß ein Richter gegen seinen Willen durch die Geschäftsverteilung praktisch von rechtssprechender Tätigkeit ferngehalten wird[27]. Aber auch bei den übrigen Richtern – den nicht „planmäßig endgültig" angestellten Berufsrichtern (Richtern auf Probe und Richtern kraft Auftrags, §§ 12ff DRiG) und bei den ehrenamtlichen Richtern – muß wenigstens entsprechend dem Grundgedanken des Art. 97 Abs. 2 GG durch (einfaches) Gesetz ein Mindestmaß an persönlicher Unabhängigkeit gewährleistet sein, das, von bestimmten, durch zwingende Notwendigkeiten gebotenen Ausnahmen abgesehen, jedenfalls so weit reicht, daß der Richter vor Ablauf seiner Amtszeit nur unter den gesetzlich bestimmten Voraussetzungen und gegen seinen Willen nur kraft richterlicher Entscheidung abberufen werden kann. Gesetze, die diesen Erfordernissen nicht entsprechen, sind wegen Verstoßes gegen Art. 97 Abs. 2 GG nichtig[28]. Das GG schließt die Verwendung von Berufsrichtern, die, weil nicht auf Lebenszeit ernannt, den Schutz der in Art. 97 Abs. 2 GG garantierten persönlichen Unabhängigkeit nicht in vollem Umfang genießen, nicht aus. Es verlangt aber, daß die Verwendung von Richtern mit vollem Schutz der persönlichen Unabhängigkeit die Regel ist, die Verwendung von Richtern auf Probe und kraft Auftrags die Ausnahme; andernfalls ist das Gericht nicht ordnungsgemäß besetzt[29]. Für die Mitwirkung im einzelnen Spruchkörper sieht § 29 DRiG vor, daß nur einer der Richter Richter auf Probe oder kraft Auftrags sein darf. 4

3. Innere Unabhängigkeit. Die Überzeugungskraft richterlicher Entscheidungen beruht nicht nur auf der juristischen Qualität ihrer Gründe, sondern in hohem Maße auch auf dem Vertrauen, das den Richtern von der Bevölkerung entgegengebracht wird; dieses Vertrauen fußt nicht zuletzt auf der äußeren und inneren Unabhängigkeit des Richters, seiner Neutralität und erkennbaren Distanz[30]. Innere Unabhängigkeit um der Neutralität und Objektivität willen bedeutet, daß der Richter sachfremden Einflüssen, die aus seiner Persönlichkeit stammen oder durch diese vermittelt werden, widersteht. Das ist kein Zustand, sondern ein Auftrag[31]; in steter Selbstkontrolle muß der Richter seine innere Unabhängigkeit immer wieder neu gewinnen[32]. Rechtlich absichern läßt sich das nur teilweise. § 39 DRiG ist eine zentrale Vorschrift. Eine wichtige Funktion haben auch die Regelungen der Verfahrensgesetze über die Ausschließung und Ablehnung von Richtern. Bei der inneren Unabhängigkeit geht es um die Abwehr unerwünschter Einflüsse der verschiedensten Art. Furcht vor Kritik in der Öffentlichkeit muß der Richter ebenso überwinden wie er der Versuchung widerstehen muß, bei seiner Rechtsprechung nach öffentlichem Beifall zu schielen. Die Hoffnung, sein berufliches Fortkommen zu fördern, darf ihn nicht bestimmen[33]. Er muß versuchen, sich die viel- 5

[26] Vgl. BVerfGE **21** 139, 145; **46** 34, 37.
[27] BVerfGE **17** 252, 259.
[28] BVerfGE **14** 56.
[29] Vgl. § 28 DRiG und *Kissel*[3] § 22, 8, 9; § 59, 12 sowie LR-*Siolek* § 22, 15; § 59, 9.
[30] BVerfGE NJW **1989** 93.
[31] *Kissel*[3] § 1, 157.
[32] *Schaffer* BayVBl. **1991** 641, 648.
[33] *Kissel*[3] § 1, 152.

fältigen Einflüsse, die sich aus seiner Herkunft, seiner Ausbildung, seiner Zugehörigkeit zu sozialen Gruppierungen, aber auch aus seinen ganz persönlichen Erlebnissen und Erfahrungen und aus seinen politischen, ethischen und religiösen Überzeugungen ergeben, bewußt zu machen[34]. Je mehr er sich seiner Vorurteile und Abhängigkeiten bewußt ist und je mehr er sich deshalb um „intersubjektiven Konsens" bemüht, desto unabhängiger und objektiver vermag er zu urteilen[35]. Dazu gibt die Beratung im Kollegialgericht gute Gelegenheit. Bei aller geforderten Anstrengung wird dem Richter ein völliges Absehen von der eigenen Persönlichkeit nicht gelingen können[36]. Wie in § 39 DRiG zum Ausdruck kommt, genügt es nicht, daß der Richter tatsächlich frei von unsachgemäßen Einflüssen ist. Dies muß auch für den Außenstehenden erkennbar sein, damit nicht das Vertrauen in die Unabhängigkeit gefährdet wird. Für den Richter muß es Leitlinie seines gesamten, auch des privaten Verhaltens sein, daß das Vertrauen in seine moralische und persönliche Integrität und seine innere Unabhängigkeit nicht Schaden nimmt[37]. Dies erlegt ihm nicht zuletzt Zurückhaltung und Mäßigung bei politischer Betätigung auf; der Richter darf es nicht dazu kommen lassen, daß nach Außen der Eindruck der Voreingenommenheit, insbesondere der Unsachlichkeit, entsteht[38]. Neue Fragen stellen sich für den Richter im Zuge der Bemühungen der Justizverwaltungen, das Kostenbewußtsein und die Kostenverantwortung in der Justiz zu stärken (Budgetierung, Neues Haushaltswesen). Es ist sachgerecht, wenn der Richter den finanziellen Aufwand, den er mit seinem Verfahren verursacht, vor Augen hat. Aber er muß sich dagegen wehren, Erwartungen und Wünschen der Justizverwaltung oder auch der richterlichen Kollegen oder der Öffentlichkeit in Bezug auf eine möglichst kostensparende Verfahrensweise nachzugeben, wenn sachliche Gründe dem entgegenstehen. Direkter Einflußnahme („Steuerung") steht die sachliche Unabhängigkeit ohnehin entgegen[39]. Es gibt aber auch sublimere Formen der Einwirkung. Dann ist die innere Unabhängigkeit ebenso gefragt wie wenn aus anderen Gründen Wünsche und Erwartungen oder auch nur Hoffnungen hinsichtlich seiner rechtsprechenden Tätigkeit an den Richter herangetragen werden. Davon bleibt unberührt, daß der Richter sich dem Einsatz moderner Büro- und Kommunikationstechnik nicht unter Berufung auf seine Unabhängigkeit wiedersetzen kann.

IV. Unterwerfung unter das Gesetz

6 **1. Grundsatz.** Die Richter sind nach § 1 und den gleichlautenden Bestimmungen in Art. 97 Abs. 1 GG und § 25 DRiG „nur dem Gesetz unterworfen". Dagegen bezeichnet Art. 20 Abs. 3 GG die Rechtsprechung als ebenso wie die vollziehende Gewalt „an Gesetz und Recht gebunden". Darin liegt kein Gegensatz. § 1 akzentuiert ebenso wie Art. 97 Abs. 1 GG als notwendige Kehrseite der sachlichen Unabhängigkeit des Richters[40] seine Gesetzesbindung. Daß der Richter „nur" dem Gesetz unterworfen ist, unterstreicht zugleich seine sachliche Unabhängigkeit. Der Gesetzesbegriff ist dabei derselbe wie in § 7 EGStPO und § 337 StPO; gemeint ist jede Rechtsnorm einschließlich des Gewohnheitsrechts. Wenn Art. 20 Abs. 3 GG neben der Gesetzesbindung auch die Bin-

---

34 *Kissel*³ § 1, 158.
35 *Artur Kaufmann* FS Peters 303, 306.
36 *Benda* DRiZ **1975** 166, 168.
37 BGH NJW **1995** 2495.
38 BVerfG NJW **1983** 2691; BVerfG NJW 1989 93; Zöller-Gummer § 1, 9.
39 Vgl. *Papier* NJW **2001** 1093; vgl. auch *Hassemer* FS Kübler 87, 106.
40 BGHZ **67** 184, 189: „Unverzichtbares Komplementärelement"; BVerfGE **49** 304, 318: „Eckpfeiler im Gewaltenteilungssystem".

dung an das Recht bestimmt, so soll die Rechtsprechung damit (ebensowenig wie die vollziehende Gewalt) nicht ermächtigt werden, unter Berufung auf überpositives Recht ihr eigenes Rechtsgefühl über das gesetzte Recht zu stellen[41]. Vielmehr soll einem engen Gesetzespositivismus abgesagt werden. „Die Formel hält das Bewußtsein aufrecht, daß sich Gesetz und Recht zwar faktisch im allgemeinen, aber nicht notwendig und immer decken. Das Recht ist nicht mit der Gesamtheit der geschriebenen Gesetze identisch. Gegenüber den positiven Satzungen der Staatsgewalt kann unter Umständen ein Mehr an Recht bestehen, das seine Quelle in der verfassungsmäßigen Rechtsordnung als einem Sinnganzen besitzt und dem geschriebenen Gesetz gegenüber als Korrektiv zu wirken vermag“[42].

2. Auslegung und Fortbildung des Rechts. Sind die Gerichte nach Art. 20 Abs. 3 GG **7**
gehalten, neben den geschriebenen Rechtsnormen auch die der Rechtsordnung immanenten, in dieser sich niederschlagenden Wertvorstellungen zu berücksichtigen[43], so ergibt sich die Aufgabe der Fortbildung des Rechts. Sie ist als Aufgabe der Obergerichte gesetzlich anerkannt (§ 132 Abs. 4 GVG; § 80 OWiG, § 543 Abs. 2 ZPO). Gesetzesauslegung und schöpferische Rechtsfindung sind beides Aufgaben des Richters. Was die Auslegung betrifft, so bedeutet das Unterworfensein unter das Gesetz „nicht Bindung an dessen Buchstaben mit dem Zwang zur wörtlichen Auslegung, sondern Gebundensein an Sinn und Zweck des Gesetzes“[44]. Dabei ist der Richter nicht gezwungen, der „herrschenden Meinung“ zu folgen. Er kann seine eigene Rechtsauffassung vertreten, auch wenn alle anderen Gerichte – auch die im Rechtszug übergeordneten – den gegenteiligen Standpunkt einnehmen“[45]. Freilich setzt ihm das Willkürverbot Grenzen. Die Grenze der Willkür ist erreicht, wenn die Entscheidung unter keinem denkbaren Aspekt rechtlich vertretbar ist und sich daher der Schluß aufdrängt, daß sie auf sachfremden Erwägungen beruht[46]. So liegt es, wenn der Richter sich von der Bindung an das Gesetz löst und sich von Wertvorstellungen leiten läßt, die in der Rechtsordnung keinen Niederschlag gefunden haben[47].

Zu **schöpferischer Rechtsfindung** nötigen die Rechtsprechung auch die Gegeben- **8**
heiten moderner Gesetzgebung, bei der vielfach unter Zeitdruck gehandelt werden muß und der Zwang zu politischen Kompromissen die Neigung verstärkt, großzügig von Generalklauseln und unbestimmten Rechtsbegriffen Gebrauch zu machen. Dies und der rasche Wandel der Lebensverhältnisse, die durch das Gesetz geregelt werden sollen, läßt Hohlräume entstehen, deren Ausfüllung praktisch dem Richter zufällt. Die lang anhaltende Unsicherheit um die strafrechtliche Bewertung sogenannter Sitzstreiks[48] ist ein Beispiel. Die richterliche Rechtsfortbildung, das „Richterrecht“ hat eine Bedeutung erlangt, die eine Besinnung auf die Prinzipien und auf die Grenzen einer nachvollziehenden Auslegung des vom Gesetz Aufgestellten notwendig macht, damit nicht durch wachsende „richterliche Macht“ der Grundsatz der Gewaltenteilung ausgehöhlt wird. Einerseits ist es dem Richter aufgetragen, „Wertvorstellungen, die in der verfassungsmäßigen Rechsordnung immanent, aber in den Texten der geschriebenen Gesetze nicht oder nur unvollkommen zum Ausdruck gelangt sind, in einem Akt des bewertenden Erkennens, dem auch willenhafte Elemente nicht fehlen, ans Licht zu bringen und in

41 *Kissel*[3] § 1, 111.
42 BVerfGE **34** 269, 286; vgl. auch BVerfGE **35**, 263, 279; **38** 386, 396; **49** 304, 318.
43 Vgl. BVerfGE **39** 1, 41.
44 BVerfGE **35** 263, 279.
45 BVerfGE **87** 273, 278.
46 BVerfGE **87** 273, 278; vgl. auch § 16, 27.
47 Vgl. BGHSt **7** 238, 245; BAG MDR **1962** 249; *Kissel*[3] § 1, 112, 113.
48 Vgl. BVerfGE **72** 206; **92** 1; BGHSt 35 270; *Lackner/Kühl*[23] § 240, 8 mit Nachw.

Entscheidungen zu realisieren“[49]. Andererseits findet die verfassungskonforme Auslegung ihre Grenze dort, „wo sie mit dem Wortlaut und dem klar erkennbaren Willen des Gesetzes in Widerspruch treten würde“[50]. Das gilt in besonderer Weise im Geltungsbereich des strafrechtlichen Analogieverbots (Art. 103 Abs. 2 GG, § 1 StGB)[51], also bei der Anwendung des materiellen Strafrechts zu Ungunsten des Beschuldigten. In Fällen, die vom Wortlaut einer Strafnorm nicht mehr erfaßt sind, müssen die Gerichte zum Freispruch gelangen, mag auch das angeklagte Verhalten im Lichte der verfassungsrechtlichen Wertordnung ähnlich strafwürdig sein wie die vom Wortlaut erfaßten Fälle. Insoweit muß sich der Gesetzgeber beim Wort nehmen lassen und es ist seine Sache zu entscheiden, ob er eine mögliche Strafbarkeitslücke bestehen läßt oder eine neue Regelung schafft. Den Gerichten ist es durch Art. 103 Abs. 2 GG verwehrt, dieser Entscheidung vorzugreifen[52]. Insgesamt gesehen muß sich der Richter bei der schöpferischen Rechtsfindung am System der Rechtsordnung, an den Grundwertentscheidungen des GG, letztlich an der Idee der materialen Gerechtigkeit orientieren[53] und zugleich anstreben, die das Wesen der Rechtsstaatlichkeit charakterisierenden Postulate der Gerechtigkeit und der Rechtssicherheit zu vereinigen[54].

9 **3. Wandel der Auslegung.** Die Bindung an „Gesetz und Recht“ beinhaltet, daß der Richter bei der Auslegung des Gesetzes nicht an die Vorstellungen gebunden ist, von denen der historische Gesetzgeber (Parlament, Regierung usw.) bei Schaffung der Vorschrift ausgegangen ist[55]. Die Auslegung eines Gesetzes kann sich im Laufe der Zeiten ändern entsprechend dem Wandel der tatsächlichen Verhältnisse und der gesellschaftlichen Lebensformen seit seiner Verabschiedung, der Bewertung der Bedürfnisse, denen es genügen soll, und vor allem der sittlichen, in der Rechtsgemeinschaft herrschenden Bewertungsmaßstäbe, die ihm zugrunde liegen[56]. Unter dem Gesichtspunkt der Rechtsfortbildung müssen deshalb oberste Bundesgerichte ihre Rechtsauslegung immer wieder anhand der Kritik überprüfen, der sie im Schrifttum unter Berufung auf einen Wandel der tatsächlichen oder rechtlichen Auffassungen begegnen. Indessen wird sich ein Revisionsgericht im Interesse der Rechtssicherheit, der Gleichbehandlung und des Vertrauensschutzes zu einer Aufgabe der bisherigen „gefestigten Rechtsprechung“ unter dem Eindruck solch kritischer Stimmen nur bereitfinden, wenn wirklich schwerwiegende Gründe sie gebieten und nicht schon, wenn sowohl für die eine wie für die andere Auffassung gute Gründe sprechen[57]. Ob und in welchen Fällen sich aus der Verfassung eine Verpflichtung ergibt, bei Fortentwicklung einer höchstrichterlichen Rechtsprechung Vertrauensschutz zu wahren, kann hier nicht vertieft werden[58].

10 **4. Rechtsänderung durch Auslegung.** Die Auslegung kann ausnahmsweise auch im praktischen Ergebnis rechtsändernder Natur sein, d. h. im Widerspruch zu dem an sich klaren Wortlaut und insofern unter Beiseiteschieben des Gesetzes erfolgen[59]. Das ist – auch außerhalb des Geltungsbereichs des Analogieverbots – im Hinblick auf Art. 20 Abs. 3 GG nur in engen Grenzen denkbar, nämlich nur bei Fallgestaltungen, die der Gesetzgeber ersichtlich nicht bedacht hat und die vernünftigerweise nicht so geregelt

---

[49] BVerfGE **34** 286.
[50] BVerfGE **18** 97, 111; **71** 81, 105; **90** 263, 275.
[51] Dazu *Maunz/Dürig-Schmidt-Aßmann* Art. 103, 224 ff; LK-*Gribbohm* § 1, 87.
[52] Vgl. BVerfGE **73** 206, 236.
[53] BVerfG NJW **1976** 1392; *Eb. Schmidt* DRiZ **1963** 376.
[54] BVerfGE **7** 92; BGHSt **18** 277.
[55] BGHSt **10** 159.
[56] BVerfGE NJW **1960** 619; BGHSt **11** 141, 149.
[57] BSG MDR **1976** 435.
[58] Offengelassen in BVerfGE **84** 212, 228; vgl. auch BVerwG NJW **1996** 867.
[59] BGHSt **23** 176, 179.

werden durften, wie es nach dem Wortlaut geschehen ist[60], sowie bei älteren Gesetzesbestimmungen, deren Regelung auf Rechtsvorstellungen beruht, die mit den aus neuen Gesetzen erkennbaren Rechtsvorstellungen nicht vereinbar sind und zu nicht zu rechtfertigenden Ergebnissen führen, so daß Rechtseinheit und Rechtsgleichheit dazu zwingen, das alte Recht mit dem Grundgedanken des neuen Rechts durch „rechtsändernde Auslegung" in Übereinstimmung zu bringen[61].

5. Abweichen von neuen Gesetzen. Sollte aber bei einem neuen (nachkonstitutionellen) Gesetz in einem extremen Fall der Richter glauben, daß dessen Anwendung nach seinem klaren, einer Auslegung unzugänglichen Wortlaut „Unrecht" bedeutet, so kann die Abweichung vom „Recht" nur an den allgemeinen Wertvorstellungen des gesamten Rechtssystems gemessen werden, wie sie letztlich in der Verfassung ausdrücklich oder stillschweigend ihren Ausdruck gefunden haben. So gesehen läuft die Frage nach der Verbindlichkeit eines vom Richter als Unrecht empfundenen Rechtssatzes auf die Frage nach seiner Verfassungswidrigkeit hinaus. Diese kann aber, soweit es sich nicht um vorkonstitutionelles Recht handelt, dessen Vereinbarkeit mit dem Verfassungsrecht jeder Richter selbst prüft, nur auf dem durch Art. 100 Abs. 1 GG gewiesenen Weg zum Austrag gebracht werden, wie dies z. B. in dem Streit um die Verfassungsmäßigkeit der bei Mord in § 211 StGB obligatorisch angedrohten lebenslangen Freiheitsstrafe[62] oder im Streit um die Verfassungsmäßigkeit der Strafdrohung gegen den Umgang mit Cannabisprodukten (§ 29 BtmG)[63] geschehen ist. **11**

6. Nichtanwendung von Verfassungsrecht. Entsprechendes gilt, wenn ein Gericht eine Bestimmung des Grundgesetzes nicht anwenden will, weil es diese als in Widerspruch zu einer höherrangigen Norm stehend ansieht, möge diese ihren Platz ebenfalls im Grundgesetz oder „in einem anderen Rechtsquellenbereich" haben[64]. Art. 100 GG will verhüten, daß jedes Gericht sich über den Willen des unter dem GG tätig gewordenen Bundes- oder Landesgesetzgebers hinwegsetzt. Ist aber die Sorge vor einer Beeinträchtigung der gesetzgeberischen Gewalt durch eine allgemeine, nicht bei einem höchsten Gericht konzentrierte richterliche Prüfungsbefugnis der Grund für die ausschließliche Zuständigkeit des Bundesverfassungsgericht, Gesetze für nichtig zu erklären, dann muß diese Zuständigkeit um der Würde und der Autorität des pouvoir constituant willen erst recht für die Überprüfung des Staatsgrundgesetzes selbst, an welchen Normen auch immer, gelten[65]. **12**

V. Gewissenskonflikt

Der Grundsatz der Bindung des Richters an das Gesetz besagt nur, daß der Richter, wenn er tätig wird, dem Gesetz unterworfen ist; er besagt als solcher nicht, daß der Richter sein Amt auch ausüben müsse, wenn er die Anwendung eines Gesetzes – allgemein oder im Einzelfall – als mit seinem Gewissen unvereinbar ansieht. *Peters* hat die Auffassung vertreten, daß der Richter seine Mitwirkung an Sachen, die nach dem Gesetz in einer seinem Gewissen widerstreitenden Weise zu lösen sind, unter Berufung **13**

[60] BGHZ **4** 153, 158; **13** 360, 367.
[61] Beispiele: BVerfGE **34** 269, 287; BGHSt **18** 274, 277; BAG NJW **1955** 807; JZ **1958** 254, 255.
[62] BVerfG NJW **1977** 1525.
[63] Vgl. BVerfGE **90** 145.
[64] BVerfG NJW **1954** 65.
[65] BVerfG NJW **1954** 65.

auf Art. 4 GG versagen darf[66]. Dieser Auffassung kann man den Respekt nicht versagen, zumal *Peters* mit Recht darauf hinweist, daß im Richtereid (§ 38 DRiG) ausdrücklich auf das Gewissen des Richters Bezug genommen wird. Für **Fälle einer äußersten Zuspitzung**, wie sie in einer freiheitlich-demokratischen Rechtsordnung wohl nicht vorkommen können, in menschenverachtenden Diktaturen aber schon, muß ihr im Ergebnis Rechnung getragen werden. Es wäre schwer verständlich, wenn man angesichts des vielfachen Versagens der Justiz im nationalsozialistischen Unrechtsstaat eine andere Auffassung vertreten würde. Wenn im Rückblick auf diese Zeit nichts erwünschter hätte sein können, nichts mehr der Rechtsidee gedient hätte, als wenn Richter häufiger unter Berufung auf ihr Gewissen dem Gesetz den Gehorsam versagt hätten, dann kann es nicht richtig sein, auch für solche Situationen die Gesetzesbindung des Richters über seine Gewissensbindung zu stellen.

13a Im **rechtsstaatlichem Alltag** gilt anderes. Hält der Richter das anzuwendende Gesetz für Unrecht, weil es gegen höherrangiges Recht verstößt, sei dieses geschrieben oder ungeschrieben, so hat er bei nachkonstitutionellen Gesetzen nach Art. 100 GG zu verfahren (oben Rdn. 11, 12). Dringt er auf diesem Weg mit seiner Auffassung nicht durch oder erwartet er davon keinen Erfolg, so gebieten ihm seine Amtspflicht und der Grundsatz des gesetzlichen Richters (§ 16), grundsätzlich, die ihm zugewiesenen Aufgaben unter Bindung an das Gesetz zu erfüllen.Es ist ihm zumutbar, die Loyalität gegenüber dem Gesetzgeber in einer freiheitlichen Demokratie über seine persönlichen rechtspolitischen Überzeugungen zu stellen. So hat es der Parlamentarische Rat gesehen; aus diesem Grund fand der Vorschlag des Entwurfs von Herrenchiemsee, den entsprechenden Verfassungssatz wie folgt zu fassen „Die Richter sind unabhängig und nur dem Gesetz und ihrem Gewissen unterworfen" keine Unterstützung[67]. Freilich kann der Richter seine Gewissensbedenken anzeigen (Selbstablehnung, § 30 StPO) und so eine Entscheidung richterlicher Kollegen über das Vorliegen einer Befangenheit herbeiführen. Dabei geht es dann freilich nur mittelbar um das Gewissen des betroffenen Richters. Entscheidungsgegenstand ist, ob Mißtrauen in seine Unparteilichkeit gerechtfertigt ist. In Fällen einer schweren Gewissensnot ist nicht ausgeschlossen, daß die Selbstablehnung Erfolg hat; eine kritische Einstellung zur der anzuwendenden Rechtsnorm wird freilich nicht genügen[68]. Teilweise wird die Möglichkeit einer Selbstablehnung unter Berufung auf die Bedürfnisse der Allgemeinheit nach Rechtssicherheit unter Beachtung der verfassungsmäßigen Gesetze und unter Hinweis darauf, daß der Richter die Amtspflicht, die geltenden Gesetze anzuwenden, freiwillig übernommen hat, abgelehnt[69]. Das scheint nicht überzeugend. Daß der Richter freiwillig in den Dienst der Justiz getreten ist, schließt spätere Gewissensnöte bei der Anwendung des Rechts nicht aus. Wenn sich daraus Zweifel an seiner Unparteilichkeit ergeben, ist das Ablehnungsverfahren der richtige Weg, dies im Interesse der Rechtspflege zu klären. Im Gerichtsalltag stellen sich solche Probleme allerdings so gut wie nie. Die Präsidien sind bemüht, die Richter ihren Neigungen entsprechend zu verwenden.

---

66 *Peters* 112ff mit Nachw. Dazu kritisch z. B. Eb. *Schmidt* I, 511; *Benda* DRiZ **1975** 166, 170 mit Nachw.

67 Nachweise bei BK-*Holtkotten* Art. 97, I.

68 Vgl. LR-*Wendisch* § 24, 14ff, 16, 19.

69 *Kissel*[3] § 1, 139.

VI. Prüfung der Gültigkeit von Rechtsnormen

1. Allgemeines. Die Bindung des Richters an das Gesetz schließt nicht aus sondern zwingt dazu, die Gültigkeit der anzuwendenden Rechtsnormen zu prüfen. Damit der Richter gemäß seiner Gesetzesbindung handeln kann, muß er die Gültigkeit der jeweils anzuwendenden Norm nachprüfen. Es handelt sich hierbei um eine Inzidentkontrolle. Zu einer abstrakten Normenkontrolle sind die ordentlichen Gerichte anders als die Verfassungsgerichte und als die Verwaltungsgerichte (vgl. § 47 VwGO) nicht berufen. Die Prüfungskompetenz ist grundsätzlich unbeschränkt. Sie ergreift Rechtsnormen jeden Ranges und umfaßt die formelle wie die materielle Wirksamkeit[70]. 14

2. Formelle und materielle Gültigkeit von Gesetzen. Die richterliche Prüfung umfaßt zunächst die formelle Gültigkeit, bezieht sich also auf das ordnungsgemäße Zustandekommen sowie die ordnungsgemäße Ausfertigung und Verkündung des Gesetzes. Für die Verkündung von Bundesgesetzen gilt Art. 82 GG, für die von Rechtsverordnungen des Bundes Art. 82 Abs. 1 Satz 2 GG in Verbindung mit dem Gesetz vom 30. 1. 1950 (BGBl. S. 23)[71]. Die Verkündung von Gesetzen und Verordnungen der Länder richtet sich nach Landesrecht, also nach der Landesverfassung und etwaigen ergänzenden Vorschriften über die Verkündung von Landesrechtsverordnungen. Bei Rechtsverordnungen hat der Richter auch zu prüfen, ob die für den Erlaß der Rechtsverordnung erforderliche Ermächtigungsgrundlage vorliegt (vgl. Art. 80 Abs. 1 GG). Neben der formellen Prüfungskompetenz hat der Richter auch eine umfassende materielle Prüfungskompetenz, die insbesondere die Vereinbarkeit mit höherrangigem Recht umfaßt. Kommt der Richter zu dem Ergebnis, daß die anzuwendende Norm gültig ist, hat er sie seiner Entscheidung zugrunde zu legen. Das Recht, einen Rechtssatz, weil unwirksam, nicht anzuwenden (Verwerfungskompetenz) ist jedoch zugunsten der Verfassungsgerichte eingeschränkt. 15

3. Entscheidungsmonopol des Bundesverfassungsgerichts. Bei nachkonstitutionellen förmlichen Gesetzen, seien es Bundesgesetze oder Landesgesetze, behält Art. 100 GG dem Bundesverfassungsgericht die Feststellung vor, daß das Gesetz grundgesetzwidrig ist. Gleiches gilt für die Feststellung, daß ein Landesgesetz mit einem Bundesgesetz unvereinbar ist. Art. 126 GG begründet zusätzlich ein Entscheidungsmonopol des Bundesverfassungsgerichts hinsichtlich der Frage, ob vorkonstitutionelles Gesetzesrecht als Bundesrecht weitergilt. In diesen Fällen hat das erkennende Gericht die Frage dem Bundesverfassungsgericht vorzulegen. Schließlich ist nach Art. 100 Abs. 2 GG eine Entscheidung des Bundesverfassungsgerichts einzuholen, wenn zweifelhaft ist, ob eine Regel des Völkerrechts Bestandteil des Bundesrechts ist und ob sie unmittelbare Rechte und Pflichten des Einzelnen erzeugt (Art. 25 GG). Vgl. zu den Einzelheiten der Vorlagepflicht auch LR-*Gollwitzer* § 262 StPO, 48 ff; LR-*Hanack* § 337 StPO, 25 ff. 16

4. Verwerfungskompetenz der Landesverfassungsgerichte. Kommt das Gericht bei der Prüfung eines Landesgesetzes zu dem Schluß, daß ein Verstoß gegen die Landesverfassung vorliegt, so hat es (Art. 100 Abs. 1 Satz 1 GG) die Entscheidung des für Verfassungsstreitigkeiten zuständigen Gerichts des Landes einzuholen. In den Verfassungen 17

---

[70] Vgl. MK-*Wolf* § 1, 35, 36; *Kissel*[3], § 1, 115 ff; *Zöller-Gummer* § 1, 13 ff.

[71] Zu Einzelfragen vgl. BVerfGE **16** 6, 19; BGH NJW **1954** 1081.

der Länder sind überwiegend entsprechende Zuständigkeiten für die Lande sverfassungsgerichte begründet[72].

18 **5. Vorabentscheidung des EuGH.** Art. 234 EGV regelt das Vorabentscheidungsverfahren des Gerichtshofs der Europäischen Gemeinschaften. Der Gerichtshof entscheidet danach im Wege der Vorabentscheidung über die Auslegung des primären Gemeinschaftsrechts und über die Gültigkeit und Auslegung des sekundären Gemeinschaftsrechts. Er entscheidet dagegen nicht über die Gültigkeit und Auslegung des nationalen Rechts; dies ist dem nationalen Gericht vorbehalten. Kommt es für die Gültigkeit des deutschen Rechts aus der Sicht des deutschen Richters darauf an, wie primäres oder sekundäres Gemeinschaftsrecht auszulegen ist bzw. ob sekundäres Gemeinschaftsrecht gültig ist, so kann er diese Frage dem Gerichtshof zur Entscheidung vorlegen. Letztinstanzlich entscheidende Gerichte sind zur Vorlage verpflichtet[73].

VII. Bindung des Richters an Vorentscheidungen

19 **1. Bindung an gerichtliche Entscheidungen.** So wie die Bindung des Richters an Gesetz und Recht (Art. 20 Abs. 3 GG) keine Bindung an eine „herrschende Meinung" beinhaltet (oben Rdn. 7), so ist der Richter auch nicht an eine „ständige Rechtsprechung" gebunden, es sei denn, es hat sich aufgrund dieser Rechtsprechung ein entsprechendes Gewohnheitsrecht gebildet[74]. An das Gewohnheitsrecht ist der Richter gebunden (oben Rdn. 6). „Richterrecht", das nicht zum Gewohnheitsrecht erstarkt ist, bindet den Richter dagegen nicht, ist nicht „Gesetz" im Sinne des Art. 97 Abs. 1 GG[75]. „Der Geltungsanspruch höchstrichterlicher Urteile beruht allein auf der Überzeugungskraft ihrer Gründe sowie der Autorität und den Kompetenzen des Gerichts"[76], nicht auf einer rechtlichen Bindungswirkung. Der Richter wird eine vorliegende höchstrichterliche Rechsprechung in aller Regel als Hilfe empfinden[77] und sie, wenn er nicht gute Gründe für eine abweichende Auffassung hat, im Interesse der Rechtssicherheit zugrundelegen. Meint er aber, ihr nicht folgen zu können, so steht ihm das – bis zur Grenze der Willkür (oben Rdn. 7) – offen. Das Bundesverfassungsgericht spricht davon, daß die Rechtsprechung wegen der Unabhängigkeit der Richter „konstitutionell uneinheitlich" sei[78]. Davon unberührt bleibt die im Interesse der Aufgabenerfüllung der Revisionsgerichte in den Verfahrensgesetzen angeordnete Bindungswirkung der Revisionsentscheidung nach Aufhebung und Zurückverweisung (vgl. § 358 StPO[79], § 536 Abs. 2 ZPO[80]). Dabei handelt es sich ebenso um eine zulässige Begrenzung richterlicher Unabhängigkeit[81] wie bei den teils in den Verfassungen (vgl. Art. 100 GG), teils durch das einfache Recht statuierten Vorlagepflichten (vgl. § 121 Abs. 2 GVG[82], § 132 Abs. 2 GVG[83]). Keinen Verstoß gegen Art. 97 Abs. 1 GG enthält selbstverständlich auch die in § 31 BVerfGG angeordnete Bindungswirkung der Entscheidungen des Bundesver-

[72] Vgl. Art. 68 Abs. 1 Nr. 3, Art. 88 BaWüVerf.; Art. 92 BayVerf.; Art. 84 Abs. 1 Nr. 4 BerlVerf.; Art. 113 Nr. 3 BrandVerf.; Art. 142 BremVerf.; Art. 64 Abs. 2 HmbVerf.; Art. 133 HessVerf.; Art. 53 Nr. 5 MVVerf.; Art. 54 Nr. 4 NdsVerf.; Art. 97 Nr. 3 SaarlVerf.; Art. 81 Nr. 3 SächsVerf.; Art. 75 Nr. 5 SaAnhVer.; Art. 80 Abs. 1 Nr. 5 ThürVerf.

[73] Vgl. auch MK-*Wolf* § 1, 42; *Zöller-Gummer* § 1, 18; näher LR-*Gollwitzer* § 262 StPO, 60ff.

[74] Dazu *Aden* JZ **1994** 1109; *Kissel*³ § 1, 129.

[75] BVerfGE **38** 386, 396; **84** 212, 227.

[76] BVerfGE **84** 212, 227.

[77] *Kissel*³ § 1, 131.

[78] BVerfGE **78** 123, 126; **87** 273, 278.

[79] Dazu LR-*Hanack* § 358, 1.

[80] Dazu *Stein/Jonas/Grunsky* § 565, 8.

[81] Vgl. BVerfGE **12** 67.

[82] LR-*Franke* § 121, 33a ff.

[83] Dazu LR-*Franke* § 132, 2.

fassungsgerichts für alle Gerichte, auch soweit diese Entscheidungen nicht nach § 31 Abs. 2 BVerfGG in Gesetzeskraft erwachsen[84].

2. Beachtung von Rechtskraft und Bestandskraft. Daß der Richter die Rechtskraft 20
gerichtlicher Entscheidungen beachten muß[85], ist als Ausfluß des sich aus dem Rechtsstaatprinzip ergebenden Prinzips der Rechtssicherheit mit Art. 97 Abs. 1 GG vereinbar[86]. Gleiches gilt für die Beachtung der Gestaltungs- und Feststellungswirkung gerichtlicher Entscheidungen und bestandskräftiger Verwaltungsakte. Im einzelnen ist hier vieles streitig; ein Verstoß gegen die Gewährleistung der richterlichen Unabhängigkeit liegt jedenfalls nicht vor[87].

VIII. Unabhängigkeit und Dienstaufsicht

1. Grundsatz. Die richterliche Unabhängigkeit soll ermöglichen, daß der Richter frei 21
von fremden Einflüssen das Recht anwendet, nur der Wahrheit und Gerechtigkeit verpflichtet (oben Rdn. 3). Sie dient der Erfüllung der Justizgewährungspflicht durch den gewaltenteilenden Rechtsstaat[88]. Dem gleichen Zweck dient die Dienstaufsicht über Richter[89]. Sie ist praktisch unerläßlich, wenn Aufgabenerfüllung durch die Justiz gewährleistet sein soll[90]. Eine Dienstaufsicht über Richter ist mit Art. 97 Abs. 1 GG nicht schlechthin unvereinbar; allerdings darf sie die richterliche Unabhängigkeit nicht beeinträchtigen[91]. Das ist Inhalt der Regelung in § 26 DRiG. § 26 DRiG geht nach der Rechtsprechung des Bundesgerichtshofs davon aus, daß es einen weiten Bereich richterlicher Tätigkeiten gibt, in dem jegliche Maßnahme der Dienstaufsicht schlechthin unzulässig ist, andererseits aber auch richterliche Tätigkeiten, die dem Kernbereich der eigentlichen Rechtsprechung so weit entrückt sind, daß für sie die Garantie des Art. 97 Abs. 1 GG nicht in Anspruch genommen werden kann[92]. Hinsichtlich der Frage, welche Institution die Dienstaufsicht ausüben soll, sind, wie der Blick in verwandte ausländische Rechtsordnungen[93] zeigt, verschiedene Lösungen denkbar, insbesondere auch die Lösung, die Dienstaufsicht in die Hand richterlicher Gremien (Räte) zu legen[94]. § 26 DRiG hat sich für die überkommene Lösung, die Dienstaufsicht der Justizverwaltung, in oberster Instanz dem zuständigen Minister, zu übertragen, entschieden[95]. Diese Lösung ist verfassungsgemäß[96]. Inhaltlich ist die Dienstaufsicht über Richter durch § 26 DRiG nur in Umrissen geregelt. Die Regelung besagt, daß grundsätzlich eine Dienstaufsicht besteht, aber nur soweit sie die Unabhängigkeit des Richters nicht beeinträchtigt (§ 26 Abs. 1 DRiG). Zweifelsfragen sollen einer gerichtlichen Entscheidung zugeführt werden (§ 26 Abs. 3 DRiG). Nach § 26 Abs. 2 DRiG umfaßt – unter dem Vorbehalt, daß die richterliche Unabhängigkeit nicht beeinträchtigt wird – die Dienstaufsicht „auch" die Befug-

[84] Vgl. *Maunz/Dürig/Herzog* Art. 94, 19ff.
[85] Dazu LR-*Rieß* Einl. Abschnitt J 73ff.
[86] *Maunz/Dürig/Herzog* Art. 97, 36; *Kissel*[3] § 1, 132.
[87] Vgl. *Maunz/Dürig/Herzog* Art. 97, 30, 31, 35 mit Nachw.; *Kissel*[3] § 1, 133; zum Ganzen auch LR-*Gollwitzer* § 262 StPO, 6ff.
[88] BGH DRiZ **1978** 185; BGH NJW **2002** 359, 360.
[89] BGH DRiZ **1978** 185; *Papier* NJW **1990** 8, 9; NJW **2001** 1089, 1991.
[90] BGH DRiZ **1978** 185; DRiZ **1974** 99; *Kissel*[3], § 1 42, 43; *Schmidt-Räntsch* § 26, 3; **a.** A Simon DRiZ **1980** 90, 91.
[91] Vgl. BVerfGE **38** 139, 151; BVerfG DRiZ **1975**, 284.
[92] Vgl. BGHZ **42** 163, 169.
[93] Vgl. die Nachweise bei *Schmidt-Räntsch* Einl., 42ff und ergänzend *Manzanares-Samaniego* DRiZ **1999** 317; *Henkes* DRiZ **2000** 32; *Mariuzzo* DRiZ **2001** 161; *Feier* DRiZ **2001** 436.
[94] Dagegen Bedenken bei *Kissel*[3] § 1, 45.
[95] Dazu *Schmidt-Räntsch* § 26, 6.
[96] BVerfGE **38** 139, 151; BGH NJW **2002** 359, 360.

nis, die ordnungswidrige Art der Ausführung eines Amtsgeschäfts vorzuhalten und zu ordnungsgemäßer, unverzögerter Erledigung der Amtsgeschäfte zu ermahnen. Dabei bedeutet das Wort „auch" nach der Entstehungsgeschichte der Vorschrift nicht etwa, daß der Dienstaufsicht außer den in § 26 Abs. 2 DRiG ausdrücklich für zulässig erklärten Maßnahmen noch weitergehende Befugnisse zuständen; vielmehr soll es zum Ausdruck bringen, daß die in § 26 Abs. 1 DRiG erfolgte Unterstellung unter die Dienstaufsicht sich nicht auf die außerrichterliche Tätigkeit beschränkt, sondern sich in dem in Abs. 2 umschriebenen Umfang auch auf die richterliche Tätigkeit erstreckt[97].

22 Mit Vorhalt und Ermahnung ist also die **obere Grenze der zulässigen Dienstaufsichtsmaßnahmen** gesetzt[98]. Weniger eingreifende Maßnahmen sind zulässig, nicht aber strengere wie die Rüge, die Mißbilligung oder eine Beanstandung, die eine „Bemängelung" bedeutet und sich damit einer Rüge oder Mißbilligung nähert[99]. Schwächere Maßnahmen als Vorhalt und Ermahnung sind Belehrung und Hinweis, das kollegiale Gespräch im Sinne einer gemeinsamen Problemerörterung und – vorbereitend, als Ausfluß der sogenannten Beobachtungsfunktion der Dienstaufsicht –[100] Berichtsanforderung und Geschäftsprüfung[101]. Nach bestrittener Auffassung des Bundesgerichtshofs gilt die Beschränkung auf Vorhalt und Ermahnung nicht nur für die richterliche Tätigkeit, sondern auch für das sonstige dienstliche und das außerdienstliche Verhalten des Richters[102]. Dem ist im Interesse des Schutzes der persönlichen Unabhängigkeit des Richters, die, wie der Bundesgerichtshof zutreffend sagt, durch Dienstaufsichtsmaßnahmen im Bereich außerhalb der richterlichen Tätigkeit vielfältig berührt werden kann[103], zu folgen[104].

2. Vorhalt

23 **a) Begriff.** Die Vorgängerregelungen des § 26 DRiG, § 9 der Preußischen Dienststrafordnung für die richterlichen Beamten von 1932[105] und § 16 Abs. 2 GVGVO 1935[106], gaben der Dienstaufsicht das Recht, „die ordnungswidrige Ausführung eines Amtsgeschäfts zu rügen". Davon unterscheidet sich § 26 Abs. 2 DRiG nicht nur durch den ausdrücklichen Vorbehalt zugunsten der richterlichen Unabhängigkeit. Er ersetzt die Befugnis zur Rüge durch die zum Vorhalt. Damit soll ausgedrückt werden, daß das Element der Mißbilligung, das dem Begriff der Rüge eigen ist, unzulässig ist. Vorhalt ist der zur Kenntnisnahme durch den Richter bestimmte Ausspruch, die Art der Ausführung des Dienstgeschäfts sei ordnungswidrig. Ein Schuldvorwurf gegen den Richter darf dabei nicht erhoben werden[107]. Der Vorhalt ist sachbezogen, nicht personenbezogen[108]. Ein Vorhalt kann in vielfältiger Weise erfolgen, auch in der Weise, daß der Dienstvorgesetzte eine Dienstaufsichtsbeschwerde gegen einen Richter dahin bescheidet, er teile die erhobenen Bedenken, könne aber wegen der richterlichen Unabhängigkeit nichts zugunsten des Beschwerdeführers veranlassen, und dieser Bescheid dem Richter zur Kenntnis gebracht wird[109]. Stets muß sich der Vorhalt – in gleicher Weise wie eine Ermahnung (unten Rdn. 30) – jeglicher Einflußnahme auf eine noch ausstehende oder künftige richterliche Entscheidung enthalten.

---

97 BGHZ **42** 163; *Schmidt-Räntsch* § 26, 22.
98 BGHZ **57** 244.
99 BGHZ **47** 275.
100 Vgl. *Schmidt-Räntsch* § 26, 5.
101 *Kissel*³, § 1, 52.
102 BGHZ **90** 34, 39; vgl. auch BGH DRiZ **1994** 141; **1997** 467ff; **a. A** *Schmidt-Räntsch* § 26, 19 mit Nachw.
103 BGHZ **90** 39.
104 Ebenso *Kissel*³ § 1, 46.
105 Vom 27. 1. 1932 (GS 79).
106 Dazu LR-*Böttcher* § 16 GVGVO.
107 BGH DRiZ **1985** 394.
108 Vgl. dazu BGHZ **46** 147, 150; **67** 184, 188.
109 BGH DRiZ **1967** 236, 237.

b) Gegenstand des Vorhalts. Anders als die Vorgängerregelungen bestimmt § 26 Abs. 2 DRiG ferner, daß nicht die ordnungswidrige Ausführung eines Amtsgeschäfts gerügt (jetzt: vorgehalten) werden darf, sondern die ordnungswidrige Art der Ausführung eines Amtsgeschäfts. Auch dies soll dem Schutz der richterlichen Unabhängigkeit dienen. Die Rechtsprechung des Dienstgerichtes des Bundes knüpft daran die Unterscheidung zwischen dem Kernbereich der Rechtsprechung, in dem Maßnahmen der Dienstaufsicht schlechthin unzulässig sind, und dem Bereich der äußeren Ordnung, in dem Vorhalt und Ermahnung statthaft sind[110]. Zum Kernbereich gehört die eigentliche Rechtsfindung einschließlich der sie vorbereitenden, unterstützenden und ihr nachfolgenden Maßnahmen[111]. 24

c) Kasuistik. Wie der Gesetzgeber bei der Konzeption des § 26 DRiG erwarten konnte, hat sich eine reiche Kasuistik zur Zulässigkeit dienstaufsichtlicher Maßnahmen entwickelt, die hier nicht im einzelnen dargestellt werden kann[112]. Auf der Grundlage der Unterscheidung zwischen Kernbereich und äußerem Ordnungsbereich, die im Einzelfall schwierig sein kann[113], wurden als dem äußeren Ordnungsbereich zugehörig und dienstaufsichtlichen Maßnahmen nach Maßgabe des § 26 Abs. 2 DRiG zugänglich angesehen z. B.: Auflaufen-Lassen von Rückständen[114], verzögerte Terminierung älterer Sachen[115], ungünstige Erledigungszahl im Vergleich mit anderen Richtern des Gerichts[116], unzureichende Überwachung des Referats mit Blick auf drohende Verjährung[117], Unpünktlichkeit mit dem Sitzungsbeginn[118], grundsätzliches Nichttragen der Robe[119], exzessiv unangemessener Umgangston mit Parteien, Zeugen, Sachverständigen und Anwälten[120], unangemessen lange Urteilsabsetzungsfristen[121]. Entsprechend wird man der äußeren Ordnung zurechnen müssen die Nutzung eingeführter Vordrucke und, da diese immer mehr durch die EDV verdrängt werden, die Nutzung der eingesetzten Datenverarbeitung, ferner die Sicherstellung der Erreichbarkeit für die Geschäftsstelle – an Dienststunden darf der Richter nicht gebunden werden –[122], angemessener Umgang mit den Mitarbeitern der Geschäftsstelle (Serviceeinheit) und ein Mindestmaß an Teamarbeit sowie die grundsätzliche Bereitschaft, Fortbildungsangebote wahrzunehmen. Sehr weitgehend ist die Auffassung des HessDGH, jedwede zeitliche Beschränkung beim Zugang des Richters zu seinem Dienstzimmer verletze ihn in seiner Unabhängigkeit[123]. 25

d) Offensichtlicher Fehlgriff im Kernbereich. Zur Art der Ausführung des Amtsgeschäfts und damit zu dem der Dienstaufsicht zugänglichen Bereich rechnet der Bundesgerichtshof auch jene Fälle, in denen es im Kernbereich der Rechtsprechung zu einem offensichtlichen Fehler kommt, der für jeden Rechtskundigen ohne weiteres zu erkennen, jedem Zweifel entrückt ist[124]. Gemeint sind die Fälle eines offenkundigen Übersehens von Tatsachen (etwa eines vorliegenden Strafantrags) oder das Nichterkennen oder Falschbeurteilen von Rechtsfragen, die ohne Schwierigkeiten erkannt bzw. gelöst werden können, so wenn das Gesetz offenkundig falsch gelesen wird oder ein 26

110 Vgl. BGHZ **42** 163, 169; **46** 147, 149; **47** 275, 287; **57** 344, 349; **67** 184, 187; **70** 1, 4; **90** 41, 45; BGH NJW-RR **2001** 498.

111 BGHZ **47** 275, 286; **76** 288, 291; BGH NJW **1978** 2509; BGH DRiZ **1997** 467.

112 Vgl. dazu *Schmidt-Räntsch* § 26, 21ff; *Kissel*[3] § 1, 53ff.

113 *Papier* NJW **2001** 1089, 1092.

114 BGH NJW **1988** 419, 420.

115 BGHZ **90** 41, 45.

116 BGHZ **69** 309, 313; BGH NJW **2002** 359, 361.

117 BGH NJW **1988** 421, 432.

118 BGH DRiZ **1997** 468.

119 OLG Frankfurt NJW **1987** 1208.

120 BGHZ **70** 1 = NJW **1978** 824 mit krit. Anm. *Wolf*.

121 BGHZ **90** 41, 44.

122 BGHZ **113** 36, 40ff; dazu kritisch *Hoffmann-Riem* Anw.Bl. **1999** 2, 6; *Redeker* NJW **2000** 2796, 2797.

123 HessDGH NJW **2001** 2640.

124 BGHZ **46** 147, 150; **47** 275, 287; **67** 184, 187; **70** 1, 4; **76** 288, 291; BGH DRiZ **1984** 194, 195; BGH DRiZ **1996** 371, 372.

nicht mehr geltendes Gesetz angewendet bzw. ein kürzlich in Kraft getretenes Gesetz nicht angewendet wird.

27 **e) Zweifelsfälle.** Ist zweifelhaft, ob ein Fall vorliegt, in dem die Dienstaufsicht eingreifen kann, so ist – „im Zweifel für die Unabhängigkeit" – ein Eingreifen der Dienstaufsicht ausgeschlossen[125].

28 **f) Kritik des Schrifttums.** Die Unterscheidung des Bundesgerichtshofs zwischen dem der Dienstaufsicht zugänglichen Bereich der äußeren Ordnung richterlicher Tätigkeit und dem der Dienstaufsicht grundsätzlich verschlossenen Kernbereich der Rechtsprechung ist im Schrifttum auf Kritik gestoßen. In besonderer Weise wurde kritisiert, daß bei groben Fehlern im Kernbereich eine Zuordnung zum Bereich der äußeren Ordnung erfolgt mit der Folge, daß dienstaufsichtliche Maßnahmen für zulässig gehalten werden. Überwiegend geht die Kritik dahin, daß der Dienstaufsicht zu viel Spielraum gewährt werde[126], teilweise aber auch dahin, daß sie zu eng beschnitten sei[127]. Der Bundesgerichtshof hält bisher an seiner Auffassung fest. Bezieht man die Außenwahrnehmung der Justiz, ihre Akzeptanz bei Fachkreisen, Öffentlichkeit und Betroffenen in die Beurteilung mit ein, wird man in der Tat kaum davon ausgehen können, daß die Rechtsprechung des Bundesgerichtshofs der richterlichen Unabhängigkeit zu wenig Raum läßt[128]. Als Repräsentant der Justizverwaltung spürt man immer wieder, wie schwer es ist, Verständnis dafür zu werben, daß im weit gefaßten Kernbereich der Rechtsprechung, weil ein offenkundiger Fehler dann doch nicht bejaht werden kann, keinerlei dienstaufsichtliche Befugnisse bestehen. Andererseits ist dem Bundesgerichtshof zuzugestehen, daß die Kernbereichslehre sich auf den Wortlaut des § 26 Abs. 2 DRiG (Art der Ausführung) und dessen Genese (oben Rdn. 23, 24) stützen kann und sie hat den Vorzug, daß sie der richterlichen Unabhängigkeit, von der die allermeisten Richter mit Augenmaß einen sachgerechten Gebrauch machen, ein denkbar weites Anwendungsfeld sichert. Der Bundesgerichtshof sollte deshalb an seiner Auffassung festhalten[129].

29 **g) Inhalt des Vorhalts.** Der Vorhalt erschöpft sich ín der Feststellung, ein bestimmtes richterliches Verhalten sei ordnungswidrig (oben Rdn. 23). Fallbezogene Erwartungen für zukünftige Fälle dürfen, weil das die Unabhängigkeit beeinträchtigen würde, damit nicht verbunden werden, allenfalls ein allgemeiner Appell zur ordnungsgemäßen Erledigung „von Fällen dieser Art". Überhaupt verbietet die richterliche Unabhängigkeit jede Äußerung der Dienstaufsicht, die als Einwirkung auf zukünftiges richterliches Verhalten im Kernbereich verstanden werden könnte. Das gilt auch bei der Erörterung rechtskräftiger Entscheidungen. Eine an rechtskräftige Entscheidungen anknüpfende, auch in verallgemeinerter Form gehaltene Vorstellung der Dienstaufsichtsbehörde gegenüber den beteiligten Richtern, daß in zukunftigen Fällen eine andere Beurteilung der Sach- und Rechtslage, eine schärfere oder mildere Strafzumessungspraxis etwa, angezeigt sei, oder daß sie empfohlen, angeregt oder zur Erwägung gestellt werde, ist unzulässig, denn auch darin liegt eine Kritik des richterlichen Verhaltens, die geeignet ist, in künftigen Fällen die beteiligten Richter in der Freiheit ihrer Entschließung, ihrer Unabhängigkeit zu beeinträchtigen[130]. Ebenso unzulässig wären auch allgemeine, zur Kenntnis der Richter

---

125 BGHZ **67** 184, 188; **76** 288, 291.

126 Vgl. *Rudolph* DRiZ **1979** 97; *Funk* DRiZ **1978** 357; *Wolf* NJW **1977** 1063; *Mayer* DRiZ **1978** 1313; *Simon* DRiZ **1980** 92.

127 *Schmidt-Räntsch* § 26, 23 im Anschluß an *Ruth Schmidt-Räntsch* Dienstaufsicht über Richter (1985) 61 ff, 111 ff.

128 Vgl. *Redeker* NJW **2000** 2796, 2797; Seidel AnwBl **2002** 325.

129 Ebenso *Kissel*³ § 1, 60.

130 BGH DRiZ **1963** 351.

bestimmte Aufforderungen der Justizverwaltung, bei bestimmten Arten von Delikten schärfere Strafen zu verhängen[131]. Jedoch liegt keine Maßnahme der Dienstaufsicht im Sinne des § 26 Abs. 3 DRiG vor, wenn die Dienstaufsichtsbehörde in einer von einem bestimmten Einzelfall ausgehenden Form ihre Meinung zu einer allgemein umstrittenen Rechtsfrage zum Ausdruck bringt[132]. Es muß eine „gegen" den Richter oder gegen eine Gruppe von Richtern gerichtete Maßnahme vorliegen, ein Konflikt zwischen Dienstaufsicht und Richter, damit eine dienstaufsichtliche Maßnahme bejaht werden kann[133]. Zulässig sind dementsprechend auch allgemeine Hinweise auf gerichtliche Entscheidungen, insbesondere in der Form, daß die Justizverwaltung Entscheidungen, die sie für zutreffend und beachtlich hält, zur Kenntnisnahme durch die Richter in den Amtsblättern veröffentlichen läßt. Zulässig ist es ebenso, daß Referenten des Ministeriums, die dafür die wissenschaftliche Verantwortung tragen, ihre mit der Auffassung der Behörde übereinstimmenden Standpunkte in Vorträgen oder Aufsätzen darlegen.

3. Ermahnung. Während der Vorhalt sich auf ein einzelnes Dienstgeschäft bezieht, **30**
ist die Ermahnung zu ordnungsgemäßer unverzögerter Erledigung der Amtsgeschäfte ein allgemeiner Appell an das Verantwortungsbewußtsein des Richters[134]. Das Wort „ordnungsgemäß" – und nicht das Wort „sachgemäß" – ist gewählt worden, weil eine Einflußnahme auf die „sachgemäße" Erledigung wegen der Unabhängigkeit des Richters unzulässig ist. Die Verwendung des Plurals („der Amtsgeschäfte") soll nach der Entstehungsgeschichte der Vorschrift sicherstellen, daß die Ermahnung, mag sie auch durch einen Einzelfall veranlaßt sein, sich, um auch nur den Anschein einer Einflußnahme auf den Inhalt der Entscheidung zu vermeiden, nicht auf den Einzelfall bezieht[135]. Die Ermahnung soll dahin gehen, daß der Richter sich künftig bei entsprechenden Fällen anders zu verhalten habe.

4. Dienstliche Beurteilung. Die aus dem Rechtsstaatsprinzip, teilweise auch aus **31**
Art. 19 Abs. 4 GG sich ergebende Justizgewährungspflicht des Staates verlangt, die unterschiedlichen Richterämter bestmöglich zu besetzen. Dabei ist der für den gesamten öffentlichen Dienst, also auch für die Justiz geltende Leistungsgrundsatz (Art. 33 Abs. 2, 5 GG) zugrunde zu legen[136]. Angesichts der großen Zahl von Richtern, aber auch im Interesse der Transparenz und Gleichmäßigkeit der Ernennungspraxis ist auch bei Richtern eine dienstliche Beurteilung notwendig[137], die es ermöglicht, die Befähigung und Eignung der Richter für die verschiedenen Aufgaben und Ämter in der Justiz in einem rechtsstaatlich geordneten Verfahren festzustellen. Die Frage, wer beurteilen soll, kann man unterschiedlich beantworten, wie etwa das österreichische Beispiel zeigt, wo die Zuständigkeit bei den bei den Gerichten gebildeten Personalsenaten liegt[138]. Die in Deutschland hergebrachte Lösung, wonach der Dienstvorgesetzte als Ausfluß seiner Dienstaufsicht zuständig ist[139], ist verfassungsmäßig[140]. Weil die dienstliche Beurteilung als Teil der Dienstaufsicht begriffen wird, gelten auch für sie die Grenzziehungen des § 26 DRiG. Insbesondere darf die dienstliche Beurteilung die richterliche Unabhängigkeit nicht beeinträchtigen[141]. Es muß also alles vermieden werden, was den Richter ver-

[131] BGH DRiZ **1963** 351.
[132] Vgl. BGHZ **61** 374, 378.
[133] Vgl. dazu BGH DRiZ **1979** 378 betreffend „Gespräch unter vier Augen".
[134] BGH NJW-RR **2001** 498, 499; *Schmidt-Räntsch* § 26, 28.
[135] Vgl. *Schmidt-Räntsch* § 26, 28.
[136] Vgl. BVerfGE **38** 1, 12.
[137] BGH NJW **1992** 46.
[138] Vgl. *Schmidt-Räntsch* § 26, 31 und Einl., 54.
[139] Vgl. BGHZ **52** 287, 292; BGHZ **57** 344, 348; BGH DRiZ **1977**, 341; vgl. auch BGH NJW **2002** 359.
[140] BVerfG DRiZ **1975** 284; BGH NJW **2002** 359, 360.
[141] BGHZ **57** 344, 348; BGH DRiZ **1998** 20, 22.

anlassen kann, zukünftig Sach- oder Verfahrensentscheidungen in einem bestimmten Sinne zu treffen. Wegen der durch die Rechtsprechung zahlreich entschiedenen Einzelfragen, die hier nicht dargestellt werden können, wird auf die Kommentierung bei *Kissel*[3] [142] und *Schmidt-Räntsch*[143] verwiesen.

32 **5.** Wegen der **Zuständigkeit zur Ausübung der Dienstaufsicht** wird auf § 14 GVGVO 1935 und auf die teilweise an die Stelle dieser Regelung getretenen landesrechtlichen Bestimmungen[144] Bezug genommen.

33 **6. Rechtsschutz.** Gegen Maßnahmen der Dienstaufsicht, durch die der Richter sich in seiner Unabhängigkeit beeinträchtigt fühlt, kann er die Entscheidung des Dienstgerichts anrufen (§ 26 Abs. 3, § 62 Abs. 1 Nr. 4e DRiG, § 78 Nr. 4e DRiG). Die Maßnahme braucht kein Verwaltungsakt zu sein. Es genügt jede dienstaufsichtliche Maßnahme. Ausreichend ist die bloße Behauptung des Richters, daß eine Verletzung seiner Unabhängigkeit vorliegt[145], die allerdings nicht „aus der Luft gegriffen" sein darf[146], „nachvollziehbar" sein muß[147]. § 26 Abs. 3 DRiG umfaßt auch die Fälle behaupteter Beeinträchtigung der persönlichen Unabhängigkeit[148]. Im Verfahren nach § 26 Abs. 3 DRiG wird nur geprüft, ob die Maßnahme der Dienstaufsicht die richterliche Unabhängigkeit beeinträchtigt. Im übrigen bleibt es dabei, daß gemäß § 71 Abs. 3 DRiG in Verb. mit § 126 Abs. 1 BRRG für Klagen von Richtern aus dem Richterverhältnis der Verwaltungsrechtsweg gegeben ist. Der Gesetzgeber hat nebeneinander zwei Rechtsbehelfe mit unterschiedlichen Rechtsschutzzielen zugelassen[149].

IX. Disziplinarrechtliche Verantwortung

34 Die richterliche Unabhängigkeit und die sich daraus ergebenden Schranken für die Dienstaufsicht schließen nicht aus, daß der Richter wegen schuldhafter Verletzung seiner Dienstpflichten dienststrafrechtlich zur Verantwortung gezogen wird. Eine eigenständige Richterdisziplinarordnung gibt es nicht. § 63 Abs. 1 DRiG veweist für die Richter im Bundesdienst auf die Bundesdisziplinarordnung und trifft nur in wenigen Punkten Sonderregelungen[150]. Danach hat der Dienstvorgesetzte auch gegenüber Richtern eine allerdings eingeschränkte Disziplinargewalt und kann durch Disziplinarverfügung einen Verweis (nicht: eine Geldbuße) verhängen, § 64 Abs. 1 DRiG. Dienstvergehen können Pflichtverletzungen innerhalb und außerhalb des Dienstes sein; letzteres liegt vor, wenn das Verhalten des Richters geeignet ist, Achtung und Vertrauen in einer für das Richteramt oder das Ansehen des Richterberufes bedeutsamen Weise zu beeinträchtigen[151]. Sehr streitig ist, ob die spruchrichterliche Tätigkeit des Richters uneingeschränkt Gegenstand disziplinarischer Würdigung sein kann. Während die ältere Auffassung[152] einschließlich der Vorauflage[153], dies bejaht, zieht eine andere Auffassung zum Schutz der richterlichen Unabhängigkeit auch insoweit § 26 DRiG heran. Dieser

---

142 § 1, 89ff.
143 § 26, 33
144 Dazu LR-*Böttcher* § 14 GVGVO.
145 BGHZ **46** 66, 68.
146 BGHZ **113** 36.
147 BGH DRiZ **1994** 141.
148 BGHZ **51** 363, 369.
149 Vgl. BGHZ **90** 41, 50; BGH DRiZ **1997** 467; BGH NJW **2002** 359; 360.
150 Für die Richter im Landesdienst vgl. § 83 DRiG und die entsprechenden Regelungen der Landesrichtergesetze (z. B. Art. 67ff BayRiG).
151 Vgl. Hess DG DRiZ **1973** 131; OLG Hamburg DRiZ **1975** 373.
152 Nachweise bei *Schmidt-Räntsch* §§ 63, 64, 10.
153 LR-K. *Schäfer*[24] § 1, 32.

Auffassung ist zu folgen[154]. Die disziplinarrechtliche Ahndung ist eine „gesteigerte Dienstaufsicht" und kann inhaltlich nicht weiterreichen als diese. Nur in dem danach der Dienstaufsicht zugänglichen Bereich der äußeren Ordnung einschließlich der groben Fehlgriffe im Kernbereich ist danach eine disziplinarische Ahndung möglich. Auch die strafrechtliche Haftung trägt mit ihrer Beschränkung auf den Fall der Rechtsbeugung (§ 339 StGB) der richterlichen Unabhängigkeit Rechnung, ebenso die zivilrechtliche Schadensersatzhaftung mit dem Spruchrichterprivileg des § 839 Abs. 2 BGB.

§§ 2 bis 9

(**aufgehoben** durch § 85 Nr. 1 DRiG)

§ 10

[1]Unter Aufsicht des Richters können Referendare Rechtshilfeersuchen erledigen und außer in Strafsachen Verfahrensbeteiligte anhören, Beweise erheben und die mündliche Verhandlung leiten. [2]Referendare sind nicht befugt, eine Beeidigung anzuordnen oder einen Eid abzunehmen.

Schrifttum. *Franzki* Die Verhandlungsleitung durch Referendare, JuS **1972** 615; *Hahn* Die Befugnisse des Referendars im Zivilprozeß, NJW **1973** 1783; *Oexmann* Zeugenvernehmung und Fortsetzung der mündlichen Verhandlung durch den Referendar nach § 10 GVG, JuS **1976** 36.

Entstehungsgeschichte. § 10 lautete ursprünglich: „Die landesgesetzlichen Bestimmungen über die Befähigung zur zeitweiligen Wahrnehmung richterlicher Geschäfte bleiben unberührt." Durch das VereinhG 1950 erhielt § 10 folgende Fassung: „(1) [1]Nach näherer landesgesetzlicher Bestimmung können Gerichtsreferendare mit der Wahrnehmung einzelner richterlicher Geschäfte betraut werden. [2]Der Auftrag ist in jedem Fall durch den Richter aktenkundig zu machen. (2) Bei Amtsgerichten und Landgerichten kann, wer zum Richteramt befähigt ist, als Hilfsrichter verwendet werden, ohne gemäß § 6 zum Richter auf Lebenszeit ernannt zu sein. (3) Unberührt bleiben die Vorschriften über die Übertragung richterlicher Geschäfte auf den Rechtspfleger." Durch § 85 Nr. 2 DRiG wurde – unter Streichung des Absatzes 3 – § 10 wie folgt geändert: „(1) Referendaren, die mindestens 12 Monate im juristischen Vorbereitungsdienst tätig sind, kann im Einzelfall die Erledigung von Rechtshilfeersuchen mit Ausnahme der Beeidigung übertragen werden. (2) Bei Amtsgerichten und Landgerichten können Richter auf Probe und Richter kraft Auftrags verwendet werden." Abs. 2 wurde durch Art. 2 Nr. 2 des Gesetzes vom 26. 5. 1972[1] gestrichen – vgl. jetzt § 22 Abs. 5, 6, § 59 Abs. 3 –; Abs. 1 erhielt durch Art. II Nr. 10 des Gesetzes zur Änderung des Richtergesetzes vom 10. 9. 1971[2] die jetzt geltende Fassung.

---

154 Ebenso *Kissel*[3] § 1, 203; *Schmidt-Räntsch* §§ 63, 64, 10; *Achterberg* NJW **1985** 3041, 3047.

1 BGBl. I S. 841.

2 BGBl. I S. 1557.

Übersicht

1 **1. Ziel der Regelung, geschichtliche Entwicklung.** In ihrer langen Geschichte hat die Regelung des § 10 unterschiedliche Zwecke verfolgt. Ging es teilweise darum, den Richter durch Einsatz von Hilfskräften zu entlasten, so steht zunehmend das Ziel im Vordergrund, den in der Ausbildung, und zwar in deren praktischem Teil, befindlichen Juristen, den Referendar, in die praktische richterliche Tätigkeit einzuführen und ihm Gelegenheit zu selbständiger Tätigkeit in der Rechtspflege zu geben[3]. Daneben läßt sich eine Entwicklung erkennen, den Regelungsspielraum der Länder zu beseitigen. In der ursprünglichen Fassung (vgl. den vorstehend wiedergegebenen Wortlaut) überließ § 10 es dem Landesgesetzgeber zu bestimmen, ob und in welchem Umfang richterliche Geschäfte zeitweilig durch andere Personen als auf Lebenszeit ernannte Richter ausgeübt werden können. Da diese Vorschrift nicht den Besitz der Fähigkeit zum Richteramt forderte, konnte Landesrecht Vorschriften über die Erledigung richterlicher Geschäfte durch Referendare treffen. Es stand ihm aber auch offen, Personen ohne jede juristische Vorbildung die Befähigung zur zeitweiligen Wahrnehmung richterlicher Geschäfte zuzuerkennen[4]. Nach dem Übergang der Justizhoheit der Länder auf das Reich im Jahre 1934 wurde § 10, ohne förmlich aufgehoben zu werden, durch andere Vorschriften ersetzt. In § 10 Abs. 2 GVGVO 1935 wurde die Verwendung von Hilfsrichtern geregelt. Nach § 39 Abs. 3 JAO 1939[5] konnten der Vorstand des Gerichts oder der ausbildende Richter einen Referendar mit der Vernehmung von Parteien, Beschuldigten und Zeugen (nicht zur Abnahme von Eiden) beauftragen. Während des Kriegs ordnete § 1 der VO vom 16. 5. 1942[6] an, daß Referendare mit einem Vorbereitungsdienst von einem Jahr und drei Monaten in vollem Umfang mit der selbständigen Wahrnehmung richterlicher Geschäfte betraut werden können. Das VereinhG 1950 hob § 10 der GVGVO 1935 und § 1 der Verordnung vom 16. 5. 1942 auf[7] und ersetzte sie durch die oben wiedergegebenen Absätze 1 und 2 des § 10; die Gestaltungsfreiheit des Landesrechts wurde nur mit Einschränkungen wiederhergestellt. Die wesentliche Änderung des § 10 Abs. 1 durch § 85 DRiG bestand in der abschließenden bundesrechtlichen Umgrenzung der richterlichen Aufgaben, die Referendaren übertragen werden konnten und der Voraussetzungen, unter denen eine Übertragung zulässig war. Für landesrechtliche Regelungen war kein Raum mehr. Zugleich wurde die Regelung des Charakters einer Notmaßnahme für eine überlastete Justiz ganz entkleidet und wieder in den Dienst der Ausbildung des juristischen Nachwuchses gestellt. Das Tätigkeitsfeld für Referendare wurde eng eingegrenzt auf die Erledigung von Rechtshilfeersuchen. Der Charakter als Regelung der Juristenausbildung wurde noch deutlicher durch die Änderungen, die das

---

3 Vgl. *Kissel*[3] § 10, 1; KK-*Pfeiffer*[4] § 10 Nr. 1; MK-*Wolf* § 10, 1.

4 Vgl. LR[19] § 10, 2 mit Nachw.

5 JAO v. 4. 1. 1939 (RGBl. I S. 6).

6 RGBl. I S. 333.

7 Vgl. Art. 8 II Nr. 7.

Gesetz zur Änderung des Richtergesetzes vom 10. 9. 1971[8] brachte. Das Erfordernis, daß eine bestimmte Ausbildungsstufe des Referendars („die mindestens 12 Monate ... tätig sind") erreicht ist, wurde gestrichen, die Wahrnehmung von richterlichen Aufgaben durch den Referendar aber nur unter Aufsicht des Richters zugelassen. Der Umfang der wahrnehmbaren Aufgaben blieb, soweit es sich um Strafsachen handelte, unverändert: nur Erledigung von Rechtshilfeersuchen, Ausschluß der Anordnung einer Beeidigung oder der Abnahme eines Eides. Für den zivilrechtlichen Bereich wurde er dagegen deutlich ausgeweitet.

Die spätere Entwicklung hat unterstrichen, daß es in § 10 darum geht, den juristi- 2
schen Nachwuchs im Interesse der **Praxisnähe der Ausbildung** an richterliche Tätigkeit heranzuführen. Weil die Richtergesetznovelle 1971 Modellversuche mit einer einstufigen Juristenausbildung ermöglichte (§ 5b DRiG a. F.), sah die Regelung über die einstufige Juristenausbildung vor (§ 5b Abs. 2 DRiG a. F.), daß Teilnehmer an der einstufigen Ausbildung die in § 10 Abs. 1 und § 142 Abs. 3 bezeichneten Tätigkeiten wahrnehmen können, wenn sie den Ausbildungsstand erreicht haben, der für die jeweilige Tätigkeit erforderlich ist. In Beziehung auf diese Tätigkeiten wurden ihnen die Rechte und Pflichten eines Referendars zuerkannt. Die Experimentierklausel des § 5b DRiG wurde durch Gesetz vom 25. 7. 1984[9] wieder aufgehoben. Nach der Wiedervereinigung bestimmte § 8 des Rechtspflege-Anpassungsgesetzes vom 28. 6. 1992[10] für Rechtspraktikanten aus den neuen Bundesländern entsprechendes, ebenso für Richterassistenten, Staatsanwaltsassistenten und Diplomjuristen, die nach Maßgabe des Einigungsvertrages bei einem Gericht oder bei einer Staatsanwaltschaft eingearbeitet wurden. Beidesmal ging es darum, Juristen, die nicht die herkömmliche zweistufige Ausbildung mit Studium und Vorbereitungsdienst absolvierten, im Interesse ihrer Ausbildung ein Tätigwerden nach Maßgabe des § 10 zu ermöglichen. Klassische Zielgruppe des § 10 sind die Referendare, d. h. junge Juristen, die sich im praktischen Vorbereitungsdienst nach § 5b DRiG befinden, unabhängig davon, ob dieser Vorbereitungsdienst im Beamtenverhältnis abgeleistet wird oder nicht[11].

2. Verfassungsmäßigkeit des § 10

a) Zweifelsfragen des früheren Rechts. Zu der bis zur Richtergesetznovelle von 1971 3
geltenden Fassung bestanden Zweifel hinsichtlich der Verfassungsmäßigkeit. Sah man in der Erledigung eines Rechtshilfeersuchens die Wahrnehmung einer Rechtsprechungsaufgabe, so fragte sich, da eine Aufsicht des Richters damals nicht vorgesehen war, inwieweit § 10 Abs. 1 a. F. mit Art. 92, 97 GG vereinbar war, wonach Rechtsprechung nur durch unabhängige Richter ausgeübt werden kann. Es gab unterschiedliche Lösungsansätze. Teilweise wurde § 28 Abs. 1 DRiG herangezogen und in § 10 eine bundesgesetzliche Ausnahmebestimmung gesehen[12]. Teilweise hat man in der Erledigung eines Rechtshilfeersuchens keine richterliche Tätigkeit, sondern nur eine die eigentliche richterliche Tätigkeit vorbereitende Tätigkeit gesehen[13]. Beide Lösungen waren wenig überzeugend und so ist es zu begrüßen, daß sich die Problematik durch die Richtergesetznovelle von 1971 erledigt hat.

b) Geltendes Recht. In § 10 ist durch die Gesetzesnovelle von 1971 der Kreis der 4
durch Referendare wahrnehmbare Geschäften für den zivilrechtlichen Bereich auch auf

---

8 BGBl. I S. 1557.
9 BGBl. I S. 995.
10 BGBl. I S. 1147.
11 Dazu *Schmidt-Räntsch* § 5, 19ff; MK-Wolf § 10, 2.
12 Vgl. LR[21] § 10, 2a.
13 Vgl. OLG Celle NJW **1967** 993 mit Anm. *Booss* NJW **1967** 1869 = JZ **1967** 285 mit Anm. *Herzog*.

solche erweitert worden (Beweiserhebung, Leitung der mündlichen Verhandlung), an deren Zugehörigkeit zur Rechtsprechung kein Zweifel möglich ist; der ehemalige Streit um die Zugehörigkeit der Erledigung von Rechtshilfeersuchen zur Rechtsprechung spielt demgemäß keine Rolle mehr. Dem Vorwurf der Verfassungswidrigkeit ist dadurch begegnet, daß die Wahrnehmung der in § 10 bezeichneten Geschäfte nur unter Aufsicht des Richters zulässig ist. Diese auf Vorschlag des Bundesrats in das Gesetz aufgenommene Regelung[14] bedeutet, daß der Rechtsreferendar zwar im Interesse seiner Ausbildung selbständig handeln kann, letztlich aber der Richter die Verantwortung für die Durchführung des Amtsgeschäfts trägt. Rechtlich nimmt der Richter mit Hilfe des Referendars das Amtsgeschäft wahr[15]. Bei einer Vernehmung muß die Mitwirkung des Richters im Protokoll zum Ausdruck kommen. Von den Formulierungen, die insofern vorgeschlagen wurden[16], verdienen die den Vorzug, die deutlich zum Ausdruck bringen, daß der Träger der Amtsausübung der aufsichtführende Richter ist. Gesetzwidrig wäre es, wenn im Protokoll als Vernehmungsperson nur der Referendar erscheint und das Protokoll mit dem Vermerk schließt, das Protokoll sei von dem Richter „unter Rücksprache mit dem vernehmenden Referendar geprüft und für ordnungsgemäß befunden worden", da sich daraus ohne weiteres ergäbe, daß die Vernehmung nicht unter Aufsicht des Richters erfolgt ist[17].

3. Aufsicht des Richters

5 **a) Streitfrage.** Was unter der vom Gesetz verlangten Aufsicht des Richters zu verstehen ist, ist streitig. Unstreitig ist allerdings, daß, nachdem eine bestimmte Mindestdauer des Vorbereitungsdienstes nicht mehr vorgeschrieben ist, zur „Aufsicht" auch die vorangehende Prüfung gehört, ob der Referendar nach dem Stand seiner Ausbildung in der Lage ist, die Aufgabe zu erledigen. Im übrigen gehört nach ganz überwiegend vertretener Ansicht[18] zur Aufsicht bei einer Vernehmung die ständige Anwesenheit des Richters, weil er nur so darauf hinwirken könne, daß alle für die Entscheidung sachdienlichen Fragen an die Zeugen gestellt werden, während er bei einer nur zeitweisen Gegenwart schwer alle bei der Beweisaufnahme auftretenden Fragen gehörig überblicken und bereits aufgetretene Unzulänglichkeiten bemerken könne. Die Gegenauffassung[19] stellt darauf ab, daß der Rechtsausschuß des Bundestags angestrebt hat, dem Referendar „ein größeres Maß von Eigenverantwortlichkeit und selbständigem Tätigwerden" zuzubilligen[20]. Damit stehe es im Widerspruch, wenn zur Gewährleistung der Aufsicht in allen Fällen eine ständige Anwesenheit des Richters gefordert werde.

6 **b) Eigene Meinung.** Der Gesetzeswortlaut läßt verschiedene Deutungen zu. Der historische Gesetzgeber wollte dem Referendar ein gewisses Maß selbständiger Tätigkeit eröffnen. Daran besteht tatsächlich ein Interesse der Ausbildung. Andererseits ist die Aufsicht des Richters, vernünftig gehandhabt, nicht ausbildungsschädlich. Optimal wäre im Sinne der Ausbildung eine flexible Regelung, die es dem Richter überläßt, im Einzelfall zu entscheiden, wie dicht die Aufsicht sein muß. Da die Aufsicht des Richters aber nicht unter Ausbildungsaspekten vorgeschrieben wurde, sondern verfassungsrechtliche

---

14 Vgl. BT-Drucks. **VI** 1380 S. 3, 12, 15.

15 Vgl. Abgeordneter *Arndt* in BT-Rechtsausschuß Prot. VI 48/64.

16 Vgl. *Schulz* MDR **1972** 478.

17 Vgl. OLG Köln JMBl. NRW **1973** 282.

18 KG NJW **1974** 2094; *Kissel*[3] § 10, 12; KK-*Pfeiffer*[4] § 10, 2; MK-*Wolf* § 10, 12; *Musielak-Wittschier* § 10, 12; *Zöller-Gummer* 10, 5; *Kleinknecht-Meyer-Goßner*[45] § 10, 1; *Baumbach/Lauterbach/Albers/Hartmann* § 10, 1; *Oexmann* JUS **1976** 37.

19 *Hahn* NJW **1973** 1782; *Müller/Sax/Paulus* § 10, 4; vgl. auch OLG Köln JMBl. NRW **1973** 282; OLG Zweibrücken OLGSt. § 142, 2; 24. Aufl. § 10, 7.

20 Bericht des Rechtsausschusses BT-Drucks. VI 2269, 7.

Bedenken ausräumen soll, die andernfalls im Hinblick auf Art. 92, 97 GG bestehen würden, muß die Aufsicht so intensiv sein, daß der Richter die inhaltliche Verantwortung für die vorzunehmende Rechtsprechungstätigkeit übernehmen kann. Es genügt also in keinem Fall, daß der Richter sich über die Tüchtigkeit des eingesetzten Referendars vorher vergewissert hat. Vielmehr wird in aller Regel die ständige Anwesenheit des Richters bei der Diensthandlung erforderlich sein. Allerdings gilt dies nicht schematisch. Je nach den Umständen des Einzelfalles mögen kurzzeitige Abwesenheiten des Richters unschädlich sein, weil sie nichts daran ändern, daß er das Geschehen völlig in der Hand hat. Ist der Richter bei der Diensthandlung anwesend, so kann es in Einzelfällen auch durchaus zulässig sein, daß er „nur mit halbem Ohr" hinhört, weil dies für eine Kontrolle des Geschehensablaufs ausreicht. Entscheidend ist dabei die Art des Geschäfts und in gewissem Umfang auch die Qualifikation des Referendars. Weitergehend kann dem Ausbildungsinteresse, dem Referendar ein selbständiges Tätigsein zu ermöglichen, bei der Auslegung des Aufsichtserfordernisses nicht entgegengekommen werden. Es besteht deshalb keine echte Differenz zur herrschenden Meinung, bestand wohl auch schon in der 24. Aufl. nicht[21].

4. Erledigung von Rechtshilfeersuchen

a) Begriff des Rechtshilfeersuchens. Referendare können Rechtshilfeersuchen in allen Angelegenheiten erledigen; die Einschränkung „außer in Strafsachen" bezieht sich nur auf die übrigen in § 10 bezeichneten Amtshandlungen. Zu den „Strafsachen" (§ 3 EGStPO) gehören auch die Bußgeldsachen nach dem OWiG. Der Begriff des Rechtshilfeersuchens ist im weitesten Sinn zu verstehen[22]. Er umfaßt – entsprechend dem Zweck des § 10, dem Referendar zu Ausbildungszwecken in möglichst weitem Umfang Gelegenheit zur Durchführung von Vernehmungen zu schaffen – nicht nur Rechtshilfeersuchen im technischen Sinn (§§ 156ff), d. h. die von einem Gericht ausgehenden Ersuchen, sondern erstreckt sich auch auf Amtshilfeersuchen um Vernehmung, d. h. von anderen Stellen ausgehende Ersuchen, denen das Amtsgericht nach gesetzlicher Vorschrift zu entsprechen hat, z. B. auf Anträge der Staatsanwaltschaft im Ermittlungsverfahren gemäß § 162 StPO oder der Verwaltungsbehörde im Bußgeldverfahren gemäß § 46 OWiG i. V. mit § 162 StPO. Die insoweit gegenüber § 10 Abs. 1 a. F. vorgetragenen Bedenken[23] sind dadurch überholt, daß dem Gesetzgeber der Richtergesetznovelle von 1971 die Entscheidung des Oberlandesgerichts Celle aus dem Jahr 1967, die diese Auffassung vertreten hat, bekannt war, ihm aber keine Veranlassung zu einer Einschränkung gab[24]. 7

b) Erledigung von Rechtshilfeersuchen. Da für die Erledigung von Rechtshilfeersuchen nur das Amtsgericht zuständig ist (§ 157 GVG), kommt die Verwendung von Referendaren zu diesem Zweck nur beim Amtsgericht in Betracht. Damit ist nicht gesagt, daß nur ein Referendar beauftragt werden könnte, der der Abteilung, in der das Rechtshilfeersuchen anfällt, zur Ausbildung zugewiesen ist. „Erledigung von Rechtshilfeersuchen" meint die Ausführung eines eingehenden Ersuchens. Die Veranlassung ausgehender Ersuchen kann ebenso wie die Ablehnung eines eingehenden Ersuchens 8

---

21 Wie hier *Katholnigg* § 10, 2; KK-*Pfeiffer*[4] § 10, 2.

22 OLG Celle NJW **1967** 993; zustimmend *Herzog* JZ **1967** 285.

23 Vgl. Booss NJW **1967** 1869.

24 Wie hier *Kissel*[3] § 10, 7; MK-*Wolf* § 10, 5; *Katholnigg*[3] § 10, 3; KK-*Pfeiffer*[4] § 10, 4; *Musielak-Wittschier* § 10, 6; *Zöller-Gummer* § 10, 3; *Kleinknecht/Meyer-Goßner*[45] § 10, 2.

nach § 158 Abs. 2 GVG von einem Referendar nicht vorgenommen werden; zuständig ist der Richter[25].

9 **5. Eid.** Ausgenommen von den wahrnehmbaren Aufgaben ist, wie schon nach früherem Recht, die Anordnung einer Beeidigung oder Abnahme eines Eides. Das bedeutet nicht, daß, wenn eine Beeidigung zulässig oder erforderlich ist (§ 66b Abs. 1, 2 StPO), der beauftragte Referendar die Vernehmung durchführen könnte und lediglich die Beeidigung dem Richter überlassen müßte. Vielmehr ist die Vorschrift so zu verstehen, daß die Entschließung, ob die Voraussetzungen einer Beeidigung vorliegen, nur von einem Berufsrichter getroffen werden kann, und dieser muß, wenn der Referendar die Aussage unter seiner Aufsicht entgegengenommen hat, die Verhandlung übernehmen, die Aussage noch einmal vorlesen lassen und diesen Teil der Niederschrift unterschreiben; andernfalls läge keine eidliche richterliche Vernehmung, etwa im Sinne des § 251 StPO vor[26]. Der Bundesgerichtshof hat offengelassen, ob überhaupt die Beauftragung eines Referendars mit der Vernehmung zulässig ist, wenn das ersuchende Gericht die eidliche Vernehmung (§ 66b Abs. 2 StPO) verlangt[27]. Doch ist diese Frage zu bejahen, da sonst die Erledigung von Rechtshilfeersuchen und Vernehmung von Zeugen praktisch auf die Fälle beschränkt wäre, in denen um uneidliche Vernehmung ersucht wird (§ 66b Abs. 3 StPO) oder die Voraussetzungen der Nichtbeeidigung zweifellos vorliegen. Denn wenn die endgültige Entschließung, ob die Voraussetzungen der Beeidigung vorliegen, nur dem Berufsrichter zusteht, so muß dies auch für die Fälle des § 66b Abs. 1 StPO gelten. Dieser kann aber seine Entscheidung im allgemeinen erst treffen, wenn er den Inhalt der Aussage kennt. Hier muß es zulässig sein, zunächst den Referendar die Vernehmung durchführen zu lassen. Erst dann trifft der Richter die Entschließung, ob Beeidigung erfolgen soll, wobei er bejahendenfalls wie oben dargestellt verfahren müßte. Dann bestehen aber auch keine Bedenken, daß der beauftragte Referendar in den Fällen des § 66b Abs. 2 StPO die Vernehmung vorbereitend durchführt. Ein unzulässigerweise (in Überschreitung der Zuständigkeit) von einem Referendar abgenommener Eid kann nicht als Meineid bestraft werden[28].

10 **6. Zwangsmaßnahmen.** Nach früherem Recht umfaßte die dem Referendar aufgetragene Erledigung eines Rechtshilfeersuchens alle Befugnisse, über die ein ersuchter Richter bei und zur Erledigung von Rechtshilfeersuchen verfügt, wie Erzwingung des Erscheinens eines Zeugen und seines Zeugnisses (§§ 51, 70 StPO[29]). Es war dies eine Folgerung daraus, daß dem Referendar die in vollem Umfang selbständige Erledigung des Rechtshilfeersuchens aufgetragen wurde. Da aber nach § 10 der Referendar nur unter Aufsicht des Richters handelt, der Richter, der den Referendar bei seiner Tätigkeit beaufsichtigt, also selbst jederzeit in der Lage ist, die erforderlichen Maßnahmen anzuordnen, ist der Grund, dem Referendar Zwangsbefugnisse zuzubilligen, entfallen[30].

11 **7. Unwirksamkeit, Anfechtbarkeit.** Unter der Herrschaft des § 10 Abs. 1 a. F. wurde angenommen, daß die Amtshandlung, die ein Referendar ohne Auftrag wahrnahm, unwirksam sei[31], während eine Amtshandlung, die auftragsgemäß vorgenommen wurde, aber andere als die nach dieser Vorschrift wahrnehmbaren Geschäfte zum Gegenstand

---

[25] *Kissel*[3] § 10, 7; MK-*Wolf* § 10, 6.

[26] BGHSt **12** 92.

[27] BGHSt **12** 92.

[28] RGSt **65** 206; BGHSt **10** 142, 143.

[29] Dazu LR[21] § 10, 1b.

[30] *Kissel*[3] § 10, 16; *Katholnigg*[3] § 10, 3; **a. A** *Hahn* NJW **1973** 1783; *Oexmann* JuS **1976**, 37; **a. A** wohl auch MK-*Wolf* § 10, 9.

[31] LR[21] § 10 , 2c.

hatte, nicht nichtig, sondern nur nach den allgemeinen Vorschriften anfechtbar sei[32]. Die Vorauflage[33] ging im Sinne dieser Handhabung davon aus, daß in Strafsachen das Fehlen jeglicher Aufsicht des Richters die Erledigung des Rechtshilfeersuchens unwirksam macht, während Überschreitungen des § 10 anderer Art (von der Eidesabnahme abgesehen), die sich unter – wenn auch mangelhafter – Aufsicht des Richters ereignen, und denen dieser nicht korrigierend abhilft, nur zur Anfechtbarkeit nach den allgemeinen Vorschriften führen. Diese Auffassung wird nicht aufrechterhalten. Abzustellen ist auf die Offenkundigkeit und Schwere des Gesetzesverstoßes[34]. Ein offensichtlicher und schwerer Verstoß, der zur Unwirksamkeit führt, liegt vor, wenn der Referendar in Strafsachen andere Geschäfte als die Erledigung eines Rechtshilfeersuchens vornimmt. Das entspricht der herrschenden Meinung[35]. Keine Unwirksamkeit, sondern bloße Fehlerhaftigkeit, die nach Maßgabe der allgemeinen Vorschriften zur Anfechtbarkeit führt, liegt dagegen vor, wenn der Referendar bei der Erledigung eines Rechtshilfeersuchens unter Aufsicht des Richters fehlerhaft handelt, etwa deshalb, weil er vom Richter ungenügend beaufsichtigt wurde. Dies ist allgemeine Meinung. Unterschiedlich gesehen werden die Fälle, in denen es an der richterlichen Aufsicht bei der Erledigung eines Rechtshilfeersuchens überhaupt gemangelt hat. Hier nimmt die überwiegende Auffassung bloße Fehlerhaftigkeit an[36]. Dies leuchtet nicht ein. Die richterliche Aufsicht ist ein so essentielles Moment für das Tätigwerden des Referendars gemäß § 10, daß ihr völliges Fehlen zur Unwirksamkeit der Amtstätigkeit des Referendars führen muß, zumal nur im Hinblick auf die vorgesehene richterliche Aufsicht die Regelung in § 10 in Einklang mit Art. 92, 97 GG steht[37]. Andererseits ist auch insoweit auf die Offensichtlichkeit des Verstoßes abzustellen. Fehlt also die richterliche Aufsicht nicht völlig, sondern ist sie nur nicht intensiv genug, bewendet es bei bloßer Anfechtbarkeit.

8. Andere durch Referendare wahrnehmbare Geschäfte. Über § 10 hinaus können Referendare verwendet werden als Amtsanwalt und Staatsanwalt gemäß § 142 Abs. 3, gemäß §§ 139, 142 Abs. 2 StPO als Verteidiger, gemäß § 2 Abs. 5 RPflG als Rechtspfleger und nach Maßgabe des § 53 Abs. 4 Satz 2 BRAO als Vertreter eines Anwalts. 12

§ 11

(aufgehoben durch § 85 Nr. 3 DRiG)

[32] OLG Frankfurt NJW **1954** 207; OLG Hamm JMBl. NRW **1964** 31; *Eb. Schmidt* § 10, 6; *Müller-Sachs* § 10, 1.

[33] LR-*K. Schäfer*[24] § 10, 12.

[34] Vgl. auch KK-*Pfeiffer*[4] § 10, 6.

[35] *Kissel*[3] § 10, 18; KK-*Pfeiffer*[4] § 10, 6; *Musielak-Wittschier* § 10, 13; *Kleinknecht/Meyer-Goßner*[45] § 10 6; *Katholnigg*[3] § 10, 5.

[36] *Kissel*[3] § 10, 18; *Musielak-Wittschier* § 10, 13; *Katholnigg*[3] § 10, 5; *Kleinknecht-Meyer-Goßner*[45] § 10, 6.

[37] Ebenso im Ergebnis *Thomas-Putzo*, zu § 10.

Vorbemerkungen zu den §§ 12 bis 21

Übersicht

I. Bundes- und Landesgerichte

1 **1. Aufteilung der Gerichtsbarkeit zwischen Bundes- und Landesgerichten.** Mit dem Inkrafttreten der Reichsjustizgesetze wurde die Ausübung der ordentlichen streitigen Gerichtsbarkeit (§ 2 EGGVG) in der Art geregelt, daß das ganze Reichsgebiet in fast allen verfahrensrechtlichen Beziehungen wie das Gebiet eines Staates behandelt wurde, obwohl die Gerichtsbarkeit nur zum Teil von Gerichten des Reichs und in der Hauptsache von den Gerichten der Länder ausgeübt wurde. Dieser Rechtszustand besteht, nachdem die 1934 erfolgte Übernahme der Justizhoheit der Länder auf das Reich im Jahre 1945 hinfällig wurde, auch heute. Art. 92ff GG sehen eine Aufteilung der Gerichtsbarkeit zwischen Gerichten des Bundes und den Gerichten der Länder vor, wobei Bundesgerichte lediglich das Bundesverfassungsgericht sowie die in Art. 95 GG vorgesehenen obersten Bundesgerichte (Bundesgerichtshof, Bundesverwaltungsgericht, Bundesfinanzhof, Bundesarbeitsgericht und Bundessozialgericht) sowie die in Art. 96 GG bezeichneten fakultativen Bundesgerichte sind. Weitere Bundesgerichte können ohne Änderung der Verfassung nicht errichtet werden, insbesondere nicht unter Berufung auf die Gesetzgebungszuständigkeit des Bundes für die Gerichtsverfassung (Art. 74 Abs. 1 Nr. 1 GG). Alle übrigen Gerichte sind Landesgerichte. Allerdings

schweigt das Grundgesetz zu der Frage, wie die einzelnen Befugnisse der rechtsprechenden Gewalt auf die Bundes- und Landesgerichte verteilt werden sollen. Dies zu bestimmen, bleibt grundsätzlich dem Bundesgesetzgeber aufgrund seiner Gesetzgebungskompetenz für das Gerichtsverfassungsrecht vorbehalten; *Herzog* spricht insofern von „einer offenen, durch den einfachen Gesetzgeber zu schließenden Flanke“[1]. Allerdings ergibt sich daraus, daß die in Art. 95 GG bezeichneten Bundesgerichte als oberste Gerichtshöfe bezeichnet sind, daß sie zumindest überwiegend als letztinstanzlich tätige, mit Aufgaben der Rechtsfortbildung und der Wahrung der Rechtseinheit befaßte Revisionsgerichte konzipiert sind, wie es der deutschen Rechtstradition entspricht[2]. Damit bringt das Grundgesetz zugleich zum Ausdruck, daß es einen Instanzenzug von Landesgerichten zu Bundesgerichten, also eine Mischzuständigkeit bei der Justizgewährung voraussetzt[3].

2. Originäre Gerichtsbarkeit der Länder. Einheitliches Rechtspflegegebiet. Früher war es streitig, ob die Gerichte der Länder der Sache nach rechtsprechende Gewalt des Bundes ausüben, d. h. ob die Justizhoheit der Länder aus der Bundesstaatsgewalt abgeleitet ist oder ob sie originäre Hoheitsrechte ihres Landes kraft eigenen Rechts ausüben[4]. Durch die neuere – z. T. kontroversenbereinigende (vgl. § 152a StPO) – Gesetzgebung ist diese Frage jetzt eindeutig im Sinne der zweiten Alternative erledigt[5]. Auch aus Art. 96 Abs. 5 GG ergibt sich, daß Gerichte der Länder nur in dem dort bezeichneten Umfang im Wege der „Organleihe“ substantiell Gerichtsbarkeit des Bundes ausüben (vgl. dazu § 452 StPO, §§ 120 Abs. 6, 142a GVG). Im übrigen üben sie originäre Gerichtsbarkeit der Länder aus. Entgegen der Vorauflage[6] ist in diesem Bereich auch für eine Bundesaufsicht entsprechend Art. 84 GG kein Raum. Unabhängig davon, ob Gerichtsbarkeit des Bundes oder eines Landes ausgeübt wird, ist die Bundesrepublik Deutschland ein einheitliches Rechtspflegegebiet; rechtskräftige Entscheidungen eines Landesgerichts entfalten über die Landesgrenzen hinaus die gleiche Wirkung, wie wenn die Justizhoheit allein dem Bund zustände und alle Gerichte Gerichte des Bundes wären[7]. 2

II. Die Befugnis der einzelnen Länder zur Strafverfolgung in ihrem Verhältnis zueinander

1. Träger der Strafverfolgung. Abgesehen von den Fällen, in denen ihre Gerichte Gerichtsbarkeit des Bundes ausüben (oben Rdn. 2), handeln die Gerichte der Länder aufgrund der Justizhoheit des jeweiligen Landes; es ergeben sich jedoch Einschränkungen aus dem Gedanken der Einheit des Rechtspflegegebiets. GVG und StPO gehen von dem Grundgedanken aus, daß die Länder als zu gemeinsamer Ausübung der Strafrechtspflege verbunden angesehen und sämtliche im Bundesgebiet vorhandenen Gerichte, Staatsanwaltschaften wie Organe einer und derselben Strafgewalt betrachtet werden. Diese Auffassung – von der sich eine wesentliche Abweichung nur in § 210 Abs. 3 Satz 1 zweiter Hs. und § 354 Abs. 2 Satz 1 StPO findet – tritt insbesondere deutlich hervor in den Bestimmungen über den Gerichtsstand (§§ 7ff StPO) und in denen über die Rechtshilfe (§§ 156ff GVG). In den Vorschriften über den Gerichtsstand ist (abgesehen 3

1 *Maunz-Dürig-Herzog* Art. 92, 115.
2 *Maunz-Dürig-Herzog* Art. 92, 116.
3 *Maunz-Dürig-Herzog* Art. 92, 116.
4 Vgl. RGSt **53** 41.
5 *Peters* 25.
6 LR-*Schäfer*[24] Vor § 12, 2.
7 OLG Düsseldorf MDR **1951** 489.

von dem hier nicht in Betracht kommenden § 11) von den einzelnen Ländern überhaupt nicht die Rede. Unterschieden wird nur zwischen Gerichtsbezirken, nicht aber zwischen Staatsgebieten. In dem Titel von der Rechtshilfe ist nur in wenigen Beziehungen auf die Staatszugehörigkeit der beteiligten Behörden Rücksicht genommen (§§ 167, 168).

4 **2. Begründung der Zuständigkeit zur Strafverfolgung.** Sind für dieselbe Sache mehrere Gerichte zuständig (§§ 12, 13 StPO) und gehören sie verschiedenen deutschen Ländern an, so sind für die Entschließung der Staatsanwaltschaft darüber, bei welchem Gericht die Sache anhängig zu machen ist, nur die Gründe maßgebend, die auch gelten, wenn die zuständigen Gerichte demselben Land angehören (§ 143 Abs. 3 GVG). Die Übertragung einer Sache von dem mit ihr befaßten Gericht auf ein anderes zuständiges Gericht (§ 12 Abs. 2, § 13 Abs. 2, 3 StPO) ist unter Gerichten verschiedener Länder in derselben Weise statthaft wie unter Gerichten desselben Landes; die Landeszugehörigkeit der beteiligten Gerichte ist auf die Entscheidung darüber, ob die Übertragung stattfinden soll, rechtlich ohne Einfluß. Auch wenn es sich um die Übertragung einer Sache auf ein an sich nicht zuständiges Gericht, also um die Begründung der Zuständigkeit durch den Auftrag eines oberen Gerichts (§ 15 StPO) handelt, ist die Übertragung auf das Gericht eines anderen Landes nicht ausgeschlossen[8]. Endlich hängt auch die Zuständigkeit für Nachtragsentscheidungen (§§ 462a, 463 StPO) nicht davon ab, welchem Land die Gerichte, die die Strafurteile erlassen haben, angehören.

5 **3. Folgerungen.** Für die einzelnen Untersuchungshandlungen ist der Gedanke der Rechtspflegeeinheit des Bundesgebiets in folgender Weise verwirklicht: Die Gerichtsgewalt, die dem mit der Sache befaßten Gericht außerhalb seines Bezirks zusteht, ist im ganzen Bundesgebiet dieselbe, also in dem Gebiet eines anderen Landes ebenso begründet wie in einem anderen Gerichtsbezirk des eigenen Landes. Auch die Befugnis des befaßten Gerichts, ausnahmsweise Amtshandlungen außerhalb seines Bezirks vorzunehmen (vgl. z. B. § 166), ist ohne Rücksicht auf die Grenzen des Landes gegeben. Die Rechts- und Vollstreckungshilfe wird den Behörden eines anderen Landes in derselben Weise wie denen des eigenen Landes geleistet (§§ 156, 162). Das alles gilt auch, wenn die Tat nur nach Landesrecht strafbar ist; hier hat jedes Gericht, bei dem ein Gerichtsstand nach den Vorschriften der StPO gegeben ist, nach den Grundsätzen des interlokalen Strafrechts das Recht des Tatorts anzuwenden, auch wenn es in seinem Gebiet nicht gilt[9].

6 **4. Wirkungen von Rechtshängigkeit, Rechtskraft.** Die Wirkungen der Rechtshängigkeit der Sache (§ 151 StPO) sowie der Rechtskraft einer gerichtlichen Entscheidung erstrecken sich gleichmäßig auf das ganze Bundesgebiet. Das gilt insbesondere für die Vollstreckbarkeit der Entscheidungen, ferner aber auch für den Verbrauch der Strafklage; die Entscheidung, durch die die Strafklage für ein Land verbraucht wird, bewirkt notwendig zugleich den Verbrauch für alle übrigen etwa zur Strafverfolgung berechtigten Länder, die Rechtshängigkeit in einem Land hindert die Verfolgung auch in den anderen deutschen Ländern.

---

8 BGHSt **22** 252.

9 BGH NJW **1958** 1500; *Tröndle/Fischer*[50] Vor § 3, 24ff.

III. Räumlicher Bereich der Rechtsprechungsgewalt

1. Grundsatz und Ausnahmen. Die Ausübung deutscher Rechtsprechungsgewalt erstreckt sich auf das deutsche Hoheitsgebiet. Beschränkungen ergeben sich aus dem Grundsatz der Exterritorialität (§§ 18 bis 20). Auch im Verhältnis zu den Gerichten der DDR ging man bis zur Wiedervereinigung grundsätzlich von der Einheit des Rechtspflegegebietes aus. Das zeigte sich u. a. darin, daß durch Urteile der dortigen Strafgerichte grundsätzlich die Strafklage auch mit Wirkung für die Gerichte der Bundesrepublik Deutschland verbraucht wurde und daß diese Urteile grundsätzlich in der Bundesrepublik Deutschland vollstreckbar waren. Die durch die Unterschiede der politischen und rechtlichen Systeme gebotenen weitreichenden Ausnahmen waren im Gesetz über die innerdeutsche Rechts- und Amtshilfe in Strafsachen vom 2. 5. 1953[10] geregelt. Der Einigungsvertrag hat dieses Gesetz aufgehoben. Art. 18 des Einigungsvertrages bestimmte die grundsätzliche Fortgeltung der Strafurteile der DDR, jedoch mit der Möglichkeit einer Durchbrechung der Rechtskraft aufgrund der in Art. 18 Abs. 2 des Einigungsvertrages den Verurteilten eröffneten Kassation und nach Maßgabe des vom Einigungsvertrag im wesentlichen aufrechterhaltenen Rehabilitierungsgesetzes vom 6. 9. 1990[11]; der Komplex wurde später im Strafrechtlichen Rehabilitierungsgesetz vom 29. 10. 1992[12] geregelt. 7

2. Verhältnis zur Strafverfolgung durch die Gerichte der Mitgliedstaaten der EU. Auf der Grundlage gegenseitigen Vertrauens, gegenseitigen Verständnisses und gegenseitiger Achtung weiten die Mitgliedstaaten der EU ihre Zusammenarbeit in Strafsachen aus. Ein wesentlicher Inhalt ist die wechselseitige Anerkennung des Grundsatzes ne bis in idem in Bezug auf Justizentscheidungen der anderen Mitgliedstaaten, wodurch, wie umgekehrt, die Reichweite deutscher Straferkenntnisse in den europäischen Rechtsraum hinein erweitert wird. Für den Schengen-Raum ist seit 1995 Art. 54 des Schengener Durchführungsübereinkommens (SDÜ) von 1990 in Kraft. Im Verhältnis zu den meisten Mitgliedstaaten kann inzwischen auch das weitgehend gleichlautende EG- ne bis in idem-Übereinkommen von 1987 angewendet werden[13]. 8

3. Verhältnis zur Strafverfolgung durch sonstige nichtdeutsche Strafgerichte. Unterschiedlich ausgestaltete Bestimmungen zur Überleitung von Verfahren bzw. zum Strafklageverbrauch enthalten die Regelungen zu den internationalen Strafgerichtshöfen für Jugoslawien (ICTY)[14] und Ruanda (ICTR)[15] sowie Art. 20 des römischen Statuts des Internationalen Strafgerichtshofs vom 17. 7. 1998[16]; das Statut ist nach Ratifizierung durch 60 Staaten inzwischen in Kraft getreten; vgl. dazu bei § 21. 9

---

[10] BGBl. I S. 161 mit späteren Änderungen; dazu die Erläuterung durch LR-*Schäfer*[23] Anhang.

[11] GBl I Nr. 60 S. 1459; zu Kassation und strafrechtliche Rehabilitierung vgl. LR-*Hilger* Nachtrag II (Einigungsvertrag) Teil C, 4ff; 45ff; 80ff.

[12] BGBl. I S. 1814.

[13] Zu den zahlreichen Auslegungs- und Zweifelsfragen BGH StV **2001** 495; BGH NStZ **1999** 579; BGH NStZ **1999** 250 = StV **1999** 244 mit Anm. *Schomburg*; OLG München StV **2001** 495 mit Anm. *Hecker* StV **2002** 171; OLG Saarbrücken StV **1997** 359 mit Anm. *Schomburg* StV **1997** 383; *Schomburg* in *Schomburg/Lagodny*[3] Art. 54 SDÜ, 8ff; *Kleinknecht/Meyer-Goßner*[45] Einl. 177 mit Nachw.; LR-*Rieß* Einl. Abschnitt J 107ff; zum Ganzen auch *Harms* FS Rieß (2002) 725ff.

[14] Vgl. § 2 Jugoslawien – Strafgerichtshof Gesetz vom 10.4.1995 (BGBl. I S. 485) und dazu *Schomburg* NStZ **1995** 428; *Trautwein* NJW **1995** 1658.

[15] Vgl. dazu § 2 Ruanda – Strafgerichtshof Gesetz vom 4. 5. 1998 (BGBl I S. 843).

[16] BGBl. 2000 II S. 1393; vgl. dazu *Hermsdörfer* JR **2001** 1; *Ambos* ZStW **111** (1999) 175; *Kreß* NStZ **2000** 617; *Kinkel* NJW **1998** 2650.

IV. Gnade und Amnestie

Schrifttum. Literatur aus der Zeit vor 1949 hat aufgrund der veränderten verfassungsrechtlichen Lage an Relevanz erheblich eingebüßt. Auch die Literatur aus der frühen Zeit der Bundesrepublik Deutschland ist nur noch mit Einschränkung aktuell. Insoweit wird auf die zahlreichen Nachweise in der 24. Auflage verwiesen. Die nachfolgenden Hinweise beschränken sich auf neueres Schrifttum. *Schätzler* Gnade vor Recht, NJW **1975** 1249; *Rüping* Die Gnade im Rechtsstaat, FS Schaffstein (1975) 31; *Merten* Rechtsstaatlichkeit und Gnade (1978); *Mrozjinski* Rehabilitationsrecht (1979); *Maurer* Das Begnadigungsrecht in modernen Verfassungsprozessen und das Kriminalrecht (1979); *Bachof* Über Fragwürdigkeiten der Gnadenpraxis und die Gnadenkompetenz JZ **1983** 469; *Marxen* Rechtliche Grenzen der Amnestie (1984); *Müller-Dietz* Recht und Gnade, DRiZ **1987**, 474; *Schneider* Anmerkungen zum Begnadigungsrecht, MDR **1991** 101; *Schätzler* Handbuch des Gnadenrechts² (1992); *Hillenkamp* Offene oder verdeckte Amnestie – Über Wege strafrechtlicher Vergangenheitsbewältigung, JZ **1996** 179; *Mickisch* Die Gnade im Rechtsstaat – Grundlinien einer rechtsdogmatischen, staatsrechtichen und verfahrensrechtlichen Neukonzeption (1996); *Dimoulis* Die Begnadigung in vergleichender Perspektive – rechtsphilosphische, verfassungs- und strafrechtliche Probleme (1996); *Held* Gnade und Recht, FS Odersky (1996) 413; *Sendler* Strafrechtliche Aufarbeitung der DDR-Vergangenheit oder Amnestie? NJW **1997** 3146; *Wassermann* Amnestie – eine endlose Debatte? NJW **1998** 204; *Jekewitz* Verfassungsrechtliche Aspekte des strafgerichtlichen Zugriffs auf Geldvermögen und seine Rückgängigmachung auf dem Gnadenweg, GA **1998** 276; *Schorlemmer* Amnestie zum 9. Oktober 1999, DRiZ **1999** 88; *Gauck* Wem würde eine Amnestie nützen? DRiZ **1999** 90; *Süß* Studien zur Amnestiegesetzgebung (2001); *Klein* Gnade – ein Fremdkörper im Rechtsstaat? (2001).

10 **1. Gnade und Strafgerichtsbarkeit. Formen der Gnade.** Wie in anderen Staaten der Welt[17] tritt der den Gerichten anvertrauten rechtsprechenden Gewalt auf dem Gebiete des Strafrechts auch nach deutschem Verfassungsrecht die Gnadenmacht (pardoning power), das Gnadenrecht des Staates gegenüber. Wie die Strafgerichtsbarkeit ist auch das Gnadenrecht in der Bundesrepublik Deutschland zwischen Bund und Ländern aufgeteilt (§ 452 StPO). Im weiteren Sinn umfaßt die Befugnis, Gnade zu gewähren, auch die Amnestie, d. h. die Gewährung von Straffreiheit an einen unbestimmten, wenn auch nicht notwendig großen Personenkreis[18] nach allgemein bezeichneten Merkmalen ohne Rücksicht auf die individuelle Gnadenwürdigkeit. Dabei kann es um den Erlaß oder die Abmilderung rechtskräftig erkannter Strafen gehen. Es kann sich aber auch, und das ist die Regel, um eine Freistellung von laufender oder künftiger Strafverfolgung für begangene Straftaten handeln mit der Folge, daß es zu einer rechtskräftigen Verurteilung nicht mehr kommt. Es ist anerkannt, daß Amnestien Rechtsnormcharakter haben und eines Gesetzes bedürfen, auch wenn das GG dies anders als Art. 49 Abs. 2 WRV und einzelne Landesverfassungen nicht ausdrücklich bestimmt[19]. Amnestien (Straffreiheitsgesetze) hat es in der Geschichte der Bundesrepublik Deutschland wiederholt gegeben. Ausfluß des Gnadenrechts ist aber vor allem die Befugnis, im Einzelfall in den Lauf des Rechts einzugreifen[20] (Gnade, Begnadigung im engeren Sinn). Dies kann z. B. geschehen durch Erlaß oder Teilerlaß einer rechtskräftig verhängten Strafe oder deren Abmilderung sowie durch Aufschub der Vollstreckung. Früher hielt man es für möglich, daß im Wege der Gnade im Einzelfall vor rechtskräftiger Aburteilung eingegriffen und eine Strafverfolgung untersagt wird (Niederschlagung, Abolition im Einzelfall). § 3 Abs. 1 der Gnadenordnung 1935[21] sah die Befugnis dazu noch als Inhalt des Gnadenrechts an.

---

[17] Dazu *Schätzler* Handbuch, 146ff.
[18] BVerfGE **10** 234.
[19] Vgl. *Schätzler* Handbuch, 208.
[20] „Der Gerechtigkeit ihren Lauf lassen" ist eine überkommene Formel für ablehnende Gnadenentscheidungen.
[21] Verordnung über das Verfahren in Gnadensachen vom 6. 2. 1935 (DJ S. 203).

Heute ist anerkannt, daß im gewaltenteilenden Rechtsstaat des GG eine Niederschlagung im Einzelfall unzulässig ist, weil damit in die den Gerichten anvertraute Rechtsprechung eingegriffen würde[22].

2. Die Begnadigung

a) Geschichtliche Entwicklung, verfassungsrechtliche Grundlagen. Es ist hier nicht möglich, die Entwicklung des Gnadenrechts in Deutschland im einzelnen nachzuzeichnen[23]. Eine wichtige Entwicklungslinie ist, daß die im späten Mittelalter den Gerichten vielfach zugestandene Befugnis des „Richtens nach Gnade" d. h. das Recht, die verwirkte Strafe nachzulassen oder zu mildern oder auch zu schärfen[24], u. a. wegen vielfacher Mißbräuche zurückgedrängt wurde (Bambergensis 1507, Carolina 1532) und die Gnadenmacht dem Landesherrn zuerkannt wurde. Sie wurde als eine außerhalb des Rechts oder neben dem Recht stehende besondere Befugnis des Staatsoberhaupts begriffen, ausnahmsweise im Einzelfall Milde walten zu lassen[25]. In der Person des Landesherrn vereinigte sich das Recht zur Gnade mit der Befugnis zu anderen Gunstbezeigungen[26], eine Verbindung, die später hinfällig wurde. Verstanden als Befugnis des Staatsoberhaupts, Nachteile, die für Pflichtverstöße verhängt wurden, zu mildern oder zu beseitigen, haben die deutschen Verfassungen nach 1945 das Institut der Gnade übernommen und inkorporiert[27]. Ohne über den Inhalt des Gnadenrechts etwas zu sagen, wurden im GG der Bundespräsident (Art. 60 Abs. 2 GG) und in den Landesverfassungen die Ministerpräsidenten, in einzelnen Ländern auch die Landesregierungen[28], als Träger des Gnadenrechts bestimmt. Diese haben das Gnadenrecht im weiten Umfang auf den Justizminister und die Staatsanwaltschaften delegiert. 11

b) Gnadengründe. Mit dem Übergang des Gnadenrechts vom gekrönten Herrscher auf das demokratisch legitimierte Staatsoberhaupt sind früher anerkannte Gnadengründe, die mit der Person des Herrschers und seiner Familie verknüpft waren (Jubiläen etc.), in Wegfall gekommen. Im wesentlichen geht es, wie das Bundesverfassungsgericht gesagt hat, heute darum, „Härten des Gesetzes, etwaige Irrtümer der Urteilsfindung sowie Unbilligkeiten bei nachträglich veränderten allgemeinen oder persönlichen Verhältnissen auszugleichen"[29]. Ähnliche Umschreibungen finden sich in einzelnen Gnadenordnungen, wobei dann regelmäßig ein Vorbehalt zugunsten der Verteidigung der Rechtsordnung gemacht wird[30]. So weit diese Umschreibungen sind, schließen sie doch nicht aus, daß weitere Gesichtspunkte bei der Gnadenentschließung eine Rolle spielen[31]. Indem die Verfassungen die Gnadenkompetenz dem Staatsoberhaupt zugewiesen haben und nicht einer Justizbehörde, haben sie die Mitberücksichtigung der dem Staatsoberhaupt anvertrauten gesamtstaatlichen Interessen nicht nur zugelassen, sondern gewollt; es wäre deshalb zu eng, die Gnade als Aspekt der Justizhoheit zu begreifen und ihre Aufgabe „als individualisierende Gerechtigkeit" zu verstehen[32], auch wenn dies ihr Kerninhalt ist. 12

---

22 Nachweise bei *Schätzler* Handbuch, 16.

23 Vgl. dazu BVerfGE **25** 352, 358; *Schätzler* Handbuch, 6; *Held* FS Odersky, 413; *Rüping* FS Schaffstein, 31 mit Nachw.; *Klein* 3ff.

24 *Rüping* FS Schaffstein 32.

25 *Held* FS Odersky 415.

26 *Schätzler* Handbuch, 9.

27 BVerfGE **25** 352, 359.

28 Art. 81 S. 1 BerlV; Art. 121 Abs. 1 S. 1 BremVerf.; Art. 44 Abs. 1 HambVerf.; vgl. auch Art. 93 SaarlVerf.

29 BVerfGE **25** 352, 360.

30 Nachweise bei *Schätzler* Handbuch, 80ff.

31 Ebenso *Schätzler* Handbuch, 85ff, 157ff.

32 So LR-K. *Schäfer*[24] Vor § 12, 9; ebenso etwa *Rüping* FS Schaffstein 31, 42; *Klein* 15.

13 **c) Verrechtlichung.** Im Prozeß der Differenzierung und Abmilderung der Strafrechtsordnung ist die Notwendigkeit eines gnadenweisen Eingreifens in verschiedenen Bereichen entfallen oder geringer geworden. Die Todesstrafe ist abgeschafft, über die Aussetzung verhängter Freiheitsstrafen bis hin zur lebenslangen Freiheitsstrafe entscheiden heute die Gerichte (§§ 56ff StGB), über die Aussetzung von Maßregeln der Besserung und Sicherung ebenso (§§ 67bff StGB), auch über die vorzeitige Wiederverleihung durch Strafurteil verlorener Fähigkeiten und Rechte (§ 45b StGB). Bei der Festsetzung und Vollstreckung von Geldstrafen sieht das Gesetz die Möglichkeit von Zahlungserleichterungen vor, über die letztlich das Gericht entscheidet (§ 42 StGB, §§ 459a, 459f, 459h StPO). Früher für Gnadengesuche typische Konfliktlagen sind damit in die Hand der Gerichte gelegt worden. Da das Gnadenrecht vom Grundsatz des Vorrangs der gerichtlichen Entscheidung bestimmt ist, wie dies in verschiedenen Gnadenordnungen auch ausdrücklich bestimmt ist[33], wird von einer Verrechtlichung der Gnade gesprochen. Eine Tendenz zur Verrechtlichung läßt sich aber auch insoweit feststellen, als die Gnadenbefugnis weitgehend auf die Staatsanwaltschaften delegiert ist und dort als ein durch Gnadenordnungen und -erlasse geregeltes Alltagsgeschäft erlebt wird[34].

14 **d) Bedürfnis für Gnade. Ihr Platz im gewaltenteilenden Rechtsstaat.** Dies bedeutet nicht, daß es kein Bedürfnis für Gnade mehr gäbe[35]. Sie beschränkt sich allerdings auf die Konfliktsituationen, in denen mit rechtlichen Mitteln keine Hilfe möglich ist. Die Gnadenpraxis der Länder zeigt, daß jährlich viele tausend Gnadenverfahren bearbeitet werden, von denen ein kleiner, aber doch nicht zu vernachlässigender Teil, insgesamt mehrere tausend, auch einen gewissen Erfolg haben. Jenseits der praktischen Bedeutung für die Strafrechtspraxis, wie sie sich in diesen Zahlen ausdrückt, ist die Existenz von Gnade eine kulturelle Errungenschaft so wie das Recht selbst[36]. In der Gnade reichen, wie *Radbruch*[37] gesagt hat, „rechtsfremde Wertgebiete mitten in die Rechtswelt hinein, religiöse Barmherzigkeitswerte, ethische Duldsamkeitwerte". Darauf sollte auch im freiheitlich-demokratischen Rechtsstaat nicht verzichtet werden. Ein Problem ist sicher, daß diese außerordentliche Dimension der Gnade in der Gnadenpraxis der Staatsanwaltschaften oft nicht sichtbar wird, die Gnade dort als „kleine Münze" erscheint, die sich von den Aufgaben der Staatsanwaltschaft im Bereich der Strafvollstreckung nicht substanziell unterscheidet und deshalb die Frage provoziert, warum anders als dort keine gerichtliche Kontrolle besteht[38]. Das sollte jedoch eher Anlaß sein, die weitgehende Delegation der Gnade auf die Staatsanwaltschaften zu überdenken als die Gnade selbst in Frage zu stellen. Bundespräsident von Weizsäcker hat 1986 beim 56. Deutschen Juristentag in Berlin so formuliert: „Je enger das Netz unserer Gesetze wird, desto mehr sollten wir uns der Gnade entsinnen, nicht nur weil wir alle allzumal Sünder sind, Verurteilte und Urteilende – die ganze Rechtsordnung bleibt darauf angewiesen, daß eine Gnade erfahrbar bleibt, die das Recht achtet, ihm aber nicht unterworfen ist"[39]. Zu Recht haben die Verfassungen die Gnadenkompetenz deshalb dem Staatsoberhaupt zugewiesen. Das Gewähren von Gnade ist nicht ein Akt der Rechtsprechung[40], sie ist

---

33 Vgl. § 14 BWGnO; § 5 BayGnO; § 6 BerlGnO; § 6 HessGnO; § 11 NdsGnO; § 10 NRWGnO; § 9 RpfGnO; § 13 SächsGnO.

34 Dazu *Klein* 34ff.

35 Zu einer spezifischen Aufgabe der Gnade beim Rückgängigmachen des strafrechtlichen Zugriffs auf Geldvermögen vgl. *Jekewitz* GA **1998** 276.

36 *Schätzler* Handbuch, 4; vgl. auch *Hattenhauer* ZStW **78** (1966) 184, 197ff; A. *Kaufmann* NJW **1984** 1062; *Müller-Dietz* DRiZ **1987** 474, 481.

37 Rechtsphilosophie[4] § 24.

38 Vgl. aus der Sicht des Praktikers *Klein* 34ff.

39 Verhandlungen des 56. DJT Band II J 25, 34.

40 Für eine materielle Zuordnung zur Rechtsprechung *Dimoulis*, 128ff; für eine Übertragung auf die Strafvollstreckungskammern de lege ferenda *Klein* 124ff.

anders als der Erlaß einer Amnestie (unten Rdn. 23) auch nicht ein Akt der Gesetzgebung. Gnade ist ein Akt der Exekutive[41], aber mit der Besonderheit, daß die Gnadenkompetenz dem höchsten Repräsentanten des Staates zugeordnet ist und damit innerhalb der exekutivischen Gewalt eine Sonderstellung hat[42].

e) Inhalt der Gnadenentscheidung. Gnadentheorien. Die Gnadenentschließung läßt, das ist heute allgemein anerkannt[43], das rechtskräftige Urteil unberührt, kassiert es nicht, sondern erstreckt sich nur auf die Vollziehbarkeit des Urteils. Wie diese Wirkung zu klassifizieren ist, ist Gegenstand der Gnadentheorien, die in der Vorauflage ausführlich dargestellt sind[44]. Mit Hilfe der Befehls-, der Verzichts- und der Restitutionstheorie können jeweils einzelne Aspekte des Gnadenakts einleuchtend umschrieben werden. Der von *Schätzler*[45] bevorzugte Begriff der Dispensation macht zudem deutlich, daß Gnade etwas anderes ist als Rechtsanwendung. Praktische Bedeutung kommt dem Theorienstreit nicht zu. 15

3. Gnade außerhalb des Strafrechts. Gnadenfähig sind nicht nur Strafen und sonstige aus Anlaß einer Straftat verhängte Rechtsfolgen[46], sondern auch wegen Ordnungswidrigkeiten verhängte Geldbußen (§ 17 OWiG), das Fahrverbot nach § 25 StVG und sonstige Sanktionen des Ordnungswidrigkeitenrechts[47], ferner Disziplinarmaßnahmen[48] und Maßnahmen der Berufsgerichtsbarkeit[49], schließlich Ordnungsgeld und Ordnungshaft[50]. Wegen des Umgriffs der gnadenfähigen Maßnahmen und der Gnadenzuständigkeit in diesen Bereichen wird auf die Darstellung bei *Schätzler* Bezug genommen. Auch hier gilt, daß die Gnade die jeweilige (gerichtliche) Entscheidung nicht antastet, sondern nur die sich daraus ergebenden Nachteile, die sie erläßt oder mildert. 16

4. Gerichtliche Nachprüfung von Gnadenentscheidungen

a) Die Rechtsprechung des Bundesverfassungsgerichts. Die Frage, ob Gnadenentschließungen, insbesondere ablehnende, gerichtlich nachprüfbar sind, ist seit langem umstritten. Das Bundesverfassungsgericht hatte 1969 über eine Verfassungsbeschwerde gegen einen Beschluß des Oberlandesgerichts München zu entscheiden, das einen Antrag auf gerichtliche Entscheidung nach § 23 EGGVG gegen eine ablehnende Gnadenentscheidung als unzulässig verworfen hatte[51]. Mit 4 : 4 Stimmen kam der 2. Senat zu dem Ergebnis, daß ein Verstoß gegen Art. 19 Abs. 4 GG nicht festgestellt werden könne. Nach der diese Entscheidung tragenden Auffassung gilt Art. 19 Abs. 4 GG für ablehnende Gnadenentscheidungen nicht. Der Grundgesetzgeber habe das Institut des Begnadigungsrechts in seinem historisch überkommenen Sinn übernommen. In seinem historisch überkommenen Verständnis beinhalte der Gnadenakt einen Eingriff der Exekutive in die rechtsprechende Gewalt, wie er sonst dem Grundsatz der Gewaltenteilung fremd sei. Das Gnadeninstitut unterliege daher nicht den Sicherungen, den Gewaltenverschränkungen und -balancierungen, die gewährleisten sollen, daß Über- 17

[41] Vgl. auch BVerfG **25** 352, 361, 365; BVerfGE NJW **1971** 795.

[42] *Schätzler* Handbuch, 122 spricht von einer „Gewalt sui generis", ähnlich *Peters* 699; zur Deutung als ‚Regierungsakt' in Frankreich und Griechenland *Dimoulis* 121ff.

[43] OLG Saarbrücken NJW **1973**, 2037; OLG Hamburg MDR **1977** 771; *Schätzler* Handbuch, 33, 35.

[44] LR-K. *Schäfer*[24] Vor § 12, 13ff; vgl. auch *Schätzler* Handbuch, 77.

[45] *Schätzler* Handbuch, 78.

[46] Vgl. im einzelnen *Schätzler* Handbuch, 34ff.

[47] Vgl. näher *Schätzler* Handbuch, 50ff.

[48] *Schätzler* Handbuch 52ff.

[49] *Schätzler* Handbuch 56ff.

[50] Vgl. *Schätzler* Handbuch 60.

[51] BVerfGE **25** 352ff.

griffe der Exekutive durch Anrufung der Gerichte abgewehrt werden können. Die Delegation der Gnadenbefugnis an untere Instanzen ändere daran nichts. Da sich der Ausschluß der Anfechtbarkeit positiver wie negativer Gnadenentscheidungen aus dem Grundgesetz selbst ergebe, bedürfe es keiner Erörterung der Frage, ob ein Gnadenakt den Einzelnen überhaupt in seinen Rechten verletzen kann. Da zur Eigenart des Gnadenakts gehöre, daß er ohne Antrag, ohne Zustimmung, ohne Billigung und sogar gegen den Willen des Begünstigten ergehen könne und daß ein Recht auf einen Gnadenerweis nicht besteht, könne ein solches Recht des Betroffenen auch nicht verletzt werden. Für eine gerichtliche Nachprüfbarkeit würde es auch an Maßstäben fehlen. Etwaige Mißbräuche bei der Handhabung des Gnadenrechts seien der politischen Verantwortlichkeit der Verfassungsorgane überantwortet.

17a Die vier **dissentierenden Richter** vertraten die Auffassung, daß Art. 19 Abs. 4 GG den Rechtsweg gegen willkürliche Gnadenentscheidungen eröffne. Die Gnadenbefugnis könne nicht aus dem umfassenden, durch Art. 19 Abs. 4 GG mitgeprägten rechtsstaatlichen Verhältnis, in dem nach dem Grundgesetz der einzelne Mensch zur öffentlichen Gewalt steht, herausgenommen werden. Die Inhaber des Gnadenrechts dürften dieses nur im Rahmen der verfassungsmäßigen Ordnung und der durch diese, insbesondere durch Art. 1 Abs. 3 GG und Art. 20 Abs. 3 GG gezogenen Grenzen ausüben. Jede positive und jede negative Gnadenentscheidung müsse von Motiven getragen sein, die sich an der Gerechtigkeitsidee orientieren, wie sie im Grundgesetz im einzelnen konkretisiert ist. Eine willkürliche oder leichtfertige Kassation gerichtlicher Urteile im Gnadenwege wäre hiermit unvereinbar. Zwar könne ein Gnadenerweis aus jedem von der Wertordnung des Grundgesetzes nicht mißbilligten Grund abgelehnt werden. Wenn das Begnadigungsrecht durch willkürliche Handhabung mißbraucht werde, werde der Verurteilte aber in seinem durch Art. 1 und 3 GG begründeten Recht auf eine rechtsstaatskonforme, d. h. nicht diskriminierende, gerechte und sachbezogene Gnadenentscheidung verletzt. Es handle sich bei Gnadenentscheidungen, zumal wenn sie von nachgeordneten Behörden administrativ bearbeitet und entschieden werden, um exekutivische Akte, gegen die durch Art. 19 Abs. 4 GG der Rechtsweg eröffnet werde. Der Rechtsweg nach §§ 23 ff EGGVG erscheine als der sachnächste.

18 In einer Entscheidung aus dem Jahre 1971 kam der 2. Senat in Ergänzung dieser Entscheidung zu dem Ergebnis, daß der **Widerruf eines Gnadenerweises** der gerichtlichen Kontrolle nach Art. 19 Abs. 4 GG unterliegt[52]. Durch den Gnadenerweis werde die Wirkung des Urteils umgestaltet. Wie vorher die Vollstreckungsbehörde an das rechtskräftige Urteil sei nunmehr die Exekutive durch ihre Gnadenentscheidung gebunden. Der dem Verurteilten gewährte Freiraum unterliege nicht mehr der freien Verfügung der Exekutive. Er könne dem Verurteilten nur noch unter den im Gnadenakt selbst gesetzten Voraussetzungen genommen werden. Anders als die Ablehnung des Gnadenerweises, auf den ein Rechtsanspruch nicht bestehe, sei jeder nachträgliche Eingriff in die durch den Gnadenakt gewährte Rechtsstellung ein rechtlich gebundener Akt, der der gerichtlichen Kontrolle nach Art. 19 Abs. 4 GG unterliege. Welcher Rechtsweg gegeben sei, ließ das Bundesverfassungsgericht offen. Diese Entscheidung ist im Ergebnis einstimmig ergangen. Die vier in der vorangegangenen Entscheidung dissentierenden Richter beriefen sich dazu auf ihre dort vertretene Auffassung.

19 In einem Beschluß aus dem Jahre 1978[53], mit dem eine Verfassungsbeschwerde, die sich gegen das **Unterlassen eines Gnadenerweises** richtete, nicht zur Entscheidung angenommen wurde, hat das Bundesverfassungsgericht keinen Anlaß gesehen, die Frage der

---

[52] BVerfGE **30** 108; vgl. auch BVerfG NStZ **1995** 205.
[53] BVerfG NJW **1978** 2591.

Justitiabilität von Gnadenentscheidungen noch einmal zu erörtern. Es hat aber darauf hingewiesen, daß für den Fall, daß man Justitiabilität bejahen würde, die Prüfung nur dahin gehen könne, ob die Verweigerung eines Gnadenerweises den durch das GG abgesicherten Mindestanforderungen – insbesondere dem Erfordernis der Willkürfreiheit – entspreche, was für den entschiedenen Fall bejaht wurde.

b) Entwicklung des Meinungsstandes. Es kann danach zweifelhaft sein, wie stabil die eine Justitiabilität ablehnende Auffassung innerhalb des Bundesverfassungsgerichts ist. Jedenfalls hat die Rechtsprechung in der Folge ganz überwiegend eine Justitiabilität ablehnender Gnadenentscheidungen verneint. Dies war insbesondere die Position des Bundesverwaltungsgerichts[54], aber auch der mit Anträgen nach § 23 EGGVG befaßten Oberlandesgerichte[55]. Die Literatur ist dem zu einem beachtlichen Teil gefolgt[56], tritt aber, vor allem im verfassungs- und verwaltungsrechtlichen Schrifttum, zu einem ebenfalls beträchtlichen Teil für die Justitiabilität von Gnadenentscheidungen ein[57]. In Auslegung des jeweiligen Landesverfassungsrechts mußten die Verfassungsgerichte von Bayern und Hessen über die Frage entscheiden. Der Bayerische Verfassungsgerichtshof hält die Verfassungsbeschwerde gegen eine ablehnende Gnadenentscheidung in ständiger Rechtsprechung für zulässig; insbesondere könne ein Verstoß gegen das in Art. 118 Abs. 1 der bayerischen Verfassung enthaltene Willkürverbot geltend gemacht werden[58]. Allerdings vertritt der BayVerfGH ausdrücklich die Auffassung, Art. 19 Abs. 4 GG sei nicht anwendbar[59]. Ebenso hat der Hessische Staatsgerichtshof[60] für die Grundrechtsklage nach hessischem Verfassungsrecht entschieden; das in der Hessischen Verfassung enthaltene Recht, den Hessischen Staatsgerichtshof mit der Begründung anzurufen, man sei in seinen durch die Hessische Landesverfassung gewährleisteten Grundrechten verletzt, gehe weiter als Art. 19 Abs. 4 GG und als § 90 BVerfGG (Art. 93 Abs. 1 Nr. 4a GG). Der Verfassungsgerichtshof Rheinland-Pfalz hat die Frage in einer Entscheidung vom 9. 6. 1993[61] unentschieden gelassen. Hinsichtlich des Widerrufs von Gnadenentscheidungen ist die Rechtsprechung der Oberlandesgerichte der Rechtsprechung des Bundesverfassungsgerichts gefolgt und hält eine Überprüfung im Verfahren nach §§ 23ff EGGVG für zulässig[62]. 20

[54] Vgl. BVerwG NJW **1983** 187 mit umfassenden Nachw.

[55] Vgl. OLG Hamburg NJW **1975** 1985; OLG München NJW **1977** 1115; OLG Stuttgart NStZ **1985**, 331, 332; OLG Hamm JMBl. NRW **1988** 154; OLG Hamburg MDR **1996** 193 = JR **1997** 257 mit Anm. *Streng*; OLG Celle Nds.RPfl **1996** 310.

[56] Vgl. *Kissel*[3] § 23 EGGVG, 129; LR-*Böttcher* § 23 EGGVG, 37; LR-*Wendisch* § 456 StPO, 13; KK-*Fischer* § 452 StPO, 6; SK-*Paeffgen* § 452 StPO, 8; KMR-*Paulus* § 452 StPO, 13; *Katholnigg*[3] § 23 EGGVG, 7; *Kleinknecht/Meyer-Goßner*[45] § 23 EGGVG, 17; *Pfeiffer*[3] § 452 StPO, 3; *Schätzler* Handbuch, 126ff; *Schätzler* NJW **1975** 1249, 1254; *Dreher* FS Lange 345; *Held* FS Odersky 416; im Ergebnis übereinstimmend (aber unter Verwahrung gegen eine Begründung mit der Natur der Gnade als einer Gewalt sui generis) und mit Hinweisen auf die entsprechende Rechtslage in Frankreich, Griechenland und Italien, *Dimoulis* 175ff.

[57] Vgl. *Schmidt-Aßmann* in Maunz-Dürig Art. 19 Abs. 4 GG, 80; BK-*Schenke* Art. 19 Abs. 4 GG, 232; *Krebs* in von Münch Art. 19 GG, 55; *Jarras-Pieroth* Art. 19 GG, 24; *Schmidt-Bleibtreu* in *Schmidt-Bleibtreu/Klein*[9] Art. 19 GG, 24h (jedenfalls bei Bestehen eines durch Gnadenordnung normierten Verfahrens); *Ehlers* in Schoch/Schmidt-Aßmann/Pietzner § 40 VwGO, 124; *Redeker/von Oertzen* § 42 VwGO, 60; *Rüping* FS Schaffstein 31, 43; *Bachof* JZ **1983** 469; *Mickisch* 157ff; *Streng* JR **1997** 257; *Klein* 69ff.

[58] BayVerfGHE **18** 140; **21** 11, 12; **23** 6; **24** 53; dazu kritisch *Held* FS Odersky 415.

[59] BayVerfGHE **31** 230; NStZ-RR **1997** 39.

[60] HessStGH NJW **1974** 791; vgl. auch HessStGH vom 13. 5. 1992 P.St. 1099.

[61] AZ VGH B 5/93.

[62] KG GA **1978** 14; NStZ **1993** 54 mit Anm. *Eisenberg*; KG vom 2. 7. 2001 4 VAs 18/01; OLG Saarbrücken MDR **1979** 338; OLG Stuttgart MDR **1988** 886; OLG Celle NJW **1989** 114; vgl. auch LR *Böttcher* § 23 EGGVG, 37 mit Nachw.

21 **c) Eigene Meinung.** Der Streit wird in sehr grundsätzlicher Weise geführt. Praktische Gesichtspunkte werden kaum herangezogen. Es sind keine Fälle berichtet worden, in denen (positive oder negative) Gnadenentscheidungen auf skandalösen Erwägungen beruhten, eine Begnadigung etwa aus Gründen der Rasse, der Hautfarbe, des Geschlechts oder der Konfession abgelehnt wurde. Da es immer sachliche Gründe für die Gnadenentscheidung geben wird, könnten solche Motive auch nur festgestellt werden, wenn der Gnadenträger sich offen dazu bekennt, in der freiheitlichen Demokratie kaum vorstellbar. Es wird auch nicht in Rechnung gestellt, was die Bejahung der Justitiabilität praktisch in der Gnadenpraxis bewirken wird. Es geht in prinzipieller Weise darum, ob man die Gnade als Fremdkörper im gewaltenteilenden Rechtsstaat akzeptiert oder ob man zur Verhinderung denkbarer Mißbrauchsfälle eine gerichtliche Kontrolle für erforderlich hält. Anders als die Vorauflage[63] folgt der Verfasser ohne Einschränkung der Entscheidung des Bundesverfassungsgerichts von 1969 mit dem Ergebnis, daß eine gerichtliche Kontrolle von Gnadenentscheidungen nicht zulässig ist, auch nicht mit der Behauptung von Grundrechtsverletzungen. Dies entspricht dem überkommenen Verständnis der Gnade, das in das Grundgesetz und die Landesverfassungen Eingang gefunden hat. Dies entspricht der Stärke des durch das GG verfaßten freiheitlich demokratischen Rechtsstaats, der sich einen solchen Fremdkörper im System leisten kann ohne ernsthaft einen Mißbrauch befürchten zu müssen. Dies entspricht auch dem Wesen der Gnade, das sich nicht darin erschöpft, eine mildere Form des Rechts zu sein, ein „Sicherheitsventil des Rechts", sondern ein Ausdruck der Erkenntnis ist, daß es neben dem Recht noch andere Werte gibt und daß es nötig werden kann, diesen Werten gegen die Härte des Recht zur Geltung zu verhelfen[64]. Das findet besser Ausdruck, wenn die Kontrolle von Mißbrauchsfällen der politischen Verantwortung der Gnadenträger überantwortet wird, als wenn die Strafsenate der Oberlandesgerichte darüber entscheiden[65]. Ob sich aus Landesverfassungsrecht ergeben kann, daß die Verfassungsbeschwerde (Grundrechtsklage) zum Landesverfassungsgericht zulässig sein muß, ist hier nicht zu erörtern[66]. Eine andere Frage ist, ob die weitgehende Delegation der Gnade auf die Staatsanwaltschaften glücklich ist[67].

22 **d) Zivilrechtliche Haftung.** In einem gewissen Spannungsverhältnis dazu steht die vom Bundesgerichtshof in einer Entscheidung aus dem Jahre 1971[68] vertretene Auffassung, daß der Betroffene einer ablehnenden Gnadenentscheidung gegen den Staat nach § 839 BGB, Art. 34 GG Schadensersatzansprüche mit der Begründung geltend machen kann, die Gnadenbehörde habe ihm gegenüber ihre Amtspflicht verletzt. Ohne sich mit der Rechtsprechung des Bundesverfassungsgerichts vertieft auseinanderzusetzen, nahm der Bundesgerichtshof an, daß, auch wenn ein Anspruch auf Gnade nicht bestehe, der Betroffene doch Anspruch auf ein ordnungsgemäßes Verfahren und ein pflichtgemäßes Verhalten der beteiligten Hoheitsträger habe, dessen Verletzung Schadensersatzansprüche auslösen könne. Wenn man der die Rechtsprechung des Bundesverfassungsgerichts tragenden Auffassung folgt, liegt es näher, auch eine Inzidentkontrolle der ablehnenden Gnadenentscheidung und des ihr zugrunde liegenden Verfahrens im Zivilprozeß für unzulässig zu halten.

---

63 LR-K. *Schäfer*[24] Vor § 12, 24.

64 *Radbruch* Rechtsphilosophie[4] § 24.

65 Ähnlich *Schätzler* Handbuch 131; kritisch z. B. *Dimoulis* 194.

66 Zur Rechtsprechung des Bayer. VerfGH kritisch *Held* FS Odersky 420.

67 Verfassungsrechtliche Bedenken dagegen bei *Klein*, 106 ff, der in Gnadenkommissionen eine überlegene Alternative sieht.

68 BGH NJW **1971** 1986, 1990.

5. Die Amnestie

a) Begriff, geschichtliche Entwicklung. Amnestie (wörtlich: Vergessen, Vergeben) liegt vor, wenn für eine unbestimmte Vielzahl von Fällen rechtskräftig erkannte Strafen erlassen oder gemildert werden und wenn anhängige Verfahren niedergeschlagen und die Nichteinleitung neuer Verfahren angeordnet werden. Während die Niederschlagung (Abolition) eines einzelnen Verfahrens unzulässig ist (oben Rdn. 10), ist die Niederschlagung anhängiger Verfahren für die Amnestie kennzeichnend und dort verfassungsrechtlich unbedenklich. Amnestien sind Rechtsnormen und bedürfen eines Gesetzes[69]. Amnestie- oder Strafreiheitsgesetze hat es in der Geschichte der Bundesrepublik wiederholt gegeben[70]. 23

b) Wirkung der Amnestie. Die neueren Straffreiheitsgesetze pflegen ihre Wirkungen selbst zu bestimmen. Soweit sie auf eine Niederschlagung anhängiger oder zukünftiger Verfahren zielen, schaffen sie ein Prozeßhindernis, das in jeder Lage des Verfahrens von Amts wegen zu beachten und nach den Grundsätzen des Freibeweises zu ermitteln ist[71]. Die Amnestie steht in diesen Fällen der Einleitung eines Verfahrens, der Fortsetzung eines anhängigen Verfahrens, und, wenn das Prozeßhindernis erst in der Hauptverhandlung hervortritt, einer sachlichen Entscheidung über Schuld und Nichtschuld entgegen. Anhängige Verfahren sind stets einzustellen und zwar vorbereitende Verfahren durch die Staatsanwaltschaft, die damit aktenmäßig verlautbart, daß das Verfahren kraft Gesetzes ein Ende gefunden habe, gerichtlich anhängige Verfahren durch gerichtliche Entscheidung, die außerhalb der Hauptverhandlung als Beschluß (§ 206a StPO), in der Hauptverhandlung als Urteil (§ 260 Abs. 3 StPO) ergehen. Materiellrechtlich bedeutet die Niederschlagung einen Verzicht auf den staatlichen Strafverfolgungsanspruch, einen Strafaufhebungsgrund, und zwar einen persönlichen für den durch die Straffreiheit begünstigten Täter oder Teilnehmer, so daß die Niederschlagung die Verfolgung eines anderen an der Tat Beteiligten, in dessen Person die besonderen Amnestievoraussetzungen nicht vorliegen, nicht hindert[72]. Die Niederschlagung hat also einen Doppelcharakter[73]. 24

c) Bedeutung der Einstellungsentscheidung. Die Rechtsprechung hat angenommen, auch die gerichtliche Einstellungsentscheidung spreche lediglich deklaratorisch die Verfahrensbeendigung aus und das Gericht sei an diese Entscheidung nicht gebunden, sondern könne dem Verfahren Fortgang geben, wenn es später erkenne, daß es die Niederschlagung infolge eines tatsächlichen oder rechtlichen Irrtums als eingetreten angenommen habe[74]. Neuere Amnestiegesetze beschreiben die Amnestievoraussetzungen in der Regel so, daß ihr Vorliegen nicht ohne weiteres aus den Akten abgelesen, sondern nur aufgrund wertender Prüfung im Einzelfall festgestellt werden kann, etwa wenn sie auf die Höhe der zu erwartenden Strafe, auf Handeln aus unverschuldeter Not und ähnliche Gesichtspunkte abstellen. Gerichtliche Entscheidungen, die in dieser Weise die Amnestievoraussetzungen feststellen, müssen in gewissem Umfang materielle Rechtskraft haben. Dies sah z. B. § 7 Abs. 3 des Straffreiheitsgesetzes 1970[75] auch vor. 25

---

69 Vgl. *Schätzler* Handbuch 208; *Süß* 90.

70 Nachweise, auch zur Geschichte vor 1949, bei *Schätzler* Handbuch 219ff, zur Amnestiepraxis in anderen Ländern vgl. *Schätzler* Handbuch 260ff.

71 Vgl. LR-*Rieß* § 206a StPO, 44.

72 Vgl. RGSt **50** 388; RGSt **50** 395.

73 Herrschende Meinung; vgl. RGSt **69** 126 mit Nachw.; BGHSt **3** 134, 136; BGHSt **4** 287, 289; BGHSt **24** 262, 265.

74 So RGSt **54** 11; RGSt **69** 126; BGHSt **3** 134, 136; BGHSt **16** 399; 403.

75 BGBl. I S. 509.

26 **d) Verfahrensfortsetzung und Freispruch trotz Niederschlagung.** Das Prozeßhindernis der Amnestie hindert nicht in allen Fällen die Fortsetzung des Verfahrens. Sind nach durchgeführter Hauptverhandlung die Voraussetzungen eines Freispruchs erwiesen, so muß das Gericht auf Freispruch erkennen; eine Einstellung würde den Angeklagten beschweren[76]. § 11 Straffreiheitsgesetz 1970 sah vor, daß der Beschuldigte trotz Vorliegens der Niederschlagungsvoraussetzungen die Fortsetzung des gerichtlichen Verfahrens beantragen konnte, um seine Unschuld darzutun. Ist in einem solchen Falle der Angeklagte ohne das Eingreifen der Niederschlagung freizusprechen, ist auf Freispruch zu erkennen, sonst das Verfahren einzustellen.

27 **e) In dubio pro reo.** Wegen der Bedeutung des Grundsatzes in dubio pro reo für die Feststellung der Amnestievoraussetzungen wird auf die Kommentierung von *Rieß* zu § 206a StPO[77] Bezug genommen.

28 **f) Gesetzgebungskompetenz.** In Fortführung einer Kontroverse, die schon unter der Weimarer Verfassung hervorgetreten ist, war früher streitig, ob der Bund die Gesetzgebungskompetenz für eine Amnestie auch insoweit hat, als die Zuständigkeit für einen Gnadenerweis im Einzelfall bei den Ländern liegt. Das Schweigen des Grundgesetzes hat es notwendig gemacht, daß die Frage vom Bundesverfassungsgericht entschieden wurde[78]. Das Bundesverfassungsgericht hat eine Gesetzgebungskompetenz des Bundes aus Art. 74 Abs. 1 Nr. 1 GG mit der Erwägung bejaht, es handle sich um Strafverfahrens- und Strafvollzugsrecht. Auch wenn einiges dafür spricht, die Amnestiegesetzgebung dem materiellen Strafrecht zuzuordnen[79], ist jedenfalls die Kompetenz des Bundes bindend festgestellt worden. Für Amnestiegesetze der Länder, die grundsätzlich möglich sind, bleibt damit nur ein enger Raum. Dazu wie sich eine Landesamnestie auf die Gerichte und Strafverfolgungsbehörden der anderen Länder auswirkt, wird auf die Vorauflage[80] verwiesen.

29 **g) Amnestiegründe.** Amnestiegesetze sprechen gewöhnlich ausdrücklich aus, welche Gründe ihnen zugrundeliegen. Man unterscheidet heute zwischen verschiedenen Typen von Amnestiebegründungen. Die Rechtskorrekturamnestie will eine Rücknahme oder Milderung des materiellen Strafrechts flankieren, indem sie deren Wirkungskreis ausdehnt. Die Befriedungsamnestie will nach Zeiten politischer Gegensätze und Unruhen den inneren Frieden wieder herstellen. In ähnlicher Weise zielt die Schlußstrichamnestie auf eine Befriedung, wenn sie, nachdem außergewöhnliche Lebensverhältnisse, die das ganze Volk oder große Teile davon betroffen haben, zu Straftaten geführt haben, auf eine Strafverfolgung verzichten will. Die sogenannte Jubelamnestie knüpft an wichtige Ereignisse im staatlichen Leben wie die Wahl des Staatsoberhauptes, Verfassungsjubiläen, Gedenktage, kirchliche Feiertage (Weihnachten) an[81]. Während die Rechtskorrekturamnestie in ihrer Berechtigung allgemein anerkannt ist, sind andere Amnestiegründe regelmäßig umstritten. So war in der Nachkriegszeit sehr umstritten, ob eine Generalamnestie für Straftaten unter dem NS-Regime veranlaßt ist. Nach der Wiedervereinigung wurde eine lebhafte Debatte darüber geführt, ob eine Amnestie für Straftaten im System der DDR angezeigt ist. Dazu ist es in beiden Fällen nicht gekommen. Bei der Gewährung von Straffreiheit hat der Gesetzgeber ein weites Gestaltungsermes-

---

[76] Vgl. RGSt **70** 193; BGHSt **13** 268, 273.

[77] Vgl. LR-*Rieß* § 206a StPO, 28 ff.

[78] BVerfGE **2** 213 = JZ **1953** 506 m. Anm. *v. d. Heydte*; BVerfGE **10** 234, 238.

[79] Vgl. auch *Schätzler* Handbuch, 210.

[80] LR-K. *Schäfer*[24] Vor § 12, 43 ff.

[81] *Schätzler* Handbuch 212 ff; eine differenziertere Systematik entwickelt *Süß* 187 ff, 268 ff.

sen, jedoch muß das Amnestiegesetz einer Prüfung am Maßstab des allgemeinen Gleichheitssatzes standhalten[82].

h) Amnestien in der ehemaligen DDR. In der ehemaligen DDR sind zahlreiche Amnestien ergangen, teils durch Rechtssatz, teils aufgrund Beschlusses des Staatsrates[83]. Zu ihrer Wirkung im wiedervereinigten Deutschland hat der Einigungsvertrag für erwachsene Straftäter keine ausdrückliche Regelung getroffen. Die Rechtsprechung geht grundsätzlich davon aus, daß den von den Amnestien Begünstigten die dadurch erlangte Rechtsposition unter dem Gesichtspunkt des Vertrauensschutzes erhalten werden muß[84]. Soweit es um die Strafbarkeit und Verfolgung von Amsträgern der DDR wegen systemimmanenter Straftaten geht (Mauerschützenfälle, Verschleppung von Westspionen), vertritt der Bundesgerichtshof die Auffassung, daß ungeachtet der Wirkungsweise der DDR-Amnestien im Grundsätzlichen nach dem Willen des damaligen Amnestiegesetzgebers diese Amnestien jedenfalls keine Geltung für ein Verhalten haben sollten, das damals außerhalb jeder Verfolgung stand[85]. 30

§ 12

Die ordentliche streitige Gerichtsbarkeit wird durch Amtsgerichte, Landgerichte, Oberlandesgerichte und durch den Bundesgerichtshof (den obersten Gerichtshof des Bundes für das Gebiet der ordentlichen Gerichtsbarkeit) ausgeübt.

Entstehungsgeschichte. Die ursprüngliche Fassung lautete: „Die ordentliche streitige Gerichtsbarkeit wird durch Amtsgerichte und Landgerichte, durch Oberlandesgerichte und durch das Reichsgericht ausgeübt". Das VereinhG 1950 ersetzte die Worte „das Reichsgericht" durch die Worte „den Bundesgerichtshof (das obere Bundesgericht für das Gebiet der ordentlichen Gerichtsbarkeit)". Aufgrund § 21 des Gesetzes zur Wahrung der Einheitlichkeit der Rechtsprechung der obersten Gerichtshöfe des Bundes vom 19. 6. 1968[1] erhielt der Klammerzusatz die heutige Fassung.

Übersicht

[82] BVerfGE **10** 340.

[83] Vgl. Art. 74 Abs. 2 DDRVerf.

[84] Vgl. BVerfG NStZ **1995** 205; OLG Jena ZStr.VO **1996** 50; OLG Brandenburg NStZ **1995** 102; OLG Rostock MDR **1993** 231; OLG Koblenz MDR **1992** 1175; letzteres geht davon aus, daß in DDR-Amnestien enthaltene Beschränkungen, weil im Einigungsvertrag nicht als weitergeltend bestimmt, als weggefallen anzusehen sind mit der Folge, daß sich die Betroffenen nach der Wiedervereinigung besser stehen als von der DDR-Amnestie vorgesehen; vgl. dazu auch LK-*Gribbohm* Vor § 3, 396 mit Nachw.

[85] BGHSt **39** 353 = JR **1994** 255 mit Anm. *Bohnert* BGHSt **41** 247; **42** 332.

[1] BGBl. I S. 661.

1. Die ordentlichen Gerichte

1 **a) Bedeutung des § 12.** Nach Art. 92 GG wird die rechtsprechende Gewalt – außer durch das Bundesverfassungsgericht – durch die im GG vorgesehenen Bundesgerichte und durch die Gerichte der Länder ausgeübt. Das durch Art. 95 GG errichtete oberste Bundesgericht für das Gebiet der ordentlichen Gerichtsbarkeit trägt die Bezeichnung „Bundesgerichtshof". Wie Vor § 12, 1 ausgeführt, bedeutet die Regelung in Art. 92, 95, 96 GG, daß auf dem Gebiet der ordentlichen streitigen Gerichtsbarkeit[2] als Bundesgericht nur der Bundesgerichtshof besteht, während die übrigen auf dem Gebiet der streitigen Gerichtsbarkeit tätigen Gerichte Gerichte der Länder sein müssen; in den Bereichen, in denen früher der Bundesgerichtshof Strafgericht 1. Instanz war, üben diese nach Maßgabe des Art. 96 Abs. 5 GG, § 120 Abs. 6 GVG Gerichtsbarkeit des Bundes aus. Die Bedeutung des § 12 besteht darin, daß er die auf dem Gebiet der ordentlichen streitigen Gerichtsbarkeit zu errichtenden Gerichte der Länder festlegt, denen die Rechtsprechung in allen Sachen dieser Gerichtsbarkeit zufällt, soweit nicht für besondere Sachgebiete andere Gerichte errichtet werden (Art. 101 Abs. 2 GG). Nur die in § 12 genannten Gerichte können die ordentliche streitige Gerichtsbarkeit ausüben (funktionale Ausschließlichkeit)[3]. Während die Existenz des Bundesgerichtshofs bundesverfassungsrechtlich verankert ist, könnten die Gerichte der Länder kraft der konkurrierenden Gesetzgebungszuständigkeit des Bundes für das Gerichtsverfassungsrecht (Art. 74 Abs. 1 Nr. 1 GG) durch einfaches Bundesgesetz abweichend von der Regelung in § 12 bestimmt werden. Das ist der kompetenzrechtliche Hintergrund der Diskussion über einen Übergang zu einem dreigliedrigen Gerichtsaufbau in der ordentlichen Gerichtsbarkeit. Die Zuständigkeiten der Gerichte der Länder ergeben sich aus dem GVG und den Verfahrensgesetzen. Das Fehlen ihrer Gerichtsbarkeit haben die Strafgerichte in jeder Lage des Verfahrens von Amts wegen zu beachten[4]. Über Sitz und Bezirke der Gerichte der Länder entscheiden die Länder aufgrund ihrer Zuständigkeit für das Gerichtsorganisationsrecht. § 12 setzt voraus, daß die Zuständigkeit der dort genannten Gerichte flächendeckend ist[5]. Gesetzliche Grundlagen für das Bayerische Oberste Landesgericht sind §§ 8, 9 EGGVG in Verb. mit Art. 10, 11 BayAGGVG[6].

2 **b) Besondere Namen für Gerichte.** Schon die Entwurfsbegründung zum GVG hat klargestellt: „Die gesetzliche Bezeichnung der Gerichte als Amtsgerichte, Landgerichte und Oberlandesgerichte schließt es nicht aus, daß für einzelne Gerichte unbeschadet ihres Charakters als Gericht einer dieser Ordnungen besondere Namen aufrechterhalten werden, die durch die sich daran anknüpfenden historischen Erinnerungen besondere Bedeutung haben"[7]. Durch königlichen Erlaß vom 1. 8. 1879[8] wurde bestimmt, daß das Oberlandesgericht zu Berlin auch ferner den Namen „Kammergericht" zu führen hat. Dabei ist es geblieben. Die Oberlandesgerichte in Brandenburg, Jena, Schleswig und Zweibrücken führen jeweils einen auf das Bundesland oder einen Landesteil hinweisenden Zusatz. Das Oberlandesgericht in Hamburg führt traditionell den Zusatz „Hanseatisches Oberlandesgericht", das erst nach 1945 errichtete in Bremen den „Hanseatisches Oberlandesgericht in Bremen".

---

2 Dazu LR-*Böttcher* § 2 EGGVG, 1, 2 und über das Verhältnis dieser Gerichtsbarkeit zu der der Sondergerichte § 13, 11.

3 *Kissel*[3] § 12, 3.

4 LR-*Rieß* Einl. Abschnitt J 44; LR-*Rieß* § 206a, 38ff.

5 *Katholnigg*[3] § 12, 1.

6 Vgl. LR-*Böttcher* § 9 EGGVG, 2ff.

7 Begründung S. 25.

8 GS 587.

c) In der DDR bestand ein dreigliedriger Gerichtsaufbau (Kreisgerichte, Bezirksgerichte, Oberstes Gericht der DDR). Der **Einigungsvertrag** beließ es für die ordentliche streitige Gerichtsbarkeit zunächst bei der Existenz der Kreis- und Bezirksgerichte und übertrug in Strafsachen den Kreisgerichten die Aufgaben des Amtsgerichts, den Bezirksgerichten die des Landgerichts; die Aufgaben des Oberlandesgerichts wurden besonderen Senaten der Bezirksgerichte, in deren Bezirk die Landesregierung ihren Sitz hat, übertragen[9]. Die neuen Länder hatten nach den Maßgaben des Einigungsvertrages die in § 12 vorgesehenen Gerichte einzurichten, sobald hierfür unter Berücksichtigung der Bedürfnisse einer geordneten Rechtspflege jeweils die personellen und sachlichen Voraussetzungen gegeben sind. Das ist in allen neuen Ländern zügig geschehen. Nach Maßgabe des Rechtspflegeanpassungsgesetzes vom 26. 6. 1992 sind die Sonderregelungen des Einigungsvertrages für die neuen Bundesländer entfallen. Für die Zuständigkeiten nach dem Strafrechtlichen Rehabilitierungsgesetz vgl. §§ 8, 13 Abs. 3 StrRehaG. 3

d) Gericht und Spruchkörper. § 12 bestimmt die Gerichtskörper, die administrativen Einheiten, aus denen die zur Ausübung der Gerichtsbarkeit berufenen Organe, insbesondere die „Spruchkörper“ (§ 21e Abs. 1) entnommen werden. Die Gerichtsbarkeit wird in Strafsachen teils durch Einzelrichter (Richter am Amtsgericht, als erkennendes Gericht „Strafrichter“, § 25, besondere Ermittlungsrichter des Bundesgerichtshofs und des Oberlandesgerichts – § 169 StPO –, Jugendrichter, § 34 JGG, und „kleine“ Strafvollstreckungskammer, § 78b Nr. 1, Einzelrichter der Bußgeldsenate des Oberlandesgerichts, § 80a Abs. 2 OwiG), ausgeübt, teils durch Kollegialgerichte, die in einer bestimmten, vom Gesetzgeber vorgeschriebenen Zahl von Mitgliedern (§ 192) zu entscheiden haben. Ein Teil dieser Spruchkörper besteht nur aus Berufsrichtern (Straf- und Bußgeldsenate, Strafvollstreckungskammern), während ein anderer Teil, wenn er als erkennendes Gericht tätig wird, aus Berufsrichtern und ehrenamtlichen Richtern („Schöffen“) zusammengesetzt ist. Den mit Schöffen besetzten Spruchkörpern legt das Gesetz teilweise besondere, die Besetzung mit Schöffen zum Ausdruck bringende Bezeichnungen bei: „Schöffengericht“ („Jugendschöffengericht“). Andere Spruchkörper führen Bezeichnungen die ihre Besetzung kennzeichnen, wie die „große“ und „kleine“ Strafkammer, die „große“ und „kleine“ Jugendkammer, oder die Art der ihnen zugewiesenen Geschäfte angeben, wie „Schwurgericht“ (§ 74 Abs. 2, § 74e), die Wirtschaftsstrafkammer (§ 74c), die „Kammer nach § 74a“ (sog. Staatsschutzkammer), die Strafvollstreckungskammer, die Jugendkammer, die Kammer und der Senat für Bußgeldsachen (§ 46 Abs. 7 OWiG) usw. § 12 nennt diese Spruchkörper nicht. Er zählt nur die Gerichtskörper auf, bei denen diese Spruchkörper gebildet sind. Andere Spruchkörper führen wegen der Art der ihnen zugewiesenen Geschäfte im täglichen Leben Bezeichnungen, die das Gesetz nicht als terminus technicus kennt (z. B. Jugendschutzgericht, §§ 26, 74b). 4

e) Die einzelnen Organe der Strafgerichtsbarkeit sind

a) der Richter beim Amtsgericht in der Eigenschaft als Einzelrichter, – „Strafrichter“ als erkennendes Gericht (§ 25); 5

b) der Ermittlungsrichter des Bundesgerichtshofs und des Oberlandesgerichts (§ 169 StPO);

c) beim Amtsgericht das aus einem Richter und zwei Schöffen bestehende Schöffengericht und das aus zwei Richtern und zwei Schöffen bestehende erweiterte Schöffen-

[9] Anlage I zu Art. 8 Kapitel III Sachgebiet A Abschnitt III Nr. 1.

gericht (§ 29); das Jugendschöffengericht bestehend aus dem Jugendrichter und zwei Jugendschöffen (§ 33 JGG);

d) beim Landgericht die Strafkammer, die je nach der Art der auszuübenden Tätigkeit mit einem Richter und zwei Schöffen (kleine Strafkammer) mit drei Richtern und zwei Schöffen (große Strafkammer) – nach Beschluß der Strafkammer gemäß § 76 Abs. 2 auch nur mit zwei Berufsrichtern und zwei Schöffen – oder (nur) mit einem oder mit drei Berufsrichtern (§§ 76, 78b) besetzt ist, einschließlich der auswärtigen Strafkammer, d. h. der Strafkammer, die am Sitz eines Amtsgerichts gebildet wird (§ 78); als Jugendkammer besteht die Strafkammer aus einem Jugendrichter und zwei Jugendschöffen (kleine Jugendkammern) oder aus drei Richtern und zwei Jugendschöffen (große Jugendkammern); § 33b Abs. 2 JGG trifft eine § 76 Abs. 2 entsprechende Regelung;

e) die aus drei oder fünf Richtern bestehenden Strafsenate der Oberlandesgerichte (§ 122) oder (§§ 9, 10 EGGVG) des Obersten Landesgerichts sowie der Einzelrichter des Bußgeldsenats in den Fällen des § 80a Abs. 2 OWiG.

f) die aus drei oder fünf Richtern bestehenden Strafsenate des Bundesgerichtshofs (§ 135), der Große Senat für Strafsachen und die Vereinigten Großen Senate (§ 132).

Außerdem kommen noch in Betracht:

g) Die Vorsitzenden der Strafgerichte, sofern ihnen das Gesetz auch außerhalb der Gerichtssitzungen für gewisse Fälle ein selbständiges Entscheidungsrecht beilegt (z. B. §§ 141, 219 bis 221 StPO);

h) der beauftragte Richter, d. h. das Mitglied eines kollegialen Spruchkörpers, das im Auftrag des Gerichts bestimmte Untersuchungshandlungen anstelle des Kollegiums vornimmt (vgl. z. B. § 223 StPO); der „ersuchte Richter" ist – ebenso wie der „Ermittlungsrichter" des Amtsgerichts (§ 162 StPO) stets ein Richter beim Amtsgericht (§ 157), also unter a) inbegriffen;

i) die Präsidenten, Vorsitzenden Richter und Direktoren der Gerichte (vgl. z. B. §§ 21i Abs. 2, 77).

2. Gliederung der Gerichte und Geschäftskreis der einzelnen Arten von Gerichten

6 **a) Grundsatz.** In Strafsachen beruht die Gliederung der Gerichte und die Verschiedenheit ihres Geschäftskreises in sachlicher Hinsicht auf dem Bestehen mehrerer Rechtszüge und darauf, daß das Verfahren erster Instanz in verschiedene Abschnitte (Ermittlungsverfahren, Zwischenverfahren, Hauptverfahren, Entscheidungen nach Rechtskraft) gegliedert ist, sowie schließlich darauf, daß die Zuständigkeit als erkennendes Gericht erster Instanz für die verschiedenen Arten von Strafsachen auf verschiedene Gerichtskörper und zum Teil innerhalb der Gerichtskörper auf verschieden besetzte Spruchkörper aufgeteilt ist.

7 **b) Rechtszüge.** Der Richter beim Amtsgericht (Jugendrichter), das Schöffengericht (Jugendschöffengericht), die Strafkammer als Schwurgericht und die Strafvollstreckungskammer sind ausschließlich Gerichte des ersten Rechtszuges. Die übrigen Strafkammern (Jugendkammern) der Landgerichte sind teils Gerichte des ersten Rechtszuges, teils Rechtsmittelgerichte (Berufungs- und Beschwerdegerichte), teils zugleich erstinstanzliche und Rechtsmittelgerichte. Die Strafsenate der Oberlandes-

gerichte sind teils Rechtsmittelgerichte (Revision, Rechtsbeschwerde- und Beschwerdegerichte), teils erstinstanzliche Gerichte (§ 120), teils erst- und letztinstanzliche Gerichte (§§ 23ff EGGVG). Der Bundesgerichtshof (Strafsenat) ist Rechtsmittelgericht (Revisions- und Beschwerdegericht, § 135). Bei Vorlegung nach § 121 Abs. 2 GVG kann er die Entscheidungszuständigkeit des Oberlandesgerichts übernehmen.

Für Sachen, die im ersten Rechtszug an das Amtsgericht gelangen, bestehen in der Regel drei **Instanzen**, nämlich Strafrichter und Schöffengericht als Gerichte des ersten Rechtszuges, die (kleinen) Strafkammern als Berufungsgerichte, die Strafsenate der Oberlandesgerichte (BayObLG) als Revisionsgerichte. In Bußgeldverfahren gibt es zwei gerichtliche Instanzen (Amtsgericht und Oberlandesgericht (BayObLG)) als Rechtsbeschwerdegericht. Gegen die Urteile der Strafkammern und der Oberlandesgerichte als Gerichte des ersten Rechtszugs ist nur die Revision an den Bundesgerichtshof (ausnahmsweise an das Oberlandesgericht) gegeben. Daß für die Strafsachen minderer Schwere zwei Rechtsmittelinstanzen zur Verfügung stehen, für die Verfahren der Schwerkriminalität nur eine, ist seit jeher Anlaß für Reformüberlegungen gewesen. **7a**

Der allein entscheidende **Strafrichter und das Schöffengericht** sind im Sinne der sachlichen Zuständigkeit verschiedene Gerichte mit verschiedener Zuständigkeit, z. B. im Sinne des § 209 StPO. **8**

c) Die verschiedenen **Abschnitte des Verfahrens** im ersten Rechtszug. Im Vorverfahren wird die Strafgerichtsbarkeit teils durch die Richter beim Amtsgericht (§§ 162, 165 StPO), teils durch den Ermittlungsrichter (§ 169 StPO), teils durch die Strafkammern und die Strafsenate des Oberlandesgerichts (§ 120), bzw. des Bundesgerichtshofs (§ 135) ausgeübt. Im Hauptverfahren wird die Strafgerichtsbarkeit durch den Strafrichter, das Schöffengericht, die Strafkammern und den Strafsenat ausgeübt. Jugendgerichte sind der Jugendrichter, das Jugendschöffengericht und die Jugendkammer. Wegen der Zuständigkeit für Nachtragsentscheidungen vgl. § 462a StPO, § 140a GVG, § 83 JGG. **9**

3. Sitz und Bezirke der Gerichte bestimmen die Länder durch Gesetz (Gerichtsorganisationsgesetze)[10]. Nach § 1 Abs. 3 GVGVO 1935 gehören Stadt- und Landgemeinden, die mit ihrem ganzen Bezirk einheitlich einem Amtsgericht zugeteilt sind, dem Bezirk dieses Gerichts mit ihrem jeweiligen Gebietsumfang an; Vergrößerung des Gemeindegebiets durch Eingemeindungen bewirkt also in solchen Fällen, daß die eingemeindeten Gebietsteile, wenn sie bisher einem anderen Gerichtsbezirk zugehörten, dort kraft Gesetzes ausscheiden und in den Sprengel des Amtsgerichts fallen, dem die Gemeinde mit ihrem ganzen Gebietsumfang zugeteilt ist. Die Wirkung der Aufhebung eines Gerichts (unter Zulegung seines gesamten Bezirks zu dem Bezirk eines anderen Bezirks) und der Änderung der Gerichtsbezirke auf anhängige Sachen regelt das noch geltende Gesetz über die Zuständigkeit der Gerichte bei Änderungen der Gerichtseinteilung vom 6. 12. 1933[11]. **10**

---

[10] Vgl. LR-*Siolek* § 59, 14, 15.

[11] RGBl. I S. 1037, zuletzt geändert durch Gesetz vom 5. 10. 1994 (BGBl. I S. 2911); dazu *Holch* DRiZ **1970** 183.

§ 13

Vor die ordentlichen Gerichte gehören alle bürgerlichen Rechtsstreitigkeiten und Strafsachen, für die nicht entweder die Zuständigkeit von Verwaltungsbehörden oder Verwaltungsgerichten begründet ist oder aufgrund von Vorschriften des Bundesrechts besondere Gerichte bestellt und zugelassen sind.

Entstehungsgeschichte. Der Schlußteil der Vorschrift lautete früher: „... oder reichsgesetzlich besondere Gerichte bestellt oder zugelassen sind". Durch das VereinhG 1950 ist „reichsgesetzlich" durch „aufgrund von Vorschriften des Bundesrechts" ersetzt worden.

Übersicht

1 **1. Bedeutung der Vorschrift.** Die Bedeutung des § 13 lag ursprünglich darin, daß er den Rechtsschutz durch unabhängige Gerichte überhaupt erst eröffnete, weil nur die Rechtsprechung durch die ordentlichen Gerichte diesem Anspruch gerecht wurde[1]. Heute liegt seine Bedeutung in der Abgrenzung des Zugangs zu den ordentlichen Gerichten vom Zugang zu anderen gleichrangigen und gleichwertigen Zweigen der Gerichtsbarkeit, insbesondere zur Verwaltungsgerichtsbarkeit. § 13 ist neben § 40 VwGO zu sehen, der für alle öffentlich-rechtlichen Streitigkeiten nicht verfassungsrechtlicher Art den Rechtsweg zu den Verwaltungsgerichten eröffnet. Auch in dieser Funktion ist § 13 von erheblicher Bedeutung[2]. § 13 wirft zahlreiche Abgrenzungsfragen auf, die ganz überwiegend an den Begriff der bürgerlichen Rechtsstreitigkeiten anknüpfen[3]. Wesentlich geringere Probleme bereitet die Zuweisung der Strafsachen an die ordentlichen Gerichte in § 13. Dies gilt jedenfalls seit das Bundesverfassungsgericht im Jahre 1967 klargestellt hat[4], daß Kriminalstrafen gemäß Art. 92 GG nur durch den Richter verhängt werden dürfen, eine Zuständigkeit von Verwaltungsbehörden dafür also ausscheidet.

2. Monopol der Strafgerichtsbarkeit

2 **a) Grundsatz.** § 13 begründet die Zuständigkeit der ordentlichen Gerichte (§ 12) für alle Strafsachen, d. h. für alle Verfahren, die die Entscheidung über die Verhängung

[1] Zur Entwicklung *Kissel*[3] 1ff, 7.
[2] *Kissel*[3] 7.
[3] Dazu *Kissel*[3] 9f; MK-*Wolf*, 4ff; *Wieczorek/Schützel Schreiber* 5ff; *Zöller-Gummer* 12ff.
[4] BVerfGE **22** 49.

einer Kriminalstrafe oder die Festsetzung einer anderen Rechtsfolge zum Gegenstand haben, die im materiellen Strafrecht bei (mindestens) rechtswidriger Verwirklichung eines Straftatbestandes vorgesehen ist[5]. Von dieser grundsätzlichen Zuständigkeit besteht nach dem Wortlaut des § 13 eine Ausnahme, soweit die Zuständigkeit von Verwaltungsbehörden oder Verwaltungsgerichten begründet ist oder Sondergerichte zuständig sind. Soweit es sich um die Zuständigkeit von Verwaltungsbehörden oder -gerichten handelt, ist diese Einschränkung für Strafsachen jedoch bedeutungslos. Verwaltungsbehörden ist die Festsetzung von Kriminalstrafen im Hinblick auf Art. 92 GG untersagt. Das ist seit BVerfGE **22** 49 allgemein anerkannt. Auch Verwaltungsgerichte sind nach ihrem durch die VwGO bestimmten gesetzlichen Zuständigkeitsbereich mit Strafsachen nicht befaßt. So entscheidet z. B. darüber, ob eine Verwaltungsbehörde die von der Staatsanwaltschaft gemäß § 161 StPO verlangte Auskunft zu erteilen hat, nicht das Verwaltungsgericht, sondern gemäß § 162 StPO das Strafgericht[6].

b) Bei der kritischen Würdigung, die **§ 153a StPO** teilweise in der Literatur gefunden hat[7], wurde unter anderem beanstandet, daß die in § 153a Abs. 1 Satz 6 in Verb. mit § 153 Abs. 1 S. 2 StPO für die Staatsanwaltschaft geschaffene Befugnis, ohne Mitwirkung des Gerichts unter Auferlegung bestimmter Auflagen und Weisungen vorläufig von der Erhebung der Anklage abzusehen mit der Wirkung, daß, wenn der Beschuldigte fristgemäß die Auflagen und Weisungen erfüllt, die vorläufige Maßnahme endgültige Bedeutung gewinnt und einen (beschränkten) Strafklageverbrauch zur Folge hat, einen Einbruch in das Monopol der Strafgerichtsbarkeit darstelle[8]. Das läuft auf die Rüge eines Verstoßes gegen Art. 92 GG hinaus. Das Bundesverfassungsgericht hat § 153a StPO bisher nicht beanstandet[9]. Die herrschende Meinung sieht einen solchen Verstoß ebenfalls nicht[10]. **3**

3. Nichtkrimineller Ungehorsam. Der Begriff „Strafsachen" in § 13 umfaßt nur kriminelles Unrecht, d. h. Gesetzesverstöße, die mit den in § 38ff StGB und in strafrechtlichen Nebengesetzen bezeichneten „Rechtsfolgen der Tat" bedroht sind. Hierher gehören nicht die Verfehlungen von Beamten gegen ihre dienstlichen Pflichten, die mit den in den beamtenrechtlichen Vorschriften vorgesehenen Disziplinarmaßnahmen „geahndet" werden, oder ein Ungehorsam, der – sei es zur „Ahndung", sei es zur Erzwingung rechtlich gebotener Handlungen oder Unterlassungen – Ordnungs- und Zwangsmittel (Ordnungs- oder Zwangsgeld, Ordnungshaft) nach sich zieht. Keine Strafsachen sind nach der Grundkonzeption des Gesetzes über Ordnungswidrigkeiten an sich auch die mit Geldbuße und Nebenfolgen vermögensrechtlicher Art bedrohten Ordnungswidrigkeiten; diesen Sanktionen fehlt der „Ernst des staatlichen Strafens"[11]. Im weiteren Sinne werden sie als Strafsachen im Sinne des § 13 angesehen, soweit Staatsanwaltschaft und Strafgericht zur Verfolgung und Entscheidung berufen sind[12]. Strafsachen im engeren Sinn sind dagegen die Jugendstrafsachen (§ 1 Abs. 1 JGG) ungeachtet der Tatsache, daß Erziehungsmaßregeln und Zuchtmittel, die von den Jugendgerichten in einem Großteil der Fälle verhängt werden, keinen Strafcharakter haben (vgl. auch unten Rdn. 7). **4**

---

[5] Vgl. LR-*Hilger* § 3 EGStPO, 2ff.
[6] BVerwG NJW **1959** 1456; LG Bonn JZ **1966** 33 mit Anm. *Rupp*.
[7] Dazu LR-*Beulke* § 153a StPO, 11ff mit Nachw.
[8] Vgl. z. B. *Hirsch* ZStW **92**, (1980) 233ff; *Kühne*[5] 589 mit Nachw.
[9] Vgl. insbesondere BVerfGE **50** 205, 214.
[10] Nachweise bei LR-*Beulke* § 153a StPO, 11ff.
[11] BVerfGE **22** 49, 79.
[12] Vgl. LR-*Rieß* Einl. Abschnitt B, 27.

4. Sondergerichte

5 **a) Der Begriff des besonderen Gerichts** ist in § 13 nicht näher bestimmt. Das Gesetz begnügt sich damit, in § 14 die zugelassenen Sondergerichte zu bezeichnen. Art. 101 Abs. 2 GG, der für die Auslegung des § 13 bestimmend ist, spricht von „Gerichten für besondere Sachgebiete", die (nur) durch Gesetz errichtet werden können. Besondere Gerichte in diesem Sinn sind Gerichte, die im Voraus abstrakt und generell für bestimmte Sachgebiete bestellt sind[13], wobei nicht nur die sachliche und örtliche Zuständigkeit, sondern auch der Instanzenzug und die Zusammensetzung der Spruchkörper sowie die Auswahl und Ernennung der Richter durch Gesetz geregelt werden müssen[14]. Von den Sondergerichten zu unterscheiden sind die nach Art. 101 Abs. 1 Satz 1 GG, § 16 Satz 1 unzulässigen Ausnahmegerichte, die „in willkürlicher Abweichung von der gesetzlichen Zuständigkeit besonders gebildet und zur Entscheidung einzelner konkreter und individuell bestimmter Fälle berufen sind"[15]; dazu vgl. § 16, 5.

6 **b) Abweichungen in der Besetzung oder im Verfahren** machen ein ordentliches Gericht nicht zum Sondergericht. Die ordentlichen Gerichte werden also nicht schon dadurch Sondergerichte, daß bei bestimmten Strafsachen die Spruchkörper anders als nach den allgemeinen Vorschriften zusammengesetzt sind, wie dies z. B. bei den Jugendgerichten in der Besetzung mit Jugendschöffen der Fall ist, oder daß für ihre örtliche oder sachliche Zuständigkeit besondere Vorschriften gelten wie etwa in Staatsschutzsachen nach §§ 74a, 120, oder daß sie von den allgemeinen Vorschriften abweichende materiell- und verfahrensrechtliche Vorschriften anzuwenden haben. Keine besonderen Gerichte sind deshalb (außerhalb des Strafrechts) auch die Landwirtschaftsgerichte[16], die Baulandkammern[17], die Familiengerichte[18] und der Anwaltsenat beim Bundesgerichtshof[19].

7 **c) Die Jugendgerichte** sind keine Sondergerichte, sondern lediglich Abteilungen des Amts- oder Landgerichts; § 33 Abs. 2 JGG bestimmt: „Jugendgerichte sind der Strafrichter als Jugendrichter, das Schöffengericht (Jugendschöffengericht) und die Strafkammer (Jugendkammer)". Jedoch nahm die Rechtsprechung früher an, daß die Jugendgerichte trotz ihrer Eigenschaft als allgemeine ordentliche Gerichte eine gewisse Sonderstellung einnehmen, Gerichte besonderer Art innerhalb der ordentlichen Gerichtsbarkeit seien[20] und der Aburteilung einer zur Zuständigkeit der Jugendgerichte gehörenden Sache durch das Erwachsenengericht deshalb der Mangel einer Verfahrensvoraussetzung entgegenstehe. Diese Auffassung ist später aufgegeben worden[21]. Seit dem StVÄG 1979 wird die Zuständigkeit der Jugendgerichte in mancherlei Weise wie die Zuständigkeit eines Gerichtskörpers höherer Art behandelt (§§ 209a, 225a Abs. 1, 270 Abs. 1 StPO, § 103 Abs. 2 JGG)[22].

8 **d) Errichtung von Sondergerichten.** Das nach Art. 101 Abs. 2 GG zur Errichtung eines besonderen Gerichts erforderliche Gesetz kann, wie § 13 für das Gebiet der ordentlichen streitigen Gerichtsbarkeit klarstellt, ein Bundesgesetz sein, das selbst die Bestel-

---

13 BGHZ **38** 208, 210.

14 BVerfGE **18** 241, 257; **22** 42, 47; **26** 186, 192; **27** 355, 361.

15 BverfGE **3** 213, 223; **8** 174, 182; **10** 200, 212; zur Bedeutung des Willkürverbots bei der Abgrenzung vgl. *Rinck* NJW **1964** 1649, 1653.

16 BGHZ **12** 254.

17 OLG München NJW **1964** 1283.

18 *Kissel* NJW **1977** 1034; MK-*Wolf* § 14, 3; *Katholnigg*³ 3.

19 BGHZ **34** 382, 385.

20 BGHSt **7** 26.

21 BGHSt **18** 79 (GrSSt); seitdem ständige Rechtsprechung, vgl. BGHSt **26** 198.

22 Wegen der revisionsrechtlichen Folgen eines Eingriffs des Erwachsenengerichts in die Zuständigkeit des Jugendgerichts vgl. LR-*Hanack* § 338, 77.

lung ausspricht, oder ein Landesgesetz, wenn Bundesrecht es zuläßt, d. h. das Land zur Bestellung ermächtigt. Derzeit sind als besondere Gerichte für Strafsachen nur die in § 14 bezeichneten Gerichte zu nennen[23].

e) Nichtgebrauch der Befugnis zur Errichtung von Sondergerichten. Soweit die Landesgesetzgebung von der Befugnis zur Einsetzung von Sondergerichten keinen Gebrauch macht, gehören die Sachen nach der allgemeinen Regel vor die ordentlichen Gerichte, ohne daß es einer besonderen landesgesetzlichen Bestimmung hierüber bedarf[24]. Nicht schon die Zulassung, sondern erst das Bestehen der Sondergerichte führt also die Einschränkung des Geschäftskreises der ordentlichen Gerichte herbei. In § 13 könnte (genauer) also wie folgt formuliert werden: „oder aufgrund von Vorschriften des Bundesrechts besondere Gerichte bestellt oder zugelassen und landesgesetzlich bestellt sind". 9

f) Bestellung ordentlicher Gerichte zu Sondergerichten. Aufgrund des § 4 EGGVG ist es nicht nur statthaft, ein Sondergericht mit Richtern, die zugleich Mitglied eines ordentlichen Gerichts sind, zu besetzen, sondern auch ein bestimmtes ordentliches Gericht oder einen Spruchkörper eines solchen Gerichts oder mehrere solcher Gerichte zugleich als Sondergericht für gewisse Rechtssachen zu bestellen. 10

5. Das Verhältnis der ordentlichen Gerichtsbarkeit zu den Sondergerichten spielt auf strafrechtlichem Gebiet heute, da es nur noch die in § 14 genannten Sondergerichte gibt, eine geringe Rolle. Aus früherer Zeit, in der auf strafrechtlichem Gebiet die verschiedensten Sondergerichte existierten, liegt Rechtsprechung zur Abgrenzung des Verhältnisses zu den ordentlichen Gerichten vor, die in der Vorauflage ausführlich dargestellt worden ist[25]. Darauf wird verwiesen. Die dort wiedergegebene Rechtsprechung des Reichsgerichts kann freilich für das Verhältnis der ordentlichen Gerichte zu Sondergerichten im Staate des Grundgesetzes nicht ungeprüft übernommen werden. Zum Teil stammt sie noch aus der Zeit des Kaiserreichs[26], zum Teil bezieht sie sich auf das Verhältnis der ordentlichen Gerichte zu den Sondergerichten, die in der NS-Zeit aufgrund der Verordnung der Reichsregierung vom 21. 3. 1933[27] errichtet worden sind[28]. Dagegen kann etwa die Rechtsprechung zur Abgrenzung des Verhältnisses der ordentlichen Gerichte zu dem aufgrund des Republikschutzgesetzes[29] errichteten Staatsgerichtshof zum Schutze der Republik[30] auch heute noch Interesse beanspruchen. Freilich dürfte die Wahrscheinlichkeit für ein Wiedererstehen von Sondergerichten auf strafrechtlichem Gebiet nicht groß sein; das ist zu begrüßen. 11

6. Wegen der **Anwendbarkeit der StPO** auf das Verfahren der Sondergerichte vgl. § 3 Abs. 2 EGStPO[31]. 12

---

23 Wegen der früher für Strafsachen reichsgesetzlich bestellten oder zugelassenen, heute nicht mehr bestehenden Strafgerichte vgl. LR[20] Anm. 6a.

24 Begründung 26.

25 LR-K. *Schäfer*[24] § 13, 12ff.

26 Vgl. etwa RGSt **49** 272.

27 RGBl. I S. 136.

28 Vgl. RGSt **72** 379.

29 Gesetz vom 21. 7. 1922 RGBl. I S. 585.

30 RGSt **59** 36.

31 Dazu LR-*Hilger* § 3 EGStPO, 8; 9.

§ 14

Als besondere Gerichte werden Gerichte der Schiffahrt für die in den Staatsverträgen bezeichneten Angelegenheiten zugelassen.

Entstehungsgeschichte. Die Fassung des § 14 beruht auf Art. 1 Nr. 1 des Gesetzes vom 25. 3. 1974[1]. In seiner ursprünglichen Fassung zählte § 14 in mehreren Nummern eine Reihe von Gerichten auf, die als besondere Gerichte zugelassen waren, darunter in Nr. 1 die auf Staatsverträgen beruhenden Rheinschiffahrts- und Elbzollgerichte. Die Änderungen, die die ursprüngliche Fassung im Laufe der Zeit erfuhr, sind in LR-*Schäfer*[22] unter „Entstehungsgeschichte" und bezüglich der früheren Elbschiffahrtsgerichte in Anm. 1 dargestellt. Vor dem Inkrafttreten des Gesetzes vom 25. 3. 1974 lautete § 14 in seiner auf dem VereinhG 1950 beruhenden Fassung: „Als besondere Gerichte werden zugelassen 1. Gerichte der Schiffahrt für die in den Staatsverträgen bezeichneten Angelegenheiten; 2. Gemeindegerichte für die Verhandlung und die Entscheidung in bürgerlichen Rechtsstreitigkeiten ..." (folgten Einzelheiten über Zuständigkeiten und Rechtsmittel). Gemeindegerichte, denen keine Strafgerichtsbarkeit zustand, gab es zuletzt nur in Baden-Württemberg; mit der Abschaffung dieser Gerichte durch Gesetz vom 19. 10. 1971[2] wurde § 14 Nr. 2 alter Fassung obsolet. Die im ehemaligen Land Württemberg-Baden erlassenen Vorschriften über die mit einer gewissen Strafgewalt ausgestatteten Friedensgerichte hatte das Bundesverfassungsgericht schon früher für grundgesetzwidrig und nichtig erklärt[3].

Übersicht

1. Rheinschiffahrts- und Moselschiffahrtsgerichte

1 **a) Grundsatz.** Der Bundesgesetzgeber ermächtigt („werden zugelassen") die Länder zur Errichtung von Schiffahrtsgerichten als Sondergerichte. Die zur Zeit bestehenden Rhein- und Moselschiffahrtsgerichte sind aber nicht im Sinne des § 13 (nur) bundesgesetzlich zugelassen, sondern bundesgesetzlich bestellt; nur die Bestimmung des Sitzes und der Bezirke dieser Gerichte ist Sache der beteiligten Länder.

2 **b) Rheinschiffahrtsgerichte.** Die Rheinschiffahrtsgerichte beruhten zunächst auf Art. 32 bis 40 der revidierten (Mannheimer) Rheinschiffahrtsakte vom 17. 10. 1868[4] nebst Abänderungen vom 4. 6. 1898[5] und 14. 12. 1922[6], sodann auf Art. 354 bis 368 des

[1] BGBl. I S. 761.
[2] GBl. 397.
[3] BVerfGE **13** 200.
[4] PrGS. 1869 S. 814.
[5] PrGS 1900 9.
[6] RGBl. II 1925 S. 147.

Versailler Vertrags vom 28.6.1919[7] und dem Gesetz über die Rheinschiffahrtsgerichte vom 5.9.1935[8]. Durch das BinnenschiffahrtsG vom 30.1.1937[9] mit DVO vom 30.1. 1937[10] wurden sie aufgehoben (vgl. die Note über die deutschen Wasserstraßen vom 14.11.1936[11]). Nach 1945 ordneten die Besatzungsmächte die Wiederherstellung der Rheinschiffahrtsgerichte in der Form an, in der sie vor der erwähnten Note vom 14.11. 1936 bestanden hatten[12]. Durch das Gesetz über das gerichtliche Verfahren in Binnenschiffahrts- und Rheinschiffahrtssachen vom 27.9.1952[13] – mit Änderungen durch Gesetze vom 27.11.1964[14] und vom 6.7.1966[15] – wurde die Tätigkeit der Rheinschiffahrtsgerichte neu geordnet. Damit verlor die Nr. 1 des § 14 a.F. für die Rheinschiffahrtsgerichte erneut ihre Bedeutung, denn sie sind, soweit man sie überhaupt als Sondergerichte ansehen kann (unten 8), bundesgesetzlich „bestellt", nicht mehr nur „zugelassen" im Sinne des § 13.

c) **Moselschiffahrtsgerichte.** In der Vereinbarung zwischen der Bundesrepublik Deutschland, Frankreich und Luxemburg über die Schiffbarmachung der Mosel vom 27.10.1956[16] wurde nach dem Vorbild der Rheinschiffahrtsakte die Errichtung von Moselschiffahrtsgerichten vereinbart. Die Errichtung erfolgte durch Änderung und Ergänzung des Gesetzes vom 27.9.1952 mit Gesetz vom 14.5.1965[17]; das Gesetz vom 27.9.1952 erhielt damals die Bezeichnung „Gesetz über das gerichtliche Verfahren in Binnenschiffahrtssachen" (BSchVerfG). 3

d) **Geltende Rechtsgrundlage.** Die Rheinschiffahrtsakte 1868 wurde nach Änderungen durch Übereinkommen vom 20.11.1963[18] unter dem 11.3.1969[19] in der jetzt geltenden Fassung bekanntgemacht[20]. Die allgemeinen Vorschriften des BSchVerfG gelten nur, soweit sich für Rheinschiffahrtssachen aus der Rheinschiffahrtsakte und den §§ 15 bis 18 BSchVerfG und für Moselschiffahrtssachen aus der Moselschiffahrtskonvention 1956 und den §§ 18b bis 18e BSchVerfG nichts anderes ergibt. Auch die Moselschiffahrtsgerichte sind, soweit sie Sondergerichte sind, nicht im Sinne des § 14 „zugelassen", sondern bundesgesetzlich „bestellt". 4

e) Die für die **übrigen Binnenschiffahrtssachen** zuständigen Gerichte (Amtsgericht als Gericht 1. Instanz, Oberlandesgericht als Berufungs- und Beschwerdegericht), die bei der Verhandlung und Entscheidung die Bezeichnung „Schiffahrtsgericht" und „Schiffahrtsobergericht" führen (§§ 5, 11 BSchVerfG), sind keine Sondergerichte, sondern Gerichte der ordentlichen Gerichtsbarkeit; die verfahrensrechtlichen Besonderheiten machen diese Gerichte, die lediglich Abteilungen des Amtsgerichts oder Senate des Oberlandesgerichts sind[21], nicht zu Sondergerichten (vgl. § 13, 6). Zu ihrer Zuständigkeit gehören Strafsachen und Ordnungswidrigkeiten wegen Zuwiderhandlungen gegen strom- und schiffahrtspolizeiliche Vorschriften, die auf oder an Binnengewässern begangen werden. Der Schwerpunkt der Tat muß in der Verletzung dieser Vorschriften liegen (§ 2 Abs. 3 BSchVerfG). Das ist bei einer Gewässerverunreinigung z. B. der Fall, wenn das Auslaufen von Schadstoffen gerade auf einer Mißachtung der zu Sicherheit 5

[7] RGBl. I S. 687, 1235ff.
[8] RGBl. I S. 1142.
[9] RGBl. I S. 97.
[10] RGBl. I S. 101.
[11] RGBl. II S. 361.
[12] Nachweise bei LR-*Schäfer*[20] Rdn. 1.
[13] BGBl. I S. 641.
[14] BGBl. I S. 933.
[15] BGBl. II S. 560.
[16] BGBl. II S. 1838.
[17] BGBl. I S. 389.
[18] Zustimmungsgesetz vom 6.7.1966, BGBl. II S. 560.
[19] BGBl. II S. 597.
[20] Zusatzprotokoll vom 25.10.1972, BGBl. II 1974 S. 1385.
[21] BGHZ **45** 237, 240; RGZ **167** 305, 307.

und Ordnung auf den Gewässern erlassenen Vorschriften beruht[22]. In strafrechtlichen Binnenschiffahrtssachen ist die Revision ausgeschlossen (§ 10 BSchVerfG).

6 **f) Sitze und Bezirke** der Binnen-, der Rhein- und Moselschiffahrtsgerichte sind in Vereinbarungen der beteiligten Länder geregelt[23]. Ist Täter ein Jugendlicher oder Heranwachsender, so verbleibt es zwar bei der ausschließlichen örtlichen Zuständigkeit des Gerichts des Tatortes (§ 3 Abs. 3 BSchVerfG), das Verfahren und der Rechtsmittelzug richten sich aber nach dem JGG[24].

2. Zuständigkeit und Rechtscharakter der Rheinschiffahrts- und Moselschiffahrtsgerichte.

7 **a) Zuständigkeit der Rheinschiffahrtsgerichte.** Die Rheinschiffahrtsgerichte sind nach Art. 34 der revidierten Rheinschiffahrtsakte sachlich zuständig zur Untersuchung und Bestrafung aller Zuwiderhandlungen gegen die schiffahrts- und strompolizeilichen Vorschriften auf dem Rhein, und zwar nicht nur auf dem Rheinstrom selbst, sondern auch in Rheinhäfen und künstlichen Gewässern, die unmittelbar oder über einen kurzen Stichkanal in den Strom einmünden[25], nicht aber auf Altgewässern und damit etwa zusammenhängenden Baggerseen[26]. Strafsachen in diesem Sinn sind auch gerichtliche Verfahren wegen Ordnungswidrigkeiten; wird gegen den Bußgeldbescheid der Verwaltungsbehörde Einspruch eingelegt, so ist zur Entscheidung nicht das in § 68 Abs. 1 OWiG bezeichnete Amtsgericht, sondern nach Art. 35 1. Halbsatz der revidierten Rheinschiffahrtsakte dasjenige Rheinschiffahrtsgericht zuständig, in dessen Bereich die „strafbare Handlung" begangen wurde; dessen Zuständigkeit ist in jeder Lage des Verfahrens von Amts wegen zu prüfen und auch ohne Rüge zu beachten[27]. Rheinschiffahrtsgericht 1. Instanz ist das Amtsgericht (der Strafrichter als Einzelrichter), Berufungsgericht das Oberlandesgericht als Rheinschiffahrtsobergericht (§ 15 BSchVerfG). In Bußgeldsachen ist statt der Rechtsbeschwerde an das Rheinschiffahrtsobergericht unter der in Art. 37 der revidierten Rheinschiffahrtsakte vorgesehenen Beschränkung (Ausschluß von Bagatellen) auch die Anrufung der Zentralkommission in Straßburg zulässig (§ 18 BSchVerfG)[28].

8 **b) Rechtscharakter.** Die Rheinschiffahrtsgerichte sind, wie die Binnenschiffahrtsgerichte, Spruchkörper der Amts- oder Oberlandesgerichte. Man kann daher bei ihnen kaum von Sondergerichten sprechen, da es an der dafür erforderlichen Ausgliederung aus dem Bereich der ordentlichen Gerichte fehlt. Ein weiteres Argument ergibt sich aus § 14 BSchVerfG, der die Rheinschiffahrtssachen als Unterart der Binnenschiffahrtssachen behandelt. Die Binnenschiffahrtsgerichte sind aber nach allgemeiner Auffassung keine Sondergerichte (oben Rdn. 5); auf diesen Gesichtspunkt hat der Bundesgerichtshof abgestellt[29]. Die Gegenauffassung[30] hebt, soweit sie begründet wird, auf die internationale Rechtsgrundlage der Rheinschiffahrtsgerichte (und Moselschiffahrtsgerichte) ab; sie seien nur aus Zweckmäßigkeitsgründen den ordentlichen Gerichten angeglie-

---

22 Vgl. BGH NStZ-RR **1998** 367; OLG Nürnberg NStZ-RR **1997** 271; BayObLG MDR **1991** 1189.

23 Nachweise bei *Katholnigg*[3] 4.

24 BGHSt **11** 116.

25 BGHZ **60** 92; OLG Karlsruhe VRS **48** 285.

26 BGH VRS **49** (1975) 416.

27 OLG Karlsruhe VRS **48** (1975) 286; zur Frage, in welchem Umfang die Vorschriften über die Rechtsbeschwerde in Bußgeldsachen in Rheinschiffahrtssachen anwendbar sind, vgl. OLG Karlsruhe MDR **1976** 514, 515 und *Göhler* OwiG § 79, 2a.

28 Zum Ausschluß von Bagatellen vgl. Beschluß der Zentralkommission vom 15. 10. 1964 VersR **1965** 335.

29 BGHZ **18** 267; **45** 237, 240.

30 *Kissel*[3] 7; *Katholnigg*[3] 2; KK-*Pfeiffer*[4] 1.

dert[31]. Das erscheint nicht durchschlagend; der Auffasung des Bundesgerichtshofs ist zu folgen[32]. Demgemäß ist in Zivilsachen auch die Revision an den Bundesgerichtshof zulässig[33]. Nur die Zentralkommission in Straßburg ist ein Sondergericht im Sinne des § 13[34]; die dort eingerichtete Berufungskammer ist mit unabhängigen Richtern aus den Vertragsstaaten besetzt und deshalb als Gericht im Sinne des GG anzusehen[35]. Bei einem negativen Kompetenzkonflikt zwischen einem Rheinschiffahrtsgericht und einem allgemeinen Gericht (Schöffengericht usw.) hinsichtlich der sachlichen Zuständigkeit ist in entsprechender Anwendung der für den Fall des negativen örtlichen Kompetenzkonflikts geltenden Vorschriften (§§ 14, 19 StPO) zu verfahren[36]. Eine Überschreitung der sachlichen Zuständigkeit liegt nicht vor, wenn bei dem als Rheinschiffahrtsgericht zuständigen Amtsgericht die allgemeine Strafabteilung anstelle der Schiffahrtsabteilung entscheidet[37].

c) Die Moselschiffahrtsgerichte sind zuständig für Strafsachen, die sich auf Vorgänge auf der Mosel und den dazu gehörigen Einrichtungen beziehen (§ 18a BSchVerfG). In 1. Instanz entscheidet das Amtsgericht als Moselschiffahrtsgericht, Berufungsgericht ist das Oberlandesgericht als Moselschiffahrtsobergericht (§ 18 BSchVerfG). Die Berufung (keine Revision) unterliegt keiner Beschränkung (§ 18d BSchVerfG). Entsprechend der Anrufung der Zentralkommission in Straßburg bei den Rheinschiffahrtssachen besteht die Möglichkeit einer Anrufung der Moselkommission in Trier (§ 18e BSchVerfG). Nur die Moselkommission ist Sondergericht im Sinne des § 14, die Moselschiffahrtsgerichte sind Teil der ordentlichen Gerichte. **9**

§ 15

(gestrichen durch VereinhG 1950)

§ 16

[1]Ausnahmegerichte sind unstatthaft. [2]Niemand darf seinem gesetzlichen Richter entzogen werden.

Schrifttum. Entsprechend der Bedeutung, die der Gewährleistung des gesetzlichen Richters im Rechtsstaat zukommt, ist die Literatur dazu fast nicht übersehbar. Die im Jahre 2002 erschienene Habilitationsschrift von *Sowada* enthält, obwohl sie bestimmte Aspekte des Themas ausklammert, ein Literaturverzeichnis von über 80 Seiten und fast 2000 Titeln. Es kann also nur darum gehen, auf einige vorwiegend neuere Beiträge hinzuweisen, die als Einstieg in die Diskussion dienen können. Wegen älterer Titel wird ergänzend auf die Hinweise in der 24. Auflage Bezug genommen.

Achenbach Staatsanwalt und gesetzlicher Richter – ein vergessenes Problem? FS Wassermann 849; *Dahs* Die Relativierung absoluter Revisionsgründe, GA **1976**, 353; *Foth* Zur Besetzung von Strafkammern, Schöffengerichten und OLGSenaten bei Haftentscheidungen während einer an-

[31] *Katholnigg*[3] 2.

[32] Ebenso *Zöller-Gummer* 3; *Kleinknecht/Meyer-Goßner*[45] 1.

[33] BGHZ **18** 267ff.

[34] BGHZ **18** 267; 270.

[35] *Kissel*[3] 7.

[36] BGHSt **18** 381.

[37] KG VRS **46** (1974) 43; OLG Hamm VRS **29** (1965) 236.

hängigen Hauptverhandlung, NStZ **1998** 420; *Hamm* Der gesetzliche Richter und die Ablehnung wegen Besorgnis der Befangenheit unter besonderer Berücksichtigung des Strafverfahrens (1973); *Heghmanns* Auswahlermessen der Staatsanwaltschaft bei Klageerhebung und gesetzlicher Richter, StV **2000** 277; *Henkel* Der gesetzliche Richter (1967); *Herzog* Über bewegliche Zuständigkeitsregelungen, instrumentelle Zuständigkeitswahl und das Prinzip des gesetzlichen Richters, StV **1993** 609; *Katholnigg* Zum Gebot des gesetzlichen Richters bei Überbesetzung des Spruchkörpers, JZ **1997** 284; *Kern* Der gesetzliche Richter (1927); *Kindhäuser* Beitrag zu den Konsequenzen einer Verletzung der Geschäftsverteilung im Strafprozeß aus revisionsrechtlicher Sicht, JZ **1993** 478; *Koch* Rechtsvergleichende Fragen zum „gesetzlichen Richter", FS Nakamura (1996) 281; *Kolb* Rechtsnatur und Anfechtbarkeit der gerichtlichen Geschäftsverteilungspläne (1986); Marcelli § 210 Abs. 3 StPO und der gesetzliche Richter, NStZ **1986** 59; *Marx* Der gesetzliche Richter i. S. von Art. 101 Abs. 1 S. 2 GG (1969); *Meinen* Die Heranziehung zum Schöffenamt – gerichtsverfassungs- und revisionsrechtliche Probleme (1993); *Oehler* Der gesetzliche Richter und die Zuständigkeit in Strafsachen, ZStW **64** (1952) 292; *Rieß* Ausschluß der Besetzungsrüge (§ 338 Nr. 1 StPO) bei irriger, aber vertretbarer Rechtsanwendung, GA **1976** 133; *Rieß* Die Besetzungsrüge in Strafsachen in der neueren Rechtsprechung des BGH, DRiZ **1977** 289; *Rinck* Gesetzlicher Richter, Ausnahmegericht und Willkürverbot, NJW **1964** 1649; *Roth* Das Grundrecht auf den gesetzlichen Richter (2000); *Sangmeister* Grundrechtsschutz durch Grundrechtsentziehung? NJW **1998** 721; *Seier* Die Eröffnung des Hauptverfahrens durch das Beschwerdegericht vor einem anderen Gericht, StV **2000** 586; *Sowada* Der gesetzliche Richter im Strafverfahren (2002); *Voßkuhle* Zur Verletzung des Rechts auf den gesetzlichen Richter bei Nichtvorlage an den EuGH, JZ **2001** 924; *Wiebel* Die senatsinterne Geschäftsverteilung beim Bundesgerichtshof (Zivilsachen), BB **1992** 573.

Entstehungsgeschichte. § 16 lautete ursprünglich „Ausnahmegerichte sind unstatthaft. Niemand darf seinem gesetzlichen Richter entzogen werden. Die gesetzlichen Bestimmungen über Kriegsgerichte und Standrechte werden hiervon nicht berührt". Das VereinhG 1950 hat den dritten Satz gestrichen.

Übersicht

1 **1. Entwicklung und Reichweite.** § 16 steht historisch und sachlich in engem Zusammenhang mit § 1, der die richterliche Unabhängigkeit gewährleistet. Wie § 1[1] geht § 16

[1] Vgl. § 1, 1.

auf die ursprüngliche Fassung des GVG zurück. Wie im Falle des § 1 nahm der Gesetzgeber des Jahres 1877 in § 16 die Früchte älterer Reformbestrebungen auf[2]. Da die Reichsverfassung von 1871[3] ebenso wie zur richterlichen Unabhängigkeit keine Regelung des gesetzlichen Richters enthielt, hatte § 16 als reichsgesetzliche Regelung für seinen Geltungsbereich, nämlich für die ordentliche streitige Gerichtsbarkeit (§ 2 EGGVG), ebenso wie § 1 durchaus selbständige Bedeutung[4]. Damit war es zu Ende, als Art. 105 WRV die Regelung des § 16 wortgleich übernahm. Gleichzeitig entfiel damit die Beschränkung auf die ordentliche streitige Gerichtsbarkeit. Nach 1945 fand die Regelung des § 16 ebenso wie die Gewährleistung der richterlichen Unabhängigkeit Eingang in die neu entstehenden Landesverfassungen[5]. Dann übernahm das Grundgesetz die Regelung. So wie es in Art. 97 GG die sachliche und persönliche Unabhängigkeit des Richters regelt, bestimmt es, in engster Anlehnung an den Wortlaut des § 16, in Art. 101 Abs. 1 GG: „Ausnahmegerichte sind unzulässig. Niemand darf seinem gesetzlichen Richter entzogen werden." Dieser Verfassungssatz gilt selbstverständlich für alle Zweige der Gerichtsbarkeit. § 16 hat damit wie § 1 seine selbständige Bedeutung erneut verloren. Wie im Falle des § 1 ist es gleichwohl sinnvoll, daß § 16, in gewisser Weise die Mutterbestimmung des Art. 101 Abs. 1 GG, nicht aufgehoben, sondern im Kontext des GVG belassen wurde. Eine historische Reminiszenz an das Hervorgehen des Art. 101 Abs. 1 GG aus § 16 ist es, wenn das VereinhG 1950 die ursprüngliche Fassung des Satzes 1 („... sind unstatthaft") aufrechterhalten hat, während Art. 101 Abs. 1 GG Ausnahmegerichte als „unzulässig" bezeichnet; ein sachlicher Unterschied liegt darin nicht. Wie im Falle des § 1 hat auch im Falle des § 16 die Auslegung der einfachrechtlichen Regelung der der Verfassungsbestimmung zu folgen, weshalb auf Schrifttum und Rechtsprechung zu Art. 101 GG zu verweisen ist.

Es ist kein Zufall, daß das Schicksal des **§ 1** und des **§ 16** ähnlich verlaufen ist. Beide **2**
Bestimmungen **gehören sachlich zusammen**[6]. Wirkliche Unabhängigkeit der Rechtspflege gegenüber Eingriffen von dritter Seite ist nur möglich, wenn gewährleistet ist, daß niemand dem unabhängigen „gesetzlichen Richter" entzogen werden kann. Es ist seit jeher ein beliebtes Mittel absolutistischer Machthaber gewesen, in Fällen, wo ein bestimmtes Ergebnis aus politischen Gründen gewünscht wurde, sich dieses Ergebnisses dadurch zu versichern, daß das nach den allgemeinen Zuständigkeitsregeln zur Aburteilung berufene ordentliche Gericht ausgeschaltet und die Aburteilung einem anderen Gericht übertragen wurde, das möglicherweise ad hoc gebildet wurde, jedenfalls für diesen Fall keine Jurisdiktion hatte. Der Kampf um den Rechtsstaat, um die Unabhängigkeit der Richter, um die Gewaltenteilung und den Konstitutionalismus war daher zugleich ein Kampf um den gesetzlichen Richter[7]. Mit der Garantie des gesetzlichen Richters will Art. 101 Abs. 1 Satz 2 GG der Gefahr vorbeugen, daß die Justiz durch eine Manipulation der rechtsprechenden Organe sachfremden Einflüssen ausgesetzt wird und durch die auf den Einzelfall bezogene Auswahl der zur Entscheidung berufenen Richter das Ergebnis der Entscheidung beeinflußt werden kann[8]. Es geht dabei um die Abwehr von

---

[2] Zur erstmaligen Erwähnung der Gewährleistung des gesetzlichen Richters in der französischen Verfassung von 1791 vgl. *Rinck* NJW **1964** 1649; aus späterer Zeit § 175 Frankfurter Reichsverfassung von 1849; Art. 7 der Preußischen Verfassung von 1850; zu noch älteren Wurzeln *Oehler* ZStW **64** (1952) 292, 298ff und dazu wiederum *Sowada* 30ff.

[3] RGBl. S. 64.

[4] Ebenso *Sowada* 70.

[5] Vgl. Art. 86 Abs. 1 BayVerf.; Art. 6 BremVerf.; Art. 20 HessVerf.; Art. 6 RPfVerf.

[6] *Kissel*[3] 1; *Sowada* 71ff, 114ff.

[7] *Eb. Schmidt* LK I 438; zur Entwicklung im 19. Jahrhundert *Sowada* 60ff.

[8] BVerfGE **95** 322, 327; **82** 286, 296; ständige Rspr.

Willkür und um die Verwirklichung des Gleichheitssatzes[9], um Gewaltenteilung und Freiheitssicherung[10] und nicht zuletzt um eine vertrauenswürdige Justiz[11].

3 Auch **völkerrechtliche Grundrechtskodifikationen** wie die Europäische Menschenrechtskonvention[12] und der Internationale Pakt über bürgerliche und politische Rechte[13] sehen die Garantie des unabhängigen Richters in engem Zusammenhang mit der des gesetzlichen Richters. Art. 6 Abs. 1 Satz 1 MRK und Art. 14 Abs. 1 Satz 1 IPBPR stellen die Gewähr des unabhängigen und unparteiischen Richters in unmittelbaren Zusammenhang damit, daß das Gericht „auf Gesetz beruht". Letzteres entspricht der Garantie des gesetzlichen Richters nach Art. 101 GG[14]. Auch die Charta der Grundrechte der Europäischen Union gewährleistet in Art. 47 Abs. 2 den Zugang zu einem „unabhängigen, unparteiischen und zuvor durch Gesetz errichteten Gericht".

4 § 16 behandelt **Ausnahmegerichte und Richterentziehung** in zwei selbständigen Sätzen, so als ob es sich um verschiedene Materien handele. Das entspricht der Tradition und dient der Anschaulichkeit, trägt auch, wie *Kissel*[3] zu Recht hervorhebt, leidvoller historischer Erfahrung Rechnung[15]. Begrifflich notwendig wäre es nicht. Die Gewährleistung des gesetzlichen Richters schließt das Verbot von Ausnahmegerichten in der Sache ein[16].

2. Verbot von Ausnahmegerichten

5 **a) Begriff des Ausnahmegerichts.** Ausnahmegerichte sind Gerichte, die „ad hoc bestimmt"[17], die „in Abweichung von der gesetzlichen Zuständigkeit besonders gebildet und zur Entscheidung einzelner konkreter oder individuell bestimmter Fälle berufen" sind[18]. Auch ein einzelner Spruchkörper eines Gerichts kann Ausnahmegericht sein, wenn ihm durch die Geschäftsverteilung ein konkreter Einzelfall oder mehrere konkrete Einzelfälle zugewiesen werden[19]. Das Verbot des § 16 Satz 1 richtet sich nicht nur an den Landesgesetzgeber und an die Justizverwaltung, sondern auch an das Präsidium bei der Geschäftsverteilung; Art. 101 Abs. 1 Satz 1 GG bindet darüber hinaus auch den Bundesgesetzgeber[20]. Kein Ausnahmegericht, sondern eine Form der Vertretungsregelung für Fälle einer vorübergehenden Überlastung der ordentlichen Strafkammer[21] ist die Hilfsstrafkammer, auch wenn es ein oder mehrere Großverfahren sind, die Anlaß zu ihrer Bildung geben; ihre Zuständigkeit ist abstrakt zu umschreiben[22]. Ein Ausnahmegericht ist zunächst jedes Gericht, das nach Begehung einer Straftat für einen Einzelfall oder für eine nach individuellen Merkmalen bestimmte Gruppe von Einzelfällen zur Entscheidung eingesetzt wird[23]. Aber auch ein vor begangener Tat zur Aburteilung

---

9 *Rinck* NJW **1964** 1649, 1652.

10 *Sowada* 74ff, 78.

11 BVerfGE **4** 412, 416; MK-*Wolf* 2.

12 Vom 7. August 1952 BGBl. II S. 685, 953.

13 Vom 15. November 1973 BGBl. II S. 1533.

14 Vgl. LR-*Gollwitzer*[24] Rn. 48, 52 zu Art. 6 MRK/Art. 14 IPBPR mit Nachw.

15 *Kissel*[3] 1.

16 BayVerfGH E **37** 1, 2 = NJW **1984** 2813; *Rinck* NJW **1964** 1649, 1652; MK-*Wolf* 1; ebenso *Eb. Schmidt* LK I, 438; Roth 70ff; *Sowada* 136 mit Nachw.

17 *Eb. Schmidt* LK I, 440 mit Nachw. aus der älteren Literatur; *Sowada* 139.

18 BVerfGE **3** 213, 223; **8** 174, 182; **10** 200, 212; BayVerfGHE **37** 1; BGHZ **38** 208, 210; BGH NJW **2000** 1580.

19 Vgl. BVerfGE **40** 356, 361; BayVerfGHE **37** 1; *Kissel*[3] 14; *Kleinknecht/Meyer-Goßner*[45] 1.

20 Vgl. BVerfGE **6** 45, 50; **9** 223, 226; **10** 200, 213; **22** 49, 73.

21 Vgl. dazu BGH NJW **2000** 1580.

22 BGHSt **12** 104; **31** 157, 158 = NJW **1983** 185 = StV **1983** 9 mit Anm. *Jungfer*; BGHSt **31** 389 = JR **1983** 519 mit Anm. *Katholnigg* = NStZ **1984** 84 mit Anm. *Frisch*; BGHSt **33** 303 = JR **1986** 260 mit Anm. *Katholnigg*; BGH NJW **2000** 1580; vgl. zur Hilfsstrafkammer im übrigen LR-*Siolek* § 60, 8ff; *Kissel*[3] § 60, 10ff; *Katholnigg*[3] 2; § 60, 3; *Kleinknecht-Meyer-Goßner*[45] § 21e, 16; § 60, 2.

23 BVerfG **8** 174, 182; RG JW **1924** 192, 193; OLG Königsberg GA **68** (1920) 391, 392; KG JW **1920** 400, 402 (zu den nach dem 1. Weltkrieg eingerichteten Wuchergerichten); *Eb. Schmidt* LK I, 440.

bestimmtes Gericht ist ein Ausnahmegericht, wenn eine Zuständigkeit nicht durch generelle (abstrakte) Merkmale bestimmt, sondern in der Weise geregelt ist, daß ein oder mehrere individuell umgrenzte Einzelfälle von vorneherein der allgemeinen Zuständigkeitsordnung entzogen werden[24]. Selbst bei einer im Voraus nach abstrakten und generellen Merkmalen bestimmten Zuständigkeit läge ein Ausnahmegericht vor, wenn die Abweichung von der allgemeinen Zuständigkeit willkürlich wäre[25]. Kein Ausnahmegericht wird errichtet, wenn eine allgemeine Änderung der Zuständigkeitsvorschriften sich auch auf die Aburteilung von Handlungen erstreckt, die vor der Änderung begangen wurden. § 16 gilt ebenso wie Art. 101 Abs. 1 Satz 1 GG ausnahmslos; auch für Ausnahmezeiten, z. B. bei Naturkatastrophen oder bei terroristischen Anschlägen, gestattet er keine Abweichung[26]. Es bewendet bei § 15 StPO, der im Lichte des Art. 101 Abs. 1 Satz 2 GG jedoch eng auszulegen ist[27].

b) Abgrenzung gegen Sondergerichte. Keine Ausnahmegerichte sind die besonderen Gerichte im Sinne der §§ 13, 14 („Gerichte für besondere Sachgebiete" im Sinne des Art. 101 Abs. 2 GG). Sie sind gesetzlich für ein bestimmtes Sachgebiet abstrakt und generell im Voraus zur Entscheidung berufen. Es verstößt nicht gegen § 16 Satz 1 und Art. 101 Abs. 1 Satz 1 GG, wenn bei der Errichtung von besonderen Gerichten deren Zuständigkeit auch auf die vor der Errichtung begangenen Taten erstreckt wird, sofern nur die allgemeine Fassung der Zuständigkeitsänderung nicht lediglich verschleiern soll, daß es sich in Wirklichkeit vorzugsweise darum handelt, gerade die vorher begangenen Taten dem nach dem bisherigen Recht zuständigen Richter zu entziehen[28]. Erst recht verstößt es nicht gegen Art. 101 Abs. 1 Satz 1 GG, wenn durch Bundesgesetz aus der allgemeinen Zuständigkeit eines Zweiges der Gerichtsbarkeit Einzelmaterien ausgegliedert und der Zuständigkeit eines anderen Zweiges der Gerichtsbarkeit zugewiesen werden, z. B. wenn (vgl. § 40 VwGO) bestimmte verwaltungsrechtliche Streitsachen, für die nach der allgemeinen Zuständigkeitsregelung der Verwaltungsrechtsweg gegeben wäre, im Interesse einheitlicher Beurteilung eines ganzen Sachgebiets den ordentlichen Gerichten zugewiesen werden[29]. Selbstverständlich liegt kein Sondergericht vor, wenn nach dem Geschäftsverteilungsplan bestimmte Straftaten einem bestimmten Spruchkörper zugewiesen sind, auch wenn keine gesetzliche Zuständigkeitskonzentration (§§ 74 Abs. 2, 74a, 74c usw.) besteht; das gilt auch, auch wenn im Einzelfall zugleich ein anderes Delikt zur Aburteilung kommt, das an Schwere das Spezialdelikt überwiegt[30]. 6

c) Verstöße. Hat ein Gericht entschieden, das als Ausnahmegericht zu qualifizieren ist, so ist die Entscheidung wegen Verstoßes gegen den Grundsatz des gesetzlichen Richters (vgl. oben Rdn. 4) fehlerhaft und nach allgemeinen Grundsätzen anfechtbar[31], nicht etwa nichtig. Der gegenteiligen Auffassung[32] kann nur für krasse Verstöße gegen das Verbot von Ausnahmegerichten zugestimmt werden, wenn nämlich die Annahme einer wirksamen Entscheidung „geradezu unerträglich wäre, weil sie dem Geist der StPO 7

---

24 *Eb. Schmidt* LK I, 440; *Kissel*³ 13.

25 BVerfGE **8** 174, 182; *Rinck* NJW **1964** 1649, 1651; *Sowada* 140ff; oben § 13, 5; enger: *Oehler* ZStW **64** (1952) 297, 302ff, der den anstößigen Zweck der Einflußnahme auf die Rechtsprechung zum Kriterium macht.

26 *Kissel*³ 15.

27 BGH NJW **2002** 1589.

28 Für die nach dem 1. Weltkrieg (Verordnung vom 27.11.1919 – RGBl. 1909) errichteten Wuchergerichte wurde das diskutiert, von der Rechtsprechung aber verneint – vgl. RG JW **1924** 192, 193; OLG Königsberg GA **68** (1920) 391, 392; KG JW **1920** 400, 402; BayObLG JW **1920** 563 mit Anm. *Kern.*

29 BVerfG **4** 387, 399; BGH NJW **1963** 446, 447.

30 Vgl. BayVerfGH NJW **1968** 99, 101; *Kissel*³ 19; KK-*Pfeiffer*⁴ 3; *Kleinknecht/Meyer-Goßner*⁴⁵ 1.

31 Vgl. BGHZ **37** 125, 128; *Kissel*³ 20, 50; KK-*Pfeiffer*⁴ 1, 13; *Kleinknecht/Meyer-Goßner*⁴⁵ 8.

32 *Roxin*²⁵ § 50, 29; *Peters* 522.

und wesentlichen Prinzipien unserer rechtsstaatlichen Ordnung widersprechen würde“ und diese grobe Fehlerhaftigkeit überdies offenkundig ist[33]. So kann es liegen, wenn in Zeiten innerer Unruhen Revolutionstribunale, Standgerichte und ähnliche Einrichtungen Strafgewalt ausüben, wobei es sich bei ihren „Erkenntnissen“ je nach den Umständen auch um Nichturteile handeln kann[34]. Da die Verurteilung durch ein Ausnahmegericht das Grundrecht auf den gesetzlichen Richter (dazu unten Rdn. 13) verletzt, ist nach Maßgabe der allgemeinen Vorschriften die Verfassungsbeschwerde eröffnet.

3. Das Verbot der Richterentziehung im allgemeinen

8 **a) Zweck.** Wie das Bundesverfassungsgericht in seinem Plenarbeschluß vom 8. 4. 1997[35] bekräftigt hat, will Artikel 101 Abs. 1 Satz 2 GG der Gefahr vorbeugen, daß die Justiz durch eine Manipulation der rechtsprechenden Organe sachfremden Einflüssen ausgesetzt wird. Es soll vermieden werden, daß durch eine auf den Einzelfall bezogene Auswahl der zur Entscheidung berufenen Richter das Ergebnis der Entscheidung beeinflußt werden kann, gleichgültig, von welcher Seite eine solche Manipulation ausgeht[36]. Damit soll die Unabhängigkeit der Rechtsprechung gewahrt und das Vertrauen der Rechtsuchenden und der Öffentlichkeit in die Unparteilichkeit und Sachlichkeit der Gerichte gesichert werden[37]. Dieses Vertrauen nähme Schaden, müßte der rechtsuchende Bürger befürchten, sich einem Richter gegenüberzusehen, der mit Blick auf seinen Fall und seine Person bestellt worden ist. Nichts anderes gilt für den Zweck des § 16 Satz 2.

9 **b) Adressat.** Ursprünglich zielte der Satz „niemand darf seinem gesetzlichen Richter entzogen werden“ vor allem nach außen, insbesondere gegen jede Art von Kabinettsjustiz[38]. Dieses „historische Feindbild“ ist durch die Entwicklung überholt[39]. Heute ist anerkannt, daß die Gewähr des gesetzlichen Richters Manipulationen gleich von welcher Seite verhindern will, sich also gleichermaßen an den Gesetzgeber, die Verwaltung, aber auch die Rechtsprechung selbst richtet. § 16 Satz 2 will in Übereinstimmung mit Art. 101 Abs. 1 Satz 2 GG also auch sicherstellen, daß niemand durch Maßnahmen innerhalb der Gerichtsorganisation dem in seiner Sache gesetzlich berufenen Richter entzogen werde[40]. Dieses Schutzrichtung ist im Laufe der Entwicklung ganz in den Vordergrund getreten. Während Eingriffe von außen in die Gewährleistung des gesetzlichen Richters kaum noch zu beklagen waren[41], sind die Anforderungen, die sich aus der Gewähr des gesetzlichen Richters an die Geschäftsverteilungspläne und Mitwirkungspläne der Gerichte ergeben, ein Dauerthema für Rechtsprechung und Literatur, wobei, wie das Bundesverfassungsgericht in seinem Plenarbeschluß vom 8. 4. 1997[42] festgestellt hat, sich die Anforderungen an den gesetzlichen Richter im Laufe der Zeit allmählich verfeinert haben und im Zuge dieser Entwicklung die Forderung nach einer möglichst präzisen Vorherbestimmung auch der im Einzelfall an der gerichtlichen Ent-

---

33 BGH NStZ **1984** 279; BGHSt **29** 351, 352ff; BGH bei *Dallinger*, MDR **1954** 400; RGSt **40** 271, 273.

34 Dazu LR-*Rieß* Einl. Abschnitt J 116ff, 119; zur Bewertung der SS-Standgerichtsverfahren gegen von Dohnany in Oranienburg und gegen Bonhoeffer, Canaris, Oster u. a. in Flossenbürg als bloße Scheinverfahren vgl. BGHSt **2** 173, 176ff; *Spendel* ZRP **1997** 41, 43.

35 BVerfGE **95** 322 = NJW **1997** 1497 = JR **1997** 278 mit Anm. *Berkemann* und Anm. *Katholnigg*.

36 So schon BVerfGE **17** 294, 299; **20** 336, 344; **48** 246, 254; **82** 286, 296.

37 BVerfGE **4** 412, 416, 418.

38 *Träger* FS Zeidler (1987) Band I 123, 124.

39 *Sowada* 5.

40 BVerfGE **3** 359, 364; **4** 412, 416; **17** 294, 299.

41 *Kissel*[3] 22 zählt hierher die Verzögerung von Nachwahlen zum Bundesverfassungsgericht mit dem Ziel, daß bestimmte Verfahren noch von der bisherigen Richterbank entschieden werden; vgl. dazu auch *Wassermann* NJW **1996** 702; *Rüthers* NJW **1996** 1867.

42 BVerfGE **95** 322.

scheidung mitwirkenden Richters zunehmend stärkeres Gewicht gewonnen hat[43]. Wie die Vereinigten Großen Senate des Bundesgerichtshofs zu Recht hervorgehoben haben[44], hat die damit in einem Spannungsverhältnis stehende andere Forderung, daß der Spruchkörper bei der Erledigung seiner Aufgaben möglichst effektiv und deshalb flexibel sein sollte, zurücktreten müssen[45]. In der Literatur wird dies teilweise durchaus positiv gesehen; das Leitbild des Art. 101 Abs. 1 Satz 2 GG sei der „zufällige", nicht der für den jeweiligen Fall besonders „geeignet" erscheinende Richter (*Sowada*)[46].

c) Inhalt. § 16 Satz 2 enthält das Verbot, die nach den Verfahrensvorschriften begründete Zuständigkeit eines Gerichts durch die Bildung eines Ausnahmegerichts zu beseitigen oder in sonstiger Weise von Regelungen zur Bestimmung des gesetzlichen Richters abzuweichen[47], sei es, daß an die Stelle des gesetzlichen Richters ein anderer Richter treten soll, sei es, daß eine nach dem Gesetz dem Richter zukommende Aufgabe einer Stelle zugewiesen wird, die nicht als Gericht im Sinne des Art. 92 GG anzusehen ist[48]. Nach der Gebotsseite enthält der Grundsatz des gesetzlichen Richters die Verpflichtung, einen Bestand von Rechtssätzen zu schaffen, die für jeden Streitfall den Richter bezeichnen, der für die Entscheidung zuständig ist[49]. Dieses Gebot richtet sich an den Gesetzgeber. Freilich ist es angesichts der Vielfalt der Gerichtsbarkeiten, der Verschiedenheit der Organisation und Größe der Gerichte, der unterschiedlich großen Zahl der bei ihnen tätigen Richter, des verschiedenen Umfangs der Geschäftslast der Gerichte und des Wechsels der Geschäftslast innerhalb eines Gerichts nicht möglich, daß der Gesetzgeber den gesetzlichen Richter stets endgültig bestimmt, in einem formellen Gesetz eine Regelung trifft, aus der sich ohne weiteres für jeden Einzelfall ergibt, welcher Richter zur Entscheidung berufen ist[50]. Art. 101 Abs. 1 Satz 2 GG (und entsprechend § 16 Satz 2) verlangt deshalb mit der Garantie des gesetzlichen Richters nicht stets ein formelles, im parlamentarischen Verfahren beschlossenes Gesetz. Zwar muß der Gesetzgeber die fundamentalen Zuständigkeitsregeln selbst aufstellen[51], also durch die Prozeßgesetze bestimmen, welche Gerichte mit welchen Spruchkörpern für welche Verfahren sachlich, örtlich und instanziell zuständig sind. Der Gesetzgeber oder aufgrund Verordnungsermächtigung die Exekutive müssen außerdem durch organisationsrechtliche Normen die einzelnen Gerichte errichten und ihren Gerichtsbezirk festlegen. Ergänzend zu solchen Bestimmungen müssen aber Geschäftsverteilungspläne der Gerichte hinzutreten, in denen insbesondere die Zuständigkeit der jeweiligen Spruchkörper festzulegen sowie diesen die erforderlichen Richter zuzuweisen sind. Schließlich bedarf es nach Art. 101 Abs. 1 Satz 2 GG, § 16 Satz 2 bei überbesetzten Spruchkörpern der Regelung in Mitwirkungsplänen, welche Richter bei der Entscheidung welcher Verfahren mitwirken[52]. Keine Frage des gesetzlichen Richters ist nach Auffassung des 10

---

43 BVerfGE **95** 322, 333.

44 BGHZ **126** 63, 85 (Vereinigte Große Senate) = JZ **1994** 1174 mit Anm. *Kissel*.

45 Es ist hier nicht der Ort, Für und Wider dieser Entwicklung zu diskutieren. Ob das Vertrauen in die Gerichte abnähme, wenn bei der Zuteilung der Verfahren Stärken und Schwächen, Belastung und Ressourcen des einzelnen Richters mehr berücksichtigt werden könnten, wäre diskussionswürdig. Dabei wäre auch zu erörtern, warum der gesetzliche Richter in anderen rechtsstaatlich-demokratischen Systemen eine geringere Rolle spielt; vgl. dazu *Koch* FS Nakamura 281, 294ff.

46 *Sowada* 833; andere sehen durchaus, daß die Belange einer effektiven Rechtspflege gegenläufig sein können, vgl. *Roth* 95ff.

47 BVerfGE **95** 322, 327.

48 Vgl. zur Ausübung der Strafgerichtsbarkeit durch Friedensgerichte BVerfGE **10** 200; dazu *Kern* JZ **1960** 244.

49 BVerfG **2** 307, 319f; **19** 52, 60; **95** 322, 328; vgl. auch LR-*Rieß* Einl. I 19ff.

50 BVerfG **19** 52, 60.

51 BVerfG **19** 52, 60; **95** 322, 328.

52 BVerfG **95**, 322, 328.

Bundesverfassungsgericht die Bestimmung des Berichterstatters[53]. Richter im Sinne des Art. 101 Abs. 1 Satz 2 GG, § 16 Satz 2 sind die Berufsrichter und die ehrenamtlichen Richter (Schöffen)[54]. Kein Richter im Sinne dieser Bestimmungen ist der Rechtspfleger[55].

11 Die **Geschäftsverteilungs- und Mitwirkungsregelungen** müssen als Grundlage zur Bestimmung des „gesetzlichen" Richters Merkmale aufweisen, die für Gesetze typisch sind: Sie bedürfen der Schriftform und müssen im voraus generell-abstrakt die Zuständigkeit der Spruchkörper und ebenso die Mitwirkung der Richter im Spruchkörper regeln. Es gehört zum Begriff des gesetzlichen Richters, daß nicht für bestimmte Einzelfälle bestimmte Richter ausgesucht werden, sondern daß die einzelne Sache „blindlings", aufgrund allgemeiner, vorab festgelegter Merkmale an den entscheidenden Richter gelangt. Darüber hinaus müssen die Regelungen hinreichend bestimmt sein. Welcher Richter in einem bestimmten Verfahren mitwirkt, muß sich daraus möglichst eindeutig ergeben[56]. Sie dürfen keinen vermeidbaren Spielraum bei der Heranziehung der einzelnen Richter zur Entscheidung einer Sache und damit keine unnötige Unbestimmtheit hinsichtlich des gesetzlichen Richters lassen[57]. Nicht erst eine willkürliche Heranziehung im Einzelfall begründet den Verstoß. Unzulässig ist vielmehr schon das Fehlen einer abstrakt generellen und hinreichend klaren Regelung, aus der sich der zur Entscheidung berufene Richter möglichst eindeutig ablesen läßt. Daß Geschäfts- und Mitwirkungspläne mit unbestimmten, auslegungsbedürftigen Begriffen arbeiten, ist für sich allein nicht schädlich; entscheidend ist, daß nicht mehr als nach dem jeweiligen Regelungskonzept notwendig auf solche Begriffe zurückgegriffen wird[58].

12 **d) Materielle Komponente.** Nach der Rechtsprechung des Bundesverfassungsgerichts erschöpft sich Art. 101 Abs. 1 Satz 2 GG nicht darin, sicherzustellen, daß der nach Gesetz und Geschäftsverteilungsplänen zuständige Richter tätig wird. Er will weiter gewährleisten, daß Neutralität und Distanz des Richters gegenüber den Verfahrensbeteiligten gewährleistet sind. Im System der normativen Vorausbestimmung des gesetzlichen Richters muß deshalb Vorsorge dafür getroffen werden, daß im Einzelfall ein Richter, der nicht die Gewähr der Unparteilichkeit bietet, von der Ausübung seines Amtes ausgeschlossen ist oder abgelehnt werden kann. Der Gesetzgeber hat bezüglich Einzelheiten, etwa bezüglich des Katalogs der Ausschließungs- und Ablehnungsgründe, einen Gestaltungsspielraum. Aber es wäre unzulässig, und zwar ein Verstoß gegen Artikel 101 Abs. 1 Satz 2 GG, dem Ziel, die Unparteilichkeit und Neutralität des Richters zu sichern, nicht durch geeignete Regelungen Rechnung zu tragen[59]. Das Tätigwerden eines kraft Gesetzes ausgeschlossenen Richters ist ein Verstoß gegen Artikel 101 Abs. 1 Satz 2 GG[60].

---

53 BVerfG **95**, 322, 331; kritisch dazu *Berkemann* JR **1997** 281, 284 und *Katholnigg* JR **1997** 284; zur Frage eines „gesetzlichen Berichterstatters" eingehend *Sowada* 448 ff.

54 Vgl. BVerfGE **48** 246, 253; MK-*Wolf* 15; *Katholnigg* JR **1997** 284 sieht in der Übertragung der Grundsätze des Plenarbeschlusses des BVerfG vom 8. 4. 1997, BVerfGE **95** 322, auf die Schöffen „eine Zeitbombe ungeheuren Ausmaßes".

55 Vgl. BVerfGE **56,** 110, 127; **101** 397, 404; MK-*Wolf* 18; zur Reformdiskussion *Arnold/Meyer-Stolte/Hansens/Rellermeyer* § 1 RPflG, 18 ff; vgl. auch oben Vor § 1, 10.

56 BVerfG **9** 223, 226; **17**, 294, 298; **23** 321, 325 und **95** 322, 329.

57 BVerfG **17** 294, 300; **95** 322, 329.

58 BVerfGE **95** 322, 331.

59 BVerfGE **21** 139, 145 f; **30** 149, 153; **89** 28, 36; BVerfG NJW **1998** 369; BVerfG NJW **2001** 3533; eingehend und ablehnend zu dieser Materialisierung des Art. 101 Abs. 1 Satz 2 GG *Roth* 45 ff; *Sowada* 179 ff, die nicht ganz zu Unrecht die Gefahr sehen, daß das Recht auf den gesetzlichen Richter zu einer „kaum einen Wunsch offenlassenden Gewährleistung effektiven Rechtsschutzes durch optimale Richterpersönlichkeiten unter Einbeziehung eines idealen Gerichtsverfahrens ausgeweitet wird" (*Roth* 55).

60 BVerfGE **30** 165, 167; **31** 295, 297; BVerfG NJW **1992** 2471.

Wird ein Ablehnungsgesuch gegen einen Richter zu Unrecht zurückgewiesen, so ist Art. 101 Abs. 1 Satz 2 GG nur dann verletzt, wenn die Zurückweisung auf willkürlichen Erwägungen beruht[61].

e) Artikel 101 Abs. 1 Satz 2 GG als Grundrecht und objektives Verfassungsrecht. 13
Art. 101 Abs. 1 Satz 2 GG begründet ein subjektives Recht, einen „Anspruch" des Bürgers auf den ihm gesetzlich zustehenden Richter[62], das vom Bundesverfassungsgericht teilweise als „Grundrecht", teilweise als „grundrechtsähnliches Recht" bezeichnet wird[63]. Seine Verletzung kann nach allgemeinen Regeln mit der Verfassungsbeschwerde geltend gemacht werden (Art. 93 Abs. 1 Nr. 4a GG, § 90 BVerfGG). Art. 101 Abs. 1 Satz 2 verbietet ferner den anderen Staatsgewalten, dem Bürger „seinen Richter" durch unbefugte Eingriffe wegzunehmen[64]. Artikel 101 Absatz 1 Satz 2 GG enthält auch das Gebot, die richterliche Zuständigkeit so eindeutig wie möglich durch allgemeine Normen zu regeln (oben Rdn. 11). An diese Regelungen sind die Gerichte auch gebunden. Sie dürfen sich nicht über sie hinwegsetzen, sondern haben von sich aus über deren Einhaltung zu wachen[65]. Denn der Grundsatz des gesetzlichen Richters dient der Sicherung der Rechtsstaatlichkeit im gerichtlichen Verfahren schlechthin; er enthält objektives Verfassungsrecht[66]. Jedes Gericht hat, soweit Anlaß zu Zweifeln besteht, seine sachliche, örtliche, funktionelle, geschäftsplanmäßige Zuständigkeit und die ordnungsgemäße Besetzung der Richterbank von Amts wegen zu prüfen[67], soweit nicht nach den Verfahrensgesetzen in einer dem Grundgedanken des Artikel 101 Abs. 1 Satz 2 GG gerecht werdenden Weise etwas anderes vorgesehen ist[68].

f) Anspruchsberechtigte. „Niemand" darf seinem gesetzlichen Richter entzogen wer- 14
den; jeder, für den oder für dessen Sache ein Richter bestimmt ist, hat ein Recht, vor diesen Richter zu kommen. Das Bundesverfassungsgericht hat davon gesprochen, daß anspruchsberechtigt aus Art. 101 Abs. 1 Satz 2 GG „der Rechtsuchende" ist[69]. Auch juristische Personen können sich auf Art. 101 Abs. 1 Satz 2 GG berufen[70]. Jedem, der in einem gerichtlichen Verfahren als Partei beteiligt ist, gleichgültig ob er eine natürliche oder eine juristische Person, eine inländische oder eine ausländische Person ist, steht das Recht auf den gesetzlichen Richter zu[71]. Es kommt jedem zugute, der nach den Verfahrensnormen parteifähig ist oder von dem Verfahren unmittelbar betroffen wird[72], auch juristische Personen des öffentlichen Rechts. Anspruchsberechtigt ist deshalb der Beschuldigte, ferner der Verfall- und Einziehungsbeteiligte (vgl. §§ 431, 433 Abs. 1, 442 StPO). Berechtigt aus Art. 101 Abs. 1 Satz 2 GG ist auch der Verletzte, soweit er unmittelbar von dem Strafverfahren betroffen ist. Das gilt, soweit er als Privat- oder Nebenkläger beteiligt ist. Das gilt ebenfalls, soweit er Antragsteller im Klageerzwingungsverfahren ist[73]. Es gilt auch, soweit der Verletzte als Adhäsionskläger am Verfahren teilnimmt[74]. Man wird ihm deshalb auch das Recht der Richterablehnung geben

[61] BVerfGE **31** 145, 164; **37** 67, 75; BVerfG NJW **1995** 2912, 2913.
[62] BVerfGE **26**, 281, 291; **40** 356, 360.
[63] Vgl. einerseits BVerfGE **14** 156, 161; andererseits BVerfGE **21** 362, 373.
[64] BVerfGE **17** 294, 299; **21** 139, 145; **30** 149, 152; **40** 356, 360.
[65] BVerfGE **29** 45, 48; **40** 356, 361.
[66] BVerfGE **40** 356, 361.
[67] BVerfGE **65** 152.
[68] Vgl. *Kissel*³ 25.
[69] BVerfGE **17** 294, 299.
[70] BVerfGE **3** 359, 363.
[71] BVerfGE **18** 441, 447.
[72] BVerfGE **61** 82, 104 mit Nachw.
[73] OLG Karlsruhe NJW **1973** 1658; OLG *Hamm* NJW **1974** 682.
[74] *Teplitzky* MDR **1970** 106; OLG *Hamm* NJW **1974** 682, 683; *Köckerbauer* NStZ **1994** 305, 307; **a. A** *Sowada* 156.

müssen[75]. Der Verteidiger und der Nebenklägervertreter selbst werden nicht durch Art. 101 Abs. 2 GG geschützt, ebensowenig der Zeuge[76] und der Sachverständige. Die Staatsanwaltschaft ist nicht Partei des Strafverfahrens, auch nicht Rechtsuchende. Trotzdem wurde sie schon früh als aus Art. 101 Abs. 1 Satz 2 GG berechtigt angesehen, und zwar kraft ihres Auftrags als „Hüterin der Rechtsordnung". Insbesondere *Adolf Arndt* hat sich dafür eingesetzt[77]. Dem ist im Ergebnis zuzustimmen. Als Mitverantwortliche für die Rechtsstaatlichkeit des jeweiligen Strafverfahrens kann die Staatsanwaltschaft aus eigenem Recht einen Verstoß gegen den Grundsatz des gesetzlichen Richters geltend machen. Die dagegen von *Sowada*[78] vorgetragenen Bedenken haben freilich Gewicht. Ob die Staatsanwaltschaft einen Verstoß gegen Art. 101 Abs. 1 Satz 2 GG auch im Wege der Verfassungsbeschwerde geltend machen kann[79], ist im Kontext des § 16 nicht zu vertiefen. Nicht geschützt durch Art. 101 Abs. 1 Satz 2 GG ist der Richter, dem ein Verfahren zu Unrecht entzogen oder übertragen wird[80].

4. „Gesetzlicher Richter" und bewegliche Zuständigkeit

15 **a) Die gesetzliche Zuständigkeitsregelung.** Eine feste für katalogmäßig aufgeführte Straftaten begründete erstinstanzliche sachliche Zuständigkeit sieht das GVG, von § 25 Nr. 1 abgesehen, nur bei der Strafkammer als Schwurgericht (§ 74 Abs. 2) und dem Oberlandesgericht nach § 120 Abs. 1 vor. Im übrigen beurteilt sich die Zuständigkeit in weitem Umfang nach der besonderen Gestaltung des Einzelfalles, indem das Gesetz die Zuständigkeit eines Gerichts höherer oder niederer Ordnung für die Verhandlung und Entscheidung davon abhängig macht, ob eine bestimmte Straferwartung besteht (§ 24 Abs. 1 Nr. 2, § 25 Nr. 2, § 74 Abs. 1) oder dem Fall „besondere Bedeutung" zukommt (§ 24 Abs. 1 Nr. 3; § 74 Abs. 1; § 74a Abs. 2; § 120 Abs. 2; § 142a Abs. 4). Einen ähnlichen Beurteilungsspielraum eröffnen § 26 Abs. 2, § 74b Satz 2 und § 74c Abs. 1 Nr. 6. Dabei überläßt das Gesetz zunächst die Beurteilung der Staatsanwaltschaft, die je nach ihrer Beurteilung bei dem einen oder anderen Gericht die Anklage erhebt. Das Gericht, zu dem Anklage erhoben wird, ist jedoch grundsätzlich an die Beurteilung der Staatsanwaltschaft nicht gebunden, § 206 StPO, sondern hat aufgrund eigener Beurteilung zu entscheiden, ob nach § 209 StPO zu verfahren ist. Etwas anderes gilt nur dann, wenn das Gesetz der Staatsanwaltschaft die Entscheidung ausnahmsweise überläßt, so die Wahl zwischen verschiedenen Gerichtsständen (dazu unten Rdn. 18). Im Falle des § 354 Abs. 2 StPO räumt das Gesetz dem Revisionsgericht die Befugnis ein, bei Aufhebung eines Urteils und Zurückverweisung der Sache an die Vorinstanz die Zuständigkeit des Gerichts, das zunächst entschieden hatte, beiseite zu schieben und die Zuständigkeit eines anderen Gerichts zu begründen. Auch die Besetzung eines Gerichts kann sich nach ähnlichen Merkmalen richten. So entscheidet nach § 76 Abs. 2 die große Strafkammer, daß sie in der Hauptverhandlung mit nur zwei Berufsrichtern einschließlich des Vorsitzenden und zwei Schöffen besetzt ist, wenn nicht die Strafkammer als Schwurgericht zuständig ist oder nach dem Umfang oder der Schwierigkeit der Sache die Mitwirkung eines dritten Richters notwendig erscheint.

---

75 Vgl. BVerfGE **21** 139; **a. A** LR-*Hilger* § 404 StPO, 11; KMR-*Fezer* § 404 StPO, 9; *Kleinknecht/Meyer-Goßner*[45] § 24 StPO, 20; wie hier KK-*Engelhardt* § 404 StPO, 12.

76 Vgl. BayVerfGHE **5** 277.

77 Vgl. *Kern* DRiZ **1959** 142, 144; *A. Arndt* DRiZ **1959** 171, 172; *A. Arndt* DRiZ **1959** 368; *A. Arndt* NJW **1962** 1193, 1194; weitere Nachw. bei *Sowada* 158.

78 *Sowada* 158 ff.

79 Bejahend *A. Arndt* DRiZ **1959** 368; ablehnend *Sowada* 162.

80 BVerfGE **15** 298, 301; MK-*Wolf* 10.

b) Einwendungen des Schrifttums. Im Schrifttum sind solche Vorschriften, die schon in der Weimarer Zeit kritisiert wurden, zum Teil als grundgesetzwidrig, zumindest als verfassungsrechtlich bedenklich bezeichnet worden, so insbesondere die Vorschriften über die „bewegliche Zuständigkeit" nach § 24 Abs. 1 Nr. 3, § 74 Abs. 1 Satz 2[81] und selbst die Vorschrift des § 354 Abs. 2 StPO[82] Unter dem Eindruck der Rechtsprechung des Bundesverfassungsgerichts (unten Rdn. 17) nahm der Widerspruch des Schrifttums an Heftigkeit etwas ab, ist aber keineswegs verstummt. *Kissel*[83] bezeichnet es als herrschende Meinung, daß im Hinblick auf die Rechtsprechung des Bundesverfassungsgerichts zur beweglichen Zuständigkeit gegen die Regelung insbesondere des § 24 Abs. 1 Nr. 3 keine verfassungsmäßigen Bedenken mehr bestünden[84]. Ob das dem Meinungsbild der Literatur gerecht wird, ist zweifelhaft. Bezieht man die Rechtsprechung jedoch mit ein, trifft es zu. Der Gesetzgeber hat trotz der Kritik der Literatur im Grundsatz an der beweglichen Zuständigkeit festgehalten. Durch Streichung des § 25 Nr. 3[85] hat er freilich einen Angriffspunkt beseitigt und mit der Neufassung des § 209 StPO[86] die richterliche Prüfungspflicht in Fällen beweglicher Zuständigkeit aktualisiert und damit das Gewicht der verfassungsrechtlichen Bedenken verringert[87]. 16

c) Auffassung der Rechtsprechung. Die Rechtsprechung ist den Bedenken des Schrifttums nicht gefolgt. Im Ergebnis übereinstimmend mit dem Bundesgerichtshof, der verfassungsrechtliche Bedenken gegen die bewegliche Zuständigkeit in mehreren Entscheidungen verneint hat[88], ist auch das Bundesverfassungsgericht zur Verfassungsmäßigkeit des geltenden Rechts gekommen, freilich nur unter der Voraussetzung, daß man die entsprechenden Regelungen nicht als Zuweisung eines unüberprüfbaren Ermessens an die Staatsanwaltschaft versteht, sondern zugrundelegt, daß die Staatsanwaltschaft einen unbestimmten Rechtsbegriff auszulegen hat und dabei gemäß § 209 StPO vom Gericht kontrolliert wird. Die zum heutigen § 24 Abs. 1 Nr. 3 ergangene grundlegende Entscheidung[89] hatte deshalb zum Leitsatz, daß die Staatsanwaltschaft zum Landgericht Anklage erheben muß, wenn sie die besondere Bedeutung des Falles bejaht. Das hat das Bundesverfassungsgericht später dahin erweitert, daß der heute nicht mehr existierende § 25 Nr. 2 Buchst. c, der die Zuständigkeit des Strafrichters bestimmte, wenn die Staatsanwaltschaft Anklage zum Einzelrichter erhebt und keine höhere Strafe als Gefängnis von einem Jahr zu erwarten ist, im Wege verfassungskonformer Auslegung dahin zu lesen sei, daß die Bestimmung das ungeschriebene Merkmal der minderen Bedeutung des Falles enthalte, das, als unbestimmter Rechtsbegriff, von der Staatsanwaltschaft in vom Gericht nachzuprüfender Weise auszulegen sei[90]. Maßgebend für das Bundesverfassungsgericht war nicht nur die Tradition; der Verfassungsgeber fand eine vom Prinzip der beweglichen Zuständigkeit geprägte Zuständigkeitsordnung vor, die, wenn auch wechselnd in Gestalt und Umfang[91], schon seit Jahrzehnten bestand. Das Bundesverfassungsgericht hat auch gesehen, daß bei der Regelung gerichtlicher Zuständigkeiten 17

[81] Vgl. *Eb. Schmidt* LK I, 560d mit Nachw.; MDR **1958** 721; JZ **1959** 535; *Bockelmann* GA **1957** 353; NJW **1958** 889; *Oehler* ZStW **64** (1952) 302ff; *Schroeder* MDR **1965** 177; *Moller* MDR **1966** 100; *Bettermann* AöR **94** (1969) 263, 294ff; *Grünwald* Jus **1968** 452; *Herzog* StV **1993** 609; SK-*Paeffgen* § 209, 7; *Roxin*[25] § 7, 9ff; *Roth* 110ff; *Sowada* 527ff, 585ff, 822ff.

[82] *Bettermann* JZ **1959** 17; *Sowada* 760ff, 824.

[83] *Kissel*[3] § 24, 10.

[84] So auch KK-*Pfeiffer*[4] 11; KK-*Kissel*[4] § 24, 5; *Katholnigg*[3] 4; *Müller/Sax/Paulus* § 24, 7; *Kleinknecht/Meyer-Goßner*[45] § 24, 5; *Ranft* 102, 103; *Rieß* GA **1976** 1, 8; *Engelhardt* DRiZ **1982** 418.

[85] Art. 3 Nr. 5c des Gesetzes zur Entlastung der Rechtspfl. v. 11. 1. 1993, BGBl. I S. 50.

[86] Art. 1 Nr. 15 StVÄG 1979 v. 5. 10. 1978 BGBl. I S. 1645.

[87] LR-*Rieß* § 209 StPO, 1.

[88] BGHSt **9** 367; **13** 297; **21** 268, 271.

[89] BVerfGE **9** 223.

[90] BVerfGE **22** 254.

[91] Vgl. *Oehler* ZStW **64** (1952) 292ff.

neben dem Gesichtspunkt der Rechtssicherheit, dem durch Artikel 101 Abs. 1 Satz 2 GG entsprochen wird, dem Prinzip der materiellen Gerechtigkeit Rechnung zu tragen ist. Verlange jener die Voraussehbarkeit des „gesetzlichen Richters" durch eine allgemeine Regelung, so gebietet dieses, in der Ordnung der Zuständigkeiten und des Verfahrens der Eigenart des Rechtsgebietes im Einzelfall gerecht zu werden. Es entspreche nicht nur der Rechtstradition, sondern auch dem Gerechtigkeitsempfinden, bedeutendere Sachen, insbesondere solche, bei denen schwerere Strafen zu erwarten sind, schon in 1. Instanz höheren Gerichten zuzuweisen. Früher habe dem dadurch Rechnung getragen werden können, daß die Aburteilung der einzelnen Straftatbestände mit ihrem relativ eng begrenzten Strafrahmen jeweils bestimmten Gerichten abstrakt zugewiesen wurde. Bei den weiten Strafrahmen des modernen Strafrechts bedürfe es vielfach auch innerhalb der gesetzlichen Tatbestände einer Aufgliederung, damit nicht nur jeder Beschuldigte durch das hierzu am besten geeignete Gericht abgeurteilt wird und binnen angemessener Frist ein sachgerechtes Urteil erhält, sondern auch Einzelrichter und Schöffengerichte nicht überfordert werden. Nicht jede bewegliche Zuständigkeit widerspreche also dem Grundgedanken des Art. 101 Abs. 1 Satz 2 GG; sie müsse nur so geartet sein, daß sachfremden Einflüssen vorgebeugt wird. Diese Gegensteuerung sieht das Bundesverfassungsgericht durch die von ihm verlangte verfassungskonforme Auslegung der Zuständigkeitsregeln gesichert. Die damit den Gerichten im Rahmen der Eröffnungsentscheidung obliegende Kontrolle unterliegt ihrerseits der Kontrolle der Revisionsgerichte. Es gibt aus neuerer Zeit eine ganze Reihe obergerichtlicher Entscheidungen, in denen die Eröffnung vor der Kammer statt vor dem Schöffengericht als willkürlich beanstandet wurde[92] bzw. die Eröffnung vor dem Schöffengericht statt vor dem Strafrichter[93].

18 **d) Fälle eines Wahlrechts.** Es bleiben freilich noch Fälle bei der Begründung von Zuständigkeiten, in denen ein Wahlrecht besteht und der vom Bundesverfassungsgericht bei der Auslegung der Zuständigkeitsvorschriften der §§ 24, 25 gewiesene Weg nicht gangbar ist. So liegt es bei der Befugnis des Gerichts, bei einer zuständigkeitsbegründenden Entscheidung zwischen mehreren Gerichten zu wählen, etwa im Falle des § 13a StPO oder des § 210 Abs. 3 StPO oder des § 354 Abs. 2 StPO. Für § 354 Abs. 2 StPO hat das Bundesverfassungsgericht entschieden, daß die Entscheidung darüber, an welches Gericht zurückzuverweisen ist, zur Rechtsfindung gehört, weil sie ein Mittel ist, die Rechtsauffassung des Revisionsgerichts durchzusetzen[94]; dementsprechend sei der Schutzzweck des Art. 101 Abs. 2 GG nicht berührt, solange die Entscheidung des Revisionsgerichts nicht willkürlich ist[95]. Gleiches wird nach dieser Entscheidung für die Fälle des § 13a StPO gelten. Zu § 210 Abs. 3 StPO liegt aus neuerer Zeit eine entsprechende Entscheidung des Bundesverfassungsgericht vor[96]. Problematisch und heftig umstritten ist das **Wahlrecht der Staatsanwaltschaft** unter mehreren Gerichtsständen. Das Bundesverfassungsgericht hat sich, soweit ersichtlich, mit dieser Frage noch nicht ausdrücklich befaßt. Die Rechtsprechung des Bundesgerichtshof ist in der Vergangenheit von einem Wahlrecht der Staatsanwaltschaft ausgegangen, zu welchem von mehreren örtlichen zuständigen Gerichten sie eine Sache bringen will, sowie davon, daß die Gerichte die

---

[92] BGHSt **38** 212; **40** 120 = JR **1995** 255 mit Anm. *Sowada*; BGH NStZ **1999** 578; s. auch LR-*Rieß* § 206a StPO, 51a.

[93] Vgl. OLG Oldenburg StV **1994** 421 = NStZ **1994** 449 mit Anm. *Fuhse* NStZ **1995** 165; OLG Hamm StV **1995** 182 mit Anm. *Neuhaus* StV **1995** 212; OLG Düsseldorf NStZ **1996** 206 mit Anm. *Bachem*; vgl. auch OLG Bremen NStZ-RR **1998** 53.

[94] BVerfGE **20** 336; dagegen *Sowada* 766: „autoritätsgeprägte Vorstellung"; kritisch auch *Roth* 155.

[95] BVerfG **20** 336, 346.

[96] BVerfG StV **2000** 537; dazu kritisch *Seier* StV **2000** 586; zum ganzen LR-*Rieß* § 210 StPO, 24.

Entscheidung der Staatsanwaltschaft hinzunehmen haben[97]. In einer unveröffentlichten Entscheidung hat der Bundesgerichtshof die Vereinbarkeit mit Art. 101 Abs. 1 Satz 2 GG ausdrücklich bejaht[98]. Teilweise ist die Literatur dem gefolgt, verbunden mit dem Hinweis, daß die Wahl der Staatsanwaltschaft nicht auf unsachlichen Erwägungen beruhen dürfe[99]. Andere Stimmen halten das Wahlrecht der Staatsanwaltschaft für einen Verstoß gegen Art. 101 Abs. 1 Satz 2 GG und damit für verfassungswidrig[100]. Das Oberlandesgericht Hamm hat kürzlich einen beachtlichen Versuch unternommen, den verfassungsrechtlichen Bedenken gegen das Wahlrecht der Staatsanwaltschaft durch einengende Auslegung der zugrundeliegenden Bestimmungen der StPO Rechnung zu tragen[101]. Es läßt die Grundfrage, ob das Wahlrecht der Staatsanwaltschaft unter mehreren Gerichtsständen verfassungsmäßig ist, offen, meint aber, jedenfalls dürfe die Staatsanwaltschaft das Wahlrecht nur nach sachlichen Gesichtspunkten ausüben, wobei im Lichte des Artikel 101 Abs. 1 Satz 2 GG ein strenger Maßstab anzulegen sei[102]. Dabei nimmt das Oberlandesgericht Hamm eine gewisse Präferenz der StPO für den Gerichtsstand des Tatorts (§ 7 StPO) an, dem folge der des Wohnorts (§ 8 StPO). Anders als bisher angenommen geht das Oberlandesgericht nicht davon aus, daß das Gericht die Auswahlentscheidung der Staatsanwaltschaft hinzunehmen hat. Vielmehr könne das Gericht gemäß § 16 StPO nachprüfen, ob die Staatsanwaltschaft ihr Wahlrecht sachgerecht ausgeübt hat. Es könne also die Eröffnung wegen fehlender örtlicher Zuständigkeit nicht nur dann ablehnen, wenn bei ihm ein Gerichtsstand nicht besteht, sondern auch dann, wenn die Staatsanwaltschaft den an sich begründeten Gerichtsstand bei ihm nicht hätte wählen dürfen, weil überwiegende Gesichtspunkte für einen anderen sprechen. Damit ist ein Weg gewiesen, die Bedenken gegen ein Auswahlermessen der Staatsanwaltschaft, die schwer wegzuschieben sind, zu verringern[103]. Der Spielraum der Staatsanwaltschaft wird (ohne Schaden für die sachlichen Belange der Strafverfolgung) eingeengt und eine gerichtliche Nachprüfungspflicht aktiviert, die zusätzlich zur Selbstkontrolle der Staatsanwaltschaft die denkbare Gefahr sachfremder Einflüsse auf die Auswahl des zuständigen Gerichts verringert. Der Lösung des Oberlandesgericht Hamm ist deshalb zuzustimmen. In dieser Eingrenzung ist das Wahlrecht der Staatsanwaltschaft unter mehreren Gerichtsständen, das gesetzgeberisch zu beseitigen erhebliche praktische Probleme aufwerfen würde, dann auch verfassungsmäßig[104].

5. Der Spruchkörper und seine Besetzung

a) Grundsatz. Zur Wahrung des Grundsatzes des gesetzlichen Richters gehört, daß **19**
das zuständige Gericht entscheidet. Ebenso gehört dazu, daß innerhalb des Gerichts der zuständige Spruchkörper (Senat, Kammer, Abteilung) tätig wird und der der Person nach bestimmte Richter. Der als Idealzustand bezeichnete Zustand, daß jede Sache

---

97 BGHSt **10** 391, 392; **21** 212, 215; **21** 247, 249; **26** 374.

98 BGH v. 18. 3. 1975 1 StR 559/74; vgl. KK-*Pfeiffer*[4] § 7 StPO, 2; *Kleinknecht/Meyer-Goßner*[45] Vor § 7 StPO, 10.

99 Vgl. KK-*Pfeiffer*[4] § 7 StPO, 2; *Kleinknecht/Meyer-Goßner*[45] Vor § 7 StPO, 10; LR-*Wendisch* Vor § 7 StPO, 43.

100 SK-*Rudolphi* § 7 StPO, 9; *Achenbach* FS Wassermann 849, 855; *Engelhardt* DRiZ **1982** 418, 419; *Herzog* StV **1993** 609; *Heghmanns* StV **2000** 277; *Maunz* in Maunz-Dürig Art. 101 GG, 32; *Pieroth* in Jarass/Pieroth Art. 101 GG, 7; Roth 124ff.

101 OLG Hamm StV **1999** 240; vgl. dazu den ähnlichen Lösungsansatz bei OLG Nürnberg NJW **1963** 502 und die kritische Anmerkung von *Heghmanns* StV **2000** 277.

102 Ähnlich KMR-Sax § 7 StPO, 14: Wenn die Staatsanwaltschaft bei Ausübung ihres Wahlrechts ohne besonderen sachlichen Grund von der regelmäßigen, auf Erfahrung und Zweckmäßigkeit beruhenden Ausübung des Wahlrechts abweicht, ist Art. 101 Abs. 1 Satz 2 GG verletzt.

103 Ähnlich HK-*Lemke* § 7 StPO, 7.

104 Ebenso im Ergebnis *Sowada* 631ff, 647ff, 826.

„blindlings" in die Hand des im voraus der Person nach bestimmten, unveränderlich feststehenden Richters gelangt[105], ist nicht erreichbar. Es genügt deshalb, wenn der zuständige Spruchkörper und die zuständigen Richter mit „möglichster Eindeutigkeit" bestimmt sind[106]. Neben etwaigen gesetzlichen Zuständigkeitskonzentrationen geschieht dies durch die Geschäftsverteilungspläne (§ 21e) und Mitwirkungspläne (§ 21g) und zwar grundsätzlich im voraus für das Geschäftsjahr. Änderungen im Laufe des Geschäftsjahres sind nur zulässig, wenn sie wegen Überlastung, ungenügender Auslastung, Wechsels oder dauernder Verhinderung eines Richters nötig sind. Die entsprechende Entscheidung ist, von notwendig werdenden Eilmaßnahmen abgesehen (§ 21e Abs. 7 Satz 2, § 21g Abs. 5, § 21i Abs. 2), in die Hand richterlicher Kollegien gelegt, bei der Geschäftsverteilung in die Hand des Präsidiums, bei den Mitwirkungsgrundsätzen in die Hand der dem Spruchkörper angehörenden Berufsrichter. Auf die Kommentierung der §§ 21e und 21g wird verwiesen.

20 **b) Überbesetzte Spruchkörper.** Ist ein Kollegialgericht „gesetzlich", d. h. mit der vom Gesetz vorgesehenen Zahl von Richtern besetzt, hat die spruchkörperinterne Mitwirkungsordnung in den Fällen, in denen alle Mitglieder des Spruchkörpers mitzuwirken haben, keinen Einfluß auf den gesetzlichen Richter. Anders verhält es sich bei überbesetzten Spruchkörpern. Überbesetzte Spruchkörper sind per se kein Verstoß gegen den Grundsatz des gesetzlichen Richters. Allerdings hat das Bundesverfassungsgericht schon früh entschieden, daß es einen Verstoß gegen den gesetzlichen Richter darstellt, wenn die Zahl der Richter es gestattet, daß der Spruchkörper in zwei personell verschiedenen Sitzgruppen entscheidet oder daß der Vorsitzende drei Spruchkörper mit je verschiedenen Beisitzern bilden kann; mit mehr als vier Beisitzern und dem Vorsitzenden darf eine Strafkammer deshalb nicht besetzt sein[107]. In seiner Plenarentscheidung vom 8. 4. 1997[108] hat das Bundesverfassungsgericht, die bisherige Rechtsprechung zusammenfassend und weiter verfeinernd, ausgeführt, daß in überbesetzten Spruchkörpern die Mitwirkung des einzelnen Richters generell abstrakt im voraus so eindeutig wie möglich geregelt sein muß. Entsprechendes gilt in den Fällen des § 76 Abs. 2 erste Alternative[109]. Das Gesetz zur Stärkung der Unabhängigkeit der Richter und Gerichte vom 22. 12. 1999[110] hat diese Regelungen dem Vorsitzenden genommen und den Berufsrichtern des Spruchkörpers übertragen.

21 **c) Zahl der entscheidenden Richter.** Keinen Verstoß gegen Art. 101 Abs. 1 Satz 2 GG beinhaltet es, wenn das Gesetz den Spruchkörper ermächtigt, für den je einzelnen Fall zu entscheiden, ob er in größerer oder kleinerer Besetzung entscheidet, so in § 29 Abs. 2, § 76 Abs. 2. Dies gilt allerdings nur, wenn die Entscheidung über die Besetzung nicht in das freie Ermessen des Spruchkörpers gestellt ist, sondern an die Auslegung unbestimmter Rechtsbegriffe anknüpft. Die fehlerhafte Auslegung der unbestimmten Rechtsbegriffe durch den Spruchkörper begründet einen Verstoß gegen Art. 101 Abs. 1 Satz 2 GG nur, wenn sie willkürlich ist (unten Rdn. 26, 27). Die personelle Zusammensetzung der Kammer muß auch für diesen Fall durch Geschäftsverteilung und Mitwirkungsplan nach allgemeinen Grundsätzen generell abstrakt geregelt sein. Wenn die mit drei Richtern besetzte **Strafvollstreckungskammer** anstelle des nach § 78b Abs. 1 Nr. 2 zuständigen Einzelrichters entscheidet, ist dies nach teilweise vertretener Auffassung in ent-

---

[105] BVerfGE **95** 322, 329; *Kissel*³ 23.

[106] BVerfGE **22** 254, 258; **30** 149, 152; **95** 322, 329.

[107] BVerfGE **17** 294, 301; **18** 65, 70; **18** 345, 349; **19** 145, 147; **22** 282, 285.

[108] BVerfGE **95** 322.

[109] BGH NJW **2000** 371 = JR **2000** 166 mit Anm. *Katholnigg*.

[110] BGBl. I S. 2598.

sprechender Anwendung des § 269 StPO unschädlich[111]. Dem kann nur für den Fall zugestimmt werden, daß keine Willkür vorliegt. Bei Willkür ist ein Verstoß gegen den gesetzlichen Richter gegeben[112]; auch dort, wo § 269 StPO unmittelbar anwendbar ist, wird anerkannt, daß er bei Willkür nicht greift[113].

d) Anforderungen an die Richterbank. Das Recht auf den gesetzlichen Richter kann verletzt sein, wenn die Richterbank qualitativ hinter den gesetzlichen Anforderungen zurückbleibt. Das ist anerkannt für die Überlastung des Spruchkörpers (Richters), wenn diese ein Ausmaß erreicht, daß praktisch ein Rechtsstillstand eintritt[114]. Gleiches gilt für die in einer grundlosen Nichtbearbeitung bestimmter Sachen liegende formelle Justizverweigerung[115]. Als Besetzungsfehler wurde es angesehen, wenn ein blinder Richter als Kammervorsitzender an einer Hauptverhandlung 1. Instanz mitwirkt[116]. Demgegenüber hat das Bundesverfassungsgericht in einem Kammerbeschluß[117] betont, daß Mängel in der physischen oder psychischen Konstitution des Richters wie Blindheit, Taubheit, Schwerhörigkeit, Krankheit oder Übermüdung, die seine Verhandlungsfähigkeit beeinträchtigen, im Einzelfall – unter verfassungsrechtlichen Gesichtspunkten – zwar eine Verletzung des rechtlichen Gehörs oder des Rechts auf ein rechtsstaatliches faires Verfahren begründen können, mit dem Anspruch auf den gesetzlichen Richter aber nichts zu tun haben, weil sie den Schutzzweck dieser Gewährleistung nicht berühren. Ein Verstoß gegen den gesetzlichen Richter stellt es dar, wenn die Wiederbesetzung einer frei gewordenen Vorsitzendenstelle nicht in angemessener Zeit vorgenommen wird und deshalb die Aufgaben des Vorsitzenden ständig durch den geschäftsplanmäßigen Vertreter wahrgenommen werden müssen[118]. Bei einer Vakanz von knapp 3 Monaten kann noch nicht von verfassungswidriger Verzögerung ausgegangen werden[119], wohl aber, wenn aufgrund einer haushaltsgesetzlichen Wiederbesetzungssperre die Wiederbesetzung um ein Jahr verzögert wird[120]. 22

e) Heranziehung der Schöffen. Auch Fehler bei der Heranziehung der Schöffen können einen Verstoß gegen den Grundsatz des gesetzlichen Richters beinhalten, so – trotz § 54 Abs. 3 – wenn ein Schöffe zu Unrecht nach § 54 entbunden wird[121]. Wegen weiterer Fehler z. B. bei der Schöffenwahl, bei der Auslosung und Verteilung der Schöffen sowie bei der Streichung von der Schöffenliste wird auf die Kommentierung des § 338 Nr. 1 StPO[122] und der §§ 40 ff[123]. Bezug genommen. Daß für einen Verstoß gegen Art. 101 Abs. 1 Satz 2 GG irrtümliche Rechtsanwendung nicht genügt, sondern willkürliches Handeln vorliegen muß (unten Rdn. 26, 27), hat hier einen praktischen Schwerpunkt. Gegenstand mehrerer obergerichtlicher Entscheidungen war in den letzten Jahren, ob die **Schöffen an Haftentscheidungen** während laufender Hauptverhandlung **mitzuwirken** haben oder das Gericht gegebenenfalls in der für außerhalb der Hauptverhandlung vorgesehenen Besetzung entscheidet. Das Oberlandesgericht Hamburg hat 23

111 Vgl. OLG Düsseldorf NStZ **1984** 277; LR-*Siolek* § 78b, 12; **a. A** OLG Düsseldorf NStZ **2000** 444; *Kissel*³ § 78b, 9.

112 Ebenso *Katholnigg*³ § 78b, 1; vgl. auch *Peters* JR **1977** 396, 400.

113 BGHSt **45** 58; BGH NStZ **1999** 578 mit Nachw.

114 Vgl. BGHSt **7**, 205, 209; *Kissel*³ 37, 66; KK-*Pfeiffer*⁴ 8.

115 BVerfGE **3** 359, 364; *Kissel*³ 37; KK-*Pfeiffer*⁴ 8.

116 BGHSt **35** 164; KK-*Pfeiffer*⁴ 4.

117 BVerfG NStZ **1992** 246; zustimmend *Sowada* 193; vgl. auch OLG Zweibrücken NJW **1992** 2437; KK-*Pfeiffer*⁴ 4.

118 Vgl. BVerfGE **18** 423, 426.

119 BVerfG NJW **1983** 1541.

120 BGHZ **95** 22; **95** 246, 247; zur Vereinbarkeit mit Art. 86 Abs. 1 Satz 2 BayVerf. vgl. BayVerfGH NJW **1986** 1326.

121 BGHSt **27** 105; BGH NJW **1982** 1655.

122 Vgl. LR-*Hanack* § 338 StPO, 29 ff; *Meinen* 158 ff.

123 Vgl. dazu LR-*Siolek* § 40, 11 ff.

sich für eine Entscheidung ohne Schöffen ausgesprochen[124]. Das Oberlandesgericht Köln hat, zumindest für den Fall, daß innerhalb der Hauptverhandlung entschieden wird, widersprochen[125]. Das Bundesverfassungsgericht hat die Auffassung des Oberlandesgericht Hamburg als vertretbare Auslegung des einfachen Rechts nicht beanstandet[126]. Die Oberlandesgerichte Jena[127] und Naumburg[128] haben sich dem Oberlandesgericht Hamburg angeschlossen[129].

24 **f) Kontrolle.** Die ordnungsgemäße Besetzung des Spruchkörpers hat das Gericht selbst von Amts wegen zu prüfen[130], soweit davon nicht nach den Regeln der Verfahrensgesetze, die dem Grundsatz des gesetzlichen Richters Rechnung tragen müssen, abzusehen ist. Ein Verstoß kann grundsätzlich einen absoluten Revisionsgrund nach § 338 Nr. 1 StPO darstellen[131]. Die Unanfechtbarkeit eines Beschlusses nach § 336 Satz 2 StPO steht dann nicht entgegen[132]. Zur Präklusion der Besetzungsrüge in den Fällen des § 222a StPO wird auf die Kommentierung der §§ 222a, 222b StPO bei LR-*Gollwitzer* und des § 338 Nr. 1 StPO bei LR-*Hanack* verwiesen.

25 **6. Eingriff in fremde Zuständigkeit.** Ein Verstoß gegen das Verbot der Richterentziehung kommt in Betracht, wenn ein Gericht in die örtliche, sachliche und funktionelle Zuständigkeit eines anderen Gerichts eingreift[133]. Ein solcher Eingriff soll vorliegen, wenn das Revisionsgericht einen Freispruch durch einen Schuldspruch ersetzt und die erforderlichen Feststellungen dafür gewinnt, indem es das Beweisergebnis des Tatrichters anders würdigt[134]. Hierher gehört aber auch die Nichtbeachtung von Vorlagepflichten, z. B. nach § 121 Abs. 2, § 132 Abs. 2[135]. Auch eine Nichtbeachtung der Vorlagepflicht an das Bundesverfassungsgericht nach Art. 100 GG kann den Grundsatz des gesetzlichen Richters verletzen[136], ebenso die Nichtbeachtung der Vorlagepflicht an den EuGH nach Art. 234 EGV[137]. Ebenso liegt es, wenn innerhalb eines Gerichts ein Spruchkörper (Abteilung, Kammer, Senat) in die nach Gesetz oder nach der Geschäftsverteilung zustehende Zuständigkeit eines anderen Spruchkörpers übergreift[138] und sei es dadurch, daß er sich einer darauf gerichteten Maßnahme der Staatsanwaltschaft nicht versagt[139]. Eine Entziehung innerhalb eines Spruchkörpers liegt vor, wenn ein Richter eine Tätigkeit entfaltet, die nach gesetzlicher Vorschrift einem anderen Richter zusteht, z. B. wenn der in einer bestimmten Sache kraft Gesetzes vom Vorsitz ausgeschlossene Vorsitzende Richter der Strafkammer selbst den Hauptverhandlungstermin anberaumt oder seinen zum Vorsitz berufenen Vertreter veranlaßt, den Termin entsprechend seinen, des Vorsitzenden Richters, Wünschen auf einen bestimmten Tag

---

124 OLG Hamburg StV **1998** 143 mit abl. Anm. *Schlothauer* = NStZ **1998** 99 mit zust. Anm. *Foth* NStZ **1998** 420 = JR **1998** 169 mit diff. Anm. *Katholnigg*.

125 OLG Köln StV **1998** 273.

126 BVerfG StV **1998** 418.

127 Thüringer OLG StV **1999** 101.

128 OLG Naumburg NStZ-RR **2001** 347.

129 Zusammenfassende Darstellung unter Einbeziehung der § 122 betreffenden Entscheidung BGHSt **43** 91 bei *Sowada* NStZ **2001** 168.

130 BVerfGE **65** 152; **89** 359.

131 KK-*Pfeiffer*[4] 13; *Kleinknecht/Meyer-Goßner*[45] 8.

132 OLG Karlsruhe NStZ **1981** 272; KK-*Pfeiffer*[4] 13; *Katholnigg* NJW **1978** 2375, 2378; *Rieß* NJW **1978** 2265, 2271.

133 *Kissel*[3] 44.

134 BVerfG NStZ **1991** 499 mit Anm. *Foth* NStZ **1992** 444; *Foth* betrachtet dabei breiter angelegt das Verhältnis von Revisionsgericht und Tatrichter; vgl. auch BVerfG NJW **1995** 573, 574; BVerfG NJW **1995** 443; BVerfG NJW **1996** 116, 117; dazu *Sowada* 746.

135 BVerfGE **87** 282; BVerfG NStZ **1995** 76; *Kissel*[3] 42; KK-*Pfeiffer*[4] 12; *Kothe* DÖV **1988** 284; *Leisner* NJW **1989** 2446.

136 BVerfGE **64** 1, 12.

137 BVerfGE **73** 339; **82** 159, 194; BVerfG NJW **1997** 2512; BVerfG NVwZ **2001** 1148, 1149; BVerfG NJW **2001** 1267, 1268; *Lenz* NJW **1994** 2063, 2065; *Kissel*[3] § 12, 58 mit Nachw.

138 BGH MDR **1958** 253 mit Anm. *Marquordt*.

139 OLG Nürnberg NJW **1963** 502.

anzuberaumen[140], ferner, wenn statt des nach dem Geschäftsverteilungsplan zum Vertreter des verhinderten Vorsitzenden berufenen Richters ein anderer Richter den Vorsitz führt[141], oder wenn ein Richter, der dem Gericht nicht mehr angehört, dennoch bei ihm tätig wird[142]. Eine Richterentziehung kann vorliegen, wenn ein Richter von einem Verhältnis Anzeige macht, das eine Ablehnung rechtfertigen könnte, und von da ab der Vertreter seine Aufgabe übernimmt, ohne daß der anzeigende Richter gemäß § 30 StPO förmlich durch das zuständige Gericht von der Mitwirkung entbunden ist; in einem solchen Fall kann die fehlende Entbindung auch nicht durch eine Entscheidung des Revisionsgerichts ersetzt werden, das die Selbstablehnung nachträglich für begründet erklärt, denn die Ausübung des Richteramts durch einen hierzu nicht bestellten Richter kann nicht nachträglich in Übereinstimmung mit Art. 101 Abs. 1 Satz 2 GG, § 16 Satz 2 gebracht werden[143].

7. Willkür als Voraussetzung eines Verfassungsverstoßes der Gerichte. Aus dem Sinn der Gewährleistung des gesetzlichen Richters, zu verhindern, daß die Justiz durch Manipulation der rechtsprechenden Organe sachfremden Einflüssen ausgesetzt wird[144], entnimmt das Bundesverfassungsgericht seit BVerfGE **3** 359, 363 in ständiger Rechtsprechung, daß nicht jede richterliche Nichtbeachtung oder fehlerhafte Anwendung von Zuständigkeitsvorschriften, seien es gesetzliche oder solche eines Geschäfts- oder Mitwirkungsplans, daß nicht jeder „error in procedendo" einen Verstoß gegen 101 Abs. 1 Satz 2 GG begründet, sondern nur willkürliches Handeln[145]. Art. 101 Abs. 1 Satz 2 GG wolle „nur Schutz gegen Willkür, nicht gegen Irrtum bieten", heißt es in BVerfGE **15** 248 unter Berufung auf Adolf *Arndt*[146]. Zugleich betont das Bundesverfassungsgericht, daß, wollte man jeden Fehler bei der Anwendung von Zuständigkeitsregeln genügen lassen, „die Anwendung des einfachen Rechts auf die Ebene des Verfassungsrechts gehoben würde"[147], mit der – unausgesprochenen – Folge, daß das Bundesverfassungsgericht zur „Superrevisionsinstanz" würde[148] Dem Bundesverfassungsgericht sind die Rechtsprechung der anderen Gerichte, insbesondere auch die Rechtsprechung des Bundesgerichtshof in Strafsachen und im wesentlichen auch das Schrifttum gefolgt[149]. 26

Der Begriff der Willkür bemißt sich dabei nach ständiger Rechtsprechung des Bundesverfassungsgerichts nach objektiven Maßstäben; darauf, ob ein subjektiver Schuldvorwurf zu erheben ist, kommt es nicht an[150]. Das Bundesverfassungsgericht verwendet verschiedene Umschreibungen. Willkür liegt vor, „wenn die Entscheidung eines Gerichts sich bei der Auslegung und Anwendung einer Zuständigkeitsnorm so weit von dem sie beherrschenden verfassungsrechtlichen Grundsatz des gesetzlichen Richters entfernt hat, daß sie nicht mehr zu rechtfertigen ist. Dies bedeutet, daß Artikel 101 Abs. 1 Satz 2 GG auch durch eine gerichtliche Entscheidung verletzt wird, die bei verständiger 27

140 BVerfGE **4** 412, 422.
141 BGH NJW **1974** 109.
142 BAG NJW **1960** 1542.
143 BGHSt **25** 122 = JR **1974** 73 mit Anm. *Arzt*.
144 BVerfGE **95** 322.
145 BVerfGE **3** 359, 364; **4** 412, 416; **7** 327, 329; **9** 223, 230; **11** 1, 6; **11** 263; **15** 298, 306; **19** 38, 43; **20** 336, 346; **22** 254 266; **23** 288, 319; **29** 45, 48; **42** 237; 241; **45** 142, 181; **87** 282.
146 Vgl. BVerfGE **15** 303, 306; **17** 99, 104.
147 BVerfGE **82** 286, 299; **87** 282, 284.
148 Vgl. MK-*Wolf* 24; dazu *Sowada* 213ff; Roth 210ff.
149 Vgl. u.a. BGHZ **85**, 116,118; BGHSt **11** 106; **12** 227, 234; **25** 66, 72; **26** 206, 211; **27** 105, 107; BGH NJW **1993** 1607, 1608; BVerwG NJW **1974** 1885; NJW **1988** 1339; BFH NJW **1992** 1061, 1062; BAG NJW **1984**, **1990**; BayVerfGH (zu Art. 86 Abs. 1 Satz 2 BayVerf.) NStZ **1986** 88; OLG Karlsruhe StV **1998** 252; *Kissel*[3] 51; KK-*Pfeiffer*[4] 13; *Kleinknecht/Meyer-Goßner*[45] 6; *Rieß* GA **1976** 133 (mit Nachw. zur Entwicklung der Rechtsprechung des BGH); **a. A** *Dahs* GA **1976** 353; neuerdings *Roth* 212ff und eingehend *Sowada* 202ff; siehe auch unten Rdn. 28.
150 BVerfGE **62** 189, 192; BVerfG JZ **1985** 957 mit Nachw.

Würdigung der das GG beherrschenden Gedanken nicht mehr verständlich erscheint und offensichtlich unhaltbar ist[151]." Willkür ist gegeben, wenn die Maßnahme „objektiv unter keinem Gesichtspunkt vertretbar ist"[152]. Willkür liegt vor, wenn die fehlerhafte Entscheidung „bei verständiger Würdigung der das GG beherrschenden Gedanken nicht mehr verständlich ist und sich deshalb der Schluß aufdrängt, daß sie auf sachfremden Erwägungen beruht"[153]. So liegt es, „wenn eine offensichtlich einschlägige Norm nicht berücksichtigt oder der Inhalt einer Norm in krasser Weise mißdeutet wird"[154].

28 **8. Bedeutung für die Besetzungsrüge.** Die Rechtsprechung des Bundesverfassungsgerichts, daß ein Verstoß des Richters gegen Art. 101 Abs. 1 Satz 2 GG willkürliches Handeln voraussetzt, wurde von den Revisionsgerichten aller Gerichtsbarkeiten übernommen, auch von den Strafsenaten des Bundesgerichtshofs[155]. Bei einem Besetzungsfehler ist die Revision danach nur begründet, wenn objektive Willkür vorliegt, nicht dagegen, wenn eine zwar unrichtige Anwendung der einfachgesetzlichen Vorschriften über die Besetzung des Spruchkörpers vorliegt, dieser Irrtum aber auf einer „immerhin" vertretbaren Auslegung einer nicht eindeutigen Gesetzesbestimmung beruht. Die darin liegende Parallelisierung von Verfassungsbeschwerde und Revision war im Vorfeld des StVÄG 1979 in der Literatur nicht unbestritten. Zwar leuchtete ein, daß dort, wo sich die falsche Besetzung lediglich aus dem Grundsatz ergab, daß niemand seinem gesetzlichen Richter entzogen werden kann („nicht voll durchnormierter Bereich"[156]), für das Vorliegen eines Besetzungsfehlers keine anderen Maßstäbe gelten können als für den Verfassungsverstoß[157]. Dort aber, wo die Richterbesetzung durch ausdrückliche gesetzliche Bestimmung geregelt ist („durchnormierter Bereich"[158]), erschien dies zweifelhaft[159]. Wenn hier einer Besetzungsrüge der Erfolg mit der Begründung versagt wird, es sei zwar das Gesetz verletzt, die Maßnahme, Unterlassung oder Entscheidung des Gerichts sei aber nicht objektiv willkürlich, so steht das in einem gewissen Spannungsverhältnis zum Gesetzeswortlaut und läuft darauf hinaus, daß, unter Eliminierung des § 337 StPO, die Besetzungsrüge, wenn überhaupt, nur nach § 338 Nr. 1 StPO zulässig ist und von Erfolg sein kann[160]. Der Bundesgerichtshof ist der Kritik nicht gefolgt[161]. Auch die herrschende Meinung folgt ihr nicht[162]. Die Vorauflage[163] hat dem StVÄG 1979 das gesetzgeberische Anliegen entnommen, die Zahl der Urteilsaufhebungen wegen erfolgreicher Besetzungsrügen nach Kräften herabzusetzen; die Rechtsprechung des Bundesgerichtshofs sei vom Gesetzgeber als verbindliche Fortentwicklung der geltenden Rechtsordnung gesehen worden, die es gesetzgeberisch zu ergänzen gelte, um die nach dieser Rechtsprechung immer noch zu große Zahl von Urteilsaufhebungen wegen Besetzungsfehlern zu verringern. Darauf gestützt wurde der Rechtsprechung des Bundesgerichtshofs zugestimmt. Daran ist festzuhalten. Wie *Rieß*[164] schon 1976 herausgearbeitet hat, ist die Reduktion der Besetzungsrüge auf eine „Willkürrüge" von allen Revisionszwecken und von der Funktion der Besetzungsvorschriften her rechtspolitisch gerecht-

---

151 BVerfGE **6** 45, 53; **19** 38, 43; **29** 45, 49; BVerfG NJW **2001** 3533.

152 BVerfGE **42** 237, 242.

153 BVerfGE **67** 90, 94; **81** 132, 137; BVerfG NJW **1996** 1049.

154 BVerfGE **87** 273; BVerfG NJW **1994** 1645.

155 Vgl. Fn. 149

156 Vgl. *Rieß* GA **1976** 133, 136.

157 Vgl. LR-*Hanack* § 338, 10.

158 Vgl. *Rieß* GA **1976** 133, 136.

159 LR-*Hanack* § 338, 11; *Niemöller* StV **1987** 311, 314, 317; *Meinen* 168 ff.

160 Ablehnend *Dahs* GA **1976** 352, 361; LR-*Hanack* § 338 StPO, 11; *Sowada* 233, 836.

161 BGHSt **27** 105, 107; **37** 324, 329; BGH NStZ **1986** 565; differenzierend *Niemöller* StV **1987** 311 ff.

162 *Kissel*³ 52; KK-*Pfeiffer*⁴ 13; weitere Nachweise bei LR-*Hanack* § 338 StPO, 1.

163 LR-*K. Schäfer*²⁴ § 16, 23.

164 Vgl. *Rieß* GA **1976** 133, 141.

fertigt. Es gibt auch keine ausreichenden Gründe, für den Bereich des Strafprozesses andere Maßstäbe an die ordnungsmäßige Besetzung der Richterbank anzulegen als sie für alle anderen Bereiche der Rechtsprechung gelten. Und es erscheint ferner nicht durchschlagend, bei der Besetzung der Strafgerichte zu unterscheiden zwischen Bereichen, in denen Willkür vorausgesetzt wird und solchen, bei denen dies nicht der Fall ist[165].

§ 17

(1) [1]Die Zulässigkeit des beschrittenen Rechtsweges wird durch eine nach Rechtshängigkeit eintretende Veränderung der sie begründenden Umstände nicht berührt. [2]Während der Rechtshängigkeit kann die Sache von keiner Partei anderweitig anhängig gemacht werden.

(2) [1]Das Gericht des zulässigen Rechtsweges entscheidet den Rechtsstreit unter allen in Betracht kommenden rechtlichen Gesichtspunkten.[2] Artikel 14 Abs. 3 Satz 4 und Artikel 34 Satz 3 des Grundgesetzes bleiben unberührt.

§ 17a

(1) Hat ein Gericht den zu ihm beschrittenen Rechtsweg rechtskräftig für zulässig erklärt, sind andere Gerichte an diese Entscheidung gebunden.

(2) [1]Ist der beschrittene Rechtsweg unzulässig, spricht das Gericht dies nach Anhörung der Parteien von Amts wegen aus und verweist den Rechtsstreit zugleich an das zuständige Gericht des zulässigen Rechtsweges. [2]Sind mehrere Gerichte zuständig, wird an das vom Kläger oder Antragsteller auszuwählende Gericht verwiesen oder, wenn die Wahl unterbleibt, an das vom Gericht bestimmte.[3] Der Beschluß ist für das Gericht, an das der Rechtsstreit verwiesen worden ist, hinsichtlich des Rechtsweges bindend.

(3) [1]Ist der beschrittene Rechtsweg zulässig, kann das Gericht dies vorab aussprechen. [2]Es hat vorab zu entscheiden, wenn eine Partei die Zulässigkeit des Rechtsweges rügt.

(4) [1]Der Beschluß nach den Absätzen 2 und 3 kann ohne mündliche Verhandlung ergehen. [2]Er ist zu begründen. [3]Gegen den Beschluß ist die sofortige Beschwerde nach den Vorschriften der jeweils anzuwendenden Verfahrensordnung gegeben. [4]Den Beteiligten steht die Beschwerde gegen einen Beschluß des oberen Landesgerichts an den obersten Gerichtshof des Bundes nur zu, wenn sie in dem Beschluß zugelassen worden ist. [5]Die Beschwerde ist zuzulassen, wenn die Rechtsfrage grundsätzliche Bedeutung hat oder wenn das Gericht von der Entscheidung eines obersten Gerichtshofs des Bundes oder des Gemeinsamen Senats der obersten Gerichtshöfe des Bundes abweicht. [6]Der oberste Gerichtshof des Bundes ist an die Zulassung der Beschwerde gebunden.

(5) Das Gericht, das über ein Rechtsmittel gegen eine Entscheidung in der Hauptsache entscheidet, prüft nicht, ob der beschrittene Rechtsweg zulässig ist.

---

[165] Diese Bedenken sind auch bei LR-*Hanack* § 338 StPO, 11 angesprochen.

§ 17b

(1) [1]Nach Eintritt der Rechtskraft des Verweisungsbeschlusses wird der Rechtsstreit mit Eingang der Akten bei dem im Beschluß bezeichneten Gericht anhängig. [2]Die Wirkungen der Rechtshängigkeit bleiben bestehen.

(2) [1]Wird ein Rechtsstreit an ein anderes Gericht verwiesen, so werden die Kosten im Verfahren vor dem angegangenen Gericht als Teil der Kosten behandelt, die bei dem Gericht erwachsen, an das der Rechtsstreit verwiesen wurde. [2]Dem Kläger sind die entstandenen Mehrkosten auch dann aufzuerlegen, wenn er in der Hauptsache obsiegt.

Entstehungsgeschichte. Abs. 1 des § 17 lautete ursprünglich: „Die Gerichte entscheiden über die Zulässigkeit des Rechtswegs". Der ursprüngliche Absatz 2 enthielt Regelungen über die Bildung von besonderen Behörden für die Entscheidung von Kompetenzkonflikten durch die Landesgesetzgebung; diese Regelung wurde durch § 178 VwGO in einem neuen § 17a verselbständigt und ist inzwischen durch das Vierte Gesetz zur Änderung der VwGO[1] aufgehoben. Der ursprüngliche § 17 Abs. 1 wurde durch die VwGO wesentlich erweitert, sah insbesondere im Verhältnis der verschiedenen Zweige der Gerichtsbarkeit eine Bindungswirkung für positive oder negative Entscheidungen zum jeweiligen Rechtsweg vor und bestimmte für die ordentlichen Gerichte, daß sie in dem Urteil, in dem sie den Rechtsweg für unzulässig erklären, auf Antrag des Klägers die Sache an das Gericht des ersten Rechtszuges zu verweisen haben, zu dem sie den Rechtsweg für gegeben erachten. Das Vierte Gesetz zur Änderung der VwGO hat die §§ 17 bis 17b grundlegend neu gefaßt.

1 **1. Allgemeine Bedeutung.** Die Neufassung der §§ 17 bis 17b durch das 4. VwGO-ÄndG dient der raschen und einfacheren Entscheidung von Rechtswegstreitigkeiten; die Neuregelung bringt zugleich die Gleichwertigkeit der Zweige der Gerichtsbarkeit zum Ausdruck. Das Verfahren bis zu einer endgültigen Entscheidung über den Rechtsweg wurde gestrafft. Der Fall eines negativen wie eines positiven Kompetenzkonflikts zwischen den Zweigen der Gerichtsbarkeit soll ausgeschlossen sein. Die vordem in § 17a vorgesehene Möglichkeit der Errichtung eines Kompetenzkonfliktgerichtshofs wurde deshalb gestrichen[2]. In § 173 VwGO, § 145 FGO und § 202 SGG wird auf das GVG insgesamt verwiesen, § 48 ArbGG verweist (mit hier nicht interessierenden Maßgaben) auf §§ 17 bis 17b. §§ 17 bis 17b gelten deshalb, ungeachtet § 2 EGGVG, für alle Zweige der Gerichtsbarkeit. Wegen der entsprechenden Geltung im Verhältnis zwischen der ordentlichen streitigen Gerichtsbarkeit und der freiwilligen Gerichtsbarkeit als Teil der ordentlichen Gerichtsbarkeit wird auf die Kommentierung bei *Kissel*[3] verwiesen.

2. Bedeutung in Strafsachen

2 **a) Unmittelbare Geltung.** Für die Strafrechtspflege haben §§ 17 bis 17b keine große praktische Bedeutung. Zu Rechtswegfragen kann es im Verhältnis zu den Verwaltungsgerichten kommen. Ein Anwendungsfall ist der Verhältnis zwischen den Strafsenaten der Oberlandesgerichte, die im Verfahren nach §§ 23 ff EGGVG über die Rechtmäßig-

[1] Viertes Gesetz zur Änderung der VwGO vom 17.12.1990, BGBl. I S. 2809.

[2] Zum ganzen *Kisssel* NJW **1991** 945.

[3] *Kissel*[3], 53 ff; vgl. auch MK-*Wolf* § 17a, 3 ff; *Wieczorek/Schütze/Schreiber* § 17a, 5 ff; *Zöller-Gummer* Vor § 17, 11.

keit von Justizverwaltungsakten auf dem Gebiet der Strafrechtspflege zu entscheiden haben, und den Verwaltungsgerichten. Verneint das angerufene Oberlandesgericht, daß die angegriffene Maßnahme als Maßnahme einer Justizbehörde[4] auf dem Gebiet der Strafrechtspflege[5] anzusehen ist, etwa weil die tätig gewordene Polizeibehörde nicht strafverfolgend, sondern ausschließlich präventiv polizeilich tätig geworden ist[6], oder jedenfalls der Schwerpunkt ihres Handelns nach seiner objektiven Zweckrichtung beim präventiv polizeilichen Einschreiten lag[7], so verfährt es nach § 17a Abs. 2 und verweist die Sache von Amts wegen mit bindender Wirkung an das zuständige Verwaltungsgericht. Ein entsprechender Anwendungsfall ist gegeben, wenn gegen eine polizeiliche Maßnahme, deren Zuordnung zum strafverfolgenden oder präventiv polizeilichen Aufgabenbereich nicht zweifelsfrei ist, der Ermittlungsrichter entsprechend § 98 Abs. 2 Satz 2 StPO mit dem Antrag angerufen wird, die Maßnahme aufzuheben oder ihre Rechtswidrigkeit festzustellen[8]. Kommt der Richter zu dem Ergebnis, daß die Polizei präventiv polizeilich tätig geworden ist (und liegt kein Fall vor, in dem das Amtsgericht ausnahmsweise [vgl. z. B. Art. 18 BayPAG] auch zur Kontrolle des präventiv polizeilichen Handelns der Polizei berufen ist), verfährt er nach § 17a Abs. 2 und verweist an das Verwaltungsgericht. Umgekehrt hat das Verwaltungsgericht ebenso zu verfahren, § 173 VwGO in Verbindung mit § 17a Abs. 2. § 17a ist auch anwendbar, wenn zweifelhaft ist, ob überhaupt ein Rechtsweg gegeben ist, wie bei der Ablehnung von Gnadengesuchen (Vor § 12, 17ff); es kann daher das gegen eine ablehnende Gnadenentscheidung angerufene Verwaltungsgericht, wenn die Ausübung des Gnadenrechts dem Landesjustizminister oder dem Generalstaatsanwalt übertragen ist, die Sache mit bindender Wirkung (§ 17a Abs. 2 Satz 3) an das Oberlandesgericht verweisen, dessen Strafsenat nach § 23 EGGVG zuständig wäre, wenn die Justiziabilität zu bejahen sein sollte[9].

b) Entsprechende Anwendung. §§ 17 bis 17b betreffen den Rechtsweg, also das Verhältnis der verschiedenen Zweige der Gerichtsbarkeit zueinander[10]. Für das Verhältnis verschiedener Gerichte der ordentlichen Gerichtsbarkeit zueinander gelten sie nicht. Insoweit kann – soweit Regelungslücken bestehen – nur eine entsprechende Anwendung in Betracht kommen. Eine entsprechende Anwendung wird im Bereich der Strafrechtspflege in zwei Bereichen für notwendig gehalten, nämlich im Verhältnis des nach §§ 23ff EGGVG angerufenen Strafsenats des Oberlandesgerichts zur Strafvollstreckungskammer bzw. zum Haft- oder Ermittlungsrichter und im Verhältnis des Kartellsenats des Oberlandesgerichts (vgl. § 83 GWB) zur Wirtschaftsstrafkammer. §§ 23ff EGGVG enthalten keine Regelung dazu, daß bei fehlender Zuständigkeit des Strafsenats innerhalb der ordentlichen Gerichtsbarkeit an das zuständige Gericht verwiesen werden kann. Das Bundesverfassungsgericht hält es aber im Hinblick auf Art. 19 Abs. 4 GG grundsätzlich für verfassungsrechtlich geboten, daß in allen Verfahrensordnungen die Möglichkeit eröffnet ist, hilfsweise die Verweisung an das zuständige Gericht zu beantragen[11]. Dem tragen die Oberlandesgerichte überwiegend dadurch Rechnung, daß sie eine Verweisung vom Strafsenat an den Beschwerde-, Haft- oder Ermittlungsrichter ebenso wie an die Strafvollstreckungskammer für zulässig halten und umgekehrt ebenso 3

[4] Dazu LR-*Böttcher* § 23 EGGVG, 2ff.
[5] Dazu LR-*Böttcher* § 23 EGGVG, 27ff.
[6] Vgl. BVerwG NJW **1975** 893; LR-*Böttcher* § 23 EGGVG, 13 mit Nachw.
[7] Vgl. BVerwGE **47** 255, 264; LR-*Böttcher* § 23 EGGVG, 18 mit Nachw.
[8] Vgl. SK-*Rudolphi* § 98 StPO 33, 38; *Kleinknecht/Meyer-Goßner*[45] § 98 StPO, 18ff; LR-*Böttcher* § 23 EGGVG, 85ff je mit Nachw.
[9] BVerwG NJW **1976** 305; *Kissel*[3] 6; LR-*Böttcher* § 23 EGGVG, 36.
[10] *Kissel*[3] 3.
[11] BVerfGE **57** 9, 22.

eine Verweisung an den Strafsenat[12]. Dem ist zuzustimmen[13]. Bindungswirkung entfaltet die Verweisung nach § 17a Abs. 2 Satz 3 nur hinsichtlich des Rechtsweges. Deshalb wird eine weitere Verweisung innerhalb der ordentlichen Gerichtsbarkeit für zulässig gehalten[14]. Der Unterschied zu der Auffassung, innerhalb der ordentlichen Gerichte komme keine Verweisung, sondern lediglich eine formlose Abgabe in Betracht[15], ist nicht groß. Für das Verhältnis von Kartellsenat und Wirtschaftsstrafkammer wird teilweise ebenfalls eine entsprechende Anwendung der §§ 17 bis 17b befürwortet[16]. In dem Fall, daß sich in dem Verfahren vor dem Kartellsenat das Vorliegen einer Straftat ergibt, hat der Bundesgerichtshof in der Tat eine Verweisung an das zuständige Strafgericht, im konkreten Fall an die Wirtschaftsstrafkammer, befürwortet, freilich in entsprechender Anwendung des § 270 StPO und ohne §§ 17 bis 17b heranzuziehen[17]. Es mag vorzugswürdig sein, stattdessen auf eine Rechtsanalogie zu den §§ 6, 6a, 209, 209a, 225a, 269 und 270 StPO zurückzugreifen[18]. Zuzustimmen ist jedenfalls dem Ergebnis des Bundesgerichtshof[19]. Zutreffend ist auch, daß es dafür einer Heranziehung der §§ 17 bis 17b GVG nicht bedarf.

4 **3. Verfahren.** Soweit §§ 17 bis 17b im Bereich der Strafrechtspflege unmittelbar oder analog Anwendung finden, hat das mit der Sache befaßte nicht zuständige Gericht die Verweisung an das zuständige Gericht nach Anhörung der Beteiligten von Amts wegen durch begründeten Beschluß vorzunehmen. Gemäß § 17a Abs. 4 Satz 3 ist gegen den Verweisungsbeschluß die sofortige Beschwerde nach den Vorschriften der jeweils anzuwendenden Verfahrensordnung, hier also § 311 StPO, eröffnet. Die Verweisung auf die jeweilige Verfahrensordnung bedeutet, daß gegen einen Verweisungsbeschluß des Strafsenats im Verfahren nach § 23ff EGGVG im Hinblick auf § 29 Abs. 1 Satz 1 EGGVG eine sofortige Beschwerde nicht statthaft ist. Auch die Regelung über die Zulassungsbeschwerde gemäß § 17a Abs. 4 Satz 4 bis 6 ist nicht unmittelbar anwendbar; sie eröffnet eine weitere Beschwerde in Fällen, in denen das Oberlandesgericht als Beschwerdegericht entscheidet[20]; so liegt es hier nicht. Für Entscheidungen des Oberlandesgericht im Verfahren nach §§ 23ff EGGVG wird der notwendige Divergenzausgleich über die Vorlagepflicht nach § 29 Abs. 1 Satz 2, 3 EGGVG erreicht[21]. Allerdings sind die Zulässigkeitsvoraussetzungen in § 17a Abs. 4 Satz 5 weiter gefaßt als die Vorlagevoraussetzungen des § 29 Abs. 1 Satz 2 EGGVG; sie erfassen über den Divergenzfall hinaus alle Rechtsfragen grundsätzlicher Bedeutung. Angesichts des übergreifenden Zwecks der

[12] KG GA **1985** 271; OLG Karlsruhe **1988** 84; OLG Braunschweig NStZ **1990** 608; OLG Braunschweig NStZ **1991** 551; OLG Hamm NStZ-RR **1996** 210; KG StV **1996** 326; **a. A** KG GA **1977** 149; OLG Oldenburg NStZ **1990** 540 mit krit. Anm. *Katholnigg*; OLG Hamburg NStZ **1995** 252; OLG Frankfurt StV **1997** 260 und NJW **1998** 1165: Keine Verweisung, aber formlose Abgabe an den zuständigen Haftrichter.

[13] Ebenso *Katholnigg*[3] § 29 EGGVG, 7; *Kleinknecht/Meyer-Goßner*[45] § 25 EGGVG, 2; MK-*Wolf* § 25 EGGVG, 4; *Wieczorek/Schütze/Schreiber* § 25 EGGVG, 4; *Baumbach/Lauterbach/Albers* § 17a GVG, 4; *Krack* JR **1996** 260.

[14] Vgl. OLG Karlsruhe MDR **1995** 88; *Kleinknecht/Meyer-Goßner*[45] § 25 EGGVG, 2.

[15] So OLG Frankfurt NStZ **1996** 565 (offengelassen) und StV **1997** 260.

[16] *Kleinknecht/Meyer-Goßner*[45] § 270 StPO, 2.

[17] BGHSt **39** 202.

[18] Dafür *Rieß* NStZ **1993** 513ff.

[19] Zweifelnd LR-*Franke* § 121, 23a, der eine Aburteilung der Straftat durch den Kartellsenat für vorzugswürdig hält; ablehnend *Göhler* WiStra **1994** 17, der eine Aburteilung durch den Kartellsenat für notwendig, insbesondere vom Gesetzgeber gewollt ansieht; ablehnend auch *Bauer* WiStra **1994** 132, der in Übereinstimmung mit der Ausgangsentscheidung des KG Einstellung des Bußgeldverfahrens durch den Kartellsenat wegen eines Verfahrenshindernisses befürwortet; wie hier *Kleinknecht/Meyer-Goßner*[45] § 270 StPO, 2; KK-*Engelhardt*[4] § 270 StPO, 4; *Rieß* NStZ **1993** 513, 517.

[20] *Kissel*[3] 25.

[21] Dazu LR-*Böttcher* § 29 EGGVG, 2ff.

Regelung in § 17a Abs. 4 Satz 4 bis 6 wird man eine Vorlage nach § 29 Abs. 1 Satz 2 EGGVG durch den Strafsenat über den Wortlaut der Regelung hinaus in grundsätzlichen Rechtsfragen auch dann fordern müssen, wenn eine Divergenz nicht besteht[22].

§ 18

[1]Die Mitglieder der im Geltungsbereich dieses Gesetzes errichteten diplomatischen Missionen, ihre Familienmitglieder und ihre privaten Hausangestellten sind nach Maßgabe des Wiener Übereinkommens über diplomatische Beziehungen vom 18. April 1961 (Bundesgesetzbl. 1964 II S. 957 ff) von der deutschen Gerichtsbarkeit befreit. [2]Dies gilt auch, wenn ihr Entsendestaat nicht Vertragspartei dieses Übereinkommens ist; in diesem Falle findet Artikel 2 des Gesetzes vom 6. August 1964 zu dem Wiener Übereinkommen vom 18. April 1961 über diplomatische Beziehungen (Bundesgesetzbl. 1964 II S. 957) entsprechende Anwendung.

Schrifttum (zu §§ 18, 19). *Fliedner* Neue Vorschriften für Exterritoriale, ZPR **1973** 263; *Folz/Soppe* Zur Frage der Verhältnismäßigkeit von Haftbefehlen gegen Regierungsmitglieder anderer Staaten, NStZ **1996** 576; *Jabloner-Fugger* Die Immunität konsularischer Funktionäre in der Wiener Konvention 1963, NJW **1964** 712; *Jakobs* Zur dogmatischen Abgrenzung von Strafrecht und Strafverfahrensrecht und zur Rechtsnatur des Ausschlusses einer strafrechtlichen Ahndung wegen diplomatischer Immunität, NStZ **1987** 88; *Knuth* Zur völkerrechtlichen Exemption Ostberliner Regierungsdelegationen und Emissäre in der Bundesrepublik, JZ **1970** 539; *Krauskopf* Die Rechtsprechung zur Immunität ausländischer Zentralbanken und Währungsbehörden in der Bundesrepublik Deutschland, WM IV **1986**, 89; *Mössner* Spionage und Immunität von Kriegsschiffen, NJW **1982** 1196; *Münch* Immunität fremder Staaten in der deutschen Rechtsprechung, ZAÖR **1964** 265; *Oehler* Immunität, Exterritorialität, und Asylrecht im internationalen Strafrecht, ZStW **91** (1979) 395; *Raap* Truppenstationierung in Deutschland nach der Wiedervereinigung, MDR **1991** 1129; *Rüping* Die völkerrechtliche Immunität im Strafverfahren, FS Kleinknecht (1985) 397; *v. Schönfeld* Die Immunität ausländischen Staaten vor deutschen Gerichten, NJW **1986** 2980; *Sonnenberger* Inländische Gerichtsbarkeit über ausländische Staaten und sonstige öffentlich-rechtliche Rechtsträger, AcP **162** (1963) 485; *Steinmann* Ein Beitrag zu Fragen der zivilrechtlichen Immunität von ausländischen Dipomaten, Konsuln und den bevorrechtigten Personen, MDR **1965** 706, 795; *Vogler* Immunität, Exterritorialität und Asylrecht im internationalen Strafrecht, ZStW **92** (1980) 1021; *Wenckstern* Verfassungsrechtliche Fragen der Immunität internationaler Organisationen, NJW **1987** 1113;

Entstehungsgeschichte. Die heutige Fassung des § 18 beruht auf Art. 1 Nr. 2 des Gesetzes vom 25. 3. 1974[1]. Davor lautete § 18 in der Fassung des VereinhG 1950

[1]„Die deutsche Gerichtsbarkeit erstreckt sich nicht auf die Leiter und Mitglieder der bei der Bundesrepublik Deutschland beglaubigten diplomatischen Vertretungen. [2]Sie erstreckt sich auch nicht auf andere Personen, die nach den allgemein anerkannten Regeln des Völkerrechts oder nach einem Staatsvertrag von der Deutschen Gerichtsbarkeit befreit sind."

---

[22] Ebenso *Katholnigg*[3] 7.

[1] BGBl. I S. 761.

In der ursprünglichen Fassung bestimmte § 18 Abs. 1 Satz 1, daß sich die inländische Gerichtsbarkeit nicht auf die Chefs und Mitglieder der bei dem deutschen Reich beglaubigten Missionen erstreckt; diese Regelung galt nach § 19 auch für Familienmitglieder und das Geschäftspersonal der genannten Person sowie für solche Bedienstete derselben, welche nicht Deutsche sind.

Übersicht

1 **1. Bedeutung der Vorschrift.** § 18 regelt, inwieweit die Mitglieder der in Deutschland errichteten diplomatischen Missionen, ihre Familienmitglieder und die privaten Hausangestellten von der deutschen Gerichtsbarkeit befreit sind, d. h. Immunität (auch als Exterritorialität oder Exemption bezeichnet[2]) genießen. Die Befreiung der ausländischen Diplomaten und ihrer Familien von der inländischen Gerichtsbarkeit ist im Völkerrecht seit langem anerkannt. Im Interesse der internationalen Beziehungen tritt die Durchsetzung des inländischen Rechts zurück[3]. Völkerrechtlich kodifiziert ist der Immunitätsschutz im Wiener Übereinkommen über diplomatische Beziehungen – WÜD – vom 18.4.1961. Diesem Übereinkommen hat die Bundesrepublik Deutschland mit Gesetz vom 6.8.1964[4] zugestimmt. Seit 11.12.1964 ist das Übereinkommen für die Bundesrepublik Deutschland in Kraft[5]. Als geltendes Recht ist es von den Gerichten unmittelbar anzuwenden[6]. Anders als § 18 a. F. und der ihn ergänzende § 19 a. F., die die Immunität selbständig regelten, beschränkt sich § 18 Satz 1 heute auf eine Verweisung auf das WÜD; der Bundesgesetzgeber sah in einer solchen Verweisungsnorm eine Hilfe für die Praxis[7]. § 18 Satz 2 bestimmt, daß die Mitglieder der diplomatischen Missionen, ihre Familienmitglieder und privaten Hausangestellten nach Maßgabe des Wiener Übereinkommens auch dann von der deutschen Gerichtsbarkeit befreit sind, wenn ihr Entsendestaat dem Übereinkommen (noch) nicht beigetreten ist. In diesem Fall findet dann Art. 2 des Zustimmungsgesetzes vom 6.8.1964, in dem die Bundesregierung ermächtigt wird, durch Rechtsverordnung die Befreiung von der deutschen Gerichtsbarkeit zu erweitern oder einzuschränken, entsprechende Anwendung; solche Verordnungen sind bisher nicht erlassen worden[8].

2 Die im Rahmen dieses Kommentars allein interessierende Befreiung der in § 18 genannten Personen von der deutschen **Strafgerichtsbarkeit** (einschließlich der Verfolgung und Ahndung von Ordnungswidrigkeiten[9]) ist insbesondere in Art. 31, 37 WÜD geregelt. Insgesamt liegt dem WÜD ein Konzept abgestufter Immunität zugrunde, das weniger von dem Gesichtspunkt der Rücksichtnahme auf die Achtung und Würde des fremden Staates bestimmt ist als von dem funktionalen Gesichtspunkt, die Unabhängig-

[2] Nachweise zum Sprachgebrauch bei *Fliedner* ZRP **1973** 263.
[3] Zur Problematik *Vogler* ZStW **92** (1980) 1021.
[4] BGBl. II S. 957.
[5] BGBl. 1965 II S. 147.
[6] *Fliedner* ZRP **1973** 265; *Kissel*[3] 4.
[7] *Kissel*[3] 4.
[8] *Katholnigg*[3] 4.
[9] Dazu *Göhler* Vor § 59, 39ff.

keit der ausländischen Missionen und den Schutz ihrer Funktionen zu sichern. Dieser funktionale Aspekt wird in der Präambel des WÜD ausdrücklich hervorgehoben[10]. Im strafrechtlichen Bereich genießen die Mitglieder der diplomatischen Missionen volle Immunität und das gilt auch für die zum Haushalt eines Diplomaten gehörenden Familienmitglieder, wenn sie nicht Deutsche sind, ferner für die Mitglieder des Verwaltungs- und technischen Personals der Mission und die zu ihrem Haushalt gehörenden Familienmitglieder, wenn sie weder Deutsche sind noch ständig in Deutschland ansässig sind. Die Mitglieder des dienstlichen Hauspersonals, die weder Deutsche sind noch ständig in Deutschland ansässig, genießen Immunität in Bezug auf ihre in Ausübung ihrer dienstlichen Tätigkeit vorgenommenen Handlungen (sog. Amtsimmunität); private Hausangestellte von Mitgliedern der Mission genießen dagegen keine strafrechtliche Immunität.

2. Behandlung der ehemaligen DDR. § 1 des Gesetzes vom 16. 11. 1973[11] ermächtigte die Bundesregierung, durch Rechtsverordnung der Ständigen Vertretung der DDR in Bonn, ihren Mitgliedern, den mit diesen in gemeinsamem Haushalt lebenden Familienangehörigen sowie ihren privaten Hausangestellten Immunität bis zu dem Umfang zu gewähren, wie sie diplomatischen Missionen nach dem Wiener Übereinkommen zusteht oder eingeräumt werden kann. Davon wurde durch die Verordnung vom 24. 4. 1974[12] Gebrauch gemacht. Nach § 11 dieser Verordnung genossen der Leiter und die übrigen Mitglieder der Ständigen Vertretung sowie die zu ihrem Haushalt gehörenden Familienmitglieder grundsätzlich Befreiung von der Strafgerichtsbarkeit. Nach der Wiedervereinigung konnten sich, wie das Bundesverfassungsgericht im Falle Stoph entschieden hat, die führenden Repräsentanten der DDR nicht auf eine Befreiung von der Strafgerichtsbarkeit berufen[13]. Auch ist der fortwirkende Immunitätsschutz, der diplomatischen Vertretern von Drittstaaten in der DDR zustand, wie das Bundesverfassungsgericht ebenfalls entschieden hat, mit der Wiedervereinigung nicht als Verpflichtung auf die Bundesrepublik Deutschland übergegangen[14]. 3

3. Richtlinien. Neben den Nrn. 193ff RistBV gibt es eingehende Richtlinien des Bundesministers des Innern über das Verhalten der Behörden gegenüber Diplomaten und anderen bevorrechtigten Personen, die auch für das Verhalten der Strafverfolgungsbehörden bedeutsam sind. Das Rundschreiben des Bundesministers des Innern vom 17. 8. 1993[15] ist auszugsweise in Rn. 9 wiedergegeben. 4

4. Kreis der Exterritorialen. Wegen des Kreises der nach § 18 von der deutschen Strafgerichtsbarkeit befreiten Personen und des Umfangs der Befreiung im einzelnen kann auf die Übersicht in dem Rundschreiben des Bundesministers des Innern (unten Rdn. 9) unter II A bis D und III Bezug genommen werden. Das Auswärtige Amt gibt (vgl. den Hinweis in Nr. 194 RistBV) verschiedenfarbige Ausweise an die Personen aus, die nach seiner Auffassung von der inländischen Gerichtsbarkeit befreit sind (vgl. VIII des Rundschreibens). Die Auffassung des Auswärtigen Amtes bindet aber die Gerichte nicht; die Justizbehörden haben vielmehr, wie Nr. 193 Abs. 2 RistBV klarstellt, im Einzelfall selbständig die nötigen Feststellungen zu treffen und über die Frage der Befreiung und ihres Ausmaßes zu entscheiden (vgl. unten Rdn. 6). 5

---

10 Vgl. dazu *Fliedner* ZRP **1973** 264; *Rüping* FS Kleinknecht 397, 402; zur Immunität internationaler Organisationen EGMR NJW **1999** 1173, 1174.
11 BGBl. I S. 1673.
12 BGBl. I S. 1022.
13 BVerfG DtZ **1992** 216.
14 BVerfGE **96** 68 mit krit. Anm. *Fassbender* NStZ **1998** 144.
15 GMBl. 591ff.

5. Wirkungen der Immunität

6 **a) Grundsatz.** Die Befreiung von der deutschen Strafgerichtsbarkeit hat nach herrschender Meinung keine materiellrechtliche Bedeutung, etwa im Sinne eines persönlichen Strafausschließungsgrundes[16]. Notwehr und Selbsthilfe sind statthaft[17]. Die Wirkung der Befreiung von der inländischen Gerichtsbarkeit besteht darin, daß gegenüber den befreiten Personen Handlungen, die eine Ausübung der inländischen Gerichtsbarkeit darstellen, grundsätzlich unzulässig sind (vgl. Nr. 195 RistBV). Ein Verzicht auf die Immunität ist möglich, kann aber als völliger Verzicht nur vom Entsendestaat ausgesprochen werden (Art. 32 WÜD). Möglich sind Verzichte des von der Strafgerichtsbarkeit Befreiten bezüglich einzelner Strafverfolgungsmaßnahmen, z. B. Zustimmung zu einer Vernehmung oder zum Betreten von Wohn- und Diensträumen (vgl. Nrn. 197 bis 199 RistBV). Das Fehlen der Gerichtsbarkeit stellt ein Verfahrenshindernis dar[18], das von Amts wegen in jeder Lage des Verfahrens zu beachten ist[19]. Strafgerichtliche Entscheidungen, die die Immunität verletzen, sind nach überwiegender Meinung nichtig[20]. Der Gegenmeinung, die bloße Anfechtbarkeit annimmt, ist zuzugeben, daß eine Anfechtung solcher Entscheidungen im Rechtsmittelweg mit dem Ziel der Klärung, ob die Immunität besteht oder nicht, möglich sein muß[21]. Ermittlungserkenntnisse, die unter Verletzung der Immunität gewonnen wurden, unterliegen einem strafrechtlichen Verwertungsverbot[22]. Ob im Einzelfall das Verfahrenshindernis der Immunität (Exterritorialität) besteht, prüft die jeweils nach Verfahrenslage zuständige Stelle (Staatsanwaltschaft, Gericht) in eigener Zuständigkeit (Nr. 193 Abs. 2 RistBV)[23]. Daher stellen Äußerungen des Auswärtigen Amtes, ungeachtet seiner Zuständigkeit für die Auslandsbeziehungen der Bundesrepublik Deutschland, nur gutachtliche Stellungnahmen dar, sind sie auch als solche von besonderem Gewicht.

7 **b) Einzelheiten.** Die persönliche Befreiung erstreckt sich grundsätzlich auch auf die Wohn- und Diensträume der befreiten Person (Art. 22, 30 WÜD). In diesen dürfen daher Amtshandlungen, durch die die deutsche Gerichtsbarkeit ausgeübt wird, auch nicht gegenüber Personen vorgenommen werden, die nicht von der deutschen Gerichtsbarkeit befreit sind (Nr. 199 Abs. 2 RistBV), ohne daß damit ein Asylrecht für die nichtexterritorialen Personen begründet wäre, und ohne daß Wohn- und Diensträume den Charakter des inländischen Begehungsortes im Sinne des § 3 StGB verlören[24]. Zum Verhalten der Justizbehörden gegenüber Exterritorialen enthalten die Nrn. 195ff RistBV nähere Hinweise. Für die Zustellung von Schriftstücken, z. B. von Ladungen oder Urteilen, ist stets die Vermittlung des Auswärtigen Amtes in Anspruch zu nehmen; wenn jedoch ein Exterritorialer als Privat- oder Nebenkläger durch einen mit schriftlicher Vollmacht versehenen Rechtsanwalt vertreten ist, kann nach § 378 StPO an letzteren zugestellt werden (Nr. 196 Abs. 6 RistBV). Kommen Exterritoriale als Zeugen in

---

[16] Nachweise zum Meinungsstand bei OLG Düsseldorf NJW **1986** 2204 = NStZ **1987** 87 mit Anm. *Jakobs*; wie hier *Rüping* FS Kleinknecht 397, 405; s. auch LR-*Rieß* § 206a StPO, 40.

[17] Vgl. OLG Köln NJW **1996** 472; *Bongartz* MDR **1995** 780; *Kissel*³ 8.

[18] BGHSt **32** 275; *Kissel*³ 19; KK-*Pfeiffer*⁴ 7; *Katholnigg*³ 2; *Kleinknecht/Meyer-Goßner*⁴⁵ 4.

[19] BVerfGE **46** 342, 359; BGHZ **10** 350, 354; *Kissel*³ 3; KK-*Pfeiffer*⁴ 4.

[20] *Kissel*³ 6; KK-*Pfeiffer*⁴, 7; für das Zivilrecht BayObLG FamRZ **1972** 212; OLG München FamRZ **1972** 210, 211; *Wieczorek/Schreiber,* 10; *Zöller/Gummer* Vor § 18 bis 20, 3; *Baumbach/Lauterbach/Albers* Vor §§ 18ff, 2; **a. A** LR-*Rieß* Einl. J 131 mit Nachw.; *Katholnigg*³ Vor § 18, 2; *Kleinknecht/Meyer-Goßner*⁴⁵ 4: nur anfechtbar.

[21] BGHZ **18** 1, 9; RGZ **157** 389, 393; *Kissel*³ 6.

[22] BGHSt **36** 396; *Kissel*³ 6; KK-*Pfeiffer*⁴ 7; zur Verwertung solcher Erkenntnisse in einem Verfahren gegen Dritte vgl. BGHSt **37** 30.

[23] BGH NJW **1984** 248, 249; OLG Karlsruhe Justiz **1983** 133.

[24] RGSt **69** 54; *Kissel*³ 18.

Betracht, so sind Zwangsmaßnahmen jeder Art unzulässig (Nrn. 198, 199 RistBV), da eine Verpflichtung, als Zeuge auszusagen, nicht besteht (Art. 31 Abs. 2, 37 WÜD). Die Befreiung von der Strafgerichtsbarkeit ist umfassend. Wenn die Auffassung vertreten wird, Ordnungsmaßnahmen nach § 177 würden hiervon nicht berührt[25], so setzt dem Art. 29 WÜD, wonach die Person des Diplomaten unverletzlich ist und er keiner Festnahme oder Haft irgendwelcher Art unterliegt, mit der gebührenden Achtung zu behandeln ist und vor allen Angriffen auf seine Person, seine Freiheit oder seine Würde zu schützen ist, jedenfalls engste Grenzen. Unzulässig ist die Festsetzung von Ordnungsmitteln zur Ahndung von Ungebühr nach § 178 GVG[26].

6. Dauer der Befreiung. Die Befreiung von der inländischen Gerichtsbarkeit dauert nach Beendigung der dienstlichen Tätigkeit bis zum Zeitpunkt der Abreise oder des Ablaufs einer hierfür gewährten angemessenen Frist (Art. 39 Abs. 2 WÜD). Ob nach Beendigung der Immunität auch die Verfolgung einer während ihrer Dauer begangenen Straftat wieder zulässig ist, war früher streitig. Im Hinblick auf Art. 39 Abs. 2 Satz 2 WÜD ist jetzt zu unterscheiden: Für Straftaten, die in Ausübung der dienstlichen Tätigkeit als Mitglied der Mission begangen sind, bleibt die Immunität weiterhin bestehen, während bei anderen Straftaten das Verfolgungshindernis entfällt[27]. Entsprechendes gilt für den Sonderbotschafter im Sinne des § 20[28]. Zur Frage der Beendigung der Exterritorialität, wenn der Empfangsstaat dem Entsendestaat mitteilt, der Betreffende sei ihm nicht als Diplomat genehm (persona non grata) vgl. Art. 9, 43 WÜD[29]. 8

7. Auszug aus dem Rundschreiben des Bundesministers des Innern vom 17. 8. 1993 – PI 6 – 640 005/1 – Diplomaten und andere bevorrechtigte Personen – GMBl. 591. 9

Abschnitt I

Allgemeine Rechtsgrundlagen

Nach allgemeinen Regeln des Völkerrechts (Art. 25 des Grundgesetzes), besonderen völkerrechtlichen Vereinbarungen (vgl. den vom Bundesminister der Justiz jährlich als Beilage zum Bundesgesetzblatt (BGBl.) Teil II herausgegebenen Fundstellennachweis B) wie z. B. dem Wiener Übereinkommen vom 18. April 1961 über diplomatische Beziehungen (BGBl. 1964 II S. 957 – WÜD) oder dem Wiener Übereinkommen vom 24. April 1963 über konsularische Beziehungen (BGBl. 1969 II S. 1585 – WÜK) sowie aufgrund eigener innerstaatlicher Rechtsvorschriften (vgl. insbesondere §§ 18 ff des Gerichtsverfassungsgesetzes – GVG) genießen Mitglieder diplomatischer Missionen, konsularischer Vertretungen sowie Angehörige internationaler Organisationen bei ihrem Aufenthalt in der Bundesrepublik Deutschland bestimmte Vorrechte und Immunitäten. Unbeschadet derselben sind sie verpflichtet, die Gesetze und andere Rechtsvorschriften der Bundesrepublik Deutschland zu beachten, auch wenn sie – soweit es sich um Diplomaten oder ihnen gleichgestellte Personen handelt – nicht mit Zwangsmaßnahmen zu ihrer Beachtung angehalten werden können. In terminologischer Beziehung ist zu beachten, daß die innerstaatlich vor allem in den §§ 18 ff GVG geregelte Befreiung von der Gerichtsbarkeit in neueren völkerrechtlichen Übereinkommen als „Immunität von der Gerichtsbarkeit" bezeichnet wird; zwischen diesen beiden Begriffen besteht kein rechtlicher Unterschied. In diesen Übereinkommen wird der Begriff „Immunität von der Gerichtsbarkeit" neben dem Begriff „Befreiung" im Sinne der Freistellung von Zöllen, Steuern usw. verwendet.

---

25 *Kissel*[3] 7.
26 Ebenso *Kissel*[3] 7; **a. A** KK-*Pfeiffer*[4] 11.
27 *Kissel*[3] 19; KK-*Pfeiffer*[4] 6; *Katholnigg*[3] 1.
28 OLG Düsseldorf NJW **1986**, 2204 = NStZ **1987**; siehe auch § 20, 6.
29 Dazu LG Heidelberg NJW **1970** 1514.

Abschnitt II

Durch Vorrechte und Immunitäten begünstigte Personen

A.

Vorrechte und Immunitäten genießen die Diplomaten und die nach völkerrechtlichen und innerstaatlichen Vorschriften gleichbehandelten Personen. Diese repräsentieren entweder einen anderen Staat oder stehen in besonders engen Beziehungen zu einer Person, die einen anderen Staat repräsentiert.

Hierzu gehören

1. a) Staatsoberhäupter, bei Besuchen aufgrund amtlicher Einladung auch die sie amtlich begleitenden Angehörigen sowie ihr sonstiges Gefolge. (Die Angehörigen von Staatsoberhäuptern genießen im übrigen keine Vorrechte, Immunitäten und Befreiungen, z. B. nicht der in der Bundesrepublik Deutschland studierende Sohn eines Staatspräsidenten); vgl. § 20 GVG;
   b) Chefs und Minister von Regierungen anderer Staaten bei Besuchen in amtlicher Eigenschaft sowie die sie amtlich begleitenden Angehörigen und ihr sonstiges Gefolge; vgl. § 20 GVG;
2. a) Missionschefs, das sind die bei der Bundesrepublik Deutschland beglaubigten Leiter der ausländischen diplomatischen Missionen: der Apostolische Nuntius, die Botschafter und Geschäftsträger (ausgewiesen durch roten Diplomatenausweis);
   b) Mitglieder des diplomatischen Personals, nämlich Gesandte, Räte, Sekretäre und Attaches der Apostolischen Nuntiatur, der Botschaften sowie die Sonderattachés, z. B. die Wirtschafts, Handels-, Finanz-, Landwirtschafts-, Kultur-, Presse-, Militärattachés und die Botschaftsseelsorger und -ärzte (Diplomaten, ausgewiesen durch roten Diplomatenausweis);
   c) Familienangehörige der unter Buchst. a) und b) genannten Personen, die in deren Haushalt leben und nicht Deutsche im Sinne des Grundgesetzes sind (ausgewiesen durch roten Diplomatenausweis);
3. Die entsandten Mitglieder des Verwaltungs- und technischen Personals (z. B. Kanzleibeamte, Chiffreure, Übersetzer, Schreibkräfte) und des dienstlichen Hauspersonals (z. B. Kraftfahrer, Pförtner, Boten, Gärtner, Köche, Nachtwächter), der diplomatischen Mission sowie ihre ständig in ihrem Haushalt lebenden Familienangehörigen, wenn diese Personen weder Deutsche im Sinne des Grundgesetzes noch in der Bundesrepublik Deutschland ständig ansässig sind (ausgewiesen durch blauen Ausweis für bevorrechtigte Personen);
4. Private Hausangestellte von Mitgliedern diplomatischer Missionen (z. B. persönliche Diener, Fahrer, Erzieher und Raumpflegekräfte) soweit sie weder Deutsche im Sinne des Grundgesetzes noch in der Bundesrepublik Deutschland ständig ansässig sind (ausgewiesen durch grünen Personalausweis);
5. Die unter Nrn. 2 bis 4 bezeichneten Personen, die in der Bundesrepublik Deutschland ständig ansässig und nicht Deutsche im Sinne des Grundgesetzes sind (ausgewiesen durch gelben Ausweis)

B.

Sonderregelungen gelten für folgende Personen

1. Teilnehmer an Inspektionen gemäß bereits bestehender und noch zu schließender Verträge über Abrüstung und Rüstungskontrolle.
2. Der Leiter der bisherigen Handelsvertretungen der Union der Sozialistischen Sowjetrepubliken (jetzt Russische Föderation) in Köln und Berlin und drei (Köln) bzw. zwei (Berlin) Stellvertreter haben bis auf weiteres den Status von Diplomaten. Sie und ihre in ihrem Haushalt lebenden Familienangehörigen gehören zu den unter Nr. 2 Buchst. b) und c) genannten Personen (ausgewiesen durch roten Diplomatenausweis). Die übrigen Mitglieder der Handelsvertretung genießen nur Steuerfreiheit hinsichtlich ihrer Bezüge. Sie und ihre in ihrem Haushalt lebenden Familienangehörigen (ausgewiesen durch rosa Ausweis) haben im übrigen keine Vorrechte und Immunitäten – vgl. Art. 2 der Anlage zum Abkommen über Allgemeine Fragen des Handels und der Seeschiffahrt zwischen der Bundesrepublik Deutschland und der Union der Sozialistischen Sowjetrepubliken vom 25. April 1958 (BGBl. II 1959 S. 225).

Die Leiter der bisherigen Handelsvertretungen in Leipzig und Rostock werden bis auf weiteres als berufskonsularische Mitglieder der jeweiligen russischen Generalkonsulate angemeldet.

3. Bestimmte Mitglieder der Handelsabteilungen der Botschaft der Tschechischen und Slowakischen Föderativen Republik in Köln und Berlin genießen ebenfalls nur Steuerfreiheit hinsichtlich ihrer Bezüge, haben aber wie ihre mit ihnen im gemeinsamen Haushalt lebenden Familienmitglieder (ausgewiesen durch rosa Ausweise) keine Vorrechte und Immunitäten.

C.

Eine „Liste der diplomatischen Missionen", die auch die Namen ihrer diplomatischen Mitglieder enthält, erscheint dreimal jährlich im Bundesanzeiger-Verlag, Postfach 100534, 50445 Köln und ist im Buchhandel erhältlich.

D.

Vorrechte und Immunitäten genießen ferner die Mitglieder der konsularischen Vertretungen (vgl. Abschnitt IV B) und ihr privates Hauspersonal.

1. Diese Personengruppe umfaßt:
   a) Berufskonsularbeamte (Generalkonsuln, Konsuln, Vizekonsuln, Konsularagenten und andere Angehörige des konsularischen Dienstes) sowie die in ihrem Haushalt lebenden Familienangehörigen, wenn diese Personen im Bundesgebiet keine private Erwerbstätigkeit ausüben. Bei den Familienangehörigen ist weitere Voraussetzung, daß sie weder Deutsche im Sinne des Grundgesetzes noch in der Bundesrepublik Deutschland ständig ansässig sind (ausgewiesen durch weißen Ausweis);
   b) die entsandten Mitglieder des Verwaltungs- oder des technischen Personals (z. B. Kanzleibeamte, Chiffreure, Übersetzer, Schreibkräfte) und des dienstlichen Hauspersonals der konsularischen Vertretungen (z. B. Kraftfahrer, Pförtner, Boten, Gärtner, Köche, Nachtwächter) sowie ihre in ihrem Haushalt lebenden Familienangehörigen, wenn diese Personen weder Deutsche im Sinne des Grundgesetzes noch in der Bundesrepublik Deutschland ständig ansässig sind und im Bundesgebiet keine private Erwerbstätigkeit ausüben (ausgewiesen durch grauen Ausweis);
   c) Honorarkonsularbeamte* (Honorargeneralkonsuln, Honorarkonsuln, Honorarvizekonsuln, Konsularagenten; ausgewiesen durch weißen Ausweis mit grünen Querstreifen);
   d) die in der Bundesrepublik Deutschland ständig ansässigen Mitglieder konsularischer Vertretungen (Ortskräfte) und ihre in ihrem Haushalt lebenden Familienangehörigen, sofern diese nicht Deutsche im Sinne des Grundgesetzes sind (ausgewiesen durch einen gelben Ausweis ausgestellt von der Staats- oder Senatskanzlei eines Bundeslandes);
   e) Mitglieder des privaten Hauspersonals von entsandten Konsulatsangehörigen, soweit sie nicht ständig in der Bundesrepublik Deutschland ansässig oder Deutsche im Sinne des Grundgesetzes sind (ausgewiesen durch grüne Ausweise, ausgestellt von der Staats- oder Senatskanzlei eines Bundeslandes).
2. Eine „Liste der konsularischen Vertretungen" erscheint jährlich im Bundesanzeiger-Verlag, Postfach 100534, 50445 Köln, und ist im Buchhandel erhältlich.

E.

Internationale Organisationen

1. Verschiedene internationale und supranationale Organisationen, die Vertretungen dieser Organisationen in der Bundesrepublik Deutschland, die Vertreter ihrer Mitgliedstaaten, ihre Bedien-

* Honorarkonsularbeamte werden nur noch vereinzelt im innerstaatlichen Sprachgebrauch (vgl. insbesondere § 19 GVG) auch als Wahlkonsularbeamte bezeichnet.

steten und die zum Haushalt der genannten Personen gehörenden Familienmitglieder sowie die im Auftrag der betreffenden Organisationen tätigen Sachverständigen genießen aufgrund völkerrechtlicher Vereinbarungen und innerstaatlichen Rechts Vorrechte und Immunitäten. Sie genießen diese Vorrechte und Immunitäten während der Wahrnehmung ihrer jeweiligen Aufgaben innerhalb der Bundesrepublik Deutschland (Bedienstete aus anderen Staaten, die ständig im Bundesgebiet tätig sind, ausgewiesen durch dunkelroten Sonderausweis).

Das Ausmaß der gewährten Vorrechte und Immunitäten richtet sich nach jeweiligen völkerrechtlichen Vereinbarungen und dazu erlassenen innerstaatlichen Vorschriften. Diese sind je nach Aufgabe der Organisation sehr unterschiedlich ausgestaltet, z. B. genießen Organisationen, ihre Bediensteten und Sachverständigen nach dem Übereinkommen vom 13. Februar 1946 über die Vorrechte und Immunitäten der Vereinten Nationen (BGBl. 1980 II S. 941) und dem Abkommen vom 21. November 1947 über die Vorrechte und Befreiungen der Sonderorganisationen der Vereinten Nationen (BGBl. 1954 II S. 639) umfangreicheren Schutz als nach dem Protokoll über Vorrechte und Immunitäten der Europäischen Patentorganisation vom 5. Oktober 1973 (BGBl. 1976 II S. 649) oder nach der Sitzstaatsvereinbarung vom 10. Dezember 1974 zwischen der Regierung der Bundesrepublik Deutschland und dem Europäischen Laboratorium für Molekularbiologie (BGBl. 1975 II S. 933). Zum Teil genießen Bedienstete bestimmter Organisationen, insbesondere im EG-Bereich, Vorrechte und Immunitäten ohne Rücksicht auf ihre Staatsangehörigkeit.

Eine Zusammenstellung der völkerrechtlichen Übereinkommen und der damit in Zusammenhang stehenden Rechtsvorschriften, aufgrund derer Personen, insbesondere Bedienstete aus anderen Staaten in der Bundesrepublik Deutschland besondere Vorrechte und Immunitäten genießen, ist in dem in Abschnitt I bezeichneten Fundstellennachweis B sowie in dem vom Bundesminister der Justiz jährlich als Beilage zum Bundesgesetzblatt Teil I herausgegebenen Fundstellennachweis A (Randnummer 180) enthalten. Nähere Auskunft erteilt das Auswärtige Amt – Protokoll –, Bonn (Fernruf 0228/17-0, Fernschreiber Bonn 886591, Telegrammadresse „Auswärtig Bonn").

2. Für Teilnehmer an Kongressen, Seminaren oder ähnlichen Veranstaltungen der Vereinten Nationen, ihrer Sonderorganisationen oder der durch zwischenstaatliche Vereinbarungen geschaffenen Organisationen unter dem Schirm der Vereinten Nationen, die mit ausdrücklicher Zustimmung der Bundesregierung in der Bundesrepublik Deutschland stattfinden, gilt:

   a) Staatenvertreter und Bedienstete oder Sachverständige der veranstaltenden Organisation, die als solche förmlich notifiziert werden, genießen die im Privilegienstatus der jeweils veranstaltenden Organisation im einzelnen festgelegten Vorrechte und Immunitäten.

   b) sonstige Teilnehmer an derartigen Veranstaltungen, die, weder Staatenvertreter noch Bedienstete oder Sachverständige der veranstaltenden Organisation sind, genießen nach Art. 3 Abs. 2 und 3 des Gesetzes vom 16.08.1980 zum Übereinkommen vom 13. Februar 1946 über die Vorrechte und Immunitäten der Vereinten Nationen (BGBl. II 1980, S. 941 ff) diejenigen Vorrechte und Immuntäten, die im Auftrag der Vereinten Nationen tätigen Sachverständigen i. S. dieses Privilegienabkommens zustehen.

   Für Deutsche im Sinne des Grundgesetzes mit einem gültigen, von einer Behörde der Bundesrepublik Deutschland in der Bundesrepublik Deutschland oder von einer Auslandsvertretung der Bundesrepublik Deutschland ausgestellten Reisepaß oder Personalausweis sowie für solche Teilnehmer, die in der Bundesrepublik Deutschland ständig ansässig sind, gilt dies jedoch nur in dem folgenden eingeschränkten Maße:

   – Befreiung von jeder Gerichtsbarkeit hinsichtlich der von ihnen in Ausführung ihres Auftrags vorgenommenen Handlungen; die vorgesehene Befreiung von der Gerichtsbarkeit für Amtshandlungen gilt jedoch nicht für Verstöße gegen die Vorschriften über den Straßenverkehr im Falle von Schäden, die durch ein Motorfahrzeug verursacht wurden, das einem Teilnehmer gehört oder von einem Teilnehmer gesteuert wurde;
   – Unverletzlichkeit aller Papiere und Schriftstücke;
   – Recht zur Verwendung von Verschlüsselungen für ihren Verkehr mit der veranstaltenden Organisation sowie zum Empfang von Papieren und Korrespondenz durch Kurier oder in versiegelten Behältern.

F.

Soldaten anderer Staaten

1. Vorrechte und Befreiungen genießen Besatzungen ausländischer Kriegsschiffe und anderer hoheitlichen Zwecken dienender Staatsschiffe und Luftfahrzeuge, solange sie sich an Bord oder mit Erlaubnis der Behörden der Bundesrepublik Deutschland in geschlossenen Abteilungen im Lande befinden. Die Schiffe oder Luftfahrzeuge oder die von geschlossenen Truppenteilen an Land benutzten Unterkünfte dürfen von Vertretern des Empfangsstaates nur mit Zustimmung des Kommandanten oder Führers betreten werden. Sie genießen Befreiung von jeder Durchsuchung, Beschlagnahme, Pfändung oder Vollstreckung (für die Stationierungsstreitkräfte vgl. Abschnitt XII).
2. Beschränkte Vorrechte und Befreiungen genießen geschlossene Truppenteile (Mehrzahl von Soldaten unter verantwortlicher Führung), wenn und solange sie sich mit Genehmigung der Behörden der Bundesrepublik Deutschland in dienstlicher Eigenschaft in der Bundesrepublik Deutschland aufhalten (für die Stationierungsstreitkräfte und die aufgrund des Nordatlantikvertrages errichteten internationalen militärischen Hauptquartiere vgl. Abschnitt XII).

G.

Kuriere mit Kurierausweis oder entsprechender Eintragung im Reisepaß besitzen bestimmte Vorrechte, Immunitäten und Befreiungen, welche die Durchführung ihrer Aufgaben sichern (vgl. Abschnitt VI).

Abschnitt III

Diplomatische Missionen und ihre Mitglieder

Den diplomatischen Missionen ist zur Wahrnehmung ihrer Aufgaben jede Erleichterung zu gewähren (Art. 25 WÜD). Es ist international üblich, ihren Mitgliedern besonders zuvorkommend zu begegnen.

Die in diesem Abschnitt genannten Personen sind jedoch verpflichtet, die in der Bundesrepublik Deutschland geltenden Gesetze und anderen Rechtsvorschriften zu beachten und sich nicht in innere Angelegenheiten der Bundesrepublik Deutschland einzumischen (Art. 41 Abs. 1 WÜD). Insbesondere gelten folgende Vorrechte, Immuntäten und Befreiungen:

A.

Räumlichkeiten der diplomatischen Missionen

1. Die Räumlichkeiten der Mission, d. h. die Residenz des Missionschefs und die Geschäftsräume – Kanzlei – (Gebäudeteile und das dazugehörige Gelände, die für Zwecke der Mission verwendet werden) sind unverletzlich. Daraus ergibt sich für die zuständigen Behörden die besondere Pflicht, alle geeigneten Maßnahmen zu treffen, um diese vor jedem Eindringen und jeder Beschädigung zu schützen und um zu verhindern, daß der Friede der Mission gestört oder ihre Würde beeinträchtigt wird (Art. 22 Abs. 1, 2 WÜD).
2. Vertreter des Empfangsstaates dürfen die Räumlichkeiten einer Mission nur mit Zustimmung des Leiters oder seines Vertreters betreten (Art. 22 Abs. 1 Satz 2 WÜD) und nur unter denselben Voraussetzungen dort Hoheitsakte vornehmen. Die Räumlichkeiten, ihre Einrichtung und die sonstigen darin befindlichen Gegenstände sowie die Beförderungsmittel genießen Befreiung von jeder Durchsuchung, Beschlagnahme, Pfändung oder Vollstreckung (Art. 22 Abs. 3 WÜD).
3. Diplomatische Missionen haben das Recht, die Hoheitszeichen ihres Staates (Flagge, Wappen usw.) in herkömmlicher Weise zu führen (Art. 20 WÜD).

B.

Mitglieder diplomatischer Missionen und ihre privaten Hausangestellten

1. Personen, die diplomatische Vorrechte, Immunitäten und Befreiungen genießen, sind mit der gebührenden Achtung zu behandeln; es sind alle geeigneten Maßnahmen zu treffen, um jeden Angriff auf ihre Person, ihre Freiheit oder ihre Würde zu verhindern (Art. 29 Satz 3, 37 Abs. 1 und 2 WÜD).
2. Die Privatwohnung eines Diplomaten genießt dieselbe Unverletzlichkeit und denselben Schutz wie die Räumlichkeiten der Mission (Art. 30, Abs. 1 WÜD); hierzu gehören auch Wohnungen in Ferienhäusern.
3. Die Person des Diplomaten ist unverletzlich (Art. 29, Satz 1 WÜD). Der Diplomat unterliegt keiner Festnahme oder Haft irgendwelcher Art (Art. 29 Satz 2 WÜD) und ist nicht verpflichtet, als Zeuge auszusagen (Art. 31 Abs. 2 WÜD). Der Diplomat genießt grundsätzlich Befreiung von der deutschen Gerichtsbarkeit (§ 18 GVG, Art. 31 Abs. 1 WÜD). Einschränkungen ergeben sich aus Art. 31 Abs. 1, Art. 32 Abs. 3 WÜD.
4. Die zum Haushalt des Diplomaten gehörenden Familienangehörigen (Ehefrau, Kinder, Eltern) im Sinne von Abschnitt II A Nr. 2 Buchstabe c genießen – soweit sie nicht Deutsche im Sinne des Grundgesetzes sind – die gleichen Vorrechte, Immunitäten und Befreiungen wie der Diplomat (§ 18 GVG, Art. 37 Abs. 1 WÜD).
5. Die Mitglieder des Verwaltungs- und technischen Personals sowie ihre Familienangehörigen im Sinne von Abschnitt II A Nr. 3 sind unverletzlich und unterliegen keiner Festnahme oder Haft irgendwelcher Art; sie sind nicht verpflichtet, als Zeuge auszusagen. Sie sind wie Diplomaten von der deutschen Gerichtsbarkeit befreit, unterliegen jedoch hinsichtlich ihrer nicht in Ausübung ihrer dienstlichen Tätigkeit vorgenommenen Handlungen der Zivil- und Verwaltungsgerichtsbarkeit (§ 18 GVG, Art. 37 Abs. 2 Satz 1 WÜD). Einschränkungen ergeben sich aus Art. 31 Abs. 1, Art. 32 Abs. 3 WÜD).
6. Die Mitglieder des dienstlichen Hauspersonals im Sinne von Abschnitt II A Nr. 3 genießen Vorrechte und Befreiungen in beschränktem Umfang, insbesondere Befreiung von der Gerichtsbarkeit in bezug auf ihre in Ausübung ihrer dienstlichen Tätigkeit vorgenommenen Handlungen. (§ 18 GVG,. Art. 37 Abs. 3 WÜD). Ihre Familienangehörigen sind nicht von der Gerichtsbarkeit der Bundesrepublik Deutschland befreit.

   Bei Fahrten von Mitgliedern des dienstlichen Hauspersonals mit Kraftfahrzeugen, die im Zusammenhang mit dienstlichen Obliegenheiten ausgeführt worden sind, stehen § 18 GVG und Art. 37 Abs. 3 WÜD der Verfolgung einer Straftat oder Ordnungswidrigkeit nicht in jedem Fall entgegen. Es kommt vielmehr entscheidend auf die Umstände des Einzelfalls an. Immunität kommt nur dann in Betracht, wenn der Gebrauch eines Kraftfahrzeuges in engem sachlichen Zusammenhang mit der wirksamen Wahrnehmung dienstlicher Aufgaben steht. Die Verfolgung von Zuwiderhandlungen bei Privatfahrten mit einem Kraftfahrzeug unterliegt keiner Einschränkung.
7. Private Hausangestellte der Diplomaten, des Verwaltungs- und des technischen Personals sowie des dienstlichen Hauspersonals im Sinne von Abschnitt II A Nr. 4 genießen Steuerfreiheit auf ihre Bezüge, die sie aufgrund ihres Arbeitsverhältnisses erhalten, Befreiung von der Arbeitserlaubnispflicht für dieses Arbeitsverhältnis und von den Vorschriften über soziale Sicherheit, wenn sie weder die deutsche Staatsangehörigkeit haben noch in der Bundesrepublik Deutschland ansässig sind und den im Entsendestaat oder einem dritten Staat geltenden Vorschriften über soziale Sicherheit unterstehen (Art. 33 (2) WüD). Im übrigen genießen sie keine Vorrechte und Immunitäten; sie sind insbesondere nicht von der deutschen Gerichtsbarkeit befreit.
8. Soweit die in Abschnitt II A Nr. 2 bis 4 genannten Person ständig in der Bundesrepublik Deutschland ansässig oder Deutsche im Sinne des Grundgesetzes sind, genießen sie Vorrechte und Immunitäten von der Gerichtsbarkeit der Bundesrepublik Deutschland nur wie folgt:
   a) Diplomaten genießen Befreiung von der Gerichtsbarkeit der Bundesrepublik Deutschland und Unverletzlichkeit nur in Bezug auf ihre in Ausübung ihrer dienstlichen Tätigkeit vorgenommenen Amtshandlungen (Art. 38 Abs. 1 WÜD).

b) Über die übrigen in Abschnitt II A Nr. 2 bis 4 genannte Personen (Familienangehörige der Diplomaten, Mitglieder des Verwaltungs- und technischen Personals der diplomatischen Missionen und ständig in ihrem Haushalt lebende Familienangehörige, Mitglieder des dienstlichen Hauspersonals und Familienangehörige, private Hausangestellte von Mitgliedern diplomatischer Missionen) darf die Bundesrepublik Deutschland ihre Hoheitsgewalt nur so ausüben, daß sie die Mission bei der Wahrnehmung ihrer Aufgaben nicht ungebührlich behindert (Art. 38 Abs. 2, 37 Abs. 4 WÜD).

Im übrigen genießen diese Personen aber Vorrechte und Immunitäten nur nach Maßgabe des in der Bundesrepublik Deutschland geltenden Rechts; sie sind insbesondere nicht von der Gerichtsbarkeit befreit.

9. Die Vorrechte, Immunitäten und Befreiungen stehen den Berechtigten von dem Zeitpunkt an zu, in dem sie in das Gebiet der Bundesrepublik Deuschland einreisen, um ihren Posten anzutreten, oder, wenn sie sich bereits in der Bundesrepublik Deutschland befinden, von dem Zeitpunkt an, in dem die sie beschäftigende diplomatische Mission den Beginn ihrer Tätigkeit dem Auswärtigen Amt notifiziert hat; sie enden bei einer Person, deren dienstliche Tätigkeit beendet ist, normalerweise im Zeitpunkt der Ausreise oder werden bei Ablauf einer hierfür angemessenen Frist hinfällig. Stirbt ein Mitglied der Mission, so genießen seine Familienangehörigen bis zum Ablauf einer angemessenen Frist die Vorrechte und Immunitäten, die ihnen bisher zugestanden haben (Art. 39 WÜD).

10. Reist ein Diplomat durch das Gebiet der Bundesrepublik Deuschland, um sein Amt in einem dritten Staat anzutreten oder um auf seinen Posten oder in seinen Heimastaat zurückzukehren, so stehen ihm Unverletzlichkeit und alle sonstigen für seine sichere Durchreise oder Rückkehr erforderlichen Immunitäten, Vorrechte und Befreiungen zu. Das gleiche gilt für die Familienangehörigen, die ihn begleiten oder die getrennt von ihm reisen, um sich zu ihm zu begeben oder die in ihren Heimatstaat zurückkehren (Art. 40 Abs. 1 WÜD).

Die Durchreise von Mitgliedern des Verwaltungs- und technischen Personals und des dienstlichen Hauspersonals sowie ihrer Familienangehörigen darf unter denselben Voraussetzungen nicht behindert werden (Art. 40 Abs. 2 WÜD).

Abschnitt IV

Konsularische Vertretungen und ihre Mitglieder

Den konsularischen Vertretungen ist bei der Wahrnehmung ihrer Aufgaben jede Erleichterung zu gewähren (Art. 28 WÜK). Es ist international üblich, ihren Mitgliedern zuvorkommend zu begegnen.

Die in diesem Abschnitt genannten Personen sind verpflichtet, die in der Bundesrepublik Deutschland geltenden Gesetze und anderen Rechtsvorschriften zu beachten und sich nicht in innere Angelegenheiten der Bundesrepublik Deutschland einzumischen (Art. 55 Abs. 1 und Art. 58 Abs. 2 WÜK).

Die folgenden Ausführungen gelten für konsularische Vertretungen, die von einem Honorarkonsularbeamten geleitet werden und Honorarkonsularbeamte nur, soweit dies besonders angegeben ist (Art. 58 Abs. 1, 2 WÜK).

A.

Räumlichkeiten der konsularischen Vertretungen

1. Die Räumlichkeiten der konsularischen Vertretungen einschließlich der von einem Honorarkonsularbeamten geleiteten konsularischen Vertretung sind in dem in Art. 31, 55 Abs. 3 und 59 WÜK genannten Umfang unverletzlich. Daraus ergibt sich für die zuständigen Behörden die besondere Pflicht, alle geeigneten Maßnahmen zu treffen, um die konsularischen Räumlichkeiten vor jedem Eindringen und jeder Beschädigung zu schützen und um zu verhindern, daß der Friede der konsularischen Vertretung gestört oder ihre Würde beeinträchtigt wird.

2. Vertreter der Behörden des Empfangsstaates dürfen den Teil der Räumlichkeiten, den die konsularische Vertretung ausschließlich für ihre dienstlichen Zwecke benutzt, nur mit Zustimmung des Leiters der konsularischen Vertretung, einer von ihm bestimmten Person oder des Chefs der diplomatischen Mission des Entsendestaates betreten (Art. 31 Abs. 2 Satz 1 WÜK).
3. Die konsularischen Archive und Schriftstücke sind jederzeit unverletzlich, wo immer sie sich befinden (Art. 33 WÜK). Das gleiche gilt für die konsularischen Archive und Schriftstücke in einer von einem Honorarkonsularbeamten geleiteten konsularischen Vertretung, sofern sie von anderen Papieren und Schriftstücken getrennt gehalten werden, insbesondere von der privaten Korrespondenz sowie von den Gegenständen, Büchern oder Schriftstücken, die sich auf den Beruf oder das Gewerbe beziehen (Art. 61 WÜK).
4. Konsularische Vertretungen können die Hoheitszeichen ihres Staates (Flagge, Wappen) an dem Gebäude, in dem sich die konsularische Vertretung befindet, an der Wohnung des Leiters der konsularischen Vertretung und an den Beförderungsmitteln führen, wenn diese dienstlich benutzt werden (Art. 29 Abs. 2 WÜK). Konsularische Vertretungen, die von einem Honorarkonsularbeamten geleitet werden, führen gemäß Art. 29 Abs. 3 WÜK die Hoheitszeichen nur an dem Gebäude, in dem sich die Vertretung befindet.

B.

Mitglieder der konsularischen Vertretungen

1. Die Behörden der Bundesrepublik Deutschland treffen alle geeigneten Maßnahmen, um jeden Angriff auf Mitglieder konsularischer Vertretungen, ihre Freiheit oder ihre Würde zu verhindern (Art. 40 WÜK). Sie sind verpflichtet, Honorarkonsularbeamten den aufgrund ihrer amtlichen Stellung etwa erforderlichen Schutz zu gewähren (Art. 64 WÜK).
2. Konsularbeamte unterliegen keiner Festnahme oder Untersuchungshaft, es sei denn, wegen einer schweren strafbaren Handlung und aufgrund einer Entscheidung der zuständigen Justizbehörde (Art. 41, Abs. 1 WÜK). Zuständige Justizbehörde im Sinne dieser Vorschrift sind der Richter und nach Maßgabe der einschlägigen Bestimmungen der Strafprozeßordnung die Staatsanwaltschaft einschließlich ihrer Hilfsbeamten. Außer dem im 1. Halbsatz des Satzes 1 genannten Fall dürfen Konsularbeamte weder in Haft genommen noch auf andere Weise in ihrer persönlichen Freiheit beschränkt werden, es sei denn in Vollstreckung einer rechtskräftigen gerichtlichen Entscheidung (Art. 41 Abs. 2 WÜK). Zu Vorrechten und Immunitäten bei Wahrnehmung konsularischer Aufgaben siehe Nr. 4.
3. Wird ein Mitglied des konsularischen Personals vorläufig festgenommen oder in Untersuchungshaft genommen oder wird ein Strafverfahren gegen ein Mitglied eingeleitet, so hat die zuständige Behörde in der Bundesrepublik Deutschland sofort den Leiter der konsularischen Vertretung zu benachrichtigen. Ist dieser selbst von einer der genannten Maßnahmen betroffen, so ist sofort das Auswärtige Amt – Protokoll – Bonn (Fernruf 0228/17–0, Fernschreiber Bonn 886591, Telegrammadresse „Auswärtig Bonn"), zu unterrichten (Art. 42 WÜK). Entsprechendes gilt für Honorarkonsularbeamte (Art. 58 Abs. 2 WÜK).
4. Konsularbeamte und Bedienstete des Verwaltungs- und technischen Personals unterliegen wegen Handlungen, die sie in Wahrnehmung konsularischer Aufgaben vorgenommen haben, weder der deutschen Gerichtsbarkeit noch Eingriffen von Verwaltungsbehörden (Art. 43 Abs. 1 WÜK). Einschränkungen ergeben sich aus Art. 43 Abs. 2 und Art. 71 WÜK.

   Bei Fahrten von Konsularbeamten und Bediensteten des Verwaltungs- und technischen Personals mit Kraftfahrzeugen, die im Zusammenhang mit dienstlichen Obliegenheiten ausgeführt worden sind, steht Art. 43 WÜK der Verfolgung einer Straftat oder Ordnungswidrigkeit nicht in jedem Fall entgegen. Es kommt vielmehr entscheidend auf die Umstände des Einzelfalles an. Immunität kommt nur dann in Betracht, wenn der Gebrauch eines Kraftfahrzeuges in engem sachlichen Zusammenhang mit der Wahrnehmung konsularischer Aufgaben steht.

   Die Verfolgung von Zuwiderhandlungen, die von Konsularbeamten und Bediensteten des

Verwaltungs- und technischen Personals bei Privatfahrten mit einem Kraftfahrzeug begangen werden, unterliegt keiner Einschränkung.

Soweit eine Strafverfolgung zulässig ist, werden bei Konsularbeamten gegen die zwangsweise Entnahme einer Blutprobe keine Bedenken zu erheben sein, soweit ihnen eine schwere strafbare Handlung zur Last gelegt wird, und die zuständige Justizbehörde (Nr. 2. Satz 2) die Entnahme anordnet. Die Entnahme einer Blutprobe bei Bediensteten des Verwaltungs- und technischen Personals wegen Taten, die nicht in Wahrnehmung konsularischer Aufgaben begangen worden sind, ist nicht beschränkt

Honorarkonsularbeamte besitzen in aller Regel die deutsche Staatsangehörigkeit oder sind in der Bundesrepublik Deutschland ständig ansässig. Sie genießen lediglich Immunität von der Gerichtsbarkeit wegen ihrer in Wahrnehmung konsularischer Aufgaben vorgenommenen Amtshandlungen (Art. 71 Abs. 1 WÜK, enger als die Immunität der Berufskonsularbeamten).

5. Mitglieder einer konsularischen Vertretung können in einem Gerichts- oder Verwaltungsverfahren als Zeugen geladen werden. Mitglieder einer konsularischen Vertretung sind nicht verpflichtet, Zeugnis über die Angelegenheiten zu geben die mit der Wahrnehmung ihrer Aufgaben zusammenhängen, oder die darauf bezüglichen amtlichen Korrespondenzen und Schriftstücke vorzulegen (Art. 44 Abs. 1 und Abs. 4 WÜK). Das gleiche gilt für Honorarkonsularbeamte (Art. 58 Abs. 2 WÜK).

6. Die zum Haushalt eines Konsularbeamten oder eines Mitglieds des Verwaltungs- und technischen Personals gehörenden Familienangehörigen sind nicht von der deutschen Gerichtsbarkeit befreit. Im übrigen genießen sie, wenn sie weder Deutsche im Sinne des Grundgesetzes noch in der Bundesrepublik Deutschland ständig ansässig sind und keine private Erwerbstätigkeit ausüben (Art. 57 Abs. 2 und 71 Abs. 2 WÜK), die gleichen Vorrechte und Befreiungen wie der Konsularbeamte oder das Mitglied des Verwaltungs- und technischen Personals.

7. Das private Hauspersonal von Mitgliedern konsularischer Vertretungen ist von der Verpflichtung hinsichtlich der Arbeitserlaubnis (Art. 47 Abs. 2 WÜK) und den Vorschriften über soziale Sicherheit befreit, sofern es weder die deutsche Staatsangehörigkeit hat noch in der Bundesrepublik Deutschland ständig ansässig ist und den im Entsendestaat oder einem dritten Staat geltenden Vorschriften über soziale Sicherheit untersteht (Art. 48 Abs. 2 WÜK).

8. In der Bundesrepublik Deutschland ständig ansässige Personen i. S. von Abschnitt II D Nr. 1 Buchstabe d) sowie Deutsche im Sinne des Grundgesetzes genießen Vorrechte und Immunitäten nur, soweit deutsche Gesetze und sonstige Rechtsvorschriften dies vorsehen (Art. 71 Abs. 2 WÜK). Sie sind nicht von der deutschen Gerichtsbarkeit befreit mit Ausnahme der Konsularbeamten in bezug auf deren in Ausübung ihrer dienstlichen Tätigkeit vorgenommenen Amtshandlungen (Art. 71 Abs. 1 WÜK).

9. Die Vorrechte und Immunitäten stehen den Berechtigten von dem Zeitpunkt an zu, in dem sie in das Gebiet der Bundesrepublik Deutschland einreisen, um ihren Posten anzutreten; sie enden bei einer Person, deren dienstliche Tätigkeit beendet ist, normalerweise im Zeitpunkt der Ausreise oder werden bei Ablauf einer hierfür vorgesehenen angemessenen Frist hinfällig. Stirbt ein Mitglied der konsularischen Vertretung, so genießen seine Familienangehörigen bis zum Ablauf einer angemessenen Frist die Vorrechte und Immunitäten, die ihnen bisher zugestanden haben (Art. 53 WÜK).

   Honorarkonsularbeamten stehen in der Bundesrepublik Deutschland Vorrechte und Immunitäten in der Regel nur für die Dauer ihrer Zulassung durch die Bundesregierung zu.

10. Reist ein Konsularbeamter durch das Gebiet der Bundesrepublik Deutschland, um sein Amt in einem dritten Staat anzutreten oder um auf seinen Posten oder in sein Heimatland zurückzukehren, so stehen ihm alle für seine sichere Durchreise oder Rückkehr erforderlichen Immunitäten zu. Das gleiche gilt für Familienangehörige, die ihn begleiten oder die getrennt von ihm reisen, um sich zu ihm zu begeben oder in ihren Heimatstaat zurückzukehren (Art. 54 Abs. 1 WÜK).

    Die Durchreise von anderen Mitgliedern der konsularischen Vertretung und ihrer Familienangehörigen darf unter denselben Voraussetzungen nicht behindert werden (Art. 54 Abs. 2 WÜK).

Abschnitt V

Folgerungen aus den Abschnitten III und IV für die Verwaltung

A.

1. Räumlichkeiten diplomatischer Missionen sind unverletzlich. Sie dürfen nur mit Zustimmung des Missionschefs betreten werden. Durchsuchung, Beschlagnahme, polizeirechtliche Sicherstellung und Maßnahmen des Verwaltungszwanges sind damit unzulässig; ebenso andere Maßnahmen, die diese Vorrechte beeinträchtigen würden. Sie dürfen auch nicht angedroht werden.
2. Diplomaten, andere Mitglieder diplomatischer Missionen und ihre Familienangehörigen sind, soweit sie Immunität genießen (Inhaber roter und blauer Ausweise, vergleiche Abschnitt VIII), unverletzlich. Maßnahmen, die diese Vorrechte beeinträchtigen würden, sind unzulässig.

   Unzulässig sind z. B.

   a) Maßnahmen der Strafverfolgung (vorläufige Festnahme, Verhaftung, Durchsuchung, Beschlagnahme, Entnahme von Blutproben, Vernehmung gegen den Willen des Betroffenen);

   b) Maßnahmen zur Verfolgung und Ahndung von Ordnungswidrigkeiten einschließlich der Verwarnung mit Verwarnungsgeld;

   c) Verwaltungsakte, welche die persönliche Freiheit der in Satz 1 genannten Personen einschränken (z. B. polizeilicher Gewahrsam) oder mit denen Gegenstände beschlagnahmt oder sichergestellt werden, die im Eigentum oder in der tatsächlichen Gewalt dieser Personen stehen; Verwahrung solcher Gegenstände ist nur zulässig, soweit kein entgegenstehender Wille des Berechtigten erkennbar ist und die Verwahrung in seinem Interesse liegt,

   Unzulässig sind auch sonstige belastende Vcrwaltungakte aufgrund Bundes- oder Landesrecht, die Zwangsmittel androhen bzw. zur Folge haben (z. B. Entzug der Fahrerlaubnis, Sicherstellen eines Kraftfahrzeugs).

   Diese Eingriffsmaßnahmen sind ausnahmsweise zulässig wenn sie zum Schutze höherwertiger Rechtsgüter unerläßlich sind; so etwa

   – zum Schutz des Betroffenen oder

   – bei konkreter Gefahr für Leben oder Gesundheit anderer.

   Auf den Grundsatz der Verhältnismäßigkeit ist dabei besonders zu achten.

   Hinsichtlich der Sicherheitskontrollen der Fluggäste auf Flughäfen wird nach den Grundsätzen für die Freistellung hochgestellter Persönlichkeiten des politischen Lebens, von Diplomaten und anderen bevorrechtigten Personen sowie des diplomatischen und konsularischen Kuriergepäcks von den Sicherheitskontrollen (Rahmenplan Luftsicherheit – Teil II Abschnitt A) verfahren.

   Diplomaten und Konsularbeamte genießen Befreiung von der (Zoll-)Kontrolle ihres persönlichen Gepäcks, sofern nicht triftige Gründe für die Vermutung vorliegen, daß es Gegenstände enthält, die nicht für den amtlichen Gebrauch der Missionen oder den persönlichen Gebrauch des Diplomaten/Konsularbeamten oder eines zu seinem Haushalt gehörenden Familienmitglieds bestimmt sind oder deren Ein- und Ausfuhr nach dem Recht des Empfangs-(oder Durchgangs-)staates verboten oder durch Quarantänevorschriften geregelt ist. In solchen Fällen darf die Kontrolle nur in Anwesenheit des Diplomaten/Konsularbeamten oder eines ermächtigten Vertreters stattfinden. (Art. 36 Abs. 3 WÜD, 50 Abs. 3 WÜK).
3. Räumlichkeiten, die eine konsularische Vertretung für ihre dienstlichen Zwecke benutzt, sind unverletzlich. Durchsuchung, Beschlagnahme, polizeirechtliche Sicherstellung und Maßnahmen des Verwaltungszwangs in den dienstlichen Räumlichkeiten der konsularischen Vertretung sind damit unzulässig, ebenso andere Maßnahmen, die diese Vorrechte beeinträchtigen würden. Sie dürfen auch nicht angedroht werden. Auch zur Durchführung möglicher Maßnahmen gemäß Abschnitt IV B, Nr. 2 und Nr. 4, Abs. 4 gegen Konsulatsangehörige ist das Betreten und die Durchsuchung der dienstlichen Räumlichkeiten der konsularischen Vertretung unzulässig.
4. Für Mitglieder einer konsularischen Vertretung gelten die nach Nr. 2 (S. 596f) zu befolgenden Grundsätze nur im Rahmen der in Abschnitt IV B (S. 595 ff) angegebenen Grenzen, d. h. also

nur, wenn sie im Rahmen ihrer Konsulatsamtsgeschäfte gehandelt haben und nicht ausschließlich der private Bereich betroffen wird. Unzulässig sind aber auch in bezug auf den privaten Bereich dieses Personenkreises alle strafprozessualen Maßnahmen und Verwaltungsakte, welche die persönliche Freiheit und Unverletzlichkeit der Person einschränken, soweit es sich um Konsularbeamte handelt und die Maßnahmen nicht wegen einer schweren strafbaren Handlung erfolgen und von der zuständigen Justizbehörde angeordnet wurden (vgl. IV B 2 S. 595). Familienangehörige der Konsularbeamten sowie die übrigen Mitglieder einer konsularischen Vertretung und deren Familienangehörige genießen keine persönliche Unverletzlichkeit. Von den getroffenen Maßnahmen ist der Leiter der konsularischen Vertretung, ist dieser selbst betroffen, das Auswärtige Amt (Tel.: 0228–17–0) zu unterrichten (vgl. IV B Nr. 3 S. 595).

5. Grundsätzlich haben auch die Feuerwehren die Unverletzlichkeit der Grundstücke, Räumlichkeiten und Archive diplomatischer Missionen, der konsularischen Vertretungen und der Vertretungen zwischen- und überstaatlicher Organisationen sowie die Unverletzlichkeit der von Diplomaten und Mitgliedern des Verwaltungs- und technischen Personals der diplomatischen Missionen genutzten Grundstücke und Wohnungen zu beachten.

   a) Der verantwortliche Leiter des Einsatzes hat daher nach Möglichkeit zunächst zu versuchen, eine Genehmigung zum Betreten des Grundstückes und zur Durchführung von Lösch- oder anderen Hilfsmaßnahmen zu erlangen. Ist dies rechtzeitig nicht möglich, so ist es zweckmäßig, unverzüglich – sofern eine diplomatische Mission oder eines ihrer Mitglieder betroffen sind – das Auswärtige Amt – Protokoll – Bonn (Fernruf 0228/17–0, Fernschreiber Bonn 886591, Telegrammadresse „Auswärtig Bonn") – oder – sofern es sich um konsularische Räumlichkeiten handelt – die zuständige Landesbehörde – Staats- oder Senatskanzlei – zu unterrichten.

   b) Ist wegen der Dringlichkeit der Maßnahmen (Gefährdung von Menschenleben oder erheblicher Sachwerte Dritter) ein sofortiges Eingreifen der Feuerwehr geboten, so ist der verantwortliche Leiter des Einsatzes nach pflichtmäßigem Ermessen berechtigt und verpflichtet anzuordnen, daß die von Diplomaten und anderen bevorrechtigten Personen benutzten Grundstücke von den zur Brandbekämpfung oder Hilfeleistung eingesetzten Kräften betreten werden, damit die notwendigen Maßnahmen durchgeführt werden können.

   c) Die Regelung unter den Buchstaben a) und b) gilt für konsularische Räumlichkeiten nur, wenn sie ausschließlich für dienstliche Zwecke benutzt werden. Ist bei einem Brand oder bei einem anderen Unglück in dem Teil der konsularischen Räumlichkeiten, die ausschließlich für dienstliche Zwecke benutzt werden, der Leiter der konsularischen Vertretung oder ein Beauftragter nicht zu erreichen, so kann die Zustimmung zum Betreten der Räume durch Kräfte der Feuerwehr vermutet werden, wenn sofortige Schutzmaßnahmen erforderlich sind.

   d) Maßnahmen der Feuerwehr haben sich auf das unbedingt Erforderliche zu beschränken. Es ist möglichst zu vermeiden, daß Angehörige der Feuerwehr oder deren Hilfskräfte oder sonstige zur Brandbekämpfung oder Hilfeleistung eingesetzte Ordnungskräfte mit den Archiven der diplomatischen Missionen oder der konsularischen Vertretungen sowie der Vertretungen zwischen- und überstaatlicher Organisationen in Berührung kommen, sofern diese als solche kenntlich sind.

   e) Sobald die Lage an der Einsatzstelle dies gestattet, sollte die Stadt- oder Kreisverwaltung (Feuerwehr) unverzüglich das Auswärtige Amt – Protokoll – oder die sonst gemäß Buchstabe a) zuständige Stelle über die Maßnahmen des Einsatzes unmittelbar unterrichten.

6. Die in Nr. 5. für die Feuerwehr gemachten Ausführungen gelten sinngemäß auch für andere Hilfsorganisationen wie z.B. das Technische Hilfswerk.

7. Mitglieder einer diplomatischen oder konsularischen Vertretung unterliegen den Gesundheitsmaßnahmen, die in Übereinstimmung mit den nachstehend aufgeführten Rechtsvorschriften durchgeführt werden: Internationale Gesundheitsvorschriften vom 25. Juli 1969 in der Fassung der Bekanntmachung vom 10. April 1975 (BGBl. II S. 456), geändert durch Verordnung vom 17. März 1982 (BGBl. II S. 286), Verordnung zur Durchführung der Internationalen Gesundheitsvorschriften vom 25. Juli 1969 im Luftverkehr vom 11. November 1971 (BGBl. I S. 1809), zuletzt geändert durch Verordnung vom 20. Juli 1979 (BGBl. I S. 1121), Verordnung zur Durch-

führung der Internationalen Gesundheitsvorschriften vom 25. Juli 1969 in Häfen und auf dem Nord-Ostsee-Kanal vom 11. November 1971 (BGBl. I S. 1811), geändert durch die Verordnung vom 11. November 1976 (BGBl. I S. 3191), Verordnung zur Durchführung der Internationalen Gesundheitsvorschriften im Landverkehr vom 11. November 1976 (BGBl. I S. 3193).

Soweit und solange es zur Verhütung und Bekämpfung übertragbarer Krankheiten erforderlich ist, sind Diplomaten und andere bevorrechtigte Personen ferner verpflichtet, seuchenrechtlichen Maßnahmen nach den in der Bundesrepublik Deutschland geltenden Bestimmungen, besonders dem Bundes-Seuchengesetz, Folge zu leisten.

Unter den gleichen Voraussetzungen sind bei Tieren, die sich im Besitz der vorgenannten Personen, auf den von diesen benutzten Grundstücken oder in den von diesen benutzten Räumlichkeiten befinden, tierseuchenrechtliche Maßnahmen nach den in der Bundesrepublik Deutschland geltenden Bestimmungen, besonders dem Tierseuchengesetz, zulässig.

In solchen Fällen ist bei diplomatischen Missionen und konsularischen Vertretungen das Auswärtige Amt – Protokoll – Bonn (Fernruf Bonn 0228/17–0; Fernschreiber Bonn 886591) – unverzüglich zu unterrichten.

B.

Auf die folgenden Regelungen wird besonders hingewiesen

1. Ausländergesetz (AuslG) vom 9. Juli 1990 (BGBl. 1990 1 S. 1354/1356); das AuslG findet gem. § 2 Abs. 1 keine Anwendung auf Personen, die nach Maßgabe der §§ 18 bis 20 GVG nicht der deutschen Gerichtsbarkeit unterliegen und auf Personen, soweit sie nach Maßgabe völkerrechtlicher Verträge für den diplomatischen und konsularischen Verkehr und für die Tätigkeit internationaler Organisationen und Einrichtungen von Einwanderungsbeschränkungen, von der Ausländermeldepflicht und dem Erfordernis der Aufenthaltsgenehmigung befreit sind und wenn Gegenseitigkeit besteht, sofern die Befreiungen davon abhängig gemacht werden können.
2. a) Personen, auf die gem. § 2 Abs. 1 das AuslG keine Anwendung findet (Kraft Völkerrechts vom AuslG ausgenommene Personen), benötigen für die Einreise und den Aufenthalt keine Aufenthaltsgenehmigung. Einreise und Aufenthalt dieses Personenkreises werden im Rahmen des Völkerrechts vom Auswärtigen Amt im Einvernehmen mit dem Bundesminister des Innern durch besondere Bestimmungen geregelt. Soweit diese Bestimmungen für Einreise und Aufenthalt eine besondere Erlaubnis vorsehen, sind für ihre Erteilung, Verlängerung oder Entziehung das Auswärtige Amt einschließlich der deutschen Auslandsvertretungen oder die vom Auswärtigen Amt bezeichneten ausländischen Behörden zuständig. Einer Beteiligung der Ausländerbehörden bedarf es nicht, es sei denn, daß sie besonders vorgeschrieben wird.

   b) Nach § 2 Abs. 1 Nrn. 1, 2 findet das AuslG keine Anwendung auf
   - den Leiter und die Mitglieder des diplomatischen Personals der im Bundesgebiet errichteten diplomatischen Missionen;
   - die Familienangehörigen der im Bundesgebiet nicht ständig ansässigen Mitglieder des diplomatischen Personals dieser Missionen;
   - die Mitglieder des Verwaltungs- und des technischen Personals der diplomatischen Missionen und ihre im gemeinsamen Haushalt lebenden Familienangehörigen, sofern diese Mitglieder und ihre Familienangehörigen nicht ständig im Bundesgebiet ansässig sind;
   - die Mitglieder des in die Bundesrepublik Deutschland amtlich entsandten dienstlichen Hauspersonals der diplomatischen Missionen;
   - den Leiter, die Berufskonsularbeamten und die im Inland nicht ständig ansässigen Bedienstete des Verwaltungs- oder technischen Personals der in der Bundesrepublik Deutschland errichteten berufskonsularischen Vertretungen fremder Staaten, ferner die Berufskonsularbeamten solcher fremden konsularischen Vertretungen, die von Honorarkonsuln geleitet werden;

– Vertreter der Mitgliedstaaten der Vereinten Nationen (VN) und ihrer Sonderorganisationen sowie Bedienstete dieser Organisationen und Sachverständige im Auftrag der VN oder ihrer Sonderorganisationen, soweit sich dieser Personenkreis in dienstlicher Mission in der Bundesrepublik Deutschland aufhält;
– Vertreter der Mitgliedstaaten, Bedienstete und Sachverständige aller sonstigen internationalen Organisationen, denen die Bundesrepublik Deutschland als Mitglied beigetreten ist und deren Befreiung von der Gerichtsbarkeit, von der Aufenthaltsgenehmigungspflicht und der Ausländermeldepflicht den Befreiungen des im zuvor genannten Anstrich aufgeführten Personenkreises entsprechen, sei es auf der Grundlage eines Sitzstaatabkommens oder einer multilateralen Privilegienvereinbarung;
– Repräsentanten anderer Staaten und deren Begleitung, die sich auf amtliche Einladung der Bundesrepublik Deutschland im Bundesgebiet aufhalten (§ 20 GVG).

c) Nach § 2 Abs. 1 Nr. 2 findet das AuslG ferner keine Anwendung auf
– die im Bundesgebiet nicht ständig ansässigen Familienmitglieder der Leiter, der Berufskonsularbeamten und der Mitglieder des Verwaltungs- oder technischen Personals der in der Bundesrepublik Deutschland errichteten berufskonsularischen Vertretungen fremder Staaten, ebenso die Familienmitglieder der Berufskonsularbeamten solcher fremden konsularischen Vertretungen, die von Honorarkonsuln geleitet werden (vgl. Art. 46 WÜK);
– mitreisende Ehegatten von Vertretern der Mitgliedstaaten der Vereinten Nationen und ihrer Sonderorganisationen und der im zuvor unter b) 7. Anstrich genannten weiteren internationalen Organisationen, mitreisende bzw. in Hausgemeinschaft lebende Familienangehörige von Bediensteten der vorgenannten Organisationen;
– Honorarkonsularbeamte fremder Staaten mit Ausnahme derjenigen, die im Bundesgebiet einen freien Beruf oder eine gewerbliche Tätigkeit ausüben, welche auf persönlichen Gewinn gerichtet sind (vgl. Art. 65 WÜK).

d) Die unter Buchstabe b) genannten Personen genießen sowohl Befreiung von der Gerichtsbarkeit (§ 2 Abs. 1 Nr. 1 AuslG) als auch Befreiung von ausländerrechtlichen Bestimmungen i. S. d. § 2 Abs. 1 Nr. 2 AuslG. Für die Konsularbeamten ist dies in Art. 46 WÜK ausdrücklich geregelt, desgleichen für die Repräsentanten internationaler Organisationen in allen einschlägigen Privilegienregelungen.

Für das Personal diplomatischer Missionen ergibt sich die Befreiung vom Ausländerrecht aus dem WÜD, auch wenn es dort nicht ausdrücklich geregelt ist; dieser Punkt wurde von der Wiener Konferenz im Hinblick auf die Akkreditierungsregelungen in Art. 4 und 10 WÜD als Selbstverständlichkeit betrachtet, die keiner besonderen Erwähnung bedurfte. Auch die förmlich eingeladenen Staatenvertreter i. S. v. § 20 GVG genießen aufgrund des Völkergewohnheitsrechts Befreiung von ausländerrechtlichen Bestimmungen:

e) Nach § 3 DVAuslG bedürfen, wenn Gegenseitigkeit besteht, keiner Aufenthaltsgenehmigung,
– die in die Bundesrepublik Deutschland amtlich entsandten Mitglieder des dienstlichen Hauspersonals berufskonsularischer Vertretungen im Bundesgebiet und die mit ihnen im gemeinsamen Haushalt lebenden, nicht ständig im Bundesgebiet ansässigen Familienangehörigen (Ziffer 1);
– die Familienangehörigen der Mitglieder des in die Bundesrepublik Deutschland amtlich entsandten dienstlichen Hauspersonals diplomatischer Missionen, sofern sie mit dem jeweiligen Mitglied des Hauspersonals in einem gemeinsamen Haushalt leben (Ziffer 2) (und sie nicht ständig in der Bundesrepublik Deutschland ansässig sind);
– die nicht amtlich entsandten, mit Zustimmung des Auswärtigen Amtes örtlich angestellten Mitglieder des diplomatischen und berufskonsularischen, des Verwaltungs- und technischen Personals sowie des dienstlichen Hauspersonals diplomatischer Missionen und berufskonsularischer Vertretungen im Bundesgebiet und ihre mit Zustimmung des Auswärtigen Amtes zugezogenen, mit ihnen im gemeinsamen Haushalt lebenden Ehegatten, minderjährigen ledigen Kinder und volljährigen ledigen Kinder, die sich in der Ausbildung befinden und wirtschaftlich von ihnen abhängig sind (Ziffer 3);

- die mit Zustimmung des Auswärtigen Amtes beschäftigten privaten Hausangestellten von Mitgliedern diplomatischer Missionen und berufskonsularischer Vertretungen im Bundesgebiet und ihre mit Zustimmung des Auswärtigen Amtes zugezogenen, mit ihnen im gemeinsamen Haushalt lebenden Ehegatten, minderjährigen ledigen Kinder und volljährigen ledigen Kinder, die sich in der Ausbildung befinden und wirtschaftlich von ihnen abhängig sind (Ziffer 4);
- die mitreisenden Familienangehörigen von Repräsentanten anderer Staaten und deren Begleitung i. S. des § 20 GVG.

f) Alle nach § 2 Abs. 1 AuslG und § 3 DVAuslG bevorrechtigten Personen sind beim Auswärtigen Amt (wenn sie zu einer diplomatischen Mission gehören) oder bei den Staats- und Senatskanzleien der Länder (wenn sie zu einem Konsulat gehören) registriert.

Das Auswärtige Amt stellt den bei ihm registrierten Personen einen Ausweis über ihre Funktion aus. Darüber hinaus erteilt es den Personen, die aufgrund ihrer Staatsangehörigkeit unbeschränkt visumspflichtig wären, im Bundesgebiet ein längerfristiges Visum, so daß die Zugehörigkeit zum bevorrechtigten Personenkreis auch aus dem Paß ersichtlich ist.

Die Staats- und Senatskanzleien der Länder stellen den bei ihnen registrierten Personen ebenfalls eine Bescheinigung aus.

Sofern ein Ausländer angibt, zu dem bevorrechtigten Personenkreis zu gehören, ohne sich entsprechend auszuweisen, ist durch Rückfrage beim Auswärtigen Amt oder der zuständigen Staats- oder Senatskanzlei zu klären, ob der Ausländer dort registriert ist.

g) Von der Anwendung des AuslG und dem Erfordernis der Aufenthaltsgenehmigung sind nicht befreit:

- die ständig im Bundesgebiet ansässigen Familienangehörigen derjenigen Mitglieder des diplomatischen Personals fremder Missionen, die ihrerseits im Bundesgebiet ständig ansässig sind (Art. 38 Abs. 1 WÜD);
- die ständig im Bundesgebiet ansässigen Mitglieder des Verwaltungs- und des technischen Personals diplomatischer Missionen und konsularischer Vertretungen und ihre mit ihnen im gemeinsamen Haushalt lebenden Familienangehörigen;
- die ständig im Bundesgebiet ansässigen Mitglieder des dienstlichen Hauspersonals diplomatischer Missionen und berufskonsularischer Vertretungen und ihre mit ihnen im gemeinsamen Haushalt lebenden Familienangehörigen;
- die ständig im Bundesgebiet ansässigen Familienangehörigen der Leiter und der Berufskonsularbeamten konsularischer Vertretungen fremder Staaten, die mit den Bevorrechtigten im gemeinsamen Haushalt leben;
- die privaten Hausangestellten von Mitgliedern des Personals diplomatischer Missionen und konsularischer Vertretungen, gleichgültig ob sie in Begleitung ihrer jeweiligen Arbeitgeber in das Bundesgebiet einreisen und es nach Beendigung der dienstlichen Mission des Arbeitgebers wieder verlassen, oder im Bundesgebiet ständig ansässig sind.

Ständig ansässig im Sinne des AuslG, der Durchführungsverordnung und der Verwaltungsvorschrift zum AuslG sind Personen, die im Zeitpunkt der Aufnahme ihrer Tätigkeit bei einer diplomatischen Mission oder konsularischen Vertretung ihren gewöhnlichen Aufenthalt im Bundesgebiet hatten und vor Antritt ihrer Tätigkeit bei der fremden Mission bereits in einem anderen Arbeitsverhältnis oder freiberuflich im Bundesgebiet tätig waren. Ein anderweitiges inländisches Arbeitsverhältnis im vorstehenden Sinne ist auch die Tätigkeit bei einer im Bundesgebiet ansässigen anderen staatlichen Institution desjenigen fremden Staates dessen diplomatische Mission oder konsularische Vertretung die betreffende Person einstellt.

Ein wesentliches Kennzeichen ist die Einstellung der betreffenden Person als „Ortskraft", d. h. aufgrund eines von der diplomatischen Mission bzw. konsularischen Vertretung im Inland vollzogenen Anwerbevorgangs und nicht aufgrund einer dienstlichen Entsendung durch die Regierung des betreffenden fremden Staates. Folglich gelten als „ständig ansässig" auch diejenigen Arbeitnehmer, die von der diplomatischen Mission oder konsularischen Vertretung zwar im Ausland angeworben, jedoch im Inland unter Vertrag genommen werden und zu diesem Zweck mit einer Aufenthaltsgenehmigung in die Bundesrepublik Deutschland eingereist sind.

3. Befreiung von der Meldepflicht nach dem Melderechtsrahmengesetz (MRRG) vom 16. August 1980 (BGBl. I S. 1429) bzw. den Meldegesetzen der Länder.

   Nach den § 14 Satz 1 Nr. 1 MRRG entsprechenden Vorschriften der Meldegesetze der Länder werden von der allgemeinen Meldepflicht (§ 11 Abs. 1 und 2 MRRG) die Mitglieder einer diplomatischen Mission oder einer konsularischen Vertretung und die mit ihnen im gemeinsamen Haushalt lebenden Familienmitglieder befreit, falls die genannten Personen weder die deutsche Staatsangehörigkeit besitzen noch im Geltungsbereich des MRRG ständig ansässig sind noch dort eine private Erwerbstätigkeit ausüben. Die Befreiung von der Meldepflicht tritt nur ein, wenn die Gegenseitigkeit besteht; dies ist nach derzeitigem Stand allgemein der Fall.

   Die Befreiung von der allgemeinen Meldepflicht erstreckt sich nicht auf die besondere Meldepflicht in Beherbergungsstätten (§ 16 Abs. 2 MRRG), die Meldepflicht in Krankenhäusern, Pflegeheimen oder ähnlichen Einrichtungen (§ 16 Abs. 3 MRRG) sowie auf die Fälle, in denen die genannten Personen die Wohnungsgeber für nichtbefreite Personen sind.

4. Waffengesetz (WaffG) in der Fassung der Bekanntmachung vom 8. März 1976 (BGBl. I S. 432), zuletzt geändert durch § 2 Abs. 2 des Gesetzes zur Überleitung von Bundesrecht nach Berlin (West) (Sechstes Überleitungsgesetz) vom 25. September 1990 (BGBl. I. S. 2106).

   Nach § 6 Abs. 2a) und § 50 Abs. 2 Nr. 1 bis 3 WaffG werden über den Erwerb und den Besitz von Schußwaffen und Munition sowie über das Führen von Schußwaffen an Diplomaten und andere bevorrechtigte Personen, Staatsgäste aus anderen Staaten sowie Personen, die zum Schutz von Staatsgästen aus anderen Staaten eingesetzt sind, folgende Berechtigungen ausgestellt:

   a) an Diplomaten und andere bevorrechtigte Personen auf besonderen von der Mission einzureichenden Antrag durch das Bundesverwaltungsamt, 50728 Köln, Barbarastraße 1
      - Erlaubnis zum Erwerb von Schußwaffen und zur Ausübung der tatsächlichen Gewalt über sie (Waffenbesitzkarte, § 28 WaffG); die Waffenbesitzkarte berechtigt auch zur Einfuhr der Schußwaffen;
      - Erlaubnis zum Erwerb von Munition (Munitionserwerbsschein oder Berechtigungsvermerk in der Waffenbesitzkarte, § 29 WaffG);
      - Erlaubnis zum Führen einer Schußwaffe (Waffenschein, § 35 WaffG).

      Zu dem vorstehenden Personenkreis gehören insbesondere die in den Abschnitteri II A Nr. 1 bis 3, II D und II E genannten Personen;

   b) an Staatsgäste aus anderen Staaten und Personen, die zu ihrem Schutz eingesetzt sind: auf besonderen Antrag eine Bescheinigung über die Nichtanwendung waffenrechtlicher Vorschriften (waffenrechtliche Bescheinigung, § 6 Abs. 2a WaffG). Diese Bescheinigung wird, soweit es sich um Gäste des Bundes handelt, vom Bundesverwaltungsamt in Köln erteilt. Für die Erteilung der Bescheinigung in Eilfällen und dann, wenn es sich um Gäste eines Landes handelt, sind folgende Landesbehörden zuständig:
      - in Bayern, Hamburg, Mecklenburg-Vorpommern, Rheinland-Pfalz, Saarland, Sachsen und Thüringen der Innenminister bzw. Senator für Inneres,
      - in Baden-Württemberg das Innenministerium und die Kreispolizeibehörden,
      - in Niedersachsen und Sachsen-Anhalt das Landeskriminalamt,
      - in Hessen, Nordrhein-Westfalen und Schleswig-Holstein die Kreispolizei- bzw. Kreisordnungsbehörden und
      - in Berlin der Polizeipräsident in Berlin,
      - in Bremen die Ortspolizeibehörden,
      - in Brandenburg der Polizeipräsident in Potsdam.

      § 27 Abs. 1 des Luftverkehrsgesetzes bleibt unberührt.

5. Personenstandsgesetz (PStG) in der Fassung vom 8. August 1957 (BGBl. I S. 1125, III Nr. 211–1), zuletzt geändert durch Gesetz vom 26. Juni 1990 (BGBl. I S. 1163).

   Diplomaten und andere bevorrechtigte Personen sind verpflichtet, Geburten und Sterbefälle nach Maßgabe der §§ 16 und 32 PStG anzuzeigen. Sie sind von der Zahlung von Gebühren nach § 68 der Verordnung zur Ausführung des PStG nicht befreit.

Abschnitt VI

Kurierverkehr

1. Die Bundesrepublik Deutschland gestattet und schützt den freien Verkehr eines sich in der Bundesrepublik aufhaltenden Staatsoberhauptes, des Chefs oder Ministers einer anderen Regierung, des Chefs einer diplomatischen Mission, einer konsularischen oder sonstigen Vertretung, der dieses Recht eingeräumt wurde, für alle amtlichen Zwecke. Daraus folgt, daß sich diese im Verkehr mit anderen amtlichen Vertretungen des Entsendestaates aller geeigneten Mittel einschließlich Kurieren und verschlüsselten Nachrichten bedienen können, des Funkverkehrs jedoch nur mit Zustimmung der Bundesregierung (Art. 27 Abs. 1 WÜD, Art. 35 Abs. 1 WÜK).
2. Konsularisches Kuriergepäck darf weder geöffnet noch zurückgehalten werden. Wenn die zuständigen deutschen Behörden jedoch triftige Gründe für die Annahme haben, daß das Kuriergepäck nicht nur amtliche Korrespondenz sowie ausschließlich für den amtlichen Gebrauch bestimmte Schriftstücke oder Gegenstände enthält, können sie die Öffnung durch einen ermächtigten, d. h. entsprechend ausgewiesenen (amtlicher Kurierausweis, Diplomatenausweis evtl. in Verbindung mit einer besonderen Vollmacht) Vertreter des Entsendestaates in Gegenwart eines Vertreters der deutschen Behörden verlangen. Lehnen die Behörden des Entsendestaates dieses Verlangen ab, darf das Gepäck die Kontrollstelle nicht passieren.

   Für die Abfertigungspraxis ergibt sich daraus folgendes: In Verdachtsfällen dieser Art ist in jedem Fall sofort auf dem Dienstweg Weisung einzuholen, wie verfahren werden soll. Gleiches gilt auch, wenn bei diplomatischem Kuriergepäck eindeutige und besonders schwerwiegende Verdachtsgründe vorliegen.
3. Kuriergepäck kann befördert werden
   a) durch diplomatischen oder konsularischen Kurier. Dieser muß ein amtliches Schriftstück mit sich führen, aus dem seine Stellung und die Anzahl der Gepäckstücke ersichtlich sind, die das diplomatische, konsularische oder amtliche Kuriergepäck bilden. Der Kurier genießt persönliche Unverletzlichkeit und unterliegt keiner Festnahme oder Haft irgendwelcher Art (Art. 27 Abs. 5 WÜD, Art. 35 Abs. 5 WÜK);
   b) als diplomatisches oder konsularisches Kuriergepäck durch den verantwortlichen Flugzeugführer (Kommandanten) eines im gewerblichen Luftverkehr eingesetzten Luftfahrzeuges, dessen Bestimmungsort ein zugelassener Einreiseflugplatz ist. Der Kommandant muß ein amtliches Schriftstück mit sich führen, aus dem die Anzahl der Gepäckstücke ersichtlich ist, die das Kuriergepäck bilden. Er gilt jedoch nicht als diplomatischer oder konsularischer Kurier. Ein entsandtes Mitglied einer diplomatischen oder konsularischen Vertretung darf nicht gehindert werden, das Kuriergepäck unmittelbar von dem Kommandanten entgegenzunehmen, wobei in bezug auf konsularisches Kuriergepäck eine entsprechende Abmachung mit den zuständigen Ortsbehörden zur Voraussetzung gemacht werden darf (Art. 27 Abs. 7 WÜD, Art. 35 Abs. 7 WÜK);
   c) als diplomatisches oder konsularisches Kuriergepäck durch den Kapitän eines Seeschiffes, dessen Bestimmungsort ein als Grenzübergang zugelassener Hafen ist. Der Kapitän muß ein amtliches Schriftstück mit sich führen, aus dem die Anzahl der Gepäckstücke ersichtlich ist, die das Kuriergepäck bilden. Er gilt jedoch nicht als diplomatischer oder konsularischer Kurier. Ein aufgrund einer entsprechenden Abmachung mit den zuständigen Ortsbehörden entsandtes Mitglied der diplomatischen oder konsularischen Vertretung darf nicht gehindert werden, das Kuriergepäck unmittelbar von dem Kapitän entgegenzunehmen (Art. 35 Abs. 7 WÜK, der für das WÜD analog angewendet wird).
4. Gepäckstücke, die das Kuriergepäck bilden, müssen äußerlich sichtbar als solche gekennzeichnet sein (Art. 27 Abs. 4 WÜD, Art 35 Abs. 4 WÜK). Der Kurier, der Kommandant eines Luftfahrzeuges oder der Kapitän eines Seeschiffes, der Kuriergepäck befördert, muß ein amtliches Schriftstück mit sich führen, aus dem die Anzahl der Gepäckstücke ersichlich ist, die das Kuriergepäck bilden.
5. Kuriere und Kuriergepäck genießen auch im Durchgangsverkehr vom Heimatstaat zu einem dritten Staat Unverletzlichkeit und Schutz (Art. 40 Abs. 3 WÜD, Art. 54 Abs. 3 WÜK).

Sind Kuriere Diplomaten oder Konsularbeamte, genieße sie Befreiung von der Kontrolle ihres persönlichen Gepäcks, es sei denn, die unter Abschnitt VI Nr. 7 genannten Voraussetzungen liegen vor.

6. Bei Luftsicherheitskontrollen wird nach dem Rahmenplan verfahren (vgl. Abschnitt V A Nr. 2). Diplomatisches und konsularisches Kuriergepäck darf grundsätzlich weder geöffnet noch zurückgehalten werden (vgl. Nr. 2). Auch die Identifizierung des Inhalts mit elektronischen Mitteln ist unzulässig.
7. Für die Zollabfertigung von diplomatischem und konsularischem Kuriergepäck gelten die Weisungen in der Kennung Z 2554 der vom Bundesministerium der Finanzen herausgegebenen Vorschriftensammlung Bundesfinanzverwaltung – VSF –.

Abschnitt VII

Abgabenrechtliche Vorrechte und Befreiungen

(...)

Abschnitt VIII

Ausweise für Mitglieder ausländischer Vertretungen, und internationaler Organisationen

1. Das Auswärtige Amt – Protokoll – stellt den Mitgliedern diplomatischer Missionen auf Antrag folgende Ausweise aus:

a) *rote Diplomatenausweise*
den Diplomaten sowie ihren in ihrem Haushalt lebenden Familienangehörigen (vgl. Abschnitt II A Nr. 2);

b) *blaue Ausweise*
den Mitgliedern des Verwaltungs- und des technischen Personals, des dienstlichen Hauspersonals und ihren in ihrem Haushalt lebenden Familienangehörigen (vgl. Abschnitt II A Nr. 3);

c) *grüne Personalausweise*
den privaten Hausangestellten von Mitgliedern diplomatischer Missionen (vgl. Abschnitt. II A Nr. 4), sofern sie nicht ständig in der Bundesrepublik Deutschland ansässig sind.

Da dieser Personenkreis in der Bundesrepublik Deutschland nicht ständig ansässig ist, benötigt er zur Einreise eine gültige Aufenthaltsgenehmigung in der Form des Visums, das nur zur Arbeitsaufnahme bei einem entsandten Konsulatsangehörigen, berechtigt. Die Aufenthaltsgenehmigung wird nur für diese Arbeitsaufnahme und für die Dauer eines Jahres erteilt. Sie kann mehrfach verlängert werden, jedoch höchstens für die Dauer des dienstlichen Aufenthalts des Arbeitgebers. Danach muß der private Hausangestellte ausreisen. Ein Wechsel des Arbeitgebers ohne erneute Antragstellung aus dem Ausland ist nicht möglich.

d) *gelbe Ausweise*
den in der Bundesrepublik Deutschland ständig ansässigen Mitgliedern diplomatischer Missionen und ihren in ihrem Haushalt lebenden Familienangehörigen, sofern sie nicht Deutsche im Sinne des Grundgesetzes sind (vgl. Abschnitt II A Nr. 5). Gelbe Ausweise erhalten auch Personen, die ohne von ihrer Regierung entsandt zu sein, mit einem gültigen Sichtvermerk zur Arbeitsaufnahme bei einer diplomatischen Mission in die Bundesrepublik Deutschland eingereist sind.

2. Das Auswärtige Amt – Protokoll – stellt auf Antrag ferner aus

a) *rosa Ausweise*
den nicht privilegierten Mitgliedern der Handelsvertretung der Russischen Föderation und der Handelsabteilungen der Botschaft der Tschechischen und Slowakischen Föderativen Republik sowie ihren in ihrem Haushalt lebenden Familienangehörigen (vgl. Abschnitt II B);

b) *dunkelrote Sonderausweise*
den ausländischen Bediensteten der Vertretungen internationaler und supranationaler Organisationen sowie zwischenstaatlicher Einrichtungen, die ständig im Bundesgebiet tätig sind, als auch ihren im Haushalt der Bediensteten lebenden Familienangehörigen ausländischer Staatsangehörigkeit (vgl. Abschnitt II E).

3. Die bisher vom Chef des Bundeskanzleramtes ausgestellten Sonderausweise weisen mit Wirkung vom 3. Oktober 1990 keine Vorrechte und Befreiungen mehr nach.

4. Die zuständigen Behörden der Länder stellen auf Antrag aus:

a) *weiße Ausweise*
für Mitglieder des konsularischen Corps, für Konsularbeamte sowie die in ihrem Haushalt lebenden Familienangehörigen (vgl. Abschnitt II D Nr. 1 Buchstabe a);

b) *graue Ausweise*
für die sonstigen Bediensteten und ihre in ihrem Haushalt lebenden Familienangehörigen (vgl. Abschnitt II D Nr. 1 Buchstabe b);

c) *weiße Ausweise mit grünem Querstreifen*
für Honorarkonsularbeamte (vgl. Abschnitt II D Nr. 1 Buchstabe c);

d) *gelbe Ausweise*
für die in der Bundesrepublik Deutschland ständig ansässigen Mitglieder konsularischer Vertretungen (Ortskräfte) und ihre in ihrem Haushalt lebenden Familienangehörigen, sofern diese nicht Deutsche im Sinne des Grundgesetzes sind (vgl. Abschnitt II D Nr. 1 Buchstabe d).

e) *grüne Ausweise*
für Mitglieder des privaten Hauspersonals entsandter Konsulatsangehöriger, sofern sie nicht ständig in der Bundesrepublik Deutschland ansässig sind (vgl. Abschnitt II D Nr. 1 Buchstabe e). Bezüglich der Aufenthaltsgenehmigung zur Einreise vgl. Abschnitt VIII, Nr. 1., Buchstabe c).

Entsprechende Ausweismuster am Beispiel des Landes Hamburg sind in der Anlage abgedruckt.

5. Die Entsendestaaten pflegen ihrerseits die Angehörigen ihres Auswärtigen Dienstes mit Sonderpässen zu versehen (Diplomatenpaß, Dienstpaß). Diese Pässe haben für den Status des Inhabers in der Bundesrepublik Deutschland zwar keine unmittelbare Bedeutung, doch können sie als Hinweis auf die Sonderstellung wichtig sein. Bei Vorweisen solcher Pässe ist daher eine vorsichtige Prüfung aller Maßnahmen, notfalls Rückfrage, angezeigt (vgl. die besonderen Rechte durchreisender Diplomaten Art. 40 Abs. 2 WÜD, siehe auch Abschnitt III B. Nr. 10) und Konsularbeamten (Art. 54 Abs. 2 WÜK, siehe auch Abschnitt IV B. Nr. 10).

Abschnitt IX

Kraftfahrzeugkennzeichen

(…)

Abschnitt X

Verhalten gegenüber Ausweisinhabern

1. Allgemein zur Feststellung von Personalien ermächtigte Behörden und Beamte sind befugt, Namen und Anschrift von Personen festzustellen, sofern dies sachlich notwendig ist. Beruft sich eine Person auf Vorrechte und Befreiungen, so kann verlangt werden, daß der Nachweis durch Vorlage entsprechender Urkunden, z. B. durch die in Abschnitt VIII genannten Ausweise, den Diplomatenpaß oder auf andere Weise geführt wird. In eiligen Zweifelsfällen kann unmittelbar

– beim Auswärtigen Amt – Protokoll – Bonn (Fernruf 0228/17–0, Fernschreiber 886591, Telegrammadresse „Auswärtig Bonn“ Telefax während der Dienstzeit 173479, außerhalb 174498) über Mitglieder diplomatischer Missionen und über Bedienstete internationaler Organisationen,

– bei den Staats- (Senats-) Kanzleien der Länder über Angehörige der konsularischen Vertretungen

Auskunft eingeholt werden. Außerhalb der allgemeinen Dienststunden kann in dringenden Fällen Auskunft bei der Vertretung selbst eingeholt werden. Die Unterredung sollte möglichst mit einem höherrangigen Mitglied geführt werden. Bei einem Angehörigen einer diplomatischen Mission besteht auch die Möglichkeit, den Bereitschaftsdienst des Auswärtigen Amtes um Benennung eines geeigneten Mitglieds der Vertretung als Ansprechpartner und um Angabe seiner Rufnummer zu bitten.

Anhaltspunkte, die für oder gegen die Zugehörigkeit der Person zu einer in der Bundesrepublik Deutschland errichteten diplomatischen oder konsularischen Vertretung, oder einer zwischenstaatlichen oder überstaatlichen Organisation sprechen, sind hierbei mitzuteilen.

2. Personen, denen Vorrechte, Immunitäten und Befreiungen zustehen, sind mit gebührender Achtung zu behandeln (vgl. Art. 29 WÜD, Art. 40 WÜK). Bei ihrer ersten Einreise sind Personen, denen nach Abschnitt VIII ein Ausweis ausgestellt wird, wie Ausweisinhaber zu behandeln.
3. Von einem Einschreiten gegen Personen, die einen roten Ausweis besitzen, ist, außer in den unter Abschnitt V A Nr. 2 Buchstabe c (S. 596) genannten Fällen, abzusehen. Inhaber von grünen und rosa Ausweisen genießen keine Immuniät. Bei Inhabern blauer, dunkelroter, weißer, grauer oder gelber Ausweise ist im Einzelfall zu prüfen, ob nach der Person des Ausweisinhabers und nach Lage der Umstände Immunität besteht; die Ausweise sind mit einem entsprechenden Aufdruck versehen (Inhaber gelber Ausweise für Ortskräfte können je nach Funktion auch Amtshandlungsimmunität genießen).

Abschnitt XI

Ehrung und Schutz von Besuchern

(…)

Abschnitt XII

Sonderbestimmungen für die Rechtsstellung der Stationierungsstreitkräfte und die aufgrund des Nordatlantikvertrages errichteten internationalen militärischen Hauptquartiere (Mitglieder der Truppe und des zivilen Gefolges sowie Angehörige)

1. Für die Rechtsstellung der Stationierungsstreitkräfte (einschließlich der Übungsstreitkräfte) Belgiens, Frankreichs, Kanadas, der Niederlande, Großbritanniens und der Vereinigten Staaten von Amerika innerhalb der Bundesländer Baden-Württemberg, Bayern, Bremen, Hamburg, Hessen, Niedersachsen. Nordrhein-Westfalen, Rheinland-Pfalz, Saarland und Schleswig-Holstein gelten das Abkommen zwischen den Parteien des Nordatlantikvertrags vom 19. Juli 1951 über die Rechtsstellung ihrer Truppen (NATO-Truppenstatut), das Zusatzabkommen vom 3. August 1959 zu dem Abkommen zwischen den Parteien des Nordatlantikvertrags über die Rechtsstellung ihrer Truppen hinsichtlich der in der Bundesrepublik Deutschland stationierten ausländischen Truppen und das Gesetz zu dem Abkommmen zwischen den Parteien des Nordatlantikvertrags vom 19. Juni 1951 über die Rechtsstellung ihrer Truppen und zu den Zusatzvereinbarungen vom 3. August 1959 zu diesem Abkommen (Gesetz zum NATO-Truppenstatut und zu den Zusatzvereinbarungen) vom 18. August 1961 (BGBl. 1961 II S. 1183). Die Abkommen sind am 1. Juli 1963 für die Bundesrepublik Deutschland in Kraft getreten (vgl. Bekanntmachung über das Inkrafttreten des NATO-Truppenstatuts und der Zusatzvereinbarungen zu diesem Abkommen vom 16. Juni 1963, BGBl. II S. 745 –). Ihre vorläufige Weitergeltung nach Herstellung der deutschen Einheit wurde mit Notenwechsel vom 25. September 1990 bestätigt (BGBl. II S. 1250, 1251). In den Bundesländern Brandenburg, Mecklenburg-Vorpommern, Sachsen, Sachsen-Anhalt und Thüringen haben die Streitkräfte der sechs Entsendestaaten nach Nr. 4 des o. g. Notenwechsels vom 25. September 1990 bei Privatreisen und bei (durch deutsche Behörden) genehmigtem dienstlichem Aufenthalt die gleiche Rechtsstellung, die ihnen in den in Abs. 1 genannten Bundesländern gewährt wird.

Für die Rechtsstellung der in Berlin stationierten Streitkräfte Frankreichs, Großbritanniens und der Vereinigten Staaten von Amerika gilt der Notenwechsel vom 25. September 1990 (BGBl. II S. 1250, 1252).

Zur Ausführung der zoll- und steuerrechtlichen Bestimmungen des NATO-Truppenstatuts und des Zusatzabkommens erging das Truppenzollgesetz vom 17. Januar 1963 (BGBl. I S. 51) und die Truppenzollordnung vom 1. Juli 1963 (BGBl. I S. 451).

Auf das Abkommen zwischen der Bundesrepublik Deutschland und den Vereinigten Staaten von Amerika über die Rechtsstellung von Urlaubern vom 3. August 1959 (BGBl. 1961 II S. 1384) wird hingewiesen.

Im Verhältnis zu den übrigen Vertragsparteien des NATO-Truppenstatuts (Dänemark, Griechenland, Italien, Luxemburg, Norwegen, Portugal, Spanien, Türkei) gilt nur das NATO-Truppenstatut.

2. Die Rechtsstellung der NATO-Hauptquartiere richtet sich nach dem Protokoll vom 28. August 1952 über die Rechtsstellung der aufgrund des Nordatlantikvertrages errichteten internationalen militärischen Hauptquartiere (Protokoll über die NATO-Hauptquartiere), dem Abkommen zwischen der Bundesrepublik Deutschland und dem Obersten Hauptquartier der Alliierten Mächte, Europa, vom 13. März 1967 über die besonderen Bedingungen für die Einrichtung und den Betrieb internationaler militärischer Hauptquartiere in der Bundesrepublik Deutschland (Ergänzungsabkommen), dem Übereinkommen vom 7. Februar 1969 über die Rechtsstellung des einem internationalen militärischen Hauptquartier der NATO in der Bundesrepublik Deutschland zugeteilten Personals der Entsendestaaten (Statusübereinkommen) und dem Gesetz zu dem Protokoll über die NATO-Hauptquartiere und zu den Ergänzungsvereinbarungen vom 17. Oktober 1969 (BGBl. 1969 II S. 1997), Protokoll, Ergänzungsabkommen und Statusübereinkommen sind am 21. Dezember 1969 für die Bundesrepublik Deutschland in Kraft getreten (BGBl. 1970 II S. 51).

3. Sonderbestimmungen für die Rechtsstellung der befristet in einigen Bundesländern stationierten Truppen

   Für die Rechtsstellung der bis Ende 1994 befristet in den Bundesländern Brandenburg, Mecklenburg-Vorpommern, Sachsen, Sachsen-Anhalt und Thüringen und in den Bezirken Mitte, Prenzlauer Berg, Friedrichshain, Treptow, Köpenick, Lichtenberg, Weißensee, Pankow, Marzahn, Hohenschönhausen und Hellersdorf des Bundeslandes Berlin stationierten sowjetischen Truppen gilt der Vertrag zwischen der Bundesrepublik Deutschland und der Union der Sozialistischen Sowjetrepubliken vom 12. Oktober 1990 über die Bedingungen des befristeten Aufenthalts und die Modalitäten des planmäßigen Abzugs der sowjetischen Truppen aus dem Gebiet der Bundesrepublik Deutschland (BGBl. 1990 II S. 1256), der am 6. Mai 1991 in Kraft getreten ist (BGBl. 1991 II S. 723).

Abschnitt XIII

Schlußbestimmungen

1. Das Rundschreiben des Bundesministeriums des Innern vom 14. März 1975 – ÖS7 – 640005/1 – (GMBI S. 337), berichtigt durch Rundschreiben vom 2. Juli 1975 (GBMl S. 5183 und das Rundschreiben vom 26. August 1975 (GBMl S. 629), werden aufgehoben.
2. Dieses Rundschreiben gilt im Geschäftsbereich des Bundesministeriums des Innern als Erlaß.

§ 19

(1) [1]Die Mitglieder der im Geltungsbereich dieses Gesetzes errichteten konsularischen Vertretungen einschließlich der Wahlkonsularbeamten sind nach Maßgabe des Wiener Übereinkommens über konsularische Beziehungen vom 24. April 1963 (Bundesgesetzbl. 1969 II S. 1585 ff) von der deutschen Gerichtsbarkeit befreit. [2]Dies

gilt auch, wenn ihr Entsendestaat nicht Vertragspartei dieses Übereinkommens ist; in diesem Fall findet Art. 2 des Gesetzes vom 26. August 1969 zu dem Wiener Übereinkommen vom 24. April 1963 über konsularische Beziehungen (Bundesgesetzbl. 1969 II S. 1585) entsprechende Anwendung.

(2) Besondere völkerrechtliche Vereinbarungen über die Befreiung der in Absatz 1 genannten Personen von der deutschen Gerichtsbarkeit bleiben unberührt.

Schrifttum. s. bei § 18.

Entstehungsgeschichte. Ebenso wie § 18 beruht § 19 in seiner heutigen Fassung auf dem Gesetz vom 25.3.1974[1] und zwar auf Artikel 1 Nr. 3 dieses Gesetzes. Davor, in der Fassung des VereinhG, enthielt § 19 die Bestimmung, daß § 18 für die Familienmitglieder und das Geschäftspersonal der in § 18 genannten Personen und für solche Bediensteten derselben, die nicht Deutsche sind, entsprechend gilt. Das war auch der ursprüngliche Regelungsgehalt des § 19; § 19 war also bis 1974 eine § 18 ergänzende Bestimmung zum Immunitätsschutz von Diplomaten. Die Immunität der Konsuln regelte das GVG von 1877 in § 21. Diese Regelung war restriktiv. Die im Deutschen Reich angestellten Konsuln waren der inländischen Gerichtsbarkeit unterworfen, sofern nicht in Verträgen des Deutschen Reichs mit anderen Mächten abweichende Vereinbarungen getroffen waren. Eine entsprechende Regelung traf § 21 in der bis 1974 geltenden Fassung.

Übersicht

1. Bedeutung der Vorschrift. § 19 ist eine Parallelvorschrift zu § 18. So wie dort die Immunität der Mitglieder der diplomatischen Vertretungen durch die Verweisung auf das von der Bundesrepublik Deutschland ratifizierte Wiener Übereinkommen über diplomatische Beziehungen (WÜD) vom 18.4.1961 geregelt ist, regelt § 19 die Befreiung der Mitglieder konsularischer Vetretungen von der deutschen Gerichtsbarkeit durch Verweisung auf das Wiener Übereinkommen über konsularische Beziehungen (WÜK) vom 24.4.1963. Dem WÜK hat die Bundesrepublik Deutschland mit Gesetz vom 26.8.1969[2] zugestimmt. Das Übereinkommen ist für die Bundesrepublik Deutschland seit 7.10.1971 in Kraft[3]. Als geltendes Recht ist es (wie das WÜD) von den Gerichten unmittelbar anzuwenden. § 19 Abs. 1 Satz 1 hat deshalb keine eigenständige Bedeutung. § 19 Abs. 1 Satz 2 bestimmt, daß das WÜK auch für die Mitglieder derjenigen in Deutschland errichteten konsularischen Vertretungen gilt, deren Entsendestaat (noch) nicht Vertragspartei des WÜK ist; in diesem Fall findet dann Art. 2 des Zustimmungsgesetzes vom 26.8.1969 entsprechende Anwendung, in dem die Bundesregierung 1

[1] BGBl. I S. 761.
[2] BGBl. II S. 1585.
[3] BGBl. II 1971 S. 1285.

ermächtigt wird, durch Rechtsverordnung die gewährten Befreiungen zu erweitern oder einzuschränken. Solche Rechtsverordnungen sind nicht erlassen worden[4]. Nach Art. 73 WÜK läßt dieses Übereinkommen andere internationale Übereinkünfte, die zwischen den Vertragsparteien in Kraft sind, unberührt und hindert die Vertragsparteien nicht, Übereinkünfte zu schließen, die Bestimmungen des WÜK bestätigen, ergänzen, vervollständigen oder deren Geltungsbereich erweitern. Auf solche Abkommen bezieht sich Art. 19 Abs. 2[5].

2 **Die Befreiung von der Strafgerichtsbarkeit** reicht bei den vom WÜK geschützten Mitgliedern der konsularischen Vertretungen deutlich weniger weit als bei den durch das WÜD geschützten Mitgliedern der diplomatischen Vertretungen. Art. 43 WÜK sieht für Berufskonsularbeamte und Bedienstete des Verwaltungs- und technischen Personals eine Befreiung von der Strafgerichtsbarkeit nur bezüglich von Handlungen vor,die in Wahrnehmung konsularischer Aufgaben vorgenommen worden sind (Amtsimmunität, dazu unten Rdn. 8.). Nach Art. 41 WÜK sind auch gegen Berufskonsuln Festnahme und Untersuchungshaft wegen schwerer Straftaten möglich (dazu unten Rdn. 9.). Schließlich besteht nach Maßgabe des Art. 44 WÜK auch keine Befreiung der Berufskonsuln von der Zeugenpflicht. Insgesamt tritt also die Durchsetzung der inländischen Strafrechtsordnung gegenüber Bediensteten der Konsulate wesentlich weniger zurück als gegenüber Diplomaten. Das ist Ausfluß des das WÜK nach seiner Präambel ebenso wie das WÜD bestimmenden funktionalen Ansatzes, für den der Schutzzweck des Übereinkommens die wirksame Aufgabenerfüllung der konsularischen Vertretungen ist.

3 **2. Richtlinien.** Nummern 193ff RistBV und das Rundschreiben des BMI vom 17.8. 1993 „Diplomaten und andere bevorrechtigte Personen“[6] – auszugsweise wiedergegeben oben § 18, 9 –, sind Verwaltungsvorschriften zur Anwendung des WÜK wie des WÜD, die auch für den daran nicht gebundenen Richter wertvolle Hinweise enthalten.

4 **3. Kreis der begünstigten Personen.** Das WÜK unterscheidet (Art. 1 Abs. 2 WÜK) zwischen Berufskonsularbeamten und Wahlkonsularbeamten (Honorarkonsuln) und regelt besonders (Art. 1 Abs. 3 in Verb. mit Art. 71 WÜK) die Rechtsstellung der Mitglieder der konsularischen Vertretungen, die Angehörige des Empfangsstaates oder dort ständig ansässig sind. Die **Berufskonsularbeamten** und die Bediensteten des Verwaltungs- und technischen Personals des von einem Berufskonsuln geleiteten Konsulats genießen nach Art. 43 Abs. 1 WÜK Amtsimmunität. Darüber hinaus sind sie von der deutschen Strafgerichtsbarkeit nicht befreit. Die Berufskonsularbeamten selbst genießen allerdings eine beschränkte persönliche Unverletzlichkeit. Nach Art. 41 Abs. 1 WÜK ist eine Festnahme oder die Verhängung von Untersuchungshaft gegen sie nur wegen einer schweren strafbaren Handlung zulässig. Nach Art. 41 Abs. 2 WÜK dürfen Konsularbeamte außer in dem in Art. 41 Abs. 1 WÜK genannten Fall weder inhaftiert noch auf andere Weise in ihrer persönlichen Freiheit beschränkt werden, es sei denn in Vollstreckung einer rechtskräftigen gerichtlichen Entscheidung. Das betrifft auch Blutentnahmen. Die Familienangehörigen und das private Hauspersonal sind von der deutschen Strafgerichtsbarkeit in keiner Weise befreit.

---

[4] *Katholnigg*[3] 4.

[5] Vgl. die Übersicht bei *Steinmann* MDR **1965** 706, 708 sowie Fundstellennachweis B zum BGBl. II Sachgebiet I 4 Vorrechte und Immunitäten, Konsularverträge.

[6] GMBl. 591 – auszugsweise wiedergegeben oben § 18, 9.

Für Konsularbeamte, die **Angehörige des Empfangsstaates** oder doch dort ständig ansässig sind, gilt Art. 71 WÜK. Sie genießen, soweit der Empfangsstaat nicht zusätzliche Immunitäten gewährt, Befreiung von der Strafgerichtsbarkeit und persönliche Unverletzlichkeit nur wegen ihrer in Wahrnehmung ihrer Aufgaben vorgenommenen Amtshandlungen (Art. 71 Abs. 1 WÜK); das ist enger als die Umschreibung der Amtsimmunität nach Art. 43 WÜK. Ihren Familienangehörigen und anderen Mitarbeitern der konsularischen Vertretung, die Angehörige des Empfangsstaates oder dort ständig ansässig sind, stehen Immunitäten nur in dem vom Empfangsstaat jeweils zugelassenen Umfang zu (Art. 71 Abs. 2 WÜK). 5

Wahlkonsularbeamte (Honorarkonsularbeamte) sind hinsichtlich der Befreiung von der deutschen Strafgerichtsbarkeit den Berufskonsularbeamten nur teilweise gleichgestellt (Art. 58 Abs. 2 WÜK). Sie genießen zwar Amtsimmunität nach Art. 43 WÜK; aus Art. 63 WÜK ergibt sich nichts anderes[7]. Doch gilt die in Art. 41 WÜK bestimmte beschränkte persönliche Unverletzlichkeit für sie nicht. Überdies wird bei ihnen regelmäßig Art. 71 WÜK zur Anwendung kommen, weil sie meist Staatsangehörige des Empfangsstaates sind (so auch BMI IV B 4 Abs. 5). 6

Die Bundesrepublik Deutschland hat in einer **Erklärung vom 8.4.1974** gegenüber dem Generalsekretär der Vereinten Nationen die Erklärung abgegeben, daß sie Kapitel II des WÜK, das sich mit den Erleichterungen, Vorrechten und Immunitäten für konsularische Vertretungen, Berufskonsularbeamte und sonstige Mitglieder einer konsularischen Vertretung befaßt, so auslegt und anwendet, daß die darin enthaltenen Bestimmungen für alle Berufsbediensteten einer konsularischen Vertretung (Konsularbeamte, Bedienstete des Verwaltungs- oder technischen Personals und Mitglieder des dienstlichen Hauspersonals) einschließlich derjenigen gelten, die einer von einem Honorarkonsularbeamten geleiteten konsularischen Vertretung zugeteilt sind[8]. 7

4. Wirkung und Umfang der Befreiung

a) Grundsatz. Soweit die Befreiung von der deutschen Strafgerichtsbarkeit reicht, gilt grundsätzlich dasselbe wie zur Immunität der Diplomaten (vgl. § 18, 6). Es besteht ein Verfahrenshindernis. Ein Verzicht auf den Immunitätsschutz ist möglich, kann aber als (völliger) Verzicht hinsichtlich eines Mitglieds der konsularischen Vertretung nur vom Entsendestaat erklärt werden, Art. 45 WÜK. Ein Verzicht in Bezug auf einzelne Strafverfolgungsmaßnahmen durch den Berechtigten ist dagegen möglich (vgl. Nr. 199 RistBV). Ob das Verfahrenshindernis der Immunität besteht, hat die zuständige Stelle (Staatsanwaltschaft, Gericht) in eigener Zuständigkeit zu prüfen (Nr. 193 Abs. 2 RistBV)[9]. Unter Verstoß gegen den Immunitätsschutz gewonnene Ermittlungsergebnisse sind unverwertbar, soweit der Schutzzweck der Immunität verletzt werden kann. So dürfen Erkenntnisse, die aus der Überwachung eines in den Diensträumen eines Konsulats eingerichteten Telefonanschlusses nach dem G 10 gewonnen wurden, im Verfahren gegen Konsulatsangehörige jedenfalls dann nicht verwertet werden, wenn sich der zugrundeliegende Verdacht auf Handlungen bezieht, die mit der Wahrnehmung konsularischer Aufgaben im Zusammenhang stehen[10]. 8

b) Einzelheiten. So wie die persönliche Befreiung von der Strafgerichtsbarkeit der Mitglieder der konsularischen Vertretungen wesentlich weniger weit reicht als bei den 9

[7] **a. A** *Kissel*[3] 7.
[8] BGBl. II 1974 S. 945.
[9] Vgl. § 18, 6 mit Nachw.
[10] BGHSt **36** 396 = JZ **1990** 1031, 1033 mit Anm. *Schroeder*; zur Verwertung in Verfahren gegen Dritte vgl. BGHSt **37** 30.

Mitgliedern der diplomatischen Vertretungen, ist auch der Schutz der konsularischen Diensträume beschränkt. Das Betretungsverbot für die Behörden des Empfangsstaates, dem das Verbot entspricht, in diesen Räumen ohne den Willen des Leiters der konsularischen Vertretung amtliche Maßnahmen, insbesondere etwa Durchsuchungen oder Beschlagnahmen durchzuführen[11], gilt nach Art. 31 Abs. 2 WÜK nur für den Teil der konsularischen Räumlichkeiten, der ausschließlich für dienstliche Zwecke genutzt wird. Allerdings sind die konsularischen Archive und Schriftstücke nach Art. 33 WÜK jederzeit unverletzlich, wo immer sie sich befinden; bei Konsulaten, die von einem Honorarkonsul geleitet werden, gilt dies nach Art. 61 WÜK freilich nur dann, wenn sie von anderen Papieren und Schriftstücken, etwa solcher beruflicher oder privater Art des Honorarkonsuls, getrennt gehalten werden.

10 Die Beschränkung der persönlichen Befreiung von der Strafgerichtsbarkeit auf die Amtsimmunität kann insbesondere bei **Straßenverkehrsdelikten** Probleme aufwerfen. Es ist im Einzelfall zu entscheiden, ob eine Fahrt, in deren Verlauf ein Verkehrsdelikt (Straftat oder Ordnungswidrigkeit) begangen wurde, im Sinne des Art. 43 Abs. 1 WÜK „in Wahrnehmung konsularischer Aufgaben vorgenommen wurde". Das ist zu bejahen, wenn der Gebrauch des Kraftfahrzeugs in engem sachlichen Zusammenhang mit der wirksamen Wahrnehmung konsularischer Aufgaben steht[12], wenn zwischen dem Zweck der Fahrt und der konsularischen Tätigkeit ein solcher innerer und äußerer Zusammenhang besteht, daß die Fahrt selbst noch der konsularischen Tätigkeit zuzurechnen ist[13]. Dem Schutzzweck der Amtsimmunität gemäß, der, wie die Präambel des WÜK ausspricht, nicht die Bevorzugung Einzelner ist, sondern die wirksame Aufgabenerfüllung des Konsulats, wird man hierbei nicht zu großzügig sein können, andererseits jedoch berücksichtigen müssen, daß die Aufgaben der Konsulate gegenüber früheren Zeiten vielfältiger geworden sind. Sie umfassen insbesondere die Begleitung und Förderung des Austausches, der in allen Bereichen des öffentlichen Lebens zwischen der Bundesrepublik Deutschland und dem jeweiligen Entsendestaat stattfindet. Dies bedingt die Anwesenheit bei einer Vielzahl wirtschaftlicher, kultureller, und sonstiger Veranstaltungen im Gastland[14]. Im Einzelfall kann die Grenze zwischen der Wahrnehmung konsularischer Aufgaben und einer privaten Teilnahme am gesellschaftlichen Leben fließend sein. Im Zweifel ist dann Amtsimmunität anzunehmen[15]. Die Fahrt zwischen Konsulat und Privatwohnung genießt allerdings grundsätzlich keinen Immunitätsschutz[16], schon gar nicht, wenn die Fahrt noch mit einem privaten Gaststättenbesuch verbunden ist[17]. Es ist sachgerecht, wenn das LG Stuttgart die Fahrt einer italienischen Konsulatsangestellten zu einer deutsch-italienischen Diskussionsveranstaltung im Auftrag des Konsulats als unter Amtsimmunität stehend gewertet hat[18]. Dagegen wird man die Entscheidung des Oberlandesgericht Hamburg, das einem finnischen Konsulatsbeamten, der eine finnische Besuchergruppe auf die Reeperbahn begleitete, den Immunitätsschutz versagte[19], nicht verallgemeinern dürfen; je nach den Umständen kann auch der Besuch anrüchiger Lokale Wahrnehmung konsularischer Aufgaben sein. Soweit Immunitätsschutz besteht, ist eine Blutentnahme ausgeschlossen. Andernfalls ist eine Blutentnahme möglich, wenn

---

[11] Vgl. BGHSt **36** 396, 399.

[12] BayObLG NJW **1974** 431.

[13] OLG Hamm GA **1967** 286; ebenso OLG Hamburg NJW **1988** 2191; BayObLG NJW **1992** 641; LG Stuttgart VRS **89** (1995) 457; OLG Düsseldorf VRS **92** (1997) 18.

[14] So im Ansatz auch *Kissel*[3] 4; KK-*Pfeiffer*[4] 3.

[15] OLG Schleswig VRS **62** (1982) 277; *Kissel*[3] 4; KK-*Pfeiffer*[4] 3; *Katholnigg*[3] 6.

[16] So schon OLG Hamm GA **1967** 286.

[17] OLG Düsseldorf VRS **92** (1997) 18.

[18] LG Stuttgart VRS **89** (1995) 457.

[19] OLG Hamburg NJW **1988** 2191.

nicht die – nur für Berufskonsularbeamte in Betracht kommende – beschränkte persönliche Unverletzlichkeit des Art. 41 Abs. 2 WÜK (oben 4) entgegensteht.

Die den Berufskonsularbeamten nach Art. 41 WÜK zustehende beschränkte persön- **11** liche Unverletzlichkeit gilt nicht bei **„schweren strafbaren Handlungen".** Der englische Text, eine der fünf verbindlichen Textfassungen, spricht von „grave crime". In dem Rundschreiben des BMI „Diplomaten und andere bevorrechtige Personen" (vgl. 18, 9) war dies früher dahin erläutert, daß es sich um eine im Mindestmaß mit drei Jahren Freiheitsstrafe bedrohte Tat handeln müsse[20]. Diese Umschreibung ist in der geltenden Fassung aufgegeben, kann die Gerichte bei der Auslegung des WÜK ohnehin nicht binden. Es dürfte in der Tat richtiger sein, sich an der Schwere der konkreten Tat zu orientieren und etwa eine Straferwartung von fünf Jahren Freiheitsstrafe zu verlangen[21]. Art. 41 Abs. 1, 2 WÜK lassen die Durchbrechung der persönlichen Immunität der Berufskonsuln in Fällen einer schweren Straftat nur aufgrund einer Entscheidung der zuständigen Justizbehörde zu. Das meint in erster Linie den Richter, auch den Staatsanwalt. Ob, wie das Rundschreiben des BMI (IV B 2) meint, auch die Hilfsbeamten der Staatsanwaltschaft erfaßt sind, ist nicht zweifelsfrei[22], entspricht aber der in Deutschland üblichen Zuordnung der strafverfolgenden Tätigkeit der Polizei zur Justiz[23].

5. Dauer der Befreiung. Beginn und Ende der konsularischen Vorrechte und Immu- **12** nitäten regelt Art. 53 WÜK. Sie beginnen mit der Einreise in das Hoheitsgebiet des Empfangsstaates oder, wenn sich die betreffenden Personen bereits dort befinden, mit der Aufnahme der konsularischen Tätigkeit. Sie enden normalerweise mit der Ausreise oder dem Ablauf einer hierfür gewährten angemessenen Frist. Die Amtsimmunität in Bezug auf die von einem Konsularbeamten oder einem Bediensteten des Verwaltungs- oder technischen Personals in Wahrnehmung seiner Aufgaben vorgenommenen Handlungen bleibt allerdings auf unbegrenzte Zeit bestehen (Art. 53 Abs. 4 WÜK).

§ 20

(1) Die deutsche Gerichtsbarkeit erstreckt sich auch nicht auf Repräsentanten anderer Staaten und deren Begleitung, die sich auf amtliche Einladung der Bundesrepublik Deutschland im Geltungsbereich dieses Gesetzes aufhalten.

(2) Im übrigen erstreckt sich die deutsche Gerichtsbarkeit nicht auf andere als die in Absatz 1 und in den §§ 18 und 19 genannten Personen, soweit sie nach den allgemeinen Regeln des Völkerrechts, auf Grund völkerrechtlicher Vereinbarungen oder sonstiger Rechtsvorschriften von ihr befreit sind.

Schrifttum. *Blumenwitz* Genießt der Vorsitzende des Staatsrats der DDR in der Bundesrepublik Immunität nach den allgemeinen Regeln des Völkerrechts? JZ **1985** 614; *Engel* Zur Immunität eines Sonderbotschafters, JZ **1983** 627; *Wolf* Die völkerrechtliche Immunität des ad-hoc-Diplomaten, EuGRZ **1983** 401.

---

[20] IV B 2 in der Fassung vom 14. 3. **1975**, GMBl. 337, 518, 629, zitiert bei *Kissel*[3] 5; *Kleinknecht/Meyer-Goßner*[45] 3.

[21] Vgl. zu entsprechenden Überlegungen bei der Beratung des WÜK *Jabloner-Fugger* NJW **1964** 712.

[22] Verneinend *Kissel*[3] 5.

[23] Vgl. LR-*Böttcher* § 23 EGGVG, 12ff.

Entstehungsgeschichte. § 20 lautete früher: „Durch die Vorschriften der §§ 18, 19 werden die Vorschriften über den ausschließlichen dinglichen Gerichtsstand in bürgerlichen Rechtsstreitigkeiten nicht berührt". Durch Art. 1 Nr. 4 des Gesetzes vom 25. 3. 1974[1] erhielt § 20 die dem jetzigen Absatz 2 entsprechende Fassung. Der jetzige Absatz 1 wurde eingefügt durch Art. 4 des Gesetzes vom 17. 7. 1984[2] mit der Folge, daß der frühere Inhalt des § 20 nunmehr als Absatz 2 erscheint.

Übersicht

1 **1. „Lex Honecker" (Absatz 1).** Der 1984 eingefügte § 20 Abs. 1 verdankt seine Entstehung einem erwarteten (und einige Zeit später erfolgten) Besuch des Staatsratsvorsitzenden der DDR Erich Honecker. Zwar genießen nach den allgemeinen Regeln des Völkerrechts (und damit nach § 20 a. F., der dem jetzigen § 20 Abs. 2 entspricht) ausländische Staatsoberhäupter auf dem Boden der Bundesrepublik Deutschland Befreiung von deren Gerichtsbarkeit. Auch nach Abschluß des Grundlagenvertrags vom 21. 12. 1972 mit der DDR[3] durfte die DDR in der Bundesrepublik von Verfassungs wegen aber nicht als Ausland angesehen werden; sie war „ein anderer Teil Deutschlands"[4]. Der Staatsratsvorsitzende war demnach nicht ausländisches Staatsoberhaupt und man wollte deshalb, über die partiellen, die Ständige Vertretung der DDR begünstigenden Vorschriften (§ 18, 3) hinaus, eine allgemeine und in abstrakter Fassung die Exterritorialität ausdehnende Vorschrift schaffen[5]. Später hat der Bundesgerichtshof in einem Beschluß nach § 13a StPO die Auffassung vertreten, die Immunität des Staatsratsvorsitzenden der DDR ergebe sich aus den allgemeinen Regeln des Völkerrechts (§ 20 Abs. 2)[6]. Diese Auffassung ist in der Literatur teilweise harsch kritisiert worden[7]. Die Geschichte ist über diese Streitfrage und den Anlaß für die Regelung in Absatz 1 hinweggegangen. Deren Bedeutung ist deshalb nicht entfallen.

2 **Repräsentanten anderer Staaten.** Der Begriff des „Repräsentanten" ist weit zu fassen, reicht also über die Staatsoberhäupter und Mitglieder der Regierungen hinaus. Im damaligen Gesetzgebungsverfahren ist darauf hingewiesen worden, daß insbesondere auch die Manöverbeobachter nach den KSZE-Vereinbarungen davon erfaßt sind[8]. Die Repräsentanten anderer Staaten müssen sich auf amtliche Einladung der Bundesrepublik in Deutschland aufhalten. Amtlich ist eine Einladung, wenn sie offiziell und eindeutig ist, eine besondere Form ist nicht vorgeschrieben. Die Einladung muß von der Bundesrepublik Deutschland ausgegangen sein. Es muß also eine Stelle die Einladung ausgesprochen haben, die dazu für die Bundesrepublik Deutschland befugt ist. Über die Verfassungsorgane des Bundes einschließlich Bundesrat hinaus wird man dies im Hin-

---

[1] BGBl. I S. 761.
[2] BGBl. I S. 990.
[3] BGBl. II S. 421.
[4] BVerfGE **36** 1 ff, 17, 29; BVerfGE **37** 57, 64.
[5] Vgl. dazu BT-Drucks. **10** 1447.
[6] BGHSt **33** 97.
[7] Vgl. *Blumenwitz* JZ **1985** 614; **a. A** *Truckenbrodt* DRiZ **1985** 423.
[8] BT-Prot. vom 7. 6. 1984 S. 5386.

blick auf Wortlaut und Entstehungsschichte nicht ausdehnen können. Es geht also zu weit, wenn *Katholnigg* darauf abstellt, ob die einladende Stelle nach der verfassungsmäßigen Ordnung der Bundesrepublik Deutschland eine entsprechende Einladung aussprechen kann[9]. Einladungen von Landesregierungen oder Landesministern, auch wenn sie den Vorsitz in der entsprechenden Ministerkonferenz führen, reichen nicht aus[10]. Erst recht reichen Einladungen von Kommunen, Universitäten und sonstigen Körperschaften oder Anstalten oder gar von privaten Organisationen nicht aus. Das gilt auch, wenn die entsprechende Einladung mit der Bundesregierung abgestimmt worden ist. Die Befreiung gemäß Absatz 1 erstreckt sich auf die Begleitung des Eingeladenen, d. h. auf die Begleitpersonen, die auf der vom Gastland akzeptierten Delegationsliste genannt sind[11]. Darauf, welche Staatsangehörigkeit der eingeladene Repräsentant eines anderen Staates hat, kommt es nicht an, wie sich aus dem damaligen Anlaß der Regelung ergibt.

2. Weitere Befreiungen (Absatz 2)

a) Allgemeine Bedeutung. Eine dem § 20 Abs. 2 entsprechende Vorschrift enthielt ursprünglich § 18 Satz 2. Gegenüber dieser Vorschrift ist § 20 Abs. 2 dahin erweitert, daß er als Rechtsgrundlage der Befreiung von der deutschen Gerichtsbarkeit nicht nur die allgemeinen Regeln des Völkerrechts und besondere völkerrechtliche Vereinbarungen (bisher „Staatsverträge"), sondern auch „sonstige Rechtsvorschriften" anführt[12]. 3

b) Befreiung nach den allgemeinen Regeln des Völkerrechts. Die allgemeinen Regeln des Völkerrechts sind nach Art. 25 GG unmittelbar geltendes Bundesrecht. Ist in einem Rechtsstreit zweifelhaft, ob eine Regel des Völkerrechts eine allgemeine und damit Bestandteil des Bundesrechts ist, so ist nach Art. 100 Abs. 2 GG vom Gericht die Entscheidung des Bundesverfassungsgerichts einzuholen, die nach § 31 Bundesverfassungsgericht bindende Wirkung hat. Allgemeine Regeln des Völkerrechts sind Regeln, wenn sie von der weitaus größeren Zahl der Staaten – nicht notwendigerweise auch von der Bundesrepublik Deutschland – anerkannt werden[13]. Von der inländischen Gerichtsbarkeit befreit sind danach in erster Linie ausländische Staatsoberhäupter, auch wenn sie sich nicht in amtlicher Eigenschaft in Deutschland aufhalten[14]. Bei Besuchen auf Grund amtlicher Einladung erstreckt sich die Immunität auf die das Staatsoberhaupt begleitenden Angehörigen sowie ihr sonstiges Gefolge. Die Angehörigen von Staatsoberhäuptern genießen im übrigen keine Immunität, so zum Beispiel nicht der in der Bundesrepublik Deutschland studierende Sohn eines Staatspräsidenten[15]. Immunität genießen ferner die Chefs und Minister von Regierungen anderer Staaten bei Besuchen in amtlicher Eigenschaft sowie die sie amtlich begleitenden Angehörigen und ihr sonstiges Gefolge. Immunität genießen ferner die Besatzungen ausländischer Kriegsschiffe und anderer hoheitlichen Zwecken dienenden Staatsschiffe und Luftfahrzeuge, solange sie sich an Bord oder mit Erlaubnis der deutschen Behörden in geschlossenen Abteilungen im Lande befinden, ferner andere geschlossene Truppenkörper, wenn sie sich mit Genehmigung der deutschen Behörden in dienstlicher Eigenschaft in der Bundesrepublik Deutschland aufhalten[16]. Nach den allgemeinen Regeln des Völkerrechts genießen 4

---

9 *Katholnigg*[3] 1.

10 *Wieczorek/Schreiber* 3; *Zöller-Gummer* 1; *Baumbach/Lauterbach-Albers* 1; *Kleinknecht/Meyer-Goßner*[45] 2; **a. A** *Katholnigg*[3] 1; MK-*Wolf* 3.

11 BT-Drs. **10** 1447 S. 14.

12 BGH NJW **1979** 1101 hat Abs. 2 als „lückenausfüllende Generalklausel" bezeichnet.

13 BVerfGE **15** 25, 33 ff; **16** 27, 33; **46** 342 ff.

14 *Oehler* ZStW **91** (1979) 395, 399; vgl. auch Rundschreiben BMI II A 1 Buchst. a (§ 18, 9).

15 Rundschreiben BMI II A 1 Buchst. a.

16 Zum NATO-Truppenstatut unten Rdn. 8.

Immunitätsschutz schließlich auch Diplomaten und Konsularbeamte während der Durchreise durch die Bundesrepublik, um ihr Amt in einem dritten Staat anzutreten oder in ihren Heimatstaat zurückzukehren (vgl. Art. 40 WÜD, Art. 54 WÜK).

5 Die Immunität von Staatsoberhäuptern und Regierungsmitgliedern erfährt im modernen Völkerrecht allerdings eine wichtige Einschränkung. Die **Entwicklung des Völkerstrafrechts** seit dem Nürnberger Internationalen Militärgerichtshof bis hin zum Ständigen Internationalen Strafgerichtshof geht dahin, daß die Immunität von (ehemaligen) Staatsoberhäuptern und Regierungsmitgliedern zugunsten einer Durchsetzung völkerrechtlicher Strafdrohungen gegen Völkermord, Verbrechen gegen die Menschlichkeit und Kriegsverbrechen zurücktritt. Schon die Völkermordkonvention vom 9.12. 1948[17] sah in Artikel IV vor, daß Völkermord zu bestrafen ist, gleichviel ob die Täter regierende Personen, öffentliche Beamte (public officials) oder private Einzelpersonen sind. Das Römische Statut des Internationalen Strafgerichtshofs vom 17.7.1998[18] bestimmt in Art. 27 Abs. 1 Satz 2, daß die amtliche Eigenschaft als Staats- oder Regierungschef, als Mitglied einer Regierung oder eines Parlaments, als gewählter Vertreter oder als Amtsträger einer Regierung eine Person nicht der strafrechtlichen Verantwortlichkeit nach diesem Statut enthebt; Artikel 27 Abs. 2 stellt klar, daß Immunitäten oder besondere Verfahrensregelungen, die nach innerstaatlichem Recht oder nach dem Völkerrecht mit der amtlichen Eigenschaft einer Person verbunden sind, den Gerichtshof nicht an der Ausübung seiner Gerichtsbarkeit hindern. Die Entwicklung[19] zeigt auch durchaus praktische Wirkungen, wie in den Verfahren vor den Internationalen Strafgerichtshöfen für das ehemalige Jugoslawien und für Ruanda sichtbar wird[20]. Die neue Regelung des § 21 zieht daraus die Konsequenz.

6 c) Eine von der Staatenpraxis mit Rechtsüberzeugung getragene gewohnheitsrechtliche Regelung betrifft die Stellung des **Sonderbotschafters** (ad hoc-Botschafters). Danach ist es möglich, von dem Entsendestaat mit einer besonderen politischen Aufgabe ausgestatteten Sonderbotschaftern durch Einzelabsprache mit dem Empfangsstaat über diese Aufgabe und über ihren Status Immunität zu verleihen und sie auf diese Weise insoweit den Mitgliedern der ständigen Missionen der Staaten gleichzustellen. Die Verabredung der Sondermission zwischen dem Entsende- und dem Empfangsstaat kann auch nachträglich, nach Einreise des Botschafters in den Empfangsstaat vorgenommen werden[21]. Ohne Wirkung wäre dagegen eine Verabredung der beiden Staaten lediglich mit dem Zweck, den Abgesandten durch Begründung von Immunität als Person vor Strafverfolgung zu schützen[22]. Mit Beendigung der Sondermission und Ausreise endet die Immunität; sie steht deshalb einer anschließenden Strafverfolgung nicht entgegen[23].

7 **d) Befreiung nach völkerrechtlichen Vereinbarungen.** Gemeint sind hier andere völkerrechtliche Vereinbarungen als das WÜD (§ 18) und das WÜK (§ 19). Solche Vereinbarungen existieren in großer Zahl. Dazu wird auf den Fundstellennachweis B, Beilage zum BGBl. II, Sachgebiet I 4 (Vorrechte und Immunitäten, Konsularverträge) verwiesen. Beispielhaft seien genannt aus dem Bereich

---

17 BGBl. II 1954 S. 729; **1955** II S. 210; dazu *Jeschek* ZStW **66** (1954) 193 ff.

18 BGBl. II 2000 S. 1393.

19 Dazu *Jeschek* GA **1981** 49; *Werle* ZStW **109** (1997) 808; JZ **2000**, 755.

20 Zum Verfahren gegen Pinochet vor dem Britischen Oberhaus vgl. *Paulus* NJW **1999** 2644; zum Ganzen auch *Kissel*³ 11.

21 BGHSt **32** 275, 287 (Fall Tabatabai) = JR **1985** 77 mit zustimmender Anm. *Oehler*; anders noch LG Düsseldorf JZ **1983** 325 mit im Ergebnis zustimmender Anmerkung *Engel*.

22 BGHSt **32** 275, 281.

23 OLG Düsseldorf NJW **1986** 2204 (im Fall T.) = NStZ **1987** 87 mit Anm. *Jakobs*; vgl. auch *Wolf* EuGRZ **1983** 401.

Vereinte Nationen: Übereinkommen vom 13. 12. 1946 über die Vorrechte und Immunitäten der Vereinten Nationen[24]; Abkommen vom 21. 11. 1947 über die Vorrechte und Befreiungen der Sonderorganisationen der Vereinten Nationen[25]; Vereinbarung vom 1.7.1959 über die Vorrechte und Befreiungen der Internationalen Atomenergie-Organisation[26, 27]; aus neuerer Zeit: Abkommen zwischen der Bundesrepublik Deutschland und den Vereinten Nationen über den Sitz des Freiwilligenprogramms der Vereinten Nationen vom 10. 11. 1995[28]; Abkommen vom 18. 8. 1998 zwischen der Regierung der Bundesrepublik Deutschland, den Vereinten Nationen und dem Sekretariat des Übereinkommens der Vereinten Nationen zur Bekämpfung der Wüstenbildung über den Sitz des Ständigen Sekretariats des Übereinkommens[29].

Europarat und Europäische Gemeinschaften: Allgemeines Abkommen vom 2. 9. 1949 über die Vorrechte und Befreiungen des Europarats und Zusatzprotokoll vom 6. 11. 1952[30]; Protokoll über die Vorrechte und Befreiungen der Europäischen Gemeinschaften – Anhang zum Vertrag vom 8. 4. 1965[31]; Protokoll vom 19. 6. 1997 über die Vorrechte und Immunitäten für Europol[32]; Abkommen zwischen der Regierung der Bundesrepublik Deutschland und der Europäischen Zentralbank über den Sitz der Europäischen Zentralbank vom 18. 9. 1998[33].

Nato: NATO-Truppenstatut vom 19. 6. 1951 mit Zusatzabkommen vom 3. 8. 1959[34], zuletzt geändert durch Abkommen vom 18. 3. 1993[35] und Notenwechsel vom 12. 9. 1994[36].

UdSSR: Vertrag vom 12. 10. 1990 zwischen der Bundesrepublik Deutschland und der Union der Sozialistischen Sowjetrepubliken über die Bedingungen des befristeten Aufenthalts und die Modalitäten des planmäßigen Abzugs der Sowjetischen Truppen aus dem Gebiet der Bundesrepublik Deutschland[37]; nach vollständigem Abzug der Truppen bis zum Jahr 1994 ist das Abkommen nurmehr von historischem Interesse.

e) Die Gerichtsbarkeit über die Angehörigen der Truppen der NATO-Partner, die in Deutschland stationiert sind, ist im **NATO-Truppenstatut nebst Zusatzvereinbarungen** (vgl. oben Rdn. 7) geregelt. Die Regelung unterscheidet zwischen der ausschließlichen Gerichtsbarkeit des Entsende- bzw. Aufnahmestaates und einer konkurrierenden Gerichtsbarkeit. Eine ausschließliche deutsche Gerichtsbarkeit ist gegeben, wenn nur nach deutschem Recht Strafbarkeit besteht (Art. 7 Abs. 2 Buchst. b NTS). Im übrigen konkurriert die deutsche Strafgerichtsbarkeit mit der des Entsendestaates (Art. 7 Abs. 1 NTS). Die Konkurrenz ist grundsätzlich dahin geregelt (Art. 7 Abs. 3 Buchst. a NTS), daß die Militärbehörden des Entsendestaates das Vorrecht haben, bei strafbaren Handlungen, die sich gegen den Entsendestaat oder gegen andere Mitglieder seiner Truppen nebst zivilem Gefolge und Angehörigen richten. In den anderen Fällen kommt das Vorrecht der deutschen Strafgerichtsbarkeit zu (Art. VII Abs. 3 Buchst. b NTS). Auf das Vorrecht kann im Einzelfall verzichtet werden (Art. 7 Abs. 3 Buchst. c NTS). Die Bundesrepublik Deutschland hat gemäß Art. 19 Abs. 1 des Zusatzabkommens generell auf ihr Vorrecht nach Art. VII Abs. 3 NTS verzichtet. Der Verzicht kann nach Art. 19 Abs. 3 des Zusatzübereinkommens jedoch im Einzelfall zurückgenommen werden, wenn wesentliche Belange der deutschen Rechtspflege die Ausübung der deutschen Gerichtsbarkeit erfordern. Die Rücknahme wird durch den Staatsanwalt erklärt. Die Erklärung bedarf keiner Form; fernmündliche Erklärung genügt[38]. Das Absehen von einer Rücknahme des Verzichts verletzt den Betroffenen nicht in seinen rechtlich geschützten Inter- 8

24 BGBl. II 1980 S. 941; II 1981 S. 34.
25 BGBl. II 1954 S. 639; II 1993 S. 287; II 1967 S. 1207.
26 BGBl. II 1960 S. 1993, 2321; II 1964 S. 713.
27 Weitere Nachweise bei Katholnigg[3] 4.
28 BGBl. II 1996 S. 903, 1207; II 1998 S. 2603.
29 BGBl. II S. 2694.
30 BGBl. II 1954 S. 493; II 1958 S. 61.
31 BGBl. II 1965 S. 1453, 1482; II 1967 S. 2156.
32 BGBl. II 1998 S. 974.
33 BGBl. II S. 2744.
34 BGBl. II 1961 S. 1183, 1190, 1218; II 1963 S. 745.
35 Gesetz vom 28. 9. 1994, BGBl. II 1994 S. 2594.
36 Gesetz vom 23. 11. 1994, BGBl. II S. 3714, II 1997 S. 222 und 226.
37 BGBl. II 1991 S. 256, 723.
38 Vgl. BGHSt **30** 378, 380.

essen. Eine Anfechtung nach §§ 23ff EGGVG ist deshalb gemäß § 24 Abs. 1 EGGVG nicht möglich[39]. Der Verzicht auf das Vorrecht beinhaltet keine Befreiung von der deutschen Gerichtsbarkeit. Scheidet der Täter aus der verbündeten Truppe aus, ohne daß gegen ihn wegen einer Straftat, die er während seiner Armeezugehörigkeit begangen hat, ein militärgerichtliches Verfahren durchgeführt wird, so steht der Verzicht einer Strafverfolgung durch die deutsche Justiz nicht entgegen[40]. Bei einer Verfahrenseinstellung durch die Militärgerichtsbarkeit ist jeweils zu prüfen, ob diese entsprechend Art. 7 Abs. 8 NTS Strafklageverbrauch bewirkt[41]. Das NATO-Truppenstatut gilt auch für Ordnungswidrigkeiten[42].

9 **f) Befreiung von sonstigen Rechtsvorschriften.** Damit sind die durch die deutsche Rechtssetzung einseitig vorgenommenen Befreiungen gemeint, etwa aufgrund von Ermächtigungen in Ratifizierungsgesetzen, wie sie z. B. jeweils in Artikel 2 der Ratifizierungsgesetze zum WÜD und zum WÜK enthalten sind[43].

§ 21

Die §§ 18 bis 20 stehen der Erledigung eines Ersuchens um Überstellung und Rechtshilfe eines internationalen Strafgerichtshofs, der durch einen für die Bundesrepublik Deutschland verbindlichen Rechtsakt errichtet wurde, nicht entgegen.

Entstehungsgeschichte. § 21 enthielt ursprünglich eine Regelung des Immunitätsschutzes von Konsuln. In Zusammenhang mit der Neuregelung der §§ 18 und 19 durch das Gesetz vom 25. 3. 1974[1] hob Art. 1 Nr. 5 dieses Gesetzes § 21 auf. Die jetzige Regelung in § 21 beruht auf Art. 4 des Gesetzes zur Ausführung des Römischen Statuts des Internationalen Strafgerichtshofes vom 21. 6. 2002[2].

1 **1. Zweck. Das Römische Statut** des Internationalen Strafgerichtshofes vom 17. 7. 1998[3], das von der Bundesrepublik Deutschland gezeichnet und ratifiziert wurde, ist nach seinem Art. 126 in Kraft getreten. Der Gerichtshof, der seinen Sitz in Den Haag hat (Art. 3 Abs. 1 des Statuts), besitzt eigene Völkerrechtspersönlichkeit (Art. 4 Abs. 1 Satz 1 des Statuts). Er hat nach Maßgabe des Statuts die Gerichtsbarkeit über schwerste Verbrechen, welche die internationale Gemeinschaft als Ganzes berühren (Art. 5 Abs. 1 Satz 1 des Statuts). Dazu zählen das Verbrechen des Völkermords (Art. 6 des Statuts), Verbrechen gegen die Menschlichkeit (Art. 7 des Statuts) und Kriegsverbrechen (Art. 8 des Statuts). Art 25 Abs. 1 des Statuts bestimmt, daß der Gerichtshof die Gerichtsbarkeit über natürliche Personen hat. In Art 25 Abs. 2 und 3 des Statuts ist umschrieben, wer bei Vorliegen eines der genannten Verbrechen individuell verantwortlich ist. Art. 27 des Statuts stellt klar, daß das Statut für alle Personen gleichermaßen gilt, ohne jeden Unterschied nach amtlicher Eigenschaft. Insbesondere enthebt nach Art. 27 Abs. 1

---

[39] Vgl. OLG Hamm NStZ **1998** 210 und LR-Böttcher § 23 EGGVG, 41.

[40] BGHSt **28** 96 = JR **1980** 125 mit zustimmender Anmerkung *Oehler*; ebenso *Tröndle/Fischer*[50] Vor § 3, 23.

[41] Vgl. dazu OLG Nürnberg NJW **1975** 2151; OLG Stuttgart NJW **1977** 1019; OLG Stuttgart NStZ **1985** 176; OLG Karlsruhe NStZ **1986** 369.

[42] Vgl. BayObLG NJW **1997** 335; *Göhler* Vor § 59, 41.

[43] *Kissel*[3] 38.

[1] BGBl. I S. 761.

[2] BGBl. I S. 2144.

[3] BGBl. 2000 II S. 1393.

Satz 2 des Statuts die amtliche Eigenschaft als Staats- oder Regierungschef, als Mitglied einer Regierung oder eines Parlaments, als gewählter Vertreter oder als Amtsträger einer Regierung eine Person nicht der strafrechtlichen Verantwortung nach dem Statut und stellt für sich genommen auch keinen Strafmilderungsgrund dar. § 27 Abs. 2 des Statuts bestimmt, dass Immunitäten oder besondere Verfahrensregeln, die nach innerstaatlichem Recht oder nach dem Völkerrecht mit der amtlichen Eigenschaft einer Person verbunden sind, den Gerichtshof nicht an der Ausübung seiner Gerichtsbarkeit über eine solche Person hindern.

Das Gesetz zur Ausführung des Römischen Statuts des Internationalen Strafgerichtshofes **(IStGHG)** vom 21. 6. 2002 regelt die Zusammenarbeit der Bundesrepublik Deutschland mit dem Internationalen Strafgerichtshof. Nach Art. 1 § 1 Abs. 1 Satz 1 IStGHG ergänzt der Internationale Strafgerichtshof die deutsche Strafgerichtsbarkeit. Die Zusammenarbeit des Bundesrepublik Deutschland mit dem Internationalen Strafgerichtshof vollzieht sich nach Art. 1 § 1 Abs. 1 Satz 2 IStGHG nach diesem Gesetz und dem Römischen Statut des Internationalen Strafgerichtshofs. Im einzelnen regelt das IStGHG die Überstellung auf Ersuchen des Gerichtshofs (Art. 1 §§ 2ff IStGHG), die Durchbeförderung (Art. 1 §§ 34ff IStGHG), die Rechtshilfe durch Vollstreckung von Entscheidungen und Anordnungen des Gerichtshofs (Art. 1 §§ 40 IStGHG) und die sonstige Rechtshilfe (Art 1 §§ 47ff IStGHG). Darauf nimmt § 21 Bezug. Die in §§ 18 bis 20 bestimmten, auf Völkerrecht beruhenden Ausnahmen von der deutschen Strafgerichtsbarkeit stehen der Erledigung der genannten Ersuchen des Internationalen Strafgerichtshofs nicht entgegen. Die Entwicklung des Völkerstrafrechts, die dahin geht, daß der überkommene Immunitätsschutz zugunsten einer Durchsetzung völkerstrafrechtlicher Strafdrohungen gegen schwerste Verbrechen wie Völkermord und Verbrechen gegen die Menschlichkeit zurücktreten muß (Vgl. oben § 20, 5), findet nunmehr auch im Wortlauf des GVG Anerkennung. 2

2. Reichweite. § 21 beschränkt sich nicht darauf zu bestimmen, daß Ersuchen des auf der Grundlage des Römischen Statuts zu errichtenden Internationalen Strafgerichtshofs um Überstellung und Rechtshilfe auch dann entsprochen werden kann, wenn nach den §§ 18 bis 20 an sich Immunitätsschutz bestehen würde. Die Regelung ist allgemein gefaßt und betrifft auch Ersuchen anderer internationaler Strafgerichtshöfe, wenn diese durch einen für die Bundesrepublik Deutschland verbindlichen Rechtsakt errichtet wurden[4]. Das Gesetz zur Regelung der Zusammenarbeit mit dem IStGH wurde also genutzt, auch im Verhältnis zu anderen internationalen Strafgerichten klarzustellen, daß der Erledigung von deren Ersuchen um Überstellung und Rechtshilfe die §§ 18 bis 20 nicht entgegenstehen. Voraussetzung ist nur, daß diese internationalen Strafgerichte durch einen für die Bundesrepublik Deutschland verbindlichen Rechtsakt errichtet wurden. Das ist derzeit der Fall beim Jugoslawien-Strafgerichtshof – § 1 des Gesetzes über die Zusammenarbeit mit dem Internationalen Strafgerichtshof für das ehemalige Jugoslawien vom 10. 4. 1995[5] – und beim Ruanda-Strafgerichtshof – § 1 des Gesetzes über die Zusammenarbeit mit dem Internationalen Strafgerichtshof für Ruanda vom 4. 5. 1998[6]. In beiden Fällen ergibt sich die deutsche Verpflichtung jeweils aufgrund deutscher Beteiligung und Zustimmung[7] bzw. unmittelbar aus den auf der Basis der UN-Charta verabschiedeten Resolutionen 827 (1993) bzw. 955 (1994)[8]. 3

[4] Entsprechend verfährt das IStGHG in Art. 3 bei den Änderungen der StPO und in Art. 5 bei den Änderungen des IRG.

[5] BGBl. I S. 485.

[6] BGBl. I S. 843.

[7] So die Entwurfsbegründung der Bundesregierung (BTDrucks. **14** 8527, S. 100).

[8] Darauf stellen *Lagodny/Schomburg* VI A1, VI B1 ab.

4 **3. Beschränkung auf internationale Strafgerichtshöfe.** Nach seinem klaren Wortlaut gilt § 21 nur für die Zusammenarbeit mit internationalen Strafgerichtshöfen, nicht für Strafverfahren wegen einschlägiger Straftaten vor den nationalen Strafgerichten. Dort verbleibt es bei der Geltung der §§ 18 bis 20. Die Entwurfsbegründung bemerkt dazu sybillinisch, § 21 berühre nicht die Fragen möglicher Entwicklungen im Bereich der völkerrechtlichen Immunität vor nationalen Gerichten[9].

[9] BTDrucks. **14** 8527, S. 99 r. Sp.

ZWEITER TITEL

Allgemeine Vorschriften über das Präsidium und die Geschäftsverteilung

Vorbemerkungen

Schrifttum. *Driehaus* Nochmals: Erfahrungen mit den neuen Präsidien, DRiZ **1975** 43; *Kern* Geschichte der Gerichtsverfassung; *Kissel* Die Novelle 1999 zur Präsidialverfassung, NJW **2000** 460; *Kronisch* Präsidialverfassung und Verwaltungsgericht, Zeitschrift für öffentliches Recht in Norddeutschland (NordÖR) **2001** 11; *Niewerth* Änderung der Präsidialverfassung – Einstieg in die Justizreform? DRiZ **2000** 4; *Rieß* Präsidium und Geschäftsverteilung bei der Errichtung neuer Gerichte, DRiZ **1993** 76; *Rosso* Reform der Präsidialverfassung – reformatio in peius? DRiZ **1971** 6; *Schorn* Zweifelsfragen im Rahmen der Präsidialverfassung; DRiZ **1963** 185; *Schorn/Stanicki* Die Präsidialverfassung der Gerichte aller Rechtswege[2] (1975); *Sowada* Der gesetzliche Richter im Strafverfahren (2002) 241ff; *Stanicki* Nochmals zur Präsidialverfassung, DRiZ **1969** 16; *Wassermann* Ist die Präsidialverfassung noch zeitgemäß? NJW **1968** 1513; *Wiebel* Effizienz und Gerichtsverfassung, ZRP **1998** 221; *Zeihe* §§ 21a, 21g und 21e des Gerichtsverfassungsgesetzes, Die Sozialgerichtsbarkeit (SGb) **2000** 665.

Entstehungsgeschichte. Reform 1972[1]. Der Zweite Titel (§§ 21a bis 21i) wurde – unter Aufgabe der vorherigen Überschrift („Zweiter Titel. Gerichtsbarkeit") vor § 12 – eingefügt durch Art. II Nr. 4 des Gesetzes zur Änderung der Bezeichnungen der Richter und ehrenamtlichen Richter und der Präsidialverfassung der Gerichte vom 26. 5. 1972 (BGBl. I S. 841) – **PräsVerfG** –, das am 1. 10. 1972 in Kraft trat[2]. Der Titel wird ergänzt durch den durch das gleiche Gesetz neugefaßten § 22a und den seinerzeit neu eingefügten § 22b. Er trat an die Stelle der Vorschriften, die vormals die Bildung, Zusammensetzung und den Aufgabenbereich des Präsidiums und die Art der Geschäftsverteilung bei den Gerichten regelten (§§ 22a bis 22c, 61 bis 69, 117, 131 a. F); diese Vorschriften wurden aufgehoben oder – § 117 – geändert. Die Reform 1972 war Ergebnis einer längeren – teils mit Schärfe geführten – Auseinandersetzung in den 60er Jahren zur Demokratisierung der Justiz[3]. Zum **Werdegang** des Gesetzes vom 26. 5. 1972 vgl. die 23. Aufl. Vor § 21a, 5, 6 mit Übersicht über die durch dieses Gesetz ersetzten, geänderten oder erledigten Vorschriften des früheren Rechts.

---

[1] Kurzbezeichnung für die hiesigen Erläuterungen zu §§ 21a bis 21i.

[2] Materialien: Gesetzentw. der Bundesregierung BTDrucks. **VI** 557 vom 19. 3. 1970; Bericht des BTRAussch. BTDrucks. **VI** 2903 vom 2. 12. 1971; Beratung im Bundestag in 2. und 3. Lesung in der 159. BTSitzg. vom 15. 12. 1971 Plenarprot. S. 9140 bis 9153; Anrufung des Vermittlungsausschusses durch den Bundesrat BTDrucks. **VI** 3145, teils abgedr. auch in DRiZ **1972** 103, und Bericht über die 376. BRSitzg. vom 9. 2. 1972 Plenarprot. S. 454. Das Ergebnis der Erörterungen im Vermittlungsausschuß war der Vorschlag auf Wiederherstellung des Reg. Entw. in dem strittigen Punkt. Der Bundestag stimmte diesem Vorschlag zu, 178. BTSitzg. vom 16. 3. 1972 Plenarprot. S. 10325ff, der Bundesrat stimmte dem Beschluß des Bundestages zu, 378. BRSitzg. vom 24. 3. 1972, Plenarprot. S. 490.

[3] *Kronisch* NordÖR **2001** 11; *Wassermann* NJW **1968** 1513.

Novelle 1999[4]. Nachdem zwischenzeitlich lediglich Einzelvorschriften – teils nur temporär aufgrund von Übergangsregelungen im Zusammenhang mit der Erweiterung der Bundesrepublik Deutschland um fünf neue Länder – geändert wurden bzw. ihr Regelungsbereich berührt war[5], hat der Zweite Titel durch das Gesetz zur Stärkung der Unabhängigkeit der Richter und Gerichte vom 22. 12. 1999 (BGBl. I S. 2598)[6] – **UnabhStärkG** – tiefgreifende Änderungen erfahren[7]. Ausgangspunkt des von den (Regierungs-) Fraktionen SPD und BÜNDNIS 90/DIE GRÜNEN eingebrachten Gesetzentwurfes vom 4. 5. 1999 (BTDrucks. **14** 979) war die Auffassung, die geltenden Bestimmungen über die Präsidialverfassung der ordentlichen Gerichte entsprächen nicht mehr den gewandelten Anforderungen an die richterliche Selbstverwaltung; die Privilegien einzelner Richter (scil.: der Vorsitzenden) seien demokratisch nicht legitimiert und behinderten eine stärkere Selbstverantwortung aller Richter; mit den vorgeschlagenen Änderungen des Gerichtsverfassungsgesetzes werde die Präsidialverfassung reformiert und die richterliche Selbstverwaltung gestärkt; überkommene Privilegierungen würden beseitigt. Der Gesetzentwurf sah zur Umsetzung dieser Ziele insbesondere folgende Änderungen vor[8]:

- Abbau von Disparitäten hinsichtlich der Präsidiumsgrößen der einzelnen Gerichte durch stärkere Differenzierung der Mitgliederzahlen (§ 21a)[9];
- Beseitigung des Prinzips der funktionalen Parität von Vorsitzenden (sog. Vorsitzenden-Quorum) und beisitzenden Richtern hinsichtlich der Besetzung der Präsidien bei der Zusammensetzung des Präsidiums (§ 21a);
- Änderungen hinsichtlich des aktiven und passiven Wahlrechts (§§ 21b und 21c); u. a. Wegfall der Blockwahl (§ 21b);

[4] Kurzbezeichnung für die hiesigen Erläuterungen zu §§ 21a bis 21i (in Anlehnung an *Kissel* NJW **2000** 460).

[5] EinigungsV vom 18. 9. 1990 (BGBl. II S. 889), Anl. 1 Kap. III Sachgeb. A Abschn. III Nr. 1c; Rechtspflege-Vereinfachungsgesetz (RpflVereinfG) vom 17. 12. 1990 (BGBl. I S. 2847); Rechtspflege-Anpassungsgesetz (RpflAnpG) vom 26. 6. 1992 (BGBl. I S. 1147); Gesetz zur Entlastung der Rechtspflege (RpflEntlG) vom 11. 1. 1993 (BGBl. I S. 50); Gesetz zur Änderg. des RpflAnpG vom 7. 12. 1995 (BGBl. I S. 1590); Zweites Gesetz zur Änderg. des RpflAnpG vom 20. 12. 1996 (BGBl. I S. 2090); Drittes Ges. zur Änderg. des Rechtspflegergesetzes und anderer Gesetze vom 6. 8. 1998 (BGBl. I S. 2030); vgl. hierzu auch *Kronisch* NordÖR **2001** 11.

[6] Berichtigung – zur Fassung des § 22a – vom 26. 9. 2000 (BGBl. I S. 1415)

[7] Materialien: Gesetzentw. der Fraktionen SPD und BÜNDNIS 90/DIE GRÜNDEN BTDrucks. **14** 979 vom 4. 5. 1999; siehe auch Gesetzentwurf des Bundesrates BRDrucks. 47/99 (Beschluss) vom 5. 2. 1999 und BTDrucks. **14** 597 vom 23. 3. 1999 (vgl. Fußn. 9); Beratung im Bundestag in 1. Lesung, 45. BTSitzg. vom 17. 6. 1999 Plenarprot. **14** 45 S. 3806f, 3830 bis 3837); Bericht des BTRAussch. BTDrucks. **14** 1875 (neu) vom 27. 10. 1999; Beratung im Bundestag in 2. und 3. Lesung, 64. BTSitzg. vom 29. 10. 1999 Plenarprot. **14** 64 S. 5757 bis 5765) und Beschluß des Bundestages: Annahme des Gesetzentw. i. d. F. der Empfehlung des BTRechtsausschusses BTDrucks. **14** 1875 (s. BRDrucks. 601/99 vom 5. 11. 1999 – Zuweisung an BRRAussch.); Empfehlungen des BRRAussch. (federführend) BRDrucks. 601/1/99 (Anrufung des Vermittlungsausschusses); Antrag des Landes Baden-Württemberg vom 24. 11. 1999 BRDrucks. 601/2/99 (Anrufung des Vermittlungsausschusses); Anrufung des Vermittlungsausschusses durch den Bundesrat, 765. BRSitzg. vom 26. 11. 1999 Plenarprot. 765 S. 453, BRDrucks. 601/99 (Beschluß vom 26. 11. 1999); Unterrichtung des Bundestages durch den Bundesrat vom 7. 12. 1999 BTDrucks. **14** 2330; Beschlußempfehlung des Vermittlungsausschusses vom 15. 12. 1999 BTDrucks. **14** 2367 (Vorschlag: Zulassung fakultativer statt genereller Richteröffentlichkeit bei Präsidiumssitzungen; Einfügung einer Übergangsvorschrift); Annahme der Beschlußempfehlung des Vermittlungsausschusses durch den Bundestag, 79. BTSitzg. vom 16. 12. 1999 Plenarprot. **14** 79 S. 7290; Antrag der Länder Baden-Württemberg, Bayern, Hessen vom 16. 12. 1999 BRDrucks. 734/1/99 (Einlegung eines Einspruchs); Beschluß des Bundesrates in der 79. Sitzung vom 17. 12. 1999 Plenarprot. 79 S. 491, BRDrucks. 734/99 (keine Einlegung eines Einspruchs).

[8] *Kronisch* NordÖR **2001** 11; umfassend zu den Zielen der Novelle 1999 *Sowada* 421 ff.

[9] Dieses Anliegen wurde bereits vom Gesetzentwurf des Bundesrates vom 23. 03. 1999 (BTDrucks. **14** 597) vertreten.

- Erweiterung der Anhörungsrechte der nicht dem Präsidium angehörenden Richter (§ 21e);
- Wegfall des verstärkten Stimmrechts (Stichentscheids) des Vorsitzenden des Präsidiums bei Stimmengleichheit (§ 21e);
- Einführung der generellen Richteröffentlichkeit (§ 21e);
- Übertragung der Zuständigkeit für die spruchkörperinterne Geschäftsverteilung vom Vorsitzenden auf den gesamten (Berufsrichter-)Spruchkörper mit Stichentscheid des Präsidiums bei Stimmengleichheit (§ 21g).

Bereits kurz zuvor, am 5. 2. 1999, hatte der Bundesrat ebenfalls zu dem Anliegen des Gesetzentwurfs der Regierungsfraktionen den Gesetzentwurf zur Reform der Präsidialverfassung der Gerichte (BRDrucks. 47/99 [Beschluß]), der seinem früheren Gesetzentwurf (BRDrucks. 97/98 [Beschluß], BTDrucks. **13** 11367)[10], der wegen Ablaufs der 13. Legislaturperiode der Diskontinuität anheimgefallen war, entsprach, auf Antrag der Länder Hessen und Schleswig-Holstein erneut im Bundestag eingebracht (BRDrucks. 47/99 vom 26. 1. 1999; BTDrucks. **14** 597 vom 13. 3. 1999)[11]. Der Gesetzentwurf des Bundesrates unterschied sich vom Gesetzentwurf der Regierungsfraktionen in drei Punkten[12]:

- Während der Fraktionsentwurf vorsah (Art. 1 Nr. 4 d), daß grundsätzlich sämtliche Richter des Gerichts das Recht erhalten sollten, an den Präsidiumssitzungen teilzunehmen (generelle Richteröffentlichkeit), sprach sich der Entwurf des Bundesrates (Art. 1 Nr. 4b) dafür aus, die zeitweise Anwesenheit der Richter in das Ermessen des Präsidiums zu stellen (fakultative/eingeschränkte Richteröffentlichkeit).
- Der Fraktionsentwurf sah eine Länderöffnungsklausel vor (Art. 1 Nr. 2b), mit der die Länder ermächtigt werden sollten, anstelle des Mehrheitswahlrechts das Verhältniswahlrecht einzuführen. Eine solche Regelung sah der Entwurf des Bundesrates nicht vor[13].
- Im Gegensatz zum Entwurf des Bundesrates, wonach dem Vorsitzenden bei der spruchkörperinternen Geschäftsverteilung im Falle der Stimmengleichheit ein verstärktes Stimmrecht (Stichentscheid) zustehen sollte (Art. 1 Nr. 5), sah der Fraktionsentwurf für diesen Fall eine Entscheidung des Präsidiums vor (Art. 1 Nr. 5)[14].

---

[10] Materialien: Gesetzesantrag der Länder Hessen und Schleswig-Holstein vom 4. 2. 1998 BRDrucks. 97/98; Zuweisung an BRRAussch., 722. BRSitzg. vom 4. 2. 1998 Plenarprot. 722 S. 81, 107f; Empfehlungen des BRRAusch. BRDrucks. 97/1/98 vom 25. 6. 1998 (Einbringung in geänderter Fassg. und Bestellg. eines Beauftragten); Beschluß des Bundesrates, 728. BRSitzg. vom 10. 7. 1998 Plenarprot. 728 S. 356, 388f: Einbringung entspr. den Empfehlungen u. Bestellg. eines Beauftragten; Gesetzentwurf des Bundesrates vom 25. 8. 1998 BTDrucks. 13/11367 m. Stellungn. d. Bundesreg.

[11] Materialien: Gesetzesantrag der Länder Hessen und Schleswig-Holstein vom 26. 1. 1999 BRDrucks. 47/99; erneute Einbringung des Gesetzentwurfs und Bestellg. eines Beauftragten durch den Bundesrat, 734. BRSitzg. vom 5. 2. 1999 Plenarprot. 734 S. 6: BRDrucks. 47/99 (Beschluß); Empfehlungen des BRRAussch. BRDrucks. 293/99 vom 5. 5. 1999; Beschluß des Bundesrates, 738. BRSitz. vom 21. 5. 1999 Plenarprot. 738 S. 181, 212f/Anl: Bestellg. eines Beauftragten BRDrucks. 293/99 (Beschluß); Gesetzentwurf des Bundesrates BTDrucks. **14** 597 vom 23. 3. 1999; 1. Beratung im Bundestag gemeinsam mit dem Gesetzentwurf der Regierungsfraktionen BTDrucks. **14** 979 (vgl. Fußn. 7), 45. BTSitzg. vom 17. 6. 1999 Plenarprot. **14** 45 S. 3806 f, 3830 ff; weitere Beratung mit Fraktionsentwurf (vgl. Fußn. 7); Beschluß des Bundestages in der 2. Lesung, 64. BTSitzg. vom 29. 10. 1999 Plenarprot. **14** 64 S. 5765: BRGesetzentwurf BTDrucks. **14** 597 für erledigt erklärt.

[12] *Niewerth* DRiZ **1999** 217f.

[13] Gegen diesen Vorschlag wandte sich der Antrag des Landes Baden-Württemberg BRDrucks. 601/2/99 vom 24.11.99, der jedoch in der 745. Sitzung des Bundesrates vom 26. 11. 1999 keine Mehrheit fand (Plenarprot. 745 S. 453, 467).

[14] Auch hiergegen wandte sich das Land Baden-Württemberg, vgl. Fußn. 13.

Die Gesetzesinitiative der Regierungsfraktionen konnte sich im Gesetzgebungsverfahren nicht mit allen Vorschlägen durchsetzen. So rief der Bundesrat den Vermittlungsausschuß an, weil die vom Bundestag beschlossene generelle Richteröffentlichkeit mit Rücksicht auf die Rechte und Interessen betroffener Richterinnen und Richter zu weitgehend sei, zumal hiernach der Ausschluß der Öffentlichkeit von Präsidiumssitzungen nicht auf Antrag des Betroffenen, sondern nur auf Antrag eines Präsidiumsmitglieds möglich sein sollte; vorzugswürdig sei vielmehr die im – (s. oben) früheren in der 13. Wahlperiode eingebrachten – Gesetzentwurf des Bundesrates (BRDrucks. 97/98 [Beschluß]) enthaltene Regelung, nach der die Richteröffentlichkeit in das Ermessen des Präsidiums gestellt und der Schutz der Persönlichkeitsrechte zusätzlich durch die analoge Anwendung des § 171b GVG abgesichert werden sollte[15]. Im übrigen schlug der Bundesrat wegen der zu befürchtenden Rechtsunsicherheiten für einzelne Neuregelungen eine Übergangsvorschrift vor. Der Vermittlungsausschuß hat diesen Vorschlägen entsprochen; mit Zustimmung des Bundestages und Bundesrates ist zum einen die vorgeschlagene Regelung zur (lediglich) fakultativen Richteröffentlichkeit als § 21e Abs. 8 Gesetz geworden und zum anderen die als Art. 5a vorgeschlagene Übergangsregelung in das Gesetz aufgenommen worden[16]. Mit diesen Änderungen haben Bundestag und Bundesrat – dieser gegen das Votum der Länder Baden-Württemberg, Bayern und Hessen – den Gesetzentwurf entsprechend den Empfehlungen des Rechtsausschusses des Bundestages verabschiedet.

Die Änderungen der Präsidialverfassung (Art. 1 des Gesetzes – Änderung des GVG –) traten am 30. 12. 1999 in Kraft (Art. 6), jedoch hinsichtlich einzelner Neuregelungen nach Maßgabe der Übergangsvorschrift des Art. 5a:

Artikel 5a

Übergangsvorschrift

[1]Die Vorschriften des Artikels 1 Nr. 1, 2 und 4 finden erstmalig Anwendung auf Präsidien, deren Mitglieder gemäß § 21b Abs. 4 Satz 2 des Gerichtsverfassungsgesetzes frühestens drei Monate nach dem Inkrafttreten dieses Gesetzes neu gewählt werden. [2]Bei dieser Wahl sind abweichend von § 21b Abs. 4 Satz 1 und 2 des Gerichtsverfassungsgesetzes alle Mitglieder des Präsidiums neu zu wählen. § 21b Abs. 4 Satz 3 des Gerichtsverfassungsgesetzes gilt entsprechend.

Mit dieser Übergangsregelung, die sich auf die Änderungen zu § 21a Abs. 2, § 21b Abs. 1 bis Abs. 3 und 21d Abs. 2 und Abs. 3 beziehen, wird klargestellt, daß die bei Inkrafttreten des Gesetzes bestehenden wie auch die für das folgende Geschäftsjahr bereits beschlossenen Geschäftsverteilungspläne nicht gegenstandslos werden, sondern in Kraft bleiben. Gleichermaßen bleiben mit Inkrafttreten des Änderungsgesetzes die bestehenden Präsidien im Amt; die Neuregelungen zur zahlenmäßigen und „statusunabhängigen" Zusammensetzung des Präsidiums gemäß § 21a Abs. 2, § 21b Abs. 2 werden erst für die nächste Präsidiumswahl wirksam[17]. Die in Art. 5a angesprochenen Neuregelungen finden danach erstmalig Anwendung auf Präsidien, deren Mitglieder gemäß § 21b Abs. 4 Satz 2 frühestens am 1. 4. 2000 neu gewählt werden. Bei dieser ersten Neuwahl sind abweichend von § 21b Abs. 4 Satz 1 und 2 alle Mitglieder des Präsidiums

---

15 BRDrucks. 601/1/99 Nr. 1; § 21e, 69.

16 Vgl. zum Gang des Gesetzgebungsverfahrens sowie zur Novelle 1999 allgemein *Kissel* NJW **2000** 460; *Niewerth* DRiZ **1999** 217; DRiZ **2000** 4; Beiträge ohne Verf.-Angabe in DRiZ **1998** 183 und DRiZ **1999** 464.

17 Umfassend zur Übergangsregelung *Kissel* NJW **2000** 460; *Kronisch* NordÖR **2001** 11; *Kissel*[3] § 21a, 17.

neu zu wählen; es sind demnach nicht nur die wegen Ablaufs der Wahlperiode ausscheidenden Richter zu ersetzen. Die sodann zum ersten Mal ausscheidenden Mitglieder werden durch das Los bestimmt, § 21c Abs. 4 Satz 3.

Übersicht

I. Zweck der Vorschriften über die Präsidialverfassung

1. Selbstverwaltung und Unabhängigkeit. Die Vorschriften über das Präsidium und die Geschäftsverteilung, §§ 21a bis 21i, – Präsidialverfassung –, beinhalten die **institutionalisierte Selbstverwaltung** der Gerichte durch Übertragung der Aufgaben der Geschäftsverteilung (§ 21e) auf das sich aus Richtern zusammensetzende **Präsidium** (§ 21a). Da dies mit dazu dient, außergerichtlichen Einfluß, etwa der Justizerwaltung, auf die Abläufe bei den Gerichten auszuschließen, wird hierdurch die **Unabhängigkeit der Gerichtsbarkeit** als dritter Gewalt gegenüber der Exekutive gesichert. Dies bedeutet zugleich eine **Stärkung der Unabhängigkeit des einzelnen Richters**, Art. 97 Abs. 1 GG. Auf die Sicherung der Unabhängigkeit des einzelnen Richters auch innerhalb des jeweiligen Richterkollegiums zielen die Einzelregelungen, insbesondere die Regelungen zur Geschäftsverteilung durch das Präsidium, die die Aufgaben für ein Jahr zuweisen und eine zwischenzeitliche Änderung grundsätzlich ausschließen. 1

2. Gesetzlicher Richter. Die Regelungen über die Präsidialverfassung, die die Unabhängigkeit der Richter gewährleisten, dienen der Konkretisierung des **Verfassungsgrundsatzes des gesetzlichen Richters**, Art. 101 Abs. 1 GG, § 16 Satz 2 GVG. Dies gilt namentlich für die Verteilung der Geschäfte und die Bestimmung der Mitwirkungsgrundsätze, also für die Aufstellung der spruchkörperinternen Geschäftsverteilungs- und Mitwirkungspläne, § 21g Abs. 1 und 2 (vgl. § 21g, 1). 2

II. Inhalt der Regelungen

1. Präsidien bei allen Gerichten. Ein Präsidium besaßen bis zur **Reform 1972** alle Kollegialgerichte (Landgericht, Oberlandesgericht, Bundesgerichtshof). Die mit mehreren Richtern besetzten Amtsgerichte hatten ein eigenes Präsidium nur, wenn es sich um ein besonders großes, d. h. mit einem Präsidenten besetztes Amtsgericht handelte (§ 22a a. F). Bei den übrigen Amtsgerichten regelte das Präsidium des übergeordneten Landgerichts die Verteilung der Geschäfte unter die Richter des Amtsgerichts und ihre Ver- 3 tretung in Verhinderungsfällen. War jedoch einem Amtsgerichtspräsidenten von der Justizverwaltung die Dienstaufsicht über andere im Bezirk des übergeordneten Landgerichts gelegene Amtsgerichte übertragen, so trat das Präsidium des großen Amtsgerichts an die Stelle des Präsidiums des Landgerichts (§ 22c a. F). Dagegen bestimmt § 21a Abs. 1, daß bei **jedem Gericht** – mit Ausnahme der nur mit einem Richter besetzten Amtsgerichte (vgl. § 21a, 1) – ein Präsidium gebildet wird. Dem liegt der Gedanke zugrunde, daß das Präsidium ein „zentrales Organ der richterlichen Selbstverwaltung" ist und deshalb kein Gericht dieses Organ entbehren kann (Begr. zum Entw. BTDrucks. **VI** 557 S. 15).

2. Zusammensetzung des Präsidiums

4 **a) Früheres Recht – vor der Reform 1972 –.** Nach früherem Recht – vor der Reform 1972 – (§§ 64, 117, 131 a. F) war die Zusammensetzung unterschiedlich, je nachdem, ob es sich um kleine oder große – mit mehr als zehn Vorsitzenden Richtern besetzte – Kollegialgerichte handelte. Bei den „kleinen" Gerichten bestand das Präsidium nur aus „geborenen" Mitgliedern (dem Präsidenten, den Vorsitzenden Richtern und den beiden dienstältesten Mitgliedern). Bei den „großen" Kollegialgerichten setzte sich das Präsidium teils aus „geborenen" Mitgliedern (dem Präsidenten, seinem ständigen Vertreter und den acht dienstältesten Vorsitzenden Richtern), teils aus „gekorenen" Mitgliedern zusammen, nämlich drei „von der Gesamtheit der Mitglieder des Gerichts" gewählten Richtern („Räten"). Die Einzelheiten der Wahl (aktives und passives Wahlrecht, Wahlvorgang) und die Folgen einer fehlerhaften Wahl nach innen (Anfechtbarkeit?) und außen (Anfechtung der Entscheidungen des Spruchkörpers, dessen Besetzung von einem fehlerhaft gebildeten Präsidium beschlossen war), waren nur summarisch oder gar nicht geregelt.

5 **b) Geltendes Recht.** Das geltende Recht (§ 21a) beruht – auch in der Fassung **der Novelle 1999** – auf dem Gedanken, daß sich das Präsidium möglichst aus von den Richtern des Gerichts **„gekorenen" Mitgliedern** zusammensetzt. Denn – so die Begr. zum Entw. des Reformgesetzes 1972 (BTDrucks. **VI** 557 S. 15) – „die Selbstverwaltung ist eine Angelegenheit aller Richter des Gerichts. Sie wird nach außen sichtbar durch die Verteilung der Geschäfte auf die einzelnen Spruchkörper und die Verteilung des Vorsitzes in den einzelnen Spruchkörpern. Es erscheint daher notwendig und folgerichtig, jedem Richter des Gerichts zumindest eine Einflußnahme auf die Zusammensetzung des diese Geschäfte ausführenden Gremiums zu ermöglichen. Allen Richtern – nicht nur den nach ihrer Dienststellung herausgehobenen und zugleich dienstältesten Richtern – des Gerichts sollte eine Mitwirkung in diesem Gremium möglich sein". **„Geborene" Mitglieder** sind nur die Gerichtspräsidenten (bei Amtsgerichten ohne Präsidenten der aufsichtführende Richter) als Vorsitzende; weitere Ausnahmen ergeben sich aus § 21a Abs. 2 Nr. 5 (vor der Novelle 1999: § 21a Abs. 2 Satz 1 Nr. 3). Die Zahl der Mitglieder ist nach der Größe des Gerichts (der Zahl seiner Richterplanstellen) abgestuft. Die bisherige Regelung, wonach die **Hälfte der gewählten Richter** bei den Kollegialgerichten **aus Vorsitzenden Richtern** bestehen mußte, weil „die Arbeit im Präsidium … neben der fachlichen Befähigung insbesondere Personalkenntnisse und Erfahrung (erfordert)" und „beides … am ehesten bei den Vorsitzenden der Spruchkörper zu erwarten (ist)" (Begr. Zum Entw. des Reformgesetzes 1972 BTDrucks. **VI** 557 S. 16), ist **durch die Novelle 1999 abgeschafft** worden. Für diese einschneidende Änderung wurde neben den bereits genannten Gründen (vgl. oben Entstehungsgeschichte) angeführt, daß die in den vergangenen 25 Jahren eingetretenen Rechtsentwicklungen und das veränderte Anforderungsprofil, dem sich die Justiz stellen müsse, eine Strukturveränderung zur Steigerung

der Effizienz der Justiz und der Eigenverantwortung der Richter notwendig machten (Begründung des Gesetzentwurfs BTDrucks. **14** 979 S. 4). Um dieses Ziel zu erreichen, sei u. a. auch erforderlich, die hervorgehobene Stellung der Vorsitzenden Richter zugunsten der Gleichrangigkeit der Richter zurückzufahren und zugleich Regelungen vorzusehen, die die Findung einvernehmlicher Lösungen für die Geschäftsverteilung und die anderen vom Präsidium zu entscheidenden Fragen unterstützen. Diese allgemeine Begründung des Gesetzentwurfs entsprach wortgleich der Begründung des Entwurfs des Bundesrates (BTDrucks. **14** 597 S. 4). Über die **Wahl** trifft das Gesetz **eingehende Regelungen**, die teils unmittelbar im Gesetz, teils in einer RechtsVO über das Wahlverfahren enthalten sind (§ 21b Abs. 1 bis 5); grundsätzlich gilt das Mehrheitswahlrecht (§ 21b Abs. 3 Satz 2), jedoch enthält § 21b Abs. 3 Satz 3 eine Öffnungsklausel, die es dem Landesrecht überläßt, das Verhältniswahlrecht einzuführen (Begründung zum Gesetzentw. BTDrucks. **14** 979 S. 4). Das Gesetz regelt insbesondere die Folgen einer fehlerhaften Wahl nach innen und außen (§ 21b Abs. 6) und trifft Bestimmung über die Beschlußfähigkeit des Präsidiums und die Eilzuständigkeit des Präsidenten oder aufsichtsführenden Richters (§ 21i).

3. Erweiterter Aufgabenbereich des Präsidiums

a) Früheres Recht – vor der Reform 1972 –. Die dem Präsidium zugewiesenen Aufgaben bestanden früher hauptsächlich (vgl. ergänzend § 21e, 2) in der Aufstellung des Geschäftsverteilungsplans. Er umfaßte die Verteilung der Geschäfte des Gerichts unter die Spruchkörper (Abteilungen des Amtsgerichts, Kammern des Landgerichts, Senate des Oberlandesgerichts und des Bundesgerichtshofs) derselben Art, die Besetzung der Spruchkörper mit Beisitzern und die Regelung der Vertretung, ferner die Bestellung der Ermittlungsrichter des Oberlandesgerichts und des Bundesgerichtshofs (§ 169). Dagegen war die Verteilung des Vorsitzes in den Spruchkörpern, soweit der Gerichtspräsident nicht den Spruchkörper bestimmte, dem er sich anschloß, Sache des Vorsitzenden-Kollegiums („Direktorium", „Senatorium"; § 62 a. F). **6**

b) Geltendes Recht. Das PräsVerfG vom 26. 5. 1972 – Reform 1972 – beseitigte das Direktorium (Senatorium) und erweiterte die im übrigen aufrechterhaltenen Aufgaben des Präsidiums um die Aufgaben des Vorsitzendenkollegiums, weil es „nicht erforderlich und auch nicht gerechtfertigt" sei, die Verteilung des Vorsitzes als eines Teils der Geschäftsverteilung dem Präsidium **als dem „zentralen" Organ der richterlichen Selbstverwaltung** zu entziehen (Begr. zum Entw. des Reformgesetzes 1972 – PräsVerfG – BTDrucks. **VI** 557 S. 16). **7**

c) Schrifttum. Im Schrifttum ist darüber hinaus aus der Summe der einzelnen Neuregelungen z. T. hergeleitet worden, es bestehe nunmehr der Grundsatz der Allzuständigkeit, kraft dessen das Präsidium grundsätzlich für alle Aufgaben und Befugnisse im Zusammenhang mit der Geschäftsverteilung im weiteren Sinn zuständig sei. Diese Auffassung findet indessen im Gesetz keine Stütze (dazu § 21e, 3). **8**

III. Geltungsbereich der Vorschriften des Zweiten Titels

1. Sachlicher Geltungsbereich. Die Vorschriften über die Präsidialverfassung, §§ 21a bis 21i, gelten unmittelbar nur für die ordentliche Gerichte (§ 12, § 2 EGGVG), entsprechend gelten sie – teils mit Ergänzungen oder bereichsspezifischen Abweichungen – auch für die übrigen Gerichtsbarkeiten, und zwar u. a. für die Arbeitsgerichtsbarkeit **9**

(§ 6a ArbGG), die Verwaltungsgerichtsbarkeit (§ 4 VwGO), die Finanzgerichtsbarkeit (§ 4 FGO), Sozialgerichtsbarkeit (§ 6 SGG), Patentgerichtsbarkeit (§ 99 PatG), die Anwaltsgerichtsbarkeit (§§ 97, 105 BRAO), Notargerichtsbarkeit (§§ 102, 107 BNotO), Wehrdisziplinargerichtsbarkeit (§ 72 WDO).

2. Räumlicher Geltungsbereich

10 **a) Neue Bundesländer.** Die Vorschriften über die Präsidialverfassung galten für die Kreis- und Bezirksgerichte in den neuen Bundesländern[18] mit dem Zeitpunkt des Beitritts am 3.10.1990 nach den Maßgaben des Einigungsvertrages (Anlage I Kapitel III Sachgebiet A Abschnitt III Nr. 1 Buchst. c EVertr); die Maßgaben bezogen sich auf die Zusammensetzung der Präsidien. Diese Maßgaben sind durch § 31 Abs. 1 Nr. 1a des Rechtspflege-Anpassungsgesetzes (RpflAnpG) vom 26.6.1992 (BGBl. I S. 1147) aufgehoben worden. Seither gelten die Regelungen des **§ 10 RpflAnpG**[19] – geändert durch § 3 des Gesetzes zur Änderung des Rechtspflege-Anpassungsgesetzes vom 7.12.1995 (BGBl. I S. 1590), Art. 2b des Dritten Gesetzes zur Änderung des Rechtspflege-Anpassungsgesetzes vom 6.8.1998 (BGBl. I S. 2030) sowie zuletzt durch Artikel 3 Nr. 2 des Gesetzes zur Stärkung der Unabhängigkeit der Richter und Gerichte vom 22.12.1999 (BGBl. I S. 2598) –; die geltende Fassung dieser Vorschrift lautet:

§ 10

Präsidium und Geschäftsverteilung

(1) [1]Für das am 1. Januar 2000 beginnende Geschäftsjahr sind in den in Artikel 1 Abs. 1 des Einigungsvertrages genannten Ländern die Präsidien nach § 21a Abs. 2 Nr. 1 bis 4 des Gerichtsverfassungsgesetzes neu zu wählen. [2]Bis dahin gelten die besonderen Vorschriften in den folgenden Absätzen 2 bis 3.

(2) Abweichend von § 21b Abs. 1 Satz 2 des Gerichtsverfassungsgesetzes sind alle nach § 21b Abs. 1 Satz 1 des Gerichtsverfassungsgesetzes wahlberechtigten Richter wählbar.

(3) (aufgehoben)

(4) [1]Abweichend von § 21f Abs. 1 des Gerichtsverfassungsgesetzes können bis zum Ablauf des am 31. Dezember 2004 endenden Geschäftsjahres neben Vorsitzenden Richtern auch andere Richter auf Lebenszeit den Vorsitz führen. [2]Diese Vorsitzenden bestimmt das Präsidium.

(5) Abweichend von Absatz 4 darf in den in Artikel 1 Abs. 1 des Einigungsvertrages genannten Ländern bis zum Ablauf des 31. Dezember 1996 bei den Landgerichten auch ein Richter auf Probe oder kraft Auftrags ein Jahr nach seiner Ernennung den Vorsitz in einer mit einem Richter besetzten Kammer führen oder in anderen Kammern den Vorsitzenden vertreten.

11 **b) Errichtung von neuen Gerichten.** Das frühere Recht enthielt keine ausdrücklichen Vorschriften über die Bildung von Präsidien und die Wahrnehmung der ihnen übertragenen Aufgaben bis zu ihrer Bildung bei der Errichtung von neuen Gerichten. Wegen der sich hieraus ergebenden Schwierigkeiten bei der Bildung und Wahl der Präsidien neu zu errichtender Gerichte hielt der Gesetzgeber eine – **für das gesamte Bundesgebiet geltende – Regelung** für erforderlich, da wegen der in den neuen Ländern seinerzeit bevorstehenden Ausgliederung der Gerichte der Verwaltungs-, Finanz-, Arbeits- und Sozialgerichtsbarkeit und der Errichtung aller Amts-, Land- und Oberlandesgerichte eine solche Situation gehäuft bevorstand (vgl. Begründung zu § 28 des Entw. der Bundesregierung eines Gesetzes zur Anpassung der Rechtspflege im Beitrittsgebiet – RpflAnpG

[18] *Stelkens* JuS **1991** 991.

[19] *Rieß* DtZ **1992** 226, 229; LR-*Rieß*[24] GVG (Anh.) Rdn. 63.

– BRDrucks. 10/92 S. 111 bzw. BTDrucks. **12** 2168 S. 37)[20]. Diese Regelungslücke hat der Gesetzgeber mit **§ 30 RpflAnpG** (Gesetz vom 26. 6. 1992 [BGBl. I, S. 1147]) geschlossen[21], der – geändert durch Artikel 3 Nr. 3 des Gesetzes zur Stärkung der Unabhängigkeit der Richter und Gerichte vom 22. 12. 1999 (BGBl. I S. 2598) – wie folgt lautet:

§ 30

Präsidium und Geschäftsverteilung bei der Errichtung von Gerichten

(1) [1]Wird ein Gericht errichtet und ist das Präsidium nach § 21a Abs. 2 Nr. 1 bis 4 des Gerichtsverfassungsgesetzes zu bilden, so werden die in § 21e des Gerichtsverfassungsgesetzes bezeichneten Anordnungen bis zur Bildung des Präsidiums von den Präsidenten oder aufsichtsführenden Richter getroffen. [2]§ 21i Abs. 2 Satz 2 bis 4 des Gerichtsverfassungsgesetzes gilt entsprechend.

(2) [1]Ein Präsidium nach § 21a Abs. 2 Nr. 1 bis 4 ist innerhalb von drei Monaten nach der Errichtung des Gerichts zu bilden. [2]Die in § 21b Abs. 4 Satz 1 des Gerichtsverfassungsgesetzes bestimmte Frist beginnt mit dem auf die Bildung des Präsidiums folgenden Geschäftsjahr, wenn das Präsidium nicht zu Beginn eines Geschäftsjahres gebildet wird.

(3) An die Stelle des in § 21d Abs. 1 des Gerichtsverfassungsgesetzes bezeichneten Zeitpunkts tritt der Tag der Errichtung des Gerichts.

(4) [1]Die Aufgaben nach § 1 Abs. 2 Satz 2 und 3 und Abs. 3 der Wahlordnung für die Präsidien der Gerichte vom 19. September 1972 (BGBl. I S. 1821) nimmt bei der erstmaligen Bestellung des Wahlvorstandes der Präsident oder aufsichtsführende Richter wahr. [2]Als Ablauf des Geschäftsjahres in § 1 Abs. 2 Satz 2 und § 3 Satz 1 der Wahlordnung für die Präsidien der Gerichte gilt der Ablauf der in Absatz 2 Satz 1 genannten Frist.

§ 21a

(1) Bei jedem Gericht wird ein Präsidium gebildet.

(2) Das Präsidium besteht aus dem Präsidenten oder aufsichtführenden Richter als Vorsitzenden und

1. bei Gerichten mit mindestens achtzig Richterplanstellen aus zehn gewählten Richtern,
2. bei Gerichten mit mindestens vierzig Richterplanstellen aus acht gewählten Richtern,
3. bei Gerichten mit mindestens zwanzig Richterplanstellen aus sechs gewählten Richtern,
4. bei Gerichten mit mindestens acht Richterplanstellen aus vier gewählten Richtern,
5. bei den anderen Gerichten aus den nach § 21b Abs. 1 wählbaren Richtern.

Schrifttum. *Kern* Geschichte der Gerichtsverfassung 221 ff; *Kissel* Die Novelle 1999 zur Präsidialverfassung NJW **2000** 460; *Kronisch* Präsidialverfassung und Verwaltungsgericht, Zeitschrift für öffentliches Recht in Norddeutschland (NordÖR) **2001** 11; *Rieß* Präsidium und Geschäftsverteilung bei der Errichtung neuer Gerichte DRiZ **1993** 76. *Schorn/Stanicki* Die Präsidialverfassung der Gerichte aller Rechtswege[2] (1975) 23 ff; *Zeihe* §§ 21a, 21g und 21e des Gerichtsverfassungsgesetzes, Die Sozialgerichtsbarkeit (SGb) **2000** 665.

[20] *Jöhnk* NVwZ **1991** 967; *Rieß* DtZ **1992** 229; DRiZ **1993** 76.

[21] Umfassende Erläuterungen zu § 30 RpflAnpG bei LR-*Rieß*[24] GVG (Anh.) Rdn. 6 ff.

Entstehungsgeschichte. § 21a beruht auf Artikel II Nr. 4 des Gesetzes zur Änderung der Bezeichnungen der Richter und ehrenamtlichen Richter und der Präsidialverfassung der Gerichte vom 31. 5. 1972 (BGBl. I S. 841) – **Reform 1972** –, mit dem die Präsidialverfassung grundlegend reformiert wurde (Einfügung des Zweiten Titels – §§ 21a bis 21i). Die seither – bis zur Novelle 1999 – unveränderte Fassung – lautete:

(1) Bei jedem Gericht wird ein Präsidium gebildet.

(2) [1]Das Präsidium besteht aus dem Präsidenten oder aufsichtführenden Richter als Vorsitzenden und
1. bei Gerichten mit mindestens zwanzig Richterplanstellen aus acht gewählten Richtern,
2. bei Gerichten mit mindestens acht Richterplanstellen aus vier gewählten Richtern,
3. bei den anderen Gerichten aus den nach § 21b Abs. 1 wählbaren Richtern.

[2]Die Hälfte der gewählten Richter sind bei den Landgerichten, bei den Oberlandesgerichten und beim Bundesgerichtshof Vorsitzende Richter; sind bei einem Gericht nicht mehr als die hiernach zu wählenden Vorsitzenden Richter vorhanden, so gelten diese als gewählt.

Die geltende Fassung beruht auf dem Gesetz zur Stärkung der Unabhängigkeit der Richter und Gerichte vom 22. 12. 1999 (BGBl. I S. 2598) – **Novelle 1999** –, durch das § 21a eine weitgehende Neufassung erfahren hat.

Übersicht

1 **1. Präsidium bei allen Gerichten (Absatz 1).** § 21a Abs. 1 stellt klar, daß bei jedem Gericht ein eigenes Präsidium zu bilden ist (dazu Vor § 21a, 3); **bei Neuerrichtungen** muß dies **innerhalb** von **drei Monaten** geschehen **(§ 30 Abs. 2 RpflAnpG)**[1]. Absatz 2 regelt die Größe und die Zusammensetzung des Präsidiums. Der Wortlaut des § 21a Abs. 1 ist allerdings insofern unzutreffend, als bei dem nur mit *einem* Richter besetzten Amtsgericht ein eigenes Präsidium nicht besteht und für Situationen, die einer Regelung in einem Geschäftsverteilungsplan bedürfen, auf andere Weise gesorgt ist (vgl. dazu § 22b). Korrekt müßte Absatz 1 lauten: „Bei jedem mit mehr als einem Richter besetzten Gericht wird ein Präsidium gebildet"[2]. Die Bildung des Präsidiums erfolgt, soweit es nach Absatz 2 einer Wahl bedarf, durch die Richter eines jeden Gerichts (zur Wahlberechtigung § 21b) bzw. hinsichtlich des Vorsitzenden des Präsidiums kraft Gesetzes (Abs. 2 Halbsatz 1). Nach der *früheren Regelung* des durch das Gesetz zur Stärkung der Unabhängigkeit der Richter und Gerichte vom 22. 12. 1999 (BGBl. I S. 2598) – **Novelle 1992** – abgeschafften Absatz 2 Satz 2 war das Präsidium zur Hälfte mit Vorsitzenden Richtern (sog. Vorsitzenden-Quorum) zu besetzen bzw. die Vorsitzenden Richter galten kraft Gesetzes als gewählt, wenn bei einem Gericht nicht mehr als die zu wählenden Vorsitzenden Richter vorhanden waren, sie also die Hälfte der zu wählenden Richter ausmachten (Absatz 2 Satz 1 Nr. 3, Satz 2 Halbsatz 2 a. F.).

---

[1] *Rieß* DtZ **1992** 226; DRiZ **1993** 76; Erläuterungen zu § 30 RpflAnpG bei LR-*Rieß*[24] GVG (Anh.) Rdn. 6ff.

[2] Ebenso *Kleinknecht/Meyer-Goßner*[45] 2; KK-*Diemer*[4] 6; *Schorn/Stanicki* 23ff, **a. M** *Kissel*[3] 9.

2. Geschichtliche Entwicklung des Präsidiums und seiner Zusammensetzung. Die früher – vor der **Reform 1972** – in § 64 Abs. 2, 3 a. F. enthaltenen Vorschriften über die Größe und Zusammensetzung des landgerichtlichen Präsidiums, die den Ausgangspunkt für die Regelung des Präsidialsystems bei den übrigen Gerichten der ordentlichen Gerichtsbarkeit bildeten, sind im Lauf der Zeit wiederholt geändert worden. Nachdem schon lange vorher Versuche eingesetzt hatten, das Präsidium zu beseitigen oder der Justizverwaltung in anderer Weise Einfluß auf die Geschäftsverteilung zu verschaffen[3], wurden durch Gesetz vom 24. 11. 1937 (RGBl. I S. 1286) unter dem Gesichtspunkt des „Führerprinzips" das Präsidium beseitigt und die ihm bisher obliegenden Aufgaben auf die Präsidenten der Gerichte als Justizverwaltungsangelegenheit übertragen Das VereinhG 1950 stellte das Präsidium wieder her, schuf daneben aber das Vorsitzendenkollegium, dem die früher ebenfalls dem Präsidium zustehende Aufgabe zufiel, die Vorsitzenden der einzelnen Kammern zu bestimmen (vgl. Vor § 21a, 3). Bei der Wiederherstellung des Präsidiums wurde an dem durch das Gesetz vom 4. 7. 1933 durchgeführten Grundsatz der Verkleinerung des Präsidiums bei großen Landgerichten festgehalten, jedoch mit folgenden Abweichungen: a) große Landgerichte waren nur diejenigen mit mehr als zehn (früher sechs) Vorsitzenden Richtern („Direktoren"); b) acht (früher fünf) Direktoren gehörten – neben dem ständigen Vertreter des Präsidenten – dem Präsidium an; c) diese wurden nicht gewählt, sondern die Zugehörigkeit bestimmte sich nach dem Dienstalter; d) hinzutraten drei (nicht zwei) von den übrigen Mitgliedern gewählte Mitglieder. Das StPÄG 1964 bestimmte, daß bei „kleinen" Landgerichten stets die beiden dienstältesten Landgerichtsräte dem Präsidium angehörten. Bis dahin lautete § 64 Abs. 2: „Das Präsidium wird durch den Präsidenten als Vorsitzenden, die Direktoren und das dem Dienstalter nach, bei gleichem Dienstalter das der Geburt nach älteste Mitglied, gebildet; ist kein Direktor ernannt, so besteht das Präsidium aus dem Präsidenten und den beiden ältesten Mitgliedern." Eine umfassende Reform der Präsidialverfassung brachte das am 1. 10. 1972 in Kraft getretene Gesetz zur Änderung der Bezeichnung der Richter und ehrenamtlichen Richter und der Präsidialverfassung der Gerichte vom 26. 5. 1972 (BGBl. I S. 841) – **Reform 1972** –. Durch das Gesetz zur Stärkung der Unabhängigkeit der Richter und Gerichte vom 22. 12. 1999 (BGBl. I S. 2598) – **Novelle 1999** – hat die Präsidialverfassung nunmehr eine weitgehende Novellierung erfahren, die im wesentlichen für die nach dem 30. 3. 2000 neu zu wählenden Präsidien Wirkung hat. 2

3. Richterliche Unabhängigkeit. Wie in Einl. Abschn. I 15 ausgeführt, handeln die Mitglieder des Präsidiums als Mitglieder des eigenständigen „zentralen Organs der richterlichen Selbstverwaltung" (Vor § 21a, 3) bei Ausübung ihres Amtes in richterlicher Unabhängigkeit[4]. Dies gilt auch für den Präsidenten (aufsichtsführenden Richter: dazu § 22, 39); auch er ist in seiner Eigenschaft als Vorsitzender des Präsidiums Richter, also Rechtsprechungsorgan, nicht Organ der Justizverwaltung und daher nach § 1 unabhängig und an keine Verwaltungsanweisungen gebunden (§ 21e, 6). Jedoch kann sich die Justizverwaltung seiner bedienen, um dem Präsidium ihre Ansicht über bestimmte Fragen zur Kenntnis zu bringen. Wegen der Vertretung des als Präsidiumsvorsitzender verhinderten Präsidenten (aufsichtführenden Richters) vgl. § 21c Abs. 1. Als Vorsitzender hat der Präsident nur gleiches Stimmrecht wie die übrigen Mitglieder; bei Stimmengleichheit gibt seine Stimme – anders noch die durch die Novelle 1999 abgeschaffte Regelung des § 21e Abs. 7 a. F. – nicht den Ausschlag. Bei der Erfüllung seiner Aufgaben 3

---

[3] Vgl. *Eb. Schmidt* I Nr. 483; *Schorn/Stanicki* 7ff; *Kern* 221ff.

[4] *Kissel*[3] § 21e, 7, 20; MünchKomm-*Wolf*[2] 13.

als Vorsitzender des Präsidiums kann sich der Präsident zwar – z. B. bei der Vorbereitung von Sitzungen des Präsidiums – der Mithilfe anderer Personen, insbes. des sog. Präsidialrichters, bedienen, seine Aufgaben als Ganzes aber nicht auf diesen übertragen[5].

4 **4. Größe des Präsidiums (Absatz 2).** Die **Größe des Präsidiums** ist nach der Zahl der Richterplanstellen abgestuft. Richterplanstellen sind die Stellen, die im Haushaltsplan für das betreffende Gericht am Stichtag (dazu § 21d) zur Besetzung mit Richtern auf Lebenszeit (§ 28 DRiG) vorgesehen sind; ob sie tatsächlich voll besetzt sind oder nicht, und ob die Planstelleninhaber mit richterlichen oder Verwaltungsaufgaben befaßt sind, ist ohne Bedeutung (allgemeine Meinung). **Vor** der **Reform 1972** war die Mitgliederzahl der Präsidien bedeutend größer; beim Landgericht und Oberlandesgericht betrug die Mindestzahl dreizehn (§§ 64 Abs. 3, 117 a. F.), beim großen Amtsgericht (§§ 22a a. F.) und beim Bundesgerichtshof (§ 131 a. F.) war sie noch größer. Maßgebend für die Herabsetzung der Mitgliederzahl – auf einschließlich des Vorsitzenden höchstens neun Mitglieder bei den großen Gerichten – durch das Reformgesetz vom 26. 5. 1972 war das Bestreben, die Leistungsfähigkeit des Präsidiums zu gewährleisten (EntwBegr. BTDrucks. **VI** 557 S. 17). Hieran hat das Änderungsgesetz vom 22. 12. 1999 – Novelle 1999 – grundsätzlich festgehalten, auch wenn bei einer weiteren Differenzierung je nach Größe der Gerichte die Mitgliederzahl des Präsidiums hinsichtlich der besonders großen Gerichte wegen angehoben wurde; Grund hierfür war die Konzentration der Gerichtszuständigkeiten der Gerichte in den Großstädten, die zu Disparitäten der Vertretung der Richter im Präsidium geführt habe (Begr. BTDrucks. **14** 979 S. 4).

5 Das Präsidium besteht nunmehr bei Gerichten mit mindestens achtzig Richterplanstellen aus **zehn gewählten**, insgesamt also aus elf Mitgliedern. Bei den Gerichten mit mindestens vierzig und höchstens neunundsiebzig Richterplanstellen gehören neben den Vorsitzenden **acht gewählte Richter**, bei Gerichten mit mindestens zwanzig und höchstens neununddreißig Richterplanstellen **sechs gewählte Richter** und bei Gerichten mit mindestens acht und höchstens neunzehn Richterplanstellen **vier gewählte Richter** dem Präsidium an. Bei einem **kleinen Gericht** mit sieben Richterplanstellen kann das Präsidium dagegen – einschließlich des „externen" Präsidenten des Landgerichts oder eines anderen Amtsgerichts als Vorsitzenden – aus **acht Richtern** (§ 22a) bestehen, also aus einer größeren Zahl als bei dem mit acht bis neunzehn Richterplanstellen ausgestatteten Gericht. Diese Anomalie wurde damit begründet, durch die Regelung des § 21a Abs. 2 Satz 1 Nr. 3 werde vermieden, daß möglicherweise nur ein oder zwei Richter außerhalb des Präsidiums verbleiben (Begr. S. 17); diese Regelung hat der Gesetzgeber bei der jüngsten Gesetzesreform unangetastet gelassen.

6 **5. Wegfall der paritätische Besetzung.** Die vormalige Regelung einer **paritätischen Besetzung (Absatz 2 Satz 2 a. F.)** bestimmte, daß bei den Landgerichten, Oberlandesgerichten und dem Bundesgerichtshof die Hälfte der gewählten Richter aus Vorsitzenden Richtern (§ 19a DRiG) bestehen mußte („Blockwahl", „Vorsitzenden-Quorum")[6]. Diese Regelung wurde durch das UnabhStärkG vom 22. 12. 1999 (BGBl. I S. 2598) – **Novelle 1999** – abgeschafft. Zur Begründung wurde angeführt, daß die „Privilegierung der Vorsitzenden" bei der Zusammensetzung des Präsidiums demokratischen Grund-

[5] BGH GA **1979** 222.

[6] Vgl. zur früheren Regelung LR-*Schäfer*[24] GVG 4; *Zeihe* SGb **2000** 665.

sätzen widerspreche[7]; insbesondere sollte durch die Gesetzesänderung die Gleichrangigkeit der Richter betont werden („Zweiklassensystem" – Begr. des Gesetzentw. BTDrucks. **14** 979 S. 4)[8]. Das vormalige System der sog. Blockwahl[9] der Vorsitzenden war zwar umstritten[10], jedoch durchaus verfassungsmäßig[11]; für dessen Aufrechterhaltung sprachen durchaus gewichtige Sachargumente[12]. Durch die Neuregelung ist andererseits auch die der früheren Regelung innewohnende Begrenzung des Anteils der dem Präsidium angehörenden Vorsitzenden Richter entfallen, die je nach den tatsächlichen (nicht zahlenmäßigen) Strukturen innerhalb der Richterschaft der Gerichte auch die Parität der Nicht-Vorsitzenden Richter sicherstellte. Wie die Erfahrungen mit den ersten, auf der Grundlage der Neuregelung erfolgten Präsidiums-Neuwahlen nach dem 30. 3. 2000 gezeigt haben, ist nunmehr eine – vom Gesetzgeber gerade nicht gewollte – Überzahl der Vorsitzenden Richter im Präsidium nicht nur eine theoretisch mögliche Konstellation.

6. Vorsitzender des Präsidiums (Absatz 2). Vorsitzender des Präsidiums ist gemäß 7
Absatz 2 jeweils der **Gerichtspräsident** oder der **dienstaufsichtführende Richter** des Gerichts. Eine Sonderregelung ergibt sich gemäß § 22a hinsichtlich der Amtsgerichte mit bis zu sieben Richterplanstellen; dort führt der Präsident des übergeordneten Landgerichts bzw. der dienstaufsichtführende Präsident eines anderen Amtsgerichts das Präsidium den Vorsitz[13].

§ 21b

(1) [1]Wahlberechtigt sind die Richter auf Lebenszeit und die Richter auf Zeit, denen bei dem Gericht ein Richteramt übertragen ist, sowie die bei dem Gericht tätigen Richter auf Probe, die Richter kraft Auftrags und die für eine Dauer von mindestens drei Monaten abgeordneten Richter, die Aufgaben der Rechtsprechung wahrnehmen. [2]Wählbar sind die Richter auf Lebenszeit und die Richter auf Zeit, denen bei dem Gericht ein Richteramt übertragen ist. [3]Nicht wahlberechtigt und nicht wählbar sind Richter, die für mehr als drei Monate an ein anderes Gericht abgeordnet, für mehr als drei Monate beurlaubt oder an eine Verwaltungsbehörde abgeordnet sind.

(2) Jeder Wahlberechtigte wählt höchstens die vorgeschriebene Zahl von Richtern.

(3) [1]Die Wahl ist unmittelbar und geheim. [2]Gewählt ist, wer die meisten Stimmen auf sich vereint. [3]Durch Landesgesetz können andere Wahlverfahren für die Wahl zum Präsidium bestimmt werden; in diesem Fall erlässt die Landesregierung durch Rechtsverordnung die erforderlichen Wahlordnungsvorschriften; sie kann die Ermächtigung hierzu auf die Landesjustizverwaltung übertragen. [4]Bei Stimmengleichheit entscheidet das Los.

---

[7] Kritisch zur früheren Regelung *Kronisch* NordÖR **2001** 11; *Wiebel* ZRP **1998** 221.

[8] Kritisch zur Neuregelung *Kissel* NJW **2000** 460; *Zeihe* SGb **2000** 665.

[9] LR-*Schäfer*[24] § 21b, 1; *Wiebel* ZRP **1998** 221; *Zeihe* SGb **2000** 665.

[10] *Kissel* NJW **2000** 460; *Pfeiffer*[3] § 21b, 2.

[11] BVerwGE **48** 251 = DRiZ **1975** 375; BGH NJW **1974** 184.

[12] *Kissel* NJW **2000** 460 mit weit. Nachw.; 45. BT-Sitzg. vom 17.6.1999 Plenarprot. **14** 45 S. 3832 und 64. BT-Sitzg. vom 29.10.1999 Plenarprot. **14** 64 S. 5759; Antrag des Landes BadWürtt. auf Anrufung des Vermittlungsausschusses (BRDrucks. 601/2/99 vom 24.11.1999) mit dem Ziel der Beibehaltung der vormaligen Regelung.

[13] *Kissel*[3] 15; *Zöller/Gummer*[22] 7.

(4) [1]Die Mitglieder werden für vier Jahre gewählt. [2]Alle zwei Jahre scheidet die Hälfte aus. [3]Die zum ersten Mal ausscheidenden Mitglieder werden durch das Los bestimmt.

(5) Das Wahlverfahren wird durch eine Rechtsverordnung geregelt, die von der Bundesregierung mit Zustimmung des Bundesrates erlassen wird.

(6) [1]Ist bei der Wahl ein Gesetz verletzt worden, so kann die Wahl von den in Absatz 1 Satz 1 bezeichneten Richtern angefochten werden. [2]Über die Wahlanfechtung entscheidet ein Senat des zuständigen Oberlandesgerichts, bei dem Bundesgerichtshof ein Senat dieses Gerichts. [3]Wird die Anfechtung für begründet erklärt, so kann ein Rechtsmittel gegen eine gerichtliche Entscheidung nicht darauf gestützt werden, das Präsidium sei deswegen nicht ordnungsgemäß zusammengesetzt gewesen. [4]Im übrigen sind auf das Verfahren die Vorschriften des Gesetzes über die Angelegenheit der freiwilligen Gerichtsbarkeit sinngemäß anzuwenden.

Schrifttum. *Kissel* Die Novelle 1999 zur Präsidialverfassung, NJW **2000** 460; *Schorn/Stanicki* Die Präsidialverfassung der Gerichte aller Rechtswege[2] (1975) 40ff.

Entstehungsgeschichte. § 21b beruht – in seiner bis zur Novelle 1999 unverändert gebliebenen Fassung – auf Artikel II Nr. 4 des Gesetzes zur Änderung der Bezeichnungen der Richter und ehrenamtlichen Richter und der Präsidialverfassung der Gerichte vom 31. 5. 1972 – PräsVerfG – (BGBl. I S. 841) – **Reform 1972** –. Durch das Gesetz zur Stärkung der Unabhängigkeit der Richter und Gerichte vom 22. 12. 1999 – UnabhStärkG – (BGBl. I S. 2598) – **Novelle 1999** – wurden die Absätze 1, 2 und 3 geändert; die vorherige Fassung dieser Absätze lautete:

(1) [1]Wahlberechtigt sind die Richter auf Lebenszeit und die Richter auf Zeit, denen bei dem Gericht ein Richteramt übertragen ist, sowie die bei dem Gericht tätigen Richter auf Probe, die Richter kraft Auftrags und die für eine Dauer von mindestens drei Monaten abgeordneten Richter, die Aufgaben der Rechtsprechung wahrnehmen. [2]Wählbar sind die Richter auf Lebenszeit und die Richter auf Zeit, denen bei dem Gericht ein Richteramt übertragen ist. [3]Nicht wahlberechtigt und nicht wählbar sind Richter, die an ein anderes Gericht für mehr als drei Monate oder an eine Verwaltungsbehörde abgeordnet sind.

(2) [1]Jeder Wahlberechtigte wählt die vorgeschriebene Zahl von Richtern, und zwar bei den Landgerichten, bei den Oberlandesgerichten und beim Bundesgerichtshof jeweils eine gleiche Zahl von Vorsitzenden Richtern und weiteren Richtern. [2]In den Fällen des § 21a Abs. 2 Satz 2 Halbsatz 2 wählt jeder Wahlberechtigte so viele weitere Richter, bis die in § 21a Abs. 2 Satz 1 bestimmte Zahl von Richtern erreicht ist.

(3) [1]Die Wahl ist unmittelbar und geheim. [2]Gewählt ist, wer die meisten Stimmen auf sich vereinigt. [3]Bei Stimmengleichheit entscheidet das Los.

(4) [unverändert]
(5) [unverändert]
(6) [unverändert]

Übersicht

1. Wahlberechtigung (Absatz 1, Satz 1, 3) – Aktives Wahlrecht –

a) Aktiv Wahlberechtigte. Wahlberechtigt sind 1

(1) die **Richter auf Lebenszeit** (§ 10 DRiG), einschl. des Präsidenten (Aufsichtsrichters),

(2) die **Richter auf Zeit** (§ 11 DRiG), denen ein Richteramt bei dem betreffenden Gericht übertragen ist (§ 27 DRiG). Wahlberechtigt sind auch „Doppelrichter“, d. h. Richter, denen noch ein weiteres Richteramt bei einem anderen Gericht übertragen ist (§ 27 Abs. 2 DRiG, § 22 Abs. 2, § 59 Abs. 2 GVG); sie sind bei beiden Gerichten wahlberechtigt[1]. Dies gilt aber nicht für den Richter beim Amtsgericht, der durch das Präsidium des Landgerichts zum Mitglied der auswärtigen Strafkammer (§ 78) oder der Strafvollstreckungskammer (§ 78b Abs. 2) bestellt ist[2]. Denn wenn in einer solchen Heranziehung auch die Übertragung eines weiteren Richteramtes i. S. des § 27 Abs. 2 DRiG zu sehen sein mag (LR-*Siolek* § 78, 14), so handelt es sich doch in der Regel um eine jeweils vorübergehende Tätigkeit für das Landgericht und zwar für einen bestimmten Spruchkörper, die nicht so enge Beziehungen schafft, daß eine Einflußnahme auf die Zusammensetzung des landgerichtlichen Präsidiums gerechtfertigt wäre[3]. Zwar ist in § 4 Abs. 1 Satz 2 der Wahlordnung (Rdn. 22) generell die Aushängung der Wahlbekanntmachungen bei allen auswärtigen Spruchkörpern vorgeschrieben, doch kann aus dieser Vorschrift, die in erster Linie die Richter im Auge hat, die ihren dienstlichen Wohnsitz am Sitz eines auswärtigen Spruchkörpers (§ 116 Abs. 2, § 130 Abs. 2) haben, nicht gefolgert werden, daß deshalb auch alle Mitglieder der auswärtigen Strafkammern (Strafvollstreckungskammern) zum landgerichtlichen Präsidium wahlberechtigt seien; die Aushängung hat vielmehr den Sinn, solche Richter zu orientieren, die nicht zum amtsgerichtlichen Präsidium wahlberechtigt sind, wie die Mitglieder des Landgerichts, die nach § 7 Abs. 1 der WahlO briefwahlberechtigt sind;

(3) die **Richter auf Probe** (§ 12 DRiG), die bei dem Gericht tätig sind;

(4) die **Richter kraft Auftrags** (§ 14 DRiG);

---

1 Ebenso *Richter* DRiZ **1974** 349.

2 **A.M** *Schorn/Stanicki* 44; *Feiber* NStZ **1984** 471; *Kissel*[3] 1, 6.

3 Ebenso OLG Bamberg NStZ **1984** 471; KK-*Diemer*[4] 1; *Kleinknecht/Meyer-Goßner*[45] 5; *Richter* DRiZ **1974** 349; s. auch betr. Berufsrichter der Verwaltungsgerichtsbarkeit als Mitglieder der Baulandlandkammern beim LG oder der Baulandsenate beim OLG – BGHZ **88** 143 = NJW **1977** 1821; **gegen** diese Entscheidung *Feiber* NStZ **1984** 471; *Kissel*[3] 6.

(5) die zu dem Gericht **abgeordneten Richter** (§ 37 DRiG) unter der doppelten Voraussetzung, daß die Dauer der Abordnung (vgl. § 37 Abs. 2) mindestens drei Monate beträgt und sie – wenn auch nur zu einem Teil der Arbeitskraft[4] – Aufgaben der Rechtsprechung bei diesem Gericht wahrnehmen; die Wahlberechtigung entfällt, wenn sie ausschließlich zur Wahrnehmung von Aufgaben der Justizverwaltung abgeordnet sind. Bei den zu (1) bis (4) bezeichneten Richtern kommt es dagegen nicht darauf an, ob sie Aufgaben der Rechtsprechung oder (ausschließlich oder zum Teil) Aufgaben der Justizverwaltung wahrnehmen;

(6) Ordentliche **Universitätsprofessoren** der Rechte als auf Lebenszeit ernannte Richter im Nebenamt (§ 7 DRiG).

2 **b) Nicht Wahlberechtigte.** Nicht wahlberechtigt sind

(1) **ehrenamtliche Richter;**

(2) **Richter,** die für **mehr als drei Monate an ein anderes Gericht abgeordnet** sind; diese sind dann bei diesem Gericht wahlberechtigt, sofern sie dort Aufgaben der Rechtsprechung wahrnehmen;

(3) **Richter,** die im Zeitpunkt der Wahl **an** eine **Verwaltungsbehörde**, auch an eine Justizverwaltungsbehörde **abgeordnet** oder beurlaubt sind, ohne Rücksicht auf die Dauer der Abordnung;

(4) **Richter,** die für **mehr als drei Monate beurlaubt** sind, wobei der Grund des Urlaubs (Erholungsurlaub, Mutterschaftsurlaub, Sonderurlaub etc.) unbeachtlich ist[5]; diese Regelung ist durch die Novelle 1999 eingeführt worden[6]; d. h., auch weiterhin sind beurlaubte Richter grundsätzlich wahlberechtigt; damit hat der Gesetzgeber allerdings zugleich die strittige Frage des Wahlrechts im Falle des – in aller Regel über drei Monate dauernden – Erziehungsurlaubs[7] entschieden.

3 **c) Stichtag.** Ob die Voraussetzungen des aktiven Wahlrechts gegeben sind, bestimmt sich nach dem Zeitpunkt der Wahl. Ein abgeordneter Richter ist z. B. auch wahlberechtigt, wenn die Wahl an dem Tage stattfindet, mit dessen Ablauf seine Abordnung endet.

2. Wählbarkeit (Absatz 1 Satz 2, 3) – Passives Wahlrecht –

4 **a) Passiv Wahlberechtigte. Wählbar** sind nur

(1) die **Richter auf Lebenszeit** und

(2) die **Richter auf Zeit,**

denen bei dem Gericht ein Richteramt übertragen ist. Ihre **Wählbarkeit entfällt,** wenn sie im Zeitpunkt der Wahl **an** ein **anderes Gericht abgeordnet** sind, und zwar für **mehr als drei Monate**, wenn auch zur Erfüllung von Rechtsprechungsaufgaben, oder wenn sie – hier ohne Rücksicht auf die Abordnungsdauer – **an** eine **Verwaltungsbehörde**, auch eine solche der Justizverwaltung, **abgeordnet** sind. Beurlaubte Richter sind grundsätzlich wählbar, jedoch entfällt aufgrund der Novelle 1999 nunmehr die Wählbarkeit bei einer – aus welchen Gründen auch immer erfolgten – Beurlaubung für **mehr als drei Monate**[8].

5 **b) Nicht passiv Wahlberechtigte. Nicht wählbar** sind, – abgesehen von den ehrenamtlichen Richtern –

(1) **Richter kraft Auftrags,**

---

4 **A. M** *Schorn/Stanicki* 43
5 *Kissel*³ 1.
6 *Kissel* NJW **2000** 460.
7 *Heusch* ZRP **1998** 257.
8 *Kissel*³ 1, 8; NJW **2000** 460.

(2) **Richter auf Probe** und
(3) **Präsident und Aufsichtsrichter,**
da sie – (1) (2) – erfahrungsgemäß häufiger das Gericht wechseln bzw. – (3) – schon kraft Gesetzes dem Präsidium angehören. Die Auffassung[9], daß – abweichend von der im Schrifttum ganz allgemein vertretenen Auffassung – auch der Vizepräsident und der Vertreter des aufsichtführenden Richters nicht wählbar seien, läßt sich aus dem Gesetz (vgl. § 21c) nicht begründen; eine andere Frage ist, ob es sich im Interesse der Vermeidung einer übergroßen Einwirkung von Justizverwaltungsbelangen bei den Beratungen und der Beschlußfassung des Präsidiums nicht empfiehlt, von der Wahl der genannten Richter wie auch der weitgehend mit Verwaltungsaufgaben befaßten sog. Präsidialrichter zu Mitgliedern des Präsidiums abzusehen.

c) Stichtag. Auch hinsichtlich der Voraussetzungen für das passive Wahlrecht ist 6
allein der Zeitpunkt der Wahl entscheidend. So sind Richter, die zum Zeitpunkt der Wahl kurz vor dem Antritt ihrem Ruhestands stehen nicht nur aktiv, sondern auch passiv wahlberechtigt, auch wenn sie ihr Amt nur noch kurzzeitig ausüben können[10].

3. Die Wahl (Absatz 2 bis 5)

a) Wahlverfahren. Das Wahlverfahren hat durch die Novelle 1999 mit Wegfall des 7
vormaligen Systems der sog. Blockwahl[11], wonach jeder Wahlberechtigte die für das jeweilige Präsidium – je nach seiner zahlenmäßigen Größe – vorgeschriebene Zahl von Richtern, und zwar je zur Hälfte Vorsitzende Richter (Vorsitzenden-Quorum) bzw. beisitzende Richter, zu wählen hatte, eine durchgreifende Änderung erfahren[12]. Die Absätze 2 bis 4 regeln die Grundsätze des Wahlverfahrens, wobei nach der **Novelle 1999** eine Systematik der Trennung der Regelungsgehalte der Absätze 2 und 3 nicht mehr erkennbar ist; die Einzelheiten regelt die auf Grund des Absatzes 5 erlassene VO (siehe Rdn. 22) vom 19.9.1972 (BGBl. I S. 1821) i.d.F. des Art. 2 des UnabhStärkG vom 22.12.1999 (BGBl. I S. 2598), zuletzt geändert durch Art. 23 des OLG-Vertretungsänderungsgesetzes – OLGVertrÄndG – vom 23.7.2002 (BGBl. I S. 2850).

aa) Stimmabgabe. Die Stimmabgabe ist durch die Novelle 1999 wesentlich verein- 8
facht worden. Jeder Wahlberechtigte wählt „höchstens" so viele Richter, wie in das Präsidium „seines" Gerichts gewählt werden dürfen **(Absatz 2)**[13]. Anders als nach dem früheren Recht darf er auch weniger Richter wählen, etwa wenn er die Geeignetheit weiterer Richter nicht zu beurteilen vermag; so jetzt ausdrücklich auch die durch Art. 23 des OLGVertrÄndG vom 23.7.2002 geänderte Fassung des § 5 Abs. 3 der Wahlordnung (eine bei der Novelle 1999 übersehene zwangsläufige Folgeänderung, Bericht des BTRAussch. BTDrucks. **14** 9266 vom 5.6.2002, S. 42). Aus § 21b Abs. 2 GVG, § 5 der VO (insoweit jeweils unverändert durch die Novelle 1999) ergibt sich, daß eine Listenwahl ausgeschlossen ist und jeder Wahlberechtigte so viele Stimmen hat, wie Richter zu wählen sind; eine Stimmenhäufung ist nicht zulässig (Begr. d. Gesetzentwurfs – Reform 1972 – **VI** 557, S. 17)[14]. Die Wahl ist unmittelbar und geheim **(Absatz 3 Satz 1).**

bb) Gewählte Mitglieder. Gewählt sind die Richter, auf die die meisten Stimmen ent- 9
fallen, bis die für die Größe des jeweiligen Gerichts erforderliche Zahl der Mitglieder des

---

9 *Kissel*³ 11.
10 *Kissel*³ 7.
11 *Kronisch* NordÖR **2001** 11.
12 Vgl. hierzu § 21a, 1; *Kissel*³ NJW **2000** 460 („Vorsitzenden-Dämmerung").
13 Vgl. § 21a, 5.
14 *Kissel*³ 12.

Präsidiums erreicht ist **(Absatz 3 Satz 2)**. Das hiernach geltende Mehrheitswahlrecht kann durch Landesrecht zugunsten eines Verhältniswahlsystems abgeändert werden; dies ermöglicht nunmehr die in **Absatz 3 Satz 3** eingefügte Öffnungsklausel[15]. Bei Stimmengleichheit entscheidet das Los **(Absatz 3 Satz 4)**. Die nicht gewählten Richter bilden die sog. Vertreterliste in der Reihenfolge der für sie abgegebenen Stimmen; scheidet ein Präsidiumsmitglied aus, so rückt der Richter mit der nächst höchsten Stimmenzahl als sog. Nächstberufener nach, § 21c Abs. 2.

b) Pflicht zur Wahl und zur Annahme der Wahl

10 **aa) „Aktive Wahlpflicht".** Ob eine (etwa disziplinarisch erzwingbare) **Pflicht** der aktiv Wahlberechtigten **zur Ausübung des Wahlrechts** bestehe, war früher zweifelhaft und streitig[16]. Aus dem Wortlaut des Absatzes 2 („jeder Wahlberechtigte wählt") ergibt sich aber, daß eine Wahlpflicht („wählt" = hat zu wählen) besteht[17]. Davon geht auch bereits die amtl. Begr. des Reformgesetzes 1972 zu. § 21b a. F. (BTDrucks. **VI** 557, S. 17) aus. Eine Sanktion bei Nichterfüllung der Wahlpflicht ist nicht ausdrücklich statuiert[18]. Ob ein disziplinarisch ahndbares Dienstvergehen vorliegt, richtet sich nach den allgemeinen Vorschriften[19]. So ist der Wahlvorstand nicht etwa deshalb, weil die Wahl geheim ist, gehindert, diejenigen, die der Wahlpflicht nicht nachgekommen sind, der Dienstaufsicht (§ 26 DRiG) zu melden. Der Geheimnisschutz bezieht sich nämlich nicht auf das „Ob" der Wahl, sondern allein auf das „Wie". Daher ist lediglich eine Nachprüfung, inwieweit der Wahlberechtigte in der in § 21b Abs. 2 und § 5 der VO beschriebenen Weise, also formgerecht gewählt hat, durch Absatz 3 (geheime Wahl) ausgeschlossen. – Die Verletzung der Wahlpflicht ist für die Wirksamkeit der Wahl ohne Bedeutung[20].

11 **bb) „Passive Wahlpflicht".** Ebenso ist – mit der amtl. Begründung aaO – davon auszugehen, daß ein Gewählter als Ausfluß der mit dem Richteramt verbundenen Pflichten und Obliegenheiten die **Pflicht „zur Annahme der Wahl"** hat. Dies bedeutet: durch die Wahl wird der Gewählte kraft Gesetzes Mitglied des Präsidiums, ohne daß es einer Annahmeerklärung bedarf, oder die Wahl abgelehnt werden könnte[21]. Auch geht § 21a Abs. 2 Satz 1 Nr. 3 und Satz 2 Halbsatz 2 erkennbar davon aus, daß die „als gewählt Geltenden" wie „geborene" Mitglieder behandelt werden sollen; dann läßt es sich nicht rechtfertigen, zwischen den Wirkungen einer fiktiven und einer wirklichen Wahl einen Unterschied zu machen.

12 **c) Wahlvorschläge.** Wahlvorschläge sind nicht vorgesehen. Auch kann sich der einzelne passiv Wahlberechtigte nicht von der Liste der wählbaren Richter und damit nicht vom Stimmzettel, der sämtliche wählbaren Richter enthalten muß, streichen lassen. Absprachen und Wahlempfehlungen unter den Wahlberechtigten des jeweiligen Gerichts sind nicht nur zulässig sondern auch zweckmäßig, um Zufallsergebnisse zu vermeiden und eine der Zweckrichtung des Gesetzes entsprechende möglichst repräsentative Ver-

---

15 Begr. des Gesetzentwurfs BTDrucks. **14** 979 S. 4. *Zöller/Gummer*[22] 3.

16 LR-*Schäfer*[21] § 64 a. F. 8c.

17 Allg. M vgl. BVerwG DRiZ **1975** 375 mit weit. Nachw.; s. auch BVerfGE **41** 1 = NJW **1976** 891; KK-*Diemer*[4] 4; *Kleinknecht/Meyer-Goßner*[45] 4; *Katholnigg*[3] 1; *Baumbach/Lauterbach/Albers*[60] 4; *Zöller/Gummer*[22] 17; *Kronisch* NordÖR **2001** 11; **a. A** *Schickedanz* DRiZ **1996** 328.

18 In den Leitsätzen für die zu erlassende Wahlordnung schlug die Amtsrechtskommission des Deutschen Richterbunds eine Bestimmung vor, daß eine Wahlpflicht mit dienstrechtlichen Folgen der Verletzung nicht bestehen solle (vgl. DRiZ **1972** 144). Diesem Vorschlag ist nicht entsprochen worden.

19 Dazu *Schorn/Stanicki* 50; *Kissel*[3] 16; *Kronisch* NordÖR **2001** 11.

20 *Kissel*[3] 16; *Kronisch* NordÖR **2001** 11.

21 Ebenso BVerwG DRiZ **1975** 375; vgl. BVerfGE **41** 1, 18; *Scholz* DRiZ **1972** 302; *Kissel*[3] 16.

tretung sämtlicher Gruppen (Zivil-, Familien- und Strafrichter) innerhalb der Richterschaft eines Gerichts zu gewährleisten[22].

4. Amtsdauer (Absatz 4). Absatz 4, wonach die Mitglieder für vier Jahre gewählt werden und alle zwei Jahre die Hälfte ausscheidet, bezweckt einerseits die Gewährleistung der **Stetigkeit** des Präsidiums, andererseits ermöglicht er, die Besetzung des Präsidiums den Erfordernissen des § 21a Abs. 2 anzupassen, wenn sich die Zahl der Richterplanstellen über die in § 21a Abs. 2 Satz 1 gezogenen Grenzen hinaus ändert (vgl. § 21d Abs. 2, 3), und schließlich schafft er für eine größere Zahl wählbarer Richter die Möglichkeit, Mitglied des Präsidiums zu werden, indem zugleich den inzwischen neu wahlberechtigt gewordenen Richtern eine Einflußnahme auf die Besetzung des Präsidiums eröffnet wird. **13**

5. Wahlanfechtung (Absatz 6 Satz 1, 2)

a) Entstehungsgeschichte. Absatz 6, der im RegEntw. noch nicht enthalten war[23], entspricht im wesentlichen einem Vorschlag des Bundesrats (Anl. 2, S. 21 der BTDrucks. **VI** 557), dem die Bundesreg. zugestimmt hatte, und der zur Begründung anführte: „Es erscheint erforderlich, die Wahlanfechtung ausdrücklich zu regeln. Geschieht dies nicht, so wird hierdurch die Anfechtung nicht ausgeschlossen (Art. 19 Abs. 4 GG). Kann die Anfechtung aber nicht ausgeschlossen werden, so empfiehlt es sich, die Anfechtungsgründe, die Anfechtungsberechtigung, den Rechtsweg und die Wirkungen der Anfechtung auf gerichtliche Entscheidungen, die davon betroffen sein könnten, ausdrücklich zu regeln. Das entspricht auch der gesetzlichen Praxis bei ähnlichen Sachverhalten (gewählte Gremien nach den Landesrichtergesetzen und nach Personalvertretungsgesetzen).“ **14**

b) Anfechtungsgrund. Absatz 6 Satz 1 läßt die Anfechtung einer Wahl zu, wenn dabei „ein Gesetz verletzt worden ist“; zu diesen „Gesetzen“ gehört auch die Wahlordnung (unten Rdn. 22). Diese Bestimmung ist geschaffen „aus der Erwägung, daß im Interesse der Rechtssicherheit die Wahl eines Präsidiums auch bei Gesetzesverstößen zunächst gültig sein soll und erst durch eine Wahlanfechtung unwirksam gemacht werden kann“ (Bericht des Rechtsausschusses BTDrucks. **VI** 2903, S. 4). Da nicht gut jeder für das Wahlergebnis noch so bedeutungslose Gesetzesverstoß die Anfechtbarkeit begründen kann, ist der Anfechtungsgrund dahin zu präzisieren, daß die Anfechtung begründet ist, wenn die Wahl auf einer Gesetzesverletzung beruht, d. h., wenn nicht auszuschließen ist, daß eine gesetzmäßig durchgeführte Wahl zu einem anderen Wahlergebnis geführt hätte[24]. **15**

c) Anfechtungsberechtigte. Anfechtungsberechtigt sind „die in Absatz 1 Satz 1 bezeichneten Richter“. Das bedeutet nicht, daß sie nur in ihrer Gesamtheit anfechten könnten; das Anfechtungsrecht steht vielmehr jedem einzelnen selbständig zu. Einer **16**

---

[22] *Kissel*³ 13; *Zöller/Gummer*²² 3.

[23] Wie der RegEntw., so enthielt auch das frühere Recht (§ 64 Abs. 3 a. F. GVG) keine Vorschriften über die Folgen einer unter Verletzung des Gesetzes zustande gekommenen Wahl des Präsidiums und der von einem solchen Präsidium beschlossenen Geschäftsverteilung. Diese Lücke wurde erst im Streit der Meinungen, soweit es sich um die Besetzungsrüge (§ 338 Nr. 1 StPO) handelte, (für die Praxis maßgeblich) durch BGHSt **12** 227, 231; **13** 362, und, soweit es sich um die auf Art. 101 Abs. 1 Satz 2 GG gestützte Verfassungsbeschwerde handelte, durch BVerfGE **31** 47 geschlossen. Insoweit muß auf die ausführliche Darstellung in LR²³ § 21b, 13, 14 verwiesen werden.

[24] Ebenso *Zöller/Gummer*²² 21; *Kissel*³ 19, KK-*Diemer*⁴ 5.

besonderen Legitimation, etwa einer Beschwer, weil der Anfechtende zu Unrecht von der Wahl ausgeschlossen sei, bedarf es nicht[25]. Überhaupt kann die Verweisung auf Absatz 1 Satz 2 nicht dahin verstanden werden, daß nur die im Zeitpunkt der Wahl wahlberechtigt gewesenen Richter anfechtungsberechtigt seien[26]. Aus dem Zweck der Anfechtung, ein gesetzmäßig gewähltes Präsidium herbeizuführen, muß vielmehr gefolgert werden, daß anfechtungsberechtigt ein Richter ist, der im Zeitpunkt der Anfechtung die Merkmale des Absatzes 1 Satz 1 erfüllt, und zwar unabhängig davon, ob er nach Absatz 1 Satz 3 wahlberechtigt ist oder nicht, was z. B. bedeutet, daß einerseits der zum Mitglied der Strafvollstreckungskammer bestellte Richter beim Amtsgericht (§ 78 Abs. 2) kein Recht zur Anfechtung der Wahl des landgerichtlichen Präsidiums hat, da ihm ein Richteramt beim Landgericht nicht übertragen ist[27], andererseits aber etwa der für mehr als drei Monate an ein anderes Gericht abgeordnete Richter hinsichtlich der Präsidiumswahl seines „Heimatgerichts" anfechtungsberechtigt ist.

17 **d) Anfechtungsfrist.** Eine Frist, innerhalb deren die Anfechtung erfolgen muß, ist im Gesetz nicht bestimmt und besteht daher nicht[28]. Auch wenn eine Frist aus Gründen der Rechtssicherheit wünschenswert wäre, ist ihr Fehlen nicht schädlich; denn die Entscheidungen auch eines nicht ordnungsgemäß zusammengesetzten Präsidiums bleiben nach Absatz 6 Satz 3 von einer späteren erfolgreichen Anfechtung unberührt und sind als gültig zu behandeln[29]. Im übrigen ergibt sich aus der Natur der Sache, daß eine Anfechtung nicht mehr möglich ist, wenn die Amtsdauer aller gewählten Richter (Absatz 4) abgelaufen ist, und daß in diesem Fall sich das Anfechtungsverfahren in der Hauptsache erledigt.

18 **e) Entscheidung.** Die Entscheidung trifft der im Geschäftsverteilungsplan bestimmte Senat des Oberlandesgerichts (Bundesgerichtshofs). Für das Verfahren gelten (Parallele: § 29 Abs. 2 EGGVG) die Vorschriften des FGG sinngemäß (Grundsatz der Ermittlung von Amtswegen – § 12 FGG –; Entscheidung durch Beschluß). Die sachliche Entscheidung kann dahin lauten, daß die Anfechtung begründet, oder daß sie unbegründet sei; im ersteren Fall findet, soweit zur Behebung des Mangels erforderlich, eine Neuwahl statt. Die Entscheidung des Oberlandesgerichts ist unanfechtbar; denn die in § 21b Abs. 6 Satz 4 vorgesehene entsprechende Anwendung der Vorschriften des FGG gilt nur für das Verfahren des über die Wahlanfechtung entscheidenden Gerichts, bedeutet aber nicht die Zulassung einer Beschwerde (§ 19 FGG) gegen die Entscheidung des Oberlandesgerichts[30]. Bei Auslegungsdivergenzen besteht Zwang zur Vorlegung an den Bundesgerichtshof gemäß § 28 FGG.

19 **f) Fortdauernde Zuständigkeit.** Findet eine vorgeschriebene Wahl (Absatz 1, Absatz 4 Satz 2) überhaupt nicht statt, oder führt sie zu keinem Ergebnis (z. B. durch Abgabe nur von ungültigen Stimmzetteln, § 8 Abs. 3 WahlO), oder wird eine Anfechtung für begründet erklärt, so wird man, obwohl dies nicht ausdrücklich vorgeschrieben ist, die Legitimation des „alten" Präsidiums (des Präsidiums in seiner bisherigen Zusammensetzung)

---

25 Ebenso BVerwG DVBl. **1975** 728 mit weit. Nachw.

26 Ebenso *Zöller/Gummer*[22] 20; *Kissel*[3] 18; KK-*Diemer*[4] 5; *Katholnigg*[3] 5; *Baumbach/Lauterbach/Albers*[60] 7; **a. M** – unter Berufung auf den Gesetzeswortlaut *Schorn/Stanicki* 62; *Kleinknecht/Meyer-Goßner*[45] 5.

27 OLG Bamberg NStZ **1984** 471; *Kleinknecht/Meyer-Goßner*[45] 5 und dazu oben Rdn. 2; **a. M** *Feiber* Anm. zu OLG Bamberg aaO gemäß § 28 FGG.

28 Kritisch hierzu *Kissel*[3] 19 und *Schorn/Stanicki* 63, die de lege ferenda eine Befristung fordern.

29 *Kissel*[3] 19.

30 So mit Recht unter Auseinandersetzung mit den angeführten abweichenden Auffassungen BGHZ **88** 143 = NStZ **1984** 470 mit krit. Anm. *Feiber.*

als fortbestehend ansehen müssen (bei erfolgreicher Anfechtung bis zur Neuwahl); es kann nicht der Wille des Gesetzes sein, daß ein präsidiumsloser Zustand besteht, oder daß nur ein Rumpfpräsidium übrig bleibt[31].

6. Außenwirkung fehlerhafter Wahl (Absatz 6 Satz 3). Den Kern des Absatzes 6 bil- 20
det dessen Satz 3, wonach, wenn eine Anfechtung für begründet erklärt wird, ein Rechtsmittel gegen eine gerichtliche Entscheidung nicht darauf gestützt werden kann, das Präsidium sei deswegen (nämlich weil die Anfechtung für begründet erklärt wurde) nicht ordnungsgemäß zusammengesetzt gewesen. Der Sinn der Vorschrift, die auf eine Beschränkung der Besetzungsrüge (§ 338 Nr. 1 StPO) gerichtet ist[32] und ein Vorbild in den §§ 65, 73 Abs. 2, 88 ArbGG hatte, ist also, daß auch dann, wenn die Anfechtung sich als begründet erweist, „die zurückliegenden Entscheidungen nicht deshalb aufzuheben sind, weil das Präsidium nicht ordnungsmäßig zusammengesetzt war"[33]. Daraus folgt aber, daß unabhängig davon, ob eine Wahlanfechtung erfolgt oder nicht, die Rüge der nicht vorschriftsmäßigen Besetzung des Gerichts (§ 338 Nr. 1 StPO) nicht auf die fehlerhafte Zusammensetzung des Präsidiums durch Gesetzesverstöße bei der Wahl gestützt werden kann. Denn dem erkennenden Gericht und dem Revisionsgericht ist eine Nachprüfung der Gesetzmäßigkeit der Wahl entzogen; sie steht nur auf Anfechtungsklage dem in Absatz 6 Satz 2 bezeichneten Gericht zu. Auch wenn man eine solche ausschließliche Zuständigkeit bei Unterbleiben einer Wahlanfechtung nach Absatz 6 Satz 1 nicht annehmen wollte, würde sich am Ergebnis nichts ändern, da auch für das erkennende Gericht der Grundsatz maßgeblich bleiben müßte, daß aus einer durch Wahlverstöße fehlerhaften Zusammensetzung des Präsidiums sich keine Außenwirkungen auf die vorschriftsmäßige Besetzung des Gerichts ergeben sollen. Es spielt danach nach heute h. M.[34] – grundsätzlich keine Rolle mehr, welches Gewicht der Gesetzesverstoß hat, ob der Gesetzesverstoß bei der Wahl die Folge einer unrichtigen, aber noch vertretbaren Auslegung des Gesetzes ist und ob das Präsidium seine Zusammensetzung in der irrtümlichen Annahme einer gesetzmäßig verlaufenen Wahl für richtig hält. Auch wenn es nach dieser Richtung Bedenken hätte, greift die Erwägung durch, daß „im Interesse der Rechtssicherheit die Wahl eines Präsidiums auch bei Gesetzesverstößen zunächst gültig sein soll und erst durch eine Wahlanfechtung unwirksam gemacht werden kann" (oben Rdn. 15).

**7. Bedeutung nicht ordnungsmäßiger Zusammensetzung des Präsidiums in anderen 21
Fällen.** § 21b Abs. 6 Satz 3 regelt nur, welche Auswirkungen sich für die Ordnungsmäßigkeit der Besetzung des Spruchkörpers daraus ergeben, daß das Präsidium infolge fehlerhafter Wahl nicht ordnungsgemäß zusammengesetzt war. Denkbar ist aber auch der Fall, daß ein einwandfrei gewähltes Präsidium in nicht ordnungsgemäßer Zusammensetzung Besetzungsbeschlüsse faßt, z. B. indem es sich, sofern die Entscheidung bei ihm liegt (dazu § 21c, 10), etwa bei den in § 21c, 6 und 14 erörterten Streit- und Zweifelsfragen für eine Auffassung entscheidet, die ein letztinstanzlich entscheidendes Gericht für unrichtig hält. Die Frage, welche Auswirkungen sich hier aus der nichtordnungsgemäßen Zusammensetzung des Präsidiums ergeben, wird verschieden beantwortet. Nach einer Meinung[35] entscheiden letztlich die Revisionsgerichte über die „richtige"

---

[31] Ebenso *Schorn/Stanicki* 65.

[32] Entsprechend etwa auch dem Anliegen des StVÄG 1979, vgl. hierzu LR-*Schäfer*[24] §§ 16, 23; 21b, 18.

[33] Bericht des BT-Rechtsausschusses BTDrucks. VI 2903 S. 4.

[34] Z. B. BGHSt **26** 309; *Kissel*[3] § 21e, 108; LR-*Hanack* § 338 StPO, 20.

[35] *Schorn/Stanicki* 260.

Auslegung; so lange sich aber eine einheitliche höchstrichterliche Rechtsprechung noch nicht gebildet hat, habe eine Besetzungsrüge keinen Erfolg, wenn die letztlich als nichtordnungsgemäß beurteilte Zusammensetzung des Präsidiums auf einer vertretbaren Gesetzesauslegung beruhe. Diese Auffassung knüpft an die oben Fußn. 23 dargestellte Rechtsprechung an. Nach anderer Auffassung[36], die an BVerfGE **31** 47 anknüpft, ist der Staatsakt der Geschäftsverteilung grundsätzlich schon deshalb nicht unwirksam, weil seine Wirksamkeit nicht von der richtigen Zusammensetzung des Kollegiums abhängt, das ihn beschlossen hat[37]. Näherliegend erscheint es aber, die Lösung des Problems unmittelbar dem Grundgedanken des § 21b Abs. 6 Satz 3 zu entnehmen. Diese Vorschrift behandelt zwar nur einen Ausschnitt aus dem Fragenbereich der Bedeutung nichtordnungsgemäßer Zusammensetzung des Präsidiums für den Bestand der Entscheidungen, die von Spruchkörpern gefällt werden, deren Besetzung auf Beschlüssen eines solchen Präsidiums beruht. Die ratio legis dieser Bestimmung (oben Rdn. 15), den Bestand gerichtlicher Entscheidungen im Interesse der vorrangigen Rechtssicherheit (als einem immanten Postulat des Rechtsstaatsprinzips, vgl. BVerfGE **7** 89, 92; **25** 269) nicht von der ordnungsgemäßen Zusammensetzung des Präsidiums bei der Geschäftsverteilung abhängig zu machen, bringt aber einen allgemein gültigen Gedanken zum Ausdruck, der grundsätzlich immer durchschlägt, wo die Ordnungsmäßigkeit der Zusammensetzung des Präsidiums in Zweifel gezogen werden kann (wobei freilich Fälle von so grober und offensichtlicher Gesetzwidrigkeit, daß von ordnungsgemäßer Zusammensetzung überhaupt nicht gesprochen werden kann, ausgeschieden werden müssen)[38]. Zur grundsätzlichen Bedeutung des § 21b Abs. 6 Satz 3 vgl. auch § 40, 13.

22 **8. Wahlordnung (Absatz 5).** Absatz 5 sieht vor, daß durch Rechtsverordnung der Bundesregierung mit Zustimmung des Bundesrates eine Wahlordnung erlassen wird. Aufgrund der Öffnungsklausel gemäß Absatz 3 Satz 2 bleibt es dem Landesgesetzgeber jedoch überlassen, ein von Absatz 3 Satz 2 abweichendes Wahlverfahren, also an Stelle des dort vorgesehenen **Mehrheitswahlrechts** das **Verhältniswahlrecht** zu beschließen. Das Wahlverfahren ist – vorbehaltlich etwaiger landesrechtlicher Sonderregelungen – im einzelnen geregelt in der

Wahlordnung für die Präsidien der Gerichte
vom 19. September 1972 (BGBl. I S. 1821)
in der Fassung des Artikels 2 des Gesetzes vom 22. 12. 1999 (BGBl. I S. 2598),
zuletzt geändert durch Artikel 23 des Gesetzes vom 23. 7. 2002 (BGBl. I S. 2850)

Auf Grund des § 21b Abs. 5 des Gerichtsverfassungsgesetzes sowie auf Grund des § 10 Abs. 1 Halbsatz 1 des Einführungsgesetzes zum Gerichtsverfassungsgesetz, des § 4 der Verwaltungsgerichtsordnung, des § 4 der Finanzgerichtsordnung, des § 6a des Arbeitsgerichtsgesetzes, des § 6 des Sozialgerichtsgesetzes, des § 47 der Bundesdisziplinarordnung, des § 36e des Patentgesetzes und der §§ 97, 105 Abs. 1 der Bundesrechtsanwaltsordnung, jeweils in Verbindung mit § 21b Abs. 5 des Gerichtsverfassungsgesetzes, sämtlich zuletzt geändert durch das Gesetz zur Änderung der Bezeichnungen der Richter und ehrenamtlichen Richter und der Präsidialverfassung der Gerichte vom 26. Mai 1972 (Bundesgesetzblatt I S. 841), verordnet die Bundesregierung mit Zustimmung des Bundesrates:

---

[36] Vgl. LR-*Meyer*[23] § 338 StPO, 21 mit weit. Nachw.
[37] So auch LR-*Hanack* § 338 StPO, 20.
[38] Ähnlich, aber noch weiter einschränkend, *Rieß* DRiZ **1977** 289.

§ 1

Wahlvorstand

(1) [1]Der Wahlvorstand sorgt für die ordnungsmäßige Durchführung der Wahl der Mitglieder des Präsidiums. [2]Er faßt seine Beschlüsse mit Stimmenmehrheit.

(2) [1]Der Wahlvorstand besteht aus mindestens drei wahlberechtigten Mitgliedern des Gerichts. [2]Das amtierende Präsidium bestellt die erforderliche Zahl von Mitgliedern des Wahlvorstandes spätestens zwei Monate vor Ablauf des Geschäftsjahres, in dem eine Wahl stattfindet. [3]Es bestellt zugleich eine angemessene Zahl von Ersatzmitgliedern und legt fest, in welcher Reihenfolge sie bei Verhinderung oder Ausscheiden von Mitgliedern des Wahlvorstandes nachrücken.

(3) Das amtierende Präsidium gibt die Namen der Mitglieder und der Ersatzmitglieder des Wahlvorstandes unverzüglich durch Aushang bekannt.

§ 2

Wahlverzeichnisse

(1) [1]Der Wahlvorstand erstellt ein Verzeichnis der wahlberechtigten und ein Verzeichnis der wählbaren Mitglieder des Gerichts. [2]Die Verzeichnisse sind bis zum Wahltag auf dem laufenden zu halten.

(2) In das Verzeichnis der wählbaren Mitglieder des Gerichts sind auch die jeweils wegen Ablaufs ihrer Amtszeit oder durch Los ausscheidenden Mitglieder des Präsidiums aufzunehmen, sofern sie noch die Voraussetzungen des § 21b Abs. 1 des Gerichtsverfassungsgesetzes erfüllen.

(3) In den Fällen des § 21b Abs. 4 Satz 3 und des § 21d Abs. 2 und 3 des Gerichtsverfassungsgesetzes nimmt der Wahlvorstand zuvor die Auslosung der ausscheidenden Mitglieder des Präsidiums vor.

(4) [1]Die Auslosung ist für die Richter öffentlich. [2]Zeitpunkt und Ort der Auslosung gibt der Wahlvorstand unverzüglich nach seiner Bestellung durch Aushang bekannt.

(5) [1]Über die Auslosung fertigt der Wahlvorstand eine Niederschrift, die von sämtlichen Mitgliedern des Wahlvorstandes zu unterzeichnen ist. [2]Sie muß das Ergebnis der Auslosung enthalten. [3]Besondere Vorkommnisse bei der Auslosung sind in der Niederschrift zu vermerken.

§ 3

Wahltag, Wahlzeit, Wahlraum

[1]Die Wahl soll mindestens zwei Wochen vor Ablauf des Geschäftsjahres stattfinden. [2]Der Wahlvorstand bestimmt einen Arbeitstag als Wahltag, die Wahlzeit und den Wahlraum. [3]Bei entsprechendem Bedürfnis kann bestimmt werden, daß an zwei aufeinander folgenden Arbeitstagen und in mehreren Wahlräumen gewählt wird. [4]Die Wahlzeit muß sich über mindestens zwei Stunden erstrecken.

§ 4

Wahlbekanntmachungen

(1) [1]Der Wahlvorstand gibt spätestens einen Monat vor dem Wahltag durch Aushang bekannt:

1. das Verzeichnis der wahlberechtigten und das Verzeichnis der wählbaren Mitglieder des Gerichts,

2. das Ergebnis der Auslosung nach § 21b Abs. 4 Satz 3 und § 21d Abs. 2 und 3 des Gerichtsverfassungsgesetzes,

3. den Wahltag, die Wahlzeit und den Wahlraum,

4. die Anzahl der zu wählenden Richter,

5. die Voraussetzungen, unter denen eine Briefwahl stattfinden kann,

6. den Hinweis auf das Einspruchsrecht nach Absatz 3.

[2]Bestehen Zweigstellen oder auswärtige Spruchkörper, so sind die Wahlbekanntmachungen auch dort auszuhängen.

(2) Auf den Wahlbekanntmachungen ist der erste Tag des Aushangs zu vermerken.

(3) [1]Jedes wahlberechtigte Mitglied des Gerichts kann gegen die Richtigkeit der Wahlverzeichnisse binnen einer Woche seit ihrer Bekanntmachung oder der Bekanntmachung einer Änderung schriftlich bei dem Wahlvorstand Einspruch einlegen. [2]Der Wahlvorstand hat über den Einspruch unverzüglich zu entscheiden und bei begründetem Einspruch die Wahlverzeichnisse zu berichtigen. [3]Die Entscheidung des Wahlvorstandes ist dem Mitglied des Gerichts, das den Einspruch eingelegt hat, schriftlich mitzuteilen. [4]Sie muß ihm spätestens am Tage vor der Wahl zugehen.

§ 5

Wahlhandlung

(1) Das Wahlrecht wird durch Abgabe eines Stimmzettels in einem Wahlumschlag ausgeübt.

(2) [1]Auf dem Stimmzettel sind die Anzahl der zu wählenden Richter sowie die Namen der wählbaren Richter in alphabetischer Reihenfolge untereinander aufzuführen. [2]Nicht aufzuführen sind die Namen der Richter, die dem Präsidium angehören und deren Amtszeit noch nicht abläuft.

(3) Der Wähler gibt seine Stimme ab, indem er auf dem Stimmzettel einen oder mehrere Namen von Richtern ankreuzt und den Stimmzettel im verschlossenen Wahlumschlag in die Wahlurne legt.

§ 6

Ordnung im Wahlraum

(1) Die Richter können während der gesamten Wahlzeit im Wahlraum anwesend sein.

(2) [1]Der Wahlvorstand trifft Vorkehrungen, daß der Wähler den Stimmzettel im Wahlraum unbeobachtet kennzeichnet und in den Wahlumschlag legt. [2]Für die Aufnahme der Umschläge ist eine Wahlurne zu verwenden. [3]Vor Beginn der Stimmabgabe hat der Wahlvorstand festzustellen, daß die Wahlurne leer ist, und sie zu verschließen. [4]Sie muß so eingerichtet sein, daß die eingelegten Umschläge nicht entnommen werden können, ohne dass die Urne geöffnet wird.

(3) Solange der Wahlraum zur Stimmabgabe geöffnet ist, müssen mindestens zwei Mitglieder des Wahlvorstandes im Wahlraum anwesend sein.

(4) [1]Stimmzettel und Wahlumschlag werden dem Wähler von dem Wahlvorstand im Wahlraum ausgehändigt. [2]Vor dem Einlegen des Wahlumschlages in die Wahlurne stellt ein Mitglied des Wahlvorstandes fest, ob der Wähler im Wählerverzeichnis eingetragen ist. Die Teilnahme an der Wahl ist im Wählerverzeichnis zu vermerken.

(5) [1]Wird die Wahlhandlung unterbrochen oder wird das Wahlergebnis nicht unmittelbar nach Abschluß der Stimmabgabe festgestellt, so hat der Wahlvorstand für die Zwischenzeit die Wahlurne so zu verschließen und aufzubewahren, daß das Einlegen oder die Entnahme von Stimmzetteln ohne Beschädigung des Verschlusses unmöglich ist. Bei Wiedereröffnung der Wahl oder bei Entnahme der Stimmzettel zur Stimmzählung hat sich der Wahlvorstand davon zu überzeugen, daß der Verschluß unversehrt ist.

(6) [1]Nach Ablauf der Wahlzeit dürfen nur noch diejenigen Wahlberechtigten abstimmen, die sich in diesem Zeitpunkt im Wahlraum befinden. [2]Sodann erklärt der Wahlvorstand die Wahlhandlung für beendet.

§ 7

Briefwahl[39]

(1) [1]Den wahlberechtigten Mitgliedern des Gerichts, die

1. einem auswärtigen Spruchkörper oder einer Zweigstelle des Gerichts angehören oder für nicht mehr als drei Monate an ein anderes Gericht abgeordnet sind,

2. aus sonstigen Gründen an einer Stimmabgabe nach § 5 Abs. 3 verhindert sind und dies dem Wahlvorstand rechtzeitig anzeigen, leitet der Wahlvorstand einen Stimmzettel und einen Wahlumschlag sowie einen größeren Freiumschlag zu, der die Anschrift des Wahlvorstandes und als Absender die Anschrift des wahlberechtigten Mitglieds des Gerichts sowie den Vermerk „Schriftliche Stimmabgabe zur Wahl des Präsidiums" trägt. [2]Er übersendet außerdem eine vorgedruckte, vom Wähler abzugebende Erklärung, in der dieser dem Wahlvorstand gegenüber versichert, daß er den Stimmzettel persönlich gekennzeichnet hat. [3]Die Absendung ist in der Wählerliste zu vermerken.

(2) In einem besonderen Schreiben ist zugleich anzugeben, bis zu welchem Zeitpunkt spätestens der Stimmzettel bei dem Wahlvorstand eingegangen sein muß.

(3) [1]Der Wähler gibt seine Stimme ab, indem er auf dem Stimmzettel einen oder mehrere Namen von Richtern ankreuzt und den Stimmzettel im verschlossenen Wahlumschlag unter Verwendung des Freiumschlages und Beifügung der von ihm unterzeichneten vorgedruckten Erklärung dem Wahlvorstand übermittelt. [2]Die Stimmabgabe kann vor dem Wahltag erfolgen.

(4) [1]Während der Wahlzeit vermerkt ein Mitglied des Wahlvorstandes die Absender der bei dem Wahlvorstand eingegangenen Briefe im Wählerverzeichnis, entnimmt den Briefen die Wahlumschläge und legt diese ungeöffnet in die Wahlurne. [2]Die vorgedruckten Erklärungen sind zu den Wahlunterlagen zu nehmen. [3]Briefe, die ohne die vorgedruckte Erklärung bei dem Wahlvorstand eingehen, sind mit dem darin enthaltenen Wahlumschlag sowie mit einem entsprechenden Vermerk des Wahlvorstandes zu den

[39] Zu Ungereimtheiten, die sich bei der schriftlichen Stimmabgabe zur Wahl des Präsidiums ergeben können, vgl. *Schorn/Stanicki* 59.

Wahlunterlagen zu nehmen. [4]Nach Ablauf der Wahlzeit eingehende Briefe sind unter Vermerk des Eingangszeitpunktes ungeöffnet zu den Wahlunterlagen zu nehmen.

§ 8

Feststellung des Wahlergebnisses

(1) [1]Unverzüglich nach Ablauf der Wahlzeit stellt der Wahlvorstand das Wahlergebnis fest. [2]Die Richter können bei der Feststellung des Wahlergebnisses anwesend sein.

(2) [1]Der Wahlvorstand öffnet die Wahlurne und entnimmt den darin befindlichen Wahlumschlägen die Stimmzettel. [2]Er prüft deren Gültigkeit und zählt sodann die auf jedes wählbare Mitglied des Gerichts entfallenden gültigen Stimmen zusammen.

(3) Ungültig sind Stimmzettel,

1. die nicht in einem Wahlumschlag abgegeben sind,

2. die nicht von dem Wahlvorstand ausgegeben sind,

3. aus denen sich der Wille des Wählers nicht zweifelsfrei ergibt,

4. die einen Zusatz oder Vorbehalt enthalten.

(4) Bei Stimmengleichheit zwischen zwei oder mehreren wählbaren Mitgliedern des Gerichts stellt der Wahlvorstand durch Auslosung fest, wer als gewählt gilt und wer in den Fällen des § 21c Abs. 2 des Gerichtsverfassungsgesetzes als Nächstberufener nachrückt.

§ 9

Wahlniederschrift

(1) [1]Über das Wahlergebnis fertigt der Wahlvorstand eine Niederschrift, die von sämtlichen Mitgliedern des Wahlvorstandes zu unterzeichnen ist.[2] Die Niederschrift muß enthalten:

1. die Zahl der abgegebenen Stimmzettel,

2. die Zahl der gültigen Stimmzettel,

3. die Zahl der ungültigen Stimmzettel,

4. die für die Gültigkeit oder Ungültigkeit zweifelhafter Stimmzettel maßgebenden Gründe,

5. die Angabe, wie viele Stimmen auf jeden der wählbaren Richter entfallen sind,

6. die Namen der gewählten Richter,

7. das Ergebnis einer etwaigen Auslosung nach § 8 Abs. 4.

(2) Besondere Vorkommnisse bei der Wahlhandlung oder der Feststellung des Wahlergebnisses sind in der Niederschrift zu vermerken.

§ 10

Benachrichtigung der gewählten Richter

Der Wahlvorstand benachrichtigt unverzüglich die in das Präsidium gewählten Mitglieder des Gerichts schriftlich von ihrer Wahl.

§ 11

Bekanntgabe des Wahlergebnisses

Der Wahlvorstand gibt das Wahlergebnis unverzüglich durch Aushang bekannt.

§ 12

Berichtigung des Wahlergebnisses

[1]Offenbare Unrichtigkeiten des bekanntgemachten Wahlergebnisses, insbesondere Schreib- und Rechenfehler, kann der Wahlvorstand von Amts wegen oder auf Antrag berichtigen. [2]Die Berichtigung ist gleichfalls durch Aushang bekanntzumachen.

§ 13

Aufbewahrung der Wahlunterlagen

Die Wahlunterlagen (Aushänge, Niederschriften, Stimmzettel, verspätet oder ohne vorgedruckte Erklärung eingegangene Wahlbriefe usw.) werden von dem Präsidium mindestens vier Jahre aufbewahrt; die Frist beginnt mit dem auf die Wahl folgenden Geschäftsjahr.

§ 14

Nachwahl

Ist in den Fällen des § 21c Abs. 2 des Gerichtsverfassungsgesetzes eine Nachwahl durchzuführen, weil kein Nächstberufener vorhanden ist, so gelten für die Durchführung der Nachwahl die Vorschriften dieser Verordnung entsprechend.

§§ 15 bis 17

betr. Übergangsvorschrift, Berlin-Klausel, Inkrafttreten (hier weggelassen).

§ 21c

(1) [1]Bei einer Verhinderung des Präsidenten oder aufsichtführenden Richters tritt sein Vertreter (§ 21h) an seine Stelle. [2]Ist der Präsident oder aufsichtführende Richter anwesend, so kann sein Vertreter, wenn er nicht selbst gewählt ist, an den Sitzungen des Präsidiums mit beratender Stimme teilnehmen. [3]Die gewählten Mitglieder des Präsidiums werden nicht vertreten.

(2) Scheidet ein gewähltes Mitglied des Präsidiums aus dem Gericht aus, wird es für mehr als drei Monate an ein anderes Gericht abgeordnet oder für mehr als drei Monate beurlaubt, wird es an eine Verwaltungsbehörde abgeordnet oder wird es kraft Gesetzes Mitglied des Präsidiums, so tritt an seine Stelle der durch die letzte Wahl Nächstberufene.

Schrifttum. *Driehaus* Nochmals: Erfahrungen mit den neuen Präsidien, DRiZ **1975** 42; *Kissel* Die Novelle 1999 zur Präsidialverfassung, NJW **2000** 460; *Kropp* Über die Nachfolge eines ausgeschiedenen Präsidiumsmitglieds, DRiZ **1978** 77; *Rehbein* Erfahrungen mit den neuen Präsidien, DRiZ **1974** 257; *Stanicki* Nochmals: Erfahrungen mit den neuen Präsidien, DRiZ **1974** 379.

Entstehungsgeschichte. § 21c beruht auf Artikel II Nr. 4 des Gesetzes zur Änderung der Bezeichnungen der Richter und ehrenamtlichen Richter und der Präsidialverfassung der Gerichte vom 31. 5. 1972 (BGBl. I S. 841) – **Reform 1972** –. Seither bestanden aufgrund der ursprünglichen Fassung des Absatzes 2 („…, so tritt an seine Stelle der durch die Wahl Nächstberufene") Zweifel, welche Wahl für die Bestimmung des „Nächstberufenen" maßgebend ist. Durch Art. 2 Nr. 1 des Rechtspflege-Vereinfachungsgesetzes vom 17.12. 1990 (BGBl. I S. 2847) wurden deshalb die Worte „durch die Wahl" durch die Worte „durch die letzte Wahl" ersetzt. Durch Art. 1 Nr. 3 des Gesetzes zur Stärkung der Unabhängigkeit der Richter und Gerichte vom 22. 12. 1999 (BGBl. I S. 2598) – **Novelle 1999** – wurde Absatz 2 insgesamt neu gefaßt; hierbei handelte es sich um eine durch den Wegfall des § 21a Abs. 2 Satz 2 bedingte Folgeänderung (Begr. des Gesetzentw. BTDrucks. **14** 979 S. 4). Die bis dahin geltende Fassung des Absatzes 2 lautete:

> (2) Scheidet ein gewähltes Mitglied des Präsidiums aus dem Gericht aus, wird es an ein anderes Gericht für mehr als drei Monate oder an eine Verwaltungsbehörde abgeordnet, wird es kraft Gesetzes Mitglied des Präsidiums, oder wird es zum Vorsitzenden Richter ernannt, so tritt an seine Stelle der durch die letzte Wahl Nächstberufene.

Übersicht

1. Verhinderung von Präsidiumsmitgliedern – Teilnahme des Vertreters (Absatz 1)

1 **a) Verhinderung.** Ob ein Mitglied des Präsidiums (gewähltes oder kraft Amtes) verhindert ist, bestimmt sich nach den auch für die sonstigen Dienstobliegenheiten eines Richters geltenden Kriterien[1]. Verhinderungsgründe sind insbesondere Krankheit, Urlaub, Dienstreisen, aber auch unaufschiebbare andere Dienstgeschäfte wie etwa im Einzelfall die Teilnahme an Sitzungen (z. B. an fristwahrenden Fortsetzungshauptverhandlungen) oder auch die Bearbeitung einer Haftbeschwerde (s. § 306 Abs. 2 StPO). Grundsätzlich aber hat die Teilnahme an Präsidiumssitzungen wegen der übergreifenden Bedeutung seiner Aufgaben für die gesamte Richterschaft eines Gerichts und die regelmäßig im Hinblick auf das Verfassungsgebot des gesetzlichen Richters bedeutsamen Entscheidungen des Präsidiums Vorrang vor sonstigen Dienstgeschäften[2]. Festgestellt wird die Verhinderung durch den Vorsitzenden und im Sitzungsprotokoll vermerkt[3]. Bei Verhinderung von mehr als der Hälfte der gewählten Mitglieder ist das Präsidium nicht beschlußfähig (§ 21i); in diesem Falle treffen der Präsident bzw. aufsichtführende Richter die unaufschiebbaren Anordnungen allein (§ 21i Abs. 2 Satz 1).

2 **aa) Verhinderung des Vorsitzenden (Satz 1).** Satz 1 sieht im Falle der Verhinderung des Präsidenten (Aufsichtrichters) – anders als bei der Verhinderung von gewählten Mitgliedern – dessen Vertretung vor, und zwar durch seinen Vertreter (Vizepräsident oder sonstigen bestellten ständigen Vertreter oder aufsichtführenden Richter) gemäß der all-

1 *Kissel*[3] 1.
2 *Kissel*[3] 1; *Pfeiffer*[3] 1.
3 *Kissel*[3] 1.

gemeinen Vertretungsreglung des § 21h. Die Regelung des Satzes 1 trägt dem Umstand Rechnung, daß der ständige Vertreter des Präsidenten (Aufsichtrichters) als solcher – abweichend vom früheren Recht (§ 64 Abs. 3 a. F.) – nicht „geborenes" Mitglied des Präsidiums ist. Ist der Vertreter bereits gewähltes Mitglied des Präsidiums, so kann er seine Rechte und Pflichten in dieser Funktion für die Dauer der Vertretung nicht wahrnehmen; er ist insoweit verhindert, ohne – als gewähltes Mitglied – vertreten zu werden, mit der Folge, daß die sich die Zahl der Mitglieder des Präsidiums für die Dauer der Verhinderung des Präsidenten entsprechend vermindert[4]. Dieses Ergebnis läßt es sinnvoll erscheinen, den Vizepräsidenten oder sonstigen ständigen Vertreter nicht in das Präsidium zu wählen[5].

bb) Verhinderung gewählter Mitglieder (Satz 3). Satz 3, wonach die gewählten Richter nicht vertreten werden können (und zwar weder durch Richter, die nicht Mitglieder des Präsidiums sind, noch durch Mitglieder des Präsidiums), steht in Übereinstimmung mit dem früheren Recht[6]. Ist ein solches Mitglied an der Anwesenheit in der Sitzung verhindert, so beschließen die übrigen Mitglieder des Präsidiums[7]. § 21i Abs. 1 bleibt unberührt. Da eine Stimmenthaltung unzulässig ist (§ 21e, 66), ist sie auch nicht einer Verhinderung gleichzusetzen (so noch LR-*Schäfer*[24] § 21c, 2). 3

b) Teilnahme des Vertreters (Satz 2). Die im RegEntw. des PräsVerfG – Reform 1972 – (BTDrucks. **VI** 557) noch nicht enthaltene und erst im Rechtsausschuß eingefügte Vorschrift, die dem Vertreter des anwesenden Präsidenten (Aufsichtrichters) das Recht der Teilnahme an den Sitzungen des Präsidiums mit lediglich beratender – im Gegensatz zu beschließender – Stimme einräumt, „soll sicherstellen, daß er einen umfassenden Überblick über die Arbeit des Präsidiums gewinnt, damit er im Falle der Verhinderung des Präsidenten den Vorsitz im Präsidium sachgerecht führen kann. Außerdem ist es wünschenswert, daß das Präsidium auch die Erfahrungen des Vertreters verwerten kann"[8]. Die Bedeutung des Satzes 2 liegt darin, daß er dem Vertreter des Präsidenten ein *Recht* auf Anwesenheit und Gehör einräumt. Die Anwesenheit weiterer Personen mit beratender Stimme, die nicht Mitglied des Präsidiums sind, etwa eines weiteren ständigen Vertreters, wenn mehrere ständige Vertreter bestellt sind, oder des sog. Präsidialrichters bzw. Sachbearbeiters, dem die Vorarbeit bei der Aufstellung des Geschäfts- bzw. Geschäftsverteilungsplans obliegt, ist damit nicht ausgeschlossen; sie setzt voraus, daß die Mitglieder des Präsidiums mit der Anwesenheit einverstanden sind. Hiervon zu unterscheiden ist die nunmehr aufgrund der Novelle 1999 unter dem Gesichtspunkt der *Richteröffentlichkeit* nach § 21e Abs. 8 mögliche Anwesenheit von Richtern bei den Beratungen und Abstimmungen des Gerichts (dazu § 21e, 69 ff). 4

2. Wechsel im Präsidium (Absatz 2)

a) Grundsatz. Die Neufassung des Absatzes 2[9] durch die Novelle 1999 – Gesetz zur Stärkung der Unabhängigkeit der Richter und Gerichte – UnabhStärkG – vom 22. 12. 1999 (BGBl. I S. 2598) – ist eine durch den Wegfall des § 21a Abs. 2 Satz 2 a. F. (Vorsitzenden-Quorum) und die Ergänzung der Regelung betr. das aktive und *passive* Wahlrecht in § 21b Abs. 1 Satz 3 notwendige Folgeänderung. Absatz 2 regelt den Fall 5

---

4 *Kissel*[3] 3; *Pfeiffer*[3] 1.

5 Vgl. § 21b, 5.

6 Vgl. vgl. LR-*Schäfer*[21] § 64, 5.

7 BGHSt **12** 402, 405; **13** 126; BGH NJW **1959** 1378; OLG Hamm NJW **1957** 802.

8 Bericht des BTRAussch. BTDrucks. **VI** 2903, S. 4.

9 Wegen der früheren Rechtslage vgl. LR-*Schäfer*[21] § 64, 8g; LR-*Schäfer*[24] 3.

von Veränderungen in der Person der gewählten Mitglieder, die die gesetzmäßige Zusammensetzung des Präsidiums (§ 21a Abs. 2) berühren. Der Grundgedanke der Vorschrift ist die Aufrechterhaltung der Zahl der Mitglieder des Präsidiums. Die in Betracht kommenden Veränderungen durch Ausscheiden von Präsidiumsmitgliedern sind:

6 (1) **das Ausscheiden aus dem Gericht** durch Tod, Ausscheiden aus dem aktiven Richterdienst, Versetzung, Entlassung. Ein Ausscheiden aus dem Gericht liegt noch nicht vor, wenn ein Mitglied dauernd dienstunfähig wird und in der Zeit bis zu seinem Ausscheiden aus dem Amt seine Dienstgeschäfte nicht mehr aufnehmen kann; es findet insoweit Absatz 1 Satz 3 Anwendung[10]. Die Auffassung[11], daß in erweiternder Auslegung (oder entsprechender Anwendung) des § 21c Abs. 2 auch eine Erkrankung von mehr als dreimonatiger Dauer einer Abordnung von mehr als drei Monaten gleichzusetzen sei, weil sonst beim Zusammentreffen von Abordnung, Beurlaubung und Erkrankung in der Person mehrerer Präsidiumsmitglieder das Präsidium handlungsunfähig werden könne (§ 21i Abs. 1), kann nicht zugestimmt werden[12]. Diese Auffassung entspricht weder der ratio legis (der Parallelisierung von aktiver und passiver Wahlunfähigkeit – § 21b Abs. 1 Satz 3 – und Ausscheiden aus dem Präsidium) noch dem § 21c Abs. 1 Satz 3; sollte wirklich ein solcher Ausnahmefall praktisch werden, so müßte nach § 21i Abs. 2 verfahren werden.

7 (2) die **Abordnung an ein anderes Gericht** oder – nunmehr aufgrund der Novelle 1999 auch – die **Beurlaubung** für jeweils mehr als drei Monate oder die **Abordnung an eine Verwaltungsbehörde** (ohne Rücksicht auf deren Dauer), weil sie dem Mitglied die Wählbarkeit nimmt (§ 21b Abs. 1 Satz 3). Ob das Mitglied an ein anderes Gericht „für mehr als drei Monate abgeordnet" wird, richtet sich nicht nach der tatsächlichen Dauer der Abordnung, sondern nach der in der Abordnungsanordnung bestimmten Dauer. Wird eine zunächst auf kürzere Zeit angeordnete Abordnung auf einen Zeitraum von insgesamt mehr als drei Monate verlängert, so tritt mit der Verlängerungsanordnung die Wirkung (Nachrücken des Nächstberufenen) des § 21c Abs. 2 ein, während mehrere in zeitlichen Abständen erfolgende kürzere Abordnungen auch dann nicht unter die Vorschrift fallen, wenn ihre Gesamtdauer drei Monate übersteigt.

8 (3) die **Entstehung einer Mitgliedschaft kraft Gesetzes:** ein zum Mitglied gewählter Vorsitzender Richter wird zum Präsidenten oder zum aufsichtsführenden Richter des Gerichts ernannt, wodurch sich die Zahl der wählbaren Mitglieder verringert.

9 Diese Aufzählung ist abschließend; daher ist auch eine **Niederlegen** des Amtes genauso wenig möglich wie die **Nichtannahme**[13].

10 **b) Nächstberufener.** An die Stelle des jeweils aus dem Präsidium Ausgeschiedenen tritt der durch die „letzte" Wahl **Nächstberufene**. Der Gesetzgeber hat durch die Einfügung des Wortes „letzte" mit dem RpflVereinfG vom 17. 12. 1990 (BGBl. I S. 2847) eine frühere sich aus dem Umstand der zeitversetzten Wahl ergebende Streitfrage[14] in Sinne der seinerzeit herrschenden Meinung geklärt, wonach die bei der ersten Wahl entstandene Ersatzliste der Nächstberufenen mit der Neuwahl der Hälfte der Präsidiumsmitglieder ihre Bedeutung verliert und Nächstberufener nicht derjenige Richter ist, der bei der Wahl des ausscheidenden, sondern derjenige, der bei der letzten Wahl zum Präsidium die nach den Gewählten höchste Stimmenzahl erhalten hat[15]. Der RegEntw. eines

---

10 OLG Hamm MDR **1970** 611; *Schorn/Stanicki* 30.

11 *Schorn/Stanicki* 34f.

12 Ebenso *Kissel*[3] 5; *Baumbach/Lauterbach/Albers*[60] 4.

13 *Kissel*[3] 16.

14 *Stanicki* DRiZ **1974** 379; *Kropp* DRiZ **1978** 77; *Feiber* NStZ **1984** 542; *Humborg* NWVBl. **1999** 298 zu fortbestehenden Zweifelsfragen.

15 LR-*Schäfer*[24] 9.

RpflVereinfG vom 1.12.1988 hat die dann Gesetz gewordene Regelung damit begründet, daß „die höhere demokratische Legitimation für die jeweils jüngste Wahl" spreche[16], auch wenn sie nur eine Teilwahl war[17]. Nachrücken kann nur derjenige, der **selbst noch wahlberechtigt** (§ 21b Abs. 1) ist[18]. Der Nächstberufene tritt in die **Amtszeit** des ausgeschiedenen Präsidiumsmitglieds ein, d. h. seine Amtszeit endet mit dem Ablauf der für den Ausgeschiedenen geltenden Wahlperiode[19]. Da bei einem Gericht mit weniger als acht Richterplanstellen sämtliche wählbaren Richter dem „ungewählten" **Plenarpräsidium** (§ 21a Abs. 2 Nr. 5) angehören, verringert sich bei Ausscheiden eines Richters aus den Gründen des insoweit entsprechend geltenden Absatzes 2 zwangsläufig – bis zur Neubesetzung der Planstelle mit einem wählbaren Richter – die Größe des Plenarpräsidiums; im übrigen gilt Absatz 2 mangels einer „letzten" Wahl und damit mangels eines „gewählten" Nächstberufenen nicht für das Plenarpräsidium.

c) Feststellung des Nächstberufenen. Die Feststellung, wer als Nächstberufener in das Präsidium nachrückt, trifft das Präsidium und nicht der Wahlvorstand, da dieser mit der Durchführung der Wahl und der Bekanntgabe und ggf. der Berichtigung des Wahlergebnisses seine Aufgabe erfüllt hat und nicht mehr besteht[20]. 11

d) Nachrücken durch Los, Nachwahl. War auf die Nachrück-Kandidaten dieselbe Stimmenzahl entfallen, so entscheidet das Los (§ 8 Abs. 4 WahlO). Falls kein Nächstberufener vorhanden ist, erfolgt eine Nachwahl (§ 14 WahlO). Scheiden aus dem Präsidium gleichzeitig zwei Mitglieder aus, von denen das eine aufgrund der vorletzten Wahl und das andere aufgrund der letzten Wahl in das Präsidium gekommen war, so stellt das Präsidium durch Auslosung fest, wer von den Nächstberufenen für das eine und wer für das andere Mitglied nachrückt[21]. 12

e) Ausscheiden des Präsidenten. Scheidet der Präsident (aufsichtführender Richter) aus dem Gericht aus, so tritt sein Nachfolger kraft Gesetzes an seine Stelle; bis zu dessen Eintritt vertritt der Vertreter (§ 21c Abs. 1 Satz 1) den Ausgeschiedenen. 13

f) Endgültige Wirkung des Ausscheidens. Durch das Ausscheiden eines Mitglieds und das Nachrücken des Nächstberufenen wird ein endgültiger Zustand geschaffen. Der zu einer Verwaltungsbehörde Abgeordnete ist also auch dann endgültig aus dem Präsidium ausgeschieden, auch wenn er nach verhältnismäßig kurzer Zeit wieder zu seinem Gericht zurückkehrt. Das gleiche gilt für den, der für mehr als drei Monate entweder an ein anderes Gericht abgeordnet oder beurlaubt wurde. Da es im Falle der Abordnung auf die in der Abordnungsanordnung bestimmte Dauer der Abordnung ankommt (Rdn. 6), kehrt er weder nach Ablauf der festgesetzten Abordnungszeit noch auch dann in das Präsidium zurück, wenn – gleichviel aus welchen Gründen – die Abordnung vorzeitig (vor Ablauf von drei Monaten) beendet wird[22]. Dies gilt gleichermaßen für den Fall der vorzeitigen Beendigung eines zunächst für mehr als drei Monate bewilligten Urlaubs. 14

---

16 BTDrucks. **11** 3621 S. 52.
17 BGHZ **112** 330 = NJW **1991** 1183.
18 BGH aaO.
19 *Kissel*[3] 8.
20 BGH aaO; BVerwGE **44** 172, 174; OLG Frankfurt OLGZ **1983** 372 = DRiZ **1984** 196.
21 BGH aaO.
22 H. M vgl. z. B. *Kissel*[3] 6; *Schorn/Stanicki* 32; *Baumbach/Lauterbach/Albers*[60] 2; *Zöller/Gummer*[22] 3a; *Thomas/Putzo*[15] 2; *Driehaus* DRiZ **1975** 42, 43; **a. A** *Rehbein* DRiZ **1974** 257, der allerdings mit Recht auf die – vom Gesetzgeber möglicherweise nicht bedachten – Schwierigkeiten hinweist, die sich bei größeren LG aus den sehr häufigen Abordnungen ergeben.

§ 21d

(1) Für die Größe des Präsidiums ist die Zahl der Richterplanstellen am Ablauf des Tages maßgebend, der dem Tage, an dem das Geschäftsjahr beginnt, um sechs Monate vorhergeht.

(2) [1]Ist die Zahl der Richterplanstellen bei einem Gericht mit einem Präsidium nach 21a Abs. 2 Nr. 1 bis 3 unter die jeweils genannte Mindestzahl gefallen, so ist bei der nächsten Wahl, die nach § 21b Abs. 4 stattfindet, die folgende Zahl von Richtern zu wählen:
1. bei einem Gericht mit einem Präsidium nach § 21a Abs. 2 Nr. 1 vier Richter,
2. bei einem Gericht mit einem Präsidium nach § 21a Abs. 2 Nr. 2 drei Richter,
3. bei einem Gericht mit einem Präsidium nach § 21a Abs. 2 Nr. 3 zwei Richter.
[2]Neben den nach § 21b Abs. 4 ausscheidenden Mitgliedern scheidet jeweils ein weiteres Mitglied, das durch das Los bestimmt wird, aus.

(3) [1]Ist die Zahl der Richterplanstellen bei einem Gericht mit einem Präsidium nach § 21a Abs. 2 Nr. 2 bis 4 über die für die bisherige Größe des Präsidiums maßgebende Höchstzahl gestiegen, so ist bei der nächsten Wahl, die nach § 21b Abs. 4 stattfindet, die folgende Zahl von Richtern zu wählen:
1. bei einem Gericht mit einem Präsidium nach § 21a Abs. 2 Nr. 2 sechs Richter,
2. bei einem Gericht mit einem Präsidium nach § 21a Abs. 2 Nr. 3 fünf Richter,
3. bei einem Gericht mit einem Präsidium nach § 21a Abs. 2 Nr. 4 vier Richter.
[2]Hiervon scheidet jeweils ein Mitglied, das durch das Los bestimmt wird, nach zwei Jahren aus.

Schrifttum. *Kissel* Die Novelle 1999 zur Präsidialverfassung, NJW **2000** 460; *Schorn/Stanicki* Die Präsidialverfassung der Gerichte aller Rechtswege[2] (1975) 25ff.

Entstehungsgeschichte. § 21d beruht – in seiner bis zur Novelle 1999 unverändert gebliebenen – Fassung auf Artikel II Nr. 4 des Gesetzes zur Änderung der Bezeichnungen der Richter und ehrenamtlichen Richter und der Präsidialverfassung der Gerichte vom 31. 5. 1972 (BGBl. I S. 841) – **Reform 1972** –. Durch Art. 1 Nr. 4 des Gesetzes zur Stärkung der Unabhängigkeit der Richter und Gerichte vom 22. 12. 1999 (BGBl. I S. 2598) – **Novelle 1999** – wurden die Absätze 2 und 3 neugefaßt; hierbei handelt es sich um – auf Vorschlag des Rechtsausschusses beschlossene (Bericht des BTRAusschl. BTDrucks. **14** 1875 [neu] S. 12) – notwendige Folgeänderungen, die aus der Neufassung des § 21a Abs. 2 für den Fall resultieren, daß die Zahl der bei einem Gericht vorhandenen Richterplanstellen unter die bisherige Größe des Präsidiums maßgebliche Mindestzahl gefallen (§ 21d Abs. 2) oder über die für die bisherige Größe maßgebliche Höchstzahl gestiegen ist (§ 21d Abs. 3). Die bis dahin geltende Fassung der Absätze 2 und 3 lautete:

(2) Ist die Zahl der Richterplanstellen bei einem Gericht mit einem Präsidium nach § 21a Abs. 2 Satz 1 Nr. 1 unter zwanzig gefallen, so sind bei der nächsten Wahl, die nach § 21b Abs. 4 stattfindet, zwei Richter zu wählen; neben den nach Absatz 4 ausscheidenden Mitgliedern scheiden zwei weitere Mitglieder aus, die durch das Los bestimmt werden.

(3) Ist die Zahl der Richterplanstellen bei einem Gericht mit einem Präsidium nach § 21a Abs. 2 Satz 1 Nr. 2 über neunzehn gestiegen, so sind bei der nächsten Wahl, die nach § 21b Abs. 4 stattfindet, sechs Richter zu wählen; hiervon scheiden zwei Mitglieder, die durch das Los bestimmt werden, nach zwei Jahren aus.

Übersicht

1. Inhalt der Vorschrift. Die Vorschrift bestimmt zum einen den für die Größe des 1
Präsidiums nach § 21a Abs. 2 maßgeblichen **Stichtag** (Absatz 1) und regelt zum anderen in den Absätzen 2, 3 – neugefaßt durch das Gesetz zur Stärkung der Unabhängigkeit der Richter und Gerichte vom 22.12.1999 (BGBl. I S. 2598) als notwendige Folgeänderung[1] im Hinblick auf die Neufassung des § 21a Abs. 2 GVG – die sich die aus einer nach § 21a Abs. 2 für die Größe des Präsidiums bedeutsamen Erhöhung oder Verminderung der Richterplanstellenzahl des Gerichts (wegen dieses Begriffs vgl. § 21a, 4) ergebenden Folgerungen.

2. Stichtag (Absatz 1). Da sich die Größe des Präsidiums nach der Zahl der Richter- 2
planstellen richtet und diese Zahl sich im Verlauf eines Geschäftsjahres ändern kann, mußte ein Stichtag festgelegt werden, der für die Größe des Präsidiums maßgebend ist. Und zwar muß dieser Stichtag vor dem Termin liegen, an dem die Wahl zum Präsidium durchgeführt werden soll, weil am Wahltag genau feststehen muß, wie viele Mitglieder zum Präsidium zu wählen sind. Diesen Stichtag setzt Absatz 1 fest, indem er dabei an den Beginn des Geschäftsjahres anknüpft. Der Begriff des Geschäftsjahres, der auch sonst im GVG verwendet wird (§ 21e Abs. 1, 3, § 42 Abs. 1, § 46 Abs. 2), deckt sich nach herkömmlicher, zum Gewohnheitsrecht erstarkter Auffassung[2], die z. T. in den landesrechtlichen Ausführungsgesetzen einen ausdrücklichen Niederschlag gefunden hat[3], mit dem des Kalenderjahres[4]; die vereinzelt im Schrifttum vertretene Auffassung[5], bei Fehlen einer landesgesetzlichen Vorschrift setze das Präsidium das Geschäftsjahr fest, läßt sich nicht begründen. Bei einem Beginn des Geschäftsjahres am 1. Januar ist danach die Stellenplanzahl am 1. Juli des vorangegangenen Jahres maßgebend. Durch die geräumige Festlegung ist gesichert, daß für die Vorbereitung und Durchführung der Wahl ein angemessener Zeitraum zur Verfügung steht. Eine Veränderung der Richterplanstellenzahl nach dem Stichtag ist nunmehr bedeutungslos; sie gewinnt erst wieder nach den Absätzen 2 und 3 Bedeutung für die nächste (Teil-)Wahl, die nach § 21b Abs. 4 stattfindet.

3. Verringerung der Richterplanstellenzahl (Absatz 2). Fällt die Zahl der Richterplan- 3
stellen bis zum Stichtag der nächsten Wahl unter die jeweilige für die Größe des Präsidiums nach § 21a Abs. 2 maßgebende Mindestzahl, dann bleibt es bis zur nächsten (Teil-)Wahl bei der bisherigen Mitgliederzahl. Erst bei der nächsten (Teil-)Wahl wird der Verringerung der Richterplanstellenzahl in der Weise Rechnung getragen, daß zum einen (Satz 1) durch eine entsprechend niedrigere Zahl der neu zu wählenden Richter, die dann der Hälfte der – der niedrigeren Richterplanstellenzahl entsprechenden – nunmehr zutreffenden Mitgliederzahl des Präsidiums entspricht (Wirkung: Verringerung des

[1] Bericht des BTRAussch. BTDrucks. **14** 1875 S. 12.
[2] *Katholnigg*[3] 1; *Kissel*[3] 9.
[3] Z. B. AGGVG Baden-Württ § 1; Bayern Art. 6.
[4] *Schorn/Stanicki* 26; *Kissel*[3] aaO.
[5] *Baumbach/Lauterbach/Albers*[60] 2; *Zöller/Gummer*[22] 1.

Präsidiums um ein *„überzähliges"* Mitglied), und zum anderen (Satz 2) durch Ausscheiden eines weiteren *„überzähligen"* Mitglieds aufgrund Losentscheids die zutreffende Mitgliederzahl des Präsidiums erreicht wird. Diese Regelung betrifft nur Präsidien von Gerichten mit mehr als zwanzig Richterplanstellen, also mit sechs oder mehr Präsidiumsmitgliedern.

4 Die Verringerung der Zahl Richterplanstellen an **kleinen Gerichten** mit höchstens 19 und mindestens acht Richterplanstellen (§ 21a Abs. 2 Nr. 4) auf sieben und weniger Richterplanstellen ist in Absatz 2 nicht gesondert geregelt; dies hat der Gesetzgeber bislang offenbar nicht für regelungsbedürftig gehalten, möglicherweise deshalb, weil sich die Anzahl der Präsidiumsmitglieder bei einer Absenkung der Richterplanstellen auf unter acht zwangsläufig nach der Anzahl der nach § 21a Abs. 1 wählbaren Richter richtet, also zwischen zwei und sieben Richter betragen kann (vgl. § 21a, 1, 5). Demnach muß bei einer Verringerung der Richterplanstellen auf sieben ein Plenarpräsidium gebildet werden. Da insoweit eine Wahl nicht stattfindet und es ferner für die Bildung eines Plenarpräsidiums keines besonderen Aufwandes bedarf, spricht dies für eine unverzügliche Bildung des neuen Präsidiums[6]. Dies widerspricht auch nicht dem Stetigkeitsprinzip (vgl. § 21b, 13; 21e, 5), da sämtliche vorherigen Mitglieder des repräsentativen Präsidiums, soweit sie noch dem zahlenmäßig verkleinerten Gericht angehören, zwangsläufig auch Mitglieder des Plenarpräsidiums sind.

5 **4. Steigerung der Richterplanstellenzahl (Absatz 3).** Steigt die Zahl der Richterplanstellen bis zum Stichtag der nächsten Wahl über die jeweilige für die Größe des Präsidiums nach § 21a Abs. 2 maßgebende Höchstzahl, dann bleibt es bis zur nächsten (Teil-) Wahl bei der bisherigen Mitgliederzahl. Erst bei der nächsten (Teil-)Wahl wird der Steigerung der Richterplanstellenzahl in der Weise dadurch Rechnung getragen, daß jeweils zwei Präsidiumsmitglieder über die Hälfte der bisherigen Anzahl der Mitglieder hinaus gewählt werden, so daß dann die Größe des Präsidiums der Regelung des § 21a Abs. 2 – gemessen an der Zahl der Richterplanstellen des Gerichts – entspricht (Satz 1). Damit entsprechend der Regelung des § 21b Abs. 4 Satz 2 bei der nächsten (Teil-)Wahl die Hälfte der Präsidiumsmitglieder neu gewählt werden können, muß eins von den neu gewählten Mitgliedern bereits nach zwei Jahren durch Losentscheid wieder ausscheiden (Satz 2).

6 **Nicht geregelt** ist die **Steigerung** von weniger als acht **auf mehr als acht Richterplanstellen**. In diesem Falle muß sich die Größe des Präsidiums gemäß § 21a Abs. 2 Nr. 5 von bis zu sieben Mitgliedern auf vier Mitglieder (§ 21a Abs. 2 Nr. 4) verringern; an die Stelle des Plenarpräsidiums (§ 21a Abs. 2 Nr. 5) tritt das gewählte, repräsentative Präsidium § 21a Abs. 2 Nr. 1 bis 4). Anders als die Einsetzung des Plenarpräsidiums, kann die Wahl des neuen Präsidiums nicht sofort geschehen. Sie hat jedoch zum nächst möglichen Zeitpunkt, d. h. mit Wirkung zum nächsten Geschäftsjahr zu erfolgen. Bis zum Beginn der Amtszeit des neuen Präsidiums amtiert das bisherige Plenarpräsidium, dem entsprechend der ratio legis des § 21a Abs. 2 Nr. 5 sämtliche wählbaren Richter des Gerichts, unabhängig von der Zahl der Richterplanstellen, angehören[7].

7 **5. Folgerungen.** Da es nur auf die Zahl der am Stichtag dem Gericht im Haushaltsplan zur Besetzung mit Richtern auf Lebenszeit zugewiesenen Planstellen ankommt, spielt es keine Rolle, ob diese am Stichtag besetzt sind und ob die Planstelleninhaber bei dem Gericht tätig oder an andere Gerichte oder an Verwaltungsstellen abgeordnet sind. Ebenso ist

---

6 *Kissel*[3] 7.

7 *Kissel*[3] 8.

es bedeutungslos, ob Planstelleninhaber nach dem Stichtag ausscheiden, abgeordnet werden usw. Diese Umstände spielen zwar für die Wahlberechtigung und Wählbarkeit eine Rolle (§ 21b Abs. 1 Satz 3); insoweit kommt es aber auf die Verhältnisse zur Zeit der Wahl an.

§ 21e

(1) [1]Das Präsidium bestimmt die Besetzung der Spruchkörper, bestellt die Ermittlungsrichter, regelt die Vertretung und verteilt die Geschäfte. [2]Es trifft diese Anordnungen vor dem Beginn des Geschäftsjahres für dessen Dauer. [3]Der Präsident bestimmt, welche richterlichen Aufgaben er wahrnimmt. [4]Jeder Richter kann mehreren Spruchkörpern angehören.

(2) Vor der Geschäftsverteilung ist den Richtern, die nicht Mitglied des Präsidiums sind, Gelegenheit zur Äußerung zu geben.

(3) [1]Die Anordnungen nach Absatz 1 dürfen im Laufe des Geschäftsjahres nur geändert werden, wenn dies wegen Überlastung oder ungenügender Auslastung eines Richters oder Spruchkörpers oder infolge Wechsels oder dauernder Verhinderung einzelner Richter nötig wird. [2]Vor der Änderung ist den Vorsitzenden Richtern, deren Spruchkörper von der Änderung der Geschäftsverteilung berührt wird, Gelegenheit zu einer Äußerung zu geben.

(4) Das Präsidium kann anordnen, daß ein Richter oder Spruchkörper, der in einer Sache tätig geworden ist, für diese nach der Änderung der Geschäftsverteilung zuständig bleibt.

(5) Soll ein Richter einem anderen Spruchkörper zugeteilt oder soll sein Zuständigkeitsbereich geändert werden, so ist ihm, außer in Eilfällen, vorher Gelegenheit zu einer Äußerung zu geben.

(6) Soll ein Richter für Aufgaben der Justizverwaltung ganz oder teilweise freigestellt werden, so ist das Präsidium vorher zu hören.

(7) [1]Das Präsidium entscheidet mit Stimmenmehrheit. [2]§ 21i Abs. 2 gilt entsprechend.

(8) [1]Das Präsidium kann beschließen, daß Richter des Gerichts bei den Beratungen und Abstimmungen des Präsidiums für die gesamte Dauer oder zeitweise zugegen sein können. [2]§ 171b gilt entsprechend.

(9) Der Geschäftsverteilungsplan des Gerichts ist in der von dem Präsidenten oder aufsichtführenden Richter bestimmten Geschäftsstelle des Gerichts zur Einsichtnahme aufzulegen; einer Veröffentlichung bedarf es nicht.

Schrifttum. *Gloria* Verfassungsrechtliche Anforderungen an die gerichtlichen Geschäftsverteilungspläne, DÖV **1988** 849; *Heintzmann* Negativer Kompetenzkonflikt und Geschäftsverteilung, DRiZ **1975** 320; *Henke* Die Arbeit der Präsidien neuer Art bei großen Amtsgerichten, DRiZ **1972** 285; Leitsätze der Kommission des Deutschen Richterbundes zur Rechtsstellung der Gerichtspräsidien, DRiZ **1972** 294; *Kissel* Die Novelle 1999 zur Präsidialverfassung, NJW **2000** 460; *Kronisch* Präsidialverfassung und Verwaltungsgericht, Zeitschrift für öffentliches Recht in Norddeutschland (NordÖR) **2001** 11; *P. Müller* Gesetzlicher Richter und Geschäftsplan, JZ **1976** 587; *Rasehorn* Der Geschäftsverteilungsplan als Organisationsinstrument, ZRP **1972** 18; *Renck* Geschäftsverteilungsplan und Normenkontrolle, NJW **1984** 2928; *Schorn/Stanicki* Die Präsidialverfassung der Gerichte aller Rechtswege[2] (1975) 69ff; *Stanicki* Geschäftsordnung für das Präsidium, DRiZ **1972** 51; *Sowada* Der gesetzliche Richter im Strafverfahren (2002) 241ff; *Stanicki* Die neuen Präsidien und ihre Wahl DRiZ **1974** 404; *Zeihe* §§ 21a, 21g, und 21e des Gerichtsverfassungsgesetzes, Die Sozialgerichtsbarkeit (SGb) **2000** 665.

Entstehungsgeschichte. § 21e beruht auf Artikel II Nr. 4 des Gesetzes zur Änderung der Bezeichnungen der Richter und ehrenamtlichen Richter und der Präsidialverfassung der Gerichte vom 31. 5. 1972 (BGBl. I S. 841) – **Reform 1972** –. Durch Art. 2 Nr. 1 des 1. StVRG 1974 wurden in Absatz 1 Satz 1 die vor „Ermittlungsrichter" stehenden Worte „Untersuchungsrichter und die" gestrichen. Durch Art. 1 Nr. 5 des Gesetzes zur Stärkung der Unabhängigkeit der Richter und Gerichte vom 22. 12. 1999 (BGBl. I S. 2598) – **Novelle 1999** – wurden die Absätze 2 (Ausweitung der Beteiligungsrechte der nicht dem Präsidium angehörenden Richter auf sämtliche Richter) und Absatz 7 (Wegfall des „Stichentscheids" des Präsidiumsvorsitzenden bei Stimmengleichheit) neugefaßt und ein neuer Absatz 8 (Einführung der fakultativen Richteröffentlichkeit bei Präsidiumssitzungen) eingefügt; der vorherige Absatz 8 wurde Absatz 9 (vgl. zur Begründung Gesetzentw. BTDrucks. 14/979 S. 4f; Bericht des BT-Rechtsausschusses 14/1875 [neu] S. 12)). Die bis dahin geltende Fassung der Absätze 2, 7 und 8 lautete:

(2) Vor der Geschäftsverteilung ist den Vorsitzenden Richtern, die nicht Mitglieder des Präsidiums sind, Gelegenheit zu einer Äußerung zu geben.

(7) Das Präsidium entscheidet mit Stimmenmehrheit, bei Stimmengleichheit gibt die Stimme des Vorsitzenden den Ausschlag.

(8) Der Geschäftsverteilungsplan des Gerichts ist in der von dem Präsidenten oder aufsichtführenden Richter bestimmten Geschäftsstelle des Gerichts zur Einsichtnahme aufzulegen; einer Veröffentlichung bedarf es nicht.

Übersicht

Alphabetische Übersicht

I. Der Aufgabenbereich des Präsidiums im allgemeinen (Absatz 1)

1 **1. Gesetzlicher Umfang.** § 21e stellt die zentrale Vorschrift der Regelungen über die Präsidialverfassung dar[1]. Der in Absatz 1 Satz 1, 2 umschriebene Aufgabenbereich des Präsidiums ist gegenüber dem bis zum PräsVerfG vom 26. 5. 1972 (BGBl. I S. 841) – Reform 1972 – geltenden Recht insofern erweitert, als dem Präsidium außer der Verteilung der Geschäfte und der Beisitzer auch die Verteilung des Vorsitzes in den Spruchkörpern (Kammern, Senate) obliegt, die bis dahin Sache des Direktoriums oder Senatoriums war (Vor § 21a, 6). Ferner nennt Absatz 1 als Aufgabe des Präsidiums die Bestellung der Ermittlungsrichter des Oberlandesgerichts und des Bundesgerichtshofs (§ 169 StPO).

2 **2. Ergänzende Vorschriften.** § 21e Abs. 1 Satz 1, 2 wird ergänzt durch § 78 Abs. 2 (Bezeichnung des Vorsitzenden und der übrigen Mitglieder der auswärtigen Strafkammer), § 78b Abs. 2 (Bestellung der Mitglieder der Strafvollstreckungskammer), § 132

[1] *Kissel*[3] 1.

Abs. 3 (Bestellung der Mitglieder der Großen Senate und ihrer Vertreter durch das Präsidium des Bundesgerichtshofs), § 140a (Bestimmung der für die Entscheidung in Wiederaufnahmeverfahren zuständigen Gerichte). Unberührt bleibt die Zuständigkeit des Präsidiums zur Bildung von Hilfsstrafkammern (LR-*Siolek* § 60, 12) sowie zur Stellung des Antrags auf Abordnung von Hilfsrichtern (§ 70 Abs. 1, § 117). Über die Mitwirkung des Präsidiums bei der Auswahl des Ergänzungsrichters vgl. Erläuterungen zu Rdn. 14 und zu § 192 GVG[2].

3. Abschließende Umgrenzung der Aufgaben des Präsidiums. Nach einer im Schrifttum vertretenen Auffassung[3] ist mit der vorstehenden Aufzählung (Rdn. 1, 2) der Umfang der Aufgaben des Präsidiums nicht erschöpft, vielmehr sei durch das PräsVerfG vom 26. 5. 1972 – Reform 1972 – der **Grundsatz der Allzuständigkeit des Präsidiums** eingeführt worden, demzufolge das Präsidium grundsätzlich „für alle Aufgaben und Befugnisse im Zusammenhang mit der Geschäftsverteilung im weiteren Sinn“ zuständig ist. In Zweifelsfällen sei dabei stets davon auszugehen, daß anstelle der Justizverwaltung oder des Präsidenten als Organ der Rechtspflege das Präsidium zuständig sei[4]. Aus der „Allzuständigkeit“ wird etwa hergeleitet, daß nicht die Justizverwaltung, sondern das Präsidium über die Zahl der ständigen Spruchkörper (Kammern und Senate) zu bestimmen habe (dazu LR-*Siolek* § 60, 6), daß im Fall des § 70 die Justizverwaltung an die Bedürfnisfeststellung des Präsidiums gebunden sei (dazu LR-*Siolek* § 70, 3), daß die Feststellung, ob ein Richter verhindert ist und damit ein Vertretungsfall vorliegt, nur dem Präsidium zustehe (dazu § 21f, 22) usw. Dem **kann nicht zugestimmt werden**[5]. Allerdings wurden durch das PräsVerG vom 26. 5. 1972 die Aufgaben des Präsidiums in gewisser Weise erweitert[6]. Im übrigen ergibt sich aber weder aus der begrenzten Zielsetzung dieses Gesetzes, Präsidien bei allen Gerichten einzuführen und ihre Zusammensetzung neu zu regeln, noch aus der Entstehungsgeschichte des Gesetzes ein Anhaltspunkt für eine generelle Ausweitung der Aufgaben des Präsidiums im Sinne einer „Allzuständigkeit“. Es handelt sich vielmehr um Wunschvorstellungen einer umfassenden gerichtlichen Selbstverwaltung, die in dieser Form bisher keine Erfüllung gefunden haben. 3

II. Geschäftsverteilung bei Rechtspflegern und Staatsanwaltschaft

Rechtspfleger sind keine Richter i. S. des GVG. Ihre Geschäfte werden – entgegen einer z. T. im Schrifttum vertretenen Auffassung[7] – nicht im Geschäftsverteilungsplan verteilt[8]. Wegen des aus Kreisen der Rechtspfleger de lege ferenda geforderten „Rechtspfleger-Präsidiums“ vgl. DRiZ **1972** 143. Das schließt nicht aus, daß die Landesjustizverwaltung die Aufstellung eines Geschäftsverteilungsplans für die Rechtspfleger durch den Gerichtsvorstand anordnet, der den Grundgedanken des § 21e Rechnung trägt[9]. Wegen der Geschäftsverteilung bei der Staatsanwaltschaft s. § 142, 22; § 144, 3. 4

---

2 LR-*Wickern* § 192, 10.

3 Vgl. insbes. *Schorn/Stanicki* 72; *Stanicki* DRiZ **1972** 414, 415.

4 *Schorn/Stanicki* 72ff, 129f.

5 Ebenso *Kissel*[3] 12; *Sowada* 249.

6 LR-*Schäfer*[23] Vor § 21a, 5.

7 Vgl. *Eickmann/Riedel* § 1, 6 RpflG.

8 *Kissel*[3] 15; *Dallmayer/Eickmann* Rechtspflegergesetz § 1, 82a.

9 Vgl. RdErl. des Hess. JustMin. vom 17. 11. 1975, JMBl. 586; AV des Bad.-Württ. JustMin. vom 18. 10. 1976, Die Justiz 464; AV des SchlH JustMin. vom 5. 10. 1976, SchlHA 180; AV des NRW JustMin. vom 13. 10. 1976, JMBlNRW 242.

III. Der Geschäftsverteilungsplan

5 **1. Seine allgemeine Bedeutung.** Die §§ 21e und 21f (wie auch § 21g für die spruchkörperinterne Geschäftsverteilungs- und Mitwirkungsanordnung) dienen der Verwirklichung des Grundsatzes, daß Ausnahmegerichte, ad hoc zusammengesetzte Gerichte, unzulässig sind[10] und niemand seinem gesetzlichen Richter entzogen werden darf (Art. 101 GG, § 16 GVG). Dieser Grundsatz fordert, daß nicht nur die sachliche und örtliche Zuständigkeit des zur Entscheidung berufenen Gerichts durch gesetzliche Vorschriften im voraus feststeht, sondern daß grundsätzlich auch der bei dem betreffenden Gericht zuständige Spruchkörper und damit die Person der bei der Entscheidung mitwirkenden Richter sowie sein Aufgabenbereich von vornherein auf längere Dauer (§ 21e Abs. 1 Satz 2) – **Grundsatz der Stetigkeit** – und nach allgemeinen abstrakten Merkmalen – **Abstraktionsgrundsatz** – (unten Rdn. 27) und unter Ausschluß jeder Einflußnahme von dritter Seite, auch der Justizverwaltung, festgelegt ist. Demgemäß legt § 21e die Geschäftsverteilung auf die einzelnen Spruchkörper in die Hand des Präsidiums, eines in richterlicher Unabhängigkeit handelnden Kollegialorgans der richterlichen Selbstverwaltung[11] (vgl. Rdn. 6). Die §§ 21e, 21f übertragen ihm gleichzeitig die Aufgabe, bei den Kollegialgerichten die Vorsitzenden, ihre ständigen Vertreter, die übrigen Beisitzer und allgemeinen Vertreter von Beginn des Geschäftsjahres den einzelnen Spruchkörpern zuzuweisen. Diese Zuteilung der Richter durch richterliche Kollegien auf die Dauer des Geschäftsjahres bedeutet zugleich, daß neben die Unabsetzbarkeit und Unversetzbarkeit als weitere persönliche Garantie der richterlichen Unabhängigkeit die der Einwirkung der Justizverwaltung entzogene Unverschiebbarkeit im Kollegialgericht (die Bindung an den einmal übertragenen Aufgabenbereich beim Amtsgericht) tritt.

6 **2. Richterliche Unabhängigkeit der Mitglieder des Präsidiums.** Da die Tätigkeit des Präsidiums nicht in der Entscheidung konkreter Rechtsstreitigkeiten besteht, gehört sie nicht zur Rechtsprechung im materiellen Sinn[12]. Über die rechtliche Charakterisierung der Tätigkeit, die in der allgemeinen Vorsorge besteht, daß anhängige und künftig anfallende Verfahren vor den gesetzlichen Richter gelangen und von ihm entschieden werden, gehen die Auffassungen auseinander. Je nach der Rechtsnatur, die dem Geschäftsverteilungsplan beigemessen wird (Rdn. 7), wird sie etwa materiell als Verwaltungstätigkeit[13], als „Rechtsprechung im formellen Sinn"[14] oder als Rechtsetzung (Rdn. 7) gewertet. Praktische Folgerungen knüpfen sich daran aber nicht, da nicht zweifelhaft ist, daß die Mitglieder des Präsidiums in richterlicher Unabhängigkeit unter dem Schutz des Art. 97 Abs. 1 GG handeln[15]. Daraus ergibt sich, daß sie hinsichtlich ihrer Entscheidungen einer Dienstaufsicht der Gerichtsverwaltung nur in den engen Grenzen des § 26 DRiG unterliegen. Die Dienstaufsichtsbehörde kann zwar den Mitgliedern des Präsidiums die „ordnungswidrige Art der Ausführung eines Amtsgeschäfts" (vgl. auch Rdn. 14) vorhalten. Die Vorhaltung kann aber, was den sachlichen Inhalt eines Präsidialbeschlusses anlangt – ebenso wie bei richterlichen Entscheidungen, die einer Nachprüfung im Rechtsmittelweg unterliegen –, nur in dem Hinweis auf **offensichtliche Rechtsfehler** bei der Geschäftsverteilung bestehen[16]. Dazu gehört auch noch der Hinweis, daß bestimmte Regelungen im Geschäftsverteilungsplan, z. B. in der Besetzung der

10 *Kissel*[3] § 16, 10; *Schilken* 289.
11 BGHSt **12** 227, 234; DRiZ **1976** 25.
12 LR-*Böttcher* Vor § 1, 5.
13 So z. B. LR-*Schäfer*[24] Einl. Kap. **8** 12; *Schmidt-Räntsch* Deutsches Richtergesetz[5] § 25, 10.
14 So *Gerner/Decker/Kauffmann* Deutsches Richtergesetz (1963) § 1, 6, 7 DRiG; Leitsätze der Amtsrechtskommission des Deutschen Richterbundes DRiZ **1972** 294.
15 BGHZ **46** 147; **112** 197; BGHSt **12** 227, 234; DRiZ **1976** 25; BVerwGE **50**, 11.
16 LR-*Schäfer*[24] § 1, 23.

Spruchkörper, wiederholt durch die höheren Rechtsmittelinstanzen beanstandet worden seien und zur Aufhebung von Entscheidungen der Spruchkörper geführt hätten[17]. Darüber hinausgehende Maßnahmen der Gerichtsverwaltung, auch schon die Anregung der dienstaufsichtführenden Stelle, eine im Rahmen der Geschäftsverteilung getroffene Entscheidung bei der nächsten Geschäftsverteilung in einem bestimmten, von der dienstaufsichtführenden Stelle vertretenen Sinn zu überprüfen, stellen einen unzulässigen Eingriff in die Befugnis des Präsidiums dar, die Geschäftsverteilung nach seinem Ermessen zu regeln, der jedes Mitglied des Präsidiums zur Anrufung des Richterdienstgerichts berechtigt (§ 26 Abs. 3 DRiG).

3. Zur Rechtsnatur des Geschäftsverteilungsplans. Die Rechtsnatur des Geschäfts- 7
verteilungsplans ist umstritten. Die praktische Bedeutung der Streitfrage zeigt sich hauptsächlich im Zusammenhang mit den Fragen, ob und in welcher Weise der Geschäftsverteilungsplan anfechtbar ist (unten Rdn. 77 ff) und wie sich eine Abweichung von der im Geschäftsverteilungsplan festgelegten Zuständigkeit eines Spruchkörpers auswirkt (dazu unten Rdn. 35). Je nach dem Zusammenhang, in dem die Frage der **Rechtsnatur** auftaucht, wird sie z. T. **auch unterschiedlich beantwortet**. Als Lösungsmöglichkeiten, bei denen teils auf die äußere Erscheinungsform, teils auf den materiellen Charakter abgestellt wird (oben Rdn. 6), werden angeboten die Qualifizierung als **Akt der Rechtsprechung** im weiteren Sinn, als materieller Verwaltungsakt, als **innerdienstlicher Organisationsakt**, als **Akt der gerichtlichen Selbstverwaltung**[18], als **Akt der öffentlichen Gewalt** i. S. des Art. 19 Abs. 4 GG ohne weitere Charakterisierung, als **Rechtsnorm**[19], d. h. als Rechtsetzungsakt kraft der auf das Präsidium übertragenen Autonomie, als **Akt, der „denselben Anforderungen wie ein förmliches Gesetz unterliegt"**[20], als Rechtsinstitut besonderer Art **[multifunktionaler Hoheitsakt sui generis]**[21]; als **„Satzung besonderer Art" mit Rechtssatzcharakter** zur Regelung der inneren Organisation des Gerichts in gerichtlicher Selbstverwaltung und zugleich mit Außenwirkung für den Rechtsuchenden[22]; als **Organisationsakt der gerichtlichen Selbstverwaltung** ohne Rechtsnormcharakter[23]; als Rechtsnorm i. S. des Revisionsrechts mit Auswirkungen für den in Prozeß einbezogenen Bürger[24] und als **Akt mit gemischter Natur bzw. Doppelnatur**: der Geschäftsverteilungsplan hat danach Rechtsnormcharakter, soweit er abstrakt-generell die anfallenden Geschäfte den einzelnen Spruchkörpern zuweist, und Verwaltungscharakter, soweit er konkret unter Berücksichtigung individueller Gesichtspunkte dem einzelnen Richter Geschäfte zuweist und ihn einem bestimmten Spruchkörper zuteilt[25] (vgl. hierzu umfassend LR-*Schäfer*[24] 83 ff, 103). Die Rechtsprechung hat es bisher im allgemeinen vermieden, sich in der Frage der Rechtsnatur festzulegen[26]. Auch an dieser Stelle ist – auch wenn vieles für die Theorie von der Doppelnatur spricht – von einer Vertiefung der Frage nach der Rechtsnatur abzusehen. Sie erübrigt sich im Rahmen dieses Kommentars, soweit es sich um Fragen der Terminologie ohne praktische Auswirkungen handelt; soweit die praktische Bedeutung in Frage steht, wird auf den Ausführungen unten Rdn. 35 und 77 ff verwiesen.

---

17 BGH aaO.

18 So *Peters*[4] S. 142.

19 *Gloria* NJW **1989** 445 mit weit. Nachw.; MünchKomm-*Wolf*[2] 7.

20 *Maunz/Dürig/Herzog* GG Art. 101, 43.

21 So *Kissel*[3] 105; so wohl auch BayVerfGH NJW **1986** 1673.

22 *Wolf* Gerichtsverfassungsrecht[6] § 14 III 2, S. 143.

23 LR-*Hanack* § 337 StPO, 13.

24 So *Peters*[4] S. 637; s. auch BayVerfG NJW **1986** 1673.

25 *Gloria* NJW **1989** 445; *Erichsen* VerwArch **68** [1977] 179; *Kornblum* FS Schiedermair S. 342; *P. Müller* MDR **1977** 975, 976; *Pentz* DRiZ **1977** 179; *Wolf* DRiZ **1976** 364.

26 Dazu etwa BVerfGE **17** 252, 256 = NJW **1964** 1020; BVerfGE **31** 47; BVerwGE **50** 11 = NJW **1976** 1224; anders z. B. Hess. VerwGH DRiZ **1969** 122.

8 **4. Keine Übertragbarkeit der Aufgaben des Präsidiums.** Das Präsidium muß die ihm übertragenen Aufgaben selbst wahrnehmen. Allerdings sieht § 21i Abs. 2 vor, daß in Eilfällen, in denen eine Entscheidung des Präsidiums nicht rechtzeitig ergehen kann, der Vorsitzende des Präsidiums vorläufig die notwendigen Anordnungen trifft. Dagegen kann das Präsidium erforderliche Anordnungen, die es treffen könnte, nicht dem Vorsitzenden zum selbständigen Befinden überlassen, noch sie, wenn er sie getroffen hat, durch nachträgliche Genehmigung rückwirkend – ex tunc – wirksam machen; Beschlüsse des Präsidiums wirken stets – auch im Fall des § 21i Abs. 2 – nur ex nunc[27].

IV. Besetzung der Spruchkörper

9 **1. Allgemeines.** Die Besetzung der Spruchkörper geschieht beim Amtsgericht durch Bestimmung der für die einzelnen Abteilungen zuständigen Richter (einschl. des zweiten Richters beim erweiterten Schöffengericht, § 29 Abs. 2), bei den Kollegialgerichten durch Bestimmung der Vorsitzenden (§ 21f Abs. 1) und der Beisitzer der einzelnen Kammern und Senate. Über die Zuweisung der Richter an die einzelnen Spruchkörper entscheidet grundsätzlich das Präsidium nach pflichtmäßigem Ermessen. Wo Spruchkörper mit gesetzlicher Zuständigkeitskonzentration zu bilden sind (LR-*Siolek* § 60, 18), geht das Gesetz davon aus, daß sie mit Richtern besetzt werden, die über besondere Erfahrungen auf dem betreffenden Gebiet verfügen, die sie, wenn sie sie nicht von vornherein besitzen, nur durch längere Tätigkeit in dem Spruchkörper erwerben können; auch dem muß das Präsidium im Rahmen des Möglichen Rechnung tragen. Darüber hinaus kommt dem einzelnen Richter nicht etwa ein „Recht" zu, entsprechend seinen besonderen Neigungen und Fähigkeiten auf einem bestimmten Rechtsgebiet verwendet zu werden (vgl. hierzu die umfassende Erl. bei LR-*Schäfer*[24] § 21e, 108). § 21e Abs. 1 Satz 1 verlangt nicht, daß jeder Richter zum Mitglied eines Spruchkörpers ernannt werden muß, vielmehr ist es auch zulässig, einem Richter (mit seinem Einverständnis, § 42 DRiG) ausschließlich die Erledigung von Verwaltungsgeschäften zu übertragen[28] – s. dazu § 21e Abs. 6 – oder ihn von vornherein zum sog. Vertretungsrichter zu bestimmen, dessen Aufgabe (bei großen Gerichten) in der Vertretung verhinderter Richter besteht[29]. Dagegen ist es unzulässig und kommt einer gegen Art. 97 Abs. 2 Satz 1 GG verstoßenden Verdrängung aus dem Amt gleich, wenn das Präsidium im Wege der Geschäftsverteilung einen Richter auf Lebenszeit gegen seinen Willen praktisch von der rechtsprechenden Tätigkeit ausschließt[30]. Die in der Geschäftsverteilung als ordentliche Mitglieder eines Spruchkörpers bezeichneten, aber nach dem Sinn des Geschäftsverteilungsplans und der tatsächlichen Handhabung nur im Bedarfsfall zu den Sitzungen heranzuziehenden Richter sind in Wirklichkeit als Vertreter zu betrachten und zu behandeln[31]. Selbstverständlich ist das Präsidium nicht gehindert, einen Spruchkörper ohne Rücksicht auf die Art der ihm zugewiesenen Geschäfte nur mit männlichen Richtern zu besetzen[32], wie es auch andererseits nicht gehindert wäre, ihn nur mit Frauen zu besetzen.

10 **2. „Überbesetzter Spruchkörper".** Einem Spruchkörper dürfen mehr Richter (Beisitzer) zugeteilt werden, als zur Verhandlung und Entscheidung einer Sache erforderlich sind.

---

[27] RGSt **23** 166; **37** 59, 301; **38** 416; BGHSt **3** 353.

[28] RGSt **46** 255; BGHSt **12** 159, 161.

[29] RG HRR **1928** Nr. 2328.

[30] BVerfGE **17** 252, 259 = NJW **1964** 1019; BVerfGE **38** 152.

[31] RG GA **55** (1908) 109; BGH DRiZ **1965** 202.

[32] OLG Köln NJW **1972** 911.

a) Grundsätzliches. Die Überbesetzung eines Spruchkörpers ist nach h. M. grundsätzlich zulässig[33]. Dies ist nunmehr nach der neueren Rechtsprechung des Bundesverfassungsgerichts[34] nicht mehr zweifelhaft (vgl. hierzu § 21g, 5), und zwar nicht nur dann, wenn die Überbesetzung zur Gewährleistung einer geordneten Rechtsprechung unvermeidbar ist[35]. Nach der zuvor ergangenen ständigen Rechtsprechung des Bundesverfassungsgerichts[36], die dieses Erfordernis („unvermeidbar") noch hervorhob – im Schrifttum wird die Frage eines Festhaltens an diesem Erfordernis durch die neuere Rechtsprechung des Bundesverfassungsgerichts unterschiedlich beurteilt[37] –, ist die Zusammensetzung des Spruchkörpers eines Kollegialgerichts jedoch dann mit dem Grundsatz des gesetzlichen Richters (Art. 101 Abs. 1 S. 2 GG) unvereinbar, wenn die Zahl der dem Spruchkörper zugeteilten Mitglieder es gestattet, **a)** daß sie in zwei personell voneinander (einschließlich des Vorsitzenden) verschiedenen Sitzgruppen verhandeln und entscheiden können[38], oder **b)** daß – vor der Novelle 1999 nach § 21g Abs. 2 a. F. durch den Vorsitzenden, nunmehr durch den Spruchkörper insgesamt gem. § 21g Abs. 2 Halbsatz 1 – drei Spruchkörper mit jeweils verschiedenen Beisitzern gebildet werden können. Danach ist die Besetzung einer großen Strafkammer mit sechs Beisitzern unzulässig, da sie es ermöglichen würde, aus dem Vorsitzenden A und den Beisitzern B, C, D, E, F, G drei Spruchkörper in der Besetzung ABC, ADE und AFG zu bilden. Auch die Besetzung mit fünf Beisitzern ist nicht zulässig, da sie die Bildung von „zwei voneinander verschiedenen Sitzgruppen" ACD und BEF ermöglichen würde. Dagegen ist es – auch im Sinne der früheren Rechtsprechung des Bundesverfassungsgerichts – grundsätzlich verfassungsrechtlich unbedenklich, einer Kammer (Rechtsmittel-Strafsenat) durch den Geschäftsverteilungsplan ein oder zwei Mitglieder über die für die Verhandlung und Entscheidung gesetzlich vorgeschriebene Richterzahl hinaus zuzuteilen[39]. Zulässig ist somit, wenn einem mit drei Richtern gesetzlich besetzten Spruchkörper (große Strafkammer, Rechtsmittel-Strafsenat) insgesamt vier ständige Beisitzer zugewiesen werden[40]. Dies gilt für die großen Strafkammern auch weiterhin nach Einführung des § 76 Abs. 2, unabhängig davon ob sie ausschließlich als Schwurgericht oder sonstige große Strafkammer tätig sind. Die Frage der Zulässigkeit der Überbesetzung hat sich nämlich nach der – bezogen auf die Anzahl der Beisitzer – höchsten gesetzlich vorgesehenen **(„normalen") Besetzung**, die zulässigerweise bei der Zuteilung der Beisitzer überschritten werden darf, zu bemessen und nicht nach der sog. reduzierten Be- 11

[33] *Kissel*[3] 129; *Kleinknecht/Meyer-Goßner*[45] 5; KK-*Diemer*[4] 6; MünchKomm-*Wolf*[2] 15; **a. A** *P. Müller* DRiZ **1972** 356; DRiZ **1973** 49; DRiZ **1974** 41; *Höfig* DRiZ **1972** 424; *Schneider* DRiZ **1972** 424; *Sowada* 260f.

[34] Plenarentscheidung vom 8. 4. 1997 BVerfGE **95** 322 = NJW **1997** 1497; bestätigt durch BVerfGE **97** 1; ausführlich zur Rechtsprechung des BVerfG *Sowada* 266ff.

[35] In diesem Sinne noch die frühere Rechtspr. des BVerfG, vgl. BVerfGE **18** 344, 349 = NJW **1965** 1219; BVerfGE **22** 282, 286; vgl. hierzu auch MünchKomm-*Wolf*[2] 15.

[36] BVerfGE **17** 294, 301; **18** 65, 69f; **18** 344, 350; **19** 145, 147; **22** 282, 284.

[37] Für ein Festhalten an dem Unvermeidbarkeitserfordernis: *Kissel*[3] 130; **a. A** offenbar MünchKomm-*Wolf*[2] 15: „weniger strenge Anforderungen", „Das BVerfG hat nunmehr einen anderen Weg zur Wahrung des verfassungsrechtlichen Erfordernisses der Bestimmtheit eingeschlagen"; ausführlich und zustimmend zum Abrücken von der „Unvermeidbarkeits-Doktrin" *Sowada* 266.

[38] Jedoch kann nach BGHSt **33** 234 = JR **1986** 125 mit Anm. *Katholnigg* eine ganz besondere Verfahrenslage ausnahmsweise eine Ausnahme von diesem Grundsatz rechtfertigen, wenn ein „Manipulieren" ausgeschlossen ist, wie dies in dem – hier nicht näher darzustellenden – Fall vorlag; ob dies im Lichte der neueren Rechtspr. des BVerfG noch Bestand hat, erscheint zweifelhaft.

[39] *Kissel*[3] 130.

[40] Wegen vereinzelter abweichender Stimmen, die auch eine solche Überbesetzung für grundgesetzwidrig halten, vgl. Arndt NJW **1964** 1668; *P. Müller* ZRP **1971** 150; DRiZ **1972** 356; **1973** 49; **1974** 41, 263; *Höfig* und *Schneider* DRiZ **1972** 424.

setzung[41]. Daher hat sich durch die – im übrigen (noch) zeitlich begrenzte (Zeitgesetz) – Regelung des § 76 Abs. 2 StPO **betreffend** die **sog. reduzierte Besetzung** der großen Strafkammern hinsichtlich der für die Überbesetzung geltenden Grundsätze **nichts geändert**. Die Rechtsprechung des Bundesverfassungsgerichts bezieht sich nämlich ersichtlich, da das Gesetz eine fakultativ reduzierte Besetzung seinerzeit noch nicht vorsah[42], ausschließlich auf die Situation einer zahlenmäßig stets gleichen Besetzung. Dies hat besondere Bedeutung auch für die erstinstanzlichen Strafsenate der Oberlandesgerichte, die gemäß § 122 Abs. 2 je nach Umfang und Schwierigkeit der Sache fakultativ mit drei oder fünf Richtern einschließlich des Vorsitzenden verhandeln. Es ist demnach nicht zu beanstanden, wenn einem erstinstanzlichen OLG-Senat sogar mehr als zwei (über die „Normalbesetzung" hinaus) zusätzliche Beisitzer zugeteilt werden, sofern die Bildung von zwei völlig getrennten Sitzgruppen oder von drei – abgesehen vom Vorsitzenden – verschieden besetzten Spruchkörpern durch den spruchkörperinternen Mitwirkungsplan ausgeschlossen wird[43] (zu den **Gestaltungsmöglichkeiten für** die Fälle der **reduzierten Richterbank** siehe § 21f, 17). Als Grundsatz ist demnach – jedenfalls auf der Grundlage der „früheren" Rechtsprechung des Bundesverfassungsgerichts – festzuhalten, daß die Anzahl der einem Spruchkörper zulässigerweise zuzuweisenden Richter **unterhalb des Doppelten der gesetzlichen (Höchst-)Mitgliederzahl** liegen muß[44]. Ob es auch in jedem Falle für die Zulässigkeit der Überbesetzung erforderlich ist, daß – wie eingangs dargestellt – das Präsidium die Überbesetzung für unvermeidbar hält, um eine geordnete Rechtsprechung zu gewährleisten[45], erscheint jedenfalls in Ansehung der Plenarentscheidung des Bundesverfassungsgerichts[46] nicht mehr eindeutig. Folgt man der Auffassung von *Kissel*[47] (Fortbestehen des Erfordernisses der „Unvermeidbarkeit"), ist auf Verfassungsbeschwerde nur nachprüfbar, ob das Präsidium den Begriff der Unvermeidbarkeit verkannt und dadurch die Möglichkeit des „Manipulierens" eröffnet hat, oder ob es eindeutig sachfremd entschieden hat und danach „selbst manipuliert" hat[48]. Eine Überbesetzung bis zum grundgesetzlich zulässigen Höchstmaß kann jedoch gegen § 21f Abs. 1 verstoßen, wenn der Vorsitzende Richter (Präsident) nicht grundsätzlich mindestens 75% der einem Vorsitzenden obliegenden Aufgaben selbst wahrnehmen kann (vgl. hierzu § 21f, 9).

12 **b) Sonderfälle.** Nach der Rechtsprechung des Bundesgerichtshofs, der sich dem Bundesverfassungsgericht angeschlossen hat, liegt eine unzulässige Überbesetzung auch dann vor, wenn einer Kammer oder – abgesehen von dem Fall des § 122 Abs. 2 – einem OLG-Senat fünf Beisitzer zugewiesen sind, auch wenn nicht alle Kräfte dem Spruchkörper voll zur Verfügung stehen, z. B. weil der Vorsitzende Richter für Monate erkrankt ist[49] oder zwei Beisitzer im Zeitpunkt der Entscheidung vorübergehend beurlaubt waren[50] oder zwei Beisitzer nur jeweils mit halber Kraft zugeteilt sind[51]. Eine durch die Natur der Sache gebotene Ausnahme wurde nur anerkannt, wenn dem Spruchkörper neben vier mit voller Arbeitskraft zugewiesenen Beisitzern zusätzlich ein Hochschullehrer – § 7 DRiG – mit einem kleinen Bruchteil einer Richterarbeitskraft

---

41 LR-*Rieß*[24] GVG (Anhang) 48; LR-*Siolek* § 76, 10; umfassend hierzu *Sowada* 271 ff, 282; *Böttcher/Mayer* NStZ **1993** 153, 158; *Sigismund/Wickern* wistra **1993** 136, 139; **a. A** *Kleinknecht/Meyer-Goßner*[45] 5; *Schlothauer* StV 1993 149 f.

42 LR-*Rieß*[24] GVG (Anhang) 48.

43 *Kissel*[3] 130.

44 *Kissel*[3] 130.

45 BVerfGE **18** 344, 349 = NJW **1965** 1219; BVerfGE **22** 282, 286.

46 BVerfGE **95** 322 = NJW **1997** 1497.

47 *Kissel*[3] 130.

48 BVerfGE **18** 344, 350.

49 BGH NJW **1965** 1715 Nr. 8.

50 BGH NJW **1965** 1715 Nr. 9.

51 BGH DRiZ **1965** 239.

zugeteilt wird[52]. Mit BGHSt **22** 94 = NJW **1968** 1242 ist dagegen – gegen BGH NJW **1966** 1458 – eine unzulässige Überbesetzung zu verneinen, wenn einer Strafkammer zwar fünf Beisitzer zugeteilt werden, aber im Geschäftsverteilungsplan deutlich gemacht ist, daß (namentlich genannte) Beisitzer nur andere als die der Kammer sonst zugeteilten Aufgaben wahrzunehmen haben. Eine unzulässige Überbesetzung liegt auch nicht vor, wenn ein nach dem Wortlaut des Geschäftsverteilungsplans dem Spruchkörper als Mitglied zugeteilter Richter nach dem Sinn und Zweck des Geschäftsverteilungsplans nur als Vertreter verhinderter Mitglieder des Spruchkörpers tätig werden soll und auch nur in dieser Weise im Spruchkörper tätig wird[53]. Freilich kann einem Präsidium nur empfohlen werden, durch Klarstellung des tatsächlich Gewollten im Wortlaut des Geschäftsverteilungsplans auszuschließen, daß sich aus dem undeutlichen Wortlaut des Plans ein Anlaß zu Besetzungsrügen ergibt.

3. Hilfsrichter. Nach § 29 DRiG darf bei einer gerichtlichen Entscheidung nicht mehr als ein Hilfsrichter (Richter auf Probe, Richter kraft Auftrags oder abgeordneter Richter) mitwirken. Soweit überhaupt die Mitwirkung von Hilfsrichtern zulässig ist (§ 22 Abs. 5, § 23b Abs. 3, § 29 Abs. 1 Satz 2, § 59 Abs. 3; beim Oberlandesgericht können nur abgeordnete Richter verwendet werden; beim Bundesgerichtshof gibt es keine Hilfsrichter), ist auch die Besetzung des Spruchkörpers mit einem Hilfsrichter, die des überbesetzten Spruchkörpers auch mit zwei Hilfsrichtern zulässig[54]. Darüber, daß auch die Mitwirkung nur eines Hilfsrichters zu einer unvorschriftsmäßigen Besetzung des Gerichts (§ 338 Nr. 1 StPO) führen kann, wenn sie auf dem Fehlen der der Dauerbelastung des Gerichts insgesamt entsprechenden Zahl von auf Lebenszeit ernannten Planstelleninhabern beruht, vgl. LR-*Siolek* § 59, 11 f. Bei der Verteilung der beigeordneten Hilfsrichter auf die einzelnen Spruchkörper ist zwar vom Präsidium möglichst Gleichmäßigkeit des Verhältnisses von Planrichtern und Hilfsrichtern (auch bei der Bestimmung der Vertreter der ständigen Mitglieder) anzustreben. Jedoch ist eine rein rechnerisch gleichmäßige Aufteilung auf die einzelnen Spruchkörper nicht unbedingt geboten; vielmehr bleibt dem Präsidium ein Ermessensspielraum, der ihm gestattet, notwendige Abweichungen entsprechend den verschiedenen Bedürfnissen vorzunehmen[55]. Vgl. im übrigen die Erl. zu § 70 in LR-*Siolek*. Ein von der Justizverwaltung zur Vertretung eines dauernd verhinderten Mitglieds überwiesener Hilfsrichter tritt nicht von selbst in die Tätigkeit des verhinderten Mitglieds ein; vielmehr hat das Präsidium über seine Verwendung zu bestimmen[56]. Bei Verlängerung des Auftrags gilt der Zuteilungsbeschluß weiter[57]. Selbstverständlich muß, wenn der Auftrag der Justizverwaltung über das Geschäftsjahr hinaus andauert, in dem für das neue Geschäftsjahr aufgestellten Geschäftsverteilungsplan von neuem über die Verwendung des Hilfsrichters Bestimmung getroffen werden[58]. 13

4. Ergänzungsrichter. Der Vorsitzende kann gem. § 192 Abs. 2 bei Verhandlungen von längerer Dauer die Zuziehung eines oder auch mehrerer Ergänzungsrichter anordnen. Handelt es sich um einen sog. überbesetzten Spruchkörper muß zunächst der Vorsitzende den oder die Ergänzungsrichter aus dem Kreis der „überzähligen" Beisitzer 14

52 BVerfG vom 16. 6. 1977 – 2 BvR 928/76; BGH NJW **1966** 1458, *Wolf*[6] § 14 II S. 139 Fußn. 8; **a. M** *Kissel*[3] 131 („Richter ist Richter").

53 BGH NJW **1965** 875.

54 BGHSt **14** 321.

55 BVerfGE **14** 156 = NJW **1962** 1495, 1496; BGHSt **14** 321, 328.

56 RGSt **37** 301; BGHSt **12** 159.

57 RG vom 30. 4. 1925 II 87/25.

58 BGH NJW **1961** 1685.

bestimmen[59]. Dies ist unproblematisch, sofern nur ein „überzähliger" Beisitzer zur Verfügung steht. Ein Auswahlrecht unter mehreren „überzähligen" Beisitzern hat der Vorsitzende jedoch nicht; insoweit folgt auch nicht aus § 192 Abs. 2 etwa eine Annexkompetenz zur Bestimmung des jeweiligen Ergänzungsrichters. Ist der **Spruchkörper** mit zwei oder mehr Richtern **überbesetzt** bzw. verhandelt der „normal" besetzte erstinstanzliche Spruchkörper (Strafkammer, Strafsenat) mit einer **reduzierten** Sitzgruppe nach § 76 Abs. 2 Alt. 1, § 122 Abs. 2 Satz 2 Alt. 1, so muß sich in Ansehung der neueren höchstrichterlichen Rechtsprechung (Bundesverfassungsgericht, Bundesgerichtshof – vgl. hierzu § 21g, 2 bis 5) „blindlings" aus dem **Mitwirkungsplan** gem. § 21g Abs. 2 (kein Fall der spruchkörperinternen Vertretung) ergeben, welcher der „überzähligen" Beisitzer als Ergänzungsrichter hinzutritt. Es dürfte nämlich kaum zu begründen sein, hinsichtlich des Ergänzungsrichters, der ja im Verhinderungsfall als „vollwertiger" Richter eintritt[60], in bezug auf das verfassungsrechtliche Gebot des gesetzlichen Richters aus Art. 101 Abs. 1 Satz 2 geringere Anforderungen zu stellen als an den zunächst mitwirkenden Richter, für den der Ergänzungsrichter im Verhinderungsfall eintritt. Gehört dem Spruchkörper etwa bei der Zuziehung von zwei Ergänzungsrichtern nur *ein* „überzähliger" Beisitzer an oder ist der Spruchkörper nicht überbesetzt, obliegt dem Präsidium die Bestimmung eines (ggf. des weiteren) oder mehrerer Ergänzungsrichter; hierbei handelt es sich **nicht** um einen Fall der **Vertretung**[61] (vgl. Rdn. 19). In die **Zuständigkeit des Präsidiums** fällt **lediglich die Bestimmung** des Ergänzungsrichters, nicht aber die Beurteilung der Erforderlichkeit, wobei allerdings dem Präsidium hinsichtlich seiner Bestimmungs-Zuständigkeit kein allgemeines Auswahlermessen zusteht. Vielmehr muß der Geschäftsverteilungsplan auch insoweit – auch im Hinblick auf den Grundsatz der Stetigkeit – eine allgemeine Regelung vorsehen, die ihrerseits den Anforderungen des Gebots aus Art. 101 Abs. 1 Satz 2 GG genügt, weshalb eine sog. ad-hoc-Bestellung unzulässig ist[62]; **a. A** die wohl herrschende Meinung[63], die sich jedoch – soweit erkennbar – bislang noch nicht mit den naheliegenden Auswirkungen der neueren Rechtsprechung (Bundesverfassungsgericht, Bundesgerichtshof) zu § 21g Abs. 2 auch auf die Bestimmung des Ergänzungsrichters auseinandergesetzt hat. **Über** die Frage der **Erforderlichkeit** der Zuziehung eines oder mehrerer Ergänzungsrichter hat das **Präsidium nicht zu befinden**. Verweigert das Präsidium gleichwohl die Benennung eines Ergänzungsrichters handelt es sich (abgesehen von wohl rein hypothetischen Fällen „tatsächlicher Unmöglichkeit" wegen der aufgrund Überlastung gegebenen Verhinderung sämtlicher in Betracht kommender Richter oder von dem eher unwahrscheinlichen Fall offenkundiger Willkür bei der Zuziehung) um einen schwerwiegenden **Eingriff in** die ausschließliche **unabhängige richterliche Zuständigkeit des Vorsitzenden**, der in entsprechender Anwendung des § 26 Abs. 3 DRiG die Zuständigkeit des Richterdienstgerichtes, § 78 Nr. 4 Buchst. e DRiG begründen kann (vgl. hierzu Rdn. 6); der Verwaltungsrechtweg (vgl. hierzu Rdn. 79f) dürfte insoweit nur „hilfsweise" in Betracht kommen. Mit der – hier nur anzureißenden – Frage nach etwaigen kostenrechtlichen und sonstigen Folgen im Falle einer bereits mehre Wochen oder Monate andauernden und mangels Bestimmung eines Ergänzungsrichters ausgesetzten Hauptverhandlung hatte sich bislang die Rechtsprechung noch nicht zu befassen; auch das Schrifttum hat sich hierzu noch nicht geäußert. Wegen der Einzelheiten hinsichtlich der Zuziehung von Ergänzungsrichtern im übrigen siehe die Erl. zu § 192.

---

[59] LR-*Wickern* § 192, 10; *Kissel*[3] 139.

[60] Zum Status des Ergänzungsrichters BVerfGE **30** 149; *Katholnigg*[3] 6; vgl. auch OLG Celle NJW **1973** 1054.

[61] BGHSt **26** 324; *Kissel*[3] 139; *Kleinknecht/Meyer-Goßner*[45] 5.

[62] In diesem Sinne bereits *Schorn/Stanicki* 86f; mit umfassender Begründung *Sowada* 363ff; *Foth* DRiZ **1974** 87; *Kleinknecht/Meyer-Goßner*[45] § 192, 5; *Zöller/Gummer*[22] 21; § 192, 2.

[63] *Kissel*[3] 139; KK-*Diemer*[4] 12.

V. Regelung der Vertretung

1. Umfang der Vertreterregelung. Die dem Präsidium obliegende Regelung der Vertretung bezieht sich hauptsächlich auf die Vertretung beim Amtsgericht (unbeschadet der Vorschrift des § 22b), der Ermittlungsrichter und der Beisitzer der Kollegialgerichte. Die Vertretung der Vorsitzenden Richter bei den Kollegialgerichten regelt § 21f Abs. 2; insoweit besteht die Aufgabe des Präsidiums nur in der Bestimmung des Mitglieds des Spruchkörpers, das „ständig" Vertreter des Vorsitzenden ist (§ 21f, 14). 15

2. Allgemeines zur Vertreterregelung. Die Regelung der Vertretung in dem vor Beginn des Geschäftsjahres aufzustellenden Geschäftsverteilungsplans hat, wie dies § 63 Abs. 1 a. F. deutlicher zum Ausdruck brachte, die Bestimmung der Richter zum Gegenstand, die regelmäßig („ständig"; vgl. § 22b Abs. 1), d. h. in allen vorkommenden Verhinderungsfällen, berufen sind, einen dem Spruchkörper zugewiesenen „ständigen" Beisitzer im Falle seiner Verhinderung zu vertreten. Und zwar handelt es sich bei der in § 21e Abs. 1 Satz 1 vorgesehenen Regelung der Vertretung nur um die Vertretung bei **vorübergehender Verhinderung**[64]. Steht ein Richter schon bei Aufstellung des Geschäftsverteilungsplans dem Spruchkörper **dauernd nur beschränkt** zur Verfügung, wie ein zu Justizverwaltungsaufgaben herangezogener Richter oder ein zum Richter im Nebenamt ernannter Hochschullehrer, so muß dies schon im Geschäftsverteilungsplan berücksichtigt werden, z. B. durch Zuweisung nur zu einem Bruchteil seiner Arbeitskraft oder durch Zuweisung nur für von vornherein nach allgemeinen Gesichtspunkten bestimmte Sitzungstage; er ist nicht etwa zu dem Teil seiner Arbeitskraft, der auf die andere Tätigkeit entfällt, i. S. des § 21e Abs. 1 in einer durch einen „Vertreter" auszugleichenden Weise „verhindert"[65]. Gesetzliche Richtlinien für die Ermessensausübung enthalten § 34 Abs. 2 JGG (Grundsatz der Einheit von Jugend- und Vormundschaftsrichter) und § 37 JGG, wonach die Richter erzieherisch befähigt und in der Jugenderziehung erfahren sein sollen. Bei einer im Lauf des Geschäftsjahrs eintretenden *dauernden* Verhinderung bedarf es einer Änderung des Geschäftsverteilungsplans nach § 21e Abs. 3 Satz 1. Über den Begriff der Verhinderung, die Abgrenzung der dauernden von der vorübergehenden Verhinderung, über die Feststellung des Verhinderungsfalls (Zuständigkeit und Form) vgl. § 21f, 19ff. Dem Grundsatz des gesetzlichen Richters entsprechend soll die Regelung der Vertretung im Geschäftsverteilungsplans verhindern, daß für bestimmte Einzelsachen bestimmte Richter ausgesucht werden[66]. Unzulänglich ist demgemäß eine Vertreterregelung, die von vornherein für voraussehbare vorübergehende Verhinderungen oder Überlastungen einzelner Richter nicht ausreicht, so etwa wenn für die nur mit der gesetzlichen Mindestzahl von drei Richtern besetzte Strafkammer lediglich vier bestimmte Vertreter vorgesehen sind, die ihrerseits, zumal in Urlaubszeiten, bei Berücksichtigung ihrer **eigenen** dringenden Dienstgeschäfte an der Vertretung gehindert sind[67]. 16

3. Die Regelung der Vertretung im einzelnen. An die Stelle eines verhinderten Mitglieds tritt zunächst der regelmäßige („ständige") Vertreter[68]. Der regelmäßige Vertreter 17

---

[64] BGHZ **15** 135, 138 = NJW **1955** 103; BayVerfGH NJW **1968** 99, 101.

[65] BGHSt **25** 241 mit weit. Nachw. = NJW **1974** 109 mit Anm. *P. Müller* NJW **1974** 656.

[66] BGHSt **27** 209; **28** 290; BGH NStZ **1988** 36.

[67] BGH NStZ **1988** 36 und bei *Miebach* NStZ **1988** 449 Nr. 17; dazu unten Rdn. 44.

[68] Zur Problematik der Vertretung bei Ablehnung des Richters beim Amtsgericht wegen Besorgnis der Befangenheit in der Hauptverhandlung s. *Rostek* NJW **1975** 194.

braucht nicht namentlich bestimmt zu sein. Es genügt z. B. im Geschäftsverteilungsplan eines Landgerichts die Bestimmung, daß ein Mitglied durch das jeweils dem Dienstalter nach jüngste Mitglied des Landgerichts oder der Strafkammer zu vertreten sei. Eine solche Bestimmung ist indessen bedenklich, wenn sie praktisch dazu führt, daß in jedem Vertretungsfall ein Hilfsrichter mitwirkt[69]. In jedem Fall muß der Vertreter genügend deutlich bezeichnet werden. Unzulässig ist eine Bestimmung des Geschäftsverteilungsplans, die lediglich besagt, daß sich die Richter der Strafkammern oder der Straf- und Zivilkammern „gegenseitig vertreten"; es muß vielmehr die Reihenfolge bestimmt werden, in der die Mitglieder anderer Kammern als Vertreter eintreten sollen[70]. Doch kann auch eine Bestimmung, daß sich die Mitglieder zweier Kammern gegenseitig vertreten, ausreichend sein, wenn sich aus dem Gesamtzusammenhang des Geschäftsverteilungsplans in Vbdg. mit dessen herkömmlicher Handhabung eindeutig als Sinn der Regelung ergibt, daß der jeweils dienstjüngste Richter als Vertreter einzutreten hat[71]. Unzulässig wäre auch – was RG GA **74** (1930) 284 noch als zulässig ansah – eine Bestimmung, daß alle Mitglieder zweier Kammern einander gegenseitig vertreten und es dem Landgerichtspräsidenten überlassen bleibe, gemäß § 67 a. F. = § 21i Abs. 2 oder dem Vorsitzenden in Anwendung des § 69 a. F. = § 21g a. F. zu bestimmen, wer von den mehreren zur Vertretung berufenen Richtern als Vertreter einzutreten habe[72]. Unzulässig ist ferner die Bestimmung, daß bei Ablehnung aller Richter einer Jugendkammer eine bestimmte andere Strafkammer zur Entscheidung über das Ablehnungsgesuch zuständig sei[73]. Ist der regelmäßige Vertreter verhindert, so muß grundsätzlich schon im Geschäftsverteilungsplan bestimmt werden, wer an seiner Stelle die Vertretung übernimmt, z. B. in der Form, daß mehrere Richter in einer bestimmten Reihenfolge zu regelmäßigen Vertretern bestellt werden, dergestalt, daß, wenn der erste nach der Reihenfolge berufene regelmäßige Vertreter verhindert ist, der nächste als regelmäßiger Vertreter eintritt und so fort[74]. Dann hat, wenn es Gegenstand einer Ermessensentscheidung ist, ob eine Verhinderung vorliegt, der Gerichtspräsident (oder sein Vertreter, § 21h) lediglich festzustellen, ob die Voraussetzungen vorliegen, unter denen an die Stelle des ersten der nachfolgende regelmäßige Vertreter tritt usw. (§ 21f, 20f). Auch bei einer derartigen Vorsorge kann es aber vorkommen, daß alle im Geschäftsverteilungsplan vorgesehenen regelmäßigen Vertreter selbst verhindert sind oder unvorhergesehen ihre Zahl nicht ausreicht. In solchen Ausnahmefällen ist auch (trotz des zu engen Wortlauts des § 21e Abs. 1 S. 1 in Vbdg. mit Satz 2, Absatz 3 Satz 1 – „dauernde Verhinderung"[75] –), wie sich insbes. aus § 22b Abs. 3 ergibt, die Bestellung eines vorübergehenden Vertreters zulässig und geboten[76]; sie obliegt dem Präsidium, in Eilfällen nach § 21i Abs. 2 dem Präsidenten. War die Vertreterbestellung hinsichtlich einer mit der gesetzlichen Mindestzahl besetzten Strafkammer zahlenmäßig jedoch unzureichend, ist auch die ad-hoc-Vertreterbestellung unzulässig[77].

---

69 BGHSt **9** 107, 110.

70 BGHSt **12** 159, 160; BVerwG DÖV **1976** 746; s. auch BVerfG DRiZ **1964** 175.

71 BVerwG DÖV **1976** 746.

72 OLG Hamm NJW **1959** 114.

73 OLG Zweibrücken MDR **1971** 861.

74 BGHSt **27** 209 = NJW **1977** 1696; KG JR **1966** 189; OLG Bremen NJW **1965** 1448; *Münn* DRiZ **1973** 233. *P. Müller* JZ **1976** 587, 588.

75 Nur konstruktiv, nicht im Ergebnis, anders *Stanicki* DRiZ **1972** 415 und *Schorn/Stanicki* 92, wonach, soweit es sich um die Zuständigkeit des Präsidiums zur Bestellung des Vertreters handelt, § 21e eine Lücke enthält, die durch entsprechende Anwendung des einen Grundsatz von allgemeiner Bedeutung enthaltenden § 22b Abs. 2 zu schließen sei; gegen diese Auffassung aber *Kissel*[3] 143 mit weit. Nachw.

76 BGHSt **27** 209 = NJW **1977** 1696; BGH NStZ **1986** 469; **1991** 195; StV **1993** 397, 398; KK-*Diemer*[4] 14.

77 BGH StV **1987** 514 = NJW **1988** 1921; StV **1988** 194; *Kissel*[3] 143.

4. Wegen **weiterer Bestimmung über die Vertretung** verhinderter Mitglieder s. §§ 70, 18
117. Eine Vertretung ist nur aufgrund einer nach den §§ 21e, 21i Abs. 2 getroffenen Bestimmung, nicht aber ohne eine solche durch einen sich zur Übernahme freiwillig erbietenden Richter zulässig; hieran kann durch Landgesetz (§ 70 Abs. 3) nichts geändert werden (RGRspr. **7** 41).

5. Auf den **Ergänzungsrichter** (§ 192 Abs. 2) findet § 21e Abs. 1 keine Anwendung, 19
da er nicht der regelmäßige Stellvertreter eines Mitglieds des erkennenden Gerichts sein muß[78] (Rdn. 14; § 192, 10).

VI. Wegfall des Ferienspruchkörpers

Die Vorschrift des § 201, der die Möglichkeit zur Bildung von Ferienspruchkammern 20
und -senaten vorsah, für die nach bis dahin ebenfalls das Präsidium zuständig war, ist mit dem Gesetz zur Abschaffung der Gerichtsferien vom 28. 10. 1996 (BGBl. I S. 1546) aufgehoben worden.

VII. Verteilung der Geschäfte

1. Grundsatz. Wo mehrere Spruchkörper bestehen, muß das Präsidium grundsätzlich 21
sämtliche dem Gericht anfallenden Geschäfte unter sie verteilen. Die Art der Verteilung ist – ebenso wie bei der Verteilung der Mitglieder des Gerichts – dem pflichtmäßigen Ermessen des Präsidiums überlassen (RGSt **28** 215). Die Ermessensfreiheit entfällt, und es muß dem Gesetz Rechnung getragen werden, wenn dieses in Form einer Muß- oder Sollvorschrift die Konzentration bestimmter Straftaten bei einem Spruchkörper vorsieht (dazu LR-*Siolek* § 60, 18).

2. Maßnahmen zum Ausschluß oder zur Beseitigung von Streitigkeiten über die Zuständigkeit eines Spruchkörpers

a) Zum „Entscheidungsvorbehalt" im Geschäftsverteilungsplan[79]. Entsteht zwischen 22
mehreren Spruchkörpern derselben Art (im Gegensatz zu Spruchkörpern mit gesetzlicher Zuständigkeitskonzentration; unten Rdn. 25) ein Streit (ein „negativer Kompetenzkonflikt"), welcher von ihnen nach dem Geschäftsverteilungsplan zur Bearbeitung einer bestimmten Sache zuständig ist, so finden die §§ 209, 209a StPO keine Anwendung. Vielmehr kommt zunächst, wenn der zur Eröffnung des Verfahrens angegangene Spruchkörper seine Zuständigkeit verneint, eine formlose Abgabe der Sache an den von ihm für zuständig erachteten Spruchkörper in Betracht, die erst dann rechtliche Bedeutung erlangt, wenn dieser sie, wenn auch nur durch konkludentes Handeln, übernimmt. Kommt eine solche Vereinbarung zwischen den beteiligten Spruchkörpern nicht zustande, so kommt es zunächst auf den Inhalt des Geschäftsverteilungsplanes an, der der Auslegung nach allgemeinen Grundsätzen, dabei auch einer ausdehnenden Auslegung zugänglich ist[80]. Der Geschäftsverteilungsplan kann im Interesse beschleunigter Erledigung negativer Kompetenzkonflikte einer Abgabe an den für zuständig gehaltenen

[78] RGSt **59** 20; BGHSt **26**, 324 = NJW **1976** 1547; *Kissel*³ 139.

[79] Vgl. dazu *Heintzmann* DRiZ **1975** 320; *P. Müller* JZ **1976** 587 sowie eingehend mit weit. Nachw. *Kissel*³ 116ff.

[80] BGH DRiZ **1980** 147.

Spruchkörper bindende Wirkung beilegen[81]. Anderenfalls kann auch das Präsidium selbst zur Entscheidung berufen sein[82]. Wenn etwa die abstrakt-generelle Zuständigkeitsregelung (unten Rdn. 27) den speziellen Fall nicht erfaßt, oder eine verschiedene Auslegung zuläßt, aber auch wenn ihr Sinn mißverstanden wird, so ist grundsätzlich das Präsidium als Interpret dessen, was es im Geschäftsverteilungsplan bestimmen oder – wenn es den Fall bedacht hätte – mit umfassen wollte, zu einer pflichtmäßigem Ermessen entsprechenden Klarstellung der Streitfrage berufen; seine Entscheidung bindet den für zuständig erklärten Spruchkörper in gleicher Weise wie eine von vornherein im Geschäftsverteilungsplan enthaltene Bestimmung klarstellenden Inhalts[83]. In einer früheren Entscheidung[84] konnte der Bundesgerichtshof so verstanden werden, daß er für eine Entscheidungskompetenz des Präsidiums für erforderlich halte, daß das Präsidium eine solche Zuständigkeit in Form eines **„Entscheidungsvorbehalts"** im Geschäftsverteilungsplan zum Ausdruck gebracht hat. Ein solcher Entscheidungsvorbehalt mag zwar zweckmäßig sein[85], konstitutive, die Entscheidungszuständigkeit erst begründende Bedeutung hat ein förmlicher Entscheidungsvorbehalt im Geschäftsverteilungsplan aber nicht; auch wenn er fehlt, ist das Präsidium zur Klärung von Meinungsverschiedenheiten zuständig[86]. Der Bundesgerichtshof hat seine damalige Auffassung offenbar nicht weiter verfolgt[87]. Ggf. kann das Präsidium bei seiner Entscheidung des Kompetenzkonflikts, ohne daß dem § 21e Abs. 3 entgegenstünde, zugleich Veranlassung nehmen, den Geschäftsverteilungsplan im Sinne einer Verdeutlichung oder Ergänzung zu ändern, um künftige Zuständigkeitsstreitigkeiten auszuschließen.

23 **b) Entscheidung in Sonderfällen.** Weitergehend ist sinnvollerweise das Präsidium zur Klärung einer Streitfrage auch dann berufen, wenn eine an sich eindeutige abstrakt-generelle Zuständigkeitsregelung vorliegt, deren Anwendung aber im Hinblick auf besondere Umstände des Einzelfalls verneint wird. So etwa[88], wenn nach dem Geschäftsverteilungsplan die Zuständigkeit einer allgemeinen großen Strafkammer sich nach dem Namen des zuerst in der Anklageschrift angeführten Angeschuldigten richtet und die danach zuständige Strafkammer ihre Eröffnungszuständigkeit verneint, weil die Staatsanwaltschaft durch die Plazierung des Angeschuldigten in der Reihenfolge der Anklageschrift ihre Zuständigkeit „bewußt manipuliert" habe und die nach ihrer Auffassung zuständige Strafkammer, an die sie die Sache abgibt, ebenfalls ihre Zuständigkeit verneint, weil sie die angegebenen Gründe nicht gelten läßt. Die vom Präsidium zu treffende Entscheidung könnte dann nicht darin bestehen, daß es untersucht, ob der Vorwurf bewußter Manipulation berechtigt ist und je nach dem Ergebnis die eine oder andere Strafkammer für zuständig erklärt – das wäre eine dem Präsidium nicht zustehende Aufgabe[89] –, sondern es müßte entweder die abgebende Kammer für zuständig erklären, weil sie nach dem Sinn der Geschäftsverteilung an die Namensaufzählung in der Anklageschrift gebunden sei (dazu Rdn. 24), oder die Kammer, an die abgegeben

---

81 *Kissel*³ 117; LR-*Rieß* § 209 StPO, 9; *P. Müller* JZ **1976** 587; *Heintzmann* DRiZ **1975** 320.

82 BGH NJW **2000** 80; h. M; *Kissel*³ 117 mit weit. Nachw.; **a. A** *P. Müller* JZ **1976** 587; MünchKomm-*Wolf*² 47

83 BGHSt **26** 199; BGH VRS **46** (1974) 51; NJW **1975** 1424; s. auch BGH NStZ **1984** 184 und dazu Rdn. 28 Fußn. 109; h. M auch im Schrifttum LR-*Rieß* § 209 StPO, 9 mit Nachw. in Fußn. 24; dazu ergänzend – zu § 21e – *Kissel*³ 116, 118; *Kleinknecht/Meyer-Goßner*⁴⁵ 22; KK-*Diemer*⁴ 13; **a. M** *Weitl* DRiZ **1977** 112; *P. Müller* DRiZ **1978** 14, 16.

84 BGHSt **26** 200.

85 Vgl. als Muster etwa den Geschäftsverteilungsplan des OLG Schleswig SchlHA **1977** 29; *Kissel*³ 105.

86 BGHSt **25** 244; OLG Düsseldorf MDR **1984** 73; *Kissel*² 105; LR-*Rieß* § 209 StPO, 9 mit – dort Fußn. 25 – weit. Nachw. für die auch im Schrifttum überwiegend vertretene Auffassung.

87 BGH NJW **2000** 80.

88 Vgl. den Fall BGHSt **25** 242, 244 = NJW **1974** 154.

89 BGH NJW **1955** 152.

wurde, weil nach dem Grundgedanken des Geschäftsverteilungsplans Verweisungen bindend seien (dazu Rdn. 22), und müßte zugleich den Geschäftsverteilungsplan durch eine entsprechende allgemeine Bestimmung in diesem oder jenem Sinn ergänzen.

c) Streit über die Zuständigkeit eines lediglich durch den Geschäftsverteilungsplan gebildeten Spruchkörpers mit Spezialzuständigkeit. Bei der Zuweisung bestimmter Strafsachen (z. B. Verkehrsstrafsachen) an einen bestimmten Spruchkörper können sich Zuständigkeitsstreitigkeiten ergeben, ob eine bestimmte Sache von der Zuweisung erfaßt wird, weil es nicht möglich war, diesen Bereich von vornherein in einer jeden Zweifel ausschließenden Weise abzugrenzen. Besteht zwischen der „Verkehrsstrafkammer" und einer anderen Strafkammer Streit, ob eine Sache nach der in der Anklageschrift als verletzt bezeichneten Vorschrift zu den „Verkehrsstrafsachen" gehöre, so ist nach den in Rdn. 21 dargestellten Grundsätzen das Präsidium zur Klarstellung dessen, was mit der Zuweisung beabsichtigt war, berechtigt und verpflichtet und seine „Entscheidung" könnte mit der Revision gegen das Urteil der für zuständig erklärten Strafkammer nur unter dem Gesichtspunkt eines Ermessensmißbrauchs des Präsidiums angegriffen werden[90]. Die zur Vermeidung eines negativen Kompetenzkonflikts im Geschäftsverteilungsplan getroffene Bestimmung, die durch Geschäftsverteilungsplan gebildete Spezialkammer sei an die in der Anklageschrift von der Staatsanwaltschaft als verletzt bezeichnete Strafnorm gebunden, auch wenn sie selbst auf Grund anderer rechtlicher Beurteilung die Zuständigkeit eines anderen Spruchkörpers als gegeben ansieht, hat das Bundesverfassungsgericht (Beschluß vom 4. 11. 1974 – 2 BvR 225/74 – gemäß § 93a Abs. 3 BVerfGG) als mit dem Grundsatz des gesetzlichen Richters vereinbar angesehen, weil die Staatsanwaltschaft als gesetzlich zur Mitwirkung im Strafverfahren berufen und durch das Legalitätsprinzip sowie das Neutralitätsgebot (§ 160 Abs. 3 StPO) in ihrem Entscheidungsspielraum eng begrenzt, nicht einer „unbefugten Exekutive" gleichzuachten sei, deren sachfremde Einwirkungen abzuwehren wären. Diese der Vereinfachung und Beschleunigung des Verfahrens dienende Auffassung hat damals teils Zustimmung gefunden[91], teils Bedenken hervorgerufen[92]. Heute wäre entsprechend dem Rechtsgedanken der § 209a StPO, § 74e GVG davon auszugehen, daß der „Verkehrsstrafkammer" die Kompetenz zur Entscheidung zusteht, die Sache einer anderen Strafkammer zuzuweisen, wenn sie ihre Spezialzuständigkeit verneint[93]. 24

d) Streit über die Zuständigkeit eines Spruchkörpers mit gesetzlicher Zuständigkeitskonzentration. Ein Entscheidungsvorbehalt des Präsidiums entfällt bei einem Streit, ob die rechtlichen Voraussetzungen vorliegen, von denen die Zuständigkeit eines Spruchkörpers mit gesetzlicher Zuständigkeitskonzentration (§ 74e) abhängt. Denn das Präsidium ist nur berufen, nach Ermessensregeln den Tätigkeitsbereich der allgemeinen Spruchkörper in abstrakter Form abzugrenzen und die aus der gewählten Formulierung sich ergebenden Streitigkeiten zu schlichten, aber nicht befugt, die die Zuständigkeitskonzentration regelnden gesetzlichen Vorschriften autoritativ auszulegen[94]. Das gilt aber – was der Bundesgerichtshof[95] noch offen ließ – auch dann, wenn die gesetzlichen Voraussetzungen der Zuständigkeitskonzentration einen unbestimmten (normativen) Rechtsbegriff enthalten. Wenn also z. B. im Fall des § 74c Abs. 1 Nr. 6 die Staatsanwaltschaft Anklage vor der Wirtschaftskammer erhebt, diese aber die Erforderlichkeit 25

[90] BGH MDR **1975** 770.
[91] So *Heintzmann* DRiZ **1975** 322.
[92] So *P. Müller* JZ **1976** 587.
[93] So mit Recht LR-*Rieß* § 209 StPO, 9.
[94] BGHSt **26** 200.
[95] BGH aaO.

besonderer Kenntnisse des Wirtschaftslebens verneint[96], so ist ihre Entscheidung kraft der ihr durch § 74e Nr. 2 eingeräumten Kompetenz für die allgemeine Strafkammer verbindlich[97] und für irgendein Tätigwerden des Präsidiums kein Raum. In diesen Fällen der gesetzlichen Geschäftsverteilung obliegt ausschließlich dem jeweiligen Gericht (bzw. dann dem Rechtmittelgericht) die Entscheidung über seine Zuständigkeit[98]. Hält sich eine im Vorverfahren angegangene Wirtschaftsstrafkammer für unzuständig, so sind die Vorschriften über die Zuständigkeitsregelungen – und nicht § 210 Abs. 2 StPO – im Eröffnungsverfahren entsprechend anwendbar. Fraglich ist allerdings, ob der Abgabebeschluß der Wirtschaftsstrafkammer unanfechtbar ist[99].

26 **3. Kein „Streikrecht" des Präsidiums.** Ein Streikrecht des Präsidiums – etwa für den Fall der die gesetzmäßige Justizgewährung erheblich beeinträchtigenden Überbelastung eines Gerichts bei fehlender Aussicht auf Bewilligung weiterer Richterstellen – ist mit der Gesetzes nicht vereinbar und daher abzulehnen[100].

VIII. Formen der Verteilung der Geschäfte

27 **1. Nach allgemeinen abstrakten Merkmalen.** Der Grundsatz des gesetzlichen Richters (Art. 101 Abs. 1 Satz 2 GG, § 16 GVG) erfordert, daß die Zuweisung der Sachen an die einzelnen Spruchkörper und die einzelnen Richter (Ermittlungsrichter, Überwachungsrichter nach § 148a StPO) nach allgemeinen abstrakten Merkmalen erfolgt – **Abstraktionsprinzip**[101]. Diese müssen, wenn auch eine absolute Automatik nicht erreichbar ist, so eindeutig wie möglich festgelegt werden – **Bestimmtheitsgrundsatz**[102] –, um ein „Manipulieren" auszuschließen und sich dem Idealzustand zu nähern, daß die einzelne Sache „blindlings" an den zuständigen Spruchkörper gelangt (LR-*Böttcher* § 16, 10f). Solche allgemeinen Merkmale[103] können etwa der Anfangsbuchstabe des Namens des Angeklagten[104], die Endziffer des Aktenzeichens, die Herkunft aus einem Bezirk (Wohnsitz), das verletzte Strafgesetz sein. Unzulässig sind Merkmale, die es der Staatsanwaltschaft oder der Geschäftsstelle ermöglichen, Einfluß auf die Zuweisung an einen bestimmten Spruchkörper auszuüben[105], sofern nicht (dazu BGH NJW **1963** 2071) Maßnahmen ergriffen werden, die in einem höchst erreichbaren Umfang ein Ermessen der Geschäftsstelle ausschließen. Unzulässig ist beim Amtsgericht eine Verteilung nach geraden oder ungeraden Endziffern auf die eine oder andere Abteilung, wenn die gemeinsame Geschäftsstelle in der Lage ist, durch die Bezifferung auf die Zuständigkeit einzuwirken[106]. Bei einer **Mehrzahl von Angeschuldigten** kann die Zuweisung an den zuständigen Spruchkörper z. B. in der Weise erfolgen, daß die Zuständigkeit sich nach

---

96 Zum Zuständigkeitsproblem zwischen allg. Strafkammer und Wirtschaftsstrafkammer OLG München NJW **1979** 1839; OLG Düsseldorf MDR **1982** 689; *Kissel*³ 117 mit weit. Nachw.

97 LR-*Rieß* § 209a StPO, 14.

98 BGH NJW **2000** 80.

99 Wegen der hier nicht zu erörternden Frage der Wirkung eines Abgabebeschlusses der Wirtschaftskammer im Vorverfahren vgl. OLG Koblenz NStZ **1986** 425 mit Anm. *Rieß*.

100 U.a. OLG Schleswig NJW **1982** 246; KG JR **1982** 433, *Kissel*³ § 21e Rdn. 6 und 92ff; in diesem Sinne bereits LR-*Schäfer*²⁴ Rdn. 23ff unter Aufgabe der noch in der 23. Auflage vertretenen gegenteiligen Auffassung (dort Rdn. 23ff).

101 Vgl. *Kissel*³ 94; *Sowada* 256.

102 Vgl. *Kissel*³ 95; *Sowada* 256.

103 Dazu eingehend *Kissel*³ 150ff.

104 Dazu BGH bei *Herlan* GA **1963** 100 betr. Nichtberücksichtigung von Adelsprädikaten.

105 BGHSt **15** 116 = NJW **1960** 2109; BGHZ **40** 91; BVerwG vom 8. 2. 1983 bei *Gielen* JR **1983** 407 zu IV 1.

106 OLG Neustadt MDR **1965** 255.

dem Namen des ältesten Angeschuldigten richtet. Auch eine solche Bestimmung des Geschäftsverteilungsplans schließt unrichtige Zuweisungen nicht aus[107].

2. Andere Zuweisungsmöglichkeiten bestehen bei einer Mehrzahl von Angeschuldigten darin, daß der im Alphabet erste oder letzte Anfangsbuchstabe des Namens eines Mitangeklagten maßgebend sei, und zwar auch ohne Änderung der Zuständigkeit bei Ausscheiden des die Zuständigkeit begründenden Angeklagten[108], oder bei verschiedenen Teilnahmeformen (Haupttäter-Gehilfe) die schwerste Beteiligungsform den Ausschlag gebe usw. Unzulässig ist es, bestimmte, bei Beginn des Geschäftsjahres noch anhängige Sachen als solche, also ohne daß sie nach allgemeinen Merkmalen bezeichnet würden, auf die Spruchkörper zu verteilen, wenn eine Anordnung nach § 21e Abs. 4 nicht ergangen ist[109]. Für Rechtsmittelgerichte biete sich eine Zuweisung nach dem Gericht oder Spruchkörper der Vorinstanz an[110]. 28

IX. Aufstellung des Jahresgeschäftsverteilungsplanes (Absatz 1 Satz 2)

1. Aufstellung vor Beginn des Geschäftsjahres. Der Geschäftsplan ist vom Präsidium notwendigerweise vor Beginn des Geschäftsjahres – das ist überall das Kalenderjahr[111] – aufzustellen – **Vorauswirkungsprinzip**[112] –; gelingt das aus irgendwelchen Gründen nicht, so muß notfalls nach § 21i Abs. 2 verfahren werden. Eine vor Beginn des Geschäftsjahres beschlossene Geschäftsverteilung kann ohne die Beschränkung des § 21e Abs. 3 Satz 1 („im Lauf des Geschäftsjahres") nachträglich vor Beginn des Geschäftsjahres wieder geändert werden (BGHSt **13** 53, 54). 29

2. Aufstellung für die Dauer des Geschäftsjahres. Der Geschäftsverteilungsplan ist als Jahresplan aufzustellen – **Jährlichkeitsprinzip**[113] –; er muß grundsätzlich auch für die Dauer eines Jahres konzipiert sein und für die Dauer eines Geschäftsjahres Bestand haben – **Stetigkeitsprinzip**[114] –. Die Worte „für dessen Dauer" bedeuten aber nicht, daß das Präsidium nur solche Maßnahmen treffen dürfte, von denen zu erwarten ist, daß sie während des ganzen Geschäftsjahrs bei Bestand bleiben, sonst wäre es z. B. unmöglich, einen Richter, der im Lauf des Geschäftsjahres die Altersgrenze erreicht und damit ausscheidet, einzuteilen. Vielmehr können vor Beginn des Geschäftsjahrs auch Anordnun- 30

---

[107] Vgl. Fall in BGH NStZ **1984** 181: Dort war in der Anklageschrift versehentlich das Alter des Angeschuldigten A höher angegeben als das des Mitangeschuldigten B, so daß die Sache nicht an die für B zuständige 2. Strafkammer, sondern an die für A zuständige 1. StK kam und das Verfahren von ihr eröffnet und die Anklage zur Hauptverhandlung zugelassen wurde. Als der Fehler bemerkt wurde, wies das Gericht den Einwand der vorschriftswidrigen Besetzung des Gerichts (§ 222b StPO) zunächst mit dem Hinweis auf die allgemeine Bestimmung des Geschäftsverteilungsplans zurück, nach der die eröffnende Kammer mit der Sache auch bei nachträglichem Hervortreten ihrer Unzuständigkeit weiter befaßt bleibe, und stützte sich dann auch auf einen „klarstellenden" Beschluß des Präsidiums, daß die erstgenannte Bestimmung alle Fälle erfasse, „in denen sich nachträglich – auf Grund welcher Umstände auch immer – die Unzuständigkeit herausstelle, also auch im vorliegenden Fall". Die auf „Willkür" gestützte Revision blieb erfolglos: das Gericht habe lediglich das falsche Geburtsdatum nicht sogleich bemerkt; das könne aber einem Gericht auch bei sorgfältiger Prüfung seiner Zuständigkeit besonders in umfangreichen Verfahren – unterlaufen, und die Befürchtung, durch Tolerierung des Versehens erhalte die StA die Gelegenheit zu Manipulationen, sei unbegründet (dazu – ohne eigene Stellungnahme LR-*Hanack* § 338 StPO, 23 Fußn. 56).

[108] BGHSt **38** 376 = NJW **1993** 672.

[109] BGH NJW **1955** 152; vgl. auch RG JW **1934** 565.

[110] *Kissel*³ 153.

[111] *Kissel*³ § 21d, 9.

[112] *Sowada* 255; *Kissel*³ 98; MünchKomm-*Wolf*² 18.

[113] *Sowada* 255; *Kissel*³ 97; MünchKomm-*Wolf*² 20; *Zöller/Gummer*²² 14a.

[114] *Sowada* 255; *Kissel*³ 96; *Zöller/Gummer*²² 14a.

gen getroffen werden, von denen mit Wahrscheinlichkeit oder Gewißheit vorauszusehen ist, daß im Rahmen des Absatzes 3 demnächst geändert werden müssen; dies gilt auch für die Einteilung von Hilfsrichtern, die gemäß § 70 Abs. 2 GVG auf eine kürzere Zeit als die Dauer des Geschäftsjahrs beigeordnet sind[115]. Es müssen mit dem Jahresplan sämtliche in Betracht kommenden richterlichen Geschäfte verteilt werden – **Vollständigkeitsprinzip**[116] –. Ferner ist grundsätzlich der Möglichkeit Rechnung zu tragen, daß bei Zurückverweisung an einen anderen Spruchkörper desselben Gerichts nach § 210 Abs. 3 Satz 1 oder § 354 Abs. 2 Satz 1 StPO ein **Auffangspruchkörper** der in Betracht kommenden Art (Abteilung des Amtsgerichts, Strafkammer des Landgerichts, Strafsenat eines Oberlandesgerichts) besteht; fehlt es daran, so muß im Falle einer entsprechenden Zurückverweisung die Bildung eines solchen Spruchkörpers nachgeholt werden (dazu unten Rdn. 44). Unzulässig wäre aber eine Geschäftsverteilung, die sich von vornherein auf **Teile des Geschäftsjahres** beschränkte[117] oder einem Spruchkörper einzelne Mitglieder nur für einen von vornherein festbestimmten Teil eines Jahres oder nur bis zur Erledigung bestimmter Strafverfahren zuteilte[118]. Auch voraussehbare Veränderungen können nur durch erneuten Beschluß nach § 21e Abs. 3 berücksichtigt werden. Selbstverständlich liegt keine unzulässige zeitliche Beschränkung vor, wenn ein Beschluß nach § 21e Abs. 3 nur für den Rest des Geschäftsjahres erlassen wird. **Mit dem Ende des Geschäftsjahres endet** grundsätzlich die **Wirkung aller Präsidialbeschlüsse** (Jährlichkeitsprinzip). Wird aber eine im alten Geschäftsjahr begonnene Hauptverhandlung innerhalb der Frist des § 229 StPO im neuen Geschäftsjahr fortgesetzt oder ergeht eine Anordnung nach § 21e Abs. 4, so behält die Anordnung des Präsidiums über die Besetzung des Spruchkörpers auch über das Ende des Geschäftsjahres hinaus ihre Bedeutung (unten Rdn. 54).

X. Bestimmung des Spruchkörpervorsitzes des Präsidenten (Absatz 1 Satz 3)

31 Die Befugnis des Präsidiums, über die Besetzung der Spruchkörper und damit über die Verteilung des Vorsitzes (§ 21f) zu beschließen, ist dadurch beschränkt, daß nach § 21e Abs. 1 Satz 3 der **Präsident** (nicht auch der aufsichtführende Richter – „Direktor" beim AG, der nicht Präsident ist) **bestimmt**, **„welche richterlichen Aufgaben er wahrnimmt"**. Die entsprechenden Vorschriften des früheren Rechts, die durch Satz 3 esrsetzt wurden, lauteten (dazu LR-*Schäfer*[23] § 21e, 28) dahin, daß der Präsident beim Amtsgericht die Abteilung bestimme, die er übernehme, und bei den Kollegialgerichten (Landgericht, Oberlandesgericht, Bundesgerichtshof) den Spruchkörper (Kammer, Senat) bezeichne, „dem er sich anschließt". **Satz 3**, der der Tatsache Rechnung tragen soll, daß der Präsident, der zugleich Richter und Organ der Justizverwaltung ist, hinsichtlich seiner richterlichen Aufgaben einer Entlastung bedarf, ist deshalb elastischer gestaltet: Zwar muß der Präsident eines Kollegialgerichts nach § 21f Abs. 1 Vorsitzender der Kammer oder des Senats sein und die Aufgaben in vollem Umfang erfüllen, die ihm in dieser Eigenschaft obliegen. Der Sinn des Satzes 3 geht aber dahin, dem Präsidenten allein die Entscheidung zu überlassen, welche Arbeitsbelastung durch richterliche Aufgaben sich mit den Justizverwaltungsgeschäften und den Pflichten als Vorsitzender des Präsidiums angemessen vereinbaren lassen; das Präsidium ist also verpflichtet, den

---

115 BGHSt **14** 321, 325 = NJW **1960** 1475.

116 *Sowada* 251; *Kissel*[3] 92; *Katholnigg*[3] 2; Münch-Komm-*Wolf*[2] 18; *Zöller/Gummer*[22] 16.

117 RGSt **38** 416.

118 BGHSt **8** 252 = NJW **1956** 111; BGHSt **33** 234 = JR **1986** 125; s. auch BGH NJW **1957** 800.

Spruchkörper, dem der Präsident vorsitzt, entsprechend klein zu gestalten[119]. Unzulässig, da u. a. bereits mit § 21f Abs. 1 nicht zu vereinbaren, wäre es, einen Spruchkörper, dem sich der Präsident anschließt, mit einem weiteren Vorsitzenden Richter zu besetzen, um so die Geschäftsbelastung „normal" zu gestalten.

XI. Zugehörigkeit zu mehreren Spruchkörpern (Absatz 1 Satz 4)

Die Zuweisung eines Richters zum Mitglied mehrerer Spruchkörper ist zwar ausdrücklich zugelassen[120]. Von dieser Möglichkeit darf aber im Hinblick auf den Grundsatz des gesetzlichen Richters nur in dem Umfang Gebrauch gemacht werden, als es zur ordnungsgemäßen Besetzung jedes Spruchkörpers erforderlich ist. Eine nicht gebotene (wahllose) Zuteilung mehrerer Richter an mehrere Spruchkörper verstößt gegen Art. 101 GG[121]. Auch bei einer solche Bedenken vermeidenden Zuweisung an mehr als einen Spruchkörper – etwa bei Zuweisung eines Richters an eine weitere Kammer, weil er nicht genügend ausgelastet ist – muß damit gerechnet werden, daß ausnahmsweise die Rechtsprechungsaufgaben in beiden Kammern zeitlich zusammentreffen, also nicht gleichzeitig von demselben Richter wahrgenommen werden können. Es muß deshalb bereits im Geschäftsverteilungsplan durch eine **abstrakt-generelle Bestimmung** geregelt werden, welche Aufgabe vorrangig zu erfüllen ist[122]. Ist dies unterblieben und tritt eine Kollision ein, so muß das Präsidium den Geschäftsverteilungsplan ergänzen; in Eilfällen trifft der Präsident die Entscheidung, von welcher Aufgabe der überlastete Richter zu befreien ist, nach pflichtgemäßem Ermessen[123], wobei es keine Rolle spielt, ob die Zuständigkeit des Präsidenten mit dem Bundesgerichtshof[124] aus den bisher bei Kollisionsfällen ausgebildeten Grundsätzen[125] hergeleitet wird (dazu auch § 21f, 22) oder ob dafür § 21i Abs. 2 in Anspruch genommen wird. **Satz 4** gilt **für alle Richter**. Auch ein Vorsitzender Richter kann also zum Vorsitzenden mehrerer Spruchkörper bestimmt werden, der Präsident sich mehreren Spruchkörpern anschließen[126], vorausgesetzt, daß der Vorsitzende Richter (Präsident) in jedem dieser Spruchkörper die einem Vorsitzenden Richter obliegenden Aufgaben in dem erforderlichen Umfang ohne Schwierigkeiten selbst wahrnehmen kann[127] (§ 21f, 5, 10). Nur dann bleibt Raum für die Annahme einer vorübergehenden Verhinderung im Einzelfall, wenn er wegen Vorsitzführung in dem einen Spruchkörper *mitunter* den Vorsitz in dem anderen Spruchkörper nicht wahrnehmen kann[128]. Wegen der Verwendung eines Vorsitzenden Richters als Vorsitzender in dem einen und als ständiger Beisitzer in dem anderen Spruchkörper vgl. § 21f, 11. 32

XII. Fehlerhafte Geschäftsverteilung

1. Ihre Auswirkung. Die Vorschriften über die Aufgaben (§ 21e), die Zusammensetzung (§ 21a) und das Verfahren (§ 21i Abs. 1, § 21e Abs. 7) des Präsidiums sind keine Ordnungsvorschriften, sondern zwingendes Recht. Ihre Befolgung ist erforderlich für den rechtlichen Bestand der auf der Grundlage der Geschäftsverteilung entfalteten 33

[119] *Kissel*³ 126.
[120] *Kissel*³ 128.
[121] BVerfGE **17** 294 = NJW **1964** 1019.
[122] BGHSt **25** 163 = NJW **1973** 1291.
[123] BGHSt **25** 163 = NJW **1973** 1291.
[124] BGHSt **25** 163 = NJW **1973** 1291.
[125] BGHSt **18** 162, 163; **21** 174, 175 = NJW **1967** 637.
[126] RGSt **62** 366.
[127] BGHSt **25** 59.
[128] BGH aaO.

richterlichen Tätigkeit[129]. Ist die Geschäftsverteilung inhaltlich gesetzwidrig, z. B. auch dadurch, daß die Jugendgerichtssachen mit keinem Wort erwähnt[130] oder das Erfordernis der Bildung anderer Spruchkörper mit gesetzlicher Zuständigkeitskonzentration (§ 74 Abs. 2, §§ 74a, 74c) nicht berücksichtigt ist, oder ist sie – vorbehaltlich des § 21b Abs. 6 Satz 3 und der aus dieser Vorschrift abzuleitenden Folgerungen (vgl. § 21b, 21) – von einem gesetzwidrig zusammengesetzten Präsidium oder nicht mit dem gesetzlichen Stimmenverhältnis beschlossen, so ist das erkennende Gericht i. S. des § 338 Nr. 1 StPO nicht ordnungsgemäß besetzt[131].

34 **2. Keine rückwirkende Heilung.** Fehlerhafte Präsidialbeschlüsse können nicht durch neue Beschlüsse mit rückwirkender Kraft geheilt werden, da solche stets nur für die Zukunft wirken (oben Rdn. 8, 29). Echte Lücken der Geschäftsverteilung müssen durch ergänzende Beschlüsse des Präsidiums mit Wirkung ex nunc geschlossen werden. Das gleiche gilt bei unüberwindlichen Unklarheiten und widersprüchlichen Anordnungen eines Beschlusses. Wohl aber können bloße Auslegungszweifel durch klärende Beschlüsse des Präsidiums (in Eilfällen gemäß § 21i Abs. 2) behoben werden, wie insbes. bei internen Meinungsverschiedenheiten zwischen verschiedenen Spruchkörpern, welcher von ihnen nach Maßgabe des Geschäftsverteilungsplans zuständig ist (oben Rdn. 22f).

XIII. Folgen der Abweichung von einem gesetzmäßigen Geschäftsverteilungsplan

35 Soweit nicht die Zuständigkeit eines Spruchkörpers mit gesetzlicher Zuständigkeitskonzentration (oben Rdn. 25) in Frage steht, ist es heute gefestigte höchst- und obergerichtliche Rechtsprechung – man kann jetzt durchaus von einem praktisch rechtsquellenähnlichen „Richterrecht" sprechen –, daß auf die bloße Abweichung von einem gesetzmäßigen Geschäftsverteilungsplan die Revision wegen nicht vorschriftsmäßiger Besetzung des erkennenden Gerichts nicht gestützt werden, vielmehr nur gerügt werden kann, daß das Gericht objektiv willkürlich, d. h. offensichtlich grob fehlerhaft (LR-*Böttcher* § 16, 26) vom klaren Geschäftsverteilungsplan abgewichen sei[132], während ein „verzeihlicher" Irrtum über die eigene Zuständigkeit, ein error in procedendo, bedeutungslos ist, weil er den Vorwurf einer Verletzung des Grundsatzes des gesetzlichen Richters (Art. 101 GG) nicht begründet[133]. Dem folgt überwiegend auch das Schrifttum[134]. Ursprünglich[135] wurde diese Auffassung damit begründet, der Geschäftsverteilungsplan sei keine Rechtsnorm i. S. des § 337 StPO und gegen diese Begründung richteten sich und richten sich noch die Einwendungen im Schrifttum[136]. Auch wurde eingewendet, selbst wenn der Geschäftsverteilungsplan keine Rechtsnorm sei, so stelle

---

129 RGSt **37** 59; **65** 299; RGZ **53** 4; **89** 257.

130 Dazu OLG Saarbrücken OLGSt § 16, 3.

131 LR-*Hanack* § 338 StPO, 18; LR-*Siolek* § 22d, 6.

132 Z. B. wenn der nach der Geschäftsverteilung nicht zuständige Spruchkörper die Hauptverhandlung durchführt, obwohl sich bei deren Beginn herausstellte, daß die Sache infolge irrtümlicher Namensumstellung der Angeklagten an ihn gelangt war (OLG Köln VRS **53** [1977] 276).

133 RGSt **36** 321; **45** 260, 351; RGZ **119** 379, 384; BGHSt **3** 353; **11** 106, 109 = NJW **1958** 429; BGHZ **37** 125; **40** 148; BGH GA **1971** 34; NJW **1975** 1425; **1976** 1688; BFH NJW **1964** 1591; BVerwG NJW **1974** 1885; BSG NJW **1985** 2355; OLG Hamm JMBlNRW **1963** 252; OLG Frankfurt NJW **1976** 1545; OLG Karlsruhe MDR **1976** 777.

134 LR-*Hanack* § 338 StPO, 23 mit Nachw.; *Schorn/Stanicki* 256; *Rieß* DRiZ **1977** 291.

135 Vgl. RGSt **36** 321.

136 Z. B. *Bockelmann* JZ **1952** 643; *Sarstedt* LM Nr. 15 zu § 338 Nr. 1 StPO, *Marquordt* MDR **1958** 254; *Henckel* JZ **1963** 292; *Schorn/Stanicki* 255.

sich doch die Abweichung von ihm als eine Verletzung des § 21e dar[137]. Indessen kann die Frage nach der Rechtsnatur des Geschäftsverteilungsplans (dazu oben Rdn. 7) in diesem Zusammenhang offen bleiben, denn die Begründung für die jetzt herrschende Auffassung ist darin zu finden, daß es sich um eine echte Rechtsfortbildung handelt, die im Zeichen einer auf Einschränkung der Besetzungsrügen gerichteten Entwicklung legitim – und über den vorliegenden speziellen Fragenbereich hinaus – die Gefährdung des Bestandes einer Entscheidung durch Besetzungsrügen davon abhängig macht, ob nach den in der Rechtsprechung des Bundesverfassungsgerichts ausgebildeten Grundsätzen das Verbot der Richterentziehung (Art. 101 GG; § 16 Satz 2 GVG) verletzt ist (dazu LR-*Böttcher* § 16, 28). Nur unterstützend ist deshalb darauf hinzuweisen, daß auch § 22d – als Grundsatz von allgemeiner Bedeutung verstanden – der bloßen Tatsache der Abweichung vom Geschäftsverteilungsplan die Bedeutung einer den Bestand der Entscheidung gefährdenden Gesetzesverletzung abspricht (LR-*Siolek* § 22d, 1, 2).

XIV. Anhörung von Richtern, die nicht Mitglieder des Präsidiums sind (Absatz 2, Absatz 3 Satz 2, Absatz 5)

1. Allgemeine Anhörungspflicht des Präsidiums vor der Jahresgeschäftsverteilung hinsichtlich aller Richter – Absatz 2. Absatz 2 schreibt zwingend („ist“) vor, daß den Richtern, die nicht Mitglieder des Präsidiums sind, Gelegenheit zu einer Äußerung vor der allgemeinen Geschäftsverteilung nach Absatz 1 zu geben ist. Das bisherige Recht sah bis zur Novelle 1999 in eine Pflicht zur Anhörung lediglich der Vorsitzenden Richter vor. Die Novelle 1999 hat die Anhörungspflicht auf alle nicht zum Präsidium zählenden Richter, ausgedehnt. Die Zielrichtung der Vorschrift hat sich hierdurch jedoch nicht verändert. Schon das Reformgesetz von 1972 wollte mit der bisherigen Regelung (Anhörungspflicht hinsichtlich der Vorsitzenden) gewährleisten, daß die Belange der einzelnen Spruchkörper bei der Geschäftsverteilung im gebotenen Maß berücksichtigt werden (EntwBegr. BTDrucks. **VI** 557 S. 17). Die **Ausdehnung der Anhörungspflicht** auf sämtliche (betroffene) Richter liegt, auch wenn sich hierzu die Gesetzesbegründung nicht verhält[138], im Interesse einer effektiven Erledigung der Geschäftsaufgaben und einer möglichst gleichmäßigen Belastung der Richter unter Berücksichtigung ihrer persönlichen Verhältnisse[139]. Jeder Richter muß also, bevor über die Jahresgeschäftsverteilung beschlossen wird, seine Auffassung über seine eigene Verwendung, jeder Vorsitzende Richter über die Bestellung seines ständigen Vertreters (§ 21f Abs. 2) sowie über die weiteren dem Spruchkörper zuzuteilenden Richter und über Art und Umfang der zuzuteilenden Geschäfte dartun können. Im allgemeinen wird es genügen, wenn er seine Auffassung dem mit der Vorbereitung des Entwurfs des Geschäftsverteilungsplans beauftragten „Präsidialrichter“ mitteilt und dieser sie, wenn nicht bei den der Präsidialsitzung vorangehenden Besprechungen eine Einigung erzielt wird, dem Präsidium vor der Beschlußfassung bekannt gibt. Der Richter kann aber auch verlangen, daß ihm Gelegenheit gegeben wird, seine Wünsche dem Präsidenten als Vorsitzenden des Präsidiums vorzutragen, bevor dieser dem Präsidium einen abweichenden Vorschlag unterbreitet, und schließlich kann er – denn Adressat seiner Äußerung ist das Präsidium – verlangen, vom 36

[137] So z. B. *Arndt* DRiZ **1959** 171, *Bettermann* Grundrechte III 2 552; *Bockelmann* JR **1952** 642; *Niese* JZ **1953** 395.

[138] BTDrucks. **14** 979 S. 3; s. auch Gesetzentw. des Bundesrates, BTDrucks. **14** 597 S. 4.

[139] *Kissel* NJW **2000** 460, 461.

Präsidium unmittelbar vor der Beschlußfassung angehört zu werden[140]. Ist die Anhörung unterblieben, so kann der Richter Einwendungen gegen den Beschluß erheben; das Präsidium ist dann in der Zeit vor Beginn des Geschäftsjahres gehalten, erneut zur Beschlußfassung zusammenzutreten. Hat allerdings inzwischen das Geschäftsjahr begonnen, so kann eine nachträgliche Anhörung nur unter den Voraussetzungen des Absatzes 3 zu einer Änderung der beschlossenen Geschäftsverteilung führen.

37 **2. Anhörung der Vorsitzenden Richter vor Änderungen im laufenden Geschäftsjahr – Absatz 3 Satz 2.** Absatz 2 wird **ergänzt** durch Absatz 3 Satz 2 für den Fall, daß Regelungen des Geschäftsverteilungsplanes während des laufenden Geschäftsjahres geändert werden. Im Interesse der Verfahrensvereinfachung sind hier aber nicht alle Vorsitzenden Richter, sondern nur diejenigen zu hören, deren Spruchkörper von der Änderung der Geschäftsverteilung berührt wird. Die Anhörung nach Absatz 3 Satz 2 betrifft auch die (Nicht-Vorsitzenden) Richter auf Lebenszeit, die gemäß **§ 10 Abs. 4 RpflAnpG** bei einem Gericht in den neuen Bundesländern (bis zum 31. 12. 2004) den Vorsitz führen (vgl. Vor § 21a, 10; § 21f, 7). Ist die Anhörung des Vorsitzenden Richters nicht möglich, etwa während einer längeren Erkrankung oder Beurlaubung, so ist (in sinngemäßer Anwendung des § 21f Abs. 2) sein Vertreter zu hören.

3. Konkrete Anhörungspflicht vor Änderungen des Aufgabenbereichs – Absatz 5

38 **a) Bedeutung des Absatzes 5.** Diese Vorschrift, die gegenüber der Regelung des Absatzes 2 die Anlässe für eine **Anhörungspflicht** wesentlich **konkreter** benennt, betrifft **alle Richter**, also nicht nur Einzelrichter oder Beisitzer, sondern auch Vorsitzende[141]. Sie trägt dem Umstand Rechnung, daß das Präsidium bei der Aufstellung des Geschäftsverteilungsplans Freiheit über die Verwendung eines Richters besitzt, indem es „neben anderen sachgerechten Gesichtspunkten auch die größere oder geringere Leistungsfähigkeit berücksichtigen darf, die auf seine gesundheitlichen Verhältnisse, seine spezifische Sachkunde, sein größeres oder geringeres Geschick bei der Bearbeitung einer Sache, seine größere oder geringere Erfahrung, seine größere oder geringere Beherrschung des Rechtsstoffs zurückzuführen ist“[142]. **Absatz 5 bezweckt**, vor gewissen entscheidenden Veränderungen gegenüber der bisherigen Tätigkeit dem einzelnen Richter eine gewisse **Einflußnahme** auf solche Entscheidungen des Präsidiums **einzuräumen**, die ihn unmittelbar betreffen; ihm ist vor einschlägigen Beschlüssen Gelegenheit zu geben, insoweit seine Auffassung vorzutragen, damit das Präsidium nicht entscheidet, ohne das Für und Wider vollständig zu kennen (EntwBegr. BTDrucks. **VI** 557 S. 18). Auch insoweit (Rdn. 36) kann der einzelne Richter verlangen, daß ihm ggf. die Möglichkeit gegeben wird, in der Sitzung des Präsidiums vor der Beschlußfassung seine Auffassung vorzutragen.

39 **b) Die Zuteilung an einen anderen Spruchkörper** trifft sowohl den Fall des Ausscheidens aus dem Spruchkörper, dem der Richter bisher angehörte, und den Eintritt in einen anderen (Ausscheiden aus der Zivilkammer, Zuweisung an eine Strafkammer, aber auch Ausscheiden aus der Strafkammer 1 und Zuweisung an die Strafkammer 2) wie auch den Fall, daß er unter Verbleiben im bisherigen Spruchkörper zugleich einem anderen zugeteilt wird (§ 21e Abs. 1 Satz 4), hierher gehört auch der Fall des § 78 Abs. 2. Ferner ist Absatz 5 nicht nur bei Änderungen im Lauf des Geschäftsjahrs (Absatz 3),

---

[140] Ebenso *Schorn/Stanicki* 158; ähnlich *Kissel*[3] 48.
[141] *Kissel*[3] 46.
[142] BVerfGE **17** 260.

sondern auch dann anwendbar, wenn bei Aufstellung des Jahresgeschäftsplans (Absatz 1) ein Spruchkörperwechsel beabsichtigt ist. Beim Amtsgericht ist auch der Abteilungs-(Dezernats)wechsel ein Spruchkörperwechsel. Die Bestellung eines Richters zum Vertreter des verhinderten Richters eines anderes Spruchkörpers ist keine Zuteilung zu einem anderen Spruchkörper i. S. des Absatzes 5.

c) Eine **„Änderung des Zuständigkeitsbereichs"** ohne Zuteilung an einen anderen Spruchkörper kommt für den Vorsitzenden eines Kollegialgerichts (Kammer, Senat) in Betracht, wenn die Zuständigkeit des Spruchkörpers um neue Aufgaben erweitert werden soll[143], ferner liegt sie vor, wenn ein Richter zum Ermittlungsrichter bestellt werden soll, oder wenn bei Vorhandensein mehrerer Ermittlungsrichter eine Änderung der Aufgabenverteilung zwischen ihnen eintreten soll. Beim Amtsgericht ist auch die Veränderung der Zuständigkeit einer Abteilung (z. B. durch Zuweisung weiterer Aufgaben) eine Veränderung des Zuständigkeitsbereichs des betreffenden Richters beim Amtsgericht. Dagegen kann *Schorn/Stanicki*[144] nicht darin zugestimmt werden, daß, wenn dem Spruchkörper eines Kollegialgerichts während des Geschäftsjahres weitere Geschäfte zugeteilt werden, nicht nur der Vorsitzende Richter (§ 21e Abs. 3 Satz 2), sondern auch die übrigen Mitglieder des Spruchkörpers zu hören seien, weil ihr „Zuständigkeitsbereich" innerhalb des Spruchkörpers verändert werde; vielmehr ist insoweit – auch nach der Novelle 1999 – Absatz 3 Satz 2 lex specialis, da der anzuhörende Vorsitzende Richter auch die Belange der übrigen Mitglieder zwangsläufig mit wahrnimmt. Nach *Kissel*[145] ist Richter i. S. des Absatzes 5 auch derjenige Richter, der im Lauf des Geschäftsjahres bei dem Gericht (infolge Ernennung, Versetzung, Abordnung) neu eintritt, weil dies zwar nicht der Wortlaut, wohl aber der Sinn der Vorschrift fordere. 40

d) In Eilfällen ist die vorherige Anhörung nicht obligatorisch; damit soll verhindert werden, daß unaufschiebbare Entscheidungen des Präsidiums durch das Erfordernis vorheriger Anhörung beträchtlich verzögert werden. Zum Eilfall i. S. des Absatzes 5, der auch die Fälle des § 21i Abs. 2 umfaßt, gehört also nicht nur, daß die zu treffende Maßnahme keinen Aufschub verträgt, sie muß vielmehr so dringlich sein, daß auch das Recht des Richters auf vorheriges Gehör, weil auch dies verzögernd wirken würde, hinter der Eilbedürftigkeit zurücktreten muß. 41

4. Anhörung des Richterrats. Der Richterrat hat gemeinsam mit dem Präsidium darüber zu wachen, daß bei der Zuteilung der Geschäfte und der Zuweisung an die Spruchkörper die einzelnen Richter „nach Recht und Billigkeit behandelt werden" (unten Rdn. 77). Ein Richter, der (nach dem Ergebnis von Vorerörterungen) damit rechnet, bei seiner Anhörung mit seinen Wünschen nicht durchzudringen, kann sich mit der Bitte um Unterstützung an den Richterrat wenden, der, wenn er Abhilfe für geboten hält, sich unmittelbar an das Präsidium wenden und der auch – in gleicher Weise wie der Richter selbst (Rdn. 38) – verlangen kann, vor dem Plenum des Präsidiums mündlich gehört zu werden[146]. Ein Mitwirkungsrecht steht dem Richterrat jedoch im Hinblick auf die richterliche Unabhängigkeit des Präsidiums nicht zu[147]. Bei schwerbeschädigten Richtern ist die Schwerbehindertenvertretung zu hören, § 95 SGB IX (seit 1. 7. 2001, zuvor § 25 Abs. 4 SchwbG)[148]. 42

143 *Kissel*³ 47.
144 *Schorn/Stanicki* 159.
145 *Kissel*³ 47; **a. M** *Schorn/Stanicki* 159.
146 Ebenso *Pentz* DRiZ **1975** 46; *Kissel*³ 449.
147 BVerwG NJW **1987** 1215; *Kissel*³ 42; a. M *Pentz* DRiZ **1975** 46.
148 Vgl. *Pentz* DÖV **1974** 23.

43 **5.** Zur Frage der **Anfechtbarkeit von Präsidialbeschlüssen,** wenn die angehörten Richter mit ihren bei der Anhörung geäußerten Wünschen nicht durchdringen, vgl. unten Rdn. 77 ff.

XV. Zulässige Änderungen des Geschäftsverteilungsplans im Laufe des Geschäftsjahres (Absatz 3)

44 **1. Keine abschließende Regelung des Absatzes 3.** Nach dem Wortlaut des Absatzes 3 Satz 1 („dürfen nur …"), der insoweit dem früheren Recht (§ 63 Abs. 2 a. F.: „Die Anordnung kann im Laufe des Geschäftsjahres nur geändert werden, wenn dies wegen Überlastung einer Kammer infolge Wechsels oder dauernder Verhinderung einzelner Mitglieder des Gerichts erforderlich wird") entspricht, sind zwar die Gründe, die im Lauf des Geschäftsjahres zu einer Änderung des vor Beginn des Geschäftsjahres beschlossenen Planes berechtigen, abschließend aufgezählt. Tatsächlich ist diese Aufzählung aber nicht erschöpfend, und Absatz 3 ist unbeschadet des Zweifels bei Einzelfragen[149] bei vergleichbaren Fällen entsprechend anwendbar[150]. Eine Änderung des Plans ist z. B. auch geboten, wenn im Laufe des Geschäftsjahres dem Gericht neue Aufgaben zufallen, die der Verteilung bedürfen, wenn die Zahl der Spruchkörper vermehrt[151] oder verringert wird, wenn ein inhaltlich fehlerhafter oder fehlerhaft beschlossener Plan durch eine gesetzmäßige Anordnung ersetzt werden muß. Stets muß es sich aber um notwendige Änderungen handeln, um Entwicklungen Rechnung zu tragen, die bei Aufstellung des Geschäftsverteilungsplanes weder voraus- noch absehbar waren. Als Ausnahme („nur") von dem Grundsatz des Absatzes 1 ist Absatz 3 in diesem Sinn eng auszulegen[152]. Andererseits dürfen aber – entgegen einschränkenden Tendenzen des Schrifttums[153] – dem pflichtgemäßen Ermessen des Präsidiums keine zu engen Fesseln angelegt werden[154] (oben Rdn. 21). So ist das Präsidium in seiner Regelungskompetenz nicht eng an den konkreten Grund für die Änderung gebunden, es kann vielmehr in diesem Zusammenhang zweckmäßige weitere Änderungen des Geschäftsverteilungsplans vornehmen[155]. Auch anhängige Verfahren hindern eine Änderung der Zuständigkeit nicht[156]; allerdings sind Einzelzuweisungen unzulässig und revisionsrechtlich unter dem Gesichtspunkt der Willkür überprüfbar[157]. S. auch wegen der Bestellung eines Vertreters oben Rdn. 17.

2. Überlastung. Formen der Entlastung

45 **a) Grundsatz.** Die Überlastung eines Spruchkörpers oder eines einzelnen Richters (des Mitglieds eines Spruchkörpers, des Ermittlungsrichters) kann eine dauernde oder eine vorübergehende sein; dabei ist eine Überlastung eine dauernde, wenn ihre Dauer nicht absehbar ist[158] oder wenn mindestens zu erwarten ist, daß sie sich auf das nächste Geschäftsjahr erstrecken werde[159]. Ob eine Überlastung vorliegt, ist Sache pflicht-

---

149 Vgl. BGH DRiZ **1986** 221.

150 BGHSt **27** 209; NStZ **1986** 469; *Kissel*³ 109.

151 Beispiel: Bildung eines (bisher nicht bestehenden) Auffangspruchkörpers desselben Gerichts bei Zurückverweisung nach § 210 Abs. 3 Satz 1 oder § 354 Abs. 2 Satz 1 StPO (BGH bei *Pfeiffer/Miebach* NStZ **1985** 204 Nr. 1; OLG Oldenburg NStZ **1985** 473 mit Anm. *Rieß;* LR-*Hanack* § 354 StPO, 55).

152 BGHSt **10** 181; **26** 383; **27** 397; BGH NStZ **1986** 469; StV **1986** 236 und NStZ **1988** 36; *Kissel*³ 111; *Rieß* DRiZ **1977** 289, 291.

153 *Peters* JR **1979** 82; *P. Müller* MDR **1978** 948.

154 *Kissel*³ 111, 113.

155 BVerwG NJW **1982** 2394.

156 BGHSt **30** 371; **44** 141.

157 BVerwG NJW **1982** 2774.

158 BGHSt **10** 179, 181.

159 BGH NJW **1976** 60.

gemäßer Beurteilung des Präsidiums, das sich dabei auf die tatsächlichen Ermittlungen und Feststellungen des Präsidenten (aufsichtführenden Richters) stützt[160]. Ob eine Überlastung tatsächlich vorlag, entzieht sich grundsätzlich einer Nachprüfung durch das Revisionsgericht[161]; nur unter dem Gesichtspunkt der Richterentziehung (Art. 101 Abs. 1 Satz 2 GG, § 16), also willkürlicher Handhabung (LR-*Böttcher* § 16, 26), käme eine Nachprüfung in Betracht[162].

b) Die Änderung der Geschäftsverteilung wegen Überlastung kann in der Zuweisung weiterer Richter (soweit zulässig) an den überlasteten Spruchkörper oder darin bestehen, daß ihm Sachen abgenommen und einem anderen Spruchkörper – einem bereits bestehenden oder einem neu gebildeten (BGH NJW **1976** 60) – übertragen werden. In letzterem Fall gehen die gleichen Grundsätze wie bei der Geschäftsverteilung vor Beginn des Geschäftsjahres (oben Rdn. 27ff), d. h. die Änderung darf sich nicht auf bestimmte Sachen beziehen, sondern muß nach allgemein abstrakten Merkmalen erfolgen[163]. Wird die Überlastung durch *eine* besonders umfangreiche Sache bewirkt, so kann diese dem bisher zuständigen Spruchkörper belassen werden, während alle anderen Sachen anders – nach allgemeinen Merkmalen – verteilt werden[164]. Die Entlastung des Spruchkörpers durch Abnahme der besonders umfangreichen Sache aber ist nur durch Übertragung von allgemein bezeichneten Sachen, unter die auch diese fällt, möglich[165]. 46

c) Bei **vorübergehender Überlastung** kann die Entlastung auch in der Bildung eines **Hilfsspruchkörpers** (Hilfsstrafkammer, -senat) bestehen; zu den Voraussetzungen der Errichtung und wegen der Dauer ihres Bestandes s. LR-*Siolek* § 60, 8ff. In dem Errichtungsbeschluß des Präsidiums müssen dann von vornherein die Geschäfte zwischen der ständigen und der Hilfsstrafkammer in der bei Rdn. 46 bezeichneten Form nach allgemeinen Merkmalen verteilt werden[166]. Dagegen kann das Präsidium einen überlasteten Spruchkörper nicht dadurch entlasten, daß es ihm für einzelne von vornherein bestimmte Sitzungen oder für eine einzelne Sache einen Richter zuweist[167]. 47

d) Bei **Überlastung des einzelnen Mitglieds eines Spruchkörpers,** namentlich eines überbesetzten, kommt eine Änderung des Geschäftsverteilungsplans nur in Betracht wenn Abhilfe nicht innerhalb des Spruchkörpers durch Maßnahmen nach § 21g Abs. 2 getroffen werden kann. 48

3. Die **ungenügende Auslastung** eines Spruchkörpers oder Richters kann auf der Verringerung des Geschäftsanfalls oder auf dem Wegfall bisheriger Aufgaben beruhen. Es kommt dann bei dem „überbesetzten" Spruchkörper (Rdn. 10ff) eine Verringerung der Zahl seiner Mitglieder oder die Zuteilung weiterer Geschäfte aus einem anderen Spruchkörper nach allgemeinen abstrakten Merkmalen (Rdn. 46) in Betracht. 49

4. Wechsel einzelner Richter. Ein Wechsel liegt sowohl dann vor, wenn ein Mitglied des Gerichts (durch Tod, Versetzung, Eintritt in den Ruhestand usw.) wegfällt und ein neues Mitglied an seine Stelle tritt, wie auch, wenn ein Mitglied ersatzlos wegfällt oder eine neue Kraft zusätzlich zugewiesen wird[168]. Ohne Bedeutung ist es, ob das ausscheidende oder neu eintretende ein ständiges (bei diesem Gericht auf Lebenszeit 50

160 BGH NJW **1977** 966.
161 BGH NJW **1956** 111.
162 BGH NJW **1976** 60.
163 BGHSt **7** 23; **12** 104, 105; NJW **1976** 60.
164 BGHSt **11** 106, 107.
165 BGH NJW **1976** 60.
166 RGSt **62** 309; BGHSt **10** 179, 181; NJW **1963** 1882, 1883; s. hierzu auch *Sowada* 342ff.
167 BGHSt **10** 179.
168 BGHSt **22** 237 = MDR **1968** 1026; s. dazu auch LR-*Siolek* § 70, 7.

ernanntes) Mitglied oder ein Richter auf Probe, auf Zeit, kraft Auftrags oder ein abgeordneter Richter ist[169]. Die Änderung der Geschäftsverteilung aus Anlaß des Wechsels kann sich auf alle Maßnahmen erstrecken, die notwendig sind, um der veränderten Personallage Rechnung zu tragen[170]. An der Notwendigkeit eines Wechsels (oben Rdn. 44) fehlt es, wenn ein Richter auf Probe vor Ablauf der Zeit, für die er im Geschäftsverteilungsplan einem bestimmten Spruchkörper zugewiesen ist, lediglich im Interesse seiner Ausbildung einem anderen Spruchkörper zugeteilt wird, etwa von der Strafkammer zur Zivilkammer wechseln soll, weil ihm „die abgerundete Beurteilung für das Zivilverfahren fehle", oder die Zivilkammer mit der Strafkammer vertauschen soll, weil er noch im Strafverfahren erprobt werden müsse[171]; Gesichtspunkte dieser Art müssen, da ein dem Landgericht zugewiesener Richter nicht für einen begrenzten Teil der Zuweisung einem bestimmten Spruchkörper zur Verfügung gestellt werden kann (oben Rdn. 30), im voraus bei der Bemessung der Dauer der *Beiordnung* (§ 70 Abs. 2) berücksichtigt werden, bei deren Ablauf Raum ist für eine erneute *Beiordnung* an das Gericht, die dem Präsidium die Zuweisung an einen anderen Spruchkörper ermöglicht. Andererseits ist aber das Präsidium im Rahmen seines pflichtmäßigen Ermessens nicht gehindert, beim Richter auf Probe unter dem Gesichtspunkt günstigerer Ausbildung einen Wechsel vorzunehmen, wenn ein solcher im Zusammenhang mit einem aus anderen Gründen gebotenem Richterwechsel in Betracht kommt[172]. Ist der Wechsel als im Lauf des Geschäftsjahrs eintretend voraussehbar, so kann ihn das Präsidium nicht schon bei der Aufstellung der Geschäftsverteilung vor Beginn des Geschäftsjahrs in der Weise berücksichtigen, daß es den der Person nach noch nicht feststehenden Nachfolger in der Planstelle zum Nachfolger in den durch den Geschäftsverteilungsplan bestimmten Aufgabenbereich einweist (also nicht: Vorsitzender der … Kammer: Vorsitzender Richter X bis zu seinem Eintritt in den Ruhestand, von da ab der auf seiner Planstelle zu erwartende neue Vorsitzende Richter). Denn das Präsidium kann sinnvoll Aufgaben nur verteilen, wenn es die Person kennt und weiß, wie sie am besten zu verwenden ist. Der Zugang eines Richters zwingt also grundsätzlich zu einem jetzt zu fassenden Beschluß über seine Verwendung[173].

51 **Ausnahme.** Es gibt indessen keinen ausnahmslos geltenden Grundsatz, daß das Präsidium über die Verwendung eines neu hinzutretenden Richters erst bestimmen dürfen, wenn er der Person nach feststeht. Wird z. B. zum 1. 4. (also im Lauf des Geschäftsjahres) eine neue Kammer beim Landgericht aus Anlaß der Zuweisung weiterer Kräfte errichtet und ergeben sich daraus wesentliche Änderungen der bisherigen Regelung, so kann das Präsidium nicht zuwarten, wenn sich möglicherweise die Ernennung oder die Benennung eines der zugewiesenen Richter der Person nach bis zum 31. 3. verzögert, sondern muß angemessene Zeit vorher im März die notwendigen Änderungen beschließen, auch wenn es die eine neue Kraft der Person nach noch nicht kennt[174] (s. dazu auch § 21f, 27).

52 5. Eine **dauernde Verhinderung** (über den Begriff der Verhinderung s. § 21f, 19) liegt vor, wenn ein Mitglied für längere oder der Dauer nach ungewisse Zeit verhindert ist

---

169 BGHSt aaO.

170 *Rieß* JR **1977** 300.

171 BGHSt **26** 382 = NJW **1976** 2029 = JR **1977** 298 mit Anm. *Rieß* JR **1977** 300.

172 BGHSt **27** 397 = NJW **1978** 1444; *Kissel*³ 113; *Kleinknecht/Meyer-Goßner*⁴⁵ 13; *Kröger* DRiZ **1978** 109; **a. M** *Peters* JR **1979** 82 und dazu Rdn. 44.

173 Ebenso BGHSt **19** 116 = NJW **1964** 167; *Kissel*³ 107.

174 **A. A** *Kissel*³ 137.

und es der Bestellung eines neuen Mitglieds (eines neuen Vorsitzenden) bedarf[175]. Wird aus solchem Anlaß dem Landgericht eine Kraft als Vertreter zugewiesen, so braucht über seine Verwendung im Geschäftsverteilungsplan nicht für die ganze (restliche) Dauer des Geschäftsjahres bestimmt zu werden, vielmehr genügt eine Bestimmung für die Zeit der Verhinderung (z. B. Richter auf Probe X „bis zum Wiedereintritt des abgeordneten Richters Y", oder „bis zum Wiedereintritt des erkrankten Richters Y"), so daß nach Wegfall der Verhinderung die ursprüngliche Geschäftsverteilung wieder von selbst maßgebend ist[176]. Bei nur vorübergehender Verhinderung (über diesen Begriff vgl. § 21f, 19) regelt sich die Vertretung nach § 21e Abs. 1 Satz 1, § 21f Abs. 2. Eine förmliche Beschlußfassung des Präsidiums oder eine Einflußnahme des Präsidenten (§ 21i Abs. 2) kommt hier erst in Betracht, wenn es weiterer Maßnahmen bedarf, z. B. wenn der im Geschäftsverteilungsplan bestimmte Vertreter eines Beisitzers selbst verhindert ist oder wenn der Spruchkörper überlastet ist, weil der Vertreter des Vorsitzenden Richters (§ 21f Abs. 2) neben der Vertretung des Vorsitzenden nicht seine bisherigen Aufgaben als Berichterstatter wahrnehmen kann.

6. Anhörung des Vorsitzenden Richters. Bei Änderungen des Geschäftsverteilungsplanes im Sinne von Absatz 3 Satz 1 im laufenden Geschäftsjahr hat es der Gesetzgeber trotz der sonstigen Erweiterung der Anhörungsrechte auf sämtliche Richter bei der bisherigen Regelung belassen. Insoweit besteht ein Spannungsverhältnis zu Absatz 5, wonach jeder Richter, soweit er von der beabsichtigten Änderung berührt ist, angehört werden muß[177]. Wegen der Bedeutung des Absatzes 3 Satz 2 vgl. oben Rdn. 37. **53**

XVI. Zuständigkeitsfortdauer trotz Änderung der Geschäftsverteilung (Absatz 4)

1. Entwicklungsgeschichte des Absatzes 4. Absatz 4 ersetzte in verallgemeinerter Form den früheren, durch Art. II Nr. 14 des Gesetzes vom 26. 5. 1972 (BGBl. I S. 841) aufgehobenen § 65 („Der Präsident kann bestimmen, daß einzelne Untersuchungen von dem Untersuchungsrichter, dessen Bestellung mit dem Ende des Geschäftsjahres erlischt, zu Ende geführt werden, sowie daß in einzelnen Sachen, in denen während des Geschäftsjahres eine Verhandlung bereits stattgefunden hat, die Kammer in ihrer früheren Zusammensetzung auch nach Ablauf des Geschäftsjahres verhandele und entscheide"). Die **Änderungen gegenüber** dem Wortlaut des **früheren Rechts** bestehen darin, **a)** daß nicht mehr der Präsident, sondern das Präsidium die Anordnung trifft und der Präsident (aufsichtführende Richter) nur noch in Eilfällen (§ 21i Abs. 2) zuständig ist, **b)** daß nicht nur ein Spruchkörper, sondern allgemein ein einzelner Richter („ein Richter") weiterhin in einer Sache tätig sein kann, **c)** daß nicht bereits eine Verhandlung stattgefunden haben muß, sondern es genügt, wenn der Richter in einer Sache tätig geworden ist, **d)** daß die Vorschrift nicht nur bei Ablauf des Geschäftsjahres, sondern auch bei Änderungen der Geschäftsverteilung während des Geschäftsjahres (Absatz 3) Anwendung findet. Die letztere Änderung legalisierte die erweiternde Auslegung des früheren § 65 a. F. durch die Rechtsprechung. Daß ein Spruchkörper (in seiner bisherigen Zusammensetzung) auch bei einer Änderung seiner Zuständigkeit im Laufe des Geschäftsjahres in einer Sache weiter tätig werden könne, war seit langem anerkannt[178]. **54**

---

175 RGSt **46** 255.

176 BGHSt **21** 250 = NJW **1967** 1622 = LM Nr. 1 zu § 69 mit Anm. *Hübner; Kissel*³ 114; vgl. § 70 Abs. 2 sowie LR-*Siolek* § 70, 9.

177 *Kissel*³ 46.

178 RG DJZ **1907** 69; GA **53** (1906) 445; BGH NJW **1967** 2367.

55 **2. Vorangegangene Tätigkeit in einer Sache als Voraussetzung für die Anordnung der Zuständigkeitsfortdauer.** Der Grundgedanke des Absatzes 4 ist, daß die besondere Vertrautheit mit einer Sache in rechtlicher und tatsächlicher Beziehung, die ein Spruchkörper (Richter) dadurch erlangt hat, daß er in ihr tätig wurde, nicht durch einen Zuständigkeitswechsel wertlos werden soll; im Interesse der Kontinuität der Bearbeitung und einer zügigen Erledigung soll deshalb das Präsidium die Fortdauer der Zuständigkeit für diese Sache anordnen können. „Änderung der Geschäftsverteilung" betrifft sowohl den Fall, daß nach Ablauf der alten Jahresgeschäftsverteilung eine neue Geschäftsverteilung beschlossen wird, wie auch den Fall einer Änderung der Geschäftsverteilung während des laufenden Geschäftsjahres[179]. Mit dem Merkmal „Änderung in der Geschäftsverteilung" in Absatz 4 ist nicht jede Abweichung der neuen von der alten Geschäftsverteilung gemeint. Die Änderung muß die Sachgruppe betreffen, zu der die einzelne Sache gehört, die von der geänderten Geschäftsverteilung ausgenommen werden soll. Denn nur dann besteht überhaupt ein Anlaß für eine Ausnahmeregelung i. S. des Absatzes 4[180]. Während aber früher das Gesetz der Anordnung der Zuständigkeitsfortdauer dadurch Grenzen setzte, daß es eine während des Geschäftsjahres bereits stattgefundene „Verhandlung" forderte, genügt es jetzt, daß der Richter in der Sache „tätig geworden ist". Damit ist der Anwendungsbereich der Vorschrift in einer Weise erweitert worden, die zu einem Meinungsstreit geführt hat: Nach überwiegend vertretener Auffassung[181] gehört zum Tätigwerden eine, wenn auch nur im Vorverfahren getroffene Entscheidung oder vorgenommene sonstige Prozeßhandlung. Dagegen ist nach *Kissel*[182] eine ausdehnende Auslegung des Absatzes 4, soweit sie zweckmäßig ist und dem Interesse der Rechtspflege dient, unbedenklich, so daß „zumindest für die Jahresgeschäftsverteilung" die Anordnung fortdauernder Zuständigkeit auch hinsichtlich nur eingegangener, aber noch nicht bearbeiteter Sachen zulässig und auch verfassungsrechtlich unbedenklich sei, weil sie dem einmal bestimmten gesetzlichen Richter seine Zuständigkeit belasse[183]; dem kann schwerlich, auch nicht trotz des Hinweises auf BGH DRiZ **1980** 147 – betr. Bildung eines besonderen Spruchkörpers für Altverfahren – gefolgt werden.

56 **3. Weiterführung der begonnenen Hauptverhandlung.** Absatz 4 betrifft nicht den Fall, daß eine vor der Änderung der Geschäftsverteilung begonnene, aber noch nicht beendete Hauptverhandlung (nach der Änderung der Geschäftsverteilung) innerhalb der Frist des § 229 StPO fortgesetzt wird, oder daß, wenn die Verhandlung vor der Änderung geschlossen wird, die Beratung und Verkündung des Urteils innerhalb der Frist des § 268 Abs. 3 StPO nach der Änderung erfolgt. Hier versteht sich vielmehr von selbst, daß auch bei einer Änderung der Geschäftsverteilung der Spruchkörper in seiner bisherigen Besetzung die Hauptverhandlung bis zur Beendigung durchführt[184]. Eine Anordnung nach Absatz 4 käme vielmehr in Betracht, wenn vor der Änderung eine Hauptverhandlung stattfand, die über die Frist des § 229 StPO hinaus ausgesetzt oder vertagt wurde und nach der Änderung eine von neuem begonnene Hauptverhandlung erforderlich ist, um die Sache zu Ende zu bringen[185].

---

179 *Kleinknecht/Meyer-Goßner*[45] 17; KK-*Diemer*[4] 15; *Schorn/Stanicki* 95f.

180 BGHSt **30** 371 = NJW **1982** 1470.

181 Vgl. im Anschluß an BGHSt **30** 371, 375 = NJW **1982** 1470 z. B. *Kleinknecht/Meyer-Goßner*[45] 17; KK-*Diemer*[4] 15.

182 *Kissel*[3] 149.

183 Ebenso *Katholnigg*[3] 10.

184 BGH NJW **1964** 1866; ebenso KK-*Diemer*[4] 15.

185 BGHSt **8** 250 = NJW **1956** 110; BGHSt **33** 234 = JR **1986** 125 mit Anm. *Katholnigg*; *Katholnigg*[3] 10.

4. Auch **auf den Hilfsspruchkörper** (Hilfsstrafkammer, Hilfsstrafsenat) ist Absatz 4 anwendbar, wenn er außerhalb der Frist des § 229 StPO in einer erneuten Hauptverhandlung entscheiden soll, und auch bei ihm bedarf es keiner Anordnung nach Absatz 4, wenn er eine begonnene Hauptverhandlung in der Frist des § 229 StPO zu Ende führt[186]. **57**

5. Der **einzelne Richter** („ein Richter"), der weiter tätig werden kann, ist zunächst der Ermittlungsrichter nach §§ 162, 169 StPO (anders liegt es, wenn das Amt des Ermittlungsrichters des Bundesgerichtshofs endet, weil der Generalbundesanwalt nicht mehr das Amt der Staatsanwaltschaft bei dem Staatsschutz-Oberlandesgericht wahrnimmt, §§ 120, 142a). Absatz 4 ist aber auch anwendbar, wenn ein Mitglied eines Kollegialgerichts ausgeschieden ist, z. B. als Beisitzer einer anderen Kammer des Landgerichts zugeteilt ist, oder ein Richter am Landgericht zum Vorsitzenden Richter bei demselben Landgericht ernannt und Vorsitzender einer anderen Kammer geworden ist[187]. So gut ein Richter auch nach einer Zuweisung an eine andere Kammer an einer begonnenen und in der Frist des § 229 StPO fortgesetzten Hauptverhandlung weiter mitwirken kann (BGH NJW **1967** 2367), kann auch die weitere Mitwirkung eines solchen Richters nach Absatz 4 angeordnet werden. Voraussetzung ist aber stets, daß er weiterhin bei dem gleichen Gericht verwendet wird, denn nur dann unterliegt er der Verfügungsgewalt dieses Präsidiums. Absatz 4 ist also unanwendbar, wenn der Richter durch Zurruhesetzung oder Versetzung aus dem Gericht ausgeschieden oder an ein anderes Gericht oder eine Verwaltungsbehörde abgeordnet ist. **58**

6. Schöffen. Absatz 4 bezieht sich nur auf die Berufsrichter, nicht auf die Schöffen (für diese vgl. §§ 50, 77 Abs. 1). War die frühere Verhandlung über den zulässigen Zeitraum (§ 229 StPO) hinaus vertagt, so müssen also, wenn von Absatz 4 Gebrauch gemacht wird, neben den alten Berufsrichtern neue Schöffen mitwirken (allgemeine Meinung). **59**

7. Zeitpunkt und Wirkungsdauer der Anordnung. Die Anordnung braucht nicht gleichzeitig mit der Änderung der Geschäftsverteilung, sondern kann auch nach der Änderung getroffen werden. Sie wirkt bis zur Beendigung der Sache in dem Rechtszug, es bedarf also bei wiederholter Änderung der Geschäftsverteilung keiner Erneuerung der Anordnung (RGZ **71** 79). **60**

XVII. Freistellung für Aufgaben der Justizverwaltung (Absatz 6)

Absatz 6 war im RegEntw. zum Reformgesetz von 1972 noch nicht enthalten und ist erst vom BT-Rechtsausschuß eingestellt worden. „Infolge der Freistellung eines Richters für Aufgaben der Justizverwaltung wird in der Regel eine Änderung der Geschäftsverteilung nötig. „Die Vorschrift stellt sicher, daß das Präsidium rechtzeitig mit der Angelegenheit befaßt wird" (Bericht des BTRAussch. BTDrucks. **VI** 2903 S. 4). Die Vorschrift hat den Fall im Auge, daß ein dem Gericht zugeteilter Richter ihm nicht oder nicht in vollem Umfang zur Erledigung von Rechtsprechungsaufgaben zur Verfügung steht, sondern unter gänzlicher oder teilweiser „Freistellung" von Rechtsprechungsaufgaben solche der „Justizverwaltung" (§ 4 Abs. 2 Nr. 1, 4 DRiG) versehen soll. Das **61**

---

186 *Katholnigg*³ 10; *Schorn/Stanicki* 142.

187 RG JW **1905** 501.

Präsidium soll dann Gelegenheit haben, sich zu der geplanten „Freistellung" im Hinblick auf ihre Auswirkungen bei der Geschäftsverteilung zu äußern. Absatz 6 ist unanwendbar, wenn die Heranziehung zu Justizverwaltungsaufgaben nicht mit einer Freistellung von Rechtsprechungsaufgaben verbunden ist, wie z. B. üblicherweise bei der Ernennung von Richtern zu nebenamtlichen Mitgliedern der juristischen Prüfungsämter. Sinngemäß ist **Absatz 6** auch **unanwendbar bei** den **Präsidenten** (aufsichtführenden Richtern), zu deren Aufgabenbereich notwendigerweise die Wahrnehmung von Justizverwaltungsaufgaben gehört und bei denen die Aufgaben des Spruchkörpers, dessen Vorsitz er übernimmt (§ 21e Abs. 1 Satz 3), so bemessen werden müssen, daß er die Aufgaben eines Vorsitzenden in den gleichen Umfang wahrnehmen kann wie der Vorsitzende Richter eines anderen Spruchkörpers (§ 21f, 5).

XVIII. Das Verfahren des Präsidiums (Absatz 7 bis 9)

62 **1. Arten der Beschlußfassung – Absatz 7.** Absatz 7 wird ergänzt durch § 21i Abs. 2 und § 21c Abs. 1. Aus diesen Vorschriften (vgl. insbes. § 21c Abs. 1 Satz 2 [„Sitzungen des Präsidiums"] und § 21i Abs. 1 [„anwesend ist"]) ergibt sich, daß das Gesetz für den Regelfall von einer Erledigung der Aufgaben des Präsidiums durch Beschlußfassung in einer Sitzung ausgeht. Eine Beschlußfassung im Umlaufverfahren ist dadurch aber nicht ausgeschlossen (unten Rdn. 75). Das Präsidium entscheidet mit Stimmenmehrheit; der „Stichentscheid" des Vorsitzenden ist durch die Novelle 1999 abgeschafft worden[188].

63 **2. Geschäftsordnung.** Von § 21e Abs. 7, § 21i Abs. 1 und § 21c Abs. 1 abgesehen enthält das GVG keine Vorschriften über die Einberufung und Durchführung der Sitzung. Als autonomes Organ der gerichtlichen Selbstverwaltung ist das Präsidium nicht gehindert, diese Fragen im Rahmen der bestehenden Gesetze durch eine von ihm zu beschließende Geschäftsordnung zu regeln[189]. Als interne Verfahrensregelung hätte sie selbstverständlich nicht den Charakter einer Rechtsnorm, und Abweichungen von ihr könnten keine rechtliche Außenwirkung äußern. Auch müßte bei einem Wechsel in der Zusammensetzung des Präsidiums (§ 21b Abs. 4) jeweils die Geschäftsordnung neu beschlossen oder die bisherige übernommen werden[190].

64 **3. Einberufung der Sitzung.** Die Einberufung einer Sitzung des Präsidiums ist **Sache seines Vorsitzenden**, des Präsidenten (aufsichtführenden Richters). Er bestimmt Ort und Zeit der Sitzung und muß dazu – grundsätzlich schriftlich und mit ausreichender Frist und tunlichst auch unter Mitteilung der Tagesordnung[191] – Einladung an alle erreichbaren Mitglieder ergehen lassen. Er wird, wenn nicht Eilbedürftigkeit zu kurzfristiger Anberaumung zwingt, den Zeitpunkt für die Sitzung so wählen, daß, soweit übersehbar, möglichst wenige Mitglieder an der Teilnahme verhindert sind, jedenfalls aber die Beschlußfähigkeit (§ 21i Abs. 1 – Anwesenheit mindestens der Hälfte der Mitglieder) nicht in Frage gestellt ist. Jedoch entscheidet darüber, ob er mit Rücksicht auf die Verhinderung eines Mitgliedes zu dem ins Auge gefaßten Zeitpunkt einen anderen, die Teilnahme ermöglichenden Zeitpunkt wählen soll, sein pflichtmäßiges Ermessen, das –

---

188 *Kissel* NJW **2000** 460, 461; *Zeihe* SGb **2000** 665, 666.

189 So auch VGH Mannheim DRiZ **1980** 147; *Schorn/Stanicki* 172 mit weit. Nachw.; *Stanicki* DRiZ **1972** 51 mit Entwurf einer Mustergeschäftsordnung; *Baumbach/Lauterbach/Albers*[60] 21; *Kissel*[3] 29 mit weit. Nachw.; **a. M** – kaum überzeugend – *Funk* DRiZ **1973** 260, 265.

190 *Kissel*[3] 29.

191 *Kissel*[3] 34.

unter dem Gesichtspunkt des § 338 Nr. 1 StPO – gerichtlich nur in der Richtung nachprüfbar ist, ob ein Ermessensmißbrauch – etwa bei beabsichtigter Fernhaltung des Mitglieds – vorlag[192]. Beantragt auch nur *ein* Mitglied die Anberaumung einer Präsidialsitzung zur Aussprache über Maßnahmen i. S. des § 21e Abs. 1, 3, so muß der Vorsitzende einem solchen Verlangen entsprechen[193]. Die Anberaumungspflicht kann also nicht davon abhängig gemacht werden, daß sich die Mehrheit der Mitglieder des Präsidiums diesem Verlangen anschließt[194], denn das Mitglied will – und muß – ja gerade Gelegenheit haben, seine Gründe eingehend vorzutragen und auf Einwände zu erwidern.

In diesem Sinne wäre übrigens auch der Fall zu entscheiden, daß ein **Mitglied** des Präsidiums **beantragt**, eine nach seiner Auffassung in die Zuständigkeit des Präsidiums fallende **Angelegenheit auf die Tagesordnung** einer Sitzung des Präsidiums **zu setzen**, der Vorsitzende es aber ablehnt: dann muß es diesem Mitglied zustehen, eine Entscheidung des Präsidiums selbst herbeizuführen, während entschieden abzulehnen ist die Auffassung von VG Sigmaringen[195] wonach eine Meinungsdifferenz zwischen dem Vorsitzenden und einem Mitglied des Präsidiums justitiabel sein soll. 65

4. Die Beschlußfassung. Unanwendbarkeit der §§ 192 ff. Auch über die Beschlußfassung des Präsidiums hat das Gesetz keine erschöpfenden Bestimmungen getroffen. Die §§ 192 ff GVG gelten für die Entscheidung in einem gerichtlichen Verfahren über eine bestimmte Rechtssache. Sie sind auf die Behandlung von Fragen der gerichtlichen Selbstverwaltung nicht unmittelbar[196], aber auch nicht entsprechend anzuwenden[197]. Das Verfahren ist somit dem eigenen pflichtgemäßen Ermessen des Präsidiums überlassen[198]. Die Mitglieder des Präsidiums sind kraft der Amtspflicht verpflichtet, an Sitzungen des Präsidiums teilzunehmen, soweit sie nicht (durch Krankheit, Urlaub, Teilnahme an nicht verlegbaren Gerichtsverhandlungen usw.) verhindert sind. Soweit sie erschienen sind, ist das einzelne Mitglied verpflichtet, sich an der Abstimmung durch Ablehnung oder Zustimmung zu einer zur Entscheidung stehenden Maßnahme zu beteiligen, eine **Stimmenthaltung** ist **unzulässig**[199]. Als durchgreifendes Argument gegen die Zulässigkeit der Stimmenthaltung ist anzuführen, daß zum einen aus der Anwesenheitspflicht der Präsidiumsmitglieder und zum anderen aus dem Gesichtspunkt der Funktionstüchtigkeit des Präsidiums auch eine Mitwirkungspflicht der Präsidiumsmitglieder folgt[200]. Für die bislang in diesem Kommentar vertretene Auffassung (siehe 24. Aufl. Rdn. 62) lassen sich durchaus beachtliche Gründe anführen; allerdings geht die Überlegung, daß u. a. aufgrund eines nicht bestehenden Anwesenheitszwanges auch ein Abstimmungszwang nicht gegeben sei[201], bereits aufgrund der kaum vertretbaren Prämisse – kein Anwesenheitszwang trotz bejahter Anwesenheitspflicht – ins Leere. 66

---

192 BGHSt **13** 126, 127.

193 *Schorn* DRiZ **1958** 315; **1962** 185; *Ehrig* NJW **1963** 1186; *Schorn/Stanicki* 153; *ähnlich Kissel*[3] 35.

194 So früher *Schorn* Präsidialverfassung[1] 116.

195 VG Sigmaringen DRiZ **1978** 344 mit zust. Anm. *Stanicki* DRiZ **1978** 334; ebenso VGH Mannheim DRiZ **1980** 147 = DÖV **1980** 573 und Frauendorf DÖV **1980** 553; **a.A.** wie hier, mit deutlich kritischer Stellungnahme *Kissel*[3] 35.

196 BGHSt **12** 227, 228; MünchKomm-*Wolf*[2] 49.

197 So auch die herrschende Meinung; vgl. die Nachw. bei *Schorn/Stanicki* 162.

198 BGHSt **12** 227, 228.

199 So die inzwischen h. M; Fischer DRiZ **1978** 174; *Baumbach/Lauterbach/Albers*[60] 19; *Katholnigg*[3] 12; *Kissel*[3] 72; *Kleinknecht/Meyer-Goßner*[45] 21; *Zöller/Gummer*[22] 31 **a. M** noch LR-*Schäfer*[24] 62; ebenso *Schorn/Stanicki* 163.

200 *Kissel*[3] 72.

201 LR-*Schäfer*[24] 62.

67 **5. Keine Ablehnung wegen Befangenheit.** Die Ablehnung bzw. Ausschließung eines Präsidiumsmitgliedes wegen der Besorgnis der Befangenheit ist nicht möglich[202]. Sie ist weder im Gesetz vorgesehen, noch ergibt sich unter dem Gesichtspunkt der notwendigen Neutralität und Distanz des Richters gegenüber den Verfahrensbeteiligten die Notwendigkeit einer etwa verfassungsrechtlich gebotenen ergänzenden Auslegung der Regelung der §§ 21a ff in dem Sinne, daß der i. S. des § 21e Abs. 5 betroffene Richter bei seiner Anhörung auch aus den Gründen des § 24 Abs. 1, 2 StPO, § 42 Abs. 1, 2 ZPO ein Mitglied des Präsidiums ablehnen kann und daß darüber, wenn der Betreffende sich nicht selbst ablehnt (vgl. § 6 Abs. 2 FGG), das Präsidium ohne Mitwirkung des Abgelehnten (§ 27 StPO, § 45 ZPO) entscheidet[203]. Daß bei den Entscheidungen des Präsidiums auch über Sachverhalte zu befinden ist, die unmittelbar oder doch jedenfalls mittelbar Auswirkungen auf die Tätigkeit bzw. den Aufgabenbereich eines oder mehrer Präsidiumsmitglieder haben, ist zwangsläufig in der Natur des Präsidiums als richterlichem Selbstverwaltungsorgan begründet. Dies kann auch dem Gesetzgeber nicht verborgen geblieben sein. Hätte er insoweit eine Gesetzeslücke erkannt, hätte er die Möglichkeit gehabt, diese im Rahmen der Novelle 1999 – insbesondere im Hinblick auf ihre Zielsetzung der Stärkung der Unabhängigkeit der Richter und Gerichte – durch eine entsprechende Regelung zu schließen. Im übrigen würde durch die Möglichkeit der Ausschließung bzw. Ablehnung von Mitgliedern des Präsidiums dessen Tätigkeit gerade wegen der notwendigerweise regelmäßigen Befassung mit jedenfalls mittelbar „eigenen" Angelegenheiten wesentlich beeinträchtigt. Schließlich besteht in Anbetracht der verstärkten Anhörungsrechte und der Möglichkeit der fakultativern Richteröffentlichkeit einerseits sowie der Justitiabilität der Präsidiumsbeschlüsse andererseits kein unabweisbares Bedürfnis für eine Ablehnungs- bzw. Ausschlußmöglichkeit, um hierdurch möglichst ermessensfehlerfreie und nicht ggf. an persönlichen Interessen einzelner oder mehrer Präsidiumsmitglieder orientierte Entscheidungen sicherzustellen.

6. Nichtöffentlichkeit der Sitzungen – Richteröffentlichkeit (Absatz 8)

68 **a) Nichtöffentlichkeit.** Daß die Sitzungen des Präsidiums für Außenstehende nicht zugänglich, in diesem Sinn also nichtöffentlich sind, ist nicht zweifelhaft. Insoweit gilt nicht das Öffentlichkeitsprinzip des § 169 GVG[204].

69 **b) Fakultative Richteröffentlichkeit – Absatz 8.** Streitig war jedoch zunehmend, ob nicht jedenfalls „Richteröffentlichkeit" in dem Sinn besteht, daß die bei dem Gericht tätigen Richter ein Recht auf Zutritt haben[205]. Diese Streitfrage ist nunmehr durch die Novelle 1999 durch die Einführung einer fakultativen Richteröffentlichkeit entschieden worden. So heftig diese Frage zuvor im Schrifttum diskutiert worden war, so kontrovers war auch das Gesetzgebungsverfahren. Der Gesetzentwurf der Regierungsfraktionen von SPD/Bündnis 90/Die Grünen vom 4. 9. 1999 (BTDrucks. **14** 979) sah eine generelle Richteröffentlichkeit vor; lediglich im Einzelfall sollte auf Antrag eines Präsidiumsmitgliedes zum Schutz von Persönlichkeitsrechten betroffener Richter der Ausschluß der nicht dem Präsidium angehörenden Richter möglich sein, wobei auf Empfehlung des

---

202 BVerwG MDR **1976** 429; *Baumbach/Lauterbach/Albers*[60] 19; *Katholnigg*[3] 12; *Kissel*[3] 68; KK-*Diemer*[4] § 21a, 3; *Schorn/Stanicki* 195.

203 So noch LR-*Schäfer*[24] 102; *Wömpner* DRiZ **1982** 404; *Zöller/Gummer*[22] 27.

204 *Kissel*[3] 60.

205 **Befürwortend**: *Schorn/Stanicki* 171; *Stanicki* DRiZ **1970** 119; *Menne* DRiZ **1973** 316; *Henke* DRiZ **1972** 285; *Knoche* DRiZ **1975** 404; *Fischer* DRiZ **1979** 203; *Piorreck* DRiZ **1993** 213; in diesem Sinne wohl auch BGH – Richterdienstgericht – NJW **1995** 2494 = DRiZ **1995** 394; **ablehnend**: LR-*Schäfer*[24] 64; *Baumbach/Lauterbach/Albers*[58] 19; *Funk* DRiZ **1973** 263; *Holch* DRiZ **1973** 232 Die Justiz **1976** 216, *Arndt* DRiZ **1976** 43; *Kleinknecht/Meyer-Goßner*[44] 23; *Kissel*[2] 41, 60, 61 mit weit. Nachw.

BT-Rechtsausschusses (BTDrucks. **14** 1875 [neu]) – abweichend vom ursprünglichen Gesetzentwurf – nicht der betroffene Richter antragsberechtigt, sondern der Antrag eines Präsidiumsmitgliedes erforderlich sein sollte. Hiergegen rief der Bundesrat (BRDrucks. 601/99) den Vermittlungsausschuß an mit dem Ziel – insoweit dem im BR-Rechtsausschuß gestellten Antrag des Landes Nordrhein-Westfalen folgend –, Absatz 8 entsprechend seinem eigenen ursprünglichen Gesetzentwurf (BRDrucks. 97/98 u. 47/99) zu fassen und damit den Schutz der Persönlichkeitsrechte der betroffenen Richter zusätzlich durch analoge Anwendung des § 171b GVG abzusichern. Diesem Vorschlag ist schließlich entsprochen worden. Ausgangspunkt der Einführung der Richteröffentlichkeit war zum einen die in den letzten Jahren zunehmende Diskussion hierzu, zum anderen hatten in verschiedenen Bundesländern einige Präsidien bereits eigenständige Regelungen über die Richteröffentlichkeit der Präsidiumssitzungen getroffen. Mit dem Gesetzentwurf war die Schaffung einer klaren Rechtsgrundlage beabsichtigt (BTDrucks. **14** 979 S. 5), da die vormalige Rechtslage – insoweit nahm der Entwurf Bezug auf eine Entscheidung des Bundesgerichtshofs – Richterdienstgericht – vom 7. April 1995 (NJW **1995** 2494 = DRiZ **1995** 394) – hinsichtlich der Regelung zum Verfahren des Präsidiums lückenhaft und bereits auf ihrer Grundlage die Herstellung der Richteröffentlichkeit nicht „offensichtlich rechtswidrig" sei. Im übrigen entspreche – so der Gesetzentwurf – die Einführung der Richteröffentlichkeit einem vielfach vorgetragenen Bedürfnis der Richterschaft. Die Bedenken, die gegen eine – mehr dem flüchtigen Zeitgeist entsprechende – generelle Richteröffentlichkeit angebracht wurden[206], haben ihre Berechtigung nicht verloren; ihnen ist schließlich aufgrund der Initiative des Bundesrates weithin Rechnung getragen worden. Es wird allerdings zu beobachten sein, inwieweit auch die Gesetz gewordene „entschärfte" Regelung – bei Herstellung der Richteröffentlichkeit – zur Beeinträchtigung der Arbeit des Präsidiums bzw. – bei Ablehnung entsprechender Anträge – zur Belastung des Verhältnisses zwischen Präsidium und der übrigen Richterschaft führt[207].

c) Zur Neuregelung des Absatzes 8 im einzelnen

aa) Richteröffentlichkeit durch Beschluß – Absatz 8 Satz 1. Die Nicht-Richteröffent- **70**
lichkeit ist der gesetzliche Regelfall. Das Präsidium kann mit Stimmenmehrheit (Absatz 7) die Zulassung der Richteröffentlichkeit beschließen. Auch diese Entscheidung erfolgt in richterlicher Unabhängigkeit. Die Richteröffentlichkeit bezieht sich nur auf Richter des jeweiligen Gerichts[208]. Sie muß sich jedoch nicht notwendigerweise auf alle Richter des Gerichts erstrecken; das Präsidium kann nämlich den personellen Umfang der Richteröffentlichkeit im Hinblick auf die – auf den Vermittlungsvorschlag des Bundesrates zurückgehende – Gesetzesformulierung „Richter des Gerichts" statt „die Richter des Gerichts", wie noch im ursprünglichen Entwurf der Regierungskoalitionen (BTDrucks. **14** 979 S. 3, Art. 1, 4. d) vorgeschlagen, beschränken[209]. So kann das Präsidium die Teil-Richteröffentlichkeit etwa auf die betroffenen Richter oder auch eine Richtergruppe („die Strafrichter") begrenzen. Auch ist das Präsidium frei, für welchen Beratungsgegenstand und für welche Dauer („für die gesamte Dauer oder zeitweise") sie die Richteröffentlichkeit herstellt. Allerdings steht es dem Präsidium nicht zu, einen einzelnen oder auch mehrere Richter nur deshalb „auszuschließen", weil sie etwa als „schwierig" angesehen werden.

---

206 LR-*Schäfer*[24] 64.

207 Kritisch zur Neuregelung *Zeihe* SGb **2000** 665, 666.

208 *Kissel*[3] 63.

209 *Kissel*[3] 63; *Kissel* NJW **2000** 460, 462; umfassend und zustimmend zurNeuregelung *Sowada* 425ff, der eine weitreichendere Regelung im Sinne der Fassung des ursprünglichen Gesetzentwurfs anregt.

71 **bb) Ausschluß der Richteröffentlichkeit zum Schutz der Privatsphäre – Absatz 8 Satz 2.** Das Präsidium hat bei der Beschlußfassung die Persönlichkeitsrechte der von den Beratungen betroffenen Richter zu berücksichtigen und zu schützen; Maßstab insoweit ist § 171b. Bei der Abwägung, ob das schutzwürdige Interesse des einzelnen Richters oder das Interesse einer öffentlichen Erörterung überwiegt (§ 171b Abs. 1 S. 1), besteht ein Ermessensspielraum. Allerdings ist der Ermessensspielraum in zweifacher Hinsicht eingeschränkt: widerspricht der betroffene Richter trotz überwiegender schutzwürdiger Interessen im Sinne von § 171b Abs. 1 S. 1 dem Ausschluß der Öffentlichkeit, so können jedenfalls seine Belange weder als Grund für den Ausschluß der hergestellten noch für die Nichtherstellung der Öffentlichkeit herangezogen werden; andererseits ist die Öffentlichkeit bei Vorliegen der Voraussetzungen des § 171b Abs. 1 S. 1 auszuschließen, wenn ein betroffener Richter dies beantragt, (§ 171b Abs. 2).

72 **d) Richterunterrichtung.** Damit die Richterschaft in die Lage versetzt wird, von der gesetzlichen Möglichkeit des Absatzes 8 Gebrauch zu machen, setzt diese Regelung voraus, daß der Beratungsgegenstand der Richterschaft rechtzeitig, etwa durch Aushang, E-Mail im Intranet des Gerichts etc. bekannt gemacht wird.

73 **e) Verstoß gegen Absatz 8.** Die Entscheidungen nach Absatz 8 sind nicht anfechtbar. Verstöße gegen die Regelung des Absatz 8 haben **keine Auswirkung auf die Wirksamkeit** der Präsidiumsbeschlüsse[210]. Dies ergibt sich mittelbar aus § 171b Abs. 3 sowie aus dem § 21b Abs. 6 zu entnehmenden allgemeinen Grundsatz, daß Verfahrensverstöße grundsätzlich die Wirksamkeit der Präsidiumsbeschlüsse nicht tangieren[211].

74 **7. Beurkundung. Protokoll – Absatz 9.** Nach § 21e Abs. 9 ist der Geschäftsverteilungsplan in einer Geschäftsstelle des Gerichts zur Einsichtnahme aufzulegen. Aus dieser Vorschrift folgt, daß eine Originalurkunde vorhanden sein muß, in der als Ergebnis der Beratung und Abstimmung der Geschäftsverteilungsplan niedergelegt ist. Es ist vielfach üblich, daß alle Mitglieder des Präsidiums, auch wenn sie an der Sitzung nicht teilnehmen, oder doch wenigstens diejenigen Mitglieder, die bei der Sitzung anwesend waren, auch wenn sie bei der Abstimmung überstimmt wurden, die Originalurkunde unterschreiben und mit ihrer Unterschrift anerkennen, daß der Geschäftsverteilungsplan gesetzmäßig (§ 21i Abs. 1, § 21e Abs. 7) zustande gekommen sei. Eine Unterzeichnung des Plans mindestens durch die an der Beschlußfassung Beteiligten – in Analogie zum Urteil, § 275 Abs. 2 StPO – ist aber im Gesetz nicht vorgeschrieben; es kennt auch keine Verpflichtung dieser Richter zur Unterschrift. Andererseits muß aber in irgendeiner Form eine urkundliche Authentizitätsgewähr gegeben sein, daß die gedachte Originalurkunde den Inhalt der gefaßten Beschlüsse darstellt und richtig wiedergibt; dazu reicht die Unterschrift des Vorsitzenden des Präsidiums aus[212]. Um aber Beweisschwierigkeiten zu begegnen, wenn die vorschriftsmäßige Besetzung eines Spruchkörpers (§ 338 Nr. 1 StPO) mit der Begründung angezweifelt wird, der Geschäftsverteilungsplan sei nicht von einem beschlußfähigen Präsidium oder nicht mit der erforderlichen Mehrheit beschlossen worden, ist es praktisch geboten, daß – nicht notwendig von einem Mitglied des Präsidiums – ein Protokoll über die Sitzung geführt wird, das mindestens, wenn auch nicht die Namen der Erschienenen, so doch deren Zahl und das Abstimmungsergebnis enthält und sinnvollerweise nicht nur vom Vorsitzenden,

---

210 MünchKomm-*Wolf*[2] 53.
211 *Kissel*[3] 67.
212 BVerfG NJW **1984** 575.

sondern auch vom Protokollführer unterschrieben ist. Der Geschäftsverteilungsplan wäre dann in dieses Protokoll oder als Anlage zum Protokoll aufzunehmen[213].

8. Beschlußfassung im Umlaufverfahren. Wie nach dem bereits vor dem Reformgesetz von 1972 geltenden Recht[214] ist mangels entgegenstehender Vorschriften des neuen Rechts – auch der Novelle 1999 – auch eine schriftliche Beschlußfassung (durch Umlauf) zulässig[215]. Jedoch wird ein solches Verfahren im allgemeinen nur für eilbedürftige und einfach liegende bzw. nicht streitige Entscheidungen eignen. Dieser Auffassung haben sich nunmehr auch das Bundesverwaltungsgericht und der Bundesgerichtshof angeschlossen[216]. Allerdings muß das durch die Novelle 1999 erweiterte Anhörungsrecht von Nichtmitgliedern (oben Rdn. 36ff) gewahrt bleiben. Darüber hinaus verschließen sich dem Umlaufverfahren Entscheidungen zu Sachfragen, bei denen die Herstellung der **Richteröffentlichkeit nach Absatz 8 geboten** ist. Insoweit hat der Gesetzgeber mit der Novelle 1999 mittelbar den Anwendungsbereich des Umlaufverfahrens eingeschränkt[217]. Ein Beschluß ist im Umlaufverfahren erst gefasst, wenn allen erreichbaren (d.h. nicht durch Urlaub, Krankheit usw. verhinderten) Mitgliedern des Präsidiums Gelegenheit zur Stimmabgabe gewährt worden ist[218]. Entsprechend § 21i Abs. 1 muß mindestens die Hälfte der gewählten Mitglieder erreichbar sein; andernfalls gilt für Eilfälle der § 21i Abs. 2. Einer Mitteilung des Beschlusses an alle Mitglieder des Präsidiums bedarf es zu einer Wirksamkeit nicht[219]. Dem Verlangen auch nur eines Präsidiumsmitglieds, das gegen den Inhalt des Beschlusses Bedenken hat, zwecks Aussprache und mündlicher Abstimmung eine Sitzung des Präsidiums anzusetzen, muß auch hier stattgegeben werden[220]. 75

9. Es besteht **keine** absolute **Schweigepflicht über die Vorgänge in der Präsidialsitzung**; § 43 DRiG gilt weder unmittelbar noch entsprechend[221]; erst recht besteht keine Verschwiegenheitspflicht der nicht dem Präsidium angehörenden Richter, soweit sie aufgrund ihres Anhörungsrechts oder nach Herstellung der Richteröffentlichkeit der Präsidiumssitzung beiwohnen[222]. Die – jedenfalls früher gegenteilige – h. M., die von einem umfassenden – auf § 43 DRiG gestützten – Beratungsgeheimnis hinsichtlich der Präsidiumsmitglieder ausging[223], läßt sich nunmehr nach Einführung der fakultativen Richteröffentlichkeit jedenfalls hinsichtlich solcher Beratungen und Entscheidungen nicht mehr aufrechterhalten, die in richteröffentlicher Sitzung hätten erfolgen können; insoweit lediglich auf die tatsächliche Herstellung der Richteröffentlichkeit abzustellen[224], würde die Verschwiegenheitspflicht einer nicht begründbaren Beliebigkeit 76

---

213 Im Ergebnis ähnlich *Kissel*[3] 74; *Schorn/Stanicki* 165 mit weit. Nachw.

214 Dazu RGSt **65** 299; BGHSt **12** 402.

215 So auch die h. M *Grunsky* § 6a Rdn. 11; *Holch* Die Justiz **1976** 216; *Katholnigg*[3] 12; *Kissel*[3] 37f (besonders ausführlich auch zu zahlreichen Bedenken); ferner *Kleinknecht/Meyer-Goßner*[45] § 21i, 1; KK-*Diemer*[4] § 21a, 7 (als seltene Ausnahme zulässig); *Kissel*[3] 36ff; *Schmidt* DRiZ **1973** 163; *Schorn/Stanicki* 164; *Wieczorek/Schütze/Schreiber* 20; *Zöller/Gummer*[22] § 21i, 3; so jetzt auch *Baumbach/Lauterbach/Albers*[60] 19; **a. M** *Feiber* HessJMBl. **1976** 223; ferner *Kopp* VwGO[4] § 44; *P. Müller* NJW **1978** 899; *Thomas/Putzo*[23] 6.

216 BVerwGE **88** 159 = NJW **1992** 254; BGHSt **44** 161 = NJW **1999** 1093.

217 Umfassend hierzu *Kissel*[3] 39.

218 RGSt **65** 299; BGHSt **12** 402, 404.

219 BGHSt **12** 402, 406; wegen seiner Offenlegung gilt § 21e Abs. 8.

220 *Schorn* DRiZ **1962** 185; *Ehrig* NJW **1963** 1186 Fußn. 17; *Schorn/Stanicki* 165.

221 Ebenso *Rasehorn* DRiZ **1961** 357; *Fischer* DRiZ **1979** 203 mit weit. Nachw.; *Zöller/Gummer*[22] 29; vgl. auch BGH NJW **1995** 2494; nicht eindeutig insoweit *Kissel*[3] 22.

222 *Kissel*[3] 22.

223 *Röwer* DRiZ **1961** 178; *Funk* DRiZ **1973** 260, 261; *Kissel*[2] 22; *Baumbach/Lauterbach/Albers*[58] 19; *Kleinknecht/Meyer-Goßner*[44] 23; *Schorn/Stanicki* 171.

224 So wohl: *Kissel*[3] 22; *Baumbach/Lauterbach/Albers*[60] 19b; *Kleinknecht/Meyer-Goßner*[45] 23.

unterwerfen. Gegenüber Personen, die außerhalb des Gerichts stehen, haben die Beteiligten nach Maßgabe der allgemeinen beamtenrechtlichen Vorschriften Stillschweigen zu bewahren. Gegenüber den richterlichen Kollegen besteht aber keine Schweigepflicht. Im Gegenteil ergibt sich aus der Aufgabe der Mitglieder des Präsidiums, die übrigen Richter zu repräsentieren, ihr Recht, Kollegen, denen beschlossene Maßnahmen unbequem oder unverständlich sind, über die Gründe für das Vorgehen des Präsidiums in angemessener Weise zu unterrichten[225]. Eine aus §§ 46, 71 DRiG in Verb. mit § 61 BBG, § 39 BRRG abgeleitete allgemeine Amtsverschwiegenheit der Präsidiumsmitglieder auch gegenüber Richterkollegen besteht jedoch hinsichtlich Umständen aus dem persönlichen Lebensbereich von Richtern, jedenfalls hinsichtlich solcher Umstände, die auch gemäß Absatz 8 Satz 2 in Verb. mit § 171b der Herstellung der Öffentlichkeit entgegenstehen.

XIX. Zur Anfechtbarkeit von Beschlüssen und anderen Maßnahmen des Präsidiums.

77 **1. Geschichtliche Entwicklung des Problems.** Nach § 21b Abs. 6 S. 1 kann eine gesetzwidrige Wahl des Präsidiums angefochten werden, und nach Satz 3 aaO kann ein Rechtsmittel gegen eine gerichtliche Entscheidung (wegen nicht vorschriftsmäßiger Besetzung des Gerichts) nicht darauf gestützt werden, das Präsidium sei wegen Verletzung einer gesetzlichen Vorschrift bei der Wahl nicht ordnungsgemäß zusammengesetzt gewesen. Das GVG enthält aber keine Vorschriften über die Anfechtbarkeit von Beschlüssen oder sonstiger (ergriffener oder unterlassener) Maßnahmen des Präsidiums. Eine **mittelbare gerichtliche Nachprüfung** findet, wie schon ausgeführt (oben Rdn. 33), insofern statt, als auf die Rüge vorschriftswidriger Besetzung des Gerichts (§ 338 Nr. 1 StPO) vom Rechtsmittelgericht auch geprüft werden kann, ob der der Besetzung des Gerichts zugrundeliegende Geschäftsverteilungsplan inhaltlich dem Gesetz entspricht[226], insbesondere ob er genügend eindeutig bestimmt, welcher Spruchkörper und welcher Richter im Einzelfall als gesetzlicher Richter berufen ist[227], und ob das Präsidium den Plan in gesetzmäßiger Zusammensetzung (§ 21c Abs. 1 S. 3, Abs. 2) und in einem dem Gesetz entsprechenden Verfahren (§ 21e Abs. 7, § 21i Abs. 1) beschlossen hat. Auf diese mittelbare Rechtskontrolle beschränkte sich nach der früher durchaus herrschenden Auffassung die Justitiabilität der Maßnahmen des Präsidiums. Danach konnte der einzelne Richter oder auch ein Spruchkörper, wenn er sich durch einen Geschäftsverteilungsbeschluß beschwert (z. B. ein Richter sich nicht zweckmäßig verwendet, eine Kammer sich überlastet) fühlt, nur Gegenvorschläge erheben, denen aber das Präsidium, wenn es darauf eingehen will, im Laufe des Geschäftsjahrs nur insoweit Raum geben kann, als es nach § 21e Abs. 3 zu einer Änderung des Beschlusses befugt ist[228]. Der Referentenentw. 1954 des DRiG schlug vor, dem Richter die Anrufung eines erweiterten Präsidiums zu ermöglichen, wenn er nach seiner Auffassung durch den Präsidialbeschluß überlastet ist (vgl. DRiZ **1954** 182); dieser Gedanke ist aber im weiteren Verlauf fallengelassen worden und nicht Gesetz geworden (dazu LR-*Schäfer*[24] Rdn. 96). Eine gewisse Einflußnahme der Spruchkörper und der einzelnen Richter auf die Entscheidungen des Präsidiums ist seither durch die Vorschriften über die Anhörung in

---

[225] Im Ergebnis ebenso z. B. *Fischer* DRiZ **1979** 203; *Knoche* DRiZ **1975** 404; *Schorn/Stanicki* 72; *Stanicki* DRiZ **1970** 119; *Zöller/Gummer*[22] 31; **a. M** z. B. *Funk* DRiZ **1973** 260, 261; *Kissel*[3] 22, 23 *Kleinknecht/Meyer-Goßner*[45] 23; *Röwer* DRiZ **1961** 178.

[226] BGHSt **3** 353; NJW **1953** 353; vgl. zu den Rügeanforderungen BGH NStZ **1994** 537, 539; *Kissel*[3] 120.

[227] BVerfGE **31**, 47, 54; NJW **1964** 1020; **1966** 1418.

[228] *Schulte* DRiZ **1955** 112.

§ 21e Abs. 2, Abs. 3 S. 2, Abs. 5 erreicht worden; diese Anhörungsrechte sind durch das Gesetz zur Stärkung der Unabhängigkeit der Richter und Gerichte vom 22. Dezember 1999 (BGBl. I S. 2598) – Novelle 1999 – ausgebaut worden (oben Rdn. 36ff). Diese Einwirkungsmöglichkeit ist weiter dadurch verstärkt, daß der Richter sich mit der Bitte um Unterstützung an den Richterrat wenden kann (oben Rdn. 42). Dieser hat die ihm nach § 52 DRiG in Vbdg. mit §§ 67, 68 BPersVG i. d. F. vom 15. 3. 1974 (BGBl. I S. 963; letztes ÄndG vom 10. 5. 1980 BGBl. I S. 561) obliegenden Aufgaben auch in bezug auf die Angelegenheiten wahrzunehmen, die vom Präsidium erledigt werden, wie die Zuweisung der Richter an die einzelnen Spruchkörper mit den diesen übertragenen Geschäften. Der Richterrat hat demgemäß gemeinsam mit dem Präsidium darüber zu wachen, daß bei der Geschäftsverteilung alle Richter „nach Recht und Billigkeit behandelt werden" – § 67 BPersVG –[229]. Dadurch ist jedoch die Behandlung der Fälle nicht geregelt worden, in denen zwar eine Anhörung erfolgte, die Angehörten aber – auch bei einer etwaigen Verwendung des Richterrats – mit ihren Vorstellungen und Einwendungen nicht durchdrangen, oder in denen sie, ohne daß die in den genannten Vorschriften bestimmten Voraussetzungen einer Anhörung vorlagen eine Änderung der Geschäftsverteilung erstrebten, das Präsidium dem aber nicht Rechnung trug.

2. Verlauf der Meinungsbildung in Rechtsprechung und Schrifttum. Insbesondere zur Frage, ob bzw. bei welchen Fallgestaltungen und im Wege welcher Klageform bzw. vor welchen Gerichten ggf. Beschlüsse und andere Maßnahmen des Präsidiums „anfechtbar" bzw. überprüfbar sind, ist seit den 60iger Jahren ein teils heftiger Meinungsstreit in Rechtsprechung und Schrifttum ausgetragen worden. Hierzu (bis zum Meinungsstand 1989) wird auf die umfassenden Ausführungen von *Schäfer* in der 24. Auflage Rdn. 69ff verwiesen. 78

3. Heutiger Meinungsstand. Eine unmittelbare Anfechtung des Geschäftsverteilungsplanes oder sonstiger Präsidiumsbeschlüsse durch Angehörige der Richterschaft oder Außenstehende (Verfahrensbeteiligte) sieht das Gesetz nicht vor. Die früher h. M. sah eine Anfechtung als ausnahmslos unzulässig an[230]. Diese Auffassung ist zwar seither nicht grundsätzlich aufgegeben worden[231]. Nachdem jedoch zunächst das Bundesverfassungsgericht – mangels seinerzeit eindeutigen sonstigen Rechtsweges – die unmittelbar erhobene Verfassungsbeschwerde eines Richters, den das Präsidium wegen mangelnder Eignung „praktisch von jeder richterlichen Tätigkeit fernhalten wollte" und deshalb als Beisitzer einem nahezu beschäftigungslosen Spruchkörper zugeteilt hatte, für zulässig erachtet hatte[232], hat in der Folgezeit die verwaltungsgerichtliche Rechtsprechung bis hin zum Bundesverwaltungsgericht[233], im Hinblick auf die Rechtsschutzgarantie des Art. 19 Abs. 4 GG zugunsten der unmittelbar von der Geschäftsverteilung betroffenen Richter anerkannt, daß sie zur Überprüfung der Geschäftsverteilung die Verwaltungsgerichte anrufen können. Dieser Auffassung haben sich sodann auch das Bundesverfassungsgericht (3. Kammer des 2. Senats)[234] – unter Hinweis auf die insoweit „gefestigte verwaltungsgerichtliche Rechtsprechung" – wie auch der Bundesgerichtshof[235] unter 79

[229] *Schmidt-Räntsch*[5] § 52, 10 DRiG; *Pentz* DRiZ **1975** 46.
[230] BGH DRiZ **1973** 280; BGH NJW **1975** 1424; vgl LR-*Schäfer*[24] 74 mit weit. Nachw.
[231] BGHZ **93** 100 = NJW **1985** 1084.
[232] BVerfGE **17** 252, 257 unter Hinweis auf neuere Auffassungen zur Anfechtbarkeit.
[233] BVerwGE **67** 222 = NJW **1983** 2589; BVerwGE **50** 11 = NJW **1976** 1224; VGH Mannheim DRiZ **1973** 320; VerwG Freiburg DRiZ **1973** 319.
[234] BVerfG – VorprA – NJW **1976** 325.
[235] BGHZ **90** 41 = NJW **1984** 2531; NJW **1991** 425 = DRiZ **1991** 99.

Aufgabe seiner früheren entgegengesetzten Auffassung angeschlossen. Das Meinungsbild im Schrifttum hierzu ist geteilt; neben zunehmend zustimmenden Stimmen[236], finden sich aber auch weiterhin kritische bis ablehnende Stimmen[237]. Den Argumenten für eine Justitiabilität ist – anders noch die von LR-*Schäfer*[24] 99, 110ff vertretene Auffassung – grundsätzlich beizupflichten, wenngleich eine Zuständigkeit des Richterdienstgerichtes aus Gründen der Sachnähe vorzuziehen wäre; dem steht jedoch zum einen der numerus clausus bzw. das Enumerationsprinzip des § 62 DRiG und zum anderen der Umstand der fehlenden Maßnahme der Dienstaufsicht nach § 26 DRiG bei Entscheidungen des Präsidiums entgegen[238]. Sich dieser Zuständigkeitsfrage anzunehmen, obliegt somit dem Gesetzgeber.

80 **4. Feststellungsklage.** Die Feststellungsklage (§ 43 VwGO) hat keine aufschiebende Wirkung nach § 80 VwGO; der „angefochtene" Präsidiumsbeschluß ist für den klagenden Richter weiterhin bis zur Feststellung seiner Rechtswidrigkeit verbindlich[239], allerdings besteht die Möglichkeit vorläufigen Rechtsschutzes nach § 123 VwGO[240]. Mit der Feststellungsklage kann nicht etwa die Aufhebung der Geschäftsverteilung, sondern nur die Feststellung begehrt werden, daß der Geschäftsverteilungsplan bzw. der Änderungsbeschluß hinsichtlich der den klagenden Richter betreffenden Aufgabenzuweisung bzw. Zuteilung zu einem Spruchkörper aus in seiner Person liegenden Gründen rechtswidrig ist[241]. Die Umsetzung dieser Feststellung in eine rechtmäßige Geschäftsverteilung ist dann Aufgabe des Präsidiums[242]. Rechtswidrig ist eine Aufgabenzuweisung, die etwa überwiegend disziplinierenden Charakter hat[243] oder aus sonst ermessensfehlerhaften Gründen erfolgt[244]. Dagegen besteht ein Anspruch des einzelnen Richters auf eine bestimmte Aufgabenzuweisung oder Zuteilung zu einem bestimmten Spruchkörper bzw. auf einen Wechsel insoweit nicht[245]. Zu richten ist die Feststellungsklage nicht gegen das Präsidium sondern gegen das Land bzw. den Bund[246].

XX. Auflegung des Geschäftsverteilungsplans zur Einsichtnahme (Absatz 9)

81 **1. Bedeutung der Vorschrift.** Absatz 9 (entspricht Absatz 8 vor der Novelle 1999) verdankt seine Entstehung im Rahmen der Novelle 1972 (als Absatz 8) einer Anregung des Bundesrats, zur Vermeidung von Zweifeln (wie sie in der vorangegangenen Zeit bestanden hatten; dazu LR[23] § 21e, 117) förmlich auszusprechen, daß der Geschäftsverteilungsplan zu seiner Wirksamkeit einer **Veröffentlichung** nicht bedürfe (Stellungnahme

---

236 *Kissel*[3] 122; *Baumbach/Lauterbach/Albers*[60] 24; *Kleinknecht/Meyer-Goßner*[45] 24; MünchKomm-*Wolf*[2] 65; *Zöller/Gummer*[22] 54.

237 LR-*Schäfer*[24] 97; KK-*Diemer*[4] § 21a, 4; *Kornblum* FS Schiedermair 1976, S. 331; NJW **1977** 666; *P. Müller* MDR **1977** 975; *Pentz* DRiZ **1977** 179; *Wolf* DRiZ **1976** 364; *Fischer* DRiZ **1979** 203.

238 BGHZ **46** 147; **93** 100 = NJW **1985** 1024; BGH NJW **1991** 425 = DRiZ **1991** 99; *Baumbach/Lauterbach/Albers*[60] 24; *Kissel*[3] 122; MünchKomm-*Wolf*[2] 65; *Zöller/Gummer*[22] 54 **a.A** LR-*Schäfer*[24] 99, 107 („für Extremfälle"), 111; KK-*Diemer*[4] 16 und § 21a, 4

239 BGHZ **85** 154; DRiZ **1984** 62; *Baumbach/Lauterbach/Albers*[60] 26.

240 BVerwG DÖD **1986** 219; NJW **1976** 1224; VGH München 1994 2308; OVG Hamburg NJW **1987** 1215; VGH Kassel DRiZ **1984** 62.

241 *Kissel*[3] 121.

242 *Kissel*[3] 123, *Zöller/Gummer*[22] 56.

243 Vgl. OVG Hamburg DRiZ 1987 58; siehe auch Fallgestaltungen bei LR-*Schäfer*[24] 113.

244 VG München DÖD **1987** 83; *Baumbach/Lauterbach/Albers*[60] 25.

245 *Zöller/Gummer*[22] 57; **a.A** *Kornblum* FS Schiedermair 347; *Schorn/Stanicki* 200; *Wolf* NJW **1976** 368; vgl. umfassend hierzu mit weit. Nachw. LR-*Schäfer*[24] 108ff.

246 OVG Hamburg NJW **1987** 1215; VGH Mannheim DRiZ **1973** 320; *Baumbach/Lauterbach/Albers*[60] 25; *Kissel*[3] 123; **a.A** VGH Kassel DRiZ **1984** 62; *Zöller/Gummer*[22] 56a.

des Bundesrates zum GesEntw. BTDrucks. **VI** 557 Anlage 2 S. 23). Eine Veröffentlichung ist aber nicht nur für die Geschäftsverteilungspläne der obersten Bundesgerichte (im Bundesanzeiger) vorgesehen, sondern auch sonst zulässig und kann u. U. ein „vorzügliches Mittel der Selbstdarstellung des Gerichts sein“[247].

2. Einsichtsberechtigte. Die vorgeschriebene **Auflegung** des Geschäftsverteilungsplans zur Einsichtnahme auf einer Geschäftsstelle des Gerichts gibt jedermann – also, wie allgemein anerkannt, auch ohne Darlegung eines konkreten Anlasses oder eines „berechtigten Interesses“ – das Recht zur Einsichtnahme des Geschäftsverteilungsplans in seiner gegenwärtigen Gestalt, also mit Einschluß der nach Aufstellung des ursprünglichen Plans erfolgten Änderungen und Ergänzungen. So wird zwar nach § 222a Abs. 1 S. 2 StPO im ersten Rechtszug vor dem Landgericht oder Oberlandesgericht eine vor der Hauptverhandlung erfolgende Mitteilung über die Besetzung des Gerichts nur an den Verteidiger des Angeklagten gerichtet, und nach § 222a Abs. 3 kann für den Angeklagten nur sein Verteidiger oder ein Rechtsanwalt Einsicht in die für die Besetzung maßgebenden Unterlagen[248] Einsicht nehmen; das hindert aber den Angeklagten nicht, selbst von dem jedermann zustehenden Recht der Einsichtnahme in den Geschäftsverteilungsplan Gebrauch zu machen. Nach Einführung des der neuen Vorschrift des § 21g Abs. 7 durch die Novelle 1999 findet § 21e Abs. 9 nunmehr auch entsprechend auf den **internen Geschäftsverteilungsplan** des § 21g Anwendung. 82

3. Unberührt bleibt § 14 Abs. 4 BVerfGG betr. **Veröffentlichung** des Beschlusses über die **Änderung der Zuständigkeit** der Senate des **Bundesverfassungsgericht** im Bundesgesetzblatt. 83

XXI. Bereitschaftsdienst

Eine vom Gesetz nicht berücksichtigte Schwierigkeit ergibt sich in der Praxis daraus, daß zwar der Samstag (Sonnabend) auch bei den Gerichten dienstfrei ist, aber der Justizapparat zur Erledigung von Eilfällen zur Verfügung stehen muß. Es ist Sache des Präsidiums, im voraus eine Regelung im Geschäftsverteilungsplan zu treffen, die das Vorhandensein eines funktionsfähigen Spruchkörpers sicherstellt. Das kann etwa in der Weise geschehen, daß das Präsidium im Geschäftsverteilungsplan für das Jahr im voraus turnusmäßig die einzelnen Spruchkörper (Abteilungen, Kammern, Senate) als Bereitschaftsgericht einteilt, dem für diesen Tag die Zuständigkeit für alle Eilentscheidungen beigelegt wird, die vom Gericht erlassen werden müssen, oder die einzelnen Richter und ihre Vertreter bestimmt, die einen Spruchkörper bilden können[249]. Im Hinblick auf die verfassungsrechtlichen Anforderungen an Durchsuchungsanordnungen bei Gefahr im Verzuge haben die Gerichte nach einer **neuen Entscheidung des Bundesverfassungsgerichts**[250] im Rahmen des Möglichen tatsächliche und rechtliche Vorkehrungen zu treffen, damit die in der Verfassung vorgesehene Regelzuständigkeit des Richters auch in der Masse der Alltagsfälle gewahrt bleibt und damit die Wirksamkeit des **Richtervorbehalts sichergestellt** wird. 84

---

247 *Kissel*³ 77.

248 Zu diesem Begriff siehe LR-*Gollwitzer* § 222a StPO, 17; *Kissel*³ 75.

249 Vgl. dazu *Fischer* DRiZ **1968** 341; *Schorn/Stanicki* 143; *Kissel*³ 136.

250 BVerfGE **103** 142 = NJW **2001** 1121.

§ 21f

(1) Den Vorsitz in den Spruchkörpern bei den Landgerichten, bei den Oberlandesgerichten sowie bei dem Bundesgerichtshof führen der Präsident und die Vorsitzenden Richter.

(2) [1]Bei Verhinderung des Vorsitzenden führt den Vorsitz das vom Präsidium bestimmte Mitglied des Spruchkörpers. [2]Ist auch dieser Vertreter verhindert, führt das dienstälteste, bei gleichem Dienstalter das lebensälteste Mitglied des Spruchkörpers den Vorsitz.

Schrifttum. *Frisch* Problematik und Grenzen der Errichtung von Hilfsstrafkammern, NStZ **1987** 265ff; 304ff; *Helber* Das Reichsgericht zur Besetzung der Gerichte und zur Geschäftsverteilung, DRiZ **1929** 48; *Kissel* Die Verhinderung des Richters und seine Vertretung, FS Rebmann (1989) 63; *W. Müller* Die Rechtsprechung des BGH über die Verwendung von Hilfsrichtern, DRiZ **1963** 37; *Röpke* Die vorschriftswidrige Besetzung des Gerichtsvorsitzenden als Revisionsgrund, JZ **1962** 698; *Sarstedt* Der Vorsitzende des Kollegialgerichts, Juristen-Jahrbuch **8** 104; *Schorn/Stanicki* Präsidialverfassung der Gerichte aller Rechtswege[2] (1975) 89ff; *Siegert* Fehlerhafte Besetzung des Kollegialgerichts nach der Rechtsprechung des BGH, NJW **1957** 1622; *Sowada* Der gesetzliche Richter im Strafverfahren (2002) 351ff, 407ff.

Entstehungsgeschichte. § 21f beruht– in seiner auch durch die Novelle 1999 unverändert gebliebenen – Fassung auf Artikel II Nr. 4 des Gesetzes zur Änderung der Bezeichnungen der Richter und ehrenamtlichen Richter und der Präsidialverfassung der Gerichte vom 31. 5. 1972 (BGBl. I S. 841) – **Reform 1972** – .

Übersicht

Alphabetische Übersicht

I. Der ordentliche Vorsitzende der Spruchkörper der Kollegialgerichte (Absatz 1)

1. Geltungsbereich des Absatzes 1. § 21f Abs. 1 ist – durch das PräsVerfG (Reform 1
1972) vom 31.5.1972 – an die Stelle des § 62 Abs. 1 S. 1 a. F („Den Vorsitz in den Kammern führen der Präsident und die Direktoren") getreten, der nach §§ 117, 131 a. F für die Senate des Oberlandesgerichts und des Bundesgerichtshofs entsprechend galt. § 21f gilt für alle beim Landgericht und den höheren Gerichten gebildeten Spruchkörper, also **auch für die kleine Strafkammer** (§ 76 Satz 1) abweichend vom früheren Recht, das (§ 62 Abs. 1 Satz 2 a. F) die Führung des Vorsitzes durch ein „ständiges Mitglied des Landgerichts" (= Landgerichtsrat) zuließ, für die auswärtige Strafkammer (§ 78) und für die Strafvollstreckungskammer (§ 78a), da nach zutreffender und **heute h. M** Auffassung die sog. **„kleine" Strafvollstreckungskammer** – bei Entscheidungen in der Besetzung mit einem Richter (§ 78b) – **kein selbständiger Spruchkörper** ist, dieser Richter vielmehr Mitglied der mit drei Richtern besetzten Strafvollstreckungskammer ist (LR-*Siolek* Vor § 78a, 6ff).

2. Grundgedanke des Absatzes 1. Nach § 28 Abs. 2 Satz 2 DRiG kann, wenn ein 2
Gericht in der Besetzung mit mehreren Richtern tätig wird (so auch beim erweiterten Schöffengericht, § 29 Abs. 2), nur ein Richter auf Lebenszeit den Vorsitz führen. § 21f Abs. 1 bestimmt darüber hinaus, daß der ordentliche **Vorsitz in den Spruchkörpern** der

Kollegialgerichte außer dem Präsidenten **nur** den **Vorsitzenden Richtern** (§ 19a DRiG; den früheren Landgerichtsdirektoren und Senatspräsidenten) übertragen werden kann. Die Vorschrift bezweckt, daß nur solche Richter den Spruchkörpern vorsitzen, die – der Idee nach – vermöge ihrer besonderen Auswahl, größeren Sachkunde, reiferen Erfahrung und besseren Menschenkenntnis die Qualität und die im Interesse der Rechtssicherheit erforderliche Einheitlichkeit der Rechtsprechung ihres Spruchkörpers in besonderem Maße gewährleisten. Demgemäß kann von einer Führung des Vorsitzes nur gesprochen werden, wenn der Präsident oder **Vorsitzende Richter** in der Lage ist, den Vorsitz (durch Verteilung der Geschäfte, Anberaumung der Termine, Vorsitz in der Sitzung und bei Beratungen) in einem Umfang zu führen, der ihm einen **richtunggebenden Einfluß** auf die Rechtsprechung des Spruchkörpers sichert[1].

3 Diese **hervorgehobene Funktion bzw. Stellung des Vorsitzenden** wird nicht erst **durch** die **Novelle 1999** zur Diskussion gestellt bzw. **geschwächt**, und zwar mit Formulierungen in der Begründung des Gesetzentwurfs (BTDrucks. **14** 979 S. 4f), die besorgen lassen, daß eher einem – wohl bereits überholten – Zeitgeist bzw. ideologischen Verhaftungen[2] als sachlichen Bedürfnissen Rechnung getragen wurde. Bereits zuvor gab es vereinzelt Stimmen, die in der unterschiedlichen Stellung von Vorsitzendem und Beisitzer und der hierzu ergangenen (oben zu Rdn. 2 angeführten) Rechtsprechung einen unzeitgemäßen „Rest hierarchischer Strukturen" sahen und gar den – in diesem Zusammenhang der Realität nicht entsprechenden – Gedanken von der Gleichwertigkeit aller Richter und Richterämter „zum Unding eines rotierenden Vorsitzes im Kollegialgericht mißbrauchen"[3] oder die mit (unzulässigerweise verallgemeinerten) Einzelerfahrungen dartun wollten, daß das Idealbild des „Vorsitzenden Richters" der Wirklichkeit nicht entspreche[4]. Diese Diskussion erhielt weitere Nahrung durch die – jedenfalls in einzelnen Ausführungen – als „unglücklich" zu bezeichnende Entscheidung des Bundesverfassungsgerichts (BVerfGE **26** 72, 76 = NJW **1969** 2191), aus der einige Stimmen folgerten, daß nach Auffassung des Bundesverfassungsgerichts der „richtungweisende Einfluß" des Vorsitzenden überholt und unzeitgemäß sei[5]. In dieser Entscheidung, die zum Gegenstand hatte, ob es verfassungsmäßig zulässig sei, in Bayern den Senatspräsidenten am Oberlandesgericht höher zu besolden als einen Rat am Bayerischen Obersten Landesgericht, heißt es u. a.: „Es ist zwar eine gängige Formulierung, daß die Senatspräsidenten eine besondere Verantwortung für die Kontinuität und Einheitlichkeit ihres Senats haben; in Wahrheit tragen dafür auch die übrigen Mitglieder dieses Senats die Verantwortung. Bei der Rechtsfindung im konkreten Fall ist die Aufgabe, Leistung und Verantwortung aller Mitglieder des erkennenden Gerichts völlig gleich. Unter dem Gesichtspunkt Aufgabe, Leistung und Verantwortung darf deshalb der Oberstlandesgerichtsrat gegenüber dem Senatspräsidenten an einem Oberlandesgericht keine Minderbewertung erfahren ..." Bei diesen Sätzen handelt es sich, wie in LR-*Schäfer*[22] § 21f, I 2

---

[1] BGHSt **2** 71, 73; **21** 131, 133 = NJW **1966** 2386; **25** 54 = NJW **1973** 205; NJW **1974** 1572; BGHZ **37** 210 – GrSZ – **49** 64; **88** 1 = NJW **1984** 129; BayVerfGH NJW **1969** 1808; *Kissel*[3] 4; *Sowada* 407ff.

[2] MdB *Kauder* 45. BTSitzg. vom 17. 6. 1999 Plenarprot. **14** 45 S. 3832 f; 64. BTSitzg. vom 29. 10. 1999 Plenarprot. **14** 64 S. 5758f.

[3] So *Hanack* ZZP **87** (1974) 413.

[4] Vgl. dazu auch – gegen solche Auffassungen – *Krause* DRiZ **1972** 171; *Hülle* DRiZ **1972** 369; *Haehling* DRiZ **1968** 383.

[5] So z. B. *Mattern* JZ **1970** 556, 557; *P. Müller* DRiZ **1972** 127, 128; NJW **1974** 2242; s. auch *Wolf* GVG[6] (1987) § 13 II 1c, wonach zwar der „rotierende Vorsitz" abzulehnen ist, die Aufgabe des Vorsitzenden aber nicht in der Ausübung richtungsweisenden Einflusses auf die Rechtsprechung des Spruchkörpers besteht, sondern sich allein auf den äußerlich ordnungsgemäßen Ablauf beschränkt; so bereits *Kern* GVG[4] S. 150.

ausführlicher dargelegt, um eine unklare Gedankenführung. Das gilt insbesondere, wenn aus der – nicht zu bezweifelnden – gleichen Verantwortung der mitwirkenden Richter bei der Entscheidung im konkreten Fall die Folgerung gezogen wird, die Verantwortung für die Kontinuität und Einheitlichkeit der Rechtsprechung des Senats im allgemeinen sei (schlechthin) die gleiche. Denn in aller Regel behält der Vorsitzende Richter „seinen" Senat meist auf lange Zeit, während die Beisitzer mehr oder weniger häufig wechseln. Weil der Vorsitzende so der „ruhende Pol", die „Klammer" ist, kommt ihm **„der richtungweisende Einfluß"** zu. Das alles gilt auch und erst recht beim Landgericht, wo in größerem Umfang in den Kammern häufig wechselnde Richter auf Probe mitwirken. Mit gutem Grund hat sich denn auch der Bayerische Verfassungsgerichtshof, BayVerfG NJW **1969** 1808, deutlich vom Bundesverfassungsgericht, BVerfGE **26** 72, abgesetzt. Schließlich enthält auch – der durch die Novelle 1999 unveränderte – § 21f selbst, mit dem das PräsVerfG vom 26. 5. 1972 das frühere Recht aufrecht erhielt, eine Absage gegenüber den Stimmen, die die frühere Rechtsprechung zu § 66 a. F als überholt ansahen[6]. Demgemäß hielt auch BGHSt **25** 54 = NJW **1973** 205 an der ständigen Rechtsprechung über die besondere Bedeutung des Vorsitzenden Richters fest. Die Novelle 1999 hat nun diese besondere Bedeutung des Vorsitzenden zwar nicht aufgegeben, sie jedoch – „Vorsitzenden-Dämmerung"[7] – geschwächt.

Eine **Umgehung** des § 21f, die den unbedingten Revisionsgrund des § 338 Nr. 1 StPO schafft, liegt vor, **wenn** dem Präsidenten als Vorsitzenden (§ 21e Abs. 1 Satz 3) oder dem Vorsitzenden Richter durch die Gesamtgestaltung seiner dienstlichen Verhältnisse die **Möglichkeit**, auf die Arbeit des Spruchkörpers einen **richtunggebenden Einfluß auszuüben** (nicht nur vorübergehend), **tatsächlich genommen** ist und in Wahrheit der Vertreter (§ 21f Abs. 2) dauernd oder für unbestimmte Zeit den Vorsitz allein oder zu einem sehr erheblichen Teil führt[8]. War ein Gericht zur Zeit der Hauptverhandlung (der letzten mündlichen Verhandlung im Zivilprozeß) in diesem Sinne nicht vorschriftsmäßig besetzt, so beruht das Urteil auch dann auf diesem Mangel, wenn der vorsitzführende Richter zur Zeit der Beratung und Urteilsverkündung nachträglich zum Vorsitzenden Richter ernannt war[9]. Diese Grundsätze gelten auch uneingeschränkt für den Vorsitz bei allen Kollegialgerichten[10]. 4

3. Die Durchführung des Grundgedankens im einzelnen. Die Rechtsprechung hat **feste Regeln** dafür aufgestellt, wann noch von einem **„richtunggebenden Einfluß"** des Präsidenten oder **Vorsitzenden Richters** gesprochen werden kann, wobei die Anforderungen an das Maß der eigenen Mitwirkung des Vorsitzenden weit über diejenigen hinausgehen, die die Rechtsprechung des Reichsgerichts gestellt hatte. Nach der durch BGHZ **37** 210 (GrZivS) = NJW **1962** 1570 eingeleiteten ständigen Rechtsprechung, die von BSG NJW **1974** 377 auch für die Sozialgerichte übernommen worden ist, **muß der Vorsitzende Richter** grundsätzlich (von Fällen vorübergehender Verhinderung abgesehen) **mindestens 75 % aller einem Vorsitzenden zufallenden Obliegenheiten** – insbes. Leitung der Verhandlung, Durchführung der Beweisaufnahme, Leitung der Beratung – selbst **erledigen**, wobei die einzelnen Spruchsachen nach ihrem Schwierigkeitsgrad gewogen werden müssen und nicht gezählt werden dürfen. Dies gilt auch für die überwiegend mit Justizverwaltungsangelegenheiten beschäftigten Oberlandesgerichts- und Landgerichtspräsidenten, die nach § 21e Abs. 1 S. 3 den Vorsitz in einem Senat (einer Kammer) überneh- 5

---

[6] Vgl. *Hülle* DRiZ **1972** 369: „Die herausragende Stellung des Vorsitzenden hat das Parlament schließlich anerkannt".

[7] *Kissel* NJW **2000** 460, 461.

[8] BGHSt **8** 17; **21** 131, 133; BGHZ (GrSZ) **37** 210; **49** 64 = NJW **1968** 501.

[9] BGHZ **10** 130.

[10] BGHZ **37** 210.

men müssen, und für ihre gleichfalls mit Verwaltungsangelegenheit befaßten ständigen Vertreter i. S. des § 21h S. 1, die „Vizepräsidenten“[11]. Es muß dann durch die Geschäftsverteilung dafür gesorgt werden, daß dem Senat (Kammer) des Präsidenten nur soviel Geschäfte zugewiesen werden, daß er sie in dem vorgedachten Umfang neben seiner Verwaltungstätigkeit bewältigen kann.

6 **Vorübergehende Verhinderung.** In gleicher Weise hat die Rechtsprechung Grundsätze aufgestellt, wie lange eine Verhinderung des Vorsitzenden als nur vorübergehend anzusehen und die Wahrnehmung seiner Obliegenheiten durch den Vertreter (§ 21f Abs. 2) statthaft ist (s. Rdn 16ff).

7 **Ausnahme in den neuen Bundesländern.** Nach § 10 Abs. 4 RpflAnpG i. d. F. des dritten Änderungsgesetzes vom 6. 8. 1998 (BGBl. I S. 2030) – die letzte Änderung der Vorschrift durch das UnabhStärkG vom 22. 12. 1999 (BGBl. I S. 2598) hat Absatz 4 unberührt gelassen – **können** in den in Absatz 1 des Einigungsvertrages genannten Ländern abweichend von Absatz 1 **bis** zum Ablauf des am **31. 12. 2004** endenden Geschäftsjahres **neben Vorsitzenden Richtern auch andere Richter den Vorsitz führen** (vgl. § 21e, 37).

4. Unzulässige Umgehung des Absatzes 1

8 **a) Bildung selbständiger Abteilungen innerhalb des Spruchkörpers.** Schon in der älteren Rechtsprechung war es als eine unzulässige Umgehung der Vorschriften über die Vorsitzführung durch einen Landgerichtsdirektor (Senatspräsident) angesehen worden, wenn bei demselben Spruchkörper (Kammer, Senat) mehrere selbständige „Abteilungen“ mit getrenntem Personal und getrennten Dienstgeschäften gebildet wurden, von denen die eine von dem Direktor (Senatspräsident), die andere von seinem Vertreter geleitet wurde[12]; das galt auch dann, wenn der Vorsitzende zwar der von dem Vertreter geleiteten „Abteilung“ die Geschäfte jeweils zuwies, er aber von da ab keinen Einfluß auf die weitere Behandlung nahm oder nehmen konnte[13]. Eine solche Handhabung wäre jetzt nicht nur durch die Rechtsprechung über das Maß des einem Vorsitzenden Richter obliegenden Anteils an den Geschäften seines Spruchkörpers (Rdn. 5), sondern vor allem durch die Grundsätze über das zulässige Maß der „Überbesetzung“ eines Spruchkörpers unmöglich (s. dazu § 21e Rdn. 10ff, § 76 Rdn. 10). Eine (erste?) „Aufweichung“ dieser Grundsätze, die der Wahrung der **Einheitlichkeit und Kontinuität der Rechtsprechung eines Spruchkörpers** dienen sollen, hat der Gesetzgeber allerdings mit der Einführung des Einzelrichters beim Rechtsbeschwerdesenat in § 80a Abs. 2 OWiG durch Gesetz vom 26. 1. 1998 (BGBl. I S. 156) geschaffen.

9 **b) „Überbesetzter“ Spruchkörper.** Die Überbesetzung eines Spruchkörpers bis zum verfassungsrechtlich zulässigen Höchstmaß verstößt jedoch gegen § 21f Abs. 1, wenn der Vorsitzende Richter (Präsident) nicht grundsätzlich mindestens 75% der einem Vorsitzenden obliegenden Aufgaben selbst wahrnehmen kann. Siehe hierzu und zur Überbesetzung im übrigen im einzelnen Erläuterungen nunmehr zu § 21e, 10ff.

10 **5. Vorsitz in mehreren Spruchkörpern.** Gemäß § 21e Abs. 1 Satz 4 ist es – immer unter der Voraussetzung, daß ihm in jedem der Spruchkörper ein „richtunggebender Einfluß“ im Sinne der Erläuterungen Rdn. 2, 3 zukommt – nicht unzulässig, einen Vorsitzenden Richter zum Vorsitzenden mehrerer Spruchkörper zu bestimmen[14]. Eine offenkundige

---

[11] BGHZ (GrSZ) **49** 64 = NJW **1968** 501 = JZ **1968** 567 mit krit. Anm. *Kern.*

[12] RG JW **1914** 427; **1915** 96;RGSt **55** 238.

[13] Vgl. *Sprinkhardt* DJZ **1914** 299.

[14] RGSt **55** 202, 238; BGHSt **2** 71; **8** 17; **25** 59 = JZ **1974** 586 mit krit. Anm. *Kleinknecht;* BGH NJW **1967** 1566; **1974** 1572; BSG NJW **1974** 377; OLG Koblenz MDR **1966** 1023.

Umgehung des § 21f Abs. 1 liegt vor, wenn er gleichzeitig für (nicht nur vorübergehend) verhindert erklärt wird, den Vorsitz in dem einen von ihnen zu führen[15]. Siehe dazu unten Rdn. 20.

6. Verwendung Vorsitzender Richter als Beisitzer. Es ist nicht unzulässig, daß ein Vorsitzender Richter in dem Spruchkörper, dem er vorsitzt, als Beisitzer tätig wird, z. B. wenn er vorübergehend etwa wegen Heiserkeit oder Unkenntnis der Akten verhindert ist, als Vorsitzender zu fungieren und in dieser Eigenschaft gemäß § 21f Abs. 2 vertreten werden muß[16] (Rdn. 31). Ebenso kann, wenn es in einem anderen Spruchkörper einer vorübergehenden Vertretung eines Beisitzers bedarf, als Vertreter auch ein Vorsitzender Richter (in Eilfällen gemäß § 21i Abs. 2) bestellt werden. Die Frage ist, ob es über diese Fälle einer vorübergehenden Verwendung als Beisitzer hinaus zulässig ist, im Geschäftsverteilungsplan einen Vorsitzenden Richter zwei Spruchkörpern (§ 21e Abs. 1 Satz 4) in der Weise zuzuteilen, daß er in dem einen den Vorsitz führt, in dem anderen *ständig* als Beisitzer verwendet wird. Eine solche Einteilung als ständiger Beisitzer erscheint aber nicht nur nach dem Wortlaut, sondern auch nach dem Sinn des § 21f Abs. 1 (Rdn. 2) unzulässig[17]. Dagegen steht nichts im Wege, den Vorsitzenden Richter am Landgericht als Doppelrichter (§ 59 Abs. 2) beim Amtsgericht als Einzelrichter oder als Beisitzer beim erweiterten Schöffengericht zu verwenden oder einen Vorsitzenden Richter am Landgericht gemäß § 37 DRiG als Beisitzer zum Oberlandesgericht abzuordnen. 11

7. Vorsitz in der Hilfsstrafkammer. In jedem Fall findet aber die Heranziehung eines Vorsitzenden Richters zu einem weiteren richterlichen Amt dort ihre Grenze, wo er an der Wahrnehmung der Aufgaben in seinem Spruchkörper verhindert werden könnte[18]. Wird aus Anlaß einer vorübergehenden Überbelastung der ordentlichen Strafkammer eine Hilfsstrafkammer gebildet (LR-*Siolek* § 60, 8), so besteht Streit, ob sie, wenn ein Vorsitzender Richter hierfür nicht zur Verfügung steht, **mit einem anderen Richter am Landgericht als Vorsitzendem besetzt werden darf**. Diese Frage wird von der Rechtsprechung, insbesondere des Bundesgerichtshofs, und von einem Teil des Schrifttums (so auch im vorliegenden Kommentar), bejaht; im übrigen Schrifttum wurde und wird sie verneint[19]. Und zwar hat die Kontroverse im Laufe der Zeit eine gewisse Entwicklungsgeschichte durchgemacht. Die im Schrifttum erhobenen Einwendungen gingen zunächst dahin, daß es nach § 21f nicht zulässig sei, einen Spruchkörper – wenn auch nur von vorübergehender Dauer – zu errichten, dessen Vorsitz nicht von einem Vorsitzenden Richter geführt werde. Dem wurde entgegengehalten, § 21f Abs. 1 stehe dem nicht entgegen, da er nur für die Strafkammer als Dauerinstitution, nicht für die Hilfsstrafkammer gelte. Denn es liege nicht anders, als wenn unter Verzicht auf die Bildung einer Hilfsstrafkammer die überlastete Kammer durch Zuweisung von Mitgliedern entlastet würde. Dann wäre der Vorsitzende Richter durch die Erledigung der regelmäßig anfallenden Sachen an der Führung des Vorsitzes in den übrigen Sachen verhindert und könnte gemäß § 21f Abs. 2 durch einen Richter am Landgericht vertreten werden. Es 12

15 RGSt **55** 238; **56** 157; **62** 366, 368; BGHSt **2** 71; **12** 104, 107; BGHZ **9** 291, 293; **10** 130, 131.

16 BGH MDR **1994** 764 zum Fall eines Vorsitzenden, der sein Bein wegen einer aktuellen Beeinträchtigung hoch lagern mußte.

17 So auch *Kissel*[3] 5; **a. M** *Fischer* DRiZ **1967** 52.

18 BGHZ **88** 1 = NJW **1984** 129.

19 BGHSt **12** 104; **18** 178; 31 389 – mit ausführlicher Begründung –; **33** 303; umfassend hierzu *Sowada* 351 ff, 362; *Katholnigg* JR **1983** 521; *Kleinknecht/Meyer-Goßner*[45] 12; *Zöller/Gummer* I 2; **a. M** *Frisch* NStZ **1984** 86; **1987** 265 ff, 304 ff; *Kissel*[3] 7; KK-*Diemer*[4] 1; *Schorn/Stanicki* 142; *Dahs/Dahs* 133.

könne aber keinen Unterschied begründen, ob die Entlastung der Kammer durch Zuweisung von Mitgliedern oder durch die Bildung einer Hilfsstrafkammer erfolgt[20].

13 Die Kontroverse verschärfte sich aber, als im Laufe der Zeit die großen Strafkammern häufiger mit **Verfahren von jahrelanger Dauer (sog. Umfangsverfahren)** – insbesondere mit NS-Konzentrationslager-Verbrechen – überlastet waren und nunmehr auch die zur Entlastung gebildeten Hilfsstrafkammern nicht mehr Einrichtungen von nur „vorübergehender", sondern ebenfalls von jahrelangem Bestand wurden, ohne daß für sie Vorsitzende Richter zur Verfügung gestanden hätten. (Diese Situation wiederholte sich später u. a. aufgrund häufig sehr zeitaufwendiger Wirtschafts- und Terrorismusstrafverfahren.) Das hat mit Recht – unter dem Gesichtspunkt der Verletzung des Prinzips des „gesetzlichen Richters" – den Widerspruch des Schrifttums herausgefordert. Aber zugleich war auch, wie an anderer Stelle darzustellen ist (LR-*Siolek* § 60, 8ff), die neueste Rechtsprechung bemüht, im Rahmen des Möglichen, der Dauer des Bestandes der Hilfsstrafkammern Grenzen zu setzen, ohne daß damit die Einwendungen des Schrifttums gegen die Figur der Hilfsstrafkammer ohne „Vorsitzenden Richter" völlig verstummt wären (dazu LR-*Siolek* § 60, 8ff). Da aber insoweit keine Abhilfe denkbar ist, findet die praktisch unentbehrliche Hilfsstrafkammer auch ohne „Vorsitzenden Richter" in dem Grundsatz der Sicherung einer funktionsfähigen Strafrechtspflege (LR-*Rieß* Einl. Abschn. G 10ff) ihre legitime Grundlage. Vgl. im übrigen wegen der Voraussetzungen für die Errichtung einer Hilfskammer, ihrer Rechtsnatur und der Dauer ihres Bestehens LR-*Siolek* § 60, 8ff.

14 Ein **umstrittenes Problem** blieb bisher der Fall, daß zum Vorsitzenden der Hilfsstrafkammer zugleich der Vorsitzende Richter der Strafkammer bestellt wird und mit den Aufgaben der Hilfskammer in einem Maße belastet ist, daß ihm für die Aufgaben der Stammkammer nur noch geringe oder keine Zeit mehr verbleibt. Die Rechtsprechung[21] behalf sich zunächst mit folgender Erwägung: Da zum Vorsitzenden einer Hilfsstrafkammer von vornherein ein Richter, der nicht Vorsitzender Richter ist, bestellt werden könne, sei es auch nicht zu beanstanden, wenn sich der zugleich zum Vorsitzenden einer solchen Hilfskammer bestellte Vorsitzende Richter der Strafkammer wegen Verhinderung ständig oder überwiegend von dem zu seinem regelmäßigen Vertreter bestellten Richter vertreten lasse; wegen der dagegen im Schrifttum erhobenen Einwendungen vgl. LR-*Schäfer*[23] § 21e, 10. Man wird heute von folgenden Überlegungen auszugehen haben: Wie in LR-*Siolek* § 60, 8ff ausgeführt, geht die jetzt in der Rechtsprechung herrschende Auffassung dahin, daß es sich bei der Bildung einer Hilfskammer durch das Präsidium um eine gewissermaßen kammerinterne Maßnahme für Ausgleichung der Überlastung handelt. Die Hilfskammer vertritt die Strafkammer in den Sachen, die diese infolge anderweitiger Inanspruchnahme nicht selbst erledigen kann. Da die Hilfskammer also keine selbständige Kammer darstellt, entfällt die Anwendung des in BGHZ **88** 1 = NJW **1984** 129 – oben Rdn. 2 – aufgestellten Grundsatzes hinsichtlich der Notwendigkeit des richtunggebenden Einflusses des Vorsitzenden. Doch wird nach den bei LR-*Siolek* § 60, 8ff dargestellten Grundsätzen des Bundesgerichtshofs eine solche

---

[20] RG JW **1932** 2888; BGHSt **12** 104 = NJW **1959** 218 mit zust. Anm. *Kern;* BGHSt **18** 176, 178; **21** 23 = NJW **1966** 940; **31** 389 = JR **1983** 519 mit Anm. *Katholnigg* = NStZ **1984** 84 mit Anm. *Frisch;* s. auch BGHSt **33** 234 = JR **1986** 125 mit Anm. *Katholnigg;* OLG Koblenz DRiZ **1968** 22; anders früher RGSt **62** 309; RG JW **1925** 140 1; HRR **1930** Nr. 1855, wo die Besetzung mit einem Landgerichtsdirektor für erforderlich, es aber für zulässig erklärt wurde, daß er von vornherein als ständig an der Führung des Vorsitzes verhindert bezeichnet werde.

[21] BGH bei Herlan GA **1963** 101 – zu § 62 a. F.

Lösung nur bei voraussehbar kurzer Dauer der Hilfsstrafkammer in Betracht kommen können[22].

Die Vorschrift des § 29 DRiG, wonach an der Entscheidung **nicht mehr als ein Hilfsrichter** (Richter auf Probe, kraft Auftrags oder abgeordneter Richter) mitwirken darf, gilt auch für die Hilfsstrafkammer. 15

II. Vertretung des verhinderten Vorsitzenden Richters durch den ständigen Vertreter (Absatz 2 Satz 1)

1. Entwicklungsgeschichte. § 21f Abs. 2 ist – durch das PräsVerfG vom 31. 5. 1972 (Reform 1972) – an die Stelle des früheren § 66 Abs. 1 a. F („Bei Verhinderung des ordentlichen Vorsitzenden führt den Vorsitz in der Kammer das von dem Präsidium vor Beginn des Geschäftsjahrs zum regelmäßigen Vertreter bestimmte Mitglied der Kammer; ist ein solcher Vertreter nicht bestellt, oder ist auch er verhindert, so führt das Mitglied der Kammer, das dem Dienstalter nach, bei gleichem Dienstalter der Geburt nach das älteste ist, den Vorsitz") getreten. Die Neuerung gegenüber dem § 66 Abs. 1 a. F besteht in der Klarstellung, daß nach Absatz 2 Satz 1 das Präsidium dem Vorsitzenden Richter einen „regelmäßigen" Vertreter zu bestellen hat. Früher wurde aus den Worten „ist ein solcher Vertreter nicht bestellt" gefolgert, daß die Bestellung eines „regelmäßigen" Vertreters im Ermessen des Präsidiums stehe; dies war jedoch streitig[23]. Solange das Präsidium dieser Verpflichtung nicht nachgekommen ist, ist der Geschäftsverteilungsplan unvollständig; das kann die Besetzungsrüge begründen[24]. 16

2. Der regelmäßige („ständige") Vertreter. Das Präsidium kann zum regelmäßigen Vertreter das Mitglied des Spruchkörpers bestimmen, das im Zeitpunkt der Bestimmung das (dienst- bzw. lebens-)älteste ist. Dessen Bestellung hat aber nur dann Sinn, wenn damit die Vertretung auch für den Fall sichergestellt werden soll, daß ein dienstälteres Mitglied als er während des Geschäftsjahres in den Spruchkörper eintritt. Das **Präsidium kann** aber auch – und gerade das ist der Sinn der Vorschrift – ein **anderes als das dienstälteste Mitglied zum regelmäßigen Vertreter bestellen**, etwa, weil das dienstjüngere Mitglied zur Vertretung des Vorsitzenden geeigneter ist. Immer aber muß der Vertreter ein auf Lebenszeit ernannter Richter (§ 28 Abs. 2 DRiG) und Mitglied des Spruchkörpers, und zwar ein ständiges Mitglied, sein[25]. Dabei ist ständige Zugehörigkeit nicht gleichbedeutend mit der Pflicht, an allen dem Spruchkörper übertragenen Geschäften mitzuwirken[26]; jedoch können einzelne Mitglieder, wie z. B. Richter im Nebenamt (Hochschullehrer) von der Vertretung des Vorsitzenden ausgenommen werden[27]. Nach *Kissel*[28] können auch zum Landgericht oder Oberlandesgericht abgeordnete Richter (§ 37 DRiG) „ständige" Mitglieder sein; teilt man diese Auffassung (was wohl – zu Recht – nicht der Übung entspricht), so würden, wenn es unerwünscht scheint, daß sie den Vorsitzenden vertreten, auch deren Ausschluß von der Vertretung im Geschäftsverteilungsplan anzuordnen sein. **Bei einer Verhinderung aller Mitglieder des Spruchkörpers** müßte das Präsidium alsbald eine Vertretungsregelung nach § 21e treffen[29], gegebenenfalls könnte sich auch die Notwendigkeit einer Eilentscheidung durch den Präsidenten 17

---

22 BGHSt **31** 389; **33** 303.
23 LR-*Schäfer*[21] § 66, 1a.
24 Dazu *Rieß* DRiZ **1977** 289, 291.
25 RGSt **66** 435; **69** 325; BGHSt **20** 61 = NJW **1965** 58 = LM Nr. 18 mit Anm. *Geier.*
26 RG JW **1925** 1012.
27 *Kissel*[3] 9.
28 *Kissel*[3] 12.
29 *Kissel*[3] 13.

nach § 21i Abs. 2 ergeben. Andererseits genügt aber nicht, daß der Vertreter nur formal (dem Namen nach) zum Mitglied des Spruchkörpers bestellt wird, z. B. außer zur Urlaubsvertretung des Vorsitzenden Richters sonst nur in ganz geringem Umfang als Beisitzer herangezogen wird[30]. Das Präsidium ist auch nicht, wie es dem Wortlaut nach scheinen könnte, darauf beschränkt, *einen* Vertreter des Vorsitzenden zu bestimmen; es kann auch für den Fall der Verhinderung des ersten – abweichend von der Regelung des Absatz 2 Satz 2 – einen oder auch mehrere *weitere* Vertreter bestellen[31]. Die gegenteilige Auffassung von *Schorn/Stanicki*[32], die Bestellung eines zweiten ständigen Vertreters widerspreche nicht nur dem Wortlaut, sondern auch dem Sinn des Gesetzes, das nicht wolle, daß der dienstälteste Richter derart bei der stellvertretenden Vorsitzführung übergangen werde, übersieht, daß der dienstälteste Richter, z. B. wegen seines Gesundheitszustandes, zur Vorsitzführung, insbesondere in schwierigen und umfangreichen Sachen, durchaus ungeeignet sein kann und gerade deshalb sein Ausschluß auf dem Weg über das Institut des ständigen Vertreters sichergestellt werden sollte. Die Befugnis des Präsidiums zur Bestimmung des Vertreters des Vorsitzenden beschränkt sich auch nicht auf die Bestimmung „vor Beginn des Geschäftsjahres" (§ 21e Abs. 1); vielmehr gilt auch für die Bestellung des Vertreters des Vorsitzenden § 21e Abs. 3: unter den dort aufgestellten Voraussetzungen kann das Präsidium die Bestellung auch im Laufe des Geschäftsjahres vornehmen oder ändern.

18 **3. Kleine Strafkammer.** Bei der kleinen Strafkammer, die als erkennendes und beschließendes Gericht grundsätzlich mit *einem* (§ 76 Abs. 1 Satz 1) bzw. aufgrund der neugeschaffenen Regelung des durch Art. 3 Nr. 8 RpflEntlG vom 11. 1. 1993 (BGBl. I S. 50) hinzugefügten § 76 Abs. 3 in Verfahren über Berufungen gegen Urteile des erweiterten Schöffengerichts mit einem *zweiten* – entspr. § 29 Abs. 2 jeweils hinzuzuziehenden – Berufsrichter besetzt ist (§ 76, 17) entfällt die Möglichkeit der Vertretung, da keine anderen ständigen Mitglieder der Kammer als der ordentliche Vorsitzende vorhanden sind. Hier bleibt dem Präsidium nur die Möglichkeit, für Fälle vorübergehender Verhinderung aus den übrigen ständigen Mitgliedern des Landgerichts (nicht notwendig aus der Zahl der Vorsitzenden Richter[33]) nach § 21e Abs. 1 Satz 1 einen regelmäßigen Vertreter zu bestimmen[34]. Bei der Verhinderung des regelmäßigen Vertreters muß das Präsidium, notfalls der Präsident (§ 21i Abs. 2), einen zeitweiligen Vertreter bestellen[35]. Bei dauernder Verhinderung des Vorsitzenden bedarf es der Bestellung eines neuen Vorsitzenden[36]. Soweit außerhalb der Hauptverhandlung für Beschwerden gegen Verfügungen und Entscheidungen des Richters beim Amtsgericht und der Schöffengerichte (also in „Sachen der kleinen Strafkammer"[37]) gem. §§ 73, 76 Abs. 1 Satz 1 auch weiterhin die große Strafkammer zuständig ist, gilt auch hier – wie früher – uneingeschränkt § 21f Abs. 2[38].

19 **4. Begriff der Verhinderung.** Vertretung im Vorsitz setzt voraus, daß der Vorsitzende Richter an der Führung des Vorsitzes verhindert ist. Unter Verhinderung ist jede tatsächliche oder rechtliche Unmöglichkeit zu verstehen, den Vorsitz zu führen[39]. Eine

30 BGHSt **20** 61; OLG Schleswig SchlHA **1956** 382.
31 So RGSt **69** 325 und *Kissel*[3] 9; *Katholnigg*[3] 4.
32 *Schorn/Stanicki* 90.
33 OLG Oldenburg StV **2001** 159.
34 OLG Hamm JMBlNRW **1965** 34.
35 Vgl. für das frühere Recht OLG Saarbrücken JBl-Saar **1961** 148.
36 OLG Hamm MDR **1970** 611.
37 *Kleinknecht/Meyer-Goßner*[45] 7; *Katholnigg*[3] 3.
38 RGSt **54** 252; RGJW **1930** 1701.
39 BGHSt **14** 11, 15; **21** 40, 42.

Vertretung im Vorsitz kommt aber grundsätzlich nur im Falle der **vorübergehenden Verhinderung** in Betracht, d. h. einer Verhinderung, die sich in der Regel nur über einen gewissen übersehbaren Zeitraum erstreckt[40]. Bei dauernder vollständiger Verhinderung muß nach § 21e Abs. 3 verfahren, d. h. ein neuer Vorsitzender bestellt werden; es geht im Interesse der eindeutigen Ermittlung des gesetzlichen Richters (Art. 101 GG) nicht etwa an, neben dem dauernd verhinderten Vorsitzenden Richter einen weiteren Vorsitzenden Richter zu bestellen[41]. Wegen des besonderen Falles einer **dauernden Verhinderung für einen Teil der Geschäfte** s. unten Rdn. 29. Über die Abgrenzung der vorübergehenden von der dauernden Verhinderung vgl. unten Rdn. 25f. Eine vorübergehende Verhinderung kann in eine dauernde übergehen. Eine vorübergehende Verhinderung liegt auch vor, wenn der Vorsitzende Richter zunächst vorübergehend in einen anderen Geschäftsbereich abgeordnet wird und eine länger dauernde Abordnung oder Versetzung zwar in Aussicht genommen oder in Erwägung gezogen ist, aber noch nicht sofort angeordnet werden soll. Hier kann aber die Frage, ob und wann die vorübergehende Verhinderung in eine dauernde übergeht, nicht unbegrenzte Zeit in der Schwebe bleiben. Nach BGHZ **16** 254 = NJW **1955** 587 muß nach einem äußerstenfalls drei Monate betragenden Zeitraum die Verwaltungsbehörde eine endgültige Anordnung treffen, die dem Präsidium eine klare Entscheidung ermöglicht, ob noch (für eine begrenzte Zeit) von einer vorübergehenden Verhinderung gesprochen werden kann oder ob wegen der langen Dauer oder der Ungewißheit der Dauer der Abordnung eine dauernde Verhinderung vorliegt, die zur Bestellung eines neuen Vorsitzenden zwingt. – Für die Frage, ob eine (vorübergehende) Verhinderung vorliegt, kommt es, vom Fall der Rügepräklusion (Rdn. 20f) abgesehen, auf den Zeitpunkt der in Frage stehenden Amtshandlungen – also bei der Prüfung, ob der Revisionsgrund des § 338 Nr. 1 StPO vorliegt, auf den Zeitpunkt der Hauptverhandlung – an; spätere Umstände sind belanglos[42].

5. Feststellung der Verhinderung. Ob ein Fall der Verhinderung vorliegt bedarf keiner **20**
besonderen Feststellung (vgl. Rdn. 23), wenn der Verhinderungsgrund offensichtlich und unzweifelhaft ist[43], wie bei Erkrankung – sie muß nicht stets, namentlich nicht bei einer solchen von kürzerer Dauer durch ärztliches Attest nachgewiesen werden[44] –, Urlaub, Abordnung, Vorsitz in einer gleichzeitig anstehenden anderen Sache in der eigenen Kammer[45] oder in einer anderen Kammer, wenn der Vorsitzende nach dem Geschäftsverteilungsplan mehreren Kammern unter Regelung des Kollisionsfalls zugeteilt ist[46]. Liegt der Verhinderungsgrund nicht offen zutage, handelt es sich vielmehr um eine Ermessensfrage, wie insbesondere, wenn in Frage steht, ob der Richter durch Überlastung verhindert ist, eine bestimmte dienstliche Aufgabe zu bestimmter Zeit zu erfüllen, so bedarf die Verhinderung im Hinblick auf den Grundsatz des gesetzlichen Richters einer Feststellung durch ein gerichtsverfassungsmäßig dafür vorgesehenes Rechtspflegeorgan[47], d. h. durch den Gerichtspräsidenten[48]. Dieses Organ hat grundsätzlich vor Inangriffnahme der richterlichen Tätigkeit[49], spätestens aber im Rahmen des Verfahrens nach §§ 222a, 222b StPO[50] in einer für das Revisionsgericht nachprüf-

[40] BGHSt **21** 131, 133; BGH NJW **1974** 1572.
[41] BGHZ **15** 135 = NJW **1955** 103.
[42] RG Recht **1928** Nr. 1128; BGHZ **10** 136; BGHSt **14** 11, 16.
[43] BGHSt **18** 162; BVerwG DÖV **1976** 746.
[44] BGH bei *Herlan* GA **1971** 34.
[45] BayObLGSt **1962** 4; OLG Koblenz MDR **1966** 1024.
[46] BayObLGSt **1977** 141, 142; *Kissel* Anm. NStZ **1988** 419.
[47] BGHSt **21** 174, 175 = NJW **1967** 637 = LM Nr. 22 mit Anm. *Hübner;* BGH NJW **1974** 170.
[48] *Kissel*[3] 146ff, 148.
[49] BGHSt **21** 174, 179; BGH NStZ **1988** 418 mit Anm. *Kissel*.
[50] BGHSt **30** 268.

baren Weise die Feststellung zu treffen, daß der im Geschäftsverteilungsplan vorgesehene Richter an der Mitwirkung in dieser Sache verhindert war; dabei gibt es keinen Grundsatz, daß die allgemeine Diensttätigkeit in der „eigenen" Strafkammer stets derjenigen in einer anderen Strafkammer vorgehe[51]. Fehlt es an einer solchen Feststellung, so begründet dies die Revision[52].

21 Die einmal getroffene **Feststellung** der Offensichtlichkeit der Verhinderung hat aber **keine konstitutive Bedeutung,** verliert vielmehr ihre Bedeutung, wenn sich rechtzeitig herausstellt, daß eine Verhinderung offensichtlich nicht mehr besteht, so z. B. wenn der Vorsitzende, der geschäftsplanmäßig den Vorsitz in einer anderen Kammer führte, oder der wegen Erkrankung vorübergehend dem Dienst fernbleiben mußte, so rechtzeitig, d. h. vor Beginn der Verhandlung (§ 243 Abs. 1 StPO) wieder zur Verfügung steht, daß er, wenn auch unerwartet und in letzter Minute (auf dem Weg der übrigen Kammerbesetzung zum Sitzungssaal) seines Amtes wieder walten kann; in solchen Fällen ist es nicht erforderlich, aber aus Gründen der Rechtsklarheit empfehlenswert, daß das zuständige Rechtspflegeorgan (Rdn. 22) auch den offensichtlichen Wegfall der Verhinderung feststellt[53].

22 **6. Zuständigkeit zur Feststellung der Verhinderung**[54]. Zuständig für diese Feststellung (Rdn. 20) ist der Vorsitzende Richter selbst, wenn seine Verhinderung ausschließlich durch Überlastung mit den in seinem Spruchkörper anfallenden Rechtsprechungsaufgaben verursacht wird, er durch ein Mitglied seines Spruchkörpers vertreten wird und diese Vertretung sich auch sonst nicht auf die übrigen Spruchkörper des Gerichts auswirkt[55]; hieran hat sich auch durch die Neuregelung des § 21g nichts geändert; jedoch ist eine generelle Feststellung des Vorsitzenden, wonach er an bestimmten Sitzungstagen (etwa in jeder 4. Sitzungswoche des Monats) oder an der Mitwirkung an – dem Buchstaben oder der Endziffer des Aktenzeichens nach bestimmten – bestimmten Strafsachen aus Gründen der Überlastung verhindert sei, jedenfalls nach der Änderung des § 21g (s. § 21g, 9) unzulässig[56]. Der Vorsitzende Richter eines „überbesetzten" Spruchkörpers kann also ohne Mitwirkung eines anderen Rechtspflegeorgans selbst wegen Überlastung durch Rechtsprechungsaufgaben seine Verhinderung feststellen, indem er die Vorsitzführung seinem ständigen Vertreter überläßt, der die Verhandlung mit den übrigen Mitgliedern des Spruchkörpers durchführt. Diese Grundsätze gelten auch, wenn der Vorsitzende Richter zwei Spruchkörpern vorsitzt und die Rechtsprechungstätigkeit in dem einen sein Tätigwerden in dem anderen vorübergehend verhindert[57]. Ebenso kann der Vorsitzende Richter unter den gleichen Voraussetzungen selbständig die Verhinderung eines nach dem gemäß § 21g Abs. 1 beschlossenen Geschäftsverteilungsplan zur Mitwirkung in einer Sache berufenen anderen Mitglieds seines Spruchkörpers infolge Überlastung feststellen[58]. Beruht dagegen die Überlastung auf dem Zusammentreffen von Rechtsprechungsaufgaben in verschiedenen Spruchkörpern (z. B. als Vorsitzender in seiner, als Beisitzer in einer anderen Kammer) oder von Recht-

---

51 BGH NStZ **1988** 325.

52 BGH NStZ **1988** 325; LR-*Hanack* § 338 StPO, 25; *Rieß* NStZ **1982** 296; dazu auch BGH StV **1982** 257; NStZ **1984** 181; BayObLG VRS **59** (1980) 24; OLG Hamm JMBlNRW **1982** 45; OLG Hamburg-JR **1985** 38 mit Anm. *Katholnigg;* OLG Köln VRS **70** (1986) 437.

53 BGH NStZ **1988** 418 mit Anm. *Kissel*.

54 Vgl. näher *Kissel* FS Rebmann (1989) 69.

55 BGHSt **30** 268; BGH NJW **1968** 512; NStZ **1990** 29; NJW-RR **1993** 335; NJW **1995** 335; *Katholnigg*[3] 3; *Kissel*[3] 19; *Kleinknecht/Meyer-Goßner*[45] 8; KK-*Diemer*[4] 3; *Zöller/Gummer*[22] 9.

56 BayObLGZ **1987** 228, 231; OLG Düsseldorf StV **1994** 533; *Kissel*[3] 19; *Katholnigg*[3] 3; KK-*Diemer*[4] 3; **a. A** zur früheren Gesetzeslage BGH NJW **1995** 335.

57 OLG Celle NJW **1968** 1489.

58 BGH NJW **1968** 512.

sprechungsaufgaben und anderen nach § 4 DRiG dem Richter übertragbaren Obliegenheiten, oder hat eine notwendige Vertretung Auswirkungen auf die übrigen Spruchkörper des Gerichts, so ist zur Feststellung der vorübergehenden Verhinderung der Präsident oder sein Vertreter zuständig[59]. Dabei ist es unerheblich, ob diese Feststellung alsbald oder erst im Rahmen des Verfahrens nach den §§ 222a, 222b StPO geschieht[60]. Im Schrifttum findet sich z. T. die Auffassung, daß das Präsidium aufgrund seiner Allzuständigkeit generell für die Feststellung der tatsächlichen Verhinderung eines Richters zuständig seit und dem Präsidenten nur in Fällen besonderen Eilbedürfnisses diese Aufgabe zufalle[61]. Indessen gibt es den Grundsatz der Allzuständigkeit mit den ihm beigelegten Folgerungen nicht (§ 21e, 3). und es ist nicht erkennbar, daß das PräsVerfG vom 26. 5. 1972 – Reform 1972 – an den schon vorher aus dem Grundsatz des gesetzlichen Richters entwickelten Regeln über die Feststellung einer vorübergehenden tatsächlichen Verhinderung etwas habe ändern wollen. Der Präsident stellt auch selbständig seine eigene Verhinderung fest, wenn diese auf einer Überlastung durch Rechtsprechungsaufgaben in seinem Spruchkörper zusammen mit den ihm obliegenden Justizverwaltungsaufgaben beruht[62].

7. Form der Feststellung der Verhinderung. Die Feststellung der Verhinderung ist grundsätzlich **formfrei** möglich[63]. Eine bestimmte **Form der Feststellung der Verhinderung,** die nicht offenkundig ist, ist nicht vorgeschrieben; es genügt die Feststellung in einer für das Revisionsgericht rechtlich nachprüfbaren Weise[64]. Zweckmäßigerweise erfolgt die Feststellung aber schriftlich durch **Aktenvermerk**[65]. Wegen der Festlegung einer Verhinderung des Vorsitzenden Richters durch Überlastung im voraus im Wege des Geschäftsverteilungsplans oder der Grundsätze des § 21g Abs. 2 siehe unten Rdn. 29. 23

8. Nachprüfung der Verhinderung. „Verhinderung" ist ein Rechtsbegriff. Ob seine tatsächlichen Voraussetzungen vorlagen, ist einer Nachprüfung durch das Revisionsgericht entzogen, das nur prüft, ob der Rechtsbegriff der Verhinderung verkannt ist. 24

9. Einzelheiten. Wann eine den Eintritt des regelmäßigen Vertreters rechtfertigende vorübergehende Verhinderung vorliegt, richtet sich weitgehend, aber nicht stets nach der Dauer der Verhinderung. Nach der Rechtsprechung[66] kann die Frage, ob noch eine vorübergehende oder bereits eine dauernde Verhinderung anzunehmen und je nachdem eine Vertretung möglich oder ausgeschlossen ist, nicht losgelöst von dem Grund der Verhinderung beantwortet werden. Danach ist auch eine längere Verhinderung (in dem entschiedenen Fall von etwa neun Monaten) noch eine vorübergehende, wenn (im Regelfall) nicht die Gefahr einer „Manipulation" besteht, d. h. die Gefahr, daß die Dauer der Verhinderung von Erwägungen unabhängig gemacht werden kann, welche die Belange der Rechtspflege nicht genügend berücksichtigen. Noch vorübergehend ist daher die 25

---

[59] BGH NJW **1974** 870; NStZ **1988** 325; OLG Düsseldorf StV **1994** 533; *Kissel*[3] 19; *Münn* DRiZ **1973** 233.

[60] BGHSt **30** 268 = NStZ **1982** 295 mit Anm. *Rieß;* BGHSt **33** 234 = JR **1986** 125 mit Anm. *Katholnigg;* BGH NStZ **1989** 32; KK-*Diemer*[4] 3; *Kleinknecht/Meyer-Goßner*[45] 8.

[61] *Schorn/Stanicki* 102ff; *Stanicki* DRiZ **1973** 124, 357; *P. Müller* NJW **1974** 1665; so im Erg. auch noch *Baumbach/Lauterbach/Albers*[35] § 2e, 2 C I 1c.

[62] BGHSt **21** 174.

[63] BGH NJW-RR **2001** 38; *Kissel*[3] 145.

[64] BGHSt **12** 33, 36; **21** 174, 179; NJW **1974** 870.

[65] RGSt **65** 299, 301; BGHSt **21** 174, 179; BGH NJW **1968** 512; **1974** 870.

[66] BGHSt **21** 131, 133 = NJW **1966** 2368 = LM Nr. 21 mit Anm. *Martin.*

Verhinderung bei einer längeren Erkrankung. Das gleiche gilt bei einer längeren Inanspruchnahme des Vorsitzenden Richters einer Strafkammer durch die gleichzeitige Wahrnehmung des Vorsitzes in einer anderen Strafkammer, die in diesem Umfang unerwartet kam und bei der Jahresgeschäftsverteilung nicht vorauszusehen war[67]; dann ist hinsichtlich der Grundsatzes, daß eine Führung des Vorsitzes i. S. des § 21f Abs. 1 nur vorliegt, wenn der Vorsitzende Richter durch seine Tätigkeit in jedem Spruchkörper einen richtungweisenden Einfluß auf dessen Geschäftsgang und seine Rechtsprechung ausübt (oben Rdn. 2f), eine gewisse Einschränkung hinzunehmen[68].

26 **Aus der Rechtsprechung.** Absatz 2 gilt z. B. bei **Krankheit**, bei der unter Berücksichtigung der Unsicherheit von Prognosen mit Wiedergesundung in absehbarer Zeit gerechnet werden kann[69], insbesondere auch dann, wenn nach den vorgelegten ärztlichen Attesten von Monat zu Monat anzunehmen ist, daß die Dienstfähigkeit alsbald wieder eintritt[70]. Ferner kommen in Betracht **körperliche Unfähigkeit**, z. B. Heiserkeit, die kein anhaltendes Sprechen gestattet[71], **Beurlaubung** in üblichen Grenzen, insbesondere beim Jahresurlaub[72], geschäftliche **Überlastung** durch Häufung von Aufgaben der Rechtsprechung in dem gleichen oder in verschiedenen Spruchkörpern[73] oder durch Zusammentreffen von Rechtsprechungsaufgaben und anderen dem Vorsitzenden Richter übertragenen Obliegenheiten (vgl. § 4 Abs. 2, §§ 40 bis 42 DRiG[74]), wie z. B. der Vorsitz in einer anderen Sache[75], sowie eine auf anderen Gründen beruhende **Unmöglichkeit einer rechtzeitigen Vorbereitung** und die hierdurch bedingte Unkenntnis der Prozeßakten[76]. Der Vorsitzende Richter kann an der Wahrnehmung einer anberaumten Sitzung auch dadurch verhindert sein, daß er nachträglich anberaumte Sitzungen selbst wahrnimmt und die Vorbereitung dieser Sitzungen ihm keine Zeit läßt, den Vorsitz in der zuerst anstehenden Sache zu führen, denn in welcher von mehreren anstehenden Sachen, die er nicht sämtlich wahrnehmen kann, er den Vorsitz dem Vertreter überlassen will, liegt ohne Vorgabe aufgrund deren zeitlicher Reihenfolge in seinem pflichtgemäßen Ermessens; anders läge es nur, wenn die Wahrnehmung der später angesetzten Termine den Zweck verfolgte, einen Hinderungsgrund für den Vorsitz in der zeitlich zuerst anstehenden Sache zu schaffen und dadurch den Angeklagten in dieser Sache seinem gesetzlichen Richter zu entziehen[77]. Ein Fall einer **rechtlichen Verhinderung** ist z. B. Ablehnung wegen Befangenheit sowie die vorläufige Dienstenthebung im Zuge eines Dienststrafverfahrens[78], ferner nicht nur die Vernehmung des Vorsitzenden als Zeugen in der Sache (§ 22 Nr. 5 StPO), sondern schon das Erscheinen als Zeuge auf Ladung, im Hinblick auf § 245 StPO[79] dagegen nicht schon die Ladung, da sonst ein Angeklagter jeden ihm nicht genehmen Richter an der Amtsausübung hindern könnte[80], und noch weniger stellt die bloße Möglichkeit, daß die Vernehmung als Zeuge in Betracht kommt, eine Verhinderung dar[81].

---

67 BGH NJW **1974** 1572 mit Anm. *Müller* NJW **1974** 2242.

68 BGHSt **21** 131, 133.

69 BGHZ **16** 256.

70 OLG Neustadt MDR **1961** 344.

71 RGSt **10** 318; **18** 302; BGH NStZ **1995** 19; *Kissel*³ 14; *Katholnigg*³ 3 mit weit. Nachw.

72 BGHSt **17** 22 3, 224 = NJW **1962** 1166.

73 Dazu BGH DRiZ **1973** 25.

74 BGHSt **21** 174, 175 mit Rechtspr.nachw.

75 BayObLG MDR **1962** 498.

76 RGSt **56** 63; **62** 273, 274; BGHSt **21** 40.

77 BGHSt **15** 390 = NJW **1961** 1076.

78 BSG MDR **1963** 960.

79 BGHSt **7** 44 = NJW **1955** 152.

80 RGSt **42** 1, BGHSt **7** 44.

81 BGH bei *Holtz* MDR **1977** 107; BVerfG NJW **1983** 1541. S. auch BGHSt **35** 164; BGH bei *Miebach* NStZ **1989** 240 Nr. 16 betr. Ausschluß eines blinden Richters von der Führung des Vorsitzes in einer erstinstanzlichen Hauptverhandlung in Strafsachen.

10. Tod, Ausscheiden aus dem Amt, Schaffung neuer Stellen; befristete Haushaltssperre. Vorübergehende Verhinderung liegt auch vor, wenn der ordentliche Vorsitzende verstorben oder sonst aus dem Amt ausgeschieden und ein **Nachfolger noch nicht ernannt** ist oder sein Amt noch nicht angetreten hat[82], sofern die Wiederbesetzung einen angemessenen Zeitraum nicht überschreitet. Welcher Zeitraum noch angemessen ist, läßt sich nicht allgemeingültig für alle Fälle festlegen; wesentlich ist, ob die **Wiederbesetzung** ungerechtfertigt hinausgezogen wird, oder ob besondere Umstände des Einzelfalles wie z. B. Stellenausschreibung, Beteiligung von Richterwahlausschuß oder Präsidialrat – oder auch eine Konkurrentenklage – der zügigen Auswahl und Ernennung eines geeigneten Nachfolgers entgegenstehen[83]. In BGHSt **8** 17 = NJW **1955** 1447 und BSG NJW **1974** 377 ist eine Zeit von **etwa fünf Monaten** als angemessener Zeitraum angesehen worden[84]. Entsprechende Grundsätze gelten, wenn die **Stelle** eines Vorsitzenden Richters **neu geschaffen**, aber noch nicht besetzt ist, falls die Besetzung in angemessener Zeit zu erwarten ist[85]. In solchen Fällen kann es auch, wenn es sich um die Aufstellung des Geschäftsverteilungsplans vor Beginn des Geschäftsjahrs handelt, keinen Unterschied machen, ob der der Person nach noch nicht feststehende Vorsitzende Richter als Anonymus („NN") im Geschäftsverteilungsplan auftritt und durch den regelmäßigen Vertreter des Vorsitzenden oder das älteste Spruchkörpermitglied vertreten wird, oder ob der Vorsitzende einer anderen Kammer (Senats) formell zum Vorsitzenden dieser Kammer bestellt, aber gleichzeitig bis zum Dienstantritt des neu zu ernennenden Vorsitzenden Richters als vorübergehend am Vorsitz in der zweiten Kammer verhindert erklärt wird[86]. **Anders liegt es**, wenn die **neue Stelle** zwar beantragt, aber **noch nicht bewilligt** ist und deshalb nicht übersehen werden kann, ob und wann mit der Bewilligung und Besetzung der Stelle zu rechnen ist (unten Rdn. 28). Erfolgt das Ausscheiden aus dem Amt nicht unerwartet (durch Tod, Entlassung auf Antrag, Ausscheiden wegen Dienstunfähigkeit usw.), sondern vorhersehbar durch Erreichung der Altersgrenze, so kann in der Regel die Neubesetzung der Stelle so zeitig betrieben werden, daß sie gleichzeitig mit dem Ausscheiden des bisherigen Stelleninhabers eintritt[87]. Denkbar wäre, daß auch hier ein Fall der Verhinderung vorliegt, wenn besondere Umstände die Verzögerung der Wiederbesetzung rechtfertigen[88]. Ein solcher **besonderer Umstand** liegt aber **nicht** vor, wenn die Wiederbesetzung infolge einer (hier: landesgesetzlichen) **Haushaltssperre** auf längere Zeit (hier: Anordnung einer einjährigen Sperre) verzögert wird und deshalb die Aufgaben des Vorsitzenden ständig durch einen vom Präsidium bestellten Vertreter wahrgenommen werden[89]. Denn eine langfristige haushaltsrechtliche Sperre verstößt nicht nur gegen Art. 101 Abs. 1 Satz 2 GG[90], sondern ist auch mit dem Grundgedanken 27

[82] BVerfGE **18** 423, 426; RGSt **56** 63; **69** 321.

[83] BGHSt **8** 17, 19ff; BGHZ **16** 254; BSG NJW **1974** 377; OLG Koblenz VRS **47** (1974) 270.

[84] In dem von *Ridder* NJW **1972** 1689 mitgeteilten und kritisierten Beschluß des BVerfG-Ausschusses (§ 93a Abs. 2 BVerfGG) vom 23.3.1972 ist eine Verfassungsbeschwerde wegen Verletzung des Grundsatzes des gesetzlichen Richters (Art. 101 Abs. 1 Satz 2 GG) nicht angenommen worden in einem Fall, in dem seit dem Tod des Vorsitzenden Richters bis zur Hauptverhandlung acht Monate verstrichen waren, weil „eine ungebührliche Verzögerung" der Wiederbesetzung nicht hinreichend habe festgestellt werden können. – Selbstverständlich ist im natürlichen Sinn der verstorbene oder in den Ruhestand getretene Vorsitzende nicht vorübergehend, sondern „dauernd verhindert. „Die Annahme seiner vorübergehenden Verhinderung ist eine Fiktion, die die Schwierigkeiten bis zum Eintritt des Nachfolgers überbrücken soll (dies zur Beanstandung von *Kissel*³ § 21e Rdn. 144).

[85] BGHSt **14** 11 = NJW **1960** 542.

[86] BVerfGE **18** 423 = NJW **1965** 1223; BGHSt **14** 11; *Katholnigg* JR **1985** 38; **a. M** OLG Köln MDR **1958** 52; OLG Frankfurt MDR **1978** 162; offen gelassen von OLG Hamburg NStZ **1984** 570.

[87] BGH JR **1986** 66.

[88] RGSt **62** 273; **64** 6 gegen OLG Dresden JW **1928** 2738.

[89] BGH JR **1986** 66; BDiG Frankfurt ZBR **2001** 336.

[90] BVerfG NJW **1983** 1541.

des § 21f unvereinbar, da sie auf Gründen beruht, die mit der Auswahl des neuen Vorsitzenden nichts zu tun haben und nach dem GVG als sachfremd anzusehen sind[91]. Die Vertretung des ausgeschiedenen Vorsitzenden Richters durch ein Mitglied des Spruchkörpers wird nicht dadurch unzulässig, daß die Landesjustizverwaltung beschließt, die erledigte Stelle nicht wieder zu besetzen, solange dem Präsidium diese Entschließung nicht bekannt gemacht und ihm keine Gelegenheit gegeben worden ist, die Folgerungen dar aus zu ziehen[92]. Dagegen liegt ein Fall der Verhinderung nicht vor, wenn dem Vorsitzenden Richter eine andere Stelle übertragen ist, solange er das neue Amt nicht angetreten hat[93].

28 **11. Abordnung. Beantragte Schaffung einer neuen Planstelle.** Wird der bisherige Vorsitzende an eine andere Stelle abgeordnet (§ 37 DRiG), so wird die Dauer einer vorübergehenden Verhinderung noch kürzer bemessen. Nach BGH JZ **1955** 246; BGHSt **8** 17, 21 muß sich die Justizverwaltung **spätestens nach drei Monaten** entscheiden, **ob** die **Abordnung bestehen bleibt** und dann ein neuer Vorsitzender zu bestellen ist. Keine vorübergehende Verhinderung liegt vor, wenn die **Schaffung einer neuen Planstelle** eines Vorsitzenden Richters von der Justizverwaltung beantragt, vom Gesetzgeber aber noch nicht durch Festsetzung im Stellenplan bewilligt ist. Es ist also nicht zulässig, den Vorsitz in einer Kammer, der dem Inhaber der neu zu schaffenden Stelle zufallen soll, bis zu dessen Amtsantritt „formell" dem Vorsitzenden Richter einer anderen Kammer zu übertragen, denn es ist bei solcher Lage nicht übersehbar, ob und wann die beantragte Stelle bewilligt wird[94]. Ist aber die Stelle bereits bewilligt, so liegt – nicht anders als bei der Wiederbesetzung einer vorhandenen Planstelle – nur eine vorübergehende Verhinderung vor, wenn die Besetzung der neu geschaffenen Stelle in angemessener Zeit nachfolgt. In der Zwischenzeit genügt die „formelle" Übertragung des Vorsitzes an den Vorsitzenden Richter einer anderen Kammer[95]. Statt einer solchen formalen Vorsitzendenbestellung ist es aber auch zulässig, den künftigen Vorsitzenden als „Vorsitzenden Richter NN" im Geschäftsverteilungsplan erscheinen zu lassen[96].

29 **12. Turnusmäßige Teildauerverhinderung.** Von den Fällen, daß der Präsident oder der Vorsitzende Richter nur vorübergehend oder daß er dauernd in vollem Umfang verhindert ist, ist der Fall **zu unterscheiden**, daß er nur **teilweise, aber während der ganzen Dauer oder eines unabsehbaren Teils des Geschäftsjahres** und in diesem Sinn dauernd an der Wahrnehmung der mit der Vorsitzführung verbundenen spezifischen Aufgaben verhindert ist, z. B. wenn die ihm obliegenden Aufgaben der Gerichtsverwaltung oder die Summe seiner Rechtsprechungsaufgaben in seinem Spruchkörper es ausschließen, daß er den Vorsitz an sämtlichen Sitzungstagen führt. Eine solche, wenn auch **ständige Teilverhinderung** hat die Rechtsprechung von jeher i. S. des § 66 Abs. 1 a. F einer **vorübergehenden Verhinderung gleichgestellt**[97]. Es ist demgemäß zulässig, daß das Präsidium im

---

91 BGH JR **1986** 66; BSG DRiZ **1975** 377; OLG Frankfurt MDR **1978** 162; OLG Hamburg JR **1985** 36 mit Anm. *Katholnigg*.

92 RG vom 13. 4. 1931 III 219/31.

93 RGSt **9** 197; **26** 412; RG Recht **1925** Nr. 1082; **1926** Nr. 177.

94 BGHZ **9** 291 = NJW **1953** 1302; BGHZ **10** 135; BGHSt **14** 11, 15; *Schorn/Starnicki* 126.

95 BGH NJW **1960** 543.

96 BVerfGE **18** 423, 426 = NJW **1965** 1223; BGH NJW **1960** 543. S. dazu auch BGHSt **28** 290 = NJW **1979** 1052, wonach die Bezeichnung des noch nicht ernannten Vorsitzenden „jedenfalls dann" gesetzwidrig ist, wenn für diesen keine Planstelle ausgewiesen ist; **a. M** *Kissel*[3] § 21e 137, wonach die Angabe „NN" im Geschäftsverteilungsplan unzulässig sei, sofern sie bedeuten soll, daß einem ganz bestimmten, namentlich noch nicht bekannten Richter diese Aufgabe zugedacht sei.

97 RGSt **54** 298; **55** 238; **62** 366; **69** 321; RGZ **115** 162; **126** 97, 243; **130** 154; **132** 295, 301; BGHSt **2** 71.

Geschäftsverteilungsplan oder – nach der Änderung des § 21g nicht mehr der Vorsitzende, sondern nunmehr – der Spruchkörper in der Anordnung nach § 21g Abs. 2 im voraus über die turnusmäßige Verhinderung des Vorsitzenden und seine Vertretung nach § 21f Abs. 2 eine Anordnung trifft, vorausgesetzt, daß ihm der richtunggebende Einfluß auf die Gesamtarbeit des Spruchkörpers und der notwendige Umfang seiner Mitwirkung (oben Rdn. 2, 3) gewahrt bleibt[98]. Zu unterscheiden hiervon die **unzulässige generelle Verhinderungserklärung des Vorsitzenden** etwa hinsichtlich jeder 4. Sitzung (siehe hierzu Rdn 22).

13. Bestimmung der turnusmäßigen Verhinderung des regelmäßigen Vertreters am Vorsitz nach allgemeinen Merkmalen. In gleicher Weise (Rdn. 29) kann im voraus bestimmt werden, wann der regelmäßige Vertreter als am stellvertretenden Vorsitz verhindert anzusehen ist. Bei einer solchen generellen Regelung des Vertretungsfalles greift aber der in § 21e, 27 dargelegte Grundgedanke ein, daß sie nur nach allgemeinen Merkmalen, die in der Sache selbst begründet sind, vorgenommen werden darf (z. B. wegen der Belastung des Vorsitzenden Richters mit anderen Geschäften ist er in jeder vierten Sitzung verhindert siehe hierzu Rdn. 29, aber auch Rdn. 22); dagegen ist es unzulässig, den Verhinderungsfall für bestimmte Gruppen von Sachen (z. B. für politische Strafsachen) auszusprechen und diese dem Vertreter zuzuweisen[99]. Eine solche generelle Regelung muß nach der Änderung des § 21g Abs. 1 und 2 im spruchkörperinternen Geschäftsverteilungs- bzw. Mitwirkungsplan getroffen werden; der Vorsitzende Richter kann sie nicht mehr selbst treffen[100]. 30

14. Mitwirkung des verhinderten Vorsitzenden als Beisitzer. Ist der Vorsitzende Richter nur an der Führung des Vorsitzes, nicht aber an einer sonstigen Mitwirkung in der Verhandlung verhindert (z. B. wegen Heiserkeit, Unkenntnis der Akten), so ist es nicht unzulässig, daß er in dieser als Beisitzer tätig wird[101] (siehe oben Rdn 11). 31

III. Vertretung des Vorsitzenden Richters bei der Verhinderung des ständigen Vertreters (Absatz 2 Satz 2)

1. Das älteste Mitglied. Ist auch der vom Präsidium bestellte ständige Vertreter verhindert, so steht der **Vorsitz dem ältesten ständigen Mitglied des Spruchkörpers** zu, sollte auch der für ihn aus einem anderen Spruchkörper eintretende Vertreter dienst- oder lebensälter sein[102]. Dies gilt auch für die auswärtige (früher: „detachierte") Strafkammer, § 78[103]. Ist auch das zunächst berufene älteste Mitglied verhindert, so geht der Vorsitz auf das nächstälteste ständige Mitglied des Spruchkörpers über[104]. Das älteste Mitglied in diesem Sinne ist aber nicht das älteste der für die einzelne Sitzung eingeteilten Mitglieder, sondern bei einem „überbesetzten" Spruchkörper (siehe hierzu § 21g, 2ff)) **das älteste der diesem überhaupt zugeteilten Mitglieder**, jedoch nur das jeweilig 32

[98] BGHZ **37** 210; **49** 64; BGH NJW **1995** 335; und – gegen die abweichende Auffassung von OLG Frankfurt NJW **1969** 854, 2214 – BGH NJW **1970** 901; *Groß* NJW **1969** 1312; *Schorn/Stanicki* 128; **a. A** auch *Kissel*[3] 18.

[99] RG JW **1938** 311 Nr. 5; OLG Stuttgart, Die Justiz **1971** 325.

[100] Vgl. zur früheren Rechtslage vor der Novelle 1999 LR-*Schäfer*[24] 24.

[101] BGH NStZ **1995** 19; BGH MDR **1994** 764; RGSt **3** 310; **10** 318; **18** 302; **23** 99; RG GA **55** (1908) 109. LG Frankfurt DRiZ **1984** 311; *Kissel*[3] 144.

[102] RGSt **1** 238; BGHSt **20** 61, 62; **21** 40, 42.

[103] BGH MDR **1951** 539.

[104] RGSt **23** 99.

dienstlich verfügbare älteste Mitglied[105]. Richter, die in der Geschäftsverteilung als ständige Mitglieder bezeichnet sind, aber nur im Bedarfsfalle herangezogen werden, sind in Wirklichkeit nur Vertreter[106]. Auch ein Richter, der dem Spruchkörper nur zum gelegentlichen Beisitzer (z. B. als Urlaubsvertreter) oder der nur zu einem ganz geringen Bruchteil seiner Arbeitskraft zugewiesen ist und im übrigen anders verwendet wird, ist kein ständiges Mitglied dieses Spruchkörpers[107].

33 **Ausnahmsweise** kann auch ein **nichtständiges Mitglied** einer Kammer (aber nur ein ständiges Mitglied des Landgerichts, Rdn. 34) den Vorsitz führen, nämlich dann, wenn zur Vorsitzführung geeignete ständige Mitglieder der Kammer nicht mehr vorhanden sind. Wenn z. B. für eine Hauptverhandlung als einziges ständiges Mitglied der großen Strafkammer nur ein Richter auf Probe verfügbar ist, im übrigen aber neben einem regelmäßigen Vertreter aus einer anderen Kammer nur ein nach § 21i Abs. 2 bestimmter zeitweiliger Vertreter eintritt, so führt der dienstälteste der beiden Vertreter, also u. U. der zeitweilige Vertreter, den Vorsitz[108]. Ebenso führt, wenn (z. B. infolge Ablehnung wegen Befangenheit) sämtliche auf Lebenszeit angestellte Mitglieder der Kammer an der stellvertretenden Führung des Vorsitzes verhindert sind, der dienstälteste der regelmäßigen Vertreter aus anderen Kammern den Vorsitz[109]. Ausnahmsweise spielt dann auch das Dienst- oder Lebensalter keine Rolle, z. B. wenn als ständiges Mitglied einer Kammer nur ein Richter auf Probe übrig bleibt und von den eintretenden Vertretern nur der dienstjüngere (aus früherer Befassung mit der Sache) die Akten kennt, während der Dienst- oder Lebensältere sich aus Zeitmangel mit dem Akteninhalt nicht vertraut machen konnte[110].

34 **2. Mitglied des Spruchkörpers.** Als Vertreter des Vorsitzenden Richters kommt nur ein planmäßiges (fest angestelltes) Mitglied des Gerichts in Betracht. Der Ausschluß von Richtern auf Probe und kraft Auftrags ergibt sich bereits aus § 28 Abs. 2 DRiG. Ein abgeordneter Richter auf Lebenszeit (§ 37 DRiG) ist zwar an sich vorsitzführungsfähig (§ 28 Abs. 2 DRiG). Aus § 62 Abs. 1 Satz 2 a. F GVG, wonach den Vorsitz in der kleinen Strafkammer „auch ein *ständiges* Mitglied des Landgerichts" führen konnte, wurde aber hergeleitet, daß, soweit von dem Grundsatz des § 62 Abs. 1 Satz 1 a. F (= jetzt § 21f Abs. 1) abgewichen werden durfte, der Vorsitzende beim Landgericht mindestens ein bei dem betreffenden Landgericht angestellter Richter sein müsse[111]. Diese Begründung ist zwar mit dem Wegfall des § 62 Abs. 1 Satz 2 a. F hinfällig geworden. Da der Gesetzgeber aber bei der Neufassung des § 21f Abs. 2 an den stellvertretenden Vorsitzenden keine geringeren Anforderungen stellen wollte als das bisherige Recht[112], hat die bisherige Auslegung des § 66 a. F auch für § 21f Abs. 2 ihre Bedeutung behalten[113]. Daß beim Landgericht der nach § 21f Abs. 2 Satz 1 zu bestimmende Vertreter des Vorsitzenden Richters planmäßiges Mitglied des Landgerichts sein muß, gilt auch für die Beschlußstrafkammer[114]. Dies gilt auch für die kleine Strafkammer[115], jedoch greift aufgrund der Neuregelung des § 76 Abs. 1, wonach die kleine Strafkammer kein weiteres berufsrichterliches Mitglied umfaßt, die Vorschrift des § 21f Abs. 2 Satz 1 nicht; deshalb bedarf es insoweit einer Vertretungsregelung nach § 21e Abs. 1 Satz 1. Wegen der aus-

---

105 RGSt **18** 302; **25** 389; **41** 184; **62** 276.

106 RG GA **55** (1908) 109.

107 BGHSt **20** 61 = NJW **1965** 58.

108 RG vom 11. 5. 1931 II 216/31; BGHSt **21** 40, 42.

109 BGHSt **21** 40, 42; BGH NJW **1959** 1141.

110 BGHSt **21** 40.

111 RGSt **18** 307; BGHSt **13** 262, 266; **h. M** vgl. Nachw. bei LR-*Schäfer*[21] § 66, 3b.

112 Vgl. die Begr. zu § 21f Abs. 2 in BTDrucks. **VI** 557 S. 18: „§ 21f Abs. 2 enthält im wesentlichen die Regelung des geltenden § 66 Abs. 2 GVG".

113 **A. M** *Kissel*[3] 12; KK-*Diemer*[4] 3.

114 RGSt **54** 252; RGJW **1930** 2141.

115 BGHSt **13** 262, 265; OLG Dresden GA **72** 151; OLG Naumburg HRR **1929** Nr. 982.

wärtigen Strafkammer vgl. § 78, 15. Die Rüge der unvorschriftsmäßigen Besetzung (§ 338 Nr. 1 StPO), wenn ein nicht ordentliches Mitglied des Gerichts als stellvertretender Vorsitzender mitwirkt, wird nicht dadurch ausgeschlossen, daß der Vertreter demnächst mit Rückwirkung zum ordentlichen Mitglied ernannt wird; eine solche rückwirkende Ernennung hat nur beamtenrechtliche Wirkung[116].

IV. Vertretung des Vorsitzenden Richters bei Zuziehung eines Ergänzungsrichters

Tritt im Laufe einer Verhandlung, zu der ein Ergänzungsrichter zugezogen ist (§ 192), 35
eine Verhinderung des Vorsitzenden Richters ein und befindet sich (bei „Überbesetzung") das älteste ständige Mitglied des Spruchkörpers nicht unter den in der Verhandlung mitwirkenden Richtern, so muß der Vorsitz auf den ältesten unter den mitwirkenden Richtern übergehen, da die Ersetzung des Vorsitzenden durch das nicht mitwirkende älteste Mitglied des Spruchkörpers eine Wiederholung der Verhandlung erforderlich machen würde, während die Zuziehung des Ergänzungsrichters gerade den Zweck hat, die Notwendigkeit einer solchen Wiederholung auszuschließen. Diesen Fall hat § 21f Abs. 2 nicht im Auge[117].

V. Revision

Wegen der Revision s. § 338 Nr. 1 StPO (LR-*Hanack* § 338 StPO, 9ff, 12). 36

§ 21g

(1) [1]Innerhalb des mit mehreren Richtern besetzten Spruchkörpers werden die Geschäfte durch Beschluß aller dem Spruchkörper angehörenden Berufsrichter auf die Mitglieder verteilt. [2]Bei Stimmengleichheit entscheidet das Präsidium.

(2) Der Beschluß bestimmt vor Beginn des Geschäftsjahres für dessen Dauer, nach welchen Grundsätzen die Mitglieder an den Verfahren mitwirken; er kann nur geändert werden, wenn es wegen Überlastung, ungenügender Auslastung, Wechsels oder dauernder Verhinderung einzelner Mitglieder des Spruchkörpers nötig wird.

(3) Absatz 2 gilt entsprechend, soweit nach den Vorschriften der Prozeßordnungen die Verfahren durch den Spruchkörper einem seiner Mitglieder zur Entscheidung als Einzelrichter übertragen werden können.

(4) Ist ein Berufsrichter an der Beschlußfassung verhindert, tritt der durch den Geschäftsverteilungsplan bestimmte Vertreter an seine Stelle.

(5) § 21i Abs. 2 findet mit der Maßgabe entsprechende Anwendung, daß die Bestimmung durch den Vorsitzenden getroffen wird.

(6) Vor der Beschlußfassung ist den Berufsrichtern, die von dem Beschluß betroffen werden, Gelegenheit zur Äußerung zu geben.

(7) § 21e Abs. 9 findet entsprechende Anwendung.

---

116 BGHSt 1 265.

117 So *Kleinknecht/Meyer-Goßner*[45] 15; so auch schon überwiegend das ältere Schrifttum [Nachweise in LR-*Schäfer*[20] Rdn. 4]; *Kleinknecht*[33] 16, *Müller-Sax* § 192, 4a; **a. M** „ganz entschieden" *Eb. Schmidt* 7.

Schrifttum: *Driehaus* Nochmals: Erfahrungen mit den neuen Präsidien, DRiZ **1975** 43; *Kern* Geschichte der Gerichtsverfassung; *Kissel* Die Novelle 1999 zur Präsidialverfassung NJW **2000** 460; *Kronisch* Präsidialverfassung und Verwaltungsgericht, Zeitschrift für öffentliches Recht in Norddeutschland (NordÖR) **2001** 11; *Niewerth* Änderung der Präsidialverfassung – Einstieg in die Justizreform? DRiZ **2000** 4; *Rieß* Präsidium und Geschäftsverteilung bei der Errichtung neuer Gerichte, DRiZ **1993** 76; *Rosso* Reform der Präsidialverfassung – reformatio in peius? DRiZ **1971** 6; *Schorn* Zweifelsfragen im Rahmen der Präsidialverfassung; DRiZ **1963** 185; *Schorn/Stanicki* Die Präsidialverfassung der Gerichte aller Rechtswege[2] (1975) 178ff; *Sowada* Der gesetzliche Richter im Strafverfahren (2002) 260ff, 371ff; *Stanicki* Nochmals zur Präsidialverfassung, DRiZ **1969** 16; *Wassermann* Ist die Präsidialverfassung noch zeitgemäß? NJW **1968** 1513; *Wiebel* Effizienz und Gerichtsverfassung, ZRP **1998** 221; *Zeihe* §§ 21a, 21g und 21e des Gerichtsverfassungsgesetzes, Die Sozialgerichtsbarkeit (SGb) **2000** 665.

Entstehungsgeschichte. § 21g a. F ersetzte inhaltlich unverändert den früheren § 69 Abs. 1, 2 GVG, der nach §§ 117, 131 auch für die Oberlandesgerichte und den Bundesgerichtshof galt. § 69 Abs. 2 a. F war durch das StPÄG 1964 eingefügt worden. Bei Schaffung des § 21g Abs. 2 a. F wiederholte sich der gleiche Vorgang wie schon im Entstehungsstadium des § 69 Abs. 2 a. F (vgl. unten Rdn. 2). Der RegEntw. des PräsVerfG vom 26. 5. 1972 enthielt nur die dem Absatz 1 a. F entsprechende Vorschrift, wollte also eine dem § 69 Abs. 2 a. F entsprechende Vorschrift aufgeben, ohne dies zu begründen; der Bundesrat erhob dagegen keine Einwendungen. Der BT-Rechtsausschuß fügte aber den bisherigen § 69 Abs. 2 als Abs. 2 des § 21 g wieder ein: „Die Mehrheit des Ausschusses war der Auffassung, daß diese Vorschrift im Hinblick auf eine möglichst konkrete Bestimmung des gesetzlichen Richters beibehalten werden sollte" (Bericht des BTR-Aussch. **VI** 2903 S. 5). Die Anrufung des Vermittlungsausschusses durch den Bundesrat in seiner 376. Sitzung vom 9. 2. 1972 Plenarprot. S. 454 (Vor § 21a Fußn. 2) verfolgte u. a. auch das Ziel, den Absatz 2 wieder zu streichen. Der Vermittlungsausschuß entschloß sich aber – unter Berufung auf BVerfGE **18** 344, 352 (dazu unten Rdn. 4) – zur Aufrechterhaltung des § 21g Abs. 2 und der Bundesrat stimmte in seiner 378. Sitzung vom 24. 3. 1972 Plenarprot. S. 490 dem in dieser Form verabschiedeten Gesetz zu. Durch das Gesetz zur Entlastung der Landgerichte und zur Vereinfachung des gerichtlichen Protokolls vom 20. 12. 1974 (BGBl. I S. 3651) wurde – der ausschließlich Zivilsachen betreffende – Absatz 3 angefügt. In Absatz 3 wurde durch das Gesetz zur Entlastung der Rechtspflege (RpflEntlG) vom 11. 1. 1993 (BGBl. I S. 50) mit dem angefügten Satz 2 klargestellt, daß der Vorsitzende in seiner Anordnung betreffend die interne Geschäftsverteilung auch eine eigene Tätigkeit als Einzelrichter in angemessenen Umfang vorzusehen hat (EntwBegr. BTDrucks. **12** 1217 S. 43 f). Völlig neu wurde § 21g schließlich durch das Gesetz zur Stärkung der Unabhängigkeit der Richter und Gerichte vom 22. 12. 1999 (BGBl. I S. 2598) – **Novelle 1999** – gefaßt. Die bis dahin geltende Fassung lautete:

(1) Innerhalb des mit mehreren Richtern besetzten Spruchkörpers verteilt der Vorsitzende die Geschäfte auf die Mitglieder.

(2) Der Vorsitzende bestimmt vor Beginn des Geschäftsjahres für dessen Dauer, nach welchen Grundsätzen die Mitglieder an den Verfahren mitwirken; diese Anordnung kann nur geändert werden, wenn dies wegen Überlastung, ungenügender Auslastung, Wechsels oder dauernder Verhinderung einzelner Mitglieder des Spruchkörpers nötig wird.

(3) [betr. Zivilsachen]

Übersicht

1. Grundsätzliches. Die Regelung des § 21g betrifft die Geschäftsverteilung innerhalb des Spruchkörpers (Absatz 1 Satz 1) sowie die Bestimmung der Grundsätze hinsichtlich der Mitwirkung der Mitglieder des Spruchkörpers (Absatz 2 Halbsatz 1)[1] – **Geschäftsverteilungs- und Mitwirkungsplan** – (üblicherweise insgesamt als spruchkörperinterner Geschäftsverteilungsplan bezeichnet). Während § 21e den einzelnen Spruchkörpern ihre Besetzung und ihre Aufgaben zuweist, bestimmt sich nach dem gemäß § 21g intern zu erstellenden Geschäftsverteilungs- und Mitwirkungsplan, welche Aufgaben vom einzelnen Mitglied des Spruchkörpers zu erledigen sind. Die interne Geschäftsverteilung ist – abgesehen vom Ausnahmefall der Stimmengleichheit gem. § 21g Abs. 1 Satz 2 – der Zuständigkeit des Präsidiums entzogen[2]. Da beim nicht überbesetzten (mindestbesetzten) Spruchkörper die jeweilige Besetzung – abgesehen von Fällen einer sog. reduzierten Besetzung u. a. gem. §§ 76 Abs. 2, 122 Abs. 2 Satz 2 bzw. einer „Einzelrichterzuständigkeit" gem. § 80a Abs. 2 OWiG – feststeht, beschränkt sich der interne Geschäftsverteilungsplan insoweit auf die Verteilung der Aufgaben, ohne Festlegung einer Mitwirkungsregelung; darüber hinaus wird die Stellung des einzelnen Richters innerhalb des Spruchkörpers – auch im Verhältnis zum Vorsitzenden – gestärkt[3]. Die besondere **Bedeutung der Vorschrift** liegt beim nicht überbesetzten (mindestbesetzten) Spruchkörper in den Fällen der sog. reduzierten Besetzung sowie **vor allem beim überbesetzten Spruchkörper** generell in der Umsetzung des verfassungsrechtlichen **Gebots des gesetzlichen Richters** des Art. 101 Abs. 1 Satz 2 GG, § 16 Satz 2 GVG[4]; dies betrifft die internen Mitwirkungsgrundsätze gemäß Absatz 2. 1

a) Entwicklungsgeschichte. § 21g Abs. 2 a.F war, wie oben unter „Entstehungsgeschichte" dargestellt, wörtlich aus dem früheren § 69 Abs. 2 übernommen worden. Diese Vorschrift war im Zusammenhang mit den Erörterungen des Problems des „überbesetzten" Spruchkörpers (s. Rdn. 4; § 21e, 10) entstanden. Damals bereits wurde z. T. im Schrifttum[5] die Auffassung vertreten, schon der Grundsatz des gesetzlichen Richters (Art. 101 Abs. 1 Satz 2 GG) verlange, daß die Verteilung der Geschäfte durch den Vorsitzenden nach im voraus bestimmten generellen und objektiven Merkmalen und die Heranziehung der Beisitzer zu den einzelnen Sitzungen in einer im voraus festgelegten 2

---

[1] *Kronisch* NordÖR **2001** 11, 13.
[2] BVerwG NJW **1988** 1339; *Kissel*[3] 1.
[3] *Felix* BB **1992** 1004.
[4] OVG Hamburg NJW **1994** 274; *Kronisch* NordÖR **2001** 11, 13; *Kissel*[3] 1ff.
[5] Z. B. *Bettermann* in Die Grundrechte III 2, 555; *Arndt* NJW **1964** 1667; *Schneider* ZZP **77** 409.

bestimmten Reihenfolge geschehe und damit der Einfluß des Vorsitzenden auf die Person des Berichterstatters und die Zusammensetzung des Spruchkörpers in der einzelnen Sache entfalle. Aufgrund solcher Erwägungen waren bereits in einzelnen Verfahrensordnungen – § 8 Abs. 2 a. F VwGO für die Verwaltungsgerichte (dazu *Richter* JZ **1961** 689); § 36e Abs. 5 a. F PatG für die Nichtigkeitssenate des Bundespatentgerichts, § 10 Abs. 4 a. F GebrMG für den Gebrauchsmusterbeschwerdesenat (nunmehr generelle Verweisung auf den 2. Titel des GVG in § 68 PatG bzw. Verweisung auf das PatG in § 18 GebrMG) – Vorschriften aufgenommen worden, die dem § 21g a. F entsprachen. Gegen ihre Praktikabilität waren gewichtige Bedenken geäußert worden[6]. Wie bei der Schaffung des § 21g a. F (oben Entstehungsgeschichte) war die Bedürfnis- und Zweckmäßigkeitsfrage auch im Entstehungsstadium des § 69 Abs. 2 a. F umstritten. Die Vorschrift wurde erst bei der zweiten Lesung des Entw. des StPÄG 1964 im Bundestag eingefügt (Plenarprot. der 69. Sitzung vom 27. 3. 1963 S. 3144). Nach der Verabschiedung des Gesetzes in dritter Lesung rief der Bundesrat u. a. auch wegen dieser Vorschrift den Vermittlungsausschuß mit dem Ziel an, die Vorschrift wieder zu streichen, indem er darauf hinwies, daß die Grundsatzentscheidung des Bundesverfassungsgerichts (Zweiter Senat) vom 24. 3. 1964 (BVerfGE **17** 294 = NJW **1964** 1020) in der Frage des gesetzlichen Richters bereits zu einer gewissen Klärung geführt habe und deshalb z. Zt. keine Veranlassung zur Regelung dieser Frage in dem damaligen Reformgesetz bestehe. „Die in § 69 Abs. 2 vorgesehene Regelung wäre für die Praxis in der ordentlichen Gerichtsbarkeit – und zwar sowohl für die Straf- als auch für die Zivilgerichtsbarkeit – von so weitgehender Bedeutung, daß sie noch eingehender Überlegung bedarf" (BTDrucks. **IV** 2459 S. 4). Bei den Kompromißverhandlungen im Vermittlungsausschuß verblieb es indessen bei der Einfügung des Absatzes 2[7].

3 **b) Gesetzgeberische Vorhaben.** Im gesetzgeberischen Raum verlegte sich die Diskussion zunehmend auf die Anordnungskompetenz des Vorsitzenden (§ 21g Abs. 1). Bereits Ende der 80iger Jahre gab es Bestrebungen, die Anordnungskompetenz vom Vorsitzenden weg auf den gesamten Spruchkörper zu übertragen. Der Entwurf eines **Rechtspflegevereinfachungsgesetzes** der Bundesregierung vom 1. 12. 1988 (BTDrucks. **11** 3621, Art. 2 Nr. 2)) mit der Neufassung des § 21g Abs. 3 sah vor, daß die Mitglieder der Zivilkammer zu Beginn des Geschäftsjahres für dessen Dauer beschließen sollten, nach welchen Grundsätzen der Einzelrichter bestimmt wird; damit sollte die fehlende Abstimmung zwischen § 348 ZPO und § 21g Abs. 3 beseitigt werden (EntwBegr. S. 52). Gegen diesen Vorschlag hat sich der Bundesrat in seiner Stellungnahme u. a. mit dem Argument gewandt, daß weiterhin gewährleistet sein müsse, daß der Vorsitzende Richter richtungsweisenden Einfluß auf den Geschäftsgang und – aufgrund seiner größeren Sachkunde und Erfahrung – auch auf die Rechtsprechung seines Spruchkörpers ausübt (BTDrucks. **11** 3621 S. 72). Diesem Einwand ist der Bundestag auf einstimmigen Vorschlag des Rechtsausschusses (Beschlußempfehlung und Bericht des BT-Rechts-

[6] Vgl. die in DRiZ **1960** 371, 372 angeführte Stellungnahme der Präsidenten der obersten Bundesgerichte; *Schraeder* und *v. Mallinckrodt* DRiZ **1959** 322; *Schultz* MDR **1960** 893; *Tittel* DRiZ **1960** 102, 103; *Erdsiek* NJW **1963** 240; *Naumann* NJW **1963** 1701; *Schilgen* NJW **1964** 2290; *Dinslage* DRiZ **1965** 12.

[7] Nach *Schorn/Stanicki* 180 darf der Meinungsstreit nicht nur unter dem Gesichtspunkt „des gesetzlichen Richters einerseits und dem der Praktikabilität andererseits" gesehen werden, er zeige vielmehr auch den Widerstreit zwischen dem „Führerprinzip, verkörpert durch den beförderten Vorsitzenden Richter, mit dem Kollegialprinzip, das durch die gleiche Verantwortung, Aufgabe und Leistung sämtlicher Spruchkörpermitglieder bei der Rechtsfindung im konkreten Fall geprägt ist." Hierzu sei auf LR-*Schäfer*[24] § 21f, 2a verwiesen.

ausschusses BTDrucks. **11** 8283 S. 50) gefolgt[8]. Der – auf Initiative der Länder Hessen und Schleswig-Holstein – vom Bundesrat eingebrachte **Gesetzentwurf zur Reform der Präsidialverfassung** (BRDrucks. 97/98) schlug – wie bereits der frühere Entwurf des Bundesrates zur Vereinfachung des zivilgerichtlichen Verfahrens und des Verfahrens der freiwilligen Gerichtsbarkeit (BTDrucks. **13** 6398) – eine Übertragung der internen Geschäftsverteilungskompetenz auf den Spruchkörper vor. Dieser Gesetzentwurf fiel der **Diskontinuität** anheim und wurde am 5.2.1999 erneut eingebracht (BRDrucks. 47/99); der Entwurf des Bundesrates erledigte sich durch den Vorstoß der Regierungsfraktionen zur selben Thematik mit dem Entwurf eines **Gesetzes zur Stärkung der Unabhängigkeit der Richter und Gerichte** – UnabhStärkG – (BTDrucks. **14** 979) – **Novelle 1999** –. Die Einzelbegründung des Gesetzentwurfs zu der tiefgreifenden Änderung des § 21g Abs. 1 fiel – wie auch im übrigen – überaus knapp aus; im allgemeinen Teil der Begründung wird allerdings auf die „überkommene hervorgehobene Stellung der Vorsitzenden Richter" verwiesen, die „zugunsten der Gleichrangigkeit der Richter zurückgefahren" werde. Die **Novelle 1999** stellt sozusagen einen (vorübergehenden?) Schlußpunkt der Diskussion um die Geschäftsverteilung innerhalb des mit mehreren (Berufs-)Richtern besetzten Spruchkörpers dar. Die Regelung des Absatzes 2 hat der Gesetzgeber jedoch – abgesehen von rein redaktionellen Folgeänderungen, die sich aus der beabsichtigten Ersetzung der bisherigen Vorsitzenden-Anordnung durch den Kollegiumsbeschluß ergibt (Bericht d. BT-Rechtsausschusses BTDrucks. **14** 1875 [neu] S. 13) – unverändert gelassen. Dem Gesetzgeber ging es nämlich hinsichtlich der Novellierung der Vorschriften über die Geschäftsverteilung lediglich um die Verlagerung der Zuständigkeit vom Vorsitzenden auf den gesamten Spruchkörper, nicht aber um eine Erhöhungen der an die Verteilung der Geschäfte zu stellenden inhaltlichen Anforderungen[9]. Ob der Gesetzgeber die Frage einer etwaigen Notwendigkeit der Präzisierung der „Grundsätze" bzw. einer Stellungnahme zum Verständnis dieses Begriffs schlichtweg übersehen hat[10] oder ob er insoweit im Hinblick auf die Entwicklung der höchstrichterlichen Rechtsprechung ein Regelungsbedürfnis für nicht gegeben bzw. eine Gesetzesänderung als wenig hilfreich erachtete, läßt sich nach den Materialien nicht beurteilen.

c) Die frühere Rechtsprechung. Durch BVerfGE **18** 344, 352; **22** 282, 286 war – für 4
die Praxis über Jahrzehnte richtungweisend – klargestellt, daß § 21g Abs. 2 a.F nicht zwingend durch den Grundsatz des gesetzlichen Richters (Art. 101 Abs. 1 Satz 2 GG) geboten sei[11]. Eine verbotene Richterentziehung liege danach nicht deshalb vor, weil der Vorsitzende Richter die Mitglieder nach seinem Ermessen und nicht nach einem vorher festgelegten Plan zu Entscheidungen heranziehe; die Entscheidung des Vorsitzenden Richters berufe sie zum „gesetzlichen Richter" (BVerfGE **22** 286). „Bei Kollegialgerichten ist der einzelne Richter gesetzlicher Richter insofern, als er aufgrund gesetzlicher Vorschriften dem sachlich zuständigen Spruchkörper durch einen gültigen Geschäftsverteilungsplan zugeteilt und im einzelnen Verfahren vom Vorsitzenden zur Mitwirkung berufen worden ist. Das **verfassungsmäßige Erfordernis der Bestimmtheit des Richters** ist somit erfüllt, wenn sich die Entscheidungsbefugnis des Richters im konkreten Fall aus der generellen Zuständigkeitsordnung der Prozeßgesetze, aus der Geschäftsverteilung und **aus der Berufung durch den Vorsitzenden** ergibt" (BVerfG aaO). Allerdings entspreche es der Tendenz des Art. 101 Abs. 1 Satz 2 GG, wenn der (einfache) Gesetzgeber

[8] Zum Verlauf des Gesetzgebungsverfahrens vgl. *Kissel*[3] 22; vgl. auch *Sowada* 403f.

[9] *Kissel*[3] 34; *Zöller/Gummer*[22] 6.

[10] *Kissel*[3] 34.

[11] **A.M** *Arndt* NJW **1965** 1219; *Wendt* DVBl. **1965** 941; *Müller* DRiZ **1972** 356; **1973** 49 **1974** 41; NJW **1975** 860; *Schorn/Stanicki* 181; *Seide* NJW **1973** 265; *Kissel*[2] 4.

– mit § 69 Abs 2 a. F und § 21g Abs. 2 – über das verfassungsrechtlich Gebotene hinausgehe (BVerfGE **18** 344). Aus Art. 101 Abs. 1 Satz 2 GG könne aber nicht hergeleitet werden, daß die gemäß § 21g Abs. 2 aufzustellenden Grundsätze nach Art einer Geschäftsverteilung offengelegt werden müßten, damit die Beteiligten ihre Einhaltung kontrollieren könnten (BVerfG DRiZ **1970** 269).

5 **d) Die neuere Rechtsprechung.** In den 90iger Jahren verschärften der Bundesgerichtshof und das Bundesverfassungsgericht die Anforderungen an die interne Geschäftsverteilung **überbesetzter Spruchkörper**[12]. Während der Bundesgerichtshof in seinen früheren Entscheidungen zu § 21g Abs. 2 a. F bzw. zu der wortgleichen vorausgegangenen Vorschrift des § 69 Abs. 2 dem Vorsitzenden einen gewissen Spielraum bei der internen – nach damaliger Rechtsprechung nicht notwendigerweise schriftlich abgefaßten – Geschäftsverteilung bzw. die Möglichkeit der Abweichung im Einzelfall von den von ihm selbst aufgestellten Mitwirkungsgrundsätzen bei Vorliegen sachlicher Gründe zugebilligt hatte (BGHZ **21** 250; **29** 162), stellte der **Bundesgerichtshof**, als er über die gegen mehrere Entscheidungen des 1. Zivilsenates des Bundesgerichtshofs wegen – aufgrund den gesetzlichen Anforderungen nicht genügenden internen Mitwirkungsgrundsätzen – nicht vorschriftsmäßiger Besetzung erhobenen Nichtigkeitsklagen zu befinden hatte, mit Beschluß der **Vereinigten Großen Senate** vom 5. 5. 1994 (BGHZ **126** 63 = NJW **1994** 1735) zwei **weitreichende grundsätzliche Forderungen** zur Umsetzung des Gebots der gesetzlichen Richters auf: „**1.** Die vom Vorsitzenden eines überbesetzten Zivilsenates des Bundesgerichtshofes nach § 21g Abs. 2 aufzustellenden **Mitwirkungsgrundsätze** müssen mit **abstrakten Merkmalen** regeln, welche Richter an der Entscheidung mitzuwirken haben. Sie müssen ein System in der Weise ergeben, daß die **Besetzung** des Spruchkörpers bei den einzelnen Entscheidungen **im Regelfall** aus ihnen **ableitbar** ist. **2.** Die **Mitwirkungsgrundsätze** müssen **schriftlich** abgefaßt sein." Nachdem diese Entscheidung noch einige Fragen zur (eingeschränkten) Gestaltungsfreiheit des Vorsitzenden offen gelassen hatte, wurden diese schließlich weithin aufgrund der **Plenarentscheidung des Bundesverfassungsgerichts** vom 8. 4. 1997 (BVerfGE **95** 322 = NJW **1997** 1497) geklärt. Ausgangspunkt der Entscheidung war die Rüge der Regelung eines Senats des Bundesfinanzhofs, wonach die konkrete Besetzung der Richterbank hinsichtlich jedenfalls eines Richters, nämlich des Berichterstatters, dessen Bestimmung dem pflichtgemäßen Ermessen des Vorsitzenden unter Berücksichtigung von Eilbedürftigkeit und Arbeitsbelastung oblag, demzufolge von einer Einzelfallentscheidung des Vorsitzenden abhängig war. Auf den Vorlagebeschluß des 1. Senates hat das Plenum des Bundesverfassungsgerichts im Sinne des Votums des vorlegenden Senats und abweichend von der – von diesem aufrechterhaltenen – Auffassung des 2. Senates (vgl. BVerfGE **18** 344, 351; **69** 112, 120f) die **Anforderungen** an die interne **Geschäftsverteilung bei überbesetzten Spruchkörpern noch weiter angehoben**. Danach sei es grundsätzlich geboten, für mit Berufsrichtern überbesetzte Spruchkörper eines Gerichts im voraus nach abstrakten Merkmalen zu bestimmen, welche Richter an den jeweiligen Verfahren mitzuwirken haben. Aus dieser Vorausbestimmung müsse für den Regelfall die Besetzung des zuständigen Spruchkörpers bei den einzelnen Verfahren ableitbar sein. Da gesetzliche Richter im Sinne von Art. 101 Abs. 1 Satz 2 GG auch die im Einzelfall zur Mitwirkung berufenen Richter seien, müsse sich die **abstrakt-generelle Vorausbestimmung bis auf die letzte Regelungsstufe** erstrecken, auf der es um die Person des konkreten Richters gehe. Es gelte auch auf dieser Ebene **Vorkehrungen** schon **gegen** die bloße Möglichkeit und

---

[12] Umfassend zur Entwicklung in der Rechtspr. *Kissel*[3] 4ff und *Sowada* 263ff, 385ff.

den **Verdacht einer Manipulation** der rechtsprechenden Gewalt zu treffen. Auch insoweit müsse deshalb die richterliche Zuständigkeit „gesetzlich", das heiße in Rechtssätzen, bestimmt werden. Es gehöre zum Begriff des gesetzlichen Richters, daß nicht für bestimmte Einzelfälle bestimmte Richter ausgesucht werden, sondern die einzelne Sache **„blindlings"** aufgrund allgemeiner, vorab festgelegter Merkmale **an** den **entscheidenden Richter** gelange. Der rechtsstaatliche Grundsatz vom gesetzlichen Richter untersage mithin die Auswahl des zur Mitwirkung berufenen Richters von Fall zu Fall im Gegensatz zu einer normativen, abstrakt-generellen Vorherbestimmung. Mit dieser Entscheidung hat das Bundesverfassungsgericht die **Regelungsdichte der internen Mitwirkungsregelungen** bei überbesetzten Spruchkörpern derjenigen für den des **Geschäftsverteilungsplans des Präsidiums** gem. § 21e Abs. 1 weithin **gleichgesetzt; offen** ist **jedoch** weiterhin, ob und wenn ja **welche Ausnahmen** das **Bundesverfassungsgericht für zulässig erachtet**, wenn es davon spricht, daß es diese Anforderung für „grundsätzlich" geboten hält. Der Erste Senat des Bundesverfassungsgerichts hat diese Rechtsprechung mit einer weiteren Entscheidung vom 28. 10. 1997 (BVerfGE **97** 1 = NJW **1998** 743) hinsichtlich zulässiger abstrakter Regelungsmöglichkeiten der Mitwirkungsgestaltung präzisiert und nochmals betont, daß dem Erfordernis, den im Einzelfall zur Mitwirkung berufenen Richter so genau wie möglich festzulegen, nicht genügt wird, wenn im Mitwirkungsplan zunächst nur geregelt wird, welche Richter an welchen Sitzungstagen mitzuwirken haben, und erst die Terminierung der einzelnen Sache zu deren Zuordnung zur konkreten Sitzgruppe führt. Diese von der höchstrichterlichen Rechtsprechung entwickelten **Grundsätze** zur spruchinternen Geschäftsverteilung gelten **auch für die reduzierte Richterbank** (Rdn. 17), so für die nur mit dem Vorsitzenden und zwei Beisitzern besetzten Strafkammern, wenn die Besetzung gem. § 76 Abs. 2 Alt. 1 in Frage steht (BGH NJW **2000** 371 = JR **2000** 166 mit Anmerkung *Katholnigg*) wie auch für den mit vier Beisitzern besetzten erstinstanzlichen OLG-Strafsenat hinsichtlich der Besetzung gem. § 122 Abs. 2 Satz 2 Alt. 1.

e) Meinungsbild im Schrifttum. Auch im Schrifttum, das sich von jeher engagiert der internen Geschäftsverteilung angenommen hatte, entwickelte sich verstärkt in den 90iger Jahren zu diesem Themenkreis und in Auseinandersetzung mit der Rechtsprechung eine teils heftig geführte Diskussion, und zwar generell zur Anordnungskompetenz des Vorsitzenden, einerseits unter dem Gesichtspunkt der notwendigen abstrakten Vorherbestimmbarkeit des jeweils an einer Rechtssache beteiligten gesetzlichen Richters (statt einer „willkürlichen" Bestimmung durch den Vors.) und andererseits unter dem Gesichtspunkt der Unabhängigkeit der Richter innerhalb des Spruchkörpers[13]. Die Diskussion hierzu ist jedoch auch nach der Neuregelung durch die Novelle 1999 nicht verstummt[14]. 6

2. Verteilung der Geschäfte innerhalb der Spruchkörper (Absatz 1, 4 bis 7)

a) Beschluß des Spruchkörpers (Absatz 1 Satz 1). Bis zur Novelle 1999 oblag bei mit mehreren Mitgliedern besetzten Spruchkörper nach § 21g Abs. 1 a. F, der die im Interesse eines geordneten Rechtsgangs notwendige Art der Arbeitsteilung regelt, dem Vorsitzenden Richter die Verteilung der Geschäfte auf die Mitglieder; diese Regelung trug dem Umstand Rechnung, daß der Vorsitzende die Verantwortung für den ordnungsgemäßen Geschäftsablauf in seinem Spruchkörper, insbesondere für die rechtzeitige und 7

---

13 *Eser*, FS Salger 1995, 268f; *Felix* BB **1995** 1665; BB **1992** 1001; NJW **1992** 217 und 1607; BB **1995** 1665; *Katholnigg* NJW **1992** 2256; *Kissel* JZ **1994** 1178 und DRiZ **1995** 125; *Leisner* NJW **1995** 285; *Sangmeister* NJW **1995** 289; *E. Schneider* BB **1995** 1430; *Wiebel* BB **1992** 573.

14 Kritisch zur Neuregelung *Zeihe* SGb **2000** 665, 666.

sachgemäße Erledigung der anfallenden Geschäfte (BVerfGE **18** 344, 352) innehat. Der Gesetzgeber hat mit der **Novelle 1999** die **Kompetenz** für die spruchkörperinterne Geschäftsverteilung **vom Vorsitzenden auf** alle dem jeweiligen **Spruchkörper** angehörigen Mitglieder **übertragen**. Diese Neuregelung stellt sozusagen das Ergebnis der in Rechtsprechung und Schrifttum, aber auch im gesetzgeberischen Raum geführten Diskussion zur Anordnungskompetenz des Vorsitzenden dar (vgl. Rdn. 3 bis 5). Trotz des Übergangs der Verteilungskompetenz auf den Spruchkörper insgesamt liegt weiterhin beim Vorsitzenden die Verantwortung für eine zweckmäßige Organisation der Arbeit seines Spruchkörpers und für einen zügigen Geschäftsgang. Die Vorschrift bezieht sich aufgrund der Neuregelung nunmehr nicht nur – so noch § 21g Abs. 1 a. F[15] – auf die Geschäfte, die die Verfahrensvorschriften den beisitzenden Richtern zuweisen, z. B. auf die Aufgaben eines Berichterstatters und die Anfertigung des Entwurfs der Entscheidung, sondern auch etwa auf die Einzelrichtersachen, die vom Vorsitzenden übernommen werden (z. B. nach § 80a Abs. 2 OWiG). Die Verteilung erstreckt sich jedoch auch weiterhin nicht auf die dem Vorsitzenden als solchem von Gesetzes wegen obliegenden Geschäfte wie insbes. die Verhandlungsleitung (§ 238 StPO) oder die Aufgaben nach §§ 125 Abs. 2 Satz 2, 141 Abs. 4, 142 Abs. 1, 147 Abs. 5, 213, 221, 231 Abs. 1 Satz 2 StPO. Die Art der **Verteilung** steht im pflichtgemäßen Ermessen der Mitglieder des Spruchkörpers (so wie früher des Vorsitzenden). Mit der Verteilung üben die Mitglieder des Spruchkörpers eine richterliche, zur Rechtsprechung gehörige Tätigkeit aus und handeln demgemäß **in richterlicher Unabhängigkeit**[16]. In die Verteilungsbefugnis darf das Präsidium nicht eingreifen[17]. Dies gilt auch, wenn einem Spruchkörper ein Richter nur zu einem Bruchteil seiner Arbeitskraft zugewiesen und er im übrigen anderswo verwendet wird. Das Präsidium kann also z. B. nicht einen Richter einer Kammer „nur für Beschwerden in Privatklagesachen“ zuweisen[18], sondern muß den Richter zu dem Bruchteil einer Richterkraft, der auf die Erledigung der genannten Beschwerden entfällt, zuweisen. Die **Bestimmung des Berichterstatters** innerhalb der Spruch- oder Sitzgruppe bleibt, sofern hiervon nicht im überbesetzten Spruchkörper die Zuweisung einer konkreten Sache an eine bestimmte Besetzung (auch Einzelrichter) der Spruch- oder Sitzgruppe oder die Bestimmung des Einzelrichters abhängt, auch nach der Neureglung des Absatz 1 weiterhin **dem Vorsitzenden überlassen**[19]; nach zutreffender h.M gibt es **keinen „gesetzlichen“ Berichterstatter**[20]. Hierzu bestünde jedenfalls bei – mit zwei oder vier Beisitzern (Strafkammer/-senat) besetzten – erstinstanzlichen Spruchkörpern nicht nur keine aus Art. 101 Abs.1 Satz 2 GG ableitbare Notwendigkeit, vielmehr könnte eine solche Festlegung des Berichterstatters – nicht nur in vereinzelten Fällen – dem Gebot einer sachgerechten und beschleunigten Erledigung der anfallenden Verfahren, insbesondere von schwierigen Umfangsverfahren, die eine umfassende Erfahrung auch des Berichterstatters bei der Verfahrensvorbereitung sowie dem Absetzen der schriftlichen Urteilgründe voraussetzen, entgegenstehen.

15 LR-*Schäfer*[24] 1; s. dazu BGHZ **42** 163, 168.
16 So bzgl. des Vors. nach § 21g a. F: BVerfGE **18** 344, 352; BGHZ **42** 163, 168.
17 *Kissel*[3] 1; so bzgl. des Vors. nach § 21g a. F: RG JW **1938** 311; *Baur* Justizaufsicht und richterl. Unabhängigkeit 27; *Eb. Schmidt* 4; vgl. auch BVerwG NJW 1988 1339.
18 RG JW **1938** 311; *Kissel*[3] 33; **a. M** OLG Schleswig SchlFtA **1956** 332.
19 *Kissel*[3] 41 f; **a. A** *Zöller/Gummer*[22] 4.
20 BGHSt **21** 250 = NJW **1967** 1622; *Baumbach/Lauterbach/Albers*[60] 2, 6; *Kissel*[3] 41; KK-*Diemer*[4] 1; *Kleinknecht/Meyer-Goßner*[45] 2; so auch trotz Annahme einer Anordnungskompetenz des Spruchkörpers nach Absatz 1: *Zöller/Gummer*[22] 4; **a. A** *Katholnigg*[3] 1 mit weit. Nachw.; *Katholnigg* NStZ **1994** 446 f; NJW **1992** 2256, 2258; *Schneider* ZZP **1964** 409, 438; *Wiebel* BB **1995** 1197; im Erg. dieser Meinung aufgrund der Neureglung des § 21g zuneigend *Sowada* 448 ff, 456 ff.

b) Abstimmungsverfahren (Absatz 1 Satz 2). Eine ausdrückliche Regelung über den **Vorsitz bei** der **Beratung und Abstimmung** über die interne Geschäftsverteilung sieht das Gesetz – anders als beim Präsidium – nicht vor. Eine solche Regelung ist auch nicht erforderlich, da es sich um eine richterliche Entscheidungsfindung innerhalb eines Spruchkörpers handelt, für die die allgemeinen Regeln gelten, wonach die Zuständigkeit u. a. für die Anberaumung der Sitzung sowie die Leitung der Beratung und Abstimmung beim **Vorsitzenden** des Spruchkörpers liegt[21]. Für die Abstimmung gilt das **Mehrheitsprinzip**. Bei Stimmengleichheit entscheidet das Präsidium. Der Gesetzentwurf des Bundesrates (BTDrucks. **14** 597) hatte – wie bereits der frühere Bundesratsentwurf einer Vereinfachungsnovelle (BTDrucks. **13** 6398) – noch unter Hinweis auf sonstige vergleichbare gesetzliche Regelungen (§ 320 Abs. 4 Satz 3 ZPO) für den Fall der Stimmengleichheit ein verstärktes Stimmrecht des Vorsitzenden vorgeschlagen. Der Gesetzgeber hat von einer solchen Regelung abgesehen, weil ein verstärktes Stimmrecht des Vorsitzenden der Gleichwertigkeit der Richterämter widerspreche; auch verband er mit der Gesetz gewordenen Regelung die Erwartung, daß hierdurch einvernehmliche Lösungen innerhalb des Spruchkörpers gefördert werden. Ob bei den Beratungen auch der naheliegenden Überlegung nachgegangen worden ist, inwieweit generell die neue Regelung des § 21g Abs. 1 ggf. auch oder sogar eher geeignet ist, Unfrieden in die Spruchkörper hineinzutragen[22], läßt sich den Materialien nicht entnehmen. Es wird abzuwarten bleiben, ob sich die Neuregelung in der Praxis bewährt[23]. 8

c) Verhinderung, Vertretung (Absatz 4). Bei Verhinderung eines Mitglieds des Spruchkörpers an der Beschlußfassung gem. Abs. 1 Satz 1 tritt der geschäftsplanmäßige Vertreter an seine Stelle, d. h. das zum Vertreter berufene Mitglied eines anderen Spruchkörpers. Da die Vertretung nicht aus demselben Spruchkörper erfolgen kann, muß der Verhinderungsfall vom Präsidenten des Gerichts festgestellt werden[24]. Die Vertreterregelung betrifft nicht die Verhinderung des Vorsitzenden, da sich seine Vertretung nach § 21f Abs. 2 richtet, er also durch ein Mitglied des Spruchkörpers zu vertreten wäre, das ohnehin originär als Spruchkörpermitglied an der Beschlußfassung teilnimmt; einen solche Doppelfunktion bei Abstimmungen kennt das Gesetz jedoch nicht. Da es – was der Gesetzgeber offenkundig übersehen hat – für den Vorsitzenden keinen „verfügbaren" Vertreter in seinem eigenen Spruchkörper geben kann, bleiben nur drei Möglichkeiten: **a)** der Vorsitzende wird nicht vertreten, was jedoch so nicht gewollt sein kann, **b)** es findet innerhalb des Spruchkörpers nach den internen Regeln eine Kettenvertretung mit der Folge statt, daß schließlich etwa der Dienstjüngste durch ein Mitglied eines anderen Spruchkörpers vertreten wird, eine überkonstruierte und schon deshalb abzulehnende Lösung, zumal jedes an der Beschlußfassung beteiligte Spruchkörpermitglied lediglich als Vertreter mitwirken würde und des weiteren erscheint es fraglich, ob die interne Vertretungsregelung schon wegen des Normzwecks des Absatz 4 außer Betracht zu bleiben hat[25], und schließlich **c)** der Präsident stellt auch in diesem Falle die Verhinderung fest und bestimmt zugleich einen Vertreter. Nicht nur wegen dieser Regelungslücke erscheint die Vorschrift des Absatz 3 wenig sinnvoll, da hiernach nicht dem Spruchkörper angehörende Richter über die Aufteilung von sie nicht berührenden Geschäften in einem ihnen zudem nicht vertrauten Spruchkörper befinden[26]. Gerade – aber nicht nur – diese **Regelung** ist ein Beispiel dafür, wie **wenig ausgereift** die – offenbar mehr an ideologischen Vorgaben als an sachgerechten Lösungen ausgerichteten – Neuregelungen des Gesetzes 9

---

[21] *Kissel*[3] 25.
[22] Siehe hierzu auch *Zöller/Gummer*[22] 1.
[23] Kritisch *Kleinknecht/Meyer-Goßner*[45] 7.
[24] *Kissel*[3] 36.
[25] *Zöller/Gummer*[22] 13.
[26] *Kleinknecht/Meyer-Goßner*[45] 7.

zur Stärkung der Unabhängigkeit der Richter und Gerichte vom 22.12.1999 (BGBl. I S. 2598) – **Novelle 1999** – sind.

10 **d) Eilzuständigkeit (Absatz 5).** In Eilfällen findet § 21i Abs. 2 entsprechende Anwendung mit der Maßgabe, daß die Anordnungen vom Vorsitzenden zu treffen sind. Er hat die Gründe der Eilentscheidung schriftlich niederzulegen und dem Spruchkörper unverzüglich zur Genehmigung vorzulegen; sie bleibt in Kraft, solange der Spruchkörper nicht anderweitig beschließt.

11 **e) Anhörung (Absatz 6).** Dem Wortlaut der Vorschrift des Absatz 6 ist nicht eindeutig zu entnehmen, welche Fallgestaltungen von dem **Anhörungsrecht** erfaßt werden sollen. Da die nicht verhinderten Berufsrichter eines Spruchkörpers ohnehin an der Beschlußfassung und somit an der vorausgehenden Beratung teilnehmen, macht die Regelung nur Sinn zum einen (soweit möglich) in bezug auf das verhinderte Mitglied des Spruchkörpers, da es von der Beschlußfassung betroffen ist[27], sowie – so ausdrücklich der Bericht des BT-Rechtausschusses (BTDrucks. **14** 1875 S. 13) – die dem Spruchkörper vom Präsidium für das folgende Jahr bereits zugewiesenen Richter, die zum Zeitpunkt der Beschlußfassung dem Spruchkörper jedoch noch nicht angehören; Bedeutung kann das Anhörungsrecht auch für den Fall der bei Stimmengleichheit nach § 21g Abs. 1 Satz 2 erforderlichen Entscheidung des Präsidiums[28] haben.

12 **f) Form (Absatz 7).** Der Beschluß nach Absatz 1 wie auch Änderungsbeschlüsse nach Absatz 2 Halbsatz 2 sind gem. Absatz 7 vollständig schriftlich abzufassen und in entsprechender Anwendung des § 21e Abs. 7 auf der Geschäftsstelle des Spruchkörpers zur Einsicht aufzulegen. Ein Recht zur Einsichtnahme steht nicht nur Verteidigern und Prozeßbevollmächtigten, sondern auch den Parteien selbst zu. Die frühere Diskussion zur Frage des Rechts auf Einsichtnahme[29] ist mit der Einführung des Absatzes 7 gegenstandslos geworden.

3. Grundsätze über die Mitwirkung der Mitglieder (Absatz 2)

13 **a) Bedeutung der „Grundsätze".** Nach § 21g Abs. 1 Satz 1 werden die Geschäfte – entsprechend der Regelung des § 21e Abs. 1 Satz für die Verteilung der Geschäfte auf die Spruchkörper durch das Präsidium – auf die Mitglieder des Spruchkörpers verteilt. Wie dies zu geschehen hat, d. h. inwieweit die Mitglieder des Spruchkörpers an den diesem zugewiesenen Verfahren mitwirken, bestimmt sich nach Absatz 2 Halbsatz 1. Nach seinem Wortlaut (vgl. Rdn. 2) gilt **§ 21g Abs. 2** sowohl für den „überbesetzten" Spruchkörper wie für den Spruchkörper, der nur mit der für Entscheidungen notwendigen Zahl von Mitgliedern (mindestbesetzter Spruchkörper) ausgestattet ist; seine **Bedeutung** beschränkt sich indessen nach herrschender Meinung auf den **„überbesetzten" Spruchkörper** (vgl. hierzu auch § 21e, 10ff), da – abgesehen von den Fällen der Reduktion der Richterbank (§ 76 Abs. 2, § 78b Abs. 1 Nr. 2, § 122 Abs. 2 Satz 2 Alt. 1) – praktisch nur hier „manipulatorische" Einwirkungen des Vorsitzenden auf die Besetzung des im Einzelfall zur Entscheidung berufenen Spruchkörpers denkbar sind[30]. Denn bei einem nur mit der gesetzlichen Mindestzahl besetzten Spruchkörper läßt sich allein durch eine wechselnde Bestellung zum Berichterstatter ernstlich nichts „manipulieren". Die nach dieser Vorschrift erforderliche Bestimmung durch den Beschluß des Spruchkörpers beschränkt

---

27 *Baumbach/Lauterbach/Albers*[60] 8; **a. A** *Zöller/Gummer*[22] 16.

28 *Kronisch* NordÖR **2001** 11, 14.

29 Siehe die Vorauflage LR-*Schäfer*[24] 7.

30 So z. B. BVerwG NJW **1968** 811, 811; *Kissel*[3] 2; **a. M** *Schorn/Stanicki* 184.

sich dem Wortlaut nach auf die Aufstellung von „Grundsätzen", nach denen die Mitglieder in den Verfahren mitwirken.

Nach **früherer h. M** war aufgrund dessen eine vorgeplante „Verteilung der Geschäfte" des Spruchkörpers innerhalb seiner Mitglieder nach Art der Geschäftsverteilung unter die einzelnen Spruchkörper, wie sie dem Präsidium nach § 21e Abs. 1 obliegt, nicht erforderlich[31]. Diese Beschränkung wurde als sinnvoll angesehen, weil die auf längere Zeit („vor Beginn des Geschäftsjahres für dessen Dauer") im voraus nicht übersehbaren tatsächlichen Gegebenheiten, insbes. die Unterschiede im Umfang und in der Art der mit den verschiedenen Sachen verbundenen Arbeit und die Verhinderung der einzelnen Richter z. B. infolge früherer Befassung mit einem Verfahren, durch Krankheit, Urlaub oder andere Ereignisse sich bei der Erledigung der einzelnen Geschäfte erheblich stärker auf den betroffenen Spruchkörper auswirkten als bei der Verteilung der nach Erfahrungszahlen geschätzten Aufgabengruppen auf die gesamten Spruchkörper des Gerichts[32]. Das praktische Bedürfnis – aber auch die dem Vorsitzenden gegenüber den anderen Richtern obliegende Fürsorgepflicht[33] – verlangten, daß der Vorsitzende in der Lage sei, bei der Zuweisung der Sachen auf erhebliche, durch Alter, Gesundheitszustand usw. bedingte Unterschiede in der Belastungsfähigkeit der einzelnen Spruchkörpermitglieder oder eine aus anderen Gründen eingetretene Überbelastung eines einzelnen Richters ausgleichend Rücksicht zu nehmen; ebenso müsse er, wenn einem Spruchkörper verschiedene Spezialmaterien zugewiesen seien oder wenn die gleichen oder ähnliche Spezialfragen in verschiedenen Verfahren auftauchten, die besonderen Kenntnisse und Erfahrungen der einzelnen Spruchkörpermitglieder durch entsprechende Verteilung nutzbar machen können[34]. Diese Auffassung war **an den praktischen Bedürfnissen** des Arbeitsablaufs in einem Spruchkörper **orientiert und gewährleistete**, daß unter Berücksichtigung des Gebots des gesetzlichen Richters einerseits und der individuellen jeweiligen Besonderheiten innerhalb des Spruchkörpers andererseits die anfallenden Aufgaben im Sinne einer **effektiven Erledigung** – wenn aus sachlichen Gründen im Einzelfall erforderlich – flexibel verteilt werden konnten. 14

Nach der **neueren Rechtsprechung** (Rdn. 5) des Bundesverfassungsgerichts, der sich der Bundesgerichtshof angeschlossen hat, sind die Spruchkörper nunmehr jedoch gehalten, ihre Mitwirkungspläne im Sinne einer abstrakt-generellen Vorausbestimmung **bis auf die letzte Regelungsstufe**, auf der es um die Person des konkreten Richters geht, „so genau wie möglich" gestalten; die **Geschäftverteilungs- und Mitwirkungspläne** dürfen **keinen vermeidbaren Spielraum bei der Heranziehung der einzelnen Richters** zur Entscheidung einer Sache lassen; hierbei wird jedoch nicht verkannt, daß es eine sichere Vorausbestimmbarkeit für alle erdenklichen Fälle nicht geben kann[35]. Darüber hinaus sind nach dieser Rechtsprechung Regelungen zulässig, die vorsehen, die zuständige Sitzgruppe oder den für die Entscheidung einer Sache zuständigen Richter nach dem Schwerpunkt des Falles zu bestimmen. Das Bundesverfassungsgericht sieht ferner keine verfassungsrechtliche Bedenken, wenn durch den Beschluß nach Absatz 1 bzw. ggf. den Änderungsbeschluß nach Absatz 2 Halbsatz 2 rechtlich oder tatsächlich zusammen- 15

---

31 BVerfG DRiZ **1970** 269; BGHSt **21** 250 = NJW **1967** 1622 = LM Nr. 1 zu § 69 mit Anm. *Hübner*; BGH MDR **1980** 843; so auch noch LR-*Schäfer*[24] 4.

32 BGHSt **21** 250, 254.

33 BGHSt **29** 162 = NJW **1980** 951; LM Nr. 3 mit Anm. *Hürxthal* und dazu *Kissel*[3] 16; KK-*Diemer*[4] 2 betr. Eingreifen der Dienstaufsicht.

34 KK-*Diemer*[4] 2, 5; LR-*Schäfer*[24] 4; grundsätzlich **a. M** *Seide* NJW **1973** 265; *Kissel*[2] 4: Anwendung gleich strenger Grundsätze wie bei der Geschäftsverteilung durch das Präsidium.

35 *Zöller/Gummer*[22] 6.

hängende Sachen einer von mehreren an sich zuständigen Sitzgruppen zuweist. In diesem Zusammenhang wird auch die Verwendung unbestimmter Rechtsbegriffe wie „Verhinderung", „Schwerpunkt" oder „Sachzusammenhang" nicht ausgeschlossen[36]. Die Forderung nach Bestimmtheit und Konkretisierung ist nur verletzt, wenn die Regelung mehr als nach dem Regelungskonzept notwendig auf solche Begriffe zurückgreift. Daß es im Einzelfall einer der Auslegung bedarf, ist dagegen unschädlich[37]. In der Ausgestaltung der Mitwirkungspläne sind die Spruchkörper frei. Die nach dieser Rechtprechung des Bundesverfassungsgerichts verschärften Anforderungen geben nicht vor, nach welchen Regeln oder Anknüpfungspunkten die Mitwirkung im „gesetzlich" besetzten bzw. im überbesetzten Spruchkörper zu bestimmen ist[38]. So sind insbesondere folgende **Gestaltungsmöglichkeiten** gegeben: **a)** für jedes Mitglied des Spruchkörpers wird nach fixen Merkmalen (Aktenzeichen, Zählkartennummer[39], Anfangsbuchstabe des Namens des – ggf. ältesten – Angeklagten usw.[40]) die Teilnahme an den zu verhandelnden Verfahren unabhängig von der Funktion als Berichterstatter festgeschrieben; **b)** hinsichtlich der Teilnahme eines Richters an einem Verfahren wird an die Person des fest bestimmten Berichterstatters angeknüpft; **c)** die Mitwirkung der jeweiligen Richter bzw. Sitzgruppen wird für jeweils im einzelnen festgelegte Sitzungstage bestimmt, wobei jedoch zusätzlich nach abstrakt-generellen Regeln den Sitzungstagen die zu verhandelnden Sachen zuzuweisen sind, um eine Einflußnahme durch den Vorsitzenden auf die Besetzung der Richterbank hinsichtlich der einzelnen Verfahren durch die Terminierung auszuscheiden[41] (vgl. hierzu auch § 21e, 10ff).

16 **b) Teilzuweisung.** Ist ein **Richter** dem Spruchkörper dauernd **nur mit einem Teil** seiner vollen richterlichen Arbeitskraft **zugewiesen**, so gehört es nicht zu der Verteilungsaufgabe des Spruchkörpers im Rahmen seines Beschlusses aus Absatz 1, nach eigenem Ermessen das Ausmaß der Teildauerverhinderung in den „Grundsätzen" festzulegen; dies ist Aufgabe des Präsidiums bei Aufstellung des Geschäftsverteilungsplans[42]. Über diese quantitative Festsetzung des Ausmaßes der Zuweisung (also etwa „zu 1/3 seiner Gesamtbelastung") hinaus ist es aber nicht Aufgabe des Präsidiums, sondern ausschließlich die des Spruchkörpers nach § 21g, über die Art der Verwendung des Bruchteils innerhalb des Spruchkörpers zu bestimmen[43].

17 **c) Reduzierte Richterbank.** Hinsichtlich der Geschäftsverteilung bei einem u. a. gem. §§ 76 Abs. 2, 122 Abs. 2 Satz 2 fakultativ mit reduzierter Richterbank verhandelnden Spruchkörper ergeben sich zwei **Gestaltungsmöglichkeiten**: **a)** Werden dem Spruchkörper vom Präsidium so viele Richter wie für die nicht reduzierte („normale") Besetzung erforderlich zugewiesen, so ist im Mitwirkungsplan gem. Absatz 1 und 2 die Beteiligung der einzelnen Richter an der Besetzung der reduzierten Sitzgruppe festzulegen. Daß ggf. zwei Sitzgruppen jedoch jeweils mit demselben Vorsitzenden errichtet werden (können), ist verfassungsrechtlich unbedenklich (vgl. hierzu Erl. zu § 21e, 10ff); unzulässig ist allerdings die Errichtung von zwei voneinander völlig getrennten Sitzgruppen für Verfahren mit reduzierter Richterbank[44]. Allein die von der Anzahl gegebene Möglichkeit der Errichtung zweier personell voneinander getrennter „reduzierter" Spruchkörper ist unschädlich[45]; die Frage der Unzulässigkeit der Überbesetzung generell richtet sich

---

36 BVerfGE **95** 322 = NJW **1997** 1499.

37 BVerfGE **95** 322 = NJW **1997** 1499.

38 BVerfGE **95** 322 = NJW **1997** 1499.

39 BFHE **187** 412.

40 Zu Verteilungssystemen *Katholnigg* JR **2000** 165, 166; hierzu auch *Sowada* 320ff.

41 Ausführlich hierzu *Kissel*³ 14, 17.

42 BGHSt **25** 241; dazu § 21e, 16.

43 *Kissel*³ 33 mit Beispielen; KK-*Diemer*⁴ 3.

44 *Kissel*³ 48.

45 **A. A** *Kissel*³ 48; vgl. hierzu § 21e, 10ff.

nämlich nach der „normalen" und nicht nach der reduzierten Besetzung (vgl. Erl. zu § 21e, 11; LR-*Siolek* § 76, 10). Demzufolge genügt zur Regelung der Heranziehung zum Sitzungsdienst bei einem mit einem Richter überbesetzten Spruchkörper nicht mehr eine Bestimmung[46], daß jeweils ein Richter während eines kalendermäßig bestimmten Zeitabschnitts im Sitzungsdienst aussetzt und in welcher Reihenfolge das geschieht, z. B. daß wochenweise wechselnd, in der Reihenfolge des Dienstalters, beginnend mit dem Dienstältesten ein Beisitzer aussetzt[47]; genügend ist auch nicht mehr eine Bestimmung, daß zwei an einer Sitzung beteiligte Berichterstatter an der Entscheidung aller in der Sitzung anstehenden Sachen mitzuwirken haben[48], denn insoweit ist nunmehr zusätzlich die Klarstellung erforderlich, welcher Richter je nach Terminierung an welchem Verfahren teilnimmt. **b)** Das Präsidium kann bereits im Jahresgeschäftsverteilungsplan eine differenzierte Regelung dahingehend treffen, daß dem Spruchkörper (große Strafkammer, erstinstanzlicher Strafsenat) die Beisitzer beschränkt auf die jeweilige Besetzung zugewiesen werden; so könnte eine große Strafkammer grundsätzlich mit dem Vorsitzenden und einem Beisitzer, ein erstinstanzlicher OLG-Strafsenat mit dem Vorsitzenden und zwei Beisitzern besetzt und ergänzend vorgesehen werden, daß für die Eröffnungsberatungen, bei denen zugleich über die Frage der reduzierten bzw. nicht-reduzierten Richterbank zu entscheiden ist, sowie für die Hauptverhandlung mit nicht-reduzierter Richterbank jeweils zwei bzw. ein weiterer Beisitzer zugewiesen wird[49]. Eine solche Regelung erscheint jedoch wenig praktikabel und von vornherein mit nicht übersehbaren Abstimmungsschwierigkeiten belastet, da die ergänzend hinzutretenden Richter für den Fall der Verhandlung mit einer nicht-reduzierten Richterbank den ihnen sonst zugewiesenen Aufgaben bzw. Spruchkörpern für eine gewisse Zeit nur noch eingeschränkt oder überhaupt nicht zur Verfügung stehen. Auch erscheint es nicht ganz fernliegend, daß solche Umstände in die Entscheidungen über die Frage der Besetzung nach §§ 76 Abs. 2, 122 Abs. 2 Satz 2 (wenn auch unzulässigerweise) mit einfließen.

d) Berichterstatter. Auch unter den durch das Bundesverfassungsgericht verschärften Anforderungen an die spruchkörperinterne Geschäftsverteilung zwingt Absatz 2 nicht dazu, im voraus bindend festzulegen, welcher Richter jeweils zum **Berichterstatter** in den einzelnen Sachen bestimmt wird[50], soweit hiermit nicht die Zusammensetzung der jeweiligen Sitzgruppe beim überbesetzten Spruchkörper verknüpft ist (Rdn. 7), was sich jedoch etwa in erstinstanzlichen Verfahren nicht anbietet und wohl auch unüblich ist. Die Benennung des Berichterstatters gehört demgemäß auch nicht zum Inhalt der Besetzungsmitteilung nach § 222a StPO. **18**

e) Vertretung. Zum Inhalt einer Anordnung nach Absatz 2 gehört die der Vertretung der Spruchkörpermitglieder (Beisitzer) untereinander. **19**

f) Änderungsbeschluß (Absatz 2 Halbsatz 2). Für den Änderungsbeschluß nach Absatz 2 Halbsatz 2 gelten dieselben Anforderungen wie für den vor Beginn des Geschäftsjahres getroffenen Beschluß gem. Absatz 1. Nach der **früher h. M**[51] waren an die Verteilung der Geschäfte wie auch an die **Änderung der Anordnung** mindere Anforderungen zu stellen als im Falle des § 21e Abs. 3; so war es nach der früheren h. M zulässig, daß der Vorsitzende im **Einzelfall** bei einer vorübergehenden Verhinderung von der internen **20**

---

[46] So noch LR-*Schäfer*[24] 5.

[47] BGHSt **21** 250, 255.

[48] BVerwG DVBl. **1965** 947.

[49] Vgl. hierzu ausführlich *Kissel*[3] 133.

[50] BGHSt **21** 250, 255; BGH bei Dallinger MDR **1973** 903; BGH MDR **1980** 843; BVerwGE **24** 315 = NJW **1967** 642; *Naumann* NJW **1963** 1701, 1703; *Kleinknecht* JZ **1965** 162; *Wolf*[6] S. 61, 149; einschränkend beim überbesetzten Spruchkörper BVerwG NJW **1968** 811; *Kissel*[4] 14; **a. M** *Bettermann* AöR 1969 306; *Schorn/Stanicki* 188.

[51] So noch LR-*Schäfer*[24] 5.

Geschäftsverteilung ohne Änderung der generellen Anordnung abwich[52]. Änderungen getroffener Anordnungen und überhaupt Verteilungsmaßnahmen des Vorsitzenden wurden nur dann für unzulässig gehalten, wenn sie willkürlich, also aus sachfremden und mit dem Grundgedanken des gesetzlichen Richters nicht zu vereinbarenden Erwägungen erfolgten[53]. Für diese Auffassung dürfte in Ansehung der neueren Rechtsprechung die Grundlage entfallen sein[54]. Eine **Änderung nach Absatz 2 Halbsatz 2** ist lediglich im Falle der Überlastung, ungenügenden Auslastung, eines Wechsels oder dauernder Verhinderung einzelner Mitglieder des Spruchkörpers möglich (vgl. zu weiteren Änderungsanlässen § 21e, 44). Abweichungen vom Mitwirkungsplan im Einzelfall – soweit nicht ein Vertretungsfall gegeben ist – sind unzulässig, da § 21g auch innerhalb des Spruchkörpers den Grundsatz des gesetzlichen Richters zu sichern hat. Daher ist es weder dem Vorsitzenden noch dem Spruchkörper gestattet, vom Mitwirkungsplan aus beliebigen sachlichen Gründen abzuweichen[55]. Im Falle einer Änderung nach Absatz 2 Halbsatz 2 kann allerdings – wie auch bei einer Änderung des Mitwirkungsplans für das neue Geschäftsjahr – in entsprechender Anwendung des § 21e Abs. 4 angeordnet werden, daß der in einer Sache bereits einmal zuständig gewesene Richter auch weiterhin zuständig bleibt[56].

21 **g) Folgen der Nichtbeachtung des Absatzes 2.** Der betroffene Richter, unabhängig ob er – als überstimmtes Mitglied des Spruchkörpers – an dem Beschluß mitgewirkt hat oder nicht bzw. ob er vertreten worden ist, kann ggf. nach den für die Geschäftsverteilung durch das Präsidium geltenden Grundsätzen (vgl. § 21e, 79f) die **Verwaltungsgerichte** anrufen[57].

22 Mit der Revision konnte bislang im Rahmen der **Besetzungsrüge** gem. § 338 Nr. 1 StPO eine Abweichung von den aufgestellten „Grundsätzen" nur gestützt werden, wenn geltend gemacht wurde, daß es sich um eine willkürliche oder sonst mißbräuchliche Nichteinhaltung handelte[58]. Der Bundesgerichtshof hat jedoch nunmehr in Ansehung der neueren Rechtsprechung des Bundesverfassungsgerichts eine Revision bereits deshalb als begründet angesehen, weil im Mitwirkungsplan der Strafkammer nur geregelt war, welche Richter an welchen Sitzungstagen mitzuwirken haben, und erst die Terminierung der einzelnen Sache zu deren Zuordnung hinsichtlich der jeweils beteiligten Richter führte[59].

4. Bestellung des Einzelrichters (Absatz 3)

23 Absatz 3 stellt eine Sonderregelung für die Bestellung eines Einzelrichters im Zivilprozeß dar und findet auf Strafsachen keine Anwendung.

---

52 BGHSt **29** 162 = NJW **1980** 951; LM Nr. 3 mit Anm. *Hürxthal;* LR-*Schäfer*[24] 5.

53 S. BGHSt **20** 355; BGH NJW **1964** 159; OLG München MDR **1975** 584; *Erdsiek* NJW **1959** 618; *Kern* DRiZ **1959** 142.

54 *Kissel* NJW **2000** 460, 463.

55 *Baumbach/Lauterbach/Albers*[60] 7.

56 BGHSt **27** 105 = NJW **1977** 965; NJW **1987** 124; *Rieß* DRiZ **1977** 291; *Baumbach/Lauterbach/Albers*[60] 7; MünchKomm-*Wolf*[2] 6.

57 *Zöller/Gummer*[22] 18.

58 BGHSt **21** 250, 255; **29** 162 = NJW **1980** 951 und dazu LR-*Hanack* § 338 StPO, 24.

59 BGH NJW **2000** 371 = JR **2000** 166 mit Anm. *Katholnigg*.

§ 21h

[1]Der Präsident oder aufsichtführende Richter wird in seinen durch dieses Gesetz bestimmten Geschäften, die nicht durch das Präsidium zu verteilen sind, durch seinen ständigen Vertreter, bei mehreren ständigen Vertretern durch den dienstältesten, bei gleichem Dienstalter durch den lebensältesten von ihnen vertreten. [2]Ist ein ständiger Vertreter nicht bestellt oder ist er verhindert, wird der Präsident oder aufsichtführende Richter durch den dienstältesten, bei gleichem Dienstalter durch den lebensältesten Richter vertreten.

Schrifttum. *Schorn/Stanicki* Die Präsidialverfassung der Gerichte aller Rechtswege[2] (1975) 115f.

Entstehungsgeschichte. § 21h beruht – in seiner auch durch die Novelle 1999 unverändert gebliebenen – Fassung auf Artikel II Nr. 4 des Gesetzes zur Änderung der Bezeichnungen der Richter und ehrenamtlichen Richter und der Präsidialverfassung der Gerichte vom 31.5.1972 (BGBl. I S. 841) – **Reform 1972** –.

Übersicht

1. Geltungsbereich – justizförmige Verwaltungsaufgaben. § 21h regelt[1] nur die Vertretung des Präsidenten (bzw. aufsichtführenden Richters) ausschließlich in den ihm nach dem GVG obliegenden Geschäften, die nicht (gemäß § 21e Abs. 1 Satz 1, Abs. 3, 4) durch das Präsidium zu verteilen sind und soweit es sich nicht um Aufgaben der Rechtsprechung handelt. In Betracht kommen somit nur die Geschäfte des GVG, die der Präsident in richterlicher Unabhängigkeit als sog. **justizförmige Verwaltungsaufgaben** (siehe hierzu LR-*Rieß* Einl. Abschn. I, 14ff; LR-*Schäfer*[24] Einl. Kap. 8, 11ff) wahrnimmt[2], also Aufgaben im Rahmen der gerichtlichen Selbstverwaltung, insbesondere der Vorsitz im Präsidium, § 21a Abs. 2, die Eilentscheidungen nach § 21i Abs. 2 sowie die Aufgaben nach § 22a. § 21h erfaßt jedoch – trotz des weitergehenden Wortlauts – nicht auch die Tätigkeit, die er als Organ der Justizverwaltung ausübt[3]. Daher gilt § 21h nicht für die Vertretung bei Ausübung der Dienstaufsicht, und zwar auch nicht im Falle des § 22 Abs. 3, auch wenn diese Vorschrift Fragen der Dienstaufsicht beim Amtsgericht regelt, denn die Dienstaufsicht ist, gleichviel über welches Gericht sie ausgeübt wird, „reine" Justizverwaltungstätigkeit (vgl. LR-*Siolek* § 22, 37). 1

2. Vertretung in „reinen" Justizverwaltungsaufgaben. Die Vertretung des Präsidenten in Angelegenheiten der „reinen" Justizverwaltung regelt sich nach den als Landesrecht weitergeltenden §§ 13, 14 GVGVO 1935, soweit sie nicht durch neue landesrechtliche 2

---

[1] Zur früheren Regelung vgl. LR-*Schäfer*[24] 1.

[2] BGHSt **25** 257 = NJW **1974** 509.

[3] BGH aaO.

Vorschriften überholt sind[4]. Dabei steht es dem Landesrecht frei, zu bestimmen, daß der Vertreter i. S. des § 21h gleichzeitig auch der Vertreter bei der Wahrnehmung der Justizverwaltungsaufgaben ist[5]. Fraglich kann dabei nur sein, wie die Grenze zwischen „justizförmiger" und „reiner" Justizverwaltungstätigkeit zu ziehen ist. Anerkannt ist z.B., daß außer der Ausübung der Dienstaufsicht (auch über die Amtsgerichte; Rdn. 1) auch die Bestimmung der für das Amts- oder Landgericht erforderlichen und vom Wahlausschuß beim Amtsgericht (§ 40) zu wählenden Zahl von Schöffen (§ 43 Abs. 1, § 77 Abs. 2) und die für das ganze Jahr im voraus erfolgende Festlegung der Tage der ordentlichen Sitzungen (§ 45) zur „reinen" Justizverwaltung gehört.

3 **Meinungsverschiedenheiten** bestanden dagegen bzgl. der Auslosung der Hauptschöffen für die einzelnen ordentlichen Sitzungen, die durch den Richter beim Amtsgericht (§ 45 Abs. 3) bzw. den Präsidenten des Landgerichts (§ 77 Abs. 3) zu erfolgen hat. Mit dem Bundesgerichtshof[6] ist auch die Auslosung als ein „reiner" Justizverwaltungsakt zu bewerten[7], weil sie sich „noch im Vorfeld der Laienrichterbestimmung abspielt" und „als bloßer formaler Akt dem alleinigen Zweck (diene), daß nur der Zufall, nämlich das Los darüber entscheidet, welche Laienrichter als gesetzliche Richter zur Aburteilung einer Straftat berufen sind". Der Gegenmeinung[8] erscheint dies nicht überzeugend. Das Argument des „Abspielens im Vorfeld" habe kein Gewicht, denn auch die Wahl der Schöffen durch den Wahlausschuß des § 40 spiele sich – und in noch größerer Entfernung – im Vorfeld der Laienrichterbestimmung ab, und doch könne nicht zweifelhaft sein, daß der den Vorsitz führende Richter beim Amtsgericht in richterlicher Unabhängigkeit handle[9]. Die Frage, ob die Auslosung „justizförmige" oder „reine" Verwaltungstätigkeit ist, hat allerdings letztlich mehr dogmatische als praktische Bedeutung[10].

4 **3. Verhältnis zu § 21e Abs. 1 Satz 2, 21f Abs. 2.** Unberührt bleibt § 21e Abs. 1 Satz 2, wonach nur der Präsident (aufsichtführende Richter) persönlich bestimmt, welche richterlichen Aufgaben er wahrnimmt, ferner § 21f Abs. 2 über die Vertretung des Präsidenten, wenn er als Vorsitzender eines Spruchkörpers verhindert ist.

5 **4. Gegenstand der Vertretung.** In Betracht kommen hiernach für § 21h die Tätigkeiten (vgl. Rdn. 1), die dem Präsidenten als Vorsitzendem des Präsidiums (§ 21a Abs. 2 Satz 1, § 21c Abs. 1 Satz 1, § 21i Abs. 2) oder die ihm nach §§ 43, 58 Abs. 2, § 77 Abs. 2, 3 obliegen. In allen Fällen ist der Präsident Organ der Rechtspflege, der in richterlicher Unabhängigkeit handelt[11]; infolgedessen bedurfte es für diese Geschäfte einer gesetzlichen Regelung der Vertretung.

6 **5. Vertretungsgründe.** Nach § 21c Abs. 1 wird der Präsident (aufsichtführende Richter) in seiner Eigenschaft als Vorsitzender des Präsidiums (§ 21a Abs. 2 Satz 1) nur gemäß § 21h vertreten, wenn er verhindert ist, d. h. durch Umstände irgendwelcher Art nicht in der Lange ist, selbst die einem Vorsitzenden des Präsidiums obliegenden Aufgaben wahrzunehmen. Zu diesen Aufgaben gehören auch die in § 21i Abs. 2 bezeichneten Eilmaßnahmen; auch hier handelt der Präsident (Aufsichtsrichter) als Vorsitzender

---

4 BGH aaO.

5 So z.B. § 7 Abs. 2 Bad.-Württ. AGGVG vom 16. 12. 1975, GBl. 868.

6 BGHSt **25** 257, 259 = JR **1975** 206 mit krit. Anm. *Kohlhaas.*

7 So die heute h. M, vgl. *Eb. Schmidt* § 45, 9; *Kissel*[3] 1; *Kleinknecht/Meyer-Goßner*[45] 1.

8 So noch LR-*Schäfer*[24] 3 mit weit. Nachw.

9 BGH NJW **1980** 2364 mit zust. Anm. *Katholnigg* NStZ **1981** 232; § 40, 2.

10 BGHSt **25** 258 unter d; dazu krit. *Katholnigg* NStZ **1981** 32.

11 BVerfGE **25** 337, 348; BGHSt **21** 40, 44; *Bettermann* in Die Grundrechte III 2 551.

des Präsidiums, das er vertritt. Die Entscheidung, wann ein Verhinderungsgrund vorliegt, trifft, wenn der Grund nicht offensichtlich ist (Krankheit, Urlaub usw.) der Präsident selbst (s. dazu auch § 21f, 20f). Bei den übrigen Rdn. 5 bezeichneten Geschäften ist nicht Voraussetzung einer Vertretung nach § 21h, daß der Präsident verhindert ist; er ist daher befugt, generell und im voraus zu bestimmen, welche Geschäfte von dem Vertreter wahrgenommen werden können. Doch darf die Vertretungsmöglichkeit, wenn der Präsident durch Tod oder Pensionierung usw. aus seinem Amt ausgeschieden ist, nicht dazu benutzt werden, die Vorschriften (§§ 59, 115, 124) zu umgehen, wonach die Kollegialgerichte einen Präsidenten haben müssen[12].

6. Der Vertreter. Vertreten wird der Präsident entweder durch einen eigens bestellten **7**
„ständigen Vertreter" oder durch einen unmittelbar vom Gesetz bestimmten Vertreter. Den ständigen Vertreter (Vizepräsident) bestellt die Justizverwaltung. Ist im Haushaltsplan eine Planstelle für einen ständigen Vertreter vorgesehen, so liegt in der Einweisung in diese Stelle ohne weiteres die Bestellung zum ständigen Vertreter. Eine Bestellung von zwei und mehr ständigen Vertretern, die § 21h ausdrücklich vorsieht, kann auch in der Form erfolgen, daß die mehreren Vertreter oder einer von ihnen jeweils nur für Teilgebiete des Aufgabenbereichs des Präsidenten bestellt werden[13]. Ist kein ständiger Vertreter bestellt, oder ist der Bestellte verhindert, so vertritt kraft Gesetzes der dienstälteste Richter (§ 20 DRiG). Den Ausschlag gibt das höhere Endgrundgehalt; ein Vorsitzender Richter ist also stets dienstälter als ein anderer Richter[14]. Ist auch der Dienstälteste verhindert, so vertritt der nächstdienstälteste Richter den Präsidenten. Stets muß es sich um einen auf Lebenszeit bei dem Gericht ernannten Richter handeln[15]. Der Präsident ist (anders als bei Justizverwaltungsgeschäften) nicht berechtigt, einen anderen Richter mit seiner Vertretung in einer der hier fraglichen Angelegenheiten zu beauftragen[16]. Der Begriff der Verhinderung ist hier der gleiche wie in § 21f Abs. 2.

§ 21i

(1) Das Präsidium ist beschlußfähig, wenn mindestens die Hälfte seiner gewählten Mitglieder anwesend ist.

(2) [1]Sofern eine Entscheidung des Präsidiums nicht rechtzeitig ergehen kann, werden die in § 21e bezeichneten Anordnungen von dem Präsidenten oder aufsichtführenden Richter getroffen. [2]Die Gründe für die getroffene Anordnung sind schriftlich niederzulegen. [3]Die Anordnung ist dem Präsidium unverzüglich zur Genehmigung vorzulegen. [4]Sie bleibt in Kraft solange das Präsidium nicht anderweit beschließt.

Schrifttum. *Schorn/Stanicki* Die Präsidialverfassung der Gerichte aller Rechtswege[2] (1975) 160ff.

---

[12] RGSt **64** 6.
[13] BGHSt **12** 11 = NJW **1958** 1503; BGHSt **12** 35.
[14] So auch *Kissel*[3] 6.
[15] BGHSt **13** 262, 265.
[16] RGSt **41** 186; **60** 32.

Entstehungsgeschichte. § 21i beruht – in seiner auch durch die Novelle 1999 unverändert gebliebenen – Fassung auf Artikel II Nr. 4 des Gesetzes zur Änderung der Bezeichnungen der Richter und ehrenamtlichen Richter und der Präsidialverfassung der Gerichte vom 31. 5. 1972 (BGBl. I S. 841) – **Reform 1972** – . Zur Entstehungsgeschichte der Absätze 1 und 2 im einzelnen siehe die Erläuterungen zu Rdn. 1, 6.

Übersicht

I. Beschlußfähigkeit des Präsidiums (Absatz 1)

1 **1. Entstehungsgeschichte des Absatz 1.** Über die Beschlußfassung des Präsidiums enthielt das Gesetz früher lediglich die – mit der Reform 1972 in § 21e Abs. 7 a. F wiederkehrende und durch die Novelle 1999 durch (formalen) Wegfall des Stichentscheids (vgl. hierzu § 21e, 62) geänderte – Vorschrift des § 64 Abs. 4 a. F, daß das Präsidium nach Stimmeneinheit entscheide und bei Stimmengleichheit die Stimme des Präsidenten den Ausschlag gebe. In Ermangelung einer die Beschlußfähigkeit regelnden Vorschrift wurde angenommen, daß es weder der Anwesenheit aller Mitglieder noch eines bestimmten Teils davon bedürfe; theoretisch war danach das Präsidium selbst dann beschlußfähig, wenn nur ein Mitglied erschien. Der Reg. Entw. des PräsVerfG – Reform 1972 – sah folgende Fassung des § 21i Abs. 1 vor: „Das Präsidium ist auch beschlußfähig, wenn einzelne Mitglieder verhindert sind." Diese wenig klare Vorschrift konnte dahin verstanden werden, daß sie die bis dahin praktizierte Auslegung legalisieren oder allenfalls dahin abschwächen wolle, es müßten wenigstens zwei Mitglieder anwesend sein. Seine jetzige – durch die Novelle 1999 unveränderte – Fassung erhielt Absatz 1 durch den BT-Rechtsausschuß; er ging dabei davon aus, daß „eine hinreichende Legitimation des Präsidiums nur gegeben (sei), wenn mindestens die Hälfte seiner Mitglieder zugegen ist"[1].

2 **2. Beschlußfähigkeit.** Die Beschlußfähigkeit setzt nach dem Gesetzeswortlaut voraus, daß die **Hälfte der „gewählten" Richter** anwesend ist. Diese Formulierung bedeutet nicht, daß diese Regelung nur das repräsentative, „gewählte" und nicht auch die wählbaren Richter des Plenarpräsidiums erfaßt. Mit der Gesetzesformulierung wird lediglich der Gegensatz zum Vorsitzenden als Mitglied „kraft Amtes" zum Ausdruck gebracht. Auch wenn der Vorsitzende des Präsidiums an dieser Stelle nicht erwähnt ist, kann daraus nicht geschlossen werden, daß, wenn die Hälfte der gewählten Mitglieder anwesend ist, es für die Beschlußfähigkeit des Präsidiums ohne Bedeutung sei, ob auch der Präsi-

---

[1] Bericht des BTRAussch. BTDrucks. VI 2903 S. 5.

dent (aufsichtführende Richter) oder sein Vertreter (§ 21c Satz 1) anwesend ist[2]. Eine solche Auslegung widerspricht dem § 21a Abs. 1, wonach das Präsidium aus dem Präsidenten als Vorsitzendem und einer bestimmten Zahl gewählter Richter besteht; auch die frühere Fassung des § 21e Abs. 7, wonach – abgesehen von dem Prinzip der grundsätzlichen Entscheidung des Präsidiums mit Stimmenmehrheit – bei Stimmengleichheit die Stimme des Vorsitzenden den Ausschlag gab, setzte die Anwesenheit des Präsidenten als selbstverständlich voraus. § 21i Abs. 1 regelt also nur, welcher Zahl von gewählten Mitgliedern es – außer dem Vorsitzenden – zur Beschlußfähigkeit bedarf[3]. Eine Präsidiumssitzung kann **bei Abwesenheit des Präsidenten** oder seines Vertreters **nicht** stattfinden. Beschlußfähig ist das Präsidium z. B. eines Gerichtes mit mindestens achtzig Planstellen (§ 21a Abs. 2 Nr. 1) bei Anwesenheit von fünf der zehn gewählten Richter außer dem Präsidenten; dies gilt hinsichtlich der Gerichte mit niedrigerer Richterplanstellenzahl gemäß den Richtwerten des § 21a Abs. 2 entsprechend. Eine Vertretung findet bei Verhinderung eines gewählten Mitglieds nicht statt (§ 21c Abs. 1 Satz 3).

Nicht ausdrücklich geregelt ist die **Beschlußfähigkeit** des **Plenarpräsidiums**, also des aus den wählbaren Richtern bestehenden Präsidiums (§ 21a Abs. 2 Nr. 5); hier ist § 21i Abs. 1 entsprechend anwendbar. Das Präsidium bei einem Gericht mit höchstens sieben Richterplanstellen ist nur beschlußfähig bei Anwesenheit der Hälfte der wählbaren Richter; d. h. bei sieben wählbaren Richtern müssen nach dem Sinn des Gesetzes vier Präsidiumsmitglieder anwesend sein, denn bei einer ungeraden Mitgliederzahl muß die rechnerische Hälft stets überschritten werden („*mindestens* die Hälfte")[4]. Zu dem für die Berechnung der Beschlußfähigkeit maßgebenden Mitglieder-Quorum zählt in entsprechender Anwendung des § 21i Abs. 1 auch der aufsichtführende Richter, da gemäß § 22a der Präsident des übergeordneten Landgerichts oder eines anderen Amtsgerichts und nicht der gemäß § 22 Abs. 3 Satz 2 aufsichtführende Richter Vorsitzender des gemäß § 21a Abs. 2 Nr. 5 gebildeten Präsidiums ist (vgl. § 22a, 3). 3

3. Fehlende Beschlußfähigkeit. Ist das Präsidium **nicht beschlußfähig,** so muß eine neue Sitzung einberufen werden. In Eilfällen trifft der Präsident gemäß § 21i Abs. 2 die erforderlichen Anordnungen anstelle des Präsidiums. Vgl. im übrigen § 21e, 62ff. 4

4. Beschlußfassung. Zur Beschlußfähigkeit genügt zwar bereits die *Anwesenheit* der Hälfte der gewählten Richter. Hieraus kann jedoch nicht geschlossen werden, daß ihre Beteiligung an Beratung und Abstimmung ist nicht erforderlich sei und ein Beschluß danach auch dann zustande komme, wenn etwa nur ein Mitglied beschließt und alle übrigen Anwesenden sich der Stimme enthalten[5]. Aus der besonderen Bedeutung der Funktion und Aufgaben des Präsidiums folgt, daß Stimmenthaltung nicht zulässig ist (vgl. hierzu § 21e, 66). 5

II. Eilmaßnahmen (Absatz 2)

1. Entstehungsgeschichte des Absatz 2. Absatz 2 hat ein Vorbild in dem früheren (nur die Präsidenten der Amtsgerichte betreffenden) § 22c Abs. 3 a. F und ersetzte in verallgemeinerter und zugleich einschränkender Form den § 67 a. F („Bei Verhinderung des 6

[2] **A. A** *Baumbach/Lauterbach/Albers*[60] 2; so auch noch LR-*Schäfer*[23] 2.
[3] So auch *Kissel*[3] 3; *Schorn/Stanicki* 161; *Katholnigg*[3] 1.
[4] MünchKomm-*Wolf*[2] 3.
[5] So noch LR-*Schäfer*[24] 3.

regelmäßigen Vertreters eines Mitgliedes wird ein zeitweiliger Vertreter durch den Präsidenten bestimmt"). Gegen die Verfassungsmäßigkeit des § 67 a. F bestanden – unter dem Gesichtspunkt des gesetzlichen Richters – keine Bedenken, weil der Präsident nicht als Organ der Justizverwaltung, sondern in richterlicher Unabhängigkeit tätig wurde[6]. Dies gilt erst recht für § 21i Abs. 2, der durch seine Stellung und seinen Wortlaut deutlich macht, daß der Präsident (aufsichtführende Richter) in seiner Eigenschaft als Vorsitzender des Präsidiums in Eilfällen die notwendigen Maßnahmen trifft, die das Präsidium nicht rechtzeitig treffen kann[7].

7 **2. Anwendungsgebiet.** § 21i Abs. 2 will, indem er den Präsidenten (aufsichtführenden Richter) in seiner Eigenschaft als Vorsitzender des Präsidiums zum „Notvertreter" bestellt, in einer rechtsstaatlichen Bedürfnissen angemessenen Weise Abhilfe in den Fällen schaffen, in denen eine Entscheidung des Präsidiums bis zu einem bestimmten Zeitpunkt oder für eine bestimmte Gelegenheit ergehen müßte, aber nicht rechtzeitig ergehen kann, sei es, daß es aus Zeitgründen nicht möglich ist, rechtzeitig die Beschlußfassung in einer Sitzung oder im Umlaufweg herbeizuführen, sei es, weil die Bemühungen, einen Beschluß des Präsidiums herbeizuführen, daran scheitern, daß Beschlußunfähigkeit des Präsidiums vorliegt (§ 21i Abs. 1) oder trotz Beschlußfähigkeit eine Mehrheit der abgegebenen Stimmen nicht zustande kommt (etwa: von fünf anwesenden Mitgliedern stimmt jeder für eine andere Lösung bzw. bei Stimmengleichheit, § 21e Abs. 7 Satz 2). Anders als § 67 a. F, der nur einen eng umgrenzten Bereich regelte, und in Erweiterung des nur für das Amtsgericht geltenden § 22c Abs. 3 a. F auf alle Gerichte, bezieht sich § 21i Abs. 2 nicht nur auf den Fall, daß eine Änderungsanordnung nach § 21e Abs. 3 nicht rechtzeitig ergehen kann, sondern auf alle nach § 21e vom Präsidium zu treffenden Anordnungen, also auch auf den Fall, daß der vor Beginn des Geschäftsjahres aufzustellende Geschäftsverteilungsplan nicht rechtzeitig zustande kommt. Sinngemäß gilt § 21i Abs. 2 – über seinen Wortlaut („in § 21e bezeichneten Anordnungen") hinaus – auch für die sonstigen außerhalb des § 21e bezeichneten Aufgaben des Präsidiums (vgl. § 21e, 2). Im allgemeinen aber wird die Bestellung eines zeitweiligen Vertreters den Hauptanwendungsfall des § 21i Abs. 2 bilden, wenn der im Geschäftsverteilungsplan bestimmte Vertreter eines Beisitzers (§ 21e Abs. 1) seinerseits verhindert ist (unten Rdn. 12).

8 **3. Prüfungszuständigkeit des Präsidenten.** Ob die Voraussetzungen des Absatzes 2 vorliegen, also eine Entscheidung des Präsidiums nicht rechtzeitig ergehen kann, hat der Präsident nach pflichtgemäßem Ermessen und in eigener Verantwortung zu prüfen und zu entscheiden. Ist die Eilbedürftigkeit, die sich daraus ergeben kann, daß der Präsident verspätet von den die Notwendigkeit der Vertreterbestellung begründeten Umständen Kenntnis erlangt, nicht offensichtlich, so muß er zuvor Ermittlungen anstellen. Die Gründe, die ihn veranlaßt haben, seine Regelungsbefugnis anzunehmen und eine Maßnahme dieses Inhalts zu treffen, sind gemäß § 21i Abs. 2 S. 2 schriftlich zum Zwecke der Nachprüfbarkeit niederzulegen; es genügt eine knappe Begründung, die das Wesentliche erkennen läßt. In der Revisionsinstanz ist unter dem Gesichtspunkt des § 338 Nr. 1 StPO nur nachprüfbar, ob der Präsident die rechtlichen Voraussetzungen seines Eingreifens nach § 21i Abs. 2 verkannt hat oder ob Ermessensmißbrauch vorliegt; ob die von ihm angenommenen tatsächlichen Voraussetzungen vorlagen und ob er von seiner Anordnungsbefugnis zweckmäßigen Gebrauch gemacht hat, entzieht sich der Nachprüfung[8].

---

[6] BGH bei *Holtz* MDR **1977** 461.

[7] BVerfG NJW **1982** 29 = NStZ **1982** 37.

[8] BGH bei *Holtz* MDR **1977** 461; LR-*Hanack* § 338 StPO, 27; dazu Rdn. 10.

Sind aber gebotene vorherige Feststellungen, ob die Voraussetzungen eines Eingreifens nach § 21i Abs. 2 gegeben seien, unterblieben oder nur von einem zu Anordnungen nach § 21i Abs. 2 nicht befugten Richter getroffen worden, so können sie nicht durch nachträgliche dienstliche Äußerungen des Präsidenten ersetzt werden[9].

4. Keine Übertragung der Befugnisse aus § 21i Abs. 2. Im Fall des § 21i Abs. 2 vertritt der Präsident das Präsidium in seiner Eigenschaft als dessen Vorsitzender (§ 21a Abs. 2 Satz 1). Er handelt also nicht als Organ der Justizverwaltung, sondern, wie die Mitglieder des Präsidiums, als Rechtspflegeorgan in richterlicher Unabhängigkeit (vgl. § 21e, 6). Daraus folgt, daß nur der Präsident selbst (im Fall seiner Verhinderung der in § 21h bezeichnete Vertreter) Anordnungen nach § 21i Abs. 2 treffen kann[10]; eine Übertragung der Befugnis auf andere Richter – etwa bei der Bestellung einstweiliger Beisitzervertreter auf die Vorsitzenden Richter der beteiligten Spruchkörper – ist unzulässig[11]. 9

5. Vorlage an das Präsidium (Absatz 2 Satz 3). Die getroffene Anordnung ist dem Präsidium unverzüglich (ohne schuldhaftes Zögern, § 121 BGB) „zur Genehmigung" vorzulegen. Die Worte „zur Genehmigung" fehlten im Reg. Entw. des PräsVerfG; sie sind erst von BT-Rechtsausschuß eingefügt worden; sie sollen der Klarstellung dienen[12]. Tatsächlich wirken sie eher verwirrend, indem sie geeignet sind, den Eindruck zu erwecken, als könne das Präsidium durch Erteilung seiner Genehmigung einer Anordnung, die ohne die in Absatz 2 Satz 1 bezeichnete Voraussetzung getroffen wurde, rückwirkend Wirksamkeit verleihen, während umgekehrt eine Versagung der Genehmigung die entgegengesetzte Wirkung habe. In Wirklichkeit bedeutet „zur Genehmigung" nur „zur Prüfung", nämlich ob die Anordnung für die Zukunft aufrechtzuerhalten, abzuändern oder aufzuheben ist. Bei Änderung der Anordnung des Präsidenten gilt die Einschränkung des § 21e Abs. 3 nicht; diese Vorschrift bezieht sich nur auf Änderungen des Geschäftsverteilungsplans, den das Präsidium selbst beschlossen hat. Bei Anordnungen für vorübergehende Situationen, die inzwischen erledigt sind, hat die Vorlegung überdies nur die Bedeutung einer nachträglichen Kontrolle des Präsidiums, ob sich der Präsident in den Grenzen seiner Anordnungsbefugnis gehalten hat, welche Folgerungen daraus für künftige Fälle zu ziehen sind usw., ohne daß sich Rückwirkungen für den rechtlichen Bestand einer auf die Anordnung sich gründenden gerichtlichen Entscheidung ergeben, wenn die Anordnung wirksam (Rdn. 8) getroffen war[13]. 10

6. Bestellung zeitweiliger Vertreter

a) Grundsatz. Hinsichtlich des früher in § 67 a. F geregelten Falles der Bestellung eines zeitweiligen Vertreters sind in Rechtsprechung und Schrifttum die nachstehenden Grundsätze entwickelt worden; sie haben als Folgerungen aus dem Grundsatz des gesetzlichen Richters ihre Bedeutung für den Fall behalten, daß eine Entscheidung des Präsidiums nicht rechtzeitig ergehen kann. 11

b) Voraussetzungen der Bestellung. Eine Anordnung nach § 21i Abs. 2 kommt nur in Betracht, wenn in einem Spruchkörper ein ordentlicher Beisitzer wie auch sein (gemäß § 21e Abs. 1 vom Präsidium bestimmter) regelmäßiger Vertreter verhindert sind. Sind dem Beisitzer mehrere regelmäßige Vertreter bestellt (§ 21e, 17), so ist § 21i Abs. 2 erst 12

[9] Dazu RGSt **2** 57; 3 241; **23** 169; **40** 268; **55** 237; **62** 310; BGHSt **12** 33, 34; **15** 390, 391.

[10] BGHSt **12** 33; 113 = NJW **1958** 1692.

[11] RGSt **41** 86; **57** 269; **60** 32; BGHSt aaO.

[12] Bericht des BTRAussch. BTDrucks. **VI** 2903 S. 5.

[13] *Kissel*[3] 10.

anwendbar, wenn auch diese verhindert sind; im übrigen beschränkt sich dann die Aufgabe des Präsidenten darauf, den Verhinderungsfall festzustellen, wenn er nicht offensichtlich ist (§ 21f, 20 bis 22). Auf die Vertretung des Vorsitzenden Richters ist er nicht anwendbar (§ 21f Abs. 2). Desgleichen gilt er der Natur der Sache nach nicht für die Bestimmung eines Ergänzungsrichters (§ 192 GVG)[14]. § 21i Abs. 2 ist unanwendbar, wenn ein Geschäftsverteilungsplan, weil die erforderlichen Kräfte fehlen oder vorhersehbare Überbelastungen und Verhinderungen einzelner Richter bzw. die besondere Personallage nicht hinreichend berücksichtigt worden sind, von vornherein so aufgestellt ist, daß er im Regelfall gar nicht durchgeführt werden kann und die jeweils auftretenden Lücken durch Bestellung eines Richters ad hoc ausgefüllt werden müssen[15] (§ 21e, 17). Ist die Vertreterregelung des Geschäftsverteilungsplanes unzureichend, ist eine Ergänzung der Geschäftsverteilung nach § 21e Abs. 3 geboten; eine Vertreterregelung im Wege einer Eilmaßnahme nach Absatz 2 ist nicht zulässig, sie verletzt das Gebot des gesetzlichen Richters[16].

13 **c) Kreis der bestellbaren Personen.** Als zeitweiligen Vertreter kann der Präsident zunächst Mitglieder des Gerichts bestimmen, auch sich selbst oder einen Vorsitzenden Richter[17]. Zu den Mitgliedern des Gerichts rechnen auch die zu ihm abgeordneten Richter (§ 37 DRiG) und die dort verwendeten Richter auf Probe und kraft Auftrags – §§ 12, 14 DRiG[18]. Gemäß § 70 Abs. 3 kann der Präsident auch in den Grenzen des § 37 Abs. 3 DRiG auf Richter bei den Amtsgerichten des Bezirks zurückgreifen, die nicht als Hilfsrichter zum Landgericht abgeordnet sind, wenn die Landesgesetzgebung das zuläßt; vgl. z. B. § 38 pr. AGGVG (RGSt **26** 94). Schreibt das Landesrecht vor, daß die Richter beim Amtsgericht eines Bezirks in einer bestimmten Reihenfolge zu berufen sind, so bildet die willkürliche Abweichung von dieser Reihenfolge einen Revisionsgrund i. S. des § 338 Nr. 1[19]. Freiwillige Vertretung durch ein dazu bereites Mitglied (ohne die Verfügung des Präsidenten) ist unzulässig[20]. Sind **mehrere Mitglieder** eines Spruchkörpers gleichzeitig verhindert, so kann der Präsident auch mehrere zeitweilige Vertreter bestellen[21].

14 **d) Vertretungsfall.** Zu dem Begriff Verhinderung vgl. § 21f, 19. Auch vorübergehende Überbelastung kann ein Verhinderungsgrund sein. Verhinderung des regelmäßigen Vertreters durch *Unerreichbarkeit* liegt nicht schon vor, wenn er nicht im Dienstgebäude anwesend ist, auch nicht ohne weiteres, wenn er zwar am Sitz des Gerichts, aber in erheblicher Entfernung vom Dienstgebäude wohnt; von dem Versuch, ihn heranzuholen, kann nur abgesehen werden, wenn sonst zu viel Zeit bis zum Sitzungsbeginn verginge[22]. Ein Eilfall kann vorliegen, wenn über die Verwendung eines neu zugewiesenen Hilfsrichters noch kein Präsidialbeschluß vorliegt (vgl. LR-*Siolek* § 70, 7). Der Präsident kann auch seinen dem Präsidium unterbreiteten Vorschlag, den aus einem Spruchkörper ausgeschiedenen Richter durch ein bestimmtes neues Mitglied zu ersetzen, in Eilfällen einstweilen dadurch verwirklichen, daß er diesen Richter gemäß § 21i Abs. 2 zum Vertreter bestellt[23].

[14] RGSt **59** 20.
[15] BGH StV **1987** 44, 415 und **1993** 397.
[16] LG Berlin StV **1994** 366; *Kissel*³ 9.
[17] RGSt **36** 379; **40** 436; RG LZ **1918** 926; BGHSt **21** 174, 176.
[18] RGSt **60** 410; OLG Schleswig SchlHA **1956** 332.
[19] RG Recht **1922** 1027; s. aber RG LZ **1917** 484.
[20] RGSt **3** 241; **23** 119; **29** 228; **66** 122.
[21] RGZ **16** 415;RGSt **40** 437.
[22] BGHSt **12** 113.
[23] RGSt **65** 299.

DRITTER TITEL

Amtsgerichte

Vorbemerkungen

Der dritte Titel regelt den Aufbau der Amtsgerichte (mit Ausnahme der in Titel 4 erfaßten Schöffengerichte), deren sachliche und funktionelle Zuständigkeit, die auch für die Amtsgerichte durchgeführte Präsidialverfassung sowie die Geschäftsverteilung. Die §§ 22 bis 27 GVG haben nach dem VereinhG 1950 bis heute im strafrechtlichen Bereich nur wenige Änderungen erfahren. Der bislang gravierendste Einschnitt erfolgte erst durch das Gesetz zur Entlastung der Rechtspflege — Rechtspflegeentlastungsgesetz — vom 11. 1. 1993 (BGBl. I S. 50), der hier durch eine Anhebung der Strafgewalt des Amtsgerichts zu Zuständigkeitsverschiebungen zwischen den Amts- und Landgerichten führte. Es werden derzeit zwar weitere Änderungen des GVG erwogen, aber soweit absehbar sind die vorgenannten Regelungen davon nicht berührt.

Die wesentlichen Änderungen durch das Rechtspflegeentlastungsgesetz wurden zwar schon seit längerer Zeit im parlamentarischen Bereich diskutiert[1], aber erst der durch den Einigungsprozeß unmittelbar auf der Justiz lastende Druck und die Notwendigkeit, die vorhandenen Ressourcen effizient einzusetzen und darüber hinaus für den Aufbau der Justiz in den neuen Bundesländern nutzbar zu machen[2], haben die Rechtsänderungen begünstigt. Die seit Inkrafttreten der Änderungen gesammelten Erfahrungen dürften die Kompetenzverlagerungen nicht nur als Erfolg bestätigt haben, sondern sie auf weiteres auch als unumkehrbar erscheinen lassen.

§ 22

(1) Den Amtsgerichten stehen Einzelrichter vor.

(2) Einem Richter beim Amtsgericht kann zugleich ein weiteres Richteramt bei einem anderen Amtsgericht oder bei einem Landgericht übertragen werden.

(3) [1]Die allgemeine Dienstaufsicht kann von der Landesjustizverwaltung dem Präsidenten des übergeordneten Landgerichts übertragen werden. [2]Geschieht dies nicht, so ist, wenn das Amtsgericht mit mehreren Richtern besetzt ist, einem von ihnen von der Landesjustizverwaltung die allgemeine Dienstaufsicht zu übertragen.

(4) Jeder Richter beim Amtsgericht erledigt die ihm obliegenden Geschäfte, soweit dieses Gesetz nichts anderes bestimmt, als Einzelrichter.

(5) [1]Es können Richter kraft Auftrags verwendet werden. [2]Richter auf Probe können verwendet werden, soweit sich aus Absatz 6, § 23 b Abs. 3 Satz 2 oder § 29 Abs. 1 Satz 2 nichts anderes ergibt.

---

1 Vgl. 125. BTSitzg. v. 27. 11. 1992, Plenarprotokoll **12** 125 S. 10787. Danach waren bereits 1977 erste Sachverständigenanhörungen.

2 BTDrucks. **12** 1217 S. 17.

(6) Ein Richter auf Probe darf im ersten Jahr nach seiner Ernennung Geschäfte in Insolvenzsachen nicht wahrnehmen.

Schrifttum. *Blankenburg/Morasch* Zur neueren Entwicklung in der Justiz, DRiZ **1979** 197; *Bohnen* Überlegungen zur Arbeitsbelastung des Familienrichters, DRiZ **1977** 199; *Fink* Amtsgerichtliche Zweigstelle und Zweig-(Stellen-)Gericht, DRiZ **1955** 159; *Hoepner* Die Unabhängigkeit des Richters und seine Abberufung aus der ihm übertragenen Dienstaufsichtsbefugnis, DRiZ **1961** 238; *Holch* Gerichtsorganisation und Grundgesetz, DRiZ **1970** 183; *Hückstädt/Lautebach* Die neuen Grundsätze für die Personalbedarfsberechnung der Richter, Staatsanwälte und Amtsanwälte, SchlHA **1976** 101; *Löwisch* Hilfsrichter und Einzelrichter, DRiZ **1964** 164; *Müller* Abweichungen von der gewöhnlichen Gerichtsorganisation und ihre Auswirkungen, NJW **1963** 614; *Schnigula* Probleme der internationalen Rechtshilfe in Strafsachen bei ausgehenden deutschen Gesuchen im Bereich der sonstigen Rechtshilfe, DRiZ **1984** 177. Weiteres Schrifttum bei § 1 GVG.

Entstehungsgeschichte. Entw. § 10. Spätere Änderungen: Ges. vom 17. 5. 1898 (RGBl. 252); VO vom 4. 1. 1924 (RGBl. I 15), Bek. vom 23. 3. 1924 (RGBl. I 301). Durch § 19 der VO vom 20. 3. 1935 (RGBl. I 403) verlor § 22 Abs. 2, 3, ohne förmlich aufgehoben zu werden, seine Bedeutung. Das VereinhG 1950 übernahm § 22 unverändert. Durch Art. II Nr. 5, 6 des PräsVerfG erfuhr § 22 folgende Änderungen: a) Absatz 2 (bisher: „Ein Amtsrichter kann zugleich Mitglied oder Direktor bei dem übergeordneten Landgericht sein") erhielt seine jetzige Fassung; b) in Absatz 3 wurde der bisherige Halbsatz 2 des Satzes 2 („ist die Zahl der Richter höher als fünfzehn, so kann die Dienstaufsicht zwischen mehreren von ihnen geteilt werden") gestrichen; c) in Absatz 4 wurde „Amtsrichter" durch „Richter beim Amtsgericht" ersetzt; d) Absatz 5 wurde neu eingefügt.

Die seit dem 1. 1. 1999 geltende Fassung beruht auf Art. 12 Nr. 1 EGInsO. In Abs. 5 wurden die Regelungen des GVG, nach denen ein Richter auf Probe bestimmte Geschäfte zeitlich begrenzt oder unbegrenzt nicht wahrnehmen darf, nunmehr zusammengefaßt. Abs. 6 ergänzt die Vorschrift um eine neue Regelung betreffend die Insolvenzsachen.

Übersicht

I. Errichtung und Aufhebung von Amtsgerichten

1. Zuständigkeit. Das GVG regelt lediglich die sachliche und funktionelle Zuständigkeit im Bereich der ordentlichen Gerichtsbarkeit. Die weiter erforderlichen Ergänzungen zur örtlichen Zuständigkeit der Gerichte erfährt es durch die Bestimmungen des Verfahrensrechts. Das Recht zur Errichtung der Gerichte folgt dagegen aus dem den Ländern zustehenden Organisationsrecht unter Berücksichtigung der sich aus Art. 92 ff GG ergebenden Kompetenzverteilung[1]. Insoweit hat das Bundesverfassungsgericht seit langem klargestellt, daß Art. 92 GG auch als Organisationsnorm zu verstehen ist[2]. Allerdings stehen die Errichtung und Aufhebung (ebenso wie die Verlegung) von Amtsgerichten unter dem Vorbehalt des Gesetzes[3]. Dem tragen die landesrechtlichen Vorschriften[4] durchweg Rechnung. 1

2. Zweigstellen. Nach Maßgabe des § 3 GVGVO 1935 bzw. der nach 1945 an ihre Stelle getretenen landesrechtlichen Vorschriften über die Gerichtsorganisation können außerhalb des Sitzes eines Amtsgerichts Zweigstellen errichtet oder Gerichtstage abgehalten werden. Anders als etwa die gemäß § 78 bei einem Amtsgericht gebildete auswärtige Strafkammer (dazu § 78, 6) ist die Zweigstelle kein selbständig neben dem Amtsgericht bestehendes eigenständiges Gericht, sondern nur eine Außenstelle, ein unselbständiger Teil des Hauptgerichts[5]. Die Abgrenzung ihres Aufgabenbereichs hat deshalb nur für den inneren Geschäftsbetrieb Bedeutung, und zwar für die Frage, welcher Richter des einheitlichen Amtsgerichts in der einzelnen Sache zu entscheiden hat. Aus dieser Einheitlichkeit des Gerichts folgt, daß fristgebundene Rechtsmittel oder fristwahrende Schriftsätze auch dann bei der Zweigstelle eingereicht werden können, wenn die Sachentscheidung dort nicht getroffen worden ist oder getroffen wird[6]. Die entsprechenden Anordnungen der Landesjustizverwaltungen bedürfen, soweit hierdurch die örtliche Zuständigkeit des Gerichts nicht berührt wird, im Gegensatz zu den Anordnungen nach §§ 58, 78, 116 GVG nicht der Form der RechtsVO[7]. Die gegenteilige Ansicht[8], es handele sich um einen Akt der Gerichtsorganisation, der für die Bestimmung des gesetzlichen Richters wesentlich sei und deswegen eines Rechtsetzungsaktes bedürfe, vermag nicht zu überzeugen, weil es sich nur um eine räumliche Auslagerung von Teilen des Hauptgerichts handelt. Die Frage des gesetzlichen Richters ist davon unabhängig und wird zudem durch die jährliche Geschäftsverteilung geregelt (§ 21 e). 2

3. Gerichtstage. Über die Abhaltung von Gerichtstagen außerhalb des Sitzes des Amtsgerichts bestimmte § 3 GVGVO vom 28. 3. 1935 (DJ 50), daß die bisherigen Gerichtstage bis auf weiteres beibehalten werden. Die landesrechtlichen Nachfolgeregelungen enthalten für die Anordnung der in regelmäßigen Zeitabständen stattfindenden Gerichtstage vergleichbare Bestimmungen. Unter Gerichtstagen ist nach diesen Vorschriften die Anwesenheit eines Richters oder Rechtspflegers zur Erledigung von Amtshandlungen und die Entgegennahme von Anträgen und Erklärungen zu verstehen. Im Rahmen der verfahrensrechtlichen Möglichkeiten können aber auch spontan Streitsachen an das 3

---

[1] Vgl. dazu näher die Erl. Vor § 12 GVG (24. Aufl. Rdn. 1).

[2] BVerfGE **22** 49, 76 ff.

[3] BVerfGE **2** 307.

[4] Z. B. § 5 Hess.Ges. vom 10. 12. 1976 (GVBl. I 539); § 4 Nds.Ges. vom 16. 7. 1962 (GVBl. 85).

[5] BGHZ **93** 100 = NJW **1985** 1084; BayVerfGH NJW **1978** 1515; OLG Zweibrücken VRS **68** (1985) 54; *Kissel* 2; *Katholnigg*[3] 2; dazu näher *Fink* DRiZ **1955** 159.

[6] BayObLGSt **1975** 9 = NJW **1975** 946.

[7] *Holch* DRiZ **1970** 183; *Kleinknecht/Meyer-Goßner*[44] 3.

[8] BayVerfGH NJW **1978** 1515; *Kissel* 2.

Gericht herangetragen werden[9]. Die Bestimmung von Zahl und Dauer der Tagungen und die Entscheidung, ob der Gerichtstag durch einen Richter oder nur durch einen Urkundsbeamten der Geschäftsstelle wahrzunehmen ist, war den Präsidenten der Oberlandesgerichte übertragen worden. Wegen ergänzender früherer Verwaltungsvorschriften des ehem. Preußen vgl. LR[19] § 22, 1 a. Nach heutigem Recht ist die Regelung von Gerichtstagen Sache des Präsidiums. Die Anordnung erstreckt sich grundsätzlich nur auf den bei der Errichtung des Amtsgerichts angegebenen Bezirk. Soweit allerdings bei einem Amtsgericht Sachen aus dem Bezirk mehrerer Amtsgerichte konzentriert sind (§ 22 c), können Gerichtstage auch bei dem Amtsgericht abgehalten werden, dem die konzentrierten Sachen entzogen worden sind[10]. Die Wahrnehmung des Gerichtstages obliegt, wenn das Präsidium nichts anderes beschließt, dem nach der allgemeinen Geschäftsverteilung zuständigen Richter, dem die für die Einrichtung des Gerichtstages maßgeblichen Sachen zugewiesen sind[11].

II. Einzelrichter

4 Das heute in den Absätzen 1 und 4 sowohl für Zivil-[12] als auch für Strafsachen durchgängig verankerte Einzelrichterprinzip will deutlich machen, daß die Amtsgerichte **grundsätzlich nicht Kollegialgerichte** sind und daß der Richter beim Amtsgericht als Einzelrichter entscheidet. Dieser Grundsatz erfährt nur dort eine Ausnahme, wo dies gesetzlich besonders bestimmt wird, wie im Fall des Schöffengerichts (§§ 28, 29), des Jugendschöffengerichts (§ 33 Abs. 2 JGG) und des § 2 LwVG. Entscheidet das Amtsgericht in einer anderen als der vorgeschriebenen Besetzung, liegt zwar ein Verstoß gegen das Prinzip des gesetzlichen Richters (Art. 101 GG) vor, der aber nicht automatisch zur Unwirksamkeit der Entscheidung führt, sondern nur im Rahmen der allgemeinen Anfechtungsmöglichkeiten gerügt werden kann. Vom Grundsatz her repräsentiert der Einzelrichter damit das Amtsgericht. Ist ein Amtsgericht mit mehr als einem Richter besetzt (§ 22 b, 2), müssen „Abteilungen" (Spruchkörper) gebildet werden, für die das Präsidium des Amtsgerichts den Geschäftsverteilungsplan (§ 21 e) aufzustellen hat. **Zur Terminologie:** „Richter beim Amtsgericht" ist jeder bei dem Amtsgericht tätige Richter, also sowohl der Präsident des Amtsgerichts, der aufsichtführende Richter (Rdn. 25), der Planstelleninhaber, der nach § 19 a DRiG die Amtsbezeichnung „Richter am Amtsgericht" führt (früher: „Amtsgerichtsrat"), der abgeordnete Richter (§ 37 DRiG) und die in Absatz 5 bezeichneten Richter. Als „Strafrichter" bezeichnet das Gesetz den erkennenden Einzelrichter (§§ 25, 76 GVG, §§ 407, 408 StPO).

III. Übertragung eines weiteren Richteramtes (Doppelrichter)

5 **1. Entwicklungsgeschichte.** In der früheren Fassung (s. Entstehungsgeschichte) entstammte die Vorschrift des Absatzes 2 der EmmingerVO. Sie sollte hauptsächlich ermöglichen, daß als Vorsitzender des erweiterten Schöffengerichts (§ 29 Abs. 2) ein Landgerichtsdirektor tätig sein könne. Eine dem § 22 Abs. 2 entsprechende Vorschrift enthielt § 59 Abs. 2 a. F betr. Doppelrichteramt der Landgerichtsdirektoren und Mitglieder des Landgerichts als Amtsrichter im Bezirk des Landgerichts (vgl. jetzt § 59 Abs. 2). Außerdem bestimmte § 3 des 9. Teils der VO des Reichspräs. vom 1. 12. 1930 (RGBl. I 517, 604): „Ein Amtsrichter kann zugleich mehreren Amtsgerichten angehören". Die Weiter-

9 *Müller* NJW **1963** 614; *Kissel* 3.
10 *Kissel* aaO.
11 *Kissel* aaO.
12 Mit dem Einzelrichter in Zivilsachen gemäß §§ 348 bis 350 ZPO hat § 22 GVG nichts zu tun.

geltung der letzteren Vorschrift verneinte OLG Oldenburg[13], weil sie durch das VereinhG 1950 zwar nicht förmlich aufgehoben, aber gegenstandslos geworden sei, und weil „die unbegrenzte Möglichkeit der Häufung von Richterämtern bei mehreren Amtsgerichten" grundgesetzwidrig sei. Demgegenüber bejahte die herrschende Meinung[14] mit Recht sowohl die Grundgesetzmäßigkeit wie die Weitergeltung des § 22 Abs. 2 a. F.

Durch das PräsVerfG vom 26. 5. 1972 (BGBl. I 841) wurde sowohl der Wortlaut des § 22 Abs. 2 wie der des § 59 Abs. 2 neu gefaßt, und zwar[15] im Hinblick auf § 27 Abs. 2 DRiG, wonach einem auf Lebenszeit bei einem bestimmten Gericht angestellten Richter zugleich ein weiteres Richteramt bei einem anderen Gericht übertragen werden kann, „soweit ein Gesetz dies zuläßt". Ein solches **zulassendes Gesetz** stellen die Absätze 2 der §§ 22, 59 dar. Da § 22 nunmehr auch die Zugehörigkeit eines Richters beim Amtsgericht zu einem anderen Amtsgericht ausdrücklich regelt, wurde § 3 der oben genannten VO vom 1. 12. 1930 überflüssig[16] und durch Art. XII Nr. 3 des Gesetzes vom 26. 5. 1972 förmlich aufgehoben. 6

2. Die Bedeutung des Absatzes 2 besteht darin, daß jedem Richter beim Amtsgericht (oben Rdn. 4) — gemeint sind hier aber nur die Planstelleninhaber, weil andere Richter noch kein festes Richteramt innehaben —, also auch dem aufsichtführenden Richter und theoretisch auch dem Präsidenten des Amtsgerichts abweichend von § 27 Abs. 1 DRiG neben dem bei einem bestimmten Gericht übertragenen Amt ein weiteres Richteramt bei einem anderen Amtsgericht oder einem Landgericht übertragen werden kann. Dadurch soll im allgemeinen Interesse an einer geordneten Rechtspflege die personelle Unterbesetzung eines Amts- oder Landgerichts mit Hilfe der Überbesetzung bei einem anderen Amtsgericht ausgeglichen werden. Das Landgericht braucht nicht das im Instanzenzug dem Amtsgericht übergeordnete Landgericht zu sein; es kann vielmehr auch ein benachbartes Landgericht innerhalb des Landes sein; ebenso braucht das andere Amtsgericht nicht dem gleichen Land- oder Oberlandesgerichtsbezirk wie das Stammgericht anzugehören. Das übertragene Amt kann auch das eines Vorsitzenden Richters am Landgericht sein[17]. Über diesen Rahmen hinaus ist die Übertragung eines Richteramtes bei einem anderen Gericht unzulässig[18]. Zur Bestellung zum Doppelrichter genügt eine Verfügung der Landesjustizverwaltung[19]. Auch eine **Zustimmung des Richters** zur Übertragung des weiteren Amtes ist, wenn sie auch wohl in der Regel eingeholt wird, grundsätzlich nicht erforderlich. Etwas anderes gilt aber dann, wenn durch die Übertragung eines weiteren Amtes die richterliche Unabhängigkeit berührt wird. Das kommt insbesondere dann in Betracht, wenn durch das weitere Amt mehr als die Hälfte der Arbeitskraft des Richters in Anspruch genommen wird[20]. Die Verwendung des Richters bei dem anderen Amtsgericht oder beim Landgericht hängt, sobald ihm das Doppelamt übertragen ist, nicht von einer besonderen Zuweisung ab[21]. Vielmehr bestimmt das Präsidium des Landgerichts oder des anderen Amtsgerichts über den Einsatz des Doppelrichters, der nunmehr auch diesem Gericht als planmäßiges Mitglied angehört[22], nach § 21 e Abs. 1, 3, wobei es sich naturgemäß, um Überschneidungen zu verhindern, mit dem Präsidium des Stammamtsgerichts im 7

---

[13] NdsRpfl. **1970** 61.
[14] Vgl. LR[21] 2. Später auch OLG Celle NJW **1972** 1433.
[15] Vgl. Begr. zum RegEntw. des PräsVerfG vom 26. 5. 1972, BTDrucks. **VI** 557, 18.
[16] Vgl. Begr. zum RegEntw., S. 20.
[17] *Kissel* 13.
[18] *Schmidt-Räntsch* § 27, 16.
[19] BGHSt **24** 283 = NJW **1972** 779; BGHZ **67** 159 = NJW **1977** 248.
[20] Vgl. BGHZ **67** 159 = NJW **1977** 248; *Katholnigg*[3] 3 hält in jedem Fall eine Zustimmung für erforderlich.
[21] BGH aaO.
[22] OLG Bamberg BayZ **1929** 332.

Einvernehmen halten muß[23]. „Bei einem anderen Amtsgericht" muß nicht notwendig singularisch („einem" = nur einem) verstanden werden; die Verwendung eines Richters beim Amtsgericht jeweils nach Bedarf bei einer Mehrzahl anderer Amtsgerichte nach Art eines „fliegenden" Richters wäre freilich mit dem Grundsatz des gesetzlichen Richters, wie er auch in § 27 DRiG zum Ausdruck kommt, nicht verträglich[24].

8 **3. Andere Fälle**. Von den Übertragungsmöglichkeiten des § 22 Abs. 2 sind die Fälle zu unterscheiden, in denen dem Präsidium gestattet wird, einen Richter zu besonderen Aufgaben heranzuziehen. Dabei handelt es sich namentlich um die Heranziehung zur Vertretung (§ 22 b Abs. 2), Mitwirkung in einer auswärtigen Strafkammer des Landgerichts (§ 78 Abs. 2), Mitwirkung in einer Strafvollstreckungskammer des Landgerichts (§ 78 b Abs. 2) oder in einer auswärtigen Kammer für Handelssachen (§ 106) sowie um den Einsatz als Ergänzungsrichter (§ 192 Abs. 2). Einer Mitwirkung der Landesjustizverwaltung bedarf es hierbei nicht[25], und der betroffene Richter kann sich dagegen auch nicht mit den Mitteln des DRiG wehren, sondern lediglich im Rahmen der Geschäftsverteilung. Unberührt bleiben ferner die Möglichkeiten, einen Richter auf Probe oder kraft Auftrags (§ 22 Abs. 5) gleichzeitig bei mehreren Gerichten zu verwenden (§§ 13, 16 DRiG). Auch die Abordnung eines Richters an das Landgericht oder das Oberlandesgericht oder ein anderes Amtsgericht (§ 37 DRiG) fällt nicht unter § 22 Abs. 2, weil sich dadurch der Status des Richters nicht verändert. Dasselbe gilt für Abordnungen an andere Behörden (z. B. Bundes- oder Landesjustizministerium), wenngleich der Richter für die Dauer der Abordnung dem Dienstrecht der aufnehmenden Behörde unterliegt. Allerdings bedarf es hierfür des Einverständnisses des Abzuordnenden (§ 37 DRiG).

9 Einen **Sonderfall der Übertragung** eines weiteren Richteramtes regelt § 22 c GVG, soweit es die Inanspruchnahme von Planstelleninhabern betrifft (s. dort Rdn. 2).

IV. Status des Richters beim Amtsgericht

10 **1. Allgemeines.** Die Vorbemerkungen zu § 1 und die Erläuterungen zu § 1 geben bereits einen ausführlichen Überblick über Entwicklung und Inhalt der verfassungsrechtlich garantierten richterlichen Unabhängigkeit (Art. 97 GG). Hier ist lediglich zu ergänzen, daß die dort beschriebene statusrechtliche Stellung des einzelnen Richters andererseits mit der Besetzung des Gerichts und damit auch mit dem gesetzlichen Richter eng verzahnt ist[26]. Das GVG enthält dazu allerdings keine Einzelaussagen, sondern diese erschließen sich erst aus Vorschriften des DRiG. Insoweit bestimmt § 28 Abs. 1 DRiG, daß bei einem Gericht grundsätzlich nur Richter auf Lebenszeit tätig sein dürfen, sofern nicht durch Bundesrecht Ausnahmen zugelassen sind. Eine dieser Ausnahmen enthält § 22 Abs. 5 GVG, wonach auch Richter auf Probe und Richter kraft Auftrags verwendet werden können. Das DRiG kennt zwar des weiteren noch den Richter auf Zeit (§ 11), aber im Rahmen der amtsgerichtlichen Tätigkeit ist ein derartiger Einsatz nach der eindeutigen Regelung des Absatzes 5 unzulässig.

11 **2. Richter auf Lebenszeit.** Trotz der zuvor erwähnten Regelung des § 28 DRiG fehlen ergänzende Bestimmungen über die Mindestzahl bzw. höchstzulässige Zahl der nach § 22 Abs. 5 einsetzbaren Richter. Weder GVG noch DRiG geben dazu eine Antwort. Aus verschiedenen Regelungen des GVG (§ 22 b Abs. 1, § 23 b Abs. 3) und des DRiG (§ 28

[23] *Kissel* 14; KK-*Kissel*[4] 6.
[24] OLG Oldenburg NdsRpfl. **1970** 61.
[25] BGHSt **24** 283; *Kissel* 16; *Kleinknecht/Meyer-Goßner*[44] 2.
[26] *Kissel* 6.

Abs. 2) kann umgekehrt lediglich abgeleitet werden, daß mindestens ein Richter auf Lebenszeit bei jedem Amtsgericht tätig sein muß[27]. Das Fehlen positiver Regelungen mag zwar auch ein Spannungsverhältnis zwischen Gerichtsverfassung, Haushaltsrecht und Personallenkung offenbaren[28], aber es ist nicht zu verkennen, daß eine Festlegung von Personalstärken, die sich an den anfallenden Aufgaben zu orientieren hat, wegen unterschiedlicher Entwicklungen einer ständigen Anpassung unterfiele. Ob diese Problematik durch an sog. Pensen gekoppelte Personalzuweisungen befriedigend gelöst worden ist, kann letztlich dahingestellt bleiben, muß allerdings bezweifelt werden, weil die Erfahrungen der letzten Jahre gezeigt haben, daß die Zahl der Richter weniger den ermittelten Pensen, als eher umgekehrt die Pensenschlüssel der Zahl der vorhandenen Richter angepaßt wurden.

3. Richter auf Probe und Richter kraft Auftrags (Absatz 5)

a) Bedeutung der Vorschrift. Die dem Absatz 5 entsprechende Bestimmung war früher in § 10 Abs. 2 a. F enthalten[29]. Als Richter, die beim Amtsgericht zu Rechtsprechungsaufgaben verwendet werden können, ohne daß ihnen bei diesem Gericht auf Lebenszeit ein Richteramt übertragen worden ist (§ 27 Abs. 1 DRiG), kommen Richter auf Probe (§ 12 DRiG), kraft Auftrags (§ 14 DRiG) und abgeordnete Richter (§ 37 DRiG) in Betracht. Die letzteren — auf Lebenszeit bei einem bestimmten Gericht (§ 27 DRiG), gleichviel bei welchem Gerichtsbarkeitszweig angestellte Richter — können bei jedem Gericht der ordentlichen Gerichtsbarkeit (außer beim Bundesgerichtshof, vgl. § 124 Rdn. 1) verwendet werden. Die Bedeutung des § 22 Abs. 5 in Verb. mit § 59 Abs. 3 besteht darin, daß er die Verwendung von Richtern auf Probe und kraft Auftrags zur Wahrnehmung richterlicher Aufgaben (§ 28 Abs. 1 DRiG) nur beim Amtsgericht und Landgericht zuläßt und damit die Verwendung beim Oberlandesgericht ausschließt. § 118 a. F, der dies ausdrücklich aussprach, wurde als entbehrlich gestrichen. Abweichend von früheren Regelungen ist die vorübergehende Heranziehung von anderen zum Richteramt befähigten Personen (Richtern im Ruhestand usw.) also nicht mehr möglich, sofern nicht ein besonderes Bundesgesetz es zulassen würde. Nach § 70 Abs. 3 ist es dem Landesrecht vorbehalten, abweichend von §§ 22 Abs. 5, 59 Abs. 3 die Verwendung von Richtern auf Probe oder kraft Auftrags beim Amts- und beim Landgericht allgemein oder für bestimmte Aufgaben auszuschließen. Richter auf Probe und kraft Auftrags werden — in den Grenzen des § 70 Abs. 2 GVG — bei dem (Amts- oder Land-)Gericht verwendet, dem die Justizverwaltung sie zuweist. Eine Pflicht der auf Lebenszeit angestellten Richter, auf Verlangen der Justizverwaltung an einem anderen Gericht tätig zu werden, wie sie § 10 Abs. 1 der VO vom 20. 3. 1935 aussprach, ist nur noch unter den Voraussetzungen des § 70 Abs. 3 Halbsatz 2 GVG, § 37 Abs. 3 DRiG begründet. **12**

Der **Grund für die Verwendung** von Richtern auf Probe oder kraft Auftrags ist stets kenntlich zu machen. Unterbleibt dies, ist das nur dann unschädlich, wenn die Gesamtzahl der Richter auf Probe oder kraft Auftrags nicht höher ist, als die Zahl aller Fälle, in denen die Heranziehung eines solchen Richters statthaft ist[30]. In jedem Fall muß aber die Anzahl der planmäßig angestellten Richter überwiegen[31]. **13**

Über die **Einberufung** der Richter auf Probe oder kraft Auftrags **entscheidet die Landesjustizverwaltung**, über die ihnen zu übertragenden Aufgaben befindet das Präsidium (§ 21 e Abs. 1 GVG). **14**

---

27 *Kissel* 7.

28 *Kissel* aaO.

29 Zur geschichtlichen Entwicklung dieser Vorschrift vgl. LR[21] § 10 a. F, 3 a.

30 BGHZ **34** 260.

31 H. M; vgl. MK-*Wolf* 5; *Löwisch* DRiZ **1964** 164; *Katholnigg*[3] 6.

15 **b) Grenzen der Verwendung.** § 22 Abs. 5 a. F ließ ebenso wie § 59 Abs. 3 nach seinem Wortlaut die Verwendung von Richtern auf Probe und kraft Auftrags ohne Einschränkungen zu. Gleichwohl galt es als gesichert, daß es sich dabei um eine Ausnahmeregelung handelte[32] und die Anwendung der Regelung einer besonderen Rechtfertigung bedurfte. Die sich schon früher ergebenden Grenzen der Verwendung aus § 28 Abs. 2 Satz 2, § 29 DRiG und aus § 29 Abs. 1 Satz 2 GVG sind nun um eine weitere, in Absatz 6 enthaltene Ausnahme erweitert worden. Gleichzeitig sind die bisherigen Ausnahmen in Absatz 5 namentlich zusammengefaßt worden.

16 Zu **Absatz 6** gilt: Dieser Regelung liegt zugrunde, daß das Insolvenzrecht an die Qualifikation des Insolvenzrichters besondere Anforderungen stellt und daß ein damit betrauter Richter jedenfalls mit der richterlichen Tätigkeit als solcher hinreichend vertraut sein soll. Auch wenn die Funktion des Insolvenzrichters im wesentlichen auf die Leitung des Verfahrens und die Aufsicht über die Vermögensverwaltung beschränkt ist und viele wirtschaftlich bedeutsame Entscheidungen vom Verwalter und den Gläubigergremien getroffen werden, muß der Insolvenzrichter doch über Erfahrung, Verhandlungsgeschick, Entschlußkraft und Durchsetzungsvermögen verfügen. Schon die Entscheidung über die Eröffnung des Insolvenzverfahrens über ein großes oder mittleres Unternehmen würde einen jungen Richter regelmäßig überfordern[33].

17 Von diesen Ausnahmen abgesehen gilt aber für die übrigen Tätigkeiten nach wie vor der im früheren Recht ausgebildete Grundsatz, daß ihre **Verwendung unzulässig** ist, wo sie nicht aus besonderem Anlaß (Erprobung eines Anwärters[34], Vertretung eines regelmäßigen Mitgliedes, Bewältigung vorübergehend gesteigerten Geschäftsanfalls, auch wenn sich die Dauer zeitlich nicht genau bestimmen läßt[35]) geschieht, sondern dazu dient, dauernden Bedarf auf unabsehbare Zeit zu befriedigen, statt durch Besetzung der freien oder Vermehrung der vorhandenen besetzten Planstellen Abhilfe zu schaffen[36]. Fehlerhaft ist auch, wenn es die Justizverwaltung verabsäumt, offene Planstellen binnen angemessener Frist zu besetzen und die Vakanz mit Hilfe der Regelung des Absatzes 5 überbrückt[37].

18 Die in den Erläuterungen zu § 59 im einzelnen dargestellten **Grundsätze** über die Verwendbarkeit von Hilfsrichtern beim Landgericht **gelten sinngemäß auch für** ihre **Verwendung beim Amtsgericht.**

19 **c) Besetzungsfehler.** Es bedarf an sich keiner weiteren Erläuterung, daß ein nach dem vorher Gesagten fehlerhafter Einsatz von Richtern auf Probe oder kraft Auftrags eine fehlerhafte Besetzung des Gerichts zur Folge hat, weil Entscheidungen dieser Richter nicht vom gesetzlichen Richter getroffen werden. Gleichwohl sind trotz dieser eindeutigen Rechtslage gelegentliche Versäumnisse festzustellen, die umso ärgerlicher sind, als sie sich auf die gesamte Geschäftsverteilung auswirken[38]. Dies gilt nur dann nicht, wenn der Richter ausdrücklich für einen konkreten Vertretungsfall herangezogen wurde und seine Tätigkeit darauf beschränkt ist[39] oder die Gesamtzahl der unterschiedslos bestellten Hilfsrichter nicht höher ist als die Zahl aller Fälle, in denen die Heranziehung eines Hilfsrichters wegen vorübergehenden Geschäftsandrangs, wegen Erkrankung eines Planrichters oder aus sonstigen zeitlich begrenzten Bedürfnissen statthaft war[40].

---

32 BVerfGE **4** 331, 345.

33 BTDrucks. **12** 3803 S. 63; BTDrucks. **12** 7303 S. 107.

34 BVerfGE **14** 156, 162 ff; **15** 245, 248.

35 BGH NJW **1966** 352.

36 BVerfGE **14** 156, 164 f; BGHZ **34** 260; BGHSt **8** 159; **14** 321, 326.

37 BVerfGE **14** 156, 164 f.

38 BGHSt **7** 205, 209; BGHZ **22** 142; BGH NJW **1962** 1153; NJW **1966** 352.

39 BGH NJW **1962** 1153.

40 BGH NJW 1966 352; *Kissel* 10.

4. Dienstrechtliche Stellung

a) Dienststunden, Tätigkeit an Gerichtsstelle. Ein gerade in jüngster Zeit häufiger kritisierter Aspekt der richterlichen Unabhängigkeit ist die Freiheit, keine festen Dienststunden einhalten zu müssen. Anders als der Beamte unterliegt ein Richter insoweit nahezu keiner Beschränkung. Was Kritiker dabei leider regelmäßig übersehen, sind die pensenmäßigen Arbeitsvorgaben durch die Justizverwaltung, die bundesweit zu einer Belastung führen, die jedenfalls, wenn man die volle Arbeitskraft mit 100 % ansetzt, seit Jahren erheblich über diesem Wert liegt. Unabhängig davon, ob diese historisch gewachsene Besonderheit heutzutage noch zeitgemäß ist und ob nicht de lege ferenda Bestrebungen zur Einführung einer festen Dienstzeit überdenkenswert erscheinen, zeigt sich vielfach in der Praxis, daß diese Freiheit weitestgehend theoretischer Natur ist. Es liegt insoweit auf der Hand, daß sowohl die Verhandlungen des Zivil- als auch des Strafrichters an Gerichtsstelle abzuhalten sind und dort in den von der Justizverwaltung zugewiesenen Räumlichkeiten stattfinden müssen. Das kann auch die bereits erwähnte Zweigstelle (vgl. Rdn. 2) oder im Falle eines auswärtigen Spruchkörpers dessen auswärtiger Sitz sein. Ebenso sind Gerichtstage (vgl. Rdn. 3) an dem dafür vorgesehenen Ort durchzuführen. Im Falle einer Zuständigkeitskonzentration nach § 23 c GVG ist es der Sitz des Gerichts, bei dem konzentriert worden ist. Da es keinen Einzelfall darstellt, daß dem einzelnen Richter wöchentlich mindestens zwei Sitzungstage zugewiesen werden, reduziert sich bereits die Freiheit zur Zeiteinteilung nicht unerheblich. Dem kann auch nicht damit begegnet werden, daß es dem jeweiligen Richter noch freistehe, inwieweit er diese Sitzungstage zeitlich voll ausschöpft, weil die schon angesprochene Belastung von der Justizverwaltung bestimmt wird und es in der Praxis in erster Linie darum geht, dieser Last Herr zu werden[41]. Kennzeichnend dafür mögen Beispiele sein, in denen der Richter sogar weit über den allgemeinen Geschäftsbetrieb hinaus gehalten ist, Hauptverhandlungen zu führen und dadurch notwendigerweise mit der Dienstzeitregelung von Wachtmeistern, Protokollführern und Kostenbeamten kollidiert. Die mit der Vielzahl von Verfahren verbundenen Vor- und Nacharbeiten lassen ebenfalls kaum die Möglichkeit, noch von einer freien Zeiteinteilung zu reden. 20

Die **Kritik** bezieht sich häufig aber auch darauf, daß der Richter nicht gehalten ist, außerhalb der Verhandlungen ständig im Gerichtsgebäude anwesend zu sein. Hierdurch könnte die Kommunikation zwischen Gericht und Verteidigung einerseits und zwischen Gericht und Bürger andererseits Einbußen erfahren; aber nennenswerte Beeinträchtigungen werden bisher nicht beklagt, weil notwendige Kontakte regelmäßig zustande kommen dürften. Gleichwohl sollte jeder Richter bei aller verbleibenden Freiheit bedenken, daß auch die Justiz nicht um ihres Selbstzweck Willens besteht und daß er aus diesem Aspekt heraus auch an Nichtsitzungstagen eine gewisse Kernzeit ansprechbar sein sollte. Im übrigen kann mit den heutigen technischen Möglichkeiten eine Erreichbarkeit in den üblichen Geschäftszeiten sichergestellt werden. 21

Von der Dienstzeit des Richters zu unterscheiden ist die **institutionelle Öffnungszeit** des Gerichts. Diese ist nicht allgemeinverbindlich festgelegt, sondern wird in eigener Verantwortung der Gerichte bestimmt. Wegen der Vielfältigkeit gerichtlicher Aufgaben hat sich weitgehend eine einheitliche Regelung dahin ausgebildet, daß Gerichte während der gesamten, für die Justizangehörigen verbindlichen Arbeitszeit auch für Besucher geöffnet sind[42]. Um einen geordneten Geschäftsbetrieb zu gewährleisten, sind dabei allerdings für 22

---

[41] Soweit *Kissel* 33 angibt, die Mehrzahl der Verhandlungen beschränke sich auf die Vormittagsstunden, dürfte es sich für den Bereich der ordentlichen Gerichtsbarkeit um eine krasse Fehleinschätzung handeln.

[42] *Kissel* 33.

bestimmte Aufgaben (z. B. Protokollierung von Anträgen, Einsicht in Register, Rechtsberatung) eigene Geschäftsstunden festgesetzt worden.

23 Eine gesonderte Regelung gilt für den sog. richterlichen **Eildienst**, durch den eine ständige Dienstbereitschaft sichergestellt wird. Hierdurch soll sich der Bürger in dringenden, unaufschiebbaren Angelegenheiten gewissermaßen rund um die Uhr an die Justiz wenden können. Gedacht ist dabei insbesondere an einstweilige Verfügungen, einstweilige Anordnungen, Arreste oder Beweisssicherungsverfahren. Dieser richterliche Eildienst ist im Rahmen der Geschäftsverteilung (§ 21 e) zu regeln; er muß aber nicht zwingend eingerichtet werden. In jedem Fall muß jedoch dafür Sorge getragen werden, daß in fristgebundenen Angelegenheiten die Frist voll ausgeschöpft werden kann. Hier haben sich uhrgesteuerte Nachtbriefkästen bewährt.

24 Gelegentlich ergibt sich die Notwendigkeit, ein gesamtes **Verfahren** oder Teile davon **außerhalb der Gerichtsstelle** durchzuführen. Die Gründe dafür können vielfältiger Art sein. In Betracht kommen namentlich:
— Augenscheinseinnahmen;
— auswärtige Verhandlungen, weil an der Verhandlung beteiligte Personen am Erscheinen gehindert sind;
— auswärtige Vernehmungen in besonderen Fällen (Bundespräsident, Minister, Abgeordnete);
— Vernehmung von Zeugen im Ausland;
— Durchführung von Großverfahren in anderweitigen Räumlichkeiten, wenn die vorhandenen Räume der Justiz die Zahl der Verfahrensbeteiligten nicht aufnehmen können oder wenn aus Sicherheitsgründen eine Verlegung angezeigt ist. Hierfür kann auch ein Ort außerhalb des Gerichtsbezirks gewählt werden[43].

25 Ob eine Amtshandlung außerhalb der Gerichtsstelle erforderlich ist, entscheidet das Gericht zunächst im Rahmen des jeweiligen Verfahrensrechts nach pflichtgemäßem Ermessen[44] in richterlicher Unabhängigkeit[45]. Insoweit unterliegt es **keinerlei Beschränkungen durch die Justizverwaltung**, insbesondere etwaigen haushaltsrechtlichen Erwägungen. Er bedarf für die Vornahme dieser Tätigkeiten auch keiner Genehmigung wie im allgemeinen öffentlichen Dienstrecht (§ 21 BRKG). Sobald eine dieser Tätigkeiten erforderlich ist, ist der Richter auch zur Teilnahme daran verpflichtet.

26 **b) Richterliche Tätigkeiten im Ausland.** Ein besonderes Spannungsfeld ergibt sich bei richterlichen Tätigkeiten im Ausland, weil sie sich als Ausübung deutscher Justizhoheit auf fremdem Staatsgebiet darstellen und die eigene Befugnis grundsätzlich an der Staatsgrenze endet. Unter Berücksichtigung der gegenseitigen Souveränität sehen die internationalen Rechtshilfeübereinkommen deshalb grundsätzlich vor, im Ausland notwendige Handlungen im Wege der Rechtshilfe vorzunehmen[46]. Dieser Weg kann jedoch nicht immer beschritten werden, weil es u. U. auf persönliche Wahrnehmungen des erkennenden Gerichts ankommt. Dann bedarf es zunächst eines entsprechenden Gerichtsbeschlusses[47] und desweiteren nicht nur der Zulassung durch den ausländischen Staat, sondern wegen der aus Art. 32 Abs. 1 GG folgenden Kompetenz des Bundes auch der Beteiligung der Bundesregierung. Diese kann sich aus außenpolitischen Bedenken einer richterlichen Tätigkeit im Ausland entgegenstellen mit der Folge, daß der jeweilige Landesjustizminister die Bewilligung einer entsprechenden Dienstreise und deren Erstattung verweigern darf[48].

---

43 BGHSt **22** 250.
44 RGZ **56** 357.
45 *Kissel* 28.
46 *Schnigula* DRiZ **1984** 177.
47 *Kissel* 32.
48 BGHZ **71** 9.

c) Abordnung. Nach § 37 Abs. 1 DRiG können Richter auf Lebenszeit oder auf Zeit mit ihrer Zustimmung abgeordnet werden. Wenngleich die Abordnung auf bestimmte Zeit ausgesprochen werden soll (§ 37 Abs. 2 DRiG), bedeutet dies nicht, daß damit eine endgültige zeitliche Festlegung erfolgt, sondern es sind zeitlich bestimmte Verlängerungen zulässig. Die mit Einwilligung des Betroffenen erfolgte Abordnung kann sowohl an ein Gericht höherer als auch niedrigerer Ordnung erfolgen. Die Abordnung ist im Geschäftsverteilungsplan des aufnehmenden Gerichts kenntlich zu machen (§ 29 DRiG). Abordnungen sind dabei nicht an Landesgrenzen gebunden. Bei abgeordneten Richtern gelten keine Besonderheiten gegenüber anderen Richtern des Gerichts, d. h. sie werden gerichtsverfassungsrechtlich in vollem Umfang Richter des aufnehmenden Gerichts. Die häufigsten Fälle einer Abordnung sind die an ein oberes Gericht zur Erprobung für ein Beförderungsamt. 27

Ferner kommen **Abordnungen an Bundes- oder Landesbehörden oder internationale Einrichtungen** in Betracht. Der abgeordnete Richter behält für diese Zeit zwar seinen Status als Richter, unterliegt aber für die Zeit der Abordnung dem Dienstrecht der aufnehmenden Behörde. Wenngleich das DRiG in diesen Fällen keine Regelung zur Frage einer Teilabordnung enthält, dürfte sich jedoch aus § 4 DRiG deren Unzulässigkeit ergeben, soweit es zu Überschneidungen mit Aufgaben der gesetzgebenden oder vollziehenden Gewalt käme. Das dürfte selbst zeitlich befristete Überschneidungen, etwa bis zur Beendigung einer längeren Hauptverhandlung, ausschließen. 28

V. Heranziehung zu nichtrichterlichen Aufgaben

Nicht im GVG, sondern im DRiG geregelt ist die Heranziehung von Richtern zu anderen als richterlichen Aufgaben im Bereich der Rechtspflege, insbesondere zu Aufgaben der Gerichtsverwaltung. Die Mitwirkungspflicht des Richters beschränkt sich aber auch insoweit darauf (§ 42 DRiG). Die Heranziehung z. B. zur Bearbeitung von Personalsachen, Dienstaufsichtsbeschwerden, Vorermittlungen in Disziplinarverfahren, Notarprüfungen oder zu Ausbildungsaufgaben (Studenten, Referendare, Rechtspfleger) ist mit Einverständnis des Betrauten stets zulässig. Richter auf Probe und Richter kraft Auftrags können ohne ihre Zustimmung dazu verwendet werden (§§ 13, 16 Abs. 2 DRiG). Richter auf Lebenszeit können dagegen ohne ihre Zustimmung nur im Umfang einer Nebentätigkeit herangezogen werden (§§ 4 Abs. 2, 42 DRiG). Die Heranziehung kann beim Dienstgericht angefochten werden (§§ 62 Abs. 1 Nr. 4 d, 78 Nr. 4 d DRiG). 29

VI. Geschäftsverteilung

Soweit ein Amtsgericht nur mit einem Richter besetzt ist, obliegen ihm alle Aufgaben dieses Gerichts. Der Regelfall ist jedoch die Besetzung mit mehreren Richtern. Deswegen bedarf es der nach § 21 e GVG vorgesehenen Geschäftsverteilung und dadurch der Zuweisung einzelner Aufgaben auf die jeweiligen Richter und die beim Gericht gebildeten Spruchkörper (Abteilungen). Wegen der inhaltlichen Ausgestaltung der Geschäftsverteilung wird auf die Erläuterungen zu § 21 e (dort III.) verwiesen. 30

VII. Anzahl der Richter beim Amtsgericht

Die personelle Ausstattung der Amtsgerichte und damit die Bestimmung der Zahl der Richterplanstellen, der Abordnungen, der Zuweisung und des Abzugs von Richtern auf Probe und kraft Auftrags obliegt der Justizverwaltung. § 22 GVG enthält insoweit keiner- 31 lei Vorgaben. Ebensowenig ist ihm zu entnehmen, wie die Zahl der Planstellen durch die Justizverwaltung festgelegt wird. Ausgangspunkt für die Bedarfsberechnung sind mittlerweile die von einer Kommission der Landesjustizverwaltungen im Jahre 1974 entwickelten Grundsätze[49]. Diese gehen von der fiktiven Frage aus, wieviele gleichartige richterliche Aufgaben von durchschnittlichem Schwierigkeitsgrad von einem „durchschnittlichen" Richter in einem Jahr bearbeitet werden können, wenn er ausschließlich damit beschäftigt wäre. Dieses Pensum wird durch die Zahl der statistisch erfaßten tatsächlichen Geschäftsvorfälle geteilt und als Ergebnis erhält man die Zahl der erforderlichen Planstellen. Dieser auf einen einfachen Nenner gebrachte Modus erfährt noch Korrekturen durch Zuschläge für die von Richtern zu erledigenden Verwaltungsaufgaben[50]. Auch bestehen Sonderregelungen für die Berechnung der Belastung der Familienrichter[51]. Diese Berechnungsmethode ist keineswegs unumstritten[52]. Wenngleich nämlich die geistige Leistung, die der richterlichen Tätigkeit inhärent ist, sich jeder konkreten Messung entzieht, besteht Einigkeit, daß es zumindest für die Haushaltsberatungen einer Bemessungsgrundlage bedarf. Ganz unbestritten dürfte jedoch sein, daß es sich bei den ermittelten Zahlen nur um Annäherungswerte handelt, die zudem noch auf statistischen Erhebungen der Vergangenheit beruhen[53]. Individuelle Aspekte (insbesondere gesundheitlicher Art) bei den einzelnen Gerichten bleiben ganz auf der Strecke.

32 Auch wenn die verbindliche **Festlegung der Zahl der Richterstellen** allein Sache des Haushaltsgesetzgebers ist und ihr keine unmittelbare gerichtsverfassungsrechtliche Relevanz zukommt, ist dieser Bereich nicht nur Gegenstand rechtspolitischer Diskussionen, sondern hat in zunehmendem Maße auch die Rechtsprechung bewegt[54], und zwar im Zusammenhang mit Besetzungsrügen. Hintergrund waren Nichtbesetzungen wegen Haushaltssperren oder vermeidbare Verzögerungen bei der Nachfolge von pensionierten Vorsitzenden. Soweit der Justizverwaltung hier Versäumnisse angelastet werden können, führt dies regelmäßig zu einem Verstoß gegen den gesetzlichen Richter und damit zur Aufhebung richterlicher Entscheidungen. Trotz dieser Rechtsprechung sind, jedenfalls in Niedersachsen, wiederholt Stellen planmäßig ausscheidender Richter erst nach der Pensionierung ausgeschrieben und teilweise erst nach mehr als einem Jahr wieder besetzt worden. Soweit erkennbar, hat dies allerdings keine revisionsrechtlichen Auswirkungen gehabt.

VIII. Dienstaufsicht (Absatz 3)

33 **1. Zuständigkeit zur Ausübung der Dienstaufsicht.** Nach **§ 14 Abs. 1** Nr. 1 **GVGVO** 1935 bzw. den an die Stelle dieser Vorschrift getretenen landesrechtlichen Bestimmungen wird die Dienstaufsicht über alle Gerichte (der ordentlichen Gerichtsbarkeit) des Landes von der Landesjustizverwaltung ausgeübt. Die Ausübung der Dienstaufsicht ist aber übertragbar. § 22 Abs. 3 regelt, wer beim Amtsgericht die ihm übertragene „allgemeine" Dienstaufsicht ausübt. Die Vorschrift ist aber wenig glücklich gefaßt. Aus ihr scheint sich zu ergeben, daß entweder nur dem Präsidenten des übergeordneten Landgerichts oder — bei mit mehreren Richtern besetzten Amtsgerichten — einem von ihnen die Dienstaufsicht übertragen werden kann. Aus §§ 22 a, 22 b Abs. 4 folgt aber, daß auch der Präsident eines anderen Amtsgerichts die Dienstaufsicht ausüben kann. Die Unstimmigkeit ist darauf zurückzuführen, daß § 22 Abs. 3 nicht auf die die Dienstaufsicht regeln-

[49] *Hückstädt/Lautebach* SchlHA **1976** 101.
[50] *Hückstädt/Lautebach* aaO.
[51] *Bohnen* DRiZ **1977** 199.
[52] Vgl. OLG Frankfurt DRiZ **1969** 214; *Kissel* 19.
[53] *Blankenburg/Morasch* DRiZ **1979** 197.
[54] BVerfGE **18** 423; BVerfG NJW **1995** 2703; BGH NStZ **1989** 32; BGHZ **1995** 246; BVerwG NJW **1986** 1366.

den Vorschriften der §§ 4, 14, 15 der GVGVO 1935 bzw. der an ihre Stelle getretenen landesrechtlichen Vorschriften abgestimmt ist. Nach diesen Vorschriften steht, wenn ein Amtsgerichtspräsident ernannt ist, diesem anstelle des Landgerichtspräsidenten die allgemeine Dienstaufsicht über das Amtsgericht zu. Ihm kann auch anstelle des Präsidenten des übergeordneten Landgerichts die Dienstaufsicht über andere Amtsgerichte des Landgerichtsbezirks übertragen werden.

Die Übertragung der allgemeinen Dienstaufsicht durch die Landesjustizverwaltung ist eine **Organisationsanordnung**, die keiner besonderen Form bedarf[55] und jederzeit geändert werden kann. Sie begründet für denjenigen, dem sie übertragen wird, keine Rechtsposition, und zwar auch dann nicht, wenn gleichzeitig mit der Übertragung eine Beförderung oder förmliche Ernennung verbunden ist[56]. 34

2. Umfang und Inhalt der Dienstaufsicht. Absatz 3 besagt nichts über Umfang und Inhalt der Dienstaufsicht. Der Umfang bestimmt sich wiederum nach der GVGVO 1935 bzw. den an ihre Stelle getretenen landesrechtlichen Vorschriften. Danach steht die Dienstaufsicht über die Richter beim Amtsgericht, wenn nicht ein Amtsgerichtspräsident die Dienstaufsicht führt, nur dem Landgerichtspräsidenten zu; die sonstigen mit der Dienstaufsicht betrauten Richter sind auf die Dienstaufsicht über die beim Amtsgericht angestellten oder beschäftigten Beamten, Angestellten und Arbeiter beschränkt. Die allgemeine Dienstaufsicht beinhaltet die „Pflicht zur Überwachung der Untergebenen, um sie zur treuen Erfüllung ihrer Pflichten anzuhalten und um das Begehen von Pflichtverletzungen zu verhindern"[57]. Aus dieser Kontrollbefugnis folgt, daß Pflichtverletzungen bis hin zur möglichen Entfernung aus dem Dienst verfolgt und notwendige Maßnahmen eingeleitet werden müssen. Andererseits gehören zur Dienstaufsicht alle sonstigen Rechte und Pflichten, die nach dem öffentlichen Dienstrecht einem Vorgesetzten obliegen, wie Bewilligung von Urlaub, Nebentätigkeiten, Dienstreisen oder die Mitwirkung bei Personalentscheidungen. Schließlich umfaßt die Dienstaufsicht die Erfüllung der Fürsorgepflicht gegenüber den Bediensteten. 35

Der **Inhalt der Dienstaufsicht über Richter** ergibt sich aus § 26 DRiG. Diese unterliegt wegen der richterlichen Unabhängigkeit erheblichen Einschränkungen. Maßnahmen sind hier nur in geringem, im wesentlichen auf die äußere Ordnung richterlicher Tätigkeit beschränktem Umfang zulässig[58]. Dabei ist zu berücksichtigen, daß der Richter an bestimmte Arbeitszeiten nicht gebunden ist[59]. 36

3. Wesen der Dienstaufsichtführung. Die Führung der Dienstaufsicht gehört, wie auch die Überschrift des Art. IX (§§ 13 ff) der GVGVO 1935 („Justizverwaltung") klarstellt, zu den Aufgaben der Justizverwaltung; §§ 1, 21 h GVG gelten insoweit nicht. Die Übertragung der Dienstaufsicht kann zurückgenommen werden. Das verstößt nicht gegen den Grundsatz der richterlichen Unabhängigkeit[60], eine solche Zurücknahme hat jedoch keinen Einfluß auf die sonstigen statusrechtlichen Folgen einer vorher mit der Übertragung verbundenen Beförderung oder förmlichen Ernennung[61]. Über das Verhältnis der Dienstaufsicht zur richterlichen Unabhängigkeit im übrigen vgl. die Erl. zu § 1 GVG (24. Aufl. Rdn. 18). 37

---

55 *Kissel* 43.
56 Vgl. BVerfGE **38** 139 = DRiZ **1975** 54; *Kissel* aaO; **a. A** *Hoepner* DRiZ **1961** 238.
57 BVerfGE **83** 285.
58 Siehe auch BGHZ **67** 186; **93** 244; **102** 372.
59 BVerwGE **78** 213; BGHZ **113** 40; vgl. auch oben Rdn. 20.
60 BVerfG DRiZ **1975** 54; BVerwGE **11** 195; **38** 139, 151 ff; *Kissel* 43 und § 1, 41; **a. M** *Hoepner* DRiZ **1961** 238.
61 *Kissel* aaO.

38 **4. Weisungsgebundene Dienstaufsicht.** Nicht nur dem Inhaber der Dienstaufsicht steht gegenüber den ihm unterstellten Angehörigen die Befugnis zu, Weisungen zu erteilen, Aufgaben im Einzelfall an sich zu ziehen oder von der allgemeinen Verteilung abzuweichen, sondern im Rahmen des Kontrollrechts der nächsthöheren Instanz stehen diese Rechte auch dem Präsidenten des Oberlandesgericht für die ihm nachgeordneten Amts- und Landgerichte zu (§ 14 Abs. 1 Nr. 3 GVGVO). Der Präsident des Oberlandesgericht wiederum untersteht dem Minister der Justiz als höherer Dienstaufsichtsbehörde (§ 14 Abs. 1 Nr. 1 GVGVO).

39 **5. Der „aufsichtführende" Richter und seine Vertretung.** Ist weder ein Amtsgerichtspräsident ernannt noch die Dienstaufsicht dem Land- oder einem anderen Amtsgerichtspräsidenten übertragen, so ist nach § 22 Abs. 3 Satz 2 bei einem mit mehreren Richtern besetzten Amtsgericht „einem von ihnen" die allgemeine Dienstaufsicht zu übertragen, die sich aber nicht auf die Richter erstreckt (oben Rdn. 35). Es ist dies der „aufsichtführende Richter", der — vorbehaltlich des § 22 a — im Präsidium des Amtsgerichts den Vorsitz führt (§ 21 a Abs. 2). Nach Art. 3 des Gesetzes vom 22. 12. 1975 (BGBl. I 3176) führt der Richter, der ständig mit der „Leitung" — also mit der Führung der Aufsicht — eines Amtsgerichts betraut und nicht zum Präsidenten ernannt ist, die Amtsbezeichnung „Direktor des Amtsgerichts". Bei größeren Amtsgerichten kann ein ständiger Vertreter, und es können daneben ein oder mehrere weitere „aufsichtführende Richter" bestellt werden, die durch ihre Einreihung in die Besoldungsgruppe R 2 nach Maßgabe des Art. 3 des Gesetzes hervorgehoben sind. Dem Wortlaut des Art. 2 („der ständige Vertreter eines Direktors") scheint zu entnehmen zu sein, daß das Gesetz vom 22. 12. 1975 nur von der Bestellung eines (jedenfalls nur eines gehaltlich hervorgehobenen) ständigen Vertreters ausgeht, während § 21 h Satz 1 GVG — als die lex prior — von der Möglichkeit ausgeht, daß dem „Direktor" mehrere ständige Vertreter bestellt sind. Das wird nunmehr dahin zu verstehen sein, daß mit den mehreren ständigen Vertretern i. S. des § 21 h die „weiteren aufsichtführenden Richter" gemeint sind, die neben dem ständigen Vertreter bestellt sind. Aufsichtführender Richter, der nicht „Direktor" ist, kann nur ein bei dem Amtsgericht auf Lebenszeit angestellter Richter, nicht ein Richter auf Probe, ein abgeordneter oder ein beauftragter Richter sein. Im einzelnen ergibt sich die Vertretung des aufsichtführenden Richters bei seinen Dienstaufsichtsgeschäften aus § 4 GVGVO 1935 bzw. den an ihre Stelle getretenen landesrechtlichenVorschriften (dazu Vor GVGVO, 3). Über das Verhältnis des § 22 Abs. 3 zu §§ 4, 14 ff GVGVO vgl. im übrigen § 4, 2 GVGVO.

40 **6. Die Landesjustizverwaltung.** Der Ausdruck Landesjustizverwaltung in Absatz 3 bezeichnet — wie auch sonst im GVG — nicht allein die Zentralbehörde (Justizministerium usw.), sondern er umfaßt vielmehr alle Organe der Justizverwaltung. Von welchem dieser Organe die einzelnen Aufgaben der Landesjustizverwaltung wahrzunehmen sind, bestimmt sich, soweit nicht Bundesrecht entgegensteht, nach Landesrecht. Die Landeszentralbehörden können die Rechte und Pflichten, die das GVG der Landesjustizverwaltung zuweist, allgemein auf andere Justizverwaltungsorgane übertragen (RG vom 17. 1. 1927 III 975/26; vgl. auch § 4, 1 EGGVG). Soweit es sich um die Bestellung des aufsichtführenden Amtsrichters (§ 22 Abs. 3 GVG) handelt, ergibt sich aus § 4 GVGVO 1935 (soweit er nicht durch neue landesrechtliche Vorschriften ersetzt ist), daß sie der Zentralbehörde obliegt, die aber nach § 18 aaO ihre Befugnisse auf den Präsidenten des Oberlandesgerichts übertragen kann.

§ 22 a

Bei Amtsgerichten mit einem aus allen wählbaren Richtern bestehenden Präsidium (§ 21 a Abs. 2 Satz 1 Nr. 3) gehört der Präsident des übergeordneten Landgerichts oder, wenn der Präsident eines anderen Amtsgerichts die Dienstaufsicht ausübt, dieser Präsident dem Präsidium als Vorsitzender an.

Entstehungsgeschichte. Der frühere § 22 a hatte folgenden Wortlaut:

„(1) Bei den mit einem Präsidenten besetzten Amtsgerichten wird ein Präsidium gebildet.

(2) Das Präsidium besteht aus dem Amtsgerichtspräsidenten als Vorsitzenden, den Amtsgerichtsdirektoren, den Oberamtsrichtern und den beiden dem Dienstalter nach, bei gleichem Dienstalter der Geburt nach ältesten Amtsrichtern.

(3) Das Präsidium entscheidet nach Stimmenmehrheit; bei Stimmengleichheit gibt die Stimme des Amtsgerichtspräsidenten den Ausschlag."

Diese Regelung wurde durch Art. II Nr. 7 des PräsVerfG gestrichen (vgl. jetzt §§ 21 a, 21 i Abs. 7). Der jetzige Wortlaut der Vorschrift beruht auf Art. II Nr. 8 des PräsVerfG.

1. Zur Entwicklung der Geschäftsverteilung beim Amtsgericht. Über die Verteilung der Geschäfte bei den mit mehreren Richtern besetzten Amtsgerichten und über die Vertretung der Richter enthielt das GVG früher keine Vorschriften: es überließ die Regelung dem Landesrecht (vgl. z. B. für Preußen §§ 23, 24 AGGVG). Eine reichseinheitliche Regelung trafen §§ 5, 6 GVGVO 1935. Danach verteilte bei den mit einem Amtsgerichtspräsidenten besetzten Amtsgerichten dieser, im übrigen der Landgerichtspräsident vor Beginn des Geschäftsjahrs und auf dessen Dauer die Geschäfte und regelte in gleicher Weise die Vertretung der Amtsrichter in Verhinderungsfällen. Diese Anordnungen durften im Laufe des Geschäftsjahrs nur geändert werden, wenn dies wegen Überlastung, Wechsels oder dauernder Verhinderung eines Richters erforderlich war. Die Regelung der Geschäftsverteilung und Vertretung entsprach also den für die Kollegialgerichte geltenden Vorschriften mit der Abweichung, daß nicht ein Präsidium, sondern der Amts- oder Landgerichtspräsident als Justizverwaltungsorgan die erforderlichen Anordnungen zu treffen hatte. Das Ges. über die Geschäftsverteilung bei den Gerichten vom 24. 11. 1937 (RGBl. I 1286), das das Präsidium bei den Kollegialgerichten beseitigte und seine Aufgaben auf die Präsidenten als Justizverwaltungsangelegenheit übertrug, hielt für die Amtsgerichte inhaltlich die in §§ 5, 6 GVGVO 1935 getroffene Regelung aufrecht. Im Anschluß an die Wiederherstellung des Präsidiums bei den Kollegialgerichten in den Ländern der britischen Besatzungszone wurde dort durch die VO des Zentraljustizamts vom 9. 9. 1948 (VOBl. BZ 261) mit den neu geschaffenen §§ 22 a bis 22 d a. F die Aufstellung des Geschäftsverteilungsplans auch für die Amtsgerichte durch ein Richterkollegium, das Präsidium des Landgerichts und bei großen Amtsgerichten ein beim Amtsgericht selbst gebildetes Präsidium, eingeführt. Diese Regelung übernahm das VereinhG 1950. 1

2. Ein **eigenes Präsidium** hatten danach nur die mit einem Amtsgerichtspräsidenten besetzten Amtsgerichte. Bei den übrigen Amtsgerichten wurde der Geschäftsverteilungsplan vom Präsidium des Landgerichts aufgestellt. War jedoch einem Amtsgerichtspräsidenten von der Justizverwaltung die Dienstaufsicht über andere im Bezirk des übergeordneten Landgerichts gelegene Amtsgerichte übertragen, so trat das Präsidium des großen Amtsgerichts für die kleinen Amtsgerichte an die Stelle des Präsidiums des Landgerichts (§ 22 c Abs. 1 a. F). Mit der Neuregelung der Präsidialverfassung durch das PräsVerfG vom 26. 5. 1972 wurde § 22 a. F überflüssig und aufgehoben. 2

3 **3. Bedeutung des § 22 a.** Nach § 21 a Abs. 1 besteht bei jedem Gericht, also auch bei jedem (mit mehr als einem Richter besetzten, § 22 b Abs. 1) Amtsgericht ein eigenes Präsidium, dessen Vorsitzender der Amtsgerichtspräsident oder der aufsichtführende Richter (§ 22 Abs. 3 Satz 2) ist. § 22 a enthält eine Sondervorschrift über den Vorsitz im amtsgerichtlichen Präsidium für solche Amtsgerichte, die weniger als acht Richterplanstellen haben (§ 21 a Abs. 2 Satz 1 Nr. 3); dabei kommt es nur auf die Planstellenzahl, nicht aber darauf an, wie viele Planstellen besetzt sind[1]. Ebensowenig kommt es auf die Zahl der Richter an, die — ohne Planstelleninhaber zu sein — bei diesem Gericht haushaltsrechtlich geführt werden (z. B. abgeordnete Richter)[2]. Bei diesen ist Vorsitzender des Präsidiums nicht der aufsichtführende Richter, sondern der Präsident des übergeordneten Landgerichts oder, wenn die Dienstaufsicht über das Amtsgericht dem Präsidenten eines anderen Amtsgerichts übertragen ist, dieser Amtsgerichtspräsident. Der Landgerichts- oder Amtsgerichtspräsident soll hier als „neutraler Dritter" fungieren[3]. Die Vertretung des Präsidenten richtet sich nach §§ 21 c, 21 h. Dem Präsidenten steht in Notfällen weiterhin die Eilkompetenz nach § 21 i Abs. 2 zu[4].

4 **4. Erhöhung der Planstellenzahl.** Bei nachträglicher Erhöhung der Planstellenzahl auf mehr als acht bleibt die vorher beschlossene Geschäftsverteilung zunächst in Kraft. Sache des nunmehr nach § 21 a zu bildenden neuen Präsidiums ist es, die erforderlichen Änderungen zu beschließen.

§ 22 b

(1) Ist ein Amtsgericht nur mit einem Richter besetzt, so beauftragt das Präsidium des Landgerichts einen Richter seines Bezirks mit der ständigen Vertretung dieses Richters.

(2) Wird an einem Amtsgericht die vorübergehende Vertretung durch einen Richter eines anderen Gerichts nötig, so beauftragt das Präsidium des Landgerichts einen Richter seines Bezirks längstens für zwei Monate mit der Vertretung.

(3) [1]In Eilfällen kann der Präsident des Landgerichts einen zeitweiligen Vertreter bestellen. [2]Die Gründe für die getroffene Anordnung sind schriftlich niederzulegen.

(4) Bei Amtsgerichten, über die der Präsident eines anderen Amtsgerichts die Dienstaufsicht ausübt, ist in den Fällen der Absätze 1 und 2 das Präsidium des anderen Amtsgerichts und im Falle des Absatzes 3 dessen Präsident zuständig.

Schrifttum. *Stanicki* Die neuen Präsidien und ihre Wahl, DRiZ **1972** 416.

Entstehungsgeschichte. § 22 b a. F wurde durch Art. II Nr. 7 des PräsVerfG gestrichen (vgl. jetzt §§ 21 a, 21 e). An seine Stelle ist nach Art. II Nr. 9 des genannten Gesetzes § 22 b n. F eingefügt worden.

---

1 *Kissel* 2; *Katholnigg*[3] 1; MK-*Wolf* 4.

2 *Kissel* aaO.

3 Ausschußbericht BTDrucks. VI 2903 S. 5; MK-*Wolf* 1.

4 *Kissel* 5; MK-*Wolf* 3.

Übersicht

1. Bestellung des ständigen Vertreters beim Ein-Mann-Amtsgericht (Absatz 1)

a) Entwicklungsgeschichte. Absatz 1 regelt bundesrechtlich einheitlich die Bestellung des ständigen Vertreters bei Amtsgerichten, die nur mit einem Richter besetzt sind. Das frühere Recht kannte insoweit keine bundesrechtliche Regelung; sie war dem Landesrecht überlassen. Jedoch bestanden nur in einzelnen Ländern einschlägige Vorschriften. Die Rechtslage in den Ländern, in denen es an gesetzlichen Vorschriften fehlte, war bis dahin zweifelhaft[1]. 1

b) Begriff des „nur mit einem Richter besetzten" Amtsgerichts. Nicht nur mit einem, sondern mit mehreren Richtern (so daß ein Präsidium gebildet wird, § 21 a Abs. 1) ist ein Amtsgericht besetzt, wenn ihm für das kommende Geschäftsjahr mehr als eine Richterkraft zugewiesen ist. Daß das Amtsgericht mit mindestens zwei planmäßigen Stellen (zwei „Richtern am Amtsgericht", § 19 a Abs. 1 DRiG) besetzt ist, ist dazu nicht erforderlich; § 21 a Abs. 1 gilt nach seinem Zweck, den „gesetzlichen Richter" von vornherein zu bestimmen (s. § 16, 4 GVG, 24. Aufl.) auch dann, wenn das Amtsgericht das Geschäftsjahr in der Besetzung mit einem auf Lebenszeit angestellten Richter und einem Hilfsrichter (Richter auf Probe, Richter kraft Auftrags, abgeordneter Richter, §§ 12, 14, 37 DRiG) beginnt. Wird einem nur mit einem Richter besetzten Amtsgericht im Laufe des Geschäftsjahres — wenn auch nur vorübergehend — ein neben ihm tätiger Hilfsrichter zugewiesen, so wird nunmehr ein Präsidium kraft Gesetzes gebildet (§ 21 a Abs. 1), das sich gemäß § 21 a Abs. 2 Satz 1 Nr. 3, § 22 a zusammensetzt[2] und einen Geschäftsverteilungsplan für die Dauer der Besetzung des Gerichts mit mehr als einem Richter aufstellen und in ihm die Vertretung regeln muß. 2

c) Vertreterbestellung. Das nur mit einem Richter besetzte Amtsgericht hat — trotz des § 21 a Abs. 1, wonach bei jedem Gericht ein Präsidium gebildet wird — kein eigenes Präsidium. Denn die Hauptaufgabe eines Präsidiums ist die Aufstellung eines Geschäftsverteilungsplans, der die Besetzung der mehreren bei ihm bestehenden Spruchkörper und die Verteilung der Geschäfte unter sie regelt (§ 21 e Abs. 1). Ist ein Amtsgericht nur mit einem Richter besetzt, so entfällt, weil sie sich von selbst versteht, eine Besetzung der „Spruchkörper" (= der Abteilungen des Amtsgerichts) und eine Verteilung der Geschäfte unter sie; ein eigenes Präsidium hätte keine Aufgaben und keinen Sinn. Aber auch beim Ein-Mann-Amtsgericht bedarf es der Regelung der Vertretung, wenn der einzige Richter vorübergehend verhindert ist. Diese Aufgabe überträgt § 22 b dem Präsidium des im Instanzenzug übergeordneten Landgerichts. Und zwar bestellt es nach Absatz 1 vor 3

---

1 LR[21] § 22 b a. F, 2 b.

2 Ebenso *Kissel* 1; **a. M** *Schorn/Stanicki* 24: zuständig sei in entsprechender Anwendung des § 22 b Abs. 1 das Präsidium des LG oder das Präsidium des anderen Amtsgerichts nach § 22 b Abs. 4.

Beginn des Geschäftsjahres für alle Fälle einer vorübergehenden Verhinderung einen ständigen Vertreter (Parallele: § 21 f Abs. 2 Satz 1) aus der Zahl der Richter im Landgerichtsbezirk, also der Richter der übrigen Amtsgerichte und des Landgerichts selbst. Das kann auch der Gerichtspräsident sein oder, in den Grenzen des § 22 Abs. 5, ein Richter auf Probe[3]. Die Justizverwaltung ist an der Auswahl des Vertreters nicht beteiligt[4]. Auf die Zustimmung des zum ständigen Vertreter bestellten Richters kommt es nicht an (Parallele: § 78 Abs. 2). Ist auch der ständige Vertreter vorübergehend verhindert, so gilt Absatz 2. Daß das Präsidium „einen“ Richter zum ständigen Vertreter zu bestellen hat, bedeutet nicht, daß nur ein und derselbe Richter bestellt werden könnte; Absatz 1 schließt nicht aus, die Vertretung von vornherein für festbestimmte Zeitabschnitte auf mehr als einen Richter des Landgerichtsbezirks zu verteilen[5].

2. Regelung der vorübergehenden Vertretung (Absatz 2)

4 **a) Anwendungsbereich.** Im Gegensatz zu Absatz 1 gilt Absatz 2 für **alle** Amtsgerichte („an einem Amtsgericht“), also sowohl dann, wenn ein Amtsgericht nur mit einem Richter besetzt ist wie auch bei Besetzung mit mehreren Richtern[6]. Voraussetzung des Absatzes 2 ist, daß eine vorübergehende Vertretung durch einen Richter eines anderen Gerichts nötig ist. Beim Ein-Mann-Amtsgericht (Absatz 1) ist diese Voraussetzung ohne weiteres gegeben, wenn auch der ständige Vertreter vorübergehend verhindert ist. Bei dem mit mehreren Richtern besetzten Amtsgericht ist Absatz 2 anwendbar, wenn die im Geschäftsverteilungsplan vorgesehene Vertreterregelung (§ 21 e Abs. 1) oder Maßnahmen nach § 21 e Abs. 3 nicht ausreichen, weil eine ordnungsmäßige Bewältigung der Vertretung mit den vorhandenen Kräften nicht möglich ist, sondern es der Zuziehung eines Richters eines anderen Gerichts bedarf. Nach Absatz 2 ist es dann Sache des landgerichtlichen Präsidiums, einen Richter im Bezirk des Landgerichts mit der Vertretung zu beauftragen. Einer Zustimmung dieses Richters bedarf es auch hier nicht. Die Höchstdauer der Beauftragung ist jedoch auf zwei Monate begrenzt; sie endet kraft Gesetzes mit diesem Zeitpunkt. Dies hindert jedoch, wenn die Notwendigkeit einer **vorübergehenden** Vertretung weiterhin besteht, nach überwiegender und zutreffender Meinung[7] nicht, erneut nach Absatz 2 zu verfahren und ggfs. auch den gleichen Richter mit der Vertretung zu beauftragen[8], wenngleich nicht verkannt wird, daß auf diese Weise eine gewisse Dauervertretung eintreten kann und an sich in diesen Fällen die Justizverwaltung zur Abhilfe aufgefordert ist[9]. Denn § 22 b Abs. 2 will nicht etwa im Interesse des mit der vorübergehenden Vertretung beauftragten Richters die Höchstdauer der Zeit bestimmen, für die ihm die mit der Beschäftigung an einem anderen Gericht verbundenen Unbequemlichkeiten und Veränderungen seiner gewöhnlichen Lebensweise zuzumuten sind; vielmehr ist es der Sinn der Zweimonatsgrenze, einen „maßgeblichen Orientierungspunkt“, ein „Richtmaß“ dafür zu setzen, wann eine vorübergehende in eine dauernde Verhinderung übergeht[10]. Im übrigen steht die zeitliche Begrenzung auch einer Beauftragung des gleichen Richters für die Dauer des Geschäftsjahres nicht entgegen, die sich nur auf die Tage des Bereitschaftsdien-

3 MK-*Wolf* 5.
4 *Katholnigg*[3] 1; *Kissel* 3 f.
5 So auch *Kleinknecht/Meyer-Goßner*[44] 2.
6 *Katholnigg*[3] 2.
7 *Kissel* 5; KK-*Kissel*[4] 2; MK-*Wolf* 6;
8 **A. A** *Kleinknecht/Meyer-Goßner*[44] 2 unter Bezugnahme auf *Katholnigg*[3] 2, der aus dem Sinn der 2-Monats-Frist und dem Fehlen einer § 36 Satz 3 EGGVG vergleichbaren Regelung eine Verlängerung für unzulässig hält. Da *Katholnigg* andererseits eine neue Vertreterbestellung anerkennt, wenn „neue Tatsachen“ dies erfordern, dürfte in der Sache gar kein Unterschied zur Mehrheitsmeinung bestehen.
9 So ausdrücklich *Zöller-Gummer* 2.
10 *Schorn/Stanicki* 100; *Stanicki* DRiZ **1972** 416; KK-*Kissel*[4] 2; **a. A** noch *Schäfer* in LR[23] 4.

stes bezieht[11]. Die Zuweisung der Geschäfte an den beauftragten Vertreter erfolgt bei den mit mehr als einem Richter besetzten Amtsgerichten durch das Präsidium des Amtsgerichts (§ 21 e Abs. 3).

Unzulässig ist im Rahmen des § 22 b Abs. 2 eine sog. **Reihendienstregelung** in der Art, daß verschiedene Richter alternierend zur Vertretung berufen werden, weil diese Vorschrift ausschließlich die durch eine vorübergehende Verhinderung konkret entstandene Lücke schließen soll, nicht aber Raum läßt für eine abstrakt generelle Vertretungsregelung[12]. 5

b) Ausschluß der Anwendung von Absatz 2. Eine Beauftragung nach Absatz 2 erübrigt sich, wenn die Justizverwaltung einen Richter gemäß § 37 Abs. 3 DRiG abordnet oder einen Richter auf Probe oder kraft Auftrages zur Verfügung stellt (§§ 13, 16 Abs. 2 DRiG); dann ist die Vertretung durch einen Richter eines anderen Gerichts, also durch einen Richter, der im übrigen bei seinem Gericht verbleibt, nicht „nötig"[13]. Über die Verwendung dieses Richters bestimmt bei den mit mehreren Richtern besetzten Amtsgerichten ebenfalls das Präsidium des Amtsgerichts. 6

3. Bestellung eines zeitweiligen Vertreters bei Eilfällen (Absatz 3). Wie Absatz 2 so gilt auch Absatz 3 sowohl für das Ein-Mann-Gericht (Absatz 1) wie für das mit mehr als einem Richter besetzte Amtsgericht (Absatz 2). Absatz 3 ermächtigt in Eilfällen den Präsidenten des Landgerichts (als Vorsitzenden des landgerichtlichen Präsidiums) zu einstweiligen, die Vertretung regelnden Maßnahmen. Gedanklich schließt sich die Vorschrift an § 21 i Abs. 2 an, den § 22 b Abs. 3 modifiziert. Ein Eilfall liegt danach vor, wenn eine Entscheidung i. S. der Absätze 1, 2 durch das Landgerichts-Präsidium nicht rechtzeitig ergehen kann. Abweichend von § 21 i Abs. 2 Satz 3 ist eine unverzügliche Vorlegung der Anordnung des Präsidenten bei dem Präsidium „zur Genehmigung" nicht vorgeschrieben. Das erklärt sich daraus, daß der Präsident nach Absatz 3 nur einen zeitweiligen Vertreter bestellen, also nur Maßnahmen für den Augenblick treffen kann. Werden Vertreterbestellungen von längerer Dauer erforderlich, so gebührt die weitere Behandlung dem Präsidium, und wenn auch diese Entscheidung nicht rechtzeitig ergehen kann, so greift § 21 i Abs. 2 Satz 3, 4 Platz. Nach anderer Ansicht[14] beruht das Fehlen einer die Vorlegung anordnenden Vorschrift auf einem Redaktionsversehen, und § 21 Abs. 2 Satz 3 ist entsprechend anwendbar. Das wäre aber nur richtig, wenn der Gegenmeinung auch darin zuzustimmen wäre, daß ein Eilfall i. S. des Absatzes 3 auch eine Vertretungsbeauftragung (Absatz 2) mit einer voraussehbaren Dauer von zwei Monaten umfaßt[15], während hier — z. B. bei Erkrankung eines Richters für voraussichtlich mehrere Wochen — von einem Eilfall nur für die ersten wenigen Tage nach Erkrankungsbeginn gesprochen werden kann. Ob die tatsächlichen Voraussetzungen des Absatzes 3 vorliegen, entscheidet der Präsident nach pflichtgemäßem Ermessen; seine Entscheidung ist, wenn die ordnungsmäßige Besetzung des Gerichts in Frage steht, nur unter dem Gesichtspunkt einer rechtlich fehlerhaften Beurteilung der Begriffe Eilfall und zeitweiliger Vertreter gerichtlich nachprüfbar (§ 21 i, 24. Aufl. Rdn. 7). 7

4. Zuständigkeit bei Dienstaufsicht des Präsidenten eines anderen Amtsgerichts (Absatz 4). Absatz 4 beruht auf der Erwägung, daß in den Fällen der Absätze 1, 2 das Präsidium des anderen Amtsgerichts, dessen Präsident die Dienstaufsicht ausübt, und im Fall 8

[11] *Kleinknecht/Meyer-Goßner*[44] 2.
[12] VGH München NJW **1993** 2308.
[13] *Kissel* 5.
[14] *Kissel* 7 und (ähnlich) KK-*Kissel*[4] 5.
[15] So *Kissel* 6.

des Absatzes 3 der Amtsgerichtspräsident selbst einen besseren Überblick über die Situation bei dem Amtsgericht hat, bei dem die Vertretung notwendig wird, und ihm näher steht als das Präsidium des Landgerichts und dessen Präsident[16]. Nach dem Wortlaut des Absatzes 4 könnte das Präsidium des anderen Amtsgerichts bzw. dessen Präsident auch Vertreter aus den Richtern der übrigen Amtsgerichte des Landgerichtsbezirks und aus den Richtern des Landgerichts bestellen. Das ist aber schwerlich der Sinn der Vorschrift. Daß das Präsidium eines Gerichts über die Mitglieder eines anderen Gerichts bestimmt, kommt zwar auch sonst ausnahmsweise vor (vgl. §§ 78, 78 b sowie § 116 Abs. 1 Satz 2, wonach das Präsidium des StaatsschutzOLG — § 120 Abs. 1 — zu Ermittlungsrichtern dieses Oberlandesgerichts auch Mitglieder eines anderen Oberlandesgerichts in seinem Bereich bestellen kann). Im Fall des § 22 b Abs. 4 wäre aber ein Bestimmungsrecht des amtsgerichtlichen Präsidiums über Richter an dritten Gerichten nicht nur eine Anomalie, sondern auch durch die ratio legis (besserer Überblick über die Situation bei dem notleidenden Amtsgericht, „Näherstehen" des amtsgerichtlichen Präsidiums) nicht gerechtfertigt. Es ist deshalb wohl davon auszugehen, daß sich im Fall des Absatzes 4 die Befugnis des Präsidiums (Präsidenten) auf die Bestellung eines Vertreters aus der Reihe der Mitglieder des großen Amtsgerichts beschränkt[17].

9 **5. Umfang der Vertretungsregelung.** § 22 b regelt nur die Vertretung des verhinderten Richters in seinen richterlichen Aufgaben. Die Regelung der Vertretung in den ihm übertragenen Verwaltungsaufgaben, insbes. die Führung der Dienstaufsicht, ist Sache der Justizverwaltung (vgl. § 4 GVGVO 1935).

§ 22 c

(1) [1]Die Landesregierungen werden ermächtigt, durch Rechtsverordnung ein Amtsgericht zu bestimmen, das für mehrere Amtsgerichte im Bezirk des Landgerichts Geschäfte des Bereitschaftsdienstes an dienstfreien Tagen ganz oder teilweise wahrnimmt, wenn dies zur Sicherstellung einer gleichmäßigeren Belastung der Richter mit Bereitschaftsdiensten angezeigt ist. [2]Zu dem Bereitschaftsdienst sind die Richter der in Satz 1 bezeichneten Amtsgerichte heranzuziehen. [3]Über die Verteilung der Geschäfte des Bereitschaftsdienstes beschließt nach Maßgabe des § 21 e das Präsidium des Landgerichts.

(2) Die Landesregierungen können die Ermächtigung nach Absatz 1 auf die Landesjustizverwaltungen übertragen.

Entstehungsgeschichte. Der frühere § 22 c war durch Art. II Nr. 7 des PräsVerfG aufgehoben worden. Nach der Entscheidung des VGH München NJW **1994** 2308 wurde er wieder mit neuem Inhalt durch das Gesetz vom 24. 6. 1994 (BGBl. I 1374) eingefügt, weil die bis dahin geübte Praxis, Bereitschaftsdienstregelungen auf § 22 b zu stützen, vom VGH nicht gebilligt worden war.

---

16 Vgl. die Stellungnahme des Bundesrats, nach dessen Vorschlägen Absatz 4 gestaltet ist, im RegEntw. BTDrucks. **VI** 557, S. 23.

17 Ähnlich *Schorn/Stanicki* 93; *Kissel* 8; *Katholnigg*[3] 4.

Übersicht

1. Zweck der Regelung. Die Vorschrift soll die vom VGH München (s. Entstehungs- 1
geschichte) nicht gebilligte Praxis der Bereitschaftsdienstregelungen auf eine klare gesetzliche Grundlage stellen und die gleichmäßige Belastung der Richter beim Amtsgericht in einer rechtlich eindeutigen Weise ermöglichen[1]. Dabei geht es nicht um die Richter eines einzelnen Amtsgerichts, sondern um unterschiedlich stark besetzte Amtsgerichte benachbarter oder örtlich naheliegender Amtsgerichte innerhalb eines Landgerichtsbezirks[2]. Eine über die Grenzen eines Landgerichtsbezirks hinausgehende Konzentration ist unzulässig. Absatz 1 ermächtigt die Landesregierung insoweit zu einer überörtlichen, sachlich und zeitlich beschränkten Zuständigkeitskonzentration für Bereitschaftsdienste, die im Rahmen des Art. 80 Abs. 1 GG unbedenklich ist. Von der Regelung werden **alle** Richter der beteiligten Amtsgerichte erfaßt, d. h., es sind nicht nur einzelne Richter dieser Gerichte heranzuziehen. Grenzen können sich aber aus den gesetzlichen Beschränkungen der §§ 22 Abs. 6, 23 Abs. 3 ergeben. Von der Ermächtigung kann bereits dann Gebrauch gemacht werden, wenn die Sicherstellung einer gleichmäßigen Belastung nur „angezeigt ist", sie muß nicht erforderlich sein[3].

2. Inhalt der Regelung. Indem Absatz 1 Satz 2 die Konzentrationsermächtigung auf 2
alle Richter der betroffenen Amtsgerichte erstreckt, stellt die Regelung sich für Planstelleninhaber inhaltlich als ein Sonderfall der Übertragung eines weiteren Richteramtes dar (§ 27 Abs. 2 DRiG), der keiner weiteren Einzelentscheidung bedarf[4]. Ebensowenig ist die Zustimmung der betroffenen Richter erforderlich (s. § 22, 8), weil durch den Umfang des Bereitschaftsdienstes ihre bisherige Tätigkeit in aller Regel nicht nennenswert eingeschränkt wird[5]. Soweit im Rahmen des Bereitschaftsdienstes Aufgaben eines anderen Amtsgerichts wahrgenommen werden, handelt der Richter für dieses Amtsgericht.

Die Vornahme einer Zuständigkeitskonzentration ist **sachlich** ausschließlich auf Auf- 3
gaben des Bereitschaftsdienstes beschränkt. Damit darf sich eine Regelung nur auf die unaufschiebbaren richterlichen Geschäfte beziehen, wie sie wegen der verfassungsrechtlichen Vorgaben (Art. 104 GG) insbesondere in Fällen der Freiheitsentziehung oder der Unterbringung anstehen. Hierher gehören auch die zivilrechtlichen Eilentscheidungen, auf die an dieser Stelle jedoch nicht näher einzugehen ist. Unabhängig von dieser generell-abstrakten Regelung hat jeder Richter im Rahmen seiner richterlichen Unabhängigkeit im Einzelfall die Frage der Unaufschiebbarkeit selbst zu prüfen[6].

Zeitlich ist die Ermächtigung zur Regelung des Bereitschaftsdienstes auf **dienstfreie** 4
Tage beschränkt. Das sind in erster Linie zwar Samstage, Sonntage und gesetzliche Feiertage (sowohl nach Bundes- als auch nach Landesrecht), aber ebenso die Tage, an denen üblicherweise nicht gearbeitet wird, wie z. B. Heiligabend oder Sylvester. Selbst regionale Besonderheiten wie etwa der Rosenmontag werden hiervon erfaßt. Abs. 1 stellt damit gleichzeitig klar, daß eine Konzentration nicht für die dienstfreie Zeit an den übrigen Tagen zulässig ist. Damit dürfen die Fälle der gewöhnlichen Abwesenheit an normalen

---

1 BTDrucks **12** 6243 S. 11 f.
2 *Katholnigg*[3] 1; Zöller-*Gummer* 2.
3 *Katholnigg* aaO.
4 Vgl. *Schmidt-Räntsch* 20.
5 *Schmidt-Räntsch* 19.
6 So auch Zöller-*Gummer* 4.

Arbeitstagen nach Ablauf der üblichen Dienststunden oder die Unerreichbarkeit eines Richters während dieser Zeit nicht erfaßt werden. Dasselbe gilt für Nachtzeiten. In all diesen Fällen bleibt es bei der Vertretungs- bzw. Bereitschaftsdienstregelung des örtlich zuständigen Amtsgerichts.

5 **3. Zuständigkeit des Präsidiums.** Während es der Landesregierung obliegt, die zur Konzentration erforderliche Rechtsverordnung zu erlassen, ist es dem Präsidium des übergeordneten Landgerichts vorbehalten, die Konkretisierung der wahrzunehmenden richterlichen Geschäfte des Bereitschaftsdienstes und die Einteilung der Richter entsprechend § 21 e durch Geschäftsverteilungsplan festzulegen. Satz 3 ist insoweit eindeutig und läßt auch für Amtsgerichte mit eigenem Präsidenten keine Ausnahme zu[7]. Durch diese Geschäftsverteilung wird dem Prinzip des gesetzlichen Richters (Art. 101 GG) Rechnung getragen und deswegen dürfen Änderungen auch nur unter den Voraussetzungen des § 21 e Abs. 3 (s. a. dort, 24. Aufl. Rdn. 41 ff) vorgenommen werden.

6 Wenngleich die betroffenen Richter der Amtsgerichte **kein Wahlrecht zum Präsidium des übergeordneten Landgerichts** haben, lassen sich daraus keine durchgreifenden Bedenken ableiten, weil die Inanspruchnahme dem Grunde nach bereits durch den Rechtsetzungsakt der Landesregierung erfolgt ist und durch das Präsidium lediglich noch die eher technischen Fragen der Reihenfolge der Vertretung zu regeln sind[8].

7 **4. Delegationsrecht der Landesregierungen.** Die in Absatz 2 vorgesehene Subdelegation auf die Landesjustizverwaltungen konnte wegen Art. 80 Abs. 1 Satz 1 GG nicht unmittelbar erfolgen, entspricht aber dem praktischen Bedürfnis, die in der Regel dort unmittelbar bekannten Verhältnisse der einzelnen Amtsgerichte ohne ein aufwendiges Verfahren zu nutzen und sie entspricht im übrigen auch sonst der allgemeinen Praxis. Daß diese Subdelegation ebenfalls nur im Verordnungswege erfolgen kann, ist durch Art. 80 Abs. 1 Satz 3 GG vorgegeben.

§ 22 d

Die Gültigkeit der Handlung eines Richters beim Amtsgericht wird nicht dadurch berührt, daß die Handlung nach der Geschäftsverteilung von einem anderen Richter wahrzunehmen gewesen wäre.

Schrifttum. *Rinck* Gesetzlicher Richter, Ausnahmegericht und Willkürverbot, NJW **1964** 1649.

Entstehungsgeschichte. § 22 d wurde eingefügt durch das VereinhG 1950. Durch Art. II Nr. 6 des PräsVerfG wurde „Amtsrichters" durch „Richters beim Amtsgericht" ersetzt.

Übersicht

[7] Vgl. *Katholnigg*[3] 4.

[8] Vgl. auch Zöller-*Gummer* 7.

1. Entwicklungsgeschichte und Bedeutung. Eine dem § 22 d entsprechende Vorschrift enthielt bereits § 23 Abs. 2 PrAGGVG. Sie wurde als Reichsrecht übernommen durch § 6 Abs. 2 der GVGVO 1935, und diese letztere Vorschrift wurde durch Art. II Nr. 7 des VereinhG 1950 aufgehoben, weil sie durch den neu eingefügten § 22 d gegenstandslos wurde. Die Vorschrift hat aber im Lauf der Zeit ihren Sinngehalt gewechselt. § 23 Abs. 2 PrAGGVG brachte nach RGZ **1** 235; RGSt **14** 154, 156 zum Ausdruck, daß für amtsrichterliche Akte nur das Amtsgericht als solches, nicht der einzelne Amtsrichter zuständig sei, und daß es bei einer Mehrzahl von Amtsrichtern bei einem Amtsgericht für die Gültigkeit einer Amtshandlung bedeutungslos sei, ob sie der eine oder andere Richter vorgenommen habe. Unter dem Gesichtspunkt des auch beim Amtsgericht durch den Geschäftsverteilungsplan (§ 21 e Abs. 1) bestimmten „gesetzlichen Richters" besagt sie heute in gesetzlicher Anerkennung eines bereits früher bei den Kollegialgerichten von der Rechtsprechung entwickelten Grundsatzes (Erl. zu § 21 e, 24. Aufl. Rdn. 32), daß eine richterliche Handlung nicht schon deshalb anfechtbar ist, weil sie abweichend vom Geschäftsverteilungsplan von einem anderen als dem geschäftsverteilungsplanmäßig zuständigen Richter vorgenommen wurde. Insoweit spricht § 22 d einen allgemeinen Rechtsgrundsatz aus[1] und ist im Grunde überflüssig, da hinsichtlich der Abweichung vom Geschäftsverteilungsplan für die Spruchkörper (Abteilungen) des Amtsgerichts nichts anderes gelten kann als für die Spruchkörper der übrigen Gerichte. So gesehen ist § 22 d, soweit ihm überhaupt noch unter dem Gesichtspunkt des gesetzlichen Niederschlags eines allgemein geltenden Grundsatzes eine Existenzberechtigung zukommt, lex fugitiva. § 22 d läßt Verstöße gegen gesetzliche Zuständigkeitsvorschriften unberührt. Diese bleiben als Verletzung des „gesetzlichen Richters" anfechtbar (s. o. § 16). 1

2. Willkürliche Amtshandlungen. Unberührt bleibt aber bei willkürlicher Abweichung (dazu Erl. zu § 16, 24. Aufl. Rdn. 16 f; § 21 e, 24. Aufl. Rdn. 32) die Möglichkeit der Anfechtung, weil der Grundsatz des gesetzlichen Richters (Art. 101 Abs. 1 Satz 2 GG; § 16 GVG) verletzt und das Gericht i. S. des § 338 Nr. 1 StPO[2] fehlerhaft besetzt ist[3]. Auch begründet § 22 d keine Ausnahme von dem Grundsatz (unten Rdn. 6), daß eine unvorschriftsmäßige Besetzung (§ 338 Nr. 1 StPO) vorliegt, wenn der Geschäftsverteilungsplan des Amtsgerichts nicht so eindeutig wie möglich festlegt, welcher Richter zur Entscheidung berufen ist[4]. Wohl aber ist eine versehentliche (auf irrtümlicher Beurteilung der Sach- und Rechtslage beruhende, also nicht willkürliche) Abweichung von einem inhaltlich gesetzmäßigen Geschäftsverteilungsplan unschädlich[5]. 2

3. Abweichende Auffassungen. Nach anderer Ansicht[6] soll § 22 d nur besagen, daß eine nicht mehr anfechtbare Entscheidung nicht deshalb *nichtig* sei, weil sie unter Verstoß gegen die Geschäftsverteilung erlassen wurde; die Anfechtbarkeit einer solchen „fehlerhaften" Entscheidung werde dadurch aber nicht berührt. Dem kann nicht gefolgt werden, soweit damit gesagt sein soll, zwischen einer auf error in procedendo beruhenden und einer willkürlichen Abweichung sei kein Unterschied zu machen. Dem Gesetzgeber kann nicht unterstellt werden, daß er eine Selbstverständlichkeit habe aussprechen wollen. 3

---

1 Ebenso *Kleinknecht/Meyer-Goßner*[44] 1; *Wieczorek/Schütze-Schreiber* 1.

2 Die in § 338 Nr. 1 StPO genannten Beschränkungen der Revision spielen bei amtsgerichtlichen Hauptverhandlungen keine Rolle, da §§ 222 a, 222 b StPO hier nicht anwendbar sind.

3 BGHSt **11** 106; BGH NJW **1986** 144; vgl. BVerfG NJW **1984** 1874; OLG Hamm JMBlNRW **1963** 252; LR-*Hanack* § 338, 23; *Wolff* § 14 IV 2 b.

4 OLG Neustadt MDR **1965** 255.

5 Dazu BVerfGE **14** 72 = NJW **1962** 1611; *Rinck* NJW **1964** 1650 zu dem § 22 d GVG entsprechenden § 3 Abs. 3 des früheren Bad.-Württ. GemeindegerichtsbarkeitsG vom 7. 3. 1960, GBl. 73.

6 BGHZ **37** 125 = NJW **1962** 1396; OLG Bremen NJW **1965** 1447; LG Hildesheim MDR **1968** 55; s.a. LG Göttingen NdsRpfl. **1977** 218; KK-*Kissel*[4] 1; *Eb. Schmidt* 2 bis 4.

Denn daß eine rechtskräftige Entscheidung nicht schon deshalb nichtig ist, weil sie unter Verstoß gegen die Geschäftsverteilung erlassen wurde, hat noch niemand bezweifelt und steht außer Diskussion. Die Vorschrift des § 22 d könne allerdings auch nicht die Bedeutung haben, daß sie nur die Nichtigkeit der Entscheidung bei einem Verstoß gegen die Geschäftsverteilung verneint[7]. Der Wortlaut der Vorschrift lasse aber auch eine Umdeutung in einen allgemeinen Grundsatz (Verneinung der Anfechtbarkeit bei nur versehentlicher Abweichung) nicht zu. Vielmehr sei § 22 d ein verfassungsrechtlich bedenklicher „Fremdkörper in dem verfeinerten Recht der Präsidialverfassung", der ersatzlos zu streichen sei. Diese Folgerung ist unbegründet[8]; ihr ist lediglich entgegenzuhalten, daß das StVÄG 1979[9] unter dem Gesichtspunkt, die Zahl durchgreifender, auf §§ 337, 338 Nr. 1 a. F StPO gestützter Besetzungsrügen zu verringern, außer der Einführung der Vorschriften über die Präklusion der Besetzungsrüge in der StPO im GVG eine Reihe von Ergänzungen und Änderungen „in besonders fehleranfälligen Bereichen" brachte, den § 22 d aber unberührt ließ.

4 **4. Einzelfälle.** Eine willkürliche Abweichung (Rdn. 2) liegt **nicht** vor, wenn ein Richter, obwohl er weiß, daß er nicht im Geschäftsverteilungsplan als zuständig aufgeführt ist, in Eilfällen an Stelle des nach dem Geschäftsverteilungsplan zuständigen Richters, der nur mit einer den Erfolg der begehrten Handlung in Frage stellenden Verzögerung erreichbar wäre, handelt[10]. Es ist dann so anzusehen, als bestimme der Geschäftsverteilungsplan, daß in Eilfällen der nicht greifbare zuständige Richter durch den anwesenden oder nächst erreichbaren Richter vertreten werde. Eine willkürliche Abweichung, da der Rechtsverstoß offen zutage liegt, ist dagegen gegeben, wenn an Stelle des nach dem Geschäftsverteilungsplan zuständigen Richters in der Hauptverhandlung sein Vertreter entscheidet, weil sich der erstere für befangen erklärte, ohne daß die Entscheidung nach §§ 27, 30 StPO eingeholt wurde, und ohne daß die Ablehnung sachlich gerechtfertigt war[11].

5 **5. Schöffengericht.** § 22 d spricht nur von der Gültigkeit der Handlung „eines Richters beim Amtsgericht". Der Grundsatz des § 22 d gilt aber nicht nur für den Richter als Einzelrichter, sondern auch für das Schöffengericht, d. h. für den Fall, daß beim Bestehen mehrerer Schöffengerichtsabteilungen irrtümlich nicht die nach dem Geschäftsverteilungsplan zuständige Schöffengerichtsabteilung A, sondern die Abteilung B geurteilt hat[12]. Denn für die Spruchkörper des Amtsgerichts kann in dieser Hinsicht nichts anderes gelten als für die der höheren Gerichte[13].

6 **6. Unanwendbarkeit des § 22 d.** § 22 d regelt nur den Fall des (nicht willkürlichen) Abweichens von einem gesetzmäßigen Geschäftsverteilungsplan. Besteht gesetzwidrigerweise kein Geschäftsverteilungsplan oder ist er inhaltlich gesetzwidrig oder enthält er auch im Weg der Auslegung nicht behebbare Zweifel oder Lücken (z. B. weil nicht zwischen Erwachsenen- und Jugendgerichtssachen unterschieden wird), so ist § 22 d unanwendbar; es liegt Verletzung des 16 GVG, Art. 101 Satz 2 GG vor[14], so z. B. bei Aburteilung eines Jugendlichen (Heranwachsenden) durch einen von mehreren Richtern, unter die nur „die Strafsachen" verteilt sind[15] oder wenn die Jugendsachen nicht für den gesam-

[7] *Schorn/Stanicki* 257; *Wolf* 147.
[8] So auch *Kissel* 3.
[9] S. dazu die Erl. Einl., 24. Aufl. Kap. **5** 102 sowie Einl. E Rdn. 121.
[10] OLG Schleswig SchlHA **1963** 78.
[11] OLG Hamm MDR **1964** 77.
[12] KK-*Kissel*[4] 2.
[13] S. dazu auch LR-*Hanack* § 338 StPO, Rdn. 23.
[14] OLG Saarbrücken NJW **1965** 1447; OLG Neustadt MDR **1965** 25; *Kissel* 4; KK-*Kissel*[4] 3; *Kleinknecht/Meyer-Goßner*[44] 1.
[15] OLG Saarbrücken NJW **1965** 1447.

ten Verfahrensablauf dem Jugendrichter zugewiesen sind, sondern nach Verfahrensstadien oder -akten (z. B. getrennt für das Ermittlungs- und das Hauptverfahren und die Erledigung von Rechtshilfeersuchen) einer Mehrzahl von Richtern zugeteilt werden, auch wenn diese im Geschäftsverteilungsplan als Jugendrichter bezeichnet werden[16].

§§ 23 bis 23 c

(betr. Zuständigkeit der Amtsgerichte in bürgerlichen Rechtsstreitigkeiten).

§ 24

(1) In Strafsachen sind die Amtsgerichte zuständig, wenn nicht

1. die Zuständigkeit des Landgerichts nach § 74 Abs. 2 oder § 74 a oder des Oberlandesgerichts nach § 120 begründet ist,

2. im Einzelfall eine höhere Strafe als vier Jahre Freiheitsstrafe oder die Unterbringung des Beschuldigten in einem psychiatrischen Krankenhaus allein oder neben einer Strafe, oder in der Sicherungsverwahrung zu erwarten ist oder

3. die Staatsanwaltschaft wegen der besonderen Bedeutung des Falles Anklage beim Landgericht erhebt.

(2) Das Amtsgericht darf nicht auf eine höhere Strafe als vier Jahre Freiheitsstrafe und nicht auf die Unterbringung in einem psychiatrischen Krankenhaus, allein oder neben einer Strafe, oder in der Sicherungsverwahrung erkennen.

Schrifttum. *Böttcher/Mayer* Änderungen des Strafverfahrensrechts durch das Entlastungsgesetz, NStZ **1993** 153; *Hohendorf* § 225 a StPO im Spannungsfeld zwischen Strafrichter und Schöffengericht, NStZ **1987** 389; *Kissel* Gerichtsverfassung unter dem Gesetz zur Entlastung der Rechtspflege, NJW **1993** 489; *Meyer-Goßner* Die Verbindung verschiedener gegen denselben Angeklagten bei demselben LG anhängiger Strafverfahren, NStZ **1989** 297; *Rieß* Bestimmung und Prüfung der sachlichen Zuständigkeit und verwandter Erscheinungen im Strafverfahren, GA **1976** 1; *Rieß* Die Zuständigkeit des Strafrichters und die mindere Bedeutung der Sache, NStZ **1995** 376; *Schäfer* Willkürliche oder objektiv willkürliche Entziehung des gesetzlichen Richters bei Verkennung der sachlichen Zuständigkeit in Strafsachen? DRiZ **1996** 168; *Schroeder* Die Anklageerhebung beim LG und beim BGH wegen der „besonderen Bedeutung des Falles", MDR **1965** 177; *Siegismund/Wickern* Gesetz zur Entlastung der Rechtspflege, wistra **1993** 81, 136.

Entstehungsgeschichte. Bis zum 31. 12. 1974 galt § 24 in folgender Fassung:

„(1) In Strafsachen sind die Amtsgerichte zuständig für

1. Übertretungen
2. Verbrechen und Vergehen, wenn nicht die Zuständigkeit des Landgerichts nach § 74 a, des Schwurgerichts oder des Oberlandesgerichts nach § 120 begründet, im Einzelfall eine höhere Strafe als drei Jahre Freiheitsstrafe oder die Anordnung der Sicherungsverwahrung zu erwarten ist oder die Staatsanwaltschaft wegen der besonderen Bedeutung des Falles Anklage beim Landgericht erhebt.

(2) Das Amtsgericht darf nicht auf eine höhere Freiheitsstrafe als drei Jahre Freiheitsstrafe und nicht auf Sicherungsverwahrung erkennen."

---

16 LG Göttingen NdsRpfl. **1977** 218.

Dieser Wortlaut beruhte im wesentlichen auf dem VereinhG 1950, das die früheren Zuständigkeitsregelungen (VO vom 22. 3. 1924, RGBl. I 301, geändert durch VO vom 6. 10. 1931, RGBl. I 537, 563, 6. Teil Kap. I § 1; VO vom 14. 6. 1932, RGBl. I 2851 erster Teil Kap. I Art. 1; ZuständigkeitsVO vom 21. 2. 1940, RGBl. I 405) ersetzte. Änderungen des Wortlauts des VereinhG 1950 erfolgten durch das 1. StRÄndG 1951, das 1. StrRG 1969 und Art. 4 Nr. 1 a des Gesetzes vom 8. 9. 1969 (BGBl. I 1582). Die bis zum Inkrafttreten des RpflEntlG geltende Fassung beruhte auf Art. 22 Nr. 1 EGStGB 1974 mit Änderung (des Absatzes 1 Nr. 1) durch Art. 2 des 1. StVRG 1974. Mit Wirkung vom 1. 1. 1985 sollten durch Art. 326 Abs. 5 Nr. 3 Buchst. a EGStGB 1974 in Verb. mit Gesetz vom 22. 12. 1977 (BGBl. I 3104) in Absatz 1 Nr. 2 und Absatz 2 hinter „psychiatrischem Krankenhaus" die Worte „oder einer sozialtherapeutischen Anstalt" eingefügt werden; durch Art. 3 Nr. 4 des Gesetzes vom 20. 12. 1984 (BGBl. 11654) wurden diese Worte wieder gestrichen. Durch das RpflEntlG vom 11. 1. 1993 (BGBl. I 50) wurden in § 24 Abs. 1 Nr. 2 und Abs. 2 jeweils die Worte „drei Jahre Freiheitsstrafe" durch „vier Jahre Freiheitsstrafe" ersetzt. Gleichlautende Folgeänderungen sind in § 74 Abs. 1 Satz 2 (Art. 3 Nr. 6), § 108 Abs. 3 Satz 1 JGG (Art. 7 Nr. 4) und für die neuen Länder, in denen noch Kreis- und Bezirksgerichte bestanden, durch Art. 13 Nr. 1 in der Maßgabe Nr. 1 Buchst. f Abs. 1 der Anlage I Kap. III Sachgeb. A Abschn. III zum Einigungsvertrag vorgenommen worden.

Übersicht

I. Geschichtliche Entwicklung der erstinstanzlichen Zuständigkeit des erkennenden Gerichts

1. Bis zum VereinhG vom 12. 9. 1950

a) Von 1879 bis 1931. Die Regelung der erstinstanzlichen Zuständigkeit in Strafsachen hat seit Inkrafttreten des GVG im Jahre 1879 wiederholt gewechselt[1]. **Die ursprüngliche Regelung** ging, anknüpfend an die damalige Dreiteilung der Straftaten in Übertretungen, Vergehen und Verbrechen (§ 1 a. F StGB) dahin, schwerste Verbrechen dem Schwurgericht, die übrigen Verbrechen und die Mehrzahl der Vergehen der erstinstanzlichen Strafkammer, leichtere Vergehen und Übertretungen dem Schöffengericht zuzuweisen; für Hoch- und Landesverrat gegen das Reich war das Reichsgericht zuständig. Die **EmmingerVO** 1924 beseitigte die erstinstanzliche Strafkammer und übertrug die bisherigen Strafkammersachen auf die Schöffengerichte, wobei in umfangreichen oder bedeutungsvollen Sachen die Staatsanwaltschaft die Zuziehung eines zweiten Amtsrichters (erweitertes Schöffengericht) beantragen konnte. Gleichzeitig begründete die EmmingerVO die Zuständigkeit des Amtsrichters als Einzelrichter. Dessen Zuständigkeit war teils unbedingt (für sämtliche Übertretungen, für Privatklagevergehen und für im Höchstmaß mit sechs Monaten Gefängnis bedrohte Vergehen), teils eine bedingte, nämlich für Vergehen, bei denen keine schwerere Strafe als Gefängnis bis zu einem Jahre zu erwarten war, und in gewissem Umfang auch für Verbrechen (Verbrechen des schweren Diebstahls und der Hehlerei und Rückfallverbrechen). Voraussetzung dieser bedingten Zuständigkeit war ein dahingehender Antrag der Staatsanwaltschaft, bei Verbrechen außerdem, daß der Beschuldigte nicht widersprach. Soweit nicht die Zuständigkeit des Amtsrichters als Einzelrichter in Frage kam, war für Vergehen das Schöffengericht stets und für Verbrechen in der Mehrzahl der Fälle zuständig, nämlich a) für die mit Zuchthaus von höchstens zehn Jahre bedrohten (außer Meineid) und b) für einige bestimmte, einzeln aufgeführte Verbrechen mit Höchststrafe bis zu fünfzehn Jahren (§ 24 Nr. 3 a bis c a. F). Für die übrigen, mit dem Tode oder mit Zuchthaus von mehr als zehn Jahren bedrohten Verbrechen und für Meineid war das Schwurgericht zuständig. Schließlich wurde die Möglichkeit geschaffen, die in die erstinstanzliche Zuständigkeit des Reichsgerichts fallenden Landesverratssachen (später auch die Hochverratssachen) den Oberlandesgerichten zu überweisen. Die Strafkammer war danach nur noch Berufungs-, Beschwerde- und Beschlußgericht. 1

b) Von 1931 bis 1950. Im Jahre 1931 wurde — zunächst für sog. Monstreprozesse — die Zuständigkeit der erstinstanzlichen Strafkammer wiederhergestellt. Durch die VO vom 14. 6. 1932, erster Teil Kap. I Art. 1, § 1, wurde den Amtsgerichten ein erheblicher Teil ihrer Zuständigkeit wieder genommen und erneut den (großen) Strafkammern zur Entscheidung in erster Instanz übertragen. Und zwar erhielt die Strafkammer eine unbedingte Zuständigkeit für die mit Zuchthaus von höchstens zehn Jahren bedrohten Verbrechen (von einigen bestimmten Verbrechen abgesehen) und für einige Verbrechen mit höherer Höchststrafe. Für die in der Zuständigkeit der Schöffengerichte verbleibenden Sachen konnte die Staatsanwaltschaft, wenn Umfang und Bedeutung es rechtfertigten, durch entsprechenden Antrag die Strafkammerzuständigkeit begründen. Das erweiterte Schöffengericht wurde aufgehoben. Bei Beginn des 2. Weltkrieges wurde die Tätigkeit der Schöffen- und Schwurgerichte eingestellt und durch die ZuständigkeitsVO vom 2

[1] Das zahlenmäßige Schwergewicht erstinstanzlicher strafgerichtlicher Tätigkeit liegt heute bei den Amtsgerichten. So wurden von ihnen nach der amtlichen Justizstatistik 1996 801383 Verfahren (ohne Strafbefehle, die ohne Hauptverhandlung rechtskräftig wurden) erledigt, bei den Landgerichten nur 14996. Wegen der Verteilung auf die einzelnen Spruchkörper vgl. Rechtspflege 1996, Fachserie 10, Reihe 2 – Gerichte und Staatsanwaltschaften –.

21. 2. 1940 (RGBl. I S. 405) die Zuständigkeit zwischen dem Amtsrichter und der erstinstanzlichen Strafkammer nach dem Umfang der Strafgewalt dahin abgegrenzt, daß der Strafkammer grundsätzlich die Strafgewalt für alle Delikte, dem Amtsrichter aber ein Ausschnitt aus dieser Strafgewalt, nämlich die Befugnis zuerkannt wurde, ohne Rücksicht auf die Art des Delikts und die Höhe der angedrohten Strafe auf Freiheitsstrafe (Zuchthaus, Gefängnis und Festungshaft) bis zu fünf Jahren zu erkennen. Auf die Einzelheiten ist hier nicht einzugehen, ebensowenig auf die zonenrechtlich unterschiedliche Zuständigkeitsregelung bis 1950 (s. auch Einl. Rdn. E 74 ff).

3 **2.** Das **VereinhG 1950** kehrte insofern zu dem seit der VO vom 14. 6. 1932 bestehenden Rechtszustand zurück, als es als erstinstanzliche Gerichte das Amtsgericht (Amtsrichter als Einzelrichter und Schöffengericht), die (große) Strafkammer, das Schwurgericht, den Bundesgerichtshof (und an seiner Stelle kraft Überweisung im Einzelfalle das Oberlandesgericht) bestimmte. Die Zuständigkeit des Schwurgerichts und des Bundesgerichtshofs (Oberlandesgerichts) war danach eine unbedingte, nämlich für der Art nach bezeichnete Delikte (§§ 80, 134 a. F). Dagegen war die Zuständigkeit des Amtsgerichts (Amtsrichter und Schöffengericht) und der (großen) Strafkammer teils unbedingt, teils bedingt. Und zwar war der **Amtsrichter** als Einzelrichter **unbedingt zuständig** a) für alle Übertretungen; b) für Vergehen, die im Wege der Privatklage verfolgt werden; c) für Vergehen, die mit keiner höheren Strafe als Gefängnis von sechs Monaten bedroht sind, hier aber mit der Einschränkung, daß ihm die Zuständigkeit nach § 24 Abs. 1 Nr. 2 a. F auch entzogen werden konnte. Der Amtsrichter war **bedingt zuständig** a) für alle übrigen Vergehen unter der doppelten Bedingung, daß die Staatsanwaltschaft Anklage zum Einzelrichter erhob und keine höhere Strafe als Gefängnis von einem Jahr zu erwarten war; b) für Straftaten, die nur wegen Rückfalls Verbrechen sind, unter der zu a) bezeichneten doppelten Bedingung. Das Schöffengericht war (§§ 24, 25, 28) ohne weiteres zuständig a) für die nicht zur Zuständigkeit des Einzelrichters gehörenden Vergehen schlechthin; b) für Verbrechen (soweit nicht Schwurgericht oder Bundesgerichtshof zuständig waren) in den Grenzen seiner Strafgewalt (Strafbanns). Die Strafgewalt des Schöffengerichts umfaßte alle Strafen bis zu zwei Jahren Zuchthaus und alle Maßregeln der Sicherung und Besserung außer Sicherungsverwahrung; das **Schöffengericht** war daher für alle Verbrechen zuständig, für die im Einzelfall eine die Grenzen seiner Strafgewalt nicht überschreitende Strafe zu erwarten war und diese Grenze bei der Verhängung der Strafe innegehalten wurde. Die Schöffengerichtszuständigkeit für Vergehen und Verbrechen war aber negativ dadurch bedingt, daß nicht die Staatsanwaltschaft wegen der besonderen Bedeutung des Falles Anklage bei der (großen) Strafkammer erhob. Deren **Zuständigkeit** war also a) eine **unbedingte** bei Verbrechen, die die Strafgewalt des Schöffengerichts übersteigen, oder bei denen bei Anklageerhebung eine die Schöffengerichtsstrafgewalt übersteigende Strafe zu erwarten war, b) eine bedingte bei Vergehen und Verbrechen, die in die Zuständigkeit des Schöffengerichts fielen, bei denen aber die Staatsanwaltschaft wegen der besonderen Bedeutung des Falles Anklage vor dem Landgericht erhob.

4 **3. Spätere Änderungen bis zum Inkrafttreten des EGStGB 1974.** Der durch das VereinhG 1950 geschaffene Rechtszustand erfuhr hauptsächlich folgende Änderungen: a) Durch das 1. StrÄndG 1951, das 3. StrÄndG 1953 und das Gesetz vom 9. 8. 1954 (BGBl. I 729) wurde die unbedingte Zuständigkeit des Bundesgerichtshofs ausgedehnt. b) für eine Reihe politischer Vergehen und Verbrechen wurde eine durch die Übernahme der Verfolgung seitens des Generalbundesanwalts bedingte Zuständigkeit des Bundesgerichtshofs begründet — Änderung des § 134 GVG. Einfügung eines neuen § 134 a GVG —. c) durch das 1. StrÄndG 1951 wurde eine unbedingte Zuständigkeit der erstin-

stanzlichen (großen) Strafkammer für eine Reihe politischer Verbrechen und Vergehen begründet mit der Maßgabe, daß der Generalbundesanwalt durch Übernahme der Verfolgung wegen der besonderen Bedeutung des Falles die Zuständigkeit des Bundesgerichtshofs begründen konnte — Einfügung des § 74 a GVG —. d) durch das 3. StrÄndG 1953 wurde das erweiterte Schöffengericht (ohne Begründung einer bestimmten Zuständigkeit) wieder eingerichtet — Einfügung des § 29 Abs. 2 GVG —. Schließlich führte der Übergang der erstinstanzlichen Zuständigkeit des Bundesgerichtshofs in Staatsschutzstrafsachen auf die Oberlandesgerichte (Gesetz vom 8. 9. 1969, BGBl. I 1582) zu Änderungen der §§ 74 a, 120 und zur Aufhebung der §§ 134, 134 a. Die Änderung des Strafsystems durch das 1. StrRG 1969 brachte die Neubestimmung des amtsgerichtlichen Strafbanns (statt „zwei Jahre Zuchthaus" „drei Jahre Freiheitsstrafe" in § 24 Abs. 3) und entsprechende Änderungen des Absatzes 1 Nr. 2 a. F, in welche Vorschrift zugleich der Inhalt der bisherigen Nr. 3 aufgenommen wurde.

4. Spätere Änderungen. Die Neufassung der §§ 24, 25 und Änderungen der §§ 74 5
Abs. 1 Satz 2, 74 a Abs. 1, 74 c, 80 Abs. 1 und 120 Abs. 1 durch Art. 22 EGStGB 1974 trugen im wesentlichen den Änderungen des materiellen Strafrechts, insbes. dem Wegfall der Übertretungen Rechnung. Eine sachliche Änderung der vorangegangenen Zuständigkeitsregelung bestand darin, daß dem Amtsgericht die Zuständigkeit zur Unterbringung in einem psychiatrischen Krankenhaus entzogen und für diese Maßregel die Zuständigkeit der Strafkammer begründet wurde (unten Rdn. 11). Ferner führte die Umgestaltung des Schwurgerichts zu einem ständigen Rechtsprechungskörper des Landgerichts („Strafkammer als Schwurgericht") durch Art. 2 des 1. StVRG 1974 unter Streichung des 6. Titels „Schwurgerichte" (§§ 79 ff) zur Einfügung des Absatzes 2 des § 74 und zu Anpassungen des Wortlauts der §§ 24 Abs. 1 Nr. 1, 74 Abs. 1 Satz 1.

Durch das **StVÄG 1979** wurde unter Neufassung des § 74 c die Wirtschaftsstrafkam- 6
mer zu einem Spezialspruchkörper mit gesetzlicher Zuständigkeitskonzentration ausgestaltet, deren Besonderheit gegenüber den schon bestehenden Spezialspruchkörpern (Schwurgerichts- und Staatsschutzstrafkammer, §§ 74 Abs. 2, 74 a) darin besteht, daß ihre Zuständigkeit nicht in allen Fällen durch die Art der Straftat begründet ist, sondern bei Sachen, die in die schöffengerichtliche Zuständigkeit fallen, voraussetzt, daß die Staatsanwaltschaft wegen der besonderen Bedeutung des Falles Anklage beim Landgericht erhebt. Im Zusammenhang damit stehen zwei weitere Maßnahmen des StVÄG 1979: a) in § 74 a Abs. 2 wurde das (zweimal vorkommende) Wort „Strafkammer" durch „Landgericht" ersetzt; damit sollten Zweifelsfragen über den Bestand des Rechts des Generalbundesanwalts, die Verfolgung einer Staatsschutzsache wegen ihrer besonderen Bedeutung zu übernehmen und sie in die erstinstanzliche Zuständigkeit des Oberlandesgerichts zu bringen (§ 74 a Abs. 2) ausgeräumt werden (dazu § 74 a Rdn. 11). b) Diese Klarstellung ist eine Einzelmaßnahme in den von LR-*Rieß* StPO, 24. Aufl. § 209 Rdn. 1 f dargestellten Bemühungen des StVÄG 1979 um die Schaffung eines umfassenden Systems zur raschen und praktikablen Erledigung von Fragen der sachlichen (funktionalen) Zuständigkeit, insbesondere solcher, die sich aus Zuständigkeitsverschiebungen auf Grund normativer Bestandteile der gesetzlichen Zuständigkeitszuweisung ergeben; namentlich der Figur der „beweglichen Zuständigkeit im Hinblick auf die besondere Bedeutung des Falles". Hier ist besonders der neu gefaßte § 209 StPO zu erwähnen, dessen Zweck auch ist, den im Schrifttum gegen die „bewegliche Zuständigkeit" erhobenen verfassungsrechtlichen Bedenken (dazu Erl. zu § 16, 24. Aufl. Rdn. 8) entgegenzuwirken. Wegen der insoweit aktualisiert verdeutlichten Prüfungspflichten von Staatsanwaltschaft und Gericht und der Befugnisse des Gerichts, wenn es abweichend von der (nicht bindenden) Auffassung der Staatsanwaltschaft die „besondere Bedeutung des Falles" verneint, ist auf die Erläuterun-

gen zu § 209 StPO, 24. Aufl., zu verweisen, dort insbes. Rdn. 1, 2, 11, 24, 33, 34, 45, 46. Zur Bedeutung dieser Neuerungen für die revisionsrechtliche Zuständigkeitsnachprüfung vgl. LR-*Rieß* § 209 a StPO, 24. Aufl. Rdn. 43, 44. Was für das normative Zuständigkeitsmerkmal der „besonderen Bedeutung des Falles" gilt, gilt entsprechend auch für das Merkmal des Erfordernisses „besonderer Kenntnisse des Wirtschaftslebens" in § 74 c Abs. 1 Nr. 6, obwohl es — anders als die „besondere Bedeutung des Falles" — in der Begründung zum RegEntw. des StVÄG 1979 nicht ausdrücklich erwähnt ist[2].

7 Durch das **RpflEntlG 1993** sind die ausschließlichen Zuständigkeiten des Landgerichts und des Oberlandesgerichts im ersten Rechtszug in den Fällen der §§ 74 Abs. 2, 74 a, 120 GVG unverändert geblieben. Die Erweiterung der Strafgewalt des Amtsgerichts von drei auf vier Jahre bewirkt ferner als Straferwartungsprognose eine entsprechende **Zuständigkeitserweiterung** des Schöffengerichts bei der Anklageerhebung und der Eröffnung des Hauptverfahrens und soll nach den Vorstellungen des Gesetzgebers zunächst einer Austrocknung der Schöffengerichte entgegenwirken und zum anderen soll die eher gegebene Beweglichkeit der Schöffengerichte in der Terminierung auch für Fälle der mittleren Kriminalität genutzt werden, um dadurch häufig überlastete erstinstanzliche Strafkammern zu entlasten[3]. Unverändert geblieben sind jedoch die übrigen, die Zuständigkeit des Schöffengerichts begrenzenden Merkmale des § 24 Abs. 1 Nr. 1 und 3. Wenngleich einerseits angesichts der erhöhten Straferwartungsprognose das Zuständigkeitsmerkmal der besonderen Bedeutung einer zu großzügigen Zuständigkeitsannahme für das Schöffengericht entgegenstehen dürfte, haben die mit der Neuregelung gesammelten Erfahrungen aber andererseits bereits bestätigt, daß frühere Verweisungen vom Schöffengericht an die Strafkammer bei sich in der Hauptverhandlung verändernder Straferwartungsprognose reduziert werden konnten.

8 Andererseits ist bereits beklagt worden, daß die Anhebung der Strafgewalt des Amtsgerichts bei einzelnen Landgerichten wegen rückläufiger Verfahrenszahlen zu einer **Existenzbedrohung eingerichteter Strafkammern** geführt hat, die nur durch Änderung der Jahresgeschäftsverteilung nicht zu deren Auflösung Anlaß gegeben hat bzw. durch unvorhergesehen lange Verfahrensdauer aufgefangen werden konnte. Die Stärkung der Amtsgerichte könnte damit längerfristig zu einer Schwächung des landgerichtlichen Kammersystems beitragen und den nach dem Regierungswechsel 1998 wiederbelebten Reformüberlegungen zu einer Änderung der Gerichtsorganisation Antrieb geben.

9 **5. Sonderregelungen.** Die §§ 24, 25 lassen Sonderregelungen der amtsgerichtlichen Zuständigkeit unberührt. Insoweit sind den Amtsgerichten Aufgaben nach dem Jugendgerichtsgesetz (§§ 33 Abs. 2, 39, 40, 108, insbes. Absatz 2, 3), nach § 68 Abs. 1 Satz 2 OWiG, nach § 14 GVG (Gerichte der Schiffahrt; s. dazu § 14, 24. Aufl. Rdn. 1 ff) und den Vorschriften über die Zuständigkeit des Amtsgerichts in Feld- und Forstrügesachen (§ 25 Rdn. 18) übertragen worden.

II. Verhältnis des § 24 zu §§ 25, 28

10 § 24 regelt die Zuständigkeit der Amtsgerichte, indem er sie gegen die Zuständigkeit von Gerichten höherer Ordnung abgrenzt (zu den Abgrenzungsmerkmalen der sachlichen Zuständigkeit insgesamt s. auch Einl. Rdn. I 24 f). § 25 bestimmt, inwieweit eine nach § 24 begründete Zuständigkeit im Verhältnis zum Schöffengericht dem Richter beim

2 BGH NStZ **1985** 464; LR-*Rieß*[24] § 209 a StPO 41, 45, jeweils mit weiteren Nachweisen.

3 BTDrucks. **12** 3832 S. 43.

Amtsgericht als Strafrichter (früher „Einzelrichter“) gebührt; die danach verbleibenden amtsgerichtlichen Zuständigkeiten fallen nach § 28 dem Schöffengericht zu. Gegenüber dem Strafrichter ist das Schöffengericht ein Gericht höherer Ordnung i. S. des § 209 Abs. 2, 3 StPO (vgl. § 209 StPO, 24. Aufl. Rdn. 11).

III. Die Zuständigkeit des Amtsgerichts

1. Grundsatz und Ausnahmen. Nach § 24 Abs. 1 Nr. 1 ist grundsätzlich für Verbrechen und Vergehen, soweit nicht nach §§ 74 Abs. 2, 74 a, 120 GVG die ausschließliche Zuständigkeit eines anderen Gerichts begründet ist, das Amtsgericht zuständig. Dieser Grundsatz ist aber durch Absatz 1 Nr. 2 und 3 nach zwei Richtungen eingeschränkt. 11

2. Rechtsfolgenerwartung (Absatz 1 Nr. 2)

a) Grundsatz. Die amtsgerichtliche Zuständigkeit entfällt, wenn im Einzelfall eine höhere Strafe als vier Jahre Freiheitsstrafe oder die Anordnung der Unterbringung in einem psychiatrischen Krankenhaus (§ 63 StGB) oder in der Sicherungsverwahrung (§ 66 StGB) zu erwarten ist. Umgekehrt bedeutet dies, daß ein höheres Gericht nicht zur Entscheidung angerufen werden darf, wenn im Rahmen der Straferwartungsprognose die Strafgewalt des Amtsgerichts ausreicht, weil sonst gegen das Prinzip des gesetzlichen Richters (Art. 101 GG) verstoßen würde. Folgerichtig hat der Bundesgerichtshof deshalb Verstöße beanstandet[4]. 12

b) Rechtsfolgenerwartung einer vier Jahre übersteigenden Freiheitsstrafe. Diese prüft das Eröffnungsgericht (nur) unter dem Gesichtspunkt einer überschlägigen Prognoseentscheidung bei Berücksichtigung der ermittelten rechtsfolgeerheblichen Umstände des Ermittlungsverfahrens[5]. Insoweit ist auch zu berücksichtigen, ob die Voraussetzungen der Annahme eines minderschweren Falles vorliegen[6], die zu einer Strafrahmenverschiebung führen können. Maßgeblich ist allein die Auffassung des Gerichts. Bestehen Zweifel, ob der Strafrahmen des Amtsgerichts ausreicht, begründet dies noch nicht die Unzuständigkeit des Amtsgerichts. Vielmehr muß gegebenenfalls eine Hauptverhandlung so lange geführt werden, bis sich eine den Strafbann des Gerichts übersteigende Rechtsfolge als wahrscheinlich abzeichnet[7]. Eine Verweisung vor Beginn der Hauptverhandlung bzw. vor Durchführung der Beweisaufnahme ist ausnahmsweise dann zulässig, wenn bereits die Verlesung des Anklagesatzes ergibt, daß das Verfahren versehentlich vor dem Gericht niederer Ordnung eröffnet worden ist und von vornherein die Zuständigkeit eines Gerichts höherer Ordnung gegeben ist[8]. 13

c) Rechtsfolgenerwartung freiheitsentziehender Maßregeln. Wenn eine der in § 24 Abs. 1 Nr. 2 genannten beiden freiheitsentziehenden Maßregeln der Besserung und Sicherung zu erwarten ist, entfällt die amtsgerichtliche Zuständigkeit ohne Rücksicht auf die Höhe einer daneben zu erwartenden Freiheitsstrafe. Mit dieser Regelung schränkt Absatz 1 Nr. 2 die amtsgerichtliche Zuständigkeit gegenüber dem vor dem 1. 1. 1975 geltenden Recht ein, das die amtsgerichtliche Zuständigkeit für Maßregeln der Besserung und Sicherung nur entfallen ließ, wenn die Anordnung von Sicherungsverwahrung zu erwarten war. Maßgebend dafür, auch die Fälle einer zu erwartenden Unterbringung in 14

---

[4] BGH NStZ **1992** 342; BGHSt **38** 172 = NStZ **1992** 342 m. Anm. *Rieß* S. 548; **40** 120 = NStZ **1994** 399 = JZ **1995** 261 m. Anm. *Engelhardt* = JR **1995** 255 m. Anm. *Sowada* = NJW **1994** 2369; StV **1995** 620.

[5] OLG Koblenz OLGSt 5; *Kissel* 7; KK-*Kissel*[4] 4.

[6] LG Zweibrücken StV **1996** 477; *Katholnigg*[3] 4; KK-*Kissel*[4] § 25, 5.

[7] OLG Düsseldorf MDR **1986** 872; OLG Frankfurt StV **1996** 533; *Kissel* 7.

[8] OLG Frankfurt StV **1996** 533.

einem psychiatrischen Krankenhaus den Landgerichten vorzubehalten (§ 74 Abs. 1 Satz 2), war u. a. die Erwägung[9], daß Gründe der Prozeßökonomie forderten, in den in der Regel umfangreichen Verfahren zeitraubende Verweisungen nach § 270 StPO zu vermeiden[10]. Mit den Worten „allein oder neben einer Strafe“ ist klargestellt, daß die alleinige Zuständigkeit des Landgerichts auch dann gegeben ist, wenn wegen Schuldunfähigkeit des Täters zur Tatzeit oder wegen seiner Verhandlungsunfähigkeit ein subjektives Strafverfahren undurchführbar ist und die selbständige Anordnung (§ 71 StGB) im Sicherungsverfahren erfolgen soll (§ 414 StPO).

15 **d) Verfahren.** Hält bei Erhebung der Anklage zum Schöffengericht der zur Entscheidung über die Eröffnung des Hauptverfahrens zuständige Richter beim Amtsgericht die Zuständigkeit des Schöffengerichts im Hinblick auf die Rechtsfolgenerwartung nicht für gegeben, so lehnt er die Eröffnung des Hauptverfahrens nicht ab, sondern legt auf dem Weg des § 209 Abs. 2 StPO die Sache dem Landgericht zur Entscheidung vor. Stellt sich erst in der Hauptverhandlung vor dem Schöffengericht heraus, daß eine die schöffengerichtliche Zuständigkeit übersteigende Strafe oder Maßregel der Besserung und Sicherung zu erwarten ist, so verweist das Schöffengericht im Hinblick auf § 24 Abs. 2 die Sache gemäß § 270 StPO an das zuständige Gericht. Im Stadium nach Eröffnung bis zur Hauptverhandlung kann, wenn sich auf Grund neuer, im Zeitpunkt der Eröffnung noch nicht bekannter Umstände die Notwendigkeit einer Zuständigkeitsverschiebung ergibt, Vorlage nach § 225 a StPO erfolgen[11].

3. Anklage beim Landgericht wegen der besonderen Bedeutung des Falles (Absatz 1 Nr. 3)

16 **a) Unabhängig von der Straferwartung** führt die verfassungskonforme Behandlung der „beweglichen Zuständigkeit“ (§ 16, 24. Aufl. Rdn. 7 ff) dazu, daß die Staatsanwaltschaft, selbst wenn es sich um ein in die Zuständigkeit des Strafrichters nach § 25 Nr. 2 fallendes Vergehen handelt (was freilich schwer denkbar ist), Anklage zur Strafkammer erheben muß, wenn der Fall besondere Bedeutung hat. Eine unbedingte amtsgerichtliche Zuständigkeit ist daher nur in den Fällen des § 25 Nr. 1 gegeben.

17 **b) Begriff der besonderen Bedeutung des Falles** (dazu Nr. 113 RiStBV). Wann wegen der besonderen Bedeutung des Falles Anklage beim Landgericht zu erheben ist, läßt sich der Regelung wegen ihrer Unbestimmtheit nicht ohne weiteres entnehmen. Zu den insoweit erhobenen Bedenken ist bereits an anderer Stelle hingewiesen worden (§ 16, 24. Aufl. Rdn. 7 ff). Davon abgesehen besteht jedoch Einigkeit, daß es sich um eine Sache handeln muß, die sich aus tatsächlichen oder rechtlichen Gründen aus der Masse der durchschnittlichen Strafsachen nach oben heraushebt[12]. Welche Voraussetzungen dafür im einzelnen gegeben sein müssen, ist umstritten. Einhelligkeit besteht lediglich darin, daß sich dies in erster Linie nach dem **Ausmaß der Rechtsverletzung** — unter Außerachtlassung unverschuldeter Tatfolgen[13] — oder den **Auswirkungen der Straftat auf**

[9] Vgl. die Begründung zu Art. 20 Nr. 1 EntwEG-StGB, BTDrucks. 7 550.

[10] Dagegen kann das Jugendschöffengericht – dazu oben Rdn. 6 – die Unterbringung in einem psychiatrischen Krankenhaus anordnen, da § 39 Abs. 2 Halbsatz 2 JGG nur dem Jugendrichter die entsprechende Zuständigkeit entzieht; LG Bonn NJW **1976** 2312.

[11] LR-*Rieß* Erl. zu § 209 StPO, 24. Aufl. Rdn. 30.

[12] BGHR § 24 Abs. 1 GVG („Bedeutung 1“); OLG Düsseldorf OLGSt Nr. 1 zu § 24 GVG = NStE Nr. 3 zu § 24; OLG Zweibrücken OLGSt Nr. 2 zu § 24 GVG = NStZ **1995** 357; OLG Hamburg NStZ **1995** 252; OLG Koblenz wistra **1995** 282; *Kleinknecht/Meyer-Goßner*[44] 6.

[13] *Kissel* 14; *Kleinknecht/Meyer-Goßner*[44] 6.

die Allgemeinheit richtet[14]. Als weitere Kriterien dürften aber auch die **Höhe des Schadens**[15], die Erhöhung des Unrechtsgehalts durch die **herausgehobene Stellung des Beschuldigten oder Verletzten** im öffentlichen Leben[16] sowie die **Sensibilität der Öffentlichkeit** an den konkreten Vorkommnissen[17] in Betracht kommen. Nicht ausreichend dürfte dagegen (allein) ein Interesse der Medien am Tatvorwurf sein[18], weil dieses Interesse dem Wandel der Zeit und mithin keiner Konstanz unterliegt. Im schriftlichen Bericht des Rechtsausschusses wird die Auffassung vertreten, daß namentlich in den Fällen, in denen eine höhere Freiheitsstrafe als drei Jahre zu erwarten sei, nicht selten die besondere Bedeutung des Falles zu bejahen sein wird[19]. Dem kann nicht zugestimmt werden, weil sonst — ohne weitere Besonderheiten — die grundsätzliche Zuständigkeitsregelung zu Gunsten des Amtsgerichts unterlaufen würde.

Entgegen weit verbreiteter Ansicht[20] rechtfertigen auch der **Umfang oder die Schwierigkeit einer Sache**, z. B. durch die Zahl der Anklagepunkte, der Angeklagten oder Zeugen oder der zu entscheidenden Rechtsfragen die Annahme eines Falles von besonderer Bedeutung[21], weil sich insoweit die Sache deutlich von durchschnittlichen Verfahren nach oben abhebt. Im übrigen entspricht dies auch der ausdrücklichen Intention des Gesetzgebers[22]. Die in der 24. Auflage vertretene gegenteilige Ansicht wird nicht aufrechterhalten. **18**

Die Annahme eines Falles von besonderer Bedeutung kommt dann nicht in Frage, wenn die erhöhte Belastung des Schöffengerichtsvorsitzenden durch die Zuziehung eines zweiten Richters (§ 29 Abs. 2) ausgeglichen werden kann. Ein die Anklage vor dem Landgericht rechtfertigender Umfang der Sache ist ferner dann naheliegend, wenn **mit langer Verhandlungsdauer zu rechnen** ist, weil dadurch die Kapazität des Amtsgerichts gesprengt würde und es somit im öffentlichen Interesse an der Beschleunigung von Verfahren geboten sein dürfte, den Fall vor die leistungsfähigere große Strafkammer zu bringen[23]. **19**

Das Bedürfnis, eine **streitige Rechtsfrage von grundsätzlicher Bedeutung** höchstrichterlich klären zu lassen, begründet im allgemeinen noch keine besondere Bedeutung des Falles[24], wenn der Weg der Vorlegung nach § 121 Abs. 2 zur Verfügung steht; soweit dies nicht möglich oder nicht ausreichend ist[25], liegen die Voraussetzungen des § 24 Abs. 1 Nr. 3 vor[26], und zwar namentlich dann, wenn eine solche Entscheidung für eine Vielzahl gleichgelagerter Fälle von Bedeutung ist, wie etwa bei der Frage, ob die untertarifliche Bezahlung von Arbeitern den Tatbestand des § 302 a StGB erfüllt[27]. **20**

Die Umstände, die nach Auffassung des Staatsanwalts die besondere Bedeutung ausmachen, müssen nicht nur **aktenkundig** gemacht werden, sofern sie nicht offenkundig sind (so Nr. 113 Abs. 2 RiStBV), sondern sie sind auch **in die Anklageschrift aufzuneh-** **21**

---

14 OLG Düsseldorf StV **1997** 13; *Katholnigg*³ 5; KK-*Kissel*⁴ 6; *Pfeiffer*² 4; *Eisenberg* NStZ **1990** 551 (Anm. zu OLG Düsseldorf NStZ **1990** 292).

15 OLG Düsseldorf JR **1991** 385, 389.

16 OLG Hamburg NStZ **1995** 252; OLG Koblenz wistra **1995** 282; KK-*Kissel*⁴ 9.

17 OLG Düsseldorf OLGSt Nr. 1 zu § 24 GVG.

18 So aber OLG Düsseldorf aaO.

19 BTDrucks. **12** 3832 S. 43.

20 OLG Düsseldorf MDR **1997** 186 = StV **1997** 13; *Katholnigg*³ 5; *Kleinknecht/Meyer-Goßner*⁴⁴ 6; KMR-*Paulus* 7; *Pfeiffer*² 4.

21 So schon früher BGH NJW **1960** 542; OLG Düsseldorf NStZ **1990** 292; OLG Hamburg NStZ **1995** 252; s. a. *Böttcher/Mayer* NStZ **1993** 157; *Rieß* NStZ **1993** 250; LR-*Rieß* GVG²⁴ (Anhang) 15; *Schroeder* MDR **1965** 177; einschränkend KK-*Kissel*⁴ 6.

22 BTDrucks. **12** 3832 S. 43.

23 *Rieß* GA **1976** 23 Fußn. 124; KK-*Kissel*⁴ 6; *Kleinknecht/Meyer-Goßner*⁴⁴ 7; **a. A** *Schroeder* MDR **1965** 179.

24 KK-*Kissel*⁴ 7; *Schroeder* MDR **1965** 179.

25 BGH NJW **1960** 542; OLG Bremen JZ **1953** 150; KK-*Kissel*⁴ 7; *Kleinknecht/Meyer-Goßner*⁴⁴ 6.

26 BGH NJW **1997** 2689 = StV **1998** 1; *Kissel* 16.

27 BGH NJW **1960** 543; OLG Schleswig SchlHA **1956** 23; **1967** 269.

men, um dem Gericht die Nachprüfung zu ermöglichen[28]. Bei der Annahme besonderer Bedeutung des Falles ist im allgemeinen aber schon deswegen Zurückhaltung geboten, weil sonst der Ausnahmecharakter der Anklageerhebung vor dem Landgericht nicht gewahrt bleibt und es ist auch zu berücksichtigen, daß das Verfahren vor dem Amtsgericht dem Angeklagten den Vorteil von zwei Tatsacheninstanzen bietet, der ihm nicht ohne rechtfertigende Veranlassung entzogen werden darf[29].

22 **c) Beispiele.** Als Fälle von besonderer Bedeutung wegen des Ausmaßes der Rechtsverletzung sind z. B. angesehen worden Diebstahl mit hohem Wert des Entwendeten[30]; gefährliche Körperverletzung mit erheblichen Folgen[31], wie z. B. einem Dauerpflegefall[32]; die Entführung einer Minderjährigen mit dem Kraftfahrzeug mit anschließender Vergewaltigung[33]. Ein wegen der Auswirkung der Tat auf die Allgemeinheit besonders bedeutsamer Fall kann bei Landfriedensbruch vorliegen[34]. Die die Anklageerhebung zum Landgericht rechtfertigende Auswirkung der Tat kann weiterhin darin bestehen, daß dadurch die durch mehrfache Vernehmungen entstehenden psychischen Belastungen für einen Verletzten, namentlich ein kindliches Opfer, auf eine Tatsacheninstanz beschränkt werden können[35], oder daß schwerwiegende öffentliche Interessen, insbesondere politischer Natur im Spiel sind, oder daß ein Beteiligter (Täter oder Verletzter) an hervorgehobener Stelle im öffentlichen Leben steht[36]. Die hervorgehobene Stellung des Verletzten kann z. B. die besondere Bedeutung ausmachen, wenn ein Angriff auf seine Ehre das Vertrauen, dessen er zu einem von ihm bekleideten hohen Amt bedarf, untergraben und seine Tätigkeit wesentlich erschweren würde[37]. Eine hervorgehobene Stellung des Täters allein verschafft dem Fall aber noch keine besondere Bedeutung; es kommt auf die Gesamtheit der Umstände an[38]. Kein Fall von besonderer Bedeutung ist z. B. die einzelne Berufsverfehlung eines Rechtsanwalts[39], wohl aber eine Mehrzahl solcher Verfehlungen[40].

23 **d) Nachträgliche Änderung der Entschließung der Staatsanwaltschaft.** Hat die Staatsanwaltschaft Anklage vor dem Gericht erhoben, das sie als zuständig ansieht, so ist eine nachträgliche Änderung nur dergestalt möglich, daß sie gemäß § 156 StPO die erhobene Anklage zurücknimmt und vor dem anderen Gericht Anklage neu erhebt[41]. Ein solches Vorgehen muß aber[42] auf sachlich gerechtfertigten Erwägungen beruhen; eine mißbräuchliche Handhabung des Rücknahme- und „Wahlrechts" — etwa weil der Erfolg der Anklage durch die im Zwischenverfahren (§§ 199 ff StPO) zutage getretene Auffassung des zuerst angegangenen Gerichts gefährdet erscheint — wäre ein Verstoß gegen den Grundsatz des gesetzlichen Richters (Art. 101 Abs. 1 Satz 2 GG) und würde für das später angegangene Gericht den Mangel der Zuständigkeit (§ 338 Nr. 4 StPO) begrün-

---

28 OLG Koblenz wistra **1995** 282; OLG Düsseldorf StV **1997** 13;

29 OLG Oldenburg MDR **1952** 568.

30 OLG Koblenz OLGSt § 24, 2.

31 BGHSt **26** 29 (34) = NJW **1975** 699.

32 OLG Düsseldorf OLGSt Nr. 1 zu § 24 GVG.

33 OLG Karlsruhe Justiz **1968** 210.

34 OLG Köln NJW **1970** 260.

35 BGH StV **1995** 620; OLG Zweibrücken NStZ **1995** 357; *Böttcher/Mayer* NStZ **1993** 153, 157; *Kissel* NJW **1993** 491; *Siegismund/Wickern* wistra **1993** 138.

36 BayObLG BayJMBl. **1953** 185; OLG Bremen JZ **1953** 150 mit zust. Anm. *Dallinger* = NJW **1952** 839; OLG Nürnberg MDR **1960** 68. Trotz entsprechender Revisionsrüge hat der BGH in wistra **1997** 99 keinen Anlaß gesehen, sich zur Zuständigkeit der Strafkammer für eine Anklage gegen einen nicht vorbelasteten Amtsrichter wegen Rechtsbeugung zu äußern.

37 BayObLG aaO; zustimmend *Schroeder* MDR **1965** 177, 179.

38 OLG Schleswig SchlHA **1967** 229.

39 OLG Bamberg MDR **1957** 117.

40 BGH bei *Herlan* GA **1963** 100; OLG Stuttgart Justiz **1977** 278.

41 RGSt **59** 57; **62** 265.

42 BGHSt **14** 17 = NJW **1960** 542.

den[43]. Nach Eröffnung des Hauptverfahrens ist eine Änderung der getroffenen Entschließung grundsätzlich ausgeschlossen[44], d. h. die Sache kann nicht an ein Gericht niederer Ordnung weiterverwiesen werden, und zwar selbst dann nicht, wenn etwa nachträglich die zunächst angenommene „besondere Bedeutung“ entfällt[45].

e) Gerichtliche Nachprüfung. Der Eröffnungsrichter ist bei der ihm obliegenden selbständigen Prüfung des unbestimmten Rechtsbegriffs der besonderen Bedeutung des Falles an die Auffassung der Staatsanwaltschaft, daß ein Fall von besonderer Bedeutung vorliege oder nicht vorliege, nicht gebunden[46]. Demgemäß legt das Schöffengericht, bei dem die Anklage erhoben ist, wenn es dem Fall besondere Bedeutung beimißt, gemäß § 209 Abs. 2 StPO die Akten durch Vermittlung der Staatsanwaltschaft dem Landgericht zur Entscheidung vor. Denn bei einer Anklage zum Schöffengericht sind im Sinn des § 209 Abs. 3 Satz 2 StPO die für die Zuständigkeit des Schöffengerichts maßgebenden Voraussetzungen nicht erfüllt, wenn nach dem Ergebnis der Prüfung ein Fall von besonderer Bedeutung vorliegt. Bei einer Anklage zur Strafkammer muß diese, wenn sie dem Fall besondere Bedeutung abspricht, nach § 209 Abs. 1 StPO das Verfahren vor dem Schöffengericht, im Fall des § 25 Nr. 2 und 3 vor dem Strafrichter eröffnen. Der Staatsanwaltschaft steht dagegen Beschwerde nach § 210 Abs. 2 StPO zu; das Beschwerdegericht prüft selbständig, ob dem Fall besondere Bedeutung zukommt[47], und ist auch bei seiner Nachprüfung nicht an die rechtliche Bewertung der Tat durch das eröffnende Gericht gebunden[48]. Hat aber die Strafkammer in der Annahme besonderer Bedeutung des Falles die Eröffnung vor der Strafkammer beschlossen, so bleibt ihre Zuständigkeit unanfechtbar bestehen (§ 269 StPO), auch wenn bei näherer Prüfung die besondere Bedeutung zu verneinen ist[49]. Umgekehrt bleibt, wenn vor dem Amtsgericht eröffnet ist, weil dem Fall die besondere Bedeutung fehle, dessen Zuständigkeit bestehen, auch wenn sich in der Hauptverhandlung die besondere Bedeutung des Falles ergibt, denn nach Sinn und Zweck des Gesetzes beschränkt sich, wie auch die vergleichbaren Regelungen in § 120 Abs. 2 Satz 2 zeigen, die Prüfung der sachlichen Zuständigkeit im Hinblick auf das Merkmal der besonderen Bedeutung des Falles auf das Stadium von Anklageerhebung und Eröffnung des Hauptverfahrens[50]; es sei denn, daß bei der Auslegung des normativen Merkmals der besonderen Bedeutung objektiv willkürlich verfahren worden wäre[51] (dazu sogleich Rdn. 25). 24

f) Folgen bei willkürlicher Annahme der sachlichen Zuständigkeit. Die sachliche Zuständigkeit stellt nach überwiegender Ansicht eine Prozeßvoraussetzung in dem Sinne dar, daß dabei zwar nicht die Zulässigkeit des Verfahrens selbst in Frage steht, das Gericht aber ohne diese Voraussetzung kein Sachurteil erlassen darf[52]. Insofern stellt die fehlende **sachliche Zuständigkeit ein Prozeßhindernis** dar, das allerdings im Gegensatz zu ande- 25

43 Nach BVerfGE **18** 423, 428 soll jedoch eine von unsachlichen Erwägungen geleitete beim Schöffengericht erhobene Anklage schadlos zurückgenommen werden können, um bei der Strafkammer anzuklagen, wenn diese durch Eröffnung des Hauptverfahrens letztlich die besondere Bedeutung bestätigt. Zur Stellungnahme des Schrifttums s. Erl. zu § 156 StPO, 24. Aufl. Rdn. 8.

44 S. dazu die Erl. zu § 156 StPO, 24. Aufl. Rdn. 9.

45 BGH bei *Herlan* GA **1963** 100; BGH VRS **23** (1962) 267; KK-*Kissel*[4] 12.

46 BVerfGE **9** 223, 229; OLG Düsseldorf OLGSt Nr. 1 zu § 24 GVG; OLG Hamburg NStZ **1995** 252; OLG Koblenz wistra **1995** 282; LR-*Rieß* § 209 StPO, 24. Aufl. Rdn. 24 ff.

47 KK-*Kissel*[4] 13; LR-*Rieß* § 210 StPO, 24. Aufl. Rdn. 22.

48 OLG Köln NJW **1970** 260.

49 BGH bei *Herlan* GA **1963** 100; VRS **23** (1962) 267;

50 LR-*Rieß* § 209 StPO, 24. Aufl. Rdn. 48 f mit weit. Nachw.

51 BGH GA **1981** 321; LR-*Rieß* § 209 StPO, 24. Aufl. Rdn. 48 f mit weit. Nachw.

52 KK-*Pfeiffer*[4] § 6 StPO, 1; *Kleinknecht/Meyer-Goßner*[44] § 6 StPO, 1; *Rieß* NStZ **1992** 549; *Schäfer* DRiZ **1997** 168.

ren Prozeßhindernissen nicht zur Einstellung des Verfahrens führt, sondern zur Verweisung an das zuständige Gericht[53]. Probleme entstehen jedoch immer dann, wenn dies, aus welchen Gründen auch immer, nicht erfolgt und die Zuständigkeit im Rahmen eines Rechtsmittels nicht ausdrücklich gerügt wird. Der Große Senat für Strafsachen[54] hat dazu bereits 1962 ausgeführt, daß § 6 StPO nicht nur **von Amts wegen** zur **Prüfung** der eigenen Zuständigkeit verpflichte, sondern auch zur Prüfung der sachlichen Zuständigkeit der Vorinstanzen. Dieser besonders vom 4. Strafsenat des Bundesgerichtshofs fortgeführten Rechtsprechung[55] sind einige Oberlandesgerichte gefolgt[56], andere Senate des Bundesgerichtshofs und verschiedene Oberlandesgerichte dagegen nicht[57]. Auch die Stimmen in der Literatur sind divergierend[58].

26 Bei näherer Betrachtung zeigt sich allerdings, daß den kontroversen Entscheidungen unterschiedliche Sachverhaltsgestaltungen zugrunde gelegen haben und es insoweit an sich einer Auseinandersetzung damit bedurft hätte, weshalb beispielsweise das OLG Köln[59] ausdrücklich der Rechtsprechung des 4. Strafsenats folgt, obwohl es dort um die **Abgrenzung der Zuständigkeit zwischen Amts- und Landgericht** und nicht um die vom Oberlandesgericht zu entscheidende **Abgrenzung zwischen dem Schöffengericht und dem Strafrichter** ging. Auch die Entscheidungen der OLG Hamm und Koblenz[60] betrafen nur die Zuständigkeitsfrage innerhalb des Amtsgerichts, und zwar hatte dort jeweils das Schöffengericht statt des Strafrichters entschieden. Eine Begründung für die Gleichbehandlung dieser Fallkonstellationen lassen diese Entscheidungen vermissen. Andererseits war es in dem der Entscheidung des OLG Frankfurt[61] zugrunde liegenden Fall so, daß dort nicht das höhere Gericht, sondern der **Strafrichter statt des Schöffengerichts** entschieden hatte. Hier hätte im Hinblick auf § 269 StPO (der Strafrichter ist im Verhältnis zum Schöffengericht ein Gericht niederer Ordnung)[62] erst recht eine eingehende Begründung erwartet werden können. Der 5. Strafsenat des Bundesgerichtshofs[63] hatte schließlich auf Vorlage des OLG Celle zu entscheiden, ob im Rahmen des **§ 328 Abs. 2 StPO** die sachliche Zuständigkeit der Vorinstanzen von Amts wegen zu prüfen ist und so betraf dies letztlich ebenfalls die Zuständigkeitsabgrenzung innerhalb des Amtsgerichts. Allein den Entscheidungen des 1. Strafsenats[64] lag — wie beim 4. Senat — die Abgrenzung zwischen Amts- und Landgericht zugrunde. Im Bereich der Zuständigkeitsabgrenzung zwischen Amts- und Landgericht stehen sich mithin die Auffassungen auf der Linie des 4. Strafsenats (Überprüfung der sachlichen Zuständigkeit der Vorinstanzen von Amts wegen) und der des 1. Strafsenats (Überprüfung nur auf Rüge) gegenüber, während bei der Zuständigkeitsabgrenzung innerhalb des Amtsgerichts den Entscheidungen auf der

[53] BGHSt **42** 205 = StV **1996** 585; KK-*Pfeiffer*[4] aaO; *Kleinknecht/Meyer-Goßner*[44] StPO § 6, 1, 5; LR-*Rieß* Einl. J 48 ff; LR-*Wendisch* StPO § 6, 4, 16 ff; *Pfeiffer*[2] 8.

[54] BGHSt **18** 79.

[55] BGHSt **38** 172 (176) = NStZ **1992** 342 m. Anm. *Rieß* S. 548; **38** 212 = NStZ **1992** 397; BGHSt **40** 120; StV **1995** 620.

[56] OLG Köln StV **1996** 298; OLG Hamm StV **1996** 300; OLG Koblenz StV **1996** 588 = OLGSt Nr. 2 zu § 25.

[57] BGHSt **19** 273 (3. Senat); BGH GA **1970** 25 und BGHSt **42** 205 = StV **1996** 585 (jeweils 5. Senat); BGH NJW **1993** 1607 = NStZ **1993** 197 und StV **1998** 1 (jeweils 1. Senat); OLG Düsseldorf NStZ **1990** 292 m. Anm. *Eisenberg* S. 551; OLG Frankfurt NStZ **1993** 250. Für den Fall fehlerhafter Annahme der örtlichen Zuständigkeit vgl. BayObLG NJW **1987** 3091.

[58] Der Rspr. des 4. Senats stimmen zu: *Katholnigg*[3] 6; KK-*Kissel*[4] § 25, 3; LR[24] – *K. Schäfer* Einl. Kap. **12**, 136; LR-*Wendisch* StPO § 6, 16 ff; *Pfeiffer*[2] 8; *Rieß* NStZ **1992** 548; *Sowada* JR **1995** 257. Ablehnend: LR-*Gollwitzer* StPO § 269, 24. Aufl. Rdn. 12; *Eisenberg* NStZ **1990** 551; *Engelhardt* JZ **1995** 262; *Neuhaus* StV **1995** 212.

[59] StV **1996** 298.

[60] StV **1996** 300 bzw. 588.

[61] NStZ **1993** 250.

[62] BGHSt **19** 177; *Katholnigg*[3] § 25, 1; KK-*Kissel*[4] 2; *Kleinknecht/Meyer-Goßner*[44] 1.

[63] BGHSt **42** 205.

[64] NJW **1993** 1607; StV **1998** 1.

Linie des 3. und 5. Senats die abweichenden Ansichten der OLG Hamm, Koblenz und Köln korrespondieren. Spätestens nach Kenntnis dieser uneinheitlichen Rechtsprechung sollte das Problem nur noch theoretischer Natur sein, weil von einem gewissenhaften Verteidiger ohne weiteres eine derartige Rüge erhoben werden könnte.

Unabhängig von der Frage, ob die vom 4. Senat abweichenden Entscheidungen der anderen Senate überhaupt den durch den Großen Senat geschaffenen **Konsens aufkündigen** durften, bleibt die dogmatische Begründung der Entscheidungen umstritten. Im Rahmen des § 24 GVG (Zuständigkeitsabgrenzung zwischen Amts- und Landgericht) gilt folgendes: 27

Soweit als Ausgangspunkt der Überlegungen auf § 6 StPO verwiesen wird[65], läßt sich daraus nicht folgern, daß neben der eigenen Zuständigkeit auch die sachliche Zuständigkeit der Vorinstanzen zu überprüfen ist. Nur als **Prozeßvoraussetzung** verstanden (h. M)[66] gibt die sachliche Zuständigkeit einen entsprechenden Prüfungsanlaß[67]. Trotz der Entscheidung des 1. Strafsenats[68] ist kein Grund gegeben, die sachliche Zuständigkeit von den Prozeßvoraussetzungen auszunehmen. Der 1. Strafsenat begründet seine abweichende Auffassung damit, daß ein Verfahrenshindernis als schwerwiegend erst dann das gesamte Verfahren beeinflusse, wenn es *offenkundig* sei, was bei einem erst durch Wertung festzustellenden Fehler nicht anzunehmen sei. Dieses Argument mag in Grenzfällen durchaus beachtlich sein, aber es kann dann nicht durchgreifen, wenn die für die Beurteilung der sachlichen Zuständigkeit zu treffende Prognose sich so weit von dem maßgeblichen Strafbann des entscheidenden Gerichts entfernt, daß diese Wertung erkennbar (offenkundig) unhaltbar ist[69]. 28

Ebensowenig kann der immer wieder herangezogene § 269 StPO[70] zur Heilung von Zuständigkeitsmängeln bemüht werden, weil die Vorschrift nur den Fall betrifft, daß das Gericht höherer Ordnung erst nach Eröffnung des Hauptverfahrens seine Unzuständigkeit feststellt; für die Bestimmung des zuständigen Gerichts im Eröffnungsbeschluß ist die abweichende Regelung des § 209 StPO lex specialis[71]. Ganz abgesehen davon besteht im übrigen Einigkeit, daß § 269 überhaupt bei willkürlicher, also objektiv unvertretbarer Zuständigkeitsannahme ausscheidet[72]. Insoweit ist das allgemein geltende **Willkürverbot** deshalb **das alle Entscheidungen prägende Element** und es wird zutreffend auf die Willkürrechtsprechung des Bundesverfassungsgerichts[73] zurückgegriffen, nach der nicht schon jeder Irrtum bei der Auslegung und Anwendung von Zuständigkeitsnormen oder eine „falsche" Entscheidung (error in procedendo) Art. 3 Abs. 1 GG verletzt[74], sondern eine Verletzung erst dann vorliegt, wenn die Entscheidung auf Willkür beruht, d. h., sich so weit von der auszulegenden Norm entfernt, daß sich der Schluß aufdrängt, sie beruhe auf sachfremden Erwägungen[75]. Es muß also die Grenze des Hinnehmbaren überschritten 29

65 BGHSt **40** 120; BGH StV **1995** 620.

66 Vgl. KK-*Pfeiffer*[4] StPO § 6, 1; *Kleinknecht/Meyer-Goßner*[44] StPO § 6, 1; LR-*Rieß* Einl. J 48; LR-*Hanack* § 338 StPO Rdn. 70; LR-*Wendisch* StPO § 6, 2; SK-*Rudolphi* § 6, 2; *Rieß* NStZ **1992** 548.

67 In diesem Sinne: BGHSt **18** 79; **40** 120; OLG Hamm StV **1996** 300; vgl. auch *Engelhardt* JZ **1995** 262; LR-*Wendisch* StPO § 6, 2; *Rieß* NStZ **1992** 548.

68 StV **1998** 1.

69 BGHSt **40** 120; OLG Karlsruhe StV **1998** 252.

70 BGHSt **40** 120; **42** 205; NStZ **1993** 197 = NJW **1993** 1607; StV **1998** 1; OLG Düsseldorf NStZ **1990** 292; OLG Hamm MDR **1996** 91; OLG Koblenz StV **1996** 588; OLG Köln StV **1996** 298;

71 *Rieß* NStZ **1992** 548.

72 BVerfGE **29** 45 (49); BGHSt **38** 172; BGH NJW **1993** 1607 = NStZ **1993** 197; BGHSt **40** 120; *Kleinknecht/Meyer-Goßner*[44] StPO § 269, 8; KK-*Engelhardt* StPO § 269, 9; LR-*Hanack* StPO § 338, 70; LR-*Wendisch* StPO § 269, 12; *Rieß* GA **1976** 1; *Rieß* NStZ **1992** 548; *Sowada* JR **1995** 257; **a. A** BGH StV **1998** 1.

73 St. Rspr. Vgl. BVerfGE **3** 359; BVerfGE **19** 38 (42 f); zuletzt BVerfG NJW **1995** 124.

74 Vgl. BVerfGE **6** 45 (53 f); **29** 48; **29** 207 mit weit. Nachw.; BVerfG NJW **1991** 3270.

75 BVerfGE **19** 38 (42 f).

werden und die ergangene Entscheidung darf bei verständiger Würdigung offensichtlich nicht mehr haltbar sein[76]. Trotz dieser recht klaren Maßstäbe des Bundesverfassungsgerichts begegnet es im Einzelfall erheblichen Schwierigkeiten, ob ein Gericht bei Bejahung der eigenen sachlichen Zuständigkeit objektiv willkürlich gehandelt hat, weil die Grenze zur nur fehlerhaften Bewertung meist nicht offenkundig ist. Für die zu treffende Prognose kann natürlich das später nach Durchführung der Hauptverhandlung tatsächlich erzielte Ergebnis nicht maßgeblich sein[77]. Betrachtet man die vorliegenden Revisionsentscheidungen der Oberlandesgerichte näher, so muß bezweifelt werden, ob sich die Revisionsgerichte bei ihrer Rechtsprechung in ausreichendem Maße bewußt geworden sind, daß die von ihnen angenommene Willkür auch als nur fehlerhafte, und damit nicht revisibele Wertung der Vorinstanz verstanden werden konnte[78]. Im Fall des OLG Koblenz[79] (über die Anklage wegen Unterschlagung von Gegenständen eines Untersuchungsgefangenen durch den Pflichtverteidiger hatte das Schöffengericht entschieden) mag zwar die Ansicht des Oberlandesgerichts formal nicht zu beanstanden sein, aber der Sachverhalt hätte wegen „besonderer Bedeutung“ unabhängig von der Straferwartung auch bei der Strafkammer angeklagt werden können[80]. In derartigen Grenzfällen dürfte es überzogen sein, mit dem schwersten Geschütz der Willkür aufzuwarten. Deutlich verfehlt ist dagegen die Entscheidung des OLG Hamm[81]. Wenn das Oberlandesgericht dem Schöffengericht vorwirft, es habe für die Annahme seiner Zuständigkeit jeder sachliche Grund gefehlt, weil es nach Inkrafttreten des Rechtspflegeentlastungsgesetzes nicht mehr auf Umfang und Bedeutung der Sache ankomme, so hätte ein Blick in die Gesetzesmaterialien[82] dem Oberlandesgericht das Gegenteil erschlossen. Die Zuständigkeitsannahme der Vorinstanz war deshalb mehr als nur vertretbar und nicht willkürlich. Der Vorwurf der Willkür muß auch dann ausscheiden, wenn ein Gericht mit seiner Eröffnungsentscheidung einer in der rechtswissenschaftlichen Lehre vertretenen (Minder-)Meinung folgt[83].

30 Aus einer willkürlichen Zuständigkeitsannahme folgt indessen noch nicht, daß dieser Verstoß auch von Amts wegen ohne entsprechende Revisionsrüge zu beachten wäre[84], weil dies nicht einmal aus verfassungsrechtlichen Aspekten abgeleitet werden kann. Zwar stellt ein **Verstoß gegen die sachliche Zuständigkeit zugleich** einen **Verfassungsverstoß** dar, weil hier der Grundsatz des gesetzlichen Richters (Art. 101 GG) mißachtet wird. Insoweit ist aber anerkannt, daß auch Grundrechtsverletzungen rügebedürftig sind[85], weil die Geltendmachung von Grundrechten zur Disposition des Grundrechtsträgers steht. Die

---

76 BVerfGE **29** 49; **82** 194.

77 BGHSt **42** 205 = StV **1996** 585.

78 Kritisch auch *Neuhaus* DRiZ **1997** 168.

79 StV **1996** 588.

80 Der BGH (5. Strafsenat) hat in der Entscheidung wistra **1997** 99 (gegen einen nicht vorbelasteten Richter war wegen Rechtsbeugung und Urkundenfälschung vor dem LG Anklage erhoben worden) trotz entsprechender Revisionsrüge (insoweit in der Veröffentlichung nicht mitgeteilt) keinen Anlaß gesehen, auf die Zuständigkeitsfrage einzugehen. Wäre die Zuständigkeit vom LG zu Unrecht angenommen worden, hätte der BGH sonst in der Sache nicht selbst entscheiden dürfen, sondern hätte die Sache an das Amtsgericht zurückverweisen müssen.

81 StV **1996** 300.

82 BTDrucks. **12** 3832 S. 43; s. a. *Böttcher/Mayer* NStZ **1993** 157; *Rieß* NStZ **1993** 250.

83 Insoweit hat BGHSt **42** 205 (209) darauf hingewiesen, daß unter der veränderten Rechtslage des Rechtspflegeentlastungsgesetzes es nicht willkürlich war, jenseits des Wortlauts des § 25 Nr. 2 GVG, der in der Literatur vertretenen Ansicht zu folgen, diese Vorschrift weiterhin um das Merkmal der „minderen Bedeutung“ zu ergänzen.

84 LR-*Hanack* StPO § 338, 70.

85 BVerfGE **3** 359; BVerfGE **27** 355 (364); BVerfGE **54** 100 (115); BVerfGE **92** 42 (48). Soweit mit den Verfassungsbeschwerden lediglich die Verletzung des Art. 101 Abs. 2 GG gerügt worden war, hat das BVerfG aus dem festgestellten Verstoß gleichzeitig auch die Verletzung des Abs. 1 Satz 2 begründet. Vgl. auch BGHSt **19** 273; BGHSt **26** 84 (90).

Sachlage ist hier indessen insoweit anders, als es nicht nur um eine Grundrechtsbeeinträchtigung, sondern — entscheidend — um die Mißachtung von Prozeßvoraussetzungen geht.

Einer **Überprüfung von Amts wegen** stehen zunächst die Regelung des § 338 Nr. 1 StPO[86] oder § 338 Nr. 4 StPO[87] und das aus § 344 Abs. 2 StPO folgende Rügeerfordernis nicht entgegen. Soweit die Entscheidungen hierauf eingehen[88], wird nämlich zutreffend dagegen eingewandt, daß bei Aufnahme des Katalogs der Revisionsgründe die Lehre von den Prozeßvoraussetzungen noch nicht allgemein anerkannt war[89] und diese Regelungen dadurch eine Korrektur erfahren haben. **31**

Etwas anderes ergibt sich auch nicht für **Revisionen gegen Berufungsurteile** im Hinblick auf die Regelung des § 328 Abs. 2 StPO[90], die dem Berufungsgericht ausdrücklich eine Überprüfung von Amts wegen vorgibt, weil für den Revisionsrechtszug allein die §§ 338 ff StPO gelten. Zu welch fragwürdigem Ergebnis die Ansicht des 5. Strafsenats führen könnte, zeigt der Vorlagebeschluß des Brandenburgischen Oberlandesgerichts vom 23. 3. 1998 — 2 Ss 76/97 —. Dort haben die Vorinstanzen (Amtsgericht, kleine Strafkammer) die Spezialzuständigkeit der Staatsschutzkammer übersehen und die Verbreitung von Propagandamitteln verfassungswidriger Organisationen abgeurteilt. Mit der Revision ist die sachliche Zuständigkeit der Vorinstanzen nicht gerügt worden. Bei konsequenter Anwendung der Rechtsprechung des 5. Strafsenats dürfte das Oberlandesgericht die Frage der Zuständigkeit nicht prüfen und müßte bewußt als unzuständiges Revisionsgericht entscheiden. Da über diese Vorlage wiederum der 5. Senat zu entscheiden hat, darf man auf den Ausgang gespannt sein. **32**

Als einzige **dogmatische Begründung** bleibt mithin eine Überprüfung der sachlichen Zuständigkeit auf der Basis der **Lehre von den Prozeßvoraussetzungen** mit der sich aus § 269 StPO ergebenden Beschränkung. Diese Prüfung greift also nur dann durch, wenn das Gericht niederer oder höherer Ordnung seine sachliche Zuständigkeit willkürlich angenommen hat[91]. **33**

g) Besonderheiten bei der Sprungrevision? Ob die aufgezeigten Gründe im Rahmen einer Sprungrevision (§ 335 StPO) entsprechend gelten, hat der Bundesgerichtshof[92] ausdrücklich offengelassen. Die gleichwohl in einem ausführlichen obiter dictum dargelegten Gründe dürften jedoch dafür sprechen, daß jedenfalls der 5. Strafsenat auch hier einer Verneinung der Prüfung von Amts wegen zuneigt. Dies soll aus den bedeutsamen Unterschieden folgen, die sich aus einem Vergleich zwischen der unbeschränkten Rechtsfolgenkompetenz des Landgerichts und dem Strafbann des Amtsgerichts sowie den unterschiedlichen Rechtswegen ergeben. Die aufgezeigten Bedenken dürften indessen nicht überzeugen. Da es immer um die Frage der sachlichen Zuständigkeit des erkennenden Gerichts geht, würde eine unterschiedliche Behandlung der Ausgangsgerichte inkonsequent sein. Zu kurz käme zudem der Aspekt, daß es sich im Verhältnis zwischen Strafrichter und Schöffengericht um Gerichte verschiedener Ordnung handelt, die darüber hinaus unterschiedlich besetzt sind. Die Rechtsprechung der Oberlandesgerichte tendiert daher zutref- **34**

---

[86] Vgl. BGH NStZ **1993** 248.

[87] Vgl. BGH NJW **1993** 1607; OLG Düsseldorf NStZ **1990** 292; OLG Frankfurt NStZ **1993** 250.

[88] BGH StV **1998** 1.

[89] LR-*Hanack* StPO § 338, 66; LR[24] – *K. Schäfer* Einl. Kap. **12** 136.

[90] Vgl. BGHSt **42** 205; OLG Hamm StV **1996** 300; OLG Koblenz StV **1996** 588; LR-*Hanack* StPO § 338, 70; *Pfeiffer*[2] 8.

[91] So im Ergebnis auch KK-*Kissel*[4] 2.

[92] BGHSt **42** 205.

fend in Anlehnung an BGHSt **40** 120 zu einer Prüfung der sachlichen Zuständigkeit der Vorinstanz von Amts wegen[93], und zur Verweisung an das sachlich zuständige Gericht (§ 355 StPO).

IV. Grenze der Strafgewalt des Amtsgerichts (Absatz 2)

35 **1. Bedeutung der Vorschrift.** Absatz 2 umgrenzt die Strafgewalt des Amtsgerichts (des Schöffengerichts wie des Strafrichters), die es bei der Urteilsfällung nicht überschreiten darf. Aus § 24 Abs. 1 Nr. 2 würde sich eine solche Begrenzung noch nicht ergeben. Denn wenn dort auch die amtsgerichtliche Zuständigkeit auf Fälle beschränkt ist, in denen die Überschreitung einer bestimmten Strafhöhe und die Anordnung der Unterbringung in einem psychiatrischen Krankenhaus oder in der Sicherungsverwahrung nicht zu erwarten ist (nämlich im Zeitpunkt der Eröffnung des Hauptverfahrens), so würde daraus noch nicht folgen, daß die einmal begründete Zuständigkeit entfiele, wenn sich erst in der Hauptverhandlung die Notwendigkeit einer höheren Strafe oder der genannten freiheitsentziehenden Maßregeln ergibt (dazu § 25, 5). Erst § 24 Abs. 2 begründet diese Folgerung.

36 **2. Freiheitsstrafe.** Mit einer vier Jahre nicht übersteigenden Freiheitsstrafe können Geldstrafe (im Fall des § 53 Abs. 2 Satz 2 StGB, auch wenn die Summe der Ersatzfreiheitsstrafe und der primären Freiheitsstrafe vier Jahre übersteigt), Nebenstrafen und Nebenfolgen sowie sämtliche Maßregeln der Besserung und Sicherung mit Ausnahme der zu Rdn. 35 bezeichneten verbunden werden, ohne daß die Strafgewalt damit überschritten würde[94].

37 **3. Gesamtstrafe.** Vier Jahre Freiheitsstrafe stellt die höchste Strafe dar, die das Amtsgericht in einem Urteil aussprechen kann, gleichviel, ob diese Strafe für eine Tat oder als Gesamtstrafe für mehrere Taten verhängt wird. Dies ist im § 462 a Abs. 3 Satz 4 StPO bzgl. der nachträglichen Festsetzung einer Gesamtstrafe durch Beschluß ausdrücklich ausgesprochen und gilt daher auch für die urteilsmäßig gebildete Gesamtstrafe, unabhängig davon, ob das erste Urteil die Gesamtstrafe festsetzt, oder ob es sich um eine Gesamtstrafe gemäß § 55 StGB handelt[95]. Infolgedessen ist die amtsgerichtliche Zuständigkeit zur Verhängung einer zu einer Gesamtstrafe zu vereinigenden Zusatzstrafe ohne Rücksicht auf deren Höhe ausgeschlossen, wenn bereits eine rechtskräftige Einsatzstrafe von vier Jahren Freiheitsstrafe oder mehr vorliegt, oder wenn sie zwar geringer ist, aber bei Einbeziehung der vorangegangenen Strafe eine vier Jahre übersteigende Freiheitsstrafe zu erwarten ist[96]. Dagegen ist es dem Amtsgericht und ebenso dem Landgericht als Berufungsgericht nicht verwehrt, gegen denselben Angeklagten mehrere Strafen von jeweils weniger als vier Jahren, deren Summe aber vier Jahre überschreitet, dann zu verhängen, wenn die Voraussetzungen für die Bildung einer Gesamtstrafe oder deren Nachholung (§ 55 Abs. 1 StGB) nicht vorliegen[97]. Ist dagegen die erste Strafe noch nicht rechtskräftig

[93] OLG Oldenburg NStZ **1994** 449 = StV **1994** 421; OLG Hamm StV **1995** 182; OLG Düsseldorf NStZ **1996** 206 m. abl. Anm. *Bachem* = StV **1995** 238; LR-*Wendisch* StPO § 6, 17; abl. auch *Kleinknecht/Meyer-Goßner*[44] StPO § 269, 8.

[94] Ebenso KMR-*Paulus* 5.

[95] H. M, z. B. OLG Hamm JMBlNRW **1953** 287; KMR-*Paulus* 5.

[96] OLG Schleswig SchlHA **1951** 143.

[97] BGHSt **34** 159 = NStZ **1987** 33 = JR **1988** 128 mit Stellungnahme *Fezer*; JR **1988** 89; *Kleinknecht/Meyer-Goßner*[44] 9; **a. M** *Schnarr* NStZ **1987** 236 (Anm. zu BGH NStZ **1987** 33); s. a. BGH NStZ **1988** 270.

und infolgedessen eine Gesamtstrafenbildung mit einer neu zu erkennenden nicht zulässig, so kann das Amtsgericht bei der neuen Strafe seine Strafgewalt ausschöpfen[98]; die nachträgliche Gesamtstrafenbildung steht dann gemäß § 462 a Abs. 3 Satz 4 StPO, wenn eine Gesamtstrafe von mehr als vier Jahren Freiheitsstrafe in Frage steht, dem Landgericht zu.

4. Strafgewalt des Berufungsgerichts. Überleitung eines Berufungsverfahrens in ein erstinstanzliches Verfahren[99]. Durch § 24 Abs. 2 ist auch die Strafgewalt der Strafkammer als Berufungsgericht begrenzt[100]. Die von der Rechtsprechung anerkannte Möglichkeit, sogleich selbst als Gericht des ersten Rechtszuges zu verhandeln, besteht nicht mehr, nachdem die Zuständigkeit der großen Strafkammer als Berufungsgericht durch das Rechtspflegeentlastungsgesetz beseitigt worden ist. Berufungsgericht ist jetzt nur noch die kleine Strafkammer. Anders liegt es jedoch, wenn die große Jugendkammer als Berufungsgericht (§ 33 b Abs. 1 JGG) die Voraussetzungen eines Schwurgerichtsverfahrens bejaht (§ 41 Abs. 1 Nr. 1 JGG) oder wenn in einer gegen Jugendliche und Erwachsene verbundenen Strafsache für den Erwachsenen die große Strafkammer zuständig wäre (§ 41 Abs. 1 Nr. 3 JGG). Im ersten Fall kommt theoretisch eine Überleitung in Betracht; sie wird aber nach der Rechtsänderung tatsächlich ausscheiden, weil die große Jugendkammer als Berufungsgericht regelmäßig nur mit zwei Berufsrichtern besetzt sein wird, während sie als Schwurgericht mit drei Berufsrichtern entscheiden muß. Im letzteren Fall wäre ebenfalls eine Überleitung möglich, aber dann müßte zugleich auch eine Entscheidung über die Beiziehung eines dritten Richters getroffen werden. Soweit eine Überleitung vorgenommen werden kann, kann auf eine die Grenzen des § 24 Abs. 2 GVG übersteigende Strafe erkannt werden, weil nunmehr die unbeschränkte Strafgewalt des Landgerichts zur Verfügung steht. Das Verfahren hat unter Beachtung der für die erstinstanzliche Strafkammer geltenden Vorschriften abzulaufen; das Urteil ist dann ein erstinstanzliches Strafkammerurteil, und die Revision geht an den Bundesgerichtshof[101]. **38**

Die **Überleitung in ein erstinstanzliches Verfahren** darf die große Jugendkammer auch ohne nähere Sachprüfung alsbald zu Beginn der Hauptverhandlung vornehmen, wenn die bisherigen Verfahrensergebnisse und die Verfahrenslage die Annahme nahelegen, daß die Strafgewalt des Schöffengerichts überschritten werden wird. Dieses Verfahren wird nicht dadurch unzulässig, daß die große Jugendkammer schließlich doch eine Strafe innerhalb des amtsgerichtlichen Strafbanns ausspricht, denn wenn sie einmal ihre erstinstanzliche Zuständigkeit angenommen hat, darf sie nicht mehr als Berufungsgericht verhandeln[102], wie auch eine Zurücknahme der Berufung nicht mehr in Betracht kommt[103]. **39**

Ein **Urteil der großen Jugendkammer** ist ferner auch dann **bei Überschreitung der Grenzen des § 24 Abs. 2 als erstinstanzliches Urteil** anzusehen und als solches mit der Revision beim Bundesgerichtshof anfechtbar, wenn die große Jugendkammer zwar keinen Überleitungsbeschluß erlassen hat, aber die für das Verfahren in erstinstanzlichen Verhandlungen geltenden Vorschriften[104] beachtet hat, insbesondere nicht von dem Grund- **40**

---

98 BGH aaO.

99 S. dazu ergänzend Erl. zu § 328 StPO, 24. Aufl. Rdn. 33 ff.

100 BGH NStZ **1987** 33; BGHSt **33** 204 = JR **1987** 515 mit Anm. *Wendisch*; BGH bei *Miebach* NStZ **1988** 211; OLG Düsseldorf NStE **1993** 91; OLG Celle NJW **1961** 791; MDR **1963** 522.

101 BGHSt **21** 229; **34** 159 und 204; BGH NStZ-RR **1997** 22.

102 BGHSt **21** 229.

103 BGHSt **34** 159, 164; BGH bei *Miebach* NStZ **1988** 211 (zu § 237 StPO).

104 Von gewissen Ausnahmen abgesehen, vgl. BGH JR **1987** 515.

satz der Unmittelbarkeit der Beweisaufnahme abgewichen ist; es spielt dann keine Rolle, daß sie erkennbar als Berufungsgericht tätig werden wollte[105]. Hat die große Jugendkammer dagegen — weil sie nur eine Berufungsverhandlung durchführte — nur als Berufungsgericht gehandelt, so ist ein gleichwohl ergangener „Überleitungsbeschluß" ohne rechtliche Wirkung, und es kann das Urteil nicht als erstinstanzliches behandelt werden; der Fehler ist trotz des § 338 Nr. 4 StPO als Mangel einer Prozeßvoraussetzung von Amts wegen zu beachten[106].

41 Ein **Berufungsgericht ist zur nachträglichen Gesamtstrafenbildung nach § 55 StGB nicht verpflichtet**, wenn dies zum Wechsel vom Berufungs- in das erstinstanzliche Verfahren führen muß. In einem solchen Fall empfiehlt es sich vielmehr, die nachträgliche Gesamtstrafenbildung dem Beschlußverfahren nach §§ 460, 462 StPO zu überlassen[107]. Wegen weiterer hier nicht zu erörternder Einzelheiten, wie z. B. zur Frage zweckmäßiger Gesamtstrafenbildung, ist auf *Wendisch* JR **1987** 516, im übrigen auf LR-*Gollwitzer*[24] StPO § 328 Rdn. 33 ff zu verweisen.

42 **5. Wirkung der Überschreitung der Strafgewalt.** Sie macht die Entscheidung anfechtbar; wird die Entscheidung aber rechtskräftig, so heilt die Rechtskraft den Mangel. Überschreitet die (kleine) Strafkammer als Berufungsgericht zu Unrecht die Grenze des § 24 GVG, so ist für die Revision das Oberlandesgericht zuständig[108]. Das Revisionsgericht berücksichtigt die Überschreitung der Rechtsfolgengewalt von Amts wegen mit der Folge der Urteilsaufhebung wegen Fehlens der sachlichen Zuständigkeit[109].

V. Zuständigkeit der Jugendgerichte

43 Zur Zuständigkeit der Jugendgerichte s. §§ 33 Abs. 2, 39, 40, 47 a, 108 JGG, da die Straftaten Jugendlicher und Heranwachsender nicht unter § 24 fallen. Insoweit muß hier auf die Erläuterungswerke zum JGG und ergänzend auf den Überblick über die Rechtsprechung bei *Böhm* NStZ **1997** 480 verwiesen werden.

44 Ergänzend soll an dieser Stelle lediglich darauf hingewiesen werden, daß es sich beim Jugendgericht im Verhältnis zu anderen Spruchkörpern nicht um ein besonderes Gericht handelt, sondern nur um eine **gesetzliche Geschäftsverteilung**, so daß zwischen ihnen sowohl die Abgabe zulässig ist als auch §§ 209, 269 StPO anwendbar sind[110].

---

105 BGHSt **23** 283 = NJW **1970** 1614; BGHSt **31** 63 = NJW **1982** 2674; BGH bei *Pfeiffer/Miebach* NStZ **1985** 208; BGHSt **34** 159 = NStZ **1987** 33 = JR **1988** 128 mit krit. Stellungnahme *Fezer* JR **1988** 89; *Kissel* 19.

106 BGH NJW **1970** 155; NStZ **1987** 33; OLG Köln GA **1971** 27.

107 Vgl. BGHSt **34** 204, 206, 207; BGH vom 27. 6. 1989 bei *Miebach* NStZ **1990** 29 Nr. 27.

108 *Kleinknecht/Meyer-Goßner*[44] StPO § 328, 12.

109 BGHSt **18** 79, 81; NJW **1970** 155; KK-*Kissel*[4] 16; *Kleinknecht/Meyer-Goßner*[44] 9.

110 BGHSt **18** 79; KK-*Kissel*[4] 18.

§ 25

Der Richter beim Amtsgericht entscheidet als Strafrichter bei Vergehen,
1. wenn sie im Wege der Privatklage verfolgt werden oder
2. wenn eine höhere Strafe als Freiheitsstrafe von zwei Jahren nicht zu erwarten ist.

Schrifttum. *Fischer* Nochmals: Die neue Strafrichterzuständigkeit des § 25 Nr. 2 GVG, NJW **1996** 1044; *Fleischer* Zeit zum Umdenken, DRiZ **1995** 386; *Fuhse* Ist das Schöffengericht durch § 25 Nr. 2 GVG gehindert, Strafbefehle zu erlassen, Erledigungen im beschleunigten Verfahren vorzunehmen, kann es bei Straferwartung unter 2 Jahren Freiheitsstrafe angerufen werden? NStZ **1995** 165; *Günther* „(Objektive) Willkür" als juristisches Unwort, DRiZ **1996** 158; *Hohendorf* Die neue Strafrichterzuständigkeit des § 25 Nr. 2 GVG, NJW **1995** 1454; *Kern* Die Wiederherstellung der Rechtseinheit auf dem Gebiet der Strafgerichtsverfassung und des Strafverfahrens, MDR **1950** 582; *Loos/Radtke* Das beschleunigte Verfahren nach dem Verbrechensbekämpfungsgesetz, NStZ **1996** 7; *Michel* Streit über die Zuständigkeit beim Amtsgericht in Strafsachen, MDR **1995** 1198; *Neuhaus* Die Revisibilität der sachlichen Zuständigkeit des Schöffengerichts im Verhältnis zu der des Strafrichters (§ 25 Nr. 2 GVG), StV **1995** 212; *Nüse* Das Gesetz zur Wiederherstellung der Rechtseinheit auf dem Gebiet der Gerichtsverfassung, der bürgerlichen Rechtspflege, des Strafverfahrens und des Kostenrechts, JR **1950** 516; *Schwitzke* Zur Zuständigkeit des Einzelrichters in Strafsachen, NJW **1953** 930; weiteres Schrifttum s. bei § 24.

Entstehungsgeschichte. § 25 hat in seiner bisherigen Entwicklung durch das 1. StRG 1969 zunächst eine mehr redaktionelle Änderung erfahren, indem in den damaligen Nr. 2 Buchst. b und c das Wort „Gefängnis" durch „Freiheitsstrafe" ersetzt und die frühere Nr. 3 (betr. Rückfallverbrechen) gestrichen wurde. Durch Art. II Nr. 6 des PräsVerfG wurde das Wort „Amtsrichter" durch „Richter beim Amtsgericht" ersetzt und später (nach zwischenzeitlicher Beseitigung der Übertretungen — frühere Nr. 1 —) durch Art. 2 Nr. 3 des 1. StVRG vom 9. 12. 1974 zu „Der Richter beim Amtsgericht . . . als Strafrichter" ergänzt.

Die jetzige Fassung beruht auf Art. 3 Nr. 5 des RpflEntlG. Für diejenigen neuen Länder, in denen noch Kreis- und Bezirksgerichte bestehen, wurde durch Art. 13 Nr. 2 in der Maßgabe Nr. 1 Buchst. g Abs. 1 Nr. 4 der Anlage I Kap. III Sachgeb. A Abschn. III zum Einigungsvertrag die Straferwartungsprognose für die Zuständigkeit des Einzelrichters entsprechend erhöht, indem dort die Worte „Freiheitsstrafe von einem Jahr" durch die Worte „Freiheitsstrafe von zwei Jahren" ersetzt wurden. Entfallen ist die gesonderte Zuständigkeitszuweisung für die wenigen Straftaten, die im Höchstmaß mit Freiheitsstrafe von nicht mehr als sechs Monaten bedroht sind, sowie die weitere Voraussetzung, daß die Staatsanwaltschaft Anklage zum Strafrichter erhebt.

Übersicht

1 **1. Bedeutung der Vorschrift.** Während § 24 die Zuständigkeit des Amtsgerichts gegenüber der des Landgerichts und anderen Gerichten höherer Ordnung abgrenzt, regelt § 25 die Aufteilung der amtsgerichtlichen Zuständigkeit zwischen dem Richter als Strafrichter (= Einzelrichter ohne Schöffen), die sich auf Vergehen (§ 12 Abs. 2, 3 StGB) beschränkt, und dem Schöffengericht, dem die nicht dem Strafrichter nach § 25 übertragene amtsgerichtliche Zuständigkeit zufällt (§ 28). Und zwar ist in den Fällen der Nummer 2, wenn nicht die landgerichtliche Zuständigkeit nach § 24 Abs. 1 Nr. 3 in Betracht kommt, nur die Zuständigkeit des Strafrichters gegeben. Wegen der Bedeutung des § 25 Nr. 2 vgl. unten Rdn. 3 ff.

2 **2. Im Wege der Privatklage verfolgte Vergehen** (Nr. 1). Hier ergibt sich eine Problematik, wenn die Staatsanwaltschaft gemäß § 377 Abs. 2 StPO in einer Strafsache, die der Verletzte im Wege der Privatklage betreibt, im Lauf des Verfahrens die Verfolgung übernimmt[1]. Denn die mit Privatklage verfolgbaren Vergehen unterliegen der unbedingten Zuständigkeit des Strafrichters nach § 25 Nr. 1 nur, wenn sie tatsächlich im Wege der Privatklage verfolgt werden. Betreibt die Staatsanwaltschaft dagegen die Verfolgung nach § 376 StPO, kann sie diese Delikte sowohl beim Strafrichter als auch beim Schöffengericht anklagen, denn es gilt dann § 25 Nr. 2[2]. In diesem Fall kann die Staatsanwaltschaft aber auch wegen besonderer Bedeutung (§ 24 Abs. 1 Nr. 3) bei der Strafkammer anklagen. Es fragt sich, ob die durch Erhebung der Privatklage begründete Zuständigkeit erlischt, wenn die Staatsanwaltschaft das Verfahren übernimmt, und ob — im Falle der Bejahung oder der Verneinung dieser Frage — die Staatsanwaltschaft bei oder nach der Übernahme die sachliche Zuständigkeit noch beeinflussen kann. Nach h. M tritt die Staatsanwaltschaft in das laufende Verfahren ein; sie übernimmt es in der Lage, in der sie es vorfindet, und setzt es in dieser Lage fort[3]. Daraus ergibt sich, daß, unabhängig von der Zuständigkeit, die bestünde, wenn die Staatsanwaltschaft von vornherein die öffentliche Klage erhebt (§ 376 StPO), die Zuständigkeit des Strafrichters bestehen bleibt, wenn die Staatsanwaltschaft in das Verfahren eintritt. Allerdings richtet sich von der Übernahme an das Verfahren nach den Vorschriften über das auf öffentliche Klage erhobene Verfahren. Daraus ergibt sich aber nicht, daß die Staatsanwaltschaft gemäß § 156 StPO die Klage zurücknehmen kann, solange das Hauptverfahren noch nicht eröffnet ist, oder daß bei einer Übernahme des Verfahrens nach Eröffnung des Privatklageverfahrens die Zuständigkeit des Strafrichters beendet wäre, wenn die Staatsanwaltschaft die Verfolgung aufgibt, etwa weil sie einen hinreichenden Tatverdacht verneint. Allerdings kann das nicht — wie vor der Aufhebung des § 377 Abs. 3 StPO — damit begründet werden, es werde dadurch der bisherige Privatkläger, der durch die Übernahme Nebenkläger wurde, rechtlos gestellt, es sei denn, daß er seine Zustimmung erteile. Vielmehr bleibt die Zuständigkeit des Strafrichters bestehen; denn wenn die Staatsanwaltschaft die Verfolgung aufgibt, lebt das Privatklageverfahren wieder auf und der Privatkläger erhält wieder seine Stellung als solche zurück[4].

---

1 Der frühere Abs. 3 des § 377 („Übernimmt die Staatsanwaltschaft die Verfolgung, so erhält der Privatkläger die Stellung eines Nebenklägers") wurde durch Art. 1 Nr. 3 des OpferschutzG aufgehoben. Wegen der Gründe (Lösung der Nebenklage von der Privatklage) und der Neuregelung des Anschlusses als Nebenkläger in §§ 395, 396 n. F StPO vgl. LR-*Hilger* Vor § 395 StPO Rdn. 8 ff.

2 *Kissel* 3; *Pfeiffer*[2] 2.

3 BGHSt **11** 56, 61 = NJW **1958** 229; LR-*Hilger* § 377 StPO, Rdn. 21; *Kissel* 4; *Kleinknecht/Meyer-Goßner*[44] 2.

4 LR-*Hilger* § 377 StPO, Rdn. 19, 27.

3. Zuständigkeit kraft Straferwartung (Nr. 2)

a) Anwendungsbereich. Während die Vorschrift in der bis zum 1. 3. 1993 geltenden Fassung bezweckt hat, geeignete einfachere Sachen im **Interesse der Beschleunigung und Vereinfachung vor den Strafrichter zu bringen,** liegt die Intention der Neuregelung durch das RpflEntlG insgesamt auch darin, durch die Verschiebung der Zuständigkeiten auf die Amtsgerichte den Bundesgerichtshof von Revisionsverfahren zu entlasten[5]. Nr. 2 stellt — wie § 24 Abs. 1 Nr. 2 —, wenn eine höhere Strafe als Freiheitsstrafe von zwei Jahren angedroht ist, auf das Höchstmaß der im Einzelfall zu erwartenden Strafe ab; bei Tatmehrheit kommt es auf die zu erwartende Höhe der Gesamtfreiheitsstrafe an[6]. Im übrigen ist bei der Straferwartungsprognose nicht allein auf den Regelstrafrahmen abzuheben, sondern es ist hier bereits zu berücksichtigen, ob evtl. ein minderschwerer Fall vorliegt[7], der einen geringeren Strafrahmen eröffnet. Soweit neben der Freiheitsstrafe andere Rechtsfolgen im Rahmen des amtsgerichtlichen Strafbanns angedroht werden, berührt dies die Zuständigkeit nicht[8]. 3

b) Voraussetzungen der Anklage zum Strafrichter. Trotz des Gesetzeswortlauts war bereits durch BVerfGE **22** 254 klargestellt, daß die Zuständigkeit des Strafrichters nicht allein von der Anklageerhebung durch die Staatsanwaltschaft abhängt (s. dazu die Erl. in der 24. Aufl. Rdn. 5). Die Änderung durch das RpflEntlG unterstreicht dies und hat nunmehr endgültig Klarheit geschaffen, daß es sich bei dessen Zuständigkeit um einen aus der Gesamtzuständigkeit des Amtsgerichts ausgegliederten Teil handelt. Die daraus folgende Abgrenzung zwischen dem Strafrichter und dem Schöffengericht ist mithin Teil der in jeder Lage des Verfahrens von Amts wegen zu prüfenden sachlichen Zuständigkeit[9]. Die **Staatsanwaltschaft hat** daher **kein Wahlrecht** zwischen einer Anklage vor dem Strafrichter oder vor dem Schöffengericht. Vielmehr muß sie vor dem Strafrichter anklagen, wenn die zu erwartende Strafe den Rahmen des § 25 Nr. 2 nicht übersteigt. Die Anklageerhebung zum Strafrichter oder zum Schöffengericht ist aber für diese nicht bindend; sie bedeutet nur einen Zuständigkeitsvorschlag; der Eröffnungsrichter hat selbständig zu prüfen, ob die Rechtsfolgeerwartung gegeben ist. Der Strafrichter verfährt also, wenn er die Straferwartung der Staatsanwaltschaft nicht teilt, nach § 209 Abs. 2 StPO. Hat er zunächst das Hauptverfahren eröffnet, bleibt bis zum Beginn der Hauptverhandlung bei sich verändernder Prognose immer noch die Möglichkeit, die Sache nach § 225 a StPO dem Schöffengericht oder der Strafkammer vorzulegen. Letzteres steht auch dem Schöffengericht zu. 4

Wird **Anklage zum Schöffengericht** erhoben, und hält der Vorsitzende die Straferwartung der Staatsanwaltschaft für überzogen, so eröffnet er nach § 209 Abs. 1 StPO vor dem Strafrichter. Hält das Schöffengericht irrtümlich seine Zuständigkeit für gegeben und eröffnet es das Hauptverfahren, so steht hier einer Zurückverweisung § 269 StPO entgegen[10]. Im Verhältnis zum Schöffengericht ist der Strafrichter nämlich ein Gericht niederer Ordnung[11]. 5

c) Bindung der Staatsanwaltschaft durch Richtlinien? Wegen der sich aus der früheren Fassung der Nr. 113 Abs. 4 RiStBV ergebenden Probleme vgl. die 24. Auflage, Rdn. 5a. Die seit 1. 1. 1997 geltende Fassung enthält für den Staatsanwalt keine Vorgabe 6

---

5 BTDrucks. **12** 3832 S. 43.

6 Ebenso KMR-*Paulus* 3; KK-*Kissel*[4] 4; *Kleinknecht/Meyer-Goßner*[44] 3;

7 LG Zweibrücken StV **1996** 477; *Katholnigg*[3] § 24, 4; KK-*Kissel*[4] 5.

8 OLG Tübingen NJW **1953** 1444; *Kleinknecht/Meyer-Goßner*[44] 3.

9 S. o. § 24, 24 ff.; *Kleinknecht/Meyer-Goßner*[44] 1; *Katholnigg*[3] 1.

10 *Rieß* GA **1976** 11; *Kissel* 7.

11 BGHSt **19** 177; BGH NStZ **1993** 197.

mehr, bei welchem Gericht vorrangig Anklage erhoben werden soll. Die Regelung sieht lediglich noch vor, daß die Gründe, die gemäß § 24 Abs. 1 Nr. 3 GVG zu einer Anklage vor dem Landgericht führen, aktenkundig gemacht werden sollen und daß ggf. die Mitwirkung eines dritten Richters angeregt, bzw. bei Anklagen zum Schöffengericht die Zuziehung eines zweiten Richters beantragt werden soll. Der aktuelle Wortlaut der Nr. 113 RistBV begründet umgekehrt auch nicht die Befürchtung, daß der Staatsanwalt nunmehr vorrangig beim Landgericht anklagen wird. Die Verpflichtung des Staatsanwalts, die Auswahl des Gerichts unter Berücksichtigung des gesetzlichen Richters vorzunehmen, bleibt vielmehr unberührt.

7 **d) Fortgeltung des ungeschriebenen Merkmals der „minderen Bedeutung"?** Für die bis zum 1. 3. 1993 geltende Fassung hatte das Bundesverfassungsgericht[12] unter weitgehender Zustimmung im Schrifttum im Wege verfassungskonformer Auslegung klargestellt, daß sich § 25 Nr. 3 a. F nur auf Strafsachen „von minderer Bedeutung" bezog, d. h. auf Strafsachen, die sich von durchschnittlichen Strafsachen mit der Rechtsfolgeerwartung der Nr. 3 a. F nach unten abheben, etwa im Hinblick auf den Umfang der Sache, die Schwere des Rechtsverstoßes oder ihre Bedeutung für Täter und Verletzten. Nur solche Verfahren sollten die Zuständigkeit des Strafrichters begründen. Unter anderem daraus, daß trotz der Neufassung des § 25 durch das Rechtspflegeentlastungsgesetz die Zuständigkeit des Schöffengerichts für das beschleunigte Verfahren (§ 212 StPO) als auch für das Strafbefehlsverfahren (§§ 407 ff StPO) unverändert geblieben ist, obwohl in beiden Fällen eine höhere Strafe als Freiheitsstrafe von einem Jahr nicht verhängt werden darf (§§ 212 b Abs. 1 Satz 2, 407 Abs. 2 Satz 2 StPO), wird die Auffassung vertreten, daß das ungeschriebene Merkmal der „minderen Bedeutung" fortgelten müsse, weil sonst ein Austrocknen der Schöffengerichte und im besonderen Maße der erweiterten Schöffengerichte zu befürchten sei[13]. Im übrigen habe derselbe Gesetzgeber durch das 1 Jahr später beschlossene Verbrechensbekämpfungsgesetz vom 28. 10. 1994 (BGBl. I 3186) die „Aburteilung im beschleunigten Verfahren" neu geregelt und ausdrücklich an der Verfahrenserledigung durch das Schöffengericht festgehalten. Hätte § 25 eine ausschließliche Zuständigkeit des Strafrichters postulieren sollen, hätte die letztgenannte Rechtsänderung unterbleiben müssen[14]. Nur dann lasse sich auch ein geradezu paradoxes Ergebnis vermeiden, das sich über § 24 Abs. 1 Nr. 3 ergeben könnte, wenn die Staatsanwaltschaft wegen der besonderen Bedeutung des Falles trotz einer nur zu erwartenden Geldstrafe Anklage beim Landgericht erheben würde[15]. All diese Argumente vermögen nicht zu überzeugen und so wird diese Ansicht zu Recht überwiegend abgelehnt[16].

8 Bereits der **Wortlaut des § 25 läßt der Gegenmeinung keinen Spielraum** und die amtliche Begründung bestätigt dies, indem neben dem Entlastungsziel darauf abgestellt wird, für die Zuständigkeitsabgrenzung durch Anknüpfung an die Rechtsfolgenerwartung „eine verfassungsrechtlich eindeutige Grundlage" zu schaffen[17]. Die verfassungsrechtliche Problematik bestand in der Vergangenheit jedoch allein wegen des vermeintlich der Staatsanwaltschaft zustehenden Anklageermessens und es liegt fern, der Gesetzgeber habe

---

12 BVerfGE **22** 254 = NJW **1967** 2151.

13 AG Höxter MDR **1994** 1139; *Bachem* NStZ **1996** 207 (Anm. zu OLG Düsseldorf NStZ **1996** 206); *Fuhse* NStZ **1995** 165; *Günther* DRiZ **1996** 158; *Hohendorf* NJW **1995** 1454; *Schäfer* DRiZ **1997** 168; *Siegismund/Wickern* wistra **1993** 81, 137.

14 *Fuhse* NStZ **1995** 165 f.

15 *Bachem* NStZ **1996** 207.

16 OLG Celle OLGSt Nr. 1 zu § 25; OLG Düsseldorf NStZ **1996** 206; OLG Hamm StV **1995** 182; OLG Koblenz OLGSt Nr. 2 zu § 25 = StV **1996** 588; OLG Köln StV **1996** 298; OLG Oldenburg NStZ **1994** 449 = StV **1994** 421; LG Freiburg StV **1996** 534; LG Koblenz StV **1995** 517; LG Stuttgart wistra **1994** 40; *Fischer* NJW **1996** 1044; *Fleischer* DRiZ **1995** 387; *Katholnigg*[3] 3; KK-*Kissel*[4] 6; *Michel* MDR **1995** 1198; *Rieß* NStZ **1995** 376.

17 BTDrucks. **12** 1217 S. 46.

diesen problematischen Zustand auch nur teilweise beibehalten wollen[18]. Die Entscheidung des Bundesverfassungsgerichts war aber gerade durch die frühere unpräzise Gesetzesfassung bedingt und es besteht nach der Neufassung kein Grund, über den nunmehr klaren Wortlaut hinaus weiterhin auf das Bedeutungsmerkmal abzustellen. § 25 Nr. 2 ist gerade nicht mehr als sog. „bewegliche Zuständigkeitsregelung" ausgestaltet. Wenn *Herbert Schäfer*[19] demgegenüber aus logisch-systematischen und teleologischen Aspekten eine berichtigende Auslegung im Sinne der Mindermeinung anbietet, so ist dies nicht mit dem allgemein anerkannten Vorrang der philologischen Interpretation[20] (auch als Verbalauslegung, als textliche, sprachliche, grammatische, semantische Auslegung bezeichnet) vereinbar. Darüber hinaus würde der erkennbare Wille des Gesetzgebers (historische Auslegung) ignoriert, denn soweit ferner auf ein „Austrocknen der Schöffengerichte" verwiesen wird, ist festzustellen, daß der Rechtsausschuß des Bundestages die Anhebung der Straferwartungs- und Strafbanngrenze des Schöffengerichts vorgeschlagen und bewußt die Zuständigkeitserweiterung für den Strafrichter angestrebt hat[21].

Auch aus der späteren **Regelung des Verbrechensbekämpfungsgesetzes** läßt sich **9**
nichts Gegenteiliges entnehmen. Da der Strafrichter nur für Vergehen zuständig ist, im beschleunigten Verfahren aber auch (soweit die Strafgewalt ausreicht)[22] Verbrechen abgeurteilt werden können, bedurfte es der Beibehaltung der schöffengerichtlichen Zuständigkeit[23].

Zutreffend weist *Rieß*[24] allerdings darauf hin, daß sich eine **redaktionelle Ungenauig-** **10**
keit im Bereich der Regelungen des Strafbefehlsverfahrens zeigt, weil bei den höchstmöglichen Sanktionen (§ 407 Abs. 2 StPO) und der Beschränkung dieser Verfahrensart auf Vergehen uneingeschränkt die Zuständigkeit des Strafrichters gegeben ist. Soweit hier durch den unveränderten § 407 Abs. 1 Satz 1 auch die Zuständigkeit des Schöffengerichts in Betracht käme, muß dies durch die Neufassung des § 25 als leerlaufend betrachtet werden[25]. Im übrigen setzt § 407 StPO nach dem Wortlaut die Zuständigkeit des Strafrichters oder des Schöffengerichts voraus, begründet sie aber nicht[26]. Es ist daher kein Grund ersichtlich, der es rechtfertigen könnte, das Merkmal der „minderen Bedeutung" auch im Rahmen des § 25 anzuwenden.

Im Offizialverfahren ist daher bei Vergehen für die Zuständigkeitsverteilung zwi- **11**
schen Strafrichter und Schöffengericht nunmehr allein die **Straferwartung maßgebend**. Für Verbrechen ist der Strafrichter nie, das Schöffengericht insoweit zuständig, als nicht nach §§ 24, 74 die Strafkammer zuständig ist. Unabhängig von der Straferwartung ist auch bei Vergehen weder der Strafrichter noch das Schöffengericht zuständig, wenn wegen der besonderen Bedeutung des Falles die Zuständigkeit des Landgerichts besteht. Die Bedeutung des Falles spielt damit nur noch für die Zuständigkeitsabgrenzung zwischen Amtsgericht und Landgericht eine Rolle.

e) Überschreitung der Straferwartung. Streit besteht, wie der Strafrichter zu verfah- **12**
ren hat, wenn er nach dem Ergebnis der Hauptverhandlung eine Freiheitsstrafe für verwirkt ansieht, die über dem Rahmen des § 25 Nr. 2 liegt. Nach der einen Auffassung

---

18 *Rieß* NStZ **1995** 376.

19 DRiZ **1997** 168.

20 Vgl. *Larenz* Methodenlehre, S. 332, 343 f; *Zippelius* Juristische Methodenlehre, S. 41.

21 Bericht des Rechtsausschusses BT, BTDrucks. **12** 3832 S. 43.

22 Z. B. dann, wenn die einjährige Mindeststrafe wegen Vorliegens eines minderschweren Falles oder nach allgemeinen Strafmilderungsvorschriften unterschritten werden kann.

23 So auch OLG Koblenz OLGSt Nr. 2 zu § 25 = StV **1996** 588.

24 NStZ **1995** 376.

25 Ebenso *Kleinknecht/Meyer-Goßner*[44] 3; LR-*Rieß*[24] GVG-Anhang, 21; ähnlich LG Stuttgart wistra **1994** 40.

26 OLG Koblenz OLGSt Nr. 2 zu § 25.

begrenzt § 25 Nr. 2 die Strafgewalt des Strafrichters dergestalt, daß er auf eine zwei Jahre übersteigende Freiheitsstrafe nicht erkennen darf, vielmehr die Sache gemäß § 270 StPO an das Schöffengericht verweisen muß[27]. Nach der **herrschenden Auffassung** verbleibt es bei der durch Erhebung der Anklage und Eröffnung des Hauptverfahrens begründeten Zuständigkeit des Strafrichters dergestalt, daß er auf jede in die Strafgewalt des Amtsgerichts fallende Strafe (§ 24 Abs. 2) erkennen darf[28]. Diese Lösung verdient den Vorzug. § 24 Abs. 2, auf den die Gegenmeinung verweist, ist, wie zu § 24 (Rdn. 35) dargelegt ist, keineswegs eine Vorschrift, die lediglich den Sinn des § 24 Abs. 1 Nr. 2 klarstellt, sondern ist eine Vorschrift von selbständiger Bedeutung. Dadurch, daß das Gesetz die Zuständigkeit oder die Zulässigkeit eines bestimmten Verfahrens nach der zu erwartenden Strafe bemißt, kann der Vorschrift nämlich nicht ohne weiteres das Verbot entnommen werden, eine höhere als die bei Eröffnung des Verfahrens zu erwartende Strafe zu verhängen, denn dies zeigt deutlich der vergleichbare § 39 JGG. Dessen Absatz 1 bestimmt, daß der Jugendrichter als Einzelrichter zuständig ist, wenn nur Erziehungsmaßregeln, Zuchtmittel und zulässige Nebenstrafen und -folgen zu erwarten sind und der Staatsanwalt Anklage beim Einzelrichter erhebt; gleichwohl kann der Jugendrichter, wenn sich entgegen der ursprünglichen Erwartung später herausstellt, daß Jugendstrafe erforderlich ist, auf diese erkennen, denn § 39 Abs. 2 JGG verbietet dem Jugendrichter nur, auf Jugendstrafe von mehr als einem Jahr oder von unbestimmter Dauer zu erkennen[29]. In § 232 Abs. 2 Satz 1 StPO ist zwar die Zulässigkeit einer Hauptverhandlung gegen den ausgebliebenen Angeklagten auf den Fall beschränkt, daß nur bestimmte Rechtsfolgen zu erwarten sind und zugleich das Verbot der Verhängung darüber hinausgehender Rechtsfolgen ausgesprochen; aber hier hat der Gesetzgeber eine ausdrückliche begrenzende Vorschrift für erforderlich erachtet (§ 232 Abs. 1 Satz 2). Es hätte mithin, um die Strafgewalt des Strafrichters nach § 25 GVG zu begrenzen, einer ausdrücklichen Vorschrift bedurft, die den Strafbann beschränkt, wie das auch in § 419 Abs. 1 Satz 2 bezgl. des Strafbanns von Strafrichter und Schöffengericht im beschleunigten Verfahren geschehen ist[30]. Aus dem Fehlen einer solchen Vorschrift kann nur der Schluß gezogen werden, daß im Fall des § 25 Nr. 2, wenn eine Überschreitung der zunächst erwarteten höchsten Strafe sich später als erforderlich erweist, der Strafrichter, ohne seine Zuständigkeit zu verlieren, diese im Rahmen des § 24 Abs. 2 auszusprechen hat. Dieses Ergebnis ist um so weniger befremdlich, als der Strafrichter nach § 25 Nr. 1 (z. B. wegen Verleumdung, § 187 StGB in Verb. mit § 374 Abs. 1 Nr. 2 StPO) und nach § 25 Nr. 2 (bei Tatmehrheit) auf eine zwei Jahre übersteigende Freiheitsstrafe erkennen kann.

13 Etwas anderes gilt naturgemäß dann, wenn sich **aufgrund anderer rechtlicher Beurteilung** die angeklagte Tat als Verbrechen darstellt[31] oder wenn sich Maßnahmen der Unterbringung oder der Sicherungsverwahrung abzeichnen. Dann muß **Verweisung** erfolgen.

---

27 *Schwitzke* NJW **1953** 930; KMR-*Paulus* 6; *Peters* S. 126; *Achenbach* NStZ **1985** 471 (Anm. zu BayObLG NStZ **1985** 470); *Hohendorf* NStZ **1987** 393 (zu IV 2), 396.

28 BGHSt **16** 248 = NJW **1961** 2316; BayObLG NStZ **1985** 470; OLG Braunschweig NJW **1951** 674; OLG Köln GA **1957** 24; *Brandstetter* DRiZ **1950** 514; *Gollwitzer* JR **1991** 37 (Anm. zu OLG Karlsruhe JR **1991** 36); *Katholnigg*[3] 4; *Kern* MDR **1950** 584; **1951** 31; KK-*Kissel*[4] § 24, 14; *Kissel* 9; *Kleinknecht/Meyer-Goßner*[44] 8; *Nüse* JR **1950** 517; *Pfeiffer*[2] 4; *Rieß* GA **1976** 11.

29 S. dazu auch OLG Stuttgart NStZ **1988** 225.

30 S. dazu auch OLG Celle JR **1984** 74 mit Anm. *Meyer-Goßner*; OLG Oldenburg NStZ **1987** 90 = JR **1989** 119 mit Anm. *Terhorst* = NStZ **1988** 323 betr. Korrektur durch das Berufungsgericht, wenn der Strafrichter im beschleunigten Verfahren eine Strafe verhängte, die den Rahmen des § 212 b Abs. 1 Satz 2 StPO überschritt.

31 *Kleinknecht/Meyer-Goßner*[44] 1, 3; *Katholnigg*[3] 1.

4. Entscheidung durch das zuständige Gericht. Obwohl die sachliche Zuständigkeit als Prozeßvoraussetzung in jeder Lage des Verfahrens **von Amts wegen** für alle Instanzen zu prüfen ist[32], haben sich dennoch nach der Neufassung des § 25 GVG der 1. und der 5. Strafsenat des Bundesgerichtshofs[33] dafür ausgesprochen, dies nur auf eine ausdrücklich erhobene Revisionsrüge hin zu überprüfen. In diesem Sinne hatten sich früher auch bereits das OLG Düsseldorf[34] und das OLG Frankfurt[35] geäußert. Nach Inkrafttreten des Rechtspflegeentlastungsgesetzes sind weitere, dieser Auffassung zuneigende Oberlandesgerichtsentscheidungen nicht bekannt geworden. Nur vereinzelt hat diese Rechtsprechung Zustimmung erfahren[36]. Eine revisionsrechtliche Lösung ist jedoch mit denselben Argumenten wie bei der Abgrenzung der Zuständigkeiten von Amts- und Landgericht[37] abzulehnen, denn Strafrichter und Schöffengericht sind im Sinne der Zuständigkeitsvorschriften Gerichte verschiedener Ordnung[38] und dann kann konsequenterweise nichts anderes gelten[39]. Aber auch hier gilt, daß diese Problematik bei anwaltlicher Vertretung nur noch akademischer Natur sein dürfte, weil ein gewissenhafter Verteidiger eine entsprechende Rüge anbringen wird. Für nicht verteidigte Angeklagte dürfte die Problemlösung sich derzeit wohl nur über eine von Amts wegen vorzunehmende Beiordnung eines Verteidigers gemäß § 140 Abs. 2 StPO erreichen lassen. 14

Hat der Strafrichter in einem Fall entschieden, in dem von vornherein wegen **Fehlens der Voraussetzungen des § 25 Nr. 2** das Schöffengericht hätte entscheiden müssen, so ist in den Rechtsmittelzügen das Urteil (nach § 328 Abs. 3 oder § 355 StPO) aufzuheben, und die Sache ist an das sachlich zuständige Gericht zurückzuverweisen[40]. Das gleiche gilt für Jugendrichter und Jugendschöffengericht[41]. Das Revisionsgericht hat in einem solchen Falle nach heute h. M unmittelbar an das Schöffengericht zurückzuverweisen[42]. Die Zurückverweisung kann aber in sinngemäßer Anwendung des § 354 Abs. 3 StPO nach Zweckmäßigkeitsgründen an den Strafrichter erfolgen, wenn infolge Beschränkung des Rechtsmittels nur noch über einen Nebenpunkt, beispielsweise (nach damaligem Recht) über die Kosten im Falle eines rechtskräftigen Freispruchs, zu entscheiden ist, für den die Zuständigkeit des Strafrichters ausreicht[43]. 15

Anders liegt es, wenn infolge **irrtümlicher Beurteilung** bei der Eröffnung statt des Strafrichters das Schöffengericht entschieden hat; dann steht einer Zurückverweisung § 269 StPO entgegen[44], es sei denn, es handelt sich um eine willkürliche Zuständigkeitsannahme des Schöffengerichts[45]. 16

5. Amtsgericht ohne Schöffengericht. Wird eine zur Zuständigkeit des Schöffengerichts gehörige Strafsache bei einem Amtsgericht ohne Schöffengericht anhängig 17

---

32 S.o. § 24, 21 ff mit weit. Nachw.

33 BGHSt **42** 205 = StV **1996** 585; BGH StV **1998** 1; auf der gleichen Linie lagen auch schon die Entscheidungen BGHSt **19** 273; BGH GA **1970** 25; NStZ **1993** 197 = NJW **1993** 1607.

34 NStZ **1990** 292 m. Anm. *Eisenberg* S. 551.

35 NStZ **1993** 250.

36 LR-*Gollwitzer*[24] § 269 StPO Rdn.12, der allerdings die Fälle willkürlicher Zuständigkeitsannahme ausnimmt und dann ebenfalls eine Prüfung von Amts wegen anerkennt; *Engelhardt* JZ **1995** 262 (Anm. zu BGHSt **40** 120); *Neuhaus* StV **1995** 212 (215).

37 § 24, 21 ff.

38 RGSt **62** 265 (270); BGHSt **18** 79; **19** 177; NJW **1964** 505; *Katholnigg*[3] 1; KK-*Kissel*[4] 2; *Kleinknecht/Meyer-Goßner*[44] 1.

39 So auch *Rieß* NStZ **1993** 249 (Anm. zu BGH NStZ **1993** 248).

40 Vgl. OLG Frankfurt NStZ **1993** 250.

41 BayObLG Zbl. JR **1961** 335; vgl. auch BGHSt **18** 79 (83).

42 LR-*Hanack* § 355 StPO, 10 mit weit. Nachw.

43 BayObLGSt **1962** 85.

44 *Rieß* GA **1976** 11.

45 S. dazu die Nachweise zu § 24, 70.

gemacht, so legt der Strafrichter die Sache dem Vorsitzenden des Schöffengerichts (§ 58) vor; die frühere Auffassung, daß die Entscheidung über die Anklage abzulehnen oder der Staatsanwaltschaft die Zurücknahme anheimzugeben sei[46], ist seit der Neufassung des § 209 StPO durch das StVÄG 1979 überholt.

18 **6. Verfahren in Feld- und Forstrügesachen.** Auf Grund des § 3 Abs. 3 EGStPO erlassene landesrechtliche Vorschriften, nach denen in Feld- und Forstrügesachen der Strafrichter allein entscheidet, werden durch die Regelung in §§ 24, 25 nicht berührt. Insoweit kann die Zuständigkeit des Strafrichters (Verhandlung ohne Zuziehung von Schöffen, auch wenn sonst das Schöffengericht zuständig wäre) erweitert werden. Solche landesrechtlichen Zuständigkeitsvorschriften gelten aber nicht bei Verfehlungen Jugendlicher und Heranwachsender, auch wenn das Landesrecht sie nicht ausdrücklich von der Geltung dieser Vorschriften ausnimmt. Das ergibt sich daraus, daß das JGG keine Abweichungen von seiner Zuständigkeitsregelung für Feld- und Forstrügesachen vorsieht und landesrechtliche Abweichungen mit der Grundkonzeption des JGG unvereinbar sind[47].

§ 26

(1) [1]Für Straftaten Erwachsener, durch die ein Kind oder ein Jugendlicher verletzt oder unmittelbar gefährdet wird, sowie für Verstöße Erwachsener gegen Vorschriften, die dem Jugendschutz oder der Jugenderziehung dienen, sind neben den für allgemeine Strafsachen zuständigen Gerichten auch die Jugendgerichte zuständig. [2]Die §§ 24 und 25 gelten entsprechend.

(2) In Jugendschutzsachen soll der Staatsanwalt Anklage bei den Jugendgerichten nur erheben, wenn in dem Verfahren Kinder oder Jugendliche als Zeugen benötigt werden oder wenn aus sonstigen Gründen eine Verhandlung vor dem Jugendgericht zweckmäßig erscheint.

Schrifttum. *Achenbach* Staatsanwalt und gesetzlicher Richter – ein vergessenes Problem? FS Wassermann, 853; *Engelhardt* Staatsanwaltschaft und gesetzlicher Richter, DRiZ **1982** 420; *Meier* Zwischen Opferschutz und Wahrheitssuche, JZ **1991** 638; *Rieß* Das Strafverfahrensänderungsgesetz 1979, NJW **1978** 2265.

Entstehungsgeschichte. Die Fassung des § 26 beruht auf § 121 JGG. § 26 knüpft an die Regelung an, die unter der Herrschaft des RJGG 1943 die sog. Jugendschutzsachen in II der AV des RJustMin vom 14. 1. 1944 (DJ S. 37) gefunden hatten. Dort waren eine Reihe von Gesetzesverstößen Erwachsener gegen Kinder und Jugendliche und gegen Vorschriften zum Schutz von Kindern und Jugendlichen dem Jugendrichter und der Jugendkammer im Wege der Geschäftsverteilung zur Aburteilung zugewiesen.

---

46 So BayObLG HRR **1926** Nr. 641 und LR[22] § 25, 7.

47 Dazu eingehend LR[21] § 24, 12.

Übersicht

1. Anwendungsbereich. Grundgesetzmäßigkeit. Während die §§ 39 ff, 108 JGG die sachliche Zuständigkeit des Gerichts in den Fällen regeln, in denen Jugendliche oder Heranwachsende strafbarer Handlungen beschuldigt werden, regelt § 26 in Verb. mit § 74 b die Zuständigkeit in dem Fall, daß sich die Straftat eines Erwachsenen *gegen* ein Kind oder einen Jugendlichen richtet oder eine dem Jugendschutz oder der Jugenderziehung dienende Vorschrift verletzt. Hier wird zunächst dem Staatsanwalt ein Beurteilungsspielraum eingeräumt, ob die Anklage vor dem an sich zuständigen allgemeinen Gericht (dem „Erwachsenengericht") zu erheben oder ob die Sache vor die (an sich nicht zuständigen) Jugendgerichte (§ 33 Abs. 2 bis 4 JGG) zu bringen ist. Das verstößt nicht gegen Art. 101 Abs. 1 Satz2 GG[1]. Denn sieht man davon ab, daß es sich hier nur um das Angehen gleichgeordneter Gerichte[2] handelte, so war der Beurteilungsspielraum der Staatsanwaltschaft schon früher durch die Richtlinien des Absatzes 2 begrenzt. Darüber hinaus verfolgt der durch StVÄG 1979 eingefügte § 209 a StPO ausweislich der Gesetzesbegründung[3] das Ziel, eine gerichtliche Kontrolle (unten Rdn. 7) der vorläufigen „Wahl" der Staatsanwaltschaft zwischen Jugend- und Erwachsenengerichten zu gewährleisten und damit den immer noch im Schrifttum erhobenen verfassungsrechtlichen Bedenken gegen das „Wahlrecht"[4] entgegenzutreten; daneben sollte in einfacher Weise die Klärung von Zuständigkeitskonflikten im Eröffnungsverfahren ermöglicht werden. 1

2. Zweck der Vorschrift ist, in geeigneten Fällen die besondere Sachkunde und Erfahrung des Jugendgerichts nutzbar zu machen[5], z. B. wenn es sich um die Vernehmungstechnik bei kindlichen oder jugendlichen geschädigten Zeugen oder um die Würdigung ihrer Aussagen oder um die für das Ob und Wie der Bestrafung erforderliche sachkundige Abmessung des durch eine Straftat angerichteten Schadens handelt. Nicht hierher gehören die Fälle, daß an einer Straftat der in Frage kommenden Art Erwachsene und Jugendliche beteiligt sind (hierzu § 103 JGG) oder daß jemand mehrere der in § 26 bezeichneten Straftaten teils als Erwachsener, teils als Heranwachsender oder Jugendlicher begangen hat, die gleichzeitig abgeurteilt werden (hierzu § 32 JGG). 2

3. Begriff der Jugendschutzsachen (Absatz 1). § 26 setzt voraus, daß der Täter die Tat als Erwachsener, d. h. nach Vollendung des 21. Lebensjahres begangen hat. Und zwar kommen als „Jugendschutzsachen" in Betracht: 3

a) Straftaten gegen Kinder und Jugendliche, d. h. Straftaten jeder Art, durch die ein **Kind** (eine Person unter 14 Jahren, § 1 Abs. 3 JGG) oder ein **Jugendlicher** (eine Person 4

---

1 BGHSt **13** 297 = NJW **1960** 56 = LM Nr. 3 m. Anm. *Kohlhaas*; h. M auch im Schrifttum, z. B. *Kissel* 1, 9; KK-*Kissel*[4] 1; *Engelhardt* DRiZ **1982** 420; KMR-*Paulus* 41.

2 BGHSt (GS) **18** 79 (83); *Kissel* 1.

3 BTDrucks. **8** 976 S. 44.

4 S. z. B. *Achenbach* FS Wassermann 853.

5 Ähnlich *Meier* JZ **1991** 644.

unter 18 Jahren, § 1 Abs. 2 JGG) verletzt **oder unmittelbar gefährdet worden ist**. Verletzung ist jede Beeinträchtigung der körperlichen, geistigen, sittlichen oder charakterlichen Entwicklung. Eine unmittelbare Gefährdung ist die Schaffung der unmittelbaren Gefahr einer solchen Beeinträchtigung[6]. In Betracht kommen z. B. Körperverletzung (insbes. § 225 StGB), Abgabe oder Verbreitung von Betäubungsmitteln (§§ 29, 30 BtMG), Verletzung der Unterhaltspflicht gegenüber dem Kind, aber z. B. im allgemeinen nicht Vermögensdelikte gegen die Eltern des Kindes, die mittelbar dessen vermögensrechtliche Interessen beeinträchtigen[7]. Straftaten gegen Heranwachsende (18 bis noch nicht 21 Jahre alte Personen, § 1 Abs. 2 JGG) gehören nicht hierher, es sei denn, daß eine Jugendschutzvorschrift auch Heranwachsende schützt[8].

5 **b) Verstöße gegen Jugendschutzvorschriften**, also Vorschriften, die nach ihrem Inhalt gerade dem Schutz oder der Erziehung der Jugend dienen, wobei „Jugend" hier in einem weiteren, auch die Heranwachsenden umfassenden Sinn zu verstehen ist. Hierher gehören z. B. Straftaten nach § 174 StGB[9], §§ 176, 176 a, 176 b, 180, 180 a Abs. 2 Nr. 1, 182, 235, 236 StGB, ferner, soweit sie mit krimineller Strafe bedroht sind, Verstöße gegen Schulpflichtvorschriften, gegen das Jugendarbeitsschutzgesetz vom 12. 4. 1976 (BGBl. I 935), das Ges. zum Schutz der Jugend in der Öffentlichkeit vom 25. 2. 1985 (BGBI. I 425), das Gesetz über die Verbreitung jugendgefährdender Schriften i. d. F. vom 12. 7. 1985 (BGBl. I 1502) mit späteren Änderungen.

6 **c) Ausnahmefälle.** Ist der Verletzte durch die Straftat **ums Leben gekommen,** so ist § 26 unanwendbar, da es dann keiner besonderen jugendrichterlichen Erfahrung bedarf, um die Schwere des dem Verletzten durch die Tat zugefügten Schadens zu ermessen; es fehlt also an einem die Angehung des Jugendgerichts rechtfertigenden Grund[10].

7 **4. Zuständigkeitsprüfung.** Auf die ausführliche Darstellung in LR-*Rieß* bei § 209 a StPO (24. Aufl. Rdn. 31 ff) wird verwiesen. Auf die unrichtige Beurteilung der Zuständigkeit kann die Revision nicht gestützt werden, sofern das Gericht seine Zuständigkeit nur irrtümlich (nicht willkürlich) angenommen hat[11]. Das gilt zum einen für den Fall, daß der Jugendrichter statt des Jugendschöffengerichts oder das Jugendschöffengericht statt der Jugendkammer beim Landgericht entschieden hat. Im umgekehrten Fall (Jugendkammer statt Jugendgerichte beim Amtsgericht) greift § 269 StPO ein. Hat ein Gericht dagegen seine Zuständigkeit **willkürlich** angenommen, liegt darin nicht nur ein Verstoß gegen den gesetzlichen Richter (Art. 101 Abs. 1 Satz 2 GG), sondern dies führt in den Rechtszügen auch ohne entsprechende Rüge zu einer Überprüfung von Amts wegen und ggf. zur Aufhebung und Zurückverweisung an das zuständige Gericht[12].

8 Ist dagegen der allgemeine **Strafrichter statt** des **Jugendrichter**s tätig geworden, stellt dies keine Überschreitung der sachlichen Zuständigkeit, sondern nur ein Eindringen in den Geschäftsbereich einer anderen Gerichtsabteilung gleichen Ranges dar[13], die nur auf entsprechende Rüge überprüft wird[14]. Konsequenterweise muß dies auch im Verhältnis zwischen Schöffengericht und Jugendschöffengericht oder zwischen allgemeiner

---

6 Ebenso *Dallinger/Lackner* § 121, 9 JGG; *Kissel* 2; *Kleinknecht/Meyer-Goßner*[44] 2; *Katholnigg*[3] 1.

7 *Eb. Schmidt* 4.

8 BGHSt **13** 58.

9 BGH aaO.

10 S. oben Rdn. 3, ebenso OLG Hamm und OLG Düsseldorf JMBlNRW **1963** 34, 166; *Kissel* 3; *Kleinknecht/Meyer-Goßner*[44] 2; **a. A** KMR-*Paulus* 2.

11 BGH bei *Herlan* GA **1971** 34; *Kissel* 14; LR-*Rieß* § 209 a StPO (24. Aufl. Rdn. 47).

12 S. dazu ausführlich § 24, 21 ff.

13 BGHSt (GS) **18** 79; LR-*Hanack* § 338 StPO, 77.

14 BGHSt (GS) **18** 79 (83); *Kleinknecht/Meyer-Goßner*[44] § 338 StPO, 13; *Rieß* GA **1976** 3 und LR § 206 a StPO (24. Aufl. Rdn. 40); LR-*K. Schäfer* in Einl. zur 24. Aufl. (Kap. **12** XI).

Strafkammer und Jugendkammer gelten[15]. An dieser Beurteilung hat sich durch das StVÄG 1979 nichts geändert[16], obwohl seitdem die Jugendgerichte in mancherlei Weise als Spruchkörper höherer Ordnung behandelt werden (§§ 209 a, 225 a Abs. 1, 270 Abs. 1, § 103 Abs. 2 JGG).

Nach der Eröffnung des Hauptverfahrens bleibt es bei der Zuständigkeit des Gerichts, da § 209 a Nr. 2 lit. b) StPO in § 225 a Abs. 1 Satz 1, § 270 Abs. 1 Satz 1 StPO nicht erwähnt wird[17]. 9

5. Ausnahmezuständigkeit des Jugendgerichts (Absatz 2). Die Anklage vor dem Jugendgericht ist, wie Absatz 2 ergibt, als Ausnahme gedacht, die durch triftige Gründe gerechtfertigt sein muß („soll nur erheben, wenn...“). Absatz 2 will verhindern, daß durch eine großzügige Anklagepraxis die Jugendgerichte in ihrer eigentlichen Aufgabe, über Verfehlungen von Jugendlichen und Heranwachsenden zu entscheiden, gehemmt werden. Nur wo die besondere Sachkunde und Erfahrung des Jugendgerichts für die angemessene und richtige Behandlung des Falles ersichtlich bedeutsam ist (z. B. zur Glaubwürdigkeit kindlicher und jugendlicher Zeugen)[18] oder auch, wenn es sich um die richtige Würdigung der Aussagen von Belastungszeugen über Erlebnisse aus ihrer Jugendzeit handelt[19], soll der Staatsanwalt in der Lage sein, vor dem Jugendgericht anzuklagen. Daß er unter diesen Voraussetzungen das Jugendgericht angehen müsse, besagt Absatz 2 aber nicht, er kann vielmehr auch dann vor dem Erwachsenengericht anklagen[20]. Das durch die Kriterien des Absatzes 2 eingeschränkte Wahlrecht des Staatsanwalts ist für das ausgewählte Gericht nicht bindend[21]. Ein Zuständigkeitsstreit zwischen Jugendgericht und Erwachsenengericht hat sich an der Ausnahmeregelung des Absatzes 2 zu orientieren und regelt sich nach den Grundsätzen der **Kompetenz-Kompetenz**[22], d. h., eine Anklage beim Jugendgericht könnte deshalb auch zur Eröffnung vor dem Erwachsenengericht führen[23]. Das Erwachsenengericht kann dagegen eine bei ihm erhobene Anklage nur dem Jugendgericht vorlegen, wenn es die Voraussetzungen des Absatzes 2 für gegeben hält[24]. Für das Landgericht gilt § 74 b GVG. 10

Sind im Wege der **Geschäftsverteilung** einer bestimmten Abteilung des Amtsgerichts oder, wie dies die Richtlinien zum JGG (zu § 121) empfehlen, einer bestimmten Kammer des Landgerichts die Jugendschutzsachen zugewiesen, so wird meist kein Bedürfnis zur Angehung der Jugendgerichte bestehen, weil dann ein besonders sachkundiges Gericht bereits zur Verfügung steht[25]. 11

6. Entsprechende Anwendung der §§ 24, 25 GVG. Da die §§ 24, 25 entsprechend gelten (§ 26 Abs. 1 Satz 2), kann ohne Rücksicht auf §§ 39, 40 JGG vor dem Jugendrichter (Einzelrichter) Anklage erhoben werden, wo nach § 25 Anklage zum Strafrichter erho- 12

---

15 Vgl. BGHSt **26** 198; LR-*Hanack* § 338 StPO, 77 mit weit. Nachw.

16 LR-*Hanack* § 338 StPO, 77.

17 BTDrucks. **8** 976 S. 48; BGH NStZ **1996** 346 = StV **1996** 247 = JR **1996** 390 m. Anm *Brunner* S. 391; *Katholnigg*³ 2.

18 Vgl. *Brunner/Dölling* JGG zu § 74 b GVG. Nach OLG Nürnberg OLGSt Nr. 1 zu § 26 soll das Hauptverfahren immer bei dem Jugendgericht eröffnet werden, wenn die als Zeugen zu vernehmenden Jugendlichen älter als 14 Jahre sind, ohne daß es darauf ankommt, ob das Persönlichkeitsbild des Jugendlichen von der Norm abweicht.

19 BGHSt **13** 53 (59).

20 BGHSt **13** 297.

21 *Engelhardt* DRiZ **1982** 420; *Kissel* 10; KK-*Kissel*⁴ 1; *Kleinknecht/Meyer-Goßner*⁴⁴ 5.

22 *Kissel* 6; KK-*Kissel*⁴ 13; s. a. *Kleinknecht/Meyer-Goßner*⁴⁴ 4.

23 *Rieß* NJW **1978** 2267.

24 *Kissel* 10; KK-*Kissel*⁴ 6; *Kleinknecht/Meyer-Goßner*⁴⁴ 5.

25 Dazu *Dallinger/Lackner* § 121, 5 JGG; LR-*Rieß* § 209 a StPO (24. Aufl. Rdn. 31).

ben werden kann, und Anklage vor dem Jugendschöffengericht in den Fällen, in denen sonst nach § 24 die Sache vor das Schöffengericht gebracht werden könnte. In gleicher Weise kann nach § 74 b (unter den Voraussetzungen des § 26 Abs. 2) vor der Jugendkammer als Gericht erster Instanz Anklage insoweit erhoben werden, als nach §§ 24, 74 sonst Anklageerhebung vor der erstinstanzlichen Strafkammer zulässig oder geboten ist. Die Staatsanwaltschaft muß mithin eine in die amtsgerichtliche Zuständigkeit fallende Sache, die sie sonst wegen ihrer besonderen Bedeutung vor die Strafkammer bringen müßte, bei der Jugendkammer anklagen, wenn sie das Jugendschutzgericht angehen will (§ 24 Abs. 1 Nr. 3). Entgegen der hier früher vertretenen Ansicht kann die besondere Bedeutung des Falles im Hinblick auf die jüngsten Entwicklungen auch damit begründet werden, daß eine zweite Tatsacheninstanz wegen der u. U. notwendig werdenden Wiederholung der Vernehmung kindlicher Zeugen in der Berufungsinstanz unerwünscht sei[26]. Die Zuständigkeit der Jugendschutzgerichte entfällt bei Strafsachen, die zur Zuständigkeit der mit speziellerer Sachkenntnis ausgestatteten Staatsschutzstrafkammer (§ 74 a) oder Wirtschaftsstrafkammer (§ 74 c) gehören[27]. Dies gilt allerdings nicht mehr im Verhältnis zum Schwurgericht, wenn Kinder oder Jugendliche durch die Tat verletzt wurden (Jugendschutzsachen), weil seit Inkrafttreten des 1. StVRG die Verweisung in § 74 b GVG auch den geltenden § 74 Abs. 2 GVG erfaßt[28]. Für die Jugenkammer besteht insoweit eine gleichrangige Zuständigkeit, denn auch die Regelung des § 74 e zeigt, daß der Schwurgerichtskammer gegenüber der Jugendkammer als Jugendschutzkammer kein Vorrang eingeräumt worden ist. Daraus folgt, daß eine Jugendkammer, die in Schwurgerichtssachen die Eröffnung des Hauptverfahrens beschlossen hat, sich nicht mehr nachträglich als unzuständig erklären darf[29].

13 7. **Die Besonderheit des Jugendgerichtsverfahrens** besteht lediglich darin, daß das Jugendgericht — und zwar Jugendschöffengericht und Jugendkammer in der Hauptverhandlung in der gemäß § 33 Abs. 3 JGG vorgeschriebenen Besetzung, also mit Jugendschöffen — die Aufgaben zu erfüllen hat, die sonst dem entsprechenden Erwachsenengericht obliegen. Das Jugendgericht wendet also nicht Jugendstrafverfahrensrecht, sondern die allgemeinen Verfahrensvorschriften an. Es gilt mithin auch § 209 Abs. 2 StPO, wonach die Jugendkammer, wenn bei ihr gemäß § 24 Abs. 1 Nr. 3 GVG Anklage erhoben ist, unter Verneinung der besonderen Bedeutung des Falles das Hauptverfahren vor dem Jugendschöffengericht eröffnen kann, und die Strafgewalt von Jugendrichter und Jugendschöffengericht bemißt sich nach § 24 Abs. 2. Die in § 74 b Satz 2 GVG angeordnete entsprechende Anwendung des § 74 besagt, daß auch § 74 Abs. 3 anwendbar ist, d. h. daß stets die Jugendkammer über die Berufung gegen Urteile des Jugendrichters und des Jugendschöffengerichts entscheidet. Es ist auch, nachdem einmal die Zuständigkeit des Jugendrichters durch Eröffnung des Hauptverfahrens begründet worden ist, nicht denkbar, daß zur Entscheidung über die Berufung ein anderes Gericht als das Jugendberufungsgericht zuständig sein könnte. Es liegt daher nicht in der Macht des Präsidiums, im Weg der Geschäftsverteilung die Entscheidung über Berufungen gegen Urteile des Jugendrichters und Jugendschöffengerichts in Jugendschutzsachen einer allgemeinen Strafkammer zuzuweisen[30]. Über Beschwerden gegen Entscheidungen des Jugendrichters und des Jugendschöffengerichts entscheidet nach § 74 b ebenfalls die Jugendkammer.

26 S. dazu die Nachweise zu § 24 Fußn. 33; **a. A** *Dallinger/Lackner* § 121, 17 JGG.

27 Vgl. dazu LR-*Rieß* § 209 a StPO (24. Aufl. Rdn. 37).

28 BGH NStZ **1996** 346 = StV **1996** 247 = JR **1996** 390 m. zustimmender Anm. *Brunner*.

29 BGH aaO.

30 OLG Saarbrücken NJW **1965** 2313; *Kissel* 12; *Dallinger/Lackner* 21; KMR-*Paulus* 2 b.

8. Der Öffentlichkeitsgrundsatz im Jugendgerichtsverfahren. Der allgemein durch §§ 169, 173 GVG angeordnete Öffentlichkeitsgrundsatz, dessen Verletzung sogar einen absoluten Revisionsgrund darstellt, gilt im Interesse der Erziehung im Jugendgerichtsverfahren dann nicht, wenn nur Jugendliche abzuurteilen sind (§ 48 Abs. 1 JGG). Zur Anwendung kommt er jedoch dann, wenn nur gegen Erwachsene (z. B. in Jugendschutzverfahren)[31] oder gegen Heranwachsende und Erwachsene zugleich verhandelt wird (§ 48 Abs. 3 JGG). In diesen Verfahren kann gleichwohl aus besonderen jugendrechtlichen Aspekten die Öffentlichkeit ausgeschlossen werden (§ 48 Abs. 3 Satz 2 JGG). Wegen weiterer Einzelheiten wird auf die einschlägigen Kommentierungen zum JGG verwiesen. **14**

9. Zur Zuziehung eines **zweiten Richters** vgl. § 29 Rdn. 4 ff. **15**

§ 26 a

(weggefallen)

§ 27

Im übrigen wird die Zuständigkeit und der Geschäftskreis der Amtsgerichte durch die Vorschriften dieses Gesetzes und der Prozeßordnungen bestimmt.

1. Bedeutung der Vorschrift. § 27 enthält, indem er wegen weiterer amtsgerichtlicher Zuständigkeiten auf andere Vorschriften des GVG und solche der „Prozeßordnungen" verweist, einen deklaratorischen Hinweis, der heute „überflüssig und unvollständig" ist[1]. Überflüssig, weil dem Amtsgericht jederzeit weitere Zuständigkeiten durch Gesetz zugewiesen werden können und unvollständig, weil dies nicht immer nur prozeßrechtliche Vorschriften sein müssen und darüber hinaus auch Regelungen der Landesgesetzgebung in Betracht kommen[2]. Die Aufnahme der Vorschrift in das GVG erklärt sich hierdurch aus den Verhältnissen z. Zt. der Schaffung des GVG. Durch sie „war die Möglichkeit gegeben, weitere Angelegenheit gesetzlich dem AG zuzuweisen und sie damit justitiabel zu machen, andererseits aber auch öffentliche Aufgaben ohne Rücksicht auf die damals noch nicht ausgeprägte Grenze zwischen Rechtsprechung und Verwaltung einer fachkundigen, objektiven staatlichen Stelle mit relativ breiter geographischer Streuung im Lande zur optimalen Erledigung zu übertragen"[3]. **1**

2. Kurzübersicht über die weiteren amtsgerichtlichen Zuständigkeiten im strafrechtlichen Bereich (im weiteren Sinn)

a) Geschäftskreis nach der StPO, dem GVG und dem JGG. Hier ist in Strafsachen der Geschäftskreis der Richter beim Amtsgericht folgender: a) sie nehmen die im Ermittlungsverfahren erforderlichen gerichtlichen Untersuchungshandlungen und sonstigen Aufgaben vor (§§ 162, 165, 166 StPO); insbesondere entscheiden sie über körperliche **2**

---

[31] BGH MDR **1955** 246.

[1] *Eb. Schmidt* Anm. zu § 27; *Kissel* 2.

[2] *Kissel* 2.

[3] *Kissel* 3.

Untersuchungen, molekulargenetische Untersuchungen, Beschlagnahmen und Durchsuchungen, über Überwachung des Fernmeldeverkehrs, über die Notveräußerung beschlagnahmter Gegenstände, die vorläufige Entziehung der Fahrerlaubnis und das vorläufige Berufsverbot, die Anordnung des dinglichen Arrests zur Sicherung von Verfall oder Einziehung von Wertersatz und die Vermögensbeschlagnahme bei Staatsschutzdelikten (§§ 81, 81 a, 81 c, 81 e, 81 g, 87, 98, 98 b, 100, 100 b, 105, 110 b Abs. 2, 111 a, 111 b, 111 d, 111 n, 132 a, 443 StPO); b) sie erlassen die nach einer Festnahme erforderlichen Verfügungen (§§ 128, 129, 131 StPO) und die Haft- und Unterbringungsbefehle, die der Erhebung der öffentlichen Klage vorausgehen (§§ 125, 126, 126 a StPO) und führen bei Vorführung die Vernehmung des Ergriffenen durch (§§ 115, 115 a, 126 a StPO); c) die Mitwirkung bei Strafaussetzung zur Bewährung kann ihnen übertragen werden (§ 462 a Abs. 2 Satz 2 StPO); d) sie sind Mitglieder (Vorsitzende) des Schöffengerichts und erlassen an dessen Stelle die außerhalb (vor oder nach) der Hauptverhandlung erforderlichen Entscheidungen (§§ 29, 30 Abs. 2 GVG); e) sie erlassen die Strafbefehle (§§ 407, 408 StPO); f) sie nehmen die Handlungen der Rechtshilfe vor (§ 157 GVG; vgl. auch § 173 Abs. 3 StPO); g) Richter beim Amtsgericht können Mitglieder der auswärtigen Strafkammer und der Strafvollstreckungskammer sein (§§ 78 Abs. 2, 78 b Abs. 2 GVG).

3 b) **Erledigung durch Geschäftsstellen des Amtsgerichts.** Den Amtsgerichten sind einzelne Geschäfte besonders übertragen, die die Geschäftsstellen zu erledigen haben, ohne daß es der Mitwirkung eines Richters bedarf (vgl. z. B. §§ 158, 299 StPO).

4 c) Nach **Vorschriften außerhalb von StPO, GVG und JGG** sind den Amtsgerichten Aufgaben insbesondere übertragen a) nach § 62 OWiG die Entscheidungen über Maßnahmen der Verwaltungsbehörde im Bußgeldverfahren, wenn der Betroffene gerichtliche Entscheidung beantragt, und nach § 68 OWiG die Entscheidung nach Einspruch gegen den Bußgeldbescheid der Verwaltungsbehörde. Vgl. ferner §§ 85 Abs. 4, 87 Abs. 4, 96, 104 OWiG; b) nach §§ 21, 22, 28, 39 Abs. 2 des Gesetzes über die internationale Rechtshilfe in Strafsachen (IRG) vom 23. 12. 1982 (BGBl. I 2071) betr. Maßnahmen einer Vernehmung des nach Erlaß eines Auslieferungshaftbefehls oder nach vorläufiger Festnahme vorgeführten Verfolgten und die Vernehmung des Verfolgten zum Auslieferungsersuchen.

5 Wegen der **zivilrechtlichen Zuständigkeiten** wird auf die diesbezüglichen Standardwerke verwiesen.

VIERTER TITEL

Schöffengerichte

Schrifttum. *Brusten/Westmeier* Wie wird man Schöffe? In: 1. Deutscher Schöffentag „Mehr Demokratie am Richtertisch", Bonn 1992; *Grabert-Zoebe* Schöffen und Geschworene, Ein Leitfaden für den Strafprozeß (1970); *Hillenkamp* Zur Teilhabe des Laienrichters, FS Kaiser (1998) 1437; *Meurer/Renning* Ergebnisse des Marburger Forschungsvorhabens zu Rechtswirklichkeit der Laienbeteiligung an der Strafjustiz, in: 1. Deutscher Schöffentag „Mehr Demokratie am Richtertisch", Bonn 1992; *Renning* Die Entscheidungsfindung durch Schöffen und Berufsrichter in rechtlicher und psychologischer Sicht (1993); Belehrungsliteratur für Laienrichter: *Schulz* Schöffenfibel 1954; *Walter* Was müssen, was sollen Schöffen wissen? In: 1. Deutscher Schöffentag „Mehr Demokratie am Richtertisch", Bonn 1992; weiteres Schrifttum s. Einl. I.

§ 28

Für die Verhandlung und Entscheidung der zur Zuständigkeit der Amtsgerichte gehörenden Strafsachen werden, soweit nicht der Strafrichter entscheidet, bei den Amtsgerichten Schöffengerichte gebildet.

Entstehungsgeschichte. Das Schöffengericht war früher einziger Spruchkörper des Amtsgerichts. Nur ausnahmsweise war im Verfahrensrecht geregelt, daß auch ohne Schöffen eine Hauptverhandlung durchgeführt werden konnte, so etwa nach § 311 Abs. 2 StPO oder § 3 Abs. 3 EGStPO in der ursprünglichen Fassung. Erst durch die Emminger-Reform 1924 (s. § 24, 1) trat neben das Schöffengericht der Einzelrichter in Strafsachen. Durch Art. II Nr. 6 PräsVerfG wurde „Amtsrichter" durch „Richter beim Amtsgericht", und durch Art. 2 Nr. 4 des 1. StVRG 1974 wurden die Worte „Richter beim Amtsgericht allein" durch „Strafrichter" ersetzt.

Allgemeines zur Mitwirkung von Schöffen. Über die Bedeutung der Mitwirkung von **1** Schöffen im allgemeinen und die Entwicklung der das Schöffenwesen betreffenden Gesetzgebung vgl. ausführlich Einleitung Rdn. I 28 ff mit weit. Nachw. Die Vorbereitung der gewählten Schöffen (§ 42) auf ihre Aufgaben dienen — abgesehen von dem Vor § 28 angeführten Schrifttum und regional von der Justizverwaltung veranstalteten Informationsvorträgen — ein Merkblatt für Schöffen, das den Gewählten übersandt wird (§ 30, 10).

Verhältnis zwischen Schöffengericht und Strafrichter. Das Schöffengericht ist **2** gegenüber dem Strafrichter ein Gericht höherer Ordnung[1], dessen Strafgewalt sich aus § 24 Abs. 2 ergibt. Das bedeutet aber nicht, daß der Strafrichter die Strafgewalt des Amtsgerichts nicht ausschöpfen dürfte. Insoweit gilt nach herrschender Ansicht, daß der Strafrichter bei sich im Laufe der Hauptverhandlung verändernder ursprünglicher Straferwar-

[1] S. § 24, 10.

tungsprognose nicht an das Schöffengericht verweisen muß, sondern eine Strafe innerhalb des dem Amtsgericht zustehenden Strafbanns aussprechen darf[2].

3 **Pflicht zur Bildung eines Schöffengerichts.** § 28 bestimmt, daß bei jedem Amtsgericht ein Schöffengericht (vom Präsidium) einzurichten ist. Anderenfalls fehlt es für Schöffengerichtssachen am gesetzlichen Richter[3]. Davon unberührt bleibt allerdings die Möglichkeit, für kleinere Amtsgerichte im Wege der Zuständigkeitskonzentration ein gemeinsames Schöffengericht zu bilden. Insoweit wird auf die Erl. zu § 58 verwiesen.

§ 29

(1) [1]Das Schöffengericht besteht aus dem Richter beim Amtsgericht als Vorsitzenden und zwei Schöffen. [2]Ein Richter auf Probe darf im ersten Jahr nach seiner Ernennung nicht Vorsitzender sein.

(2) [1]Bei Eröffnung des Hauptverfahrens kann auf Antrag der Staatsanwaltschaft die Zuziehung eines zweiten Richters beim Amtsgericht beschlossen werden, wenn dessen Mitwirkung nach dem Umfang der Sache notwendig erscheint. [2]Eines Antrages der Staatsanwaltschaft bedarf es nicht, wenn ein Gericht höherer Ordnung das Hauptverfahren vor dem Schöffengericht eröffnet.

Schrifttum. *Deisberg/Hohendorf* Das erweiterte Schöffengericht – Ein Stiefkind der Strafrechtspflege, DRiZ **1984** 261; *Meyer* Bedenkliche Regelung der Zuständigkeit des erweiterten Schöffengerichts, DRiZ **1969** 284; *Meyer-Goßner* Abschaffung des Schöffengerichts und vereinfachtes Verfahren vor dem Strafrichter, FS Sarstedt, 197; *Schorn* Der Schutz der Menschenwürde im Strafverfahren (1963).

Entstehungsgeschichte. VO vom 4. 1. 1924 (RGBl. I 16). Bek. vom 22. 3. 1924 (RGBl. I 303). VO des Reichspräs. über Maßnahmen auf dem Gebiet der Rechtspflege und Verwaltung vom 14. 6. 1932 (RGBl. I 285) erster Teil Kapitel I Art. 1 § 1 Nr. 3. Art. 1 Nr. 26 des VereinhG 1950. Art. 3 Nr. 1 des 3. StrÄG 1953. § 29 Abs. 1 Satz 2 ist angefügt durch § 85 Nr. 4 DRiG 1961. Durch Art. II Nr. 6 des PräsVerfG wurde in den Absätzen 1, 2 „Amtsrichter(s)" durch „Richter(s) beim Amtsgericht" ersetzt.

Übersicht

[2] S. § 25, 12 f.

[3] *Kissel* 6.

I. Besetzung des Gerichts (Absatz 1)

1. Rechtsstellung der Schöffen. Die Schöffen sind ehrenamtliche Richter (§ 45 a DRiG), deren Rechtsstellung durch §§ 44, 45 DRiG und §§ 30 ff. GVG (s. dort) geregelt wird. Sie sollen die Sachgerechtigkeit der Entscheidungen durch ihre Kontrollfunktion (namentlich hinsichtlich sozialer Hintergründe und Interessenlagen) verbessern[1]. Ferner sollen sie zur Transparenz und zur Verständlichkeit und Nachvollziehbarkeit der gerichtlichen Entscheidungen beitragen[2]. Zwischen Schöffen und Berufsrichtern besteht in der Hauptverhandlung kein Unterschied (§ 30). Deswegen gelten für sie ohne Einschränkung auch die Vorschriften über Ausschließung und Ablehnung (§§ 22 ff, 31 StPO).Wegen weiterer Einzelheiten s. Einl. I 28 ff. 1

2. Frauen als Schöffen. § 29 Abs. 1 in der Fassung der Bek. vom 22. 3. 1924 schrieb in Satz 2 vor: „Mindestens ein Schöffe muß ein Mann sein" (s. auch Einl. E 34). Eine entsprechende Vorschrift sah auch der Entw. des VereinhG 1950 (Art. 1 Nr. 25) vor; sie ist in das Gesetz nicht aufgenommen worden, obwohl sich durchgreifende Bedenken aus dem Grundsatz der Gleichberechtigung von Mann und Frau (Art. 3 GG) nicht herleiten lassen dürften[3]. Derzeit können also beide Schöffen Frauen, aber auch beide Schöffen Männer sein, und es kann aus einer solchen Besetzung weder aus der Art des den Gegenstand des Verfahrens bildenden Delikts noch aus dem Geschlecht des Angeklagten oder Geschädigten ein Ablehnungsgrund hergeleitet werden[4]. Wenn § 33 Abs. 3 JGG bestimmt: „Als Jugendschöffen sollen zu jeder Hauptverhandlung ein Mann und eine Frau herangezogen werden", so liegt dem nicht der Gedanke zugrunde, die Gleichberechtigung von Mann und Frau schematisch zum Ausdruck zu bringen, sondern der ganz andere Gedanke, daß es gerade bei Verfehlungen Jugendlicher und Heranwachsender für die richtige Wertung der Tat erwünscht ist, wenn sie von verschiedenen Blickpunkten aus gesehen wird. Die Eigenschaft als „Frau" ist selbstverständlich kein Grund zur Ablehnung wegen Befangenheit[5]. 2

3. Vorsitzender. Nach § 28 Abs. 2 DRiG darf Vorsitzender eines Gerichts nur ein Richter sein. Wird ein Gericht in der Besetzung mit mehreren Richtern (d. h. Berufsrichtern, § 2 DRiG) tätig, so muß ein Richter auf Lebenszeit den Vorsitz führen. Da beim einfachen Schöffengericht (§ 29 Abs. 1 Satz 1) nur ein Berufsrichter mitwirkt, kann dieser auch ein Richter auf Probe (§ 12 DRiG) oder kraft Auftrags (§ 14 DRiG) oder ein abgeordneter Richter (§ 37 DRiG) sein. § 29 Abs. 1 Satz 2 schränkt aber die Verwendung von Richtern auf Probe als Vorsitzende des Schöffengerichts dahin ein, daß ein solcher im ersten Jahr nach seiner Ernennung (i. S. des § 17 DRiG) nicht Vorsitzender sein kann (Grundgedanke: als Vorsitzende im Schöffengericht sollen nur Richter mit einer etwas längeren richterlichen Erfahrung tätig werden). Bei Verstoß gegen diese Vorschrift ist das Schöffengericht nicht vorschriftsmäßig besetzt (§ 338 Nr. 1 StPO). Als Vorsitzender des Schöffengerichts i. S. des § 29 Abs. 1 Satz 2 wird aber nicht ohne weiteres der Richter tätig, der das Verfahren vor dem Schöffengericht eröffnet und andere Beschlüsse außerhalb der Hauptverhandlung an Stelle des Schöffengerichts erläßt[6]. Für Richter kraft Auftrags gilt die Beschränkung des § 29 Abs. 1 Satz 2 nicht. Beim erweiterten Schöffengericht (§ 29 Abs. 2) kann nur ein Richter auf Lebenszeit den Vorsitz führen (§ 28 Abs. 2 DRiG), ein Richter auf Probe oder kraft Auftrags also nur als Beisitzer verwendet werden. 3

[1] KK-*Kissel*[4] 4; *Kleinknecht/Meyer-Goßner*[44] 1.
[2] KK-*Kissel*[4] 4.
[3] So wird jüngst aus Bayern die paritätische Besetzung aller Schöffengerichte gefordert, vgl. FOCUS Nr. 4/1999, S. 16.
[4] BayObLG DRiZ **1980** 432; *Kissel* 4.
[5] RG DRiZ **1929** Nr. 1120.
[6] S. § 30, 11.

Ist nach der Geschäftsverteilung Vorsitzender des Schöffengerichts ein Richter auf Probe, so muß als zweiter Richter in der Geschäftsverteilung (unten Rdn. 8) ein Richter auf Lebenszeit bestimmt sein, der dann den Vorsitz übernimmt.

II. Erweitertes Schöffengericht (Absatz 2)

4 **1. Entwicklungsgeschichte, Zweck der Vorschrift.** Das erweiterte Schöffengericht wurde durch die EmmingerVO 1924 eingeführt; dadurch sollte — nach dem Wegfall der erstinstanzlichen Strafkammer — ermöglicht werden, auch solche Sachen sachgemäß vor dem Schöffengericht zu erledigen, die nach ihrem Umfang die Kraft des im wesentlichen durch die Verhandlungsleitung in Anspruch genommenen Vorsitzenden überstiegen oder deren Bedeutung die Mitwirkung zweier Berufsrichter notwendig erscheinen ließ. Der Bedeutung dieser Sachen entsprach es, daß die Revision gegen Berufungsurteile an das Reichsgericht ging, wenn im ersten Rechtszug das erweiterte Schöffengericht geurteilt hatte. Bei der Wiedereinführung der erstinstanzlichen (großen) Strafkammer durch die 4. AusnVO — erster Teil Kap. I Art. 1, § 1 — wurde gleichzeitig das erweiterte Schöffengericht aufgehoben (§ 1 Nr. 3). Dabei blieb es auch, als das VereinhG 1950 die Möglichkeit eröffnete, an sich in die Zuständigkeit des Schöffengerichts fallende Sachen dadurch vor die erstinstanzliche (große) Strafkammer zu bringen, daß der Staatsanwalt wegen der besonderen Bedeutung des Falles Anklage beim Landgericht erhebt (§ 24 Abs. 1 Nr. 3). Die Wiedereinführung des erweiterten Schöffengerichts durch das 3. StRÄndG 1953 will den Fällen Rechnung tragen, in denen zwar nicht die besondere Bedeutung des Falles die Anklageerhebung beim Landgericht rechtfertigt, aber der Umfang der Sache (z. B. wegen der Zahl der Angeklagten oder des umfangreichen Beweismaterials) die Mitwirkung eines zweiten Richters erforderlich macht, weil es für *einen* Richter zu schwierig ist, die Verhandlung zu leiten und zugleich ihre Ergebnisse für die Beratung und die Urteilsbegründung festzuhalten. Damit will das Gesetz gleichzeitig eine Entlastung des Bundesgerichtshofs erreichen, indem vermieden werden soll, daß Sachen beim Landgericht angeklagt werden, bei denen in Wirklichkeit nicht die besondere Bedeutung, sondern nur der Umfang der Sache die Staatsanwaltschaft zur Anklage beim Landgericht veranlaßte[7]. Die Bedeutung einer Sache allein, die nicht auch in deren Umfang zum Ausdruck kommt, rechtfertigt die Zuziehung eines zweiten Richters nicht[8]. — Das erweiterte Schöffengericht ist gegenüber dem einfachen Schöffengericht, da sein Strafbann (§ 24 Abs. 2) sich nicht verändert, kein Gericht höherer Ordnung, sondern lediglich ein anders zusammengesetztes Gericht[9].

5 **2. Antrag der Staatsanwaltschaft.** Nach § 29 Abs. 2 entscheidet der die Eröffnung des Hauptverfahrens beschließende Richter beim Amtsgericht über die Notwendigkeit der Heranziehung wegen des Umfangs der Sache. Damit ist — i. S. des „gesetzlichen Richters" — die Besetzung des Gerichts an gesetzliche Voraussetzungen gebunden; es entscheidet nicht freies Ermessen. Allerdings fordert das Gesetz einen Antrag des Staatsanwalts. Aber auch dieser handelt nicht nach freiem Ermessen, sondern darf seinerseits den Antrag (bei verfassungskonformer Auslegung) nur stellen, muß ihn dann aber auch stellen — was Nr. 113 Abs. 4 RiStBV deutlich macht —, wenn er die Notwendigkeit der Mitwirkung des zweiten Richters bejaht; er hat „kein Wahlrecht". Schon damit entfallen die z. T.

---

7 *Dallinger* JZ **1953** 433.

8 *Eb. Schmidt* 12; *Kissel* 14; *Kleinknecht/Meyer-Goßner*[44] 3.

9 RGSt **62** 270; KG JR **1976** 209; OLG Düsseldorf JMBlNRW **1964** 260; OLG Hamm MDR **1988** 696; *Kissel* 7.

im Schrifttum[10] gegen die Verfassungsmäßigkeit des § 29 Abs. 2 unter dem Gesichtspunkt der „beweglichen Zuständigkeit" (§ 16, 24. Aufl. Rdn. 7) geäußerten Bedenken[11]. Der Antrag wird im allgemeinen bei Einreichung der Anklageschrift gestellt werden; doch ist dies — wie nach § 29 Abs. 2 i. d. F der Bek. von 1924 (RGSt **62** 269) — nicht erforderlich, vielmehr kann der Antrag nach Einreichung der Anklage, insbesondere auf Anregung des Gerichts, bis zum Ergehen des Eröffnungsbeschlusses nachgeholt werden (h. M). Der Antrag ist zwingende Voraussetzung für eine Zuziehung eines zweiten Richters, denn dem Gericht steht dieser Weg auch nicht bei großem Verfahrensumfang zu. Der Antrag unterliegt der vollen richterlichen Nachprüfung. Wird einem gestellten Antrag nicht stattgegeben, so begründet dies keine Anfechtbarkeit nach § 210 Abs. 2 StPO, da das erweiterte Schöffengericht gegenüber dem einfachen Schöffengericht kein Gericht höherer Ordnung, sondern nur ein anders besetztes Gericht gleicher Ordnung ist[12]. Wird (versehentlich) die Zuziehung beschlossen, ohne daß ein Antrag vorliegt, so besteht nach § 210 Abs. 2 StPO ebenfalls kein Beschwerderecht. Jedoch ist dann das Gericht nach h. M nicht vorschriftsmäßig besetzt (§ 338 Nr. 1 StPO), da es nicht darauf ankommt, ob das Gericht „besser" besetzt ist, als es dem Gesetz entspricht[13].

3. Zurücknahme des Antrags. Solange das Hauptverfahren nicht eröffnet ist, kann 6
die Staatsanwaltschaft den Zuziehungsantrag zurücknehmen. Ein innerer Grund, den Antrag, der ja keinen Bestandteil der Anklage bildet, als unwiderruflich anzusehen, ist nicht erkennbar; andernfalls müßte die Staatsanwaltschaft die Anklage zurücknehmen (§ 156 StPO) und erneut Anklage ohne entsprechenden Antrag erheben[14].

4. Zuziehung ohne Antrag. Eines Antrags bedarf es nicht, die Entscheidung über die 7
Zuziehung erfolgt also von Amts wegen, wenn ein Gericht höherer Ordnung das Hauptverfahren vor dem Schöffengericht eröffnet (§§ 209, 210 Abs. 2 StPO); in diesem Falle trifft das eröffnende Gericht, nicht der Vorsitzende des Schöffengerichts, die Entscheidung über die Zuziehung des zweiten Richters[15], und die Entscheidung des eröffnenden Gerichts kann auch hier nicht deshalb nach § 210 Abs. 2 StPO angefochten werden, weil die Zuziehung eines zweiten Richters nicht beschlossen worden ist[16].

5. Zuständigkeit zur Entscheidung über die Zuziehung. Über die Zuziehung ent- 8
scheidet der Richter der nach der Geschäftsverteilung zuständigen Schöffenabteilung. Es ist nicht unzulässig, im Geschäftsverteilungsplan einer bestimmten Abteilung diejenigen Sachen zuzuweisen, in denen bei Erhebung der Anklage die Staatsanwaltschaft den Antrag nach § 29 Abs. 2 stellt[17]. Bis zur Eröffnung des Hauptverfahrens sind allerdings erforderlich werdende Haftentscheidungen vom Vorsitzenden des Schöffengerichts zu treffen, weil es vor der Entscheidung über den gem. § 29 Abs. 2 gestellten Antrag noch kein erweitertes Schöffengericht gibt[18].

6. Zeitpunkt der Entscheidung. Die Zuziehung kann nur gleichzeitig mit der Eröff- 9
nung beschlossen werden. Nach Eröffnung ist eine nachträgliche Zuziehung ausgeschlos-

---

[10] *Bettermann* in „Die Grundrechte" III 2, 571; *Schorn* Der Schutz der Menschenwürde im Strafverfahren, S. 43.

[11] S. im übrigen auch § 16 (24. Aufl. Rdn. 12).

[12] S. Fußn. 9 sowie *Katholnigg*[3] 3; *Kleinknecht/Meyer-Goßner*[44] 6.

[13] So BAG NJW **1961** 1945; OLG Bremen NJW **1958** 432; OLG Düsseldorf JMBlNRW **1964** 260; *Kissel* 13; *Kleinknecht/Meyer-Goßner*[44] 6.

[14] Ebenso *Kissel* 13; *Kleinknecht/Meyer-Goßner*[44] 3; *Eb. Schmidt* 7; **a. M** *Dallinger* JZ **1953** 433 Fußn. 13.

[15] Ebenso KG JR **1976** 209; OLG Bremen NJW **1958** 432; *Kissel* 18; *Eb. Schmidt* 12; **a. M** *Kern* GA **1953** 45.

[16] KG JR **1976** 209.

[17] Vgl. dazu die Bedenken bei *Meyer* DRiZ **1969** 284.

[18] OLG Hamm NStE **1988** 163.

sen; das gebietet der Grundsatz des gesetzlichen Richters, Art. 101 Abs. 1 Satz 2 GG[19]. Infolgedessen entfällt die Möglichkeit einer Zuziehung überall da, wo eine Sache ohne vorangegangenen Eröffnungsbeschluß zur Aburteilung an das Schöffengericht gelangt[20], also im beschleunigten Verfahren (§ 417 StPO), bei Nachtragsanklage (§ 266 Abs. 1 StPO) und nach Zurückverweisung einer Sache an das Schöffengericht durch das Rechtsmittelgericht (§ 328 Abs. 2, § 354 Abs. 2 StPO — bei Sprungrevision). Dem zurückverweisenden Rechtsmittelgericht steht ebenfalls nicht das Recht zu, die Sache an das erweiterte Schöffengericht zurückzuverweisen, wenn im ersten Rechtszug das einfach besetzte Schöffengericht geurteilt hat, denn § 29 Abs. 2 hat mit gutem Grund die Entscheidung, ob der Umfang der Sache die Zuziehung eines zweiten Richters fordert, in die Beurteilung des das Hauptverfahren eröffnenden Gerichts gestellt[21]. Die Möglichkeit einer Zuziehung entfällt auch, wenn der Strafrichter wegen Überschreitung seiner sachlichen Zuständigkeit die Sache an das Schöffengericht verweist, denn der Verweisungsbeschluß hat zwar die Wirkung eines Eröffnungsbeschlusses (§ 270 Abs. 3 StPO), ist aber kein solcher[22]. Die die Zuziehung des zweiten Richters anordnende oder ablehnende Entscheidung ist als Bestandteil des Eröffnungsbeschlusses nicht anfechtbar[23].

10 **7. Wirkung des Zuziehungsbeschlusses.** Der Zuziehungsbeschluß bewirkt, daß das Schöffengericht in der Hauptverhandlung nur ordnungsgemäß besetzt ist, wenn ein zweiter Richter mitwirkt. Werden mehrere Sachen verbunden, so muß die Hauptverhandlung mit zwei Richtern stattfinden, wenn dies auch nur in einer der Sachen beschlossen war, gleichviel vor welchem Schöffengericht verhandelt wird[24]. Der einmal erlassene Beschluß kann (in der Zeit zwischen Eröffnungsbeschluß und Hauptverhandlung) selbstverständlich nicht wieder aufgehoben werden; das verstieße gegen Art. 101 Absatz 1 Satz 2 GG. Abweichend von dem Recht der VO 1924 (Rdn. 3) ändert sich nichts an der Zuständigkeit des Oberlandesgerichts zur Entscheidung über die Revision (§ 121 Abs. 1 Nr. 1 b GVG). Die einmal begründete Zuständigkeit des erweiterten Schöffengerichts bleibt auch bei Zurückverweisung der Sache an die erste Instanz durch das Rechtsmittelgericht und ebenso für die erneute Hauptverhandlung im Wiederaufnahmeverfahren sowie im Nachverfahren (§§ 439, 441 StPO) bestehen.

11 **8. Bestimmung des zweiten Richters.** Welcher Richter als zweiter Richter zur Mitwirkung (als Beisitzer) berufen ist, bestimmt die Geschäftsverteilung des Amtsgerichts (§ 21 b). Sie muß, wenn mehrere Richter benannt sind, die Reihenfolge festlegen, in der sie zum Zuge kommen (s. auch oben Rdn. 2, 7).

12 **9. Abstimmung.** Wegen der Abstimmung beim erweiterten Schöffengericht vgl. § 196 Abs. 4 GVG; über die Frage, wie Meinungsverschiedenheiten auszutragen sind, die nach der Hauptverhandlung zwischen den beiden Amtsrichtern über die Abfassung des Urteils hervortreten, vgl. § 30 Rdn. 28.

13 **10. Das Jugendgerichtsgesetz** kennt kein erweitertes Jugendschöffengericht (§ 33 Abs. 3); statt dessen ist in § 40 Abs. 2 dem Jugendschöffengericht das Recht eingeräumt,

---

[19] So mit Recht *Dallinger* JZ **1953** 434; *Kleinknecht/Meyer-Goßner*[44] 5; *Eb. Schmidt* 7 und für das frühere Recht RGSt **62** 269.

[20] OLG Düsseldorf JMBlNRW **1964** 260; LR-*Rieß* § 212 StPO, 1o; *Kleinknecht/Meyer-Goßner*[44] 6; *Kissel* 19; **a. M** KMR-*Paulus* § 212, 2 StPO; *Deisberg/Hohendorf* DRiZ **1984** 264.

[21] Ebenso *Dallinger* JZ **1953** 434 Fußn. 14; *Kleinknecht/Meyer-Goßner*[44] 5.

[22] H. M; **a. M** *Deisberg/Hohendorf* DRiZ **1984** 265.

[23] H. M; s. z. B. RGSt **62** 270; *Kissel* Rdn. 7; *Eb. Schmidt* 13.

[24] *Dallinger* JZ **1953** 433; *Kissel* 20; *Kleinknecht/Meyer-Goßner*[44] 5.

bis zur Eröffnung des Hauptverfahrens von Amts wegen die Sache der Jugendkammer vorzulegen, ob diese sie wegen ihres besonderen Umfangs übernehmen will. Wird aber vor dem Jugendschöffengericht in einer Jugendschutzsache (§ 26 GVG) Anklage erhoben, so kann wohl auch die Zuziehung eines zweiten Richters beantragt werden, da dann für das Verfahren die allgemeinen Vorschriften des Erwachsenenverfahrensrechts gelten; und so gut wegen der besonderen *Bedeutung* einer Sache Anklage vor der Jugendkammer erhoben werden kann (§ 26 Abs. 1 Satz 2, § 24 Abs. 1 Nr. 3 GVG), ebensogut kann wohl auch wegen des besonderen Umfangs der Antrag nach § 29 Abs. 2 gestellt werden; die herrschende Meinung lehnt diese Folgerung indessen ab[25].

11. Rechtsmittelzug. Gegen Entscheidungen des erweiterten Schöffengerichts ist der- **14**
selbe Rechtsweg eröffnet wie gegen Entscheidungen der anderen amtsgerichtlichen Spruchkörper. Das ist seit Inkrafttreten des Rechtspflegeentlastungsgesetzes die kleine Strafkammer des Landgerichts, die dann allerdings einen zweiten Richter zuziehen muß (§ 76 Abs. 3 GVG). Dabei kommt es nicht darauf an, ob das Schöffengericht den weiteren Richter zu Recht hinzugezogen hat, weil die gerichtsverfassungsrechtliche Regelung unabänderlich ist[26].

§ 30

(1) Insoweit das Gesetz nicht Ausnahmen bestimmt, üben die Schöffen während der Hauptverhandlung das Richteramt in vollem Umfang und mit gleichem Stimmrecht wie die Richter beim Amtsgericht aus und nehmen auch an den im Laufe einer Hauptverhandlung zu erlassenden Entscheidungen teil, die in keiner Beziehung zu der Urteilsfällung stehen und die auch ohne mündliche Verhandlung erlassen werden können.

(2) Die außerhalb der Hauptverhandlung erforderlichen Entscheidungen werden von dem Richter beim Amtsgericht erlassen.

Schrifttum. *Atzler* Das Recht des ehrenamtlichen Richters, die Verfahrensakten einzusehen, DRiZ **1991** 207; *Bertram* Mitwirkung von Schöffen während unterbrochener Hauptverhandlung? NJW **1998** 2934; *Bittmann* Selbsthilfe der Justiz gegen Überlastung, DRiZ **1991** 208; *Hanack* Die Rechtsprechung des Bundesgerichtshofs zum Strafverfahrensrecht, JZ **1972** 313; *Hillenkamp* Zur Teilhabe des Laienrichters, FS Kaiser (1998) 1437; *Katholnigg* Die Beteiligung von Laien in Wirtschaftsstrafsachen, wistra **1982** 91; *Kemmer* Befangenheit von Schöffen durch Aktenkenntnis? (1989); *Kunisch* Zur Frage der Besetzung des Schöffengerichts und der Strafkammer bei Entscheidungen über die Untersuchungshaft während laufender Hauptverhandlung, StV **1998** 687; *Renning* Die Entscheidungsfindung durch Schöffen und Berufsrichter (1993); *Rüping* Funktionen der Laienrichter im Strafverfahren, JR **1976** 269; *Schreiber* Akteneinsicht für Laienrichter, FS Welzel 941; *Terhorst* Information und Aktenkenntnis der Schöffen im Strafprozeß, MDR **1988** 809.

Entstehungsgeschichte. Durch Art. II Nr. 6 PräsVerfG ist in Absatz 1, 2 „Amtsrichter" durch „Richter beim Amtsgericht" ersetzt worden.

---

25 *Dallinger/Lackner* § 33, 6 JGG; *Katholnigg*[3] 8; *Kissel* 12; *Eb. Schmidt* 5.

26 OLG Düsseldorf NStZ **1994** 97 = StV **1994** 10.

Übersicht

I. Mitwirkung der Schöffen während der Hauptverhandlung (Absatz 1)

1 **1. Grundsatz.** Bei der Urteilsfällung und den das Urteil ergänzenden und mit dem Erlaß des Urteils zu verbindenden Beschlüssen (§§ 268 a, 268 b, 456 c StPO) wirken die Schöffen uneingeschränkt in gleichem Umfang mit wie die Berufsrichter[1]. Ihre Mitwirkung erstreckt sich aber auch auf alle sonstigen im Laufe der Hauptverhandlung zu erlassenden Beschlüsse. So entscheiden z. B. die Schöffen auch darüber mit, ob die Hauptverhandlung auszusetzen ist (§ 228 StPO), ob beim Ausbleiben des Beschuldigten ein Haftbefehl nach § 230 Abs. 2 zu erlassen ist[2], ob ohne den Angeklagten verhandelt werden soll (§ 232 StPO), ob eine Zeugnisverweigerung als berechtigt anzusehen ist, oder ob eine Vorlegung an das Bundesverfassungsgericht nach Art. 100 Absatz 1 GG, § 80 BVerfGG zu erfolgen hat[3]. Es macht dabei nach der ausdrücklichen Bestimmung des Gesetzes keinen Unterschied, ob eine Entscheidung in Beziehung zu der Urteilsfällung steht oder nicht; daher haben die Schöffen auch bei den Entscheidungen mitzuwirken, die bei Ausübung der Sitzungspolizei vom Gericht zu treffen sind (vgl. §§ 177 Satz 2 Halbsatz 2, 178 Abs. 2 Halbsatz 2). Auch Zwangsmaßnahmen gegen Zeugen und Sachverständige gehören dazu (§§ 51, 70, 77 StPO). Eine Ausnahme gilt nur bei der Entscheidung über Ausschließung oder Ablehnung von Schöffen (§ 31 Abs. 2 StPO). Eine besondere Lage ergibt sich, wenn während der Hauptverhandlung vor dem Schöffengericht die Staatsanwaltschaft gemäß § 408 a StPO einen Strafbefehlsantrag stellt und der Richter ihm gemäß § 408 a Abs. 2 entspricht oder ihn ablehnt; insoweit ist wohl davon auszugehen, daß es sich hier dogmatisch nicht um einen Bestandteil der Hauptverhandlung, sondern eine außerhalb der Hauptverhandlung erforderliche Entscheidung (§ 30 Abs. 2) handelt und deshalb die Schöffen nicht mitwirken[4].

2 **2. Umfang der Mitwirkung.** Abgesehen von der Beteiligung an den zu erlassenden Entscheidungen steht den Schöffen das Recht der unmittelbaren Befragung von Angeklagten, Zeugen und Sachverständigen zu (§ 240 Abs. 2 StPO). Der Vorsitzende hat die Verhandlung so zu führen, daß die Laienrichter ihm folgen können (Nr. 126 Abs. 2

[1] S. auch BGH NJW **1997** 1792 = NStZ **1997** 506.
[2] OLG Bremen MDR **1960** 244.
[3] BVerfGE **19** 71 = MDR **1965** 722.
[4] *Rieß* JR **1988** 135 und JR **1989** 172 Fußn. 12.

RiStBV); ggf. ist eine Zwischenberatung einzuschieben[5]. Wegen der Abstimmung vgl. § 197 und wegen der erforderlichen Stimmenzahl § 263 StPO.

3. Ausnahmen von der Mitwirkung. Die Mitwirkung der Schöffen steht von vornherein unter dem Vorbehalt, daß ihnen dieses Recht nicht durch anderweitige Regelungen entzogen worden ist. Derartige Ausnahmen finden sich in §§ 27 Abs. 2, 31 Abs. 2 Satz 1 StPO bei Entscheidungen über Ablehnungsgesuche, in §§ 238 ff StPO bezüglich der Verhandlungsleitung, in § 141 Abs. 4 StPO wegen der Beiordnung eines Pflichtverteidigers sowie in §§ 176 ff GVG im Hinblick auf sitzungspolizeiliche Maßnahmen. Auch die Teilnahme Auszubildender an der gerichtlichen Beratung (§ 193) entscheidet der Vorsitzende ohne Beteiligung der übrigen Richter. 3

4. Aktenkenntnis der Schöffen

a) Meinungsstand. Da dem Vorsitzenden (beim erweiterten Schöffengericht dem zweiten Richter und bei großen Strafkammern den beiden Beisitzern — dazu § 77 Abs. 1 —) unzweifelhaft das Recht der Kenntnis des Inhalts des Ermittlungs- und des Eröffnungsverfahrens einschließlich des Inhalts des Ermittlungsergebnisses der Anklageschrift zusteht, würde sich aus dem Wortlaut des § 30 Abs. 1 ergeben, daß diese Befugnis auch den Schöffen zukommt, denn danach besteht kein Anhalt für eine defizitäre Teilhabe der Schöffen oder gar ein Machtgefälle gegenüber den Berufsrichtern[6]. Diese Folgerung hat jedoch die Rechtsprechung des Reichsgerichts und des Bundesgerichtshofs nicht gezogen[7], sondern einen Verstoß gegen die Grundsätze der Unmittelbarkeit und Mündlichkeit (§§ 249, 261 StPO) darin gesehen, wenn die mitwirkenden Laienrichter vor oder während der Hauptverhandlung in das Ermittlungsergebnis der Anklageschrift Einblick nehmen — und zwar selbst dann, wenn dies nur dadurch möglich war, weil der Schöffe dem armamputierten Richter beim Umblättern der Akten half[8] — weil diese Lektüre geeignet sei, die Unbefangenheit der Laienrichter im Sinne einer Vorverurteilung zu beeinträchtigen. Der 1. Strafsenat des Bundesgerichtshofs[9] hatte jedoch gegen diese Rechtsprechung schon frühzeitig in einem obiter dictum Bedenken erhoben und der 3. Strafsenat hat schließlich die Aushändigung von Tonbandprotokollen (übersetzte Gespräche aus einer Telefonüberwachung) an die Schöffen für zulässig erklärt[10], ohne sich allerdings abschließend dazu zu äußern, ob die bisherige Rechtsprechung noch aufrechterhalten werden kann. 4

b) Einwendungen gegen die Rechtsprechung. Die Entscheidung des 3. Senats bedeutet mithin nur für einen Teilbereich eine Abkehr von der ansonsten immer noch einhelligen Linie. Schon früher sind im Schrifttum Einwendungen gegen diese Rechtsprechung erhoben worden[11], die sich noch verstärkten, als zunächst § 249 Abs. 2 StPO i. d. F des StVÄG 1979 in gewissem Umfang das sog. Selbstleseverfahren von Urkunden zuließ und das StVÄG 1987 durch nochmalige Änderung des § 249 Abs. 2 die für Schöffen noch bestehende Beschränkung („Schöffen ist hierzu erst nach Verlesung des Anklagesatzes Gelegenheit zu geben") beseitigte. Die Begründung des RegEntw.[12] führt zu der letzteren 5

---

5 LG Münster NJW **1993** 1088; *Katholnigg*[3] 1.

6 *Hillenkamp* FS Kaiser 1441, 1443.

7 LR-*Gollwitzer* § 261 StPO (24. Aufl. Rdn. 31) und LR-*Schäfer* Einl. (24. Aufl. Kap. **13** 61).

8 BGHSt **13** 73.

9 BGH Urteil v. 23. 2. 1960 – 1 StR 648/59 –.

10 BGHSt **43** 36 = NStZ **1997** 506 m. Anm. *Katholnigg* = StV **1997** 450 m. Anm. *Lunnebach* = JR **1999** 297 mit Anm. *Imberger-Bayer.*

11 *Atzler* DRiZ **1991** 207; *Bittmann* DRiZ **1991** 207; *Hanack* JZ **1972** 314; *Kleinknecht/Meyer-Goßner*[44] 1; *Rennig* 168; *Rüping* JR **1976** 269 (272); *Schreiber* FS Welzel 941; *Terhorst* MDR **1988** 809; weitere Nachw. s. Einl. (24. Aufl. Kap. **13** Fußn. 108) und I 34.

12 BTDrucks. **10** 1313 S. 29.

Maßnahme an: es könne „abweichend von der sehr starren und schematischen Regelung des geltenden Rechts" zweckmäßig sein, daß die Schöffen auch schon vor Verlesung des Anklagesatzes „in besonders gelagerten Einzelfällen" Kenntnis nehmen: „die Neufassung stellt klar, daß dies rechtlich nicht unzulässig ist". Die unmittelbare Beziehung der Neufassung des § 249 Abs. 2 StPO zu dem Problem einer Befangenheit des Schöffen durch die bloße Erlangung der Kenntnis von der Darstellung des Ermittlungsergebnisses in der Anklageschrift ergibt sich daraus, daß „die ohnehin problematische Bewertung der Voreingenommenheitsgefahr in der Situation, die BGHSt **13** 73 zugrunde lag, wohl kaum noch haltbar" ist[13].

6 c) **Wandel der Rechtsprechung?** Eine Wende der oberstgerichtlichen Rechtsprechung bei der Beurteilung der Befangenheitsfrage scheint sich anzubahnen. Schon die (unveröffentlichte) Entscheidung des BGH vom 27. 8. 1968 — 1 StR 361/68 — hatte ausgesprochen, daß zwischen der dauernden Überlassung der Anklageschrift an die Schöffen und deren (einmaliger) Verlesung unterschieden werden müsse, weil „durch ein einmaliges Verlesen . . . auch Laienrichter regelmäßig nicht so stark beeinträchtigt werden, daß sie das wirkliche Ergebnis der Hauptverhandlung nicht mehr unbefangen in sich aufnehmen können".

7 Unter Berufung auf diese Entscheidung wies der Bundesgerichtshof[14] eine Revisionsrüge zurück, die darauf gestützt war, das Urteil beruhe auf der **Verlesung eines Anklagesatzes**, der deshalb nicht dem Gesetz entspreche, weil der Anklagesatz eine Beweiswürdigung enthalte, so daß in der Hauptverhandlung gemäß § 243 Abs. 3 Satz 1 StPO ein nicht dem Gesetz entsprechender Anklagesatz verlesen wurde. Die Begründung ist allerdings einzelfallbezogen: der verlesene Anklagesatz richtete sich gegen eine Mehrzahl von Angeklagten, umfaßte 32 Schreibmaschinenseiten, und die Hauptverhandlung dauerte 30 Tage; unter diesen Umständen scheide aus, daß der verlesene Anklagesatz noch irgendwie überzeugungsbildende Kraft habe entfalten können. Für die hier bei der Auslegung des § 30 in Frage stehende „Befangenheits"-Rechtsprechung ist aber der allgemeine Ausspruch in BGH NJW **1987** 1209 von Bedeutung, es könne „dahingestellt bleiben, ob die vom Reichsgericht übernommene Rechtsprechung des Bundesgerichtshofs[15] in vollem Umfang aufrechtzuerhalten ist oder der Nachprüfung bedarf". Auf die Folgerungen, die *Rieß* in der Anm. zu BGH JR **1987** 389 behandelt, ist bereits oben hingewiesen worden. Auch im übrigen hat im Schrifttum die Zahl der Autoren, die für die dem Wortlaut des § 30 entsprechende Gleichstellung der Schöffen mit den Berufsrichtern, mit denen sie die Verantwortung für die richtige Entscheidung teilen, in neuer und neuester Zeit sich so vermehrt[16], daß sie sich in Verbindung mit den früheren Opponenten wohl schon einer herrschenden Meinung nähert.

8 Die **Argumente für** diese **Gleichstellung** liegen auf der Hand: den Schöffen ist nämlich auch in anderen Fällen eine Aktenkenntnis zu vermitteln, so etwa, wenn von der Verlesung von Schriftstücken abgesehen werden soll (§ 249 Abs. 2 StPO), wenn zulässigerweise ein Beschluß nach § 209 Abs. 2 StPO verlesen werden soll[17], oder wenn beispielsweise über ein Vereidigungsverbot nach § 60 Nr. 2 StPO zu entscheiden ist oder das Recht zur Auskunftsverweigerung nach § 55 auf dem Prüfstand steht. Auch bei Entscheidungen zu Haftfragen oder über Beweisanträge muß den Schöffen oftmals Kenntnis vom Akteninhalt vermittelt werden, weil anderenfalls ihre Mitwirkung nur formaler Natur wäre. Feh-

---

13 *Rieß* JR **1987** 392, 393.

14 NJW **1987** 1209 = JR **1987** 389 mit Anm. *Rieß* = MDR **1987** 336.

15 RGSt **69** 120; BGHSt **5** 261; **13** 73.

16 Vgl. z. B. *Kissel* 3, 4; KK-*Kissel*[4] 2; *Kleinknecht/ Meyer-Goßner*[44] 2; *Rennig* 149 ff; *Schreiber* FS Welzel 945, 955 ff; *Volk* FS Dünnebier 382.

17 BGHSt **43** 36; s. auch oben Fußn. 10.

lende Aktenkenntnis benachteiligt die Schöffen zudem in ihrem uneingeschränkt zustehenden Fragerecht und läßt sie möglicherweise zu Statisten gegenüber den Berufsrichtern werden[18]. Im übrigen müssen sich Schöffen schon bisher von Beweisergebnissen freimachen, wenn sich später deren Unverwertbarkeit ergibt[19], oder sie müssen, wie im Fall des § 324 Abs. 1 StPO, die Ergebnisse des früheren Verfahrens von der Beweisaufnahme in der Berufungshauptverhandlung trennen, so daß nicht einleuchtend ist, weshalb sie vorherige Aktenkenntnis und spätere Beweisergebnisse nicht auseinanderhalten können sollen[20]. Schließlich bleibt darauf hinzuweisen, daß das geltende Verfahrensrecht weder einen Anspruch der Schöffen auf umfassende Aktenkenntnis noch ein generelles Verbot solcher Kenntnis enthält[21]. Darüber hinaus ist nicht plausibel, weshalb die vorherige Aktenkenntnis der Berufsrichter die Grundsätze der Mündlichkeit und Unmittelbarkeit nicht gefährdet, wenn gleiches Vorwissen der Schöffen diese Grundsätze verletzt[22].

d) Pragmatische Ansätze. Soweit es umfangreiche Anklageschriften betrifft, weiß sich die Praxis längst zu helfen, indem nach Verlesung der Anklageschrift den Schöffen im Einverständnis aller Verfahrensbeteiligten Kopien ausgehändigt werden. Nur vereinzelt sind Zustimmungen dazu verweigert worden oder diese haben sich auf den reinen Anklagesatz (also ohne das wesentliche Ermittlungsergebnis) beschränkt. Doch Vorsicht ist geboten: denn trotz der erteilten Zustimmung bleibt eine Revisionsrüge wegen einer möglichen Verletzung des § 261 StPO zulässig, weil es sich bei dieser Vorschrift, da grundlegende Verfahrensnorm, nicht um disponibles Recht handelt[23]. Im Zweifel sollte lediglich der Anklagesatz ausgehändigt werden, was letztlich unschädlich ist, weil er keine Beweiswürdigung enthält[24] und eine Aushändigung *nach* Verlesung der Anklage keiner *vorher* aus den Akten erlangten Kenntnis gleichkommt. **9**

5. Befugnisse des Vorsitzenden. Die Bestimmungen, durch die gewisse Verfügungen dem Vorsitzenden als solchem übertragen sind (vgl. z. B. §§ 231 Abs. 1, 238 Abs. 1 StPO; §§ 176, 177, 178 Abs. 2 GVG) gelten selbstverständlich auch für das Schöffengericht und werden von § 30 nicht berührt. **10**

6. Merkblatt. Um die Schöffen von vornherein über ihre Aufgaben und Obliegenheiten zu unterrichten[25], ist im Verwaltungsweg ein Merkblatt geschaffen worden, das ihnen bei der Benachrichtigung von ihrer Wahl übermittelt wird (Nr. 126 Abs. 1 RiStBV und die die Vorbereitungen der Sitzungen der Schöffengerichte und Strafkammern regelnden landesrechtlichen Justizverwaltungsvorschriften). **11**

II. Mitwirkung der Schöffen außerhalb der Hauptverhandlung (Absatz 2)

1. Grundsatz. Wenngleich während der Hauptverhandlung die Schöffen auch bei den Beschlüssen mitzuwirken haben, so ist der eigentliche Zweck ihrer Berufung doch nur der, an der Urteilsfällung teilzunehmen. Demgemäß tritt das Schöffengericht nur zur Hauptverhandlung und Urteilsfällung zusammen; außerhalb der Hauptverhandlung han- **12**

[18] Zu dieser Gefahr s. a. BGH NJW **1997** 1792.
[19] BGHSt **42** 191; BGH NJW **1998** 1163; *Katholnigg*³ 2.
[20] So aber die Begründung von RGSt **69** 120, 124.
[21] *Rennig* 170.
[22] *Hillenkamp* FS Kaiser 1449.
[23] Zur Disponibilität von Verfahrensrechten vgl. die Zusammenfassung bei *Siolek* Verständigung in der Hauptverhandlung, 1993, S. 101 ff sowie zu § 261 StPO S. 166.
[24] Vgl. insoweit BGH NJW **1987** 1209 = NStZ **1987** 181 = JR **1987** 389 m. Anm. *Rieß*.
[25] Dazu *Rüping* 52 und JR **1976** 27; *Rennig* 584.

delt und entscheidet der Richter an Stelle des Schöffengerichts (aber nicht als dessen „Vorsitzender")[26], und zwar bei mehrgliedrigen Amtsgerichten der Richter, der geschäftsplanmäßig dazu bestimmt ist (dazu § 29, 3). Das kann auch ein Richter sein, der in der Hauptverhandlung nicht den Vorsitz führen darf[27].

13 **2. Zum Begriff „außerhalb der Hauptverhandlung".** Der Gesetzeswortlaut des § 30 Abs. 1 definiert den Begriff „Hauptverhandlung" ebensowenig wie § 76 Abs. 1 Satz 2, so daß sich daraus auch nicht erhellt, welche verfahrensmäßige Situation konkret von der Formulierung „außerhalb der Hauptverhandlung" erfaßt wird. Auch die Regelungen über die Hauptverhandlung in §§ 226 ff StPO erläutern den Sinngehalt nicht näher.

14 **a) Ursprüngliches Verständnis.** Ein Blick zurück in die Ursprünge des § 30 zeigt, daß seinerzeit „während der Hauptverhandlung" alles erfaßte, was in dem Zeitraum zwischen Beginn und Ende einer Hauptverhandlung geschah, unabhängig davon, ob die zu treffende Entscheidung in Beziehung zum Urteil stand oder nicht[28]. „Außerhalb der Hauptverhandlung" betraf Entscheidungen vor Beginn und nach Ende der Hauptverhandlung. Diese Regelung war auch praktikabel, weil damals eine unterbrochene Hauptverhandlung ohne jede Ausnahme spätestens „am 4. Tage" fortzusetzen war[29]. Insoweit entsprach es dem Gedanken der Laienbeteiligung, die zeitnah verfügbaren Schöffen in sämtliche anfallenden Entscheidungen einzubeziehen. Erst die später eingeführten längeren Unterbrechungsmöglichkeiten haben die Laienbeteiligung in den Hintergrund treten lassen, weil diese umfassende Beteiligung nicht mehr praktizierbar war[30].

15 **b) Die aktuelle Definition.** Im Zuge des sich durch diese Unterbrechungsmöglichkeiten verändernden Verfahrensablaufs, sind dann im Laufe der Zeit, unabhängig von unterschiedlichen Ansichten im Detail, Rechtsprechung und Literatur einhellig — ohne nähere Begründung — davon ausgegangen, daß der Sinngehalt des Begriffes „außerhalb" als Gegensatz zur Hauptverhandlung zu verstehen ist. Einigkeit besteht auch darin, daß dem Begriff „Hauptverhandlung" in §§ 30, 76 die gleiche Bedeutung zukommt wie in den §§ 226 ff StPO. Dort wiederum wird sie als die umfassende mündliche Verhandlung des Gegenstands der Anklage vor dem erkennenden Gericht definiert mit dem Ziel festzustellen, ob der angeklagte Sachverhalt sich so zugetragen hat[31]. Bereits jede — beliebige — Unterbrechung führt danach zu einem Verfahrensstadium „außerhalb der Hauptverhandlung"[32]. Die Hauptverhandlung wird insoweit offenbar sitzungstechnisch verstanden. Für dieses Verständnis spricht die Ausgestaltung der Hauptverhandlung als förmliches, in der Regel öffentliches Verfahren mit den von der StPO vorgegebenen einzelnen Verfahrensabschnitten. Das läßt in der Regel auch eine eindeutige Abgrenzung der Zuständigkeiten nach Absatz 1 und 2 zu, so daß sich die Mitwirkung der Schöffen je nach Verfahrensstand bestimmen läßt.

16 Im Verhältnis zur **Aussetzung** der Hauptverhandlung liegt dieses Ergebnis auf der Hand, denn durch den Akt der Aussetzung ist die Hauptverhandlung beendet worden und es muß eine neue Hauptverhandlung stattfinden. Im Lichte der verschiedenen Unterbrechungsmöglichkeiten erscheint dies weniger eindeutig. Die **Unterbrechung** stellt gegenüber der Aussetzung nur die Einlegung eines verhandlungsfreien zeitlichen Zwischenraums dar[33]. Die Hauptverhandlung als Einheit dauert noch an, aber sitzungstechnisch gesehen wird sie in jeder Unterbrechungsphase nicht geführt. Dabei spielt die Dauer der

[26] *Eb. Schmidt.* 6.
[27] *Katholnigg*[3] 3; *Kissel* 8.
[28] Zitiert nach *Foth* NStZ **1998** 420.
[29] So die Urfassung von § 229 StPO (damals § 228).
[30] *Foth* NStZ **1998** 421.
[31] LR-*Gollwitzer* Vor § 226, 1.
[32] *Kleinknecht/Meyer-Goßner*[44] 3; LR-*Schäfer*[24] 6.
[33] LR-*Gollwitzer* § 228 StPO, 1.

Unterbrechung keine Rolle, weil dies sonst zu unterschiedlichen Unterbrechungsbegriffen führen würde. Diese Sicht ermöglicht eine klare und einheitliche Handhabung.

c) **Manipulationsmöglichkeiten.** Es ist allerdings nicht zu übersehen, daß ein Verfahrensstadium „außerhalb der Hauptverhandlung" auch willkürlich herbeigeführt werden kann, indem der Vorsitzende im Hinblick auf angekündigte Anträge die Hauptverhandlung kurz unterbricht, um die Mitwirkung der Schöffen zu umgehen oder indem er die in der Hauptverhandlung gestellten Anträge erst außerhalb der Hauptverhandlung zur Entscheidung stellt. Andererseits könnte auch ein Verteidiger darauf bedacht sein, durch entsprechende zeitliche Wahl der Antragstellung die Mitwirkung oder den Ausschluß der Schöffen anzustreben, wie dies etwa im Bereich von Absprachen denkbar wäre, oder er könnte bei einem innerhalb der Hauptverhandlung gestellten Antrag ausdrücklich beantragen, darüber außerhalb der Hauptverhandlung zu entscheiden. In beiden Fällen werden die zur Entscheidung berufenen Richter demnach erst durch Maßnahmen des Vorsitzenden oder des Verteidigers konkretisiert. Hierdurch wird die Problematik des gesetzlichen Richters berührt (Art. 101 Abs. 1 Satz 2 GG) und dies könnte, soweit § 305 StPO Anfechtungsmöglichkeiten eröffnet, zur Aufhebung der Entscheidung führen. 17

3. Die Verfassungsmäßigkeit der gesetzlichen Regelung im Hinblick auf Haftentscheidungen. Wegen dieser Möglichkeit der Manipulation hat der 3. Strafsenat des Bundesgerichtshofs[34] neuerdings für **Haftentscheidungen** im Rahmen eines Verfahrens nach § 122, also im Falle eines erstinstanzlichen Verfahrens vor dem Oberlandesgericht, eine Abkehr von der bisherigen Praxis vollzogen und sich auf den Standpunkt gestellt, daß Haftentscheidungen immer in der „Hauptverhandlungsbesetzung" zu erfolgen hätten. Der 3. Senat begründet dieses Ergebnis mit einer verfassungskonformen Auslegung des § 122, weil die bisherige Praxis mit dem Gebot des gesetzlichen Richters (Art. 101 Abs. 1 Satz 2 GG) nicht zu vereinbaren sei, denn dabei stehe gerade nicht im voraus fest, wer zur Entscheidung berufen ist. 18

Der Senat geht zwar zutreffend davon aus, daß es im Rahmen des § 122 an Regelungen fehlt, in welchen Fällen innerhalb oder außerhalb der Hauptverhandlung zu entscheiden ist; ob daraus allerdings im Wege einer **verfassungskonformen Auslegung** die Folge zu ziehen ist, daß während des gesamten Zeitraums von Beginn bis Ende der Hauptverhandlung nur ein Spruchkörper in einer einheitlichen Besetzung zur Entscheidung der Haftfragen berufen sein könne, erscheint selbst für den Sonderfall des § 122 fraglich. Der Senat verweist zwar für seine Ansicht auf die Plenumsentscheidung des Bundesverfassungsgerichts vom 8. 4. 1997[35], aber die dortige Forderung des Verfassungsgerichts nach einer *möglichst* präzisen Vorherbestimmung der im Einzelfall zur Entscheidung berufenen Richter und der legislatorischen Schließung *vermeidbarer* Spielräume hätte m. E auch eine andere Auslegung erlaubt. Schon diese Formulierung zeigt, daß Art. 101 Abs. 1 Satz 2 GG eine genaue Vorausbestimmung nur für den Regelfall erfordert, im übrigen aber eine abstrakt generelle Regelung genügt[36]. Eine derartige Regelung ist in Form des § 122 vorhanden. Wird innerhalb der Hauptverhandlung entschieden, richtet sich die Besetzung des Spruchkörpers nach § 30 Abs. 1, wird außerhalb der Hauptverhandlung entschieden, gilt § 30 Abs. 2 in Verbindung mit dem Geschäftsverteilungsplan. Daß die Weichenstellung insoweit vom Vorsitzenden abhängt, ist unschädlich, denn aus der vom 19

[34] BGHSt **43** 91 = NStZ **1997** 606 m. Anm. *Dehn* = JR **1998** 33 m. Anm. *Katholnigg*.

[35] BVerfGE **95** 322, 332 = JR **1997** 278 m. Anm. *Berkemann* und m. Anm. *Katholnigg*.

[36] Vgl. auch BVerfGE **17** 294, 299; **18** 423, 425; **20** 337, 344; **40** 356, 360.

3. Senat herangezogenen Plenumsentscheidung des Bundesverfassungsgerichts folgt auch, daß Fehler in der Auslegung und Anwendung einer Norm die Vereinbarkeit der Regelung mit Art. 101 Abs. 1 Satz 2 GG nicht in Frage stellen[37]. Im übrigen hat der Vorsitzende auch in anderen Fällen die Möglichkeit einer „Weichenstellung", wie etwa bei der Terminierung und die damit verbundene Auswahl der Schöffen oder bei der Entscheidung über die Eilbedürftigkeit im Rahmen des § 125 Abs. 2 Satz 2 StPO, ohne daß jemals die Verfassungsmäßigkeit dieser Regelungen in Zweifel gezogen worden wäre[38]. Bereits früher hatte das Verfassungsgericht zudem ausgeführt, die abstrakte Möglichkeit eines Mißbrauchs mache eine Anordnung noch nicht verfassungswidrig[39]. Insoweit hätte es hier sein Bewenden damit haben können zu prüfen, ob die Entscheidung des Vorsitzenden sachlich vertretbar oder als willkürliche Maßnahme zu beanstanden war.

20 Der Beschluß des 3. Senats vermag selbst vom Ausgangspunkt der Notwendigkeit einer verfassungskonformen Auslegung des § 122 nicht zu überzeugen, weil der Senat sich mit seiner weiteren Begründung, es sei sachgerecht, dem Spruchkörper, der die Beweisaufnahme durchführe und zu bewerten habe, generell die Haftentscheidungen zu übertragen[40], sogleich mit dem nächsten Absatz seiner Gründe in Widerspruch setzt, wenn er ausführt, im Falle der Verhinderung eines Richters sei dessen geschäftsplanmäßiger Vertreter zur Mitwirkung berufen, denn dieser Richter hat ja gerade nicht an der Hauptverhandlung teilgenommen[41]. Die Entscheidung überzeugt im übrigen nicht, weil **auch sonst Haftentscheidungen in verschiedenen Verfahrensabschnitten von unterschiedlichen Stellen** getroffen werden. So ist vor Erhebung der öffentlichen Klage das Amtsgericht zuständig (§ 125 Abs. 1 StPO), nach deren Erhebung das mit der Sache befaßte Gericht (§ 125 Abs. 2 StPO) und nach Revisionseinlegung das Gericht, dessen Urteil angefochten ist. Folgerichtig hat diese Entscheidung deshalb Kritik hervorgerufen[42].

21 **4. Auswirkungen der Rechtsprechung zu § 122 auf § 30?** Der Bundesgerichtshof hat zwar nur speziell für den Fall des § 122 die Ansicht vertreten, daß Entscheidungen über einen Haftbefehl während laufender Hauptverhandlung immer in der für die Hauptverhandlung vorgesehenen Besetzung getroffen werden müssen, und zwar unabhängig davon, wann der Antrag gestellt und wann darüber entschieden wird. Trotz der ausdrücklichen Beschränkung auf die Fälle des § 122 ist sogleich die Frage diskutiert worden, ob diese Entscheidung auch für andere Entscheidungen und für andere Spruchkörper entsprechend anzuwenden ist. Während *Dehn*[43] und *Schlothauer*[44] sowie OLG Köln[45] dies uneingeschränkt bejaht haben, haben sich zunächst *Katholnigg*[46] und anschließend das OLG Hamburg[47] sowie OLG Hamm[48] ebenso deutlich dagegen ausgesprochen. Das OLG Hamburg hat zwar ebenfalls im Rahmen des § 30 eine Regelungslücke erkannt, aber diese wegen der Besonderheit der Schöffenbeteiligung dahingehend geschlossen, daß Haftent-

37 BVerfGE **95** 322, 333 = JR **1997** 278, 281.

38 BGH JZ **1994** 1175 hat vielmehr dem Vorsitzenden einen „Spielraum" für eine eigene Bestimmung (Eilbedürftigkeit) gelassen.

39 So zu Regelungen des Geschäftsverteilungsplans BVerfGE **18** 423, 427.

40 BGH JR **1998** 34.

41 Kritisch dazu auch *Schlothauer* StV **1998** 145.

42 *Bertram* NJW **1998** 2934; *Katholnigg* JR **1997** 34; zustimmend dagegen: *Dehn* NStZ **1997** 607; *Kunisch* StV **1998** 687; *Schlothauer* StV **1998** 144; *Siegert* NStZ **1998** 421; zurückhaltend: *Foth* NStZ **1998** 420.

43 NStZ **1997** 607.

44 StV **1998** 144.

45 NStZ **1998** 419 m. Anm. *Foth* und Anm. *Siegert* = NJW **1998** 2989.

46 JR **1998** 34 u. 170.

47 JR **1998** 169 m. Anm. *Katholnigg* = NJW **1998** 2988..

48 StV **1998** 388 zur Besetzungsfrage bei Haftprüfungen während einer unterbrochenen Hauptverhandlung.

scheidungen stets ohne Mitwirkung der Schöffen zu erfolgen hätten[49], weil diese Entscheidungen ohnehin nicht zum unantastbaren Kernbereich der Schöffenbeteiligung gehörten. Die gegen die Entscheidung des OLG Hamburg eingelegte Verfassungsbeschwerde ist nicht zur Entscheidung angenommen worden, weil es sich bei der Begründung des Oberlandesgerichts um eine mögliche Gesetzesauslegung handele[50].

Die **ablehnende Ansicht**, die durch diese Nichtannahmeentscheidung bestärkt worden ist, verdient den Vorzug. Die Regelung des § 122 betrifft die Besetzung mit Berufsrichtern und unterscheidet sich insoweit grundlegend von einer Spruchkörperbesetzung mit Schöffen. Die Mitwirkung der Schöffen an Haftentscheidungen ist zudem nur im Rahmen des § 268 b StPO zwingend vorgesehen und unterstreicht die Ansicht des OLG Hamburg, daß diese Tätigkeit ansonsten nicht zum Kernbereich der Laienbeteiligung gehört, denn der liegt darin, über die Schuld- und Straffrage zu entscheiden. Während der 3. Senat für die Mitwirkung der Berufsrichter im Falle der Verhinderung von deren geschäftsplanmäßiger Vertretung ausgeht[51], ist dies für Schöffen, etwa unter Rückgriff auf die Hilfsschöffen, da systemfremd, nicht möglich[52]. **22**

Im übrigen ist dabei die **Grenze der Zumutbarkeit für Schöffen** zu bedenken, wie sie insbesondere in den Regelungen der §§ 43 Abs. 2, 45 Abs. 2 Satz 3 ihren Niederschlag gefunden hat. Unklar wäre dann nämlich, ob die Tage ihrer Inanspruchnahme für die nach Abs. 1 zu treffenden Entscheidungen, soweit sie nicht Sitzungstage sind, auf die durchschnittlich zu leistenden zwölf Sitzungstage angerechnet werden, was sicherlich konsequent wäre. Dagegen spräche aber auch die gegenüber Berufsrichtern wesentlich häufigere Unerreichbarkeit von Schöffen (z. B. Auslandsaufenthalt während einer längeren Unterbrechung), die mangels der Möglichkeit einer Vertretung durch andere Schöffen eine Entscheidung hindern würde. Es käme dann wohl nur eine Eilentscheidung in Betracht, soweit diese gesetzlich vorgesehen ist, wie etwa in § 125 Abs. 2 Satz 2. Damit würde aber gerade der Sinn einer Schöffenbeteiligung nicht erreicht. **23**

Eine Übertragung der Rechtsprechung des 3. Strafsenats scheidet aber auch wegen der nach § 76 Abs. 2 gegebenen Möglichkeit der **Reduzierung der Richterbank** aus, weil sonst bei konsequenter Umsetzung die Regelung des § 76 Abs. 1 unterlaufen würde, denn dann dürften nur zwei Berufsrichter mitwirken. Werden während einer unterbrochenen Hauptverhandlung erforderliche Entscheidungen nur von den drei Berufsrichtern der Kammer getroffen, hat dies zudem den Vorteil, daß bei Verfahren vor großen Strafkammern in eilbedürftigen Fällen eine gleichmäßige Besetzung sichergestellt ist[53]. **24**

Auch **zeitliche Verzögerungen** durch die Beiziehung von Schöffen entfallen. Dagegen wird zwar eingewendet, daß es dann zu divergierenden Entscheidungen zu den am Ende der Hauptverhandlung gemeinsam mit den Schöffen zu treffenden **Haftentscheidungen** (§ 268 b StPO) kommen könne, aber diese Möglichkeit ist dem Gesetz immanent, was sich allein schon aus den im Laufe eines Verfahrens verändernden Zuständigkeiten ergibt. Soweit das OLG Hamburg allerdings sein Ergebnis im Wege verfassungskonformer Auslegung des § 30 findet, gelten dieselben Einwände wie gegen die Entscheidung des Bundesgerichtshofs (oben 19 ff). Der von *Katholnigg* unterbreitete Vorschlag[54], die Besetzungsfrage danach zu bestimmen, ob es sich um eilbedürftige oder nicht eilbedürftige Entscheidungen handelt, erscheint weder erforderlich noch trägt er zu einer schärferen Abgrenzung bei. **25**

---

49 **A. A** *Kissel* 7.

50 Beschluß der 3. Kammer des 2. Senats StV **1998** 387.

51 JR **1998** 33, 34.

52 BVerfG StV **1998** 387; OLG Hamburg JR **1998** 169; *Dehn* NStZ **1997** 609; *Katholnigg* JR **1998** 171.

53 OLG Hamm StV **1988** 388.

54 *Katholnigg* JR **1998** 35 und 172.

26 Wenngleich sich die derzeitige Diskussion im wesentlichen auf Haftentscheidungen bezieht, bleibt sie aber auch für **andere Grundrechtseingriffe** von Bedeutung, namentlich für Beschlagnahmen, Durchsuchungen, DNA-Analysen etc.

27 **De lege ferenda** sollte wegen des entfachten Meinungsstreits überdacht werden, ob nicht eine klarstellende gesetzliche Regelung — möglicherweise nur für Haftentscheidungen — erfolgen sollte. Ob danach generell eine Beteiligung der Schöffen oder deren Ausschluß in Betracht kommt, unterliegt allein dem gesetzgeberischen Ermessen. Allerdings dürfte aus den dargelegten praktischen Erwägungen eine Regelung ohne Schöffenbeteiligung vorzuziehen sein.

28 **5. Die Entscheidungen nach Absatz 2.** Die Vorschrift gilt gleichmäßig für die Entscheidungen, die vor der Hauptverhandlung, wie für die, die nachher zu erlassen sind. Erfaßt werden ferner aber auch Abänderungen von Entscheidungen, die unter Mitwirkung von Schöffen erlassen worden sind[55]. Insbesondere beschließt der Richter beim Amtsgericht an Stelle des Schöffengerichts über die Eröffnung des Hauptverfahrens (§§ 199 ff StPO). Wegen des Sonderfalls der Bescheidung eines Antrags nach § 408 a StPO s. o. Rdn. 1 am Ende. Von den Entscheidungen, die der Hauptverhandlung nachfolgen, sind hervorzuheben die die Wiederaufnahme des Verfahrens betreffenden (§§ 367 ff StPO), soweit nach § 140 a ein Schöffengericht zuständig ist, sowie die richterlichen Entscheidungen, die bei der Strafvollstreckung und nach einer Strafaussetzung zur Bewährung notwendig werden, soweit nach § 462 a StPO das Schöffengericht als Gericht des ersten Rechtszuges dafür zuständig ist. Auch die Nachholung der in der Hauptverhandlung unterbliebenen Beschlußfassung über die Verpflichtung der Staatskasse zur Entschädigung für Strafverfolgungsmaßnahmen (§ 8 Abs. 1 Satz 2 StrEG) gehört hierher. Absatz 2 findet auch Anwendung, wenn es sich um die zulässige Zurücknahme eines Beschlusses des Schöffengerichts handelt; so darf der Richter beim Amtsgericht den Beschluß, durch den das Schöffengericht gegen einen ausgebliebenen Zeugen Ordnungsmittel festgesetzt hat, im Falle der nachträglichen Entschuldigung des Zeugen (§ 51 Abs. 2 StPO) wieder aufheben (h. M).

29 Die **bisher anerkannte Praxis**, daß auch während der Unterbrechung einer Hauptverhandlung der Richter beim Amtsgericht allein über Anordnungen entscheidet, die nicht im Laufe einer Hauptverhandlung erlassen werden müssen, in keiner Beziehung zur Urteilsfällung stehen und auch ohne mündliche Verhandlung erlassen werden können, z. B. über Anordnung oder Fortdauer der Untersuchungshaft[56], über Beschlagnahme- und Durchsuchungsanordnungen und über die Unterbrechung nach § 229 Abs. 2 StPO[57], dürfte durch die Entscheidung des 3. Strafsenats (oben Rdn. 18) **nicht überholt** sein.

30 **6. Erweitertes Schöffengericht (§ 29 Abs. 2).** Daß außerhalb der Hauptverhandlung der Richter allein entscheidet, gilt auch für das erweiterte Schöffengericht. Welcher Richter außerhalb der Hauptverhandlung entscheidet, richtet sich nach der Geschäftsverteilung[58]. Zweifel bestehen darüber, wie ein Streit über die Abfassung des Urteils zu lösen ist, der zwischen den beiden an der Hauptverhandlung mitwirkenden Richtern entsteht[59]. Der einzig mögliche Weg zur Lösung des Streits ist der, daß „das Schöffengericht" (einschließlich der Schöffen) nochmals zusammentritt und über die Fassung entscheidet[60].

---

55 *Katholnigg*[3] 3; KMR-*Paulus* 2; *Eb. Schmidt* 7.
56 OLG Schleswig NStZ **1990** 198; *Kleinknecht/Meyer-Goßner*[44] 3.
57 BGHSt **34** 154, 155.
58 *Eb. Schmidt* 6.
59 Dazu *Sachs* DRiZ **1925** 154; *Kroffebert* und *Knoth* DRiZ **1926** 176.
60 Ebenso *Eb. Schmidt* § 29, 15.

§ 31

[1]**Das Amt eines Schöffen ist ein Ehrenamt.** [2]**Es kann nur von Deutschen versehen werden.**

Schrifttum. *Jutzi* Zulassung von Ausländern als ehrenamtliche Richter, DRiZ **1997** 377; *Röper* Anspruch der Unionsbürger auf das Amt des ehrenamtlichen Richters, DRiZ **1998** 195; *Wassermann* Multiethnische Gerichte? NJW **1996** 1253.

Übersicht

I. Das Schöffenamt

1. Ehrenamt. Schöffen sind **ehrenamtliche Richter** i. S. der §§ 44, 45 DRiG. Sie sind Teil der rechtsprechenden Gewalt (§ 1 DRiG). Nach § 45 a DRiG führen alle ehrenamtlichen Richter in der Strafgerichtsbarkeit die Bezeichnung „Schöffe" (die frühere Bezeichnung „Geschworener" für die in Schwurgerichtssachen tätigen ehrenamtlichen Richter ist weggefallen). Jedoch unterscheidet das Gesetz, zwischen „Schöffen für das Schöffengericht" und „Schöffen für die Strafkammer" (vgl. §§ 43, 44, 77). Die Kennzeichnung als Ehrenamt bedeutet, daß es unentgeltlich zu versehen ist (Begr. 43). Daran ändert auch nichts die nach § 55 zu gewährende Entschädigung, obwohl sie auch einen etwaigen Verdienstausfall umfaßt. Denn diese Entschädigung bedeutet keine Entlohnung, sondern lediglich einen Ersatz des sonst entstehenden Schadens. **1**

2. Unabhängigkeit. Als ehrenamtliche Richter sind Schöffen in ihrer rechtlichen Stellung den Berufsrichtern gleichgestellt. Sie genießen deshalb auch die verfassungsrechtlich garantierte Unabhängigkeit[1]. §§ 30, 45 Absatz 1 Satz 1 DRiG kommt gegenüber Art. 97 GG deshalb nur deklaratorische Bedeutung zu. Schöffen unterliegen damit denselben Bindungen an das Gesetz wie die Berufsrichter. **2**

3. Eidesleistung. Vor der ersten Dienstleistung sind Schöffen in öffentlicher Sitzung des Gerichts durch den Vorsitzenden zu vereidigen (§ 45 Abs. 2 Satz 1 DRiG). Die Vereidigung ist für die Schöffenstellung konstitutiv, d. h. fehlt sie, ist das Gericht nicht ordnungsgemäß besetzt[2]. Einer fehlenden Vereidigung steht es gleich, wenn diese nicht in öffentlicher Sitzung vorgenommen wurde[3]. Sie ist aber nicht Teil der Hauptverhandlung und deswegen müssen bei der Vereidigung auch nicht die Verfahrensbeteiligten der Verhandlung anwesend sein, an der die Schöffen erstmals mitwirken sollen[4]. Es genügt, wenn **3**

---

1 Vgl. BVerfG **26** 200; **27** 319; **42** 208; **54** 166; s. auch Einl. I 36.

2 BVerfGE **31** 184; BGHSt **3** 175; **4** 158; OLG Köln JMBlNRW **1976** 118.

3 *Kissel* 6; **a.A** BVerwG NJW **1981** 1110.

4 *Kissel* 6.

überhaupt Dritte im Sinne der allgemeinen Öffentlichkeit teilnehmen können[5]. Die Vereidigung gilt für die Dauer der Amtsperiode (§ 45 Abs. 2 Satz 2 DRiG); bei erneuter unmittelbar anschließender Berufung ist eine neue Vereidigung nicht erforderlich[6]. Anders ist dies aber, wenn ein Schöffe nach zeitlicher Unterbrechung erneut berufen wird. Verweigert der Schöffe die Eidesleistung, ohne sich auf Glaubens- oder Gewissensgründe zu berufen, dürfte er als für das Schöffenamt ungeeignet anzusehen sein mit der Folge, daß er von der Schöffenliste zu streichen ist[7].

4 Die **Vereidigung durch den Vorsitzenden** ist Teil der unabhängigen richterlichen Tätigkeit und damit keinerlei Weisungen zugänglich[8].

5 **4. Straf- und haftungsrechtliche Stellung.** Schöffen als ehrenamtliche Richter sind gemäß § 11 Abs. 1 Nr. 2, 3 StGB sowohl Amtsträger wie auch Richter im Sinne solcher Vorschriften des Strafgesetzbuches, die Straftaten von Amtsträgern oder Richtern oder Straftaten gegen Amtsträger oder Richter betreffen, oder in denen Amtsträger oder Richter als Begünstigte einer Straftat besonders genannt sind; hier sind insbesondere die §§ 331 (Vorteilsannahme), 332 (Bestechlichkeit), 333 (Vorteilsgewährung) 334 (Bestechung) und 339 StGB (Rechtsbeugung) zu nennen. Sie haben wie die Berufsrichter das Beratungsgeheimnis zu wahren (§ 45 Abs. 1 Satz 2 DRiG). Für Schöffen gilt die allgemeine Staatshaftung nach Art. 34 GG ebenso wie das haftungsrechtliche Spruchrichterprivileg des § 839 Abs. 2 BGB[9].

II. Qualifikation für das Schöffenamt

6 **1. Deutsche Staatsangehörigkeit.** Der Begriff „Deutscher" (Satz 2) ist der gleiche wie der des „Deutschen" in § 7 StGB und des für Berufsrichter geltenden § 9 Nr. 1 DRiG, so daß wegen der Einzelheiten in erster Linie auf die Erläuterungswerke zum Strafgesetzbuch[10] verwiesen werden kann. Er bestimmt sich im übrigen auch nach dem erweiterten Begriff des Deutschen durch Art. 116 GG. Auf welche Weise die deutsche Staatsangehörigkeit erworben wurde, ist unerheblich. Es genügt auch eine Einbürgerung durch die ehemalige DDR, wenn der ordre public nicht entgegensteht[11]. Wird jemand zum Schöffen gewählt, der nicht Deutscher ist, ist die Wahl unwirksam. Die Mitwirkung eines solchen Schöffen an einer Entscheidung führt nicht ohne weiteres zur Unwirksamkeit, sondern macht die Entscheidung nur gemäß § 338 Nr. 1 StPO anfechtbar.

2. Ausländer und Staatenlose

7 **a) Die geltende Rechtslage.** Ausländer und Staatenlose fallen unter den Begriff „Nichtdeutsche" und sind, wie der Wortlaut der Bestimmung („kann nur") ergibt, unfähig zum Schöffenamt. Insoweit gilt das zuvor Gesagte zur Wirksamkeit einer Wahl und zur evtl. Mitwirkung an Entscheidungen. Besitzt allerdings ein Deutscher zugleich eine weitere Staatsangehörigkeit, so ist er schöffenfähig[12].

8 **b) Vereinbarkeit mit EU-Recht.** Trotz dieser vermeintlich eindeutigen Rechtslage wird im Hinblick auf die fortschreitende Europäisierung und Gleichstellung der Unionsbürger auch für den Bereich der Justiz eine Öffnung für das Schöffenamt gefordert[13] und

---

5 BVerwG NJW **1981** 1110.
6 *Kissel* 6.
7 BVerfG vom 6. 4. 1979 – 2 BvR 314/79 –.
8 HessDG DRiZ **1980** 469.
9 RG JW **1924** 192.
10 Z. B. *Tröndle/Fischer*[49] § 7 Rdn. 2, 3.
11 BVerfGE **77** 137 = NJW **1988** 1313.
12 H. M; z. B. RGSt **25** 415; RG JW **1924** 1529.
13 *Jutzi* DRiZ **1997** 377; *Röper* DRiZ **1998** 195.

bereits vereinzelt in den Länderregierungen diskutiert[14]. Begründet wird dies damit, daß durch die Niederlassungsfreiheit bereits jetzt Rechtsanwälte aus allen EU-Staaten[15] in Deutschland praktizieren und Mitglied der Ehrengerichtshöfe für Rechtsanwälte bei den Oberlandesgerichten werden dürfen, ohne daß sie die deutsche Staatsangehörigkeit besitzen müßten[16]. Im übrigen sei durch die Umsetzung der Richtlinie 94/80/EG des Rates vom 19. 12. 1994 zu Art. 8 b Abs. 1 EGV das aktive und passive Kommunalwahlrecht für Unionsbürger eingeführt worden. Damit können EU-Ausländer als Mitglied in einer Kommunalvertretungskörperschaft durch die Mitwirkung an der Vorschlagsliste (§ 36) bereits jetzt Einfluß auf die Zusammensetzung der Gerichte nehmen[17]. Auch können sie schon derzeit an der Wahl der Vertrauenspersonen (§ 40) teilnehmen und sie können selbst zu diesen Vertrauenspersonen gewählt werden[18]. Selbst der von der Landesregierung zu bestimmende Verwaltungsbeamte (§ 40 Abs. 2) könne Unionsbürger sein[19]. Schließlich entspreche ihre Einbeziehung dem nach § 36 Abs. 2 bestehenden Gebot der Berücksichtigung aller Bevölkerungsgruppen[20].

Soweit diese Argumente zutreffen, scheinen sie im Lichte der Förderung der europäischen Einigung geradezu eine Änderung des § 31 zu gebieten, aber gleichwohl läßt sich daraus keineswegs ableiten, daß die nationale Regelung des § 31 GVG EU/EG-vertragswidrig ist[21]. Art. 8 b EG-Vertrag regelt ausschließlich das einem Unionsbürger in den Mitgliedstaaten einzuräumende **kommunale Wahlrecht** und dieser Verpflichtung ist die Bundesrepublik nachgekommen. Daß die Umsetzung dieser **Sonderrecht**e ausstrahlt in andere Lebens- und Rechtsbereiche, ist damit zwar intendiert, aber das begründet keine weitergehenden Rechte. Insbesondere ist dem EG-Vertrag nicht einmal ansatzweise ein Mitwirkungsrecht an der nationalen Rechtsprechung eines Mitgliedstaates zu entnehmen. **9**

Im übrigen **steht** dem Wunsch nach einer entsprechenden Änderung ganz eindeutig das **Grundgesetz entgegen**[22]. Ganz abgesehen davon, daß es weder auf Landes- noch auf Bundesebene vergleichbare Wahlrechtsregelungen gibt, die für eine weitere Einbindung von Ausländern sprechen könnten, ist die Rechtspflege Länder- bzw. Bundessache und für die Verteilung der Staatsgewalt gilt deswegen ganz uneingeschränkt Art. 20 Abs. 3 GG. Das dort angesprochene „Staatsvolk" ist aber nicht die Bevölkerung, die sich auf dem Gebiet der Bundesrepublik aufhält, sondern nur die Gesamtheit der deutschen Staatsangehörigen, wie sie Art. 116 Abs. 1 GG beschreibt[23]. **10**

3. Beherrschung der deutschen Sprache. Daß der deutsche Schöffe auch der deutschen Sprache mächtig ist, ist keine gesetzliche Voraussetzung für die Berufung zu dem Amt; es ist dann aber nach § 185 zu verfahren[24], d. h. es muß übersetzt werden, was jedoch im Rahmen der Beratung wegen der Regelung des § 193 GVG nicht unproblematisch erscheint. Fehlende deutsche Sprachkenntnisse führen jedenfalls nicht zur fehlerhaften Besetzung eines Gerichts und ebensowenig geben sie die Möglichkeit zur Ablehnung eines solchen Schöffen[25]. **11**

---

[14] Z. B. Vorschlag des Hess. Ministeriums für Frauen, Arbeit und Sozialordnung zur Öffnung der Sozial- und Arbeitsgerichtsbarkeit für Ausländer, die sich seit mindestens zehn Jahren rechtmäßig in Deutschland aufhalten und der deutschen Sprache mächtig sind in: FAZ v. 13. 2. 1996, S. 2.

[15] Richtlinie 98/5/EG des Europäischen Parlaments und des Rates vom 16. 2. 1998, EG-Amtsbl. 1998 L 77/36.

[16] *Röper* DRiZ **1998** 199.

[17] *Röper* DRiZ **1998** 200.

[18] *Röper* DRiZ **1998** 201.

[19] *Röper* DRiZ **1998** 201.

[20] *Röper* DRiZ **1998** 202.

[21] So aber *Röper* DRiZ **1998** 202.

[22] *Wassermann* NJW **1996** 1253.

[23] Vgl. *Wassermann* aaO.

[24] RGSt **30** 399; h. M, vgl. *Kissel* 11; **a. M** *Eb. Schmidt* 4; *Kleinknecht/Meyer-Goßner*[44] 3.

[25] *Kissel* 11.

12 **4. Sonstige Fähigkeiten oder Beeinträchtigungen.** Über die angeführten Einschränkungen hinaus werden weitere Eigenschaften für Schöffen nicht vorausgesetzt. Der Schöffe braucht keine auch nur durchschnittlichen **intellektuellen Fähigkeiten** zu haben[26] und auch keine besonderen beruflichen Fähigkeiten, was für bestimmte Verfahren, wie etwa Wirtschaftsstrafverfahren vorteilhaft sein könnte. Immerhin stellt das Gesetz auch in anderen Bereichen (vgl. § 109 für Handelsrichter und § 35 JGG für Jugendschöffen) aus gutem Grund an die Schöffen besondere Forderungen[27].

13 Wegen körperlicher Beeinträchtigungen wie **Taubheit oder Blindheit** s. § 33.

Vorbemerkungen zu §§ 32 bis 35

1 **1. Über die entsprechende Anwendung** der §§ 32 bis 35 auf die Schöffen bei der Strafkammer s. § 77.

2 **2. Allgemeiner Zugang zum Ehrenamt.** Das GVG hat den von den meisten der früheren Landesgesetze vor dem 1. 10. 1879 befolgten Grundsatz, den Kreis der zum Schöffenamt zu berufenden Personen durch Aufstellung besonderer Voraussetzungen (z. B. Vorhandensein eines bestimmten Vermögens oder einer gewissen Bildung) zu beschränken, vollständig aufgegeben. Die Gewähr dafür, daß zu Schöffen nur Personen berufen werden, die die zu diesen Ämtern erforderlichen Eigenschaften besitzen, soll das vorgeschriebene Wahlverfahren bieten — und darüber hinaus im Anwendungsbereich der Rügepräklusion (§ 222 a StPO) die vorgesehene Besetzungsmitteilung mit der Gelegenheit ihrer Nachprüfung. Schon seit langem schlugen frühere Reformentwürfe[1] gesetzliche Richtlinien vor, die die gleichmäßige Heranziehung aller Bevölkerungskreise und -schichten gewährleisten sollten. In Anknüpfung an solche Vorschläge und auch zur Verwirklichung des Art. 3 GG sieht § 36 Abs. 2 vor, daß die von der Gemeinde aufzustellende Vorschlagsliste für Schöffen alle Gruppen der Bevölkerung nach Geschlecht, Alter, Beruf und sozialer Stellung angemessen berücksichtigen soll; diese Vorschrift richtet sich gemäß § 42 Abs. 2 auch an den Wahlausschuß bei der Auswahl der vorgeschlagenen Schöffen. Mit §§ 36 Abs. 2, 42 Abs. 2 („angemessen berücksichtigen") steht es im Einklang, wenn III 6 der Gemeinsamen Verfügung des Niedersächsischen Justiz- und Innenministers vom 17. 3. 1976 (§ 57 Rdn. 2) auch darauf hinweist, es sei bei der Wahl — und für die Aufstellung der Vorschlagsliste kann nichts anderes gelten — darauf zu achten, „daß die zu Wählenden nach ihrer körperlichen und geistigen Veranlagung und ihrer im praktischen Leben bewiesenen Tüchtigkeit in der Lage sind, den hohen Anforderungen des Richteramts zu genügen". Eine Reihe der durch das 1. StVRG 1974 durchgeführten Änderungen schöffenrechtlicher Vorschriften (vgl. § 33 Nr. 2, § 34 Abs. 3 Nr. 7, § 35 Nr. 2, § 43 Abs. 2) beruht (auch) auf dem Bestreben, zu vermeiden, daß weitgehend immer die gleichen Personen zu Schöffen vorgeschlagen und gewählt werden und dient so den gesetzgeberischen

---

[26] RGSt **30** 399.

[27] Zurückhaltender dazu LR-*Rieß* Einl. I 32.

[1] Dazu LR[22] Vor §§ 32 bis 35, 2.

Intentionen (§§ 36 Abs. 2, 42 Abs. 2) nach Heranziehung eines möglichst breitgefächerten Personenkreises zum Schöffenamt.

3. Schöffenunfähigkeit. Schöffenungeeignetheit. Ablehnung der Berufung. Das Gesetz unterscheidet zwischen Personen, die zu dem Schöffenamt unfähig sind (§ 31 Satz 2, § 32), Personen, die nicht berufen werden sollen — sog. Schöffenungeeignetheit — (§§ 33, 34) und Personen, die die Berufung ablehnen dürfen (§ 35). Unfähige Personen dürfen als Schöffen im Verfahren nicht mitwirken; wirkt eine solche Person gleichwohl mit, so begründet dies die Verfahrensrüge (§ 344 Abs. 2 StPO) der vorschriftswidrigen Besetzung des Gerichts (§ 338 Nr. 1 StPO) und zwar unabhängig davon, ob es in einem Verfahren nach § 52 zu einer Streichung von der Schöffenliste gekommen ist, und auch unabhängig davon, ob ein solches Verfahren überhaupt eingeleitet war[2]. Personen, die nicht zum Schöffendienst berufen werden sollen, sind dagegen zu diesem Dienst nicht unfähig. Die Rücksichten, aus denen ihre Berufung verhindert werden soll, sind nicht von solcher Bedeutung, daß ihre Nichtbeachtung das Urteil anfechtbar macht. Immerhin beruhen aber auch diese Rücksichten auf dem öffentlichen Interesse; deshalb ist die Streichung von der Schöffenliste wegen des Eintretens oder Bekanntwerdens von Umständen, bei deren Vorhandensein eine Berufung zum Schöffenamt nicht erfolgen soll (§ 52 Abs. 1 Nr. 2), nicht an den Antrag des Beteiligten und an keine Frist gebunden (§ 52). Die Personen endlich, die die Berufung ablehnen dürfen, finden nur Berücksichtigung aus gewissen Billigkeitsrücksichten, die mit den Interessen der Rechtspflege nicht im Zusammenhang stehen. Die Ablehnungsgründe brauchen nicht, aber sie können bei Auswahl der zu berufenden Personen von Amts wegen berücksichtigt werden. Werden sie nicht schon von Amts wegen bei Aufstellung der Vorschlags- und Schöffenlisten berücksichtigt, so müssen sie von den Beteiligten binnen einer Ausschlußfrist geltend gemacht werden (§ 53). 3

4. Wird die unter **Mitwirkung eines unfähigen Schöffen** erlassene Entscheidung nicht mit dem gesetzlichen Rechtsmittel angefochten oder ist sie überhaupt nicht anfechtbar, so ist sie wirksam; die Rechtskraft heilt den Mangel. Von einer Nichtigkeit des rechtskräftigen Urteils[3] kann keine Rede sein[4]. 4

5. Ausschließung. Ablehnung. Verschieden von den Fällen der Untauglichkeit zum Schöffenamt nach den §§ 33 bis 35 ist der Fall, daß in einer einzelnen Strafsache die Ausschließung oder Ablehnung eines Schöffen begründet ist; hierüber s. § 31 StPO. 5

§ 32

Unfähig zu dem Amt eines Schöffen sind:

1. **Personen, die infolge Richterspruchs die Fähigkeit zur Bekleidung öffentlicher Ämter nicht besitzen oder wegen einer vorsätzlichen Tat zu einer Freiheitsstrafe von mehr als sechs Monaten verurteilt sind;**

---

[2] BGHSt **27** 105; BGHSt **35** 28 = NStZ **1987** 566; s.a. § 32, 8 und LR-*Hanack* § 338 StPO, 33.

[3] Dazu LR-*K. Schäfer* Einl. (24. Aufl. Kap. **16** 9 a); LR-*Rieß* Einl. J 116 ff.

[4] H. M; z. B. *Kissel* § 32, 1; *Kleinknecht/Meyer-Goßner*[44] § 32, 7; *Eb. Schmidt* § 32, 6; **a. M** *Steinbeck* GA **1976** 12; *Schorn* Laienrichter S. 51 ff.

2. Personen, gegen die ein Ermittlungsverfahren wegen einer Tat schwebt, die den Verlust der Fähigkeit zur Bekleidung öffentlicher Ämter zur Folge haben kann.

Schrifttum. *Moller* Amtsenthebung von Laienrichtern als Folge von Maßnahmen der Staatsanwaltschaft? MDR **1965** 534; *Schorn* Der Laienrichter in der Strafrechtspflege (1955); weiteres Schrifttum s. bei § 28 und Einl. I.

Entstehungsgeschichte. Das VereinhG 1950 erweiterte die Unfähigkeitsgründe durch Änderung der Nr. 1 und 2. Durch das 1. StRG 1969 wurden die Nr. 1 und 2 neu gefaßt. Es lauteten zuvor a) Nr. 1: „Personen, welche die Befähigung infolge strafgerichtlicher Verurteilung verloren haben oder wegen eines Verbrechens oder eines vorsätzlichen Vergehens zu ... verurteilt sind", b) Nr. 2: „Personen, gegen die ein Ermittlungsverfahren wegen eines Verbrechens oder Vergehens schwebt, das die Aberkennung der bürgerlichen Ehrenrechte oder der Fähigkeit ... haben kann". Bis zum 31. 12. 1998 sah die frühere Nr. 3 Unfähigkeit zum Schöffenamt auch für Personen vor, „die infolge gerichtlicher Anordnung in der Verfügung über ihr Vermögen beschränkt sind". Diese Regelung ist durch Art. 12 Nr. 2 EGInsO aufgehoben worden.

Übersicht

1 **1. Begriff der „Unfähigkeit".** Vgl. dazu Vor §§ 32 bis 35, 1ff insbes. 3. Die Gründe der Unfähigkeit sind in § 31 (fehlende deutsche Staatsangehörigkeit, dort Rdn. 6) und § 32 erschöpfend aufgeführt. Körperliche und geistige Gebrechen fallen nur unter § 33 Nr. 4[1]. S. dazu aber auch Vor §§ 32 bis 35 Rdn. 2. Gemeint ist hier also die Unfähigkeit im allgemeinen und nicht die Möglichkeit, Schöffen im Einzelfall abzulehnen oder auszuschließen.

2 **2. Maßgebender Zeitpunkt** für das Vorliegen der Unfähigkeit und die Folgen für das Urteil (§ 338 Nr. 1 StPO) ist der der tatsächlichen Ausübung des Schöffenamts, nicht der Zeitpunkt der Bildung der Schöffenliste[2]. Auf die Fernhaltung unfähiger Schöffen ist zwar in allen Stadien von der Aufstellung der Vorschlagsliste an von Amts wegen zu achten[3]; die Nachprüfung eines Urteils erfolgt aber nur auf entsprechende Verfahrensrüge. Aus der Revisibilität des § 32 folgt jedoch kein Recht des Verteidigers, in der Hauptverhandlung eine Auskunft über das Vorliegen von Gründen für eine mögliche Amtsunfähigkeit zu verlangen[4]. Ist der Unfähigkeitsgrund bis zur Hauptverhandlung entfallen, ist das Gericht

[1] RGSt **22** 106; **30** 399; **a. M** *Oetker* GA **49** (1903) 98.
[2] RGSt **2** 241; **21** 292; h. M; **a. M** *Friedländer* GerS **46** (1892) 433.
[3] Vor §§ 32 bis 35, 3 und RGSt **25** 415.
[4] BGH NStZ **1994** 139 = StV **1994** 62.

ordnungsgemäß besetzt[5]. Entsteht der Grund erst im Laufe der Hauptverhandlung, führt dies zur Amtsunfähigkeit mit der Folge, daß das Verfahren auszusetzen ist, falls kein Ergänzungsschöffe eintreten kann. Anderenfalls gilt § 338 Nr. 1 StPO. Einer vorherigen Streichung von der Schöffenliste bedarf es nicht[6]. Wegen der Streichung von der Schöffenliste bei Eintritt oder Bekanntwerden der Schöffenunfähigkeit s. § 52 Abs. 1 Nr. 1.

3. Amtsunfähigkeit; erhebliche Bestrafung (Nr. 1)

a) Grundsatz. Hier unterscheidet das Gesetz zwei Gründe der Schöffenunfähigkeit, 3
nämlich a) Nichtbesitz der Fähigkeit zur Bekleidung öffentlicher Ämter infolge Richterspruchs, b) Verurteilung wegen einer vorsätzlichen Tat zu einer Freiheitsstrafe von mehr als sechs Monaten. In beiden Fällen knüpft die Folge der Schöffenunfähigkeit nur an die Verurteilung durch ein Strafgericht im räumlichen Geltungsbereich des StGB an[7]. Die Art des Delikts ist dabei ohne Bedeutung.

b) Die Schöffenunfähigkeit als Folge des Verlusts der Amtsfähigkeit (§ 45 Abs. 1, 4
2 StGB) ist eine zeitweilige. Sie dauert beim automatischen Verlust als Folge der Verurteilung wegen eines Verbrechens zu Freiheitsstrafe von mindestens einem Jahr fünf Jahre (§ 45 Abs. 1 StGB) und bei der — fakultativen — Aberkennung der Amtsfähigkeit unter den Voraussetzungen des § 45 Abs. 2 zwei bis fünf Jahre. Das Urteil muß rechtskräftig sein. Wegen des Eintritts und der Dauer der Amtsunfähigkeit vgl. § 45 a StGB. Die Schöffenunfähigkeit endet mit dem Ablauf der Dauer der Amtsunfähigkeit; sie kann vorzeitig enden durch gerichtliche Wiederverleihung der Amtsfähigkeit durch gerichtliche Entscheidung (§ 45 b StGB) oder durch Gnadenerweis des Inhabers des Gnadenrechts.

c) Dagegen ist die **Schöffenunfähigkeit als automatische Folge der Verurteilung** 5
wegen einer vorsätzlichen Tat (Verbrechen oder Vergehen) zu einer Freiheitsstrafe von mehr als sechs Monaten eine dauernde. Diese — durch das VereinhG 1950 eingeführte — sehr wesentliche Erweiterung der Schöffenunfähigkeit beruht auf dem Gedanken, daß ungeeignet ist, über andere zu richten, wer selbst vorsätzliche Gesetzesverstöße begangen hat, die zu einer nicht unerheblichen Freiheitsstrafe geführt haben. Gemeint ist hier — wie auch sonst, wenn an eine Verurteilung Nebenfolgen geknüpft sind — eine rechtskräftige Verurteilung[8]. Die Voraussetzungen der Nr. 1 sind auch dann gegeben, wenn auf Jugendstrafe (§ 17 JGG) oder wenn wegen mehrerer vorsätzlicher Taten auf eine sechs Monate übersteigende Gesamtfreiheitsstrafe erkannt worden ist, auch wenn keine der Einzelstrafen sechs Monate erreicht[9]. Bei einer Gesamtstrafe wegen einer vorsätzlichen und einer fahrlässigen Tat ist die Einsatzstrafe für die vorsätzliche Tat maßgebend[10]. Verurteilung wegen Fahrlässigkeitsdelikts begründet keine Schöffenunfähigkeit[11]. Die mit der Rechtskraft eines solchen Urteils eintretende Schöffenunfähigkeit ist zeitlich unbeschränkt. Sie wird nicht dadurch ausgeschlossen, daß die Freiheitsstrafe, sei es gemäß §§ 56 ff StGB, sei es im Gnadenwege, zur Bewährung ausgesetzt und später erlassen, oder daß sie im Gnadenwege auf sechs Monate und weniger herabgesetzt wird. Sie endet erst mit der Tilgung des Strafvermerks im Bundeszentralregister oder der Tilgungsreife (§ 51 Abs. 1 BZRG). Darüber hinaus kann die Schöffenunfähigkeit auch durch einen Gnadenerweis beseitigt werden, der ausdrücklich den Wegfall der Schöffenunfähigkeit zum Gegenstand

---

5 RGSt **2** 241; **21** 291; *Kleinknecht/Meyer-Goßner*[44] 1.

6 BGHSt **35** 28 = BGHR zu § 32 Nr. 2 – Unfähigkeit 1 –.

7 *Eb. Schmidt* 9; *Kleinknecht/Meyer-Goßner*[44] 3.

8 H. M; **a. M** *Schorn* Laienrichter 49.

9 OVG Lüneburg MDR **1954** 126 zu der entsprechenden Vorschrift des § 48 BBG; *Kissel* 5.

10 *Kissel* 5; *Eb. Schmidt* 10.

11 OLG Hamm NJW **1957** 1121.

hat. Es kann danach sein, daß bei einer sechs Monate übersteigenden Freiheitsstrafe, die mit dem Ausspruch der Amtsunfähigkeit verbunden ist, zwar mit dem Ablauf der Zeitdauer dieser Nebenfolge die darauf beruhende Schöffenunfähigkeit endet, die Unfähigkeit aber, soweit sie an die Verurteilung zu einer sechs Monate übersteigenden Freiheitsstrafe anknüpft, bestehen bleibt. Zur Revisionsbegründung vgl. BGHSt **33** 261,269.

4. Schwebendes Strafverfahren (Nr. 2)

6 **a) Bedeutung der Vorschrift.** Nach § 32 Nr. 2 in der vor dem VereinhG 1950 geltenden Fassung trat Schöffenunfähigkeit ein, wenn das Hauptverfahren wegen eines Verbrechens oder Vergehens eröffnet wurde, das (Ehrverlust oder) Amtsunfähigkeit zur Folge haben konnte. Durch das VereinhG 1950 wurde der Eintritt der Schöffenunfähigkeit schon auf den Beginn eines entsprechenden Ermittlungsverfahrens vorverlegt. Ob dafür bereits jeder Verdacht ausreicht, der die Staatsanwaltschaft zum Tätigwerden veranlaßt[12], könnte zweifelhaft erscheinen, muß aber wohl nach dem eindeutigen Wortlaut und dem Sinn der Vorschrift angenommen werden. Der Regelung liegt offensichtlich die Erwägung zugrunde, schon der durch die Einleitung eines Ermittlungsverfahrens begründete Verdacht einer Straftat von erheblicher Schwere mindere das Vertrauen der Rechtsgenossen, die dem verdachtsbeladenen Schöffen als Angeklagte gegenübertreten müssen, und es könne von einem Schöffen, der selbst in ein Strafverfahren verstrickt ist, eine sachgemäße Mitwirkung bei der Entscheidung über Schuld und Strafe gegen andere nicht erwartet werden[13]. Wollte man dagegen die Folgen des § 32 erst beim Vorliegen einer bestimmten Verdachtsstufe eintreten lassen, würde das zu nahezu unüberwindbaren Schwierigkeiten in der Handhabung der Regelung führen, insbesondere zu einer Unsicherheit zur Frage der ordnungsgemäßen Besetzung eines Gerichts, weil die in Betracht kommenden Verdachtsstufen von jeder Instanz anders beurteilt werden könnten[14].

7 Die **Wirkung des § 32** greift **unabhängig davon** ein, ob es später zu einer entsprechenden **Verurteilung** des Schöffen kommt[15]. Eine Streichung in der Schöffenliste ist allerdings auch im Falle eines späteren Freispruchs nicht rückgängig zu machen[16].

8 **b) Bedenken gegen die Verfassungsmäßigkeit** der Vorschrift sind im Schrifttum, anknüpfend an den Fall, daß ein schon ausgeloster Schöffe wegen Einleitung eines Ermittlungsverfahrens gemäß § 52 von der Schöffenliste gestrichen wird, erhoben worden. So wird eingewandt, daß auch der ehrenamtliche Richter in entsprechender Anwendung des Art. 97 Abs. 2 GG als Voraussetzung seiner sachlichen Unabhängigkeit die Garantie der persönlichen Unabhängigkeit in dem Sinn genießt, daß er vor Ablauf seiner Amtszeit nur unter gesetzlich bestimmten Voraussetzungen und kraft Richterspruchs abberufen werden kann[17]. Dem entspreche § 44 Abs. 2 DRiG. Die in dieser Vorschrift geforderte richterliche Entscheidung liege aber nicht vor, wenn der Richter beim Amtsgericht (§ 52 Abs. 3) als automatische Folge — also ohne eigenen Beurteilungsspielraum — einer Maßnahme der Exekutive (der Einleitung eines Ermittlungsverfahrens) die Streichung anordnen müsse. § 32 Nr. 2 müsse deshalb verfassungskonform dahin ausgelegt werden, daß erst die gerichtliche Eröffnung des Hauptverfahrens die Streichung rechtfertige, und § 44 Abs. 2 DRiG sei dahin auszulegen, daß mit ihm gesetzliche Vorschriften aufgehoben seien, soweit sie in weiterem Umfang eine Streichung von der Schöffenliste vorsehen.

---

12 In diesem Sinn: *Kissel* 7.
13 BGHSt **35** 28 = JR **1989** 35 mit Anm. *Katholnigg* = NStZ **1987** 567; OLG Bremen MDR **1964** 244.
14 Vgl. *Kissel* 9.
15 BGHSt **35** 28.
16 BGHSt **35** 28; *Katholnigg*[3] 3; KK-*Kissel*[4] 6.
17 *Moller* MDR **1965** 534.

Dem kann nicht gefolgt werden. Vielmehr ist davon auszugehen, daß gegen die unmittelbare Auswirkung eines nichtrichterlichen Ermittlungsverfahrens auf die Besetzung eines Gerichts keine rechtsstaatlichen Bedenken zu erheben sind[18]. Aus der aus dem Rechtsstaatsprinzip folgenden Unschuldsvermutung[19] läßt sich nichts herleiten, weil auch sonst im Ermittlungsstadium aufgrund der allgemeinen strafprozessualen Regeln im Vorfeld einer Verurteilung unterschiedliche Beschränkungen hingenommen werden müssen. Die Unfähigkeit zum Schöffenamt ist lediglich eine dieser Beschränkungen. Auch § 44 Abs. 2 DRiG führt zu keinem anderen Ergebnis, weil § 32 GVG demgegenüber eine Sonderregelung darstellt[20]. Sie ist letztlich auch erforderlich, um das allgemeine Vertrauen in die Integrität und Objektivität und damit auch in die persönliche Freiheit im Sinne einer unbefangenen Urteilsfähigkeit des Schöffen nicht zu beeinträchtigen[21].

c) Die (unvermeidliche) **Schattenseite** der gesetzlichen Regelung, daß schon das Schweben eines Ermittlungsverfahrens zur Schöffenunfähigkeit führt, besteht darin, daß auch der den Verfahrensbeteiligten unbekannt gebliebene Mangel eines mitwirkenden Schöffen die Besetzungsrüge des § 338 Nr.1 StPO begründet. Denn der im Zeichen der Bemühungen um eine Verringerung erfolgreicher Besetzungsrügen geschaffene Einwand der Rügenpräklusion entfällt, weil die von der Revision gerügte Schöffenunfähigkeit einem Mangel in der Person eines Richters gleichzusetzen ist, der durch die §§ 222 a, 222 b StPO nicht erfaßt wird[22], darüber hinaus auch, weil der Besetzungsfehler während der Hauptverhandlung weder für den Angeklagten noch für seinen Verteidiger erkennbar war[23]. Die Möglichkeiten, durch Maßnahmen innerhalb des Justizbereichs der Gefahr erfolgreicher Besetzungsrügen wegen Schöffenunfähigkeit entgegenzuwirken, sind nicht gerade groß; sie bestehen etwa in der sorgfältigen Beachtung der Nr. 13 Abs. 2 RiStBV (Befragung eines Beschuldigten bei seiner Vernehmung im Vorverfahren, ob er als Schöffe gewählt oder ausgelost ist) und Nr. 126 Abs. 1 RiStBV (Belehrung der mitwirkenden Schöffen über die Unfähigkeitsgründe der §§ 31, 32 durch den Vorsitzenden). Der Entwurf EGStGB 1930[24] hatte aus solcher Besorgnis die Überführung der Nr. 2 in den § 33 vorgesehen. Diese Besorgnis ist offenbar auch der Grund, daß Vorschriften über die Besetzung der Gerichte der übrigen Gerichtsbarkeitszweige mit ehrenamtlichen Richtern wie z. B. § 21 Abs. 2 Nr. 2 ArbGG, § 21 Nr. 2 VwGO, § 17 Abs. 1 Nr. 2 SGG u. a. weniger weit als § 32 Nr. 2 GVG gehen, indem sie die Unfähigkeit erst mit der Erhebung der Anklage oder mit der Eröffnung des Hauptverfahrens eintreten lassen. Für Handelsrichter fehlt überhaupt eine vergleichbare Regelung. Gesetzgeberische Maßnahmen, die das Risiko gesetzwidriger Besetzung deutlich vermindern, sind auch neuerdings wieder gefordert worden[25]. Wenn der geltende § 32 Nr. 2 sich solchen Abmilderungen bisher versagt hat, so ist das höhere Risiko der erfolgreichen Besetzungsrüge eben der Preis für eine größere Rechtsstaatlichkeit der Vorschrift. Die Kehrseite dieser Medaille zeigt sich aber in bereits lange andauernden Hauptverhandlungen, wenn wegen Ausscheidens eines von der Regelung betroffenen Schöffen eine kostenintensive Verhandlung neu durchgeführt werden muß. 9

d) Verwaltungsmaßnahmen. Die Innen- und Justizverwaltungen der Länder versuchen, Schwierigkeiten, die sich aus § 32 Nr. 2 ergeben könnten, dadurch auszuräumen, daß sie, wie z. B. in Niedersachsen die in Rdn. 2 Vor §§ 32 bis 35 angeführte Gemein- 10

18 BGHSt **35** 28; OLG Bremen MDR **1964** 244; *Kissel* 7, 8; h. M.

19 St. Rspr. seit BVerfGE **19** 342.

20 *Kissel* 7.

21 BGHSt **35** 28; OLG Bremen MDR **1964** 244.

22 BGHSt **34** 236; **35** 28 = NStZ **1987** 567.

23 BGH NStZ **1987** 567.

24 Dazu LR-*K. Schäfer*[24] Einl. Kap. **4**, 8 ff.

25 *Katholnigg* JR **1989** 37 f (Anm. zu BGH JR **1989** 35).

schaftliche Verfügung vom 17. 3. 1976 unter II 6 und 7, den zur Aufstellung der Vorschlagsliste berufenen Gemeinden Rückfragen bei der zuständigen Staatsanwaltschaft empfehlen, ob bei einer in Aussicht genommenen Person Ermittlungsverfahren schweben, die u. U. die Schöffenunfähigkeit begründen können. Weiterhin ist vorgesehen, daß eine Gemeinde, die ausnahmsweise wegen der großen Zahl der in die Vorschlagsliste aufzunehmenden Personen zu einer solchen Prüfung nicht in der Lage war, diese auf Ersuchen des Richters beim Amtsgericht im Wege der Amtshilfe so rechtzeitig nachzuholen habe, daß dieser bzw. die Strafkammer vor Beginn der Wahlperiode gemäß §§ 52, 77 Abs. 3 verfahren kann, wenn schöffenunfähige Personen gewählt worden sind.

11 e) **Ermittlungsverfahren** i. S. der Nr. 2 ist im Stadium des Vorverfahrens nur das von der StA (§ 160 StPO) oder in ihrem Auftrag von der Polizei (§ 161 StPO) betriebene Verfahren, nicht auch das Verfahren der Polizei im ersten Angriff (§ 163 StPO); zu dieser Einschränkung nötigen die gegen die Vorschrift bestehenden rechtspolitischen Bedenken[26]. Das Ermittlungsverfahren und die durch dessen Beginn begründete Schöffenunfähigkeit endet mit dessen Einstellung nach §§ 153 ff, 170 Abs. 1 StPO, der Ablehnung der Eröffnung des Hauptverfahrens (§ 204 StPO) oder mit rechtskräftigem Freispruch. Wegen des Falles, daß ein Schöffe gemäß § 52 Abs. 1 Nr. 1 von der Schöffenliste gestrichen wurde und erst danach das Ermittlungsverfahren und die Schöffenunfähigkeit durch Einstellung usw. endet, vgl. § 52, 3.

12 f) **Beurteilungsmaßstab.** Nach dem Gesetzeswortlaut tritt die Schöffenunfähigkeit ein, „sobald ein Ermittlungsverfahren schwebt, das den Verlust der Amtsfähigkeit zur Folge haben **kann**". An dieses „Kann" anknüpfend bestanden im Schrifttum gewisse unterschiedliche Auffassungen über die Auslegung der Vorschrift. Nach der strengeren Auslegung[27], der sich zwischenzeitlich der Bundesgerichtshof angeschlossen hat[28], genügt es zur Annahme der Schöffenunfähigkeit schon, wenn Gegenstand des Ermittlungsverfahrens eine Tat ist, bei der nach der Strafdrohung in abstracto (theoretisch) die Möglichkeit der Verurteilung mit der Folge des automatischen Verlusts der Amtsfähigkeit (§ 45 Abs. 1 StGB) oder deren förmlicher Aberkennung (§ 45 Abs. 2) besteht. Gegen diese Auffassung wurde eingewandt[29], daß schon jede Anzeige, die die Staatsanwaltschaft zu Ermittlungen nötigt, die Schöffenunfähigkeit begründet, auch wenn sie sich in kurzer Zeit als völlig unbegründet erweist, oder daß Schöffenunfähigkeit schon eintrete, wenn zwar bereits ein begründeter Tatverdacht besteht, aber nach dem Stand der Ermittlungen ohne weiteres vorauszusehen sei, daß auch eine Verurteilung nicht zur Amtsunfähigkeit führen wird. Es werde also wenigstens zu fordern sein, daß nach Lage des Falles eine mit Amtsunfähigkeit verbundene Verurteilung nicht auszuschließen ist. Diese ist jedenfalls dann nicht mehr auszuschließen, wenn sich die Ermittlungen so zum Tatverdacht konkretisiert haben, daß die Staatsanwaltschaft Anklage erhebt[30].

13 **Nr. 2** ist aber **unanwendbar, wenn** schon vor dem endgültigen Abschluß des Verfahrens aus verfahrensrechtlichen Gründen ein entsprechender **Strafausspruch nicht mehr in Betracht kommt**, z. B. bei Teilrechtskraft wegen Teilanfechtung oder Teilaufhebung[31].

---

26 *Kissel* 7; *Kleinknecht/Meyer-Goßner*[44] 3; *Eb. Schmidt* 13; *Schorn* Laienrichter 50.

27 Z. B. *Kissel* 7, 9; KK-*Kissel*[4] 5; *Kleinknecht/Meyer-Goßner*[44] 5.

28 BGHSt **35** 28.

29 Vgl. LR[23] § 32, 10.

30 BGHSt **35** 28.

31 *Eb. Schmidt* 15; vgl. auch § 52, 3.

§ 33

Zu dem Amt eines Schöffen sollen nicht berufen werden:

1. **Personen, die bei Beginn der Amtsperiode des fünfundzwanzigste Lebensjahr noch nicht vollendet haben würden;**
2. **Personen, die das siebzigste Lebensjahr vollendet haben oder es bis zum Beginn der Amtsperiode vollenden würden;**
3. **Personen, die zur Zeit der Aufstellung der Vorschlagsliste noch nicht ein Jahr in der Gemeinde wohnen;**
4. **Personen, die wegen geistiger oder körperlicher Gebrechen zu dem Amt nicht geeignet sind;**
5. **Personen, die in Vermögensverfall geraten sind.**

Schrifttum. *Cremer* Gesetzliche Regelung zur Überprüfung ehrenamtlicher Richter, DRiZ **1992** 342; *Günther* Judex dormiens, MDR **1990** 875; *Hanack* Die Rechtsprechung des Bundesgerichtshofs zum Strafverfahrensrecht, JZ **1972** 315; *Kleine-Cosack* Rechtsstaat und freie Advokaten im Stasi-Strudel, NJ **1992** 329; *Quaas* Die Überprüfung von Rechtsanwaltszulassungen in den neuen Bundesländern, MDR **1992** 1099; *Risse* Wer nachts gut schlafen will, muß am Tage ruhen, BB **1987** 796; *Rüping* Funktionen der Laienrichter im Strafverfahren, JR **1976** 269.

Entstehungsgeschichte. Nach voraufgegangenen Änderungen durch Art. I Nr. 6 des Gesetzes vom 11. 3. 1921 (RGBl. 230) und durch das Gesetz vom 13. 2. 1926 (RGBl. I 99) lautete die auf dem VereinhG 1950 beruhende Fassung des § 33 bis zum 31. 12. 1974:

„Zu dem Amt eines Schöffen sollen nicht berufen werden:
1. Personen, die zur Zeit der Aufstellung der Vorschlagsliste für Schöffen das dreißigste Lebensjahr noch nicht vollendet haben;
2. Personen, die zur Zeit der Aufstellung der Vorschlagsliste noch nicht ein Jahr in der Gemeinde wohnen;
3. Personen, die wegen geistiger oder körperlicher Gebrechen zu dem Amt nicht geeignet sind."

Die geltende Fassung beruht auf Art. 2 des 1. StVRG 1974. Nummer 5 ist mit Wirkung vom 1. 1. 1999 durch Art. 12 Nr. 3 EGInsO angefügt worden.

Übersicht

I. Die Regelung des GVG

1 **1. Sollvorschrift.** Die in §§ 33, 34 aufgeführten Personen sind nicht „unfähig" zum Schöffenamt (Vor §§ 32 bis 35 Rdn. 3). Die Berufung der im § 33 genannten Personen soll im Interesse der Rechtspflege unterbleiben. Bei den Regelungen der Nr. 4 und 5 kann im Einzelfall aber eine Wahl in Betracht kommen. Im Hinblick auf die neu eingefügte Nr. 5 insbesondere dann, wenn jemand völlig unverschuldet in eine wirtschaftliche Notlage gekommen ist oder wenn er selbst die Eröffnung des Insolvenzverfahrens beantragt hat mit dem Ziel, auf der Grundlage eines Insolvenzplans oder der gesetzlichen Vorschriften über die Restschuldbefreiung wieder zu geordneten Vermögensverhältnissen zu gelangen[1]. Bei den im § 34 Aufgeführten sind andere Rücksichten, insbesondere die auf die allgemeinen Interessen des öffentlichen Dienstes, maßgebend. Beide Paragraphen enthalten lediglich Ordnungsvorschriften, deren Verletzung nicht zur Unwirksamkeit der Wahl führt und auch die Revision nicht begründen kann[2]. Sie richten sich lediglich an die am Wahlvorgang beteiligten Institutionen.

2 **2. Personenkreis.** Den an das Alter anknüpfenden Nr. 1 und 2 liegt die Überlegung zugrunde, daß den einen eine breitere und ausgeglichene Lebenserfahrung fehlt (Nr. 1) und die anderen (Nr. 2) vielfach den körperlichen und geistigen Anstrengungen des Schöffenamtes nicht mehr gewachsen sind. Gemeint ist insoweit die allgemein nachlassende Leistungsfähigkeit, ohne daß der Schweregrad der Nr. 4 erreicht wird. Für die Berechnung des Alters gilt § 187 Abs. 2 Satz 2 BGB.

3 Sinn der Regelung in **Nr. 3** ist es, eine gewisse örtliche Vertrautheit mit dem Gerichtsbezirk sicherzustellen[3]. Deswegen kommt es nicht auf den Wohnsitz (§ 7 BGB) an, sondern auf den tatsächlichen Aufenthalt[4].

4 Der Personenkreis der **Nr. 4** ist ohne Rücksicht auf das Alter zum Schöffenamt ungeeignet. Erfaßt werden alle Fälle geistiger oder körperlicher Gebrechen, und zwar unabhängig davon, ob diese bereits die Verhandlungsfähigkeit ausschließen, wie z. B. die Geisteskrankheit oder Stummheit[5], sondern in Betracht kommen auch Geistesschwäche, psychische Erkrankungen, starke Schwerhörigkeit[6], soweit nicht durch technische Hilfsmittel (Hörgerät) die uneingeschränkte Wahrnehmung sichergestellt werden kann, Blindheit[7], Taubheit[8], Lähmung oder die auch im übrigen zur Anordnung einer Betreuung nach § 1896 BGB führenden Beeinträchtigungen. Zu letzteren dürften folglich auch alle Arten von krankhafter Abhängigkeit (Alkohol, Drogen) sowie Verschwendungssucht gehören. Daß die Betreuung nicht die zwingende Rechtsfolge einer Verfügungsbeschränkung hat, sondern nur im Einzelfall angeordnet wird, spielt für die Frage der Schöffentauglichkeit keine maßgebliche Rolle, sondern es ist eine allgemeine Beurteilung geboten, die alle Anforderungen an einen Schöffen berücksichtigt. Insofern ist darauf abzuheben, ob die Fähigkeit berührt wird, anwesend zu sein und zu bleiben und optisch wie akustisch der

---

1 BTDrucks. **12** 3803 S. 63 f; BTDrucks. **12** 7303 S. 107.

2 RGSt **39** 307; RG JW **1890** 345; Recht 1915 Nr. 2192; BGHSt **30** 255; **33** 261 (269); BGH GA **1961** 206.

3 BGHSt **28** 61 = NJW **1978** 2162.

4 BGHSt **28** 61, 64; *Katholnigg*[3] 2; *Kissel* 4; *Eb. Schmidt* 4.

5 H. M, z. B. KK-*Pikart* § 338 StPO, 50; *Kleinknecht/Meyer-Goßner*[44] 5; LR-*Hanack* § 338 StPO, 40.

6 BGHSt **22** 289.

7 BGHR zu § 33 Nr. 4 – Gebrechen 1/Blindheit –; BGHSt **34** 236 = NStZ **1987** 335 m. Anm *Fezer;* BGHSt **35** 164 = NStZ **1988** 374 m. Anm. *Fezer*; LR-*Hanack* § 338 StPO, 39.

8 BGHSt **4** 193; ganz h. L., z. B. LR-*Hanack* § 338 StPO, 41.

Verhandlung zu folgen[9], und zwar möglichst objektiv und tolerant, und ob sie nervlich den Belastungen einer größeren, spannungsgeladenen Atmosphäre gewachsen sind[10].

Die neue Regelung der **Nr. 5** knüpft an den früheren § 32 Nr. 3 an und führt nunmehr ebenfalls zur Ungeeignetheit als Schöffe. Die frühere Vorschrift setzte ein absolutes Verfügungsverbot voraus und zielte in erster Linie auf den Fall der Konkurseröffnung ab, erfaßte aber auch die Fälle der bisherigen Entmündigung und der vorläufigen Vormundschaft sowie wohl auch der Beschlagnahme des Vermögens gemäß §§ 290, 443 StPO[11]. Durch das neue Insolvenzverfahren soll die strikte Folge der Ungeeignetheit auf den Vermögensverfall beschränkt werden, weil nach den gewandelten Anschauungen nur dieser Fall noch das Vertrauen in die Integrität eines ehrenamtlichen Richters erschüttern kann. Dem liegt die Erwägung zugrunde, daß Schöffen unter Umständen über Personen richten, denen Insolvenzstraftaten vorgeworfen werden oder die in anderer Weise im Zusammenhang mit ihren schlechten wirtschaftlichen Verhältnissen mit dem Gesetz in Konflikt geraten sind und ein Schöffe, der selbst nicht in gesicherten wirtschaftlichen Verhältnissen lebt, auch nicht über die für das Schöffenamt gebotene wirtschaftliche Unabhängigkeit verfügt[12]. **5**

3. Folge der Nichtbeachtung. Werden Personen, die nach §§ 33, 34 nicht berufen werden sollen, dennoch berufen, so ist nach § 52 Abs. 1 Nr. 2, Abs. 3 zu verfahren. Der betreffende Schöffe kann eine Entscheidung des Richters beim Amtsgericht (§ 52 Abs. 3) anregen. Bevor sie ergeht (dazu auch § 52,12), ist er aber nicht berechtigt, die Dienstleistung zu verweigern[13]. Vgl. aber auch § 56, 1. **6**

4. Maßgeblicher Zeitpunkt. Der für die Nummern 1 und 2 maßgebliche Zeitpunkt ist der Beginn der vierjährigen Amtsperiode (§ 42 Abs. 1). Es darf also ein Vierundzwanzigjähriger in die Vorschlagsliste aufgenommen werden, wenn er — was sich aus seinem in der Vorschlagsliste vermerkten Geburtsdatum (§ 36 Abs. 2) ergibt — bis zum Beginn der Wahlperiode das fünfundzwanzigste Lebensjahr vollendet haben wird. Umgekehrt ist ein bei der Aufstellung der Vorschlagsliste Neunundsechzigjähriger nicht mehr aufzunehmen, wenn er in der Zwischenzeit bis zum Beginn der Wahlperiode das siebzigste Lebensjahr vollendet haben würde. Der für § 33 Nr. 3 maßgebliche Zeitpunkt bestimmt sich nach § 57 GVG[14]. Bei nachträglichem Wohnsitzwechsel (nur Wegzug aus dem Landgerichtsbezirk) ist nach § 52 Abs. 1 Nr. 2 zu verfahren[15]. Maßgebender Zeitpunkt für die Unfähigkeitsgründe der Nr. 4 ist die Zeit der tatsächlichen Amtsausübung. Ein bestimmter Zeitpunkt läßt sich für den Vermögensverfall (Nr. 5) nicht festlegen. Anknüpfungspunkt kann aber bereits die Eintragung in das Schuldnerverzeichnis sein, weil die dort eingetragenen Personen regelmäßig nicht geeignet sind, das Amt eines Schöffen auszuüben. **7**

6. Revision. Ein Verstoß gegen die Sollvorschrift des § 33 kann eine Revision grundsätzlich nicht begründen[16]. Ausnahmen gelten aber dann, wenn körperliche oder geistige Gebrechen eines Schöffen (§ 33 Nr. 4) dessen Verhandlungsunfähigkeit begründen[17]. Dann ist das Gericht nicht ordnungsgemäß besetzt (§ 338 Nr. 1) und eine entsprechende Revisionsrüge zulässig. Ein solcher Verfahrensmangel kann sich im übrigen auch aus dem konkreten Eindruck und Verhalten eines Schöffen in der Hauptverhandlung ergeben, **8**

9 BGHSt **4** 193.
10 *Kissel* 5.
11 BTDrucks. **12** 3803 S. 63 f; BTDrucks. **12** 7303 S. 107.
12 BTDrucks. **12** 3803 S. 63 f; BTDrucks. **12** 7303 S. 107.
13 *Kissel* 8; *Eb. Schmidt* 2; *Schorn* Laienrichter 37; *Kleinknecht/Meyer-Goßner*[44] 1.
14 RGSt **39** 277.
15 *Katholnigg*[3] 2; *Kissel* 7; KMR-*Paulus* 4.
16 BGHSt **30** 255; **33** 261; BGH NStZ **1995** 20.
17 Vgl. BGH bei *Dallinger* MDR **1971** 723; *Kissel* 6; *Kleinknecht/Meyer-Goßner*[44] 5.

wenn der Schöffe wegen Unaufmerksamkeit nicht in der Lage ist, der Verhandlung ständig und uneingeschränkt zu folgen oder dies nicht getan hat[18]. Dies kommt z. B. bei längerem tiefen Schlaf des Schöffen in Betracht[19]. Vgl. auch § 31, 7; § 32, 1 und § 52, 12.

II. Regelungen außerhalb des GVG

(Gesetz zur Prüfung von Rechtsanwaltszulassungen, Notarbestellungen und Berufungen ehrenamtlicher Richter — RANotzPrüfG —)

9 **1. Inhalt und Entstehungsgeschichte.** Durch das RANotzPrüfG vom 24. 7. 1992 (BGBl. I S. 1386) sind folgende, alle ehrenamtlichen Richter und damit auch die Schöffen betreffenden Vorschriften geschaffen worden:

Dritter Abschnitt
Ehrenamtliche Richter

§ 9

(1) Zu dem Amt eines ehrenamtlichen Richters soll nicht berufen werden, wer

1. **gegen die Grundsätze der Menschlichkeit oder der Rechtsstaatlichkeit verstoßen hat oder**
2. **wegen einer Tätigkeit als hauptamtlicher oder inoffizieller Mitarbeiter des Staatssicherheitsdienstes der ehemaligen Deutschen Demokratischen Republik im Sinne des § 6 Abs. 4 des Stasi-Unterlagen-Gesetzes vom 20. Dezember 1991 (BGBl. I S. 2272) oder als diesen Mitarbeitern nach § 6 Abs. 5 des Stasi-Unterlagen-Gesetzes gleichgestellte Person für das Amt eines ehrenamtlichen Richters nicht geeignet ist.**

(2) Die für die Berufung zuständige Stelle kann zu diesem Zweck von dem Vorgeschlagenen eine schriftliche Erklärung verlangen, daß bei ihm die Voraussetzungen des Absatzes 1 nicht vorliegen.

§ 10

(1) Ein ehrenamtlicher Richter ist von seinem Amt abzuberufen, wenn nachträglich in § 9 Abs. 1 bezeichnete Umstände bekannt werden.

(2) Das Verfahren richtet sich nach den Vorschriften, die im übrigen für die Abberufung eines ehrenamtlichen Richters der jeweiligen Art gelten, soweit in den Absätzen 3 und 4 nichts anderes bestimmt ist.

(3) [1]Wenn ein Antrag auf Abberufung gestellt oder ein Abberufungsverfahren von Amts wegen eingeleitet worden ist und der dringende Verdacht besteht, daß die Voraussetzungen des § 9 Abs. 1 vorliegen, kann das für die Abberufung zuständige Gericht anordnen, daß der ehrenamtliche Richter bis zur Entscheidung über die Abberufung das Amt nicht ausüben darf. [2]Die Anordnung ist unanfechtbar.

(4) [1]Die Entscheidung über die Abberufung ist unanfechtbar. [2]Der abberufene ehrenamtliche Richter kann binnen eines Jahres nach Wirksamwerden der Entscheidung die Feststellung beantragen, daß die Voraussetzungen des § 9 Abs. 1 nicht vorgelegen haben. [3]Über den Antrag entscheidet das nächsthöhere Gericht durch unanfechtbaren Beschluß. [4]Ist das nächsthöhere Gericht ein oberstes Bundesgericht oder ist die Entscheidung von einem obersten Bundesgericht getroffen worden, entscheidet ein anderer Spruchkörper des Gerichts, das die Entscheidung getroffen hat. [5]Ergibt sich nach den Sätzen 3 und 4 kein zuständiges Gericht, so entscheidet das Oberlandesgericht, in dessen Bezirk die Entscheidung getroffen worden ist; in den Ländern Brandenburg, Mecklenburg-Vorpommern, Sachsen, Sachsen-Anhalt und Thüringen tritt an die Stelle des Oberlandesgerichts der besondere Senat des Bezirksgerichts, soweit noch kein Oberlandesgericht besteht.

---

18 BGH bei *Dallinger* MDR **1971** 723; *Kissel* 6; *Rüping* JR **1976** 272.

19 BGHSt **2** 14; **11** 74; NStZ **1982** 41; BVerwG NJW **1986** 2721; BFH BB **1986** 2402; *Günther* MDR **1990** 875; *Risse* BB **1987** 796; zweifelnd *Hanack* JZ **1972** 315.

§ 11

Die §§ 9 und 10 gelten auch für ehrenamtliche Richter, die gewählt oder berufen werden oder worden sind nach der Ordnung zur Wahl und Berufung ehrenamtlicher Richter vom 1. September 1990 (GBl. 1 Nr. 62 S. 1553), die nach Anlage II Kapitel III Sachgebiet A Abschnitt 1 Nr. 8 des Einigungsvertrages vom 31. August 1990 (BGBl. 1990 II S. 885, 1153) fortgilt, in Verbindung mit Anlage I Kapitel III Sachgebiet A Abschnitt III Nr. 1 Buchstabe p des Einigungsvertrages vom 31. August 1990 BGBl. 1990 II S. 885, 925) und § 37 des Richtergesetzes der Deutschen Demokratischen Republik vom 5. Juli 1990 (GBl. 1 Nr. 42 S. 637).

Die Regelung war im RegEntw. des RANotzPrüfG noch nicht enthalten, sondern beruht auf einem **Vorschlag des Bundesrates**, dem die BReg. zugestimmt hatte[20]. Der Bundestag hat ihn unverändert übernommen[21]. Der vom Bundesrat in das Gesetzgebungsverfahren eingebrachte Vorschlag ist wiederum gemeinsam vom Bundesminister der Justiz und den an einer Regelung besonders interessierten Landesjustizverwaltungen der neuen Länder vorbereitet worden[22].

2. Bedeutung. Die Regelung hat ihre Ursache in der mit der deutschen Vereinigung **10**
entstandenen Notwendigkeit, Konsequenzen aus dem Unrechtssystem der SED-Herrschaft und der vielfältigen Verstrickung der Bürger der früheren DDR in dieses System auch insoweit zu ziehen, als es um die Mitwirkung von Personen bei der Wahrnehmung öffentlicher Aufgaben geht. Regelungen, die gestatten, in dieser Hinsicht belastete Personen vom Öffentlichen Dienst und von öffentlichen Ämtern fernzuhalten, hat bereits der Einigungsvertrag getroffen[23], für den Bereich der Rechtspflege insbesondere dadurch, daß die Fortsetzung der Tätigkeit von Richtern und Staatsanwälten von einer individuellen Überprüfung durch unabhängige Überprüfungsausschüsse abhängt. Für die nach dem Übergangsrecht der DDR gewählten und befristet weiter amtierenden ehrenamtlichen Richter in den neuen Ländern konnte möglicherweise in den insoweit vorübergehend fortbestehenden Vorschriften eine Grundlage für die Nichtberufung belasteter Personen gesehen werden, allerdings wohl keine für ihre spätere Abberufung[24]. Dem Gesetzgeber erschien es insbesondere wegen der Gleichberechtigung der ehrenamtlichen Richter und der Berufsrichter notwendig, auch für ehrenamtliche Richter ein Instrumentarium zu schaffen, mit dem erreicht werden kann, daß Personen das Richteramt nicht wahrnehmen können, die in das Unrechtssystem der DDR verstrickt waren. Dies ist nach seiner Auffassung insbesondere deshalb notwendig, um das Vertrauen in die Rechtsprechung auch in den neuen Ländern zu stärken[25]. Den Standort der Regelung durch eine Ergänzung des RANotzPrüfG hat der Gesetzgeber insbesondere deshalb gewählt, weil in diesem Gesetz eine vergleichbare Überprüfung anderer Organe der Rechtspflege, nämlich von Rechtsanwälten und Notaren vorgesehen ist[26].

3. Anwendungsbereich. Die Regelung betrifft in sachlicher Hinsicht alle ehrenamtli- **11**
chen Richter und damit auch die Schöffen. Die §§ 9 bis 11 RANotzPrüfG überlagern und ergänzen als generell geltende Sonderregelung die speziellen Vorschriften in den jeweiligen

[20] BTDrucks. **12** 2169, S. 9 ff mit ausführlicher Begründung.

[21] SchrBerRAusschBT, BTDrucks. **12** 2670, S. 10.

[22] Vgl. auch *Cremer* DRiZ **1992** 342.

[23] Namentlich durch den außerordentlichen Kündigungsgrund in Anl. I Kap. XIX Abschn. III Nr. 1 Abs. 5 zum Einigungsvertrag; zur Begr. BTDrucks. **11** 7817, S. 180.

[24] S. dazu die Begr. BTDrucks. **12** 2169, S. 10, 13; *Cremer* DRiZ **1992** 344.

[25] BTDrucks. **12** 2169, S. 10; *Cremer* DRiZ **1992** 342.

[26] Vgl. zu diesen Regelungen des Gesetzes u. a. *Kleine-Cosack* NJ **1992** 329 ff; *Quaas* MDR **1992** 1099 ff.

Einzelgesetzen[27], in bezug auf die Schöffen also insbesondere die §§ 32 bis 35, 52 und 53. In **räumlicher Hinsicht** gelten die §§ 9 und 10 für das gesamte Bundesgebiet, also nicht nur in den neuen Ländern[28]; sie sind also auch bei der Mitwirkung von Schöffen zu beachten, die bei Gerichten in den alten Ländern tätig sind oder werden sollen. Ebensowenig ist die Regelung auf Verstöße gegen die Grundsätze der Menschlichkeit oder Rechtsstaatlichkeit begrenzt, die auf dem Gebiet der DDR begangen worden sind. Die Regelung enthält **keine zeitliche Befristung,** wenn auch der Gesetzgeber davon ausgegangen ist, daß sie voraussichtlich nur für einen vorübergehenden Zeitraum Bedeutung haben wird[29].

12 **4. Struktur der Regelung.** § 9 Abs. 1 RANotzPrüfG enthält, insoweit für Schöffen die §§ 33, 34 ergänzend, einen als Sollvorschrift ausgestalteten Nichtberufungsgrund. Der Gesetzgeber hat sich, obwohl von der Sache her insbesondere im Hinblick auf die Verwandtschaft mit den in § 32 geregelten Fällen auch ein Unfähigkeitsgrund erwägenswert gewesen wäre, hierfür aus prozeßökonomischen Gründen und wegen der mit dem sachlichen Inhalt des Nichtberufungsgrundes verbundenen Unbestimmtheit entschlossen[30]. § 10 Abs. 1 verpflichtet, den § 52 ergänzend, zur „Abberufung" eines Schöffen, bei dem der Nichtberufungsgrund nachträglich bekannt wird. § 10 Abs. 2 verweist für Schöffen insoweit für das Verfahren auf § 52. Jedenfalls bei Schöffen wird voraussichtlich diese zweite Fallgestaltung in der Rechtspraxis die größere Rolle spielen, weil die Berufung der zahlreichen Schöffen eine Massenerscheinung darstellt, bei der die Nachforschung, ob der Nichtberufungsgrund des § 9 Abs. 1 vorliegt, ohne Anlaß weder möglich noch überhaupt angemessen erscheint. § 10 Abs. 3 enthält eine dem Schöffenrecht im übrigen fremde Regelung über die Möglichkeit der vorläufigen Abberufung bis zur Klärung des Verdachts. Ein ebenfalls singuläres Feststellungsverfahren, mit dem der betroffene ehrenamtliche Richter die gerichtliche Feststellung verlangen kann, daß der Abberufungsgrund nicht gegeben war, ist in § 10 Abs. 4 Satz 2 bis 5 geregelt. § 11 bestimmt klarstellend und heute ohne praktische Bedeutung mehr, daß die Vorschriften auch für die nach den Vorschriften der früheren DDR berufenen und noch amtierenden ehrenamtlichen Richter gelten.

13 **5. Nichtberufungsgründe.** Als Gründe, warum jemand nicht zum Schöffen berufen werden soll (und zugleich als zwingenden Grund für seine Abberufung), bezeichnet § 9 Abs. 1 RANotzPrüfG alternativ (1) einen Verstoß gegen die Grundsätze der Menschlichkeit oder der Rechtsstaatlichkeit (Nr. 1) oder (2) eine Tätigkeit für den Staatssicherheitsdienst, die so beschaffen war, daß sie den Betreffenden für das Amt eines Schöffen als ungeeignet erscheinen läßt (Nr. 2). Dies stimmt im Grundsatz, wenn auch nicht in allen Einzelheiten, mit vergleichbaren gesetzlichen Regelungen überein, namentlich mit dem außerordentlichen Kündigungsgrund für übernommene Angehörige des öffentlichen Dienstes[31] und für den Widerruf der Zulassung zur Rechtsanwaltschaft und die Amtsenthebung als Notar[32]. Die Aufzählung ist abschließend. Das Verhältnis der **Nr. 1 und 2** dürfte dahingehend zu interpretieren sein, daß Nr. 1 die umfassendere Vorschrift enthält,

[27] Zu den Gründen s. BTDrucks. **12** 2169, S. 11; *Cremer* DRiZ **1992** 343.

[28] Zu den Gründen s. BTDrucks. **12** 2169, S. 10; *Cremer* DRiZ **1992** 343.

[29] BTDrucks. **12** 2169, S. 11.

[30] BTDrucks. **12** 2169, S. 11; *Cremer* DRiZ **1992** 343.

[31] Anl. I Kap. XIX Abschn. III Nr. 1 Abs. 5 zum Einigungsvertrag, wo der Verstoß gegen die Grundsätze der Menschlichkeit und Rechtsstaatlichkeit durch einen Bezug auf die im IPBPR oder in der Allgemeinen Erklärung der Menschenrechte gewährleisteten Grundsätze näher erläutert wird.

[32] §§ 1, 6 RANotzPrüfG, wo die Tätigkeit für den Staatssicherheitsdienst als Beispielsfall (insbesondere) der Rechtsstaats- und Menschenrechtswidrigkeit bezeichnet wird, s. dazu u. a. *Quaas* MDR **1992** 1099 ff; *Kleine-Cosack* NJ **1992** 332 f.

Nr. 2 hieran anknüpfend und gleichsam beweiserleichternd die Zugehörigkeit zum Staatssicherheitsdienst für den Regelfall einer solchen rechtsstaats- oder menschenrechtswidrigen Verhaltensweise gleichstellt, dabei aber geringere Anforderungen stellt[33].

a) Der Verstoß gegen die **Grundsätze der Menschlichkeit oder der Rechtsstaatlichkeit** ist materiell in dem Sinne zu verstehen, daß in nicht nur unerheblicher Weise gegen den allgemein anerkannten Kernbereich dieser Grundsätze gehandelt worden sein muß; bloß formale oder eher geringfügige Verstöße gegen die aus dem Rechtsstaatsprinzip in der Bundesrepublik abgeleiteten vielfältigen Handlungs- und Unterlassungspflichten reichen nicht aus. Entscheidend ist immer eine Gesamtbetrachtung, bei der darauf abzustellen ist, ob der Allgemeinheit bei verständiger Würdigung aller Umstände des Einzelfalles eine Tätigkeit des Betroffenen als (ehrenamtlicher) Richter verständlich zu machen ist. Auch die Intensität und die Dauer des rechtsstaatswidrigen Handelns, die Umstände, die den Betroffenen dazu veranlaßt haben, und die seither verstrichene Zeit sind zu berücksichtigen. Ein nach allgemeinen Wertmaßstäben bloß sittlich anstößiges oder unmoralisches Verhalten reicht für sich allein nicht aus. In welcher Funktion oder Rolle der Betroffenen rechtsstaatswidrig tätig geworden ist, ist grundsätzlich unerheblich, auch privates Handeln kann genügen. Dem Betroffenen wird allerdings wegen seines Handelns ein Schuldvorwurf gemacht werden müssen. 14

b) Wer **Mitarbeiter des Staatssicherheitsdienstes** im Sinne der Nr. 2 war, ergibt sich aus § 6 Abs. 4, 5 des StUG[34]. Personen, die nicht in diesem Sinne tätig waren, unterfallen nicht der Nr. 2, auch wenn sonstige enge Beziehungen zum Staatssicherheitsdienst bestanden; auf sie kann allenfalls die Nr. 1 angewandt werden. Die Tätigkeit für den Staatssicherheitsdienst muß so beschaffen gewesen sein, daß sie den Betroffenen für das Amt eines Schöffen als nicht geeignet erscheinen läßt. Wann dies der Fall ist, ist im Lichte der Grundentscheidung der Nr. 1 zu beurteilen; es muß also jedenfalls als möglich erscheinen, daß dadurch eine unmittelbare Förderung von Verstößen gegen die Menschlichkeit oder Rechtsstaatlichkeit bewirkt worden ist. Für solche Mitarbeiter, die an der Beschaffung, Verarbeitung und Weitergabe von Informationen beteiligt waren, wird dies in der Regel jedenfalls dann der Fall sein, wenn nicht die Länge der seither verstrichenen Zeit oder eine deutliche Abkehr von dieser Tätigkeit eine Ausnahme nahelegt. Allein die Unterschrift unter eine Verpflichtungserklärung als informeller Mitarbeiter ohne eine weitergehende Tätigkeit dürfte die Nichteignung regelmäßig nicht ohne weiteres begründen[35]. Wer als Angestellter der Behörden des Staatssicherheitsdienstes dort lediglich Tätigkeiten ausgeübt hat, die in jeder Verwaltung anfallen, beispielsweise als Hausverwalter, Schreibkraft, Kraftfahrer oder Registrator, ist nicht allein deshalb zum Amt des Schöffen ungeeignet. 15

6. Sachverhaltensermittlung. Ob ein Nichtberufungsgrund nach § 9 Abs. 1 RANotzPrüfG gegeben ist, ist schon bei der Aufstellung der Vorschlagslisten der Gemeinden (§ 36), bei deren Prüfung durch den Richter (§ 39) sowie nochmals bei der Wahl durch den Schöffenwahlausschuß (§§ 41, 42) zu prüfen; die Lage ist hier nicht grundsätzlich anders wie bei der Berücksichtigung der sonstigen Gründe, derentwegen Schöffen nicht berufen werden sollen. Ausweislich der Begründung ist der Gesetzgeber aber davon ausgegangen, daß hierbei ohne konkreten Anlaß von umfangreicheren Ermittlungen abgesehen wird[36]. § 9 Abs. 2 ermächtigt die mit der Schöffenwahl befaßten Stellen, ohne sie 16

[33] BTDrucks. **12** 2169, S. 10 f.

[34] Gesetz über die Unterlagen des Staatssicherheitsdienstes der ehemaligen Deutschen Demokratischen Republik vom 20. 12. 1991 (BGBl. I S. 2272).

[35] BTDrucks. **12** 2169, S. 12.

[36] BTDrucks. **12** 2169, S. 11.

dazu zu verpflichten, von dem zu Berufenden eine Erklärung darüber zu verlangen, daß der Nichtberufungsgrund nicht vorliegt. Der Wortlaut spricht vom „Vorgeschlagenen"; ob man daraus schließen muß, daß die Erklärung erst nach der Aufnahme in die Vorschlagsliste der Gemeinde verlangt werden kann, erscheint zweifelhaft und dürfte eher zu verneinen sein. Eine Verpflichtung des Vorgeschlagenen, die Anfrage zu beantworten, besteht nicht; geschieht dies nicht, so steht es den Wahlorganen frei, dies bei ihrer Wahlentscheidung zu berücksichtigen.

17 **7. Auskünfte aus den Unterlagen des Staatssicherheitsdienstes** können unter den Voraussetzungen des § 20 Abs. 1 Nr. 7 und des § 21 Abs. 1 Nr. 7 (jeweils Buchst. b und f) StUG eingeholt werden. Danach ist grundsätzlich die Einwilligung erforderlich. Wenn Anhaltspunkte für eine Tätigkeit vorliegen, ist die Einwilligung entbehrlich, jedoch ist der Betroffene vor der Anfrage in Kenntnis zu setzen. Allein in der bloßen Nichtbeantwortung der Anfrage nach § 9 Abs. 2 werden solche tatsächlichen Anhaltspunkte regelmäßig nicht gesehen werden können.

18 **8. Abberufung.** Nach § 10 Abs. 1 RANotzPrüfG ist ein bereits gewählter (§ 42) Schöffe „abzuberufen", wenn nachträglich bekannt wird, daß der Nichtberufungsgrund des § 9 Abs. 1 gegeben ist. Die Abberufung vollzieht sich bei Schöffen in der Form der Streichung von der Schöffen- oder Hilfsschöffenliste nach § 52 Abs. 1, 3 (§ 10 Abs. 2)[37]. Die Abberufung ist zwingend vorgeschrieben; sie setzt allerdings voraus, daß der Nichtberufungsgrund nach der Wahl bekannt wird (vgl. auch § 52 Rdn. 2). Setzt sich der Schöffenwahlausschuß über ihm bekannte Umstände hinweg, so darf auf diese allein die Streichung von der Schöffenliste nicht gestützt werden; auch eine andere Bewertung bereits bekannter Umstände ist nicht statthaft. Anders ist es, wenn der Schöffenwahlausschuß zwar die ihm bekannten Umstände als nicht ausreichend bewertet hat, nunmehr aber weitere bekannt werden, die zusammen mit den früheren die Nichtberufung rechtfertigen. Die Entscheidung über die Streichung von der Schöffenliste unterliegt keiner Anfechtung (§ 52 Abs. 4; § 10 Abs. 4 Satz 1 RANotzPrüfG)[38].

19 **9. Vorläufige Abberufung** (§ 10 Abs. 3 RANotzPrüfG). Während nach den allgemein geltenden Vorschriften während der Dauer der Prüfung, ob ein Schöffe von der Schöffenliste zu streichen ist, von der Heranziehung des Schöffen nicht abgesehen werden kann (§ 52, 6), ermöglicht § 10 Abs. 3 die Anordnung, daß der Schöffe sein Amt bis zur Entscheidung über die Abberufung nicht ausüben darf. Voraussetzung ist materiell der dringende Verdacht des Vorliegens des Abberufungsgrundes, also die hohe Wahrscheinlichkeit, daß so entschieden werden wird, und formell die Einleitung eines Abberufungsverfahrens. Zuständig ist der für die Schöffensachen zuständige Richter (s. § 52, 12). Ob eine solche Anordnung getroffen werden soll, entscheidet dieser nach pflichtgemäßem Ermessen, dabei können auch prozeßökonomische Gründe, etwa das Interesse, eine bereits laufende Hauptverhandlung unter Mitwirkung des Schöffen zu Ende zu führen, berücksichtigt werden[39]. Die Anordnung kann bei veränderter Sachlage oder Bewertung aufgehoben werden. Die Entscheidungen sind unanfechtbar (§ 10 Abs. 3 Satz 2).

20 Die Anordnung nach § 10 Abs. 3 RANotzPrüfG stellt, solange sie besteht, einen **Hinderungsgrund i. S. des § 54** dar. Es ist also, in entsprechender Anwendung des § 54 Abs. 2 Satz 1, von Amts wegen für die jeweiligen Sitzungstage ein Hilfsschöffe heranzu-

---

[37] BTDrucks. **12** 2169, S. 12.

[38] Zu den revisionsrechtlichen Konsequenzen s. Rdn. 22.

[39] Vgl. BTDrucks. **12** 2169, S. 12; *Cremer* DRiZ **1992** 344.

ziehen. Ist ein Hilfsschöffe betroffen, so ist er bei der Heranziehung zu übergehen. Eine Streichung von der Schöffenliste findet nicht statt.

10. Besonderes Feststellungsverfahren (§ 10 Abs. 4 RANotzPrüfG). Mit der in § 10 Abs. 4 Satz 2 bis 5 eröffneten Möglichkeit, daß der abberufene Schöffe die Feststellung beantragen kann, der Nichtberufungsgrund habe nicht vorgelegen, trägt das Gesetz dem Umstand Rechnung, daß die Anwendung des § 9 Abs. 1 einen schweren Schuldvorwurf enthält und dem Betroffenen eine Rehabilitierung möglich sein soll[40]. Die Möglichkeit besteht nach dem klaren Gesetzeswortlaut nur nach der Abberufung nach § 10, nicht in den Fällen der Nichtberufung nach § 9. Zuständig ist für Schöffen entweder das Landgericht bei Abberufung eines Schöffen des Schöffengerichts oder das Oberlandesgericht, wenn ein Schöffe der Strafkammer abberufen worden ist. Die Sätze 4 und 5 sind für das Strafverfahren ohne Bedeutung. Dem Gericht, das den Schöffen abberufen hat, steht eine Abhilfemöglichkeit nicht zu, doch wird man annehmen können, daß der Antrag mit fristwahrender Wirkung auch bei diesem Gericht gestellt werden kann. Auf die Streichung von der Schöffenliste wirkt sich eine positive Feststellung nicht aus[41]. 21

11. Revision. Rechtsfehler bei Entscheidungen nach den §§ 9,10 RANotzPrüfG können in aller Regel mit der Revision nicht geltend gemacht werden. Auf die Nichtbeachtung des § 9 Abs. 1 kann die Revision, wie auch sonst in den Fällen des §§ 33, 34 (oben 1) nicht gestützt werden, weil es sich lediglich um Sollvorschriften handelt[42]. Bei Entscheidungen über die Abberufung nach § 10 Abs. 1, 3 scheitert die Revisibilität daran, daß diese Entscheidungen unanfechtbar sind und damit auch nicht der Nachprüfung durch das Revisionsgericht unterliegen (§ 336 S. 2 StPO); etwas anderes kommt allenfalls dann in Betracht, wenn die Entscheidung auf Willkür beruht[43]. 22

§ 34

(1) Zu dem Amt eines Schöffen sollen ferner nicht berufen werden:

1. **der Bundespräsident;**
2. **die Mitglieder der Bundesregierung oder einer Landesregierung;**
3. **Beamte, die jederzeit einstweilig in den Warte- oder Ruhestand versetzt werden können;**
4. **Richter und Beamte der Staatsanwaltschaft, Notare und Rechtsanwälte;**
5. **gerichtliche Vollstreckungsbeamte, Polizeivollzugsbeamte, Bedienstete des Strafvollzugs sowie hauptamtliche Bewährungs- und Gerichtshelfer;**
6. **Religionsdiener und Mitglieder solcher religiösen Vereinigungen, die satzungsgemäß zum gemeinsamen Leben verpflichtet sind;**
7. **Personen, die acht Jahre lang als ehrenamtliche Richter in der Strafrechtspflege tätig gewesen sind und deren letzte Dienstleistung zu Beginn der Amtsperiode weniger als acht Jahr zurückliegt.**

(2) Die Landesgesetze können außer den vorbezeichneten Beamten höhere Verwaltungsbeamte bezeichnen, die zu dem Amt eines Schöffen nicht berufen werden sollen.

---

40 BTDrucks. **12** 2169, S. 12 f.
41 Vgl. mit eingehender Begr. BTDrucks. **12** 2169, S. 13; *Cremer* DRiZ **1992** 344.
42 So ausdrücklich BTDrucks. **12** 2169, S. 11.
43 Vgl. LR-*Hanack* § 336, 14 StPO; § 338, 34 StPO.

Schrifttum. *Birmanns* Die Wählbarkeit von Mitgliedern kommmunaler Selbstverwaltungskörperschaften zu Schöffen und Geschworenen und die Tätigkeit von Richtern in den Gemeindeparlamenten, NJW **1963** 144; *Lemppenau* Ehrenamtliche Richter als Parteiberater und Prozeßvertreter, DRiZ **1992** 381; *Liekefett* Zur Inkompatibilität von Schöffen- und Geschworenenamt mit parlamentarischen Mandaten und Ämtern in kommunalen Selbstverwaltungskörperschaften, NJW **1964** 391; *Meier* Wählbarkeit von Mitgliedern kommunaler Selbstverwaltungskörperschaften zu Schöffen und Geschworenen, NJW **1962** 1999; *Mellwitz* Übersicht der neueren Rechtsprechung des Bundessozialgericht, JR **1963** 454; *Tsatsos* Die verfassungsrechtliche Problematik der Inkompatibilität von Richteramt und Mandat, DRiZ **1964** 251.

Entstehungsgeschichte. § 34 wurde geändert durch Ges. vom 17. 8. 1920 (RGBl. 1579), Art. II § 3 Abs. 2 — Aufhebung der früheren Nr. 9 betr. Wehrmachtangehörige —; Ges. vom 11. 3. 1921 (RGBl. 230) Art. I Nr. 6 — Aufhebung der früheren Nr. 8 betr. Volksschullehrer —; Ges. vom 25. 4. 1922 (RGBl. I 465). Die auf der Bek. vom 22. 3. 1924 (RGBl. I 303) beruhende Fassung wurde geändert durch Ges. vom 27. 3. 1930 (RGBl. I 96) § 27 IV — Einfügung eines Absatzes 3 betr. Reichsminister —. Die heutige Fassung beruht im wesentlichen auf dem VereinhG 1950, das die Vorschrift den staatsrechtlichen Verhältnissen anpaßte und in Nr. 4 die Notare und Rechtsanwälte aufnahm. Durch Art. 2 des 1. StVRG 1974 wurde die Nr. 5 (bis dahin: „gerichtliche und polizeiliche Vollstreckungsbeamte") erweitert und die Nr. 7 neu eingefügt.

Übersicht

1 **1. Sollvorschrift.** § 34 Abs. 1 erweitert den Kreis der Personen, die nicht zu Schöffen berufen werden sollen und enthält, ebenso wie § 33 (dort Rdn. 1) lediglich Ordnungsvorschriften[1].

2 **2. Grundgedanke der Regelung.** § 34 Abs. 1 zählt unter Nr. 1 bis 6 eine Reihe von Personen auf, bei denen es mit Rücksicht auf die Bedeutung ihrer Tätigkeit für das öffentliche Leben nicht angezeigt erscheint, sie, wenn auch nur vorübergehend, ihrer eigentlichen Tätigkeit für Zwecke der Strafrechtspflege zu entziehen. Bei den Richtern (Nr. 4), soweit sie Berufsrichter sind, tritt in ähnlicher Weise wie auch bei den übrigen in Nr. 4 bezeichneten Personen zu dem Gedanken, ihre hauptamtliche Tätigkeit nicht zu beeinträchtigen, die Erwägung hinzu, daß es dem Sinn der Beteiligung von ehrenamtlichen Richtern neben Berufsrichtern[2] geradezu widerspricht, Berufsrichter als ehrenamtliche

[1] RG JW **1927** 793.

[2] LR-*K. Schäfer*[24] Einl. Kap. **15** Rdn. 8.

Richter zu verwenden[3]. Erklärungen wie die, daß Absatz 1 Nr. 4 (Beamte der Staatsanwaltschaft) auf dem Gedanken der Trennung des Richteramts von der Anklagebehörde beruhe[4], lagen dem Gesetzgeber wohl fern (vgl. „Notare und Rechtsanwälte"). Auch die Erweiterung der Nr. 5 auf Bedienstete des Strafvollzugs und hauptamtliche Bewährungs- und Gerichtshelfer beruht nicht nur auf dem Gedanken, sie nicht ihrer hauptamtlichen Tätigkeit zu entziehen, sondern dient auch der Vermeidung von Spannungen im Verhältnis des Beschuldigten zum Schöffen (unten Rdn. 10). Andere Zwecke verfolgt die durch das 1. StVRG 1974 eingeführte Nummer 7; sie soll — so die amtl. Begründung — verhindern, daß ständig dieselben Personen zu Schöffen gewählt werden, und damit zugleich eine Mitwirkung der Bevölkerung in weiterem Umfang als bisher sichern; das liegt in der Zielrichtung des § 36 Abs. 2.

3. Abschließende Regelung. Trotz des eindeutigen Katalogs des Abs. 1 wird verein- **3**
zelt versucht, weitergehende Berufungshindernisse aus Art. 20 Abs. 2; 97 Abs. 1 GG; § 45 Abs. 1 DRiG herzuleiten und auch Mitglieder kommunaler Selbstverwaltungskörperschaften vom Schöffenamt auszunehmen, weil die gleichzeitige Tätigkeit als (ehrenamtliche) Richter mit dem Grundsatz der Gewaltenteilung nicht vereinbar sei; ihnen fehle auch, da sie in ihrem Hauptamt weisungsgebundene Verwaltungstätigkeit ausübten, die sachliche Unabhängigkeit bei Ausübung des Schöffenamts[5]. Diese Bedenken sind unzutreffend[6]. Es müßten sonst alle staatlichen und kommunalen Verwaltungsbeamten von der Wählbarkeit ausgeschlossen sein, und § 34 wäre in der Hauptsache nicht nur überflüssig, sondern, da er nur eine Sollvorschrift darstellt, grundgesetzwidrig. Entsprechendes würde für § 35 Nr. 1 gelten. § 4 DRiG beschränkt aber mit gutem Grund den Grundsatz von der Unvereinbarkeit von Rechtsprechungsaufgaben und Aufgaben der gesetzgebenden oder vollziehenden Gewalt auf die Berufsrichter. Diese sind überdies von der Mitwirkung in Gemeindeparlamenten nicht ausgeschlossen, wie sich aus § 36 Abs. 2 DRiG ergibt. Bei den ehrenamtlichen Richtern genügt es, daß ihre persönliche Unabhängigkeit nach Maßgabe des § 44 Abs. 2 DRiG garantiert ist. Auch bei den Richtern der früheren Gemeindegerichte (§ 14 Nr. 2 a. F GVG) ergaben sich keine Bedenken daraus, daß sie zugleich Bürgermeister, Mitglieder der Gemeindevertretung oder Beamte oder Angestellte der Gemeinde waren[7].

4. Personenkreis

a) Bundespräsident (Nr. 1). Die Aufnahme des Bundespräsidenten in den Katalog **4**
des § 34 beruht auf dem Gewaltenteilungsprinzip. Maßgebender Zeitpunkt ist der der Schöffenwahl.

b) Mitglieder von Bundes- oder Landesregierungen (Nr. 2). Die Bundesregierung **5**
besteht nach Art. 62 GG aus dem Bundeskanzler und den Bundesministern. Wer Mitglied einer Landesregierung ist, bestimmt sich nach Landesverfassungsrecht.

---

3 Vgl. § 22 Nr. 2 VwGO – Berufsrichter können nicht zu ehrenamtlichen Richtern berufen werden – und BSG NJW **1962** 1462 betr. Ausschluß der Verwendung von Berufsrichtern anderer Gerichtsbarkeitszweige als ehrenamtliche Richter in der Sozialgerichtsbarkeit; s. dazu auch *Mellwitz* JR **1963** 455.

4 So *Bettermann* in „Die Grundrechte" III 2, 623.

5 *Meier* NJW **1962** 1999.

6 Ebenso *Birmanns* NJW **1963** 144; *Tsatsos* DRiZ **1964** 256; *Liekefett* NJW **1964** 391; s.a. *Kissel* 7 zu § 31; *Kleinknecht/Meyer-Goßner*[44] 1; BGHSt **22** 85, wonach der Grundsatz der Gewaltenteilung nicht verbietet, daß ein Bundestagsabgeordneter als Schöffe tätig wird.

7 BVerfGE **14** 56 = NJW **1962** 1611.

6 **c) Beamte (Nr. 3).** Unter jederzeit einstweilig in den Warte- oder Ruhestand versetzbare Beamte fallen die sog. politischen Beamten des Bundes und der Länder. Für die Bundesbeamten vgl. § 36 BBG; die Landesbeamtengesetze bestimmen, welche Landesbeamten politische Beamte i. S. der Nr. 3 sind (§ 31 BRRG). Gesetzliche Vorschriften, die bei einer Änderung der Behördeneinrichtung oder bei einem allgemeinen Beamtenabbau die Versetzung von Beamten in den einstweiligen Ruhestand zulassen, kommen nicht in Betracht („jederzeit"). Die im Warte- oder einstweiligen Ruhestand befindlichen Beamten gehören nicht hierher.

7 **d) Richter.** Nr. 4 erfaßt bestimmte Rechtspflegeorgane. Mit „Richter" sind (die noch aktiven) Berufsrichter aller Gerichtsbarkeitszweige gemeint, ohne Rücksicht darauf, ob sie auf Lebenszeit ernannt oder Richter auf Probe oder kraft Auftrags sind (§§ 12, 14 DRiG) und ohne Rücksicht darauf, ob sie im gegenwärtigen Zeitpunkt richterliche Aufgaben versehen oder kraft Abordnung (§ 37 DRiG) bei anderen Stellen tätig sind. Eine gleichzeitige Tätigkeit als ehrenamtlicher Richter würde auch den Prinzipien des ehrenamtlichen Richters in der Strafgerichtsbarkeit widersprechen, und zwar auch dann, wenn sich die Tätigkeiten auf verschiedene Gerichtszweige beziehen würden[8]. Ehrenamtliche Richter fallen nicht unter Nr. 4; für sie gilt § 35 Nr. 2.

8 Wegen des abschließenden Charakters der Vorschrift (Rdn. 3) ist auch die Forderung nach einer Gleichstellung der **Rechtspfleger** abzulehnen. Zwar haben diese inzwischen eine Vielzahl früher dem Richter obliegender Aufgaben übernommen, aber die Rechtsstellung im Vergleich zum Richter ist immer noch so verschieden, daß sich daraus auch die unterschiedliche Behandlung im Rahmen des § 34 rechtfertigt.

9 **e) Staatsanwälte.** Beamte der Staatsanwaltschaft (der Ausdruck findet sich z. B. auch in §§ 145 bis 147) sind, wie sich im übrigen auch aus der Gleichstellung mit den Richtern ergibt, nur die Staats- und Amtsanwälte, nicht auch sonstige bei der Staatsanwaltschaft tätige Beamte wie z. B. Justizinspektoren. Insoweit wird die durch das DRiG vorgenommene Trennung von Tätigkeiten des Richters und des Staatsanwalts fortgeführt. Die Hilfsbeamten der Staatsanwaltschaft (§ 152) gehören ebenfalls nicht hierher, fallen aber möglicherweise unter Nr. 5.

10 **f) Rechtsanwälte und Notare** sind seit dem VereinhG 1950 befreit, weil auch sie ihrer Aufgabe bei Ausübung der Rechtspflege nicht entzogen werden und Aufgaben der Rechtsberatung und der Rechtsprechung getrennt bleiben sollen. Notare sind auch die Anwärter für diesen Beruf (Notariatsassessoren und bestellte Notariatsvertreter). Ob der Rechtsanwalt neben seiner Anwaltstätigkeit noch eine andere Tätigkeit betreibt (z. B. als Syndikus eines privaten Unternehmens), ist ohne Bedeutung; entscheidend ist, ob jemand nach Maßgabe der Bundesrechtsanwaltsordnung als Rechtsanwalt zugelassen ist. Amtlich bestellte Anwaltsvertreter, die nicht Rechtsanwälte sind, sind für die Dauer der Vertretung „Rechtsanwälte" i. S. der Nr. 4. Sonstige Personen, die berufsmäßig als Parteivertreter tätig werden, z. B. Patentanwälte, Prozeßagenten, Rechtsbeistände fallen nicht unter Nr. 4 (im Gegensatz zu § 22 Nr. 5 VwGO, wonach außer Rechtsanwälten und Notaren alle Personen, die fremde Rechtsangelegenheiten geschäftsmäßig besorgen, nicht zu ehrenamtlichen Richtern bei Verwaltungsgerichten berufen werden können).

11 **g) Vollstreckungs- und Vollzugsbeamte (Nr. 5).** Gerichtliche Vollstreckungsbeamte sind in erster Linie die Gerichtsvollzieher (§ 154) und die in den Ländern zur Beitreibung gerichtlicher Kosten bestellten Vollziehungsbeamten der Justiz, dagegen nicht die Justiz-

[8] *Kissel* 7; *Mellwitz* JR **1963** 454.

wachtmeister, die aber zu Vollstreckungshandlungen herangezogen werden können[9]. Zu den Polizeivollzugsbeamten gehören nicht nur die im Vollzugsdienst tätigen Beamten der Schutz- und Kriminalpolizei und der polizeilichen Sonderzweige, sondern auch die kraft ihrer Bestellung zu Hilfsbeamten der Staatsanwaltschaft (§ 152) oder zu Hilfspolizeibeamten mit Vollzugsaufgaben polizeilicher Art betrauten Angehörigen anderer Verwaltungszweige, z. B. die Forstschutzbeamten, die Beamten des Zollfahndungsdienstes, des Grenzzolldienstes und des Bundesgrenzschutzes. Polizeibeamte, die nicht Vollzugsbeamte sind (Polizeiverwaltungsbeamte), dürfen zum Schöffenamt berufen werden. **Bediensteste des Strafvollzuges** (§ 155 StVollzG) sollen nicht nur deshalb nicht zum Schöffenamt berufen werden, um sie nicht der Tätigkeit in ihrem Hauptamt zu entziehen, sondern auch um Unzuträglichkeiten auszuschalten, die sich ergeben, wenn ein Angeklagter einem Schöffen gegenübersteht, der ihn als Vollzugsbeamter während der Untersuchungshaft bewacht hat, oder wenn ein Verurteilter im Vollzug einem seiner Richter nunmehr als Vollzugsbeamten wiederbegegnet[10]. Entsprechende Gesichtspunkte gelten auch für die Nichtberufung der **hauptamtlichen Bewährungs- und Gerichtshelfer** (§ 463 d, 1 ff StPO).

h) Andere Gruppen von Beamten; Soldaten. Soweit Beamte nicht zu dem von § 34 privilegierten Personenkreis gehören, können sie uneingeschränkt zum Schöffenamt herangezogen werden. Das gilt auch für den besonderen Berufsstand der Soldaten. Gleichwohl darf, auch ohne daß dies in § 34 förmlich verlautbart wäre, das dienstliche Interesse anderer Behörden, ihre Angehörigen nicht ihrer Haupttätigkeit zu entziehen, bei der Berufung zum Schöffenamt nicht außer Acht gelassen werden. Eine § 22 Nr. 4 VwGO entsprechende Regelung, nach der Berufssoldaten oder Soldaten auf Zeit nicht zu ehrenamtlichen Richtern berufen werden können, kennt das GVG allerdings nicht. **12**

i) Religionsdiener, Ordensangehörige (Nr. 6). Der früher auch im Strafgesetzbuch (z. B. § 130 a a. F § 196 a. F StGB) verwendete Begriff des Religionsdieners entspricht dem im allgemeinen in der neueren Gesetzessprache verwendeten Begriff des „Geistlichen" (z. B. § 139 StGB, § 53 StPO). Darunter fallen die Personen, die von einer Religions- oder Glaubensgemeinschaft (Art. 140 GG) zur Vornahme gottesdienstlicher oder entsprechender kultischer Handlungen bestimmt sind, also nicht etwa nur die Geistlichen der mit öffentlich-rechtlichen Korporationsrechten ausgestatteten Kirchen und Religionsgemeinschaften, z. B. auch der Pfarrer einer „Freien Christengemeinde"[11]. Die Begr. S. 45 bemerkt dazu: „Es mußte bei der Verschiedenheit der Stellung der einzelnen Staaten zu den verschiedenen Religionsgesellschaften davon Abstand genommen werden, den Begriff einzuschränken und etwa einen Unterschied rücksichtlich der staatlich anerkannten oder privilegierten Religionsgesellschaften und bloß geduldeter Religionsübung zu machen. Es wird dies einer der Fälle sein, in denen es leichter vorkommen kann, daß der Befreiungsgrund, statt von Amts wegen berücksichtigt zu sein, von den Beteiligten selbst unter Darlegung der obwaltenden tatsächlichen Verhältnisse geltend gemacht werden muß." Durch Ges. vom 25. 4. 1922 (RGBl. I 465) sind hinter dem Wort „Religionsdiener" die Worte beigefügt worden „und Mitglieder solcher religiöser Vereinigungen, die satzungsgemäß zu gemeinsamem Leben verpflichtet sind." Das sind vor allem die Mitglieder der Orden der katholischen Kirche, aber auch Kommunitätsformen anderer Kirchen, Glaubens- und Weltanschauungsgemeinschaften[12]. **13**

---

[9] *Kissel* 11.

[10] Begr. des RegEntw. des 1. StVRG 1974 zu Art. 2 Nr. 6, BTDrucks. **7** 551 S. 98.

[11] OLG Köln MDR **1970** 864.

[12] *Kissel* 16.

14 **j) Frühere Schöffentätigkeit (Nr. 7).** Die durch das 1. StVRG 1974 eingefügte Vorschrift „soll verhindern, daß ständig dieselben Personen zum ehrenamtlichen Richter in Strafsachen gewählt werden und damit zugleich eine Mitwirkung der Bevölkerung an der Strafrechtpflege in weiterem Umfang als bisher sichern“[13]. Die Voraussetzungen der Vorschrift sind erfüllt, wenn der Betreffende in der Zeit vor Beginn der Amtsperiode insgesamt — wenn auch nicht zusammenhängend — acht Jahre lang das Amt eines Haupt- oder Hilfsschöffen bekleidete und die letzte Dienstleistung (d. h. Mitwirkung als Schöffe bei einer Verhandlung) bei Beginn der Amtsperiode weniger als acht Jahre zurückliegt. Vgl. ergänzend § 35 Nr. 2.

15 **5. Landesrecht (Absatz 2).** § 34 Absatz 2 trägt den besonderen Verhältnissen der Länder Rechnung. Auch Bundesbeamte dürfen landesgesetzlich von der Berufung zum Schöffenamt ausgeschlossen werden (Prot. 384). Eine nähere Beschränkung ist dem Landesgesetzgeber durch Bundesrecht nicht auferlegt. Erfaßt werden aber nur Beamte der Laufbahngruppe des höheren Dienstes (§§ 19 BBG, 13, 14 BRRG). Wegen der früher in den Ländern erlassenen Vorschriften vgl. die Aufzählung in LR[19] Anm. 11.

16 **6. Verletzung der Vorschrift.** Ein Verstoß gegen die Ordnungsvorschrift des § 34 begründet nicht die Revision. Vgl. auch § 33, 9.

§ 35

Die Berufung zum Amt eines Schöffen dürfen ablehnen:

1. **Mitglieder des Bundestages, des Bundesrates, des Europäischen Parlaments, eines Landtages oder einer zweiten Kammer;**
2. **Personen, die in der vorhergehenden Amtsperiode die Verpflichtung eines ehrenamtlichen Richters in der Strafrechtspflege an vierzig Tagen erfüllt haben, sowie Personen, die bereits als ehrenamtliche Richter tätig sind;**
3. **Ärzte, Zahnärzte, Krankenschwestern, Kinderkrankenschwestern, Krankenpfleger und Hebammen;**
4. **Apothekenleiter, die keinen weiteren Apotheker beschäftigen;**
5. **Personen, die glaubhaft machen, daß ihnen die unmittelbare persönliche Fürsorge für ihre Familie die Ausübung des Amtes in besonderem Maße erschwert;**
6. **Personen, die das fünfundsechzigste Lebensjahr vollendet haben oder es bis zum Ende der Amtsperiode vollendet haben würden;**
7. **Personen, die glaubhaft machen, daß die Ausübung des Amtes für sie oder einen Dritten wegen Gefährdung oder erheblicher Beeinträchtigung einer ausreichenden wirtschaftlichen Lebensgrundlage eine besondere Härte bedeutet.**

Entstehungsgeschichte. Ges. vom 25. 4. 1922 (RGBl. I 465) — Einfügung der Krankenpfleger und Hebammen; Ges. vom 25. 4. 1922 (RGBl. I 561) — Streichung der ursprünglichen Nr. 6 betr. Personen, die den Aufwand des Amtes nicht tragen können. VO vom 14. 6. 1932 (RGBl. I 285) erster Teil Kapitel I Art. 8. Das VereinhG 1950 änderte die

[13] Begr. zu Art. 2 Nr. 6 des RegEntw., BTDrucks. 7 551 S. 99.

Nr. 1 und 2. Der Entw. dieses Gesetzes wollte die Nr. 6 nach § 33 übernehmen. Unter Berücksichtigung von Anpassungsänderungen der Nummer 2 durch das Gesetz vom 26. 5. 1972 (BGBl. I 841) — „Schöffe" statt „Geschworener" — galt danach § 35 Nr. 2 bis 6 bis zum 31. 12. 1974 in folgender Fassung:

„2. Personen, die im letzten Geschäftsjahr die Verpflichtung eines Schöffen beim Schwurgericht oder an wenigstens zehn Sitzungstagen die Verpflichtung eines Schöffen beim Schöffengericht oder bei der Strafkammer erfüllt haben;
3. Ärzte, Krankenpfleger und Hebammen;
4. Apotheker, die keine Gehilfen haben;
5. Frauen, die glaubhaft machen, daß ihnen die Fürsorge für ihre Familie die Ausübung des Amtes in besonderem Maße erschweren würde;
6. Personen, die zur Zeit der Aufstellung der Vorschlagsliste das fünfundsechzigste Lebensjahr vollendet haben oder es bis zum Ablauf des Geschäftsjahres vollenden würden."

Die Änderungen der Nummern 2 bis 6 beruhen auf dem 1. StVRG 1974, die Ergänzung der Nr. 1 bezüglich der Abgeordneten des Europäischen Parlaments und die Einfügung der Nr. 7 auf Art. 2 Nr. 3 RpflVereinfG.

Übersicht

1. Allgemeines. Die in § 35 aufgezählten Ablehnungsgründe — über ihre allgemeine Bedeutung vgl. Vor §§ 32 bis 35 Rdn. 3 — sind abschließend; das Gesetz kennt z. B. keine Ablehnung aus Gewissensgründen[1]. Die Ablehnungsgründe kann schon die Gemeindevertretung (§ 36) und der Ausschuß (§ 40) von Amts wegen berücksichtigen, und zwar dadurch, daß sie die Aufnahme in die Vorschlagsliste (§ 36) oder Schöffenliste (§ 44) unterlassen. Eine solche Berücksichtigung ist angezeigt, wenn vorauszusehen ist, daß der Berechtigte im Falle der Berufung die Wahl gemäß § 53 ablehnt. Lehnt er schon vor der Aufstellung der Vorschlags- oder Schöffenliste ab, so wird dies berücksichtigt werden müssen, da sonst die Ablehnung gemäß § 53 voraussichtlich wiederholt, also eine nutzlose Weiterung veranlaßt würde[2]. Ist der Ablehnungsberechtigte zum Schöffen gewählt worden, so greift § 53 ein. Das gilt auch, wenn der Gewählte den Ablehnungsgrund bereits vorher erfolglos geltend gemacht hatte; diese Geltendmachung wird durch die Aufnahme in die Schöffenliste bedeutungslos (§ 41, 2). 1

2. Zeitliche Wirksamkeit. Die Ablehnungserklärung ist stets nur für die einzelne Amtsperiode (§ 42) wirksam, der Ausschuß also nicht gehindert, den Berechtigten in die 2

[1] KG JR **1966** 188.

[2] Zum RegE des StVÄG 1987 hatte der Bundesrat unter Zustimmung der Bundesregierung (BT-Drucks. **10** 1313, S. 54, 60) vorgeschlagen, dem § 36 Abs. 3 folgenden Satz 3 anzufügen: „Die in die Vorschlagsliste aufzunehmenden Personen sind über die beabsichtigte Aufnahme und die von ihr ausgehenden Rechtswirkungen zu unterrichten." Dadurch sollte den Vorgeschlagenen ermöglicht werden, schon zwischen Vorschlag und Wahl auf gegen eine Wahl sprechende Umstände hinzuweisen. Dieser Vorschlag ist nicht Gesetz geworden; zu den Gründen s. schriftlichen Bericht des Rechtsausschusses BTDrucks. **10** 6592, S. 25.

nächste Schöffenliste aufzunehmen. Selbstverständlich kann die Ablehnung, solange der Ablehnungsgrund fortbesteht, in jeder Amtsperiode wiederholt werden.

3 **3. Parlamentarier (Nr. 1).** Die Zugehörigkeit zu einer gesetzgebenden Körperschaft und die Tätigkeit als Schöffe werden durch den Grundsatz der Gewaltenteilung (Art. 20 Abs. 2 Satz 2 GG) nicht ausgeschlossen[3]; davon geht Nr. 1 aus. Macht der Ablehnungsberechtigte von der Berechtigung keinen Gebrauch, so ist doch seine Entbindung von der Dienstleistung an einzelnen Sitzungstagen des Schöffengerichts (§ 54 Abs. 1) nicht ausgeschlossen, wenn die Ausübung der Tätigkeit als Abgeordneter usw. es erfordert (Begr. 45).

4 Zu den ausdrücklich als ablehnungsberechtigt bezeichneten Personen gehören auch die Mitglieder „einer **zweiten Kammer**". Eine solche besteht z.Zt. noch[4] in Bayern in der Form des Bayerischen Senats, dessen Mitwirkung im Gesetzgebungsverfahren sich auf eine beratende Funktion beschränkt[5]. Der frühere Streit, ob auch die deutschen Mitglieder des Europäischen Parlaments das Schöffenamt ablehnen dürfen[6], ist durch das RpflVereinfG beigelegt worden. Wird die Abgeordnetenstellung erst später erworben, kann die Streichung von der Schöffenliste beantragt werden (§ 53).

5 **4. Frühere ehrenamtliche Richtertätigkeit (Nr. 2).** Während § 34 Abs. 1 Nr. 7 im öffentlichen Interesse eine zu häufige Heranziehung derselben Person zum Schöffenamt verhindern will (§ 34, 14), trägt § 35 Nr. 2 Individualinteressen Rechnung. Die Berufung zum Schöffenamt kann danach ablehnen, wer in der unmittelbar der neuen Amtsperiode vorausgehenden Amtsperiode die Verpflichtung als Schöffe an vierzig Tagen erfüllt, d. h. an vierzig Tagen an einer Verhandlung als Haupt-, Hilfs- oder Ergänzungsschöffe teilgenommen hat. Ohne Bedeutung ist, wie sich diese vierzig Tage auf die Amtsperiode verteilen, ob z. B. ein Hilfsschöffe im ersten Jahr häufig, im letzten Jahr nur selten herangezogen wurde und umgekehrt. Es spielt auch keine Rolle, wie lange die Inanspruchnahme an dem einzelnen Sitzungstag gedauert hat; ein Schöffe hat seine Verpflichtung an einem Tag auch dann erfüllt, wenn, etwa wegen Ausbleibens des Angeklagten, die Sache alsbald nach Sitzungsbeginn vertagt wurde. Die Berufung als Schöffe kann auch ablehnen, wer bereits als ehrenamtlicher Richter außerhalb der Strafrechtspflege, z. B. als Handelsrichter oder an einem Gericht eines anderen Gerichtszweiges, z. B. einem Gericht der Arbeits- oder Finanzgerichtsbarkeit, tätig ist (entsprechende Vorschriften enthalten § 23 Abs. 1 Nr. 2 VwGO, § 20 Abs. 1 Nr. 2 FinGO).

6 **5. Heil- und Heilhilfsberufe (Nr. 3).** Die frühere Fassung („Ärzte") gab der Auslegung Raum, daß der Begriff „Ärzte" im weitesten, auch die Zahn- und Tierärzte umfassenden Sinn zu verstehen sei[7]. Da die Hinzufügung „Zahnärzte" von der Begr. des RegEntw.[8] als Erweiterung des bisherigen Kreises der Ablehnungsberechtigten verstanden wird, ist nunmehr klargestellt, daß Tierärzte nicht unter § 35 Nr. 3 fallen. Arzt und Zahnarzt i. S. der Nummer 3 ist, wer auf Grund einer Approbation nach der Bundesärzteordnung und dem Gesetz über die Ausübung der Zahnheilkunde vom 31. 3. 1952 (BGBl. III 2123-1) die Bezeichnung „Arzt" bzw. „Zahnarzt" führen darf. Heilpraktiker gehören

3 BGHSt **22** 85 = NJW **1968** 996.

4 Das Volk des Freistaates Bayern hat mit Gesetz vom 20. 2. 1998 die Abschaffung des Senats zum 1. 1. 2000 beschlossen. Gegen dieses Gesetz haben der Senat und eine Gruppe von Bürgern Normenkontrollklage bzw. Popularklage beim Verfassungsgerichtshof erhoben, die der BayVerfGH am 17. 9. 1999 zurückgewiesen hat.

5 Art. 34 bis 42 BayVerf; Gesetz über den Senat i. d. F vom 9. 2. 1966, GVBl. 99; *Wahl* NStZ **1988** 317 Fußn. 5.

6 Vgl. dazu LG Heidelberg NStZ **1988** 316 mit Anm. *Wahl* S. 317; LR-*K. Schäfer* (24. Aufl. Rdn. 3a).

7 LR[22] § 35, 5.

8 BTDrucks. **7** 551, S. 99.

nicht hierher. Den Ärzten und Zahnärzten sind die Krankenschwestern, Kinderkrankenschwestern und Krankenpfleger i. S. des Krankenpflegegesetzes sowie die Hebammen i. S. des Hebammengesetzes gleichgestellt.

6. Apothekenleiter (Nr. 4). Die Beschränkung des Ablehnungsrechts auf solche Apothekenleiter, die keinen weiteren Apotheker beschäftigen, trägt dem § 2 Abs. 4 der Apothekenbetriebsordnung vom 7. 8. 1968/19. 8. 1974 (BGBl. III 2121-2-1) Rechnung, wonach der Apothekenleiter verpflichtet ist, die pharmazeutische Tätigkeit von Personen zu beaufsichtigen, die nicht Apotheker sind[9]. 7

7. Fürsorge für die Familie (Nr. 5). Ablehnungsberechtigt sind („Personen") nicht nur, wie nach früherem Recht Frauen, sondern auch Männer, um auch z. B. die Fälle zu erfassen, in denen in einer Familie die Ehefrau ganztägig berufstätig ist und der arbeitslose oder als Rentner oder Ruheständler aus dem Berufsleben ausgeschiedene Ehemann die Fürsorge für die Familie im Hause übernimmt. Nur die bei einer Wahl zum Schöffen in besonderem Maß bestehende Erschwerung der unmittelbaren persönlichen Fürsorge rechtfertigt die Ablehnung. Das ist beispielsweise der Fall bei der Versorgung von drei schulpflichtigen Kindern oder der Alleinerziehung einer berufstätigen Person bei gleichzeitiger Pflege der Eltern. Damit bleiben Tätigkeiten außer Betracht, die nur mittelbar der Fürsorge für die Familie dienen, wie z. B. alle Berufstätigkeiten zum Gelderwerb[10]. 8

8. Ablehnung aus Altersgründen (Nr. 6). Nach § 33 Nr. 2 sind Personen schöffenungeeignet, die bei Aufstellung der Vorschlagsliste das siebzigste Lebensjahr vollendet haben oder bis zum Beginn der Amtsperiode vollendet haben würden. Darüber hinaus trägt § 35 Nr. 6 den besonderen Belastungen, die mit dem Amt eines Schöffen verbunden sind, dadurch Rechnung, daß er Personen, die das fünfundsechzigste Lebensjahr vollendet haben oder es bis zum Ende der Amtsperiode vollendet haben würden, ein Ablehnungsrecht einräumt. Es kann danach z. B. auch ein Schöffe, der zunächst von seinem Ablehnungsrecht keinen Gebrauch gemacht und während des ersten Jahres der Amtsperiode das Schöffenamt ausgeübt hat, nach seiner erneuten Auslosung für das nächste Jahr (§§ 45, 46) gemäß § 53 von seinem Ablehnungsrecht mit Wirkung für den Rest der Amtsperiode Gebrauch machen. 9

9. Wirtschaftliche Ablehnungsgründe (Nr. 7). Die Ablehnungsgründe der Nr. 1 bis 6 haben sich in der Vergangenheit vielfach als zu eng erwiesen. Dem hat der Gesetzgeber durch das RpflVereinfG Rechnung getragen und eine Ablehnung ausnahmsweise auch dann ermöglicht, wenn die Belastung durch das Schöffenamt so extrem wäre, daß die wirtschaftliche Existenz des Betroffenen oder eines Dritten, insbesondere des Arbeitgebers, ernsthaft gefährdet wäre[11]. Das bedeutet, daß die üblicherweise mit der Ausübung eines Ehrenamtes verbundenen Härten und Unbequemlichkeiten hingenommen werden müssen. Gleiches gilt für finanzielle Einbußen, auch wenn sie durch die Entschädigung nach den gesetzlichen Vorschriften nicht vollständig ausgeglichen werden. Daß durch die Heranziehung als Schöffe geradezu der wirtschaftliche Ruin droht, wird jedoch nicht verlangt. Erhebliche Einkommenseinbußen durch Umsatzverluste oder die Kosten für eine Vertretung genügen. Die Vorschrift ist zwar als Ausnahmeregelung konzipiert, sollte aber nicht nur in extrem gelagerten Fällen angewendet werden[12]. Geschützt werden vor allem kleine Betriebe, bei denen der Ausfall des Inhabers oder einzigen Mitarbeiters zur Existenzge- 10

[9] Begr. BTDrucks. **7** 551, S. 99.
[10] Begr. BTDrucks. aaO.
[11] BTDrucks. **11** 8283 S. 50.
[12] *Katholnigg*[3] 4.

fährdung führen kann[13]. Die Vorschrift erfaßt allerdings nur den wirtschaftlichen Bereich und kann für andere Härten auch nicht entsprechend angewendet werden[14]. Hierfür kommt ggf. ein Ablehnungsrecht nach § 35 Nr. 5 in Betracht. In der praktischen Handhabung wird es im Einzelfall schwierig sein zu entscheiden, ob die Schöffentätigkeit nur zu noch hinzunehmenden Einbußen oder bereits zur Gefährdung der Lebensgrundlage führen kann. Bei dieser Bewertung wird weder eine zu engherzige noch eine zu großzügige Sicht angeraten sein[15], die im Zweifel jedoch zugunsten eines Ablehnungsgrundes ausfallen sollte. Der allgemeinen staatsbürgerlichen Pflicht zur Übernahme eines Schöffenamtes korrespondiert andererseits nämlich das hohe Gut des Art. 14 GG, das die gewerbliche, selbständige Existenz schützt und nur in eindeutig nicht existenzgefährdenden Fällen eingeschränkt werden sollte. Da in Zweifelsfällen auch nicht von einer willkürlichen Entscheidung gesprochen werden kann, besteht zudem kein Risiko einer späteren Besetzungsrüge.

11 Aus der **Praxis des Verfassers** (u. a. Schöffenkammer nach § 77 Abs. 3 Satz 2) sind insoweit als ausreichend folgende Fälle angesehen worden: der Schöffe war von drei Beschäftigten eines kleinen Abwasserverbandes der einzige, der eine hydraulische Maschine bedienen konnte, bei deren Stillstand auch die beiden anderen Arbeiter beschäftigungslos sind; die Alleinbewirtschaftung eines kleinen landwirtschaftlichen Hofes bei gleichzeitiger Landwirtschaftsausbildung sowie Bewirtschaftung eines kleineren landwirtschaftlichen Hofes und alleiniger Mitarbeiter (Buchhalter) im Betrieb der Ehefrau (Steuerberaterin).

§ 36

(1) [1]Die Gemeinde stellt in jedem vierten Jahr eine Vorschlagsliste für Schöffen auf. [2]Für die Aufnahme in die Liste ist die Zustimmung von zwei Dritteln der gesetzlichen Zahl der Mitglieder der Gemeindevertretung erforderlich.

(2) [1]Die Vorschlagsliste soll alle Gruppen der Bevölkerung nach Geschlecht, Alter, Beruf und sozialer Stellung angemessen berücksichtigen. [2]Sie muß Geburtsnamen, Familiennamen, Vornamen, Tag und Ort der Geburt, Wohnanschrift und Beruf der vorgeschlagenen Person enthalten.

(3) [1]Die Vorschlagsliste ist in der Gemeinde eine Woche lang zu jedermanns Einsicht aufzulegen. [2]Der Zeitpunkt der Auflegung ist vorher öffentlich bekanntzumachen.

(4) [1]In die Vorschlagslisten des Bezirks des Amtsgerichts sind mindestens doppelt so viele Personen aufzunehmen, wie als erforderliche Zahl von Haupt- und Hilfsschöffen nach § 43 bestimmt sind. [2]Die Verteilung auf die Gemeinden des Bezirks erfolgt durch den Präsidenten des Landgerichts (Präsidenten des Amtsgerichts) in Anlehnung an die Einwohnerzahl der Gemeinden.

Schrifttum. *Katholnigg* Wie müssen Vorschlagslisten für Schöffen aufgestellt werden? NStZ **1992** 73; *Katholnigg/Bierstedt* Sind bei den Schöffen alle Gruppen der Bevölkerung angemessen berücksichtigt, ZRP **1982** 267; *Liekefett* Zur Inkompatibilität von Schöffen- und Geschworenenamt mit parlamentarischen Mandaten und Ämtern in kommunalen Selbstverwaltungskörperschaften, NJW **1964** 391; *Potrykus* Nachteile bei der Auswahl der Laienrichter in Strafsachen, DRiZ **1952** 202; *Rieß* Die Besetzungsrüge in Strafsachen in der neueren Rechtsprechung des Bundesgerichtshofs, DRiZ **1977** 289.

---

13 *Katholnigg*[3] 4.
14 Vgl. auch *Katholnigg*[3] 4; *Kissel* 10.
15 *Katholnigg*[3] 4.

Entstehungsgeschichte. Ges. vom 11. 7. 1923 (RGBl. I 647); VO vom 14. 6. 1932 (RGBl. I 285) erster Teil Kapitel 1 Art. 8. Das VereinhG 1950 brachte wesentliche Änderungen, insbesondere durch den Übergang von der Urliste zur Vorschlagsliste (vgl. 1). Mehrfach geändert wurden die Bestimmungen über die Zahl der in die Vorschlagsliste aufzunehmenden Personen. Das VereinhG bestimmte: „ In die Vorschlagsliste sind aufzunehmen in Gemeinden a) mit 500 oder weniger Einwohnern fünf Personen, b) mit mehr als 500 Einwohnern mindestens sechs Personen, im übrigen auf je 200 Einwohner eine Person". Durch das 1. StVRG 1969 wurde (neuer Absatz 3, später Absatz 4) der Grundsatz aufgestellt: „Die Zahl der in die Vorschlagsliste aufzunehmenden Personen beträgt drei vom Tausend der Einwohnerzahl der Gemeinde. . ." Zugleich wurden die Landesregierungen — mit dem Recht der Weiterübertragung auf die Landesjustizverwaltungen — ermächtigt, unter bestimmten Voraussetzungen durch RechtsVO eine höhere Verhältniszahl der in die Vorschlagslisten aufzunehmenden Personen festzusetzen. Durch das 1. StVRG wurden in Absatz 1 Satz 1 „zweiten" durch „vierten" ersetzt, und anstelle des bisherigen Satzes 3 des Absatzes 1 („Die Vorschlagsliste soll außer den Namen auch den Geburtsort, den Geburtstag und den Beruf des Vorgeschlagenen enthalten") der Absatz 2 eingefügt. Durch Art. 2 Nr.1 des StVÄG 1987 erhielt Absatz 4 die jetzt geltende Fassung.

Übersicht

1. Entwicklungsgeschichte

a) Ersetzung der Urliste durch die Vorschlagsliste. Nach dem ursprünglich gelten- 1
den Recht wählte der Ausschuß (§ 40) die Schöffen aus den von den Gemeindevorstehern alle zwei Jahre aufzustellenden Urlisten, in die alle schöffenfähigen Gemeindeeinwohner aufzunehmen waren. Da die Aufstellung der vollständigen Urliste für größere Gemeinden eine erhebliche finanzielle Belastung bedeutete, gestattete das Ges. vom 11. 7. 1923 (RGBl. I 647) den Landesjustizverwaltungen, für eine Gemeinde die Aufstellung (nach den Anfangsbuchstaben der Namen oder der Straßen) beschränkter Urlisten oder die Verwendung bereits anderweit aufgestellter amtlicher Einwohnerverzeichnisse z. B. Wahl- oder Meldekartei) anzuordnen. Das VereinhG 1950 ging — im Anschluß an die nach 1945 in der britischen Besatzungszone und in Hessen getroffenen Regelungen — einen ganz anderen Weg. Während früher die Aufgabe des „Gemeindevorstehers", auch bei der beschränkten Urliste, lediglich darin bestand, dem Wahlausschuß ein Verzeichnis der nach den gesetzlichen Vorschriften schöffenfähigen Personen zu liefern, trifft jetzt die Gemeindevertretung bereits eine Vorwahl, indem sie aus der Zahl der schöffenfähigen Gemeindeeinwohner eine beschränkte Zahl auswählt (Vorschlagsliste) und der Wahlausschuß (§ 40) bei seiner Wahl auf den durch die Vorschlagslisten bezeichneten Personen-

kreis beschränkt ist. Die Begründung zum Entw. des VereinhG 1950 bemerkt dazu: „Dadurch wird ein, wie die Vergangenheit lehrt, ungebührlich großer und unnützer Aufwand an Verwaltungsarbeit gespart und dahin gewirkt, daß für das Schöffenamt besonders geeignete Bürger an der Rechtsprechung teilnehmen und auf diese Weise das Laienelement in der Rechtspflege größeren Einfluß gewinnt."

2 **b) Qualifizierte Mehrheit.** Die Vorwahl ist der Gemeindevertretung überlassen und das dabei zu beachtende Verfahren richtet sich nach dem jeweiligen Recht der zuständigen Gemeindevertretung. Gemeindevertretung i. S. des § 36 sind in Berlin die Bezirksverordnetenversammlungen[1], in Hamburg die Bezirksversammlungen[2]. Die Vorbereitung der Wahl kann durch Beteiligung der Gemeindeverwaltung erfolgen, die auch vorbereitende Listen aufstellen darf[3]. Die Überlassung der Vorwahl an die Gemeindevertretungen hat einerseits den Vorteil der individuellen Auswahl und bietet im allgemeinen eine größere Gewähr für die Heranziehung im öffentlichen Leben erfahrener und in gewisser Weise hervorgetretener Persönlichkeiten[4], birgt freilich andererseits, da die Gemeindevertretungen nach parteipolitischen Gesichtspunkten gewählt werden, die Gefahr in sich, daß auch auf die Auswahl für die Vorschlagsliste parteipolitische Gesichtspunkte Einfluß gewinnen oder daß die Vorgeschlagenen glauben, ihr ehrenamtliches Richteramt im Sinne der politischen Vorstellungen der Vorschlagenden ausüben zu sollen[5]. Um solchen Bedenken entgegenzuwirken, hatte § 36 Abs. 5 in der gemäß VO vom 22. 8. 1947 (VOBl. BZ, S. 115) früher in der britischen Besatzungszone geltenden Fassung vorgeschrieben: „Die Landesjustizverwaltung stellt durch Anordnungen an die Gemeindevertretungen sicher, daß bei Aufstellung der Vorschlagslisten die Bevorzugung einer Partei, eines religiösen Bekenntnisses, einer wirtschaftlichen oder sonstigen Interessentengruppe oder eines besonderen Gebietes ausgeschlossen ist", ohne freilich erkennbar zu machen, durch welche Maßnahmen eine solche „Sicherstellung" erreicht werden könnte. Das VereinhG 1950 ging, um einer durch unsachliche Gesichtspunkte beeinflußten Auswahl entgegenzuwirken, einen anderen Weg: § 36 Abs. 1 knüpft die Aufnahme in die Vorschlagsliste an die Zustimmung von 2/3 der gesetzlichen Zahl der Mitglieder der Gemeindevertretung (also nicht nur von 2/3 der an der Abstimmung Teilnehmenden) und in gleicher Weise ist in § 40 Abs. 3 die Wahl der Vertrauenspersonen geregelt, die dem Wahlausschuß angehören (auch für die Wahl durch den Ausschuß selbst wird in § 42 eine qualifizierte Mehrheit gefordert). Ferner wurde die Zahl der vorzuschlagenden Personen so bemessen, daß dem Ausschuß (§ 40) Spielraum für eine echte Auswahl verbleibt. Wie angesichts der bewußt in Kauf genommenen Möglichkeit politischer Beeinflussung des Vorschlags der Gemeindevertretung Fälle eines die ordnungsmäßige Besetzung des Gerichts in Frage stellenden „Mißbrauchs des Vorschlagsrechts im Sinne einer unlauteren politischen Beeinflussung der Schöffenwahl" — so die salvatorische Klausel des Bundesgerichtshofs[6] — denkbar sind, ist schwer vorstellbar. Zwecks weiterer Geschäftsvereinfachung wurde durch das 1. StVRG 1974 die Amtsperiode der Schöffen von zwei auf vier Jahre erhöht (§ 42 Abs. 1), so daß auch die Vorschlagsliste nur in jedem vierten Jahr aufzustellen ist, und durch die neue Fassung des Absatzes 4 durch das StVÄG 1987 wurden neue Wege für die Bemessung der Zahl der in die Vorschlagsliste Aufzunehmenden beschritten.

---

[1] BGH NStZ **1986** 84 = StV **1986** 49 m. Anm. *Danckert*.

[2] BGH NStZ **1986** 83.

[3] *Kissel* 4.

[4] BGHSt **12** 197 (200) = NJW **1959** 349 = LM Nr. 1 zu § 30 GVG m. Anm. *Martin*.

[5] *Eb. Schmidt* I Nr. 576; *Liekefett* NJW **1964** 391; *Potrykus* DRiZ **1952** 202.

[6] BGHSt **12** 197, 201.

2. Jugendschöffen. Für deren Wahl gelten insofern Besonderheiten, als nach § 35 Abs. 3 JGG zwecks Gewinnung geeigneter Jugendschöffen an die Stelle der Vorschlagsliste des § 36 GVG die Vorschlagsliste des Jugendwohlfahrtsausschusses tritt, der ebensoviele Männer wie Frauen vorschlagen soll, die erzieherisch befähigt und in der Jugenderziehung erfahren sein sollen. Aus dieser Liste wählt der Wahlausschuß (§ 40 GVG) die nötige Zahl von Jugendschöffen (dazu wegen der Folgen der Wahl von Jugendschöffen aus einer anderen Liste als der Vorschlagsliste des Jugendwohlfahrtsausschusses § 40, 24). **3**

3. Die Vorschlagsliste (Absatz 2)

a) Angemessene Repräsentation aller Gruppen der Bevölkerung (Absatz 2 Satz 1). In Verwirklichung von Vorschlägen früherer Entwürfe (Vor §§ 32 bis 35 Rdn. 2) enthält der durch das 1. StVRG 1974 eingefügte Absatz 2 Satz 1 eine ausdrückliche Vorschrift, durch die eine angemessene Repräsentation aller Gruppen der Bevölkerung (gemeint ist: der jeweiligen Gemeinde) erreicht werden soll. Denn „für die Repräsentation des Volkes bei der Rechtsprechung ist es wünschenswert, daß die ehrenamtlichen Richter nach Geschlecht, Alter, Beruf und sozialer Stellung der Struktur der Gesamtbevölkerung weitgehend entsprechen. Dann können die Anschauungen des Volkes von Recht und Gerechtigkeit in der Rechtsprechung am besten ihren Niederschlag finden. Nimmt dagegen der Anteil einer bestimmten Berufs- oder Altersgruppe unverhältnismäßig zu, so kann dies für die Rechtsprechung ungünstige Folgen haben“[7]. Dem Gedanken der Repräsentation der Gesamtbevölkerung widerspricht es, wenn die Gemeindevertretungen die Auswahl auf einen nach den Anfangsbuchstaben der Namen (z. B. auf Personen mit den Anfangsbuchstaben L bis R) oder Straßen oder nach anderen Merkmalen beschränken[8]. Fehlerhaft ist es auch, wenn die Gemeindevertretung eine nach dem Zufallsprinzip erstellte Vorschlagsliste ohne weiteres übernimmt[9], weil es dann an einer individuellen Vorauswahl fehlt, durch die gerade erfahrene und urteilsfähige Personen ermittelt werden sollen. Jedoch hat sich das Gesetz mit einer Soll-Vorschrift begnügt. Denn eine exakte Beachtung dieser für die Aufstellung der Vorschlagsliste wie für die Wahl der Schöffen (§ 42 Abs. 2) gleichmäßig geltenden Grundsätze wäre nur durch Aufstellung besonderer Listen für alle Alters-, Berufs- und sonstige Gruppen erreichbar gewesen; das aber wäre mit einer nicht zu vertretenden Vermehrung des Arbeitsaufwands für die Verwaltung verbunden gewesen[10]. Unter diesem Gesichtspunkt hat das Gesetz auch — abweichend von §§ 33, 35 JGG — von Vorschriften abgesehen, die eine dem Art. 3 Abs. 2 GG entsprechende möglichst gleiche zahlenmäßige Heranziehung von Mann und Frau zum Schöffenamt sicherstellen sollen. Insgesamt handelt es sich bei dieser Soll-Vorschrift um einen Appell an die Gemeindevertretung, auf eine angemessene Repräsentation aller Gruppen der Bevölkerung bei der Aufstellung der Vorschlagsliste Bedacht zu nehmen[11]. Die Form der Soll-Vorschrift ist dabei bewußt in dem Sinn gewählt, daß ihre Verletzung „unschädlich“ sein soll[12], d. h. die vorschriftsmäßige Besetzung des Gerichts nicht in Frage stellt[13]. **4**

---

7 Begr. zu Art. 2 Nr. 8 RegEntw., BTDrucks. 7 551, S.100.

8 BGHSt **30** 255 = StV **1982** 6 m. Anm. *Katholnigg*; BGH NStZ **1986** 84; *Katholnigg* StV **1982** 7.

9 BGHSt **38** 47 = NStZ **1992** 92 = StV **1991** 452.

10 Begr. BTDrucks. **7** 551, S. 100.

11 Zur tatsächlichen Verteilung der Schöffen auf die verschiedenen sozialen Gruppen vgl. *Katholnigg/Bierstedt* ZRP **1982** 267.

12 Begr. BTDrucks. **7** 551, S. 100.

13 Dazu BGHSt **30** 255, 256; BGH bei *Pfeiffer/Miebach* NStZ **1986** 210 Nr. 28; LR-*Hanack* § 338 StPO, 30.

5 **b) Mitwirkung an der Aufstellung der Vorschlagsliste.** Auf welche Weise die Gemeindevertretung für die Heranziehung geeigneter Schöffen Sorge trägt, läßt sich nicht allgemein bestimmen. Insoweit ist jedoch mittlerweile allgemein anerkannt, daß auf Vorschlagslisten der Fraktionen des Gemeinderates zurückgegriffen werden darf oder zusätzlich auch auf Vorschläge von anderen Vereinigungen, wie von Arbeitnehmer- oder Arbeitgeberverbänden, Bürgervereinen und Organisationen aus der kirchlichen und sozialen Arbeit[14]. Der darin liegenden Gefahr des Mißbrauchs des Benennungsrechts soll nach Ansicht des Bundesgerichtshofs durch die von § 36 geforderte Zweidrittelmehrheit begegnet werden[15]. Das kann naturgemäß nur dann gelten, wenn eine Partei nicht bereits über diese Mehrheit verfügt. Davon abgesehen führt dieses in der Praxis gängige Verfahren dazu, daß Bürger, die keiner der beteiligten Vereinigungen angehören, de facto vom Schöffenamt ausgeschlossen werden[16]. Zwar sind auch Selbstbewerbungen für das Schöffenamt möglich, aber der Erfolg solcher Eigeninitiativen dürfte vorgezeichnet sein. Hier sollte — soweit Schöffenfähigkeit vorliegt — de lege ferenda durch eine Pflicht zur Aufnahme in die Vorschlagslisten Abhilfe geschaffen werden. Auch das vom Bundesgerichtshof abgelehnte Zufallsprinzip würde derartige Bedenken zerstreuen.

6 **c) Angabe der Personalien (Absatz 2 Satz 2).** Schon der § 36 Abs. 1 Satz 3 a. F enthielt — ebenfalls in Form einer Soll-Vorschrift — eine Reihe von weiteren Identitätsmerkmalen neben dem Namen eines in die Vorschlagsliste Aufgenommenen. Bei der Neufassung des Satzes 2 wurden zunächst diese Merkmale erweitert (Angabe der Wohnanschrift) und verdeutlicht (betr. Namen). Darüberhinaus wurde die Soll- in eine Mußvorschrift umgestellt, da das Einsichtsrecht in die Liste (§ 36 Abs. 1) nur dann sinnvoll sei, „wenn die Angaben zur Person des Vorgeschlagenen deren schnelle Identifizierung ermöglichten, damit die Amtsgerichte sogleich in der Lage sind, unter dem Gesichtspunkt des § 32 Nr. 1 GVG Auskünfte aus dem Bundeszentralregister einzuholen“[17]. Enthält die Vorschlagsliste unvollständige Angaben und bessert dies die Gemeinde trotz Aufforderung nicht nach, ist die Kommunalaufsicht einzuschalten[18]. Aus dem begrenzten Zweck der „Muß“-Vorschrift als eines Beitrags zur Verringerung des Verwaltungszeitaufwands bei der Feststellung von Schöffenunfähigkeitsgründen ergibt sich, daß die Verletzung der Mußvorschrift ohne Einfluß auf die vorschriftsmäßige Besetzung des Gerichts ist.

7 **d) Zahl der aufzunehmenden Personen (Absatz 4).** Der durch das 1. StVRG 1974 (oben „Entstehungsgeschichte“) gewählte Weg, die Zahl der aufzunehmenden Personen grundsätzlich auf drei vom Tausend der Einwohnerzahl der Gemeinde festzusetzen, hatte sich nicht bewährt: Diese Zahl erwies sich an manchen Orten als zu gering, an anderen dagegen als viel zu hoch. Der durch das StVÄG 1987 neu gefaßte Absatz 4 erstrebt eine Regelung, die sich möglichst an dem tatsächlichen Bedarf orientiert, dabei aber für den Wahlausschuß einen ausreichenden Wahlermessensspielraum beläßt. Die doppelte Zahl der erforderlichen Schöffen vorzuschlagen, beruht darauf, daß sonst nicht von einer echten Wahl gesprochen werden könnte[19]. Die Einhaltung dieser Zahl hat der Vorsitzende des Schöffenwahlausschusses jedoch nicht zu prüfen[20]. Die sodann dem Präsidenten des Landgerichts (Präsident des Amtsgerichts)) übertragene Verteilung nach dem Vorbild des § 43 Abs. 1 „erfolgt in Anlehnung an die Einwohnerzahl der Gemeinde“. Die Gesetzesbegründung[21] versteht das „erfolgt“ im Sinne von „muß erfolgen“; tatsächlich handelt es

14 BGHSt **38** 47.
15 BGH aaO.
16 So auch *Katholnigg* NStZ **1992** 73.
17 Bericht des RAussch. BTDrucks. **7** 2600 zu Art. 2 Nr. 8.
18 *Katholnigg*[3] 3.
19 *Kissel* 12.
20 BGHSt **33** 290.
21 BTDrucks. **10** 1313, S. 55.

sich dabei um einen — auch revisionsrechtlich bedeutungslosen (unten Rdn. 13) — falschen Zungenschlag. Denn die Begründung erläutert die „Anlehnung an die Einwohnerzahl der Gemeinden" dahin, die Verteilung müsse „also etwa deren Verhältnissen entsprechen. Eine genaue prozentuale Entsprechung ist nicht vorgesehen, da sie bei knappen Grenzwerten durch die Fluktuation zu Unstimmigkeiten führen könnte"[22]. Es handelt sich also nur um eine Leitlinie für die Ausübung des Ermessens bei der Verteilung. Jedoch ist mit der „Anlehnung an die Einwohnerzahl" zum Ausdruck gebracht, daß eine Berücksichtigung anderer Faktoren, wie etwa Entfernung, hier nicht zulässig ist[23].

e) Die Aufnahme in die Vorschlagslisten (Absatz 2 Satz 1). Von der Aufnahme in die Vorschlagsliste sind, wie sich aus § 37 ergibt, nicht nur die Personen auszuschließen, die zum Schöffenamt unfähig sind (§§ 31, 32), sondern auch die, die dazu nicht berufen werden sollen (§§ 33, 34). Personen, denen Ablehnungsgründe zur Seite stehen (§ 35), können in die Liste aufgenommen werden (vgl. aber § 35, 1). Über die äußere Form der Vorschlagsliste trifft das Gesetz keine Vorschriften. Es ist daher nicht unzulässig, daß die Gemeinde eine Gesamtliste vorlegt, in der die von der Gemeindevertretung gebilligten Vorschläge der einzelnen in der Gemeindevertretung vertretenen politischen Parteien zusammengeheftet sind[24]. Die Tatsache, daß die Vorgeschlagenen dadurch als den vorschlagenden Parteien genehme Persönlichkeiten in Erscheinung treten, ist eine vom Gesetz in Kauf genommene Folge des durch § 36 Abs. 1 Satz 2 vorgeschriebenen Verfahrens. 8

f) Über den **Zeitpunkt der Aufstellung der Vorschlagsliste** und ihrer Einsendung an das Gericht bestimmt nach § 57 die Landesjustizverwaltung (dort Rdn. 2). Wird die Liste nicht rechtzeitig aufgestellt, fehlt dem Ausschuß eine zwingend notwendige Voraussetzung für die Wahl und er muß zuwarten, bis die Gemeindevertretung diese Liste vorlegt. Eine Not- oder Eilzuständigkeit sieht das Gesetz für solche Fälle nicht vor. Das kann dazu führen, daß zu Beginn einer neuen Amtsperiode keine Schöffen zur Verfügung stehen, weil sich die Amtszeit der bisherigen Schöffen in diesem Fall nicht verlängert[25]. Der Ausschuß muß dann warten, bis die Vorschlagsliste aufgestellt worden ist[26]. Solange tritt Rechtsstillstand ein[27] (für eine Analogie zu § 50 in diesem Fall s. dort Rdn. 3). 9

Fehlen in **der Vorschlagsliste** eines Bezirks die Vorschlagslisten **einer Gemeinde** ist der Ausschuß dagegen an einer Wahl nicht gehindert, denn eine trotz der fehlenden Liste(n) durchgeführte Wahl führt nicht ohne weiteres zu einer vorschriftswidrigen Besetzung der von dieser Wahl betroffenen Spruchkörper, sondern nur dann, wenn die Entscheidung zur Wahl auf sachfremden Erwägungen beruht und damit willkürlich ist[28]. 10

Ändert sich in der laufenden Schöffenwahlperiode die **Gerichtsorganisation**, führt dies nicht zu einer vorzeitigen Neuwahl von Schöffen für den geänderten Gerichtsbezirk[29]. 11

4. Einheitliche Vorschlagsliste. Die Gemeinde stellt grundsätzlich nur eine Vorschlagsliste für Schöffen auf. Das bedeutet allerdings nicht, daß diese Gesamtliste in einer einzigen Liste zusammengefaßt sein muß. Sie kann auch in der urkundlichen Verbindung der einzelnen Vorschläge der in den Gemeindevertretungen repräsentierten Parteien oder 12

22 Begr. RegEntw. BTDrucks. **10** 1313, S. 55.
23 *Kissel* 12.
24 BGHSt **12** 197.
25 *Kissel* 16.
26 BGHSt **26** 393 = NJW **1976** 2357.
27 *Kissel* 16; weitergehend *Rieß* JR **1977** 301.
28 BGH NStE Nr. 1 und 2 zu § 36 GVG.
29 BVerfG DtZ **1992** 281; vgl. für den Sonderfall des LG Berlin BGH NStE Nr. 4 zu § 36 GVG.

Vereinigungen oder Selbstbewerbungen bestehen[30]. Die Scheidung zwischen den zu Schöffen beim Schöffengericht und bei der Strafkammer auszuwählenden Personen geschieht erst durch den Ausschuß (§ 77).

13 **5. Auflegung zur Einsicht (Absatz 3).** Wegen der Einspruchsmöglichkeit nach § 37 sieht § 36 die Offenlegung der von der Gemeindevertretung gewählten Vorschlagsliste vor. Da das Gesetz nichts darüber bestimmt, in welcher Art die Auflegung der Vorschlagsliste und die öffentliche Bekanntmachung zu geschehen hat, gelten hierfür die jeweiligen kommunalrechtlichen Vorschriften. Die Auslegung kann somit auch durch öffentlichen Aushang erfolgen. Einen Anhaltspunkt dafür, was als öffentliche Bekanntmachung angesehen werden kann, gibt die Regelung in § 4 der 1. DVO vom 22.3. 1935 (RGBl. I 393) zur Deutschen Gemeindeordnung vom 30.1. 1935 (RGBl. I 49). Die für die Bekanntmachung geltende Wochenfrist ist an sich eindeutig. Gleichwohl hat der Bundesgerichtshof es nicht beanstandet, daß die Liste nur an fünf Werktagen ausgelegt worden ist[31]. Die Beachtung des § 36 Abs. 3 prüft nach § 39 der Richter beim Amtsgericht. Eine besondere Benachrichtigung der Vorgeschlagenen ist nicht vorgesehen, aber auch nicht ausgeschlossen. Eine Benachrichtigung hätte den Vorteil, daß bereits frühzeitig Umstände nach §§ 32 bis 35 geltend gemacht werden könnten und dadurch spätere Verfahren nach §§ 52, 53 entbehrlich würden[32].

14 **6. Mängel der Vorschlagsliste.** Als Mangel kann nicht gerügt werden, die Personenzahl der Vorschlagsliste entspreche nicht den Anforderungen an § 36 Abs. 4. Denn wenn die Gemeinde von der Verteilungszahl des Landgerichts- oder Amtsgerichtpräsidenten abgewichen ist (teils zu viel, teils zu wenig), so wird dadurch die vorschriftsmäßige Besetzung des Gerichts (§ 338 Nr. 1 StPO) nicht berührt, weil der Fehler außerhalb des Einwirkungsbereichs des Gerichts liegt[33]. Das gilt z. B. auch für Fehler im Vorfeld der Aufstellung der Schöffenliste, soweit gegen die Form der öffentlichen Bekanntmachung verstoßen worden ist[34]. Aber auch die Bestimmung der erforderlichen Schöffenzahl (§ 43) und deren Verteilung („in Anlehnung . . .") durch den Land- oder Amtsgerichtsräsidenten als Justizverwaltungsbehörden kann, wenn sie sich im Rahmen eines angemessenen Beurteilungsmaßstabes hält, mit der Revision nicht angegriffen werden[35]. Bedeutungslos ist auch, wenn die Aufnahme in die Vorschlagsliste nicht mit dem in § 36 Abs. 1 Satz 2 erforderlichen Stimmenverhältnis erfolgte. Denn die Prüfungspflicht des Richters beim AG beschränkt sich nach § 39 Satz 2 auf die Beachtung des § 36 Abs. 3, so daß auch dieser Mangel außerhalb des Bereichs liegt, auf den die Gerichte unmittelbaren Einfluß haben; S. in diesem Zusammenhang auch § 40, 12.

---

[30] BGHSt **12** 197; *Kissel* 4; *Kleinknecht/Meyer-Goßner*[44] 2.

[31] BGHR § 36 Abs. 3 GVG – Bekanntmachung 1 –; BGH bei *Kusch* NStZ **1997** 74 Nr. 28; ebenso BayObLG StV **1998** 8.

[32] Ein entsprechender Vorschlag des Bundesrates zum Entw. des StVÄG 1987 (BTDrucks. **10** 1313, S. 54) ist vom Bundestag abgelehnt worden (BT-Drucks. **10** 6592, S. 25).

[33] BGHSt **22** 122; BGH bei *Pfeiffer/Miebach* NStZ **1986** 210 Nr. 28; BGHSt **38** 47 = NJW **1991** 3043; *Katholnigg*[3] 7; *Kleinknecht/Meyer-Goßner*[44] 5.

[34] BGH NStE Nr. 3 zu § 36 GVG.

[35] Vgl. LR-*Hanack* § 338 StPO, 30 Fußn. 74.

§ 37

Gegen die Vorschlagsliste kann binnen einer Woche, gerechnet vom Ende der Auflegungsfrist, schriftlich oder zu Protokoll mit der Begründung Einspruch erhoben werden, daß in die Vorschlagsliste Personen aufgenommen sind, die nach § 32 nicht aufgenommen werden dürften oder nach den §§ 33, 34 nicht aufgenommen werden sollten.

Übersicht

1. Einspruchsgründe. Nur gegen die irrtümliche Aufnahme der nach § 32 unfähigen oder nach §§ 33, 34 nicht aufzunehmenden Personen kann Einspruch erhoben werden. Obwohl dies nicht besonders erwähnt wird, besteht Einigkeit, daß auch § 31 Satz 2 (Eigenschaft als Deutscher) auf diesem Wege überprüft werden kann[1]. Andere Bedenken können nicht geltend gemacht werden. Das betrifft Einwände gegen die Gesetzmäßigkeit der Wahl („Zustimmung" des § 36 Abs. 1 Satz 2), wegen des Leumunds oder mangelnder Qualifikation eines Vorgeschlagenen oder Hinweise auf formelle Verstöße bei der Aufstellung der Vorschlagslisten[2]. Es kann auch nicht geltend gemacht werden, daß jemand nicht in die Vorschlagsliste aufgenommen worden ist, weil es sich um eine Wahl handelt, auf deren Ausgang kein Anspruch besteht[3]. Dabei spielt es keine Rolle, weshalb jemand nicht berücksichtigt worden ist. Das gilt selbst dann, wenn der Betroffene anläßlich der Wahlvorbereitungen zu Unrecht als zum Schöffenamt unfähig oder fälschlich als unter §§ 33, 34 fallend angesehen wurde[4]. Ggf. kann sich aus den benannten Einwänden aber eine Prüfungspflicht für den Gemeindevorsteher und eine Berichtigung der Vorschlagsliste nach § 38 ergeben[5]. 1

2. Einspruchsrecht. Das Recht zum Einspruch steht jedermann zu, also nicht nur Einwohnern der betroffenen Gemeinden. Ebensowenig ist erforderlich, daß der Widersprechende von der Unrichtigkeit betroffen ist[6]. Selbst diejenigen, die in die Liste aufgenommen worden sind, können von diesem Recht Gebrauch machen[7]. Die Ausübung des Einspruchsrechts ist auch nicht an die Regeln der Geschäftsfähigkeit geknüpft und auch nicht daran, daß man zum Schöffenamt befähigt ist[8]. Sinn der Regelung ist, „alles mögliche Material zu gewinnen, um die Jahresliste nachher sachgemäß festzustellen"[9]. 2

3. Einspruchsfrist. Der Einspruch muß binnen einer Woche, gerechnet vom Ende der Auflegungsfrist, erhoben, d. h. bei der **Gemeindeverwaltung**[10] eingegangen sein. Dies folgt zum einen aus der Ausgestaltung des Auflegungsverfahrens nach kommunalrechtlichen Grundsätzen. Zum anderen wäre sonst die Regelung des § 38 Absatz 1 überflüssig. 3

---

1 *Katholnigg*³ 1; *Kissel* 1; *Kleinknecht/Meyer-Goßner*⁴⁴ 2; *Eb. Schmidt* 2.
2 *Kissel* 1.
3 KK-*Kissel*⁴ 2.
4 *Kissel* 5.
5 *Katholnigg*³ 1; KMR-*Paulus* 1.
6 H. M; z. B. *Katholnigg*³ 2; *Kissel* 4; *Eb. Schmidt* 1.
7 *Katholnigg*³ 2; *Kissel* 4; *Eb. Schmidt* 1.
8 *Kissel* 4; **a. A** *Schorn* Laienrichter S. 69.
9 Begr. 46, 82, *Hahn* Mat. **I** 85.
10 *Katholnigg*³ 3.

Die Ansicht, Adressat des Einspruchs sei das Amtsgericht[11], ist daher abzulehnen. Die Fristberechnung richtet sich nach §§ 187 Abs. 1, 188 Abs. 2 BGB. Es kann aber auch schon nach der Beschlußfassung und vor Beginn der Auflegungsfrist Einspruch erhoben werden. Wird die Einspruchsfrist versäumt, ist eine Wiedereinsetzung nicht möglich[12]. Ein verspäteter Einspruch kann jedoch dem Gemeindevorsteher Anlaß zur Anzeige gemäß § 38 Absatz 2 geben.

4 Nach der Entscheidung des Bundesgerichtshofs vom 4. 6. 1996 zu § 36 Abs. 1 Satz 1[13] könnte nunmehr zweifelhaft sein, ob die **Wochenfrist** bereits nach Ablauf des fünften Werktages zu laufen beginnt oder erst, nachdem die an sich einzuhaltende volle Woche verstrichen ist. Wenn die Anordnung der verkürzten Auflegungsfrist vom Bundesgerichtshof nicht beanstandet worden ist, erscheint es nur konsequent, die Einspruchsfrist nach Ablauf der festgesetzten Auflegungsfrist beginnen zu lassen.

5 **4. Formerfordernis.** Der Einspruch ist schriftlich oder zu Protokoll der Gemeindeverwaltung zu erheben, die gleichzeitig die Möglichkeit zur Protokollierung eröffnen muß[14]. Eine entsprechende Hinweispflicht sieht das Gesetz zwar nicht vor, aber aus Zweckmäßigkeitsgründen sollte davon Gebrauch gemacht werden.

6 **5. Einspruchsverfahren.** Wenngleich es sich bei der Auflegung um ein gemeindliches Verfahren handelt, richtet sich das Einspruchsverfahren nicht nach kommunalrechtlichen Regeln, sondern hierfür sieht § 41 ein besonderes Entscheidungsverfahren des Schöffenwahlausschusses vor. Wegen der Einzelheiten s. dort.

§ 38

(1) Der Gemeindevorsteher sendet die Vorschlagsliste nebst den Einsprüchen an den Richter beim Amtsgericht des Bezirkes.

(2) Wird nach Absendung der Vorschlagsliste ihre Berichtigung erforderlich, so hat der Gemeindevorsteher hiervon dem Richter beim Amtsgericht Anzeige zu machen.

Entstehungsgeschichte. Das VereinhG 1950 brachte die textliche Übereinstimmung mit dem geänderten § 36. Die Ersetzung von „Amtsrichter" in Absatz 1, 2 durch „Richter beim Amtsgericht" beruht auf Art. II Nr. 6 PräsVerfG.

1 **1. Absendung (Absatz 1).** Nach Ablauf der Einspruchsfrist übersendet der Gemeindevorsteher unter Beachtung des nach § 57 bestimmten Zeitpunktes die Vorschlagslisten nebst den Einsprüchen (auch den verspäteten) an den Richter beim Amtsgericht, der allerdings auch selbst in geeigneter Weise dafür zu sorgen hat, daß ihm diese rechtzeitig zugehen. Nötigenfalls muß er die Kommunalaufsicht einschalten[1]. Da es sich lediglich um eine Ordnungsvorschrift handelt, ist auch die Übersendung durch den Vorsteher der Gemein-

---

11 *Kissel* 2 und KK-*Kissel*[4] 3.

12 *Kissel* 3.

13 BGHR § 36 Abs. 3 GVG – Bekanntmachung –; BGH bei *Kusch* NStZ **1997** 74 Nr. 28.

14 *Katholnigg*[3] 3.

1 *Katholnigg*[3] 1; *Kissel* 1.

devertretung unschädlich. Obwohl der Gesetzeswortlaut eine Übersendung „an den Richter beim Amtsgericht" fordert, genügt die allgemeine Adressierung an das Amtsgericht.

2. Berichtigung der Vorschlagsliste (Absatz 2). Eine Berichtigung der Vorschlagsliste wird erforderlich, sobald der Gemeindevorsteher, gleichviel auf welchem Wege, von einem Mangel der in § 37 bezeichneten Art Kenntnis erlangt. Der Gemeindevorsteher hat auch mitzuteilen, wenn eine vorgeschlagene Person nachträglich verstorben ist oder von ihrem Ablehnungsrecht Gebrauch gemacht hat. Der Wegzug aus dem Gemeindegebiet ist kein Grund zur Berichtigung[2]. Die Anzeigepflicht besteht auch dann, wenn nachträglich bekannt wird, daß die Vorschriften des § 36 Abs. 1 Satz 2, Abs. 2 Satz 2, Abs. 3, Abs. 4 Satz 1 nicht eingehalten worden sind[3]. 2

3. Zuständigkeit zur Berichtigung. Für die Berichtigung der Vorschlagsliste ist der Schöffenwahlausschuß gemäß §§ 40, 41 zuständig. 3

§ 39

[1]Der Richter beim Amtsgericht stellt die Vorschlagslisten der Gemeinden zur Liste des Bezirks zusammen und bereitet den Beschluß über die Einsprüche vor. [2]Er hat die Beachtung der Vorschriften des § 36 Absatz 3 zu prüfen und die Abstellung etwaiger Mängel zu veranlassen.

Entstehungsgeschichte. Das VereinhG 1950 ersetzte „Urliste" durch „Vorschlagsliste", Art. II Nr. 6 des PräsVerfG „Amtsrichter" durch „Richter beim Amtsgericht". Die Änderung von „Vorschlagslisten des Bezirks" in „Vorschlagslisten der Gemeinden zur Liste des Bezirks" in Satz 1 und von „Absatz 2" in „Absatz 3" in Satz 2 beruht auf Art. 2 Nr. 9 des 1. StVRG 1974.

1. Vorbereitende Aufgaben (Satz 1). Der Richter hat die Vorschlagslisten der Gemeinden des Bezirks zu einer einheitlichen Vorschlagsliste (vgl. § 41: „. . . die Vorschlagsliste . . .") zusammenzustellen. Dabei handelt es sich um eine reine Sichtungsarbeit ohne Entscheidungsbefugnisse. Er bereitet ferner den vom Ausschuß (§ 41) zu fassenden Beschluß über die Einsprüche vor. Dazu gehören namentlich Ermittlungen, deren es bedarf, wenn die geltend gemachten Tatsachen weder gerichtskundig noch genügend dargetan sind. Darüber hinaus hat der Richter zur Vorbereitung der Wahl in geeigneter Weise auch bei den nicht durch Einspruch Betroffenen festzustellen, ob Hinderungsgründe der in § 37 bezeichneten Art vorliegen, z. B. durch Einholung einer Auskunft aus dem Zentralregister (§ 39 BZRG), von Auskünften des Insolvenzrichters oder des Vormundschaftsgerichts. 1

Zur **Vorbereitung des Beschlusses über die Einsprüche** hat der Richter beim Amtsgericht den Sachverhalt so aufzuklären, daß der Ausschuß beschließen kann. Dazu muß er ggf. von Amts wegen prüfen, ob einer Wahl entgegenstehende Umstände vorliegen[1]. 2

[2] *Kissel* 2.
[3] *Katholnigg*[3] 2.

[1] *Kissel* 6.

3 **2. Prüfungspflicht (Satz 2).** Die Prüfungspflicht des Richters beim Amtsgericht erstreckt sich zunächst auf die Feststellung der Vollständigkeit der Listen. Fehlt die Liste einer Gemeinde, hat er diese nachzufordern[2], notfalls unter Einschaltung der Kommunalaufsicht. Sodann hat er zu prüfen, ob die Listen öffentlich aufgelegt waren. Stellt er hierzu Mängel fest, hat er diese abzustellen. Dazu kann er eine neue Auflegung der Vorschlagsliste und erforderlichenfalls auch eine neue Bekanntmachung anordnen. Ferner hat er, um dem Wahlausschuß eine dem § 42 Absatz 2 entsprechende Wahl zu ermöglichen, weiter zu prüfen, ob die Vorschlagsliste den Anforderungen des § 36 Absatz 2 Satz 2 entspricht[3], und erforderlichenfalls eine Ergänzung zu veranlassen. Weitergehende Prüfungspflichten wegen der sonstigen Voraussetzungen des § 36 bestehen nicht, weil es sich insoweit auch um außerhalb des Verantwortungsbereichs der Justiz liegende Verstöße handelt. Das hindert ihn jedoch nicht, derartige erkannte Mängel beim Gemeindevorsteher zu beanstanden. Der Bundesgerichtshof[4] hat dennoch seine Neigung zur Annahme einer entsprechenden Prüfungspflicht ausgesprochen, weil § 36 zu den Vorschriften gehöre, die den gesetzlichen Richter bestimmen. Diese Ansicht findet in der klaren gesetzlichen Regelung keine Stütze[5].

4 **3. Folgen einer fehlerhaften Vorschlagsliste.** Im Rahmen der Überprüfungsmöglichkeiten des Richters beim Amtsgericht sind zwei wesentliche Fehlerquellen denkbar. Zum einen kann trotz Aufforderung eine fehlende Liste einer Gemeinde nicht nachgereicht worden sein und der Schöffenwahlausschuß würde gleichwohl eine Wahl durchführen und zum anderen könnte das Auflegungsverfahren vorschriftswidrig gewesen sein. Im ersten Fall wäre zwar das Vorgehen des Schöffenwahlausschusses fehlerhaft, aber dies hätte keine Auswirkungen auf die Besetzung des Gerichts, weil die gewählten Schöffen auf der Liste des Bezirks vorgeschlagen waren und durch den richtig besetzten Wahlausschuß gewählt worden sind[6]. Dieses Ergebnis gilt auch für den zweiten Fall, weil Fehler bei den (gemeindlichen) Vorbereitungsarbeiten zur Aufstellung der Vorschlagslisten außerhalb des engeren Bereichs unmittelbarer Einwirkungsmöglichkeit und Verantwortung der Justiz liegen[7].

§ 40

(1) Bei dem Amtsgericht tritt jedes vierte Jahr ein Ausschuß zusammen.

(2) Der Ausschuß besteht aus dem Richter beim Amtsgericht als Vorsitzenden und einem von der Landesregierung zu bestimmenden Verwaltungsbeamten sowie zehn Vertrauenspersonen als Beisitzern.

(3) [1]Die Vertrauenspersonen werden aus den Einwohnern des Amtsgerichtsbezirks von der Vertretung des ihm entsprechenden unteren Verwaltungsbezirks mit einer Mehrheit von zwei Dritteln der gesetzlichen Mitgliederzahl gewählt. [2]Umfaßt der Amtsgerichtsbezirk mehrere Verwaltungsbezirke oder Teile mehrerer Verwaltungsbezirke, so bestimmt die zuständige oberste Landesbehörde die Zahl der Vertrauenspersonen, die von den Vertretungen dieser Verwaltungsbezirke zu wählen sind.

---

2 BGHSt **33** 290 = NJW **1986** 1356; BGHRSt § 42 Abs. 1 GVG – Vorschlagsliste 1 –.

3 *Kissel* 3.

4 BGHSt **38** 47, 51 = NStZ **1992** 92 = StV **1991** 452.

5 Ebenso *Katholnigg*[3] 2.

6 BGHSt **33** 290 = NJW **1986** 1356 m. abl. Anm. *Seebode* JR **1986** 474.

7 BGHRSt § 36 Abs. 3 GVG – Bekanntmachung 1 –.

(4) Der Ausschuß ist beschlußfähig, wenn wenigstens der Vorsitzende, der Verwaltungsbeamte und fünf Vertrauenspersonen anwesend sind.

Schrifttum. *Hilger* Absolute Revisionsgründe, NStZ **1983** 337; *Hruschka* Zum favor traditionis bei der Anwendung von Gesetzen, dargestellt am Beispiel des § 40 Abs. 2 GVG, FS Larenz (1973) 181; *Rieß* Die Besetzungsrüge in Strafsachen in der neueren Rechtsprechung des Bundesgerichtshofs, DRiZ **1977** 289.

Entstehungsgeschichte. Ges. vom 25. 4. 1922 Art. I Nr. 6 (RGBl. I 465). VO vom 14. 6. 1932 (RGBl. I 285) erster Teil Kapitel I Art. 8 Ges. vom 13. 12. 1934 (RGBl. I 1233) Nr. 3. Durch das VereinhG 1950 ist § 40 in mehrfacher Hinsicht geändert worden (vgl. die nachfolgenden Anm.). Durch Art. II Nr. 6 des PräsVerfG wurde in Absatz 2 „Amtsrichter" durch „Richter beim Amtsgericht" ersetzt. Durch Art. 2 Nr. 10 des 1. StVRG 1974 wurde Absatz 1 (bisher „jedes zweite Jahr") geändert (Erweiterung der Amtsperiode auf vier Jahre).

Übersicht

I. Zusammentritt des Wahlausschusses (Absatz 1)

Der **Ausschuß** besteht nicht, wie sich aus Absatz 3 ergibt, auf unbestimmte Zeit, er **1**
muß vielmehr in jedem vierten Jahr neu zusammengesetzt werden, und zwar auch dann, wenn dieselben Personen wieder bestellt werden sollen. Der genaue Zeitpunkt seiner Bildung wird entsprechend § 57 durch landesrechtliche Vorschriften bestimmt. Er muß **bei jedem Amtsgericht**[1] zusammentreten, auch wenn dieses selbst kein Schöffengericht hat;

[1] Der Bundestag hat bereits (BTDrucks. **14** 870) im Hinblick auf die für das Land Berlin beschlossene Gebietsreform (Ges. vom 10. 6. 1998, GVBl. S. 131), die Ergänzung des § 4 a Abs. 1 EGGVG um folgenden Satz beschlossen: „Das Land Berlin kann bestimmen, daß die Wahl der Schöffen und Jugendschöffen bei einem gemeinsamen Amtsgericht stattfindet, bei diesem mehrere Schöffenwahlausschüsse gebildet werden und deren Zuständigkeit sich nach den Grenzen der Verwaltungsbezirke bestimmt." Dieses Gesetz wird den BR voraussichtlich passieren. Hintergrund für die Regelung ist, daß seit Jahren die Strafsachen in Berlin beim Amtsgericht Tiergarten zusammengefaßt sind und Schöffenwahlen nur noch dort durchgeführt werden sollen.

er hat dann Schöffen für das gemeinsame Schöffengericht und für die Strafkammer auszuwählen. Entsprechendes gilt für die Wahl der Jugendschöffen für das gemeinsame Jugendschöffengericht und für die Jugendkammer, wenn bei dem Amtsgericht ein Jugendschöffengericht nicht besteht (§§ 35, 33 Abs. 4 JGG). Einen Sonderfall des Zusammentritts zur Vornahme von Ergänzungswahlen regelt § 52 Abs. 6 (s. dort).

II. Zusammensetzung des Ausschusses (Absatz 2)

2 **1. Richter beim Amtsgericht**, der den Vorsitz im Ausschuß führt, ist bei einem mit mehr als einem Richter besetzten AG, der durch das Präsidium im Geschäftsverteilungsplan des Amtsgerichts bezeichnete Richter[2]; das kann auch der Präsident oder Direktor des Amtsgerichts sein[3]. Noch hinreichend ist auch die Bestimmung des Ausschußvorsitzenden in der Weise, daß im Geschäftsverteilungsplan dem RiAG der Abteilung Y alle Aufgaben zugewiesen werden, die nicht einer anderen Abteilung zugewiesen sind[4]. Nach § 35 Abs. 4 JGG führt bei der Wahl der Jugendschöffen und -hilfsschöffen der Jugendrichter (beim Vorhandensein mehrerer Jugendrichter der im Geschäftsverteilungsplan bezeichnete) den Vorsitz; es besteht kein rechtliches Hindernis, daß im Geschäftsverteilungsplan dieser Jugendrichter als Ausschußvorsitzender auch bei der Wahl der übrigen Schöffen bezeichnet wird, denn auch er ist allgemein ein Richter beim Amtsgericht. Der Richter handelt unter richterlicher Unabhängigkeit, denn die Tätigkeit im Ausschuß ist nicht der Justizverwaltung, sondern der Rechtsprechung zuzurechnen[5]. Der Vorsitzende muß nicht Richter auf Lebenszeit sein[6].

2. Der Verwaltungsbeamte

3 **a) Bestimmung durch die Landesregierung.** § 40 weist das Bestimmungsrecht für den dem Ausschuß angehörenden Verwaltungsbeamten der Landesregierung zu. Dieser Begriff hat an den verschiedenen Stellen, wo er im GVG verwendet wird, (bedauerlicherweise) nicht immer den gleichen Sinn. In neueren Vorschriften oder jedenfalls in den in neuerer Zeit neu gefaßten Vorschriften ist unzweifelhaft mit Landesregierung das Organ gemeint, das nach der Landesverfassung die Regierung bildet oder sie zu vertreten berechtigt ist (so z. B. in § 34 Abs. 1 Nr. 2 — „Mitglieder einer Landesregierung" —, §§ 58, 74 c, 74 d, 78, 78 a Abs. 2, wo die vom Gesetz zu bestimmten Rechtsverordnungen ermächtigten Landesregierungen für befugt erklärt werden, die Ermächtigung durch Rechtsverordnung auf die Landesjustizverwaltungen zu übertragen). Diese Landesregierung kann ihr Recht zur Bestimmung des Verwaltungsbeamten auf nachgeordnete Stellen zur Ausübung übertragen. Wo dagegen der Begriff Landesregierung seit alter Zeit im GVG steht und bei Bekanntmachung neuer Fassungen des GVG unverändert übernommen wurde, darf er auch jetzt noch in dem Sinn verstanden werden, der ihm bei der Entstehung der Vorschrift zukam, auch wenn damals darunter nur der zuständige Ressortminister verstanden wurde; die Auslegung muß dem „favor traditionis"[7] Rechnung tragen.

4 **b) Begriff des Verwaltungsbeamten.** Der zu bestimmende Verwaltungsbeamte muß nach der auf dem VereinhG 1950 beruhenden Fassung nicht ein Staatsverwaltungsbeam-

---

2 BGHSt **26** 211; **29** 283; BGH NJW **1980** 2364 mit Anm. *Katholnigg* NStZ **1981** 32.

3 RG vom 20. 10. 1930 – III 266/30 – und vom 7. 4. 1932 – III 172/32 –.

4 BGH bei *Pfeiffer/Miebach* NStZ **1986** 210 Nr. 28.

5 BGHSt **29** 284 = NJW **1980** 2364; OLG Stuttgart NJW **1985** 2343; LR-*K. Schäfer*[24] Einl. Kap. **8** 12; *Kissel* 3.

6 *Kissel* 3.

7 *Hruschka* in FS Larenz (1973) 181; *Katholnigg*[3] 3; *Kleinknecht/Meyer-Goßner*[44] 4; **a. M** *Kissel* 5; vgl. auch Nordrh.-Westf. VO über die Bestimmung des Verwaltungsbeamten vom 26. 5. 1958 (GVBl. 268 = SaBl. 786).

ter sein. Auch eine besondere Qualifizierung ist vom Gesetz nicht vorgegeben. Die Ernennung eines Kommunalbeamten zum Mitglied des Ausschusses ist hiernach zulässig. Er braucht nicht namentlich bestimmt zu werden; genügend ist z. B. die Bestimmung des — jeweils amtierenden — Landrats eines Kreises[8]. Er muß auch nicht im Bezirk des Amtsgerichts wohnen. Für den Fall seiner Verhinderung darf ein Stellvertreter, der ebenfalls Verwaltungsbeamter sein muß, bestellt werden. Die Landesregierung kann ihn selbst bestellen oder den Verwaltungsbeamten ermächtigen, im Fall seiner Verhinderung einen Vertreter auszuwählen[9]. Fehlt eine spezielle Vertretungsregelung, tritt der nach allgemeinen Vorschriften zuständige Vertreter ein[10]. Der Vertretene und der Vertreter können abwechselnd an derselben Ausschußsitzung teilnehmen[11].

c) Zuständigkeitskonzentration. Umfaßt der Amtsgerichtsbezirk mehrere Verwal- 5
tungsbezirke (Stadtkreis und Landkreis), so ist nur der Verwaltungsbeamte desjenigen Bezirkes zur Teilnahme an der Ausschußsitzung berufen, in dem sich der Sitz des Amtsgerichts befindet, da § 40 Abs. 2 nur die Mitwirkung eines Verwaltungsbeamten bei der Wahl vorschreibt und zuläßt[12].

3. Vertrauenspersonen (Absätze 2, 3)

a) Entwicklungsgeschichte. Die Zahl der Vertrauenspersonen betrug ursprünglich 6
sieben; sie wurde durch das VereinhG 1950 auf zehn erhöht, um die Stellung der Vertrauenspersonen gegenüber dem Richter und dem Verwaltungsbeamten zu stärken und einseitige parteipolitische Einflüsse auf die Wahl möglichst zurückzudrängen. Ihre Wahl erfolgte ursprünglich „nach näherer Bestimmung der Landesgesetze durch die Vertretungen der Kreise, Ämter, Gemeinden oder dergleichen Verbände“, beim Fehlen solcher Vertretungen durch den Amtsrichter. Als „Vertretungen der Kreise usw.“ waren nur Körperschaften der Selbstverwaltung anzusehen, d. h. Organe, auf deren Zusammensetzung die Angehörigen dieser Gebietskörperschaften Einfluß ausüben[13], daher z. B. nicht ein Beauftragter der Staatsverwaltung („Staatskommissar“), dem die Wahrnehmung der Verwaltungsgeschäfte einer Stadtgemeinde und der Befugnisse der „Vertretung“ übertragen war. Wegen des Wegfalls der Vertretungskörperschaften in der Zeit nach 1933 übertrug das Ges. vom 13. 12. 1934 (RGBl. I 1233) Nr. 3 die Wahl der Vertrauenspersonen dem Amtsrichter.

b) Geltendes Recht. Das VereinhG 1950 stellte den früheren Rechtszustand insofern 7
wieder her, als die Wahl einer Vertretungskörperschaft zusteht. Und zwar ist Wahlorgan die Vertretung des dem Amtsgerichtsbezirk räumlich entsprechenden unteren Verwaltungsbezirks, d. h. des Bezirks, in dem in unterster Instanz die Aufgaben der Staatsverwaltung, auch in der Form der Erledigung von Auftragsangelegenheiten durch Gemeinden, wahrgenommen werden (Kreis und kreisfreie Stadt). Art. 28 GG schreibt bindend vor, daß in den Kreisen und Gemeinden eine von den Gebietseinwohnern gewählte Vertretung bestehen muß; infolgedessen erübrigte sich ein Hinweis auf nähere Regelung des Landesrechts und eine Bestimmung für den Fall, daß eine Vertretung nicht vorhanden sei, wie sie § 40 in seiner ursprünglichen Fassung enthielt. Ob die Wahl der Vertrauenspersonen einem anderen Gremium überlassen werden darf (z. B. Kreisrat oder Kreisausschuß), hängt von der jeweiligen kommunalrechtlichen Regelung und der Intensität der Verbin-

[8] BGHSt **12** 197 (203) = NJW **1959** 349; *Katholnigg*[3] 3; *Kissel* 4; *Kleinknecht/Meyer-Goßner*[44] 4.
[9] BGHSt **12** 197 (202).
[10] BGHSt **12** 197 (204).
[11] RG vom 31. 3. 1921 – I 305/21 –.
[12] BGHSt **26** 207; *Kissel* 7; *Kleinknecht/Meyer-Goßner*[44] 4.
[13] RGSt **67** 120.

dung der Vertretung mit diesem anderen Gremium ab[14]. Wegen der darin liegenden Rechtsunsicherheit sollte von einem derartigen Weg abgesehen werden[15]. Ausgeschlossen ist jedenfalls eine Vertretung in Dringlichkeitsfällen dann, wenn eine Einzelperson als Vertreter in Betracht kommt, weil diese keine Wahl durchführen kann[16]. Dann kann auch keine nachträgliche Heilung in Form einer Bestätigung durch das an sich zuständige Beschlußorgan erfolgen. Vielmehr ist vom zuständigen Beschlußorgan eine ordnungsgemäße Wahl vorzunehmen[17]. Ob diese den früheren Mangel rückwirkend heilt[18] oder nicht[19], dürfte im Sinne der erstgenannten Auffassung zu entscheiden sein[20], weil es sich um ein kommunalrechtliches Verfahren handelt, das auch in diesem Punkt keine Ausnahme im Lichte des gesetzlichen Richters (Art. 101 GG) erfordert, denn es handelt sich lediglich um die Vorbereitung der Konkretisierung des gesetzlichen Richters.

8 Wie in § 36, so ist auch hier eine **qualifizierte Mehrheit** bei der Wahl vorgeschrieben, um eine Einwirkung einseitig parteipolitischer oder sonstiger unsachlicher Gesichtspunkte auf die Auswahl nach Möglichkeit auszuschließen (vgl. § 36, 2). Die gewählten Vertrauenspersonen können auch Mitglieder der wählenden Vertretungskörperschaft sein[21]. Für verhinderte Vertrauenspersonen kann die Gemeindevertretung Vertreter wählen, die an Stelle der Verhinderten an der Ausschußsitzung teilnehmen[22]. Die Reihenfolge ihres Eintritts muß jedoch bestimmt werden, was auch durch Zuordnung zu einer bestimmten Vertrauensperson erfolgen kann[23]. Wegen der Bedeutung einer im Hinblick auf die Person des Verwaltungsbeamten oder der Vertrauenspersonen fehlerhaften Wahl s. unten Rdn. 10, 14.

9 **c) Rechtliche Stellung der Vertrauenspersonen.** Das Gesetz enthält insoweit nur wenige Vorschriften (vgl. §§ 55, 56). Inwieweit eine Pflicht zur Übernahme dieses Ehrenamts besteht, richtet sich nach Landesrecht, ebenso, ob die Unfähigkeitsgründe der §§ 31, 32 auch unfähig zum Amt als Vertrauensperson machen, wie dies § 5 Nds. AG GVG vom 5. 4. 1963, GVBl. 225 vorsieht, wo darüber hinaus auch die §§ 33 bis 35 für entsprechend anwendbar erklärt sind[24]. Hervorzuheben ist, daß die Entscheidung über eine Ablehnung des Wahlamtes nur dem für die Wahl zuständigen Vertretungsorgan zusteht; § 56 GVG gilt hier nicht.

III. Beschlußfähigkeit und Aufgaben (Absatz 4)

10 Wegen des Wahltermins vgl. § 57. Leiter der (nicht öffentlichen) Wahlverhandlung ist der Richter beim Amtsgericht (oben Rdn. 2) als Vorsitzender. Die zur Beschlußfähigkeit erforderliche Zahl von anwesenden Vertrauenspersonen ist durch das VereinhG 1950 von drei auf fünf erhöht worden. Die Frage der Beschlußfähigkeit wird aber nur praktisch, wo ein den Erfordernissen des Absatzes 2 entsprechender Ausschuß besteht[25]. Die Beschluß-

---

[14] BGHSt **20** 37 (40) zur Unzulässigkeit in BW; BGHSt **20** 309 zur Zulässigkeit in NRW; BayObLGSt **1987** 131 zur Unzulässigkeit in Bay.

[15] *Katholnigg*[3] 4; diesen Weg lehnen grundsätzlich ab: *Kissel* 9; KMR-*Paulus* 3.

[16] BayObLGSt **1987** 131 = StV **1988** 11; dort hatte der nach der BayKreisO nicht zur Vertretung berufene Kreisausschuß die Wahl vorgenommen; der zuständige Landrat hätte hingegen eine Wahl ohnehin nicht durchführen können.

[17] BGHSt **20** 37; **20** 309.

[18] So BGHSt **20** 309, wenn dies vom jeweiligen Kommunalverfassungsrecht vorgesehen ist.

[19] So BGHSt **20** 37.

[20] **A. A** *Kissel* 18.

[21] BGH NStZ **1981** 150.

[22] BGHSt **12** 197 (204).

[23] *Katholnigg*[3] 4.

[24] Ebenso *Kleinknecht/Meyer-Goßner*[44] 4; *Eb. Schmidt* 4; *Kissel* 12 will diese Vorschriften, ebenso wie die sozialen Schutzvorschriften (§ 55), generell anwenden, begründet dies aber nicht.

[25] BVerfGE **31** 181; OLG Frankfurt NJW **1971** 1327.

fähigkeit muß der Richter beim Amtsgericht feststellen[26]. Die Anzahl der für das Schöffengericht zu wählenden Schöffen wird nach § 43 bestimmt. Wegen der Zahl der zu wählenden Strafkammerschöffen vgl. § 77, wegen der Jugendschöffen § 35 JGG (hier soll die gleiche Anzahl von Männern und Frauen gewählt werden). Wegen der für die Auswahl zu beobachtenden Grundsätze vgl. § 42 Abs. 2. Abstimmung: §§ 41, 42. Über Maßnahmen gegen unentschuldigt ausbleibende Vertrauenspersonen s. § 56.

IV. Fehler bei der Schöffenwahl

1. Fehler beim Zustandekommen des Schöffenwahlausschusses

a) Allgemeines. Die Regelungen über die Bildung des Schöffenwahlausschusses haben in der Vergangenheit wiederholt zu revisionsrechtlichen Überprüfungen Anlaß gegeben. Die gerügten Verstöße waren dabei ganz unterschiedlicher Natur. Aufgrund der Rechtsprechung des Bundesverfassungsgerichts und des Bundesgerichtshofs bestand lange Einigkeit, daß Verstöße gegen die ordnungsgemäße Besetzung des Ausschusses die Unwirksamkeit seiner Beschlüsse zur Folge hatte[27]. Diese Unwirksamkeit konnte in den einzelnen Strafsachen unter dem Gesichtspunkt der unrichtigen Besetzung (§ 338 Nr. 1 StPO) geltend gemacht werden, die unter Mitwirkung der von einem solchen Ausschuß gewählten Laienrichter stattfanden[28]. Eine Heilung des Mangels war nur (mit Wirkung ex nunc) dadurch möglich, daß ein ordnungsmäßig zusammengesetzter Ausschuß die Wahl der Laienrichter wiederholte[29]. In späteren Entscheidungen[30] wurde diese strenge Rechtsprechung zwar im Lichte sich wandelnder Betrachtungsweisen abgeschwächt, aber eine klare Linie läßt sich daraus noch nicht ableiten. 11

Es ist aber immerhin eine **Tendenz** erkennbar, der schon länger in der Literatur vertretenen Ansicht zu folgen, **Besetzungsrügen** im Interesse der Rechtssicherheit **einzuschränken**[31]. Insoweit sollte darauf abgehoben werden, daß auch sonst nur ein objektiv willkürliches Verhalten des Gerichts den Vorwurf der Richterentziehung (Art. 101 Abs. 1 Satz 2 GG, § 16 GVG) rechtfertigt und ein verzeihlicher error in procedendo weitgehend den Bestand des Urteils unberührt läßt (§ 16, 24. Aufl. Rdn. 16, 18 ff, 21). Im übrigen betrifft die Zusammensetzung des Ausschusses noch nicht unmittelbar die Frage des gesetzlichen Richters, sondern erst die Wahl der Schöffen führt zum konkreten gesetzlichen Richter. Deswegen dürften bei vorbereitenden Entscheidungen weniger strenge Anforderungen an die Zusammensetzung des Wahlkörpers (und seines Verfahrens) gerechtfertigt sein, zumal es darum geht, bei der Bestimmung des gesetzlichen Richters Manipulationen vorzubeugen[32], und dies dürfte regelmäßig ausscheiden, weil der Ausschuß keinerlei Einfluß darauf hat, welcher Schöffe mit welcher Sache befaßt wird. Außerdem sind dortige Mängel weitgehend der Kognition des erkennenden Gerichts entzogen (dazu § 36 Rdn. 13, § 39 Rdn. 3 f). Unterstützung findet diese Ansicht auch in der ausführlichen Begründung des StVÄG 1979[33]. 12

[26] *Katholnigg*[3] 5.
[27] Vgl. BVerfGE **31** 181; BGHSt **20** 37; s.a. OLG Frankfurt NJW **1971** 1327.
[28] RGSt **67** 120; BGHSt **20** 37; OLG Frankfurt NJW **1971** 1327; *Eb. Schmidt* 5; einschränkend KMR-*Paulus* 2 b.
[29] BGHSt **20** 37 betr. Bad-Württ.
[30] BVerfG NJW **1982** 2368; BGHSt **26** 206; **29** 283; **37** 245; NJW **1988** 3165; BGHRSt 1994 zu § 42 Abs. 1 GVG – Schöffenwahl 3 –.
[31] *Katholnigg*[3] 6; *Kleinknecht/Meyer-Goßner*[44] 7; LR-*K. Schäfer*[24] Einl. Kap. **5** 104; LR-*Hanack* § 338 StPO, 29 ff; *Rieß* DRiZ **1977** 289.
[32] BVerfG NJW **1982** 2368.
[33] BTDrucks. **8** 976, S. 25.

13 Dogmatisch kann dieser Weg in einer **Analogie zu** dem im Jahre 1972 geschaffenen **§ 21 b Abs. 6 Satz 2, 3** gefunden werden, der einer Gesetzesverletzung bei der Wahl des Präsidiums, die zur Folge hat, daß dieses nicht ordnungsgemäß (dem Gesetz entsprechend) zusammengesetzt ist, im Interesse der Rechtssicherheit nicht die Wirkung beilegt, daß die von einem solchen Präsidium gemäß § 21 e Abs. 1 besetzten Spruchkörper vorschriftswidrig i. S. des § 338 Nr. 1 StPO besetzt sind (§ 21 b, 24. Aufl. Rdn. 21)[1]. Es erscheint nach den Regeln der Rechtslogik und -systematik fast zwangsläufig, daß der Regelung in § 21 b Abs. 6 auch Bedeutung zukommt bei der Frage, ob eine fehlerhafte Zusammensetzung des Wahlausschusses bewirkt, daß die Spruchkörper, in denen die von ihm gewählten Schöffen mitwirken, nicht ordnungsgemäß i. S. des § 338 Nr. 1 StPO besetzt sind. Denn das Präsidium verteilt selbst die dem Gericht zugewiesenen Berufsrichter unter Wertung ihrer speziellen Eignung auf die Spruchkörper, während der Wahlausschuß die Schöffen wählt und die gerichtliche Mitwirkung bei der Zuteilung zu einem bestimmten Spruchkörper in dem Formalakt der Auslosung (§§ 45, 77) besteht. Es hat also das Präsidium einen unmittelbaren und damit größeren Einfluß auf die Besetzung eines Spruchkörpers als der Wahlausschuß, der nur — vergleichbar der Ernennung und Zuweisung eines Berufsrichters an ein bestimmtes Gericht durch die zuständige Stelle — das Personal an ehrenamtlichen Richtern zur Verfügung stellt, aber keinen weiteren, keinen unmittelbaren Einfluß auf deren Mitwirkung in einem bestimmten Spruchkörper und in einem bestimmten Verfahren hat. Gerade diese geringere unmittelbare Einwirkungsmöglichkeit des Wahlausschusses spricht für eine a maiore ad minus-Folgerung, daß auch bei der Frage, inwieweit die rechtsfehlerhafte Zusammensetzung des Wahlausschusses sich auf die ordnungsgemäße Besetzung eines Spruchkörpers auswirkt, in dem von einem solchen Wahlausschuß gewählte Schöffen beteiligt sind, dem Postulat der Rechtssicherheit, dem § 21 b Abs. 6 Satz 3 dient, eine gewichtige Rolle zukommt. Der Bundesgerichtshof hat allerdings die Analogie insoweit eingeschränkt, daß der Fehler nicht so schwerwiegend sein dürfe, daß von einer Wahl des Ausschusses im Rechtssinne überhaupt nicht mehr gesprochen werden könne[2]. Damit wird an die Rechtsprechung zum Verstoß gegen Zuständigkeitsvorschriften angeknüpft, die nur dann nicht zur Aufhebung nach § 338 Nr. 1 StPO führt, wenn die Nichteinhaltung der Vorschriften nur irrtümlich und nicht willkürlich war (s. § 16, 24. Aufl. Rdn. 16). Dieser sinnvollen, auch der Rechtssicherheit dienenden Beschränkung ist zuzustimmen, weil dadurch die bei einer generellen Übertragung des Gedankens des § 21 b Abs. 6 entstehende Problematik, daß diese Regelung keinerlei Abstufungen von Gesetzesverstößen enthält, aufgelöst wird.

b) Einzelfälle

14 **aa) Unvollständige Besetzung.** Soweit der Schöffenwahlausschuß bei seiner Entscheidung nicht vollständig nach Abs. 2 besetzt ist und auch keine Stellvertreter bestimmt worden sind, kann er keine Beschlüsse fassen. Dabei spielt es keine Rolle, ob der zusammengekommene Ausschuß im Hinblick auf die Anzahl der Erschienenen beschlußfähig wäre[3]. Faßt ein solcher Ausschuß gleichwohl Beschlüsse, sind diese unwirksam. Dieses Ergebnis steht in Einklang mit der oben (Rdn. 12) genannten Willkürrechtsprechung, weil es sich hier um offenkundige und nicht mehr nur irrtümliche Mängel handelt. Das hat

34 So auch BGHSt **26** 206 (210); **37** 245; *Katholnigg*[3] 6; *ders.* JR **1990** 82 (Anm. zu BayObLG S. 81); *Kissel* 19; KMR-*Paulus* 4.

35 BGHSt **26** 206.

36 *Katholnigg* JR **1990** 82 spricht sich demgegenüber dafür aus, daß es ausreichend sein sollte, wenn die zur Beschlußfähigkeit erforderlichen fünf Vertrauenspersonen gewählt und anwesend sind, weil gerade der BVerfGE **31** 181 zugrunde liegende Fall zeige, daß eine Kommunalvertretung, in der keine Zweidrittelmehrheit zustandekommt, die Strafrechtspflege für den betreffenden Bezirk lahmlegen könnte.

Auswirkungen auf die vorgenommenen Schöffenwahlen, weil die Teilnahme solcher Schöffen an Hauptverhandlungen zur fehlerhaften Besetzung des Gerichts führt[4]. Insoweit kommt also eine Rüge gemäß § 338 Nr. 1 StPO in Betracht. Entsprechendes gilt, wenn ein Ausschuß gar nicht besteht, was beispielsweise dann der Fall ist, wenn von den zehn Vertrauenspersonen nur sechs gewählt worden sind[5], oder wenn die Vertrauenspersonen von einem unzuständigen Beschlußorgan gewählt worden sind[6]. Wird dagegen ein Mitglied des Schöffenwahlausschusses erst nachträglich gewählt, ist dies unschädlich[7].

bb) Mängel im Vorsitz. Der Ausschuß ist auch dann nicht ordnungsgemäß besetzt, wenn der Vorsitzende nicht durch das Präsidium bestellt wurde oder ein anderer als der im Geschäftsverteilungsplan vorgesehene Richter beim Amtsgericht den Vorsitz geführt hat. Das kann sich bei der Wahl der Jugendschöffen leicht ergeben, weil gemäß § 117 JGG die Jugendschöffen gleichzeitig mit den übrigen Schöffen zu wählen sind, den Vorsitz insoweit aber ein Jugendrichter nach § 35 Abs. 4 JGG führen muß[8]. Die Mitwirkung eines unzuständigen Richters macht die Wahl aber nicht ungültig (§ 22 d)[9]. 15

Fehlt im Geschäftsverteilungsplan eine ausdrückliche Zuweisung für die Tätigkeit im Schöffenwahlausschuß, liegt aber ein **mündlicher Präsidiumsbeschluß** vor, läßt sich daraus ebenfalls keine Ungültigkeit der Schöffenwahl ableiten[10]. 16

cc) Überbesetzung des Ausschusses. Eine Überbesetzung liegt vor, wenn mehr Mitglieder bestellt als nach dem Gesetz vorgesehen sind. Grundsätzlich führt dies zur nichtordnungsgemäßen Besetzung des Ausschusses und macht die Schöffenwahl fehlerhaft, so daß das Gericht nicht ordnungsgemäß besetzt ist. Für einen Sonderfall (Teilnahme von mehr als einem Verwaltungsbeamten) hat der Bundesgerichtshof[11] eine Ausnahme anerkannt. Dort hatten, der Bezirk des Amtsgerichts umfaßte sowohl einen Stadt-, wie einen Landkreis, (in „offensichtlicher" Verkennung der Bedeutung einer Verwaltungsanweisung) sowohl ein Verwaltungsbeamter des Stadtkreises wie des Landkreises an der Sitzung des Wahlausschusses teilgenommen. Da die Wahl einstimmig erfolgt war, hätte zur Zurückweisung der auf Überbesetzung des Wahlausschusses gestützten Besetzungsrüge vielleicht schon genügt, daß grundsätzlich Wahlfehler bedeutungslos sind, die auf das Wahlergebnis ohne Einfluß waren[12]. Der Bundesgerichtshof hat diese Frage offengelassen, vielmehr als entscheidend angesehen, daß § 21 b Abs. 6 Satz 3 einen Grundsatz von allgemeiner Bedeutung enthalte, der auch im Rahmen des § 40 Beachtung verdiene und ausgesprochen, daß „jedenfalls dann, wenn der Fehler nicht so schwerwiegend ist, daß von einer Wahl im Rechtssinne überhaupt nicht mehr gesprochen werden kann, die Besetzung des Spruchkörpers, in dem ein von dem fehlerhaft zustandegekommenen Ausschuß gewählter Schöffe mitwirkt, nicht als vorschriftswidrig anzusehen ist". Denn anderenfalls müßte jeder Vorsitzende eines mit Schöffen besetzten Spruchkörpers sämtliche zur Wahl der mitwirkenden Schöffen führenden Vorgänge rechtlich nachprüfen, wenn er nicht Gefahr laufen wollte, daß die Urteile seines Spruchkörpers wegen nicht vorschriftsmäßiger Besetzung aufgehoben würden; das wäre aber ein praktisch unerfüllbares Verlangen. Dem Ergebnis und der Begründung ist zuzustimmen. Jedoch hat sich die Entscheidung 17

---

37 BVerfGE **31** 181; BGHSt **12** 197 (203); **20** 37; OLG Frankfurt NJW **1971** 1327.

38 BVerfGE **31** 181; Das OLG Frankfurt NJW 1971 1327 hatte zwar für denselben Sachverhalt die Schöffenwahl ebenfalls für unwirksam angesehen, dies aber damit begründet, daß die Wahl durch einen nicht den gesetzlichen Erfordernissen entsprechenden Ausschuß an einem wesentlichen Mangel leide.

39 BGHSt **20** 37.

40 BVerfG NJW **1982** 2368; BGH bei *Hilger* NStZ **1983** 337 (338 Fn. 16).

41 Vgl. BGHSt **26** 206 (211).

42 Vgl. BGHSt **29** 283 (287) mit Anm. *Katholnigg* NStZ **1981** 31.

43 LG Düsseldorf NStE **1988** Nr. 1 zu § 40 GVG – Vorsitzender des Ausschusses –.

44 BGHSt **26** 206.

45 BVerfGE **34** 300; s.a. BGHSt **12** 227.

mit dieser Begründung nicht begnügt, sondern zusätzlich ausgesprochen, das Ergebnis stehe im Einklang mit den zum Verbot der Richterentziehung ausgebildeten Grundsätzen, da im vorliegenden Fall die Wahl der Schöffen auf Verfahrensirrtum beruhe, nicht aber von willkürlichen sachfremden Erwägungen bestimmt sei[13]. BGH NStZ **1986** 84 begnügt sich, unter Hinweis auf BGHSt **26** 206, mit der Bemerkung, die Teilnahme von zwei Verwaltungsbeamten verstoße zwar gegen § 40 Abs. 3, der Fehler sei aber nicht so schwerwiegend, daß er die Wahl ungültig mache. Unabhängig von der „Willkür"-Frage ist eine Überbesetzung dann unschädlich, wenn (nach der dienstlichen Äußerung des Ausschußvorsitzenden) die Schöffenwahl durchweg einstimmig erfolgte[14].

18 **2. Fehler beim Zustandekommen der Vorschlagslisten.** Nach § 36 Abs. 1 Satz 2 ist zur Aufnahme in die Vorschlagsliste für Schöffen die Zustimmung von zwei Dritteln der gesetzlichen Zahl der Mitglieder der Gemeindevertretung erforderlich. Aus § 39 Satz 2, wonach sich die Prüfungspflicht des Richters beim Amtsgericht auf die Beachtung des § 36 Abs. 3 erstreckt, entnimmt BGHSt **22** 122 (vgl. § 36, 13), daß die Beachtung des § 36 Abs. 4 nicht Gegenstand der gerichtlichen Nachprüfung und Einflußnahme ist und ein Mangel die vorschriftsmäßige Besetzung des Gerichts nicht in Frage stellen kann. Dem liegt der Gedanke zugrunde, daß die Beachtung des § 36 Abs. 4 in den ausschließlichen Verantwortungsbereich der Gemeinde fällt, solche gemeindlichen Interna sich auch wegen der Schwierigkeiten ihrer Nachprüfung der gerichtlichen Überprüfungspflicht entziehen, und eine Besetzungsrüge nur in Betracht kommen soll, wenn im gerichtlichen Bereich eine Kognitions- und Abhilfemöglichkeit bestanden hätte. Was für Fehler i. S. des § 36 Abs. 4 a. F gilt, muß dann aber folgerichtig auch gelten, wenn eine Person ohne die erforderliche Zweidrittelmehrheit entgegen § 36 Abs. 1 Satz 2 in die Vorschlagsliste aufgenommen ist und vom Wahlausschuß zum Schöffen gewählt wird. Im übrigen wird wegen der Revisibilität von Verstößen gegen § 36 Abs. 4 n. F auf § 36, 13 verwiesen.

3. Fehler beim Wahlvorgang

19 **a) Fehler bei der Wahl der Vertrauenspersonen.** Nach § 40 Abs. 3 Satz 1 werden die Vertrauenspersonen von ihrem Wahlorgan mit einer Mehrheit von zwei Dritteln der gesetzlichen Mitgliederzahl gewählt. Im Fall BGHSt **26** 206 war die Besetzungsrüge des § 338 Nr. 1 StPO darauf gestützt, die Vertrauenspersonen des Ausschusses, der die mitwirkenden Schöffen gewählt hatte, seien ihrerseits nicht mit der erforderlichen Zweidrittel-Mehrheit gewählt worden. Der Bundesgerichtshof sah damals keine Veranlassung zur Erörterung der Frage, ob dieser Rüge etwa mit den in BGHSt **22** 122 (oben Rdn. 18) angestellten Erwägungen oder mit den aus § 21 b Abs. 6 Satz 3 abgeleiteten Überlegungen (oben Rdn. 13) zu begegnen sei, hat vielmehr im Wege des Freibeweises festgestellt, daß der behauptete Fehler nicht erwiesen sei, weil das Sitzungsprotokoll und eine nachträgliche Erklärung des unteren Verwaltungsbezirks „die Deutung zuließen", daß die Wahl einstimmig erfolgt sei[15]. Den Gerichten eine so weit ins Vorfeld der Laienrichterwahl reichende Nachprüfung anzulasten erscheint freilich wenig befriedigend[16].

20 Umfaßt der Amtsgerichtsbezirk **mehrere Verwaltungsbezirke** oder Teile mehrerer Verwaltungsbezirke, so bestimmt die zuständige oberste Landesbehörde die Zahl der Vertrauenspersonen, die von den Vertretungen dieser Verwaltungsbezirke zu wählen sind. Problematisch kann dabei die Frage sein, wer „unterer Verwaltungsbezirk" im Sinne des § 40 Abs. 3 ist. Sind unterschiedliche Auffassungen dazu vertretbar, kann eine auf der

---

46 BGHSt **26** 210 f.

47 BGH bei *Pfeiffer/Miebach* NStZ **1986** 210.

48 BGHSt **26** 212.

49 So auch *Kissel* 16 am Ende.

Ansicht der obersten Landesbehörde beruhende Wahl nur als Verfahrensirrtum angesehen werden, der sich auf die Schöffenwahl nicht auswirkt. Der Bundesgerichtshof hat im zu entscheidenden Fall dieses Ergebnis ausdrücklich auf eine entsprechende Anwendung des § 21 b Abs. 6 gestützt[17].

Umstritten ist ferner, ob auf die Wahl der Vertrauenspersonen die nach den kommunalrechtlichen Vorschriften ansonsten für Wahlen geltenden Grundsätze anzuwenden sind, insbesondere eine **geheime Wahl** stattfinden muß. Der Bundesgerichtshof hat die Frage bisher offengelassen, neigt aber ausdrücklich für den Fall einer Anwendung dieser Vorschriften bei einem Verstoß der Auffassung zu, daß dann die Grundsätze des § 21 b Abs. 6 gelten und die Wahl gültig sei[18]. **21**

b) Wahl von Schöffen ohne Zweidrittelmehrheit. Nach § 42 Abs. 1 wählt der Wahlausschuß die Schöffen mit Zweidrittel-Mehrheit der Stimmen (dazu § 42, 2). Im Fall BGHSt **26** 206 war die Besetzungsrüge des § 338 Nr. 1 StPO darauf gestützt, bei der Wahl der mitwirkenden Schöffen sei die Zweidrittel-Mehrheit nicht erreicht worden. Das über den Wahlvorgang aufgenommene Protokoll (ein solches ist übrigens hier — im Gegensatz zu §§ 41 Satz 3, 45 Abs. 4 — nicht vorgeschrieben) enthielt keine Angaben über das Stimmenverhältnis. Die Besetzungsrüge wurde als revisionsrechtlich erheblich angesehen, blieb aber erfolglos: eine den §§ 273, 274 StPO entsprechende Vorschrift bestehe hier nicht und die Behauptung der Revision sei nicht erwiesen, denn aus den (im Wege des Freibeweises eingeholten) Äußerungen von Teilnehmern an der Wahlausschußsitzung ergebe sich, daß die Wahl ohne Gegenstimmen erfolgt sei. Die Annahme revisionsrechtlicher Erheblichkeit der Besetzungsrüge steht nicht in Widerspruch mit den in dieser Entscheidung aus § 21 b Abs. 6 Satz 3 gezogenen Folgerungen. Denn hier handelt es sich nicht um die Frage nach den Auswirkungen der von einem fehlerhaft zusammengesetzten Wahlausschuß getroffenen Entscheidungen, sondern um die ganz andere Frage nach den Auswirkungen einer von einem gesetzmäßig zusammengesetzten Ausschuß getroffenen Entscheidungen, die inhaltlich gegen das Gesetz verstoßen. Solchen Fehlern die Bedeutung für die ordnungsgemäße Besetzung des Gerichts, in dem die fehlerhaft gewählten Schöffen mitwirken, abzusprechen, ist auf dem Wege einer rechtsanalogen Anwendung des § 21 b Abs. 6 nicht möglich. Davon geht auch BGHSt **26** 206 aus und BGHSt **26** 393 hat dies deutlich ausgesprochen. **22**

c) Fehlerhafte Leitung der Wahl. Im Fall BGHSt **26** 206, 211 fungierte während der gesamten Wahl, in der neben den Schöffen für die Erwachsenenspruchkörper die Jugendschöffen gewählt wurden, als Vorsitzender ein Richter beim Amtsgericht, der nach der Geschäftsverteilung Jugendrichter war; als Besetzungsfehler wurde geltend gemacht, daß nicht bei der Wahl der Schöffen für die Erwachsenenspruchkörper der nach der Geschäftsverteilung für Strafsachen für Erwachsene zuständige Richter als Vorsitzender tätig geworden sei. Die Zurückweisung der Besetzungsrüge wird hier damit begründet, daß nach § 117 JGG die Wahl der Jugendschöffen gleichzeitig mit der Wahl der Schöffen für die Schöffengerichte und die Strafkammern erfolge und der Jugendrichter bei der Wahl der Jugendschöffen nach § 35 Abs. 4 JGG kraft Gesetzes den Vorsitz habe führen müssen. Ob sich aus der Gleichzeitigkeit der Wahl von Erwachsenen- und Jugendschöffen ableiten lasse, daß der Jugendrichter auch den Vorsitz bei der Wahl der übrigen Schöffen zu führen **23**

---

50 BGHSt **37** 245 = NStZ **1991** 196 = StV **1991** 146 = NJW **1991** 1764.

51 BGHR zu § 40 Abs. 3 GVG – Vertrauenspersonen 1 –. Das BayObLG NStE Nr. 3 zu § 40 GVG hat für denselben Sachverhalt ebenfalls die Gültigkeit der Wahl angenommen, dies aber damit begründet, daß ein Verstoß gegen den Grundsatz der geheimen Wahl „nicht so schwerwiegend" sei, „daß er die Rüge der vorschriftswidrigen Besetzung des Spruchkörpers begründet".

habe, brauche nicht abschließend entschieden zu werden. Denn jedenfalls sei die von dem fungierenden Vorsitzenden in der Sitzungsniederschrift vertretene Rechtsauffassung, daß er als Jugendrichter dem Ausschuß für den gesamten Wahlvorgang angehöre, vertretbar. Hier werden also die Gründe für die Zurückweisung der Besetzungsrüge nicht aus dem Ausschlußprinzip des § 21 b Abs. 6 Satz 3 hergeleitet, obwohl auch hier die richtige Zusammensetzung des Ausschusses (und nicht ein Fehler bei der Wahlhandlung) in Frage steht, sondern dem zu Art. 101 GG ausgebildeten Gedanken der fehlenden Willkür bei vertretbarer Rechtsauslegung entnommen und damit der (in der Entscheidung nicht angeführte) § 22 d ins Spiel gebracht.

24 **d) Fehlerhafte Wahl von Jugendschöffen.** Die Entscheidung BGHSt **26** 393, die sich mit der Frage zu befassen hatte, ob in der Jugendkammer ein Schöffe mitwirken durfte, der nicht auf Vorschlag des Jugendwohlfahrtsausschusses (§ 35 JGG), sondern aus der Vorschlagsliste für Erwachsenenschöffen von dem Wahlausschuß gewählt worden war, weil die Zahl der Vorschläge des Jugendwohlfahrtsausschusses nicht ausreichend war und die Wahl nicht verzögert werden sollte, hatte seinerzeit eine umfangreiche Diskussion ausgelöst. In der Folgezeit hat sie jedoch das Schöffenwahlverfahren im Sinne dieser Entscheidung beeinflußt und heute ihre Aktualität eingebüßt. Hier soll deshalb lediglich noch daran erinnert werden, daß eine Umgehung des § 35 JGG, der gerade bezwecke, als Jugendschöffen nur erzieherisch befähigte und in der Jugenderziehung erfahrene Personen heranzuziehen, die Besetzungsrüge des § 338 Nr. 1 StPO begründet, weil dieser Zweck so vorrangig sei, daß dahinter das Bestreben, die Wahl der Jugendschöffen fristgemäß durchzuführen, zurücktreten müsse. Unter dem Gesichtspunkt des Verbots der Richterentziehung (Art. 101 GG) liege nicht mehr ein bloßer Rechtsirrtum (error in procedendo), sondern ein offensichtlicher Gesetzesverstoß, ein Verstoß gegen den zwingenden Wortlaut des § 35 JGG vor. Dies gilt auch dann, wenn ein Jugendwohlfahrtsausschuß noch nicht bestehe[19]. Dann sei die Wahl der Jugendschöffen nicht etwa aus einer Vorschlagsliste des Jugendamts vorzunehmen, sondern — auch bei Überschreitung des für die Wahl vorgeschriebenen Endtermins — die Konstituierung des Jugendwohlfahrtsausschusses abzuwarten.

25 Wegen der gegenüber dieser Rechtsprechung seinerzeit geäußerten **Kritik** wird auf die 24. Auflage, Rdn. 18, 19, verwiesen.

§ 41

[1]Der Ausschuß entscheidet mit einfacher Mehrheit über die gegen die Vorschlagsliste erhobenen Einsprüche. [2]Bei Stimmengleichheit entscheidet die Stimme des Vorsitzenden. [3]Die Entscheidungen sind zu Protokoll zu vermerken. [4]Sie sind nicht anfechtbar.

1 **1.** Eine **Berichtigung der Vorschlagsliste** kommt nicht nur in Betracht, soweit Einsprüche erhoben werden und als berechtigt anerkannt sind, sondern auch wenn nachträglich Gründe der in § 37 bezeichneten Art auf andere Weise (vgl. § 38 Abs. 2 und § 39, 1) hervorgetreten und zur Kenntnis des Ausschusses gebracht sind[1]. Er entscheidet insoweit

[52] So schon BGH vom 29. 10. 1974 – 1 StR 475/74.

[1] So auch *Kleinknecht/Meyer-Goßner*[44] 1; KK-*Kissel*[4] 1; *Eb. Schmidt* 1; **a. M** im älteren Schrifttum *Oetker* GA **49** (1903) 107; *Consbruch* Recht **1909** 829.

auch über Streichungen, die sich nach einer Berichtigung gem. § 38 Abs. 2 ergeben. Der Ausschuß hat ggf. den Sachverhalt aufzuklären, soweit dies nicht bereits vom Vorsitzenden vorbereitend geschehen ist. Unzulässige oder unbegründete Einsprüche weist der Ausschuß zurück. Anhörungen finden nicht statt[2]. Bei Entscheidungen über Einsprüche gegen die vorgeschlagenen Jugendschöffen führt den Vorsitz der Jugendrichter (§ 35 Abs. 4 JGG).

2. Unanfechtbarkeit der Entscheidungen (Satz 4). Die Entscheidungen, die der Ausschuß auf die erhobenen Einsprüche trifft, sind unanfechtbar und damit auch einer Nachprüfung durch das Revisionsgericht gem. § 336 Satz 2 StPO entzogen. Das gilt sowohl für den Einspruchsführer als auch für die für die Aufstellung der Vorschlagsliste zuständige Vertretungskörperschaft. Nach der Wahl eintretende oder bekannt werdende Unfähigkeitsgründe und Gründe der §§ 33, 34 sind nach Maßgabe des § 52 zu berücksichtigen. Die Nichtberücksichtigung vor der Wahl vorgebrachter Ablehnungsgründe durch den Ausschuß hindert nicht, sie nach der Wahl vorzubringen (§ 53). S. auch § 35, 1. 2

3. Protokoll (Satz 3). Nur der Inhalt der Entscheidung ist protokollpflichtig. Es wird aber angemessen sein, in allen Fällen auch die Gründe der Entscheidung des Ausschusses und das Stimmenverhältnis in das Protokoll aufzunehmen. Daß das Protokoll durch einen Urkundsbeamten geführt wird, ist hier (anders als nach § 45 Abs. 4) nicht vorgeschrieben, aber auch nicht unzulässig[3]. 3

4. Öffentlichkeit. Die Sitzungen des Ausschusses sind nicht öffentlich. 4

§ 42

(1) [1]Aus der berichtigten Vorschlagsliste wählt der Ausschuß mit einer Mehrheit von zwei Dritteln der Stimmen für die nächsten vier Geschäftsjahre:

1. die erforderliche Zahl von Schöffen;

2. die erforderliche Zahl der Personen, die an die Stelle wegfallender Schöffen treten oder in den Fällen der §§ 46, 47 als Schöffen benötigt werden (Hilfsschöffen).

[2]Zu wählen sind Personen, die am Sitz des Amtsgerichts oder in dessen nächster Umgebung wohnen.

(2) Bei der Wahl soll darauf geachtet werden, daß alle Gruppen der Bevölkerung nach Geschlecht, Alter, Beruf und sozialer Stellung angemessen berücksichtigt werden.

Schrifttum. *Allgaier* Nochmals: Zum Thema Schöffenwahl, MDR **1985** 462; *Kissel* Das Frankfurter Schöffenroulette ist vorbei, NStZ **1985** 490; *Knauth* Die unwirksame Schöffenwahl, DRiZ **1984** 474; *Jasper* Das Schöffenamt, MDR **1985** 110; *Vogt/Kurth* Der Streit um die Frankfurter Schöffenwahl, NJW **1985** 103; *Weis/Meyer* Das Schöffenwahl-Urteil des BGH, NStZ **1984** 2804.

---

2 *Katholnigg*[3] 1.

3 So schon überwiegend das ältere Schrifttum – Nachweise in LR[20] Anm 3 –; *Eb. Schmidt* 3; h. M.

Entstehungsgeschichte. VO vom 14. 6. 1932 (RGBl. I 285) erster Teil Kapitel 1 Art. 8. Auf dem VereinhG 1950 beruht das Erfordernis der Zweidrittel-Mehrheit. Die Änderung des Absatzes 1 (Ersetzung von „zwei" durch „vier" Geschäftsjahre) und die Einfügung des Absatzes 2 beruhen auf Art. 2 Nr. 11 des 1. StVRG. Der Anfang der Nr. 2 des Absatzes 1 Satz 1 lautete zunächst: „Die erforderliche Zahl der Personen, die in der von dem Ausschuß festgesetzten Reihenfolge an die Stelle weggefallener Schöffen treten (Hilfsschöffen)". Die Änderungen („Wegfall von „in der von dem Ausschuß . . . Reihenfolge" und Zusatz von „oder in den Fällen . . . benötigt werden") beruhen auf Art. 2 Nr. 1 StVÄG 1979.

Übersicht

1. Die Wahl

1 **a) Grundlage der Wahl.** Nach § 42 besteht die Aufgabe des Wahlausschusses in der Wahl der Schöffen (Hauptschöffen) und Hilfsschöffen. Die Wahl erfolgt aus der berichtigten Vorschlagsliste, d. h. aus der endgültig festgestellten. Eine formelle „Berichtigung" der Vorschlagsliste braucht nicht notwendig stattgefunden zu haben. Die Wahl kann allerdings erst dann vorgenommen werden, wenn die Vorschlagsliste rechtzeitig vorgelegt worden ist. Ansonsten tritt ein Stillstand der Rechtspflege ein, weil für diese Fälle eine Verlängerung der Amtsperiode für die bisherigen Schöffen nicht vorgesehen ist (für eine Analogie zu § 50 s. dort Rdn. 3). Fehlt dagegen in der Bezirksliste nur die Vorschlagsliste einer Gemeinde, muß dies einer Wahl nicht entgegenstehen (vgl. § 36, 9). Durch die Bezirksvorschlagsliste i. S. des § 39 Abs. 1 ist die Zahl der vom Ausschuß wählbaren Personen begrenzt. Die Liste ist für den Ausschuß verbindlich. Eine Wahl von nicht in der Liste genannten Personen ist unzulässig und führt zur fehlerhaften Besetzung des Gerichts[1]. Das gilt auch dann, wenn auf frühere Listen oder die Vorschlagsliste für Jugendschöffen zurückgegriffen wird[2]. Der Ausschuß ist ebensowenig befugt, aus Vorschlagslisten solcher Gemeinden zu wählen, die nicht zum Bezirk des Amtsgerichts gehören[3]. Selbst dann, wenn eine Liste erschöpft ist und weiterer Bedarf an Schöffen besteht, kann die Wahl nicht unter Zuhilfenahme anderer Listen fortgeführt werden[4]. Ein Verstoß gegen diese Vorgaben berührt aber nur die einzelne Wahl des betroffenen Schöffen, weil es sich insoweit um jeweils eigenständige, für sich zu betrachtende Entscheidungen des

[1] BGHR zu § 42 Abs. 1 GVG – Schöffenwahl 2 –; *Kissel* 2.

[2] BGHSt **26** 393 = NJW **1976** 2357 = JR **1977** 299 m. Anm. *Rieß*.

[3] BGHSt **29** 144 = NJW **1980** 1175; BGH NStZ **1991** 546 = StV **1991** 503.

[4] *Kissel* 2.

Schöffenwahlausschusses handelt[5]. Andererseits ist die bewußte Außerachtlassung eines Teils einer Vorschlagsliste unschädlich[6].

b) Das Wahlverfahren. Der hiernach im Vordergrund stehende Begriff der Wahl hatte lange Zeit hindurch zu besonderen Bemühungen um eine Begriffsbestimmung keine Veranlassung geboten, bis i. J. 1980 ein beim Schöffenwahlausschuß des AG Frankfurt a. M. durchgeführtes Verfahren zu einer Flut von Erörterungen führte: Dort waren entsprechend der Zahl der nach § 36 Abs. 4 a. F vorgeschlagenen Personen — aufgeklebt auf Kladden — 2342 Lose vorhanden. Die Kladden wurden zerschnitten und die so entstandenen Lose in einem Karteikasten gemischt. Daraus zog der Ausschußvorsitzende Lose in der benötigten Zahl von Hauptschöffen für das Landgericht und das Amtsgericht und von Hilfsschöffen, ohne daß es zu irgendeiner Form der Einzelbehandlung eines Loses gekommen wäre. Die Besetzungsrüge gegen ein landgerichtliches Urteil, bei dem so „gewählte" — tatsächlich aber ausgeloste — Schöffen mitgewirkt hatten, führte zur Aufhebung des Urteils, weil der „Legitimationszusammenhang", kraft dessen sich das Amt der Schöffen aus der Staatsgewalt (Art. 20 Abs. 2 GG) ableiten läßt, eine Auslese durch Wahl verlange, während er durch Auslosung durchbrochen wird[7]. Dem sog. „Schöffenroulette" ist damit eine klare Absage erteilt worden. Gleichwohl führt dieser Mangel nach Ansicht des Bundesgerichtshofs nicht zur allgemeinen Nichtigkeit der Entscheidungen, an denen derart „gewählte" Schöffen Mitgewirkt haben, sondern dieser Mangel ist nur auf Rüge zu beachten und für ihn gelten auch die allgemeinen Präklusionsregelungen bei Besetzungsrügen[8]. Noch im selben Jahr milderte der Bundesgerichtshof[9] die Anforderungen an eine wirksame Wahl bei einer großen Zahl zu wählender Schöffen, indem er eine vorbereitende Auslosung für zulässig erklärte, aus der die förmliche Wahl zu erfolgen habe. Der Gedanke einer der Wahl vorausgehenden vorbereitenden Auslosung hat sich inzwischen dadurch erledigt, daß mit der Änderung des § 36 Abs. 4 durch Art. 2 Nr. 1 des StVÄG 1987 eine Regelung erstrebt wurde, die sich möglichst an dem tatsächlichen Bedarf an Schöffen orientiert, dabei aber für den Wahlausschuß einen ausreichenden Wahlermessensspielraum beläßt (vgl. § 36, 7). In Ermangelung von Vorschriften, die das Wahlverfahren im einzelnen regeln, mag als Muster einer nicht zu beanstandenden Wahl das im Anschluß an BGHSt **33** 261 von *Kissel*[10] dargestellte Verfahren angeführt werden. Danach wird a) für jeden in der Vorschlagsliste enthaltenen Namen eine Karteikarte angelegt; b) diese Karteikarten werden entsprechend den Soll-Anforderungen des § 42 Abs. 2 in 40 Umschläge gelegt; c) aus diesen Umschlägen wird jeweils eine einzelne Karte gezogen, und der Vorsitzende schlägt vor, den darauf Verzeichneten zu wählen; d) erhebt sich kein Widerspruch, so wird diese Person als gewählt behandelt, anderenfalls bedarf es einer Abstimmung; e) abschließend erklären die Ausschußmitglieder, damit sei eine angemessene Berücksichtigung aller Bevölkerungsgruppen erreicht. Entscheidend muß mithin letztlich sein, daß der Wahlausschuß eine „Wahl" selbständig und in eigener Verantwortung vornimmt[11]. Davon kann jedoch dann nicht gesprochen werden, wenn der Ausschuß nur eine von anderen Gremien getroffene Auswahl unverändert übernimmt[12] 2

---

5 BGHSt **29** 144 = NJW **1980** 1175; BGH NStZ **1991** 546 = StV **1991** 503.

6 BGHR zu § 42 Abs. 1 GVG – Vorschlagsliste 2 – = NStE **1987** Nr. 1 zu § 42 GVG; *Katholnigg*[3] 1.

7 BGHSt **33** 41 = JR **1985** 80 mit kritischer Anm. *Katholnigg*; vgl. auch *Vogt/Kurth* NJW **1985** 103.

8 BGHSt **33** 126 = NJW **1985** 926. Eine gegen diese Entscheidung eingelegte Verfassungsbeschwerde wurde nicht zur Entscheidung angenommen (NJW **1985** 125 = NStZ **1985** 82). **A. A** *Weis/Meyer* NJW **1984** 2804.

9 BGHSt **33** 261 = NJW **1985** 2343.

10 NStZ **1985** 490 und KK-*Kissel*[4] § 42 1.

11 *Kleinknecht/Meyer-Goßner*[44] 5.

12 BGHSt **35** 190 = NJW **1988** 3164.

etwa durch die unveränderte Übernahme der vorbereitend von den einzelnen Fraktionen jeweils aufgestellten „Vorschlagslisten".

3 **c) Zweidrittelmehrheit.** Während nach früherem Recht für die Wahl die einfache Stimmenmehrheit genügte und bei Stimmengleichheit die Stimme des den Vorsitz führenden Richters den Ausschlag gab, ist seit dem VereinhG 1950 eine Zweidrittelmehrheit erforderlich, die sich jedoch — anders als nach § 36 Abs. 1, § 40 Abs. 3 GVG, § 35 Abs. 3 JGG — nicht nach der gesetzlichen Mitgliederzahl (d. h. zwölf, § 40 Abs. 2), sondern, wie sich aus § 40 Abs. 4 ergibt, nach der Zahl der abgegebenen Stimmen bemißt. Wegen der Bedeutung einer Verletzung der Vorschrift vgl. § 40, 22.

4 **d) Wählbarkeit der Ausschußmitglieder.** Die Ausschußmitglieder selbst stehen in der Wählbarkeit den übrigen in der Vorschlagsliste verzeichneten Personen gleich; insbesondere begründet die Mitgliedschaft im Ausschuß kein Recht, die Wahl zum Schöffen abzulehnen[13]. Daß der zu Wählende sich der Stimme zu enthalten hat, ist dem Gesetz nicht zu entnehmen[14].

2. Wahl der Hauptschöffen (Absatz 1 Nr. 1)

5 Bei den Hauptschöffen beschränkt sich die Aufgabe des Wahlausschusses darauf, die gemäß §§ 43, 58 Abs. 2, 77 Abs. 2 Satz 1, 78 Abs. 3 Satz 1 festgesetzte erforderliche Zahl zu wählen, und zwar getrennt nach Hauptschöffen für das Schöffengericht und für die Strafkammern. Die Namen der Gewählten werden in die gesonderten Schöffenlisten für das Schöffengericht (§ 44) und für die Strafkammern (§ 77 Abs. 2 Satz 4, 5) aufgenommen. Der Ausschuß wählt außerdem die erforderliche Zahl von Jugendhauptschöffen, die in besondere, für Männer und Frauen getrennt zu führende Schöffenlisten aufgenommen werden (§ 35 JGG). Die Feststellung der Reihenfolge, in der die Hauptschöffen an den einzelnen ordentlichen Sitzungen teilnehmen, erfolgt für das Geschäftsjahr im voraus durch Auslosung (§§ 45, 77 Abs. 3 Satz 1).

3. Wahl der Hilfsschöffen (Absatz 1 Nr. 2 Satz 1)

6 **a) Allgemeines.** Die Fassung der Vorschrift wurde, wie oben bei Entstehungsgeschichte erwähnt, durch das StVÄG 1979 nach zwei Richtungen geändert. Diese Änderungen stehen im Zusammenhang mit einer Reihe gleichzeitiger Änderungen von die Heranziehung von Schöffen betreffenden Vorschriften des GVG (§§ 45, 46, 47, 48, 49, 52, 54, 77), die — neben und unabhängig von den Vorschriften über die Rügepräklusion (§§ 222 a, 222 b, 338 Nr. 1 StPO) — darauf gerichtet waren, einige häufige Ursachen von Besetzungsfehlern bei der Heranziehung von Schöffen auszuräumen und damit zu einer Verminderung erfolgreicher Besetzungsrügen beizutragen.

7 **Hilfsschöffen** für das Amtsgericht werden vom Ausschuß jedes Amtsgerichts, Hilfsschöffen für das Landgericht vom Ausschuß des Amtsgerichts gewählt, in dessen Bezirk das Landgericht seinen Sitz hat (§ 77 Abs. 2). Die Wahl aus einer für einen anderen Amtsgerichtsbezirk aufgestellten Liste macht die Wahl ungültig[15].

8 **b) Reihenfolge der Hilfsschöffen.** Da nunmehr nicht einmal der Wahlausschuß bestimmt, in welcher Reihenfolge Hilfsschöffen an die Stelle wegfallender Hauptschöffen treten, wird die Reihenfolge wie bei den Hauptschöffen (§ 45 Abs. 2 Satz 1) nach § 45

13 *Oetker* GA **49** (1903) 112.

14 *Katholnigg*³ 2; *Kissel* 14; KMR-*Paulus* 2; *Oetker* aaO; **a. A** noch LR-*Schäfer* 3 in der 24. Auflage.

15 BGHSt **29** 144 = NJW **1980** 1175 = DRiZ **1981** 99 m. Anm. *Röper*; BGHSt **29** 283.

Abs. 2 Satz 4 n. F durch richterliche Auslosung bestimmt. Und zwar ist diese Reihenfolge ohne Unterschied maßgebend, ob ein dauernd weggefallener Hauptschöffe durch einen Hilfsschöffen ersetzt wird, der damit zum Hauptschöffen wird, oder ob an Stelle eines vorübergehend für die einzelne Sitzung weggefallenen („ausgefallenen") Hauptschöffen ein Hilfsschöffe zugezogen werden muß; in beiden Fällen ist, was § 49 Abs. 2 Satz 1 ausdrücklich ausspricht, derjenige Hilfsschöffe heranzuziehen, der nach der Reihenfolge der Hilfsschöffenliste an nächster („bereiter") Stelle steht.

Der **gesetzgeberische Grund** für diese Regelung war, die Haupt- und Hilfsschöffen soweit wie möglich nach gleichen Regeln zu behandeln, damit zugleich hinsichtlich der Hilfsschöffen dem Grundsatz des gesetzlichen Richters besser Rechnung zu tragen und — zusammen mit weiteren Maßnahmen (§ 45) — willkürlichen Einflüssen auf die Reihenfolge besser als früher vorzubeugen[16]. 9

c) Die Erweiterung des Kreises der Hilfsschöffen. Die Erweiterung des Kreises der vom Wahlausschuß zu wählenden Hilfsschöffen auf die Personen, die „in den Fällen der §§ 46, 47 als Schöffen benötigt werden", trägt dem Umstand Rechnung, daß nach § 46 n. F. die bei der Bildung neuer Spruchkörper benötigten Hauptschöffen aus der Hilfsschöffenliste ausgelost werden und dadurch ein Mehrbedarf an Hilfsschöffen eintreten kann (dazu § 46, 2). Entsprechendes gilt, wenn außerordentlichen Sitzungen anberaumt werden müssen; die hierzu erforderlichen Schöffen werden abweichend vom früheren Recht nicht aus der Hauptschöffenliste ausgelost, sondern aus der Hilfsschöffenliste herangezogen (dazu § 47, 2). 10

d) Ergänzungswahl. Während der Kreis der Hauptschöffen zahlenmäßig dadurch gleich bleibt, daß dauernd wegfallende oder neu benötigte Hauptschöffen aus der Hilfsschöffenliste ergänzt werden, kann sich die ursprüngliche Zahl der Hilfsschöffen während der Amtsperiode wesentlich vermindern, weil sie durch Aufrücken zu Hauptschöffen als Ersatz für dauernd wegfallende Hauptschöffen oder zur Bildung neuer Spruchkörper, durch Streichung von der Hilfsschöffenliste von Amtswegen (§ 52 Abs. 1) oder auf Antrag wegen übermäßiger Heranziehung (§ 52 Abs. 2) dauernd wegfallen. Dadurch kann es, da nach Erschöpfung der Hilfsschöffenliste beim ersten Durchlauf die Heranziehung der Hilfsschöffen jeweils wieder von neuem nach der Reihenfolge der Hilfsschöffenliste erfolgt (§ 49 Abs. 4), dazu kommen, daß die Hilfsschöffen unverhältnismäßig häufig zur Dienstleistung benötigt werden. Zur Ausgleichung des Schwundes läßt deshalb § 52 Abs. 6 unter den dort vorgesehenen Voraussetzungen eine Ergänzungswahl der Hilfsschöffen zu. 11

e) Wohnort. Die Vorschrift des § 42 Abs. 1 Nr. 2 Satz 2 soll ermöglichen, daß Hilfsschöffen im Bedarfsfall möglichst schnell zur Verfügung stehen, auch wenn ihnen nicht, wie den Hauptschöffen, die Sitzungstage längere Zeit im voraus bekannt sind[17]; aus diesem begrenzten Zweck ergibt sich, daß es sich trotz des Wortlauts: „sind zu wählen" nicht um eine zwingende, sondern um eine Ordnungsvorschrift handelt, deren Verletzung keine Rückwirkung auf die ordnungsgemäße Besetzung des Gerichts (§ 338 Nr. 1 StPO) äußern kann[18]. Für die Fälle dringlicher Heranziehung gilt § 47. Da die Hilfsschöffen an die Stelle (ganz oder vorübergehend) wegfallender Hauptschöffen treten sollen, ist es nicht statthaft, für dasselbe Geschäftsjahr dieselbe Person zugleich zum Hauptschöffen und zum Hilfsschöffen zu wählen (dazu § 77 Abs. 4 und dort Rdn. 8). 12

---

16 Begründung BTDrucks. **8** 976, S. 62.

17 BTDrucks. **8** 976, S. 29.

18 *Katholnigg*³ 5; *Kissel* 9.

13 **f) Heranziehung zu einzelnen Sitzungen.** Der für einzelne Sitzungen gemäß §§ 48 Abs. 2 einberufene Hilfsschöffe bleibt für den Rest der Amtsperiode Hilfsschöffe (s. aber § 49 Abs. 4). In den Fällen des § 46 (Bildung eines weiteren Schöffengerichts), des Wegfalls eines Hauptschöffen durch Tod, Streichung von der Liste ((§ 52) oder wirksame Ablehnung (§ 53) tritt der Hilfsschöffe jedoch an die Stelle des Hauptschöffen. Eine noch als Hilfsschöffe begonnene anderweitige Heranziehung muß er aber (zusätzlich) fortführen[19].

14 **4. Auswahlgrundsätze (Absatz 2).** In Anlehnung an frühere Reformvorschläge[20] enthält auch der durch das 1. StVRG 1974 eingefügte Absatz 2 eine Vorschrift, die — wie schon der für die Aufstellung der Vorschlagsliste geltende § 36 Abs. 2 — eine angemessene Repräsentation aller Gruppen der Bevölkerung unter den Schöffen bezweckt. Der Ausschuß kann daher Fragen der Geeignetheit der Personen sowie gesetzliche Ausschließungsgründe oder Ablehnungsrechte nach § 35 berücksichtigen[21]. Auch hier ist die Form der „Soll"-Vorschrift gewählt, um zum Ausdruck zu bringen, daß die Rüge nichtordnungsgemäßer Besetzung des Gerichts (§ 338 Nr. 1 StPO) nicht mit einer Verletzung des § 42 Abs. 2 begründet werden kann[22] (vgl. § 36, 4).

15 **5. Unanfechtbarkeit.** Die Entscheidungen des Ausschusses sind — unbeschadet nachträglicher Änderungen gemäß § 52 — unanfechtbar. Eine isolierte Anfechtung ist auch nicht über §§ 23 ff EGGVG möglich, weil der Ausschuß keine Justizbehörde im Sinne von § 23 Abs. 1 EGGVG ist[23]. Inwieweit Gesetzesverstöße bei der Wahl in einem Strafverfahren, das unter Mitwirkung der gewählten Schöffen stattfindet, die Besetzungsrüge rechtfertigen, ist in § 40 Rdn. 11 ff erörtert. Diese Möglichkeit der mittelbaren Anfechtung besteht aber nur bei Verstößen gegen zwingende gesetzliche Vorschriften; Ermessensentscheidungen des Ausschusses unterliegen nicht der Anfechtung. Selbstverständlich kann der Ausschuß, wenn er selbst den Verstoß erkennt, den Fehler durch eine den Gesetzen entsprechende Wiederholung der Beschlußfassung wieder gutmachen[24]. Im übrigen ist er aber selbst an seine Beschlüsse gebunden und kann sie nicht — etwa durch Zurücknahme einer Wahl und Neubestellung von Schöffen — wieder umstoßen[25].

16 **6. Verfahren bei der Wahl der Jugendschöffen.** § 42 ist auch bei der Wahl von Jugendschöffen und Jugendhilfsschöffen zu beachten. Abweichend vom allgemeinen Wahlverfahren ist dort jedoch ein bestimmter Anteil an Frauen vorgegeben, indem § 35 JGG ausdrücklich eine gleiche Anzahl von Frauen und Männern fordert.

§ 43

(1) Die für jedes Amtsgericht erforderliche Zahl von Haupt- und Hilfsschöffen wird durch den Präsidenten des Landgerichts (Präsidenten des Amtsgerichts) bestimmt.

(2) Die Zahl der Hauptschöffen ist so zu bemessen, daß voraussichtlich jeder zu nicht mehr als zwölf ordentlichen Sitzungstagen im Jahr herangezogen wird.

[19] *Kissel* 10.
[20] Dazu LR[22] § 42, 6.
[21] *Kissel* 16.
[22] Vgl. BGH NJW **1986** 1358 = JR **1985** 388 m. Anm. *Katholnigg*; *Jasper* MDR **1985** 110; *Knauth* DRiZ **1984** 474; *Weis/Meyer* NJW **1984** 2804.
[23] Ebenso *Kleinknecht/Meyer-Goßner*[44] 7.
[24] BGH NStZ-RR **1999** 49.
[25] BGH NStZ-RR **1999** 49; s. hierzu auch *Siegert* GerS **103** (1933) 347; *Katholnigg*[3] 8.

Entstehungsgeschichte. Die bis zum 31. 12. 1974 geltende, auf dem VereinhG 1950 beruhende Fassung des Absatzes 2 („die Zahl der Hauptschöffen ist so zu bemessen, daß voraussichtlich jeder mindestens zu zwölf ordentlichen Sitzungstagen im Jahr herangezogen wird") ist durch Art. 2 Nr. 12 des 1. StVRG vom 9. 12. 1974 durch die jetzt geltende Fassung ersetzt.

1. Erforderliche Zahl von Schöffen im allgemeinen (Absatz 1). Die Zahl der auf die Schöffenliste zu bringenden Schöffen für das Schöffengericht und die Strafkammer muß sich nach dem Bedürfnis, also mit Rücksicht auf die Bestimmung des Absatzes 2, nach der Zahl der während des Jahres abzuhaltenden ordentlichen Sitzungen des Gerichts richten. Als Anhalt für die Bestimmung der Zahl dient die im voraus nach Erfahrungsgrundsätzen festzulegende Zahl der im Geschäftsjahr erforderlichen Sitzungstage. Diese Zahl, vervielfältigt mit zwei und geteilt durch zwölf, ergibt grob die Zahl der erforderlichen Hauptschöffen. Die Bestimmung der erforderlichen Zahl stand früher den Landesjustizverwaltungen zu, die diese Aufgabe z. T. auf die Präsidenten der (übergeordneten) Landgerichte übertragen hatten. Das VereinhG 1950 übertrug das Bestimmungsrecht den Landgerichtspräsidenten, bei den mit einem Präsidenten besetzten Amtsgerichten, diesen; es handelt sich dabei aber nach wie vor um eine reine Justizverwaltungsaufgabe und nicht um einen Akt der in richterlicher Unabhängigkeit vorzunehmenden Geschäftsverteilung[1]. § 21 h gilt für die Vertretung des Landgerichtspräsidenten nicht[2]. 1

2. Bemessung der Zahl der Hauptschöffen nach der Zahl der zumutbaren Sitzungstage. Die Zahl der nach Auffassung des Gesetzgebers den Hauptschöffen beim Schöffengericht und der Strafkammer in einem Jahr zumutbaren Sitzungstage (§ 45, 6) hat gewechselt. Sie betrug früher „höchstens fünf". Das VereinhG 1950 erhöhte die Zahl der der Bemessung nach Absatz 1 zugrunde zu legenden zumutbaren Sitzungstage auf „mindestens zwölf" (sog. Minimalrechnung). Man ging davon aus, daß die Schöffen nur durch häufigere Teilnahme an den Verhandlungen die Vertrautheit mit den gesetzlichen Bestimmungen und ihrer Handhabung erlangen könnten, deren sie zur Erfüllung ihrer Aufgabe (§ 30) bedürfen. Diese „Minimalrechnung" kann dazu führen, daß die ausgelosten Hauptschöffen bei einem tatsächlichen Geschäftsanfall, der den erwarteten Geschäftsanfall überschreitet, zu erheblich mehr als zwölf ordentlichen Sitzungstagen im Jahr herangezogen werden. Um hier Abhilfe gegen eine unzumutbare häufige Heranziehung zu schaffen, andererseits aber zu gewährleisten, daß jeder ausgeloste Hauptschöffe im Interesse der Vertrautheit mit seinen Aufgaben möglichst zu einer bestimmten Mindestzahl von Sitzungstagen herangezogen wird, wurde unter verschiedenen Lösungsvorschlägen[3] der Weg gewählt, daß in § 43 Abs. 2 für die Berechnung der erforderlichen Zahl von Hauptschöffen die „Maximalrechnung" (zu voraussichtlich nicht mehr als zwölf ordentlichen Sitzungstagen) eingeführt, gleichzeitig aber in § 45 Abs. 2 Satz 2 bestimmt wurde, die Auslosung so vorzunehmen, daß jeder ausgeloste Hauptschöffe möglichst zu zwölf Sitzungstagen herangezogen wird. Die „Maximalrechnung" erlaubt es der durch den Präsidenten des Land- oder Amtsgerichts repräsentierten Justizverwaltung, wie übrigens auch das Wort „voraussichtlich" in Absatz 2 ergibt, die erforderliche Zahl von Hauptschöffen nach ihrem Ermessen so hoch zu bestimmen, daß der erfahrungsgemäß häufig vorkommende Wegfall von Schöffen nicht zu einer unzumutbaren Mehrbelastung der verbleibenden Schöffen führt. Demgemäß kann — wie schon nach früherem Recht (BGH NJW **1974** 2

1 BGHSt **25** 257 = NJW **1974** 509.

2 BGHSt **25** 257 = NJW **1974** 509 = JR **1975** 206 m. Anm. *Kohlhaas.*

3 Vgl. dazu den Bericht des Rechtsausschusses BT-Drucks. **7** 2600, S. 10.

155) — die Bestimmung der erforderlichen Zahl von Schöffen, die sich in vertretbarer Weise an dem Grundsatz des § 45 Abs. 2 Satz 2 orientiert, nicht mit der Revision gegen das unter Mitwirkung der Schöffen ergangene Urteil angegriffen werden[4]. Dem Schöffen selbst erwächst, wenn er zu mehr als zwölf Sitzungstagen im Jahr herangezogen wird (z. B. in einem Großverfahren von mehrmonatlicher Dauer), kein Recht, die Mitwirkung zu verweigern[5]. Die sinngemäße Anwendung des § 35 Nr. 2 wäre freilich erwägenswert, wenn etwa ein Schöffe schon im ersten Jahr seiner Amtsperiode an vierzig Sitzungstagen mitgewirkt hat.

3 3. Für die **Hilfsschöffen** besteht keine Bestimmung wie die des Absatzes 2, da sich die Zahl der möglichen Einberufungsfälle auf die Dauer von vier Jahren nicht im voraus bemessen läßt. Die Zahl der Hilfsschöffen wird, um eine übermäßige Belastung zu vermeiden, in einem angemessenen Verhältnis zu der Zahl der Hauptschöffen stehen müssen, andererseits so zu bemessen sein, daß eine Ergänzungswahl vermieden wird.

4 **4. Revision.** Fehler bei der Bemessung der Anzahl von Haupt- und Hilfsschöffen oder einem Mißverhältnis der beiden Schöffengruppen können mit der Besetzungsrüge grundsätzlich nicht geltend gemacht werden, wenn sie sich im Rahmen einer vertretbaren Prognoseentscheidung halten[6]. Etwas anderes gilt für den Fall eines Ermessensmißbrauchs[7].

§ 44

Die Namen der gewählten Hauptschöffen und Hilfsschöffen werden bei jedem Amtsgericht in gesonderte Verzeichnisse aufgenommen (Schöffenlisten).

1 **1. Die Schöffenlisten** werden von dem Ausschuß endgültig festgestellt. Es sind beim Amtsgericht jeweils getrennte Listen für die Haupt- und Hilfsschöffen einerseits und für Jugend- und Erwachsenenschöffen andererseits zu führen. Entsprechendes gilt für die Schöffen beim Landgericht (§ 77 Abs. 2). Bestehen bei dem Gericht mehrere Spruchkörper gleicher Art (mehrere Abteilungen für Strafsachen beim Amtsgericht, mehrere Strafkammern beim Landgericht), so werden — abgesehen von den besonderen Listen für die Jugendgerichte — nicht etwa Listen für die einzelnen Spruchkörper aufgestellt, sondern es wird eine einheitliche Liste für das Gericht geführt. Gesonderte Listen für die einzelnen Spruchkörper sind — abgesehen von der auswärtigen Strafkammer nach § 78 Abs. 3 — unzulässig und ein Revisionsgrund[1]. Davon zu unterscheiden sind die nach § 35 Abs. 5 JGG zusätzlich nach Männern und Frauen getrennt zu führenden Listen. Unmittelbar aufgrund dieser Listen werden die Schöffen nach Maßgabe der §§ 45, 77 Abs. 3 zu den einzelnen Sitzungen herangezogen. Erst diese Auslosung bestimmt den gesetzlichen Richter. Wegen späterer Berichtigung der Schöffenlisten s. §§ 52, 77 Abs. 2 Satz 2.

2 **2. Die Führung der Schöffenlisten** obliegt dem Urkundsbeamten der Geschäftsstelle nach § 45 Abs. 4.

[4] BGH NJW **1978** 1444.
[5] *Kissel* 3.
[6] BGH NJW **1974** 155; **1978** 1444; *Kissel* 6.
[7] *Kissel* 6; KK-*Kissel*[4] 4; *Kleinknecht/Meyer-Goßner*[44] 3.
[1] BGH GA **1976** 141; *Katholnigg*[3] 2.

3. Einsicht in Schöffenlisten. Da die Schöffenliste zu den wesentlichen Unterlagen über die Besetzung der Spruchkörper gehört, können die Verfahrensbeteiligten auch aufgrund der ausdrücklichen Regelung des § 222 a Abs. 3 StPO zur Überprüfung der Besetzung Einsicht nehmen[2]. Der Anspruch auf Einsicht richtet sich aber ausschließlich gegen die Justizverwaltung[3]. 3

§ 45

(1) Die Tage der ordentlichen Sitzungen des Schöffengerichts werden für das ganze Jahr im voraus festgestellt.

(2) [1]Die Reihenfolge, in der die Hauptschöffen an den einzelnen ordentlichen Sitzungen des Jahres teilnehmen, wird durch Auslosung in öffentlicher Sitzung des Amtsgerichts bestimmt. [2]Sind bei einem Amtsgericht mehrere Schöffengerichte eingerichtet, so kann die Auslosung in einer Weise bewirkt werden, nach der jeder Hauptschöffe nur an den Sitzungen eines Schöffengerichts teilnimmt. [3]Die Auslosung ist so vorzunehmen, daß jeder ausgeloste Hauptschöffe möglichst zu zwölf Sitzungstagen herangezogen wird. [4]Satz 1 gilt entsprechend für die Reihenfolge, in der die Hilfsschöffen an die Stelle wegfallender Schöffen treten (Hilfsschöffenliste); Satz 2 ist auf sie nicht anzuwenden.

(3) Das Los zieht der Richter beim Amtsgericht.

(4) [1]Die Schöffenlisten werden bei einem Urkundsbeamten der Geschäftsstelle (Schöffengeschäftsstelle) geführt. [2]Er nimmt ein Protokoll über die Auslosung auf. [3]Der Richter beim Amtsgericht benachrichtigt die Schöffen von der Auslosung. [4]Zugleich sind die Hauptschöffen von den Sitzungstagen, an denen sie tätig werden müssen, unter Hinweis auf die gesetzlichen Folgen des Ausbleibens in Kenntnis zu setzen. [5]Ein Schöffe, der erst im Laufe des Geschäftsjahres zu einem Sitzungstag herangezogen wird, ist sodann in gleicher Weise zu benachrichtigen.

Schrifttum. *Katholnigg* Die gerichtsverfassungsrechtlichen Änderungen durch das Strafverfahrensänderungsgesetz 1979, NJW **1978** 2375; *Kissel* Das Frankfurter „Schöffenroulette" ist vorbei – Gedanken zur Entscheidung des BGH vom 19. 6. 1985, NStZ **1985** 490; *Rieß* Die Besetzungsrüge in Strafsachen in der neueren Rechtsprechung des Bundesgerichtshofs, DRiZ **1977** 289; *Sieg* Ausnahmen vom Grundsatz der vorausbestimmten Sitzungstage des Schöffengerichts? NJW **1980** 2453.

Entstehungsgeschichte. Ges. vom 25. 4. 1922 (RGBl. I 467). Ges. vom 9. 7. 1927 (RGBl. I 175). VO vom 14. 6. 1932 (RGBl. I 285) erster Teil Kapitel I Art. 8. Das VereinhG 1950 strich den früheren Absatz 2 Satz 3, wonach für eine Sitzung nicht mehr als eine Frau ausgelost werden durfte, im Hinblick auf die Änderung des § 29 a. F und machte aus dem bisherigen Satz 2 des Absatzes 2 einen Absatz 3. Durch Art. 2 Nr. 13 des 1. StVRG 1974 wurde dem Absatz 2 ein Satz 2 angefügt (jetziger Satz 3). Die jetzigen Sätze 2 und 4 wurden durch Art. 2 Nr. 2 StVÄG 1979 eingefügt; zugleich erhielt der bisherige Absatz 4 („Über die Auslosung wird von dem Urkundsbeamten der Geschäftsstelle ein Protokoll aufgenommen") die jetzige Fassung.

---

2 BVerwGE **12** 261 – Rechtsanspruch auf Einsicht – ist durch die später eingefügte Regelung des § 222 a StPO überholt.

3 OLG Düsseldorf MDR **1979** 1043; *Kissel* 8.

Übersicht

I. Feststellung der ordentlichen Sitzungstage (Absatz 1)

1 **1. Ordentliche und außerordentliche Sitzungen.** Das Gesetz unterscheidet zwischen ordentlichen Sitzungen, deren Tage für ein ganzes Jahr, und zwar jedes Jahr neu, im voraus festgestellt werden, und außerordentlichen Sitzungen (§ 47), die zusätzlich und nach Bedarf anberaumt werden, weil eine sachgemäße Durchführung der Hauptverhandlung in der angefallenen Sache an den ordentlichen Sitzungstagen nicht möglich ist, etwa weil die ordentlichen Sitzungstage schon auf lange Zeit besetzt sind und mit der Hinausschiebung des Termins nicht zugewartet werden kann, oder weil der Umfang der Sache mit Rücksicht auf die sonstige Belastung des Gerichts die Erledigung an den ordentlichen Sitzungstagen nicht gestattet (vgl. im übrigen § 47, 1 f).

2 **2. Grundsatz der Stetigkeit.** Der in § 45 festgelegte sog. Grundsatz der Stetigkeit mit einem System der kalendermäßig für ein ganzes Jahr im voraus bestimmten Sitzungstage geht davon aus, daß der Anfall an Schöffengerichts- und Strafkammersachen (§ 77) nach den Erfahrungen der vorangegangenen Jahre und der künftig zu erwartenden Geschäftsentwicklung im allgemeinen einigermaßen abschätzbar ist. Das gilt zwar nur mit Einschränkungen, da insbesondere der Anfall an Schwurgerichtssachen, namentlich bei kleineren Landgerichten, großen Schwankungen unterliegt und auch die Dauer des Ermittlungsverfahrens in der einzelnen Sache sehr unterschiedlich ist. Es kann u. U. auch sein, daß in einzelnen Bezirken auch der Anfall von Schöffengerichts- und Strafkammer-, insbesondere von Jugendstrafkammersachen sehr unterschiedlich ist. Gleichwohl darf auch dann von dem System der festen Sitzungstage nicht abgewichen werden. Es ist also unzulässig, z. B. wegen geringen Anfalls von Jugendschöffengerichtssachen auf die Festsetzung bestimmter Sitzungstage des Jugendschöffengerichts zu verzichten, die Sitzungstage des (Erwachsenen-)Schöffengerichts gleichzeitig als Sitzungstage des Jugendschöffengerichts festzusetzen und nur nach Bedarf einen Sitzungstag für das Jugendschöffengericht auszuwählen und dazu die Jugendschöffen in einer im voraus festgelegten Reihenfolge einzuberufen[1]. Vielmehr müssen die Sitzungstage stets — gegebenenfalls in größeren Abständen — selbständig bestimmt und für diese Tage die Jugendschöffen ausgelost werden; bei beschleunigungsbedürftigen Sachen ist nach § 47 zu verfahren.

[1] BGHSt **15** 107 = NJW **1960** 1918.

3. Auffanggericht. Anders liegt es bei der „Auffangkammer“, die gemäß § 354 Abs. 2 StPO im Falle der Aufhebung eines Urteils und Zurückverweisung der Sache zuständig wird, wenn es nach den Erfahrungen der vergangenen Jahre ganz ungewiß ist, ob es im Geschäftsjahr überhaupt zu einem Anfall einschlägiger Sachen kommt, oder wenn deren Zahl so gering ist, daß es an Anhaltspunkten für die zweckmäßige Festsetzung kalendermäßig vorausbestimmter Sitzungstage fehlt. Hier muß es zur Wahrung des Grundsatzes des gesetzlichen Richters genügen, daß im Geschäftsverteilungsplan der Auffangspruchkörper und seine Besetzung bestimmt und hinsichtlich der mitwirkenden Schöffen nach § 47 verfahren wird[2]. Wegen des Falles, daß bei Strafkammern mit gesetzlicher Spezialzuständigkeit (Schwurgerichtskammer usw.) eine vergleichbare Situation entsteht, vgl. § 74, 9. 3

4. Zur Änderung der im voraus festgestellten Sitzungstage im Lauf des Jahres wegen Vermehrung oder Verminderung der Zahl der Schöffengerichte (Schöffengerichtsabteilungen) s. die Erläuterungen zu § 46. 4

5. Die Feststellung der Tage der ordentlichen Sitzungen ist Sache der Justizverwaltung[3]. Es richtet sich nach Landesrecht, welchem Organ die Festsetzung obliegt. Das Präsidium (§ 21 e) hat damit nichts zu tun. 5

6. Sitzung. Sitzungstag. Das Gesetz spricht wechselnd von „Sitzungen“ (z. B. §§ 48, 49) und von „Sitzungstagen“ (z. B. § 43 Abs. 2, § 47). Grundsätzlich sind die Ausdrücke „Sitzung“ und „Sitzungstag“ gleichbedeutend (vgl. auch § 35 Nr. 2), und wenn ein Gericht zwei oder mehrere aufeinander folgende Tage in Tätigkeit ist, so finden im Sinne des Gesetzes ebenso viele verschiedene Sitzungen statt. Eine Ausnahme gilt, wenn die auf einen Sitzungstag anberaumten Sachen (oder eine davon) an diesem Tag nicht zu Ende geführt werden können und deshalb die Fortsetzung der Sitzung an einem späteren Tage erforderlich wird (§ 50). Dann handelt es sich für diese Sache um *eine* Sitzung[4]. Im Sinne der §§ 35 Nr. 2, 43 Abs. 2, 45 Abs. 2 Satz 3 entspricht ein Sitzungstag einem Kalendertag. 6

II. Auslosung (Absatz 2)

1. Verfahren. Eine nähere Anordnung darüber, in welcher Weise die Schöffen auf die einzelnen Sitzungstage zu verteilen sind und in welcher Art der Wechsel unter ihnen stattzufinden hat, ist im Gesetz nur in Absatz 2 Satz 2 enthalten. Grundsätzlich findet, wenn bei einem Amtsgericht mehrere Schöffengerichte (Schöffengerichtsabteilungen) bestehen, die Auslosung für *alle* Hauptschöffen aus der gemeinsamen Liste (§ 44, 1) statt. In der Liste aufgeführte Schöffen dürfen nicht zurückgehalten werden, um etwa eine Auslastung der übrigen mit 12 Sitzungstagen zu erreichen[5]. Zweckmäßigerweise erfolgt die Auslosung in demselben Termin[6]. Die Auslosung hat für jede Abteilung — beim Landgericht für jede Strafkammer — gesondert zu erfolgen[7]. Nach Abs. 2 Satz 2 *kann* jedoch (also nach Ermessen des auslosenden Richters, Absatz 3) die Auslosung in einer Weise vorgenommen werden, bei der im Ergebnis jedes von mehreren bei einem Amtsgericht eingerichteten Schöffengerichten „seine eigenen Schöffen erhält“[8]; im einzelnen sind bei einem 7

[2] *Katholnigg*[3] 1; *Kleinknecht/Meyer-Goßner*[44] 1; *Kissel* 4; **a. M** *Sieg* NJW **1980** 2453; einschränkend auch KK-*Kissel*[4] 2.

[3] BayObLG NJW **1961** 568.

[4] *Katholnigg*[3] 1; *Pfeiffer*[2] 1.

[5] OLG Celle NStZ **1991** 350 mit zust. Anm. *Katholnigg* = MDR **1991** 559.

[6] KG JW **1930** 2590.

[7] OLG Hamm NJW **1956** 1937.

[8] Begr. BTDrucks. **8** 967, S. 62.

solchen Auslosungsmodus unterschiedliche Auslosungsverfahren denkbar[9]. Es darf aber auch dann nur aus einer einheitlichen Liste gelost werden, denn getrennte Listen für die einzelnen Spruchkörper sind bei der Auslosung unzulässig[10]. Einer Auslosungsgestaltung, die es den Schöffen erleichtern kann, sich in die Rechtsmaterien und die Rechtshandhabung „ihres“ Spruchkörpers einzufinden, kommt insbesondere Bedeutung zu, wenn einer Schöffengerichtsabteilung durch den Geschäftsverteilungsplan bestimmte Materien, z. B. Straßenverkehrsdelikte oder Steuerstrafsachen zugewiesen sind; entsprechendes gilt beim Landgericht (§ 77 Abs. 1) für die Strafkammern mit gesetzlicher Zuständigkeitskonzentration (§§ 74 Abs. 2, 74 a, 74 c, 77 Abs. 1).

8 Dagegen hat sich nichts daran geändert, daß bei der **Wahl der Hauptschöffen** — abgesehen von den besonderen Listen für die Jugendgerichte (§ 35 Abs. 5 JGG) — nicht Listen für den einzelnen Spruchkörper aufgestellt werden dürfen (§ 44, 1). Für die Hilfsschöffen ist Satz 2 ohne Bedeutung (§ 45 Abs. 2 Satz 4 Halbsatz 2). Ergänzend ist dazu zu bemerken, daß es sich bei der Einfügung des Satzes 2 des Absatzes 2 durch das StVÄG 1979 nicht um die Zulassung einer bis dahin unzulässigen Auslosungsmethode, sondern lediglich um die ausdrückliche gesetzliche Anerkennung einer schon bestehenden Auslosungsmöglichkeit handelte. Denn allgemein gilt, daß bei dem Auslosungsverfahren Raum bleibt für das Ermessen des Richters[11]. Über die zweckmäßigste Methode vgl. die Erörterungen im älteren, in LR[20] § 45 Rdn. 3 angeführten Schrifttum. Es können z. B. die Namen aller Hauptschöffen in eine Urne gelegt und sodann für jede ordentliche Sitzung zwei von ihnen gezogen werden. Die gezogenen Namen werden jedesmal wieder in die Urne zurückgelegt, und zwar so oft, bis bei dem einzelnen Schöffen die Zahl der auf ihn fallenden Sitzungen erschöpft ist. Ob die zwei Schöffen, die für die erste, zweite usw. Sitzung ausgelost werden, auch bei einer späteren Sitzung wieder zusammentreffen, hängt bei diesem Verfahren lediglich vom Los ab. Es können aber auch für mehrere aufeinanderfolgende Sitzungstage zwei Schöffen ausgelost werden[12]. Zulässig ist ferner die Auslosung von Schöffenpaaren, die dann auf die im voraus festgestellten Sitzungstage verteilt werden[13].

9 Werden während des Auslosungsvorganges **Fehler** festgestellt, liegt es im Ermessen des Richters beim Amtsgericht, wie er diese beheben will. Dafür kann er die gesamte Auslosung abbrechen und neu durchführen[14].

10 **Durch die Auslosung entstehen die Schöffenlisten** für die einzelnen Spruchkörper. Daraus muß sich eindeutig ergeben, welcher Schöffe an welchem Sitzungstag zur Mitwirkung in welchem Spruchkörper berufen ist. Fällt ein Sitzungstag dieses Spruchkörpers aus, werden die für diesen Tag bestimmten Schöffen übersprungen und erst wieder zu der nächsten ihnen zugeordneten Sitzung herangezogen.

11 **2. Geltung der Auslosung.** Die Auslosung gilt (vorbehaltlich des § 50) nur für den bestimmten Sitzungstag und konkretisiert den gesetzlichen Richter. Es ist unzulässig, bei einer Vertagung oder Unterbrechung der Verhandlung, wenn sie sich nicht in den Grenzen des § 229 StPO hält, die für die ursprüngliche Verhandlung ausgelosten Schöffen ohne weiteres wieder heranzuziehen[15]. Wegen des Zeitpunktes der Auslosung vgl. § 57. Für den Fall einer außerordentlichen Sitzung trifft § 47 Vorsorge.

---

[9] *Katholnigg* NJW **1978** 2377.

[10] *Katholnigg* NJW **1978** 2377; *Rieß* DRiZ **1977** 292.

[11] KG JW **1930** 2590; OLG Celle NStZ **1991** 350; LG Braunschweig NJW **1990** 1191; LG Hannover StV **1991** 205.

[12] BGH NJW **1991** 435; NStZ **1992** 226 (K).

[13] BGHR zu § 45 Abs. 2 Satz 1 – Auslosung 1 – und – Auslosung 2 – = BGH bei *Kusch* NStZ **1992** 224 (226).

[14] BGH bei *Kusch* NStZ **1992** 224; BGHR zu § 45 Abs. 2 Satz 1 – Auslosung 2 –.

[15] RGSt **65** 298; OLG Naumburg DRZ **1930** Nr. 165.

3. Alljährliche Auslosung der Hauptschöffen. Die Auslosung ist, obwohl die Amtsperiode der Schöffen vier Jahre beträgt, stets nur für ein Geschäftsjahr vorzunehmen, vornehmlich deshalb, weil es nur während eines so begrenzten Zeitraumes den Schöffen zugemutet werden kann, sich auf bestimmte Tage einzurichten. Nach BGH 1 StR 682/76 vom 18. 11. 1976 und 1 StR 745/76 vom 21. 12. 1976 ist die Besetzungsrüge begründet, wenn die Schöffen in *einem* Akt für die gesamte Amtsperiode ausgelost wurden. Zulässig ist danach allerdings eine Auslosung für die gesamte Amtszeit im voraus, wenn diese für jedes Jahr getrennt vorgenommen wird[16]. 12

4. Hilfsschöffen sind — anders als die Hauptschöffen — nicht für jedes Geschäftsjahr, sondern nur einmal für die vierjährige Wahlperiode auszulosen[17]. Wenn § 45 Absatz 2 Satz 4 Halbsatz 1 den Satz 1 des Abs. 2 für entsprechend anwendbar erklärt, so besagt dies — entgegen einer im Schrifttum vertretenen Auffassung[18] — nicht, daß die Verweisung auch den Relativsatz des Satzes 1 („in der Hauptschöffen . . . teilnehmen") umfasse. Denn eine jährliche Auslosung der Hilfsschöffen hätte keinen Sinn und widerspräche dem Umlaufsprinzip des § 49 Abs. 4, wonach ein einem Sitzungstag zugewiesener Hilfsschöffe erst wieder heranzuziehen ist, nachdem die anderen Hilfsschöffen ebenfalls zugewiesen oder von der Dienstleistung entbunden oder nicht erreichbar gewesen sind[19]. 13

5. Verteilung der Hilfsschöffen. Absatz 2 Satz 4 Halbsatz 2 schließt bei Hilfsschöffen eine nach Spruchkörpern getrennte Auslosung (Rdn. 7) aus, um der Gefahr vorzubeugen, daß bei einer zu kleinen Hilfsschöffenliste kein Hilfsschöffe erreichbar wäre[20]. Es wird vielmehr für das ganze Gericht eine einheitliche Liste — allerdings nach Erwachsenen- und Jugendschöffen getrennt — aufgestellt, aus der die Hilfsschöffen in der dort festgesetzten Reihenfolge an Stelle weggefallener Schöffen herangezogen werden. Entsprechend der Reihenfolge der Auslosung kommt der an Platz 1 ausgeloste Hilfsschöffe für den ersten Vertretungsfall, der an Platz 2 stehende für den zweiten Vertretungsfall usw. zum Einsatz. 14

6. Förmlichkeiten

a) Öffentliche Sitzung. Die Auslosung erfolgt in öffentlicher Sitzung des Amtsgerichts (§ 45 Abs. 2). Diesem Erfordernis ist genügt, wenn die Auslosung in einem Raum des Gerichts stattfindet, der genügend Platz für die Anwesenheit von Teilnahmewilligen bietet, und der nach Räumlichkeit und Zeitpunkt der Auslosung so genügend gekennzeichnet ist, daß sich jedermann darüber ohne Schwierigkeiten ausreichend unterrichten kann. Dabei sind aber die hohen Anforderungen, die bei der Öffentlichkeit der Hauptverhandlung gestellt werden (dazu § 169, 7), hier nicht anwendbar, da das Gesetz nicht ausdrücklich vorschreibt, in welcher Weise dafür Sorge getragen werden muß, daß jedermann die Möglichkeit erhält, an Sitzungen außerhalb der Hauptverhandlung und so auch an der Auslosungssitzung teilzunehmen[21]. Nach der Rechtsprechung sind solche Termine vorher durch leicht sichtbaren Aushang bekanntzugeben[22]; jedenfalls ist eine Unterrichtung der Wachtmeister am Eingang des Gerichtsgebäudes nicht vorgeschrieben, zumal sich jeder 15

---

16 S.a. *Rieß* DRiZ **1977** 293.

17 BGHSt **36** 138.

18 *Kissel* 7; *Kleinknecht/Meyer-Goßner*[44] 10.

19 BGHSt **36** 138 = JZ **1989** 479 mit zust. Anm. *Katholnigg;* NStZ **1989** 379. Zum Hintergrund und zu Stellungnahmen zu BGHSt **36** 138 s. Fußn. 8 in der 24. Auflage.

20 BTDrucks. **8** 976, S. 62.

21 BGH NStZ **1985** 514; s. auch BGH bei *Holtz* MDR **1984** 91 = StV **1983** 446 BGH NStZ **1986** 83 und 84; BGH bei *Pfeiffer/Miebach* NStZ **1986** 210 Nr. 28; LG Hamburg NStZ **1985** 185.

22 BGH NStZ **1984** 89.

Interessent schon vorher bei der Schöffengeschäftsstelle durch Anfrage über anstehende Termine unterrichten kann[23]. Da ein Aushang am Vorzimmer des Präsidenten des Landgerichts genügen soll, andererseits aber auch erforderlich ist[24], kann für den Direktor des Amtsgerichts nichts anderes gelten.

16 **b) Teilnahme.** An der Sitzung nimmt der (durch die Geschäftsverteilung bestimmte) Richter beim Amtsgericht, der hierbei eine „justizförmige Justizverwaltungsaufgabe" ausübt, also unter richterlicher Unabhängigkeit handelt[25], und der Urkundsbeamte teil. Der Zuziehung der Staatsanwaltschaft bedarf es nicht[26]. Daß die Zeit der Sitzung zuvor öffentlich bekannt gemacht wird, ist nicht vorgeschrieben. Wegen der Schöffen des Landgerichts s. § 77 Abs. 3.

17 **c) Das Protokoll (Absatz 4 Satz 2)** ist in sinngemäßer Anwendung des § 271 StPO von dem Richter und dem Urkundsbeamten zu unterschreiben. Die Beweiskraft des § 274 StPO kommt dem Protokoll nicht zu; der Beweis der Unrichtigkeit ist also nicht ausgeschlossen[27].

18 **7. Schöffengeschäftsstelle (Absatz 4).** Satz 1 bestimmt, daß die Schöffenlisten zentral für das ganze Gericht von einem bestimmten Urkundsbeamten der Geschäftsstelle, die zur Vereinfachung des Sprachgebrauchs als Schöffengeschäftsstelle bezeichnet wird, geführt werden, um die Reihenfolge der Heranziehung der Schöffen im Einzelfall ohne Schwierigkeiten regeln können. Die Obliegenheiten der Schöffengeschäftsstelle im einzelnen regelt § 49 Abs. 3. Dieser Urkundsbeamte wird im allgemeinen mit dem Urkundsbeamten der mit Schöffengerichtssachen befaßten Geschäftsstelle identisch sein[28]. Nur wer zum Urkundsbeamten der Geschäftsstelle bestellt ist (dazu § 153), kann die Aufgaben der Schöffengeschäftsstelle wahrnehmen; damit soll die Beauftragung anderer Justizbeamter ausgeschlossen werden[29]. Obwohl selbstverständlich, bedurfte es einer Entscheidung des Bundesgerichtshofs[30], daß die Schöffengeschäftsstelle keine Veränderung der durch die Auslosung festgelegten Schöffenbesetzung vornehmen darf.

8. Benachrichtigung von Auslosung und Heranziehung (Absatz 4 Satz 3 ff)

19 **a) Allgemeines.** Wie oben Rdn. 11, 12 ausgeführt, werden die Hauptschöffen für jedes Geschäftsjahr, die Hilfsschöffen dagegen nur einmal für die ganze Wahlperiode ausgelost. Dem entspricht es, daß nach Absatz 4 Satz 3 der Richter am Amtsgericht sowohl die Haupt- wie die Hilfsschöffen von der Auslosung benachrichtigt. Im übrigen ist die Benachrichtigung von Haupt- und Hilfsschöffen verschieden gestaltet: Die Hauptschöffen sind nach Absatz 4 Satz 4 *zugleich* — also zusammen mit der Auslosungsbenachrichtigung — von den Sitzungstagen, für die sie nach § 45 Abs. 1, Abs. 2 Satz 1 bis 3 für das Geschäftsjahr ausgelost sind, in Kenntnis zu setzen, und zwar unter Hinweis auf die in § 56 vorgesehenen Folgen unentschuldigten Ausbleibens; dies geschieht, damit sie sich in ihren Geschäften und sonstigen Privatangelegenheiten entsprechend einrichten können.

---

23 BGH NStZ **1985** 514; s. auch LG Bremen StV **1982** 461.

24 BGH NStZ **1985** 514.

25 § 21 h, 3; s. auch BGH NJW **1980** 2364 mit zust. Anm. *Katholnigg* NStZ **1981** 32.

26 BTDrucks. **8** 976, S. 48.

27 Vgl. RGSt **64** 50, 52.

28 In Art. 2 Nr. 3 des Referenten-Entwurfes eines Gesetzes zur weiteren Vereinfachung des Strafverfahrens – Stand Juni 1976 – war vorgeschlagen, daß die Schöffengeschäftsstelle nicht mit Schöffengerichtssachen befaßt werden dürfe, um zur Sicherung des Grundsatzes des gesetzlichen Richters die Bearbeitung der richterlichen Verfügungen, für die der Zeitpunkt des Einganges bei der Schöffengeschäftsstelle maßgebend sein könne, von deren Verwaltung zu trennen; dieser Vorschlag ist nicht übernommen worden.

29 BTDrucks. **8** 976, S. 62.

30 StV **1982** 358.

Dagegen werden Hilfsschöffen erst von ihrer Heranziehung zu Sitzungstagen benachrichtigt — auch hier unter Hinweis auf § 56 —, wenn die Voraussetzungen hierfür nach §§ 46 bis 49 gegeben sind; die vorangegangene Benachrichtigung von der Auslosung als Hilfsschöffe geschah hier, damit die spätere, dem Zeitpunkt nach nicht voraussehbare Heranziehung zum Schöffendienst sie nicht völlig unvorbereitet trifft.

b) Zuständigkeit und Form Zuständig für die Benachrichtigungen über die Auslosung und die Dienstleistungstage ist der Richter am Amtsgericht, der die Auslosung vorgenommen hat und nicht die Schöffengeschäftsstelle, weil eine Benachrichtigung durch diese nicht der Stellung der ehrenamtlichen Richter entspricht[31]. Eine besondere Form der Benachrichtigungen (Zustellung usw.) ist nicht vorgeschrieben. Jedoch bedarf es, wenn es später zur Festsetzung von Maßnahmen nach § 56 kommen sollte, eines Nachweises über den Zugang der Nachricht über die wahrzunehmenden Sitzungen. Und wenn auch eine besondere Ladung im Gesetz nicht vorgesehen ist, so ist sie doch, wenn sich ein örtliches Bedürfnis dafür ergeben sollte, auch nicht unzulässig[32]. Wegen der Benachrichtigung der Strafkammerschöffen vgl. § 77 Abs. 3. 20

III. Schöffen bei verlegten ordentlichen Sitzungstagen

Die Verlegung ordentlicher Sitzungstage läßt immer wieder die Frage aufkommen, welche Schöffen im Lichte des gesetzlichen Richters heranzuziehen sind. Dabei ist die Zulässigkeit der Verlegung ordentlicher Sitzungstage sowohl nach vorn als auch nach hinten unbestritten. Lange Zeit galt für die Zuziehung der Schöffen nach Ansicht des Bundesgerichtshofs[33], daß darauf abzustellen sei, ob in die Terminierung der verlegten ordentlichen Sitzung ein anderer freier ordentlicher Sitzungstag einbezogen wird. Dann waren die für diesen ordentlichen Sitzungstag ausgelosten Schöffen heranzuziehen. Diese Rechtsprechung führte immer dann zu Problemen, wenn es zu Überschneidungen der Sitzungstage kam, wenn also ein zunächst freigehaltener ordentlicher Sitzungstag später doch noch, z. B. durch eine eilige Haftsache, in Anspruch genommen werden mußte. Diesen Problemen wollte die neuere Rechtsprechung[34] entgegenwirken. Unter ausdrücklicher teilweiser Abkehr von der bisherigen Rechtsprechung ist nunmehr zunächst klargestellt und konkretisiert worden, daß die Verlegung einer ordentlichen Sitzung nach vorn oder nach hinten den Charakter als ordentliche Sitzung nicht berührt, und zwar unabhängig davon, ob der dem Beginn der Sitzung nachfolgende ordentliche Sitzungstag frei bleibt. Ist sowohl der ordentliche Sitzungstag vor als auch der ordentliche Sitzungstag nach dem tatsächlichen Sitzungsbeginn frei, so gilt für die Heranziehung der Schöffen der zeitnächste Termin, bei gleichen Zeitabständen der frühere[35]. Liegt jedoch zwischen dem tatsächlichen Sitzungsbeginn und dem nächsten freien ordentlichen Sitzungstag ein besetzter ordentlicher Sitzungstag, so bleibt der freie Tag unberücksichtigt und es handelt sich vielmehr um eine außerordentliche Sitzung. Dabei ist es unerheblich, ob dieser freie Sitzungstag mit in die Sitzung einbezogen wird[36]. Eine Klarstellung ist durch diese Rechtsprechung im übrigen auch dahin erfolgt, daß diese Regeln einheitlich für ordentliche Strafkammern und Hilfsstrafkammern (dazu § 60, 8) gelten. Der Bundesgerichtshof hat gleich- 21

---

31 Vgl. BTDrucks. **8** 976, S. 103, 110 und **8** 844, S. 16, 33; *Kissel* 22.

32 Vgl. dazu LR[23] § 45, 2, wonach im früheren Preußen durch eine AllgVerfg den Amtsgerichten empfohlen war, etwa 3 Tage vor dem Sitzungstag eine besondere Ladung zu erlassen.

33 BGHSt **25** 174 = NJW **1973** 1139; **31** 157 = NJW **1983** 185 m. krit. Anm. *Katholnigg* NStZ **1983** 178.

34 BGHSt **41** 175 = StV **1995** 568 = NJW **1996** 267 = JR **1996** 165 m. Anm. *Katholnigg*.

35 BGHSt **41** 175, 180; BGH StV **1998** 4.

36 *Katholnigg* JR **1996** 168.

zeitig die Grenzen pflichtgemäßen Ermessens des Vorsitzenden bei einer Verlegung ordentlicher Sitzungstage aufgezeigt, indem er es für unzulässig gehalten hat, einen Sitzungstag vom Freitag auf den Montag dieser Woche vorzuverlegen, wenn der Freitag der Vorwoche noch frei war. Dann ist nur die Verlegung dieses Tages, da zeitnäher, nach hinten auf den Montag der folgenden Woche zulässig[37].

22 Ungeklärt ist aber nach wie vor, wie zu verfahren ist, wenn die für den zeitnächsten Termin ausgelosten Schöffen für die verlegte ordentliche Sitzung in Anspruch genommen werden und dann wider Erwarten dieser Termin doch noch belegt werden muß. Der vom Bundesgerichtshof angedeutete Weg, die zunächst **verlegte ordentliche Sitzung** dann **als außerordentliche Sitzung zu behandeln**[38], führt nicht nur zu erneuten Unsicherheiten, sondern erscheint auch unpraktikabel, wenn es sich um eine kurzfristige Terminierung an dem freien Sitzungstag handelt. Die Folge wäre nämlich, die Schöffen des verlegten Termins wieder auf den ordentlichen Sitzungstag umzuladen und für den zur außerordentlichen Sitzung werdenden Termin Hilfsschöffen zu laden (§ 47). Es bietet sich ein einfacherer Weg in der Form an, die dem verlegten Termin zugeordneten Schöffen als verhindert zu betrachten und für den auf den ordentlichen Sitzungstag neu bestimmten Termin sogleich Hilfsschöffen heranzuziehen, zumal schon das bloße Ausbleiben eines Schöffen auch sonst die Zuziehung von Hilfsschöffen rechtfertigt[39].

IV. Einsicht in die Schöffenliste

23 Diese Liste ist eine für die Besetzung des Gerichts maßgebende Unterlage i. S. des § 222 a Abs. 3 StPO[40]. Dazu gehört aber nicht nur die Liste selbst, sondern auch das Auslosungsprotokoll[41]. In sie können Verteidiger, Nebenklägervertreter, Angeklagter oder Nebenkläger Einsicht nehmen, soweit ihnen ein rechtlich geschütztes Interesse zusteht[42]. Einsichtnahme in der Geschäftsstelle ist ausreichend. Bei Verweigerung der Einsicht ist der Rechtsweg nach § 23 EGGVG gegeben. Wegen des vor Schaffung dieser Vorschrift geltenden Rechtszustandes vgl. LR[23] Rdn. 13.

V. Revision

24 Fehler beim Auslosungsvorgang, wie z. B. Auslosung durch den falschen Richter[43] oder unterbliebene Protokollierung oder unterbliebene Benachrichtigung[44] sind mit der Revision nicht angreifbar. Hier können nur Fehler gerügt werden, die zum Unterbleiben der Auslosung[45] oder materiell zur Auslosung falscher Schöffen geführt haben. Auch die fehlende Auslosung der Reihenfolge der Hilfsschöffen führt zu einer fehlerhaften Besetzung des Gerichts, wenn ein Hilfsschöffe mitwirkt, der ohne entsprechende Vorgabe aus einer allgemeinen Hilfsschöffenliste zur Sitzung herangezogen wird[46].

---

37 BGHSt **41** 175, 180; BGH StV **1998** 4.
38 BGHSt **41** 175, 180.
39 BGH bei *Holtz* MDR **1977** 639.
40 Vgl. dazu LR-*Gollwitzer* § 222 a StPO, 17 f.
41 *Katholnigg*[3] 8; *Kissel* 24.
42 BVerwGE **12** 261.
43 BGHSt **25** 257 = JR **1975**, 206 m. zust. Anm. *Kohlhaas*; **a. A** *Kissel* 14.
44 *Katholnigg*[3] 9.
45 BGH NStZ **1984** 274.
46 BGHR § 45 Abs. 2 Satz 4 – Reihenfolge 1 –.

§ 46

[1]**Wird bei einem Amtsgericht während des Geschäftsjahres ein weiteres Schöffengericht gebildet, so werden für dessen ordentliche Sitzungen die benötigten Hauptschöffen gemäß § 45 Abs. 1, 2 Satz 1, Abs. 3, 4 aus der Hilfsschöffenliste ausgelost.** [2]**Die ausgelosten Schöffen werden in der Hilfsschöffenliste gestrichen.**

Schrifttum. *Meinen* Die Heranziehung zum Schöffenamt – Gerichtsverfassungs- und revisionsrechtliche Probleme (1993).

Entstehungsgeschichte. § 46 wurde durch Art. 2 Nr. 3 StVÄG 1979 neu eingestellt; der bisherige Inhalt des § 46 (betr. Benachrichtigung der Schöffen von der Auslosung) wurde nach § 45 Abs. 4 n. F. übernommen.

Übersicht

1. Grundsatz der Regelung. § 46, der gemäß § 77 Abs. 1 für die Strafkammern entsprechend gilt, regelt die im früheren Recht nicht eindeutig geklärte Frage, in welcher Weise die Besetzung eines Spruchkörpers erfolgt, der während des Geschäftsjahres zusätzlich gebildet werden muß. Nach der früheren Regelung bedurfte es nach überwiegend vertretener Auffassung[1] im Hinblick auf § 45 Abs. 1 (Prinzip der im voraus festgestellten Tage der ordentlichen Sitzungen) einer Neuauslosung aller Hauptschöffen. Diese Rechtslage ist auf Vorschlag des Bundesrats, dem die Bundesregierung sich anschloß, durch die Neufassung des § 46 beseitigt worden[2], um eine zu große Belastung der bereits ausgelosten Hauptschöffen zu vermeiden[3]. Die Schöffen für den neu gebildeten Spruchkörper sind nunmehr aus der Hilfsschöffenliste auszulosen, da es sich nicht um die Heranziehung für einzelne Sitzungen handelt, die sich nach der festgelegten Zuweisungsreihenfolge richtet[4]. Die ausgelosten Schöffen werden zu Hauptschöffen und müssen von der Hilfsschöffenliste gestrichen werden. Eine vorangegangene Heranziehung als Hilfsschöffe muß allerdings noch erfüllt werden[5]. Bei zeitlicher Überschneidung der Tätigkeit als Hilfsschöffe mit der neuen Tätigkeit als Hauptschöffe geht die Hilfsschöffentätigkeit vor. Für die Tätigkeit als Hauptschöffe liegt ein Verhinderungsgrund vor. In der Hilfsschöffenliste wird der gestrichene Hilfsschöffe nicht ersetzt. Diese Verminderung der Zahl der Hilfsschöffen ist schon bei der Wahl der erforderlichen Hilfsschöffen einzukalkulieren; nur unter den engen Voraussetzungen des § 52 Abs. 6 findet eine Ergänzungswahl statt. 1

2. Zuordnung der neuen Hauptschöffen. Die aus der Hilfsschöffenliste ausgelosten neuen Hauptschöffen stehen nur dem neu gebildeten Spruchkörper für dessen ordentliche Sitzungen zur Verfügung; es liegt hier also ein gesetzlicher Fall eines Spruchkörpers „mit eigenen Schöffen" (§ 45, 2) vor. Für das neu gebildete Schöffengericht gilt die allgemeine Hilfsschöffenliste ohne Einschränkungen. 2

---

1 Vgl. LR[23] § 45, 4; § 77, 3.
2 Zur früheren Problematik vgl. LR-*K. Schäfer*[24] 1.
3 BTDrucks. **8** 976, S. 103.
4 KK-*Kissel*[4] 2; *Kleinknecht/Meyer-Goßner*[44] 1.
5 *Katholnigg*[3] 2; *Kissel* 3; *Kleinknecht/Meyer-Goßner*[44] 2.

3 **3. Verminderung der Spruchkörperzahl.** § 46 regelt nur die Auswirkungen für die Besetzung mit Hauptschöffen, wenn im Lauf des Geschäftsjahres die Zahl der Spruchkörper vermehrt wird; er befaßt sich nicht mit der Frage, was rechtens ist, wenn im Lauf des Geschäftsjahres die Zahl der bei Beginn eines Geschäftsjahres bestehenden Spruchkörper sich durch Auflösung eines von ihnen vermindert, oder wenn sie zwar gleich bleibt, aber nur dadurch, daß zur gleichen Zeit ein Spruchkörper aufgelöst und ein anderer neu gebildet wird, wie z. B. bei Auflösung einer großen Strafkammer und Bildung einer weiteren kleinen Strafkammer. Aus der Regelung des § 46 folgt, daß die Lösung solcher Fälle nicht in der „Annulierung" der vor Beginn des Geschäftsjahres erfolgten Auslosung durch völlige Neuauslosung der Hauptschöffen bestehen kann.

4 Wird nur ein **Spruchkörper aufgelöst**, so endet damit die Tätigkeit der für ihn ausgelosten Hauptschöffen für den Rest des Geschäftsjahres. Sie sind aber bei der Auslosung für das nächste Jahr wieder zu berücksichtigen, soweit dies noch in ihre Amtsperiode fällt.

5 Wird eine **große Strafkammer aufgelöst und** eine **kleine Strafkammer neu errichtet**, die die Sitzungstage der aufgelösten Kammer übernimmt, so ergibt sich aus dem Prinzip der Schöffenauslosung gesondert nach Spruchkörpern, daß die für den aufgelösten Spruchkörper ausgelosten Schöffen nicht einfach zu den Sitzungstagen des neu gebildeten Spruchkörpers herangezogen werden können; vielmehr endet die Tätigkeit der für den aufgelösten Spruchkörper ausgelosten Schöffen, und die für den neu gebildeten Spruchkörper benötigten Hauptschöffen werden gemäß § 46 aus der Hilfsschöffenliste ausgelost[6].

6 **4. Mehrfache Neubildung von Spruchkörpern während des Geschäftsjahres.** Die Fassung des § 46: „Wird . . . ein weiteres Schöffengericht gebildet . . .", ist nicht singularisch zu verstehen, vielmehr findet § 46 auch Anwendung, wenn im Lauf des Geschäftsjahres gleichzeitig oder nacheinander mehrere Spruchkörper neu gebildet werden sollten[7].

7 **5.** Wegen der Bildung von **Hilfsstrafkammern**, für die § 46 nicht gilt[8], vgl. § 60, 8 ff und wegen ihrer Besetzung mit Schöffen § 77, 5.

§ 47

Wenn die Geschäfte die Anberaumung außerordentlicher Sitzungen erforderlich machen oder wenn zu einzelnen Sitzungen die Zuziehung anderer als der zunächst berufenen Schöffen erforderlich wird, so werden Schöffen aus der Hilfsschöffenliste herangezogen.

Schrifttum. Siehe zu § 46.

Entstehungsgeschichte. In seiner ursprünglichen Fassung sah § 47 vor, daß der Richter beim Amtsgericht unter bestimmten Voraussetzungen auf übereinstimmenden Antrag der beteiligten Schöffen eine Änderung in der bestimmten Reihenfolge der Heranziehung zum Schöffendienst bewilligen könne. Das StVÄG 1979 verzichtete auf eine entsprechende Vorschrift, von der kaum Gebrauch gemacht worden war, und gab dem § 47 die jetzige Fassung, die Materien betrifft, die bis dahin in §§ 48 Abs. 1, 49 a. F geregelt waren.

---

6 So schon früher LR[23] § 77, 3; s. a. BGHSt **22** 209.

7 So auch Begr. BTDrucks. **8** 976, S. 63, wo allerdings – unzutreffend – von einer *entsprechenden Anwendung* des § 46 die Rede ist.

8 BGHSt **25** 174; BGH NJW **1983** 185; BGHSt **41** 175; *Katholnigg*[3] 1; *Meinen* 41 ff.

Übersicht

I. Allgemeines

§ 47 regelt die Voraussetzungen, unter denen zur Besetzung des Gerichts mit Schöffen die Heranziehung von Hilfsschöffen aus der Hilfsschöffenliste in Betracht kommt, und unterscheidet dabei drei Fallgruppen, nämlich a) die Anberaumung außerordentlicher Sitzungen, b) die Notwendigkeit, zu einzelnen ordentlichen Sitzungen (§ 45 Abs. 1) andere als die zunächst berufenen Schöffen heranzuziehen, c) die Notwendigkeit, zu einzelnen Sitzungen andere als die zunächst berufenen Ergänzungsschöffen (§ 48) heranzuziehen. Liegen diese Voraussetzungen vor, so erfolgt die Durchführung der Heranziehung gemäß § 49 Abs. 1 durch Zuweisung aus der Hilfsschöffenliste in deren Reihenfolge. 1

II. Außerordentliche Sitzungen

1. Entwicklungsgeschichte. § 47 hat die Einrichtung der außerordentlichen Sitzung aus dem früheren Recht (§ 48 a. F) beibehalten. Nach § 48 a. F waren für eine außerordentliche Sitzung Hauptschöffen hinzuzuziehen, die vor dem Sitzungstag aus der Hauptschöffenliste ausgelost wurden (§ 48 Abs. 1 a. F). Nur wenn dies wegen Dringlichkeit untunlich erschien, erfolgte die Auslosung lediglich aus der Zahl der am Sitz des Gerichts wohnenden Hilfsschöffen (§ 48 Abs. 2 a. F). Diese — namentlich auch wegen der Beschränkung des Kreises der bei Dringlichkeit heranziehbaren Hilfsschöffen[1] — komplizierte Regelung, die die Gefahr von Besetzungsfehlern in sich barg[2], wurde durch die vereinfachte, auf eine Auslosung verzichtende Regelung ersetzt, wonach nur noch Schöffen aus der Hilfsschöffenliste nach Maßgabe des § 49 Abs. 1, 3 herangezogen werden. Für die Frage, welche Hilfsschöffen zuzuziehen sind, kommt es nach § 49 Abs. 3 darauf an, wann die die außerordentliche Sitzung anordnende Terminsbestimmung des Richters bei der Schöffengeschäftsstelle eingeht. Trotz des Verzichts auf eine Auslosung ist der Grundsatz des gesetzlichen Richters gewahrt, weil der Richter keinen Einfluß darauf hat, welche Hilfsschöffen zugezogen werden. 2

2. Begriff der außerordentlichen Sitzung. Über diesen Begriff — im Gegensatz zur ordentlichen Sitzung (§ 45) — vgl. § 45, 1. Eine außerordentliche Sitzung liegt, weil es sich nicht um eine **zusätzliche** anberaumte Sitzung handelt, nicht vor, wenn der Vorsitzende die Sitzung von einem ordentlichen Sitzungstag auf einen anderen verlegt[3]. Das gleiche gilt, wenn er eine Sache, etwa wegen voraussichtlich längerer Dauer, auf einen 3

[1] Dazu LR[23] § 48, 8.
[2] *Katholnigg* NJW **1978** 2377.
[3] BGHSt **41** 175 = JR **1996** 165 m. Anm. *Katholnigg*; OLG Stuttgart NStZ **1984** 231 mit Anm. *Katholnigg;* LG Bremen StV **1982** 461; *Pfeiffer*[2] 1.

vor dem ordentlichen Sitzungstag liegenden Tag und die folgenden Tage anberaumt und dabei den ordentlichen Sitzungstag einbezieht, diesen also frei von anderen Sachen läßt. Dann liegt lediglich eine Vorverlegung des ordentlichen Sitzungstages vor[4]. Wird eine außerordentliche Sitzung verlegt, bleibt der Charakter der Außerordentlichkeit unberührt[5].

4 **3. Erforderlichkeit der außerordentlichen Sitzung.** Ob die Geschäftslage des Gerichts eine außerordentliche Sitzung erfordert und für wann eine solche anzusetzen ist, bestimmt der Vorsitzende nach pflichtmäßigem Ermessen[6]. Seine Anordnung ist nicht deshalb rechtsfehlerhaft, weil er — im Ermessensspielraum — von unzutreffenden Voraussetzungen ausgeht, z. B. die voraussichtliche Dauer der Verhandlung von vornherein überschätzt[7], oder sich die Voraussetzungen, rückblickend betrachtet, als unzutreffend herausstellen[8]. Unbedenklich ist es selbstverständlich auch, wenn sich die Voraussetzungen, von denen er ausging, nicht verwirklichen, z. B. die Verhandlung von kürzerer Dauer ist, als er erwarten durfte, und die Sache auf einen ordentlichen Sitzungstag hätte anberaumt werden können, wenn der tatsächliche Verlauf der Dinge vorhersehbar gewesen wäre. **Unzulässig** ist es aber, einen ordentlichen Sitzungstag ganz allgemein für künftige Sachen freizuhalten, weil dem der Sinn der gesetzlichen Regelung entgegensteht. Außerordentliche Sitzungen sollen nur der gewachsenen Geschäftsbelastung oder anderen verfahrensrechtlichen Notwendigkeiten Rechnung tragen. Damit ist es unvereinbar, wenn in der für die Hauptverhandlung vorgesehenen Zeit eine andere Sitzung überhaupt nicht anberaumt ist, der ordentliche Sitzungstag also ungenutzt bleibt[9]. Durch eine gleichwohl anberaumte außerordentliche Sitzung wird dann auch der grundrechtlich geschützte Anspruch auf den gesetzlichen Richter (Art. 101 Abs. 1 Satz 2 GG) verletzt[10]. Die Anberaumung außerordentlicher Sitzungen wäre dann nicht in das pflichtgemäße Ermessen des Vorsitzenden, sondern in dessen Belieben gestellt und beide Formen ließen sich dann nicht mehr nach sachlichen Kriterien unterscheiden[11]. Etwas anderes gilt nur dann, wenn bei Ansetzung einer außerordentlichen Sitzung für den freigehaltenen ordentlichen Sitzungstag ein konkret feststehendes anderes Verfahren vorgesehen ist[12].

5 Wenn es die Geschäftslage verlangt, können **außerordentliche Sitzungen auch regelmäßig**, z. B. in jeder Woche für den Rest des Geschäftsjahrs neben den ordentlichen Sitzungen anberaumt werden.

III. Zuziehung anderer als der zunächst berufenen Schöffen zu einzelnen Sitzungen

6 **1. Die Zuziehung zu einzelnen Sitzungen** bildet den Gegensatz zu der Ersetzung eines wegfallenden Hauptschöffen für die ganze noch übrige Amtsperiode; für diese gilt § 49 Abs. 2. Es wird hier bezweckt, entsprechend dem Grundsatz des gesetzlichen Richters (§ 16 GVG, Art. 101 Abs. 1 Satz 2 GG), den Ersatz eines für eine einzelne Sitzung ausfallenden Hauptschöffen so zu regeln, daß nicht Willkür oder Ermessen, sondern eine

---

4 BGHSt **11** 54 = NJW **1958** 32 = JZ **1958** 218 mit zust. Anm. *Kern;* BGHSt **15** 107, 110; **16** 63, 65 = NJW **1961** 1413 mit Anm. *Parsch* NJW **1961** 1879; BGH GA **1980** 63; *Rieß* DRiZ **1977** 293 mit weit. Kasuistik; *Kissel* 2.

5 BGHSt **17** 176 = NJW **1962** 1167.

6 BGHSt **12** 159, 161; **16** 63, 65; BGH 1 StR 393/73 vom 16. 10. 1973 und 1 StR 480/73 vom 13. 11. 1973; BGHSt **37** 324 = NStZ **1991** 349 = StV **1991** 246.

7 BGHSt **16** 63, 66.

8 BGHSt **37** 324, 326.

9 BGHSt **37** 324, 326 f.

10 BGHSt **37** 324, 326.

11 BGHSt **37** 324, 328.

12 BGH aaO.

feste gesetzliche Ordnung bestimmt, wer als Ersatz an seine Stelle tritt[13]. § 47 gilt auch für den Fall, daß ein bereits für den Hauptschöffen als Ersatz vorgesehener Hilfsschöffe oder Ergänzungsschöffe ausfällt, etwa weil er von der Dienstleistung entbunden oder nicht erreichbar ist[14]. Ist jedoch der Hauptschöffe von der Schöffenliste gestrichen worden, gilt § 49 Abs. 2.

2. Anwendungsgebiet. § 47 gilt gleichmäßig für die ordentlichen Sitzungen (§ 45) wie 7
für die außerordentlichen (§ 48) und gleichviel ob es sich um die Ersetzung der beiden einberufenen Schöffen oder nur eines von ihnen handelt.

3. Erforderlichkeit der Zuziehung

a) Gründe. Die Zuziehung eines anderen Schöffen wird erforderlich, sobald — vor 8
oder in der Sitzung — feststeht, daß in einer bestimmten Sitzung einer der zunächst berufenen Schöffen aus irgendeinem Grunde, z. B. wegen Ausbleibens, Erkrankung, Entbindung von der Dienstleistung (§ 54), oder vorgehender Schöffenpflichten (§ 52 Abs. 5) nicht tätig sein wird. Das Gebot des gesetzlichen Richters geht nicht so weit, daß eine Terminierung zu wählen wäre, an der der Hauptschöffe nicht verhindert ist[15]. Schon das bloße Ausbleiben — auch ohne Entschuldigung — rechtfertigt ohne weitere Ermittlungen über den Grund des Ausbleibens eine Zuziehung des Hilfsschöffen[16]. Gibt ein Schöffe glaubhaft einen ausreichenden Verhinderungsgrund an, so bedarf es zur Feststellung der Verhinderung im allgemeinen keiner weiteren Nachprüfung, bei körperlichen Gebrechen, z. B. hochgradiger Schwerhörigkeit, auch nicht des Versuchs von Maßnahmen zur Behebung des Mangels[17]. Ferner gehört hierher der Fall, daß einer der in der Sitzung mitwirkenden Schöffen in einer einzelnen Sache von der Ausübung des Schöffenamts ausgeschlossen oder mit Erfolg abgelehnt ist (§§ 22, 24, 31 StPO). In diesem Fall erstreckt sich aber die Tätigkeit des Ersatzmannes nur auf diese Sache; wenn auf deren Verhandlung noch die Verhandlung anderer Sachen folgt, so hat der ursprünglich berufene Schöffe wieder in das Gericht einzutreten[18]. Der gleiche Hilfsschöffe kann aber wohl auch mitwirken, wenn in mehreren anstehenden Sachen der eine oder andere Hauptschöffe rechtlich verhindert ist.

b) Hervortreten dauernder Ungeeignetheit in der Sitzung. § 47 Abs. 1 ist auch 9
anwendbar, wenn sich unmittelbar in der Sitzung körperliche oder geistige Gebrechen herausstellen, die den Schöffen nicht nur für die Mitwirkung an dieser Sitzung, sondern auf Dauer ungeeignet erscheinen lassen, so daß der Vorsitzende gleichzeitig mit der Ladung des Hilfsschöffen die Streichung dieses Hauptschöffen von der Liste (§ 52) anregt. Er braucht dann weder die Entscheidung über die Streichung abzuwarten noch ist er, wenn diese erfolgt und ihm noch vor Eintritt in die Hauptverhandlung bekannt wird, gezwungen, die einmal zu Recht angeordnete Heranziehung des Hilfsschöffen wieder zurückzunehmen[19].

4. Wegen der **Reihenfolge der Heranziehung** vgl. § 49, wegen der Ergänzungsschöf- 10
fen § 48.

---

13 RG DRZ **1928** Nr. 235; BGH NJW **1954** 82.
14 *Katholnigg*³ 3.
15 BGH MDR **1980** 815.
16 BGH bei *Holtz* MDR **1977** 639.
17 BGHSt **22** 289, 291.
18 BGH NJW **1958** 557.
19 BGHSt **10** 252; **22** 289 = NJW **1969** 703.

§ 48

(1) Ergänzungsschöffen (§ 192 Abs. 2, 3) werden aus der Hilfsschöffenliste zugewiesen.

(2) Im Fall der Verhinderung eines Hauptschöffen tritt der zunächst zugewiesene Ergänzungsschöffe auch dann an seine Stelle, wenn die Verhinderung vor Beginn der Sitzung bekannt wird.

Entstehungsgeschichte. Die Fassung des § 48 beruht auf Art. 2 Nr. 3 StVÄG 1979. § 48 a. F regelte die Zuziehung von Schöffen bei Anberaumung außerordentlicher Sitzungen (vgl. jetzt § 47 n. F).

1 **1.** Über die **Durchführung einer** gemäß § 192 Abs. 3 **angeordneten Zuziehung von Ergänzungsschöffen** fehlte es früher an einer besonderen Vorschrift. Es war aber nicht zweifelhaft, daß sie nach Maßgabe der §§ 49, 77 a. F aus der Hilfsschöffenliste heranzuziehen seien[1]. § 48 Abs. 1 spricht dies jetzt förmlich aus und nach § 49 Abs. 1 erfolgt die Zuweisung in der Reihenfolge der Hilfsschöffenliste. Die Zuziehung gilt als Heranziehung nach § 49 Abs. 4.

2 **2. Verhinderung eines Hauptschöffen.** Wie in LR[23] § 192, 8 dargestellt, bestand eine Streitfrage, ob, wenn vor Beginn der Sitzung ein Hauptschöffe ausfällt, der zugezogene Ergänzungsschöffe als Hilfsschöffe an die Stelle des Hauptschöffen tritt, und ggf. ein neuer Ergänzungsschöffe zugewiesen werden muß, oder ob der Ergänzungsschöffe in seiner Stellung als Ergänzungsschöffe verbleibt und der Hauptschöffe durch den an bereiter Stelle der Hilfsschöffenliste stehenden Hilfsschöffen ersetzt wird. Im Interesse der Rechtssicherheit klärt § 48 Abs. 2 die Frage ausdrücklich im Sinn der ersten Alternative, die der ständigen Rechtsprechung des Bundesgerichtshofs entspricht[2]. Den Ersatz des so weggefallenen Ergänzungsschöffen durch einen neuen Ergänzungsschöffen regelt § 47. Die Regelung gilt auch, wenn ein bereits an die Stelle des Hauptschöffen getretener Ergänzungsschöffe ausfällt[3]. Sind mehrere Ergänzungsschöffen beigezogen worden, richtet sich die Reihenfolge des Eintretens an die Stelle eines Hauptschöffen nach der Reihenfolge auf der Hilfsschöffenliste[4]. Fällt ein Hauptschöffe durch Streichung von der Schöffenliste aus, gilt dies ebenfalls als Verhinderung[5].

3 **3. Revision.** Verstöße gegen § 48 unterliegen der Besetzungsrüge. Sind zunächst die richtigen Schöffen, aber in der falschen Reihenfolge nachgerückt, kann die richtige Reihenfolge nur vor der Sitzung hergestellt werden[6].

---

1 LR[23] § 192, 8.
2 Vgl. BGHSt **22** 289.
3 BGHRSt zu § 48 – Verhinderung 1 – = BGH bei *Miebach/Kusch* NStZ **1991** 120 (122); *Kleinknecht/Meyer-Goßner*[44] 2.
4 *Kissel* 2; *Pfeiffer*[2] 1.
5 *Katholnigg*[3] 2; *Pfeiffer*[2] 1.
6 BGH vom 5. 4. 1978 – 2 StR 468/77 –.

§ 49

(1) Wird die Heranziehung von Hilfsschöffen zu einzelnen Sitzungen erforderlich (§§ 47, 48 Abs. 1), so werden sie aus der Hilfsschöffenliste in deren Reihenfolge zugewiesen.

(2) [1]Wird ein Hauptschöffe von der Schöffenliste gestrichen, so tritt der Hilfsschöffe, der nach der Reihenfolge der Hilfsschöffenliste an nächster Stelle steht, unter seiner Streichung in der Hilfsschöffenliste an die Stelle des gestrichenen Hauptschöffen. [2]Die Schöffengeschäftsstelle benachrichtigt den neuen Hauptschöffen gemäß § 45 Abs. 4 Satz 3, 4.

(3) [1]Maßgebend für die Reihenfolge ist der Eingang der Anordnung oder Feststellung, aus der sich die Notwendigkeit der Heranziehung ergibt, bei der Schöffengeschäftsstelle. [2]Die Schöffengeschäftsstelle vermerkt Datum und Uhrzeit des Eingangs auf der Anordnung oder Feststellung. [3]In der Reihenfolge des Eingangs weist sie die Hilfsschöffen nach Absatz 1 den verschiedenen Sitzungen zu oder überträgt sie nach Absatz 2 in die Hauptschöffenliste. [4]Gehen mehrere Anordnungen oder Feststellungen gleichzeitig ein, so sind zunächst Übertragungen aus der Hilfsschöffenliste in die Hauptschöffenliste nach Absatz 2 in der alphabetischen Reihenfolge der Familiennamen der von der Schöffenliste gestrichenen Hauptschöffen vorzunehmen; im übrigen ist die alphabetische Reihenfolge der Familiennamen des an erster Stelle Angeklagten maßgebend.

(4) [1]Ist ein Hilfsschöffe einem Sitzungstag zugewiesen, so ist er erst wieder heranzuziehen, nachdem alle anderen Hilfsschöffen ebenfalls zugewiesen oder von der Dienstleistung entbunden oder nicht erreichbar (§ 54) gewesen sind. [2]Dies gilt auch, wenn er selbst nach seiner Zuweisung von der Dienstleistung entbunden worden oder nicht erreichbar gewesen ist.

Schrifttum. *Katholnigg* Die gerichtsverfassungsrechtlichen Änderungen durch das Strafverfahrensänderungsgesetz 1979, NJW **1978** 2375.

Entstehungsgeschichte. Die Fassung des § 49 beruht auf Art. 2 Nr. 3 StVÄG 1979, der Inhalt des § 49 a. F wurde an anderer Stelle untergebracht (vgl. § 47 Rdn. 2).

Übersicht

1. Grundsatz der Heranziehung der Hilfsschöffen in der Reihenfolge der Hilfsschöffenliste (Absatz 1). Während die §§ 47, 48 Abs. 1 allgemein die Voraussetzungen normieren, unter denen die erforderlichen Schöffen einschl. der Ergänzungsschöffen aus 1 der Hilfsschöffenliste herangezogen werden, stellt § 49 — insoweit nach dem Vorbild des § 49 Abs. 1 a. F[1] — den Grundsatz auf, daß die Hilfsschöffen dem Spruchkörper in der Reihenfolge der Hilfsschöffenliste zugewiesen werden. Diese Reihenfolge wird zunächst bei der Auslosung gemäß § 45 Abs. 2 Satz 4 festgelegt. Jedoch kann eine Reihe von Umständen zu einer Änderung der ursprünglichen durch die Auslosung festgelegten Reihenfolge führen, und es können sich bei der Durchführung des Reihenfolgenprinzips Zweifelsfragen ergeben. Das frühere Recht enthielt sich weitgehend einer Einzelregelung der Folgerungen aus dem Reihenfolgenprinzip und überließ die offenen Fragen der Auslegung. Demgegenüber ist § 49 n. F bemüht, dem Grundsatz des gesetzlichen Richters durch neue Regelungen (§§ 49 Abs. 2 bis 4, 52, 54 n. F) Geltung zu verschaffen und damit Fehlerquellen, die zu einer gesetzwidrigen Besetzung des Spruchkörpers mit Schöffen führen könnten, auszuschließen. § 46 ist nicht anwendbar[2].

2. Dauernder Wegfall eines Hauptschöffen (Absatz 2)

2 **a) Grundsatz.** Fällt ein auf der Schöffenliste stehender Hauptschöffe durch Tod[3] oder auf andere Weise (§§ 52, 53) dauernd, d. h. für die ganze Amtsperiode oder doch für deren ganzen Rest weg, so wurde er schon nach den im früheren Recht ausgebildeten Grundsätzen[4] nicht für jede Sitzung besonders ersetzt, vielmehr tritt an seine Stelle ein Hilfsschöffe nach der Reihenfolge der Hilfsschöffenliste. Er wird dadurch zum Hauptschöffen und in der Hilfsschöffenliste gestrichen. Mit der Übertragung in die Hauptschöffenliste tritt er auch in die ausgelosten Sitzungstage des gestrichenen Hauptschöffen ein. § 49 Abs. 2 legalisiert diesen durch Auslegung gewonnenen Grundsatz. Fragen der Erreichbarkeit sind hier ohne Bedeutung.

3 **b) Folgerungen.** Aus dem Reihenfolgeprinzip ergibt sich, daß — abweichend von der Handhabung des früheren Rechts[5] — nicht der jeweils an der Spitze der Hilfsschöffenliste stehende, sondern derjenige Hilfsschöffe Hauptschöffe wird, der nach der Reihenfolge der Hilfsschöffenliste an nächster (an „bereiter") Stelle steht, der also sonst als Ersatz für einen bei einer einzelnen Sitzung (vorübergehend) ausfallenden Hauptschöffen heranzuziehen gewesen wäre[6]. Den Eintritt des Hilfsschöffen als Hauptschöffen macht § 49 Abs. 2 ausdrücklich von einer vorangehenden Streichung des Hauptschöffen in der Hauptschöffenliste (§ 52) abhängig. Solange die Streichung nicht erfolgt ist, muß auch dann ein Hilfsschöffe nach der Reihenfolge der Hilfsschöffenliste herangezogen werden, wenn offensichtlich die Voraussetzungen für die Streichung des Hauptschöffen vorliegen, z. B. im Fall seines Todes oder wenn sich unmittelbar in der Sitzung körperliche oder geistige Gebrechen herausstellen, die ihn nicht nur für die Mitwirkung an dieser Sitzung, sondern auf Dauer ungeeignet erscheinen lassen; der Hauptschöffe ist dann bis zur Streichung als nur an der Mitwirkung in dieser Sitzung verhindert anzusehen[7]. Wenn es gar noch einer Prüfung bedarf, ob überhaupt die Voraussetzungen einer Streichung vorliegen, kann während des Zwischenstadiums nicht einmal von der Heranziehung des Hauptschöffen mit der Begründung abgesehen werden, daß er als an der Teilnahme an der einzelnen Sitzung verhindert anzusehen sei[8].

1 Dazu LR[23] § 49, 6.

2 BGH NStZ **1985** 135.

3 Das gilt nach BGHRSt zu § 49 Abs. 2 – Streichung 1 – selbst dann, wenn der Schöffe bereits vor der Wahl verstorben ist und gar nicht mehr Schöffe werden konnte.

4 LR[23] § 42, 6.

5 Dazu LR[23] § 42, 2.

6 BGHSt **30** 244 = NJW **1982** 294 = JR **1982** 258 mit Anm. *Rieß;* BGH NStZ **1985** 135.

7 Vgl. BGHSt **30** 244.

8 § 52, 6; 12; KK-*Kissel*[4] 3.

c) Rechtsstellung. Da der Hauptschöffe gewordene Hilfsschöffe nach § 49 Abs. 2 an die Stelle des gestrichenen Hauptschöffen tritt, hat er in vollem Umfang die Aufgaben wahrzunehmen, die seinem Vorgänger oblagen, also an den Sitzungen teilzunehmen, für die dieser ausgelost war[9]. Jedoch gehen nach § 52 Abs. 5 die Dienstleistungen vor, zu denen er zuvor als Hilfsschöffe herangezogen war. Wegen der Folgen der Streichung in der Hilfsschöffenliste im übrigen vgl. § 52 Abs. 6. 4

3. Maßgeblicher Zeitpunkt für die Heranziehung in der Reihenfolge (Absatz 3)

a) Grundsatz. Nach § 49 Abs. 1 i. V. mit § 45 Abs. 2 Satz 4 werden die Hilfsschöffen zu den einzelnen Sitzungen in der Reihenfolge in der Hilfsschöffenliste herangezogen, dergestalt, daß der jeweils an „bereiter" Stelle stehende Hilfsschöffe zuzuweisen ist. Maßgebend ist der Zeitpunkt der Heranziehungsanordnung[10]; „bereit" ist die Stelle, wenn die Hilfsschöffenliste durch die Vornahme angeordneter Streichungen zunächst auf den neuesten Stand gebracht worden ist[11]. Nach diesen Grundsätzen erfolgt gemäß § 49 Abs. 2 auch die Heranziehung des Hilfsschöffen, der als Hauptschöffe an die Stelle eines dauernd weggefallenen Hauptschöffen tritt. Absatz 3 bezweckt, den Zeitpunkt genau zu fixieren, an dem ein Hilfsschöffe an „bereiter" Stelle steht. Maßgebend ist nach Satz 1 der Eingang der richterlichen Anordnung (z. B. der Zuziehung eines Ergänzungsschöffen, § 48 Abs. 1, der Entbindung eines Schöffen, § 54, oder seiner Streichung von der Schöffenliste, § 52) oder Feststellung (z. B. daß ein Schöffe nicht erreichbar ist, § 54 Abs. 2 Satz 4), aus der sich die Notwendigkeit der Heranziehung eines Hilfsschöffen ergibt, bei der Schöffengeschäftsstelle. Das Gesetz hat bewußt davon abgesehen, zwischen den einzelnen Gründen einer Heranziehung zu differenzieren; es sollte z. B., wenn ein Schöffe einen Entbindungsantrag (§ 54) stellt, nicht — wie nach früherem Recht[12] — auf den Zeitpunkt des Eingangs dieses Antrags abgestellt werden, damit die Reihenfolge der Hilfsschöffenliste nicht bis zur Entscheidung des Richters über den Antrag, der möglicherweise Ermittlungen erfordert, blockiert wird[13]. Damit der nach Satz 1 maßgebliche Zeitpunkt überprüfbar ist, und um Verwechslungen bei der Reihenfolge der Eingänge auszuschließen, hat nach Satz 2 die Schöffengeschäftsstelle nach dem Vorbild des § 13 Abs. 1 Satz 2 GBO Datum und Uhrzeit des Eingangs auf der Anordnung oder Feststellung zu vermerken[14]. 5

b) Gleichzeitiger Eingang mehrerer Anordnungen oder Feststellungen (Absatz 3 Satz 4). Bei einem derartigen Eingang, etwa solcher, die verschiedene Sitzungstage oder die Sitzungen verschiedener Schöffengerichte am selben Sitzungstag betreffen, haben zunächst die Fälle einer Übertragung eines Hilfsschöffen aus der Hilfsschöffen- in die Hauptschöffenliste (§ 49 Abs. 2) den Vorrang. Und zwar ist, wenn es sich um eine Mehrheit solcher Übertragungen handelt, für die zeitliche Reihenfolge die alphabetische Reihenfolge der Familiennamen der von der Schöffenliste gestrichenen Hauptschöffen maßgebend (dazu unten Rdn. 8). Nicht im Gesetz geregelt ist der Fall, daß gleichzeitig nicht nur Hilfsschöffen als Ersatz für gestrichene Hauptschöffen, sondern auch Hilfsschöffen nach Auslosung gemäß § 46 unter Streichung in der Hilfsschöffenliste in die Hauptschöffenliste zu übertragen sind. Auch diesen Übertragungsfällen ist sinngemäß der Vorrang 6

9 BGH NStZ **1985** 135.
10 BGHSt **30** 255, 258.
11 KG StV **1984** 504; *Kleinknecht/Meyer-Goßner*[44] 3.
12 LR[23] § 49, 7.
13 Begr. BTDrucks. **8** 976, S. 64.
14 Wegen der auf diese Weise beseitigten Zweifelsfragen, die sich früher bei der Festlegung des „an bereiter Stelle" stehenden Hilfsschöffen ergaben, vgl. ausführlich BGH MDR **1979** 417; s. auch BGH GA **1979** 58.

vor anderen Heranziehungsfällen beizumessen, wobei dann auf die alphabetische Reihenfolge der Familiennamen der neuen Hauptschöffen abzustellen wäre.

7 **c) Gleichzeitige Anforderung von Hilfsschöffen für einzelne Sitzungen** (§ 49 Abs. 1). In diesem Fall ist nach Absatz 3 Satz 4 Halbsatz 2 („im übrigen") maßgebend die alphabetische Reihenfolge der Familiennamen der an erster Stelle stehenden Angeklagten der in den Sitzungen anfallenden Sachen. Aus dieser Regelung folgt, daß die Zuweisung eines Hilfsschöffen für eine Sitzung, für die noch keine Hauptverhandlung anberaumt ist, also noch gar kein Angeklagter feststeht, bei mehreren gleichzeitigen Eingängen zuletzt geschieht. Nicht regelungsbedürftig war dagegen der Fall, daß für dieselbe Sitzung mehrere Hilfsschöffen benötigt werden; deren Reihenfolge richtet sich nach ihrer Reihenfolge in der Hilfsschöffenliste[15].

8 **d) Namensgleichheit.** In seiner Stellungnahme zu § 49 Abs. 3 RegEntw. hatte der Bundesrat angeregt zu prüfen, ob eine Vorschrift einzufügen sei, die das Verfahren regelt, wenn verschiedene (gestrichene) Hauptschöffen (Rdn. 6) oder Angeklagte (Rdn. 7) denselben Namen haben[16]. Bundesregierung und Bundestagsrechtsausschuß hielten eine Regelung dieses „extrem unwahrscheinlichen Falles" nicht für erforderlich. „Sollte ein derartiger Fall entgegen aller Voraussicht doch einmal eintreten, wird es der Sinn der Vorschrift nahelegen, hilfsweise auf den Vornamen und bei gleichen Vornamen auf das Geburtsdatum abzustellen"[17]. Dem ist beizustimmen[18]. An ähnliche auf die Ausschaltung von Ermessen oder Willkür gerichtete Handhabungen wird auch zu denken sein, wenn künftig im Bereich des Absatzes 3 Zweifelsfragen hervortreten sollten, an die der Gesetzgeber nicht gedacht hat.

4. Wiederheranziehung des einem Sitzungstag zugewiesenen Hilfsschöffen (Absatz 4)

9 **a) Reformgründe.** § 49 Abs. 1 a. F bestimmte, daß, wenn die *Zuziehung* von Hilfsschöffen erforderlich wird, die Zuziehung nach der Reihenfolge der Hilfsschöffenliste erfolge. Dieser auf die „Zuziehung" abstellende Gesetzeswortlaut führte zu der Frage, wann eine Zuziehung vorliege, die zur Folge hat, daß der zugezogene Hilfsschöffe erst wieder zugezogen wird, nachdem alle in der Hilfsschöffenliste nach ihm Stehenden und (nach Erschöpfung der Liste und Wiederbeginn von neuem in der festgesetzten Reihenfolge) alle vor ihm Stehenden zugezogen waren. Diese Frage war als im wesentlichen durch die Rechtsprechung der Revisionsgerichte geklärt anzusehen; jedoch verblieb ein Restbestand an Zweifelsfragen[19]. § 49 Abs. 4 hat eine eindeutige Regelung zum Ziel. Er geht dabei von der Terminologie des § 49 Abs. 1, 2 aus. Nach § 49 Abs. 1 werden zu einzelnen Sitzungen benötigte Hilfsschöffen in der Reihenfolge der Hilfsschöffenliste zugewiesen, und nach § 49 Abs. 3 Satz 3 weist die Schöffengeschäftsstelle die nach der richterlichen Anordnung (Feststellung) benötigten Hilfsschöffen den verschiedenen Sitzungen zu. An diesen Begriff der Zuweisung knüpft Absatz 4 an. Die Gesetzesbegründung[20] führt dazu aus:

> „Absatz 4 spricht in Satz 1 den an sich selbstverständlichen Grundsatz aus, daß ein Hilfsschöffe erst wieder an die Reihe kommt, wenn inzwischen alle anderen Hilfsschöffen der Liste an der Reihe waren. Seine eigentliche Bedeutung liegt in der Klarstellung dessen, was es

---

15 Begr. BTDrucks. **8** 976, S. 64.
16 BTDrucks. **8** 976, S. 103.
17 BTDrucks. **8** 976, S. 111 und Ausschußbericht BTDrucks. **8** 1844, S. 33.
18 So auch *Katholnigg* JR **1980** 173; **a. M** *Kleinknecht/Meyer-Goßner*[44] 3; *Kissel* 6: Keine Abstimmung auf das Geburtsdatum, hier vielmehr Entscheidung durch das Los entsprechend § 45 Abs. 3.
19 Dazu LR[23] § 49, 6.
20 BTDrucks. **8** 976, S. 64.

bedeutet, an der Reihe gewesen zu sein. Ein Hilfsschöffe, der gemäß § 54 Abs. 1 von der Verpflichtung zur Dienstleistung entbunden oder gemäß § 54 Abs. 2 nicht erreichbar ist, ist danach ebenso verbraucht wie ein Hilfsschöffe, der tatsächlich zu einer Sitzung herangezogen war. Satz 2 soll ergänzend sicherstellen, daß von der Dienstleistung entbundene und nicht erreichbare Hilfsschöffen für den Durchlauf der Hilfsschöffenliste wie herangezogene Hilfsschöffen behandelt werden. Dadurch wird bei der Schöffengeschäftsstelle größere Klarheit erreicht, als wenn sie immer wieder auf zunächst verhinderte oder nicht erreichbar gewesene Hilfsschöffen zurückgreifen muß."

b) Durchführung. Absatz 4 richtet sich an die Schöffengeschäftsstelle und versieht sie mit Weisungen, welche Hilfsschöffen sie nach Maßgabe einer zweifachen Reihenfolge — nämlich der Reihenfolge der Hilfsschöffenliste (§ 49 Abs. 1) und der Reihenfolge der richterlichen Anordnungen oder Feststellungen, deren Richtigkeit sie nicht zu prüfen hat — gemäß § 49 Abs. 3 Satz 3 „den verschiedenen Sitzungen zuzuweisen" hat. Diese „Zuweisung" besteht und erschöpft sich in der Feststellung, welcher Hilfsschöffe „an nächster Stelle" steht. Dessen Namen teilt sie der Stelle, die den „Sitzungstag" abhalten soll, mit. Mit dieser Form der Zuweisung ist der betreffende Hilfsschöffe in der Reihenfolge der Hilfsschöffenliste „verbraucht", er steht erst wieder zur „Zuweisung" an, wenn alle anderen Hilfsschöffen, die nach ihm (oder bei Wiederbeginn nach Erschöpfung der Liste vor ihm) stehen, zugewiesen oder wegen Entbindung oder Nichterreichbarkeit übergangen worden sind. Es ist also bedeutungslos, was demnächst mit dem „zugewiesenen" Schöffen geschieht, ob es also tatsächlich zu einer Einberufung kommt und ob er tatsächlich als Schöffe tätig wird. Das ergibt sich unmittelbar aus Absatz 4 Satz 2, wonach der einmal zugewiesene Hilfsschöffe auch dann „verbraucht" ist, wenn es zu keiner Dienstleistung kommt, weil er nach der „Zuweisung" von der Dienstleistung entbunden wurde (§ 54) oder im Sinn des § 54 Abs. 2 Satz 3, 4 nicht erreichbar war. Diesem streng formalisierten Begriff des „Verbrauchs" eines Hilfsschöffen in der Reihenfolge der Hilfsschöffenliste durch die bloße „Zuweisung" entspricht es also, daß der Hilfsschöffe auch dann „verbraucht" ist, wenn es nach der Zuweisung aus anderen, nicht in der Person des Hilfsschöffen liegenden Gründen nicht zu einer „tatsächlichen Heranziehung" kommt, z. B. der Termin, an dem der Hilfsschöffe mitwirken sollte, vorher etwa wegen Ausfalls wichtiger Zeugen abgesetzt werden muß: dann kann der zugewiesene Hilfsschöffe ja nicht irgendwo als „an bereiter Stelle" stehend wieder in die Liste eingesetzt werden[21]. Auch fehlerhafte Heranziehung hindert den Verbrauch des Listenplatzes nicht[22]. 10

5. Revision. Nicht jeder Fehler bei der Heranziehung von Hilfsschöffen kann mit der Besetzungsrüge erfolgreich geltend gemacht werden. Es muß sich im Sinne der sog. Willkür-Rechtsprechung[23] vielmehr um einen gravierenden, die Grenzen des Hinnehmbaren überschreitenden Fehler handeln, also nicht nur um einen bloßen Verfahrensfehler. Soweit ein Hilfsschöffe zu Unrecht als herangezogen nach hinten gerückt ist, berührt dies nicht die Wirksamkeit der späteren Heranziehung der dadurch aufgerückten Hilfsschöffen[24]. Dies gilt grundsätzlich auch für den Fall des Nachrückens eines Hilfsschöffen zum Hauptschöffen (§ 336 S. 2 StPO)[25], soweit es sich nicht um eine willkürliche Entziehung des 11

[21] Wegen der insoweit früher bestehenden Streitfrage vgl. LR[23] § 49, 6.

[22] BGH JR **1978** 210; *Kissel* 5; *Kleinknecht/Meyer-Goßner*[44] 4.

[23] Vgl. § 24 Rdn. 19 im Zusammenhang mit der sachlichen Zuständigkeit.

[24] BGH JR **1978** 210 m. Anm. *Meyer* = GA **1978** 120 m. Anm. *Katholnigg*; *Kleinknecht/Meyer-Goßner*[44] 4; *Rieß* DRiZ **1977** 295.

[25] *Kissel* 13; *Kleinknecht/Meyer-Goßner*[44] 4; LR-*Hanack* § 336, 14 StPO; **a. A** *Rieß* JR **1982** 258 unter Hinweis auf die sich dadurch ergebenden Schwierigkeiten.

gesetzlichen Richters handelt[26]. Auch der unterlassene Vermerk über den Zeitpunkt des Eingangs der Heranziehungsanordnung ist unbeachtlich. Etwas anderes gilt jedoch dann, wenn die Reihenfolge der Eingänge nicht mehr feststellbar ist[27]. Die Verwechslung der Eingänge der Heranziehungsanordnungen dürfte entgegen *Katholnigg*[28] als error in procedendo zu behandeln sein, soweit nicht sachfremde Erwägungen auf der Hand liegen.

§ 50

Erstreckt sich die Dauer einer Sitzung über die Zeit hinaus, für die der Schöffe zunächst einberufen ist, so hat er bis zur Beendigung der Sitzung seine Amtstätigkeit fortzusetzen.

1 **1. Bedeutung der Vorschrift.** § 50 betrifft zunächst den Fall, daß die Verhandlung der auf einen Sitzungstag anberaumten Sachen so viel Zeit in Anspruch nimmt, daß die Sitzung auf den folgenden Tag erstreckt werden muß, sei es, daß nur in einer Sache die Verhandlung an dem bestimmten Sitzungstage nicht zu Ende geführt werden kann, sei es, daß von den anberaumten Sachen einzelne überhaupt nicht zur Verhandlung gelangen können. Er findet aber auch Anwendung, wenn die Verhandlung einer Sache wegen eines verfahrensrechtlichen Hindernisses, z. B. wegen des Ausbleibens eines Zeugen, abgebrochen werden muß und an einem anderen Tage innerhalb der Frist des § 229 StPO fortgesetzt werden soll. Deshalb bedarf es auch nicht der Zuziehung neuer Schöffen, wenn bei einer Verhandlung, die von vornherein auf mehrere Tage berechnet ist, an einem dem ersten Sitzungstag folgenden Tage einer der Berufsrichter ausfällt und infolgedessen nach Hinzuziehung eines neuen Richters die bisherige Verhandlung wiederholt werden muß[1]. Kann nicht innerhalb der Frist des § 229 StPO weiterverhandelt werden, müssen an der neu beginnenden Hauptverhandlung die Schöffen mitwirken, die für diesen neuen Sitzungstag ausgelost worden sind. § 50 gilt auch für Ergänzungsschöffen[2].

2 **2. Fortsetzung über das Geschäftsjahr oder die Amtsperiode hinaus.** § 50 ist auch anwendbar, wenn der folgende Tag, auf den sich die Sitzung erstreckt, in ein neues Geschäftsjahr oder in eine neue Amtsperiode (§ 42) fällt[3]. Vgl. auch § 21 c Abs. 4. In dem letztgenannten Fall bedarf es trotz des Ablaufs der Amtsperiode nicht einer erneuten Vereidigung der Schöffen (§ 45 Abs. 3 DRiG)[4]. Denn § 50 enthält der Sache nach eine gesetzliche Verlängerung der Amtsperiode[5] und damit eine Verlängerung der Dauer des Amtes, für die nach § 45 Abs. 2 DRiG die Vereidigung gilt.

3 **3. Eine entsprechende Anwendung** des § 50 erscheint diskutabel, wenn beim Ablauf einer Amtsperiode wegen Ausbleibens der Vorschlagsliste (vgl. § 36, 9) es nicht gelingt, rechtzeitig die Schöffen für die neue Amtsperiode auszuwählen und dies zu einem Stillstand der Rechtspflege führen würde[6], wenn man den Ausweg nicht in einer (entsprechenden?) Anwendung des § 15 StPO (rechtliche Verhinderung durch Fehlen der Schöffen) sehen will.

---

26 Vgl. BGHSt **31** 4; BGH NStZ **1982** 476; GA **1981** 382.
27 *Katholnigg*[3] 7.
28 AaO.

1 RG vom 29. 6. 1931 – III 386/31 –.
2 BGH NJW **1956** 1326.
3 *Katholnigg*[3] 2; *Kissel* 3.
4 S. a. BGHSt **8** 250; KMR-*Paulus* 2.
5 BGHSt **8** 250 = NJW **1956** 110.
6 **A. A** *Katholnigg*[3] 4.

4. Eine mißbräuchliche Anwendung des § 50, die die Anwendbarkeit des § 338 Nr. 1 StPO begründet, liegt vor, wenn ohne Not eine Hauptverhandlung in den letzten Tagen des Geschäftsjahres anberaumt wird, um in dieser den Angeklagten nur kurz zur Person zu vernehmen, während die Hauptverhandlung im übrigen — in der alten Besetzung — erst im neuen Geschäftsjahr stattfinden soll[7]. 4

§ 51

(weggefallen;
vgl. jetzt § 45 Abs. 2 ff DRiG in der Fassung des 1. StVRGErgG vom 20. 12. 1974)

§ 52

(1) Ein Schöffe ist von der Schöffenliste zu streichen, wenn
1. seine Unfähigkeit zum Amt eines Schöffen eintritt oder bekannt wird, oder
2. Umstände eintreten oder bekannt werden, bei deren Vorhandensein eine Berufung zum Schöffenamt nicht erfolgen soll.

(2) [1]Auf seinen Antrag ist ein Schöffe von der Schöffenliste zu streichen, wenn er während eines Geschäftsjahres an mehr als vierundzwanzig Sitzungstagen an Sitzungen teilgenommen hat. [2]Bei Hauptschöffen wird die Streichung nur für Sitzungen wirksam, die später als zwei Wochen nach dem Tag beginnen, an dem der Antrag bei der Schöffengeschäftsstelle eingeht. [3]Ist einem Hilfsschöffen eine Mitteilung über seine Heranziehung zu einem bestimmten Sitzungstag bereits zugegangen, so wird seine Streichung erst nach Abschluß der an diesem Sitzungstag begonnenen Hauptverhandlung wirksam.

(3) Der Richter beim Amtsgericht entscheidet nach Anhörung der Staatsanwaltschaft und des beteiligten Schöffen.

(4) Die Entscheidung ist nicht anfechtbar.

(5) Wird ein Hilfsschöffe in die Hauptschöffenliste übertragen, so gehen die Dienstleistungen vor, zu denen er zuvor als Hilfsschöffe herangezogen worden war.

(6) [1]Hat sich die ursprüngliche Zahl der Hilfsschöffen in der Hilfsschöffenliste auf die Hälfte verringert, so findet aus den vorhandenen Vorschlagslisten eine Ergänzungswahl durch den Ausschuß statt, der die Schöffenwahl vorgenommen hatte. [2]Der Richter beim Amtsgericht kann von der Ergänzungswahl absehen, wenn sie in den letzten sechs Monaten des Zeitraums stattfinden müßte, für den die Schöffen gewählt sind. [3]Für die Bestimmung der Reihenfolge der neuen Hilfsschöffen gilt § 45 entsprechend mit der Maßgabe, daß die Plätze im Anschluß an den im Zeitpunkt der Auslosung an letzter Stelle der Hilfsschöffenliste stehenden Schöffen ausgelost werden.

---

[7] BGHSt **19** 382 = NJW **1964** 1866 = LM § 89 a. F Nr. 1 m. Anm. *Hengsberger*; *Katholnigg*[3] 2; *Kissel* 4.

Schrifttum. *Hänle* Kann und darf ein ordnungsgemäß berufener Schöffe, dessen Wohnsitz im Laufe der Wahlperiode durch eine Änderung des Gerichtsbezirks außerhalb dieses Bezirks zu liegen kommt, noch zur weiteren Dienstleistung herangezogen werden? Justiz **1974** 146; *Katholnigg* Die gerichtsverfassungsrechtlichen Änderungen durch das Strafverfahrensänderungsgesetz 1979, NJW **1978** 2375; *Schorn* Der Laienrichter in der Strafrechtspflege (1955).

Entstehungsgeschichte. VO vom 14. 6 1932 (RGBl. I 285) erster Teil Kapitel I Art 8. Das VereinhG 1950 änderte § 52 nur redaktionell. Durch Art. 2 Nr. 4 StVÄG 1979 erfolgten folgende Änderungen: Die bisherigen Absätze 1 und 2 wurden durch den jetzigen Absatz 1 ersetzt; die Absätze 2, 5, 6 wurden neu eingefügt; die Absätze 3 und 4 blieben unverändert.

Übersicht

I. Streichung von Amts wegen (Absatz 1)

1 **1. Entwicklungsgeschichte.** Das frühere Recht (§ 52 Abs. 1, 2 a. F) unterschied zwischen nachträglich eintretender oder bekanntwerdender Schöffenunfähigkeit, die zur Streichung in der Schöffenliste führte, und der nachträglich eintretenden oder bekanntwerdenden Schöffenungeeignetheit, die zur Folge hatte, daß der Schöffe nicht mehr zur Dienstleistung heranzuziehen war. Sachlich entsprach nach h. M[1] die Anordnung der Nichtheranziehung wegen Schöffenungeeignetheit einer Streichung. Aus Gründen der Rechtsklarheit sah § 52 Abs. 1 förmlich auch bei Eintritt oder Bekanntwerden der Schöffenungeeignetheit die Streichung vor.

2 **2. Geltungsgebiet.** Obwohl § 52 nicht zwischen Haupt- und Hilfsschöffen unterscheidet, werden beide Personengruppen von der Regelung erfaßt (Rdn. 7, 8)[2]. Absatz 1 hat nur solche Umstände (Gründe der Unfähigkeit oder Ungeeignetheit) im Auge, die erst nach Beendigung der Tätigkeit des Ausschusses (§§ 41, 42) eintreten oder bekannt werden. Umstände, die, sei es aus Anlaß eines Einspruchs, sei es ohne einen solchen, bereits Gegenstand einer Entscheidung des Ausschusses gewesen sind, gehören nicht hierher;

1 LR[23] § 52, 4.

2 Vgl. BGHSt **30** 255; *Katholnigg* StV **1982** 7; *Kissel* 1.

dem Richter beim Amtsgericht steht keine Änderung der Entscheidungen des Ausschusses zu (h. M). Vgl. jedoch Rdn. 12.

3. Streichung wegen Schöffenunfähigkeit (Absatz 1 Nr. 1). Der Tod eines Schöffen ist selbstverständlich ein Streichungsgrund i. S. des § 52 Abs. 1 Nr. 1. Das Nachrücken des Hilfsschöffen richtet sich hier nach dem Zeitpunkt der Kenntnis des Gerichts[3]. Im übrigen ergeben sich die Unfähigkeitsgründe aus § 31 Satz 2, § 32. Sie führen zur Streichung für die ganze Amtsperiode oder für deren Rest. Eine vorübergehende Streichung bis zum Wegfall eines Hindernisses oder für einzelne Sitzungstage ist unzulässig[4]. Nach h. M.[5] gilt die Nr. 1 auch für die Unfähigkeitsgründe des § 32 Nr. 2, wenn sie im Zeitpunkt der Entscheidung über die Streichung bereits wieder weggefallen sind, wie z. B. in dem Fall, daß die wegen eines schwebenden Ermittlungsverfahrens gegebene Schöffenunfähigkeit eines gewählten Schöffen alsbald nach der Streichung und bevor es zu einer Amtsausübung des Schöffen gekommen ist, durch Einstellung des Ermittlungsverfahrens beendet wird. Dem steht die Auffassung gegenüber, daß in diesem Fall die Streichung von der Liste rückgängig zu machen sei[6]. Der Bundesgerichtshof[7] hat diese Streitfrage offengelassen und sich nur — mit Recht — gegen die Annahme gewandt, daß ein zeitlich späterer Freispruch des Schöffen mit rückwirkender Kraft die z. Zt. seiner Mitwirkung vorliegende Schöffenunfähigkeit heilen könne. Da die Streichung von der Schöffenliste die Bestimmung des gesetzlichen Richters betrifft, muß jedoch Klarheit herrschen, wer als Schöffe berufen ist. Das wäre bei einer Rückgängigmachung nicht gewährleistet[8], denn nach § 49 Abs. 2 Satz 1 trat an die Stelle des gestrichenen Hauptschöffen ein Hilfsschöffe, und damit erscheint es unvereinbar, daß der gestrichene Hauptschöffe dorthin zurückkehrt, oder daß er etwa — an welcher Stelle? — wenigstens als Hilfsschöffe in die Liste aufgenommen werden könnte. 3

4. Streichung wegen Schöffenungeeignetheit (Absatz 1 Nr. 2). Die **Gründe der Nichtberufung** ergeben sich aus §§ 33, 34, nicht aber aus § 35[9], weil dieser vom Wortlaut der Struktur des § 53 entspricht. Bei § 33 Nr. 1 ist zu beachten, daß eine Streichung bei inzwischen erreichtem 25. Lebensjahr nicht mehr zulässig ist[10]. Was den Nichtberufungsgrund des § 33 Nr. 3 anlangt, so findet nach dessen Zweckbestimmung § 52 Abs. 1 Nr. 3 auch Anwendung, wenn ein Schöffe den im Zeitpunkt seiner Wahl bestehenden Wohnsitz im Lauf der Amtsperiode dergestalt wechselt, daß der Schöffengerichtsschöffe seinen Wohnsitz in einen anderen Amtsgerichtsbezirk, der Strafkammerschöffe (§ 77 Abs. 1) ihn in einen anderen Landgerichtsbezirk verlegt[11]; besteht der Bezirk aus mehreren Verwaltungsbezirken, so ist es ohne Bedeutung, ob ein Wohnsitzwechsel innerhalb des Gerichtsbezirks mit einem Wechsel des Verwaltungsbezirks verbunden ist[12]. Wird die Wohnsitzgemeinde des Schöffen aus dem Gerichtsbezirk ausgegliedert, ist ebenfalls eine Streichung von der Liste vorzunehmen[13]. Längerer Auslandsaufenthalt kann im Einzelfall zur Streichung führen. Im allgemeinen kommt hier jedoch nur eine Entbindung gem. § 54 in 4

---

3 BGH bei *Herlan* GA **1963** 101 zu § 49.

4 *Katholnigg*[3] 2.

5 Z. B. BGHSt **9** 205, 206; **10** 252; *Eb. Schmidt* 5; KMR-*Paulus* 6.

6 So OLG Bremen MDR **1964** 244; *Kleinknecht/Meyer-Goßner*[44] 5 zu § 32; *Oetker* GA **49** (1903) 207; *Schorn* Laienrichter 54; s. auch LR[23] § 32, 9 und § 52, 2.

7 BGHSt **35** 28 = NStZ **1987** 568.

8 *Katholnigg* JR **1989** 36, 37.

9 *Katholnigg*[3] 4; KMR-*Paulus* 1; **a. A** BGH bei *Kusch* NStZ **1994** 26 = BGHR zu § 52 Abs. 1 Nr. 2 – Schöffenliste 1 – unter mißverstandener Berufung auf BGHSt **28** 61; KK-*Kissel*[4] 4; *Kleinknecht/Meyer-Goßner*[44] 1.

10 *Kissel* 6.

11 RGSt **39** 277, 306; BGHSt **28** 61, 64 = NJW **1978** 2162; BGH StV **1982** 60; *Hänle* Justiz **1974** 146, *Kissel* 6.

12 So – bezgl. Strafkammerschöffen – BGH StV **1982** 60.

13 *Kissel* 6; *Kleinknecht/Meyer-Goßner*[44] 1.

Betracht[14]. Bei § 33 Nr. 4 kommt es auf den aktuellen geistigen und körperlichen Zustand an. Auch in den Fällen des § 34 Nr. 1 bis 6 muß die Funktion noch andauern.

5 **5. Streichungsgründe außerhalb des GVG.** Die Regelung des § 52 ist durch das Gesetz zur Prüfung von Rechtsanwaltszulassungen, Notarbestellungen und Berufungen ehrenamtlicher Richter (§ 33, 9) um die dort in § 9 genannten Gründe ergänzt worden. Im Gegensatz zu § 52 kann der Schöffe allerdings bis zur Entscheidung über die Abberufung durch Anordnung des Gerichts von der Schöffentätigkeit suspendiert werden (§ 10 Abs. 3). Solange wird der Schöffe als verhindert i. S. des § 54 behandelt, d. h. er wird durch einen Hilfsschöffen ersetzt. Wegen des schweren mit der Abberufung verbundenen Vorwurfs sieht § 10 Abs. 4 RANotzPrüfG zwar für den betroffenen Schöffen die Möglichkeit einer Überprüfung vor, aber eine positive Feststellung des Nichtvorliegens eines Ablehnungsgrundes führt — wie auch sonst — nicht zur Rückkehr in das Schöffenamt.

6 **6. Feststellung des Streichungsgrundes.** Die Streichung von der Liste setzt voraus, daß die Unfähigkeit oder Ungeeignetheit gemäß Absatz 3 festgestellt ist. Bedarf die Frage, ob Streichungsgründe vorliegen, erst noch der Nachprüfung, so kann während des Prüfungsverfahrens von der Heranziehung des Schöffen nicht abgesehen werden, auch nicht mit der Begründung, daß er i. S. des § 54 Abs. 1 verhindert sei[15]. Eine Ausnahme gilt nach dem RANotzPrüfG (oben Rdn. 5). Über die Ersetzung des gestrichenen Hauptschöffen vgl. § 49 Abs. 2.

II. Streichung auf Antrag wegen Übermaßes der Heranziehung (Absatz 2)

7 **1. Bedeutung der Vorschrift.** An Maßnahmen, die einer übermäßigen Heranziehung zum Schöffenamt entgegenwirken sollen, sieht § 35 Nr. 2 ein Recht zur Ablehnung der Berufung zum Schöffenamt für Personen vor, die in der vorhergehenden Amtsperiode die Verpflichtung als Schöffe an vierzig Tagen erfüllt haben. Nach § 43 Abs. 2 ist die Zahl der vom Wahlausschuß zu wählenden Hauptschöffen so zu bestimmen, daß jeder voraussichtlich zu nicht mehr als zwölf ordentlichen Sitzungstagen im Jahr herangezogen wird; dem einzelnen Schöffen, der, etwa in einem Großverfahren von mehrmonatlicher Dauer, zu wesentlich mehr als zu zwölf Sitzungstagen im Jahr herangezogen wird, erwächst daraus aber kein Recht, die weitere Mitwirkung zu verweigern (§ 43, 2). Für Hilfsschöffen besteht keine dem § 43 Abs. 2 entsprechende Vorschrift. **Als weitere Maßnahme,** die im Rahmen des Möglichen die Schwierigkeiten mildern soll, die Haupt- wie Hilfsschöffen, namentlich wenn sie im Berufsleben stehen, aus einer übermäßigen Heranziehung zum Schöffenamt erwachsen können, gibt ihnen § 52 Abs. 2 das Recht, die Streichung von der Schöffenliste zu verlangen, wenn sie während eines Geschäftsjahres an mehr als vierundzwanzig Sitzungstagen an Sitzungen teilgenommen haben. Ein Schöffe, der in der Hauptverhandlung eines Großverfahrens mitwirkt und an dieser bereits an mehr als vierundzwanzig Sitzungstagen teilgenommen hat, hat naturgemäß nicht das Recht, seine Streichung vor Abschluß der Hauptverhandlung zu verlangen, selbst wenn ein Ergänzungsschöffe bereit stehen sollte; das ergibt sich, wenn es noch einer Begründung bedürfte, schon aus der in Absatz 2 Satz 2, 3 vorgesehenen Hinausschiebung der Wirksamkeit einer Streichung im Hinblick auf bevorstehende Sitzungen in neuen Hauptverhandlungen, an denen der Schöffe mitzuwirken berufen ist.

---

[14] BGHSt **28** 61, 64.

[15] BGHSt **27** 105; BGHSt **35** 28 = JR **1989** 36; gegen OLG Celle MDR **1972** 261.

2. Voraussetzungen der Streichung. Für die Streichung nach § 52 Abs. 1 ist es gleichgültig, auf welche Weise dem Richter beim Amtsgericht die Streichungsgründe bekannt werden. Dasselbe gilt für die Regelung des RANotzPrüfG. In beiden Fällen kann das Verfahren auch von Amts wegen eingeleitet werden. Die Streichung nach § 52 Abs. 2 setzt formell einen Antrag des Schöffen voraus, der keiner Form bedarf und an keine Frist gebunden ist. Es kann daher ein Schöffe, der im ersten Jahr der Amtsperiode die sachlichen Antragsvoraussetzungen erfüllt hat, auch noch im dritten Geschäftsjahr den Antrag stellen. Sachliche Voraussetzung ist, daß der Schöffe in ein und demselben Geschäftsjahr an mehr als vierundzwanzig Tagen (also mindestens an fünfundzwanzig Tagen) an Sitzungen teilgenommen hat. Dabei ist es gleichgültig, ob an diesen Tagen jeweils neue Sachen angestanden haben, oder ob es sich um eine einzige Hauptverhandlung gehandelt hat. An jedem von wenigstens fünfundzwanzig Tagen muß aber mindestens eine Sitzung stattgefunden haben, an der der Schöffe teilnahm. Auf die Dauer der einzelnen Sitzung kommt es allerdings nicht an; eine Sitzung liegt auch vor, wenn sie alsbald nach ihrem Beginn, gleichviel aus welchen Gründen, beendet worden ist[16]. Unbeachtlich ist folglich die Zahl der Heranziehungen, die ja auch aufgehobene Sitzungen umfaßt. 8

3. Wirkung und Wirksamkeit der Streichung

a) Hauptschöffen. Bei Streichung eines Hauptschöffen tritt gemäß § 49 Abs. 2 an seine Stelle der in der Hilfsschöffenliste an nächster Stelle stehende Hilfsschöffe. Der Wirksamkeitsbeginn einer Streichung ist aber durch Absatz 2 Satz 2 hinausgeschoben, wonach „die Streichung nur für Sitzungen wirksam wird, die später als zwei Wochen nach dem Tag beginnen, an dem der Antrag bei der Schöffengeschäftsstelle eingeht". Diese Hinausschiebung der Wirksamkeit der Streichung „soll einen geordneten Geschäftsbetrieb beim Gericht erleichtern und die rechtzeitige Ladung des aufrückenden Hilfsschöffen sicherstellen"[17]. Die Bedeutung der Vorschrift ist aber nicht eindeutig. Sie kann nicht gut dahin verstanden werden, daß schon der Eingang des Antrags bei der Schöffengeschäftsstelle für den Fristbeginn maßgeblich sei, denn die Schöffengeschäftsstelle führt erst die Streichung bei gleichzeitiger Übertragung des an nächster Stelle stehenden Hilfsschöffen in die Hauptschöffenliste (§ 49 Abs. 3 Satz 3) durch, nachdem die richterliche Streichungsanordnung bei ihr eingegangen ist (§ 49 Abs. 3 Satz 1). Auch kann § 52 Abs. 2 Satz 2 schwerlich als eine positivrechtliche Ausnahme von dem formalisierten Reihenfolgeprinzip des § 49 Abs. 3 gewertet werden. Gewiß kann es Sache des Urkundsbeamten der Schöffengeschäftsstelle sein, an Hand der Unterlagen dieser Geschäftsstelle die Berechtigung des bei ihr eingehenden Antrags alsbald zu prüfen und die Anordnung des Richters beim Amtsgericht (der Strafkammer) vorzuverfügen in der Erwartung, daß in aller Kürze die Streichungsanordnung bei ihm eingeht; aber es besteht keine Gewähr, daß nicht doch der Antrag eine weitere richterliche Prüfung erforderlich macht, oder daß aus anderen Gründen die richterliche Entscheidung später als zwei Wochen nach dem Tag des Antragseingangs bei der Schöffengeschäftsstelle eingeht, zwischenzeitlich aber der bei Antragseingang an nächster Stelle stehende Hilfsschöffe ein anderer ist als der bei Eingang der Streichungsanordnung an nächster Stelle stehende Hilfsschöffe. Man wird also § 52 Abs. 2 Satz 2 dahin zu verstehen haben, daß unter dem Tag des Eingangs des Streichungsantrags bei der Schöffengeschäftsstelle der Tag zu verstehen ist, an welchem die durch den Streichungsantrag ausgelöste Streichungsanordnung bei der Schöffengeschäftsstelle eingeht. 9

b) Hilfsschöffen. Bei einem Hilfsschöffen, dessen Streichungsantrag stattgegeben wurde, dem aber bereits vor Eingang und Durchführung der Streichungsanordnung eine 10

[16] Begr. BTDrucks. **8** 976, S. 64.

[17] Begr. BTDrucks. **8** 976, S. 65.

Mitteilung über seine Heranziehung zu einem bestimmten Sitzungstag (§ 45 Abs. 4 Satz 5) zugegangen war, wird die Streichung nach Absatz 4 Satz 3 erst nach Abschluß der an diesem Sitzungstag begonnenen Hauptverhandlung wirksam. Maßgebend ist danach nicht, ob schon vor der Streichung eine Zuweisung des Hilfsschöffen durch die Schöffengeschäftsstelle für eine Sitzung (oben 3) erfolgt war (§ 49 Abs. 3 Satz 2), sondern ob ihm eine Heranziehungsmitteilung — praktisch: eine Ladung — zu einem bestimmten Sitzungstag, an dem eine Hauptverhandlung begann, *zugegangen* ist. Für die Dauer dieser Hauptverhandlung muß er, trotz der inzwischen erfolgten Streichung, die insoweit in ihrer Wirkung gehemmt ist, seinen Pflichten als Hilfsschöffe (oder Ergänzungsschöffe, § 48 Abs. 1, § 49 Abs. 1) nachkommen, und zwar ohne Rücksicht auf ihre Dauer, also auch, wenn sie erneut mehr als vierundzwanzig Sitzungstage umfassen sollte.

11 **c) Abweichende Konstruktionen.** Von einer anderen als der hier vertretenen Auffassung, wonach die Streichung vorzunehmen ist, ihre Wirksamkeit aber unter den Voraussetzungen des Absatzes 2 Satz 2, 3 hinausgeschoben wird, geht die Begründung[18] aus. Danach „schließt Satz 3 für Hilfsschöffen im Interesse der Funktionsfähigkeit der Rechtspflege die Streichung in der Zeit zwischen der Ladung des Hilfsschöffen und der Beendigung der Hauptverhandlung aus. Nach deren Ende wird sie allerdings wirksam, auch wenn dem Hilfsschöffen nach Eingang seines Antrags eine erneute Ladung zugegangen ist“. Mit dem Gesetzeswortlaut ist diese Konstruktion, nach der nicht die Wirksamkeit der erfolgten Streichung — aber nur für die Erledigung einer zuvor angefallenen Hilfsschöffenaufgabe —, sondern die Streichung selbst hinausgeschoben wird, und die überdies mit dem Eingang des Streichungsantrags Rechtswirkungen verbindet, obwohl dieser Zeitpunkt nach Satz 3 keine Rolle spielt, wohl nicht vereinbar.

III. Entscheidungszuständigkeit und Verfahren (Absatz 3)

12 **1. Zuständigkeit.** Die Entscheidung über die Streichung und Nichtheranziehung, die stets förmlich ergehen muß[19], trifft nach Absatz 3 der Richter beim Amtsgericht, beim Landgericht nach § 77 Absatz 3 Satz 2 eine Strafkammer. Zuständig ist danach grundsätzlich der Richter beim Amtsgericht und die Strafkammer, denen der Geschäftsverteilungsplan die entsprechenden Aufgaben zuweist; bei großen Gerichten können auch mehrere Richter beim Amtsgericht (mehrere Strafkammern) als zuständig bezeichnet werden[20]. Es widerspricht wohl nicht dem Gesetz, wenn in Eilfällen — der Schöffe macht nach der in Nr. 126 RiStBV vorgesehenen Belehrung vor Beginn der Sitzung über die Unfähigkeitsgründe Umstände geltend, die, ggf. nach Aufklärung auf kürzestem Wege, *deutlich* einen Unfähigkeitsgrund ergeben; die Herbeiführung der Entscheidung des nach der Geschäftsverteilung zuständigen Richters (der Strafkammer) ist ohne wesentliche Verzögerung des Verhandlungsbeginns nicht möglich — das Gericht den gesetzlichen Ausschluß des Schöffen von der Mitwirkung feststellt und eine Ersetzung nach § 49 herbeiführt[21]. Nicht zulässig ist es dagegen, während des etwa noch erforderlichen Prüfungsverfahrens den Schöffen entsprechend § 54 als verhindert anzusehen[22]. Der Schöffe ist während der Dauer des Prüfungsverfahrens vielmehr weiterhin heranzuziehen. Wegen der Sonderregelung nach dem RANotzPrüfG s. oben Rdn. 5, 6. Die Mitwirkung eines nach §§ 33, 34 ungeeigneten Schöffen begründet zwar („sollen nicht berufen werden“) — anders als die des nach

---

[18] BTDrucks. **8** 976, S. 65; s. auch *Katholnigg* NJW **1978** 2377.

[19] BGHSt **10** 252; **28** 61, 64.

[20] **A. A** *Katholnigg*[3] 6.

[21] BGHSt **10** 252, 254.

[22] BGHSt **27** 105 = NJW **1977** 965 mit Anm. *Müller* S. 1889; BGHSt **28** 61, 65; *Katholnigg*[3] 3; **a. A** OLG Celle MDR **1972** 261.

§§ 31 Satz 2, 32 unfähigen Schöffen — nicht die Rüge aus § 338 Nr. 1 StPO[23]. RiStBV Nr. 126 Absatz 1 weist deshalb den Vorsitzenden nur darauf hin, die Schöffen über Unfähigkeitsgründe, nicht auch über Ungeeignetheit zu belehren. Jedoch ist es, wenn der Schöffe zur Sitzung erscheint und hier die Ungeeignetheit festgestellt wird, in Eilfällen auch hier zulässig und geboten, schon alsbald der Sollvorschrift der §§ 33, 34 Rechnung zu tragen, von der Heranziehung des Schöffen abzusehen und nach § 49 zu verfahren.

2. Dem Gebot der **Anhörung** (= Gewährung der Gelegenheit zur Äußerung) ist im Fall des Absatzes 2 bereits genügt, wenn die Staatsanwaltschaft dem Antrag des Schöffen nicht widerspricht und der Richter ihm stattgibt. Wenn der Streichungsantrag erst eingeht, nachdem bereits eine Sitzung unter Mitwirkung des Schöffen bestimmt war, hat die Entscheidung nach § 54 Abs. 1 den Vorrang[24]. Im übrigen kann die Anhörung mündlich (zu Protokoll) oder schriftlich erfolgen. **13**

3. Unanfechtbarkeit (Absatz 4). Die Frage der Anfechtbarkeit einer Abberufung wird von § 52 Abs. 4 und § 10 Abs. 4 RANotzPrüfG einheitlich geregelt. Weder dem beteiligten Schöffen noch der Staatsanwaltschaft steht eine Beschwerde zu, auch nicht, wenn der Richter (die Strafkammer) einen auf Anwendung des § 52 gerichteten Antrag verworfen hat. Durch eine solche ablehnende Entscheidung wird aber eine spätere Streichung auf Grund neuer Tatsachen und Beweismittel nicht ausgeschlossen. Auch wird trotz des § 336 Satz 2 StPO durch eine die Streichung ablehnende Entscheidung eine Anfechtung des Urteils wegen angeblicher Mitwirkung eines unfähigen Schöffen (§ 338 Nr. 1) nicht ausgeschlossen, wenn die die Streichung ablehnende Entscheidung auf Willkür beruht[25]. Umgekehrt muß, wenn infolge eines gegen ein Urteil eingelegten Rechtsmittels von dem Gericht höherer Instanz die Unfähigkeit eines Schöffen festgestellt wird, der Richter beim Amtsgericht den Namen des Schöffen von der Liste streichen, damit nicht künftig anfechtbare Urteile erlassen werden (h. M). Soweit körperliche oder geistige Gebrechen eines Schöffen (§ 33 Nr. 4) als Gründe einer vorschriftswidrigen Besetzung des Gerichts (§ 338 Nr. 1 StPO) in Betracht kommen, greift ebenfalls der Gedanke des Abs. 1 Nr. 2 durch, daß die Rüge nur begründet ist, wenn ein Beschluß nach § 52 Abs. 2, der die Ungeeignetheit verneint, auf einer klar zu Tage liegenden Gesetzesverletzung oder auf Willkür beruht[26]. **14**

IV. Fortbestand der Hilfsschöffenaufgaben nach Übertragung in die Hauptschöffenliste (Absatz 5)

Während § 52 Abs. 2 unter dem Gesichtspunkt der Erleichterung eines geordneten Geschäftsbetriebs und der Erhaltung der Funktionsfähigkeit der Rechtspflege bestimmt, daß ein wegen übermäßiger Heranziehung zum Schöffendienst antragsgemäß gestrichener Haupt- oder Hilfsschöffe trotz der Streichung noch in gewissem Umfang die Aufgaben eines Schöffen zu erfüllen hat, zu denen er vor der Streichung schon herangezogen worden war, trifft Absatz 5 — aus den gleichen Gründen — eine ähnliche Regelung für den Fall, daß ein Hilfsschöffe unter Streichung in der Hilfsschöffenliste in die Hauptschöffenliste aufgenommen wurde (vgl. §§ 46, 49 Abs. 2): er hat dann trotz seiner Streichung in der Hilfsschöffenliste noch die Aufgaben eines Hilfsschöffen zu erfüllen, zu denen er vor der Übertragung in die Hauptschöffenliste herangezogen worden war. **Kollidieren** die durch vorgängige Heranziehung konkretisierten Hilfsschöffendienstleistungen mit den **15**

---

[23] BGH GA **1961** 206.
[24] BGH GA **1979** 271.
[25] Dazu LR-*Hanack* § 336, 14 StPO; § 338, 34 StPO.
[26] BGH bei *Herlan* GA **1971** 34.

dem neuen Hauptschöffen in dieser Eigenschaft zufallenden Dienstleistungen, so haben die ersteren Vorrang, und der insoweit verhinderte Hauptschöffe muß durch einen Hilfsschöffen ersetzt werden. Ein entsprechender Grundsatz war bereits im Wege der Auslegung des früher geltenden Rechts in der Rechtsprechung entwickelt worden[27]; er ist durch § 52 Abs. 5 legalisiert worden. Eine vorgängige Heranziehung als Hilfsschöffe liegt, wie aus § 52 Abs. 2 Satz 3 zu folgern ist, vor, wenn dem Hilfsschöffen vor seiner Streichung in der Hilfsschöffenliste mit gleichzeitiger Übertragung in die Hauptschöffenliste bereits eine Mitteilung über seine Heranziehung zu einem bestimmten Sitzungstag (seine Einberufung) zugegangen ist. Der bisherige Hilfsschöffe wirkt also nicht nur an Hauptverhandlungen weiter mit, die schon vor seiner Aufnahme in die Hauptschöffenliste begonnen hatten, sondern auch an solchen, die erst beginnen, nachdem er bereits Hauptschöffe geworden ist, sofern er vor diesem Zeitpunkt als Hilfsschöffe einberufen worden war.

V. Ergänzungsnachwahl der Hilfsschöffen (Absatz 6)

16 **1. Voraussetzungen und Verfahren.** Da an die Stelle dauernd wegfallender Hauptschöffen Hilfsschöffen als Hauptschöffen treten (§ 49 Abs. 2), bleibt die Zahl der zu Beginn des Geschäftsjahres ausgelosten Hauptschöffen grundsätzlich gleich. Die ursprüngliche Zahl der Hauptschöffen erhöht sich sogar gemäß § 46, wenn im Lauf des Geschäftsjahres weitere Spruchkörper gebildet werden; auch die hierfür benötigten Schöffen werden aus der Hilfsschöffenliste ausgelost. Dagegen sah das bisherige Recht keine Ergänzung der Zahl der für die Amtsperiode gewählten Hilfsschöffen vor, wenn diese Zahl sich durch Aufrücken von Hilfsschöffen zu Hauptschöffen oder durch dauernden Wegfall von Hilfsschöffen aus anderen Gründen (vgl. § 52 Abs. 1, 2) auf Dauer vermindert, so daß bei verminderter Hilfsschöffenzahl die Zahl der auf den einzelnen Hilfsschöffen entfallenden Vertretungen vorübergehend ausfallender Hauptschöffen ansteigt mit der Folge vermehrter Entbindungsanträge nach § 54 oder Streichungsanträge nach § 52 Abs. 2. Hier will der neu eingefügte Absatz 6 wenigstens in Extremfällen, nämlich in den Fällen, in denen die ursprünglich gewählte Zahl von Hilfsschöffen sich durch dauernden Wegfall von Hilfsschöffen auf die Hälfte verringert hat, durch Anordnung einer Nachwahl Abhilfe schaffen. Die Nachwahl obliegt dem Ausschuß, der die Hilfsschöffen zu Beginn der Amtsperiode gewählt hatte (§ 42). Dabei geht die Begründung offenbar davon aus, daß dieser Ausschuß, soweit möglich, in seiner ursprünglichen Zusammensetzung tätig zu werden habe[28], denn sie führt aus: „Er [der Ausschuß] braucht also nicht neu gebildet zu werden, doch ist im Verhinderungsfall eines Mitglieds die Mitwirkung eines Vertreters statthaft". Notfalls müssen also ein neuer Verwaltungsbeamter bestimmt und neue Vertrauenspersonen gewählt werden (§ 40 Abs. 2, 3). Die Ergänzungswahl hat, obwohl das nicht ausdrücklich gesagt ist, die Auffüllung der Hilfsschöffenzahl auf den ursprünglichen Bestand zum Gegenstand. Der Richter beim Amtsgericht als Vorsitzender des Wahlausschusses (§ 40 Abs. 2) kann nach Absatz 6 Satz 2 von der Ergänzungswahl absehen, wenn sie in den letzten sechs Monaten der Amtsperiode (§ 42 Abs. 1) stattfinden müßte; damit soll offenbar ermöglicht werden, den mit der Ergänzungswahl verbundenen Aufwand zu vermeiden, wenn es während des verhältnismäßig kurzen Zeitraums bis zur allgemeinen Neuwahl der Schöffen hingenommen werden kann, mit der geminderten Zahl von Hilfsschöffen auszukommen.

17 2. Die **Reihenfolge der Heranziehung der neugewählten Hilfsschöffen** wird gemäß **§ 45 Abs. 3 Satz 4** durch Auslosung bestimmt. Jedoch werden nach § 52 Abs. 6 Satz 3

[27] Vgl. BGHSt **22** 289; BGH GA **1976** 142 mit weit. Nachw.

[28] BTDrucks. **8** 976, S. 65.

neu ausgelost nur die Plätze im Anschluß an die noch besetzten Listenplätze. Für die Heranziehung der so ergänzten Hilfsschöffenliste bildet diese aber eine neue einheitliche Liste, auf die in vollem Umfang das Reihenfolgeprinzip Anwendung findet.

§ 53

(1) [1]Ablehnungsgründe sind nur zu berücksichtigen, wenn sie innerhalb einer Woche, nachdem der beteiligte Schöffe von seiner Einberufung in Kenntnis gesetzt worden ist, von ihm geltend gemacht werden. [2]Sind sie später entstanden oder bekannt geworden, so ist die Frist erst von diesem Zeitpunkt zu berechnen.

(2) [1]Der Richter beim Amtsgericht entscheidet über das Gesuch nach Anhörung der Staatsanwaltschaft. [2]Die Entscheidung ist nicht anfechtbar.

Entstehungsgeschichte. VereinheitlG 1950 (nur redaktionelle Änderungen). Durch Art.11 Nr. 6 des PräsVerfG wurde in Absatz 2 „Amtsrichter" durch „Richter beim Amtsgericht" ersetzt.

1. Ablehnungsgründe. § 53 Abs. 1 betrifft den Fall, daß ein Schöffe die Berufung zum Schöffenamt überhaupt, d. h. für die ganze Amtsperiode oder deren noch übrigen Teil, aus einem der in § 35 bestimmten Gründe ablehnt. Einem berechtigten Antrag eines Schöffen ist stets stattzugeben, ggf. schon im Rahmen der Berichtigung der Vorschlagsliste. Bei anderen als den in § 35 bezeichneten Personen ist eine völlige Befreiung vom Schöffendienst für die ganze Amtsperiode oder deren Rest unstatthaft und eine entsprechende Anwendung der §§ 35, 53 ausgeschlossen[1]. Vgl. aber § 54. **1**

2. Die einwöchige **Ausschlußfrist** bezweckt, die Weiterungen zu vermeiden, die entstehen könnten, wenn das Ablehnungsrecht unmittelbar vor oder erst in der Sitzung geltend gemacht würde (Begr. S. 49). Die Frist beginnt (außer im Fall des Satzes 2) mit dem Ablauf des Tages, an dem der Schöffe (Haupt- oder Hilfsschöffe) von seiner Berufung gemäß § 45 Abs. 4 benachrichtigt wird. Ist es unterlassen worden, die Hilfsschöffen im voraus von ihrer Wahl zu benachrichtigen (§ 45 Abs. 4 Satz 3), so beginnt für jeden die Frist mit dem Ablauf des Tages, an dem er zuerst zu einer Sitzung einberufen wird (§ 45 Abs. 4 Satz 4, 5). **2**

3. Form. Eine besondere Form für die Ablehnungserklärung sieht das Gesetz nicht vor. Deswegen kann sie schriftlich oder zur Niederschrift der Geschäftsstelle des Richters beim Amtsgericht bzw. der für diese Entscheidungen zuständigen Strafkammer abgegeben werden. Der Zeitpunkt einer Protokollierung ist festzuhalten. **3**

4. Verfahren (Absatz 2). Wegen des Verfahrens im Fall des Absatzes 2 vgl. § 52, 12 bis 14. Die Entscheidung des Richters ist unanfechtbar. Solange der Richter dem Ablehnungsgrund nicht entsprochen hat, muß der Schöffe herangezogen werden[2]. Auch wenn das Gesuch zu Unrecht abgelehnt wird, kommt eine ordnungswidrige Besetzung des Gerichts (§ 338 Nr. 1 StPO), bei dem der Schöffe Dienst leistet, nicht in Betracht, weil die Gründe des § 35 den Schöffen zur Amtsausübung nicht unfähig machen. **4**

---

[1] BGHSt **9** 203 = NJW **1956** 1326; *Katholnigg*[3] 1; *Kissel* 1; *Kleinknecht/Meyer-Goßner*[44] 1.

[2] BVerwG NJW **1963** 1219.

§ 54

(1) [1]Der Richter beim Amtsgericht kann einen Schöffen auf dessen Antrag wegen eingetretener Hinderungsgründe von der Dienstleistung an bestimmten Sitzungstagen entbinden. [2]Ein Hinderungsgrund liegt vor, wenn der Schöffe an der Dienstleistung durch unabwendbare Umstände gehindert ist oder wenn ihm die Dienstleistung nicht zugemutet werden kann.

(2) [1]Für die Heranziehung von Hilfsschöffen steht es der Verhinderung eines Schöffen gleich, wenn der Schöffe nicht erreichbar ist. [2]Ein Schöffe, der sich zur Sitzung nicht einfindet und dessen Erscheinen ohne erhebliche Verzögerung ihres Beginns voraussichtlich nicht herbeigeführt werden kann, gilt als nicht erreichbar. [3]Ein Hilfsschöffe ist auch dann als nicht erreichbar anzusehen, wenn seine Heranziehung eine Vertagung der Verhandlung oder eine erhebliche Verzögerung ihres Beginns notwendig machen würde. [4]Die Entscheidung darüber, daß ein Schöffe nicht erreichbar ist, trifft der Richter beim Amtsgericht. [5]§ 56 bleibt unberührt.

(3) [1]Die Entscheidung ist nicht anfechtbar. [2]Der Antrag nach Absatz 1 und die Entscheidung sind aktenkundig zu machen.

Schrifttum. *Hamm* Die Besetzungsrüge nach dem Strafverfahrensänderungsgesetz 1979, NJW **1979** 136; *Katholnigg* Die gerichtsverfassungsrechtlichen Änderungen durch das StVÄG 1979, NJW **1978** 2378; *Lisken* Zur Gewissensfreiheit des Schöffen, NJW **1997** 34; *Meinen* Die Heranziehung zum Schöffenamt – Gerichtsverfassungs- und revisionsrechtliche Probleme (1993); *Rieß* Die Besetzungsrüge in Strafsachen in der neueren Rechtsprechung des Bundesgerichtshofs, DRiZ **1977** 289; *Rieß* Das Strafverfahrensänderungsgesetz 1979, NJW **1978** 2271.

Entstehungsgeschichte. In der Fassung des VereinhG 1950 lautete die Vorschrift:

„(1) Der Richter beim Amtsgericht kann einen Schöffen auf dessen Antrag wegen eingetretener Hinderungsgründe von der Dienstleistung an bestimmten Sitzungstagen entbinden.

(2) Die Entbindung des Schöffen von der Dienstleistung kann davon abhängig gemacht werden, daß ein anderer für das Dienstjahr bestimmter Schöffe für ihn eintritt.

(3) Der Antrag und die Bewilligung sind aktenkundig zu machen."

Der Absatz 2 wurde wegen der dagegen erhobenen rechtsstaatlichen Bedenken durch Art. 2 Nr. 15 des 1. StVRG 1974 gestrichen und der bisherige Absatz 3 wurde dadurch Absatz 2. Die geltende Fassung des § 54 beruht auf Art. 2 Nr. 5 StVÄG 1979, durch den ein neuer Satz 2 des Absatzes 1, ein neuer Absatz 2 und ein neuer Absatz 3 Satz 1 eingeführt wurden; Absatz 3 Satz 2 entspricht — sachlich unverändert — dem bisherigen Absatz 2.

Übersicht

I. Allgemeines

1 § 54 Abs. 1 hat den Fall zum Gegenstand, daß ein schöffenfähiger und schöffengeeigneter Haupt- oder Hilfsschöffe, der gemäß § 45 Absatz 4 Satz 4, 5 von dem bestimmten Sitzungstag, an dem er tätig werden muß, benachrichtigt ist, seine Entbindung von der Dienstleistung unter Berufung auf die in Absatz 1 Satz 2 bezeichneten Hinderungsgründe beantragt. Wenn das Gesetz dabei von „eingetretenen" Hinderungsgründen spricht, so bedeutet das — selbstverständlich — nicht, daß der Hinderungsgrund schon z. Zt. der Antragstellung (oder der Antragsbescheidung) verwirklicht sein müsse, sondern das Eingetretensein bezieht sich auf den Zeitpunkt der Dienstleistung, der unter Umständen, wie z. B. der Beginn der als Hinderungsgrund angegebenen Urlaubsreise, mehrere Wochen nach dem Termin der Heranziehung liegt (vgl. dazu unten Rdn. 6). Ein Hauptschöffe kann im voraus auch von mehreren Sitzungen entbunden werden („an bestimmten Sitzungstagen"), z. B. aus Anlaß einer längeren Auslandsreise. Bei einem Hilfsschöffen, bei dem nicht voraussehbar ist, ob und wann er zur Dienstleistung herangezogen wird, kommt eine Vorausentbindung nicht in Betracht[1]. Der entbundene Schöffe wird nach § 49 ersetzt.

II. Hinderungsgründe

2 **1. Reformgründe.** In seiner vor dem Inkrafttreten des StVÄG 1979 geltenden Fassung enthielt § 54 Abs. 1 keine die „eingetretenen Hinderungsgründe" konkretisierenden Angaben. Zwar war die oberstrichterliche Rechtsprechung lückenausfüllend darum bemüht, im Wege der Auslegung den Begriff der eine Entbindung rechtfertigenden Hinderungsgründe zu umgrenzen und war dabei sogar in gewissem Umfang zu einer gefestigten Rechtsprechung gekommen, die in Einzelheiten ihre Bedeutung für die Auslegung des § 54 behalten hat. Jedoch reichte dies — aus verschiedenen Gründen[2] — zur Schaffung von Rechtssicherheit und Rechtsklarheit nicht aus, und dies trug dazu bei, daß die Fragen, die mit dem Eintritt anderer als der ursprünglich berufenen Schöffen verbunden waren, „den fehlerträchtigsten Bereich der Schöffenheranziehung" darstellten[3]. So stellen die Änderungen des § 54 — die gesetzliche Konkretisierung der Hinderungsgründe in Absatz 1 Satz 2, die Gleichstellung der Nichterreichbarkeit eines Hilfsschöffen mit einer Verhinderung mitsamt der Umschreibung der Nichterreichbarkeit in Absatz 2 und die Unanfechtbarkeit der Entscheidung in Absatz 3 Satz 1 — in Verb. mit § 336 Satz 2 StPO — einen Beitrag zu den Bemühungen des StVÄG 1979 um eine Verminderung erfolgreicher Besetzungsrügen dar.

3 **2. Die Hinderungsgründe des Absatz 1 Satz 2** sind teils objektiver (unabwendbare Umstände), teils subjektiver Natur (Unzumutbarkeit der Dienstleistung wegen vorrangiger persönlicher Verhältnisse). Es handelt sich hierbei nur um vorübergehende Verhinde-

[1] OLG Hamm NJW **1957** 1121.
[2] Dazu LR[23] ErgBd. § 54, 1.
[3] *Rieß* DRiZ **1977** 294; ähnlich *Katholnigg* NJW **1978** 2378.

rungen; denn die dauerhafte Verhinderung führt zur Streichung von der Schöffenliste (§ 52).

4 a) **Unabwendbare Umstände.** In Betracht kommen zunächst **gesundheitliche Gründe**. Der Hauptanwendungsfall ist schwere, Bettlägerigkeit verursachende Erkrankung, doch kann auch z. B. erhebliche Schwerhörigkeit genügen[4]. Aus der Praxis des Verfassers sind zu ergänzen: psychosomatische Leiden (soweit vorübergehender Art, sonst kommt eine Streichung von der Schöffenliste in Betracht) sowie eine Risikoschwangerschaft. Der Schöffe hat diese Gründe möglichst konkret nachzuweisen[5]. Ein ärztliches Attest ohne Angabe der Diagnose genügt in der Regel nicht[6]. Bei ernsthaften Zweifeln kann die Untersuchung durch einen Amtsarzt gefordert werden[7]. Ein Verschulden an der Herbeiführung des Hinderungsgrundes ist ohne Bedeutung[8]. Zu denken ist auch an ein unerwartetes lang-andauerndes **Verkehrshindernis**, z. B. das Steckenbleiben in kilometerlangem Autostau infolge überraschend eingetretenen Glatteises oder Nebels oder an **hoheitliche Freiheitsbeschränkungen** wie etwa Einberufung zu einer Wehrdienstübung, Untersuchungshaft, Unterbringung oder Einsatz bei Katastrophen.

5 b) **Unzumutbarkeit der Dienstleistung.** Über die Erheblichkeit des von einem Haupt- oder Hilfsschöffen unter diesem Gesichtspunkt geltend gemachten Hinderungsgrundes und darüber, ob er glaubhaft ist, entscheidet der Richter beim Amtsgericht bzw. der Strafkammervorsitzende (§ 77 Abs. 3 Satz 3) nach pflichtmäßigen Ermessen. Hierbei können die Umstände des Einzelfalles und die Situation des Schöffen stärker berücksichtigt werden als bei dem Kriterium der unabwendbaren Umstände[9]. Die Entscheidung über den Antrag ist unanfechtbar (Absatz 3; zur Bedeutung von Willkür bei der Entscheidung s. unten Rdn. 20). Jedoch kann bei kurzfristiger Ladung, insbesondere also bei Hilfsschöffen nicht derselbe strenge Maßstab angelegt werden wie in den Fällen, in denen sich der Schöffe schon geraume Zeit vorher auf die Sitzung einstellen kann[10].

c) In Betracht kommende Hinderungsgründe[11]

6 **aa) Urlaub, Ortsabwesenheit.** Bloße Ortsabwesenheit als solche, auch wenn für längere Zeit vorgeplant, ist kein Hinderungsgrund; sie wird es erst, wenn ihr berücksichtigungsbedürftige berufliche oder private Pflichten oder Interessen zugrunde liegen, die angegeben werden müssen[12]. Was die hauptsächlich vorgebrachten Hinderungsgründe — beabsichtigter Erholungs- oder Jahresurlaub, berufliche Unabkömmlichkeit, gesundheitliches Befinden — anlangt, so ist ein Unterschied zwischen beabsichtigtem Urlaub und beruflicher Verhinderung zu machen. Zwar nimmt das Gesetz bei sehr langdauernder Hauptverhandlung auch auf das Urlaubsbedürfnis der Schöffen durch Erweiterung der Unterbrechungsmöglichkeiten (§ 229 Abs. 3 Satz 2 i. d. F des StVÄG 1987)[13] Rücksicht.

---

4 BGHSt **22** 290.

5 BGH NJW **1967** 165; BGH bei *Dallinger* MDR **1975** 198; OLG Hamburg MDR **1978** 244; *Katholnigg*[3] 4.

6 OLG Düsseldorf NJW **1992** 1712; **a.A** *Kissel* 2.

7 BGH NJW **1977** 443.

8 *Katholnigg*[3] 1; *Kissel* 2; *Kleinknecht/Meyer-Goßner*[44] 4; KMR-*Paulus* 3.

9 *Katholnigg*[3] 1; KK-*Kissel*[4] 4; *Kleinknecht/Meyer-Goßner*[44] 5; *Meinen* 77 ff legt den Begriff der Unzumutbarkeit restriktiv aus.

10 BGH 1 StR 768/75 vom 3. 2. 1976.

11 In die Darstellung sind im allgemeinen nur veröffentlichte Entscheidungen aus der Zeit der Geltung des § 54 a. F einbezogen. Eine ausführliche Übersicht auch über die seit 1973 ergangenen nicht veröffentlichten Entscheidungen des Bundesgerichtshofs gibt *Rieß* DRiZ **1977** 293, auf die hier verwiesen werden muß. Seit Geltung des Absatzes 3 sind im übrigen die Gerichte mit dieser Problematik, soweit erkennbar, kaum noch befaßt worden.

12 BGH bei *Dallinger* MDR **1975** 198.

13 S. dazu LR-*K. Schäfer*[24] Einl. Kap. **5** 133.

Im übrigen aber wird ein im voraus geplanter Urlaub unter den heutigen Verhältnissen schon im Hinblick auf die Vorbereitungen (frühzeitige Buchung bei einer Reisegruppe, oder Quartierbestellung) und die mit einer Verlegung verknüpften Schwierigkeiten im allgemeinen eine Verhinderung i. S. des § 54 Abs. 1 Satz 2 darstellen, und es braucht weder der Schöffe die Unmöglichkeit einer Verlegung darzutun noch der Richter nach dieser Richtung Fragen zu stellen oder andere Nachforschungen anzustellen. Eine andere Behandlung kann etwa in Betracht kommen, wenn dem Schöffen schon im Geschäftsjahr wegen eines längeren Urlaubs Befreiung erteilt war oder Anhaltspunkte dafür vorliegen, daß er sich der Teilnahme an der Verhandlung zu entziehen versucht[14]. Eine kurzfristige Ortsabwesenheit, etwa zur Teilnahme an einem Betriebsausflug, für dessen Organisation der Schöffe verantwortlich war, ist kein genügender Hinderungsgrund[15]. Dasselbe gilt für die Teilnahme an einer „Werbefahrt ins Blaue". Auch die Anhängigkeit eines Nachprüfungsverfahrens, ob Gründe zur Streichung von der Schöffenliste vorliegen, begründet keine Verhinderung (§ 52, 2; 5).

bb) Ausübung anderer Ehrenämter. Wird der Schöffe durch andere Ehrenämter in Anspruch genommen, ist ihm die Ausübung des Schöffenamtes unzumutbar[16]. Das ist z. B. angenommen worden bei einem Schöffen, der Vorsitzender einer Realgemeinde und gleichzeitig Ortsbürgermeister war, nicht dagegen bei der Ausübung mehrerer Vereinsvorsitze. Hierher gehört auch die evtl. noch vorgehende Tätigkeit als Hilfsschöffe (§ 52 Abs. 5). 7

cc) Berufliche und betriebliche Inanspruchnahme. Ein Hinderungsgrund kann auch darin bestehen, daß der Schöffe in seinem Betrieb oder in seiner Stellung dringend benötigt wird, wenn und soweit ihm bei der gebotenen strengen Beurteilung das Zurückstellen dieser Interessen nicht möglich oder nicht zumutbar ist[17]. Legt der Schöffe dann die maßgeblichen Umstände und die Notwendigkeit der Interessenwahrnehmung durch ihn selbst konkret dar, und erscheint sein Vorbringen dem Richter glaubhaft, kann er von einer weiteren Nachprüfung der Angaben absehen[18]. Unzulässig wäre es aber, einen Schöffen ohne weiteres auf seine Behauptung hin zu entbinden, er müsse beruflich abwesend sein, ohne die Gründe der Ortsabwesenheit zu ermitteln[19]. Auch ist bei einem an sich unaufschiebbaren Berufsgeschäft zu prüfen, ob der Schöffe sich nicht durch einen anderen vertreten lassen kann[20]. Als Verhinderungsgründe anerkannt wurden insoweit[21]: bei Unabweislichkeit die Teilnahme an Besprechungen und Auslandsdienstreisen; nachgewiesene erhebliche wirtschaftliche Einbußen; mehrfacher Ausfall eines eingearbeiteten Senatsprotokollführers; Ausfall der einzigen Buchhalterin während des Weihnachtsgeschäfts; Ausfall einer Realschullehrerin bei längerer Hauptverhandlung wegen Abschlußarbeiten der Klasse. In der Praxis des Verfassers sind ferner anerkannt worden: die Unmöglichkeit des Arbeitgebers, wegen der Kürze der Ladung einen Vertreter für den Schöffen zu finden; die Tätigkeit als Tagungsleiter; die Tätigkeit als Referent bei einer Fortbildungsveranstaltung; die Tätigkeit als Forschungsleiter im Ausland während der vorlesungsfreien Zeit; die Mitwirkung in der Prüfungskommission zur Abnahme der 2. Lehrerprüfung. Als **nicht ausreichend** galten: allgemeine „schulische" Gründe; Bildungsurlaub für eine Reise nach Bonn auf Einladung eines Bundestagsabgeordneten; ein „wichtiger" Besprechungstermin; die Tätigkeit als Studienrat im Hinblick auf eine Mitwirkung in einem Großverfahren (mehr 8

[14] BGH NJW **1977** 443; OLG Braunschweig NJW **1965** 1240.

[15] BGH vom 9. 4. 1974 – 5 StR 69/74 –.

[16] OLG Hamburg MDR **1978** 244; *Katholnigg*[3] 2.

[17] BGHSt **21** 154 = NJW **1967** 165.

[18] BGH bei *Holtz* MDR **1976** 814; NStZ **1982** 476.

[19] OLG Hamburg JR **1971** 34 1 mit Anm. *Kohlhaas.*

[20] BGHSt **21** 154 = NJW **1967** 165; **27** 344 = NJW **1978** 1169; **28** 61 = NJW **1978** 2162.

[21] Nach *Rieß* DRiZ **1977** 293.

als 40 Tage); personelle Engpässe in der Ferienzeit; die Vertretung des Betriebsinhabers während dessen Abwesenheit.

9 An BGHSt **27** 344[22] knüpft die viel erörterte Frage der Behandlung des Falles an, daß der Arbeitgeber dem Schöffen, der zu einer außerordentlich lange dauernden oder zu einer ungewöhnlich ungünstig andauernden Hauptverhandlung herangezogen wird, mit **Entlassung** droht. Grundsätzlich kann hier nach dem Bundesgerichtshof Unzumutbarkeit der Dienstleistung für den Schöffen im allgemeinen *nicht* bejaht werden, weil sonst die Beeinträchtigung der Funktionstüchtigkeit der Rechtsprechung durch Eingriffe von dritter Seite in Frage stehe; für den Richter stelle sich nur die Frage einer Einwirkung auf den Arbeitgeber, von dessen Belehrung aus Fürsorge für den Schöffen bis zu strafrechtlichem Vorgehen wegen Nötigung (§ 240 StGB): nur aus besonderen Umständen des Einzelfalles könne eine solche Entlassungsandrohung Unzumutbarkeit der Dienstleistung begründen[23]. Im Schrifttum ist die enge Begrenzung der Unzumutbarkeit in BGHSt **27** 344 weitgehend auf Widerspruch gestoßen[24]. Wie problematisch eine zu enge Auslegung sein kann, zeigt der Fall, daß in einem gegen mehrere Angeklagte geführten Großverfahren (Anlagebetrug) die Kammer zunächst über zwei Jahre wöchentlich zweimal verhandelt und durch dann vorgenommene Abtrennung gegen einen Mitangeklagten drei Sitzungstage wöchentlich abhalten muß. Ein weiteres Eingehen auf diese Frage erübrigt sich heute im Hinblick auf die grundsätzliche Unanfechtbarkeit der Ermessensentscheidung des Richters nach § 54 Abs. 4.

10 **dd) Private Gründe.** Ausnahmsweise können auch private Interessen eine Verhinderung rechtfertigen. Das ist beispielsweise angenommen worden bei der Betreuung eines Kindes bei längerer Hauptverhandlung[25], bei einem unaufschiebbaren Krankenhausaufenthalt der Ehefrau[26], bei ganztägiger Pflege des schwerpflegebedürftigen Ehemannes, bei Krankheit der Ehefrau (Krebs im Endstadium) sowie bei einem Betriebsratsmitglied, das sich zur Wiederwahl stellt und deswegen anwesend sein muß. Nicht ausreichend sein dürften: die Trennung vom Lebensgefährten mit der Folge, ein Kind allein versorgen und eine eigene Arbeit aufnehmen zu müssen; die allgemeine persönliche Fürsorge für die Familie sowie der Wunsch auf Teilnahme an der Beisetzung eines Bekannten oder entfernteren Familienangehörigen.

11 **ee) Gewissensgründe** rechtfertigen keine Entbindung[27]. Zwar steht auch einem Schöffen das Grundrecht des Art. 4 Abs. 1 GG* zu, aber das führt nicht gleichzeitig zu einem Verweigerungsrecht der Schöffentätigkeit, weil Schöffen im Rahmen ihrer richterlichen Unabhängigkeit jederzeit in der Verhandlung und Beratung den inneren Prozeß ihrer Meinungs- und Entscheidungsbildung kundgeben können. Auch wenn der Schöffe sich auf ein belastetes oder gestörtes Verhältnis zu einem Vorsitzenden des erkennenden Gerichts berufen kann, führt dies nicht zu einer Pflichten- und Interessenkollision, die eine Entbindung rechtfertigt, und zwar auch dann nicht, wenn bereits in der Öffentlichkeit gefordert wird, diesen Richter wegen seiner unhaltbaren politischen Ansichten aus dem Dienst zu entfernen[28]. Insofern muß sich der ehrenamtliche Richter ebenso wie der Berufsrichter von öffentlicher Polemik freimachen.

22 = NJW **1978** 1169 mit Anm. *Pohl* NJW **1978** 1868 und *Dierks* NJW **1978** 1391 = JR **1978** 304 mit Anm. *Müller*.
23 BGH MDR **1978** 626.
24 Z. B. *Kissel* 7; *Dierks* NJW **1978** 1391; *Meinen* 85; *Pohl* NJW **1978** 1868; dem BGH zustimmend aber *Kleinknecht/Meyer-Goßner*[44] 5.
25 BGH NStZ **1982** 476; *Rieß* DRiZ **1977** 293.
26 BGH NStZ **1982** 476; *Rieß* DRiZ **1977** 293.
27 OLG Karlsruhe NJW **1996** 606 = MDR **1996** 192 = JR **1996** 127 mit Anm. *Foth*; sehr kritisch dazu *Lisken* NJW **1997** 34.
28 *Foth* JR **1996** 130.

Die Behauptung eines Schöffen, **nicht auf dem Boden des Grundgesetzes** zu stehen und „von den Gesetzen keine gute Meinung" zu haben und deswegen den Richtereid nicht leisten zu wollen, rechtfertigt keine Entbindung von diesem Ehrenamt[29], weil Ablehnungsgründe vom Gesetz abschließend benannt werden und diesen Fall nicht erfassen. Trotz der offenbar eindeutigen Regelung erscheint ein solches Ergebnis unbefriedigend. Schöffen haben wie die Berufsrichter einen Eid auf die Verfassung zu leisten (§ 45 Abs. 2 DRiG). Verweigert ein Berufsrichter diesen Eid, ist er zu entlassen (§ 21 Abs. 2 Nr. 1 DRiG). Es ist kein sachlicher Grund erkennbar, ehrenamtliche Richter anders zu behandeln. Eine Lösung dürfte hier über eine analoge Anwendung des § 52 Abs. 1 Nr. 1 zu suchen sein, weil auch die erklärte Verfassungsuntreue ein Fall der Ungeeignetheit ist. 12

III. Nichterreichbarkeit (Absatz 2)

1. Allgemeines. Absatz 2 stellt bestimmte Umstände und Verhaltensweisen eines zunächst berufenen Schöffen, die dazu führen, daß er an der Sitzung nicht teilnimmt, seiner Verhinderung gleich. Dies gilt aber nach Satz 1 nur „für die Heranziehung von Hilfsschöffen", d. h. für die Frage, ob die Heranziehung von Hilfsschöffen gemäß § 49 Abs. 1 erforderlich ist. Absatz 2 **Satz 5** stellt klar, daß die für die Heranziehung eines Hilfsschöffen nach der Reihenfolge der Hilfsschöffenliste fingierte Verhinderung keine Verhinderung i. S. des § 54 Abs. 1 Satz 2 darstellt und die Festsetzung der Folgen des § 56 nicht ausschließt, wenn die Voraussetzungen dieser Vorschrift gegeben sind. 13

2. Ausbleiben eines Schöffen. Absatz 2 Satz 1 und 2: Nach § 45 Abs. 4 Satz 4 sind die Hauptschöffen von den Sitzungstagen, an denen sie tätig werden müssen (§ 45 Abs. 2 Satz 1), unter Hinweis auf die gesetzlichen Folgen des Ausbleibens in Kenntnis zu setzen; das entspricht einer „Ladung" zur Hauptverhandlung, für die freilich eine besondere Form nicht erforderlich ist. Nicht vorgeschrieben, aber weithin üblich und zweckmäßig sind Erinnerungsschreiben (wiederum auch als Ladung bezeichnet), die nochmals auf einen bevorstehenden Sitzungstag hinweisen. Eine entsprechende Benachrichtigung erhalten auch Hilfsschöffen, die nachträglich in die Hauptschöffenliste übernommen werden (§ 46 Satz 1; § 49 Abs. 2 Satz 2). Hilfsschöffen werden nach § 45 Abs. 4 Satz 5 von ihrer Heranziehung zu einem bestimmten Sitzungstag benachrichtigt, also zu diesem Sitzungstag „geladen". Kommt eine solche „Ladung" — zu denken ist hier vor allem an das „Erinnerungsschreiben" an Hauptschöffen — als unzustellbar zurück („Adressat unbekannt" oder „Adressat unbekannt verzogen"), so ist der Schöffe ohne weiteres „nicht erreichbar" im Sinn des Satzes 1[30]. Satz 2 hat danach, wie sich aus der Begründung der Vorschrift ergibt, den Fall im Auge, daß „eine ordnungsgemäße Ladung" erfolgt ist, der Schöffe sich also damit als erreichbar erwies, aber zu Terminsbeginn nicht erscheint; er gilt erst dann als nicht erreichbar und damit als verhindert, wenn sein Erscheinen ohne erhebliche Verzögerung des Sitzungsbeginns voraussichtlich nicht herbeigeführt werden kann. Dabei wird für eine ortsübliche Frist auf den Schöffen zu warten sein und im übrigen mit Fernsprecher, gegebenenfalls auch mit Gerichtswachtmeister, Polizei u. a. zu versuchen sein, den Schöffen zur Sitzung herbeizuholen. Der Schöffe ist nicht nur dann unerreichbar, wenn derartige Versuche versagen, sondern auch dann, wenn er zwar faktisch erreicht wird, aber voraussichtlich so spät zur Sitzung erscheinen würde, daß ihr Beginn erheblich verzögert würde. Wenn dies anzunehmen ist, kann auch von einem Versuch, den Schöffen zu errei- 14

[29] OVG Hamburg DRiZ **1998** 153 für den Fall eines ehrenamtlichen Richters beim VerwG.

[30] Begr. BTDrucks. **8** 976, S. 65.

chen, abgesehen werden[31]. In diesen Fällen tritt das Gebot des gesetzlichen Richters hinter die Bedürfnisse einer unbehinderten und zügigen Rechtsprechung zurück[32]. Im übrigen bedarf es aber auch dann keiner Versuche, das Erscheinen des „ordnungsgemäß geladenen" Schöffen herbeizuführen, wenn dieser — auch ohne einen Entbindungsantrag (Absatz 1 Satz 1) zu stellen oder die Entscheidung über einen gestellten Antrag abzuwarten — mitgeteilt hat, er werde (oder er könne) zum Termin nicht erscheinen, weil er sich am Sitzungstag im Ausland oder auf Reisen befinde und kein Anlaß besteht, an der Richtigkeit dieser Angaben zu zweifeln; denn dann ist er nicht erreichbar („greifbar") im Sinn des Absatzes 2 Satz 1 oder es ist ohne weiteres die Voraussetzung gegeben, daß sein Erscheinen nicht ohne erhebliche Verzögerung des Sitzungsbeginns herbeigeführt werden kann.

15 Falls an einem Sitzungstag **mehrere Sachen** anstehen, so ist jeweils vor Beginn der nächsten Sache erneut zu prüfen, ob der zunächst nach Satz 3 in der vorangegangenen Sache ersetzte Schöffe jetzt wieder zur Verfügung steht und die „Nichterreichbarkeit" nach Satz 2, 3 ihr Ende gefunden hat[33]. Soweit der Schöffe nämlich nicht verhindert ist, ist er der gesetzliche Richter.

3. Hilfsschöffen (Absatz 2 Satz 3)

16 **a) Mängel des früheren Rechts.** Der Sinn der Vorschrift ergibt sich bei einem Vergleich mit dem vor dem StVÄG 1979 geltenden Recht. Nach § 49 Abs. 2 a. F waren die nicht am Sitz des Gerichts wohnenden Hilfsschöffen zu übergehen, wenn nach pflichtmäßigem Ermessen des Richters durch die Berufung dieser auswärtigen Hilfsschöffen nach der Reihenfolge der Hilfsschöffenliste eine Vertagung der Verhandlung oder eine erhebliche Verzögerung ihres Beginns notwendig würde. Diese Beschränkung der Übergehung auf die außerhalb des Gerichtssitzes wohnenden Schöffen hatte ihren Grund darin, daß bei den früheren Verkehrsverhältnissen die meist eilige Heranziehung eines Ersatzmannes für einen ausgefallenen Schöffen bei den auswärtigen Hilfsschöffen weithin auf besondere Schwierigkeiten stieß, die die Befürchtung nahelegten, sie könnten eine Vertagung der Verhandlung oder eine erhebliche Verzögerung des Verhandlungsbeginns notwendig machen. Die Verhältnisse hatten sich aber seit Schaffung der Vorschrift einerseits durch die Verbesserung der Verkehrsverhältnisse, andererseits durch das Anwachsen der Gemeinden des Gerichtssitzes, namentlich in neuester Zeit durch die Bildung von Großgemeinden, entscheidend geändert. Auch die Berufung der am Gerichtssitz wohnenden Hilfsschöffen nach der strengen Reihenfolge der Hilfsschöffenliste konnte nunmehr zu Schwierigkeiten der Erreichbarkeit führen, die für die Funktionalität des gerichtlichen Geschäftsbetriebes nicht minder groß oder eher noch größer sein konnten als bei der Heranziehung der auswärtigen Hilfsschöffen nach der Reihenfolge der Hilfsschöffenliste[34]. Versuche, diese Schwierigkeiten durch entsprechende Anwendung des § 49 Abs. 2 a. F zu überwinden, stießen aber auf das Bedenken, daß damit ohne gesetzliche Grundlage entgegen dem Grundsatz des Art. 101 Abs. 1 Satz 2 GG die Reihenfolge der Einberufung dem Ermessen des Richters überlassen werde. Schon Art. 68 Nr. 14 Entw.EGStGB 1930 sah deshalb eine gesetzliche Lösung vor, wonach es gestattet sein sollte, Hilfsschöffen zu übergehen, deren Zuziehung mit so großem Zeitverlust verbunden ist, daß sie eine Vertagung der Verhandlung oder eine erhebliche Verzögerung

---

31 Begr. BTDrucks. **8** 976, S. 65.
32 *Kissel* 20.
33 BayObLG MDR **1979** 1044 mit weit. Nachw.; *Kissel* 23; s. dazu auch aus der Begr. BTDrucks. **8** 976, S. 65.
34 Vgl. dazu LR[23] § 49, 6.

ihres Beginns nötig machen würde. Dieser Vorschlag ist jetzt durch § 54 Abs. 2 Satz 3 verwirklicht worden.

b) Die Bedeutung des § 54 Abs. 2 Satz 3 besteht in der Ermächtigung des Richters, eine **Durchbrechung des Prinzips der Zuweisung** nach der Reihenfolge der Hilfsschöffenliste anzuordnen, wenn die Heranziehung des an nächster Stelle stehenden Hilfsschöffen unter Erreichbarkeitsgesichtspunkten (z. B. bei weiter Entfernung der Wohnung vom Gerichtsgebäude und ungünstigen Verkehrsverbindungen) nach seinem pflichtgemäßen Ermessen eine Vertagung der Verhandlung oder eine erhebliche Verzögerung ihres Beginns notwendig machen würde. Dieser Hilfsschöffe wird dann „übergangen", er wird nicht erst „zugewiesen" und zur Hauptverhandlung „geladen", wenn der Richter von vornherein davon ausgehen kann, daß die Heranziehung dieses Hilfsschöffen zu den in Satz 3 bezeichneten Nachteilen führen würde. An Stelle des übergangenen ist dann der an nächstbereiter Stelle der Hilfsschöffenliste Stehende zuzuweisen, und auch er kann „übergangen" werden, wenn mit seiner Heranziehung die gleichen Nachteile verbunden wären. Hat an einem Sitzungstag nur ein Schöffengericht Sitzung, für das Hilfsschöffen benötigt werden, können also Probleme bei der Rangfolge der Hilfsschöffen nicht auftreten, so wird es in Eilfällen als zulässig anzusehen sein, daß der Richter beim Amtsgericht vorab bestimmt, unter welchen Voraussetzungen ein Hilfsschöffe nicht erreichbar ist, und für diesen Fall bereits die Zuziehung des nächsten Hilfsschöffen anordnet; die Verantwortung muß aber auch dann beim Richter liegen. **17**

IV. Verfahrensrechtliches

Die Entbindung nach Absatz 1 Satz 1 setzt einen **Antrag des Schöffen** selbst („auf dessen Antrag") voraus, also eine Willenserklärung, die — jedenfalls bei Begründung mit Unzumutbarkeit der Dienstleistung — von ihm ausgeht und das Ergebnis seiner eigenverantwortlichen Prüfung der Umstände darstellt, in diesem Sinne also höchstpersönlich ist; nicht genügend ist z. B. ein Antrag des Arbeitgebers, der mit der Unabkömmlichkeit des Schöffen und einer ihm im Falle der Dienstleistung drohenden Entlassung begründet ist, wenn der Schöffe sich den Antrag nicht zu eigen macht[35]. Eine besondere Form des Antrags ist nicht vorgeschrieben, so daß er schriftlich, mündlich oder telefonisch gestellt werden kann. **Zuständig zur Entscheidung** über den Entbindungsantrag und über die Nichtweiterverwendbarkeit (Absatz 2 Satz 4) ist beim Amtsgericht der Richter beim Amtsgericht, d. h. der im Geschäftsverteilungsplan bestimmte Richter; es kann dies bei entsprechender Bestimmung im Geschäftsverteilungsplan der jeweilige Schöffengerichtsvorsitzende sein[36]. Entsprechendes gilt beim Landgericht für den Vorsitzenden der Strafkammer i. S. des § 77 Abs. 3 Satz 3. Bei einer Prüfung des Entbindungsantrags genügt für eine ihm stattgebende Entscheidung, wenn er die Erklärung des Schöffen für glaubhaft und weitere Nachforschungen für überflüssig hält[37]. Nur bei Zweifel fordert er weitere Glaubhaftmachung, z. B. ein ärztliches Attest, an. Einer Beteiligung der Staatsanwaltschaft bei der Entscheidung bedarf es nicht. Die Entscheidung nach Absatz 1 oder Feststellung nach Absatz 2 Satz 4, die keiner besonderen Begründung bedürfen, sind formlos aktenkundig zu machen und an die Schöffengeschäftsstelle (§ 49) weiterzuleiten; mit dem Eingang bei dieser ist die Entscheidung (Feststellung) unwiderruflich und — vom Fall der Willkür abgesehen (unten 20) — nach Absatz 3 unanfechtbar geworden[38]. **18**

---

[35] BGHSt **28** 61, 63 = NJW **1978** 2162; KK-*Kissel*[4] 10.

[36] KK-*Kissel*[4] 11.

[37] BGH NStZ **1982** 476.

[38] BGHSt **30** 149 = NJW **1981** 2073 = JR **1982** 255 mit Anm. *Rieß*.

V. Unanfechtbarkeit (Absatz 3)

19 **1. Bedeutung.** Die Unanfechtbarkeit der Entscheidungen nach Absatz 1 und 2 Satz 4 entzieht diese nicht nur der Beschwerde (§ 304 StPO), sondern (grundsätzlich) auch — vgl. § 336 Satz 2 StPO — der Besetzungsrüge des § 338 Nr. 1 StPO. Dagegen ist eine Besetzungsrüge begründet, wenn ein Hauptschöffe antragsgemäß wegen Verhinderung an bestimmten Sitzungstagen entbunden wurde, dieser Hinderungsgrund (Bettlägerigkeit, geplanter Urlaub usw.) vor dem Sitzungstag wegfällt, der Schöffe dies anzeigt, der Richter die Entbindung widerruft und der entbundene Schöffe an der Sitzung teilnimmt. Denn nachdem die Entbindungsentscheidung der Schöffengeschäftsstelle zugeleitet und ein Hilfsschöffe der Sitzung zugewiesen war (§ 49 Abs. 3), war unter dem Gesichtspunkt des gesetzlichen Richters der entbundene Schöffe „verbraucht" und ein unwiderruflicher Zustand geschaffen, so daß der Widerruf, der auf die Aufhebung der unanfechtbar gewordenen Entbindungsentscheidung abzielte, außerhalb des Anwendungsbereichs des § 54 Abs. 3 Satz 1 liegt[39]. Das gleiche würde gelten, wenn der wegen Nichterreichbarkeit nach § 54 Abs. 2 „übergangene" Hilfsschöffe, nachdem die Entscheidung (Satz 4) an die Schöffengeschäftsstelle gelangt ist, sich einfände und anstelle des nunmehr zugewiesenen Hilfsschöffen an der Sitzung teilnehmen würde.

20 **2. Willkür.** Die Unanfechtbarkeit der Entscheidung nach Absatz 3 schließt eine revisionsgerichtliche Nachprüfung nicht aus, wenn geltend gemacht wird, daß die beanstandete Entscheidung zugleich eine Richterentziehung im Sinn des Art. 101 Abs. 1 GG, § 16 Satz 2 GVG darstelle; das ist unstreitig[40]. Der Vorwurf der Richterentziehung ist aber nur bei objektiv willkürlichen Entscheidungen, d. h. bei solchen Entscheidungen begründet, die auf einer nicht mehr vertretbaren Rechtsauslegung und Rechtshandhabung beruhen[41]. Zur Frage der Behandlung des Falles, daß ein Schöffe willkürlich von der Dienstleistung entbunden (§ 54 Abs. 1) oder von der Schöffenliste gestrichen ist (§ 52), vgl. eingehend *Rieß* JR **1982** 256 (zu 4.) 257.

§ 55

Die Schöffen und Vertrauenspersonen des Ausschusses erhalten eine Entschädigung nach dem Gesetz über die Entschädigung der ehrenamtlichen Richter.

Entstehungsgeschichte. Durch das Ges. vom 5. 2. 1922 (RGBl. I 207) wurde § 55 a. F gestrichen. An seine Stelle trat der bisherige § 55 a, der durch das Ges. vom 29. 7. 1913 in das GVG eingefügt worden war. Der Wortlaut des neuen § 55 wurde in der Bek. vom 22. 3. 1924 (RGBl. I S. 306) geändert; das VereinhG 1950 paßte lediglich den Absatz 2 den staatsrechtlichen Änderungen an. Durch Ges. zur Änderung und Ergänzung kosten-

[39] BGHSt **30** 149 = NJW **1981** 2073 = JR **1982** 255 mit krit. Anm. *Rieß;* BGHSt **31** 3, 4.

[40] Vgl. Begr. BTDrucks. **8** 976, S. 59, 66; BGHSt **31** 35 = NJW **1982** 1655; GA **1981** 382; NStZ **1982** 476; OLG Karlsruhe NStZ **1981** 272; *Rieß* NJW **1978** 2271; *Katholnigg* NJW **1978** 2378.

[41] BGH v. 28. 7. 1993 – 2 StR 78/93 – S. 4; LR § 16, 16; 17; s. dazu auch *Hamm* NJW **1979** 136 Fußn. 5, nach dessen Auffassung die „Willkürschranke" „nicht zu hoch" angesetzt werden sollte.

rechtlicher Vorschriften vom 26. 7. 1957 (BGBl. I 867) und Art. II Nr. 11 PräsVerfG erhielt § 55 die jetzige Fassung.

Die **Verweisung** bezieht sich auf das Gesetz über die Entschädigung der ehrenamtlichen Richter (i. S. des § 1 DRiG) i. d. F vom 1. 10. 1969 (BGBl. I 1753), letzte Änderung durch Gesetz vom 9. 12. 1988 (BGBl. I 2326). Dieses Gesetz sieht die Entschädigung für Zeitversäumnis und Verdienstausfall, für den mit der Dienstleistung verbundenen Aufwand und den Ersatz von Wege- und Fahrtkosten vor. Im übrigen ist auch **versicherungsrechtlich** sichergestellt, daß ein Schöffe durch seine Tätigkeit keine Benachteiligung erleidet. Die Einzelheiten ergeben sich aus dem Merkblatt „zur Information ehrenamtlicher Richter über versicherungsrechtliche Auswirkungen ihrer Tätigkeit", abgedr. bei *Kissel* zu § 55. Diese Vorschrift gilt nach seinem § 13 auch für die Ausschußvertrauenspersonen (§ 40 Abs. 2, 3). **1**

§ 56

(1) [1]Gegen Schöffen und Vertrauenspersonen des Ausschusses, die sich ohne genügende Entschuldigung zu den Sitzungen nicht rechtzeitig einfinden oder sich ihren Obliegenheiten in anderer Weise entziehen, wird ein Ordnungsgeld festgesetzt. [2]Zugleich werden ihnen auch die verursachten Kosten auferlegt.

(2) [1]Die Entscheidung trifft der Richter beim Amtsgericht nach Anhörung der Staatsanwaltschaft. [2]Bei nachträglicher genügender Entschuldigung kann die Entscheidung ganz oder zum Teil zurückgenommen werden. [3]Gegen die Entscheidung ist Beschwerde des Betroffenen nach den Vorschriften der Strafprozeßordnung zulässig.

Schrifttum. *Nüse* Aus der Rechtsprechung des Kammergerichts in Strafsachen seit 1945, DRiZ **1968** 87; *Renning* Die Entscheidungsfindung durch Schöffen und Berufsrichter in rechtlicher und psychologischer Sicht (1993).

Entstehungsgeschichte. Die auf der Bek. vom 22. 3. 1924 (RGBl. I 306) beruhende Fassung wurde durch das VereinhG 1950 nur stilistisch geändert. Die Ersetzung von „Amtsrichter" durch „Richter beim Amtsgericht" in Absatz 2 beruht auf Art. II Nr. 6 PräsVerfG. Durch Art. 22 Nr. 2 EGStGB 1974 wurde der bisherige Wortlaut, in dem von „Verurteilung zu einer Ordnungsstrafe in Geld und in die verursachten Kosten" die Rede war, stilistisch dem durch Art. 5 ff EGStGB 1974 eingeführten Sprachgebrauch für Rechtsnachteile, die nicht bei Straftaten oder Ordnungswidrigkeiten angedroht sind, angepaßt.

Übersicht

1 **1. Geltungsbereich.** Auch auf Personen, die entgegen den gesetzlichen Bestimmungen (vgl. §§ 31 ff, und wegen der Vertrauenspersonen § 40, 6 ff) zu dem Amt eines Schöffen oder einer Vertrauensperson herangezogen worden sind, findet § 56 Anwendung, wenn sie sich der Wahrnehmung dieses Amtes entziehen, ohne den ihrer Heranziehung entgegenstehenden Umstand geltend gemacht zu haben oder ohne in der Schöffenliste gestrichen zu sein[1]. Jedoch ist die im Verfahren nach § 52 Abs. 3 erfolgte Ablehnung des Antrags eines Schöffen, von seiner Heranziehung zum Schöffendienst abzusehen, für das im Ordnungsverfahren entscheidende Gericht nicht bindend; es hat in eigener Zuständigkeit die Vorfrage zu entscheiden, ob die Unfähigkeits- oder Ungeeignetheitsgründe der §§ 33, 34 gegeben sind[2]. Vgl. zu § 56 im einzelnen auch die Erl. zu § 51 StPO.

2 § 56 kann **Maßnahmen gegen einen entbundenen Schöffen** auch dann nicht rechtfertigen, wenn sich nachträglich herausstellt, daß die Entbindung aufgrund falscher Angaben zu Unrecht erfolgt ist, weil der Schöffe mit der Entbindungsverfügung nicht mehr der gesetzliche Richter ist und die Entbindung weder durch Anfechtung noch durch Widerruf rückgängig gemacht werden kann[3].

2. Pflichtverletzungen (Absatz 1)

3 **a) Nicht rechtzeitiges Sicheinfinden.** Wegen Ausbleibens oder zu späten Erscheinens kann der Ausgebliebene nur belangt werden, wenn er in gehöriger Weise zu der Sitzung geladen war, d. h. daß die Ladung auch zugegangen ist. Daß er auf die gesetzlichen Folgen des Ausbleibens (nochmals) hingewiesen worden ist (§ 45 Abs. 4 Satz 4, 5), ist nicht Voraussetzung für die Ordnungsmaßnahme[4]. Das Gesetz verpflichtet den Richter nicht, auch für unerhebliche Verspätungen Ordnungsgeld festzusetzen; dem vernünftigen Ermessen des Richters ist hier Spielraum gelassen[5].

4 **b) Sichentziehen.** Absatz 1 sieht Sanktionen gegen Schöffen und Vertrauenspersonen vor, die sich „ihren Obliegenheiten" entziehen, ohne deutlich zu machen, welcher Art diese „Obliegenheiten" sind. Es besteht insoweit jedoch Einigkeit, daß dieser Begriff aus rechtsstaatlichen Aspekten nur die unmittelbaren Mitwirkungspflichten im Rahmen der jeweiligen Tätigkeit erfaßt. Das bedeutet insbesondere hinsichtlich der Schöffen, daß hier nur die Pflichten von Bedeutung sind, die gewährleisten, daß die Hauptverhandlung in ordnungsgemäßer Besetzung des Gerichts durchgeführt werden kann[6]. Ihre Verletzung ist „Sichentziehen"[7]. Insofern entzieht sich, wer zur Sitzung erscheint, aber vor oder nach Sitzungsbeginn die Ausübung einer ihm gesetzlich obliegenden Pflicht ausdrücklich oder stillschweigend verweigert, z. B. den Schöffeneid zu leisten oder ein entsprechendes Gelöbnis abzulegen (§ 45 DRiG), oder sich bei einer Abstimmung zu beteiligen — vgl. § 195 — (h. M). Die bloße Behauptung des Schöffen, sein Gewissen verbiete ihm eine Tätigkeit als Schöffe, oder er werde zwar an der Verhandlung teilnehmen, sich aber bei der Abstimmung der Stimme enthalten, berechtigt nicht, von Ordnungsgeld abzusehen[8]. Das gilt auch dann, wenn ein zunächst erschienener Schöffe erklärt, er werde an der weiteren Hauptverhandlung nicht mehr teilnehmen, weil er nicht an einer Verurteilung eines nur aus wirtschaftlicher Not zum Drogenkurier gewordenen Angeklagten mitwirken könne und wenn er daraufhin mit Erfolg von der Staatsanwaltschaft abgelehnt wird[9].

[1] BayObLG HRR **1926** Nr. 1450.
[2] OLG Köln MDR **1970** 864.
[3] OLG Frankfurt NJW **1996** 1687.
[4] Vgl. *Kissel* 14.
[5] Vgl. Prot. 253.
[6] OLG Frankfurt NJW **1990** 3285 = NStZ **1990** 503 = NStE Nr. 1 zu § 56; KG GA **1987** 227; KG NStZ **1999** 427; *Kissel* 8; KK-*Kissel*[4] 3.
[7] KK-*Kissel*[4] 3.
[8] KG JR **1966** 188 und *Nüse* DRiZ **1968** 87.
[9] OLG Frankfurt NJW **1992** 3183 = NStE Nr. 3 zu § 56.

Streitig ist, ob bei Schöffen auch der Bruch des Beratungsgeheimnisses unter dem Gesichtspunkt des „sich den Obliegenheiten in anderer Weise Entziehens“ nach § 56 zu ahnden ist. Dies wird von der bislang im Schrifttum ganz herrschenden Meinung bejaht, vom Kammergericht[10] — als der wohl ersten veröffentlichten Entscheidung zu dieser Frage — verneint und zwar unter Hinweis auf die Entstehungsgeschichte des § 56, vor allem aber — unter Bezugnahme auf BVerfG NJW **1986** 1671 — mit dem Unterschied, der bei der ehrenamtlichen Mitwirkung von Bürgern bei der Erfüllung staatlicher Aufgaben nach der neueren Gesetzgebung einerseits zwischen den Pflichten zur Übernahme des Amtes und andererseits zwischen den Pflichten bei dessen Ausübung zu machen sei. Dem dürfte zuzustimmen sein[11]. In gleicher Weise entfällt die Belastung eines Schöffen mit den Kosten des Verfahrens, wenn er nach dem ersten Sitzungstag dem Angeklagten gegenüber äußert, dieser „werde nicht unter sechs Jahren wegkommen“ und der Schöffe deswegen wegen Befangenheit abgelehnt wird und ein neues Verfahren begonnen werden muß. Denn eine solche Kostenbelastung müßte zu einem unübersehbaren Risiko für den Schöffen führen; das aber sei mit Wesen und Funktion des Laienrichtertums nicht vereinbar[12]. Im übrigen würde dies zu einer uferlosen Ausdehnung der Vorschrift führen. Eine Sanktion scheidet aber selbst dann aus, wenn der an der Hauptverhandlung teilnehmende Schöffe absichtlich durch Äußerungen zum Prozeß sein Ausscheiden aus dem Verfahren anstrebt, weil er das Ausscheiden im Falle der dann zu besorgenden Befangenheit nicht selbst und damit nicht unmittelbar in der Hand hat[13].

3. Genügende Entschuldigung. Ob eine vor oder in der Sitzung vorgebrachte Entschuldigung genügend ist (dazu § 51, 8 StPO), unterliegt dem Ermessen des Richters; ebenso, ob die tatsächlichen Angaben ohne weiteres glaubhaft sind oder weiterer Nachweise bedürfen. Die Vorlage einer Arbeitsunfähigkeitsbescheinigung ohne Angaben über die Erkrankung genügt grundsätzlich nicht[14]. Öffentliche Beamte, die als Schöffen usw. einberufen sind, können nicht vorschützen, daß ihnen ihre vorgesetzte Behörde den Urlaub versagt habe; die Pflicht, der Berufung nachzukommen, ist von einer Urlaubsbewilligung unabhängig[15]. Die Mitteilung von einer Geschäftsreise ist allein keine genügende Entschuldigung[16]. Andererseits kann die Nichtteilnahme an der weiteren Hauptverhandlung entschuldigt sein, wenn dem Beratungsbedarf eines Schöffen, den dieser benötigt, um der Hauptverhandlung folgen zu können, nicht stattgegeben wird[17]. Denn das Tatgeschehen muß für Schöffen transparent sein, weil nur dann eine ausreichende Urteilsgrundlage besteht. Dafür muß der Vorsitzende Sorge tragen. Sonst stuft er Schöffen zu Richtern minderen Rechts herab[18]. 5

4. Sanktionen

a) Ordnungsgeld. Das Gesetz sieht bei Vorliegen der Voraussetzungen **zwingend** die Festsetzung eines Ordnungsgeldes vor. Ermessen steht dem Richter nur bei der Würdigung der Voraussetzungen und der Bestimmung der Höhe zu. Nach Art. 6 EGStGB 1974 beträgt das Ordnungsgeld mindestens fünf und höchstens eintausend DM. Eine Ersatzordnungshaft bei Nichtbeitreibbarkeit des Ordnungsgeldes ist in § 56 nicht vorgesehen und 6

[10] JR **1987** 302 (mit Übersicht über den Stand der Meinungen).
[11] So auch *Kleinknecht/Meyer-Goßner*[44] 4.
[12] OLG Frankfurt NJW **1990** 3285 = NStZ **1990** 503 = NStE Nr. 1 zu § 56.
[13] KG NStZ **1999** 427.
[14] OLG Düsseldorf NJW **1992** 1712 = NStE Nr. 2 zu § 56.
[15] RGRspr. **I** 810.
[16] OLG Hamm Rpfleger **1951** 528; § 54, 6.
[17] LG Münster NJW **1993** 1088 = NStE Nr. 4 zu § 56.
[18] LG Münster aaO.

daher (vgl. Art. 8 EGStGB 1974) nicht zulässig. Die Verjährungsfrist beträgt zwei Jahre (Art. 9 Abs. 1 Satz 2 EGStGB). Über Zahlungserleichterungen vgl. Art. 7 EGStGB 1974[19]. Die Vollstreckung obliegt dem Richter (vgl. § 179).

7 **b) Verursachte Kosten** sind die Kosten, die erwachsen, wenn infolge der Pflichtwidrigkeit eines Schöffen eine Sitzung des Schöffengerichts oder doch eine einzelne Hauptverhandlung, oder wenn durch eine Vertrauensperson eine Sitzung des Ausschusses vereitelt wird, einschl. der Kosten, die durch die Vollstreckung des Ordnungsgeldes entstehen.

8 **c) Wiederholtes Ordnungsgeld.** Macht sich jemand der Pflichtwidrigkeit wiederholt schuldig, so liegen ebensoviele Ahndungsfälle vor, auch wenn sie sich auf dieselbe Sitzung beziehen, z. B. der Schöffe erscheint verspätet zur Sitzung und verweigert später die Teilnahme an der Abstimmung. Eine Zusammenrechnung der Ordnungsgelder findet nicht statt[20].

5. Verfahren (Absatz 2)

9 **a) Zuständigkeit.** Die Sanktionen werden durch den durch Beschluß des Präsidiums bezeichneten Richter beim Amtsgericht erlassen. Es ist jedoch zulässig, in der Geschäftsverteilung die Entscheidung dem jeweiligen Schöffengerichtsvorsitzenden zu übertragen[21]. Beim Landgericht werden sie allein durch den Vorsitzenden der erkennenden Kammer festgesetzt (§ 77 Abs. 3 Satz 3). Gegenüber Mitgliedern des Schöffenwahlausschusses steht dieses Recht dessen Vorsitzenden zu.

10 **b) Festsetzung der Sanktionen.** Die Festsetzung erfolgt durch Beschluß. Die Staatsanwaltschaft ist, obwohl sie bei Verhandlungen des Ausschusses nicht mitwirkt, als Vertreterin des öffentlichen Interesses auch zu hören, wenn es sich um die Festsetzung gegen ein Ausschußmitglied handelt[22]. Einer der Festsetzung vorausgehenden Anhörung des nicht anwesenden Schöffen (Vertrauensperson) bedarf es — wie im Fall des § 51 StPO (dort Rdn. 24) — nicht, da ihnen das Gesetz nachträgliche Entschuldigung gestattet[23].

11 **c) Zeitpunkt der Festsetzung.** § 56 besagt nichts darüber, wann — spätestens — eine Entscheidung nach Abs. 1 zu treffen ist. Da diese Regelung aber ähnlich wie die für Zeugen (§ 51 StPO) konzipert ist, bietet sich auch eine entsprechende Auslegung an, wie sie sich dort durchgesetzt hat. Danach ist auch hier davon auszugehen, daß diese Entscheidung spätestens zu erlassen ist, wenn die Hauptsache zur Entscheidung reif ist[24]. Wird die Unterlassung des Beschlusses erst während der Urteilsberatung bemerkt, muß erneut in die Verhandlung eingetreten und der Beschluß erlassen werden. Dieses Ergebnis folgt im übrigen auch daraus, daß mit der abschließenden Entscheidung über die Kosten des Verfahrens zu befinden ist und Klarheit herrschen muß, welche Kosten vom Angeklagten im Falle seiner Verurteilung zu tragen sind.

12 **d) Nachträgliche Entschuldigung.** Sie ist an keine Frist gebunden. Selbst wenn das Ordnungsgeld bereits beigetrieben ist, steht das einer Zurücknahme der Festsetzung nicht entgegen. Auch bei genügender nachträglicher Entschuldigung gestattet es das Gesetz, die Festsetzung aufrecht zu erhalten („kann") — im Gegensatz etwa zu § 51 Abs. 2 Satz 2 StPO. Damit soll der Fall getroffen werden, daß der Ausgebliebene zwar sein Ausbleiben,

---

[19] Einzelheiten bei LR-*Dahs* § 51 StPO, Anh.

[20] *Kissel* 12.

[21] *Kissel* §§ 54, 14; 56, 13.

[22] Begr. 49.

[23] *Kissel* 13; **a. M** *Eb. Schmidt* 9.

[24] Vgl. LR-*Dahs* § 51 StPO, 24 mit weit. Nachw.

nicht aber die Verspätung seiner Entschuldigung zu rechtfertigen vermag. Wären in einem solchen Falle die verursachten Kosten durch eine rechtzeitige Anzeige zu vermeiden gewesen, so kann es angemessen sein, die Auferlegung der Kosten aufrechtzuerhalten, die Festsetzung des Ordnungsgeldes dagegen wieder aufzuheben. Letzteres wird sogar die Regel sein müssen, weil das Ordnungsgeld auch strafähnliche Elemente enthält und insoweit gerade Schuld voraussetzt[25]. Die Festsetzung kann teilweise zurückgenommen werden, wenn die Entschuldigung zwar nicht genügt, das Ordnungsgeld aber mit Rücksicht auf die erst jetzt bekannt gewordenen Umstände zu hoch erscheint[26].

e) Beschwerde. Die Beschwerde steht nur dem Betroffenen, nicht aber der Staatsanwaltschaft zu, weil dieser nur ein Anhörungsrecht eingeräumt ist; das gilt auch, wenn der Richter ihren (zulässigen) Antrag abgelehnt hat (h. M). Der Betroffene kann (einfache) Beschwerde (§§ 306 ff StPO) einlegen, ohne zuvor die Zurücknahme bei dem Richter beantragt zu haben. Er kann Beschwerde auch lediglich wegen der Höhe des Ordnungsgeldes einlegen. Über die Beschwerde hat zunächst der Richter zu entscheiden, der die Maßregel verhängt hat[27] (Abhilfe- oder Nichtabhilfeentscheidung). Beschwerdefähig ist auch die Entscheidung, die auf das Vorbringen nachträglicher Entschuldigungsgründe ergeht[28]. 13

§ 57

Bis zu welchem Tag die Vorschlagslisten aufzustellen und dem Richter beim Amtsgericht einzureichen sind, der Ausschuß zu berufen und die Auslosung der Schöffen zu bewirken ist, wird durch die Landesjustizverwaltung bestimmt.

Entstehungsgeschichte. Das VereinhG 1950 änderte lediglich das Wort „Urliste“ in „Vorschlagsliste“. Durch Art. II Nr. 6 PräsVerfG wurde „Amtsrichter“ durch „Richter beim Amtsgericht“ ersetzt.

1. Wegen des Begriffs **„Landesjustizverwaltung“** s. § 22, 24. 1

2. Landesrechtliche Verwaltungsvorschriften. Auf Grund des § 57 sind in den Ländern Verwaltungsvorschriften über die Vorbereitung und Durchführung der Wahl der Schöffen und Jugendschöffen und weitere das Schöffenwesen betreffende Angelegenheiten erlassen worden, z. B. in Nordrhein-Westfalen der gemeinsame Runderlaß vom 10. 12. 1975 (JMBlNRW **1976** 25), in Niedersachen die gemeinsame Verfügung vom 17. 3. 1976 (NdsRpfl. 80), in Baden-Württemberg die Allgemeine Verfügung vom 4. 3. 1976 (Die Justiz 162). Diese Anordnungen sind für alle am Verfahren Beteiligten verbindlich. Andererseits hat die Justizverwaltung keine Möglichkeit der Durchsetzung dieses Zeitplanes. 2

[25] OLG Koblenz MDR **1993** 1229 = NStE Nr. 5 zu § 56.
[26] *Eb. Schmidt* 5.
[27] OLG Düsseldorf vom 15. 3. 1983 – 2 Ws 136/83 –.
[28] *Kissel* 18.

§ 58

(1) [1]Die Landesregierungen werden ermächtigt, durch Rechtsverordnung einem Amtsgericht für die Bezirke mehrerer Amtsgerichte die Strafsachen ganz oder teilweise, Entscheidungen bestimmter Art in Strafsachen sowie Rechtshilfeersuchen in strafrechtlichen Angelegenheiten von Stellen außerhalb des räumlichen Geltungsbereiches dieses Gesetzes zuzuweisen, sofern die Zusammenfassung für eine sachdienliche Förderung oder schnellere Erledigung der Verfahren zweckmäßig ist. [2]Die Landesregierungen können die Ermächtigung durch Rechtsverordnung auf die Landesjustizverwaltungen übertragen.

(2) [1]Wird ein gemeinsames Schöffengericht für die Bezirke mehrerer Amtsgerichte eingerichtet, so bestimmt der Präsident des Landgerichts (Präsident des Amtsgerichts) die erforderliche Zahl von Haupt- und Hilfsschöffen und die Verteilung der Zahl der Hauptschöffen auf die einzelnen Amtsgerichtsbezirke. [2]Ist der Sitz des Amtsgerichts, bei dem ein gemeinsames Schöffengericht eingerichtet ist, eine Stadt, die Bezirke eines anderen Amtsgerichts oder Teile davon umfaßt, so verteilt der Präsident des Landgerichts (Präsident des Amtsgerichts) die Zahl der Hilfsschöffen auf diese Amtsgerichte; die Landesjustizverwaltung kann bestimmte Amtsgerichte davon ausnehmen. [3]Der Präsident des Amtsgerichts tritt nur dann an die Stelle des Präsidenten des Landgerichts, wenn alle beteiligten Amtsgerichte seiner Dienstaufsicht unterstehen.

(3) Die übrigen Vorschriften dieses Titels sind entsprechend anzuwenden.

Schrifttum. *Dallinger* Gerichtsverfassung und Strafverfahren, JZ **1953** 434; *Koffka/Schäfer* Die Vorschriften über Strafrechtspflege in der VO des Reichspräsidenten über Maßnahmen auf dem Gebiet der Rechtspflege (1932); *Rieß* Zur bisherigen Entwicklung und zur Änderung des Rechtspflege-Anpassungsgesetzes, NJ **1996** 15.

Entstehungsgeschichte. Ges. vom 11. 3. 1921 Art. 1 Nr. 7 (RGBl. 230). Bek. vom 22. 3. 1924 (RGBl. I 306): Änderung der Paragraphenzahl; VereinhG 1950: Änderung des Absatzes 2 („Der Landgerichtspräsident" an Stelle von „Die Landesjustizverwaltung"). Durch Art. 11 Nr. 1 StPÄG 1964 erhielten Absatz 1 und 2, im wesentlichen auch Absatz 2 Satz 1 die jetzt noch geltende Fassung. Durch Art. 2 Nr. 16 des 1. StVRG 1974 wurden in Absatz 1 Satz 1 hinter „Entscheidungen bestimmter Art in Strafsachen" die Worte „sowie Rechtshilfeersuchen ... Geltungsbereichs dieses Gesetzes", durch § 179 StVollzG 1976 in Absatz 1 Satz 2 hinter „Ermächtigung" die Worte „durch Rechtsverordnung" eingefügt. Art. 2 Nr. 2 des StVÄG 1987 brachte in Absatz 2 die Anfügung der Sätze 2 und 3 und im nunmehrigen Satz 1 die Einfügung des Klammerzusatzes „Präsident des Amtsgerichts".

Übersicht

I. Bedeutung der Vorschrift

1 § 58 steht zwar im 4. Titel „Schöffengerichte", Absatz 1 gilt aber auch für die Strafsachen und Entscheidungen, die in die Zuständigkeit des Richters beim Amtsgericht als Einzelrichter („Strafrichter") fallen[1]. § 58 ist von großer praktischer Bedeutung; er ermöglicht es, insbesondere die Schöffengerichtssachen bei den größeren Amtsgerichten zu konzentrieren, und befreit die Justizverwaltung von der Notwendigkeit, bei jedem Amtsgericht mit erheblichem Kosten- und Personalaufwand ein Gerichtsgefängnis zu unterhalten, indem die Haftentscheidungen des Richters beim Amtsgericht auf das nächste Amtsgericht mit einer geeigneten und nach ihrer Bedeutung den Aufwand rechtfertigenden Untersuchungshaftanstalt übertragen werden können. Dadurch können die knappen Ressourcen der Justiz besser genutzt werden, weil ein Richter, der sich auf ein bestimmtes Sachgebiet spezialisiert hat, in der Regel auch rationeller arbeitet.

II. Bezirksjugendrichter und gemeinsames Jugendschöffengericht

2 Parallel zu § 58 GVG bestimmt

§ 33 Abs. 4 JGG

[1]Die Landesregierungen werden ermächtigt, durch Rechtsverordnung zu regeln, daß ein Richter bei einem Amtsgericht zum Jugendrichter für den Bezirk mehrerer Amtsgerichte (Bezirksjugendrichter) bestellt, und daß bei einem Amtsgericht ein gemeinsames Jugendschöffengericht für den Bezirk mehrerer Amtsgerichte eingerichtet wird. [1]Die Landesregierungen können die Ermächtigung durch Rechtsverordnung auf die Landesjustizverwaltungen übertragen.

Ein Bezirksjugendrichter kommt in Betracht, wenn der Anfall von Jugend- und Heranwachsendensachen in einem Amtsgerichtsbezirk nicht ausreicht, um eine Abteilung auszulasten. Im übrigen ist Zurückhaltung bei der Bestellung geboten, damit die Einheit von Jugendrichter und Vormundschaftsrichter (§ 34 Abs. 2 JGG) nicht ohne zwingenden Grund aufgegeben wird[2]. Eine Anordnung nach § 58 Abs. 1 GVG gilt nicht für die in die

[1] BVerfGE **24** 155, 165.

[2] Begr. S. 44; *Eisenberg* §§ 33 bis 33 b JGG, 24.

Zuständigkeit des Jugendrichters fallenden Sachen, jedoch können Anordnungen nach § 58 Abs. 1 GVG und solche nach § 33 Abs. 4 JGG miteinander verbunden werden. Bei Bildung eines gemeinsamen Jugendschöffengerichts gelten Absätze 2, 3 des § 58 GVG.

III. Zuweisung durch Rechtsverordnung

3 **1. Rechtsverordnung.** § 58 a. F gestattete in seiner ursprünglichen Fassung der Landesjustizverwaltung, die Zuständigkeitskonzentration durch Verwaltungsanordnung herbeizuführen. Das entsprach nach dem Inkrafttreten des Grundgesetzes nicht mehr der staatsrechtlichen Rechtslage. Die Zuweisung von Strafsachen aus dem Bezirk eines Amtsgerichts an ein anderes Amtsgericht bedeutet der Sache nach eine Ausdehnung der örtlichen Zuständigkeit des letzteren Gerichts über seine Bezirksgrenzen hinaus, also insoweit eine Änderung der Bezirksgrenzen[3]. Eine solche Änderung kann aber im Hinblick auf den Grundsatz des gesetzlichen Richters nur durch Gesetz oder durch RechtsVO aufgrund gesetzlicher Ermächtigung erfolgen (§ 59, 14). Die Ermächtigung zu „Anordnungen" in § 58 bedeutete also die Ermächtigung zum Erlaß von Rechtsverordnungen, die nach Art. 80 Abs. 1 GG nur den Landesregierungen als solchen, nicht bestimmten Landesministerien oder anderen Landesbehörden erteilt werden kann[4]. Das durch diese Entscheidung ausgelöste Gesetz über Rechtsverordnungen im Bereich der Gerichtsbarkeit vom 1. 7. 1960 (BGBl. I 481) bestimmt in § 1 u. a., daß, soweit das GVG auf dem Gebiet der Strafrechtspflege Ermächtigungen der obersten Landesbehörden zum Erlaß von Rechtsverordnungen vorsieht, die Landesregierungen zum Erlaß dieser Rechtsverordnungen ermächtigt sind; die Landesregierungen können die Ermächtigung auf oberste Landesbehörden übertragen. Seitdem sind die im GVG enthaltenen Vorschriften über Ermächtigungen auch redaktionell (und zwar § 58 durch das StPÄG 1964) der neuen Rechtslage angepaßt worden, ebenso § 33 Abs. 4 JGG; die darin ausgesprochenen Ermächtigungen zum Erlaß von Rechtsverordnungen sind mit dem Grundgesetz vereinbar[5]. Wegen des Begriffs der Landesregierung vgl. § 40, 3, wegen des Begriffs Landesjustizverwaltung § 22, 40.

4 **2. Begriff der Zuweisung in Absatz 1**. Dieser Begriff (vgl. z. B. auch § 74 c Abs. 1 Satz 1) besagt nichts darüber, wie der vermehrte Geschäftsanfall organisatorisch aufgefangen wird. Die Zuweisung erfolgt an das Gericht als administrative Einheit; die weitere Durchführung — z. B. Vermehrung oder Erweiterung der Einzelrichterdezernate, Zuweisung an ein vorhandenes Schöffengericht, Bildung eines Schöffengerichts, das ganz oder z. T. mit den „zugewiesenen" Sachen befaßt wird, ist Sache des Präsidiums.

IV. Zuständigkeitskonzentration

5 **1. Über den Bezirk des Land- oder Oberlandesgerichts hinaus.** Ursprünglich war streitig, ob die Amtsgerichte, deren Zuständigkeit dem gemeinsamen Amtsgericht übertragen wird, dem gleichen Landgericht oder Oberlandesgerichtsbezirk angehören müssen, in dem das gemeinsame Amtsgericht seinen Sitz hat[6]. Eine gewisse Klärung brachte die — inzwischen aufgehobene; unten 11 — Vorschrift im neunten Teil § 4 der VO vom 1. 12.

---

[3] Vgl. dazu BGH NStZ **1989** 81 betr. beschränkte Bedeutung der örtlichen Zuständigkeitskonzentration nach § 30 der BayVO über die Zuständigkeit der AG in Strafsachen – BayGZV Ju, GVBl. **1988** 6 –, wonach ein für den Haftort des Beschuldigten als „Haftgericht" zuständiges Amtsgericht ohne besondere Vorschrift für die Eröffnung des Hauptverfahrens örtlich nur zuständig ist, wenn in seinem durch Zuständigkeitskonzentration erweiterten Gerichtsbezirk ein Gerichtsstand nach § 7 f StPO gegeben ist.

[4] BVerfGE **11** 77.

[5] BVerfGE **24** 155.

[6] Dazu ausführlich in LR[21] § 58, 2 a.

1930 (RGBl. I 517, 604), die für die Erledigung von Rechtshilfeersuchen (§ 157) die Zuweisung der Zuständigkeit mehrerer Amtsgerichte auf eines von ihnen zuließ und dabei ausdrücklich bestimmte, daß die Zuweisungsanordnung auch zulässig sei, wenn die mehreren Amtsgerichte nicht im Bezirk desselben Landgerichts gelegen sind. Endgültig geklärt wurde die Frage durch das Bundesverfassungsgericht[7], wonach sich „räumlich die Zusammenfassung auf den Bezirk mehrerer Amtsgerichte **eines Landes** erstrecken“ darf, die Regelung also in die Landgerichtsbezirke eingreifen kann[8]. Ebenso könnte aber auch ein gemeinsames Amtsgericht ohne Rücksicht auf die Grenzen des Oberlandesgerichtsbezirks gebildet werden.

2. Über die Landesgrenzen hinaus. Durch Vereinbarung der beteiligten Länder kann auch, wenngleich dies § 58 nicht ausdrücklich vorsieht, der Bezirk eines Amtsgerichts über die Landesgrenzen hinaus ausgedehnt und so ein gemeinschaftliches Amtsgericht für mehrere Länder geschaffen werden. Die gesetzlichen Vorschriften, die solche Konzentrationen ausdrücklich vorsehen (z. B. § 120 Abs. 5, für die Verwaltungsgerichte § 3 Abs. 2 VwGO; s. auch § 78 a Abs. 3 GVG) bringen einen allgemeinen Rechtsgedanken zum Ausdruck. Voraussetzung ist jedoch eine dem Landesverfassungsrecht genügende Vereinbarung (in der Regel Staatsvertrag). **6**

3. Wirkung der Konzentration. Im Rahmen der Zuweisung der Geschäfte anderer Amtsgerichte erstreckt sich der Bezirk des gemeinschaftlichen Amtsgerichts auf die Bezirke der anderen Amtsgerichte, die insoweit nicht mehr zuständig sind[9]. Es ändert sich also die örtliche Zuständigkeit. Die Konzentration wirkt sich darüber hinaus auf die Zuständigkeit übergeordneter Gerichte und der bei ihnen bestehenden Staatsanwaltschaften aus. **7**

V. Gegenstand der Zuweisung

1. Grundsatz. § 58 läßt die Zuständigkeitskonzentration zu für Strafsachen, d. h. für das Verfahren in vollem Umfang wie auch für Entscheidungen bestimmter Art in Strafsachen, d. h. für einzelne der Art nach generell bestimmte gerichtliche Entscheidungen, die innerhalb eines Strafverfahrens zu erlassen sind. **8**

2. Entscheidungen bestimmter Art. Die Zuständigkeitsübertragung kann z. B. nur die aufgrund und im Verlauf einer Hauptverhandlung zu erlassenden Entscheidungen betreffen oder sich auch auf die im vorbereitenden Verfahren nötigen richterlichen Entscheidungen (z. B. über den Haftbefehl) beschränken oder nur die Entscheidung über die Eröffnung des Hauptverfahrens zum Gegenstand haben. Im Entstehungsstadium des StPÄG 1964, als der das Hauptverfahren eröffnende Richter nach den Absichten des Bundestages von der Mitwirkung in der Hauptverhandlung ausgeschlossen sein sollte, sollte die Neufassung des § 58 die „von jedem Zweifel an ihrer Zulässigkeit befreite“ Möglichkeit schaffen, auch die Entscheidungen über die Eröffnung des Hauptverfahrens für die Bezirke mehrerer Amtsgerichte einem dieser Gerichte zu übertragen, um ggf. der Notwendigkeit, weitere Richterstellen zu schaffen, aus dem Wege zu gehen[10]. Dieser Zweck der Neufassung erledigte sich, als der Gedanke des Ausschlusses des Eröffnungsrichters in der Hauptverhandlung im weiteren Verlauf der Arbeiten am StPÄG 1964 fallengelassen **9**

---

7 BVerfGE **24** 155, 168 = NJW **1969** 1291; ebenso BVerfGE **30** 103, 106 = NJW **1971** 795.

8 So ausdrücklich BVerfGE **30** 103, 106.

9 Vgl. BGHSt **35** 344; OLG Nürnberg NStZ **1987** 37; h. M.

10 Bericht des Rechtsausschusses zu § 58 – zu Drucks. **IV** 1020.

wurde. An der rechtlichen Möglichkeit, eine Übertragung auf die Entscheidung über die Eröffnung des Hauptverfahrens zu beschränken, hat sich dadurch aber nichts geändert[11].

10 **3. Teilweise Übertragung von Strafsachen.** Gemeint ist mit „teilweise" eine Aussonderung nach *sachlichen* — nicht: nach örtlichen — Merkmalen. Die Zuweisung kann sich z. B. auf Schöffengerichtssachen oder bei den in die Strafrichterzuständigkeit fallenden Sachen auf die Haftsachen[12], oder sie kann sich auf die Verkehrsstrafsachen beschränken. Dagegen muß die betreffende Art von Sachen räumlich für den ganzen Amtsgerichtsbezirk („für die Bezirke mehrerer Amtsgerichte") übertragen werden (allg. Meinung). § 58 ermöglicht nicht die Bildung eines gemeinsamen Schöffengerichts, das lediglich als erweitertes Schöffengericht (§ 29 Abs. 2) tätig werden soll, weil der eröffnende Richter nicht an den Antrag der Staatsanwaltschaft, einen zweiten Richter hinzuzuziehen, gebunden ist[13]. Da indessen eröffnendes und erkennendes Gericht nicht identisch zu sein brauchen (oben 9), erscheint es zulässig, ein gemeinsames erweitertes Schöffengericht für die Fälle zu bilden, in denen vor dem Schöffengericht eröffnet und dabei Zuziehung eines zweiten Richters angeordnet ist.

11 **4. Rechtshilfeersuchen.** Die Vorschrift erfaßt nur Rechtshilfeersuchen in strafrechtlichen Angelegenheiten von Stellen außerhalb des räumlichen Geltungsbereichs des Gerichtsverfassungsgesetzes. In seiner ursprünglichen Fassung sprach § 58 nur von „Entscheidungen" bestimmter Art. Als „Entscheidung" wurde in weiter Auslegung des Begriffs auch die Erledigung von Rechtshilfeersuchen in Strafsachen aufgefaßt, da der Ausführung des Ersuchens eine Prüfung der Zulässigkeit vorausgehen müsse und die Ausführung die stillschweigende Entscheidung enthalte, daß die erbetene Rechtshilfehandlung zulässig sei. Da diese Auffassung aber nicht unangefochten blieb, wurde, um jeden Zweifel auszuschließen, der oben (Rdn. 5) angeführte § 4 der VO vom 1. 12. 1930 geschaffen[14], so daß offen bleiben konnte, ob bereits § 58 bei Rechtshilfeersuchen in Strafsachen die Zuständigkeitskonzentration ermöglichte, oder ob erst der genannte § 4 die Grundlage hierfür schuf. Die einer Anregung des Bundesrats entsprechende Einfügung der Worte „sowie Rechtshilfeersuchen in strafrechtlichen Angelegenheiten von Stellen außerhalb des räumlichen Geltungsbereichs dieses Gesetzes" durch das 1. StVRG 1974 bezweckte unter diesen Umständen eine Erweiterung der Konzentrationsmöglichkeit, da, wie die Verweisung auf § 157 in § 4 der VO 1930 deutlich machte, unter Rechtshilfeersuchen nur solche i. S. des § 156, also die von einem bundesdeutschen Gebiet ausgehenden Ersuchen verstanden werden konnten, während es einem praktischen Bedürfnis entspricht, auch bei Rechtshilfeersuchen von Stellen außerhalb der Bundesrepublik in strafrechtlichen Angelegenheiten eine Konzentration zuzulassen[15]. Seitdem ist durch Art. 2 Nr. 4 d der Vereinfachungsnovelle vom 3. 12. 1976 (BGBl. I 3281) mit Wirkung vom 1. 1. 1977 dem § 157 ein dem § 4 der VO 1930 inhaltlich entsprechender Absatz 2 angefügt und zugleich der § 4 durch Art. 9 Nr. 19 der Novelle 1976 aufgehoben worden. Sedes materiae für die Zuständigkeitskonzentration bei Rechtshilfeersuchen innerhalb der Bundesrepublik, auch solchen in strafrechtlichen Angelegenheiten, ist nunmehr der § 157 Abs. 2, während § 58 die nach § 157 Abs. 2 bestehende Konzentrationsmöglichkeit bezgl. der von Stellen außerhalb der Bundesrepublik ausgehenden Rechtshilfeersuchen in strafrechtlichen Angelegenheiten erweitert.

---

[11] *Kissel* 5.

[12] BayObLGSt **1989** 34; OLG München MDR **1987** 868; OLG Nürnberg NStZ **1987** 37.

[13] *Dallinger* JZ **1953** 434; *Kissel* 4; h. M.

[14] Vgl. *Koffka/Schäfer* S. 81.

[15] Vgl. Bericht des Rechtsausschusses BTDrucks. **7** 2600 zu Art. 2 Nr. 13a des Entwurfs.

VI. Zuweisungsvoraussetzungen

1. Allgemeines. Beschränkt ist die Zulässigkeit einer Zuweisung nach § 58 durch das Erfordernis, daß die Zusammenfassung für eine sachdienliche Förderung oder schnellere Erledigung der Verfahren zweckmäßig ist. Eine „sachdienliche Förderung" ist z. B. „die Bildung optimal ausgelasteter Sachdezernate auf dem Gebiet der amtsgerichtlichen Strafrechtspflege"[16]. Ob die Voraussetzungen gegeben sind, prüft ausschließlich die zur Anordnung zuständige Stelle; den Gerichten steht eine Nachprüfung nicht zu[17]. Nach den bei der Schaffung des § 58 verfolgten Absichten fällt u. a. auch (und gerade) die Ersparnis der Kosten unter die „sachdienliche Förderung der Verfahren" (oben Rdn. 1, 9); die Wirksamkeit der Konzentrationsanordnung wird aber nicht dadurch in Frage gestellt, daß in Einzelfällen ausnahmsweise und auf Grund ungünstiger Umstände statt einer Beschleunigung eine Verzögerung des Verfahrens, statt einer Kostenersparnis die Entstehung erhöhter Kosten eintreten sollte[18]. Unzulässig wäre selbstverständlich eine Zuständigkeitskonzentration, die in der Absicht vorgenommen würde, im Einzelfall bestimmte Richter aus der Strafrechtspflege zu verdrängen[19]. 12

2. Auch der **Bezirksjugendrichter** (Rdn. 2) kann für einen Teil der jugendrichterlichen Aufgaben bestellt werden, z. B. für alle Sachen außer für Maßnahmen nach § 45 Abs. 1 JGG[20]. Eine Aufteilung nach Strafsachen gegen Jugendliche und solche gegen Heranwachsende ist allerdings nicht empfehlenswert[21]. 13

VII. Schöffen (Absatz 2)

1. Bestimmung der Zahl und Verteilung

a) Grundsatz. Absatz 2 setzt voraus, daß in Durchführung der Zuweisung nach Absatz 1 vom Präsidium ein gemeinsames Schöffengericht gebildet ist. Diese Bildung kann, je nach dem Umfang des Geschäftsanfalls durch die zugewiesenen Strafsachen in deren Zuweisung an eine schon bestehende Schöffengerichtsabteilung oder in der Bildung einer neuen, nur mit den zugewiesenen Strafsachen befaßten Schöffengerichtsabteilung bestehen. Die in Absatz 2 bezeichneten Maßnahmen sind dem Land- oder Amtsgerichtspräsidenten als Justizverwaltungsangelegenheit übertragen, in dessen Bezirk das gemeinsame Schöffengericht eingerichtet ist. 14

b) Die **Verteilung der Hauptschöffen** hat gemäß § 36 Abs. 4 Satz 2 „in Anlehnung" an deren Einwohnerzahl zu erfolgen, was in besonders gelagerten Fällen zu praktischen Schwierigkeiten führen kann (unten 21). Die Verteilung unterliegt dem pflichtgemäßen Ermessen, wobei eine nur teilweise Übertragung zu berücksichtigen ist. Stets sind jedoch alle beteiligten Bezirke einzubeziehen[22]. 15

c) Sonderregelung für Hilfsschöffen (Absatz 2 Satz 3, 4). Das vor der Einfügung von Satz 3 und 4 in Absatz 2 durch das StVÄG 1987 geltende Recht hatte zu gewissen Schwierigkeiten geführt[23], die im Jahre 1976 den Reformvorschlag zeitigten, den Ab- 16

---

16 BVerfGE **24** 155, 168.

17 OLG Nürnberg NStZ **1987** 37.

18 OLG Nürnberg NStZ **1987** 37.

19 BVerfG und OLG Nürnberg aaO.

20 *Dallinger/Lackner* § 33, 39 JGG; kritisch: *Eisenberg* § 33, 24 JGG; *Ostendorf* § 33, 13 JGG.

21 *Brunner* § 33, 11 JGG; *Dallinger/Lackner* aaO.; *Diemer/Schoreit/Sonnen* § 33, 22 JGG; *Eisenberg* § 33, 25 JGG.

22 BayObLGSt **40** 6; OLG Koblenz JBlRP **1987** 44; *Katholnigg*[3] 4.

23 S. dazu LR[23] § 58, 18.

satz 2 zu streichen, mit der Folge, daß die Schöffen nur aus dem Bezirk des AG heranzuziehen seien, bei dem das gemeinschaftliche Schöffengericht eingerichtet ist. Dieser weitgehende Vorschlag ist in der Folgezeit hinsichtlich der schöffengerichtlichen Konzentration nicht mehr aufgegriffen worden, vielmehr beruht der durch das StVÄG 1987 angefügte Satz 2 auf einer gegenläufigen Tendenz. Diese Vorschrift, die einem Vorschlag des Bundesrats entspricht, dem die Bundesregierung zugestimmt hat[24], geht von folgender Überlegung aus: Aus § 58 Abs. 2 Satz 1 (also ohne den neuen Satz 2) würde sich — in Verb. mit § 42 Abs. 1 Nr. 2 Satz 2 ergeben, daß Hilfsschöffen stets nur aus dem Bezirk des Amtsgerichts gewählt werden dürfen, bei dem das Schöffengericht eingerichtet ist. In **Großstädten** mit mehreren Amtsgerichten, aber nur einem Schöffengericht, bestehe aber angesichts der gegen früher eingetretenen Verbesserung der Verkehrsverhältnisse grundsätzlich kein Bedürfnis mehr, bei der Wahl der Hilfsschöffen anders zu verfahren, als bei der Wahl der Hauptschöffen, so daß auch sie von den Wahlausschüssen der einzelnen Amtsgerichte zu wählen sind. Durch die Gleichbehandlung werde auch zugleich erreicht, daß der Grundsatz der möglichst umfassenden Mitwirkung der Bevölkerung an der Entscheidungsfindung in der Strafgerichtsbarkeit nicht weiter als unbedingt erforderlich eingeschränkt wird. Die der Landesjustizverwaltung eingeräumte Möglichkeit, die Grundregel zu durchbrechen, diene der Berücksichtigung besonderer örtlicher Verhältnisse. S. dazu auch § 77, 2 f.

17 **2. Amtsgewalt außerhalb des Landgerichtsbezirks.** Gehören die Amtsgerichte, für die ein gemeinsames Schöffengericht gebildet ist, **nicht dem gleichen Landgerichtsbezirk an** (Rdn. 5), so obliegt die Bestimmung der erforderlichen Schöffenzahl und die Verteilung der Hauptschöffen auf die einzelnen Landgerichtsbezirke dem Präsidenten des Landgerichts, in dessen Bezirk das gemeinschaftliche Schöffengericht seinen Sitz hat; er schreibt auch dem Wahlausschuß des Amtsgerichts in dem benachbarten Landgerichtsbezirk die Zahl der dort zu wählenden Hauptschöffen vor.

18 **3. Folgerungen aus der Rechtsnatur des gemeinschaftlichen Gerichts.** Das „gemeinschaftliche" Gericht ist ein einheitliches Gericht. Das bedeutet u. a., daß bei dem Schöffengericht die Auslosung der Schöffen (auch derjenigen aus den zugelegten Bezirken) für das ganze Gericht einheitlich vorzunehmen ist. Die Schöffen aus den zugelegten Bezirken wirken nicht nur in den Sachen aus diesen Bezirken mit, sondern auch in solchen aus dem ursprünglichen Bezirk des gemeinschaftlichen Gerichts.

VIII. Spezielle Zuständigkeitskonzentrationen

19 Eine Zuständigkeitskonzentration bei *einem* Amtsgericht des Landesgerichtsbezirkes ist gesetzlich angeordnet oder zugelassen in § 13 WiStG 1954, in § 391 AO 1977 (betr. Steuerstrafsachen), in § 43 Außenwirtschaftsgesetz vom 28. 4. 1961, BGBl. I 481 (betr. Strafsachen nach § 34 Außenwirtschaftsgesetz) für solche Strafsachen, für die das Amtsgericht sachlich zuständig ist, in § 4 Binnenschiffahrtsverfahrensgesetz für Binnenschiffahrtssachen, in § 34 MOG für EG-Marktordnungssachen. Für die Zuständigkeitskonzentration des Amtsgerichts im Bußgeldverfahren gilt gemäß § 46 Abs. 1 OWiG der § 58 GVG sinngemäß (die in § 68 Abs. 3 OWiG zugelassene Zuständigkeitsregelung trägt anderen Bedürfnissen Rechnung[25]).

---

[24] BTDrucks. **10** 1313, S. 55.

[25] Vgl. dazu BGHSt **23** 79, 81; *Göhler* OWiG § 68, 12.

IX. Gemeinschaftliche Strafkammer

Wegen der Bildung gemeinschaftlicher Strafkammern vgl. §§ 74 c Abs. 3, 74 d, 78 a. 20

X. Reformüberlegungen

Wegen früherer, im Gesetzgebungsverfahren nicht aufgegriffener Reformüberlegungen im Referenten-Entw. des späteren StVÄG 1979, den Absatz 2 des § 58 und den vergleichbaren § 74 d Abs. 2 a. F zu streichen mit der Folge, daß die Schöffen nur aus dem Bezirk des Amtsgerichts heranzuziehen sind, bei dem das gemeinsame Schöffengericht eingerichtet ist, weil dies der Vereinfachung der Schöffenwahl und der Behebung in der Praxis aufgetretener Schwierigkeiten in den Fällen führe, in denen nur *ein Teil der Schöffensachen* konzentriert ist[26], vgl. die Erl. in der 24. Aufl., Rdn. 18 f. 21

XI. Einzelne Konzentrationsanordnungen

1. Zuständigkeitskonzentrationen in den alten Bundesländern

Wegen einer Übersicht über die Konzentrationsanordnungen in den alten Bundesländern (Stand 1998) vgl. *Katholnigg* Fußn. 2. 22

2. Zuständigkeitskonzentrationen in den neuen Bundesländern

a) Allgemeines. Der Einigungsvertrag sieht für die neuen Bundesländer folgende (fortgeltende) Regelung vor: 23

Maßgabe n

Zuständigkeitskonzentrationen

(1) [1]Die Landesregierungen werden ermächtigt, durch Rechtsverordnung einem Gericht für die Bezirke mehrerer Gerichte Sachen aller Art ganz oder teilweise zuzuweisen oder auswärtige Kammern oder Senate von Gerichten einzurichten, wenn dies für eine sachdienliche Erledigung der Sachen zweckmäßig ist. [2]Die Landesregierungen können die Ermächtigung durch Rechtsverordnung auf die Landesjustizverwaltungen übertragen.

(2) Die Länder können durch Vereinbarung dem Gericht eines Landes obliegende Aufgaben ganz oder teilweise dem zuständigen Gericht eines anderen Landes übertragen.

(3) [1]Die nach dem bisher geltenden Recht vorgenommenen Konzentrationen bleiben, vorbehaltlich einer Regelung durch die Länder, bestehen; soweit sich die sachliche Zuständigkeit ändert, gilt die Konzentration auch für das danach sachlich zuständige Gericht. [2]Satz 1 gilt nicht für Urheberrechtsstreitigkeiten.

b) Bedeutung der Zuständigkeitskonzentrationen. Durch diese Regelung wurde den neuen Bundesländern die Möglichkeit eröffnet, durch Rechtsverordnung einem Gericht für die Bezirke mehrerer Gerichte auch solche Sachen ganz oder teilweise zuzuweisen, die nach den Einzelregelungen von GVG und EGGVG nicht konzentriert werden können, um angesichts der verhältnismäßig kleinen Gerichtsbezirke der früheren DDR einen rationellen Einsatz der vorhandenen beschränkten Ressourcen zu gestatten und besondere Fachkenntnisse von Richtern oder moderne Mittel der Bürotechnik besser zu nutzen. 24

c) Zuständigkeitskonzentrationen kraft Bundesrechts. 25

Überblick. Aufgrund der Maßgaben zum Einigungsvertrag wurden bundesrechtlich gerichtliche Zuständigkeiten bei bestimmten Gerichten örtlich konzentriert, ohne daß

---

26 Begr. S. 191.

durch Landesrecht diese Konzentrationen aufgehoben werden können. Absatz 3 Satz 1 hat darüber hinaus in Form einer Generalklausel alle Zuständigkeitskonzentrationen des bis zum Wirksamwerden des Beitritts geltenden Rechts der früheren DDR (mit Ausnahme der Urheberrechtsstreitigkeiten) aufrecht erhalten. Wegen der Einzelregelungen wird auf die Erl. in der 24. Aufl. zum Einigungsvertrag, Teil B Maßg. n Rdn. 134 bis 140 verwiesen.

26 **d) Die Ermächtigung nach Maßgabe n Absatz 1 des Einigungsvertrages** zur örtlichen Zuständigkeitskonzentration innerhalb eines Landes ist umfassend[27], sie umfaßt auch die Bildung auswärtiger Kammern und Senate für alle Sachgebiete und — als actus contrarius — die Befugnis, bestehende oder aufrechterhaltene[28] Konzentrationen aufzuheben oder einzuschränken, soweit sie nicht bundesrechtlich zwingend sind. Die sachliche Voraussetzung, daß die Konzentration für eine sachdienliche Erledigung zweckmäßig ist, ist entsprechenden Ermächtigungen im Gerichtsverfassungsrecht nachgebildet[29], aber knapper gefaßt. Die sachdienliche Erledigung umfaßt beispielsweise neben der Ersparnis von Kosten und Aufwand (oben Rdn. 12) die Ausnutzung von Spezialkenntnissen, die Förderung einer einheitlichen Rechtsprechung (vgl. § 23 c Satz 1) und die schnellere Erledigung der Verfahren. Ob von der Ermächtigung Gebrauch gemacht werden soll, entscheiden die Länder nach pflichtgemäßem Ermessen; den Gerichten steht keine Nachprüfung zu (oben Rdn. 12).

27 **e) Ermächtigung zu länderübergreifenden Zuständigkeitskonzentrationen nach Maßgabe n Absatz 2 des Einigungsvertrages.** Für länderübergreifende Konzentrationen in den neuen Ländern gelten dieselben Bedingungen wie in den alten Bundesländern (Rdn. 6). Aus Maßgabe u Absatz 4 läßt sich nichts Gegenteiliges ableiten. Es können deshalb auch Rechtsprechungsaufgaben aus den neuen Bundesländern von Gerichten benachbarter alter Bundesländer übernommen werden. Die weitgespannten sachlichen Voraussetzungen des Absatzes 1, daß dies für die sachdienliche Erledigung zweckmäßig sein muß, gilt aber auch für diesen Fall. Erforderlich ist eine staatsvertragliche Regelung der beteiligten Länder, die der Zustimmung durch den Landesgesetzgeber bedarf[30].

28 **f) Geltungsdauer.** Zwar ist die Geltungsdauer der Konzentrationsermächtigung nicht geregelt, aber ihrem Sinn nach ist von einer Fortgeltung auszugehen, weil die vorgenommenen Konzentrationen unabhängig von der Gerichtsorganisation der Länder sind und zu einer wirtschaftlichen Aufgabenerledigung beitragen. Das gilt ganz uneingeschränkt, wenn sich die vorgenommenen Konzentrationen auf eine der sonstigen Konzentrationsmöglichkeiten stützen lassen, gilt aber auch für diejenigen bundesrechtlichen Konzentrationsanordnungen des Einigungsvertrages, die zur Disposition des Landesgesetzgebers stehen, wenn die Länder bei Übergang zur normalen Gerichtsbarkeit keine Anpassung vorgenommen haben. Dagegen **enden die zwingenden** bundesrechtlichen **Konzentrationsanordnungen** gleichzeitig mit den besonderen allgemeinen Zuständigkeitsbestimmungen.

---

[27] Bisher in Anspruch genommen durch Mecklenburg-Vorpommern durch die VO vom 30. 1. 1991 (GVBl. S. 43).

[28] Die Zuständigkeitskonzentrationen der besonderen Gerichtsbarkeiten waren von vornherein auf die Dauer ihrer Zuordnung zu den Kreis- und Bezriksgerichten beschränkt.

[29] Vgl. z. B. § 23 c; § 58 Abs. 1 Satz 1; § 74 c Abs. 3 Satz 1, § 74 d Satz 1; § 78 a Abs. 2 Satz 1; § 2 Abs. 3 Seerechtliche Verteilungsordnung vom 26. 7. 1986 (BGBl. I S. 1130).

[30] S. auch die Erl. zu § 120 GVG, 24. Aufl. Rdn. 11; *Redeker/v. Oertzen* VwGO § 3, 3.

FÜNFTER TITEL

Landgerichte

§ 59

(1) Die Landgerichte werden mit einem Präsidenten sowie mit Vorsitzenden Richtern und weiteren Richtern besetzt.

(2) Den Richtern kann gleichzeitig ein weiteres Richteramt bei einem Amtsgericht übertragen werden.

(3) Es können Richter auf Probe und kraft Auftrags verwendet werden.

Schrifttum. *Holzweg* Zur Frage der Änderung von Gerichtsgrenzen im Verordnungswege, NJW **1953** 48; *Löwisch* Hilfsrichter und Einzelrichter, DRiZ **1964** 164; *Lüttig* Gedanken eines alten Richters zur neuen Rechtsprechung über die vorschriftsmäßige Besetzung des Gerichts, DRiZ **1958** 50; *Müller* Die Rechtsprechung des BGH über die Verwendung von Hilfsrichtern, DRiZ **1963** 37; *Rieß* Das Gesetz zur Anpassung der Rechtspflege im Beitrittsgebiet (Rechtspflege-Anpassungsgesetz), DtZ **1992** 226; *Schalscha* Winke für den Strafrichter, DRiZ **1958** 193; *Schmidt* Die Weitergeltung vorkonstitutioneller Rechtssetzungsermächtigungen, NJW **1954** 249; *Siegert* Fehlerhafte Besetzung des Kollegialgerichts in der Rechtsprechung des BGH, NJW **1957** 1622; *Tasche* Können die Bezirke der ordentlichen Gerichte durch Verordnung geändert werden? NJW **1952** 407.

Entstehungsgeschichte. Ges. vom 1. 6. 1909 (RGBl. 475) Art. I Ziff. 2; VO vom 4. 1. 1924 (RGBl. I 15) § 4; Bek. vom 22. 3. 1924 (RGBl. I 307). In der Fassung des VereinhG 1950 lautete § 59:

„(1) Die Landgerichte werden mit einem Präsidenten und der erforderlichen Anzahl von Direktoren und Mitgliedern besetzt. Von der Ernennung eines Direktors kann abgesehen werden, wenn der Präsident den Vorsitz in den Kammern allein führen kann.

(2) Die Direktoren und die Mitglieder können gleichzeitig Amtsrichter im Bezirk des Landgerichts sein."

Die jetzige Fassung beruht auf Art. II Nr. 12 PräsVerfG.

Übersicht

I. Besetzung der Landgerichte (Absatz 1)

1 **1. Landgerichtspräsident.** Daß das Landgericht einen Präsidenten hat, ist zwingende Vorschrift. Wird die Wiederbesetzung einer erledigten Präsidentenstelle über Gebühr verzögert, so kann darin u. U. eine Verletzung des Gesetzes gefunden werden[1]. Nur in der Natur der Sache liegende Verzögerungen, wie Stellenausschreibung, Beteiligung anderer Gremien (z. B. Präsidialrat oder Richterwahlausschuß), sind hinzunehmen[2].

2 Der **Präsident hat eine Doppelfunktion**: er ist Richter (§§ 21 e Abs. 1 Satz 3, 21 f Abs. 1) und er hat Verwaltungsaufgaben der gerichtlichen Selbstverwaltung und der Justizverwaltung wahrzunehmen (§§ 21 a ff). In der richterlichen Eigenschaft hat er aktiv an der Rechtsprechung des Landgerichts teilzunehmen; er darf sich dafür Aufgaben selbst aussuchen (§ 21 e Abs. 1 Satz 3). Beim Landgericht kommt nur der Vorsitz in einer Kammer in Betracht. Diese Aufgabe muß er auch wahrnehmen und er kann sich nur im Rahmen der Geschäftsverteilung vertreten lassen. Er übt auch die allgemeine Dienstaufsicht über das Landgericht und die Amtsgerichte seines Bezirks aus, soweit diese nicht einem Präsidenten des Amtsgerichts oder für das nichtrichterliche Personal einem aufsichtsführenden Richter übertragen ist.

3 **2. Vorsitzende Richter**[3]. Neben dem Präsidenten ist das Landgericht mit Vorsitzenden Richtern (früher Landgerichtsdirektoren) besetzt (§ 19 a DRiG). Der Präsident und die Vorsitzenden Richter führen den Vorsitz in den Kammern (§ 21 f Abs. 1); das schließt nicht aus, daß sie auch als Beisitzer in einer Kammer — als Vertreter — mitwirken können (§ 21 f, 9). Die Zahl der Vorsitzenden Richter wird durch den Haushaltsgesetzgeber und die Justizverwaltung bestimmt, muß aber so bemessen sein, daß sie in allen bestehenden Kammern den Vorsitz führen können. Ein Vorsitzender kann mehreren Kammern vorstehen, wenn gewährleistet ist, daß er durch den Umfang seiner Tätigkeit einen richtunggebenden Einfluß auf die Rechtsprechung des jeweiligen Spruchkörpers ausüben kann[4]. Die Vertretung eines Vorsitzenden darf nur vorübergehender Natur sein; anderenfalls ist der Spruchkörper nicht ordnungsgemäß besetzt[5]. Zur ordnungsgemäßen Besetzung gehört es auch, daß freie Planstellen der Vorsitzenden **unverzüglich wieder besetzt werden**[6]. Insoweit sind **Beförderungssperren** oder **Wiederbesetzungssperren** mit dem

1 RGSt **64** 6 und Erl. zu § 21 f (24. Aufl. Rdn. 21); *Kissel* 3.

2 BGHZ **95** 22; BVerwG NJW **1986** 2336.

3 Bis zum 31. 12. 1999 sehen die §§ 3, 10 RpflAnpG noch für die neuen Bundesländer Abweichungen vor, auf die wegen der zeitlichen Befristung hier nicht näher eingegangen wird. Durch Art. 2 b des Dritten Gesetzes zur Änderung des Rechtspflegergesetzes vom 6. 8. 1998 (BGBl. I S. 2030) ist allerdings die sog. Funktionsrichterregelung des § 10 Abs. 4 RpflAnpG, wonach in den neuen Bundesländern – abweichend von § 21 f Abs. 1 GVG – in den Spruchkörpern der Land- und Oberlandesgerichte nicht nur die Präsidenten und planmäßigen Vorsitzenden Richter, sondern auch andere auf Lebenszeit ernannte Richter den Vorsitz führen können, um weitere fünf Jahre bis zum 31. 12. 2004 verlängert worden. Damit kann die Ernennung von Vorsitzenden Richtern vorerst weiter zurückgestellt werden.

4 BGHZ **20** 355, 361; **37** 210; BGH NJW **1992** 46.

5 BGHSt **21** 131; **25** 54; BGH NJW **1974** 1572; **35** 357.

6 BGHZ **95** 22; BVerwG NJW **1986** 1366.

Gebot des gesetzlichen Richters nicht vereinbar[7]. Wegen der Besonderheiten im Einzelfall läßt sich eine allgemein verbindliche Frist zur Wiederbesetzung nicht festlegen. In der Rechtsprechung sind Zeiten zwischen 5 bis 8 Monate noch nicht als ungebührliche Verzögerung angesehen worden[8]. Etwas anderes gilt jedoch, wenn die Vakanz voraussehbar ist, wie vor allem beim altersbedingten Eintritt in den Ruhestand. Dann ist für eine sich unmittelbar an das Ausscheiden anschließende Wiederbesetzung Sorge zu tragen[9].

Krankheit rechtfertigt im allgemeinen eine **Vertretung**, auch wenn nicht absehbar ist, wielange sie dauern wird. Nur wenn aufgrund der Erkrankung nicht in absehbarer Zeit mit der Wiederaufnahme des Dienstes zu rechnen ist, kann nicht mehr von einer „vorübergehenden" Verhinderung gesprochen werden[10]. **4**

3. Weitere Mitglieder. Neben Präsident und Vorsitzenden ist das Landgericht mit weiteren Richtern besetzt. Die „weiteren Richter" (Beisitzer) sind die Richter auf Lebenszeit oder auf Zeit (§ 11 DRiG), denen beim Landgericht ein Richteramt übertragen ist (§ 27 DRiG, früher Landgerichtsräte). Daneben können abgeordnete Richter (§ 37 DRiG) sowie gemäß Absatz 3 Richter kraft Auftrags (§ 14 DRiG) und auf Probe (§ 12 DRiG) verwendet werden. Ihre Zahl muß so bemessen sein, daß die in den einzelnen Kammern anfallenden Sachen in angemessener Zeit erledigt werden können. Für die Mitwirkung der Richter auf Probe und kraft Auftrags sind die sich aus § 29 DRiG ergebenden Beschränkungen zu beachten. Die für die abgeordneten Richter sowie die Richter kraft Auftrags und auf Probe früher verwendete Bezeichnung als „Hilfsrichter" ist zwar überholt, aber wegen der sprachlichen Kürze hier weiterhin beibehalten worden. **5**

4. Sprachgebrauch. Der Präsident, die beim Landgericht angestellten Richter und die bei ihm verwendeten weiteren Richter sind **Mitglieder** des Landgerichts, bzw. der Strafkammern i. S. der §§ 70 Abs. 1, 76 Abs. 1. **6**

II. Doppelrichter (Absatz 2)

Die Vorschrift bildet das Gegenstück zu § 22 Abs. 2. Die frühere Fassung des Absatzes 2 beschränkte den Kreis der Richter am Landgericht, denen ein weiteres Richteramt bei einem Amtsgericht übertragen werden konnte, auf die Direktoren und die (übrigen) Mitglieder. Die jetzige Fassung des Absatzes 2 spricht zwar allgemein von „den Richtern", zu denen auch der Präsident gehört, doch ist, da die Neufassung lediglich eine Anpassung an den Wortlaut des § 27 Abs. 2 DRiG bezweckte, damit nicht eine sachliche Änderung — im Sinne einer Erstreckung auf den Präsidenten — beabsichtigt (s. aber § 22 Abs. 3). Die Einbeziehung der „Direktoren" in den Kreis der zum Doppelrichter bestellbaren Richter, die durch die VO vom 14. 1. 1924 erfolgte, sollte nach Wegfall der erstinstanzlichen Zuständigkeit der Strafkammer insbesondere die Besetzung der erweiterten Schöffengerichte (§ 29 Abs. 2) mit Landgerichtsdirektoren ermöglichen, weil damals als Revisionsgericht das Reichsgericht zuständig war, wenn im ersten Rechtszug das erweiterte Schöffengericht geurteilt hatte (§ 121, 1). Da dieser Gesichtspunkt heute keine Rolle mehr spielt, wird nur in Ausnahmefällen die Anwendung des Absatzes 2 gegenüber einem Vorsitzenden Richter am Landgericht in Betracht kommen. Rechtlich ist es aber möglich, daß ein Vorsitzender Richter am Landgericht zugleich Vorsitzender eines Schöffenge- **7**

7 BGHZ **95** 22; **95** 246; **96** 258.
8 BGHSt **8** 17; **14** 11; BGH DRiZ **1978** 184; OLG Koblenz VRS **47** (1974) 270.
9 BGHZ **95** 246; **96** 258; BVerwG NJW **1986** 1366.
10 *Kissel* 7.

richts und einer Berufungsstrafkammer ist (vgl. aber § 23 StPO). Dieser Zustand mag unzweckmäßig sein; ungesetzlich ist er aber nicht[11].

III. Richter auf Probe und kraft Auftrags (Absatz 3)

8 **1. Allgemeines.** Wie nach § 22 Abs. 5 beim Amtsgericht, so können nach Absatz 3 Richter auf Probe und kraft Auftrags auch beim Landgericht verwendet werden; das entspricht dem früheren § 10 Abs. 2. Zur Verwendung dieser Richter im allgemeinen vgl. § 22, 11. Auch ihre Verwendung beim Landgericht ist mit dem Grundsatz der Unabhängigkeit der Gerichte (Art. 97 Abs. 1 GG) vereinbar[12]. Von Absatz 3 nicht berührt wird die Verwendung abgeordneter Richter (§ 37 Abs. 3 DRiG).

2. Umfang der Verwendung von Richtern auf Probe und kraft Auftrags

9 **a) Verwendungsgründe.** Mit der gesetzlichen Zulassung der Verwendung von Richtern auf Probe und kraft Auftrags ist die Frage nicht beantwortet, in welchem Umfang deren Heranziehung zulässig ist (dazu Erl. zu § 1, 24. Aufl. Rdn. 4). Das Gesetz setzt ihrer Heranziehung nur insoweit förmliche Grenzen, als beim Kollegialgericht — von dem Grundsatz des § 21 f Abs. 1 abgesehen — nur ein Richter auf Lebenszeit den Vorsitz führen kann (§ 28 Abs. 2 DRiG), und als bei einer Entscheidung nicht mehr als ein Richter auf Probe oder kraft Auftrags (einschl. eines abgeordneten Richters) mitwirken darf (§ 29 DRiG)[13]. Dem Umfang der Heranziehung beim Landgericht sind aber weitere immanente Grenzen gesetzt. Zwar sind alle Richter sachlich unabhängig und nur dem Gesetz unterworfen (Art. 97 Abs. 1 GG). Die vollen persönlichen Garantien der richterlichen Unabhängigkeit (Unabsetzbarkeit und Unversetzbarkeit) kommen aber nur den auf Lebenszeit bei diesem Gericht angestellten Richtern zu (Art. 97 Abs. 2 GG). Die Verwendung von Richtern, denen die vollen persönlichen Garantien der Unabhängigkeit fehlen, ist nur ein — wenn auch (s. unten) praktisch unentbehrlicher — Notbehelf. Die materielle Verwirklichung des Grundsatzes der sachlichen Unabhängigkeit und die Stetigkeit der Rechtsprechung verlangen, daß die Rechtsprechung grundsätzlich durch auf Lebenszeit planmäßig angestellte Richter ausgeübt wird und daß die Verwendung von Richtern auf Probe und kraft Auftrags die Ausnahme bleibt, die das notwendige Maß nicht übersteigen darf. Dieser Gedanke liegt auch dem § 28 Abs. 1 DRiG zugrunde. Die Rechtsprechung des Bundesverfassungsgerichts (oben Rdn. 8) und des Bundesgerichtshofs hat aus rechtsstaatlichen Erwägungen im Lauf der Zeit mit zunehmender Strenge auf die Beachtung dieses Grundsatzes gedrungen[14]. Eine Verwendung von Richtern auf Probe oder kraft Auftrags ist danach zulässig

a) zur Vertretung (durch Krankheit usw.) *vorübergehend*[15] verhinderter planmäßiger Richter des Landgerichts, soweit eine Vertretung durch andere planmäßige Mitglieder nicht möglich ist (vgl. § 70), nicht dagegen aber zur Überbrückung einer *dauernden*

---

11 RGSt **61** 40, **62** 366.

12 BVerfGE **3** 213, 224; **4** 331, 345 = NJW **1956** 137; **14** 156, 162 = NJW **1962** 1495; DRiZ **1971** 27.

13 In der Zeit vom 1. 3. 1993 bis 28. 2. 1998 war nach § 29 DRiG i. d. F des RpflEntlG die Mitwirkung von zwei solcher Richter zulässig. § 3 Abs. 1 Satz 1 RpflAnpG sah bis zum 31. 12. 1999 für den Bereich der neuen Bundesländer Ausnahmen vor (s. dazu 24. Aufl., Anh. Rdn. 57 f, 65). Ob diese Regelung teilweise bezüglich der Oberlandesgerichte und der Landessozialgerichte entsprechend einer Bundesratsinitiative des Freistaates Sachsen (BR-Drucks. 221/99) verlängert wird, ist derzeit nicht absehbar.

14 Dazu *Müller* DRiZ **1963** 37.

15 Die bei *Schorn/Stanicki* 236 gegen die Unterscheidung zwischen vorübergehender und dauernder Verhinderung erhobenen Einwendungen beruhen auf der dort vertretenen Begrenzung des Begriffs der vorübergehenden Verhinderung auf einen Zeitraum von höchstens drei Monaten (dazu § 21 f, 24. Aufl. Rdn. 19).

Minderung der Arbeitskraft eines oder mehrerer planmäßiger Richter, sondern dies kann nur durch Vermehrung und Besetzung der Zahl der Planstellen ausgeglichen werden[16],

b) bei einem anderen *vorübergehenden* Bedürfnis nach Personalvermehrung, insbesondere bei vorübergehender[17] Erhöhung des Geschäftsanfalls, und

c) zur Heranbildung und Erprobung des Nachwuchses für die künftige Besetzung von Planstellen[18].

b) Erkennbarkeit des Einberufungsgrundes. Eine ordnungsmäßige Besetzung des Gerichts liegt in der Regel nicht vor, wenn Richter auf Probe oder kraft Auftrags einberufen wurden, ohne daß erkennbar ist, ob die Bestellung wegen eines durch Häufung anfallender Sachen entstandenen Geschäftsandrangs oder wegen vorübergehender Verhinderung von Planstellenrichtern erfolgte, weil dann das Revisionsgericht nicht prüfen kann, ob die Beschäftigung der sämtlichen bei dem Landgericht bestellten Hilfsrichter nur zur Behebung eines vorübergehenden Bedürfnisses geschah; es muß dann das Gericht grundsätzlich als nicht ordnungsmäßig besetzt angesehen werden[19]. Der Mangel einer Erkennbarmachung des Einberufungsgrundes ist aber bedeutungslos, wenn die Gesamtzahl der unterschiedslos bestellten Hilfsrichter nicht höher ist als die Zahl aller Fälle, in denen die Heranziehung eines Hilfsrichters wegen vorübergehenden Geschäftsandrangs, wegen vorübergehender Verhinderung eines Planrichters oder aus sonstigen zeitlich begrenzten Bedürfnissen statthaft ist[20]. 10

c) Verhältnis der Zahl der Hilfsrichter zu der der Planstelleninhaber. Abgesehen von der Beschränkung der Gründe für ihre Heranziehung dürfen Hilfsrichter nur in dem Maß verwendet werden, daß das Verhältnis von Regel (Verwendung auf Lebenszeit angestellter Richter) zur eng umgrenzten Ausnahme gewahrt bleibt. Einem dauernden Mehrbedarf an Kräften muß durch Schaffung und Besetzung neuer Planstellen abgeholfen werden[21]. Das DRiG hat zwar — entgegen Vorschlägen im Entstehungsstadium[22] — davon abgesehen, Maximal- oder Grundsatzzahlen für das Verhältnis der Zahl der beim Landgericht tätigen Planstelleninhaber oder der vorhandenen Planstellen zur Zahl der zulässigerweise verwendeten Hilfsrichter aufzustellen, da die Mannigfaltigkeit der Verhältnisse mit einer solchen Schematisierung unverträglich wäre. An dem vorgenannten, durch die Rechtsprechung entwickelten Grundsatz hat es aber nichts geändert. Insbesondere darf aus § 29 DRiG, der es zuläßt, daß von den drei richterlichen Mitgliedern einer entscheidenden Kammer eines ein Hilfsrichter ist, nicht entnommen werden, das Gesetz sehe den Ausnahmecharakter als genügend gewahrt an, wenn bis zu 1/3 der Richter des Landgerichts aus Hilfsrichtern bestehe. Dann könnte von einer Ausnahme nicht mehr gesprochen werden. Vielmehr wird im allgemeinen die zulässige Zahl von Hilfsrichtern — entsprechend den im Entstehungsstadium des DRiG gemachten Begrenzungsvorschlägen — etwa 1/5 der Gesamtzahl der beim Landgericht tätigen Planstelleninhaber nicht überschreiten dürfen, in der Regel aber darunter liegen müssen. Die Zuteilung einer überdurchschnittlichen Zahl an einzelne Kammern (und Senate) ist nur dann zulässig, wenn unumgänglich notwendig, um eine geordnete Rechtsprechung des Gerichts zu sichern[23]. 11

---

16 BGH NJW **1961** 836.

17 Über diesen Begriff vgl. *Müller* DRiZ **1963** 43.

18 BVerfGE **15** 245; DRiZ **1971** 27; BGH MDR **1966** 323.

19 BGHZ **34** 260, 262; BGH MDR **1966** 323.

20 BGH MDR **1966** 323; unten Rdn. 11.

21 Vgl. z. B. BGHSt **8** 159 = JZ **1956** 167 mit Anm. *Kern*; BGHSt **14** 321, 326 mit Nachw. = JZ **1961** 58 mit Anm. *Eb. Schmidt*.

22 Dazu *Löwisch* DRiZ **1964** 164.

23 BVerfGE **14** 156, 166 = NJW **1962** 1495; BGHZ **95** 22 = NJW **1985** 2336.

12 d) **Folgen unzulässiger Zahl von Hilfsrichtern.** Eine sachlich nicht zu rechtfertigende Erhöhung des Anteils der Hilfsrichter bedeutet eine dem Grundgedanken der Gerichtsverfassung widersprechende Gesamtbesetzung des Landgerichts mit der Folge, daß die Besetzung der einzelnen Kammer auch dann unvorschriftsmäßig (§ 338 Nr. 1 StPO) ist, wenn im Einzelfall zwar an der Entscheidung nicht mehr als ein Hilfsrichter mitwirkt, die Besetzung des Spruchkörpers sich also im Rahmen des § 29 DRiG hält, die Zuziehung dieses Hilfsrichters aber nur deshalb notwendig war, weil mangels der erforderlichen Zahl verfügbarer Planstelleninhaber der dauernde Geschäftsanfall beim Landgericht von vornherein nur durch Verwendung einer übergroßen Zahl von Hilfsrichtern bewältigt werden kann. Dies gilt selbst dann, wenn bei der Kammer, deren Urteil angefochten ist, eine normalerweise die Zuziehung eines Hilfsrichters rechtfertigende Geschäftsanhäufung vorübergehender Natur bestanden hat, weil eine Grenzziehung, daß bei einem Teil der Hilfsrichter die Zuziehung zulässig, bei einem anderen Teil unzulässig wäre, willkürlich sein müßte[24]. Auf die grundsätzlichen Bedenken, die *Müller*[25] gegen den Umfang erhoben hat, in dem die Rechtsprechung des Bundesgerichtshofs das Bedürfnis nach Zuziehung von Hilfsrichtern als Gegenstand der Nachprüfung des Revisionsgerichts ansieht, ist an dieser Stelle nicht einzugehen. Ob diese vom Bundesgerichtshof früher aufgestellten strengen Nachprüfungsgrundsätze immer noch uneingeschränkt gelten, ist mittlerweile fraglich geworden, denn in einer späteren Entscheidung hat ein Mißverhältnis zwischen einer zu geringen Zahl verfügbarer Planstelleninhaber (Unterbesetzung mit Richtern auf Lebenszeit) zu einer Überzahl von Hilfsrichtern nicht dazu geführt, daß das Gericht insgesamt nicht ordnungsgemäß besetzt gewesen ist[26].

13 e) **Art der Verwendung.** Der Grundsatz der nur vorübergehenden Verwendung von Hilfsrichtern bedeutet nicht, daß Hilfsrichter nicht mit Daueraufgaben beschäftigt werden dürften und es unzulässig sei, einer einzelnen Kammer im Geschäftsverteilungsplan für die Dauer des Geschäftsjahres neben einem Vorsitzenden Richter und einem Planstelleninhaber einen Richter auf Probe zuzuweisen. Aus dem vorgenannten Grundsatz ergibt sich nur, daß Hilfsrichter nicht auf die Dauer mit Daueraufgaben beschäftigt werden dürfen. Das ist aber eben nur der Fall, wenn die Beiordnung des Hilfsrichters darauf beruht, daß bei dem Landgericht die für die Erledigung der richterlichen Daueraufgaben erforderliche Zahl von Planstellen nicht vorhanden oder nicht besetzt ist[27] und deshalb Hilfsrichter — über die der zulässigen Verwendung von Hilfsrichtern gezogenen Grenzen hinaus — das Fehlen von Planstellen oder Planstelleninhabern ausgleichen sollen.

IV. Errichtung und Aufhebung eines Gerichts; Bestimmung des Gerichtssitzes; Änderung der Bezirksgrenzen

14 Der Grundsatz des gesetzlichen Richters (Art. 101 GG) gebietet, daß die Errichtung oder Aufhebung eines Landgerichts (wie auch jeden anderen Gerichts) und die Bestimmung und Verlegung des Gerichtssitzes durch Gesetz („Gerichtsorganisationsgesetz") erfolgt, wie dies schon in § 1 Abs. 1 der GVGVO 1935 vorgeschrieben war[28]. § 1 Abs. 2 GVGVO 1935 erteilte dem RJM die Ermächtigung, die Bezirksgrenzen durch Verordnung

[24] Vgl. BGHSt **8** 159; **9** 107; BGHZ **12** 1; **20** 209, 250; **22** 142, 145 = NJW **1957** 101; BGHZ **34** 260 = NJW **1961** 830; NJW **1962** 1153.
[25] DRiZ **1963** 37, 39 ; s. auch *Lüttig* DRiZ **1958** 50.
[26] BGH NJW **1972** 779, 780.
[27] BGHSt **14** 321, 327.
[28] Vgl. z. B. die Gerichtsorganisationsgesetze von Hessen in der Fassg. vom 10. 12. 1976, GVBl. I 539 und von Schleswig-Holstein in der Fassg. vom 31. 3. 1977, GVBl. 86.

zu ändern. Diese Ermächtigung ist aber nicht gemäß Art. 129 Abs. 1, 2 GG auf die Landesjustizverwaltungen übergegangen, sondern gemäß Art. 129 Abs. 3 GG erloschen[29]. Auch die Änderung der Bezirksgrenzen erfolgt im Hinblick auf den Grundsatz des gesetzlichen Richters grundsätzlich durch Gesetz[30], mindestens aber durch RechtsVO aufgrund eines Gesetzes nach Maßgabe landesrechtlicher Vorschriften oder kraft bundesgesetzlicher Ermächtigung[31]. Nach §§ 78, 78 a Abs. 2, 116 Abs. 2 GVG genügt für die Errichtung auswärtiger („detachierter") Kammern des Landgerichts und der Senate des Oberlandesgerichts eine RechtsVO (vgl. § 78, 1). Vgl. auch Gesetz über die Zuständigkeit der Gerichte bei Änderung der Gerichtseinteilung vom 6. 12. 1933 (RGBl. I 1037) in der Fassung von Art. 8 Abs. 4 des 1. StVRG 1974.

Für die **Bildung des Präsidiums und die Regelung der Geschäftsverteilung im Falle der Neu- oder auch Umbildung** (wie beispielsweise der Kreis- und Bezirksgerichte der neuen Länder in Amts- und Landgerichte) enthält nunmehr § 30 RpfAnpG eine für alle Gerichtsbarkeiten zu beachtende Dauerregelung[32]. 15

V. Länderübergreifende Landgerichtsbezirke

Durch Ländervereinbarung kann der Bezirk eines Landgerichts über die Landesgrenze hinaus ausgedehnt werden (§ 58, 6; so ausdrücklich bzgl. der Bezirke der Verwaltungsgerichte § 3 Abs. 2 VwGO). S. auch § 78 a Abs. 3. 16

§ 60

Bei den Landgerichten werden Zivil- und Strafkammern gebildet.

Schrifttum. *Frisch* Problematik und Grenzen der Errichtung von Hilfsstrafkammern, NStZ **1987** 265, 304; *Helle* Die Einrichtung eines „anderen" Spruchkörpers desselben Gerichts als Folge oder als Voraussetzung der in § 354 Abs. 2 Satz 1 StPO vorgesehenen Zurückverweisung, DRiZ **1974** 227; *Holch* Wer bestimmt die Zahl der Spruchkörper bei den Gerichten? DRiZ **1976** 135; *Müller* Bestimmung der Zahl der Spruchkörper bei den Gerichten, DRiZ **1976** 315; *Pörner* Bildung und Besetzung der Spruchkörper, DRiZ **1976** 315; *Stanicki* Darf das Justizministerium die Zahl der Spruchkörper bei den Gerichten in der ordentlichen Gerichtsbarkeit bestimmen? DRiZ **1976** 80 .

Entstehungsgeschichte. Durch Art. II Nr. 13 des Gesetzes vom 26. 5. 1972 (BGBl. I 841) wurden hinter „gebildet" die Worte „und Untersuchungsrichter bestellt" eingefügt; sie wurden wegen Wegfalls der Voruntersuchung durch Art. 2 Nr. 17 des 1. StVRG 1974 wieder gestrichen.

---

29 BVerfGE **2** 307; **24** 155, 167; vgl. dazu *Tasche* NJW **1952** 407; *Holzweg* NJW **1953** 48; *Schmidt* NJW **1954** 249.

30 BVerfGE **2** 316; **a. M** *Bettermann* in *Nipperdey/Scheuner*, Grundrechte III 252, 245 ff.

31 BVerfGE **24** 155, 167; s. dazu auch § 58, 5.

32 S. dazu LR-*Rieß*[24] GVG (Anhang), 6 ff.

Übersicht

I. Wesen der Kammern

1 Die Zivil- und Strafkammern sind im Verhältnis zum Landgericht als einer organisatorisch-administrativen Einheit die Abteilungen („Spruchkörper", § 21 e Abs. 1, § 192 Abs. 1), die innerhalb des Landgerichts („beim Landgericht") gebildet sind und durch die das Landgericht die ihm zugewiesenen Rechtsprechungsaufgaben ausübt[1]. Die sog. „auswärtige" Strafkammer (§ 78) gilt für die örtliche Zuständigkeit in gewissen Beziehungen als ein vom Landgericht verschiedener, d. h. verselbständigter Gerichtskörper; im übrigen bildet sie gleichfalls einen Teil des Landgerichts (§ 78, 6; 10). Wegen der Strafvollstreckungskammern vgl. unten Rdn. 4 und Vor § 78 a, 1.

II. Aufgabenbereich der Strafkammern

2 **1. Der Geschäftskreis der Strafkammern,** zu denen auch die Strafvollstreckungskammern (§ 78 a) rechnen, wird durch die §§ 73 bis 74 d GVG, § 41 JGG und durch verschiedene Vorschriften innerhalb und außerhalb der StPO (vgl. § 73, 7) geregelt. Dabei wird die Strafkammer in verschiedenen Erscheinungsformen tätig (dazu unten Rdn. 18): als erkennendes Gericht nach §§ 74 bis 74 c, während die §§ 73, 78 a Fälle betreffen, in denen die Strafkammer als beschließendes Gericht außerhalb einer bei ihm im Hauptverfahren anhängigen Strafsache entscheidet.

2. Was die vorgenannte **Tätigkeit als beschließendes Gericht** anlangt, so ist zu unterscheiden:

3 **a) Die allgemeinen Strafkammern** werden als Gerichte höherer Instanz tätig; sie sind die Beschwerdegerichte für die Schöffengerichte und die Richter beim Amtsgericht (§ 73; vgl. aber §§ 159 und 181 Abs. 3); sie haben gegenüber den Schöffengerichten und den Amtsgericht ihres Bezirks die in §§ 4, 12, 13, 14, 15, 19 StPO bezeichneten Verrichtungen des oberen Gerichts wahrzunehmen; sie entscheiden unter den Voraussetzungen des § 27 Abs. 4 StPO über die Ablehnung von Richtern beim Amtsgericht und sie entscheiden unter den Voraussetzungen des § 161 a Abs. 3 StPO über Anträge auf gerichtliche Ent-

[1] RGSt **42** 264.

scheidung gegen Maßnahmen der Staatsanwaltschaft[2]. Inwieweit die auswärtigen Strafkammern zur Wahrnehmung dieser Aufgaben berufen sind, ist bei § 78 zu erörtern.

b) Die bei den Landgerichten gebildeten **Strafvollstreckungskammern,** die — ähnlich wie die auswärtigen Strafkammern — ihren Sitz auch außerhalb des Sitzes des Landgerichts haben und deren Mitglieder auch aus Richtern beim Amtsgericht bestehen können, sind einerseits für bestimmte nach Abschluß des Erkenntnisverfahrens erforderliche Nachtragsentscheidungen zuständig (§ 453, 3, 4 StPO § 453, 2 Fußn. 1 StPO); im übrigen obliegt ihnen hauptsächlich erstinstanzlich die Rechtskontrolle über die Rechtmäßigkeit von Maßnahmen der Vollzugsbehörden gegen Gefangene und Untergebrachte bei dem Vollzug von Freiheitsstrafen und freiheitsentziehenden Maßregeln der Besserung und Sicherung (§ 78 a Abs. 1 Satz 2 Nr. 2). **4**

3. Als **erkennende Gerichte** sind die Strafkammern entweder als Gerichte des ersten Rechtszuges oder als Berufungsgerichte zuständig (§ 74). **5**

III. Bildung der Kammern

1. Bestimmung der Zahl der ständigen Kammern. Es ist zu unterscheiden zwischen den sog. institutionellen Kammern, die als dauernde Spruchkörper gedacht sind, und Kammern, die aus Anlaß eines vorübergehenden Bedarfs für begrenzte Zeit gebildet werden (unten Rdn. 8). Die Zahl der institutionellen Kammern zu bestimmen, ist seit jeher nach der in der Rechtsprechung vertretenen Auffassung Angelegenheit der Justizverwaltung[3]. Dem stimmt auch die im Schrifttum herrschende Meinung zu[4]. Reformwünsche gehen dahin, diese Aufgabe dem Präsidium zu übertragen[5]. Unzutreffend ist aber jedenfalls eine im Schrifttum vertretene Auffassung[6], daß schon nach geltendem Recht nicht mehr der Justizverwaltung, sondern dem Präsidium die Bestimmung der Zahl der institutionellen Kammern (und damit zwangsläufig auch die Bestimmung der Zahl der Senate des Oberlandesgerichts und Bundesgerichtshofs) zustehe, weil das dem Grundsatz der Selbstverwaltung der Gerichte entspreche und bei einer im Verhältnis zur Zahl der gemäß § 21 e zu verteilenden Richter zu geringen Zahl von Spruchkörpern das Präsidium zu einer verfassungswidrigen Überbesetzung der vorhandenen Spruchkörper gezwungen werde, so daß sich aus Recht und Pflicht des Präsidiums zu einer gesetzmäßigen Besetzung der Spruchkörper auch sein Recht ergebe, selbst die zu einer ordnungsgemäßen Richterverteilung erforderliche Zahl von Spruchkörpern zu bemessen. Daß diese Auffassung unzutreffend ist, ergibt sich ohne weiteres aus § 130 Abs. 1 Satz 2 GVG und § 36 c PatentG, wonach der Bundesminister der Justiz die Zahl der beim Bundesgerichtshof zu bildenden Strafsenate und der beim Patentgericht zu bildenden Zahl von Beschwerde- und Nichtigkeitssenaten bestimmt[7]. Für die Zahl der „ordentlichen" Spruchkörper des Landge- **6**

---

[2] Siehe LR-*Rieß* Erl. zu § 161 a StPO (24. Aufl. Rdn. 47 ff).

[3] RG JW **1885** 427; RGSt **42** 263; BGHSt **15** 217, 220 = NJW **1961** 473; **20** 132, 133 = NJW **1965** 544; **21** 260 = NJW **1967** 1868.

[4] *Baumbach/Lauterbach-Albers*[57] 2; *Helle* DRiZ **1974** 228; *Holch* DRiZ **1976** 135; *Katholnigg*[3] 2; *Kissel* 2, 3; *Kleinknecht/Meyer-Goßner*[44] 2; KK-*Diemer*[4] 1; MK-*Wolf* 1; *Pörner* DRiZ **1976** 315; *Wieczorek/Schütze-Schreiber* 4; *Zöller/Gummer* 1.

[5] Dazu *Rudolph* DRiZ **1976** 206 und kritisch *Pörner* DRiZ **1976** 315.

[6] So *Baur* Justizaufsicht (1954) 56; *Schorn/Stanicki* 128; *Stanicki* DRiZ **1976** 80; *Müller* DRiZ **1976** 315.

[7] Beim Dienstgericht des Bundes (§ 61 DRiG) kam eine entsprechende Bestimmung nicht in Betracht, weil dieses nur als ein besonderer Senat des BGH gebildet ist und einem (praktisch nicht zu erwartenden) erhöhten Geschäftsanfall dadurch begegnet werden kann, daß eine größere Zahl von Richtern zu Mitgliedern bestellt wird, die für die ordnungsgemäße Besetzung erforderlich ist *(Schmidt-Räntsch* § 61, 4).

richts kann schlechterdings nichts anderes gelten. Es bedarf angesichts des § 130 GVG, § 36 c PatentG nicht einmal des Rückgriffs auf die §§ 7 Abs. 2, 8 Abs. 2 GVGVO 1935, denn der Sinn dieser Vorschriften war es nicht, konstitutiv das Recht der Justizverwaltung zur Bemessung der Zahl der Spruchkörper auszusprechen (von diesem Recht ging die VO als „vorgegeben" aus), sondern nach Wegfall der bisherigen Landesjustizverwaltungen klarzustellen, welche Stellen die auf die Reichsjustizverwaltung übergegangenen Befugnisse der bisherigen Landesjustizverwaltungen in ihrem Auftrag wahrzunehmen hätten. Es liegt nun einmal, solange die Ernennung der Richter durch die Justizministerien (Justizsenatoren) erfolgt, nicht in der Macht der Präsidien, durch Bestimmung der Zahl der institutionellen Spruchkörper einen Zwang auf den Finanz- und Justizminister zur Beschaffung der nötigen Zahl von Richtern, insbesondere von Vorsitzenden Richtern, auszuüben (dazu auch § 70, 3 und § 21 e, 24. Aufl. Rdn. 23). Das schließt nicht aus, daß Landesrecht die Anhörung des Präsidiums bei Bestimmung der Zahl der Kammern vorschreibt (so z. B. § 3 Saarl. AGGVG vom 4. 10. 1972, ABl. 401).

7 **2. Zeitpunkt und Zuständigkeit zur Bestimmung der Zahl der „ständigen" Kammern.** Die Bestimmung der Zahl, ggf. unter Erhöhung oder Verminderung der bisherigen Zahl, erfolgt im Regelfall vor Beginn eines Geschäftsjahres, jedoch kann aus gegebenem Anlaß auch während des Geschäftsjahres eine neue Bestimmung über die Zahl getroffen, z. B. bei Wegfall von Richterplanstellen oder bei nicht nur vorübergehendem Ausfall von Richtern eine Kammer aufgelöst werden[8]. Soweit nicht neue (inhaltsgleiche oder abweichende) Vorschriften des Landesrechts erlassen sind oder erlassen werden, ist nach dem weiter geltenden[9] § 7 Abs. 2 GVGVO 1935 der Präsident des Landgerichts als Organ der Justizverwaltung zuständig, die Zahl der Kammern zu bestimmen. Nach Art. 11 Bay. AGGVG (BayBS III 3) ist die Landesjustizverwaltung, nach § 5 Bad.Württ. AGGVG vom 16. 12. 1975 (GBl. 868) ist der Präsident des Landgerichts hierfür zuständig. An dem Charakter der Bestimmung als Justizverwaltungsmaßnahme hat sich durch die in § 7 GVGVO oder in neuen Landesgesetzen ausgesprochene Delegation auf den Präsidenten des Landgerichts nichts geändert; dieser handelt nicht als unabhängiger Richter, sondern als Organ der Justizverwaltung[10]. Wegen des Falles der „stillschweigenden" Bildung einer Kammer durch den Präsidenten, der eine inhaltlich die Bildung einer Kammer einschließende Geschäftsverteilung mitbeschließt, vgl. BGHSt **22** 94, 98.

3. Hilfsstrafkammer

8 **a) Begriff.** Das Gesetz kennt den Begriff der „Hilfsstrafkammer" nicht. Die Figur der Hilfsstrafkammer ist zunächst in ständiger Rechtsprechung vom Reichsgericht[11] entwikkelt, vom Bundesgerichtshof übernommen[12] und auch nach der Neugestaltung der §§ 21 a ff im Grundsatz aufrechterhalten worden[13]. Die Schaffung einer Hilfsstrafkammer ist zulässig — oder sogar notwendig — bei vorübergehender Überlastung der institutionellen Kammern, sei es durch zahlenmäßig erhöhten Anfall von Sachen, sei es durch die Befassung einer Kammer mit einer besonders umfangreichen Sache, die ihr keine Zeit zur ordnungsmäßigen Erledigung der übrigen anfallenden Sachen läßt (z. B., wenn die Schwurgerichtskammer oder Wirtschaftsstrafkammer durch ein einziges Verfahren auf

---

8 BGH NJW **1965** 544.

9 Vgl. BGHSt **22** 94, 98; s. auch LR-*Böttcher* Erl. zu §§ 7, 8 GVGVO.

10 So auch *Eb. Schmidt* 6.

11 Z. B. RGSt **19** 230; **55** 201; **62** 309.

12 Z. B. BGHSt **10** 179, 181; **11** 106, 107; **12** 104; **21** 260 = NJW **1967** 1868.

13 Z. B. BGHSt **31** 389 = NStZ **1984** 84 mit krit. Anm. *Frisch;* BGHSt **33** 303 = JR **1986** 260 mir Anm. *Katholnigg* = NStZ **1987** 288; mit krit. Bespr. *Frisch* NStZ **1987** 265 ff, 304 ff.

lange Zeit gebunden wird). Die Bildung einer Hilfsstrafkammer ist immer dann notwendig, wenn bei Überlastung durch eine Einzelstrafsache die Zuweisung von mehr als einem Vertreter zu einer Überbesetzung (§ 21 f, 24. Aufl. Rdn. 6) führen würde, die es ermöglicht, gleichzeitig zwei Hauptverhandlungen in verschiedenen Besetzungen durchzuführen[14]. Die Bildung einer Hilfsstrafkammer ist jederzeit zulässig, wenn die Voraussetzungen dafür vorliegen und ein Ende der Überlastung des anderen Spruchkörpers absehbar ist[15].

Willkürlich und damit unzulässig **ist die Einrichtung einer Hilfsstrafkammer, um damit einer dauernden Mehrbelastung des Gerichts zu begegnen**[16]. Hier kommt allein die Einrichtung einer weiteren ordentlichen Kammer in Betracht. 9

b) Die Frage nach der **Rechtsnatur der Hilfsstrafkammer,** die im Schrifttum zu unterschiedlichen Auffassungen geführt hat[17], ist dahin zu beantworten, daß sie keine Strafkammer im Sinne des § 60 ist, sondern die ordentliche Strafkammer in solchen Sachen **vertritt,** die diese infolge anderweitiger Inanspruchnahme nicht selbst erledigen kann[18]. Daraus ergibt sich eine Reihe von Folgerungen in bisher umstrittenen Fragen: 10

aa) Besetzung. Aus der Vertretungsfunktion der Hilfsstrafkammer ergibt sich, daß ihre Besetzung mit einem Richter am Landgericht als Vorsitzender — statt mit einem *Vorsitzenden* Richter am Landgericht — an sich zulässig ist[19], vorausgesetzt, daß sich die voraussichtliche Dauer der Hilfskammer in angemessenen Grenzen hält und der Personalbestand dem Präsidium keine andere Lösung ermöglicht. Gleichzeitig ist für die Mitglieder der Hilfsstrafkammer deren Vertretung zu regeln[20]. 11

bb) Zuständigkeit zur Bildung. Die Anordnung der Errichtung steht — als Maßnahme wegen Überlastung gemäß § 21 e Abs. 3 — dem Präsidium zu[21]. Wie in LR[23] § 60 Rdn. 9 dargestellt, war früher streitig, ob neben dem Präsidium auch der Landgerichtspräsident die Bildung von Hilfskammern als Organisationsmaßnahme der Justizverwaltung aufgrund des § 7 Abs. 2 GVGVO 1935 bzw. der an seine Stelle getretenen landesrechtlichen Vorschriften anordnen kann. Das wurde schon früher von der — schließlich — h. M verneint[22]. Die Streitfrage ist jetzt als erledigt anzusehen, denn wenn nach heutiger Betrachtungsweise die Hilfskammer nur die ordentliche Kammer vertritt (oben Rdn. 10), ihre Bildung also nur eine Methode darstellt, die Vertretung der durch die Überlastung an der Bearbeitung der anderen Sachen verhinderten Mitglieder der ordentlichen Kammer zu regeln[23], so kann die Bildung der Hilfskammer nur Sache des Präsidiums sein. Ferner spricht dafür der Gesichtspunkt, aus dem BGHSt **15** 217 u. a. für die Bildung der Ferienstrafkammer (unten Rdn. 16) die ausschließliche Zuständigkeit des Präsidiums herleitet, nämlich, daß sonst „im Widerspruch zu dem die Gerichtsverfassung tragenden Grundgedanken des gesetzlichen Richters der Justizverwaltung und damit der Regierung die Möglichkeit eingeräumt (würde) . . . mittelbar Einfluß auf die Zusammensetzung des Spruchkörpers auszuüben". 12

c) Die Dauer des Bestehens der Hilfsstrafkammer als einer vorübergehenden Hilfsmaßnahme muß zeitlich festgelegt sein. Bei einer Überbelastung der ständigen Kammer 13

---

14 BGHSt **33** 234 = JR **1986** 125 mit Anm. *Katholnigg;* BGH GA **1977** 366.

15 *Kissel* 11.

16 BGHSt **31** 389.

17 Vgl. dazu einerseits *Katholnigg* JR **1983** 521; **1986** 261; andererseits *Frisch* NStZ **1984** 86.

18 BGHSt **31** 391; **33** 303.

19 BGHSt **31** 389; **33** 303; *Katholnigg* JR **1983** 521; *Kleinknecht/Meyer-Goßner*[44] § 21 f, 13; MK-*Wolf* § 21 f, 2; *Zöller/Gummer* § 21 f, 2; **a. A** *Frisch* NStZ **1984** 88 u. NStZ **1987** 265; *Kissel* 15; *Schorn/Stanicki* S. 142.

20 OLG Hamm JMBlNRW **1982** 45; h. M.

21 RG HRR **1929** Nr. 1542; BGHSt **11** 106, 107; **12** 104; **21** 260; **25** 174; BGH GA **1977** 366.

22 Z. B. BGHSt **21** 260; *Eb. Schmidt* 6; *Schorn/Stanicki* 161.

23 Vgl. BGHSt **25** 175.

durch eine oder mehrere bestimmte, besonders umfangreiche Sachen ist eine zeitliche Begrenzung auf einen bestimmten Kalendertag nur ganz ausnahmsweise möglich. Hier genügt im allgemeinen die Anordnung, daß das Ende der Tätigkeit der Hilfskammer mit einem sicher eintretenden, vom Willen einzelner unabhängigen Ereignis zusammenfällt, z. B. daß bis zum Tag der abschließenden Entscheidung in der bei der ständigen Kammer verbliebenen Sache X mit Ausnahme dieser Sache die Hilfskammer für die Bearbeitung aller Strafverfahren zuständig sei, die in den normalen Geschäftsbereich der (entlasteten) ständigen Strafkammer fiele[24]. Das Ereignis muß nicht mehr im laufenden Geschäftsjahr eintreten[25].

14 **d) Zeitliche Grenze für die Hilfsstrafkammer.** Eine weitere Grenze des Bestehens der Hilfsstrafkammer bis zum Wegfall der Überlastung der ordentlichen Kammer ergibt sich aber daraus, daß bei einer ganz ungewöhnlichen Dauer dieser Überlastung die Hilfsstrafkammer nicht ihrerseits zu einer „ständigen Einrichtung" führen darf. Mit Recht hat der Bundesgerichtshof[26] aus dem Grundsatz des gesetzlichen Richters gefolgert, daß die Bildung einer Hilfsstrafkammer nur dann in Betracht kommt, wenn *begründete Wahrscheinlichkeit* dafür besteht, daß sie, wenn auch nicht im laufenden, so doch im nächsten Geschäftsjahr wieder aufgelöst werden wird. Stellt sich dann heraus, daß entgegen den Erwartungen die ordentliche Kammer auch in dem folgenden (dritten) Geschäftsjahr entlastet werden muß, so muß in der Regel nach Lösungen gesucht werden, die die Überlastung der ordentlichen Kammer beenden, wie etwa Bildung einer neuen ordentlichen Kammer oder Neuverteilung der Geschäfte auf die bestehenden ordentlichen Kammern mit der Folge einer größeren Belastung aller Strafkammern und möglicher längeren Dauer aller Strafverfahren[27]. Davon kann jedoch abgesehen werden, wenn im Laufe des dritten Jahres ein konkretes Ende der Überlastung der vertretenen Kammer absehbar wird. Im **Schrifttum** hat diese Änderung der Rechtsprechung zwar nicht zum Verstummen der Polemik gegen die Hilfsstrafkammer ohne Vorsitzenden Richter[28], aber doch zu deren Abflachung geführt. So ist sich *Frisch*[29] „bewußt, daß der Kampf gegen eine so eingefahrene Praxis wie die der Hilfsstrafkammern wenig Aussicht auf Erfolg hat", und in seiner Kritik an BGHSt **33** 303 in NStZ **1987** 304 ff fordert er (S. 309) „mit Nachdruck eine nochmalige Kurskorrektur der Rechtsprechung". „Eine eng(er) abgesteckte Hilfsstrafkammerlösung ist damit das Mindeste, was in der gegenwärtigen Situation zu fordern ist". Auf Einzelheiten einzugehen, ist hier kein Raum; vgl. dazu auch Erl. zu § 21 f, 10 (24. Aufl.).

15 **4. Auffangstrafkammer.** Darunter ist die „andere" Strafkammer zu verstehen, die zur Entscheidung zuständig ist, wenn das Revisionsgericht bei Aufhebung eines Urteils die Sache gemäß § 354 Abs. 2 StPO an eine andere Kammer des Landgerichts zurückver-

---

24 BGHSt **21** 260 = LM Nr. 12 GVG mit Anm. *Kohlhaas.*

25 BGHSt **31** 389.

26 BGHSt **31** 389 = JR **1983** 519 mit Anm. *Katholnigg* = NStZ **1984** 84 mit Anm. *Frisch.*; BGHSt **33** 303 = JR **1986** 260 mit Anm. *Katholnigg* = NStZ **1987** 288 mit Stellungnahme *Frisch* NStZ **1987** 265 ff, 304 ff.

27 Im Falle BGHSt **33** 303 lag die Sache allerdings anders: Die Hilfsstrafkammer, deren Urteil mit der Besetzungsrüge nach damaligem Recht angegriffen wurde, bestand bei Erlaß des Urteils schon mehr als fünfeinhalb Jahre, weil die ordentliche Kammer aus außergewöhnlichen Gründen (NSG-Verfahren) mit derselben Sache befaßt und überlastet war. Die Besetzungsrüge blieb erfolglos, weil nicht erkennbar war, daß das Präsidium sich über die im Revisionsurteil aufgestellten Grundsätze *willkürlich* hinweggesetzt habe. Doch heißt es in BGHSt **33** 303 am Ende: „Zukünftig – nach Veröffentlichung des vorliegenden Urteils – wird in der Regel der Zeitablauf zu einer anderen Beurteilung der Vertretbarkeit (der Auffassung des Präsidiums) führen müssen; das bedarf jetzt jedoch noch keiner abschließenden Entscheidung". Auch hier ist darauf und auf die aus §§ 222 a, 222 b StPO sich ergebende Lage nicht weiter einzugehen.

28 Vgl. z. B. – außer *Frisch* aaO – KK-*Diemer*[4] § 21 f 1.

29 NStZ **1987** 268.

weist, oder die im Fall des § 210 Abs. 3 StPO die Hauptverhandlung durchzuführen hat. Das Präsidium hat für diese Fälle eine Verteilung dieser Aufgaben auf mehrere Kammern im Geschäftsverteilungsplan vorzusehen, um dem Revisionsgericht die nach § 354 StPO vorgesehene Wahlmöglichkeit zu geben. Eine versäumte Regelung kann noch für den Rest des Geschäftsjahres nachgeholt werden[30]. Die Einrichtung einer Hilfsstrafkammer für zurückverwiesene Verfahren ist nicht zulässig, weil es hier nicht um die Entlastung einer anderen Kammer geht[31].

5. Ferienstrafkammer. Die Anordnung der Bildung einer oder mehrerer Ferienstraf- **16**
kammern nach der bis zur Abschaffung der Gerichtsferien durch Gesetz vom 28. 10. 1996 (BGBl. I S. 1546) geltenden Regelung war ausschließlich Sache des Präsidiums, da es sich hier immer um eine Maßnahme gemäß § 21 e Abs. 3 handelt, die die Belange der Justizverwaltung (Bewilligung neuer Plan- oder Hilfsrichterstellen) nicht berührt[32]. Wenn rechtsirrtümlich der Landgerichtspräsident die Bildung angeordnet hat, bedarf es zur Heilung des Mangels eines nachträglichen Präsidiumsbeschlusses.

6. Über die **Besetzung der Strafkammer im allgemeinen** vgl. § 76 und die dortigen **17**
Anm.; über die Besetzung der Hilfsstrafkammer vgl. § 21 f, 10 (24. Aufl.); über die der früheren Ferienstrafkammer vgl. § 201, 1 (24. Aufl.).

IV. Mehrere Strafkammern und ihre Formen

1. Übersicht. § 60 spricht von der „Bildung von Strafkammern bei den Landgerich- **18**
ten" und erweckt den Anschein, als gäbe es einen Grundtyp der Strafkammern, die bei allen Landgerichten gebildet werden. Tatsächlich gibt es aber, wie bereits oben in Rdn. 2 ff angedeutet, verschiedene Erscheinungsformen der Strafkammer, die sich aus unterschiedlicher Besetzung und unterschiedlichem Aufgabenbereich ergeben[33]. So unterscheidet das Gesetz (§ 76, § 41 JGG) bei dem erkennenden Gericht zwischen der „großen" und der „kleinen" Strafkammer, zwischen der Strafkammer als Erwachsenengericht und der für Straftaten Jugendlicher und Heranwachsender zuständigen, als Jugendkammer bezeichneten Strafkammer. Die als Strafvollstreckungskammer bezeichnete und in unterschiedlicher Besetzung auftretende Strafkammer wird nur als Beschlußgericht tätig (§§ 78 a, 78 b). Zu unterscheiden ist weiterhin zwischen der allgemeinen Strafkammer und der Strafkammer mit gesetzlicher Zuständigkeitskonzentration für bestimmte Straftaten oder bestimmte Verfahrensstadien. Hierher gehören die Strafkammer als Schwurgericht (§§ 74 Abs. 2, 76 Abs. 2), als sog. Staatsschutzkammer (§ 74 a), als Wirtschaftsstrafkammer (§ 74 c), als Jugendkammer (§ 41 JGG), als Strafvollstreckungskammer (§ 78 a) und bei Ordnungswidrigkeiten als Kammer für Bußgeldsachen (§ 46 Abs. 7 OWiG). Wegen der aus der gesetzlichen Zuständigkeitskonzentration sich ergebenden Besonderheiten vgl. LR-*Schäfer*[24] Einl Kap. **12** 138; § 21 e, 22 (24. Aufl.); § 74, 9 ff. Bestimmte Strafkammern brauchen nicht bei jedem Landgericht gebildet zu werden, sondern können oder müssen bei einem LG mit örtlicher Zuständigkeit für die Bezirke mehrerer Landgerichte gebildet werden, so die Schwurgerichtskammer (§ 74 d), die sog. Staatsschutzkammer (§ 74 a Abs. 1, 4), die Wirtschaftsstrafkammer (§ 74 c Abs. 1, 3) und die Strafvollstreckungskammer (§ 78 a Abs. 2). Besonderheiten bei der auswärtigen Strafkammer (§ 78) bestehen darin, daß sie am Sitz eines Amtsgerichts gebildet wird, ihre örtliche

[30] *Rieß* JR **1978** 302.
[31] *Kissel* 17.
[32] BGHSt **15** 217 = NJW **1961** 472; BGHZ **9** 30; vgl. auch § 201, 1 in der 24. Aufl.).
[33] Wegen entsprechender Regelungen außerhalb der Strafrechtspflege vgl. *Schorn/Stanicki* 83.

Zuständigkeit auf den Sitz eines oder mehrerer Amtsgerichte beschränkt ist, ihre sachliche Zuständigkeit teils von Gesetzeswegen beschränkt ist (§ 78 Abs. 1 Satz 2), teils bei der Bildung beschränkt werden kann (§ 78 Abs. 1 Satz 1) und daß sie auch mit Richtern besetzt werden kann, die nicht Mitglieder des Landgerichts sind. Auch die Strafvollstrekkungskammer kann ihren Sitz an einem anderen Ort als dem Sitz des Landgerichts haben und mit Richtern beim Amtsgericht besetzt werden (§ 78 a Abs. 2, § 78 b Abs. 2). Wegen Besonderheiten bei der Zuständigkeit der Strafkammer im Wiederaufnahmeverfahren vgl. § 140 a.

19 **2. Bildung beim Landgericht.** Gemeinsam ist allen Strafkammern, auch wenn sie ihren Sitz nicht am Sitz des Landgerichts haben, daß sie „beim Landgericht" gebildet werden, also einen Spruchkörper des Landgerichts bilden, und daß ihre Mitglieder, auch wenn sie nicht (durch Zuweisung einer Planstelle, Übertragung eines Doppelrichteramts, Abordnung usw. dauernd oder auf Zeit) Mitglieder des Landgerichts sind, vom Präsidium des Landgerichts bestellt werden.

20 **3. Vereinbarkeit der Aufgaben.** Die verschiedenen Aufgaben der Strafkammer sind grundsätzlich sämtlich miteinander vereinbar und können von denselben Richtern wahrgenommen werden (unberührt bleibt aber § 37 JGG, wonach die Richter der Jugendkammer erzieherisch befähigt sein sollen). So macht z. B. der Aufbau des Verfahrens die Bildung einer von der erkennenden Strafkammer verschiedenen Beschlußstrafkammer, die im Geschäftsverteilungsplan als selbständige Spruchkörper erscheinen, nicht nötig. Andererseits steht aber auch nichts entgegen, die Geschäfte nach den verschiedenen Tätigkeiten auf verschiedene Spruchkörper zu verteilen, also etwa eine besondere Beschlußkammer, eine Berufungskammer und eine Kammer erster Instanz zu bestellen. Derartiges zu bestimmen, ist lediglich eine Angelegenheit der Geschäftsverteilung[34]. In gleicher Weise ist es Sache des Präsidiums, die **„Auffang"-Kammer** zu bestimmen, wenn das Revisionsgericht bei Aufhebung eines Urteils die Sache gemäß § 354 Abs. 2 StPO an eine andere Kammer des Landgerichts zurückverweist (vgl. wegen der „Auffang-Schwurgerichtskammer" § 74, 10). Auch bei den Strafkammern mit gesetzlicher Zuständigkeitskonzentration (Rdn. 18) ist es — bei Wahrung des ihrer Schaffung zugrundeliegenden Gedankens, die aus längerer Befassung mit der Materie gewonnenen besonderen Kenntnisse und Erfahrungen der Richter nutzbar zu machen — nicht ausgeschlossen, dem Spruchkörper bei nicht genügender Auslastung durch die in Betracht kommenden Spezialstrafsachen Aufgaben der allgemeinen Strafkammer zuzuweisen oder bei Überlastung mehr als einen Spezialspruchkörper dieser Art zu bilden (dazu § 74, 9; § 74 a, 3; § 74 c, 8; § 78 b, 10).

§§ 61 bis 69

(**gestrichen** durch Art. II Nr. 14 PräsVerfG. Die Vorschriften regelten im wesentlichen die heute in §§ 21 a bis 21 h enthaltene Materie. Letzte Erläuterungen in der 21. Auflage dieses Kommentars)

---

34 RGSt **2** 353; **23** 234.

§ 70

(1) Soweit die Vertretung eines Mitgliedes nicht durch ein Mitglied desselben Gerichts möglich ist, wird sie auf den Antrag des Präsidiums durch die Landesjustizverwaltung geordnet.

(2) Die Beiordnung eines Richters auf Probe oder eines Richters kraft Auftrags ist auf eine bestimmte Zeit auszusprechen und darf vor Ablauf dieser Zeit nicht widerrufen werden.

(3) Unberührt bleiben die landesgesetzlichen Bestimmungen, nach denen richterliche Geschäfte nur von auf Lebenszeit ernannten Richtern wahrgenommen werden können, sowie die, welche die Vertretung durch auf Lebenszeit ernannte Richter regeln.

Schrifttum. *Holch* Wer bestimmt die Zahl der Spruchkörper bei den Gerichten? DRiZ **1976** 135; *Müller* Die Rechtsprechung des Bundesgerichtshofs über die Verwendung von Hilfsrichtern, DRiZ **1963** 37; *Stanicki* Darf das Justizministerium die Zahl der Spruchkörper bei den Gerichten in der ordentlichen Gerichtsbarkeit bestimmen? DRiZ **1976** 80.

Entstehungsgeschichte. Das VereinhG 1950 änderte die Absätze 2, 3 nur stilistisch („auf Lebenszeit ernannt" statt „ständig"). Durch § 85 Nr. 7 DRiG 1961 erhielt Absatz 2 die jetzt geltende Fassung.

Übersicht

1. Bedeutung des § 70. § 70 ergänzt die Regelungen der §§ 21 e bis 21 g und erfaßt erkennbar vorübergehende, durch gerichtsinterne Maßnahmen nicht abwendbare Vertretungsfälle[1], die durch die gesamte Vertretungsregelung des Gerichts einschließlich des Präsidenten und der Vorsitzenden nicht aufgefangen werden können. Es muß sich auch um echte Vertretungsfälle handeln, die nicht durch schuldhafte Personalentscheidungen herbeigeführt worden sein dürfen, wie etwa unüberlegte und planlose Urlaubsgewährung[2]. Die Vorschrift gilt nicht für dauerhafte Vertretungen aufgrund einer allgemeinen Überlastung[3]. Hier kann nur durch Schaffung oder Besetzung von Planstellen geholfen werden[4]. Absatz 1 bezieht sich auf den Fall, daß ein Mitglied des Landgerichts vertreten werden muß, die beim Landgericht vorhandenen Richterkräfte (planmäßige Richter, Richter auf 1

[1] *Katholnigg*[3] 1; *Kissel* 1; MK-*Wolf* 2.
[2] Vgl. BGH JR **1955** 424; *Kissel* 1.
[3] *Baumbach/Lauterbach-Albers*[57] 1; *Kissel* 2; KK-*Diemer*[4] 1; MK-*Wolf* 3; KMR-*Paulus* 2.
[4] BGHZ **20** 209; **20** 250; **22** 142; BGH NJW **1966** 352; *Holch* DRiZ **1976** 136; *Kissel* 2.

Probe und kraft Auftrags sowie die abgeordneten Richter) aber nicht ausreichen. Absatz 2 enthält in Ergänzung des § 59 Abs. 3 allgemeine (also nicht nur den Fall einer Vertretung nach Absatz 1 betreffende) Vorschriften, die bei Beschäftigung von Hilfskräften beim Landgericht zu beachten sind. Absatz 3 schließlich gibt der Landesgesetzgebung die Möglichkeit, eine bundesgesetzlich nach § 59 Abs. 3 mögliche Heranziehung von Hilfskräften beim Landgericht zu beschränken oder die Vertretung von Mitgliedern des Landgerichts durch Richter anderer Gerichte abweichend von § 70 Abs. 1 zu regeln.

2. Ordnung der Vertretung durch die Landesjustizverwaltung (Absatz 1)

2 **a) Vertretung eines Mitglieds.** Absatz 1 bezieht sich nicht auf die Vertretung des Vorsitzenden als solchen; insoweit gilt § 21 f Abs. 2.

3 **b) Möglichkeit der Vertretung.** Die Frage, ob die Vertretung des verhinderten Mitglieds durch ein anderes Mitglied desselben Gerichts möglich ist, oder ob es der Heranziehung anderer Kräfte bedarf, entscheidet die Landesjustizverwaltung *ohne Bindung an den Antrag* des Präsidiums. Die gegenteilige Auffassung, wonach die Justizverwaltung an die Bedürfnisfeststellung des Präsidiums gebunden ist[5], ist nicht haltbar. Das ergibt sich schon daraus, daß nach dem Grundsatz der Gewaltenteilung (Art. 20 GG) das Präsidium als Organ der rechtsprechenden Gewalt, wenn der Justizverwaltung Richterkräfte nicht zur Verfügung stehen, nicht das Parlament, dem das Budgetrecht zusteht, dazu zwingen kann, zusätzlich Personalstellen im Haushaltsplan zu schaffen[6]. Bleibt der Antrag des Präsidiums erfolglos, so muß es sich mit den vorhandenen Kräften, so gut es geht, behelfen, ein überlasteter Richter z. B. dadurch, daß er die dringlicheren Eingänge bevorzugt terminiert und die Terminierung anderer Sachen zurückstellt; jedenfalls steht dem Präsidium kein „Streikrecht" zu (vgl. Erl. zu § 21 e, 24. Aufl. Rdn. 23). Bejaht die Justizverwaltung das Bedürfnis nach einer weiteren Kraft, so besteht die „Ordnung der Vertretung" darin, daß sie Richter auf Probe und kraft Auftrags zuweist oder Richter auf Lebenszeit abordnet (§ 37 DRiG). Mitglied des Landgerichts wird ein solcher Richter aber erst durch Verwendungsbeschluß des Präsidiums (unten Rdn. 7). Die Frage, ob ein Bedürfnis zur Ordnung der Vertretung vorlag, unterliegt lediglich dem Ermessen der in Absatz 1 bezeichneten Organe. Der Nachprüfung durch das Revisionsgericht ist sie verschlossen[7]; nur wenn erkennbar das Bedürfnis willkürlich angenommen worden ist, z. B. aufgrund der unhaltbaren Annahme, daß Präsident und Vorsitzende Richter nicht zu den heranzuziehenden Mitgliedern des Landgerichts gehörten, ist auch die Revision gegeben[8], weil durch eine fehlerhafte Vertreterbestellung das Gebot des gesetzlichen Richters verletzt wird.

4 **c) Antrag des Präsidiums.** Ein Eingreifen der Landesjustizverwaltung zur Regelung der Vertretung eines Mitglieds setzt einen Antrag des Präsidiums voraus. Das entspricht dem Gedanken der gerichtlichen Selbstverwaltung: das Präsidium muß, wenn es sich nicht in der Lage sieht, mit den vorhandenen Richtern einen Geschäftsverteilungsplan aufzustellen, in der Lage sein, auf Abhilfe hinzuwirken. Es darf einen Antrag auf Zuweisung eines Hilfsrichters nur stellen, wenn es nach pflichtgemäßer Prüfung der Überzeugung ist, daß — nach den in § 59, 9 dargestellten Grundsätzen — die Voraussetzungen vorliegen,

---

5 So *Schorn/Stanicki* 221; *Stanicki* DRiZ **1976** 80.

6 So mit Recht *Holch* DRiZ **1976** 136; *Kissel* 4; *Kleinknecht/Meyer-Goßner*[44] 1.

7 RGSt **3** 231; **23** 119.

8 RGSt **36** 379; RG LZ **1918** 926; *Katholnigg*[3] 1; *Kissel* 3; KK-*Diemer*[4] 1; MK-*Wolf* 4. Es besteht kein Anlaß, wie LR-*Schäfer* in der 24. Auflage, bereits einem schlichten Rechtsirrtum revisionsrechtliche Relevanz beizumessen.

unter denen vorübergehend dem Kräftebedarf durch Zuweisung eines Hilfsrichters abgeholfen werden kann. Denn es müßte die Zuteilung eines zugewiesenen Hilfsrichters an eine bestimmte Kammer (Senat) im Geschäftsverteilungsplan — unten Rdn. 7 — verweigern, wenn es sähe, daß damit unter dem Gesichtspunkt des § 338 Nr. 1 StPO der Bestand der künftig zu erlassenden Entscheidungen gefährdet wäre[9]. Sieht das Präsidium einen Kräftebedarf als gegeben an, dem nur durch Dauermaßnahmen — Schaffung neuer und Besetzung offener Planstellen — genügt werden kann, so muß es sich einer Antragstellung nach Absatz 1 enthalten[10] und bleibt darauf beschränkt, auf andere Weise (etwa Berichte an die Justizverwaltung) darauf hinzuwirken, daß diese Maßnahmen ergriffen werden. Im übrigen bewirkt das Antragserfordernis, daß dem Gericht durch die Justizverwaltung kein Hilfsrichter aufgedrängt werden kann, wenn das Präsidium kein Bedürfnis für eine Vermehrung der Kräfte sieht.

d) Ein **Antrag des Präsidenten** genügt nicht. Jedoch ist in Eilfällen § 21 i Abs. 2 ent- 5
sprechend anwendbar; in dem Beschluß des Präsidiums über die Verwendung des Hilfsrichters (unten Rdn. 7) liegt dann die Genehmigung i. S. des § 21 i Abs. 2 Satz 3. Der Antrag des Präsidiums kann auch nach Beiordnung des Hilfsrichters durch die Landesjustizverwaltung nachgebracht werden[11].

e) Entscheidung der Landesjustizverwaltung. Über den Begriff „Landesjustizver- 6
waltung" vgl. § 22, 40. Delegation auf ein nachgeordnetes Justizverwaltungsorgan (z. B. den Oberlandesgerichtspräsidenten) ist also möglich[12]. Die Entscheidung über den vom Präsidium gestellten Antrag erfolgt nach pflichtgemäßem Ermessen[13]. Ein Rechtsanspruch auf eine bestimmte Entscheidung besteht hier ebensowenig wie auch sonst bei der Zuweisung von Richtern. Teilt die Justizverwaltung jedoch die Annahme eines Vertretungsnotstands, dann muß sie eine wie auch immer geartete Regelung (oben Rdn. 3) treffen[14].

f) Verwendung des Vertreters. Der durch die Justizverwaltung zugewiesene Vertre- 7
ter tritt nicht von selbst in die Tätigkeit des verhinderten Richters ein; vielmehr wird seine Verwendung gemäß § 21 e Abs. 3 ausschließlich und ohne Rücksicht auf etwaige Wünsche der Justizverwaltung jeweils mittels besonderen Beschlusses durch das Präsidium oder in Eilfällen gemäß § 21 i Abs. 2 vorläufig durch den Präsidenten bestimmt[15]. Unzulässig und unwirksam wäre danach auch eine im Geschäftsverteilungsplan von vornherein für das ganze Geschäftsjahr getroffene Regelung, daß jeweils bei Verhinderung eines Richters die zugewiesene Ersatzkraft von selbst in das Tätigkeitsgebiet des verhinderten Richters eintrete. Denn das liefe darauf hinaus, der Justizverwaltung Einfluß auf die Besetzung der einzelnen Kammern einzuräumen, der durch die Einrichtung des Präsidiums gerade ausgeschaltet werden soll[16]. Die Zuteilung durch den Präsidenten nach § 21 i Abs. 2 ist stets nur eine vorläufige Maßnahme bis zur Herbeiführung eines Präsidialbeschlusses; ein solcher Beschluß wird nicht dadurch ersetzt, daß der Präsident von seiner Anordnung nach § 21 i Abs. 2 die Mitglieder des Präsidiums lediglich außerhalb einer Präsidialsitzung unterrichtet[17].

---

9 *Müller* DRiZ **1963** 39.
10 *Holch* Justiz **1976** 216.
11 OLG Dresden GA **72** (1928) 386.
12 *Eb. Schmidt* 6.
13 *Katholnigg*³ 2; *Kissel* 4; MK-*Wolf* 5; **a.A** *Schorn/Stanicki* S. 221 und *Stanicki* DRiZ **1976** 80, die von einer Bindung der Landesjustizverwaltung an den Antrag des Präsidiums ausgehen.
14 *Katholnigg*³ 2; *Kissel* 4, 5.
15 RGSt **37** 301; **42** 295, 297; BGHSt **13** 53, 56; **22** 237, 239.
16 BGHSt **12** 159 = NJW **1959** 251.
17 BGH NJW **1958** 550.

3. Beiordnung von Richtern auf Probe und kraft Auftrags (Absatz 2)

8 a) **Die Zulässigkeit der Einberufung eines Hilfsrichters** (§ 59 Abs. 3 GVG) beschränkt sich nicht auf den in § 70 Abs. 1 genannten Fall der Vertretung eines verhinderten Mitglieds. Vielmehr ist die Heranziehung von Hilfsrichtern auch dann zulässig, wenn sie durch andere Gründe, insbes. erhöhten Geschäftsanfall, erforderlich wird (§ 59, 9). Denn auch diesen Fall umfaßt der Ausdruck Beiordnung in Absatz 2[18]. Die Bedeutung des § 70 Abs. 2 besteht darin, daß er für alle Fälle einer zulässigen Heranziehung von Hilfsrichtern an das Landgericht bundesrechtlich Mindestgrundsätze aufstellt, die im Interesse der richterlichen Unabhängigkeit einen gewissen Ausgleich für die dem nicht auf Lebenszeit ernannten Richter nach Bundesrecht fehlenden persönlichen Garantien der richterlichen Unabhängigkeit (Unabsetzbarkeit und Unversetzbarkeit) schaffen.

9 **b) Dauer der Beiordnung.** Der im Entstehungsstadium umstrittene[19] § 70 Abs. 2 a. F ließ die Beiordnung von Hilfsrichtern sowohl auf bestimmte Zeit wie auch auf unbestimmte, durch ein Bedürfnis bedingte Zeit zu. Für Richter auf Lebenszeit, die an anderer Stelle verwendet wurden (abgeordnete Richter i. S. des § 37 DRiG), galt diese Beschränkung nicht. Dagegen ist nach dem geltenden § 70 Abs. 2 bei Richtern auf Probe (§ 12 DRiG) und kraft Auftrags (§ 14 DRiG) eine Beiordnung — und ebenso bei Richtern auf Lebenszeit deren Abordnung gemäß § 37 Abs. 2 DRiG — nur noch auf bestimmte Zeit zulässig und darf vor deren Ablauf nicht widerrufen werden. Ist zunächst eine Beiordnung ohne zeitliche Begrenzung erfolgt, kann dies auch nachträglich nicht mehr geheilt werden[20]. Eine Beiordnung (Abordnung) auf bestimmte Zeit ist nicht notwendig eine kalendermäßig bezeichnete Zeit; vielmehr kann die Dauer der Beiordnung auch nach anderen Merkmalen (z. B. für die Dauer der Erkrankung oder der Abordnung eines Richters, der vertreten werden muß), bestimmt werden, sofern es sich nur um feste, einer Ermessensbeurteilung der Justizverwaltung entzogene Merkmale handelt. Unzulässig wäre also z. B. die Beiordnung „für die Dauer des erhöhten Geschäftsanfalls", da hier Ermessen darüber entschiede, ob noch ein erhöhter Geschäftsanfall vorliegt. Unzulässig wäre auch nach Sinn und Zweck des § 70 Abs. 2 eine Beiordnung, die zwar jeweils auf eine bestimmte, aber so kurz bemessene Zeit erfolgt, daß praktisch doch über die Gesamtdauer der Beiordnung nach Ermessen entschieden wird, etwa die Beiordnung auf einen Monat unter Verlängerung des Auftrags jeweils um einen Monat[21]. Eine Beiordnung auf bestimmte Zeit, aber unter Vorbehalt jederzeitigen Widerrufs ist überhaupt keine Beiordnung auf bestimmte Zeit. Zulässig ist aber eine Beiordnung auf bestimmte Zeit, bei der von vornherein die Absicht besteht, nach ihrem Ablauf die Beiordnung erneut auszusprechen; dies kann bei einem Richter auf Probe in Betracht kommen, um zu ermöglichen, daß er während der Gesamtdauer der Beiordnung vom Präsidium im Interesse seiner Ausbildung Spruchkörpern mit verschiedenem Tätigkeitsbereich zugewiesen wird (vgl. Erl. zu § 21 e, 24. Aufl. Rdn. 47).

10 **c) Vorzeitige Beendigung der Beiordnung.** Die Beiordnung darf nicht vor Ablauf der bestimmten Zeit der Beiordnung widerrufen werden. Die Beiordnung kann aber vor Ablauf der Beiordnungszeit enden, wenn das Verhältnis als Richter auf Probe oder kraft Auftrags beendet wird, z. B. durch Anstellung auf Lebenszeit oder infolge Ausscheidens aus dem Richterdienstverhältnis aus den im DRiG bestimmten Gründen[22]. Eine vorzeitige Beendigung kommt auch in Betracht, wenn das die Beiordnung rechtfertigende Ereignis

---

[18] RGSt **22** 168; 23 119; BGHZ **12** 1 = NJW **1954** 505.
[19] Vgl. BGHSt **13** 53, 57.
[20] LG Bremen StV **1998** 13.
[21] Vgl. BGHSt **13** 53, 58.
[22] BGH MDR **1961** 617.

nicht mehr eintreten kann (der erkrankte Richter stirbt). Die Beiordnung ist dann zum Ende einer angemessenen Übergangsfrist zu widerrufen[23]. Ferner kann die Beiordnungsdauer vorzeitig enden, wenn der Hilfsrichter selbst eine andere Verwendung erstrebt (z. B. die Abordnung zu einer anderen Behörde) und die Justizverwaltung zustimmt, oder wenn letztere ihm eine andere Verwendung (z. B. Einberufung in das Justizministerium) anbietet und der Hilfsrichter sich damit einverstanden erklärt. In solchen Fällen wird die richterliche Unabhängigkeit nicht berührt; § 70 Abs. 2 will den Hilfsrichter gegen Maßnahmen der Justizverwaltung schützen, die gegen seinen Willen erfolgen[24]. Übrigens würde, selbst wenn eine solche vorzeitige Beendigung der Beiordnung unzulässig wäre, die ordnungsmäßige Besetzung der Kammer, in der der ausgeschiedene Hilfsrichter bisher tätig war, nicht in Frage gestellt, wenn das Präsidium den als Ersatz für den Ausgeschiedenen neu beigeordneten Hilfsrichter, sei es dieser, sei es einer anderen Kammer zuweist. Denn wenn der ausgeschiedene Hilfsrichter an anderer Stelle tätig wird, so liegt seine dauernde Verhinderung i. S. des § 21 e Abs. 3 vor, die das Präsidium berechtigt, die im Gesamtmitgliederbestand entstehende Lücke mit dem zur Verfügung stehenden Personal auszufüllen[25].

d) Wegen der **Hilfsrichter bei den Oberlandesgerichten** s. zu §§ 115, 117. Wegen **11**
der Verwendung von Richtern als sog. wissenschaftliche Hilfsarbeiter bei Gerichten s. Erl. zu § 193 (24. Aufl. Rdn. 13).

4. Landesrecht (Absatz 3). Absatz 3 überläßt es zunächst dem Landesrecht, in Ein- **12**
schränkung des § 59 Abs. 3 GVG zu bestimmen, daß beim Landgericht als Hilfsrichter nur auf Lebenszeit ernannte Richter verwendet werden dürfen. Darüber hinaus kann das Landesrecht Vorschriften über die Vertretung der Mitglieder des Landgerichts durch auf Lebenszeit ernannte Richter anderer Gerichte erlassen; § 70 Abs. 1, 2 sind dann unanwendbar. Es kann z. B. vorschreiben, daß — abweichend von § 70 Abs. 1 — nicht die Landesjustizverwaltung, sondern der Landgerichtspräsident oder das Präsidium einen Richter beim Amtsgericht — ohne Bestellung zum Hilfsrichter — als Vertreter für einzelne Sitzungen zum Landgericht einberufen kann[26]. Die Vertretung von Richtern des Amtsgerichts durch Richter anderer Gerichte regelt § 22 b. — § 10 Abs. 1 GVGVO 1935, der allgemein die Richter an den Amtsgerichten und den Landgerichten verpflichtete, richterliche Geschäfte an anderen Gerichten des Landgerichts und am übergeordneten Oberlandesgericht wahrzunehmen, ist durch Art. 8 II Nr. 7 des VereinhG 1950 aufgehoben worden. Nach §§ 13, 16 Abs. 2 DRiG sind Richter auf Probe und kraft Auftrages verpflichtet, die Vertretung eines Richters an einem anderen Gericht zu übernehmen. Auf Lebenszeit angestellte Richter können nach § 37 Abs. 3 DRiG ohne ihre Zustimmung zur Vertretung eines Richters an ein anderes Gericht längstens für zusammen drei Monate innerhalb eines Geschäftsjahres abgeordnet werden; eine weitergehende Vertretungspflicht kann Landesrecht nicht vorschreiben.

Wirkt ein Richter an Entscheidungen mit, der **nach Landesrecht nicht mitwirken** **13**
darf, ist das Gericht (der Spruchkörper) nicht ordnungsgemäß besetzt[27].

---

23 *Katholnigg*[3] 3.

24 Zweifelnd und die Frage offenlassend BGHSt **13** 53, 57 mit Nachw.

25 So auch BGHSt **13** 53, 56.

26 Vgl. für das Gebiet des ehem. Preußen §§ 38, 48 AGGVG und dazu RGSt **22** 134; **66** 94; **32** 283; **40** 87.

27 *Kissel* 16.

§§ 71, 72

(betr. Zuständigkeit der Zivilkammern)

§ 73

(1) Die Strafkammern entscheiden über Beschwerden gegen Verfügungen des Richters beim Amtsgericht, gegen Entscheidungen des Richters beim Amtsgericht und der Schöffengerichte sowie über Anträge auf gerichtliche Entscheidung in den Fällen des 161 a Abs. 3 der Strafprozeßordnung.

(2) Die Strafkammern erledigen außerdem die in der Strafprozeßordnung den Landgerichten zugewiesenen Geschäfte.

Entstehungsgeschichte. Das VereinhG 1950 strich in Absatz 1 den damaligen Satz 2 („Die Bestimmungen über die Zuständigkeit der Oberlandesgerichte und des Reichsgerichts werden hierdurch nicht berührt"). Die Ersetzung von „Amtsrichters" durch „Richters beim Amtsgericht" in Absatz 1 beruht auf Art. II Nr. 6 PräsVerfG. In dieser bis zum 31. 12. 1974 geltenden Fassung lautete § 73 Abs. 1:

> „(1) Die Strafkammern sind zuständig für die die Voruntersuchung und deren Ergebnisse betreffenden Entscheidungen. die nach den Vorschriften der Strafprozeßordnung von dem Gericht zu erlassen sind; sie entscheiden über Beschwerden gegen Verfügungen des Untersuchungsrichters und des Richters beim Amtsgericht, sowie gegen Entscheidungen des Richters beim Amtsgericht und der Schöffengerichte".

Die Beseitigung der Voruntersuchung und die Einfügung des § 161 a StPO durch Art. 1 Nr. 43, 57 des 1. StVRG 1974 führten zur Streichung der die Voruntersuchung betreffenden Worte und zu der Ergänzung des Absatzes 1 („sowie über Anträge. . ."); der neue Wortlaut beruht auf Art. 2 Nr. 18 des 1. StVRG.

Übersicht

1. Zuständigkeit der Strafkammer als Beschluß- und Beschwerdegericht (Absatz 1)

1 **a) Bedeutung.** Im Gegensatz zu § 74, der die Zuständigkeit der Strafkammern in ihrer Eigenschaft als erkennende Gerichte regelt, handelt § 73 von der Zuständigkeit der Straf-

kammern als Beschluß- und Beschwerdegericht außerhalb eines bei ihnen anhängigen Hauptverfahrens. § 73 meint insoweit immer nur die große Strafkammer[1].

b) Zuständigkeit. Die Strafkammer entscheidet grundsätzlich über Beschwerden gegen die mit Beschwerde anfechtbaren Verfügungen und Entscheidungen des Richters beim Amtsgericht und des Schöffengerichts (§ 304 StPO). Das gilt auch, wenn in einem Rechtshilfeverfahren nach § 59 IRG um richterliche Verwahrung einer Person der dazu zuständige Richter am Amtsgericht es ablehnt, den als Beistand des Betroffenen erschienenen Rechtsanwalt „als Pflichtverteidiger beizuordnen", weil dafür keine rechtliche Grundlage bestehe; zur Entscheidung über die hiergegen gerichtete Beschwerde ist nach § 73 die Strafkammer — nicht das Oberlandesgericht — zuständig, weil § 61 IRG keine allgemeine Entscheidungszuständigkeit des Oberlandesgerichts für alle Rechtsfragen begründet, die im Zusammenhang mit einem internationalen Rechtshilfeersuchen auftreten[2]. Abweichende Vorschriften enthalten die §§ 159, 181 GVG. Im Bußgeldverfahren entscheidet über die „normalen" Beschwerden ebenfalls die Strafkammer des Landgerichts; nur über die Rechtsbeschwerde gegen Entscheidungen des Richters beim Amtsgericht entscheidet das Oberlandesgericht = Senat für Bußgeldsachen (§ 79 OWiG). Über Anträge auf gerichtliche Entscheidung gemäß § 161 a Abs. 3 Satz 1 StPO entscheidet die Strafkammer nur, soweit die Maßregel nach § 161 a Abs. 2 (Zwangsmaßnahmen gegen einen Zeugen oder Sachverständigen wegen unberechtigten Ausbleibens oder der Weigerung auszusagen oder ein Gutachten zu erstatten) nicht von dem Generalstaatsanwalt beim Oberlandesgericht oder dem Generalbundesanwalt getroffen ist (§ 161 a Abs. 3 Satz 2 StPO, § 120 Abs. 3 Satz 1, § 135 Abs. 2 GVG). Das Landgericht entscheidet ferner über Beschwerden gegen Maßnahmen nach § 148 a StPO[3]. 2

Wenngleich § 73 Abs. 1 nur von Beschwerden spricht, wird davon **auch die sofortige Beschwerde gegen die Ablehnung der Eröffnung des Hauptverfahrens erfaßt**, für die allein die Zuständigkeit der allgemeinen Strafkammer gegeben ist, selbst wenn diese die Zuständigkeit des Jugendschöffengerichts annimmt[4]. Die Sonderzuständigkeit der Jugendkammer (sogleich Rdn. 4) tritt nur dann ein, wenn zuvor der Jugendrichter oder das Jugendschöffengericht entschieden haben. § 209 a StPO ist insoweit nicht anzuwenden, weil dadurch nur das Rangverhältnis auf derselben gerichtlichen Ebene, nicht aber zwischen Amts- und Landgericht geregelt wird[5]. 3

c) Spezialzuständigkeiten. An Stelle der allgemeinen Strafkammer trifft in ihrem Zuständigkeitsbereich als erkennendes Gericht die sog. Staatsschutz- und die Wirtschaftsstrafkammer auch die in § 73 Abs. 1 bezeichneten Entscheidungen (§ 74 a Abs. 3, § 74 c Abs. 2). Im jugendgerichtlichen Verfahren tritt an die Stelle der Strafkammer die Jugendkammer (§ 41 Abs. 2 JGG; s. dazu auch § 74 b Satz 2). In gleicher Weise trifft anstelle der Strafkammer der Staatsschutzsenat des Oberlandesgerichts die in § 73 Abs. 1 bezeichneten Entscheidungen (§ 120 Abs. 3 Satz 1). Diesen Vorschriften ist der allgemein geltende Gedanke zu entnehmen, daß, wo als erkennendes Gericht des ersten Rechtszuges ein Spruchkörper mit gesetzlicher Zuständigkeitskonzentration berufen ist, dieser auch die in § 73 Abs. 1 bezeichneten Entscheidungen zu treffen hat; dies gilt also auch für die Schwurgerichtsstrafkammer des § 74 Abs. 2[6]. 4

---

1 OLG Köln StV **1993** 464; *Katholnigg*³ 1.

2 OLG Hamm NStZ **1984** 417.

3 BGHSt **29** 196; BayObLGSt **1990** 1; KK-*Diemer*⁴ 1; *Kleinknecht/Meyer-Goßner*⁴⁴ § 148 a StPO, 12; **a. A** OLG Hamburg NJW **1979** 1724; KG NJW **1979** 771.

4 OLG Zweibrücken NStZ **1994** 48.

5 OLG Zweibrücken NStZ **1994** 48; LR-*Rieß* § 209 a StPO, 24. Aufl. Rdn. 1.

6 Ebenso *Kissel* 4; **a. M** KK-*Diemer*⁴ 1.

5 **d) Besetzung der Strafkammern.** Die Strafkammern erlassen alle in § 73 bezeichneten Entscheidungen in der Besetzung von drei Mitgliedern; die Neufassung des § 76 durch das StVÄG 1987 hat daran ebensowenig geändert[7] wie das RpflEntlG 1993[8].

2. Sonstige Aufgaben (Absatz 2)

6 **a) Zuweisungen durch die StPO.** Wegen der in **Erweiterung des Absatzes 1** der Strafkammer durch die StPO zugewiesenen Aufgaben vgl. § 60, 2 ff. Aus § 73 Abs. 2 ergibt sich, daß, wo die StPO von dem „Landgericht" redet, hierunter die Strafkammer dieses Gerichts zu verstehen ist. Hierbei ist zu bemerken, daß die StPO, soweit sie nicht die allgemeine Bezeichnung „Gericht" gewählt hat, teils (z. B. § 209) den Ausdruck „Landgericht" gebraucht, teils (z. B. § 27 Abs. 2) von der Strafkammer spricht.

7 **b) Zuweisungen außerhalb des GVG und der StPO** ergeben sich z. B. nach §§ 70 Abs. 2, 104 Abs. 3 OWiG, §§ 8 Abs. 3, 9 Abs. 1 Satz 2 Nr. 1 StrEG.

§ 73 a

(weggefallen)

§ 74

(1) [1]Die Strafkammern sind als erkennende Gerichte des ersten Rechtszuges zuständig für alle Verbrechen, die nicht zur Zuständigkeit des Amtsgerichts oder des Oberlandesgerichts gehören. [2]Sie sind auch zuständig für alle Straftaten, bei denen eine höhere Strafe als vier Jahre Freiheitsstrafe oder die Unterbringung in einem psychiatrischen Krankenhaus, allein oder neben einer Strafe, oder in der Sicherungsverwahrung zu erwarten ist oder bei denen die Staatsanwaltschaft wegen der besonderen Bedeutung des Falles Anklage beim Landgericht erhebt (§ 24 Abs. 1 Nr. 3).

(2) [1]Für die Verbrechen

1. **des sexuellen Mißbrauchs von Kindern mit Todesfolge (§ 176 b des Strafgesetzbuches),**
2. **der sexuellen Nötigung und Vergewaltigung mit Todesfolge (§ 178 des Strafgesetzbuches),**
3. **des sexuellen Mißbrauchs widerstandsunfähiger Personen mit Todesfolge (§ 179 Abs. 6 in Verbindung mit § 176 b des Strafgesetzbuches)**
4. **des Mordes (§ 211 des Strafgesetzbuches),**
5. **des Totschlags (§ 212 des Strafgesetzbuches),**
6. **(aufgehoben)**
7. **der Aussetzung mit Todesfolge (§ 221 Abs. 3 des Strafgesetzbuches),**

---

[7] Vgl. RegEntw., BTDrucks. **10** 1313, S. 43 – Begr. Zu Art. 2 Nr. 1 – § 76 GVG.

[8] BTDrucks. **12** 1217, S. 48.

8. der Körperverletzung mit Todesfolge (§ 227 des Strafgesetzbuches),
9. der Entziehung Minderjähriger mit Todesfolge (§ 235 Abs. 5 des Strafgesetzbuches),
10. der Freiheitsberaubung mit Todesfolge (§ 239 Abs. 4 des Strafgesetzbuches),
11. des erpresserischen Menschenraubes mit Todesfolge (§ 239 a Abs. 2 des Strafgesetzbuches),
12. der Geiselnahme mit Todesfolge (§ 239 b Abs. 2 in Verbindung mit § 239 a Abs. 2 des Strafgesetzbuches),
13. des Raubes mit Todesfolge (§ 251 des Strafgesetzbuches),
14. des räuberischen Diebstahls mit Todesfolge (§ 252 in Verbindung mit § 251 des Strafgesetzbuches),
15. der räuberischen Erpressung mit Todesfolge (§ 255 in Verbindung mit § 251 des Strafgesetzbuches),
16. der Brandstiftung mit Todesfolge (§ 306 c des Strafgesetzbuches),
17. des Herbeiführens einer Explosion durch Kernenergie (§ 307 Abs. 1 bis 3 des Strafgesetzbuches),
18. des Herbeiführens einer Sprengstoffexplosion mit Todesfolge (§ 308 Abs. 3 des Strafgesetzbuches),
19. des Mißbrauchs ionisierender Strahlen gegenüber einer unübersehbaren Zahl von Menschen (§ 309 Abs. 2 und 4 des Strafgesetzbuches),
20. der fehlerhaften Herstellung einer kerntechnischen Anlage mit Todesfolge (§ 312 Abs. 4 des Strafgesetzbuches),
21. des Herbeiführens einer Überschwemmung mit Todesfolge (§ 313 in Verbindung mit § 308 Abs. 3 des Strafgesetzbuches),
22. der gemeingefährlichen Vergiftung mit Todesfolge (§ 314 in Verbindung mit § 308 Abs. 3 des Strafgesetzbuches),
23. des räuberischen Angriffs auf Kraftfahrer mit Todesfolge (§ 316 a Abs. 3 des Strafgesetzbuches),
24. des Angriffs auf den Luft- und Seeverkehr mit Todesfolge (§ 316 c Abs. 3 des Strafgesetzbuches),
25. der Beschädigung wichtiger Anlagen mit Todesfolge (§ 318 Abs. 4 des Strafgesetzbuches),
26. einer vorsätzlichen Umweltstraftat mit Todesfolge (§ 330 Abs. 2 Nr. 2 des Strafgesetzbuches)

ist eine Strafkammer als Schwurgericht zuständig. [2]§ 120 bleibt unberührt.

(3) Die Strafkammern sind außerdem zuständig für die Verhandlung und Entscheidung über das Rechtsmittel der Berufung gegen die Urteile des Strafrichters und des Schöffengerichts.

Schrifttum. *Benz* Bildung von Auffangschwurgerichten für zurückgewiesene Schwurgerichtssachen, MDR **1976** 805; *Brause* Die Zuständigkeit der allgemeinen und besonderen Strafkammern nach dem Strafverfahrensänderungsgesetz, NJW **1979** 802; *Meyer-Goßner* Die Prüfung der funktionellen Zuständigkeit, insbesondere beim Landgericht, JR **1977** 353; *Meyer-Goßner* Die Verbindung verschiedener gegen denselben Angeklagten bei demselben Landgericht anhängiger Strafverfahren, NStZ **1989** 297; *Meyer-Goßner* Berufungsstrafkammer als Schwurgericht, DRiZ **1989** 297; *Meyer-Goßner* Zur Zulässigkeit von Verfahrensverbindungen und zu den Folgen einer zulässigen Verbindung, DRiZ **1990** 284; *Rieß* Der Hauptinhalt des Ersten Gesetzes zur Reform des Strafverfahrensrechts (1. StVRG), NJW **1975** 81; *Rieß* Die Bestimmung und Prüfung der sachlichen Zuständigkeit und verwandter Erscheinungen im Strafverfahren, GA **1976** 1; *Rieß* Das Strafverfahrensänderungsgesetz 1979, NJW **1978** 2265.

Entstehungsgeschichte. VO vom 4. 1. 1924 §§ 6 bis 11 (RGBl. I 16), Bek. vom 22. 3. 1924 (RGBl. I 308), VO vom 6. 10. 1931 (RGBl. I 537, 563), 6. Teil Kap. I § 1; VO vom 14. 6. 1932 (RGBl. I 285), 1. Teil, Kap. I Art. 1 § 1 ZuständigkeitsVO vom 21. 2. 1940 (RGBl. I 405). Bis zum 31. 12. 1974 galt Absatz 1 in folgender Fassung:

„[1]Die Strafkammern sind als erkennende Gerichte des ersten Rechtszuges zuständig für alle Verbrechen, die nicht zur Zuständigkeit des Amtsgerichts, des Schwurgerichts oder des Oberlandesgerichts gehören [2]Sie sind auch zuständig für alle Vergehen und Verbrechen, die von der Staatsanwaltschaft bei ihnen angeklagt werden (§ 24 Abs. 1 Nr. 2) oder vom Amtsgericht an sie verwiesen sind, weil seine Strafgewalt zu ihrer Aburteilung nicht ausreicht."

In dieser Form war Absatz 1 im wesentlichen durch das VereinhG 1950 eingefügt worden. Spätere Änderungen erfolgten bei Absatz 1 Satz 1 durch Gesetz vom 8. 9. 1969 (BGBl. I 1582) — Ersetzung von „Bundesgerichtshofes" durch „Oberlandesgerichte" — und bei Absatz 1 Satz 2 durch das 1. StrRG 1969 — Änderung der Klammerverweisung —. In dem damaligen Absatz 2 (jetzt Absatz 3) wurde durch Art. II Nr. PräsVerfG „Amtsrichters" durch „Richters beim Amtsgericht" ersetzt. Durch Art. 2 Nr. 19 des 1. StVRG 1974 erfuhr § 74 folgende Änderungen: In Absatz 1 Satz 1 wurden die Worte „des Schwurgerichts" (hinter „des Amtsgerichts") gestrichen; Absatz 1 Satz 2 erhielt seine jetzige Fassung; Absatz 2 wurde neu eingefügt; in Absatz 3 (bisher Absatz 2) wurde „Richters beim Amtsgericht" durch „Strafrichters" ersetzt. Aufgrund des RpflEntlG vom 11. 1. 1993 (BGBl. I 50) sind in Abs. 1 Satz 2 die Worte „drei Jahre" durch „vier Jahre" ersetzt worden. Durch das Gesetz zur Bekämpfung von Sexualdelikten und anderen gefährlichen Straftaten vom 26. 1. 1998 (BGBl. I 160) erhielt Abs. 2 Satz 1 die derzeitige Fassung.

Übersicht

1. Die Strafkammer als erkennendes Gericht des ersten Rechtszuges (Absatz 1)

1 **a) Unterschiedliche Regelung der sachlichen Zuständigkeit der großen Strafkammern.** Wegen der Entwicklung, die die Gesetzgebung auf dem Gebiet der erstinstanzlichen Zuständigkeit der Strafkammer als erkennendes Gericht genommen hat, wird auf § 24, 1 verwiesen. Nach seinem Wortlaut erhält § 74 Abs. 1 eine allgemein für die große Strafkammer als erkennendes Gericht des ersten Rechtszuges geltende Regelung der sachlichen Zuständigkeit. Tatsächlich gilt aber Absatz 1 zunächst nur für die allgemeine (oder

„normale"), für die „für allgemeine Strafsachen" (vgl. den Wortlaut des § 74 b) zuständige Strafkammer, bei der der Aufgabenbereich des einzelnen Spruchkörpers durch die Geschäftsverteilung (§ 21 e) bestimmt wird. Daneben sehen §§ 74 Abs. 2 und 74 a, zum Teil auch 74 c eine Regelung der Zuständigkeit einer großen Strafkammer als erkennendes Gericht nach anderen, auf dem Gedanken einer gesetzlichen Zuständigkeitskonzentration beruhenden Gesichtspunkten vor. Die Fragen, die sich daraus nach dem Verhältnis der „allgemeinen" großen Strafkammer zu diesen Spezialkammern ergeben, sind bei den genannten Vorschriften zu erörtern.

b) Die sachliche Zuständigkeit der allgemeinen großen Strafkammer

aa) Allgemeines. Die sachliche Zuständigkeit der großen Strafkammer ist eine von vornherein feststehende nur bei Verbrechen, die mit einer die Strafgewalt des Amtsgerichts (§ 24 Abs. 2) übersteigenden Mindeststrafe bedroht sind (z. B. § 316 a StGB). Im übrigen richtet sich die Zuständigkeit der Strafkammer nach den Verhältnissen des Einzelfalles. Sie ist dadurch bedingt, daß im Einzelfall eine die Strafgewalt des Amtsgerichts übersteigende Strafe oder die Anordnung einer der in § 24 Abs. 1 Nr. 2 bezeichneten Maßregeln zu erwarten sind und die Staatsanwaltschaft deshalb beim Landgericht Anklage erhebt, oder daß das Amtsgericht, bei dem die Anklage erhoben ist, die Sache vor Eröffnung des Hauptverfahrens dem Landgericht vorlegt — § 209 StPO — oder sie nach Eröffnung und vor der Hauptverhandlung an dieses abgibt[1] oder sie in der Hauptverhandlung gemäß § 270 StPO an die Strafkammer verweist. Bei anderen Straftaten ist die Strafkammer zuständig, wenn die Staatsanwaltschaft wegen der besonderen Bedeutung des Falles Anklage bei ihr erhebt; die Strafkammer muß aber, wenn sie einen Fall von besonderer Bedeutung nicht für gegeben hält, vor dem Schöffengericht eröffnen (§ 209 StPO)[2]. Wegen der Einzelheiten wird auf die Erl. zu §§ 24, 25 Bezug genommen. Die Zuständigkeit der allgemeinen Strafkammer **entfällt** bei Straftaten, die in die Zuständigkeit einer Strafkammer mit gesetzlicher Zuständigkeitskonzentration (Schwurgerichts-, Staatsschutz- und Wirtschaftsstrafkammer (§§ 74 Abs. 2, 74 a, 74 c) oder nach § 120 in die erstinstanzliche Zuständigkeit des Oberlandesgerichts fallen. Wird aber wegen einer Tat, die nach dem Inhalt der Anklage vor die Schwurgerichts-, Staatsschutz- oder Wirtschaftskammer gehört, zu Unrecht vor der allgemeinen Strafkammer eröffnet, so ist dies unschädlich, wenn sie wegen Fehlens der in der Anklage angenommenen Tatmerkmale lediglich wegen einer Tat verurteilt, die zu ihrer sachlichen Zuständigkeit gehört. Der im Eröffnungsbeschluß enthaltene Fehler kann nicht zur Aufhebung des Urteils führen, weil das Urteil nicht auf ihm beruht[3]. 2

Eine **fehlende Zuständigkeit des Landgerichts** kann auch nicht durch Verbindung gemäß § 237 StPO mit einer anderen Sache, für die die Zuständigkeit gegeben ist, ersetzt werden[4]. Das gilt insbesondere für den Fall, daß die Geschäftsverteilung des Landgerichts vorsieht, eine Strafkammer bleibe auch im Falle des Ausscheidens des ihre Zuständigkeit (allein) begründenden Angeklagten für die übrigen Angeklagten zuständig[5] weil eine solche Regelung die sachliche Zuständigkeit nicht zu ändern vermag. Wird eine Sache vor der großen Strafkammer angeklagt, für die sie die Zuständigkeit des Oberlandesgerichts für gegeben hält, so legt sie gemäß § 209 Abs. 3 StPO die Akten diesem zur Entscheidung vor; solange sie freilich mangels Zustellung der Anklageschrift oder aus sonstigen verfah- 3

[1] BGHSt **18** 290; **25** 309.
[2] Vgl. auch *Rieß* NJW **1978** 2265.
[3] RGSt **16** 39; BGHSt **1** 346.
[4] BGH wistra **1992** 228; BGHSt **38** 376 = JZ **1993** 477 m. Anm. *Kindhäuser* = NStZ **1993** 248 m. Anm *Rieß*; *Katholnigg*[3] 1; KK-*Diemer*[4] 1.
[5] BGH wistra **1992** 228; BGHSt **38** 376.

rensrechtlichen Gründen über eine Eröffnung des Hauptverfahrens nicht befinden könnte, ist auch für eine Aktenvorlage nach § 209 Abs. 2 kein Raum[6].

4 **bb) Willkürliche Zuständigkeitsannahme.** Soweit eine Strafkammer ihre Zuständigkeit in nicht mehr vertretbarer Weise annimmt und damit willkürlich handelt, gelten dieselben Rechtsfolgen wie sie zu § 24 Rdn. 25 ff dargelegt worden sind. Willkür kommt auch dann in Betracht, wenn das Amtsgericht dem Landgericht ein Verfahren zur Übernahme vorlegt, obwohl eine Zuständigkeit des Landgerichts offenkundig nicht gegeben ist, und das Landgericht gleichwohl das Hauptverfahren vor sich eröffnet, weil dann der Angeklagte dem gesetzlichen Richter entzogen wird mit der Folge, daß ein Urteil auf Revision aufzuheben ist[7].

5 c) Wegen der **Zuständigkeit der Jugendkammer** als erstinstanzliches Gericht vgl. § 41 Abs. 1, § 108 Abs. 1, 3 JGG, § 74 b GVG und unten Rdn. 12. Es besteht kein rechtliches Hindernis, im Wege der Geschäftsverteilung Jugendstrafsachen und allgemeine Strafsachen einer Strafkammer zuzuweisen, die dann zugleich allgemeine große Strafkammer und Jugendkammer ist[8]. Selbstverständlich sind wegen § 35 JGG für beide Tätigkeitsbereiche einer solchen Kammer Schöffen getrennt auszulosen.

6 **d) Eine Zusammenfassung mehrerer Landgerichte** zu einem Strafkammerbezirk entsprechend § 58 ist, von §§ 74 a, 74 c. 74 d, 78 a Abs. 2 abgesehen, nicht vorgesehen und deshalb nicht zulässig.

2. Die Strafkammer als Schwurgericht (Absatz 2)

7 **a) Rechtsnatur.** Durch Art. 2 Nr. 19, 25 des 1. StVRG 1974 wurde der bisherige 6. Titel „Schwurgericht" aufgehoben und § 74 Abs. 2 eingefügt. Damit verschwand das Schwurgericht als ein neben den Strafkammern beim Landgericht gebildeter nicht ständiger Spruchkörper eigener Art, und seine Aufgabe wurde einer Strafkammer des Landgerichts übertragen[9]. Diese Strafkammer unterscheidet sich von der allgemeinen großen Strafkammer nur durch ihre Bezeichnung, durch die unmittelbar im Gesetz selbst vorgenommene Bestimmung ihrer sachlichen Zuständigkeit (§ 74 Abs. 2), die auf dem Gedanken beruht, die besonderen Kenntnisse und Erfahrungen der auf dem Gebiet der Schwerstkriminalität tätigen Richter im Interesse einer besseren Rechtsfindung und gleichmäßigen Rechtshandhabung nutzbar zu machen, und durch die Möglichkeit der Bildung eines gemeinsamen Schwurgerichts (§ 74 d). Das frühere Schwurgericht wurde wegen seiner besonderen Besetzung mit drei Berufsrichtern und sechs Geschworenen als Gericht höherer Ordnung gegenüber der Strafkammer und — bei Verbindung der Verfahren gegen Jugendliche und Erwachsene — auch gegenüber der Jugendkammer angesehen[10]. Das heutige Schwurgericht ist gegenüber der allgemeinen großen Strafkammer nur noch einer von mehreren Spruchkörpern mit gesetzlicher Zuständigkeitskonzentration, deren Vorrang untereinander in § 74 e festgelegt ist. Die gesetzliche Bezeichnung, unter der diese Strafkammer auftritt, wenn sie mit Verbrechen der in § 74 Abs. 2 bezeichneten Art befaßt ist, entspricht lediglich einem Herkommen für die Bezeichnung eines mit Strafsachen der Schwerstkriminalität befaßten Gerichts; daneben gibt es noch weitere Sonderbezeichnungen (vgl. „Jugendkammer" und „Kammer für Bußgeldsachen", § 46 Abs. 7 OWiG). Nur am Rande mag vermerkt werden, daß der Gesetzeswortlaut nicht mit Sicherheit erkennen

---

6 BGHSt **6** 109 = NJW **1954** 1375.

7 BGHR zu § 74 – Bedeutung 2 –.

8 BGHSt **21** 70 = NJW **1966** 1037.

9 Wegen der Gründe für diese Reformmaßnahme vgl. Einl. E 102 ff, insbes. 113.

10 BGHSt **9** 399.

läßt, welches die „richtige“ Bezeichnung des Spruchkörpers ist: „Strafkammer als Schwurgericht“ — § 74 Abs. 2 Satz 1 am Ende — oder „Schwurgericht“ — § 74 e Nr. 1? Die gewisse Unklarheit tritt auch im täglichen Sprachgebrauch hervor, wo teils von „Schwurgerichtskammer“, teils von „Schwurgericht“ die Rede ist[11].

b) Umfang der Zuständigkeit. Für die Prüfung der Zuständigkeit gelten die §§ 6 a, 209 a Nr. 1, 225 a Abs. 4, 270 Abs. 1 Satz 2 StPO. Wie nach früherem Recht (§ 80 a. F) ist die Zuständigkeit durch einen festen und abschließenden Zuständigkeitskatalog bestimmt, der dadurch gekennzeichnet ist, daß er grundsätzlich die Straftaten umfaßt, bei denen im Fall der Vollendung durch eine vorsätzliche Handlung der Tod eines Menschen (mindestens fahrlässig, vgl. § 18 StGB) verursacht worden ist. Auf die Erscheinungsform des Verbrechens (Täterschaft, Versuch, Beihilfe) kommt es dabei nicht an; infolgedessen fällt auch der Versuch der Beteiligung (§ 30 StGB), da er eine Erscheinungsform des Verbrechens darstellt, unter § 74 Abs. 2[12], die Begünstigung und Strafvereitelung (§§ 257, 258 StGB) dagegen nur im Fall des Zusammenhangs. Es ist aber nicht zuständig für das Delikt des Vollrausches nach § 323 a StGB, selbst wenn die im Rausch begangene Tat zum Katalog des Abs. 2 gehört[13]. Das Schwurgericht ist dagegen auch zuständig für Straftaten, die zur Zuständigkeit von Gerichten niederer Ordnung gehören, aber mit Schwurgerichtsdelikten zusammentreffen[14]. Die Zuständigkeit des Schwurgerichts erstreckt sich nicht auf die öffentliche Aufforderung (§ 111 StGB) zu Tötungsverbrechen[15]. Ein anderes Gericht bleibt zuständig, wenn die Hauptverhandlung vor ihm zwar den Verdacht des versuchten Mordes oder Totschlags, aber unwiderlegbar strafbefreienden Rücktritt vom Versuch ergibt[16]. Im Rahmen der Zuständigkeit der Schwurgerichtskammer ist diese auch für Entscheidungen nach § 73 Abs. 1 (vgl. dort Rdn. 4) zuständig. Für das Sicherungsverfahren (§ 414 StPO) richtet sich die Zuständigkeit danach, ob das Schwurgericht bei Schuld- oder Verhandlungsfähigkeit für das subjektive Verfahren zuständig wäre[17]. **8**

c) Fortdauer der Zuständigkeit. Der Zuständigkeitskatalog ist aber nur bedeutungsvoll für die Frage, ob das Hauptverfahren vor der Schwurgerichtskammer zu eröffnen ist. Ist dieses in der Annahme des hinreichenden Verdachts eines Verbrechens nach § 74 Abs. 2 eröffnet, so hat das Schwurgericht den ihm unterbreiteten Sachverhalt unter jedem rechtlichen Gesichtspunkt zu würdigen und bleibt auch dann zuständig, wenn sich der Verdacht eines Verbrechens nach § 74 Abs. 2 nicht erhärtet und nur noch die Verurteilung wegen einer Straftat geringeren Gewichts erfolgt[18]. Die Zuständigkeit des Schwurgerichts bleibt desweiteren nach Zurückverweisung einer Schwurgerichtssache durch den Bundesgerichtshof erhalten, wenn der neu zu verhandelnde Rest nicht vor das Schwurgericht gehört[19]. Es kann jedoch in diesen Fällen auch eine Verweisung an eine allgemeine Strafkammer erfolgen[20]. Ebenso kann eine in 1. Instanz vor der Jugendkammer verhandelte Sache an das Schwurgericht zurückverwiesen werden, wenn das weitere Verfahren nur noch einen Erwachsenen betrifft[21]. **9**

d) Schwurgericht und Geschäftsverteilung. Durch die Zuständigkeitskonzentration soll eine möglichst einheitliche Beurteilung der in § 74 Abs. 2 bezeichneten Fälle der Schwerstkriminalität durch Richter, die mit ihren Erscheinungsformen vertraut sind, **10**

---

11 Wie auch in BGHSt **26** 191 ff.

12 OLG Nürnberg NJW **1950** 200; h. M.

13 OLG Stuttgart MDR **1992** 290 = NStE **1992** Nr. 1 zu § 74; *Kissel* 9; KK-*Diemer*[4] 2.

14 BayObLGSt **1957** 109.

15 KG JR **1971** 255.

16 OLG Celle NJW **1963** 1886.

17 OLG Stuttgart NStZ **1987** 292; *Katholnigg*[3] 3; LR-*Gössel* § 414 StPO, 10.

18 BGH bei *Holtz* MDR **1977** 810.

19 BGH bei *Holtz* MDR **1977** 810.

20 BGH v. 7. 9. 1994 – 2 StR 264/94 –, S. 12.

21 BGH v. 16. 2. 1993 – 5 StR 463/92 –, S. 20.

erreicht werden. Dem entspricht es, daß die zu treffenden Entscheidungen, gleichviel ob es sich um die Eröffnung des Hauptverfahrens, Entscheidungen nach Eröffnung des Hauptverfahrens oder um Wiederaufnahmeverfahren (§ 140 a) handelt, im Geschäftsverteilungsplan *einer* Kammer zugewiesen werden, und daß nicht die Zuständigkeit in Schwurgerichtssachen auf mehrere Kammern verteilt wird[22]. Andererseits ist aber der Gesetzeswortlaut: „. . . ist eine Strafkammer als Schwurgericht zuständig", nicht dahin zu verstehen, es dürfte bei einem Landgericht stets nur eine einzige Strafkammer als Schwurgerichtskammer gebildet werden. Vielmehr ist die Bildung von mehr als einer Schwurgerichtskammer — aber auch nur dann — zulässig, wenn der Anfall an Schwurgerichtssachen die Kräfte einer Kammer übersteigt[23]. Dies (wie es der Bundesrat angeregt hatte) ausdrücklich im Gesetz auszusprechen, wurde im Bundestag als entbehrlich angesehen[24]. Ist umgekehrt der Anfall an Schwurgerichtssachen so gering, daß eine Kammer mit Schwurgerichtssachen nicht ausgelastet wäre, so können ihr auch allgemeine Strafsachen zugewiesen werden; diese Kammer muß dann, wenn sie als Schwurgerichtskamrner tätig wird, diese Bezeichnung führen.

11 e) **Die nicht ausgelastete Schwurgerichtskammer.** Eine in der Anfangszeit viel erörterte Frage war, in welchem Verhältnis dann der als solcher nicht voll ausgelasteten Schwurgerichtskammer zusätzlich zu den Schwurgerichtssachen allgemeine Strafkammersachen zugewiesen werden dürften. Nach einer Ansicht[25] dürften der Schwurgerichtskammer andere Sachen „nur in ganz untergeordnetem Umfang übertragen werden, mit denen die zwischen großen Blöcken umfangreicher Sachen mitunter entstehende freie Kapazität genutzt werden kann". Nach anderer Ansicht[26] sollte sich unter Hinweis auf die Rechtsprechung des Bundesgerichtshofs[27] herleiten lassen, daß die den Schwurgerichtskammern zugewiesenen Richter nur noch Schwurgerichtssachen, die den Wirtschaftsstrafkammern zugewiesenen nur noch Wirtschaftsstrafsachen bearbeiten dürften. Das entspricht aber nicht der Entwicklung der Rechtsprechung[28]. Danach gilt: Das Präsidium hat bei der Geschäftsverteilung allgemein bei Spruchkörpern mit gesetzlicher Spezialzuständigkeit darauf zu achten, daß, wenn sie erwartungsgemäß mit der Bearbeitung der Spezialsachen nicht voll ausgelastet sind, doch jedenfalls der Schwerpunkt ihrer Tätigkeit bei diesen Sachen liegt und eine Zuweisung anderer Sachen nur in dem Maße erfolgt, daß dadurch keine besondere Belastung hinsichtlich der Erfüllung der Spezialzuständigkeit eintritt. Bei einer solchen Berücksichtigung der schwerpunktmäßigen Spezialaufgabe kommt es nicht auf die rechnerisch abstrakte Zahl der jeweils zugewiesenen Sachen, sondern auf die Belastung mit den Spezialsachen in dem Sinne an, daß deren Belastung etwa 3/4 der Leistungsfähigkeit der Kammer ausmacht. Scheidet eine solche Handhabung — etwa bei einem kleinen Landgericht — wegen zu geringen Anfalls an Schwurgerichtssachen aus, könnte der Weg des § 74 d beschritten werden, der allerdings nicht erzwungen werden kann.

12 f) **Auffangschwurgericht.** Ohne Rücksicht auf den Geschäftsanfall ist die Bildung einer weiteren Schwurgerichtskammer als „Auffangschwurgericht" notwendig, nämlich um bei Aufhebung eines Schwurgerichtsurteils dem Revisionsgericht die Zurückverwei-

---

22 *Kissel* 12; *Kleinknecht/Meyer-Goßner*[44] 7.

23 BGHSt **27** 349 = NJW **1978** 1273 = JR **1978** 432 mit Anm. *Staiger;* KK-*Diemer*[4] 3; zweifelnd dazu *Müller* MDR **1978** 686; zustimmend *Katholnigg* NJW **1978** 1594; *Rieß* NJW **1975** 92.

24 Bericht des Rechtsausschusses BTDrucks. **7** 2600, S. 11.

25 *Kissel* 12.

26 *G. Schäfer*[6] S. 246.

27 BGHSt **27** 349.

28 Vgl. BGHSt **31** 326; MDR **1987** 950 (s. dazu auch § 74 c, 8).

sung an eine andere Kammer des Landgerichts zu ermöglichen[29]. Dies kann zwar bei einem kleinen Landgericht mit geringem Anfall an Schwurgerichtssachen dazu führen, daß bei den Richtern des Auffangschwurgerichts die gesetzgeberische Intention bei der Einrichtung von Schwurgerichtskammern (oben Rdn. 10) weitgehend leerläuft, da sie weniger als die Richter der Schwurgerichtskammer, deren Urteil aufgehoben wurde, Gelegenheit haben, die wünschenswerte Erfahrung in der Beurteilung solcher Fälle zu erlangen; der Gesetzgeber hat dies aber in Kauf genommen, da immerhin bereits ein Revisionsurteil vorliegt, das — jedenfalls im Regelfall — Anhaltspunkte für die weitere Beurteilung der Sache enthält[30]. Dieses Auffangschwurgericht ist auch dann gemäß § 354 Abs. 2 StPO zuständig, wenn das Revisionsgericht eine vom Schwurgericht abgeurteilte Sache unter Aufhebung des Urteils ohne weitere Angabe „an das Landgericht" zurückverweist, und zwar auch dann, wenn das aufgehobene Urteil nicht auf Verurteilung wegen Verbrechens nach § 74 Abs. 2, sondern wegen einer Straftat geringeren Gewichts lautete (oben Rdn. 8), das Revisionsgericht aber von der Möglichkeit, die Sache an eine allgemeine Strafkammer zurückzuverweisen, keinen Gebrauch gemacht hat[31]. Hat das Präsidium bei Aufstellung des Jahresgeschäftsplans die Bildung einer Auffangschwurgerichtskammer unterlassen, so muß es dies spätestens beim ersten Fall einer Zurückverweisung nachholen, auch wenn er gegen Ende des Geschäftsjahres anfällt; es darf dies nicht mit der Begründung ablehnen, damit würden „gezielt" für eine bestimmte Strafsache bestimmte Richter bestellt; auch für eine Anwendung des § 15 StPO ist kein Raum, wenn die Kammer aus den vorhandenen Richtern gebildet werden kann[32]. Ferner bedarf es der geschäftsplanmäßigen Bestimmung des Spruchkörpers zur Entscheidung über den Antrag auf Wiederaufnahme des Verfahrens gegen ein Schwurgerichtsurteil im Fall des § 140 a Abs. 3 Satz 1.

g) Übergang des Verfahrens von der allgemeinen Strafkammer auf die Schwurgerichtskammer. Hierbei handelt es sich um Fragen wie die, welche Folgerungen sich ergeben, wenn Anklage vor der allgemeinen Strafkammer erhoben wird, diese aber ihre Zuständigkeit zur Eröffnung verneint, weil sie die Schwurgerichtskammer für zuständig hält und auch diese ihre Zuständigkeit verneint, oder daß die allgemeine Strafkammer erst auf Grund der Beweisaufnahme in der Hauptverhandlung erkennt, daß nicht sie, sondern die Schwurgerichtsstrafkammer zuständig sei, etwa wenn wegen Vollrauschs (§ 323 a StGB) mit versuchtem Mord als zugrundeliegender Rauschtat Anklage erhoben und eröffnet ist und die allgemeine Strafkammer in der Hauptverhandlung die Überzeugung gewinnt, die Schuldfähigkeit des Angeklagten sei zur Tatzeit nicht ausgeschlossen gewesen. Insoweit ist auf die Erl. LR-*Rieß*[24] § 209 a StPO, 8 bis 12; LR-K *Schäfer*[24] Einl. Kap. **12** 134 bis 138 und LR-*Gollwitzer*[24] StPO § 270, 29; § 328, 25, Fußn. 31, 32, 32a und die Anm. von *Gössel* zu OLG Celle NStZ **1987** 240 zu verweisen. 13

h) Verhältnis der Schwurgerichtskammer zur Jugendkammer. Im Verfahren gegen Jugendliche und Heranwachsende wegen Straftaten der in § 74 Abs. 2 bezeichneten Art ist nach §§ 41 Abs. 1 Nr. 1, 108 Abs. 1 JGG anstelle der Schwurgerichtskammer die Jugendkammer zuständig. Deren Zuständigkeit ist eine ausschließliche. Dagegen war nach der Auslegung des früher geltenden Rechts bei einer Verbindung von Strafsachen gegen Jugendliche und Heranwachsende mit solchen gegen Erwachsene (§ 103 JGG) das Schwurgericht zuständig, wenn auch nur einer der Angeklagten zur Tatzeit das 14

[29] BGHSt **27** 349 = JR **1978** 432; BGH NJW **1975** 743; *Rieß* NJW **1975** 92; *Benz* MDR **1976** 805; dazu § 45, 3 mit weit. Nachw.

[30] BGHSt **27** 349 = JR **1978** 432 mit Anm. *Steiger.*

[31] BGH bei *Holtz* MDR **1977** 810.

[32] OLG München MDR **1977** 1037 = JR **1978** 301 mit Anm. *Rieß* und Besprechung *Müller* MDR **1978** 337. Ergänzend wird auf LR-*Hanack* § 354 StPO, 55 verwiesen.

21. Lebensjahr vollendet hatte, weil das Schwurgericht alter Art angesichts seiner Besetzung als Gericht höherer Art gegenüber der Jugendkammer anzusehen sei und dem Erwachsenen das Recht, vor das höherrangige Gericht zu gelangen, nicht genommen werden dürfte[33]. Diese Rechtsprechung hat ihre Bedeutung verloren, da die Schwurgerichtskammer gegenüber der Jugendkammer kein Gericht höherer Ordnung ist (oben Rdn. 6)[34], sondern beide Kammern gelten als ranggleich. Nach der jetzt geltenden Fassung des § 103 JGG entscheidet die Jugendkammer darüber, ob es zur Erforschung der Wahrheit oder aus anderen wichtigen Gründen geboten ist, das Verfahren gegen den Erwachsenen auch mit demjenigen gegen den Jugendlichen (Heranwachsenden) zur Verhandlung vor dem Schwurgericht zu verbinden.

15 **i) Schwurgerichtskammer und Staatsschutzstrafsachen (Absatz 2 Satz 2).** Nach § 74 Abs. 2 Satz 2 bleibt § 120 unberührt. Nach der Begründung des RegEntw. des 1. StVRG[35] zu Art. 2 Nr. 16 soll durch diesen Satz 2 „das Verhältnis zwischen § 74 und § 120, insbesondere im Hinblick auf die nach § 120 Abs. 2 zur Zuständigkeit des Oberlandesgerichts gelangten Sachen, geklärt werden". Tatsächlich brachte der Satz 2 zunächst wenig Klärung, er war vielmehr Anlaß zu Zweifelsfragen[36]. Diese sind aber erledigt, nachdem durch das StVÄG 1979 einerseits § 74 e (Vorrangprinzip bei mehrfacher potentieller Spezialstrafkammerzuständigkeit) eingefügt, andererseits (Änderung des § 74 a Abs. 2; s. dort Rdn. 11, 15) klargestellt wurde, daß der Vorrang der Schwurgerichts- und der Wirtschaftsstrafkammer gegenüber der Staatsschutzstrafkammer grundsätzlich entfällt, wenn der Generalbundesanwalt wegen der besonderen Bedeutung des Falles vor der Eröffnung des Hauptverfahrens die Verfolgung übernimmt. Da nunmehr die Verweisung in § 120 Abs. 2 (jetzt Abs. 2 Nr. 1) eine Verweisung auf § 74 a Abs. 2 in seiner jetzt geltenden Fassung („die Zuständigkeit *des Landgerichts* . . .") bedeutet, wurde der Sinn des § 74 Abs. 2 Satz 2 eindeutig: der Vorrang der Schwurgerichtskammer verliert seine Bedeutung, wenn das Oberlandesgericht das Hauptverfahren entsprechend der Bewertung des Generalbundesanwalts eröffnet. Dagegen hat § 74 Abs. 2 Satz 2 gegenüber der letzten Änderung des § 120 — der Ausdehnung des Evokationsrechts des Generalbundesanwalts in § 120 Abs. 2 Nr. 2 und 3 durch das Gesetz zur Bekämpfung des Terrorismus vom 19. 12. 1986 (BGBl. I 2566) auf Straftaten, die, wie Mord, Totschlag und andere der dort bezeichneten Straftaten in den Zuständigkeitskatalog des § 74 Abs. 2 fallen — die gleiche Bedeutung wie die Negativklausel („wenn nicht") in § 24.

16 **3. Zuständigkeit als Berufungsgericht (Absatz 3).** Nach Inkrafttreten des RpflEntlG und die dadurch erfolgte Änderung des § 76 ist hier als Berufungsgericht nur noch die kleine Strafkammer gemeint. § 74 Abs. 3 besagt nicht nur, daß die Strafkammern für die Entscheidung über die Berufung gegen die dort bezeichneten Urteile funktionell zuständig sind, sondern legt auch die örtliche Zuständigkeit der Strafkammer in dem Sinn fest, daß nur die dem Amtsgericht im Instanzenzug übergeordnete Strafkammer über die Berufung gegen sein Urteil entscheiden kann. Da nach neuem Recht die große Strafkammer nicht mehr Berufungsgericht sein kann, ist die frühere Frage, ob sich die Zuständigkeit der Berufungskammer danach richtet, welches Gericht in erster Instanz hätte entscheiden müssen, oder welches Gericht entschieden hat, überholt. Bei der Zuständigkeit der kleinen Strafkammern ist jedoch zu beachten, daß in Wirtschaftsstrafsachen, in denen

---

33 BGHSt **9** 399; **10** 177.

34 BGH NStZ **1996** 346 m. krit. Anm. *Katholnigg*; OLG Saarbrücken NStZ **1985** 93; *Kissel* 6.

35 BTDrucks. **7** 551, S. 101.

36 Vgl. die Darstellung bei LR[23] § 74, 12.

das Schöffengericht entschieden hat, die Wirtschaftskammer Berufungsgericht ist (§ 74 c Abs. 1).

Die **Zuständigkeit der Jugendkammer als Berufungsgericht** ist in § 41 Abs. 2 Satz 1 JGG geregelt. Die Jugendkammer entscheidet auch, wenn im ersten Rechtszug in einer verbundenen Strafsache gegen einen Jugendlichen (Heranwachsenden) und einen Erwachsenen das Jugendgericht geurteilt hat (§ 103 Abs. 2 JGG) und nur der Erwachsene Berufung einlegt, weil der in § 41 Abs. 2 Satz 1 JGG geregelte Instanzenzug durch solche Veränderungen der Sachlage nicht berührt wird[37]. In gleicher Weise ist die Strafkammer als Berufungsgericht zuständig, wenn infolge Verbindung nach § 103 Abs. 1 JGG im ersten Rechtszug das Amtsgericht als Erwachsenengericht entschieden hat und nur der Jugendliche Berufung einlegt mit der Folge, daß ihm gemäß § 104 Abs. 1 Nr. 7, § 55 Abs. 2 JGG gegen das Urteil der Strafkammer Revision nicht mehr zusteht[38]. Für Urteile des Jugendrichters oder des Jugendschöffengerichts tritt an die Stelle der sonst zuständigen Berufungsstrafkammer die Jugendkammer (§ 41 Abs. 2 JGG), die bei Urteilen des Jugendrichters als kleine Jugendkammer (Vorsitzender und 2 Schöffen) und bei Urteilen des Jugendschöffengerichts als große Jugendkammer (Vorsitzender und 1 oder 2 Beisitzer sowie 2 Schöffen) entscheidet. **17**

Nach Ergehen des erstinstanzlichen Urteils ist es nicht möglich, durch Übernahme des Verfahrens nach § 377 StPO oder durch Übertragung der Entscheidung nach § 12 Abs. 2 StPO oder § 42 Abs. 3 JGG in diese Zuständigkeit einzugreifen[39]. Über den Umfang der **Strafgewalt** der Berufungsstrafkammer und über den Übergang vom Berufungs- zum erstinstanzlichen Verfahren s. § 24, 38. Wegen der streitigen Behandlung des Falles, daß die als Berufungsgericht angegangene allgemeine große Strafkammer erst in der Hauptverhandlung auf Grund neuer Tatsachenfeststellungen die Zuständigkeit einer Spezialstrafkammer erkennt, vgl. LR-*K. Schäfer*[24] Einl. Kap **12** 138 a[40]. **18**

4. In **Rhein- und Moselschiffahrtssachen** entscheidet über die Berufung gegen Entscheidungen des Amtsgerichts als Rhein- und Moselschiffahrtsgericht das Oberlandesgericht (s. Erl. zu § 14, 24. Aufl. Rdn. 7). **19**

§ 74 a

(1) Bei den Landgerichten, in deren Bezirk ein Oberlandesgericht seinen Sitz hat, ist eine Strafkammer für den Bezirk dieses Oberlandesgerichts als erkennendes Gericht des ersten Rechtszuges zuständig für Straftaten

1. **des Friedensverrats in den Fällen des § 80 a des Strafgesetzbuches,**
2. **der Gefährdung des demokratischen Rechtsstaates in den Fällen der §§ 84 bis 86, 87 bis 90, 90 a Abs. 3 und des § 90 b des Strafgesetzbuches,**

---

[37] BGHSt **22** 48 = NJW **1968** 952 = LM Nr. 4 zu § 41 JGG m. Anm. *Hübner*; OLG Düsseldorf NJW **1968** 2020.

[38] BayObLG NJW **1971** 953.

[39] BGHSt **10** 177; **11** 56, 62; **18** 261 = NJW **1963** 965; Erl. zu § 328 StPO (24. Aufl. Rdn. 25, 31 ff).

[40] Die dort angeführte Entscheidung OLG Celle JR **1987** 31 mit Anm. *Seebode* ist auch veröffentlicht in NStZ **1987** 240 mit Anm. *Gössel.*

3. der Gefährdung der Landesverteidigung in den Fällen der § 109 d bis 109 g des Strafgesetzbuches,
4. der Zuwiderhandlung gegen ein Vereinigungsverbot in den Fällen des § 129 des Strafgesetzbuches und des § 20 Abs. 1 Satz 1 Nr. 1 bis 4 des Vereinsgesetzes; dies gilt nicht, wenn dieselbe Handlung eine Straftat nach dem Betäubungsmittelgesetz darstellt,
5. der Verschleppung (§ 234 a des Strafgesetzbuches) und
6. der politischen Verdächtigung (§ 241 a des Strafgesetzbuches).

(2) Die Zuständigkeit des Landgerichts entfällt, wenn der Generalbundesanwalt wegen der besonderen Bedeutung des Falles vor der Eröffnung des Hauptverfahrens die Verfolgung übernimmt, es sei denn, daß durch Abgabe nach § 142 a Abs. 4 oder durch Verweisung nach § 120 Abs. 2 Satz 2 die Zuständigkeit des Landgerichts begründet wird.

(3) In den Sachen, in denen die Strafkammer nach Absatz 1 zuständig ist, trifft sie auch die in § 73 Abs. 1 bezeichneten Entscheidungen.

(4) Im Rahmen der Absätze 1 und 3 erstreckt sich der Bezirk des Landgerichts auf den Bezirk des Oberlandesgerichts.

Schrifttum. *Dallinger* Gerichtsverfassung und Strafverfahren nach dem 1. Strafrechtsänderungsgesetz, JZ **1951** 620; *Katholnigg* Neue Verfahrensmaßnahmen in Betäubungsmittelstrafsachen, NStZ **1981** 417; *Kohlhaas* Das Gesetz über die Einführung eines zweiten Rechtszuges in Staatsschutzsachen, NJW **1970** 20; *Kurth* Beschränkung des Prozeßstoffs und Einführung des Tonbandprotokolls durch das Strafverfahrensänderungsgesetz 1979, NJW **1978** 2481; *Lüttger* Lockerung des Verfolgungszwanges bei Staatsschutzdelikten? JZ **1964** 569; *Martin* Wie steht es um unseren Staatsschutz? JZ **1975** 312; *Rieß* Die Bestimmung und Prüfung der sachlichen Zuständigkeit und verwandter Erscheinungen im Strafverfahren, GA **1976** 1; *Schwarz* Zuständigkeitsfragen im Strafprozeß, NJW **1956** 1305; *Wagner* Rechtsfragen zu § 74 a, GA **1957** 161; *Wagner* Die gerichtliche Zuständigkeit in Staatsschutzstrafsachen, FS Dreher 625; *Warda* Zur Zulässigkeit der Bildung mehrerer Sonderstrafkammern nach § 74 a GVG, DRiZ **1957** 35; *Woesner* Rechtsstaatliches Verfahren in Staatsschutzsachen, NJW **1961** 533.

Entstehungsgeschichte. § 74 a wurde eingefügt durch Art. 3 Nr. 2 des 1. StrÄG 1951. Der Zuständigkeitskatalog (Absatz 2) wurde nach zwischenzeitlichen Änderungen und Erweiterungen (vgl. Art. 3 des 4. StrÄG 1957, Art. 2 des 6. StrÄG 1960, § 27 des Vereinsges. vom 5. 8. 1964, BGBl. I 593) neu gefaßt durch Art. 4 des 8. StrÄG 1968. Die bisherigen Eingangsworte des Absatzes 1 („Eine Strafkammer des Landgerichts, in dessen Bezirk das Oberlandesgericht seinen Sitz hat, ist für den Bezirk des Oberlandesgerichts") wurden durch Art. 1 Nr. 4 StaatsschStrafsG — lediglich zur Verdeutlichung und ohne sachliche Änderung — durch die jetzige Fassung ersetzt. Durch das gleiche Gesetz wurden in Absatz 2 die Worte „Abgabe oder Überweisung nach § 134 a Abs. 2 oder 3" durch die Worte „Abgabe nach . . . Verweisung nach § 120 Abs. 2 Satz 2" ersetzt. Durch Art. 22 Nr. 4 EGStGB 1974 wurden die Eingangsworte des Absatzes 1 „zuständig für Verbrechen und Vergehen" in „zuständig für Straftaten" und in Absatz 1 Nr. 2 die Paragraphenaufzählung „84 bis 90, 90 a . . ." durch „84 bis 86, 87 bis 90, 90 a . . ." ersetzt. Durch Art. 2 Nr. 6 StVÄG 1979 sind in Absatz 2 jeweils die Worte „des Landgerichts" an die Stelle der Worte „der Strafkammer" getreten (dazu unten Rdn. 7). Durch Art. 3 des Ges. zur Neuordnung des Betäubungsmittelrechts vom 28. 7. 1981 (BGBl. I 681) wurde dem Absatz 1 Nr. 4 der Halbsatz 2 angefügt. Das Gesetz zur Bekämpfung von Sexualdelikten und anderen gefährlichen Straftaten v. 26. 1. 1998 (BGBl. I 160) führte bei Nr. 4 hinter der Angabe „§ 20" zur Einfügung „Abs. 1 Satz 1 Nr. 1 bis 4".

Übersicht

1. Allgemeines

a) Sprachgebrauch. Das Gesetz hat — anders als beim Schwurgericht und der Wirtschaftsstrafkammer — der nach § 74 a zuständigen Strafkammer keinen besonderen Namen gegeben. In der Praxis hat sich die Bezeichnung **Staatsschutzstrafkammer** weitgehend durchgesetzt. Sie ist allerdings zu eng, da der in Absatz 1 Nr. 4 genannte § 129 StGB (kriminelle Vereinigung) nicht nur staatsgefährdende Vereinigungen unter Strafe stellt. Jedenfalls ist es nicht zulässig, aus der nichtamtlichen Bezeichnung eine Verneinung der Zuständigkeit mit der Begründung herzuleiten, die kriminelle Vereinigung nach § 129 StGB verfolge keine staatsgefährdende Ziele. **1**

b) Erweiterung des Anwendungsgebiets auf Truppen der Natostaaten. § 74 a wird erweitert durch die Art. 7, 8, 12 des 4. StrÄG vom 11. 6. 1957 (BGBl. I 597), mehrfach und zuletzt geändert durch Art. 147 EGStGB 1974. Nach Art. 7 Abs. 2 des Ges. gelten §§ 87, 89, 90 a Abs. 1 Nr. 2 und Abs. 2, jeweils in Verb. mit §§ 92 a, 92 b, und die §§ 109 bis 109 g in Verb. mit §§ 109 i, 109 k StGB mit gewissen Modifikationen auch für Straftaten gegen die nichtdeutschen Vertragsstaaten des Nordatlantikpaktes und ihre in der Bundesrepublik stationierten Truppen, nach Absatz 4 jedoch nur, sofern diese im räumlichen Geltungsbereich des 4. Strafrechtsänderungsges. begangen werden. Art. 8 bestimmt: „Für die Anwendung der Vorschriften des Gerichtsverfassungsgesetzes über die gerichtliche Zuständigkeit und die Übernahme, Abgabe oder Überweisung der Untersuchung, Verhandlung und Entscheidung in Strafsachen stehen die in Art. 7 Abs. 1, 2 und 4 genannten Verbrechen und Vergehen den ihnen entsprechenden Verstößen gegen Vorschriften des Strafgesetzbuchs gleich." Diese Vorschriften sind gemäß Art. 12 Abs. 3 des 4. StrÄG in Verb. mit der Bek. vom 2. 7. 1963 (BGBl. I 455) und vom 16. 6. 1963 (BGBl. I 428, II 745) am 1. 7. 1963 in Kraft getreten. Das Streitkräfteaufenthaltsgesetz — SkAufG — hat an dieser Rechtslage nichts verändert. **2**

2. Bedeutung der Zuständigkeitskonzentration (Absatz 1). § 74 a begründet für die Staatsschutzstrafkammer eine zweifache Zuständigkeitskonzentration: a) er begründet zunächst innerhalb des Landgerichts — und insoweit entspricht er dem § 74 Abs. 2 — die sachliche Zuständigkeit der erstinstanzlichen Strafkammer für die in § 74 a bezeichneten Straftaten und schließt insoweit auch die amtsgerichtliche Zuständigkeit aus, während die Zuständigkeit der Staatsschutzkammer entfällt, wenn diejenige des Oberlandesgerichts nach § 120 Abs. 1 gegeben ist; b) weitergehend als § 74 Abs. 2 entzieht § 74 a Abs. 1, 4 den Strafkammern der übrigen Landgerichte im Bezirk des Oberlandesgerichts die **3**

Zuständigkeit für die in § 74 a bezeichneten Straftaten. Vergleichbar den Fällen der §§ 58, 74 d GVG, § 33 Abs. 4 JGG ist für die Straftaten nach § 74 a Abs. 1 ein den Bezirk des ganzen Oberlandesgerichts umfassender Landgerichtsbezirk geschaffen, in dem ausschließlich das in § 74 a Abs. 1 bezeichnete Landgericht örtlich und sachlich zuständig ist (dazu unten Rdn. 4); c) wie in den Fällen des § 74 Abs. 2 (dort Rdn. 10) legt § 74 a dem Präsidium die Pflicht auf, beim Bestehen mehrerer erstinstanzlicher Strafkammern einer bestimmten Strafkammer die Strafsachen nach § 74 a zuzuweisen, um die besonderen Erfahrungen und Kenntnisse nutzbar zu machen, die die in diesen Spruchkörpern tätigen Richter aus der Befassung mit der Spezialmaterie gewinnen[1]. Das schließt — auch hier in gleicher Weise wie bei der Schwurgerichtsstrafkammer (§ 74, 12) — nicht aus, eine weitere Staatsschutzstrafkammer zu bilden, wenn der Geschäftsanfall die Kräfte einer Kammer übersteigt, und umgekehrt einer nicht ausgelasteten Staatsschutzstrafkammer auch allgemeine Strafsachen zuzuweisen[2]. Wegen der Bildung von Auffangstaatsschutzstrafkammern gilt das in § 74, 12 Ausgeführte[3].

4 **3. Auswirkungen der Zuständigkeitskonzentration (Absatz 4).** Die Bedeutung des Absatzes 4, der die örtliche Zuständigkeit der Staatsschutzstrafkammer auf den Bezirk des Oberlandesgerichts ausdehnt und insoweit gewissermaßen einen neuen Landgerichtsbezirk schafft, wurde früher (auch in der 22. Auflage § 74 a, 2 b) darin gesehen, daß den Strafkammern der übrigen Landgerichte des Oberlandesgerichtsbezirks die örtliche Zuständigkeit für die in § 74 a Abs. 1 bezeichneten Straftaten zugunsten der Staatsschutzstrafkammer des Landgerichts, in dessen Bezirk das Oberlandesgericht seinen Sitz hat, entzogen worden sei. Diese Betrachtungsweise war die Folge einer fehlenden gesetzlichen Klärung der Rechtslage, die seitdem durch das StVÄG 1979 erfolgt ist. Von deren Darstellung kann hier abgesehen werden, da das Nötige an anderer Stelle dieses Kommentars ausgeführt ist[4].

4. Die sachliche Zuständigkeit der Staatsschutzstrafkammer

5 **a) Der Zuständigkeitskatalog des § 74 a Abs. 1** umfaßt sowohl Täter und Teilnehmer als auch (dazu § 74, 8) den Versuch der Beteiligung (§ 30 StGB) im Fall des § 234 a StGB[5]. Ferner dürfte wohl auch, obwohl sie ein selbständiges Vergehen darstellt, die Strafvereitelung nach § 258 StGB im Zusammenhang mit Katalogtaten erfaßt werden[6]. Zusammenhängende Strafsachen (§§ 4, 13 StPO) können, wenn sie z. T. unter § 74 a fallen, nur bei der Staatsschutzstrafkammer verbunden werden[7]. Sind Teile einer prozessualen Tat bei zwei Gerichten mit gleicher örtlicher, aber unterschiedlicher sachlicher Zuständigkeit rechtshängig geworden (z. B. bei der Kammer nach § 74 a Nr. 2 Vergehen nach §§ 86, 86 a StGB, beim SchöffenG ein Verstoß gegen das WaffG), ist das höhere Gericht — unabhängig vom sonst geltenden Prioritätsprinzip[8] — wegen seiner umfassenderen Kompetenz sogar verpflichtet, das Verfahren des niedrigeren Gerichts an sich zu ziehen[9].

---

1 Schon angesichts dieser Zweckbestimmung erledigt sich der in der Anfangszeit der Tätigkeit der Staatsschutzstrafkammern mitunter in der Presse erhobene Vorwurf, sie stellten grundgesetzwidrige Ausnahmegerichte dar. Er bedarf heute keiner weiteren Widerlegung mehr (vgl. dazu LR[23] § 74 a, 4; *Kissel* 2).

2 So schon früher BGHSt **13** 378; *Warda* DRiZ **1957** 35; *Wagner* GA **1957** 164; *Eb. Schmidt* 15.

3 Vgl. BGH bei *Holtz* MDR **1977** 811.

4 Vgl. dazu die Erläuterungen zu § 74 e und zu den §§ 209, 209 a StPO (24. Aufl. § 209 Rdn. 6, 45; § 209 a Rdn. 15).

5 Dagegen nicht im Fall des § 241 a Abs. 4 StGB, da die Verwirklichung der beiden dort „benannten" Beispielsfälle die Tat nicht zum Verbrechen macht (vgl. LK[10] § 241 a, 10).

6 *Eb. Schmidt* 2.

7 *Wagner* GA **1957** 167.

8 BGHSt **36** 175, 181.

9 BGH MDR **1995** 836.

b) Zusammenhang mit Taten nach dem BtMG. Zu der die Nr. 4 des Katalogs betreffenden Einschränkung: „dies gilt nicht ... nach dem Betäubungsmittelgesetz darstellt" ist zu bemerken: Die Herausnahme der mit einer Straftat nach dem BtMG zusammentreffenden Staatsschutzdelikte erfolgte — wie bei der entsprechenden Regelung der Zuständigkeit der Wirtschaftsstrafkammer in § 74 c Abs. 1 Nr. 3 — aus der Erwägung, daß nach den Erfahrungen der Praxis bei der Bekämpfung der Betäubungsmittelkriminalität die Kenntnis der örtlichen Verhältnisse, insbesondere der Drogenszene, von besonderer Bedeutung sei[10]. Der Wortlaut der Nr. 4 Halbsatz 2 läßt offen, ob die Vorschrift nur den Fall betrifft, daß gegen den Beschuldigten tateinheitlich lediglich der Vorwurf eines Verstoßes gegen das BtMG erhoben wird, oder ob sie darüber hinaus auch den Fall erfaßt, daß mit dem Verstoß gegen § 74 a Abs. 1 Nr. 4 Halbsatz 1 neben dem Verstoß gegen das BtMG tateinheitlich — und vielleicht sogar schwerpunktmäßig — der Vorwurf eines Verstoßes gegen andere Straftaten — z. B. §§ 180 a, 223 StGB — zusammentrifft. Die Materialien[11] ergeben keine weiteren Anhaltspunkte für die Auslegung. Das OLG Stuttgart hat die Vorschrift im ersteren Sinn ausgelegt[12]. Dem ist zuzustimmen[13], da, wie es scheint, Fragen der Mischkriminalität bei Schaffung der Vorschrift noch keine Rolle spielten; für Fälle der 2. Alternative bleibt es also bei der Zuständigkeit der Staatsschutzstrafkammer[14]. Dementsprechend geht die Zuständigkeit auf das Oberlandesgericht über, wenn mit den Delikten des § 74 a Abs. 1 Delikte nach § 120 zusammenfallen (Vorrang des höheren Gerichts). 6

c) Zuständigkeit der Jugendgerichte. Bei Überschneidungen mit der Zuständigkeit des Jugendgerichts tritt dessen Kompetenz zurück, wenn sich das Verfahren auch gegen Erwachsene richtet (§ 103 Abs. 2 JGG). Nur bei ausschließlicher Beteiligung jugendlicher/heranwachsender Angeklagter bleibt es bei der insoweit vorrangigen Zuständigkeit des Jugendgerichts[15]. 7

d) Fortfall der Zuständigkeit bei Einstellung nach § 154 a StPO. Wird das Verfahren wegen des Delikts, das die Zuständigkeit der Staatsschutzstrafkammer begründet, nach § 154 a StPO eingestellt, entfällt auch die Zuständigkeit nach § 74 a[16]. Bei späterer Wiedereinbeziehung der eingestellten Tat kommt — je nach Verfahrensstadium — eine Abgabe oder eine Verweisung an die Staatsschutzstrafkammer in Betracht[17]. 8

e) Erweiterte Zuständigkeit (Absatz 3). Über die Zuständigkeit als erkennendes Gericht des ersten Rechtszuges (Absatz 1) hinaus erstreckt Absatz 3 — eingefügt durch das 4. StRÄndG vom 11. 6. 1957 zur Klarstellung früher hervorgetretener Zweifelsfragen[18] — die Zuständigkeit der Staatsschutzkammer auf die in § 73 Abs. 1 bezeichneten Entscheidungen. Sie erteilt auch im Vorverfahren die Zustimmung zur Einstellung nach § 153 Abs. 1 StPO[19] und nach §§ 153 a Abs. 1, 153 b Abs. 1 StPO. Unberührt bleibt jedoch die Zuständigkeit des Generalbundesanwalts und des Oberlandesgerichts zur Einstellung des Verfahrens nach §§ 153 c Abs. 4, 153 d, 153 e StPO[20]. 9

---

10 Vgl. dazu BTDrucks. **8** 3551, S. 48, 54 Nr. 60.

11 Prot. der 98. Sitzung des Rechtsausschusses vom 12. 6. 1980 Nr. 98/61.

12 Beschl. vom 21. 12. 1988 – 5 HEs 174/88.

13 S. dazu auch *Katholnigg* NStZ **1981** 417, 420 f.

14 Das LG Frankfurt StV **1990** 490 hält den Ausschluß der Zuständigkeit nach Nr. 4 sogar dann für gegeben, wenn von mehreren Angeklagten nur einigen eine Straftat nach dem BtMG vorgeworfen wird.

15 BTDrucks. **8** 976, S. 70.

16 So zu § 120 BGHSt **29** 341; *Katholnigg*[3] 1; *Kleinknecht/Meyer-Goßner*[44] § 154 a StPO, 17; *Kurth* NJW **1978** 2481 (2484); LR-*Rieß*[24] § 154 a StPO, 14 ff.

17 *Katholnigg*[3] 1.

18 Vgl. OLG Frankfurt NJW **1955** 960; OLG München NJW **1955** 1808.

19 So schon für das frühere Recht BGHSt **12** 399.

20 BGHSt **11** 52.

10 **5. Besetzung.** Für die Besetzung der Staatsschutzstrafkammer gelten keine Besonderheiten. Als Strafkammer eines Landgerichts gilt für sie uneingeschränkt § 76. Auch die Auswahl der Schöffen und Hilfsschöffen erfolgt nach den allgemeinen Regeln[21]. Anders als bei der Zuständigkeitskonzentration nach § 58 werden die Schöffen für die Staatsschutzstrafkammer jedoch nur aus dem Landgerichtsbezirk beigezogen, in dem diese Kammer errichtet worden ist.

11 **6. Übernahme der Verfolgung (Absatz 2)**[22]. Der Generalbundesanwalt (GBA) kann durch Übernahme der Verfolgung die Zuständigkeit der Strafkammer aufheben und die des Oberlandesgerichts (§ 120 Abs. 2) begründen. Durch die Übernahme entfällt nicht nur die Zuständigkeit der Staatsschutzstrafkammer, sondern auch — das ist der Sinn der durch das StVÄG 1979 zur Bereinigung einer bis dahin bestehenden Streitfrage[23] erfolgten Änderung des § 74 a Abs. 2 (Ersetzung von „der Strafkammer" durch „des Landgerichts")[24] — die Zuständigkeit einer nach dem Vorrangsprinzip des § 74 e (Nr. 1 und 2) etwa begründeten Zuständigkeit der Schwurgerichts- und Wirtschaftsstrafkammer[25]. Das Übernahmerecht ist sachlich und zeitlich begrenzt; es kann nur ausgeübt werden:

12 **a)** wegen der **besonderen Bedeutung des Falles.** Sie liegt vor, wenn die Tat nach ihrem Umfang und ihrer Gefährlichkeit, nach der Persönlichkeit und Stellung des Beschuldigten oder aus anderen Gründen sich von den durchschnittlichen Fällen unterscheidet. Die besondere Bedeutung muß sich aus dem Fall als solchem ergeben, es genügt z. B. zur Evokation nicht, daß eine Einstellung nach § 153 d StPO in Betracht kommt[26]. Die Staatsanwaltschaft beim Landgericht hat, wenn sie diese Voraussetzungen für gegeben hält, den Generalbundesanwalt zu unterrichten (näheres Nr. 204 Abs. 2 RiStBV). Ob der Fall besondere Bedeutung hat, entscheidet zunächst der Generalbundesanwalt. Bejaht er sie, so muß er nach den vom Bundesverfassungsgericht[27] für die bewegliche Zuständigkeit entwickelten Grundsätzen (§ 16, 10; § 24, 17) die Sache an sich ziehen. Das Oberlandesgericht ist jedoch an seine Auffassung nicht gebunden, sondern kann und muß bei der Eröffnung des Hauptverfahrens beim Fehlen besonderer Bedeutung die Sache zur Verhandlung und Entscheidung an das Landgericht verweisen (§ 120 Abs. 2 Satz 2).

13 **b)** Vor **Eröffnung des Hauptverfahrens.** Ist bereits Anklage erhoben, so wirkt die Übernahme der Sache wie die Zurücknahme der öffentlichen Klage. Die Übernahme der Sache im Ermittlungsverfahren hat zur Folge, daß über Beschwerden gegen die Entscheidungen des Richters beim Amtsgericht das Oberlandesgericht nach § 120 Abs. 3 entscheidet[28].

14 **c) Im Eröffnungsverfahren.** Wegen des Falles, daß im Verfahren über die Eröffnung des Hauptverfahrens die Staatsschutzkammer die Zuständigkeit des Oberlandesgerichts wegen der besonderen Bedeutung des Falles für gegeben hält, vgl. die Erl. zu § 209 StPO (24. Aufl. Rdn. 46).

15 **d) Abgabe.** Hat der Generalbundesanwalt eine Sache übernommen, so kann und muß er sie — solange nicht eine Anklageschrift oder eine Antragsschrift (§ 440 StPO) beim

---

21 *Dallinger* JZ **1951** 621; *Kissel* 12.

22 Wegen der auch gegen diese weitere Form einer „beweglichen Zuständigkeit" im Schrifttum erhobenen Einwendungen muß auf LR-*Schäfer*[24] Einl. Kap. **13** 119 ff und LR-*Wendisch* § 16, 7 ff verwiesen werden.

23 Dazu LR[23] § 74 a, 14.

24 Vgl. Begr. BTDrucks. **8** 976 S. 66.

25 BGH NJW **1988** 1474; *Kleinknecht/Meyer-Goßner*[44] 4 mit weit. Nachw.

26 *Lüttger* JZ **1964** 574; s. auch die Erl. zu § 153 c StPO (24. Aufl. Rdn. 26) und zu § 153 e StPO (24. Aufl. Rdn. 17).

27 BVerfGE **9** 223 = NJW **1959** 871.

28 BGHSt **9** 351, 352.

Oberlandesgericht eingereicht ist; § 142 a Abs. 2 gilt sinngemäß auch hier — nach § 142 a Abs. 4 wieder an die Landesstaatsanwaltschaft abgeben, wenn sich die Annahme, der Fall sei von besonderer Bedeutung, durch die weiteren Ermittlungen als eindeutig nicht oder nicht mehr zutreffend erweist. Eine nochmalige Übernahme durch den Generalbundesanwalt vor Eröffnung des Hauptverfahrens ist zulässig und geboten, wenn der Fall inzwischen besondere Bedeutung gewonnen hat[29].

e) Eröffnungsverfahren. Klagt der Generalbundesanwalt bei dem Oberlandesgericht an (§ 170 StPO), so muß dieses auch dann eröffnen, wenn es die besondere Bedeutung des Falles verneint. Es kann (und muß) dann aber die Sache zur Verhandlung und Entscheidung an das Landgericht überweisen (§ 120 Abs. 2 Satz 2). Es tritt also kraft Gesetzes der Eröffnungsbeschluß des Oberlandesgerichts an die Stelle des Eröffnungsbeschlusses, den die Staatsschutzstrafkammer erlassen hätte, wenn die Sache bei ihr angeklagt worden wäre. Damit steht deren Zuständigkeit endgültig und unabänderlich fest. Diese kann weder die Sache dem Oberlandesgericht zu erneuter Beschlußfassung vorlegen, wenn nach ihrer Auffassung der Fall eindeutig von besonderer Bedeutung ist[30], noch kann sie gemäß § 270 StPO verfahren, wenn sich in der Hauptverhandlung die besondere Bedeutung ergibt (§ 24, 24). **16**

7. Rechtsmittel. Urteile der Staatsschutzstrafkammer können mit der Revision (§§ 333 StPO, 135 GVG) angegriffen werden. Abweichend vom allgemeinen Rechtsmittelzug werden dagegen Verfügungen und Entscheidungen dieser Kammer auf Beschwerde von dem Oberlandesgericht überprüft, in dessen Bezirk die Landesregierung ihren Sitz hat (§ 120 Abs. 4). **17**

§ 74 b

[1]In Jugendschutzsachen (§ 26 Abs. 1 Satz 1) ist neben der für allgemeine Strafsachen zuständigen Strafkammer auch die Jugendkammer als erkennendes Gericht des ersten Rechtszuges zuständig. [2]§ 26 Abs. 2 und §§ 73 und 74 gelten entsprechend.

Entstehungsgeschichte. § 74 b wurde durch § 121 Abs. 2 JGG vom 4. 8. 1953 (BGBl. I 751) eingefügt und gilt seither unverändert.

Während die §§ 73, 74 und 76 die Zuständigkeit und die Besetzung des Gerichts in Strafsachen gegen Erwachsene regeln und die §§ 33, 40, 41 JGG entsprechende Regelungen für Strafsachen gegen Jugendliche und Heranwachsende enthalten, ergänzt § 74 b den § 26 dahin, daß, soweit die Zuständigkeit der erstinstanzlichen Strafkammer nach § 74 Abs. 1 gegeben ist, der Staatsanwalt bei **Jugendschutzsachen** unter den Voraussetzungen des § 26 Abs. 2 vor der allgemeinen Strafkammer oder vor der Jugendkammer die Anklage erheben kann. Eine allgemeine Strafkammer kann durch die Geschäftsverteilung zur Jugendschutzkammer bestimmt werden, indem ihr Jugendschutzsachen allein **1**

[29] KMR-*Paulus* 2 b 3; *Wagner* 168; *Eb. Schmidt* 32; **a. A** *Kissel* 11.

[30] Ebenso *Woesner* NJW 1961 535; s. auch BGHSt **21** 268.

oder neben anderen Sachen zugewiesen werden. Dann entfällt meist ein Bedürfnis, Jugendschutzsachen vor die Jugendkammer zu bringen. Diese Doppelzuständigkeit gilt auch für Schwurgerichtssachen[1] und auch dann, wenn beim Landgericht eine Jugendschutzkammer eingerichtet ist[2]. Auf die auch die Bedeutung des § 74 b mitumfassenden Erläuterungen zu § 26 wird verwiesen. Hinzuweisen ist ferner auf § 209 a Nr. 2 Buchstabe b StPO. Mit dieser durch das StVÄG 1979 geschaffenen Vorschrift verfolgte der Gesetzgeber das Ziel: a) eine gerichtliche Kontrolle der Zuständigkeitswahl zwischen Jugend- und Erwachsenengerichten zu gewährleisten und dadurch den verfassungsrechtlichen Bedenken gegen ein Wahlrecht der Staatsanwaltschaft zu begegnen, b) in einfacher Weise die Klärung von Zuständigkeitskonflikten im Eröffnungsverfahren zu ermöglichen[3]. Zur Auslegung der Vorschrift im einzelnen vgl. die Erl. zu § 209 a StPO (24. Aufl. Rdn. 31 f).

2 Die Vorschrift führt in der Praxis wegen ihres Wortlautes gelegentlich zu Irritationen, indem Jugendschutzsachen vor einer allgemeinen Strafkammer des Landgerichts angeklagt werden, obwohl eine sog. **„Jugendschutzkammer"** besteht. Das liegt offenbar daran, daß Jugendkammer und Jugendschutzkammer nicht hinreichend auseinandergehalten werden. Während die Jugendkammer ein besonderes Jugendgericht ist (§ 33 Abs. 2 JGG), handelt es sich bei der Jugendschutzkammer „nur" um eine allgemeine Strafkammer, der die Jugendschutzsachen durch den Geschäftsverteilungsplan zugewiesen worden sind. Eine andere allgemeine Strafkammer kann dann nicht mehr zuständig sein und das Auswahlrecht der Staatsanwaltschaft besteht insoweit nicht mehr. Die angegangene allgemeine Strafkammer muß dann das Verfahren an die „Jugendschutzkammer" abgeben.

3 **Entscheidet** trotz bestehender „Jugendschutzkammer" eine **andere allgemeine Strafkammer** in der Sache, berührt das die Frage der geschäftsplanmäßigen Zuständigkeit. Deren Verletzung begründet im Rahmen der Revision die Besetzungsrüge.

4 Hat im ersten Rechtszug in einer Jugendschutzsache der Jugendrichter oder das Jugendschöffengericht entschieden, so ist, wie die Verweisung auf §§ 73, 74 Abs. 2 ergibt, stets die Jugendkammer auch als **Berufungs- und Beschwerdegericht** zuständig, ohne daß es darauf ankommt, ob ihr diese Zuständigkeit im Geschäftsverteilungsplan des Landgerichts beigelegt ist (vgl. § 26, 10). Bei Berufungen gegen Urteile des Jugendrichters ist die kleine Jugendkammer, bei Berufungen gegen Urteile des Jugendschöffengerichts die große Jugendkammer zuständig. Haben in einer Jugendschutzsache der Strafrichter oder das Schöffengericht entschieden, richtet sich der Instanzenzug nach den allgemeinen Regeln (§ 73).

§ 74 c

(1) Für Straftaten

1. **nach dem Patentgesetz, dem Gebrauchsmustergesetz, dem Halbleiterschutzgesetz, dem Sortenschutzgesetz, dem Markengesetz, dem Geschmacksmustergesetz, dem Urheberrechtsgesetz, dem Gesetz gegen den unlauteren Wettbewerb, dem**

---

[1] BGHSt **26** 191 = NJW **1975** 2304; BGHRSt 1996 zu § 74 b – Zuständigkeit 1 –; *Kissel* 1; *Rieß* GA **1976** 6.

[2] *Kissel* 2.

[3] BTDrucks. **8** 976, S. 44.

Aktiengesetz, dem Gesetz über die Rechnungslegung von bestimmten Unternehmen und Konzernen, dem Gesetz betreffend die Gesellschaften mit beschränkter Haftung, dem Handelsgesetzbuch, dem Gesetz zur Ausführung der EWG-Verordnung über die Europäische wirtschaftliche Interessenvereinigung, dem Genossenschaftsgesetz und dem Umwandlungsgesetz,

2. nach den Gesetzen über das Bank-, Depot-, Börsen- und Kreditwesen sowie nach dem Versicherungsaufsichtsgesetz und dem Wertpapierhandelsgesetz,

3. nach dem Wirtschaftsstrafgesetz 1954, dem Außenwirtschaftsgesetz, den Devisenbewirtschaftungsgesetzen sowie dem Finanzmonopol-, Steuer- und Zollrecht, auch soweit dessen Strafvorschriften nach anderen Gesetzen anwendbar sind; dies gilt nicht, wenn dieselbe Handlung eine Straftat nach dem Betäubungsmittelgesetz darstellt, und nicht für Steuerstraftaten, welche die Kraftfahrzeugsteuer betreffen,

4. nach dem Weingesetz und dem Lebensmittelrecht,

5. des Computerbetruges, des Subventionsbetruges, des Kapitalanlagebetruges, des Kreditbetruges, des Bankrotts, der Gläubigerbegünstigung und der Schuldnerbegünstigung,

5a. der wettbewerbsbeschränkenden Absprachen bei Ausschreibungen sowie der Bestechlichkeit und Bestechung im geschäftlichen Verkehr,

6. des Betruges, der Untreue, des Wuchers, der Vorteilsgewährung und der Bestechung, soweit zur Beurteilung des Falles besondere Kenntnisse des Wirtschaftslebens erforderlich sind,

ist, soweit nach § 74 Abs. 1 als Gericht des ersten Rechtszuges und nach § 74 Abs. 3 für die Verhandlung und Entscheidung über das Rechtsmittel der Berufung gegen die Urteile des Schöffengerichts das Landgericht zuständig ist, eine Strafkammer als Wirtschaftsstrafkammer zuständig.

(2) In den Sachen, in denen die Wirtschaftsstrafkammer nach Absatz 1 zuständig ist, trifft sie auch die in § 73 Abs. 1 bezeichneten Entscheidungen.

(3) [1]Die Landesregierungen werden ermächtigt, zur sachdienlichen Förderung oder schnelleren Erledigung der Verfahren durch Rechtsverordnung einem Landgericht für die Bezirke mehrerer Landgerichte ganz oder teilweise Strafsachen zuzuweisen, welche die in Absatz 1 bezeichneten Straftaten zum Gegenstand haben. [2]Die Landesregierungen können die Ermächtigung durch Rechtsverordnung auf die Landesjustizverwaltungen übertragen.

(4) Im Rahmen des Absatzes 3 erstreckt sich der Bezirk des danach bestimmten Landgerichts auf die Bezirke der anderen Landgerichte.

Schrifttum. *Achenbach* Aus der Rechtsprechung zum Wirtschaftsstrafrecht, NStZ **1988** 97; *Berckhauer* Die Erledigung von Wirtschaftsstraftaten durch Staatsanwaltschaften und Gerichte, ZStW **89** (1977) 1015, 1088; *Böttcher/Mayer* Änderungen des Strafverfahrensrechts durch das Entlastungsgesetz, NStZ **1993** 153; *Heintz* Die Bekämpfung der Wirtschaftskriminalität mit strafrechtlichen Mitteln – unter besonderer Berücksichtigung des 1. WiKG, GA **1977** 193, 225; *Katholnigg* Die gerichtsverfassungsrechtlichen Änderungen durch das StVÄG 1979, NJW **1978** 2375; *Korte* Bekämpfung der Korruption und Schutz des freien Wettbewerbs mit den Mitteln des Strafrechts, NStZ **1997** 513; *Kubsch* Mitwirkung von Schöffen in Wirtschaftsstrafsachen, DRiZ **1984** 190; *Meyer-Goßner* Die Behandlung von Zuständigkeitsstreitigkeiten zwischen allgemeinen und Spezialstrafkammern beim Landgericht, NStZ **1981** 168; *Müller-Wabnitz* Wirtschaftskriminalität (1986); *Rieß* Das Strafverfahrensänderungsgesetz 1979, NJW **1978** 2265; *Schwind/Gerich/Berckhauer/Ahlbon* Bekämpfung der Wirtschaftskriminalität erläutert am Beispiel von Niedersachsen, JR **1980** 228; *Siedemann* Wirtschaftsstrafrecht und Wirtschaftskriminalität, **1976;** *Siegismund/Wickern* Gesetz zur Entlastung der Rechtspflege, wistra **1993** 81,136.

Entstehungsgeschichte. § 74 c wurde eingefügt durch Gesetz vom 8. 9. 1971 (BGBl. I 1513). In seiner ursprünglichen Gestalt enthielt der aus drei Absätzen bestehende § 74 c in Absatz 1 die Ermächtigung für die Landesregierungen, nach dem Vorbild des § 58 katalogmäßig aufgezählte Straftaten einem LG für die Bezirke mehrerer LG zuzuweisen. Nach Absatz 2 war das so bestimmte LG auch zuständig, wenn bei Zusammenhang einer Katalogtat mit einer anderen Straftat das Schwergewicht bei der ersteren Tat lag. Im Lauf der Zeit wurde der Kreis der Katalogtaten erweitert[1]. Die Kompetenz-Kompetenz zur örtlichen Zuständigkeit regelte (bis zum StVÄG 1979) § 13 b StPO. Die jetzt geltende Fassung der Vorschrift beruht zunächst auf Art. 2 Nr. 7 des StVÄG 1979. Der Katalog des Absatzes 1 ist seither wiederholt erweitert worden und zwar zunächst durch Art. 8 Nr. 2 des 2. Gesetzes zur Bekämpfung der Wirtschaftskriminalität vom 15. 2. 1986 (BGBl. I 721 und dazu BTDrucks. **10** 318 S. 53 f; „Handelsgesetzbuch" in Nr. 1, „Computerbetrug" und „Kapitalanlagebetrug" in Nr. 5), dann durch § 16 Abs. 3 des Gesetzes vom 14. 4. 1988 (BGBl. I 514; Europäische wirtschaftliche Interessenvereinigung in Nr. 1), dann durch Art. 9 des Gesetzes zur Stärkung des Schutzes des geistigen Eigentums und zur Bekämpfung der Produktpiraterie (PrPG) vom 7. 3. 1990 (BGBl. I 422; Straftaten nach den Gesetzen über den gewerblichen Rechtsschutz in Nr. 1 am Anfang), dann durch Art. 3 des RpflEntlG vom 11. 1. 1993 (BGBl. I 50; in Abs. 1 a. E Ersetzung der Worte „große Strafkammer" durch „Strafkammer"). Durch Art. 12 des Zweiten Finanzmarktförderungsgesetzes vom 26. 7. 1994 (BGBl. I 1749) wurde Abs. 1 Nr. 2 dahin geändert, daß nach dem Wort „Versicherungsaufsichtsgesetz" die Worte „und dem Wertpapierhandelsgesetz" eingefügt wurden. Durch Art. 7 des Markenrechtsreformgesetzes vom 25. 10. 1994 (BGBl. I 3082) wurde das Wort „Warenzeichengesetz" in Nr. 1 durch „Markengesetz" ersetzt. Art. 14 UmwBerG vom 28. 10. 1994 (BGBl. I 3210) fügte in Nr. 1 hinter der Angabe „Genossenschaftsgesetz" die Angabe „und dem Umwandlungsgesetz" ein. Durch Art. 2 des Gesetzes zur Bekämpfung der Korruption vom 13. 8. 1997 (BGBl. I 2038) wurde in Abs. 1 die Nr. 5a eingefügt. Absatz 4 entspricht dem früheren Absatz 3.

Übersicht

1 **1. Entwicklungsgeschichte.** Anders als das Schwurgericht (§ 74 Abs. 2) und die sog. Staatsschutzstrafkammer (§ 74 a) war nach früherem Recht[2] die Wirtschaftsstrafkammer des § 74 c a. F kein allgemein bei dem Landgericht zu bildender Spruchkörper mit gesetzlicher — katalogmäßig festgelegter — Zuständigkeitskonzentration. Vielmehr überließ es § 74 c a. F den Landesregierungen, nach dem Vorbild des § 58 durch Rechtsverordnung einem Landgericht für den Bezirk mehrerer Landgerichte ganz oder teilweise Strafsachen aus dem in § 74 c Abs. 1 a. F bezeichneten Bereich der Wirtschaftskriminalität zuzuweisen. Im einzelnen bestanden über die Zuständigkeit einer so gebildeten Wirtschaftsstraf-

[1] Dazu LR[23] bei „Entstehungsgeschichte".

[2] Dazu LR[23]-*K. Schäfer* § 74 c, 2.

kammer mancherlei Zweifel, deren beschleunigter Erledigung der frühere § 13 b StPO dienen sollte. Seit 1979 ist die Wirtschaftsstrafkammer zu einem Spruchkörper mit gesetzlicher Zuständigkeitskonzentration umgestaltet worden und zwar unter Klärung der früher streitigen Berufungszuständigkeit[3] und der Regelung des Vorrangs im Verhältnis zu der Schwurgerichts-, der Staatsschutzstrafkammer und der allgemeinen großen Strafkammer (§ 74 e). Eine örtliche Zuständigkeitskonzentration ermöglicht Absatz 3. Damit hatte § 13 b StPO seine Bedeutung verloren und ist durch Art. 1 Nr. 4 StVÄG 1979 aufgehoben worden.

2. Erstinstanzliche Zuständigkeit

a) Zuweisungsprinzip. Als Gericht des ersten Rechtszuges ist *eine* große Strafkammer des Landgerichts für die in Absatz 1 Nr. 1 bis 6 bezeichneten Straftaten zuständig, *soweit* für diese nach § 74 Abs. 1 die große Strafkammer zuständig ist. § 74 c regelt damit — anders als § 74 Abs. 2, § 74 a — nicht zugleich auch die sachliche Zuständigkeit, sondern im Rahmen der sachlichen Zuständigkeit lediglich die spezifische Zuständigkeit der Wirtschaftsstrafkammer[4]. Demgemäß ist die Zuständigkeit der Wirtschaftskammer — anders als bei der Schwurgerichts- und der Staatsschutzstrafkammer — auch nicht in allen Fällen schon durch die Art der Straftat begründet. Vielmehr kommt es bei Sachen, die in die amtsgerichtliche Zuständigkeit fallen, darauf an, ob diese wegen der Rechtsfolgenerwartung (§ 24 Abs. 1 Nr. 2) oder deswegen entfällt, weil die Staatsanwaltschaft wegen der besonderen Bedeutung des Falles Anklage beim Landgericht erhebt (§ 24 Abs. 1 Nr. 3). Was die Anwendbarkeit des § 24 Abs. 1 Nr. 2 anlangt, so ist, wenn neben einer Katalogtat weitere selbständige Straftaten beim Landgericht angeklagt werden, die Wirtschaftsstrafkammer auch dann zuständig, wenn wegen der Katalogtat allein keine Freiheitsstrafe von mehr als vier Jahren zu erwarten ist, sondern diese Erwartung nur für die insgesamt zu erwartende Strafe begründet ist. Dies ergibt sich, von weiteren Überlegungen abgesehen, schon daraus, daß in § 74 c n. F der § 74 c Abs. 2 a. F, wonach bei verschiedenen Straftaten die Wirtschaftsstrafkammer nur zuständig war, wenn das Schwergewicht bei der Wirtschaftsstrafkammer lag, ersatzlos gestrichen worden ist[5]. Bei den in Absatz 1 Nummer 6 bezeichneten Straftaten besteht die Zuständigkeit nur, wenn zur Beurteilung des Falles besondere Kenntnisse des Wirtschaftslebens erforderlich sind (dazu unten Rdn. 7). Ausgenommen von der Zuständigkeit der Wirtschaftsstrafkammer sind Straftaten, die tateinheitlich mit Straftaten zusammentreffen, welche nach § 74 Abs. 2 in die Zuständigkeit des Schwurgerichts fallen, weil nach § 74 e die Schwurgerichtszuständigkeit den Vorrang hat; wegen des Falles der Verbindung von Wirtschafts- und Schwurgerichtsstrafsachen bei Zusammenhang vgl. § 2 Abs. 1 Satz 2 n. F StPO (§ 2, 1 StPO). Ohne Bedeutung für die Zuständigkeit der Wirtschaftsstrafkammer ist dagegen Zusammentreffen oder Verbindung wegen Zusammenhangs mit Sachen, die nach § 74 a Abs. 1 zur Zuständigkeit der Staatsschutzstrafkammer gehören, da nach § 74 e der Wirtschaftsstrafkammer der Vorrang zukommt; jedoch bleibt hier das Evokationsrecht des Generalbundesanwalts bei besonderer Bedeutung des Falles unberührt (§ 74 a, 11). 2

b) Veränderung der Zuständigkeit bei Einstellung. Werden die unter den Katalog des Absatz 1 fallenden Gesetzesverletzungen nach § 154 a Abs. 1, 2 StPO ausgeschieden, beeinflußt das nach ganz h. M[6] auch die Zuständigkeit der Wirtschaftsstrafkammer. Sie entfällt. Eine Wiedereinbeziehung nach § 154 a Abs. 3 StPO nach Anklageerhebung, aber 3

3 Dazu LR[23]-*K. Schäfer* § 74 c, 3.

4 *Katholnigg*[3] 1; *Katholnigg* NJW **1978** 2375.

5 OLG Karlsruhe NStZ **1985** 517.

6 LR-*Rieß*[24] § 154 a StPO, 15 mit weit. Nachw. in Fn. 23; s. auch die Erl. zu § 154 a StPO.

vor Eröffnung des Hauptverfahrens kann eine Vorlage nach § 209 Abs. 2 StPO erforderlich machen. Nach Eröffnung kommt nur eine Verweisung nach §§ 225 a, 270 StPO in Betracht[7].

4 c) **Zuständigkeitskatalog.** Zu dem mehrfach erweiterten Zuständigkeitskatalog des Abs. 1 (s. unter Entstehungsgeschichte) ist zu bemerken, daß es bei den aufgeführten Straftaten — wie bei den Schwurgerichtssachen (§ 74, 8) — auf deren Erscheinungsform (Täterschaft, Versuch, Beihilfe) nicht ankommt. Unberührt geblieben sind die Zuständigkeitsbeschränkungen in Abs. 1 Nr. 3 Halbsatz 2 („dies gilt nicht. . .“), die der Entlastung der Wirtschaftsstrafkammer dienen. Diese Ausnahme betrifft nur die in Nr. 3 benannten Delikte. Die Beschränkung bei Steuerstraftaten, die die Kraftfahrzeugsteuer betreffen, entspricht hergebrachtem Recht (so schon früher § 391 Abs. 4 AO bzgl. der Zuständigkeit der durch das Präsidium zu bildenden Steuerstrafkammer, die jetzt — vgl. Änderung des § 391 Abs. 3 AO durch Art. 5 StVÄG 1979 — nicht mehr besteht, und deren Zuständigkeit in derjenigen der Wirtschaftsstrafkammer aufgegangen ist). Durch die Beschränkung bei Handlungen, die zugleich eine Straftat nach dem Betäubungsmittelgesetz darstellen, soll verhindert werden, daß die Wirtschaftsstrafkammern durch die Befassung mit Betäubungsmitteldelikten, die fast stets mit Steuer- und Zolldelikten tateinheitlich zusammentreffen, überlastet werden[8].

5 **Nr. 4** erfaßt das gesamte Lebensmittelrecht und ist damit eindeutig. Indem desweiteren nur das „Wein*gesetz*“ aufgeführt wird, ist weniger klar, ob es sich dabei um eine bewußte Beschränkung des Zuständigkeitsbereichs der Wirtschaftsstrafkammern handelt. Im Hinblick auf die Zielsetzung des Gesetzes[9] und den Kontext zum gesamten Lebensmittelrecht dürfte daher darunter das gesamte Wein*recht* zu verstehen sein[10].

6 Die Delikte der **Nr. 5** begründen die Zuständigkeit nur dann, wenn sie Gegenstand der *zugelassenen* Anklage sind[11]. Wird durch die Eröffnungsentscheidung gerade der zuständigkeitsbegründende Tatkomplex ausgeschieden (nicht eröffnet), führt dies, wie in den Fällen der Einstellung nach § 154 a StPO (oben Rdn. 3), zum Wegfall der Zuständigkeit mit der Folge, daß das Hauptverfahren gemäß § 209 a StPO vor der Staatsschutzstrafkammer oder der allgemeinen Strafkammer eröffnet werden kann[12]. Tritt dagegen aus sachlich-rechtlichen Gründen einer der benannten Straftatbestände hinter § 263 StGB zurück, bleibt es — weil mitumfaßt — bei der Zuständigkeit der Wirtschaftsstrafkammer[13]. Das hat zwar zur Folge, daß die Wirtschaftsstrafkammer auf diesem Wege möglicherweise überhaupt nur noch Sachverhalte aufzuklären hat, die nicht in ihre spezifische Zuständigkeit fallen, aber hätte der Gesetzgeber dieses Ergebnis vermeiden wollen, hätte es nahegelegen, hierzu eine der Nr. 3 vergleichbare Regelung zu schaffen[14].

7 **Nr. 6** knüpft die Zuständigkeit der Wirtschaftsstrafkammer an das zusätzliche normative Merkmal der „besonderen Kenntnisse des Wirtschaftslebens“[15]. Gemeint sind damit über die allgemeine Erfahrung hinausgehende Kenntnisse, die nur besonderen Wirtschaftskreisen eigen oder geläufig sind und sich insbesondere auf komplizierte, schwer zu

---

7 LR-*Rieß*[24] aaO 16.

8 BTDrucks. **8** 976, S. 67.

9 BTDrucks. **VI** 2257, S. 1.

10 *Kissel* 3.

11 OLG Stuttgart wistra **1991** 236; *Katholnigg*[3] 2; **a. A** OLG Celle wistra **1991** 359 mit zust. Anm. *Kochheim.*

12 Vgl. die Erl. zu § 209 a StPO (24. Aufl. Rdn. 14).

13 OLG Celle wistra **1991** 359; *Kleinknecht/Meyer-Goßner*[44] 4 a; **a. A** OLG Stuttgart wistra **1991** 236; *Katholnigg*[3] 2.

14 In Kenntnis der unterschiedlichen Auffassungen sah ein Gesetzentw. der BReg. zur Änderung und Ergänzung des StVÄG 1996 (BTDrucks. **13** 9718) nur vor, den Computerbetrug aus Nr. 5 herauszunehmen und in Nr. 6 einzustellen. Ob dieser dem Diskontinuitätsprinzip anheimgefallene Entwurf wieder aufgegriffen wird, bleibt abzuwarten.

15 *Rieß* NJW **1978** 2267.

durchschauende Mechanismen des Wirtschaftslebens und ihre Mißbrauchsformen beziehen[16]. Dieses Merkmal unterliegt der vollen richterlichen Kontrolle, ist aber mit der Revision nicht überprüfbar[17]. Die Auslegung des Merkmals hat sich allein an den Erfordernissen für die Erledigung des Verfahrens zu orientieren; die Schwere der Tat, die Höhe des Schadens, die Zahl der Täter oder Opfer, die Schwierigkeit oder der Umfang der Sache können die Zuständigkeit nicht begründen[18].

d) Konzentration bei einer Kammer. Die Bestimmung, daß *eine* (große) Strafkammer als Wirtschaftsstrafkammer zuständig ist, legt — in gleicher Weise wie bei der Schwurgerichtskammer (§ 74, 11) und der Staatsschutzstrafkammer (§ 74 a, 3) — dem Präsidium die Pflicht auf, beim Bestehen mehrerer erstinstanzlicher Strafkammern einer bestimmten Strafkammer die in § 74 c Abs. 1 bezeichneten Strafsachen zuzuweisen, um die besonderen Erfahrungen und Kenntnisse — auch im Interesse einer möglichst einheitlichen Rechtshandhabung — nutzbar zu machen, die die diesem Spruchkörper zugewiesenen Richter aus der Befassung mit dieser Spezialmaterie gewinnen. Dadurch wird aber — auch hier in gleicher Weise wie bei den beiden anderen Spezialspruchkörpern — nicht ausgeschlossen, eine weitere Wirtschaftsstrafkammer zu bilden, wenn der Geschäftsanfall die Kräfte einer Kammer übersteigt und umgekehrt einer nicht voll ausgelasteten Wirtschaftsstrafkammer auch allgemeine Strafsachen zuzuweisen[19]; im letzteren Fall müßte die Kammer auch äußerlich zum Ausdruck bringen, wenn sie als Wirtschaftsstrafkammer tätig wird. Ein Vorschlag des Bundesrats, förmlich die Zulässigkeit der Bildung „gemischter" Kammern durch das Präsidium unter Wahrung eines bestimmten Mischungsverhältnisses vorzusehen („[Der Wirtschaftsstrafkammer] können in begrenztem Umfang auch Strafsachen nach § 74 Abs. 1 zugewiesen werden"), fand mangels Bedürfnisses und wegen der Gefahr der Mißdeutung keine Zustimmung[20]. Der Rechtsausschuß sah sich vielmehr zu dem Hinweis veranlaßt, es dürften „an den Begriff der vollen Auslastung keine allzustrengen Anforderungen zu stellen sein, weil das Präsidium diese Frage für das Geschäftsjahr im voraus beurteilen muß. Zu berücksichtigen wird auch sein, daß eine volle Auslastung mit Wirtschaftsstrafsachen, die erfahrungsgemäß meist größeren Umfang haben, nicht notwendig bereits einer vollen Auslastung mit Strafsachen — auch kleineren Umfangs — schlechthin entsprechen muß"[21]. Wegen der seitdem durch die Rechtsprechung erfolgten Konkretisierung des Verhältnisses von Wirtschaftsstrafsachen zu zuweisungsfähigen allgemeinen Strafsachen vgl. unten Rdn. 9. Dabei ist neben der „ordentlichen" Wirtschaftsstrafkammer stets auch eine „Auffang"-Wirtschaftsstrafkammer für die Fälle zu bilden, daß das Revisionsgericht die Sache an eine andere Kammer des Landgerichts zurückverweist[22]. 8

3. Berufungszuständigkeit. Das RpflEntlG hat an der Zuständigkeit der Wirtschaftsstrafkammer als **Berufungsgericht** gegenüber Urteilen der Schöffengerichte (nicht auch der Strafrichter) ihres Bezirks, die Straftaten der in Absatz 1 Nr. 1 bis 6 bezeichneten Art zum Gegenstand haben, insoweit eine Änderung herbeigeführt, als jetzt nur noch eine kleine Wirtschaftsstrafkammer zur Entscheidung berufen ist. Das gilt allerdings nur dann, 9

---

16 OLG Koblenz NStZ **1986** 327; OLG München JR **1980** 77 mit Anm. *Rieß*; OLG Stuttgart wistra **1991** 236.

17 BGH NStZ **1985** 464; *Katholnigg*³ 2; *Kissel* 5; KK-*Diemer*⁴ 4; *Kleinknecht/Meyer-Goßner*⁴⁴ 10; *Rieß* NJW **1978** 2268.

18 OLG München JR **1980** 77; OLG Köln wistra **1991** 79 u. **1993** 318; *Katholnigg*³ 2; KK-*Diemer*⁴ 4; *Kleinknecht/Meyer-Goßner*⁴⁴ 5; *Rieß* JR **1980** 79.

19 BGH NJW **1978** 1273, 1594 mit Anm. *Katholnigg;* BGHSt **34** 379 = NJW **1988** 1397; § 74, 8; § 74 a, 3.

20 BTDrucks. **8** 976, S. 104, 111; Bericht des Rechtsausschusses BTDrucks. **8** 1844, S. 33.

21 Ausschußbericht aaO; dazu *Katholnigg* NJW **1978** 2376.

22 Rechtsausschußbericht aaO; § 74, 12.

wenn das Schöffengericht den Verfahrensgegenstand im Eröffnungsbeschluß als Katalogtat gewürdigt hat[23]. Eine Verurteilung wegen einer solchen Katalogtat ist jedoch nicht erforderlich. Über Berufungen gegen Urteile des Strafrichters in Wirtschaftsstrafsachen entscheidet die kleine allgemeine Strafkammer. Ist jedoch beim Landgericht eine kleine Wirtschaftsstrafkammer eingerichtet, sollten ihr diese Berufungen im Wege der Geschäftsverteilung zugewiesen werden[24]. Bei einer Zuständigkeitskonzentration nach Absatz 3 erstreckt sich gemäß Absatz 4 die Berufungszuständigkeit auch auf die Schöffengerichtsurteile des erweiterten Bezirks. Nach dem Vorrangprinzip des § 74 e hat die (kleine) Wirtschaftsstrafkammer den Vorrang vor der allgemeinen (kleinen) Strafkammer als Berufungsgericht nach § 74 Abs. 3, denn § 74 e ist gerade deshalb nicht auf die erstinstanzliche Zuständigkeit beschränkt, um auch Zuständigkeitsüberschneidungen im Berufungsrechtszug zu erfassen[25].

10 Das Vorrangprinzip gibt demgemäß auch den Ausschlag bei der Abgrenzung der Berufungszuständigkeit bezgl. der in § 74 c Abs. 1 Nr. 6 bezeichneten Straftaten (Betrug, Untreue usw.), die nur dann in die Zuständigkeit der Wirtschaftsstrafkammern fallen, wenn zur Beurteilung des Falles besondere Kenntnisse des Wirtschaftslebens erforderlich sind (oben Rdn. 7). Dabei ist in sinngemäßer Anwendung der Grundgedanken der §§ 209 Abs. 2, 209 a, 225 a StPO, § 74 e der Wirtschaftsstrafkammer die **Kompetenz-Kompetenz** zuzugestehen, mit bindender Wirkung gegenüber der allgemeinen (kleinen) Strafkammer, die nach der Geschäftsverteilung als Berufungsgericht gegenüber Schöffengerichtsurteilen wegen Betrugs, Untreue usw. zuständig wäre, zu entscheiden, ob zur Beurteilung des Falles besondere Kenntnisse des Wirtschaftslebens erforderlich sind[26]. Ein solcher Fall mag selten sein, denn wenn solche Kenntnisse erforderlich sind, wird es sich im allgemeinen wohl um Fälle handeln, in denen wegen der besonderen Bedeutung des Falles die Erhebung der Anklage vor der Wirtschaftsstrafkammer gerechtfertigt ist.

11 **4. Erweiterte Zuständigkeit als Beschluß- und Beschwerdegericht.** Über die Zuständigkeit der Wirtschaftsstrafkammer als erkennendes Gericht des ersten und des Berufungsrechtszuges hinaus erstreckt **Absatz 2** deren Zuständigkeit auf die in § 73 Abs. 1 bezeichneten Entscheidungen. Die Zuständigkeit ist also dann gegeben, wenn nach dem Sachstand im Zeitpunkt der Entscheidung die Wirtschaftsstrafkammer voraussichtlich als Gericht 1. Instanz zuständig wäre oder eine kleine Wirtschaftsstrafkammer als Berufungsgericht tätig sein wird[27]. Das ist jedoch nicht gleichzeitig dahin zu verstehen, daß im letzten Fall auch die kleine Wirtschaftsstrafkammer als Beschwerdeinstanz zuständig würde, denn dies schließt § 76 aus. Die Neufassung des Abs. 1 durch das RpflEntlG v. 15. 1. 1993 hat insoweit an der Zuständigkeit der großen Wirtschaftsstrafkammer nichts geändert[28].

12 Absatz 2 folgt ausdrücklich[29] dem **Vorbild des § 74 a Abs. 3**. Jedoch ist hier die Frage der Zuständigkeit der Wirtschaftsstrafkammer komplizierter als bei der Staatsschutzstrafkammer. Denn während die Zuständigkeit der Staatsschutzstrafkammer durch den geschlossenen Straftatenkatalog des § 74 a Abs. 1 begründet ist, hängt die erstinstanzliche

[23] OLG Stuttgart MDR **1982** 252; *Kissel* 6; KK-*Diemer*[4] 2; *Kleinknecht/Meyer-Goßner*[44] 6.

[24] *Katholnigg*[3] 1; *Kleinknecht/Meyer-Goßner*[44] 6; *Kissel* 6 hält dagegen eine Zuweisung wegen der Natur der Wirtschaftsstrafkammer als gesetzlicher Spruchkörper für unzulässig.

[25] Begr. BTDrucks. **8** 976, S. 67.

[26] OLG Stuttgart MDR **1982** 252; OLG Celle NdsRpfl. **1987** 257; OLG Düsseldorf wistra **1995** 362; ebenso LR-*Rieß*[24] § 209 a 14; *Meyer-Goßner* NStZ **1981** 114; *Kissel* 7; *Rieß* JR **1988** 79, 81; **a. M** OLG München JR **1980** 77; s. auch nachstehend Rdn. 11.

[27] *Kleinknecht/Meyer-Goßner*[44] 8.

[28] OLG Köln MDR **1993** 1111.

[29] Die Begründung BTDrucks. **8** 976, S. 66 hebt dies hervor.

Zuständigkeit der Wirtschaftsstrafkammer, die zugleich den Zuständigkeitsbereich des § 74 c Abs. 2 begrenzt, nach § 74 Abs. 1 z. T. davon ab, daß die Staatsanwaltschaft wegen der besonderen Bedeutung des Falles Anklage beim Landgericht erhebt, und in den Fällen des § 74 c Abs. 1 Nr. 6 auch davon, daß zur Beurteilung des Falles besondere Kenntnisse des Wirtschaftslebens erforderlich sind (oben Rdn. 7).

Ist z. B. nach §§ 153 Abs. 1, 153 a Abs. 1 StPO zur **Einstellung des Verfahrens** oder 13
zur vorläufigen Abstandnahme von der Erhebung der Klage durch die Staatsanwaltschaft die Zustimmung des für die Eröffnung des Hauptverfahrens zuständigen Gerichts erforderlich, so müssen für die Zuständigkeitsnachprüfung im Vorverfahren der Natur der Sache nach die gleichen Grundsätze gelten wie bei der Erhebung der Anklage wegen dieser Sachen. Auch hier wie bei den entsprechenden Überlegungen zur Berufungszuständigkeit (Rdn. 9) entspricht es den Grundgedanken der erstinstanzlichen Zuständigkeitsabgrenzung zwischen den Spruchkörpern mit gesetzlicher Zuständigkeitskonzentration untereinander und gegenüber der allgemeinen Strafkammer und der prozessualen Durchführung des Vorranggrundsatzes, daß bei Zuständigkeitsüberschneidungen für das Beschwerde und Beschlußverfahren letztlich der Wirtschaftsstrafkammer die Entscheidung zusteht, ob der Sache besondere Bedeutung zukommt und ob zur Beurteilung des Falles besondere Kenntnisse des Wirtschaftslebens erforderlich sind[30].

Entsprechendes gilt für die **nach §§ 154 ff StPO erforderliche Mitwirkung des** 14
Gerichts[31], was dazu führen kann, daß die Wirtschaftsstrafkammer eine ihre Zuständigkeit begründende Tat einstellen und das Verfahren im übrigen vor der allgemeinen Strafkammer eröffnen kann.

Die Wirtschaftsstrafkammer ist ferner auch für Beschwerden gegen **Nachtragsent-** 15
scheidungen zuständig, wenn z. B. über den Widerruf der Strafaussetzung als Gericht des ersten Rechtszuges das Schöffengericht in einer Strafsache entschieden hat, die unter den Katalog des § 74 c Abs. 1 fällt[32].

5. Bildung gemeinschaftlicher Wirtschaftsstrafkammern (Absatz 3 und 4)

a) Zulässigkeit. Nach dem **Vorbild der §§ 58, 74 d** kann eine gemeinschaftliche 16
Wirtschaftsstrafkammer für die Bezirke mehrerer LG gebildet werden. Die verschiedenen Landgerichte, für deren Bezirke die gemeinsame Wirtschaftsstrafkammer gebildet wird, brauchen nicht demselben Oberlandesgericht anzugehören (§ 58, 4); durch Ländervereinbarung kann eine gemeinschaftliche Wirtschaftsstrafkammer auch für Landgerichtsbezirke verschiedener Länder gebildet werden (arg. § 120 Abs. 5 Satz 2). Der gemeinschaftlichen Wirtschaftsstrafkammer können die Aufgaben einer Wirtschaftsstrafkammer (§ 74 c Abs. 1, 2) ganz oder teilweise zugewiesen werden. Es ist also z. B. zulässig, der gemeinsamen Wirtschaftsstrafkammer nur bestimmte Straftaten aus dem Katalog des § 74 c Abs. 1 Nr. 1 bis 6 zuzuweisen oder nur erstinstanzliche Wirtschaftsstrafsachen zu konzentrieren und die Berufungssachen bei den Wirtschaftsstrafkammern zu belassen, die für diese Aufgabe dann bei allen Landgerichten zu errichten wären. Dagegen wäre es — abweichend von der Regelung des § 58 für das gemeinsame Amtsgericht (vgl. dort Rdn. 9) — nicht möglich, die Zuweisung an die gemeinschaftliche Wirtschaftsstrafkammer auf „Entscheidungen bestimmter Art in Strafsachen" zu beschränken. Auch die Zuweisung der Aufga-

[30] Ebenso *Meyer-Goßner* NStZ **1981** 174; s. auch LR-*Wendisch,* § 6 a, 7; 8 StPO.

[31] S. dazu auch BGH NStZ **1987** 132.

[32] LG Hildesheim wistra **1985** 245. S. auch OLG Koblenz NStZ **1986** 327; NStZ **1986** 425 mit Anm. *Rieß* betr. Zuständigkeit des OLG-Strafsenats zur Überprüfung der Zuständigkeit der Wirtschaftsstrafkammer, wenn diese im Rahmen einer Haftbeschwerde die Sache an die allgemeine Strafkammer abgab und gegen deren Entscheidung über die Haftbeschwerde weitere Beschwerde eingelegt wird.

ben der Wirtschaftsstrafkammer an eine auswärtige Strafkammer (§ 78) ist nicht zulässig (§ 78, 4).

17 **b) Stellung der Wirtschaftsstrafkammer.** Nach **Absatz 4** hat die Zuständigkeitskonzentration zur Folge, daß sich die örtliche Zuständigkeit der gemeinschaftlichen Wirtschaftsstrafkammer über den Bereich des Landgerichts, bei dem sie eingerichtet ist, hinaus auf die Bezirke des anderen Landgerichts erstreckt und so gewissermaßen ein sachlich begrenzter neuer Landgerichtsbezirk entsteht[33]. Im übrigen aber bleibt die gemeinschaftliche Wirtschaftsstrafkammer nach allen Richtungen eine Strafkammer des Landgerichts, bei dem sie gebildet ist, insbes. hinsichtlich der Zuständigkeit des Präsidiums. Dieses kann ihr auch allgemeine Strafsachen zuweisen, wobei — wie allgemein bei Spruchkörpern mit gesetzlicher Spezialzuständigkeit — darauf zu achten ist, daß dadurch keine besondere Belastung hinsichtlich der Erfüllung der Spezialzuständigkeit eintritt; bei einer solchen Berücksichtigung der schwerpunktmäßigen Spezialaufgabe kommt es nicht auf die Zahl der rechnerisch abstrakt zugewiesenen Sachen an, sondern auf die Belastung mit Wirtschaftsstrafsachen, die noch etwa 3/4 der Leistungsfähigkeit ausmachen muß[34]. Zuweisungen gemäß Absatz 3 sind z. B. erfolgt in Bayern durch VO vom 23. 12. 1978 (GVBl. 957), in Rheinland-Pfalz durch VO vom 15. 12. 1978 (GVBl. 790); in Niedersachsen durch VO vom 21. 12. 1978 (GVBl. 836); in Baden-Württemberg durch VO vom 15. 12. 1978 (GVBl. 637).

18 **c) Schöffen.** Für die Schöffen der gemeinschaftlichen Wirtschaftsstrafkammern gelten die allgemeinen Vorschriften des § 77 Abs. 2, da es an einer dem § 58 Abs. 2 entsprechenden Vorschrift fehlt[35].

§ 74 d

[1]Die Landesregierungen werden ermächtigt, durch Rechtsverordnung einem Landgericht für die Bezirke mehrerer Landgerichte die in § 74 Abs. 2 bezeichneten Strafsachen zuzuweisen, sofern dies der sachlichen Förderung der Verfahren dient. [2]Die Landesregierungen können die Ermächtigung auf die Landesjustizverwaltung übertragen.

Entstehungsgeschichte. § 74 d wurde eingefügt durch Art. 2 Nr. 21 des 1. StVRG 1974. Der bisherige Absatz 2: „Die Landesjustizverwaltung verteilt die Zahl der erforderlichen Hauptschöffen auf sämtliche Amtsgerichte des durch Rechtsverordnung nach Absatz 1 gebildeten Bezirks" wurde durch Art. 2 Nr. 8 StVÄG 1979 gestrichen.

1 **1. Bedeutung der Vorschrift.** Eine dem § 74 d entsprechende Vorschrift enthielt bereits für das frühere Schwurgericht § 92 Abs. 1, 4 a. F. Die Vorschrift trägt den Fällen Rechnung, in denen bei kleineren Landgerichten der Anfall an Schwurgerichtssachen so gering oder so unregelmäßig ist, daß bei ihnen die Bildung einer Schwurgerichtskammer, deren Sitzungstage im voraus für das ganze Jahr festgelegt werden (§§ 45, 77), aus praktischen Gründen, insbesondere wegen der Verzögerung der Aburteilung verhandlungsreifer

33 OLG Karlsruhe MDR **1976** 164; *Kissel* 17.
34 BGHSt **31** 323, 326; MDR **1987** 950.
35 *Kissel* 17.

Sachen, nicht in Betracht kommt; auch wäre dann der Grundgedanke, der der Schaffung von Spruchkörpern mit gesetzlicher Zuständigkeitskonzentration zugrundeliegt — die besonderen Kenntnisse und Erfahrungen der in dem Spezialspruchkörper tätigen Richter für eine bessere Rechtsfindung und gleichmäßige Rechtshandhabung nutzbar zu machen —, bei einem geringen Anfall an einschlägigen Sachen nicht zu verwirklichen. Eine Konzentration kann nur insgesamt erfolgen, nicht nur für einen Teil der in § 74 Abs. 2 benannten Delikte. Wie im Fall des § 58 (dort Rdn. 5) ist nicht erforderlich, daß die verschiedenen Landgerichte, für deren Bezirke das gemeinsame Schwurgericht gebildet wird, demselben Oberlandesgerichtsbezirk angehören.

2. Die **Streichung des Absatzes 2** erfolgte, weil es besondere Schwurgerichtsschöffen nicht mehr gibt. Es gilt jetzt § 77 Abs. 2 Satz 1 n. F, wonach die Aufgabe der Verteilung dem Präsidenten desjenigen Landgerichts zufällt, bei dem das gemeinschaftliche Schwurgericht gebildet ist; dies gilt auch, wenn die verschiedenen Landgerichte, für deren Bezirke das gemeinsame Schwurgericht gebildet ist, nicht demselben Oberlandesgerichtsbezirk angehören. Nach dem Sitz dieses Landgerichts richtet sich auch die Rechtsmittelzuständigkeit. 2

§ 74 e

Unter verschiedenen nach den Vorschriften der §§ 74 bis 74 d zuständigen Strafkammern kommt
1. in erster Linie dem Schwurgericht (§ 74 Abs. 2, § 74 d),
2. in zweiter Linie der Wirtschaftsstrafkammer (§ 74 c),
3. in dritter Linie der Strafkammer nach § 74 a
der Vorrang zu.

Schrifttum. *Brause* Die Zuständigkeit der allgemeinen und besonderen Strafkammern nach dem Strafverfahrensänderungsgesetz, NJW **1979** 802; *Katholnigg* Die gerichtsverfassungsrechtlichen Änderungen durch das StVÄG 1979, NJW **1978** 2375; *Meyer-Goßner* Die Behandlung von Zuständigkeitsstreitigkeiten zwischen allgemeinen und Spezialstrafkammern beim Landgericht, NStZ **1981** 168; *Rieß* Das Strafverfahrensänderungsgesetz 1979, NJW **1978** 2265. Weiteres Schrifttum s. bei § 209 StPO.

Entstehungsgeschichte. § 74 e wurde eingefügt durch Art. 2 Nr. 9 StVÄG 1979.

Übersicht

1. Allgemeines. § 74 e setzt insgesamt die sachliche Zuständigkeit des Landgerichts voraus und geht dabei von der Gleichrangigkeit der verschiedenen großen Strafkammern aus. Deswegen bedurfte es einer grundlegenden Regelung, nach der sich die Zuständigkeit bei Zuständigkeitsüberschneidungen, sei es gegenüber anderen Strafkammern mit gesetz- 1 licher Zuständigkeitskonzentration, sei es gegenüber der allgemeinen Strafkammer richtet und zwar nicht nur, wenn es sich um die erstinstanzliche Zuständigkeit als erkennendes Gericht handelt, sondern auch in anderen Fällen (s. dazu § 74 c Rdn. 9; 11). Das Gesetz hat sich für das die größtmögliche Klarheit bietende **Vorrangprinzip** entschieden. Der Vorrang kommt jeweils der Strafkammer zu, die in der Aufzählung an höherer Stelle („in erster Linie“ usw.) steht. Die Reihenfolge: Schwurgericht — Wirtschaftsstrafkammer — Staatsschutzstrafkammer — allgemeine Strafkammer stellt dabei keine Wertordnung der Kammern dar[1], sondern ist lediglich als technisches Ordnungsmittel zu verstehen. Die allgemeine Strafkammer nach § 74 Abs. 1, 3 ist in § 74 e nur mittelbar („. . . nach den Vorschriften der §§ 74 . . .“) aufgeführt, weil ihr niemals der Vorrang vor den Spezialkammern zukommt. Ihr kommt damit gleichzeitig eine Auffangfunktion zu. Wegen der Wirkung der Vorrangstellung vgl. die Erl. zu § 209 StPO (24. Aufl. Rdn. 8 ff).

2 **2. Abstufung des Vorrangs.** Maßgebend für die vom Gesetz festgesetzte Rangfolge ist die Schwere der dem Spruchkörper zur Aburteilung zugewiesenen Straftaten. Deshalb hat das Schwurgericht in erster Linie den Vorrang, und zwar das Schwurgericht des örtlich zuständigen Landgerichts. Für den Vorrang der Wirtschafts- vor der Staatsschutzstrafkammer war die Überlegung maßgebend, daß schwerere Straftaten im Staatsschutzbereich nach § 120 Abs. l, 2 an das Oberlandesgericht gelangen[2]. Der Vorschlag des Bundesrats, in zweiter Linie der Staatsschutzstrafkammer den Vorrang einzuräumen[3], fand keine Zustimmung, weil Überschneidungsfälle von Wirtschafts- und Staatsschutzstrafsachen selten seien und die Richtertätigkeit in Wirtschaftsstrafsachen ein höheres Maß an Spezialisierung und an Fachwissen außerhalb der Rechtswissenschaft erfordern als die Tätigkeit bei der Staatsschutzstrafkammer[4]. Jedoch kann nach § 143 Abs. 4 (vgl. § 143, 3; 5; 8) die aus § 74 a abgeleitete Zuständigkeit der Staatsanwaltschaft auch für den Fall „aufrechterhalten werden“, daß die Zuständigkeit der Staatsschutzstrafkammer nach § 74 e zugunsten eines bei einem anderen Landgericht eingerichteten Spruchkörpers, insbesondere des Schwurgerichts, aber auch der Wirtschaftsstrafkammer, untergeht. Auch das Evokationsrecht des Generalbundesanwalts wird nicht dadurch ausgeschlossen, daß die Zuständigkeit der Staatsschutzstrafkammer hinter der der Wirtschaftsstrafkammer zurücktritt (§ 74 a, l).

3 Eine einmal gegebene **Vorrangzuständigkeit** erfaßt auch Taten, die sonst in den Zuständigkeitsbereich anderer Kammern fallen. Im übrigen gilt die Regelung des § 74 e auch für die Rechtsmittelinstanz[5].

4 **3. Bestimmung und Prüfung der Zuständigkeit im konkreten Verfahren.** An das in § 74 e geregelte Vorrangverhältnis der „besonderen Strafkammern“ knüpfen die Vorschriften in §§ 2 Abs. 1 Satz 2, 4, 6 a, 209, 209 a, 210, 225 a, 269, 270 StPO an. Auf die Erläuterung dieser Vorschriften, bei § 209 a StPO (24. Aufl. Rdn. 8 ff) ist zu verweisen. An dieser Stelle bleibt nur daran zu erinnern, daß die Strafkammern ihre funktionelle Zuständigkeit bis zur Eröffnung des Hauptverfahrens von Amts wegen prüfen, danach nur noch auf Einwand des Angeklagten, was evtl. zu einer Verweisung führen kann[6].

5 Die im Rahmen des § 74 e ergehenden **Entscheidungen** sind nur **in eingeschränktem Maße anfechtbar**: der Angeklagte kann die im Eröffnungsbeschluß über die Zuständigkeit getroffene Entscheidung gar nicht anfechten. Ihm bleibt nach rechtzeitigem Einwand

---

[1] BTDrucks. **8** 976, S. 67.

[2] *Katholnigg* NJW **1978** 2376; *Kleinknecht/Meyer-Goßner*[44] 1.

[3] BTDrucks. **8** 976, S. 104.

[4] Begr. BTDrucks. **8** 976, S. 111; Ausschußbericht BTDrucks. **8** 1844, S. 33.

[5] BTDrucks. **8** 976, S. 67.

[6] KK-*Diemer*[4] 1; LR-*Wendisch* § 6 a StPO, 4.

(§ 6 a StPO) nur die Revisionsrüge gemäß § 338 Nr. 4 StPO. Der Staatsanwaltschaft steht dagegen das Recht der sofortigen Beschwerde zu, wenn das Verfahren vor einem Gericht niederer Ordnung eröffnet oder an ein solches Gericht verwiesen wird (§§ 210 Abs. 2, 225 Abs. 3 Satz 2, Abs. 4 Satz 2, 270 Abs. 3 StPO).

Aus der Vorrangstellung der Wirtschaftsstrafkammer gegenüber der allgemeinen Strafkammer hat OLG Koblenz NStZ **1986** 425 (mit Anm. *Rieß*) gefolgert, daß die Wirtschaftsstrafkammer befugt sei, ihre Zuständigkeit zur Entscheidung über die **Beschwerde gegen einen im Vorverfahren ergangenen amtsgerichtlichen Beschluß** — hier: die von der Staatsanwaltschaft vorgelegte Beschwerde des Beschuldigten gegen die vom Amtsgericht angeordnete Haftfortdauer — zu verneinen (hier: „weil die Beurteilung des Falles keine besonderen Kenntnisse des Wirtschaftslebens erfordert") und die Sache „mit bindender Wirkung" an die allgemeine Strafkammer abzugeben, mit der Folge, daß eine gegen den Abgabebeschluß gerichtete Beschwerde der Staatsanwaltschaft unzulässig sei. Wegen der Zweifelsfragen und Bedenken, die diese Entscheidung auslöst, vgl. *Rieß* aaO. 6

Bei einem **negativen Kompetenzkonflikt** verneint die ranghöchste Strafkammer die Zuständigkeit durch Beschluß[7], sie kann aber nicht gleichzeitig an eine bestimmte Strafkammer verweisen[8]. 7

Bei Einstellung einer die Zuständigkeit begründenden Tat nach § 154 a StPO hängt die **weitere Zuständigkeit** davon ab, welche Kammer im Zeitpunkt der Urteilsfällung zuständig ist[9]. Bei Wiedereinbeziehung dieser Tat hängt die Möglichkeit einer Abgabe oder Verweisung vom jeweiligen Verfahrensstand ab. 8

4. Das **Verhältnis** der Strafkammern mit gesetzlicher Zuständigkeitskonzentration **zu den Jugendgerichten** richtet sich nach den durch Art. 3 StVÄG 1979 geänderten Vorschriften des Jugendgerichtsgesetzes. Hier sind grundsätzlich bei Zuständigkeitsüberschneidungen wegen der besonderen Aufgaben der Jugendgerichte diese zuständig (**Grundsatz der Spezialität**). Nur wenn Strafsachen gegen Jugendliche und Erwachsene verbunden werden (§ 103 Abs. 1 JGG) und die Strafsache gegen Erwachsene nach § 74 e GVG zur Zuständigkeit der Wirtschaftsstrafkammer oder der Staatsschutzstrafkammer gehört, sind diese auch für die Strafsache gegen den Jugendlichen zuständig (§ 103 Abs. 2 n. F JGG); dies gilt jedoch nicht, wenn die Zuständigkeit dieser Spezialkammern nach § 74 e gegenüber derjenigen des Schwurgerichts zurücktritt[10]. 9

Zum **Verhältnis der Jugendkammer in Jugendschutzsachen gegenüber den anderen Spezialstrafkammern** s. die Erl. zu § 209 a StPO (24. Aufl. Rdn. 30 ff). 10

§ 75

(betr. Besetzung der Zivilkammer)

---

7 OLG Düsseldorf MDR **1982** 689; OLG Celle Nds-Rpfl. **1987** 257; *Katholnigg*[3] 3.

8 BGH StV **1990** 97.

9 So zu § 120 BGHSt **29** 341 = NStZ **1981** 151 mit Anm. *Dünnebier*; s. auch die Erl. zu § 154 a StPO (24. Aufl. Rdn. 14 ff).

10 Vgl. dazu auch § 209 a Nr. 2 StPO und die Erl. dazu (24. Aufl. Rdn. 19 ff) sowie OLG Karlsruhe NStZ **1987** 375.

§ 76

(1) [1]Die Strafkammern sind mit drei Richtern einschließlich des Vorsitzenden und zwei Schöffen (große Strafkammer), in Verfahren über Berufungen gegen ein Urteil des Strafrichters oder des Schöffengerichts mit dem Vorsitzenden und zwei Schöffen (kleine Strafkammer) besetzt. [2]Bei Entscheidungen außerhalb der Hauptverhandlung wirken die Schöffen nicht mit.

(2) Bei der Eröffnung des Hauptverfahrens beschließt die große Strafkammer, daß sie in der Hauptverhandlung mit zwei Richtern einschließlich des Vorsitzenden und zwei Schöffen besetzt ist, wenn nicht die Strafkammer als Schwurgericht zuständig ist oder nach dem Umfang oder der Schwierigkeit der Sache die Mitwirkung eines dritten Richters notwendig erscheint.

(3) In Verfahren über Berufungen gegen ein Urteil des erweiterten Schöffengerichts (§ 29 Abs. 2) ist ein zweiter Richter hinzuzuziehen. Außerhalb der Hauptverhandlung entscheidet der Vorsitzende allein.

Schrifttum. *Böttcher/Mayer* Änderungen des Strafverfahrensrechts durch Entlastungsgesetz, NStZ **1993** 153; *Hansens* Der Einfluß des Rechtspflegeentlastungsgesetzes auf den Strafprozeß, AnwBl. **1993** 197; *Kissel* Neues zur Gerichtsverfassung, NJW **1991** 945; *Kissel* Gerichtsverfassung unter dem Gesetz zur Entlastung der Rechtspflege, NJW **1993** 489; *Pohl* In welcher Besetzung ist über die Berufung gegen Urteile der Jugendschöffengerichte zu entscheiden? DRiZ **1995** 24; *Rieß* Das Gesetz zur Anpassung der Rechtspflege im Beitrittsgebiet, DtZ **1992** 226; *Rieß* Die Rechtspflege in den neuen Ländern, KritV **1992** 296; *Schlothauer* Verfahrens- und Besetzungsfragen bei Hauptverhandlungen vor der reduzierten Strafkammer nach dem Rechtspflegeentlastungsgesetz, StV **1993** 147; *Schlüchter* Weniger ist mehr – Aspekte zum Rechtspflege-Entlastungsgesetz (1992); *Schmidt* Die Besetzung der großen Jugendkammer in Verfahren über Berufungen gegen Urteile des Jugendschöffengerichts (§ 33 b JGG), NStZ **1995** 215; *Siegismund/Wickern* Gesetz zur Entlastung der Rechtspflege, wistra **1993** 81, 136; *Thomas* Das Rechtspflegeentlastungsgesetz – Ein Beitrag zum Aufbau der Rechtspflege in den neuen Ländern, DRiZ **1993** 217; *Werle* Aufbau oder Abbau des Rechtsstaates, JZ **1991** 789.

Entstehungsgeschichte. Abs. 1 des § 76 wurde durch Art. 2 Nr. 3 des StVÄG 1987 vom 27. 1. 1987 (BGBl. I 475) als § 76 neu gefaßt. Die frühere Fassung (wegen deren Entstehungsgeschichte vgl. die Ausführungen LR[23] zu § 76) lautete:

„(1) Die Strafkammern entscheiden außerhalb der Hauptverhandlung in der Besetzung von drei Mitgliedern mit Einschluß des Vorsitzenden.

(2) In der Hauptverhandlung ist die Strafkammer besetzt:
mit dem Vorsitzenden und zwei Schöffen (kleine Strafkammer), wenn sich die Berufung gegen ein Urteil des Strafrichters richtet; mit drei Richtern einschließlich des Vorsitzenden und zwei Schöffen bei den in § 74 Abs. 2 bezeichneten Strafsachen (Schwurgericht); mit drei Richtern einschließlich des Vorsitzenden und zwei Schöffen in allen übrigen Fällen (große Strafkammer)."

Zur Bedeutung der sachlichen Abweichungen vom früheren Recht führt die Begründung des RegEntw.[1] aus:

„Durch die Neufassung wird erreicht, daß der Vorsitzende der kleinen Strafkammer außerhalb der Hauptverhandlung — anders als im geltenden Recht — allein tätig wird. Die Zuständigkeit der kleinen Strafkammer erstreckt sich wie im geltenden Recht nur auf Berufungsverfahren gegen Urteile des Strafrichters. Damit ist zugleich klargestellt, daß im übrigen die große Strafkammer zuständig ist, also auch für Entscheidungen außerhalb der Hauptverhandlung über Beschwerden gegen Verfügungen und Entscheidungen des Richters beim Amtsgericht (§ 73 GVG). Über

[1] BTDrucks. **10** 1313, S. 43.

Beschwerden gegen Beschlüsse des Strafrichters, mögen sie auch im Zusammenhang mit dem durch Berufung angefochtenen Urteil stehen, entscheidet also weiterhin die große Strafkammer."

Diese Regelung ist nunmehr durch Art. 3 Nr. 8 RpflEntlG vom 11. 1. 1993 (BGBl. I 50), der der Vorschrift die jetzt geltende Fassung gegeben hat[2], überholt. Die Regelung des Abs. 2 war nach Art. 15 Abs. 2 RpflEntlG zunächst auf fünf Jahre bis zum 28. 2. 1998 befristet, ist durch das Gesetz zur weiteren Verlängerung strafrechtlicher Verjährungsfristen und zur Änderung des Gesetzes zur Entlastung der Rechtspflege vom 22. 12. 1997 (BGBl. I 3223) jedoch bis zum 31. 12. 2000 verlängert worden.

Übersicht

1. Besetzung der Strafkammern im allgemeinen. Anders als § 21 e, der für die Besetzung der Spruchkörper als solche gilt, regelt § 76 Abs. 1 die Besetzung der Strafkammern im Rahmen ihrer Entscheidungskompetenz. Dabei unterscheidet die Vorschrift zwischen erst- und zweitinstanzlichen Verfahren einerseits und im Hinblick auf Entscheidungen innerhalb oder außerhalb der Hauptverhandlung andererseits. Absatz 1 Satz 1 umschreibt in Verbindung mit § 74 Abs. 3 gleichzeitig die sachliche Zuständigkeit als Berufungsinstanz. Grundsätzlich gilt: **in der Hauptverhandlung** entscheidet die große Strafkammer in der Besetzung mit drei Berufsrichtern, im Falle der Besetzungsreduzierung nach Absatz 2 mit zwei Berufsrichtern (einschließlich des Vorsitzenden) und zwei Schöffen, die kleine Strafkammer in der Besetzung mit einem Richter und zwei Schöffen. **Außerhalb der Hauptverhandlung** entscheiden die großen Strafkammern stets in der Besetzung mit drei Richtern, und zwar selbst dann, wenn sie Beschlüsse erlassen, denen die Bedeutung eines Urteils zukommt (z. B. § 441 Abs. 2 StPO). Eine Besonderheit gilt für die Strafvollstreckungskammer des § 78 a, die zwar trotz ihrer Regelung außerhalb des 5. Titels begrifflich auch eine Strafkammer i. S. des § 60 darstellt, die aber aufgabenmäßig nur außerhalb einer Hauptverhandlung tätig wird, die nicht mit Schöffen besetzt ist, und die nach § 78 b teils in der Besetzung mit einem Richter, teils in der Besetzung mit drei Richtern entscheidet und im Zusammenhang mit § 76 nicht zu behandeln ist (dazu die Erläuterungen Vor § 78 a und zu § 78 a und § 78 b). Unberührt bleibt die Befugnis des Vorsitzenden nach § 141 StPO, allein über die Bestellung eines Verteidigers zu entscheiden. 1

[2] Zu den Gründen für die Änderung vgl. die ausführl. EntwBegr. BTDrucks. **12** 1217, S. 46 ff. Die BReg. hatte den Vorschlägen des BRates mit geringfügigen Varianten zugestimmt (vgl. BTDrucks. **12** 1217, S. 70); der Gesetzgeber ist dem gefolgt.

2 **2. Verbindung von Strafsachen.** Über die Zuständigkeit der großen Strafkammer in erster Instanz vgl. die Erl. zu §§ 24, 74, 74 a, 74 c. Gemäß § 237 StPO können unter den dort genannten Voraussetzungen vor dem gleichen Gericht anhängige Strafsachen verbunden werden. Da nach der vorherrschenden Meinung[3] das Gericht als „administrative Einheit" zu verstehen ist, können nicht nur Verfahren vor derselben Kammer, sondern auch die bei einer anderen Kammer anhängigen Verfahren miteinander verbunden werden, wobei die Rangfolge des § 74 e zu beachten ist. Das bedeutet, daß eine Verbindung nur bei der höherrangigen Kammer erfolgen kann. Unter den Voraussetzungen des § 237 StPO ist es daher auch zulässig, mit erstinstanzlichen bei der großen Strafkammer anhängigen Sachen Berufungsstrafsachen zu verbinden, über die an sich die kleine Strafkammer desselben Landgerichts zu entscheiden hätte[4]. In diesen Fällen ist das Gericht zwar in der Hauptverhandlung mit drei oder nach Abs. 2 mit zwei Richtern und zwei Schöffen besetzt, im übrigen jedoch bewirkt die Verbindung keine völlige Verschmelzung der verbundenen Sachen, vielmehr folgt jede Sache den für sie geltenden Verfahrensvorschriften weiter[5]. Die übernehmende Kammer ist mit drei Richtern besetzt, wenn dies nach dem Eröffnungsbeschluß auch nur einer der verbundenen Sachen vorgesehen ist[6]. Zwischen gleichrangigen Kammern muß eine Verbindung vereinbart werden[7]. Bei der Verbindung einer Jugendsache mit einer Erwachsenensache gilt § 103 JGG (evtl. Vorrang der Jugendkammer). Wegen der Zuständigkeit des Revisionsgerichts vgl. die Erl. zu § 121 (24. Aufl. Rdn. 8).

3. Die reduzierte Besetzung nach Absatz 2

3 **a) Anwendungsbereich.** Die Besetzungsreduktion nach dem befristet geltenden[8] § 76 Abs. 2 bezieht sich lediglich auf die Besetzung in der Hauptverhandlung und damit notwendigerweise auf die aufgrund der Hauptverhandlung zu treffenden Entscheidungen, insbesondere die Urteile. Die Verfassungsmäßigkeit dieser Gesetzesänderung steht außer Frage[9]. Außerhalb der Hauptverhandlung entscheidet die große Strafkammer unverändert stets durch drei Berufsrichter[10], also namentlich über Beschwerden, sowie bei denjenigen Entscheidungen im erstinstanzlichen Verfahren, die außerhalb einer Hauptverhandlung ergehen, insbesondere den Eröffnungsbeschluß. Können nach dem Gesetz während einer laufenden Hauptverhandlung Entscheidungen in dieser oder außerhalb der Hauptverhandlung getroffen werden (beispielsweise über die Haftfrage), so richtet sich die Besetzung danach, in welcher Form konkret die jeweilige Entscheidung getroffen werden soll; es ist also ggfs. zusätzlich zu den beiden an der Hauptverhandlung mitwirkenden Richtern ein drittes Mitglied der Strafkammer hinzuzuziehen (zur Problematik etwaiger Schöffenbeteiligung s. auch § 30, 10).

4 **b) Voraussetzungen der Reduzierung.** Die Reduzierung der Besetzung auf zwei Richter erfordert einen entsprechenden (konstitutiven) **Ausspruch** *bei* der Eröffnung des Hauptverfahrens. Dieser Wortlaut läßt die Möglichkeit offen, sowohl **im Eröffnungsbeschluß** als auch durch einen **gesonderten Beschluß** die Besetzung zu beschließen, der

3 BGHSt **26** 273; AK-*Keller* § 237 StPO, 2; KK-*Treier* § 237 StPO, 2; SK-*Schlüchter* § 237 StPO, 2; LR-*Gollwitzer* § 237 StPO, 1; vgl. auch BGH NJW **1995** 1688.

4 BGHSt **26** 271.

5 BGHSt **19** 181; **26** 275; **35** 197; **36** 348; **37** 42; MDR bei Holtz **1990** 896; *Meyer-Goßner* DRiZ **1990** 284.

6 So auch KK-*Diemer*[4] 9.

7 BGH NStZ **1989** 297.

8 Art. 15 Abs. 2 RpflEntlG; Gesetz vom 22. 12. 1997 (BGBl. S. 3223).

9 Vgl. zur entspr. Regelung im EV Anl. I Kap. III Sachgeb. A Abschn. III Nr. 1 Buchst. j BVerfG NStZ **1994** 45 m. Anm. *Nix*.

10 Vgl. auch EntwBegr., BTDrucks. **12** 1217, S. 48.

dann aber spätestens zeitgleich mit dem Eröffnungsbeschluß gefaßt werden muß. Die Entscheidung über die Besetzung kann weder nachgeholt noch rückgängig gemacht werden[11], weil mit der Eröffnung feststehen muß, wie das erkennende Gericht besetzt ist (s. aber unten 16). Ein ausdrücklicher Beschluß, daß die Strafkammer in der Hauptverhandlung mit drei Berufsrichtern besetzt ist, ist rechtlich nicht erforderlich[12]; er ist aber zulässig und kann zur Vermeidung von Mißverständnissen angebracht sein. Wird bei der Eröffnung des Hauptverfahrens keine Entscheidung über die Reduktion der Besetzung getroffen, so muß die Strafkammer in der Hauptverhandlung in der Besetzung mit drei Richtern tätig werden, und zwar auch dann, wenn der Ausspruch versehentlich unterblieben ist[13].

Ein vom Gesetz nicht geregeltes Problem stellt sich in Fällen der **Vorlage eines Verfahrens nach § 225 a StPO oder der Verweisung nach § 270 StPO**, weil in diesen Fällen bereits über die Eröffnung des Hauptverfahrens entschieden worden ist, so daß hier keine Besetzungsentscheidung mehr zusammen mit dem Eröffnungsbeschluß ergehen kann. Da das angegangene Gericht jedoch im Falle der sofortigen Anklageerhebung eine Besetzungsentscheidung hätte treffen können, kann bei späterer Befassung mit der Sache nichts anderes gelten. Hier muß es deshalb nach Sinn und Zweck der Regelung im Wege gesetzesergänzender Auslegung möglich sein, im Falle des § 225 a StPO zusammen mit dem Übernahmebeschluß gleichzeitig auch über die Kammerbesetzung zu entscheiden. Bei einer Verweisung nach § 270 StPO kommt ein gesonderter, zeitlich mit der Terminsbestimmung zu verbindender Beschluß in Betracht. Die in dieser Weise verfahrende Praxis ist nunmehr vom Bundesgerichtshof bestätigt worden[14]. 5

Für **Verfahren**, in denen der Eröffnungsbeschluß **vor** dem **Inkrafttreten des Gesetzes**, also vor dem 1. März 1993 erlassen worden ist, kann mangels einer dahingehenden Überleitungsvorschrift § 76 Abs. 2 nicht angewandt werden[15]. Ist gleichwohl irrtümlich in einem derartigen Fall eine Reduzierung beschlossen worden, kann diese Anordnung, da rechtswidrig, wieder aufgehoben werden[16]. Umgekehrt verliert ein Beschluß, auch wenn er vor dem (derzeit noch vorgesehenen) Außerkrafttreten der Regelung, also vor dem 1. 1. 2001 ergeht, seine Bedeutung, wenn die Hauptverhandlung erst danach beginnt[17]. 6

Ist **irrtümlich in** einer **Schwurgerichtssache** eine **Besetzungsreduzierung beschlossen** worden[18], so kommt dem keine Bedeutung zu, weil dieser Beschluß jeglicher Rechtsgrundlage entbehrt und *insoweit* nichtig ist. Es bedarf keines neuen Beschlusses. Die Hauptverhandlung muß lediglich in der normalen Besetzung mit drei Berufsrichtern durchgeführt werden. 7

---

[11] EntwBegr., BTDrucks. **12** 1217, S. 48; OLG Bremen StV **1993** 360; ebenso *Böttcher/Mayer* NStZ **1993** 158; *Hansens* AnwBl. **1993** 200; *Siegismund/Wickern* wistra **1993** 139; *Schlothauer* StV **1993** 148.

[12] Ebenso *Hansens* AnwBl. **1993** 200; **a. A** *Katholnigg*[3] 5; *Kissel* 3; (möglicherweise) EntwBegr., BTDrucks. **12** 1217, S. 47 l. Sp.; wohl auch *Böttcher/Mayer* NStZ **1993** 158. Aber der Gesetzeswortlaut bestimmt in § 76 Abs. 1, daß die Strafkammer mit drei Richtern besetzt ist und verlangt in Absatz 2 nur dann einen Beschluß, wenn sie mit zwei Richtern tätig werden soll.

[13] BGHSt **44** 361 (4. Senat) = NStZ **1999** 365; LR-*Rieß*[24] Anh. GVG Rdn. 46; *Siegismund/Wickern* wistra **1993** 139.

[14] BGHSt **44** 361 = NStZ **1999** 365.

[15] *Böttcher/Mayer* NStZ **1993** 158; *Siegismund/Wickern* wistra **1993** 139.

[16] Beispiel: In einer Vielzahl verbundener Verfahren ist übersehen worden, daß sich dabei eine „Altsache" befindet; der neue Vorsitzende bemerkt dies vor Beginn der HV. Wäre hier der Beschluß über die Reduzierung nicht aufhebbar, müßte eine HV in falscher Besetzung geführt werden mit der Aussicht, daß eine Revision allein aus diesem Grund erfolgreich ist.

[17] Ebenso *Hansens* AnwBl. **1993** 202.

[18] Wenn z. B. eine Schwurgerichtskammer, die zugleich auch als allgemeine Strafkammer tätig ist, für die Eröffnungsentscheidungen mit einer Besetzungsreduktion besondere Vordrucke verwendet und diesen Vordruck versehentlich für eine Schwurgerichtssache benutzt.

8 c) **Entscheidung von Amts wegen.** Die Entscheidung ist von Amts wegen zu treffen; eines Antrags der Staatsanwaltschaft bedarf es nicht; Anregungen der Prozeßbeteiligten im Eröffnungsverfahren hierzu binden die eröffnende Strafkammer nicht. **Rechtliches Gehör** wird dem Angeschuldigten dadurch gewährt, daß ihm gemäß § 201 StPO die Anklageschrift mitgeteilt wird. Es bedarf keines ausdrücklichen Hinweises darüber, daß die Kammer erwägt, die Besetzungsreduktion anzuordnen[19], denn es handelt sich hierbei um eine bei der Eröffnungsentscheidung allgemein vorzunehmende Prüfung, auf die sich der Angeschuldigte auch ohne besonderen Hinweis einstellen muß. Die Entscheidung unterliegt **keiner Anfechtung**[20], auch nicht, soweit entgegen der Auffassung der Staatsanwaltschaft die Reduzierung der Besetzung angeordnet worden ist. Eine Begründung für die Nichtanfechtbarkeit läßt sich der Entscheidung des Bundesgerichtshofs nicht entnehmen. Dafür kommen zwei Wege in Betracht: a) entweder leitet man die Unanfechtbarkeit aus der Verknüpfung der Besetzungsentscheidung mit dem Eröffnungsbeschluß ab[21], weil dann § 210 Abs. 1 StPO gilt oder b) man geht von der inhaltlichen Trennung der Besetzungsentscheidung aus und entnimmt dieses Ergebnis § 305 StPO[22]. Nur der letzte Weg dürfte überzeugen, weil dafür schon der Wortlaut des Absatzes 2 („*bei* der Entscheidung über die Eröffnung“) spricht und sich im übrigen die Verbindung mit dem Eröffnungsbeschluß nicht von den nach § 207 Abs. 4 StPO zu treffenden Entscheidungen über die Fortdauer der Untersuchungshaft oder der einstweiligen Unterbringung unterscheidet.

9 d) **Kein Ermessensspielraum.** Der eröffnenden Strafkammer steht bei der Entscheidung nach § 76 Abs. 2 **kein Ermessen** zu[23], vielmehr ist die reduzierte Besetzung zu beschließen, wenn nicht die Ausnahmen des zweiten Halbsatzes gegeben sind[24]. Eine Reduktion der Besetzung ist bei der **Schwurgerichtskammer** (§ 74 Abs. 2) stets unzulässig; für die besonderen Strafkammern nach § 74 a und § 74 c gilt dies nicht. Im übrigen ist die Besetzung mit drei Richtern vorgesehen, wenn die Mitwirkung des dritten Richters in der Hauptverhandlung wegen des Umfangs oder der Schwierigkeit der Sache notwendig erscheint. Die Strafsache muß sich also über das „normale“ Maß der erstinstanzlichen Sachen herausheben. Insoweit steht der eröffnenden Strafkammer ein **weiter Beurteilungsspielraum** zur Verfügung, der auch die Umstände des Einzelfalles zu berücksichtigen gestattet[25]. Die Schwierigkeit der Sache kann rechtlicher oder tatsächlicher Art sein. Daß die Sache *besonders* umfangreich oder schwierig erscheint, ist nicht erforderlich. Bei der Bewertung des Umfangs der Sache ist ein **quantitativer Maßstab** anzulegen. Bedeutsam sind u. a. die Zahl der Angeklagten und der Verteidiger, die Zahl der Delikte, der notwendigen Dolmetscher, die Zahl der Zeugen und anderen Beweismittel, die Notwendigkeit von Sachverständigengutachten, der Umfang der Akten sowie die zu erwartende Dauer der Hauptverhandlung[26]. Die Besetzung mit drei Richtern wird daher regelmäßig in Betracht kommen, wenn sich die Hauptverhandlung über einen längeren Zeitraum, etwa

---

19 BGHSt **44** 328 (3. Senat) = NStZ **1999** 367 mit Anm. *Rieß* = NJW **1999** 1644 = JR **1999** 302 mit Anm *Katholnigg*; **a.A** *Katholnigg*[3] 5; *Schlothauer* StV **1993** 148 (Vorsitzender muß mit besonderem Hinweis ausdrücklich Gelegenheit zur Äußerung geben).

20 BGHSt **44** 328 = NStZ **1999** 367 mit Anm. *Rieß* = NJW **1999** 1644 = JR **1999** 302 mit Anm *Katholnigg*; *Kleinknecht/Meyer-Goßner*[44] 4; KK-*Diemer*[4] 4; *Pfeiffer*[2] 2.

21 So *Katholnigg*[3] 6 und JR **1999** 304; ähnlich wohl KK-*Diemer*[4] 4, wenn darauf verwiesen wird, daß die mit drei Richtern besetzte Kammer gegenüber der mit zwei Richtern besetzten kein Gericht höherer Ordnung i. S. v. § 210 Abs. 2 StPO sei.

22 So offenbar BGHSt **44** 328, der die Anwendung des § 210 StPO ausdrücklich ablehnt.

23 BTDrucks. **12** 1217 S. 47; BGHSt **44** 328 = NStZ **1999** 367 mit Anm. *Rieß* = NJW **1999** 1644 = JR **1999** 302 mit Anm. *Katholnigg*.

24 Ebenso *Siegismund/Wickern* wistra **1993** 139; **a.A** (aber unklar) *Hansens* AnwBl. **1993** 200.

25 BGHSt **44** 328 = NStZ **1999** 367 mit Anm. *Rieß* = NJW **1999** 1644 = JR **1999** 302 mit Anm. *Katholnigg*.

26 BGH aaO.

mehrere Wochen oder gar Monate, erstrecken wird oder wenn es sich um Rechtsfragen auf unsicherem dogmatischen Boden mit geringer rechtswissenschaftlicher Vorerörterung handelt[27]. Bei einer nur eintägigen oder nur wenige Tage in Anspruch nehmenden Hauptverhandlung werden hierfür besondere Gründe vorliegen müssen[28]. Die besondere Bedeutung der Sache für sich allein rechtfertigt die Besetzung mit drei Berufsrichtern nicht[29]. Bei der Notwendigkeit, einen Ergänzungsrichter hinzuzuziehen (§ 192 Abs. 2), wird in der Regel (Ausnahmen sind vorstellbar) eine reduzierte Besetzung nicht angebracht sein. Ausgeschlossen ist sie dadurch jedoch nicht. **Unzulässig** wäre jedenfalls, weil sachfremd und damit objektiv willkürlich, etwa **aus Gründen der Personaleinsparung** eine reduzierte Besetzung zu beschließen[30].

e) **Überbesetzung der Strafkammer.** Die für die Überbesetzung der Strafkammer geltenden Grundsätze[31] haben sich durch die Möglichkeit, die Hauptverhandlung in einer reduzierten Besetzung durchzuführen, grundsätzlich nicht verändert; namentlich wird man es weiterhin als (mindestens) zulässig ansehen können, daß die große Strafkammer geschäftsplanmäßig mit dem Vorsitzenden und drei Beisitzern besetzt ist, soweit dies nach der nur auf Willkür nachprüfbaren Einschätzung des Präsidiums[32] im Interesse der Aufrechterhaltung einer geordneten Rechtspflege unvermeidbar ist[33]. Dem stehen auch nicht die in der Rechtsprechung des Bundesverfassungsgerichts[34] entwickelten Maßstäbe entgegen, wonach die Überbesetzung unzulässig wird, wenn sie es gestattet, daß die Kammer in zwei voneinander verschiedenen Sitzgruppen oder in drei Sitzgruppen mit dem Vorsitzenden und je verschiedenen Beisitzern verhandeln und entscheiden könnte. Diese Grenzen wären zwar für die Verhandlung und Entscheidung mit zwei Richtern schon bei einer Überbesetzung um nur einen Richter überschritten. Die Rechtsprechung des Bundesverfassungsgerichts bezieht sich jedoch ersichtlich, weil die damalige Rechtslage eine im Einzelfall reduzierte Besetzung nicht kannte, nur darauf, daß die Besetzung stets gleich ist; sie stellt darüber hinaus teilweise auf eine vermeidbare und unnötige Unbestimmtheit ab[35]. Auf die durch § 76 Abs. 2 GVG geschaffene Situation kann sie nicht ohne weiteres übertragen werden, weil sie hier die Konsequenz hätte, daß jede Überbesetzung unzulässig würde; eine solche wird aber vom Bundesverfassungsgericht gerade generell für möglich gehalten. § 76 Abs. 2 GVG ändert nichts daran, daß die Strafkammer im (gesetzlich vorgesehenen) Normalfall mit drei Richtern besetzt ist, auch wenn sie im konkreten Einzelfall nur mit zwei Richtern entscheidet. Da bei der Aufstellung des Geschäftsverteilungsplanes für das Präsidium nicht absehbar ist, wie häufig Verhandlungen und Entscheidungen in der Besetzung mit drei oder mit zwei Richtern in Betracht kommen, muß es bei seiner Entscheidung über die Kammerbesetzung auch den Fall berücksichtigen können, daß die Kammer einen nicht unerheblichen Teil der Hauptverhandlungen in der Besetzung mit drei Richtern durchführt. Die verfassungsrechtlichen Grenzen der Überbesetzung nach der Rechtsprechung des Bundesverfassungsgerichts können deshalb grundsätzlich nur auf die gesetzlich vorgeschriebene Normalbesetzung nach § 76 Abs. 1 bezogen werden. **10**

27 *Böttcher/Mayer* NStZ **1993** 158; *Schlothauer* StV **1993** 147.

28 Vgl. auch *Schlothauer* StV **1993** 147, der für eine extensive Interpretation eintritt; dagegen soll nach *Böttcher/Mayer* NStZ **1993** 158 „in der Mehrzahl der Fälle" die reduzierte Besetzung zu beschließen sein.

29 *Kissel* NJW **1993** 492. *Siegismund/Wickern* wistra **1993** 139; **a.A** *Schlothauer* StV **1993** 149.

30 BGHSt **44** 328 = NStZ **1999** 367 mit Anm. *Rieß* = NJW **1999** 1644 = JR **1999** 302 mit Anm. *Katholnigg*.

31 S. dazu mit weit. Nachw. die Erl. zu § 21 f (24. Aufl. Rdn. 6 f); *Kissel* § 21 e, 113 ff.

32 BVerfGE **18** 344, 350; **22** 282, 286.

33 Ebenso *Böttcher/Mayer* NStZ **1993** 158;

34 BVerfGE **17** 294, 301; **18** 65, 69 f; **18** 344, 350; **19** 145, 147; **22** 282, 284.

35 BVerfGE **18** 65, 70; **18** 344, 349 f.

11 **f) Auswirkungen auf die Geschäftsverteilung.** Zu berücksichtigen ist allerdings bei der Überbesetzung durch den Geschäftsverteilungsplan, daß die **Notwendigkeit** dadurch einer veränderten Beurteilung unterliegen kann, daß nunmehr an einem Teil der Hauptverhandlungen ein zweiter Beisitzer nicht mitwirkt, so daß dessen hierdurch freiwerdende Arbeitskapazität[36] für die Frage mit bedacht werden muß, ob und in welchem Umfang eine Überbesetzung im Interesse einer geordneten Rechtspflege unvermeidbar ist. Da weiterhin der Vorsitzende mindestens 75% der ihm obliegenden Aufgaben selbst wahrnehmen muß (s. 24. Aufl. Erl. zu § 21 f, 3, und zu § 21 f, 6 a. E), wird sich vielfach das Bedürfnis, durch die Zuweisung weiterer Beisitzer die Arbeitskapazität der Kammer voll auszuschöpfen, verringern. Für die an sich grundsätzlich weiterhin zulässige Überbesetzung mit dem Vorsitzenden und vier Beisitzern wird sich deshalb eine Notwendigkeit nur noch bei Vorliegen besonderer Gründe bejahen lassen, etwa weil ein Teil der Besitzer nur mit einem Teil ihrer Arbeitskraft der Strafkammer zugewiesen ist oder wenn aufgrund der ihr zugewiesenen Aufgaben voraussehbar ist, daß die Strafkammer aufgrund der Ausnahme in § 76 Abs. 2 zweiter Halbsatz ganz überwiegend von der Möglichkeit der Besetzungsreduktion keinen Gebrauch machen kann.

12 Die bisherigen **Erfahrungen mit der Regelung des Abs. 2** zeigen, daß die Praxis in der Mehrzahl der Verfahren von der Möglichkeit zur Besetzungsreduzierung Gebrauch macht[37]. Das führt zwar zu einer gewissen Entlastung der Beisitzer[38], aber das läßt gleichzeitig erwarten, daß diese breite Akzeptanz der Regelung vom Gesetzgeber aufgegriffen und zur Dauerregelung erhoben werden wird.

13 **g) Grundsätze für die Kammergeschäftsverteilung.** Bei der sog. kammerinternen Geschäftsverteilung, also der Aufstellung der Mitwirkungsgrundsätze nach § 21 g Abs. 1 durch den Vorsitzenden, muß dieser dem Umstand Rechnung tragen, daß eine reduzierte Hauptverhandlungsbesetzung eintreten kann. Eine solche kammerinterne Geschäftsverteilung ist deshalb nunmehr auch bei der nicht überbesetzten Kammer erforderlich[39]. Hier muß sie regeln, welcher Beisitzer nicht mitwirkt, wenn die Besetzungsreduktion beschlossen wird. Dabei müssen die Grundsätze so gestaltet sein, daß eine Manipulation hinsichtlich der bei einer Besetzungsreduktion ausscheidenden Richter möglichst ausgeschlossen ist[40]. Hierzu bietet sich an, die eingehenden Anklagen in einer Eingangsliste numerisch zu erfassen und den zu bildenden Sitzgruppen, bei einer Kammerbesetzung mit drei Richtern ergeben sich zwei Sitzgruppen, die Verfahren mit gerader bzw. ungerader Eingangsnummer zuzuweisen. Es kommen aber auch andere Verteilungssysteme in Betracht, solange sie Besetzungsmanipulationen ausschließen.

14 **h) Folgen für die Abstimmung.** Bei der mit zwei Richtern und zwei Schöffen, also mit vier stimmberechtigten Mitgliedern besetzten großen Strafkammer, gelten infolge der Änderung des § 196 Abs. 4[41] die gleichen Regeln, die für das erweiterte Schöffengericht gelten[42]. Es gilt also, soweit einfache Mehrheit erforderlich ist, der Stichentscheid des

---

36 S. dazu EntwBegr., BTDrucks. **12** 1217, S. 47 f.

37 In meiner eigenen Kammer ist seit Inkrafttreten der Regelung jedes Verfahren in Zweierbesetzung durchgeführt worden, weil es, von theoretisch denkbaren Extremfällen abgesehen, kein Verfahren gab, das nach Umfang oder Schwierigkeit einen weiteren Beisitzer erfordert hat. Sollten unvorhergesehen Umfang und Schwierigkeit im Laufe der Hauptverhandlung ein außergewöhnliches Maß erreichen, würde dies allerdings zu einer zunehmenden Belastung der beteiligten Richter führen.

38 Der Vorsitzende partizipiert daran nämlich nicht, weil er nach wie vor alle Verfahren vorbereiten muß.

39 Vgl. BVerfGE **95** 322, 329 = JR **1997** 278, 280; *Kissel* NJW **1993** 492; ausführlich *Schlothauer* StV **1993** 148 f. Vgl. zum bisherigen Recht, wo sie als entbehrlich angesehen wird, § 21 g, 4; *Kissel* § 21 g, 2 f.

40 Hinweise hierfür bei *Schlothauer* StV **1993** 148 f.

41 Art. 3 Nr. 10 RpflEntlG.

42 S. die Erl. Zu § 196; sowie zur Frage der Meinungsverschiedenheit hinsichtlich der Abfassung der Urteilsgründe § 30, 11.

Vorsitzenden. Dies ist freilich, da alle wichtigen Entscheidungen nach § 263 StPO mit Zweidrittelmehrheit zu treffen sind, von eher untergeordneter Bedeutung.

i) Rechtspolitische Aspekte. Es ist hier an sich nicht der Ort, sich über den tieferen Sinn des zunächst als Interimsregelung erlassenen § 76 Absatz 2 Gedanken zu machen. Gleichwohl soll im Hinblick auf die unmittelbar nach dem Regierungswechsel im Jahre 1998 begonnenen Überlegungen zu einer Gerichtsorganisationsreform die Frage aufgeworfen werden, ob die in der Praxis weitgehend umgesetzte Besetzungsreduzierung bei den Strafkammern noch auf Dauer die unterschiedlichen Zuständigkeiten zwischen reduzierter Strafkammer und erweitertem Schöffengericht rechtfertigen kann. Die Zuständigkeitsregelungen für die Landgerichte mit drei Berufsrichtern und die dadurch — vermeintlich — verbürgte bessere Qualität vermag bei einer Zweierbesetzung nämlich nicht mehr zu überzeugen, denn beide sind nunmehr auch zahlenmäßig mit gleich qualifizierten Richtern besetzt. Hier könnte langfristig zu überlegen sein, ob nicht eine Neuverteilung der Aufgaben des erweiterten Schöffengerichts angezeigt wäre, was einen Instanzenzug einsparen würde. **15**

j) Die Revision kann (mit der Besetzungsrüge nach § 338 Nr. 1 in Verb. mit §§ 222 a, 222 b StPO) auf Verstöße gegen Absatz 2 gestützt werden, weil zum einen der Beschluß über die Gerichtsbesetzung nicht an der Unanfechtbarkeit des Eröffnungsbeschlusses teilnimmt (s. auch oben Rdn. 8) und zum anderen ein Verstoß gegen Absatz 2 einem organisatorischen Besetzungsmangel, wie er von den §§ 222 a, 222 b StPO erfaßt wird, gleicht[43]. Ein Verstoß gegen Absatz 2 begründet die Revision allerdings nur dann, wenn die Entscheidung der Strafkammer **objektiv willkürlich** ist, weil sie den ihr zustehenden Beurteilungsspielraum in unvertretbarer Weise überschreitet[44]. Dies gilt sowohl für den Fall, daß zu Unrecht eine Zweierbesetzung beschlossen worden ist als auch für den Fall, daß es bei der Normalbesetzung geblieben ist, obwohl die Voraussetzungen für eine Besetzungsreduzierung vorgelegen haben, weil Absatz 2 den gesetzlichen Richter bestimmt und, abhängig vom normativen Merkmal des Umfangs oder der Schwierigkeit der Sache, für die große Strafkammer zwei unterschiedliche Besetzungen zwingend vorschreibt[45]. Für die Besetzungsrüge gelten nach der jüngsten Rechtsprechung des 3. Senates des Bundesgerichtshofs die Präklusionsvorschriften (§ 222 b StPO) entsprechend[46], nach der Auffassung des 4. Senates[47] sogar unmittelbar, weil er die *zahlenmäßige* Besetzung der personellen Besetzung der Strafkammer gleichstellt. Gleiches würde für den Fall anzunehmen sein, daß die Hauptverhandlung in der reduzierten Besetzung durchgeführt wird, ohne daß ein dahingehender Beschluß bei der Eröffnung des Hauptverfahrens getroffen worden ist[48]. Das hat dann aber zur Folge, daß die an sich nicht mehr rückgängig zu machende Besetzungsentscheidung (oben Rdn. 6) durch das Revisionsgericht doch wieder korrigiert werden kann. Insoweit besteht ein Dilemma: einerseits sollen die Präklusionsregelungen eine Korrektur der Besetzung noch im erstinstanzlichen Verfahren ermöglichen, andererseits steht dem an sich die nach dem gesetzgeberischen Willen dem Gericht verbotene Korrektur der Besetzungsentscheidung im Rahmen des § 76 entgegen. Sinnvoll läßt sich diese Situation nur dadurch lösen, daß der Strafkammer auf eine begründete Besetzungsrüge eine Berichtigung der Besetzungsentscheidung zustehen muß, weil sonst nur die Einlegung der Revision übrig bliebe, was zu vermeidbaren Belastungen auch der Staatskasse führen würde. Soweit erst im Rahmen der Revision der Besetzungsein- **16**

[43] BGHSt **44** 361; **44** 328 = NStZ **1999** 365 und BGHSt **44** 328 = NStZ **1999** 367 mit Anm. *Rieß*.

[44] BGHSt **44** 328 = NStZ **1999** 367 (Fußn. 20 mit weit. Nachw.) und BGHSt **44** 361.

[45] *Rieß* NStZ **1999** 369.

[46] BGHSt **44** 328 = NStZ **1999** 367 (Fußn. 20).

[47] BGHSt **44** 361 = NStZ **1999** 365.

[48] BGHSt **44** 361 = NStZ **1999** 365.

wand erhoben wird, muß das Rügevorbringen auch die die Willkür begründenden tatsächlichen Umstände enthalten[49].

4. Die Berufungsstrafkammern

17 **a) Die kleine Strafkammer.** Das RpflEntlG hat die Zuständigkeit der großen Strafkammern für Berufungen gegen Urteile des Schöffengerichts beseitigt. Zur Entscheidung über alle Berufungen[50] ist nunmehr die kleine Strafkammer zuständig. Die Zuständigkeit der großen Strafkammer für Beschwerden ist dagegen unverändert geblieben (§ 73), gleich ob sie sich nun gegen Entscheidungen des Strafrichters oder des Schöffengerichts richten. Nach § 76 Abs. 1 sind jetzt in Schöffengerichtssachen die erste Instanz und das Berufungsgericht gleich besetzt. Dasselbe gilt für Sachen des erweiterten Schöffengerichts nach § 29 Abs. 2, weil gemäß § 76 Abs. 3 ein zweiter Richter mitwirken **muß**. Ein Ermessen steht insoweit nicht zu. Es kommt auch nicht darauf an, ob beim erweiterten Schöffengericht der zweite Richter zu Recht hinzugezogen worden ist[51]. Durch die Beiziehung eines zweiten Richters bleibt die Qualität der kleinen Strafkammer als solche unverändert. Wer als weiterer Richter mitzuwirken hat, muß durch den Geschäftsverteilungsplan bestimmt werden (s. § 29, 11). Die kleine Strafkammer ist uneingeschränkt an die Strafgewalt des Amtsgerichts gebunden. Die früher (vor dem 28. 2. 1993) bestehende Möglichkeit, in Berufungssachen erstinstanzlich mit der vollen Strafgewalt des Landgerichts zu verhandeln, besteht nicht mehr (unten Rdn. 19).

18 **b) Die kleine Wirtschaftsstrafkammer.** Bei den Wirtschaftsstrafkammern sind infolge der Änderung des § 74 c nunmehr für Berufungen gegen schöffengerichtliche Urteile, deren Gegenstand dem Katalog der § 74 c Abs. 1 unterfällt, kleine Wirtschaftsstrafkammern zu bilden. Indem § 74 c Abs. 1 jetzt nur die Worte „eine Strafkammer" verwendet, ergibt sich die Besetzung der danach entweder für erstinstanzliche oder für Berufsverfahren zuständigen Strafkammer aus § 76[52]. Die Regelung hat zur Folge, daß das Konzentrationsgebot für Wirtschaftsstrafsachen i. S. des § 74 c Abs. 1 (§ 74 c, 8) weiterhin auch für Berufungen gegen Urteile des Schöffengerichts gilt und daß für diese weiterhin die landesrechtliche Konzentrationsmöglichkeit nach § 74 c Abs. 3 besteht[53]. Unverändert bestehen bleibt auch die Kompetenz-Kompetenz der kleinen Wirtschaftsstrafkammer gegenüber den übrigen Berufungsstrafkammern bei Meinungsverschiedenheiten über die Zuständigkeit (§ 74 c, 9). Ist eine kleine Wirtschaftsstrafkammer nicht ausgelastet, so können ihr selbstverständlich auch andere Sachen zugewiesen werden. Für **Berufungen gegen Urteile des Strafrichters,** die unter den Katalog des § 74 c Abs. 1 fallen, ist die kleine Wirtschaftsstrafkammer nicht kraft Gesetzes zuständig, jedoch sind die Präsidien nicht gehindert, ihnen diese Sachen im Geschäftsverteilungsplan zuzuweisen, soweit die Kammer nicht voll ausgelastet ist.

19 **5. Übergang in das erstinstanzliche Verfahren.** Die bis zur Neufassung des § 76 bestehende Möglichkeit, daß die Berufungsstrafkammer als erstinstanzliche Strafkammer verhandelt und entscheidet, wenn sie die Strafgewalt des Amtsgerichts überschreiten will oder auf diese Weise eine Überschreitung der Strafgewalt des Amtsgericht heilt (s. § 76, 2; § 328, 33 ff StPO) **gibt es**, jedenfalls **außerhalb der Jugendkammer, nicht mehr**,

49 *Rieß* NStZ **1999** 370.

50 Mit Ausnahme der Berufungen gegen Urteile des Jugendschöffengerichts nach § 33 a Abs. 1 JGG.

51 OLG Düsseldorf NStZ **1994** 97 = StV **1994** 10 = MDR **1994** 297.

52 Ebenso SchrBer.RAusschBT, BTDrucks. **12** 3832, S. 43.

53 Ebenso *Hansens* AnwBl. **1993** 200.

weil die Besetzung der Berufungsstrafkammer nicht mehr der der erstinstanzlichen Strafkammer entspricht, und zwar auch nicht in den Fällen des § 76 Abs. 3 und solange die große Strafkammer nach § 76 Abs. 2 mit zwei Richtern besetzt sein kann. Ergibt sich, daß die Sache erstinstanzlich verhandelt werden muß, so ist in allen Berufungsverfahren so zu verfahren, wie es bisher bei der kleinen Strafkammer geregelt war (s. Erl. zu § 328, 24. Aufl. Rdn. 28 f StPO). Wegen der Verbindung von erstinstanzlichen und Berufungssachen s. die Erl. zu § 135 (24. Aufl. Rdn. 1).

6. Jugendsachen. Für die Jugendkammer ist durch die Änderung des § 33 JGG und die neuen §§ 33 a, 33 b JGG (Art. 7 Nr. 1, 2 RpflEntlG) eine § 76 vergleichbare Regelung getroffen worden. Danach entscheidet die Jugendkammer in Berufungssachen, wenn sich die Berufung gegen Urteile des Jugendrichters richtet, als **kleine Jugendkammer** in der Besetzung mit dem Vorsitzenden und zwei Jugendschöffen. In erstinstanzlichen Verfahren und bei Berufungen gegen Urteile des Jugendschöffengerichts[54] entscheidet sie als **große Jugendkammer**, bei der im „Normalfall“ eine Besetzung mit drei Richtern und zwei Jugendschöffen vorgeschrieben ist (§ 33 b Abs. 1 JGG). Entsprechend der in § 76 Abs. 2 vorgesehenen Regelung beschließt auch die Jugendkammer bei der Eröffnung des Hauptverfahrens, daß sie in der Hauptverhandlung mit zwei Richtern und zwei Jugendschöffen besetzt ist, wenn nicht die Sache nach den allgemeinen Vorschriften zur Zuständigkeit des Schwurgerichts gehört oder nach dem Umfang oder der Schwierigkeit der Sache die Mitwirkung eines dritten Richters notwendig erscheint (§ 33 b Abs. 2 JGG)[55]. 20

Keine Regelung enthält das Gesetz darüber, ob die große **Jugendkammer** auch **als Berufungsgericht** eine Besetzungsreduzierung vornehmen darf. Nach anfänglichen vorsichtigen Auslegungen in diese Richtung[56], die nicht unwidersprochen geblieben sind[57], hat sich nunmehr auch die Rechtsprechung im Sinne einer entsprechenden Anwendung des § 76 Abs. 2 geäußert[58]. Zur Begründung wird ausgeführt, daß § 33 b JGG in seiner zentralen Aussage zu entnehmen sei, daß auch die große Jugendkammer mit nur zwei Berufsrichtern besetzt sein kann und nur für erstinstanzliche Verfahren eine ergänzende Aussage enthalte. Einer solchen Auslegung stehe die Formulierung „bei Eröffnung des Hauptverfahrens“ nicht entgegen. Es gäbe zudem keine innere Berechtigung dafür, der großen Jugendkammer zu ermöglichen, erstinstanzlich mit nur zwei Berufsrichtern zu verhandeln, ihr diese Möglichkeit in Berufungssachen aber zu versagen[59]. Dem ist zuzustimmen, denn zum einen geht die Kompetenz des Jugendschöffengerichts nicht über die der erstinstanzlichen Jugendkammer hinaus, so daß nicht schon deswegen die Mitwirkung von drei Berufsrichtern naheliegen könnte, und zum anderen liegt es im System des Rechtspflegeentlastungsgesetzes, *allen Kammern*, mit Ausnahme des Schwurgerichts, die Besetzungsreduzierung zu ermöglichen. Im übrigen kann für diese Auslegung auch das Gesetzgebungsverfahren herangezogen werden. Der ursprüngliche Vorschlag des Gesetzentwurfs, die Zuständigkeit der kleinen Jugendkammer auch auf Berufungen gegen Urteile des Jugendschöffengerichts zu erstrecken[60], ist an den von der Bundesregierung dagegen erhobenen Bedenken[61] gescheitert, weil durch die umfassende Strafkompetenz des Jugendschöffengerichts die Überprüfung durch nur einen Berufsrichter problematisch 21

[54] *Brunner/Dölling* § 33 – 33 b JGG, 9.
[55] So auch BGHRSt zu § 328 Abs. 1 StPO – Überleitung 2 –.
[56] *Kleinknecht/Meyer-Goßner*[44] 5; *Schmidt* NStZ **1995** 215.
[57] *Brunner/Dölling* § 33 – 33 b JGG, 9; *Böttcher/Mayer* NStZ **1993** 153; *Eisenberg* § 33 – 33 b JGG, 16; *Schmidt* NStZ **1995** 215; *Siegismund/Wickern* wistra **1993** 140.
[58] BGHR zu § 328 Abs. 1 – Überleitung 2 –; BayObLG NStZ **1998** 102.
[59] BayObLG NStZ **1998** 102.
[60] BTDrucks. **12** 1217, S. 49.
[61] BTDrucks. **12** 1217, S. 70.

sei. Insoweit hätte es aber nahegelegen, für die Zuordnung der Schöffengerichtsurteile zur großen Jugendkammer eine Ausnahme zu § 33 b JGG bzw. § 76 Abs. 2 zu beschließen. Im Umkehrschluß läßt sich daher ebenfalls annehmen, daß die Möglichkeit zur Besetzungsreduzierung uneingeschränkt geblieben ist.

22 **7. Die Strafvollstreckungskammer.** Nach der Neufassung des § 78 b Abs. 1 entscheidet die Strafvollstreckungskammer grundsätzlich durch einen Richter, also auch bei den ihr übertragenen Entscheidungen nach dem IRG (§ 78 a Abs. 1 Satz 1 Nr. 3) ohne Rücksicht auf den Entscheidungsgegenstand, bei den Entscheidungen über Maßnahmen nach dem Strafvollzugsgesetz (§ 78 Abs. 1 Satz 1 Nr. 2) ohne Rücksicht auf deren Schwierigkeit oder grundsätzliche Bedeutung sowie in den Entscheidungen nach den §§ 462 a, 463 StPO (§ 78 a Abs. 1 Satz 1 Nr. 1) ohne Rücksicht auf die Höhe der zugrundeliegenden Freiheitsstrafe. Eine Kollegialbesetzung mit drei Richtern ist lediglich noch dann vorgesehen, wenn über die Aussetzung der Vollstreckung des Restes einer lebenslangen Freiheitsstrafe oder die Aussetzung der Unterbringung in einem psychiatrischen Krankenhaus zu entscheiden ist. An der bisher ganz herrschenden Meinung, daß es sich bei der Strafvollstreckungskammer unabhängig von der Zahl der im Einzelfall mitwirkenden Richter um einen einheitlichen Spruchkörper handelt (Vor § 78 a, 6 ff), hat sich durch die Neufassung nichts geändert[62].

23 **8. Entscheidungen außerhalb der Hauptverhandlung.** Zum Begriff „außerhalb der Hauptverhandlung" vgl. § 30, 10. Außerhalb der Hauptverhandlung entscheidet die große Strafkammer in der Besetzung mit drei Berufsrichtern, und zwar selbst dann, wenn sie in der Hauptverhandlung nach Absatz 2 nur mit zwei Berufsrichtern besetzt ist oder eine solche Besetzung zu erwarten ist. Bei der kleinen Strafkammer entscheidet der Vorsitzende stets allein. Dies gilt auch im Fall des Absatzes 3. Zur Frage, ob der an sich klare Gesetzeswortlaut Ausnahmen erfordert, insbesondere in Haftsachen, vgl. § 30, 13 ff.

24 **9. Einsatz von Hilfsrichtern.** Wegen der Schwierigkeiten der deutschen Einheit hatte Art. 5 RpflEntlG für die Dauer von 5 Jahren § 29 DRiG dahin geändert, daß generell bei einer gerichtlichen Entscheidung zwei Richter auf Probe, kraft Auftrags oder auf Zeit mitwirken konnten. Das ließ den Einsatz solcher Richter im Hinblick auf § 59 Abs. 3 auch beim Landgericht zu, soweit von der Möglichkeit der Besetzungsreduktion nach § 76 Abs. 2 nicht Gebrauch gemacht worden ist. Seit dem 1. 3. 1998 gilt jedoch § 29 DRiG in den alten Bundesländern wieder in seiner ursprünglichen Fassung, so daß an Entscheidungen lediglich ein solcher Richter mitwirken darf. Für die neuen Bundesländer gewährte § 3 Abs. 1 Satz 1 RpflAnpG eine Ausnahme: hier war Voraussetzung, daß mindestens ein Richter auf Lebenszeit bei der Entscheidung mitzuwirken hatte. Diese Regelung war aber auch nur bis zum 31. 12. 1999 befristet[63].

25 **10. Zuständigkeitsüberschreitung.** Die auf der Grundlage des früheren Rechts (vor Inkrafttreten des RpflEntlG) bestehende Möglichkeit, daß statt der großen Strafkammer die kleine entschieden und damit in den Zuständigkeitsbereich eines Spruchkörpers mit

---

[62] *Siegismund/Wickern* wistra **1993** 140.

[63] Dem BR liegt ein Antrag des Freistaates Sachsen vor, einen Teilbereich der Sonderregelungen für die neuen Länder über den bisher vorhergesehenen Zeitpunkt hinaus zu verlängern (BRDrucks. 221/99 vom 31. 3. 99). Danach soll § 3 Abs. 1 RpflAnpG wie folgt gefaßt werden: „(1) In den in Artikel 1 Abs. 1 des Einigungsvertrages genannten Ländern dürfen bei den Oberlandesgerichten und bei den Landessozialgerichten bis zum Ablauf des 31. 12. 2004 abweichend von § 29 Satz 1 des Deutschen Richtergesetzes zwei abgeordnete Richter an einer gerichtlichen Entscheidung mitwirken."

höherer Strafgewalt eingegriffen hat, mit der Folge, daß das Revisionsgericht diesen Mangel (als Verfahrensvoraussetzung) von Amts wegen zu beachten und die Sache unter Aufhebung des angefochtenen Urteils an die große Strafkammer zurückzuverweisen hat[64], ist nach der Neufassung des § 76 nicht mehr denkbar. Vorstellbar bleibt jedoch dagegen, daß statt der kleinen Strafkammer die große entscheidet. Dieser Rechtsfehler wäre jedoch nach § 269 StPO grundsätzlich der Revision entzogen, falls nicht Willkür vorliegt. Wegen des Falles, daß statt des zuständigen Jugendgerichts das Erwachsenengericht entschieden hat, vgl. § 13, 9.

11. Feld- und Forstrügesachen. Wegen der Frage, ob die landesrechtlichen Vorschriften für das Verfahren in Feld- und Forstrügesachen, denen zufolge im ersten Rechtszug stets der Strafrichter und in der Berufungsinstanz die kleine Strafkammer entscheidet, auch bei Verfehlungen Jugendlicher gelten, vgl. § 25, 18. 26

12. Besonderheiten in den neuen Ländern. Die für die neuen Länder durch Art. 13 Nr. 3 RpflEntlG nach Maßgabe Nr. 1 Buchst. j Abs. 1 Satz 1 der Anlage 1 Kap. III Sachgeb. A Abschn. III zum Einigungsvertrag eingeräumte Möglichkeit, daß die Strafsenate des Bezirksgerichts über Berufungen — außer über solche gegen Urteile des Jugendschöffengerichts — in der Besetzung mit einem Richter und zwei Schöffen entscheiden konnten, ist durch den Übergang zum normalen Aufbau der ordentlichen Gerichtsbarkeit nicht mehr aktuell[65]. 27

§ 77

(1) Für die Schöffen der Strafkammern gelten entsprechend die Vorschriften über die Schöffen des Schöffengerichts mit folgender Maßgabe:

(2) [1]Der Präsident des Landgerichts verteilt die Zahl der erforderlichen Hauptschöffen für die Strafkammer auf die zum Bezirk des Landgerichts gehörenden Amtsgerichtsbezirke. [2]Die Hilfsschöffen wählt der Ausschuß bei dem Amtsgericht, in dessen Bezirk das Landgericht seinen Sitz hat. [3]Hat das Landgericht seinen Sitz außerhalb seines Bezirks, so bestimmt die Landesjustizverwaltung, welcher Ausschuß der zum Bezirk des Landgerichts gehörigen Amtsgerichte die Hilfsschöffen wählt. [4]Ist Sitz des Landgerichts eine Stadt, die Bezirke von zwei oder mehr zum Bezirk des Landgerichts gehörenden Amtsgerichten oder Teile davon umfaßt, so gilt für die Wahl der Hilfsschöffen durch die bei diesen Amtsgerichten gebildeten Ausschüsse Satz 1 entsprechend; die Landesjustizverwaltung kann bestimmte Amtsgerichte davon ausnehmen. [5]Die Namen der gewählten Hauptschöffen und der Hilfsschöffen werden von dem Richter beim Amtsgericht dem Präsidenten des Landgerichts mitgeteilt. [6]Der Präsident des Landgerichts stellt die Namen der Hauptschöffen zur Schöffenliste zusammen.

(3) [1]An die Stelle des Richters beim Amtsgericht tritt für die Auslosung der Reihenfolge, in der die Hauptschöffen an den einzelnen ordentlichen Sitzungen teilnehmen, und der Reihenfolge, in der die Hilfsschöffen an die Stelle wegfallender Schöffen treten, der Präsident des Landgerichts; § 45 Abs. 4 Satz 3, 4 gilt entsprechend.

[64] BayObLG GA **1971** 88.

[65] S. Einl. E 180.

[2]Die Entscheidung darüber, ob ein Schöffe von der Schöffenliste zu streichen ist, sowie über die von einem Schöffen vorgebrachten Ablehnungsgründe trifft eine Strafkammer. [3]Im übrigen tritt an die Stelle des Richters beim Amtsgericht der Vorsitzende der Strafkammer.

(4) [1]Ein ehrenamtlicher Richter darf für dasselbe Geschäftsjahr nur entweder als Schöffe für das Schöffengericht oder als Schöffe für die Strafkammern bestimmt werden. [2]Ist jemand für dasselbe Geschäftsjahr in einem Bezirk zu mehreren dieser Ämter oder in mehreren Bezirken zu diesen Ämtern bestimmt worden, so hat der Einberufene das Amt zu übernehmen, zu dem er zuerst einberufen wird.

Schrifttum. *Brandes* Auslosung der Schöffen zur Schöffenliste des Landgerichts, MDR **1980** 371; *Katholnigg* Nochmals: Auslosung der Schöffen zur Schöffenliste des Landgerichts, MDR **1980** 635; *Röper* Zur Auswahl der Hilfsschöffen, DRiZ **1981** 99; *Schätzler* Hilfsschöffenwahl in Berlin, NJW **1980** 1148; *Wagner* Vorverlegung der Besetzungsrüge nach § 222 a StPO und die Folgen, JR **1980** 50.

Entstehungsgeschichte. Die Änderungen, die § 77 in der Zeit bis zur Bekanntmachung der Fassung des GVG vom 9. 5. 1975 (BGBl. I 1077) erfahren hatte, sind in LR[23] bei der Entstehungsgeschichte des § 77 dargestellt; darauf wird hier verwiesen. Seitdem erhielten durch Art. 2 Nr. 10 StVÄG 1979 Absatz 1 in Absatz 2 die Sätze 1 und 5, in Absatz 3 die Sätze 1 und 2, in Absatz 4 der Satz 1 der 1975 bekannt gemachten Fassung neue Fassungen. Dies beruhte darauf, daß das bis dahin geltende Recht als Nachklang der früheren Unterscheidung zwischen Schöffen und Geschworenen bei den Hauptschöffen des Landgerichts zwischen den Hauptschöffen für das Schwurgericht und den Hauptschöffen für die übrigen Strafkammern unterschied und es demgemäß für die Auslosung der Reihenfolge der Heranziehung getrennte Hauptschöffenlisten für das Schwurgericht und für die übrigen Strafkammern gab. Diese Trennung, für die es keine sachlichen Gründe gab, und die zudem die Gefahr gewisser Unzuträglichkeiten in sich barg, wurde zugunsten der Auslosung aus der einheitlichen Hauptschöffenliste des Landgerichts aufgegeben; wegen der Einzelheiten ist auf die Ausführungen im EB der 23. Aufl. zu § 77 zu verweisen. Durch Art. 2 Nr. 4 des StVÄG 1987 wurde in § 77 Abs. 2 ein neuer Satz 4 eingefügt mit der Folge, daß die bisherigen Sätze 4 und 5 die Sätze 5 und 6 wurden.

Übersicht

1 **1. Hauptschöffen.** Diese werden von den Wahlausschüssen der einzelnen Amtsgerichte entsprechend der Zuteilung der erforderlichen Zahl durch den Landgerichtspräsidenten gewählt. Der Landgerichtspräsident stellt nach Absatz 2 Satz 6 die ihm vom Richter beim Amtsgericht mitgeteilten Namen der Gewählten zur einheitlichen Schöffenliste des Landgerichts (vgl. § 77 Abs. 1 in Verb. mit § 74) zusammen, aus der die Auslosung der Reihenfolge geschieht, in der die Hauptschöffen an den im voraus festgesetzten Sitzungstagen teilnehmen (§§ 45, 77 Abs. 3). Im Rahmen des Möglichen sind alle Amtsge-

richtsbezirke zu berücksichtigen[1]. Dabei ist auch der Bezirk einer auswärtigen Strafkammer (§ 78 Abs. 3) entsprechend dem Anteil der Verfahren, die von der Zuständigkeitsverlagerung nicht erfaßt werden[2], zu berücksichtigen, jedoch greift bei deren Nichtberücksichtigung die Revisionsrüge des § 338 Nr. 1 StPO — auch unter dem Gesichtspunkt der Erhaltung der Funktionstüchtigkeit der Rechtspflege — nicht durch, wenn der Rechtsfehler auf dem verständlichen Rechtsirrtum beruht, daß angesichts des verschwindend geringen Anteils von Verfahren aus dem nicht berücksichtigten auswärtigen Bezirk die Zuweisung von Schöffen aus ihm nicht geboten sei, weil sie der Zielsetzung des § 77 Abs. 2 Satz 1 nicht Genüge tun könne[3]. Aus dem Erfordernis einer *einheitlichen* Schöffenliste ergibt sich, daß es nicht zulässig ist, „besondere" Listen für Schöffen zur Besetzung der Strafkammern mit gesetzlicher Spezialzuständigkeit (Schwurgericht, Staatsschutz- und Wirtschaftskammer) zu bilden[4], wenngleich dies besonders in Wirtschaftsstrafsachen wünschenswert wäre. Die Auslosung kann getrennt für die einzelnen Strafkammern erfolgen. Sie soll so vorgenommen werden, daß jeder Schöffe möglichst an nicht weniger und nicht mehr als zwölf Sitzungstagen im Jahr herangezogen wird (§ 45 Abs. 2 Satz 3).

2. Die Hilfsschöffen werden, dem Sinngehalt des § 42 Abs. 1 Nr. 2 Satz 2 entsprechend, nach § 77 Abs. 2 Satz 2 grundsätzlich von dem Ausschuß bei dem Amtsgericht gewählt, in dessen Bezirk das Landgericht seinen Sitz hat. Eine Ausnahme davon gilt nach Satz 3, wenn das Landgericht seinen Sitz außerhalb seines Bezirks hat, wie es etwa beim Landgericht München II der Fall ist. Eine weitere Ausnahme regelt Abs. 2 Satz 4, der, wie die entsprechende Vorschrift in § 58 Abs. 2 Satz 2 und 3 (dort Rdn. 16), einem von der Bundesregierung gebilligten Vorschlag des Bundesrats zufolge[5] durch das StVÄG 1987 eingefügt wurde. Vor Einfügung dieses Satzes 4 waren Zweifel entstanden, was rechtens ist, wenn Sitz des Landgerichts ein Ort ist, der in mehrere Amtsgerichtsbezirke aufgeteilt ist. BGHSt **29** 144[6] hatte (betr. AG Charlottenburg in Berlin) dahin entschieden, daß § 77 Abs. 2 Satz 3 entsprechend anwendbar sei[7]. **2**

Das jetzt geltende Recht beruht — wie die entsprechende Ergänzung in § 58 Abs. 2 — auf der Erwägung, daß angesichts der Verbesserung der Verkehrsverhältnisse für die von BGHSt **29** 144 gefundene Regelung kein Bedürfnis bestehe und deshalb auch in den Stadtstaaten und in anderen Bundesländern mit Landgerichten, an deren Sitz sich mehrere Amtsgerichte befinden, für die Wahl der Hilfsschöffen der landgerichtlichen Strafkammern das gleiche Verfahren gelten müsse wie für die Hauptschöffen, also in der Regel **Wahl aus allen Amtsgerichtsbezirken** der jeweiligen Stadt nach einer durch den Landgerichtspräsidenten vorzunehmenden Aufteilung und Zulassung einer Ausnahmeregelung wegen besonderer örtlicher Verhältnisse. **3**

3. Zur Auslosung

a) Allgemeines. Die Auslosung findet in öffentlicher Sitzung statt, bei der nur der Präsident und der Urkundsbeamte mitwirken. Die Auslosung erfolgt nicht nur für die einzelnen Sitzungstage, sondern, wenn mehrere Strafkammern bestehen, auch gesondert für die einzelnen Strafkammern. Bei einer Veränderung der Strafkammern durch Auflösung oder **4**

---

[1] OLG Celle NdsRpfl. **1980** 55; vgl. auch BGH NStZ **1992** 502.

[2] BGHSt **34** 121 = NStZ **1987** 238 m. Anm. *Katholnigg* = StV **1987** 93 mit Anm. *Mehle.*

[3] BGHSt **34** 121 = NJW **1986** 2585 = NStZ **1987** 238 mit Anm. *Katholnigg* = StV **1987** 293 mit Anm. *Mehle; Kleinknecht/Meyer-Goßner*[44] 2.

[4] *Katholnigg* MDR **1980** 635 gegen *Brandes* MDR **1980** 371.

[5] BTDrucks. **10** 1313, S. 55, 56.

[6] = NJW **1980** 1175 = JR **1980** 85, dazu *Schätzler* NJW **1980** 1149; *Wegner* JR **1980** 50.

[7] Wegen der Rechtslage in Hamburg vgl. BGH JR **1986** 388 mit Anm. *Katholnigg* S. 389.

Neubildung im Lauf des Geschäftsjahres muß eine Neuauslosung der Schöffen erfolgen[8]. Es können also, wenn z. B. eine große Strafkammer aufgelöst wird, die für sie ausgelosten Schöffen nicht für die Sitzungen einer neu gebildeten kleinen Strafkammer herangezogen werden, die die Sitzungstage der aufgelösten Kammer übernimmt[9].

5 **b) Hilfsstrafkammern.** Wird im Lauf des Geschäftsjahres zur Entlastung einer überlasteten Strafkammer eine Hilfsstrafkammer gebildet, die vorübergehend einen Teil der jener obliegenden Aufgaben übernimmt, so vertritt die Hilfsstrafkammer die ordentliche Kammer in den Aufgaben, die letztere nicht bewältigen kann (s. § 60, 8). Daraus wurde in der umstrittenen Rechtsprechung des Bundesgerichtshofs gefolgert, daß die für die ordentliche Kammer ausgelosten Schöffen an den für sie bestimmten Tagen ohne weiteres zu den Sitzungen der Hilfsstrafkammer einzuberufen seien, soweit nicht beide Kammern am gleichen Tag — auch durch Terminabsprachen nicht abzuändernde — sich überschneidende Sitzungen abhalten[10]. Wenn allerdings im Einzelfall die Sitzungen sich überschneiden, könne von einer außerordentlichen Sitzung der Hilfsstrafkammer gesprochen werden, die zur Anwendbarkeit des § 48 a. F = § 47 n. F führt[11], während bei generellen Überschneidungen die Hilfsstrafkammer wie eine neugebildete Kammer zu behandeln ist[12].

6 Im Schrifttum wurden, insbes. nach Erlaß des StVÄG 1979, gegen die dargestellte Behandlung der Schöffenzuziehung Bedenken erhoben; es wurde geltend gemacht, daß mit den Bestrebungen dieses Gesetzes bei der Neuregelung des Schöffenbesetzungswesens, nach verstärkter Beachtung des Grundsatzes des gesetzlichen Richters und eines weitgehenden Ausschlusses von Besetzungsrügen, ein **Wechsel im Besetzungsmodus bei der Hilfsstrafkammer** schwer zu vereinbaren sei, der auf die voraussichtliche Dauer des Bestehens der Hilfskammer, auf die voraussichtliche Parallelität der Sitzungstage oder auf das Maß der Mehrbelastung für die Hauptschöffen der ordentlichen Kammer abstelle. Das spreche dafür, die Hilfskammer stets als „weiteren Spruchkörper" i. S. des § 46 anzusehen, freilich mit der Folge, daß die ausgelosten Hilfsschöffen nach ihrer Streichung aus der Hilfsschöffenliste auch dann Hauptschöffen bleiben, wenn die Tätigkeit der Hilfskammer nach kurzem Bestehen endet[13]. Indessen ist BGHSt **31** 157[14] unter Abwägung des pro und contra dabei verblieben, daß § 46 nicht für die Hilfsstrafkammer gelte. Eine wesentliche Rolle spielt dabei die Erwägung, daß bei mehrfacher Errichtung von nur kurzfristig tätigen Hilfsstrafkammern zahlreiche Hilfsschöffen in die Hauptschöffenliste übertragen werden müßten, die als solche nicht mehr benötigt werden, während sich die Hilfsschöffenliste zu schnell erschöpfe. Dem ist lediglich zuzustimmen[15].

7 **c) Auflösung der Hilfsstrafkammer.** Wird eine Hilfsstrafkammer aufgelöst und gehen ihre Geschäfte auf eine neu gebildete große Strafkammer über, so endet mit der Auflösung der Hilfsstrafkammer das Amt der für sie bestellten Schöffen, und für die neu gebildete Strafkammer müssen auch dann neue Schöffen ausgelost werden, wenn sie die Sitzungstage der aufgelösten Kammer übernimmt[16]. Mit dem Grundsatz der gesonderten

---

8 Zu den in Betracht kommenden technischen Möglichkeiten vgl. OLG Koblenz NJW **1965** 546.

9 OLG Hamm NJW **1956** 1937; vgl. auch BayObLG NJW **1961** 586.

10 RG Recht **1929** Nr. 1308; BGHSt **25** 174 = NJW **1973** 1139.

11 BGHSt **25** 175; BGHSt **41** 175 = JR **1996** 165 mit Anm. *Katholnigg*.

12 Dazu *Rieß* DRiZ **1977** 293.

13 So im wesentlichen *Kissel* § 46, 9; § 77, 5; KMR-*Müller* § 46, 1; LR-*K. Schäfer*[23] ErgBd. § 46, 5.

14 = NJW **1983** 185 = NStZ **1983** 178 (Leitsatz) mit krit. Anm. *Katholnigg* = StV **1983** 10 mit Anm. *Jungfer*. S. auch BGH StV **1986** 49 und KG StV **1986** 49 mit Anm. *Danckert*.

15 So auch *Kleinknecht/Meyer-Goßner*[44] 6; KK-*Diemer*[4] 4; LR-*K. Schäfer*[23] ErgBd. § 46, 5 ist damit überholt.

16 BGHSt **22** 209 = NJW **1968** 1974 = LM Nr. 12 mit Anm. *Hübner*.

Auslosung der Schöffen für die einzelnen Strafkammern ist es aber nicht unverträglich, für zwei Strafkammern dieselben Schöffen auszulosen; dies gilt auch, wenn die beiden Kammern die gleichen Sitzungstage haben, eine gleichzeitige Heranziehung der Schöffen an demselben Sitzungstag aber deshalb möglich ist, weil die Sitzungen zeitlich nacheinander stattfinden[17]. Wegen der gesonderten Festsetzung von Sitzungstagen für die Straf- und Jugendkammern vgl. § 45, 2.

4. Aufgaben der Strafkammer (Absatz 3 Absatz 2). Die nach § 52 Abs. 1, 2, § 53 erforderlichen Anordnungen und Entscheidungen trifft die im Geschäftsverteilungsplan bezeichnete Strafkammer. Daß diese Aufgaben nur *einer* Strafkammer zugeteilt werden können, will Absatz 3 Satz 2 nicht besagen[18]. Handelt es sich bei der der Kammer obliegenden Entscheidung weder um eine Ermessensentscheidung noch um eine Entscheidung über unbestimmte Rechtsbegriffe, sondern um eine bei eindeutig bestimmten tatsächlichen Voraussetzungen zwingend gebotene Entscheidung, so ist es unschädlich, wenn statt der Kammer der Vorsitzende die Entscheidung trifft, die auch die Kammer nicht anders hätte treffen können[19]. Ob das erkennende Gericht schon deshalb vorschriftswidrig besetzt ist, weil die Streichung eines Hauptschöffen in der Schöffenliste abweichend von Absatz 3 Satz 2 durch den Landgerichtspräsidenten und nicht durch die Strafkammer erfolgte, hat BGH NStZ **1985** 135 offengelassen; auf jeden Fall ist das Gericht vorschriftswidrig besetzt, wenn der Landgerichtspräsident nach Streichung des Hauptschöffen einen Hilfsschöffen in öffentlicher Sitzung als neuen Hauptschöffen auslost, während nach § 49 Abs. 2 Satz 1 an die Stelle des Gestrichenen der Hilfsschöffe tritt, der nach der Reihenfolge der Hilfsschöffenliste an nächster Stelle steht (BGH aaO). 8

5. Aufgaben des Strafkammervorsitzenden. Die in Absatz 3 Satz 3 bezeichneten Aufgaben obliegen dem Strafkammervorsitzenden, d. h. dem ordentlichen Vorsitzenden oder im Falle seiner Verhinderung dem in diesem Zeitpunkt zu seiner Vertretung Berufenen, nicht etwa demjenigen, der in seiner Vertretung demnächst den Vorsitz in der betreffenden Sitzung führt[20]. Er muß diese Aufgaben persönlich wahrnehmen. So ist z. B. das Gericht unvorschriftsmäßig besetzt, wenn anstelle des Vorsitzenden der Urkundsbeamte darüber entschieden hat, ob ein zunächst zur Mitwirkung an der Sitzung berufener Hilfsschöffe als verhindert i. S. des § 54 anzusehen ist[21]. 9

6. Rechtsnatur der Tätigkeiten. Präsident des Landgerichts, Strafkammer und Strafkammervorsitzender handeln, ebenso wie der Richter beim Amtsgericht, zwar unter richterlicher Unabhängigkeit, aber nicht in Ausübung rechtsprechender Tätigkeit, sondern üben „justizförmige"[22] Verwaltungstätigkeit (s. Erl. zu § 21 h, 24. Aufl. Rdn. 3) — aber nicht etwa „reine" Justizverwaltungstätigkeit — aus. Daraus ergibt sich z. B., daß eine Maßnahme des Strafkammervorsitzenden nicht deshalb unwirksam ist, weil er nach § 22 StPO ausgeschlossen oder er demnächst mit Erfolg abgelehnt oder seine Selbstablehnung für begründet erklärt wird, denn dieser Ausschluß bezieht sich nur auf eine echte rechtsprechende Tätigkeit[23]. Nimmt versehentlich statt des Strafkammervorsitzenden der Landgerichtspräsident die Auslosung der Schöffen für eine außerordentliche Sitzung vor, so ist dies für den Bestand des Urteils ohne Bedeutung. Denn es handelt sich um einen Akt, der nicht anders ausgefallen wäre, wenn ihn der Strafkammervorsitzende vorgenom- 10

[17] BGHSt **20** 296 = LM Nr. 11 mit Anm. *Kohlhaas*.
[18] OLG Celle MDR **1972** 261.
[19] BGH NJW **1967** 1141, 1142.
[20] BGHSt **3** 68.
[21] BGH DRiZ **1967** 63.
[22] So BGHSt **3** 68; **25** 257.
[23] BGHSt **3** 68.

men hätte. Für die justizförmigen Verwaltungsakte gilt in dieser Hinsicht nichts anderes als für die Akte der Rechtsprechungstätigkeit[24].

11 **7. Keine Ämterhäufung (Absatz 4).** Die Vorschrift enthält einen allgemein geltenden Grundsatz, der sinngemäß auch für Hilfsschöffen und für das Zusammentreffen von Hilfs- und Hauptschöffen gilt. Absatz 4 richtet sich zunächst an den Wahlausschuß (§ 40), der durch seine Wahl die „Bestimmung" zum Schöffengerichts- oder Strafkammerschöffen, zum Haupt- oder Hilfsschöffen trifft. Trotz der sprachlichen Einkleidung („Ein ehrenamtlicher Richter darf . . . nur . . ." statt früher. „Niemand soll zugleich . . .") macht ein versehentlicher Verstoß gegen Absatz 4 Satz 1 — durch den gleichen Wahlausschuß oder bei Wahl in verschiedenen Amtsgerichtsbezirken des gleichen Landgerichtsbezirks infolge Unkenntnis der am anderen Ort getroffenen Bestimmung (denkbar z. B. bei Doppelwohnsitz) — die mehrfache Bestimmung nicht unwirksam, wie sich aus Satz 2 ergibt. Danach hat der mehrfach „Bestimmte" das Amt zu übernehmen, zu dem er zuerst einberufen wird; die übrigen „Bestimmungen" werden dadurch hinfällig. Unter „Einberufung" ist bei Hauptschöffen die entsprechend §§ 45, 77 Abs. 1 und 3 Satz 1 Halbsatz 2 ergehende Nachricht, bei Hilfsschöffen die Nachricht von der konkreten Heranziehung nach § 49 Abs. 3 Satz 3 zu verstehen; entsprechendes gilt für den Hilfsschöffen, der nach §§ 48, 192 als Ergänzungsschöffe herangezogen wird. Bei gleichzeitiger Einberufung eines versehentlich sowohl für das Schöffengericht wie für die Strafkammer ausgelosten Schöffen gebührt die Einberufung zu demjenigen Amt der Vorzug, das der Schöffe schon zuvor ausgeübt hatte; hatte der gleichzeitig Einberufene zuvor noch keine Schöffentätigkeit ausgeübt, so wird der Einberufung zu dem höheren Gericht der Vorrang einzuräumen sein[25].

§ 78

(1) [1]Die Landesregierungen werden ermächtigt, durch Rechtsverordnung wegen großer Entfernung zu dem Sitz eines Landgerichts bei einem Amtsgericht für den Bezirk eines oder mehrerer Amtsgerichte eine Strafkammer zu bilden und ihr für diesen Bezirk die gesamte Tätigkeit der Strafkammer des Landgerichts oder einen Teil dieser Tätigkeit zuzuweisen. [2]Die in § 74 Abs. 2 bezeichneten Verbrechen dürfen einer nach Satz 1 gebildeten Strafkammer nicht zugewiesen werden. [3]Die Landesregierungen können die Ermächtigung auf die Landesjustizverwaltungen übertragen.

(2) [1]Die Kammer wird aus Mitgliedern des Landgerichts oder Richtern beim Amtsgericht des Bezirks besetzt, für den sie gebildet wird. [2]Der Vorsitzende und die übrigen Mitglieder werden durch das Präsidium des Landgerichts bezeichnet.

(3) [1]Der Präsident des Landgerichts verteilt die Zahl der erforderlichen Hauptschöffen auf die zum Bezirk der Strafkammer gehörenden Amtsgerichtsbezirke. [2]Die Hilfsschöffen wählt der Ausschuß bei dem Amtsgericht, bei dem die auswärtige Strafkammer gebildet worden ist. [3]Die sonstigen in § 77 dem Präsidenten des Landgerichts zugewiesenen Geschäfte nimmt der Vorsitzende der Strafkammer wahr.

---

[24] Ebenso im Ergebnis, aber mit anderer Begründung BayObLG NJW **1961** 569.

[25] LG Hamburg MDR **1968** 170; *Kissel* 9; s. auch *Kleinknecht/Meyer-Goßner*[44] 5.

Schrifttum. *Müller* Abweichungen von der gewöhnlichen Gerichtsorganisation und ihre Auswirkungen, NJW **1963** 614 (betr. die Regelung der Bildung auswärtiger Spruchkörper in den Gerichtsverfassungsvorschriften der verschiedenen Gerichtsbarkeitszweige); *Rinck* Gesetzlicher Richter, Ausnahmegericht und Willkürverbot, NJW **1964** 1649.

Entstehungsgeschichte. VO vom 4. 1. 1924 § 18 Abs. 4 (RGBl. I 17). Bek. vom 22. 3. 1924 (RGBl. I 309). §§ 7 Abs. 5, 11 Abs. 3 GVGVO 1935. Das VereinhG 1950 übertrug die Bestellung des Vorsitzenden und der Amtsrichter, die der Landesjustizverwaltung zustand, dem Präsidium. Die Ersetzung von „Amtsrichtern" durch „Richtern beim Amtsgericht" in Absatz 2 Satz 1 und die Streichung der Worte „nach § 63" (hinter „werden") in Absatz 2 Satz 2 beruhen auf Art. II Nr. 6 und 15 PräsVerfG. Die Änderung der Fassung des Absatzes 1 (früher: „Durch Anordnung der Landesjustizverwaltung kann wegen großer Entfernung ... oder ein Teil dieser Tätigkeit zugewiesen werden"), des Absatzes 3 Satz 1 (früher: „Die Landesjustizverwaltung verteilt ...") und des Absatzes 3 Satz 3 (früher: „Die im § 77 dem Landgerichtspräsidenten zugewiesenen ...") beruhen auf Art. 2 Nr. 24 des 1. StVRG 1974.

Übersicht

1. Bildung und Aufhebung auswärtiger Strafkammern (Absatz 1 Satz 1 und 3). 1 Die Einsetzung von Strafkammern außerhalb des Sitzes des Landgerichts (auswärtige, früher sog. „detachierte" Strafkammern) erfolgt durch Rechtsverordnung der Landesregierung oder der von ihr durch RechtsVO ermächtigten Landesjustizverwaltung. Die Landesregierung oder — kraft Übertragung der Ermächtigung — die Landesjustizverwaltung entscheidet über das Bedürfnis; sie bestimmt die Sitze und die Bezirke der auswärtigen Strafkammern. Auch die Wiederaufhebung der auswärtigen Strafkammer oder eine Veränderung ihres Sitzes bedarf einer solchen Rechtsverordnung. Wegen der Beteiligung des Richterrats vgl. LR[23] § 52, 1 DRiG. Errichtung und Wiederaufhebung einer auswärtigen Strafkammer verstoßen nur dann gegen das Verbot der Richterentziehung (Art. 101 Abs. 1 Satz 2 GG), wenn sie aus sachfremden Gründen erfolgen[1]. Zu unterscheiden von der Tätigkeit einer auswärtigen Strafkammer ist der Fall, daß die Strafkammer des Landgerichts außerhalb des Gerichtssitzes tagt (vgl. Vor § 226 StPO, 2).

[1] *Rinck* NJW **1964** 1650.

2 **2. Bezirksbildung.** Der Bezirk einer auswärtigen Strafkammer muß mit dem Bezirk eines Amtsgerichts oder den Bezirken mehrerer Amtsgerichte zusammenfallen; die Teilung eines Amtsgerichtsbezirks ist nicht statthaft[2]. Bei entsprechendem Geschäftsanfall können für den gleichen abgegrenzten Bezirk mehrere Strafkammern gebildet werden. Es gilt dann § 21 e entsprechend[3].

3. Der Geschäftskreis der auswärtigen Strafkammern

3 **a) Bestimmung durch Rechtsverordnung.** Die sachliche Zuständigkeit im weiteren Sinn der auswärtigen Strafkammer ist, von Absatz 1 Satz 2 abgesehen, nicht gesetzlich festgelegt; vielmehr überläßt das Gesetz die Bestimmung der in Rdn. 1 bezeichneten RechtsVO. Diese kann allgemein, d. h. für alle auswärtigen Strafkammern geltende Grundsätze aufstellen, ebenso aber auch den Geschäftskreis für die einzelne Strafkammer besonders bestimmen; sie kann die getroffenen allgemeinen oder besonderen Bestimmungen ändern und den Geschäftskreis neu bestimmen. Enthält die RechtsVO keine ausdrücklichen Beschränkungen der Zuständigkeit, ist die auswärtige Strafkammer für die gesamten Aufgaben zuständig, die der Strafkammer des Landgerichts obliegen. Dies gilt einheitlich für kleine oder große Strafkammern.

4 **b) Kreis der übertragbaren Geschäfte.** Die Worte „einen Teil dieser Tätigkeit" sind nur auf die Verschiedenheit der Tätigkeiten der Strafkammer (§ 60, 2) zu beziehen; die eine Tätigkeit kann den auswärtigen Strafkammern übertragen, die andere den Strafkammern der Landgerichte vorbehalten werden. Z. B. kann bestimmt werden, daß den auswärtigen Strafkammern die Tätigkeit der kleinen Strafkammer des Landgerichts als erkennenden Gerichts (also nicht die Tätigkeit der Beschlußkammer und nicht die Tätigkeit der großen Strafkammer) zugewiesen wird. Dagegen erscheint es nach Sinn und Zweck der auswärtigen Strafkammer grundsätzlich nicht statthaft, ihre Zuständigkeit auf generell bestimmte Delikte (z. B. auf Verkehrsdelikte) zu beschränken, denn die Bildung auswärtiger Strafkammern bezweckt, den Beteiligten (Beschuldigten, Zeugen, Schöffen) lange Reisen zum Sitz des Stammlandgerichts zu ersparen („wegen großer Entfernung"), soll aber nicht der Bildung von Spezialspruchkörpern dienen[4]. Ausnahmen wären denkbar, wenn in einem bestimmten Amtsgerichtsbezirk aus den dort gegebenen besonderen Umständen bestimmte Straftaten sich viel häufiger ereignen als in anderen Teilen des Landgerichtsbezirks. Kraft Gesetzes (Absatz 1 Satz 2) dürfen Schwurgerichtssachen der auswärtigen Strafkammer nicht zugewiesen werden. Der Grund für diese Ausnahme ist darin zu sehen, daß mit der Grundkonzeption der Bildung von Spruchkörpern mit gesetzlicher Zuständigkeitskonzentration — die aus der Befassung mit der Spezialmaterie gewonnenen besonderen Kenntnisse und Erfahrungen der Richter im Interesse der Rechtsfindung und gleichmäßigen Rechtshandhabung nutzbar zu machen — eine Aufspaltung der örtlichen Zuständigkeit nicht verträglich wäre. Das muß dann aber in gleicher Weise auch für die Tätigkeit der Staatsschutzstrafkammer (§ 74 a) und der Wirtschaftsstrafkammer (§ 74 c) gelten[5], dagegen nicht für die Jugendkammer[6]. Absatz 1 Satz 2 schließt nicht aus, daß — wie dies § 91 a. F ausdrücklich zuließ — die Strafkammer als Schwurgericht im Einzelfall den Beteiligten eine weite Anreise dadurch erspart, daß sie die Hauptverhand-

---

2 H. M; Nachweise des älteren Schrifttums in LR[20] Anm. 2; *Eb. Schmidt* 2.

3 *Katholnigg*[3] 1; *Kissel* 6.

4 **A. M** *Feisenberger* 2; *Eb. Schmidt* 4; KMR-*Paulus* 1.

5 So auch *Katholnigg*[3] 2; *Kissel* 5; *Kleinknecht/Meyer-Goßner*[44] 2 sieht dagegen – ohne Begründung – auswärtige Wirtschaftsstrafkammern als zulässig an.

6 OLG Karlsruhe Justiz **1978** 474.

lung nicht am Sitz des Landgerichts, sondern an einem anderen Ort innerhalb des Landgerichtsbezirks durchführt.

c) Zuweisung der gesamten Tätigkeit der Strafkammern des Landgerichts. Wird einer auswärtigen Strafkammer für ihren Bezirk die gesamte Tätigkeit der Strafkammer des Landgerichts zugewiesen, so besteht zwischen beiden Strafkammern kein weiterer Unterschied als der, daß dieser die Zuständigkeit aus gesetzlicher Zuständigkeitskonzentration (Rdn. 4) verbleibt, soweit sie nicht gemäß § 74 c Abs. 3, § 74 d einem anderen Landgericht zugewiesen ist. Sonst ist gesetzlich keine Strafkammeraufgabe (vgl. § 60, 2) von dem Geschäftskreis der auswärtigen Strafkammern ausgeschlossen, so z. B. auch nicht die Wahrnehmung der Verrichtungen des oberen Gerichts (§§ 12, 13, 14, 15, 19, 27 StPO) gegenüber den Amtsgerichten und den Schöffengerichten des Strafkammerbezirks. **5**

4. Das Verhältnis der auswärtigen Strafkammer zu dem Landgericht

a) Grundsatz. Das Verhältnis ist im Gesetz nicht näher geregelt. Wenn auch die auswärtigen Strafkammern im allgemeinen einen den übrigen Strafkammern gleichstehenden Spruchkörper bilden (vgl. § 60, 1), so muß doch für die örtliche Zuständigkeit eine auswärtige Strafkammer in gewissen Beziehungen als ein selbständiges Gericht betrachtet werden. Denn während der Aufgabenbereich der beim Landgericht gebildeten Strafkammer (§ 60) durch den Geschäftsverteilungsplan des Präsidiums bestimmt wird (§ 21 e) und im Lauf des Geschäftsjahres wechseln kann (§ 21 e Abs. 3), wird nach § 78 die auswärtige Strafkammer gesetzlich für einen bestimmten Bezirk bestellt; sie ist für diesen Bezirk zuständig, und das Recht des Beschuldigten, vor den zuständigen Richter gestellt zu werden, muß auch im Verhältnis der auswärtigen zur Strafkammer am Landgerichtssitz zueinander gelten[7]. Zuständigkeitsstreitigkeiten (§ 14 StPO) entscheidet der Strafsenat des Oberlandesgerichts[8]. Soweit nicht der auswärtigen Strafkammer die Geschäfte der Strafkammer übertragen sind, bleibt es bei der allgemeinen Regel, daß die Strafkammer des Landgerichts zu entscheiden hat[9]. Aus dem Gesagten ergeben sich folgende Sätze: **6**

b) Gesetzlicher Richter. Einer auswärtigen Strafkammer dürfen ohne gesetzlichen Anlaß weder Sachen, für die sie örtlich zuständig ist, entzogen, noch Sachen, für die sie nicht zuständig ist, zugewiesen werden. **7**

c) Verhinderung an der Ausübung des Richteramtes. Ob die auswärtige Strafkammer im Einzelfall an der Ausübung des Richteramts verhindert oder ob von der Verhandlung vor ihr eine Gefährdung der öffentlichen Sicherheit zu besorgen ist (§ 15 StPO), hat das Oberlandesgericht zu entscheiden. Für die etwa erforderliche Übertragung einer Strafsache wird hier in der Regel die Strafkammer des Landgerichts in Betracht kommen; die Verweisung an ein anderes Gericht ist aber statthaft. Ist umgekehrt die Sache von einem Landgericht mit auswärtiger Strafkammer hinwegzuverweisen, so braucht sie nicht gerade auf die auswärtige Strafkammer übertragen zu werden, da diese nur zur Entscheidung der Sachen ihres Bezirks bestellt ist. **8**

d) Richterablehnung. Wird gegen einen oder mehrere Richter der auswärtigen Strafkammer ein Ablehnungsgesuch angebracht, so liegt Beschlußunfähigkeit (§ 27 Abs. 4 StPO) schon vor, wenn dort die zur Entscheidung über das Gesuch erforderliche Richter- **9**

7 RGSt **17** 230; **48** 132; **50** 159; BGHSt **18** 176, 177; OLG Bremen MDR **1965** 67; *Eb. Schmidt* 10; *Kissel* 7 und überwiegend auch das ältere Schrifttum – Nachweise in LR[20] Anm. 4.

8 OLG Hamm NJW **1956** 317; h. M.

9 RGSt **41** 117.

zahl nicht mehr vorhanden ist; die Entscheidung steht alsdann dem Oberlandesgericht zu[10].

10 **e) Einlegung der Revision.** Streit bestand, ob die Revision gegen das Urteil einer auswärtigen Strafkammer nur bei dieser oder auch beim Landgericht als Stammgericht eingelegt werden kann. Die Frage wird — mit Recht — zunehmend im Sinn der letzteren Auffassung beantwortet[11]. Übrigens ist für den Angeklagten die Streitfrage ohne praktische Bedeutung. Denn in der Rechtsmittelbelehrung (§ 35 a StPO) muß genau die Stelle bezeichnet werden, bei der die Revision eingelegt werden kann, und eine nach Auffassung des Rechtsmittelgerichts falsche Belehrung führt zur Wiedereinsetzung in den vorigen Stand (§ 44 StPO). Von der Frage, wo das Rechtsmittel einzulegen ist, unabhängig ist die Frage, welches Gericht über dessen Zulässigkeit zu beschließen hat.

11 **f) Bei Zurückverweisung einer Strafsache** an die Vorinstanz ist die auswärtige Strafkammer gegenüber der Strafkammer am Sitz des Landgerichts und umgekehrt eine andere Kammer i. S. des § 354 Abs. 2 StPO[12].

12 **5. Die Richter (Absatz 2).** Die Bestellung aller Mitglieder der auswärtigen Kammer und ihrer Vertreter ist Sache des Präsidiums. Im einzelnen gilt folgendes:

13 **a) Zahl und Bestellung.** Die Zahl der Mitglieder der auswärtigen Strafkammer bestimmt die Justizverwaltung[13]. Ihre Auswahl aus den Richtern des Landgerichts und des oder der Amtsgerichte dagegen ist Sache es Präsidiums. Die auswärtige Strafkammer wird dadurch, daß nach Maßgabe des Absatzes 2 bestimmte Richter zu ihren Mitgliedern bestellt werden, für je ein Geschäftsjahr als ständiges Gericht aufgestellt. Zu Mitgliedern können die Mitglieder des Landgerichts und die Richter der Amtsgerichte des Landgerichtsbezirks in der Weise bestellt werden, daß sie ausschließlich aus der einen oder — wegen des Vorsitzenden s. Rdn. 16 — aus der anderen der beiden Gruppen von Richtern, wie auch teils aus der einen, teils aus der anderen entnommen werden[14]. Zu den Mitgliedern des Landgerichts gehören auch die diesem zugewiesenen Hilfsrichter; in gleicher Weise bedeutet „Richter beim Amtsgericht": jeder beim Amtsgericht verwendete Richter, auch ein Richter auf Probe[15].

14 **b) Rechtsnatur der Bestellung.** Die Bestellung zum Mitglied einer auswärtigen Strafkammer bedeutet *für die Richter beim Amtsgericht die Übertragung eines weiteren Richteramts* i. S. des § 27 Abs. 2 DRiG[16]. Sie bedarf grundsätzlich nicht der Zustimmung des Richters, außer wenn seine Belastung durch die Strafkammergeschäfte so umfangreich ist, daß er seine amtsrichterliche Tätigkeit überhaupt nicht oder nur noch in wesentlich eingeschränktem Umfang ausüben kann[17]. Die Zuweisung von Mitgliedern der Strafkammer an die auswärtige Strafkammer ist weder die Übertragung eines weiteren Amtes, noch eine Versetzung i. S. des § 30 DRiG noch eine Abordnung i. S. des § 37 DRiG, sondern lediglich eine Form der Verwendung beim Landgericht und bedarf daher ebenfalls keiner Zustimmung des Richters. Wird das Strafkammermitglied ausschließlich oder überwiegend am auswärtigen Sitz der Kammer verwendet und dadurch gezwungen, sich von sei-

---

10 OLG Kassel GA **37** (1889) 449; *Müller* NJW **1963** 616; *Kissel* 7.

11 BGH NJW **1967** 107; OLG Naumburg HRR **1932** Nr. 1627; OLG Düsseldorf JMBlNRW **1954** 230; OLG Celle NdsRpfl. **1964** 254; BVerfG NJW **1959** 2134; KMR-*Paulus* 3; *Eb. Schmidt* § 341, 3 StPO; *Kissel* 8; **a. M** RGSt **1** 267, *Friedländer* GerS **64** (1904) 409; *Müller* NJW **1963** 616.

12 BGH MDR **1958** 566; OLG Bremen MDR **1965** 67.

13 Ebenso KMR-*Paulus* 4; *Eb. Schmidt* 5.

14 LG Bochum NStZ **1986** 377.

15 Ebenso *Kissel* 9; ob BGHSt **13** 262, 265 obiter dictum – etwas anderes besagen will, erscheint zweifelhaft.

16 *Schmidt-Räntsch* § 27 DRiG, 16.

17 *Schmidt-Räntsch* § 27 DRiG, 19.

nem bisherigen Wohnsitz und seiner Familie zu trennen, so ist auch dazu bei Richtern auf Probe und kraft Auftrags ihre Zustimmung nicht erforderlich (arg. §§ 13, 16 Abs. 2 DRiG). Anders liegt es bei den auf Lebenszeit angestellten Mitgliedern des Landgerichts. Bei ihnen käme eine auswärtige Verwendung in solchem Umfang, wenn sie auch rechtlich weder eine Versetzung noch eine Abordnung darstellt, doch in ihren praktischen Auswirkungen auf eine Versetzung, mindestens auf eine auswärtige Abordnung hinaus und bedarf wie diese einer Zustimmung des Richters, wenn sie die in § 37 Abs. 3 DRiG bestimmte zeitliche Dauer übersteigt[18]. Eine Besonderheit galt in den neuen Bundesländern gemäß § 7 RpflAnpG[19].

c) Vertreter. Da die Strafkammer ein vom Amtsgericht verschiedenes Gericht ist und die Richter beim Amtsgericht zu der Mitgliedschaft für ihre Person besonders berufen werden, so kann ein Vertreter eines Richters beim Amtsgericht in dessen amtsrichterlichen Geschäften als sein Vertreter in der Strafkammer nur tätig sein, wenn er ausdrücklich gemäß § 21 e GVG zum regelmäßigen Vertreter des Richters beim Amtsgericht auch in der Strafkammer bestimmt worden ist. Eine nachträgliche Bestellung gemäß § 21 e Abs. 3 heilt den Mangel nicht[20]. Ebenso ist, wenn ein Mitglied des Landgerichts zugleich dort und bei der auswärtigen Strafkammer verwendet wird, sein regelmäßiger Vertreter beim Landgericht nur bei entsprechender ausdrücklicher Bestellung auch Vertreter in der auswärtigen Strafkammer. § 21 i Abs. 2 bleibt unberührt. **15**

d) Auch die **Bestellung des Vorsitzenden** erfolgt (ebenfalls für die Dauer des Geschäftsjahrs) durch das Präsidium. Unter der Herrschaft des § 62 a. F (Verteilung des Vorsitzes in den Kammern durch das „Direktorium“) war streitig, ob der ordentliche Vorsitzende der auswärtigen Strafkammer ein Vorsitzender Richter („Landgerichtsdirektor“) sein müsse. Dies wurde ursprünglich verneint im Hinblick auf den Zweck der Vorschrift, die Strafkammer mit Richtern beim Amtsgericht des Bezirks besetzen zu können, wie auch auf die von der Regel abweichende Form der Bestellung des Vorsitzenden — durch das Präsidium statt durch das damalige „Direktorium“[21]. Die spätere Rechtsprechung[22] forderte aber die Besetzung mit einem Vorsitzenden Richter, weil der Angeklagte die gleichen Garantien haben müsse, wie wenn er vor der Strafkammer am Sitz des Landgerichts stünde; die auswärtige Strafkammer dürfe nicht eine Kammer minderer Art sein. Die im Schrifttum erhobenen Einwendungen[23] sind mit der Beseitigung des „Direktoriums“ hinfällig geworden. Auch aus dem Zweck des § 78 läßt sich kein Anhaltspunkt dafür gewinnen, daß für die auswärtige Strafkammer eine Ausnahme von dem Grundsatz des § 21 f Abs. 1 gelte[24]. Für die Vertretung des Vorsitzenden gilt § 21 f Abs. 2; auch Vertreter kann entsprechend den allgemeinen Grundsätzen über die Vertretung des Vorsitzenden nur ein planstellenmäßiges Mitglied des Land- oder Amtsgerichts, nicht ein abgeordneter Richter sein[25]. **16**

---

[18] *Müller* NJW **1963** 616, **a. M** die im Schrifttum – *Kissel* § 1 GVG Rdn. 145, 183 mit Nachw. – überwiegend vertretene Auffassung, wonach die Zuweisung als Maßnahme der Geschäftsverteilung des Präsidiums keiner Zustimmung des Richters bedarf, aber bei versetzungsgleicher Wirkung nach § 26 Abs. 3 DRiG anfechtbar ist.

[19] Hier wurde die Regelung dahingehend erweitert, daß zunächst bis zum 31. 12. 1995 jedem Richter mit dessen Einverständnis ein beliebiges weiteres Richteramt übertragen werden konnte. Vorgenommene Übertragungen bleiben über den 31. 12. 1995 hinaus wirksam (s. BTDrucks. **12** 2168 zu § 6, S. 23; ebenso *Rieß* DTZ **1992** 223, 229). Diese Regelung ist durch Gesetz vom 7. 12. 1995 – BGBl. I S. 1590 – noch einmal bis zum 31. 12. 1999 verlängert worden.

[20] So schon für das frühere Recht RGSt **22** 203, **55** 225.

[21] RGSt **9** 387; BGH MDR **1951** 539; BGHSt **12** 104, 107.

[22] BGHSt **18** 176 = NJW **1963** 548; BGHSt **21** 23, 24; so auch LG Bochum NStZ **1986** 377.

[23] LR[21] 5 c.

[24] Ebenso *Kissel* 10.

[25] BGHSt **1** 265.

17 Wegen der Beteiligung der zu Mitgliedern der auswärtigen Strafkammer bestellten Richter beim Amtsgericht an der **Wahl zum Präsidium** des Landgerichts vgl. Erl. zu § 21 b (24. Aufl. Rdn. 2).

18 **7. Schöffen.** Zur Regelung des Absatzes 3 ist lediglich hervorzuheben, daß die auswärtige Strafkammer ihre eigene Haupt- und Hilfsschöffenliste hat und ebenso ihre eigene Schöffengeschäftsstelle (§ 45 Abs. 4 Satz 1). Die Auslosung der Schöffen wird vom Vorsitzenden der auswärtigen Strafkammer vorgenommen; die Auslosung der Hilfsschöffen verbleibt beim Ausschuß gemäß § 40. Nur die Reihenfolge der Heranziehung der Hilfsschöffen obliegt wiederum dem Vorsitzenden (s. auch § 77, 1).

19 **8.** Über die Wahrnehmung der **Geschäfte der Staatsanwaltschaft** bei den auswärtigen Strafkammern s. Erl. zu § 141 (24. Aufl. Rdn. 2).

20 **9.** Der **Urkundsbeamte** des Landgerichts kann den Urkundsbeamten der auswärtigen Strafkammer bei der Erteilung von Urteilsausfertigungen vertreten[26].

---

[26] RGSt **48** 132.

5 a. TITEL

Strafvollstreckungskammern

Vorbemerkungen

Schrifttum. *Blau* Das Vollstreckungsgericht in: Schwind/Blau Strafvollzug in der Praxis (1976) 359 ff; *Doller* Zwölf Jahre Strafvollstreckungskammer, DRiZ **1987** 264; *Herzog* Dauer der Zuständigkeit der Strafvollstreckungskammer, NJW **1976** 1077; *Jähnke* Die Rechtsprechung des Bundesgerichtshofs zur Zuständigkeit der Strafvollstreckungskammer und des Gerichts des ersten Rechtszugs nach § 462 a StPO, DRiZ **1977** 236; *Kömhoff* Die Selbständigkeit der kleinen Strafvollstreckungskammer, NStZ **1981** 421; *Müller-Dietz* Die Strafvollstreckungskammer, JA **1981** 57, 113; *K. Peters* Der Auftrag des Gesetzgebers an die Strafvollstreckungskammer, GA **1977** 97; *K. Peters* Die Tätigkeit der Strafvollstreckungskammer unter besonderer Berücksichtigung von § 109 StVollzG, JR **1977** 397; *Schmidt* Die Strafvollstreckungskammern in der Praxis, NJW **1975** 1485; *Schwenn* Pflichtverteidiger im Vollstreckungsverfahren? StV **1981** 203; *Stromberg* Die Strafvollstreckungskammern der Landgerichte, MDR **1979** 353; *Thormann* Strafvollstreckungs- und Vollzugsgericht, (1973); *Treptow* Zur Tätigkeit der Strafvollstreckungskammern in Vollzugssachen, NJW **1977** 1037; *Tröndle* Die Aufgabe des Gerichts bei der Anwendung der Strafen, ZStW **81** (1969) 84; *Valentin* Obergerichtliche Rechtsprechung zu Zuständigkeitsfragen bei § 462 a StPO, NStZ **1981** 128. S. auch die Schrifttumsangaben zu §§ 454, 462 a StPO.

Übersicht

I. Grundgedanken und allgemeine Bedeutung des 5 a. Titels

1. Probleme im Entstehungsstadium. Der die §§ 78 a und 78 b umfassende Titel 5 a ist durch Art. 22 Nr. 6 EGStGB 1974 mit Wirkung vom 1. 1. 1975 geschaffen und durch § 179 Nr. 2 und 3 StVollzG 1976 mit Wirkung vom 1. 1. 1977 geändert worden. Die Grundgedanken dieser gesetzgeberischen Schöpfung sind in § 462 a, 1 bis 3 StPO dargestellt worden; darauf muß hier verwiesen werden. Im Entstehungsstadium war umstritten, wie das Konzept der Schaffung räumlich „entscheidungsnaher" Spruchkörper, besetzt mit Richtern, die über Kenntnisse und besondere Erfahrungen im Vollzugswesen verfügen, technisch durchzuführen sei. 1

2 **2. Die Strafvollstreckungskammer als Spruchkörper des Landgerichts.** Die Frage war zunächst, bei welchem Gericht der Spruchkörper zu bilden sei. Hier boten sich hauptsächlich drei Lösungsmöglichkeiten an[1]: die Inanspruchnahme des Richters beim Amtsgericht nach dem Vorbild des besonderen Vollstreckungsleiters nach § 85 Abs. 2 JGG, die Bildung von Spezialkammern des Landgerichts in Anlehnung an das von dem Karlsruher Richter *Thormann* praeter legem erprobte sog. Karlsruher Modell, und schließlich die sog. Doppellösung, nach der entweder der Richter beim Amtsgericht oder der besondere Spruchkörper des Landgerichts zuständig sein sollte, je nachdem, ob erkennendes Gericht des ersten Rechtszuges im Hauptverfahren das Amts- oder das Landgericht war. Der Gesetzgeber gab schließlich aus den in der Begr. des RegEntw. zu Art. 20 Nr. 5 dargelegten Gründen[2] der Lösung der Bildung eines Spezialspruchkörpers beim Landgericht den Vorzug. Sie trägt insofern vermittelnde Züge, als nach § 78 b Abs. 1 innerhalb der Strafvollstreckungskammer die Entscheidungszuständigkeit zwischen Einzelrichter und vollbesetzter Kammer abgestuft ist und nach § 78 b Abs. 2 die Kammer auch mit Richtern beim Amtsgericht besetzt sein kann.

3 **3. Die Bezeichnung „Strafvollstreckungskammer".** Umstritten war auch im Entstehungsstadium die Benennung des neu zu schaffenden Spruchkörpers; der Streit kennzeichnet die dogmatischen Schwierigkeiten, denen eine gesetzliche Umschreibung der den neuen Spruchkörpern obliegenden Aufgaben begegnet, seitdem sich die qualitativen Unterschiede zwischen Entscheidungen im Erkenntnisverfahren und Nachtragsentscheidungen aufzulösen beginnen (§ 453, 4 StPO). Das 2. StRG 1969 hatte die Bezeichnung „Vollstreckungsgericht" verwendet (z. B. in §§ 67, 67 a). Die Strafvollzugskommission empfahl demgegenüber die Bezeichnung „Strafvollstreckungs- und Vollzugsgericht", weil das Gericht neben urteilsergänzenden auch vollzugsrechtliche Entscheidungen zu treffen habe, die nicht unter den herkömmlichen Begriff „Strafvollstreckung" fielen. Nach *Peters*[3] sind die Strafvollstreckungskammern „in Wirklichkeit Strafvollzugsgerichte" und müßten richtig „Strafvollzugskammern" heißen, und zwar nicht nur, weil ihnen — seit dem 1. 1. 77 — nach §§ 109 ff StVollzG, § 78 a Abs. 1 Nr. 2 die erstinstanzliche Entscheidung über angegriffene Maßnahmen der Vollzugsbehörden obliegt, sondern weil ihnen auch im übrigen „vollzugsgestaltende" Entscheidungen übertragen seien. Die Begründung des Reg.Entw. des EGStGB 1974 erhob gegenüber der vorgeschlagenen Bezeichnung „Strafvollstreckungs- und Vollzugsgericht" den Einwand, sie räume die Bedenken nicht aus, die sich daraus ergäben, die auf die Aussetzung einer Strafe oder Maßregel der Besserung und Sicherung zur Bewährung bezogenen Entscheidungen als „Strafvollstreckung" zu bezeichnen. Gleichwohl gab der Entwurf — und das Gesetz ist ihm darin gefolgt — der die vollzugsrechtliche Seite ausklammernden „pars pro toto" — Bezeichnung „Strafvollstreckungskammer" den Vorzug. Maßgebend dafür war die Erwägung, es solle durch die Bezeichnung der neuen Spruchkörper „nicht der Eindruck entstehen, daß es sich um besondere, aus dem Gefüge der ordentlichen Strafgerichtsbarkeit herausgelöste Gerichte handele", ein solcher Eindruck werde durch die Bezeichnung „Strafvollstreckungskammer" vermieden. Es handelt sich also um eine aus taktischen oder pragmatischen Gründen getroffene Wahl, die bewußt eine gesetzgeberische Stellungnahme oder den Anschein einer solchen bei den Bemühungen um eine begriffliche Erfassung des Wesens der den Strafvollstreckungskammern obliegenden Nachtragsentscheidungen (Aussetzung von Restfreiheitsstrafen zur Bewährung usw.) vermeidet. Man wird den

[1] Einzelheiten etwa bei *Blau* 361; *Peters* GA **1977** 105.

[2] BTDrucks. **7** 550, S. 318.

[3] „Der neue Strafprozeß" (1975) 197 und GA **1977** 100.

Gesetzgeber wegen dieser Zurückhaltung loben müssen, ihn jedenfalls nicht der Sorglosigkeit bei der Wahl der Bezeichnung zeihen dürfen.

4. Keine Mitwirkung von Laienrichtern. Die Strafvollstreckungskammern sind nur mit Berufsrichtern besetzt. Die Strafvollzugskommission hatte zwar eine Prüfung angeregt, ob nicht sachkundige Laien bei den Entscheidungen mitwirken sollten. Der RegEntw. des EGStGB 1974 griff — in Übereinstimmung mit den bereits von *Tröndle* auf dem 10. Internationalen Strafrechtskongreß 1969 in Rom vorgetragenen Bedenken[4] — diese Anregung nicht auf, weil die erforderliche Zahl unabhängiger, aber mit den besonderen Bedingungen des modernen Vollzuges von Strafen und freiheitsentziehenden Maßregeln vertrauter und zur Mitwirkung bereiter Personen nicht zur Verfügung stehe, die Heranziehung im Strafvollzug beschäftigter oder in der Bewährungshilfe tätiger Personen aber aus den gleichen oder ähnlichen Gründen, aus denen sie zum Schöffenamt nicht herangezogen werden sollen (§ 34, 11), nicht angängig sei. Damit ist auch ein Bruch mit dem allgemein das Strafverfahrensrecht beherrschenden Grundsatz vermieden, daß bei den außerhalb der Hauptverhandlung in Beschlußform zu treffenden Entscheidungen ehrenamtliche Richter nicht mitwirken. Die wichtige und häufig unentbehrliche Beteiligung von sachkundigen Personen ist in anderer Form sichergestellt (Anhörung der Vollzugsbehörde und des Vollzugspersonals, Inanspruchnahme der Gerichtshilfe bei der Vorbereitung der Entscheidungen — § 463 d StPO —). 4

II. Verhältnis der Strafvollstreckungskammer zu den anderen Strafkammern des Landgerichts

Die Strafvollstreckungskammer ist nach § 78 a Abs. 1 Satz 1 ein beim Landgericht gebildeter, mit Spezialzuständigkeit (mit gesetzlicher Zuständigkeitskonzentration) ausgestatteter Spruchkörper. Damit ist sie, mögen auch die sie betreffenden Vorschriften nicht im 5. Titel „Landgerichte" geregelt, sondern in einem besonderen (5 a.) Titel zusammengefaßt sein, substantiell auch eine Strafkammer des Landgerichts, für die ergänzend die allgemein die Strafkammer betreffenden Vorschriften des 5. Titels, z. B. über die Art der Errichtung (§ 60, 7) oder die Regelung der Vertretung (§ 70) maßgebend sind. Im übrigen weist die Strafvollstreckungskammer eine Reihe von Besonderheiten gegenüber der „Strafkammer" auf, die es rechtfertigen, von einem gewissen Sonderstatus der Strafvollstreckungskammer[5] zu sprechen. Er kommt schon äußerlich durch die Bezeichnung als Strafvollstreckungskammer zum Ausdruck, deren sich der Spruchkörper — darin vergleichbar der Strafkammer „als Schwurgericht" (§ 74 Abs. 2), die in der Hauptverhandlung die Bezeichnung Schwurgericht führt (§ 76 Abs. 2), oder der „Kammer für Bußgeldsachen" (§ 46 Abs. 7 OWiG) — zu bedienen hat, wenn er mit den in § 78 a bezeichneten Sachen befaßt ist, während Staatsschutzkammer, Wirtschaftskammer, Jugendschutzkammer sprachübliche Abkürzungen, aber keine termini technici sind. Andere Besonderheiten ergeben sich aus § 78 a Abs. 2, 3, § 78 b Abs. 2, doch gibt es für sie zum Teil auch Parallelen bei den anderen Spruchkörpern (§§ 58, 74 d, 78 Abs. 2). Der wesentliche Unterschied zwischen der Strafvollstreckungskammer und den allgemeinen Strafkammern besteht darin, daß erstere kraft Gesetzes nicht als erkennendes, sondern nur als beschließendes Gericht außerhalb eines Hauptverfahrens tätig werden kann, und daß sie dabei — wie bei der kleinen oder großen Strafkammer — entweder mit einem oder mit drei Richtern besetzt ist. 5

[4] Vgl. ZStW **81** (1969) 84 ff.

[5] So *Peters* GA **1977** 100.

III. Verhältnis der „großen" zur „kleinen" Strafvollstreckungskammer

6 **1. Die Problematik.** Sehr streitig war zunächst, wie die in § 78 b Abs. 1 vorgesehene unterschiedliche Besetzung mit einem oder mit drei Richtern rechtlich zu werten ist. § 76 Abs. 1 unterscheidet je nach der Besetzung in der Hauptverhandlung zwischen der „kleinen" und der „großen" Strafkammer und kennzeichnet sie als verschiedene Spruchkörper mit verschiedenem Aufgabenbereich, als Gerichte verschiedener „Ordnung". Im Anschluß daran hat sich z. T. die Übung eingebürgert, die Strafvollstreckungskammer in der Besetzung mit einem Richter als „kleine", in der Besetzung mit drei Richtern als „große" Strafvollstreckungskammer zu bezeichnen. Daran schließt sich die Frage an, ob — in gleicher Weise wie kleine und große Strafkammer — auch „kleine" und „große" Strafvollstreckungskammer verschiedene Spruchkörper sind. Sie wurde zunächst sehr unterschiedlich beantwortet[6]. Die praktische Bedeutung der Frage zeigt sich u. a. darin: sind „große" und „kleine" Strafvollstreckungskammer verschiedene Spruchkörper, so wäre es rechtlich (wenn auch gewiß nicht dem Sinn der Zuständigkeitskonzentration entsprechend) zulässig, daß im Geschäftsverteilungsplan des Landgerichts neben einer „großen" eine oder mehrere „kleine" Strafvollstreckungskammern erschienen[7], und unter den in § 78 a Abs. 2 bestimmten Voraussetzungen könnte sogar mehr als eine mit einem Richter beim Amtsgericht besetzte „kleine" Strafvollstreckungskammer mit jeweils verschiedenem Sitz außerhalb des Sitzes des Landgerichts, aber innerhalb des Landgerichtsbezirkes errichtet werden.

2. Heutiger Stand der Streitfrage

7 **a)** Bereits vor Inkrafttreten des RpflEntlG hatte sich als **herrschende Meinung** in Rechtsprechung und Schrifttum[8] herausgebildet, daß „kleine" und „große" Strafvollstreckungskammer nicht verschiedene Spruchkörper sind. Der durch § 179 StVollzG geänderte § 78 b und das RpflEntlG haben die Auffassung von einer einheitlichen Strafvollstreckungskammer bestätigt. Deren Besonderheit besteht darin, daß sie unter den in § 78 b Abs. 1 bezeichneten Voraussetzungen in der Mehrzahl der Fälle nicht durch ein Kollegium, sondern nur durch einen Richter repräsentiert wird, der Mitglied dieser Kammer ist. Damit ist den gesetzgeberischen Bemühungen um eine Verfahrenskonzentration unter möglichst weitgehendem Ausschluß von Besetzungsrügen Rechnung getragen worden, wie sie in den bei § 78 b darzustellenden Änderungen dieser Vorschrift durch das 23. StRÄG vom 13. 4. 1986 (BGBl. I 393), das StVÄG vom 27. 1. 1987 (BGBl. I 475) und das RpflEntlG vom 11. 1. 1993 (BGBl. I 50) zum Ausdruck kommen. Ferner ist durch die jetzt geltende Fassung die Tätigkeit der Strafvollstreckungskammer in der Besetzung mit drei Berufsrichtern auf „Sachen besonderer Schwierigkeiten rechtlicher Art oder grundsätzlicher Bedeutung" beschränkt worden[9]. Diese in § 78 b Abs. 1 Nr. 2 a. F enthaltene Formulierung ist durch die Neufassung in Nr. 1 inhaltlich nicht geändert worden. Die Regelung ist grundgesetzlich unbedenklich[10] und steht, wie im folgenden darzulegen,

---

6 Vgl. dazu – nach dem Stand von 1978 – die Nachw. in LR-*K. Schäfer*[23] Vor § 78 a, 6.

7 Daß dies nicht bloße Theorie ist, zeigt OLG Hamm NStZ **1984** 476 sowie der von *Blau* in *Schwind/Blau* Strafvollstreckung in der Praxis (1976) 364 berichtete Fall, wo bei einem bestimmten LG neben zwei „großen" nicht weniger als neun „kleine" Strafvollstreckungskammern geschaffen wurden.

8 Vgl. dazu aus dem Schrifttum – mit Rechtsprechungsnachw. – etwa *Kissel* § 78 a, 3; *Kleinknecht/Meyer-Goßner*[44] § 78 b, 1; KK-*Diemer* § 78 b, 1; *Peters* S. 691; *Stromberg* MDR **1979** 353; *Treptow* NJW **1977** 1037. Zum Stand der Rechtsprechung vgl. *Kömboff* NStZ **1981** 421; die Übersichten von *Katholnigg* NStZ **1982** 242, 280; **1983** 300; OLG Hamm NStZ **1984** 476; OLG Düsseldorf NStZ **1982** 301; **1984** 477; **1984** 304; **1985** 303; **1986** 299.

9 Vgl. BTDrucks. **12** 1217, S. 48.

10 Vgl. BVerfG NStZ **1983** 44.

auch in Einklang mit dem Gesamtgefüge des dem einfachen Gesetzgeber überlassenen gerichtsverfassungsmäßigen Instanzenaufbaues.

Wurde früher zur Begründung dafür, daß es sich bei „kleiner" und „großer" Strafvollstreckungskammer nur um **eine Strafvollstreckungskammer** handelt, auf die Ähnlichkeit des § 78 b Abs. 1 Nr. 2 a. F mit § 348 ZPO hingewiesen[11], so kann heute unterstützend auf die Neufassung der Vorschrift durch das RpflEntlG zurückgegriffen werden, denn nach der Gesetzesbegründung sollte die Besetzung der Strafvollstreckungskammer ausdrücklich an die Besetzung der Spruchkörper im Erkenntnisverfahren angepaßt werden[12]. Im Bereich des § 76 besteht indessen Einigkeit, daß eine danach mögliche Reduzierung der Besetzung nicht unterschiedliche Kammern zur Folge hat. **8**

b) Weitere Gründe. Von der Auffassung, daß im Fall des § 78 b Abs. 1 Nr. 2 die abgestufte Besetzung nicht zur Annahme von zwei verschiedenen Spruchkörpern führt, geht im übrigen ersichtlich auch der Bericht des Sonderausschusses für die Strafrechtsreform zu § 165 des Entwurfs des Strafvollzugsgesetzes (§ 179 StVollzG) aus. Dieser Ausschuß hatte die im RegEntw. in dieser Form nicht vorgesehene Nummer 2 des § 78 b Abs. 1 GVG eingefügt. In dem Bericht[13] wird dazu ausgeführt: **9**

> „Die neu einzuführende Nummer 2 des § 78 b Abs. 1 GVG soll den Strafvollstreckungskammern eine Entlastung bringen. Es ist damit zu rechnen, daß diese Kammern mit einer Vielzahl von Anträgen gemäß . . . [§ 109] StVollzG befaßt werden. Ein großer Teil der einschlägigen Fälle, etwa Anträge betreffend die Aushändigung einzelner Gegenstände oder das Anhalten eines Briefes usw., werden, weil sie einfacher gelagert sind und keine grundsätzliche Bedeutung haben, nicht den Sachverstand dreier Richter erfordern. Dementsprechend bestimmt die Vorschrift, daß die Kammer [Singular!] grundsätzlich in der Besetzung mit einem Richter entscheidet und nur dann in der Besetzung mit drei Richtern, wenn die Sache besondere Schwierigkeiten rechtlicher Art aufweist oder grundsätzliche Bedeutung hat. Abgrenzungsschwierigkeiten dürften sich daraus in der Praxis nicht ergeben. Wenn in einer dem Einzelrichter vorliegenden Sache aufgrund seiner Prüfung oder aufgrund eines Hinweises des Betroffenen besondere Schwierigkeiten oder eine grundsätzliche Bedeutung sichtbar werden, kann und muß die Sache von den drei Richtern übernommen und entschieden werden."

c) Rückschluß aus § 78 b Abs. 1 Nr. 2 auf § 78 b Abs. 1 Nr. 1. Auch nach der Neufassung durch das RpflEntlG kann die Einheitlichkeit der Strafvollstreckungskammer im Fall des § 78 b Abs. 1 Nr. 2 nicht anders bewertet werden als in den Fällen des § 78 b Abs. 1 Nr. 1. Denn verschieden sind in beiden Vorschriften lediglich die Abgrenzungsmerkmale zwischen der Zuständigkeit des Einzelrichters gegenüber der der vollbesetzten Kammer; das Abgrenzungsprinzip ist dagegen im Grunde das gleiche. In beiden Fällen beruht die unterschiedliche Besetzung auf dem Gedanken, im Interesse einer Entlastung der mit drei Richtern besetzten Strafvollstreckungskammer zwischen bedeutsamen und weniger bedeutsamen Fällen zu unterscheiden. Nach Absatz 1 Nr. 1 soll in der vollen Besetzung mit drei Richtern nur entschieden werden, wenn der Fall so schwerwiegend ist, daß „Prüfungspflicht und Verantwortung nicht auf einem Richter lasten soll", wenn er also „den Sachverstand dreier Richter erfordert". Nur ist bei Schaffung des § 78 Abs. 1 Nr. 1 die Grenze für den Besetzungswechsel nicht — wie in der Folgezeit bei Einfügung des § 78 Abs. 1 Nr. 2 in Anlehnung an § 348 ZPO (durch unbestimmte Rechtsbegriffe) — „beweglich", sondern starr gezogen worden, indem der Gesetzgeber selbst (wohl auch im Interesse einer unangreifbaren Währung des Grundsatzes des gesetzlichen Richters) durch Anknüpfung an die im Erkenntnisverfahren festgesetzten Strafen und Maßregeln die **10**

[11] Vgl. dazu ausführlich LR-*K. Schäfer*[24] 8, 8 a.

[12] BTDrucks. **12** 1217, S. 48.

[13] BTDrucks. **7** 3998, S. 49.

Grenze zwischen einfachen und rechtlich besonders schwierigen oder grundsätzlich bedeutsamen Entscheidungen festlegte.

11 **d) Folgerungen aus dem Gedanken der Zuständigkeitskonzentration.** Entscheidend gegen die Annahme, daß „kleine" und „große" Strafvollstreckungskammer verschiedene Spruchkörper seien, spricht schließlich auch der mit der Schaffung der Strafvollstreckungskammer erstrebte Zweck, die Nachtragsentscheidungen einem Spruchkörper zu übertragen, dessen Mitglieder über besondere den Vollzug betreffende Kenntnisse und Erfahrungen verfügen, um auf diese Weise auch eine gewisse Einheitlichkeit der Spruchtätigkeit der Kammer innerhalb ihres Bezirkes zu gewährleisten. Solche Erfahrungen und Kenntnisse bringt der Richter in der Regel von Haus aus nicht mit; er muß sie durch eine häufige und umfassende Beschäftigung mit der Gesamtheit der Aufgaben erwerben, deren Erledigung nach § 78 a der Strafvollstreckungskammer obliegt. Sein Betätigungsfeld darf sich deshalb nicht auf einen Ausschnitt aus dem Gesamtaufgabenbereich der Strafvollstreckungskammer beschränken[14]. Es läuft deshalb den gesetzgeberischen Intentionen stracks zuwider, wenn — wie dies tatsächlich geschehen ist[15] — bei einem LG eine Mehrzahl von „kleinen" Strafvollstreckungskammern geschaffen wird, „um den selbstverständlich im übrigen mit anderen Geschäften überlasteten Kammern jeweils nur eine möglichst geringe Mehrbelastung mit der ungeliebten Materie zuzumuten"[16].

§ 78 a

(1) [1]Bei den Landgerichten werden, soweit in ihrem Bezirk für Erwachsene Anstalten unterhalten werden, in denen Freiheitsstrafe oder freiheitsentziehende Maßregeln der Besserung und Sicherung vollzogen werden, oder soweit in ihrem Bezirk andere Vollzugsbehörden ihren Sitz haben, Strafvollstreckungskammern gebildet. [2]Diese sind zuständig für die Entscheidungen

1. nach den §§ 462 a, 463 der Strafprozeßordnung, soweit sich nicht aus der Strafprozeßordnung etwas anderes ergibt,
2. nach dem §§ 109, 138 Abs. 2 des Strafvollzugsgesetzes,
3. nach den §§ 50, 58 Abs. 3 und 71 Abs. 4 des Gesetzes über die internationale Rechtshilfe in Strafsachen.

[3]Ist nach § 454 b Abs. 3 der Strafprozeßordnung über die Aussetzung der Vollstreckung mehrerer Freiheitsstrafen gleichzeitig zu entscheiden, so entscheidet eine Strafvollstreckungskammer über die Aussetzung der Vollstreckung aller Strafen.

(2) [1]Die Landesregierungen weisen Strafsachen nach Absatz 1 Satz 2 Nr. 3 für die Bezirke der Landgerichte, bei denen keine Strafvollstreckungskammern zu bilden sind, in Absatz 1 Satz 1 bezeichneten Landgerichten durch Rechtsverordnung zu. [2]Die Landesregierungen werden ermächtigt, durch Rechtsverordnung einem der in Absatz 1 bezeichneten Landgerichte für die Bezirke mehrerer Landgerichte die in die Zuständigkeit der Strafvollstreckungskammern fallenden Strafsachen zuzuweisen und zu bestimmen, daß Strafvollstreckungskammern ihren Sitz innerhalb ihres Bezirkes auch oder ausschließlich an Orten haben, an denen das Landgericht seinen

14 Ebenso *Peters* JR **1977** 401.
15 OLG Hamm NStZ **1984** 476; *Blau* 364.
16 *Blau* 364.

Sitz nicht hat, sofern diese Bestimmungen für eine sachdienliche Förderung oder schnellere Erledigung der Verfahren zweckmäßig sind. [3]Die Landesregierungen können die Ermächtigungen nach den Sätzen 1 und 2 durch Rechtsverordnung auf die Landesjustizverwaltungen übertragen.

(3) Unterhält ein Land eine Anstalt, in der Freiheitsstrafe oder freiheitsentziehende Maßregeln der Besserung und Sicherung vollzogen werden, auf dem Gebiete eines anderen Landes, so können die beteiligten Länder vereinbaren, daß die Strafvollstreckungskammer bei dem Landgericht zuständig ist, in dessen Bezirk die für die Anstalt zuständige Aufsichtsbehörde ihren Sitz hat.

Entstehungsgeschichte. § 78 a wurde durch Art. 22 Nr. 6 EGStGB 1974 eingefügt. Die jetzt geltende Fassung des Absatzes 1 beruht auf § 179 Nr. 2 StVollzG 1976, die des Absatzes 1 Satz 2 Nr. 2 auf Art. 2 des Ges. vom 20. 1. 1984 (BGBl. I 97) § 78 Nr. 1 des Gesetzes über die internationale Rechtshilfe in Strafsachen (IRG) vom 23. 12. 1982 (BGBl. I 2071) brachte die Einfügungen einer Nr. 3 des Absatzes 1, eines neuen Satzes 1 in Absatz 2 und in deren nunmehrigen Satz 3 die Worte „nach den Sätzen 1 und 2". Absatz 1 Satz 3 wurde eingefügt durch das 23. StRÄG vom 13. 4. 1986 (BGBl. I 393).

Übersicht

1. Bildung der Strafvollstreckungskammern (Absatz 1 Satz 1)

a) Grundsatz. Während allgemeine Strafkammern nach § 60 grundsätzlich bei jedem Landgericht gebildet werden, werden, entsprechend ihrem besonderen Aufgabenbereich, Strafvollstreckungskammern nur bei solchen Landgerichten gebildet, in deren Bezirk entweder für Erwachsene Anstalten zum Vollzug von Freiheitsstrafen oder freiheitsentziehenden Maßregeln der Besserung und Sicherung (§§ 63 bis 66 StGB) unterhalten werden (d. h. bestehen oder künftig errichtet werden), oder andere Vollzugsbehörden ihren Sitz haben. Für Außenstellen in einem anderen Landgerichtsbezirk ist der Sitz der Hauptanstalt maßgebend[1]. Anstalten für den Jugendstrafvollzug führen nicht zur Bildung einer Strafvollstreckungskammer. Die Bildung geschieht, wenn nach dem Geschäftsanfall nur eine Strafvollstreckungskammer (dazu Rdn. 7 vor § 78 a) benötigt wird, in der Weise, daß ihr das Präsidium gemäß § 78 b Abs. 2 die erforderlichen Kräfte zuweist. Würde es der Bildung mehr als einer dreigliedrig besetzten Strafvollstreckungskammer bedürfen (dazu § 78 b, 10), und dazu eine Vermehrung der Strafkammern des Landgerichts erforderlich sein, so gilt auch hier der für die Bildung einer Mehrzahl von sog. institutionellen (allge- 1

[1] Zur örtl. Zuständigkeit vgl. insoweit BGHSt **28** 135; *Katholnigg*[3] 2; *Kissel* 4; *Kleinknecht/Meyer-Goßner*[44] 1.

meinen) Strafkammern maßgebliche Grundsatz, daß die Bestimmung ihrer Zahl Sache der Landesjustizverwaltung ist (§ 60, 6).

2 **b) Die für die Bildung von Strafvollstreckungskammern in Betracht kommenden Landgerichte.** Anstalten für Erwachsene zum Vollzug von Freiheitsstrafen oder freiheitsentziehenden Maßregeln i. S. des § 78 a Abs. 1 Satz 1 sind sowohl die Justizvollzugsanstalten, in denen Freiheitsstrafe sowie die Unterbringung in der Sicherungsverwahrung vollzogen wird (§ 139 StVollzG), wie die Anstalten der Sozialhilfeträger, in denen die Unterbringung in einem psychiatrischen Krankenhaus und in einer Entziehungsanstalt vollzogen wird (§ 138 StVollzG)[2]. Bei den Landgerichten, in deren Bezirk andere Vollzugsbehörden ihren Sitz haben, ist an die Fälle gedacht, in denen Bundeswehrbehörden Vollzugsbehörden sind (Vor § 449, 32 StPO)

2. Sachliche Zuständigkeit der Strafvollstreckungskammern

3 **a)** Die Strafvollstreckungskammer hat einen dreifachen Aufgabenbereich: einmal hat sie nach **Absatz 1 Satz 2** Nr. 1 die Entscheidungen zu treffen, die ihr nach den §§ 462 a, 463 StPO obliegen und die einen den Straf- oder Maßregelausspruch gestaltenden Charakter haben (§ 453, 2 StPO), ferner hat sie nach Satz 2 Nr. 2 die gerichtliche Überprüfung von Maßnahmen der Vollzugsbehörde im Vollzug der Strafe oder Unterbringung nach Maßgabe der §§ 109 ff StVollzG vorzunehmen, und zwar auch dann, wenn Antragsteller ein Außenstehender ist[3]. In Verbindung mit § 138 Abs. 2 StVollzG erfaßt die Nr. 2 auch Angelegenheiten bei Unterbringung in einem psychiatrischen Krankenhaus oder einer Entziehungsanstalt. Schließlich hat sie nach dem später eingefügten Satz 2 Nr. 3 die dort bezeichneten Entscheidungen zu treffen. Früher oblag die Aufgabe zu Nr. 2 nach §§ 23 ff EGGVG den Strafsenaten des Oberlandesgerichts. Begrifflich handelt es sich danach bei Nr. 1 und 2 um getrennte Aufgabenbereiche, bei denen die Klammer für die gemeinsame Zuständigkeit der Strafvollstreckungskammer deren räumliche Vollzugsnähe und die aus der Befassung mit beiden Aufgabenbereichen gewonnenen besonderen Kenntnisse und Erfahrungen im Vollzugswesen bildet[4]. Inwieweit die sachliche Zuständigkeit der Strafvollstreckungskammer nach § 78 a Abs. 1 Satz 2 Nr. 1 reicht, und welche Strafvollstrekkungskammer örtlich zuständig ist, ist in den Erläuterungen zu §§ 462 a, 463 StPO dargelegt; darauf ist hier zu verweisen. Was die Entscheidungen nach Abs. 1 Satz 2 Nr. 3 anlangt, so entscheiden nach dem IRG die Landgerichte über die Vollstreckbarkeit eines ausländischen Erkenntnisses (§ 50 IRG), über die Haft zur Sicherung der Vollstreckung (§ 58 Abs. 3 IRG) und über die Zulässigkeitserklärung des Ersuchens an einen ausländischen Staat um Vollstreckung (§ 71 Abs. 4 IRG). Diese Entscheidungen wurden als Aufgaben des Strafvollstreckungsverfahrens im weiteren Sinn angesehen und deshalb den Strafvollstreckungskammern zugewiesen[5]. Im Zusammenhang mit dieser Zuständigkeitserweiterung stehen zwei weitere Gesetzesänderungen: die Einfügung des § 78 a Abs. 2 Satz 1 und die Einfügung der Nr. 3 in § 78 b Abs. 1, wobei die letztere Einfügung mit der Beschränkung der Kammerbesetzung mit *einem* Richter im Hinblick auf die Schwierigkeit und die Tragweite der nach dem IRG zu treffenden Entscheidungen erfolgte[6].

4 **b) Absatz 1 Satz 3** dient — in gleicher Weise wie § 78 b Abs. 1 Nr. 1 Halbsatz 2 — der Ergänzung des § 454 b Abs. 3 StPO. Die Vorschrift stellt klar, daß für die nach § 454 b Abs. 3 StPO gleichzeitig zu treffenden Entscheidungen im Interesse der Verringe-

---

2 Dazu *Calliess/Müller-Dietz* § 138, 3 StVollzG.
3 BGHSt **27** 284; *Kleinknecht/Meyer-Goßner*[44] 2.
4 Vgl. dazu *Peters* JR **1977** 397 und Vor § 78 a, 11.
5 BTDrucks. **9** 1338 S. 98.
6 Vgl. BTDrucks. **9** 1398 S. 98.

rung des Verfahrensaufwands nur *eine* Strafvollstreckungskammer zuständig ist, was bereits im Geschäftsverteilungsplan zu berücksichtigen ist[7].

3. Abgrenzung der Zuständigkeit der Strafvollstreckungskammer gegenüber anderen Zuständigkeiten

a) Jugendliche. Inwieweit **im Bereich des § 78 a Abs. 1 Satz 2 Nr. 1** gemäß §§ 82, 5
83, 110 JGG bei Verurteilung von Jugendlichen oder von Heranwachsenden unter Anwendung von Jugendstrafrecht zu Jugendstrafe und bei Anordnung der nach dem JGG zulässigen freiheitsentziehenden Maßregeln die Zuständigkeit der Strafvollstreckungskammer entfällt, weil der Jugendrichter als Vollstreckungsleiter die Aufgaben wahrnimmt, die die §§ 462 a, 463 StPO der Strafvollstreckungskammer zuweisen, ist in § 462 a, 6; 75 f StPO dargestellt.

b) Abgrenzung zu den §§ 23 ff EGGVG. Im Anwendungsbereich des § 78 a Abs. 1 6
Satz 2 Nr. 2 war ursprünglich nach § 23 Abs. 1 Satz 2 EGGVG nicht die Strafvollstreckungskammer, sondern der Strafsenat des Oberlandesgerichts im Verfahren nach §§ 23 ff zuständig, wenn es sich um die Nachprüfung der Rechtmäßigkeit von Maßnahmen der Vollzugsbehörden im Vollzug der Jugendstrafe sowie der *außerhalb des Justizvollzugs vollzogenen Maßregeln der Besserung und Sicherung* handelt. Bei Erwachsenen, die in einem psychiatrischen Krankenhaus oder in einer Entziehungsanstalt (also „außerhalb des Justizvollzugs", oben Rdn. 2) untergebracht sind, beschränkte sich danach die Tätigkeit der Strafvollstreckungskammer auf die Entscheidung nach § 78 a Abs. 1 Satz 2 Nr. 1, während die gerichtliche Überprüfung von Maßnahmen der Vollzugsbehörden im Vollzug der Unterbringung nach § 23 Abs. 1 Satz 2 EGGVG dem Strafsenat des Oberlandesgerichts oblag. Diese Regelung erklärte sich daraus, daß in diesen Bereichen damals die gesetzgeberischen Vorarbeiten noch nicht weit genug fortgeschritten waren[8]. Inzwischen ist an die Stelle der früheren Zuständigkeit des Oberlandesgerichts — in Konkretisierung der Rechtsweggarantie des Art. 19 Abs. 4 GG[9] — die Zuständigkeit der Strafvollstreckungskammer getreten, soweit es sich um den Vollzug einer Freiheitsstrafe oder einer freiheitsentziehenden Maßregel in einer Justizvollzugsanstalt handelt. §§ 23 ff EGGVG gelten weiter bei der Vollstreckung der Jugendstrafe, es sei denn, daß sie nach den Vorschriften über den Erwachsenenstrafvollzug vollstreckt wird[10].

4. Zuständigkeitskonzentration. Sitz der Strafvollstreckungskammer (Absatz 2). 7
Die Regelung des Absatzes 2, die gewisse Vorbilder in §§ 58, 74 d, 78 hat, soll es ermöglichen, die Bezirke der Strafvollstreckungskammern „nach den örtlichen Gegebenheiten und im Hinblick auf den zu erwartenden Arbeitsanfall entweder auf die Bezirke mehrerer Landgerichte oder einen Teil eines Bezirks eines Landgerichts zu erstrecken und auch in solchen Fällen eine möglichst ortsnahe Praxis zu erreichen, in denen zwischen dem Sitz des Landgerichts und dem Sitz einer größeren Anstalt eine erhebliche Entfernung liegt"[11]. Die Zugehörigkeit zum Landgericht wird dadurch nicht geändert. Die Voraussetzungen für die flexible Gestaltung der Bezirksgrenzen und des Sitzes der Strafvollstreckungskammern („sofern diese Bestimmung . . .") entsprechen denjenigen des § 58 Abs. 1.

[7] BTDrucks. **10** 2720 S. 17/18, dazu auch LR-*Wendisch* § 454 b StPO, 39.

[8] Begr. des RegEntw. des StVollzG BTDrucks. **7** 918, S. 102.

[9] S. dazu schon vorher OLG Karlsruhe (vom 10. 3. 1986) NStZ **1986** 430; OLG Stuttgart (vom 30. 1. 1986) NStZ **1986** 431.

[10] BGHSt **29** 33.

[11] Begr. BTDrucks. **7** 550 S. 319.

8 **5. Zuständigkeitsvereinbarungen bei Vollzug in Anstalten außerhalb des Landesgebiets (Absatz 3).** Die grundsätzliche örtliche Zuständigkeitsregelung des Absatzes 1 zugunsten der Strafvollstreckungskammer, in deren Bezirk eine der genannten Anstalten unterhalten wird, kann für die Fälle abweichend durch Staatsvertrag geregelt werden, in denen a) ein Land auf dem Gebiet eines anderen Landes eine Vollzugsanstalt unterhält oder b) mehrere Länder in Ermangelung eigener entsprechender Vollzugsanstalten Anstalten gemeinsam unterhalten, in denen Freiheitsstrafen oder freiheitsentziehende Maßregeln der Besserung und Sicherung vollzogen werden. Letzteres geschieht grundsätzlich im Rahmen einer Vollzugsgemeinschaft i. S. des § 150 StVollzG[12]. Nach den Regeln der §§ 462 a Abs. l. 463 Abs. 1 StPO, § 110 StVollzG, § 78 a Abs. 1 GVG ist dann für die der Strafvollstreckungskammer obliegenden Entscheidungen hinsichtlich der in diese Anstalten aufgenommenen Verurteilten und Untergebrachten örtlich die Strafvollstreckungskammer zuständig, in deren Bezirk die Anstalt unterhalten wird, d. h. gelegen ist. In der Begründung zu Art. 274 EGStGB[13] wird die Ermöglichung einer Ländervereinbarung betr. die örtliche Zuständigkeit damit begründet, die ausnahmslose Zuständigkeit der Strafvollstreckungskammer, in deren Bezirk sich die Anstalt befindet, „könne im Einzelfall aus mehrerlei Gründen unzweckmäßig sein, zumal wenn auch das nächste Landgericht des Landes, das die Anstalt in einem anderen Land „errichtet" hat, von der Anstalt nicht weiter entfernt seinen Sitz hat als das sonst zuständige Landgericht des Landes, auf dessen Gebiet die Anstalt errichtet ist". Durch die endgültige Fassung des Absatzes 3 ist dann klargestellt worden, daß die Zuständigkeit der Strafvollstreckungskammer sich nach dem Bezirk der für die auswärts unterhaltene Anstalt zuständigen Aufsichtsbehörde richten soll"[14]. Gegenstand einer Ländervereinbarung nach § 78 a Abs. 3 kann danach in Sachen der Gefangenen (Untergebrachten), die nicht in Anstalten in „ihrem" Land, sondern in einer Gemeinschaftsvollzugsanstalt in einem anderen Land aufgenommen sind, die Begründung der Zuständigkeit der Strafvollstreckungskammer des Landgerichts sein, in dessen Bezirk die Landesjustizverwaltung oder das Justizvollzugsamt ihren Sitz haben, wobei es dann auf die örtliche „Vollzugsnähe" dieser Strafvollstreckungskammer nicht mehr ankommt.

§ 78 b

(1) Die Strafvollstreckungskammer ist besetzt

1. in Verfahren über die Aussetzung der Vollstreckung des Restes einer lebenslangen Freiheitsstrafe oder die Aussetzung der Vollstreckung der Unterbringung in einem psychiatrischen Krankenhaus oder in der Sicherungsverwahrung mit drei Richtern unter Einschluß des Vorsitzenden,

2. in den sonstigen Fällen mit einem Richter.

(2) Die Mitglieder der Strafvollstreckungskammern werden vom Präsidium des Landgerichts aus der Zahl der Mitglieder des Landgerichts und der in seinem Bezirk angestellten Richter beim Amtsgericht bestellt.

---

12 Über die Bedeutung solcher Vollzugsgemeinschaften vgl. *Schwind/Blau* Strafvollzug in der Praxis (1976) 40, 70, 89. Eine Vereinbarung besteht z. B. zwischen den Ländern Hamburg und Schleswig-Holstein.

13 BTDrucks. 7 550, S. 456.

14 Vgl. Erster Bericht des Sonderausschusses BT-Drucks. 7 1261, S. 34.

Entstehungsgeschichte. § 78 b wurde durch Art. 22 Nr. 6 EGStGB 1974 eingefügt. In seiner ursprünglichen Fassung lautete Absatz 1: „Die Strafvollstreckungskammer ist besetzt mit einem Richter, wenn der zu treffenden Entscheidung eine Verurteilung zu einer Freiheitsstrafe bis zu zwei Jahren zugrunde liegt, mit drei Richtern mit Einschluß des Vorsitzenden in den sonstigen Fällen". Durch § 179 Nr. 3 StVollzG 1976 wurde Absatz 1 Nr. 1 und 2 neu gefaßt; durch § 78 Nr. 2 IRG 1982 wurde eine Nr. 3 eingefügt und Absatz 1 Nr. 1 erhielt durch Art. 3 Nr. 3 des 23. StRÄG vom 13. 4. 1986 (BGBl. I 393) einen zweiten Halbsatz. Art. 2 Nr. 5 des StVÄG 1987 veränderte in Absatz 1 Nr. 1 Halbsatz 1 die Zuständigkeit des Einzelrichters von bisher zwei auf drei Jahre Freiheitsstrafe. Die derzeit geltende Fassung (völlige Neufassung des Abs. 1) beruht auf Art. 3 Nr. 9 RpflEntlG vom 11. 1. 1993 (BGBl. I 50) und sollte zunächst nur zeitlich befristet gelten (Art. 18 des Entw. — BTDrucks. **12** 1217, S. 16). Diese Beschränkung ist im Rechtsausschuß gescheitert (BTDrucks. **12** 3832, S. 48). Durch das Gesetz zur Rechtsvereinheitlichung der Sicherungsverwahrung vom 16. 6. 1995 (BGBl. I 818) ist die Zuständigkeit der „großen" StVK auf Verfahren über die Aussetzung der Vollstreckung in der Sicherungsverwahrung erweitert worden.

Übersicht

I. Abgrenzung der Zuständigkeit des Einzelrichters von derjenigen der dreigliedrig besetzten Strafvollstreckungskammer

1. Ausgangspunkt der Erörterungen ist die durchaus h. M (Vor 78 a, 7), nach der der 1
Einzelrichter (die sog. „kleine" Strafvollstreckungskammer) und die mit drei Richtern besetzte Strafvollstreckungskammer (die sog. „große" Strafvollstreckungskammer) nicht verschiedene Spruchkörper sind; es gibt vielmehr nur *eine* Strafvollstreckungskammer, die in unterschiedlicher Besetzung tätig wird. Davon gehen die folgenden Ausführungen aus.

2. Zuständigkeit der „großen" Strafvollstreckungskammer. Nach der Neufassung 2
des Absatzes 1 durch das RpflEntlG ist eine scharfe Zuständigkeitsabgrenzung gegenüber der „kleinen" Strafvollstreckungskammer vorgenommen worden. Dadurch ist insbesondere die Problematik der nach altem Recht (Abs. 1 Nr. 2) im Einzelfall vorzunehmenden Zuständigkeitsklärung beseitigt worden. Nunmehr ist die „große" Strafvollstreckungskammer nur noch zur Entscheidung berufen in Verfahren über a) die Aussetzung des Restes einer lebenslangen (Einzel- oder Gesamt-)Freiheitsstrafe, b) die Aussetzung der

Vollstreckung der Unterbringung im psychiatrischen Krankenhaus und c) die Aussetzung der Vollstreckung in der Sicherungsverwahrung. Die Konzentration auf die vorbezeichneten Verfahren lehnt sich aus Gründen der Ressourcenknappheit an die Regelung des Einigungsvertrages an[1], der eine entsprechende Besetzung der Kreisgerichte vorsah, die im Beitrittsgebiet die Aufgaben der Strafvollstreckungskammer wahrnahmen.

3 Über den Wortlaut der Nr. 1 hinaus ist die „große" Strafvollstreckungskammer aber auch für die mit den genannten Verfahren **verbundenen nachträglichen Entscheidungen** zuständig[2]. Dazu gehören der Widerruf der Aussetzung zur Bewährung nach § 453 StPO[3], die Aufhebung der Aussetzung nach § 454 a Abs. 2 StPO, die Unterbrechung nach § 454 b Abs. 2 StPO, die Umkehr der Vollstreckungsreihenfolge nach § 67 Abs. 2 StGB[4] sowie die Entscheidung über die Erledigung der Maßregel[5]. Soweit dagegen neben lebenslanger Freiheitsstrafe oder der Unterbringung nach §§ 63, 66 StGB noch eine andere zeitige Freiheitsstrafe oder sonstige freiheitsentziehende Maßregel vollstreckt wird, ist für diesbezügliche Entscheidungen allein die „kleine" Strafvollstreckungskammer zuständig[6], denn die frühere Regelung des § 78 b Abs. 1 Nr. 1 Hs. 3 a. F („Gesamtzuständigkeit" der „großen" Strafvollstreckungskammer) ist in die geltende Fassung nicht übernommen worden. Wegen der besonderen Zuständigkeit der Strafvollstreckungskammer, im Rahmen der Entscheidung über die Reststrafaussetzung bei lebenslanger Freiheitsstrafe in sog. „Altfällen"[7], wird auf die Kommentierungen zu § 57 a StGB verwiesen.

4 **3. Zuständigkeit der „kleinen" Strafvollstreckungskammer.** Abs. 1 Nr. 2 begründet für alle nicht unter Nr. 1 fallende Verfahren, und soweit Entscheidungen auch nicht damit zusammenhängen, eine grundsätzliche Zuständigkeit der „kleinen" Strafvollstreckungskammer. Diese Änderung gegenüber dem früheren Recht erschien dem Gesetzgeber vertretbar, weil von dieser Zuständigkeit die gewichtigsten Sachen zu Gunsten der „großen" Strafvollstreckungskammer ausgenommen worden sind und zudem über ein Rechtsmittel gegen die Beschlüsse der Strafvollstreckungskammer ein mit drei Berufsrichtern besetztes Gericht höherer Ordnung entscheidet, dem eine tatsächliche Nachprüfung nicht verwehrt ist[8]. Die „kleine" Strafvollstreckungskammer ist damit entgegen der früheren Regelung auch zuständig für Entscheidungen nach §§ 109, 138 Abs. 2 StVollzG und nach §§ 50, 58 Abs. 2 , 71 Abs. 4 IRG[9].

5 **4. Zuständigkeitsstreit.** Bei Streitigkeiten über die Frage, ob eine Entscheidung von der „kleinen" oder „großen" Strafvollstreckungskammer zu treffen ist, kann eine Klärung nicht nach § 14 StPO herbeigeführt werden[10], weil es sich bei der Strafvollstreckungskammer um einen einheitlichen Spruchkörper handelt. Es kommt aber auch keine Bestimmung durch das Präsidium in Betracht, da die Frage der **Besetzung zwingend vom Gesetz vorgegeben** ist. Zur Lösung des Problems schlägt *Kissel*[11] vor, daß dem Kollegium insoweit eine bindende Kompetenz zugestanden werden müsse. Dieser Weg ist nicht gangbar, denn das liefe auf eine Bestimmung der Besetzung durch die Strafvollstreckungskammer hinaus. Dem steht zudem entgegen, daß eine derart festgelegte Zuständigkeit für die Beschwerdeinstanz bedeutungslos ist (unten Rdn. 11). Der Annahme einer solchen Kompetenz bedarf es aber auch nicht, weil sich aus der Neufassung der Vorschrift

[1] BTDrucks. **12** 1217, S. 48.
[2] **A. A** wohl *Kissel* 4.
[3] OLG Hamm NStZ **1994** 146.
[4] OLG Hamm NStZ **1994** 207.
[5] OLG Hamm NStZ **1994** 207; *Katholnigg*[3] 2.
[6] *Kleinknecht/Meyer-Goßner*[44] 5.
[7] S. dazu BVerfGE **86** 288.
[8] BTDrucks. **12** 1217, S. 48.
[9] Vgl. OLG München NStZ **1995** 207; *Katholnigg*[3] 3.
[10] Ebenso *Katholnigg*[3] 1; *Kissel* 7.
[11] Rdn. 7.

für die gewichtigeren Entscheidungen eine Vorrangstellung der großen Strafvollstreckungskammer ableiten läßt, so daß diese auch in Zweifelsfällen zuständig ist, zumal dies selbst bei fehlerhafter Zuständigkeitsannahme unschädlich wäre (unten Rdn. 12).

II. Besetzung der Strafvollstreckungskammer

1. Allgemeines. Absatz 2 ist dem § 78 Abs. 2 nachgebildet, weicht aber im Wortlaut **6**
ab, indem die Bestellung des Vorsitzenden nicht ausdrücklich erwähnt ist und nicht von „Richtern beim Amtsgericht des Bezirks", sondern — insoweit in Übereinstimmung mit dem für das frühere Schwurgericht geltenden § 83 Abs. 2 a. F — von den „in seinem Bezirk angestellten Richtern beim Amtsgericht" die Rede ist.

2. Vorsitzender der Strafvollstreckungskammer muß, da sie einen beim Landgericht **7**
gebildeten Spruchkörper darstellt, gemäß § 21 f Abs. 1 der Präsident oder ein Vorsitzender Richter des Landgerichts sein. Seine Vertretung im Fall seiner Verhinderung richtet sich nach § 21 f Abs. 2. Im übrigen kann auf § 78, 15 verwiesen werden.

3. Weitere Mitglieder (Beisitzer, Einzelrichter) können sein

a) Mitglieder des Landgerichts. Hier gilt sinngemäß, was in § 78, 12 bis 14 ausge- **8**
führt ist; insbesondere gilt, daß auch die dem Landgericht zugewiesenen Richter auf Probe und Richter kraft Auftrags zu Mitgliedern der Strafvollstreckungskammer bestellt werden können (§ 59 Abs. 3), und daß bei Entscheidungen der mit drei Richtern besetzten Kammer nicht mehr als ein Richter auf Probe oder ein Richter kraft Auftrags oder ein abgeordneter Richter mitwirken darf (§ 29 DRiG);

b) im Bezirk des Landgerichts angestellte Richter beim Amtsgericht. Der Begriff **9**
des angestellten Richters kann nicht anders verstanden werden als der gleiche früher in § 83 a. F verwendete Begriff. Bestellbar sind danach nur Richter, denen bei einem Amtsgericht im Bezirk des Landgerichts ein Richteramt auf Lebenszeit übertragen worden ist („Richter am Amtsgericht"), also nicht beim Amtsgericht tätige Richter auf Probe oder kraft Auftrags, auch nicht Richter auf Lebenszeit, die aus einem anderen Landgerichtsbezirk an das Amtsgericht abgeordnet worden sind[12]. Sind einem Landgericht gemäß § 78 a Abs. 2 für die Bezirke mehrerer Landgerichte die in die Zuständigkeit der Strafvollstreckungskammer fallenden Strafsachen zugewiesen worden, so kann das Präsidium des Landgerichts die bei den Amtsgerichten des so erweiterten Landgerichtsbezirks angestellten Richter zu Mitgliedern der Strafvollstreckungskammer bestellen. Die Vertretung eines vorübergehend verhinderten Richters beim Amtsgericht muß das Präsidium des Landgerichts nach den allgemein für die Vertretung beim Landgericht geltenden Grundsätzen (§ 21 e. 14) regeln; der im Geschäftsverteilungsplan des Amtsgerichts, bei dem der Richter angestellt ist, bezeichnete Vertreter ist nur dann auch Vertreter als Mitglied der Strafvollstreckungskammer, wenn er auch im Geschäftsverteilungsplan des Landgerichts als Vertreter vorgesehen ist, und wenn er ebenfalls bei dem Amtsgericht „angestellt" ist (dazu § 78, 14).

---

12 LR-*K. Schäfer*[22] § 83, II 3 b; so auch OLG Koblenz NStZ **1982** 301 – mit ausführlicher Begründung –: „Die Unterscheidung des Kreises der zu Richtern der StVK bestellbaren Richter je nach ihrer Zugehörigkeit zum LG oder AG im Wortlaut des Gesetzes ist durch Auslegung unter Heranziehung des Gesetzes nicht zu überbrücken", *Kissel* 15 mit dem Hinweis auf die Parallele, daß nach § 23 b Abs. 3 Satz 2 GVG der Richter auf Probe Geschäfte des Familienrichters nicht wahrnehmen darf; KK-*Mayr* 3.

10 **4. Allgemeine Regeln.** Auch für die Strafvollstreckungskammer gilt, daß sie nicht in unzulässigem Umfang überbesetzt sein darf[13]. Übersteigt der Geschäftsanfall die Kräfte einer Strafvollstreckungskammer, so muß eine weitere Strafvollstreckungskammer gebildet werden. Dies kann auch in der Form geschehen, daß einer nicht voll ausgelasteten allgemeinen Strafkammer, deren Mitglieder zugleich zu Mitgliedern der Strafvollstreckungskammer bestellt werden, Aufgaben der Strafvollstreckungskammer zugewiesen werden[14]. Sie muß dann unter der Bezeichnung als Strafvollstreckungskammer auftreten, wenn sie in dieser Eigenschaft tätig wird. In noch höherem Maße als bei den anderen Spruchkörpern mit gesetzlicher Zuständigkeitskonzentration gilt für die Strafvollstreckungskammer, daß die Gewinnung besonderer Kenntnisse und Erfahrungen der Richter auf ihrem Spezialgebiet (hier: des Vollzugswesens einschl. der für eine Prognoseentscheidung wichtigen Gebiete der Kriminologie usw.) eine gewisse Stetigkeit in der Besetzung des Spruchkörpers voraussetzt, und daß das Präsidium dem bei Aufstellung des Geschäftsverteilungsplans im Rahmen seiner Möglichkeiten Rechnung tragen muß[15]. Die Aufteilung der Geschäfte des Einzelrichters und der übrigen Tätigkeit in der Strafvollstreckungskammer geschieht nach § 21 g[16]. Der Gedanke der Zuständigkeitskonzentration und Vollzugsnähe führt dazu, daß auch **beim Oberlandesgericht** als Beschwerde- und Rechtsbeschwerdeinstanz gegenüber Entscheidungen der Strafvollstreckungskammer die entsprechenden Aufgaben im Wege der Geschäftsverteilung bei einem bestimmten Strafsenat zu konzentrieren sind[17].

III. Anfechtbarkeit wegen Überschreitung der Zuständigkeit

11 **1. Problemstellung.** Die Frage der Anfechtbarkeit erhebt sich nach der Neufassung in erster Linie im Bereich der mit den Verfahren in Abs. 1 Nr. 1 verbundenen nachträglichen Entscheidungen (Rdn. 2). Hier fragt sich, ob in der Beschwerdeinstanz geltend gemacht werden kann, daß entweder der Einzelrichter oder die vollbesetzte Kammer zu Unrecht entschieden haben.

12 **2. Kollegium statt Einzelrichter.** Hat die „große" Strafvollstreckungskammer zu Unrecht entschieden, so kann eine Gesetzesverletzung (§ 116 Abs. 2 StVollzG) im allgemeinen nicht damit begründet werden, denn von den praktisch schwerlich vorkommenden Fällen objektiver Willkür abgesehen, ist zwar § 269 StPO nicht unmittelbar anwendbar, weil Einzelrichter und vollbesetzte Kammer — anders als etwa der Strafrichter im Verhältnis zum Schöffengericht — nicht Gerichte verschiedener Ordnung sind. Aber der Rechtsgedanke dieser Vorschrift muß hier, wo es sich um eine Zuständigkeitsabgrenzung innerhalb des gleichen Spruchkörpers handelt, erst recht Anwendung finden[18]. Wie sich aus der Entstehungsgeschichte des § 78 b Abs. 1 Nr. 2 ergibt, beruht die Zuständigkeitsabgrenzung auf dem Gedanken, die vollbesetzte Kammer von Sachen zu entlasten, die „nicht den Sachverstand dreier Richter erfordern" (Vor § 78 a, 9)[19]. Es handelt sich also um eine interne arbeitsorganisatorische Entlastungsmaßnahme, und es wird nach den

[13] S. Erl. zu § 16 (24. Aufl. Rdn. 13) und zu § 21 f (24. Aufl. Rdn. 6); *Peters* GA **1977** 102 Fußn. 17.

[14] **A. M** *Peters* GA **1977** 102: einer allgemeinen Strafkammer können nicht Aufgaben der Strafvollstreckungskammer zugewiesen werden, wohl aber können Mitglieder einer nicht voll ausgelasteten Strafvollstreckungskammer zugleich in einer allgemeinen Strafkammer verwendet werden.

[15] *Peters* GA **1977** 103; JR **1977** 401; Vor § 78 a, 10.

[16] Ebenso *Treptow* NJW **1977** 1038.

[17] *Peters* GA **1977** 163.

[18] Ebenso *Katholnigg*[3] 1.

[19] Wegen der Besonderheit des Falles bedarf es keines weiteren Eingehens auf die streitige Frage, inwieweit eine dem Gesetz nicht entsprechende „bessere Besetzung" einen Verstoß gegen den Grundsatz des gesetzlichen Richters darstellt; vgl. dazu z. B. BAG NJW **1961** 1645.

gesetzgeberischen Intentionen nicht in Rechte des Antragstellers eingegriffen, gereicht ihm sogar wegen der präsumptiven „höheren Richtigkeit" der Entscheidung zum Vorteil, wenn die vollbesetzte Kammer von vornherein „den Sachverstand dreier Richter" einsetzt. Es läßt sich zwar nicht ausschließen, daß der Einzelrichter, wäre die Sache an ihn gelangt, eine dem Antragsteller günstigere Entscheidung getroffen hätte als die Kammer, aber es wäre, wie gerade § 269 StPO zeigt, eine Überspitzung, daraus eine Verletzung des Rechts auf den gesetzlichen Richter zu folgern[20].

3. Einzelrichter statt Kollegium. Hat der Einzelrichter entschieden, so liegt aller- **13**
dings eine Gesetzesverletzung vor, denn dann war das Gericht nicht ordnungsgemäß besetzt (Art. 101 Abs. 1 Satz 2 GG)[21]. Gegen eine solche Gesetzesverletzung steht die Rechtsbeschwerde aus § 116 Abs. 2 StVollzG zur Verfügung[22].

Umstritten ist indessen in diesen Fällen, ob das **Beschwerdegericht** entsprechend **14**
§ 309 StPO in der Sache selbst entscheidet[23], oder wegen dieses Mangels an die „große" Strafvollstreckungskammer zurückverweist[24]. Die Motive zum StVollzG äußerten sich zwar dahin, daß in diesen Fällen eine Zurückverweisung nicht erfolgen solle[25], aber diese Überlegungen sind nicht Gesetz geworden. Es spricht deshalb von Gesetzes wegen nichts dagegen, daß dem Beschwerdegericht damit auch eine **eigene abschließende Sachentscheidung** möglich ist. Daß dies nur für ausermittelte eindeutige Fälle in Betracht kommen soll[26], läßt sich ebenfalls aus nichts herleiten. Für eine eigene, abschließende Entscheidungskompetenz des Beschwerdegerichts sprechen zudem praktische Überlegungen: sowohl für Entscheidungen der „großen" als auch der „kleinen" Strafvollstreckungskammer ist Beschwerdeinstanz das Oberlandesgericht und es würde dem allgemein geltenden Beschleunigungsgebot widersprechen, wenn im selben Instanzenzug die Verfahren trotz eigener Entscheidungsmöglichkeit durch Zurückverweisungen verzögert würden. Es ist darüber hinaus aber auch kein sachlicher Grund zu erkennen, weshalb in Strafvollzugssachen die allgemein geltende Vorschrift des § 309 Abs. 2 StPO nicht zur Anwendung kommen sollte. Hinweise sind insoweit weder den §§ 462 a, 463 StPO noch der Regelung des § 121 GVG zu entnehmen.

[20] So auch die weitgehend in Rechtsprechung und Schrifttum vertretene Auffassung, z. B. OLG Düsseldorf NStZ **1984** 477; *Kissel* 10; *Kleinknecht/Meyer-Goßner*[44] 11.

[21] *Katholnigg*[3] 1; *Kleinknecht/Meyer-Goßner*[44] 8; *Peters* JR **1977** 400;

[22] Aus der Kasuistik betr. Besetzungsrügen, auf die hier nicht weiter einzugehen ist, da sie Gegenstand der Erläuterung in den Kommentaren zum StVollzG ist, sei hier lediglich andeutungsweise hingewiesen auf OLG Karlsruhe NStZ **1981** 452; OLG Düsseldorf NStZ **1982** 301; ferner auf OLG Schleswig NStZ **1983** 190 (Nr. 41), wonach Aufhebung und Zurückverweisung an die zuständige kleine StVollstrK geboten ist, wenn entgegen dem Geschäftsverteilungsplan statt der zuständigen StVollstrK 1 die StVollstrK 2 entschieden hat und es bei der darauf gestützten Rechtsbeschwerde wegen abgelehnten Urlaubs u. a. auch darum geht, ob die Vollzugsbehörde bei der Versagung von einem zutreffenden und selbständig ermittelten Sachverhalt ausgegangen ist (Verweisung auf BGH NJW **1982** 1057, 1059), also um die Frage tatsächlicher Feststellungen, die der Senat nicht treffen könne, ferner den (inzwischen durch BGHSt **30** 320 = JR **1983** 38 mit Anm. *Müller-Dietz* erledigten) Vorlegungsbeschluß OLG Hamm NStZ **1981** 198 Nr. 27 betr. den streitigen Umfang des Rechts und der Pflicht der StVollstrK zu eigener Sachaufklärung, wenn die Vollzugsbehörde einen Urlaubsantrag des Gefangenen wegen Befürchtung der Fluchtgefahr abgelehnt hat, sie nach Auffassung der StVollstrK aber nicht alle wesentlichen Umstände des konkreten Falles in Betracht gezogen hat und von einem nicht vollständig ermittelten Sachverhalt ausgegangen ist. S. auch die Rechtsprechungsübersicht von *Katholnigg* NStZ **1982** 242.

[23] Vgl. OLG Frankfurt StV **1989** 491; OLG Hamm NStZ **1992** 407.

[24] OLG Düsseldorf StV **1991** 432; OLG Hamm NStZ **1994** 146; *Kissel* 8 und *Kleinknecht/Meyer-Goßner*[44] 8 stellen eine Zurückverweisung in das Ermessen des Gerichts.

[25] BTDrucks. **7** 3998, S. 49.

[26] So *Katholnigg*[3] 1.

SECHSTER TITEL

Schwurgerichte

(§§ 79 bis 92)

(aufgehoben durch Art. 2 Nr. 25 des 1. StVRG 1974)

SIEBENTER TITEL

Kammern für Handelssachen

§§ 93 bis 114

(hier nicht abgedruckt)

ACHTER TITEL

Oberlandesgerichte

Vorbemerkungen

1. Zahl der Oberlandesgerichte. Zur Zeit bestehen im Gebiet der Bundesrepublik Deutschland 27 Oberlandesgerichte, und zwar das Kammergericht in Berlin und die Oberlandesgerichte in Bamberg, Brandenburg, Braunschweig, Bremen, Celle, Dresden, Düsseldorf, Frankfurt, Hamburg, Hamm, Jena, Karlsruhe, Koblenz, Köln, München, Naumburg, Nürnberg, Oldenburg, Rostock, Saarbrücken, Schleswig, Stuttgart und Zweibrücken. Damit ist auch der Aufbau der ordentlichen Gerichtsbarkeit in den neuen Bundesländern abgeschlossen. Für die Übergangszeit nach dem Beitritt der fünf neuen Bundesländer übernahmen zunächst die besonderen Senate der Bezirksgerichte, die nach den Bestimmungen des Einigungsvertrags (Anl. I Kap. III Sachgeb. A Abschn. III Nr. 1 Buchst. k und l) bei den Bezirksgerichten der Landeshauptstädte zu bilden waren, die Aufgaben der Oberlandesgerichte. Insoweit wird auf die Darstellung in der 24. Aufl. Nachtr. II Teil B Rdn. 93ff; 117ff verwiesen. Für Berlin galten von Anfang an die allgemeinen Vorschriften des Bundesrechts; die Zuständigkeit des Kammergerichts erstreckte sich sogleich auch auf den Ostteil der Stadt[1]. Zur Möglichkeit der Einrichtung auswärtiger Senate vgl. § 116, 4. 1

2. Über die **Zuständigkeitskonzentration in Strafsachen** bei einem von mehreren örtlich zuständigen Oberlandesgerichten oder dem Obersten Landesgericht eines Landes vgl. § 120 Abs. 5 Satz 2, § 121 Abs. 3 und § 9 EGGVG. 2

3. Wegen der **Errichtung und Aufhebung von Oberlandesgerichten**, der Verlegung des Gerichtssitzes und der Änderung der Bezirksgrenzen gilt das in Rdn. 14 zu § 59 Gesagte auch für die Oberlandesgerichte. Der Gesetzgebung der beteiligten Länder steht es frei, gemeinschaftliche Oberlandesgerichte zu errichten oder die Bezirksgrenzen eines Oberlandesgerichts über die Landesgrenzen hinaus auszudehnen[2]. 3

§ 115

Die Oberlandesgerichte werden mit einem Präsidenten sowie mit Vorsitzenden Richtern und weiteren Richtern besetzt.

Entstehungsgeschichte. § 115 erhielt seine Fassung durch Art. II Nr. 34 des Gesetzes zur Änderung der Bezeichnungen der Richter und ehrenamtlichen Richter und der Präsidialverfassung der Gerichte vom 26. 5. 1972[1]. Bis dahin bestimmte er, der Sache nach identisch, eine Besetzung mit dem Präsidenten, sowie der erforderlichen Zahl von Senatspräsidenten und Räten. Bezeichnung bis 1924: § 119.

---

[1] S. LR[24] Nachtr. II Teil B Rdn. 2.
[2] Vgl. *Müller* NJW **1963** 616.

[1] BGBl. I S. 841.

1 Das Oberlandesgericht ist besetzt mit dem Präsidenten, den Vorsitzenden Richtern am Oberlandesgericht (§ 19a DRiG), die den ordentlichen Vorsitz im Senat führen (§ 21f Abs. 1), sowie mit weiteren Richtern. Diese weiteren **Richter** sind die **auf Lebenszeit** bei dem Oberlandesgericht angestellten Richter (§ 27 Abs. 1 DRiG), die „Richter am Oberlandesgericht" (§ 19a DRiG) sowie „abgeordnete Richter" (§ 29 Satz 1 DRiG), die zusammen mit den Richtern kraft Auftrags und denen auf Probe früher auch als „Hilfsrichter" bezeichnet wurden. Diese Bezeichnung findet indessen im Gesetz keine Verwendung mehr und ist daher überholt (s. auch § 59, 5). Als Richter im Sinne von § 29 Satz 1 DRiG kommen im Fall der Besetzung der Senate des Oberlandesgerichts nur auf Lebenszeit bei einem Amts- oder Landgericht oder dem Gericht eines anderen Gerichtszweiges[2] angestellte Richter in Betracht, die zum Oberlandesgericht abgeordnet sind (§ 37 DRiG); die Verwendung von Richtern auf Probe und kraft Auftrags ist ausgeschlossen, da es an einer den § 22 Abs. 5, § 59 Abs. 3 entsprechenden Vorschrift fehlt. Dies gilt nicht für Justizverwaltungsangelegenheiten[3]. Nach der ursprünglichen Fassung des § 29 DRiG konnte nur ein abgeordneter Richter in jedem Spruchkörper mitwirken. Vom 1.3.1993 bis zum 28.2.1998 erlaubte Art. 15 Abs. 3 des Gesetzes zur Entlastung der Rechtspflege vom 11.1.1993 (BGBl. I S. 50) den Einsatz von insgesamt zwei abgeordneten Richtern, wenn hierfür eine sachliche Notwendigkeit bestand[4]. In den neuen Bundesländern – mit Ausnahme von Berlin – galt die Vorschrift wie auch zahlreiche andere zunächst in abgeschwächter Form nach Maßgabe des Einigungsvertrages[5]. An dessen Stelle trat 1992 § 3 RpflAnpG[6]. Durch Art. 3 des Gesetzes zur Stärkung der Unabhängigkeit der Richter und Gerichte vom 22.12.1999 (BGBl. I S. 2598, 2599) ist § 3 Abs. 1 des RpflAnpG mit der Maßgabe geändert worden, daß bei den Oberlandesgerichten bis zum 31.12.2004 abweichend von § 29 Satz 1 DRiG zwei abgeordnete Richter an einer gerichtlichen Entscheidung mitwirken dürfen.

2 Der **Präsident** des Oberlandesgerichts ist nicht nur unabhängiger Richter und in dieser Eigenschaft Vorsitzender eines Senats[7], sondern auch Organ der Justizverwaltung, dem die Dienstaufsicht über die Gerichte seines Bezirks obliegt[8].

3 Wegen des **Umfangs der Verwendung** von abgeordneten Richtern in den Senaten des Oberlandesgerichts gelten sinngemäß die Ausführungen in § 59, 9ff und ergänzend die Erl. zu § 117.

4 Ordentliche **Professoren** können im Nebenamt als Richter auf Lebenszeit an Oberlandesgerichten tätig sein (§§ 7, 9 DRiG)[9].

§ 116

(1) [1]Bei den Oberlandesgerichten werden Zivil- und Strafsenate gebildet. [2]Bei den nach § 120 zuständigen Oberlandesgerichten werden Ermittlungsrichter bestellt; zum Ermittlungsrichter kann auch jedes Mitglied eines anderen Oberlandesgerichts, das in dem in § 120 bezeichneten Gebiet seinen Sitz hat, bestellt werden.

---

[2] BGH NJW **1960** 676; *Kissel*[3] 6.
[3] KK-*Hannich*[4] 2.
[4] BVerfG NJW **1998** 1053; BGH NJW **1995** 2791, 2792; BVerwG NJW **1997** 674.
[5] Anl. I Kap. III Sachgeb. A Abschn. III Nr. 1 Buchst. d.
[6] Rechtspflege-Anpassungsgesetz vom 26.6.1992 (BGBl. I S. 1147); s. 24. Aufl. Anh. Rdn. 65; *Rieß* DtZ **1992** 228.
[7] Zum Umfang der Vorsitzendentätigkeit BGHZ **49** 64.
[8] KK-*Hannich*[4] 3.
[9] Vgl. im einzelnen *Kissel*[3] 9; KK-*Hannich*[4] 8.

(2) [1]Durch Anordnung der Landesjustizverwaltung können außerhalb des Sitzes des Oberlandesgerichts für den Bezirk eines oder mehrerer Landgerichte Zivil- oder Strafsenate gebildet werden und ihnen für diesen Bezirk die gesamte Tätigkeit des Zivil- oder Strafsenats des Oberlandesgerichts oder ein Teil dieser Tätigkeit zugewiesen werden. [2]Ein auswärtiger Senat für Familiensachen kann für die Bezirke mehrerer Familiengerichte gebildet werden.

Entstehungsgeschichte. Durch das VereinhG 1950 wurde Absatz 2, durch Art. II Nr. 35 PräsVerfG der Satz 2 des Absatzes 1 eingefügt. Durch Art. 2 Nr. 26 des 1. StVRG 1974 wurden in Absatz 1 Satz 2 die früheren auf den Untersuchungsrichter bezüglichen Worte gestrichen. Absatz 2 Satz 2 ist durch Art. 2 Nr. 10 RpflVereinfG angefügt worden.

1. Die **Bestimmung der Zahl der Senate (Absatz 1 Satz 1)** ist in gleicher Weise wie bei den Spruchkörpern der übrigen Kollegialgerichte Sache der Justizverwaltung (vgl. § 130 Abs. 1). In § 8 Abs. 2 GVGVO 1935 ist diese Aufgabe den Präsidenten der Oberlandesgerichte übertragen. Diese Vorschrift gilt nur, soweit sie nicht durch inhaltlich gleiche oder abweichende landesrechtliche Vorschriften ersetzt ist[1]. So ist in Bayern (Art. 5 AGGVG), Sachsen (Art. 2 § 1 GerichtsordnungsG) und Thüringen (§ 3 AGGVG) das Justizministerium zuständig. In den übrigen Bundesländern trifft der Präsident des Oberlandesgerichts die Entscheidung; das Ministerium hat aber Weisungsbefugnis oder kann Herstellung des Einvernehmens verlangen (vgl. § 5 AGGVG Baden-Württemberg, § 7 Gerichtsneuordnungsgesetz Brandenburg, § 15 AGGVG Bremen, § 17 AGGVG Hamburg, § 5 Gerichtsorganisationsgesetz Mecklenburg-Vorpommern, § 2 AGGVG Niedersachsen, § 3 AGGVG Saarland, § 4 AGGVG Sachsen-Anhalt). Auch die Beteiligungsrechte des Präsidiums sind unterschiedlich ausgestaltet. Die Bildung von Feriensenaten war Sache des Präsidiums (§ 60, 11). Die Aufgaben des nach § 46 Abs. 6 OWiG zu bildenden Senats für Bußgeldsachen werden im allgemeinen von einem Strafsenat wahrgenommen[2]. 1

Daneben bestehen kraft Gesetzes weitere **Spezialsenate**, die vom Präsidium nach § 21e personell zu besetzen sind[3]. Hierzu zählen u. a. der Kartellsenat (§ 91 GWB) sowie die Senate für ehren- und berufsgerichtliche Verfahren und die Senate für Beschwerden in Rehabilitierungsverfahren bei den Oberlandesgerichten bzw. den Bezirksgerichten der Landeshauptstädte in den neuen Bundesländern (§ 13 Abs. 3 StrRehaG). 2

2. Ermittlungsrichter. Das Präsidium des in § 120 Abs. 1 bezeichneten Oberlandesgerichts bestellt den Ermittlungsrichter des Oberlandesgerichts (§ 21e Abs. 1) für die richterliche Tätigkeit in Ermittlungsverfahren, wenn nicht mehr der Generalbundesanwalt, sondern die Landesstaatsanwaltschaft die Ermittlungen führt (§ 169 StPO, §§ 120 Abs. 6, 142a GVG). Das Präsidium des Oberlandesgerichts bestimmt auch, wenn mehrere Ermittlungsrichter erforderlich sind, deren Zahl und verteilt die Geschäfte unter sie[4]. Daß die Zahl der Ermittlungsrichter des Bundesgerichtshofs, die zuständig sind, wenn der Generalbundesanwalt die Ermittlungen führt (§ 169 Abs. 1 Satz 2 StPO, § 142a GVG), nach § 130 Abs. 1 Satz 2 durch den Bundesjustizminister bestimmt wird, 3

[1] Ebenso KK-*Hannich*[4] 2.

[2] Vgl. kritisch dazu *Göhler* NStZ **1988** 83; JR **1985** 124.

[3] Vgl. *Kissel*[3] 2 mit weit. Einzelheiten.

[4] Ebenso *Schorn/Stanicki* 85; KK-*Hannich*[4] 5; **a. A** *Katholnig*[3] 2; *Kissel*[3] 21.

rechtfertigt nicht den Schluß, daß die Zahl der Ermittlungsrichter des Oberlandesgerichts durch die Landesjustizverwaltung bestimmt wird. Denn § 130 Abs. 1 Satz 2 trägt dem besonderen Umstand Rechnung, daß zu Ermittlungsrichtern des Bundesgerichtshofs, der selbst keine erstinstanzliche Zuständigkeit in Staatsschutzstrafsachen mehr besitzt, nur Richter am Bundesgerichtshof (§ 19a DRiG, früher „Bundesrichter") bestellt werden können und die Zahl der Ermittlungsrichter des Bundesgerichtshofs Auswirkungen hat auf den (nicht beliebig vermehrbaren) Umfang des Personalbedarfs beim Bundesgerichtshof zur Bewältigung der ihm als Rechtsmittelgericht obliegenden Aufgaben. Diese Schwierigkeiten bestehen bei dem erstinstanzlich zuständigen Oberlandesgericht nicht, da ihm als Ermittlungsrichter nicht nur die Mitglieder der übrigen Oberlandesgerichte des Landes zur Verfügung stehen, sondern als Mitglied eines Oberlandesgerichts auch die zu einem Oberlandesgericht abgeordneten Richter (§ 37 DRiG) in Betracht kommen[5], während es beim Bundesgerichtshof keine „Hilfsrichter" gibt. Das Präsidium bestellt auch den (oder die) Vertreter des Ermittlungsrichters (§ 21e Abs. 1). Wegen des räumlichen Tätigkeitsbereiches des Ermittlungsrichters vgl. § 169 Abs. 2 StPO.

4 **3. Auswärtige Senate (Absatz 2).** Diese Vorschrift ist dem § 78 Abs. 1 GVG nachgebildet; das dort in Rdn. 1 bis 4 Ausgeführte gilt hier sinngemäß (vgl. auch § 130 Abs. 2). Die Tätigkeit in Staatsschutzstrafsachen nach § 120 kann einem auswärtigen Strafsenat aber nicht zugewiesen werden; das widerspricht dem Grundgedanken der Zuständigkeitskonzentration (vgl. § 78, 4). Detachierte Senate gibt es bei den Oberlandesgerichten Frankfurt a. M. (Zivilsenate in Kassel und Darmstadt), München (Zivilsenate in Augsburg) und Karlsruhe (Zivilsenate in Freiburg). Der detachierte Senat hat für die örtliche Zuständigkeit die Rechtsstellung eines selbständigen Gerichts (§ 78, 6). Über einen Zuständigkeitsstreit zwischen einem auswärtigen Senat und einem solchen am Sitz des Oberlandesgerichts, der nicht in die Regelungsbefugnis des Präsidiums fällt, entscheidet in entsprechender Anwendung der §§ 14, 19 StPO der Bundesgerichtshof[6]. Für die Besetzung des auswärtigen Senats gelten keine Besonderheiten. Wegen der Beteiligung der auswärtigen Senate an der Wahl des Präsidiums vgl. § 4 Abs. 1 Satz 2, § 7 der WahlO vom 19. 9. 1972 (BGBl. I 1821)[7]. Wegen der Bedeutung der Unversetzbarkeit für die Zuweisung der Richter mit Wohnsitz am Sitz des Oberlandesgerichts an die detachierten Senate vgl. § 78, 14 und in der 23. Auflage § 30, 4 DRiG.

§ 117

Die Vorschrift des § 70 Abs. 1 ist entsprechend anzuwenden.

Entstehungsgeschichte. Die Fassung des § 117 beruht auf Art. II Nr. 36 des PräsVerfG. Zuvor lautete die letzte, auf Art. 11 Nr. 4 des StPÄG 1964 beruhende Fassung: „Die Vorschriften der §§ 62 bis 69 und 70 Abs. 1 sind entsprechend anzuwenden." Da die §§ 62 bis 69 a. F durch das PräsVerfG aufgehoben und durch die §§ 21a ff n. F ersetzt sind, blieb als Inhalt des § 117 nur die Verweisung auf den entsprechend anwendbaren § 70 Abs. 1 übrig.

---

5 KK-*Hannich*[4] 5; *Katholnigg*[3] 2; **a. A** *Kissel*[3] 21.

6 *Kleinknecht/Meyer-Goßner*[44] 2; KK-*Hannich*[4] 6; *Kissel*[3] 19; *Katholnigg*[3] 4.

7 Abdruck in der 24. Aufl. § 21b, 1.

Bedeutung der Vorschrift. § 70 Abs. 1 wurde durch das VereinhG 1950 für entsprechend anwendbar erklärt; die Begründung bemerkt dazu, dies sei geschehen, weil er „bisher in diesem Zusammenhang von der Praxis analog angewendet wurde". Abs. 2, 3 des § 70 haben keine Bedeutung, weil beim Oberlandesgericht neben Planstelleninhabern nur abgeordnete, also auf Lebenszeit ernannte Richter (§ 37 DRiG) tätig werden können (§ 115, 1). Daraus, daß nur der Absatz 1 des § 70, der die Heranziehung von abgeordneten Richtern zur Vertretung verhinderter Mitglieder regelt, in § 117 angeführt ist, darf nicht gefolgert werden, daß ihre Verwendung beim Oberlandesgericht aus anderen Gründen (s. § 70, 8) ausgeschlossen wäre[1]. Auch beim Oberlandesgericht ist es möglich, wegen vorübergehender Überlastung der Senate, aber auch zwecks Erprobung der Eignung zum „Richter am Oberlandesgericht" (§ 19a DRiG), abgeordnete Richter in einer dem aktuellen Bedürfnis entsprechenden Zahl einzuberufen, falls die Erprobung nicht schon im Rahmen einer aus sonstigem Anlaß (Vertretung, Geschäftsandrang) zulässigen Einberufung möglich ist[2]. Wegen der Zahl der zur Mitwirkung an einer Entscheidung beteiligten abgeordneten Richter (§ 29 DRiG) s. § 115, 2. Daß die Verwendung von abgeordneten Richtern unzulässig ist, wenn sie nur dazu dient, einen dauernden personellen Bedarf zu befriedigen (vgl. § 59, 7), gilt für das Oberlandesgericht in besonderem Maße[3]. 1

§ 118

(aufgehoben durch § 85 Nr. 10 DRiG)

§ 119

(betr. Zuständigkeit in Zivilsachen)

§ 120

(1) In Strafsachen sind die Oberlandesgerichte, in deren Bezirk die Landesregierungen ihren Sitz haben, für das Gebiet des Landes zuständig für die Verhandlung und Entscheidung im ersten Rechtszug

1. bei Friedensverrat in den Fällen des § 80 des Strafgesetzbuches,
2. bei Hochverrat (§ 81 bis 83 des Strafgesetzbuches),
3. bei Landesverrat und Gefährdung der äußeren Sicherheit (§§ 94 bis 100a des Strafgesetzbuches) sowie bei Straftaten nach § 52 Abs. 2 des Patentgesetzes, nach § 9 Abs. 2 des Gebrauchsmustergesetzes in Verbindung mit § 52 Abs. 2 des Patentgesetzes oder nach § 4 Abs. 4 des Halbleiterschutzgesetzes in Verbindung mit § 9 Abs. 2 des Gebrauchsmustergesetzes und § 52 Abs. 2 des Patentgesetzes,

---

1 So auch BGHZ **12** 1.

2 BVerfG DRiZ **1971** 27; BGH NJW **1966** 352; KK-*Hannich*[4] § 115, 7; *Kleinknecht/Meyer-Goßner*[44] § 115, 2; *Mösl* DRiZ **1967** 259; *Tiebing* DRiZ **1968** 120; *Keilholz* DRiZ **1972** 25; Bedenken gegen das sog. „Dritte Staatsexamen" bei *Schorn/Stanicki* 243 ff; kritisch auch *Katholnigg*[3] § 115, 2.

3 Vgl. dazu BGHZ **95** 22.

4. bei einem Angriff gegen Organe und Vertreter ausländischer Staaten (§ 102 des Strafgesetzbuches),
5. bei einer Straftat gegen Verfassungsorgane in den Fällen der §§ 105, 106 des Strafgesetzbuches,
6. bei einer Zuwiderhandlung gegen das Vereinigungsverbot des § 129a des Strafgesetzbuches,
7. bei Nichtanzeige von Straftaten nach § 138 des Strafgesetzbuches, wenn die Nichtanzeige eine Straftat betrifft, die zur Zuständigkeit der Oberlandesgerichte gehört, und
8. bei Völkermord (§ 220a des Strafgesetzbuches).

(2) [1]Diese Oberlandesgerichte sind ferner für die Verhandlung und Entscheidung im ersten Rechtszug zuständig
1. bei den in § 74 a Abs. 1 bezeichneten Straftaten, wenn der Generalbundesanwalt wegen der besonderen Bedeutung des Falles nach § 74a Abs. 2 die Verfolgung übernimmt,
2. bei Mord (§ 211 des Strafgesetzbuches), Totschlag (§ 212 des Strafgesetzbuches) und in den in § 129a Abs. 1 Nr. 2 und 3 des Strafgesetzbuches bezeichneten Straftaten, wenn ein Zusammenhang mit der Tätigkeit einer nicht oder nicht nur im Inland bestehenden Vereinigung besteht, deren Zweck oder Tätigkeit die Begehung von Straftaten dieser Art zum Gegenstand hat, und der Generalbundesanwalt wegen der besonderen Bedeutung des Falles die Verfolgung übernimmt,
3. bei Mord (§ 211 des Strafgesetzbuches), Totschlag (§ 212 des Strafgesetzbuches), Geiselnahme (§ 239b des Strafgesetzbuches), schwerer und besonders schwerer Brandstiftung (§§ 306a und 306b des Strafgesetzbuches), Brandstiftung mit Todesfolge (§ 306c des Strafgesetzbuches), Herbeiführen einer Explosion durch Kernenergie in den Fällen des § 307 Abs. 1 und 3 Nr. 1 des Strafgesetzbuches, Mißbrauch ionisierender Strahlen in den Fällen des § 309 Abs. 2 und 4 des Strafgesetzbuches, Herbeiführen einer Überschwemmung in den Fällen des § 313 Abs. 2 in Verbindung mit § 308 Abs. 2 und 3 des Strafgesetzbuches, gemeingefährlicher Vergiftung in den Fällen des § 314 Abs. 2 in Verbindung mit § 308 Abs. 2 und 3 des Strafgesetzbuches und Angriff auf den Luft- und Seeverkehr in den Fällen des § 316c Abs. 1 und 3 des Strafgesetzbuches, wenn die Tat nach den Umständen bestimmt und geeignet ist,
   a) den Bestand oder die äußere oder innere Sicherheit der Bundesrepublik Deutschland zu beeinträchtigen,
   b) Verfassungsgrundsätze zu beseitigen, außer Geltung zu setzen oder zu untergraben oder
   c) die Sicherheit der in der Bundesrepublik Deutschland stationierten Truppen des Nordatlantik-Pakts oder seiner nichtdeutschen Vertragsstaaten,

   und der Generalbundesanwalt wegen der besonderen Bedeutung des Falles die Verfolgung übernimmt.

[2]Sie verweisen bei der Eröffnung des Hauptverfahrens die Sache in den Fällen der Nummer 1 an das Landgericht, in den Fällen der Nummern 2 und 3 an das Land- oder Amtsgericht, wenn eine besondere Bedeutung des Falles nicht vorliegt.

(3) [1]In den Sachen, in denen diese Oberlandesgerichte nach Absatz 1 oder 2 zuständig sind, treffen sie auch die in § 73 Abs. 1 bezeichneten Entscheidungen. [2]Sie entscheiden ferner über die Beschwerde gegen Verfügungen der Ermittlungsrichter der Oberlandesgerichte (§ 169 Abs. 1 Satz 1 der Strafprozeßordnung) in den in § 304 Abs. 5 der Strafprozeßordnung bezeichneten Fällen.

(4) Diese Oberlandesgerichte entscheiden auch über die Beschwerde gegen Verfügungen und Entscheidungen des nach § 74a zuständigen Gerichts.

(5) [1]Für den Gerichtsstand gelten die allgemeinen Vorschriften. [2]Die beteiligten Länder können durch Vereinbarung die den Oberlandesgerichten in den Absätzen 1 bis 4 zugewiesenen Aufgaben dem hiernach zuständigen Gericht eines Landes auch für das Gebiet eines anderen Landes übertragen.

(6) Soweit nach § 142a für die Verfolgung der Strafsachen die Zuständigkeit des Bundes begründet ist, üben diese Oberlandesgerichte Gerichtsbarkeit nach Artikel 96 Abs. 5 des Grundgesetzes aus.

Schrifttum. *Beckmann* Auswirkungen der Reform von § 129a StGB und § 120 Abs. 2 GVG, Diss. Tübingen 1989; *Dencker* Das „Gesetz zur Bekämpfung des Terrorismus", StV **1987** 117; *Eisenberg* Grundsätzliche erstinstanzliche Nichtzuständigkeit von Bundesanwaltschaft und Oberlandesgerichten in Jugendstrafverfahren (§ 120 GVG, § 102 JGG), NStZ **1996** 263; *Fischer* Die Einführung eines 2. Rechtszuges in Staatsschutz-Strafsachen, NJW **1969** 449; *Griesbaum* Die Zuständigkeit des Generalbundesanwalts zur Verfolgung von Völkermord und die Zusammenarbeit mit dem Jugoslawien-Gerichtshof, in FS 50 Jahre Bundesgerichtshof (2000) 663; *Kohlhaas* Das Gesetz über die Einführung eines 2. Rechtszuges in Staatsschutzsachen, NJW **1970** 20; *Kühl* Neue Gesetze gegen terroristische Straftaten, NJW **1987** 737; *Martin* Zur allgemeinen Einführung eines 2. Rechtszuges in Staatsschutz-Strafsachen, NJW **1969** 713; *Martin* Von der Bundesanwaltschaft, DRiZ **1974** 247; *Rebmann* Inhalt und Grenzen des Straftatbestands „Werben für eine terroristische Vereinigung" nach § 129a StGB, NStZ **1981** 457; *Rebmann* Die Zuständigkeit des Generalbundesanwalts zur Verfolgung terroristischer Straftaten – Vorschläge zur notwendigen Ergänzung, NStZ **1986** 289; *Rieß* Die Bestimmung der sachlichen Zuständigkeit und verwandter Erscheinungen im Strafverfahren, GA **1976** 1; *Schmidt* Aus der Rechtsprechung des Bundesgerichtshofs in Staatsschutzstrafsachen, MDR **1979** 709; **1987** 184; *Schnarr* Irritationen um § 120 II S. 1 Nr. 2 GVG, MDR **1988** 89; *Schnarr* Gehören Vorbereitungshandlungen nach § 30 StGB zum Deliktsbereich von Katalogtaten? NStZ **1990** 257; *Schnarr* Innere Sicherheit, – die Zuständigkeit des Generalbundesanwalts nach § 120 II 1 Nr. 3 GVG, MDR **1993** 589; *Schoreit* Erstinstanzliche Zuständigkeit der Bundesanwaltschaft und der Oberlandesgerichte in Strafverfahren gegen Jugendliche und Heranwachsende gem. §§ 120, 142a GVG, § 102 JGG, NStZ **1997** 69; *Träger/Mayer/Krauth* Das neue Staatsschutzstrafrecht in der Praxis, in: 25 Jahre Bundesgerichtshof (1975) 227, 233; *Vogel* Strafverfahrensrecht und Terrorismus – eine Bilanz, NJW **1978** 1217; *Wagner* Die gerichtliche Zuständigkeit in Staatsschutzstrafsachen, FS Dreher 625.

Entstehungsgeschichte. Der durch § 15 der VO vom 4. 1. 1924 (RGBl. I 17) – Emminger-VO – geschaffene § 120 a. F betraf die erst- und letztinstanzliche Zuständigkeit des Oberlandesgerichts in Staatsschutzstrafsachen. Diese in der Folgezeit mehrfach geänderte Vorschrift (VO vom 18. 3. 1933, RGBl. I 131, Art. 3; Ges. vom 24. 4. 1934, RGBl. I 341; GVGVO 1935, § 2 Nr. 5; ZuständigkeitsVO vom 21. 2. 1940, RGBl. I 405, § 38; Art. 143 Abs. 5 GG; VereinhG 1950; 1. StrÄndG 1951) wurde neu gefaßt durch das Gesetz zur Einführung des zweiten Rechtszuges in Staatsschutzstrafsachen vom 8. 9. 1969 (BGBl. I S. 1582), das die bis dahin bestehende erst- und letztinstanzliche Zuständigkeit des Bundesgerichtshofs in Staatsschutz-Strafsachen (§ 134, 134a a. F) beseitigte und die erstinstanzliche Zuständigkeit auf die Oberlandesgerichte des § 120 übertrug[1]. Die Neuregelung erfaßt auch die Zuständigkeit für Wiederaufnahmeanträge gegen erstinstanzliche Strafurteile des Reichsgerichts[2]. Durch Art. 22 Nr. 8 EGStGB

[1] Vgl. dazu *Fischer* NJW **1969** 449; *Martin* NJW **1969** 713; *Kohlhaas* NJW **1970** 20.

[2] BGH NStZ **1982** 214; BGHSt **31** 365.

1974 wurden die Nr. 4 und 6 in Anpassung an Änderungen des materiellen Rechts neu gefaßt, durch Art. 2 Nr. 27 des 1. StVRG in der Klammerverweisung des Absatzes 3 Satz 2 „168a" durch „169" ersetzt und durch Art. 3 Nr. 1 StGBÄndG 1976 die Nummer 6 – mit Übergangsregelung in Art. 6 Abs. 3[3] – neu eingefügt (die bisherigen Nummern 6 und 7 erhielten dadurch die Bezifferung 7 und 8). Absatz 1 Nr. 3 wurde geändert durch Art. 3 Abs. 1 des Gebrauchsmuster-Änderungsgesetzes vom 15. 8. 1986 (BGBl. I S. 1446) und neu gefaßt durch § 19 des Halbleiterschutzgesetzes vom 22. 10. 1987 (BGBl. I S. 2294). Durch Art. 2 Nr. 6 StVÄG 1987 vom 27. 1. 1987 (BGBl. I S. 475) wurden dem Absatz 3 Satz 2 die Worte „in den ... bezeichneten Fällen" angefügt. Das Gesetz zur Bekämpfung des Terrorismus vom 19. 12. 1986 (BGBl. I S. 2566) erweiterte die bisherige Zuständigkeit nach Absatz 2 (nunmehr Nr. 1) durch Einfügung der Nummern 2 und 3 mit Folgeänderungen in Absatz 2 Satz 2[4]. Die Änderungen in Absatz 2 Nr. 3 beruhen auf der durch das Sechste Gesetz zur Reform des Strafrechts (6. StrRG) vom 26. 1. 1998 (BGBl. I S. 164) erforderlich gewordenen Anpassung des Kreises der erfaßten Katalogtaten. Dabei hat der Katalog einerseits eine sachliche Erweiterung durch die Aufnahme der schweren Brandstiftung (§ 306a StGB) erfahren, andererseits eine Beschränkung durch die auf besonders schwere Fälle eingeengte Verweisung bei der gemeingefährlichen Vergiftung (§ 314 Abs. 2 i. V. m. § 308 Abs. 3 S. 2 StGB). Gleichzeitig glich das 6. StrRG durch die Streichung der Wörter „der im Land Berlin anwesenden Truppen der Drei Mächte" den Absatz 3 Satz 1 Nr. 3 Buchstabe c der durch die Herstellung der Einheit Deutschlands geschaffenen Situation an (BTDrucks. **13** 8587 S. 54).

Übersicht

1 **1. Geschichtliche Entwicklung der erstinstanzlichen Zuständigkeit.** Außer seinen Aufgaben als Revisions- und Beschwerdegericht (§ 121) und den ihm durch die StPO und andere Gesetze zugewiesenen Aufgaben (vgl. § 121, 23) hatte das Oberlandesgericht seit 1924 auch eine erst- und letztinstanzliche Zuständigkeit in Staatsschutzstrafsachen.

[3] Wegen der Bedeutung dieser Übergangsvorschrift für vor dem Inkrafttreten des Gesetzes vom 18. 8. 1976 begangene Zuwiderhandlungen nach § 129 StGB, die zugleich die Voraussetzungen des neu geschaffenen § 129a StGB erfüllen, vgl. BGH MDR **1977** 156.

[4] Dazu Gesetzesmaterial: Gesetzentwurf der Fraktionen der CDU/CSU und FDP BTDrucks. **10** 6268 vom 11. 11. 1986; Anl. z. Protokoll des Rechtsausschusses über die öffentliche Anhörung vom 14. 11. 1986 in der 101. Sitzung des Rechtsausschusses; Beschlußempfehlung und Bericht des Rechtsausschusses BTDrucks. **10** 6633.

Daneben bestand auch die erst- und letztinstanzliche Zuständigkeit des Reichsgerichts in Staatsschutzstrafsachen (über deren Entwicklung vgl. in der 21. Auflage Bd. II S. 697), die während des „Dritten Reiches" auf den neueingerichteten Volksgerichtshof überging (Ges. vom 24.4.1934, RGBl. I 241). Nach dem Kriege begründete Art. 143 GG die Zuständigkeit des Bundesgerichtshofs für Hochverrat. Nach § 134 GVG in der Fassung des VereinhG 1950, durch den Art. 143 GG gegenstandslos wurde, beschränkte sich die erst- und letztinstanzliche Zuständigkeit des Bundesgerichtshofs zunächst auf Hochverrat und Parlamentssprengung. Durch eine Reihe von Gesetzen wurde danach die erstinstanzliche Zuständigkeit des Bundesgerichtshofs erweitert (vgl. im einzelnen die Darstellung der Entstehungsgeschichte des § 134 a. F in der 21. Auflage Bd. II S. 697). Das Verhälnis der erstinstanzlichen Zuständigkeit des Bundesgerichtshofs zu derjenigen des Oberlandesgerichts war in der Weise geregelt, daß die letztere nicht von vornherein katalogmäßig begründet war, sondern im Einzelfall dadurch entstand, daß der Generalbundesanwalt eine Sache, die an sich zur erstinstanzlichen Zuständigkeit des Bundesgerichtshofs gehörte, an die Landesstaatsanwaltschaft abgab oder daß der Bundesgerichtshof, nachdem bei ihm Anklage erhoben war, bei der Eröffnung des Hauptverfahrens die Sache dem Oberlandesgericht zur Verhandlung und Entscheidung überwies (§ 134a Abs. 1, 3 a. F). Und zwar sollte der Generalbundesanwalt grundsätzlich solche Sachen abgeben, die sich überwiegend gegen die Interessen eines Landes richteten; er konnte – zur Entlastung des Bundesgerichtshofs – auch Sachen, in denen diese Voraussetzung nicht gegeben war, abgeben, sollte dies aber nur bei Sachen von minderer Bedeutung tun.

Durch das **Gesetz zur allgemeinen Einführung eines zweiten Rechtszuges in Staatsschutz-Strafsachen** wurde die erstinstanzliche Zuständigkeit des Bundesgerichtshofs beseitigt und wurden die §§ 134, 134a aufgehoben. Seitdem ist in Staatsschutzstrafsachen das Oberlandesgericht erstinstanzlich zuständig; Revisions- und Beschwerdegericht ist der Bundesgerichtshof (§ 135). Die Zuständigkeit des Oberlandesgerichts ist teils eine unbedingte (§ 120 Abs. 1), teils bedingt dadurch, daß der Generalbundesanwalt in Sachen, für die nach § 74a Abs. 1 die Staatsschutzstrafkammer zuständig ist, wegen der besonderen Bedeutung des Falles die Verfolgung übernimmt und Anklage zum Oberlandesgericht erhebt (§§ 120 Abs. 2 Nr. 1, 74a Abs. 2, 142a)[5]. Eine weitere auf die besondere Bedeutung des Falles abstellende Zuständigkeit wurde geschaffen, als das Gesetz zur Bekämpfung des Terrorismus vom 12.12.1986 in den § 120 Abs. 2 die weiteren Nummern 2 und 3 einfügte. 2

Bejaht der Generalbundesanwalt beim Bundesgerichtshof nach § 142a Abs. 1 in Verb. mit § 120 Abs. 1 und 2 seine Zuständigkeit und führt das Oberlandesgericht nach Anklageerhebung das Strafverfahren durch, bedarf dies im Hinblick auf die **zwingende Kompetenzverteilung zwischen Bund und Ländern** im Grundgesetz einer ausdrücklichen verfassungsrechtlichen Legitimation. Die Generalklausel des Art. 30 GG enthält nämlich auch hinsichtlich der Ausübung der rechtsprechenden Gewalt als Bestandteil der staatlichen Befugnisse insgesamt eine – grundsätzlich unbegrenzte, wenn auch widerlegbare – Zuständigkeitsvermutung zugunsten der Bundesländer[6]. Das Ermächtigungserfordernis umfaßt gleichermaßen das Ob und das Wie der Abgrenzung, also die nähere inhaltliche Ausgestaltung der sachlichen Zuständigkeiten und den Bereich der Gerichtsorganisation. An dem durch das 26. Änderungsgesetz zum Grundgesetz vom 26.8.1969 (BGBl. I 1357) dem Art. 96 angefügten Abs. 5 muß sich daher nicht nur die Regelung von § 120 3

[5] Über die Zuständigkeit nach § 120 bei Straftaten gegen die nichtdeutschen Vertragsstaaten des Nordatlantikpakts vgl. § 74a, 2.

[6] *Schmidt-Bleibtreu/Klein*[9] Art. 30, 1; *Jarass/Pieroth*[3] Art. 30, 1.

Abs. 6 über die Organleihe (Rdn. 18) messen lassen, sondern auch und vor allem die der Absätze 1 und 2, soweit diese bestimmte Straftatbestände zu Staatsschutzdelikten erklären[7]. Besonders problematisch ist dabei, daß der Begriff des Staatsschutzes einerseits die Funktion einer immanenten Schranke der Bundeszuständigkeit hat, er andererseits in Art. 96 Abs. 5 GG vorausgesetzt und auch in anderen Vorschriften des Grundgesetzes und des einfachen Rechts jedenfalls für den Bereich der Strafverfolgung[8] nicht näher konkretisiert wird[9]. Das gilt auch für die entsprechenden Vorläuferregelungen (Rdn. 1). Nach überwiegender Ansicht[10] wird im Grundgesetz indessen unausgesprochen vorausgesetzt, daß dem Bund auf dem Gebiet des Staatsschutzes eine eigenständige Strafverfolgungskompetenz zusteht. Daß der Verfassungsgeber von einer näheren Konkretisierung abgesehen hat, läßt erkennen, das dem Gesetzgeber auch weiterhin die nähere Regelung durch einfaches Bundesgesetz überlassen bleiben sollte[11]. Dies eröffnet die gerade in jüngster Zeit aktuell gewordene Möglichkeit, Gefahren und Sachverhalte, die gewöhnlich dem Bereich der allgemeinen Kriminalität zuzuordnen sind, bei Hinzutreten besonderer Umstände, die zur Beeinträchtigung von Staatschutzbelangen führen können, der Strafverfolgungskompetenz des Bundes zu unterwerfen. Für den Bereich der Straftaten gegen die äußere Sicherheit ist dies vom Bundesverfassungsgericht bereits gebilligt worden[12]. Im Fall der Beeinträchtigung der inneren Sicherheit kann nichts anderes gelten. Auslegung und Anwendung von § 120 müssen sich daher an dem Umstand orientieren, daß ein Gesetzesverstoß gleichbedeutend ist mit einem Eingriff in die im Grundgesetz als Regel-Ausnahmeverhältnis ausgestaltete Kompetenzverteilung zwischen Bundes- und Landesjustiz[13]. Das hat nicht nur sachlich-rechtliche (Rdn. 6ff), sondern auch verfahrensrechtliche Auswirkungen (Rdn. 11).

2. Zuständigkeitskonzentration (Absatz 1)

4 **a) Zweck und Umfang.** Die in Absatz 1 vorgeschriebene Konzentration der örtlichen Zuständigkeit für das ganze Land auf diejenigen Oberlandesgerichte, in deren Bezirk die Landesregierungen ihren Sitz haben (Landeshauptstadt), soll sicherstellen, daß in den in dem Zuständigkeitskatalog bezeichneten Verfahren, in denen meist schwierige tatsächliche Fragen zu enscheiden sind und in denen häufig besondere Rechtsprobleme auftreten, auch Richter mit besonderer Sachkunde und breiter Erfahrung auf diesem Gebiet zur Verfügung stehen. Soweit das Oberlandesgericht nach Absatz 1 sachlich zuständig ist[14], erstreckt sich bei Tateinheit oder Sachzusammenhang seine Zuständigkeit als die des Gerichts höherer Ordnung auch auf solche Sachen, die sonst vor ein Gericht niedrigerer Ordnung gehören und etwa nach § 74a in die Zuständigkeit der Staatsschutzstrafkammer oder nach § 74 Abs. 2 in die des Schwurgerichts fallen, z. B. bei einem Mord oder Totschlag aus politischen Gründen, der in Tateinheit oder im Zusammenhang mit einer Straftat nach Absatz 1 begangen wird (§ 74, 15). Auch die Zuständigkeit der **Jugendgerichte** tritt hinter die des Oberlandesgerichts zurück (§ 102 Satz 1, § 112 JGG). Dies begegnet weder verfassungsrechtlichen Bedenken unter dem Gesichtspunkt

7 BGH NStZ **2001** 265, 266 (für BGHSt **46** 238 bestimmt).

8 Anhaltspunkte für die Auslegung geben §§ 3, 4 BVerfschG.

9 KK-*Hannich*[4] 3; *Schnarr* MDR **1993** 589, 590 spricht zutreffend von einer offenen Flanke der gerichtsverfassungsrechtlichen Zuständigkeitsregeln.

10 BGHR GVG § 120 Abs. 2 besondere Bedeutung 1; *Maunz/Dürig/Herzog* Art. 96, 47; *Schnarr* MDR **1993** 589, 590.

11 BGH **46** 238 NStZ **2001** 265, 266 (für BGHSt bestimmt).

12 BVerfGE **100** 313, 392 f.

13 BGH(Fußn. 11).

14 Die Zuständigkeit betrifft auch die Teilnahmeformen und den Versuch (*Kissel*[3] 1; KK-*Hannich*[4] 3); zu Vorbereitungshandlungen nach § 30 StGB vgl. *Schnarr* NStZ **1990** 257.

der Gewährleistung des gesetzlichen Richters (Art. 101 Abs. 1 S. 2 GG) noch im Hinblick darauf, daß die zur Entscheidung berufenen Staatsschutzsenate regelmäßig nicht über Richter mit besonderer erzieherischer Befähigung und Erfahrung in der Jugenderziehung (§ 37 JGG) verfügen[15]. § 37 JGG enthält lediglich eine Sollvorschrift, die der Praxis nachvollziehbare Kriterien für die Feststellung der besonderen Qualifikation nicht an die Hand gibt und als bloße Ordnungsvorschrift nicht revisibel ist[16]. Mit der verfassungsrechtlichen Gewährleistung des gesetzlichen Richters ist Absatz 1 genauso vereinbar wie die in Absatz 2 normierte bewegliche Zuständigkeit, die ihre Parallele in § 24 Abs. 1 Nr. 3 GVG hat[17]. Es ist auch nicht erkennbar, daß der Jugendliche und Heranwachsende durch die Zuständigkeitskonzentration in Absatz 1 und die durch Absatz 2 bewirkte Erweiterung der Zuständigkeit des Oberlandesgerichts in seinen Rechten stärker beeinträchtigt wird als der Erwachsene[18]. Verneint das Oberlandesgericht im Eröffnungsverfahren den hinreichenden Verdacht der seine Zuständigkeit begründenden Straftat, hat es die Anklage mit der Maßgabe zur Hauptverhandlung zuzulassen, daß die Tat nur nach Strafvorschriften strafbar ist, welche die Zuständigkeit des Oberlandesgerichts nicht begründen, und das Hauptverfahren vor dem dann zuständigen Gericht niedrigerer Ordnung zu eröffnen (BGHSt **29** 341, 343). Dies gilt auch dann, wenn die Strafverfolgung vor der Anklageerhebung oder spätestens gleichzeitig mit Zulassung der Anklage gemäß § 154a StPO auf Gesetzesverletzungen beschränkt wird, die keine Zuständigkeit des Oberlandesgerichts begründen[19].

b) Staatsschutzsenat. Anders als § 74a („Bei den Landgerichten ... ist eine Straf- 5
kammer ...") bestimmt § 120 nicht ausdrücklich, daß ein Strafsenat des in Absatz 1 bezeichneten Oberlandesgerichts zuständig sei, sondern erklärt das Oberlandesgericht für zuständig. Indessen zwingt der der Zuständigkeitskonzentration zugrunde liegende Gedanke, daß Richter mit besonderer Sachkunde und breiter Erfahrung auf dem Gebiet der Staatsschutzstrafsachen zur Aburteilung zur Verfügung stehen sollen, auch zu einer Konzentration im Wege der Geschäftsverteilung. Dies gilt dann sinngemäß auch für die dem Oberlandesgericht in § 120 Abs. 3, 4 zugewiesenen Aufgaben, die sinnvoller Weise nicht nur bei *einem* Strafsenat, sondern gerade bei *dem* Strafsenat vereinigt werden, der für die Verhandlung und Entscheidung nach Absatz 1 zuständig ist. In diesem Sinn ist es zu verstehen, wenn im folgenden statt vom „Oberlandesgericht" auch vom „Staatsschutzsenat" gesprochen wird. Macht aber der Bundesgerichtshof als Revisions- und Beschwerdegericht (§ 135) bei erfolgreicher Revision oder Beschwerde von der in §§ 210 Abs. 3 Satz 2, 354 Abs. 2 Satz 2 StPO vorgesehenen Möglichkeit Gebrauch, mit dem weiteren Verfahren einen anderen Senat des in § 120 bezeichneten Oberlandesgerichts zu beauftragen, und ist nicht bereits wegen des Anfalls einer entsprechenden Anzahl dieser Strafsachen im Wege der Geschäftsverteilung ein weiterer Staatsschutzstrafsenat gebildet worden, so muß der Gedanke, daß Richter mit Spezialerfahrungen auf dem Gebiet der Staatsschutzstrafsachen zur Verfügung stehen, durch Bildung eines „Auffangsenats" verwirklicht werden (vgl. § 74, 12); der „Auffangsenat" übernimmt auch im Wiederaufnahmeverfahren die Aufgaben des „anderen Senats" i. S. des § 140a Abs. 6, wenn bei dem Oberlandesgericht nur ein Staatsschutzsenat gebildet ist.

---

15 So aber *Eisenberg* NStZ **1996** 263, 264.

16 BGH MDR **1958** 356; *Schoreit* NStZ **1997** 69, 70.

17 S. dazu BVerfGE **9** 223.

18 *Schoreit* NStZ **1997** 69, 70.

19 BGHSt **29** 341 = NStZ **1981** 151 mit Anm. *Dünnebier* = LM Nr. 3 zu § 154a StPO 1975 mit Anm. *Schmidt*; h. M vgl. LR-*Beulke*[24] § 154a, 15 StPO. Bei der Überprüfung des die Eröffnung des Hauptverfahrens ablehnenden Beschlusses des erstinstanzlich zuständigen Oberlandesgerichts kann der Bundesgerichtshof einen von diesem angelegten – rechtlich unbedenklichen – Maßstab tatrichterlicher Überzeugungsbildung nicht außer Betracht lassen (BGHSt **35** 39).

3. Erweiterte Zuständigkeit (Absatz 2)

6 **a) Besondere Bedeutung.** Die Zuständigkeit der in Absatz 1 bezeichneten Oberlandesgerichte ist ferner gegeben, wenn es sich um eine der in Absatz 2 Satz 1 Nr. 1 bis 3 genannten Fallgestaltungen handelt und der Generalbundesanwalt wegen der besonderen Bedeutung des Falles vor Eröffnung des Hauptverfahrens die Verfolgung übernimmt. Mit dem Begriff der besonderen Bedeutung als gemeinsamer Voraussetzung für die Evokationsbefugnis des Generalbundesanwalts hat der Gesetzgeber an die Regelung der „beweglichen Zuständigkeit" des § 24 Abs. 1 Nr. 3 angeknüpft[20]. Die herrschende Ansicht versteht den Begriff der besonderen Bedeutung schon bei § 24 Abs. 1 Nr. 3 als eine verfassungsrechtlich zulässige Zuständigkeitsabgrenzung, die im Hinblick auf die Bedeutung von Art. 101 Abs. 1 Satz 2 GG aber als unbestimmter Rechtsbegriff angesehen werden muß[21]. Dies muß für die Auslegung des Begriffs bei § 120 Abs. 2 um so mehr gelten, als die Bejahung der besonderen Bedeutung durch die Anklagebehörde nicht nur die Person des gesetzlichen Richters beeinflußt, sondern gleichzeitig das verfassungsrechtliche Zuständigkeitsgefüge. Die Voraussetzung der „besonderen Bedeutung des Falles" hat demnach die Funktion eines Korrektivs, mit dem verhindert werden soll, daß sich die Regelzuständigkeit der Landesjustiz in eine Regelzuständigkeit des Bundes umkehrt. Die Einordnung des Begriffs der „besonderen Bedeutung" in den Kreis der unbestimmten Rechtsbegriffe hat nach Auffassung des Bundesgerichtshofs deshalb nicht die Folge, daß dem Generalbundesanwalt bei der Prüfung der Übernahme eines Verfahrens unter Berücksichtigung aller Umstände des konkreten Falles ein Beurteilungsspielraum zustünde[22].

7 **b) Evokationsrecht.** Ist die besondere Bedeutung im Einzelfall zu bejahen, hat der Generalbundesanwalt die Sache an sich zu ziehen. Dem Evokationsrecht des Generalbundesanwalts, das in § 142a näher ausgestaltet ist, entspricht eine Evokationspflicht. War zunächst die landgerichtliche Staatsanwaltschaft mit den Ermittlungen befaßt, so muß sie, wenn die besondere Bedeutung hervortritt, die Vorgänge an den Generalbundesanwalt abgeben. Sie kann aber noch solche Amtshandlungen vornehmen, bei denen Gefahr im Verzug ist (Nr. 202 Abs. 3 RiStBV). Das Oberlandesgericht, zu dem die Anklage erhoben wird, ist an die Beurteilung des Generalbundesanwalts über die Frage der besonderen Bedeutung nicht gebunden, sondern hat diese Frage selbständig zu prüfen. Verneint es diese, hält es aber im übrigen den hinreichenden Verdacht einer Straftat für gegeben, so eröffnet es zwar, verweist aber die Sache an das zuständige Gericht niedrigerer Ordnung (§ 120 Abs. 2 Satz 2)[23]. Auch nach Eröffnung des Hauptverfahrens hat das Oberlandesgericht die Sache an das zuständige Gericht der Landesjustiz zu verweisen, wenn es nachträglich zu der Erkenntnis gelangt, daß es bei Zulassung der Anklage des Generalbundesanwalts seine sachliche Zuständigkeit zu Unrecht bejaht hat. Insoweit fehlt es zwar an einer ausdrücklichen gesetzlichen Regelung, die eine derartige Verweisung vorsieht; mit dem Bundesgerichtshof ist hier jedoch von einer analogen Anwendung von § 209 Abs. 1 StPO auszugehen[24]. Gegen die Eröffnung unter Verweisung an ein Gericht niedrigerer Ordnung ist Beschwerde nach § 304 Abs. 4 Nr. 3 StPO zulässig; vgl. dazu § 210 Abs. 3 Satz 2 StPO. Ob § 120 Abs. 2 Satz 2 immer entsprechend anwendbar ist, wenn ein Gericht eine Sache an das Oberlandesgericht verweist (§ 270 Abs. 1, 3

---

[20] LR-*Siolek* § 24, 17ff.

[21] LR-*Siolek* § 24, 24; KK-*Kissel*[4] § 24, 11; *Katholnigg*[3] § 24, 5; *Kleinknecht/Meyer-Goßner*[44] § 24, 5.

[22] BGH NStZ **2001** 265, 269 (für BGHSt **46** 238 bestimmt).

[23] *Kissel*[3] 5; KK-*Hannich*[4] 4.

[24] BGH (Fußn. 22).

StPO)[25], ist nach der neueren Rechtsprechung des Bundesgerichtshofs fraglich geworden. Danach ist als gemeinsames oberes Gericht entsprechend §§ 14, 19 StPO der Bundesgerichtshof zur Bestimmung des sachlich zuständigen Gerichts berufen, wenn ein Landgericht das Verfahren gemäß § 270 Abs. 1 StPO an den Staatsschutzsenat verwiesen hat, dieser aber den Verweisungsbeschluß wegen objektiver Willkür für unwirksam hält[26]. Eine Zurückverweisung oder Rückgabe[27] kommt nach Auffassung des Bundesgerichtshofs nur dann in Betracht, wenn zu erwarten ist, daß auch das verweisende Gericht die Unwirksamkeit des Beschlusses anerkennt, der Streit durch die Zurückverweisung des Verfahrens also beendet wird[28]. Wann „besondere Bedeutung des Falles" danach zu bejahen ist, ist für die verschiedenen Fälle, die der Gesetzgeber unter Absatz 2 gefaßt hat, gesondert darzustellen. Der bereits mehrfach erwähnten Entscheidung des Bundesgerichtshofs vom 22. 12. 2000 zum Fall Eggesin ist zu entnehmen, daß es sich jeweils um die Begehung eines staatsgefährdenden Delikts von erheblichem Gewicht handeln muß. Seine besondere Bedeutung gewinnt es dadurch, daß die in Absatz 2 geschützten Rechtsgüter des Gesamtstaates in einer derart spezifischen Weise angegriffen werden, daß ein Einschreiten des Generalbundesanwalts und eine Aburteilung durch ein Bundesgerichtsbarkeit ausübendes Gericht geboten ist[29].

c) Absatz 2 Satz 1 Nr. 1. Das Evokationsrecht aus Absatz 2 Satz 1 Nr. 1 bezieht sich **8**
auf die im Katalog des § 74a Abs. 1 genannten Straftaten. Es besteht auch, wenn in der Tat eine Straftat enthalten ist, die vor das Schwurgericht gehört. Solange nicht vor dem Schwurgericht eröffnet ist, kann der Generalbundesanwalt die Sache an sich ziehen und vor das Oberlandesgericht bringen, dessen Zuständigkeit sich dann auch auf diesen Teil der Tat erstreckt[30]. Die besondere Bedeutung des Falles kann gerade darauf beruhen, daß dem Täter zugleich eine vorsätzliche Tötung zur Last gelegt wird[31].

d) Absatz 2 Satz 1 Nr. 2. Nach Abs. 2 Satz 1 Nr. 2 kann der Generalbundesanwalt **9**
das Evokationsrecht ausüben für die Straftaten des Kataloges des § 129a Abs. 1 Nr. 1 bis 3 StGB, wenn die Straftat im Zusammenhang mit der Tätigkeit einer jedenfalls auch im Ausland bestehenden Vereinigung begangen wird[32]. Gegen die Vorschrift, deren Fassung von der des Gesetzesentwurfes BTDrucks. **10** 6286 wesentlich abweicht, sind im Schrifttum Bedenken[33] erhoben worden: sie begründe, indem sie im Gegensatz zu Abs. 2 Nr. 3 auf enge Umschreibung der Voraussetzungen des „Staatsschutzes" verzichte, die Gefahr einer Aushöhlung der Grundentscheidungen des Grundgesetzes über die Verteilung der Rechtsprechungsaufgaben zwischen Bund und Ländern; die generalklauselartig weite und nicht auf Inlandstaten beschränkte Vorschrift verschaffe dem General-

---

25 So auch KK-*Hannich*[4] 4; nach LR-*Gollwitzer* § 270, 8 StPO; *Rieß* GA **1976** 1, 11f; *Dencker* StV **1987** 117, 118f ist eine Verweisung wegen besonderer Bedeutung des Falles nach Eröffnung des Hauptverfahrens nicht zulässig. Dies gilt nach LR-*Rieß* § 209, 46 StPO und KK-*Tolksdorf*[4] § 209, 10 StPO auch für das Eröffnungsverfahren.

26 BGHSt **45** 45 m. Anm. *Franke* NStZ **1999** 524 und *Weidemann* wistra **2000** 45; vgl. auch BGHSt **18** 381.

27 Zur sog. Transportwirkung eines unwirksamen Verweisungsbeschlusses BGHSt **45** 58 m. Anm. *Bernsmann* JZ **2000** 215.

28 BGHSt **45** 26, 29.

29 BGH NStZ **2001** 265, 269 (für BGHSt **46** 238 bestimmt).

30 LR-*Siolek* § 74, 15.

31 Zum Begriff der besonderen Bedeutung in Nr. 1 siehe LR-*Siolek* § 74a, 12.

32 Als Vereinigung im Sinne der §§ 129, 129a StGB kommt nur eine solche in Betracht, die im räumlichen Geltungsbereich des Grundgesetzes besteht (BGHSt **30** 328 = NStZ **1982** 198 mit Anm. *Rudolphi*); zum Begriff der Vereinigung nach §§ 129, 129a LK-*Bubnoff*[11] Vor § 129a, 3, 5ff.

33 Zu verfassungsrechtlichen Bedenken wegen der „beweglichen" Zuständigkeit vgl. KK-*Hannich*[4] 3; *Dencker* StV **1987** 117, 118; *Kühl* NJW **1987** 737, 747.

bundesanwalt eine Art „Weltzuständigkeit“ mit der Folge, daß sich bereits hieraus bei der Zuständigkeitsprüfung für das Oberlandesgericht schwierigste Tatfragen betreffend die „Tatbestandsmäßigkeit“ einer ausländischen Vereinigung ergäben vor allem aber bei der Ausfüllung des unbestimmten Begriffs des „Zusammenhangs“[34]. Gegen die damit behauptete „uferlose Verfolgungskompetenz“ in der Hand des Generalbundesanwalts hat sich mit ausführlicher (und zutreffender Begründung) *Schnarr* MDR **1988** 89 gewandt. Bei zweifelhaften Feststellungen zur Zurechenbarkeit einer bestimmten Katalogtat zur Tätigkeit einer ausländischen Vereinigung wird das deutsche Gericht seine Zuständigkeit zu verneinen haben[35].

10 e) **Absatz 2 Satz 1 Nr. 3** bezieht sich nach der Intention des Gesetzgebers bei ihrer Einführung in erster Linie auf die sog. „Guerilla diffusa“ (Terrorismus von Einzelpersonen, revolutionären Kleinstgruppen oder autonomen Gruppen)[36]. Besondere Bedeutung gewonnen hat die Vorschrift indessen in jüngerer Zeit für die Begründung der Strafverfolgungszuständigkeit des Generalbundesanwalts in Fällen rechtsradikal motivierter Straftaten. Die vom Gesetzgeber als Einschränkung verstandene Voraussetzung, die im Katalog von Abs. 2 Nr. 3 aufgeführten Straftaten müßten nach den Umständen bestimmt und geeignet sein, die in Buchstabe a bis Buchstabe c der Vorschrift genannten Folgen zu zeitigen, wirft dabei besondere Schwierigkeiten auf. Diese sind nicht zuletzt darin begründet, daß es sich um Elemente des materiellen Strafrechts handelt, die in eine Norm mit verfahrensrechtlichem Inhalt aufgenommen wurden[37]. Zusätzliche Abgrenzungsschwierigkeiten ergeben sich im Hinblick auf die weitere gemeinsame Voraussetzung, der Fall müsse besondere Bedeutung haben.

10a Auch die in Absatz 2 Nr. 3 Buchstaben a und b genannten **Rechtsbegriffe** werden vom Bundesgerichtshof unter maßgeblicher Beachtung der verfassungsrechtlichen Grundentscheidung zur Abgrenzung der Zuständigkeit von Bund und Ländern ausgelegt. Damit soll auch verhindert werden, daß Katalogtaten im Sinne des § 120 Abs. 2 Satz 1 Nr. 3 zur Begründung der Strafverfolgungskompetenz des Bundes herangezogen werden, die zwar wegen ihrer länderübergreifenden Begehungsweise oder ihres bundesweiten Aufsehens Auswirkung auf die innere Sicherheit der Bundesrepublik haben können, wegen ihres ausschließlich allgemein kriminellen Charakters aber nicht als gegen den Gesamtstaat gerichtete Staatsschutzdelikte eingestuft werden können, so daß ihre Verfolgung weiter in die ausschließliche Kompetenz der Landesjustiz fällt[38]. Gerade die jüngst ergangene Entscheidung zur Bundeskompetenz bei ausländerfeindlichen und rechtsradikalen Straftaten zeigt jedoch, daß die Abgrenzung im Einzelfall außerordentlich schwierig ist und die in den Buchstaben a und b genannten Voraussetzungen nicht immer trennscharf auseinandergehalten werden können. Eine Beeinträchtigung der inneren Sicherheit der Bundesrepublik liegt nach Auffassung des Bundesgerichtshofs nämlich dann vor, wenn Belange des Bundes in vergleichbar schwerer Weise berührt werden, wie dies bei den anderen in § 120 Abs. 2 Satz 1 Nr. 1 bis 3 genannten Straftaten der Fall ist. Dies werde in der Regel, so der Bundesgerichtshof, aber nur dann zutreffen, wenn die konkrete Tat nach den jeweiligen Umständen das innere Gefüge des Gesamtstaates beeinträchtigen kann oder sich gegen dessen Verfassungsgrundsätze richtet[39].

---

[34] KK-*Hannich*[4] 3; vgl. hierzu auch *Schmidt* MDR **1987** 184.

[35] KK-*Hannich*[4] 3; vgl. auch LR-*K. Schäfer*[24] Einl. Kap. **11** 53.

[36] Vgl. dazu *Rebmann* NStZ **1986** 291; BTDrucks. **10** 6635 S. 26 f; *Schnarr* MDR **1993** 589.

[37] *Schnarr* MDR **1993** 589, 593 f.

[38] So schon BGHR GVG § 120 Abs. 2 Nr. 3a Sicherheit 1; BGH NStZ **2001** 265, 268 (für BGHSt **46** 238 bestimmt).

[39] BGH (Fußn. 38).

War die Beeinträchtigung der inneren Sicherheit der Bundesrepublik bislang also ausschließlich staatsgerichtet zu verstehen, richtete sich der Schutzgedanke der Vorschrift also auf die Aufrechterhaltung der Funktionsfähigkeit des Staates und seiner Einrichtungen[40], kann eine solche Beeinträchtigung nunmehr auch dann zu bejahen sein, wenn die Tat durch den ihr innewohnenden Verstoß gegen Verfassungsgrundsätze ihren im Vergleich zu ähnlichen Straftaten besonderen Charakter gewinnt[41]. Dieser „Brückenschlag" des Bundesgerichtshofs zu den Verfassungsgrundsätzen in Buchstabe b eröffnet nunmehr den Weg zur Begründung der Strafverfolgungskompetenz des Bundes bei Taten mit ausländerfeindlichem und rechtsradikalem Hintergrund. Zu den Verfassungsgrundsätzen im Sinne des Buchstaben b zählt nämlich auch der Ausschluß jeder Gewalt- und Willkürherrschaft gegenüber Minderheiten (§ 92 Abs. 2 Nr. 6 StGB). Wird aber das friedliche Zusammenleben unterschiedlicher Bevölkerungsgruppen im Gesamtstaat durch die Täter in Frage gestellt, sieht der Bundesgerichtshof – wohl zu Recht – das Vertrauen aller Bevölkerungsteile darauf erschüttert, in der Bundesrepublik vor gewaltsamen Einwirkungen geschützt zu sein; dadurch wird die innere Sicherheit des Gesamtstaates beeinträchtigt[42]. Während der Begriff der Eignung in diesem Zusammenhang als Element des objektiven Tatbestandes auszulegen ist, bezieht sich der Begriff der Bestimmung auf das voluntative Element. Voraussetzung ist, daß der Täter die möglichen Folgen seiner Tat, also die Beeinträchtigung der inneren Sicherheit, in seinen Willen aufgenommen und gewollt haben muß. Dabei reicht es aus, daß er die tatsächlichen Umstände, die die Eignung der Tat zur Beeinträchtigung des Schutzgutes ergeben, kannte und in seinen Willen einbezog. Zielgerichtetes Handeln zur Beeinträchtigung der inneren Sicherheit im Sinne einer Absicht ist dagegen nicht erforderlich[43]. Regelmäßig wird aus den objektiven Umständen der Tatbegehung und ihres Hintergrundes auf das Vorliegen des subjektiven Merkmals der Bestimmung geschlossen werden können.

Den in **Buchstaben b und c** genannten Voraussetzungen dürfte im Vergleich zur Regelung in Buchstabe a praktisch deutlich geringere Bedeutung zukommen. Verfassungsgrundsätze im Sinne von § 92 Abs. 2 StGB sind als beseitigt anzusehen, wenn sie rechtlich nicht mehr bestehen. Sie werden außer Geltung gesetzt, wenn sie faktisch nicht mehr beachtet werden, obwohl sie rechtlich noch existent sind, das Wirken des Täters ist auf Untergrabung gerichtet, wenn ein einzelner Verfassungsgrundsatz in seiner Wirksamkeit trotz Weitergeltung in erheblichem Maße tatsächlich herabgesetzt wird[44]. Die Regelung in Absatz 2 Satz 1 Nr. 3 Buchstabe c ist als Sonderfall der äußeren Sicherheit anzusehen. Dem Schutz unterworfen sind auch Militärpersonen der Vertragsstaaten, die keine Truppen stationiert haben[45]. **10b**

4. Nebenentscheidungen (Absatz 3)

a) Grundsatz. Die Zuständigkeit des Oberlandesgerichts, d. h. des Strafsenats (oben Rdn. 2), nach den Absätzen 1, 2 bezieht sich nicht nur auf die Verhandlung und Entscheidung, sondern sie erstreckt sich auch auf die in § 73 Abs. 1 bezeichneten Entscheidungen. Durch § 304 Abs. 5 StPO (i. d. F des StVÄG 1987) ist zur Entlastung der Staatsschutzsenate die Beschwerde gegen Verfügungen des Ermittlungsrichters des Oberlandesgerichts (§ 169 Abs. 1 Satz 1 StPO), über die nach Absatz 3 Satz 2 das Ober- **11**

---

[40] BGHSt **28** 312, 316; BGH NStZ **1988** 215; *Schnarr* MDR **1993** 589, 593.

[41] BGH (Fußn. 40).

[42] BGH (Fußn. 40).

[43] BGH (Fußn. 40).

[44] LK-*Laufhütte*[11] Vor § 80, 20; *Stree/Sternberg-Lieben*[26] in Schönke/Schröder § 92, 6ff; *Schnarr* MDR **1993** 589, 593.

[45] *Schnarr* MDR **1993** 589, 593.

landesgericht entscheidet, in gleicher Weise beschränkt wie die Beschwerde gegen Verfügungen des Ermittlungsrichters des Bundesgerichtshofs (§ 169 Abs. 1 Satz 2 StPO), über die nach § 135 Abs. 2 der Bundesgerichtshof entscheidet[46]. Mit Erhebung der Anklage durch den Generalbundesanwalt entfällt diese Beschwerdezuständigkeit, weil die Anordnungskompetenz für Ermittlungsmaßnahmen mit Anklageerhebung auf das mit der Sache befaßte Gericht übergeht[47].Über die Zurückweisung von Verteidigern wegen Vorliegens der Voraussetzungen des § 137 Abs. 1 Satz 2 oder des § 146 StPO entscheidet nach § 146a Abs. 1 Satz 3 StPO im Vorverfahren nicht der Ermittlungsrichter, sondern das erkennende Gericht.

12 **b) Verfügungen des Richters beim Amtsgericht.** Dem Oberlandesgericht obliegt auch die Entscheidung über Beschwerden gegen Verfügungen des nach §§ 162, 165, 166 StPO im Ermittlungsverfahren tätig gewordenen Richters beim Amtsgericht, dessen Zuständigkeit auch in Staatsschutzstrafsachen weiterbesteht, soweit nicht der Ermittlungsrichter die entsprechenden Geschäfte wahrnimmt. Soweit der Richter beim Amtsgericht im Ermittlungsverfahren tätig wurde (also wenn das Oberlandesgericht mit der Sache noch nicht befaßt war), wird eine Sache als zur Zuständigkeit des Oberlandesgerichts gehörig anzusehen sein, wenn entweder der Generalbundesanwalt bereits eingeschritten ist oder der für ihn handelnde Staatsanwalt (vgl. Nr. 202 Abs. 1, 3 RiStBV) oder der von Amts wegen einschreitende Richter beim Amtsgericht (§ 165 StPO) die Sache als zur Zuständigkeit des Oberlandesgerichts gehörig bezeichnet hat. Über die Beschwerde gegen eine Verfügung des im Überwachungsverfahren nach § 148a Abs. 1 StPO zuständigen Richters am Amtsgericht hat hingegen das Landgericht zu entscheiden[48].

13 **c) Weitere Zuständigkeiten** des Landeshauptstadt-Oberlandesgerichts ergeben sich im Klageerzwingungsverfahren aus § 172 Abs. 4 Satz 2 StPO, bei der Einstellung wegen tätiger Reue aus § 153e StPO und bei Prüfung der Haftfortdauer über die Sechsmonatsgrenze hinaus in Staatsschutzstrafkammersachen aus § 121 Abs. 4 Satz 1 StPO. Nach § 121 Abs. 4 Satz 2 StPO entscheidet dagegen in Sachen, in denen das Oberlandesgericht selbst nach § 120 GVG zuständig ist, der Bundesgerichtshof. Dies gilt auch dann, wenn nur die Ermittlungen, nicht auch der Haftbefehl, eine der im Katalog des § 120 GVG genannten Straftaten zum Gegenstand haben[49]. Die Zuständigkeit des Bundesgerichtshofs zur Entscheidung über Beschwerden gegen Haftanordnungen entfällt, wenn das Oberlandesgericht es ablehnt, die Anklage wegen einer Straftat, die seine Zuständigkeit nach § 120 GVG begründen würde, zur Hauptverhandlung zuzulassen und das Hauptverfahren wegen anderer Anklagepunkte vor dem Landgericht eröffnet[50].

14 **d) Zuständigkeitsüberschreitung.** Das Reichsgericht sah, wenn im Ermittlungsverfahren eine sachlich unzuständige Strafkammer an Stelle des Reichsgerichts über eine Haftbeschwerde entschieden hatte, diese Entscheidung als unwirksam an, da sie einen unzulässigen Eingriff in die Gerichtsbarkeit des Reiches enthalte (RG I Beschl. vom 5. 12. 1921, VIII 2362; I Beschl. vom 23. 1. 1923, VIII 84/23; IV Beschl. vom 19. 12. 1926 14a I 289/26). Diese Rechtsprechung – ihre Richtigkeit unterstellt – könnte nicht auf den Fall übertragen werden, daß das Oberlandesgericht Gerichtsbarkeit des Bundes aus-

---

[46] Wegen der Gründe für die gleichmäßige Behandlung der Verfügungen der Ermittlungsrichter beim Oberlandesgericht und beim Bundesgerichtshof vgl. BTDrucks. **10** 1313 S. 30 und BTDrucks. **8** 976 S. 57f – zu § 304 Abs. 5 StPO – und BTDrucks. **10** 1313 S. 44 – zu § 120 Abs. 3 S. 3 GVG. Zur Lage bei dem Staatsschutzstrafsenat des Bundesgerichtshofs vor Änderung des § 304 Abs. 5 StPO vgl. *Schmidt* MDR **1979** 709 und *Löchner* DRiZ **1980** 100.

[47] BGHSt **27** 253, 254.

[48] BGHSt **29** 196, 198.

[49] BGHSt **28** 355, 356.

[50] BGHSt **29** 196, 200.

übt (unten Rdn. 18), denn es handelt sich nicht um eine Überschreitung der Gerichtsbarkeit, sondern um eine solche der funktionalen Zuständigkeit (§ 121, 16).

5. Weitere Zuständigkeitskonzentration (Absatz 4). Absatz 4 begründet die Zustän- 15
digkeit des Staatsschutzsenats für die Entscheidung über die Beschwerde gegen Verfügungen und Beschlüsse der Staatsschutzstrafkammern (§ 74a) des Landes. Diese Konzentration beruht auf den gleichen Erwägungen wie die Zuständigkeitskonzentration nach Absätzen 1, 2.

6. Gerichtsstand (Absatz 5). Absatz 5 wiederholt die früher schon in § 120 Abs. 2 16
Satz 1, 3 a.F enthaltenen Vorschriften. Satz 1 verweist wegen der Frage, welches von mehreren in Betracht kommenden Oberlandesgerichten i.S. des Absatzes 1 örtlich zuständig ist, auf §§ 7ff StPO. Vgl. dazu über Sammelverfahren Nr. 25ff RiStBV. Staatsvertraglich (Abs. 5 Satz 2) begründet ist die Zuständigkeit des OLG Hamburg für die Länder Hamburg und Bremen[51] und die des OLG Koblenz für die Länder Rheinl.-Pfalz und Saarland[52]. In Bayern ist das Oberste Landesgericht zuständig (§ 9 Satz 2 EGGVG in Verb. mit Art. 22 Nr. 1 BayAGGVG), auch für die Entscheidungen nach Absatz 3 und 4[53]. Die ursprünglich gehegte Erwartung, daß es zu einer weitergehenden Konzentration auf etwa drei bis vier Oberlandesgerichte kommen werde, hat sich nicht erfüllt[54]. In den fünf neuen Bundesländern war zunächst ein besonderer Senat bei dem Bezirksgericht am Sitz der Landesregierung als Strafsenat im ersten Rechtszug zuständig[55]. Bis die Länder durch Landesgesetz diese Zuständigkeit begründeten, was nicht geschehen ist, nahm die Aufgaben nach § 120 GVG das Kammergericht in Berlin wahr. Die Zuständigkeit des Kammergerichts endet ohne besonderen Gesetzgebungsakt, sobald ein Land zum „normalen" Aufbau der ordentlichen Gerichtsbarkeit übergeht[56]. Das ist inzwischen in allen neuen Bundesländern geschehen.

7. Gerichtsbarkeit des Bundes (Absatz 6)

a) Reformforderungen und -vorschläge. Die Forderung, in Staatsschutzstrafsachen, 17
für die nach früherem Recht die erst- und letztinstanzliche Zuständigkeit des Reichsgerichts, später die des Bundesgerichtshofs und der Oberlandesgerichte begründet war, aus rechtsstaatlichen Gründen einen zweiten Rechtszug zu eröffnen, ist alt. Sie wurde, von früheren Bemühungen abgesehen, schon bei Verabschiedung des 1. StrÄndG vom 30.8.1951 (vgl. 160. Sitzung des Bundestags vom 11.7.1951, Prot. S. 6485), zuletzt anläßlich der Reform der Staatsschutzdelikte durch das 8. StrÄndG vom 25.6.1968 erhoben. Der Verwirklichung dieser Forderung in der Weise, daß die erstinstanzliche

---

51 Brem. Ges. vom 29.9.1970, GBl. S. 123; Bek. vom 17.12.1970, GBl. 1971 S. 1; Änd. mit Ges. vom 19.6.1978, GBl. S. 163; Bek. vom 15.8.1978, GBl. S. 194; Hamburg Ges. vom 12.10.1970, GVBl. S. 271; Bek. vom 28.12.1970, GVBl. 1971 S. 1; Änd. mit Ges. vom 13.3.1978, GVBl. S. 73; Bek. vom 1.8.1978, GVBl. S. 325.

52 Rheinl.-Pfalz Zustimmungsges. vom 20.12.1971, GVBl. S. 304; Bek. vom 31.1.1972, GVBl. S. 106; Änd. mit Ges. vom 21.7.1978, GVBl. S. 584; Bek. vom 31.8.1978, GVBl. S. 639; Saarland Ges. vom 15.12.1971, ABl. S. 848; Bek. vom 1.2.1972, ABl. S. 61; Änd. mit Ges. vom 12.7.1978, ABl. S. 696.

53 BGHSt **28** 103, 105.

54 Wegen der Schwierigkeiten, die sich aus der Zuständigkeit von damals neun (nach der Wiedervereinigung 14) Oberlandesgerichten für die Bundesanwaltschaft ergeben, vgl. *Martin* DRiZ **1974** 248 und *Rebmann* DRiZ **1979** 365; Kritik an der bestehenden Rechtslage auch bei *Wagner* FS Dreher 645f; Erklärung der Bundesregierung vom 29.9.1977, abgedr. DRiZ **1977** 380; *Vogel* NJW **1978** 1228; dagegen zweifelnd *Kissel*[3] § 120, 16.

55 Einigungsvertrag Anl. I Kap. III Abschn. III Nr. 1 Buchst. 1 Abs. 1.

56 Nachtrag II Teil B Rdn. 124; s. auch § 21 RpflAnpG.

Zuständigkeit des Bundesgerichtshofs in vollem Umfang auf die Oberlandesgerichte übergehe und gegen ihre Entscheidungen die Revision an den Bundesgerichtshof zugelassen würde, stellten sich zunächst Schwierigkeiten entgegen, die sich aus dem föderativen Aufbau der Bundesrepublik und der schon näher dargestellten (Rdn. 3) Regelung der Gerichtsorganisation ergaben. In Staatsschutzstrafsachen von besonderer Bedeutung kann aber aus zwingenden praktischen Gründen nicht darauf verzichtet werden, daß das Ermittlungsverfahren und die Wahrnehmung des Amtes der Staatsanwaltschaft im gerichtlichen Verfahren in der Hand *einer* zentralen Verfolgungsbehörde mit einer über das gesamte Bundesgebiet sich erstreckenden räumlichen Zuständigkeit liegt (*Martin* NJW **1969** 715). Diese Voraussetzungen sind nur bei dem Generalbundesanwalt gegeben, der aber nicht Aufgaben der Landesstaatsanwaltschaft bei den Gerichten der Länder erfüllen kann. Unter diesen Umständen wurde zeitweise erwogen, einen Rechtsmittelzug innerhalb des Bundesgerichtshofs – etwa an den Großen Strafsenat oder an einen anderen Strafsenat – zu schaffen. In Betracht wäre auch gekommen, unter Änderung des Art. 95 GG ein erstinstanzliches Bundesgericht für das Sondergebiet (Art. 101 Abs. 2 GG) der Staatsschutzstrafsachen mit dem Bundesgerichtshof als Revisionsgericht zu errichten.

18 **b) Die Organleihe.** Die vorgenannten, vom rechtsstaatlichen Standpunkt aus weniger befriedigenden Lösungen wurden aufgegeben, als schließlich zwischen Bund und Ländern eine Einigung auf das Prinzip der sog. Organleihe erzielt wurde. Damit sollte ermöglicht werden, daß die Länder ihre Gerichte dem Bund zur Ausübung derjenigen Gerichtsbarkeit zur Verfügung stellen, die substantiell nach dem Herkommen als dem Bund zustehend angesehen wird, und es sollten dadurch die rechtlichen Bedenken ausgeschaltet werden, die der Verfolgung der in die Bundesgerichtsbarkeit fallenden Sachen durch den Generalbundesanwalt als ein Organ des Bundes entgegenstehen. Auf dieser Rechtsgrundlage beruhen die durch das Gesetz vom 8. 9. 1969 (BGBl. I 1582) erfolgten Änderungen von StPO und GVG sowie die Ergänzung des § 120 Abs. 2 Satz 1 – neue Nummern 2 und 3 – durch das Gesetz zur Bekämpfung des Terrorismus vom 19. 12. 1986[57]. Danach üben die Oberlandesgerichte in den Fällen des § 120 Abs. 1, 2 Gerichtsbarkeit des Bundes aus, wenn und solange der Generalbundesanwalt das Amt der Staatsanwaltschaft ausübt (§§ 120 Abs. 6, 142a). Die Oberlandesgerichte bleiben zwar Gerichte der Länder. Die Ausübung von Bundesgerichtsbarkeit kommt aber darin zum Ausdruck, daß der Generalbundesanwalt Strafverfolgungsbehörde ist, der neben den Ermittlungsrichtern des Bundesgerichtshofs (§ 169 Abs. 1 Satz 2 StPO) die Ermittlungen führt, wobei er das Bundeskriminalamt in Anspruch nehmen kann (vgl. ergänzend die Erläuterungen zu § 142a), daß er die Anklage vor dem Oberlandesgericht erhebt und in der Hauptverhandlung auftritt, daß er die rechtskräftig erkannten Strafen vollstreckt (§ 451, 26 StPO) und schließlich darin, daß das Begnadigungsrecht bzgl. dieser Strafen dem Bundespräsidenten zusteht (§ 452 StPO).

18a Die fein austarierte, dem föderativen Charakter der Bundesrepublik angepaßte Struktur der Strafverfolgungskompetenzen wird in der rechtspolitischen Diskussion der letzten Jahre auf dem Hintergrund neuerer Erscheinungsformen der Kriminalität in

---

[57] An dieser Stelle ist kein Raum, den Begriff des Staatsschutzes im Sinne des Art. 96 Abs. 5 GG und damit die Voraussetzungen, unter denen der einfache Bundesgesetzgeber verfassungsmäßig ermächtigt ist, im einzelnen die Zuständigkeit der Verfolgung durch den Generalbundesanwalt zu regeln, allgemein zu umreißen. Insoweit ist, soweit es sich um § 120 Abs. 2 Satz 1 Nr. 1 handelt, auf BGH NStZ **1988** 188f und, soweit es sich um Nr. 2 und 3 handelt, auf *Schnarr* MDR **1988** 89, 91 und MDR **1993** 589 zu verweisen; kritisch zur Vereinbarkeit von § 120 Abs. 2 mit Art. 96 Abs. 5 GG *Kühl* NJW **1987** 737, 746f und *Eisenberg* NStZ **1996** 263, 264; dagegen *Schoreit* NStZ **1997** 69, 70.

Frage gestellt. Zur Sicherung der Effektivität der Strafverfolgung etwa im Bereich der organisierten Kriminalität wird eine **Abkopplung** der Zuständigkeit des Generalbundesanwalts **vom Begriff des Staatsschutzes gefordert**[58]. Solche Forderungen haben nicht zuletzt wegen der dann möglicherweise notwendigen Änderung des Grundgesetzes keine Gefolgschaft im politischen Raum gefunden. Auch die jüngste Rechtsprechung des Bundesgerichtshofs zur Zuständigkeit des Generalbundesanwalts bei Straftaten mit rechtsradikalem und ausländerfeindlichem Hintergrund spricht für die Beibehaltung der geltenden Gesetzeslage.

c) Finanzielle Auswirkungen. Auch bezüglich der durch das Verfahren entstandenen Kosten, Auslagenerstattungs- und Entschädigungsansprüche wirkt es sich aus, wenn das Oberlandesgericht Gerichtsbarkeit des Bundes ausübt. Die Kosten-, Auslagen- und Entschädigungslast trägt zwar zunächst die Staatskasse des Landes, dem das Oberlandesgericht angehört; diesem fließen auch die Einnahmen aus der Verhängung von Geldstrafen, der Einziehung von Gegenständen usw. zu. Nach Art. 3 des Ges. vom 8.9.1969 ist aber der Bund den Ländern auf Verlangen erstattungspflichtig, soweit letztere aufgrund von Strafverfahren, in denen die Oberlandesgerichte in Ausübung von Bundesgerichtsbarkeit entscheiden, Verfahrenskosten sowie Auslagen von Verfahrensbeteiligten zu tragen (z. B. nach § 467 StPO) oder Entschädigungen (z. B. nach § 74f StGB oder nach §§ 1 ff StrEG) zu leisten haben. Die Einzelheiten der Erstattungspflicht des Bundes sind durch eine Vereinbarung der Justizverwaltungen des Bundes und der Länder über den Kostenausgleich in Staatsschutz-Strafsachen geregelt (abgedr. z. B. JMBlNRW **1977** 427). 19

d) Beginn und Ende der Ausübung von Bundesgerichtsbarkeit. In den Fällen des § 120 Abs. 1 endet die Ausübung von Gerichtsbarkeit des Bundes, wenn der Generalbundesanwalt das Verfahren gemäß § 142a Abs. 2 an die Landesstaatsanwaltschaft (die Staatsanwaltschaft bei dem nach § 120 Abs. 1 zuständigen Oberlandesgericht) abgibt. In den Fällen des § 120 Abs. 2 beginnt die Ausübung von Bundesgerichtsbarkeit mit der Übernahme der Verfolgung wegen besonderer Bedeutung des Falles (§§ 74a Abs. 2, 120 Abs. 2) und endet mit der Wiederabgabe des Falles an die Landesstaatsanwaltschaft (§ 142a Abs. 4) oder mit der Verweisung der Sache an das Landgericht durch den das Hauptverfahren eröffnenden Staatsschutzstrafsenat (§ 120 Abs. 2 Satz 2). Vgl. ergänzend die Erl. zu § 142a. 20

§ 121

(1) Die Oberlandesgerichte sind in Strafsachen ferner zuständig für die Verhandlung und Entscheidung über die Rechtsmittel:

1. der Revision gegen
 a) die mit der Berufung nicht anfechtbaren Urteile des Strafrichters;
 b) die Berufungsurteile der kleinen und großen Strafkammern;
 c) die Urteile des Landgerichts im ersten Rechtszug, wenn die Revision ausschließlich auf die Verletzung einer in den Landesgesetzen enthaltenen Rechtsnorm gestützt wird;

---

[58] So *Rebmann* FS *Odersky* 474ff; dagegen differenzierend *Nehm* NStZ **1996** 513, 516ff; zum Aufgabenwandel des Generalbundesanwalts auch *Müller/Fernholz* DRiZ **2000** 400, 405f.

2. der Beschwerde gegen strafrichterliche Entscheidungen, soweit nicht die Zuständigkeit der Strafkammern oder des Bundesgerichtshofes begründet ist;

3. der Rechtsbeschwerde gegen Entscheidungen der Strafvollstreckungskammern nach den §§ 116, 138 Abs. 2 des Strafvollzugsgesetzes.

(2) Will ein Oberlandesgericht bei seiner Entscheidung nach Absatz 1 Nr. 1a oder b von einer nach dem 1. April 1950 ergangenen, bei seiner Entscheidung nach Absatz 1 Nr. 3 von einer nach dem 1. Januar 1977 ergangenen Entscheidung eines anderen Oberlandesgerichts oder von einer Entscheidung des Bundesgerichtshofes abweichen, so hat es die Sache diesem vorzulegen.

(3) [1]Ein Land, in dem mehrere Oberlandesgerichte errichtet sind, kann durch Rechtsverordnung der Landesregierung die Entscheidungen nach Absatz 1 Nr. 3 einem Oberlandesgericht für die Bezirke mehrerer Oberlandesgerichte oder dem Obersten Landesgericht zuweisen, sofern die Zuweisung für eine sachdienliche Förderung oder schnellere Erledigung der Verfahren zweckmäßig ist. [2]Die Landesregierungen können die Ermächtigung durch Rechtsverordnung auf die Landesjustizverwaltungen übertragen.

Entstehungsgeschichte. VO vom 14. 6. 1932 (RGBl. I 285 1. Teil, Kap. I Art. 1, 2, 9) Das VereinhG strich die frühere Nr. 1c („die Urteile der großen Strafkammer, wenn in erster Instanz das mit einem Richter und zwei Schöffen besetzte Schöffengericht entschieden hat") und fügte Absatz 2 ein. Durch Art. II Nr. 6 PräsVerfG wurde in Absatz 1 Nr. 1a „Amtsrichter" durch „Richter beim Amtsgericht" ersetzt. Durch das 1. StVRG wurden in Absatz 1 Nr. 1a „Richter beim Amtsgericht" durch „Strafrichter", in Absatz 1 Nr. 1c die Worte „der großen Strafkammer und des Schwurgerichts" durch „des Landgerichts im ersten Rechtszug" ersetzt. Durch § 179 Nr. 4 Buchst. a und b StVollzG wurden in Absatz 1 eine neue Nummer 3 (Verweisung auf § 116 StVollzG), in Absatz 2 hinter „nach dem 1. April 1950 ergangenen" die Worte „bei seiner Entscheidung nach Absatz 1 Nr. 3 von einer nach dem 1. Januar 1977 ergangenen" sowie der Absatz 3 eingefügt. Die Änderung der Verweisung in Absatz 1 Nr. 3 (Verweisung auch auf § 138 StVollzG) beruht auf Art. 2 Nr. 2 des Gesetzes vom 20. 1. 1984 (BGBl. I S. 97); damit sollte die Zuständigkeit des Oberlandesgerichts bei Rechtsbeschwerden gegen Entscheidungen der „kleinen" Strafvollstreckungskammer entsprechend der Neuregelung in § 78b bestimmt werden (BTDrucks. **10** 267 S. 5).

Übersicht

Alphabetische Übersicht

I. Zuständigkeit des Oberlandesgerichts als Revisions-, Rechtsbeschwerde- und Beschwerdegericht (Absatz 1)

1. Geschichtliche Entwicklung der Zuständigkeit als Revisionsgericht. Nach der ursprünglichen Fassung des GVG (§ 123 Nr. 3, 4) waren die Oberlandesgerichte in Strafsachen zuständig für die Revision gegen Berufungsurteile der Strafkammern und gegen deren erstinstanzliche Urteile, soweit die Revision ausschließlich auf Landesrecht gestützt war. Das Reichsgericht entschied im wesentlichen über die Revision gegen Urteile des Schwurgerichts sowie der Strafkammer im ersten Rechtszug (§ 136). Die Emminger-VO vom 4. 1. 1924, die erstinstanzliche, nur mit der Revision anfechtbare Urteile der Strafkammer nicht mehr vorsah, begründete die Revisionszuständigkeit des Oberlandesgerichts a) für die mit der Berufung nicht anfechtbaren Urteile des Amtsrichters (jetzt: Strafrichters), b) für die Berufungsurteile der kleinen Strafkammer (wenn im ersten Rechtszug der Amtsrichter geurteilt hatte), c) für die der großen Strafkammer, wenn im ersten Rechtszug das mit einem Richter und zwei Schöffen besetzte Schöffengericht entschieden hatte, und d) wenn die Revision gegen ein Urteil des Schwurgerichts oder ein Urteil der großen Strafkammer als Berufungsgericht über dem erweiterten Schöffengericht ausschließlich auf die Verletzung von Landesrecht gestützt war. Dagegen entschied das Reichsgericht über die Revision, wenn im ersten Rechtszug das erweiterte Schöffengericht (zwei Richter, zwei Schöffen, § 29 Abs. 2) oder das Schwurgericht geurteilt hatte (und nicht ausschließlich Verletzung von Landesrecht gerügt wurde). In diesen Rechtszustand griff die VO des Reichspräsidenten vom 14. 6. 1932 ein. Sie führte unter Aufhebung des erweiterten Schöffengerichts die erstinstanzliche Zuständigkeit der großen Strafkammer allgemein wieder ein und beschränkte die Rechtsmittel in der Weise, daß sie bei Urteilen des Amtsrichters und des Schöffengerichts an Stelle von Berufung *und* Revision dem Berechtigten nur noch *ein* Rechtsmittel, nämlich nach seiner Wahl entweder Berufung oder Revision, gestattete. Die Revision gegen erstinstanzliche Strafkammerurteile beschied nunmehr das Reichsgericht (außer bei ausschließlicher Rüge von Landesrecht), während, wenn im ersten Rechtszug der Amtsrichter oder das Schöffengericht gesprochen hatte, die Revisionszuständigkeit dem Oberlandesgericht zukam. Bei dieser Verteilung der Revisionszuständigkeit beließ es das VereinhG, das die Rechtsmittelbeschränkung der VO vom 14. 6. 1932 wieder beseitigte. Es konnte sich dabei des Wortlauts des § 121 in der Fassung der VO vom 4. 1. 1924 bedienen, die es – unter Streichung der bisherigen Nr. 1c – vereinfachte, indem es von der Revisions- 1 zuständigkeit des Oberlandesgerichts gegenüber „Berufungsurteilen der kleinen und großen Strafkammer“ spricht. Diese Fassungsvereinfachung trug der Tatsache Rechnung, daß das VereinhG nur das mit einem Richter und zwei Schöffen besetzte Schöffengericht kannte. Diese Fassung blieb aber auch unverändert, als das 3. StrÄG 1953 das erweiterte Schöffengericht wieder einführte (§ 29 Abs. 2). Dadurch wurde aus der ursprünglichen Fassungsvereinfachung eine sachliche Abweichung gegenüber dem Recht der VO vom 4. 1. 1924, indem das Oberlandesgericht auch Revisionsinstanz ist, wenn im ersten Rechtszug das erweiterte Schöffengericht geurteilt hat.

2 **Fassungsangleichungen.** In der Folgezeit führten terminologische Änderungen (Ersetzungen von „Amtsrichter“, wenn der Einzelrichter erkennender Richter im ersten Rechtszug ist, zunächst durch „Richter beim Amtsgericht“, später durch „Strafrichter“) zu sprachlichen Änderungen des Absatzes 1 Nr. 1a und 1c, ferner die Beseitigung des Schwurgerichts als eines beim Landgericht bestehenden Spruchkörpers eigener Art neben den Strafkammern durch das 1. StVRG zu einer entsprechenden Angleichung des Wortlauts des Absatzes 1 Nr. 1c. Sachliche Änderungen waren damit nicht verbunden.

3 **2. Die Zuständigkeit des Oberlandesgerichts als Beschwerdegericht** und – ausnahmsweise – als Gericht der weiteren Beschwerde (unten Rdn. 28) entspricht dem hergebrachten Recht. Die Schaffung der Strafvollstreckungskammern durch Art. 22 Nr. 6 EGStGB (§§ 78a, 78b GVG in der Fassg. von § 179 StVollzG 1976) mit der aus § 462a StPO sich ergebenden Zuständigkeit erweiterte den Tätigkeitsbereich des Oberlandesgerichts als Beschwerdegericht. Die Begründung der Zuständigkeit der Strafvollstreckungskammern für die Nachprüfung von Vollzugsmaßnahmen (§§ 109ff StVollzG 1976) brachte als Rechtsmittel gegen deren Entscheidungen die revisionsähnliche Rechtsbeschwerde, über die das Oberlandesgericht entscheidet (§§ 116, 117 StVollzG); dementsprechend wurde der Zuständigkeitskatalog des § 121 durch Einfügung des Absatzes 1 Nr. 3 deklatorisch ergänzt, später um die Verweisung auf § 138 Abs. 2 StVollzG nochmals erweitert (vgl. oben Entstehungsgeschichte).

4 **3. Revisionszuständigkeit im jugendgerichtlichen Verfahren.** Nach den in Rdn. 1 dargestellten Grundsätzen beurteilt sich auch die Revisionszuständigkeit des Oberlandesgerichts und des Bundesgerichtshofs im jugendgerichtlichen Verfahren bei Straftaten Jugendlicher und Heranwachsender. Jugendgerichte sind nach § 33 JGG der Jugendrichter, das Jugendschöffengericht und die Jugendkammer. Diese wird nach Änderung des JGG (§§ 33 bis 33b) durch das Rechtspflege-Entlastungsgesetz vom 11. 1. 1993 (BGBl. I S. 50; s. LR[24] Anh. Rdn. 43) entweder als Große Strafkammer in erstinstanzlichen Verfahren sowie in Berufungsverfahren gegen Urteile des Jugendschöffengerichts tätig oder als Kleine Strafkammer in Berufungssachen gegen Urteile des Jugendrichters. Gemäß § 2 JGG sind daher die §§ 121, 135 GVG unmittelbar anzuwenden, und es entscheidet, wenn im ersten Rechtszug der Jugendrichter oder das Jugendschöffengericht geurteilt haben, über die Revision (soweit sie nach § 55 JGG zulässig ist) das Oberlandesgericht, über die Revision gegen erstinstanzliche Urteile der Jugendkammer (§ 41 JGG) der Bundesgerichtshof, sofern nicht ausschließlich Verletzung von Landesrecht gerügt wird.

5 **4. Bedeutung von Gesetzesänderungen, die den Aufbau der Gerichte, ihre Zuständigkeit und die Zulässigkeit von Rechtsmitteln betreffen.** Es gilt, wo es an einer ausdrücklichen Regelung fehlt, der allgemeine Grundsatz, daß Rechtsmittel gegen Entscheidungen, die vor dem Inkrafttreten der neuen Vorschriften erlassen sind, auch nach dem Inkraft-

treten noch nach altem Recht und durch die nach bisherigem Recht zuständigen Gerichte zu erledigen sind[1].

5. Nicht mit der Berufung anfechtbare, aber revisible Urteile des Strafrichters (§ 121 Abs. 1 Nr. 1a) gibt es an sich, soweit die Strafprozeßordnung Anwendung findet, nach Aufhebung des früheren § 313 StPO nicht mehr. Die Bedeutung der Vorschrift besteht nunmehr insoweit darin, bei der Sprungrevision gegen Urteile des Strafrichters den Sinn der Verweisung in § 335 Abs. 2 StPO klarzustellen[2]. Im übrigen ergibt sich aus der Verweisung in § 79 Abs. 3 OWiG auf die Vorschriften des Gerichtsverfassungsgesetzes über die Revision, daß für die Entscheidung über die Rechtsbeschwerde im gerichtlichen Bußgeldverfahren gegen Urteile und Beschlüsse des Amtsgerichts (§ 72 OWiG) gemäß § 121 Abs. 1 Nr. 1a das Oberlandesgericht zuständig ist. 6

6. Ausschluß der Revision in Sonderfällen. In Binnen-, Rhein- und Moselschiffahrtsstrafsachen findet gegen das Urteil des Binnenschiffahrts- und des Rhein- und Moselschiffahrtsgerichts (Amtsgericht) stets die Berufung (keine Revision) an das Binnenschiffahrts- und Rhein- oder Moselschiffahrtsgericht (Oberlandesgericht) statt (s. die Erl. zu § 14). Nach § 3 EGStPO ist das Landesrecht ermächtigt, bei Forst- und Feldrügesachen sowohl die Berufung wie die Revision gegen Strafurteile des Amtsgerichts auszuschließen[3]. 7

7. Revision gegen Berufungsurteile (§ 121 Abs. 1 Nr. 1 b). Nach der Neufassung des § 76 GVG und des § 33b JGG durch das Rechtspflege-Entlastungsgesetz (LR²⁴ Anh. Rdn. 41ff) sind große Strafkammern nur noch (als Jugendkammern) für die Berufungen gegen Urteile des Jugendschöffengerichts zuständig. Damit entfällt weitestgehend das Problem, welche Revisionszuständigkeit gegeben ist, wenn das Berufungsgericht seine Strafgewalt überschritten hat (vgl. § 24, 42; LR^{24} Anh. Rdn. 55; LR^{24} § 328, 33ff StPO) oder wenn bei der großen Strafkammer die Verbindung einer erstinstanzlichen Sache mit einer Berufungssache erfolgte. Lediglich bei den großen Jugendkammern ist die Verbindung einer erstinstanzlichen Sache mit einer Berufungssache noch denkbar. Die Auffassungen in dieser Frage gingen lange Zeit im Schrifttum und in der Rechtsprechung auseinander (vgl. LR^{23} 8). Nach der vom 4. Strafsenat entwickelten Rechtsprechung des Bundesgerichtshofs sind folgende Grundsätze maßgeblich: Erfolgt die Verbindung entsprechend § 4 Abs. 1 StPO – bei Vorliegen der Voraussetzungen nach § 3 StPO –, so werden beide Verfahren zu einem einheitlichen Verfahren sachlich verbunden mit der Folge, daß insgesamt erstinstanzlich zu verhandeln ist[4]; durch die Verschmelzung beider Verfahren entfallen die Dispositionsmöglichkeiten der Beteiligten im Berufungsverfahren[5]. Für die Revision ist der Bundesgerichtshof zuständig. Erfolgt die Verbindung dagegen nur nach § 237 StPO, so bleibt für jede der verbundenen Strafsachen die Selbständigkeit bestehen, so daß die Berufungssache zweitinstanzlich zu verhandeln ist. Insoweit bleibt es bei der Revisionszuständigkeit des Oberlandesgerichts, wenn sich das Rechtsmittel gegen das im Berufungsverfahren ergangene Urteil richtet[6]. 8

---

1 Vgl. BVerfG DVBl. **1992** 1531 = NVwZ **1992** 1182 zur Frage der Rechtsmittelsicherheit bei fehlender abweichender Regelung des Gesetzes; BGH NJW **1950** 877; vgl. auch BGHSt **10** 154, 155; **22** 321, 325f; ferner Einl. D 20 mit weit. Nachw.

2 *Katholnigg*^{3} 2 Fußn 3; vgl. auch KK-*Hannich*^{4} 3 und *Kissel*^{3} 2.

3 BGHSt **4** 138; BGH NJW **1960** 55; Erl. zu § 3, EGStPO mit weit. Nachw.

4 BGHSt **36** 348; **37** 15,18.

5 BGHR StPO § 4 Verbindung 7.

6 BGHSt **34** 159, 160; **36** 348, 351; **37** 42; vgl. auch BGHSt **38** 172; überholt BGHSt **35** 195; vgl. zum Ganzen: KK-*Hannich*^{4} 4; *Meyer-Goßner* DRiZ **1990** 284; **1985** 241; NStZ **1989** 297, 301 jeweils mit weit. Nachw.

8. Ausschluß der Zuständigkeit des Bundesgerichtshofs, wenn die Revision nur auf Verletzung des Landesrechts gestützt wird (§ 121 Abs. 1 Nr. 1c)

9 a) **Begriff des Bundes- und Landesrechts.** Nach § 135 Abs. 1 entscheidet der Bundesgerichtshof über die Revision gegen die Urteile der Landgerichte im ersten Rechtszug, „soweit nicht die Zuständigkeit der Oberlandesgerichte begründet ist"; § 135 Abs. 1 verweist damit auf § 121 Abs. 1 Nr. 1c. Bundesrecht ist das von den gesetzgebenden Körperschaften des Bundes gesetzte Recht, das einheitlich in der Bundesrepublik geltende Gewohnheitsrecht, Recht, das nach Art. 123, 124, 125, 127 GG Bundesrecht geworden ist oder als solches fortgilt sowie Recht, das nach Art. 125 Nr. 2 GG partielles Bundesrecht geworden ist. Bundesrecht, das in Berlin bis zum Inkrafttreten des Einigungsvertrages am 3. Oktober 1990 durch Landesrecht übernommen worden ist, ist Bundesrecht i. S. von Nr. 1c; dies gilt auch, wenn es sich nicht um förmlich übernommene Bundesgesetze, sondern um inhaltsgleiche Berliner Gesetze handelt[7]. Partielles Bundesrecht ist auch nach dem Einigungsvertrag forgeltendes Recht der DDR, soweit es nach der Kompetenzordnung des GG Bundesrecht wäre, auch wenn es nur in den neuen Bundesländern gilt (s. LR[24] Nachtr. II Teil A Rdn. 24ff). Landesrecht dagegen ist außer dem in die Gesetzgebungsbefugnis der Länder fallenden auch das von den Ländern auf Grund einer bundesgesetzlichen Ermächtigung gemäß Art. 80 Abs. 1 GG, zur Ausfüllung einer bundesrechtlichen Blankettvorschrift oder einer bundesrechtlichen Rahmenvorschrift (Art. 75 GG) gesetzte Recht, und zwar ohne Rücksicht darauf, ob es sich um verfahrens- oder materiellrechtliche Bestimmungen handelt[8].

10 b) Wird sowohl die **Verletzung von Landes- wie von Bundesrecht** behauptet, so ist der Bundesgerichtshof zuständig[9]. Daß hiernach diesem als einem Gericht des Bundes auch kraft Bundesrechts die Nachprüfung von Landesrecht zusteht, verstößt nicht gegen das Grundgesetz (23. Aufl. § 3, 6 a. E. EGGVG). Hiernach kann das Oberlandesgericht niemals zuständig sein, wenn die Verletzung einer Bestimmung der Strafprozeßordnung gerügt wird. Eine Ausnahme von diesem Grundsatz gilt nur, wenn – was selten vorkommt – die Verfahrensrüge nur zum Schein erhoben ist[10] oder wenn neben der Rüge der Verletzung materiellen Landesrechts eine unzulässige – nicht nur offensichtlich unbegründete – Verfahrensrüge erhoben wird[11]. Im übrigen ist es gleichgültig, ob die angeblich verletzte Rechtsnorm dem Strafrecht, dem sonstigen öffentlichen Recht oder dem Privatrecht angehört.

11 c) **Divergierende Rügen mehrerer Rechtsmittelberechtigter.** Stützt von mehreren Rechtsmittelberechtigten (mehrere Angeklagte oder Angeklagter und Staatsanwaltschaft) einer die Revision auf Verletzung bundesrechtlicher, der andere auf Verletzung landesrechtlicher Normen, so ist nur der Bundesgerichtshof zuständig, weil dasselbe Urteil nicht der Prüfung verschiedener Revisionsgerichte unterbreitet werden kann[12]. Es entspricht dies dem Grundgedanken des § 335 Abs. 3 StPO (dort Rdn. 23), wonach bei einer Verschiedenheit der von mehreren Rechtsmittelberechtigten zulässigerweise eingelegten Rechtsmittel (Berufung neben Sprungrevision) zunächst nur *ein* Gericht (das Berufungsgericht) einheitlich zur Entscheidung berufen ist.

---

7 *Sarstedt/Hamm*[5] 43, 44.

8 Ebenso KK-*Hannich*[4] 5, 7; vgl. dazu BVerfGE **18** 407; BVerfG JZ **1965** 441; BayVerfGH **1963** 11; *Keidel* NJW **1961** 2334.

9 RGSt **33** 110; **57** 88; BGHSt **23** 370, 372; **25** 347, 348; **26** 40, 42.

10 RGSt **40** 221.

11 *Eb. Schmidt* 6; str., teilweise abweichend *Katholnigg*[3] 3; *Kissel*[3] 4; KK-*Hannich*[4] 8.

12 RG GA **45** (1897) 29; BGHSt **4** 207; BGH LM Nr. 7 zu § 121 m. Anm. *Geier; Eb. Schmidt* 7; *Katholnigg*[3] 3; *Kissel*[3] 4; KK-*Hannich*[4] 6.

d) Begriff der Stützung nur auf Verletzung von Landesrecht. Die Frage, auf welche Gesetzesverletzung die Revision „gestützt" und welche Rechtsnorm als verletzt bezeichnet ist, muß das Revisionsgericht, dem die Staatsanwaltschaft gemäß § 347 Abs. 2 StPO die Akten vorlegt, nach Lage des Falles prüfen und beantworten. Es kommt nicht nur auf die von dem Beschwerdeführer ausdrücklich bezeichneten Rechtsnormen an (vgl. §§ 344, 352 StPO und die dortigen Erl.). Der Bundesgerichtshof ist also zuständig, wenn zwar ausdrücklich nur die Verletzung von Landesrecht gerügt wird, die Verurteilung insoweit jedoch in Tateinheit mit Verletzung einer bundesrechtlichen Norm erfolgt und die allgemeine Sachrüge erhoben ist[13]. Andererseits muß jede ausdrückliche Bezeichnung für die Zuständigkeit des Revisionsgerichts Berücksichtigung finden, sollte auch ohne weiteres klar sein, daß nicht die bezeichnete, sondern nur eine andere Rechtsnorm verletzt sein kann. Rechtsnormen, die zwar bei der Entscheidung über die Revisionsbeschwerde in den Kreis der Beurteilung zu ziehen sind, deren Verletzung aber nicht in Frage steht, bleiben für die Frage der Zuständigkeit außer Betracht[14]. 12

e) Zusammenhang zwischen Bundes- und Landesrecht. Zwischen Bundes- und Landesrecht bestehen mannigfache Zusammenhänge. So gelten nach Art. 1 Abs. 2 EGStGB 1974 die Vorschriften des Allgemeinen Teils des Strafgesetzbuches grundsätzlich auch für die in den Landesstrafgesetzen enthaltenen Straftatbestände. Landesstrafgesetze können ausdrücklich oder stillschweigend Verweisungen auf das Strafgesetzbuch enthalten, und umgekehrt können Bundesstrafvorschriften auch die Verletzung landesrechtlicher Rechtsnormen zum Gegenstand haben (Blankettstrafgesetze, z. B. § 106a StGB, der auch die Verletzung landesrechtlicher Bannmeilenvorschriften bedroht). Dann sind Meinungsverschiedenheiten möglich, ob die Revision ausschließlich auf die Verletzung landesrechtlicher Rechtsnormen gestützt wird. Es kommt im wesentlichen auf die Revisionsbegründung an[15], unter Umständen auch auf den Wortlaut der angeblich verletzten Rechtsvorschrift[16]. Im Zweifel muß die Zuständigkeit des Bundesgerichtshofs Platz greifen, da sie die regelmäßige ist[17]; im übrigen lassen sich keine allgemeinen Regeln aufstellen. 13

f) Ein **Zuständigkeitsstreit zwischen dem Bundesgerichtshof und dem Oberlandesgericht** ist durch § 348 Abs. 2 StPO ausgeschlossen[18]. 14

g) Dem Landesrecht ist es überlassen, **abweichend von § 121 Abs. 1 Nr. 1c** gemäß Art. 99 GG die Revisionszuständigkeit des Bundesgerichtshofs zu begründen (vgl. § 3, 2 EGGVG). 15

9. Folgen der Zuständigkeitsüberschreitung. Hat ein Oberlandesgericht über die Revision erkannt, obwohl der Bundesgerichtshof sachlich zuständig gewesen wäre, so darf der Bundesgerichtshof darüber nicht mehr entscheiden. Dem Urteil des Oberlandesgerichts wird durch den Mangel der funktionellen Zuständigkeit nicht die Eigenschaft eines der Rechtskraft fähigen Urteils entzogen; die Rechtskraft der Entscheidung verhindert eine erneute Prüfung durch das sachlich zuständige Gericht[19]. 16

---

13 KG JR **1957** 230; KK-*Hannich*[4] 9.

14 KK-*Hannich*[4] 9; *Kleinknecht/Meyer-Goßner*[44] 1; **a. A** *Kissel*[3] 5.

15 BayObLG JW **1916** 502.

16 RG JW **1911** 855.

17 Ebenso *Eb. Schmidt* 9; *Kissel*[3] 4; KK-*Hannich*[4] 6.

18 RGSt **67** 39.

19 RGSt **9** 14, 20ff; **9** 324, 330; **22** 113, 114; **32** 89, 93; **56** 351, 352; RG JW **1930** 1872. Vgl. auch RGSt **55** 100 betr. einen Fall des § 346 StPO, sowie für den Fall, daß ein Oberlandesgericht statt des Bundesgerichtshofs gegen die Versäumung der Revisionsfrist oder der Begründungsfrist Wiedereinsetzung in den vorigen Stand gewährt hat, RGSt **40** 271, 272, oder daß im Bußgeldverfahren statt des Oberlandesgerichts das Landgericht über eine Rechtsbeschwerde entschieden hat, KG JR **1955** 350 mit zustimmender Anm *Sarstedt; Kissel*[3] 6; KK-*Hannich*[4] 10;

17 **10.** Für die Entscheidung der Frage, **ob ein im ersten Rechtszug oder ein in der Berufungsinstanz erlassenes Urteil vorliegt**, kommt es nicht auf die Verpflichtung der Strafkammer, als Gericht erster oder zweiter Instanz zu erkennen, sondern nur darauf an, in welcher Eigenschaft sie tatsächlich erkannt hat (§ 24, 38)[20]. Dieses Problem ist durch das Rechtspflege-Entlastungsgesetz weitestgehend überholt, vgl. oben Rdn. 8.

11. Zuständigkeit als Beschwerdegericht (§ 121 Abs. 1 Nr. 2)

18 **a) Strafrichterliche Entscheidungen** sind die mit Beschwerde anfechtbaren Beschlüsse, Verfügungen und Urteile (z. B. § 464 Abs. 3 StPO), die ein Gericht in Strafsachen, gleichviel in welchem Abschnitt des Verfahrens, erläßt.

b) Bereich der Beschwerdezuständigkeit

18a **aa) Grundsatz.** Die Zuständigkeit des Oberlandesgerichts für Beschwerden ist ausgeschlossen, wenn die Zuständigkeit der Strafkammer nach §§ 73, 74a Abs. 3, 74b Satz 2, 74c Abs. 2 oder die des Bundesgerichtshofs nach §§ 304 Abs. 4 Satz 2 Halbsatz 2; 310 Abs. 1, 464 Abs. 3 Satz 3 StPO; §§ 135 Abs. 2, 159 GVG für die Entscheidung auf die Beschwerde begründet ist. Eine Zuständigkeit des Oberlandesgerichts für Beschwerden in Strafsachen besteht danach – von § 120 Abs. 3, 4 abgesehen – in folgenden Fällen:

19 **bb)** gegen die Kosten- und Auslagenentscheidung eines **Urteils** nach Maßgabe des § 464 Abs. 3 Satz 1, 3 StPO[21] und gegen **Beschlüsse und Verfügungen** des Landgerichts im ersten Rechtszug, gleichviel, ob die Strafkammer oder der Vorsitzende oder ein beauftragter Richter die angefochtene Entscheidung erlassen hat. Die Entscheidung über Beschwerden gegen Entscheidungen der Richter beim Amtsgericht und der Schöffengerichte steht dem Oberlandesgericht nur im Falle des § 181 (Sitzungspolizei), gegen Entscheidungen der Richter beim Amtsgericht außerdem im Falle des § 159 (Rechtshilfe) zu; ferner, wenn das Oberlandesgericht selbst anstelle des Amtsgerichts für die Erstentscheidung zuständig gewesen wäre[22].

20 **cc)** gegen **Beschlüsse und Verfügungen**, die von den Strafkammern **in der Berufungsinstanz**, also aus Anlaß der Berufung gegen ein schöffengerichtliches oder strafrichterliches Urteil, nicht aus Anlaß einer Beschwerde, erlassen werden. Selbstverständlich wird auch hier vorausgesetzt, daß die Entscheidung überhaupt durch Beschwerde anfechtbar ist; hierüber s. die Erl. zu § 305 StPO. Die Beschwerde steht z. B. einem Zeugen zu, gegen den die Strafkammer wegen Verweigerung des Zeugnisses ein Ordnungsmittel (§ 70 StPO) festsetzt, ebenso einem Angeklagten, gegen den sie einen Haftbefehl erlassen hat, usw. Auch Verfügungen des Vorsitzenden der Strafkammer, soweit sie anfechtbar sind, fallen unter § 121 Abs. 1 Nr. 2 (OLG Dresden SächsOLG **4** 483);

21 **dd)** auf **weitere Beschwerde** gegen die Entscheidungen, die von den Strafkammern in der Beschwerdeinstanz erlassen sind, wenn sie Verhaftungen oder die einstweilige Unterbringung betreffen (§ 310 StPO).

Katholnigg[3] 3; **a. M** OLG Hamm NJW **1971** 1623 mit der unzutreffenden Begründung, daß dem zu Unrecht statt des Bundesgerichtshofs über die Revision entscheidenden Oberlandesgericht die Gerichtsbarkeit gefehlt habe und die Entscheidung unwirksam sei; dazu ablehnend auch *Jauernig* NJW **1971** 1819; *Geppert* GA **1972** 165.

[20] Vgl. auch KK-*Hannich*[4] 4; *Sarstedt/Hamm*[6] 85.

[21] Vgl. BGH bei *Holtz* MDR **1977** 640.

[22] KG JR **1983** 214; *Kleinknecht/Meyer-Goßner*[44] 3.

12. Zuständigkeit als Rechtsbeschwerdegericht. Nach Abs. 1 Nr. 3 ist das Oberlandesgericht zuständig für Rechtsbeschwerden gegen Entscheidungen der Strafvollstreckungskammern nach § 116 StVollzG (vgl. § 117 StVollzG; s. dazu oben Rdn. 3 sowie zur früheren Rechtslage § 78a, 6). 22

II. Weitere Zuständigkeiten des Oberlandesgerichts (Strafsenats)

Die Zuständigkeit des Oberlandesgerichts in Strafsachen (im weiteren Sinn) ist in §§ 120, 121 nicht abschließend aufgeführt; es fehlt auch eine dem § 73 Abs. 2 entsprechende Verweisung auf andere Zuständigkeiten. Solche ergeben sich hauptsächlich 23

1. aus §§ 121, 138c, 172 Abs. 4 StPO, sowie aus den Aufgaben, die dem Oberlandesgericht als zunächst oberem oder gemeinschaftlichem oberen Gericht nach §§ 4, 12, 13, 14, 15, 19, 27 StPO obliegen;
2. aus §§ 13 Abs. 1, 44 Abs. 1, 61 Abs. 1, 65 IRG;
3. a) aus § 79 OWiG: Entscheidung über die revisionsartige Rechtsbeschwerde gegen Entscheidungen des Amtsgerichts, wenn der Betroffene gegen den Bußgeldbescheid der Verwaltungsbehörde Einspruch eingelegt hatte.
   b) Wegen der Zuständigkeit des Oberlandesgerichts bei Kartellordnungswidrigkeiten vgl. §§ 82ff GWB in der Fassung vom 20. Februar 1990 (BGBl. I S. 235) sowie unten Rdn. 23a;
4. aus § 25 EGGVG;
5. aus § 37 EGGVG;
6. aus § 9 StrEG: Entscheidung über die Entschädigung für Strafverfolgungsmaßnahmen, wenn der Generalbundes- oder Generalstaatsanwalt ein Ermittlungsverfahren in einer Strafsache eingestellt hat, für die das Oberlandesgericht im ersten Rechtszug zuständig ist; die Entscheidung ist unanfechtbar[23];
7. aus § 13 Abs. 3 StrRehaG.
8. Die Entscheidung über die Wahlanfechtung (§ 21b Abs. 6 Satz 2) kann durch die Geschäftsverteilung auch einem Strafsenat zugewiesen werden.

Ob die **Zuständigkeit des Kartellsenats** des Oberlandesgerichts auch dann erhalten bleibt, wenn sich im Bußgeldverfahren herausstellt, daß die Tat nicht nach dem GWB als Ordnungswidrigkeit, sondern als **Straftat** nach allgemeinem Strafrecht zu beurteilen ist (§ 81 OWiG), ist im Gesetz nicht geregelt. Es spricht viel dafür, den Kartellsenat nicht anders zu behandeln als jeden anderen Bußgeldrichter, der mit einer Sache erstinstanzlich befaßt wird und dessen örtliche und sachliche Zuständigkeit erst aus seiner Zuständigkeit nach § 46 Abs. 7 OWiG folgt. Zwar ist eine erstinstanzliche Zuständigkeit des Oberlandesgerichts in Strafsachen außer in den Fällen des § 120 GVG nicht vorgesehen; auch trifft es zu, daß für eine solche Zuständigkeit die Besetzung des Kartellsenats mit drei Berufsrichtern (§ 83 Abs. 2 GWB) nicht der in § 122 Abs. 2 vorgesehenen erstinstanzlichen Besetzung entspricht. Andererseits ist der Übergang vom Bußgeldverfahren zum Strafverfahren in § 81 OWiG für den Bußgeldrichter ausdrücklich vorgesehen, während es an einer gesetzlichen Grundlage für die Verweisung an Gerichte niederer Ordnung fehlt; einer Verweisung an einen Strafsenat desselben Oberlandesgerichts steht der Katalog des § 120 GVG entgegen. Einer solchen Verweisung bedarf es allerdings auch nicht, wenn man den Bußgeldrichter als einen besonderen Spruchkörper versteht, dessen Zuständigkeit durch das Bußgeldverfahren begründet wird und dem als 23a

[23] BGH NJW **1976** 523, 525.

Besonderheit die Möglichkeit an die Hand gegeben ist, das nach dem OWiG begonnene Verfahren nach den strengeren Grundsätzen der Strafprozeßordnung – unter Verwertung der bisherigen Beweisaufnahme – zu beenden (§ 81 Abs. 3 OWiG). Damit würde keine besondere erstinstanzliche Zuständigkeit des Kartellsenats in Strafsachen begründet. Eine rechtsstaatlich bedenkliche Verkürzung des Rechtsweges liegt nicht vor; denn die Revision richtet sich nach den allgemeinen Grundsätzen der Strafprozeßordnung, so daß die Strafsenate des Bundesgerichtshofs nach § 135 GVG zuständig wären[24]. Indessen hat der Kartellsenat des Bundesgerichtshofes mit Beschluß vom 20.4.1993 (KRB 15/92) entschieden, daß in diesem Fall eine Verweisung an die zuständige Strafkammer des Landgerichts mit bindender Wirkung analog § 270 StPO zu erfolgen hat[25]. Für den Regelfall des amtsgerichtlichen Bußgeldverfahrens brauche § 81 OWiG eine Erweiterung der Rechtsfolgenkompetenz nicht vorzusehen, da der Richter am Amtsgericht diese nach Überleitung in das Strafverfahren gemäß §§ 24, 25 bereits habe oder aber nach § 225a StPO bzw. § 270 StPO verfahren müsse[26]. Dies müsse auch den Fall gelten, in dem der Bußgeldsenat des Oberlandesgerichts gemäß §§ 82, 92 GWB zuständig sei[27].

III. Divergenzausgleich (Absatz 2)

Schrifttum. *Bauer* Der Gedanke der Einheitlichkeit der Rechtsprechung im geltenden Prozeßrecht, JZ **1953** 326; *Doller* Mangelnde Rechtseinheit, Das Ärgernis divergierender Entscheidungen, ZRP **1976** 34; *Hanack* Der Ausgleich divergierender Entscheidungen in der oberen Gerichtsbarkeit (1962); *Herdegen, M.* Der Vorrang des Europäischen Gemeinschaftsrechts und innerstaatliche Vorlagepflichten, MDR **1985** 542; *Jagusch* Über das rechtliche Gehör im Strafverfahren, NJW **1959** 265; *Kuhlen* Die Abweichung einer Entscheidung von einer anderen und die Betrachtung des Einzelfalles, JA **1986** 589; *Leisner* Urteilsverfassungsbeschwerde wegen Nicht-Vorlage bei Abweichung, NJW **1989** 2446; *Lilie* Obiter dictum und Divergenzausgleich in Strafsachen (1993); *Müller* Abweichen von einer Entscheidung, NJW **1963** 2660; *Prütting* Die Zulassung der Revision (1977); *Schalscha* Die Aushöhlung der Vorlegungspflicht nach §§ 121, 136 GVG, MDR **1959** 90; *Schefhold* Zweifel des erkennenden Gerichts (1971); *Schröder* Rechtseinheit und richterliche Entscheidungsfreiheit, NJW **1959** 1517; *Schröder* Der tragende Rechtsgrund einer Entscheidung, MDR **1960** 809; *Schroth* Der Ausgleich divergierender obergerichtlicher Entscheidungen – eine Untersuchung zur Vorlegungspflicht der oberen Gerichtsbarkeit im Rahmen des Straf- und Strafzumessungsrechts, JR **1990** 93; *Tiedtke* Die innerprozessuale Bindungswirkung von Urteilen der obersten Bundesgerichte (1976); *Weyreuther* Revisionszulassung und Nichtzulassungsbeschwerde in der Rechtsprechung der obersten Bundesgerichte (1971).

24 **1. Erweiterung des Absatzes 2.** Die Vorlegungspflicht nach § 121 Abs. 2 ist inhaltlich erweitert worden durch § 18 Abs. 2 des Gesetzes zur Wahrung der Einheitlichkeit der Rechtsprechung der obersten Gerichtshöfe des Bundes vom 19. 6. 1968 (BGBl. I S. 661): „Hat ein Gericht eine Sache einem obersten Gerichtshof vorzulegen, wenn es von dessen Entscheidung abweichen will, so hat das Gericht dem obersten Gerichtshof auch vorzulegen, wenn es von einer Entscheidung des Gemeinsamen Senats abweichen will."

[24] KG ZIP **1992** 1109; vgl. auch *Niederleithinger* EWIR § 266 StGB 1/92, 697f; *Tiedemann* in: Immenga/Mestmäcker, GWB[2] § 82, 17, der eine Fortführung des Verfahrens nach § 81 OWiG beim Kartellsenat befürwortet.

[25] BGHSt **39** 202.

[26] BGHSt **39** 202, 205.

[27] BGHSt **39** 202, 205f; ebenso schon *Langen/Bunte*[8] GWB § 82, 6; zum Ganzen auch *Rieß* NStZ **1993** 513ff; vgl. auch LR-*Rieß* § 207, 17 mit weit. Nachw.

2. Allgemeines zum Divergenzausgleich

a) Zur Entstehungsgeschichte des § 121 Abs. 2. Als Maßnahme von großer praktischer Bedeutung hat sich die durch Absatz 2 (eingefügt durch das VereinhG) begründete Vorlegungspflicht erwiesen. Eine solche sah bereits, allerdings in nicht so weitgehendem Umfang, Art. 68 Nr. 30 Entw.EGStGB 1930 vor (dazu Einleitung Abschn. E 41). Die Vorlegungspflicht ist ein wesentlicher Bestandteil der Maßnahmen, die die neuere Gesetzgebung ergriffen hat, um im Interesse der Rechtssicherheit die Einheitlichkeit der Rechtsprechung sicherzustellen, d. h. eine verschiedenartige Beantwortung der gleichen Rechtsfrage durch die letztinstanzlich entscheidenden oberen Gerichte auszuschließen[28]. Gesetzgeberische Maßnahmen zur Erhaltung einer einheitlichen Rechtsauslegung sind besonders dringlich, seitdem die moderne Rechtsentwicklung dazu geführt hat, daß in beträchtlichem Umfang die Rechtsprechung durch Lückenausfüllung neben den Gesetzgeber und an seine Stelle getreten ist. Die Setzung einheitlichen Rechts durch den Gesetzgeber verbürgt noch nicht die Rechtseinheit; sie läßt sich nicht erzielen ohne gleichzeitige Vorkehrungen zur Herbeiführung und Erhaltung einheitlicher Rechtsauslegung. § 136 a. F GVG konnte nicht mehr genügen, es mußte für das Gesamtgebiet der Rechtsprechung ein System solcher Erhaltungsmaßnahmen geschaffen werden (vgl. dazu insbesondere die umfassende Darstellung bei *Hanack* mit Übersicht über die für die einzelnen Gerichtsbarkeitszweige und die verschiedenen Rechtsprechungsgebiete getroffenen gesetzgeberischen Maßnahmen sowie *Lilie*, auf die zur Ergänzung der nachstehenden Ausführungen verwiesen wird). 25

b) Divergenzausgleichsmaßnahmen im Bereich der ordentlichen Gerichtsbarkeit. Um die Einheitlichkeit der Rechtsprechung zwischen den obersten Bundesgerichten (Bundesgerichtshof, Bundesarbeitsgericht, Bundesverwaltungsgericht, Bundesfinanzhof und Bundessozialgericht) zu wahren, ist gemäß Art. 95 Abs. 3 GG durch Ges. vom 19. 6. 1968 (BGBl. I S. 661) ein Gemeinsamer Senat gebildet worden[29]. Um die Einheitlichkeit der Rechtsprechung innerhalb des Bundesgerichtshofs, also zwischen den verschiedenen Senaten, zu wahren, ordnet § 132 die Pflicht zur Anrufung der großen Senate für Zivil- oder Strafsachen oder der Vereinigten Großen Senate an, wenn die Senate in einer Rechtsfrage voneinander abweichen wollen. Entsprechende Vorschriften bestehen für die übrigen obersten Bundesgerichte (§ 132, Entstehungsgeschichte). Die Einheitlichkeit der Rechtsprechung zwischen den verschiedenen Oberlandesgerichten, wenn sie in Strafsachen letztinstanzlich entscheiden, und zwar untereinander und zwischen dem Bundesgerichtshof, zu gewährleisten, ist der Zweck des § 121 Abs. 2[30]. In gleicher Weise ist Vorsorge zur Erhaltung einheitlicher Gesetzesauslegung getroffen, wenn die Oberlandesgerichte auf dem dem Kriminalunrecht aufs engste verwandten Gebiet des Ordnungswidrigkeitsrechts letztinstanzlich auf Rechtsbeschwerde im Bußgeldverfahren zur Entscheidung berufen sind (unten Rdn. 87). Außerhalb des Strafverfahrens (im Sinn des Absatzes 2) und des Bußgeldverfahrens finden sich Vorschriften, die durch Begründung einer Pflicht zur Vorlegung oder Zulassung der (sonst nicht gegebenen) Revision eine Abweichung des entscheidenden Oberlandesgerichts von Entscheidungen anderer Oberlandesgerichte oder wenigstens des Bundesgerichtshofs ausschließen wollen, in § 42 IRG, § 29 EGGVG, § 28 FGG, § 79 Abs. 2 GBO, § 546 Abs. 1 ZPO, § 21 b Abs. 6 Satz 4 GVG in Verb. mit § 28 FGG. 26

[28] BGH LM § 121 Nr. 12; KK-*Hannich*[4] 13.

[29] Dazu *Schmidt-Räntsch* DRiZ **1968** 325 und oben Rdn. 24.

[30] *Kissel*[3] 13; KK-*Hannich*[4] 13; *Kleinknecht/Meyer-Goßner*[44] 5.

27 c) Wegen der Wahrung einheitlicher Rechtsprechung **auf anderen Rechtsprechungsgebieten** vgl. § 132, Entstehungsgeschichte sowie u.a. § 219 Abs. 2 BEG, §§ 47 Abs. 5, 132 VwGO, § 73 GWB, §§ 45, 69, 72, 72a ArbGG, § 145 Abs. 2 BRAO und für die Verfassungsgerichtsbarkeit Art. 100 Abs. 3 GG.

28 d) Besonderheiten für das **Recht der Europäischen Gemeinschaften** ergeben sich daraus, daß über dessen Geltung und Auslegung gemäß Art. 234 Abs. 1 EGV der Gerichtshof der Europäischen Gemeinschaften in Luxemburg zu entscheiden hat. Hängt die Entscheidung eines nationalen Gerichts von einer gemeinschaftsrechtlichen Frage ab, kann (Art. 234 Abs. 2 EGV) oder, wenn gegen die Entscheidung des nationalen Gerichts kein Rechtsmittel mehr vorgesehen ist, muß (Art. 234 Abs. 3 EGV) das nationale Gericht die Frage dem Gerichtshof vorlegen[31]. So ist z.B. der Bußgeldsenat eines Oberlandesgerichts in einem Rechtsbeschwerdeverfahren als letztinstanzliches nationales Gericht verpflichtet, beim Auftauchen solcher gemeinschaftsrechtlicher Fragen diese dem Gerichtshof vorzulegen. Der Gerichtshof ist insoweit gesetzlicher Richter i.S. des Art. 101 Abs. 1 Satz 2 GG[32]. Ein Verstoß gegen die Vorlagepflicht kann auf nationaler Ebene zur Aufhebung der Entscheidung durch das Bundesverfassungsgericht[33] und auf Gemeinschaftsebene zur Einleitung eines Vertragsverletzungsverfahrens (Art. 226ff EGV)[34] führen. Das vom nationalen Gericht zu beachtende Recht der Europäischen Gemeinschaften wird nicht nur durch die Verträge selbst und die gemäß Art. 249 Abs. 2 EGV unmittelbar in jedem Mitgliedstaat geltenden EG-Verordnungen[35], sondern auch durch die EG-Richtlinien i.S. von Art. 249 Abs. 3 EGV, geprägt[36]. Die Richtlinien und die dazu ergangene oder einzuholende Rechtsprechung des Gerichtshofs sind maßgeblich für die Anwendung und Auslegung des umgesetzten nationalen Rechts[37]. Nach der ständigen Rechtsprechung des Gerichtshofs[38] kann sich jeder betroffene Marktbürger auch dann auf die Richtlinien berufen, wenn der nationale Gesetzgeber die EG-Richtlinien nicht fristgerecht in nationales Recht umgesetzt hat, die Bestimmungen der Richtlinien aber so klar umrissen sind, daß sie auch ohne Durchführungsmaßnahmen des nationalen Gesetzgebers angewendet werden können; dies ist auch von den nationalen Gerichten zu beachten[39]. Im Bereich des europäischen Rechts steht dem Gerichtshof auch der Schutz der Grundrechte zu[40]. Im Hinblick auf die Entscheidungskompetenz des Gerichtshofs für das Recht der Europäischen Gemeinschaften entfällt in diesem Bereich die Divergenzvorlage gemäß § 121 Abs. 2 GVG an den Bundesgerichtshof (§ 132, 5)[41]. Das Oberlandesgericht darf auf dem Gebiet des Rechts der Europäischen Gemeinschaften von der Entscheidung eines anderen Oberlandesgerichts ohne Vorlage an den Bundesgerichtshof abweichen[42], indem es beispielsweise die Vorabentscheidung des Gerichtshofs einholt oder sich einer dazu bereits ergangenen Entscheidung des Gerichtshofs anschließt.

---

31 Vgl. BVerfGE **75** 223, 233ff; *Kirchhof* DStR **1989** 551; vgl. auch ergänzend LR-*Gollwitzer* § 262, 60 ff StPO.

32 BVerfGE **73** 339.

33 BVerfGE **73** 339.

34 *Nicolaysen* Europarecht (1991) S. 215.

35 Als Beispiele vgl. die in BGHR StGB § 264 I Nr. 1 Subvention 1 und vorteilhaft 2 aufgeführten EG-Verordnungen.

36 Als Beispiel vgl. die 6. Richtlinie des Rates vom 17. Mai 1977 zur Harmonisierung der Rechtsvorschriften der Mitgliedstaaten über die Umsatzsteuern – gemeinsames Mehrwertsteuersystem: Einheitliche steuerpflichtige Bemessungsgrundlage – 77/388 EWG; ABl. EG Nr. L 145/1.

37 BGHSt **37** 333.

38 EuGHE **1982** 53; EuGH RIW **1986** 739; EuGH HFR **1988** 594.

39 BGHSt **37** 168.

40 BVerfGE **73** 339 (Solange II).

41 BGHSt **36** 92; BGH wistra **2000** 267.

42 BGHSt **33** 76.

e) Systematisierung der Divergenzausgleichsmaßnahmen. Die Ausformungen des gesetzgeberischen Willens in den einzelnen Vorschriften des nationalen Rechts weisen, namentlich in der Formulierung, Unterschiede auf, die in der Sache nicht begründet sind. Die Bemühungen des Schrifttums sind darauf gerichtet, aus einer Gesamtschau einheitliche Auslegungsmaßstäbe zu gewinnen, die eine möglichst gleichförmige Handhabung der Vorschriften über den Divergenzausgleich in seinen verschiedenen Erscheinungsformen und innerhalb der einzelnen Gerichtsbarkeitszweige bezwecken. Im Sinne dieser Bemühungen liegt auch eine möglichst übereinstimmende Handhabung der Vorlegungspflicht nach § 121 Abs. 2 und der Anrufungspflicht nach § 132, sofern nicht durch die Sache gebotene Unterschiede dem entgegenstehen. 29

f) Die Innendivergenz bei Oberlandesgerichten. Allgemeine ausdrückliche gesetzliche Vorschriften zur Gewährleistung einer einheitlichen Gesetzesauslegung innerhalb desselben Oberlandesgerichts, also bei Abweichungen zwischen seinen verschiedenen Senaten (sog. Innendivergenz) kennt das Gerichtsverfassungsgesetz nicht. Nur bei dem Bayerischen Obersten Landesgericht besteht gemäß § 10 Abs. 1 EGGVG, der § 132 GVG für entsprechend anwendbar erklärt, ein Großer Senat für Strafsachen zur Bereinigung von Auslegungsdifferenzen zwischen den Strafsenaten dieses Gerichts (dazu § 10, 1 EGGVG). Für die übrigen Oberlandesgerichte entsprechende Bindungen vorzuschreiben, würde einen die Befugnisse des Landesgesetzgebers überschreitenden Eingriff in die bundesrechtlich geregelte Materie des Gerichtsverfassungsrechts bedeuten. Eine andere Frage ist, ob nicht bereits § 121 Abs. 2 unmittelbar auch den Fall erfaßt, daß bei einem Oberlandesgericht mehrere Strafsenate bestehen und einer von dem anderen abweichen will, ohne daß darin (bei einer vom Bundesgerichtshof noch nicht behandelten Rechtsfrage) zugleich eine Abweichung vom Bundesgerichtshof läge (dazu unten Rdn. 43). 30

g) Zu den Beschränkungen der Vorlegungspflicht

aa) Divergenzausgleich bei Beschwerdeentscheidungen. Nach § 121 Absatz 2 in Verb. mit § 18 des Gesetzes vom 19. 6. 1968 (oben Rdn. 24) ist die Vorlegungspflicht auf den Fall beschränkt, daß ein Oberlandesgericht von einer Entscheidung des Gemeinsamen Senats der obersten Gerichtshöfe des Bundes, von einer Entscheidung des Bundesgerichtshofs oder von der Entscheidung eines anderen Oberlandesgerichts, die dieses als **Revisionsgericht** erlassen hat, abweichen will. Den weitergehenden Schritt, die Vorlegungspflicht auch da einzuführen, wo ein Oberlandesgericht als letztinstanzliches **Beschwerdegericht** von der Entscheidung eines anderen Oberlandesgerichts als Revisions- oder Beschwerdegericht abweichen will, hat das Gesetz nicht getan. Das ist insofern nicht verwunderlich, als schon § 121 Abs. 2 im Jahre 1950 einen kühnen Schritt nach vorwärts bedeutete, der noch längere Zeit nach dem Inkrafttreten der Vorschrift im Schrifttum als bedenklich oder gar verfehlt kritisiert wurde (unten Rdn. 34). Es lag deshalb nahe, daß der Gesetzgeber zunächst abwartete, wie sich § 121 Abs. 2 in der Praxis bewähren würde. Hinzu trat die Erwägung, daß eine vielfach bestehende Eilbedürftigkeit bei Beschwerdeentscheidungen Verzögerungen durch Vorlegung ausschließe, und daß sich aus praktischen Gründen die Beschränkung auf die Revisionsentscheidungen empfehle, die auf einer umfassenden und vertieften rechtlichen Prüfung beruhen. Inwieweit die Ausdehnung des § 121 Abs. 2 auch auf Beschwerdeentscheidungen der Oberlandesgerichte in den Blickpunkt gesetzgeberischer Überlegungen getreten ist vgl. unten Rdn. 88. 31

Eine **Ausnahme** gilt für Beschwerdeentscheidungen des Oberlandesgerichts (oder vorübergehend des Bezirksgerichts) in **Rehabilitierungsverfahren** nach dem Strafrechtlichen Rehabilitierungsgesetz vom 29. 10. 1992 (BGBl. I S. 1814). Nach dessen § 13 Abs. 3 31a

Satz 2 hat hier das Beschwerdegericht nach § 121 Abs. 2 zu verfahren, wenn es in einer Rechtsfrage von einer Entscheidung eines anderen Bezirksgerichts oder Oberlandesgerichts oder des Bundesgerichtshofes abweichen will[43].

32 **bb) Alsbaldige Klärung grundsätzlicher Fragen.** Das Gesetz kennt auch nicht die Möglichkeit, daß sich ein Amts- oder Landgericht, wenn eine Rechtsfrage zwischen verschiedenen Oberlandesgerichten streitig ist, der ihm obliegenden Entscheidung enthält und die Sache dem Oberlandesgericht vorlegt[44]. Allerdings würde es dem Gedanken der Sicherung einer einheitlichen Rechtsauslegung entsprechen, daß – etwa wenn ein neues Gesetz tiefgehende Auslegungsstreitigkeiten im Schrifttum und in der Rechtsprechung der Instanzgerichte hervorruft – schon in einem frühen Stadium die Möglichkeit einer verbindlichen Kontroversenbereinigung ohne Durchlaufung des zeitraubenden Instanzenzugs bestünde. Ein Divergenzausgleichsbedürfnis besteht insbesondere, wenn der Instanzenzug nicht über das Landgericht hinausgeht, so wenn in Zivilsachen das Landgericht letztinstanzlich über die Berufung gegen amtsgerichtliche Urteile entscheidet und es sich dabei um Fragen von grundsätzlicher Bedeutung handelt, die unterschiedlich beantwortet werden. Reformerörterungen gingen u. a. dahin, ob nicht in solchen Fällen ausnahmsweise der Weg einer Revision an das Oberlandesgericht zu eröffnen sei[45].

32a Im geltenden Recht finden sich nur **Ansätze einer solchen Entwicklung**. So kann nach § 42 Abs. 1 IRG das Oberlandesgericht eine Entscheidung des Bundesgerichtshofs auch dann einholen, wenn es dies für geboten hält, um eine Rechtsfrage von grundsätzlicher Bedeutung zu klären. Allerdings gilt dies nur insoweit, als die Rechtsfrage gerade für das beim Oberlandesgericht anhängige Verfahren rechtlich bedeutsam sein kann[46]. Dies ist in der Regel zu verneinen, wenn es im Zeitpunkt der Entscheidung des Bundesgerichtshofs wegen prozessualer Überholung auf diese Frage nicht mehr ankommt[47]. Von dieser Regel gibt es eng umgrenzte Ausnahmen[48]. Ein solcher Ausnahmefall ist z. B. gegeben, wenn die Rechtsfrage zwar zur Zeit der Entscheidung prozessual überholt ist (z. B. Versäumung einer Frist), aber damit zu rechnen ist, daß sie sich jederzeit wieder stellen kann und auch in künftigen Fällen eine rechtzeitige Entscheidung durch den Bundesgerichtshof voraussichtlich nicht ergehen kann[49].

32b Ferner kann nach § 18 Abs. 4 der Wehrbeschwerdeordnung das Truppendienstgericht dem Bundesverwaltungsgericht **Rechtsfragen von grundsätzlicher Bedeutung** vorlegen, wenn dies nach seiner Auffassung zur Fortbildung des Rechts oder zur Sicherung einer einheitlichen Rechtsprechung erforderlich ist. Eine ähnliche Vorschrift enthält § 80 OWiG, wonach das Oberlandesgericht eine Rechtsbeschwerde auf Antrag zuläßt, wenn es geboten ist, die Nachprüfung der angefochtenen Entscheidung zur Fortbildung des Rechts oder zur Sicherung einer einheitlichen Rechtsprechung zu ermöglichen[50]. Vgl. auch § 42 Abs. 2 IRG, der dem Generalbundesanwalt und dem Generalstaatsanwalt das Recht gibt, in einer Auslieferungssache den Bundesgerichtshof zur Klärung einer Rechtsfrage anzurufen, ohne daß ein Oberlandesgericht mit der Frage befaßt ist oder gewesen ist und nach irgendeiner Richtung rechtliche Bedenken zu erkennen gegeben hat[51]. In verallgemeinerter Form hätte ein solches Verfahren, Kontroversen schon in

[43] Vgl. dazu *Bruns/Schröder/Tappert* StrRehaG (1993) § 13, 29ff.

[44] Vgl. dazu den Fall BGHSt **13** 303.

[45] Dazu etwa *Vollkommer* NJW **1973** 159; *Kissel* ZRP **1976** 10.

[46] BGHSt **30** 55, 58f mit weit. Nachw.; **33** 310, 314; **35** 67 = NStZ **1988** 277, 278 mit Anm. *Meyer*; BGH NStZ **1988** 505.

[47] BGHSt **33** 310 = NStZ **1986** 123 mit Anm. *Walter*; BGH NStZ **1988** 505.

[48] BGHSt **27** 222, 226.

[49] BGHSt **33** 310.

[50] Dazu BGHSt **24** 15, 21; *Demuth* und *Schneider* NJW **1970** 1999; *Weidemann* NStZ **1985** 1ff sowie *Göhler* OWiG[12] § 80, 3ff.

[51] BGHSt **20** 152.

einem Frühstadium verbindlich zu klären, freilich auch gewichtige Nachteile, wenn die Kontroverse zwar im Keim erstickt würde, aber zu einer Zeit, in der es noch an genügend praktischen Erfahrungen fehlt, um einigermaßen abschließend die Auswirkungen in diesem oder jenem Sinn zu übersehen.

h) Über die Bedeutung des § 121 Abs. 2 für die Frage, wie sich streitige Rechtsfragen auf die **Verfolgungspflicht der Staatsanwaltschaft** auswirken, vgl. § 170, 25 ff StPO. 33

i) Zu kritischen Einwendungen gegen § 121 Absatz 2

aa) Vorbemerkung. Der Divergenzausgleich nach § 121 Abs. 2 ist aus der Strafrechtspraxis nicht mehr wegzudenken; die Vorschrift hat sich bewährt. Die vor allem in der ersten Zeit nach Inkrafttreten der Vorschrift gegen sie vorgebrachte Kritik ist nicht überzeugend. 33a

bb) Grundsätzliche Bedenken sah *Peters*[52] in der Gefahr, daß abstrakte Rechtssätze aufgestellt würden, die den konkreten Sachverhalt, aus dem die Rechtslage erwachsen ist, nicht genügend berücksichtigen. Die Vorlagepflicht widerspreche auch der Würde des vorlegungspflichtigen Richters, jeder Richter müsse sein Urteil selbst verantworten. Eine Vorlegungspflicht sollte nur in den seltenen Fällen einer grundsätzlichen Abweichung in strafrechtlichen Hauptfragen in Betracht kommen. Darauf ist nur zu erwidern, daß die gleichen Bedenken auch gegen die Anrufungspflicht nach § 132, aber auch gegen die Revision in ihrer heutigen Gestalt erhoben werden könnten. *Sarstedt/Hamm*, der noch 1983[53] in der Vorlagepflicht eine „Übertreibung" und eine dem deutschen Verfahrensrecht systemfremde Einschränkung des Grundsatzes der richterlichen Entscheidungsfreiheit sah, die zudem das Suchen nach eigenen Lösungen entmutige und einen gedankenlosen Leitsatzkult begünstige, hat diese Kritik in der Folgezeit abgeschwächt: In neuerer Zeit sei eine Reihe von wichtigen Entscheidungen gerade auch durch den Großen Senat für Strafsachen des Bundesgerichtshofs ergangen, die ohne die Vorlagepflicht nicht möglich gewesen wären[54]. Die anfängliche Kritik hat zudem übersehen, daß für ein prozessuales Institut zur Sicherung der Einheitlichkeit der Rechtsprechung von Anfang an ein Bedürfnis bestand. Schon die Begründung zu Art. 68 Ziff. 30 EGStGB 1930 wies auf häufige Abweichungen der Oberlandesgerichte von der Rechtsprechung des Reichsgerichts oder anderer Oberlandesgerichte hin. Was die angeblich systemwidrige Einschränkung des Grundsatzes richterlicher Entscheidungsfreiheit anlangt, so waren solche Einschränkungen schon Jahrzehnte früher durch §§ 28 FGG, 59 GBO erfolgt; das VereinhG 1950 zog nur auf dem Gebiet der Strafrechtspflege nach. Die Berufung auf die Beschränkung des Grundsatzes der richterlichen Entscheidungsfreiheit übersieht auch – bei allem Respekt vor diesem Grundsatz –, daß Rechtssicherheit, ein immanentes Postulat des Rechtsstaatsprinzips[55], nicht gegeben ist, wenn einheitlich geltende Gesetze nicht auch von den Gerichten möglichst einheitlich ausgelegt werden. Wie es heute aussähe, wenn die Vorlegungspflicht nicht bestünde, zeigt ein Blick in die „Amtliche" Sammlung der Entscheidungen des Bundesgerichtshofs, die zu einem beträchtlichen Teil Entscheidungen enthält, die auf Vorlegung nach § 121 Abs. 2 ergangen sind. Ferner könnte der Bundesgerichtshof die Oberlandesgerichte nicht in Rechtsfragen „überzeugen", zu denen er (ohne die Vorlegungspflicht) nur selten oder überhaupt nicht (Bußgeldverfahren) Gelegenheit zu Entscheidungen hat. Auch lassen sich die Oberlandesgerichte nicht immer durch Entscheidungen des Bundesgerichtshofs „überzeugen"; von den 188 Vorlegungen in der Zeit von 1950 bis Ende 1961 entfällt etwa ein knappes 34

---

52 FS Eb. Schmidt 497.

53 Revision[5] 47.

54 Revision[6] 91.

55 BVerfGE **25** 269.

Drittel auf beabsichtigte Abweichungen von der Rechtsprechung des Bundesgerichtshofs[56]. Außerdem gibt es Kontroversen – und gerade sie sind die zählebigsten –, bei denen gleich gute Gründe für die eine wie für die andere Auffassung sprechen und wirklich überzeugende Gründe für ein Übergewicht der einen gegenüber der anderen Auslegung kaum zu finden sind. Hier bleibt gar nichts übrig, als die Kontroverse durch ein „Machtwort" zu beseitigen, das rascher vom ranghöchsten Revisionsgericht als vom Gesetzgeber gesprochen wird. Schließlich kann von einem systemwidrigen Eingriff in die Entscheidungsfreiheit der Oberlandesgerichte längst nicht mehr gesprochen werden, nachdem der Ausgleich divergierender letztinstanzlicher Entscheidungen der obersten Gerichte zu einem tragenden Grundsatz des modernen Verfahrensrechts auf allen bedeutsamen Rechtsprechungsgebieten erhoben und das Divergenzausgleichungsprinzip hier fast lückenlos durchgeführt worden ist (oben Rdn. 25; § 132 Entstehungsgeschichte). Der Weg des § 121 Abs. 2 ist endlich nicht nur viel rascher, sondern auch viel elastischer als eine Inanspruchnahme des Gesetzgebers zur Bereinigung von Kontroversen; ermöglicht er doch, durch erneutes Beschreiten dieses Wegs wiederum rasch Abhilfe zu schaffen, wenn die praktische Erprobung der Auslegung des Bundesgerichtshofs oder veränderte Umstände zu erneuter Überprüfung Veranlassung geben[57].

35 cc) **Technische Mängel** des § 121 Abs. 2 sah schon in der 1. Aufl. *Sarstedt* Revision S. 37 („technisch nicht zu Ende gedacht"; ebenso noch *Sarstedt/Hamm*[5] 48) und ihm folgend *Eb. Schmidt* 13, 14 („unvollkommene gesetzgeberische Leistung") darin, daß § 121 Abs. 2 zwar eine Vorlegung bei jeder beabsichtigten Abweichung fordere, praktisch aber die Vorlegungspflicht – in Ermangelung einer amtlichen Sammlung – von dem Zufall abhänge, ob die Vorentscheidung überhaupt veröffentlicht worden sei. Diese Kritik war unberechtigt. Das VereinhG 1950 fand als Vorbilder die bereits seit Jahrzehnten bestehenden und durchaus bewährten § 28 FGG, § 79 GBO vor und tat klug daran, sie unverändert zu übernehmen[58]. Die Erfahrung hat übrigens gezeigt, daß alle bedeutsameren Entscheidungen auf diesem oder jenem Weg veröffentlicht werden[59], und im übrigen findet auf bestimmten Rechtsgebieten auch ein Austausch der Entscheidungen zwischen den Oberlandesgerichten statt. Damit ist dem praktischen Bedürfnis, sichtbar gewordene Kontroversen im Interesse einer einheitlichen Rechtsauslegung rasch und elastisch zu bereinigen, vollauf Genüge getan. Perfektionismus anzustreben wäre verfehlt und hieße Wohltat in Plage verwandeln.

3. Vorlegungspflicht bei der Entscheidung über die Revision. Die Vorlegungspflicht besteht für das Oberlandesgericht nur, wenn es bei der Entscheidung über die Revision, also bei einer die Revisionsinstanz abschließenden Entscheidung, abweichen will.

36 **a) Abgrenzung der Entscheidungen über die Revision.** Soweit das Oberlandesgericht als Beschwerdeinstanz tätig wird (Absatz 1 Nr. 2) oder andere ihm nach der Strafprozeßordnung obliegende Aufgaben erfüllt (z. B. nach § 172 StPO oder als gemeinschaftliches oberes Gericht nach §§ 14, 19 StPO), entfällt schon nach dem Wortlaut des Absatzes 2 die Pflicht zur Vorlegung. Dies gilt z. B. bei Kosten- und Auslagenbeschwerden nach § 464 Abs. 3[60], ferner auch im Fall des § 305a Abs. 2 StPO und bei Entscheidungen

[56] *Hanack* 43; vgl. auch *Sarstedt* DRiZ **1960** 352.

[57] Gegen *Sarstedt* auch *Hanack* 353ff, 362ff.

[58] Ebenso *Hanack* 380, der auch darauf hinweist, daß bei Schaffung der § 28 FGG, § 79 GBO die gleichen Einwendungen erhoben wurden wie von *Sarstedt* und *Eb. Schmidt* gegenüber § 121 Abs. 2.

[59] So auch zunehmend in elektronischen Rechtsprechungsdokumentationen, worauf *Sarstedt/Hamm*[6] 91 nunmehr ebenfalls hinweisen.

[60] BayObLGSt **1975** 143; KK-*Hannich*[4] 15.

über Beschwerden gegen die Nichteröffnung nach § 210 Abs. 2 StPO[61]. Sie ist aber auch dann nicht gegeben, wenn das Revisionsgericht nicht über die Revision, sondern über ein Gesuch um Wiedereinsetzung gegen die Versäumung der Revisionseinlegungsfrist (§ 46 Abs. 1 StPO) entscheidet[62]. Über eine **Ausnahme** s. unten Rdn. 52f. Das gleiche gilt, wenn das Revisionsgericht nur zusammen mit der Revisionsentscheidung ein Ordnungsmittel wegen Ungebühr festsetzt (§ 176). Dagegen ist es für das Vorliegen einer Entscheidung „über die Revision" ohne Bedeutung, ob über die Zulässigkeit oder die Begründetheit des Rechtsmittels entschieden wird, ob das Oberlandesgericht nach durchgeführter Hauptverhandlung durch Urteil entscheiden oder außerhalb der Hauptverhandlung durch Beschluß, z. B. gemäß § 349 Abs. 1, 2, 4 oder § 206b StPO oder gemäß § 346 Abs. 2 StPO die Revisionsinstanz abschließen will[63]. Hierher gehören auch Beschlüsse gemäß § 206a StPO[64]. Denn da die Vorlegungspflicht bei beabsichtigter Einstellung des Verfahrens durch Urteil wegen eines Verfahrenshindernisses besteht, kann ein entsprechender Beschluß außerhalb der Hauptverhandlung, soweit er zulässig ist, nicht anders behandelt werden. Dabei ist es gleichgültig, ob das Verfahrenshindernis, das zur Beendigung der Revisionsinstanz zwingt, schon vor Erlaß des angefochtenen Urteils oder – wie eine Amnestie – erst nach diesem Zeitpunkt entstanden ist; in beiden Fällen ist der Einstellungsbeschluß eine Entscheidung über die Revision, d. h. eine die Revisionsinstanz abschließende Entscheidung[65].

b) Sprungrevision. Vorzulegen hat das Oberlandesgericht auch, wenn die zu beschei- **37**
dende Revision eine Sprungrevision (§ 335 Abs. 1 StPO) ist. Dieser Fall ist zwar in § 121 Abs. 2 nicht deutlich erfaßt, weil es mit der Berufung nicht anfechtbare Urteile des Strafrichters (Nr. 1a) nicht mehr gibt. Es kann aber nicht zweifelhaft sein, daß nach Sinn und Zweck des Absatzes 2 die Vorlegungspflicht, wenn statt der Berufung Revision eingelegt ist, genauso besteht, wie wenn nach vorgängigem Berufungsverfahren Revision eingelegt ist[66].

c) Keine Vorlegungspflicht besteht im Fall des **Absatzes 1 Nr. 1c**, auch wenn die Ent- **38**
scheidung über die ausschließlich auf die Verletzung von Landesrecht gestützte Revision unter Anwendung von Bundesrecht ergeht und dabei eine Abweichung von früheren oberstgerichtlichen Entscheidungen zur gleichen Rechtsfrage erfolgt. Über die Gründe für diese Beschränkung der Vorlegungspflicht ist aus der Begründung nichts zu entnehmen. Möglicherweise liegt ihr der Gedanke zugrunde, daß es sich in solchen Fällen um Nebenpunkte handele und daß es nicht angebracht sei, den Abschluß des Verfahrens durch die Klärung von Rechtsfragen zu verzögern, die meist für den Bestand des erstinstanzlichen Urteils im übrigen von geringerer Bedeutung sein dürften. Jedenfalls kann der Grund der Beschränkung nicht darin liegen, daß der Bundesgerichtshof nicht zur Bescheidung von Streitfragen, die auf dem Boden des Landesrechts erwachsen sind, herangezogen werden solle, denn in den Fällen des Absatzes 1 Nr. 1a und b ist die Vorlegungspflicht unabhängig davon, ob die beabsichtigte Abweichung Bundes- oder Landesrecht betrifft (vgl. unten Rdn. 54).

---

[61] Zu § 305a Abs. 2 vgl. *Eb. Schmidt* 17; **a. M** *Hanack* 223; zu § 210 Abs. 2 vgl. BGHSt **13** 46, 47.

[62] BayObLGSt **1950/51** 556; **1966** 10, 12 GA **1971** 115; *Eb. Schmidt* 17; KK-*Hannich*[4] 15; **a. M** *Hanack* 222 unter Hinweis auf BGHZ **8** 310.

[63] BGHSt **11** 152; **15** 203, 204; **22** 213, 215; **40** 395, 397; NJW **1977** 964.

[64] **H. M**; vgl. auch BGH NJW **1971** 106; zur Bejahung neigend auch BGHSt **12** 213, 216; offengelassen von OLG Celle NJW **1970** 720.

[65] **A. M** *Eb. Schmidt* 18.

[66] BGHSt **2** 63; **13** 388, 389; **17** 280, 283; **17** 399, 401; **29** 305, 307; **35** 14, 16 und zur Bedeutung der Nr. 1a oben Rdn. 6.

4. Beabsichtigte Abweichung von einer Entscheidung des Bundesgerichtshofs

39 **a) Begriff der Entscheidung des Bundesgerichtshofs.** Die Vorlegungspflicht besteht nicht, wenn das Oberlandesgericht von einer nach dem 1.4.1950 ergangenen Entscheidung des früheren Obersten Gerichtshofs für die britische Zone oder des früheren Deutschen Obergerichts für das Vereinigte Wirtschaftsgebiet abweichen will, aber auch nicht bei beabsichtigter Abweichung von der Entscheidung des obersten Bundesgerichts eines anderen Gerichtsbarkeitszweiges (der Verwaltungsgerichtsbarkeit usw.). Sie besteht dagegen auch, wenn der Senat des Bundesgerichtshofs, der die Entscheidung erlassen hat, nicht mehr besteht, denn dadurch hat die Entscheidung ihre Bedeutung für die Rechtsauslegung nicht verloren[67]. Das gleiche gilt, wenn es sich um die Entscheidung eines Feriensenats handelt[68]. Da das Gesetz von einer Entscheidung „des Bundesgerichtshofs" spricht, vermag die Abweichung von einer Entscheidung des Ermittlungsrichters des Bundesgerichtshofs die Vorlagepflicht nicht auszulösen[69].

40 **b) Gutachtliche Stellungnahmen** des Bundesgerichtshofs, die er früher abgab, wenn ein Gericht der ordentlichen Gerichtsbarkeit die Entscheidung des Bundesverfassungsgerichts gemäß Art. 100 Abs. 1 GG in Verb. mit § 80 a. F BVerfGG einholte, sind keine Entscheidungen i. S. des § 121 Abs. 2 GVG[70].

41 **c) Voneinander abweichende Entscheidungen des Bundesgerichtshofs.** Wenn zu der Rechtsfrage, mit der sich das Oberlandesgericht zu befassen hat, unter sich voneinander abweichende Entscheidungen des Bundesgerichtshofs vorliegen, so kann, falls sie von dem gleichen Senat des Bundesgerichtshofs stammen, das Oberlandesgericht, auch wenn dies in der zuletzt ergangenen Entscheidung nicht ausdrücklich hervorgehoben wird, sich darauf verlassen, daß der betreffende Senat des Bundesgerichtshofs seine frühere Rechtsprechung damit aufgegeben hat. Liegen abweichende Entscheidungen verschiedener Senate des Bundesgerichtshofs vor, so ist die Vorlagepflicht selbstverständlich, wenn das Oberlandesgericht von beiden abweichen und sich zu einer dritten Meinung bekennen will. Aber auch wenn es sich einer der Auffassungen des Bundesgerichtshofs anschließen und damit von der anderen abweichen will, ist das Oberlandesgericht zur Vorlegung verpflichtet, auch wenn beim Bundesgerichtshof die Anrufung des Großen Senats unterblieben ist[71]. Denn die Vorlegung zwingt nunmehr den zur Entscheidung nach § 121 Abs. 2 zuständigen Senat des Bundesgerichtshofs, erforderlichenfalls seinerseits den Großen Senat nach § 132 anzurufen. Die frühere Auffassung, daß beim Bundesgerichtshof die Abweichung von einer Entscheidung keine Anrufung nach § 136 a. F erforderlich mache, wenn diese Entscheidung ihrerseits von einer früher ergangenen abweicht und der zuletzt erkennende Senat sich der ersten Entscheidung anschließt (vgl. § 132, 14), ist aufgegeben worden[72]. Wenn allerdings ein Senat zwar erkennbar von der Rechtsprechung eines anderen Senats abgewichen ist, alle später ergangenen Entscheidungen der übrigen Senate jedoch die Rechtsansicht der zuerst ergangenen Entscheidung teilen, so kann das Oberlandesgericht davon ausgehen, daß auch der dissentierende Senat seinen Standpunkt inzwischen aufgegeben hat[73].

---

[67] BGHSt **13** 46, 48; **17** 360; **24** 209; **25** 124; *Eb. Schmidt* 24; **a. M** OLG Neustadt MDR **1958** 538.

[68] *Kissel*[3] 11; KK-*Hannich*[4] 18.

[69] Wie hier *Kleinknecht/Meyer-Goßner*[44] 7; offengelassen in BGH NJW **1998** 3653.

[70] BGHSt **17** 369, 371.

[71] BGHSt **5** 136; **10** 94; *Kissel*[3] 17.

[72] BGHSt **10** 94.

[73] OLG Frankfurt NJW **1976** 985 mit Anm. *Geisler* NJW **1976** 1186; vgl. auch BGHR StPO § 338 Nr. 5 Angeklagter 11.

5. Beabsichtigte Abweichung von der Entscheidung eines anderen Oberlandesgerichts

a) Begriff des anderen Oberlandesgerichts. Dazu gehört auch das Bayerische Oberste Landesgericht, das auf seinem Zuständigkeitsgebiet die Aufgaben wahrnimmt, die sonst den bayerischen Oberlandesgerichten zuständen (§ 9 EGGVG). Entsprechend dem Zweck der Vorschrift, die einheitliche Rechtsauslegung im Geltungsbereich des § 121 Abs. 2 zu gewährleisten, kommen nur die in diesem Gebiet bestehenden Oberlandesgerichte in Betracht, also nicht ein dem Oberlandesgericht entsprechendes Gericht der früheren Deutschen Demokratischen Republik[74]. Vorlagepflicht besteht dagegen im Verhältnis zu den **besonderen Senaten der Bezirksgerichte** für deren Tätigkeit seit dem 3. Oktober 1990 (s. 24. Aufl. Nachtr. II Teil B Rdn. 121), und zwar auch heute noch, obwohl diese Senate nicht mehr bestehen, weil Oberlandesgerichte gebildet sind. Im übrigen gelten insoweit die gleichen Grundsätze wie bei der territorialen Nachfolge bei Oberlandesgerichten (s. Rdn. 44). 42

b) Innendivergenz. Ob auch ein **anderer Senat des gleichen Oberlandesgerichts** ein „anderes" Oberlandesgericht ist, wird für andere Gesetze, die eine ähnliche Vorlegungspflicht begründen (Rdn. 25ff) vielfach verneint[75]. Für § 121 Abs. 2 ist die Frage umstritten[76]. Soweit sich die h. M, die einen Ausgleich der Innendivergenz für ein vorübergehendes, begrenztes Problem hält, das mit der nächsten Außendivergenz beseitigt werden kann, auf den Gesetzeswortlaut stützt, ist dem entgegenzuhalten, daß dieser Wortlaut auslegungsfähig ist. 43

Zunächst ist darauf hinzuweisen, daß für das Bayerische Oberste Landesgericht die **Bereinigung der Innendivergenz** in § 10 Abs. 1 EGGVG ausdrücklich vorgeschrieben ist, wenn auch in der Form, daß kraft der entsprechenden Anwendbarkeit des § 132 der Ausgleich bei diesem Gericht selbst durch einen Großen Senat erfolgt (eine entsprechende Vorschrift für die Oberverwaltungsgerichte enthält § 12 VwGO, wenn die Innendivergenz Fragen des Landesrechts betrifft). Sinnvollerweise muß aber auch bei den übrigen Oberlandesgerichten ein Ausgleich der Innendivergenz stattfinden, hier naturgemäß, solange die Frage nicht in anderer Form gesetzlich geregelt ist, nur auf dem durch § 121 Abs. 2 gewiesenen Weg. Das entspricht einem dringenden Bedürfnis[77]. Denn die Folgen einer ungleichmäßigen Rechtsauslegung zwischen zwei Strafsenaten des gleichen Oberlandesgerichts – die Zerstörung der Rechtssicherheit, die der Divergenzausgleich verhindern soll (oben Rdn. 34) – sind mindestens so bedenklich, wie die Abweichung zwischen verschiedenen Oberlandesgerichten: Der Zufall, ob der Angeklagte vor den einen oder den anderen Strafsenat des gleichen Gerichts kommt, könnte für die Entscheidung ausschlaggebend sein. 43a

Die hier abgelehnte Auffassung glaubt das hinnehmen zu können, weil ein anderes Oberlandesgericht, das demnächst von der einen oder anderen Entscheidung des gleichen Oberlandesgerichts abweichen will, den Weg des § 121 Abs. 2 beschreiten muß[78]. 43b

---

[74] OLG Hamm NJW **1954** 724 betr. § 28 FGG; KK-*Hannich*[4] 17.

[75] Z. B. von OGHZ **1** 13 = NJW **1947/48** 554; *Baur* JZ **1953** 327 Anm. 12; s. ferner *Keidel/Winkler*[10] § 28, 21 FGG. Die Frage wurde offengelassen von BVerwG **1954** 852 betr. die Oberverwaltungsgerichte. Weitere Nachweise über die Behandlung der Frage in anderen Gerichtsbarkeitszweigen bei *Hanack* 29 Fußn. 20, 21.

[76] Bejahend *Kern* ZStW **71** (1959) 434; *Nüse* JR **1956** 437; DRiZ **1968** 87; *Schröder* NJW **1959** 1520 Fn. 30; *Hanack* 311f; s. auch *K. Schäfer* NJW **1958** 51; *Doller* ZRP **1976** 34; *Lilie* S. 44 ff; abl. die inzwischen h. M *Kleinknecht/Meyer-Goßner*[44] 9; KK-*Hannich*[4] 21; *Katholnigg*[3] 14; *Sarstedt/Hamm*[6] 90; *Eb. Schmidt* 12.

[77] Dazu mit zahlreichen Beispielen *Doller* ZRP **1976** 34.

[78] Vgl. BGHSt **10** 109, 111; **18** 268, 269; **22** 321, 323.

Aber das ist ein schwacher Trost. Denn in der Zeit, bis es zu einer **Entscheidung des Bundesgerichtshofs** kommt, gilt in dem betreffenden Oberlandesgerichtsbezirk zweierlei oder auch dreierlei Recht, und es hilft dem Angeklagten, der unter Zugrundelegung einer der Rechtsauffassungen inzwischen rechtskräftig verurteilt worden ist, wenig, daß später der Bundesgerichtshof diese Rechtsauffassung mißbilligt; dem rechtskräftig und doch „zu Unrecht“ Verurteilten bleibt dann allenfalls der Weg, einen Ausgleich durch Gnadenerweis zu beantragen.

43c Der **Wortlaut** des § 121 Abs. 2 steht einer seinem Sinn entsprechenden Auslegung nicht entgegen; ohne Zwang können die Worte „Entscheidung eines anderen Oberlandesgerichts“ im Sinne von „anderen oberlandesgerichtlichen Entscheidungen“ verstanden werden. Wenn ein solcher Wortlaut nicht gewählt wurde, so doch wohl deshalb, weil sie eine (nicht gewollte) Bindung des entscheidenden Senats an seine eigenen früheren Entscheidungen bedeutet hätte. Nach *Eb. Schmidt* 12 ist eine solche Umdeutung unzulässig, weil sie den Inhalt des nur auf Bereinigung der Außendivergenz gerichteten Rechtssatzes verändere[79]. In Wirklichkeit handelt es sich aber nur um die Schließung einer „seltsamen Lücke“[80], eines „eklatanten und krassen Widerspruchs“ zu dem Zweck des § 121 Abs. 2[81] durch eine zulässige berichtigende Auslegung des unvollkommenen Gesetzeswortlauts in Übereinstimmung mit der gesetzgeberischen Grundtendenz. Daß auch die Bereinigung der Innendivergenz den Divergenzausgleichsbestrebungen des historischen Gesetzgebers entspricht, zeigt Art. 68 Nr. 30 Entw. EGStGB 1930. Dort war über die vorgeschlagene Vorlegungspflicht (oben Rdn. 25) hinaus ein § 122d GVG vorgesehen, wonach die §§ 136, 138 GVG entsprechende Anwendung finden sollten, wenn in einer Rechtsfrage des Landesstrafrechts, Landesstrafprozeßrechts oder Landesgerichtsverfassungsrechts die Strafsenate desselben Oberlandesgerichts voneinander abweichen wollten.

43d Auch von dem hier vertretenen Standpunkt aus besteht **keine Vorlegungspflicht**, wenn bei einer Verteilung der Senatszuständigkeit nach Materien (Verkehrsdelikte, Rechtsbeschwerden im Bußgeldverfahren usw.) die Zuständigkeit zwischen mehreren Strafsenaten gewechselt hat und der jetzt zuständige Senat von einer Entscheidung seines Vorgängers in der Zuständigkeit abweichen will; dieser Fall liegt nicht anders, als wenn ein Senat seine eigene Rechtsprechung ändert (dazu § 132, 12)[82].

44 c) Auch die nach dem 1. 4. 1950 ergangene Entscheidung eines **nicht mehr bestehenden Oberlandesgerichts** – seitdem sind die Oberlandesgerichte Tübingen und Freiburg aufgehoben worden – ist zu beachten, denn die Entscheidungen haben auch nach Wegfall der Gerichte für die Auslegung des Gesetzes ihre Bedeutung behalten[83], wie denn ja auch Entscheidungen eines nicht mehr bestehenden Senats des Bundesgerichtshofs vorlegungsbedeutsam bleiben (Rdn. 39). Anders liegt es nur, wenn das Oberlandesgericht, das territorial die Nachfolge des aufgehobenen Oberlandesgerichts übernommen hat, sich von der Rechtsansicht des aufgehobenen Oberlandesgerichts abkehrt; das entspricht dann der in Rdn. 43d erörterten Rechtslage. Entsprechendes gilt für den Übergang der Revisionszuständigkeit von den besonderen Senaten der Bezirksgerichte auf die neuerrichteten Oberlandesgerichte in den durch den Einigungsvertrag beigetretenen Ländern. Ganz unproblematisch ist die Rechtslage, wenn das Oberlandesgericht lediglich seinen Sitz gewechselt hat (wie das OLG Neustadt nach Zweibrücken).

---

79 Im Ergebnis ebenso KK-*Hannich*[4] 21.

80 *Sarstedt/Hamm*[6] 90.

81 *Hanack* 312.

82 Ebenso *Lilie* S. 40; KK-*Hannich*[4] 23.

83 Ebenso *Eb. Schmidt* 23 und MDR **1958** 815; *Hanack* 294; *Kleinknecht/Meyer-Goßner*[44] 7; KK-*Hannich*[4] 17; **a. M** *Nüse* JR **1956** 437.

6. Wegfall der Vorlegungspflicht

a) Aufgabe seiner Rechtsprechung durch das andere Oberlandesgericht. Die Vorlegungspflicht entfällt, wenn das andere Oberlandesgericht seine Rechtsprechung aufgegeben hat[84]. Das gilt auch, wenn die Änderung der Rechtsprechung erst nach der Vorlage an den Bundesgerichtshof durch das zweite (abweichende) Oberlandesgericht erfolgt[85]. Das gleiche gilt, wenn es auf **Anfrage** (des Oberlandesgerichts, das abweichen will, oder des Bundesgerichtshofs, dem vorgelegt ist) erklärt, daß es an seiner früheren Entscheidung nicht mehr festhalte. Die Übernahme dieser im Fall des § 136 a. F geübten Praxis, die nunmehr in § 132 Abs. 2 eine gesetzliche Grundlage erhalten hat (dort Rdn. 16ff), hat sich nach den bisherigen Erfahrungen bewährt und widerspricht weder dem Wortlaut noch dem Sinn des § 121 Abs. 2[86]. Der Fall, daß ein Oberlandesgericht beim Bundesgerichtshof anfragt, ob er an seiner Rechtsprechung festhalte, ist unpraktisch und bedarf keiner Erörterung[87]. 45

b) Spätere höherrangige Entscheidungen. Eine zur Vorlage zwingende Abweichung von der Entscheidung eines anderen Oberlandesgerichts liegt nicht vor, wenn nach dieser eine abweichende Entscheidung des Bundesgerichtshofs – gleichviel, ob eines Straf- oder eines Zivil- oder sonstigen Senats[88], gleichgültig in welcher Verfahrensart, in welchem Verfahrensstadium und auf welchem Rechtsgebiet[89] – ergangen ist und das jetzt entscheidende Oberlandesgericht sich dem Bundesgerichtshof anschließt; mit dem Ergehen einer Entscheidung des Bundesgerichtshofs verlieren die zeitlich vorangegangenen Entscheidungen der Oberlandesgerichte zu der gleichen Rechtsfrage ihre Bedeutung für die Frage der Vorlegungspflicht[90]. Entsprechendes gilt beim Ergehen einer Entscheidung des Bundesverfassungsgerichts, die auch die Vorlegungspflicht gegenüber abweichenden Entscheidungen des Bundesgerichtshofs aufheben würde[91]. Es besteht also auch keine Vorlagepflicht, wenn ein Oberlandesgericht von der veröffentlichten Entscheidung eines anderen Oberlandesgerichts abweichen will, wenn nach der letzten Entscheidung eine die gleiche Auffassung vertretende, wenn auch unveröffentlichte Entscheidung des Bundesgerichtshofs ergangen ist[92]. Dasselbe gilt, wenn die Rechtsfrage zwischenzeitlich vom Gemeinsamen Senat der Obersten Gerichtshöfe des Bundes entschieden worden ist[93]. 46

c) Bedeutung einer späteren, von einer vorangegangenen höherrangigen Entscheidung abweichenden Entscheidung. Die Vorlegungspflicht entfällt auch, wenn nach dem Ergehen einer Entscheidung des Bundesgerichtshofs – auch einer unveröffentlichten[94] – ein Oberlandesgericht (in Unkenntnis dieser Entscheidung oder Übersehung der Vorlegungspflicht) abweichend entschieden hat; ein anderes Oberlandesgericht, das sich dem Bundesgerichtshof anschließen und damit von dem anderen Oberlandesgericht abweichen will, braucht nicht vorzulegen. Denn die Bedeutung einer oberlandesgerichtlichen Entscheidung gegenüber einer solchen des Bundesgerichtshofs in Ansehung der Vorlegungspflicht kann nicht verschieden sein, je nachdem sie vor oder nach Ergehen der Entschei- 47

---

84 BGHSt **26** 42; **37** 79, 81f.

85 BGHSt **37** 79, 81.

86 So auch BGHSt **14** 319; **17** 399, 401; **18** 269; BayObLGSt **1975** 15; KG NJW **1972** 1531; OLG Schleswig NJW **1963** 1935; *Schröder* NJW **1959** 1520; KK-*Hannich*[4] 25, 30; **a. M** *Kissel*[3] 16; *Katholnigg*[3] 15; KMR – *Paulus* 17; *Kleinknecht* JZ **1959** 182; *Eb. Schmidt* 25; *Hanack* 309 ff.

87 Ebenso KK-*Hannich*[4] 30.

88 BGHSt **13** 373; BGH NJW **1977** 964.

89 Vgl. BGHSt **16** 7, 9; KK-*Hannich*[4] 18.

90 Ebenso BGHSt **13** 149, **13** 373; **21** 314; **27** 228, 230; OLG Hamm VRS **51** (1976) 54.

91 BGHSt **44** 171; BGH NJW **1977** 686; OLG Hamm NJW **1976** 762; KK-*Hannich*[4] 28; *Kissel*[3] 18.

92 BGHSt **34** 79, 80; BGH NJW **1977** 964.

93 KK-*Hannich*[4] 28.

94 BGHSt **19** 387; **34** 79, 80.

dung des Bundesgerichtshofs erlassen worden ist[95]. Auch das Schrifttum[96] vertritt überwiegend diese Auffassung. Dagegen besteht nach *Dallinger* MDR **1959** 529, 530 Vorlegungspflicht, denn die abweichende Oberlandesgerichts-Entscheidung könne neue Gesichtspunkte bringen, die in der vorangegangenen Entscheidung des Bundesgerichtshofs noch nicht gewürdigt seien. Dem Bundesgerichtshof müsse deshalb Gelegenheit gegeben werden, sich mit diesen neuen Argumenten auseinanderzusetzen, also das nachzuholen, was infolge der früheren Nichtvorlegung unterblieben sei. Indessen läßt sich mit dieser Erwägung eine generelle Vorlegungspflicht nicht rechtfertigen, sie wäre auf den Fall zu beschränken, daß die abweichende Entscheidung neue, bisher nicht gewürdigte Argumente enthält. Aber dem praktischen Bedürfnis ist genügt, wenn das jetzt zur Entscheidung berufene Oberlandesgericht das Gewicht dieser neuen Gesichtspunkte prüft und zur Vorlegung verpflichtet ist, falls sie ihm so überzeugend erscheinen, daß es von der Entscheidung des Bundesgerichtshofs abweichen möchte.

48 **d) Streit über die Bedeutung einer vorangegangenen Entscheidung.** Liegt eine Entscheidung des Bundesgerichtshofs vor und beruft sich das später entscheidende Oberlandesgericht A auf diese Entscheidung, so darf das demnächst entscheidende Oberlandesgericht B nicht deshalb ohne vorzulegen, von A abweichen, weil dieses nach Meinung von B die Entscheidung des Bundesgerichtshofs falsch verstanden hat, während B das richtige Verständnis für sich in Anspruch nimmt; bei solchen Zweifeln ist nach dem Sinn des § 121 Abs. 2 nur der Bundesgerichtshof berufen, die zweifelhafte Bedeutung seiner Entscheidung zu klären[97].

49 **e) Abweichung von einem anderen Oberlandesgericht unter Nichtbeachtung der Vorlegungspflicht.** Dagegen entfällt die Vorlegungspflicht des später entscheidenden Oberlandesgerichts nicht deshalb, weil ein Oberlandesgericht von der vorher ergangenen Entscheidung eines anderen Oberlandesgerichts abgewichen ist, ohne die Vorlegungspflicht zu erkennen oder zu beachten. Vielmehr ist jedes Oberlandesgericht, das von neuem über die Rechtsfrage zu entscheiden hat, zur Vorlegung verpflichtet, gleichviel, ob es sich der einen oder der anderen der vorausgegangenen Entscheidungen anschließen will[98]. Auch das Oberlandesgericht, das zuerst entschieden hat, muß vorlegen, wenn es bei seiner Auffassung beharren und damit von der zeitlich späteren Entscheidung des anderen Oberlandesgerichts abweichen will[99]. Es gilt hier nichts anderes, als wenn ein Senat des Bundesgerichtshofs, ohne nach § 132 Abs. 2, 3 zu verfahren, von der Entscheidung eines anderen Bundesgerichtshofs-Senats abgewichen ist (vgl. § 132, 15).

7. Die Vorlegungspflicht begründende Vorentscheidungen

50 **a) Vorangegangene Entscheidung des Bundesgerichtshofs.** Für die Frage, ob eine Abweichung von einer vorangegangenen Entscheidung des Bundesgerichtshofs vorliegt, ist ohne Bedeutung, ob die frühere Entscheidung die eines Straf- oder eines Zivil- oder eines anderen Senats des Bundesgerichtshofs ist[100], ob die Entscheidung als Urteil oder Beschluß ergangen ist und ob die beabsichtigte Abweichung sich auf die Auslegung einer strafrechtlichen Norm oder einer irgendeinem anderen Rechtsgebiet angehörenden Vorschrift bezieht. Bedeutungslos ist auch, ob die beabsichtigte Abweichung von einer

---

95 So auch BGHSt **13** 149; **17** 362; BayObLGSt **1957** 388; **1974** 145; NJW **1977** 261 und – zu § 28 FGG – BGHZ **15** 151.

96 *Eb. Schmidt* 28; KK-*Hannich*[4] 26; *Kissel*[3] 19; *Kleinknecht/Meyer-Goßner*[44] 7; *Katholnigg*[3] 14; KMR-*Paulus* 16.

97 Vgl. BGHSt **34** 90, 92; **34** 94, 97; *Kissel*[3] 19; KK-*Hannich*[4] 29; **a. M** OLG Oldenburg NJW **1964** 1333.

98 BGHSt **9** 272, 274; **13** 149, 152.

99 BGHSt **35** 208, 210; *Kissel*[3] 19; KK-*Hannich*[4] 27.

100 BGHSt **13** 373; **16** 7, 9; **16** 19, 21; **34** 79.

Entscheidung des Bundesgerichtshofs die Auslegung von Bundes- oder von Landesrecht betrifft[101]. Denn der Bundesgerichtshof entscheidet, von dem Ausnahmefall des § 121 Abs. 1 Nr. 1c abgesehen, als Revisionsgericht auch über Verletzung von Landesrecht, so daß der Grundgedanke des § 121 Abs. 2, Auslegungsdifferenzen zwischen dem Bundesgerichtshof und den Oberlandesgerichten (oder zwischen mehreren Oberlandesgerichten untereinander) zu vermeiden, auch bei Abweichungen, die Landesrecht betreffen, uneingeschränkt zutrifft. Das muß auch schon deshalb gelten, weil die Auslegung des Landesrechts für die des Bundesrechts bedeutsam sein kann, z. B. wenn das Landesrecht auf Bundesrecht verweist[102] oder Begriffe verwendet, die sich mit gleichem Sinn im Bundesrecht finden[103].

b) Vorangegangene Entscheidung eines anderen Oberlandesgerichts. Abweichend von Rdn. 50 zwingt die beabsichtigte Abweichung von der Entscheidung eines anderen Oberlandesgerichts oder eines besonderen Senats eines Bezirksgerichts (vgl. Rdn. 42; 44) nur dann zur Vorlegung, wenn letzteres in einer Revisionssache im Sinn von § 121 Abs. 1 Nr. 1a oder 1b entschieden hat[104]. Auch hier (s. oben Rdn. 36) kommt es aber nicht darauf an, ob die Entscheidung in der Revisionssache als Urteil oder als Beschluß ergangen ist[105]. Der Wortlaut des § 121 Abs. 2 enthält zwar eine solche Einschränkung nicht. Aber wenn ein Oberlandesgericht bei Beschlüssen nach § 121 Abs. 1 Nr. 2 nicht an Urteile eines anderen Oberlandesgerichts gebunden ist, so kann umgekehrt ein Oberlandesgericht bei einer Revisionssache nicht an Beschlüsse eines anderen Oberlandesgerichtes, die dieses gemäß § 121 Abs. 1 Nr. 2 erlassen hat, und noch weniger an Urteile oder Beschlüsse eines anderen Oberlandesgerichts gebunden sein, die außerhalb eines Strafverfahrens ergangen sind. In gleicher Weise beschränken § 28 FGG, § 79 GBO die Vorlegungspflicht des zur Entscheidung über eine weitere Beschwerde (Rechtsbeschwerde) berufenen Oberlandesgerichts auf den Fall, daß es von der auf weitere Beschwerde ergangenen Entscheidung eines anderen Oberlandesgerichts abweichen will; eine entsprechende Beschränkung enthält auch § 29 Abs. 1 Satz 2 EGGVG. 51

c) Eine **Ausnahme** von dem Grundsatz Rdn. 51 muß aber gelten, d. h. die zu erlassende Entscheidung steht einer Revisionsentscheidung nach § 121 Abs. 1 Nr. 1a und 1b gleich 52

aa) bei **Streit**, ob das Rechtsmittel der Revision und nicht ein anderes, zur Entscheidungszuständigkeit eines anderen Gerichts gehörendes Rechtsmittel gegeben ist[106];

bb) bei **präjudiziellen Entscheidungen,** d. h., wenn das andere Oberlandesgericht vor der Entscheidung über die Revision zu einer Rechtsfrage durch Beschluß in einer Weise Stellung genommen hat, daß dadurch die sonst in der späteren Entscheidung über die Revision erforderliche Stellungnahme vorweggenommen wurde, z. B. wenn das Revisionsgericht über die Rechtzeitigkeit der Revision vorweg dadurch entschied, daß es den wegen vermeintlicher Verspätung gestellten Wiedereinsetzungsantrag für gegenstandslos erklärte[107]. 53

---

101 BGHSt **4** 138; **11** 228, 229; **21** 292, 293; **23** 370, 372; **25** 347; **26** 40, 42; **37** 366, 368; NJW **1963** 1214 (Leitsatz).

102 BGHSt **11** 228, 229.

103 KK-*Hannich*[4] 34.

104 Ebenso BGHSt **9** 272, 274; BGH MDR **1955** 754; OLG Hamburg NJW **1955** 1729; **1975** 1750; OLG Düsseldorf NStZ **1985** 509; OLG Karlsruhe Justiz **1988** 73; *Eb. Schmidt* 22; KK-*Hannich*[4] 19; *Kissel*[3] 14; **a. M** früher OLG Braunschweig NJW **1954** 344; krit. *Katholnigg*[3] 14.

105 BGHSt **11** 152; **12** 213, 216; **13** 390.

106 BGHSt **9** 272, 274; s. auch BGHSt **13** 388, 389.

107 BGHSt **14** 233, 235.

54 **d) Auslegungsdivergenz betr. Landesrecht.** Auch bei beabsichtigter Abweichung von der Entscheidung eines anderen Oberlandesgerichts besteht Vorlegungspflicht nicht nur, wenn die Auslegungsdivergenz Bundesrecht betrifft. Zunächst genügt es, wenn ein Oberlandesgericht bei Auslegung einer landesrechtlichen Vorschrift, die einer bundesrechtlichen Vorschrift nachgebildet ist, von der Entscheidung eines anderen Oberlandesgerichts zu dieser bundesrechtlichen Vorschrift abweichen will. Es genügt ferner, daß Oberlandesgerichte desselben Landes in der Auslegung der gleichen Vorschrift ihres Landes voneinander abweichen[108], denn der Fall kann nicht anders behandelt werden als eine Auslegungsdivergenz zwischen dem Bundesgerichtshof und einem Oberlandesgericht bei Auslegung der gleichen landesrechtlichen Vorschrift (s. oben Rdn. 50). Vorlegungspflicht besteht aber auch bei einem Streit zwischen Oberlandesgerichten verschiedener Länder über die Auslegung inhaltlich oder gar wörtlich übereinstimmender Landesgesetze[109]. Denn es kann, wenn es sich etwa um einen in die konkurrierende Gesetzgebungszuständigkeit des Bundes (Art. 74 GG) fallenden Gegenstand handelt, für das Interesse an der Erhaltung oder Herbeiführung einheitlicher Rechtsanwendung keinen Unterschied machen, ob der Bund von seiner Gesetzgebungsbefugnis Gebrauch macht oder sich dies dadurch erübrigt hat, daß die Länder inhaltlich übereinstimmende Vorschriften erließen. Es bedarf also in diesen Fällen nicht einer auf Art. 99 GG gestützten, die Vorlegungspflicht erst begründenden Anordnung des Landesgesetzgebers. Von diesem Grundsatz weicht – betr. die Vorlegungspflicht nach § 29 EGGVG – BGHSt **19** 240, 241 ohne überzeugende Gründe ab. Es ist nicht einzusehen, weshalb für § 29 EGGVG andere Grundsätze gelten sollten als für § 121 Abs. 2 GVG[110].

55 **e) Auslegungsdivergenzen betr. EG-Recht und ausländisches Recht.** Keine Vorlage nach § 121 Abs. 2 löst der Fall aus, daß ein Oberlandesgericht eine Vorschrift des **Europäischen Gemeinschaftsrechts** zwar abweichend von einem anderen (nationalen) Oberlandesgericht, aber im Einklang mit der Rechtsprechung des Gerichtshofs der Europäischen Gemeinschaften auslegen will[111]. Ist die entscheidungserhebliche Rechtsfrage des Gemeinschaftsrechts vom Gerichtshof noch nicht beantwortet, so hat das Oberlandesgericht, das von einer vorangehenden Entscheidung eines anderen Oberlandesgerichts abweichen will, die Sache nach Art. 177 Abs. 3 EWGV dem Europäischen Gerichtshof vorzulegen; für eine Vorlage an den Bundesgerichtshof nach § 121 Abs. 2 ist kein Raum[112]. Eine Abweichung in der Anwendung **ausländischen Rechts** führt nach dem Wortlaut des § 121 zur Vorlagepflicht[113]. Denkbar wäre eine solche Konstellation bei der Anwendung ausländischer materieller Vorschriften, die zur Ausfüllung von inländischen Blankettvorschriften (wie z. B. § 370 Abs. 6 AO) herangezogen werden müssen[114].

56 **f) Streit um die Verfassungsmäßigkeit eines Gesetzes.** Keine Vorlegungspflicht besteht, wenn die streitige Rechtsfrage die Verfassungsmäßigkeit eines Bundesgesetzes betrifft. Wenn also das Oberlandesgericht eine Vorschrift als grundgesetzwidrig ansieht und damit von einer Entscheidung des Bundesgerichtshofs oder eines anderen Ober-

---

108 Vgl. BGHSt **37** 366.

109 BGHSt **23** 370, 372; **25** 348; **26** 42; BGH bei *Herlan* GA **1959** 49.

110 Gegen BGHSt **19** 240, 241 auch *Altenhain* NJW **1963** 1463; s. auch LR-*Böttcher* § 29, 2 ff EGGVG.

111 BGHSt **33** 76 = MDR **1985** 341 mit Anm. *Herdegen* S. 542; BGHR GVG § 121 Abs. 2 Europarecht 1, ergangen auf den Vorlagebeschluß des BayObLG NStZ **1984** 415.

112 Vgl. oben Rdn. 28; BGHSt **36** 92, 95; *Katholnigg*[3] 14; KK-*Hannich*[4] 19.

113 *Kissel*[3] 15; vgl. auch BGH NJW **1980** 532; *Schröder* NJW **1959** 1517, 1519.

114 Vgl. den Fall in BGHR AO § 370 VI Eingangsabgaben 2.

landesgerichts abweichen will, in der das Gesetz als grundgesetzgemäß angesehen worden ist, so muß es selbst nach Art. 100 Abs. 1 GG verfahren[115]. Entsprechendes gilt, wenn es sich um die Vereinbarkeit von Landesrecht mit der Landesverfassung handelt oder um die Weitergeltung von altem Recht als Bundesrecht (Art. 126 GG, § 86 BVerfGG)[116]. Wenn aber die Vereinbarkeit **vorkonstitutionellen Rechts** mit Grundgesetz oder Landesverfassung oder die Verfassungsmäßigkeit von Verordnungen in Frage steht, so ist, da hier das negative Entscheidungsmonopol der Verfassungsgerichte entfällt, bei Abweichungen nach § 121 Abs. 2 zu verfahren[117].

8. Begriff des Ergehens einer Entscheidung. § 121 Abs. 2 setzt lediglich voraus, daß die frühere Entscheidung „ergangen" ist. Veröffentlicht braucht sie nicht zu sein[118]. In der Regel sind freilich Entscheidungen nur durch Veröffentlichung bekannt. Doch sind auch unveröffentlichte Entscheidungen, gleichviel auf welchem Wege sie dem zur Entscheidung berufenen Revisionsgericht bekannt geworden sind (z. B. durch Mitteilung eines Verfahrensbeteiligten, durch Anfrage bei dem anderen Oberlandesgericht), zu beachten[119]. Zuverlässige Zeitungsnachrichten über vorangegangene Entscheidungen oder deren Anführung im Schrifttum müssen daher, wenn sie dienstlich bekannt werden und sofern sie eine abweichende Auffassung genügend deutlich erkennbar machen, den jetzt entscheidenden Strafsenat zur Einforderung einer Abschrift der Entscheidung veranlassen[120]. Erst recht gilt dies, wenn Teilabdruck in einer Fachzeitschrift die Abweichung wahrscheinlich macht, aber nicht zweifelsfrei erkennen läßt[121]. Bedeutungslos ist, ob die frühere Entscheidung im Einzelfall hinfällig geworden ist (etwa durch Wiederaufnahme des Verfahrens oder dadurch, daß der Angeklagte, dem Revisionsgericht unbekannt, vor Erlaß des Revisionsurteils verstorben ist – vgl. den Fall BGHSt **13** 5, 6). Denn bei einer veröffentlichten Entscheidung bleiben solche Mängel Dritten unbekannt, und andere Oberlandesgerichte können sich der Rechtsauffassung in nicht veröffentlichten Entscheidungen angeschlossen haben. 57

9. Begriff der Abweichung

a) Entscheidungserhebliche Rechtsfrage. Die beabsichtigte Abweichung muß sich, da die Oberlandesgerichte als Revisionsgerichte nur über Rechtsfragen zu entscheiden haben (§ 337 StPO), auf eine Rechtsfrage beziehen, und zwar auf eine die zu treffende Entscheidung tragende Rechtsfrage. Entscheidungserheblich ist z. B., wenn das vorlegende Gericht über eine Revision sachlich entscheiden will, auch die Vorfrage[122], ob die Revision zulässig ist, auch wenn nach Sachlage kein Zweifel besteht, daß bei Zulässigkeit die Revision als sachlich unbegründet verworfen werden muß[123]. Die Vorlegung kann daher auch Rechtsfragen beinhalten, die die form- und fristgerechte Einlegung der Revision betreffen, z. B. ob die in der Hauptverhandlung erklärte und zu Protokoll genommene Einlegung eines Rechtsmittels den Erfordernissen einer Einlegung „zu Protokoll der Geschäftsstelle" entspricht[124]. Eine Rechtsfrage ist z. B. auch die der Anwendbarkeit des § 264 StPO auf das gleiche Tatgeschehen[125]. Eine nur anläßlich eines Verfahrens auf- 58

[115] BVerfGE **6** 222; BGHSt **14** 175; **15** 297, 305; **30** 55, 61; BGH NStZ **1986** 514.
[116] BGHSt **7** 44.
[117] BGHSt **11** 31, 35; **16** 282; **18** 279.
[118] BGHSt **34** 79, 82.
[119] *Kohlhaas* NJW **1959** 398; *Hanack* 134 ff, s. auch BGHSt **19** 387.
[120] Dazu BayObLGSt **1974** 145.
[121] Ebenso *Schröder* NJW **1959** 1520; *Kohlhaas* NJW **1959** 397.
[122] Zur Entscheidungserheblichkeit von Vorfragens. auch Rdn. 61.
[123] BGHSt **26** 106; **30** 335; KK-*Hannich*[4] 31.
[124] BGHSt **31** 109 = JR **1983** 383 m. krit. Anm. *Fezer*.
[125] BGHSt **23** 141, 144; **35** 14, 16.

getretene, für die vom Oberlandesgericht in dem bestimmten Fall zu treffende Entscheidung aber nicht entscheidungserhebliche Rechtsfrage kann auch dann nicht Gegenstand einer Vorlegung sein, wenn im Interesse der Einheitlichkeit der Rechtsprechung, des Verkehrsbedürfnisses und der Rechtssicherheit eine alsbaldige Entscheidung des Bundesgerichtshofs dringend erwünscht wäre[126].

58a Da zu den Rechtsnormen im revisionsrechtlichen Sinn auch die **festen Erfahrungssätze** gehören, ist ein Vorlegungsfall auch gegeben, wenn ein Gericht von einem anderen in der Frage, ob und in welchem Umfang ein fester Erfahrungssatz besteht, abweichen will[127]. Von den festen allgemeinen Erfahrungssätzen zu unterscheiden sind die bloßen **Wahrscheinlichkeitsaussagen,** d. h. Einsichten, die ein bestimmtes Ergebnis als naheliegend erscheinen lassen, bei denen es aber weiterer Prüfung bedarf, ob sie ausreichen, um die Wahrscheinlichkeit zur Gewißheit werden zu lassen[128]. Solche Wahrscheinlichkeitsaussagen liefert z. B. das Traffipax-Abstandsmeßverfahren zur Feststellung des Abstandes zwischen fahrenden Kraftfahrzeugen. Die Frage der Zuverlässigkeit der damit gewonnenen Ergebnisse ist eine Tatfrage; die vom Tatrichter zu beurteilen ist. Sie kann nicht Gegenstand einer Vorlage nach § 121 Abs. 2 sein[129]. Eine Divergenz in einer Rechtsfrage liegt auch vor bei unterschiedlicher Bewertung mehr oder weniger „unbestimmter" Rechtsbegriffe, z. B. bei unterschiedlicher Beantwortung, ob bei gleicher tatsächlicher Sachlage der Rechtsbegriff der „konkreten Gefährdung" verwirklicht ist[130] oder das gesetzliche Merkmal der „Verwerflichkeit" nach § 240 Abs. 2 StGB erfüllt ist[131]. Keine Rechtsfragen im Sinne von § 121 Abs. 2 folgen aus Verwaltungsvorschriften; ihre Wirksamkeit ist keine entscheidungserhebliche Rechtsfrage[132]. Eine die Vorlegung nach § 121 Abs. 2 rechtfertigende Abweichung in einer Rechtsfrage liegt auch dann nicht vor, wenn die Anwendung eines Rechtsbegriffs von den tatsächlichen Umständen des Einzelfalles abhängt und die Auffassungen darüber auseinandergehen, welche Umstände zu berücksichtigen sind, insoweit aber das richterliche Ermessen nicht durch allgemein geltende Regeln eingeengt ist. Der Tatrichter ist gehalten, ausreichende Feststellungen zu treffen, die im Sachverhalt liegenden Möglichkeiten der Auslegung sind auszuschöpfen; andernfalls fehlt es an der Grundlage für eine Entscheidung im Vorlageverfahren, weil eine bestimmte Rechtsauffassung damit nicht vertretbar ist. Die Sache ist deshalb dem vorlegenden Oberlandesgericht zurückzugeben[133].

58b Die **Abgrenzung zwischen Tat- und Rechtsfrage** ist oftmals schwierig[134]. Dabei kommt es nicht darauf an, ob die beteiligten Gerichte die Frage als Rechtsfrage behandeln[135]. Entscheidend ist vielmehr, ob im Einzelfall tatrichterliche Wertungen über tatsächliche Umstände gefordert werden, die dem Revisionsgericht verschlossen und damit dem Divergenzausgleich nicht zugänglich sind[136]. Das Vorliegen der tatsächlichen Umstände hat allein der Tatrichter festzustellen. Die Abgrenzung erfolgt zunehmend nach kasuistischen Kriterien.

---

126 BGH NJW **1961** 1487.

127 Vgl. BGHSt **31** 86, 88 = JR **1983** 129 m. Anm. *Katholnigg*; BGH JZ **1963** 645 und BGHSt **36** 341, 343; **37** 89 betr. absolute Fahruntüchtigkeit bei einem bestimmten Blutalkoholgehalt; BGHSt **23** 156 betr. die Frage, ob bei einem Kraftfahrer ein starker Ermüdungszustand plötzlich und für ihn unvorhersehbar eintreten kann; s. auch BGHSt **23** 213 betr. Verwertbarkeit der Aussage eines Polizeibeamten, der sich an den angezeigten Vorfall nicht erinnert.

128 BGHSt **31** 86; LR-*Gollwitzer* StPO § 261, 47.

129 BGHSt **31** 86.

130 BGHSt **22** 341, 343; s. dazu auch BGHSt **22** 192.

131 Vgl. BGHSt **34** 71, 74 m. krit. Anm. *Kuhlen* JA **1986** 589; BGHSt **35** 270.

132 BGHSt **35** 101, 103.

133 BGHSt **28** 72, 74; **36** 389, 391; KK-*Hannich*[4] 35.

134 Vgl. BGHSt **27** 212, 214 = JR **1978** 162 m. Anm. *Zipf*; **29** 18; **31** 86, 89 = JR **1983** 128 m. Anm. *Katholnigg*; BGH NStZ **1983** 261 f; zur Abgrenzung zwischen Tat- und Rechtsfrage *Schroth* JR **1990** 94; *May* DRiZ **1983** 305.

135 BGHSt **31** 314, 316.

136 *Lilie*, S. 51; KK-*Hannich*[4] 35.

b) Kasuistik betr. Rechtsfrage und Entscheidungserheblichkeit. § 121 Abs. 2 ist unanwendbar, wenn in Fällen fahrlässiger Tötung, die in tatsächlicher Hinsicht ähnlich gelagert sind, zwei Oberlandesgerichte zwar den Rechtsbegriff der Fahrlässigkeit in gleicher Weise verstehen, aber darin abweichen, mit welchen Umständen der Angeklagte bei gehöriger Aufmerksamkeit habe rechnen müssen; die Frage, ob der Erfolg bei gehöriger Aufmerksamkeit voraussehbar und vermeidbar war, ist keine allgemein beantwortbare Rechtsfrage i. S. des § 121 Abs. 2, sondern hat die Würdigung des Einzelfalles nach Maßggabe seiner tatsächlichen Umstände und Besonderheiten zum Gegenstand[137]. Dasselbe gilt für die Abgrenzung vom vollendeten zum versuchten Diebstahl in Fällen, in denen der Täter bei seinem Vorgehen beobachtet, alsbald verfolgt und in unmittelbarer Nähe des Tatortes gestellt wird; denn es kommt auf die Umstände im Einzelfall an. Einer Entscheidung im Sinne eines allgemeinen Rechtssatzes im Vorlegungsverfahren nach § 121 Abs. 2 ist diese Frage nicht zugänglich[138]. Auch der Inhalt eines Verwaltungsakts ist Tatfrage; die entsprechenden Feststellungen zu treffen, obliegt dem Tatrichter[139]. Ebenso liegt eine Abweichung in einer Rechtsfrage nicht vor, wenn zwischen zwei Oberlandesgerichten unterschiedliche Auffassungen bestehen, inwieweit bei der Bemessung der Höhe des Tagessatzes einer Geldstrafe (§ 40 StGB), bei der „in der Regel" vom Nettoeinkommen auszugehen ist, im übrigen aber die persönlichen und wirtschaftlichen Verhältnisse des Täters zu berücksichtigen sind, bestimmte Erwerbsmöglichkeiten oder Familienverhältnisse eine Rolle spielen, z. B. wenn es sich darum handelt, ob bei einem Studenten auch abstrakt das Einkommen zu berücksichtigen ist, das er durch Nebenarbeit während der Semesterferien erzielen könnte[140], oder ob das Einkommen des allein verdienenden angeklagten Ehegatten allgemein für die Bemessung des Tagessatzes gleichmäßig auf beide Ehegatten zu verteilen ist[141]. Ganz allgemein gilt für den Bereich der **Strafzumessungs- und Strafaussetzungsentscheidungen**, daß die tatrichterliche Wertung von tatsächlichen Umständen nicht Gegenstand einer zulässigen Vorlegung sein kann[142]. Hält das vorlegende Oberlandesgericht die tatrichterlichen Feststellungen und Erwägungen allerdings in vertretbarer Weise für ausreichend, so hat der Bundesgerichtshof diese bei der Prüfung der Vorlegungsvoraussetzungen zugrunde zu legen[143]. Eine Abweichung von entscheidungstragender Bedeutung liegt vor, wenn streitig ist, ob das Gesetz ein Verfahrenshindernis oder ein dem sachlichen Strafrecht zuzurechnendes Merkmal aufstellt und es davon abhängt, ob das Revisionsgericht im Wege des Freibeweises selbst den Sachverhalt aufklären und abschließend entscheiden kann oder das Urteil aufheben und zur Nachholung fehlender tatsächlicher Feststellungen zurückverweisen muß[144]. Dagegen ist eine entscheidungstragende Abweichung nicht gegeben, wenn sich die Abweichung nicht auf das Ergebnis, sondern nur auf die Begründung einer Auslegung bezieht, wenn also das Revisionsgericht zwar die Erwägungen, mit denen der Bundesgerichtshof oder ein anderes Oberlandesgericht ihre Auslegung der Vorschrift begründen, verwirft, aber aus anderen Gründen zu der gleichen Auslegung kommt[145]. 59

[137] BGHSt **1** 358; *Eb. Schmidt* 30; **a. M** *Hanack* 149.

[138] BGH NStZ **1988** 270f; vgl. auch zur Bedeutung tatsächlicher Verhältnisse bei der Beurteilung von Rechtsfragen: BGHSt **28** 165.

[139] BGHSt **31** 314 = StV **1983** 366 m. Anm. *Müller.*

[140] BGHSt **27** 212.

[141] BGHSt **27** 228.

[142] KK-*Hannich*[4] 36 unter Hinweis auf BGHSt **27** 212, 215; BGHSt **34** 345, 349; vgl. dazu auch BGHSt **30** 320 = JR **1983** 38 m. Anm. *Müller-Dietz.*

[143] BGHSt **22** 385f; KK-*Hannich*[4] 35.

[144] BGHSt **16** 399.

[145] BGHSt **27** 5, 6; BGH NStZ **2000** 222; BGH NJW **1977** 1014 zu § 29 EGGVG; *Kleinknecht/Meyer-Goßner*[44] 10; *Katholnigg*[3] 13.

59a Ebensowenig besteht Vorlagepflicht, wenn das Revisionsgericht bei einer Aufhebung aus anderen Gründen lediglich in (rechtlich unverbindlichen) **Empfehlungen für die weitere Behandlung** durch das Untergericht sich mit einer Entscheidung des Bundesgerichtshofs oder eines anderen Oberlandesgerichts in Widerspruch setzt; auch hier fehlt es an einer Abweichung in den die aufhebende Entscheidung tragenden Gründen[146]. Allgemein gilt insoweit der Grundsatz, daß nur solche Rechtsmeinungen eines vorlegenden Oberlandesgerichts die Vorlegungspflicht auslösen können, die den Tatrichter nach § 358 Abs. 1 StPO binden[147]. An den Vorlegungsvoraussetzungen fehlt es, wenn es für die Beantwortung der Vorlegungsfrage entscheidend auf tatsächliche Verhältnisse ankommt, diese aber im angefochtenen Berufungsurteil des Landgerichts nicht enthalten sind, so daß das Revisionsgericht auch nicht gebunden sein kann[148].

59b Schließlich kann die **Entscheidungserheblichkeit** für das vorlegende Oberlandesgericht dadurch **entfallen**, daß die vorgelegte Rechtsfrage aus **prozessualen Gründen** – etwa durch Rücknahme des Rechtsmittels – nicht mehr entschieden zu werden braucht[149].

60 **c) Wegfall der Entscheidungserheblichkeit durch Veränderung der Grundlage der früheren Entscheidung.** Die Vorlagepflicht entfällt ferner, wenn das Revisionsgericht zwar von einer anderen Entscheidung abweichen will, aber nur deshalb, weil eine spätere Änderung der Gesetzgebung oder eine allgemeine Änderung der Rechtsprechung eine neue Lage geschaffen hat, dergestalt, daß dadurch die tragende Grundlage der früheren abweichenden Entscheidung weggefallen ist, und keine Zweifel bestehen, daß zwangsläufig das andere Gericht, heute zur Entscheidung berufen, anders entscheiden müßte[150]. Daß bei der Annahme dieser Voraussetzungen Vorsicht geboten ist, zeigt BGHSt **15** 361, 363. Sobald Zweifel oder sogar Meinungsverschiedenheiten über die Reichweite einer Gesetzesänderung oder einer obergerichtlichen Entscheidung[151] auftreten, ist die Rechtsfrage vorzulegen[152], es sei denn, die Rechtsänderungen lassen es völlig ausgeschlossen erscheinen, anders als beabsichtigt zu entscheiden[153]. Dagegen erübrigt sich die Vorlegung nicht deshalb, weil – ohne daß eine solche wesentliche Änderung der maßgeblichen Verhältnisse eingetreten wäre – das Oberlandesgericht seine abweichende Auffassung auf einen rechtlichen Gesichtspunkt stützen will, den die frühere Entscheidung nicht gewürdigt hat[154]. Wollte man § 121 Abs. 2 auf die Fälle beschränken, in denen sich das später entscheidende Gericht lediglich mit den bereits in der früheren Entscheidung gewürdigten Gesichtspunkten auseinandersetzt, ohne neue, nach seiner Meinung maßgebliche und bisher nicht gewürdigte Gesichtspunkte für seine abweichende Meinung ins Feld zu führen, so würde das das Anwendungsgebiet des § 121 Abs. 2 in einem Maße einengen, wie es den gesetzgeberischen Absichten nicht entspricht, denn über die Tragweite eines neuen Gesichtspunktes – soweit er nicht in einer wesentlichen, die Grundlage der bisherigen Auslegung aufhebenden Änderung der Rechtslage besteht – läßt sich oft streiten.

---

146 BGHSt **3** 234; **27** 212; BGH NJW **1954** 1933 – letztere zu § 28 FGG –; KK-*Hannich*[4] 37.

147 KK-*Hannich*[4] 37; *Schroth* JR **1990** 93, 99.

148 BGH NStZ **1987** 239; vgl. auch BGHSt **36** 389, 396.

149 BGH NJW **1979** 664; vgl. auch BGHSt **33** 310, 314.

150 BGHSt **21** 125, 130; **23** 377, 378; **27** 5, 10; BGHR GVG § 121 Abs. 2 Abweichung 5 = NJW **2000** 1880; OLG Stuttgart Justiz **1977** 276; vgl. auch BVerfG NStZ **1993** 90, 91; *Kissel*[3] 16; KK-*Hannich*[4] 28; *Kleinknecht/Meyer-Goßner*[44] 7.

151 Vgl. BGHSt **34** 94, 97.

152 KK-*Hannich*[4] 29.

153 BGHSt **33** 394, 396.

154 So auch BGHSt **1** 31, 34, im Ergebnis auch *Hanack* 269; *Eb. Schmidt* 37; **a.M** OLG Köln NJW **1953** 1156.

d) Mitzuentscheidende Rechtsfragen. Die Vorlegungspflicht ist auch gegeben, wenn das Oberlandesgericht das angegriffene Urteil zwar nicht aus dem von der Revision geltend gemachten rechtlichen Gesichtspunkt, sondern ohnehin (d. h. aus einem anderen rechtlichen Grund, der mit der Vorlegungsfrage unmittelbar nichts zu tun hat) aufheben und zurückverweisen will, dabei aber die strittige Rechtsfrage in Beantwortung des Revisionsvorbringens mitentscheiden muß[155]. Rügt also z. B. die Revision der Staatsanwaltschaft, daß der wegen Diebstahls verurteilte Angeklagte nicht auch wegen Betruges bestraft sei, und will das Oberlandesgericht aufheben, weil es zwar Betrug – in Abweichung von einer Entscheidung des Bundesgerichtshofs oder eines anderen Oberlandesgerichts – verneinen will, aber die Verurteilung wegen Diebstahls für fehlerhaft hält, so wird zwar die zunächst zu treffende Entscheidung (die Aufhebung des angefochtenen Urteils) als solche nicht durch die Abweichung in der streitigen Rechtsfrage beeinflußt. Im praktischen Ergebnis entspricht aber auch die Aufhebung, soweit der Revisionsangriff für unbegründet erklärt wird, einer Bestätigung des Urteils in diesem Punkt, und auch dies begründet nach dem Sinn und Zweck des § 121 Abs. 2 die Vorlegungspflicht. Für die Vorlegungspflicht genügt also, daß auch die Rechtsansicht des anderen Oberlandesgerichts zur Aufhebung des Urteils – allerdings mit einer anderen Begründung – führen müßte. 61

e) Art der Behandlung der Rechtsfrage in der vorangegangenen Entscheidung. Es ist nicht erforderlich, daß das Gericht, von dem das Oberlandesgericht abweichen will, sich ausdrücklich mit der Rechtsfrage auseinandergesetzt hat. Es genügt, wenn es stillschweigend („mittelbar"), aber als Prämisse erkennbar von einer bestimmten Rechtsansicht über diese Frage ausgegangen ist[156]. Läßt der Wortlaut der Entscheidung nicht erkennen, ob die verallgemeinert geäußerte Rechtsauffassung eine bestimmte tatsächliche Lage mitumfaßt, so ist die Vorlegungspflicht gegeben, wenn dem Gericht, das abweichen will, durch Beiziehung der Sachakten oder auf andere Weise bekannt ist, daß gerade diese Fallgestaltung der früheren Entscheidung zugrunde lag[157]. 62

f) Eine **Gesetzesänderung**, die die Rechtsfrage für die Zukunft erledigt, macht eine Vorlegung und, wenn sie nach Vorlegung eintritt, eine Entscheidung des Bundesgerichtshofs nicht entbehrlich, wenn in dem zu entscheidenden Fall das bisherige Recht trotz seines Außerkrafttretens noch anzuwenden ist[158]. Andererseits kann eine Gesetzesänderung eine bereits entschiedene Frage erneut vorlagepflichtig machen[159]. 63

g) Identität der Rechtsfrage. Der Begriff der Abweichung in einer Rechtsfrage ist der gleiche wie in § 132 (vgl. dort Rdn. 10)[160]. Eine Abweichung setzt also nicht voraus, daß der Streit um die Auslegung ein und derselben Norm geht und ihre Anwendung auf den gleichen Sachverhalt betrifft. Vielmehr genügt ein Streit über einen Rechtsbegriff, der in verschiedenen Vorschriften eines Gesetzes, aber mit gleichem Sinn verwendet wird[161], z. B. über das Merkmal der Geringwertigkeit in §§ 248a, 263 Abs. 4, § 265a Abs. 3, § 266 Abs. 3 StGB. Es genügt ferner eine Divergenz über die Auslegung inhaltsgleicher Vorschriften verschiedener Gesetze[162] und ihre Auswirkung auf ähnliche Sachverhalte[163]. Darüber hinaus genügt eine Divergenz über den gleichen, in verschiedenen Gesetzen 64

155 BGHSt **17** 205; **22** 129, 131; **24** 115, 117; **34** 127, 129; BGH NJW **1963** 1628; KK-*Hannich*[4] 31.

156 BGHSt **11** 311; **13** 66, 68; **17** 21, 27; *Katholnigg*[3] 13; KK-*Hannich*[4] 31; *Kleinknecht/Meyer-Goßner*[44] 10.

157 BGHSt **11** 335, 336 f.

158 BGHSt **17** 76, 77; **18** 279, 281; **21** 125.

159 BGHSt **32** 152, 154; *Katholnigg*[3] 13.

160 *Schröder* MDR **1960** 309.

161 BGHSt **6** 42; **31** 195, 198 mit weit Nachw.; **34** 94, 96; *Katholnigg*[3] 13; *Kissel*[3] 21; KK-*Hannich*[4] 34; *Kleinknecht/Meyer-Goßner*[44] 7; *Schroth* JR **1990** 93, 97.

162 BGHSt **15** 47, 48; **24** 144; **34** 94, 96.

163 Vgl. BGHSt **16** 343, 345; **36** 74, 77; **38** 106, 108 f.

ausgeprägten Rechtsgrundsatz; dies gilt auch für Rechtsgrundsätze, die zu inzwischen abgeänderten Gesetzen herausgebildet sind, wenn sie durch die Änderung nicht überholt sind[164]. Die Identität der Rechtsfrage ist immer schon dann zu bejahen, wenn wegen Gleichheit des Problems die Entscheidung ohne Rücksicht auf die Verschiedenheit der Fälle oder der anwendbaren Vorschriften nur einheitlich ergehen kann[165].

64a Allerdings bedarf die Identität der Rechtsfrage dann besonders sorgfältiger Prüfung, wenn die **Sachverhalte** der abweichenden Entscheidungen im Tatsächlichen nicht nur geringfügig voneinander abweichen, sondern **wesentlich anders gelagert** sind. Die Rechtsprechung des Bundesgerichtshofs läßt insoweit keine ganz klare Linie erkennen, sondern entscheidet fallbezogen. Unter Berufung auf den Grundsatz, daß jede Revisionsentscheidung nur eine Antwort auf den Einzelfall geben kann, zieht sie im wesentlichen als Abgrenzungskriterien die Gesichtspunkte heran, ob die Sachverhalte „gleichartig" oder „in den wesentlichen Beziehungen gleichkommen" oder „die gleichen tatsächlichen Elemente", lediglich „nicht rechtserhebliche" Unterschiede aufweisen[166]. Dabei kommt es auf das Gewicht tatsächlicher Unterschiede im Zusammenhang mit der Art der Rechtsfrage an, die es zu entscheiden gilt[167]. Dieser Maßstab führt bei unterschiedlicher zugrunde liegender Fallgestaltung regelmäßig zu einer Verneinung der Identität der Rechtsfrage[168].

h) Abhängigkeit der Vorlegungspflicht von der Entscheidungserheblichkeit der Rechtsfrage in der Vorentscheidung? Bedeutung von obiter dicta

65 **aa) Stand der Streitfrage.** Die Rechtsfrage, in der das Oberlandesgericht abweichen will, muß für seine eigene Entscheidung entscheidungstragend sein; das ist unstreitig. Streitig ist dagegen, ob ihr die gleiche Bedeutung auch in der vorangegangenen Entscheidung zukommen muß, von der das Oberlandesgericht abweichen will. Das wird von der herrschenden Meinung – insbesondere in ständiger Rechtsprechung vom Bundesgerichtshof – bejaht[169], wobei zur Abgrenzung der tragenden, entscheidungserheblichen Gründe von den rechtlich unverbindlichen Hinweisen darauf abgestellt wird, ob diese den Tatrichter binden konnten im Sinne von § 358 Abs. 1 StPO oder dies jedenfalls nicht ausgeschlossen werden kann[170]. Dem kann aber nicht zugestimmt werden[171]. Die hier abgelehnte herrschende Meinung führt z. B. dazu, daß eine Vorlegungspflicht entfällt, wenn die vorangegangene Entscheidung den äußeren Tatbestand des Betrugs bejahte und wegen der inneren Tatseite aufhob und das jetzt entscheidende Oberlandesgericht im Gegensatz dazu die äußeren Merkmale verneinen will (vgl. BGH NJW **1961** 2184).

66 bb) Der **Ausgangspunkt der herrschenden Meinung** ist die Behandlung ähnlicher Fälle. So wird bei der Anrufungspflicht nach § 132 Abs. 2 (§ 136 a. F) verlangt, daß die Rechtsfrage, in der zwei Senate des Bundesgerichtshofs voneinander abweichen wollen, für die frühere wie für die neue Entscheidung den tragenden Entscheidungsgrund bilde

---

164 BGHSt **24** 222, 224.

165 BGHSt **13** 5, 6; **18** 279, 281; **24** 6, 8; **29** 252, 254; NJW **1977** 858; vgl. auch unten Rdn. 75.

166 BGHSt **34** 71, 76.

167 BGHSt **38** 106, 108; **28** 165, 167; KK-*Hannich*[4] 34.

168 Vgl. z. B. BGHSt **28** 165; **24** 71; **37** 176; BGH NStZ **1983** 261; **1988** 270; sowie die bei KK-*Hannich*[4] 34 aufgeführten Entscheidungen; hierzu krit. und abl. mangels Objektivierbarkeit: *Kuhlen* JA **1986** 589; *Lilie* S. 54; *Schroth* JR **1990** 93.

169 BGHSt **7** 314; **11** 31, 34; **15** 78, 81; **18** 324; **27** 212; **28** 165; **30** 160, 163; **33** 172, 174; **35** 101, 104; **37** 350, 352; BGHR GVG § 121 II Abweichung 1; BGH NStZ **1983** 261; NJW **1961** 218; **1977** 1459; BayObLG NJW **1969** 1936; **1972** 302; BayObLGSt **1975** 19; JZ **1977** 312; OLG Oldenburg NJW **1971** 820; OLG Stuttgart NJW **1976** 1904; *Eb. Schmidt* 31; *Kissel*[3] 22; *Kleinknecht/Meyer-Goßner*[44] 10f; KK-*Hannich*[4] 38; differenzierend *Schroth* JR **1990** 93, 99.

170 BGHSt **33** 61, 63.

171 Wie hier *Hanack* 266; *Lilie* S. 63ff; *Schröder* NJW **1959** 1521.

(§ 132, 5), und das gleiche gilt für die Einholungspflicht in der Verfassungsgerichtsbarkeit nach Art. 100 Abs. 3 GG[172]. Dieser Gedanke kann aber auf die Vorlegungspflicht nach § 121 Abs. 2 nicht ohne weiteres übertragen werden. Beim Bundesgerichtshof ist jeder Senat ohne weiteres in der Lage, sich Kenntnis vom vollen Wortlaut der früheren Entscheidungen zu verschaffen und die Bedeutung der Rechtsfrage für diese Entscheidung zu überblicken, auch gegebenenfalls durch Anfrage bei dem betreffenden Senat sich darüber Gewißheit zu verschaffen. Darüber hinaus ist es sinnvoll, die Rechtsprechung des Bundesgerichtshofs nicht ohne Not vor der Zeit durch eine Entscheidung des Großen Senats festzulegen, vielmehr in Fällen, in denen zwar in einer vorangegangenen Entscheidung eine abweichende Rechtsauffassung vertreten wurde, die Entscheidung aber nicht darauf beruhte, zu ermöglichen, daß neue Revisionsfälle zu erneuter Durchdenkung der Frage führen. Es ist ja gerade die Aufgabe eines höchsten Gerichts, einmal ausgesprochene Rechtsansichten an Hand neuer praktischer Fälle auf ihre Richtigkeit zu prüfen, sie schrittweise auszubauen, die Auswirkung neuer Verhältnisse zu klären usw., und eben diese langsam sich vollziehende Entwicklung darf nicht – das ist der Sinn der oben erwähnten Auslegung des § 132 – ohne zwingende Veranlassung durch eine Festlegung, wie sie eine Entscheidung des Großen Senats mehr oder weniger bewirken würde, ausgeschlossen werden[173].

Wesentlich anders liegt es, wenn ein Oberlandesgericht vom Bundesgerichtshof oder 66a
einem anderen Oberlandesgericht abweichen will. Zunächst könnte es in vielen Fällen gar nicht übersehen, ob die Rechtsfrage für die andere Entscheidung entscheidungstragende Bedeutung hatte[174], denn namentlich oberlandesgerichtliche Entscheidungen werden in Fachzeitschriften meist in mehr oder weniger gekürzter Form abgedruckt, so daß aus den Ausführungen zu der betreffenden Rechtsfrage nicht ohne weiteres die Bedeutung der behandelten Rechtsfrage für die zu treffende Entscheidung erkennbar ist[175]. Aber abgesehen davon: der Sinn des § 121 Abs. 2 ist, daß, wenn einmal eine Streitfrage hervortritt, sie *alsbald* vor den Bundesgerichtshof gebracht wird, um auszuschließen, daß für einen mehr oder weniger langen Zeitraum die Revisionsgerichte voneinander abweichen. Die hier abgelehnte Auffassung zwingt die Oberlandesgerichte zu mühsamen Untersuchungen über die Bedeutung der von ihnen abgelehnten Rechtsauffassung im Rahmen der vorangegangenen Entscheidung, während doch BGHSt **13** 46, 50 die Oberlandesgerichte geradezu mahnte, zwecks baldiger Kontroversenbereinigung lieber vorzulegen als durch „unnütze Spitzfindigkeiten" der Vorlegung auszuweichen, und auch sonst Klagen über Umgehung der Vorlegungspflicht laut geworden sind[176].

cc) Zur Bedeutung der obiter dicta. Die Ausführungen Rdn. 66 sind selbstverständ- 67
lich nicht so zu verstehen, als ob nun alle – auch die ganz beiläufig eingeflossenen und nicht begründeten – obiter dicta und alle (per nefas) verallgemeinernden Formulierungen eine Vorlegungspflicht begründeten. Durchaus zuzustimmen ist BGHSt **18** 324 und OLG Köln NJW **1974** 378, soweit dort ausgeführt wird, daß eine Frage, die in dem entschiedenen Fall gar nicht zur Erörterung stand, nicht deshalb mitbeantwortet ist, weil verallgemeinernde Wendungen der Entscheidungsgründe auch sie zu umfassen scheinen[177]. Auch mag, wo verschiedenen Vorschriften der gleiche Rechtsgedanke zugrunde liegt, Zurückhaltung bei der Annahme einer Vorlegungspflicht geboten sein, wenn es sich

[172] BVerfG NJW **1954** 505.
[173] Dazu *Sarstedt* LM Nr. 10 zu § 121.
[174] Vgl. dazu den Fall BGHSt **35** 238, 240f.
[175] So auch *Schroth* JR **1990** 99.
[176] Vgl. *Kohlhaas* NJW **1959** 397; *Schalcha* MDR **1959** 90.
[177] Beispielhaft auch BGHR StPO § 328 Abs. 2 Revisibilität 2.

darum handelt, ob alle Folgerungen, die aus der einen Vorschrift gezogen sind, zwangsläufig auf die andere Vorschrift übertragen werden müssen[178]. Bei ausführlichen und sorgfältig begründeten Erwägungen, die auch als obiter dicta die Rechtsprechung beeinflussen, sollte aber der Grundsatz gelten: in dubio pro Vorlegungspflicht[179]. Dem Bundesgerichtshof bleibt es dann überlassen, die Vorlegungspflicht zu verneinen und bei der Rückgabe die Gründe darzulegen, weshalb eine Abweichung nicht vorliegt. Auch eine solche Bereinigung von Zweifeln über die Bedeutung einer vorausgegangenen Entscheidung ist ein Gewinn und dient der Erhaltung einer einheitlichen Rechtsprechung. Es kann deshalb BGH NJW **1963** 2085 nicht darin zugestimmt werden, wenn die Entscheidung – doch wohl über die Bedürfnisse des entschiedenen Vorlegungsfalls hinausgehend – verallgemeinernd ausspricht, die Anrufungspflicht nach § 136 a. F reiche bei der Frage nach der Identität der Rechtsfrage (des Vorliegens des gleichen Rechtsgrundsatzes) weiter als die Vorlegungspflicht nach § 121 Abs. 2, und es solle ein Oberlandesgericht nicht in weiterem Umfang vorlegen, „als es zur Wahrung der Rechtseinheit unbedingt unerläßlich ist"[180]. Über die „unbedingte Unerläßlichkeit" können die Meinungen sehr auseinandergehen.

68 **i) Notwendigkeit fester, endgültiger Stellungnahme in der Vorentscheidung.** Ist somit die Vorlegungspflicht auch nicht davon abhängig, daß die Rechtsfrage für die andere Entscheidung entscheidungstragend war, so muß andererseits doch erkennbar sein, daß es sich um eine feste, endgültige Stellungnahme des anderen Gerichts zu der Rechtsfrage handelt[181]. Das ist nicht der Fall, wenn das andere Gericht nur zu einer Auffassung „neigt" oder zwar die Gründe für eine bestimmte Auffassung darlegt, aber erklärt, daß „abschließend" dazu nicht Stellung genommen zu werden brauche, oder es „nicht entscheidend darauf ankomme", weil die Entscheidung sich aus anderen Erwägungen rechtfertige. Denn mit solchen Wendungen gibt das Gericht zu erkennen, daß es eine endgültige Stellungnahme, die es zur Grundlage seiner Entscheidung machen würde, noch nicht bezogen hat. Dagegen wird die Vorlegungspflicht nicht dadurch berührt, daß das andere Gericht seine Entscheidung auf verschiedene Erwägungen stützt, also sowohl auf eine bestimmte Auslegung einer Vorschrift als auch auf eine andere Vorschrift (etwa: „Unabhängig davon rechtfertigt sich die Entscheidung aus folgendem Grunde"); und wenn es gar diese Unabhängigkeit in der Weise zum Ausdruck bringt, die Entscheidung müsse aus einem anderen Grunde im gleichen Sinn ergehen, wenn man der von ihm vertretenen Auslegung nicht folge[182].

69 **j) Bedeutung von Leitsätzen.** Ein über die entschiedene Rechtsfrage hinausgehender verallgemeinernder Leitsatz bindet auch dann nicht i. S. des § 121 Abs. 2, wenn er von dem erkennenden Gericht selbst der Entscheidung vorangestellt und in einer „amtlichen Sammlung" veröffentlicht ist[183].

---

178 Vgl. den Fall BGH NJW **1963** 2085.

179 Zur Bedeutung der obiter dicta als „Instrumente zur Beeinflussung der Rechtsbildung und Rechtsverwirklichung" vgl. *Köbl* JZ **1976** 752, 756. Vgl. auch drastisch zu den Folgen, die sich für die Oberlandesgerichte ergeben, wenn verschiedene Senate des Bundesgerichtshofs jeweils in eingehend begründeten obiter dicta voneinander abweichen, *Dreher* NJW **1972** 1641 S. im übrigen auch *Schlüter* Das Obiter Dictum (1973); sowie *Fischer* Das obiter dictum – aus revisionsrichterlicher Sicht, Gesammelte Schriften (1985) S. 79ff; *Rieß* Hinweise an den Tatrichter, Hanack-Symp. (1990), 117ff; und umfassend: *Lilie* Obiter dictum und Divergenzausgleich in Strafsachen, 1993.

180 So aber die std. Rspr., vgl. BGHSt **30** 162f; **36** 59f; BGH bei *Holtz* MDR **1979** 109; KK-*Hannich*[4] 14 mit weit. Nachw.

181 Ebenso *Schroth* JR **1990** 99.

182 Ebenso BGHSt **37** 350, 352; *Hanack* 262f.

183 BGHSt **30** 160, 163 BayObLG NJW **1972** 302, 303; *Katholnigg*[3] 13; KK-*Hannich*[4] 38 mit weit. Nachw.; *Kissel*[3] 22.

10. Wirkung verfahrensrechtlicher Bindung für die Vorlegungspflicht. Keine Vorlegungspflicht besteht nach herrschender Meinung (Nachw. § 358, 11; 17 StPO), wenn das Oberlandesgericht an seine abweichende Auffassung verfahrensrechtlich gebunden ist. Hat also ein Oberlandesgericht, ohne die Abweichung zu erkennen oder zu beachten, auf Revision aufgehoben und zurückverwiesen, so ist es bei erneuter Revision an seine Rechtsauffassung gebunden, auch wenn es jetzt erst die Abweichung erkennt. Diese Bindung an die frühere Auffassung, die eine Vorlegung ausschließt, besteht auch dann, wenn zwischen der Aufhebung und der zweiten Revisionsentscheidung eine abweichende Entscheidung eines höherrangigen Gerichts ergangen ist. Die Selbstbindung des Revisionsgerichts geht der Vorlegungspflicht im Strafverfahren stets vor[184]. 70

11. Zurücknahme der Vorlegung. Eine Vorlegung kann das Oberlandesgericht zurücknehmen, wenn es nachträglich erkennt, daß die vorbezeichneten Voraussetzungen der Vorlegung nicht gegeben sind. Das bedarf keiner weiteren Begründung. Die Zurücknahme ist aber auch möglich, wenn es sich nachträglich, z. B. bei erneuter Befassung mit der gleichen Rechtsfrage in einer anderen Sache, entschließt, von seiner abweichenden Auffassung abzugehen. Denn die Vorlegung (der „Vorlagebeschluß") ist keine Sachentscheidung, an die das vorlegende Gericht gebunden wäre. Man kann auch nicht sagen, daß durch die (zulässige) Vorlegung die Zuständigkeit einer höheren Instanz begründet wäre, in die nicht mehr eingegriffen werden könnte. Der Bundesgerichtshof *kann* zwar nach erfolgter Vorlegung an Stelle des Oberlandesgerichts über die Revision selbst entscheiden; er braucht sich nicht auf die Beantwortung der Rechtsfrage zu beschränken (unten Rdn. 81). Aber es handelt sich, wenn er von dieser Möglichkeit Gebrauch macht, lediglich um eine aus Zweckmäßigkeitsgründen erfolgende Verfahrensvereinfachung und, solange er die Entscheidung in der Sache selbst nicht an sich gezogen hat, bleibt die Sache beim Oberlandesgericht anhängig (sie wird ja auch nicht „zurückverwiesen"). Im übrigen besteht kein Bedürfnis für eine Entscheidung zur Herbeiführung einheitlicher Gesetzesauslegung, wenn ein Streit über die Auslegung nicht mehr besteht[185]. 71

12. Erledigung der Vorlegung ohne Entscheidung. Legt ein Oberlandesgericht wegen beabsichtigter Abweichung von einem anderen Oberlandesgericht vor und ergeht nach erfolgter Vorlegung, aber unabhängig von ihr eine einschlägige Entscheidung des Bundesgerichtshofs, so erledigt sich die Vorlage ohne Entscheidung[186]. Soweit in dem Vorlegungsbeschluß Argumente enthalten sind, mit denen sich die Entscheidung des Bundesgerichtshofs noch nicht befaßt hatte, wird der zur Entscheidung über die Vorlegung zuständige Senat sich bei der Rückgabe der Sache an das Oberlandesgericht mit dessen Begründung zusätzlich auseinandersetzen, da andernfalls die Gefahr besteht, daß das Oberlandesgericht, von den Gründen der Entscheidung des Bundesgerichtshofs nicht überzeugt, von neuem wegen beabsichtigter Abweichung von dessen Entscheidung vorlegt. 72

13. Folgen der Nichtbeachtung der Vorlegungspflicht. Ergeht eine Revisionsentscheidung, ohne daß § 121 Abs. 2 beachtet wurde, so wird ihre Wirksamkeit dadurch nicht beeinträchtigt. Die Nichtvorlegung ist ein Verfahrensverstoß, der keine weitergehende Wirkung haben kann als jeder andere Gesetzesverstoß in einem letztinstanzlichen 73

---

184 BGHSt **33** 356, 360 abw. von den Grundsätzen des GmS-OGB; BGHZ **60** 392; KK-*Hannich*[4] 37; vgl. auch § 358 16, 17 StPO sowie Rdn. 73.

185 Ebenso: KK-*Hannich*[4] 40; einschränkend *Katholnigg*[3] 15.

186 BGHSt **34** 79f; BGH NJW **1977** 964; KK-*Hannich*[4] 45; *Hanack* 327.

Verfahren. Insbesondere ist bei einer Aufhebung des Urteils und Zurückverweisung der Tatrichter ebenso an die Rechtsauffassung des Oberlandesgerichts gebunden (§ 358 StPO), wie er es ist, wenn ein Senat des Bundesgerichtshofs bei der Aufhebung und Zurückverweisung von der Rechtsauffassung eines anderen Senats abweicht, ohne nach § 132 zu verfahren (§ 358, 11 StPO). Auch der Umstand, daß ein später entscheidendes Oberlandesgericht nunmehr vorlegt und der Bundesgerichtshof die Rechtsfrage anders beantwortet als das Oberlandesgericht, das ohne Vorlegung entschieden hat, kann nur dazu führen, daß die Gnadeninstanz zu Maßnahmen Veranlassung findet, wenn ein verurteilendes Erkenntnis auf der vom Bundesgerichtshof abgelehnten Rechtsauffassung beruht. Von einer Wiederaufnahme des Verfahrens kann keine Rede sein; ein Ausnahmefall wie der des § 359 Nr. 6 StPO oder des § 79 Abs. 1 BVerfGG liegt nicht vor, vielmehr hat das Revisionsgericht aufgrund eines gültigen Gesetzes entschieden und lediglich einen Verfahrensverstoß begangen, der, wie jeder andere, durch die Rechtskraft geheilt wird. Eine **willkürliche Verletzung der Vorlegungspflicht**, eine Nichtvorlage trotz zweifelsfrei vorliegender Vorlegungsvoraussetzungen begründet aber, da zur Entscheidung über die streitige Rechtsfrage nicht das Oberlandesgericht, sondern der Bundesgerichtshof zuständig war, wegen Verstoßes gegen den Grundsatz des gesetzlichen Richters – Art. 101 Abs. 1 Satz 2 GG – die Verfassungsbeschwerde nach § 90 BVerfGG[187].

14. Vorlegungsverfahren

74 **a) Vorlagebeschluß.** Die Vorlegung, über deren Förmlichkeiten das Gesetz schweigt, erfolgt durch einen Vorlagebeschluß, der über den Generalstaatsanwalt dem Generalbundesanwalt zugeleitet wird; dieser leitet ihn mit seiner Stellungnahme zur Zulässigkeit der Vorlegung und zum Inhalt der Vorlegungsfrage dem Bundesgerichtshof zu. In dem Vorlagebeschluß hat das Oberlandesgericht die zur Entscheidung gestellte Rechtsfrage zu formulieren, die Vorlegungsvoraussetzungen, insbesondere die Divergenz, nachvollziehbar darzulegen[188] und der Natur der Sache entsprechend, die Gründe darzustellen, aus denen es abweichen will. Eine solche Darlegung erübrigt sich, wenn bereits sich widersprechende Entscheidungen anderer Oberlandesgerichte vorliegen und das vorlegende Gericht, wie es sich auch entscheiden würde, entweder von der einen oder der anderen Rechtsauffassung abwiche[189]. Hat das Oberlandesgericht die Rechtsfrage, gemessen an ihrer Entscheidungserheblichkeit für das vorlegende Gericht, zu weit gefaßt, so schränkt sie der Bundesgerichtshof entsprechend ein[190] oder er faßt sie neu, wenn im Vorlagebeschluß die Rechtsfrage ungenau gefaßt ist und nicht die entscheidungserheblichen Gesichtspunkte enthält[191]. Hat das Gericht die ausdrückliche Formulierung der Streitfrage unterlassen, so übernimmt der Bundesgerichtshof diese Aufgabe[192]. Der Vorlagebeschluß setzt eine Hauptverhandlung voraus, wenn das Oberlandesgericht die beabsichtigte Entscheidung nur durch Urteil treffen kann[193]. Das ist nicht der Fall, wenn die Staatsanwaltschaft eine Entscheidung nach § 349 Abs. 2 StPO durch Beschluß beantragt hat und die Voraussetzungen nach § 349 Abs. 2, 4 StPO vorliegen[194]. Der Angeklagte ist auf eine beabsichtigte Vorlegung hinzuweisen; der Vorlegungsbeschluß

---

187 BVerfG DRiZ **1965** 237; BVerfGE **42** 237; vgl. insbesondere die zahlreichen Nachweise bei *Leisner* NJW **1989** 2446; *Kissel*³ 24; *Schroth* JR **1990** 93; *Stree* NJW **1959** 2051; *Schröder* NJW **1959** 1521; *Rinck* NJW **1964** 1651; § 132, 32.

188 BGHSt **12** 166, 168; BGHR StPO § 267 Abs. 1 Satz 1 Bezugnahme 4.

189 BGHSt **26** 385; **30** 93, 95.

190 BGHSt **26** 111, 112; **29** 220, 222; **33** 370, 372; **34** 90, 92; **36** 59, 60.

191 BGHSt **30** 320 = JR **1983** 38 m. Anm. *Müller-Dietz*; **38** 214, 217.

192 BGHSt **20** 259; **21** 197; **23** 167, 169; **24** 208, 210; **32** 335, 337; **35** 238.

193 BGHSt **29** 310; **31** 55, 57.

194 BGHSt **31** 55.

ist ihm bekanntzugeben (§ 35 StPO). Die Stellungnahme des Generalbundesanwalts ist den Verfahrensbeteiligten mitzuteilen. Der Bundesgerichtshof prüft, ob die in den vorangegangenen Erläuterungen dargelegten Voraussetzungen der Vorlegung gegeben sind. Verneinendenfalls gibt er die Sache dem Oberlandesgericht zur Entscheidung in eigener Zuständigkeit zurück[195].

b) Prüfung der Vorlegungsvoraussetzungen

aa) Im **Regelfall** hat der Bundesgerichtshof die Auffassung des Oberlandesgerichts, die zur Vorlegung geführt hat, hinzunehmen[196]. So reicht es zur Bejahung der Vorlegungsvoraussetzungen aus, wenn die Auffassung des vorlegenden Oberlandesgerichts, es weiche bei der von ihm beabsichtigten Entscheidung von einer Entscheidung des Bundesgerichtshofs oder eines anderen Oberlandesgerichts ab, vertretbar, wenn auch nicht zwingend ist[197], z. B. wenn die Entscheidung des anderen Gerichts nach den Folgerungen, die sich daraus ergeben, zwar so verstanden werden kann, aber nicht so verstanden werden muß, wie das vorlegende Gericht sie auffaßt[198], namentlich wenn die Entscheidung auch schon von einem anderen Gericht so verstanden worden ist[199]. **75**

Schon dann sind die Vorlegungsvoraussetzungen zu bejahen, wenn **Zweifel** vorliegen, ob der beabsichtigten Entscheidung eine vom Bundesgerichtshof oder von einem anderen Oberlandesgericht erlassene Entscheidung entgegensteht[200]. Der Bundesgerichtshof muß die Vorlegungsvoraussetzungen auch dann als gegeben ansehen, wenn die Entscheidungserheblichkeit der gestellten Rechtsfrage nur auf der Grundlage einer Rechtsauffassung verneint werden kann, die bei seiner Revisionsentscheidung zu übernehmen das vorlegende Gericht nicht verpflichtet wäre[201]. Legt z. B. das Oberlandesgericht vor, weil es in der Auslegung des Begriffs der Zueignung beim Diebstahl (§ 242 StGB) abweichen will, so kann der Bundesgerichtshof die Entscheidungserheblichkeit der vorgelegten Frage nicht deshalb verneinen, weil nach seiner Auffassung das vorlegende Gericht zu Unrecht das Merkmal der Fremdheit der Sache als rechtlich gegeben ansieht, denn diese Rechtsauffassung wäre als außerhalb der Vorlegungsfrage liegend für den vorlegenden Senat nicht verbindlich (und zwar auch nicht in dem Sinn, daß das Oberlandesgericht nach Freigabe der Entscheidung gemäß § 121 Abs. 2 vorlegen müßte, wenn es von der die Vorlegungsvoraussetzungen verneinenden Rechtsauffassung abweichen wollte). Oder: wenn die Vorlegungsfrage nur für den Fall eines gutgläubigen Erwerbs praktisch wird, so kann sich der Bundesgerichtshof nicht über die Auffassung des Oberlandesgerichts, der Tatrichter habe Gutgläubigkeit rechtlich einwandfrei festgestellt, hinwegsetzen und die Vorlegungsvoraussetzungen verneinen, weil Bösgläubigkeit anzunehmen sei[202]. Hält das Oberlandesgericht die Revision für zulässig, so kann der Bundesgerichtshof die Sache nicht deshalb zurückgeben, weil er sie für unzulässig hält, denn das Oberlandesgericht wäre daran nicht gebunden; der Bundesgerichtshof kann dann aber, indem er die Sachentscheidung übernimmt (Rdn. 81), die Revision selbst als unzulässig verwerfen, ohne auf die ihm vorgelegte materiellrechtliche Frage einzugehen[203]. Es kommt also nur darauf an, ob die Streitfrage von dem (im übrigen eingenommenen) rechtlichen Standpunkt des vorlegenden Gerichts aus gesehen entscheidungswesentlich ist[204]. **75a**

195 Z. B. BGH NJW **1977** 114; BGHSt **28** 72; **36** 389, 396; KK-*Hannich*[4] 44.

196 BGHSt **22** 94, 100.

197 BGHSt **9** 390, 392; **16** 166, 168; **22** 180, 182; **25** 189; **26** 170; **34** 101, 105; **36** 341, 343; **38** 106, 109; **NJW 1975** 2214.

198 BGHSt **17** 194, 197.

199 BGHSt **17** 309, 310; **18** 393, 394.

200 BGHSt **13** 129, 133; **16** 321, 324; **38** 106, 108f; siehe aber oben Rdn. 65ff.

201 BGHSt **16** 99, 101.

202 BGHSt **15** 83, 85.

203 BGHSt **19** 242.

204 BGHSt **16** 343, 345.

76 **bb) Eine abweichende Behandlung ist geboten,** wenn die Vorlegungsfrage einen untrennbaren Bestandteil eines umfassenden Tatbestandsmerkmals betrifft. Besagt also z. B. die Vorschrift, daß Fahrzeuge nur auf der rechten Straßenseite halten dürfen, und betrifft der Streit die Frage, was „auf der rechten Seite" bedeutet, so prüft der Bundesgerichtshof auch, ob das festgestellte Verhalten rechtlich überhaupt ein „Halten" darstellt[205]. Oder: steht zur Entscheidung, ob ein bestimmtes Verhalten rechtlich als Belästigung der Allgemeinheit (§ 118 OWiG) zu bewerten ist, und legt das Oberlandesgericht vor, weil es in der Beurteilung des Teilmerkmals der Eignung zur Belästigung oder Gefährdung der Allgemeinheit durch die Handlungsweise von einem anderen Oberlandesgericht abweichen will, so ist Raum zum Eingehen auf die Vorlegungsfrage erst, wenn rechtlich einwandfrei feststeht, daß die Handlungsweise das weitere Teilmerkmal erfüllt, nämlich grob ungehörig ist[206].

77 cc) Ob die **tatsächlichen Feststellungen** des Tatrichters, von denen die rechtliche Auffassung des vorlegenden Oberlandesgerichts ausgeht, eine ausreichende Grundlage für die beabsichtigte Entscheidung bilden, hat der Bundesgerichtshof grundsätzlich nicht zu prüfen; es genügt, daß die Auffassung des Oberlandesgerichts hierüber jedenfalls vertretbar ist[207].

78 **dd) Ausnahmsweise** gibt der Bundesgerichtshof **die Sache ohne Bescheidung** dem vorlegenden Oberlandesgericht **zurück**, wenn er dessen Auffassung, die zur Vorlegung führt, für schlechthin unvertretbar hält[208]. Hält der Bundesgerichtshof entgegen der Auffassung des vorlegenden Oberlandesgerichts die zugrunde liegenden tatsächlichen Feststellungen für völlig unzureichend, z. B. weil der Sachverhalt nicht aufgeklärt ist oder die im Sachverhalt liegenden Möglichkeiten der Auslegung nicht erschöpft sind, so wird die Rechtsauffassung des Oberlandesgerichts als unvertretbar angesehen[209]. Dasselbe gilt, sofern die entscheidungserhebliche Frage im vorgelegten Verfahren mangels einer zulässigen Verfahrensrüge nicht berücksichtigt werden darf[210] oder andere schwerwiegende Verstöße gegen elementare Grundsätze des Verfahrensrechts oder des materiellen Rechts vorliegen[211]. In gleicher Weise verfährt der Bundesgerichtshof, wenn er die Auffassung des Oberlandesgerichts in einer **verfassungsrechtlichen Frage** (dazu oben Rdn. 56) für verfehlt hält, insbesondere wenn die Bejahung der Vorlegungsvoraussetzungen zu einer Entscheidung führen könnte, die nach Auffassung des Bundesgerichtshofs nur noch im Wege einer Verfassungsbeschwerde zu berichtigen wäre[212].

15. Weitere Behandlung der Sache nach Bejahung der Vorlegungsvoraussetzungen

79 **a) Grundsatz.** Die weitere Behandlung überläßt § 121 Abs. 2 stillschweigend dem Ermessen des Bundesgerichtshofs, der nach den Erfordernissen der Prozeßökonomie und unter Berücksichtigung der Belange des Angeklagten an einer raschen, durch das Vorlegungsverfahren nicht mehr als notwendig verzögerten Erledigung des Strafverfahrens verfährt[213]. Der Bundesgerichtshof kann dem Oberlandesgericht, von dem das vorlegende Oberlandesgericht abweichen will, Gelegenheit zur Stellungnahme geben. Gibt letzteres seine bisherige Auffassung auf, so erübrigt sich eine Entscheidung[214].

---

205 BGHSt **14** 149.
206 BGHSt **13** 242.
207 BGHSt **22** 385, 386; NJW **1971** 1096.
208 BGHSt **22** 94, 100; **25** 179, 180; **35** 238, 240; **36** 389, 393; NJW **1977** 1598.
209 BGHSt **28** 72; **36** 389 mit weit. Nachw.
210 BGHSt **35** 238.
211 BGH NJW **1979** 936; NStZ **1985** 217f; KK-*Hannich*[4] 44.
212 BGHSt **22** 94, 100.
213 *Hanack* JR **1972** 472.
214 BGHSt **14** 319; **17** 188, 189; oben Rdn. 45.

b) Der Bundesgerichtshof kann sich **auf die Beantwortung der Rechtsfrage beschränken** 80
und entscheidet darüber in Beschlußform. Dabei beantwortet er die vorgelegte Rechtsfrage nur in dem Umfang, als es zur Entscheidung des Falles, der zur Vorlegung führte, notwendig ist[215]. Der Generalbundesanwalt ist zu hören. Für die Anhörung des Angeklagten, der von dem Vorlegungsbeschluß nach § 35 StPO Kenntnis erhält, gilt das in § 132, 29 Ausgeführte entsprechend.

c) Der Bundesgerichtshof kann aber auch **selbst an Stelle des Oberlandesgerichts die** 81
Revisionsentscheidung treffen[216]. Auch hierbei braucht er die Vorlegungsfrage nicht allgemein zu beantworten[217]. Im Schrifttum sind vereinzelt gegen das Wahlrecht des Bundesgerichtshofs zwischen Beschränkung auf die Beantwortung der Vorlegungsfrage und Übernahme der Revisionsentscheidung Bedenken erhoben worden; sie haben keine Resonanz gefunden. Nach *Baur* JZ **1953** 326; **1964** 596 muß der Bundesgerichtshof stets selbst in der Sache entscheiden, weil er nach der Vorlage wieder „seine" Revisionszuständigkeit wahrnehme, die nur zu seiner Entlastung auf die Oberlandesgerichte übertragen worden sei; dabei wird übersehen, daß die Aufteilung der Revisionszuständigkeit nichts mit einer „Entlastung" des Bundesgerichtshofs von den Aufgaben nach § 135 zu tun hat. Nach *Jescheck* GA **1956** 116 stellt die abschließende Entscheidung des Bundesgerichtshofs einen Eingriff in die Gerichtsbarkeit des vorlegenden Oberlandesgerichts dar; aber § 354 Abs. 1 StPO zeigt, daß dem Gesetz der Gedanke eines solchen „Eingriffs" aus Zweckmäßigkeitsgründen nicht fremd ist. Der Bundesgerichtshof kann daher auch selbst das Urteil des Tatrichters aufheben und an ihn zurückverweisen[218].

d) **Umfang des Rechts zur Entscheidung über die Revision.** Hat das Oberlandesgericht 82
die Revision stillschweigend als zulässig angesehen und der Bundesgerichtshof diese Auffassung bei Prüfung der Vorlegungsvoraussetzungen zugrunde gelegt (Rdn. 74, 75), so kann er die Revision selbst als unzulässig verwerfen, wenn sich ergibt, daß diese nicht ordnungsmäßig eingelegt ist[219]. Erledigt die völlige oder teilweise Beantwortung der Vorlegungsfrage die Revision in vollem Umfang, so verwirft sie der Bundesgerichtshof selbst, denn die Rückgabe der Sache an das Oberlandesgericht, das keine andere Entscheidung treffen könnte, wäre eine vermeidbare Verzögerung. Bleiben nach Beantwortung der Vorlegungsfrage noch weitere Revisionsangriffe zu bescheiden oder sind von Amts wegen noch Verfahrenshindernisse zu berücksichtigen, so übernimmt der Bundesgerichtshof im Interesse der Verfahrensbeschleunigung diese Aufgabe, wenn insoweit die Voraussetzungen des § 349 Abs. 2, 4 StPO gegeben sind[220].

e) **Bei Beschränkung auf die Bescheidung der Rechtsfrage** richtet sich das weitere Ver- 83
fahren des Oberlandesgerichts nach den allgemeinen Vorschriften (grundsätzlich Entscheidung durch Urteil aufgrund neuer Hauptverhandlung). Eine **Bindung** des Oberlandesgerichts an die Rechtsauffassung des Bundesgerichtshofs spricht § 121 Abs. 2 nicht ausdrücklich aus. Sie entspricht aber der Natur der Sache – davon geht auch BGHSt **17** 205, 208 aus – und ergäbe sich unabhängig davon auch daraus, daß das Oberlandesgericht, wenn es abweichen wollte, erneut vorlegen müßte.

---

[215] BGHSt **17** 194, 200; **36** 59, 60; **36** 378, 380.

[216] BGHSt **2** 63; **3** 72; **4** 33; **13** 241, 243, 245; **17** 14; **18** 114, 123; **22** 180, 182; **23** 141, 144; **24** 6, 10, 316; **38** 106, 109; KK-*Hannich*[4] 48; *Kleinknecht/Meyer-Goßner*[44] 14; *Jagusch* NJW **1962** 1647; *Eb. Schmidt* JR **1962** 290; *Hanack* JR **1972** 472.

[217] BGHSt **17** 14, 17; **24** 315, 316.

[218] BGHSt **13** 242.

[219] BGHSt **19** 242; oben Rdn. 75.

[220] Vgl. BGHSt **34** 101, 105; *Hanack* JR **1972** 472; KK-*Hannich*[4] 48; *Kissel*[3] 27.

84 f) Eine **Entscheidung des Bundesgerichtshofs erübrigt sich** – abgesehen von dem Fall, daß das Oberlandesgericht, von dem das vorlegende Oberlandesgericht abweichen will, auf Anfrage des Bundesgerichtshofs erklärt, es halte an seiner früheren Auffassung nicht fest (Rdn. 45) –, wenn sich durch eine nach der Vorlegung erfolgende Gesetzesänderung die Streitfrage erledigt[221]; von einer solchen Erledigung kann aber nur die Rede sein, wenn Fälle, die nach bisherigem Recht zu beurteilen sind, künftig nicht in Betracht kommen, also auch in bereits anhängigen Fällen (wie dem vorgelegten) nach neuem Recht zu entscheiden ist (oben Rdn. 63). Wegen des Falles, daß *nach* der Vorlegung eine die vorgelegte Rechtsfrage erledigende Entscheidung des Bundesgerichtshofs ergeht, vgl. Rdn. 46, 72. Weil kein Raum ist für eine wiederholte Entscheidung derselben Rechtsfrage, erübrigt sich eine Entscheidung des Bundesgerichtshofs auch, wenn – dem vorlegenden Oberlandesgericht unbekannt – der zur Entscheidung über die Vorlage zuständige Senat schon vor der Vorlage über die Rechtsfrage aufgrund einer früheren Vorlage entschieden hatte[222] oder wenn eine – wenn auch nicht veröffentlichte und deshalb dem vorlegenden Oberlandesgericht unbekannte – Entscheidung des Bundesgerichtshofs vorliegt, die die Rechtsfrage in gleichem Sinn beantwortet wie das Oberlandesgericht, von dessen Rechtsauffassung das vorlegende Gericht abweichen will[223]. Die Rechtslage ist dann die gleiche, wie wenn der Bundesgerichtshof erst auf die Vorlegung hin die Rechtsfrage entschieden hätte, und es gelten für die weitere Behandlung der Revision die oben Rdn. 81 bis 83 dargestellten Grundsätze[224].

85 **16. Solange über eine Vorlegung nicht entschieden ist,** ist ein mit der gleichen Rechtsfrage befaßtes drittes Oberlandesgericht rechtlich nicht gehindert, sich der Entscheidung des Bundesgerichtshofs oder Oberlandesgerichts, von der das vorlegende Oberlandesgericht abweichen will, trotz Kenntnis der Vorlegung anzuschließen, denn der Vorlegungsbeschluß ist als Zwischenmaßnahme keine die Revisionsinstanz abschließende Entscheidung i. S. des § 121 Abs. 2[225]. Eine andere Frage ist, ob es zweckmäßig ist, verfahrensabschließende Entscheidungen zu treffen, solange der Ausgang des Vorlegungsverfahrens offen ist. Aus prozeßökonomischen Gründen erscheint es eher angeraten, die Entscheidung des Bundesgerichtshofs abzuwarten, die nach der bisherigen Praxis etwa nach sechs Monaten ergeht[226].

86 **17. Zuständigkeitskonzentration für Rechtsbeschwerden in Vollzugsangelegenheiten (Absatz 3).** § 25 Abs. 2 EGGVG enthält eine Ermächtigung für Länder, in denen mehrere Oberlandesgerichte errichtet sind, die Zuständigkeit des Strafsenats zur Nachprüfung der Rechtmäßigkeit von Maßnahmen der Vollzugsbehörden im Vollzug von Freiheitsstrafen und freiheitsentziehenden Maßregeln der Besserung und Sicherung (vorzugsweise im Interesse einheitlicher Rechtsauslegung und Rechtshandhabung innerhalb des Landes) einem der Oberlandesgerichte oder dem Obersten Landesgericht zuzuweisen. Nachdem die Nachprüfungszuständigkeit im wesentlichen mit dem 1. 1. 1977 auf die Strafvollstreckungskammern übertragen wurde (§§ 109, 110 StVollzG) und dem Strafsenat des Oberlandesgerichts die Entscheidung über die Rechtsbeschwerde gegen Ent-

---

221 BGH NJW **1955** 304 zu § 79 Abs. 2 GBO.

222 BGHSt **25** 42; **34** 79, 82; LM Nr. 11; GA **1982** 126; KK-*Hannich*[4] 45.

223 BGH NJW **1977** 964; BGH bei *Holtz* MDR **1977** 461 – zu § 346 Abs. 2 StPO –.

224 Vgl. auch BGH LM Nr. 3 zu § 121 mit zust. Anm. *Jagusch*; teilw. abw. Anm. 29e in der 21. Auflage.

225 OLG Hamm NJW **1970** 1936, 1937; NStZ **1988** 47, erledigt durch BGHSt **35** 112 auf Vorlage des OLG Zweibrücken; BVerwG NJW **1976** 1420; *Kissel*[3] 25; KK-*Hannich*[4] 41.

226 KK-*Hannich*[4] 41.

scheidungen der Strafvollstreckungskammer zusteht (§ 116 StVollzG; § 121 Abs. 1 Nr. 3 GVG), mußte zur Ermöglichung einer Zuständigkeitskonzentration bei diesen Rechtsbeschwerdeentscheidungen eine neue gesetzliche Grundlage geschaffen werden; das ist in § 121 Abs. 3 geschehen. Dabei unterscheidet sich § 121 Abs. 3 von § 25 Abs. 2 EGGVG dadurch, daß nach der letzteren Vorschrift nur eine vollständige Konzentration, d. h. eine Übertragung der Zuständigkeit aller übrigen Oberlandesgerichte auf ein Oberlandesgericht (das Oberste Landesgericht) möglich ist, während § 121 Abs. 3 auch eine Teilkonzentration zuläßt; das entspricht einer Anregung des Bundesrats (BTDrucks. 7 918 S. 128). Von dieser Möglichkeit ist etwa in Niedersachsen (VO vom 10. 2. 1977, GVBl. 24, OLG Celle) und Nordrhein-Westfalen (VO vom 8. 1. 1985, GV NW 46, OLG Hamm) Gebrauch gemacht worden. Für Kostenentscheidungen nach Erledigung der Hauptsache gilt diese Zuständigkeit nicht[227].

18. § 79 Abs. 3 OWiG erklärt für die Rechtsbeschwerde die Vorschriften des Gerichtsverfassungsgesetzes über die Revision und damit auch den § 121 Abs. 2 GVG für entsprechend anwendbar. Danach ist das Oberlandesgericht als Rechtsbeschwerdegericht in gleicher Weise vorlegungspflichtig wie als Revisionsgericht in Strafsachen (eine entsprechende Vorschrift enthielt bereits § 56 Abs. 4 OWiG 1952). Es ist dabei nicht nur vorlegungspflichtig, wenn es von einer Entscheidung abweichen will, die ein anderes Oberlandesgericht als Rechtsbeschwerdeinstanz oder der Bundesgerichtshof nach Vorlegung gemäß § 79 Abs. 2 OWiG, § 121 Abs. 2 GVG erlassen hat, vielmehr löst, in gleicher Weise wie bei dem Oberlandesgericht als Revisionsgericht in Strafsachen (oben Rdn. 50, 51), jede beabsichtigte Abweichung von der Entscheidung eines anderen Oberlandesgerichts als Revisionsgericht in Strafsachen oder des Bundesgerichtshofs, gleichviel welches Rechtsgebiet sie betrifft, die Vorlegungspflicht aus[228]. Auch hier kann der Bundesgerichtshof, wenn nach Bescheidung der Vorlegungsfrage die Rechtsbeschwerde entscheidungsreif ist, selbst über die Rechtsbeschwerde entscheiden[229]. § 79 Abs. 3 gilt sinngemäß auch für Entscheidungen im Zulassungsverfahren (§ 80 OWiG); sie betreffen mittelbar die Rechtsbeschwerde, soweit es darum geht, ob der Antrag auf deren Zulassung möglicherweise verworfen werden muß[230]. Da § 80a Abs. 3 OWiG den Einzelrichter verpflichtet, die Sache dem mit drei Berufsrichtern besetzten Bußgeldsenat zu übertragen, wenn dies zur Fortbildung des Rechts oder zur Sicherung der Einheitlichkeit der Rechtsprechung geboten ist, kann der Einzelrichter dem Bundesgerichtshof nicht selbst eine Rechtsfrage gemäß § 121 Abs. 2 in Verb. mit § 79 Abs. 3 Satz 1 OWiG vorlegen; der Bußgeldsenat hat vielmehr nach Übertragung der Sache in eigener Verantwortung über die Vorlegung zu entscheiden[231]. 87

19. Reformvorschläge, die Vorlegungspflicht dahin auszudehnen, daß auch die Innendivergenz zwischen zwei oberlandesgerichtlichen Senaten (vgl. oben Rdn. 43), der Bereich des § 121 Abs. 1 Nr. 2[232] und obiter dicta in allen höchstrichterlichen Entscheidungen im Interesse der Rechtseinheit und Rechtssicherheit[233] erfaßt werden, haben bisher nur zu Reformentwürfen in Teilbereichen geführt (vgl. dazu im einzelnen die 88

---

227 BGH NStZ **1983** 44.

228 BGHSt **9** 272, 274; **30** 335, 337; **32** 335, 337; **33** 394; **34** 79; **38** 106, 254; NJW **1971** 1278.

229 BGHSt **18** 156, 160; **38** 106, 109; NJW **1964** 781; KK-*Hannich*[4] 49; *Kissel*[3] 28.

230 BGHSt **23** 366; **24** 209; **26** 341, 349; **38** 251, 254; BayObLG VRS **51** (1976) 42; **a. M** OLG Celle NJW **1970** 720; OLG Hamm NJW **1970** 2040.

231 BGHSt **44** 144, 145.

232 Vgl. *Doller* ZRP **1976** 34.

233 Vgl. *Lilie* S. 239ff.

23. Auflage Rdn. 88); ein Erfolg ist ihnen bisher versagt geblieben. Die Frage, ob eine Erweiterung der Vorlegungspflicht notwendig oder wünschenswert ist, wird allerdings bis zum heutigen Tag kontrovers diskutiert. Während sich der Bundesgerichtshof gegen eine Erweiterung ausgesprochen hat[234] und sich in seiner Rechtsprechung bemüht, an die Zulässigkeit einer Vorlage hohe Anforderungen zu stellen und dadurch die Zahl der Vorlagen zu begrenzen, wurde im Schrifttum u. a. an dieser Stelle (zuletzt 23. Aufl. 88ff) mit großem Nachdruck eine Erweiterung der bisherigen Vorlegungspflicht befürwortet. Dieser Standpunkt hat neben Kritik[235] auch starke Unterstützung erfahren[236]. Ob allerdings die tatsächlichen Verhältnisse, wie sie sich heute darstellen, eine Erweiterung der Vorlagen an den Bundesgerichtshof noch als realisierbar erscheinen lassen, muß hier offenbleiben. Angesichts knapper werdender Haushaltsmittel und vielfältiger Aufgaben des Staates ist mit einer Erweiterung der Zahl der Strafsenate beim Bundesgerichtshof nicht zu rechnen. Der durch den Beitritt der neuen Bundesländer bedingte vermehrte Arbeitsanfall seit Oktober 1990 muß von den bisher bestehenden Senaten bewältigt werden. Zuzustimmen ist daher zurückhaltenden Stellungnahmen im Schrifttum, die sich gegen eine Ausdehnung der Vorlagepflicht aussprechen[237]; die aus ihnen erkennbare Sorge, die Güte der Rechtsprechung des Bundesgerichtshofs könne bei einem weiteren vermehrten Arbeitsanfall durch Vorlageverfahren Schaden nehmen, ist nicht von der Hand zu weisen. Eine über die bislang übliche Frist von wenigen Monaten hinausgehende Dauer des Vorlageverfahrens – wie es inzwischen beim Gerichtshof der Europäischen Gemeinschaften mit bis zu zwei Jahren nicht selten ist – ist auch im Blick auf Art. 6 MRK in Strafsachen nicht vertretbar. Die Konzentration der Rechtsprechung in Strafsachen auf Landesebene nach §§ 9, 10 EGGVG oder die denkbare Einrichtung Großer Senate in Strafsachen bei den einzelnen Oberlandesgerichten zur Klärung von Innendivergenzen – für die der Gesetzgeber die Grundlage schaffen müßte – erscheinen auf diesem Hintergrund zur Lösung der angesprochenen Probleme die am ehesten realisierbaren Mittel zu sein.

§ 122

(1) Die Senate der Oberlandesgerichte entscheiden, soweit nicht nach den Vorschriften der Prozeßgesetze an Stelle des Senats der Einzelrichter zu entscheiden hat, in der Besetzung von drei Mitgliedern mit Einschluß des Vorsitzenden.

(2) [1]Die Strafsenate entscheiden über die Eröffnung des Hauptverfahrens des ersten Rechtszuges mit einer Besetzung von fünf Richtern einschließlich des Vorsitzenden. [2]Bei der Eröffnung des Hauptverfahrens beschließt der Strafsenat, daß er in der Hauptverhandlung mit drei Richtern einschließlich des Vorsitzenden besetzt ist, wenn nicht nach dem Umfang oder der Schwierigkeit der Sache die Mitwirkung zweier weiterer Richter notwendig erscheint. [3]Über die Einstellung des Hauptverfahrens wegen eines Verfahrenshindernisses entscheidet der Strafsenat in der für die Hauptverhandlung bestimmten Besetzung. [4]Ist eine Sache vom Revisionsgericht zurückverwiesen worden, kann der nunmehr zuständige Strafsenat erneut nach Satz 2 über seine Besetzung beschließen.

---

234 Vgl. KK-*Hannich*[4] 14.

235 Vgl. KK-*Hannich*[4] 14; *Sarstedt/Hamm*[5] Revision 48ff.

236 Vgl. *Lilie* aaO, *Kuhlen* JA **1986** 598; *Schroth* JR **1990** 94; *Katholnigg* JR **1983** 129f, differenzierend *Katholnigg*[3] 8.

237 Vgl. KK-*Hannich*[4] 14.

Entstehungsgeschichte. Art. 3 Nr. 4 des 1. StRÄndG 1951 fügte den Satz 2 des Absatzes 2 an. Die dort früher hinter „das Hauptverfahren zu eröffnen" folgenden Worte „oder den Angeklagten außer Verfolgung zu setzen" sind durch Art. 2 Nr. 29 des 1. StVRG 1974 gestrichen worden. Art. 8 des Verbrechensbekämpfungsgesetzes vom 4. 11. 1994 (BGBl. I 3186, 3193) hat Absatz 2 umgestaltet. Der diesbezügliche Änderungsvorschlag war im ursprünglichen Gesetzentwurf nicht enthalten, sondern wurde erst auf der Grundlage einer entsprechenden Beschlußempfehlung des Rechtsausschusses in das Gesetz aufgenommen (BTDrucks. **12** 7584 S. 6). Die obligatorische Besetzung des Senats mit fünf Berufsrichtern bei der Entscheidung über die Eröffnung des Hauptverfahrens nach Satz 1 sollte nach Auffassung des Gesetzgebers auch wegen des gerichtsverfassungsrechtlichen Status der Staatsschutzsenate aufrechterhalten bleiben (BTDrucks. **12** 8588 S. 9: „Grundbesetzung"). Der neue Satz 2 schreibt in Anlehnung an § 76 Abs. 2 vor, daß der Senat bei Eröffnung des Hauptverfahrens über seine Besetzung in dieser mit drei oder fünf Berufsrichtern beschließt. Angestrebt wurde dadurch in Anlehnung an das allgemeine Ziel des Gesetzes, Strafverfahren zu konzentrieren und zu beschleunigen (BTDrucks. **12** 6853 S. 18), eine personelle Flexibilisierung; Einbußen in der Qualität der Rechtsprechung seien, so der Gesetzentwurf, nicht zu erwarten (BTDrucks. **12** 8588 S. 9). Durch das Gesetz zur Verlängerung der Besetzungsreduktion bei Strafkammern vom 19. 12. 2000 (BGBl. I S. 1756) hat Absatz 2 der Vorschrift einen neuen Satz 4 erhalten, wonach im Fall der Zurückverweisung einer Sache vom Revisionsgericht der nunmehr zur Entscheidung berufene Senat erneut nach Satz 2 über seine Besetzung entscheiden kann. Hinsichtlich des Zwecks der Regelung beschränken sich die Materialien auf den bloßen Hinweis, wie bei § 76 Abs. 2 und bei § 33 b Abs. 2 JGG soll auch für den Bereich der Oberlandesgerichte die Unabänderlichkeit der Besetzungsentscheidung entfallen, also eine neue Entscheidung über die Besetzung ermöglicht werden (BTDrucks. **14** 3370 S. 3; **14** 4542 S. 4).

Übersicht

1. Kein Einzelrichter. Die Einschränkung in Absatz 1 für den Einzelrichter gilt nicht für den Strafsenat. Sie zielt ab auf die Zivilsenate und gemäß § 80a OWiG für die Bußgeldsenate. 1

2. Eröffnungsentscheidung (Absatz 2 Satz 1). Der Wortlaut des Gesetzes schreibt die Besetzung des Senats des Oberlandesgerichts mit fünf Berufsrichtern ohne Ausnahme nur noch für die Entscheidungen über die Eröffnung des Hauptverfahrens (Satz 1) vor. Ob darin unter Berücksichtigung des Satzes 2 der gerichtsverfassungsrechtliche Status der Staatsschutzsenate (s. Entstehungsgeschichte) hinreichend zum Ausdruck kommt, ist zumindest zweifelhaft. Satz 2 enthält für den aus Sicht des Angeklagten ebenfalls wesentlichen Teil des Strafverfahrens, nämlich die Hauptverhandlung, eine eindeutige Bevorzugung der Dreierbesetzung[1]. 2

[1] KK-*Hannich*[4] 3.

3 Die vom Gesetzgeber beabsichtigte **Zurückdrängung der Fünferbesetzung** gibt auch Antwort auf die Frage, ob bei Entscheidungen im Eröffnungsverfahren nach §§ 201, 202 StPO drei oder fünf Richter mitzuwirken haben. Hier ist der Dreierbesetzung schon deshalb der Vorzug zu geben, weil es sich um dem Eröffnungsbeschluß vorausgehende Entscheidungen handelt[2].

4 **3. Reduzierte Besetzung in der Hauptverhandlung (Absatz 2 Satz 2).** Was den nach Absatz 2 Satz 2 anzulegenden Maßstab für die Besetzungsentscheidung bei Eröffnung des Hauptverfahrens angeht, sind die vom Bundesgerichtshof inzwischen zu § 76 Abs. 2 aufgestellten Grundsätze entsprechend heranzuziehen (§ 76, 9; 16). Danach steht dem eröffnenden Senat bei der Entscheidung über die Besetzung kein Ermessen zu, er verfügt jedoch bei der Auslegung der Tatbestandsmerkmale „Umfang und Schwierigkeit der Sache" über einen weiten Beurteilungsspielraum[3]. Verstöße gegen Absatz 2 Satz 2 können in der Revision mit der Besetzungsrüge nach § 338 Nr. 1 i. V. m. §§ 222a, 222b StPO gerügt werden. Die Revision ist indessen nur dann begründet, wenn der Senat bei seiner Besetzungsentscheidung objektiv willkürlich den ihm zustehenden Beurteilungsspielraum in unvertretbarer Weise überschritten hat (Einzelheiten bei § 76, 16). Selbständig anfechtbar ist die Entscheidung nach Satz 2 nicht[4]. Die Entscheidung über die Notwendigkeit der Fünferbesetzung ist ebenso wie ihr Unterbleiben mit der Folge, daß die Dreierbesetzung zum Tragen kommt, für das weitere Verfahren nicht mehr abänderbar[5].

5 **4.** Schon bislang war umstritten, ob die **Fünferbesetzung außerhalb der Hauptverhandlung** nicht nur in Fällen der Eröffnungsentscheidung und – gegebenenfalls – der Entscheidung über die Einstellung wegen eines Verfahrenshindernisses nach § 206a StPO zur Entscheidung berufen ist, sondern auch – über den Wortlaut des Absatzes 2 hinaus – bei Einstellung wegen Gesetzesänderung nach § 206b StPO, bei Entscheidungen im Wiederaufnahmeverfahren nach § 370 StPO sowie in den Fällen der §§ 441, 442 StPO. Die herrschende Auffassung ist einer solchen ausdehnenden Anwendung unter Hinweis auf den klaren Gesetzeswortlaut von Absatz 2 a. F. entgegengetreten. Auch unter Berücksichtigung der Neufassung der Bestimmung durch das Verbrechensbekämpfungsgesetz 1994 ist dieser Auffassung zuzustimmen[6]. An der in der 24. Auflage vertretenen gegenteiligen Ansicht[7] wird nicht länger festgehalten. Das Argument der Gleichwertigkeit der Einstellung des Verfahrens nach § 206b StPO sowie des Beschlusses nach § 370 StPO mit der Entscheidung über die Einstellung des Verfahrens wegen eines Verfahrenshindernisses kann gerade nach der Neufassung nicht mehr überzeugen: Der Gesetzgeber hat in Kenntnis der Streitfrage in Satz 3 des Absatzes 2 für die Entscheidung über die Einstellung des Hauptverfahrens wegen eines Verfahrenshindernisses ausdrücklich auf Satz 2 Bezug genommen und damit die Möglichkeit einer Entscheidung durch nur drei Berufsrichter eröffnet.

6 Über den Wortlaut des Absatzes 2 hinaus hat der Bundesgerichtshof in verfassungskonformer Auslegung des Absatzes 2 die Mitwirkung von fünf Richtern einschließlich des Vorsitzenden für **Entscheidungen über einen Haftbefehl** auch dann für erforderlich gehalten, wenn die Entscheidung – im Zeitraum zwischen Beginn und Ende einer erstinstanzlich vor dem Strafsenat durchgeführten Hauptverhandlung – außerhalb der-

[2] S. dazu LR-*Rieß*, § 201 StPO, 26.

[3] BGHSt **44** 328, 334 = JR **1999** 302 mit Anm. *Katholnigg* = NStZ **1999** 367 mit Anm. *Rieß*.

[4] *Kissel*[3] 7.

[5] *Kissel*[3] 6.

[6] KK-*Hannich*[4] 3; *Kissel*[3] 9; *Kleinknecht/Meyer-Goßner*[44] 4; *Pfeiffer*[3] 3; vgl. auch LR-*Rieß* § 206 b StPO, 14.

[7] Ebenso *Katholnigg*[3] 5.

selben getroffen werden muß[8]. Mit der unterschiedlichen Bestimmung der Besetzung der Strafsenate, je nachdem ob sie in oder außerhalb der Hauptverhandlung Haftfragen zu entscheiden haben, sei dem Erfordernis des gesetzlichen Richters nicht ausreichend Genüge getan. Wegen Fehlens entsprechender Regelungen sei es den Verfahrensbeteiligten in die Hand gegeben zu bestimmen, ob über die Haftfrage in der Dreier- oder der Fünferbesetzung befunden wird. Damit bestehe die Gefahr der Manipulation, da im Zeitraum von Beginn bis Ende einer mit fünf Richtern durchgeführten Hauptverhandlung zwei unterschiedlich besetzte Spruchkörper mit möglicherweise unterschiedlichen Mehrheitsverhältnissen nebeneinander für die Entscheidung der gleichen Haftfragen zuständig sein können[9]. Die Entscheidung ist im Schrifttum überwiegend kritisch aufgenommen worden[10]. Die für die Notwendigkeit einer verfassungskonformen Auslegung gegebene Begründung, die außer Haftentscheidungen auch alle anderen Entscheidungen außerhalb der Hauptverhandlung betrifft und für § 30 GVG möglicherweise auch Auswirkungen hat[11], überzeugt nicht. Die durch Art. 101 Abs. 1 Satz 2 GG verfassungsrechtlich verankerte Gewährleistung des gesetzlichen Richters soll den Beschuldigten selbst davor schützen, durch Manipulationen der Strafverfolgungsorgane seinem gesetzlichen Richter entzogen zu werden. Soweit § 122 Abs. 2 ihm die Möglichkeit gibt, durch Zeitpunkt und Form der Stellung von Anträgen zur Haftfrage die Entscheidung darüber auf Grund möglicher unterschiedlicher Mehrheitsverhältnisse zu beeinflussen, ist der Schutzbereich dieses Justizgrundrechts daher überhaupt nicht berührt. Im übrigen wird zu Recht darauf hingewiesen, daß auch sonst Haftentscheidungen in verschiedenen Verfahrensabschnitten von unterschiedlichen Stellen getroffen werden und der Beschuldigte die Zusammensetzung der jeweils zur Entscheidung berufenen Spruchkörper durch die Wahl eines bestimmten Zeitpunktes für die Antragsstellung beeinflussen kann[12]. Um der Gefahr einer möglicherweise unsachlichen Einflußnahme durch das Gericht entgegenzuwirken, erscheint eine verfassungskonforme Auslegung entgegen dem klaren Gesetzeswortlaut ebenfalls nicht erforderlich. Das Strafverfahrensrecht räumt dem Gericht und insbesondere dessen Vorsitzenden an zahlreichen Stellen Entscheidungsspielräume ein, was die Beurteilung etwaiger Eilbedürftigkeit bei der Entgegennahme von Anträgen bzw. der Durchführung von Verfahrenshandlungen anbetrifft, so etwa bei § 29 und § 125 Abs. 2 StPO. Die Verfassungsmäßigkeit der genannten Vorschriften dürfte außer Frage stehen[13].

5. Veränderte Besetzung nach Zurückverweisung (Absatz 2 Satz 4). Satz 4 ermöglicht für den Fall der Zurückverweisung durch das Revisionsgericht eine neue Beschlußfassung des nunmehr zur Entscheidung berufenen Senats über seine Besetzung. Dem Wortlaut des Gesetzes ist eindeutig nur zu entnehmen, daß eine solche Entscheidung der Zurückverweisung nicht zwingend zu folgen hat, sondern im pflichtgemäßen Ermessen des Senats liegt. Die Vorschrift enthält keine Antwort auf die Frage, in welcher Besetzung der neue Senat zu entscheiden hat, bis wann und in welcher Form die Entscheidung nach Zurückverweisung getroffen werden muß und ob auch eine Dreierbesetzung im ersten Rechtsgang in eine Fünferbesetzung nach Zurückverweisung umgewandelt werden kann, wenn der Senat nunmehr zu der Auffassung gelangt, die Sache sei umfangreich oder schwierig geworden. 7

---

8 BGHSt **43** 91.

9 BGHSt **43** 91, 93f.

10 Überblick bei LR-*Rieß* Einl. Rdn. I 34 Fußn. 106; LR-*Siolek* § 30, 18ff.

11 LR-*Siolek* § 30, 21ff.

12 LR-*Siolek* § 30, 20; *Katholnigg*[3] 5.

13 Einzelheiten bei LR-*Siolek* § 30, 19 unter Hinweis auf BVerfGE **95** 322.

8 **a)** Bei der **Besetzung des Senats** für die nach Zurückverweisung gemäß Satz 4 notwendige Entscheidung gibt es grundsätzlich drei Möglichkeiten: Der Senat entscheidet entweder immer in der Besetzung mit drei oder mit fünf Berufsrichtern; zusätzlich kommt auch die jeweils für die Hauptverhandlung im ersten Rechtsgang beschlossene Besetzung in Betracht. Maßgebend für das Procedere sind Sinn und Zweck der neugeschaffenen Vorschrift, die es dem erkennenden Gericht im zweiten Rechtsgang ermöglichen soll, die Unabänderlichkeit der ursprünglichen Besetzungsentscheidung zu beseitigen, und dies grundsätzlich in beiderlei Richtungen (Rdn. 10). Die Rechtslage nach Zurückverweisung soll demnach der nach Anklageerhebung entsprechen. In diesem „Normalfall" entscheidet der Senat aber – über Besetzung und Eröffnung gleichermaßen – in der Fünferbesetzung. Dabei sollte es auch für die nach Satz 4 zu treffende Entscheidung bleiben.

9 **b)** Ebenso unklar ist der **Zeitpunkt**, in dem die neue Besetzungsentscheidung getroffen werden muß, fällt doch der für den Normalfall maßgebende Bezugspunkt der Eröffnungsentscheidung hier weg. Vergleichbar mit der vorliegenden Konstellation ist der Fall der Verweisung nach § 270 StPO[14]. Auch hier fehlt es jeweils an der „akzessorischen" Eröffnungsentscheidung. Wie bei einer Verweisung nach § 270 StPO kommt im Fall des Absatzes 2 Satz 4 ein zeitlich mit der Terminsbestimmung zur verbindender Beschluß in Betracht, wodurch auch die Rechte des Angeklagten gewahrt werden[15].

10 **c) Erstmalige Fünferbesetzung.** Absatz 2 Satz 4 steht ersichtlich im Zusammenhang mit den Bemühungen des Gesetzgebers um **Straffung und Beschleunigung des Strafverfahrens**. Die Regelung hat daher den Fall im Blick, in dem im ersten Rechtsgang eine Fünferbesetzung entschieden hat, nach Zurückverweisung aber Umfang und Schwierigkeit der Sache etwa wegen eingetretener Teilrechtskraft im Schuldspruch, nunmehr anders zu beurteilen sind, so daß eine Dreierbesetzung ausreicht. An den umgekehrten und praktisch selten vorkommenden Fall mag der Gesetzgeber daher kaum gedacht haben, der Wortlaut der Vorschrift schließt ihn indessen ebensowenig aus wie deren Intention, die Unabänderlichkeit der Besetzungsentscheidung schlechthin abzuschaffen. Korrektiv ist hier in jedem Fall der auch dem neuen Senat bei der Entscheidung eingeräumte weite Beurteilungsspielraum, der die Berücksichtigung aller Umstände des Einzelfalles ermöglicht (Rdn. 4).

---

[14] Bei der Vorlage nach § 225a StPO gibt es als Bezugspunkt den nach § 225a Abs. 1 Satz 2 StPO erforderlichen Beschluß.

[15] BGHSt **44** 361, 362; BGHR GVG § 76 Abs. 2 Besetzungsbeschluß 2; LR-*Siolek* § 76, 5; *Kleinknecht/Meyer-Goßner*[44] § 76, 4.

NEUNTER TITEL

Bundesgerichtshof

Vorbemerkungen

1. Entstehung des Bundesgerichtshofs. Nach dem Zusammenbruch 1945 wurde dem Reichsgericht seine Rechtsprechungsbefugnis durch Anordnung der Besatzungsbehörden (Art. I Abs. 2 MilRegGes. Nr. 2) entzogen; mit dem Kontrollratsgesetz Nr. 4 traten die §§ 123ff a. F GVG außer Kraft. Die Notwendigkeit der Rechtsvereinheitlichung im Hinblick auf die zahlreichen neuen Bestimmungen des Besatzungsrechts wurde beizeiten erkannt[1]. Durch die Militärregierungs-Verordnung Nr. 98 konstituierte Großbritannien für seine Zone 1947 den Obersten Gerichtshof mit Sitz in Köln, dessen einer Strafsenat allgemein über Revisionen gegen Urteile der Schwurgerichte zu entscheiden hatte, bei allgemeinen Strafkammersachen indessen nur in Fällen der Divergenz[2]. An die Stelle des Reichsgerichts trat dann endgültig am 1. 10. 1950 das nach Art. 95 GG für das Gebiet der ordentlichen Gerichtsbarkeit zu errichtende oberste Bundesgericht, das durch das VereinhG 1950 die Bezeichnung Bundesgerichtshof erhielt[3]. 1

2. Die **Zuständigkeit des Bundesgerichtshofs in Strafsachen** wird durch § 135 in Verb. mit einzelnen Vorschriften der Prozeßordnungen (s. z. B. § 4 Abs. 2, § 12 Abs. 2, § 13 Abs. 2, 3, § 13a, §§ 14, 15, 19, § 27 Abs. 4, §§ 121 Abs. 4 Satz 2, 122 Abs. 7, 138c Abs. 1 304 Abs. 4 Satz 2, Abs. 5 StPO) bestimmt. 2

Außerdem regelt sich der **Geschäftskreis** der Strafsenate des Bundesgerichtshofs noch durch eine Anzahl von Vorschriften, die teils die Zuständigkeit erweitern, teils ihm einige besondere, außerhalb der Strafrechtspflege liegende Geschäfte zuweisen. Als solche Vorschriften sind z. B. anzuführen § 21b Abs. 6 Satz 2, § 159 Abs. 1, § 121 Abs. 2 GVG; § 29 EGGVG; Art. 99 GG[4]; § 19 des ZuständigkeitsergänzungsGes. vom 7. 8. 1952 (BGBl. I 407); § 79 Abs. 3 OWiG in Verb. mit § 121 Abs. 2 GVG; § 42 IRG, §§ 83, 95 GWB. Nach Art. 8 III Nr. 88 VereinhG ist, wo in gesetzlichen Vorschriften dem Reichsgericht oder dem Obersten Gerichtshof für die Britische Zone Aufgaben zugewiesen worden sind, an deren Stelle der Bundesgerichtshof getreten. Gleichzeitig ist in Nr. 88 Abs. 2 aaO vorgesehen, daß der Bundesgerichshof ferner zuständig ist, wenn ihm durch eine Gesetzgebung außerhalb des Geltungsbereichs des VereinhG Zuständigkeiten in Übereinstimmung mit diesem Gesetz übertragen werden. Dies geschah durch das Berliner Gesetz vom 9. 1. 1951 (VOBl. S. 99). Mit dem Beitritt der Deutschen Demokratischen Republik zur Bundesrepublik Deutschland am 3. 10. 1990 wurde der Bundesgerichtshof nach den Regelungen des Einigungsvertrages vom 31. 8. 1990 (Anl. I Kap. III Sachgeb. A Abschn. III Nr. 1) auch für das Beitrittsgebiet zuständig. Der 9. Titel des 3

---

1 *Rüping* NStZ **2000** 355.

2 *Rüping* NStZ **2000** 355.

3 Zur geschichtlichen Entwicklung vor 1945 KK-*Hannich*[4] vor § 123, 1f; zur Personal- und Geschäftsentwicklung des BGH vgl. FS 50 Jahre BGH (2000), S. 787ff.

4 BVerfGE **10** 285, 293; BGH NJW **1980** 583.

GVG wurde unmittelbar und vollen Umfangs anwendbar[5]. Beim Obersten Gericht der Deutschen Demokratischen Republik anhängige Revisionsverfahren gingen auf den Bundesgerichtshof über[6].

4 **3.** Wegen der **Staatsanwaltschaft bei dem Bundesgerichtshof** s. § 142 Abs. 1 Nr. 1 und § 142, 16. Wegen der **Urkundsbeamten** der Geschäftsstellen s. § 153, wegen der **Gerichtsvollzieher** § 154. Wegen der Rechtsanwälte bei dem Bundesgerichtshof s. § 162ff BRAO.

§ 123

Sitz des Bundesgerichtshofes ist Karlsruhe.

Entstehungsgeschichte. § 123 a. F besagte, daß der Sitz des Reichsgerichts durch besonderes Gesetz bestimmt werde. § 2 des Gesetzes über den Sitz des Reichsgerichts vom 11. 4. 1877 (RGBl. 415) legte Leipzig als Sitz fest.

1 **1.** Der **Sitz des Bundesgerichtshofes** wurde durch das VereinhG unmittelbar im GVG festgelegt. Aus dem Kreis zahlreicher Bewerberstädte fiel die Wahl des Gesetzgebers auf Karlsruhe. Die Überlegungen aus Anlaß der Wiederherstellung der Einheit Deutschlands im Oktober 1990, in Anknüpfung an den Sitz des Reichsgerichts den Sitz des Bundesgerichtshofs nach Leipzig zu verlegen[1], haben letztlich keine politische Mehrheit gefunden[2].

2 **2. Grundsätzliche Bedeutung des Gerichtssitzes.** Die Bestimmung des Sitzes sowie deren Änderung erfolgen durch Gesetz. Die Festlegung des – einen – Sitzes dient der Einheitlichkeit der Rechtsprechung des Bundesgerichtshofs in allen ihm zugewiesenen Bereichen; eine Aufteilung auf mehrere Sitze erhöht die Gefahr unterschiedlicher Rechtsentwicklung. Wegen des Vorrangs der Einheitlichkeit der Rechtsprechung für die obersten Bundesgerichte können weder Überlegungen zur Ortsnähe der einzelnen Spruchkörper noch Bemühungen um einen föderativen Ausgleich bei der Verteilung von Bundeseinrichtungen eine Aufteilung des Sitzes rechtfertigen. Im Einklang damit haben alle obersten Bundesgerichte nur einen Sitz. Mit Rücksicht auf Art. 95 Abs. 1 GG, der dem Bundesgerichtshof das (gesamte) Gebiet der ordentlichen Gerichtsbarkeit zuweist, gilt das Gebot eines einheitlichen Sitzes grundsätzlich auch im Verhältnis von Zivil- und Strafsenaten.

---

[5] Zu Einzelheiten s. 24. Aufl. Nachtrag II Teil B Rdn. 10.

[6] Anl. I Kap. 3 Sachgeb. A Abschn. III Nr. 1 Buchst. y zum EinigungsV.

[1] Vgl. *Wassermann* NJW **1990** 2530; *Franzki* Verh. 59. DJT 1992, Teil K; S. II; sowie Entschließungsantrag von Abgeordneten aller Fraktionen (BTDrucks. **12** 2933), mit dem auf lange Sicht eine Verlegung des Bundesgerichtshofs nach Leipzig angestrebt wurde.

[2] Vgl. dazu die Empfehlungen der Unabhängigen Föderalismuskommission vom 27. Mai 1992; Zustimmung des Bundestages vom 26. Juni 1992 (BTDrucks. **12** 2853 – neu), die neben der Sitzverlegung des 5. Strafsenats von Berlin nach Leipzig eine „Nachrückregelung" vorsieht, wonach jeweils bei Errichtung eines neuen Zivilsenats ein weiterer Strafsenat nach Leipzig verlegt werden soll. Eine solche Regelung käme der Einrichtung zweier Sitze gleich.

3. Die gleichen Gründe stehen der Einrichtung mehrerer **auswärtiger Senate** (vgl. dazu § 130, 3) an einem Ort entgegen, soweit dadurch ähnliche Wirkungen wie bei einer Aufteilung des Sitzes ausgelöst werden[3]. Eine solche faktische Sitzaufteilung würde sich jedenfalls dann ergeben, wenn mehr als die Hälfte der Zivil- oder der Strafsenate zusammen in einer anderen Stadt ansässig wären. 3

§ 124

Der Bundesgerichtshof wird mit einem Präsidenten sowie mit Vorsitzenden Richtern und weiteren Richtern besetzt.

Entstehungsgeschichte. Ursprünglicher Text: „… Präsidenten und der erforderlichen Anzahl von Senatspräsidenten und Räten besetzt." Das-VereinhG ersetzt das Wort „Räten" durch „Bundesrichter", Art. II Nr. 37 PräsVerfG die Worte „und der erforderlichen Zahl von Senatspräsidenten und Bundesrichtern" durch die Worte „sowie mit Vorsitzenden Richtern und weiteren Richtern"[1] (zur Ernennung der Vorsitzenden Richter § 125, 4).

Die **Verwendung von Hilfsrichtern** (abgeordneten Richtern) ist beim Bundesgerichtshof nicht zulässig. Das ist zwar weder im Gerichtsverfassungsgesetz noch im Deutschen Richtergesetz ausdrücklich ausgesprochen, ergibt sich aber daraus, daß nach Art. 95 Abs. 2 GG, § 1 des Richterwahlgesetzes vom 25. 8. 1950 (BGBl. I 368) bei den obersten Bundesgerichten nur Richter mitwirken, die gem. § 125 Abs. 1 vom zuständigen Bundesminister gemeinsam mit dem Richterwahlausschuß berufen und vom Bundespräsidenten ernannt sind. Wegen der Verwendung von Hilfsrichtern beim früheren Reichsgericht vgl. Erl. 1 der 20. Aufl. Nicht zu verwechseln mit der Einrichtung der Hilfsrichter ist die der beim Bundesgerichtshof verwendeten wissenschaftlichen Mitarbeiter (jüngerer planmäßig angestellter Landesrichter). Sie nehmen keine richterlichen Aufgaben wahr, sondern unterstützen die Richter am Bundesgerichtshof lediglich durch vorbereitende Tätigkeit und dürfen bei den Beratungen und Abstimmungen – im Unterschied zu den Mitarbeitern beim BVerfG (§ 25 GeschOBVerfG) – anwesend sein (dazu die Erl. zu § 193). 1

§ 125

(1) Die Mitglieder des Bundesgerichtshofes werden durch den Bundesminister der Justiz gemeinsam mit dem Richterwahlausschuß gemäß dem Richterwahlgesetz berufen und vom Bundespräsidenten ernannt.

(2) Zum Mitglied des Bundesgerichtshofes kann nur berufen werden, wer das fünfunddreißigste Lebensjahr vollendet hat.

---

[3] BTDrucks. **12** 2853 – neu.

[1] Zu Aufgabenbereich und Stellung des Präsidenten vgl. KK-*Hannich*[4] 2, 3.

Entstehungsgeschichte. Die Vorschrift (bis 1924 § 127) bestimmte ursprünglich in Absatz 1, daß der Präsident, die Senatspräsidenten und die Räte auf Vorschlag des Bundesrats vom Kaiser ernannt wurden. Die Bek. 1924 übertrug das Vorschlagsrecht auf den Reichsrat und das Ernennungsrecht auf den Reichspräsidenten; diese Befugnisse gingen ohne ausdrückliche Änderung des Gesetzes mit der Aufhebung des Reichsrats und dem Wegfall des Amtes des Reichspräsidenten 1934 und 1935 auf den Führer und Reichskanzler über (19. Aufl., Nachtr. I S. 155). Seine jetzige Fassung erhielt Absatz 1 durch das VereinhG. Absatz 2 enthielt neben der heute noch bestehenden Altersuntergrenze die Ernennungsvoraussetzung der Befähigung zum Richteramt in einem deutschen Land, die durch § 85 Nr. 11 DRiG im Hinblick auf die Regelung in § 6 Abs. 2 DRiG gestrichen wurde. Durch Art. I Nr. 4 des Ges. vom 27. 3. 1923 (RGBl. I S. 218) wurde in einem Absatz 3 das Dienstalter der Mitglieder des Reichsgerichts geregelt; die Bestimmung wurde durch § 28 der VO vom 28. 2. 1939 (RGBl. I S. 359) wieder aufgehoben.

1 Nach Wortlaut und Entstehungsgeschichte regelt die Vorschrift die Berufung und Ernennung der Mitglieder des Bundesgerichtshofs. In Verbindung mit § 130 kann die Bestimmung aber auch als indirekte Regelung der **Dienstaufsicht über den Bundesgerichtshof** herangezogen werden. Eine ausdrückliche Vorschrift dazu enthält das Gesetz nicht; auch fehlt ein entsprechender Organisationserlaß des Bundeskanzlers. Aus der Befugnis des Bundesministers der Justiz, die Richter des Bundesgerichtshofs zu berufen, die Zahl der Senate zu bestimmen und auswärtige Senate einzurichten, ergibt sich daher – im Unterschied zur Regelung beim Generalbundesanwalt beim Bundesgerichtshof (§ 147 Nr. 1) – die Befugnis, auch die allgemeine Dienstaufsicht auszuüben[1].

2 Die **Wahl der Richter** der obersten Gerichtshöfe des Bundes, deren Ernennung nach Art. 60 Abs. 1 GG dem Bundespräsidenten obliegt, ist in Art. 95 Abs. 2 GG vorgeschrieben. Danach entscheidet über die Berufung dieser Richter der für das jeweilige Sachgebiet zuständige Bundesminister, beim Bundesgerichtshof also der Bundesminister der Justiz, gemeinsam mit einem Richterwahlausschuß, der sich aus den zuständigen Ministern aller Länder und der gleichen Zahl vom Bundestag gewählter Mitglieder zusammensetzt. Derzeit besteht der Richterwahlausschuß also aus 32 Personen.

3 Die Einzelheiten regelt das **Richterwahlgesetz vom** 25. 8. 1950 (BGBl. I S. 368)[2]. Die 16 **Mitglieder kraft Wahl** werden vom Bundestag grundsätzlich für die Dauer seiner Legislaturperiode gewählt; sie müssen zum Bundestag wählbar, brauchen aber nicht dessen Mitglieder zu sein. Der Ausschuß wird vom Bundesminister der Justiz einberufen, der auch den Vorsitz führt. Alle Mitglieder des Richterwahlausschusses unter Einschluß des Bundesjustizministers sind **vorschlagsberechtigt**, letzterer hat indessen kein Stimmrecht. Der Ausschuß entscheidet in geheimer Abstimmung mit der Mehrheit der abgegebenen Stimmen. Nach § 13 RichterwahlG hat der Bundesminister der Justiz die Ernennung des Gewählten beim Bundespräsidenten zu beantragen, sofern er der Wahl zustimmt. Die Wahl bindet ihn also nicht; er prüft eigenständig, ob der Gewählte die gesetzlichen Berufungsvoraussetzungen erfüllt und über die persönliche und fachliche Eignung verfügt (§ 11 RichterwahlG). Vor der Wahl ist der Präsidialrat des Bundesgerichtshofs zu beteiligen (§ 55 DRiG). Stellungnahmen des Präsidialrates sind für den Richterwahlausschuß nicht bindend. Für die Berufung eines Richters am Bundesgerichtshof ist also

[1] *Schäfke* ZRP **1983** 165, 166.

[2] Zuletzt geändert durch Gesetz vom 30. 7. 1968 (BGBl. I S. 873, abgedruckt mit Erl. bei *Schmidt-Räntsch*[5], Teil G, S. 1023ff.

stets das übereinstimmende Votum des Bundesjustizministers und des Richterwahlausschusses erforderlich.

4 Das Verfahren zur Wahl der Richter der obersten Gerichtshöfe des Bundes ist wegen des Einflusses der politischen Parteien vielfach kritisiert worden[3]. Zur **Verringerung des parteipolitischen Einflusses** wurden einerseits Änderungen in der Zusammensetzung des Richterwahlausschusses erwogen, so etwa die Zuziehung amtierender Bundesrichter[4], andererseits die Einführung einer Zweidrittelmehrheit als Voraussetzung für die Wahl eines Bewerbers. Die letztgenannten Überlegungen mündeten in einen Gesetzentwurf zur Änderung des Wahlverfahrens[5], dessen aktueller Anlaß mehrfache Auseinandersetzungen im Richterwahlausschuß bildeten[6]. Die Veränderung in der Zusammensetzung des Ausschusses scheiterte an verfassungsrechtlichen Bedenken hinsichtlich der damit verbundenen Kooptation[7]. Auch der Entwurf zur Änderung des Wahlverfahrens wurde nicht verwirklicht[8]. In welchem Umfang Gesichtspunkte des Parteienproporzes gegenüber dem Kriterium der persönlichen und fachlichen Eignung in den Vordergrund treten, dürfte unabhängig von der Ausgestaltung des Wahlverfahrens im einzelnen vom Verantwortungsbewußtsein der Ausschußmitglieder abhängen.

5 Die **Ernennung** (§ 17 Abs. 2 Nr. 3 DRiG) eines Richters am Bundesgerichtshof zum **Vorsitzenden Richter** oder zum Präsidenten unterliegt nicht den Bestimmungen des Art. 95 Abs. 2 GG und des RichterwahlG[9]. Anders als beim Generalbundesanwalt und den Bundesanwälten (§ 149) ist auch die Zustimmung des Bundesrates nicht vorgesehen. Zuständig für die Ernennung eines Richters zum Vorsitzenden Richter am Bundesgerichtshof ist nach Art. 60 Abs. 1 GG, § 46 DRiG i. V. m. § 10 Abs. 1 BBG (analog) der Bundespräsident. Die Ernennung erfolgt auf Vorschlag des Bundesministers der Justiz[10]. Dem Vorschlag geht regelmäßig ein Kabinettsbeschluß voraus, der Außenwirkung nicht entfaltet[11]. Verwaltungsgerichtlicher Kontrolle unterliegt indessen der konkrete Ernennungsvorschlag, dem ein Besetzungsbericht des Präsidenten des Bundesgerichtshofs vorausgeht. Ebenso wie bei Beamten liegt die Entscheidung über eine Beförderung von Richtern im pflichtgemäßen Ermessen des Dienstherren; der Bundesminister der Justiz hat sich gemäß Art. 33 Abs. 2 GG, § 46 DRiG, §§ 23, 8 Abs. 1 Satz 2 BBG (analog) an Eignung, Befähigung und fachlicher Leistung zu orientieren[12]. Dabei verfügt der Dienstherr über eine Beurteilungsermächtigung; die gerichtliche Kontrolle beschränkt sich darauf, ob er den rechtlichen Rahmen und die anzuwendenden Begriffe zutreffend gewürdigt, ob er richtige Sachverhaltsannahmen zugrundegelegt und ob er allgemeingültige Wertmaßstäbe beachtet und sachfremde Erwägungen unterlassen hat[13]. Das danach auszuübende Auswahlermessen erweitert sich zu einem weiten Ermessen hinsichtlich der Bestimmung geeigneter Auswahlkriterien, wenn für die Besetzung eines Beförderungsamtes im wesentlichen gleichgeeignete Bewerber zur Verfügung stehen[14].

---

3 *Ipsen* DÖV **1571** 469; *Löffler* DRiZ **1986** 149; *Menard* DRiZ **1987** 19; *Schimansky* DRiZ **1992** 142; *Bull* ZRP **1996** 335; dazu jüngst VG Schleswig-Holstein, Beschl. vom 4.7.2001 – 11 B 10/01 (Fall „Nescovic“, nr.).

4 *Schmidt-Räntsch*[5], Teil G, Vorbem. 2; *Priepke* DRiZ **1998** 229.

5 Gesetzentwurf der SPD-Fraktion vom 7.5.1986 (Bundestags-Drucks. **10** 5446).

6 Bericht in DRiZ **1986** 350f.

7 *Schmidt-Räntsch*[5], Teil G, Vorbem. 2.

8 Zum Entwurf *Marqua* DRiZ **1986** 350; *Günther* ZRP **1987** 199; weitergehende Reformüberlegungen bei *Marqua* DRiZ **1989** 226.

9 VGH Mannheim NJW **1996** 2525, 2526; *Schmidt-Räntsch*[5], Teil G, § 11 1.

10 Zu den Einzelheiten Art. 1 Abs. 4, Art. 3 der Anordnung über die Ernennung und Entlassung von Bundesbeamten und Richtern im Bundesdienst vom 14.7.1975 (BGBl. I S. 1915), zuletzt geändert durch Anordnung vom 12.12.1995 (BGBl. I S. 1698).

11 VGH Mannheim NJW **1996** 2525, 2526.

12 VGH Mannheim NJW **1996** 2525.

13 VGH Mannheim NJW **1996** 2525, 2526.

14 BVerwG DVBl. **1994** 118; VGH Mannheim NJW **1996** 2525, 2526.

6 Nach Art. 98 Abs. 4 GG können die Bundesländer für die **Richter im Landesdienst** Richterwahlgesetze erlassen; eine Rahmenkompetenz des Bundes gbt es nicht[15]. In der überwiegenden Zahl der Bundesländer sind Richterwahlausschüsse eingerichtet worden[16].

§§ 126 bis 129

(**aufgehoben** durch das Deutsche Beamtengesetz vom 26. 1. 1937, RGBl. I 39)

§ 130

(1) [1]Bei dem Bundesgerichtshof werden Zivil- und Strafsenate gebildet und Ermittlungsrichter bestellt. [2]Ihre Zahl bestimmt der Bundesminister der Justiz.

(2) Der Bundesminister der Justiz wird ermächtigt, Zivil- und Strafsenate auch außerhalb des Sitzes des Bundesgerichtshofes zu bilden und die Dienstsitze für Ermittlungsrichter des Bundesgerichtshofes zu bestimmen.

Entstehungsgeschichte. Das VereinhG fügte den Absatz 2 hinzu, der den Bundesminister der Justiz zur Bildung auswärtiger Senate ermächtigte. Damit sollte die Einrichtung von Senaten in Berlin ermöglicht werden[1]. Durch Art. II Nr. 38 PräsVerfG wurden dem Absatz 1 Satz 1 die Worte „und Ermittlungsrichter bestellt", durch Ges. vom 8. 9. 1969 (BGBl. I 1582) dem Absatz 2 die Worte „und die Dienstsitze … zu bestimmen" hinzugefügt.

1 **1. Senate beim Bundesgerichtshof.** Über § 130 Absatz 1 hinaus bestehen nicht nur Zivil- und Strafsenate, vielmehr sind im Lauf der Zeit eine Reihe von Spezialsenaten hinzugetreten, z. B. der Kartellsenat gemäß § 95 GWB, der Senat für Anwaltssachen gemäß § 106 BRAO, der besondere Senat, der die Aufgaben des Dienstgerichts des Bundes für die Richter im Bundesdienst wahrnimmt (§ 62 DRiG), Senate für Bußgeldsachen gemäß § 46 Abs. 7 OWiG usw. Vgl. dazu 132, 3. Die Zahl der Zivil- und Strafsenate bestimmt der Bundesminister der Justiz durch Verwaltungsanordnung; zur Zeit gibt es zwölf Zivil- und fünf Strafsenate.

2 2. Die **Ermittlungsrichter des Bundesgerichtshofs** (vgl. § 169 Abs. 1 Satz 2 StPO) bestellt das Präsidium des Bundesgerichtshofs (§ 21e Abs. 1). Zu Ermittlungsrichtern können nur Richter am Bundesgerichtshof bestellt werden, die jedoch nicht als ständiges Mitglied einem Senat angehören müssen (§ 1 Abs. 3 GeschO BGH in der Fassung vom 15. 4. 1970, BAnz Nr. 74). Dagegen ist die Bestimmung der Zahl der Ermittlungsrichter Sache des Bundesjustizministers, nicht des Präsidiums; die Ermittlungsrichter werden insoweit wie Spruchkörper behandelt (dazu § 116, 3). Zur Zeit sind vier Ermittlungsrichter

---

15 *Schmidt-Räntsch*[5], Teil G, Vorbem. 1.

16 Überblick bei *Schmidt-Räntsch*[5], Vorbem. § 8 DRiG 7ff; zur verfassungsrechtlichen Problematik *Uhlitz* DRiZ **1970** 219; siehe auch *Schimansky* DRiZ **1992** 142; *Bull* ZRP **1996** 335, 337.

1 Vgl. KK-*Hannich*[4] 5 unter Hinweis auf Prot. S. 23, 77 und Drucksache Nr. 8 des (23.) Ausschusses für Rechtspflege und Verfassungsrecht sowie BTProt. I S. 2871.

bestellt. Absatz 2 ermächtigt den Bundesjustizminister, ihren Dienstsitz zu bestimmen; bisher hatten alle Ermittlungsrichter ihren Dienstsitz in Karlsruhe.

3. Die **Ermächtigung zur Bildung auswärtiger Senate** (Absatz 2) umfaßt deren Errichtung und Aufhebung. Beides erfolgt durch Verwaltungsanordnung des Bundesministers der Justiz. Mit Anordnung vom 8.12.1951 (BAnz Nr. 240) errichtete der Bundesjustizminister einen auswärtigen Senat in Berlin, den 5. Strafsenat. Grundlage für die Verlagerung dieses Strafsenats nach Leipzig ist die Anordnung des Bundesministeriums der Justiz vom 2.7.1997 (BAnz Nr. 125). Der Wortlaut der Vorschrift enthält keine Begrenzung der Ermächtigung; danach steht die Bildung weiterer auswärtiger Senate in Leipzig formal im Belieben des Bundesjustizministeriums[2]. Einschränkungen ergeben sich aber aus den Erwägungen zum Sitz des Bundesgerichtshofs (§ 123, 1; 2) sowie aus der Entstehungsgeschichte der Vorschrift und ihrer restriktiven Anwendung (in rund 40 Jahren wurde nur ein auswärtiger Senat in Berlin gebildet). Die Errichtung auswärtiger Senate setzt danach ähnlich gewichtige Gründe wie seinerzeit der Ausbau der Bindung zu Berlin voraus. Die **Besetzung des detachierten Senats** ist Sache des Präsidiums, das gleiche gilt für die Geschäftsverteilung[3]; über die Verschiebbarkeit der Mitglieder des Bundesgerichtshofs zwischen Karlsruhe und Berlin s. § 30, 4 DRiG in der 23. Aufl. Wegen der Beteiligung des Richterrats bei Anordnung nach Absatz 2 vgl. in der 23. Auflage § 52, 1 DRiG. 3

§ 131

erklärte die §§ 62 bis 69a. F für entsprechend anwendbar und regelte die Zusammensetzung des Präsidiums. Er wurde durch Art. II Nr. 39 PräsVerfG **aufgehoben**, da er durch die neu eingefügten §§ 21 aff gegenstandslos wurde.

§ 131 a

wurde eingefügt durch Ges. vom 28.6.1935 (RGBl. I 844). Er enthielt die Vorschriften über die Großen Senate und die Vereinigten Großen Senate. Durch das VereinhG 1950 wurde er als § 132 eingesetzt und ist in der ursprünglichen Bezeichnung **weggefallen**.

§ 132

(1) [1]Beim Bundesgerichtshof werden ein Großer Senat für Zivilsachen und ein Großer Senat für Strafsachen gebildet. [2]Die Großen Senate bilden die Vereinigten Großen Senate.

(2) Will ein Senat in einer Rechtsfrage von der Entscheidung eines anderen Senats abweichen, so entscheiden der Große Senat für Zivilsachen, wenn ein Zivilsenat von einem anderen Zivilsenat oder von dem Großen Zivilsenat, der Große

---

[2] *Zöller/Gummer*[22] 2; **a.A** *Schäfke* ZRP **1983** 165, 168.

[3] KK-*Hannich*[4] 5; **a. A** *Kissel*[3] 4.

Senat für Strafsachen, wenn ein Strafsenat von einem anderen Strafsenat oder von dem Großen Senat für Strafsachen, die Vereinigten Großen Senate, wenn ein Zivilsenat von einem Strafsenat oder von dem Großen Senat für Strafsachen oder ein Strafsenat von einem Zivilsenat oder von dem Großen Senat für Zivilsachen oder ein Senat von den Vereinigten Großen Senaten abweichen will.

(3) [1]Eine Vorlage an den Großen Senat oder die Vereinigten Großen Senate ist nur zulässig, wenn der Senat, von dessen Entscheidung abgewichen werden soll, auf Anfrage des erkennenden Senats erklärt hat, daß er an seiner Rechtsauffassung festhält. [2]Kann der Senat, von dessen Entscheidung abgewichen werden soll, wegen einer Änderung des Geschäftsverteilungsplanes mit der Rechtsfrage nicht mehr befaßt werden, tritt der Senat an seine Stelle, der nach dem Geschäftsverteilungsplan für den Fall, in dem abweichend entschieden wurde, zuständig wäre. [3]Über die Anfrage und die Antwort entscheidet der jeweilige Senat durch Beschluß in der für Urteile erforderlichen Besetzung; § 97 Abs. 2 Satz 1 des Steuerberatungsgesetzes und § 74 Abs. 2 Satz 1 der Wirtschaftsprüferordnung bleiben unberührt.

(4) Der erkennende Senat kann eine Frage von grundsätzlicher Bedeutung dem Großen Senat zur Entscheidung vorlegen, wenn das nach seiner Auffassung zur Fortbildung des Rechts oder zur Sicherung einer einheitlichen Rechtsprechung erforderlich ist.

(5) [1]Der Große Senat für Zivilsachen besteht aus dem Präsidenten und je einem Mitglied der Zivilsenate, der Große Senat für Strafsachen aus dem Präsidenten und je zwei Mitgliedern der Strafsenate. [2]Legt ein anderer Senat vor oder soll von dessen Entscheidung abgewichen werden, ist auch ein Mitglied dieses Senats im Großen Senat vertreten. [3]Die Vereinigten Großen Senate bestehen aus dem Präsidenten und den Mitgliedern der Großen Senate.

(6) [1]Die Mitglieder und die Vertreter werden durch das Präsidium für ein Geschäftsjahr bestellt. [2]Dies gilt auch für das Mitglied eines anderen Senats nach Absatz 5 Satz 2 und für seinen Vertreter. [3]Den Vorsitz in den Großen Senaten und den Vereinigten Großen Senaten führt der Präsident, bei Verhinderung das dienstälteste Mitglied. [4]Bei Stimmengleichheit gibt die Stimme des Vorsitzenden den Ausschlag.

Schrifttum. *Beisse* Von der Aufgabe des Großen Senats, FS Hugo von Wallis (1985) 45; *Fischer* Das obiter dictum – aus revisionsrichterlicher Sicht – in: Gesammelte Schriften (1985) 79; *Gelhaar* Die Besetzung der Großen Senate bei den oberen Bundesgerichten, DRiZ **1965** 73; *Hanack* Der Ausgleich divergierender Entscheidungen in der oberen Gerichtsbarkeit (1962) 27; *Herdegen, M.* Der Vorrang des Europäischen Gemeinschaftsrechts und innerstaatliche Vorlagepflichten, MDR **1985** 542; *Heußner* Das Anfrageverfahren des Großen Senats, DRiZ **1972** 119; *Kapp* Nichtanrufung des Großen Senats des Bundesfinanzhofs als verfassungswidrige objektive Willkür, FS Felix (1989) 153; *Kissel* Neues zur Gerichtsverfassung, NJW **1991** 945; *Kuhlen* Die Abweichung einer Entscheidung von einer anderen und die Betrachtung des Einzelfalles, JA **1986** 589; *Lauterjung* Die Einheit der Rechtsprechung innerhalb der höchsten Gerichte, (1932) (strafrechtliche Abhandlungen Nr. 300); *Leisner* Urteilsverfassungsbeschwerde wegen Nichtvorlage bei Abweichung, NJW **1989** 2446; *Lilie* Obiter dictum und Divergenzausgleich in Strafsachen (1993); *Maetzel* Prozessuale Fragen zum Verfahren vor dem „Großen Senat", MDR **1966** 453; *Maetzel* Bemerkungen zum gemeinsamen Senat der obersten Gerichtshöfe MDR **1968** 797; *May* Verfahrensfragen bei der Divergenzanrufung des Großen Senats, DRiZ **1983** 305; *Miebach* Der Gemeinsame Senat der obersten Gerichtshöfe des Bundes (1971); *Müller* Die grundsätzliche Bedeutung der Rechtssache, FS Herschel (1955) 159; *Offerhaus* Die Großen Senate der obersten Gerichtshöfe des Bundes, 75 Jahre Reichsfinanzhof – Bundesfinanzhof (1993) 623; *Rieß* Hinweise an den Tatrichter bei der Zurückverweisung durch das Revisionsgericht, Hanack-Symp. (1991) 117; *Schalscha* Die Aushöhlung der Vorlegungspflicht nach §§ 121, 136 GVG, MDR **1959** 90; *Schefold* Zweifel des erkennenden Gerichts, (1971); *Schirmer* Rechtsfragen des Anfrageverfahrens und Anrufung des Großen Senats, Sozialgerichtsbarkeit **1980** 413; *Eb. Schmidt* Zur Auslegung des § 136 GVG, MDR **1958** 815; *Schünemann* Der polizeiliche Lockspitzel – Kontroverse ohne Ende? – StV **1985** 425; *Schulte* Rechtsprechungseinheit als Verfassungsauftrag. Dargestellt am Beispiel des gemeinsamen Senats der obersten Gerichtshöfe des Bundes (1986).

Entstehungsgeschichte. § 136a. F GVG in der Fassung des Gesetzes vom 17.3.1886 (RGBl. 61) sah zur Erhaltung einer einheitlichen Rechtsprechung innerhalb des Reichsgerichts folgende Regelung vor: Wollte ein Zivilsenat in einer Rechtsfrage von der Entscheidung eines anderen Zivilsenats abweichen, so hatte er die Entscheidung der vereinigten Zivilsenate und in gleicher Weise ein Strafsenat, der von der Entscheidung eines anderen Strafsenats abweichen wollte, die Entscheidung der vereinigten Strafsenate einzuholen. Das Plenum des Reichsgerichts war zur Entscheidung berufen, wenn ein Zivilsenat von einem Strafsenat (oder umgekehrt) abweichen wollte. Dieser infolge der Vielzahl der mitwirkenden Personen schwerfällige Apparat zeitigte den vielgenannten horror pleni, d.h. das Bestreben, im Wege der Auslegung die Voraussetzungen für die Einholung einer Entscheidung der Plenargremien weitgehend einzuengen. In der Zeit von 1879 bis 1935 haben die vereinigten Strafsenate nur 31 Entscheidungen erlassen[1]. Das Gesetz vom 28.6.1935 (RGBl. I 844) brachte, an ältere Reformvorschläge anknüpfend[2], eine Vereinfachung in der Weise, daß an die Stelle der vereinigten Zivilsenate und der vereinigten Strafsenate ein Großer Senat für Zivilsachen und ein Großer Senat für Strafsachen trat, während die Aufgaben des Plenums den Vereinigten Großen Senaten zufiel. Die Zusammensetzung dieser drei Spruchkörper wurde in dem neu eingestellten § 131a geregelt; Aufgabenbereich und Verfahren ergaben sich aus den durch das gleiche Gesetz neu gefaßten §§ 136 bis 138. Bezüglich der Frage, wann eine Entscheidung dieser Spruchkörper herbeizuführen war, beließ es das Gesetz vom 28.6.1935 – abgesehen davon, daß es eine Abweichung von Entscheidungen, die vor dem 1.9.1935 ergangen waren, frei zuließ – beim bisher geltenden Recht (§ 136). Während aber früher eine Anrufung des Großen Senats erst in Betracht kam, wenn bereits ein Senat des Reichsgerichts über eine Rechtsfrage entschieden hatte und ein anderer Senat davon abweichen wollte, sah das Gesetz vom 28.6.1935 als wesentliche Neuerung eine Anrufung der Großen Senate auch für den Fall vor, daß eine aktuelle Abweichung zwischen zwei Senaten nicht in Frage stand, sondern, auch ohne daß das Reichsgericht bisher entschieden hätte, eine Frage von grundsätzlicher Bedeutung vorlag, bei der die Fortbildung des Rechts oder die Sicherung einer einheitlichen Rechtsprechung eine Entscheidung des Großen Senats wünschenswert machte, um der Rechtsprechung die Bahn zu weisen. Diese Vorschrift wurde als § 137 eingefügt.

Die auf dem VereinhG beruhende Fassung entsprach dem § 137 Abs. 1 i.d.F von 1935. Absatz 2 der Fassung von 1935 bestimmte, daß, wenn in einer Strafsache der Oberreichsanwalt die Entscheidung durch den Großen Senat für erforderlich hielt, auf seinen Antrag der erkennende Senat die Verweisung vor den Großen Senat auszusprechen hatte. Diese Vorschrift hat das VereinhG bereits ersatzlos weggelassen; der Gedanke ist bei der Novellierung des § 132 durch das Rechtspflege-Vereinfachungsgesetz vom 17.12.1990 nicht aufgegriffen worden[3]. Das VereinhG regelte ferner, daß die

---

1 *Busch* DRiZ **1960** 347.
2 *Hanack* 31.
3 Fränkel DRiZ **1960** 354 und Martin DRiZ **1974** 248 halten ihre Wiederherstellung für erwünscht; vgl. auch JZ **1964** 726 zu den Verhandlungen des 45. Deutschen Juristentages (1964); krit. dagegen zum Antragsrecht des Oberreichsanwalts *Weidemann* NStZ **1985** 1, 4f.

Mitglieder des Großen Senats nicht von der Justizverwaltung, sondern vom Präsidium (§ 21e Abs. 1) bestellt werden. Die Vereinfachung des Apparates hatte zunächst zur Folge, daß beim Bundesgerichtshof der Weg der §§ 136, 137 a. F viel häufiger beschritten wurde als beim Reichsgericht (vor 1935). So entschied der Große Senat für Strafsachen in den Jahren 1950 bis 1963 über 28 Vorlagen. Seit 1964 zeichnet sich jedoch eine deutliche Verringerung der Vorlagen ab; bis April 1993 wurde der Große Senat für Strafsachen insgesamt nur noch neunmal angerufen, viermal zur Vermeidung einer drohenden Divergenz nach § 136 a. F (jetzt: § 132 Abs. 2) sowie fünfmal zur Entscheidung einer grundsätzlichen Rechtsfrage nach § 137 a. F (jetzt: § 132 Abs. 4). Seit Gründung des BGH im Jahre 1950 bis Anfang 1992 wurde der Große Senat in Strafsachen insgesamt fünfunddreißigmal angerufen; sechsundzwanzig Fälle der Anrufung betrafen materiellrechtliche Fragen, neun Fälle verfahrensrechtliche[4]. Unverkennbar sind in diesen Jahren die Bemühungen der fünf Strafsenate des Bundesgerichtshofs, eine Anrufung des Großen Senats zu vermeiden; statt dessen wird eine Änderung der Rechtsprechung häufig über das Anfrageverfahren (früher: § 9 GeschO BGH, jetzt: § 132 Abs. 3) in Abstimmung der Senate untereinander herbeigeführt[5]. Soweit eine solche Übereinstimmung (noch) nicht zu erzielen ist, haben die Senate angesichts ihrer hohen sonstigen Arbeitsbelastung Wege gesucht und gefunden, die Anrufung des Großen Senats zu vermeiden und die anstehenden Rechtsfragen zu entscheiden (vgl. dazu die Beispiele bei *Lilie* S. 129ff), ohne daß dadurch die Einheitlichkeit der Rechtsprechung in Frage gestellt werden soll. Diese Entwicklung allein mit dem vielzitierten horror pleni zu erklären, also als allgemeine Konfliktvermeidungsstrategie, würde zu kurz greifen. Gerade angesichts der erwähnten hohen Arbeitsbelastung der Senate steht das Bestreben im Vordergrund, die Anrufung des Großen Senats zu vermeiden, um die gerade in Haftsachen dringliche abschließende Sachentscheidung nicht ungebührlich hinauszuzögern[6].

Durch Art. 2 Nr. 11 bis 13 des Rechtspflege-Vereinfachungsgesetzes vom 17. 12. 1990 (BGBl. I 2847, 2854) wurden die bisherigen Vorschriften der §§ 132, 136, 137 und 138 in § 132 und § 138 mit Wirkung vom 1. 1. 1992 zusammengefaßt und ergänzt. Während die Zuständigkeit der Großen Senate zur Entscheidung von Divergenzen zwischen einzelnen Senaten und von Fragen grundsätzlicher Bedeutung zur Fortbildung des Rechts oder zur Sicherung einer einheitlichen Rechtsprechung inhaltlich unverändert beibehalten worden ist, wurden die Besetzung der Großen Senate und die Verfahrensweise neu geregelt, um rechtsstaatlichen Bedenken u. a. gegen das bisher geübe Anfrageverfahren innerhalb der Senate und die (unbestimmte) Zusammensetzung der Großen Senate im Einzelfall Rechnung zu tragen (vgl. BTDrucks. **11** 3621 S. 29ff, 54; sowie im einzelnen die nachf. Erl. zu § 132 und § 138). Zugleich wurden die teilweise divergierenden Regelungen über die Großen Senate bei den übrigen obersten Gerichtshöfen des Bundes vereinheitlicht und nahezu wortgleich in die jeweiligen Verfahrensordnungen integriert (vgl. § 11 VwGO und § 11 FGO sowie – mit Besonderheiten für die Beteiligung ehrenamtlicher Richter – § 45 ArbGG und § 41 SGG).

Zur Vermeidung divergierender Entscheidungen der obersten Gerichtshöfe ist durch das Gesetz zur Wahrung der Einheitlichkeit der Rechtsprechung der obersten Gerichtshöfe des Bundes vom 19. 6. 1968 (BGBl. I 661) ein Gemeinsamer Senat gebildet worden, dessen Zusammensetzung in §§ 3 und 4 RsprEinhG geregelt ist. Für das Bundesverfassungsgericht ist eine dem § 132 entsprechende Regelung in § 16 BVerfGG enthalten. Eine Kammer (§§ 15a, 93b BVerfGG) darf von einem Senat nicht abweichen;

---

[4] *Offerhaus* 624, 626.

[5] *Offerhaus* 632; vgl. auch *Tröndle* GA **1973** 290.

[6] *Offerhaus* 633.

Abweichungen von Kammern untereinander sind nicht geregelt, theoretisch demnach möglich[7]. Sie lösen keine Vorlagepflicht aus. Weicht ein Senat des Bundesverfassungsgerichts von der Rechtsauffassung einer Kammer ab, so entsteht ebenfalls kein Fall der vorlagepflichtigen Rechtsprechungsdivergenz[8].

Auch bei den Oberverwaltungsgerichten ist in § 12 VwGO die Einrichtung eines Großen Senates vorgesehen, der bei drohender Divergenz zwischen den Senaten anzurufen ist, wenn letztinstanzlich über Fragen des Landesrechts zu entscheiden ist. Für das BayObLG ist gemäß § 10 Abs. 1 EGGVG ein Großer Senat für Strafsachen eingerichtet für den die §§ 132, 138 GVG gelten.

Übersicht

I. Allgemeines

Die Neufassung des § 132 Abs. 1 übernimmt in Satz 1 die bisherige Regelung, wonach ein Großer Senat für Zivilsachen und ein Großer Senat für Strafsachen zu bilden ist. Satz 2 definiert erstmals den Begriff der Vereinigten Großen Senate und stellt darüber hinaus klar, daß diese einen selbständigen Spruchkörper innerhalb des Bundesgerichtshofs darstellen[9]. **1**

---

[7] *Pestalozza* Verfassungsprozeßrecht[3] (1991) § 20 Rdn. 64 Fußn. 165.

[8] Vgl. BVerfGE **23** 191, 206f; vgl. auch *Benda/Klein*, Verfassungsprozeßrecht (1991) § 5 Rdn. 109.

[9] BTDrucks. **11** 3621 S. 54.

II. Divergenzanrufung (Absatz 2)

2 **1. Bedeutung und Inhalt der Vorschrift.** Absatz 2 entspricht inhaltlich dem früheren § 136 a. F. Die Regelung dient der Einheitlichkeit der Rechtsprechung innerhalb des Bundesgerichtshofs und gewährleistet so die Einheitlichkeit der Rechtsanwendung und der Rechtsfortbildung insgesamt[10]. Sie entzieht dem mit der Sache befaßten Senat die abschließende Entscheidung über eine Rechtsfrage, wenn dieser dabei von der Entscheidung eines anderen Senats, des Großen Senats oder einer früher eingeholten Entscheidung der Vereinigten Großen Senate des Bundesgerichtshofs abweichen will[11].

3 **2. Begriff des Strafsenats.** Welcher der Großen Senate anzurufen ist, richtet sich danach, welcher Rechtsmaterie die zu entscheidende Rechtsfrage zuzuordnen ist und in welcher Eigenschaft die beteiligten Senate mit der Sache befaßt sind[12]. Neben den als Strafsenaten beim Bundesgerichtshof eingerichteten Spruchkörpern gilt nach § 94 Abs. 2 des GWB i. d. F vom 28. 8. 1998 (BGBl. I S. 2546) der beim Bundesgerichtshof gebildete Kartellsenat in Bußgeldsachen als Strafsenat im Sinne des § 132 GVG. Das gleiche gilt nach § 61 Abs. 4 DRiG für den besonderen Senat des Bundesgerichtshofs, der als Dienstgericht des Bundes gebildet ist, soweit er in Disziplinarsachen entscheidet, und nach § 106 Abs. 1 BRAO für den Senat für Anwaltssachen beim Bundesgerichtshof, soweit für das Verfahren die Vorschriften der Strafprozeßordnung entsprechend gelten. Entsprechende Regelungen sind für den Patentanwaltssenat (§ 90 Abs. 3 Patentanwaltsordnung) und den Wirtschaftsprüfersenat (§ 74 Abs. 1 Wirtschaftsprüferordnung) getroffen worden. Ferner zählen der Notarsenat (§ 109 BNotO) und der Steuerberater- und Steuerbevollmächtigtensenat (§ 97 Steuerberatungsgesetz), deren Verfahren sich nach den Vorschriften der Strafprozeßordnung richten, zu den Strafsenaten in diesem Sinne. Für den nach § 46 Abs. 7 OWiG beim Bundesgerichtshof zu bildenden Senat für Bußgeldsachen fehlt es an einer entsprechenden Vorschrift. Praktische Folgen ergeben sich daraus nicht, da den Strafsenaten durch die Geschäftsverteilung auch die (wie Revisionen zu behandelnden) Bußgeldsachen zugewiesen sind.

4 **3. Anwendungsbereich.** Voraussetzung für die Anwendung des Absatz 2 ist lediglich, daß in einer Rechtsfrage ein Senat des Bundesgerichtshofs von der Entscheidung (über diesen Begriff vgl. Vor § 33, 2 StPO) eines anderen abweichen will. Ohne Bedeutung ist es, welchem Rechtsgebiet die Rechtsfrage angehört, ohne Bedeutung aber auch, ob die vorangegangene oder die jetzt von dem anrufenden Senat zu treffende Entscheidung eine Revisions- oder eine Beschwerdeentscheidung (§ 135) oder eine auf Vorlegung (§ 121 Abs. 2, § 79 Abs. 3 OWiG, § 42 IRG, § 28 FGG usw.) getroffene oder zu treffende Entscheidung ist, ob sie als Urteil oder in der Form des Beschlusses ergangen ist oder zu ergehen hat. Unanwendbar ist § 132 Abs. 2 (außer bei vorkonstitutionellem Recht), wenn die Abweichung die Frage der Verfassungsmäßigkeit eines Gesetzes betrifft (vgl. § 121, 56). Es muß also der Senat, der Verfassungswidrigkeit annimmt, selbst das Bundesverfassungsgericht nach Art. 100 Abs. 1 GG anrufen[13].

5 Dasselbe gilt in Fällen, in denen es um die Auslegung oder die Gültigkeit einer Vorschrift des **Europäischen Gemeinschaftsrechts** geht. Hier ist der erkennende Senat nach Art. 234 Abs. 3 EGV verpflichtet, dem Gerichtshof der Europäischen Gemeinschaften

---

[10] *Kissel*[3] 1.
[11] KK-*Hannich*[4] 3.
[12] KK-*Hannich*[4] 9.
[13] BVerfGE **6** 222, 230ff; BVerfG NJW **1962** 459; *Kissel*[3] 24; KK-*Hannich*[4] 11.

die Sache zur Vorabentscheidung vorzulegen[14]. Ungeklärt ist die Frage, wie zu verfahren ist, wenn ein innerstaatlicher Divergenzfall, sei es zwischen einzelnen Senaten des Bundesgerichtshofs oder zwischen einem Senat des Bundesgerichtshofs und dem Spruchkörper eines anderen Obersten Bundesgerichts, und ein Fall des Art. 234 Abs. 3 EGV zusammentreffen. Welchem Verfahren dann der Vorrang gebührt, ergibt sich unmittelbar weder aus deutschen gesetzlichen noch aus gemeinschaftsrechtlichen Vorschriften. Art. 234 Abs. 3 verpflichtet den Bundesgerichtshof zwar als letztinstanzliches Gericht zur Anrufung des EuGH, eine Beseitigung innerstaatlicher Divergenzen als Vorstufe dürfte damit aber nicht ausgeschlossen sein. Für die Ausschöpfung des innerstaatlichen „Rechtsweges" könnte der die Auslegung des Gemeinschaftsrechts beherrschende Grundsatz der Subsidiarität nach Art. 5 EGV sprechen. Ob dieser Grundsatz auch für die Tätigkeit der gemeinschaftsrechtlichen Rechtsprechungsorgane gilt und zudem im Bereich von Bestimmungen, die wie Art. 234 Abs. 3 EGV prozessualen Charakter haben, kann letztlich dahinstehen. Eindeutig für den Vorrang des Vorabentscheidungsverfahren sprechen neben Zweckmäßigkeitserwägungen der in Art. 249 Abs. 3 und 4 EGV zum Ausdruck kommende Anwendungsvorrang von Gemeinschaftsrecht vor den einfach-gesetzlichen Normen der innerstaatlichen Rechtsordnung sowie das insoweit bestehende Auslegungsmonopol des EuGH[15]. Danach dürfen deutsche Vorschriften nicht angewendet werden, soweit sie Gemeinschaftsrecht widersprechen. Seine innerstaatliche Grundlage findet dieses Prinzip in Art. 23 Abs. 1 GG[16].

4. Abweichung von einer Entscheidung in einer Rechtsfrage

a) Erheblichkeit und tragende Bedeutung. Die zu entscheidende Rechtsfrage (über diesen Begriff vgl. ergänzend § 121, 64)[17] muß erheblich und in der früheren Entscheidung **tragend** gewesen sein. Diese Voraussetzungen liegen nach der Rechtsprechung nur vor, wenn die Auslegung in diesem oder jenem Sinn die Grundlage der jetzt in Aussicht genommenen wie die der früheren Entscheidung bildet, wenn also bei Zugrundelegung der jetzt beabsichtigten Auslegung die frühere Entscheidung nicht so hätte ergehen können, und wenn bei Zugrundelegung der früheren Auslegung die jetzt in Aussicht genommene Entscheidung nicht so ergehen kann[18]. Die Anrufung des Großen Senats ist also nicht erforderlich, wenn die frühere Entscheidung nicht von der in Frage stehenden Rechtsansicht getragen wurde, diese vielmehr nur beiläufig in den Gründen geäußert wurde (ein obiter dictum bildet), oder nur eine zusätzliche Erwägung darstellt (Mehrfachbegründungen), wenn die Rechtsansicht über die Bedürfnisse des entschiedenen Falles hinaus verallgemeinert aufgestellt wurde, oder wenn es sich um Hinweise für den Tatrichter bei Zurückverweisung handelt, die auch diesen nicht binden[19]. Das gilt auch, wenn die Rechtsansicht in einem der Entscheidung vorangestellten Leitsatz zum Ausdruck gebracht war oder wenn dieser in seiner Allgemeinheit mehr besagte, als zu ent- 6

[14] So erstmals für den Bereich der Strafsenate durch BGH wistra **2000** 267 m. Anm. *Keller/Kelnhofer* (Umsatzsteuerrichtlinie).

[15] So im Ergebnis auch BGH wistra **2000** 267; ebenso schon BGHSt **33** 76, 78; **36** 92; **37** 168, 175; *May* DRiZ **1983** 305, 310.

[16] *Jarass/Pieroth*[3] Art. 23, 17f; *Hetmeier* in *Lenz* (Hrsg.)[2] EGV-Kommentar Art. 249, 23.

[17] Krit. zur Abgrenzung von Tat- und Rechtsfrage *Lilie* S. 51ff; *Schroth* JR **1990** 93.

[18] BGHSt **7** 314; vgl. zu einem Fall der Mehrfachbegründung BGHSt **37** 350, 352 zu § 121 Abs. 2, wo eine Doppelbegründung jeweils als bindend i. S. von § 358 Abs. 1 StPO angesehen wurde und die Vorlegungsvoraussetzungen hinsichtlich der sachlichrechtlichen Aufhebungsgründe bejaht wurden.

[19] RGSt **58** 219; **60** 66; **60** 269; **61** 79; **61** 242; **61** 366; **62** 91; **65** 434; BGHSt **9** 24, 29; **11** 152, 162; **11** 322; **12** 14, 17; **13** 219, 223; **14** 159, 161; **16** 271, 278; **17** 157, 158; **18** 156, 159; **18** 176, 179; **19** 7, 9; **27** 212, 215; **28** 165, 166; **31** 314; BGH NJW **1970** 1741; **1970** 2120; **1971** 561, 564; **1977** 1459; NStZ **1983** 261; NJW **1989** 1289; **1992** 3181; **1998** 2280; s. auch BVerfG NStZ **1998** 847.

scheiden war[20]. Auch ist der jetzt entscheidende Senat zur Anrufung nicht verpflichtet, wenn er trotz einer von der früheren Entscheidung abweichenden Auslegung zum gleichen Ergebnis kommt[21].

7 Die **Vorlagepflicht entfällt** ferner bei nicht begründeten Beschlüssen anderer Senate (z. B. nach § 349 Abs. 2 StPO), weil insoweit keine tragenden Erwägungen erkennbar sind, die der Entscheidung des beschließenden Senats entgegenstehen könnten[22]. Dagegen kommt es nicht darauf an, ob die frühere Entscheidung veröffentlich ist oder nicht[23]. Weicht ein Senat in der Beurteilung „tatsächlicher Annahmen" von der anderer Senate in gleichgelagerten Fällen ab, so liegt darin kein Abweichen in einer Rechtsfrage[24]. Handelt es sich zwar um dieselbe Rechtsfrage, aber um unterschiedliche zugrunde liegende Sachverhalte, so entfällt die Vorlegungspflicht nach der Rechtsprechung ebenfalls, weil daraus keine rechtliche Divergenz entstehen kann[25].

8 Gegen die **einschränkende Bedingung** der Vorlegungspflicht, die Rechtsauffassung in der früheren Entscheidung müsse **tragend** gewesen sein, sind wiederholt Bedenken geltend gemacht worden, daß eine saubere Trennung, welche Erwägung tragend und welche nicht tragend war, oft nicht möglich ist[26]. Das ist an sich richtig. Es sind zuweilen recht gewaltsame Interpretationen, mit denen der abweichungsbereite Senat der von ihm nicht gebilligten Rechtsauffassung des früheren Urteils die entscheidungstragende Bedeutung abspricht[27]. Es trifft ferner zu, daß auch die mitunter sehr ausführlichen obiter dicta für das Rechtsleben richtungweisende Bedeutung haben[28]. Auf der anderen Seite aber würde eine uneingeschränkte Anrufungspflicht wegen des mit einer Entscheidung eines Großen Senats verbundenen zeitlichen und personellen Aufwandes zu einer unerträglichen Erschwerung und Verlangsamung der Rechtsprechung bei den obersten Bundesgerichten führen; die Großen Senate müßten gewissermaßen in Permanenz tagen. Die Arbeit der Senate selbst würde erheblich erschwert und verzögert. Die nicht zu unterschätzenden Bedenken gegen den Grundsatz von der Bedeutungslosigkeit nicht entscheidungstragender Divergenzen können also aus praktischen Gründen nicht zu seiner Preisgabe führen, zumal er in einzelnen Verfahrensordnungen inzwischen gesetzlich anerkannt ist. Sie verlieren auch, wenn es sich um Abweichungen innerhalb der einzelnen Senate des gleichen obersten Bundesgerichts handelt, an Gewicht, weil dort zwischen den beteiligten Senaten auf Anfrage eine Verständigung darüber, wieweit die frühere Entscheidung auf einer geäußerten Rechtsauslegung beruht, leichter möglich ist. Die Bedenken gegen den fraglichen Grundsatz müssen vielmehr für die Revisionssenate Veranlassung sein, nach besten Kräften entbehrliche Zwischensätze und durch die Bedürfnisse des zur Entscheidung stehenden Falles nicht gebotene Verallgemeinerungen zu

---

[20] BGHSt **21** 57, 58; BGH NJW **1970** 2120; GA **1971** 209.

[21] RGSt **58** 19, 24; **65** 85, 88; BGHSt **6** 41, 46; **16** 271, 278; BGH NJW **1954** 969; **a. A** *Hanack* 285.

[22] BGHSt **34** 184, 189, 190; **35** 60, 65; sowie BGH Beschlüsse vom 25. August 1992 – 5 StR 349/92 – und – 5 StR 385/92 –.

[23] *Tipke/Kruse*[16] § 11 FGO, 2.

[24] BGH NStZ **1986** 273.

[25] BGHSt **34** 71, 76; **28** 165, 168 jeweils zu § 121 Abs. 2; **35** 60, 65; BGH StV **1990** 194.

[26] *Hanack* 243ff, 250, 261, 266; *Schröder* MDR **1960** 809; s. auch *Eb. Schmidt* JZ **1959** 518; *Wieczorek* § 136 B 1; *Schroth* JR **1990** 93, 99; zuletzt: *Lilie* S. 51ff.

[27] Vgl. *Hanack* 183; s. auch die Erwägungen in BGHSt **19** 141, weshalb trotz Abweichung von BGHSt **19** 88 eine Anrufung des Großen Senats nicht erforderlich sei; vgl. auch BGHSt **35** 257, 258 sowie die (divergierende) Rspr. der Senate zum Gesamtvorsatz, insbesondere hinsichtlich des Gesamterfolges bei der fortgesetzten Handlung: BGH wistra **1992** 212 und BGH NStZ **1992** 189, 190; *Fischer* NStZ **1992** 415.

[28] *Hanack* 187, 253; *Schröder* NJW **1959** 1519; *Miebach* NJW **1972** 71; *Rieß* (Hinweise), beide mit weit. Nachw.; vgl. auch BGHSt **35** 257, 258 und BGH NStZ **1992** 230 (Anfragebeschluß) m. Anm. *Lagodny* S. 490; BGH StV **1992** 417 (Vorlagebeschluß) m. Anm. *Rengier* S. 496 sowie dazu die Entscheidung des Großen Senats BGHSt **39** 100.

vermeiden. Gleichzeitig sollte die „stillschweigende“ Entscheidung grundsätzlicher Rechtsfragen in begründeten Entscheidungen tunlichst vermieden werden. Da Anfrage- und Vorlegungspflicht allein davon abhängen, ob bei Zugrundelegung der beabsichtigten Auslegung die frühere Entscheidung so nicht hätte ergehen können (Rdn. 5), ist auch eine solche Klärung durch Teilschweigen bindend. Die Senate laufen dadurch Gefahr, Rechtsprechungsdivergenzen zu übersehen[29].

Obiter dicta mögen bei einer speziellen Zuständigkeit eines Senats ein wirkungsvolles Instrument sein, eine Änderung der Rechtsprechung in diesem Bereich vorzubereiten und die geänderte Rechtsauffassung den Fachkreisen zur Diskussion vorzustellen; insoweit besteht nicht die Gefahr divergierender Entscheidungen, weil der Fachsenat die Einheitlichkeit der Rechtsprechung selbst garantiert[30]. Als Mittel der Kommunikation und der kritischen Auseinandersetzung zwischen den Senaten, soweit diese eine allgemeine Zuständigkeit für Straf- und Strafprozeßrecht haben, – gleichsam zur Vorbereitung einer späteren Anfrage – sind obiter dicta nicht geeignet. Denn sie stellen insbesondere in Fällen, in denen die betreffende Entscheidung nur wegen dieser nicht tragenden Gründe ihre Bedeutung erlangt – und deshalb in der amtlichen Sammlung veröffentlicht wird oder in der Sammlung BGHR Aufnahme findet –, die Einheitlichkeit der Rechtsprechung nach außen in Frage und sorgen damit für Verunsicherung der Betroffenen. Von der Rechtsprechung des Bundesgerichtshofs abweichende Entscheidungen der Tatrichter einerseits und die Zunahme von Revisionen andererseits sind die zwangsläufige Folge[31]. Insoweit ist der Kritik *Lilies* an der verbreiteten Übung der Strafsenate im Umgang mit obiter dicta zuzustimmen, allerdings nicht in der daraus gezogenen Konsequenz einer allgemeinen Ausgleichspflicht. Zur Frage der Bedeutung von obiter dicta und Vorlegungspflicht nach § 121 Abs. 2 vgl. dort Rdn. 66. 9

b) Die **Identität einer Rechtsfrage** ist nicht auf den Fall beschränkt, daß der Auslegungsstreit die gleiche Norm betrifft. Vielmehr genügt, daß die Abweichung einen Rechtsbegriff betrifft, der mit gleichem sachlichen Inhalt in mehreren Vorschriften vorkommt, oder daß sie den gleichen Rechtsgrundsatz betrifft[32]. Es bemißt sich die Identität also nach den gleichen Grundsätzen wie im Fall des § 121 Abs. 2 (vgl. dort Rdn. 64)[33]. Die Identität entfällt daher nicht schon deshalb, weil die frühere Entscheidung zu einer Vorschrift erging, die inzwischen aufgehoben, aber durch eine inhaltsgleiche Vorschrift ersetzt ist[34]. Das gilt an sich auch bei kodifikatorischer Zusammenfassung bisheriger Einzelvorschriften und bei Neufassungen oder bei Übernahme von Landesrecht als Bundesrecht, wenn die Änderungen und Neuerungen die inhaltlich oder gar im Wortlaut übernommene Vorschrift nicht berühren. 10

Anders kann es bei **grundlegenden Reformen** liegen – etwa bei Neugestaltung ganzer Materien des Strafgesetzbuchs –, bei denen auch mehr oder weniger unverändert übernommene Einzelvorschriften des bisherigen Rechts einer durch Anrufungs- und Vorlegungspflichten nicht gehemmten Überprüfung bedürfen, ob sich ihr Sinngehalt nicht im Licht der Grundgedanken des neuen Rechts gewandelt hat[35]. Daß aber auch hier die Frage der Gebundenheit – soweit nicht der Gesetzgeber selbst die Bindung an die nach 11

---

29 *Widmaier* NStZ **1998** 263, 264.
30 *Lilie* S. 38.
31 Vgl. auch BGH StV **1992** 417.
32 BGHSt **6** 42; **10** 344 = LM Nr. 3 zu Art. 12 GG mit Anm. *Jagusch*; BGHSt **18** 279; **29** 252; **31** 195, 198; **34** 94, 96; BGHSt **39** 100; BGHZ **9** 179; *Kissel*³ 20; *Katholnigg*³ 2; *Schroth* JR **1990** 93, 97; *May* DRiZ **1983** 305, 308; *Lilie* S. 54.
33 Ebenso BGH NJW **1963** 2085, wo aber zu Unrecht ausgeführt wird, die Anrufungspflicht nach § 136 a. F reiche weiter als die Vorlegungspflicht nach § 121 Abs. 2.
34 BGHZ **19** 355; BGHSt **21** 125, 130.
35 Vgl. BGH wistra **1989** 301.

altem Recht ergangenen Entscheidungen aufhebt und sie nur für die unter der Herrschaft des neuen Rechts ergangenen Entscheidungen begründet (s. dazu betr. vollzugsrechtliche Entscheidungen § 121 Abs. 1 Nr. 3 und Abs. 3: „nach dem 1. 1. 1977") – nicht generell unter dem Gesichtspunkt der völligen Veränderung der Rechtslage verneint werden kann, sondern von Fall zu Fall entschieden werden muß, ergibt sich schon aus der Überlegung, daß bei langdauernden Reformarbeiten häufig schon vor Abschluß des Gesamtwerks bestimmte Vorschläge und Grundgedanken der bisher vorliegenden Entwürfe im Wege der Novellengesetzgebung zu geltendem Recht erhoben werden oder in dessen Auslegung einfließen. Bei den Entscheidungen, die zu solchen vorweggenommenen Teilen der Reform gehören, kann jedenfalls nicht generell gesagt werden, daß sie mit dem Inkrafttreten der Gesamtreform ihre bindende Bedeutung verlören. Im einzelnen bestehen zu der Frage der Bedeutung einer Gesetzesänderung für die Identität der Rechtsfrage beträchtliche Meinungsverschiedenheiten (vgl. dazu eingehend mit Nachweisen aus Rechtsprechung und Schrifttum *Hanack* 169ff)[36].

12 **5. Einschränkung der Vorlagepflicht.** Die Verpflichtung des erkennenden Senats, das Vorlageverfahren nach § 132 einzuleiten, entfällt, soweit der Senat von seiner eigenen bisherigen Rechtsprechung abweichen will und diese nicht von anderen Senaten oder vom Großen Senat in einer tragenden Weise zur Grundlage ihrer Entscheidung gemacht worden ist[37]. Ist einem Senat eine **spezielle Rechtsmaterie** ausschließlich zugewiesen (z. B. derzeit Verkehrsstrafsachen dem 4. Strafsenat, Steuer- und Zollstrafsachen dem 5. Strafsenat), so kann er von früheren Entscheidungen anderer Senate auf diesem Gebiet **uneingeschränkt abweichen**; dies gilt unabhängig davon, ob bisher die Zuständigkeit aller (allgemeinen) Senate oder die Spezialzuständigkeit eines (anderen) Senates gegeben war. Der nunmehr zuständige Spezialsenat wird in diesem Bereich so behandelt, als ob er seine eigene Rechtsprechung ändert[38]. Diese bisherige Praxis entspricht dem Sinn und Zweck der Neuregelung in § 132 Abs. 3 Satz 2, wonach die Anfrage bei vorgesehener Divergenz an den Senat zu richten ist, der nach dem Geschäftsverteilungsplan zum Zeitpunkt der Anfrage für die Entscheidung über die Rechtsfrage zuständig wäre. Anders liegt der Fall aber, wenn der zu entscheidenden Rechtsfrage über die Spezialzuständigkeit hinaus eine allgemeine Bedeutung zukommt; die Vorlagepflicht wird beispielsweise dann ausgelöst, wenn es sich um die Auslegung eines Rechtsbegriffs handelt, der gleichermaßen in der Spezialmaterie und in allgemeinen gesetzlichen Bestimmungen vorkommt[39].

13 Die Einleitung des Vorlageverfahrens erübrigt sich weiterhin, wenn ein anderer Senat seine frühere **abweichende Auffassung** zwischenzeitlich selbst **aufgegeben** hat und erkennbar nicht mehr an seiner bisherigen Rechtsprechung festhält[40]. Ist eine frühere Entscheidung durch Gesetzesänderungen überholt, so fehlt es möglicherweise bereits an der Voraussetzung einer identischen Rechtsfrage (s. oben Rdn. 11). Eine Einschränkung der Vorlagemöglichkeit folgt ferner aus der **Selbstbindung des Revisionsgerichts** (§ 358 StPO), wenn dieses in ein- und demselben Verfahren erst im zweiten Rechtsgang zu der Überzeugung gelangt, die betreffende Rechtsfrage abweichend von der zunächst im ersten

[36] Vgl. als Beispiel der Überholung einer Grundsatzentscheidung des Bundesgerichtshofs durch die neuere Reformgesetzgebung OLG Celle NJW **1977** 1644.

[37] Vgl. BGH NJW **1972** 1893, 1895; *Kleinknecht/Meyer-Goßner*[44] 14; *Kissel*[3] 17; KK-*Hannich*[4] 5; *Tipke/Kruse*[16] § 11 FGO, 5.

[38] BGHSt **7** 109; **8** 59, 66; **8** 203; **11** 199, 205; **12** 75, 79, 84; **13** 169, 171; **19** 177, 184; BGHZ **28** 16; **34** 283, 293; *Kissel*[3] 17; *Kleinknecht/Meyer-Goßner*[44] 14; KK-*Hannich*[4] 6.

[39] Für das Verhältnis des Steuerrechts zum bürgerlichen Recht vgl. etwa *Kruse* NJW **1970** 2185.

[40] BGHSt **20** 77, 79; RGSt **49** 137; **53** 189, 190.

Revisionsurteil zugrunde gelegten Auffassung entscheiden zu sollen[41]. Andernfalls müßte die Frage der Selbstbindung ihrerseits zuvor zum Gegenstand einer Divergenzvorlage gemacht werden.

Steht eine Entscheidung eines Senats einer **nachfolgenden Entscheidung des Gemeinsamen Senats** der Obersten Gerichtshöfe des Bundes entgegen, so braucht der nunmehr mit der gleichen Rechtsfrage befaßte Senat nicht den Großen Senat anzurufen, wenn er sich der Entscheidung des Gemeinsamen Senats anschließen will[42]. **14**

6. Bedeutung einer Abweichung ohne Anrufung des Großen Senats nach § 132 Abs. 2. **15**
In der Zeit des horror pleni hatte das Reichsgericht den Grundsatz entwickelt, die Anrufungspflicht entfalle, wenn ein Senat – bewußt oder unbewußt – von der Entscheidung eines anderen Senats abgewichen ist, ohne nach § 136 a. F zu verfahren, und der jetzt entscheidende Senat sich der früheren Entscheidung anschließen will[43]. Dieser Auffassung hatte sich zunächst auch der Bundesgerichtshof angeschlossen[44]. Sie ist aber mit dem Grundsatz des § 132, die Einheitlichkeit der Rechtsprechung in der Spitze der Gerichtsorganisation zu gewährleisten, schlechthin unvereinbar und unter keinem Gesichtspunkt zu rechtfertigen. BGHSt – GrSSt – **10** 94 hat sie deshalb mit Recht aufgegeben[45]. Unabhängig davon, welcher Rechtsauffassung er folgen will, muß der nunmehr entscheidende Senat das Vorlageverfahren einleiten und den Großen Senat anrufen, falls nicht bereits im Anfrageverfahren (s. Rdn. 16ff) eine Übereinstimmung zwischen den Senaten hergestellt werden kann.

7. Anfrageverfahren (Absatz 3)

a) Bedeutung der Anfrage. Einer Vorlage an den Großen Senat bedarf es ferner dann nicht mehr, wenn der Senat, von dessen Entscheidung abgewichen werden soll, auf Anfrage erklärt, daß er an seiner bisherigen Rechtsauffassung nicht mehr festhält. Das früher auf § 9 Abs. 1 Satz 2 GeschOBGH gestützte Anfrageverfahren hat durch das Rechtspflege-Vereinfachungsgesetz in § 132 Abs. 3 eine gesetzliche Grundlage erhalten. Zur früheren Rechtslage wird auf die Erläuterungen in der 23. Aufl. zu § 136, 7 und 8 verwiesen[46]. **16**

Nach Absatz 3 Satz 1 ist die Durchführung des Anfrageverfahrens mit negativem Ergebnis eine **Zulässigkeitsvoraussetzung** für die Divergenzvorlage. Die Anfrage ist an jeden Senat zu richten, der über die entscheidungserhebliche Frage abweichend entschieden hat, nicht – wie in § 4 Abs. 1 Satz 3 RsprEinhG vorgesehen – nur an denjenigen, der als letzter entschieden hat[47]. Nur auf diese Weise kann die Einheitlichkeit der Rechtsprechung aller Senate gewährleistet und eine alsbald folgende erneute Anfrage vermieden werden. Satz 2 stellt klar, daß das Anfrageverfahren auch dann durchzuführen ist, wenn der Senat, von dessen Entscheidung abgewichen werden soll, wegen einer Änderung der Geschäftsverteilung mit der Rechtsfrage nicht mehr befaßt werden kann; dies ist denkbar, wenn ein Senat nicht mehr besteht oder für die Rechtsfrage nicht mehr zuständig ist. Für diesen Fall tritt derjenige Senat an die Stelle des früheren Senats, der nach dem Geschäftsverteilungsplan nunmehr für die Rechtsfrage zuständig wäre. **17**

---

[41] Vgl. BGHSt – GrSSt – **33** 356, 360ff = BGH JuS **1986** 814 mit Anm. *Hassemer*; BGH StV **1986** 284; *Schünemann* StV **1985** 424.

[42] BSGE **34** 269 = NJW **1973** 344 mit Anm. *Müller-Helle* S. 1063; KK-*Hannich*[4] 8.

[43] RGSt **45** 97; **49** 180; **55** 45; **55** 184; **57** 85, 95; **57** 136; **58** 19, 24; **60** 269; **61** 242; **64** 202; **65** 411.

[44] BGHSt **4** 35; **5** 136; **8** 226, 234.

[45] S. ferner BGHSt **13** 149, 153; *Kissel*[3] 16; *Katholnigg*[3] 4; *Zöller/Gummer*[22] 4.

[46] Vgl. auch KK-*Hannich*[4] 13; sowie *Lilie* S. 57ff m. krit. Würdigung.

[47] BTDrucks. **11** 3621 S. 54.

Bei Zweifeln soll das Präsidium berufen sein, im Wege der Auslegung des Geschäftsverteilungsplans zu bestimmen, welcher Senat zuständig ist[48]. Damit ist die bisherige Rechtsprechung des Bundesgerichtshofes – insoweit dem Reichsgericht folgend – hinfällig geworden, wonach die Abweichungen von Entscheidungen eines Feriensenats (seit Abschaffung der Gerichtsferien bedeutungslos) oder eines nicht mehr bestehenden Senats die Vorlagepflicht nicht auslösen sollte. Feriensenate waren wie nicht mehr bestehende Senate zu behandeln[49]. Hat sich der zwischenzeitlich zuständige Senat bereits zu der Rechtsfrage in dem Sinne geäußert, wie der nun mit der Sache befaßte Senat entscheiden will, so gelten die allgemeinen Grundsätze (s. oben Rdn. 12), eine Anfrage erübrigt sich und die Vorlagepflicht entfällt[50].

18 **b) Form der Anfrage und der Antwort. Bindungswirkung.** Die erforderliche Verständigung zwischen den Senaten des Bundesgerichtshofs bei beabsichtigter Divergenz erfolgte früher in Form dienstlicher Erklärungen, deren Ergebnis bei Zustimmung in der abweichenden Entscheidung ausdrücklich erwähnt wurde. Bei diesem Verfahren, das in § 9 Abs. 2 GeschOBGH zwar vorgesehen, im einzelnen aber nicht geregelt war, kam der einfachen Zustimmungserklärung des angesprochenen Senats zur Änderung seiner Rechtsprechung eine erhebliche Bedeutung zu, die in ihrer Wirkung einem Revisionsurteil oder einem begründeten Beschluß des Senats entsprach und – im Vorgriff – einer entsprechenden Entscheidung des Großen Senats gleichstand; die tragenden Erwägungen wurden – anders als bei Entscheidungen des Großen Senats – nur ausnahmsweise über den Kreis der unmittelbar am Verfahren Beteiligten hinaus bekanntgemacht (vgl. die Dokumentation *Widmaier* zu BGHSt **38** 96 in NStZ **1992** 196). § 132 Abs. 3 Satz 3 bestimmt nunmehr, daß die beteiligten Senate sowohl über die Anfrage als auch über die Antwort durch Beschluß in der für Urteile erforderlichen Besetzung zu entscheiden haben. Diese Regelung trägt zur Transparenz und Nachvollziehbarkeit des Entscheidungsvorgangs bei und wird der Bedeutung der Entscheidung im Einzelfall eher gerecht als das bisher geübte Anfrageverfahren.

19 Der **Beschluß** des anfragenden Senates ist **zu begründen**, da der Senat, von dessen Entscheidung abgewichen werden soll, andernfalls nicht sachgerecht auf die Anfrage antworten kann. Der Beschluß des angesprochenen Senats bedarf grundsätzlich keiner Begründung, unabhängig davon, ob an der bisherigen Rechtsprechung festgehalten oder diese pauschal (mit den Gründen des Anfragebeschlusses) aufgegeben wird. Denn entweder ergeben sich die Gründe aus der bisherigen Rechtsprechung des Senats, oder aber die zu treffende neue Entscheidung des nunmehr mit der Rechtsfrage befaßten Senats wird richtungweisend für die Rechtsprechung des Bundesgerichtshofs insgesamt. Anders liegt der Sachverhalt bei komplexen Rechtsfragen, deren Beantwortung eine differenzierte Betrachtung erforderlich macht, insbesondere bei einer nur teilweisen Änderung der Rechtsprechung[51]. In diesen Fällen erfordert auch die Antwort des angesprochenen Senats im Interesse der Eindeutigkeit und Klarheit der Rechtsprechung eine nachvollziehbare Begründung des Beschlusses, da nur so vom anfragenden Senat eine sachgerechte Entscheidung getroffen werden kann, ob es der Anrufung des Großen Senats überhaupt noch bedarf. Zudem gebietet es der Grundsatz des rechtlichen Gehörs bei differenzierter Beurteilung der Rechtsfrage, daß den Beteiligten des Ursprungsverfahrens die Ansichten des von seiner bisherigen Rechtsprechung abweichenden Senats deutlich

---

48 BTDrucks. **11** 3621 S. 54.

49 Ebenso KK-*Hannich*[4] 7 unter Aufgabe der in der Vorauflage vertretenen Ansicht; vgl. zur früheren Rechtslage die Rechtsprechungsnachweise zu § 136, 10 in der 23. Auflage mit krit. Stellungnahme *Schäfer*, sowie *Kissel*[3] 23.

50 *Katholnigg*[3] 4.

51 Vgl. die Dokumentation *Widmaier* NStZ **1992** 196.

werden und sie sich mit ihrem Verhalten vor dem erkennenden Senat auf diese Rechtslage einstellen können.

Eine **Bekanntgabe** der begründeten Antworten der am Anfrageverfahren beteiligten Senate im Zusammenhang mit der zu treffenden Entscheidung des nunmehr mit der Sache befaßten Senats erscheint im Interesse der Transparenz wünschenswert, auch wenn eine solche Veröffentlichung nicht ausdrücklich vorgesehen ist. **20**

Der Anfragebeschluß verpflichtet die angefragten Senate nicht dazu, ihrerseits den Großen Senat anzurufen, wenn sie an der bisherigen Rechtsprechung festhalten wollen[52]. Weder § 132 Abs. 2 und 3 noch § 138 Abs. 1 Satz 3 ist eine **Sperrwirkung** dergestalt zu entnehmen, daß die angefragten Senate gehindert wären, auf der Grundlage der bisherigen Rechtsprechung weiterhin zu entscheiden[53]. **Bindungswirkung** entfaltet aber der Beschluß des Senats, der auf Anfrage seine Zustimmung zu einer Änderung der bisherigen Rechtsprechung erteilt. Der anfragende Senat kann in diesem Fall nicht mehr zur ursprünglichen Rechtsprechung zurückkehren, ohne den Großen Senat anzurufen[54]. Erklärt der angefragte Senat, an eigener, entgegenstehender Rechtsprechung nicht mehr festhalten zu wollen, wird man unter Berücksichtigung von Sinn und Zweck des Anfrageverfahrens von Selbstbindung ausgehen müssen. **21**

c) Besetzung der Senate. Die Regelung in Satz 3, wonach mit Ausnahme der Senate für Steuerberater- und Wirtschaftsprüfersachen über die Anfrage und die Antwort in der für Urteile erforderlichen Besetzung zu entscheiden ist, besagt zunächst nur, daß an den Beschlüssen der beteiligten Senate jeweils fünf Richter (§ 139 Abs. 1) mitzuwirken haben. Dies entspricht der Bedeutung einer solchen Entscheidung für die Rechtsprechung eines Senats. Obwohl diese Besetzung auch im früher geübten Anfrageverfahren üblich war, bedurfte es der gesetzlichen Klarstellung, da bei allen obersten Gerichtshöfen – entsprechend § 139 Abs. 2 – für einzelne gesetzlich geregelte Bereiche eine reduzierte Richterbank in Beschlußsachen in der Besetzung mit drei Richtern möglich ist. Die Neuregelung bewirkt, daß diese Spruchgruppe für sich genommen keine Änderung der Rechtsprechung bei Divergenz zu anderen Senaten durch das Anfrageverfahren herbeiführen oder den Großen Senat anrufen kann. Darüber hinaus ergibt sich für die Besetzung aus der Neuregelung nichts. Welche Richter eines Senats – insbesondere bei überbesetzten Spruchkörpern – im Einzelfall mit der Entscheidung im Anfrageverfahren zu befassen sind, richtet sich nach der senatsinternen Geschäftsverteilung (§ 21 g Abs. 2). **22**

Die **Zusammensetzung der Richterbank** beim anfragenden Senat ergibt sich aus dem allgemeinen internen Mitwirkungsplan für das Ursprungsverfahren. War mit diesem Verfahren eine Dreierbesetzung des Senats befaßt, muß sich aus den Mitwirkungsgrundsätzen des Senats ergeben, welche Richter im Falle drohender Divergenz bei der Entscheidung über den Anfragebeschluß hinzutreten. **23**

Für die **Entscheidung** im Falle **einer eingehenden Anfrage** muß in den schriftlichen Mitwirkungsplänen gemäß § 21 g Abs. 2 ausdrücklich eine Regelung getroffen werden. Denn Art. 101 Abs. 1 Satz 2 GG gilt nicht nur für den im Einzelfall entscheidenden Richter, sondern er erfaßt den Richter in seinen gesamten ihm gesetzlich zugewiesenen Tätigkeiten und Aufgabenbereichen[55]. So sind die Grundsätze nach Art. 101 Abs. 1 Satz 2 GG schon für vorbereitende richterliche Handlungen wie die Terminierung einer Haupt- **24**

---

[52] BGH NJW **1994** 2299.
[53] BGHR GVG § 132 Anfrageverfahren 1.
[54] BGHR GVG § 132 Anfrageverfahren 1; KK-*Hannich*[4] 13.
[55] BVerfGE **21** 139, 144; **22** 49; *Maunz/Dürig-Herzog* Art. 101, 16.

verhandlung[56] oder für die gesamte Tätigkeit des Ermittlungsrichters[57] zu beachten. Sieht das Gesetz eine Pflicht zur Vorlage an ein anderes Gericht oder einen anderen Spruchkörper vor, so wird dieses Vorlagegericht ebenfalls gesetzlicher Richter[58], das in der Besetzung seiner Richterbank den Anforderungen des Art. 101 Abs. 1 Satz 2 GG genügen muß[59], auch wenn es nur über eine bestimmte Rechtsfrage zu entscheiden hat. Dementsprechend wird auch der angesprochene Senat im Rahmen des Anfrageverfahrens nach § 132 Abs. 3 als gesetzlicher Richter tätig, unabhängig davon, daß seine Antwort – anders als bei der Entscheidung des Großen Senats – für den Ausgangsfall nur eine eingeschränkte Bindungswirkung entfaltet[60].

25 Für die interne Zuständigkeit ist zu gewährleisten, daß **alle Richter eines Senats** gleichermaßen an den jeweiligen Entscheidungen bei Beantwortung der Anfragen **beteiligt** werden. Bestimmte, von vornherein festgelegte Sitzgruppen (z. B. neben dem Vorsitzenden die jeweils vier dienstältesten Mitglieder eines Senats) sind wegen der grundsätzlichen Bedeutung der im Anfrageverfahren zu entscheidenden Rechtsfragen bedenklich; alle Richter eines Senats sind gleichermaßen berufen, an der Rechtsprechung ihres Spruchkörpers mitzuwirken. Nach welchen Grundsätzen der Vorsitzende danach die Mitwirkung der einzelnen Richter im Senat nach § 21g Abs. 2 allgemein bestimmt (z. B. nach Eingangsdaten, Aktenzeichen oder Zuweisung an die Sitzgruppe, die nach Ablauf bestimmter Fristen im Sitzungsplan vorgesehen ist), liegt in seinem pflichtgemäßen Ermessen. Seine Entscheidungen sind im Hinblick auf Art. 101 Abs. 1 Satz 2 GG nur insoweit begrenzt, als er sein Ermessen nicht willkürlich ausüben darf[61].

26 Das **Dienstgericht des Bundes** entscheidet über die Antwort auf die Anfrage des erkennenden Senats in der Besetzung mit nicht ständigen Besitzern aus der Berufsgruppe, die bei seiner letzten Entscheidung über die streitige Rechtsfrage beteiligt war[62]. Die Senate für Steuerberater- und Wirtschaftsprüfersachen können nach Abs. 3 Satz 3, 2. Halbsatz ohne ihre nicht ständigen Beisitzer entscheiden.

27 **d) Entscheidung durch Mehrheitsbeschluß.** Absatz 3 fordert bei der Beratung und Abstimmung der Beschlüsse im Anfrageverfahren keine Einstimmigkeit, sondern läßt **Mehrheitsentscheidungen** zu. Bei überbesetzten Spruchkörpern – wie es die Strafsenate des Bundesgerichtshofs üblicherweise sind – mag es zweckmäßig sein, die Rechtsauffassung der nicht an der Entscheidung beteiligten Richter des Senats zu bedenken. Denn die Wahrung der Kontinuität der Rechtsprechung im Senat läßt es wünschenswert erscheinen, daß Entscheidungen im Anfrageverfahren vom ganzen Senat getragen werden und nicht innerhalb kurzer Zeit eine erneute Divergenz wegen wechselnder Mehrheiten im Spruchkörper auftritt. Indessen können die außerhalb der Beratung bekundeten Auffassungen nicht entscheidungserheblich für die Richter sein, die an der Beratung und Entscheidung des Beschlusses im Einzelfall mitwirken[63].

28 Die **fehlerhafte Besetzung** der am Anfrageverfahren beteiligten Senate berührt die Wirksamkeit der getroffenen Sachentscheidungen nicht; bei objektiver Willkür kann allerdings die Verfassungsbeschwerde nach Art. 101 Abs. 1 Satz 2 GG begründet sein[64].

---

56 BVerfGE **4** 412, 417.

57 BVerfGE **25** 336, 345f.

58 Vgl. BVerfGE **19** 38, 42f; **31** 145, 172; **35** 386, 397f für die Großen Senate des BFH und des BAG sowie die Nachw. bei *Leisner* NJW **1989** 2446, 2447.

59 BVerfGE **17** 294, 298 f; **40** 361; **65** 154; **82** 286, 298.

60 **A. A** für das frühere Anfrageverfahren *Lilie* S. 58f; *Schirmer* Sozialgerichtbarkeit **1980** 415.

61 BVerfGE **18** 344, 351f; **22** 282, 286; vgl. auch § 21g, 2ff.

62 BTDrucks. **11** 3621 S. 54.

63 Abweichend KK-*Hannich*[4] 13, der eine Vorberatung aller Senatsmitglieder verlangt.

64 *Katholnigg*[3] 10; *Leisner* NJW **1989** 2446.

Dies muß auch dann gelten, wenn der angefragte Senat bei der Zustimmung nicht ordnungsgemäß besetzt war. Denn die andernfalls versteckt fortbestehende Divergenz widerspricht der Rechtssicherheit und steht dem Erfordernis, daß obergerichtliche Rechtsprechung sich in nachvollziehbaren klaren Bahnen vollzieht und für die Betroffenen und die Instanzgerichte erkennbar sein muß, entgegen; es widerspricht gerade dem Anliegen des § 132, Divergenzen zu vermeiden und den Entscheidungsgang zu regeln. Soweit *Schirmer*[65] in Auseinandersetzung mit der Entscheidung des Großen Senats des BSG (BSGE **48** 146) zu dem Ergebnis gelangt, eine Divergenz bestehe fort, wenn der einer Änderung zustimmende Senat in fehlerhafter Besetzung – nämlich ohne Mitwirkung ehrenamtlicher Richter – entschieden hat, obwohl es um die Fortgeltung einer Entscheidung ging, an der ehrenamtliche Richter beteiligt waren, kann offenbleiben, ob dem für Fälle dieser Art zuzustimmen ist. Denn nach der Regelung der Senatsbesetzung in Anfrageverfahren durch das Rechtspflege-Vereinfachungsgesetz ist eine Dreierbesetzung der Richterbank sowohl bei der Anfrage als auch bei der Antwort ausgeschlossen (so auch in § 41 SGG), mit Ausnahme der entsprechenden Beschlüsse der Senate für Steuerberater- und Wirtschaftsprüfersachen, bei denen die Besetzung mit drei Richtern ausdrücklich zugelassen ist.

e) **Verfahren und rechtliches Gehör.** Eine mündliche Verhandlung vor Einleitung des Anfrageverfahrens durch den erkennenden Senat sieht § 132 nicht ausdrücklich vor. Ein solches Erfordernis läßt sich auch nicht aus der Bestimmung herleiten, daß die für Urteile erforderliche Besetzung von fünf Richtern zu entscheiden hat; denn damit wird lediglich die Besetzung der Richterbank geregelt, ohne daß auf Verfahrensvorschriften verwiesen wird. Vielmehr ergibt sich aus der für die Steuerberater- und Wirtschaftsprüfer-Senate getroffenen Sonderregelung in Absatz 3 Satz 3, 2. Halbsatz, wonach die Vorschriften über die Besetzung mit drei Berufsrichtern außerhalb der Hauptverhandlung unberührt bleiben, daß nach der Vorstellung der Gesetzgebers nicht nur über die Antwort, sondern auch über die Anfrage mit der berufsrichterlichen Besetzung – also auch außerhalb einer mündlichen Verhandlung – entschieden werden kann[66]. Abgesehen von Entscheidungen über eine Vorlage nach § 121 Abs. 2, die ohne mündliche Verhandlung durch Beschluß erfolgen, ist eine solche Situation im Verfahren vor den Strafsenaten denkbar bei Divergenz im Rahmen eines Beschlußverfahrens z. B. nach § 349 StPO. 29

Der Grundsatz des rechtlichen Gehörs nach Art. 103 Abs. 1 GG gebietet es in solchen Fällen jedoch, die am Ausgangsverfahren Beteiligten im Hinblick auf die Bindungswirkung eines zustimmenden Beschlusses bereits vor Einleitung des Anfrageverfahrens von der beabsichtigten Abweichung und einer möglichen Anrufung des Großen Senats zu unterrichten und ihnen ausreichend **Gelegenheit zur Stellungnahme** zu geben[67]. Dies wird ohne Zweifel am besten gewährleistet durch eine mündliche Verhandlung vor dem Senat, deren Durchführung daher zweckmäßig ist. Hat der Generalbundesanwalt Terminsantrag gestellt, so ist der Beschluß allerdings erst nach Durchführung der mündlichen Verhandlung und der sich anschließenden Beratung zu fassen, da insoweit die abschließende Entscheidung nur durch Urteil – also aufgrund einer Hauptverhandlung – ergehen kann[68]. Die Antworten der am Anfrageverfahren beteiligten Senate sind den Beteiligten des Ausgangsverfahrens bekanntzugeben, damit sie sich auch insoweit auf die Rechtslage einstellen können[69]. 30

---

[65] *Schirmer* Sozialgerichtsbarkeit **1980** 413, 420, ihm folgend KK-*Hannich*[4] 13 a. E.

[66] Vgl. BTDrucks. **11** 3621 S. 54.

[67] So jetzt auch KK-*Hannich*[4] 14 unter Aufgabe der in der Vorauflage vertretenen Ansicht.

[68] Vgl. BGHSt **29** 310 zu § 121 Abs. 2; *Sarstedt/Hamm*[6] 98; *May* DRiZ **1983** 305, 308.

[69] *May* DRiZ **1983** 305, 307.

31 8. Zum **Vorlageverfahren** im übrigen enthält § 132 keine ausdrücklichen Regelungen. Diese erschienen im Hinblick auf die übereinstimmende Praxis der obersten Gerichtshöfe entbehrlich[70]. Will demnach der erkennende Senat nach Durchführung des Anfrageverfahrens mit negativem Ergebnis an seiner abweichenden Rechtsauffassung festhalten, so hat er die zu entscheidenden Rechtsfragen in einem Beschluß – in der Besetzung mit fünf Richtern[71] – festzustellen und mit diesem Beschluß auch die Akten der Rechtssache dem Vorsitzenden des Großen Senats oder der Vereinigten Großen Senate zuzuleiten (vgl. § 9 Abs. 1 Satz 1 GeschOBGH). Der Beschluß ist – entsprechend dem Anfragebeschluß – zu begründen, da andernfalls eine sachgerechte Beantwortung nicht möglich ist[72]. Er ist den Verfahrensbeteiligten mitzuteilen[73]. Einer vorherigen mündlichen Verhandlung bedarf es – wie beim Anfrageverfahren – grundsätzlich nur, wenn die abschließende Entscheidung durch Urteil zu ergehen hat[74]. Sie erübrigt sich auch in diesen Fällen, wenn vor Einleitung des Anfrageverfahrens bereits eine Hauptverhandlung stattgefunden hat. In allen übrigen Fällen mag wiederum eine mündliche Verhandlung vor der abschließenden Entscheidung des Senats über die Anrufung des Großen Senats zweckmäßig sein, um den Verfahrensbeteiligten ausreichend rechtliches Gehör zu gewähren.

32 9. **Folgen der Nichtbeachtung der Vorlegungspflicht.** Ergeht eine abweichende Entscheidung – bewußt oder unbewußt – ohne Beachtung der Vorlagepflicht, so wird deren Wirksamkeit nicht beeinträchtigt[75]. Zwar wird der Betroffene dadurch seinem gesetzlichen Richter entzogen[76]. Dies führt jedoch nicht zur Durchbrechung der Rechtskraft. Allerdings kann die unterlassene Anrufung des Großen Senats bei willkürlicher Verletzung der Vorlagepflicht die Verfassungsbeschwerde nach Art. 101 Abs. 1 Satz 2 GG begründen[77].

Bei der Beurteilung der Vorlegungsvoraussetzungen ist zwar zunächst von der rechtlichen Bewertung des Sachverhalts durch den vorlegenden Senat auszugehen. Ob diese zu Recht angenommen wurden und das Verfahren eingehalten wurde („Eine Vorlage … ist nur zulässig“), hat der Spruchkörper, dem vorgelegt wurde, in Fällen der Divergenzvorlage dann aber ebenso in eigener Verantwortung zu prüfen – und verbindlich zu entscheiden – wie in Fällen der Grundsatzvorlage[78]. Für einen außerhalb des Großen Senats ausgetragenen Streit um die Vorlegungsvoraussetzungen, etwa eine **Divergenz über die Divergenz** bietet § 132 keine Grundlage. Durch einen in der ordentlichen Gerichtsbarkeit einmaligen Vorgang[79] ist dies jüngst infrage gestellt worden: Weil ein Senat in einer auch von ihm behandelten Rechtsfrage die Voraussetzungen der (Grundsatz)vorlage eines anderen Senats nicht für gegeben hielt, wies er in einer in Beschlußform gekleideten Stellungnahme auf diese Bedenken hin, beanstandete die Nichteinhaltung des Anfrageverfahrens nach Absatz 3 trotz erkennbarer Divergenz und bestritt insgesamt die Entscheidungserheblichkeit für den Ausgangsfall[80]. Auch wenn sich der

70 BTDrucks. **11** 3621 S. 54.

71 So auch *Katholnigg*[3] 8.

72 Zum Verfahren vgl. im übrigen § 138 und § 9 Geschäftsordnung BGH.

73 *May* DRiZ **1983** 305, 307.

74 Vgl. zur früheren Rechtslage die Erl. zu § 138, 1 in der 23. Auflage; KK-*Salger*[2] § 138, 3.

75 Vgl. auch § 121, 73.

76 Vgl. für BFH: BVerfGE **19** 38, 42; **31** 145, 172; für BAG: BVerfGE **35** 386, 397; für EuGH: BVerfGE **73** 339, 366.

77 Vgl. die Nachw. zur Rspr. des BVerfG bei *Leisner* NJW **1989** 2446ff. und bei *Schirmer* MDR **2000**, 10.

78 BGHSt **40** 350, 354; **41** 187, 194; **42** 205, 207; *Katholnigg*[3] 15; *Zöller/Gummer*[22] 7.

79 So zutr. *Vollkommer* EwiR **2000** 1018.

80 Vorlagebeschluß des XI. Zivilsenats ZIP **1999** 1257; Beschluß des IX. Zivilsenats – unter dem Rubrum des Verfahrens des XI. Senats – NJW **2000** 1185 m. Anm. *Vollkommer* EwiR **2000** 1018 sowie *Schauwienold* MDR **2000** 214.

Streit in der Zwischenzeit durch Rücknahme der Revision erledigt hat, bleibt Befremden über den Eingriff in die alleinige Kompetenz des Großen Senats[81].

III. Vorlage wegen grundsätzlicher Bedeutung (Absatz 4)

1. Bedeutung und Inhalt der Vorschrift. Absatz 4 hat inhaltlich im wesentlichen den früheren § 137 übernommen, der bisher die Anrufung des Großen Senats bei Fragen von grundsätzlicher Bedeutung regelte. Die Neufassung in Absatz 4 stellt nunmehr klar, daß dem Großen Senat eine selbständige Prüfung der Vorlagevoraussetzungen zusteht und der erkennende Senat seinerseits die Rechtsfrage nur vorlegen, aber keine Entscheidung des Großen Senats „herbeiführen" kann[82]. Wortgleiche Regelungen finden sich für die anderen obersten Bundesgerichte in § 45 Abs. 4 ArbGG, § 41 Abs. 4 SGG, § 11 Abs. 4 VwGO, § 11 Abs. 4 FGO. Über Fälle, in denen außerhalb des § 132 Abs. 4 GVG und der ihm entsprechenden Vorschriften für die anderen obersten Bundesgerichte und in Anlehnung an diese Vorschriften Rechtsfragen von grundsätzlicher Bedeutung in einem früheren Stadium zur Fortbildung der Rechtsprechung und zur Sicherung einer einheitlichen Rechtsprechung zum Gegenstand einer obergerichtlichen Entscheidung gemacht werden können, vgl. § 121, 32. 33

2. Zweck des Absatz 4. Begriff der grundsätzlichen Bedeutung. Während Absatz 2 den Fall regelt, daß zu einer Rechtsfrage bereits eine Entscheidung eines Senats des Bundesgerichtshofs vorliegt, der erkennende Senat aber davon abweichen will, ermöglicht Absatz 4, den Großen Senat alsbald anzurufen, insbes. wenn der Bundesgerichtshof erstmalig zu einer Rechtsfrage Stellung zu nehmen hat[83] oder wenn zwar eine frühere Entscheidung vorliegt, die darin geäußerte Rechtsauffassung aber die ergangene Entscheidung nicht trägt (vgl. Rdn. 5). Und zwar muß es sich um eine Rechtsfrage von grundsätzlicher Bedeutung handeln. Dieser Begriff spielt auch überall da eine Rolle, wo die Prozeßgesetze die Zulassung einer Revision davon abhängig machen, daß die vom Vorderrichter entschiedene Frage grundsätzliche Bedeutung hat[84]. Ob der Sinngehalt der grundsätzlichen Bedeutung bei der Revisionszulassung der gleiche ist wie in § 132 Abs. 4 bedarf hier keiner Erörterung. Nach dem Sinn dieser Vorschrift hat jedenfalls eine Rechtsfrage grundsätzliche Bedeutung, wenn sie voraussichtlich auch künftig mehr oder weniger häufig auftauchen wird, so daß die ergehende Entscheidung für die Rechtsanwendung von erheblicher präjudizieller Bedeutung ist; jede Rechtsfrage hat grundsätzliche Bedeutung, wenn sich ein gleicher Fall jederzeit wieder ereignen kann[85]. Eine weitergehende Einschränkung liegt nicht in dem Erfordernis der grundsätzlichen Bedeutung. Ähnlich die Rechtsprechung des Bundesarbeitsgerichts[86], wo darauf abgestellt wird, daß die gleiche Frage bei allen Senaten auftauchen kann[87], daß von ihr 34

---

[81] *Vollkommer* EwiR **2000** 1018; s. auch *Krüger* NJW **2000** 1706 und schon *Köndgen* NJW **1991** 2018; auf den Stellungnahme-Beschluß des Zweiten Senats des BVerfG (NJW **1998** 523) konnte sich der IX. Zivilsenat wohl kaum berufen.

[82] BTDrucks. **11** 3621 S. 55.

[83] Vgl. z. B. BGH NStZ **1981** 181; dazu Entscheidung des Großen Senats in BGHSt **30** 105.

[84] Vgl. dazu etwa betr. § 546 ZPO *Lousanoff* NJW **1977** 1042 und betr. das sozialgerichtliche Verfahren *Friederichs* NJW **1976** 1876; allgemein betr. den Revisionszulassungsgrund der grundsätzlichen Bedeutung *Tiedemann* MDR **1977** 813 sowie *Katholnigg*[3] 11, der auf §§ 42, 45 Abs. 6, 55 Abs. 2 Satz 2, 61 Abs. 1 Satz 4, 64 Abs. 2 Satz 2 IRG verweist.

[85] BGHSt **22** 58, 61 betr. § 27 DAG; BGHSt **32** 115, 119; KK-*Hannich*[4] 18 mit zahlreichen Beispielen aus der Rspr.; s. auch *Maetzel* MDR **1968** 797, 799; *Schröder* NJW **1959** 1517, 1519.

[86] Übersicht bei *Ramm* JZ **1964** 498.

[87] BAGE **6** 65.

eine für das Arbeitsleben wichtige Entscheidung abhängt[88], daß eine bisher noch nicht hinreichend geklärte Frage allgemein von praktischer Tragweite für das Arbeitsleben ist[89], daß die Entscheidung über den Einzelfall hinaus für eine Vielzahl gleich oder ähnlich liegender Fälle richtungweisend ist[90].

35 **Engere Begriffsbestimmungen** finden sich z. T. im Schrifttum, so z. B. bei *Müller-Sax* 2a: die Rechtsfrage müsse sich „auf die weitere Rechtsentwicklung nachhaltig auswirken", z. B. weil „sie ihren Niederschlag in der Anwendung einer Mehrzahl von gesetzlichen Bestimmungen finden wird"; noch anders *Eb. Schmidt* 5: die Beantwortung der Rechtsfrage müsse den Umkreis der von dem Rechtssatz betroffenen Fälle oder den strukturellen Aufbau des Rechtssatzes oder der den Rechtsgüterschutz betreffenden Grundgedanken wesentlich betreffen[91]. Indessen besteht zu solchen, auch einigermaßen undeutlichen Einschränkungen kein Anlaß. Naturgemäß muß die Rechtsfrage klärungsbedürftig sein; daran fehlt es, wenn die Beantwortung so gut wie selbstverständlich[92] oder so gut wie unbestritten ist[93]. Im übrigen aber muß – und darin liegt schon eine genügende weitere Einschränkung – zur grundsätzlichen Bedeutung hinzukommen, daß entweder die Fortbildung des Rechts oder die Sicherung einer einheitlichen Rechtsprechung die Vorlage erfordert.

36 **3. Fortbildung des Rechts.** Sie bedeutet selbstverständlich nicht, daß der gesetzesgebundene Richter (Art. 97 GG) an Stelle des Gesetzgebers änderungsbedürftiges Recht durch neues ersetzen könnte, sondern gemeint ist lediglich die Rechtsfortbildung durch geläuterte Auslegung im Rahmen und auf der Grundlage des gesetzten Rechts. Sie geschieht durch die Aufstellung von Leitsätzen für die Auslegung von Gesetzesbestimmungen des materiellen oder des Verfahrensrechts, ggf. durch die rechtsschöpferische Ausfüllung von Gesetzeslücken, zu denen der Einzelfall Veranlassung gibt[94]. Daß eine solche Rechtsfortbildung, wie sie § 132 Abs. 4 im Auge hat, keine grundgesetzwidrige Verlagerung gesetzgeberischer Aufgaben auf den Richter bedeutet, ergibt sich schon aus der Erwägung, daß Gesetz und Recht keine Gegensätze sind (vgl. Art. 20 Abs. 3 GG: „... die Rechtsprechung ist an Gesetz und Recht gebunden"), sondern daß unter „Recht" in diesem Sinn die Summe der Rechtsgrundsätze zu verstehen ist, die bei richtiger Auslegung dem Gesetz zu entnehmen ist. Die Fortbildung des Rechts durch Fortentwicklung der Auslegung aber gehört zu den vornehmsten Aufgaben, die der Gesetzgeber dem gesetzesgebundenen Richter anvertraut hat[95]. Eine Fortbildung des Rechts kommt insbesondere in Betracht, wenn es sich darum handelt, mit einer hergebrachten Rechtsauslegung zu brechen[96].

37 **4.** Zur **Sicherung einer einheitlichen Rechtsprechung** ist die Vorlegung erforderlich, wenn vermieden werden soll, daß schwer erträgliche Unterschiede in der Rechtsprechung entstehen oder fortbestehen[97], z. B. wegen bereits in der Rechtsprechung nachgeordneter Gerichte oder im Schriftum geäußerter abweichender Auffassungen oder wegen des Zweifels, ob die beabsichtigte Rechtsprechung des Senats die Zustimmung der übrigen

---

88 BAGE **8** 316.
89 BAGE **12** 15.
90 BAGE **13** 1.
91 Zur Frage der grundsätzlichen Bedeutung s. auch *Hanack* 94ff.
92 BGHSt **17** 27.
93 BSG MDR **1976** 611; *Kissel*[3] 34.
94 BGHSt **24** 15, 21 und KG NJW **1976** 1465 zu § 80 OWiG.
95 BVerfGE **65** 182; BGH JR **1952** 105; *Katholnigg*[3] § 1, 6; *Kissel*[3] 37; *Kleinknecht/Meyer-Goßner*[44] 20, jeweils mit weit. Nachw.
96 Vgl. BGHSt **1** 158; **2** 292; **9** 385 sowie BGH NStZ **1981** 181 und BGHSt **30** 105.
97 BGHSt **24** 15, 22; **32** 115, 119.

Senate finden wird. Es kommt dabei auch darauf an, welche Bedeutung abweichende Auffassungen für die Rechtsprechung im ganzen haben; die Vorlegungsvoraussetzungen sind z. B. gegeben, wenn ein Gericht in einer bestimmten Rechtsfrage in einer auf dem Weg des § 121 Abs. 2 nicht zu bereinigenden Weise ständig von der höchstrichterlichen Rechtsprechung abweicht[98], während eine in einem Einzelfall getroffene offensichtliche Fehlentscheidung ein Vorlegungsbedürfnis nicht entstehen läßt[99]. Zum Begriff der Sicherung einer einheitlichen Rechtsprechung s. auch § 80 Abs. 1 OWiG und die dazu erwachsene Rechtsprechung[100].

5. Vorlagevoraussetzungen. Die **Entscheidung darüber, ob die** Rechtsfrage dem Großen Senat vorgelegt werden soll, steht im Ermessen des erkennenden Senats. Eine Pflicht zur Vorlage besteht auch dann nicht, wenn die Voraussetzungen vorliegen[101]. 38

Vorlagevoraussetzung ist stets, daß die vom Senat beabsichtigte Entscheidung weder in der Vorlegungsfrage noch in einer vorgreiflichen Rechtsfrage von der Entscheidung eines anderen Senats abweicht, da für diesen Fall das Divergenzverfahren nach § 132 Abs. 2 vorgreiflich ist[102]. Dies gilt auch nach der Neufassung des § 132. Zwar ist der Große Senat – anders als bisher – nun unabhäng von der Art der jeweiligen Vorlage stets gleich besetzt (§ 132 Abs. 5; vgl. dazu Rdn. 44). Indessen ist Zulässigkeitsvoraussetzung der Divergenzvorlage die Anfrage nach § 132 Abs. 3, die bei der Anrufung des Großen Senats zur Entscheidung von grundsätzlichen Rechtsfragen zwar möglich[103], aber nicht vorgeschrieben ist. Aus diesem Grundsatz folgt die weitere – schon erwähnte (vgl. Rdn. 13) – Einschränkung der Vorlagemöglichkeit eines Senats, der erst im zweiten Rechtsgang in ein und derselben Sache erstmals zu der Auffassung gelangt, die dem ersten Revisionsurteil zugrunde liegende Aufhebungsansicht sei unzutreffend; insoweit geht die Selbstbindung des Revisionsgerichts vor. Diese kann auch nicht über eine Vorlage nach Absatz 4 umgangen werden[104]. 39

Die Neufassung durch § 132 Abs. 4 räumt dem erkennenden Senat nur noch die Möglichkeit ein, die **Rechtsfrage dem Großen Senat vorzulegen**; eine Entscheidung „herbeiführen" – wie § 137 a. F besagte – kann der erkennende Senat nicht. Durch den abweichenden Wortlaut soll nunmehr klargestellt werden, daß der Große Senat in vollem Umfang nachprüfen kann, ob die ihm vorgelegte Frage von grundsätzlicher Bedeutung ist[105]. Zwar ergibt sich daraus nicht ausdrücklich, daß auch die weiteren Voraussetzungen der Fortbildung des Rechts und der Sicherung einer einheitlichen Rechtsprechung dieser Prüfung durch den Großen Senat in eigener Zuständigkeit unterliegen. Diese Kompetenz wurde bisher überwiegend dem vorlegenden Senat zuerkannt und eine Zurückweisung der Vorlegungsfrage insoweit nur für möglich gehalten, wenn die Annahme der Voraussetzung offensichtlich unhaltbar war[106]. Nach Sinn und Zweck der neugefaßten Regelung in Absatz 4, die die Möglichkeiten des erkennenden Senats, eine 40

[98] Ähnlich: *Katholnigg*[3] 13.

[99] BGHSt **24** 15, 22.

[100] *Göhler*[12] § 80, 4 bis 14 mit zahlreichen Nachw.

[101] KK-*Hannich*[4] 16; *Katholnigg*[3] 14; **a. A** *Prütting* ZZP **92** 278; für (objektive) Vorlagepflicht wohl auch *Tipke/Kruse*[16] § 11 FGO 10, die bei sachlicher Unvertretbarkeit einer Nicht-Vorlage eine Verletzung des Art. 101 Abs. 1 Satz 2 GG bejahen und nicht nur auf subjektive Willkür abstellen wollen; ebenso *Kapp* Festgabe für Felix (1989) 153ff; sowie *Baumbach/Lauterbach/Albers*[59] 3.

[102] BGHSt **33** 356, 359 zu §§ 136, 137 GVG a. F.

[103] KK-*Hannich*[4] 16.

[104] BGHSt **33** 356, 360; *Schünemann* StV **1985** 424; KK-*Hannich*[4] 16; *Kleinknecht/Meyer-Goßner*[44] § 358, StPO 10; **a. A** *Dahs/Dahs*, Revision[5] 597, allerdings zur Rechtslage, daß das Revisionsgericht zuvor schon in einer *anderen* Sache seine Rechtsansicht geändert hatte.

[105] BTDrucks. **11** 3621 S. 55.

[106] Vgl. zu § 27 DAG BGHSt **28** 110, 112, 114; Erl. zu § 137, 7 in der 23. Auflage; *Kleinknecht/Meyer*[40] § 137, 6; *Katholnigg* § 137, 5; KK-*Salger*[2] § 137, 4.

Entscheidung des Großen Senats zu erwirken, bewußt einschränkt, ist jedoch wohl davon auszugehen, daß die gewollte umfassende Prüfung des Großen Senats hinsichtlich der Grundsätzlichkeit der Rechtsfrage auch die damit zusammenhängenden Fragen der Fortbildung des Rechts und der Sicherung einer einheitlichen Rechtsprechung auf Ermessensfehler („wenn nach seiner Auffassung“) erfassen soll[107]. Der Große Senat ist darüber hinaus berechtigt, weitere Rechtsfragen auch dann in die Entscheidung mit einzubeziehen, wenn sie von der Vorlagefrage nicht ausdrücklich erfaßt werden, ihnen aber im engen Zusammenhang damit ebenfalls grundsätzliche Bedeutung zukommt[108].

41 Absatz 4 läßt für die Grundsatzanrufung nur eine Vorlage des einzelnen Senats an den **jeweiligen Großen Senat** zu; er enthält keine dem Absatz 2 entsprechende Regelung, wonach auch die Vereinigten Großen Senate angerufen werden können, wenn Rechtsfragen des Zivil- und Strafrechts gleichermaßen durch die Divergenz betroffen sind[109]. Allerdings kann der jeweilige Große Senat in derartigen Grenzfragen von grundsätzlicher Bedeutung die Sache den Vereinigten Großen Senaten vorlegen[110].

42 **6. Entscheidungserheblichkeit der vorgelegten Rechtsfrage.** Auch wenn es im Gesetz nicht ausdrücklich ausgesprochen ist, setzt die Vorlegung voraus, daß die betreffende Rechtsfrage für den erkennenden Senat von sachentscheidender Bedeutung ist, daß also die Entscheidung des Senats in der vorliegenden Sache von der Beantwortung der Rechtsfrage abhängt[111]. Das ergibt sich aus § 138 Abs. 1 Satz 3[112]. § 132 Abs. 4 ermöglicht nicht die Herbeiführung einer Entscheidung über Fragen theoretischer Art. Eine Gutachtenerstattung durch den Großen Senat ist nicht gewollt[113]. Ein Senat ist also nicht berechtigt, eine Rechtsfrage von grundsätzlicher Bedeutung vorzulegen, wenn diese zwar im Zusammenhang mit der ihm obliegenden Entscheidung auftaucht, die Entscheidung aber nicht von der Beantwortung der Frage abhängt. In solchen Fällen kann der Große Senat die Entscheidung ablehnen. Dagegen ist er an die Auffassung des vorlegenden Senats gebunden, daß die Rechtsfrage für seine Entscheidung tragend sei[114]. Ohne Bedeutung ist es, ob der vorlegende Senat als Revisions-, Beschwerde- oder Vorlagegericht (§ 121 Abs. 2, § 79 Abs. 3 OWiG, § 42 IRG usw.) zur Entscheidung berufen ist.

43 **7. Klärung der Rechtsfrage ohne Vorlegung. Zurücknahme der Vorlegung. Verfassungsrechtliche Fragen.** Die Vorlegung ist nicht erforderlich, wenn in einer Frage von grundsätzlicher Bedeutung der erkennende Senat bei allen übrigen Strafsenaten anfragt, ob sie seiner Auffassung zustimmen und diese es bejahen[115]. Unanwendbar ist Absatz 4, wenn die Rechtsfrage die Verfassungsmäßigkeit eines (nicht vorkonstitutionellen) Gesetzes zum Gegenstand hat[116]. Da die Vorlegung im Ermessen des erkennenden Senats steht, ist er, solange eine Entscheidung des Großen Senats nicht ergangen ist, berechtigt, die Vorlegung zurückzunehmen, sei es, daß neu hervorgetretene Gesichtspunkte (z. B. eine

[107] Ebenso *Katholnigg*[3] 15; zur früheren Rechtslage bereits *Kissel* § 137, 8; **a. A** KK-*Hannich*[4] 20.

[108] BGHSt **32** 115, 119.

[109] **A. A** *Katholnigg*[3] 16, der Abs. 2 entsprechend anwenden will.

[110] So schon zur bisherigen Rechtslage *Kissel* § 137, 8; *Wieczorek*[2] § 137 B.

[111] H. M vgl. BGHSt **17** 21, 27; **33** 356, 359 mit weit. Nachw.; **33** 310, 314; BGHR IRG § 42 I grundsätzliche Bedeutung 1 und 2; BGH (VGS) NJW **1994** 1735; KK-*Hannich*[4] 18.

[112] Auch BGH NJW **1954** 1073 geht offensichtlich davon aus, daß der vorlegende Senat die Rechtsfrage als entscheidungserheblich ansehen muß.

[113] *Tipke/Kruse*[16] § 11 FGO, 7.

[114] Ebenso: BAGE **13** 1; *Katholnigg*[3] 15.

[115] BGHSt **16** 351, 353; KK-*Hannich*[4] 16.

[116] BVerfGE **6** 222; BGH NJW **1960** 1115; BGHSt **14** 175, 178; BGH NStZ **1986** 514; s. auch oben Rdn. 4.

Gesetzesänderung) die Entscheidung des Großen Senats entbehrlich machen, sei es, daß er bei nochmaliger Würdigung das Bedürfnis für eine Entscheidung des Großen Senats verneint[117].

IV. Besetzung der Großen Senate und der Vereinigten Großen Senate (Abs. 5 und 6)

1. Allgemeines. Zahl der Mitglieder. Abweichend von der früheren gesetzlichen Rege- **44**
lung (vgl. dazu für den Bundesgerichtshof 23. Auflage § 132, 2, 3; KK-*Salger*[2] § 132, 6; sowie zu den unterschiedlichen Verfahrensweisen bei den obersten Gerichtshöfen des Bundes: BTDrucks. **11** 3621 S. 29ff) sieht Absatz 5 Satz 1 für die Großen Senate unter Berücksichtigung der aus Art. 101 Abs. 1 Satz 2 GG sich ergebenden Erfordernisse jeweils eine eindeutige Bestimmung über die zahlenmäßige und personelle Zusammensetzung dieser Spruchkörper vor, und zwar unabhängig davon, auf welcher Rechtsgrundlage (§ 132 Abs. 2 oder Abs. 4) der Große Senat angerufen wird. Danach besteht der Große Senat für Zivilsachen aus dem Präsidenten und je einem Mitglied der (zur Zeit 12) Zivilsenate, der Große Senat für Strafsachen aus dem Präsidenten und je zwei Mitgliedern der (zur Zeit 5) Strafsenate. Sämtliche Mitglieder der Großen Senate bilden mit dem Präsidenten die Vereinigten Großen Senate (Absatz 5 Satz 3). Die Bestellung von jeweils zwei Richtern aus den Strafsenaten soll ein Gleichgewicht zwischen den beiden Großen Senaten – insbesondere im Hinblick auf die Vereinigten Großen Senate – herstellen[118]. Durch die Neuregelung wird gewährleistet, daß an jeder Entscheidung des Großen Senats alle Senate gleichermaßen beteiligt sind und ihre Rechtsauffassung darlegen und vertreten können. Bedenken gegen eine dadurch bedingte größere Zahl der beteiligten Richter – und eine sich daraus ergebende mögliche Schwerfälligkeit des Entscheidungsprozesses – wurden zugunsten der nunmehr klaren und übersichtlichen Regelung, die die Bestimmung des gesetzlichen Richters zuverlässig ermöglicht, zurückgestellt[119].

Die durchgehend gleiche Besetzung des Spruchkörpers „Großer Senat" ermöglicht **45**
nunmehr einen **Übergang** von der Anrufung wegen grundsätzlicher Bedeutung zur Divergenzanrufung, wenn die Zulässigkeitsvoraussetzung nach Abs. 2 vorliegt[120]; ebenso ist eine hilfsweise Anrufung wegen grundsätzlicher Bedeutung zur Divergenzanrufung möglich[121].

2. Andere Senate. Zu den Straf- und Zivilsenaten in diesem Sinne zählen nur die **46**
Senate, die mit Revisionssachen befaßt sind[122]. Ist darüber hinaus ein „anderer Senat" beteiligt – sei es als vorlegender Senat, sei es als Senat, von dessen Entscheidung abgewichen werden soll –, so sieht Absatz 5 Satz 2 vor, daß auch ein Mitglied dieses Senats im Großen Senat vertreten ist. Zu den anderen Senaten gehören die nach dem Gesetz gegen Wettbewerbsbeschränkungen, dem Deutschen Richtergesetz, der Bundesrechtsanwaltsordnung, der Patentanwaltsordnung, der Wirtschaftsprüferordnung und dem Steuerberatungsgesetz beim Bundesgerichtshof gebildeten besonderen Senate (vgl. oben Rdn. 3).

---

117 Ebenso *Hanack* 332; offengelassen in BGH NJW **1954** 1073.
118 BTDrucks. **11** 3621 S. 55.
119 BTDrucks. **11** 3621 S. 31.
120 Vgl. noch abweichend BGHSt **33** 356, 359.
121 Vgl. BFH GrS BStBl. II **1983** 272, 274; *Tipke/Kruse*[16] § 11 FGO, 7.
122 BTDrucks. **11** 3621 S. 55.

46 **3. Ausschließung und Ablehnung** der Mitglieder des Großen Senats richten sich nach den §§ 22ff StPO, da das Zwischenverfahren zugleich einen Bestandteil des anhängigen Verfahrens bildet, das zur Anrufung des Großen Senats geführt hat[123].

48 **4. Bestellung der Mitglieder. Mitwirkung des Präsidenten.** Die Bestellung der Mitglieder und ihrer Vertreter erfolgt durch das Präsidium für die Dauer eines Geschäftsjahres (Abs. 6 Satz 1).

49 Der **Präsident** gehört den Großen Senaten kraft Gesetzes an (Absatz 5). Er führt jeweils den Vorsitz. Für ihn wird kein Vertreter im Sinne von Absatz 6 Satz 1 und 2 bestellt; denn er gehört kraft Tradition keinem der Revisionssenate an, die jeweils ständige Mitglieder oder deren im voraus bestimmte Vertreter in die Großen Senate entsenden. Zwar hat der Präsident des Bundesgerichtshofs kraft Gesetzes (§ 106 Abs. 2 BRAO) den Vorsitz im Anwaltssenat sowie (zur Zeit) den Vorsitz im Kartellsenat inne; diese Senate entsenden jedoch nur als jeweils „anderer Senat" im Einzelfall ein Mitglied in den Großen Senat, so daß die Vertreterregelung auch insoweit nicht auf den Präsidenten anwendbar ist[124]. Im Falle seiner **Verhinderung** fällt daher der Vorsitz im Großen Senat und in den Vereinigten Großen Senaten dem jeweils dienstältesten Mitglied zu (Absatz 6 Satz 3). Aus der beschriebenen Stellung des Präsidenten in den Großen Senaten folgt auch, daß er dort nicht als Mitglied des Anwalts- oder Kartellsenats anzusehen ist, wenn deren Beteiligung im Einzelfall gefordert ist. Vielmehr müssen für diese Senate jeweils besondere Mitglieder und ihre Vertreter vom Präsidium bestimmt werden[125].

50 Die **Mitglieder und ihre Vertreter** bestimmt das Präsidium nach freiem Ermessen aus der Zahl der Vorsitzenden Richter und der Richter am Bundesgerichtshof. Fällt während des Geschäftsjahres (Bestellperiode) ein Mitglied weg oder ist es auf Dauer verhindert, so tritt der bestellte Vertreter an seine Stelle; für diesen ist zugleich wiederum ein Vertreter bis zum Ende des Geschäftsjahres zu bestellen. Für die „anderen Senate", die nicht – wie die Revisionssenate – ständig im Großen Senat vertreten sind, werden die Mitglieder und ihre Vertreter vom Präsidium vorsorglich für den Fall bestellt, daß ihre Beteiligung gemäß Absatz 5 Satz 2 erforderlich wird. Scheidet ein Richter nach Ablauf eines Geschäftsjahres aus, der z. B. als Berichterstatter in einer anhängigen Sache bereits tätig geworden ist, bedarf seine weitere Mitwirkung einer Anordnung des Präsidiums nach § 21e Abs 4.

51 **5. Verfahren. Abstimmung. Entscheidungsfreiheit.** Bei **Stimmengleichheit** im Großen Senat und in den Vereinigten Großen Senaten gibt die Stimme des Vorsitzenden den Ausschlag (Absatz 6 Satz 4). Einen solchen Stichentscheid erfordert die praktische Notwendigkeit. Die Regelung entspricht insoweit § 196[126]. Ergänzende **Vorschriften über das Verfahren** der Großen Senate und der Vereinigten Großen Senate enthält § 9 der Geschäftsordnung des Bundesgerichtshofs vom 3. 3. 1952 (BAnz Nr. 83 vom 30. 4. 1952 i. d. F vom 26. 7. 1971 BAnz Nr. 114).

52 Die **Mitglieder** der Großen Senate **sind** in ihrer **Entscheidung frei**. Sie sind weder gebunden an die im Anfrageverfahren geäußerte Rechtsauffassung ihres Senats, noch sind sie verpflichtet, die Rechtsauffassung der übrigen Senatsmitglieder vor der Entscheidung des Großen Senats einzuholen; der zur Entscheidung berufene gesetzliche Richter ist alleine das einzelne Mitglied des Großen Senats, das über die Rechtsfrage in

---

[123] Ebenso *Kissel*[3] 2; KK-*Hannich*[4] 26; *Kleinknecht/Meyer-Goßner*[44] 2.

[124] Vgl. BTDrucks. **11** 3621 S. 55.

[125] Ebenso *Katholnigg*[3] 20.

[126] Dazu krit. *Meier-Scherling* DRiZ **1990** 494.

richterlicher Unabhängigkeit abstimmt. Dies kann dazu führen, daß die in den Großen Senat entsandten Senatsmitglieder nicht „den Senat", sondern dessen Mindermeinung repräsentieren. Die Vorstellung des Gesetzgebers, daß jeder „Senat" seine Rechtsauffassung zu einer bestimmten Frage im Großen Senat zur Vermeidung künftiger Divergenzen solle kundtun können[127], wird dadurch nicht „idealtypisch" erfüllt. Indessen muß diese Konsequenz hingenommen werden; sie ist bei Respektierung der richterlichen Unabhängigkeit im Spruchkörper „Großer Senat" strukturell angelegt. Andernfalls wäre das einzelne Mitglied nicht mehr offen für die Diskussion und Meinungsbildung im Großen Senat. Eine erneute Divergenzanrufung in derselben Rechtsfrage, ausgelöst durch die Mehrheit eines einzelnen Senats ist zwar damit möglich; in der Praxis wird eine wiederholte Anfrage – insbesondere bei unveränderter Besetzung des Großen Senats – jedoch nicht zweckmäßig sein.

§ 133

(betr. Zuständigkeit in Zivilsachen)

§§ 134 und 134a

(**aufgehoben** durch Ges. vom 8. 9. 1969, BGBl. I 1582)

§ 135

(1) In Strafsachen ist der Bundesgerichtshof zuständig zur Verhandlung und Entscheidung über das Rechtsmittel der Revision gegen die Urteile der Oberlandesgerichte im ersten Rechtszug sowie gegen die Urteile der Landgerichte im ersten Rechtszug, soweit nicht die Zuständigkeit der Oberlandesgerichte begründet ist.

(2) Der Bundesgerichtshof entscheidet ferner über Beschwerden gegen Beschlüsse und Verfügungen der Oberlandesgerichte in den in § 138d Abs. 6 Satz 1, § 304 Abs. 4 Satz 2 und § 310 Abs. 1 der Strafprozeßordnung bezeichneten Fällen, über Beschwerden gegen Verfügungen des Ermittlungsrichters des Bundesgerichtshofes (§ 169 Abs. 1 Satz 2 der Strafprozeßordnung) in den in § 304 Abs. 5 der Strafprozeßordnung bezeichneten Fällen sowie über Anträge gegen Entscheidungen des Generalbundesanwalts in den in 161a Abs. 3 der Strafprozeßordnung bezeichneten Fällen.

Entstehungsgeschichte. Durch das StaatsschStrafsG wurden in Absatz 1 hinter „Revision" die Worte „gegen die Urteile der Oberlandesgerichte im ersten Rechtszug sowie" eingefügt und Absatz 2 angefügt. Die Ersetzung der Worte in Absatz 1 „die Urteile der Schwurgerichte und gegen die Urteile der großen Strafkammern" durch „die Urteile der

[127] Vgl. BTDrucks. **11** 3621 S. 30.

Landgerichte" und die Änderungen des Absatzes 2 (Einfügung von „§ 138d Abs. 6 Satz 1" und Anfügung der Worte „sowie über Anträge ... Fällen") beruhen auf Art. 2 Nr. 30 des 1. StVRG 1974 und Art. 5 Nr. 2 des Ergänzungsgesetzes vom 20.12.1974. Weitere Änderungen des Abs. 2 (Einfügung von „in den in § 304 Abs. 5 ... Fällen" sowie geringfügige stilistische Änderungen) erfolgten durch Art. 2 Nr. 11 StVÄG 1979; diese bewirkten eine Einschränkung der Beschwerde gegen Verfügungen des Ermittlungsrichters.

Übersicht

1 **1. Zuständigkeit für Revisionen (Absatz 1).** Die Zuständigkeit des Bundesgerichtshofs als Revisionsgericht richtet sich allein danach, ob das angefochtene Urteil von einem der in Absatz 1 genannten Gerichte erlassen worden ist; ob diese jeweils sachlich zuständig waren, ist ohne Bedeutung[1]. Zur Entscheidung über die Revision gegen erstinstanzliche Urteile des Landgerichts (d.h. der großen Strafkammern) ist das Oberlandesgericht im Fall des § 121 Abs. 1 Nr. 1c zuständig (dazu § 121, 9ff). Zu Einzelfragen betr. die Revisionszuständigkeit des Bundesgerichtshofs vgl. § 121, 8. Hat das Landgericht eine im ersten Rechtszug anhängige Sache mit einer **Berufungssache** zur gemeinsamen Verhandlung und Entscheidung verbunden, so richtet sich der Umfang der Zuständigkeit des Bundesgerichtshofs nach der Art der Verbindung. Liegen die Voraussetzungen nach § 3 StPO vor und hat das Landgericht die Verfahren in entsprechender Anwendung von § 4 Abs. 1 StPO verbunden, verschmelzen beide Verfahren miteinander, so daß insgesamt erstinstanzlich zu verhandeln ist. Dies hat die Zuständigkeit des Bundesgerichtshofs für das gesamte Verfahren in der Revisionsinstanz zur Folge[2]. Hat das Landgericht die Verfahren allerdings nur nach § 237 StPO verbunden, so bleibt die verfahrensrechtliche Selbständigkeit des Berufungsverfahrens trotz der Verbindung und gemeinsamen Verhandlung mit dem erstinstanzlichen Verfahren erhalten[3]. Der Bundesgerichtshof ist in diesen Fällen für die Revision nur zuständig, soweit der erstinstanzliche Teil des Urteils angefochten wird. Soweit sich das Rechtsmittel gegen das im Berufungsverfahren ergangene Urteil richtet, verbleibt es bei der Zuständigkeit des Oberlandesgerichts (§ 121 Abs. 1 Nr. 1b). Nach Inkrafttreten des Rechtspflege-Entlastungsgesetzes zum 1.3.1993 (BTDrucks. **12** 1217) und der dadurch bedingten Änderung des § 76 GVG sowie der Einführung des § 33b JGG (s. Anh. LR[24] Rdn. 55) haben diese Grundsätze nur noch für die Verhandlungen der großen Jugendstrafkammer Bedeutung.

---

1 BGHSt **22** 48; KK-*Hannich*[4] 2; *Kleinknecht/Meyer-Goßner*[44] 1.

2 BGHSt **36** 348, 350f; **37** 15, 17f; **38** 172; BGHR StPO § 4 Verbindung 7.

3 BGHSt **36** 248, 351; **37** 42, 43; BGH bei *Holtz* MDR **1990** 890; *Kleinknecht/Meyer-Goßner*[44] § 237, 8 StPO; insoweit wohl überholt BGHSt **35** 195 – JR **1988** 385 mit Anm. *Meyer*; vgl. auch *Meyer-Goßner* DRiZ **1990** 284; **1985** 241; NStZ **1989** 297, 301.

Darüber, daß nach Vorlegung gemäß § 121 Abs. 2 der **Bundesgerichtshof anstelle des Oberlandesgerichts** über die Revision entscheiden kann, vgl. § 121, 81. Der Bundesgerichtshof ist ferner nach Art. 96 Abs. 3 GG oberstes Bundesgericht (i. S. des Art. 95 Abs. 1 GG) für die Wehrstrafgerichte, die der Bund für Angehörige der Bundeswehr unter den in Art. 96 Abs. 2 bezeichneten Voraussetzungen als Bundesgerichte errichten kann (bisher nicht geschehen). Der Bundesgerichtshof ist ferner infolge der Gleichstellungsklausel in Anl. I Kap. III Sachgeb. A Abschn. III Nr. 1 Buchst. b zum EinigungsV für die Revision gegen die erstinstanzlichen Urteile der Bezirksgerichte der neuen Bundesländer zuständig (s. LR[24] Nachtr. II Teil B Rdn. 33 f, 100). 2

2. Zuständigkeit für andere Entscheidungen (Absatz 2)

a) Entscheidungen der Oberlandesgerichte. Die Verweisung auf § 304 Abs. 4 Satz 2 StPO bezieht sich auf die dort in Satz 2 Halbsatz 2 unter Nr. 1 bis 5, Satz 3 aufgeführten Fälle. Die Verhaftung betreffende Beschlüsse i. S. des § 304 Abs. 4 Satz 2 Nr. 1 StPO sind nur solche Beschlüsse, mit denen unmittelbar entschieden wird, ob der Beschuldigte in Haft zu nehmen oder zu halten ist, nicht auch Beschränkungen, die das erstinstanzlich zuständige Oberlandesgericht gemäß § 119 Abs. 3 StPO dem Untersuchungsgefangenen auferlegt hat[4]. Die Rechtsprechung des Bundesgerichtshofs hat stets den Ausnahmecharakter des § 304 Abs. 4 Satz 2 StPO betont und eine enge Auslegung für geboten erachtet[5]. Wegen weiterer Einzelheiten vgl. die Erl. zu § 304 StPO. 3

Die **weitere Beschwerde** (§ 310 Abs. 1 StPO) an den Bundesgerichtshof findet nur dann statt, wenn das Oberlandesgericht nach § 120 Abs. 3 GVG über die Beschwerde betreffend Verhaftung oder einstweilige Unterbringung entschieden hat; dagegen kommt weitere Beschwerde nicht in Betracht, wenn das Oberlandesgericht eine Beschwerdeentscheidung im Rahmen seiner Zuständigkeit nach § 120 Abs. 4 GVG getroffen hat, z. B. wenn der Haftbefehl von der Staatsschutzkammer (§ 74a) erlassen war, weil gegen entsprechende oberlandesgerichtliche Entscheidungen in allgemeinen Strafsachen eine weitere Beschwerde ebenfalls nicht gegeben ist. Die Beschwerde ist auch gegen einen nicht vollzogenen Haftbefehl zulässig[6]. Die **Zuständigkeit des Bundesgerichtshofs entfällt**, wenn das Oberlandesgericht die Eröffnung des Hauptverfahrens wegen der Straftaten, die seine Zuständigkeit begründen würden, ablehnt und das Hauptverfahren wegen anderer Anklagepunkte vor einem Gericht niederer Ordnung eröffnet. Die Haftanordnung des Oberlandesgerichts gilt in diesem Fall als eine solche des nunmehr zuständigen Haftgerichts[7]. 4

b) Die Zuständigkeit des Bundesgerichtshofs zur Entscheidung über Beschwerden gegen **Verfügungen des Ermittlungsrichters des Bundesgerichtshofes** (§ 169 Abs. 1 Satz 2 StPO) ist durch das StVÄG 1979 auf die in § 304 Abs. 5 StPO ausdrücklich bezeichneten Fälle beschränkt worden. Die Beschwerde ist danach nur noch gegen solche Verfügungen und Beschlüsse[8] statthaft, die die Verhaftung, einstweilige Unterbringung, Beschlagnahme und Durchsuchung betreffen, und zwar auch dann, wenn ein Antrag auf Anordnung einer solchen Maßnahme abgelehnt worden ist[9]. Die wie bei § 304 Abs. 4 Satz 2 StPO auch hier gebotene enge Auslegung der Vorschrift läßt die Anwendung auf andere als die im Gesetz bezeichneten Maßnahmen nicht zu[10]. Allerdings ist der Katalog 5

---

4 BGHSt **25** 120; **26** 270; vgl. auch § 116, 38 bis 41 StPO.

5 BGHSt **34** 34; **32** 365; **30** 168; 30 250 jeweils mit weit. Nachw.

6 BGHSt **29** 200, 201.

7 BGHSt **29** 200, 202; *Kleinknecht/Meyer-Goßner*[44] 2.

8 BGHSt **29** 13.

9 *Kleinknecht/Meyer-Goßner*[44] § 304, 19 StPO.

10 BGHSt **29** 13 f; KK-*Hannich*[4] 9.

beschwerdefähiger Entscheidungen nicht formal, sondern nach Sinn und Zweck der zugrunde liegenden gesetzgeberischen Konzeption zu bestimmen[11]. Aus diesem Grund hat der Bundesgerichtshof in Abkehr von BGHSt **30** 52 die Beschwerde gegen einen Beschluß des Ermittlungsrichters für zulässig erachtet, mit dem die Erzwingungshaft gegen einen Zeugen angeordnet worden war (BGHSt **36** 192, 194ff). Die Zuständigkeit des Bundesgerichtshofs zur Entscheidung über Beschwerden gegen Verfügungen des Ermittlungsrichters ist von dessen Zuständigkeit für die angegriffenen Maßnahmen abhängig.

6 Sobald **Anklage beim Oberlandesgericht** erhoben ist, endet damit z. B. auch die Zuständigkeit des Bundesgerichtshofs zur Entscheidung über die Beschwerde gegen einen vor der Anklageerhebung erlassenen Haftbefehl des Ermittlungsrichters, da nach Anklageerhebung die Zuständigkeit für die die Untersuchungshaft betreffenden Entscheidungen auf das mit der Sache befaßte Oberlandesgericht übergegangen ist[12]; erst über die Beschwerde gegen dessen die Haft aufrechterhaltende Entscheidung entscheidet der Bundesgerichtshof. Ferner endet die Beschwerdezuständigkeit des Bundesgerichtshofs, sobald der Generalbundesanwalt nicht mehr die Ermittlungen führt und damit auch gemäß § 169 Abs. 1 Satz 2 StPO der Ermittlungsrichter des Bundesgerichtshofs nicht mehr für die im vorbereitenden Verfahren anfallenden richterlichen Geschäfte zuständig ist. Gibt der Generalbundesanwalt eine Sache gemäß § 142a Abs. 2 an die Landesstaatsanwaltschaft ab, so wird von diesem Zeitpunkt ab die vorher getroffene Verfügung des Ermittlungsrichters des Bundesgerichtshofs wie eine Verfügung des Ermittlungsrichters des Oberlandesgerichts behandelt, und über die vom Bundesgerichtshof noch nicht beschiedene Beschwerde gegen die Verfügung des Ermittlungsrichters des Bundesgerichtshofs entscheidet nunmehr das Oberlandesgericht nach § 120 Abs. 3 Satz 2. Das gilt auch, wenn die Beschwerde vor der Abgabe dem Bundesgerichtshof vorlag, aber im Zeitpunkt der Abgabe noch nicht beschieden war[13]. Entsprechendes gilt für Beschwerden gegen Verfügungen des Ermittlungsrichters des Bundesgerichtshofs, die dieser in der Zeit nach Übernahme einer Sache gemäß § 74a Abs. 2, § 120 Abs. 2 bis zur Rückgabe an die Landesstaatsanwaltschaft gemäß § 142a Abs. 4 getroffen hat; von der Rückgabe ab werden die noch nicht vom Bundesgerichtshof beschiedenen Beschwerden gegen Verfügungen des Ermittlungsrichters des Bundesgerichtshofs wie solche des Richters beim Amtsgericht im vorbereitenden Verfahren (vgl. § 169 Abs. 1 Satz 1 StPO) behandelt, und über die Beschwerde entscheidet nach § 73 Abs. 1 Halbsatz 2, § 74a Abs. 3 die Staatsschutzstrafkammer.

6a **c)** Absatz 2 weist dem Bundesgerichtshof schließlich die **Zuständigkeit** für die **gerichtlichen Entscheidungen** in den Fällen des **§ 161a Abs. 3 StPO** zu, wenn der **Generalbundesanwalt** im Rahmen der von ihm geführten Ermittlungen Maßregeln nach §§ 51, 70 und 77 StPO bei unberechtigtem Ausbleiben oder unberechtigter Weigerung eines Zeugen oder Sachverständigen angeordnet hat. Diese Zuständigkeit umfaßt ferner die Entscheidung über die Rechtmäßigkeit einer vom Generalbundesanwalt angeordneten **Vorführung** eines **Beschuldigten** nach § 163a Abs. 3 Satz 3 StPO, wenn dieser einer Ladung des Generalbundesanwalts nicht Folge leistet oder nicht Folge leisten will[14].

---

11 BGHSt **36** 192, KK-*Hannich*[4] 9.

12 BGHSt **27** 253; **29** 200, 2021; *Katholnigg*[3] 2.

13 BGH NJW **1973** 477. Hat der Ermittlungsrichter des Bundesgerichtshofs den Haftbefehl erlassen, so kann er auch nach Abgabe der Sache durch den Generalbundesanwalt die Zuständigkeit für die weiteren Haftentscheidungen entsprechend § 126 Abs. 1 Satz 3 StPO übertragen; ohne solche Übertragung kann auf Antrag der Staatsanwaltschaft der Richter beim Amtsgericht in entsprechender Anwendung des § 125 Abs. 1 StPO die weiteren Haftentscheidungen übernehmen (BGH NJW **1973** 475; vgl. § 126, 8 StPO).

14 BGHSt **39** 96.

Dies gilt auch für die vom Generalbundesanwalt angeordnete Vorführung zum Zwecke einer Wahlgegenüberstellung und zwar selbst dann, wenn der Beschuldigte Angaben zur Sache verweigert[15].

d) Abschließende Bedeutung des Absatzes 2. Eine Beschwerde an den Bundesgerichtshof gegen andere Beschlüsse, die das Oberlandesgericht erstinstanzlich erlassen hat, in entsprechender Anwendung des § 304 Abs. 4 Satz 2 StPO, § 135 Abs. 2 GVG ist nicht möglich. Dies gilt z. B. für Beschlüsse des Oberlandesgerichts in Auslieferungssachen[16], für eine Entscheidung über die Entschädigungspflicht nach § 9 StrEG[17] und für die Verwerfung oder Zurückweisung der Ablehnung eines Richters gemäß § 28 Abs. 2 StPO[18]. 7

3. Weitere Zuständigkeiten. Der Bundesgerichtshof entscheidet ferner über Beschwerden nach § 305a Abs. 2 StPO, wenn er zugleich über die Revision zu befinden hat. Nach Abschluß des Revisionsverfahrens entfällt die Zuständigkeit für das Beschwerdeverfahren. Wird die Revisionssache vom Bundesgerichtshof abgeschlossen, bevor die Beschwerdesache entscheidungsreif ist, so ist diese dem dann zuständigen Oberlandesgericht als Beschwerdegericht vorzulegen[19]. Dies gilt nicht, wenn über die Beschwerde nur versehentlich nicht mitbefunden wurde, obwohl die Voraussetzungen für eine Entscheidung vor Abschluß des Revisionsverfahrens vorlagen[20]. 8

Zur Zuständigkeit des Bundesgerichtshofes für **Kostenbeschwerden** vgl. § 464, 67f StPO. 9

§§ 136, 137

(**aufgehoben** durch Art. 2 Nr. 12 Rechtspflege-Vereinfachungsgesetz vom 17. 12. 1990, BGBl. I 2847, 2855; eingefügt in § 132 Abs. 2 und 4)

§ 138

(1) [1]Die Großen Senate und die Vereinigten Großen Senate entscheiden nur über die Rechtsfrage. [2]Sie können ohne mündliche Verhandlung entscheiden. [3]Die Entscheidung ist in der vorliegenden Sache für den erkennenden Senat bindend.

(2) [1]Vor der Entscheidung des Großen Senats für Strafsachen oder der Vereinigten Großen Senate und in Rechtsstreitigkeiten, welche die Anfechtung einer Todeserklärung zum Gegenstand haben, ist der Generalbundesanwalt zu hören. [2]Der Generalbundesanwalt kann auch in der Sitzung seine Auffassung darlegen.

(3) Erfordert die Entscheidung der Sache eine erneute mündliche Verhandlung vor dem erkennenden Senat, so sind die Beteiligten unter Mitteilung der ergangenen Entscheidung der Rechtsfrage zu der Verhandlung zu laden.

Schrifttum. Siehe bei § 132

15 BGHSt **39** 96, 98 unter Hinweis auf die Materialien zu § 163a Abs. 3 StPO i. d. F. des 1. StVRG (BTDrucks. **VI** 3478 S. 78).
16 BGH GA **1973** 26 zu § 47 DAG, jetzt: § 77 IRG.
17 BGHSt **26** 250.
18 BGHSt **27** 96.
19 BGHSt **34** 392 mit weit. Nachw.
20 BGHSt NStZ **34 1986** 423.

Entstehungsgeschichte. § 138 beruht auf dem Ges. vom 28. 6. 1935 (RGBl. I S. 844); das VereinhG behielt die Vorschrift unverändert bei. § 138 enthält die Bestimmungen, die früher in den Abs. 3 bis 5 des § 136 a. F enthalten waren. Der damalige Absatz 4 (jetzt Absatz 2) war durch Ges. vom 17. 8. 1898 eingefügt worden; er sah nur eine schriftliche Anhörung des Oberreichsanwalts vor, während jetzt der Generalbundesanwalt auch Gelegenheit zu mündlicher Darlegung seiner Auffassung in der Sitzung des Großen Senats oder der Vereinigten Großen Senate hat. Durch Art. 5 Nr. 6 des Gesetzes zur Reform des Ehe- und Familienrechts vom 14. 6. 1976 (BGBl. I S. 1421) erhielt Absatz 2 Satz 1 im wesentlichen seine jetzige Fassung. Das Rechtspflege-Vereinfachungsgesetz vom 17. 12. 1990 (BGBl. I S. 2847, 2855) hat mit Wirkung vom 1. 1. 1992 als wesentliche Verfahrensänderung die Regelung eingeführt, daß der Große Senat und die Vereinigten Großen Senate ohne mündliche Verhandlung entscheiden können. Damit wurde abweichend von § 138 Abs. 1 in seiner bisherigen Fassung („ohne mündliche Verhandlung") – übereinstimmend für alle obersten Gerichtshöfe des Bundes – die bereits im BFH-EntlG vom 8. 7. 1975 (BGBl. I S. 1861) vorgesehene Verfahrensweise auch für den Bundesgerichtshof gesetzlich normiert, wonach die Durchführung einer mündlichen Verhandlung im Ermessen des Großen Senats steht. Ferner wurde der bisherige Abs. 3 zur Frage der Bindungswirkung der Entscheidung in der Vorlegungssache unverändert in Abs. 1 als Satz 3 übernommen; Abs. 4 wurde damit zu Abs. 3. Die Abschaffung der Entmündigung durch das Betreuungsgesetz vom 12. 9. 1990 (BGBl. I S. 2002) führte zudem zur Streichung der Anhörung des Generalbundesanwalts nach Abs. 2 „in Entmündigungssachen" (Art. 2 Nr. 2 BtG). Die die Ehenichtigkeit betreffende Passage des Absatzes 2 ist durch das Gesetz zur Beendigung der Diskriminierung gleichgeschlechtlicher Lebensgemeinschaften vom 16. 2. 2001 (BGBl. I 266) entfallen.

Übersicht

1 **1. Rechtsnatur des Verfahrens.** Der Große Senat wird nur tätig, wenn er nach § 132 Abs. 2, 4 angerufen wird. Der Anrufung, bei der die zu entscheidende Rechtsfrage genau zu formulieren ist, kann, muß aber nicht eine Hauptverhandlung vor dem erkennenden Senat vorausgegangen sein (vgl. § 132, 28; 30). Wie bei einer Vorlegung nach § 121 Abs. 2 (dort Rdn. 75) reicht es bei der Prüfung der Vorlegungsvoraussetzungen durch den Großen Senat zu deren Bejahung aus, daß die Rechtsansicht des vorlegenden Senats vertretbar ist[1]. Maßstab für die Prüfung im einzelnen ist die Ansicht des Großen Senats[2]. Er kann über die Frage der Zulässigkeit vorab entscheiden[3]. Mit der Verweisung durch den erkennenden Senat wird vor dem Großen Senat ein Zwischenverfahren anhängig, das der Rechtshängigkeit bei einer höheren Instanz vergleichbar ist[4].

[1] BGHSt **26** 170; **34** 345, 349.
[2] *May* DRiZ **1983** 305, 310.
[3] Vgl. BGHSt **33** 356.
[4] BGHZ **13** 265.

2. Reichweite der Entscheidung des Großen Senats

a) Die **Entscheidungskompetenz des Großen Senats** ist auf die vorgelegte Rechtsfrage oder ihren Sinngehalt beschränkt[5]. Er kann die Rechtsfrage präzisieren, seine Antwort auf den für die Sachentscheidung erheblichen Inhalt beschränken[6] und sie – falls erforderlich – allgemeiner oder differenzierter fassen[7]. 2

b) Bindungswirkung. In dem zu Rdn. 2 beschriebenen Umfang ist die Entscheidung des Großen Senats für den erkennenden Senat bindend (Abs. 1 Satz 3)[8]. Der Große Senat ist nicht befugt, im Zusammenhang mit der vorgelegten Rechtsfrage interessierende weitere Rechtsfragen aufzuwerfen und sie zu beantworten[9]; tut er es dennoch, so kommt diesen Teilen der Entscheidung nur die Bedeutung eines obiter dictum zu, das den vorlegenden Senat nicht binden kann[10]. Davon zu unterscheiden sind allerdings solche – nicht ausdrücklich vorgelegte – Rechtsfragen, die nach dem Sinngehalt der vorgelegten Rechtsfrage so untrennbar mit dieser verbunden sind, daß sie in einem unmittelbaren Entscheidungszusammenhang stehen. Einen solchen engen Entscheidungszusammenhang hat der Große Senat für Strafsachen in seiner Entscheidung BGHSt **32** 115 zwischen Fragen der kommissarischen Vernehmung eines V-Mannes der Polizei und der Anwendung des § 68 StPO bejaht[11]. Ebenso verfuhr der 5. Strafsenat nach Aufgabe der Rechtsfigur der fortgesetzten Tat – der entsprechende Beschluß des Großen Senats verhielt sich zu dieser Rechtsfrage lediglich für die Tatbestände des Betruges und des sexuellen Mißbrauchs – für das ihm als Spezialmaterie zugewiesene Gebiet des Steuerstrafrechts[12]. Eine solche „Erweiterung" der Vorlegungsfrage erscheint wegen der Bindungswirkung nach Abs. 1 Satz 3 allerdings nur bei sehr restriktiver Handhabung durch den Großen Senat im Hinblick auf die Praktikabilität des Verfahrens – auf die sich *Hannich*[13] beruft – vertretbar. Denn der vorlegende Senat soll nach dem Regelungsgehalt des § 138 Abs. 1 durch die Entscheidung des Großen Senats nur soweit gebunden werden, wie er es selbst möchte[14]. Soweit sich die Kritik allerdings dagegen wendet, daß durch die damit zusammenhängende Vorwegnahme der Entscheidung im Rahmen der Grundsatzanrufung eine Divergenzanrufung mit möglicherweise anderem Ergebnis wegen der abweichenden Besetzung des Großen Senats verhindert wird, hat sich das Problem durch die stets gleiche Besetzung dieses Spruchkörpers innerhalb eines Jahres (§ 132 Abs. 6) entschärft. 3

Eine **Rücknahme des Vorlegungsbeschlusses** durch den erkennenden Senat ist bis zur Entscheidung durch den Großen Senat jederzeit möglich, sei es, daß neu hervorgetretene Gesichtspunkte eine solche Entscheidung entbehrlich machen, sei es, daß der Senat bei nochmaliger Würdigung das Bedürfnis für eine Entscheidung des Großen Senats verneint[15]. Dies gilt sowohl für die Grundsatzanrufung nach Abs. 4 als auch grundsätzlich für die Divergenzanrufung nach Abs. 2, falls der vorlegende Senat sich nachträglich doch der Rechtsauffassung der anderen Senate anschließt und im Anfrageverfahren keine andere Divergenz entstanden ist (vgl. § 132, 20). Wird die Vorlage zurückgenommen, ist das Verfahren beim Großen Senat einzustellen. 4

---

5 KK-*Hannich*[4] 1, 8; vgl. auch BGH NJW **1981** 1965ff.
6 BGHSt **19** 206, 209.
7 KK-*Hannich*[4] 8 mit weit. Nachw.
8 Wegen der Vereinbarkeit dieser Vorschriften mit Art. 97 GG vgl. BGH JR **1952** 105 und die Erl. zu § 1 (24. Aufl. Rdn. 16).
9 Vgl. BGHSt **33** 356, 359; BGH NJW **2000** 1185.
10 Vgl. *Herdegen* NStZ **1984** 200; *May* DRiZ **1983** 305, 311.
11 Zust. KK-*Hannich*[4] 9; abl. *Herdegen* NStZ **1984** 200; vgl. auch *May* DRiZ **1983** 305, 311.
12 BGHSt **40** 195, 196.
13 KK-*Hannich*[4] aaO.
14 *Herdegen* aaO.
15 Vgl. *Hanack* 332; *Kissel*[3] 15.

5 Solange der **Große Senat noch nicht entschieden** hat, sind die übrigen Senate in der Entscheidung der der Anfrage zugrunde liegenden Rechtsfrage frei; sie können judizieren wie bisher, sie können sich aber auch der Vorlage des erkennenden Senats anschließen, wenn sie ihrerseits abweichen wollen. Aus Abs. 1 Satz 3 ergibt sich auch keine Sperrwirkung, die alle angefragten, an der bisherigen Rechtsprechung festhaltenden Senate hindern würde, auf dieser Grundlage weiterhin zu entscheiden[16].

6 **Bindungswirkung** besteht nach der Entscheidung des Großen Senats jeweils **nur in der vorliegenden Sache** und nur für den erkennenden Senat (Abs. 1 Satz 3). Dieser kann nach Durchführung einer weiteren Hauptverhandlung in derselben Sache (Abs. 3) erneut den Großen Senat anrufen, wenn sich dabei neue, erhebliche, im Beschluß des Großen Senats nicht gewürdigte rechtliche Umstände ergeben haben[17]. Für die übrigen Senate entsteht zwar keine Bindungswirkung; diese haben die Entscheidung des Großen Senats jedoch im Hinblick auf eine mögliche Divergenz zu beachten.

7 **3. Wiederholte Vorlage derselben Rechtsfrage.** Eine erneute Vorlage derselben Rechtsfrage muß bei Respektierung der richterlichen Unabhängigkeit zur Wahrung einer lebendigen Fortentwicklung des Rechts allerdings auch dann uneingeschränkt zulässig sein, wenn in der Zwischenzeit keine neuen rechtlichen Gesichtspunkte aufgetreten sind, die vom Großen Senat noch nicht berücksichtigt worden sind[18]. Ob eine solche wiederholte Angehung des Großen Senats sinnvoll ist, ohne daß neue Rechtserkenntnisse vorliegen, und in welcher Ausführlichkeit der Große Senat sodann eine erneute Vorlage unter Berücksichtigung der Verfahrensökonomie zu bescheiden hat, sind Fragen der Zweckmäßigkeit, nicht der Zulässigkeit des Verfahrens. Eine rechtsmißbräuchliche Ausnutzung des Vorlageverfahrens durch die Senate des Bundesgerichtshofs ist ohnehin nicht zu erwarten.

8 **4. Verfahren.** Die Entscheidung der Großen Senate und der Vereinigten Großen Senate kann nach Abs. 1 Satz 2 ohne mündliche Verhandlung ergehen. Demnach ist grundsätzlich eine mündliche Verhandlung vorgesehen, der Große Senat kann jedoch nach pflichtgemäßem Ermessen davon absehen, ohne daß es eines Einverständnisses der Verfahrensbeteiligten bedarf[19]. Auch bei einer Entscheidung ohne mündliche Verhandlung erfordert es das Gebot des rechtlichen Gehörs, daß den Beteiligten vor der Entscheidung des Großen Senats im schriftlichen Verfahren Gelegenheit zur Stellungnahme gegeben wird. Dies gilt unabhängig davon, ob sie bereits vor dem erkennenden Senat Gelegenheit hatten, ihre Rechtsauffassung darzulegen. Denn der Große Senat ist ein anderer Spruchkörper, der mit einer für das Ausgangsverfahren bindenden Wirkung (Absatz 1 Satz 3) selbständig in den Entscheidungsprozeß eingeschaltet wird, so daß erneut rechtliches Gehör zu gewähren ist[20]. Diesem Anspruch ist insbesondere dann zu genügen, wenn nach dem Vorlagebeschluß neue für die Entscheidung erhebliche Umstände eintreten, zu denen die Verfahrensbeteiligten bisher noch nicht Stellung nehmen konnten[21].

9 Die **Entscheidung** der Großen Senate ergeht **durch** schriftlich begründeten **Beschluß**, der die Rechtsfrage entweder in Form eines Rechtssatzes beantwortet oder auch dahin lauten kann, daß die Entscheidung mangels der Voraussetzungen nach § 132 Abs. 2, 4

---

[16] BGH, Beschl. v. 24. 8. 2000 – 1 StR 349/00.
[17] *Eb. Schmidt* 5.
[18] Ebenso *Zöller/Gummer*[22] 132, 4; **a. A** BFH GS BSt Bl. II **1971** 207; *Kissel*[3] § 136, 14; zu § 121 Abs. 2 BGH NJW **1977** 964.
[19] *Katholnigg*[3] S. 273 Fn. 8.
[20] *Kissel*[3] 3.
[21] Vgl. BGHZ **13** 265, 270.

abgelehnt wird (§ 9 Abs. 6 GeschOBGH). Der Beschluß ist den Verfahrensbeteiligten zuzustellen.

5. Anhörung des Generalbundesanwalts (Absatz 2). In dem Verfahren, das nur die Entscheidung der vorgelegten Rechtsfrage zum Gegenstand hat (Abs. 1), ist in Strafsachen, Bußgeldsachen (§ 46 Abs. 1 OWiG) und in den außerstrafrechtlichen Angelegenheiten des Absatz 2, in denen die Staatsanwaltschaft zur Mitwirkung berufen ist, die Anhörung des Generalbundesanwalts zwingend vorgeschrieben, d. h. ist ihm Gelegenheit zur schriftlichen Äußerung zu geben. Dem Angeklagten und seinem Verteidiger ist insoweit wiederum rechtliches Gehör im schriftlichen Verfahren zu gewähren. Der Generalbundesanwalt hat darüber hinaus das Recht, seine Auffassung „in der Sitzung" darzulegen. Ob eine solche Anhörung im Großen Senat in nichtöffentlicher Beratungssitzung überhaupt möglich ist[22], kann dahinstehen. Denn nach der Neufassung von Absatz 1 und der Einführung einer mündlichen Verhandlung, von der nur im pflichtgemäßen Ermessen abgesehen werden kann, hat der Große Senat eine mündliche Verhandlung anzuberaumen, wenn der Generalbundesanwalt von seiner Befugnis zur mündlichen Stellungnahme in der Sitzung Gebrauch machen will. Zu dieser Verhandlung sind die übrigen Verfahrensbeteiligten zu laden, um ihnen so rechtliches Gehör zu den Ausführungen des Generalbundesanwalts zu gewähren[23]. 10

6. Verfassungsbeschwerde. Eine Entscheidung des Großen Senats kann nicht unmittelbar mit der Verfassungsbeschwerde angegriffen werden, sondern nur die vom erkennenden Senat getroffene Entscheidung, soweit sie auf der Entscheidung des Großen Senats beruht[24]. 11

§ 139

(1) Die Senate des Bundesgerichtshofs entscheiden in der Besetzung von fünf Mitgliedern einschließlich des Vorsitzenden.

(2) [1]Die Strafsenate entscheiden über Beschwerden und Anträge auf gerichtliche Entscheidung (§ 161a Abs. 3 der Strafprozeßordnung) in der Besetzung von drei Mitgliedern einschließlich des Vorsitzenden. [2]Dies gilt nicht für die Entscheidung über Beschwerden gegen Beschlüsse, durch welche die Eröffnung des Hauptverfahrens abgelehnt oder das Verfahren wegen eines Verfahrenshindernisses eingestellt wird.

Entstehungsgeschichte. Die Vorschrift bestimmte in der ursprünglichen Fassung (als § 140), daß die Senate des Reichsgerichts in der Besetzung von sieben Mitgliedern entschieden. Durch Ges. vom 27. 3. 1923 (RGBl. I S. 218) und vom 1. 3. 1926 (RGBl. I S. 190) wurde die Besetzung auf fünf Mitglieder reduziert und durch einen Satz 2 bestimmt, daß sie in erster Instanz außerhalb der Hauptverhandlung durch drei Mitglieder zu entscheiden hatten. Das VereinhG 1950 strich diesen Satz 2. Art. 3 des 1. StrÄndG 1951 stellte den früheren Satz 2 des § 139 als Absatz 2 wieder ein, schränkte aber den früheren Grundsatz, daß die erstinstanzlichen Strafsenate außerhalb der

---

[22] Vgl. 23. Aufl., Rdn. 2; krit. dazu *Katholnigg*[3] S. 278 Fn. 8.

[23] So schon für die bisherige Rechtslage KK-*Hannich*[4] 6; LR[23], 4; *Kleinknecht/Meyer-Goßner*[44] 2.

[24] BVerfGE **31** 55.

Hauptverhandlung mit drei Mitgliedern besetzt sind, ein. Die jetzige Fassung des Absatzes 2 beruht im wesentlichen auf Artikel 1 Nr. 7 des Gesetzes vom 8. 9. 1969 (BGBl. I 1582); sie zieht die Folgerungen aus der Übertragung der bis dahin bestehenden erstinstanzlichen Zuständigkeit des Bundesgerichtshofs in Staatsschutzstrafsachen auf die in § 120 bezeichneten Oberlandesgerichte und der Neuordnung der Zuständigkeit des Bundesgerichtshofs als Revisions- und Beschwerdegericht (§ 135). Die Streichung der in Absatz 2 Satz 2 hinter „abgelehnt" folgenden Worte: „der Angeschuldigte außer Verfolgung gesetzt" erfolgte durch Artikel 2 des 1. StVRG 1974.

1 **1. Besetzung der Strafsenate.** Die Revisionssenate entscheiden nach Absatz 1 in wie außerhalb der Hauptverhandlung (§§ 206a, 206b, 349 StPO) in der Besetzung mit fünf Mitgliedern. Als Beschwerdegericht (§ 135 Abs. 2) entscheidet der Bundesgerichtshof in den § 304 Abs. 4 Satz 2 Nr. 2 StPO bezeichneten Fällen in der Besetzung mit fünf, im übrigen in der Besetzung mit drei Mitgliedern. Der Sinn des § 139 Abs. 2 Satz 2 ist, daß wegen der besonderen Bedeutung der in Frage stehenden Entscheidungen das Beschwerdegericht in gleicher Weise besetzt sein soll wie das erstinstanzliche Oberlandesgericht nach § 122 Abs. 2 (dort Rdn. 2).

2 Da die fünf Strafsenate des Bundesgerichtshofs nach der vom Präsidium getroffenen Geschäftsverteilung jeweils überbesetzt sind (vier Senate im Verhältnis 1 : 6, ein Senat im Verhältnis 1 : 7), bedarf es für die Bestimmung der an einer Entscheidung beteiligten Richter **senatsinterner Mitwirkungspläne**. Diese werden von dem Vorsitzenden jeweils im voraus nach den Grundsätzen des § 21g Abs. 2 für den Senat – falls erforderlich auch für die Dreierbesetzung – erstellt. Zu den Anforderungen an die Mitwirkungspläne und ihre Vereinbarkeit mit Art. 101 Abs. 1 Satz 2 GG wird auf die Erläuterungen zu § 21g verwiesen. Die Mitwirkung von **Hilfsrichtern** ist unzulässig (s. § 124, 1).

3 **2. Von Absatz 1 abweichende Vorschriften** über die Besetzung der Senate des Bundesgerichtshofs finden sich u. a. in § 106 BRAO (Senat für Anwaltssachen), § 106 BNotarO vom 24. 2. 1961, BGBl. I S. 98 (Notarsenat), § 61 Abs. 2 DRiG (Richterdienstgericht).

§ 140

Der Geschäftsgang wird durch eine Geschäftsordnung geregelt, die das Plenum beschließt; sie bedarf der Bestätigung durch den Bundesrat.

Entstehungsgeschichte. Das VereinhG 1950 paßte die Vorschrift den staatsrechtlichen Verhältnissen an.

Es gilt die **Geschäftsordnung des Bundesgerichtshofs vom 3. 3. 1952** (BAnz Nr. 83 vom 30. 4. 1952; abgedr. auch DRiZ **1963** 152) mit Änderungen durch Bek. vom 15. 4. 1970 (BAnz Nr. 74) und vom 21. 6. 1971 (BAnz Nr. 114). Es handelt sich hier um den einzigen Fall, in dem dem Plenum des Bundesgerichtshofs gesetzlich eine Aufgabe zugewiesen ist. Die Geschäftsordnung stellt eine autonom getroffene Verwaltungsanordnung über die innere Arbeitsweise des Gerichts ohne Rechtscharakter dar[1]. Sie ist vom Geschäftsverteilungsplan strikt zu unterscheiden und darf diesen nicht ersetzen[2]. Für die übrigen obersten Bundesgerichte vergleiche einerseits § 44 Abs. 2 ArbGG sowie § 50 SGG, andererseits aber § 173 VwGO sowie § 155 FGO.

[1] *Mellwitz* NJW **1962** 778, ähnlich *Kissel*³ § 140.

[2] *Katholnigg*³ 1.

9a. TITEL

Zuständigkeit für Wiederaufnahmeverfahren in Strafsachen

Vorbemerkungen

1. Zur Entstehungsgeschichte. Der nur aus dem § 140a bestehende 9a. Titel ist durch Abs. 2 Nr. 32 des 1. StVRG 1974 eingefügt worden. Die Entstehungsgeschichte und die Bedeutung des 9a. Titels im Zusammenhang mit den auf Verbesserungen des Wiederaufnahmerechts gerichteten Reformbestrebungen ist in großen Zügen in der 24. Aufl., Einleitung Kap. **5** 58 bis 64 dargestellt worden[1]. Der 9a. Titel ist erst auf den Vorschlag des Rechtsausschusses des Bundestags zurückzuführen (dazu den Bericht des Rechtsausschusses BTDrucks. **7** 2600 S. 11). Der RegEntw. des 1. StVRG hatte gegenüber der nunmehr durch § 140a im Grundsatz verwirklichten Reformforderung, „das Wiederaufnahmeverfahren aus der möglicherweise ungünstigen Atmosphäre des Gerichts, dessen Urteil mit dem Wiederaufnahmeantrag angefochten wird, herauszunehmen" und die örtliche Zuständigkeit für das gesamte Wiederaufnahmeverfahren grundsätzlich einem anderen Gericht zu übertragen, eine zurückhaltende Stellung eingenommen. Nach der im RegEntw. vertretenen Auffassung waren Anhaltspunkte, daß eine so weitgehende Änderung besonders vordringlich sei, nicht ersichtlich; es sollte erst das Ergebnis bereits eingeleiteter rechtstatsächlicher Untersuchungen abgewartet werden (vgl. Begr. des RegEntw. BTDrucks. **7** 551 S 91). Statt dessen schlug der RegEntw. – außer der Einfügung des Satzes 3 des § 23 Abs. 2 StPO – in Art. 1 Nr. 98 als vermittelnde Lösung die Einfügung eines Absatzes 2 des § 372 StPO vor; danach sollte – anknüpfend an die Regelung in §§ 210 Abs. 3, 354 Abs. 2 StPO – das Beschwerdegericht, wenn es einer Beschwerde gegen einen Beschluß stattgibt, durch den das Gericht den Antrag auf Wiederaufnahme des Verfahrens als unzulässig oder unbegründet verworfen hat, zugleich bestimmen, daß das weitere Verfahren, einschließlich der erneuten Hauptverhandlung, vor einer anderen Abteilung oder Kammer des Gerichts, dessen Beschluß aufgehoben wird oder vor einem zu demselben Lande gehörenden benachbarten Gericht gleicher Ordnung stattzufinden habe. Damit trug der RegEntw. zugleich den Stimmen aus den Kreisen der Richter und Staatsanwälte Rechnung, die in der grundsätzlichen Zuweisung der Wiederaufnahmezuständigkeit an ein anderes Gericht eine gesetzliche Sanktionierung des unbewiesenen Vorwurfs einer „gewissen Solidarisierung" der Richter desselben örtlichen Gerichts mit den Richtern des Spruchkörpers, die die angefochtene Entscheidung gefällt hatten, sahen. Der Rechtsausschuß des Bundestages entschied sich aber für eine Lösung im Sinne der weitergehenden Reformforderungen, weil die Begründung der Zuständigkeit eines anderen Gerichts „eine bessere Ausgangslage für das [Wiederaufnahme-]Verfahren gewährleistet. Es liegt im Interesse der Rechtspflege, auch nur den Eindruck zu vermeiden, das Gericht könne dem Wiederaufnahmebegehren nicht gänzlich unbefangen gegenüberstehen" (BTDrucks. **7** 2600, S. 11). 1

[1] Vgl. auch LR-*Gössel* § 367, 1f StPO; *Hanack* JZ **1973** 399.

2 **2. Begrenzungen des Grundsatzes des anderen Gerichts.** Die gesetzliche Grundsatzregelung des „anderen Gerichts" war von Anfang an von Kritik im Schrifttum begleitet[2]; so war auf gewisse absehbare zusätzliche Belastungen für die Beteiligten, auch in finanzieller Beziehung, hingewiesen worden, die der Grundsatz des anderen Gerichts mit sich bringt, etwa durch erweiterte Anreisewege für die Verurteilten und für die Zeugen. Das Gesetz sucht diese zusätzlichen Belastungen dadurch gering zu halten, daß grundsätzlich als „anderes Gericht" nur ein im Bezirk desselben Oberlandesgericht gelegenes Gericht in Betracht kommt (§ 140a Abs. 2). Diese Begrenzung macht allerdings die Ausnahmeregelungen des § 140a Abs. 3 bis 6 erforderlich, wonach bei fehlendem anderen Gericht innerhalb dieses Bezirks grundsätzlich lediglich ein anderer Spruchkörper desselben Gerichts zuständig ist. Die zahlreiche Fälle erfassenden Ausnahmeregelungen stellen indes das gesetzgeberische (Reform-)Anliegen weitgehend selbst in Frage: Gibt es genügend Gründe für die Anordnung nicht nur anderer Richter (§ 23 Abs. 2 StPO) und anderer Spruchkörper (§ 140a Abs. 3 bis 6), sondern auch anderer Gerichte (§ 140a Abs. 1), so können die Gründe angesichts der Gerichtsdichte in der Bundesrepublik Deutschland kaum dadurch unbeachtlich werden, daß innerhalb eines Oberlandesgerichtsbezirks kein „anderes Gericht" zur Verfügung steht. Im übrigen erscheint nach rund 26-jähriger Geltung des § 140a eine Überprüfung des Grundsatzes des „anderen Gerichts" durch den Gesetzgeber angebracht. Würde sich bei einem Vergleich mit dem vorher geltenden Recht einerseits und mit den jetzt geltenden Ausnahmeregelungen zum „anderen Spruchkörper" andererseits zeigen, daß in der Praxis keine größeren Abweichungen in der Aufgeschlossenheit gegenüber dem Wiederaufnahmebegehren feststellbar sind, sollte der Grundsatz des „anderen Gerichts" aufgegeben werden; ergäbe sich dagegen, daß die „anderen Gerichte" tatsächlich aufgeschlossener sind, sollte im Interesse der Gleichbehandlung der Grundsatz des anderen Gerichts soweit wie möglich auf alle Fälle ausgedehnt werden.

3 In **Rehabilitierungsverfahren** entscheidet über Wiederaufnahmeanträge das Gericht, das im ersten Rechtszug tätig geworden war. § 140a ist nicht entsprechend anwendbar. Die in § 15 StrRehaG enthaltene allgemeine Venveisung auf die Vorschriften des Strafverfahrensrechts steht unter dem Vorbehalt, das die jeweilige Vorschrift den Eigenheiten der Struktur des Rehabilitierungsverfahrens entspricht[3].

§ 140a

(1) [1]Im Wiederaufnahmeverfahren entscheidet ein anderes Gericht mit gleicher sachlicher Zuständigkeit als das Gericht, gegen dessen Entscheidung sich der Antrag auf Wiederaufnahme des Verfahrens richtet. [2]Über einen Antrag gegen ein im Revisionsverfahren erlassenes Urteil entscheidet ein anderes Gericht der Ordnung des Gerichts, gegen dessen Urteil die Revision eingelegt war.

(2) Das Präsidium des Oberlandesgerichts bestimmt vor Beginn des Geschäftsjahres die Gerichte, die innerhalb seines Bezirks für die Entscheidungen im Wiederaufnahmeverfahren örtlich zuständig sind.

---

[2] *Krägeloh* NJW **1975** 138.

[3] OLG Brandenburg NJ **1997** 153, 154, *Katholnigg*[3] 1; vgl. auch *Bruns/Schröder/Tappert*, StrRehaG (1993) § 15.

(3) [1]Ist im Bezirk eines Oberlandesgerichts nur ein Landgericht eingerichtet, so enscheidet über den Antrag, für den nach Absatz 1 das Landgericht zuständig ist, eine andere Strafkammer des Landgerichts, die vom Präsidium des Oberlandesgerichts vor Beginn des Geschäftsjahres bestimmt wird. [2]Die Landesregierungen werden ermächtigt, durch Rechtsverordnung die nach Absatz 2 zu treffende Entscheidung des Präsidiums eines Oberlandesgerichts, in dessen Bezirk nur ein Landgericht eingerichtet ist, dem Präsidium eines benachbarten Oberlandesgerichts für solche Anträge zuzuweisen, für die nach Absatz 1 das Landgericht zuständig ist. [3]Die Landesregierungen können die Ermächtigung durch Rechtsverordnung auf die Landesjustizverwaltungen übertragen.

(4) [1]In den Ländern, in denen nur ein Oberlandesgericht und nur ein Landgericht eingerichtet sind, gilt Absatz 3 Satz 1 entsprechend. [2]Die Landesregierungen dieser Länder werden ermächtigt, mit einem benachbarten Land zu vereinbaren, daß die Aufgaben des Präsidiums des Oberlandesgerichts nach Absatz 2 einem benachbarten zu einem anderen Land gehörenden Oberlandesgericht für Anträge übertragen werden, für die nach Absatz 1 das Landgericht zuständig ist.

(5) In den Ländern, in denen nur ein Landgericht eingerichtet ist und einem Amtsgericht die Strafsachen für die Bezirke der anderen Amtsgerichte zugewiesen sind, gelten Absatz 3 Satz 1 und Absatz 4 Satz 2 entsprechend.

(6) [1]Wird die Wiederaufnahme des Verfahrens beantragt, das von einem Oberlandesgericht im ersten Rechtszug entschieden worden war, so ist ein anderer Senat dieses Oberlandesgerichts zuständig. [2]§ 120 Abs. 5 Satz 2 gilt entsprechend.

(7) Für Entscheidungen über Anträge zur Vorbereitung eines Wiederaufnahmeverfahrens gelten die Absätze 1 bis 6 entsprechend.

Übersicht

1. Das zuständige Wiederaufnahmegericht (Absatz 1 Satz 1)

a) Trennung von örtlicher und sachlicher Zuständigkeit. Nach § 367 Abs. 1 Satz 1 a. F StPO entschied über die Zulassung des Antrags auf Wiederaufnahme des Verfahrens das Gericht, dessen Urteil mit dem Antrag angefochten war; dieses Gericht war auch zuständig, wenn die Wiederaufnahme des Verfahrens und die Erneuerung der Hauptverhandlung (§ 370 Abs. 2 StPO) angeordnet wurde. § 367 n. F StPO verweist nunmehr 1 wegen der sachlichen (funktionellen) und örtlichen Zuständigkeit des Gerichts für die im Wiederaufnahmeverfahren zu treffenden Entscheidungen (mit Einschluß der Entscheidungen über Anträge zur Vorbereitung des Wiederaufnahmeverfahrens, Absatz 7) auf die „besonderen Vorschriften des Gerichtsverfassungsgesetzes", und damit auf § 140a. Danach entscheidet, was die **sachliche Zuständigkeit** anlangt, grundsätzlich (Ausnahme § 140a Abs. 1 Satz 2) ein Gericht mit gleicher sachlicher Zuständigkeit wie das Gericht, gegen dessen Entscheidung sich der Wiederaufnahmeantrag richtet; **örtlich** ist aber das gemäß § 140a Abs. 2 bestimmte Gericht **zuständig**.

2 **b) Entscheidungen im Wiederaufnahmeverfahren** sind gemäß § 140a Abs. 7 bereits die Entscheidungen über Anträge zur Vorbereitung eines Wiederaufnahmeverfahrens (§§ 364a, 364b StPO), nach Stellung des Wiederaufnahmeantrags die Entscheidung über Aufschub und Unterbrechung (§ 360 Abs. 2 StPO)[1], sowie alle sonstigen Entscheidungen, die aus Anlaß eines Antrags auf Wiederaufnahme (§ 372 StPO) erstinstanzlich zu treffen sind (§§ 368, 369, 370, 371 StPO), endigend mit der die Instanz abschließenden Entscheidung nach Anordnung der Wiederaufnahme des Verfahrens und Erneuerung der Hauptverhandlung (§§ 370 Abs. 2, 373 StPO). Die Zuständigkeit umfaßt auch die Entscheidung über eine Entschädigung für Strafverfolgungsmaßnahmen[2].

3 c) Das Gericht des Wiederaufnahmeverfahrens muß die **gleiche sachliche Zuständigkeit** haben (von Besonderheiten bei Entscheidungen des Revisionsgerichts abgesehen, unten Rdn. 6). Es muß sich demnach grundsätzlich um einen sachlich und funktionell gleichrangigen Spruchkörper im Vergleich zu demjenigen handeln, dessen Entscheidung mit dem Wiederaufnahmeantrag angefochten wird[3]. Spezielle Zuständigkeiten sind zu beachten. So bleiben die Jugendgerichte zuständig, auch wenn der Verurteilte inzwischen erwachsen ist oder bereits bei der Aburteilung erwachsen war. Wegen weiterer Einzelheiten wird auf die Erläuterungen zu § 367, 6ff; 17 StPO verwiesen.

4 d) Ein **anderes Gericht** ist nicht ein nur anderer Spruchkörper des Gerichts, gegen dessen Entscheidung sich der Wiederaufnahmeantrag richtet, sondern ein anderes Gericht im administrativ-organisatorischen Sinn, also ein anderes Amts- oder Landgericht im Bezirk des Oberlandesgerichts (§ 140a Abs. 2)[4]. Auch die auswärtige Strafkammer (§ 78), gegen deren Entscheidung sich ein Wiederaufnahmeantrag richtet, ist, mag sie auch im Hinblick auf ihren vom Sitz des Landgerichts verschiedenen Sitz und ihre Besetzung mit Richtern beim Amtsgericht in gewissen Beziehungen als selbständiges Gericht bezgl. der örtlichen Zuständigkeit angesehen werden können (§ 78, 6), im Sinn des Absatz 1 Satz 1 doch nur ein Spruchkörper des Landgerichts; es kann also die Entscheidung über den Wiederaufnahmeantrag weder von einer Strafkammer am Sitz des Landgerichts noch von einer etwa im Bezirk des Landgerichts gebildeten weiteren auswärtigen Strafkammer getroffen werden[5]. Indessen gilt der Grundsatz, daß örtlich entscheidungszuständig ein anderes Gericht und nicht nur ein anderer Spruchkörper des Gerichts sei, nur mit den aus den Absätzen 3 bis 6 sich ergebenden Ausnahmen. Auch ist für eine Anwendung des Absatz 1 Satz 1, Abs. 2 kein Raum, wenn das Gericht, gegen dessen Entscheidung sich der Wiederaufnahmeantrag richtet, nicht mehr besteht[6]. Insoweit gelten besondere Regelungen, die im einzelnen bestimmen, auf welches Gericht

[1] BGHSt **29** 47, 49; *Kleinknecht/Meyer-Goßner*[44] 1; vgl. auch LR-*Gössel* § 360, 6 StPO.
[2] OLG Köln GA **1992** 180.
[3] OLG München MDR **1980** 601; *Kissel*[3] 3; *Katholnigg*[3] 2; KK-*Schmidt*[4] 4; *Kleinknecht/Meyer-Goßner*[44] 5.
[4] OLG Karlsruhe MDR **1980** 252.
[5] KK-*Schmidt*[4] 3; *Kissel* 3.
[6] **A. A** OLG Naumburg MDR **1993** 1228, 1229.

die Aufgaben des nicht mehr bestehenden Gerichts übergegangen sind[7]. Richtet sich der Antrag gegen erstinstanzliche Strafurteile des Reichsgerichts, so sind über § 120 GVG die Oberlandesgerichte sachlich zuständig[8]. Wegen weiterer Einzelheiten wird auf die Erläuterungen zu § 367, 23ff StPO verwiesen.

e) **Keine erweiternde Auslegung des § 140a.** Wie in § 367, 9 StPO dargelegt, ist zur Entscheidung im Wiederaufnahmeverfahren grundsätzlich das gemäß § 140a Abs. 2 bezeichnete Amtsgericht zuständig, wenn das Berufungsgericht nicht in der Sache selbst entschieden, sondern ohne sachliche Stellungnahme zur Schuld- und Straffrage aus formalen Gründen, z. B. wegen Nichtwahrung der Berufungsfrist oder unentschuldigten Ausbleibens (§ 329 Abs. 1 Satz 1 StPO) die Berufung des Angeklagten verworfen hat[9]. Wenn in einem solchen Fall das andere Amtsgericht im Bezirk des gleichen Landgerichts den Wiederaufnahmeantrag verwirft und sich dagegen die sofortige Beschwerde richtet, so ergibt sich aus § 140a kein Grund, das Landgericht als solches und den gleichen Spezialspruchköper (z. B. die Jugendkammer), der früher die Berufung verwarf, von der Entscheidung über die Beschwerde auszuschließen. Denn die ratio legis des § 140a Abs. 1 Satz 1, dem Verurteilten das Gefühl einer Voreingenommenheit der zur Entscheidung berufenen Richter zu nehmen, die sich aus einer „Solidarisierung" der Richter des Landgerichts ergeben könnte (Vor § 140a, 1), entfällt, wenn die früher tätig gewordenen Richter überhaupt nicht mit der Schuld- und Straffrage, sondern lediglich mit den formellen Voraussetzungen (Nichterscheinen usw.) befaßt waren, die zur Verwerfung der Berufung führten[10]. Das gleiche gilt, wenn nach der Anordnung gemäß § 370 Abs. 2 StPO die erneuerte Hauptverhandlung vor dem anderen Amtsgericht mit Aufrechterhaltung des früheren Urteils (§ 373 Abs. 1 SPO) endet: Es besteht kein Hindernis, daß über die Berufung des Angeklagten der gleiche Spruchkörper des Landgerichts entscheidet, der im früheren Verfahren aus formalen Gründen die Berufung gegen das später mit dem Wiederaufnahmeantrag angegriffene amtsgerichtliche Urteil verworfen hatte[11]. 5

2. **Wiederaufnahmeantrag gegen ein im Revisionsverfahren erlassenes Urteil (Absatz 1 Satz 2).** § 367 Abs. 1 Satz 2 a. F StPO bestimmte: „Wird ein in der Revisionsinstanz erlassenes Urteil aus anderen Gründen als auf Grund des § 359 Nr. 3 oder des § 362 Nr. 3 angefochten, so entscheidet das Gericht, gegen dessen Urteil die Revision eingelegt war." Wenn danach – von den genannten Ausnahmefällen abgesehen – grundsätzlich die Entscheidungszuständigkeit der Vorinstanz gegeben war, erklärt sich das daraus, daß es als mit den Aufgaben des Revisionsgerichts unverträglich angesehen wurde, es mit Obliegenheiten zu belasten, die sich im wesentlichen auf dem Gebiet tatsächlicher Aufklärung und Feststellungen bewegen. Da die Wiederaufnahmegründe des § 359 Nr. 3, § 362 Nr. 3 StPO beim Revisionsgericht praktisch kaum Bedeutung haben, ist in § 140a Abs. 1 Satz 2 der bisher in § 367 Abs. 1 Satz 2 a. F StPO enthaltene Grundsatz der Befreiung des Revisionsgerichts von den Aufgaben des Wiederaufnahmegerichts unter Verzicht auf die bisherigen Einschränkungen aufrechterhalten worden (*Krägeloh* NJW **1975** 138), nur daß jetzt nicht mehr die Vorinstanz, sondern ein anderes Gericht von der Ordnung der Vorinstanz örtlich zuständig ist. Es besteht also die Zuständigkeit eines 6

[7] *Kleinknecht/Meyer-Goßner*[44] 12; *Katholnigg*[3] 2; vgl. auch LR-*Gössel* § 367, 24ff StPO.

[8] BGHSt **31** 365; BGH NStZ **1982** 214; **a. A** KG NStZ **1981** 273 mit abl. Anm. *Rieß*.

[9] LR-*Gössel* § 367, 9 StPO mit weit. Nachw.; **a. A** *Kissel*[3] 4; *Katholnigg*[3] 2, die auch insoweit das LG für sachlich zuständig halten. Zur Zuständigkeit des AG im Wiederaufnahmeverfahren gegen ein Berufungsurteil bei Beschränkung der Berufung auf den Rechtsfolgeausspruch vgl. auch OLG Oldenburg StV **1992** 102; OLG Düsseldorf MDR **1986** 1050.

[10] OLG Nürnberg MDR **1977** 688; KK-*Schmidt*[4] 5.

[11] *Kissel*[3] 3; *Kleinknecht/Meyer-Goßner*[44] 3.

Gerichts von der Ordnung der Vorinstanz auch dann, wenn mit dem Wiederaufnahmeantrag nur ein Mangel des revisionsgerichtlichen Verfahrens geltend gemacht wird; der eindeutig zum Ausdruck gebrachte Wille des Gesetzgebers, die Zuständigkeit der Revisionsgerichte für die Entscheidung über Wiederaufnahmeanträge ausnahmslos abzuschaffen, „muß respektiert werden" (BGH bei *Holtz* MDR **1977** 811)[12]. Bei dieser Zuständigkeit verbleibt es auch dann, wenn das Revisionsgericht nicht durch Urteil, sondern durch Beschluß entschieden hat[13]. Die Befreiung nach Absatz 1 Satz 2 bezieht sich aber nur auf die Entscheidung über den Wiederaufnahmeantrag; hat das andere Gericht von der Ordnung der Vorinstanz dem Antrag durch Anordnung der Wiederaufnahme des Verfahrens und Erneuerung der Hauptverhandlung stattgegeben (§ 370 Abs. 2 StPO), so entscheidet erneut ein Revisionsgericht – und zwar jedenfalls ein anderer Senat –, wenn eine Revisionsentscheidung Gegenstand der Wiederaufnahme war[14]. Zur Wiederaufnahme nach Zurückverweisung durch das Revisionsgericht wird ergänzend auf die Erläuterungen zu § 367, 21 ff StPO verwiesen.

3. Bestimmung des anderen Gerichts (Absatz 2)

7 a) **Allgemeines.** Die Bestimmung des zuständigen anderen Gerichts erfolgt durch das Präsidium des Oberlandesgerichts als Organ der gerichtlichen Selbstverwaltung; die Mitglieder des Präsidiums handeln auch hier unter richterlicher Unabhängigkeit. Diese Regelung hat der Gesetzgeber gewählt, weil die Präsidien der Oberlandesgerichte über den erforderlichen Überblick verfügen, um die nach Absatz 1 bei den einzelnen Gerichten eintretenden Entlastungen durch entsprechende Zuweisungen möglichst gerecht auszugleichen (Bericht des Rechtsausschusses BTDrucks. **7** 2600, S. 11). Die hiermit dem Präsidium des Oberlandesgerichts übertragene Aufgabe, das örtlich zuständige andere Gericht zu bestimmen, hat wesensmäßig nichts zu tun mit der nach § 21 e dem Präsidium eines Oberlandesgerichts obliegenden Aufgabe, im Geschäftsverteilungsplan die anfallenden Geschäfte auf die Spruchkörper des eigenen Gerichts zu verteilen und deren Besetzung zu regeln. Die Bestimmung nach § 140 a Abs. 2 bildet daher keinen Bestandteil des nach § 21 e Abs. 1 aufzustellenden Plans, wenn sie auch äußerlich in diesen Plan aufgenommen sein mag. Die Bestimmung erfolgt vor Beginn des Geschäftsjahres; daß sie auch für dessen Dauer erfolgt, ist zwar – abweichend vom Wortlaut des § 21 e Abs. 1 Satz 2 – nicht ausdrücklich bestimmt, versteht sich aber von selbst, denn Absatz 2 muß dahin gelesen werden, daß die Bestimmung vor Beginn **jedes Geschäftsjahres** erforderlich ist. Es empfiehlt sich eine frühzeitige Regelung, damit die von der Bestimmung betroffenen Gerichte sich bei ihrer Geschäftsverteilung darauf einrichten können[15]. Eine Fortschreibung der für das Vorjahr getroffenen Regelung ist möglich; allerdings darf sich der alljährlich zu fassende Beschluß im Interesse der Klarheit nicht nur auf die frühere Regelung beziehen[16]. Die Vorschriften über die Beschlußfassung des Präsidiums (§ 21 e Abs. 7, 8, § 21 i) gelten auch hier. Sinngemäß anwendbar ist auch § 21 e Abs. 3 Satz 1, der die Änderung der getroffenen Bestimmung im Lauf des Geschäftsjahres zuläßt, wenn sich aus einer mit den Änderungsgründen des § 21 e Abs. 3 Satz 1 vergleichbaren Ände-

---

[12] Ebenso BGH bei *Pfeiffer/Miebach* NStZ **1985** 496; BGHR GVG § 140 a Zuständigkeit 1 für den Fall der Wiederaufnahme nach Feststellung einer Verletzung der MRK durch den EuGMR (§ 359 Nr. 6 StPO); *Katholnigg*[3] 2; *Kissel*[3] 5; *Kleinknecht/Meyer-Goßner*[44] 7; KK-*Schmidt*[4] 6.

[13] BGH bei *Pfeiffer/Miebach* NStZ **1985** 496.

[14] Vgl. LR-*Gössel* § 373, 1 StPO; *Katholnigg*[3] 2; KK-*Schmidt*[4] 6; *Wasserburg*, Die Wiederaufnahme des Strafverfahrens (1983) 230.

[15] *Kissel*[3] 7.

[16] *Kissel*[3] 8.

rung der Ausgangslage die Notwendigkeit einer Änderung der Bestimmung ergibt[17]. Die Bestimmung des örtlich zuständigen anderen Gerichts gleicher sachlicher Zuständigkeit steht im pflichtmäßigen Ermessen des Präsidiums, das sich dabei auch von Zweckmäßigkeitserwägungen leiten lassen kann; es kann z. B., wenn in einem Oberlandesgerichtsbezirk mehr als zwei Landgerichte bestehen, jeweils das dem Landgericht, dessen Entscheidung mit dem Wiederaufnahmeantrag angefochten wird, benachbarte Landgericht als örtlich zuständig bestimmen, aber auch die Zuständigkeit bei einem der mehreren Landgerichte konzentrieren und sich im übrigen darauf beschränken, ein anderes Landgericht zu bestimmen, wenn ein Urteil dieses einen Landgerichts angegriffen wird.

Die **Bestimmung** des „anderen Gerichts" nach Abs. 2 ist insoweit **problematisch**, als **7a** die an sich dem Gesetzgeber obliegende Aufgabe, die örtliche Zuständigkeit eines Gerichtes zu bestimmen, der Präsidialanordnung überlassen wird. Hiergegen mit Blick auf Art. 101 Abs. 1 Satz 2 GG geltend gemachte verfassungsrechtliche Bedenken[18] hat die 2. Kammer des 2. Senats des Bundesverfassungsgerichts im Beschluß vom 7. 5. 1987 – 2 BvR 410/87 – nicht geteilt, sondern die Regelung als notwendige Ergänzung der Normen zur Bestimmung des gesetzlichen Richters – vergleichbar den Geschäftsverteilungsplänen – angesehen[19]. Im Hinblick auf ihre gesetzesersetzende Funktion erscheint eine Veröffentlichung der jeweiligen jährlichen Präsidialanordnung allerdings angezeigt[20].

b) Bestimmung des zuständigen Spruchkörpers. Den Spruchkörper zu bezeichnen, der **8** die Aufgaben des Wiederaufnahmegerichts wahrzunehmen hat, ist Sache des Präsidiums des als örtlich zuständig bestimmten anderen Gerichts. Dieses ist bei der Aufstellung seines Geschäftsverteilungsplans gehalten, wenn das Urteil eines Spruchkörpers mit gesetzlicher Zuständigkeitskonzentration (Schwurgericht usw.) mit dem Wiederaufnahmeantrag angegriffen wird (oder werden soll, §§ 364a, § 364b StPO), die Sachen dem entsprechenden Spezialspruchkörper des eigenen Gerichts zuzuweisen. Das gilt naturgemäß nur, wenn bei dem als örtlich zuständig bestimmten anderen Gericht ein solcher Spezialspruchkörper besteht.

Abweichungen von diesem Grundsatz ergeben sich, wenn entweder von Gesetzes **8a** wegen die Zuständigkeit eines bestimmten Landgerichts vorgesehen ist – wie es für **Staatsschutzsachen** nach § 74a Abs. 4 der Fall ist – oder wenn durch Verordnung der Landesregierung die Zuständigkeit für **Wirtschaftsstrafsachen** nach § 74c Abs. 3 und für **Schwurgerichtssachen** nach § 74d auf ein Landgericht **konzentriert** worden ist. Es fehlt sodann im Bezirk des Oberlandesgerichts an einem „anderen" Gericht mit gleicher sachlicher Zuständigkeit. Denn § 74e ist auch im Wiederaufnahmeverfahren zu beachten[21]. Während BGHSt **29** 47[22] eine Harmonisierung zwischen den Intentionen der Neuregelung in § 140a und dem Konzentrationsgrundsatz nur dadurch gewährleistet sah, daß entweder die Landesregierung bei einem anderen Landgericht im Bezirk desselben Oberlandesgerichts eine entsprechende Auffangkammer errichtet oder § 140 Abs. 3 Satz 2 entsprechend zur Anwendung kommt und die Entscheidung nach Abs. 2 einem benachbarten Oberlandesgericht übertragen wird[23], hat sich mittlerweile zu Recht die Auf-

---

17 **A. A** *Kissel*[3] 8, der eine Änderung nur bei Auflösung oder Neubildung von Gerichten für zulässig erachtet.

18 *Feiber* NJW **1986** 699.

19 Vgl. auch BayVerfGH BayVBl **1991** 717; BayVerfGH Entsch. v. 11. 8. 1991 – Vf 14-VI-88 – *Katholnigg*[3] 2; Fußn. 18.

20 *Kissel*[3] 10; *Katholnigg*[3] 3; **a. A** *Kleinknecht/Meyer-Goßner*[44] 2.

21 LR-*Rieß* § 209a, 6 StPO.

22 BGHSt **29** 47 = NJW **1980** 131 mit abl. Anm. *Katholnigg.*

23 So auch noch LR-*Schäfer*[23] 8.

fassung mehrheitlich durchgesetzt, daß in diesen Fällen nach § 140a Abs. 3 Satz 1 zu verfahren ist[24]. Nach Sinn und Zweck der in § 140a getroffenen Gesamtregelung ist in den Fällen der Zuständigkeitskonzentration das zuständige Oberlandesgericht dem Oberlandesgericht mit nur einem Landgericht im Bezirk gleichzustellen[25]. Dadurch wird gewährleistet, daß die Erfahrung und Sachkompetenz der Spezialspruchkörper auch im Wiederaufnahmeverfahren zur Geltung kommt. Dabei kann dahingestellt bleiben, ob Abs. 3 Satz 1 „unmittelbar"[26] oder nur „entsprechend"[27] anzuwenden ist. Demnach ist als Wiederaufnahmegericht vom Präsidium des Oberlandesgerichts eine andere (Spezial-)strafkammer desselben Landgerichts zu bestimmen, bei dem die Zuständigkeiten konzentriert sind[28].

9 **4. Oberlandesgericht mit nur einem Landgericht im Bezirk (Absatz 3).** Absatz 3 regelt den Fall, daß in einem Land mehrere Oberlandesgerichte eingerichtet sind und darunter auch solche oder ein solches, dem im Instanzenzug nur *ein* Landgericht nachgeordnet ist (Die Bestimmung hat derzeit keine praktische Bedeutung). In diesem Fall ist – abweichend von dem Grundsatz des Absatzes 2 – als Wiederaufnahmegericht nicht ein anderes Landgericht, sondern vom Präsidium des Oberlandesgerichts eine andere Strafkammer dieses Landgerichts zu bestimmen. Das Prinzip des „anderen Gerichts" ist also hier, weil als anderes Gericht nur ein Landgericht in einem anderen Oberlandesgerichtsbezirk in Betracht käme, zugunsten des Prinzips des anderen Spruchkörpers aufgegeben, bei dem als Palliativ gegen die Befürchtung der Voreingenommenheit nur der gesetzliche Ausschluß der an der Ausgangsentscheidung beteiligten Richter von der Mitwirkung im Wiederaufnahmeverfahren (§ 23 Abs. 2 StPO) in Betracht kommt. Daß das Präsidium des Oberlandesgerichts die andere Strafkammer „bestimmt", bedeutet, daß es den in Betracht kommenden Spruchkörper mit gleicher sachlicher Zuständigkeit bestimmt bezeichnet, z. B. daß als Wiederaufnahmegericht gegen Urteile der 1. großen Strafkammer die 2. große Strafkammer zuständig sei usw. Das Präsidium des Oberlandesgerichts greift damit in die Zuständigkeit des landgerichtlichen Präsidiums, die Geschäfte unter die Spruchkörper zu verteilen (§ 21e Abs. 1 Satz 1) ein. Das Präsidium des Landgerichts ist an die Zuweisung gebunden; es kann sie in dem eigenen Geschäftsverteilungsplan nur deklaratorisch verlautbaren und Änderungen dieser Zuweisung im Lauf des Geschäftsjahres (§ 21e Abs. 3) sind seiner Disposition entzogen, während ihm die personelle Besetzung der Kammer verbleibt. Richtet sich der Wiederaufnahmeantrag gegen die Entscheidung einer Strafkammer mit gesetzlicher Zuständigkeitskonzentration (Schwurgericht, Jugendkammer), so muß auch die andere Strafkammer diese Merkmale aufweisen; es muß also, wenn bei dem Landgericht nur *eine* Schwurgerichtsstrafkammer gebildet ist, gegen deren Urteil sich der Wiederaufnahmeantrag richtet, als Wiederaufnahmegericht eine Strafkammer bezeichnet werden, die auch die Aufgabe des Auffangschwurgerichts (§ 74, 12) hat. Um Schwierigkeiten zu vermeiden, die insbesondere bei kleinen Landgerichten bei der Bestimmung der anderen Strafkammer entstehen können – auch im Hinblick auf § 23 Abs. 2 StPO –, eröffnet Absatz 3 Satz 2 die Möglichkeit,

[24] OLG Karlsruhe MDR **1980** 252 = JR **1980** 305 mit zust. Anm. *Rieß*; *Kleinknecht/Meyer-Goßner*[44] 3; *Katholnigg*[3] 4; LR-*Gössel* § 367, 19 StPO; KMR-*Paulus* StPO § 367, 7; für Staatsschutzsachen ebenso *Kissel*[3] 14.

[25] Vgl. *Rieß* JR **1980** 305.

[26] *Rieß* aaO.

[27] OLG Karlsruhe aaO.

[28] **A. A** *Kissel*[3] 3, der die übrigen Landgerichte trotz Zuständigkeitskonzentration nach §§ 74 c Abs. 3, 74d weiterhin für sachlich zuständig hält. Deshalb soll es zulässig und geboten sein, diese Landgerichte als Wiederaufnahmegerichte nach Abs. 2 zu bestimmen. Abs. 3 hält *Kissel* insgesamt nicht für anwendbar.

daß das Präsidium eines benachbarten Oberlandesgerichts (des gleichen Landes) ein Landgericht seines Bezirks als anderes Gericht bestimmt.

5. Länder, in denen nur ein Oberlandesgericht und nur ein Landgericht eingerichtet sind (Absatz 4). Absatz 4 regelt – im Gegensatz zu Absatz 3 – den Fall, daß in einem Land nur ein Oberlandesgericht eingerichtet ist, dessen Bezirk das Landesgebiet umfaßt und diesem Oberlandesgericht nur ein Landgericht nachgeordnet ist (im Saarland, in Berlin, Hamburg und Bremen). Hier mußte in Absatz 4 Satz 2 die in Absatz 3 Satz 2 ausgesprochene Ermächtigung der Landesregierungen in einer der Sachlage Rechnung tragenden Weise abgeändert werden. 10

6. Sonderregelung (Absatz 5). Hier wird der Fall geregelt, daß in einem Land nicht nur ein Oberlandesgericht mit *einem* nachgeordneten Landgericht eingerichtet ist, sondern auch auf der amtsgerichtlichen Ebene nur *ein* Amtsgericht die Entscheidung in Strafsachen trifft, indem gemäß § 58 diesem die Strafsachen für die Bezirke der übrigen Amtsgerichte zugewiesen sind (so im Land Berlin). 11

7. Wiederaufnahmegericht gegen Entscheidungen des Oberlandesgerichts im ersten Rechtszug (Absatz 6). Den anderen Senat bestimmt das Präsidium – und zwar nicht gemäß § 140a Abs. 2, sondern gemäß § 21e Abs. 1. Es muß dabei dem Gedanken der Zuständigkeitskonzentration Rechnung tragen; es muß also, wenn bei dem Oberlandesgericht nur ein Staatsschutzsenat besteht, einen Auffangsenat bilden (§ 120, 4). Gemäß § 140a Abs. 6 Satz 2 in Verb. mit § 120 Abs. 5 Satz 2 kann durch Landesvereinbarung die Aufgabe des Wiederaufnahmegerichts dem Hauptstadt-Oberlandesgericht eines anderen Landes übertragen werden. Die Zuständigkeit nach Absatz 6 umfaßt auch die vom Bundesgerichtshof und vom Reichsgericht erstinstanzlich entschiedenen Verfahren (vgl. Art. 5 Abs. 6 S. 2 des Gesetzes zur allgemeinen Einführung eines zweiten Rechtszuges in Staatsschutzstrafsachen vom 8. 9. 1969, BGBl. I 1582)[29]. 12

8. Zuständige Staatsanwaltschaft. Ist Wiederaufnahmegericht ein „anderes Gericht" i.S. des § 140a Abs. 1, 2, so richtet sich nach diesem Gericht auch die örtliche Zuständigkeit der Staatsanwaltschaft bei der Mitwirkung als Strafverfolgungsbehörde im Wiederaufnahmeverfahren. Dagegen bleibt, so lange die Vollstreckung aus dem mit dem Wiederaufnahmeantrag angegriffenen Urteil weiter betrieben wird (dazu § 360 Abs. 2 StPO und oben Rdn. 2 sowie § 370, 36 StPO), die bisherige örtliche Zuständigkeit der Staatsanwaltschaft als Vollstreckungsbehörde weiter bestehen und bleibt § 451 Abs. 3 StPO anwendbar. 13

9. Wiederaufnahme gegen rechtskräftige Bußgeldentscheidungen. Über die Wiederaufnahme rechtskräftig abgeschlossener Bußgeldverfahren nach dem Ordnungswidrigkeitengesetz entscheidet ausschließlich das Gericht (§ 85 OWiG)[30]. Richtet sich die Wiederaufnahme gegen den von der Verwaltungsbehörde erlassenen Bußgeldbescheid, ist das Gericht zuständig, das auch für das Einspruchsverfahren gegen den Bußgeldbescheid zuständig wäre (§ 85 Abs. 4 in Verb. mit § 68 OWiG, § 84 in Verb. mit § 82 GWB)[31]; die Regelungen des § 140a kommen nicht – auch nicht über § 46 Abs. 1 OWiG – zum Tragen, weil keine gerichtliche Entscheidung vorliegt, deren Überprüfung die Ein- 14

[29] *Rieß* NStZ **1981** 274, 275.

[30] *Göhler*[12] § 85, 1; KK-OWiG-*Steindorf*[2] § 85, 2.

[31] KK-OWiG-*Steindorf*[2] 85, 33; vgl. auch BGH wistra **1992** 267.

schaltung eines „anderen" Gerichts oder Spruchkörpers rechtfertigen könnte. Wird dagegen die Wiederaufnahme einer von einem Gericht getroffenen Bußgeldentscheidung begehrt, gilt über § 85 Abs. 1 OWiG, der mit einigen Einschränkungen die §§ 359 bis 373a StPO für entsprechend anwendbar erklärt, und § 367 Abs. 1 Satz 1 StPO die sich aus § 140a GVG ergebende Zuständigkeitsregelung entsprechend. Danach ist in Fällen, in denen das mit der Wiederaufnahme angegriffene Verfahren gemäß § 68 OWiG erstinstanzlich beim Amtsgericht anhängig war, das gemäß § 140a Abs. 2 bestimmte andere Amtsgericht zuständig. Richtet sich die Wiederaufnahme gegen eine amtsgerichtliche Entscheidung (§ 68 OWiG), so ist nach § 140a Abs. 1 Satz 1 zu verfahren, nach Absatz 1 Satz 2, wenn die Rechtsbeschwerdeentscheidung des Oberlandesgerichts angegriffen wird. Hat eine Strafkammer des Landgerichts – etwa wegen des Zusammenhangs mit einer Straftat (§ 45 OWiG) – über die Ordnungswidrigkeit entschieden (vgl. auch § 46 Abs. 7 OWiG), ist für das Wiederaufnahmeverfahren ein anderes Landgericht nach Absatz 1 Satz 1 oder eine andere Strafkammer nach Absatz 3 Satz 1 zuständig, sofern die Landesjustizverwaltung nicht besondere Bestimmungen getroffen hat. Ist erstinstanzlich das Oberlandesgericht zuständig, wie dies für Ordnungswidrigkeiten nach dem Gesetz gegen Wettbewerbsbeschränkungen vorgesehen ist (§ 82 GWB), entscheidet über die Wiederaufnahme des Verfahrens ein anderer Senat desselben Oberlandesgerichts (Absatz 6 Satz 1). Dazu ist erforderlichenfalls ein besonderer Auffang(Kartell-)Senat zu bilden[32]. Wird von mehreren Betroffenen oder Nebenbetroffenen derselben Bußgeldsache gleichzeitig die Wiederaufnahme ihrer Bußgeldverfahren begehrt, ist für alle Beteiligten ein gemeinsames Verfahren durchzuführen; ergeben sich dabei aufgrund der vorstehend dargelegten Grundsätze verschiedene Zuständigkeiten für die einzelnen Betroffenen und Nebenbetroffenen, kommt der auf § 140a beruhenden Zuständigkeit der Vorrang zu[33], weil dem Gedanken des „anderen" Gerichts oder Spruchkörpers nach der gesetzgeberischen Wertentscheidung mehr Gewicht als der allgemeinen Zuständigkeit beizumessen ist.

---

[32] BGHR OWiG § 85 I Kartellbußgeldsachen 1; zust. *Göhler* NStZ **1988** 65, 68.

[33] BGHR OWiG § 85 I Kartellbußgeldsachen 1.

ZEHNTER TITEL

Staatsanwaltschaft

Vorbemerkungen

Schrifttum. *Amelunxen* Die Staatsanwaltschaft als Symbol des Gerechtigkeitswillens des Staates, DRiZ **1955** 92; *Arend* Die Bindung der Staatsanwaltschaft an die Rechtsprechung der Strafgerichte, Diss. Trier 1993; *Blankenburg* Die Staatsanwaltschaft im System der Strafverfolgung, ZRP **1978** 263; *Blankenburg/Sessar/Steffen* Die Staatsanwaltschaft im Prozeß strafrechtlicher Sozialkontrolle (1978); *Blankenburg/Treiber* Die Einführung der Staatsanwaltschaft in Deutschland (1977); *Blomeyer* Die Stellung der Staatsanwaltschaft, GA **1970** 160; *Bloy* Grundprobleme des Verhältnisses zwischen Staatsanwaltschaft und rechtsprechender Gewalt, Jus **1981** 427; *Bohnert* Die Abschlußentscheidung der Staatsanwaltschaft (1992); *Börker* Über 100 Jahre Staatsanwaltschaft im einstigen Preußen, JR **1953** 237; *Brettschneider* Der Staatsanwalt als Gerichtsvollzieher, NStZ **2000** 180; *Brückner* Zur künftigen Organisation und Führung der Staatsanwaltschaft, DRiZ **1972** 407; *Carsten* Die Geschichte der Staatsanwaltschaft in Deutschland bis zur Gegenwart, StrafrAbh. 299 (1932); *Daun* Die Notwendigkeit von Reformen in der Staatsanwaltschaft, Kriminalistik **1977** 479; *Doehring* Die deutsche Staatsanwaltschaft und ihre geschichtliche Entwicklung, DRiZ **1958** 282; *Elling* Die Einführung der Staatsanwaltschaft in Deutschland, StrafrAbh. 131 (1911); *Floegel* Zur Geschichte der Staatsanwaltschaft in Deutschland, DRiZ **1935** 166; *Fuhrmann* Die Stellung der Staatsanwaltschaft im System der Gewaltenteilung, JR **1964** 418; *Gaul* Bedarf die Stellung der Staatsanwaltschaft gegenüber dem Justizministerium und im Strafverfahren einer Reform? SchlHA **1969** 85; *Geisler* Stellung und Funktion der Staatsanwaltschaft im heutigen deutschen Strafverfahren, ZStW **93** (1981) 1109; *Gössel* Überlegungen über die Stellung der Staatsanwaltschaft im rechtsstaatlichen Strafverfahren und ihr Verhältnis zur Polizei, GA **1980** 325; *Günther* Staatsanwaltschaft. Kind der Revolution (1973); *Hackner* Der befangene Staatsanwalt im deutschen Strafverfahren, Diss. Göttingen 1994; *Haft/Hilgendorf* Die Bindung der Staatsanwaltschaft an die höchstrichterliche Rechtsprechung als Beispiel topischer Argumentation, FS StA Schleswig-Holstein (1992) 279; *Heghmanns* Das Arbeitsgebiet des Staatsanwalts (1993); *Hofmeister* Über die Stellung des Staatsanwalts, NdsRpfl. **1958** 61; *Hund* Brauchen wir die „unabhängige Staatsanwaltschaft"? ZRP **1994** 470; *Jescheck/Leibinger* Funktion und Tätigkeit der Anklagebehörde im ausländischen Recht (1979); *Kalsbach* Die gerichtliche Nachprüfung von Maßnahmen der Staatsanwaltschaft (1967); *Kausch* Der Staatsanwalt – Ein Richter vor dem Richter? (1980); *Kerbel* Zur Stellung, Organisation und Tätigkeit der Staatsanwaltschaft, Diss. Frankfurt a. M. 1974; *Kern* Die beamtenrechtliche Stellung der Staatsanwälte, DRiZ **1951** 119; *Kill* Die Stellung der Staatsanwaltschaft im französischen Strafverfahren, DRiZ **1961** 174; *Kintzi* Plädoyer für eine Neuordnung des Amtsrechts der Staatsanwälte, FS Wassermann 899; *Kintzi* Staatsanwaltschaft – objektive Behörde und Anwalt des Staates, DRiZ **1987** 457; *Knollmann* Die Einführung der Staatsanwaltschaft im Königreich Hannover (1994); *Kohlhaas* Die Stellung der Staatsanwaltschaft als Teil der rechtsprechenden Gewalt (1963); *Koller* Die Staatsanwaltschaft – Organ der Judikative oder Exekutivbehörde? (1997); *v. Koppenfels* Die Bindung der Staatsanwaltschaft an die herrschende Rechtsprechung, Diss. Münster 1969; *Krause* Die Stellung der Staatsanwaltschaft im heutigen Strafprozeß, SchlHA **1969** 105; *Langer* Staatsanwälte und Richter, Diss. Bielefeld 1993; *Leverenz* Die heutige Situation der Staatsanwaltschaft, SchlHA **1963** 177; *Lücke* Die Entwicklung des Amtsrechts der Staatsanwälte, DRiZ **1984** 147; *Lücke* Staatsanwaltschaft – Dritte Gewalt gegen Rechts- und Machtwillen des Staates und seiner Bürger? SchlHA **1980** 205; *Mayer* Überlegungen zur verfassungsrechtlichen Stellung der Staatsanwaltschaft, FS Odersky 233; *Müller/Wabnitz* Die veränderte Stellung des Staatsanwalts im heutigen Wirtschaftsleben, ZRP **1990** 429; *Odersky* Aktuelle Überlegungen zur Stellung der Staatsanwaltschaft, FS Rebmann 343; *Otto* Die preußische Staatsanwaltschaft (1899); *Pawlik* Der disqualifizierte Staatsanwalt, NStZ **1995** 309; *Pfeiffer* Zur Ausschließung und Ablehnung des Staatsanwalts im geltenden Recht, FS Rebmann 359; *Riehle* Die rechtsstaatliche Bedeutung der Staatsanwaltschaft unter besonderer Berücksichtigung ihrer Rolle in der nationalsozialistischen Zeit, Diss. Frankfurt 1985; *Roxin* Zur Rechtsstellung der Staatsanwaltschaft – damals und heute, DRiZ **1997** 109; *Rüping* Die Geburtsstunde der Staatsanwaltschaft in Deutschland, GA **1992** 147; *Rüping* Die Staatsanwaltschaft – Stiefkind der Revolution

Eb. Schmidt Die Rechtsstellung der Staatsanwaltschaft, MDR **1951** 1; *Eb. Schmidt* Die Rechts-

Richtergesetz, DRiZ **1957** 273; *Eb. Schmidt* Zur Rechtsstellung und Funktion der Staatsanwaltschaft als Justizbehörde, MDR **1964** 629; *Schmidt* Erste Anfänge und Entwicklung der Staatsanwaltschaften in Schleswig-Holstein bis zum Jahr 1945, FS StA Schleswig-Holstein (1992) 3; *Schneider* Das Amt des Staatsanwalts, DRiZ **1964** 153; *Schoreit* Rechtsstellung der Staatsanwälte, DRiZ **1970** 226; *Schubert* Die deutsche Gerichtsverfassung (1869–1877) – Entstehung und Quellen

den befangenen Staatsanwalt (1989); *Ulrich* Nochmals: Staatsanwaltschaft – objektive Behörde

Wohlers Entstehung und Funktion der Staatsanwaltschaft (1994)

I. Inhalt des zehnten Titels

1 bedürfen sie in weitem Umfang der Ergänzung und Konkretisierung. Dies ist teils durch Ausführungsgesetze der Länder zum Gerichtsverfassungsgesetz (AGGVG), teils durch Anordnungen der Landesjustizverwaltungen, insbesondere die Anordnung über Organisation und Dienstbetrieb der Staatsanwaltschaft (OrgStA), geschehen.

IV. Aufgaben der Staatsanwaltschaft

6 Der Aufgabenbereich der Staatsanwaltschaft läßt sich dem Gesetz nicht zusammengefaßt und im Überblick entnehmen. Der zehnte Titel trifft hierzu in § 151 nur eine negative Bestimmung. Von Einzelregelungen im Gerichtsverfassungsgesetz (z. B. §§ 24, 29 Abs. 2, 52 Abs. 3, 53 Abs. 2, 56 Abs. 2, 74a Abs. 2, 120 Abs. 2, 138 Abs. 2, 142a) abgesehen, ist der Wirkungskreis der Staatsanwaltschaft im übrigen hauptsächlich in den verfahrensrechtlichen Vorschriften, insbesondere der StPO, geregelt. Zu Möglichkeiten der Landesgesetzgebung, den Staatsanwaltschaften aus dem Landesrecht sich ergebende Rechtspflegeaufgaben sowie Justizverwaltungsgeschäfte zu übertragen, wird auf § 4 EGGVG und die Erläuterungen hierzu verwiesen.

7 **1. Strafverfolgung und Vollstreckung.** Auf dem Gebiet der Strafrechtspflege ist die Staatsanwaltschaft das Organ, das die Strafverfolgung betreibt und im Verfahren vor den Strafgerichten als Prozeßbeteiligter die Anklage vertritt[9] (Näher hierzu Einl. Abschn. I, 44 und die Erläuterungen zu §§ 152, 155 StPO). Sie ist in der Regel auch die Vollstreckungsbehörde (§§ 36 Abs. 2, 451, 463 StPO; hierzu auch Einl. Abschn. I, 46; zu Ausnahmen vgl. § 82 JGG[10]).

8 **2. Verfolgung von Ordnungswidrigkeiten.** Nur beschränkt ist ihre Mitwirkung bei der Verfolgung des Ordnungsunrechts nach dem Gesetz über Ordnungswidrigkeiten. Im strafrechtlichen Ermittlungsverfahren ist die Staatsanwaltschaft für die Verfolgung der Tat auch unter dem rechtlichen Gesichtspunkt einer Ordnungswidrigkeit zuständig (§§ 40, 41 OWiG). Sie kann ferner die Verfolgung einer Ordnungswidrigkeit übernehmen, wenn sie eine Straftat verfolgt, die mit einer Ordnungswidrigkeit zusammenhängt (§§ 42, 63 OWiG). An die Entschließung der Staatsanwaltschaft, ob eine Tat als Straftat verfolgt wird oder nicht, ist die Verwaltungsbehörde gebunden (§ 44 OWiG). Im übrigen ist für die Verfolgung von Ordnungswidrigkeiten die Verwaltungsbehörde zuständig (§ 35 Abs. 1 OWiG).

9 Im **Bußgeldverfahren vor der Verwaltungsbehörde** wirkt die Staatsanwaltschaft nicht mit (zur Funktion der Staatsanwaltschaft als Bußgeldbehörde in besonderen Fällen unten Rdn. 10). Hier gehen die Aufgaben der Verfolgungsbehörde erst dann auf die Staatsanwaltschaft über, wenn der Betroffene gegen den Bußgeldbescheid Einspruch einlegt und die Akten der Verwaltungsbehörde bei der Staatsanwaltschaft eingehen (§ 69 OWiG). Ihre Mitwirkung in dem weiteren gerichtlichen Verfahren richtet sich dann grundsätzlich nach den Vorschriften der Strafprozeßordnung, die nach zulässigem Einspruch gegen einen Strafbefehl gelten (§§ 71 ff OWiG)[11].

10 In einigen Ländern (z. B. Baden-Württemberg, Bayern) ist die **Staatsanwaltschaft** auch **Bußgeldbehörde** für bestimmte Ordnungswidrigkeiten (z. B. § 115 OWiG, Ordnungswidrigkeiten nach dem Rechtsberatungsgesetz)[12].

11 **3. Weitere Aufgaben.** Die Staatsanwaltschaft wirkt nach Maßgabe der Bestimmungen des Gesetzes über die internationale Rechtshilfe (IRG) im Auslieferungsverfahren und bei sonstigen **Rechtshilfemaßnahmen** zugunsten des Auslands mit (z. B. §§ 13 Abs. 2, 21 Abs. 4, 27 Abs. 2, 29 Abs. 1, 31 Abs. 1 IRG). Sie ist **Gnadenbehörde** nach Maßgabe landes-

---

9 Zur Funktion der Staatsanwaltschaft in den Verfahrensabschnitten nach Anklageerhebung näher *Wohlers* 33.

10 Hierzu H*amann* Rpfleger **1991** 406.

11 Zu Reformüberlegungen *Helmken* NZV **1997** 287.

12 Näher hierzu *Göhler* § 36, 8 und § 115, 26.

rechtlicher Bestimmungen. Gem. §§ 1, 55 BZRG ist dem Generalbundesanwalt die Führung des Zentralregisters und des Erziehungsregisters (vgl. § 59 BZRG) übertragen.

Auch **außerstrafrechtliche Zuständigkeiten** sind der Staatsanwaltschaft übertragen, z. B. Antrags- und Mitwirkungsrechte im Aufgebotsverfahren nach dem Verschollenheitsgesetz (§§ 16, 22, 30 VerschG)[13]. Ihre Mitwirkungsbefugnisse in Entmündigungssachen sind durch das Gesetz zur Reform des Rechts der Vormundschaft und Pflegschaft für Volljährige (Betreuungsgesetz) vom 12. 9. 1990 (BGBl. I S. 2002) entfallen; Klage- und Mitwirkungsbefugnisse der Staatsanwaltschaft in Ehesachen wurden durch das EheschlRG vom 4. 5. 1998 (BGBl I S. 833) abgeschafft[14]. 12

V. Rechtliche Stellung der Staatsanwaltschaft

1. Funktionellrechtliche Einordnung. Die Staatsanwaltschaft bildet organisatorisch eine selbständige Behörde neben dem Gericht. Infolgedessen ist sie in ihren Amtsverrichtungen von den Gerichten unabhängig (§ 150). In der strafgerichtlichen Hauptverhandlung ist sie zwar der Sitzungspolizei, nicht aber der Ordnungsgewalt des Gerichts unterworfen[15]. Zur umstrittenen Frage einer Rechtsprechungsbindung der Staatsanwaltschaft unten Rdn. 17, 18 und § 150, 3. 13

Nach ihrem gesetzlichen Aufgabenbereich ist die Staatsanwaltschaft dazu berufen, als **selbständiges Organ der Strafverfolgung** zwar in einer anderen Rolle, aber hinsichtlich der Gesetzesbindung und der Verpflichtung zu Objektivität in gleicher Weise wie das Gericht auf die Wahrheitsfindung und ein gerechtes Urteil hinzuwirken. Andererseits fehlt ihr die Unabhängigkeit, die Art. 97 GG nur den Richtern zuspricht; § 146 verpflichtet den einzelnen Staatsanwalt, den Weisungen seiner Vorgesetzten nachzukommen, und § 147 unterstellt die Staatsanwaltschaft als Behörde der Aufsicht und Leitung der obersten Justizverwaltungsinstanz. 14

Die Staatsanwaltschaft übt **keine Rechtsprechungstätigkeit** aus[16] und ist deshalb nicht der rechtsprechenden Gewalt i. S. Art. 92 GG, sondern der Exekutive zuzurechnen[17] (hierzu mit weiteren Nachweisen Einl. Abschn. I, 56). Sie ist jedoch „Justizbehörde" und nicht Verwaltungsbehörde[18]. Sie hat innerhalb der Strafrechtspflege gemeinsam und gleichrangig mit den Gerichten die Aufgabe der Justizgewährung zu erfüllen und ist insoweit als eigenständiges Organ der Rechtspflege in die Justiz eingegliedert[19]. Staatsanwälte sind deshalb ungeachtet ihres Beamtenstatus[20] (vgl. § 122 DRiG) Organe der Rechtspflege (Nr. 1 RiStBV) und nicht Vertreter der Regierung[21]. Zu Beispielen von Besonderheiten und Eigenschaften der Rechtsstellung der Staatsanwaltschaft vgl. Einl. Abschn. I, 57. 15

[13] Hierzu *Kleinknecht/Meyer-Goßner*[44] 10; *Kaiser* GA **1970** 80.

[14] Zöller- *Philippi*[22] § 631, 11 ZPO.

[15] LR-*Wickern* Erl. zu § 176, 24. Aufl. Rdn. 38.

[16] Heute allg. anerkannt u. a. BVerfGE **32** 216; *Katholnigg*[3] 1; *Kissel*[3] § 141, 8; KK-*Schoreit*[4] § 141, 3; *Gössel* GA **1980** 336; *Kintzi* DRiZ **1987** 458; **anders** noch *Görcke* ZStW **73** (1961) 590; *Kohlhaas* (1963) 46; *Wagner* NJW **1963** 9.

[17] BVerfGE **32** 216; BVerwG NJW **1961** 1497; *Kissel*[3] § 141, 8; *Kleinknecht/Meyer-Goßner*[44] 6; *Gössel* GA **1980** 336; *Hund* ZRP **1994** 470; grundsätzlich *Bohnert* (Abschlußentscheidung) 386; ausführlich zum Streitstand *Koller* 35; zur Annahme einer Zwischenstellung vgl. LR-*Rieß* Einl. Abschn. I, 56.

[18] *Peters* 161.

[19] BVerfGE **9** 228; BGHSt **24** 171; *Katholnigg*[3] 2; *Kissel*[3] § 141, 8; *Krey* Bd. I 338; *Odersky* 343.

[20] Zur eingeschränkten Anwendbarkeit des Beamtenrechts *Katholnigg*[3] 3; zur Arbeitszeit von Staatsanwälten VG Düsseldorf NJW **1987** 1218.

[21] BVerfGE **32** 216; *Gössel* GA **1980** 336.

2. Stellung im Verfahren

16 **a) Verfahrensherrschaft im Ermittlungsverfahren.** Während der Staatsanwaltschaft im Zwischen- und Hauptverfahren allein Mitwirkungs- und Beteiligungsrechte zukommen, hat sie im Ermittlungsverfahren die Verfahrensherrschaft (vgl. auch Nr. 1 RiStBV). Wenn auch in der Praxis die Ermittlungstätigkeit in weitem Maße von der Polizei selbständig betrieben wird (hierzu und allgemein zum **Verhältnis Staatsanwaltschaft/Polizei** vgl. die Erl. Vor § 158 StPO und zu § 152), liegt doch stets die Leitungsbefugnis bei der Staatsanwaltschaft. Sie trägt die Verantwortung für die gesetzesgemäße, justizförmige Durchführung des Verfahrens. Schon im Hinblick auf die damit verbundene Kontroll- und Aufsichtsfunktion der Staatsanwaltschaft hinsichtlich der polizeilichen Ermittlungstätigkeit ist eine Zusammenlegung von Justiz- und Innenressort zu einem einheitlichen Sicherheitsministerium problematisch[22].

17 **b) Keine förmliche Präjudizienbindung.** Die Frage einer Rechtsprechungsbindung der Staatsanwaltschaft und der Bedeutung einer gefestigten Rechtsprechung für die Verfolgungspflicht ist als Rechtsfrage seit langem immer wieder Gegenstand intensiver, kontroverser Diskussion[23]. Näher zu Problematik und Meinungsstand bei den Erl. in § 170, 25f StPO. In der Alltagspraxis der Strafverfolgung ist diese Rechtsfrage dagegen eher von geringer Bedeutung. Daß Staatsanwälte sich bei Einstellungen und Anklagen in Fragen der Gesetzesauslegung an den Entscheidungen der Strafgerichte orientieren und dabei insbesondere eine gefestigte höchstrichterliche Rechtsprechung beachten, ist in der Praxis der an sich selbstverständliche Regelfall.

18 Eine vom Bundesgerichtshof[24] bejahte förmliche Präjudizienbindung der Staatsanwaltschaft wird von der inzwischen wohl h. M[25] verneint. Sie ließe sich mit der **funktionellen Eigenständigkeit der Staatsanwaltschaft** im Strafverfahren, die eine eigenverantwortliche Rechtsbeurteilung einschließt, auch schwerlich vereinbaren. Zu beachten ist allerdings, daß die Beurteilung von Auslegungs- und Rechtsfragen keineswegs im Belieben des Staatsanwalts steht und gefestigte Präjudizien schon aus Gründen des Gleichheitssatzes, des Willkürverbots und allgemein des Gebotes sachgerechter Amtsausübung durchaus rechtlichen Beachtungszwang entfalten. Die Einhaltung und Beachtung solcher rechtlichen Grenzen staatsanwaltschaftlicher Beurteilungsfreiheit ist über die bestehenden Aufsichtspflichten und Weisungsbefugnisse ohne weiteres gewährleistet.

19 **c) Keine Parteistellung.** Die praktisch gesehen ohnehin unergiebige Frage einer Parteistellung der Staatsanwaltschaft im Strafverfahren[26] muß im Blick auf deren besondere Funktion verneint werden[27]. Ungeachtet der Eigenständigkeit ihrer Aufgaben ist die Staatsanwaltschaft wie das Gericht verpflichtet, auf die Ermittlung der Wahrheit und ein gerechtes Verfahrensergebnis hinzuwirken. Dies und ihre schon daraus erwachsende Verpflichtung zur Objektivität (vgl. auch § 160 Abs. 2 StPO und die Erläuterungen hierzu) stehen der Annahme einer Parteistellung entgegen[28]. Zu Inhalt und praktischen

---

[22] Hierzu *Caesar* DRiZ **1998** 315; *Röper* DRiZ **1998** 309; *Rudolph* NJW **1998** 3094; *Sendler* NJW **1998** 3622; *Weise* Kriminalpolizei **1999** 39; zur verfassungsrechtlichen Beurteilung einer Zusammenlegung von Justizministerium und Innenministerium in Nordrhein-Westfalen VerfGH NRW DRiZ **1999** 99.

[23] Vgl. in neuerer Zeit *Haft/Hilgendorf* 21; *Roxin* DRiZ **1997** 109.

[24] BGHSt **15** 155.

[25] U. a. *Katholnigg*[3] 6; *Kissel*[3] § 146, 5; KK-*Schoreit*[4] § 152, 35 StPO; s. auch die Erl. zu § 170, 25f StPO.

[26] Bejahend *Blomeyer* GA **1970** 161, 172.

[27] So die Rechtsprechung und ganz h. M, u. a. BVerfGE **63** 45, 63; RGSt **60** 190; BGHSt **15** 155, 159; LR-*Rieß* Einl. Abschn. I, 54 mit ausführlichen Nachweisen; *Gössel* GA **1980** 337; *Kintzi* (Neuordnung) 902.

[28] *Kintzi* DRiZ **1987** 457; *Kissel*[3] § 141, 5; *Kleinknecht/Meyer-Goßner*[44] 8; *Roxin* DRiZ **1969** 385; zur Möglichkeit einer zutreffenden Verwendung des Begriffs „Partei" LR-*Rieß* Einl. Abschn. I, 55.

Auswirkungen der Objektivitätsverpflichtung der Staatsanwaltschaft vgl. näher Einl. Abschn. I, 49.

d) Waffengleichheit. Von erheblicher rechtspolitischer und praktischer Bedeutung ist demgegenüber die Frage einer Waffengleichheit zwischen Staatsanwaltschaft und Beschuldigtem. Einen Rechtsgrundsatz im Sinne einer Prozeßmaxime der Waffengleichheit zwischen Ankläger und Angeklagtem im Sinne völliger Gleichheit der verfahrensrechtlichen Befugnisse kann es nach der Grundstruktur des geltenden Strafverfahrensrechts nicht geben[29]. Vielmehr geht es bei diesem Problemkreis um die Frage, wie unter dem Gesichtspunkt eines rechtsstaatlich fairen Verfahrens die wechselseitigen Befugnisse zur Mitgestaltung des Verfahrensgangs unter Beachtung der Verschiedenheit der Verfahrensrolle ausbalanciert sind bzw. sein sollten[30]. Näher hierzu Einl. Abschn. H, 115ff und Vor § 226, 29 StPO. 20

Die aus einer „Waffengleichheit" früher immer wieder abgeleitete Forderung, dem **Staatsanwalt** in der **Hauptverhandlung** einen **Platz** zuzuweisen, der dem des Verteidigers entspricht[31], ist angesichts der Verschiedenheit der Aufgaben des Staatsanwalts als des „Wächters des Gesetzes" und des Verteidigers als des Beistandes des Beschuldigten keineswegs zwingend begründet[32]. Daß andererseits die Platzzuweisung so zu wählen ist, daß sie die Selbständigkeit des Gerichts gegenüber der Staatsanwaltschaft deutlich macht und jeder Anschein einer bevorzugten Verfahrensbehandlung im Verhältnis zur Verteidigung vermieden wird (dazu Nr. 123 RiStBV), sollte selbstverständlich sein. 21

e) Ausschließung und Ablehnung des Staatsanwalts. Die Vorschriften der §§ 22ff StPO sind auf Staatsanwälte wegen ihrer gegenüber Richtern besonderen organisatorischen Stellung nicht – auch nicht analog – anwendbar[33]. Bei Schaffung von StPO und GVG ist der Gesetzgeber davon ausgegangen, daß im Hinblick auf § 145 (hierzu § 145, 16) die Ersetzung eines wegen Befangenheit ungeeigneten Staatsanwalts durch einen unbefangenen Kollegen auch ohne förmliche Gesetzesregelung gewährleistet ist[34]. Für Ausschluß und Ablehnung eines Staatsanwalts gibt es daher keine bundesgesetzliche Regelung[35]. Gesetzliche Vorschriften über den Ausschluß von Staatsanwälten unter dem Gesichtspunkt der Befangenheit finden sich allerdings teilweise im Landesrecht (vgl. § 11 BaWü. AGGVG, § 9 Bln. AGGVG, § 7 Nds. AGGVG). Solche Landesgesetze sind im Hinblick auf eine bewußt unterbliebene bundesgesetzliche Regelung aus Gründen der verfassungsrechtlichen Zuweisung der Gesetzgebungskompetenzen nicht unproblematisch[36]. 22

Das Fehlen förmlicher Gesetzesregelungen besagt jedoch nicht, daß Ausschluß- und Befangenheitsgründe bei Staatsanwälten unbeachtlich und Verfahrenshandlungen eines befangenen Staatsanwalts ohne rechtliche Bedeutung sind. Die Gewährleistung einer unter Berücksichtigung seiner spezifischen Funktion und Verfahrensrolle zu bestimmenden **Unvoreingenommenheit** des **Staatsanwalts** ist vielmehr allgemeinen rechtsstaatlichen 23

---

[29] LR-*Rieß* Einl. Abschn. H, 118.

[30] *Müller* NJW **1976** 1065; vgl. auch *Bohnert* (Abschlußentscheidung) 420.

[31] So z.B. *Sauer* NJW **1947/48** 683; *Preissler* NJW **1949** 417; *Brangsch* NJW **1951** 59.

[32] *Katholnigg*[3] 2; *Kissel*[3] § 141, 7; *Kohlhaas* 94; vgl. auch die Stellungnahme der Kommission für die Angelegenheiten der Staatsanwälte im Deutschen Richterbund, DRiZ **1969** 406; *Bader* NJW **1949** 737; *Strunk* NJW **1949** 416.

[33] H.M, u.a. BVerfG NJW **1969** 1104, 1106; OLG Frankfurt NStZ-RR **1999** 81; LR-*Wendisch* Vor § 22, 8 StPO mit näheren Nachweisen.

[34] *Hahn* Bd. 1 93; *Pfeiffer* 359, 363f; *Schneider* NStZ **1994** 457.

[35] OLG Stuttgart NJW **1974** 1394.

[36] Hierzu und zu einem bloßen Richtliniencharakter der genannten Vorschriften BGH NStZ **1991** 595; *Arloth* NJW **1983** 207; *Katholnigg*[3] 4; *Krey* Bd.1 410; *Tolksdorf* 46.

Grundprinzipien des Strafverfahrens zu entnehmen[37]. Näheres zur Frage der Ausschließung und Ablehnung des Staatsanwalts in einer Strafsache und der verfahrensrechtlichen Auswirkungen der Mitwirkung eines „ausgeschlossenen" oder wegen Befangenheit „abgelehnten" Staatsanwalts bei den Erl. Vor § 22, 8 StPO, zur Frage der weiteren Mitwirkung eines als Zeugen vernommenen Staatsanwalts bei den Erl. Vor § 48, 25 StPO.

24 Über die **Ablösung eines Staatsanwalts** aus Gründen der Voreingenommenheit hat nach geltender Rechtslage allein die Staatsanwaltschaft zu befinden (h. M, zur Frage einer gerichtlichen Kontrolle im Rechtsmittelweg vgl. § 145, 17). Die Entscheidung ist im Rahmen der Ersetzungsbefugnis nach § 145 zu treffen. Zu Einzelfragen wird insoweit auf § 145, 13ff verwiesen. Eine gerichtliche Entscheidungskompetenz[38] würde in die Organisationshoheit der Staatsanwaltschaft eingreifen und wäre mit deren organisatorischen Unabhängigkeit von den Gerichten (§ 150) nicht vereinbar[39].

VI. Jugendstaatsanwälte

25 Nach § 36 JGG werden für Verfahren, die zur Zuständigkeit der Jugendgerichte gehören, besondere Jugendstaatsanwälte bestellt, die erzieherisch befähigt und in der Jugenderziehung erfahren sein sollen (§ 37 JGG). In der staatsanwaltschaftlichen Praxis werden Jugendsachen jedoch nicht ausnahmslos durch Jugendstaatsanwälte bearbeitet. Angesichts einer zunehmenden Tendenz zur Bildung von Sonderdezernaten für Spezialmaterien (hierzu § 142, 23), denen in der Regel auch die einschlägigen Jugendsachen zugeordnet sind[40], ist der Grundsatz des § 36 JGG inzwischen vielfach durchbrochen. Diese Praxis entspricht der Einstufung des § 36 JGG als bloße Ordnungs- und Sollbestimmung[41], die eine an Sacherwägungen orientierte Abweichung nicht ausschließt. Auch die Vertretung der Staatsanwaltschaft in einer jugendgerichtlichen Hauptverhandlung durch einen anderen Staatsanwalt oder einen Amtsanwalt (dazu näher § 142, 27, 34) stellt deshalb keinen revisiblen Rechtsverstoß dar[42].

VII. Reformbestrebungen

26 Die Frage einer Reform der Vorschriften des zehnten Titels war immer wieder Gegenstand intensiver rechtspolitischer Diskussion[43]. Die Reformwünsche zielten im wesentlichen darauf ab, die Position des Staatsanwalts zu stärken, seine „Nähe zum Richteramt" im Gesetz deutlicher zum Ausdruck zu bringen und vor allem bei der Ausgestaltung des Weisungsrechts der besonderen Stellung des Staatsanwalts in weitergehendem Maße Rechnung zu tragen.

---

[37] LR-*Wendisch* Vor § 22, 11 StPO; KK-*Pfeiffer* § 22, 16a StPO; *Arloth* NJW **1983** 207.

[38] So etwa *Arloth* NJW **1983** 207, 210.

[39] OLG Frankfurt NStZ-RR **1999** 81; *Pawlik* NStZ **1995** 309, 314.

[40] Kritisch hierzu *Eisenberg* NStZ **1994** 67.

[41] BGH bei *Herlan* GA **1961** 358; OLG Karlsruhe NStZ **1988** 242; *Brunner/Dölling* § 36, 1 JGG; **a. A** *Ostendorf* § 36, 8 JGG.

[42] H. M, vgl. u. a. OLG Karlsruhe NStZ **1988** 242; *Kleinknecht/Meyer-Goßner*[44] § 142; anders *Eisenberg* NStZ **1994** 67.

[43] Zur Entwicklung des Amtsrechts der Staatsanwälte sowie zum Inhalt der Reformbestrebungen etwa *Brückner* DRiZ **1972** 407; *Daun* Kriminalistik **1977** 479; *Gössel* GA **1980** 348; *Kintzi* DRiZ **1987** 457; *Kuhlmann* Kriminalistik **1978** 196; *Roxin* DRiZ **1969** 387; Kommission für die Angelegenheiten der Staatsanwälte im Deutschen Richterbund DRiZ **1968** 357 und **1970** 187; Leitlinien des Deutschen Richterbundes DRiZ **1979** 6.

Zur Einleitung einer Reform war im Bundesjustizministerium ein **„Referentenentwurf eines Gesetzes zur Änderung des Rechts der Staatsanwaltschaft (StAÄG)“** vom 2. 12. 1976 erarbeitet und in der Fachöffentlichkeit zur Diskussion gestellt worden. Zum Inhalt dieses Entwurfs wird auf die eingehende Darstellung in der 23. Auflage Rdn. 17 ff und bei den Erl. zu §§ 141 bis 149 verwiesen[44]. Der Entwurf stieß jedoch auf Kritik und Widerstände und wurde schließlich nicht weiter verfolgt[45]. Angesichts einer ablehnenden Entschließung der Justizministerkonferenz vom 30. 6. 1983 („Die Justizminister und -senatoren halten die Wiederaufnahme der Arbeiten an dem Entwurf eines Gesetzes zur Änderung des Rechts der Staatsanwaltschaft nicht für angezeigt“)[46] kann er ungeachtet fortbestehender Forderungen nach einer gesetzlichen Regelung[47] inzwischen als erledigt angesehen werden. 27

VIII. Europäische Staatsanwaltschaft

Mit der Entwicklung der Europäischen Gemeinschaft und der Öffnung der Grenzen in Osteuropa hat zunehmend auch die Frage nach der Entwicklung eines europäischen Strafrechts und einer europäischen Strafrechtspflege an Bedeutung gewonnen. Aktuelle Dringlichkeit gewinnt diese Frage insbesondere durch das Bedürfnis nach einem wirksamen Schutz der finanziellen Interessen der Europäischen Union gegenüber international organisierten Betrugsstraftaten[48]. Aktuelle rechtspolitische Forderungen zielen vor allem auf die Einrichtung einer **Europäischen Staatsanwaltschaft** zur Verfolgung der genannten Straftaten. 28

In einem im Auftrag des Europäischen Parlaments von einer Arbeitsgruppe vorgelegten Entwurf eines **„Corpus Juris der strafrechtlichen Regelungen zum Schutz der finanziellen Interessen der Europäischen Union“** wurden Vorschläge für einheitliche europäische Regelungen materiellrechtlicher und prozessualer Art auf dem Gebiet des Strafrechts erarbeitet[49]. Art. 18 dieses Corpus Juris befaßt sich mit der Errichtung und den Kompetenzen einer Europäischen Staatsanwaltschaft. Die Frage der Einordnung und Anpassung einer solchen europäischen Strafverfolgungsbehörde innerhalb des Gefüges der nationalen Rechtsordnungen erscheint allerdings noch weitgehend ungeklärt. 29

§ 141

Bei jedem Gericht soll eine Staatsanwaltschaft bestehen.

Bezeichnung bis 1924 : § 142.

1. Allgemeine Bedeutung der Vorschrift. Die Bestimmung will sicherstellen, daß für alle Gerichte der ordentlichen Gerichtsbarkeit[1] die Wahrnehmung der staatsanwaltschaftlichen Aufgaben organisatorisch und personell gewährleistet ist. Gemeint ist also 1

---

44 Vgl. auch *Kissel*[3] § 141, 51.

45 *Kintzi* (Neuordnung) 899; *Lücke* DRiZ **1984** 152.

46 DRiZ **1983** 446.

47 Z. B. *Schoreit* DRiZ **1995** 304.

48 Hierzu *Sieber* in *Delmas-Marty* Ius Criminale, Corpus Juris der strafrechtlichen Regelungen zum Schutz der finanziellen Interessen der Europäischen Union (1998), S. 1 ff.

49 Hierzu im einzelnen *Anders* StraFo **1999** 407; *Wattenberg* StV **2000** 95.

1 KK-*Schoreit*[4] 1.

nicht, daß bei jedem Gericht (im administrativen Sinn) eine organisatorisch selbständige Staatsanwaltschaft einzurichten wäre. Es soll vielmehr für jedes Gericht die erforderliche Zahl staatsanwaltschaftlicher Funktionsträger vorhanden und bestimmt sein, die dort die von der Staatsanwaltschaft zu erfüllenden Aufgaben wahrzunehmen haben[2]. Es kann deshalb für mehrere Gerichte (derselben oder verschiedener Ordnung) eine gemeinsame staatsanwaltschaftliche Behörde bestellt werden[3].

2 Dies ist von besonderer Bedeutung für die **Organisation der Staatsanwaltschaft bei den Amtsgerichten** (§ 142 Abs. 1 Nr. 3). Hier ist es dem Landesrecht überlassen, ob bei einem Amtsgericht die staatsanwaltschaftlichen Aufgaben von der Staatsanwaltschaft des übergeordneten Landgerichts wahrgenommen oder für den Bezirk eines oder mehrerer Amtsgerichte Zweigstellen der Staatsanwaltschaft des Landgerichts eingerichtet werden (so z. B. Art. 12 Abs. 2 BayAGGVG; § 8 Abs. 2 BaWüAGGV). Es können auch selbständige Amtsanwaltschaften, sei es für ein Amtsgericht oder für den Bezirk mehrerer Amtsgerichte (Bezirksamtsanwaltschaften), oder Zweigstellen einer selbständigen Amtsanwaltschaft eingerichtet werden. Selbständige Amtsanwaltschaften gibt es in Berlin und Frankfurt[4].

3 Auch können nach Maßgabe des Landesrechts für die Vertretung der Staatsanwaltschaft in der Hauptverhandlung vor dem Strafrichter oder Jugendrichter Beamte des gehobenen Justizdienstes (Rechtspfleger) als **örtliche Sitzungsvertreter** bestellt werden, sofern bei dem Amtsgericht weder ein Staats- noch ein Amtsanwalt seinen Dienstsitz hat[5] (vgl. § 142, 31).

4 Im Zusammenhang mit der Wiedervereinigung Deutschlands war das Land Berlin ermächtigt worden, aus besonderen Gründen eine **weitere Staatsanwaltschaft bei dem Landgericht** gesetzlich einzurichten (§ 4a Abs. 2 EGGVG). Von dieser Ermächtigung hatte Berlin Gebrauch gemacht. Die weitere Staatsanwaltschaft war für die Verfolgung des von Verantwortlichen der früheren DDR begangenen Unrechts sowie der Vereinigungskriminalität zuständig. Sie wurde inzwischen wieder aufgelöst.

5 **2. Bezeichnung der Staatsanwaltschaften.** Diese ist in den OrgStA-Anordnungen der Länder (hierzu allgemein § 142, 20) unterschiedlich geregelt. Zum Teil (so z. B. in Baden-Württemberg, Brandenburg, Nordrhein-Westfalen) werden die Staatsanwaltschaften am Sitz der Oberlandesgerichte als Generalstaatsanwaltschaft (Generalstaatsanwaltschaft Stuttgart) und die Staatsanwaltschaften am Sitz der Landgerichte als Staatsanwaltschaft mit jeweiliger Ortsangabe (Staatsanwaltschaft Stuttgart) bezeichnet. In anderen Ländern (z. B. Bayern, Hamburg, Hessen) ist die Bezeichnung Staatsanwaltschaft bei dem Oberlandesgericht und Staatsanwaltschaft bei dem Landgericht jeweils mit Zusatz des Ortes. Sachliche Unterschiede ergeben sich hieraus nicht.

6 **3. Staatsanwaltschaftliche Zweigstellen.** Diese sind selbständige Abteilungen der Staatsanwaltschaft am Sitz des Landgerichts. Der Leiter der Zweigstelle hat die Stellung eines Abteilungsleiters. Ihm können zur Erleichterung des Dienstbetriebs einzelne Behördenleiterbefugnisse (etwa Zeichnungsrechte) übertragen werden.

---

2 *Kissel*[3] 26; KK-*Schoreit*[4] 2.

3 RGSt **58** 105.

4 Zur Entwicklung der Amtsanwaltschaft in Berlin *Treppe* GedS Meyer 672, 674; zur Entwicklung von Amtsanwaltschaften in Schleswig-Holstein und zu ihrer Aufhebung im Jahr 1944 *Schmidt* FS StA SchlH 32, 40.

5 Vgl. z. B. § 10 Abs. 1 BaWüAGGVG; Art. 14 Abs. 2 BayAGGVG; BVerfGE **56** 110; *Kleinknecht/Meyer-Goßner*[44] § 142, 7; kritisch KK-*Schoreit*[4] 7.

Bei **auswärtigen Strafkammern** (§ 78) werden die staatsanwaltschaftlichen Aufgaben von der Staatsanwaltschaft am Sitz des Landgerichts oder – nach Maßgabe des Landesrechts – von einer am Sitz des Amtsgerichts errichteten Zweigstelle wahrgenommen. Von den selbständigen Zweigstellen sind unselbständige **Außenstellen der Staatsanwaltschaft** zu unterscheiden[6]. 7

4. Sonderfälle. Wegen der Wahrnehmung des Amtes der Staatsanwaltschaft bei den erstinstanzlich zuständigen Oberlandesgerichten vgl. §§ 120 Abs. 6, 142a Abs. 1, zur Erfüllung der staatsanwaltschaftlichen Aufgaben gegenüber der Strafvollstreckungskammer bei einem anderen Landgericht vgl. § 451 Abs. 3 StPO. 8

5. Reformbestrebungen. Zu Änderungsvorschlägen im Referentenentwurf StAÄG 1976 vgl. Vor § 141, 27 und 23. Auflage 5. 9

§ 142

(1) Das Amt der Staatsanwaltschaft wird ausgeübt:

1. bei dem Bundesgerichtshof durch einen Generalbundesanwalt und durch einen oder mehrere Bundesanwälte;

2. bei den Oberlandesgerichten und den Landgerichten durch einen oder mehrere Staatsanwälte;

3. bei den Amtsgerichten durch einen oder mehrere Staatsanwälte oder Amtsanwälte.

(2) Die Zuständigkeit der Amtsanwälte erstreckt sich nicht auf das amtsrichterliche Verfahren zur Vorbereitung der öffentlichen Klage in den Strafsachen, die zur Zuständigkeit anderer Gerichte als der Amtsgerichte gehören.

(3) Referendaren kann die Wahrnehmung der Aufgaben eines Amtsanwalts und im Einzelfall die Wahrnehmung der Aufgaben eines Staatsanwalts unter dessen Aufsicht übertragen werden.

Schrifttum. *Fränkel* Über Aufgaben und Arbeitsweise der Bundesanwaltschaft, DRiZ **1960** 353; *Grohmann* Erweiterung der Amtsanwaltszuständigkeit, ZRP **1986** 166; *Landau/Globuschütz* Rechtsstellung und Kompetenzen der als Sitzungsvertreter eingesetzten Rechtsreferendare und örtlichen Sitzungsvertreter, NStZ **1992** 68; *Lenz* Die Aufgaben des Referendars als Sitzungsvertreter der Staatsanwaltschaft, JuS **1992** 241; *Martin* Die Bundesanwaltschaft beim Bundesgerichtshof, DRiZ **1975** 314; *Schröder* Situationsbeschreibung des Amtes des Amtsanwalts in Schleswig-Holstein, FS StA SchlH 391; *Schüle* Die Zentrale der Landesjustizverwaltungen zur Aufklärung nationalsozialistischer Gewaltverbrechen in Ludwigsburg, JZ **1962** 241; *Villmow* Die Amtsanwälte – zum Selbstbild einer weithin unbekannten juristischen Profession, FS StA SchlH 411.

Entstehungsgeschichte. Die Vorschrift hatte in der ursprünglichen Gesetzesfassung folgenden Wortlaut:

Das Amt der Staatsanwaltschaft wird ausgeübt:

1. bei dem Reichsgerichte durch einen Ober-Reichsanwalt und durch einen oder mehrere Reichsanwälte;

---

[6] *Kleinknecht/Meyer-Goßner*[44] 3; vgl. z. B. AV des JuM BaWü. vom 16. 3. 1976, Justiz **1976** 164; zu Zweigstellen vgl. die Nachweise bei *Katholnigg*[3] 2.

2. bei den Oberlandesgerichten, den Landgerichten und den Schwurgerichten durch einen oder mehrere Staatsanwälte;
3. bei den Amtsgerichten und den Schöffengerichten durch einen oder mehrere Amtsanwälte.

Die Zuständigkeit der Amtsanwälte erstreckt sich nicht auf das amtsgerichtliche Verfahren zur Vorbereitung der öffentlichen Klage in denjenigen Strafsachen, welche zur Zuständigkeit anderer Gerichte als der Schöffengerichte gehören.

Mit dem VereinhG (Art. 1 I 53 und Art. 9) wurden folgende Änderungen vorgenommen: die Bezeichnungen in Absatz 1 Nr. 1 wurden in Bundesgerichtshof, Oberbundesanwalt und Bundesanwälte geändert. Gestrichen wurden in Nr. 2 die nach „Landgerichten" folgenden Worte „und den Schwurgerichten" sowie in Nr. 3 die nach „Amtsgerichten" folgenden Worte „und den Schöffengerichten". In Absatz 2 wurde die Bezeichnung „Schöffengerichte" durch „Amtsgerichte" ersetzt. Die Amtsbezeichnung Oberbundesanwalt wurde durch das Bundesbesoldungsgesetz vom 27. 9. 1957 (Anlage I, BGBl. I S. 1040) in Generalbundesanwalt geändert. Absatz 3 wurde eingefügt durch Art. II Nr. 4 des Gesetzes vom 10. 9. 1971 (BGBl. I S. 1557). Bezeichnung bis 1924: § 143.

Übersicht

Alphabetische Übersicht

I. Gliederung und Organisation der Staatsanwaltschaft im allgemeinen

1. Gerichtsbezogene Gliederung. Die Gliederung schließt sich an die der ordentlichen Gerichte an. Sowohl die örtliche (§ 143) als auch die sachliche Zuständigkeit (§§ 142, 142a) der Staatsanwaltschaften sind gerichtsbezogen geregelt und hängen ab von der Zuständigkeit des Gerichts für das Strafverfahren (sog. Sequenzzuständigkeit der Staatsanwaltschaft)[1]. Demgemäß teilt sich die Staatsanwaltschaft – jedenfalls beim Bundesgerichtshof, den Oberlandesgerichten und Landgerichten, zu den Amtsgerichten vgl. § 141, 2 – in eine der Zahl der Gerichte entsprechende Anzahl selbständiger Behörden. Zur Besonderheit von zwei einem Landgericht zugeordneten Staatsanwaltschaften vgl. § 141, 4. 1

2. Grundsatz der Einheit der Staatsanwaltschaft. Die Auffassung des französischen Rechts von der Einheit und Unteilbarkeit der Staatsanwaltschaft war, wenngleich mit Einschränkungen, schon vor dem Gerichtsverfassungsgesetz von der Mehrzahl der deutschen Landesgesetze übernommen worden und liegt, gleichfalls in eingeschränkter Weise, auch dem Gerichtsverfassungsgesetz zugrunde. Mit Rücksicht auf die Justizhoheit der Länder kommt dieser Grundsatz jedoch nur innerhalb des einzelnen Landes, nicht für das gesamte Bundesgebiet zur Geltung. Er hat folgende Auswirkungen: 2

a) Weisungsrecht. In jedem Bundesland steht der Landesjustizverwaltung und den vorgesetzten staatsanwaltschaftlichen Behörden (§ 147) das Recht der Aufsicht und Leitung zu mit der Folge, daß sie jederzeit durch Anweisung in die Tätigkeit der ihnen unterstellten Behörden eingreifen können (§ 146 und dort Rdn. 1, 2). 3

---

1 *Kissel*[3] 2; *Kleinknecht/Meyer-Goßner*[44] 1.

4 **b) Devolution und Substitution.** Innerhalb der Oberlandesgerichts- und Landgerichtsbezirke steht der vorgesetzten Behörde das sog. „Devolutions- und Substitutionsrecht" zu (Näheres bei § 145, dessen Absatz 2 eine Einschränkung dieses Rechts vorsieht).

5 **c) Selbständigkeit der nachgeordneten Behörden.** Ungeachtet des Weisungs-, des Substitutions- und des Devolutionsrechts sind die nachgeordneten Behörden nicht nur als Vertreter der übergeordneten Stellen tätig. Sie üben vielmehr ihr Amt kraft eigener Kompetenz und nach außen hin, insbesondere auch im Verhältnis zu den Gerichten, selbständig aus.

6 **d) Stellung des Behördenleiters.** Der erste Beamte der Staatsanwaltschaft (Leitender Oberstaatsanwalt bzw. Generalstaatsanwalt, vgl. unten Rdn. 17) ist allein der Träger des Amtes. Die ihm beigeordneten Beamten handeln trotz faktisch weitgehender Selbständigkeit und Eigenverantwortlichkeit nach der Konstruktion des geltenden Rechts nur als seine Vertreter (§ 144).

7 **3. Zuordnung eigener Bezirke.** Eingeschränkt ist der Grundsatz der Einheit der Staatsanwaltschaft auch durch die jeweilige Bezirkszuordnung der einzelnen Staatsanwaltschaften (§ 143). Eine Staatsanwaltschaft kann daher bei einem Gericht außerhalb ihres Bezirks weder Anklage erheben noch gegen ein dort ausgesprochenes Urteil Rechtsmittel einlegen[2]; ebensowenig kann sie gemäß § 377 StPO ein bei einem nicht zu ihrem Bezirk gehörenden Amtsgericht anhängiges Privatklageverfahren übernehmen[3]. Von Fällen der Gefahr im Verzug (§ 143 Abs. 2) abgesehen kann eine an sich unzuständige Staatsanwaltschaft Geschäfte der zuständigen nur aufgrund einer Substitution (§ 145 Abs. 1) wahrnehmen. Zum Eintrittsrecht (Devolution) des Generalstaatsanwalts näher bei § 145, 8).

8 Daß für einzelne Untersuchungsmaßnahmen (z. B. § 162 StPO) oder im Vollstreckungsverfahren (§§ 451 Abs. 3, 462a Abs. 1 StPO) **Gerichte außerhalb ihres Bezirks** zuständig und deshalb dort die entsprechenden Anträge zu stellen oder die anfallenden staatsanwaltschaftlichen Aufgaben wahrzunehmen sind, berührt die Zuständigkeit der Staatsanwaltschaft nicht[4]. So hat bei **Maßnahmen nach § 100c Abs. 1 Nr. 3 StPO** die Konzentration der Anordnungskompetenz auf die Staatsschutzkammern der Landgerichte, in deren Bezirk ein Oberlandesgericht seinen Sitz hat (§ 100d Abs. 2 StPO), keine Auswirkungen auf die Ermittlungszuständigkeit der Staatsanwaltschaft. Auch für die Antragstellung ist die das Ermittlungsverfahren führende Staatsanwaltschaft und nicht etwa die Staatsanwaltschaft am Sitz der Staatsschutzkammer zuständig[5].

9 Die **Landesjustizverwaltung** kann einem Beamten der Staatsanwaltschaft die Erledigung bestimmter **Geschäfte einer anderen Staatsanwaltschaft** zuweisen[6]. Sie kann sogar diesen Staatsanwalt bei mehreren Gerichten derselben oder verschiedener Ordnung bestellen und diese Bestellung jederzeit wieder ändern. Eine solche Bestellung kann für den gesamten Umfang oder nur für einen Teil der zur Zuständigkeit der Staatsanwaltschaft gehörenden Dienstgeschäfte ausgesprochen werden[7]. Dagegen können die Generalstaatsanwälte benachbarter Bezirke desselben Landes nicht ohne Beteiligung der Landesjustizverwaltung vereinbaren, daß ein Staatsanwalt des einen Bezirks die Anklage vor einem Gericht des andern Bezirks vertreten soll[8]; doch liegt, wenn es gleichwohl

---

2 BayObLG *Alsb* E **1** Nr. 9.
3 BGHSt **11** 56, 59.
4 *Kleinknecht/Meyer-Goßner*[44] 1.
5 BTDrucks. **13** 9661 S. 6.
6 RGSt **44** 78.
7 RGSt **58** 105.
8 RGSt **73** 86.

geschieht, kein absoluter Revisionsgrund (§ 338 Nr. 5 StPO) vor. Insoweit reicht es aus, daß überhaupt ein sachlich zuständiger Staatsanwalt mitwirkt[9] (hierzu auch § 143, 10).

4. Zentrale Stellen der Länder. Bei gemeinsamen Einrichtungen der Länder wie die Zentrale Stelle der Landesjustizverwaltungen zur Aufklärung nationalsozialistischer Verbrechen in Ludwigsburg und die ehemalige Zentrale Erfassungsstelle der Landesjustizverwaltungen zur Erfassung von in der ehemaligen DDR begangenen Unrechtstaten (nach dem Ende der DDR umgewandelt in eine entsprechende zentrale Beweismittel- und Dokumentationsstelle) handelt es sich nicht um Staatsanwaltschaften mit Strafverfolgungskompetenz, sondern Einrichtungen mit Koordinationsfunktion im Vorermittlungsbereich[10]. Die Justizhoheit der beteiligten Länder ist deshalb nicht tangiert[11]. 10

Die nach der Herstellung der deutschen Einheit eingerichtete, im Wege der Verwaltungshilfe von Bund und Ländern personell unterstützte **„Arbeitsgruppe Regierungskriminalität"** der Staatsanwaltschaft bei dem Kammergericht in Berlin[12] war keine zentrale Strafverfolgungseinrichtung von Bund und Ländern, sondern eine auf die Strafverfolgungskompetenzen Berlins beschränkte Landesstaatsanwaltschaft. Zur Übertragung ihrer Aufgaben auf eine kraft besonderer gesetzlicher Ermächtigung eingerichtete weitere Staatsanwaltschaft beim Landgericht Berlin vgl. § 141, 4. Zur Frage einer Bildung von Schwerpunkteinrichtungen mit örtlicher Zuständigkeit über ein Bundesland hinaus vgl. § 143, 19. 11

II. Amtsbezeichnungen

1. Ursprüngliche Regelung. Das Gerichtsverfassungsgesetz regelte bei seinem Inkrafttreten nur die Amtsbezeichnungen der bei der Staatsanwaltschaft beim Reichsgericht tätigen Beamten (Oberreichsanwalt und Reichsanwälte). Im übrigen überließ es die Festsetzung von Amtsbezeichnungen für die Beamten der Staatsanwaltschaft den Ländern. Zu den Bezeichnungen Staatsanwalt und Amtsanwalt vgl. Vor § 141, 2. 12

2. Spätere Änderungen

a) Staatsanwaltschaft beim Reichsgericht. Neben die Reichsanwälte traten schon im Jahr 1923 planmäßig bestellte Beamte mit der Amtsbezeichnung Oberstaatsanwalt. Damit hatte Absatz 1 Nr. 1 seine ursprüngliche Bedeutung, die Amtsbezeichnung der planmäßigen Beamten der Reichsanwaltschaft abschließend festzulegen, verloren. 13

b) Bundesanwaltschaft. Der Oberbundesanwalt erhielt durch das Bundesbesoldungsgesetz vom 27. 9. 1957 (BGBl. I S. 1040) die Amtsbezeichnung Generalbundesanwalt. Der Begriff Bundesanwälte ist in Absatz 1 Nr. 1 nur noch eine Funktionsbezeichnung für alle zur Wahrnehmung der staatsanwaltschaftlichen Aufgaben bei der Bundesanwaltschaft berufenen Beamten. Dazu gehören neben den Bundesanwälten die Oberstaatsanwälte beim Bundesgerichtshof[13] sowie Hilfskräfte, in der Regel aus den Ländern 14

[9] RGSt **73** 86; *Kleinknecht/Meyer-Goßner*[44] § 338, 39 StPO; KK-*Kuckein*[4] § 338, 72 StPO.

[10] Hierzu und zu den genannten Stellen im einzelnen VGH Mannheim NJW **1969** 1319; *Kintzi* DRiZ **1991** 171; *Krey/Pohl* JA **1985** 273; *Kühne* 63; *Roxin* 51; *Schüle* JZ **1962** 241; *Vultejus* DRiZ **1991** 171.

[11] *Krey* Bd. I 365.

[12] Hierzu *Schaefgen* DRiZ **1991** 379; *Weber* GA **1993** 195.

[13] Amtsbezeichnung gem. der „Bundesbesoldung R" des Gesetzes vom 23. 5. 1975, BGBl. I S.1173.

abgeordnete Staatsanwälte, Richter oder sonstige Beamte, welche die Voraussetzungen des § 122 Abs. 1 DRiG erfüllen[14].

15 **c) Staatsanwälte der Länder.** Nach dem Übergang der Justizhoheit der Länder auf das Reich im Jahr 1935 waren die weitgehend übereinstimmenden, in Einzelheiten aber teilweise voneinander abweichenden landesrechtlichen Vorschriften durch einheitliche Bestimmungen über die Organisation, die Bezeichnung der Behördenleiter und der staatsanwaltschaftlichen Beamten ersetzt worden. § 14 GVGVO 1935 legte die Bezeichnung Generalstaatsanwalt für die Leiter der Staatsanwaltschaften bei den Oberlandesgerichten und Oberstaatsanwalt für die bei den Landgerichten gesetzlich fest.

16 Die **Reichsbesoldungsordnung** vom 9. 12. 1937 (RGBl. I S.1355) brachte die gesetzliche Festlegung einheitlicher Amtsbezeichnungen für die übrigen Beamten der Staatsanwaltschaft (z. B. Oberstaatsanwalt für ständige Vertreter von Generalstaatsanwälten, Erster Staatsanwalt für Staatsanwälte bei den Oberlandesgerichten und Abteilungsleiter größerer Staatsanwaltschaften beim Landgericht sowie Staatsanwalt für die übrigen planmäßig bestellten Beamten der Staatsanwaltschaft mit der Befähigung zum Richteramt). Nach dem Rückübergang der Justizhoheit auf die Länder nach 1945 blieb dieser Regelungszustand zunächst unverändert, wurden später aber teilweise neue Amtsbezeichnungen geregelt.

17 Im Zuge der Vereinheitlichung und Neuregelung des Besoldungsrechts in Bund und Ländern wurden schließlich durch Gesetz vom 23. 5. 1975 (BGBl. I S. 1173) auch die **Amtsbezeichnungen der Staatsanwälte** in den Ländern **bundeseinheitlich festgelegt** (Staatsanwalt, Oberstaatsanwalt, Leitender Oberstaatsanwalt, Generalstaatsanwalt). Neben den planmäßig (auf Lebenszeit) bestellten Staatsanwälten werden bei den Staatsanwaltschaft auch Richter auf Probe und kraft Auftrags nach Bedarf verwendet (§§ 13, 16 Abs. 2 DRiG). Sie führen im staatsanwaltschaftlichen Dienst die Bezeichnung Staatsanwalt (§§ 16 Abs. 2, 19a Abs. 3 DRiG).

III. Aufgabenbereich der Bundesanwaltschaft (Absatz 1 Nr. 1)

18 Der Aufgabenbereich der Bundesanwaltschaft[15] umfaßt einmal die in § 142a bezeichneten Aufgaben. Dazu kommen die staatsanwaltschaftliche Mitwirkung bei den an den Bundesgerichtshof gelangenden Strafsachen sowie bei außerstrafrechtlichen Rechtsstreitigkeiten mit staatsanwaltschaftlicher Beteiligung (§§ 121 Abs. 2, 135, 138 Abs. 2), die Bestimmung der zuständigen Staatsanwaltschaft im Falle des § 143 Abs. 3, die Mitwirkung in bestimmten strafverfahrensähnlichen Angelegenheiten, mit denen der Bundesgerichtshof befaßt wird (§§ 42 Abs. 2 IRG, 79 Abs. 3 OWiG in Verbindung mit 121 Abs. 2 GVG, 63 Abs. 3 DRiG) sowie die Führung des Bundeszentralregisters .

IV. Staatsanwaltschaften bei den Oberlandesgerichten und Landgerichten (Absatz 1 Nr. 2)

19 **1. Länderzuständigkeit.** Aufbau und Gliederung der Staatsanwaltschaften bei den Oberlandesgerichten (wegen der Staatsanwaltschaft beim Bayerischen Obersten Landesgericht vgl. Art. 13 BayAGGVG) und Landgerichten zu regeln ist Sache der Länder. An

[14] *Katholnigg*[3] 2; KK-*Schoreit*[4] 7; *Kleinknecht/Meyer-Goßner*[44] 5; *Wagner* JZ **1962** 430.

[15] Hierzu sowie zu Stellung und Arbeitsweise *Bucher* DRiZ **1963** 169; *Martin* DRiZ **1965** 314; *Rebmann* NStZ **1986** 289.

die Stelle der reichseinheitlichen Regelung in der AV des RJM zur Vereinheitlichung der Staatsanwaltschaft vom 18.12.1934[16] sind die von den Landesjustizverwaltungen getroffenen Anordnungen über Organisation und Dienstbetrieb der Staatsanwaltschaften **(OrgStA)** getreten.

2. OrgStA-Anordnungen der Länder

a) Allgemeines. Diese Verwaltungsvorschriften der Länder (Organisationsstatut der Staatsanwaltschaften) sollen nach einer Übereinkunft der Landesjustizverwaltungen möglichst übereinstimmen, soweit nicht organisatorischen und personellen Besonderheiten in einem Land Rechnung getragen werden muß. Ungeachtet einer 1975 vereinbarten einheitlichen Fassung kann heute von einer Bundeseinheitlichkeit, wie sie etwa bei den Richtlinien für das Strafverfahren und das Bußgeldverfahren (RiStBV) besteht, nicht mehr die Rede sein. Die geltenden Länderfassungen stimmen zwar noch in den Grundzügen und in wesentlichen Teilen der Regelungsinhalte überein, weisen jedoch im übrigen zum Teil erhebliche Unterschiede auf. Solche Abweichungen werden sich angesichts landesspezifischer Besonderheiten sowie unter Berücksichtigung der gewachsenen Rechtspraxis in den einzelnen Ländern letztlich auch nicht beseitigen lassen. **20**

b) Regelungsbereiche. Zu den Regelungsgegenständen gehören z. B. Sitz und Bezeichnung der Staatsanwaltschaften (hierzu § 141, 5) sowie deren innere Organisation, die nähere Beschreibung der Aufgaben des Behördenleiters und der Abteilungsleiter, Regelungen über die Vertretung, über Zeichnungsbefugnisse (hierzu § 144, 4) sowie über Zuständigkeit und Amtsbefugnisse der Amtsanwälte. **21**

Besondere Erwähnung verdient die in allen Ländern im wesentlichen übereinstimmende **Regelung der Geschäftsverteilung**. Danach hat der Behördenleiter nach Beratung mit den Abteilungsleitern und Vertretern der Dezernenten für jedes Geschäftsjahr einen Geschäftsverteilungsplan aufzustellen. Die Verteilung der Geschäfte erfolgt grundsätzlich nach allgemeinen Gesichtspunkten. Im Unterschied zu den Gerichten hat die Geschäftsverteilung bei den Staatsanwaltschaften nur innerdienstliche Bedeutung[17]. Der Behördenleiter kann aus sachlichem Grund – nicht willkürlich – jederzeit abweichende Anordnungen treffen[18]. **22**

Für bestimmte Sachgebiete, deren Bearbeitung besondere Kenntnisse und Erfahrungen erfordert, ist allgemein in den OrgStA-Regelungen die Zusammenfassung in **Sonderdezernaten** vorgesehen[19]. Zur besonderen Bearbeitung von Jugendsachen und deren Verhältnis zu Sonderdezernaten für andere Spezialmaterien vgl. Vor § 141, 25. **23**

3. Ermittlungsassistenten

a) Einschaltung von Hilfspersonen. Die Staatsanwaltschaft ist generell befugt, Hilfspersonen als Ermittlungsassistenten des Staatsanwalts einzusetzen (hierzu auch Einl. Abschn. I, 64). Dies können z. B. außerhalb ihres gesetzlichen Zuständigkeitsbereichs Amtsanwälte (hierzu unten Rdn. 28), sonstige Beamte oder Angestellte der Staatsanwaltschaft oder zu diesem Zweck im Einzelfall herangezogene Polizeibeamte sein[20]. **24**

---

16 DJ **1934** 1608.

17 *Kissel*[3] § 144, 8.

18 KK-*Schoreit*[4] § 144, 1; zu beamtenrechtlichen Fragen in diesem Zusammenhang *Kissel*[3] § 144, 9.

19 Zu Sonderdezernaten für Sexualdelikte vgl. *Jankecht* DRiZ **1988** 19; *Zuberbier* DRiZ **1988** 335; Antwort der BaWü. Landesregierung auf eine Große Anfrage der Landtags-Fraktion der SPD vom 17.6.1990 – Frauen als Opfer einer Vergewaltigung – BaWü-Landtags-Drucks. **10** 4107 S. 17.

20 LR-*Rieß*[24] § 161, 43 StPO.

Ermittlungsassistenten unterstützen den Staatsanwalt intern bei der Ermittlungsarbeit. Nach außen dürfen sie nicht in staatsanwaltlicher Funktion tätig werden[21].

25 **b) Wirtschaftsreferenten.** Von praktischer Bedeutung ist vor allem der Einsatz von Wirtschaftsreferenten zur Unterstützung des Staatsanwalts bei der Bearbeitung wirtschaftsstrafrechtlicher Ermittlungsverfahren[22]. Wirtschaftsreferenten sind in der Regel Betriebswirte, Buchprüfer oder Bilanzbuchhalter mit entsprechender praktischer Erfahrung, die als Angestellte oder Beamte in den staatsanwaltschaftlichen Dienst übernommen werden. Sie können zu Hilfsbeamten der Staatsanwaltschaft bestellt[23] oder auch ohne eigene Hoheitsbefugnisse eingesetzt sein[24].

26 Zu den **Aufgaben der Wirtschaftsreferenten** gehören neben der Beratung des Staatsanwalts in wirtschaftspraktischen und wirtschaftsrechtlichen Fragen insbesondere die Fertigung von Gutachten etwa zu Fragen ordnungsgemäßer Buchführung und Bilanzierung, der Überschuldung und Zahlungsunfähigkeit. Als sachkundige Helfer sind sie bei Durchsuchungen oder sonstigen staatsanwaltschaftlichen oder polizeilichen Ermittlungshandlungen beteiligt und insoweit auch in entsprechende Ermittlungsgruppen eingebunden. Mit der Tätigkeit des Wirtschaftsreferenten ist auch das Auftreten als Zeuge oder Sachverständiger in strafgerichtlichen Hauptverhandlungen verbunden[25].

V. Wahrnehmung der staatsanwaltschaftlichen Aufgaben bei den Amtsgerichten (Absatz 1 Nr. 3)

27 **1. Begriff des Amtsgerichts.** Hierzu gehören selbstverständlich auch die Schöffengerichte, auch wenn sie abweichend von der ursprünglichen Fassung im Gesetz nicht mehr ausdrücklich erwähnt sind[26]. Spruchkörper des Amtsgerichts sind auch der Jugendrichter und das Jugendschöffengericht. Daß in den amtsgerichtlichen Jugendstrafsachen Amtsanwälte tätig werden, schließt § 36 JGG (hierzu Vor § 141, 25) nicht aus[27]. Zur Beschränkung der Zuständigkeit von Amtsanwälten durch Verwaltungsvorschriften der Länder unten Rdn. 33.

28 **2. Amtsanwälte.** Im Unterschied zu den Staatsanwälten (§ 122 Abs. 1 DRiG) bedürfen Amtsanwälte nicht der Befähigung zum Richteramt. Sie kommen üblicherweise aus dem Rechtspflegerdienst und erhalten im Anschluß an Rechtspflegerausbildung und -praxis für die Amtsanwaltstätigkeit bei der Staatsanwaltschaft zusätzlich eine besondere Ausbildung in Theorie und Praxis, die in den meisten Bundesländern 15 Monate dauert und mit einer Prüfung abgeschlossen wird[28].

---

[21] LR-*Rieß*[24] Vor § 158, 23 StPO; *Katholnigg*[3] 8; zu Umfang und Einschränkung der Befugnisse LR-*Rieß*[24] § 161a, 5 StPO; vgl. auch die Erl. zu § 110 StPO.

[22] Hierzu BGHSt **28** 381; OLG Zweibrücken MDR **1979** 425; *Kleinknecht/Meyer-Goßner*[44] 7; AV des JuM RhPf. vom 1.3.1971 RhPfJBl. **1971** 42.

[23] Vgl. V der VO der BaWü. Landesregierung vom 12.2.1996 BaWüGBl. S. 184.

[24] LR-*Rieß* Einl. Abschn. I, 64.

[25] Zu Problemfragen hierzu OLG Zweibrücken NJW **1979** 1995; LR-*Dahs* Vor § 48, 33 StPO; KK-*Senge*[4] § 74, 5; *Dose* NJW **1978** 349, 354; *Gössel* DRiZ **1980** 363, 371.

[26] OLG Oldenburg NJW **1952** 1230.

[27] OLG Karlsruhe NStZ **1988** 241; OLG Hamm JMBlNRW **1962** 112; *Kissel*[3] 10; *Kleinknecht/Meyer-Goßner*[44] 10.

[28] Zur Aus- und Fortbildung *Villmow* 414; zu den Rechts- und Dienstverhältnissen der Amtsanwälte *Benkendorf* DRiZ **1976** 83; *Reiß* Rechtspflegerblatt **1964** 17.

Die Verwendung von Amtsanwälten als besonderen staatsanwaltschaftlichen Amtsträgern[29] basiert letztlich auf der Überlegung, Staatsanwälte von der Bearbeitung mengenmäßig vorkommender Verfahren der einfachen Kriminalität zu entlasten und ihren Einsatz so weit wie möglich auf schwierige Verfahren der mittleren und schweren Kriminalität zu konzentrieren[30]. Die Bagatell- und Massenkriminalität bildet demgemäß in der Praxis den **Schwerpunkt amtsanwaltlicher Tätigkeit**, die allerdings darüber hinaus ein breites Spektrum einfach bis mittelschwer gelagerter Verfahren der mittleren Kriminalität umfaßt[31]. Zur Strafvollstreckungstätigkeit von Amtsanwälten vgl. § 451 Abs. 2 StPO und die dortigen Erläuterungen. 29

Auch in Verfahren, die von der selbständigen Bearbeitung durch Amtsanwälte ausgeschlossen sind (hierzu näher Rdn. 39), kann ein **Amtsanwalt** zur Unterstützung des Staatsanwalts **als Ermittlungsassistent** herangezogen werden[32] (allgemein zur Verwendung von Ermittlungsassistenten bei der Staatsanwaltschaft oben Rdn. 26). Dies kann z. B. in umfangreichen Ermittlungsverfahren zweckmäßig sein. Eine solche Unterstützung darf allerdings nicht bis zur faktisch selbständigen Führung und Leitung des Verfahrens durch den Amtsanwalt gehen. 30

3. Sonstige amtsanwaltliche Funktionsträger. Zur Wahrnehmung der Aufgaben der Staatsanwaltschaft in der Hauptverhandlung vor dem Strafrichter beim Amtsgericht können nach Landesrecht[33] bei dringendem Bedarf Beamte des gehobenen Justizdienstes vorübergehend beauftragt werden. Zur Bestellung solcher Justizbeamten zu örtlichen Sitzungsvertretern vgl. § 141, 3. Auch kann im Rahmen ihrer Ausbildung Referendaren (dazu § 142 Abs. 3 und unten Rdn. 44) und Anwärtern auf die Amtsanwaltslaufbahn die Wahrnehmung der Geschäfte eines Amtsanwalts übertragen werden[34]. 31

4. Einschränkungen durch Landesrecht

a) Beschränkung durch Verwaltungsvorschrift. Nach § 142 Abs. 1 Nr. 3 können Amtsanwälte bei den Amtsgerichten (und nur bei diesen, § 145 Abs. 2), mithin bei den nach § 24 in die Zuständigkeit der Amtsgerichte fallenden Strafsachen (auch bei Verbrechen[35]) die staatsanwaltschaftlichen Aufgaben wahrnehmen, und zwar sowohl in der Hauptverhandlung als auch im vorbereitenden Verfahren (vgl. § 142 Abs. 2). Zu beachten ist dabei, daß die amtsgerichtliche Zuständigkeit heute gegenüber der Entstehungszeit und der Konzeption des § 142 Abs. 1 Nr. 3 erheblich größer ist. 32

Das **Landesrecht** hat diese bundesgesetzlich sehr weitreichend eingeräumten Möglichkeiten der Verwendung eines Amtsanwalts anstelle eines Staatsanwalts nicht voll ausgeschöpft. Nach den OrgStA-Anordnungen der Länder soll die **Zuständigkeit des Amtsanwalts** auf die Sachen **beschränkt** sein, in denen nach §§ 24, 25 der Strafrichter entscheiden kann. Sie ist zudem im Grundsatz (abweichende Zuweisungen im Einzelfall sind möglich) auf einen festgelegten Katalog von Straftaten begrenzt[36]. In der Hauptverhandlung darf in der Mehrzahl der Länder – anders etwa Berlin (Ausnahme für besonders geeignete Amtsanwälte) oder Baden-Württemberg (keine ausdrückliche Einschränkung für die Sitzungsvertretung im OrgStA) – ein Amtsanwalt die Anklage nur vor dem Strafrichter oder Jugendrichter und grundsätzlich nicht vor dem Schöffengericht vertreten[37]. 33

29 Zur geschichtlichen Entwicklung *Schröder* 391.
30 *Schröder* 403.
31 Im einzelnen *Villmow* 420.
32 Erl. zu § 161 a StPO (24. Aufl. Rdn. 5).
33 Vgl. § 10 Abs. 1 BaWüAGGVG.
34 Vgl. § 9 Abs. 2 BaWüAGGVG.
35 OLG Hamm JMBlNRW **1962** 112.
36 Hierzu näher *Grohmann* ZRP **1986** 167.
37 *Katholnigg*[3] 3.

34 **b) Verfahren gegen Jugendliche und Heranwachsende.** Unterschiedlich geregelt ist in den Ländern die Zuständigkeit des Amtsanwalts in Strafverfahren gegen Jugendliche und Heranwachsende. In einigen Ländern ist insoweit ihre Zuständigkeit völlig ausgeschlossen. In den meisten Bundesländern dürfen Amtsanwälte zwar Ermittlungsverfahren gegen Jugendliche und Heranwachsende nicht bearbeiten, jedoch in der Hauptverhandlung als Sitzungsvertreter eingesetzt werden. Keiner Beschränkung unterliegt die Bearbeitung von Ordnungswidrigkeiten Jugendlicher und Heranwachsender durch den Amtsanwalt und seine Verwendung als Sitzungsvertreter vor dem Jugendrichter in diesen Fällen.

35 **c) Örtliche Sitzungsvertreter.** Den nach Maßgabe des Landesrechts[38] bestellten örtlichen Sitzungsvertretern (§ 141, 3) kann – allgemein oder im Einzelfall – die Vertretung der Staatsanwaltschaft nur in der Hauptverhandlung vor dem Strafrichter oder Jugendrichter übertragen werden. Der Umfang der ihnen dabei zustehenden Befugnisse ist dadurch beschränkt, daß sie Erklärungen, die auf die Einstellung des Verfahrens abzielen (§§ 153 Abs. 2, 153a Abs. 2, 154 Abs. 2, 154b Abs. 4, 411 Abs. 3 StPO), und Rechtsmittelverzichtserklärungen nur mit Zustimmung des Staatsanwalts oder Amtsanwalts abgeben dürfen[39]. Im Rahmen ihres Auftrags unterstehen sie den Weisungen und der Dienstaufsicht des Leiters der Staatsanwaltschaft (vgl. § 10 Abs. 3 BaWüAGGVG).

5. Wirkung solcher Beschränkungen

36 **a) Einschränkung der Zuständigkeit durch Verwaltungsanordnung.** Wer zur Wahrnehmung der Aufgaben eines Amtsanwalts bestellt ist, kann dem Grundsatz des § 144 entsprechend alle Befugnisse der Staatsanwaltschaft, soweit sie nach § 142 Abs. 1 Nr. 3, Abs. 2 von einem Amtsanwalt gesetzlich wahrgenommen werden können, mit **voller Wirksamkeit nach außen** ausüben. Ob er Amtsanwalt im Hauptamt, Amtsanwaltsanwärter, Referendar oder örtlicher Sitzungsvertreter ist, spielt dabei keine Rolle. Ein Verstoß gegen interne Verwaltungsanordnungen, durch die allgemein (etwa im OrgStA) oder im Einzelfall seine Vertretungsbefugnis beschränkt ist, ändert hieran nichts. Es liegt mithin stets eine wirksame Vertretung der Staatsanwaltschaft vor, wenn ein Amtsanwalt vor dem Schöffengericht die Anklage vertritt[40]. Ein Verstoß gegen interne Verwaltungsanordnungen (z. B. OrgStA) ist auch **revisionsrechtlich ohne Bedeutung**[41]. Die von einem Amtsanwalt eingelegte Berufung ist auch wirksam, wenn sie eine Strafsache betrifft, deren Bearbeitung den Amtsanwälten nach OrgStA nicht übertragen ist[42].

37 **b) Gesetzliche Beschränkungen.** Anders liegt es jedoch, wenn solche Beschränkungen nicht im Verwaltungswege, sonder durch Gesetz oder Rechtsverordnung festgelegt sind. In diesem Fall führt die Nichtbeachtung zur Unwirksamkeit der Verfahrenshandlung[43]. Bestimmt etwa ein Landesgesetz oder eine aufgrund eines solchen Gesetzes ergangene Rechtsverordnung, daß der örtliche Sitzungsvertreter Rechtsmittel nur einlegen kann, wenn er die Anklage in der Hauptverhandlung vertreten hat, oder daß ihm die Befugnis zur Rechtsmitteleinlegung überhaupt fehlt, so ist ein unter Überschreitung der gesetzlichen Befugnisse eingelegtes Rechtsmittel unzulässig und wirkungslos[44].

---

[38] Zur Regelung in Hessen *Landau/Globuschütz* NStZ **1992** 68, 71; zur Vereinbarkeit der Nds. Regelung mit dem GG und GVG BVerfGE **56** 110.

[39] *Kissel*[3] 13.

[40] BayObLGSt **1958** 140, 144.

[41] OLG Karlsruhe NStZ **1988** 242.

[42] OLG Oldenburg NJW **1952** 1230; OLG Celle MDR **1957** 311.

[43] *Kissel*[3] 11; *Kleinknecht/Meyer-Goßner*[44] 18.

[44] BayObLGSt **1961** 75.

Die landesgesetzlichen Vorschriften, nach denen bei den Amtsgerichten **örtliche Sitzungsvertreter** mit der Wahrnehmung der staatsanwaltschaftlichen Aufgaben in der Hauptverhandlung vor dem Strafrichter beauftragt werden können (§ 141, 3 und oben Rdn. 31), werden dahin verstanden, daß ein örtlicher Sitzungsvertreter staatsanwaltschaftliche Befugnisse ausschließlich in der Hauptverhandlung ausüben kann. Ein von ihm nach Beendigung der Hauptverhandlung eingelegtes Rechtsmittel ist demnach unwirksam[45]. Ein örtlicher Sitzungsvertreter ist auch nicht befugt, nach Einspruch gegen einen Strafbefehl Antrag auf Hauptverhandlung vor dem Strafrichter zu stellen[46]. Hat ein **Amtsanwalt** gegen ein amtsgerichtliches Urteil zunächst unbeschränkt beim Amtsgericht (§ 314 StPO) Berufung eingelegt und erklärt er deren nachträgliche Beschränkung nicht beim Amtsgericht, sondern dem Landgericht, so ergibt sich aus § 142 Abs. 1 Nr. 3, daß er gegenüber dem Landgericht keine wirksamen Erklärungen abgeben kann und die Beschränkung daher selbst dann unwirksam ist, wenn er im Auftrag des Staatsanwalts gehandelt hat[47]. 38

VI. Zuständigkeit des Amtsanwalts im Ermittlungsverfahren (Absatz 2)

1. Sachliche Zuständigkeit. Für die sachliche Zuständigkeit der Beamten der Staatsanwaltschaft sind grundsätzlich die Bestimmungen maßgebend, welche die sachliche Zuständigkeit der Gerichte regeln. Daher steht in allen Strafsachen, die zur erstinstanzlichen Zuständigkeit des Landgerichts gehören, die Strafverfolgung von Anfang an, also auch während des Verfahrens zur Vorbereitung der öffentlichen Klage (§§ 158ff StPO), allein dem Staatsanwalt zu. Bei den in die Zuständigkeit der Amtsgerichte fallenden Strafsachen (§§ 24, 25) steht es nach § 142 Abs. 1 Nr. 3 im Ermessen der Länder, inwieweit sie die staatsanwaltschaftlichen Aufgaben dem Amtsanwalt zuweisen wollen. 39

2. Bedeutung von Absatz 2. Er stellt klar, daß bei den nicht zur Zuständigkeit der Amtsgerichte gehörenden Strafsachen eine amtsanwaltliche Ermittlungskompetenz sich auch nicht aus dem Umstand ergeben kann, daß einzelne richterliche Ermittlungshandlungen vom Amtsgericht vorzunehmen sind[48]. So kann etwa bei Kapitaldelikten die Notwendigkeit zum Erlaß eines Haftbefehls durch den Haftrichter (§ 125 StPO) bzw. der Vernehmung von Zeugen durch den Ermittlungsrichter (§ 162 StPO) keine Zuständigkeit des Amtsanwalts im Ermittlungsverfahren begründen. In über die Zuständigkeit des Amtsgerichts hinausgehenden Strafsachen kann eine amtsanwaltliche Zuständigkeit auch nicht im Einzelfall über das Substitutionsrecht der vorgesetzten Stellen begründet werden. 40

3. Auswirkungen gesetzlicher Unzuständigkeit. Wird der Amtsanwalt mit einer Straftat befaßt, zu deren Verfolgung er kraft Gesetzes nicht zuständig ist, so hat er die Sache an den Staatsanwalt weiterzuleiten; ist dieser – etwa im Fall des Tätigwerdens des Amtsanwalts im Bereitschaftsdienst – nicht sofort erreichbar und liegt Gefahr im Verzug vor, ist gegebenenfalls zunächst der zuständige Richter beim Amtsgericht einzuschalten, damit er die erforderlichen Untersuchungshandlungen vornehmen kann (§ 165 StPO). 41

[45] OLG Koblenz Rpfleger **1977** 214 mit Anm. *Reiß*.

[46] BayObLG Rpfleger **1962** 62.

[47] BayObLG NJW **1974** 76.

[48] *Katholnigg*[3] 3.

42 Kommt der Amtsanwalt in einem von ihm bearbeiteten Ermittlungsverfahren zu der Erkenntnis, daß nicht die Zuständigkeit des Amtsgerichts gegeben, sondern das Landgericht erstinstanzlich zuständig ist, hat er in entsprechender Weise zu verfahren und die Sache zur weiteren Bearbeitung dem Staatsanwalt zu übergeben. Eine mit **vorausgegangenen Verfahrenshandlungen** – etwa verjährungsunterbrechenden Maßnahmen – verbundene Rechtswirkung ist nicht in Frage gestellt, wenn die bisherige Annahme eigener Zuständigkeit von dem bekannten Verfahrensstand gedeckt oder danach zumindest vertretbar war. War die Unzuständigkeit des Amtsanwalts jedoch offenkundig, sind solche Verfahrenshandlungen unwirksam.

VII. Referendare (Absatz 3)

43 **1. Zur Gesetzesentwicklung.** Inwieweit Referendare Aufgaben der Staatsanwaltschaft wahrnehmen können, war früher ausschließlich landesrechtlich geregelt[49]. Eine bundesrechtliche Klarstellung ist erst mit dem durch Gesetz vom 10. 9. 1971 (BGBl. I S. 1557) eingefügten Absatz 3 geschaffen worden. Für Rechtspraktikanten im besonderen Vorbereitungsdienst, Staatsanwaltschaftsassistenten und Diplomjuristen, die eingearbeitet werden, enthält für die **neuen Länder** § 8 RpflAnpG eine entsprechende Regelung[50]. Nach bisheriger Gesetzesregelung in den Ländern stehen Referendare in einem Beamtenverhältnis (Beamte auf Widerruf). Eine Änderung dieses Status in ein öffentlich-rechtliches Ausbildungsverhältnis eigener Art (so inzwischen in BaWü., § 5 des Gesetzes vom 20. 4. 1998, BaWüGBl. S. 250) hat auf die sich aus dem GVG ergebenden Befugnisse keine Auswirkung.

2. Inhalt und Bedeutung der Regelung

44 **a) Übertragung amtsanwaltlicher Aufgaben.** Insoweit läßt das Bundesrecht die generelle Übertragung aller Aufgaben des Amtsanwalts auf Referendare zu. Im Rahmen ihrer Befugnisse nach §§ 145 und 147 können sowohl die Landesjustizverwaltung als auch die Behördenleiter eine solche Übertragung vornehmen. Sie setzt nicht voraus, daß der Referendar der Staatsanwaltschaft zur Ausbildung zugewiesen ist[51]. Der Leiter der Staatsanwaltschaft kann seine Übertragungsbefugnis an einen insoweit besonders beauftragten Staatsanwalt delegieren. Eine nähere Ausgestaltung oder auch nur eingeschränkte Umsetzung dieser bundesrechtlich eingeräumten Möglichkeiten steht im Ermessen der Länder.

45 **b) Weitergehende Beauftragungen.** Mit der Wahrnehmung allein dem Staatsanwalt vorbehaltener Aufgaben können Referendare nur im Einzelfall beauftragt werden. Auch darf der Referendar die übertragene Amtshandlung nur unter staatsanwaltlicher Aufsicht ausführen. Umfang und Intensität dieser Aufsicht sind von den Umständen des Einzelfalls, insbesondere Bedeutung und Schwierigkeit der übertragenen Aufgabe abhängig. Eine ständige Beaufsichtigung des beauftragten Referendars durch den Staatsanwalt ist nicht erforderlich[52].

46 Soweit eine Übertragung stattfindet, handelt auch hier – wie bei der Übertragung richterlicher Aufgaben nach § 10 und bei der Zuweisung genereller amtsanwaltlicher Befugnisse (oben Rdn. 44) – der Referendar **selbständig**. So kann er z. B. im Ermitt-

---

[49] Vgl. OLG Düsseldorf JMBlNRW **1965** 103.

[50] Hierzu auch *Katholnigg*[3] 5.

[51] *Kissel*[3] 16.

[52] *Kleinknecht/Meyer-Goßner*[44] 13.

lungsverfahren im Rahmen des Zeichnungsrechts des aufsichtführenden Staatsanwalts selbständig Einstellungsverfügungen und nach Abschluß der Ermittlungen einen Strafbefehlsantrag oder eine Anklageschrift unterzeichnen[53]. Der Staatsanwalt hat in solchen Fällen seine Aufsicht jedenfalls in der Weise auszuüben, daß er die Art der Erledigung überprüft und sein Einverständnis aktenkundig macht.

c) Referendare als Sitzungsvertreter. Auch in der Hauptverhandlung handelt der Referendar als Vertreter der Anklagebehörde grundsätzlich selbständig. In der Praxis vorherrschend ist die Sitzungsvertretung in amtsanwaltlicher Funktion vor dem Strafrichter beim Amtsgericht. Eine Sitzungsvertretung durch Referendare in über die amtsanwaltliche Zuständigkeit hinausgehenden Hauptverhandlungen wird, dies gilt vor allem für eine Sitzungsvertretung vor dem Landgericht, nur in besonderen Fällen in Betracht kommen. Die hierbei erforderliche Aufsicht des Staatsanwalts besteht darin, daß er je nach fachlicher und persönlicher Befähigung des Referendars ständig oder auch nur zeitweise, sei es für eine anfängliche Einführungs- und Beobachtungszeit[54] oder wiederholt, neben dem Referendar anwesend ist, um erforderlichenfalls ergänzend oder berichtigend eingreifen und, falls das Hauptverhandlungsgeschehen den Referendar überfordert, die Übertragung widerrufen und selbst die Aufgaben des Staatsanwalts wahrnehmen zu können. 47

Bei der **Urteilsverkündung** (§ 268 StPO) braucht der Staatsanwalt nicht anwesend zu sein[55]. Im übrigen ist die Staatsanwaltschaft auch bei zeitweiliger Abwesenheit des ausbildenden Staatsanwalts durch den Referendar wirksam vertreten (§ 226 StPO). Im Hauptverhandlungsprotokoll (§ 272 StPO) wird dies etwa in der Form vermerkt, daß als Beamter der Staatsanwaltschaft „Referendar X unter Aufsicht von Staatsanwalt Y“ fungiert habe. 48

d) Form und Wirkung der Übertragung. Die Übertragung amts- und staatsanwaltlicher Aufgaben auf einen Referendar kann auch konkludent erfolgen[56]. Auch dann wird man aber wegen der damit verbundenen Verfahrenswirkung von Amtshandlungen des Referendars im Interesse der Rechtssicherheit eine schriftliche Manifestation (etwa schriftlich verfügte Einteilung zum Sitzungsdienst) fordern müssen. Die Beauftragung eines Referendars im Einzelfall ist in den jeweiligen Verfahrensakten zu vermerken[57]. Im Umfang der Übertragung kann der Referendar die Amtshandlungen der Anklagebehörde selbständig und **mit voller Außenwirkung** vornehmen. Wegen der Bedeutung intern auferlegter Beschränkungen wie etwa die Weisung, im Sitzungsdienst nur nach Rücksprache mit dem zuständigen Dezernenten eine Zustimmung zur Verfahrenseinstellung nach §§ 153ff StPO zu erteilen, wird auf Rdn. 36 verwiesen. 49

VIII. Reformbestrebungen. Zu den Vorschlägen im Referentenentwurf StAÄG 1976 (Beibehaltung der Amtsanwälte, Abschaffung der örtlichen Sitzungsvertreter) wird auf die Darstellung in der 23. Auflage verwiesen[58]. 50

[53] Ebenso *Kissel*[3] 16; unklar *Kleinknecht/Meyer-Goßner*[44] 13.
[54] OLG Zweibrücken VRS **47** (1974) 452.
[55] OLG Zweibrücken VRS **41** (1971) 352.
[56] *Kleinknecht/Meyer-Goßner*[44] 14.
[57] *Kissel*[3] 16.
[58] Hierzu auch *Kissel*[3] 17; *KK-Schoreit*[4] 14f; *Landau/Globuschütz* NStZ **1992** 68; *Reiß* Rpfleger **1977** 214.

§ 142a

(1) [1]Der Generalbundesanwalt übt in den zur Zuständigkeit von Oberlandesgerichten im ersten Rechtszug gehörenden Strafsachen (§ 120 Abs. 1 und 2) das Amt der Staatsanwaltschaft auch bei diesen Gerichten aus. [2]Können in den Fällen des § 120 Abs. 1 die Beamten der Staatsanwaltschaft eines Landes und der Generalbundesanwalt sich nicht darüber einigen, wer von ihnen die Verfolgung zu übernehmen hat, so entscheidet der Generalbundesanwalt.

(2) Der Generalbundesanwalt gibt das Verfahren vor Einreichung einer Anklageschrift oder einer Antragsschrift (§ 440 der Strafprozeßordnung) an die Landesstaatsanwaltschaft ab,

1. wenn es folgende Straftaten zum Gegenstand hat:
   a) Straftaten nach den §§ 82, 83 Abs. 2, §§ 98, 99 oder 102 des Strafgesetzbuches,
   b) Straftaten nach den §§ 105 oder 106 des Strafgesetzbuchs, wenn die Tat sich gegen ein Organ des Landes oder gegen ein Mitglied eines solchen Organs richtet,
   c) Straftaten nach § 138 des Strafgesetzbuches in Verbindung mit einer der in Buchstabe a bezeichneten Strafvorschriften oder
   d) Straftaten nach § 52 Abs. 2 des Patentgesetzes, nach § 9 Abs. 2 des Gebrauchsmustergesetzes in Verbindung mit § 52 Abs. 2 des Patentgesetzes oder nach § 4 Abs. 4 des Halbleiterschutzgesetzes in Verbindung mit § 9 Abs. 2 des Gebrauchsmustergesetzes und § 52 Abs. 2 des Patentgesetzes;

2. in Sachen von minderer Bedeutung.

(3) Eine Abgabe an die Landesstaatsanwaltschaft unterbleibt,

1. wenn die Tat die Interessen des Bundes in besonderem Maße berührt oder
2. wenn es im Interesse der Rechtseinheit geboten ist, daß der Generalbundesanwalt die Tat verfolgt.

(4) Der Generalbundesanwalt gibt eine Sache, die er nach § 120 Abs. 2 Nr. 2 oder 3 oder § 74a Abs. 2 übernommen hat, wieder an die Landesstaatsanwaltschaft ab, wenn eine besondere Bedeutung des Falles nicht mehr vorliegt.

Schrifttum. *Eisenberg* Grundsätzliche erstinstanzliche Nichtzuständigkeit von Bundesanwaltschaft und Oberlandesgerichten in Jugendstrafverfahren, NStZ **1996** 263; *Nehm* Föderalismus als Hemmnis für eine effektive Strafverfolgung der Organisierten Kriminalität? NStZ **1996** 513; *Rebmann* Die Zuständigkeit des Generalbundesanwalts zur Verfolgung terroristischer Straftaten, NStZ **1986** 289; *Schnarr* Innere Sicherheit – die Zuständigkeit des Generalbundesanwalts nach § 120 II 1 Nr. 3 GVG, MDR **1993** 589; *Schoreit* Erstinstanzliche Zuständigkeit der Bundesanwaltschaft und der Oberlandesgerichte in Strafverfahren gegen Jugendliche und Heranwachsende gem. §§ 120, 142a GVG, 102 JGG, NStZ **1997** 69; *Wagner* Die gerichtliche Zuständigkeit in Staatsschutz-Strafsachen, FS Dreher 625; weiteres Schrifttum bei § 120.

Entstehungsgeschichte. § 142a ist eingefügt durch das StaatsschutzstrafsG. Durch Art. 3 Nr. 2a des StGBÄndG 1976 (BGBl. I S. 2181) wurde dem Absatz 1 der Satz 2 beigefügt. Absatz 2 Nr. 1d wurde geändert (redaktionelle Bereinigung bzw. Erweiterung der Bezugnahmen) durch Art. 3 des Gesetzes zur Änderung des Gebrauchsmustergesetzes vom 15. August 1986 (BGBl. I S. 1446) und § 19 des Gesetzes über den Schutz der Topographien von mikroelektronischen Halbleitererzeugnissen (Halbleiterschutzgesetz) vom 22. Oktober 1987 (BGBl. I S. 2294). Absatz 4 wurde durch Art. 2 Nr. 2 des TerrorismusG um die Bezugnahme auf § 120 Abs. 2 Nr. 2 und 3 erweitert.

Übersicht

1. Der Generalbundesanwalt als Strafverfolgungsbehörde (Absatz 1)

a) Organleihe. Die Konstruktion der Organleihe (vgl. Erl. in § 120, 18f) ermöglicht es, daß der Generalbundesanwalt – über die Mitwirkung der Bundesanwaltschaft beim Bundesgerichtshof als Revisions- und Beschwerdegericht (§§ 135, 142 Abs. 1 Nr. 1) hinaus – in Staatsschutzstrafsachen auch Strafverfolgungsbehörde in Strafverfahren wegen Straftaten sein kann, die in die Zuständigkeit der Landesgerichte fallen, wenn diese Gerichtsbarkeit des Bundes ausüben[1]. 1

b) Bedeutung und Umfang der Zuständigkeit des Generalbundesanwalts. Absatz 1 Satz 1 stellt den Grundsatz auf, daß der Generalbundesanwalt das Amt der Staatsanwaltschaft in den in die erstinstanzliche Zuständigkeit der Oberlandesgerichte fallenden Staatsschutzsachen ausübt. Seine Zuständigkeit ist somit einmal bei den im Katalog des § 120 Abs. 1 aufgeführten Delikten gegeben. Diese Straftaten unterliegen zunächst uneingeschränkt der Gerichtsbarkeit des Bundes. Nur wenn der Generalbundesanwalt das Verfahren nach Absatz 2 an eine Landesstaatsanwaltschaft abgibt (hierzu näher Rdn. 7), kommt die Gerichtsbarkeit der Länder zum Zuge. 2

Erstinstanzliche Oberlandesgerichtszuständigkeit und damit **Verfolgungskompetenz des Generalbundesanwalts** kann sich aber auch dann ergeben, wenn an sich die Zuständigkeit des Landgerichts, ggf. auch des Amtsgerichts gegeben ist. Dies ist im Regelungsbereich des § 120 Abs. 2 Satz 1 Nr. 1 bis 3 der Fall, wenn der Generalbundesanwalt von seinem Evokationsrecht (hierzu näher in den Erl. zu § 120, 7ff) Gebrauch macht und wegen der besonderen Bedeutung des Falles[2] die Verfolgung übernimmt. 3

Im Interesse einer notwendigen Konzentration der bei der Bundesanwaltschaft verfügbaren Kapazitäten auf Fälle von entsprechender Bedeutung sehen die Absätze 2 und 4 **Ausnahmen vom Grundsatz des Absatz 1** vor und bestimmen, daß der Generalbundesanwalt unter den dort genannten Voraussetzungen das Verfahren an die Landesstaatsanwaltschaft abgibt. 4

c) Bestimmungsrecht des Generalbundesanwalts (Absatz 1 Satz 2). Besteht mit einer Landesstaatsanwaltschaft Uneinigkeit in der Frage, ob für ein Ermittlungsverfahren von 5

---

[1] Hierzu *Kissel*[3] 2; *Rebmann* 293.

[2] *Schnarr* MDR **1993** 595. Zur Frage der Abgrenzung der Zuständigkeiten in diesen Fällen und der dabei gegebenen gerichtlichen Kontrollmöglichkeiten s. jetzt BGH NStZ **2001** 265ff (für BGHSt bestimmt) und dazu LR-*Franke* § 120, 3; 10a; LR-*Rieß* § 200, 39a; § 207, 32a.

der Zuständigkeit des Oberlandesgerichts nach § 120 Abs. 1 auszugehen ist oder nicht, ist die Beurteilung des Generalbundesanwalts maßgebend. Gleiches gilt bei Meinungsverschiedenheiten darüber, ob im Fall einer Zuständigkeit des Oberlandesgerichts die staatsanwaltschaftlichen Aufgaben von der Bundesanwaltschaft oder der Landesstaatsanwaltschaft wahrzunehmen sind. Dieses in Absatz 1 Satz 2 geregelte Bestimmungsrecht trägt dem Umstand Rechnung, daß dem Generalbundesanwalt gegenüber den Landesstaatsanwaltschaften kein Weisungsrecht zusteht.

6 **d) Ausübung des Amtes der Staatsanwaltschaft.** Die dem Generalbundesanwalt nach Absatz 1 zukommende Ausübung des Amtes der Staatsanwaltschaft umfaßt alle in dem Verfahren zu erfüllenden staatsanwaltschaftlichen Aufgaben. Dazu gehören insbesondere Einleitung und Durchführung des Ermittlungsverfahrens einschließlich der Entscheidung über Einstellung oder Anklageerhebung, die Mitwirkung in der Hauptverhandlung, die Einlegung von Rechtsmitteln und schließlich die Strafvollstreckung (§ 451, 26 StPO) sowie die nach Rechtskraft der Staatsanwaltschaft obliegenden Antrags- und Mitwirkungsaufgaben (vgl. z. B. §§ 365, 462 Abs. 2, 304 Abs. 4 Satz 2 Halbsatz 2 StPO).

2. Abgabe an die Landesstaatsanwaltschaft (Absatz 2)

7 **a) Wirkung der Abgabe.** Die Abgabe an die Landesstaatsanwaltschaft berührt nicht die Zuständigkeit des Oberlandesgerichts nach § 120 Abs. 1. Sie hat lediglich zur Folge, daß die Strafverfolgungsaufgabe vom Generalbundesanwalt auf die Landesstaatsanwaltschaft, d. h. (§ 142 Abs. 1 Nr. 2) auf die Staatsanwaltschaft (Generalstaatsanwalt) bei dem nach § 120 Abs. 1 zuständigen Oberlandesgericht übergeht. Damit endet die Organleihe und das Oberlandesgericht übt nunmehr, da für die Verfolgung der Strafsache im Sinne des § 120 Abs. 6 nicht mehr die Zuständigkeit des Bundes begründet ist, keine „Gerichtsbarkeit des Bundes" nach Art. 96 Abs. 5 GG, sondern Landesgerichtsbarkeit aus. Dies bedeutet auch, daß die Gnadenkompetenz gemäß § 452 Satz 2 StPO dem Land zusteht.

8 Die Abgabe führt weiter dazu, daß die Zuständigkeit des Ermittlungsrichters des Bundesgerichtshofs (§ 169 Abs. 1 Satz 2 StPO) endet und an seine Stelle der **Ermittlungsrichter des Oberlandesgerichts** tritt[3]. Soweit durch Maßnahmen und Entscheidungen der Landesjustizorgane Verfahrenskosten oder Ansprüche von Verfahrensbeteiligten auf Erstattung von Auslagen oder Entschädigung entstehen, entfällt ein Erstattungsanspruch des Landes gegen den Bund gemäß Art. 3 des Gesetzes vom 8. 9. 1969 (BGBl. I S. 1582)[4].

9 **b) Abgabepflicht.** Die Frage der Abgabe oder Nichtabgabe eines Verfahrens ist nicht in das Ermessen des Generalbundesanwalts gestellt, sondern durch zwingende Vorschrift („gibt ab", „eine Abgabe unterbleibt") als Abgabe- oder Nichtabgabeverpflichtung geregelt. Bei der Beurteilung der Voraussetzungen, ob nämlich das Ermittlungsverfahren nur die in Absatz 2 Nr. 1 bezeichneten Straftaten zum Gegenstand hat (und nicht auch andere aus dem Katalog des § 120 Abs. 1 in Betracht kommen)[5] oder ob es sich nach dem Stand der Ermittlungen um eine Sache von minderer Bedeutung handelt (Absatz 2 Nr. 2), besteht allerdings ein Beurteilungsspielraum. Der unbestimmte Rechtsbegriff der minderen Bedeutung gehört dem Prozeßrecht an und ist mit dem materiellrechtlichen Begriff des minder schweren Falles (z. B. § 81 Abs. 2 StGB) nicht identisch[6].

---

[3] Hierzu und zur Beschwerdezuständigkeit vgl. die Erl. zu § 135.

[4] Hierzu näher LR-*Franke* § 120, 19.

[5] Hierzu *Katholnigg*[3] 3.

[6] KK-*Schoreit*[4] 7.

c) **Abgabevoraussetzungen.** Abgaberecht und -pflicht entstehen, wenn der Generalbundesanwalt nach dem Stand der Ermittlungen zu dem Ergebnis kommt, daß die Voraussetzungen des Absatzes 2 gegeben und die Ausnahmetatbestände des Absatzes 3 zu verneinen sind. Diese Voraussetzungen müssen jedoch nicht abschließend geklärt sein[7]. Vielmehr ist eine Abgabe zulässig, wenn nach derzeitigem Ermittlungsstand die Frage der Abgabefähigkeit hinreichend geklärt erscheint, auch wenn die Möglichkeit einer Änderung der Sachlage nicht auszuschließen ist. Für diese Auffassung spricht die Entstehungsgeschichte der Vorschrift. Nach dem Regierungsentwurf sollten die Eingangsworte des Absatzes 2 lauten: „Er gibt das Verfahren zur weiteren Verfolgung an die Landesstaatsanwaltschaft ab ...". Nach der Entwurfsbegründung sollte die Wendung „zur weiteren Verfolgung" verdeutlichen, daß die Abgabe erst erfolge, wenn deren Voraussetzungen abschließend geklärt sind[8]. Die geltende Gesetzesfassung beruht auf den Vorschlägen des Bundesrates[9]; die gegenüber dem Regierungsentwurf geänderte Fassung sollte danach einen „bestimmten Endzeitpunkt für die Abgabe des Verfahrens" zum Ausdruck bringen. Von einer Abgabe im „frühen Ermittlungsstadium", also vor abschließender Klärung, ging auch der BT-Sonderausschuß aus. 10

Unabhängig von Absatz 2 ist ein Verfahren dann an die zuständige Staatsanwaltschaft abzugeben, wenn ein die Zuständigkeit des Generalbundesanwalts begründender **Tatverdacht entfällt** und verbleibende Verdachtsmomente sich auf Straftaten beziehen, für die eine Verfolgungszuständigkeit des Generalbundesanwalts nicht besteht. 11

d) **Abgabezeitpunkt.** Die Abgabe ist nur bis zur Einreichung einer Anklage- oder Antragsschrift nach § 440 StPO möglich. Insoweit ist mit den Worten „vor Einreichung" der Endzeitpunkt einer zulässigen Abgabe bestimmt. Wird die öffentliche Klage vor Eröffnung des Hauptverfahrens in zulässiger Weise[10] zurückgenommen (§ 156 StPO), ist das Verfahren in den Stand vor Einreichung der Anklageschrift zurückversetzt und eine Abgabe an die Landesstaatsanwaltschaft damit wieder möglich. Zur Situation bei Anwendung des § 209 Abs. 2 StPO s. § 209, 45 StPO. 12

e) **Rückübernahme abgegebener Verfahren.** Die Abgabe an die Landesstaatsanwaltschaft ist nicht endgültig und schließt eine Rückübernahme des Ermittlungsverfahrens durch den Generalbundesanwalt nicht aus[11]. Stellt sich bei Fortsetzung des Ermittlungsverfahrens durch die Landesstaatsanwaltschaft heraus, daß – entgegen der auf dem früheren Ermittlungsstand beruhenden Annahme des Generalbundesanwalts – das Verfahren weitere (über § 142a Abs. 2 Nr. 1 hinausgehende) Straftaten i. S. des § 120 Abs. 1 zum Gegenstand hat, daß die Sache nicht von minderer Bedeutung ist (§ 142a Abs. 2 Nr. 2) oder daß die Abgabeausschlußgründe des Absatzes 3 vorliegen, so muß, solange nicht eine Anklage- oder Antragsschrift eingereicht ist, die Landesstaatsanwaltschaft die weitere Verfolgung dem Generalbundesanwalt wieder überlassen und dieser sie wieder übernehmen (vgl. auch Nr. 203 Abs. 2 RiStBV). 13

3. **Abgabeverbot (Absatz 3).** Das Abgabeverbot bezweckt, die Wahrung der in besonderem Maß berührten Bundesinteressen und der Erfordernisse der Rechtseinheit dadurch sicherzustellen, daß die Vertretung der Anklage in der Hauptverhandlung und die Rechtsmittelbefugnisse in der Hand des Generalbundesanwalts verbleiben. Diese 14

---

7 *Katholnigg*[3] 3; *Kissel*[3] 6; KK-*Schoreit*[4] 6; **a. A** *Kleinknecht/Meyer-Goßner*[44] 3.

8 BTDrucks. V 4086 S. 8.

9 BTDrucks. V 4086 S. 13 und Bericht des Sonderausschusses , BTDrucks. V 4269 S. 3.

10 Zur Mißbrauchsproblematik LR-*Rieß*[24] § 156, 8 StPO.

11 *Katholnigg*[3] 3; *Kissel*[3] 6.

Einwirkungsmöglichkeiten würden entfallen, wenn an die Stelle des Generalbundesanwalts die Landesstaatsanwaltschaft treten würde, der gegenüber der Generalbundesanwalt kein Weisungsrecht hat.

15 **4. Keine gerichtliche Nachprüfung.** Ob die Voraussetzungen für eine Abgabe des Verfahrens (Absatz 2), die Rückübernahme eines zunächst abgegebenen Verfahrens oder eines Abgabeverbots nach Absatz 3 gegeben sind, unterliegt ausschließlich der Beurteilung des Generalbundesanwalts. Eine von seiner Bewertung abweichende Beurteilung der Landesstaatsanwaltschaft hat für die Frage der staatsanwaltschaftlichen Zuständigkeit keine Bedeutung (Absatz 1 Satz 2). Eine gerichtliche Nachprüfung findet nicht statt[12]. Bedenken aus dem Grundsatz des gesetzlichen Richters (Art. 101 Abs. 1 Satz 2 GG) ergeben sich nicht, da unmittelbar nur die Frage interner Zuständigkeitsverteilung auf der Ebene der Staatsanwaltschaft und nicht die Gerichtszuständigkeit betroffen ist[13].

5. Rückgabe übernommener Sachen (Absatz 4)

16 **a) Ausübung und Rückgängigmachung der Evokation.** Hat der Generalbundesanwalt in Ausübung der ihm eingeräumten Evokationsbefugnis die Verfolgung einer in die Zuständigkeit der Staatsschutzkammer fallenden Straftat übernommen, so entfällt nach § 74a Abs. 2 die Zuständigkeit des Landgerichts und es beginnt mit der Zuständigkeit des Oberlandesgerichts das Stadium der Gerichtsbarkeit des Bundes. Entsprechendes gilt in den Fällen des § 120 Abs. 2 Nr. 2 und 3. Dieses Stadium endet aber, sobald der Generalbundesanwalt die Evokation rückgängig macht und durch Abgabe nach Absatz 4 die Zuständigkeit der Staatsschutzkammer (§ 74a Abs. 1), im Fall des § 120 Abs. 2 Nr. 2, 3 der Strafkammer bzw. des Amtsgerichts (§§ 24 Abs. 1 Nr. 1, 74 Abs. 1) wieder begründet wird.

17 **b) Bedeutung der Vorschrift.** Absatz 4 regelt, unter welchen Voraussetzungen die Zuständigkeit der Strafkammer bzw. des Amtsgerichts wieder auflebt, indem er – darin besteht die Bedeutung der Bestimmung und ihre Abweichung von § 134a Abs. 2 a. F, der nur eine „Kann"-Vorschrift vorsah – in Wahrung des Grundsatzes des gesetzlichen Richters dem Generalbundesanwalt die Pflicht auferlegt, die Sache an die Landesstaatsanwaltschaft zurückzugeben, wenn eine besondere Bedeutung nicht mehr vorliegt.

18 **c) Einzelfragen.** Die in Absatz 2 vorgesehene zeitliche Beschränkung gilt für die Abgabe nach Absatz 4 auch ohne ausdrückliche Bestimmung entsprechend[14]. Treten nach Einreichung der Anklageschrift Umstände ein, die eine besondere Bedeutung entfallen lassen, verweist das Oberlandesgericht bei der Eröffnung des Hauptverfahrens die Sache gem. § 120 Abs. 2 Satz 2 an das Landgericht, ggf. das Amtsgericht. Ebenso verfährt es, wenn nach seiner Auffassung die vom Generalbundesanwalt bejahte besondere Bedeutung nicht vorliegt.

19 Klagt nach Rückgabe der Sache durch den Generalbundesanwalt die Landesstaatsanwaltschaft bei der Staatsschutzkammer, der Strafkammer oder dem Amtsgericht an, können diese ihre **Zuständigkeit nicht** mit der Begründung **verneinen**, daß der Sache entgegen der Beurteilung des Generalbundesanwalts doch besondere Bedeutung zukomme. Da die Übernahme der Verfolgung durch den Generalbundesanwalt Voraussetzung für die sachliche Zuständigkeit des Oberlandesgerichts ist, liegt ein Fall des

---

[12] KK-*Schoreit*[4] 3, 8 unter Hinweis auf die gerichtliche Prüfung im Rahmen des Eröffnungsverfahrens; *Kleinknecht/Meyer-Goßner*[44] 6.

[13] Hierzu ausführlich *Kissel*[3] 13; auch KK-*Schoreit*[4] 5.

[14] *Kissel*[3] 10; *Kleinknecht/Meyer-Goßner*[44] 5; abweichend KK-*Schoreit*[3] 9.

§ 209 Abs. 2 StPO nicht vor[15]. **Bei veränderter Sachlage** zur Frage der besonderen Bedeutung der Sache ist auch nach vorausgegangener Abgabe nach Absatz 4 eine Rückübernahme durch den Generalbundesanwalt möglich (vgl. auch Nr. 203 Abs. 2 RiStBV)[16].

6. Gestaltung des Ermittlungsverfahrens. Die Staatsanwaltschaften der Länder haben, sobald sie von einer Straftat Kenntnis erhalten, welche die Zuständigkeit des Oberlandesgerichts begründet oder (§ 120 Abs. 2) begründen könnte, dem Generalbundesanwalt Bericht zu erstatten, zugleich aber die Amtshandlungen vorzunehmen, die nicht ohne Gefahr aufgeschoben werden können (Nr. 202, 204 RiStBV). Sie haben also, wenn es auf schleunige Vornahme richterlicher Untersuchungshandlungen ankommt, die erforderlichen Anträge nach Möglichkeit bei dem Ermittlungsrichter des Bundesgerichtshofs, notfalls bei dem zuständigen Richter beim Amtsgericht (§ 162 StPO) zu stellen[17]. 20

Der **Generalbundesanwalt** kann bei seiner Ermittlungstätigkeit neben den allgemeinen Polizeibehörden der Länder auch das Bundeskriminalamt für polizeiliche Strafverfolgungsaufgaben in Anspruch nehmen (§ 4 Abs. 2 Nr. 3 BKAG). Für die Zusammenarbeit mit den Ämtern für Verfassungsschutz und den übrigen Nachrichtendiensten der Bundesrepublik sind in Nrn. 205f RiStBV nähere Regelungen getroffen. Nach Abgabe des Verfahrens an die Landesstaatsanwaltschaft gemäß § 142a Abs. 2 kann das Bundeskriminalamt die polizeilichen Aufgaben auf dem Gebiet der Strafverfolgung wahrnehmen, wenn die zuständige Landesbehörde darum ersucht oder wenn der Bundesminister des Inneren es aus schwerwiegenden Gründen anordnet (§ 4 Abs. 2 Nr. 1, 2 BKAG). Die Vollzugsbeamten des Bundes und der Länder können im ganzen Bundesgebiet Amtshandlungen vornehmen; sie sind insoweit Hilfsbeamte des Generalbundesanwalts oder der zuständigen Landesstaatsanwaltschaft (§ 19 Abs. 1 BKAG; vgl. auch § 152, 44)[18]. 21

§ 143

(1) Die örtliche Zuständigkeit der Beamten der Staatsanwaltschaft wird durch die örtliche Zuständigkeit des Gerichts bestimmt, für das sie bestellt sind.

(2) Ein unzuständiger Beamter der Staatsanwaltschaft hat sich den innerhalb seines Bezirkes vorzunehmenden Amtshandlungen zu unterziehen, bei denen Gefahr im Verzug ist.

(3) Können die Beamten der Staatsanwaltschaft verschiedener Länder sich nicht darüber einigen, wer von ihnen die Verfolgung zu übernehmen hat, so entscheidet der ihnen gemeinsam vorgesetzte Beamte der Staatsanwaltschaft, sonst der Generalbundesanwalt.

(4) Den Beamten einer Staatsanwaltschaft kann für die Bezirke mehrerer Land- oder Oberlandesgerichte die Zuständigkeit für die Verfolgung bestimmter Arten von Strafsachen, die Strafvollstreckung in diesen Sachen, sowie die Bearbeitung von Rechtshilfeersuchen von Stellen außerhalb des räumlichen Geltungsbereichs dieses Gesetzes zugewiesen werden, sofern dies für eine sachdienliche Förderung oder

15 Ebenso *Kissel*³ 10.

16 Ebenso *Katholnigg*³ 5; **a. A** KK-*Schoreit*⁴ 10; *Kissel*³ 11; *Kleinknecht/Meyer-Goßner*⁴⁴ 5.

17 Hierzu näher LR-*Franke* § 120, 12.

18 Hierzu *Schneider* NJW **1997** 2142.

schnellere Erledigung der Verfahren zweckmäßig ist; in diesen Fällen erstreckt sich die örtliche Zuständigkeit der Beamten der Staatsanwaltschaft in den ihnen zugewiesenen Sachen auf alle Gerichte der Bezirke, für die ihnen diese Sachen zugewiesen sind.

(5) [1]Die Landesregierungen werden ermächtigt, durch Rechtsverordnung einer Staatsanwaltschaft für die Bezirke mehrerer Land- oder Oberlandesgerichte die Zuständigkeit für die Strafvollstreckung und die Vollstreckung von Maßregeln der Besserung und Sicherung ganz oder teilweise zuzuweisen, sofern dies für eine sachdienliche Förderung oder schnellere Erledigung der Vollstreckungsverfahren zweckmäßig ist. [2]Die Landesregierungen können die Ermächtigung durch Rechtsverordnung den Landesjustizverwaltungen übertragen.

Schrifttum. *Beitlich* Sind die Schwerpunktstaatsanwaltschaften zur Bekämpfung der Wirtschaftskriminalität ineffektiv und für ihre Aufgaben ungeeignet? wistra **1987** 279; *Hartung* Amtshandlungen der Staatsanwaltschaft außerhalb ihres Bezirks, JR **1925** 1163; *Katholnigg* Die gerichtsverfassungsrechtlichen Änderungen durch das Strafverfahrensänderungsgesetz 1979, NJW **1978** 2375; *Liebl* Schwerpunktstaatsanwaltschaften zur Bekämpfung der Wirtschaftskriminalität, wistra **1987** 13; *Loh* Örtliche Zuständigkeit und Rechtsmittelbefugnis der Staatsanwaltschaft, MDR **1970** 812.

Entstehungsgeschichte. Absatz 3 geht zurück auf Art.1 I Nr. 54 des VereinhG. Absatz 4 wurde eingefügt durch Art. 2 Nr. 12 StVÄG 1979, Absatz 5 durch Art. 14 des Zweiten Gesetzes zur Erleichterung der Verwaltungsreform in den Ländern (2. Zuständigkeitslockerungsgesetz) vom 3. Mai 2000. Bezeichnung bis 1924: § 144.

Übersicht

1. Örtliche Zuständigkeit (Absatz 1)

1 **a) Grundsatz.** Absatz 1 regelt allein die örtliche Zuständigkeit der Staatsanwaltschaft. Die örtliche Zuständigkeit des Gerichts wird dabei vorausgesetzt und nicht etwa durch die Vorschrift begründet[1]. Die örtliche Zuständigkeit der Staatsanwaltschaft richtet sich grundsätzlich nach der örtlichen Zuständigkeit des Gerichts (§§ 7ff StPO), bei dem sie besteht. Dies gilt auch in den Fällen, in denen die örtliche Zuständigkeit des Gerichts auf einer Zuständigkeitskonzentration beruht (§§ 58, 74a, 74c, 74d; zu § 100d Abs. 2 StPO vgl. § 142, 8; vgl. auch § 142, 1).

[1] BGHSt **32** 161.

b) Zuständigkeitsfragen. Nach Nr. 25ff RiStBV ist grundsätzlich die Führung einheitlicher Ermittlungen als **Sammelverfahren** geboten, wenn der Verdacht mehrerer Straftaten besteht, eine Straftat den Bezirk mehrerer Staatsanwaltschaften berührt oder sich ein Zusammenhang mit einer Straftat im Bezirk einer anderen Staatsanwaltschaft ergibt. Die Bearbeitung obliegt dem Staatsanwalt, in dessen Bezirk der **Schwerpunkt des Verfahrens** (hierzu näher Nr. 26 Abs. 2 RiStBV) liegt. Läßt sich ein solcher Schwerpunkt nicht feststellen, so ist zur Führung des Sammelverfahrens der Staatsanwalt zuständig, der zuerst mit der Sache befaßt war (Nr. 26 Abs. 3 RiStBV). Nach Eröffnung der gerichtlichen Untersuchung gilt § 12 Abs. 2 StPO. 2

In den Fällen des § 13a StPO liegt in der **Gerichtsstandbestimmung,** die regelmäßig bereits im Ermittlungsverfahren erfolgt, zugleich die Bestimmung der örtlich zuständigen Staatsanwaltschaft[2]. Geht eine Strafsache von einem Gericht auf ein anderes über (z. B. nach §§ 15, 354 Abs. 2 StPO, 140a GVG), so gehen ohne weiteres auch die staatsanwaltschaftlichen Verrichtungen auf die Staatsanwaltschaft des neuen Gerichts über (zur Vollstreckungszuständigkeit vgl. aber § 451 Abs. 3 StPO). 3

Eine im Ermittlungsverfahren zunächst mit der Sache befaßte **örtlich unzuständige Staatsanwaltschaft** gibt das Verfahren formlos an die zuständige ab. Bei mehrfacher örtlicher Zuständigkeit (§ 12 Abs. 1 StPO) erfolgt eine Einigung unter den beteiligten Staatsanwaltschaften formlos nach Zweckmäßigkeitsgesichtspunkten. Zur Verfahrensweise bei Meinungsverschiedenheiten unten Rdn. 8. 4

c) Keine Bindung an Bezirksgrenzen. Der örtlich zuständige Staatsanwalt ist bei der Ausübung seiner Amtsverrichtungen nicht an seinen Bezirk oder die Grenzen seines Bundeslandes gebunden. Er kann innerhalb des gesamten Bundesgebiets die Amtshandlungen vornehmen, die ihm zur Verfolgung notwendig erscheinen[3]. 5

2. Notzuständigkeit (Absatz 2)

a) Bedeutung der Vorschrift. Absatz 2 hat nach der Stellung der Vorschrift den örtlich unzuständigen Staatsanwalt im Auge, gilt jedoch entsprechend auch bei sachlicher Unzuständigkeit. So hat z. B. bei Gefahr im Verzug die landgerichtliche Staatsanwaltschaft auch Durchsuchungen und Beschlagnahmen in Sachen anzuordnen, in denen nach §§ 120, 142a Abs. 1 der Generalbundesanwalt zuständig ist[4] (hierzu näher Nr. 202 Abs. 3 RiStBV). Im allgemeinen wird sich der sachlich unzuständige Staatsanwalt aber auf die Verständigung der zuständigen Staatsanwaltschaft und, soweit richterliche Maßnahmen alsbald geboten erscheinen, auf deren Beantragung beschränken. 6

b) Begriff der Amtshandlung. Die vorzunehmenden Amtshandlungen umfassen alle Maßnahmen, die auch dem zuständigen Staatsanwalt obliegen. Dazu gehören insbesondere auch die Anträge, die nach § 162 StPO beim Ermittlungsrichter zu stellen sind, falls es auf schleunige Vornahme einer richterlichen Untersuchungshandlung ankommt[5]. Theoretisch gehört dazu auch die Wahrnehmung der Aufgaben des Staatsanwalts in der Hauptverhandlung[6], doch dürfte insoweit ein Anwendungsfall mit Gefahr im Verzug kaum praktisch werden. 7

---

[2] BGHSt **18** 19; *Kissel*[3] 3.

[3] *Kissel*[3] 4; *Kleinknecht/Meyer-Goßner*[44] 1; KK-*Schoreit*[4] 2; *Loh* MDR **1970** 812.

[4] *Kissel*[3] 5; *Kleinknecht/Meyer-Goßner*[44] 2.

[5] OLG Hamburg *Alsb.* E **1** Nr. 265.

[6] Hierzu RGSt **73** 86.

3. Zuständigkeitsstreit (Absatz 3)

8 **a) Staatsanwaltschaften verschiedener Länder.** Bei einem Zuständigkeitsstreit zwischen Staatsanwälten verschiedener Bundesländer könnte es einen „ihnen gemeinsam vorgesetzten Beamten" nur geben, wenn Teile dieser Länder zu einem Landgerichtsbezirk oder einem Oberlandesgerichtsbezirk vereinigt und demzufolge einem vorgesetzten Beamten der Staatsanwaltschaft Staatsanwälte verschiedener Länder unterstellt wären. Im praktischen Regelfall, in dem es bei einem Zuständigkeitsstreit zwischen Staatsanwaltschaften verschiedener Länder einen gemeinsamen Vorgesetzten nicht gibt, entscheidet der Generalbundesanwalt. Seine Anrufung wird aber erst geboten sein, wenn auch zwischen den betroffenen Generalstaatsanwälten der beteiligten Länder eine Einigung nicht zustande kommt (§ 12, 37 StPO; vgl. auch Nr. 27 Abs. 3 RiStBV). Zu häufiger auftretenden Zuständigkeitsfragen gibt es typisierte Regelungen in gemeinsamen Zuständigkeitsvereinbarungen aller Generalstaatsanwälte. Bis zu einer klärenden Entscheidungen wird bei einem positiven Zuständigkeitsstreit der zeitlich später mit der Sache befaßte Staatsanwalt dem zuerst damit befaßten die Sachbehandlung einstweilen zu überlassen haben. Bei einem negativen Zuständigkeitsstreit obliegt eine notwendige Sachbearbeitung dem Staatsanwalt, der zuerst mit der Sache befaßt war; für den zeitlich später mit der Sache konfrontierten Staatsanwalt ist Absatz 2 maßgebend.

9 **b) Innerhalb eines Bundeslandes.** Der Zuständigkeitsstreit zwischen Staatsanwälten bzw. Staatsanwaltschaften eines Bundeslandes ist in § 143 nicht geregelt. Hier ergibt sich schon aus § 147, daß die Entscheidung dem gemeinsam vorgesetzten Beamten (Behördenleiter, Generalstaatsanwalt) und im übrigen (Staatsanwaltschaften verschiedener Oberlandesgerichtsbezirke) der Landesjustizverwaltung zusteht[7].

10 **4. Folgen örtlicher Unzuständigkeit.** Maßnahmen eines nach dem Gesetz örtlich unzuständigen Staatsanwalts – zur Notzuständigkeit nach Absatz 2 oben Rdn. 6 – sind nicht von vornherein und generell unwirksam[8]. Nach allgemeinen Verfahrensgrundsätzen ist die Rechtswirksamkeit einer von einem örtlich unzuständigen Gericht getroffenen Entscheidung grundsätzlich nicht in Frage gestellt[9]. Unter Heranziehen der für die gerichtliche Zuständigkeit geltenden Grundsätze ist deshalb davon auszugehen, daß Prozeßhandlungen – etwa eine Anklageerhebung – eines örtlich unzuständigen Staatsanwalts nur bei willkürlicher oder offensichtlich unvertretbarer Annahme der Zuständigkeit unwirksam sind[10]. Bei trotz örtlicher Unzuständigkeit vorgenommenen Ermittlungshandlungen – z. B. Zeugenvernehmung – wird sich nicht die Frage der Wirksamkeit, sondern der Verwertbarkeit der gewonnenen Ermittlungsergebnisse stellen. Auch für die Beantwortung dieser Frage werden die erwähnten Grundsätze heranzuziehen sein. Die Vertretung der Staatsanwaltschaft in der Hauptverhandlung durch einen örtlich unzuständigen Staatsanwalt begründet – anders als bei sachlicher Unzuständigkeit[11] – keinen absoluten Revisionsgrund[12].

---

7 *Kissel*[3] 7; *Kleinknecht/Meyer-Goßner*[44] 3; Bedenken gegen die Zuständigkeit der LJV bei *Katholnigg*[3] 3.

8 So nunmehr auch *Kissel*[3] 6.

9 BGHSt **11** 288.

10 OLG Düsseldorf JMBlNW **1996** 260; *Kleinknecht/Meyer-Goßner*[44] 2a; zu Einzelfragen der Rechtsmittelbefugnis *Loh* MDR **1970** 812; **a. A** LR-*Rieß* § 207, 60a StPO mit weit. Nachw.

11 KK-*Kuckein*[4] § 338 StPO, 72.

12 RGSt **73** 86; *Katholnigg*[3] 1; *Kissel*[3] 6.

5. Zweck und Bedeutung des Absatzes 4

a) Allgemeine Rechtslage. Die Möglichkeit einer örtlichen Konzentration bestimmter Arten von Strafsachen bei einer Staatsanwaltschaft zur überbezirklichen Verfolgung bestand in gewissem Umfang schon immer. So kann für Ermittlungsverfahren, die den Bezirk mehrerer Staatsanwaltschaften berühren, eine Schwerpunktstaatsanwaltschaft bestimmt werden, von der die Ermittlungen einheitlich als Sammelverfahren geführt werden (oben Rdn. 2). Der Generalstaatsanwalt kann aufgrund seines Devolutions- bzw. Substitutionsrechts (§ 145 Abs. 1) Schwerpunktaufgaben an sich ziehen oder die Staatsanwälte einer mit überbezirklichen Schwerpunktaufgaben betrauten Staatsanwaltschaft mit der Wahrnehmung der staatsanwaltschaftlichen Aufgaben auch vor einem nicht ihrem Landgerichtsbezirk angehörenden Gericht innerhalb des Oberlandesgerichtsbezirks beauftragen (hierzu auch § 145, 9). Die oberste Landesjustizbehörde kann kraft ihres Leitungsrechts (§ 147 Nr. 2) und der vom Grundsatz der Einheit der Staatsanwaltschaft geprägten Organisationsgewalt anordnen, daß ein Staatsanwalt für bestimmte Gruppen von Strafsachen die Verrichtungen der Staatsanwaltschaft auch bei Gerichten außerhalb des Bezirks seiner Staatsanwaltschaft wahrnimmt (vgl. § 142, 9). 11

Um **Schwerpunktstaatsanwaltschaften** mit Verfolgungszuständigkeit für mehrere Oberlandesgerichtsbezirke eines Landes zu schaffen, wurde auch teilweise der Weg beschritten, daß in bestimmten Kriminalitätsbereichen jeweils im Einzelfall die beteiligten Generalstaatsanwälte mit Einverständnis der obersten Landesjustizbehörde aufgrund einer Vereinbarung von ihrem Recht zur Ersetzung des an sich zuständigen Staatsanwalts Gebrauch machten und einen Staatsanwalt eines anderen Oberlandesgerichtsbezirks mit der Strafverfolgung beauftragten[13]. 12

b) Zielsetzung des Absatzes 4. Nach dem Vorbild der gerichtlichen Zuständigkeitskonzentrationen und unter den für diese vorgeschriebenen Voraussetzungen – sachdienliche Förderung oder schnellere Erledigung der Verfahren (§§ 58, 74c Abs. 3, 74d) – sollte vor allem eine eindeutige Rechtsgrundlage für eine generelle staatsanwaltschaftliche Zuständigkeitskonzentration in Form der Bildung von Schwerpunktstaatsanwaltschaften geschaffen werden, die für die Bezirke mehrerer Land- oder Oberlandesgerichte eines Landes zur Verfolgung bestimmter Arten von Strafsachen und zur Strafvollstreckung in diesen Sachen zuständig sind[14]. 13

Daneben sollte aber auch die Möglichkeit gegeben werden, die Zuständigkeit der Staatsanwaltschaft bei dem Landgericht, bei dem die Staatsschutzkammer besteht, **zur Verfolgung der in § 74a bezeichneten Straftaten** auch dann aufrechtzuerhalten, wenn die Zuständigkeit der Staatsschutzkammer zugunsten eines bei einem anderen Landgericht bestehenden Spruchkörpers entfällt (vgl. § 74e)[15]. Auch in solchen Fällen des Untergangs der Zuständigkeit der Staatsschutzstrafkammer kann somit – generell oder im Einzelfall – eine Zuweisung an die mit der Sache vertraute Staatsanwaltschaft nach Absatz 4 erfolgen[16]. 14

c) Wirkung der Zuweisung. Die Wirkung einer solchen Zuständigkeitszuweisung besteht nach Absatz 4 letzter Halbsatz darin, daß sich die örtliche Zuständigkeit der Beamten der Staatsanwaltschaft in den ihnen zugewiesenen Sachen auf alle Gerichte der Bezirke erstreckt, für welche die Zuweisung erfolgt ist. Die Zuweisung der Zuständigkeit der Strafverfolgung soll also, wie in den Gesetzesmaterialien ausdrücklich hervor- 15

13 Z. B. AV des JuM Nds. Vom 28. 7. 1971, NdsRpfl. **1972** 182.

14 BTDrucks. **8** 1844 S. 34.

15 *Katholnigg*[3] 4; *Kleinknecht/Meyer-Goßner*[44] 8.

16 BTDrucks. **8** 1844 S. 34.

gehoben[17], auch das Recht zur Erhebung der Anklage bei den Gerichten des insoweit erweiterten Bezirks sowie zur Vertretung der Anklage in der Hauptverhandlung umfassen. Eingeschlossen sind auch die hinsichtlich möglicher Rechtsmittel bzw. eines Wiederaufnahmeverfahrens sich ergebenden Kompetenzen[18].

16 Ob die Zuweisung nach Absatz 4 die **ausschließliche örtliche Zuständigkeit** der überbezirklichen Staatsanwaltschaft zur Folge hat[19] oder ob die allgemeine Zuständigkeit nach Absatz 1 – zusätzlich – fortbesteht[20], wird kontrovers beurteilt. Eine gesetzgeberische Absicht, in solchen Zuweisungsfällen die „Regelzuständigkeit" entfallen zu lassen, läßt sich weder dem Gesetz noch den Gesetzesmaterialien entnehmen. Das Anliegen des Gesetzgebers, staatsanwaltschaftliches Spezialwissen möglichst effektiv nutzbar zu machen, spricht eher für eine Zuständigkeitserweiterung. Praktischen Kollisionsproblemen kann durch entsprechende Organisationsregelungen zur Zuständigkeitsausübung begegnet werden[21].

17 **d) Rechtshilfeersuchen.** Nach § 58 Abs. 1 kann die den Amtsgerichten obliegende Bearbeitung von Rechtshilfeersuchen in strafrechtlichen Angelegenheiten, die von Stellen außerhalb des räumlichen Geltungsbereichs des GVG ausgehen, einem Amtsgericht für die Bezirke mehrerer Amtsgerichte zugewiesen werden (dazu § 58, 10). Absatz 4 ermöglicht eine entsprechende Zuständigkeitskonzentration für den Verantwortungsbereich der Staatsanwaltschaft. Die damit mögliche Konzentration von Spezialwissen ist wegen der gerade in Rechtshilfeangelegenheiten auftretenden formalen Besonderheiten und Spezialfragen von Bedeutung. So ist z. B. die Zuständigkeit der Landgerichte für die über eine Vollstreckbarkeit ausländischer Straferkenntnisse zu treffenden Entscheidungen (Exequaturentscheidungen[22]) und damit die Mitwirkungszuständigkeit aller landgerichtlichen Staatsanwaltschaften nicht unproblematisch, weil die Besonderheiten und die Kompliziertheit des Vollstreckungshilfeverfahrens in besonderem Maße Spezialwissen und einschlägige Erfahrung erforderlich machen[23]. Hier auftretenden praktischen Problemen läßt sich ggf. durch eine Ausübung der Konzentrationsermächtigung nach Absatz 4 begegnen.

18 Für **Auslieferungssachen**, bei denen die Staatsanwaltschaft beim Oberlandesgericht die gerichtliche Entscheidung über die Zulässigkeit der Auslieferung vorzubereiten und eine bewilligte Auslieferung durchzuführen hat, kommt eine Konzentration der örtlichen Zuständigkeit für den Bereich mehrerer Oberlandesgerichte nicht in Betracht. Hier ist die gerichtliche Entscheidungszuständigkeit wegen der spezifischen Schwierigkeit und im Hinblick auf die Bedeutung von Auslieferungsangelegenheiten bei den Oberlandesgerichten konzentriert worden (§ 13 Abs. 1 IRG). Die Mitwirkungszuständigkeit der dem örtlich zuständigen Oberlandesgericht (§ 14 IRG) zugeordneten Generalstaatsanwaltschaft (§§ 13 Abs. 2, 14 IRG) ist wegen der besonderen Eilbedürftigkeit von Auslieferungsverfahren und der daraus erwachsenden Notwendigkeit rascher und reibungsloser Zusammenarbeit von Staatsanwaltschaft und Gericht[24] unter dem Gesichtspunkt der Ortsnähe unabdingbar.

---

[17] BTDrucks. **8** 976 S. 68 und 1844 S. 34.

[18] *Kissel*³ 9; KK-*Schoreit*⁴ 7.

[19] So *Katholnigg*³ 4, *Kissel*³ 9.

[20] H. M, OLG Zweibrücken NStZ **1984** 233 mit Anm. *Schoreit*⁴; *Kleinknecht/Meyer-Goßner*⁴⁴ 6; KK-*Schoreit*⁴ 7.

[21] OLG Zweibrücken NStZ **1984** 233.

[22] *Schomburg/Lagodny*³ Vor § 48, 2 IRG.

[23] *Schomburg/Lagodny*³ § 50, 2f IRG.

[24] *Schomburg-Lagodny*³ § 13, 17 IRG.

6. Formelle Fragen. Die Form der Zuweisung nach Absatz 4 richtet sich nach Landesrecht[25]. Ein Gesetzesvorbehalt wie für Maßnahmen, die eine Änderung der gerichtlichen Zuständigkeit zur Folge haben[26], besteht für die allein die örtliche Zuständigkeit der Staatsanwaltschaft betreffende Organisationsanordnung nicht[27]. Zuständig für staatsanwaltschaftliche Konzentrationszuweisungen innerhalb des Bezirks eines Oberlandesgerichts ist der Generalstaatsanwalt, im übrigen die Landesjustizverwaltung[28]. Möglich ist auch die Bildung von Schwerpunktstaatsanwaltschaften mit örtlicher Zuständigkeit über ein Land hinaus[29]. Hierzu bedarf es jedoch im Hinblick auf die Justizhoheit der beteiligten Länder einer entsprechenden Vereinbarung. 19

7. Absatz 5. Mit dem durch das 2. Zuständigkeitslockerungsgesetz vom 3. Mai 2000 (BGBl. I S. 632) neu geschaffenen Absatz 5, der auf einen über den Bundesrat aufgegriffenen Gesetzesantrag des Landes Hessen zurückgeht, soll den Ländern die Möglichkeit gegeben werden, über die nach Absatz 4 bestehenden Möglichkeiten hinaus zur Optimierung der Verfahrensabläufe eine Zuständigkeitskonzentration bei den Staatsanwaltschaften am Sitz der Strafvollstreckungskammern einzuführen und ihnen jeweils für den Zuständigkeitsbereich der Strafvollstreckungskammern (vgl. hierzu die Erl. zu § 462a StPO) die Aufgaben der Vollstreckungsbehörde zuzuweisen[30]. Der weit gefaßte Gesetzeswortlaut geht allerdings über diese Zielsetzung hinaus und ermöglicht auch weitergehende Zuständigkeitskonzentrationen, die sich nicht auf die Vollstreckungsbehörde am Sitz der Strafvollstreckungskammer beschränken müssen und z. B. auch die Geldstrafenvollstreckung umfassen können. Mit der gesetzgeberischen Zielsetzung werden Reformvorschläge aufgegriffen, die im Interesse der Verfahrensbeschleunigung als Gegenstück zur Strafvollstreckungskammer eine entsprechende zentrale Vollstreckungsstaatsanwaltschaft empfehlen[31]. Der Gesetzgeber hatte von einer solchen korrespondierenden Zuständigkeitskonzentration bei den Staatsanwaltschaften unter Hinweis auf die Bedeutung des in der Verfahrensbearbeitung gewonnenen Erfahrungswissens der „Tatstaatsanwaltschaft" für die Prognose und Entscheidungsfindung der Strafvollstreckungskammern bisher mit Recht abgesehen[32]. Auf diesen gegenläufigen Gesichtspunkt hat auch die Bundesregierung in ihrer zu dem Gesetzesvorschlag abgegebenen Gegenäußerung ausdrücklich hingewiesen[33]. Solche Praktikabilitätserwägungen sollten bei der Frage, ob und inwieweit von der nunmehr eingeräumten Konzentrationsermächtigung Gebrauch gemacht wird, Beachtung finden. Zu Möglichkeiten eines Übergangs der Zuständigkeit auf die örtliche Vollstreckungsbehörde im Einzelfall vgl. § 451 Abs. 3 StPO und § 162. 20

8. Reformvorschläge. Zu Änderungsvorschlägen im Referentenentwurf StÄG 1976 vgl. Vor § 141, 27 und 23. Auflage 8ff. 21

---

25 *Katholnigg*[3] 4 und NJW **1978** 2379.

26 BVerfGE **24** 155.

27 *Kissel*[3] 10; *Kleinknecht/Meyer-Goßner*[44] 4; KK-*Schoreit*[4] 7.

28 *Kissel*[3] 10.

29 So auch *Katholnigg*[3] 4; **a. A** *Kissel*[3] 8; KK-*Schoreit*[4] 6.

30 BTDrucks. **14** 640 S. 11.

31 LR-*Wendisch* § 452, 72 StPO mit weit. Nachw.

32 Hierzu KK-*Fischer* § 452, 25 StPO.

33 BTDrucks. **14** 640 S. 15.

§ 144

Besteht die Staatsanwaltschaft eines Gerichts aus mehreren Beamten, so handeln die dem ersten Beamten beigeordneten Personen als dessen Vertreter; sie sind, wenn sie für ihn auftreten, zu allen Amtsverrichtungen desselben ohne den Nachweis eines besonderen Auftrags berechtigt.

Bezeichnung bis 1924: § 145

1 **1. Hierarchische Struktur.** Nach § 144 ist die Staatsanwaltschaft monokratisch (hierarchisch) organisiert. Die behördlichen Befugnisse stehen dem Leiter der Behörde zu, der seine Mitarbeiter im Wege der Delegation von Aufgaben als seine Vertreter einsetzt. Die Kollegialverfassung ist der Einrichtung der weisungsgebundenen Staatsanwaltschaft ihrem Wesen nach fremd.

2 **2. Handeln als Vertreter.** Die Amtshandlungen der dem Behördenleiter zugewiesenen Beamten werden rechtlich als Handlungen des ersten Beamten angesehen, wobei die Wirksamkeit der Amtshandlung nach außen davon unabhängig ist, ob sie den für den inneren Dienst der Staatsanwaltschaft getroffenen Anordnungen, etwa über die Zeichnungsbefugnisse, entspricht[1]. So sind z. B. die vom Sitzungsvertreter in der Hauptverhandlung erklärte Zustimmung zur Verfahrenseinstellung nach §§ 153 Abs. 2, 153a Abs. 2 StPO oder ein Rechtsmittelverzicht auch dann wirksam, wenn die Erklärung entgegen einer ausdrücklichen Weisung des Behördenleiters abgegeben wird[2].

3 **3. Geschäftsverteilung.** Die Verteilung der dienstlichen Aufgaben erfolgt in einem für jedes Geschäftsjahr aufzustellenden Geschäftsverteilungsplan (hierzu § 142, 22). Dieser hat nur interne Bedeutung und kann vom Behördenleiter bei sachlichem Bedarf jederzeit geändert werden. Ein Recht des Staatsanwalts auf einen bestimmten Aufgabenbereich gibt es nicht[3].

4 **4. Zeichnungsbefugnisse.** Die Zeichnungsbefugnisse der Beamten der Staatsanwaltschaft sind in den OrgStA-Anordnungen der Länder (§ 142, 20) im wesentlichen inhaltsgleich geregelt. Der hierarchischen Organisationsstruktur entsprechend kann sich der Leiter der Staatsanwaltschaft generell die Zeichnung von Verfügungen oder Schreiben vorbehalten. Einer zu weitgehenden Ausübung solcher Zeichnungsvorbehalte sind schon durch die tatsächlichen Möglichkeiten Grenzen gesetzt.

5 Die **Regelung im OrgStA** sieht im übrigen vor, daß bestimmte Verfügungen oder Schreiben (etwa Berichte an die übergeordneten Behörden, Schriftwechsel mit ausländischen Stellen, bei Gnadenentscheidungen sowie in Angelegenheiten der Dienstaufsicht) vom Behördenleiter gezeichnet werden. Dieser kann einzelne Zeichnungsbefugnisse seinem ständigen Vertreter oder einem Abteilungsleiter übertragen. Zu den Zeichnungsbefugnissen des Leiters einer staatsanwaltschaftlichen Zweigstelle vgl. § 141, 6. Im OrgStA geregelt sind ferner der Umfang der Gegenzeichnung von Verfügungen der Dezernenten durch den Abteilungsleiter sowie Einschränkungen der Zeichnungsbefugnis von Dezernenten während einer Einarbeitungszeit.

---

[1] BayObLG JR **1962** 467 mit zust. Anm. *Dünnebier.*

[2] BGHSt **19** 377, 382.

[3] Hierzu näher *Kissel*[3] 9.

Im Schriftverkehr führen die Beamten der Staatsanwaltschaft die Bezeichnung der Staatsanwaltschaft (§ 141, 5) und zeichnen mit Namen und Amtsbezeichnung. Dies entspricht ihrer eigenständigen Funktion im Strafverfahren. Bei nicht auf der StPO und anderen Verfahrensgesetzen beruhenden Entschließungen dagegen – vor allem in Justizverwaltungs- und Gnadensachen – erfolgt die Zeichnung ausdrücklich im Namen des Behördenleiters. Beamte, denen solche Angelegenheiten zur selbständigen Erledigung übertragen sind, zeichnen mit dem Zusatz „Im Auftrag", Vertreter des Behördenleiters mit dem Zusatz „In Vertretung". 6

5. Reformvorschläge. Zu Inhalt und Bedeutung von Änderungsvorschlägen im Referentenentwurf StAÄG 1976 vgl. Vor § 141, 27 und 23. Auflage 4ff[4]. 7

§ 145

(1) Die ersten Beamten der Staatsanwaltschaft bei den Oberlandesgerichten und den Landgerichten sind befugt, bei allen Gerichten ihres Bezirks die Amtsverrichtungen der Staatsanwaltschaft selbst zu übernehmen oder mit ihrer Wahrnehmung einen anderen als den zunächst zuständigen Beamten zu beauftragen.

(2) Amtsanwälte können das Amt der Staatsanwaltschaft nur bei den Amtsgerichten versehen.

Entstehungsgeschichte. Absatz 2 hatte in der ursprünglichen Gesetzesfassung folgenden Wortlaut:

Amtsanwälte können das Amt der Staatsanwaltschaft nur bei den Amtsgerichten und den Schöffengerichten versehen.

Durch Art. 1 I Nr. 55 des VereinhG wurden die Worte „und den Schöffengerichten" gestrichen. Eine sachliche Änderung war hiermit nicht verbunden. Bezeichnung bis 1924: § 146.

Übersicht

[4] Hierzu auch *Kissel*[3] 10.

1. Ersetzungsbefugnisse (Absatz 1)

1 **a) Befugnisse der Leiter der Staatsanwaltschaft.** Das in Absatz 1 geregelte Recht der Leiter der Staatsanwaltschaft, Amtsverrichtung selbst zu übernehmen (Devolutionsrecht) oder einen anderen als den zunächst zuständigen Staatsanwalt damit zu beauftragen (Substitutionsrecht), beruht auf dem Prinzip der Einheit der Staatsanwaltschaft (§ 142, 2). Danach kann – mit der in Absatz 2 bestimmten Einschränkung – innerhalb desselben Oberlandesgerichts- oder Landgerichtsbezirks jeder dem Bezirk angehörige Staatsanwalt kraft Auftrags die staatsanwaltschaftlichen Geschäfte bei jedem Gericht des Bezirks versehen.

2 Dem **Generalbundesanwalt** stehen die Befugnisse des Absatz 1 für seinen Geschäftsbereich zu. Er hat keine Ersetzungsbefugnisse gegenüber den Landesstaatsanwaltschaften[1].

3 **b) Befugnisse der Landesjustizverwaltung.** § 145 spricht nur von den ersten Beamten der Staatsanwaltschaft des Landgerichts und des Oberlandesgerichts. Die übergeordneten Zentralbehörden haben im Hinblick auf § 142, der die Ausübung staatsanwaltschaftlicher Funktion abschließend regelt, **kein Devolutionsrecht**[2]. Sie können also z. B. nicht selbst Rechtsmittel einlegen, sondern nur gemäß §§ 146, 147 die Staatsanwaltschaft anweisen, Rechtsmittel einzulegen. Dagegen steht ihnen kraft ihres Leitungsrechts (§ 147) und angesichts des Grundsatzes der Einheit der Staatsanwaltschaft ein **Substitutionsrecht** zu[3].

4 **c) Substitution.** Das Substitutionsrecht beschränkt sich nicht auf ein einzelnes Dienstgeschäft oder Verfahren, sondern kann – von Bedeutung vor allem für die Substitutionsbefugnis des Generalstaatsanwalts und der Landesjustizverwaltung – auch für bestimmte Gruppen von Strafsachen ausgeübt werden[4].

5 Der Generalstaatsanwalt und die Landesjustizverwaltung können als übergeordnete Stellen im Wege der Substitution auch die ersten Beamten der Staatsanwaltschaft und damit (§ 144) **die Behörde insgesamt** beauftragen[5]. Die formal auf den Gesetzeswortlaut abstellende Auffassung, im Wege der Substitution nach Absatz 1 könne nur ein bestimmter Staatsanwalt persönlich beauftragt werden[6], wird weder dem am Grundsatz der Einheit der Staatsanwaltschaft orientierten und deshalb weit auszulegenden Gesetz noch praktischen Bedürfnissen gerecht[7].

6 Wird in einem Verfahren ein Staatsanwalt einer anderen als der örtlich zuständigen Staatsanwaltschaft gemäß § 145 Abs. 1 beauftragt, für dieses Verfahren Amtsverrichtungen der Staatsanwaltschaft vorzunehmen, hat diese **Substitution** die **Wirkung**, daß der Staatsanwalt, solange und soweit es die Ausführung des Auftrags erfordert, als der örtlich zuständigen Staatsanwaltschaft zugehörig anzusehen ist[8]. Wird ein entsprechender Auftrag dem Leiter einer anderen Staatsanwaltschaft zur Ausführung durch seine Behörde erteilt, wird diese Staatsanwaltschaft hierdurch für die Ausführung der vom Auftrag umfaßten staatsanwaltschaftlichen Verrichtungen zuständig.

---

[1] *Kissel*[3] 1; *Kleinknecht/Meyer-Goßner*[44] 4; KK-*Schoreit*[4] 5.

[2] *Kissel*[3] 2; KK-*Schoreit*[4] 2.

[3] *Kissel*[3] 2; *Kleinknecht/Meyer-Goßner*[44] 2; KK-*Schoreit*[4] 3; KMR-*Paulus* 4; **a. A** *Katholnigg*[3] 2.

[4] *Kissel*[3] 2; *Kleinknecht/Meyer-Goßner*[44] 2; KK-*Schoreit*[4] 3.

[5] BGH NStZ **1998** 309; *Jung* Justiz **1977** 222; im Ergebnis ebenso *Katholnigg*[3] 3; **a. A** OLG Stuttgart Justiz **1977** 222.

[6] OLG Stuttgart Justiz **1977** 222.

[7] Im einzelnen BGH NStZ **1998** 309.

[8] BGH NStZ **1995** 204; RGSt **44** 75; *Eb. Schmidt* 9.

d) Ausübung der Ersetzungsbefugnisse. Diese Befugnisse kann nach Wortlaut und Sinn der Vorschrift nur der Leiter der Staatsanwaltschaft ausüben. Ist er verhindert, übt sie sein Vertreter im Amt aus; dagegen steht dieses Recht nicht auch den übrigen Staatsanwälten der Behörde zu, die nach § 144 kraft Gesetzes als seine Vertreter handeln. 7

Übernimmt der **Generalstaatsanwalt** im Wege der **Devolution** Amtsverrichtungen einer nachgeordneten Staatsanwaltschaft seines Bezirks, so kann er die fraglichen Aufgaben selbstverständlich durch die ihm „beigeordneten Personen" ausführen lassen. Auch hier ist der Gesetzeswortlaut nicht streng wörtlich, sondern im Lichte der Gesamtregelung (§ 144) weit auszulegen. Das Wort „selbst" bezieht sich nur auf den Gegensatz zwischen den verschiedenen Behörden und meint nicht eine persönliche Ausführung durch den die Aufgaben an sich ziehenden ersten Beamten. 8

e) Begrenzung auf den Bezirk. Die Ersetzungsbefugnisse des § 145 Abs. 1 sind auf den jeweiligen Zuständigkeitsbereich und damit den Landgerichtsbezirk bei der landgerichtlichen Staatsanwaltschaft, den Oberlandesgerichtsbezirk bei der Generalstaatsanwaltschaft, das Land bei der Landesjustizverwaltung begrenzt. Es kann somit bei sachlichem Bedarf der Generalstaatsanwalt seine Ersetzungsbefugnisse bezüglich aller Staatsanwaltschaften im Bezirk seines Oberlandesgerichts ausüben und insoweit auf alle dort tätigen Staatsanwälte zurückgreifen. Führt eine Strafkammer des Landgerichts A eine Hauptverhandlung im Bezirk des Landgerichts B durch, so können weder der Leitende Oberstaatsanwalt von A noch der von B (auch nicht beide gemeinsam) einen der Staatsanwaltschaft B angehörenden Staatsanwalt zum Sitzungsvertreter bestimmen. Nur der Generalstaatsanwalt, wenn beide Gerichte demselben Oberlandesgerichtsbezirk angehören, bei Zugehörigkeit zu verschiedenen Oberlandesgerichtsbezirken desselben Landes nur die Landesjustizverwaltung können eine solche Beauftragung vornehmen[9]. 9

f) Inhalt und Zeitpunkt der Ausübung. Die Ausübung der Befugnisse des § 145 Abs. 1 ist inhaltlich nicht beschränkt und kann alle staatsanwaltschaftlichen Verrichtungen betreffen, so insbesondere das Einlegen von Rechtsmitteln oder die Rücknahme von Anträgen oder Erklärungen (vgl. etwa zur Rücknahme der Revision durch den Generalstaatsanwalt Nr. 168 RiStBV)[10]. Auch besteht keine zeitliche Beschränkung. Die Ersetzungsbefugnisse können in jeder Lage des Verfahrens, auch noch im Verlauf einer Hauptverhandlung ausgeübt werden[11]. 10

g) Form der Ausübung. Soweit durch Devolution und Substitution die örtliche Zuständigkeit der Staatsanwaltschaft (§ 143) verändert und etwa der Leiter einer an sich örtlich unzuständigen oder ein der örtlich zuständigen Staatsanwaltschaft nicht angehörender Staatsanwalt beauftragt werden (oben Rdn. 6), muß dies dem Gericht gegenüber nachgewiesen und aktenkundig gemacht werden[12]. Auch bei Ersetzungen innerhalb der örtlich zuständigen Staatsanwaltschaft wird man eine schriftliche Fixierung der Maßnahme nach Absatz 1 aus Gründen der Rechtsklarheit fordern müssen. In diesem Fall gehören die entsprechenden Anordnungen als rein staatsanwaltsinterne Maßnahmen jedoch in die Handakten[13]. 11

h) Keine gerichtliche Nachprüfung. Das Recht der Devolution und Substitution ist in § 145 allein im Interesse einer sachgerechten und ordnungsgemäßen Durchführung der 12

[9] RGSt **73** 86.

[10] Zur Verfahrenseinstellung im Wege der Devolution durch den Generalstaatsanwalt im Klageerzwingungsverfahren vgl. OLG Bamberg NStZ **1989** 544.

[11] *Kissel*[3] 5.

[12] *Katholnigg*[3] 3; *Kissel*[3] 5.

[13] Erl. zu § 199 StPO (24. Aufl. Rdn. 22); *Kleinknecht* FS Dreher 721,724; **a. A** *Barton* FS StA SchlH 335, 337; *Peters* 166.

staatsanwaltschaftlichen Tätigkeit, im Interesse der Allgemeinheit also, eingeräumt. Die Vorschrift begründet daher kein Recht eines vom Verfahren Betroffenen auf eine bestimmte Ausübung oder Nichtausübung der Ersetzungsbefugnis. Eine gerichtliche Nachprüfung gem. §§ 23ff EGGVG findet daher nicht statt[14]. Im Wege allgemeiner Dienstaufsichtsbeschwerde kann jedoch eine interne Überprüfung durch die Aufsichtsinstanzen erreicht werden[15].

2. Ausübung der Ersetzungsbefugnis bei Vorliegen von Ausschluß- und Befangenheitsgründen

13 **a) Entscheidungsmaßstäbe.** Bei der Frage der Ablösung eines Staatsanwalts wegen Verdachts der Parteilichkeit oder Voreingenommenheit (zur Befangenheitsproblematik allgemein vgl. Vor § 141, 22) dürfen nicht gleich strenge Maßstäbe wie bei einem Richter angelegt werden, sondern sind die Unterschiede in Funktion und Verfahrensrolle zu berücksichtigen[16]. Zur Aufgabe des Staatsanwalts gehört es, bereits im Ermittlungsverfahren und auch in der Hauptverhandlung vor Abschluß der Beweisaufnahme Beurteilungen und Festlegungen zum Nachteil des Beschuldigten vorzunehmen. Ein Ablösungsgrund läßt sich daraus nicht entnehmen. Selbst wenn der Staatsanwalt in der Form – etwa bei pointierten Stellungnahmen in streitig geführter Hauptverhandlung – oder in der Sache – etwa bei rechtlich zweifelhafter Anordnung oder Beantragung von Zwangsmaßnahmen – einmal „über das Ziel hinausschießt", kann dies bei der gebotenen Anlegung realitäts- und praxisgerechter Maßstäbe eine Ablehnung nicht rechtfertigen[17]. Allein gewichtige Umstände, die bei objektiver Betrachtung evident und eindeutig den Verdacht der Voreingenommenheit und Parteilichkeit belegen, können danach Anlaß und Grundlage für die Ablösung und Ersetzung eines Staatsanwalts sein[18].

14 Daß die **Ausschlußgründe der Nrn. 1 bis 3 des § 22 StPO** eine Ablösung und Ersetzung gebieten, ist allgemein anerkannt. Auch richterliche Vorbefassung in gleicher Sache kann einer Fortführung in staatsanwaltlicher Funktion entgegenstehen[19]. Für ein vorausgegangenes staatsanwaltliches Tätigwerden gilt dies naturgemäß nicht[20]. Daß der die Ermittlungen führende Staatsanwalt die Sache auch in der Hauptverhandlung vertritt, ist ein Gebot effektiver Strafverfolgung und begründet keine Befangenheitsproblematik.

15 Als staatsanwaltschaftlicher Sitzungsvertreter in der weiteren Hauptverhandlung ausgeschlossen ist ein **Staatsanwalt** grundsätzlich dann, wenn er **als Zeuge** vernommen wurde[21]. Gerade in schwierigen Großverfahren mit intensiver Einbindung des Staatsanwalts in die Ermittlungsarbeit erweist sich dies in der Praxis zunehmend als problematisch[22]. Zwar kann das Fach- und Verfahrenswissen eines wegen zeugenschaftlicher Vernehmung als Sitzungsvertreter abgelösten Staatsanwalts wo erforderlich dadurch

---

[14] H. M; OLG Frankfurt NStZ-RR **1999** 81; OLG Hamm NJW **1969** 808; OLG Karlsruhe MDR **1974** 423; OLG Schleswig SchlHA **1983** 106; LR-*Böttcher* § 23, 125 EGGVG; LR-*Wendisch* Vor § 22, 10 StPO; *Katholnigg*[3] 4; KK-*Schoreit*[4] 7; *Kleinknecht/Meyer-Goßner*[44] 6; **a. A** *Bottke* StV **1986** 123; *Hilgendorf* StV **1996** 50; zu weiteren Gegenstimmen vgl. *Wendisch* FS Schäfer 259 und *Kuhlmann* DRiZ **1976** 14.

[15] *Wendisch* FS Schäfer 261; zur Frage einer Amtspflicht auf Ersetzung vgl. *Buckert* NJW **1970** 847.

[16] BVerfG JR **1979** 28; BGH StV **1996** 297; KK-*Pfeiffer* § 22, 16a StPO.

[17] *Pawlik* NStZ **1995** 309, 311; *Krey* JA **1985** 517.

[18] *Pfeiffer* FS Rebmann 374.

[19] OLG Stuttgart NJW **1974** 1394; KK-*Pfeiffer* § 22, 16b StPO; einschränkend *Krey* JA **1985** 514.

[20] KK-*Pfeiffer*[4] § 22, 16b StPO; *Schneider* NJW **1994** 457, 459; *Pawlik* NStZ **1995** 313.

[21] Im einzelnen hierzu – auch zu einschränkenden Differenzierungen in der Rechtsprechung des Bundesgerichtshofs – LR-*Dahs* Vor § 48, 25f StPO; *Kissel*[3] 6; KK-*Pfeiffer* § 22, 16d StPO; *Kleinknecht/Meyer-Goßner*[44] § 48, 17 StPO; *Krey* JA **1985** 518; *Schneider* NJW **1994** 457.

[22] Hierzu *Schneider* NJW **1994** 457.

genutzt werden, daß er dem ihn ersetzenden Kollegen ohne förmliche Verfahrensfunktion in der weiteren Hauptverhandlung als Berater assistierend zur Seite gestellt wird[23]. Angesichts beschränkter personeller Ressourcen bei den Staatsanwaltschaften sind einer solchen Maßnahme jedoch zunehmend enger werdende Grenzen gesetzt.

b) Verfahren. Über eine Ablösung und Ersetzung entscheidet der Behördenleiter von Amts wegen, auf formlosen Antrag des Beschuldigten oder seines Verteidigers, auf Anregung des Gerichts oder auf Anzeige des betroffenen Staatsanwalts selbst[24]. Daß der Vorsitzende eines Strafgerichts bei offenkundigem Vorliegen von Ausschluß- oder Befangenheitsgründen auf eine solche Maßnahme hinwirkt, kann im Einzelfall die prozessuale Fürsorgepflicht gebieten[25]. Liegen Ausschluß- oder Befangenheitsgründe bei einem Staatsanwalt vor, ist dieser zu einer entsprechenden Anzeige verpflichtet. Weitere Amtshandlungen in der Sache darf er nur vornehmen, soweit dies aus Gefahr im Verzug unerläßlich ist[26]. **16**

Die Entscheidung nach § 145 ist einer **gerichtlichen Überprüfung** nur mittelbar, etwa im Rahmen einer Revision gegen ein nach Mitwirkung eines befangenen Staatsanwalts zustandegekommenes Strafurteil[27] oder auch im Zusammenhang mit einer auf Amtspflichtverletzung[28] gestützten Schadensersatzklage zugänglich. Ein zur Nachprüfung durch ein Gericht führender unmittelbarer Rechtsbehelf ist nicht gegeben (vgl. oben Rdn. 12). Die Entscheidung kann allein im Wege der allgemeinen Dienstaufsicht angefochten werden. **17**

3. Amtsanwälte (Absatz 2). Absatz 2 enthält eine Beschränkung des Substitutionsrechts bei Amtsanwälten, die der gesetzlichen Beschränkung amtsanwaltlicher Zuständigkeit in § 142 (hierzu § 142, 39) Rechnung trägt. Diese Einschränkung wird man deshalb auch dann greifen lassen müssen, wenn entgegen dem praktischen Regelfall ein in der Funktion eines Amtsanwalts Beschäftigter über die Befähigung zum Richteramt verfügen sollte[29]. Keine Einschränkung des Substitutionsrechts ergibt sich in umgekehrter Richtung. Die Befugnis aus § 145, einen Staatsanwalt mit der Wahrnehmung amtsanwaltlicher Aufgaben zu beauftragen, bleibt unberührt. **18**

4. Reformvorschläge. Zu Änderungsvorschlägen im Referentenentwurf StAÄG 1976 und ihrer Bedeutung[30] vgl. Vor § 141, 27 und 23. Auflage 9ff. **19**

§ 145a
(weggefallen)

23 *Schneider* NJW **1994** 459; kritisch *Tolksdorf* 118f.
24 *Pfeiffer* FS Rebmann 366; *Hilgendorf* StV **1996** 52.
25 LG Mönchengladbach JR **1987** 305 m. zust. Anm. *Bruns*; *Wendisch* NStZ **1985** 232; ablehnend *Pfeiffer* FS Rebmann 366.
26 *Pfeiffer* FS Rebmann 366; *Wendisch* FS Schäfer 260.
27 Hierzu BGH NJW **1980** 845; LR-*Wendisch* Vor § 22, 11 StPO; KK-*Pfeiffer*[4] § 22, 16 StPO; *Kleinknecht/Meyer-Goßner*[44] § 22, 6 StPO; *Malmendier* NJW **1997** 227; zum Streitstand zur Frage der Revisibilität *Krey* JA **1985** 517.
28 Zur Frage einer Amtspflicht auf Ersetzung *Buckert* NJW **1970** 847; *Hilgendorf* StV **1996** 52.
29 H. M; *Katholnigg* 5; KK-*Schoreit*[4] 6; *Kissel*[3] 3; *Kleinknecht/Meyer-Goßner*[44] 1; **a. A** RGSt **51** 222.
30 Hierzu auch *Kissel*[3] 10; KK-*Schoreit*[4] 8.

§ 146

Die Beamten der Staatsanwaltschaft haben den dienstlichen Anweisungen ihres Vorgesetzten nachzukommen.

Schrifttum. *Arndt* Umstrittene Staatsanwaltschaft, NJW **1961** 1616; *Blomeyer* Die Stellung der Staatsanwaltschaft, GA **1970** 160; *Brückner* Zur künftigen Organisation und Führung der Staatsanwaltschaft, DRiZ **1972** 407; *Bucher* Weisungsgebundenheit der Staatsanwaltschaft, JZ **1975** 105; *Dünnebier* Die Grenzen der Dienstaufsicht gegenüber der Staatsanwaltschaft, JZ **1958** 417; *Geerds* Zum Weisungsrecht gegenüber Staatsanwälten, FS StA SchlH 297; *Görcke* Weisungsgebundenheit und Grundgesetz, ZStW **73** (1961) 561; *Görcke* Weisungsgebundenheit des deutschen Staatsanwalts und Unabhängigkeit der Rechtsprechung, DRiZ **1964** 50; *Güde* Die Stellung des Staatsanwalts im heutigen Recht, Justiz **1957** 297; *Güde* Der Staatsanwalt in der Hauptverhandlung und sein Plädoyer, Justiz **1958** 222; *Henn* Zum ministeriellen Weisungsrecht gegenüber der Staatsanwaltschaft, DRiZ **1972** 152; *Hund* Brauchen wir die „unabhängige Staatsanwaltschaft"? ZRP **1994** 470; *Jagusch* Weisungsgebundenheit der Staatsanwaltschaft, JZ **1975** 320; *Kill* Die Weisungsgebundenheit des Staatsanwalts im französischen und deutschen Strafverfahren, DRiZ **1963** 391; *Kohlhaas* Die Stellung der Staatsanwaltschaft als Teil der rechtsprechenden Gewalt (1963) 46ff; *Kohlhaas* Minister und Staatsanwalt, DRiZ **1967** 264; *Kohlhaas* Die Exmittierung der Staatsanwaltschaft, DRiZ **1972** 166; *Krey/Pföhler* Zur Weisungsgebundenheit des Staatsanwaltes, NStZ **1985** 145; *Kuhlmann* Ohne Weisungsrecht geht es nicht, Kriminalistik **1978** 196; *Kunert* Wie abhängig ist der Staatsanwalt? FS Wassermann 915; *Koller* Die Staatsanwaltschaft – Organ der Judikative oder Exekutivbehörde? (1997); *Leverenz* Über die Weisungsgebundenheit der Staatsanwaltschaft, SchlHA **1961** 36; *Martin* Zur Weisungsgebundenheit der Staatsanwaltschaft, JZ **1973** 415; *Posser* Das Weisungsrecht des Justizministers gegenüber Staatsanwälten, DRiZ **1974** 39; *Roxin* Rechtsstellung und Zukunftsaufgaben der Staatsanwaltschaft, DRiZ **1969** 385; *Roxin* Zur Rechtsstellung der Staatsanwaltschaft – damals und heute, DRiZ **1997** 109; *Rudolph* Die politische Abhängigkeit der Staatsanwaltschaft, NJW **1998** 1205; *Sarstedt* Gebundene Staatsanwaltschaft? NJW **1964** 1752; *Schairer* Gedanken zum externen Weisungsrecht, FS Lenckner 739; *Eb. Schmidt* Zur Rechtsstellung und Funktion der Staatsanwaltschaft als Justizbehörde, MDR **1964** 629, 713; *Spaeth* Die Gehorsamspflicht des Staatsanwalts nach § 146 GVG, Diss. Freiburg 1934; *Wagner* Zur Weisungsgebundenheit der Staatsanwälte, NJW **1963** 8; *Wagner* Der objektive Staatsanwalt – Idee und Wirklichkeit, JZ **1974** 212; *Wax* Der unabhängige Staatsanwalt, DRiZ **1972** 16; *Wille* Das externe Weisungsrecht, FS StA SchlH 317; *Wohlers* Entstehung und Funktion der Staatsanwaltschaft (1994).

Entstehungsgeschichte. Die Vorschrift hatte in ihrer ursprünglichen Fassung einen Absatz 2 mit folgendem Wortlaut:

> In denjenigen Sachen, für welche das Reichsgericht in erster und letzter Instanz zuständig ist, haben alle Beamten der Staatsanwaltschaft den Anweisungen des Oberreichsanwalts Folge zu leisten.

Durch Gesetz vom 28. 6. 1935 (RGBl. I S. 844) wurde diesem Absatz 2 folgender Satz 2 eingefügt:

> In Sachen, in denen das Reichsgericht als Revisionsgericht entscheidet, kann nach eingelegter Revision der Oberreichsanwalt die Beamten der Staatsanwaltschaft unmittelbar mit Weisungen versehen.

Art. 1 I Nr. 57 des VereinhG hat den Absatz 2 gestrichen. Bezeichnung bis 1924: § 147.

Übersicht

Alphabetische Übersicht

I. Dienstliche Weisungen des Vorgesetzten

1. Internes und externes Weisungsrecht. Zu den dienstlichen Anweisungen gehören auch die Weisungen des Justizministers. Das Weisungsrecht der ersten Beamten der Staatsanwaltschaft gegenüber den ihnen unterstellten Staatsanwälten wird als internes 1

Weisungsrecht, das des Justizministers und der von ihm beauftragten Beamten des Justizministeriums als externes Weisungsrecht bezeichnet[1].

2 **2. Begriff des Vorgesetzten.** Wer die Vorgesetzten sind, deren Anweisungen die Beamten der Staatsanwaltschaft nachzukommen haben, ergibt sich aus §§ 147, 144. Ein originäres Weisungsrecht besteht danach nur für die ersten Beamten der Staatsanwaltschaft (Generalstaatsanwälte, Leitende Oberstaatsanwälte) und – im Vertretungsfall – ihre Vertreter. Im übrigen (etwa Abteilungsleiter, Gruppenleiter) sind Weisungen kraft Delegation möglich[2].

3 **3. Begriff der dienstlichen Anweisungen.** Dienstliche Weisungen sind sowohl allgemeine Anordnungen wie z. B. die Richtlinien für das Strafverfahren und das Bußgeldverfahren (RiStBV)[3] als auch Weisungen, welche die Sachbehandlung oder Rechtsanwendung im Einzelfall betreffen[4]. Insbesondere gilt die Bestimmung auch für die Einlegung und Zurücknahme von Rechtsmitteln.

4 **Einzelfallweisungen** stellen in der Praxis staatsanwaltschaftlicher Tätigkeit die seltene Ausnahme dar. Ein weitgehend selbständiges Handeln und Entscheiden der Dezernenten ist hier die Regel. Dies erklärt sich nicht zuletzt daraus, daß hierarchische Einflußnahmen durch Vorgesetzte sowohl dem an richterlicher Verfahrensbearbeitung orientierten staatsanwaltschaftlichen Selbstverständnis als auch den von der Erwartung unbeeinflußter Sach- und Rechtsprüfung geprägten externen Vorstellungen zuwiderlaufen[5]. Andererseits machen die organisatorischen und funktionellen Besonderheiten, welche die Staatsanwaltschaften von den Gerichten unterscheiden[6], auch Einzelfallweisungen im Grundsatz unverzichtbar (näher unten Rdn. 9). Im Hinblick auf die tatsächlich geübte Zurückhaltung bei der Ausübung des Weisungsrechts bereits von einer „gewohnheitsrechtlichen Derogierung" zu sprechen[7], ist deshalb zu weitgehend.

5 **4. Wirkung der Anweisung.** Die Weisung ist lediglich eine innere Angelegenheit der Staatsanwaltschaft. Nach außen, insbesondere dem Gericht gegenüber kommt ihr keine Rechtswirkung zu. Demzufolge hängt die rechtliche Wirksamkeit von Handlungen oder Unterlassungen eines Staatsanwalts nicht davon ab, ob sein Verhalten einer an ihn ergangenen Weisung entspricht[8] (vgl. auch § 144, 2 und zur Frage der Befolgungspflicht des angewiesenen Staatsanwalts unten Rdn. 33).

II. Zur Kritik am Weisungsrecht

6 Die Problematik der Weisungsgebundenheit der Staatsanwälte stellt eine der rechtlich und rechtspolitisch umstrittensten Grundfragen des Rechts der Staatsanwaltschaften dar. Rechtspolitische Forderungen zielen auf eine gesetzliche Beschränkung oder gar

---

1 *Kleinknecht/Meyer-Goßner*[44] 1; *Krey* 376; *Schlüchter* 55.

2 Vgl. auch *Katholnigg*[3] 2; *Kuhlmann* Kriminalistik **1978** 196.

3 Zur Verbindlichkeit dieser Richtlinien aufgrund der Weisungsgebundenheit der Staatsanwälte OLG Bremen NStZ **1989** 277; zur Bedeutung allgemeiner Weisungen *Kunert* FS Wassermann 921.

4 RGSt **44** 77.

5 Zu Kritik unter dem – aus praktischer Sicht überbewerteten – Gesichtspunkt einer Anpassung an die Meinung von Vorgesetzten *Geerds* 313.

6 Zur Bedeutung diese Unterschiede für eine „ausgeglichene Machtbalance" *Kunert* 923.

7 So *Kintzi* DRiZ **1987** 461.

8 BGHSt **19** 382; *Katholnigg*[3] 1; KK-*Schoreit*[4] 10; *Kleinknecht/Meyer-Goßner*[44] 8.

Beseitigung des Weisungsrechts. Aber auch in der Beurteilung des geltenden Rechts kommt in von der herrschenden Rechtsauffassung abweichenden restriktiven Betrachtungsweisen grundlegende Kritik an der Weisungsgebundenheit der Staatsanwälte zum Ausdruck.

1. Reformwünsche. Über die allgemein erhobene Forderung hinaus, daß die Weisungsgewalt der Justizverwaltung sich auf das unumgänglich notwendige Maß beschränken müsse, wird aus rechtsstaatlichen Erwägungen die Einschränkung der Weisungsgebundenheit des Staatsanwalts gefordert, sei es im Sinne einer gesetzlichen Festlegung der Grenzen der Weisungsbefugnis, sei es in dem Sinn, daß dem Staatsanwalt gegen Weisungen, die er für gesetzwidrig hält, förmlich die Anrufung einer richterlichen oder sonstigen weisungsfreien Stelle eröffnet werde[9]. 7

Noch weiter geht die **Forderung nach dem „unabhängigen Staatsanwalt"**, der im Hinblick auf seine mit der richterlichen Tätigkeit vergleichbare Aufgabe zum Schutz vor sachfremder Beeinflussung von Weisungen völlig oder zumindest von externen Weisungen freigestellt sein soll[10]. Der Gesetzgeber hat dieser Forderung bis heute mit Recht nicht entsprochen. Sie verkennt die schon in der Funktionsbezeichnung zum Ausdruck kommende Aufgabe des Staatsanwalts, den in der Rechtsordnung verkörperten „Rechtswillen", nicht den „politischen Machtwillen"[11] des Staates im Strafverfahren zu vertreten[12], dabei auch Mittler zu sein zwischen Exekutive (Regierung) und Rechtsprechung und durch diese „Brückenfunktion" die Realisierung des Verfassungsgrundsatzes der parlamentarischen Verantwortung der Regierung auch im Bereich der Strafrechtspflege zu ermöglichen[13]. 8

Neben dem unabhängigen Richter hätte ein ihm wesensgleicher unabhängiger Staatsanwalt keinen sinnvoll abgrenzbaren Aufgabenbereich. Die Organisation der Staatsanwaltschaft würde in die einzelnen staatsanwaltlichen Dezernate zerfallen, und dies ohne das bei Richtern gegebene Korrektiv von Spruchkörperkollegien und Rechtsmittelinstanzen. Eine **einheitliche Anklagebehörde** als organisatorische Voraussetzung für eine gleichmäßige und berechenbare Anklage- und Einstellungspraxis und als Garant für die Einheit der Strafrechtspflege wäre nicht mehr gewährleistet. Im praktischen Ergebnis wären mit einer Übertragung richterlicher Unabhängigkeit auf Staatsanwälte der Anklageprozeß und die damit verbundene Beseitigung des Inquisitionsprozesses in Frage gestellt[14]. 9

2. Restriktive Auslegung des geltenden Rechts

a) Verfassungsrechtliche Kritik am externen Weisungsrecht. In der Diskussion früherer Jahre sind über Reformforderungen hinausgehend gegen das externe Weisungsrecht unter dem Gesichtspunkt des Art. 92 GG verfassungsrechtliche Bedenken geltend 10

[9] Vgl. etwa die Vorschläge des Deutschen Richterbundes DRiZ **1962** 292 (kritisch dazu *Kohlhaas* 65); Kommission für die Angelegenheiten der Staatsanwälte im Deutschen Richterbund DRiZ **1968** 357 und **1970** 187 (kritisch dazu *Schoreit* DRiZ **1970** 226); *Bader* DRiZ **1954** 238; *Haussmann* DRiZ **1954** 193; *Hoberg* DRiZ **1953** 136; *Kill* 394; *Kintzi* DRiZ **1987** 457 und FS Wassermann 899; *Schweichel* ZRP **1970** 171. Vgl. auch die Vorschläge zur Änderung des § 146 im AE-Ermittlungsverfahren (2001) S. 141 ff, der grundsätzlich am Weisungsrecht festhält, aber namentlich das Erfordernis der Schriftlichkeit verstärken will.

[10] Vgl. die Nachweise bei *Koller* (Die Staatsanwaltschaft) 75; *Eb. Schmidt* DRiZ **1957** 279 und MDR **1964** 629,713; *Göbel* NJW **1961** 856; *Kaiser* NJW **1961** 201.

[11] *Eb. Schmidt* 5.

[12] *Kern* DRiZ **1951** 122.

[13] Hierzu *Kleinknecht/Meyer-Goßner*[44] Vor § 141, 7.

[14] Zu den gegen eine unabhängige Staatsanwaltschaft sprechenden Gründen *Hund* ZRP **1994** 470, 473.

gemacht worden[15]. Ein politischen Einflüssen unterworfenes Weisungsrecht der Landesjustizverwaltung gegenüber Staatsanwälten sei wegen deren dem richterlichen entsprechenden Aufgaben- und Tätigkeitsbereich, auch im Hinblick auf eine denkbare mittelbare Beeinträchtigung richterlicher Unabhängigkeit über ein Zusammenwirken mit einem möglicherweise politisch gelenkten Staatsanwalt, mit der Verfassung nicht vereinbar.

11 **Art. 92 GG** hat jedoch **nur den Richtern** die Rechtsprechung anvertraut[16] und nur den Richtern garantiert **Art. 97 GG** eine auch die Freiheit von dienstlichen Weisungen einschließende **Unabhängigkeit**. Daß Staatsanwälte nicht der rechtsprechenden Gewalt im Sinne des Art. 92 GG zuzurechnen sind, entspricht heute allgemeiner Meinung (Vor § 141, 15 und Einl. Abschn. I 56). Die gegen das externe Weisungsrecht geltend gemachten verfassungsrechtlichen Bedenken können deshalb als überholt angesehen werden. Das Bestehen externer Weisungsmöglichkeiten wird heute sogar als verfassungsrechtliche Notwendigkeit (dazu näher unten Rdn.14) angesehen[17].

12 **b) Einschränkende Bewertungen zum internen Weisungsrecht.** Auch zum internen Weisungsrecht sind in diesem Zusammenhang einschränkende und die Unabhängigkeit des Staatsanwalts in der Verfahrensbearbeitung betonende Beurteilungen vorgenommen worden. So wurde etwa darauf abgestellt, daß der Staatsanwalt zwar kein Richter sei, seine Tätigkeit aber der des Richters qualitativ insoweit entspreche, als sie in derselben Weise am Recht orientiert sei. Der Akt der Rechtsfindung sei jedoch nicht vertretbar und deshalb allein argumentierender Beratung, nicht aber die eigene Überzeugung ausschaltender Weisung zugänglich. Auch die vom Staatsanwalt vorgenommene Beurteilung von Rechtsfällen entziehe sich als Erkenntnisvorgang den Kategorien von Befehl und Gehorsam[18]. In die gleiche Richtung gehen Überlegungen, die nicht auf Richtergleichheit und Rechtsprechungszugehörigkeit des Staatsanwalts, sondern seine Einbindung in die gemeinsam mit den Gerichten zu leistende Justizgewährung abstellen. Interne Weisungen sollen überall dort unstatthaft sein, wo der Staatsanwalt eine richterliche Entscheidung zur Tat- oder Rechtsfrage erwirken will. Nur bei Ermessensentscheidungen im Bereich des Opportunitätsprinzips und zu allen technischen Fragen sollen Weisungen zulässig sein[19].

13 Indessen ist die **Mitwirkung des Staatsanwalts im Strafverfahren** – von der Einstellung des Ermittlungsverfahrens abgesehen[20] – kein Akt der Rechtsfindung, sondern Mitwirkung an richterlicher Rechtsfindung, und schon im Hinblick auf die Möglichkeiten der Devolution und Substitution nach geltendem Recht **keine unvertretbare Handlung**. Alle die genannten Überlegungen laufen im Grunde mehr oder weniger auf die Forderung nach dem unabhängigen Staatsanwalt (oben Rdn. 8) hinaus und verlassen damit den Boden des geltenden Rechts. Das Weisungsrecht über die de lege lata bestehenden Grenzen einzuschränken, ist allein dem Gesetzgeber vorbehalten.

---

[15] *Görcke* ZStW **73** (1961) 561 und DRiZ **1964** 50; *Henn* 152; *Kohlhaas* (Stellung der Staatsanwaltschaft) 45, 49ff, 66; Kommission für die Angelegenheiten der Staatsanwälte im Deutschen Richterbund DRiZ **1967** 264; *Wagner* NJW **1963** 8.

[16] Aus diesem Grund gegen die „Richtergleicheit" des Staatsanwalts auch *Bucher* JZ **1975** 105; *Blomeyer* GA **1970** 160, 162; *Nüse* JR **1964** 283; *Schlüchter* 55; *Eb. Schmidt* 716; zum externen Weisungsrecht auch (befürwortend) *Bohnert* (Abschlußentscheidung) 316.

[17] Hierzu etwa *Hund* ZRP **1994** 470, 472.

[18] *Roxin* DRiZ **1969** 386, zustimmend *Martin* JZ **1973** 415; einschränkend und korrigierend im Sinne eines grundsätzlich umfassenden internen Weisungsrechts *Roxin* DRiZ **1997** 109, 118.

[19] *Eb. Schmidt* MDR **1964** 716.

[20] Hierzu *Dünnebier* JZ **1958** 421.

III. Rechtliche Grundlagen des Weisungsrechts

1. Weisungsrecht und Grundgesetz. Verfassungsrechtlich begegnet das gegenüber Staatsanwälten bestehende Weisungsrecht keinen Bedenken. Völlige Weisungsfreiheit und Unabhängigkeit hat das Grundgesetz nur den Richtern garantiert (Art. 97 GG; vgl. auch Vor § 141, 15 und oben Rdn. 11). Es steht deshalb mit der Verfassung in Einklang, daß es nach geltendem Recht einen gleichermaßen unabhängigen Staatsanwalt nicht gibt[21]. Das in der Verfassung angelegte **Prinzip der parlamentarischen Verantwortlichkeit der Regierung**[22] läßt zudem einen völlig „ministerialfreien Raum" auf dem Gebiet der Strafverfolgung und damit einen Ausschluß des externen Weisungsrechts nicht zu[23]. Weisungsmöglichkeiten des Justizministers sind demnach jedenfalls im Grundsatz sogar verfassungsrechtlich legitimiert[24]. 14

2. Gesetzliche Grundlagen

a) Internes Weisungsrecht. Auf der Ebene des Gesetzes ist das interne Weisungsrecht über die ausdrücklichen Regelungen der §§ 146, 147 hinaus folgerichtiger und unverzichtbarer Bestandteil der monokratischen, hierarchischen Organisationsstruktur der Staatsanwaltschaft (§ 144) sowie der Devolutions- und Substitutionsbefugnisse ihrer ersten Beamten[25]. Anders als bei den Gerichten gibt es bei der Staatsanwaltschaft keine Korrektur durch ein Spruchkörperkollegium oder – von Ausnahmen abgesehen, vgl. § 172 StPO – eine Rechtsmittelinstanz. Nur das Weisungsrecht vermag deshalb die notwendige Einheitlichkeit staatsanwaltschaftlicher Aufgabenerfüllung, insbesondere eine einheitliche Einstellungs- und Anklagepraxis[26] als wesentliche Voraussetzung für die Einheit der Strafrechtspflege insgesamt, zu gewährleisten. 15

Würden Staatsanwälte wie Richter von Weisungen freigestellt, wäre die **Anklagebehörde als Einheit** nicht mehr existent. An ihre Stelle würde eine Vielzahl eigenständig agierender Dezernate treten. Mit der besonderen Aufgabenstellung der Staatsanwaltschaft und den gesetzlich hierfür festgelegten Vorgaben wäre dies nicht vereinbar[27]. 16

b) Externes Weisungsrecht. Die hierarchische Organisationsstruktur der Staatsanwaltschaft (§ 144) und ihre Zuordnung zur Exekutive mit dem Justizminister als oberster Aufsichtsinstanz (§ 147) bilden die rechtliche Grundlage für das externe Weisungsrecht. Über die aus dem Demokratie- und Rechtsstaatsprinzip abgeleitete parlamentarische Verantwortlichkeit der Regierung findet es darüber hinaus eine verfassungsrechtliche Absicherung (oben Rdn. 14). Eine rechtliche Begrenzung wiederum erfährt es durch den Umstand, daß die Ausübung der staatsanwaltschaftlichen Befugnisse allein den Staatsanwälten übertragen und dem Justizminister ungeachtet seiner Leitungs- und Aufsichtsbefugnis vorenthalten ist[28]. 17

---

[21] *Kissel*³ 2; *Krey/Pföhler* NStZ **1985** 145; *Eb. Schmidt* 716.

[22] BVerfGE **9** 281, **22** 106, 113.

[23] *Geerds* FS StA SchlH 311; *Hund* ZRP **1994** 470; *Kissel*³ 2; *Krey/Pföhler* NStZ **1985** 145,147; *Koller* (Staatsanwaltschaft) 78 und 269; *Kunert* FS Wassermann 915, 922; *Schlüchter* 55; *Wille* FS StA SchlH 317, 325.

[24] *Schairer* FS Lenckner 739, 746.

[25] Im einzelnen *Krey/Pföhler* NStZ **1985** 146f.

[26] Hierzu *Sailer* NJW **1977** 1138.

[27] Vgl. auch *Blomeyer* GA **1970** 160; *Krey/Pföhler* NStZ **1985** 151; *Kuhlmann* Kriminalistik **1978** 196, 200; *Kunert* FS Wassermann 920; *Roxin* DRiZ **1997** 109, 118.

[28] *Dünnebier* JZ **1958** 417; *Krey/Pföhler* NStZ **1985** 147; *Odersky* FS Rebmann 356.

IV. Grenzen des Weisungsrechts

18 **1. Legalitätsprinzip.** Eine Begrenzung des Weisungsrechts ergibt sich aus dem Legalitätsprinzip sowie allgemein aus Gesetz und Recht (Art. 20 Abs. 3 GG)[29]. Wo das Gesetz keinen Entscheidungsspielraum läßt und in strikter Weise eine bestimmte Maßnahme verlangt, sind abweichende Weisungen unzulässig. Erkennbar rechtswidrige Weisungen sind für den Anweisenden strafbar (§§ 344, 258a StGB) und für den Angewiesenen unverbindlich[30]. Sie zu befolgen würde auch ihn der Gefahr strafrechtlicher Konsequenzen aussetzen[31]. Allgemein zu Fragen der Befolgungspflicht unten Rdn. 33.

19 **2. Opportunitätsprinzip und Beurteilungsspielraum.** Weisungen sind somit nur dort möglich, wo Ermessen auszuüben oder – auch bei strikter Gesetzesanwendung – zu Zweifels- oder Auslegungsfragen ein Spielraum rechtlich möglicher Beurteilung besteht. Auch hier müssen sie die aus Gesetz und Recht sich ergebenden Grenzen beachten (Verbot der Ermessensüberschreitung, Willkürverbot, Gebot ausreichender Information über den zu entscheidenden Fall)[32].

20 **3. Verbot „justizfremder" Erwägungen.** Eine weitere Einschränkung ergibt sich daraus, daß jede staatsanwaltschaftliche Entscheidung von nicht justizgemäßen, sachfremden Erwägungen frei sein muß[33]. Die im Bereich des Ermessens oder eines rechtlichen Beurteilungsspielraums sachgerecht und vertretbar getroffene Entscheidung des Staatsanwalts darf deshalb nicht durch eine rechtlich ebenso denkbare abweichende Entscheidung des staatsanwaltschaftlichen Vorgesetzten oder des Justizministers ersetzt werden, wenn diese auf verfahrensfremden Erwägungen rein politischer Zweckmäßigkeit beruht.

21 So sind in einem Strafverfahren gegen eine **im öffentlichen Leben stehende Person** ein Strafbefehlsantrag oder eine Einstellungsentscheidung nach §§ 153, 153a StPO, die allein deshalb ergehen, weil man das mit einer Hauptverhandlung verbundene Aufsehen aus Gründen politischer Rücksichtnahme vermeiden will, ebenso unzulässig wie die Entscheidung zur Anklageerhebung, um umgekehrt dem Vorwurf eines solcherart motivierten Vorgehens von vornherein aus dem Weg zu gehen[34].

4. Besonderheiten beim externen Weisungsrecht

22 **a) Herkömmliche Bewertung und Wandel der Rechtsentwicklung.** Die h. M geht nach wie vor vom Grundsatz einer letzten Entscheidungsbefugnis des Justizministers aus und unterscheidet hinsichtlich des Inhalts und der Grenzen nicht zwischen internem und externem Weisungsrecht[35]. In neuerer Literatur wird dagegen unter Hinweis auf die Unterschiede in den rechtlichen Grundlagen (oben Rdn. 14) eine gegenüber dem internen Weisungsrecht weitergehende Beschränkung der Weisungsbefugnisse der Justizverwaltung vertreten[36]. Eine differenzierte Inhaltsbestimmung und restriktive Ausübung einzelfallbezogener externer Weisungsbefugnisse bis hin zu einer bloßen Rechtskontrolle auch

---

29 BGHSt **15** 155, 161; *Katholnigg*[3] 2; *Kissel*[3] 3; *Roxin* DRiZ **1997** 109, 118; *Schairer* FS Lenckner 739, 747.

30 *Geerds* FS StA SchlH 297; *Kintzi* DRiZ **1987** 462; *Lüttger* GA **1957** 216.

31 *Roxin* DRiZ **1997** 118.

32 Hierzu näher *Krey/Pföhler* NStZ **1985** 148 ff.

33 BVerfGE **9** 223, 228; KK-*Schoreit*[4] 10; *Kleinknecht/Meyer-Goßner*[44] 5; *Schairer* FS Lenckner 747.

34 *Dünnebier* JZ **1958** 417, 421; *Katholnigg*[3] 3.

35 *Katholnigg*[3] 2; *Roxin* DRiZ **1997** 119; *Schairer* FS Lenckner 746; *Schlüchter* 50; *Theisen* FS Zeidler 1174.

36 *Krey* 380, 387; *Krey/Pföhler* NStZ **1985** 148; wohl auch *Kuhnert* FS Wassermann 924.

im Ermessens- und Beurteilungsbereich (offensichtliche Ermessensfehler oder unvertretbare Beurteilungen) entspricht auch einer Rechtsentwicklung in der Praxis[37].

b) Eigene Beurteilung. Rechtlich vorgegeben ist eine Gleichbehandlung von internem und externem Weisungsrecht sicher für die Begrenzung durch Gesetz und Recht sowie das Verbot justizfremder Erwägungen. Diese Grenzen sind dem Justizminister und den staatsanwaltschaftlichen Vorgesetzten gleichermaßen gesetzt. Darüber hinaus erscheint die inhaltliche Gleichstellung angesichts unterschiedlicher rechtlicher Grundlagen überprüfungsbedürftig. Nur das interne Weisungsrecht ist insoweit umfassend gesetzlich legitimiert. Dem Justizminister hingegen ist das Recht der Devolution und generell die Befugnis zur Ausübung staatsanwaltschaftlicher Funktionen vorenthalten. Auch hat er die besondere und eigenständige Aufgabenstellung der Staatsanwälte im Bereich justizieller Strafrechtspflege zu respektieren[38]. Auf diese Besonderheiten kann sich eine einschränkende Beurteilung des externen Weisungsrechts (oben Rdn. 22) mit guten Gründen berufen[39]. 23

c) Allgemeine Weisungen. Im Bereich der allgemeinen Weisungen (oben Rdn. 3) und nicht der – selten vorkommenden – Einzelfallweisungen liegt die eigentliche Bedeutung des externen Weisungsrechts[40]. Nur durch solche generellen Richtlinien lassen sich – über den Geschäftsbereich eines Generalstaatsanwalts hinaus – landesweit und – durch Abstimmung zwischen den Justizministern des Bundes und der Länder – bundesweit die notwendige Koordination und Einheitlichkeit staatsanwaltschaftlicher Rechtsanwendung sicherstellen. 24

Soweit allgemeine Weisungen staatsanwaltschaftliches Handeln im Strafverfahren betreffen, haben sie den Charakter von **Regelfallweisungen** und ersetzen nicht die staatsanwaltschaftliche Entscheidung im Einzelfall (vgl. Einleitung zur RiStBV). So geben sie der Justizverwaltung die Möglichkeit, ihrer gesetzlichen Leitungsaufgabe (§ 147) auch im Ermessens- und Zweckmäßigkeitsbereich nachzukommen, ohne daß die Eigenständigkeit staatsanwaltschaftlicher Funktionsausübung im Einzelfall in Frage gestellt wird. 25

V. Weisungen für die Hauptverhandlung

1. Stand der Streitfrage. Bei Schaffung des GVG hatte die Reichstagskommission in die dem § 146 entsprechende Entwurfsvorschrift eine Bestimmung eingefügt, wonach die Beamten der Staatsanwaltschaft bei den Ausführungen und Anträgen nach dem Schluß der Beweisaufnahme an dienstliche Weisungen ihrer Vorgesetzten nicht gebunden sein sollen. Diese Bestimmung wurde jedoch auf Widerspruch der Regierungsvertreter wieder gestrichen[41]. 26

Die damals abgelehnten **Forderungen nach Weisungsfreiheit des Staatsanwalts beim Schlußvortrag** wurden aber weiterhin im Anschluß an die bei den parlamentarischen 27

[37] *Kunert* FS Wassermann 924; *Posser* DRiZ **1974** 39; Stellungnahme des BaWü. Justizministeriums zu einem Antrag der Landtagsfraktion der FDP/DVP, BaWü. Landtagsdrucksache **10** 4816; Bericht und Beschlußempfehlung des Untersuchungsausschusses „Unabhängigkeit von Regierungsmitgliedern und Strafverfolgungsbehörden“, BaWü. Landtagdrucksache **10** 6666 S. 719.

[38] *Odersky* FS Rebmann 357; *Roxin* DRiZ **1997** 118.

[39] Ablehnend *Schairer* FS Lenckner 748.

[40] *Krey* 388; *Kunert* FS Wassermann 921; *Wille* FS StA SchlH 320.

[41] *Hahn* Bd. I 635ff; *Schubert* (Gerichtsverfassung) 128; *Wagner* JZ **1974** 217.

Erörterungen geäußerten Auffassungen in dieser oder jener Form erhoben. So wurde die Meinung vertreten, der Staatsanwalt handle in der Hauptverhandlung weisungsfrei[42]. Andere, auch neuere Auffassungen differenzieren zwischen Rechts- und Tatfrage. Während zur Rechtsfrage Weisungen auch für die Hauptverhandlung als zulässig erachtet werden, sollen Weisungen zur Tatfrage nur von einem Vorgesetzten erteilt werden dürfen, der an der Beweisaufnahme teilgenommen hat[43]. Auch für die Straf- und Rechtsfolgenfrage wird ein solcher Weisungsausschluß vertreten[44]. Einer über solche Differenzierungen gewonnenen Beschränkung des Weisungsrechts in der Hauptverhandlung wird von anderer Seite widersprochen[45]. Daß das Weisungsrecht in der Hauptverhandlung jedenfalls solchen Einschränkungen unterliegt, die sich aus den besonderen verfahrensrechtlichen Verpflichtungen des Sitzungsvertreters der Staatsanwaltschaft (etwa § 261 StPO) ergeben, kann in der aktuellen Diskussion als herrschende Meinung angesehen werden[46].

28 **2. Eigene Meinung.** Der Auffassung, daß dem Staatsanwalt für die Hauptverhandlung überhaupt keine Weisungen erteilt werden können, kann nach bestehender Gesetzeslage nicht zugestimmt werden. Während die Weisungsfreiheit des Sitzungsvertreters seit langem dem französischen Recht entspricht[47], hat der deutsche Gesetzgeber bisher davon abgesehen, eine solche Bestimmung zu treffen. So war im Zusammenhang mit der Schaffung des Deutschen Richtergesetzes von Verbandsseite eine Gesetzesbestimmung vorgeschlagen worden, nach der in der Hauptverhandlung der Staatsanwalt bei Beweiswürdigung und Beurteilung der Rechts- und Straffrage nur seiner pflichtgemäßen Überzeugung unterworfen sein soll[48]. Der Gesetzgeber ist diesem Vorschlag nicht gefolgt und hat auch spätere Gesetzesänderungen nicht zum Anlaß genommen, entsprechende Reformvorschläge[49] aufzugreifen.

29 Nach geltendem Recht ist deshalb davon auszugehen, daß dem Staatsanwalt **grundsätzlich auch im Rahmen der Hauptverhandlung Weisungen** erteilt werden können. Zulässig ist demnach z. B. auch die Weisung des Generalstaatsanwalts an den Sitzungsvertreter, in der Hauptverhandlung dem Gericht die Rechtsauffassung einer an dem Verfahren interessierten Behörde zur Kenntnis zu bringen[50]. Aber auch eine Beurteilung, wonach etwa zur Tatfrage (z. B. Beweisanträge, Beweiswürdigung) oder auch zur Straf- und Rechsfolgenbemessung generell keine Weisungen erteilt werden könnten, ist mit § 146 nicht in Einklang zu bringen. Zudem sind Tat- und Rechtsfrage häufig so eng mit einander verbunden, daß eine klare Trennung praktisch vielfach nicht möglich ist.

30 Nicht zugestimmt werden kann auch der Einschränkung, Weisungen könnten in diesem Bereich nur von einem bei der Verhandlung anwesenden Weisungsberechtigten erteilt werden. Allerdings ergibt sich aus der Natur der Sache, daß es **nicht zulässig** sein kann, dem Sitzungsvertreter im voraus Weisungen zur Tatfrage oder gar zur Straffrage zu erteilen, denen er **ohne Rücksicht auf das Ergebnis der Beweisaufnahme** zu entsprechen habe. Denn wie das Gericht nur nach dem Ergebnis der Hauptverhandlung urteilen darf (§ 261 StPO), darf auch die Staatsanwaltschaft, deren Aufgabe in der Mitwirkung bei der Ermittlung der Wahrheit und dem Finden einer gerechten Entscheidung

---

42 *Bader* JZ **1956** 4; *Brüggemann* Die rechtsprechende Gewalt (1962) 165; vgl. auch *Eb. Schmidt* 7; *Roxin* DRiZ **1969** 386.

43 *Kleinknecht/Meyer-Goßner*[44] 4; *Geerds* FS StA SchlH 304; *Peters* 141; *Schlüchter* 53, vgl. auch *Arndt* NJW **1961** 1616.

44 *Kleinknecht/Meyer-Goßner*[44] 4.

45 *Kissel*[3] 6; *Wohlers* 275.

46 *Katholnigg*[3] 2; *Kissel*[3] 2; *Kleinknecht/Meyer-Goßner*[44] 4; *Frank* 54; *Roxin* DRiZ **1997** 109, 119.

47 Dazu *Kill* DRiZ **1963** 391.

48 DRiZ **1961** 22.

49 Hierzu DRiZ **1970** 187.

50 OLG Saarbrücken OLGSt § 146, 1.

besteht, nur die Ausführungen machen und Anträge stellen, die sie als nach dem Ergebnis der Hauptverhandlung gerechtfertigt ansieht[51].

Eine **vor der Hauptverhandlung erteilte Weisung** ist danach nur insoweit verbindlich, 31
als sich in der Hauptverhandlung keine wesentliche Änderung des Sachverhalts ergibt, von dem der Anweisende ausging[52]. Andernfalls hat der Sitzungsvertreter Handlungsfreiheit, soweit ihm nicht neue, der veränderten Sachlage Rechnung tragende Weisungen erteilt werden. Daß ein nicht an der Beweisaufnahme teilnehmender weisungsberechtigter Vorgesetzter für die Beweiswürdigung in der Hauptverhandlung grundsätzlich keine Weisung erteilen und allein zur Anfechtung des Urteils anweisen können soll, überzeugt nicht. Bei sorgfältiger Ermittlung können die Akten im Einzelfall durchaus eine ausreichende Grundlage für Weisungen an den Sitzungsvertreter geben. Warum sollte dann, wenn sich das Bild nicht durch die Beweisaufnahme wesentlich ändert, die Verbindlichkeit der Weisung davon abhängen, daß der anweisende Vorgesetzte persönlich an der Hauptverhandlung teilgenommen hat?

Auch für die Verbindlichkeit von **Weisungen**, die **während der Hauptverhandlung** 32
erteilt werden, kann es nicht darauf ankommen, daß der Anweisende persönlich im Sitzungssaal anwesend war[53]. Es muß genügen, wenn er sich die tatsächlichen Grundlagen für die Beurteilung, ob und welche Weisungen notwendig und sachgerecht sind, auf andere zuverlässige Weise verschafft, etwa durch Vortrag oder Bericht des Sitzungsvertreters selbst oder eines anderen Staatsanwalts, der zur Beobachtung in den Sitzungssaal entsandt war[54].

VI. Befolgungspflicht des Staatsanwalts

1. Problematik. Für den Staatsanwalt als Beamten (§§ 146, 148) gelten zunächst die 33
allgemeinen beamtenrechtlichen Vorschriften (§§ 56 Abs. 2 BBG, 38 BRRG) über die Pflicht zur Befolgung dienstlicher Weisungen. Danach hat der Beamte bei Bedenken gegen die Rechtmäßigkeit eine doppelte Remonstrationspflicht. Teilen sowohl der unmittelbare wie der nächsthöhere Vorgesetzte diese Bedenken nicht, so muß der Beamte die Weisung ausführen, sofern nicht das ihm aufgetragene Verhalten erkennbar strafbar oder ordnungswidrig ist oder die Menschenwürde verletzt. Die Überzeugung des Beamten, daß er sich bei Befolgung der Weisung strafbar mache – beim Staatsanwalt etwa nach §§ 258a, 344, 345 StGB –, genügt allein noch nicht, um ihn von der Befolgungspflicht zu entbinden. Es bleibt ihm also, wenn er von der Strafbarkeit überzeugt ist, seine Vorgesetzten diese Auffassung aber nicht teilen, nur die Möglichkeit, ein Disziplinarverfahren in Kauf zu nehmen[55].

Eine solche uneingeschränkte Übertragung der beamtenrechtlichen Regeln auf 34
Staatsanwälte mit der Folge, daß der angewiesene Staatsanwalt das **Risiko der Nichtbefolgung** zu tragen hat, ist sicher unbefriedigend und wird auch vor dem Hintergrund der durch die „Nähe zum Richteramt" gekennzeichneten besonderen Aufgabenstellung des Staatsanwalts vielfach als unangemessen erachtet[56]. Eine Lösung wird dabei in einem Recht des Staatsanwalts, in ernsthaften und vertretbar beurteilten Konfliktfällen

[51] *Dünnebier* JZ **1958** 417, 421.
[52] *Kern* DRiZ **1951** 122; KMR-*Paulus* 9.
[53] Ebenso *Dünnebier* JZ **1958** 421; *Wohlers* 276.
[54] RG BayZ **1933** 245; *Katholnigg*[3] 4; *Kissel*[3] 6; KMR-*Paulus* 9; *Kill* DRiZ **1963** 391, 393.
[55] BGHZ **42** 163, 170.
[56] *Katholnigg*[3] 3; *Kissel*[3] 9; *Geerds* FS StA SchlH 312; *Schlüchter* 53.

die Befolgung der Weisung zu verweigern, und einer Anwendung des § 145 (Abhilfe im Wege der Devolution und Substitution) gesehen[57]. Ein vernünftiger Vorgesetzter wird, wenn der Angewiesene auf seiner Überzeugung von der Rechtswidrigkeit einer Weisung beharrt, er diese Auffassung aber nicht teilt, nach § 145 verfahren und einen anderen Staatsanwalt beauftragen, der gegen die Rechtmäßigkeit keine Bedenken hat.

35 **2. Gerichtliche Nachprüfbarkeit.** Ein Richter, der durch eine Maßnahme der Dienstaufsicht seine Unabhängigkeit beeinträchtigt sieht, kann nach § 26 Abs. 3 DRiG eine Entscheidung des Richterdienstgerichts herbeiführen. Es fragt sich, ob auch der angewiesene Staatsanwalt nach geltendem Recht eine Möglichkeit hat, zur Frage der Rechtmäßigkeit seiner Weigerung ein Gericht anzurufen; so etwa wenn er angewiesen wird, Anklage nicht zu erheben, weil der Beschuldigte nicht hinreichend verdächtig sei, er aber eine Verurteilung als hinreichend wahrscheinlich ansieht. Eine entsprechende Anwendung des § 26 Abs. 3 DRiG kommt nicht in Betracht, da diese Vorschrift allein dem Schutz der richterlichen Unabhängigkeit dient, die der Staatsanwalt nicht besitzt. Auch eine Anrufung des Oberlandesgerichts nach §§ 23ff EGGVG scheidet aus. Der Weisung fehlt als behördeninternem Vorgang, der eine Entscheidung der Staatsanwaltschaft erst vorbereiten soll, der Maßnahmecharakter i. S. des § 23 EGGVG. Die Einbeziehung solcher interner Behördenvorgänge entspricht nicht den mit der Schaffung der §§ 23ff EGGVG verfolgten Regelungszwecke[58].

VII. Verfahrensfragen

36 **1. Form von Einzelfallweisungen.** Für das verfahrensmäßige Vorgehen bei Weisungen und allgemein der sich aus der Aufsichts- und Leitungsbefugnis ergebenden Maßnahmen treffen die Vorschriften des GVG keine Regelung. Daraus wird abgeleitet, daß Weisungen einer bestimmten Form oder besonderen Bezeichnung nicht bedürfen[59]. Aus allgemeinen Grundsätzen, die aus der Natur der Sache und den Geboten sachgerechten Verwaltungshandelns folgen, wird man jedoch fordern müssen, daß förmliche dienstaufsichtsrechtliche Weisungen für die Sachbehandlung in einem konkreten Verfahren unter Berücksichtigung ihrer Bedeutung und der Gebote notwendiger Klarheit und Eindeutigkeit in der Regel schriftlich zu erfolgen haben. Ausgeschlossen ist jedoch nicht, daß in besonders gelagerten Einzelfällen (etwa Eilfällen) mündliche (fernmündliche) Weisungen in Verbindung mit der Fertigung entsprechender Aktenvermerke, gegebenenfalls auch unter Nachreichen der Weisung in schriftlicher Form, zulässig sein können.

37 **2. Weisungsadressat.** Der Justizminister übt seine Aufsichtsbefugnisse üblicherweise gegenüber dem Generalstaatsanwalt aus. In Einzelfällen, namentlich Eilfällen, ist aber auch eine unmittelbare Weisung gegenüber einer Staatsanwaltschaft möglich[60].

38 **3. Aufsichtstätigkeit im Vorfeld von Weisungen.** Von förmlichen Weisungen zur Sachbehandlung ist die dienstaufsichtsrechtliche Tätigkeit zu unterscheiden, die sich im Vorfeld förmlicher Aufsichtsentscheidungen bewegt und auf die Gewinnung weiterer Infor-

---

57 Etwa *Kissel*[3] 9; *Geerds* FS StA SchlH 312.

58 LR-*Böttcher* § 23, 50 EGGVG; im Ergebnis – keine gerichtliche Anfechtbarkeit – ebenso BGHZ **42** 163; *Kissel*[3] 9; KK-*Schoreit*[4] 12; *Kleinknecht/Meyer-Goßner*[44] 7.

59 *Kissel*[3] 8.

60 KK-*Schoreit*[4] § 147, 4.

mationen oder die Klärung von Zweifelsfragen gerichtet ist. In diesem Bereich der Sachklärung und des Informationsaustauschs im Vorfeld abschließender dienstaufsichtsrechtlicher Entscheidungen werden mündliche (fernmündliche) Gespräche (etwa Rechtsgespräche) zweckmäßig und daher die Regel sein. Im Einzelfall kann es sachgerecht und geboten sein, Inhalt und Ergebnis solcher Gespräche in Form eines Aktenvermerks festzuhalten. Aber auch schriftliche Verfügungen – etwa auf Vorlage weiterer Akten oder sonstiger schriftlicher Informationen gerichtet – können hier sachgerecht und notwendig sein.

VIII. Weisungsrecht des Generalbundesanwalts

Der Generalbundesanwalt hat nach § 146 ein Weisungsrecht nur gegenüber den Beamten der Bundesanwaltschaft. Er kann zwar mit bindender Wirkung für die Landesstaatsanwaltschaft Entscheidungen nach § 143 Abs. 3 treffen und kann ihr in den Fällen des § 74a Abs. 2 die Verfolgung entziehen und sie ihr in den Fällen des § 142a Abs. 2, 4 übertragen. Im übrigen hat er weder in den zur erstinstanzlichen Zuständigkeit des Oberlandesgerichts gehörenden Strafsachen, in denen er das Amt der Staatsanwaltschaft ausübt (§ 142a Abs. 1, § 74a Abs. 2), noch in Revisionssachen ein Weisungsrecht gegenüber der Landesstaatsanwaltschaft; er kann also weder die Zurücknahme einer Revision anordnen noch sie selbst zurücknehmen. Er ist aber selbstverständlich nicht gehindert, die Verwerfung einer Revision zu beantragen, die er für unbegründet hält[61]. **39**

IX. Reformvorschläge

Zu Änderungsvorschlägen im Referentenentwurf StAÄG 1976 vgl. Vor §141, 27 sowie 23. Auflage 16ff[62]. **40**

§ 147

Das Recht der Aufsicht und Leitung steht zu:

1. dem Bundesminister der Justiz hinsichtlich des Generalbundesanwalts und der Bundesanwälte;

2. der Landesjustizverwaltung hinsichtlich aller staatsanwaltschaftlichen Beamten des betreffenden Landes;

3. dem ersten Beamten der Staatsanwaltschaft bei den Oberlandesgerichten und den Landgerichten hinsichtlich aller Beamten der Staatsanwaltschaft ihres Bezirks.

Entstehungsgeschichte. Art. 1 I Nr. 58 des VereinhG hat durch eine allein redaktionelle Änderung die Nr. 1 dem bestehenden Rechtszustand angepaßt. Bezeichnung bis 1924: § 148.

---

61 *Kohlhaas* NJW **1951** 179.

62 Auch *Kissel*[3] 10.

Übersicht

1 **1. Begriff der Aufsicht und Leitung.** Während die Aufsicht über die Gerichte, von §§ 22 Abs. 3, 151 Satz 2 abgesehen, im Gerichtsverfassungsgesetz nicht geregelt wurde, ist zur Aufsicht über die Staatsanwaltschaft eine Regelung getroffen worden, weil hier das Aufsichtsrecht in engem Zusammenhang mit dem Recht der Leitung steht und dieses von großer Bedeutung für das Verfahren ist. In der Dienstaufsicht liegt die Befugnis, die nicht ordnungsgemäße Ausführung eines Amtsgeschäfts zu rügen und zur sachgerechten Erledigung zu ermahnen (§ 16 GVGVO). Das Recht der Leitung enthält namentlich die Befugnis, durch Weisungen an die nachgeordneten Organe unmittelbar in die Verfahrensbehandlung im Einzelfall einzugreifen.

2 **2. Berichtswesen und Dienstweg.** In der Praxis setzt die Ausübung der Aufsichts- und Leitungsbefugnis die Vorlage von Berichten durch die Staatsanwaltschaften voraus. § 147 ist deshalb auch die gesetzliche Grundlage für die durch Verwaltungsanordnung der Länder im einzelnen geregelten Berichtspflichten[1]. Auch die für die nachgeordneten Stellen geltende Anordnung, für dienstliche Mitteilungen und Vorlagen den Dienstweg einzuhalten, findet ihre gesetzliche Grundlage in den §§ 145 bis 147. Datenschutzrechtlich stellt eine solche der Wahrnehmung von Aufsichts- und Kontrollbefugnissen dienende Verwendung von Daten keine Zweckänderung dar (§ 14 Abs. 3 BDSG).

3 **3. Aufsichtsbeschwerden.** Zur Aufsicht und Leitung gehört auch die Entscheidung über Dienstaufsichtsbeschwerden, die gegen die Verfügungen oder die Verfahrensweise der Staatsanwaltschaft erhoben werden. Der Zahl der Instanzen sind bei der Aufsichtsbeschwerde im allgemeinen keine Grenzen gesetzt; so ist es z. B. demjenigen, der sich über einen Amts- oder Staatsanwalt beim Leiter der Staatsanwaltschaft ohne Erfolg beschwert hat, nicht verwehrt, weitere Beschwerde beim Generalstaatsanwalt und ggf. auch noch beim Justizministerium einzulegen. Wegen der gerichtlichen Nachprüfung von Maßnahmen der Staatsanwaltschaft – über die in Einzelbestimmungen (§ 172 StPO) vorgesehenen Möglichkeiten hinaus – vgl. die Erl. zu §§ 23ff EGGVG.

4 **4. Bundesminister der Justiz (Nr. 1).** Das Recht des Bundesministers der Justiz zur Aufsicht und Leitung beschränkt sich auf den Generalbundesanwalt, dessen Dienstvorgesetzter i. S. des § 194 Abs. 3 StGB er ist[2], auf die Bundesanwälte und die übrigen beim Generalbundesanwalt mit staatsanwaltschaftlichen Aufgaben betrauten Beamten (§ 142, 14). Den Landesjustizverwaltungen und den Staatsanwaltschaften der Länder gegenüber hat er kein Aufsichts- und Leitungsrecht. Ein solches ergibt sich auch nicht aus Art. 84 Abs. 3, 4 GG[3]. Der Generalbundesanwalt ist in § 147 als Träger des Aufsichts-

---

[1] *Kissel*[3] 1; KK-*Schoreit*[4] 1; *Kleinknecht/Meyer-Goßner*[44] 3; zu datenschutzrechtlichen Aspekten *Landau/Dames* DRiZ **1992** 130.

[2] RGSt **57** 420.

[3] OVG Münster JMBlNRW **1968** 23.

und Leitungsrechts hinsichtlich der ihm unterstellten Behörde nicht ausdrücklich erwähnt; diese Lücke ist durch § 14 Abs. 1 Nr. 5 GVGVO geschlossen.

5. Landesjustizverwaltungen (Nr. 2). Wegen des Aufsichts- und Leitungsrechts der Landesjustizverwaltungen vgl. die Erl. zu § 146; wegen des Verhältnisses der §§ 146, 147 zu § 145 vgl. § 145, 3. 5

6. Staatsanwaltschaft bei den Oberlandesgerichten (Nr. 3). Der Aufsicht und Leitung des Generalstaatsanwalts unterstellt sind die ihm beigeordneten Beamten (§ 144), sämtliche Beamten der Staatsanwaltschaft bei den Landgerichten des Oberlandesgerichtsbezirks einschließlich der Amtsanwälte. 6

Dem **Leiter der Staatsanwaltschaft bei dem Landgericht** unterstellt sind die ihm beigeordneten Beamten einschließlich der in einer auswärtigen Zweigstelle tätigen (§ 141, 6) sowie sämtliche Amtsanwälte des Landgerichtsbezirks. In Ergänzung des § 147 bestimmt § 14 Abs. 1 Nr. 7 GVGVO, daß bei einer selbständigen Amtsanwaltschaft (§ 141, 2) deren Leiter die Dienstaufsicht ausübt; diese beschränkt sich allerdings, sofern er nicht Oberstaatsanwalt ist, auf die nicht dem höheren oder dem Amtsanwaltsdienst angehörenden Beamten (§ 15 GVGVO). 7

7. Generalstaatsanwalt als politischer Beamter. Während die Generalstaatsanwälte in einigen Bundesländern (etwa Baden-Württemberg, Bayern sowie – neuestens – Nordrhein-Westfalen) als normale Laufbahnbeamte eingestuft sind, haben sie in anderen Bundesländern (z. B. Mecklenburg-Vorpommern, Schleswig-Holstein) ebenso wie der Generalbundesanwalt (§ 149, 1) den Status eines politischen Beamten. Dieser Begriff bezeichnet Beamte, die jederzeit ohne Angabe von Gründen in den einstweiligen Ruhestand versetzt werden können. Nach § 31 BRRG bekleidet ein solcher Beamter ein Amt, „bei dessen Ausübung er in fortdauernder Übereinstimmung mit den grundsätzlichen politischen Ansichten und Zielen der Regierung stehen muß“. 8

Dieser unterschiedlichen Statusregelung liegt eine **kontroverse Sichtweise** zum Verhältnis der Generalstaatsanwälte zu Justizminister und Regierung zugrunde. Während für den Status eines politischen Beamten im wesentlichen auf die politische Dimension des Amtes und seine Bedeutung für die praktische Umsetzung kriminalpolitischer Zielsetzungen der Regierung verwiesen wird, geben die einen solchen Status ablehnenden Regelungen der Bedeutung des Amtes für das Strafverfahren sowie dem damit verbundenen Rechtsgewährungsauftrag Vorrang und wollen eine politische Abhängigkeit des Generalstaatsanwalts so weit wie möglich vermeiden[4]. 9

Die Legaldefinition des § 31 BRRG läßt sich allerdings auf den Generalstaatsanwalt als obersten Beamten der „Justizbehörde“ Staatsanwaltschaft und letztverbindlichen Träger des internen Weisungsrechts nur schwer übertragen. Auch verträgt sich die **gesteigerte Abhängigkeit von der Regierung**, die mit dem Status des politischen Beamten verbunden ist, kaum mit der besonderen gerichtsverfassungsrechtlichen Stellung der Staatsanwaltschaft (Vor § 141, 14), deren oberster Entscheidungsträger der Generalstaatsanwalt ist. Legitimen Interessen des Justizministers, kriminalpolitische Zielsetzungen auch praktisch umsetzen und seiner gesetzlichen Leitungsaufgabe gerecht werden zu können, ist zudem durch die mit dem externen Weisungsrecht verbundenen Möglich- 10

[4] Zum Problemkreis im einzelnen *Kintzi* DRiZ **1988** 457; *Krey/Pföhler* NStZ **1985** 145; *Schäfer* NJW **1997** 1753; *Theisen* FS Zeidler 1167; *Treppe* FS Meyer 671; *Ulrich* DRiZ **1988** 368; SchlH Landtagsdrucksache **12** 1236 S. 329.

keiten (vgl. die Erl. zu § 146) weitreichend Rechnung getragen. All diese Gesichtspunkte sprechen für die Stimmen, die eine generelle Abschaffung eines politischen Beamtenstatus im Bereich der Staatsanwaltschaften befürworten[5].

11 **8. Reformvorschläge.** Zu Änderungsvorschlägen im Referentenentwurf StAÄG 1976 vgl. Vor § 141, 27 und 23. Auflage Rdn. 6ff.

§ 148

Der Generalbundesanwalt und die Bundesanwälte sind Beamte.

Entstehungsgeschichte. Die Vorschrift hatte ursprünglich folgende Fassung:

Der Oberreichsanwalt und die Reichsanwälte sind nichtrichterliche Beamte.

Zu diesen Ämtern sowie zu dem Amte eines Staatsanwalts können nur zum Richteramte befähigte Beamte ernannt werden.

Das VereinhG brachte neben der erforderlichen redaktionellen Anpassung keine sachliche Änderung. Durch das DRiG 1961 wurden Absatz 2 (§ 85 Nr. 13 DRiG) und in Absatz 1 das Wort „nichtrichterliche" (§ 85 Nr. 12 DRiG) gestrichen. Bezeichnung bis 1924: § 149.

1 **1. Näheres zur Entwicklungsgeschichte.** Bei Schaffung des Gerichtsverfassungsgesetzes boten sich für die Besetzung der Stellen von Staatsanwälten – d. h. der bei allen Gerichten einsetzbaren Beamten der Staatsanwaltschaft, im Gegensatz zu den nur bei den Amtsgerichten einsetzbaren Amtsanwälten, §§ 142, 145 – zwei Möglichkeiten: entweder die widerrufliche Beauftragung von Richtern oder die Besetzung mit ständigen Beamten. Im letzteren Fall bestand die Möglichkeit, die beamtenrechtliche Stellung der Staatsanwälte der Rechtsstellung der Richter in der Weise anzugleichen, daß zwar – angesichts der Weisungsgebundenheit (§ 146) – die sachliche Unabhängigkeit (§ 1) bei der Amtsausübung entfiel, ihnen aber andere die Amtsstellung des Richters kennzeichnende Merkmale, nämlich die Ernennung auf Lebenszeit und Unabsetzbarkeit, beigelegt wurden[1].

2 Das **Gerichtsverfassungsgesetz** traf eine Entscheidung nur für die Beamten der Reichsanwaltschaft (Oberreichsanwalt und Reichsanwälte), indem es in § 148 Abs. 1 aussprach, sie seien nichtrichterliche Beamte. Damit war klargestellt, daß diese Stellen mit ständigen Beamten zu besetzen sind und daß deren beamtenrechtliche Stellung nicht derjenigen der Richter entspricht. Dagegen überließ es das Gerichtsverfassungsgesetz den Ländern, die beamtenrechtliche Stellung der Beamten der Landesstaatsanwaltschaften zu regeln. Vorgegeben wurde allerdings, daß zu dem Amt des Staatsanwalts die Befähigung zum Richteramt Voraussetzung ist.

3 Das **VereinhG** beließ es bei dieser Regelung, indem es lediglich den Absatz 1 im Wortlaut den veränderten Verhältnissen anpaßte, Absatz 2 aber sachlich unverändert ließ. Indessen war eine einheitliche Regelung auch für die Staatsanwälte bei den dem Reichsgericht nachgeordneten Gerichten bereits durch § 9 GVGVO 1935 („Die Beamten der Staatsanwaltschaft sind nichtrichterliche Beamte") erfolgt. In Ergänzung dieser Vor-

---

[5] *Rudolph* NJW **1998** 1205; *Schäfer* NJW **1997** 1753.

[1] Näher *Schubert* (Gerichtsverfassung) 126.

schrift bestimmte § 19 Abs. 2 GVGVO, daß, soweit in den Ländern das Amt eines Staatsanwalts von Richtern aufgrund eines Auftrags ausgeübt wurde, diese Beamten mit Ablauf des 20.4.1935 endgültig zu ständigen Beamten der Staatsanwaltschaft würden. § 9 GVGVO ist durch das VereinhG 1950 nicht berührt worden (vgl. Art. 8 II Nr. 7 VereinhG). Er ergänzt also den § 148 dahin, daß die gleiche Regelung auch für die Staatsanwälte bei den Landesstaatsanwaltschaften gilt, und läßt insoweit keinen Raum für abweichende landesrechtliche Vorschriften.

Die **Änderungen des § 148 durch das Deutsche Richtergesetz** (oben Entstehungsgeschichte) sind rechtstechnischer Natur und nicht mit einer sachlichen Änderung verbunden. Die bisherige Fassung entsprach der früheren Unterscheidung zwischen richterlichen und nichtrichterlichen Beamten. Nach der Herausnahme der Richter aus dem Beamtenbegriff mußte das Wort „nichtrichterliche" entfallen. Absatz 2 wiederum wurde im Hinblick auf § 122 DRiG entbehrlich. Der in der Reformliteratur erhobenen Forderung, den Beamtenstatus für die Staatsanwälte aufzugeben und ihre rechtliche Stellung als „zur rechtsprechenden Gewalt gehörend" dadurch zu kennzeichnen, daß sie umfassend und in Angleichung an die Rechtsstellung der Richter geregelt werde, ist der Gesetzgeber nicht gefolgt. Er hat sich vielmehr darauf beschränkt, durch Aufnahme des § 122 DRiG, der in den Absätzen 2 bis 4 gewisse Angleichungen enthält, die „Nähe" des staatsanwaltlichen Amtes zum Richteramt zu betonen. 4

2. Richter als Staatsanwalt. Ein auf Lebenszeit ernannter Richter kann mit seiner Zustimmung vorübergehend zur Staatsanwaltschaft abgeordnet werden (§ 37 DRiG); richterliche Aufgaben kann er in dieser Zeit nicht wahrnehmen (§ 151; vgl. auch § 4 Abs. 2 DRiG). Richter auf Probe und kraft Auftrags können auch ohne ihre Zustimmung bei der Staatsanwaltschaft eingesetzt werden (§§ 13, 16 Abs. 2 DRiG). Auch hier ist eine gleichzeitige richterliche Betätigung ausgeschlossen. Richter auf Probe führen im staatsanwaltlichen Dienst die Bezeichnung Staatsanwalt (§ 19a Abs. 3 DRiG). 5

§ 149

Der Generalbundesanwalt und die Bundesanwälte werden auf Vorschlag des Bundesministers der Justiz, der der Zustimmung des Bundesrates bedarf, vom Bundespräsidenten ernannt.

Entstehungsgeschichte. § 149 hatte – nach Anpassung der Ursprungsfassung (Ernennung durch den Kaiser) an die geänderten Verhältnisse – in der ab 1.4.1924 geltenden Fassung (RGBl I S. 299) folgenden Wortlaut:

> Der Oberreichsanwalt und die Reichsanwälte werden auf Vorschlag des Reichsrats vom Reichspräsidenten ernannt. Für die Versetzung in den Ruhestand und das zu gewährende Ruhegehalt finden die Vorschriften des § 128 entsprechende Anwendung.
> Der Oberreichsanwalt und die Reichsanwälte können durch Verfügung des Reichspräsidenten jederzeit mit Gewährung des gesetzlichen Wartegelds in den Ruhestand versetzt werden.

Durch Art. 1 I Nr. 60 des VereinhG wurden Absatz 1 Satz 2 und Absatz 2 gestrichen und Absatz 1 Satz 1 redaktionell angepaßt. Bezeichnung bis 1924: § 150.

1. Generalbundesanwalt als politischer Beamter. Die beamtenrechtlichen Verhältnisse des Generalbundesanwalts und der Bundesanwälte regelt – von § 122 DRiG abgesehen – 1 das Bundesbeamtengesetz. Nach dessen § 36 Nr. 5 kann der Bundespräsident den Generalbundesanwalt als politischen Beamten, aber abweichend vom früheren Recht nicht mehr die Bundesanwälte, jederzeit in den einstweiligen Ruhestand versetzen. Zur Problematik und zu entsprechenden Länderregelungen für Generalstaatsanwälte vgl. § 147, 8.

2 **2. Oberstaatsanwälte bei der Bundesanwaltschaft.** Die bei der Bundesanwaltschaft planmäßig tätigen Oberstaatsanwälte sind keine Bundesanwälte i. S. des § 149 (§ 142, 14).

3 **3. Reformvorschläge.** Zu Änderungsvorschlägen im Referentenentwurf StAÄG 1976 vgl. Vor § 141, 27 und 23. Auflage 3 ff.

§ 150

Die Staatsanwaltschaft ist in ihren amtlichen Verrichtungen von den Gerichten unabhängig.

Bezeichnung bis 1924: § 151.

1 **1. Bedeutung der Unabhängigkeit von den Gerichten.** Die Vorschrift soll zum Ausdruck bringen, daß die Staatsanwaltschaft eine selbständige Behörde neben dem Gericht mit einem gesetzlich festgelegten Aufgabenbereich ist. Die Wendung „von den Gerichten unabhängig" besagt, daß die Staatsanwaltschaft ihre Aufgaben und Befugnisse unmittelbar aus dem Gesetz herleitet[1], im Gegensatz zu dem der heutigen Staatsanwaltschaft ähnlichen Fiskalat, das weitgehend aufgrund gerichtlichen Auftrags tätig wurde[2]. Insofern sagt die Vorschrift allerdings etwas Selbstverständliches, denn dies alles ergibt sich bereits aus den übrigen Bestimmungen des 10. Titels und aus der Regelung des Aufgabenbereichs der Staatsanwaltschaft in der Strafprozeßordnung.

2 Im übrigen ist die Fassung des § 150 mißverständlich und wenig geglückt. Daß die Staatsanwaltschaft in ihren amtlichen Verrichtungen von den Gerichten unabhängig sei, ist in dieser Allgemeinheit nicht richtig. Sie ist vielmehr bei ihren Amtsverrichtungen **von den Gerichten in mehrfacher Beziehung abhängig.** So bedürfen z. B. staatsanwaltschaftliche Entscheidungen – etwa im Bereich der §§ 153, 153a StPO – vielfach der Zustimmung des Gerichts. Die Unabhängigkeit der Staatsanwaltschaft bedeutet in einem solchen Fall der mit gerichtlicher Zustimmung vorgenommenen Verfahrenseinstellung, daß die Staatsanwaltschaft und nicht das Gericht die Verantwortung für die Entscheidung trägt, die Einstellung also nicht durch die Zustimmung des Gerichts den Charakter einer Maßnahme der Staatsanwaltschaft verliert[3].

3 **Abhängig vom Gericht** ist die Staatsanwaltschaft z. B. auch bei der Klageerzwingung, wo sie eine vom Gericht beschlossene Erhebung der öffentlichen Klage durchzuführen hat (§§ 172, 175 StPO). Eine Abhängigkeit im Sinne einer Bindung an die gerichtliche Entscheidung besteht auch im Zusammenhang mit der Vollstreckungszuständigkeit der Staatsanwaltschaft. Zu wechselseitigen Abhängigkeiten und Verschränkungen von Staatsanwaltschaft und Gericht im Rahmen ihres strafverfahrensrechtlichen Zusammenwirkens vgl. auch Einl. Abschn. I 47. In der vielerörterten Frage, inwieweit die

---

[1] KG JR **1966** 230.
[2] *Eb. Schmidt* 2.
[3] Dazu BGH NJW **1975** 1830.

Staatsanwaltschaft an eine feste höchstrichterliche Rechtsprechung gebunden ist (hierzu Vor § 141, 17), lassen sich aus § 150 keine entscheidenden Argumente gewinnen[4].

2. Folgerungen. Die Gerichte einerseits und die Staatsanwaltschaft andererseits bilden zwei selbständige Zweige der Rechtspflege, die zueinander in einem Verhältnis gleichgeordneter Einrichtungen stehen. Dieser Gesichtspunkt ist für das gesamte Zusammenwirken beider Justizbehörden zu beachten und gilt insbesondere auch dort, wo die Staatsanwaltschaft in einzelnen Amtsverrichtungen von den Gerichten abhängig ist (oben Rdn. 2, 3). Demzufolge hat das Gericht der Staatsanwaltschaft weder „Anweisungen" zu erteilen noch „Auflagen" zu machen. Auch wäre es nicht angemessen, die Staatsanwaltschaft bei der Mitteilung einer Entscheidung ausdrücklich zu etwas aufzufordern, was sie schon kraft gesetzlicher Vorschrift zu tun verpflichtet ist. Insbesondere ist die Staatsanwaltschaft zu Hauptverhandlungen und sonstigen Terminen nicht zu laden; vielmehr ist ihr von dem Termin schlicht Kenntnis zu geben. **4**

Aus § 150 ergibt sich einmal die Klarstellung, daß die Staatsanwaltschaft angesichts der ihr übertragenen Ermittlungsaufgabe[5] auch **nach Erhebung der öffentlichen Klage** berechtigt ist, unabhängig vom Gericht – wenn auch tunlichst in dessen Einvernehmen[6] – **weitere Ermittlungen** anzustellen[7]; zum anderen aber auch, daß sie nicht aufgrund einer Anordnung des Gerichts verpflichtet ist, für dieses weitere Beweise zu erheben[8]. Beschließt also das Gericht vor Eröffnung des Hauptverfahrens (§ 202 StPO) oder in der Hauptverhandlung die Erhebung weiterer Beweise, so kann es die Staatsanwaltschaft zwar ersuchen, die erforderlichen Ermittlungen anzustellen. Diese handelt aber, wenn sie dem entspricht, nicht in Erfüllung einer ihr dem Gericht gegenüber obliegenden gesetzlichen Vollstreckungspflicht (etwa aus § 36 Abs. 2 StPO), sondern es liegt ein Akt kooperativer Unterstützung durch ein gleichrangiges Rechtspflegeorgan vor. Diese kooperative Mithilfe bewegt sich allerdings nicht in einem unverbindlichen, rechtsfreien Raum. Maßgebend sind vielmehr die für die Amtshilfe geltenden Grundsätze[9]. Zur Frage, inwieweit der Staatsanwalt der Sitzungspolizei des Gerichts unterworfen ist, s. Erl. zu § 176. **5**

§ 151

[1]Die Staatsanwälte dürfen richterliche Geschäfte nicht wahrnehmen. [2]Auch darf ihnen eine Dienstaufsicht über Richter nicht übertragen werden.

Bezeichnung bis 1924: § 152.

1. Verbot der Wahrnehmung richterlicher Geschäfte (Satz 1). Dieses Verbot hat heute keine selbständige Bedeutung mehr. Nach Art. 92 GG wird Rechtsprechung („richterliche Geschäfte") nur durch Richter ausgeübt. Der Grundsatz der Gewaltenteilung (Art. 20 Abs. 2 GG) verbietet eine gleichzeitige Tätigkeit als unabhängiger Richter und **1**

---

4 LR-*Graalmann-Scheerer* § 170, 26 StPO; *Kissel*[3] 1; *Haft/Hilgendorf* FS StA SchlH 292.

5 Zu Einschränkungen der staatsanwaltschaftlichen Ermittlungsbefugnis im Hinblick auf die Verfahrensherrschaft des Gerichts vgl. LR-*Gollwitzer* Vor § 213 StPO, 18.

6 LR-*Gollwitzer* a. a. O.

7 LR-*Gollwitzer* Vor § 213 StPO, 17; *Kissel*[3] 2; *Bohnert* (Abschlußentscheidung) 17; *Siewert/Matteus* DRiZ **1993** 353; **a. A** *Wohlers* (Staatsanwaltschaft) 221; Bedenken auch bei KK-*Schoreit*[4] 1.

8 KG JR **1966** 230 mit zust. Anm. *Kleinknecht*; KG JR **1967** 69; **a. A** LG Münster JR **1979** 40 mit zust. Anm. *Peters*; weitere Nachweise zum Streitstand LR-*Rieß* § 202, 12 StPO.

9 Hierzu auch LR-*Rieß*[24] § 202, 12; 14 StPO mit weit. Nachw. (auch zur Gegenmeinung).

weisungsgebundenes Organ der Verwaltung. Nur in den Grenzen des § 4 DRiG kann neben der rechtsprechenden Tätigkeit eine nichtrichterliche Aufgabe wahrgenommen werden. Die Unvereinbarkeit von richterlicher und staatsanwaltlicher Tätigkeit schließt auch aus, daß ein Staatsanwalt als Richter tätig wird, wenn er (etwa infolge Beurlaubung) sein Amt als Staatsanwalt nicht ausübt[1].

2 Dagegen ist es rechtlich zulässig, daß ein auf Lebenszeit ernannter Staatsanwalt unter Aufrechterhaltung seines allgemeinen Beamtenstatus zum **Richter kraft Auftrags** ernannt wird (§§ 14, 15 DRiG). Auch ein Richter auf Lebenszeit kann – mit seinem Einverständnis, § 37 DRiG – zur Staatsanwaltschaft abgeordnet werden[2]. Ein bei der Staatsanwaltschaft eingesetzter Richter auf Probe (§§ 12 Abs. 1, 13 DRiG) kann richterliche Aufgaben erst wahrnehmen, wenn seine Tätigkeit bei der Staatsanwaltschaft beendet ist. Daß im übrigen ein Staatsanwalt unter Ausscheiden aus seinem Amt zum Richter ernannt werden kann, ist selbstverständlich. Wegen der Verwendung von Richtern bei der Staatsanwaltschaft vgl. § 148, 5.

3 **2. Keine Dienstaufsicht über Richter (Satz 2).** Das Verbot des Satzes 2 betrifft nur die allgemeine Dienstaufsicht über Richter im richterlichen Aufgabenbereich. Es gilt nicht, soweit Richter in zulässiger Weise staatsanwaltliche Aufgaben wahrnehmen[3]. Zu nach früherem Recht gegebenen Aufsichtsbefugnissen der Staatsanwaltschaft über Richter beim Amtsgericht, soweit diese Funktionen in Strafvollstreckung und Strafvollzug wahrzunehmen hatten, vgl. 23. Aufl. Rdn. 2.

§ 152

(1) Die Hilfsbeamten der Staatsanwaltschaft sind in dieser Eigenschaft verpflichtet, den Anordnungen der Staatsanwaltschaft ihres Bezirks und der dieser vorgesetzten Beamten Folge zu leisten.

(2) [1]Die Landesregierungen werden ermächtigt, durch Rechtsverordnung diejenigen Beamten- und Angestelltengruppen zu bezeichnen, auf die diese Vorschrift anzuwenden ist. [2]Die Angestellten müssen im öffentlichen Dienst stehen, das 21. Lebensjahr vollendet haben und mindestens zwei Jahre in den bezeichneten Beamten- oder Angestelltengruppen tätig gewesen sein. [3]Die Landesregierungen können die Ermächtigung durch Rechtsverordnung auf die Landesjustizverwaltungen übertragen.

Schrifttum. *Bindel* Verhältnis Staatsanwaltschaft – Polizei, DRiZ **1994** 165; *Bräutigam* Probleme der Sachleitungsbefugnis des Staatsanwalts, DRiZ **1992** 214; *Dehler* Die Stellung der Polizei zu Staatsanwaltschaft und Untersuchungsrichter (1929); *Deuschle* Die Stellung der Staatsanwaltschaft im Ermittlungsverfahren, insbesondere ihr Verhältnis zur Kriminalpolizei und zu den im Ermittlungsverfahren tätigen gerichtlichen Behörden (1936); *Fuhrmann* Die Staatsanwaltschaft und ihre Hilfsorgane, JR **1964** 218; *Görgen* Die organisationsrechtliche Stellung der Staatsanwaltschaft zu ihren Hilfsbeamten und zur Polizei (1973); *Görgen* Die Polizei als Staatsanwaltschaft vor der Staatsanwaltschaft? DRiZ **1976** 296; *Hertweck* Staatsanwalt und Schießbefehl, DRiZ **1971** 304; *Hirsch* Probleme des Polizeieinsatzes durch den Staatsanwalt, ZRP **1972** 206; *Holland* Landespoli-

[1] Vgl. für den früheren Rechtszustand RGSt **60** 25; *Alsberg* JW **1926** 1299; aber auch *Menges* JW **1926** 1228.

[2] *Kissel*[3] 1.

[3] *Katholnigg*[3] 2; *Kissel*[3] 2; KK-*Schoreit*[4] 2; KMR-*Paulus* 3.

zeibeamte – zugleich Hilfsbeamte des Generalbundesanwalts, MDR **1973** 376; *E. Kaufmann* (u. a.) Der polizeiliche Eingriff in Freiheit und Rechte (1951) 35ff; *Keller/Grießbaum* Das Phänomen der vorbeugenden Bekämpfung von Straftaten, NStZ **1990** 416; *Koenen* Selbständige Rechte und Pflichten der Kriminalpolizei bei der Ermittlung strafbarer Handlungen (1938); *Kohlhaas* Die Stellung der Staatsanwaltschaft als Teil der rechtsprechenden Gewalt (1963) 67ff; *Kramer* Zur Zulässigkeit gemeinsamer Ermittlungsgruppen des Polizeivollzugsdienstes und des Zollfahndungsdienstes in Zusammenhang mit der Bekämpfung der Betäubungsmittelkriminalität, wistra **1990** 169; *Krey* Grenzen des staatsanwaltschaftlichen Weisungsrechts gegenüber der Polizei, ZRP **1971** 224; *Müller* Die Disziplinargewalt über die Hilfsbeamten der Staatsanwaltschaft, KrimMonH **1931** 169; *Müller* Die Befehlsgewalt über die Hilfsbeamten der Staatsanwaltschaft, KrimMonH **1932** 126; *Nelles* Kompetenzen und Ausnahmekompetenzen in der Strafprozeßordnung (1979) 81ff; *Nerz* Die Zusammenarbeit von Staatsanwaltschaft und Kriminalpolizei, Justiz **1958** 228; *Peisker* Staatsanwaltschaft und Polizei, Justiz **1958** 233; *Pütz* Steuer- und Zollfahnder als Hilfsbeamte der Staatsanwaltschaft, wistra **1990** 212; *Roth* Kriminalitätsbekämpfung in deutschen Großstädten (1997) 202ff; *Rüping* Das Verhältnis von Staatsanwaltschaft und Polizei, ZStW **95** (1983) 895; *Röper* Staatsanwaltschaft – Hilfsorgan der Polizei? DRiZ **1998** 309; *K. Schäfer* Hilfsbeamte der Staatsanwaltschaft, DJ **1933** 568; *Schröder* Das verwaltungsrechtlich organisatorische Verhältnis der strafverfolgenden Polizei zur Staatsanwaltschaft (1996); *Schünemann* Polizei und Staatsanwaltschaft, Kriminalistik **1999** 74, 146; *Steffen* Analyse polizeilicher Ermittlungstätigkeit aus der Sicht des späteren Strafverfahrens (1976); *Stober* Kommunalbeamte als Hilfsbeamte der Staatsanwaltschaft? DVBl. **1985** 81; *Ulrich* Das Verhältnis Staatsanwaltschaft – Polizei, ZRP **1977** 158; *Wagner* Staatsanwaltschaft oder Polizei? MDR **1973** 713; *Wensky* Die Unterstellung der Kriminalpolizei unter die Staatsanwaltschaft als wiederauflebendes Reformproblem zum Strafprozeß, ZStW **75** (1963) 266.

Entstehungsgeschichte. Die Vorschrift hatte in der ursprünglichen Gesetzesfassung folgenden Wortlaut:

> Die Beamten des Polizei- und Sicherheitsdienstes sind Hilfsbeamte der Staatsanwaltschaft und sind in dieser Eigenschaft verpflichtet, den Anordnungen der Staatsanwälte bei dem Landgerichte ihres Bezirks und der diesen vorgesetzten Beamten Folge zu leisten.
> Die nähere Bezeichnung derjenigen Beamtenklassen, auf welche diese Bestimmung Anwendung findet, erfolgt durch die Landesregierungen.

Durch Gesetz vom 13. 12. 1934 (RGBl. I S. 1233) wurde in Absatz 2 das Wort „Landesregierungen" durch „Reichsregierung" ersetzt. Art. 1 I Nr. 62 des VereinhG ersetzte in Absatz 1 dann die Wendung „der Staatsanwälte bei dem Landgerichte ihres Bezirks" durch die Formulierung „der Staatsanwaltschaft ihres Bezirks". Zugleich erhielt Absatz 2 folgende Fassung:

> Die Landesregierung bezeichnet im Einvernehmen mit der Landesjustizverwaltung die Beamtenklassen, auf die diese Vorschrift anzuwenden ist.

Die jetzige, ab 1. 1. 1975 geltende Fassung des Absatzes 2 beruht auf Art. 2 Nr. 33 des 1. StVRG 1974. Bezeichnung bis 1924: § 153.

Übersicht

Alphabetische Übersicht

I. Entwicklungsgeschichte und allgemeine Bedeutung der Vorschrift

1. Gesetzgeberische Ausgangslage

a) Aufgabenverteilung im Inquisitionsprozeß. Im gemeinrechtlichen Inquisitionsprozeß, wie er noch zu Beginn des 19. Jahrhunderts Bestand hatte, war die strafprozessuale Ermittlungsaufgabe Sache des Richters. Unter seiner Leitung und Aufsicht wurden die erforderlichen Ermittlungen durchgeführt. Eigenständige strafprozessuale Befugnisse der Polizei im kriminalgerichtlichen Bereich gab es nicht[1]. Eine von der Sicherheitspolizei getrennte Polizeiorganisation mit Strafverfolgungsaufgaben war, anders als z. B. in Frankreich, nicht vorhanden[2]. 1

b) Reformentwicklung. Im Zuge der anschließenden Reformentwicklung ist in den einzelnen Territorialrechten die kriminalgerichtliche Ermittlungsaufgabe zunehmend Staatsanwaltschaften übertragen worden (vgl. auch Vor § 141, 5). Die Einrichtung einer gerichtlichen Polizei bestand vor Inkrafttreten des Gerichtsverfassungsgesetzes im Jahre 1879[3] nur in dem Geltungsgebiet des französischen Rechts und in Braunschweig[4]. In beschränkter Weise war ein Anordnungsrecht der Staatsanwaltschaft gegenüber der Polizei auch in einigen anderen deutschen Ländern anerkannt. In den meisten Gebieten aber, insbesondere auch in Preußen, durfte die Staatsanwaltschaft nur im Wege eines Ersuchens die Mitwirkung der Polizeibehörde in Anspruch nehmen[5]. 2

c) Fehlender Vollzugsapparat bei den Staatsanwaltschaften. Bei der vorgesehenen Übernahme des Reformmodells Staatsanwaltschaft in die Reichsjustizgesetzgebung war somit zu berücksichtigen, daß die Staatsanwaltschaft in der ihr zugedachten Rolle als „Herrin" des vorbereitenden Verfahrens sowie als die zur Vollstreckung gerichtlicher Entscheidungen berufene Behörde (§ 36 StPO) über keinen eigenen Vollzugsapparat verfügt, sie somit im Ermittlungsverfahren in weitreichendem Maße auf eine Mitwirkung anderer staatlicher Organe angewiesen ist, etwa zur Durchführung von Vernehmungen und sonstigen Ermittlungshandlungen, zur Vollstreckung von Haftbefehlen oder z. B. für die Anordnung und Vornahme einer vorläufigen Festnahme, einer Durchsuchung oder Beschlagnahme. 3

d) Mitwirkung der Polizei. Der Verwandtschaft der Sicherheitsaufgaben entsprechend bot sich vor allem die Polizei für eine solche Mitwirkung an. Deren aus dem Polizeirecht sich ergebende präventive Aufgabenstellung beschränkte sich allerdings auf die Verbrechensverhütung. Zu regeln waren daher ihre Einbeziehung in die Aufgaben der Strafverfolgung sowie das dabei sich ergebende Verhältnis zur Staatsanwaltschaft als Trägerin der strafrechtlichen Ermittlungskompetenz. 4

Für die **nähere Ausgestaltung** einer zentralen reichsgesetzlichen Regelung dieser Fragen war allerdings zu berücksichtigen, daß es einheitliche organisatorische Verhältnisse bei der Polizei in den einzelnen Ländern nicht gab, vielmehr deren Unterschiedlichkeit und Vielgestaltigkeit unter dem Gesichtspunkt der Umsetzung des Gesetzes in der Rechtswirklichkeit von vornherein Grenzen setzte. Unter Berücksichtigung der prak- 5

[1] Zu polizeilichen Befugnissen im Bereich der Polizeigerichtsbarkeit und dem daraus erwachsenden Einfluß auf die kriminalgerichtliche Untersuchung am Beispiel der Rechtslage und Entwicklung in Preußen siehe bei *Görgen* 35ff. Zum Ganzen auch *Schünemann* Kriminalistik **1999** 74.

[2] Hierzu im einzelnen *Görgen* 35ff; *Dehler* 10.

[3] Hierzu *Görgen* ZRP **1976** 60; *Wagner* MDR **1973** 715.

[4] Hierzu *Roth* 212ff; Zur Verwirklichung einer gerichtlichen Polizei in Baden von 1879 bis 1933 *Rüping* ZStW **95** (1983) 908.

[5] Hierzu *Hahn* Bd. 1 153; *Roth* 214.

tischen Gegebenheiten kamen **für eine solche Regelung** daher insbesondere **zwei Möglichkeiten** in Betracht: entweder die organisatorische Selbständigkeit der Polizeibehörden zu erhalten und diese rechtlich zur Unterstützung der Staatsanwaltschaft zu verpflichten oder aber Polizeibeamte in der Weise in die Staatsanwaltschaft einzugliedern, daß sie dieser unmittelbar unterstellt werden und von ihr – ohne Inanspruchnahme der Polizeibehörde als solcher – ihre Weisungen empfangen.

2. Regelung durch StPO und GVG

6 **a) Staatsanwaltschaftliches Ermittlungsverfahren.** Der Reichsjustizgesetzgeber ist sich der beschriebenen Problemlage voll bewußt gewesen[6]. Er hat mit den Regelungen in der Strafprozeßordnung (heutige §§ 160, 161, 163) und im Gerichtsverfassungsgesetz (heutiger § 152) eine Lösung gewählt, mit der, was den Einsatz der Polizei im strafrechtlichen Ermittlungsbereich angeht, die beiden oben angeführten Möglichkeiten kombiniert sind. Die Kompetenz für das strafprozessuale Vorverfahren und damit die Verantwortlichkeit für den gesamten strafrechtlichen Ermittlungsbereich hat er uneingeschränkt der Justizbehörde Staatsanwaltschaft übertragen und von der Möglichkeit, die Polizei neben Gerichten und Staatsanwaltschaft als drittes Organ der Strafrechtspflege mit einem selbständigen Wirkungskreis einzusetzen, bewußt abgesehen[7]. Stimmen aus dem polizeilichen Schrifttum[8], die dem Gesetz eine im Verhältnis zur Staatsanwaltschaft gleichrangige Aufgabenstellung der Polizei im strafrechtlichen Ermittlungsbereich entnehmen, gehen an den insoweit eindeutigen Gesetzesmaterialien vorbei.

7 **b) Einbeziehung der Polizei in die Strafverfolgungsaufgaben.** Um der Staatsanwaltschaft als „Kopf ohne Hände“[9] die zur Erfüllung ihrer Ermittlungsaufgaben erforderlichen Ausführungsorgane zur Verfügung zu stellen, hat der Reichsjustizgesetzgeber einen zweifachen Weg gewählt. In der Strafprozeßordnung hat er die Polizei insgesamt in die Strafverfolgungs- und Ermittlungsaufgabe eingebunden (zu der insoweit im einzelnen getroffenen Regelung und den dabei auftretenden Streitfragen vgl. Erl. zu §§ 161, 163 StPO). Dabei ist er, was die Verpflichtung zur Erfüllung von Ersuchen oder Aufträgen der Staatsanwaltschaft nach § 161 StPO angeht, von einer speziellen Amtshilfeverpflichtung ausgegangen[10]. Zur dogmatischen Einordnung der polizeilichen Mitwirkung bei der Strafverfolgung nach § 163 StPO (h. M: gesetzliches Auftragsverhältnis) vgl. die Erläuterungen zu § 161.

8 In Ergänzung hierzu wurden mit § 152 von den Landesregierungen zu bestimmende Polizeibeamte des jeweiligen Bezirks der Staatsanwaltschaften diesen zur unmittelbaren Unterstützung als **eigene Ausführungsorgane** zugeordnet. Im Unterschied zu der auf eine Verpflichtung zur Unterstützung und Hilfeleistung beschränkten Regelung in der StPO, die sich auf alle Behörden und Beamten der Polizei in ganz Deutschland bezieht, ist damit für den Amtsbezirk der jeweiligen Staatsanwaltschaft eine die örtliche Polizeiorganisation unmittelbar berührende Regelung getroffen worden[11].

9 **c) Besondere Befugnisse der Hilfsbeamten.** Den mit § 152 geschaffenen eigenen Ermittlungsorganen der Staatsanwaltschaft wurden in der Strafprozeßordnung gleichzeitig Befugnisse übertragen, die über die der Polizei und ihren Beamten allgemein bei der Mitwirkung im Strafverfolgungsbereich zustehenden Rechte hinausgehen. Wo eine

[6] *Hahn* Bd. 1 153 f.
[7] *Hahn* Bd. 1 153; *Fuhrmann* JR **1964** 218.
[8] Z. B. *Knemeyer/Deubert* NJW **1992** 3131.
[9] *Roxin* DRiZ **1969** 385, 388.
[10] *Hahn* Bd. 1 154; s. auch Erl. zu § 161 StPO (24. Aufl. Rdn. 47).
[11] *Hahn* Bd. 1 § 154.

sonst nur dem Richter vorbehaltene Anordnung von Zwangsmaßnahmen bei Gefahr im Verzug auch der Staatsanwaltschaft zu treffen erlaubt ist, wurde diese Befugnis auch auf die Hilfsbeamten der Staatsanwaltschaft als deren unmittelbare Ausführungsorgane erstreckt (vgl. §§ 81a, 81c, 98, 105, 132 StPO; zu späteren Erweiterungen, Modifikationen und Durchbrechungen dieses Grundsatzes vgl. §§ 100 Abs. 1, 100 Abs. 2 Satz 2, 110b Abs. 2 Satz 2, 111 Abs. 2, 111e Abs. 1, 111f Abs. 1, 111l Abs. 2 und 3, 111n Abs. 1 StPO). Die Befugnis der Hilfsbeamten zur Anordnung solcher Eingriffsmaßnahmen umfaßt auch die Möglichkeit, die getroffenen Anordnungen durch unmittelbaren Zwang durchzusetzen.

d) Vorstellungen des Gesetzgebers. Diese dem französischen Modell der police judiciaire des codes d' instruction nachempfundenen Hilfsbeamten der Staatsanwaltschaft sollten nach dem Willen des Gesetzgebers die Funktion einer unmittelbar in die Justiz eingegliederten gerichtlichen Polizei übernehmen, zu deren reichseinheitlicher Einrichtung er sich aus bereits genannten Gründen (oben Rdn. 5) noch nicht imstande sah[12]. Die mit einer gleichzeitigen Zuordnung von Polizeibeamten zu Behörden verschiedener Verwaltungszweige verbundene Problematik ist vom Gesetzgeber gesehen und in Kauf genommen worden. Er hat das Problem im Hinblick auf die den Ländern überlassene Auswahlkompetenz für praktisch beherrschbar angesehen. 10

e) Nähere Regelung durch Landesrecht. Die nähere Regelung des Verhältnisses der Hilfsbeamten zur Staatsanwaltschaft überließ § 152 dem Landesrecht (für Preußen vgl. §§ 80, 81 AGGVG vom 24.4.1878[13] und GV vom 17.10.1933, PRJust. **52** 8[14]). Wegen der Beschränkung in § 152 auf „Beamte des Polizei- und Sicherheitsdienstes" erforderte eine Bestellung von Beamten aus anderen Verwaltungszweigen oder Nichtbeamten zu Hilfsbeamten der Staatsanwaltschaft grundsätzlich deren Bestellung zu Hilfspolizeibeamten nach Maßgabe des Landesrechts, soweit nicht Sondergesetze den Betroffenen diese Stellung unmittelbar zuerkannten. 11

3. Zur weiteren Gesetzesentwicklung

a) Übergang der Justizhoheit auf das Reich (1934) und Besatzungsrecht (1945). Nach dem Übergang der Justizhoheit auf das Reich wurde durch Gesetz vom 13.12.1934 (RGBl. I S. 1233) die Bezeichnung der Beamtenklassen der Reichsregierung übertragen. Zugleich erließ der Reichsjustizminister aufgrund ihm erteilter Ermächtigung zur Vereinheitlichung der in den Ländern bestehenden Regelungen Vorschriften, durch die allgemein die Rechtsstellung der Hilfsbeamten geregelt und der Umfang einer Weitergeltung bisherigen Landesrechts bestimmt wurde (§§ 32 bis 34 der AV vom 18.12.1934[15]). 12

Nach dem Rückübergang der Justizhoheit auf die Länder durch die Ereignisse des Jahres 1945 wurde in der **britischen Besatzungszone** § 152 geändert. Die Beschränkung auf Beamtenklassen wurde fallengelassen und damit auch die Bestellung von Einzelpersonen ausdrücklich zugelassen. Ferner wurden neben den Beamten auch Angestellte und neben den Beamten und Angestellten der Polizei auch die anderer Verwaltungen als bestellungsfähig bezeichnet, dem Leiter der Staatsanwaltschaft die Dienstaufsicht über die Hilfsbeamten zuerkannt und die Bestellung dem Zentraljustizamt für die britische Zone übertragen. Im übrigen galten im allgemeinen in den Ländern die bisherigen 13

---

[12] *Hahn* Bd. 1 153f.

[13] Dazu *Görgen* (organisationsrechtliche Stellung) 56.

[14] Hierzu *K. Schäfer* DJ **1933** 568.

[15] DJ **1934** 160.

reichsrechtlichen Vorschriften als Landesrecht weiter, wobei zum Teil die Beamtenklassen neu bezeichnet wurden[16].

14 **b) Regelung durch das VereinhG.** Das VereinhG hat Gedanken des früheren Rechts und des Rechts der britischen Besatzungszone in die neue Regelung aufgenommen. Aus dem früheren Recht wurde beibehalten die Beschränkung des bestellungsfähigen Personenkreises auf Beamte. Die Beschränkung der Bestellbarkeit auf Polizei- und Sicherheitsbeamte wurde aber in Übereinstimmung mit dem Recht der britischen Besatzungszone fallengelassen. Der veränderte Wortlaut des Absatzes 1 hatte eine Unterstellung der Hilfsbeamten auch unter Amtsanwaltschaft und Amtsanwälte zur Folge (dazu näher Rdn. 19). Schließlich wurde zwar die Bezeichnung der Beamtenklassen wieder Sache der Landesregierung, zur Wahrung der Belange der Justiz wurde jedoch das Erfordernis eines Einvernehmens mit der Landesjustizverwaltung vorgesehen.

15 **c) Spätere Änderungen.** In einer Reihe von Sondervorschriften außerhalb des GVG wurden bestimmte Personengruppen unmittelbar zu Hilfsbeamten bestellt (dazu näher Rdn. 44). Durch das 1. StVRG 1974 wurde der Absatz 2 des § 152 neu gestaltet und vor allem der bestellungsfähige Personenkreis unter Rückgriff auf früheres Recht auf Angestelltengruppen erweitert. Diese Regelung war zwar im Regierungsentwurf noch nicht enthalten gewesen und erst einem Vorschlag des Bundesrates[17] entsprechend vom Rechtsausschuß des Bundestages[18] eingefügt worden. Mit der Einbeziehung der Angestelltengruppen sollte einer erheblich gewandelten Personalstruktur im öffentlichen Dienst Rechnung getragen werden[19]. Gedacht war insbesondere an Angestellte im Zollfahndungsdienst, an die mit der Lebensmittelüberwachung im Außendienst beschäftigten Verwaltungskräfte sowie die bei den Staatsanwaltschaften im Angestelltenverhältnis tätigen Wirtschaftsfachkräfte. Im **Einigungsvertrag** (Anl. 1 Kap. III Sachgebiet A Abschnitt III Nr. 1 Maßg. o Absatz 2) wurde im Hinblick auf die besonderen Verhältnisse in den neuen Bundesländern[20] die Bestellung von Angestellten zu Hilfsbeamten über die Grenzen des Absatz 2 Satz 2 hinaus gestattet[21].

II. Regelungsinhalt

1. Absatz 1

16 **a) Sachliche Bedeutung der Regelung.** Durch Absatz 1 werden die zu Hilfsbeamten bestellten Polizeikräfte persönlich den Weisungen der Staatsanwaltschaft ihres Bezirks unterstellt. Der Staatsanwaltschaft wird damit für ihre gesamte Strafverfolgungsaufgabe, nicht allein das Ermittlungsverfahren[22], die Möglichkeit eröffnet, diese Polizeibeamten unabhängig von dem nach § 161 StPO gegebenen Weg über die Polizeibehörde als eigene Organe unmittelbar zur Durchführung von Ermittlungsmaßnahmen heranzuziehen[23]. Zur Frage von Einschränkungen im Verwaltungswege sowie zur zurückhaltenden Übung in der Praxis vgl. Rdn. 38 und 49.

---

[16] Vgl. z. B. die Zusammenstellung bei *E. Kaufmann* 50 Anm. 8 und 9.

[17] BTDrucks. 7 2526 S. 34.

[18] BTDrucks. 7 2600 S. 11.

[19] Bericht des BT-Rechtsausschusses, BTDrucks. 7 2600 S. 9.

[20] Hierzu LR-*Rieß*[24] Teil B Maßg. o, 248 EinigungsV.

[21] *Kleinknecht/Meyer-Goßner*[44] 6; zur Fortgeltung der Regelung in Maßg. o Abs. 2 vgl. *Rieß* DtZ **1992** 232 und NJ **1992** 443.

[22] *Kleinknecht/Meyer-Goßner*[44] 1.

[23] H. M, KK-*Schoreit*[4] 14; *Kleinknecht/Meyer-Goßner*[44] 2; *Deuschler* 17; *Füllkrug* ZRP **1984** 194; *Schröder* (organisatorisches Verhältnis) 145; **a. A** *Kissel*[3] 14; LR-*Rieß*[24] § 161, 52, 58 StPO.

Die sachliche **Begrenzung der Weisungsgebundenheit** auf den strafprozessualen Aufgabenbereich der Staatsanwaltschaft, die der Organstellung der Hilfsbeamten naturgemäß entspricht, ist vom Gesetz („in dieser Eigenschaft") nochmals ausdrücklich hervorgehoben worden. Nur zur Befolgung solcher Weisungen, die Strafverfolgungsmaßnahmen und nicht sonstige polizeiliche Aufgaben betreffen, sind die Hilfsbeamten verpflichtet[24]. 17

b) Dogmatische Einordnung. Die dogmatisch konstruktive Einordnung der Organisationsregelung des § 152 (gesetzliches Mandatsverhältnis der Hilfsbeamten, „Prozeßstandschaft für die Staatsanwaltschaft", Organleihe) in der Abgrenzung zu dem auf § 161 StPO beruhenden Verhältnis zwischen Staatsanwaltschaft und Polizei erscheint bis heute noch nicht abschließend geklärt[25]. Der Gedanke an eine spezielle Form der Organleihe[26] dürfte den Besonderheiten gegenüber der Regelung in § 161 StPO noch am ehesten entsprechen. 18

c) Amtsanwälte. Die Unterstellung unter die Weisungen der Staatsanwaltschaft schließt auch die Amtsanwaltschaften und Amtsanwälte ein. Zu der ursprünglichen Gesetzesfassung war zwar unter Berufung auf den Wortlaut („Anordnungen der Staatsanwälte") allgemein die Auffassung vertreten worden, daß die Leitung der Hilfsbeamten nur den Staatsanwälten und den ihnen vorgesetzten Stellen, nicht aber den Amtsanwälten übertragen sei. Mit dem durch das VereinhG geänderten Wortlaut („Anordnungen der Staatsanwaltschaft") ist eine solche Auffassung nicht mehr vereinbar. 19

d) Verhältnis zu § 161 Satz 2 StPO. Streitig ist, ob die Möglichkeit der Staatsanwaltschaft, Polizeibeamten in einem laufenden Ermittlungsvorgang persönliche Einzelweisungen zu erteilen, auf die Hilfsbeamten des § 152 beschränkt ist (so die bisher h. M[27]) oder auch andere Polizeibeamte, soweit sie strafermittelnd tätig werden, und nicht nur die Polizeibehörde als solche nach § 161 Satz 2 StPO verbindlich angewiesen werden können[28]. Der zuletzt genannten Ansicht ist zu folgen. Nicht allein Gesichtspunkte sinnvoll und effektiv ausgestalteter Zusammenarbeit[29], auch die Vorstellungen des Gesetzgebers (vgl. oben Rdn. 6), der zwei selbständig zu beurteilende Regelungen – im GVG eine auf den Bezirk der Staatsanwaltschaft bezogene Organisationsregelung, in der StPO eine das gesamte Rechtsgebiet betreffende Amtshilferegelung – schaffen wollte[30], sowie der klare Gesetzeswortlaut sprechen entgegen herkömmlicher Auffassung für eine von der Hilfsbeamteneigenschaft unabhängige Auslegung des § 161 Satz 2 StPO. 20

2. Absatz 2

a) Regelungskompetenz der Länder. Durch Absatz 2 werden die Landesregierungen ermächtigt, den Kreis der unmittelbar den Weisungen der Justizbehörde Staatsanwaltschaft unterstellten Funktionsträger aus anderen Verwaltungsbereichen zu bestimmen und dadurch – etwa durch das Absehen einer Übertragung der Hilfsbeamteneigenschaft bei Trägern von Leitungsfunktionen – sinnvoll zu begrenzen. Zu den in den Ländern geltenden Bestellungsvorschriften, die inhaltlich im wesentlichen übereinstimmen, vgl. die Übersicht bei *Kleinknecht/Meyer-Goßner*[44] 6. Das Gesetz kennt nicht die Bestellung 21

---

[24] *Katholnigg*[3] 2; *Krey* ZRP **1971** 224.

[25] Vgl. im einzelnen *Görgen* 88ff; *Altenhain* JZ **1965** 759 und DRiZ **1970** 105; *Schröder* (organisatorisches Verhältnis) 119ff; *Schmidt-Jortzig* NJW **1989** 130.

[26] *Schmidt-Jortzig* aaO.

[27] Vgl. die Nachweise bei den Erl. zu § 161 StPO (24. Aufl. Rdn. 52, 58).

[28] So *Bindel* DRiZ **1994** 165.

[29] Erl. zu § 161 StPO (24. Aufl. Rdn. 52).

[30] *Hahn* Bd.1 154.

bestimmter Personen von Beamten oder Behördenangestellten zu Hilfsbeamten der Staatsanwaltschaft, sondern nur eine Bestimmung in Form der Bezeichnung von Gruppen, die alle Personen umfaßt, die einer solchen Gruppe angehören.

22 **b) Keine Beschränkung auf Landesbedienstete.** Die Bezeichnung durch eine Landesregierung oder Landesjustizverwaltung (Absatz 2 Satz 3) ist nicht beschränkt auf die Gruppen der Beamten und Angestellten im unmittelbaren oder mittelbaren Dienst dieses Landes (der Gemeinden und Körperschaften des öffentlichen Rechts), vielmehr können auch Beamte und Angestellte des Bundes – so etwa der Bundesfinanzverwaltung – bezeichnet werden. Eine Bestellung von Beamten der ehemaligen Deutschen Bundespost kommt nach der Umgestaltung des Postwesens durch das Gesetz zur Neuordnung des Postwesens und der Telekommunikation vom 14. 9. 1994 (BGBl. I S. 2325) nicht mehr in Betracht, da die bei den Nachfolgeunternehmen tätigen Beamten der Betriebssicherung keine hoheitlichen Funktionen mehr ausüben[31]. Die Aufgaben der Bahnpolizei sind durch das Gesetz zur Übertragung der Aufgaben der Bahnpolizei und der Luftsicherheit auf den Bundesgrenzschutz vom 23. 1. 1992 (BGBl. I S. 178) dem Bundesgrenzschutz übertragen worden. Die Hilfsbeamteneigenschaft von Beamten im Polizeivollzugsdienst des Bundesgrenzschutzes ist in § 12 Abs. 5 BGSG spezialgesetzlich geregelt (dazu auch unten Rdn. 44).

23 Bestellt werden können auch **Beamte und Behördenangestellte anderer Bundesländer.** Dies geschieht weitgehend in der Weise, daß zu Hilfsbeamten bestellt werden die in einem anderen Bundesland als Hilfsbeamte der Staatsanwaltschaft bezeichneten Beamten und Angestellten, die im eigenen Land zur Wahrnehmung polizeilicher Aufgaben berechtigt sind. Eine solche Bezeichnung von Bediensteten des Bundes oder anderer Länder erfolgt selbstverständlich im Einvernehmen mit dem jeweiligen Dienstherrn[32].

24 **c) Bezeichnung von Angestelltengruppen.** Absatz 2 Satz 2 läßt die Bezeichnung von Angestelltengruppen nur unter bestimmten Alters- und Tätigkeitsvoraussetzungen zu. Damit soll einerseits den Bestimmtheitsanforderungen genügt werden, die Art. 80 Abs. 1 Satz 2 GG an Bundesgesetze stellt, die Landesregierungen zum Erlaß von Rechtsverordnungen ermächtigen. Im übrigen soll durch bundesgesetzlich aufgestellte Mindestanforderungen sichergestellt werden, daß nur solche Angestelltengruppen bezeichnet werden, die für die Ausübung der den Hilfsbeamten der Staatsanwaltschaft übertragenen Eingriffs- und Zwangsbefugnisse geeignet erscheinen[33]. Zu weitergehenden Bestellungsmöglichkeiten nach dem Einigungsvertrag vgl. oben Rdn. 15.

III. Auswirkungen der Bestellung

25 **1. Gerichtsverfassungsrechtliche Organstellung.** Die Bezeichnung von Beamten- und Angestelltengruppen in einer Rechtsverordnung der Landesregierung oder Landesjustizverwaltung nach § 152 Abs. 2 hat – ebenso wie die Zuordnung der Hilfsbeamteneigenschaft in spezialgesetzlichen Sondervorschriften (hierzu Rdn. 44) – zur Folge, daß die diesen Gruppen angehörenden Beamten oder Behördenangestellten gem. § 152 Abs. 1 verpflichtet sind, den Anordnungen der Staatsanwaltschaft ihres Bezirks und deren Vorgesetzten Folge zu leisten. Konkret bedeutet dies, daß der Staatsanwalt einen bestimmten Hilfsbeamten unmittelbar in Anspruch nehmen und ihm Weisungen erteilen kann

---

31 OLG Hamburg NStZ-RR **1996** 13.

32 *Kissel*[3] 3; Bedenken bei *Franz* NJW **1963** 1910.

33 Bericht des Rechtsausschusses, BTDrucks. **7** 2600 S. 9.

(hierzu auch Rdn. 16). Als „verlängerter Arm der Staatsanwaltschaft“ kommt den Hilfsbeamten somit der Status eines gerichtsverfassungsrechtlichen Organs der Staatsanwaltschaft zu. In dieser Organstellung sind sie Träger der besonderen Befugnisse nach der StPO (oben Rdn. 9). Mit dem Ausscheiden der Beamten oder Behördenangestellten aus der zu Hilfsbeamten bestimmten Gruppe (aus dem Hauptamt) endet auch Eigenschaft eines Hilfsbeamten der Staatsanwaltschaft.

Darüber hinaus stehen den Hilfsbeamten **staatsanwaltschaftliche Befugnisse und** 26
Kompetenzen nicht zu. Eine in die Zuständigkeit der Staatsanwaltschaft fallende Anordnung oder Entscheidung muß vom Staatsanwalt selbst getroffen werden. Es ist nicht statthaft, sie auf Hilfsbeamte zu delegieren. Dies gilt für die Entscheidung über Einleitung und Abschluß des Ermittlungsverfahrens ebenso wie für Entscheidungen über Auskünfte und Akteneinsicht im Ermittlungsverfahren und sonstige dem Staatsanwalt vorbehaltenen Entscheidungen[34].

2. Sachaufsicht der Staatsanwaltschaft. Mit der sachlichen Unterstellung der Hilfs- 27
beamten ist für die Staatsanwaltschaft die Sachaufsicht über deren gesamte Strafverfolgungstätigkeit verbunden. Diese schließt – unbeschadet der persönlichen Dienstaufsicht und Disziplinargewalt des Vorgesetzten im Hauptamt (hierzu Rdn. 33) – die Befugnis ein, die fehlerhafte oder unzweckmäßige Durchführung von Ermittlungsmaßnahmen zu rügen und zu sachgerechter Erledigung anzuhalten. Ebenso kann der Staatsanwalt eine von ihm nicht als sachgerecht angesehene Ausübung der besonderen Anordnungskompetenzen der Hilfsbeamten untersagen[35].

Landesrecht hatte darüber hinaus teilweise die Befugnis des Leiters der Staatsanwalt- 28
schaft vorgesehen, gegen Hilfsbeamte **Ordnungsmittel** festzusetzen. Von dieser Befugnis durfte er nach § 34 der AV des RJM zur Vereinheitlichung der Staatsanwaltschaft vom 18. 12. 1934[36] erst Gebrauch machen, wenn er die im Hauptamt vorgesetzte Dienststelle erfolglos um Abhilfe ersucht hatte. Aus § 16 Abs. 2 GVGVO 1935 ergibt sich aber, daß die Dienstaufsicht die Befugnis zum Erlaß von Erzwingungsmitteln nicht umfaßt. Die angesprochenen landesrechtlichen Bestimmungen sind inzwischen obsolet, die aktuellen Ausführungsgesetze der Länder enthalten keine vergleichbaren Vorschriften.

3. Zur Geltung des Legalitätsprinzips und zur Anwendbarkeit von § 163 StPO. Eine 29
allgemeine Unterstellung unter das für die Staatsanwaltschaft geltende Legalitätsprinzip (§ 152 Abs. 2 StPO) oder die Auferlegung der die Polizei nach § 163 Abs. 1 treffenden Pflicht zum ersten Zugriff aus eigener Initiative spricht § 152 nicht aus. Wenn die Hilfsbeamten in ihrem Hauptamt Polizeibeamte i. S. des § 163 StPO sind oder wenn andere Beamte oder Behördenangestellte mit der Bestellung zum Hilfsbeamten der Staatsanwaltschaft zugleich zu Hilfspolizeibeamten[37] bestellt werden, so unterliegen sie dem Legalitätsprinzip nach § 163 StPO. Das gleiche gilt, wenn Bundesrecht bestimmten Beamten die Befugnisse eines Hilfsbeamten der Staatsanwaltschaft und ihrer Behörde die Rechte und Pflichten der Staatsanwaltschaft überträgt (vgl. § 399 AO, Finanzbehörden bei Steuerstraftaten) oder einer Behörde die Rechte und Pflichten der Behörden und Beamten des Polizeidienstes nach der StPO und den Beamten zugleich die Stellung von Hilfsbeamten der Staatsanwaltschaft zuordnet (vgl. § 404 AO, Steuer- und Zollfahndung).

---

[34] OLG Stuttgart NStZ **1993** 353.

[35] *Nelles* 97.

[36] DJ **1934** 1608; hierzu auch *Koenen* 44.

[37] Zu diesem Begriff *Ungerbieler* DVBl. **1980** 409.

30 Ferner ist **§ 163 StPO anwendbar,** wenn Landesrecht allgemein den zu Hilfsbeamten der Staatsanwaltschaft Bestellten zur Erfüllung ihrer besonderen Dienstaufgaben die Rechte und Pflichten von Polizeibeamten zuspricht (so Art. 57 Bay. Polizeiaufgabengesetz). Nicht dem Legalitätsprinzip unterworfen sind dagegen zu Hilfsbeamten der Staatsanwaltschaft bestellte Beamte, die nicht Polizeibeamte sind, oder Behördenangestellte, wenn nicht zugleich eine Ernennung zu Hilfspolizeibeamten oder die Übertragung der Pflichtenstellung eines Polizeibeamten erfolgt ist. Die Bestellung zum Hilfsbeamten allein begründet jedenfalls die sich aus § 163 StPO ergebende Verpflichtung nicht[38]. Beamte im Strafvollzug sind nicht Hilfsbeamte der Staatsanwaltschaft und unterliegen in ihrem außerhalb der Strafverfolgungsaufgabe liegenden Amtsbereich nicht dem Legalitätsprinzip[39].

31 **4. Amtsverschwiegenheit.** Dem gerichtsverfassungsrechtlichen Status der Hilfsbeamten entsprechend ist die aus dem Hauptamt erwachsende Verpflichtung zur Amtsverschwiegenheit der örtlichen Staatsanwaltschaft gegenüber, der die Hilfsbeamten im Rahmen ihrer Strafverfolgungstätigkeit organisatorisch zugeordnet sind, naturgemäß eingeschränkt. Der Staatsanwaltschaft ihres Bezirks sind die Hilfsbeamten hinsichtlich aller Umstände auskunftspflichtig, die ihre Strafverfolgungstätigkeit betreffen, ohne daß es hierzu einer Erlaubnis des Dienstvorgesetzten bedarf[40].

32 Für **zeugenschaftliche Vernehmungen** von Hilfsbeamten im Strafverfahren ist grundsätzlich gem. § 54 StPO eine Aussagegenehmigung erforderlich. Im Regelfall wird man allerdings hinsichtlich der Strafverfolgungstätigkeit von Hilfsbeamten von der allgemeinen Erteilung einer solchen Genehmigung ausgehen können[41].

33 **5. Verhältnis zum Dienstvorgesetzten im Hauptamt.** Ungeachtet der Unterstellung unter die unmittelbare Weisungsbefugnis der zuständigen Staatsanwaltschaft unterliegen die Hilfsbeamten der persönlichen Dienstaufsicht und der Disziplinargewalt des Vorgesetzten im Hauptamt[42]. Über Dienstaufsichtsbeschwerden, die gegen den Beamten persönlich gerichtet sind und auf ihm gegenüber zu treffende dienstrechtliche Maßnahmen abzielen, hat daher nicht die Staatsanwaltschaft, sondern der Dienstvorgesetzte zu entscheiden[43]. Zu Sachaufsichtsbeschwerden vgl. unten Rdn. 43.

34 Weisungsbefugnisse und **Organisationsgewalt des Dienstvorgesetzten** sind allerdings im Hinblick auf den besonderen Status der Hilfsbeamten **eingeschränkt**. So ergibt sich aus der in § 152 Abs. 1 getroffenen Regelung, daß für Weisungen des Dienstvorgesetzten generell kein Raum ist, soweit sie mit Anordnungen der zuständigen Staatsanwaltschaft in Konkurrenz treten. Auch ist es bei unmittelbarer Beauftragung eines Hilfsbeamten durch die Staatsanwaltschaft dem Dienstvorgesetzten verwehrt, im innerbehördlichen Weisungsweg die Bearbeitung durch einen anderen Beamten anzuordnen.

35 **Weitere Einschränkungen** ergeben sich aus dem Umstand, daß die durch die StPO übertragenen besonderen Anordnungsbefugnisse (oben Rdn. 9) den Hilfsbeamtenstatus voraussetzen. Ein Dienstvorgesetzter, der nicht selbst Hilfsbeamter der Staatsanwaltschaft ist, darf deshalb entsprechende Zwangsmaßnahmen (etwa Beschlagnahmen, Durchsuchungen) weder selbst anordnen noch den ihm unterstellten Hilfsbeamten zu

---

[38] So auch KK-*Schoreit*[4] 8.
[39] BGH StV **1997** 526.
[40] So auch KK-*Schoreit*[4] 12.
[41] LR-*Dahs* § 54, 14 StPO; *Kleinknecht/Meyer-Goßner*[44] § 54, 15 StPO; *Böhm* NStZ **1983** 158.
[42] H. M; **a. A** *Görgen* 112.
[43] *Kissel*[3] 19; KK-*Schoreit*[4] 19; *Kleinknecht/Meyer-Goßner*[44] 8.

einer Anordnung anweisen. Seiner Weisungsgewalt entzogen sind auch Ermessens- und Zweckmäßigkeitsfragen, welche die Ausübung der besonderen Hilfsbeamtenkompetenzen betreffen. In Konfliktfällen bleibt stets die Möglichkeit, eine Entscheidung der verantwortlichen Staatsanwaltschaft herbeizuführen. Ob darüber hinausgehend dem nicht zum Hilfsbeamten bestellten Dienstvorgesetzten ein sachliches Weisungsrecht im Bereich strafverfolgender Tätigkeit der Hilfsbeamten generell abgesprochen werden kann[44], erscheint allerdings unter dem Gesichtspunkt einer praxisgerechten Gestaltung der Dienstaufsicht problematisch.

IV. Weitere Fragen

1. Sachliche und örtliche Zuständigkeit der Hilfsbeamten. Soweit die Hilfsbeamten aus eigener Entschließung tätig werden, wird ihre örtliche und sachliche Zuständigkeit durch die Zuständigkeit in ihrem Hauptamt begrenzt[45]. Soweit sie jedoch auf Anweisung der Staatsanwaltschaft handeln, bestimmt sich ihre Zuständigkeit – örtlich wie sachlich – nach derjenigen der auftraggebenden Staatsanwaltschaft[46]. Die Gegenmeinung[47] läßt unberücksichtigt, daß die Hilfsbeamten in solchen Anweisungsfällen als Organ der Staatsanwaltschaft und damit in Ausübung staatsanwaltschaftlicher Ermittlungskompetenzen handeln[48]. Eine Beachtung der Zuständigkeit im Hauptamt durch die anweisende Staatsanwaltschaft wird in der Praxis jedoch im Regelfall sachgerecht und üblich sein. Dies schließt aber nicht aus, daß Abweichungen hiervon in besonderen Fällen (etwa Einbeziehung von Beamten der Zollfahndung in die Bekämpfung der Betäubungsmittelkriminalität[49]) sinnvoll sein können. 36

2. Hilfsbeamte des Generalbundesanwalts. Bei der Verfolgung der in die erstinstanzliche Zuständigkeit des Reichsgerichts fallenden Straftaten sind seinerzeit alle zu Hilfsbeamten der Staatsanwaltschaft bestellten Polizei- und Sicherheitsbeamten zugleich als Hilfsbeamte des Oberreichsanwalts angesehen worden. Ob mit dem Wegfall eines Weisungsrechts des Generalbundesanwalts gegenüber den Landesstaatsanwaltschaften (vgl. § 146, 39) in den zur erstinstanzlichen Zuständigkeit des Oberlandesgerichts gehörenden Strafsachen (§ 120 Abs. 1, 2), in denen er nach § 142a Abs. 1 das Amt der Staatsanwaltschaft wahrnimmt, auch die Unterstellung der Hilfsbeamten der Landesstaatsanwaltschaft entfallen ist, wird kontrovers beurteilt. Nach h. M[50] ist der Generalbundesanwalt gegenüber allen Hilfsbeamten der Staatsanwaltschaft anordnungsbefugt. Für diese Auffassung spricht, daß § 152 Abs. 1 eine Beschränkung zu Lasten des Generalbundesanwalts nicht vorsieht und „Bezirk" des Generalbundesanwalts die gesamte Bundesrepublik ist. Aus Absatz 2 läßt sich Gegenteiliges nicht entnehmen, da die den zuständigen Landesorganen übertragene Befugnis zur Bezeichnung der Hilfsbeamten sich ausdrücklich auf den gesamten Anwendungsbereich des § 152 bezieht. 37

44 So *Kissel*[3] 18; im einzelnen *Bindel* DRiZ **1994** 169.

45 H. M; RGSt **66** 339; BayObLG NJW **1954** 362; *Katholnigg*[3] 5; KK-*Schoreit*[4] 11; *Kleinknecht/Meyer-Goßner*[44] 5; **a. A** *Görgen* 146 und DRiZ **1976** 296; *Nelles* 92.

46 So auch *Kramer* wistra **1990** 169, 176; *Pütz* wistra **1990** 212, 215.

47 Generelle Beschränkung der Zuständigkeit auf das Hauptamt, *Katholnigg*[3] 5; KK-*Schoreit*[4] 11; *Kleinknecht/Meyer-Goßner*[44] 5.

48 Im einzelnen *Kramer* wistra **1990** 169; *Pütz* wistra **1990** 212.

49 Hierzu *Kramer* aaO.

50 *Katholnigg*[3] 2; *Kissel*[3] 12; KK-*Schoreit*[4] 16; **a. A** *Holland* MDR **1973** 367; KMR-*Paulus* 2.

38 **3. Beschränkung des staatsanwaltschaftlichen Weisungsrechts im Verwaltungswege.** Das gesetzlich dem Staatsanwalt eingeräumte unmittelbare Weisungsrecht gegenüber Hilfsbeamten kann im Verwaltungsweg beschränkt werden. Für Anordnungen des Staatsanwalts über die Anwendung unmittelbaren Zwangs durch Polizeibeamte, die in besonderem Maße praktische Probleme aufwerfen und – etwa bei Geiselnahmen – Grenzlagen und Überschneidungen präventiver und repressiver Kompetenzen mit sich bringen können, ist dies durch bundeseinheitliche Richtlinien (Gemeinsame Richtlinien der Justizminister/-senatoren des Bundes und der Länder über die Anwendung unmittelbaren Zwanges durch Polizeibeamte auf Anordnung des Staatsanwalts[51]) geschehen. So richtet nach Abschnitt B I dieser Richtlinien der Staatsanwalt seine Weisungen grundsätzlich an die zuständige Polizeidienststelle, solange nicht ein bestimmter Beamter mit der Bearbeitung des Falles befaßt ist. Wie auch die Regelung in Nr. 3 Abs. 2 der Richtlinien für das Strafverfahren und das Bußgeldverfahren (RiStBV)[52] zeigt – dort ist der gesetzlich vorgesehenen unmittelbaren Weisungsmöglichkeit ohne Einschränkung Rechnung getragen worden –, kann dieser ausdrücklich für einen Sonderbereich getroffenen Verwaltungsregelung keine generelle Wirkung zukommen[53].

39 **4. Zusammentreffen von Aufgaben der Verbrechensverhütung und der Strafverfolgung.** Die Frage, wie weit das staatsanwaltschaftliche Weisungsrecht gegenüber Hilfsbeamten reicht, wenn Polizeibeamte gleichzeitig zur Verbrechensverhütung wie zur Strafverfolgung eingesetzt sind, ist in der Vergangenheit – insbesondere in Fällen der Geiselnahme – wiederholt praktisch geworden. Verfahrensrechtlich berührt diese Frage allgemein die Abgrenzung zwischen polizeilicher Zuständigkeit für die Gefahrenabwehr, die auch die Verhütung von Straftaten einschließt[54], und Strafverfolgungszuständigkeit unter der Verfahrensherrschaft der Staatsanwaltschaft. Zu dieser allgemeinen Problematik vgl. die Erl. Vor § 158 StPO und zu §§ 161,163 StPO.

40 Die Justiz- und Innenminister des Bundes und der Länder haben im Jahr 1973 bundeseinheitlich geltende **Richtlinien über die Anwendung unmittelbaren Zwanges durch Polizeibeamte auf Anordnung des Staatsanwalts** (hierzu auch oben Rdn. 38) beschlossen. Diese stellen klar, daß im Bereich der präventivpolizeilichen Verbrechensverhütung für Anordnungen des Staatsanwalts kein Raum ist. Im übrigen soll sich der Staatsanwalt zur Art und Weise der Ausübung des unmittelbaren Zwangs auf allgemeine Anordnungen beschränken und konkrete Einzelweisungen nur ausnahmsweise erteilen. Für Kollisionslagen präventivpolizeilicher und strafverfolgender Aufgabenerfüllung wird ein einvernehmliches Vorgehen, für Eilfälle, in denen ein Einvernehmen nicht herbeigeführt werden kann, eine polizeiliche Entscheidungskompetenz bestimmt.

41 Die Richtlinien zeigen, daß die Aufgaben der **Verbrechensverhütung und** der **Strafverfolgung** jeweils unter Beachtung der gesamten staatlichen Sicherheitsaufgabe **gleichrangig** zu erfüllen sind. Auch aus der polizeilichen Entscheidungsbefugnis in besonders gelagerten Eilfällen läßt sich ein allgemeiner Vorrang nicht ableiten. Sie betrifft Fälle, in denen es – etwa beim Schußwaffengebrauch – in erster Linie um Fragen des technisch und taktisch richtigen polizeilichen Vorgehens geht und deshalb schon die größere praktische Erfahrung dafür spricht, die Verantwortung der Polizei zu übertragen[55].

---

51 Abgedruckt bei *Kleinknecht/Meyer-Goßner*[44] A 15 Anl. A.

52 Abgedruckt bei *Kleinknecht/Meyer-Goßner*[44] A 15.

53 H. M; **a. A** *Kleinknecht/Meyer-Goßner*[44] 2.

54 Kritisch zu einer darüber hinaus gehenden Festschreibung vorbeugender Verbrechensbekämpfung in den Polizeigesetzen der Länder *Dreyer* JZ **1987** 1009; *Hund* ZRP **1991** 463; *Keller/Grießbaum* NStZ **1990** 416; *Kniesel* ZRP **1987** 377 und **1992** 164.

55 So auch *Schünemann* Kriminalistik **1999** 146.

V. Rechtsbehelfe gegen Maßnahmen der Hilfsbeamten

Wird ein Hilfsbeamter in einer Strafverfolgungsangelegenheit tätig, so handelt er stets als gerichtsverfassungsrechtliches Organ der Staatsanwaltschaft. Die von ihm getroffenen Maßnahmen unterliegen daher in gleicher Weise gerichtlicher Überprüfung wie eine entsprechende Maßnahme des Staatsanwalts. Es ist also nicht der **Rechtsweg** zum Verwaltungsgericht, sondern der **zu den ordentlichen Gerichten** gegeben[56]. Die Einzelheiten richten sich nach denselben Grundsätzen wie bei Ermittlungsmaßnahmen der Staatsanwaltschaft[57]. 42

Strafverfolgungsmaßnahmen der Hilfsbeamten können auch im Aufsichtsbeschwerdeweg beanstandet werden. Über solche **Sachaufsichtsbeschwerden,** die gegen die Strafverfolgungsmaßnahme selbst gerichtet sind, entscheidet im Rahmen ihrer Sachleitungsbefugnis die zuständige Staatsanwaltschaft[58], über persönliche Dienstaufsichtsbeschwerden der Dienstvorgesetzte im Hauptamt (vgl. oben Rdn.33). 43

VI. Sondervorschriften

§ 152 wird durch eine Reihe von Vorschriften des Bundes- und Landesrechts ergänzt, die entweder die Bestellung von Hilfsbeamten der Staatsanwaltschaft unmittelbar aussprechen oder bestimmten Stellen die Rechte der Staatsanwaltschaft oder die Befugnisse von Hilfsbeamten übertragen. Eine bundesgesetzliche Zuerkennung der Hilfsbeamteneigenschaft ist z. B. ausgesprochen in § 25 Abs. 2 des Bundesjagdgesetzes, § 19 BKAG[59], in §§ 399, 402, 404 AO sowie in § 11 des Gesetzes zur Ausführung des Protokolls vom 7. November 1996 zum Übereinkommen über die Verhütung der Meeresverschmutzung durch das Einbringen von Abfällen und anderen Stoffen von 1972 (BGBl. I S. 2455)[60]. Beim Bundesgrenzschutz sind nach § 12 Abs. 5 BGSG die Beamten im Polizeivollzugsdienst des Bundesgrenzschutzes, die mindestens vier Jahre dem Polizeivollzugsdienst angehören, zu Hilfsbeamten der Staatsanwaltschaft bestimmt. 44

Schließlich hat nach § 46 Abs. 2 bis 4 OWiG die Verwaltungsbehörde bei Ordnungswidrigkeiten **im Bußgeldverfahren** als Verfolgungsbehörde vergleichbare Rechte wie die Staatsanwaltschaft. Hat die Verfolgung einer Ordnungswidrigkeit nach § 63 Abs. 1 Satz 2 OWiG die Staatsanwaltschaft übernommen, kann die sonst im Bußgeldverfahren zuständige Verwaltungsbehörde Beschlagnahmen, Notveräußerungen, Durchsuchungen und Untersuchungen nach den für Hilfsbeamte der Staatsanwaltschaft geltenden Vorschriften der StPO anordnen. Wegen der den zu Hilfsbeamten der Staatsanwaltschaft bestimmten Polizeibeamten bei der Verfolgung von Ordnungswidrigkeiten zustehenden Befugnisse vgl. § 53 Abs. 2 OWiG. 45

---

56 BVerwG NJW **1975** 893; OVG Hamburg NJW **1970** 1699; LR-*Rieß* Erl. zu § 163 StPO (24. Aufl. Rdn. 10).

57 Vgl. hierzu *Katholnigg*[3] 6; LR-*Rieß* Erl. zu § 160 StPO (24. Aufl. Rdn. 66f).

58 H.M, OVG Hamburg NJW **1970** 1699; KK-*Schoreit*[4] 20; *Kleinknecht/Meyer-Goßner*[44] 8; differenzierend LR-*Rieß* Erl. zu § 163 StPO (24. Aufl. Rdn. 108); **a. A** KMR-*Müller* § 163, 12 StPO.

59 Dazu BGHSt **18** 214, 216.

60 Zu weiteren Beispielen vgl. *Katholnigg*[3] 3; KK-*Schoreit*[4] 9; *Kleinknecht/Meyer-Goßner*[44] 7.

VII. Zur Reformdiskussion

46 **1. Praktische Bedeutung der Vorschrift und Reformvorschläge.** Die vom Reichsjustizgesetzgeber durch § 152 in nur unvollkommener und unfertiger Weise[61] geschaffene Konstruktion einer Justizpolizei hat in der nachfolgenden Entwicklung der Rechtspraxis ungeachtet ursprünglich in Länderregelungen durchaus vorhandener Ansätze[62] keine weitere Ausformung und Absicherung gefunden. Zugleich hatten die tatsächlichen organisatorischen und personellen Gegebenheiten im Zuge der allgemeinen Kriminalitätsentwicklung eine praktisch weitgehend selbständige Ermittlungstätigkeit der Polizei jedenfalls bei den zahlenmäßig vorherrschenden Delikten der leichten und mittleren Kriminalität zur Folge[63]. Nicht zuletzt die Einrichtung der Kriminalpolizei[64] als speziell mit der Aufgabe der Verbrechensbekämpfung betraute Organisationseinheit der Polizei hat diese faktische Vormachtstellung der Polizei im exekutiven Bereich des Ermittlungsverfahrens nachhaltig gefördert und verstärkt[65].

47 Die von den Intentionen des Gesetzgebers abweichende praktische Entwicklung hat über Jahrzehnte hinweg eine intensive kritische Diskussion ausgelöst[66] und immer wieder zu **Forderungen nach und Vorschlägen für eine Reform** geführt. Während Stimmen vorwiegend aus dem polizeilichen Schrifttum[67] für eine Herausnahme der Hilfsbeamten aus der organisatorischen Anbindung an die Staatsanwaltschaft bei fortdauernder Ausstattung mit den besonderen prozessualen Befugnissen votieren, zielen vorwiegend aus dem Justizbereich kommende Vorschläge[68] auf die Vervollkommnung eines eigenen exekutiven Unterbaus der Staatsanwaltschaft bis hin zu einer vollständigen organisatorischen Eingliederung der Kriminalpolizei.

48 **2. Eigene Bewertung.** Eine organisatorische Eingliederung von Teilen der Polizei in die Staatsanwaltschaft ginge heute an den tatsächlichen Verhältnissen vorbei und kommt deshalb als realitätsbezogene Reformmaßnahme kaum mehr in Betracht. Ebenso würde aber auch eine Herausnahme der Hilfsbeamten aus der unmittelbaren und persönlichen Weisungskompetenz der örtlichen Staatsanwaltschaft unter dem Gesichtspunkt einer uneingeschränkt gewährleisteten Leitungsverantwortung der Staatsanwaltschaft praktischen Erfordernissen wirksamer Zusammenarbeit zwischen Staatsanwaltschaft und Polizei im Strafverfolgungsbereich nicht gerecht.

49 Die in der Praxis vorherrschende gute und effektive Zusammenarbeit zwischen Staatsanwaltschaft und Polizei beweist, daß die derzeitigen organisatorischen Gegebenheiten ungeachtet konzeptioneller Unvollkommenheit eine sachgerechte und erfolgversprechende Gestaltung des Ermittlungsverfahrens ermöglichen[69]. Daß die Staatsanwaltschaft im Ermittlungsalltag von der ihr in § 152 eingeräumten Möglichkeit einer unmittelbaren persönlichen Heranziehung bestimmter Hilfsbeamter kaum einmal Gebrauch macht und die personelle Zuordnung ihrer Ersuchen im Regelfall der Polizei-

---

[61] *Kissel*[3] 1; KK-*Schoreit*[4] 2; *Schröder* (organisatorisches Verhältnis) 43.

[62] Zur Entwicklung in Preußen *Görgen* 56.

[63] *Kohlhaas* 71; *Nerz* Justiz **1958** 228; *Schünemann* Kriminalistik **1999** 74.

[64] Hierzu im einzelnen *Friedrich* 19ff; *Dehler* 11.

[65] Zur Frage einer faktischen Dominanz auch *Schröder* (organisatorisches Verhältnis) 49.

[66] Hierzu mit zahlreichen weiteren Nachweisen *Deuschle* 19ff; *Görgen* 59; *Kissel*[3] 20; KK-*Schoreit*[4] 2; *Kohlhaas* 75ff; *Nelles* 90; *Roth* 226ff; *Schünemann* Kriminalistik **1999** 74 und 146.

[67] Vgl. die Nachweise bei *Gössel* GA **1980** 325, 348.

[68] *Kuhlmann* DRiZ **1976** 268; *Eb. Schmidt* MDR **1951** 1; *Schoreit* ZRP **1982** 29; *Uhlig* DRiZ **1986** 247; *Wagner* MDR **1973** 713.

[69] Im Ergebnis ebenso *Schünemann* Kriminalistik **1999** 146.

behörde überläßt, entspricht dem Gebot sachlich zweckmäßiger Übung und unterstreicht das reibungsfreie Zusammenwirken beider Institutionen. Ein **Zugriff auf eigene Ermittlungsorgane** muß der Staatsanwaltschaft dennoch für besondere Problemlagen im Einzelfall erhalten bleiben. Solche besonderen Bedarfsfälle können sich in Eilfällen, aber auch bei anderen wichtigen Gründen ergeben[70]. Ein Fortbestand der „Justizpolizei" des § 152 ist daher als institutionelle Garantie einer auch in der Praxis uneingeschränkt gewährleisteten Leitungsfunktion der Staatsanwaltschaft im Ermittlungsverfahren nicht verzichtbar. Die begriffliche Bezeichnung „Hilfsbeamter" wird allerdings den veränderten Verhältnissen kaum mehr gerecht und wird – nicht allein innerhalb der Polizei – zunehmend als unzweckmäßig und änderungsbedürftig erachtet[71]. Der Gesetzgeber sollte deshalb prüfen, ob insoweit nicht durch eine geeignete terminologische Änderung (etwa „Ermittlungsbeamter der Staatsanwaltschaft"[72]) Abhilfe geschaffen werden kann.

---

[70] Hierzu auch *Bindel* DRiZ **1994** 165.

[71] *Nehm* JZ **1995** 503; *Schapper* Die Polizei **1999** 1.

[72] So *Ulrich* ZRP **1977** 158, 161.

ELFTER TITEL

Geschäftsstelle

§ 153

(1) Bei jedem Gericht und jeder Staatsanwaltschaft wird eine Geschäftsstelle eingerichtet, die mit der erforderlichen Zahl von Urkundsbeamten besetzt wird.

(2) [1]Mit den Aufgaben eines Urkundsbeamten der Geschäftsstelle kann betraut werden, wer einen Vorbereitungsdienst von zwei Jahren abgeleistet und die Prüfung für den mittleren Justizdienst oder für den mittleren Dienst bei der Arbeitsgerichtsbarkeit bestanden hat. [2]Sechs Monate des Vorbereitungsdienstes sollen auf einen Fachlehrgang entfallen.

(3) Mit den Aufgaben eines Urkundsbeamten der Geschäftsstelle kann auch betraut werden,

1. **wer die Rechtspflegerprüfung oder die Prüfung für den gehobenen Dienst bei der Arbeitsgerichtsbarkeit bestanden hat,**
2. **wer nach den Vorschriften über den Laufbahnwechsel die Befähigung für die Laufbahn des mittleren Justizdienstes erhalten hat,**
3. **wer als anderer Bewerber (§ 4 Abs. 3 des Rahmengesetzes zur Vereinheitlichung des Beamtenrechts) nach den landesrechtlichen Vorschriften in die Laufbahn des mittleren Justizdienstes übernommen worden ist.**

(4) [1]Die näheren Vorschriften zur Ausführung der Absätze 1 bis 3 erlassen der Bund und die Länder für ihren Bereich. [2]Sie können auch bestimmen, ob und inwieweit Zeiten einer dem Ausbildungsziel förderlichen sonstigen Ausbildung oder Tätigkeit auf den Vorbereitungsdienst angerechnet werden können.

(5) Der Bund und die Länder können ferner bestimmen, daß mit Aufgaben eines Urkundsbeamten der Geschäftsstelle auch betraut werden kann, wer auf dem Sachgebiet, das ihm übertragen werden soll, einen Wissens- und Leistungsstand aufweist, der dem durch die Ausbildung nach Absatz 2 vermittelten Stand gleichwertig ist.

Schrifttum. *Buhrow* Neuregelung des Rechts des Urkundsbeamten der Geschäftsstelle, NJW **1981** 907.

Entstehungsgeschichte. Die Vorschrift hatte ursprünglich folgende Fassung:

Bei jedem Gerichte wird eine Gerichtsschreiberei eingerichtet. Die Geschäftseinrichtung bei dem Reichsgerichte wird durch den Reichskanzler, bei den Landesgerichten durch die Landesjustizverwaltung bestimmt.

Durch das Gesetz vom 9. 7. 1927 (RGBl. I S. 175; dazu VO vom 30. 11. 1927, RGBl. I S. 334) wurden die Bezeichnung „Gerichtsschreiberei" durch „Geschäftsstelle" ersetzt sowie die Funktionsbezeichnung des „Urkundsbeamten der Geschäftsstelle" geschaffen. Die Folgerung aus dem Übergang der Justizhoheit auf das Reich hat für den Satz 2 der Vorschrift § 12 GVGVO 1935 gezogen:

Der Reichsminister der Justiz erläßt die allgemeinen Anordnungen für die Geschäftsstellen der Gerichte und der Staatsanwaltschaften und für die Gerichtsvollzieher.

Durch das VereinhG erhielt § 153 folgende Fassung:

Bei jedem Gericht wird eine Geschäftsstelle eingerichtet, die mit der erforderlichen Zahl von Urkundsbeamten besetzt wird. Die Geschäftseinrichtung bei dem Bundesgerichtshof wird durch den Bundesminister der Justiz, bei den Landesgerichten durch die Landesjustizverwaltung bestimmt.

Art. 2 Nr. 34 des 1. StVRG 1974 (BGBl. I S. 3408) sah – mit den entsprechenden Einfügungen und Änderungen der Sätze 1 und 2 – die Einrichtung von Geschäftsstellen auch bei den Staatsanwaltschaften vor. Die derzeit geltende Gesetzesfassung geht auf das Gesetz zur Neuregelung des Rechts der Urkundsbeamten der Geschäftsstelle vom 19. Dezember 1979 (BGBl. S. 2306) zurück, durch das die Vorschrift grundlegend ergänzt und im wesentlichen neu gefaßt worden ist. Satz 1 der bis dahin geltenden Fassung blieb als neuer Absatz 1 unverändert, Satz 2 entfiel, die Absätze 2 bis 5 wurden neu angefügt. Bezeichnung bis 1924: § 154.

Übersicht

1 **1. Geschichtliche Entwicklung.** Zur geschichtlichen Entwicklung des Rechts der Urkundsbeamten vgl. die eingehende Darstellung in der BTDrucks. **8** 2024 S. 6ff[1]. Zur neueren Reformentwicklung in der Praxis unten Rdn. 9.

2 **2. Ziel der Neuregelung.** Durch die Neufassung der Vorschrift wollte der Gesetzgeber dem Umstand Rechnung tragen, daß die Aufgaben der Urkundsbeamten der Geschäftsstelle auf den mittleren Justizdienst nach dessen persönlichen und fachlichen Voraussetzungen zugeschnitten sind[2]. Diese Leitbildfunktion sollte bundesgesetzlich deutlich gemacht und das Berufsbild der Beamten des mittleren Justizdienstes für die Aufgaben des Urkundsbeamten der Geschäftsstelle näher umschrieben werden. Zugleich sollte die Dauer des Vorbereitungsdienstes bundeseinheitlich festgelegt werden[3].

3 **3. Geschäftsstelle des Gerichts.** Bei jedem Gericht muß eine Geschäftsstelle eingerichtet werden. Diese soll die Erfüllung der im Rechtspflegebetrieb anfallenden Aufgaben sicherstellen, die nicht zum richterlichen Funktionsbereich oder zum Kreis der den Rechtspflegern übertragenen Geschäfte gehören (näher zum Geschäftskreis unten Rdn. 10).

4 Eine **organisatorische Untergliederung** der Geschäftsstelle (Abteilungs- Gruppen- Sachbereichsgeschäftsstelle, Postannahmestelle etc.) entspricht praktischen Bedürfnissen und folgt interner Geschäftsverteilung[4]. Zur Geschäftsstelle i. S. des § 153 gehört auch

---

[1] Vgl. auch *Kissel*[3] 1.
[2] *Buhrow* NJW **1981** 907.
[3] BTDrucks. **8** 2024 S. 13.
[4] Hierzu und zum Begriff Geschäftsstelle *Kissel*[3] 3ff; auch *Katholnigg*[3] 2.

die bei einem Gericht eingerichtete Rechtsantragsstelle[5]. „Bei" jedem Gericht bedeutet nicht, daß die Geschäftsstelle in enger oder unmittelbarer räumlicher Verbindung zu dem Gericht stehen muß[6]. Auch sind gemeinsame Eingangs- und Annahmestellen als Teil der Geschäftsstelle mehrerer angeschlossener Gerichte oder Justizbehörden zulässig[7]. Ebenso kann ein Gericht, soweit Gründe der Zweckmäßigkeit und Wirtschaftlichkeit dies nahelegen, sich der Mitwirkung – etwa zur Protokollführung in einer außerhalb des Gerichtssitzes durchgeführten Hauptverhandlung – eines von einem anderen Gericht gestellten Urkundsbeamten der Geschäftsstelle bedienen[8].

4. Geschäftsstelle der Staatsanwaltschaft. Die Einrichtung von Geschäftsstellen bei der Staatsanwaltschaft war ursprünglich im Gerichtsverfassungsgericht nicht geregelt; sie fiel in die Organisationsgewalt des Landesrechts und der Justizverwaltungen. Da seit 1.1.1975 nach § 168b StPO staatsanwaltschaftliche Vernehmungen im Ermittlungsverfahren nach den für richterliche Untersuchungshandlungen geltenden Vorschriften protokolliert werden sollen, also unter Zuziehung eines Urkundsbeamten der Geschäftsstelle, wurde § 153 dahin ergänzt, daß auch bei jeder Staatsanwaltschaft eine Geschäftsstelle einzurichten ist. 5

5. Urkundsbeamte der Geschäftsstelle. Absatz 2 stellt den Grundsatz auf, daß das Bestehen der Prüfung für den mittleren Justizdienst Voraussetzung für die Übertragung der Aufgaben eines Urkundsbeamten der Geschäftsstelle ist. Unabhängig davon gibt es allerdings Aufgaben, die durch ausdrückliche Zuweisung (vgl. §§ 24, 29 RPflG) ausschließlich dem Rechtspfleger übertragen sind. Bei der Erfüllung solcher Aufgaben werden nach wie vor Rechtspfleger – Beamte des gehobenen Justizdienstes also – als Urkundsbeamte der Geschäftsstelle tätig (vgl. auch unten Rdn. 11)[9]. Fachlicher Inhalt sowie organisatorische Einzelheiten der Ausbildung des mittleren Justizdienstes bleiben weiterhin der Regelung durch die Länder überlassen. Durch Absatz 2 ist unter Festlegung der Dauer des Vorbereitungsdienstes insoweit allerdings ein bundeseinheitlicher Rahmen vorgegeben. 6

Um den tatsächlichen Verhältnissen in der Rechtswirklichkeit[10] gerecht werden zu können, sehen die **Absätze 3 und 5** darüber hinaus **Ausnahmen** von der Grundsatznorm des Absatzes 2 vor. Von Bedeutung ist insbesondere Absatz 3 Nr. 1, der es den Justizverwaltungen möglich macht, besonderen Bedürfnissen Rechnung zu tragen und – etwa wegen einer besonderen Schwierigkeit des Geschäfts, wegen eines engen Zusammenhangs mit Rechtspflegergeschäften oder auch zur Berücksichtigung personeller Gegebenheiten abweichend von Absatz 2 einen Rechtspfleger zum Urkundsbeamten der Geschäftsstelle zu bestellen. Für die neuen Bundesländer und Berlin ist im **Einigungsvertrag** die Möglichkeit vorgesehen, auch andere als die in § 153 genannten Personen mit den Aufgaben eines Urkundsbeamten zu betrauen (Anl. 1 Kap. III Sachgebiet A Abschnitt III Nr. 1 Maßg. q und Abschnitt IV Nr. 3 a dd)[11]. 7

---

[5] OLG Hamm Rpfleger **1960** 214.

[6] OLG Schleswig SchlHA **1963** 276 betr. die Ermächtigung, Beamte des Justizministeriums zu Urkundsbeamten der Geschäftsstelle des Oberlandesgerichts mit der Aufgabe zu bestellen, Rechtsmittelschriften entgegenzunehmen.

[7] BGH NJW **1961** 361; *Katholnigg*[3] 3; *Kissel*[3] 5.

[8] BGH bei *Pfeiffer/Miebach* NStZ **1983** 213; *Katholnigg*[3] 2.

[9] BGH Rpfleger **1981** 393; anders – keine Urkundsbeamtenfunktion des Rechtspflegers – *Meyer-Stolte* Rpfleger **1981** 394.

[10] Hierzu BTDrucks. **8** 2024 S. 8f, 17f.

[11] *Kleinknecht/Meyer-Goßner*[44] 5.

8 **Absatz 5** wiederum entspricht der praktischen Notwendigkeit, auch anderen Justizbediensteten, vor allem **Angestellten**[12], aber auch Referendaren und Beamtenanwärtern, bei entsprechender Eignung Aufgaben des Urkundsbeamten der Geschäftsstelle übertragen zu können. Mit Rücksicht auf Art. 33 Abs. 4 GG soll Absatz 5 im Verhältnis zu Absatz 2 als subsidiäre Bestimmung zu verstehen sein[13]. Eine Beschränkung auf die Übertragung nur einzelner Aufgaben des Urkundsbeamten im Fall eines Vorgehens nach Absatz 5[14] widerspricht praktischen Bedürfnissen (vgl. auch unten Rdn. 9) und erscheint nach Zielsetzung und Begründung des Gesetzes[15] nicht zwingend[16].

9 **6. Service-Einheiten.** Im Zusammenhang mit Bemühungen um Modernisierung durch organisatorische und strukturelle Veränderungen und Verbesserungen in der Justiz[17] ist die neuere Entwicklung in der Praxis auf eine Aufhebung der funktionalen Trennung zwischen Geschäftsstelle und Schreibdienst und auf die Bildung von Mischarbeitsplätzen in sog. Service-Teams bzw. Service-Einheiten ausgerichtet[18]. In dieser neuen Organisationsform werden die bisher getrennten Aufgaben von Geschäftsstelle und Kanzlei von Beamten des mittleren Dienstes und Angestellten gemeinsam erledigt. Unterschiede in der Aufgabenstellung zwischen Beamten und Angestellten sind dabei weitgehend aufgehoben. Die mit einem solchen Teammodell verbundene Verbesserung und Vereinfachung von Arbeitsabläufen durch ganzheitliche Aufgabenerledigung in einer Hand wird durch eine gemeinsame Unterbringung der Service-Teams sowie ihre räumlich nahe Zuordnung zu den zugehörigen richterlichen bzw. staatsanwaltlichen Funktionsbereichen verstärkt[19]. Zu Folgerungen im Bereich der Ausbildung von Justizangestellten vgl. die Verordnung über die Berufsausbildung zum Justizfachangestellten/zur Justizfachangestellten vom 26. 1. 1998 (BGBl. I S. 195).

10 **7. Aufgabenbereich.** Geschäftskreis und Aufgaben der Geschäftsstelle und des Urkundsbeamten sind nicht in § 153 geregelt, sondern ergeben sich aus anderen Gesetzen sowie aus Rechtsverordnungen und Verwaltungsvorschriften der Landesjustizverwaltungen. Zum gesetzlich bestimmten Aufgabenkreis gehören vor allem die hauptsächlich in der Führung des Protokolls bestehende Mitwirkung bei den gerichtlichen Verhandlungen (§§ 168, 226, 271 StPO) und bei der Vernehmung des Beschuldigten, der Zeugen und Sachverständigen durch die Staatsanwaltschaft im Ermittlungsverfahren (§ 168 b StPO). Weiter die Aufnahme von Erklärungen (Anträgen, Rechtsmitteln usw.) der Prozeßbeteiligten außerhalb der gerichtlichen Verhandlungen sowie die Mitwirkung bei Ladungen und Zustellungen nach §§ 36, 57[20], 214, 390 Abs. 3 StPO, 161 GVG. Die Beglaubigung und Erteilung von Ausfertigungen und Abschriften gerichtlicher Entscheidungen und von Auszügen aus ihnen (§§ 275 Abs. 4, 451 Abs. 1 StPO), eventuell auch der Dolmet-

---

12 Zur erheblichen praktischen Bedeutung BTDrucks. **8** 2024 S. 9.

13 BTDrucks. **8** 2024 S.18; *Buhrow* NJW **1981** 907.

14 So *Katholnigg*[3] 6; *Buhrow* NJW **1981** 907; anders wohl *Kissel*[3] 22.

15 Vgl. etwa BTDrucks. **8** 2024 S. 9.

16 Vgl. z.B. auch § 1 der VO des BW Justizministeriums über die Geschäftsstellen der ordentlichen Gerichtsbarkeit und der Staatsanwaltschaften vom 21. 10. 1996, BWGBl. S. 712.

17 Hierzu *Aumüller/Strempel* Strukturelle Veränderungen in der Justiz (1996) 50; Bericht der Arbeitsgruppe der Landesjustizverwaltungen Organisation und Wirtschaftlichkeitsuntersuchung der Staatsanwaltschaften in der vom BMJ herausgegebenen Reihe Rechtstatsachenforschung (1999); *Koetz/Frühauf* Organisation der Amtsgerichte (1991); *Koetz/Feltes* Organisation der Staatsanwaltschaften (1996); *Strempel/Rennig* ZRP **1994** 144.

18 *Aumüller/Strempel* Strukturelle Veränderungen in der Justiz (1996) 50; Berichte aus dem Justizministerium Justiz **1998** 437.

19 Zum Ganzen vgl. Berichte aus dem Justizministerium Die Justiz **1966** 437; *Rumler/Trägner* Die Justiz **1996** 482; Antwort der BaWü Landesregierung auf eine Große Anfrage der Fraktion FDP/DVP, BaWü Landtagsdrucksache **12** / 3687 S. 28.

20 Dazu BGH NJW **1975** 1612.

scherdienst (§ 190 GVG), Aufgaben im Kosten – und Rechnungswesen sowie die Aufgabe der Schöffengeschäftsstelle (§ 45 Abs. 4 GVG).

Ein **Rechtspfleger** (oder Referendar, § 2 Abs. 5 RPflG) muß zur Protokollierung solcher prozessualer Erklärungen hinzugezogen werden, bei denen die Abgabe in gewöhnlicher Schriftform nicht genügt, sondern eine von einem Rechtsanwalt (Verteidiger) unterzeichnete Schrift oder Einlegung zur Niederschrift eines Urkundsbeamten gefordert wird, wie z. B. in §§ 345 Abs. 2, 366 Abs. 2 StPO. Die Nichtbeachtung dieses Formerfordernisses führt zur Unwirksamkeit[21]. 11

8. Rechtsstellung der Urkundsbeamten der Geschäftsstelle. Die Geschäftsstelle als Serviceeinrichtung des Gerichts bzw. der Staatsanwaltschaft und der Urkundsbeamte als Justizbediensteter unterstehen der Behördenleitung[22]. Bei der Befassung mit einzelnen gesetzlich übertragenen Aufgaben, die in Zusammenhang mit der Rechtsprechungstätigkeit stehen (etwa im Bereich der Zustellungs- oder Protokollierungsaufgaben), handelt der Urkundsbeamte jedoch nicht als Bediensteter der Justizverwaltung, sondern als Organ des Gerichts im Rahmen seiner Rechtsprechungsaufgabe[23]. Aus der damit verbundenen Selbständigkeit[24] und Eigenverantwortlichkeit in der Aufgabenerfüllung jedoch die Folge einer generellen Weisungsfreiheit[25] oder gar eines Übernahmeverbots[26] abzuleiten, erscheint nicht allein aus praktischen Erwägungen, sondern auch unter Berücksichtigung des Gesamtgefüges der Justizorganisation sowie des in §§ 5, 8 RPflG zum Ausdruck kommenden Rechtsgedankens als zu weitgehend[27]. 12

Zur Frage einer **Ausschließung oder Ablehnung** eines Urkundsbeamten im Strafverfahren wird auf die Erläuterungen bei § 31 StPO verwiesen. 13

9. Nähere Regelungen (Absätze 4 und 5). Die nähere Ausgestaltung des durch § 153 abgesteckten gesetzlichen Rahmens haben jeweils für ihren Geschäftsbereich Bund und Länder vorzunehmen (Absatz 4). Dabei steht es ihnen offen, hierfür den Weg der Rechtsnorm oder von Verwaltungsvorschriften zu wählen[28]. Entsprechendes gilt für nähere Bestimmungen nach Absatz 5[29]. 14

---

[21] BayObLG NStZ **1993**, 193; *Katholnigg*[3] 2; *Kissel*[3] 25.

[22] *Kleinknecht* 1; vgl. z. B. IV Nr. 2 der AV des BW JM vom 15. 1. 1993 Justiz **1993** 97.

[23] BVerwG DRiZ **1970** 27.

[24] RGSt **56** 100.

[25] So *Kissel*[3] 25; *Baumbach-Albers* 3; differenzierend MK-*Wolf* 9.

[26] *Kissel*[3] 25; MK-*Wolf* 16; ablehnend Zöller-*Gummer* 11.

[27] Vgl.auch § 3 der VO des BWJM vom 21. 10. 1996, BWGBl. **1996** 712.

[28] BTDrucks. **8** 2024 S.18.

[29] *Kleinknecht/Meyer-Goßner*[44] 1; zur Heranziehung von Referendaren zum Protokolldienst vgl. BGH NJW **1985** 3033 (BW); BGH StV **1984** 233 (Nds.); OLG Koblenz Rpfleger **1985** 77; zu Justizangestellten OLG Bremen StV **1984** 109 mit Anm. *Katholnigg*[3].

ZWÖLFTER TITEL

Zustellungs- und Vollstreckungsbeamte

§ 154

Die Dienst- und Geschäftsverhältnisse der mit den Zustellungen, Ladungen und Vollstreckungen zu betrauenden Beamten (Gerichtsvollzieher) werden bei dem Bundesgerichtshof durch den Bundesminister der Justiz, bei den Landgerichten durch die Landesjustizverwaltung bestimmt.

Entstehungsgeschichte. Die geltende Gesetzesfassung, die im Kern mit der Ursprungsfassung übereinstimmt und lediglich an die veränderten Rechtsverhältnisse angepaßt wurde, geht auf das VereinhG zurück. Bezeichnung bis 1924: § 155.

1. Bedeutung der Vorschrift. Durch die – fragmentarische – Grundsatzregelung des § 154 wird der Gerichtsvollzieher als gerichtsverfassungsrechtliches Organ im Bereich der Zustellungen, Ladungen und Vollstreckungen definiert und zugleich das Vorhandensein von Gerichtsvollziehern für den genannten Funktionsbereich bundesrechtlich vorgeschrieben[1]. Die Durchführung einer Regelung der Dienst- und Geschäftsverhältnisse der Gerichtsvollzieher bleibt den Justizverwaltungen und damit – vom Bundesgerichtshof abgesehen – den Ländern überlassen (unten Rdn. 3). 1

2. Gerichtsvollzieher. Die Bezeichnung Gerichtsvollzieher meint keine bestimmte Gruppe von Beamten, sondern wird als Tätigkeitsbezeichnung gebraucht, so daß alle Personen umfaßt sind, die von der Justizverwaltung mit Gerichtsvollziehergeschäften betraut werden[2]. Den neuen Bundesländern und Berlin ist es im **Einigungsvertrag** (Anl. 1 Kap. III Sachgebiet A Abschnitt III Nr. 1 Maßg. q Abs. 2, Abschnitt IV Nr. 3a dd) gestattet, auch Angestellte zu Gerichtsvollziehern zu bestellen.[3] 2

3. Nähere Regelung. Die Durchführungsbestimmungen, die § 154 im Auge hat, werden im allgemeinen im Verwaltungsweg erlassen, doch kann auch der Weg einer Rechtsverordnung (der Landesregierung oder der von dieser ermächtigten Landesjustizverwaltung) beschritten werden[4]. Es gelten von den Landesjustizverwaltungen und dem Bundesjustizministerium bundeseinheitlich vereinbarte Dienstvorschriften (Geschäftsanweisung für Gerichtsvollzieher – GVGA – und Gerichtsvollzieherordnung – GVO –)[5]. Für die Beitreibung von Ansprüchen der Staatskasse in Justizangelegenheiten gibt es neben den Gerichtsvollziehern besondere Vollziehungsbeamte, für deren Tätigkeit im Rahmen einer besonderen Dienstordnung die Vorschriften der Gerichtsvollzieherordnung z. T. entsprechend gelten[6]. 3

---

[1] *Kissel*[3] 1; zum Normzweck vgl. auch Münch-Komm-*Wolf* 1f.
[2] *Hahn* Bd. 1 165.
[3] Hierzu LR-*Rieß*[24] Teil B Maßg. q, 171 EinigungsV.
[4] BayVerfGH Rpfleger **1961** 285; *Katholnigg*[3] 2.
[5] Vgl. die Übersicht bei *Katholnigg*[3] 2.
[6] Zu Einzelheiten *Katholnigg*[3] 6; *Kissel*[3] 25f.

4 **4. Rechtsstellung.** Der Gerichtsvollzieher ist als Beamter der Dienstaufsicht und Weisungsbefugnis seiner Vorgesetzten unterstellt. Einschränkungen (keine Einzelweisungen) können sich dort ergeben, wo Maßnahmen des Gerichtsvollziehers im Rechtsmittelwege (z. B. § 766 ZPO) gerichtlicher Kontrolle unterliegen[7]. Unter dem Gesichtspunkt sachgerechter und effektiver Erfüllung der ihm übertragenen Aufgaben ergibt sich generell eine gewisse Selbständigkeit und Eigenverantwortlichkeit des Gerichtsvollziehers[8]. Eine den Rechtspflegern (§ 9 RPflG) oder gar Richtern vergleichbare Selbständigkeit bzw. Unabhängigkeit besteht jedoch nicht[9]. So kann ein Gerichtsvollzieher mangels Vergleichbarkeit mit der richterlichen Tätigkeit z. B. keine Rechtsbeugung (§ 336 StGB) begehen[10].

5 **5. Justizwachtmeister.** Im Gerichtsverfassungsgesetz nicht geregelt sind die Rechtsverhältnisse der Justizwachtmeister, denen – neben anderen Aufgaben – die Mitwirkung bei der Aufrechterhaltung der Ordnung im Gerichtssaal obliegt. Sie sind ausschließlich Gegenstand landesrechtlicher Regelung.

§ 155

Der Gerichtsvollzieher ist von der Ausübung seines Amtes kraft Gesetzes ausgeschlossen:

I. in bürgerlichen Rechtsstreitigkeiten:

1. **wenn er selbst Partei oder gesetzlicher Vertreter einer Partei ist oder zu einer Partei in dem Verhältnis eines Mitberechtigten, Mitverpflichteten oder Schadensersatzpflichtigen steht;**
2. **wenn sein Ehegatte oder Lebenspartner Partei ist, auch wenn die Ehe oder Lebenspartnerschaft nicht mehr besteht;**
3. **wenn eine Person Partei ist, mit der er in gerader Linie verwandt oder verschwägert, in der Seitenlinie bis zum dritten Grad verwandt oder bis zum zweiten Grad verschwägert ist oder war;**

II. in Strafsachen:

1. **wenn er selbst durch die strafbare Handlung verletzt ist;**
2. **wenn er der Ehegatte oder Lebenspartner des Beschuldigten oder Verletzten ist oder gewesen ist;**
3. **wenn er mit dem Beschuldigten oder Verletzten in dem vorstehend unter Nr. I 3 bezeichneten Verwandtschafts- oder Schwägerschaftsverhältnis steht oder stand.**

Entstehungsgeschichte. Änderungen durch Gesetz vom 11. 7. 1922 (RGBl. I S. 573): Abs. 1 Nr. 2, Abs. 2 Nr. 2; Gesetz vom 2. 7. 1976 (BGBl. I S. 1749): Änderungen von Abs. 1 Nr. 3 und Abs. 2 Nr. 3. Gesetz vom 16. 2. 2001 (BGBl. I S. 266): Ergänzungen in Abs. 1 Nr. 2 und Abs. 2 Nr. 2. Bezeichnung bis 1924: § 156.

---

[7] *Katholnigg*[3] 4; MünchKomm-*Wolf* 11; vgl. auch *Kissel*[3] 5; zu uneingeschränkter „doppelter Aufsicht" im Kostenbereich jedoch BGH NJW **1983** 896, 898; MünchKomm-*Wolf* 16.

[8] Hierzu und zu entsprechenden Regelungen der GVO BVerwG NJW **1983** 896; zum Umfang der Selbständigkeit im einzelnen MünchKomm-*Wolf* 8ff.

[9] BVerwG aaO; Zöller-*Gummer*[22] 4.

[10] OLG Düsseldorf NJW **1997** 2124.

1. Bedeutung des Absatzes 2. Die dem § 22 Nr. 1 bis 3 StPO nachgebildete Bestimmung trägt dem aus der gerichtsverfassungsrechtlichen Organstellung erwachsenden Neutralitätsgebot Rechnung und stellt sicher, daß ein Gerichtsvollzieher bei enger persönlicher Betroffenheit von der Ausübung seines Amtes ausgeschlossen ist. Eine Ablehnung des Gerichtsvollziehers wegen Besorgnis der Befangenheit kennt das Gesetz nicht. Eine analoge Anwendung der für die Richterablehnung geltenden Bestimmungen[1] wird von der h. M[2] abgelehnt. An die Stelle eines nach Absatz 2 ausgeschlossenen Gerichtsvollziehers tritt der zuständige Vertreter. 1

2. Folgen der Nichtbeachtung. Die Frage der Auswirkungen eines Verstoßes gegen Absatz 2 auf die ungeachtet des gesetzlichen Ausschlusses vom Gerichtsvollzieher vorgenommenen Amtshandlungen ist umstritten. Während teilweise von der Ungültigkeit (Nichtigkeit bzw. Unbeachtlichkeit) der Amtshandlung ausgegangen wird[3], nimmt eine Gegenmeinung die Wirksamkeit und bloße Anfechtbarkeit der Amtshandlung an[4]. Nachdem selbst beim Richter ein unbeachtet gebliebener Ausschlußgrund nur zur Anfechtbarkeit führt und die rechtliche Wirksamkeit des richterlichen Handelns unberührt läßt[5], sollte Entsprechendes unter Berücksichtigung des Gebotes der Rechtssicherheit auch für den Gerichtsvollzieher gelten. Da der Verstoß gegen § 155 eine Amtspflichtverletzung darstellt[6], können Schadensfolgen ggf. über Amtshaftungsansprüche ausgeglichen werden. Wo allerdings – wie bei Zustellungen oder Ladungen – eine Anfechtbarkeit im Rechtsmittelweg nicht besteht, dürfte auch unter Berücksichtigung der Gesetzesmaterialien[7] von einer Unwirksamkeit der Maßnahme auszugehen sein[8]. 2

3. Ergänzendes Landesrecht. Nach Maßgabe des Landesrechts gilt § 155 auch in anderen als den in Abs. 1 und 2 geregelten Angelegenheiten entsprechend (z. B. § 13 Abs. 3 BaWü AGGVG). 3

---

[1] Dies bejahend MünchKomm-*Wolf* 6.

[2] LG Coburg DGVZ **1990** 89; *Katholnigg*[3] 3; *Kissel*[3] 2; Baumbach-*Albers* 1.

[3] Zöller-*Gummer*[22] 1; *Wieczorek/Schütze* 17.

[4] *Kissel*[3] 4; KK-*Schoreit*[4] 2; MünchKomm-*Wolf* 3.

[5] LR-*Wendisch* § 22, 51 ff StPO.

[6] *Kissel*[3] 5.

[7] *Hahn* Bd.1 167.

[8] So auch *Katholnigg*[3] 2; Baumbach-*Albers* 1.

DREIZEHNTER TITEL

Rechtshilfe

Vorbemerkungen

Schrifttum. *Berg* Zulässigkeit eines Rechtshilfeersuchens, MDR **1962** 787; *Fabry* Zur Rechtsnatur der internationalen Rechtshilfe in Strafsachen, DRiZ **1966** 119; *Fischer* Rechtsmißbrauch durch Rechtshilfe? MDR **1993** 838; *Gleß* Zur Verwertung von Erkenntnissen aus verdeckten Ermittlungen im Ausland im inländischen Strafverfahren, NStZ **2000** 57; *Groß/Fünfsinn* Datenweitergabe im strafrechtlichen Ermittlungsverfahren, NStZ **1992** 106; *Holch* Zur Einsicht in Gerichtsakten durch Behörden und Gerichte, ZZP **1974** 14; *Jescheck* Die internationale Rechtshilfe in Strafsachen in Europa, ZStW **66** (1954) 518; *Landau/Dames* Weitergabe personenbezogener Daten vom Staatsanwalt bis zum Justizministerium, DRiZ **1992** 130; *Meyer-Teschendorf* Die Amtshilfe, JuS **1981** 187; *Lemke* Überstellung ausländischer Strafgefangener ohne deren Einwilligung, ZRP **2000** 173; *Naujoks* Der Anwendungsbereich des Verwaltungsverfahrensgesetzes, JZ **1978** 41; *Scheller* Ermächtigungsgrundlagen für die internationale Rechts- und Amtshilfe in Strafsachen (1997); *Schnapp* Amtshilfe, behördliche Mitteilungspflichten und Geheimhaltung, NJW **1980** 2165; *Schneider* Die Rechtshilfe gemäß §§ 156 bis 159 GVG in der Rechtsprechung, JVBl. **1969** 241; *Schnigula* Probleme der internationalen Rechtshilfe in Strafsachen bei ausgehenden deutschen Ersuchen im Bereich der „sonstigen" Rechtshilfe, DRiZ **1984** 177; *Schomburg* Neuere Entwicklungen der internationalen Rechtshilfe in Strafsachen, NStZ **1992** 353; *Schomburg* Strafrecht und Rechtshilfe im Geltungsbereich von Schengen II, NJW **1995** 1931; *Schomburg* Internationale vertragliche Rechtshilfe in Strafsachen, NJW **1999** 550; *Schomburg* Strafsachen in der Europäischen Union, NJW **1999** 540; *Schomburg* Justitielle Zusammenarbeit im Bereich des Strafrechts in Europa: Euro-Just neben Europol, ZRP **1999** 237; *Schomburg* Ein neuer Start! Internationale vertragliche Rechtshilfe in Strafsachen – Kurzübersicht zur aktuellen Rechtsentwicklung, NJW **2001** 801; *Schomburg/Lagodny* Kommentar zum Gesetz über die internationale Rechtshilfe in Strafsachen (1998); *Vogler* Das Europäische Übereinkommen über die Auslieferung und die sonstige Rechtshilfe in Strafsachen, ZStW **80** (1968) 480; *Vogler* Der Schutz der Menschenrechte bei der internationalen Zusammenarbeit in Strafsachen, ZStW **105** (1993) 3; *Walter* Das Europäische Übereinkommen über die Rechtshilfe in Strafsachen, NJW **1977** 983; *Wilkitzki* Der Regierungsentwurf eines Gesetzes über die internationale Rechtshilfe in Strafsachen (IRG), GA **1981** 361; *Zeibig* Das Recht zur Übermittlung von Sozialdaten im Strafverfahren, NStZ **1999** 339.

Übersicht

I. Unterscheidung von Rechts- und Amtshilfe

1 **1. Begriffliche Bedeutung.** Die neuere Gesetzessprache verwendet die Begriffe Rechtshilfe und Amtshilfe. Rechtshilfe ist dabei die Unterstützung, die ein Gericht einem anderen Gericht auf dessen Ersuchen bei Ausübung seiner Rechtspflegeaufgaben leistet. Amtshilfe ist demgegenüber diejenige Unterstützung, die a) ein Gericht einer Verwaltungsbehörde oder einer anderen Stelle oder die b) eine Verwaltungsbehörde einem Gericht oder c) eine Verwaltungsbehörde einer anderen Verwaltungsbehörde bei der Erfüllung ihrer Aufgaben auf deren Ersuchen leistet. Das Wesen der Amtshilfe, die ein Gericht leistet, besteht in der Regel darin, daß es eine Amtshandlung vornimmt, welche die ersuchende Stelle mangels Zuständigkeit nicht selbst vornehmen kann.

2 **2. Uneinheitlicher Sprachgebrauch.** Jedoch ist der Sprachgebrauch – selbst im Gerichtsverfassungsgesetz (vgl. § 10, 8) – nicht einheitlich. Mitunter wird jede von einem Gericht geleistete Hilfe als Rechtshilfe bezeichnet, auch wenn sie einer Verwaltungsbehörde oder einer anderen Stelle zuteil wird; so haben z. B. nach Art. 44 Abs. 3 GG einem Untersuchungsausschuß des Bundestags – einer Stelle also, die weder Gericht noch Verwaltungsbehörde ist – die Gerichte Rechtshilfe und die Verwaltungsbehörden Amtshilfe zu leisten. Auch zu den Bezeichnungen „Rechts- und Amtshilfe" in Art. 35 GG gehen die Auffassungen auseinander[1].

3 **3. Rechtshilfe im eigentlichen Sinn.** Auch die von Gericht zu Gericht geleistete Hilfe ist nicht stets Rechtshilfe. Rechtshilfe im eigentlichen Sinn liegt vielmehr nur vor, wenn das ersuchende Gericht die Amtshandlung seiner sachlichen Zuständigkeit nach selbst vornehmen könnte und nur Zweckmäßigkeitsgründe (z. B. weite Entfernung) für die Vornahme durch das ersuchte Gericht sprechen[2]. Amtshilfe dagegen kommt in Betracht, wenn das ersuchte Gericht darüber hinaus die Erreichung der Zwecke des ersuchenden Gerichts unterstützen soll. Um Amtshilfe – nicht Rechtshilfe – geht es also, wenn ein Gericht ein anderes, an dessen Sitz es eine Vernehmung selbst durchführen will, ersucht, ihm ein Amtszimmer und einen Protokollführer zur Verfügung zu stellen[3]. Auch liegt keine Rechtshilfe vor, wenn die Amtshandlung nicht dem Bereich der Rechtsprechungstätigkeit, sondern der Justizverwaltung zuzurechnen ist[4]. Über die Bedeutung der Unterscheidung zwischen Rechts- und Amtshilfe vgl. unten Rdn. 20, 21.

II. Gesetzliche Grundlage der Amts- und Rechtshilfepflicht

4 **1. Regelung im Grundgesetz.** Nach der in Art. 35 Abs. 1 GG getroffenen Bestimmung leisten sich alle Behörden des Bundes und der Länder gegenseitig Rechts- und Amtshilfe. Diese Vorschrift begründet eine allgemeine gegenseitige Unterstützungs-

---

[1] BVerfG NJW **1971** 1308; OLG Celle NJW **1967** 994; *von Mangold-Klein* Art. 35 V 3; *Maunz-Dürig* Art. 35, 3 GG.

[2] BGH NJW **1990** 2936; RGSt **52** 21.

[3] RG Recht **1927** 1257.

[4] OLG München MDR **1982** 763; *Kissel*[3] § 156, 10.

pflicht aller Behörden – dazu gehören auch die Gerichte – in der Bundesrepublik Deutschland. Nicht nur die Unterstützungspflicht im Verhältnis von Bund und Land und im gegenseitigen Verhältnis der Länder, auch die der Bundesbehörden untereinander sowie der Behörden innerhalb eines Landes spricht Art. 35 GG aus[5]. Daß zu den Behörden der Länder auch die Gemeindebehörden gehören, kann nach dem Sinn der Vorschrift nicht zweifelhaft sein[6]. Zu den hilfepflichtigen Behörden gehören auch bundes- und landesunmittelbare Körperschaften des öffentlichen Rechts, die öffentliche Aufgaben erfüllen[7].

Diese Pflicht jeder Behörde, im Rahmen ihrer eigenen Befugnisse einer anderen bei der Aufgabenerfüllung Beistand zu leisten, gilt auf allen Gebieten und in weitestmöglichem Umfang. Zum Begriff der Hilfe gehört auch hier, daß die Hilfeleistung auf **generelles oder besonderes Ersuchen** der unterstützungsbedürftigen Stelle zu erbringen ist; eine Unterstützung aus eigenem Antrieb fällt nicht unter Art. 35 GG[8]. 5

2. Nähere Vorschriften. Art. 35 GG begründet die Rechts- und Amtshilfepflicht unmittelbar, allerdings nur als Rahmenvorschrift. Die Einzelheiten sind den jeweiligen Verfahrensvorschriften zu entnehmen[9]. Die zahlreichen bundes- und landesrechtlichen Bestimmungen, die für bestimmte Behörden und einzelne Sachgebiete die Rechts- und Amtshilfe näher regeln, haben im Verhältnis zu der allgemeinen Vorschrift des Art. 35 GG die Bedeutung von rahmenausfüllenden Ausführungsvorschriften. 6

3. Regelung im Verwaltungsverfahrensgesetz (VwVfG). Eine allgemeine Regelung der Amtshilfepflicht auf dem Gebiet der öffentlich-rechtlichen Verwaltungstätigkeit der Behörden enthalten die §§ 4ff des Verwaltungsverfahrensgesetzes (VwVfG). Die Vorschriften dieses Gesetzes gelten nicht für die rechtsprechende Tätigkeit der Gerichte, d. h. für alle Tätigkeiten, die von Richtern in richterlicher Unabhängigkeit vorgenommen werden. Ferner gelten sie nicht (§ 2 Abs. 2 Nr. 2 VwVfG) für die Strafverfolgung sowie die Verfolgung und Ahndung von Ordnungswidrigkeiten; auch nicht für die Rechtshilfe für das Ausland in Straf- und Zivilsachen. 7

Für die Tätigkeit der **Gerichtsverwaltungen** und der **Behörden der Justizverwaltung** gilt das VwVfG nach seinem § 2 Abs. 3 Nr. 1 nur, soweit deren Verwaltungstätigkeit der Nachprüfung im Verfahren vor den Gerichten der Verwaltungsgerichtsbarkeit unterliegt. Da die §§ 4ff VwVfG nur Voraussetzungen und Verfahren der Amtshilfe regeln, die sich Verwaltungsbehörden bei Ausübung öffentlichrechtlicher Verwaltungstätigkeit zu leisten haben, gelten diese Vorschriften nicht, wenn nur einer der Beteiligten (Ersuchter oder Ersuchender) eine Verwaltungsbehörde ist. 8

Die §§ 4ff VwVfG sind also **nicht anwendbar** auf die **Amtshilfe durch Gerichte und gegenüber Gerichten;** insoweit richtet sich die Amtshilfe – abgesehen von dem in § 65 Abs. 2 bis 5 VwVfG geregelten Fall der Amtshilfe durch das Verwaltungsgericht oder das Amtsgericht bei der Vernehmung und Vereidigung von Zeugen und Sachverständigen sowie einigen in Sondervorschriften geregelten Fällen – unmittelbar nach Art. 35 GG und etwaigen Sondervorschriften. Doch können die §§ 4 bis 8 VwVfG immerhin ergänzend herangezogen werden[10]. 9

---

5 Von Mangold-Klein Art. 35 V 1.

6 Bonn.Komm.-*Dennewitz* Art. 35, II 3 GG.

7 BVerwG JZ **1972** 278.

8 BGHZ **34** 187.

9 OLG Düsseldorf NJW **1957** 1037, h. M.

10 *Kissel*[3] § 156, 5; *Schleicher* DÖV **1976** 531.

10 **4. Einschränkungen.** Einschränkungen der Amtshilfepflicht können sich aus dem Grundgesetz vor allem unter dem Gesichtspunkt der Wahrung der Privatsphäre unter Beachtung des Grundsatzes der Verhältnismäßigkeit ergeben[11]. So sind einer Überlassung von Akten mit sensiblen persönlichen Daten bereits aus der Verfassung Grenzen gesetzt[12]. Weitere Beschränkungen ergeben sich aus verschiedenen gesetzlichen Bestimmungen (etwa §§ 30 AO, 35 SGB I, 67ff SGB X, 15ff BDSG sowie entsprechende Bestimmungen in den Datenschutzgesetzen der Länder[13]). Zu den im StVÄG 1999 vom 2. August 2000 (BGBl. I S. 1253) getroffenen Regelungen vgl. die Erläuterungen zu §§ 474 bis 494 StPO.

III. Die Rechtshilfe nach §§ 156ff

11 **1. Anwendungsbereich der Vorschriften.** Die Bestimmungen der §§ 156ff regeln nur die Rechtshilfe, die sich die Organe der ordentlichen Gerichtsbarkeit in bürgerlichen Rechtsstreitigkeiten und Strafsachen gegenseitig zu leisten haben (§ 2 EGGVG)[14]. Zu den Strafsachen gehören im gerichtlichen Stadium auch die Bußgeldsachen (§§ 46, 73 Abs. 3 Satz 1 OWiG)[15]. Die Rechtshilfepflicht der Justizgerichte in den ihnen bundesgesetzlich übertragenen Angelegenheiten der freiwilligen Gerichtsbarkeit regelt § 2 FGG (s. auch §§ 1, 194 FGG).

12 Die Rechts- und Amtshilfepflicht gegenüber dem **Bundesverfassungsgericht** regelt § 27 BVerfGG. Im Bereich der übrigen Gerichtsbarkeitszweige bestimmt sich die Rechtshilfe nach der jeweiligen Verfahrensordnung, z. B. bei den Arbeitsgerichten nach § 13 ArbGG, bei den allgemeinen Verwaltungsgerichten nach § 14 VwGO, bei den Sozialgerichten nach § 5 SGG[16]. Weitere Vorschriften regeln die Rechtshilfepflicht der ordentlichen Gerichte gegenüber berufsständischen Ehrengerichten, so z. B. bei den Berufsgerichten der Rechtsanwälte § 99 BRAO.

13 **2. Zum Sprachgebrauch des Gesetzes.** Die Aufforderung zur Leistung der Rechtshilfe bezeichnet § 157 als Ersuchen, auch wenn sie von einem übergeordneten Gericht ausgeht (anders aber § 173 Abs. 3 StPO, „betrauen"). Die Strafprozeßordnung unterscheidet zwischen dem ersuchten und dem beauftragten Richter (z. B. § 233 Abs. 2 StPO). Unter dem ersuchten Richter ist das Gericht zu verstehen, das dem mit der Sache befaßten Gericht Rechtshilfe leisten und an dessen Stelle eine richterliche Handlung vornehmen soll. Der Begriff des beauftragten Richters bezieht sich dagegen lediglich auf den Fall, daß eine richterliche Handlung statt von dem mit der Sache befaßten Gericht als Kollegium von einem einzelnen Mitglied dieses Gerichts im Auftrag des Kollegiums vorgenommen wird[17]. Hieraus ergibt sich, daß zwar die Bezeichnungen ersuchtes Gericht und ersuchter Richter gleichbedeutend sind, die Bezeichnung beauftragter Richter dagegen nicht durch beauftragtes Gericht ersetzt werden kann.

---

[11] BVerfGE **27** 352; *Schmidt-Bleibtreu/Klein* Art. 35, 3 GG mit weiteren Nachweisen.

[12] BVerfG NJW **1970** 555; *Becker* NJW **1970** 1075; *Kamloh* NJW **1976** 510 (gegen OLG Frankfurt NJW **1975** 2028; hierzu auch *Kissel*³ § 158, 61.

[13] Hierzu MünchKomm-*Wolf* Vor § 156, 8; ausführlich zur Datenweitergabe im strafrechtlichen Ermittlungsverfahren *Groß/Fünfsinn* NStZ **1992** 105; zur Übermittlung von Sozialdaten im Strafverfahren *Hardtung* NJW **1992** 211 und *Zeibig* NStZ **1999** 339.

[14] RGZ **102** 368.

[15] *Göhler* Vor § 67, 29.

[16] Näher hierzu *Kissel*³ § 156, 15ff.

[17] BGHSt **2** 1.

3. Begriff der Rechtshilfe. Unter Rechtshilfe versteht das Gerichtsverfassungsgesetz – abgesehen von den Sonderbestimmungen der §§ 162, 163, die Fälle der Amtshilfe betreffen, die das Gesetz als Rechtshilfe bezeichnet und gewertet wissen will – die Unterstützung, die ein Gericht einem anderen leistet, wenn es einer solchen Hilfeleistung bedarf. Gegenstand der Rechtshilfe ist eine Amtshandlung, die in den Aufgabenbereich des ersuchenden Gerichts fällt, also zu dessen sachlicher Zuständigkeit gehört, die aber aus Gründen der Zweckmäßigkeit dem ersuchten Gericht, zu dessen Geschäftskreis die vorzunehmende Handlung ihrer Art nach gehört, zur selbständigen Erledigung übertragen wird. Keine Rechtshilfe liegt demnach vor, wenn – wie z. B. in § 115a StPO – für den Fall, daß der zunächst zuständige Richter nicht tätig werden kann, durch Gesetz die Zuständigkeit eines anderen Gerichts begründet wird; in solchen Fällen ist § 159 auch nicht entsprechend anwendbar[18]. Nicht zum Begriff der Rechtshilfe gehört, daß die erbetene Handlung von einem Richter vorgenommen werden müßte; das Ersuchen um Rechtshilfe kann sich auch auf Handlungen beziehen, die zur Zuständigkeit des Urkundsbeamten gehören[19]. 14

4. Zuständigkeitsübertragung. Bei der Übertragung einer bestimmten richterlichen Handlung im Wege der Rechtshilfe auf das ersuchte Gericht verbleibt das Verfahren im übrigen bei dem ersuchenden Gericht. Daneben kennen die Prozeßordnungen in engen Grenzen auch die Übertragung der Zuständigkeit zum Erlaß der erforderlichen, im einzelnen aber noch nicht übersehbaren Entscheidungen. Hierher gehören z. B. die Übertragungs- und Abgabemöglichkeiten nach § 126 Abs. 1 Satz 3, 462a Abs. 1 Satz 3, Abs. 2 Satz 2, Abs. 5 Satz 2 StPO, 42 Abs. 3, 65 Abs. 1 Satz 4 JGG. Um Rechtshilfe im Sinne der §§ 156ff handelt es sich in diesen Fällen nicht, sondern um eine Zuständigkeitsverlagerung durch die Aufgabe der Zuständigkeit und ihre Übertragung auf ein andere Gericht. 15

5. Zum Rechtshilfebedürfnis. Eine Beistandsbedürftigkeit ergibt sich nicht schon daraus, daß die Entscheidung eines Gerichts außerhalb seines Bezirks zu vollstrecken ist. Aus dem Grundgedanken des einheitlichen Rechtspflegegebiets (Erl. Vor § 12) folgt, daß die Entscheidung eines deutschen Gerichts, auch wenn die zugrundeliegende Norm auf Landesrecht beruht[20], ohne Rücksicht auf Bezirks- und Landesgrenzen in der ganzen Bundesrepublik vollstreckbar ist (vgl. §§ 160, 161). Auch wo keine Vollstreckung in Frage steht, sind die von einem deutschen Gericht (oder einer Staatsanwaltschaft) rechtlich wirksam getroffenen Anordnungen – z. B. Beschlagnahmeanordnungen – im ganzen Bundesgebiet rechtsverbindlich. Sie müssen auch von den Betroffenen befolgt werden, die sich außerhalb des Bezirks der anordnenden Stelle aufhalten. Der Mitwirkung einer Behörde am Aufenthaltsort bedarf es nicht. 16

6. Amtshilfe. Kein Ersuchen um Rechtshilfe, sondern ein nicht unter §§ 156ff fallendes Amtshilfeersuchen liegt vor, wenn um Unterstützung durch verwaltungsmäßige Maßnahmen ersucht wird, z. B. um Überlassung eines Zimmers oder Abordnung eines Protokollführers zur Wahrnehmung eines Termins[21]. Zur Amtshilfepflicht der Gerichte gegenüber Verwaltungsbehörden finden sich besondere Vorschriften z. B. in § 135 des Flurbereinigungsgesetzes oder § 54 GWB[22]. Um in einem anhängigen Verwaltungs- 17

---

[18] KG JR **1976** 253.
[19] RGSt **46** 176; OLG Frankfurt NStZ **1981** 191.
[20] OLG Karlsruhe NJW **1969** 1546.
[21] *Kissel*[3] § 156, 25.
[22] Zu weiteren Beispielen *Katholnigg*[3] § 156, 2; *Kissel*[3] § 156, 21.

verfahren die Gerichte um eidliche Vernehmung von Zeugen unter Zeugniszwang ersuchen zu können, bedürfen Verwaltungsbehörden einer Ermächtigung in entsprechenden Vorschriften (dazu oben Rdn. 9)[23]. Solche Vorschriften verstoßen nicht gegen den Grundsatz der Gewaltenteilung[24].

18 **7. Ersuchen der Staatsanwaltschaft.** Diese fallen nicht unter den Begriff und die Regeln der Rechtshilfe[25]. Die Anträge, welche die Staatsanwaltschaft im Ermittlungsverfahren bei den Amtsgerichten stellt (§ 162 StPO), sind keine Rechtshilfeersuchen. Besteht die für erforderlich erachtete richterliche Untersuchungshandlung in einer Ermittlungsmaßnahme (etwa richterliche Vernehmung von Beschuldigten, Zeugen oder Sachverständigen), handelt es sich um eine gesetzlich geregelte Sonderform der Amtshilfe i. S. von Art. 35 GG[26]. Die richterliche Anordnung von Zwangsmaßnahmen soll demgegenüber als materielle Rechtsprechungstätigkeit nicht der Amtshilfe zuzurechnen sein[27]. Entsprechendes gilt in Steuerstrafsachen für die Ersuchen der Finanzbehörde (§§ 386 Abs. 2, 399 Abs. 1 AO) an das Amtsgericht, da hier die Finanzbehörde an die Stelle der Staatsanwaltschaft tritt. Wegen der Ersuchen der Verwaltungsbehörden an die Amtsgerichte um Vornahme einer richterlichen Untersuchungshandlung im Bußgeldverfahren vgl. unten Rdn. 22.

19 Zulässig sind auch, wie sich z. B. aus § 161 a Abs. 4 StPO ergibt, **Amtshilfeersuchen von Staatsanwaltschaft zu Staatsanwaltschaft**[28]. So ist z. B. ein Ersuchen an eine andere Staatsanwaltschaft denkbar, wenn es um eine in einem anderen Bezirk polizeilich auszuführende Maßnahme geht und es von Bedeutung ist, daß ein besonders geeigneter Beamter mit der Ausführung betraut wird; hier kann die Rücksicht auf die zu treffende Auswahl für die ersuchende Staatsanwaltschaft ein Anlaß sein, statt eines unmittelbaren Ersuchens an die Polizeibehörde (§ 161 StPO) die Mithilfe der Staatsanwaltschaft des Bezirks in Anspruch zu nehmen.

8. Rechtsbehelfe

20 **a) Bei Verweigerung der Rechtshilfe.** Wird in einer Angelegenheit der ordentlichen streitigen Gerichtsbarkeit (vgl. § 2 EGGVG) Rechtshilfe verweigert, kann das ersuchende Gericht auf dem Weg des § 159 um Abhilfe nachsuchen. Gleiches gilt, wenn bei Rechtshilfeersuchen von Gerichten anderer Gerichtsbarkeitszweige die Vorschriften des 13. Titels des Gerichtsverfassungsgesetzes ausdrücklich für entsprechend anwendbar erklärt sind (z. B. § 13 ArbGG, § 5 SGG). Aber auch ohne eine solche ausdrückliche Regelung ist eine Bestimmung, daß die Gerichte Rechtshilfe zu leisten hätten, im allgemeinen so zu verstehen, daß die Rechtshilfe in gleicher Weise wie bei einem Ersuchen eines Gerichts der ordentlichen streitigen Gerichtsbarkeit zu leisten ist, und ergibt sich daraus die entsprechende Anwendung des § 159.

21 **b) Bei Verweigerung der Amtshilfe.** Die Rechtsbehelfe gegen eine Ablehnung der Amtshilfe durch ein Gericht regeln sich zunächst nach Bundesrecht. Die Zuständigkeit des Oberlandesgerichts kann sich hier – bei Unanwendbarkeit des § 23 EGGVG[29] – dadurch ergeben, daß den Gerichten gegenüber Verwaltungsbehörden in gesetzlichen

---

[23] OLG Düsseldorf NJW **1957** 1037.

[24] BVerfGE **7** 183.

[25] Hierzu ausführlich *Kissel*[3] § 156, 49.

[26] BVerfGE **35** 46.

[27] *Kleinknecht/Meyer-Goßner*[44] § 162, 1 StPO; *Rieß* NStZ **1983** 521 und NStZ **1991** 513; s. auch die Erl. zu § 162 StPO.

[28] *Hahn* Bd. 1 153; *Kissel*[3] § 156, 49.

[29] OLG Frankfurt NJW **1975** 2028.

Vorschriften die Leistung von „Rechtshilfe“ unter Verweisung auf §§ 156ff auferlegt und damit auf die entsprechend anwendbaren §§ 158, 159 verwiesen ist[30].

Im **Bußgeldverfahren vor der Verwaltungsbehörde** finden zwar nach § 46 Abs. 1 OWiG die Vorschriften des Gerichtsverfassungsgesetzes entsprechende Anwendung; aus § 46 Abs. 2 OWiG ergibt sich aber, daß Ersuchen der Verwaltungsbehörde um Vornahme richterlicher Untersuchungshandlungen nach § 162 StPO zu behandeln sind, so daß gegen ablehnende Entscheidungen die Beschwerde nach § 304 StPO gegeben ist; im gerichtlichen Verfahren wegen Ordnungswidrigkeiten gelten dagegen die §§ 156ff wie in Strafsachen. 22

Wo bundesrechtliche Vorschriften fehlen, kann die Frage von Rechtsbehelfen **durch Landesrecht** geregelt sein, so z. B. in § 4 Nds. AGGVG, wonach gegen die Ablehnung einer Rechtshilfe, um die eine Verwaltungsbehörde das Gericht ersucht hat, das Oberlandesgericht entscheidet. Wo es an solchen Vorschriften fehlt oder wo es nicht um Beistandleistung durch Vornahme einer gerichtlichen Handlung (z. B. Vernehmung von Zeugen), sondern eine solche verwaltungsmäßiger Art (z. B. Überlassung von Amtsräumen, Gestellung eines Protokollführers) handelt, ist bei Verweigerung allein die **Dienstaufsichtsbeschwerde** gegeben[31]. Wird eine gerichtliche Beistandleistung nicht verweigert, sondern nur von einer vorherigen Kostenzahlung abhängig gemacht, kann auch dies nur im Wege der Dienstaufsichtsbeschwerde beanstandet werden[32]. 23

IV. Internationale Rechtshilfe in Strafsachen

1. Allgemeines. Nicht zum Regelungsbereich der §§ 156ff gehört der Rechtshilfeverkehr mit dem Ausland in Strafsachen[33]. Internationale Rechtshilfe wird deutschen Strafverfolgungsbehörden und Gerichten durch ausländische Stellen aufgrund mehrseitiger Übereinkommen, bilateraler Abkommen oder auch im vertraglosen Bereich geleistet. Im Wege internationaler Rechtshilfe können auch Beweiserhebungen im Ausland, die deutschen Strafverfolgungsbehörden im Hinblick auf die Gebietshoheit des fremden Staates verwehrt sind, durch die zuständigen Stellen des jeweiligen Landes herbeigeführt werden[34]. 24

Werden **konsularische Vertretungen** der Bundesrepublik im Ausland auf Ersuchen deutscher Behörden oder Gerichte (etwa um Vernehmungen oder Zustellungen) aufgrund des Konsulargesetzes tätig, ist dies dem innerstaatlichen Rechts- und Amtshilfeverkehr und nicht der internationalen Rechtshilfe zuzurechnen[35]. 25

2. Rechtsgrundlagen. Zu den wichtigsten Regelungen der internationalen Rechtshilfe im **vertraglichen Bereich** gehören das Europäische Auslieferungsübereinkommen (EuAlÜbk) und das Europäische Rechtshilfeübereinkommen (EuRhÜbk) jeweils mit Zusatzprotokollen und Ergänzungsverträgen sowie das Überstellungsübereinkommen (ÜberstÜbk) mit entsprechendem Ausführungsgesetz (ÜAG)[36]. Zunehmende Bedeutung hat daneben die neuere Entwicklung vertraglicher Rechtshilferegelungen auf den Ebenen des Europarats, der Europäischen Union sowie im Zusammenhang mit dem 26

---

30 OLG Hamm JMBlNRW **1964** 4.

31 OLG Frankfurt VersR **1970** 653; *Kissel*³ § 159, 22.

32 OLG Hamm JVBl. **1970** 179.

33 Zu den Grundbegriffen *Schomburg/Lagodny*³ (IRG) Einleitung 15ff.

34 Hierzu und zu Fragen der Verwertbarkeit *Gleß* NStZ **2000** 57.

35 BGHSt **26** 142; *Kissel*³ § 156, 20.

36 Hierzu näher *Schomburg* NStZ **1992** 353; *Schomburg/Lagodny*³ (IRG) Einleitung 19ff; *Grützner/Pötz* Internationaler Rechtshilfeverkehr in Strafsachen.

Schengener Abkommen gewonnen[37]. In diesem Zusammenhang ist vor allem auf das Schengener Durchführungsübereinkommen (SDÜ) hinzuweisen[38]. Im Rahmen der insoweit vereinbarten polizeilichen Zusammenarbeit sind insbesondere die Regelungen über die Befugnis zu grenzüberschreitender Observation (Art. 40 SDÜ) und Nacheile (Art. 41 SDÜ) von erheblicher praktischer Bedeutung[39].

27 **Im vertraglosen Bereich** richtet sich der Rechtshilfeverkehr mit dem Ausland in strafrechtlichen Angelegenheiten nach dem Gesetz über die internationale Rechtshilfe in Strafsachen (IRG)[40]. Im IRG sind die Auslieferung an einen ausländischen Staat einschließlich der Auslieferungshaft (§§ 2 bis 42), die Durchlieferung eines im Ausland strafrechtlich Verfolgten durch das Gebiet der Bundesrepublik (§§ 43 bis 47), die Rechtshilfe durch Vollstreckung ausländischer Strafurteilskenntnisse (§§ 48 bis 58) sowie die sonstige Rechtshilfe – z. B. Zustellungen, Vernehmungen, Auskünfte – (§§ 59ff) geregelt[41].

28 Ausführliche **Verwaltungsregelungen** sehen die bundeseinheitlich erlassenen Richtlinien für den Verkehr mit dem Ausland in strafrechtlichen Angelegenheiten (**RiVASt**) vor[42]. Die Bestimmungen des IRG gelten subsidiär auch im vertraglosen Bereich. Völkerrechtliche Vereinbarungen, die im Verhältnis zu dem betreffenden ausländischen Staat unmittelbar anwendbares innerstaatliches Recht geworden sind, haben nur insoweit Vorrang, als sie speziellere Regelungen enthalten (§ 1 Abs. 3 IRG)[43]. Zudem begründen Auslieferungs- und Rechtshilfeverträge völkerrechtlich nur Mindestrechte für den ersuchenden und Mindestpflichten für den ersuchten Staat[44].

29 **3. Militärgerichte ausländischer Streitkräfte.** Besondere vertragliche Bestimmungen regeln die Unterstützung ausländischer Militärgerichte bei Ausübung der Strafgerichtsbarkeit über die in Deutschland stationierten ausländischen Truppen durch deutsche Behörden und die Unterstützung deutscher Gerichte durch die Behörden der Entsendestaaten, soweit in solchen Fällen deutsche Gerichtsbarkeit ausgeübt wird (vgl. Nato-Truppenstatut mit Zusatzabkommen)[45]. Darüber hinaus sind die Bestimmungen des Streitkräfteaufenthaltsgesetzes (SkAufG) vom 20. 7. 1995 (BGBl. II S. 554) zu beachten.

§ 156

Die Gerichte haben sich in bürgerlichen Rechtsstreitigkeiten und in Strafsachen Rechtshilfe zu leisten.

Bezeichnung bis 1924: § 157

[37] Hierzu im einzelnen *Schomburg* NJW **1998** 1044 und NJW **1999** 540; *Schomburg/Lagodny*[3] (IRG) Einleitung 25ff.

[38] Näher hierzu *Schomburg/Lagodny*[3] (IRG) Einleitung 37ff; *Gleß* NStZ **2000** 57.

[39] Näher *Gleß* NStZ **2000** 57.

[40] Zur Entstehungsgeschichte dieses Gesetzes und zum früher geltenden Deutschen Auslieferungsgesetz (DAG) *Schomburg/Lagodny*[3] (IRG) Einleitung 49ff; *Wilkitzki* GA **1981** 361.

[41] Überblick bei *Wilkitzki* GA **1981** 361; zu Einzelheiten vgl. die Kommentierung bei *Schomburg/Lagodny*[3] und *Grützner/Pötz;* auch *Kissel*[3] § 156, 65ff.

[42] Abgedruckt bei *Schomburg/Lagodny*[3] (IRG) Anhang 11.

[43] *Schomburg/Lagodny*[3] § 1, 7 IRG.

[44] BGH NJW **1965** 1145; OLG Karlsruhe MDR **1983** 691; *Schomburg/Lagodny*[3] § 1, 17 IRG.

[45] Abgedruckt bei *Schoburg/Lagodny*[3] Anhang D; Näheres bei *Kissel*[3] § 20, 20ff; *Mahrenbach* NJW **1974** 1070; *Witsch* Deutsche Strafgerichtsbarkeit über die Mitglieder der US- Streitkräfte und deren begleitende Zivilpersonen (1971).

1. Umfang der Rechtshilfepflicht. Die Vorschrift regelt nur die Rechtshilfe zwischen Gerichten der Bundesrepublik Deutschland, und zwar die Rechtshilfe zwischen Gerichten der ordentlichen streitigen Gerichtsbarkeit (Vor § 156, 11). In Strafsachen gilt § 156 nicht nur im Eröffnungs- und Hauptverfahren, sondern auch im Ermittlungsverfahren (vgl. § 166 Abs. 2 StPO) und bei Nachtragsentscheidungen. Möglich ist auch das Ersuchen des Privatklagerichters, vor seiner Entscheidung nach § 383 Abs. 1 StPO den Beschuldigten oder Zeugen richterlich zu vernehmen[1]. Eine Zuständigkeitskonzentration nach § 58 schließt die Rechtshilfepflicht des Amtsgerichts, dem insoweit die Zuständigkeit entzogen ist, gegenüber dem Gericht des erweiterten Zuständigkeitsbereichs nicht aus[2]. 1

2. Ersuchendes Gericht. Für den Begriff des Gerichts macht es keinen Unterschied, ob das Ersuchen von einem Spruchkörper, einem einzelnen Richter (z. B. Ermittlungsrichter des Bundesgerichtshofs oder eines Oberlandesgerichts, § 169 StPO) oder von einem Rechtspfleger oder Urkundsbeamten im Rahmen seines Aufgabenbereichs ausgeht[3]. 2

3. Ordnungswidrigkeiten. Im gerichtlichen Stadium des Bußgeldverfahrens gelten gemäß § 46 OWiG die Vorschriften des Gerichtsverfassungsgesetzes sinngemäß, also auch die Vorschriften über die Rechtshilfe; sie sind so anzuwenden, als seien die Bußgeldsachen Strafsachen[4]. Dagegen kann im Bußgeldverfahren vor der Verwaltungsbehörde nicht Rechtshilfe, sondern Amtshilfe durch richterliche Untersuchungshandlung nach §§ 162 Abs. 1 StPO, 46 Abs. 1, 2 OWiG begehrt werden[5]. 3

4. Zwangsbefugnisse. Bei Erledigung eines gerichtlichen Ersuchens stehen dem ersuchten Richter dieselben Zwangsbefugnisse zu wie dem ersuchenden Gericht, wenn es die den Gegenstand des Ersuchens bildende Handlung selbst vorgenommen hätte[6]. Ausdrückliche Bestimmungen hierüber sind in §§ 51 Abs. 3, 70 Abs. 3 StPO getroffen. Ein auf seinen Antrag gemäß § 233 StPO vom Erscheinen in der Hauptverhandlung entbundener Angeklagter, der vor dem ersuchten Richter nicht zur Vernehmung über die Anklage (§ 233 Abs. 2 StPO) erscheint, kann auf Anordnung des ersuchten Richter vorgeführt werden (§ 230 Abs. 2 StPO)[7]. Im gerichtlichen Bußgeldverfahren begründet die Anordnung der Vernehmung des Betroffenen durch den ersuchten Richter (§ 73 Abs. 3 OWiG) auch die Pflicht zum Erscheinen, die ggf. durch Anordnung der Vorführung erzwungen werden kann[8]. Das Recht des Beschuldigten bzw. Betroffenen, zur Sache keine Angaben zu machen, bleibt unberührt. Wenn die ordentlichen Gerichte verpflichtet sind, auf Ersuchen anderer Behörden Zeugen zu vernehmen (Vor § 156, 9), steht ihnen Zeugniszwang nur zu, wenn die ersuchende Behörde selbst solche Zwangsbefugnisse hat oder die Ausübung entsprechender Zwangsbefugnisse durch das um Rechtshilfe ersuchte Gericht im Gesetz ausdrücklich vorgesehen ist[9]. 4

---

1 OLG Zweibrücken NJW **1966** 1385.
2 OLG Düsseldorf LMBlNRW **1968** 1115.
3 *Kissel*[3] 44 und § 158, 4.
4 *Göhler* Vor § 67, 29.
5 *Göhler* Vor § 59, 5.
6 *Kissel*[3] 41.
7 BGHSt **25** 43; OLG Hamburg GA **1968** 357.
8 OLG Hamm JMBlNRW **1974** 53.
9 OLG Düsseldorf NJW **1957** 1037.

§ 157

(1) Das Ersuchen um Rechtshilfe ist an das Amtsgericht zu richten, in dessen Bezirk die Amtshandlung vorgenommen werden soll.

(2) [1]Die Landesregierungen werden ermächtigt, durch Rechtsverordnung die Erledigung von Rechtshilfeersuchen für die Bezirke mehrerer Amtsgerichte einem von ihnen ganz oder teilweise zuzuweisen, sofern dadurch der Rechtshilfeverkehr erleichtert oder beschleunigt wird. [2]Die Landesregierungen können diese Ermächtigung durch Rechtsverordnung auf die Landesjustizverwaltung übertragen.

Entstehungsgeschichte. Absatz 2 ist eingefügt durch Art. 2 Nr. 4 des Gesetzes zur Vereinfachung und Beschleunigung gerichtlicher Verfahren vom 3. 12. 1976 (BGBl. I S. 3281). Bezeichnung bis 1924: § 158.

1 **1. Rechtshilfegericht (Absatz 1).** Die Leistung von Rechtshilfe gehört ausschließlich zur sachlichen Zuständigkeit der Amtsgerichte. Wird ein sachlich unzuständiges Gericht um Rechtshilfe ersucht, hat es das Ersuchen entsprechend § 158 Abs. 2 Satz 2 an das zuständige Amtsgericht weiterzuleiten[1]. Die örtliche Zuständigkeit richtet sich nach dem für die Vornahme der Rechtshilfehandlung bestimmenden Ort (vgl. § 158, 16).

2. Form und Inhalt des Ersuchens

2 **a) Schriftform.** Nach allgemeinen Grundsätzen – ausdrückliche Formvorschriften bestehen nicht – ist Schriftform notwendig[2]. Ob ein schriftliches Ersuchen mit entsprechenden Angaben ausreicht oder es einer Übersendung der Akten bedarf, richtet sich nach den sachlichen Erfordernissen im Einzelfall[3].

3 **b) Bestimmtheit des Ersuchens.** Die im Wege der Rechtshilfe vorzunehmende Handlung muß inhaltlich so genau bezeichnet werden, daß das Rechtshilfegericht das Ersuchen ausführen kann, ohne dessen Inhalt selbst bestimmen zu müssen. Solches ist ihm verwehrt, da es nur als der „verlängerte Arm" des ersuchenden Gerichts tätig wird[4]. Ein Beweisthema ist deshalb ausdrücklich anzugeben, Beweismittel sind genau zu bezeichnen. Eine allgemeine Umschreibung („Unfallhergang") kann im Einzelfall genügen[5]. Daß zur Vorbereitung auf eine Beweisaufnahme in zumutbarem Umfang ein ergänzendes Aktenstudium erforderlich ist, steht einer Bestimmtheit des Ersuchens nicht entgegen[6].

4 **3. Zuständigkeitskonzentration (Absatz 2).** Die örtliche Zuständigkeit kann sich auch durch Zuweisung im Wege einer Rechtsverordnung ergeben. Wegen der Bedeutung des Absatzes 2 vgl. LR-*Siolek* § 58, 11. Die Leistung von Rechtshilfe ist eine eigenständige Aufgabe der Amtsgerichte. Eine anderweitige sachliche Zuständigkeitskonzentration (Familiensachen, Konkurssachen) berührt deshalb die Zuständigkeit für diese Sachgruppen betreffende Rechtshilfeersuchen nicht[7].

---

[1] *Kissel*[3] 1.

[2] *Katholnigg*[3] 3; *Kissel*[3] § 156, 44.

[3] *Kissel*[3] § 156, 44; MünchKomm-*Wolf* 3.

[4] OLG Koblenz NJW **1975** 1036; OLG Karlsruhe Justiz **1977** 275 und Rpfleger **1994** 255.

[5] OLG Oldenburg MDR **1982** 74; OLG Frankfurt MDR **1995** 1216.

[6] *Katholnigg*[3] 4; *Kissel*[3] § 156, 35; MünchKomm-*Wolf* 6.

[7] OLG Düsseldorf JMBlNRW **1968** 115; OLG Stuttgart FamRZ **1984** 716; *Katholnigg*[3] 6; *Kissel*[3] 7; **a. A** OLG Koblenz MDR **1977** 59.

§ 158

(1) Das Ersuchen darf nicht abgelehnt werden.
(2) [1]Das Ersuchen eines nicht im Rechtszuge vorgesetzten Gerichts ist jedoch abzulehnen, wenn die vorzunehmende Handlung nach dem Recht des ersuchten Gerichts verboten ist. [2]Ist das ersuchte Gericht örtlich nicht zuständig, so gibt es das Ersuchen an das zuständige Gericht ab.

Entstehungsgeschichte. Absatz 2 hatte ursprünglich folgende Fassung:

Das Ersuchen eines nicht im Instanzenzuge vorgesetzten Gerichts ist jedoch abzulehnen, wenn dem ersuchten Gericht die örtliche Zuständigkeit mangelt oder die vorzunehmende Handlung nach dem Recht des ersuchten Gerichts verboten ist.

Die in der Zeit nach 1945 in der britischen und amerikanischen Besatzungszone geltende Fassung sah im Anschluß an § 17 der zweiten KriegsmaßnahmenVO vom 27.9.1944 (RGBl. I S. 229) bei örtlicher Unzuständigkeit aus Vereinfachungsgründen nicht die Ablehnung, sondern die Abgabe des Ersuchens an das zuständige Gericht vor. Diese Regelung übernahm das VereinhG mit der heute geltenden Fassung. Bezeichnung bis 1924: § 159.

Übersicht

I. Ablehnung des Rechtshilfeersuchens

1 **1. Grundsatz.** Die Leistung von Rechtshilfe dient der Vereinfachung und Beschleunigung des betroffenen Verfahrens; darum muß sie grundsätzlich auf ein entsprechendes Ersuchen geleistet werden (Absatz 1). Demgemäß kennt § 158 Abs. 2 Satz 1 im Gegensatz zum früheren Recht (vgl. Entstehungsgeschichte) nur noch einen förmlichen Ablehnungsgrund, daß nämlich die vorzunehmende Handlung nach dem Recht des ersuchten Gerichts verboten ist. Bei örtlicher Unzuständigkeit des ersuchten Gerichts erfolgt keine Ablehnung des Ersuchens, sondern die Abgabe an das örtlich zuständige Gericht.

2 **2. Verbot der Rechtshilfehandlung.** Absatz 2 Satz 1 setzt nicht voraus, daß für die vorzunehmende Handlung im Bezirk des ersuchten Gerichts anderes Recht als im Bezirk des ersuchenden besteht. Daher ist eine Ablehnung des Ersuchens aufgrund einer bundesrechtlichen und damit für beide Gerichte einheitlich geltenden Bestimmung möglich.

Ermöglicht wird jedoch auch die Ablehnung aufgrund landesrechtlicher Bestimmungen, die nur für das ersuchte Gericht gelten[1].

3 Verboten ist eine Handlung nicht nur dann, wenn das Gesetz ihre Vornahme ausdrücklich untersagt, sondern auch, wenn sie nach dem Sinn der gesetzlichen Bestimmungen unzulässig ist[2]. **Verboten sind demnach** z. B. Maßnahmen, die mit Grundrechten oder sonstigen zwingenden Verfassungsgrundsätzen (etwa Rechtsstaatsprinzip) unvereinbar sind[3]. Ebenso Handlungen, die nach verfahrensrechtlichen Bestimmungen oder Grundsätzen unzulässig sind[4]. Allerdings ist es nicht Sache des ersuchten Richters, die Ordnungsmäßigkeit des vom ersuchenden Gericht durchgeführten Verfahrens zu prüfen. Über die Einhaltung der Verfahrensregeln durch das ersuchende Gericht hat das diesem übergeordnete Rechtsmittelgericht zu wachen[5].

4 Verboten sind insbesondere **Handlungen, die vom zuständigen Gericht selbst vorzunehmen sind** (z. B. persönliche Anhörungen und Vernehmungen nach §§ 50a, 50b, 68 FGG) und nicht einem Rechtshilfegericht übertragen werden dürfen[6]. So ist unzulässig – sofern nicht eine Zuständigkeitsübertragung nach § 126 Abs. 1 Satz 3 StPO erfolgt ist – das an das Amtsgericht des Haftorts gerichtete Ersuchen, eine vom Beschuldigten im Haftprüfungsverfahren beantragte mündliche Verhandlung im Wege der Rechtshilfe durchzuführen[7]; ebenso im Hinblick auf §§ 115, 115a StPO das Ersuchen eines im Rechtszug nicht vorgesetzten Landgerichts an ein Amtsgericht, den vom Landgericht erlassenen Haftbefehl einem Beschuldigten zu eröffnen, der sich in anderer Sache im Bezirk dieses Amtsgerichts in Strafhaft befindet[8].

5 Unzulässig ist weiter ein Rechtshilfeersuchen, das seinem sachlichen Inhalt nach dem ersuchten Richter die Beurteilung von Fragen überträgt, die der Klärung durch einen Sachverständigen bedürfen oder deren Entscheidung allein dem Prozeßgericht obliegt[9]. Ein Verbot ist auch dann anzunehmen, wenn kein ordnungsgemäßes Rechtshilfeersuchen (etwa mangelnde Bestimmtheit, vgl. § 157, 3) vorliegt[10]. **Justizverwaltungsanordnungen** enthalten keine Verbote im Sinn des § 158, da sie keine Rechtsnormen sind[11]. Hält das ersuchte Gericht die nachgesuchte Handlung nur zum Teil für verboten, so berechtigt dies nicht zur Ablehnung des gesamten Ersuchens[12].

3. Auslegungsfragen

6 **a) Herrschende Meinung.** Nach h. M ist die vorzunehmende Handlung nur dann im Sinn des § 158 Abs. 2 Satz 1 verboten, wenn sie „schlechthin" (abstrakt) aus Rechtsgründen unzulässig ist. Ob die gesetzlichen Voraussetzungen zu ihrer Vornahme im einzelnen Fall (konkret) erfüllt sind, hat dagegen nur das ersuchende Gericht zu entscheiden[13]. Die h. M geht dabei – mit Recht – davon aus, daß der ersuchte Richter nur der „verlängerte Arm" des ersuchenden Gerichts[14] ist und sich in gleicher Lage befindet wie der beauf-

---

1 KK-*Schoreit*[3] 4.

2 RGZ **162** 316; OLG Koblenz Rpfleger **1976** 404; OLG Frankfurt NStZ **1981** 191 und **1988** 471.

3 BVerfGE **27** 344 und **37** 65; BVerfGE **35** 227; OLG Köln MDR **1963** 228; OLG München OLGZ **1972** 360; *Becker* NJW **1970** 1075; *Kissel*[3] 11.

4 *Katholnigg*[3] 4; *Kissel*[3] 12.

5 BGH JZ **1953** 230; BAG NJW **1991** 1252.

6 *Katholnigg*[3] 4; *Kissel*[3] 13.

7 OLG München MDR **1958** 181.

8 OLG Frankfurt NStZ **1988** 471.

9 OLG Stuttgart Justiz **1964** 231.

10 OLG Karlsruhe Justiz **1977** 275; *Kissel*[3] 16; MünchKomm-*Wolf* 9.

11 RGZ **69** 375.

12 OLG München NJW **1966** 2125.

13 RGZ **69** 317; BGH JZ **1953** 230 mit Anm. *Schwoerer*; BGH NJW **1990** 2936; BayObLG FamRZ **1993** 450; OLG Düsseldorf MDR **1996** 843; OLG Frankfurt MDR **1993** 763; OLG Stuttgart NStZ **1987** 43; *Katholnigg*[3] 3; *Kissel*[3] 10; *Berg* MDR **1962** 787.

14 BGH JZ **1953** 230; OLG Köln JMBlNRW **1962** 7.

tragte Richter als Mitglied des Kollegialgerichts. Auch dieser muß, nachdem das Kollegium entschieden hat, bei der Ausführung des Auftrags seine eigenen Bedenken und Zweifel zurückstellen, solange nicht ein offensichtlicher Gesetzesverstoß vorliegt. Eine Ablehnung des Ersuchens ist deshalb nur möglich, wenn das Verbotensein zweifelsfrei feststeht. Bei bloßen Zweifeln an der Zulässigkeit der ersuchten Rechtshilfe muß diese geleistet werden[15]. Ein einstweiliges Zurückstellen zur Klärung von Zweifelsfragen ist jedoch möglich.

b) Folgerungen. Der ersuchte Richter hat danach weder das Recht noch die Pflicht, 7
die tatsächlichen Voraussetzungen der von ihm begehrten Hilfeleistung nachzuprüfen; diese Prüfung ist Sache des ersuchenden Richters[16]. Bei Zweifeln über die Voraussetzungen und Grundlagen des Ersuchens sowie allgemein bei Unklarheiten und Unvollständigkeit ist es dem ersuchten Richter jedoch nicht verwehrt, das ersuchende Gericht auf seine Bedenken hinzuweisen und dessen Entscheidung über eine Klarstellung, Ergänzung und ggf. Zurücknahme des Ersuchens herbeizuführen[17]. Aus Gründen sachgerechten Vorgehens kann dies im Einzelfall – namentlich wenn die Bedenken auf Umständen beruhen, die erst nach Stellung des Rechtshilfeersuchens hervorgetreten sind – sogar geboten sein. Besteht das ersuchende Gericht auf der Durchführung des Ersuchens und übernimmt es damit die Verantwortung für seine Rechtmäßigkeit, so kann es dem ersuchten Richter – sofern nicht ein Verbotensein der Handlung in dem in Rdn. 2ff dargestellten Sinn vorliegt – nicht gestattet sein, seine Beurteilung an die Stelle derjenigen des örtlich und sachlich zur Entscheidung des Falles berufenen Gerichts zu setzen.

c) Abweichende Auffassungen. Im Schrifttum wurden zum Begriff des Verbotenseins 8
z. T. Auffassungen vertreten, die ausgehend von der Überlegung, daß der ersuchte Richter nicht gegen seine Überzeugung zu handeln brauche, ihm ein mehr oder weniger weit gehendes eigenes Prüfungsrecht zubilligen wollten[18]. Sie haben sich gegenüber der h. M nicht durchgesetzt. Nach abweichender Auffassung in der Rechtsprechung soll eine generell (abstrakt) zulässige Maßnahme verboten sein, wenn das Ersuchen um ihre Vornahme ganz offensichtlich auf einer rechtsfehlerhaften Ermessensausübung des ersuchenden Richters beruht[19]. Eine solche Nachprüfung überschreitet jedoch die bewußt eng gehaltenen Grenzen des § 158 Abs. 2[20]. Dies gilt auch für die noch weiter gehende Auffassung einzelner Oberlandesgerichte, ein Rechtshilfeersuchen sei unzulässig, wenn die vorzunehmende Handlung „nach den Umständen des konkreten Falles" offensichtlich verboten sei[21].

4. Einzelfälle. Unzulässig ist (nach Eröffnung des Hauptverfahrens) das Rechtshilfe- 9
ersuchen um Anordnung der Vorführung des Angeklagten, damit er eine Erklärung darüber abgebe, ob er vom Erscheinen in der Hauptverhandlung entbunden werden wolle[22]. Nicht ablehnen darf dagegen das ersuchte Gericht z. B. ein Rechtshilfeersuchen, weil die verfolgte Handlung verjährt sei[23], ein als Zeuge zu vernehmender Beamter einer Aus-

---

[15] *Kissel*³ 22; MünchKomm-*Wolf* 10.

[16] OLG Hamm JMBlNRW **1959** 150.

[17] *Kissel*³ 9 und 47.

[18] Hierzu mit weiteren Nachweisen *Frössler* NJW **1972** 517.

[19] OLG Köln GA **1953** 186; OLG Frankfurt FamRZ **1984** 103; OLG Karlsruhe OLGZ **1966** 565; zustimmend *Frank* MDR **1993** 838.

[20] Ebenso OLG Celle GA **1956** 299; offengelassen von OLG Hamm JMBlNRW **1964** 4.

[21] Vgl. OLG München NJW **1966** 2126 und Rpfleger **1973** 19; weitere Nachweise bei *Schneider* JVBl **1969** 241 und *Katholnigg*³ 5.

[22] BGHSt **25** 42; KG GA **1974** 306; OLG Hamburg NJW **1972** 2322; OLG Frankfurt NJW **1974** 430.

[23] OLG Hamm JMBlNRW **1974** 88.

sagegenehmigung bedürfe[24] oder weil ein zu vernehmender Sachverständiger mit Recht wegen Befangenheit abgelehnt werde[25]. Auch darf es die Anwendung von Ordnungshaft gegen einen das Zeugnis verweigernden Zeugen nicht deshalb ablehnen, weil es, abweichend von der Ansicht des ersuchenden Gerichts, die Weigerung für gesetzlich begründet hält[26]. Der gemäß § 233 StPO um Vernehmung des Angeklagten oder nach § 223 StPO um Vernehmung eines Zeugen ersuchte Richter darf die Gewährung der Rechtshilfe nicht ablehnen, weil seiner Meinung nach die Voraussetzungen einer kommissarischen Vernehmung nicht vorliegen[27].

10 **Bei streitigen Rechtsfragen** kommt es nicht darauf an, welcher Auffassung das ersuchte Gericht im Gegensatz zu der des ersuchenden Gerichts folgt[28]. Das Ersuchen, einen Zeugen vor der Entscheidung über die Eröffnung des Hauptverfahrens zu hören (§ 202 Satz 1 StPO), darf das ersuchte Gericht nicht deshalb ablehnen, weil nach seiner Auffassung zuvor die Anklageschrift nach § 201 StPO hätte mitgeteilt werden müssen[29].

11 **Im gerichtlichen Bußgeldverfahren** ist das Ersuchen um richterliche Vernehmung des Betroffenen (§ 73 Abs. 3 OWiG) nicht deshalb unzulässig, weil das ersuchende Amtsgericht sich vorbehalten hat, im Beschlußverfahren nach § 72 OWiG zu entscheiden; daß möglicherweise nach Durchführung der Vernehmung der ersuchende Richter nicht mehr im Beschlußverfahren, sondern nur aufgrund einer Hauptverhandlung entscheiden kann, macht das Rechtshilfeersuchen nicht unzulässig[30].

II. Ersuchen des im Rechtszug vorgesetzten Gerichts

12 **1. Grundgedanke.** Nach § 158 Abs. 2 Satz 1 darf das Ersuchen nicht abgelehnt werden, wenn es von einem im Rechtszug vorgesetzten Gericht ausgeht. Dem liegt die Überlegung des Gesetzgebers zugrunde, daß es nicht angemessen erscheint, das übergeordnete Gericht auf den Beschwerdeweg zu verweisen[31]. Hieraus folgt, daß die Ablehnung des Ersuchens nicht nur unzulässig ist, wenn das vorgesetzte Gericht in seiner Eigenschaft als Rechtsmittelgericht das Ersuchen stellt, wenn also die Sache bei ihm in der Rechtsmittelinstanz anhängig ist, sondern auch, wenn das ersuchende Gericht (das Landgericht und in den Fällen des § 120 das Oberlandesgericht) als Gericht erster Instanz mit der Sache befaßt ist. Abweichende Auffassungen[32], wonach auch hier der ersuchte Richter nicht schlechthin zur Ausführung verpflichtet sei, stehen in Widerspruch zu Wortlaut und Sinn des Gesetzes.

13 **2. Vorgesetztes Gericht.** Im Rechtszuge vorgesetzt ist, neben dem Bundesgerichtshof, nur das Oberlandesgericht und das Landgericht, zu dessen Bezirk das ersuchte Amtsgericht gehört. Die Bestimmung ist nicht etwa so aufzufassen, als ob jedes Oberlandesgericht oder Landgericht jedem Amtsgericht vorgesetzt wäre. Auf Ersuchen des Bundesverfassungsgerichts und der Verfassungsgerichte der Länder findet die Vorschrift jedoch entsprechende Anwendung.

---

[24] OLG Schleswig SchlHA **1968** 168.
[25] AG Göttingen NdsRpfl. **1967** 24.
[26] Hierzu näher LR-*Dahs* § 70, 36 StPO.
[27] OLG Celle GA **1956** 299; OLG Bremen GA **1962** 344; OLG Koblenz Rpfleger **1973** 61.
[28] OLG München OLGZ **1976** 252.
[29] OLG Celle MDR **1966** 781.
[30] OLG Hamm GA **1973** 156.
[31] *Hahn* Bd. I 169.
[32] Etwa KMR-*Paulus* 8.

III. Unzulässige Ablehnungsgründe

Aus einem anderen als dem in § 158 bezeichneten Grund darf das Ersuchen nicht abgelehnt werden; also namentlich nicht, weil das ersuchte Gericht die Handlung für nicht sinnvoll, für überflüssig oder unzweckmäßig hält oder ihre Übertragung als unstatthaft oder ungehörig ansieht und der Ansicht ist, daß sie von dem ersuchenden Gericht selbst oder von einem beauftragten Richter vorgenommen werden müsse[33]. So darf z. B. ein auf Gewährung von Akteneinsicht an den Verteidiger durch Mitgabe der Akten auf dessen Kanzlei gerichtetes Ersuchen vom Amtsgericht, in dessen Bezirk sich die Anwaltskanzlei befindet, nicht mit der Begründung abgelehnt werden, eine solche Handhabung der Akteneinsicht sei unrationell oder mit unvertretbarer Mehrarbeit verbunden[34]. Auch ist die Auswahl des Beweismittels allein Sache des ersuchenden Richters und deshalb der Überprüfung durch das ersuchte Gericht entzogen[35]. 14

Ist im Fall des § 45 JGG der örtlich und sachlich zuständige Jugendrichter bereit, einer Anregung des Staatsanwalts entsprechend eine Ermahnung auszusprechen, und ersucht er den Jugendrichter des Bezirks, in dem sich der Jugendliche aufhält, im Wege der Rechtshilfe, die Ermahnung mündlich auszusprechen, so kann dieser das Ersuchen nicht mit dem Hinweis auf die Möglichkeit einer schriftlichen Erteilung der Ermahnung ablehnen. Auch **Überlastung des ersuchten Gerichts ist kein Ablehnungsgrund**[36]. Ebenfalls keinen Ablehnungsgrund gibt die Befürchtung, daß bei Vernehmung eines kranken Zeugen die Vernehmungspersonen angesteckt werden könnten[37]. 15

IV. Örtliche Unzuständigkeit

1. Allgemeines. Das ersuchte Gericht ist örtlich nicht zuständig, wenn der Ort, der für die Vornahme der Rechtshilfehandlung bestimmend ist, nicht in seinem Bezirk liegt. Eine Rechtshilfehandlung kann – wie etwa die Einnahme eines Augenscheins, die Durchsuchung oder auch eine Vernehmung an „Ort und Stelle" – ihrer Natur nach an einen bestimmten Ort gebunden sein. Betrifft das Ersuchen die Vernehmung einer Person, so ist im allgemeinen der Wohnort[38], daneben aber auch unter Gesichtspunkten der Zweckmäßigkeit und Zumutbarkeit der – nicht notwendig dauernde, sondern auch vorübergehende – Aufenthaltsort maßgebend[39]. Ist das Ersuchen auf Gegenüberstellung oder eine aus anderen Gründen zweckmäßige gleichzeitige Vernehmung mehrerer Personen gerichtet, die sich nicht alle im Bezirk des ersuchten Gerichts befinden, so muß dieses auch die außerhalb seines Bezirks befindlichen vor sich laden[40]. 16

Unterschiedliche Auffassungen bestehen in der Frage, unter welchen Voraussetzungen ein **grenznahes Amtsgericht** um Vernehmung eines sich in seiner Nähe im Ausland aufhaltenden Zeugen ersucht werden kann. In der Rechtsprechung wird teilweise eine Zuständigkeit nur unter der Voraussetzung bejaht, daß durch die Vernehmung ein verzögernder oder sonst mit erheblichen Schwierigkeiten verbundener Rechtshilfeverkehr 17

---

33 RGZ **95** 288; BGH NJW **1990** 2936; OLG Düsseldorf MDR **1988** 604 und NStZ-RR **1996** 304.

34 OLG Karlsruhe Justiz **1986** 50; OLG Frankfurt NStZ **1981** 191.

35 OLG Köln OLGZ **1966** 188; *Kissel*[3] 36.

36 OLG Hamm MDR **1971** 69.

37 OLG Nürnberg MDR **1968** 946; *Kissel*[3] 46; **a. A** *Katholnigg*[3] 4.

38 RG JW **1912** 305.

39 Hierzu OLG Hamm MDR **1957** 437; *Kissel*[3] § 157, 4.

40 OLG Hamm JMBlNRW **1959** 150; OLG München NJW **1962** 56; *Kissel*[3] § 157, 4.

vermieden wird[41]. Darüber hinaus finden sich im Schrifttum noch weitere Einschränkungen wie etwa die Forderung, der Zeuge müsse im Ausland wohnen und es dürfe mit dem ausländischen Staat kein Rechtshilfeverkehr bestehen[42]. Demgegenüber wird ein grenznahes Amtsgericht für die Vernehmung eines im Ausland lebenden Zeugen bereits dann als zuständig angesehen, wenn dieser sich bereit erklärt hat, auf formlose Benachrichtigung hin freiwillig zur Vernehmung zu erscheinen. Ohne Bedeutung soll es dabei sein, ob mit dem ausländischen Staat Rechtshilfeverkehr besteht, wie sich dieser gestaltet und ob der Zeuge grenznah wohnt[43]. Dieser Auffassung, die sich auf überzeugende Zweckmäßigkeitserwägungen – beschleunigte Erledigung, größere Zuverlässigkeit der Ergebnisse – berufen kann, ist letztlich zuzustimmen[44].

18 **2. Konkurrierende Zuständigkeiten.** Unter mehreren örtlich zuständigen Amtsgerichten hat das ersuchende Gericht die Wahl. Dies gilt auch in den Fällen (oben Rdn. 16), wo das Ersuchen auf die Vernehmung einer Mehrzahl von Zeugen mit Wohnsitz in verschiedenen Amtsgerichtsbezirken gerichtet ist, deren gleichzeitige Vernehmung (z. B. zwecks Gegenüberstellung) erfolgen soll. Das ersuchte Amtsgericht kann das Ersuchen nicht ablehnen oder an ein anderes, ebenfalls örtlich zuständiges Amtsgericht abgeben, weil die Erledigung durch dieses zweckmäßiger geschehen könne[45].

19 **3. Wirkung der Abgabe.** Gibt das ersuchte Gericht das Ersuchen wegen örtlicher Unzuständigkeit ab (Absatz 2 Satz 2), so ist das Gericht, an das abgegeben wurde, an die Auffassung des abgebenden Gerichts nicht gebunden. Es kann seine eigene örtliche Zuständigkeit verneinen und, wenn es ein drittes Gericht für zuständig hält, das Ersuchen an dieses abgeben; es kann auch, wenn es der Meinung ist, das ersuchte Gericht habe seine örtliche Unzuständigkeit zu Unrecht verneint, das Ersuchen an dieses zurückgeben. Eine solche Handhabung wird aber zur Vermeidung von Verfahrensverzögerungen durch negative Zuständigkeitsstreitigkeiten nur dann angezeigt sein, wenn die Zuständigkeit des abgebenden und die Unzuständigkeit des von der Abgabe betroffenen Gerichts außer Zweifel stehen. Bloße Bedenken sollte das zweite Gericht im Interesse der Sache zurückstellen. Kommt es zu einer Rückgabe, muß der zuerst ersuchte Richter, nachdem eine Abgabe nach Absatz 2 Satz 2 sich als nicht möglich erwiesen hat – sofern kein Fall des Absatz 2 Satz 1 vorliegt – dem Ersuchen entsprechen (Absatz 1)[46].

20 **4. Besonderheiten bei Ersuchen vorgesetzter Gerichte.** Eine Abgabe nach Absatz 2 Satz 2 ist bei örtlicher Unzuständigkeit des ersuchten Gerichts auch dann möglich, wenn es sich um das Ersuchen eines im Rechtszug vorgesetzten Gerichts handelt[47]. Sie wird sich aber auf die Fälle beschränken müssen, in denen das vorgesetzte Gericht irrtümlich, insbesondere in Unkenntnis von die örtliche Zuständigkeit betreffenden Umständen, sein Ersuchen an das vermeintlich örtlich zuständige Amtsgericht gerichtet hat. Hat das vorgesetzte Gericht dagegen in Kenntnis der für die örtliche Zuständigkeit maßgeblichen Umstände das ersuchte Gericht als zuständig angesehen, läßt sich eine Abgabe an ein anderes Gericht, weil die örtliche Zuständigkeit im Widerspruch zur Auffassung des vorgesetzten Gerichts verneint wird, mit der in Absatz 2 Satz 1 getroffenen Regelung schwerlich vereinbaren.

---

41 OLG München NJW **1962** 56.
42 *Kissel*[3] § 157, 5.
43 OLG Schleswig NStZ **1989** 240.
44 Ebenso KK-*Schoreit*[4] § 157, 4.
45 OLG Hamm NJW **1956** 1446.
46 So auch *Katholnigg*[3] 7; anders *Kissel*[3] 23.
47 Ebenso *Kissel*[3] 23; KK-*Schoreit*[4] 4; **a. A** *Katholnigg*[3] 6.

§ 159

(1) [1]Wird das Ersuchen abgelehnt oder wird der Vorschrift des § 158 Abs. 2 zuwider dem Ersuchen stattgegeben, so entscheidet das Oberlandesgericht, zu dessen Bezirk das ersuchte Gericht gehört. [2]Die Entscheidung ist nur anfechtbar, wenn sie die Rechtshilfe für unzulässig erklärt und das ersuchende und das ersuchte Gericht den Bezirken verschiedener Oberlandesgerichte angehören. [3]Über die Beschwerde entscheidet der Bundesgerichtshof.

(2) Die Entscheidungen ergehen auf Antrag der Beteiligten oder des ersuchenden Gerichts ohne mündliche Verhandlung.

Entstehungsgeschichte. Die geltende Gesetzesfassung geht auf das VereinhG zurück, das – ohne inhaltliche Änderung – geringfügige sprachliche Änderungen sowie eine redaktionelle Anpassung an den bestehenden Rechtszustand („Bundesgerichtshof") vorgenommen hat. Bezeichnung bis 1924: § 160.

Übersicht

1. Anfechtung im Sinne des Absatzes 1 Satz 1

a) Voraussetzungen der Anfechtbarkeit. Anfechtbar ist nur die Entschließung, die das ersuchte Gericht über die rechtliche Zulässigkeit der beanspruchten Rechtshilfe faßt. Lehnt das ersuchte Gericht, ohne die rechtliche Zulässigkeit zu bezweifeln, aus anderen Gründen ab, z. B. wegen Überlastung oder weil die Vernehmung eines kranken Zeugen mit Ansteckungsgefahr für Richter und Urkundsbeamten verbunden wäre und ausreichende Sicherungsvorkehrungen nicht möglich seien, bleibt nur der Weg der Dienstaufsichtsbeschwerde[1]. Aus dem Wortlaut des Satzes 1 („so entscheidet") folgert nicht, daß die Entscheidung des Oberlandesgerichts auch ohne Anfechtung einzuholen ist. Wird dem Ersuchen stattgegeben, ist eine Überprüfung dieser Entscheidung selbstverständlich nur über eine ausdrückliche Anfechtung zu erreichen; bei Ablehnung des Ersuchens gilt nichts anderes. 1

b) Wesen der Anfechtung. Die Anfechtung geschieht in jedem Fall – nicht nur bei Anfechtung der Entscheidung des Oberlandesgerichts (Absatz 1 Satz 3) – mittels Beschwerde. Es handelt sich dabei um eine Beschwerde im weiteren Sinn, nicht im Sinne und nach den Regeln der Prozeßordnungen[2]. 2

[1] OLG Nürnberg MDR **1968** 946; OLG Düsseldorf NStZ **1989** 39; KK-*Schoreit*[4] 2; **a. A** *Katholnigg*[3] 2; *Kissel*[3] 7.

[2] H.M; RGZ **64** 180; OLG Frankfurt FamRZ **1984** 1030; *Hahn* Bd.1 170; *Katholnigg*[3] 1; *Kissel*[3] 1; *Stöber* Rpfleger **1973** 83.

3 **c) Ablehnung des Ersuchens.** Die Ablehnung des Ersuchens umfaßt auch den Fall, daß über die Ausführung Meinungsverschiedenheiten zwischen den beiden Gerichten bestehen; denn eine dem Ersuchen nicht völlig entsprechende Ausführung enthält eine teilweise Ablehnung[3]. So liegt z. B. eine Ablehnung vor, wenn die ersuchte Vernehmung eines Zeugen davon abhängig gemacht wird, daß der ersuchende Richter ein Sachverständigengutachten über die Aussagefähigkeit des Zeugen beifügt[4].

4 **Die Weitergabe des Rechtshilfeersuchens an ein anderes Gericht** wurde unter der Geltung des § 158 Abs. 2 a. F (vgl. § 158, Entstehungsgeschichte) als Ablehnung angesehen[5]. Da im Einzelfall durchaus berechtigte Interessen am Tätigwerden eines bestimmten Rechtshilfegerichts bestehen können, sollte Entsprechendes auch heute gelten, wenn das ersuchte Gericht das Rechtshilfeersuchen gemäß § 158 Abs. 2 Satz 2 abgibt[6]. Jedenfalls liegt aber eine Ablehnung i. S. des § 159 vor, wenn das ersuchte Gericht entgegen der Auffassung des im Rechtszug vorgesetzten Gerichts seine örtliche Zuständigkeit verneint; ebenso, wenn der ersuchte Richter sich auf örtliche Unzuständigkeit beruft, eine Abgabe nach § 158 Abs. 2 Satz 2 aber am Widerspruch des Gerichts, an das abgegeben werden sollte, gescheitert ist (§ 158, 19).

5 Eine **Teilablehnung liegt** auch **vor,** wenn über die **Kostentragungspflicht** Streit entsteht, z. B. das ersuchte Gericht zwar dem Ersuchen um Vernehmung eines Zeugen oder Sachverständigen entspricht, aber die Übernahme der Kosten ganz oder teilweise verweigert; oder zwar anerkennt, daß nach § 164 eine Kostentragungspflicht besteht, aber (zu Unrecht) annimmt, daß die gerichtliche Festsetzung der Entschädigung nach § 16 ZuSEG nicht mehr in den Bereich der zu leistenden Rechtshilfe falle[7]. Dagegen liegt keine Teilablehnung vor, wenn nur ein Streit über die Höhe der durch die Ausführung des Ersuchens entstandenen Auslagen (soweit solche überhaupt zu erstatten sind) besteht[8]. Jedenfalls muß ersichtlich sein, daß das ersuchte Amtsgericht dem Ersuchen ganz oder teilweise nicht entsprechen will. Bloße Rückfragen im Hinblick auf Zweifel, Unklarheiten oder Bedenken (vgl. § 158, 6) eröffnen die Beschwerde nicht.

6 **Abhilfe gegen Verzögerungen** oder sonstige Unregelmäßigkeiten ist nicht auf dem Weg des § 159, sondern durch Anrufung der dem ersuchten Gericht vorgesetzten Aufsichtsbehörde herbeizuführen (§ 26 Abs. 2 DRiG)[9]. Im Einzelfall kann eine Verzögerung jedoch wegen übermäßiger Dauer einer Ablehnung gleichkommen[10].

7 **d) Gesetzwidriges Stattgeben.** Eine Beschwerde darüber, daß dem § 158 Abs. 2 zuwider dem Ersuchen stattgegeben worden sei, war im Entwurf nicht vorgesehen[11]. Dieser ging davon aus, daß eine solche Beschwerde sich in Wahrheit gegen die Anordnung des ersuchenden Gerichts wende und deshalb das diesem vorgesetzte Gericht zur Entscheidung berufen sei. Dieser Auffassung ist die Reichstagskommission nicht beigetreten. Die Zulässigkeit einer Beschwerde gegen die Anordnung des ersuchenden Gerichts wird jedoch von § 159 nicht berührt[12]. Solange diese nicht durch Rechtsmittel beseitigt ist, bleibt eine verbotswidrig durchgeführte Rechtshilfehandlung wirksam[13].

---

[3] BGH NJW **1958** 1310; *Hahn* Bd.1 170; *Kissel*[3] 4; KK-*Schoreit*[4] 2.

[4] OLG Düsseldorf NStZ **1989** 39.

[5] KG HRR **1929** Nr. 1976.

[6] Ebenso *Eb. Schmidt* § 159, 6; KMR-*Paulus* 2; **a. A** *Katholnigg*[3] 2; *Kissel*[3] 6; KK-*Schoreit*[4] 2.

[7] RGSt **24** 1; BGH NJW **1958** 1310.

[8] OLG Hamm JMBlNRW **1955** 139.

[9] OLG Düsseldorf NStZ **1989** 39; *Kissel*[3] 5; anders aber OLG Hamm JMBlNRW **1971** 69.

[10] MünchKomm-*Wolf* 4.

[11] Vgl. *Hahn* Bd. 1 170.

[12] LR-*Gössel* § 304, 19 StPO.

[13] *Schneider* JVBl. **1969** 242; *Kissel*[3] 16, **a. A** *Baumbach-Lauterbach-Albers* 3.

e) Rechtsmittelzug. Der Rechtsmittelzug nach § 159 ist insofern ungewöhnlich, als die Beschwerde über eine Entscheidung des Amtsgerichts nicht an das Landgericht (§ 73), sondern an das Oberlandesgericht geht und unter bestimmten Voraussetzungen (Absatz 1 Satz 2) noch eine weitere Beschwerde an den Bundesgerichtshof (näher unten Rdn. 11) zugelassen ist. Er greift nur in den Fällen der §§ 156, 157, d.h. nur dann Platz, wenn es sich um ein innerhalb der ordentlichen streitigen Gerichtsbarkeit von Gericht zu Gericht ergangenes Ersuchen handelt (Vor § 156, 11) oder wenn in anderen Fällen § 159 für anwendbar erklärt ist, wie z.B. in § 13 Abs. 2 ArbGG oder § 5 Abs. 3 SGG[14] (vgl. auch Vor § 156, 20). 8

Außerhalb dieser Fälle – also regelmäßig bei Verweigerung von Amtshilfe – ist die Anrufung des Oberlandesgerichts und insbesondere des Bundesgerichtshofs ausgeschlossen, da die Sonderregelung des § 159 keine Ausdehnung ihres Anwendungsbereichs zuläßt. Ein Amtsgericht, dem der verhaftete Beschuldigte nach § 115a StPO vorgeführt wird, ist kein ersuchtes Gericht im Sinne der §§ 157ff. Gegen seine Entscheidung ist daher nicht die Beschwerde nach § 159, sondern gemäß § 304 StPO eröffnet[15]. 9

Das **Landesrecht** kann eine dem § 159 entsprechende Regelung enthalten, wonach über die Beschwerde anderer als gerichtlicher Behörden wegen einer vom Gericht verweigerten Beistandsleistung (Amtshilfe) das Oberlandesgericht entscheidet, so z.B. § 87 Abs. 2 preuß. AGGVG und § 4 Nds. AGGVG[16]. Soweit solche Vorschriften nicht durch späteres Landesrecht gegenstandslos wurden, sind sie durch §§ 1, 2 VwVfg nicht berührt worden. Streitig ist, ob solche Vorschriften auch dann gelten, wenn es sich um eine bundesgesetzlich geregelte Angelegenheit handelt und die Verpflichtung des Amtsgerichts zur Amtshilfe im Rahmen dieser Regelung durch Bundesgesetz begründet ist[17]. Diese Frage ist zu bejahen[18]. Soweit danach § 159 nicht entsprechend anwendbar ist, bleibt bei Ablehnung geschuldeter Amtshilfe die Beschwerde nach § 304 StPO (z.B. bei Ablehnung eines Antrags nach § 162 StPO), im übrigen die Dienstaufsichtsbeschwerde[19]. 10

2. Beschwerde an den Bundesgerichtshof (Absatz 1 Satz 2, 3)

a) Voraussetzungen. Die Beschwerde an den Bundesgerichtshof – in der Sache handelt es sich um eine weitere Beschwerde – findet nur statt, wenn die beiden in Absatz 1 geregelten Voraussetzungen, Ablehnung des Ersuchens und Verschiedenheit des Oberlandesgerichtsbezirks, zusammentreffen[20]. Wo die Verpflichtung der Gerichte zur Leistung der Rechtshilfe nicht auf §§ 156ff GVG, sondern auf Landesrecht beruht, gibt es gegen ablehnende Beschlüsse der Oberlandesgerichte keine Beschwerde an den Bundesgerichtshof, es sei denn, daß Landesrecht gem. Art. 99 GG den Weg zum Bundesgerichtshof eröffnet. 11

b) Ersuchen eines vorgesetzten Gerichts. Geht das Ersuchen von einem im Rechtszug vorgesetzten Gericht aus, so kann, da die Ablehnung unstatthaft ist, auch keine Beschwerde dagegen erhoben werden, daß dem Ersuchen stattgegeben worden sei. Sollte aber ein solches Ersuchen abgelehnt werden, weil der ersuchte Richter sich trotz des Gesetzeswortlauts dazu für befugt erachtet (vgl. § 158, 12), so ist auch hier der Beschwerdeweg nach § 159 gegeben[21]. Gleiches gilt, wenn das Rechtshilfeersuchen des 12

---

14 Hierzu KG NJW **1957** 1239; OLG Hamm JMBlNRW **1964** 4.

15 KG JR **1996** 253.

16 OLG Düsseldorf JMBlNRW **1967** 137 und **1968** 116; *Kissel*[3] 25.

17 Zum Meinungsstand OLG Düsseldorf NJW **1957** 1037.

18 OLG Hamm JVBl **1970** 179; *Kissel*[3] 26.

19 *Kleinknecht/Meyer-Goßner*[44] 2.

20 RGZ **33** 426.

21 So auch KK-*Schoreit*[4] 5.

vorgesetzten Gerichts wegen örtlicher Unzuständigkeit abgegeben wird, da hier – abweichend vom früheren Recht – eine Bindung des ersuchten Gerichts an das Rechtshilfeersuchen nicht mehr vorgeschrieben ist (vgl. § 158, 20).

13 **3. Beschwerdeberechtigte (Absatz 2).** Beschwerdeberechtigter Beteiligter ist bei gesetzwidrigem Stattgeben jeder beschwerte Prozeßbeteiligte (Staatsanwalt, Beschuldigter, nicht aber das ersuchende Gericht). Bei Ablehnung des Ersuchens ist außer dem ersuchenden Gericht auch jeder sonstige Prozeßbeteiligte, der durch die Nichtausführung des Ersuchens beschwert ist, als beschwerdeberechtigt anzusehen, insbesondere, wenn er durch entsprechende Anträge auf den Erlaß des Rechtshilfeersuchens hingewirkt hat[22]. Ein Zeuge, der vernommen werden sollte, ist aber nicht deshalb beschwerdeberechtigt nach Absatz 2, weil er nach Ablehnung des Rechtshilfeersuchens mit seiner Vernehmung vor dem Prozeßgericht rechnen muß[23].

14 **4. Verfahren.** Für die Einlegung der Beschwerde wird Schriftform oder Erklärung zu Protokoll der Geschäftsstelle des Amtsgerichts oder Oberlandesgerichts verlangt[24]. Eine Frist ist nicht vorgesehen. Die Beschwerde wird gegenstandslos, wenn das ersuchende Gericht die Handlung inzwischen selbst vorgenommen oder in der Hauptsache entschieden hat[25]; ebenso bei Abhilfe durch das Rechtshilfegericht. Die Entscheidung über die Beschwerde ergeht ohne mündliche Verhandlung (Absatz 2) durch Beschluß[26].

§ 160

Vollstreckungen, Ladungen und Zustellungen werden nach Vorschrift der Prozeßordnungen bewirkt ohne Rücksicht darauf, ob sie in dem Land, dem das Prozeßgericht angehört, oder in einem anderen deutschen Land vorzunehmen sind.

Entstehungsgeschichte. Der Wortlaut der geltenden Fassung geht auf das VereinhG zurück. Die sprachlichen Änderungen gegenüber der Ursprungsfassung sind nur redaktioneller Art. Bezeichnung bis 1924: § 161.

1 **1. Zweck und Bedeutung der Regelung.** Vor Inkrafttreten des GVG und der Prozeßordnungen waren in anderen Bundesstaaten durchzuführende Vollstreckungen, Ladungen und Zustellungen mangels einheitlicher Vorschriften im Wege der Rechtshilfe vorzunehmen. Die mit den Reichsjustizgesetzen verwirklichte Einheitlichkeit des zugrundeliegenden Rechts hat insoweit eine veränderte Lage geschaffen. § 160 soll dieser Veränderung Rechnung tragen und klarstellen, daß es bei Ladungen, Zustellungen und Vollstreckungen der Rechtshilfe nicht mehr bedarf[1].

---

22 KMR-*Paulus*[4] 4, MünchKomm-*Wolf* 6.

23 So auch *Kissel*[3] 8; **a. A** *Zöller-Gummer*[22] 2; *Baumbach-Lauterbach-Albers* 3.

24 *Kissel*[3] 13; *Baumbach-Lauterbach-Albers* 3.

25 *Kissel*[3] 12.

26 Zum Inhalt der Entscheidung vgl. *Kissel*[3] 15; MünchKomm-*Wolf* 10.

1 *Hahn* Bd.1 171; *Kissel*[3] 1.

Im Hinblick auf die **Einheit des Rechtspflegegebiets** (Vor § 156, 16) besagt die Vorschrift, daß die angesprochenen Maßnahmen unmittelbar von der zuständigen Stelle zu veranlassen sind und eine Mitwirkung des Gerichts, in dessen Bezirk sie vorgenommen werden sollen, grundsätzlich nicht erforderlich ist. Dies gilt auch dann, wenn die der Maßnahme zugrundeliegende Norm dem Landesrecht angehört oder aus anderem Grund am Durchführungsort nicht gilt[2]. Ein dennoch um Rechtshilfe ersuchtes Gericht ist zur Ablehnung des Ersuchens berechtigt[3]. 2

2. Einschaltung des Gerichtsvollziehers. Ist ein Tätigwerden des Gerichtsvollziehers erforderlich, wird dieses durch unmittelbaren Auftrag des mit der Sache befaßten Gerichts, der Staatsanwaltschaft oder von Prozeßbeteiligten (vgl. z. B. §§ 38, 168d Abs. 2, 220 Abs. 1, 386 Abs. 2 StPO) veranlaßt. Dabei ist unerheblich, ob die beauftragende Stelle und der Gerichtsvollzieher demselben Bundesland angehören oder nicht. Die Einschaltung der Geschäftsstelle des Amtsgerichts, in dessen Bezirk der Auftrag ausgeführt werden soll, ist aus Gründen der Vereinfachung zugelassen (§ 161). 3

3. Vollstreckungen, Ladungen, Zustellungen. Sie werden ohne Vermittlung einer Rechtshilfestelle unmittelbar veranlaßt. Der Vollstreckungsbegriff umfaßt jede zwangsweise Durchsetzung gerichtlicher Entscheidungen mit Ausnahme derjenigen von Freiheitsstrafen; für diese sind in den §§ 162, 163 besondere Bestimmungen getroffen. 4

4. Zwangsmaßnahmen. Ist ein Haft- oder Vorführungsbefehl gegen eine Person zu vollstrecken, die sich in einem anderen Gerichtsbezirk aufhält, so können das Gericht oder die Staatsanwaltschaft die Polizeibehörde des Aufenthaltsorts unmittelbar um die Vollstreckung ersuchen, auch wenn der Aufenthaltsort in einem anderen Bundesland liegt. Einer Mitwirkung des örtlichen Gerichts bedarf es nicht[4]. Gleiches gilt, wenn in einem anderen Gerichtsbezirk eine Beschlagnahme oder Durchsuchung vorzunehmen ist. 5

5. Dienstaufsichtsbeschwerde. Wird die Erledigung des Auftrags oder Ersuchens verweigert oder erfolgt die Ausführung nicht ordnungsgemäß, kann dagegen Dienstaufsichtsbeschwerde bei der vorgesetzten Stelle eingelegt werden. Im übrigen richtet sich die Zulässigkeit eines Rechtsmittels nach dem allgemeinen Verfahrensrecht[5]. 6

6. Befolgungspflicht bei Ladungen. Jeder, der sich in der Bundesrepublik aufhält, hat einer Ladung vor Gericht oder Staatsanwaltschaft nachzukommen. 7

§ 161

[1]Gerichte, Staatsanwaltschaften und Geschäftsstellen der Gerichte können wegen Erteilung eines Auftrags an einen Gerichtsvollzieher die Mitwirkung der Geschäftsstelle des Amtsgerichts in Anspruch nehmen, in dessen Bezirk der Auftrag ausgeführt werden soll. [2]Der von der Geschäftsstelle beauftragte Gerichtsvollzieher gilt als unmittelbar beauftragt.

---

[2] OLG Karlsruhe NJW **1969** 1546; *Katholnigg*[3] 1.

[3] RGSt **26** 338; KK-*Schoreit*[4] 1.

[4] KG JR **1976** 253.

[5] *Katholnigg*[3] 2; *Kissel*[3] 9; MünchKomm-*Wolf* 6.

Entstehungsgeschichte. Aufgrund des Gesetzes vom 9. 7. 1927 (RGBl. I S. 175) wurde durch VO vom 30. 11. 1927 (RGBl. I S. 334) die Bezeichnung „Gerichtsschreiberei" durch „Geschäftsstelle" ersetzt. Im übrigen ist die Vorschrift unverändert geblieben. Bezeichnung bis 1924: § 162.

1 **1. Normzweck.** Die Vorschrift bezweckt eine Erleichterung des Geschäftsverkehrs und will dem Umstand Rechnung tragen, daß in vielen Fällen der Name des zu beauftragenden Gerichtsvollziehers der mit der Sache befaßten Stelle unbekannt ist und die zulässige unmittelbare Inanspruchnahme des Gerichtsvollziehers dadurch auf Schwierigkeiten stößt[1]. Die Möglichkeit unmittelbarer Beauftragung des auswärtigen Gerichtsvollziehers bleibt unberührt.

2 **2. Mitwirkung der Geschäftsstelle.** Diese ist Amtshilfe, nicht Rechtshilfe i. S. der §§ 156ff. Die Beschwerde nach § 159 ist deshalb nicht gegeben. Bei Weigerung der Geschäftsstelle besteht jedoch de Möglichkeit der Dienstaufsichtsbeschwerde[2].

§ 162

Hält sich ein zu einer Freiheitsstrafe Verurteilter außerhalb des Bezirks der Strafvollstreckungsbehörde auf, so kann diese Behörde die Staatsanwaltschaft des Landgerichts, in dessen Bezirk sich der Verurteilte befindet, um die Vollstreckung der Strafe ersuchen.

Entstehungsgeschichte. Die Vorschrift hatte ursprünglich folgende Fassung:

Eine Freiheitsstrafe, welche die Dauer von sechs Wochen nicht übersteigt, ist in dem Lande zu vollstrecken, in welchem der Verurteilte sich befindet.

Ihre heutige Fassung erhielt sie durch Gesetz vom 13. 12. 1934 (RGBl. I S. 1233). Das VereinhG hat § 162 unverändert übernommen. Bezeichnung bis 1924: § 163.

Übersicht

1. Zur geschichtlichen Entwicklung der Vorschrift

1 **a) Bedeutung der ursprünglichen Gesetzesfassung.** In seiner Ursprungsfassung (vgl. Entstehungsgeschichte) regelte § 162 die Rechtshilfe bei der Vollstreckung von Freiheitsstrafen in den Fällen, in denen der vom Gericht eines Landes Verurteilte bei Einleitung

[1] *Hahn* Bd. 1 171.

[2] *Kissel*[3] 5; KK-*Schoreit*[4] 2.

der Strafvollstreckung sich in einem anderen Land aufhält. Bei kürzeren Freiheitsstrafen sollte diese Vollstreckungshilfe in der Weise geleistet werden, daß die für den Aufenthaltsort zuständige Staatsanwaltschaft auf Ersuchen der Vollstreckungsbehörde des anderen Landes die Vollstreckung zu übernehmen hatte. Freiheitsstrafen von mehr als sechs Wochen hingegen waren in dem Land des erkennenden Gerichts zu vollstrecken. Die Vollstreckungshilfe der Staatsanwaltschaft des Aufenthaltsortes bestand in solchen Fällen darin, daß sie auf Ersuchen der Vollstreckungsbehörde für die Ergreifung und Ablieferung des Verurteilten zu sorgen hatte (§ 163). Bei die Dauer von sechs Wochen nicht überschreitenden Strafen sollte es dagegen möglich sein, ein solches Ersuchen um Ablieferung des Verurteilten abzulehnen[1].

Dieser ursprünglichen Regelung lag die Vorstellung zugrunde, daß jedes Land im Grundsatz die Lasten selbst tragen sollte, die mit der Vollstreckung von durch seine Gerichte verhängten Freiheitsstrafen verbunden sind, und jedenfalls bei längeren Freiheitsstrafen die Übernahme der Vollstreckung durch ein anderes Land unzumutbar sei[2]. 2

b) Die Ländervereinbarung 1925. Im weiteren Verlauf ergab sich das Bedürfnis, zur Ersparnis von Kosten und Verwaltungsaufwand, aber auch mit Rücksicht auf die Belange des Verurteilten, kurze Freiheitsstrafen in weitergehendem Umfang im Lande des Aufenthaltsorts zu vollstrecken. Über § 162 hinausgehend wurde deshalb durch Vereinbarung der Länder[3] bestimmt, daß Freiheitsstrafen von 6 Wochen bis zu drei Monaten sowie Restfreiheitsstrafen von nicht mehr als drei Monaten auf Ersuchen der Vollstreckungsbehörde in dem Land vollstreckt werden, in dem sich der Verurteilte dauernd aufhält. Diese Vereinbarung wurde später[4] auf Freiheitsstrafen und Restfreiheitsstrafen erweitert, die sechs Monate nicht übersteigen. 3

c) Übergang der Justizhoheit auf das Reich. Mit dem Übergang der Justizhoheit auf das Reich im Jahre 1934 entfiel der Gesichtspunkt, der bisher für die Unterscheidung zwischen längeren und kürzeren Freiheitsstrafen und die daran anknüpfende Unterschiedlichkeit der Vollstreckungshilfe maßgebend war. Durch Gesetz vom 13. 12. 1934 (vgl. Entstehungsgeschichte) erhielt § 162 seine heutige Fassung. Die Staatsanwaltschaft des Aufenthaltsorts hatte damit stets auf Ersuchen der Vollstreckungsbehörde Vollstreckungshilfe durch Vollstreckungsübernahme zu leisten, unabhängig von der Höhe der Strafe und unabhängig davon, ob der Aufenthaltsort des Verurteilten in dem Land des Sitzes der Vollstreckungsbehörde oder einem anderen Land lag. Ob die Vollstreckungsbehörde sich dieser Vollstreckungshilfe bediente, war in ihr Ermessen gestellt. Auch wenn damit die bei kürzeren Strafen bisher generell bestehende Pflicht der Vollstreckungsbehörde – und ein entsprechender Rechtsanspruch des Verurteilten – entfiel, war es nicht Absicht der Neufassung, den Verurteilten zur Vollstreckung aus dem Bereich seines Aufenthaltsorts zu entfernen. Beabsichtigt war vielmehr, die Möglichkeit der Vollstreckung außerhalb des Bezirks der Vollstreckungsbehörde allgemein zuzulassen und damit die durch die bisherigen Bestimmungen gezogenen engen Grenzen zu erweitern. Die schon bisher im Bereich des Aufenthaltsortes erfolgte Vollstreckung sollte jedenfalls weiterhin die Regel bleiben. 4

d) Strafvollstreckungsordnung 1935. In Fortführung dieser Entwicklung bestimmte die Strafvollstreckungsordnung (StVollstrO) vom 7. 12. 1935[5], daß im gesamten Reichsgebiet für die einzelnen Gerichtsbezirke Vollstreckungspläne aufzustellen seien, welche 5

[1] *Hahn* Bd. 1 172.
[2] *Hahn* Bd. 1 171.
[3] Bek. des RJM vom 7. 1. 1925, (RMBl. S. 11).
[4] Bek. des RJM vom 7. 7. 1928, (RMBl. S. 393).
[5] Vgl. DJ **1935** 1800.

die Vollzugsanstalten bezeichneten, in denen die Strafen bestimmter Art und Höhe zu vollziehen waren. Für die Bestimmung der örtlichen Zuständigkeit einer Vollzugsanstalt war grundsätzlich der Gerichtsbezirk maßgebend, in dem der Verurteilte bei Einleitung der Strafvollstreckung wohnte oder sich aufhielt. In diese örtlich zuständige Vollzugsanstalt hatte die Vollstreckungsbehörde einen im Reichsgebiet auf freiem Fuß befindlichen Verurteilten unmittelbar, also ohne Inanspruchnahme von Amtshilfe einer anderen Vollstreckungsbehörde, zum Strafantritt zu laden. Kam der Verurteilte der Ladung nicht nach, so hatte die Vollstreckungsbehörde einen Vorführungs- oder Haftbefehl (§ 457 Abs. 1 StPO) zu erlassen, um dessen Ausführung die Polizeibehörden ersucht werden konnten.

6 Mit dieser Regelung hatten **die §§ 162, 163 ihre praktische Bedeutung im wesentlichen verloren.** Sie behielten sie, da die Strafvollstreckungsordnung sich nur auf die Vollstreckung strafgerichtlich verhängter Kriminalstrafen bezieht, für die Fälle, in denen nicht eine Kriminalstrafe, sondern eine Freiheitsentziehung anderer Art (unten Rdn. 8) zu vollstrecken war.

7 **e) Weitere Entwicklung und heutiger Rechtszustand.** Das Vereinheitlichungsgesetz 1950 übernahm die durch Gesetz vom 13. 12. 1934 geschaffene Gesetzesfassung unverändert. Mit dem Rückübergang der Justizhoheit auf die Länder erlangte die Vorschrift auch ihre praktische Bedeutung wieder. Der aus §§ 162, 163 sich ergebende Rechtszustand (Wahlmöglichkeit Vollstreckungsübernahmeersuchen nach § 162 oder Ersuchen um Vollstreckungshilfe nach § 163) ist jedoch beeinflußt und eingeschränkt durch die Weisungen, die in der jetzt geltenden Fassung der Strafvollstreckungsordnung (Aufgrund Vereinbarung der Landesjustizverwaltungen und des Bundesministeriums der Justiz bundeseinheitlich gefaßte Verwaltungsvorschriften der Länder, vgl. z. B. VwV des JuMBW vom 1. März 2001, Justiz **2001** 135) den Strafvollstreckungsbehörden zur Handhabung der §§ 162, 163 erteilt sind[6]. Überlagert und teilweise abgeändert wurden diese Anordnungen durch eine Ländervereinbarung zur Vereinfachung und Beschleunigung der Strafvollstreckung vom 13. 1. 1965[7]. Diese Vereinbarung ist mit Wirkung vom 1. 1. 2000 durch eine neugefaßte Ländervereinbarung vom 8. 6. 1999[8] ersetzt worden.

2. Geltungsbereich

8 **a) Freiheitsstrafen.** Zu den Freiheitsstrafen im Sinne der §§ 162, 163 gehört auch die Ordnungshaft (vgl. §§ 51, 70 StPO, § 178). Die Bezeichnungen „Strafvollstreckungsbehörde“ und „Verurteilter“ sind demgemäß in einem weiteren Sinn zu verstehen. Sinngemäß anwendbar sind die §§ 162, 163 auch auf freiheitsentziehende Maßregeln der Besserung und Sicherung (§§ 463 Abs. 1 StPO, 9 Abs. 1 StVollstrO). Für die Vollstreckung von Jugendstrafe und Jugendarrest gelten §§ 84, 85, 110 JGG[9].

9 **b) Generalbundesanwalt.** Die §§ 162, 163 gelten nicht, wenn der Generalbundesanwalt Vollstreckungsbehörde für die vom Oberlandesgericht im ersten Rechtszug in Ausübung von Gerichtsbarkeit des Bundes erlassenen Entscheidungen ist, da sein Bezirk als Strafvollstreckungsbehörde das gesamte Bundesgebiet ist[10].

---

6 Hierzu LR-*Wendisch* § 451, 16ff StPO. Zum Ausschluß der Wahlmöglichkeit durch die Vorschriften über die örtliche Zuständigkeit der Vollzugsanstalt *Pohlmann/Jabel/Wolf* § 9, 2.

7 Abgedruckt bei *Katholnigg*[3] 1; näher hierzu LR-*Wendisch* § 451, 19ff StPO; *Pohlmann/Jabel/Wolf* § 9, 2; zur direkten Ladung in den offenen Vollzug vgl. OLG Frankfurt NStZ **1994** 301.

8 Justiz **2000** 133.

9 Dazu LR-*Wendisch* § 451, 30 StPO.

10 LR-*Wendisch* § 451, 25 StPO.

3. Zuständigkeit. Zur Leistung der Vollstreckungshilfe ist jede Staatsanwaltschaft verpflichtet, in deren Bezirk sich der Verurteilte, wenn auch nur vorübergehend, aufhält. Auf die Staatsangehörigkeit, den Wohnsitz oder den gewöhnlichen Aufenthaltsort kommt es nicht an. Somit obliegt im Falle eines Steckbriefes (§ 457 Abs. 2 StPO)[11] die Pflicht zur Vollstreckungshilfe der Staatsanwaltschaft, in deren Bezirk der Verurteilte betroffen wird. 10

4. Begriffliche Einordnung. Zum Rechtscharakter der Vollstreckungshilfe vgl. Vor § 156, 14. 11

§ 163

Soll eine Freiheitsstrafe in dem Bezirk eines anderen Gerichts vollstreckt oder ein in dem Bezirk eines anderen Gerichts befindlicher Verurteilter zum Zwecke der Strafverbüßung ergriffen und abgeliefert werden, so ist die Staatsanwaltschaft bei dem Landgericht des Bezirks um die Ausführung zu ersuchen.

Bezeichnung bis 1924: § 164.

Übersicht

1. Bedeutung der Vorschrift. Zum Verständnis der Bestimmung ist der Zusammenhang mit § 162 zu beachten. Die Änderung, die § 162 durch das Gesetz vom 13. 12. 1934 erfuhr und die das VereinhG aufrechterhalten hat (§ 162, Entstehungsgeschichte), hatte Wirkung auch für die Bedeutung des § 163. Solange § 162 bestimmte, daß Freiheitsstrafen von nicht mehr als sechs Wochen im Land des Aufenthaltsorts des Verurteilten zu vollstrecken sind, wies § 163 der Vollstreckungsbehörde den Weg, auf dem die Vollstreckung in dem anderen Land herbeizuführen war. Darüber hinaus regelte die Vorschrift den Fall, daß der Verurteilte sich zwar in dem Land des erkennenden Gerichts befand, die Vollstreckung aber in einem anderen Gerichtsbezirk erfolgen sollte. Schließlich betraf § 163 auch die Fälle, in denen die Vollstreckung im Bezirk des erkennenden Gerichts durchgeführt werden sollte und es hierzu einer Ergreifung am Aufenthaltsort sowie einer Ablieferung bedurfte. 1

Durch die veränderte Fassung des § 162 sowie die Regelungen in Strafvollstreckungsordnung und Ländervereinbarung hat die Bedeutung des § 163 **weitreichende Einschränkungen** erfahren[1]. Wenn § 162 jetzt bestimmt, daß die zuständige Vollstreckungsbehörde die Staatsanwaltschaft des Aufenthaltsorts um Vollstreckung ersuchen kann, so spricht § 163 in seiner ersten Alternative etwas aus, was sich bereits aus § 162 ergibt. Im übrigen ist in den Fällen, in denen sich der Verurteilte im Land der Vollstreckungsbehörde auf- 2

[11] Hierzu näher LR-*Wendisch* § 457, 27 StPO.

[1] Hierzu auch *Kissel*[3] 2.

hält und die Strafe in einer Vollzugsanstalt dieses Landes vollzogen werden soll, nach den Vorschriften der Strafvollstreckungsordnung zur Vollstreckung außerhalb des Bezirks der Vollstreckungsbehörde eine Vollstreckungshilfe der Staatsanwaltschaft des Aufenthaltsorts nicht erforderlich. Die Vollstreckungsbehörde lädt den Verurteilten vielmehr unmittelbar zum Strafantritt in der zuständigen Vollzugsanstalt und ersucht, wenn er sich auf diese Ladung nicht stellt, die Polizeidienststellen um Vollziehung eines Haft- oder Vorführbefehls (§ 457 StPO)[2]. Darüber hinaus sind die Vollstreckungsbehörden bei Verurteilten, die sich in einem anderen Land auf freiem Fuß befinden, durch die Ländervereinbarung vom 8. 6. 1999 (hierzu § 162, 7) ermächtigt, unmittelbar zum Strafantritt in eine Vollzugsanstalt des Aufenthaltslandes zu laden und ggf. auch die Polizeidienststellen dieses Landes unmittelbar um Vollziehung eines Haft- oder Vorführungsbefehls zu ersuchen[3].

3 § 163 steht dieser Verfahrensweise nicht entgegen. Er soll nämlich nicht besagen, daß Vollstreckungshilfe stets und damit auch dann in Anspruch zu nehmen sei, wenn unmittelbare Maßnahmen der Vollstreckungsbehörde ausreichen. Er will vielmehr nur den Weg aufzeigen, auf dem eine **Vollstreckungshilfe im Bedarfsfall** herbeizuführen ist. Auch die unmittelbaren Zwangsbefugnisse der Vollstreckungsbehörde aus § 457 StPO läßt § 163 unberührt.

4 **2. Zuständigkeit der Staatsanwaltschaft.** Absicht des Gesetzgebers war es, zur Erleichterung der Praxis die Vollstreckungshilfe in die Hand einer einzigen Institution zu legen[4]. Zuständiges Organ ist die Staatsanwaltschaft beim Landgericht ohne Unterschied, ob im Einzelfall eine Staatsanwaltschaft oder ein Gericht die Vollstreckung betreibt und um die Vollstreckungshilfe nachsucht. Zum Rechtscharakter der Vollstreckungshilfe vgl. Vor § 156, 14, zur Zuständigkeit in den Fällen, in denen der Verurteilte flüchtig ist oder sich verborgen hält, § 162, 10.

5 **3. Vollstreckbarkeitsbescheinigung.** Dem Ersuchen um Vollstreckung oder um Ablieferung ist eine mit der Bescheinigung der Vollstreckbarkeit versehene beglaubigte Abschrift der Urteilsformel beizufügen (§ 451 Abs. 1 StPO). Einer Beifügung weiterer Urkunden bedarf es nicht. Ist eine Ablieferung im Wege der Vollstreckungshilfe erforderlich, so ist nach § 163 zu verfahren ohne Unterschied, ob der Verurteilte zur ersuchenden Behörde oder einer anderen Stelle, etwa zu einer in einem dritten Gerichtsbezirk befindlichen Vollzugsanstalt, verbracht werden soll.

6 **4. Prüfungskompetenz.** Die ersuchte Staatsanwaltschaft hat lediglich die Zulässigkeit des gestellten Ersuchens und das Vorliegen der formellen Voraussetzungen der Strafvollstreckung zu prüfen[5]; bestehen insoweit keine Bedenken, muß sie dem Ersuchen stattgeben. Gesuche um Aufschub der Strafvollstreckung, die bei der ersuchten Staatsanwaltschaft gestellt werden, unterliegen der Entscheidung der ersuchenden Behörde und sind daher an diese abzugeben. Die ersuchte Behörde kann jedoch im Einzelfall befugt und verpflichtet sein, zur Vermeidung irreparabler Nachteile eine vorläufige Anordnung zu treffen.

7 **5. Rechtsbehelf.** Wird das Ersuchen abgelehnt, ist Dienstaufsichtsbeschwerde an den vorgesetzten Generalstaatsanwalt zulässig; dessen ablehnender Bescheid kann wiederum

[2] LR-*Wendisch* § 451, 19 StPO.
[3] LR-*Wendisch* § 451, 20 StPO.
[4] *Hahn* Bd. 1 172.
[5] *Hahn* Bd. 1 172.

im Wege weiterer Aufsichtsbeschwerde bei der Landesjustizverwaltung angefochten werden (§ 147, 3).

Eine **gerichtliche Nachprüfung** findet in diesen Fällen dagegen **nicht** statt, auch nicht nach §§ 23ff EGGVG[6]. Der Gesetzgeber hat eine Kontrolle innerhalb der Organisation der Staatsanwaltschaft als sachgerecht erachtet und für eine Einbeziehung der Gerichte kein Bedürfnis gesehen[7]. 8

6. Besondere Vollstreckungsfälle. Die Vollstreckung von Geldstrafen, zu einer Geldzahlung verpflichtenden Nebenfolgen, Verfall, Einziehung und von Ordnungsmitteln in Geld ist in § 163 nicht erwähnt, weil die Vollstreckung außerhalb des Bezirks des erkennenden Gerichts keine Rechtshilfe im Sinne des Gerichtsverfassungsgesetzes erfordert (Vor § 156, 14). Vielmehr hat die Vollstreckungsbehörde die erforderlichen Vollstreckungsmaßnahmen unmittelbar selbst zu betreiben; vgl. §§ 459, 459g StPO, die auf die Vorschriften der Justizbeitreibungsordnung verweisen, sowie §§ 48 Abs. 1, 57, 60ff StVollstrO. Danach stehen vereinnahmte Geldstrafen und andere Vermögenswerte sowie Verfahrenskosten dem Land des erkennenden Gerichts zu, auch wenn es besonderer Beitreibungsmaßnahmen in einem anderen Land bedarf, die kraft Auftrags oder auf Ersuchen der Gerichtskasse als Vollstreckungsbehörde (§ 2 JBeitrO) durch dessen Vollziehungsbeamte (§ 6 Abs. 3 JBeitrO) vorgenommen werden. 9

§ 164

(1) Kosten und Auslagen der Rechtshilfe werden von der ersuchenden Behörde nicht erstattet.

(2) Gebühren und andere öffentliche Abgaben, denen die von der ersuchenden Behörde übersendeten Schriftstücke (Urkunden, Protokolle) nach dem Recht der ersuchten Behörde unterliegen, bleiben außer Ansatz.

Entstehungsgeschichte. Die Vorschrift hatte – im Wortlaut der Bekanntmachung vom 22. 3. 1924 (RGBl. I S. 318) – ursprünglich folgenden Wortlaut:

Im Falle der Rechtshilfe unter den Behörden verschiedener deutscher Länder sind die baren Auslagen, welche durch eine Ablieferung oder Strafvollstreckung entstehen, der ersuchten Behörde von der ersuchenden zu erstatten.

Im übrigen werden Kosten der Rechtshilfe von der ersuchenden Behörde nicht erstattet.

Ist eine zahlungspflichtige Partei vorhanden, so sind die Kosten von ihr durch die ersuchende Behörde einzuziehen und der eingezogene Betrag der ersuchten Behörde zu übersenden.

Stempel-, Einregistrierungsgebühren oder andere öffentliche Abgaben, welchen die von der ersuchenden Behörde übersendeten Schriftstücke (Urkunden, Protokolle) nach dem Rechte der ersuchten Behörde unterliegen, bleiben außer Ansatz.

Das VereinhG (I Nr. 70) strich die Absätze 1 und 3 der Ursprungsfassung. Die Absätze 2 und 4 wurden in geänderter Fassung als Absätze 1 und 2 übernommen. Bezeichnung bis 1924: § 165.

---

6 *Katholnigg*[3] 3; *Polhlmann/Jabel/Wolf* § 9, 13.

7 *Hahn* Bd.1 172.

Übersicht

1. Zur geschichtlichen Entwicklung der Vorschrift

1 **a) Ursprüngliche Bedeutung.** In seiner ursprünglichen Fassung regelte § 164 den Fall, daß bei der Inanspruchnahme von Rechtshilfe i. S. der §§ 156ff die ersuchende und die ersuchte Behörde verschiedenen Ländern angehörten. In diesem Fall waren die durch eine Ablieferung oder Strafvollstreckung (§§ 162, 163) der ersuchten Behörde entstehenden baren Auslagen zu ersetzen. Im übrigen bestand keine Erstattungspflicht der Länder untereinander; soweit jedoch eine Partei die Kosten zu tragen hatte, waren sie von ihr durch die ersuchende Behörde einzuziehen und an die ersuchte Behörde weiterzuleiten. Die Einzelheiten waren in Ländervereinbarungen geregelt.

2 Die Vorschrift regelte **nicht die Erstattungspflicht im Verhältnis des Reichs zu den Ländern.** Über den Kostenausgleich zwischen Reich und Ländern in den zur Zuständigkeit des Reichsgerichts gehörenden Strafsachen bestanden ebenfalls Vereinbarungen[1]. Schließlich regelte § 164 nicht die Kosten der Rechtshilfe zwischen Behörden eines Landes[2]; insoweit galt Landesrecht.

3 **b) Weitere Entwicklung.** Mit dem Übergang der Justizhoheit auf das Reich zum 1. 1. 1935 verlor § 164 seine Bedeutung. Eine Erstattungspflicht der Behörden aus den Bereichen der verschiedenen ehemaligen Landesjustizverwaltungen kam schon der Natur der Sache nach, im übrigen auch deshalb nicht in Betracht, weil die §§ 162, 163 ihre praktische Bedeutung verloren hatten (vgl. § 162, 6). Diesen Rechtszustand hat trotz des nach 1945 erfolgten Rückübergangs der Justizhoheit auf die Länder das VereinhG beibehalten. Danach gibt es gem. § 164 keinerlei Erstattungspflicht im Verhältnis der Länder untereinander sowie im Verhältnis des Bundes zu den Ländern. Ebenso ist jede Erstattung der Rechtshilfekosten innerhalb eines Landes ausgeschlossen und abweichendes Landesrecht nicht möglich. Schließlich ist auch die Verpflichtung entfallen, die von einer erstattungspflichtigen Partei eingezogenen Kosten an die ersuchte Behörde eines anderen Landes abzuführen.

4 **2. Rechtshilfekosten.** Absatz 1 gilt nur für die Kosten und Auslagen der Rechtshilfe im Sinn des Gerichtsverfassungsgesetzes. Hierher gehören insbesondere die Zeugengebühren bei Vernehmungen durch den ersuchten Richter. Keine Rechtshilfe, sondern Amtshilfe, liegt dagegen z. B. vor, wenn ein Gericht ein anderes lediglich um die Entgegennahme und Übersendung eines Gutachtens ersucht. Hier hat das ersuchende Gericht die Kosten für das Gutachten zu tragen[3]. Bei Rechtshilfe der ordentlichen Gerichte zugunsten der Gerichte anderer Gerichtsbarkeitszweige gilt § 164 nur, wenn er für entsprechend anwendbar erklärt ist, sei es generell durch Verweisung auf die Vorschriften des GVG schlechthin wie z. B. in § 173 VwGO, sei es durch Verweisung auf die GVG-Vorschriften über die Rechtshilfe wie z. B. in § 13 ArbGG und § 5 Abs. 3 SGG.

---

[1] Vgl. RMBl. **1925** 1278; ferner die Vereinbarung zwischen dem Reich und den Ländern über den Kostenausgleich in der Strafrechtspflege vom 22. 8. 1925, RMBl. **1925** 371.

[2] *Hahn* Bd. 1 173.

[3] RGSt **24** 1.

3. Kosten der Amtshilfe. § 164 bezieht sich nicht auf die Kosten und Auslagen der Amtshilfe zwischen Justizbehörden, soweit sie nicht in §§ 162, 163 als Rechtshilfe angesehen wird. Die Vorschrift ist deshalb nicht anwendbar auf die Kosten eines Vollstreckungsbeamten (Gebühren und Auslagen), der anläßlich der Ausführung von Vollstreckungs- und Zustellungsaufträgen der Justizbehörden eines anderen Landes oder des Bundesgerichtshofs entstehen, aber beim Kostenschuldner nicht eingezogen werden können. Nach § 8 des GerichtsvollzieherkostenG und § 11 der GerichtsvollzieherkostenO werden aber solche Kosten dem Auftrag gebenden Land (Bund) nicht in Rechnung gestellt und wird auf ihre Erstattung verzichtet. 5

Ebenso gilt § 164 nicht, wenn die **Vernehmung von Zeugen und Sachverständigen** nicht im Wege der Rechtshilfe von Gericht zu Gericht, sondern **im Wege der Amtshilfe** auf Ersuchen eines Richters oder Staatsanwalts durch die Justizbehörde eines anderen Landes durchgeführt wird. Insoweit haben die Landesjustizverwaltungen jedoch in Übertragung des Grundgedankens des § 164 im Vereinbarungswege auf Kostenerstattung verzichtet. 6

§ 164 ist ferner unanwendbar, wenn aufgrund der **Ländervereinbarung zur Vereinfachung und Beschleunigung der Strafvollstreckung** vom 8. 6. 1999 (hierzu § 162, 7) die Vollstreckungsbehörde Verurteilte, die sich in einem anderen Land befinden, unmittelbar in die nach dem Vollstreckungsplan dieses Landes zuständige Vollzugsanstalt einweist und, wenn der Verurteilte sich nicht auf Ladung in die Anstalt stellt, zur Ausführung von Vorführungs- bzw. Haftbefehl unmittelbar die Hilfe der Polizeidienststellen des anderen Landes in Anspruch nimmt. Jedoch werden die hierdurch den ersuchten Stellen des anderen Landes entstandenen Kosten nach Abschnitt II der Ländervereinbarung nicht erstattet[4]. 7

Nicht anwendbar ist § 164 ferner, wenn der **Generalbundesanwalt als Vollstreckungsbehörde** zum Vollzug von Freiheitsstrafen die Vollzugseinrichtungen der Länder in Anspruch nimmt[5]. Da hier die §§ 162, 163 nicht anwendbar sind (§ 162, 9), liegt Amtshilfe und nicht Rechtshilfe im Sinne des GVG vor. Ganz allgemein ergibt sich aus dem Grundgedanken des Art. 3 StaatsschStrafsG, daß die Länder dem Bund gegenüber erstattungsberechtigt sein sollen hinsichtlich der Kosten und Auslagen, die ihnen aus Verfahren erwachsen, in denen Gerichtsbarkeit des Bundes ausgeübt wird. Unter diesem Gesichtspunkt ist der Umfang der Erstattungspflicht des Bundes durch die zwischen den Justizverwaltungen des Bundes und der Länder getroffene Vereinbarung über den Kostenausgleich in Staatsschutzstrafsachen 1977[6] geregelt. 8

Unanwendbar ist § 164 schließlich auf die **Kosten der Amtshilfe zwischen Justiz- und anderen Behörden,** insbesondere der Amtshilfe, die in einem Strafverfahren auf Ersuchen des Gerichts oder des Staatsanwalts von der Polizei des eigenen oder eines anderen Landes oder des Bundes – etwa des Bundesgrenzschutzes als Träger bahnpolizeilicher Aufgaben, vgl. § 152, 22 – geleistet wird. 9

4. Maßregeln der Besserung und Sicherung. § 164 gilt in gleichem Umfang wie die §§ 162, 163 (vgl. § 162, 8) sinngemäß auch für die Kosten der Vollstreckung einer strafgerichtlich angeordneten freiheitsentziehenden Maßregel der Besserung und Sicherung, die im Land der gem. § 9 StVollstrO um Vollstreckungshilfe ersuchten Staatsanwaltschaft entstehen. Durch Vereinbarung der Länder vom 19. 11. 1964[7] war zudem ein gegenseitiger Verzicht ausgesprochen hinsichtlich der Kosten einer strafgerichtlich 10

4 *Kissel*[3] 7.
5 LR-*Wendisch* § 451, 25 StPO.
6 Abgedr. z. B. in JMBlNRW **1977** 427; vgl. auch LR-*Franke* § 120, 19.
7 Mitgeteilt z. B. in Hess. JMBl. **1977** 471 mit Ausführungen über die Bedeutung.

gemäß §§ 63, 64 StGB ausgesprochenen Unterbringung, die in einem anderen Land als dem der Vollstreckungsbehörde in Einrichtungen der Sozialhilfe vollzogen wird. Die Ländervereinbarung ist zwischenzeitlich widerrufen worden und nicht mehr wirksam. Dieser Umstand führt angesichts der Geltung von § 164 jedoch nicht zu einer Kostenerstattung.

§ 165

§ 165 betr. die Höhe der den geladenen Zeugen und Sachverständigen gebührenden Beträge wurde **aufgehoben** durch das Gesetz zur Änderung und Ergänzung kostenrechtlicher Vorschriften vom 26. 7. 1957 (BGBl. I S. 861).

§ 166

Ein Gericht darf Amtshandlungen im Geltungsbereich dieses Gesetzes auch außerhalb seines Bezirks vornehmen.

Entstehungsgeschichte. Die geltende Gesetzesfassung geht auf das Rechtspflege-Vereinfachungsgesetz (Art. 2 Nr. 14) vom 17. 12. 1990 (BGBl. I S. 2847, 2855) zurück. Vor dieser Neufassung hatte die Vorschrift folgenden Wortlaut:

(1) Ein Gericht darf Amtshandlungen außerhalb seines Bezirks ohne Zustimmung des Amtsgerichts des Ortes nur vornehmen, wenn Gefahr im Verzug ist. In diesem Falle ist dem Amtsgericht des Ortes Anzeige zu machen.

(2) Dies gilt nicht für die Ermittlungsrichter (§ 169 der Strafprozeßordnung).

Absatz 2 war eingefügt worden durch Art. 1 Nr. 11 des Gesetzes zur allgemeinen Einführung eines zweiten Rechtszuges in Staatsschutz-Strafsachen vom 8. 9. 1969 (BGBl. I S. 1582); er wurde geändert (Streichung der die Untersuchungsrichter der Oberlandesgerichte betreffenden Worte) durch Art. 2 Nr. 35 des 1. StVRG vom 9. 12. 1974 (BGBl. I S. 3393). Bezeichnung bis 1924: § 167.

1. Bedeutung der Vorschrift

1 **a) Hintergrund.** Die Amtsbefugnisse eines Gerichts sind nach h. M grundsätzlich auf den jeweiligen Gerichtsbezirk beschränkt[1]. Für außerhalb dieses Bezirks durchzuführende Amtshandlungen besteht die Möglichkeit der Rechtshilfe durch das für den betreffenden Ort zuständige Amtsgericht. Kommt Rechtshilfe nach der Eigenart der Amtshandlung (etwa Durchführung der Hauptverhandlung, vgl. unten Rdn. 4) nicht in Betracht oder will das Gericht die Amtshandlung aus Zweckmäßigkeitsgründen selbst durchführen (etwa einen nicht reisefähigen Zeugen selbst auswärts vernehmen), stellt sich die Frage einer entsprechenden Ermächtigung.

[1] Vgl. *Kissel*[3] 1 und BT-Drucks. **11** 3621 S. 56.

b) Gesetzliche Regelung. § 166 a.F sah das Erfordernis einer Zustimmung des zuständigen Amtsgerichts vor, die nur bei Gefahr im Verzug durch eine nachträgliche Anzeige ersetzt werden konnte. Mit dem RpflVereinfG hat der Gesetzgeber dieses Beteiligungsverfahren beseitigt. Im Hinblick auf eine in der Rechtspraxis vorherrschende rein formale Verfahrensübung wollte er den Gerichten damit unnötigen Arbeitsaufwand ersparen[2]. Durch die geltende Gesetzesfassung wird den Gerichten generell die Ermächtigung zur Durchführung von Amtshandlungen außerhalb ihres Bezirks erteilt. Insbesondere für in einem anderen Bundesland vorzunehmende Amtshandlungen hat der Gesetzgeber eine solche bundesgesetzliche Ermächtigung für erforderlich gehalten[3]. 2

2. Geltungsbereich. Unmittelbar bezieht sich die Vorschrift nur auf die in §§ 12, 14 bezeichneten Gerichte. In den Verfahrensordnungen anderer Gerichtsbarkeiten ist jedoch allgemein die entsprechende Anwendung des GVG und damit auch des § 166 vorgesehen (vgl. §§ 14, 173 VwGO, 13 ArbGG, 155 FGO, 5 SGG). 3

3. Begriff der Amtshandlung. Die gesetzliche Ermächtigung beschränkt sich nicht auf Amtshandlungen, für die auch der Weg der Rechtshilfe offenstünde. Auch sonstige gerichtliche Tätigkeiten, nicht aber Maßnahmen der Justizverwaltung, werden erfaßt[4]. So darf ein Gericht aus besonderen Gründen auch die Hauptverhandlung oder Teile davon außerhalb seines Bezirks durchführen[5]. Ist Rechtshilfe möglich, liegt es in der freien Entscheidung des Gerichts, ob es ein entsprechendes Ersuchen stellt oder von der gesetzlichen Ermächtigung in § 166 Gebrauch macht. Für die Staatsanwaltschaft ist § 166 ohne Bedeutung (§ 143, 5). 4

§ 167

(1) Die Polizeibeamten eines deutschen Landes sind ermächtigt, die Verfolgung eines Flüchtigen auf das Gebiet eines anderen deutschen Landes fortzusetzen und den Flüchtigen dort zu ergreifen.
(2) Der Ergriffene ist unverzüglich an das nächste Gericht oder die nächste Polizeibehörde des Landes, in dem er ergriffen wurde, abzuführen.

Schrifttum. *v. Bubnoff* Die Funktionsfähigkeit der vertraglichen Nacheileregelungen über die Grenzen und Ansätze für deren Verbesserung, ZRP **2000** 60; *Heinrich* Die Nacheile im Rahmen von Strafverfolgungsmaßnahmen, NStZ **1996** 361.

Entstehungsgeschichte. Das VereinhG hat in Absatz 1 die ursprüngliche Bezeichnung „Sicherheitsbeamten" durch „Polizeibeamten" ersetzt. Bezeichnung bis 1924: § 168.

---

[2] BTDrucks. **11** 3621 S. 55f.
[3] BTDrucks. **11** 3261 S. 56.
[4] BT-Drucks. **11** 3621 S. 56.
[5] BGHSt **22** 250, 254.

Übersicht

1. Nacheile (Absatz 1)

1 **a) Bedeutung der Vorschrift.** § 167 zieht die Folgerung daraus, daß die Polizeihoheit grundsätzlich den Ländern zusteht und die Polizeigewalt eines Landes nicht über die Landesgrenzen hinaus reicht. Es bedurfte deshalb einer ausdrücklichen bundesrechtlichen Vorschrift, die den Polizeibeamten bei der Verfolgung von Straftätern ein Tätigwerden außerhalb der Landesgrenzen ermöglicht. Als nach 1933 die Länderhoheitsrechte auf das Reich übergegangen waren, verlor § 167 praktisch seine Bedeutung. Das Reichsgericht[1] erklärte demgemäß eine außerhalb des eigenen Landes vorgenommene polizeiliche Amtshandlung auch dann für rechtmäßig, wenn die Voraussetzungen des § 167 nicht vorlagen. Mit dem Rückübergang der Polizeihoheitsrechte an die Länder hat die Vorschrift ihre alte Bedeutung wiedergewonnen.

2 **b) Begriff des Polizeibeamten.** Während § 167 das Verfolgungsrecht der Polizeibeamten regelt, sprach die ursprüngliche Gesetzesfassung von Sicherheitsbeamten. Mit der durch das VereinhG erfolgten Auswechslung der Bezeichnungen war keine sachliche Änderung, sondern lediglich eine Anpassung an den Sprachgebrauch der StPO (§§ 158, 161, 163 StPO: „Behörden und Beamten des Polizeidienstes" gegenüber § 163 StPO a. F: „Behörden und Beamten des Polizei- und Sicherheitsdienstes") bezweckt. Der Begriff des Polizeibeamten umfaßt deshalb nicht nur die polizeilichen Vollzugsbeamten im engeren Sinn einschließlich der Kriminalpolizei, sondern auch die kraft ihres Amtes mit den Aufgaben der Verhütung und Verfolgung von Straftaten und dem Vollzug strafgerichtlicher Entscheidungen betrauten Bediensteten anderer Behörden, gleichviel ob sie zu Hilfspolizeibeamten[2] oder Hilfsbeamten der Staatsanwaltschaft (§ 152) bestellt sind oder nicht. Für die Bediensteten im Justizvollzug ergibt sich ein Nacheilerecht bei Gefangenen, die entwichen sind oder sich ohne Erlaubnis außerhalb der Anstalt aufhalten, aus § 87 StVollzG[3].

3 **c) Polizeiorgane des Bundes.** § 167 spricht nur von den Polizeibeamten der Länder, weil die Verfolgung strafbarer Handlungen grundsätzlich Sache der Länder ist und die Vorschrift sich nur mit den Auswirkungen beschäftigt, die sich im Verhältnis der Länder aus deren Justiz- und Polizeihoheit ergeben. Polizeiorgane des Bundes sind, soweit sie zur Mitwirkung bei der Strafverfolgung berufen sind, an Ländergrenzen nicht gebunden. So können bei einem Tätigwerden des Bundeskriminalamtes auf dem Gebiet der Strafverfolgung Vollzugsbeamte des Bundes im ganzen Bundesgebiet Amtshandlungen vornehmen (§ 19 BKAG). Zu den Landespolizeibeamten sind aber auch die zu Hilfsbeamten der Staatsanwaltschaft bestellten Bundesbeamten (§ 152, 22) zu zählen.

---

1 RGSt **71** 122.

2 Hierzu *Ungerbieler* DVBl. **1980** 409.

3 *Warda* Das Recht zur Festnahme entwichener Strafgefangener, FS-Bruns 487; *Kissel*[3] 2.

d) Hilfsbeamte der Staatsanwaltschaft. Der Staatsanwalt kann im Rahmen seiner örtlichen und sachlichen Zuständigkeit Amtshandlungen überall im Bundesgebiet vornehmen (§ 143, 5). Soweit Hilfsbeamte der Staatsanwaltschaft auf seine ausdrückliche Weisung und nicht aus eigener Initiative tätig werden, ist § 167 deshalb nicht anwendbar[4]. 4

e) Verfolgung eines Flüchtigen. Flüchtiger ist der Straftäter, der sich einer drohenden Bestrafung entziehen will; ebenso der Verurteilte, der sich der Vollstreckung entzieht. Flüchtiger ist nicht nur, wer sich im eigentlichen Sinn auf der Flucht befindet, sondern auch derjenige, der auf frischer Tat oder unmittelbar danach betroffen und verfolgt wird. Wer jedoch, nachdem er in einem Bundesland eine Straftat begangen hat, unbehelligt und unverfolgt an seinen in einem anderen Bundesland gelegenen Wohnort zurückkehrt, ist nicht flüchtig im Sinne des § 167[5]. 5

Da nach § 46 Abs. 1 OWiG für das Bußgeldverfahren die Vorschriften des Gerichtsverfassungsgesetzes sinngemäß gelten, ist bei der **Verfolgung von Ordnungswidrigkeiten** § 167 entsprechend anwendbar[6]. 6

f) Begriff der Verfolgung. Der Begriff der Verfolgung ist weit auszulegen. Er umfaßt alle Maßnahmen, die auf die Ergreifung des Flüchtigen abzielen, also z. B. auch ein Vorauseilen zur Besetzung von Wegen, die der Verfolgte voraussichtlich benutzen wird[7]. § 167 ist auch anwendbar, wenn die Verfolgung nur die Ergreifung zur Feststellung der Identität der Person bezweckt und durch diese die Festnahme überflüssig wird[8]. 7

Die Überschreitung von Ländergrenzen ist nach § 167 **nur zur Ergreifung** des Flüchtigen, nicht zur Vornahme sonstiger Verfolgungsmaßnahmen zulässig, insbesondere nicht zur Durchsuchung einer Person oder zur Beschlagnahme von in ihrem Besitz befindlichen Gegenständen[9]. Für die aus allgemeinen Bestimmungen sich ergebende Befugnis, einen im Wege des § 167 rechtmäßig Ergriffenen auch zu durchsuchen, ist jedoch der Ort der Ergreifung ohne Bedeutung[10]. 8

g) Räumlicher Bereich der Nacheile. Die Befugnis zur Nacheile ist weder auf eine bestimmte Entfernung jenseits der Landesgrenze noch auf das Gebiet des zunächst angrenzenden Landes beschränkt; die Verfolgung darf sich vielmehr auf die Gebiete mehrerer Länder erstrecken. Voraussetzung für die Anwendbarkeit des § 167 ist aber stets, daß die Verfolgung in dem Land begonnen hat, dem der Polizeibeamte angehört[11]. 9

h) Weitere Fragen. Allein die Nichtbeachtung der Voraussetzungen des § 167 führt nicht zur Unwirksamkeit einer Ergreifung oder sonstigen Maßnahme[12]. Eine insoweit bewirkte Rechtswidrigkeit der Amtshandlung ist vor allem im Zusammenhang mit § 113 StGB von Bedeutung[13]. 10

§ 167 regelt nicht, inwieweit Polizeibeamte zur **Verhinderung von Straftaten und Ordnungswidrigkeiten,** also präventiv, oder aus anderen polizeilichen Gründen in einem anderen Land einschreiten dürfen. Auch hier gilt der Grundsatz, daß die Amtsbefugnisse eines Polizeibeamten an der Grenze seines Landes enden[14]. Ein Tätigwerden im anderen 11

---

4 Ebenso *Heinrich* NStZ **1996** 362; *Katholnigg*[3] 1; *Kissel*[3] 7; **a. A** KK-*Schoreit*[4] 4; KMR-*Paulus* 3.

5 OLG München Alsb. E 1 Nr. 279; ausführlich zum Ganzen *Heinrich* NStZ **1996** 362.

6 *Katholnigg*[3] 2; *Göhler* Vor § 67, 29 OWiG.

7 RGSt **30** 386; LR-*Hilger* § 127, 15 StPO.

8 RGRspr. **8** 735; *Heinrich* NStZ **1996** 361.

9 RGSt **26** 211; *Kissel*[3] 5.

10 Ebenso *Katholnigg*[3] 3; *Kissel*[3] 5; einschränkend *Heinrich* NStZ **1996** 361.

11 RGSt **30** 386; *Katholnigg*[3] 3; *Kissel*[3] 6.

12 *Katholnigg*[3] 6; *Kissel*[3] 9; *Heinrich* NStZ **1996** 361.

13 OLG Hamm NJW **1954** 206; *Heinrich* NStZ **1996** 361 m. w. N.

14 BGHSt **4** 110.

Land ist also nur möglich, soweit Polizeigesetze der Länder, andere Vorschriften oder Ländervereinbarungen dies zulassen. In einem solchen Fall ist auch im Anwendungsbereich des § 167, wenn dessen Voraussetzungen nicht vorliegen, fremden Polizeibeamten das Eingreifen gestattet[15].

2. Abführung des Ergriffenen (Absatz 2)

12 **a) Abführungspflicht.** Zur Befolgung des Absatzes 2 sind die verfolgenden Polizeibeamten in jedem Fall verpflichtet. Sie dürfen den Ergriffenen selbst dann nicht ohne weiteres mit sich nehmen, wenn dieser auf die Abführung an die Behörde des Landes, in dem er ergriffen wurde, ausdrücklich verzichtet. Ob die Abführung an das Gericht oder die nächste Polizeibehörde erfolgt, liegt im Ermessen der die Ergreifung bewirkenden Beamten. Sofern nicht das Gericht leichter erreichbar ist[16], wird sich die Abführung an die Polizeibehörde empfehlen.

13 **b) Weiteres Verfahren.** Das weitere Verfahren richtet sich, wenn die Ergreifung zum Zwecke der Strafverfolgung geschah, nach den Bestimmungen der Strafprozeßordnung. Es wird also auf die Lage der Sache und den Anlaß der Verfolgung ankommen. Ist der Ergriffene an die Polizeibehörde abgeführt worden und liegt eine Festnahme im Sinn der §§ 127 ff StPO vor, so muß die Polizeibehörde den Gefangenen dem Richter vorführen (§ 128 StPO). Liegt der Ergreifung ein Haftbefehl oder Steckbrief zugrunde, sind §§ 115, 115a, 131 Abs. 4 StPO zu beachten. Ist eine Vorführung nach Sachlage nicht geboten, hat die Polizeibehörde den Ergriffenen dem verfolgenden Beamten wieder zu überantworten. Dieser ist nunmehr befugt, ihn der im eigenen Land zuständigen Behörde zu überstellen. Die Befugnis, den Ergriffenen gegen den Willen des verfolgenden Beamten freizulassen, steht der Polizeibehörde nicht zu.

14 Wird der Ergriffene dem **Richter vorgeführt,** hat dieser zu prüfen, ob ein Haftbefehl (§ 128 StPO) zu erlassen oder die Freilassung (§§ 115, 115a, 128 StPO) zu verfügen ist. Kommt beides nicht in Betracht, ist der Ergriffene wieder dem verfolgenden Beamten zu überantworten. Ein Fall dieser Art liegt z. B. vor, wenn ein aus einer Justizvollzugsanstalt Entwichener alsbald verfolgt und nach Überschreitung einer Landesgrenze ergriffen wird.

15 **3. Nacheile im Ausland.** § 167 hat Geltung nur für den innerdeutschen Bereich. Im Verhältnis zu ausländischen Staaten gibt es keine durchgängige und für alle Länder geltende Regelung[17]. In Art. 40, 41 des Schengener Durchführungsübereinkommens[18] sind für die grenzüberschreitende Observation und Nacheile Regelungen getroffen[19]. Im übrigen sind völkerrechtliche Regeln und zweiseitig oder mehrseitig getroffene Vereinbarungen zu beachten[20]. Zur Frage einer Teilnahme deutscher Richter oder Beamter an Amtshandlungen im Ausland findet sich in Nrn. 140ff der Richtlinien für den Verkehr mit dem Ausland in strafrechtlichen Angelegenheiten (RiVASt) eine Regelung.

---

15 OLG Hamm NJW **1954** 206.

16 Hierzu *Kissel*[3] 8.

17 *Heinrich* NStZ **1996** 361.

18 Hierzu *Schomburg/Lagodny*[3] (IRG) Einleitung 25ff.

19 *Schomburg* NJW **1995** 1931; im einzelnen *Heinrich* NStZ **1996** 361, 365.

20 Näher *Heinrich* NStZ **1996** 361, 366.

§ 168

Die in einem deutschen Land bestehenden Vorschriften über die Mitteilung von Akten einer öffentlichen Behörde an ein Gericht dieses Landes sind auch dann anzuwenden, wenn das ersuchende Gericht einem anderen deutschen Land angehört.

Bezeichnung bis 1924: § 169.

Schrifttum. *Holch* Zur Einsicht in Gerichtsakten durch Behörden und Gerichte, ZZP **1974** 14; *Schneider* Die Pflicht der Behörden zur Aktenvorlage im Strafprozeß (1970); *Walter* Zur Auskunftspflicht der Sozialbehörden und Arbeitsämter in Ermittlungs- und Strafverfahren, NJW **1978** 868; *Zeibig* Das Recht zur Übermittlung von Sozialdaten im Strafverfahren, NStZ **1999** 339.

1. Regelungsgehalt. Die Vorschrift, die erst von der Reichtstagskommission aufgenommen wurde, betrifft nicht einen Akt der Rechtshilfe, sondern der Amtshilfe, da es sich um die Unterstützung des Gerichts durch eine andere Behörde als ein Gericht handelt. § 168 besagt, daß eine solche Behörde die Gerichte anderer Länder in gleichem Umfang nach Maßgabe der eigenen landesrechtlichen Vorschriften durch Mitteilung von Akten zu unterstützen hat wie die Gerichte des eigenen Landes. Im Strafverfahren ist die Pflicht der Behörden, die Gerichte durch Mitteilung ihrer Akten zu unterstützen, durch § 96 StPO bundesrechtlich geregelt; insoweit bleibt vor dem Hintergrund der allgemeinen Amtshilfepflicht nach Art. 35 GG wenig Raum für landesrechtliche Regelungen, bei denen der Gesichtspunkt der amtshilferechtlichen Gleichberechtigung der übrigen deutschen Gerichte zu beachten wäre. **1**

2. Mitteilung gerichtlicher Akten an Behörden. Den umgekehrten Fall der Amtshilfe, die Unterstützung landesfremder Behörden durch Mitteilung gerichtlicher Akten, hat § 168 nicht geregelt. Insoweit gilt die allgemeine Amtshilfepflicht nach Art. 35 GG. Wegen der durch das StVÄG 1999 geschaffenen gesetzlichen Regelung zur Erteilung von Auskünften und Akteneinsicht wird auf die Erläuterungen zu §§ 474ff StPO verwiesen. **2**

3. Rechtsbehelf. Bei Verweigerung der Amtshilfe gibt es grundsätzlich nur die Dienstaufsichtsbeschwerde[1]. **3**

[1] *Katholnigg*[3] 1; *Kissel*[3] 3.

VIERZEHNTER TITEL

Öffentlichkeit und Sitzungspolizei

Vorbemerkungen

Schrifttum. *Alber* Die Geschichte der Öffentlichkeit im deutschen Strafverfahren (1974); *Alwart* Personale Öffentlichkeit (§ 169 GVG), JZ **1990** 883; *Barton* Pressefreiheit und Persönlichkeitsschutz, AfP **1995** 452; *Baumann* Die Reform der Vorschriften über die Öffentlichkeit der Strafverfahren, NJW **1982** 1558; *Bäumler* Das subjektiv öffentliche Recht auf Teilnahme an Gerichtsverhandlungen, JR **1978** 317; *Beck* § 169 Satz 2 GVG – ein Fossil in der heutigen Mediengesellschaft oder wichtiger denn je? FS Graßhof (1998); *Benda* Tatort Schloßbezirk, NJW **1999** 1524; *Bockelmann* Öffentlichkeit und Strafrechtspflege, NJW **1960** 217; *Bommarius* Vom Beruf unserer Zeit zur Urteils- und Richterschelte durch die Medien, DRiZ **1996** 244; *Bornkamp* Die Berichterstattung über schwebende Strafverfahren und das Persönlichkeitsrecht des Beschuldigten; NStZ **1983** 102; *Britz* Fernsehaufnahmen im Gerichtssaal (1999); *Bundesregierung* Bericht der Bundesregierung zum Thema: „Öffentliche Vorverurteilung" und „faires Verfahren", BTDrucks. **10** 4608; *Burbulla* Die Fernsehöffentlichkeit als Bestandteil des Öffentlichkeitsgrundsatzes (1998); *Dahs* Unzulässigkeit von Bild- und Rundfunk im Gerichtssaal, NJW **1961** 1775; *Dieckmann* Zur Zulassung von Ton- und Fernseh-Rundfunkaufnahmen in Gerichtssälen: „Drum prüfe, wer sich ewig bindet!" NJW **2001** 2451; *Dt. Anwaltverein, Verfassungsrechtsausschuß* Stellungnahme zu der Verfassungsbeschwerde n-tv Nachrichtenfernsehen GmbH & Co. KG, AnwBl. **1997** 26; *Dt. Richterbund* DRB strikt gegen „court-tv" – Stellungnahme zu der Verfassungsbeschwerde n-tv Nachrichtenfernsehen GmbH & Co. KG, DRiZ **1996** 246; *Diemer* Der Einsatz der Videotechnik in der Hauptverhandlung NJW **1999** 1667; *Eberle* Justiz und Medienöffentlichkeit, ZDF-Jahrbuch 92, 158; *Eberle* Gesetzwidrige Medienöffentlichkeit beim BVerfG? NJW **1994** 1637; *Enders* Die Beschränkung der Gerichtsöffentlichkeit durch § 169 S. 2 GVG – verfassungswidrig? NJW **1996** 2712; *Ernst* Informations- oder Illustrationsinteresse? NJW **2001** 1624; *Ewald* Der O. J. Simpson-Prozeß – Farce oder Normalität, NJ **1996** 72; *Franke* Ordnungswidrigkeitenverfahren und Öffentlichkeitsprinzip, ZRP **1977** 143; *Franke* Die Bildberichterstattung über den Angeklagten und der Öffentlichkeitsgrundsatz im Strafverfahren (1978); *Franzki* Die Öffentlichkeit der Gerichtsverhandlung – Was sie bezweckt, wie sie mißbraucht wird, DRiZ **1979** 82; *Gehring* Sozialpsychologische Überlegungen zur Fernsehberichterstattung aus Gerichtsverhandlungen, ZRP **1998** 8; *Gerhardt* Zur Frage der Verfassungsmäßigkeit des Verbots von Rundfunk- und Fernsehaufnahmen im Gerichtssaal (1968); *Gerhardt* Störenfried oder demokratischer Wächter? Die Rolle des Fernsehens im Gerichtssaal – Plädoyer für eine Änderung des § 169 Satz 2 GVG, ZRP **1993** 377; *Gerhardt* Mehr Fernsehen in den Gerichtssälen – aber nicht überall, DRiZ **1999** 8; *Gössel* Über die revisionsrichterliche Nachprüfbarkeit von Beschlüssen, mit denen die Öffentlichkeit gemäß §§ 172, 173 GVG im Strafverfahren ausgeschlossen wird, NStZ **1982** 141; *Gössel*, Über die revisionsrichterliche Nachprüfung von Beschlüssen über den Ausschluß der Öffentlichkeit, NStZ **2000** 181; *Güde* Öffentlichkeit und Strafrechtspflege, NJW **1960** 519; *Gündisch/Dany* Rundfunkberichterstattung aus Gerichtsverhandlungen, NJW **1999** 256; *Hain* „Big Brother" im Gerichtssaal? DÖV **2001** 589; *Hamm* Hauptverhandlungen in Strafsachen vor Fernsehkameras – auch bei uns? NJW **1995** 760; *Hassemer* Vorverurteilung durch die Medien, NJW **1985** 1921; *Hilger* Anmerkungen zum Alternativ-Entwurf aus der Sicht der richterlichen Praxis, NStZ **1982** 309; *Hillermeier* Zum Öffentlichkeitsgrundsatz im Strafverfahren, DRiZ **1982** 281; *Hofmann* Der Sonderweg des Bundesverfassungsgerichts bei der Fernsehübertragung von Gerichtsverhandlungen, ZRP **1996** 399; *Huff* Justiz und Öffentlichkeit – Information ist auch eine Aufgabe der Gerichte (1996); *Huff* Fernsehöffentlichkeit im Gerichtsverfahren – Kippt das BVerfG § 169 S. 2 GVG? NJW **1996** 571; *Huff* Die Veröffentlichungspflicht der Gerichte, NJW **1997** 2651; *Huff* Saalöffentlichkeit auch in Zukunft ausreichend – Keine Änderung des § 169 S. 2 GVG, NJW **2001** 1622; *Janisch* Die Justiz und die Macht der Medien, AnwBl. **2001** 22; *Jörgen* Der Kampf um Gerichtsöffentlichkeit (1974); *Jung* Öffentlichkeit – Niedergang eines Verfahrensgrundsatzes? GedS H. Kaufmann (1986) 891; *Kargl/Sinner* Der Öffentlichkeitsgrundsatz und das öffentliche Interesse in § 153a StPO, Jura **1998** 231; *Kleinknecht* Schutz der Persönlichkeit des Angeklagten in der Hauptverhandlung, FS Schmidt-Leichner 111; *Köbl* Die Öffentlichkeit des Zivilprozesses – eine unzeitgemäße Form? FS für Schnorr von Carolsfeld (1972) 235; *Kohlhaas* Die mangelnde Durchsetzbarkeit des § 169 Satz 2 GVG, NJW **1970** 600; *Kortz* Ausschluß der Fernsehöffentlichkeit im Gerichtsverfahren, **AfP 1997** 443; *Kotz* Strafrecht und Medien, NStZ **1982** 14; *Koschorrek* Fernsehen im Gerichtssaal, JA **1997** 134; *Knothe/Wanckel* Angeklagt vor laufender Kamera, ZRP **1996** 106; *Krekeler* Maßnahmen zur Verhinderung der Entstehung und der Einwirkung „öffentlicher Vorverurteilungen" auf das Strafverfahren, AnwBl. **1985** 426; *Kuß* Öffentlichkeitsmaxime der Judikative und das Verbot von Fernsehaufnahmen im Gerichtssaal (1999); *Lenckner* Der Strafprozeß im Dienst der (Re-)Sozialisierung, JuS **1983** 340; *Lilie* Augenscheinseinnahme und Öffentlichkeit der Hauptverhandlung, NStZ **1993** 121; *Lohrmann* Wollt Ihr das Court-TV? oder: Principiis obsta! DRiZ **1995** 247; *Lorz* Gerichtsberichterstattung und Informationsanspruch der Öffentlichkeit aus der Sicht deutscher und amerikanischer Verfassungsrechtsprechung, in: Haratsch, Kugelmann, Repkewitz: Herausforderungen an das Recht der Informationsgesellschaft, Stuttgart 1996, S. 59; *Marxen* Tonaufnahmen während der Hauptverhandlung für Zwecke der Verteidigung, NJW **1977** 2189; *Marxen* Medienfreiheit und Unschuldsvermutung, GA **1980** 365; *Maul* Bild- und Rundfunkberichterstattung im Strafverfahren, MDR **1970** 286; *Mehle* Anmerkungen zum Alternativ-Entwurf aus anwaltlicher Sicht, NStZ **1982** 309; *Meyer-Goßner* Verbesserung der Rechtsstellung des Beschuldigten durch weitere nicht-öffentliche Verfahrensgänge, ZRP **1982** 237; *Miebach* Der Ausschluß der Öffentlichkeit im Strafprozeß, DRiZ **1977** 271; *Odersky* Die Öffentlichkeit der Hauptverhandlung nach dem Opferschutzgesetz, FS Pfeiffer 325; *Pernice* Öffentlichkeit und Medienöffentlichkeit (2000); *Plate* Wird das „Tribunal" zur „Szene"? NStZ **1999** 391; *Praml* Zur Zulässigkeit von Tonbandaufnahmen in der Hauptverhandlung, MDR **1977** 14; *Ranft* Verfahrensöffentlichkeit und „Medienöffentlichkeit" im Strafprozeß, Jura **1995** 573; *Rengier* Der Grundsatz der Öffentlichkeit im Bußgeldverfahren, NJW **1985** 2553; *Rieß* Zeugenschutz bei Vernehmungen im Strafverfahren, NJW **1998** 3240; *Rhode* Die Öffentlichkeit im Strafprozeß (1972); *Rohde* Die Öffentlichkeit im Strafprozeß (1972); *Roggemann* Tonbandaufnahmen während der Hauptverhandlung, JR **1966** 47; *Roxin* Aktuelle Probleme der Öffentlichkeit im Strafverfahren, FS Peters 393, im folgenden zitiert als *Roxin* Aktuelle Probleme; *Roxin* Strafrechtliche und strafprozessuale Probleme der Vorverurteilung, NStZ **1991** 153; *Rüping* Strafverfahren als Sensation – Zur Freiheit der Gerichtsreportage und ihrer Schranken, FS Dünnebier 391; *Scherer* Gerichtsöffentlichkeit als Medienöffentlichkeit (1979); *Scherer* Forum: Verfassungswidrigkeit des Comtempt by Publication unter dem Grundgesetz, JuS **1979** 470; *Scherer* Justiz und Massenmedien – Kontrollierende oder kontrollierte Medienöffentlichkeit? ZaöRV **39** (1979) 38; *Schmaldienst* Auch der Prozeßbericht ist eine Nachricht, DRiZ **1986** 382; *Eb. Schmidt* Öffentlichkeit oder Publicity? Festschrift für W. Schmidt (1959) 338; *Eb. Schmidt* Justiz und Publizistik 1968; *Schmidthals* Wert und Grenzen der Verfahrensöffentlichkeit im Strafprozeß (1977); *Schmitt* Öffentlichkeit der Sitzung und Ausweiskontrolle, DRiZ **1971** 20; *Schüler-Springorum* Ein Strafverfahren mit nichtöffentlicher Hauptverhandlung? NStZ **1982** 305; *Schwarz* Fernsehöffentlichkeit im Gerichtssaal, AfP **1995** 353; *Schwerdtner* Empfiehlt es sich, die Rechte und Pflichten der Medien präziser zu regeln und dabei den Rechtsschutz des einzelnen zu verbessern? JZ **1990** 769; *Seibert* Die Öffentlichkeit in großen Strafverfahren, NJW **1970** 1535; *Sorth* Rundfunkberichterstattung aus Gerichtsverfahren (1999); *Stürner* Schutz des Gerichtsverfahrens vor öffentlicher Einflußnahme? JZ **1978** 161; *Stürner* „Fair trial" und öffentliche Meinung, JZ **1980** 1; *Stürner* Empfiehlt es sich, die Rechte und Pflichten der Medien präziser zu regeln und dabei den Rechtsschutz des einzelnen zu verbessern? Gutachten für den 58. Dt. Juristentag (1990), S. A 41 ff; *Stutz* Zurückdrängung des Öffentlichkeitsprinzips zugunsten der Privatsphäre im Strafverfahren (1992); *Tiedemann* Der Öffentlichkeitsauftrag der Gerichte, NVwZ **1997** 1187; *Tillmanns* Mediale Vermarktung von Verbrechen und Grundsätze eines *fair trial*[1]; *Wagner* Straf-

[1] Veröffentlichung im Internet: „http://www.kanzlei-prof-schweizer.de /bibliothek/content/tillmanns_mediale_vermarktung".

prozeßführung über Medien (1987); *Walther* Mehr Publizität oder mehr Diskretion? JZ **1998** 1145; *Weidemann* Öffentlichkeitsgrundsatz und „Justizkampagne", DRiZ **1970** 114; *Weiler* Medienwirkung auf das Strafverfahren, ZRP **1995** 130; *Willms* Rabatz im Gerichtssaal, DRiZ **1974** 51; *Witzler* Die personale Öffentlichkeit im Strafverfahren (1993); *Wolf* Die Gesetzwidrigkeit von Fernsehübertragungen aus Gerichtsverhandlungen, NJW **1994** 681; *Wolf* Gerichtsberichterstattung – künftig „live" im Fernsehen? ZRP **1994** 187; *Wolf* „Wir schalten um nach Karlsruhe ..." – Fernsehübertragung aus Sitzungen des Bundesverfassungsgerichts? JR **1997** 441; *Wyss* Öffentlichkeit von Gerichtsverfahren und Fernsehberichterstattung, EuGRZ **1996** 1; *Zachert* Erfahrungen der Polizei mit den Medien, Kriminalistik **1994** 682; *Zipf* Empfiehlt es sich, die Vorschriften über die Öffentlichkeit des Strafverfahrens neu zu gestalten, insbesondere zur Verbesserung der Rechtsstellung des Beschuldigten weitere nicht-öffentliche Verfahrensgänge zu entwickeln? Gutachten für den 54. Dt. Juristentag (1982); *Zuck* Court TV: Das will ich sehen! NJW **1995** 2082; *Zuck* Medien und Justiz, DRiZ **1997** 23; *Zuck* Das Änderungsgesetz zum Bundesverfassungsgerichtsgesetz, NJW **1998** 3028; *Zuck* Mainstream-Denken contra Medienöffentlichkeit – Zur Politik der n-tv-Entscheidung des BVerfG, NJW **2001** 1623.

Übersicht

I. Inhalt des vierzehnten Titels

1 Der vierzehnte Titel regelt zwei Angelegenheiten, die das Verfahren betreffen und mit der Gerichtsverfassung an sich nichts zu tun haben, die Öffentlichkeit und die Sitzungspolizei. Über die Bedeutung des Öffentlichkeitsgrundsatzes, seine Schranken und seine Schattenseiten, sowie über die aus der sog. mittelbaren Öffentlichkeit sich ergebenden Probleme ist in grundsätzlicher Beziehung das Nachfolgende zu bemerken:

II. Funktionen der Öffentlichkeit der Verhandlung

2 **1. Historische Entwicklung.** Der Grundsatz der Öffentlichkeit hat sich im 19. Jahrhundert als Folge des politischen Liberalismus der Aufklärungszeit entwickelt. Dahinter stand das Anliegen, die bisher nicht zugänglichen Inquisitionsprozesse der Kontrolle durch die Allgemeinheit zu unterwerfen und das Verfahren durch die Trennung von Anklagebehörde und Gericht, die Einführung von Laienrichtern bzw. Geschworenen demokratisch zu durchdringen. Der wichtigste Verfahrensabschnitt sollte durch unbefangene Zuhörer beobachtet werden können, um damit einer obrigkeitlichen Willkür vorzubeugen[2]; die Öffentlichkeit, das heißt die Möglichkeit der Beobachtung des Verfahrens durch die Allgemeinheit, wurde ein unverzichtbarer Garant für die Gerechtigkeit[3]. Dieses letztlich politisch entwickelte Öffentlichkeitsprinzip wurde 1848 in der Paulskirchenverfassung diskussionslos als Grundrecht gebilligt[4]. Bei Schaffung des GVG war der Grundsatz der Öffentlichkeit, die damals noch allein als unmittelbare Öffentlichkeit, das heißt als Teilnahme unbeteiligter Bürger als Zuhörer an der Gerichtsverhandlung verstanden wurde, als wichtiges Verfahrensprinzip anerkannt. Seitdem hat sich der Grundsatz der Öffentlichkeit von der unmittelbaren Öffentlichkeit mehr und mehr verlagert zur mittelbaren Öffentlichkeit, das heißt dem von Medienberichterstattern über Öffentlichkeitsmedien (Presse, Rundfunk, Fernsehen und neuerdings auch allgemein zugängliche Computersysteme, wie z. B. das Internet) der Allgemeinheit vermittelten Wissen über Gerichtsverfahren[5]. Während diese mittelbare Öffentlichkeit anfangs allein von der gedruckten Presse wahrgenommen wurde, gewannen die elektronischen Medien, der Rundfunk und das Fernsehen, zunehmend an Gewicht; hierauf hat der Gesetzgeber zur Vermeidung sonst drohender Beeinträchtigungen der Wahrheitsfindung mit der Einfügung des § 169 Satz 2 reagiert (dazu § 169, 39). Diese Entwicklung, deren weiterer Verlauf noch nicht prognostizierbar ist[6], findet derzeit ihren Ausdruck in

---

[2] Zur Entstehungs- und Entwicklungsgeschichte vgl. *Alber* Die Geschichte der Öffentlichkeit im deutschen Strafverfahren (1974); *Jung* GedS H. Kaufmann 893 ff; *Eb. Schmidt* I Nr. 401.

[3] *Bäumler* JR **1978** 319.

[4] *Jung* GedS H. Kaufmann 895.

[5] Vgl. *Kissel*[3] 1.

[6] Einen Vorgeschmack kann die aus Anlaß des 1994/1995 in den USA geführten Mordprozesses gegen den amerikanischen Football-Star O. J. Simpson in den Handel gekommene CD-Rom bieten. Auf diesem computerlesbaren Datenträger mit

der vermehrt erhobenen Forderung nach Zulassung unmittelbarer Rundfunk- und Fernsehübertragung aus Gerichtsverhandlungen (dazu Rdn. 30 ff), wie sie in den USA bereits seit längerem – teils mit darauf spezialisierten Fernsehsendern – üblich ist. Heute wird die Öffentlichkeit der Verhandlung vor Gericht als ein Grundprinzip der demokratischen Gesellschaft verstanden, da hierdurch der gerichtliche Entscheidungsvorgang für jedermann transparent, die Rechtsprechung durchschaubar und so das Vertrauen in sie gestärkt wird[7]. Zugleich verstärkt sich der Konflikt mit dem Schutz der Persönlichkeit der Verfahrensbeteiligten, insbesondere von Opferzeugen und Angeklagten. Die zunehmende Bedeutung dieses Persönlichkeitsschutzes hat ihren Ausdruck in § 171b gefunden, der einen Ausschluß der Öffentlichkeit weit über das nach früherem Recht Zulässige hinaus ermöglicht.

2. Kontrollfunktion der Verfahrensöffentlichkeit. Aus seiner Entwicklung leitet sich 3
die anfangs wichtigste Funktion des Öffentlichkeitsprinzips ab: die Kontrolle des Gerichtsverfahrens durch die Öffentlichkeit, die zugleich Ausdruck der Einbindung der Gerichte als dritte Gewalt in den demokratischen Staat ist, in dem alle Staatsgewalt vom Volke ausgeht (Art. 20 Abs. 2 Satz 1 GG)[8]. Daraus folgt die Urteilsformel „Im Namen des Volkes"[9]. Die Notwendigkeit einer Kontrolle der Gerichte durch die Öffentlichkeit mag „im modernen gewaltengeteilten Rechtsstaat mit seinen vielfältigen rechtlichen, nachhaltig wirkenden Sicherungen"[10] an Bedeutung verloren haben[11]. Dies gilt insbesondere für die unmittelbare Öffentlichkeit, die tatsächlich nur noch in einem geringen Anteil aller Strafverfahren stattfindet, hauptsächlich in wegen des Aufsehens, das die Tat erregt hat, oder der Bekanntheit von Prozeßbeteiligten besonders spektakulären Strafverfahren. Dabei dürfte bei der Mehrzahl der Zuhörer das Interesse weniger durch ein Kontrollbedürfnis denn von einer gewissen Sensationslust ausgelöst sein. Tatsächlich wird die Kontrollfunktion heute im wesentlichen von der durch Medien vermittelten mittelbaren Öffentlichkeit wahrgenommen. Diese bezieht sich zunächst auf das einzelne Strafverfahren, das oft bereits während der Ermittlungen der Staatsanwaltschaft über die Anklageerhebung und die Hauptverhandlung bis zur abschließenden Entscheidung des Rechtsmittelgerichts aufmerksam beobachtet wird. Dabei findet eine doppelte Kontrolle statt: zunächst durch die berichtenden Medien selbst, die ihre Berichterstattung stets mit einer kritischen Wertung verbinden. Hinzu kommt die durch diese Berichte ausgelöste Reaktion der Allgemeinheit. Dies kann beispielhaft an zwei wichtigen, 1995 ergangenen Entscheidungen des Bundesverfassungsgerichts verdeutlicht werden: Das „Soldaten-Urteil"[12] und das „Kruzifix-Urteil"[13]. Beide Entscheidungen haben zunächst in den Medien und dann in der Allgemeinheit bis hin zum Bundestag eine außerordentliche, überwiegend kritische Resonanz ausgelöst, die zu Reaktionen des Bundesverfassungsgerichts in Form einer weiteren erläuternden Presseerklärung bzw. einer Äußerung eines Richters des Gerichts in einem Interview, der Leitsatz sei wohl mißverständlich gewesen, geführt hat. Darüber hinaus bezieht sich die Kontrollfunktion auch auf die

einer Kapazität von 680 Mio. Buchstaben sind zahlreiche Informationen aus den Ermittlungen bis hin zu Original Polizeiskizzen gespeichert, anhand derer das Gerichtsverfahren am Computerbildschirm simuliert und variiert werden kann. Daneben können ähnliche Informationen auch über Computer-Online-Dienste abgerufen werden (vgl. DER SPIEGEL, Heft 42/1994, S. 207).

7 LR-*Gollwitzer* Art. 6 MRK (24. Aufl. Rdn. 86).

8 Vgl. dazu *Bäumler* JR **1978** 317; ebenso *Kissel*[3] 3; **a. A** *Kleinknecht/Meyer-Goßner*[45] 1, der das Informationsinteresse der Öffentlichkeit im Vordergrund sieht und die Funktionen öffentliche Kontrolle und Willkürschutz für überholt hält.

9 § 268 Abs. 1 StPO. S. dazu *Peters*[4] § 60 II c; LR-*Gollwitzer* § 268, 14 StPO.

10 *Kissel*[3] 1.

11 *Kleinknecht/Meyer-Goßner*[45] 1; *Kissel*[3] 1.

12 BVerfG NJW **1994** 2943.

13 BVerfG NJW **1995** 2477.

Tätigkeit der Gerichte insgesamt. Dies betrifft sowohl die Rechtsprechungstätigkeit als auch allgemeine Fragen des Verfahrensablaufs, wobei das besondere Interesse der Verfahrensdauer als einem Maßstab für die Bürgerfreundlichkeit gilt.

4 **3. Informationsfunktion der Verfahrensöffentlichkeit.** Neben dieser in öffentlichem Interesse liegenden Kontrollfunktion dient die Öffentlichkeit zunehmend zur Gewährleistung des berechtigten Informationsbedürfnisses der Allgemeinheit. Gerichtliche Verfahren sind, wie alle Bereiche staatlichen Handels, für das Informationsbedürfnis der Allgemeinheit von besonderem Interesse. Dieses Informationsbedürfnis, das durch das Grundrecht auf freie Information (Art. 5 Abs. 1 S. 1 GG) und die Pressefreiheit (Art. 5 Abs. 1 S. 2 GG) geschützt wird, hat gerade im Bereich der Strafgerichtsbarkeit besondere Bedeutung. An der Strafrechtspflege „nimmt die Allgemeinheit den regsten Anteil. Sie bildet sich ihr Urteil über die Stellung der Justiz im öffentlichen Leben überwiegend nach dem Geist, in dem Strafrecht und Strafverfahrensrecht von den Gerichten gehandhabt werden[14].“ Diese Funktion der Öffentlichkeit des Gerichtsverfahrens, die sich aus dem individuellen Bedürfnis der Bürger ableitet, bildet das Gegenstück zu den in den Landespressegesetzen normierten presserechtlichen Auskunfts- und Informationsrechten der Medien.

5 **4. Gewährleistung des Sicherheitsgefühls der Bürger.** Eine weitere Funktion der Öffentlichkeit, der bisher kaum Bedeutung beigemessen wurde, dürfte darin bestehen, dem Bürger durch ausreichende Informationen über die wirksame Verfolgung von Straftaten zu verdeutlichen, daß der Staat in der Lage ist, die öffentliche Sicherheit und Ordnung zu gewährleisten und damit dem Bürger einen Schutz vor Straftaten zu bieten. Diese der Öffentlichkeit allein im Bereich der Strafrechtspflege zukommende, in öffentlichem Interesse liegende Funktion, die den Bürger in seiner Eigenschaft als potentielles Opfer anspricht, darf nicht mit generalpräventiven Erwägungen[15], die in dem Bürger einen potentiellen Täter sehen, verwechselt werden. Sie hat immer dann besonderes Gewicht, wenn das Bedrohungsempfinden der Bürger größer ist als die tatsächliche Bedrohung durch die Kriminalität[16].

III. Rechtliche Grundlagen

6 **1. Nationales Recht.** Der Öffentlichkeitsgrundsatz ist im Grundgesetz nicht expressis verbis normiert und damit kein Verfassungsrechtssatz des Grundgesetzes[17]. Er gehört nicht zu den (Verfahrens-)Grundrechten, ist indes nach aktuellem Verständnis Bestandteil des Rechtsstaatsprinzips und entspricht dem allgemeinen Öffentlichkeitsprinzip der Demokratie[18]. Ferner ist er in den Verfassungen einiger Bundesländer enthalten, wie beispielsweise in Art. 90 der bayerischen Verfassung[19]. Einfachrechtlich ist Grundsatz

[14] BGHSt **9** 282; **21** 72; **22** 301; **23** 178.

[15] Vgl. hierzu *Ostendorf* ZRP **1976** 281.

[16] *Wassermann* Das Parlament, Beilage 23/95, S. 3.

[17] *Pfeiffer*[3] 1; *Kleinknecht/Meyer-Goßner*[45] 1; KK-*Diemer*[4] 1; *Katholnigg*[3] 1; *Kissel*[3] 4 jeweils zu § 169.

[18] BVerfG NJW **2001** 1633, 1635. Vgl. auch *Ranft* Jura **1995** 573, wonach sich im Öffentlichkeitsgrundsatz das Staatsformprinzip der repräsentativen Demokratie, das Sozialstaatsprinzip und ganz allgemein das Rechtsstaatsprinzip „spiegeln“.

[19] Art. 90 der Verfassung des Freistaates Bayern lautet: „Die Verhandlungen vor allen Gerichten sind öffentlich. Bei Gefährdung der Staatssicherheit oder der öffentlichen Sittlichkeit kann die Öffentlichkeit durch Gerichtsbeschluß ausgeschlossen werden.“ Danach wäre die Öffentlichkeit nicht auf „erkennende Gerichte“ beschränkt; außerdem wären von den Ausschlußmöglichkeiten §§ 171a bis 173 nur § 172 Nrn. 1 mit den Alternativen „Gefährdung der Staatssicherheit“ und „Gefährdung der Sittlichkeit“ zulässig.

der Öffentlichkeit in § 169 S. 1, der die Öffentlichkeit für die Verhandlung vor dem erkennenden Gericht bestimmt, enthalten. Diese Bestimmung gilt gemäß § 2 EGGVG zwar nur für die ordentliche streitige Gerichtsbarkeit, also für die ordentlichen Gerichte bei Ausübung der Zivil- und Strafrechtspflege, zu der auch die Verfahren nach dem OWiG gehören[20]. Für das Verfahren gegen Jugendliche vor den Jugendgerichten ist die Öffentlichkeit dagegen aus erzieherischen Gründen ausgeschlossen (§ 48 JGG). Der Öffentlichkeitsgrundsatz findet sich daneben aber auch in den Verfahrensvorschriften der sonstigen Gerichtsbarkeiten, die im allgemeinen die Vorschriften des 14. Titel des Gerichtsverfassungsgesetzes für entsprechend anwendbar erklären (§ 17 BVerfGG, § 52 ArbGG, §§ 55, 138 Nr. 5 VwGO; § 52 FiGO; § 202 SGG). Er galt bis zum Inkrafttreten des Untersuchungsausschußgesetzes[21] am 26. Juni 2001, das in § 13f eigene Regelungen enthält, auch für das gerichtsähnliche Verfahren der Untersuchungsausschüsse des Deutschen Bundestags (Art. 44 Abs. 1 GG). §§ 13 und 14 des Untersuchungsausschußgesetzes lauten:

„**§ 13 – Sitzungen zur Beweisaufnahme**

(1) Die Beweiserhebung erfolgt in öffentlicher Sitzung. Ton- und Filmaufnahmen sowie Ton- und Bildübertragungen sind nicht zulässig. Der Untersuchungsausschuss kann Ausnahmen von Satz 1 zulassen. Ausnahmen von Satz 2 bedürfen einer Mehrheit von zwei Dritteln der anwesenden Mitglieder sowie der Zustimmung der zu vernehmenden oder anzuhörenden Personen.

(2) Die §§ 176 bis 179 des Gerichtsverfassungsgesetzes über die Aufrechterhaltung der Ordnung in der Sitzung finden entsprechende Anwendung.

§ 14 – Ausschluss der Öffentlichkeit

(1) Der Untersuchungsausschuss schließt die Öffentlichkeit aus, wenn

1. Umstände aus dem persönlichen Lebensbereich von Zeugen oder Dritten zur Sprache kommen, deren öffentliche Erörterung überwiegende schutzwürdige Interessen verletzten würde;
2. eine Gefährdung des Lebens, des Leibes oder der Freiheit von einzelnen Zeugen oder einer anderen Person zu besorgen ist;
3. ein Geschäfts-, Betriebs-, Erfindungs- oder Steuergeheimnis zur Sprache kommt, durch dessen öffentliche Erörterung überwiegende schützwürdige Interessen verletzt würden;
4. besondere Gründe des Wohls des Bundes oder eines Landes entgegenstehen, insbesondere wenn Nachteile für die Sicherheit der Bundesrepublik Deutschland oder ihrer Beziehungen zu anderen Staaten zu besorgen sind.

(2) Der Untersuchungsausschuss kann einzelnen Personen zu nicht öffentlichen Beweisaufnahmen den Zutritt gestatten; § 12 Abs. 2 gilt entsprechend.

(3) Zur Stellung eines Antrages auf Ausschluss oder Beschränkung der Öffentlichkeit sind berechtigt:

1. anwesende Mitglieder des Untersuchungsausschusses;
2. Mitglieder des Bundesrates, der Bundesregierung und ihre Beauftragten,
3. Zeugen, Sachverständige oderr sonstige Auskunftspersonen.

(4) Über den Ausschluss oder die Beschränkung der Öffentlichkeit entscheidet der Untersuchungsausschuss. Der oder die Vorsitzende begründet auf Beschluss des Untersuchungsausschusses in öffentlicher Sitzung.“

2. Internationale Vereinbarungen. Daneben ist das Öffentlichkeitsprinzip in Art. 6 Abs. 1 MRK und Art. 14 Abs. 1 IPBPR verankert, die in innerstaatliches Recht trans- 7

[20] Vgl. hierzu OLG Düsseldorf StV **1982** 563; *Franke* ZRP **1977** 143; *Rengier* NJW **1985** 2553.

[21] Gesetz zur Regelung des Rechts der Untersuchungsausschüsse des Deutschen Bundestags vom 19. 6. 2001, BGBl. I. S. 1142.

formiert worden sind und als einfaches Gesetz unmittelbare Geltung beanspruchen[22]. Hierzu und zur Vereinbarkeit der §§ 171a bis 173 mit diesen Übereinkommen siehe die Erläuterungen zu Art. 6 MRK.

IV. Inhalt des Öffentlichkeitsgrundsatzes

8 Der Grundsatz der Öffentlichkeit besagt, daß am Verfahren nicht beteiligte Personen im Rahmen der tatsächlichen Möglichkeiten in der Lage sein müssen, als Zuhörer oder Zuschauer bei einer Gerichtsverhandlung anwesend zu sein[23]. Dieses Zutrittsrecht darf nur durch die räumlichen Gegebenheiten, nicht aber durch eine willkürliche Auswahl des Publikums begrenzt werden[24]. Der Öffentlichkeitsgrundsatz gewährt keinen individuellen Anspruch auf Zulassung zu einer Verhandlung[25], sondern ermöglicht nur abstrakt der Allgemeinheit den Zutritt. Er umfaßt, daß jedermann die Möglichkeit hat, sich ohne besondere Schwierigkeiten Kenntnis davon zu verschaffen, wann und wo ein erkennendes Gericht eine Hauptverhandlung durchführt[26]. Hinsichtlich des Zugangs zu Verhandlungen haben Pressevertreter grundsätzlich keine weitergehenden Rechte als jeder Bürger[27], jedoch erscheint es im Hinblick auf ihre Berichterstattungsaufgabe angemessen, für Pressevertreter bei großem Öffentlichkeitsinteresse einen angemessenen Teil der Plätze im Zuhörerraum zu reservieren[28].

V. Beschränkungen des Grundsatzes der Öffentlichkeit der Verhandlung

9 **1. Genereller Ausschluß der Öffentlichkeit.** Grundsätzlich ausgeschlossen ist die Öffentlichkeit insbesondere aus erzieherischen Gründen im Verfahren gegen Jugendliche (§ 48 JGG), in Familiensachen (§ 170 GVG), ferner in Disziplinarverfahren gegen Richter (§ 63 DRiG) und gegen Beamte (§ 73 BundesdisziplinarO) sowie in ehrengerichtlichen Verfahren gegen Angehörige von Berufsständen (z.B. § 135 BundesrechtsanwaltsO), und zwar teils im Interesse des Angeklagten vor unnötiger Bloßstellung, teils wegen der geringeren Bedeutung des Verfahrens für die Öffentlichkeit. Das Vorliegen eines echten gerichtlichen Verfahrens wird hier durch den Ausschluß der Öffentlichkeit nicht in Frage gestellt[29].

10 **2. Fakultativer Ausschluß und Teilausschluß der Öffentlichkeit.** Auch in den Verfahren, in denen die Verhandlung (Hauptverhandlung) grundsätzlich öffentlich ist, *kann* das Gericht die Öffentlichkeit für die Hauptverhandlung oder Teile davon ausschließen; es *muss* sie im Fall des § 171b Abs. 2 oder dann ausschließen, wenn im (seltenen) Einzelfall die Aufrechterhaltung der Öffentlichkeit ermessensfehlerhaft wäre. Zu den traditionellen Ausschließungsgründen der Gefährdung der öffentlichen Ordnung, der Staatssicherheit und der Sittlichkeit (§ 172 Nr. 1 GVG), bei denen die Rücksichtnahme auf Belange der Allgemeinheit im Vordergrund steht, sind zunehmend durch die neuere

---

22 Gesetz vom 7.8.1952, BGBl. II S. 685, zur MRK und Gesetz vom 15.11.1973, BGBl. II S. 1533, zum IPBPR.

23 BGHSt **27** 14; **36** 119.

24 LR-*Gollwitzer* Art. 6 MRK (in 24. Aufl. Rdn. 87).

25 H. M., vgl. die Darstellung bei *Bäumler* JR **1978** 320, der selbst ein solches Recht bejaht.

26 BGH bei *Pfeiffer/Miebach* NStZ **1983** 213.

27 BGH NStZ **1984** 135.

28 Vgl. BVerfG NJW **1993** 915. Dazu § 169, 13.

29 BVerfG NJW **1955** 18.

Gesetzgebung Ausschließungsgründe hinzugetreten, die in der Rücksichtnahme auf schutzwürdige private Belange der Prozeßbeteiligten, der Zeugen oder auch (bei bestimmten Geheimnissen) dritter Personen wurzeln (§§ 171a, 171b, 172 Nr. 2 bis 4 GVG, § 109 Abs. 1 S. 4 JGG). Zuletzt ist durch das Gesetz zur Bekämpfung des illegalen Rauschgifthandels und anderer Erscheinungsformen der Organisierten Kriminalität (OrgKG)[30] in § 172 die Nr. 1a eingefügt worden, die den Ausschluß der Öffentlichkeit zum Schutz gefährdeter Zeugen oder anderer Personen ermöglicht.

3. Ausschluß oder Beschränkung der Anwesenheit oder des Zutritts einzelner Personen. 11
Auch dann, wenn eine Hauptverhandlung öffentlich durchzuführen ist und mithin während ihrer Dauer grundsätzlich jedermann der Zutritt und die Wahrnehmung der Verhandlungsvorgänge offen stehen muß, bestehen Grenzen des Zutritts und/oder der Anwesenheit im Gerichtssaal. Sie ergeben sich einmal aus tatsächlichen Gegebenheiten (beschränkter Raum usw.; § 169, 33), im übrigen aber aus der Notwendigkeit, anderen für die Rechtspflege bedeutsamen Grundsätzen, insbesondere der Wahrheitsfindung und der ungestörten Durchführung der Verhandlung, Rechnung zu tragen. Die hier in Betracht kommenden Ausschluß- oder Beschränkungsgründe sind nur zum Teil im Gesetz umschrieben (vgl. zum Abtretenlassen eines Angeklagten § 247 StPO, eines Zeugen § 243 Abs. 2 StPO und allgemein §§ 175 Abs. 1, 177, 178 Abs. 1 GVG). Daneben kann sich eine Begrenzung des Öffentlichkeitsgrundsatzes auch aufgrund von Maßnahmen ergeben, die im Rahmen der sitzungspolizeilichen Befugnisse (§ 176) von dem Vorsitzenden angeordnet werden und notwendig sind, um drohenden Ausschreitungen im Gerichtssaal oder im Gerichtsgebäude durch geeignete Maßnahmen vorzubeugen und für eine sichere und ungestörte Durchführung der Verhandlung zu sorgen. Dabei hat der Öffentlichkeitsgrundsatz keinen höheren Rang als das Interesse an ungestörter und zügiger Durchführung der Verhandlung[31].

VI. Verfahrensöffentlichkeit und Persönlichkeitsrecht

1. Die Konfliktlage. Eine öffentliche Erörterung des Verfahrensstoffes kann zu 12
erheblichen Eingriffen in das aus Art. 1, 2 GG abzuleitende Persönlichkeitsrecht namentlich des Angeklagten, aber auch von (insbesondere Tatopfer-)Zeugen und im Fall einer Verurteilung zu einer schwerwiegenden Gefährdung der Resozialisierung führen. Diese Gefahr verstärkt sich im Fall einer uneingeschränkten, wenn auch wahrheitsgemäßen Berichterstattung in den Medien (Presse, Rundfunk, Fernsehen und neuerdings auch in allgemein zugänglichen Computersystemen, wie z. B. dem Internet). Eine öffentliche Berichterstattung über eine Straftat in Presse, Rundfunk und Fernsehen unter Namensnennung, eventuell gar mit Abbildung oder Darstellung des Täters beeinträchtigt stets sein Persönlichkeitsrecht, weil sie sein Fehlverhalten in der breitesten Öffentlichkeit bekannt macht und damit sein Ansehen schmälert.

2. Persönlichkeitsrechte von Verfahrensbeteiligten. Das zunehmende Gewicht des all- 13
gemeinen Persönlichkeitsrechts der Verfahrensbeteiligten, das unter anderem deren Recht am eigenen Bild und am gesprochene Wort sowie das Verfügungsrecht über Darstellungen der eigenen Person umfaßt[32], sowie die seit dem Volkszählungsurteil des

[30] Vom 15. 7. 1992, BGBl. I S. 1302.

[31] BGHSt **24** 74; **27** 15; **29** 259 f; BGH bei *Dallinger* MDR **1952** 410; BGH NStZ **1984** 135; *Kleinknecht/Meyer-Goßner*[45] 5; *Kissel*[3] 38.

[32] BVerfG NJW **1973** 1127.

Bundesverfassungsgerichts[33] hinzugekommene Forderung nach Verstärkung des Datenschutzes ist auf das Strafverfahren nicht ohne Wirkung geblieben und hat zur Schaffung des § 171b geführt (dazu § 171b, 1). Es findet seinen Ausdruck unter anderem in Forderungen, die Öffentlichkeit der Hauptverhandlung weiter einzuschränken oder in bestimmte Arten von Verfahren ganz auf sie zu verzichten (dazu unten Rdn. 24). Aber auch sonst wird die Forderung erhoben, bestimmte Themen, etwa die Vorstrafen oder die Vermögens- und Einkommensverhältnisse der Angeklagten und möglicherweise Zeugen[34], nicht mehr öffentlich zu erörtern. Dies mag in besonders gelagerten Ausnahmefällen in Betracht kommen (dazu § 171b, 7; 9). Es wird jedoch nicht möglich sein, solche Themen grundsätzlich aus dem Blickfeld der Öffentlichkeit zu nehmen, da diese Fragen in nahezu jedem Strafverfahren zu erörtern sind und regelmäßig wesentlichen Einfluß auf die Rechtsfolgenentscheidung haben. Deren nichtöffentliche Erörterung würde dem gerichtlichen Entscheidungsprozeß in wesentlichen, von der Öffentlichkeit aufmerksam beobachteten Fragen die Transparenz nehmen und damit die Gefahr begründen, daß gerichtliche Strafurteile von der Öffentlichkeit nicht mehr verstanden und – über kurz oder lang – auch nicht mehr anerkannt würden.

VII. Mittelbare Öffentlichkeit

14 **1. Begriff der mittelbaren Öffentlichkeit.** Unter mittelbarer Öffentlichkeit wird jene Öffentlichkeit verstanden, bei der die Zuhörer nicht persönlich im Gerichtssaal als Zuhörer anwesend sind – der unmittelbaren Öffentlichkeit –, sondern sich ihre Meinung aufgrund der Prozeßberichte in den Medien bilden. Dabei werden unter mittelbarer Öffentlichkeit sowohl jene durch die Medien informierten Personen als auch die Prozeßberichterstattung durch die Medien selbst verstanden[35]. § 169 S. 1 bezieht sich nach h. M.[36] nur auf die unmittelbare Öffentlichkeit. Die mittelbare Öffentlichkeit ist danach nur insoweit mit erfaßt, als jedem Zuhörer (vorbehaltlich einer Anordnung nach § 174 Abs. 3) gestattet ist, das von ihm Wahrgenommene weiterzugeben[37]. Im folgenden soll unter unmittelbarer Öffentlichkeit die Berichterstattung durch die Medien selbst verstanden werden, da diese Berichterstattung durch die Medien unabhängig davon, ob die Zeitung von irgendjemand gelesen oder die Radio- oder Fernsehsendung von irgendjemand gehört oder gesehen wird, unter dem verfassungsrechtlichen Schutz der Informations- und Pressefreiheit steht[38].

15 **2. Presse- und Rundfunkfreiheit.** Die Medienberichterstattung über Gerichtsverhandlungen hat ihre verfassungsrechtliche Grundlage in der Presse- und Rundfunkfreiheit des Art. 5 Abs. 1 S. 2 GG. Zur **Pressefreiheit** gehört nicht nur die Freiheit der Verbrei-

---

33 BVerfGE **65** 1.

34 So hat der Bundesbeauftragte für den Datenschutz in seinem 5. Tätigkeitsbericht vom 13.1.1983 (BT-Drucks. **9** 2386, S. 20 unter 2.2.3) gefordert, solche Erkenntnisse dürften in einer Hauptverhandlung nicht mehr mündlich erörtert werden; vielmehr solle die Auskunftsperson hierzu nur noch schriftlich Stellung nehmen; diese Stellungnahme sollen dann die Prozeßbeteiligten in Kopie erhalten.

35 Vgl. *KMR*[7] 9; *Eb. Schmidt* Vor § 169, 3, der darunter auch Information durch „normale“ Zuschauer und nicht nur durch Medienorgane versteht. *Kissel*[3] 3 versteht unter unmittelbarer Öffentlichkeit „die technische Möglichkeit, ohne eigene körperliche Anwesenheit unmittelbar ‚zuzuhören‘, also akustisch oder auch optisch durch Lautsprecher, Rundfunk, Fernsehen das Geschehen im Gerichtssaal zeitgleich oder zeitversetzt original, wenn auch ausschnittsweise verfolgen zu können.“

36 BGHSt **16** 111; *Kleinknecht/Meyer-Goßner*[45] 3; KK-*Diemer*[4] 1; *Eb. Schmidt* Vor § 169, 3; *Kissel*[3] 3.

37 *Eb. Schmidt* NJW **1968** 804.

38 BVerfG NJW **1973** 1226.

tung von Nachrichten und Meinungen; sie schützt vielmehr auch den gesamten Bereich publizistischer Vorbereitungstätigkeit, zu der insbesondere die Beschaffung von Informationen gehört[39]. Das Bundesverfassungsgericht hat betont, daß erst der prinzipiell ungehinderte Zugang zur Information die Presse in den Stand versetzt, die ihr in der freiheitlichen Demokratie eröffnete Rolle wirksam wahrzunehmen[40]. Diese verfassungsrechtlich verbürgte Pressefreiheit umschließt das Recht der im Pressewesen tätigen Personen, sich über Vorgänge in einer öffentlichen Gerichtsverhandlung zu informieren und hierüber zu berichten[41]. Für die **Rundfunkfreiheit** gilt grundsätzlich nichts anderes[42], da Rundfunk und Presse sich ihrer Funktion nach nicht unterscheiden. Unterschiede ergeben sich aus den zur Funktionserfüllung eingesetzten Mitteln. Die vom Rundfunk eingesetzten technischen Geräte können ein Ereignis optisch und akustisch in voller Länge übertragen. Daraus können sich häufig Beeinträchtigungen der Rechte Dritter, insbesondere des Rechts am eigenen Bild und am gesprochenen Wort ergeben. Zugleich können sich mit der Aufnahme Störungen ergeben. Diese Besonderheiten des Rundfunks können weitergehende Beschränkungen als bei der Presse erfordern[43]; grundsätzlich umfaßt aber auch die Rundfunkfreiheit das Recht zur Beschaffung der Information. Dieser verfassungsrechtlich verbürgte Anspruch auf Zugang zur Information hat in der Diskussion über die Berichterstattung über Gerichtsverhandlungen besonderes Gewicht.

3. Medienberichterstattung in Strafverfahren. Im Strafverfahren beginnt die Bericht- **16**
erstattung in den Medien nicht nur bei aufsehenerregenden Straftaten der Schwerkriminalität unmittelbar nach der Tat. Sie begleitet das Ermittlungsverfahren insbesondere dann, wenn die Ermittlungsbehörden besondere Schritte wie Verhaftungen oder Durchsuchungen vornehmen. Ebenso wird regelmäßig über den Verfahrensabschluß[44] insbesondere bei Anklageerhebung, den Beginn der Hauptverhandlung sowie deren Verlauf, die Plädoyers und schließlich das Urteil sowie gegebenenfalls das Ergebnis eines Rechtsmittelverfahrens berichtet. Dabei sind die Medien weitgehend auf Informationen angewiesen, die sie von den Ermittlungsbehörden, den Gerichten oder sonstigen Verfahrensbeteiligten erhalten. Hierzu unterhalten die Staatsanwaltschaften und Gerichte spezielle Pressestellen, mit denen sie ihren in den Landespressegesetzen vorgesehenen presserechtlichen Auskunftspflichten nachkommen[45]. Oft erhalten die Medien weitere Informationen von Verteidigern und sonstigen Verfahrensbeteiligten; teils gegen Zahlung beachtlicher Honorare. In diesem Zusammenhang sind auch Interviews der Beschuldigten, zum Teil in der Zelle einer Untersuchungshaftanstalt, zu nennen. Nicht unüblich ist ferner, daß Pressemitarbeiter eigene Ermittlungen durchführen und dabei selbst Zeugen befragen[46]. Schließlich ist die in Unterhaltungssendungen eingekleidete Berichterstattung über Kriminalfälle, bei der oft Fahndungsersuchen an die Allgemeinheit gerichtet werden, zu nennen[47].

[39] BVerfGE **10** 121; **12** 260; **20** 176; **21** 279; **36** 204; **50** 240; **91** 134.
[40] BVerfGE **50** 240; **91** 134.
[41] BVerfGE **50** 240; **91** 134.
[42] BVerfGE **91** 134.
[43] BVerfGE **91** 135.
[44] Zur Frage, ob Staatsanwaltschaften verpflichtet sind, ihre Maßstäbe für Einstellungen gemäß § 153a StPO öffentlich bekannt zu geben, vgl. *Kargl/Sinner*, Jura **1998** 231.
[45] Vgl. hierzu Nr. 23, 129 RiStBV; *Huff* Justiz und Öffentlichkeit; *Zuck* DRiZ **1997** 23 mit einer eindrucksvollen Schilderung der Kommunikationsschwierigkeiten zwischen Justiz und Medien.
[46] Vgl. zum Ganzen die sehr illustrativen Beispiele bei *Wagner* Strafprozeßführung über Medien (1987).
[47] Besonders bekannt ist die Fernsehsendung „Aktenzeichen XY – ungelöst“ des ZDF.

4. Gefahren der Medienberichterstattung

17 **a) Gefahr der Verletzung der Persönlichkeitsrechte von Verfahrensbeteiligten.** Eine extensive Berichterstattung über Strafverfahren in den Medien ist stets mit der Gefahr einer wesentlichen Beeinträchtigung der Persönlichkeitsrechte von Verfahrensbeteiligten verbunden[48]. Ist die Berichterstattung „beschuldigtenfreundlich", enthält sie oft nachteilige Äußerungen über Tatopfer oder Belastungszeugen, die als unglaubwürdig hingestellt werden. Andererseits erfolgt diese Berichterstattung auch oft in einer Weise, die die erhebliche Gefahr der öffentlichen Vorverurteilung begründet[49]. Die öffentliche Erörterung der Tat sowie des Vorlebens des namentlich genannten Angeklagten können zudem Gefahren für seine Resozialisierung begründen.

18 **b) Gefahr der Verfahrensbeeinflussung.** Aus der Tätigkeit der Presse ergeben sich ferner ganz erhebliche Gefahren für die gerichtliche Wahrheitsfindung, durch die das Prinzip des fair trial beeinträchtigt werden kann. Kaum abschätzbar ist, welche negative Wirkung von Medienunternehmen versprochene Honorare auf den Wahrheitsgehalt der Angaben von Beschuldigten und Zeugen haben können; es liegt auf der Hand, daß sich mit besonders spektakulären Schilderungen höhere Honorare erzielen lassen. Ebenso ist kaum überschaubar, inwieweit die Medienberichterstattung eine Befangenheit der Laienrichter, aber auch der Berufsrichter auslösen kann, insbesondere durch den Druck, der vom Aufbau einer großen öffentlichen Erwartung eines bestimmten Prozeßausgangs ausgehen kann. Dabei darf nicht übersehen werden, daß interessierte Kreise gezielt Informationen mit dem Ziel einer Verfahrensbeeinflussung an die Medien geben. Auch werden die Medien zunehmend von einzelnen Verfahrensbeteiligten als Mittel zur Prozeßführung instrumentalisiert, indem diesen gezielt ausgewählte Informationen zur Verfügung gestellt werden[50]. Dabei werden teilweise Informationen von Verfahrensbeteiligten ausschließlich einem Presseorgan gegen oft üppige Bezahlung[51] zur Verfügung gestellt, teils, um aus den Erlösen die Kosten der Verteidigung aufzubringen[52]; weil dies oft der einzige Vermögensgegenstand eines Täters ist, hat der Gesetzgeber mit dem Opferanspruchssicherungsgesetz[53] den Opfern ein gesetzliches Pfandrecht an diesen Honoraransprüchen eingeräumt. Schließlich darf die Gefahr nicht übersehen werden, daß noch zu vernehmende Zeugen aus Presseveröffentlichungen Kenntnis von den Inhalten der Aussagen anderer Zeugen erhalten, wodurch der Zweck des § 58 StPO, der vorsieht, daß Zeugen einzeln und in Abwesenheit der später zu vernehmenden Zeugen vernommen werden sollen, vereitelt werden kann.

19 **5. Rechtliche Grenzen der Medienberichterstattung.** Um diesen Gefahren zu begegnen, wurden mit Mitteln des Zivil- und Presserechts Grenzen der freien Berichterstattung entwickelt[54]. Sie gehen zunächst etwa, soweit es sich um den Angeklagten handelt, dahin[55], daß das Informationsinteresse der Allgemeinheit, dem die Presse durch ihre

---

[48] Vgl. das „Lebach-Urteil" des BVerfG NJW **1973** 1226.

[49] Vgl. zum Ganzen den sehr ausführlichen „Bericht der Bundesregierung zum Thema: ‚Öffentliche Vorverurteilung' und ‚faires Verfahren'", BTDrucks. **10** 4608; *Marxen* GA **1980** 365; *Rüping* FS Dünnebier 391; *Lenckner* JuS **1983** 340; *Bornkamp* NStZ **1983** 102; *Hassemer* NJW **1985** 1921; *Krekeler* AnwBl. **1985** 426; *Roxin* NStZ **1991** 1563; *Weiler* ZRP **1995** 130; *Schaefer* NJW **1996** 496.

[50] Vgl. die zahlreichen Beispiele bei *Wagner* Strafprozeßführung über Medien (1987).

[51] *Tillmanns* (oben Fußn. 1) erwähnt ein Honorar von 250.000 DM für ein Exclusiv-Interview eines Beschuldigten.

[52] Vgl. *Tillmanns* (oben Fußn. 1) mit vielen Praxisbeispielen.

[53] Vom 8. 5. 1998, BGBl. I S. 905; dazu *Nowotsch* NJW **1998** 1831.

[54] *Barton* AfP **1995** 452; vgl. hierzu §§ 22, 23 KunstUrhG und die einschlägige Kommentarliteratur.

[55] Vgl. wegen der Einzelheiten z. B. *Staudinger-Schäfer*[12] §§ 823, 195 ff BGB; s. auch Nr. 23, 129 RiStBV.

Informationsaufgabe dient, im allgemeinen den Vorrang vor dem Schutz der Persönlichkeit[56] hat: Wer selbst den Rechtsfrieden bricht, muß dies als Folge seines Verhaltens grundsätzlich hinnehmen. Indessen darf der Einbruch in die Persönlichkeitssphäre nicht weiter gehen, als es zu einer angemessenen Befriedigung des Informationsinteresses erforderlich ist, d. h. es müssen die Nachteile einer Berichterstattung für den verurteilten Angeklagten im rechten Verhältnis zur Schwere der Tat und ihrer sonstigen Bedeutung für die Öffentlichkeit stehen. Daraus ergeben sich im allgemeinen bei der kleineren Kriminalität, bei den mehr oder weniger alltäglichen Durchschnittsfällen Beschränkungen der Berichterstattung über Gerichtsverhandlungen, insbesondere betreffend die Kennzeichnung einer bestimmten Person durch Namensnennung, Abbildung oder Angabe identifizierender Merkmale. Hierzu hat der Dt. Presserat in seinem „Pressekodex"[57] und ergänzenden „Richtlinien für die publizistische Arbeit"[58] nähere Empfehlungen ausgearbeitet. Dieser Pressekodex und diese Richtlinien sollen den geschilderten Gefahren im Wege einer Selbstbeschränkung der Medien entgegenwirken. Andererseits zeigt die Erfahrung, daß diese Grundsätze eine reißerische, den Schutz der Privatsphäre von Verfahrensbeteiligten nicht berücksichtigende Berichterstattung gerade in den Massenmedien nicht immer verhindern können. Auch die Diskussion der medienrechtlichen Abteilung des 58. Juristentages 1990 hat verdeutlicht, daß hier noch weitergehender Regelungsbedarf besteht[59].

6. Aktuelle Rechtsprechung des Bundesverfassungsgerichts. Am 12. November 1992 begann vor einer Schwurgerichtsstrafkammer des Berliner Landgerichts das Strafverfahren gegen führende Politiker der früheren DDR, darunter Erich Honecker, im Zusammenhang mit der Tötung von Personen an der innerdeutschen Grenze. Der Vorsitzende dieser Strafkammer hatte im Rahmen seiner sitzungspolizeilichen Befugnisse (§ 176) Fernsehaufnahmen zunächst lediglich im Sicherheitsbereich vor dem Sitzungssaal, nicht jedoch im Sitzungssaal, und nach einer Gegenvorstellung der Fernsehanstalten durch weitere Anordnung am 1. Sitzungstag für 5 Minuten vor Beginn der Verhandlung, also **außerhalb der Hauptverhandlung**, im Sitzungssaal zugelassen. Im Verfahren über die dagegen von verschiedenen Fernseh- und Rundfunkanstalten erhobenen Verfassungsbeschwerde erließ das Bundesverfassungsgericht am 11.11.1992 eine einstweilige Anordnung[60], durch die Fernsehaufnahmen (ohne Mikrophon und damit ohne Ton) im Sitzungssaal vor Beginn und nach Ende der eigentlichen Hauptverhandlung gestattet wurden; zugleich wurden nähere Bestimmungen hierzu getroffen, um die Belastung der Angeklagten überwiegend hohen Alters zu begrenzen[61]. In der Begründung wurde auf die hohe Bedeutung der Rundfunkfreiheit und darauf, daß im Falle eines Aufnahmeverbots Fernsehaufnahmen über ein Ereignis von hohem historischen Wert unwiederbringlich verloren gingen, verwiesen. Eine Störung des geordneten Verlaufs des Verfahrens aufgrund dieser Anordnung sei nahezu auszuschließen. Schließlich stehe 20

56 BVerfG NJW **1973** 1226.
57 „Publizistische Grundsätze (Pressekodex)" in der Fassung vom 14. Februar 1990, abgedruckt in *Rehm* Medienrecht unter B-I 2.4.
58 „Richtlinien für die publizistische Arbeit nach dem Empfehlungen des Deutschen Presserats" in der Fassung vom 14. Februar 1990, abgedruckt in *Rehm* Medienrecht unter B-I 2.5.
59 Vgl. den Tagungsbericht in NJW **1990** 2985.
60 BVerfGE **87** 334 = NJW **1992** 3288; dazu *Wolf* NJW **1994** 681 und ZRP **1994** 187; *Eberle* NJW **1994** 1637; s. auch das im Auftrag der beschwerdeführenden Fernsehgesellschaft n-tv erstellte Rechtsgutachten von *Schwarz* AfP **1995** 353.
61 Hierzu gehören zunächst zeitliche Beschränkungen und vor allem die Beschränkung auf ein Kamerateam, das im Rahmen einer Pool-Lösung täglich wechselnd von verschiedenen Fernsehsendern gestellt wird und jeweils verpflichtet ist, den übrigen Fernsehsendern die Aufnahmen unentgeltlich zur Verfügung zu stellen.

auch das Persönlichkeitsrecht der Angeklagten, die absolute Personen der Zeitgeschichte seien, nicht entgegen. In der abschließenden Entscheidung vom 14. 7. 1994 über die Verfassungsbeschwerde[62] hat das Bundesverfassungsgericht festgestellt, daß für die Rundfunkfreiheit grundsätzlich nichts anderes gilt als für die Pressefreiheit[63], da Rundfunk und Presse sich ihrer Funktion nach nicht unterscheiden. Unterschiede ergeben sich aus den zur Funktionserfüllung eingesetzten Mitteln. Die vom Rundfunk eingesetzten technischen Geräte können ein Ereignis optisch und akustisch in voller Länge übertragen. Daraus können sich häufig Beeinträchtigungen der Rechte Dritter, insbesondere des Rechts am eigenen Bild und am gesprochenen Wort ergeben. Zugleich können sich mit der Aufnahme Störungen ergeben. Diese Besonderheiten des Rundfunks können weitergehende Beschränkungen als bei der Presse erfordern[64]; grundsätzlich umfasse aber auch die Rundfunkfreiheit das Recht zur Beschaffung der Information. Zwar werde die Presse- und Rundfunkfreiheit durch § 176 als allgemeines Gesetz im Sinne des Art. 5 Abs. 2 GG eingeschränkt. § 176 bezwecke die Aufrechterhaltung der Ordnung im gerichtlichen Verfahren. Diese Ordnung könne aber auch bei Zulassung von Fernsehaufnahmen vor Beginn der Verhandlung durch eine Pool-Lösung gewährleistet werden. Eine Abwägung auch unter Berücksichtigung der Persönlichkeitsrechte der Angeklagten ergebe, daß ein Verbot auch von Aufnahmen durch nur *ein* Fernsehteam für alle interessierten Fernsehsender im Rahmen einer Pool-Lösung die Rundfunkfreiheit unangemessen einschränke. Eine weitere Entscheidung zu Fernsehaufnahmen vom 21. 7. 2000[65] betraf das Petitum des Südwestrundfunks, in einer Wirtschaftsstrafsache vor dem Beginn und nach dem Ende der Hauptverhandlung sowie in den Verhandlungspausen Fernsehaufnahmen der Richter und Schöffen, nicht aber der Angeklagten, im Rahmen einer Pool-Lösung anfertigen zu können. Der Vorsitzende hatte einen entsprechenden Antrag abgelehnt, weil sowohl ein Teil der Angeklagten, deren Verteidiger als auch die beisitzenden Richter entsprechende Aufnahmen ihrer Person ausdrücklich abgelehnt hatten. Das Bundesverfassungsgericht erließ eine einstweilige Anordnung und gestattete die entsprechenden Aufnahmen von den Richtern und Schöffen, nicht aber den Angeklagten, zeitlich begrenzt. Zur Begründung führte es aus, daß Richter und Schöffen kraft des ihnen übertragenen Amtes anläßlich ihrer Teilnahme an öffentlichen Sitzungen im Blickpunkt der Öffentlichkeit stünden. Ein Interesse der Richter und Schöffen, nur von den in der Sitzung anwesenden Zuschauern wahrgenommen zu werden, sei deshalb nicht anzunehmen.

21 Weitere Entscheidungen betreffen das Petitum des Fernsehsenders n-tv, auch **während der (Haupt-)Verhandlung** Fernsehaufnahmen anfertigen zu dürfen. Hier hat das Bundesverfassungsgericht zwei Anträge auf Erlass einstweiliger Anordnungen und die entsprechenden Verfassungsbeschwerden als unbegründet verworfen: In der Entscheidung vom 11. 1. 1996[66] betreffend die Strafsache gegen Egon Krenz und weitere Personen, die früher in der DDR führende Positionen innehatten, wies das Bundesverfassungsgericht den Antrag des Fernsehsender n-tv auf Erlass einer einstweiligen Anordnung als offensichtlich unbegründet zurück. Das gleiche gilt für eine Entscheidung vom 16. 4. 1999[67], mit der die Befugnis zu Fernsehaufnahmen während einer Ver-

---

[62] BVerfGE **91** 125 = NJW **1995** 184 = NStZ **1995** 50 mit Anm. *Scholz* = JZ **1995** 295 mit Anm. *Stürner*. Dazu *Wyss* EuGRZ **1996** 1 mit Bezug auf die schweizerische Rechtslage.

[63] BVerfGE **91** 134.

[64] BVerfGE **91** 135.

[65] BVerfG NJW **2000** 2890; dazu *Janisch* AnwBl. **2001** 22; *Ernst* NJW **2001** 1624.

[66] BVerfG NJW **1996** 181 mit Anm. *Huff* NJW **1996** 571.

[67] BVerfG NJW **1999** 1951 betreffend die Verhandlung über die Zulässigkeit von Kruzifixen in bayerischen Schulen.

handlung des Bundesverwaltungsgerichts erstrebt wurde. Die beiden zugrundeliegenden Verfassungsbeschwerden wurden mit Urteil vom 24.1.2001[68] verworfen. Das Bundesverfassungsgericht bejahte die Verfassungsmäßigkeit des § 169 S. 2 und betonte, der Gesetzgeber sei von Verfassungs wegen weder verpflichtet noch gehindert, eine Regelung zu schaffen, die Ausnahmen zuläßt. Der im Demokratieprinzip wurzelnde Grundsatz der Zugänglichkeit von Informationen zur öffentlichen Meinungsbildung gebiete keine andere als die Saalöffentlichkeit. Da die Medienvertreter an dieser Saalöffentlichkeit teilhaben könnten, sei ihnen der Zugang zu den Informationen nicht verwehrt. Die Begrenzung der Gerichtsöffentlichkeit durch das gesetzliche Verbot der Ton- und Fernsehrundfunkaufnahmen in Gerichtsverhandlungen trage Belangen des Persönlichkeitsschutzes sowie den Erfordernissen eines fairen Verfahrens und der Wahrheits- und Rechtsfindung Rechnung. In einem Minderheitsvotum vertraten drei Richter des Bundesverfassungsgerichts die Auffassung, der Gesetzgeber sei darüber hinaus auch verpflichtet, die einzelnen Gesichtspunkte abwägend stärker zu differenzieren und Ausnahmen, beispielsweise für Verfahren vor den Verwaltungsgerichten zuzulassen; von Verfassungs wegen sei auch die Zulassung von Aufnahmen in einzelnen Abschnitten des Strafverfahrens, die keinen Einfluß auf die Wahrheitsfindung – insoweit verböten sich Fernsehaufnahmen – haben, zulässig. Diese Entscheidung hat überwiegend zustimmende[69], nur vereinzelnd ablehnende[70] Stellungnahmen ausgelöst. Der nordrhein-westfälische Justizminister *Dieckmann*[71] sieht Anlaß, nunmehr über eine § 169 S. 2 vorsichtig für einzelne Verfahrensarten modifizierende Gesetzesänderung nachzudenken.

7. Handhabung der mittelbaren Öffentlichkeit in Verfahren vor dem Bundesverfassungsgericht. Die Diskussion über die Fernsehberichterstattung aus Gerichtssälen verstärkte sich, nachdem der Zweite Senat des Bundesverfassungsgerichts die Fernseh- und Rundfunk-Übertragung bei der Verkündung des *Tenors* der „Awacs-Entscheidung" am 8.4.1993[72] zugelassen hatte und der damals noch zu den Neulingen auf dem Fernsehmarkt zählende Nachrichtensender n-tv ohne Kenntnis des Gerichts auch die vollständige Urteilsbegründung, aufgenommen durch die Glaswand des Gerichtssaals, übertrug[73]. Dieser Vorfall führte dazu, daß der Präsidialrat des Zweiten Senats des Bundesverfassungsgerichts im Mai 1993 „Einstweilige Rahmenbedingungen für Pressevertreter sowie Rundfunk- und Fernsehanstalten" beschloß, die Foto-, Film- und Tonaufnahmen bis zum Abschluß der Feststellung der Anwesenheit der Verfahrensbeteiligten, die Aufzeichnung der Verlesung des Urteils*tenors* in Bild und Ton und die Tonaufzeichnung der Verlesung der Urteils*gründe* und deren zeitversetzte Sendung durch den Hörfunk zuließen[74]. Dementsprechend wurde beispielsweise bei der Verkündung einer Entscheidung des Bundesverfassungsgerichts im Normenkontrollverfahren zur 22

---

68 BVerfG NJW **2001** 1633 mit Anm. *Huff* NJW **2001** 1622; *Zuck* NJW **2001** 1623; *Dieckmann* NJW **2001** 2451; *Hain* DÖV **2001** 589; *Siebrasse* StV **2001** 661. Zu diesen Verfassungsbeschwerden wurden u. a. (durchweg ablehnende) Stellungnahmen durch die 49. Konferenz der Datenschutzbeauftragten (NJW **1995** Heft 18 S. XXXV), der 66. Konferenz der Justizministerinnen und -minister (DRiZ **1995** 309, 311), des Dt. Richterbundes (DRiZ **1996** 246) und des Verfassungsrechtsausschusses des Dt. Anwaltvereins (AnwBl. **1997** 26) vorgelegt.

69 *Huff* NJW **2001** 1622; *Hain* DÖV **2001** 589; *Siebrasse* StV **2001** 661.

70 *Zuck* NJW **2001** 1623.

71 NJW **2001** 2451.

72 BVerfG NJW **1994** 2207. Diese Entscheidung vom 8.4.1993 betraf die Zulässigkeit des Einsatzes von Awacs-Luftüberwachungs-Flugzeugen der Bundeswehr über dem ehemaligen Jugoslawien zur Kontrolle der Einhaltung von durch Resolutionen des Weltsicherheitsrates der Vereinten Nationen angeordneten Beschränkungen des Flugverkehrs. Vgl. hierzu *Wolf* NJW **1994** 681.

73 Vgl. hierzu *Gerhardt* ZRP **1993** 377, der auch das „Nachspiel" berichtet: ein geharnischtes Schreiben des Vizepräsidenten des BVerfG an den Sender, der sich schriftlich entschuldigte.

74 Wiedergegeben bei *Wolf* NJW **1994** 682.

Frage der Verfassungsgemäßheit verschiedener Regelungen des Abtreibungsrechts am 28. Mai 1993 verfahren[75]. Am 17. Juli 1995 beschloß das Plenum des Bundesverfassungsgerichts eine Änderung seiner Geschäftsordnung, die unter anderem durch Einfügung eines neuen § 24a GOBVerfG zukünftig Rundfunk- und Fernsehaufnahmen von der Verlesung des Urteils*tenors* und der Urteils*gründe* und deren Ausstrahlung, soweit im Einzelfall Persönlichkeitsrechte von Verfahrensbeteiligten nicht entgegenstehen, gestatten[76] sollte[77]. Diese Änderung der Geschäftsordnung wurde jedoch nicht im Bundesgesetzblatt veröffentlicht[78]. Statt dessen legte die Bundesregierung einen entsprechenden Entwurf eines Gesetzes zur Änderung des BVerfGG vor. Dieses am 23. 7. 1998 in Kraft getretene Gesetz[79] sieht in dem neu eingefügten § 17a BVerfGG[80] vor, daß Ton-, Fernseh-Rundfunkaufnahmen sowie Ton- und Filmaufnahmen unter bestimmten Voraussetzungen zulässig sind. Dementsprechend wurde erstmals am 27. 10. 1998 von den Fernsehsendern n-tv und Phoenix die 55-minütige Verkündung einer Entscheidung des Bundesverfassungsgerichts[81] teils live, teils zeitversetzt[82] im Fernsehen übertragen.

VIII. Reformbestrebungen

23 Die Regelung des Öffentlichkeitsgrundsatzes im XIV. Titel des GVG mit seiner prozessualen Absicherung durch § 338 Nr. 6 StPO in der Ausprägung, die diese Vorschriften in der Rechtsprechung gefunden haben (dazu § 338, 103 ff StPO), wurde in den letzten Jahren mit unterschiedlichen Zielsetzungen erörtert:

1. Tendenzen in Richtung auf eine Einschränkung der Öffentlichkeit

24 **a) Wegfall des tragenden Grundes des Öffentlichkeitsprinzips.** Es wird geltend gemacht, die Begründung des Öffentlichkeitsgrundsatzes mit der Kontrollfunktion der Öffentlichkeit (oben Rdn. 3) habe heute im wesentlichen ihre Bedeutung verloren;

---

[75] BVerfG NJW **1993** 1751.

[76] Meldung der Presseagentur dpa vom 28. 7. 1995.

[77] Zur nicht unbestrittenen (vgl. *Hoffmann* ZRP **1996** 399; *Lorz* S. 66; *Benda* NJW **1999** 1524) Zulässigkeit dieser Praxis de lege lata wurde darauf verwiesen, daß § 17 BVerfGG nur eine *entsprechende* Anwendung des 14. Titels des GVG im Verfahren vor dem Bundesverfassungsgericht vorsehe. Diese „Verweisungsanalogie" (*Umbach/Clemens-Hund* BVerfGG § 17, 11 f) eröffne einen Spielraum und erlaube, den Besonderheiten des jeweiligen Gerichtsverfahrens Rechnung zu tragen. Aus diesen Besonderheiten ergebe sich für die nicht dem individuellen Rechtsschutz einzelner Bürger dienenden klassischen Verfassungsgerichtsstreitigkeiten die Unanwendbarkeit des § 169 S. 2; etwas anderes könne bei Verfassungsbeschwerden gegen Strafurteile gelten (*Umbach/Clemens-Hund* BVerfGG § 17, 20 f).

[78] Vgl. die diese Änderung nicht enthaltende Bekanntmachung von Änderungen der Geschäftsordnung des Bundesverfassungsgerichts vom 18. 12. 1995, BGBl. I **1996** S. 474.

[79] Gesetz zur Änderung des Bundesverfassungsgerichtsgesetzes und des Gesetzes über das Amtsgehalt der Mitglieder des Bundesverfassungsgerichts vom 16. Juli 1998, BGBl. I S. 1823. Vgl. dazu *Wolf* JR **1997** 441; *Zuck* NJW **1998** 3028; *Benda* NJW **1999** 1524.

[80] Diese Bestimmung lautet:
„**§ 17a**
(1) Abweichend von § 169 Satz 2 des Gerichtsverfassungsgesetzes sind Ton- und Fernseh-Rundfunkaufnahmen sowie Ton- und Filmaufnahmen zum Zwecke der öffentlichen Vorführung oder der Veröffentlichung ihres Inhalts zulässig
1. in der mündlichen Verhandlung, bis das Gericht die Anwesenheit der Beteiligten festgestellt hat,
2. bei der öffentlichen Verkündung von Entscheidungen.
(2) Zur Wahrung schutzwürdiger Interessen der Beteiligten oder Dritter sowie eines ordnungsgemäßen Ablaufs des Verfahrens kann das Bundesverfassungsgericht die Aufnahmen nach Absatz 1 oder deren Übertragung ganz oder teilweise ausschließen oder von der Einhaltung von Auflagen abhängig machen."

[81] Zur Frage des Sonderwegs des Landes Bayern beim Abtreibungsrecht.

[82] Weil die gleichzeitig im Bundestag stattfindende Kanzlerwahl ebenfalls live übertragen werden sollte.

mindestens ganz überwiegend werde die Öffentlichkeitsmaxime von dem Informationsinteresse der Öffentlichkeit getragen[83]. Denn mit der Begründung und Sicherung der richterlichen Unabhängigkeit seien die ehedem bei der nichtöffentlichen Verhandlung befürchteten Gefahren beseitigt. Diese Überlegungen gehen einher mit einer Forderung nach weiterer Verstärkung des Persönlichkeitsschutzes des Angeklagten, aber auch der übrigen Verfahrensbeteiligten, insbesondere der (Tatopfer-)Zeugen. Damit verbunden ist auch die Forderung nach der

b) Vermeidung der Bloßstellung des Angeklagten durch die öffentliche Verhandlung. 25
Viele Angeklagte empfinden die öffentlichen Verhandlung als eine Bloßstellung und damit als ein zusätzliches Übel, das oft als schwerwiegender als die eigentliche Strafe angesehen wird. Die Öffentlichkeit der Hauptverhandlung wird von den diesen Gesichtspunkt hervorhebenden Autoren als ein schwerwiegender Eingriff in das Freiheits- und Persönlichkeitsrecht des Täters angesehen[84]. Dieser Tendenz entspricht das mit der – bereits vor der Wiedervereinigung Deutschlands 1990, aber seitdem verstärkt erhobenen – Forderung nach einer effektiv und möglichst ressourcenschonend arbeitenden Justiz verbundene Anliegen des Gesetzgebers, wenigstens im Bereich der weniger bedeutsamen Kriminalität die

c) Auferlegung einer Sanktion im schriftlichen Verfahren zu ermöglichen und es in 26
das Belieben des Täters zu stellen, sich die Bloßstellung in einer öffentlichen Verhandlung zu ersparen. Dem dient in erster Linie das Strafbefehlsverfahren, dessen Anwendungsbereich inzwischen durch das StVÄG 1987 und das Gesetz zur Entlastung der Rechtspflege[85], das die Ausdehnung dieses Verfahrens bei verteidigten Angeklagten auch auf zur Bewährung ausgesetzte Freiheitsstrafen bis zu einem Jahr brachte, ausgeweitet wurde[86]. Hier kommt es, von dem Fall des § 408 StPO abgesehen, zu einer öffentlichen Hauptverhandlung nur, wenn sich der Angeklagte nicht mit dem Strafbefehl abfindet und Einspruch einlegt. Weiter ist die vorläufige Einstellung des Verfahrens mit Zustimmung des Beschuldigten unter Auflagen und Weisungen nach § 153a StPO zu erwähnen, die vor Erhebung der Anklage[87], aber auch noch nach Erhebung der Anklage außerhalb der Hauptverhandlung erfolgen kann und ebenfalls durch das das Gesetz zur Entlastung der Rechtspflege[88] bis in den Bereich der mittleren Kriminalität[89] erweitert worden ist. Noch weitergehend kann bei Ordnungswidrigkeiten nach § 72 OWiG das Gericht nach Einspruch des Betroffenen gegen den Bußgeldbescheid der Verwaltungsbehörde ohne Hauptverhandlung durch Beschluß entscheiden, es sei denn, daß der Richter selbst eine Hauptverhandlung für erforderlich hält oder der Betroffene oder die Staatsanwaltschaft die Entscheidung auf Grund einer Hauptverhandlung begehrt. Die tatsächliche Entwicklung hat durch die Ausweitung des Strafbefehlsverfahrens und einer spürbaren Zunahme der Verfahrenseinstellungen nach den §§ 153, 153a

83 So *Kübler* DRiZ **1969** 379 und ihm zustimmend *Kleinknecht/Meyer-Goßner*[45] § 169, 1 sowie *Kleinknecht* in FS Schmidt-Leichner 112.

84 *Ostendorf* ZRP **1976** 282. Zum „stigmatisierenden Effekt" der Öffentlichkeit nach soziologischen Erkenntnissen s. auch *Müller* JZ **1977** 381, 385.

85 Vom 11.1.1993 (BGBl. I S. 50).

86 Zu dessen zahlenmäßiger Bedeutung vgl. LR-*Gössel* Vor § 407, 13 StPO. Im Jahr 1998 wurden in Deutschland (alte Bundesländer) von den Staatsanwaltschaften mehr Strafbefehlsanträge (659.368) gestellt als Anklagen (538.807) erhoben (Tabelle 5 in der Reihe „Rechtspflege", Reihe 2 – Gerichte und Staatsanwaltschaften (1999) des Statistischen Bundesamtes).

87 1998 wurden in Deutschland (alte Bundesländer) 5,4% aller Ermittlungsverfahren gemäß § 153a StPO eingestellt (Tabelle 5 in der Reihe „Rechtspflege", Reihe 2 – Gerichte und Staatsanwaltschaften (1999) des Statistischen Bundesamtes); diese Quote liegt seit 1984 konstant zwischen 5,4% und 5,7%.

88 Vom 11.1.1993 (BGBl. I S. 50).

89 So die Begründung zu diesem Gesetzentwurf des Bundesrats, vgl. BTDrucks. **12** 1217 S. 34.

StPO bereits durch die Staatsanwaltschaft im Bereich der Kleinkriminalität eine Verlagerung der Verfahrenserledigung in schriftliche Verfahren gebracht und diese damit dem Blick der Öffentlichkeit weitgehend entzogen.

27 **d) Diskussionsentwurf für ein Gesetz über die Rechtsmittel in Strafsachen.** Die (in LR-*K. Schäfer*[23] Vor § 169, 14 dargelegten) Vorschläge dieses im Dezember 1975 vorgelegten Entwurfs sind mit der inzwischen abgeflauten damaligen Diskussion über eine grundlegende Reform der Rechtsmittel in Strafsachen nicht weiter verfolgt worden.

28 **e) Alternativ-Entwurf für ein Strafverfahren mit nichtöffentlicher Hauptverhandlung.** Die Schaffung eines nichtöffentlichen Verfahrensganges neuer Art war Gegenstand des 1980 veröffentlichten Vorschlages für einen „Alternativ-Entwurf, Novelle zur Strafprozeßordnung – Strafverfahren mit nichtöffentlicher Hauptverhandlung“[90]. Dieser sah die Einführung einer besonderen, Kooperation des Angeklagten voraussetzende Verfahrensart für beweismäßig einfach gelagerte Fälle der kleinen und mittleren Kriminalität vor[91]. Dieses Verfahren sollte einen im wesentlichen geständigen Angeklagten, ein damit übereinstimmendes Ergebnis der Ermittlungen und die Zustimmung des Beschuldigten zu dem nichtöffentlichen Verfahren voraussetzen; es sollte nicht zulässig sein, wenn Freiheitsstrafe über einem Jahr oder ohne Bewährung oder Unterbringung im psychiatrischen Krankenhaus oder in einer Entziehungsanstalt in Betracht kommt oder wenn dieses Verfahren kriminalpädagogisch nicht angezeigt ist. Diese Vorschläge sind überwiegend kritisch aufgenommen worden[92].

29 **f) Diskussion des 54. Deutschen Juristentages 1982.** Die strafrechtliche Abteilung dieses Juristentages stand unter der Fragestellung: „Empfiehlt es sich, die Vorschriften über die Öffentlichkeit des Strafverfahrens neu zu gestalten, insbesondere zur Verbesserung der Rechtsstellung des Beschuldigten weitere nichtöffentliche Verfahrensgänge zu entwickeln?“ und wurde durch ein Gutachten von *Zipf* vorbereitet, der im wesentlichen für die Beibehaltung des damaligen Gesetzeszustandes sowie für eine vorsichtige Rechtsfortbildung insbesondere im Bereich des § 338 Nr. 6 StPO plädierte. Die Diskussion führte zu einer weitgehenden Bestätigung der damaligen Rechtslage[93] und zur Ablehnung aller auf eine Einschränkung der Öffentlichkeit hinauslaufenden Vorschläge, betonte jedoch auch, daß die gerichtliche Praxis den damaligen § 172 Nr. 2, der einen Öffentlichkeitsausschluß bei überwiegenden schutzwürdigen Interessen bei Erörterungen von Umständen aus dem persönlichen Lebensbereich vorsah, sehr eng auslege und hier noch Spielraum für eine häufigere Anwendung sei[94]. Gesetzgeberischer Handlungsbedarf wurde nur insoweit gesehen, als empfohlen wurde, fotografische Aufnahmen im Gerichtsgebäude für Veröffentlichungszwecke gesetzlich für unzulässig zu erklären[95] und den absoluten Revisionsgrund des § 338 Nr. 6 StPO (unter Herausnahme von Verfahrensfehlern) auf inhaltliche Fehler zu beschränken[96]. Eine in der Literatur[97] zunehmend geforderte Ausweitung dieses absoluten Revisionsgrundes auch auf Fälle, in denen unzulässigerweise öffentlich verhandelt wurde, wurde ebenfalls abgelehnt[98].

---

90 Herausgegeben von einem Arbeitskreis deutscher und schweizerischer Strafrechtslehrer (1980).

91 Vgl. die Darstellung von *Baumann* NJW **1982** 1558, einem Mitautor des Alternativ-Entwurfs.

92 Vgl. *Meyer-Goßner* ZRP **1982** 237, 241; *Schüler-Springorum* NStZ **1982** 305; *Mehle* NStZ **1982** 309; *Hilger NStZ* **1982** 312; *Hillermeier* DRiZ **1982** 281.

93 Beschluß II. 4., vgl. NJW **1982** 2546.

94 Beschluß I. 4., vgl. NJW **1982** 2545.

95 Beschluß II. 7., vgl. NJW **1982** 2546.

96 Beschluß II. 9. a), vgl. NJW **1982** 2546.

97 Zuletzt *Alwart* JZ **1990** 883 mit zahlreichen Nachweisen.

98 Beschluß II. 10. 1. Alternative, vgl. NJW **1982** 2546.

g) Diskussion des 55. Deutschen Juristentages 1984. Die strafrechtliche Abteilung dieses Juristentages befaßte sich mit Fragen der Stellung des Verletzten im Strafverfahren und möglichen Erweiterungen der Verfahrensrechte des Verletzten. Dabei wurde auch (am Rande) die Öffentlichkeit des Verfahrens erörtert. Die Abteilung empfahl zunächst (wiederum), die Möglichkeiten des geltenden Rechts zum Öffentlichkeitsausschluß im Interesse des Verletzten großzügiger anzuwenden[99], vor allem aber, die Abwägungsklausel des (früheren) § 172 Nr. 2 „in Richtung auf eine stärkere Betonung des Persönlichkeitsschutzes aller Prozeßbeteiligten zu ändern"[100]. Die Schaffung des § 171b durch das Opferschutzgesetz[101] ging über diese Empfehlung noch hinaus. 30

h) Alternativ-Entwurf – Reform der Hauptverhandlung. Im Jahre 1985 legte der Arbeitskreis Alternativentwurf der Strafrechtsprofessoren einen „Alternativ-Entwurf, Novelle zur Strafprozeßordnung – Reform der Hauptverhandlung" vor[102]. Er baut auf dem oben Rdn. 28 dargestellten Alternativ-Entwurf auf und enthält zahlreiche Vorschläge zur Gestaltung der Hauptverhandlung[103], ohne die Frage der Öffentlichkeit der Hauptverhandlung erneut zu thematisieren. 31

i) Diskussion des 62. Deutschen Juristentages 1998. Die strafrechtliche Abteilung des 62. Dt. Juristentages 1998 befaßte sich mit der Stellung der Zeugen im Strafverfahren und der zu deren Schutz erforderlichen Maßnahmen. In diesem Zusammenhang wurde für den Bereich der Öffentlichkeit lediglich die Forderung diskutiert und beschlossen[104], der Ausschluß der Öffentlichkeit solle – die Regelung in § 172 Nr. 4 modifizierend – während der Vernehmung von unter 16 Jahre alten Zeugen als Regelfall vorgesehen werden. Gleiches solle auch für Zeugen, die an ihrer Gesundheit gefährdet sind, gelten. 32

2. Ausweitung der Möglichkeiten zu Rundfunk- und Fernsehaufnahmen in der Verhandlung

a) Erhobene rechtspolitische Forderungen. Parallel zu der hauptsächlich von Strafjuristen geführten Diskussion wurden insbesondere aus Medienkreisen[105] Forderungen erhoben, § 169 S. 2, der Ton- und Fernseh-Rundfunkaufnahmen sowie Ton- und Filmaufnahme in der Verhandlung zum Zweck der Veröffentlichung oder öffentlichen Vorführung untersagt, einzuschränken. Diese Bestimmung gilt für die Verhandlungen aller Gerichtsbarkeiten; auch für die Verfahren vor dem Bundesverfassungsgericht fand sie bis zum Inkrafttreten des § 17a BVerfGG am 23.7.1998 (dazu oben Rdn. 22) entsprechende Anwendung. Teilweise wird eine Ausweitung nur für solche Verfahren gefordert, die von besonderem öffentlichen Interesse sind, bei denen den Persönlichkeitsrechten von Einzelpersonen keine besondere Bedeutung zukommt und bei denen außerdem eine Beeinflussung der Wahrheitsfindung ausgeschlossen erscheint, wie etwa bei der Verkündung von Entscheidungen durch das Bundesverfassungsgericht in Normenkontrollverfahren und Organstreitigkeiten[106]. 33

b) Court TV. Darüber hinaus wird von Medienvertretern[107] auch gefordert, Fernsehaufnahmen in Gerichtsverhandlungen grundsätzlich unbeschränkt zuzulassen. Diese 34

---

99 Beschluß II. 17., vgl. NJW **1984** 2680.
100 Beschluß II. 18., vgl. NJW **1984** 2680.
101 Vom 18.12.1986 (BGBl. I 2496).
102 Herausgegeben von einem Arbeitskreis deutscher und schweizerischer Strafrechtslehrer (1985).
103 Vgl. hierzu *Rieß* FS. Lackner (1987) 965; *Herrmann* ZStW **100** (1988) 41.
104 Beschluß IV. 8., vgl. NJW **1999** 117, 121.
105 *Eberle* ZDF-Jahrbuch 92 S. 158 ff.
106 Auf dieser Linie dürfte *Gerhardt* ZRP **1993** 377 liegen.
107 *Schwarz* AfP **1995** 353. Beispielsweise der Fernsehsender n-tv, vgl. DER SPIEGEL, Heft 5/1995, S. 28.

Forderung knüpft an die in verschiedenen Staaten der USA zulässige Gerichtsberichterstattung insbesondere aus Strafverfahren an, die dort „Court TV" bezeichnet wird und für die dort bereits seit dem 1.7.1991 in New York ein eigener Fernsehkanal namens Courtroom Television Network (CTN) existiert[108]. Dabei wird grundsätzlich die gesamte Verhandlung durch fest im Gerichtssaal installierte Kameras, für deren Standorte es im Einzelfall Beschränkungen geben mag, live oder zeitversetzt im Fernsehen übertragen. Solche Übertragungen hat es beispielsweise 1991 aus dem Vergewaltigungsprozeß gegen den (freigesprochenen) *William Kennedy Smith* und aus dem 1995 mit großer Anteilnahme der Öffentlichkeit geführten Mordprozeß gegen *O. J. Simpson*[109] gegeben. Die Ankündigung des Fernsehsender n-tv im Juni 1995[110], gegen die Nichtzulassung solcher Fernsehübertragungen in Deutschland klagen zu wollen, hat zahlreiche ablehnende Stellungnahmen[111] hervorgerufen. Mehrere Autoren haben auf darauf verwiesen, solche Übertragungen seien nach dem Gesetzeswortlaut unzulässig und wegen der zahlreichen nachteiligen Wirkungen auch nicht wünschenswert[112].

35 **c) Diskussion des 58. Deutschen Juristentages 1990.** 1990 befaßte sich die medienrechtliche Abteilung mit dem Spannungsverhältnis zwischen der Presse und dem Persönlichkeitsrecht. Die Diskussion führte zu der Forderung, § 169 S. 2 solle dahingehend geändert werden, daß das Gericht mit Zustimmung der Verfahrensbeteiligten Ausnahmen zulassen könne[113]. Zugleich wurde empfohlen, das Aufnahmeverbot des § 169 S. 2 auf Fotografien von prozeßbeteiligten Laien im Gerichtssaal ohne deren Einwilligung zu erweitern.

36 **3. Stellungnahme.** Mit den Entscheidungen des Bundesverfassungsgerichts zur **Fernseh- und Rundfunkberichterstattung aus Gerichtssälen** vom 14.7.1994 (dazu oben Rdn. 20), die den Anspruch der Fernseh- und Rundfunksender bejahte, in gewissem Umfang aus der Sitzung, wenn auch nicht aus der Verhandlung berichten zu können, und 24.1.2001 (dazu oben Rdn. 21), die die Verfassungsmäßigkeit des § 169 S. 2 bestätigte, zugleich aber die darin enthaltenen Regelungen nicht für verfassungsmäßig zwingend erachtete, ist die Frage vom Verfassungsrecht zum Strafverfahrensrecht[114] zurückgekehrt. Die Entscheidungen zeigen mit ihrer Unterscheidung zwischen einer Medienberichterstattung aus der Sitzung einerseits und aus deren Umfeld andererseits einen gangbaren, im einzelnen in die Entscheidung des nach § 176 entscheidenden Vorsitzenden gelegten Weg auf, sowohl den Bedürfnissen der Medienöffentlichkeit bis zu einem bestimmten Grad zu entsprechen, ohne die aus wichtigen Grundrechtspositionen der Verfahrensbeteiligten und Prozeßmaximen resultierenden entgegenstehenden Belange außer Acht zu lassen. Damit und durch die vom Gesetzgeber beschlossene teilweise Öffnung der Verhandlung vor dem Bundesverfassungsgericht (dazu oben Rdn. 22) dürfte in diese Frage ein wenig Ruhe gekommen sein. Das Bundesverfassungsgericht hat

---

108 *Wolf* ZRP **1994** 189 Fußn. 30.

109 Vgl. hierzu oben Fußn. 6. Auch dieses Verfahren endete mit einem Freispruch des Angeklagten. Vgl. zu diesem Strafverfahren und der Wirkung der Fernsehberichterstattung DER SPIEGEL, Heft 4/1995, S. 136, und Heft 5/1995, S. 28.

110 Meldung der Nachrichtenagentur ddp vom 14.6. 1995.

111 Beispielsweise des Deutschen Richterbundes, der Konferenz der Justizministerinnen und Justizminister (DRiZ **1995** 311), und der 49. Konferenz der Datenschutzbeauftragten des Bundes und der Länder (NJW **1995** Heft 18 S. XXXV). Einer Meldung der Presseagentur ddp vom 9.3.1995 zufolge sollen im Rahmen einer repräsentativen Umfrage bei 1000 Bundesbürgern 68% solche Fernsehübertragungen abgelehnt und nur 27% befürwortet haben.

112 *Wolf* NJW **1994** 681 und ZRP **1994** 187; *Hamm* NJW **1995** 760.

113 Beschlüsse V. 12., vgl. NJW **1990** 2992.

114 Einer rundfunkrechtlichen Lösung durch Aufnahme entsprechender Aufnahmeverbote in die Rundfunkstaatsverträge, wie sie *Knothe/Wanckel* ZRP **1996** 106 erörtern, bedarf es nicht.

in Fortführung der früheren Rechtsprechung maßgebliche Aussagen zum Gewicht der Presse- und Rundfunkfreiheit getroffen, die grundsätzlich auch für Aufnahmen in der Verhandlung ihr Gewicht haben. Dabei ist auch § 169 S. 2 ein allgemeines Gesetz im Sinne des Art. 5 Abs. 2 GG, das insbesondere die Wahrheitsfindung in der gerichtlichen Verhandlung vor störenden Einflüssen schützen will. Dort, wo ein Einfluß auf diese Wahrheitsfindung, die regelmäßig ihren Schwerpunkt in der Tatsacheninstanz hat, ebenso wie ein Einfluß auf die richterliche Entscheidungsfindung im übrigen ausgeschlossen werden kann, ein faires Verfahren sichergestellt werden kann und Beeinträchtigungen der Persönlichkeitsrechte von Verfahrensbeteiligten im Einzelfall ebenso nicht zu besorgen sind – und damit die Schutzzwecke des § 169 S. 2 nicht berührt werden –, erscheint es vertretbar, de lege ferenda der Bedeutung der modernen Medien für die Information der Bürger durch eine vorsichtige, an vom Gesetzgeber festzulegende enge Voraussetzungen geknüpfte Änderung des § 169 S. 2 mehr Rechnung zu tragen[115]. Dies kann, wie bereits geschehen, bei der Verkündung von Entscheidungen des Bundesverfassungsgerichts und – in besonders gelagerten Fällen[116] – auch anderer oberster Bundesgerichte zutreffen[117]. Die Übertragung der Verlesung der Anklageschrift und der mündlichen Urteilsverkündung in strafgerichtlichen Tatsacheninstanzen ist dagegen nicht wünschenswert[118] und eine Zulassung von Fernseh- und Rundfunkaufnahmen während tatgerichtlicher Beweisaufnahmen (Court TV) entschieden abzulehnen. Die davon ausgehenden Gefahren für die Wahrheitsfindung, ein faires Verfahren und die Persönlichkeitsrechte der Verfahrensbeteiligten – die in den Fernsehberichterstattungen aus den genannten amerikanischen Strafverfahren[119] sehr deutlich geworden sind – sind derart schwerwiegend und zahlreich, daß dergleichen auch für besonders gelagerte Ausnahmefälle nicht ernsthaft in Erwägung gezogen werden kann[120].

Zu den gesetzlichen Bestimmungen über die **Öffentlichkeit im übrigen** bietet die derzeitige Rechtslage mit den §§ 171b, 172, 176 Regelungen, die ausreichend flexibel erscheinen, um einen angemessenen Schutz der Persönlichkeitsrechte der Verfahrensbeteiligten sicherzustellen und zu einem sachgerechten Ausgleich mit dem Informationsinteresse der Allgemeinheit zu kommen. Dies hat die Diskussion der beiden Juristentage 1982 und 1984 gezeigt. Weitergehende Gesetzesänderungen mit dem Ziel einer Verstärkung des Persönlichkeitsschutzes in der Verhandlung vor Beeinträchtigungen seitens der Öffentlichkeit[121] dürften derzeit nicht geboten sein. Auch der Gesetzgeber, der mit dem **37**

---

115 Ebenso das Minderheitsvotum zur Entscheidung vom 24.1.2001, NJW **2001** 1637; *Töpper* DRiZ **1995** 242; *Kortz* AfP **1997** 443; *Gündisch/Dany* NJW **1999** 256; *Dieckmann* NJW **2001** 2451.

116 Als Beispiel könnte die BGH-Entscheidung im „Memminger Abtreibungsfall" genannt werden (BGH NJW **1992** 763). Der Name des dort angeklagten Gynäkologen (Dr. Theissen) war allgemein bekannt; seine Persönlichkeitsrechte wären durch eine Übertragung der BGH-Entscheidung, die vorrangig prozessuale Fragen der Verwertbarkeit von bestimmten Beweismitteln und abstrakte Rechtsfragen des materiellen Rechts betraf, kaum noch betroffen gewesen. Allerdings hätte dann das Gericht in der mündlichen Urteilsbegründung einzelne Fälle nicht durch die Namen der Frauen, bei denen der Angeklagte eine Abtreibung ausführte, bezeichnen dürfen, da deren Persönlichkeitsrechte einer Nennung ihrer Namen vor laufenden Kameras entgegengestanden hätten.

117 Gegen jede Änderung des § 169 S. 2 votieren *Beck*, FS Graßhof, 129; *Lohrmann* DRiZ **1995** 147; einstimmiges Votum der 66. Konferenz der Justizministerinnen und -minister, DRiZ **1995** 309; *Huff* NJW **1996** 571; Dt. Richterbund DRiZ **1996** 246.

118 **A. A** das Minderheitsvotum des Verfassungsrechtsausschusses des Dt. Anwaltvereins, vgl. Anw.Bl. **1997** 26, 29; *Koschorrek* JA **1997** 134.

119 Dazu *Ewald* NJ **1996** 72; *Lorz* S.70; vgl. hierzu die wenig überzeugend erscheinenden sozialpsychologischen und soziologischen Anmerkungen von *Gehring* ZRP **1998** 8 und ZRP **2000** 197.

120 *Wolf* NJW **1994** 681 und ZRP **1994** 187; *Hamm* NJW **1995** 760; *Stürner* JZ **1995** 297; *Töpper* DRiZ **1995** 242; *Kortz* AfP **1997** 443; *Beck* FS Graßhof 129; *Plate* NStZ **1999** 391; *Kissel*[3] 66; **a. A** *Walther* JZ **1998** 1145; *Gerhardt* DRiZ **1999** 8.

121 Inwieweit gesetzliche Maßnahmen erforderlich sind, die eine weitergehende Schonung von Zeugen, insbesondere kindlichen Zeugen und Opfern von

Zeugenschutzgesetz[122] erst 1998 eine Reihe weiterer Bestimmungen zum Schutz von Zeugen beschlossen hat, hat keinen Bedarf für Änderungen der §§ 169 bis 175 gesehen. Soweit die kommende Diskussion einen weiteren Wandel der Auffassungen in Richtung auf eine weitere Verstärkung des Persönlichkeitsschutzes bringen sollte, wäre im übrigen § 171b in der Lage, dem durch eine entsprechend angepaßte Auslegung Rechnung zu tragen.

IX. Veröffentlichung von Gerichtsentscheidungen.

38 Die Frage der Veröffentlichung gerichtlicher Entscheidungen ist letztlich keine Frage der Öffentlichkeit, sondern des Presserechts[123]. Hierzu hat die grundlegende Entscheidung des Bundesverwaltungsgerichts vom 26. 2. 1997[124] Klarheit gebracht, indem es eine grundsätzliche Verpflichtung der Gerichte zur Veröffentlichung ihrer Entscheidungen bejahte[125].

§ 169

¹Die Verhandlung vor dem erkennenden Gericht einschließlich der Verkündung der Urteile und Beschlüsse ist öffentlich. ²Ton- und Fernseh-Rundfunkaufnahmen sowie Ton- und Filmaufnahmen zum Zwecke der öffentlichen Vorführung oder Veröffentlichung ihres Inhalts sind unzulässig.

Schrifttum siehe Vorbemerkungen.

Entstehungsgeschichte. Satz 2 ist durch das StVÄG 1964 eingefügt worden. Bezeichnung bis 1924: § 170.

Übersicht

Sexualdelikten, vor Beeinträchtigungen ihres Persönlichkeitsrechts von Seiten der Verfahrensbeteiligten bewirken können, ist eine andere Frage.

[122] Vom 30. 4. 1998, BGBl. I S. 820.

[123] Vgl. hierzu *Hirte* NJW **1988** 1698; OLG Celle JZ **1990** 1023; *Huff* DRiZ **1994** 150 und die bei *Katholnigg*³ § 169, Fußn. 3 zitierten Entscheidungen.

[124] BVerwG NJW **1997** 2694, dazu *Huff* NJW **1997** 2651; *Tiedemann* NVwZ **1997** 1187.

[125] *Katholnigg*³ § 169, 2.

Alphabetische Übersicht

I. Abweichende Vorschriften des Jugendgerichtsgesetzes

1 Nach § 2 JGG gelten die allgemeinen Vorschriften, also auch die §§ 169 ff GVG, nur, soweit das Jugendgerichtsgesetz nichts anderes bestimmt. Der Bundesgerichtshof vertritt die Auffassung, daß in den Verfahren vor den Jugendgerichten die Gedanken der Erziehung und des Schutzes der Jugend dem Prinzip der Öffentlichkeit der Hauptverhandlung überzuordnen sind[1]. Die Vorschriften des Jugendgerichtsgesetzes (Rdn. 2) über den Ausschluß der Öffentlichkeit gelten auch für die Berufungs- und Revisionsinstanz[2]. Solche dem § 169 GVG vorgehenden Sondervorschriften sind:

2 1. **§ 48 JGG.** Dieser lautet:

(1) Die Verhandlung vor dem erkennenden Gericht einschließlich der Verkündung der Entscheidungen ist nicht öffentlich.

(2) [1]Neben den am Verfahren Beteiligten ist dem Verletzten und, falls der Angeklagte der Aufsicht und Leitung eines Bewährungshelfers oder der Betreuung und Aufsicht eines Betreuungshelfers untersteht oder für ihn ein Erziehungsbeistand bestellt ist, dem Helfer und dem Erziehungsbeistand die Anwesenheit gestattet. [2]Das gleiche gilt in den Fällen, in denen dem Jugendlichen Hilfe zur Erziehung in einem Heim oder einer vergleichbaren Einrichtung

---

[1] BGHSt **22** 21, 25; BGHSt **42** 294 = NStZ **1998** 53 mit abl. Anm. *Eisenberg*; *Ostendorf*[3] JGG § 48, 3; *Diemer* JGG § 48, 4; *Eisenberg*[6] JGG § 48, 3.

[2] RGSt **59** 375; *Brunner*[9] § 48, 11 JGG; *Diemer/Schoreit/Sonnen* § 48, 7 JGG; *Eisenberg*[6] § 48, 6 JGG; *Ostendorf*[3] § 48, 6 JGG; **a. A** für die Revisionsinstanz *Kleinknecht/Meyer-Goßner*[45] 2, da die Revisionsgerichte keine Jugendgerichte seien.

gewährt wird, für den Leiter der Einrichtung. [3]Andere Personen kann der Vorsitzende aus besonderen Gründen, namentlich zu Ausbildungszwecken, zulassen.

(3) [1]Sind in dem Verfahren auch Heranwachsende oder Erwachsene angeklagt, so ist die Verhandlung öffentlich. [2]Die Öffentlichkeit kann ausgeschlossen werden, wenn dies im Interesse der Erziehung jugendlicher Angeklagter geboten ist.

2. § 104 Abs. 2 JGG, wonach im Verfahren gegen Jugendliche oder Heranwachsende (§ 112 S. 1 JGG) vor den für allgemeine Strafsachen zuständigen Gerichten die Anwendung des § 48 JGG im Ermessen des Richters steht. 3

3. § 109 Abs. 1 Satz 4 JGG, der im Verfahren gegen Heranwachsende die Ausschließung der Öffentlichkeit (einschließlich der Urteilsverkündung[3]) gestattet, wenn dies im Interesse des Heranwachsenden geboten ist. 4

4. Mehrere Taten in verschiedenen Altersstufen. Maßgeblich ist das Alter zur Tatzeit, nicht zum Zeitpunkt der Verhandlung[4]. Wird jemand wegen Taten angeklagt, die er teils als Jugendlicher, teils als Heranwachsender begangen hat, so findet die Hauptverhandlung, sofern nicht gleichzeitig gegen heranwachsende oder erwachsene Täter verhandelt wird, unter Ausschluß der Öffentlichkeit statt[5]. Dies gilt auch dann, wenn das Verfahren hinsichtlich der als Jugendlicher begangenen Straftaten nach § 154 Abs. 2 StPO eingestellt wird[6]. In **Jugendschutzsachen** (§§ 26, 74b), in denen sich die Hauptverhandlung ausschließlich gegen Erwachsene richtet, gelten auch für die Verhandlungen vor den Jugendgerichten die allgemeinen Vorschriften der §§ 169 ff über die Öffentlichkeit[7]. 5

II. Verhandlung vor dem erkennenden Gericht

1. Erkennendes Gericht. Indem § 169 S. 1 die Öffentlichkeit für die Verhandlung vor dem erkennenden Gericht, im Strafverfahren also für die Hauptverhandlung, vorschreibt, spricht er zugleich aus, daß alle übrigen gerichtlichen Verhandlungen nicht öffentlich sind. § 169 ist daher unanwendbar, wenn eine mündliche Verhandlung stattfindet, ohne daß es sich um ein erkennendes Gericht[8] handelt, wie nach § 118 StPO[9], § 138d Abs. 1 StPO[10] oder nach § 454 Abs. 1 S. 3 StPO. Das gilt auch für die Verhandlungen, die das Ablehnungsverfahren nach § 26 ff StPO betreffen[11], die vor einem Ermittlungsrichter (§ 168c StPO) oder nach Eröffnung des Hauptverfahrens statt vor dem erkennenden Gericht selbst vor einem ersuchten oder beauftragten Richter stattfinden (§§ 223 bis 225, 233 Abs. 2; 369 Abs. 3 StPO)[12]. Die Auslosung der Schöffen erfolgt in öffentlicher Sitzung (§§ 45 Abs. 2, 77 Abs. 3 S. 1); dafür gelten die gleichen Regeln wie für die Hauptverhandlung[13]. Diese gelten auch für die Hauptverhandlung im Bußgeldverfahren[14]. 6

---

[3] BGHSt **42** 294 = NStZ **1998** 53 mit abl. Anm. *Eisenberg*; s. § 173, 5.

[4] BGHSt **22** 21; **23** 179; *Brunner*[9] § 48, 11 JGG; *Diemer/Schoreit/Sonnen* § 48, 4 JGG; *Eisenberg*[6] § 48, 3 JGG; *Ostendorf*[3] § 48, 3 JGG.

[5] BGHSt **22** 21; **23** 179.

[6] BGHSt **44** 43 = JR **1999** 171 mit abl. Anm. *Wolf*; KK-*Diemer*[4] 4; *Katholnigg*[3] 7.

[7] BGH MDR **1955** 246; *Kleinknecht/Meyer-Goßner*[45] 2; *Katholnigg*[3] 7; *Kissel*[3] 5.

[8] S. dazu LR-*Wendisch* § 25, 1 StPO, LR-*Hanack* § 338, 8 StPO.

[9] KK-*Diemer*[4] 3; *Katholnigg*[3] 4; *Kissel*[3] 10.

[10] OLG Stuttgart NJW **1975** 1669; *Lampe* MDR **1975** 529; *Dünnebier* NJW **1976** 3; KK-*Diemer*[4] 3; *Katholnigg*[3] 4; *Kissel*[3] 10.

[11] BGH NStZ **1996** 398.

[12] OLG Koblenz VRS **61** (1981) 270; KK-*Diemer*[4] 3; *Kissel*[3] 11.

[13] BGH NStZ **1984** 89.

[14] § 46 Abs. 1, 79 Abs. 3 S. 1 OWiG; *Kissel*[3] 8; *Rengier* NJW **1985** 2553; **a. A** *Franke* ZRP **1977** 143.

7 **2. Begriff der Verhandlung.** Unter Verhandlung vor dem erkennenden Gericht ist nur die Hauptverhandlung i. S. der §§ 226 ff StPO, und zwar in allen Rechtszügen, zu verstehen. Hierzu gehört auch die mündliche Verhandlung des § 441 Abs. 3 S. 1 StPO, weil hier die Vorschriften über die Hauptverhandlung für entsprechend anwendbar erklärt sind (§ 441, 16 StPO). § 338 Nr. 6 StPO verwendet bei der Regelung der Folgen, die sich aus der Verletzung der Vorschriften über die Öffentlichkeit ergeben, den Begriff der „mündlichen Verhandlung"[15]. Darunter ist aber nicht etwa der Teil der Hauptverhandlung zu verstehen, der der Urteilsverkündung vorausgeht, sondern, wie § 173 GVG ergibt, die Hauptverhandlung in ihrem ganzen Umfang[16]. Die Verhandlung beginnt mit dem Aufruf der Sache (§ 243 Abs. 1 StPO) und schließt mit der Beendigung der amtlichen Tätigkeit des Gerichts nach Verkündung des Urteils und Bekanntgabe der Urteilsgründe. Zwar schließt nach § 260 Abs. 1 StPO die Hauptverhandlung mit der Verkündung des Urteils einschließlich der Eröffnung der Urteilsgründe. Da sich aber an die Urteilsverkündung die Verkündung von Nebenentscheidungen (vgl. §§ 268a und 268b StPO) und Belehrungen (§§ 35a, 268a und 268c StPO) anschließen oder anschließen können, und diese Akte nicht einen Teil der Urteilsverkündung, wohl aber einen Teil der Hauptverhandlung bilden, gehört auch dieser Teil zur Verhandlung. Schließlich gehört zur Verhandlung auch noch jener Zeitraum, den das Gericht bis zur Erledigung der ihm weiterhin obliegenden Aufgaben benötigt. In der Praxis wird die Öffentlichkeit allgemein weit über die Verhandlung hinaus zugelassen, damit die Zuhörer bereits anwesend sind, wenn das Gericht den Gerichtssaal betritt, und noch anwesend sein können, wenn es den Gerichtssaal wieder verläßt. Gleiches gilt für kurze Verhandlungspausen, in denen ebenfalls die Öffentlichkeit im Gerichtssaal verbleibt, obwohl Pausen nicht zur Verhandlung gehören[17]. Dies hat seinen Grund darin, dem Gericht ein Warten darauf, daß die Zuschauer eingetreten sind bzw. den Saal wieder verlassen, zu ersparen. Es handelt sich aber nicht um die Verhandlung im Sinne des § 169, so daß Fehler in diesem Zeitraum nicht die Revision begründen können[18]. **Ortstermine** gehören ebenfalls zur Verhandlung[19]. Findet eine **Verständigung** des Gerichts mit den Verfahrensbeteiligten statt, die beispielsweise ein Geständnis des Angeklagten und die zu verhängende Strafe zum Gegenstand hat, muß diese unter Mitwirkung aller Verfahrensbeteiligten in öffentlicher Hauptverhandlung stattfinden; das schließt Vorgespräche außerhalb der Hauptverhandlung nicht aus[20].

8 **3.** Wegen der **Beratung und Abstimmung,** die grundsätzlich nichtöffentlich erfolgt, s. § 193, wegen der Verkündung der Entscheidungen s. § 173.

III. Anforderungen an die Öffentlichkeit der Verhandlung

9 **1. Räumliche Anforderungen.** Der **Grundsatz der Öffentlichkeit** verlangt, daß Hauptverhandlungen in Räumen oder an Orten stattfinden, zu denen während der Dauer der Verhandlung grundsätzlich jedermann Zugang hat[21]. Dies gilt unabhängig davon, ob

---

[15] Dies erklärt sich daraus, daß § 169 auch für den Zivilprozeß gilt und für § 338 Nr. 6 StPO der Wortlaut des § 551 Nr. 6 ZPO übernommen wurde.

[16] BGHSt **4** 280.

[17] Begründung zum Regierungsentwurf, BTDrucks. **IV** 178 S. 45; BGHSt **23** 123; *Kleinknecht/Meyer-Goßner*[45] 8; KK-*Diemer*[4] 13; *Katholnigg*[3] 8; *KMR*[7] 10; *Kissel*[3] 63.

[18] *Eb. Schmidt* 1.

[19] BGHSt **36** 119.

[20] BGHSt **43** 195, 205; *Pfeiffer*[3] 2; *Katholnigg*[3] 4.

[21] RG JW **1938** 1019; BGHSt **27** 14; **36** 119; BGH DRiZ **1977** 25; *Pfeiffer*[3] 3.

eine Hauptverhandlung in einem Sitzungssaal eines Gerichtsgebäudes, einem vorübergehend für die Hauptverhandlung genutzten sonstigen Raum, in grundsätzlich anderen Zwecken dienenden Räumen, beispielsweise einem Krankenzimmer oder einer Justizvollzugsanstalt, oder im Freien stattfindet (dazu unten Rdn. 15ff).

Das Öffentlichkeitsprinzip erfordert zunächst, daß die Hauptverhandlung in einem **Raum ausreichender Größe** stattfindet, um neben den Verfahrensbeteiligten einer angemessenen Zahl Zuhörer, die noch als Repräsentanten einer keiner besonderen Auswahl unterliegenden Öffentlichkeit angesehen werden können, Platz zu bieten[22]. Ein Richterzimmer, das nur Platz für die Verfahrensbeteiligten und allenfalls einen Zuschauer bietet, genügt diesen Anforderungen auch dann nicht, wenn keine Person zuhören möchte[23]. Insoweit sind bei Ortsterminen zur Einnahme eines Augenscheins Ausnahmen zulässig, wenn dies durch die räumliche Enge der Örtlichkeit oder durch entsprechende Verbote des Hausrechtsinhabers bedingt ist (dazu unten Rdn. 15 ff). Verfügt ein Gerichtsgebäude über mehr als einen Sitzungssaal, so sind die Sitzungssäle den einzelnen Spruchkörpern entsprechend dem nach der Erfahrung zu erwartenden Platzbedarf zuzuteilen. Dabei ist es zulässig und schon aus Gründen der Gerichtsorganisation sachgerecht, diese Zuteilung an langfristigen Erfahrungen auszurichten und den Spruchkörpern entsprechend Sitzungssäle für ihre Sitzungstage zur ständigen Benutzung zuzuweisen[24]. Für Verfahren, bei denen die Verfahrensbeteiligten so zahlreich sind, daß für Zuhörer kaum noch Platz bliebe, ist nach Möglichkeit ein größerer Sitzungssaal vorzusehen, in Ausnahmefällen auch ein Saal außerhalb des Gerichtsgebäudes[25]. Andererseits darf auch bei besonderes großem Publikumsinteresse die Hauptverhandlung nicht in einen so großen Saal – etwa eine Stadthalle – verlegt werden[26], daß die Hauptverhandlung zu einem Spektakel ausartet und der Angeklagte zu einem „Schauobjekt einer sensationsbedürftigen Menge degradiert wird“[27]. Ebensowenig ist es zulässig, zur Erweiterung der Zuhörerkapazität die Türen zum Gerichtssaal dauernd geöffnet zu halten oder gar das im Gerichtssaal gesprochene per Lautsprecher auf die umliegenden Flure zu übertragen[28]. Hier muß das Gericht bei der im Rahmen seines Ermessens zu treffenden Entscheidung einen angemessenen Ausgleich zwischen dem berechtigten Informationsbedürfnis der Allgemeinheit und den Erfordernissen einer geordneten Rechtspflege, insbesondere ungestörten Wahrheitsfindung, finden. Auf der anderen Seite ist auch eine Verringerung der Zuschauerkapazität eines Sitzungssaales oder das Ausweichen in einen deutlich kleineren Sitzungssaal mit dem Ziel, dadurch befürchteten Störungen durch Zuhörer entgegenzuwirken, unzulässig[29]. 10

Das Öffentlichkeitsprinzip erfordert ferner, daß jedermann ohne Ansehung seiner Zugehörigkeit zu einer bestimmten Gruppe der Bevölkerung und ohne Ansehung bestimmter persönlicher Eigenschaften der **Zutritt zum Sitzungssaal** offensteht. Dies erfordert zunächst, daß während der Hauptverhandlung der Zugang zu dem Gebäude, 11

---

22 *Kleinknecht/Meyer-Goßner*[45] 4.

23 BGHSt **5** 75, 83; BayObLG StV **1982** 62; OLG Hamburg VRS **24** (1963) 438; OLG Köln NStZ **1984** 282; *Kleinknecht/Meyer-Goßner*[45] 4; *Kissel*[3] 21, 25; *Seibert* NJW **1970** 1536.

24 *Kissel*[3] 26.

25 *Seibert* NJW **1970** 1535, der als Beispiel auf den „Contergan-Prozeß“ hinweist; *MünchKomm-Wolf*[2] 33.

26 *Kissel*[3] 26.

27 *Roxin* Aktuelle Probleme 402, der auf die Gefahren zu großer Sitzungssäle hinweist; *Kleinknecht/Meyer-Goßner*[45] 5; KK-*Diemer*[4] 8; *Kissel*[3] 26; vgl. auch *Wieczorek/Schütze-Schreiber*[3] 15, der die zulässige Höchstgrenze vorrangig davon abhängig macht, daß der Vorsitzende noch die Ordnung aufrechterhalten kann.

28 *Roxin* Aktuelle Probleme 402; *Kleinknecht/Meyer-Goßner*[45] 5; KK-*Diemer*[4] 8; *Kissel*[3] 27; *MünchKomm-Wolf*[2] 33; *Wieczorek/Schütze-Schreiber*[3] 15.

29 *Roxin* Aktuelle Probleme 398; *Kleinknecht/Meyer-Goßner*[45] 5; *Kissel*[3] 28.

in dem die Hauptverhandlung stattfindet[30], und dem Sitzungssaal[31] tatsächlich möglich ist, also nicht durch verschlossene Türen behindert wird[32]; dabei genügt es, wenn von mehreren Türen eine nicht verschlossen ist[33]. Ebensowenig darf ein Schild die Hauptverhandlung fälschlich als nichtöffentlich ausweisen[34] oder ein Wachtmeister eine Person, die Zutritt zum Zuhörerraum begehrt, aufgrund eines Irrtums zurückweisen[35]. Soweit, etwa nach Dienstschluß, der Haupteingang des Gebäudes bereits verschlossen ist und ein Zugang nur noch durch einen Nebeneingang möglich ist, ist darauf am Haupteingang hinzuweisen; gleiches gilt, wenn ein Zugang nur noch nach Betätigung einer Klingel eröffnet ist[36]. Weist ein Schild am Gerichtseingang darauf hin, das Gericht sei freitags ab 13 Uhr geschlossen, und findet eine Hauptverhandlung noch nach diesem Zeitpunkt statt, so verstößt dies auch dann gegen § 169, wenn tatsächlich ein Betreten des Gerichtsgebäudes noch möglich ist[37]. Solche Verstöße verhelfen einer Revision allerdings nicht immer zum Erfolg (dazu unten Rdn. 57 ff).

12 **Natürliche Grenzen.** Der Öffentlichkeitsgrundsatz ist nicht das oberste Verfahrensprinzip; ihm kommt nicht mehr Gewicht zu als dem Erfordernis eines ungestörten Ablaufs der Verhandlung (Vor § 169, 11). Der Öffentlichkeitsgrundsatz findet außerdem seine natürliche Grenze in der tatsächlichen Unmöglichkeit, ihn zu befolgen[38]. Soweit – etwa bei einem Ortstermin – die räumliche Enge die Anwesenheit von Zuhörern nicht ermöglicht, darf dort nur insoweit verhandelt werden, als dies dort unbedingt erforderlich ist, beispielsweise ein Augenschein eingenommen werden; die Vernehmung von dort tätigen Personen als Zeugen ist dagegen – soweit deren Aussage nicht zum Verständnis der während des Ortstermins gewonnenen Erkenntnisse benötigt wird – unzulässig[39]. Wie viele Personen in einem Sitzungssaal Platz finden, steht im pflichtgemäßen Ermessen des gemäß § 176 entscheidenden Vorsitzenden, nicht des Gerichts[40]. Dabei wird er sich an der Zahl der vorhandenen Sitzplätze, den baulichen Gegebenheiten, den statischen und feuerpolizeilichen Erfordernissen (Freihalten der Eingänge als Fluchtweg) orientieren[41]; er ist nicht verpflichtet, eine im Gerichtssaal vorhandene Galerie für Zuhörer zu öffnen[42]. Für Verfahrensbeteiligte vorgesehene Plätze brauchen auch dann nicht für Zuhörer freigegeben werden, wenn sie für erstere nicht benötigt werden. Der Grundsatz der Öffentlichkeit wird nicht dadurch beeinträchtigt, daß es bei Aufrechterhaltung der erforderlichen Ordnung nicht möglich ist, allen Zuhörern die Wahrnehmung der im Sitzungssaal in Augenschein genommenen Lichtbilder oder vorgeführten Filme zu ermöglichen[43] oder die nur leise gesprochenen Worte eines Zeugen zu verstehen.

13 Soweit es die räumliche Situation ermöglicht, sind im Zuhörerraum besondere **Plätze für Medienberichterstatter** vorzusehen[44]. Der verfassungsrechtlich verbürgte Anspruch

---

30 BGHSt **21** 72; BGH StV **1981** 3; BGH bei *Holtz* MDR **1990** 1070; BGH bei *Miebach/Kusch* NStZ **1991** 122; BGH Urteil vom 21.9.1993 – 5 StR 400/93; VGH Baden-Württemberg, BWVP **1990** 257.

31 RGSt **43** 188; BGH NStZ **1995** 143; BFHE **143** 487; OLG Hamm NJW **1970** 72; *Kuhlmann* NJW **1974** 1231.

32 *Kissel*[3] 22.

33 *Kissel*[3] 22; *Kuhlmann* NJW **1974** 1232.

34 OLG Bremen MDR **1966** 864.

35 BGHSt **22** 297.

36 BGH bei *Holtz* MDR **1990** 1070; KK-*Diemer*[4] 8; *Kissel*[3] 22.

37 OLG Zweibrücken NJW **1995** 3333.

38 RGSt **52** 137; BGHSt **5** 83; **21** 72, 73; **40** 192; OLG Köln NJW **1976** 637; *Kleinknecht/Meyer-Goßner*[45] 6.

39 BGHSt **5** 75, 83.

40 BGHSt **40** 192.

41 *Kissel*[3] 25.

42 RG GA **69** (1921) 89; BGH DRiZ **1971** 206.

43 BGH GA **1963** 101; *Kissel*[3] 52.

44 Vgl. BVerfG NJW **1993** 915; Nr. 125 Abs. 3 RiStBV; ebenso *Kissel*[3] 33; einschränkend *Kleinknecht/Meyer-Goßner*[45] 4, KK-*Diemer*[4] 8, *Wieczorek/Schütze-Schreiber*[3] 25, die dies für zulässig, aber nicht geboten halten; **a. A** offenbar *MünchKomm-Wolf*[2] 51.

der Medien auf Zugang zur Information (dazu Vor § 169, 15) verpflichtet den Vorsitzenden, den Medienvertretern in angemessenem Umfang Plätze, an denen nach Möglichkeit das Anfertigen von Notizen durch Tische erleichtert wird, vorzubehalten. Nicht geteilt werden kann die Auffassung, im Rahmen des § 169 seien Medienvertreter auch nur normale Bürger[45]. Zwar hat das Bundesverfassungsgericht[46] ausgeführt, daß „die Presse, was die Teilnahme an öffentlichen Gerichtsverhandlungen angeht, grundsätzlich keinen weitergehenden Schutz als jeder Bürger genießt". Dort ging es aber um die Frage, ob sich sitzungspolizeiliche Maßnahmen des Gerichts nach § 177 GVG auch gegen Medienvertreter richten können. Die Verfassungsbeschwerde eines Medienvertreters hatte nur deshalb Erfolg, weil die fehlerhafte Überschreitung der Kompetenz des § 177 gegen die Pressefreiheit verstieß. Aus der Entscheidung läßt sich nicht herleiten, daß die Presse, was die Frage des Zugangs zur Information und damit die Teilnahme an der Verhandlung betrifft, keine weitergehenden Informationsrechte als jeder „normale" Bürger hat. Die neuere Rechtsprechung des Bundesverfassungsgerichts zur Zulässigkeit von Fernsehaufnahmen im Gerichtssaal belegt den Sonderstatus der Presse beim Zugang zur Information eindrucksvoll (dazu Vor § 169, 20). Auch wenn danach bei der Verteilung der Zuschauerplätze der Anspruch der Presse auf ungehinderten Zugang zur Information angemessen zu berücksichtigen ist, muß jedoch stets genügend Platz für die übrigen Zuhörer verbleiben; freigebliebene Presseplätze müssen den übrigen Zuhörern, die sonst keinen Platz fänden, zur Verfügung gestellt werden. Ein Pressevertreter hat keinen Anspruch auf einen Platz in dem der Presse vorbehaltenen Teil des Sitzungssaales; ihm muß aber im Rahmen der vorhandenen Plätze der Zutritt zum „allgemeinen" Zuhörerbereich des Sitzungsraums offenstehen[47].

2. Einlaß in der Reihenfolge des Erscheinens. Bietet der Sitzungssaal nicht genügend **14**
Platz für alle Personen, die der Verhandlung zuhören möchten, so darf der vorhandene Platz nicht vorrangig besonderen Gruppen, etwa Polizisten, Richtern oder Staatsanwälten zugeteilt werden[48]. Vielmehr sind die Zuhörer, soweit nicht im Einzelfall ihre Zurückweisung nach § 175 zulässig ist, in der Reihenfolge ihres Eintreffens, ggf. unter Verwendung von Einlaßkarten[49], deren Ausgabe rechtzeitig bekanntzugeben ist, zuzulassen[50]. Diese müssen für jeden in derselben Weise zugänglich sein und in der zeitlichen Reihenfolge ausgegeben werden, in der nach ihnen gefragt wird[51]. Eine Auswahl unter den Einlaß begehrenden Personen darf dabei nicht erfolgen[52]. Dabei kann einer Gruppe von Zuhörern, die sich zuvor angemeldet hat, beispielsweise einer Schulklasse oder ausländischen Besuchern, ein geringer Teil der Plätze vorbehalten bleiben, solange dafür „ein sachlicher, den Grundgedanken der Öffentlichkeit nicht tangierender Grund besteht"[53]; keinesfalls dürfen dadurch aber alle vorhandenen Plätze belegt werden[54] oder Zuhörer, die bereits im Sitzungssaal Platz genommen haben, wieder hinaus gewiesen werden[55].

---

45 *Foth* DRiZ **1980** 103.
46 BVerfGE **50** 234, 241.
47 BGH bei *Dallinger* MDR **1972** 753.
48 BGH bei *Dallinger* MDR **1970** 561; *Roxin* Aktuelle Probleme 400; Vgl. das Beispiel bei *Seibert* NJW **1970** 1535, der von einem englischen Gerichtsverfahren berichtet, in dem ein Polizeibeamter die ersten Reihen im Zuschauerraum mit sehr robust aussehenden Rugby-Spielern besetzt hatte, um befürchteten Ausschreitungen anderer Zuhörer zu entgegenzuwirken; *Kissel*³ 32.
49 RG GA **36** (1888) 408; **53** (1906) 443; **69** (1922) 89; RG HRR **1931** 169; KK-*Diemer*⁴ 8; *KMR*⁷ 7; *Kissel*³ 35.
50 *Kleinknecht/Meyer-Goßner*⁴⁵ 5; *Kissel*³ 30.
51 RGSt **54** 225; RG GA **36** (1888) 408; **53** (1906) 443; **69** (1921) 89; JW **1930** 3404; HRR **1931** Nr. 169; *Eb. Schmidt* 7; *Katholnigg*³ 5.
52 KK-*Kuckein*⁴ § 338, 88 StPO; HK-*Temming*³ § 338, 30 StPO.
53 RG GA **53** (1906) 443; *Kissel*³ 32.
54 BGH vom 20.3.1975 – 4 StR 7/75 – betr. Schulklasse, die den ganzen Zuhörerraum füllt.
55 *MünchKomm-Wolf*² 34.

3. Besonderheiten bei Ortsterminen

15 **a) Grundsatz.** Das Gericht ist oft darauf angewiesen, sich einen eigenen Eindruck von der Situation an bestimmten Örtlichkeiten, etwa dem Tatort, zu verschaffen. Dies kann regelmäßig, wollen alle Mitglieder des Gerichts daran teilhaben, nur durch eine Augenscheinseinnahme in der Hauptverhandlung erfolgen. Eine Augenscheinseinnahme durch einen ersuchten oder beauftragten Richter nach § 225 StPO, bei der die Öffentlichkeit im übrigen nicht zugelassen wäre (dazu oben Rdn. 6), genügt dann nicht. Gleiches gilt, wenn an der Verhandlung eine Person teilnehmen muß, die aus gesundheitlichen Gründen nicht in den Sitzungssaal kommen kann. Oft erlaubt die beengte Raumsituation dort nur, wenige Personen zuzulassen, so daß neben den Verhandlungsbeteiligten für Zuhörer kein oder kaum noch Platz verbleibt[56]. Das Öffentlichkeitsgebot ist dabei gewahrt, wenn die Verhandlung dort auf die Verfahrensteile beschränkt wird, die nur dort möglich sind[57]. Soll beispielsweise an jenem Ort ein Augenschein eingenommen werden, ist die Vernehmung von dort tätigen Personen als Zeugen[58] oder gar die Urteilsverkündung[59] unzulässig; dies gilt nicht für Zeugen, deren Aussage zum Verständnis der örtlichen Verhältnisse benötigt wird. Für die Frage, ob die Wahrheitsfindung die Durchführung (eines Teils) der Hauptverhandlung gerade an solchen Örtlichkeiten erfordert, sind um so strengere Maßstäbe anzulegen, je mehr der Zugang für das Publikum beschränkt ist. Dabei ist es unzulässig, den Zugang nur einzelnen Gruppen von Zuhörern, beispielsweise Pressevertretern[60] oder – bei Verhandlungen in einer Justizvollzugsanstalt – den dortigen Bediensteten[61], zu ermöglichen.

16 **b) Rechtliche oder faktische Zugangshindernisse.** Der Öffentlichkeitsgrundsatz wird nicht dadurch verletzt, daß (aus besonderen Gründen) die Verhandlung in Räumlichkeiten stattfindet, die sonst von der Öffentlichkeit gemieden werden, z. B. in einer Justizvollzugsanstalt[62], oder die sonst, durch entsprechende Hinweisschilder gekennzeichnet, dem Zutritt der Öffentlichkeit entzogen sind[63], sofern die Zuhörer die sonst den allgemeinen Zugang erschwerenden Einrichtungen ungehindert passieren können. Die dort üblichen Sicherungsmaßnahmen bleiben zulässig. Der Grundsatz der Öffentlichkeit hindert auch nicht, daß, wenn und soweit die Umstände es erfordern, eine richterliche Augenscheinseinnahme an einem Ort durchgeführt wird, den nach gesetzlicher Vorschrift Fußgänger nicht betreten dürfen, z. B. auf dem Randstreifen der Bundesautobahn[64]. Unschädlich ist ferner, wenn die Tür zu dem Gebäude, in dem der Ortstermin stattfindet, verschlossen ist, sofern Zuhörern auf Klingeln hin geöffnet wird.

17 **c) Hausrecht des Gebäudebesitzers.** Bei einer Verhandlung in nicht der Öffentlichkeit zugänglichen Räumen ist das Gericht an die Entscheidung des Hausrechtsinhabers, nur den Verfahrensbeteiligten, nicht aber möglichen Zuhörern den Zutritt zu gestatten, gebunden[65]. Dabei hat der Vorsitzende sich nach Möglichkeit um eine Gestattung des Zutritts auch von Zuhörern zu bemühen[66]. Das Gericht hat indes keine Möglichkeit,

---

[56] Vgl. RGSt **47** 322; **52** 137; RG JW **1937** 3100; BGHSt **5** 75, 83; BGH bei *Pfeiffer* NStZ **1981** 297; *Kissel*[3] 37.

[57] KK-*Diemer*[4] 9; *KMR*[7] 6; *Kissel*[3] 37.

[58] BGHSt **5** 75, 83.

[59] OLG Köln NJW **1976** 637.

[60] BGH bei Dallinger MDR **1970** 561.

[61] BGH JR **1979** 261 mit Anm. *Foth*.

[62] RG JW **1930** 3405; **1938** 1019; BGH bei Dallinger MDR **1970** 561; BGH JR **1979** 261 mit Anm. *Foth*; OLG Hamm NJW **1974** 1780.

[63] OLG Köln OLGSt § 169, 15 betr. Rechtspflegerschule.

[64] OLG Köln NJW **1976** 637.

[65] BGH JR **1979** 261 mit Anm. *Foth* (dort hatte sich offenbar der Leiter einer Justizvollzugsanstalt geweigert, Zuhörer von außerhalb der Anstalt den Zutritt zu gestatten); BGHSt **40** 191; *Kleinknecht/Meyer-Goßner*[45] 6.

[66] *Thym* NStZ **1981** 294.

den Zutritt von Zuhörern zu erzwingen. Es kann nicht davon ausgegangen werden, der Öffentlichkeitsgrundsatz überlagere für die Zeit einer Ortsbesichtigung das Hausrecht[67] und gestatte damit einen Eingriff in den durch Art. 13 Abs. 1 GG geschützten Bereich. Auch sind zu diesem Zweck strafprozessuale Zwangsmaßnahmen, etwa die Anordnung einer Durchsuchung oder (vorübergehenden) Beschlagnahme, nicht zulässig. Dies gilt auch dann, wenn der Angeklagte Inhaber des Hausrechts ist[68].

d) Fortsetzung der Verhandlung vor Ort. Erlaubt die Örtlichkeit, an der ein Orts- **18**
termin stattfindet, keine Zulassung der Öffentlichkeit, so muß nach Beendigung der Augenscheinseinnahme die Öffentlichkeit dadurch wiederhergestellt werden, daß die Hauptverhandlung im Gerichtsgebäude oder in einem anderen dem Publikum zugänglichen Raum fortgesetzt wird[69]. Dabei ist es grundsätzlich auch zulässig, die Hauptverhandlung in sonstigen, der Öffentlichkeit zugänglichen Räumen fortzusetzen, etwa in einem Sitzungssaal des nächstgelegenen Amtsgerichts[70] oder einem Nebenraum eines Cafés oder einer Gastwirtschaft[71] (zur Frage der notwendigen Hinweisschilder unten Rdn. 23 f).

IV. Unterrichtungsmöglichkeit über Ort und Zeit von Verhandlungen

1. Grundsatz. Die Frage, was erforderlich ist, um die Information potentieller Zu- **19**
hörer über Ort und Zeit einer Verhandlung sicherzustellen, ist im einzelnen strittig und Gegenstand einer umfangreichen kasuistischen Rechtsprechung. Bei der Beantwortung dieser Frage ist vor allem auf die Funktion der Öffentlichkeit abzustellen (dazu Vor § 169, 3 ff). Das Öffentlichkeitsprinzip gibt dem Bürger keinen Anspruch auf Anwesenheit in einer bestimmten, ihn interessierenden Gerichtsverhandlung (Vor § 169, 8). Vielmehr geht es darum, daß abstrakt die Allgemeinheit repräsentativ vertreten sein kann. Es gehört deshalb nicht zur Öffentlichkeit, daß jedermann aus dem Publikum weiß, wann und wo eine Hauptverhandlung stattfindet. Es genügt, ist aber auch erforderlich, daß jeder Beliebige die Möglichkeit hat, sich ohne besondere Schwierigkeiten davon Kenntnis zu verschaffen, und ihm der Zutritt offensteht[72]. Dabei genügt es nicht, wenn das Publikum (nur) die Möglichkeit hat, sich durch Einholung einer Auskunft an der Pförtnerloge oder einer Geschäftsstelle die Kenntnis von Ort und Zeit einer Verhandlung zu verschaffen[73]. Denn derartige Auskunftsmöglichkeiten können bei Verhandlungen, insbesondere Ortsterminen, außerhalb der normalen Öffnungszeiten des Gerichtsgebäudes nicht sichergestellt werden. Zudem setzen sie voraus, daß der Auskunftssuchende wenigstens ganz geringe Kenntnisse der Abläufe bei Gericht hat; dies kann aber nicht bei allen Personen vorausgesetzt werden. Eine nach dem Vorstehenden ordnungsgemäß bekanntgegebene Sitzung darf nicht vor der angegebenen Uhrzeit beginnen[74].

---

[67] BGHSt **40** 191; **a. A** *Lilie* NStZ **1993** 125.

[68] BGHSt **40** 191.

[69] OLG Hamburg VRS **24** (1963) 438; OLG Koblenz VRS **67** (1984) 248; OLG Köln NJW **1976** 637.

[70] BGH GA **1982** 126; OLG Köln StV **1984** 275 mit abl. Anm. *Fezer*; OLG Koblenz VRS **67** (1984) 248; *Kleinknecht/Meyer-Goßner*[45] 6; *Katholnigg*[3] 3.

[71] OLG Hamm NJW **1960** 785; OLG Düsseldorf JMBlNW **1966** 23.

[72] BGH bei *Pfeiffer/Miebach* NStZ **1983** 213 bei *Becker* NStZ-RR **2002** 257, 261; BayObLG GA **1970** 242; KK-*Diemer*[4] 7.

[73] BGH bei *Dallinger* MDR **1970** 560; OLG Hamburg VRS **24** (1963) 438; OLG Hamm NJW **1974** 1780; OLG Koblenz VRS **53** (1977) 432; BayObLG MDR **1980** 780; OLG Celle StV **1987** 287; *Katholnigg*[3] 3; *Kissel*[3] 47; **a. A** die frühere Rechtsprechung: OLG Bremen MDR **1955** 757; OLG Düsseldorf JMBlNW **1963** 215; JMBlNW **1966** 23; *KMR*[7] 5.

[74] BGHSt **28** 341, 344; *Kissel*[3] 48.

20 Im übrigen kann bei der Öffentlichkeit nur auf solche Personen, die ein Interesse an einer Hauptverhandlungsteilnahme haben, abgestellt werden. Die bloße Chance einer rein zufällig sich ergebenden Öffentlichkeit reicht nicht aus[75]. Kann eine **Verhandlung im Freien** von zufällig vorbeikommenden Passanten wahrgenommen werden, ohne daß diese erkennen können, daß dort eine gerichtliche Verhandlung stattfindet, dürfte ihnen regelmäßig der Willen fehlen, als Zuhörer teilzunehmen. Bei ihnen kann weder die Kontroll- noch die Informationsfunktion der Öffentlichkeit zum Tragen kommen, so daß sie nicht als Repräsentanten der Öffentlichkeit anzusehen sind[76]. Dies gilt erst recht, wenn eine Verhandlung im öffentlichen Verkehrsraum stattfindet, wo kaum Fußgänger anzutreffen sind und vorbeifahrende Passanten zwar die dort zur Hauptverhandlung versammelte Personengruppe wahrnehmen, aber kaum erfassen können, daß es sich um eine öffentliche Gerichtsverhandlung handelt, zu der sie als Zuhörer eingeladen sind[77]. Gleiches gilt für Verhandlungen in von der Öffentlichkeit frequentierten Räumen, etwa Gaststätten oder Cafés[78]. Dies gilt insbesondere dann, wenn der Ortstermin nur einen kurzen Abschnitt der gesamten Hauptverhandlung bildet, weil dann die Zufallszuhörer die Zusammenhänge der Verhandlung gar nicht erkennen können.

21 Bei **mehrtägigen Verhandlungen** kann sich die Kontrollfunktion der die Öffentlichkeit repräsentierenden einzelnen Zuhörer nicht nur auf einzelne Verhandlungsabschnitte, beispielsweise das Geschehen an einem Sitzungstag oder bei einem Ortstermin, beschränken. Könnten in einer mehrere Tage andauernden Hauptverhandlung an jedem Tag Zuhörer, aber nur jeweils andere, anwesend sein, beständen erhebliche Bedenken, die Öffentlichkeit als gewahrt anzusehen[79]. Denn die Hauptverhandlung bildet, wie die §§ 226, 338 Nr. 5 StPO verdeutlichen, eine Einheit. Die Öffentlichkeit kann daher ihre Funktionen nur erfüllen, wenn es grundsätzlich möglich ist, daß Zuhörer eine Hauptverhandlung in allen öffentlich verhandelten Teilen miterleben. Andernfalls wären die Zuhörer nicht in der Lage, einen Eindruck vom Ablauf der Hauptverhandlung zu gewinnen und eine eigene Meinung zur Entscheidung des Gerichts zu bilden. Dies gilt im besonderen Maße für Medienberichterstatter. Daraus folgt, daß derjenige, der als Zuhörer ein bestimmtes Verfahren beobachten möchte, grundsätzlich durch die Bekanntmachungen des Gerichts in die Lage versetzt werden muß, Ort und Zeit der Folgetermine zu erfahren und damit auch an den folgenden Tagen – die grundsätzliche Zulassung der Öffentlichkeit und ein ausreichendes Platzangebot unterstellt – die Hauptverhandlung als Zuhörer mitzuerleben[80]. Das gleiche muß für eintägige **mehraktige Hauptverhandlungen** gelten, die im Gerichtssaal beginnen, mit einem Ortstermin fortgesetzt werden und danach möglicherweise an einem dritten Ort mit der Urteilsverkündung abgeschlossen werden. Andererseits darf nicht nur auf solche Zuhörer, die der Verhandlung von Anfang an beiwohnen, abgestellt werden. Auch solche Zuhörer, die erst später hinzukommen wollen, müssen in der Lage sein, Ort und Zeit der laufen-

---

[75] *MünchKomm-Wolf*² 54; *Kissel*³ 50.

[76] OLG Hamm VRS **60** (1980) 452; *Franke* ZRP **1977** 143; s. auch *Martiny* JZ **1976** 217; *Kissel*³ 50; **a. A** OLG Köln StV **1984** 276 mit abl. Anm. *Fezer*, wonach die Öffentlichkeit (ohne sonstige Hinweise) gewährleistet sein soll, wenn die Weiterverhandlung in einem nur aus fünf Häusern bestehenden Ort auf einer von einer öffentlichen Straße einsehbaren Einfahrt eines Bauernhofes stattfindet; KK-*Diemer*⁴ 7; *Katholnigg*³ 3.

[77] **A. A** OLG Köln StV **1984** 276 mit abl. Anm. *Fezer* (dazu Fußn. 76).

[78] **A. A** OLG Düsseldorf JMBlNW **1966** 23; OLG Hamm NJW **1976** 122 mit Anm. *Martiny* JZ **1976** 217.

[79] Davon geht auch der BGH aus, wenn er bei durch Eingangskontrollen verursachtem verspäteten Zugang der Zuhörer zum Verhandlungsraum eine Wartepflicht des Gerichts nur am ersten Tag annimmt, weil die Zuhörer sich an den Folgetagen auf die Verzögerung durch Einlaßkontrollen einrichten können, vgl. BGHSt **29** 258, 261, dazu unten Rdn. 34.

[80] **A. A** OLG Hamm MDR **1981** 518.

den Verhandlung ohne besonderen Aufwand zu erfahren, um an ihr teilzunehmen, ggf, indem sie dem Gericht zum Ortstermin folgen.

Die gleichen Erwägungen sind auch von Bedeutung, wenn das Gericht in öffentlicher Verhandlung den nächsten Verhandlungstermin oder das Ende einer Pause bekanntgibt, dann aber davon abweichend bereits früher die Hauptverhandlung fortsetzt, so daß auf die Terminsankündigung vertrauende Zuhörer den Termin verpassen. Nicht überzeugend ist, wenn der Bundesgerichtshof[81] das **Vertrauen in diese Terminsankündigung** für durch das Öffentlichkeitsprinzip nicht geschützt ansieht und deshalb diese Verfahrensweise für unbedenklich hält. Eine solche Verfahrensweise würde möglichen Manipulationen zum Nachteil der Öffentlichkeit Tür und Tor öffnen, diese insbesondere durch falsche Terminankündigungen fernhalten können[82]. Der Hinweis, daß der ungestörte und zügige Ablauf der Verhandlung ein ebenso wichtiges Gut wie die Öffentlichkeit der Verhandlung ist (Vor § 169, 11), vermag diese Auffassung nicht zu begründen. Denn es darf nicht übersehen werden, daß es das Gericht war, das zunächst durch die Ankündigung einer längeren Pause oder Unterbrechung dieses andere Rechtsgut beeinträchtigt hat, und sich deshalb schwerlich hierauf berufen kann, wenn es nachträglich seine Auffassung ändert. Die Situation ist daher ähnlich zu beurteilen wie bei allein aufgrund von Zuhörerkontrollen verspätet in den Sitzungssaal gelangenden, aber rechtzeitig am Sitzungssaal erschienenen Zuhörern, wo für den Verhandlungsbeginn, nicht aber die Fortsetzung nach Verhandlungspausen eine Wartepflicht des Gerichts anerkannt ist (dazu unten Rdn. 34). Hierzu hat der Bundesgerichtshof zutreffend und keiner Ergänzung bedürfend ausgeführt[83]: „Die zuständigen Organe der Justiz würden sich zu ihrem eigenen Verhalten ersichtlich in Widerspruch setzen, wenn sie einen bestimmten Termin für den Beginn einer öffentlichen Verhandlung anberaumen, durch eigene Anordnungen aber bewirken würden, daß Teile der Öffentlichkeit dieser Verhandlung nicht beiwohnen können, obwohl sie zu der Befolgung der Anordnung bereit sind." Weicht der tatsächliche von dem angekündigten Termin dagegen nur hinsichtlich des Orts eines Ortstermins ab oder folgt der tatsächliche Termin dem angekündigten Termin zeitlich nach und wird dem interessierten Zuhörer durch einen Aushang am Gerichtssaal ermöglicht, am Ortstermin gleichwohl teilzunehmen, ist die Öffentlichkeit nicht verletzt[84]. 22

2. Verhandlungen in einem Sitzungssaal des Gerichtsgebäudes. Findet eine Hauptverhandlung in einem der Sitzungssäle eines Gerichtsgebäudes statt, so ist erforderlich aber auch ausreichend, wenn durch eine während der gesamten Sitzungsdauer aushängende Terminsrolle am Eingang des Sitzungssaales die dort stattfindenden Verhandlungen mitgeteilt werden[85]. Ein Hinweis „öffentliche Verhandlung" ist dort nicht erforderlich aber auch nicht schädlich, weil normalerweise alle Verhandlungen in solchen Sälen öffentlich sind, solange nicht ausdrücklich das Gegenteil vermerkt ist. Eine Übersichtstafel im Eingangsbereich des Gerichtsgebäudes, die erkennen läßt, in welchen Sitzungssälen jeweils Verhandlungen stattfinden, ist sicherlich wünschenswert[86]; ihr Fehlen ist aber kein Verstoß gegen § 169, da Interessenten durchaus zugemutet werden kann, die einzelnen Sitzungssäle aufzusuchen und sich dort zu informieren oder in der Pförtnerloge um 23

---

[81] BGH StV **1984** 146 (im konkreten Fall verpaßten zwei Pressebeobachter den Fortsetzungstermin); ebenso KK-*Diemer*[4] 7; *Katholnigg*[3] 3.

[82] *Roxin*[25] § 45 Rdn. 5.

[83] BGHSt **28** 344; vgl. dazu *Siehl* StV **1981** 11.

[84] BVerfG NJW **2002** 814; BGH NStZ **2002** 46 (den selben Fall betreffend).

[85] OLG Schleswig NStE GVG § 169, Nr. 1; *Pfeiffer*[3] 4; KK-*Diemer*[4] 7; *Katholnigg*[3] 3; *KMR*[7] 6; **a. A** OLG Hamm NJW **1974** 1780.

[86] Weitergehend *Kissel*[3] 47, der diese für geboten hält.

entsprechende Auskunft zu bitten. Bei Verlegung der begonnenen Verhandlung in einen anderen Sitzungssaal des Gerichtsgebäudes ist an dem ursprünglichen Sitzungsraum ein entsprechender deutlicher Hinweis anzubringen[87]; ein weiterer Hinweis an dem neuen Sitzungssaal ist empfehlenswert, wird aber von § 169 S. 1 nicht zwingend verlangt[88]. Ein alleiniger Hinweis an dem neuen Sitzungssaal erscheint aufgrund der oben Rdn. 21 dargelegten Erwägungen nicht ausreichend[89].

24 **3. Verhandlungen in sonstigen Räumen des Gerichtsgebäudes.** Findet eine öffentliche Verhandlung aus besonderen Gründen nicht in einem Sitzungssaal des Gerichtsgebäudes, sondern in einem anderen Raum, etwa einem Konferenzraum oder Richterzimmer, statt, so ist zunächst – wie bei jedem Sitzungssaal – erforderlich, daß eine Terminsrolle an der Tür zu diesem Raum auf die Verhandlung hinweist[90]; insbesondere reicht es nicht aus, daß ein Gerichtswachtmeister durch einmaligen Ausruf auf dem Gerichtsflur zu Beginn der Verhandlung auf diese öffentliche Sitzung hinweist[91]. Soweit dieser Raum in einem sonst von der Öffentlichkeit nicht frequentierten Gebäudetrakt oder weit ab von den planmäßigen Sitzungssälen liegt, muß darüber hinaus am Eingang des Gerichtsgebäudes oder im Bereich vor den planmäßigen Sitzungssälen ein weiterer Hinweis auf diesen Raum und die darin stattfindenden Verhandlungen angebracht werden. Dabei macht es keinen Unterschied, ob die Verhandlung von vornherein in diesem Raum stattfindet[92] oder zunächst in einem planmäßigen Sitzungssaal begann und erst während der Verhandlung der Sitzungssaal gewechselt wird[93].

25 **4. Verhandlungen in einem anderen Gebäude.** Findet eine öffentliche Hauptverhandlung nicht im Gerichtsgebäude, sondern in einem Raum eines anderen Gebäudes, etwa einem Landratsamt[94], einem Polizeigebäude[95] oder einer Justizvollzugsanstalt[96], statt, so ist sowohl am Gerichtsgebäude wie an dem Raum des dritten Gebäudes ein entsprechender Aushang erforderlich[97]: Darüber hinaus ist auch am Eingang des Gebäudes ein deutlich sichtbarer Hinweis auf die dort stattfindende öffentliche Verhandlung erforderlich[98]. Sollte das andere Gebäude an einer zumindest für Ortsfremde nicht leicht zu findenden Stelle liegen, ist es geboten, in dem Aushang am Gerichtsgebäude auch die Lage des anderen Gebäudes mitzuteilen. Dieser Aushang muß so angebracht sein, daß er auch außerhalb der normalen Öffnungszeiten des Gerichtsgebäudes, zu denen in dem anderen Gebäude möglicherweise noch eine Verhandlung stattfinden kann, wahrnehmbar ist. Auch hier macht es keinen Unterschied, ob die Verhandlung von vornherein in dem anderen Gebäude stattfindet[99] oder zunächst im Gerichtsgebäude begann und erst während der Verhandlung der Sitzungsraum oder Sitzungsort gewechselt wurde[100].

26 **5. Ortstermine.** Bei der Durchführung von Ortsterminen, die im Freien, in Wohnungen, sonstigen Privaträumen oder öffentlichen Gebäuden stattfinden können, be-

---

87 OLG Bremen MDR **1955** 757; OLG Hamburg VRS **24** (1963) 438; OLG Neustadt MDR **1964** 778; OLG Zweibrücken VRS **30** (1966) 205; *Kissel*³ 49.

88 BGH bei *Dallinger* MDR **1970** 560; OLG Neustadt MDR **1964** 778; **a. A** *Kissel*³ 49.

89 **A. A** BayObLG MDR **1994** 1235; dort war allerdings 10 Minuten vor Verhandlungsbeginn in dem alten Sitzungssaal eine mündliche Mitteilung erfolgt.

90 OLG Hamburg VRS **24** (1963) 437; OLG Hamm NJW **1974** 1780; vgl. BVerfG NJW **2002** 814.

91 OLG Hamburg VRS **24** (1963) 437.

92 OLG Koblenz VRS **53** (1978) 432.

93 OLG Stuttgart MDR **1977** 249.

94 BGH StV **1981** 3.

95 OLG Bremen MDR **1955** 757.

96 OLG Hamm NJW **1974** 1780.

97 OLG Hamm NJW **1974** 1780; LSG Bad.-Württ., Die Justiz **1976** 87; *Katholnigg*³ 3; *Kissel*³ 49.

98 OLG Hamm NJW **1974** 1780; *Kissel*³ 49.

99 OLG Koblenz VRS **53** (1978) 432.

100 OLG Stuttgart MDR **1977** 249.

steht besonders leicht die Gefahr, daß die Öffentlichkeit nicht genügend über Ort und Zeit der Verhandlung unterrichtet und damit § 169 S. 1 verletzt wird. Dabei darf grundsätzlich nicht allein auf am Verhandlungsort zufällig anwesende Personen abgestellt werden (dazu Rdn. 20). Ebensowenig ist es für § 169 S. 1 von Bedeutung, ob an einer Verhandlung tatsächlich Zuhörer teilnehmen[101].

Bekanntgabe im Gerichtsgebäude. Grundsätzlich muß durch einen Aushang im Gerichtsgebäude, und zwar an dem Sitzungssaal, in dem das Gericht zuvor verhandelt hat oder üblicherweise verhandelt, der (genaue[102]) Ort und die Zeit des Ortstermins bekanntgegeben werden[103]. Findet der Ortstermin jedoch außerhalb der Öffnungszeiten des Gerichtsgebäudes statt, muß dieser Aushang so angebracht sein, daß er auch noch nach Dienstschluß wahrgenommen werden kann, da die Möglichkeit, Ort und Zeit einer Verhandlung zu erfahren, solange bestehen muß, wie eine Teilnahme an dieser Verhandlung noch möglich ist. Wird mit dem Ortstermin nahtlos eine Verhandlung im Gerichtssaal fortgesetzt, so soll es genügen, wenn Ort und Zeit eines Ortstermins vom Vorsitzenden mündlich in der Hauptverhandlung mitgeteilt werden[104]. Dem ist zuzustimmen für den Fall, daß der Ortstermin unmittelbar im Anschluß an die Ankündigung stattfindet, voraussichtlich nur von sehr kurzer Dauer sein wird, weil etwa nur die Verkehrssituation an einem Unfallort in der Nähe des Gerichts aufzuklären ist, und das Gericht anschließend in den Gerichtssaal zurückkehrt[105]. Dann könnten Aushänge am Gerichtssaal angesichts der Kürze der Abwesenheit des Gerichts kaum ihre Hinweisfunktion erfüllen. In allen anderen Fällen muß das Gericht mit einem Aushang am Gerichtssaal dafür Sorge tragen, daß den nach dieser Mitteilung im Sitzungssaal des Gerichts eintreffenden Zuhörern noch die Möglichkeit eröffnet wird, dem Gericht zu folgen. Ergibt sich der präzise Ort eines Ortstermins erst während der Exkursion des Gerichts, etwa weil dieser von einem Zeugen vor Ort mitgeteilt wird, so genügen eine Berichtigung des Aushangs am ursprünglichen Sitzungssaal und ein Aushang am endgültigen Ort des Ortstermins; ein zusätzlicher Hinweis am zunächst vereinbarten vorläufigen Treffpunkt ist nicht erforderlich[106]. 27

Bekanntgabe vor Ort. Finden öffentliche Verhandlungen außerhalb des Gerichtsgebäudes in einem Gebäude, beispielsweise in einer Wohnung, statt, so muß dies grundsätzlich äußerlich für jedermann wahrnehmbar kundgegeben werden, z. B. durch Aushang einer Tafel mit der Bezeichnung „Öffentliche Sitzung" oder Aushang des Terminzettels mit entsprechendem Hinweis[107]. Davon kann in Ausnahmefällen abgesehen werden, wenn der Hausrechtsinhaber Zuhörern den Zutritt verweigert (dazu 28

[101] OLG Düsseldorf JMBl. NRW **1963** 215.

[102] Vgl. hierzu BGH NStE StPO Nr. 4 zu § 338 Nr. 6.

[103] OLG Hamburg VRS **24** (1963) 437; OLG Hamm NJW **1974** 1780; OLG Koblenz VRS **53** (1977) 432; OLG Stuttgart MDR **1977** 249; OLG Oldenburg MDR **1979** 518; BayObLG MDR **1980** 780; OLG Hamm JMBlNW **1981** 238; OLG Celle StV **1987** 287; OLG Köln StV **1992** 222; offengelassen von BGH bei *Dallinger* MDR **1970** 561; vgl. auch BGH NStZ **1981** 311 für einen Sonderfall (s. Fußn. 105); *Pfeiffer*[3] 4; **a. A** OLG Köln StV **1984** 275 mit abl. Anm. *Fezer*.

[104] BGH, Urteil vom 14.1.1976 – 2 StR 426/75 –, zitiert von BGH GA **1982** 127; OLG Köln VRS **66** (1983) 209.

[105] BGH NStZ **1991** 311 im Falle einer einstündigen Abwesenheit des Gerichts und einer sechsminütigen Dauer des Ortstermins im Schlafzimmer des Angeklagten zur Klärung seiner Verhandlungsfähigkeit abends zwischen 19 und 20 Uhr; OLG Stuttgart MDR **1977** 249; vgl. *Thym* NStZ **1981** 294 und OLG Düsseldorf StV **1982** 563, das in einem ähnlichen Fall (10-minütiger Ortstermin in einer Verkehrssache) die Revisionsverwerfung allerdings auf die Besonderheiten des Bußgeldverfahrens gestützt hat; *Kissel*[3] 51.

[106] BGH NStZ **1984** 470.

[107] OLG Hamm NJW **1960** 785; OLG Hamburg GA **1964** 27; OLG Hamm VRS **64** (1983) 451; vgl. BGH NStZ **1984** 470; **a. A** OLG Düsseldorf JMBlNW **1963** 215; OLG Stuttgart MDR **1977** 249.

Rdn. 17) oder der Ortstermin nur wenige Minuten dauert[108]. Findet der Ortstermin im Freien statt, ist ein Hinweis vor Ort nicht erforderlich (und oft auch kaum möglich).

29 **Bekanntgabe bei Fortsetzung der Verhandlung vor Ort.** Soll die Verhandlung im Anschluß an einen Ortstermin in einem Sitzungssaal des örtlichen Amtsgerichts fortgesetzt werden, ist entgegen der Auffassung der überwiegenden Rechtsprechung[109] ein Hinweis darauf sowohl an dem Sitzungssaal des Gerichtsgebäudes, in dem das Gericht normalerweise verhandelt[110], als auch an dem vorübergehend genutzten Sitzungssaal des örtlichen Amtsgerichts erforderlich. Die Annahme[111], eine solche Verfahrensweise sei so naheliegend, daß es eines schriftlichen Aushangs am normalen Gerichtssaal des Gerichts nicht bedürfe, überzeugt nicht. Dies würde den nach dieser Mitteilung spät im Sitzungssaal des Gerichts eintreffenden Zuhörern die Möglichkeit nehmen, noch dem Gericht zu folgen.

V. Zulässige Beschränkungen

30 **1. Verhinderung der Überfüllung.** Schon mit Rücksicht auf die Raumverhältnisse der Sitzungssäle hat nicht jeder, der einer Verhandlung beizuwohnen wünscht, einen unbedingten Anspruch auf Einlaß in den Verhandlungsraum. Maßnahmen, die darauf gerichtet sind, eine Überfüllung des für die Zuhörer bestimmten Raumes zu verhindern, sind statthaft, beispielsweise die Schließung der Türen des Sitzungszimmers, nachdem so viele Personen Einlaß gefunden haben, wie der Raum gestattet[112], oder die vorherige Beschränkung der Zuhörerzahl entsprechend der Saalkapazität (zur Frage der Zulassung bei begrenztem Platzangebot für Zuhörer s. oben Rdn. 14).

31 **2. Geringfügige Erschwerungen des Zugangs.** Der Grundsatz der Öffentlichkeit bedeutet nicht, daß dem Zutritt keine einfacheren, normalerweise leicht zu überwindenden Hindernisse entgegenstehen dürfen, selbst wenn bereits diese leichteren Hindernisse einzelnen Personen eine Teilnahme an der Verhandlung unmöglich machen. Deswegen erfordert das Öffentlichkeitsprinzip nicht, daß jeder Gerichtssaal auch für Rollstuhlfahrer oder Gehbehinderte zugänglich sein muß. Insbesondere bei Ortsterminen, beispielsweise im Obergeschoß eines älteren Einfamilienhauses, kann der Zugang durch die bauliche Situation erheblich erschwert sein, ohne daß deswegen dort ein Ortstermin mit einer Augenscheinseinnahme unzulässig wäre.

32 **3. Kurzfristige Verbote des Betretens oder Verlassens des Sitzungsraumes.** Eine Anordnung des Vorsitzenden, die zur Vermeidung von Störungen der Verhandlung ganz vorübergehend das Betreten und Verlassen des Zuhörerraumes während einzelner eng begrenzter, wichtiger und nur wenige Minuten dauernder Verfahrensakte, wie z. B. der Eidesleistung von Zeugen oder der Verkündung der Urteilsformel, verbietet, im übrigen aber den Einlaß von Zuhörern unbeschränkt zuläßt, ist zulässig[113]. Die entgegenstehende Auffassung *Roxins*[114], der dabei aber länger andauernde Verfahrensabschnitte

---

[108] S. dazu Fußn. 105.

[109] BGH, Urteil vom 14.1.1976 – 2 StR 426/75 –, zitiert von BGH GA **1982** 127; OLG Köln VRS **66** (1983) 209; OLG Koblenz VRS **67** (1984) 248; ebenso *Kleinknecht/Meyer-Goßner*[45] 6; KK-*Diemer*[4] 7; *Katholnigg*[3] 3; wie hier *Kissel*[3] 49.

[110] OLG Stuttgart MDR **1977** 249.

[111] BGH, Urteil vom 14.1.1976 – 2 StR 426/75 –, zitiert von BGH GA **1982** 127; OLG Köln VRS **66** (1983) 209; OLG Koblenz VRS **67** (1984) 248.

[112] BGHSt **21** 72, 73.

[113] RG Recht **1929** Nr. 2453; BGHSt **24** 73; BGH bei *Dallinger* MDR **1952** 410; *Pfeiffer*[3] 3; *KMR*[7] 7; *Kissel*[3] 45; *Katholnigg*[3] 2; **a. A** KK-*Diemer*[4] 10.

[114] *Roxin*[25] § 45 Rdn. 5.

im Auge haben dürfte, berücksichtigt nicht genügend, daß der ungestörte und zügige Ablauf der Verhandlung ein dem Öffentlichkeitsgrundsatz gleichwertiges Rechtsgut ist (Vor § 169, 11). Möglicherweise kommt auch in Fällen einer überraschenden, sehr akuten Fluchtgefahr die vorübergehende Schließung der Saaltüren in Betracht[115].

4. Zulässige Maßnahmen zur Abwehr zu erwartender Störungen. Grenzen des Öffent- 33
lichkeitsgrundsatzes ergeben sich ferner aus allen rechtmäßigen Maßnahmen nach § 176, insbesondere aus der Notwendigkeit, bei drohenden Störungen und Ausschreitungen ggf. Maßnahmen zu treffen, die eine ungestörte Durchführung der Verhandlung und die dazu erforderliche Sicherheit im Sitzungsraum wie im Gerichtsgebäude gewährleisten. Ist (aufgrund konkreter Anhaltspunkte) zu befürchten, daß die Hauptverhandlung durch das Publikum gestört werden soll oder sonstige Gefahren vom Publikum ausgehen, so kann der Vorsitzende im Rahmen seiner sitzungspolizeilichen Befugnisse[116] anordnen, daß Angeklagte, Zeugen und Zuhörer auf den Besitz von Waffen und sonstigen zur Störung geeigneten Gegenständen (beispielsweise gefährliche Werkzeuge, Fotoapparate, Tonbandgeräte, Trillerpfeifen, Farbbeutel) zu durchsuchen sind und daß der Zutritt nur solchen Personen gestattet wird, die mit der Durchsuchung und der Aufbewahrung ggf. vorgefundener gefährlicher Gegenstände während der Dauer der Verhandlung durch Justizwachtmeister oder die Polizei einverstanden sind[117]. Ebenso ist es in solchen Fällen zulässig, daß der Zugang zum Gerichtssaal davon abhängig gemacht wird, daß Zuhörer ihre Personalien notieren lassen und die Personalien in einer Liste festgehalten werden oder der die Personalien enthaltende Teil ihres Personalausweises fotokopiert wird und ihnen ein Tagesausweis ausgehändigt wird, den sie beim Verlassen des Gebäudes zurückgeben müssen[118]. Voraussetzung für solche Präventivmaßnahmen ist, daß aus der Situation heraus erkennbare konkrete Anhaltspunkte für eine Störungsabsicht vorliegen[119] und die Maßnahmen zur Abwehr dieser Störungen geeignet sind. Ebenso wird man es für in Fällen besonders hoher Gefährdung für zulässig halten müssen, wenn der Zutritt zum Sitzungssaal davon abhängig gemacht wird, daß die Zuhörer ihren Personalausweis für die Dauer ihrer Anwesenheit im Zuhörerraum abgeben, da davon eine spürbare präventive Wirkung gegen Störungen ausgehen kann[120]. In allen Fällen darf, über die genannten Bedingungen hinaus, keine Auswahl der Zuhörer verbunden sein[121]. Insbesondere wäre es unzulässig, sollte die Maßnahme darauf abzielen, gezielt kritische Zuhörer zurückzuweisen[122]. Soweit das Reichsgericht[123] darüber hinaus eine Zurückweisung aller Personen, die sich „verdächtig machen", für zulässig hielt, kann dem schon mangels Objektivierbarkeit eines solchen Merkmals nicht gefolgt werden. Eine Zurückweisung ist nur bei solchen Personen zulässig, die durch mitgebrachte Gegenstände wie Waffen, Eiern, Trillerpfeifen oder Transparenten deutlich machen, daß sie die Verhandlung gezielt stören wollen; gleiches gilt, wenn jemand schon singend und trompeteblasend eintreten will[124]. Dann kann ihnen gemäß § 175 Abs. 1 der Zutritt ver-

[115] *Kissel*[3] 46. Es dürfte allerdings ungewöhnlich sein, wenn gleichwohl die Verhandlung fortgeführt würde – nur dann würde sich die Frage der Öffentlichkeit stellen.

[116] Zur Frage der Abgrenzung der sitzungspolizeilichen Befugnisse des Vorsitzenden und der sich aus dem Hausrecht ergebenden Befugnisse des Gerichtspräsidenten s. § 176, 3.

[117] *Pfeiffer*[3] 3; *Katholnigg*[3] 5; *Kissel*[3] 42; vgl. dazu § 176, 21 f.

[118] BGHSt **27** 13; KK-*Diemer*[4] 10; *Katholnigg*[3] 5; *KMR*[7] 7; *Kissel*[3] 39 f.

[119] RGSt **54** 225; BGHSt **27** 13; OLG Koblenz NJW **1975** 1333; *Schmitt* DRiZ **1971** 20.

[120] OLG Karlsruhe NJW **1975** 2080 = JR **1976** 383 mit krit. Anm. *Roxin*; *Steinbrenner* Die Justiz **1968** 236; *KMR*[7] 7; *Katholnigg*[3] 5; zweifelnd *MünchKomm-Wolf*[2] 40, der darin allerdings eine polizeiliche, nicht sitzungspolizeiliche Maßnahme sieht.

[121] *Schmitt* DRiZ **1971** 20.

[122] *Roxin* Aktuelle Probleme 397.

[123] RGSt **54** 225.

[124] *Katholnigg*[3] 5; *Kissel*[3] 43; *Roxin* Aktuelle Probleme 397; s. auch *Roxin*[25] § 45 Rdn. 13.

sagt werden (dazu § 175, 3). Durch polizeiliche Maßnahmen im Gerichtsgebäude darf auf Personen, die an einer Hauptverhandlung als Zuhörer teilnehmen wollen, kein psychisch wirkender Druck – beispielsweise durch Fotografieren oder Filmen aller Zuhörer – ausgeübt werden, der dazu führt, daß einzelne von einer Teilnahme absehen; ggf. sind solche Maßnahmen vom Vorsitzenden zu unterbinden[125]. Liegt eine solche Gefahr nur für ein einzelnes Strafverfahren vor, so sind, sofern die bauliche Situation dies erlaubt, die Sicherheitsmaßnahmen so zu organisieren, daß diejenigen, die als Zuhörer an anderen Strafverfahren teilnehmen möchten, davon möglichst unberührt bleiben.

34 **Wartepflicht des Gerichts.** Soweit solche Kontrollen der Zuhörer dazu führen, daß auch rechtzeitig zu Verhandlungsbeginn eingetroffene Zuhörer erst verspätet in den Sitzungssaal gelangen, ist das Gericht verpflichtet, mit dem Beginn der Hauptverhandlung am ersten Verhandlungstag entsprechend abzuwarten[126]. Dies gilt nicht für verspätet am Sitzungssaal eingetroffene Zuhörer, da andernfalls eine ordnungsgemäße Verhandlung nicht mehr möglich wäre. Es gilt ferner nicht für die Fortsetzung der Hauptverhandlung nach Unterbrechungen sowie für die folgenden Verhandlungstage, da die Zuhörer dann Gelegenheit haben, sich auf die Kontrollen einzustellen und entsprechend früher zu erscheinen, vorausgesetzt, durch einen frühzeitigen Beginn der Kontrollen und eine entsprechende Öffnung des Sitzungssaales stehen einem rechtzeitigen Betreten des Sitzungssaales keine von der Justiz zu vertretenden Hindernisse entgegen[127]. Werden aufgrund eines Hinweises darauf, daß einzelne Zuhörer Waffen tragen sollen, diese aus dem Saal entfernt und nach Kontrolle wieder in den Saal eingelassen, ist das Gericht nicht verpflichtet, solange die Verhandlung zu unterbrechen[128].

35 **5. Ausschluß der Öffentlichkeit.** §§ 170, 171a, 171b und 172 ermöglichen unter bestimmten, dort jeweils genannten Voraussetzungen, die Öffentlichkeit insgesamt, evtl. auch nur Teile derselben, für einen Teil der Verhandlung oder insgesamt – jedoch nicht während der Verkündung des Urteilstenors (§ 173 Abs. 1) – auszuschließen. Wegen der Voraussetzungen wird auf die Erläuterungen zu den im Strafverfahren in Betracht kommenden §§ 171a, 171b und 172, wegen der Verfahrensfragen auf die Erläuterungen zu §§ 173 bis 174 und wegen weiterer Gesichtspunkte auf die Erläuterungen zu § 175 verwiesen. Davon zu unterscheiden ist die **Bitte des Vorsitzenden an alle Zuhörer**, freiwillig den Zuhörerraum für einen bestimmten Verfahrensabschnitt zu verlassen. Diese soll, wenn im Einzelfall die Freiwilligkeit tatsächlich gewährleistet ist[129], eventuell zulässig sein[130], keinesfalls aber, wenn die Bitte ausgesprochen wurde, weil die materiellen Voraussetzungen für einen Ausschluß der Öffentlichkeit nicht vorlagen. Unabhängig davon ist eine solche Verfahrensweise aus grundsätzlichen Erwägungen abzulehnen[131], weil die Öffentlichkeitsmaxime – von § 171b Abs. 1 S. 2, Abs. 2 abgesehen – nicht zur Disposition der Verfahrensbeteiligten, schon gar nicht der Zuhörer steht.

---

125 BGH NJW **1980** 249; *Kleinknecht/Meyer-Goßner*[45] 7; *Katholnigg*[3] 5.

126 BGHSt **28** 341 = JR **1979** 521 mit Anm. *Foth*; BGHSt **29** 258 = StV **1981** 8 mit Anm. *Siehl*; BGH NStZ **1995** 181; *Kleinknecht/Meyer-Goßner*[45] 7; KK-*Diemer*[4] 10; *Katholnigg*[3] 5; *Kissel*[3] 44; *Baumbach/Lauterbach-Albers*[59] 3; *Zöller-Gummer*[22] 8.

127 BGHSt **29** 258 = StV **1981** 8 mit Anm. *Siehl*; KK-*Diemer*[4] 10; *Zöller-Gummer*[22] 8; **a. A** *Kissel*[3] 44.

128 BGH bei *Holtz* MDR **1983** 795.

129 Was zuverlässig daran zu erkennen ist, daß eine ausdrückliche Belehrung über das Recht zu weiterer Anwesenheit erfolgt ist oder ein Teil der Zuhörer der Aufforderung nicht folgt, ohne daß es zu weiteren Maßnahmen kommt.

130 Bejahend BGH NStZ **1999** 426; verneinend BGH NStZ **1993** 450; OLG Braunschweig StV **1994** 474; *Katholnigg*[3] 6.

131 *Kleinknecht/Meyer-Goßner*[45] § 338, 48 StPO; HK-*Temming*[3] § 338, 31 StPO; *Katholnigg*[3] 6.

VI. Beschränkung des Zutritts für Einzelpersonen

1. Grundsatz. Eine unzulässige Beschränkung der Öffentlichkeit liegt auch vor, wenn nur einzelnen oder auch nur einer einzelnen Person der Zutritt oder die weitere Anwesenheit im Verhandlungsraum ohne gesetzlichen Grund versagt wird[132]. Hierher gehört auch der Fall, daß der Vorsitzende allein die Entfernung einer Person anordnet, wenn es nach § 177 dazu eines Beschlusses des Gerichts bedarf[133]. Rechtmäßige Maßnahmen nach §§ 176 bis 178 stellen dagegen keine Verletzung des § 169 dar[134]. Eine **Anregung des Vorsitzenden an einen einzelnen Zuhörer zum freiwilligen Verlassen des Sitzungsraums**, der dieser aus freiem Entschluß entspricht, verletzt den Öffentlichkeitsgrundsatz nicht[135]. Eine Entfernung des Zuhörers gegen seinen Willen kann aber auch vorliegen, wenn eine als Anregung zum freiwilligen Verlassen gedachte Äußerung des Vorsitzenden wegen der Autorität, die ihr zukommt, vom Zuhörer dahin mißgedeutet werden kann und mißverstanden wird, das Gericht wünsche seine Entfernung[136]. 36

2. Ausschluß einzelner Personen aus vorrangigen allgemeinen Verfahrensgesichtspunkten. Die Entfernung einzelner Personen aus dem Sitzungssaal ist zunächst aufgrund ausdrücklicher gesetzlicher Ermächtigung in § 247 StPO, §§ 175 bis 178 zulässig[137]. Weitere gesetzmäßige Gründe, einzelne Personen von der Teilnahme auszuschließen, enthalten §§ 58 Abs. 1, 243 Abs. 2 StPO. Aus diesen Bestimmungen, die die Vernehmung eines Zeugen in Abwesenheit der später zu hörenden bestimmen, ergibt sich, daß es dem Vorsitzenden gestattet ist – und zwar als Teil seiner Verhandlungsleitung nach § 238 Abs. 1 StPO[138] –, einen Zuhörer zum Verlassen des Sitzungssaals aufzufordern, weil er als Zeuge vernommen werden soll, und diese Anordnung ggf. mit Mitteln der Sitzungspolizei durchzusetzen. Dafür genügt es, wenn mit der Möglichkeit zu rechnen ist, daß er als Zeuge in Betracht kommt, insbesondere, wenn ein Prozeßbeteiligter die Absicht kundgibt, sich auf den Zuhörer als Zeugen zu berufen[139]. Dabei steht dem Vorsitzenden ein Beurteilungsspielraum zu, der seine Grenze – jenseits derer ein Verstoß gegen § 169 vorläge – findet, wenn dem Vorgehen des Vorsitzenden sachwidrige Erwägungen, etwa die Entfernung unliebsamer oder kritischer Zuhörer, zugrunde liegen[140]. Dagegen kann ein Rechtsanwalt, der als Beistand eines noch zu vernehmenden Zeugen tätig ist, nicht aus dem Saal verwiesen werden[141]. Ebenfalls hält es die herrschende Meinung für zulässig, einen Zuhörer, gegen den aufgrund der den Gegenstand der Hauptverhandlung bildenden Vorgänge ein Ermittlungsverfahren wegen Teilnahme, Begünstigung, Strafvereite- 37

---

132 RGSt **30** 244; BGHSt **17** 201; **18** 179 = JR **1963** 307 mit Anm. *Eb. Schmidt*; BGHSt **24** 330; BGH StV **1982** 409, 458 mit Anm. *Deckers*.

133 BGHSt **24** 329, die aber hinsichtlich der dort angesprochenen nicht am Verfahren beteiligten Personen wegen der Änderung des § 177 durch das 1. StVRErgG überholt ist.

134 *Eb. Schmidt* 12; *Kissel*[3] 38.

135 BGH NJW **1963** 166; **1989** 465 = StV **1988** 417 mit Anm. *Schneiders* = MDR **1988** 791 mit Anm. *Sieg* MDR **1990** 69 = JuS **1989** 497 mit Anm. *Hassemer*; Katholnigg[3] 6; *Kissel*[3] 23.

136 BGH NJW **1963** 166; OLG Braunschweig StV **1994** 474; *Pfeiffer*[3] 7; KK-*Diemer*[4] 11; *Kissel*[3] 23; *Wieczorek/Schütze-Schreiber*[3] 16.

137 Näher dazu in den Erläuterungen zu diesen Bestimmungen.

138 BGH NStZ **2001** 163; StV **2002** 6; daraus folgert der BGH, daß eine erfolgreiche Revision zunächst die Anrufung des Gerichts nach § 238 Abs. 2 StPO erfordert.

139 BGHSt **3** 386; BGH b. *Holtz* MDR **1983** 92; BGH NJW **1989** 465 = StV **1988** 417 mit Anm. *Schneiders* = MDR **1988** 791 mit Anm. *Sieg* MDR **1990** 69 = JuS **1989** 497 mit Anm. *Hassemer*; BGH bei *Miebach/Kusch* NStZ **1991** 122; BGH NStZ **2001** 363; StV **2002** 6 mit abl. Anm. *Reichert*; *KMR*[7] 8; *Eb. Schmidt* 12; *Kissel*[3] 23; Zur Rechtslage bei „Prozeßbeobachtern", deren Aufgabe darin besteht, etwaige künftige Zeugen über den Prozeßablauf zu informieren, vgl. *Strassburg* Der Prozeßbeobachter im Strafprozeß, MDR **1977** 712.

140 BGH NStZ **2001** 163.

141 OVG Berlin NJW **2002** 313.

lung oder Hehlerei schwebt, des Raumes zu verweisen, da die Hauptverhandlung praktisch ein Bestandteil des gegen den Zuhörer gerichteten nichtöffentlichen Ermittlungsverfahrens sei, in dem er als Beschuldigter kein Recht darauf habe, der Vernehmung von Zeugen oder Mitbeschuldigten beizuwohnen[142].

VII. Beurkundung

38 Wegen der Beurkundung betr. die Öffentlichkeit durch das Protokoll s. §§ 272 Nr. 5, 274 StPO und § 174, 19.

VIII. Mittelbare Öffentlichkeit (Satz 2)

1. Vorgeschichte, Bedeutung und geschützte Rechtsgüter

39 **a) Vorgeschichte.** § 169 S. 1 versteht unter Öffentlichkeit nur die sog. „unmittelbare Öffentlichkeit", die darin besteht, daß grundsätzlich jedermann der Zugang zum Verhandlungsraum, d. h. die körperlich-räumliche Anwesenheit offenstehen muß. Lange Zeit war die Frage umstritten, ob und gegebenenfalls inwieweit es zulässig ist oder gar im Informationsauftrag der Massenmedien liegt, die unmittelbare Öffentlichkeit zu einer „mittelbaren" Öffentlichkeit dadurch zu erweitern, daß durch Ton- und Fernseh-Rundfunkaufnahmen die Verhandlungsvorgänge optisch und akustisch einer unbestimmt großen Öffentlichkeit in einer Weise dargeboten werden können, die den Zuhörern und Zuschauern Eindrücke wie bei einer körperlichen Anwesenheit im Gerichtssaal verschafft. Nach längerer Diskussion in Rechtsprechung und Schrifttum hat der Gesetzgeber[143] mit dem durch das StPÄG 1964 eingefügten S. 2 diese Fragen beantwortet und damit die frühere Rechtsprechung, die zum Teil bereits dem S. 2 entsprechende Verbote entwickelt hatte, legalisiert. Gegenüber der früheren Rechtsprechung[144] kam das Verbot von Aufnahmen während der **Urteilsverkündung**[145] hinzu. Die damaligen Auffassungen, die Entwicklung der Rechtsprechung und die Entwicklungsgeschichte des § 169 S. 2 hat *K. Schäfer* in LR[24] Einleitung Kap. **13** 105 ff eingehend dargestellt. Zu den in neuerer Zeit erhobenen Forderungen, § 169 S. 2 einzuschränken und damit „court-tv", also Fernseh- oder Rundfunkübertragungen aus dem Gerichtssaal zuzulassen, vgl. Vor § 169, 33 ff. Die umfangreiche Rechtsprechung des Bundesverfassungsgerichts, die die Verfassungsmäßigkeit des § 169 S. 2 bestätigt, aber auch das Recht des Gesetzgebers, das Aufnahmeverbot einzuschränken, bestätigt hat, ist Vor § 169, 20 f und die Sonderregelung des § 17a BVerfGG für die Verhandlungen vor dem Bundesverfassungsgericht Vor 169, 22 dargestellt.

---

[142] BGHSt **3** 386; **17** 201; KK-*Diemer*[4] 11; *KMR*[7] 8; *Eb. Schmidt* 12; *Kissel*[3] 23; **a. A** *Schneiders* StV **1988** 92.

[143] Der Gesetzentwurf der Bundesregierung, BT-Drucks. **IV** 178 S. 12, sah noch die Einfügung folgender Absätze 2 und 3 in § 169 vor:

„(2) Während des Ganges der Hauptverhandlung sind Ton- und Fernseh-Rundfunkaufnahmen unzulässig. Für die Verkündung des Urteils kann der Vorsitzende aus wichtigen Gründen Ausnahmen zulassen. Die Entscheidung ist nicht anfechtbar.

(3) Für Filmaufnahmen gilt Absatz 2 entsprechend, wenn es sich nicht um Aufnahmen durch das Gericht handelt."

[144] Vgl. BGHSt **16** 111.

[145] Insoweit hatte der Regierungsentwurf noch eine Ausnahmemöglichkeit vorgesehen, s. Fußn. 143. Der Bundestag hat jedoch, insoweit der Stellungnahme des Bundesrates folgend (BTDrucks. **IV** 178 S. 52), ein striktes Verbot auch während der Urteilsverkündung beschlossen, weil er insoweit eine Entscheidung des Gesetzgebers selbst für erforderlich hielt (BTDrucks. *zu* **IV** 1020 S. 7).

b) Bedeutung der Vorschrift. Satz 2 regelt einen Ausschnitt aus dem Problemkreis der sog. mittelbaren Öffentlichkeit. Der Grundgedanke der Vorschrift ist, daß ein etwaiges Recht auf zeitgemäße Information der Allgemeinheit (der mittelbaren Öffentlichkeit) zurücktreten muß, weil bei Zulassung der in Satz 2 bezeichneten Aufnahmen während des Ganges der Hauptverhandlung für die Verfahrensbeteiligten durch die Vorstellung, einer erweiterten Öffentlichkeit dargestellt zu werden, den Blicken und der Kritik einer unübersehbaren namenlosen Menge ausgesetzt zu sein, die Gefahr besteht, daß sie in ihren Äußerungen gehemmt oder zu einem anderen als dem sonst angenommenen Verhalten veranlaßt werden und daß auf diese Weise die Wahrheitsermittlung beeinträchtigt wird. 40

c) Geschützte Rechtsgüter. § 169 S. 2 will zunächst die Wahrheitsfindung schützen, die durch die genannten Aufnahmen in verschiedener Weise gefährdet werden könnte. Zum einen bestünde die Gefahr, daß Verfahrensbeteiligte von bestimmten Anträgen abgehalten oder der Vorsitzende bei prozeßleitenden Verfügungen beeinflußt würden[146]. Auch könnten Angeklagte oder Zeugen von einer wahrheitsgemäßen und vollständigen Aussage aus Scham oder Sorge, daß andere – zwar nicht im Gerichtssaal anwesende, aber möglicherweise die Übertragung miterlebende – Personen davon Kenntnis erhielten, abgehalten werden. Ferner könnten auch andere Personen veranlaßt werden, sich – nur um einmal „im Fernsehen zu sein" – als Zeugen zu melden und dann unwahre oder zumindest nicht zur Sache beitragende Tatsachen bekunden. Schließlich darf auch der Erwartungsdruck auf das Gericht, der durch solche Aufnahmen erheblich erhöht wird, nicht übersehen werden. Durch solche Erscheinungen würde der Anspruch der Angeklagten auf ein faires Verfahrren erheblich beeinträchtigt. In neuerer Zeit hat die Rücksicht auf das Persönlichkeitsrecht der Angeklagten und Zeugen[147] zunehmende Bedeutung erlangt. Gerade Opfer von Sexualstraftaten würden während ihrer Aussage, die von ihnen regelmäßig sehr persönliche Angaben verlangt, durch laufende Kameras in unerträglicher Weise belastet. Ähnliche Belastungen können sich auch für Angeklagte noch während der Urteilsverkündung ergeben, in der diese sich meist in einer besonderen seelischen Situation – niedergeschlagen, verzweifelt, trotzig usw. – befinden[148]. Dies müßte dazu führen, bei Zulassung von Aufnahmen die Schwelle für den Öffentlichkeitsausschluß insbesondere nach § 171b zu senken: Oft könnte einem Zeugen die Aussage vor einem überschaubaren Zuhörerkreis noch abverlangt werden, vor laufenden Kameras aber nicht mehr. In jüngster Zeit hat schließlich der Gesichtspunkt des Schutzes von Verfahrensbeteiligten (einschließlich der Zeugen, Sachverständigen, Dolmetscher, Richter, Schöffen, Verteidiger und Staatsanwälte) vor Bedrohungen und Angriffen aus der Öffentlichkeit an Gewicht gewonnen, wie der neu eingefügte § 172 Nr. 1a verdeutlicht. 41

2. Zeitliche und räumliche Begrenzung. § 169 S. 2 enthält keine eigene Aussage zur räumlichen und zeitlichen Begrenzung des Aufnahmeverbots; insoweit gilt daher die Beschränkung auf die Verhandlung vor dem erkennenden Gericht im Sinne des Satzes 1[149]. Auf das oben Rdn. 7 Ausgeführte kann daher grundsätzlich verwiesen werden. Damit beginnt Verhandlung mit dem Aufruf der Sache (§ 243 Abs. 1 StPO) und 42

---

146 BGHSt **22** 83 mit Anm. *Eb. Schmidt* NJW **1968** 804; *Roxin* JZ **1968** 803.

147 Dagegen dürfte dem Persönlichkeitsrecht der Richter und Schöffen weniger Gewicht beizumessen sein, BVerfG NJW **2000** 2890. Gleiches müßte dann auch für Staatsanwälte und Verteidiger gelten.

148 OLG Koblenz JZ **1973** 281, das allerdings zu weit geht, wenn es in solcher Rücksichtnahme den ausschließlichen Verbotsgrund sieht.

149 BGHSt **23** 123.

schließt mit der Beendigung der amtlichen Tätigkeit des Gerichts nach Verkündung des Urteils und Bekanntgabe der Urteilsgründe. Im Hinblick auf Satz 2 dürfte es sich im Zweifel empfehlen, daß der Vorsitzende – etwa mit den Worten „Die Verhandlung ist geschlossen." – diesen Zeitpunkt unmißverständlich bekanntgibt. Ortstermine gehören ebenfalls zur Verhandlung[150]. Nicht zur Verhandlung gehört damit der Zeitraum zwischen dem Beginn der Sitzung (dazu § 176, 8) und dem Beginn der Verhandlung[151], zwischen dem Ende der Verhandlung und dem Ende der Sitzung (dazu § 176, 8) sowie während der Verhandlungspausen[152]; in diesen Sitzungsabschnitten gilt das Aufnahmeverbot des Satz 2 nicht[153] (näher dazu unten Rdn. 53).

43 **3. Ton- und Fernseh-Rundfunkaufnahmen sowie Ton- und Filmaufnahmen.** Das Aufnahmeverbot des Satz 2 erfaßt alle Ton- und Filmaufnahmen, unabhängig davon, ob letztere auf Filmmaterial, auf Magnetband oder auf einem sonstigen Medium aufgenommen oder in moderner Digitaltechnik gespeichert werden. Im Gegensatz zu den Fernseh- und Filmaufnahmen, mit denen „bewegte Bilder" aufgezeichnet werden, werden Fotos, also „stehende Bilder", nicht von Satz 2 erfaßt[154] (zu deren Unzulässigkeit aus anderen Gründen unten Rdn. 52). Ebensowenig ist die Anfertigung von Zeichnungen oder Notizen (dazu § 176, 19; 30) verboten[155], es sei denn, diese dienen dazu, noch zu vernehmende Zeugen über den bisherigen Gang der Hauptverhandlung zu unterrichten.

44 **4. Zum Zwecke der Veröffentlichung oder öffentlichen Vorführung ihres Inhalts.** Diese Formulierung war noch nicht im Gesetzentwurf der Bundesregierung enthalten, der lediglich bei Filmaufnahmen den Zusatz „wenn es sich nicht um Aufnahmen durch das Gericht handelt" vorgesehen hatte[156]. Hieran dürfte die jetzige Formulierung, die sich im übrigen an den Regelungsinhalt des § 169, die Öffentlichkeit, anlehnt, anknüpfen[157]. Deswegen verbietet Satz 2 keine Aufnahmen zu Zwecken der Beweissicherung, die später in öffentlicher Verhandlung vorgeführt werden sollen, etwa im Fall des § 247a S. 4 StPO. Andererseits sind Aufnahmen nur dann zulässig, wenn schon bei der Aufnahme zweifelsfrei ausgeschlossen werden kann, daß sie (außerhalb einer Gerichtsverhandlung) der Öffentlichkeit zugänglich sein wird[158]. Da dies nur bei Aufnahmen des Gerichts und unter zusätzlichen Sicherheitsvorkehrungen (dazu unten Rdn. 49) auch von Rechtsanwälten, die als Verteidiger[159] oder Opferbeistand tätig sind, gesichert erscheint, muß Satz 2 dahin verstanden werden, daß alle übrigen Aufnahmen unzulässig sind, auch wenn eine Veröffentlichungsabsicht bei der Aufnahme noch nicht besteht[160]. Nicht vom ansonsten geltenden Aufnahmeverbot des Satz 2 sind damit erfaßt:

---

150 BGHSt **36** 119; *Kleinknecht/Meyer-Goßner*[45] 8.

151 Begründung zum Regierungsentwurf, BTDrucks. **IV** 178 S. 45; *Kleinknecht/Meyer-Goßner*[45] 13; KK-*Diemer*[4] 8; *Katholnigg*[3] 8; *KMR*[7] 10; *Kissel*[3] 63.

152 BVerfG NJW **1995** 184 = NStZ **1995** 50 mit Anm. *Scholz* = JZ **1995** 295 mit Anm. *Stürner*; Begründung zum Regierungsentwurf, BTDrucks. **IV** 178 S. 45; BGHSt **23** 123 (in jenem Fall fanden die Aufnahmen in Abwesenheit der Angeklagten statt); *Kleinknecht/Meyer-Goßner*[45] 8; KK-*Diemer*[4] 13; *Katholnigg*[3] 8; *KMR*[7] 10; *Kissel*[3] 63.

153 *Kissel*[3] 63; s. dazu Vor § 169, 20.

154 BGH bei *Dallinger* MDR **1971** 188; Begründung zum Regierungsentwurf, BTDrucks. **IV** 178 S. 45; *Kleinknecht/Meyer-Goßner*[45] 10; *Eb. Schmidt* NJW **1968** 804; *Maul* MDR **1970** 286.

155 *Kissel*[3] 67.

156 BTDrucks. **IV** 178 S. 12, s. Fußn. 143.

157 Der Bericht des Rechtsausschusses des Bundestages (BTDrucks. *zu* **IV** 1020 S. 7) enthält hierzu keinen Hinweis.

158 Deswegen sind Aufnahmen zum Zwecke historischer Dokumentation, wie sie beispielsweise in der NS-Zeit heimlich von den Verhandlungen des Volksgerichtshofes angefertigt wurden, auch unzulässig, wenn sie zunächst nicht veröffentlicht werden sollen.

159 Begründung zum Regierungsentwurf, BTDrucks. **IV** 178 S. 45: „der Verteidigung dienen".

160 *Kleinknecht/Meyer-Goßner*[45] 9.

a) Aufzeichnungen zur späteren Verwendung als Beweismittel. Soweit Aufzeichnungen zur Protokollierung von Vernehmungen erfolgen, steht dem Satz 2 nicht entgegen. Solche Aufnahmen kommen insbesondere bei Vernehmungen durch beauftragte oder ersuchte Richter, die Staatsanwaltschaft oder auch die Polizei, für die bereits Satz 1 keine Anwendung findet (oben Rdn. 6), in Betracht; denkbar ist aber auch, die Aussage eines Zeugen in der Hauptverhandlung durch eine Film- oder Videoaufnahme zu protokollieren. Das Zeugenschutzgesetz[161] hat hierzu eine Reihe entsprechender Bestimmungen geschaffen (§§ 58a, 168e, 247a, 255a StPO), die eine Videoprotokollierung von Zeugenaussagen unter bestimmten Voraussetzungen zulassen oder vorsehen und die Verwertung dieser Videoprotokolle regeln. Eine solche Videoprotokollierung ist danach beispielsweise zulässig, wenn derselbe Zeuge später erneut als Zeuge benötigt wird und seine Anwesenheit in späteren Verhandlungen möglicherweise aus tatsächlichen (vgl. §§ 58a Abs. 1, 168e, 251 Abs. 1 Nr. 1 bis 3 StPO) oder rechtlichen (§§ 54, 96 StPO) Gründen fraglich ist und die Aufzeichnung zur Wahrheitserforschung erforderlich erscheint[162]. Dabei kann von einer „öffentlichen Vorführung" im Sinne des Satz 2 auch dann nicht gesprochen werden, wenn die Aufnahme später in einer öffentlichen Hauptverhandlung wiedergegeben werden soll. Dafür spricht die ratio legis, die darauf zielt, Aufnahmen für Verfahrenszwecke von sonstigen Aufnahmen abzugrenzen. 45

b) Aufzeichnungen für Verfahrenszwecke. Nicht unter Satz 2 fallen Ton- oder Videoaufzeichnungen[163], die für das Gericht oder die Verteidigung bei langdauernden Verhandlungen lediglich intern zur Gedächtnisstütze erfolgen, sofern ein Mißbrauch solcher Aufnahmen durch entsprechende Maßnahmen sicher ausgeschlossen ist und die Aufzeichnungen gegen nachträgliche Veränderungen geschützt sind[164]. Verfahrensbeteiligte haben keinen Anspruch darauf, daß das Gericht solche Aufzeichnungen anfertigen läßt oder die Aufzeichnung durch Verteidiger gestattet; dies steht vielmehr im Ermessen des Vorsitzenden bzw. des Gerichts[165]. Für die Verhandlungen des Bundesverfassungsgerichts sieht § 25a S. 2 BVerfGG eine solche Tonbandaufnahme ausdrucklich vor[166]. 46

Die früher sehr strittige Frage, ob solche Aufnahmen nur mit **Zustimmung der Verfahrensbeteiligten und der angehörten Zeugen oder Sachverständigen** zulässig sind (dazu 24. Aufl., § 169, 46 f) ist durch das Zeugenschutzgesetz[167] gegenstandslos geworden. Grundsätzlich sind Aufnahmen zu Verfahrenszwecken auch ohne Zustimmung der Beteiligten zulässig[168]. Die durch dieses Gesetz eingeführten §§ 58a, 168e und 247a S. 4 StPO enthalten keine Einschränkung des Inhalts, daß die dort zugelassenen oder vor- 47

---

[161] Vom 30. 4. 1998, BGBl. I S. 820.

[162] Dazu *Rieß* NJW **1998** 3240; *Diemer* NJW **1999** 1667. Auf die Einzelheiten, die den Erläuterungen zu den genannten Bestimmungen (soweit durch das Zeugenschutzgesetz eingeführt, teilweise im Nachtrag) zu entnehmen sind. kann an dieser Stelle nicht eingegangen werden.

[163] Unter Videoaufzeichnungen sollen hier kombinierte Ton- und (Lauf-) Bildaufzeichnungen verstanden werden.

[164] *Kleinknecht/Meyer-Goßner*[45] 11; *Kissel*[3] 73; sehr zurückhaltend *MünchKomm-Wolf*[2] 48.

[165] BGH NStZ **1982** 42; NJW **1997** 66; OLG Düsseldorf NJW **1996** 1360; *Meyer-Mews* NJW **2002** 103; *Kleinknecht/Meyer-Goßner*[45] 11 f.

[166] Für diese Aufnahme enthält § 24 der Geschäftsordnung des Bundesverfassungsgerichts weitere Regelungen:

„(3) Die Tonbandaufnahme, in der die mündliche Verhandlung festgehalten wird (§ 25a S. 2 BVerfGG), steht nur den Richtern und den Verfahrensbeteiligten zum Abhören im Gericht zur Verfügung. Überspielungen und private Übertragungen sind unzulässig.

(4) Wenn und soweit Abschriften für den Gebrauch des Gerichts angefertigt werden, können die Verfahrensbeteiligten davon Abdrucke enthalten.

…

(7) Auf die Absätze 4 bis 6 und auf § 25a BVerfGG ist zu Beginn der mündlichen Verhandlung hinzuweisen."

[167] Vom 30. 4. 1998, BGBl. I S. 820.

[168] *Kleinknecht/Meyer-Goßner*[45] 13; *Kissel*[3] 75, 80; *Baumbach/Lauterbach-Albers*[59] 5; *Wieczorek/Schütze-Schreiber*[3] 42.

gesehenen Aufnahmen nur mit Zustimmung der Beweispersonen zulässig sind. Dies beruht auf einer bewußten Entscheidung des Gesetzgebers hierzu, denn in der Begründung des Gesetzentwurfs[169] ist insoweit ausgeführt:

> Der Entwurf sieht davon ab, die Zulässigkeit der Erstellung einer Bild-Ton-Aufzeichnung von einer ausdrücklichen Einwilligung des zu Vernehmenden bzw. seines gesetzlichen Vertreters abhängig zu machen. Gleichwohl erscheint es ratsam, daß sich der Vernehmende um ein kooperatives Verhalten des Zeugen bemüht. Denn brauchbare auf Video aufgezeichnete Aussagen sind nur dann zu erwarten, wenn der Zeuge mit einer solchen Maßnahme einverstanden ist.

48 Auch Aufnahmen für Verfahrenszwecke sind nicht zulässig, wenn durch sie die Gefahr einer **Beeinträchtigung der Wahrheitsfindung** besteht oder eine **Verletzung von Persönlichkeitsrechten** zu besorgen ist. Dies erscheint indes nur in besonders gelagerten Ausnahmefällen denkbar (näher dazu LR[24] § 169, 48 f).

49 **c) Aufzeichnungen durch Verfahrensbeteiligte.** Der Verteidiger hat zwar grundsätzlich auch das Recht, (durch Angestellte oder Zuhörer) die Erklärungen der Prozeßbeteiligten mitstenographieren zu lassen[170]. Anders als beim Gericht, das seine Befugnisse aus der Wahrheitsfindungspflicht herleitet, kann daraus aber nicht abgeleitet werden, daß ihm auch ein eigenes Recht zu erlaubnisfreier Tonbandaufnahme der Verhandlung zustehe[171]. Dabei ist vor allem von Bedeutung, daß bei Aufnahmen von Verteidigern das Gericht keine Gewähr dafür übernehmen kann, daß die Aufnahmen nicht Unbefugten in die Hände gelangen und für verfahrensfremde Zwecke mißbraucht werden; zumal der Verteidiger befugt wäre, diese auch dem Beschuldigten vorzuspielen[172]; die Aushändigung einer Kopie ist dagegen wegen der Gefahr mißbräuchlicher Verwendung nicht zulässig. Deswegen ist es hier geboten, eine Aufnahme durch bzw. für Verfahrensbeteiligte weit strengeren Voraussetzungen zu unterwerfen. Neben den auch für Aufnahmen des Gerichts geltenden Voraussetzungen (Belehrung, keine Gefährdung der Wahrheitsfindung, keine Verletzung von Persönlichkeitsrechten) ist hier weiter zu fordern, daß alle Verfahrensbeteiligten einschließlich der Beweispersonen, deren Aussage aufgenommen werden soll, der Aufzeichnung (vorher) zugestimmt haben[173]. Weiter muß ausreichende Gewähr dafür bestehen, daß eine mißbräuchliche Verwendung einschließlich einer Weitergabe an die Medien ausgeschlossen ist[174]. Schließlich darf der Verhandlungsablauf und die Sicherheit im Sitzungssaal nicht durch die benötigte technische Ausrüstung gestört werden. Liegen diese Voraussetzungen vor, bestehen gegen die Zulässigkeit von Aufzeichnungen durch den Verteidiger keine Bedenken; andernfalls hat der Vorsitzende die Aufzeichnung im Rahmen seiner sitzungspolizeilichen Befugnisse zu verhindern. Will ein Verteidiger oder Staatsanwalt lediglich sein eigenes Plädoyer für eigene Zwecke aufzeichnen, kann auf das Erfordernis der Zustimmung der übrigen Verfahrensbeteiligten und besondere Sicherungsmaßnahmen verzichtet werden[175]. Das vorstehend für Verteidiger Ausgeführte gilt für anwaltliche Beistände anderer Verfahrensbeteiligter (Nebenkläger, Privatkläger, nebenklagebefugter Verletzter), nicht aber für Beistände „normaler Zeugen" entsprechend.

50 **d) Verfahrensfragen.** Vor Beginn der Aufzeichnung sind alle im Gerichtssaal anwesenden Personen, später hinzukommende Zeugen nachträglich, über die Aufzeich-

---

169 BTDrucks. **13** 7165 in der Begründung zu § 58a StPO.

170 *Kleinknecht/Meyer-Goßner*[45] 15.

171 *Katholnigg*[3] 8 geht von einem Anspruch der Verfahrensbeteiligten auf Gestattung derartiger Aufnahmen aus.

172 OLG Hamburg NStZ **1992** 50.

173 OLG Düsseldorf NJW **1990** 2898 = StV **1991** 102 mit Anm. *Kühne*; *Marxen* NJW **1977** 2188.

174 Die Weitergabe von Informationen durch Verteidiger an die Medien dürfte inzwischen nicht selten vorkommen, vgl. *Wagner* Strafprozeßführung über Medien S. 17 ff, 50 ff.

175 *Kissel*[3] 81.

nung und deren Zweck zu unterrichten und darüber, daß diese nicht veröffentlicht wird, zu belehren. Es empfiehlt sich auch zu fragen, ob sie der Aufzeichnung zustimmen. Dies und die Antworten der Verfahrensbeteiligten sind zu protokollieren. Die Tonaufzeichnungen sind durch geeignete technische Verfahren gegen jede Art der Veränderung zu sichern. Sie sind zu den Akten zu nehmen und unterliegen – ebenso wie angefertigte Abschriften – dem Akteneinsichtsrecht des Verteidigers[176]. Bei der Akteneinsicht an den Verteidiger kommt eine Aushändigung zur Mitnahme in die Kanzlei wegen ihrer Ähnlichkeit zu den Beweismitteln regelmäßig nicht in Betracht, und zwar weder der Originalaufzeichnung noch eines Duplikats[177]. Einen Anspruch darauf, daß Justizschreibkräfte Abschriften der Tonaufzeichnung fertigen und ihm diese überlassen werden, hat er aber nicht[178]. Eine Entscheidung des Vorsitzenden, mit der er die Anfertigung solcher Aufzeichnungen anordnet, ist nicht mit der Beschwerde anfechtbar[179].

5. Weitergehende Einschränkungen zum Schutz der Persönlichkeitsrechte. Über § 169 51
S. 2 hinaus kann sich die Notwendigkeit zu weitergehenden Einschränkungen ergeben, die ihre materielle Rechtfertigung im Schutz der Persönlichkeitsrechte der Verfahrensbeteiligten und ihre formelle Festlegung in sitzungspolizeilichen Anordnungen des Vorsitzenden oder in kraft des Hausrechts vom Gerichtspräsidenten getroffenen Anordnungen haben[180]. Dies gilt insbesondere in Bereichen, in denen § 169 S. 2 noch Lücken läßt, und zwar für notwendige Maßnahmen sowohl innerhalb der Verhandlung als auch außerhalb der Verhandlung.

In der Hauptverhandlung zählen hierzu beispielsweise die regelmäßig auf einer – all- 52
gemein akzeptierten, aber nur ganz selten expressis verbis ausgesprochenen – Anordnung des Vorsitzenden beruhenden Verbote, während der Hauptverhandlung zu fotografieren oder Tonaufzeichnungen für private Zwecke anzufertigen[181]. Auch Verfügungen des Vorsitzenden, die in besonderen Gefährdungslagen Pressefotos im Sitzungsbereich untersagen, sind von Verfassungs wegen nicht zu beanstanden[182].

Das Aufnahmeverbot des § 169 S. 2 gilt nicht **außerhalb der Verhandlung** und damit 53
auch nicht für bestimmte Zeiträume, in denen bereits die Verfahrensbeteiligten und das Gericht im Sitzungssaal sind (s. Rdn. 42). Es gilt ferner nicht für den räumlichen Bereich außerhalb des Sitzungssaales unabhängig davon, ob sich die sitzungspolizeilichen Befugnisse des Vorsitzenden auf diesen noch erstrecken (dazu § 176, 6) oder ob insoweit nur der Gerichtspräsident kraft des Hausrechts eingreifen kann. Damit bleibt eine Lücke, in der Verfahrensbeteiligte, seien sie Angeklagte, Verteidiger, Tatopfer oder Zeugen, dem Zugriff der Medien schutzlos ausgeliefert sein können, obwohl es ihnen auch dann peinlich sein kann, einem Ansturm von Bildreportern oder Fernsehteams ausgesetzt zu sein,

---

176 Jetzt gesetzlich klargestellt: § 58a Abs. 2 S. 2 StPO in Verbindung mit §§ 147, 406e StPO; damit ist die frühere abweichende Auffassung (vgl. OLG Koblenz NStZ **1988** 42) überholt. Dazu *Marxen* NJW **1977** 2188, 2190; *Kleinknecht/Meyer-Goßner*[45] 11 und § 147, 14 StPO.

177 Dies entspricht der Handhabung beim Bundesverfassungsgericht, siehe oben Fußn. 166.

178 Vgl. dazu OLG Hamburg MDR **1977** 688 betreffend einen Fall, in dem sich die Gerichtsverwaltung aus Personalmangel weigerte, Abschriften von Tonaufzeichnungen zu fertigen. Auch dies entspricht der Handhabung beim Bundesverfassungsgericht, siehe oben Fußn. 166.

179 OLG Hamburg MDR **1977** 248; OLG Braunschweig StV **1987** 332 für den Fall einer Verhandlungsunterbrechung, um die für die angeordnete Aufnahme erforderlichen technischen Vorbereitungen zu treffen.

180 BGHSt **23** 123; Begründung zum Regierungsentwurf, BTDrucks. **IV** 178 S. 45; *Maul* MDR **1970** 286; *Kissel*[3] 89.

181 *Kleinknecht/Meyer-Goßner*[45] 15 und § 176, 15; KK-*Diemer*[4] 13; *KMR*[7] 13 und § 176, 8; *Kissel*[3] 65; *Eb. Schmidt* Vor § 169, 8; *Maul* MDR **1970** 188.

182 BVerfG NJW **1996** 310.

dem sie sich durch Verdecken des Gesichts usw. zu entziehen suchen. Hier können der Vorsitzende mit sitzungspolizeilichen Anordnungen und – außerhalb des räumlichen und zeitlichen Bereichs der Sitzungspolizei – der Gerichtspräsident als Inhaber des Hausrechts weitergehende Anordnungen erlassen, beispielsweise ein allgemeines Fotografier-, Film- und Tonaufnahmeverbot[183]. Der Vorsitzende und der Hausrechtsinhaber haben bei der Entschließung über den Gebrauch ihrer Rechte ein berechtigtes Informationsinteresse der Allgemeinheit und die Rundfunkfreiheit (Art. 5 GG) gegenüber den schutzwürdigen Persönlichkeitsbelangen der Beteiligten abzuwägen[184] (näher dazu Vor § 169, 20). Bei Widerspruch eines Verfahrensbeteiligten gegen Aufnahmen ihrer Person folgt aus dem Recht am eigenen Bild – soweit sie nicht Personen der Zeitgeschichte sind (§§§ 22, 23 KUG) –, daß der Vorsitzende im Rahmen der gerichtlichen Fürsorgepflicht seine sitzungspolizeilichen Befugnisse zur Abwehr unerwünschter Aufnahmen einsetzt[185].

54 Dabei kann er jedoch im Hinblick auf das aus der **Pressefreiheit** abgeleitete Recht der Presse auf freien Zugang zur Information Beschränkungen unterworfen sein, die es gebieten, bei Verfahren von besonderem öffentlichen Interesse wenigsten kurzzeitig Fernsehaufnahmen zu gestatten, wenn die Fernsehgesellschaften, beispielsweise durch eine Pool-Lösung[186], die Beeinträchtigung der Ordnung in der Sitzung so gering wie möglich halten. Hierzu hat die Entscheidung des Bundesverfassungsgerichts[187] zur Zulässigkeit von Fernsehaufnahmen im Sitzungssaal außerhalb der Verhandlung eine Präzisierung des verfassungsrechtlichen Maßstabes gebracht (dazu Vor § 169, 20).

55 **6. Erweiterung des Satzes 2 im Wege der Analogie?** Nach *Roxin*[188] zwingt die ratio des § 169 S. 2 dazu, das darin ausgesprochene Verbot im Wege der Analogie auf andere Fälle einer über die Gerichtssäle hinausgreifende Öffentlichkeitserweiterung zu erstrecken, hauptsächlich auf die Fälle, in denen Strafverhandlungen wegen besonderen öffentlichen Interesses oder „übermäßigen Publikumsandrangs" in großen Sälen außerhalb des Gerichtsgebäudes stattfinden. Denn dann beständen die gleichen Gefahren für die Wahrheitsfindung wie bei Rundfunkaufnahmen zwecks öffentlicher Vorführung. Darüber hinaus stehe dem Angeklagten das Recht zu, sich unter Berufung auf seine Personenwürde zu verbitten, „daß er über die begrenzte Öffentlichkeit des Gerichtssaales hinaus zum Schauobjekt einer sensationsbedürftigen Menge degradiert wird". Daß § 169 S. 2 unanwendbar sei, ist im Schrifttum – unter anderen Gesichtspunkten – bemängelt worden. Das von *Roxin* vertretene Analogiebedürfnis besteht indessen nicht. Zunächst bedeutet es nicht nur einen graduellen, sondern einen essentiellen Unterschied, ob sich die Prozeßbeteiligten – wie bei den in § 169 S. 2 bezeichneten Aufnahmen – den Blicken und der Kritik einer in die Millionen gehenden anonymen Zahl von Zuschauern und Zuhörern ausgesetzt fühlen oder nur der auch bei einem noch so großen Sitzungsraum vergleichsweise kleinen und übersehbaren Zahl von Zuhörern. Im übrigen gibt es aber – jedenfalls in Großstädten – innerhalb der zum Gericht gehörenden Gebäudeteile oft einen ausreichend großen Sitzungssaal, der den räumlichen Bedürfnissen eines

---

183 Vgl. dazu Nr. 129 Abs. 3 bis 5 RiStBV und BGHSt **23** 123, 125 f; *Katholnigg*[3] 8.

184 Nr. 23, 129 RiStBV; *Katholnigg*[3] 8.

185 Dazu *Eb. Schmidt* DRiZ **1968** 95 und eingehend *Maul* MDR **1970** 287.

186 Unter einer Pool-Lösung ist zu verstehen, daß die interessierten Fernsehgesellschaften sich – ggf. in turnusmäßigem Wechsel – darauf verständigen, daß jeweils nur ein Aufnahmeteam im Gerichtssaal ist, dessen Aufnahmen den übrigen Fernsehgesellschaften jeweils unentgeltlich zur Verfügung gestellt werden.

187 BVerfGE **91** 125 = NJW **1995** 40 = JZ **1995** 295 mit Anm. *Stürner*.

188 Aktuelle Probleme 400 ff und *Roxin*[25] § 45 Rdn. 2.

Großverfahrens mit einer Vielzahl von Angeklagten, Verteidigern, Sachverständigen jeder Art, von Zeugen und Nebenklägern mit ihren Anwälten – die *Roxin* offenbar nicht berücksichtigt hat – Rechnung tragen muß, auch genügend groß sein muß, um bei Strafverfahren, die unter Umständen weltweites Aufsehen erregen, Presseberichterstatter aus dem In- und Ausland aufzunehmen. Die Zulässigkeit eines besonders großen Sitzungssaales kann nicht davon abhängen, ob ein solcher bereits im Gebäude des verhandelnden Gerichts vorhanden ist.

IX. Revision

1. Kein Verzicht durch Prozeßbeteiligte. Sowohl hinsichtlich der Öffentlichkeit allgemein als auch hinsichtlich des Aufnahmeverbots des S. 2 ist es ohne Bedeutung, ob sich ein betroffener Beteiligter mit einem unzulässigen Öffentlichkeitsausschluß oder verbotswidrigen Aufnahmen ausdrücklich oder stillschweigend einverstanden erklärt oder sie sogar gewünscht hat[189]; die Revisionsrüge aus § 338 Nr. 6 StPO ist unverzichtbar und der Verwirkung entzogen[190]. Dies hat seinen Grund darin, daß der Grundsatz der Öffentlichkeit (s. hierzu Vor § 169, 2 ff) und das Aufnahmeverbot des Satz 2 (s. hierzu oben Rdn. 41) nicht Individualinteressen, sondern dem Interesse der Allgemeinheit dienen. 56

2. Verantwortlichkeit des Gerichts für Beeinträchtigungen der Öffentlichkeit. Hier geht es nicht darum, ob die in Rdn. 58 genannten Beispielfälle mit § 169 S. 1 vereinbar sind, was zweifelsfrei zu verneinen ist[191], sondern darum, ob in solchen Fällen eine Revision Erfolg haben kann[192]. 57

Die herrschende Meinung. Wird die Öffentlichkeit (der Zugang beliebiger am Zutritt interessierter Personen), ohne daß eine die Öffentlichkeit ausschließende Anordnung des Gerichts oder des Vorsitzenden vorliegt, faktisch ausgeschlossen oder beschränkt, sei es durch Zufall (die Tür zum Gerichtsgebäude oder Sitzungsraum fällt ohne Zutun ins Schloß und versperrt den Zugang[193]), sei es durch Irrtum, Eigenmächtigkeit oder Versehen des Justizwachtmeisters oder des Urkundsbeamten – z. B. er verneint zu Unrecht die Frage, ob die Sitzung öffentlich sei[194]; er hängt ein Schild mit der Aufschrift: „Sitzung! Bitte nicht stören" aus[195] oder der Justizwachtmeister verwehrt einzelnen Personen den Zutritt in der unrichtigen Annahme, der Zuschauerraum sei voll besetzt, der Urkundsbeamte schaltet versehentlich statt der Lichtnachricht „Öffentliche Sitzung" die andere „Nichtöffentliche Sitzung" ein – so begründet dies die Revision aus § 338 Nr. 6 StPO nicht, wenn der tatsächliche Ausschluß ohne Zutun oder Kenntnis des Gerichts oder des Vorsitzenden erfolgte[196], es sei denn, daß das Gericht (der Vorsitzende) bei 58

---

[189] BGHSt **22** 83 = NJW **1968** 804 mit Anm. *Eb. Schmidt* = JZ **1968** 803 mit Anm. *Roxin*; OLG Frankfurt JR **1987** 81 mit Anm. *Schlüchter*; *Kuhlmann* NJW **1974** 1232; KK-*Diemer*[4] 5; *Kissel*[3] 19, 58.

[190] OLG Frankfurt JR **1987** 81 mit Anm. *Schlüchter*.

[191] **A. A** BGHSt **21** 72; **22** 297, wo jeweils mit Bezug auf einen der in Rdn. 58 genannten Beispielfälle davon die Rede ist, daß „die Vorschriften über die Öffentlichkeit nicht verletzt" seien. Ebenso BGH Urteil vom 21.9.1993 – 5 StR 400/93. BGH NStZ **1995** 143 formuliert dagegen, daß „eine Verletzung der Vorschriften über die Öffentlichkeit der Hauptverhandlung i. S. des § 338 Nr. 6 StPO nicht vor(lag)".

[192] Ebenso BFHE **143** 487; VGH Baden-Württemberg BWVP **1990** 257; dazu auch § 338, 113 f StPO.

[193] BGHSt **21** 72 mit ablehnender Anm. *Beck* NJW **1966** 1976.

[194] BGHSt **22** 297.

[195] OLG Bremen MDR **1966** 864.

[196] So die Rechtsprechung des Reichsgerichts, s. RGSt **43** 188; **71** 377; weitere Nachweise in BGHSt **22** 297.

Anwendung der gebotenen Sorgfalt und Umsicht die Beschränkung der Öffentlichkeit hätte bemerken oder beseitigen können, also seine Aufsichtspflicht vernachlässigt hat[197]. Jedoch dürfen die Anforderungen an die Beobachtungspflicht des Gerichts und insbesondere des Vorsitzenden, der durch die Leitung der Verhandlung in Anspruch genommen ist, nicht überspannt werden[198], wie es aber zuweilen geschah[199]. Wird z. B. über längere Zeit hindurch für Verhandlungen ein Raum außerhalb des Gerichtsgebäudes benutzt, der durch Hinweisschilder deutlich bezeichnet ist, so gehört es nicht zu den Aufgaben des Gerichts (Vorsitzenden), jeweils am Sitzungstag zu überprüfen, ob die Schilder auch noch angebracht sind[200]. Andererseits ist die Aufsichtspflicht erhöht, wenn das Gericht an ungewohnten Orten, etwa dem Gesellschaftsraum einer Gaststätte[201] oder (an einem Freitagnachmittag) in einem justizfremden Gebäude[202], verhandelt.

59 **Mindermeinung.** Davon abweichend geht eine im Schrifttum vertretene Auffassung dahin, daß der tatsächliche Ausschluß der Öffentlichkeit, unabhängig ob er auf einem Verschulden des Gerichts (des Vorsitzenden) beruht, den Revisionsgrund des § 338 Nr. 6 StPO bilde[203]. Zur Begründung wird etwa geltend gemacht, auf ein Verschulden des Gerichts könne es nicht ankommen, da es ja auch für die Revisibilität eines Verfahrensfehlers des Tatrichters keine Rolle spiele, ob den Tatrichter daran ein Verschulden treffe[204], auch seien die staatsbürgerlichen Rechte des potentiellen Zuschauers objektiv und subjektiv betroffen, und das öffentliche Vertrauen zur Justiz werde gefährdet[205].

60 **Stellungnahme.** Die herrschende Meinung in der Ausprägung, die sie durch die höchstrichterliche Rechtsprechung gefunden hat, verdient den Vorzug[206]. Da es sich bei § 338 Nr. 6 StPO um einen absoluten Revisionsgrund handelt, bei dem eine entsprechende Revisionsrüge auch Erfolg hat, wenn der Fehler ohne Einfluß auf das Urteil geblieben ist, wäre es nicht angemessen, wenn auch Fehler, die sich außerhalb des Einflußbereichs der Richter ereignen, zur Aufhebung eines Urteils führen können. Auch die übrigen absoluten Revisionsgründe beruhen auf Umständen, die in den Verantwortungsbereich der Richter fallen. Dies gilt auch für Besetzungsfehler, die in der Regel nur dann gerügt werden können, wenn vorher bereits das Gericht Gelegenheit hatte, seine Besetzung zu überprüfen, und damit die entsprechende Verantwortung übernommen hat. Bei dem absoluten Revisionsgrund der Beeinträchtigung der Verteidigung führt nicht einmal eine Fehlentscheidung des Vorsitzenden sondern nur eine solche des Gerichts zur Urteilsaufhebung. Dieser Vergleich mit den übrigen absoluten Revisionsgründen zeigt, daß nur Öffentlichkeitsverstöße, die in den Verantwortungsbereich des Gerichts oder des Vorsitzenden fallen, sei es, weil eine die Öffentlichkeit betreffende Ent-

---

[197] BGHSt **21** 72 = LM § 169 Nr. 8 mit zustimmender Anm. *Willms*; BGHSt **22** 297; **23** 220; BGH bei *Holtz* MDR **1990** 1070; BGH bei *Miebach/Kusch* NStZ **1991** 122; BGH Urteil vom 21. 9. 1993 – 5 StR 400/93 –; BGH NStZ **1995** 143; BayObLG GA **1970** 242; OLG Hamm NJW **1960** 72; **1970** 72; OLGSt § 169, 14; OLG Bremen MDR **1966** 864; OLG Köln OLGSt § 169, 17; *Kuhlmann* NJW **1974** 1232; *Hilger* NStZ **1983** 342; *Kleinknecht/Meyer-Goßner*[45] § 338, 49 f StPO; KK-*Kuckein*[4] § 338, 89 StPO; *KMR*[7] § 338, 7d StPO; HK-*Temming*[3] § 338, 32 StPO; *Katholnigg*[3] 9; *Kissel*[3] 55 ff; *Baumbach/Lauterbach-Albers*[59] 4; *Zöller-Gummer*[22] 11; *Münch-Komm-Wolf*[2] 60; *Wieczorek/Schütze-Schreiber*[3] 31; *Wolf*[6] § 25 V 1.

[198] BGHSt **22** 297; KK-*Diemer*[4] 12; *Kissel*[3] 56.

[199] So die von *Kuhlmann* NJW **1974** 1231 berichtete Entscheidung des OLG Hamm.

[200] BayObLG GA **1970** 242.

[201] OLG Hamm NJW **1960** 785.

[202] BGH StV **1981** 3.

[203] So *Eb. Schmidt* 13; *Beck* NJW **1966** 1976; *Roxin*[25] § 45 Rdn. 19; *Dahs/Dahs* Revision[6] Rdn 198; AK-*Maiwald*, § 338, 32 StPO.

[204] So *Roxin*[25] § 45 Rdn. 19.

[205] So *Dahs/Dahs* Revision[6] Rdn. 198.

[206] So auch LR-*Hanack* § 338, 113 f StPO und die Fußn. 197 genannten Entscheidungen und Autoren.

scheidung falsch war, sei es, weil das Gericht seiner Aufsichtspflicht nicht nachgekommen ist, ein solches Gewicht haben, daß ihre Einstufung als absolute Revisionsgründe gerechtfertigt ist. Dabei ist ferner zu berücksichtigen, daß einige der übrigen Revisionsgründe von der Verfassung geschützte Grundrechte, etwa den Anspruch auf den gesetzlichen Richter (§ 338 Nr. 1 bis 3) oder das rechtliche Gehör (§ 338 Nr. 5 StPO), schützen, während dem Öffentlichkeitsprinzip ein solcher Rang nicht zukommt (dazu Vor § 169, 6). Schließlich spricht für die herrschende Meinung, daß – nicht anders als etwa bei einem Streit über die Bedeutung des § 338 Nr. 1 (dazu bei § 16) – die durch § 338 Nr. 6 geschützten Interessen eine solche Formstrenge zu Lasten der rechtsstaatlichen Justizgewährungspflicht nicht verlangen.

Der Rdn. 58 dargestellte Grundsatz beschränkt sich nicht auf Fälle tatsächlichen Ausschlusses durch Fehlhandlungen von Justizangehörigen, sondern gilt auch bei **Fehlverhalten justizfremder Personen**. So hat das Oberlandesgericht Düsseldorf[207] in einem Fall, wo eine Verhandlung im Nebenraum einer Gaststätte stattfand, mit Recht eine Verletzung des § 169 verneint, als das Bedienungspersonal Personen, die nach seiner Auffassung nur die Gaststätte besuchen wollten und an der Verhandlung nicht interessiert waren, vom Eintritt in den Verhandlungsraum abhielt, weil dort keine Bedienungsmöglichkeit bestehe. Andererseits hat das Oberlandesgericht Hamm zutreffend eine Verletzung bejaht, als das Gericht nicht bemerkte, daß die Gastwirtschaft, in deren Nebenraum es verhandelte, an jenem Tage geschlossen war, so daß ein Zugang nur noch über einen Hintereingang möglich war[208]. Entsprechendes muß folgerichtig auch gelten bei Fehlverhalten anderer Außenstehender, z. B. der Polizei, die bei drohenden Unruhen das Gerichtsgebäude bewacht und einzelnen Personen in Verkennung der tatsächlichen Sachlage den Zutritt verwehrt; erfährt der Vorsitzende hiervon, ist er verpflichtet, für Abhilfe zu sorgen, oder notfalls die Verhandlung zu vertagen[209]. Ist die Polizei auf Anforderung des Gerichts zum Schutz der Verhandlung tätig geworden, hat das Gericht auch insoweit eine Aufsichtspflicht. Fehlentscheidungen des Gerichtspräsidenten bei der Ausübung des Hausrechts, die sich als unzulässige Einschränkung der Öffentlichkeit darstellen, sind dem Gericht zuzurechnen[210]. 61

3. Unzulässige Einschränkungen der Öffentlichkeit

a) Grundsatz. Unzulässige Einschränkungen der Öffentlichkeit, die dem Gericht nach dem oben Rdn. 58 Ausgeführten zuzurechnen sind, stellen einen absoluten Revisionsgrund nach § 338 Nr. 6 StPO dar. Auch der Verteidiger, der selbst den Ausschluß der Öffentlichkeit beantragt hatte, kann die fehlende oder fehlerhafte Begründung rügen, da die Vorschriften über die Öffentlichkeit für den Angeklagten nicht verzichtbar sind[211]. Das Revisionsgericht ist nicht befugt, den Grund für den Ausschluß der Öffentlichkeit auszutauschen und statt des vom Tatgericht angenommenen unzutreffenden Grundes einen zutreffenden anzunehmen[212]. Hinsichtlich der näheren Einzelheiten zu diesem absoluten Revisionsgrund wird auf die ausführliche Darstellung bei § 338, 103 ff StPO verwiesen. 62

---

207 OLG Düsseldorf JMBlNRW **1966** 23.
208 OLG Hamm NJW **1960** 785.
209 Vgl. BGH NJW **1980** 249.
210 *Stürner* JZ **1972** 666.
211 BGH bei *Holtz* MDR **1978** 461; vgl. aber auch BGH NStZ **1999** 372, wo es im Fall des § 171b für denkbar gehalten wird, nach Ausschluß der Öffentlichkeit auf Antrag des Verteidigers dessen diesbezügliche Revisionsrüge als rechtsmißbräuchlich anzusehen.
212 BGHSt **30** 193, 196; BGH NStZ **1986** 86; **1987** 86; StV **1996** 134; *Park* NJW **1996** 2213.

63 **b) Umfang der Prüfung des Revisionsgerichts.** Das Revisionsgericht kann die Richtigkeit einer die Öffentlichkeit ausschließenden Entscheidung inhaltlich nur begrenzt nachprüfen. Uneingeschränkt nachprüfbar ist die Anwendung der vom Tatrichter verwandten Rechtsbegriffe[213], etwa Verletzter, Gefährdung, Sittlichkeit[214] oder Geschäftsgeheimnis. Ebenso kann eine Überprüfung auf Ermessensfehler durch Verzicht auf eine Ermessensentscheidung, die Überschreitung von Ermessensgrenzen oder Ermessensfehlgebrauch in Betracht kommen[215], sofern der Ausschließungsbeschluß dafür – ausnahmsweise – Anhaltspunkte geben sollte. Fehler bei der Bewertung des Sachverhalts bei Anwendung dieser Rechtsbegriffe sind der Prüfung durch das Revisionsgericht dagegen schon deswegen entzogen[216], weil der Tatrichter die diese Rechtsbegriffe nach seiner Wertung ausfüllenden Tatsachen in der Begründung des die Öffentlichkeit ausschließenden Beschlusses nicht darzulegen braucht (dazu § 174, 14) und, wenn nicht das Urteil dazu aus anderen Gründen Ausführungen enthält, das Revisionsgericht auf eine freibeweislich vorzunehmende Rekonstruktion der Hauptverhandlung angewiesen wäre. Schließlich unterliegt der Prüfung des Revisionsgerichts die Einhaltung der vom Tatgericht zu beachtenden Vorschriften über das Verfahren bei Ausschluß der Öffentlichkeit; hier liegt ein deutlicher Schwerpunkt in der Rechtsprechung der Revisionsgerichte.

64 **c) Ausnahmsweise Erfolglosigkeit einer Revision.** In der neueren Rechtsprechung des Bundesgerichtshofes zeichnet sich eine Entwicklung ab, in Fällen, in denen es ausnahmsweise ausgeschlossen erscheint, daß ein Verstoß gegen die gesetzlichen Bestimmungen über die Öffentlichkeit sich auf das Urteil ausgewirkt haben kann, einer darauf gestützten Revision den Erfolg zu versagen. Dies ist zunächst in Fällen zu beobachten, in denen ein während ausgeschlossener Öffentlichkeit durchgeführter Vorgang nicht im Zusammenhang mit dem Grund des Öffentlichkeitsausschlusses steht und deswegen nicht in nichtöffentlicher Verhandlung hätte erfolgen dürfen, etwa wenn ein erteilter rechtlicher Hinweis nicht der später gefällten Entscheidung entsprach[217], eine Zeugenaussage sich als völlig unergiebig erwies, so daß alle Verfahrensbeteiligten auf eine Wiederholung der Vernehmung in öffentlicher Verhandlung verzichteten[218], oder der Verfahrensabschnitt oder rechtliche Hinweis nur einen später nach § 154 Abs. 2 StPO eingestellten Tatvorwurf oder nach § 154a Abs. 2 StPO ausgeschiedenen rechtlichen Gesichtspunkt betraf[219]. Diese Fälle haben gemeinsam, daß der fehlerhaft nichtöffentlich erfolgte Verfahrensteil auch ganz hätte entfallen können, ohne daß die gerichtliche Entscheidung anders hätte lauten müssen, der Verfahrensteil sich folglich im Nachhinein als überflüssig erwies. Ebenfalls zeichnet sich eine Entwicklung ab, nicht bei jedem Verstoß gegen die in § 174 Abs. 1 S. 3 festgelegten Anforderungen an die Begründung eines die Öffentlichkeit in den Fällen der §§ 171b, 172 und 173 ausschließenden Beschlusses eine Revisionsrüge durchgreifen zu lassen. Hier hat der 1. Strafsenat – nach vorangegangenem Anfrageverfahren nach § 132 Abs. 3[220] – in einem Fall der §§ 171b, 172 Nr. 1 entschieden[221], daß ausnahmsweise eine § 174 Abs. 1 S. 3 nicht genügende

---

213 *Kissel*[3] 15.

214 Vgl. BGHSt **38** 248; BGH NJW **1986** 200.

215 *Kissel*[3] 16.

216 Ähnlich KK-*Kuckein*[4] § 338, 90 StPO, der eine Bindung des Revisionsgerichts an die diesbezüglichen tatrichterlichen Feststellungen annimmt.

217 BGH NStZ **1999** 371 = StV **2000** 248 mit abl. Anm. *Ventzke*; vgl. auch BGH NStZ **1996** 49.

218 BGHSt **33** 99 = NStZ **1985** 422 mit Anm. *Schöch* = StV **1985** 402 mit Anm. *Fezer* (ein Zeuge war versehentlich nichtöffentlich vernommen und dies sofort anschließend bemerkt worden, worauf alle Verfahrensbeteiligten auf den Zeugen, dessen Aussage unergiebig gewesen war, verzichteten); KK-*Diemer*[4] 2.

219 BGH MDR **1995** 1160; NStZ **1996** 49; **1999** 371 = StV **2000** 248 mit abl. Anm. *Ventzke*.

220 Anfragebeschluß: BGH NStZ **1999** 92.

221 BGHSt **41** 117 mit kritischer Anm. *Rieß* JR **2000** 251; *Gössel* NStZ **2000** 181; *Park* StV **2000** 244; **a. A** *Kissel*[3] § 174, 11.

Beschlußbegründung einer Revision nicht zum Erfolg verhilft, wenn sich aus den Urteilsgründen[222] und dem Sitzungsprotokoll der Verfahrensablauf bis zur Entscheidung über den Ausschluß ergibt und dies aufzeigt, daß es für die Zuhörer im Gerichtssaal ohne weiteres erkennbar war, auf welche Prozeßhandlung sich die Ausschließung beziehen sollte und welche Bedeutung diesen Prozeßhandlungen zukam, und schließlich das Revisionsgericht später aus den gleichen Gründen sicher ausschließen kann, daß nach der konkreten Sachlage aus rechtlichen Gründen eine andere Entscheidung des Tatgerichts als der erfolgte Öffentlichkeitsausschluß in Betracht kam. Auch neigen der 5.[223] und 3.[224] Strafsenat des Bundesgerichtshofs neuerdings dazu, im Falle des § 171b eine Bezugnahme auf einen in öffentlicher Hauptverhandlung hinreichend begründeten Antrag auf Ausschließung der Hauptverhandlung genügen zu lassen, sofern dieser Antrag die Gründe ausreichend präzise bezeichnet und im Protokoll vollständig dokumentiert ist. Diese Entwicklung hat Kritik gefunden[225]. Die damit verbundene Aufweichung der absoluten Revisionsgründe erscheint nicht unbedenklich[226], weil sie letztlich auf eine Abwertung des Öffentlichkeitsgrundsatzes hinausläuft. Andererseits betrifft die Frage der ordnungsgemäßen Begründung des die Öffentlichkeit ausschließenden Beschlusses vorrangig das Verfahren bei Ausschluß der Öffentlichkeit und nicht die Fehlerhaftigkeit des Öffentlichkeitsausschlusses selbst[227]; damit erinnert der Streit ein wenig an die früher strittige Frage (dazu § 338, 111 StPO), welche Formstrenge für die Verhandlung nach § 174 Abs. 1 S. 1 gilt, bei der sich die gemäßige Auffassung des Bundesgerichtshofs durchgesetzt hat. Der vom 1. Strafsenat entschiedene Fall zeigt, daß trotz eines solchen Begründungsfehlers die Funktionen der Beschlußbegründung, nämlich dem Revisionsgericht eine Nachprüfung der Ausschlußentscheidung zu ermöglichen und die Verfahrensbeteiligten sowie die Zuhörer über den Grund des Öffentlichkeitsausschlusses zu informieren[228], im Einzelfall durchaus gesichert sein können, weil beispielsweise das Protokoll einen in öffentlicher Hauptverhandlung gestellten und ausreichend begründeten Ausschlußantrag dokumentiert und der Verfahrensablauf verdeutlicht, daß das Gericht die Entscheidung auf die in diesem Antrag aufgeführten Gründe stützt. Der festgestellte Fehler blieb damit auf die für den Grundsatz der Öffentlichkeit primäre Frage, ob diese zu Recht ausgeschlossen war, ohne Bedeutung. Man sollte daher für die Entscheidung des 1. Strafsenats im Einzelfall, ein in jeder Hinsicht als richtig erkanntes Urteil nicht aufzuheben und damit auch der Geschädigten eine nochmalige belastende Vernehmung (und der bis an ihre Grenzen belasteten Justiz eine ressourcenaufwendige Wiederholung der Hauptverhandlung) zu ersparen, nicht wegen eines handwerklichen Formfehlers des Gerichts aufzuheben, Verständnis haben.

4. Unzulässige Erweiterungen der Öffentlichkeit. Streitig ist, ob unzulässige Erweiterungen der Öffentlichkeit – etwa durch unzulässige Ausweitung der Öffentlichkeit nach Satz 2[229], die Zulassung von Zuhörern nach § 175 Abs. 2[230] oder die Ablehnung eines 65

[222] Das Verfahren betraf eine Vergewaltigung in Tateinheit mit sexueller Nötigung, vorsätzlicher Körperverletzung und Freiheitsberaubung zum Nachteil einer früheren Partnerin des Angeklagten.

[223] BGH NStZ **1994** 591.

[224] BGH NStZ **1999** 372; bei *Becker* NStZ-RR **2002** 257, 262.

[225] *Rieß* JR **2000** 251; *Gössel* NStZ **2000** 181; *Park* StV **2000** 244; *Ventzke* StV **2000** 250.

[226] Eingehend dazu *Rieß* JR **2000** 251; *Gössel* NStZ **2000** 181.

[227] Vgl. hierzu die Forderung des 54. Dt. Juristentages 1982, den absoluten Revisionsgrund des § 338 Nr. 6 unter Herausnahme von Verfahrensfehlern auf inhaltliche Fehler zu beschränken – dazu Vor § 169, 29.

[228] BGH StV **1982** 108; *Park* NJW **1996** 2213; *Park*, StV **2000** 246; dazu § 174, 14.

[229] BGHSt **36** 119 = NStZ **1989** 375 mit abl. Anm. *Roxin* = StV **1989** 289 mit Anm. *Fezer* = JR **1990** 385 mit abl. Anm. *Meurer*.

[230] BGH bei *Pfeiffer* NStZ **1981** 297; bei *Pfeiffer/Miebach* NStZ **1985** 207.

Antrags auf Ausschluß der Öffentlichkeit[231] – ebenfalls den absoluten Revisionsgrund des § 338 Nr. 6 StPO erfüllen[232] oder – so die h. M – einer Revision nur zum Erfolg verhelfen, wenn das Urteil auf diesem Fehler beruht (§ 337 StPO)[233]. Hierzu kann auf die Erläuterungen bei § 338, 105 ff, 108 StPO verwiesen werden.

66 **5. Heilung von Fehlern im Zusammenhang mit der Öffentlichkeit.** Ist es zu einem Verstoß gegen die Bestimmungen über die Öffentlichkeit gekommen, ist es grundsätzlich möglich, diesen Verfahrensfehler dadurch zu heilen, daß das Gericht den entsprechenden Verfahrensabschnitt vor dem Schluß der Verhandlung noch einmal wiederholt[234]. Dies gilt in erster Linie bei unzulässigen Beschränkungen der Öffentlichkeit, ist aber in Ausnahmefällen, wenn andernfalls eine Aufklärungsrüge begründet wäre, auch bei unzulässiger Ausweitung der Öffentlichkeit denkbar. Vgl. hierzu § 174, 20.

67 **6. Beweiswert des Protokolls.** Grundsätzlich ist für die revisionsgerichtliche Prüfung der Frage, ob in einem bestimmten Verhandlungsabschnitt öffentlich oder nichtöffentlich verhandelt wurde, sowie ob, in welchem Umfang und mit welcher Begründung das Gericht die Öffentlichkeit ausgeschlossen hat, das Protokoll maßgeblich. Dies gilt nicht, wenn das Protokoll offensichtlich lückenhaft oder widersprüchlich ist (dazu LR-*Gollwitzer* § 274, 23; 26 StPO). Ein solcher Fall liegt z. B vor, wenn es für den ersten Verhandlungstag den Ausschluß der Öffentlichkeit vermerkt, während laut Protokoll die Verhandlung am zweiten Tag „in öffentlicher Sitzung" fortgesetzt sein soll, oder wenn es einen Vermerk über die Wiederherstellung der Öffentlichkeit, aber keinen Vermerk über den die Öffentlichkeit zuvor ausschließenden Gerichtsbeschluß enthält. Das Revisionsgericht kann sich dann im Wege des Freibeweisverfahrens Kenntnis vom tatsächlichen Verlauf der Verhandlung verschaffen[235].

§ 170

(betrifft Verhandlungen in Familien- und Kindschaftssachen)

§ 171

(betraf Entmündigungsverfahren;
aufgehoben durch Art. 2 Nr. 3 des Betreuungsgesetzes
vom 12. 9. 1990, BGBl. I S. 2002).

231 BGH NStZ **1998** 586 mit abl. Anm. *Foth* NStZ **1999** 373.

232 *Eb. Schmidt* NJW **1968** 804; *Roxin* JZ **1968** 803; *Roxin*25 § 45 Rdn. 21 mit weit. Nachweisen; AK, § 338, 31 StPO; *Kissel*[3] 60; LR-*Hanack* § 338, 106 StPO; *Katholnigg*[3] 9 sieht einen absoluten Revisionsgrund in Fällen des gesetzlich bestimmten Öffentlichkeitsausschlusses (§ 48 JGG, § 170), dagegen einen relativen Revisionsgrund, wenn die Entscheidung im Ermessen des Gerichts steht.

233 BGHSt **36** 119 = NStZ **1989** 375 mit abl. Anm. *Roxin* = StV **1989** 289 mit Anm. *Fezer* = JR **1990** 385 mit Anm. *Meurer*; BGH, Beschluß vom 27.10. 1993 – 3 StR 512/93 betr. § 48 JGG (insoweit in BGHR StPO § 30, Selbstanzeige 1 nicht abgedruckt); *Pfeiffer*[3] § 338, 22 StPO; *Kleinknecht/Meyer-Goßner*[45] § 338, 47 StPO; *Baumbach/Lauterbach-Albers*[5] 6.

234 *Kissel*[3] 61; *MünchKomm-Wolf*[2] 70; *Wieczorek/Schütze-Schreiber*[3] 32.

235 BGHSt **16** 306, 308; **17** 220; s. auch BGH NJW **1958** 711.

§ 171a

Die Öffentlichkeit kann für die Hauptverhandlung oder für einen Teil davon ausgeschlossen werden, wenn das Verfahren die Unterbringung des Beschuldigten in einem psychiatrischen Krankenhaus oder einer Entziehungsanstalt, allein oder neben einer Strafe, zum Gegenstand hat.

Entstehungsgeschichte. § 171a wurde eingefügt durch Artikel 1 Nr. 2 des Gesetzes vom 24.11.1933 (RGBl. I 1000). Durch Art. 22 Nr. 10 EGStGB 1974 wurden die bisher hinter „Unterbringung des Beschuldigten" stehenden Worte „in einer Heil- oder Pflegeanstalt neben einer Strafe oder ausschließlich zum Gegenstand hat" durch die jetzige Fassung ersetzt. Art. 326 Abs. 5 Nr. 3 Buchstabe c EGStGB 1974 sah, ergänzt durch Gesetz vom 22.12.1977[1], die jetzige Fassung zunächst als Übergangsfassung bis zur damals geplanten Einführung sozialtherapeutischer Anstalten zum 1.1.1985 vor. Diese vorgesehene Änderung ist aufgrund des Gesetzes zur Änderung des Strafvollzugsgesetzes vom 20.12.1984[2] entfallen.

1. Grundgedanke. § 171a ermöglicht den Ausschluß der Öffentlichkeit in Strafverfahren, in denen eine intensive Erörterung der psychischen Gesundheit des Angeklagten zu erwarten ist. Die Gründe, die in diesen Fällen den Ausschluß der Öffentlichkeit rechtfertigen – die Rücksichtnahme auf die Persönlichkeit[3] –, treffen auch zu, wenn es sich um die Unterbringung eines Schuldunfähigen oder vermindert Schuldfähigen in einem psychiatrischen Krankenhaus oder in einer Entziehungsanstalt (§§ 63, 64 StGB) handelt. § 171a ermächtigt daher das Gericht, den Ausschluß der Öffentlichkeit anzuordnen, wenn das Verfahren eine solche Unterbringung des Beschuldigten, allein oder neben einer Strafe, zum Gegenstand hat, ohne daß es einer weiteren Begründung, etwa eines Rückgriffs auf § 171b, bedarf. § 171a gilt gleichermaßen für die Hauptverhandlung im subjektiven Strafverfahren wie im Sicherungsverfahren (vgl. §§ 413 ff StPO). **1**

2. Das Verfahren hat die Unterbringung neben einer Strafe **„zum Gegenstand"**, wenn diesbezügliche Erörterungen zu erwarten sind, insbesondere wenn mit der Unterbringung zu rechnen ist, auch wenn später ein Antrag nicht gestellt wird (§ 246a StPO)[4]. Wird die Schuldunfähigkeit oder die verminderte Schuldfähigkeit erörtert, ohne daß das Verfahren eine Unterbringung zum Gegenstand hat, so kommt Ausschluß der Öffentlichkeit nach § 171b in Betracht[5]. **2**

3. Ermessen. § 171a eröffnet dem Gericht ein Ermessen zur Frage, ob und ggf. für welche Verfahrensabschnitte es die Öffentlichkeit ausschließen will. Dies beruht darauf, daß in derartigen Verfahren die Frage der Schuldunfähigkeit oder verminderten Schuldfähigkeit den Schwerpunkt der Verhandlung bilden kann und deswegen die schutzwürdigen Verhandlungsteile die ganze Hauptverhandlung umfassen. Andererseits kann der Schwerpunkt der Verhandlung auch bei der Frage der Täterschaft liegen und die Frage der Schuldfähigkeit nur wenig Raum einnehmen; dann wäre es verfehlt, gemäß § 171a die Öffentlichkeit für die ganze Dauer der Hauptverhandlung auszuschließen. Im Zweifel ist die die Öffentlichkeit am wenigsten einschränkende Maßnahme zu wählen[6]. **3**

---

[1] BGBl. I S. 3104.
[2] BGBl. I S. 1654.
[3] Vgl. hierzu *Herbst* NJW **1969** 546.
[4] *Pfeiffer*[3] 1; *Kleinknecht/Meyer-Goßner*[45] 2; KK-*Diemer*[4] 1; *Katholnigg*[3] 1; *KMR*[7] 1; *Kissel*[3] 5.
[5] *Kleinknecht/Meyer-Goßner*[45] 2.
[6] *Kissel*[3] 4.

4 **4. Urteilsverkündung.** Für die Verkündung des Urteils gilt § 173, nicht § 171a[7]. Dabei werden für die Verkündung der Urteilsgründe im Sinne des § 173 Abs. 2 in den Fällen des § 171a – der selbst in § 173 Abs. 2 nicht genannt ist – oft die Voraussetzungen des § 171b vorliegen, so daß ein Ausschluß der Öffentlichkeit hierauf gestützt werden kann.

5 **5. Jugendverfahren.** In Verfahren der Jugendgerichte gegen Jugendliche gilt § 48 JGG; hier ist § 171a ohne Bedeutung. Dagegen findet § 171a Anwendung in Verfahren gegen Heranwachsende (§ 109 Abs. 1 S. 4 JGG) und in nach § 103 JGG verbundenen Verfahren vor den Erwachsenengerichten (§ 104 Abs. 2 JGG).

6 **6. Revision.** Das dem Tatgericht nach § 171a eingeräumte Ermessen unterliegt, anders als die tatbestandlichen Voraussetzungen des § 171a, keiner Überprüfung durch das Revisionsgericht[8]. Ein Verstoß gegen § 171a durch Ablehnung eines beantragten Ausschlusses der Öffentlichkeit setzt eine Reduzierung des Ermessens des Gerichts auf Null voraus und kann nur mit der Verfahrensrüge geltend gemacht werden[9].

§ 171b

(1) [1]Die Öffentlichkeit kann ausgeschlossen werden, soweit Umstände aus dem persönlichen Lebensbereich eines Prozeßbeteiligten, Zeugen oder durch eine rechtswidrige Tat (§ 11 Abs. 1 Nr. 5 des Strafgesetzbuches) Verletzten zur Sprache kommen, deren öffentliche Erörterung schutzwürdige Interessen verletzen würde, soweit nicht das Interesse an der öffentlichen Erörterung dieser Umstände überwiegt. [2]Dies gilt nicht, soweit die Personen, deren Lebensbereiche betroffen sind, in der Hauptverhandlung dem Ausschluß widersprechen.

(2) Die Öffentlichkeit ist auszuschließen, wenn die Voraussetzungen des Absatz 1 Satz 1 vorliegen und der Ausschluß von der Person, deren Lebensbereich betroffen ist, beantragt wird.

(3) Die Entscheidungen nach den Absätzen 1 und 2 sind unanfechtbar.

Schrifttum. *Böttcher* Der Schutz der Persönlichkeit des Zeugen im Strafverfahren, FS Kleinknecht (1986) 25; *Böttcher* Das neue Opferschutzgesetz, JR **1987** 133; *Dahs* Zum Persönlichkeitsschutz des „Verletzten" als Zeuge im Strafprozeß, NJW **1984** 1921; *Hirsch* Zur Stellung des Verletzten im Straf- und Strafverfahrensrecht, FS Armin Kaufmann (1989) 699; *Jung* Die Stellung des Verletzten im Strafprozeß, ZStW **93** (1981) 1147; *Kleinknecht* Schutz der Persönlichkeit des Angeklagten durch Ausschluß der Öffentlichkeit aus der Hauptverhandlung, FS Schmidt-Leichner (1977) 115; *Mertens* Persönlichkeitsschutz des Zeugen durch Ausschluß der Öffentlichkeit, NJW **1980** 2687; *Müller* Schutz des Beschuldigten/Schutz des Opfers, DRiZ **1987** 469; *Odersky* Die Öffentlichkeit der Hauptverhandlung nach dem Opferschutzgesetz, FS Pfeiffer (1988) 325; *Rieß* Zeugenschutz durch Änderung des § 338 Nr. 6 StPO? FS Wassermann (1985) 969; *Rieß* Der Strafprozeß und der Verletzte – eine Zwischenbilanz, Jura **1987** 281; *Rieß/Hilger* Das neue Strafverfahrensrecht, NStZ **1987** 145, 204; *Schöch* Die Rechtsstellung des Verletzten im Strafverfahren, NStZ **1984** 385; *Sieg* Der Ausschluß der Öffentlichkeit zum Schutz des Zeugen, NJW **1980** 379; *Sieg*

[7] *Kleinknecht/Meyer-Goßner*[45] 3; KK-*Diemer*[4] 2; *Katholnigg*[3] 1; *Eb. Schmidt* 4; *Kissel*[3] 7.

[8] *Kleinknecht/Meyer-Goßner*[45] 4; *Katholnigg*[3] 2.

[9] BGH NStZ **1998** 586 mit Anm. *Foth* NStZ **1999** 373; *Pfeiffer*[3] 3; *Kleinknecht/Meyer-Goßner*[45] 4.

Nochmals: Der Ausschluß der Öffentlichkeit zum Schutz des Zeugen, NJW **1981** 963; *Thomas* Der Zeugenbeistand im Strafprozeß, NStZ **1982** 489; *Weigend* Das Opferschutzgesetz – kleine Schritte zu welchem Ziel? NJW **1987** 1170.

Entstehungsgeschichte. Der Schutz des persönlichen Lebensbereichs eines Prozeßbeteiligten oder Zeugen war zunächst durch § 172 Nr. 2 in der Fassung des Art. 22 Nr. 10 EGStGB 1974 geschützt (Wortlaut siehe Entstehungsgeschichte bei § 172). Durch Art. 2 Nr. 1 des Opferschutzgesetzes vom 18.12.1986[1] wurde § 171b eingefügt und § 172 Nr. 2 neu gefaßt.

Übersicht

1. Vorgeschichte. Der Schutz der persönlichen Lebensverhältnisse als Grund für den Ausschluß der Öffentlichkeit wurde – von der bereits seit 1933 geltenden Regelung des § 171a abgesehen – erstmals durch das EGStGB 1974 in § 172 Nr. 2 vorgesehen[2]. Zu dessen Vorgeschichte vgl. *K. Schäfer in LR*[23] § 172, 15 ff. § 171b wurde durch das am 1. April 1987 in kraft getretene Opferschutzgesetz eingeführt. Er wurde von der Bundesregierung[3] mit folgendem Wortlaut vorgeschlagen: 1

(1) Kommen Umstände aus dem persönlichen Lebensbereich eines Prozeßbeteiligten, Zeugen oder durch eine rechtswidrige Tat (§ 11 Abs. 1 Nr. 5 des Strafgesetzbuches) Verletzten zur Sprache, so entscheidet das Gericht auf Antrag der Person, deren Lebensbereich betroffen ist, darüber, ob die Öffentlichkeit auszuschließen ist. Es schließt die Öffentlichkeit aus, soweit die öffentliche Erörterung überwiegende schutzwürdige Interessen verletzen würde und nicht das Interesse an der öffentlichen Erörterung dieser Umstände überwiegt.

(2) Unter den Voraussetzungen des Abs. 1 Satz 2 kann die Öffentlichkeit auch ohne Antrag ausgeschlossen werden.

(3) Die Entscheidungen nach den Absätzen 1 und 2 sind unanfechtbar.

---

1 BGBl. I S. 2496.
2 Zur Rechtslage davor vgl. BGHSt **23** 82.
3 BTDrucks. **10** 5305, S. 6, 22 ff.

Die Gesetz gewordene Fassung entstammt der Beschlußempfehlung des Rechtsausschusses des Bundestages[4]. Durch § 171b sind gegenüber dem bisherigen Recht insbesondere folgende Änderungen eingetreten[5]: Das für einen Öffentlichkeitsausschluß notwendige Abwägungsergebnis wird unter den Voraussetzungen des § 171b Abs. 1 S. 1 deutlich abgesenkt; nunmehr ist bereits bei Gleichgewichtigkeit der entgegenstehenden Interessen der Ausschluß der Öffentlichkeit zulässig, während § 172 Nr. 2 a. F ein Überwiegen der schutzwürdigen Privatinteressen erforderte. Ferner ist das Gericht, wenn die Voraussetzungen des § 171b Abs. 1 S. 1 vorliegen, an den Willen des Betroffenen, der ein förmliches Antrags- und Widerspruchsrecht erhält, gebunden (Abs. 1 S. 2, Absatz 2). Schließlich ist die Unanfechtbarkeit der Ausschlußentscheidung (Abs. 3) neu. § 14 Abs. 1 Nr. 1 des Untersuchungsausschußgesetzes[6] enthält eine weitgehend gleiche Regelung, die den zwingenden Ausschluß der Öffentlichkeit vorsieht.

2 **2. Zweck der Regelung.** Die Regelung versteht sich als Konsequenz aus verschiedenen Entwicklungen[7]. Zum einen erfordere das heutige Strafverfahren eine weit intensivere Persönlichkeitserforschung als zur Zeit der Schaffung der StPO. Umstände aus dem persönlichen Lebensbereich bis hin zum Intimbereich der Angeklagten und Zeugen müßten heute oft weit ausführlicher und tiefgreifender erörtert werden, als dies früher der Fall gewesen sei. Hinzu komme die heute übliche ausführliche Berichterstattung über die Tat und den Verlauf des Strafprozesses in den Medien. Diese Berichterstattung schenke oft den schützenswerten Interessen, insbesondere dem Persönlichkeitsrecht der Verfahrensbeteiligten, nicht die gebotene Beachtung. Daraus habe sich die Notwendigkeit entwickelt, den Schutz der Privatsphäre und des Persönlichkeitsrechts der Beteiligten im Strafverfahren[8] zu verstärken[9] und dort, wo es der verfassungsrechtlich gebotene Schutz der Privatsphäre gebiete, das zu den wesentlichen Elementen eines rechtsstaatlichen Strafverfahrens gehörende Öffentlichkeitsprinzip vorsichtig einzuschränken. Damit wurden der Gesetzesänderung Überlegungen zugrunde gelegt, die 1984 noch sehr umstritten waren. So hatte die strafrechtlichen Abteilung noch des 54. Dt. Juristentages 1982 nur Einzelkorrekturen auf dem Boden des geltenden Rechts zulassen wollen und weitergehende Korrekturen ausdrücklich abgelehnt[10]. Dagegen hat der 55. DJT 1984 empfohlen, die Abwägungsklausel des § 172 Nr. 2 in Richtung auf eine stärkere Betonung des Persönlichkeitsschutzes aller Prozeßbeteiligten zu ändern, und gefordert, die Möglichkeiten des geltenden Rechts zum Ausschluß der Öffentlichkeit im Interesse des Verletzten sollten großzügiger angewendet werden[11].

3 **3. Struktur der Vorschrift.** Bei der Schaffung des § 171b wurden die Erfahrungen mit der ebenfalls den Schutz des persönlichen Lebensbereichs bezweckenden Regelung des § 172 Nr. 2 a. F berücksichtigt. Dabei ging der Gesetzgeber davon aus, diese Vorschrift habe in der Praxis nicht die gewünschte Wirkung gezeigt; von ihr werde weit weniger, als

---

[4] BTDrucks. **10** 6124, S. 8, 16 (zum Wortlaut der Begründung s. unten Rdn. 17).

[5] Vgl. die Begründung des Gesetzentwurfs der Bundesregierung, BTDrucks. **10** 5305, S. 23.

[6] (betreffend die Untersuchungsausschüsse des Dt. Bundestages) vom 19.6.2001, BGBl. I S. 1142 – zitiert bei § 169, Rdn. 6.

[7] Vgl. die Begründung des Gesetzentwurfs der Bundesregierung, BTDrucks. **10** 5305, S. 22.

[8] Zur Bedeutung des § 171b im Zivilprozeß s. *Fenger* NJW **2000** 851 am Beispiel des Arzthaftungsprozesses.

[9] Vgl. als Beispiele für entsprechende Forderungen *Kleinknecht* FS Schmidt-Leichner 110; *Dahs* NJW **1984** 1921; *Böttcher* FS Kleinknecht (1986) 25; vgl. auch die von *Müller-Gindullis* NJW **1973** 1218 geschilderte Verfahrensweise des BVerfG im „Lebach-Fall".

[10] Beschlüsse I. 5. in NJW **1982** 2545; s. Vor § 169, 29.

[11] Beschlüsse II. 17. und 18. in NJW **1984** 2680; s. Vor § 169, 30.

vom damaligen Gesetzgeber erwartet, Gebrauch gemacht[12]. Dies sei auf ein „Ursachenbündel" zurückzuführen, „in dem die zu zurückhaltende Formulierung der Abwägungsklausel, das (möglicherweise nur scheinbare) Anwendungsermessen, die nach dem Gesetz nicht gegebene Antragsbefugnis der Betroffenen, die Notwendigkeit, lediglich den Ausschluß, nicht aber den Nichtausschluß der Öffentlichkeit begründen zu müssen, aber auch die Sorge des Tatrichters vor revisionsrechtlichen Konsequenzen des Ausschlusses der Öffentlichkeit eine maßgebende Rolle spielen"[13]. Diese Erfahrungen wurden bei der Schaffung des § 171b zugrundegelegt. Der heutigen Bedeutung entsprechend, ist der Schutz des Persönlichkeitsrechts in einer eigenen, den übrigen Ausschlußtatbeständen „plakativ vorangestellten" Norm geregelt worden. § 171b Abs. 1 S. 1 enthält die materiellen Voraussetzungen des Öffentlichkeitsausschlusses, die nachfolgend Rdn. 4 bis 16 im einzelnen dargestellt werden. Voraussetzung des Öffentlichkeitsausschlusses ist danach, daß Umstände aus dem persönlichen Lebensbereich eines Prozeßbeteiligten, Zeugen oder Verletzten zur Sprache kommen und daß durch deren öffentliche Erörterung schutzwürdige Interessen verletzt würden. Unter diesen Voraussetzungen kann die Öffentlichkeit ausgeschlossen werden, wenn nicht das Interesse (der Allgemeinheit) an der öffentlichen Erörterung dieser Umstände überwiegt. Damit ist eine erhebliche Aufwertung des Persönlichkeitsschutzes erfolgt, da der Ausschluß der Öffentlichkeit jetzt bereits bei einer Gleichgewichtigkeit der entgegenstehenden Interessen zulässig ist. Liegen diese vom Gericht festzustellenden Voraussetzungen vor, so muß auf Antrag eines Betroffenen die Öffentlichkeit ausgeschlossen werden (Abs. 2); widersprechen alle Betroffenen, darf die Öffentlichkeit nicht ausgeschlossen werden (Abs. 1 S. 2); andernfalls hat das Gericht nach seinem pflichtgemäßen Ermessen zu entscheiden. Auch diese Regelungen geben dem um den Schutz seiner Persönlichkeitssphäre besorgten Betroffenen und damit einem Öffentlichkeitsausschluß den Vorrang. **§ 171b und § 172**, von dem insbesondere Nr. 1 („Sittlichkeit"), Nr. 3 und Nr. 4 mit § 171b konkurrieren können, stehen nebeneinander und schließen sich nicht gegenseitig aus. Das Gericht kann gegebenenfalls wählen, auf welche Bestimmung es einen Ausschluß der Öffentlichkeit stützen will[14].

4. Geschützter Personenkreis. § 171b schützt die Prozeßbeteiligten. Dazu gehören die Angeklagten, Privatkläger, Nebenkläger, Nebenbeteiligten, Einziehungs- und Verfallsbeteiligten und die Antragsteller im Adhäsionsverfahren[15]. Nicht hierzu zählen Sachverständige, Dolmetscher, die Gerichtspersonen (Richter, Schöffen, Protokollführer und Gerichtswachtmeister), der Verteidiger, der Sitzungsvertreter der Staatsanwaltschaft und Rechtsanwälte als Beistände von Neben- und Privatklägern, Verletzten und Zeugen[16]. Geschützt werden ferner Zeugen. Hierzu gehören über die bereits geladenen Zeugen alle Personen, deren Vernehmung beantragt worden ist oder die sonst als Zeugen in Betracht kommen können[17]. Für diese weite Auslegung des Begriffs „Zeuge" spricht, daß der Persönlichkeitsschutz einer Person im Strafverfahren nicht gut von dem mehr oder weniger zufälligen Umstand abhängig sein kann, ob er als Zeuge benannt und geladen war oder sich dies, etwa aufgrund eines Geständnisses des Angeklagten, als entbehrlich erwies. 4

[12] Begründung des Gesetzentwurf der Bundesregierung, BTDrucks. **10** 5305, S. 22.

[13] Begründung des Gesetzentwurf der Bundesregierung, BTDrucks. **10** 5305, S. 22.

[14] BGH NStZ **1992** 393 (mit generellen Ausführungen zum Verhältnis des § 171b zu § 172 Nr. 1 (Gefährdung der Sittlichkeit); *Katholnigg*[3] 1.

[15] *Kleinknecht/Meyer-Goßner*[45] 3; *Kissel*[3] 2.

[16] *Kleinknecht/Meyer-Goßner*[45] 3 und *Kissel*[3] 2 nennen diese Personen in ihrer Aufstellung der geschützten Personen ebenfalls nicht. Vgl. Einl. I 2, 4 und 101 ff.

[17] *Kleinknecht* FS Schmidt-Leichner 115 Fußn. 11; *Mertens* NJW **1980** 2687; *Kleinknecht/Meyer-Goßner*[45] 3; *Katholnigg*[3] 3; *Kissel*[3] 2; **a. A** *Sieg* NJW **1980** 379 und NJW **1981** 963: Zeugen sind nur die im Gerichtssaal anwesenden Zeugen.

Schließlich gehören die durch die verfahrensgegenständliche Tat Verletzten ohne Rücksicht darauf, ob sie in der Verhandlung anwesend sind, zum geschützten Personenkreis. Der Begriff des Verletzten entspricht dem des § 172 StPO[18]; maßgebend sind die im Eröffnungsbeschluß in Verbindung mit der Anklageschrift aufgeführten Straftaten[19].

5. Umstände aus dem persönlichen Lebensbereich

5 **a) Grundsatz.** Zum persönlichen Lebensbereich gehört jener private Bereich der Lebensführung, in dem der einzelne frei und unbefangen agieren kann, ohne sich ständiger Beobachtung durch Dritte ausgesetzt fühlen zu müssen. Er umfaßt den privaten Bereich, der jeder Person zur Verwirklichung seiner Menschenwürde und zur Entfaltung seiner Individualität gewährleistet sein muß (Privatsphäre)[20]. Die Zugehörigkeit eines Umstandes zum persönlichen Lebensbereich liegt um so näher, je enger der Bezug zum unantastbaren Kern des Persönlichkeitsrechts[21] des Betroffenen ist. Es muß sich nicht um Geheimnisse handeln; andererseits gehört etwas um so weniger zum persönlichen Lebensbereich, je mehr dieser Bereich von unbeteiligten Dritten oder gar der Öffentlichkeit wahrgenommen werden kann. Beispielsweise können von außen wahrnehmbare Gesten einer Person in einem im öffentlichen Straßenverkehr fahrenden PKW nicht zum persönlichen Lebensbereich gehören, wohl aber die nur von den zur Familie gehörenden Mitfahrern hörbaren mündlichen Äußerungen. Bei der Abgrenzung des privaten Lebensbereichs sind sowohl persönliche Wertvorstellungen, Gewohnheiten und Interessen des Betroffenen[22] als auch die in seinem Lebenskreis herrschenden allgemeinen kulturellen und sozialen Auffassungen von Bedeutung[23]. Zum persönlichen Lebensbereich gehören in der Regel alle Tatsachen, nach denen üblicherweise im Sozialleben nicht gefragt zu werden pflegt und die nicht spontan und unbefangen mitgeteilt werden[24]. Bereits nach § 172 Nr. 2 a. F war ein Ausschluß der Öffentlichkeit während der Erörterung solcher Tatsachen aus dem Familienbereich zulässig, die lediglich die wechselseitigen Bindungen, Beziehungen und Verhältnisse innerhalb der Familie betreffen, darum unbeteiligten Dritten nicht ohne weiteres zugänglich sind und Schutz vor dem Einblick Außenstehender verdienen[25]. Hierzu gehören jedenfalls private Eigenschaften und Neigungen des Betroffenen, sein Gesundheitszustand, seine Intim- und Sexualsphäre, ferner seine politischen und religiösen Auffassungen[26], solange er diese nicht öffentlich mitteilt oder sie aus seinem Verhalten in der Öffentlichkeit von jedermann wahrgenommen werden (beispielsweise aufgrund einer aktiven Tätigkeit für eine Partei). Angelegenheiten, die den äußeren Wirkungskreis einer Person betreffen, gehören nicht zum geschützten Bereich[27]. Dazu zählen das Berufs- und Erwerbsleben und alle sonstigen kommunikativen Kontakte in der Öffentlichkeit.

6 **b) Umstände aus dem Bereich des Berufs- oder Erwerbslebens.** Umstände aus dem Bereich des Berufs- oder Erwerbslebens gehören nicht zu den Umständen aus dem persönlichen Lebensbereich, da das menschliche Wirken im Berufs- und Erwerbsleben im allgemeinen auf eine Betätigung gegenüber der Öffentlichkeit abzielt. Der Umstand, daß eine öffentliche Erörterung des Erwerbs- oder Berufslebens negative

---

18 Vgl. hierzu Vor § 406d, 8 StPO; § 172, 48 ff StPO.

19 *Katholnigg*[3] 3.

20 *Kleinknecht/Meyer-Goßner*[45] 3; *Kissel*[3] 3.

21 Vgl. BVerfGE **34** 238, 245 und § 68a, 3 StPO .

22 *Kissel*[3] 3.

23 **A. A** KK-*Diemer*[4] 3: „Alles, was die betreffende Person dazu rechnet und geschützt wissen will".

24 *Rieß/Hilger* NStZ **1987** 150 (zu der gleichlautenden Formulierung in § 68a StPO); *Kleinknecht/Meyer-Goßner*[45] 3.

25 BGHSt **30** 214.

26 *Kleinknecht/Meyer-Goßner*[45] 3; *Kissel*[3] 3.

27 *Kleinknecht/Meyer-Goßner*[45] 3; KK-*Diemer*[4] 3.

Auswirkungen im privaten Lebensbereich äußern kann, z. B. Bekannte sich von dem Betreffenden zurückziehen, weil sie sein Verhalten mißbilligen, rechtfertigt keine andere Beurteilung.

c) Vermögens- und Einkommensverhältnisse. Grundsätzlich zählen die Vermögens- und Einkommensverhältnisse einer Person nicht zum schutzwürdigen persönlichen Lebensbereich, da diese sich üblicherweise in einer Vielzahl von für jedermann wahrnehmbaren Umständen (Haus/Wohnung, Beruf, Kraftfahrzeug, Kleidung, soziales Umfeld, Statussymbole) äußern. Ausnahmen können jedoch dort denkbar sein, wo die Vermögenslage von den genannten Merkmalen erheblich abweicht (beispielsweise bei einer in einfachen Verhältnissen lebenden Person aufgrund eines größeren Lottogewinns), weil diese Person durch die Beibehaltung ihres Lebenszuschnitts vermeiden will, daß dieses Vermögen Dritten gegenüber erkennbar wird[28]. Ähnlich kann die Interessenlage bei einer Person sein, die in einer Kleinstadt eine herausgehobene Stellung innehat und von seinem Arbeitgeber im Arbeitsvertrag zur Geheimhaltung seiner Bezüge verpflichtet wurde[29]. 7

d) Begehung der den Verfahrensgegenstand bildenden Straftaten. Die Begehung der den Gegenstand des Verfahrens bildenden Straftat als solche ist ebensowenig zum persönlichen Lebensbereich des Angeklagten zu rechnen wie die Durchführung des Strafverfahrens[30]. Dies gilt auch dann, wenn in der Straftat Umstände aus dem persönlichen Lebensbereich (bei Sexualdelikten etwa eine Vorliebe für besondere Sexualpraktiken) des Angeklagten ihren Ausdruck finden. Dies ergibt sich bereits daraus, daß es keine gesetzlichen Bestimmungen zur Geheimhaltung eines Strafverfahrens insgesamt vor der Öffentlichkeit gibt, sondern diese allenfalls bei der Verhandlung und der Bekanntgabe der Urteilsgründe ausgeschlossen werden kann. 8

e) Erörterung von Vorstrafen. Vorstrafen **des Angeklagten** sollen nach § 243 Abs. 4 S. 3 StPO nur insoweit festgestellt werden, als sie für die Entscheidung von Bedeutung sind; im übrigen ist nach Nr. 16, 134 RiStBV darauf zu achten, daß bei der Erörterung von Eintragungen im Bundeszentralregister dem Angeklagten oder seiner Familie durch das Bekanntwerden der eingetragenen Tatsachen keine Nachteile entstehen, die vermeidbar sind oder zur Bedeutung der Strafsache außer Verhältnis stehen. Der Zweck des § 243 Abs. 4 S. 3, 4 StPO besteht in erster Linie darin zu vermeiden, daß durch eine frühzeitige Bekanntgabe der Vorstrafen von vornherein eine Voreingenommenheit gegen den Angeklagten entstehen kann (dazu § 243, 94 ff StPO); im übrigen entspricht das Gebot, Erörterungen von Vorstrafen so zu gestalten, daß vermeidbare oder unverhältnismäßige Nachteile aus dem Bekanntwerden der Registereintragungen vermieden werden, der Resozialisierungstendenz, die den §§ 30 ff, 61 BZRG über die Beschränkung der Auskunft aus dem Zentralregister zugrunde liegt. Angesichts dieser speziellen Zweckbestimmung der genannten Vorschriften wird man – entgegen im Schrifttum vertretenen Auffassungen[31] – kaum davon sprechen können, daß im Zentralregister eingetragene Vorstrafen, soweit sie noch verwertbar sind (§§ 51, 63 BZRG), zu den Umständen aus 9

[28] Das Bekanntwerden in der Öffentlichkeit würde diese Person erfahrungsgemäß einer Vielzahl von Bittstellern aussetzen.

[29] Vgl. als Beispiel BGH in DRiZ **1981** 193, wo es um Kredite einer Sparkasse an ihre Verwaltungsratsmitglieder und deren Vermögensverhältnisse ging: „... ist der Schutz des privaten Bereichs seiner Verwaltungsratsmitglieder vor einer Bloßstellung in diesem Zusammenhang ein durchaus vertretbares Anliegen."

[30] Vgl. LG Aachen StV **1983** 58.

[31] *Katholnigg*[3] 3; *Kissel*[3] 10; *Kleinknecht* in FS Schmidt-Leichner 114 hinsichtlich aller nicht mehr in ein Führungszeugnis einzutragenden Vorstrafen.

dem persönlichen Lebensbereich gehören[32]; etwas anderes kann für bereits gelöschte Vorstrafen gelten[33] (soweit diese noch erörtert werden dürfen). Die Erörterung von **Vorstrafen eines Zeugen** und darauf gerichtete Fragen sind nach § 68a Abs. 2 StPO (dazu § 68a, 5 ff StPO) nur unter eingeschränkten Voraussetzungen zulässig. In der Regel werden diese den persönlichen Lebensbereich nicht berühren[34]. Etwas anderes mag gelten, wenn im Rahmen der Prüfung der Glaubwürdigkeit eines Zeugen aus dessen Vorstrafakten die gegen ihn ergangenen Strafurteile verlesen werden; diese können möglicherweise über Umstände berichten, die schutzwürdig erscheinen.

10 **f) Sonstige Einzelfälle.** Als Umstände aus dem persönlichen Lebensbereich kommen ferner etwa in Betracht: die geistige Gesundheit des Betroffenen[35]; der körperliche Gesundheitszustand; Interna des Familienlebens, wie z. B. familieninterne Auseinandersetzungen, Erörterung von Scheidungsabsichten; Ergebnisse einer psychologischen Begutachtung[36] und vor allem Umstände aus dem Bereich des Sexuallebens eines Beteiligten[37].

11 **6. „Zur Sprache kommen".** Die Entscheidung über den Ausschluß der Öffentlichkeit muß, will sie ihren Zweck, den Schutz der Privatsphäre des Betroffenen, erfüllen, bereits erfolgen, bevor entsprechende Umstände erörtert werden. Das Gericht ist für seine Entscheidung daher auf eine Prognose angewiesen, ob in bevorstehenden Verfahrensabschnitten solche Umstände voraussichtlich erörtert werden. Grundlage der gerichtlichen Entscheidung kann daher nur diese möglicherweise, aber nie sicher an Hand der Akten und des bisherigen Gangs der Hauptverhandlung zu treffende Prognose sein. Ordnet das Gericht den Ausschluß der Öffentlichkeit an und erweist sich später, daß entgegen dieser Prognose solche Umstände nicht erörtert wurden, macht dies den Öffentlichkeitsausschluß nicht rechtswidrig[38]. Zur Frage, welcher Art die voraussichtliche Erörterung sein wird, ist „zur Sprache kommen" weit auszulegen. Derartige Umstände kommen auch dann „zur Sprache", wenn lediglich nach § 251 Abs. 1 StPO ein Protokoll über eine frühere Vernehmung des Opfers verlesen oder eine Videoaufzeichnung einer solchen Vernehmung in Augenschein genommen wird. Nur so ist der beabsichtigte Persönlichkeitsschutz zu gewährleisten.

7. Abwägung der gegenüberstehenden Interessen

12 **a) Schutzwürdige Individualinteressen.** § 171b setzt voraus, daß durch die öffentliche Erörterung von Umständen aus dem persönlichen Lebensbereich schutzwürdige Interessen verletzt würden. Dies ist der Fall, wenn sich die öffentliche Erörterung für den Betroffenen in irgendeiner Hinsicht nachteilig auswirken kann. Nicht jede öffentliche Erörterung solcher Umstände verletzt schutzwürdige Individualinteressen. An einer Schutzwürdigkeit kann es insbesondere fehlen, wenn der Betroffene bereits von sich aus diese Umstände in der Öffentlichkeit erörtert, ggf. sogar gegen Honorar an Medienunternehmen mitgeteilt hat[39]. Ebenso fehlt es an der Schutzwürdigkeit, wenn der Betroffene die Privatsphäre eines anderen zum Gegenstand öffentlicher Erörterung gemacht

---

32 KK-*Diemer*[4] 3; *Krey* Studienbuch Bd. II, Rdn. 656; *Gollwitzer* § 243, 97 StPO; vgl. auch BVerfG NJW **1974** 181.

33 *Katholnigg*[3] 3; *Kissel*[3] 10.

34 Ebenso *Kissel*[3] 10.

35 BGHSt **23** 82. Vgl. auch § 171a, der hier vergleichbar ist.

36 Vgl. *Müller-Gindullis* NJW **1973** 1218.

37 Dazu etwa BGHZ **39** 124.

38 BGHSt **30** 215 (zu § 172 Nr. 2 a. F); *Kleinknecht/Meyer-Goßner*[45] 7; *Katholnigg*[3] 2.

39 BTDrucks. **10** 5305 S. 24; *Kleinknecht/Meyer-Goßner*[45] 4; KK-*Diemer*[4] 3.

hat und bei der strafrechtlichen Behandlung dieses Geschehens seine eigene Privatsphäre in der Hauptverhandlung erörtert werden muß[40]. Nicht schutzwürdig sind auch Umstände, die üblicherweise im Rahmen von Prozessen zur Sprache kommen: etwa törichtes Verhalten, das einen Betrug ermöglichte, für einen Unfall ursächlich gewordener übermäßiger Alkoholkonsum oder schlechte Zahlungsmoral[41]. Im übrigen ist hinsichtlich der Schutzwürdigkeit zwischen dem Angeklagten und den übrigen geschützten Personen zu unterscheiden:

aa) Angeklagte. Eine Schutzwürdigkeit des Angeklagten ist regelmäßig hinsichtlich der Erörterung der Tatumstände und aller für die Tatfrage wesentlichen Gesichtspunkte zu verneinen; insoweit hat der Angeklagte durch die Tat selbst die Ursache dafür gesetzt, daß diese Umstände öffentlich zu erörtern sind[42]. Dies gilt auch dann, wenn die Tat Umstände betrifft, die eigentlich einem Geheimnis, etwa bei einer Steuerhinterziehung dem Steuergeheimnis oder bei einem Betrug zum Nachteil des Sozialamtes dem Sozialgeheimnis, unterfallen. Hinsichtlich der Umstände, die für die Beurteilung der Schuldfähigkeit von Bedeutung sind, ist ein schutzfähiges Interesse des Angeklagten eher anzuerkennen. Gleiches gilt für die Erörterung psychiatrischer, psychologischer oder (eingeschränkt) sonstiger ärztlicher Gutachten, wie der hier oft ebenfalls anwendbare § 171a verdeutlicht[43]. Die für die Rechtsfolgenbemessung maßgeblichen Umstände dürften, soweit sie nicht mit der psychischen Gesundheit des Angeklagten zusammenhängen, ebenfalls nicht besonders schutzwürdig sein. Hier sind indes Sonderfälle denkbar, bei denen die Interessen des Angeklagten an einer nichtöffentlichen Erörterung schwerer wiegen, etwa bei außergewöhnlichen Umständen in der Lebensgeschichte, die die Entwicklung des Angeklagten in besonderem Maße geprägt haben. **13**

bb) Sonstige Prozeßbeteiligte. Bei sonstigen Prozeßbeteiligten, insbesondere Tatopfern, gilt das „Verursacherprinzip" nicht. Hier verdienen auch die tatbezogenen Umstände, sowie sie dem persönlichen Lebensbereich zuzurechnen sind, Schutz, da der Zeuge die diesbezüglichen Fragen beantworten muß[44]. Dies gilt in besonderer Weise für die Opfer von Sexualdelikten, die über die ihren intimsten Bereich verletztenden Straftaten berichten müssen, und zwar nicht nur hinsichtlich allgemeiner Fragen nach dem Sexualleben des Opfers, soweit diese nach § 68a Abs. 1 StPO zulässig sind[45], sondern auch hinsichtlich des eigentlichen Tatgeschehens. Darüber hinaus können schutzwürdige Interessen eines Zeugen auch bei alltäglichen Delikten eine Rolle spielen, etwa wenn zur Aufklärung eines Einbruchdiebstahls Tatortfotos in Augenschein zu nehmen und zu erörtern sind, die das im Hinblick auf seine spezielle Vorlieben besonders gestaltete Schlafzimmer des Verletzten zeigen. **14**

b) Interesse an der öffentlichen Erörterung. Hiermit spricht das Gesetz den sekundären Zweck des Öffentlichkeitsprinzips, nämlich das Interesse der Allgemeinheit an Unterrichtung über Vorgänge und Umstände von allgemeinem Interesse, die in Strafverfahren erörtert werden[46]. Das Interesse an einer öffentlichen Erörterung kann sich zum einen im Hinblick auf die im Gerichtssaal anwesenden Zuhörer, zum anderen **15**

[40] *Kleinknecht/Meyer-Goßner*[45] 4; *Kissel*[3] 8; *Kleinknecht* FS Schmidt-Leichner 113.

[41] *Kissel*[3] 9.

[42] *Katholnigg*[3] 3; *Kissel*[3] 9.

[43] Hier kann die BVerfG im „Lebach-Fall" praktizierte Verfahrensweise, bei der der Sachverständige zunächst in nichtöffentlicher Verhandlung sein Gutachten erstattete und nach Wiederherstellung der Öffentlichkeit noch einmal eine kurze, Details aussparende Zusammenfassung gab, zu empfehlen sein (Vgl. *Müller-Gindullis* NJW **1973** 1218; *Kleinknecht/Meyer-Goßner*[45] 9 und *Kleinknecht* FS Schmidt-Leichner S. 116).

[44] *Wente* StV **1988** 222; vgl. § 68a, 2 ff StPO.

[45] Hierzu *Dähn* JR **1979** 138; § 68a, 3 f StPO.

[46] KK-*Diemer*[4] 4; dazu Vor § 169, 4.

wegen des Interesses der Medien an einer Berichterstattung ergeben. Dabei wird das Interesse der Öffentlichkeit um so höher sein, je mehr Aufsehen eine Straftat erregt hat und je mehr Bedeutung den zu erörternden Umständen für den Ausgang des Verfahrens zukommt[47], da dann von einem ernstlichen Interesse an einer Aufklärung der Öffentlichkeit auszugehen ist und es nicht nur um die Befriedigung des Sensations- oder Unterhaltungsbedürfnisses geht. Auch ist das Interesse der Öffentlichkeit an tatbezogenen Umständen regelmäßig höher als an den nur für die Rechtsfolgenentscheidung maßgeblichen[48]. Schließlich kann der Umstand, daß der Betroffene seine Sicht des Geschehens in den Massenmedien verbreitet hat, das Interesse der Öffentlichkeit verstärken[49]. Bei der Prüfung kann von Bedeutung sein, daß keine Medienvertreter anwesend sind und das Publikum im wesentlichen aus Fachleuten besteht, die aus Aus- oder Fortbildungsgründen eigens zur Prozeßbeobachtung angereist sind und von denen eine vertrauliche Behandlung der Erkenntnisse erwartet werden kann (was auch gemäß § 175 Abs. 2 gelöst werden könnte). Bei der Abwägung ist ferner zu berücksichtigen, daß den Medien durch den Pressekodex des Dt. Presserates[50] und die erläuternden Richtlinien[51] eine auf den Schutz von Persönlichkeitsrechten abzielende Zurückhaltung auferlegt ist, die einen gewissen Schutz gegen eine diskriminierende Ausbreitung durch Massenmedien vor der breiten Öffentlichkeit bieten und eine unnötige Bloßstellung bei der Berichterstattung über Straftaten vermeiden sollen. Diese Richtlinien haben zwar in erster Linie das Resozialisierungsinteresse des Täters im Auge. Danach darf die Berichterstattung über die Privatsphäre nicht weiter gehen, als es zu einer angemessenen Befriedigung des Informationsinteresses erforderlich ist, d. h. es müssen die Nachteile einer Berichterstattung für den Betroffenen im rechten Verhältnis zu der Bedeutung des gesamten Tatgeschehens für die breite Öffentlichkeit stehen. Das bedeutet, daß im allgemeinen im Bereich der kleineren Kriminalität sowie dann, wenn die Belange Jugendlicher berührt werden, Beschränkungen der Berichterstattung bestehen, die die Kennzeichnung bestimmter Beteiligter durch Namensnennung, Abbildung oder die Angabe identifizierender Merkmale ausschließen. Andererseits zeigt die Erfahrung, daß diese Grundsätze eine reißerische, den Schutz der Privatsphäre von Verfahrensbeteiligten nicht berücksichtigende Berichterstattung gerade in den Massenmedien nicht immer verhindern können[52].

16 c) **Abwägung.** Nach Gewichtung der für und gegen einen Öffentlichkeitsausschluß sprechenden Gesichtspunkte sind diese gegeneinander abzuwägen. Dabei muß die Öffentlichkeitsmaxime umso stärker zurücktreten, je stärker es um den Schutz des inneren Kerns der Persönlichkeitssphäre, des Privat- und Intimbereiches, des Betroffenen geht und je größer die Gefahr einer unzumutbaren öffentlichen Bloßstellung durch die Massenmedien ist[53]. Ein Ausschluß der Öffentlichkeit ist auch dann zulässig, wenn diese Abwägung eine Gleichgewichtigkeit der beiderseitigen Interessen ergibt[54] oder sich ein Übergewicht eines der beiden Gesichtspunkte nicht sicher feststellen läßt[55]. Ergibt sich

[47] *Kissel*[3] 11.

[48] *Kleinknecht/Meyer-Goßner*[45] 5; KK-*Diemer*[4] 4; *Kissel*[3] 11; *Kleinknecht* FS Schmidt-Leichner S. 114.

[49] *Kleinknecht/Meyer-Goßner*[45] 4.

[50] Pressekodex des Dt. Presserates i. d. F vom 14. Februar 1990, abgedruckt in *Rehm* Medienrecht unter B-I 2.4.

[51] Richtlinien für die publizistische Arbeit nach den Empfehlungen des Dt. Presserates i. d. F vom 14. Februar 1990, abgedruckt in *Rehm* Medienrecht unter B-I 2.5.

[52] Vgl. zum Spannungsverhältnis von Persönlichkeitsinteressen und Pressefreiheit das „Lebach-Urteil" des BVerfG in BVerfGE **35** 202 = NJW **1973** 1226.

[53] *Kleinknecht* FS Schmidt-Leichner S. 114; *Kleinknecht/Meyer-Goßner*[45] 5; *Kissel*[3] 11.

[54] BTDrucks. **10** 5305, S. 23; *Kleinknecht/Meyer-Goßner*[45] 5; KK-*Diemer*[4] 4; *Katholnigg*[3] 2; *Rieß/Hilger* NStZ **1987** 208; *Böttcher* JR **1987** 140; *Rieß* Jura **1987** 289.

[55] *Kleinknecht/Meyer-Goßner*[45] 5.

hingegen ein Übergewicht der für eine öffentliche Verhandlung sprechenden Interessen, ist ein Ausschluß auch dann nicht zulässig, wenn ein Betroffener dies nach Absatz 2 verlangt[56].

8. Gerichtliche Entscheidung

a) Bindung durch Widerspruch aller Betroffenen (Absatz 1 Satz 2). Ein Ausschluß der Öffentlichkeit nach § 171b – nicht aber nach § 172[57] – kommt nach Absatz 1 S. 2 nicht in Betracht, wenn der Betroffene, bei mehreren Betroffenen alle widersprechen. Dies ergibt sich aus der vom Gesetzgeber bewußt gewählten Mehrzahl („die Betroffenen")[58]. Ein Widerspruch nur eines von mehreren Betroffenen genügt nicht, wird vom Gericht im Rahmen seiner Ermessensentscheidung zu berücksichtigen sein[59]. Hierzu heißt es in der Begründung der Beschlußempfehlung des Bundestags-Rechtsausschusses[60]: 17

> Mit dem neu vorgeschlagenen Absatz 1 Satz 2 wird ferner klargestellt, daß die Ausschließung der Öffentlichkeit aufgrund dieses neuen Ausschließungsgrundes nicht gegen den Willen derer zulässig ist, deren persönlicher Lebensbereich durch den Ausschluß zu schützen wäre; denn die Nichtöffentlichkeit liegt hier allein im Interesse der Betroffenen. Von dieser Rechtslage geht, wie seine Begründung zeigt (BT-Drucksache 10/5305, S. 24 linke Spalte unten), auch der Regierungsentwurf aus; im Interesse der Rechtsklarheit erscheint es jedoch geboten, das Gewollte auch im Gesetzestext zum Ausdruck zu bringen. Sind durch die Erörterung bestimmter Umstände die persönlichen Lebensbereiche mehrerer Personen betroffen, so greift das zwingende Verbot, die Öffentlichkeit aus dem Grunde des § 171b GVG auszuschließen, nur ein, wenn alle betroffenen Personen widersprechen, wie durch die Verwendung des Plurals in Satz 2 deutlich gemacht wird. Verlangt in einem solchen Fall eine der betroffenen Personen den Ausschluß der Öffentlichkeit und widerspricht eine andere diesem Ausschluß, so ist diese unterschiedliche Interessenlage in die vom Gericht zu treffende Abwägung mit einzubeziehen, ob das Interesse an der öffentlichen Erörterung der Umstände überwiegt. Satz 2 bezieht sich, wie sein Standort ergibt, nur auf den in dem neuen § 171b Abs. 1 Satz 1 geregelten Ausschließungsgrund, nicht dagegen auf die allgemeinen Ausschließungsgründe des § 172, die überwiegend im öffentlichen Interesse liegen.

b) Bindung durch Antrag eines Betroffenen (Absatz 2). Das Gericht muß die Öffentlichkeit ausschließen, wenn dies von der in ihrem persönlichen Lebensbereich betroffenen Person beantragt wird. Sind mehrere Personen betroffen, so genügt, wie die Einzahl („von der Person, deren Lebensbereich betroffen ist") zeigt, der Antrag einer Person, solange nicht andere betroffene Personen ausdrücklich widersprechen (dazu Rdn. 17; 19). Dies entspricht dem Willen des Gesetzgebers, wie die Begründung des Beschlußentwurfs des Rechtsausschusses des Bundestages zeigt[61]: 18

> Mit dem vom Ausschuß vorgeschlagenen Absatz 2 wird, sachlich übereinstimmend mit dem Vorschlag des Regierungsentwurfs, bestimmt, daß das Gericht die Öffentlichkeit bei Vorliegen der sachlichen Voraussetzungen ausschließen muß, wenn dies von einer der in ihrem persönlichen Lebensbereich betroffenen Personen beantragt wird.

Die Frage, auf welche Verfahrensabschnitte sich ein Ausschließungsverlangen erstreckt, ist vom Gericht nach Prüfung der oben Rdn. 4 bis 16 dargestellten Voraussetzungen zu entscheiden. Dabei kommt es alleine darauf an, für welche Verfahrensabschnitte diese Voraussetzungen gegeben sind; ein Ermessen steht dem Gericht insoweit nicht zu.

---

56 *Katholnigg*[3] 6; *Böttcher* JR **1987** 141.
57 *Rieß/Hilger* NStZ **1987** 208 Fußn. 335.
58 *Pfeiffer*[3] 4.
59 *Kleinknecht/Meyer-Goßner*[45] 6; KK-*Diemer*[4] 6; *Rieß/Hilger* NStZ **1987** 208; vgl. auch *Kissel*[3] 14 f.
60 BTDrucks. **10** 6124, S. 16 f.
61 BTDrucks. **10** 6124, S. 17.

19 **c) Unterschiedliche Erklärungen verschiedener Betroffener.** Hat ein Betroffener nach Absatz 2 den Ausschluß verlangt und ein anderer diesem Ausschluß gemäß Absatz 1 S. 2 widersprochen, so hat das Gericht nach seinem pflichtgemäßen Ermessen über den Ausschluß zu entscheiden[62]. Dabei wird es das – eventuell sehr unterschiedliche – Gewicht der schutzwürdigen Interessen der einzelnen Betroffenen gegeneinander und gegenüber dem Interesse der Allgemeinheit an einer öffentlichen Erörterung abzuwägen haben[63]. Möglicherweise betreffen die verschiedenen Interessen nicht dieselben Umstände, so daß dem Interesse des die Ausschließung Beantragenden durch einen zeitlich beschränkten Ausschluß Rechnung getragen werden kann. Im übrigen gilt das nachfolgend Ausgeführte entsprechend.

20 **d) Ermessen.** Fehlt ein Ausschließungsverlangen eines Betroffenen und haben die Betroffenen der Ausschließung auch nicht widersprochen, hat das Gericht von Amts wegen (Absatz 1 S. 1) nach seinem pflichtgemäßen Ermessen über die Ausschließung der Öffentlichkeit zu entscheiden. Dabei wird das Gericht insbesondere zu berücksichtigen haben, welches Gewicht den für und gegen einen Öffentlichkeitsausschluß sprechenden Gesichtspunkten zukommt. Hat die Interessenabwägung (oben Rdn. 16) nur ein Gleichgewicht der beiderseitigen Interessen ergeben, kann das Gericht von einem Ausschluß absehen oder diesen auf einen kurzen besonders sensiblen Verfahrensabschnitt beschränken. Ein deutliches Überwiegen der für den Ausschluß sprechenden Gesichtspunkte wird in der Regel zum Ausschluß der Öffentlichkeit führen müssen.

21 **e) Dauer des Öffentlichkeitsausschlusses.** Grundsätzlich kann die Öffentlichkeit nur während solcher Verfahrensabschnitte ausgeschlossen werden, für die oben Rdn. 4 bis 16 erörterten Voraussetzungen zu bejahen sind[64]. Dabei ist möglicherweise für verschiedene Verfahrensabschnitte ein unterschiedliches Abwägungsergebnis möglich. Auch kann beispielsweise bei der Vernehmung eines Zeugen zu mehreren Themen ein schutzwürdiges Interesse des Zeugen (oder eines anderen Betroffenen) nur für einzelne Vernehmungsthemen bestehen. Im Hinblick auf den vom Gesetz ermöglichten Ausschluß der Öffentlichkeit auch bei Gleichgewichtigkeit der unterschiedlichen Interessen ist hier im Zweifelsfall eine großzügige Handhabung zulässig[65]. Selbst wenn die Abwägung der widerstreitenden Interessen (oben Rdn. 16) den Ausschluß für einen längeren Zeitraum ermöglicht, ist das Gericht, sofern nicht ein entsprechender Ausschließungsantrag eines Betroffenen vorliegt (Absatz 2), aufgrund seines Ermessens nicht gehindert, die Öffentlichkeit nur für einen enger begrenzten Verfahrensabschnitt auszuschließen. Andererseits ist es auch nicht ausgeschlossen, daß das Verfahren insgesamt in einem solchen Maße schutzwürdige Interessen eines Betroffen berührt, daß die Öffentlichkeit für die gesamte Verhandlung und die Bekanntgabe der Urteilsgründe (hierzu § 173, 2) ausgeschlossen werden muß[66]; dies kann insbesondere bei der Erörterung von Sexualstraftaten zum Nachteil von Frauen und Kindern der Fall sein. Zur Frage, welche Vorgänge während des Ausschlusses der Öffentlichkeit zulässig sind, s. § 172, 46.

---

[62] Ebenso *Kissel*[3] 15; **a. A** *Pfeiffer*[3] 4.

[63] Unklar insoweit *Kissel*[3] 15, wonach kein Betroffener eine stärkere Stellung als ein anderer Betroffener haben kann, das Gericht aber andererseits die Begründungen zu den unterschiedlichen Intentionen zu würdigen hat.

[64] *Kissel*[3] 16.

[65] *Katholnigg*[3] 4; *Böttcher* JR **1987** 141, der zutreffend darauf hinweist, daß eine eng auf einzelne Verfahrensteile beschränkte Ausschlußmöglichkeit zu einer erheblichen Erschwernis des Verfahrensablaufs, die der Gesetzgeber gerade vermeiden wollte, führen würde.

[66] BGH NStZ **1989** 483 = StV **1990** 9 mit Anm. *Frommel*; BGH bei *Holtz* MDR **1992** 634; *Pfeiffer*[3] 1; *Kissel*[3] 16.

9. Verfahrensfragen

a) Antragsrecht des Betroffenen. Einen Antrag auf Ausschließung der Öffentlichkeit, der wirksam nur in der Hauptverhandlung gestellt werden kann, können die geschützten Personen (dazu oben Rdn. 4), ggf. durch einen beauftragten Rechtsanwalt stellen. Soweit der Verletzte nicht selbst in der Hauptverhandlung anwesend ist, kann er seine Rechte aus Absatz 1 S. 2, Absatz 2 durch einen Rechtsanwalt als Verletztenbeistand (§ 406 f Abs. 2 S. 2 StPO) geltend machen[67]. Daneben sind auch der Verteidiger und der Staatsanwalt, der nach Nr. 131a RiStBV hierzu unter Umständen verpflichtet sein kann, zu entsprechenden Anregungen berechtigt. Anregungen nicht Antragsberechtigter, etwa eines Sachverständigen, werden das Gericht zur Prüfung veranlassen müssen, ob von Amts wegen die Öffentlichkeit auszuschließen ist; zugleich wird das Gericht die Betroffenen im Hinblick auf Absatz 1 S. 2, Absatz 2 zur Stellungnahme auffordern. 22

b) Gerichtsentscheidung. Der Ausschluß der Öffentlichkeit nach § 171b erfolgt durch einen ausdrücklichen Beschluß des Gerichts. Eine Anordnung des Vorsitzenden genügt nicht. Die Entscheidung des Gerichts bedarf der Begründung (dazu § 174, 13 ff). Im Falle eines Öffentlichkeitsausschlusses ergibt sich dies aus § 174 Abs. 1 S. 3, im Falle der Ablehnung aus § 34 StPO[68]. Zu den Fragen der Auslegung des Beschlusses, der Wiederherstellung der Öffentlichkeit, der Änderung von Beschlüssen, den während eines beschränkten Ausschlusses zulässigen Maßnahmen sowie zu sonstigen verfahrensrechtlichen Detailfragen wird auf die Ausführungen bei § 172 Rdn. 37 bis 46 Bezug genommen. 23

c) Ausschließungsverfahren. Das eigentliche Ausschließungsverfahren wird durch § 174 Abs. 1 geregelt. Auf die dortigen Erläuterungen (§ 174, Rdn. 1 bis 21) wird verwiesen. 24

10. Revision. Absatz 3 bestimmt, daß die Entscheidungen nach den Absätzen 1 und 2 unanfechtbar sind. Damit sollte den Tatrichtern die Sorge vor revisionsrechtlichen Konsequenzen genommen und damit eine aus Betroffenensicht großzügigere Handhabung der Vorschrift bewirkt werden[69]. Absatz 3 schließt zunächst eine Beschwerde gegen den Beschluß, unabhängig von seinem Inhalt, auch insoweit aus, als ein Betroffener nicht zu den Verfahrensbeteiligten gehört, die das Urteil mit der Revision anfechten können[70], was zur Vermeidung sonst zu befürchtender langwieriger Verfahrensverzögerungen wohl unvermeidlich ist (dazu § 174, 18 f). Darüber hinaus ergibt sich aus Absatz 3 in Verbindung mit § 336 S. 2 StPO, daß die im Rahmen des § 171b zu treffenden Entscheidungen einer Überprüfung durch das Revisionsgericht entzogen sind[71]. Dies betrifft aber nur die inhaltliche Überprüfung der gerichtlichen Ausschließungsanordnung darauf, ob die oben Rdn. 4 bis 16 dargestellten Voraussetzungen vorgelegen haben sowie eine eventuelle Ablehnung des Ausschlusses der Öffentlichkeit; insoweit wird auch eine entsprechende Aufklärungsrüge (§ 169, 65) ausgeschlossen[72]. Rügen, die sich aus der Verletzung des in § 174 geregelten Ausschließungsverfahrens oder daraus ergeben, daß die Öffentlichkeit über den im Ausschließungsbeschluß genannten Verfahrensabschnitt hinaus aus- 25

---

[67] *Katholnigg*[3] 3; *Rieß/Hilger* NStZ **1987** 208.

[68] BTDrucks. **10** 5305, S. 23; *Kleinknecht/Meyer-Goßner*[45] 11.

[69] BTDrucks. **10** 5305, S. 23, 24; KK-*Diemer*[4] 7; *Rieß* Jura **1987** 289; kritisch hierzu *Weigend* NJW **1987** 1172; *Müller* DRiZ **1987** 472.

[70] BTDrucks. **10** 5305, S. 24.

[71] BTDrucks. **10** 5305, S. 24; *Kleinknecht/Meyer-Goßner*[45] 12.

[72] BGH NStZ **1996** 243.

geschlossen war[73], bleiben zulässig[74]. Ob eine Revisionsrüge mit der Begründung, das Gericht habe die Öffentlichkeit entgegen dem Widerspruch aller Betroffenen ausgeschlossen ist, ebenfalls unanfechtbar ist[75], ist fraglich, da auch bei den grundsätzlich unanfechtbaren Verfahrenseinstellungen nach §§ 153, 153a StPO ein Rechtsmittel mit der Begründung, eine erforderliche Zustimmung habe gefehlt, zulässig ist[76]. Absatz 3 schließt die Zulässigkeit einer Verfassungsbeschwerde[77] nicht aus[78].

§ 172

Das Gericht kann für die Verhandlung oder für einen Teil davon die Öffentlichkeit ausschließen, wenn

1. eine Gefährdung der Staatssicherheit, der öffentlichen Ordnung oder der Sittlichkeit zu besorgen ist,

1a. eine Gefährdung des Lebens, des Leibes oder der Freiheit eines Zeugen oder einer anderen Person zu besorgen ist,

2. ein wichtiges Geschäfts-, Betriebs-, Erfindungs- oder Steuergeheimnis zur Sprache kommt, durch dessen öffentliche Erörterung überwiegende schutzwürdige Interessen verletzt würden,

3. ein privates Geheimnis erörtert wird, dessen unbefugte Offenbarung durch den Zeugen oder Sachverständigen mit Strafe bedroht ist,

4. eine Person unter sechzehn Jahren vernommen wird.

Schrifttum. *Blessinger* Das Steuergeheimnis im Strafverfahren, wistra **1991** 239 und 294; *Beulke* Neugestaltung der Vorschriften über die Öffentlichkeit des Strafverfahrens? JR **1982** 309; *Dippel* Zur Behandlung von Aussagen kindlicher und jugendlicher Zeugen, FS Tröndle (1989) 599; *Gössel* Über die revisionsrechtliche Nachprüfung von Beschlüssen, mit denen die Öffentlichkeit gemäß §§ 172, 173 GVG im Strafverfahren ausgeschlossen wird, NStZ **1982** 141; *Kleinknecht* Schutz der Persönlichkeit des Angeklagten durch Ausschluß der Öffentlichkeit in der Hauptverhandlung, FS Schmidt-Leichner (1977) 111; *Krehl* Der Schutz von Zeugen im Strafverfahren, GA **1990** 555; *Krey* Probleme des Zeugenschutzes im Strafverfahrensrecht, FS Karlheinz Meyer (1990) 239; *v. Meiss* Die persönliche Geheimsphäre und deren Schutz im prozessualen Verfahren (1975); *Miebach* Der Ausschluß des anonymen Zeugen aus dem Strafprozeß, ZRP **1984** 81; *Mösl* Der Beschluß über die Ausschließung der Öffentlichkeit im Strafverfahren, FS Gerd Pfeiffer (1988) 339; *Rebmann/Schnarr* Der Schutz des gefährdeten Zeugen im Strafverfahren, NJW **1989** 1185; *Rieß* Zeugenschutz bei Vernehmungen im Strafverfahren, NJW **1998** 3240; *Rüping* Steuergeheimnis und Strafverfahren, DB **1984** 1795; *Schomberg* Das Steuergeheimnis im Steuerstrafverfahren, NJW

[73] Diese Rüge dürfte zu den häufigsten Revisionsrügen im Zusammenhang mit dem Ausschluß der Öffentlichkeit überhaupt gehören. Für § 171b sind hier aus jüngerer Zeit u. a. folgende veröffentlichte Entscheidungen des BGH zu nennen: BGH NStZ **1988** 190; NStZ **1989** 483 = StV **1990** 9 mit Anm. *Frommel*; StV **1989** 295 = StV **1990** 10 mit Anm. *Frommel*; StV **1990** 252; StV **1994** 471; NStZ **1994** 591; StV **1994** 641; NStZ **1999** 372; StV **2000** 243; BGHR GVG § 171b Abs. 1, Dauer 2 bis Dauer 8. S. hierzu § 174, Rdn. 17.

[74] BGH StV **1989** 295 = StV **1990** 10 mit Anm. *Frommel*; *Kleinknecht/Meyer-Goßner*[45] 12; KK-*Diemer*[4] 7; *Katholnigg*[3] 7; *Kissel*[3] 17; dies verkennt *Krey* Studienbuch Bd. II, Rdn. 657, wenn er ausführt, der Richter brauche bei Anwendung des § 171b keine Aufhebung gemäß § 338 Nr. 6 zu befürchten.

[75] So KK-*Diemer*[4] § 172, 1.

[76] Vgl. §§ 153 Abs. 2 S. 4, 153a Abs. 2 S. 4 StPO und hierzu § 153, 82 StPO sowie § 153a, 134 StPO.

[77] Denkbar wohl nur durch die Presse im Hinblick auf Art. 5 Abs. 1 S. 2 GG. Dagegen ist eine Verletzung des von *Wieczorek/Schütze-Schreiber*[3] 14 genannten Grundrechts aus Art. 103 Abs. 1 GG durch Ausschluß der Öffentlichkeit nicht vorstellbar.

[78] *MünchKomm-Wolf*[2] 20; *Wieczorek/Schütze-Schreiber*[3] 14.

1979 526; *Schweling* Der Ausschluß der Öffentlichkeit wegen Gefährdung der Sittlichkeit, DRiZ **1970** 354; *Schweling* Der Ausschluß der Öffentlichkeit wegen Gefährdung der Rechtsfindung in Verhandlungen von Sittlichkeitsdelikten, DRiZ **1970** 385; *Sprenger* Ausschluß der Öffentlichkeit des Strafverfahrens zum Schutze der Privatsphäre des Angeklagten, Diss. Würzburg 1975; *Störzer* Sittlichkeitsprozeß und junges Opfer – Gedanken zu § 172 Nr. 4 GVG – in: Hess und andere, Sexualität und soziale Kontrolle (1978) 101 ff; *Wasserburg* Strafverteidigung und Zeugenschutz, FS II Peters, 285; *Weyand* Ausschluß der Öffentlichkeit bei Steuerstrafverfahren, wistra **1993** 132; *Wittkämper* Das Geschäfts- oder Betriebsgeheimnis des Zeugen im Strafprozeß, BB **1963** 1160; *Zacharias* Der gefährdete Zeuge im Strafverfahren (1997), insb. 217 ff.

Entstehungsgeschichte. In der bis zum 31.12.1974 geltenden, auf dem VereinheitlG 1950 beruhenden Fassung lautete § 172:

In allen Sachen kann durch das Gericht für die Verhandlung oder für einen Teil davon die Öffentlichkeit ausgeschlossen werden, wenn sie eine Gefährdung der öffentlichen Ordnung, insbesondere der Staatssicherheit, eine Gefährdung der Sittlichkeit oder die Gefährdung eines wichtigen Geschäfts- oder Betriebsgeheimnisses besorgen läßt.

Durch Art. 22 Nr. 10 EGStGB 1974 erhielt § 172 folgenden Wortlaut:

Das Gericht kann für die Verhandlung oder für einen Teil davon die Öffentlichkeit ausschließen, wenn

1. eine Gefährdung der Staatssicherheit, der öffentlichen Ordnung oder der Sittlichkeit zu besorgen ist,
2. Umstände aus dem persönlichen Lebensbereich eines Prozeßbeteiligten oder Zeugen oder ein wichtiges Geschäfts-, Betriebs-, Erfindungs- oder Steuergeheimnis zur Sprache kommen, durch deren öffentliche Erörterung überwiegende schutzwürdige Interessen verletzt würden,
3. ein privates Geheimnis erörtert wird, dessen unbefugte Offenbarung durch den Zeugen oder Sachverständigen mit Strafe bedroht ist,
4. eine Person unter sechzehn Jahren vernommen wird.

Durch das OpferschutzG vom 18.12.1986[1] wurde im Hinblick auf die Schaffung des § 171b in Nr. 2 der die Umstände aus dem persönlichen Lebensbereich betreffende Textteil gestrichen. Nr. 1a wurde durch das Gesetz zur Bekämpfung des illegalen Rauschgifthandels und anderer Erscheinungsformen der Organisierten Kriminalität vom 15.7. 1992[2] eingefügt. Bezeichnung bis 1924: § 171.

Übersicht

[1] BGBl. I S. 2496.

[2] („OrgKG") BGBl. I S. 1302.

I. Ausschlußgründe des § 172 Nr. 1

1 **1. Übersicht.** § 172 Nr. 1 dient dem öffentlichen Interesse an der Erhaltung von Staatssicherheit, öffentlicher Ordnung und Sittlichkeit. Dabei weicht der jetzige Wortlaut der Vorschrift von dem früheren („wenn sie eine Gefährdung der öffentlichen Ordnung, insbesondere der Staatssicherheit … besorgen läßt") ab. Die frühere Fassung war insofern nicht zutreffend, als eine Gefährdung der Staatssicherheit auch ohne Gefährdung der öffentlichen Ordnung möglich ist[3]. Dem trägt die Neufassung Rechnung; sie ist lediglich redaktioneller Natur ohne inhaltliche Veränderung[4].

2 **2. Gefährdung der Staatssicherheit (Nr. 1, 1. Alternative).** Bei der Staatssicherheit handelt es sich um die äußere oder innere Sicherheit der Bundesrepublik (vgl. § 92 Abs. 3 Nr. 2 StGB). Eine Gefährdung der Staatssicherheit kommt z.B. in Betracht, wenn die Preisgabe von Staats- und wichtigen Amtsgeheimnissen (§ 353b StGB) erörtert wird oder die Funktionsfähigkeit der demokratisch legitimierten Staatsorgane betroffen ist[5].

---

[3] Dazu *Eb. Schmidt* 1; LR[22] § 172, 1.
[4] Begr. zu Art. 20 Nr. 7 des RegEntwurfs, BTDrucks. 7 550, S. 320.
[5] *Pfeiffer*[3] 2.

Der Begriff Staatssicherheit ist enger als der des z. B. in § 54 Abs. 3 StPO verwendete Begriff des Staatswohles[6]; eine Gefährdung der Staatssicherheit liegt also z. B. nicht vor, wenn der Ruf einer im öffentlichen Leben an bedeutsamer Stelle stehenden Persönlichkeit angegriffen ist[7]. Eine Gefährdung ist „zu besorgen", wenn nach der Überzeugung des Gerichts für den voraussichtlichen Verhandlungsverlauf Erörterungen zu erwarten sind, von denen eine Gefährdung, etwa durch Offenlegung geheimhaltungsbedürftiger Tatsachen, ausgehen kann[8]. Art. 38 des Zusatzabkommens zum Nato-Truppenstatut[9] bestimmt, daß § 172 Nr. 1 entsprechend anzuwenden ist, wenn eine Gefährdung der Sicherheit der nichtdeutschen Vertragsstaaten des Nordatlantikpakts und ihrer in der Bundesrepublik stationierten Truppen (einschließlich des zivilen Gefolges) zu besorgen ist. Der Ausschluß der Öffentlichkeit wegen Gefährdung der Staatssicherheit hat kraft Gesetzes (§ 174 Abs. 2) ein Veröffentlichungsverbot für Presse, Rundfunk und Fernsehen zur Folge; außerdem kann das Gericht ein Geheimhaltungsgebot aussprechen (§ 174 Abs. 3).

3. Gefährdung der öffentlichen Ordnung (Nr. 1, 2. Alternative)

a) Übersicht. Dieser Ausschließungsgrund ist gegeben, wenn wahrscheinlich ist, daß sich aus der Öffentlichkeit der Verhandlung die Gefahr einer Störung der öffentlichen Ruhe, Sicherheit oder Ordnung ergibt, ohne Rücksicht darauf, ob sich diese Gefahr innerhalb oder außerhalb des Gerichtssaals verwirklichen kann[10]. Bestandteil der öffentlichen Ordnung ist vor allem der störungsfreie Ablauf der gesamten Verhandlung – dem die gleiche Bedeutung zukommt wie dem Öffentlichkeitsgrundsatz[11]. Hier ist insbesondere an folgende Fallgestaltungen zu denken[12]: 3

b) Dauerstörung der Verhandlung. Störungen des Ganges der Verhandlung durch Teile der Zuhörerschaft oder auch durch die Gesamtheit der Zuhörer (Erregung von Lärm usw.) führen zunächst aus Gründen der Verhältnismäßigkeit nur zu Maßnahmen aus §§ 177, 178, die u. U. auch darin bestehen können, daß sie sich auf die Gesamtheit der Zuhörer erstrecken. Eine solche Maßnahme (Entfernung der Störer) ist aber noch kein Ausschluß der Öffentlichkeit i. S. des § 172 Nr. 1, denn Zutritt Begehrende, von denen keine Störung zu erwarten ist, dürften nicht von der Anwesenheit bei der fortgesetzten Verhandlung ausgeschlossen werden. Ein Ausschluß der Öffentlichkeit ist erst dann gerechtfertigt, wenn das Gericht nach den Umständen mit weiteren Störungen durch im voraus nicht bestimmbare Personen rechnen muß[13]. Dies kann jedoch nur als letzte Maßnahme denkbar sein, wenn Maßnahmen nach § 175 Abs. 1 (s. dort Rdn. 3) und §§ 176 bis 178 keinen Erfolg versprechen. 4

c) Beeinträchtigung der Wahrheitsfindung. Eine Gefährdung der öffentlichen Ordnung kann auch darin liegen, daß durch die Öffentlichkeit der Verhandlung die Wahrheitsfindung beeinträchtigt wird. Kollidieren Wahrheitserforschungspflicht und Öffent- 5

6 RG GA **47** (1900) 383; *Katholnigg*[3] 2; *Kissel*[3] 20.

7 *Kleinknecht/Meyer-Goßner*[45] 2; KK-*Diemer*[4] 4; *Katholnigg*[3] 2; *KMR*[7] 3; *Kissel*[3] 20.

8 Ähnlich *Kissel*[3] 21.

9 BGBl. **1961** II S. 1218, 1248.

10 BGHSt **30** 194; *Pfeiffer*[3] 3; *Kleinknecht/Meyer-Goßner*[45] 3; *Kissel*[3] 23.

11 BGHSt **27** 13, 15; *Pfeiffer*[3] 3; *Kissel*[3] 24.

12 Die von *Kissel*[3] 28, 30 ferner genannten Elemente der öffentlichen Ordnung, nämlich die Gewährleistung des rechtlichen Gehörs und die Unabhängigkeitkeit der richterlichen Überzeugungsbildung, dürften eher der Abwehr von Störungen und von Beeinträchtigungen der Wahrheitsfindung zuzurechnen sein.

13 BGH vom 13. 1. 1970 – 5 StR 294/69; OLG Düsseldorf HESt **1** 206; *Beyer* DRiZ **1972** 285; *Kleinknecht/Meyer-Goßner*[45] 4; KK-*Diemer*[4] 5; *Katholnigg*[3] 3; *KMR*[7] 4; *Eb. Schmidt* 2; *Kissel*[3] 24.

lichkeitsgrundsatz, so muß bei der Frage, welchem Grundsatz der Vorrang gebührt, die hohe politische und rechtsstaatliche Bedeutung der Öffentlichkeit (Vor § 169, 11) gerade im Strafverfahren maßgeblich berücksichtigt werden. Die bloße Erwartung, der Angeklagte werde bei Ausschluß der Öffentlichkeit eher geneigt sein, ihn belastende Umstände zuzugeben, rechtfertigt den Ausschluß der Öffentlichkeit nicht[14]. Auch liegt eine den Öffentlichkeitsgrundsatz zurückdrängende Erschwerung der Wahrheitsermittlung noch nicht vor, wenn dem Zeugen oder Angeklagten durch wahrheitsgemäße Angaben in öffentlicher Verhandlung bloße Unannehmlichkeiten oder leichtere Nachteile drohen, vor denen ihn die öffentliche Gewalt schützen kann[15], oder wenn ein Zeuge aus Sorge vor einer negativen Presseberichterstattung nur in nichtöffentlicher Verhandlung bereit ist, unter Verzicht auf sein Zeugnisverweigerungsrecht auszusagen[16]. Hat eine labile Zeugin aus Anlaß grober Mißfallenskundgebungen der Zuhörerschaft wegen ihrer wahrheitsgemäßen Aussage bereits einen Selbstmordversuch unternommen, so ist der Ausschluß der Öffentlichkeit wegen Gefährdung der öffentlichen Ordnung gerechtfertigt, wenn bei ihrer erneuten Vernehmung damit zu rechnen ist, daß sie durch Wiederholung der Mißfallenskundgebungen wiederum in die Gefahr eines Selbstmordversuchs kommen könnte[17]. Der Öffentlichkeitsgrundsatz muß ferner zurücktreten, wenn der zur Angabe der Wahrheit bereite Angeklagte aus begründeter Besorgnis vor ernsten und schwerwiegenden Angriffen von dritter Seite bei Offenbarung der Wahrheit mit seinen Angaben zurückhält[18] oder schweigt, weil er sonst Personen, die in einem unter Gewalt- und Willkürherrschaft stehenden Gebiet wohnen, der Gefahr rechtswidriger Verfolgung durch die dortigen Machthaber aussetzen würde[19]. Zur Frage der Gefährdung der öffentlichen Ordnung bei drohender Gefährdung eines Zeugen oder einer anderen Person s. unten Rdn. 9 ff.

6 **d) Gefährdung der Verbrechensverhütung; Anreiz zur Nachahmung.** Die Besorgnis einer Gefährdung der öffentlichen Ordnung ist auch begründet, wenn die Gefahr besteht, daß (nicht allgemein bekannte) Maßnahmen und Einrichtungen der Polizei und anderer Stellen, die der Verhütung oder Aufklärung von Straftaten dienen, durch ihre Erörterung in öffentlicher Verhandlung allgemein oder bestimmten Täterkreisen bekannt werden und dadurch an Wirksamkeit verlieren (z. B. bei der Vernehmung eines Fingerabdrucksachverständigen[20]), daß neuartige und vertraulich zu behandelnde Methoden der Verbrechensbekämpfung bekannt werden[21] oder daß durch die Erörterung von Einzelheiten über neue oder eigenartige Begehungsformen von Straftaten Zuhörer zur Nachahmung angeregt werden (s. dazu Nr. 133 RiStBV). Besonders gilt das für Münzstrafsachen (Nr. 219 Abs. 3 RiStBV). Um nicht Anreiz zu Ausbruch und Befreiung von Gefangenen zu geben, sollen auch Bauweise, Einrichtung, Belegung und Sicherheitssystem einer Vollzugsanstalt in der Regel nicht in öffentlicher Verhandlung erörtert werden (Nr. 133 Abs. 3 RiStBV).

---

[14] BGHSt **9** 280 = JZ **1957** 185 mit Anm. *Kern*; *Kissel*[3] 26.

[15] BGHSt **9** 280, 283; BGH NStZ **1987** 86.

[16] BGHSt **30** 193 = LM GVG § 172 Nr. 1 mit Anm. *Schmidt*.

[17] BGH GA **1978** 13.

[18] BGHSt **9** 280.

[19] BGHSt **9** 280, 284; vgl. dazu noch RGSt **30** 244; RG Recht **1930** Nr. 2271; *Hellwig* JR **1931** 259, *Meisenberger* DJZ **1932** 452; *Meyer* JR **1932** 138.

[20] BGH MDR **1954** 400.

[21] BGH, Entscheidung vom 17.9.1982 – 2 StR 139/82 – (insoweit in NJW **1983** 126, NStZ **1983** 86; StV **1983** 4; MDR **1983** 147 nicht abgedruckt): „Die Besorgnis der Gefährdung der öffentlichen Ordnung (§ 172 Nr. 1 GVG) kann auch dann bestehen, wenn die Erörterung von Methoden der Aufklärung strafbarer Taten in öffentlicher Verhandlung die Gefahr mit sich bringen würde, daß die beteiligten Täterkreise Informationen erhalten, die die Wirksamkeit dieser Aufklärungsmethoden beeinträchtigen müßten.“ – zitiert nach JURIS); KK-*Diemer*[4] 5; *Katholnigg*[3] 3; *Kissel*[3] 29.

e) Vernehmung eines V-Mannes oder verdeckten Ermittlers. Der Ausschluß der Öffentlichkeit ist ferner zulässig, wenn die oberste Dienstbehörde eine Person, die als verdeckter Ermittler oder für die Polizei als V-Mann arbeitet, aus Sorge vor ihrer Enttarnung nur unter der Voraussetzung freigibt, daß das Gericht die Öffentlichkeit ausschließt, und der Ausschluß der Öffentlichkeit nach pflichtgemäßem Ermessen des Gerichts notwendig ist, um dieser Gefahr zu begegnen[22]. Dabei sind die Umstände des Einzelfalls, insbesondere die weiter ergriffenen Sicherungsmaßnahmen, zu berücksichtigen[23]. Das staatliche Interesse an der Möglichkeit der weiteren Verwendung des verdeckten Ermittlers hat dabei das gleiche Gewicht wie die in Nr. 1a angesprochenen Gefahren (vgl. § 110b Abs. 3 S. 3 StPO). **7**

4. Gefährdung der Sittlichkeit (Nr. 1, 3. Alternative). Aus der unveränderten Übernahme des Begriffs der Gefährdung der Sittlichkeit (der auch in Art. 6 Abs. 1 S. 2 MRK und Art. 14 des Internationalen Paktes über die staatsbürgerlichen und politischen Rechte[24] enthalten ist) aus dem bisherigen Recht[25] ergibt sich, daß ein Grund, die Öffentlichkeit auszuschließen, gegeben ist, wenn in der Verhandlung Dinge zur Sprache kommen, deren öffentliche Erörterung geeignet ist, das Scham- und Sittlichkeitsgefühl des normalen Menschen in geschlechtlicher Beziehung erheblich zu verletzen[26]; insoweit steht den Gerichten ein Beurteilungsspielraum zu[27]. Dabei ist die in den letzten Jahren erfolgte Liberalisierung der Anschauungen zur öffentlichen Darstellung sexualbezogener Vorgänge[28], insbesondere in den Medien, zu berücksichtigen. Der Wandel hat zur Folge, daß ein Ausschluß der Öffentlichkeit wegen Gefährdung der Sittlichkeit nur sehr selten in Betracht kommt[29], wie etwa bei sexuellem Mißbrauch eines Kindes durch einen triebgestörten Täter[30]. Bei möglichen Anwendungsfällen wird der Gesichtspunkt des Jugendschutzes, auf den Nr. 132 RiStBV hinweist, von Bedeutung sein, der es rechtfertigen kann, die Öffentlichkeit wegen Gefährdung der Sittlichkeit auszuschließen, wenn Jugendliche durch die öffentliche Erörterung sittlicher Verfehlungen erheblich gefährdet würden. Auch wenn die Öffentlichkeit nicht ausgeschlossen wird, kann der Gesichtspunkt des Jugendschutzes dazu führen, unerwachsenen Personen den Zutritt zur Verhandlung gem. § 175 Abs. 1 zu untersagen[31]. Der Ausschließungsgrund der Gefährdung der Sittlichkeit und der Ausschließungsgrund des § 171b stehen mit unterschiedlicher Schutzfunktion selbständig nebeneinander; schließen einander also nicht aus[32]. In Fällen, in denen es um den Schutz der Persönlichkeit einzelner Personen geht, ist der **8**

---

[22] BGHSt **32** 115, 125 = NStZ **1984** 36 mit Anm. *Frenzel*; *Kissel*[3] 26. Vgl. hierzu auch *Gribbohm* NJW **1981** 305; *Lüderssen* FS Klug (1983) 527; *Meyer* ZStW **95** (1983) 834; *Geißler* GA **1983** 385; *Engels* NJW **1983** 1530; *Tiedemann/Sieber* NJW **1984** 753.

[23] BGH NStZ **1984** 522 – hier wurde allerdings im Ergebnis wenig überzeugend aus dem anonymen Auftreten des Zeugen, seiner optischen und akustischen Abschirmung während der Vernehmung und der Durchführung der Vernehmung außerhalb des Gerichtsgebäudes gefolgert, eine Gefährdung der öffentlichen Ordnung wäre durch die Zulassung der Öffentlichkeit nicht zu besorgen gewesen.

[24] BGBl. II **1973** S. 1533.

[25] Vgl. zum Sprachgebrauch des früheren Rechts *K. Schäfer in LR*[23] 12.

[26] So auch *Kleinknecht/Meyer-Goßner*[45] 7 (allerdings ohne das Wort „erheblich"); ähnlich KK-*Diemer*[4] 7; *Katholnigg*[3] 4; *KMR*[7] 9; *Kissel*[3] 31.

[27] BGHSt **38** 248 = JR **1993** 297 mit Anm. *Katholnigg*.

[28] BGHSt **38** 248 = JR **1993** 297 mit Anm. *Katholnigg*.

[29] BGHSt **38** 248 = JR **1993** 297 mit Anm. *Katholnigg; Schweling* DRiZ **1970** 354; *Kissel*[3] 32 empfiehlt hier zu Recht „größte Zurückhaltung".

[30] Derartige Fälle lagen den beiden BGH-Entscheidungen BGH NStZ **1986** 179 und BGHSt **38** 248 zugrunde; *Pfeiffer*[3] 4.

[31] Nr. 132 S. 2 RiStBV; *KMR*[7] 9.

[32] BGHSt **38** 248 = JR **1993** 297; vgl. auch BGH NStZ **1986** 179 mit Anm. *Gössel* = JR **1986** 215 mit Anm. *Böttcher, Kissel*[3] 33.

Ausschließungsgrund des § 171b vorrangig zu prüfen. Ein Ausschluß nach Nr. 1 wegen Gefährdung der Sittlichkeit kommt grundsätzlich aber auch in Betracht, wenn die betroffene Person keinen Antrag nach § 171b Abs. 2 stellt.

II. Gefährdung von Zeugen und anderen Personen (Nr. 1 a)

9 **1. Entwicklungsgeschichte.** § 172 Nr. 1a war im Entwurf des Bundesrates für das Gesetz zur Bekämpfung des Rauschgifthandels und anderer Erscheinungsformen der Organisierten Kriminalität (OrgKG) noch nicht enthalten[33]. Statt dessen sah dieser Entwurf vor, in Nr. 1 nach den Worten „der öffentlichen Ordnung" die Worte „insbesondere des Lebens, des Leibes oder der Freiheit eines Zeugen oder einer anderen Person" einzufügen. Durch diese Änderung sollte ausdrücklich die bisherige Rechtsprechung, die eine Gefährdung von Leben oder Leib eines Zeugen als Gefährdung der öffentlichen Ordnung im Sinne des § 172 Nr. 1 ansieht, bestätigt werden, zugleich aber auch das Rechtsgut der Freiheit mit einbezogen werden[34]. Der Rechtsausschuß des Bundestages beschloß auf Vorschlag der Bundesregierung im wesentlichen aus Gründen der Klarstellung die abweichende, Gesetz gewordene Fassung[35]. Die Bundesregierung wollte mit ihrem Vorschlag auch die individualrechtliche Komponente des Zeugenschutzes besser sichtbar machen[36]. *Zacharias* (S. 229) schlägt de lege ferenda vor, die Ausschließung unter den Voraussetzungen der Nr. 1a zwingend vorzusehen und die diesbezügliche Entscheidung für unanfechtbar zu erklären. § 14 Abs. 1 Nr. 2 des Untersuchungsausschußgesetzes[37] sieht bei Nr. 1a wörtlich entsprechenden Voraussetzungen den zwingenden Ausschluß der Öffentlichkeit vor.

10 **2. Grundsätzliches.** Der Schutz gefährdeter Zeugen ist in den letzten Jahren zu einer zunehmend wichtiger werdenden öffentlichen Aufgabe geworden. Insbesondere, aber nicht nur in Verfahren aus dem Bereich der organisierten Kriminalität häufen sich die Hinweise, daß Zeugen mit dem Ziel einer Verhinderung oder Beeinflussung ihrer Aussage bedroht werden und Pressionen ausgesetzt sind. Zugleich sind die Strafverfolgungsbehörden und Gerichte mangels anderer geeigneter Beweismittel oft auf Zeugen angewiesen, die dem Umfeld der Täter entstammen und aufgrund ihrer persönlichen Nähe zur Tatplanung und -ausführung Angaben machen können, die zur Überführung der Organisatoren und Hintermänner des Verbrechens benötigt werden. Diese Zeugen sind besonders gefährdet. Daneben werden aber auch andere Zeugen und deren Angehörige durch Androhung von Gewalt, Tätlichkeiten oder Sachbeschädigungen bedroht. Erreichen diese Pressionen eine bestimmte Intensität, kann dies dazu führen, daß dem Zeugen ein Erscheinen vor Gericht und eine unmittelbare Aussage nicht mehr zugemutet werden kann[38] und er damit als Beweismittel ganz oder weitgehend ausfällt. Dies zu vermeiden ist Aufgabe des Zeugenschutzes, der zunächst und zum überwiegenden Teil Aufgabe der Gefahrenabwehr ist[39], damit aber insbesondere der Unterstützung der Gerichte bei der Wahrheitsfindung dient. Daneben ist er eine öffentliche Aufgabe zum Schutz der Individualinteressen der Betroffenen. Im Bereich der Strafverfolgungsbehör-

---

33 BTDrucks. **12** 989, S. 16.
34 BTDrucks. **12** 989, S. 48.
35 BTDrucks. **12** 2720 S. 32, 41; vgl. auch *Hilger* NStZ **1992** 459.
36 BTDrucks. **12** 989, S. 60.
37 (betreffend die Untersuchungsausschüsse des Dt. Bundestages) vom 19.6.2001, BGBl. I S. 1142 – zitiert bei § 169, Rdn. 6.
38 BVerfGE **57** 250; BGHSt **30** 37; BGH NStZ **1984** 31.
39 So die Begründung des Bundesrats zum Entwurf des OrgKG, BTDrucks. **12** 989 S. 34.

den und der Strafgerichte dienen Zeugenschutzmaßnahmen dazu, eine Gefährdung des Zeugen aus dem Verfahren heraus zu verhindern. Dazu ist in Fällen besonders hoher Gefährdung auch eine Geheimhaltung der Identität von Zeugen vor dem Angeklagten und seinem Verteidiger möglich (§ 68 Abs. 3 StPO). Zeugenschutz kann damit in die Verteidigungsmöglichkeiten des Angeklagten eingreifen. Der Ausschluß der Öffentlichkeit nach Nr. 1a richtet sich dagegen nicht gegen den Angeklagten oder seinen Verteidiger, deren Verfahrensrechte nicht berührt werden. Vielmehr dient diese Vorschrift dazu, dem Zeugen, aber auch Mitangeklagten, Sachverständigen, Dolmetschern und deren Angehörigen durch das Bekanntwerden der Aussage in der Öffentlichkeit drohenden Gefahren entgegenzuwirken[40]. Ein Ausschluß nach Nr. 1a kommt auch in Betracht, wenn eine Behörde eine Aussagegenehmigung an die Bedingung knüpft, daß der Zeuge unter Ausschluß der Öffentlichkeit vernommen wird[41]. Wo der Ausschluß der Öffentlichkeit zum Schutz des Zeugen noch nicht ausreicht, ist die Durchführung der Vernehmung des gefährdeten Zeugen gemäß § 247a StPO[42] in Betracht zu ziehen.

3. Bedeutung der Nr. 1a. Die Nr. 1a steht neben der unverändert gebliebenen Nr. 1 („öffentliche Ordnung"), die bereits vor Inkrafttreten der Nr. 1a einen Ausschluß der Öffentlichkeit bei Gefahr für Leib oder Leben eines Zeugen ermöglichte[43]. Nr. 1a hat über die bisherige Nr. 1 hinaus auch die Freiheit der Person[44] dem Schutz des § 172 unterstellt; darüber hinaus ist der Kreis der geschützten Personen ausgedehnt worden. Während die Nr. 1 weitgehend öffentliche Interessen schützt, bezieht Nr. 1a individualrechtliche Rechtsgüter in den Schutz mit ein. Dabei dürfte allerdings das öffentliche Interesse an möglichst vollständiger Sachverhaltsaufklärung ein wesentliches Motiv sein. Denn Nr. 1a ist eines der Mittel, die es dem Gericht ermöglichen, einen Zeugen zu vernehmen, der möglicherweise andernfalls sein Erscheinen vor Gericht und damit seine Zeugenaussage berechtigt verweigern könnte[45]. Da es das Anliegen des Gesetzgebers war, den Ausschluß der Öffentlichkeit in bestimmten Fällen zu erleichtern, kann aus Nr. 1a nicht geschlossen werden, daß ein bisher nach Nr. 1 möglicher Öffentlichkeitsausschluß bei Gefährdung von Zeugen wegen Gefährdung anderer als in Nr. 1a geschützter Rechtsgüter fortan nicht mehr möglich sein soll; Nr. 1 bleibt daher ggf. neben Nr. 1a unverändert anwendbar[46]. 11

4. Gefährdete Personen. Außer den ausdrücklich genannten Zeugen kommt auch eine Gefährdung jeder anderen Person in Betracht. Dabei ist vorrangig, aber nicht ausschließlich an solche Personen gedacht, die dem eigentlichen Zeugen so nahestehen, daß er sich für deren Schutz verantwortlich fühlt. Darüber hinaus schützt Nr. 1a aber auch alle anderen Personen, etwa Mitangeklagte, Sachverständige, Dolmetscher, Informanten oder sonstige Personen[47]. Ferner ist hier an Personen zu denken, die in totalitären Staaten leben und dort ggf. aufgrund des Bekanntwerdens einer Aussage Pressionen ausgesetzt sein könnten[48]. 12

---

40 Vgl. hierzu BTDrucks. **12** 989 S. 33 f Zu den grundsätzlichen Fragen des Zeugenschutzes vgl. *Miebach* ZRP **1984** 81; *Rebmann/Schnarr* NJW **1989** 1185; *Wasserburg*, FS II Peters, 285; *Krey*, FS Meyer, 239; *Krehl* GA **1990** 555.

41 BGHSt **32** 115, 125; NStZ **1984** 522; *Pfeiffer*³ 5; *Kleinknecht/Meyer-Goßner*⁴⁵ 6;

42 Eingeführt durch das Zeugenschutzgesetz vom 30. 4. 1998 (BGBl. I S. 820); vgl. dazu *Rieß* NJW **1998** 3240 und die Erläuterungen zu § 247a StPO.

43 BGHSt **3** 344; **16** 113; BGH bei *Holtz* MDR **1980** 273; *Seelmann* StV **1984** 483.

44 So aber bereits BGHSt **9** 284.

45 Vgl. BVerfG NJW **1981** 1719, 1724; BGH NStZ **1984** 31.

46 *Rieß* NJ **1992** 495; *Zacharias* S. 221; *Kleinknecht/Meyer-Goßner*⁴⁵ 7; weitergehend *Katholnigg*³ 5; *Kissel*³ 27, 37.

47 BGHSt **9** 283; *Zacharias* S. 221; *Katholnigg*³ 5; *Kissel*³ 36.

48 BGHSt **9** 284; *Kissel*³ 36.

13 **5. Intensität der Gefährdung.** Nr. 1a setzt voraus, daß eine Gefährdung für Leben, Leib oder Freiheit einer Person zu besorgen ist. Diese Gefährdung muß sich gerade aufgrund der Anwesenheit der Öffentlichkeit in der Hauptverhandlung ergeben; es genügt deshalb nicht, wenn die Gefahr einer Gesundheitsgefährdung aufgrund des labilen Gesundheitszustands des Zeugen durch die Aussage selbst besteht[49]. Soweit diese Gefahr nur von einzelnen Zuhörern ausgeht, reicht ein Ausschluß dieser Zuhörer nach § 176[50]. Eine Gefährdung ist **„zu besorgen"**, wenn nach der Überzeugung des Gerichts im Falle einer öffentlichen Verhandlung Angriffe auf Leben, Leib oder Freiheit einer Person möglich sind[51]. Diese Besorgnis kann sich aus bereits gegen den Zeugen oder sonstige Verfahrensbeteiligte erfolgten Drohungen, aber auch aus kriminalistischer Erfahrung, insbesondere unter Berücksichtigung des Verfahrensgegenstandes, ergeben[52].

14 **6. Sonstige Maßnahmen.** Der Ausschluß der Öffentlichkeit wird ggf. durch weitere Maßnahmen des Zeugenschutzes nach §§ 68 Abs. 2 und 3, 58a, 168e, 201 Abs. 1 Sätze 3 und 4, 222 Abs. 1 S. 3, 247a oder 255a StPO und eventuell durch korrespondierende polizeiliche Maßnahmen[53] zu ergänzen sein[54].

III. Wichtiges Geschäfts-, Betriebs-, Erfindungs- oder Steuergeheimnis (§ 172 Nr. 2)

15 **1. Übersicht.** § 172 Nr. 2 grenzt das Interesse der Öffentlichkeit an der öffentlichen Verhandlung gegenüber dem Individualinteresse an dem bestimmter wirtschaftlicher Geheimnisse ab, wobei sie eine Abwägung zwischen den schutzwürdigen Interessen des Einzelnen und dem Interesse der Öffentlichkeit verlangt. Damit soll bezweckt werden, daß in den Bereich des Geheimnisinhabers durch das Verfahren nicht mehr als für den Zweck des Verfahrens erforderlich eingegriffen wird. Der Schutz des zwischen 1975 und 1987 ebenfalls von Nr. 2 erfaßten persönlichen Lebensbereichs ist nunmehr in § 171b gesondert geregelt. § 14 Abs. 1 Nr. 3 des Untersuchungsausschußgesetzes[55] sieht bei Nr. 2 weitgehend entsprechenden Voraussetzungen den zwingenden Ausschluß der Öffentlichkeit vor.

2. Die geschützten Geheimnisse

16 **a) Geschäfts- oder Betriebsgeheimnis.** Der Wortlaut ist angelehnt an § 17 UWG, der Strafvorschriften gegen den Verrat von Geschäfts- oder Betriebsgeheimnissen, aber keine Begriffsbestimmungen dieser Geheimnisse enthält; darüber werden diese Geheimnisse auch durch §§ 203 Abs. 2, 355 Abs. 1 Nr. 2 StGB geschützt. Im einzelnen besteht Streit über die Merkmale des Begriffs „Geschäfts- oder Betriebsgeheimnisse"[56], auf den hier nicht näher einzugehen ist. Geschäfts- oder Betriebsgeheimnis ist jede nur einem beschränkten Personenkreis bekannte Tatsache, die im Zusammenhang mit einem

---

[49] BGH NStZ **1987** 86; **a. A** *Baumbach/Lauterbach-Albers*[59] 2 und *Wieczorek/Schütze-Schreiber*[3] 7, die allerdings nicht zwischen der Gefährdung durch die Aussage selbst und durch die Öffentlichkeit unterscheiden.

[50] BGH bei *Pfeiffer* NStZ **1981** 297; *Kleinknecht/Meyer-Goßner*[45] 5; *Kissel*[3] 37; s. § 176, 18 ff.

[51] Ähnlich *Kissel*[3] 21; nach *Zacharias*, S. 222 muß lediglich die Gefährdung, nicht aber bereits ein Eintritt eines Schadens zu besorgen sein.

[52] *Zacharias* S. 221; S. § 68, 11 zu § 68 S. 2 StPO.

[53] Vgl. hierzu das Gesetz zur Harmonisierung des Schutzes gefährdeter Zeugen (Zeugenschutz-Harmonisierungsgesetz) vom 11.12.2001, BGBl. I S. 3510.

[54] Vgl. hierzu *Rebmann/Schnarr* NJW **1989** 1185.

[55] (betreffend die Untersuchungsausschüsse des Dt. Bundestages) vom 19.6.2001, BGBl. I S. 1142 – zitiert bei § 169, Rdn. 6.

[56] Dazu etwa *Baumbach-Hefermehl*[18] § 17, 2 ff UWG.

Geschäftsbetrieb steht, an dessen Geheimhaltung der Geschäftsinhaber ein berechtigtes wirtschaftliches Interesse hat und das er geheimhalten will[57]. Es müssen also die „objektive" Geheimhaltungseigenschaft und der Geheimhaltungswille des Geschäftsinhabers zusammentreffen. Geschäftsgeheimnisse betreffen die unternehmerische Tätigkeit (z. B. Bilanzen, Kundenlisten, Absatzplanungen), während Betriebsgeheimnisse die technischen Ausgestaltung und Führung des Betriebes zum Gegenstand haben[58]. Als Geschäftsgeheimnis gelten beispielsweise bei einer Sparkasse die Höhe und die Absicherung der Kredite an Verwaltungsratsmitglieder und deren Ehefrauen sowie deren wirtschaftliche Verhältnisse[59]. Auch die durch eine öffentliche Ausschreibung erlangten Angebote stellen für den ausschreibenden Unternehmer ein Geschäftsgeheimnis dar[60]. Dabei kann auch die Anwendung eines allgemein bekannten Verfahrens in einem bestimmten Betrieb ein Geheimnis darstellen[61]. Der Annahme eines Geheimnisses steht nicht entgegen, daß es einem begrenzten Personenkreis bekannt wurde[62].

b) Erfindungsgeheimnis. Bei der Ausdehnung des § 172 Nr. 2 auf Erfindungsgeheimnisse griff das EGStGB 1974 auf die Parallelbestimmung des § 52 ArbGG zurück, der allerdings keine Begriffsbestimmung enthält. Die Kommentarliteratur ist sich darin einig, daß der Begriff weit auszulegen ist und alle auf eine Erfindung bezüglichen Umstände erfaßt, an deren Geheimhaltung eine Person oder Institution ein berechtigtes Interesse hat[63]. Die Erfindung besteht in einer anwendbaren, niederlegungsfähigen und ausführbaren technischen Idee oder Regel. Sie muß einen technischen Fortschritt und eine persönliche Leistung des Erfinders darstellen, die über das hinausgeht, was für einen Durchschnittsfachmann erreichbar ist[64]. Kein Geheimnis mehr ist die bekanntgemachte Patentanmeldung[65]. **17**

c) Steuergeheimnis

aa) Entstehungsgeschichte. Die Aufnahme eines wichtigen Steuergeheimnisses in die Reihe der von § 172 Nr. 2 geschützten Geheimnisse beruhte im Entwurf des EGStGB zunächst auf Erwartungen, die sich nicht verwirklichten. Nach Art. 19 Nr. 57 des Reg.Entw. EGStGB 1974 sollte nämlich – aus Anlaß der Einführung der Bemessung der Geldstrafe nach dem Tagessatz-System und um dem Gericht die Feststellung der Einkommensverhältnisse des Täters (§ 40 Abs. 2 StGB) zu erleichtern – dem § 161 StPO ein Absatz 2 angefügt werden, wonach die Finanzbehörden verpflichtet sein sollten, den Staatsanwaltschaften und Gerichten auf deren Ersuchen Auskunft über die ihnen bekannten wirtschaftlichen Verhältnisse des Angeklagten, die für die Bemessung der Geldstrafe von Bedeutung sind, zu erteilen. Dabei sollte die Einbeziehung des Steuergeheimnisses in § 172 Nr. 2 die vorgesehene Öffnung des Steuergeheimnisses auf den Kreis der Verfahrensbeteiligten und damit so weit wie möglich begrenzen[66]. Im weiteren Verlauf des Gesetzgebungsverfahrens ist die vorgeschlagene Einfügung des § 161 Abs. 2 StPO – nicht zuletzt am Widerspruch des Bundesrats[67] – gescheitert. Zugleich ist § 172 **18**

---

[57] KK-*Diemer*[4] 8; vgl. auch RGSt **38** 108; **40** 406; **42** 394; **48** 12; RGZ **149** 329; BGH GRUR **1955** 424; **1969** 341; OLG Düsseldorf MDR **1978** 147; *Kleinknecht/Meyer-Goßner*[45] 9; *Wittkämper* BB **1963** 1160.

[58] Kasuistik bei *Baumbach-Hefermehl*[18] § 17, 9 UWG.

[59] BGH DRiZ **1981** 193.

[60] BGHSt **41** 140.

[61] BGH NJW **1960** 1999.

[62] RGSt **40** 407; **42** 396; *Katholnigg*[3] 6; *Kissel*[3] 40.

[63] *Kleinknecht/Meyer-Goßner*[45] 10; KK-*Diemer*[4] 8.

[64] *Kleinknecht/Meyer-Goßner*[45] 10; KK-*Diemer*[4] 8; *Katholnigg*[3] 6, der betont, eine Patentfähigkeit sei nicht erforderlich.

[65] *Katholnigg*[3] 6; *Kissel*[3] 42; **a. A** *Kleinknecht/Meyer-Goßner*[45] 10, der auf den Zeitpunkt der Patenterteilung abstellt.

[66] BTDrucks. **VI** 1982; Begr. des RegEntw., BTDrucks. **7** 550, S. 320.

[67] BTDrucks. **7** 550, S. 476.

Nr. 2 GVG in der vom Regierungsentwurf vorgeschlagenen Form Gesetz geworden, obwohl der ursprüngliche Ausgangspunkt, die Schaffung eines § 161 Abs. 2 StPO, gegenstandslos geworden war.

19 **bb) § 30 AO 1977.** Inzwischen hat sich die Ausgangslage durch die Neuregelung des Steuergeheimnisses in § 30 AO 1977 verändert, der abschließend regelt, inwieweit seitens der Finanzverwaltung und ihrer Beauftragten auch im Strafverfahren das Steuergeheimnis zu wahren ist und inwieweit eine Offenbarungsbefugnis besteht; damit haben sich die Vorhaben einer Ergänzung des § 161 StPO und des § 172 GVG erledigt. Der Ausgangspunkt ist wie bisher, daß das Steuergeheimnis den Steuerpflichtigen, dem gegenüber dem Finanzamt weitgehende Auskunfts- und Offenbarungsverpflichtungen obliegen, grundsätzlich davor schützen soll, daß die Verhältnisse, die er der Finanzverwaltung offenbaren mußte, außerhalb des Besteuerungsverfahrens bekannt werden oder zu anderen als steuerlichen Zwecken ausgewertet werden[68]. Dabei verfolgt das Steuergeheimnis das öffentliche Interesse an der Sicherung des Steueraufkommens, indem es die Bereitschaft der Steuerpflichtigen zur wahrheitsgemäßen Auskunft fördert[69]. Die Wahrung des Steuergeheimnisses obliegt den Amtsträgern[70] und dem ihnen in § 30 Abs. 3 AO gleichgestellten Personenkreis. Gegenstand des Steuergeheimnisses sind nach § 30 Abs. 2 AO „Verhältnisse eines anderen" sowie fremde Betriebs- oder Geschäftsgeheimnisse, die dem Geheimhaltungspflichtigen auf die in § 30 Abs. 2 Nr. 1 AO im einzelnen beschriebene Weise bekannt geworden sind. Die Pflicht, das Steuergeheimnis zu wahren, entfällt aber, wenn die in § 30 Abs. 4, 5 AO enumerativ und abschließend aufgezählten Gründe vorliegen, die eine Offenbarung der an sich unter das Steuergeheimnis fallenden Kenntnisse rechtfertigen. Für diese Fälle einer gerechtfertigten Offenbarung in einer Hauptverhandlung ermöglicht § 172 Nr. 2, den Ausschluß der Öffentlichkeit, wenn durch die öffentliche Erörterung von Verhältnissen, die (an sich) Gegenstand eines Steuergeheimnisses sind, überwiegende schutzwürdige Interessen verletzt würden[71]. Der Ausschluß der Öffentlichkeit in Steuerstrafverfahren, in denen die steuerlichen Vorgänge im Rahmen der Tatsachenfeststellung zu erörtern sind, kommt dagegen in der Regel nicht in Betracht[72].

3. Gemeinsame Gesichtspunkte

20 **a) Person des Geheimnisinhabers.** Als Träger solcher schutzwürdigen Interessen kommen für alle genannten Geheimnisse nicht nur die Prozeßbeteiligten oder Zeugen, sondern auch dritte Personen unabhängig von einer Verfahrensbeteiligung in Betracht[73]. Bezüglich des Steuergeheimnisses gilt dies selbst dann, wenn es sich nicht um einen Steuerpflichtigen handelt. Denn § 30 Abs. 2 AO spricht in bewußter Abkehr vom früheren Recht (§ 22 a.F. AO: „Verhältnis eines Steuerpflichtigen") von Verhältnissen **eines anderen** und von **fremden** Geschäfts- und Betriebsgeheimnissen. Damit sollte klargestellt werden, daß der Schutz des Steuergeheimnisses nicht nur zugunsten des Steuerpflichtigen (§ 33 AO) wirkt, sondern zugunsten jedes beliebigen Dritten, sofern die ihn betreffenden Kenntnisse auf dem in § 30 Abs. 2 Nr. 1 AO bezeichneten Wege zutage getreten

---

68 Das Steuergeheimnis schützt allerdings nicht davor, diese Angaben in einem Steuerstrafverfahren auch zur Tagessatzbemessung zu verwerten, vgl. § 393 Abs. 2 AO.

69 *Koch* § 30, 2 AO.

70 Hierzu gehören auch die mit Steuerstrafverfahren befaßten Richter und Staatsanwälte, § 30 Abs. 2 Nr. 1 Buchst. b AO.

71 Vgl. ergänzend zu diesen Fragen *Schomberg* NJW **1979** 526; *Rüping/Arloth* DB **1984** 1795; *Blessinger* wistra **1991** 239 und 294; *Weyand* wistra **1993** 132.

72 *Kleinknecht/Meyer-Goßner*[45] 11; KK-*Diemer*[4] 8; *Kissel*[3] 43.

73 *Kleinknecht/Meyer-Goßner*[45] 12; KK-*Diemer*[4] 8; *Katholnigg*[3] 6; *Kissel*[3] 38.

sind. Der Begriff der „Verhältnisse eines anderen" ist weit auszulegen und umfaßt mindestens seine gesamten geschäftlichen und steuerlichen Umstände[74].

b) Wichtiges Geheimnis. § 172 Nr. 2 verlangt, daß es sich um ein wichtiges Geheimnis handeln müsse. Geschäfts- und Betriebsgeheimnisse sind in der Regel wichtig, wenn das Geheimzuhaltende für die Wettbewerbsfähigkeit des Geschäftsinhabers von nicht unwesentlicher Bedeutung ist; nicht jede Nebensächlichkeit soll hier geschützt werden[75]. Zur Frage, wann ein wichtiges Geheimnis „zur Sprache kommt", s. § 171b, 11. 21

c) Verletzung überwiegender schutzwürdiger Interessen. § 172 Nr. 2 verlangt eine Abwägung zwischen den individuellen Geheimhaltungsinteressen und dem Interesse der Allgemeinheit an einer öffentlichen Verhandlung. 22

aa) Gewichtung der Interessen des Geheimnisinhabers. Bei dieser Abwägung sind zunächst die individuellen Interessen des Geheimnisinhabers zu bewerten; dabei ist auch das volkswirtschaftliche Interesse an der Erhaltung der Wettbewerbsfähigkeit der Wirtschaft zu berücksichtigen. 23

bb) Geheimnis als Gegenstand des Strafverfahrens. Hierzu wird vertreten, daß der Öffentlichkeit grundsätzlich der Vorzug zu geben ist, soweit das Geheimnis Gegenstand des Strafverfahrens ist[76]. Hier erscheint eine Differenzierung je nach der Verfahrensrolle des Geheimnisinhabers notwendig: Ist der Geheimnisinhaber Angeklagter, sind seine Interessen, soweit sie sich aus der Tat ergeben, von geringem Gewicht: Wer beispielsweise wegen Steuerhinterziehung angeklagt ist, kann sich regelmäßig nicht auf das Steuergeheimnis berufen (vgl. § 30 Abs. 4 Nr. 1 in Verbindung mit Abs. 2 Nr. 1 Buchst. b AO) und deswegen den Ausschluß der Öffentlichkeit während der Verhandlungen (zur Schuldfrage) verlangen[77]. Ist dagegen der Geheimnisinhaber Opfer, etwa in einem Strafverfahren wegen eines Vergehens nach § 17 UWG, ist nicht einzusehen, daß sein Geschäftsgeheimnis öffentlich zu erörtern ist, nur weil es zuvor von dem Angeklagten verraten wurde. Hier wird das Gericht dem Geheimhaltungsinteresse mehr Gewicht beimessen müssen, schon damit sich so nicht noch durch eine öffentliche Verhandlung die nachteilige Wirkung der Tat verstärkt. 24

cc) Geheimnis als Grundlage der Rechtsfolgenentscheidung. Soweit in der Verhandlung die für die Rechtsfolgenbemessung wesentlichen Tatsachen erörtert werden, kommt ein Ausschluß der Öffentlichkeit möglicherweise nach § 171b in Betracht. Dagegen ist ein Ausschluß nach § 172 Nr. 2 auch dann nur in seltenen Ausnahmefällen denkbar, wenn diese Feststellungen aufgrund von Angaben des Angeklagten, die dem Steuergeheimnis unterliegen, getroffen werden. Denn die Feststellungen zu den wirtschaftlichen Verhältnissen des Angeklagten müssen in jedem Strafverfahren aufgrund verschiedenartigster Beweismittel getroffen werden. Soweit überhaupt das Steuergeheimnis die gerichtliche Auswertung der Steuerakten im Strafverfahren erlaubt (vgl. §§ 30 Abs. 4 und 5, 393 Abs. 2 AO)[78], ist eine privilegierte Behandlung dieser Beweismittel grundsätzlich nicht gerechtfertigt[79]. Möglicherweise können sich ausnahmsweise besondere Gesichtspunkte ergeben, die einen Ausschluß der Öffentlichkeit nach § 171b ermöglichen (dazu § 171b, 7). 25

---

74 *Koch*[4] § 30, 11 AO.

75 *Kissel*[3] 38; ähnlich *Katholnigg*[3] 6: Geheimnisse von einer gewissen wirtschaftlichen Bedeutung; *Münch-Komm-Wolf*[2] 6: anerkannt beachtenswertes Schutz- und Wertniveau; *Wieczorek/Schütze-Schreiber*[3] 11: für die wirtschaftliche Entwicklung des Geheimnisträgers von besonderer Bedeutung.

76 *Katholnigg*[3] 6; *Kissel*[3] 39.

77 *Weyand* wistra **1993** 132.

78 In der Praxis stellt sich diese Frage nur in Steuerstrafverfahren.

79 **A. A** *Weyand* wistra **1993** 132.

26 **dd) Abwägung.** Dem so gewichteten Geheimhaltungsinteresse ist die große Bedeutung des Öffentlichkeitsgrundsatzes für die Strafrechtspflege gegenüberzustellen (s. Vor § 169, 2 ff). Ein Ausschluß der Öffentlichkeit wird danach in Betracht kommen, wenn für den Geheimnisgeschützten durch die Öffentlichkeit der Verhandlung Nachteile entstehen würden, die durch den Zweck des Verfahrens nicht gerechtfertigt sind[80]. *Katholnigg*[81] vertritt die Auffassung, die Öffentlichkeit sei eher die Regel und deren Ausschluß die Ausnahme, während *Kissel*[82] empfiehlt, keinen allzu strengen Maßstab anzulegen. Eine generelle Empfehlung läßt sich indes kaum geben, denn insoweit ist auch zu berücksichtigen, für welche Verfahrensdauer bzw. -teile die Öffentlichkeit ausgeschlossen werden soll und welche Bedeutung dieser Verfahrensteil bzw. die zu schützenden Tatsachen für den Verfahrensgegenstand und insbesondere für die Verständlichkeit des Verhandlungsablaufs für die Öffentlichkeit haben.

IV. Private Geheimnisse (§ 172 Nr. 3)

27 **1. Zweck der Vorschrift.** § 172 Nr. 3 bildet eine Ergänzung des in § 203 StGB statuierten strafrechtlichen Schutzes bestimmter Privatgeheimnisse gegen deren unbefugte Offenbarung durch den „Geheimnisträger" bei seiner Vernehmung als Zeuge oder Sachverständiger. Es ergänzt insoweit das Zeugnisverweigerungsrecht aus §§ 53, 53a StPO, mit dem es teilweise, aber nicht ganz deckungsgleich ist, und greift dort ein, wo § 203 StPO eine Verschwiegenheitsverpflichtung vorsieht, ein Zeugnisverweigerungsrecht nach §§ 53, 53a StPO aber fehlt, etwa bei den Berufspsychologen[83] (§ 203 Abs. 1 Nr. 2 StGB), Ehe-, Familien- oder Jugendberatern (§ 203 Abs. 1 Nr. 4 StGB), Sozialarbeitern und -pädagogen (§ 203 Abs. 1 Nr. 5 StGB) und Angehörigen von Unternehmen der privaten Kranken-, Unfall- oder Lebensversicherung (§ 203 Abs. 1 Nr. 6 StGB)[84]. § 172 Nr. 3 greift auch dann ein, wenn ein zur Verschwiegenheit Verpflichteter und zur Verweigerung des Zeugnisses Berechtigter gleichwohl als Zeuge aussagt[85], und ermöglicht mit dem Ausschluß der Öffentlichkeit, daß bei einer Vernehmung dieses Geheimnisträgers das Geheimnis nur den Verfahrensbeteiligten, nicht aber darüber hinaus bekannt wird.

28 **2. Anwendungsbereich.** § 172 Nr. 3 gilt nur während der Vernehmung eines unter Strafandrohung zur Geheimhaltung verpflichteten Geheimnisträgers als Zeuge oder Sachverständigem[86]. Es umfaßt deswegen nicht die Anhörung sonstiger Auskunftspersonen oder des Angeklagten, die sich – ohne Geheimnisträger zu sein – zu einem Beweisthema äußern, daß für andere ein schutzpflichtiges Geheimnis darstellt. Dies ergibt sich aus dem Wortlaut („Offenbarung durch *den* Zeugen oder Sachverständigen") und dem Zweck der Vorschrift, die Offenbarung eines bei nur für Geheimnisträger geltender Strafandrohung geschützten Geheimnisses auf das Notwendige zu beschränken.

---

80 *Kleinknecht/Meyer-Goßner*[45] 9.

81 *Katholnigg*[3] 6.

82 *Kissel*[3] 39.

83 Es sei denn, sie sind Psychologische Psychotherapeuten oder Kinder- und Jugendpsychotherapeuten (§ 53 Nr. 3 StPO).

84 Oft erhobenen Forderungen der Angehörigen der genannten Berufsgruppen nach Einbeziehung in den Kreis der nach § 53 StPO Zeugnisverweigerungsberechtigten (vgl. § 53, 4 StPO) kann der Gesetzgeber bereits aus verfassungsrechtlichen Gründen nicht nachgeben, da das Rechtsstaatprinzip einer Ausweitung von berufsbedingten Zeugnisverweigerungsrechten enge Grenzen setzt (BVerfGE **33** 367).

85 Und sich – sofern ihm nicht ein Rechtfertigungsgrund zur Seite steht (s. § 53, 10 StPO), was für das Gericht nicht unbedingt erkennbar sein kann – damit möglicherweise nach § 203 StGB strafbar macht.

86 KK-*Diemer*[4] 9; *Katholnigg*[3] 7.

3. Geheimnis. § 172 Nr. 3 knüpft schon nach seinem Wortlaut („privates Geheimnis") an § 203 StGB an. Geheimnis i.S. des § 203 StGB wie auch des § 172 Nr. 3 GVG sind Tatsachen, die nur einem beschränkten Personenkreis bekannt sind und an deren Geheimhaltung der Betroffene – der nicht der Angeklagte oder ein sonstiger Verfahrensbeteiligter zu sein braucht – ein schutzwürdiges Interesse hat[87]. Nicht erforderlich ist, daß dieses Geheimnis dem Geheimnisträger anvertraut wurde[88], da die genannten Strafbestimmungen dieses Tatbestandsmerkmal nicht durchgängig enthalten und § 203 Abs. 1 StGB es auch genügen läßt, daß das Geheimnis „sonst bekanntgeworden ist". **Privat** ist ein Geheimnis, wenn die Tatsachen dem persönlichen Lebens- und Geheimbereich angehören, während bei Tatsachen, deren Geheimhaltung in öffentlichem Interesse geboten ist, der Öffentlichkeitsausschließungsgrund des § 172 Nr. 1 (Gefährdung der Staatssicherheit oder der öffentlichen Ordnung) in Betracht kommt. 29

4. Verhältnis zu §§ 171b, 172 Nr. 2. Als Hauptfälle eines Privatgeheimnisses nennt § 203 Abs. 1, 2 StGB einerseits das „zum persönlichen Lebensbereich gehörende Geheimnis" und andererseits „das Geschäfts- oder Betriebsgeheimnis". Während das erstere auch von § 171b geschützt wird, ist das letztere bereits in § 172 Nr. 2 genannt[89]. Die genannten Ausschließungsgründe stehen dabei nebeneinander und sind ggf. nebeneinander anwendbar. Dies ergibt sich aus den Unterschieden zwischen § 172 Nr. 3 und den beiden anderen Ausschlußgründen, die in folgendem bestehen: Zunächst gilt § 172 Nr. 3 nur für die Vernehmung des Geheimnisträgers, nicht aber für sonstige Erörterungen desselben Beweisthemas. Da der Geheimnisträger ein Geheimnis offenbart, hat der Gesetzgeber in § 172 Nr. 3 auf eine Abwägungsklausel verzichtet. **§ 171b** betrifft „Umstände" aus dem persönlichen Lebensbereich eines Prozeßbeteiligten, Zeugen oder Opfers (und damit eines gegenüber § 172 Nr. 3 eingeschränkten Personenkreises), ohne daß es darauf ankommt, wer sie zur Sprache bringt, während § 172 Nr. 3 darauf abstellt, daß ein privates „Geheimnis" durch einen unter Strafandrohung Geheimnisverpflichteten mitgeteilt wird. Während § 171b eine Abwägung widerstreitender Interessen verlangt, bedarf es bei § 172 Nr. 3 einer solchen Abwägung nicht. **§ 172 Nr. 2** schützt nur ein wichtiges Geschäfts- oder Betriebsgeheimnis ohne Rücksicht darauf, wer das Geheimnis zur Sprache bringt, und verlangt ferner eine Abwägung zur Frage, ob durch die öffentliche Erörterung überwiegende schutzwürdige Interessen verletzt werden, während § 172 Nr. 3 auch private Geheimnisse von geringem Gewicht schützt und keine Abwägungsklausel enthält, aber voraussetzt, daß das Geschäfts- oder Betriebsgeheimnis von einem geheimhaltungspflichtigen Zeugen oder Sachverständigen erörtert wird. 30

5. Mit Strafe bedrohte unbefugte Offenbarung. § 172 Nr. 3 knüpft daran ob, ob allgemein eine unbefugte Offenbarung mit Strafe bedroht ist. Eine solche Strafdrohung kann sich beispielsweise aus §§ 201, 203, 353b, 354, 355 StGB[90], aber auch aus nebengesetzlichen Bestimmungen[91] ergeben. Unerheblich ist, ob sich der Zeuge oder Sachverständige durch seine Aussage vor Gericht strafbar macht[92]. § 172 Nr. 3 findet daher auch auf jene Geheimnisträger Anwendung, denen mangels der Voraussetzungen der §§ 53, 53a StPO oder aufgrund einer nach § 53 Abs. 2 StPO erteilten Entbindung von der Verschwiegenheitsverpflichtung kein Zeugnisverweigerungsrecht zusteht. 31

---

[87] *Dreher/Tröndle/Fischer*[50] § 203, 2 StGB.

[88] So aber *Kissel*[3] 44.

[89] Nach *Katholnigg*[3] 7 findet § 172 Nr. 3 auf Betriebs- und Geschäftsgeheimnisse keine Anwendung.

[90] *Pfeiffer*[3] 7.

[91] Etwa § 120 Abs. 2 BetrVG, §§ 69, 26 Abs. 7, 52 SchwbG (bis 30. 6. 2001), §§ 155, 96 Abs. 7, 130 SGB IX (ab 1. 7. 2001, BGBl. I 1046).

[92] *Kleinknecht/Meyer-Goßner*[45] 7; *Katholnigg*[3] 7.

32 **6. Verhältnis zum Zeugnisverweigerungsrecht.** Steht dem Zeugen oder Sachverständigen nach §§ 53, 53a StPO ein Zeugnisverweigerungsrecht zu, so kann die Ausschließungsmöglichkeit des § 172 Nr. 3 schon für die Frage der Ausübung dieses Rechts von Bedeutung sein. Der Ausschluß der Öffentlichkeit kann dem von der Offenbarung des Geheimnisses Betroffenen den Entschluß erleichtern, eine Entbindung von der Verschwiegenheitspflicht auszusprechen (§§ 53 Abs. 2, 53a Abs. 2 StPO) und kann für den Zeugen oder Sachverständigen Veranlassung sein, sich wegen eines besonderen Rechtfertigungsgrundes, insbesondere einer höherrangigen Offenbarungspflicht (dazu § 53,10 StPO) zur Aussage bereit zu finden. Ist der Zeuge oder Sachverständige aussagebereit, so ist es für die Anwendbarkeit des § 172 Nr. 3 ohne Bedeutung, aus welchen Gründen er sein Offenbarungsrecht oder seine Offenbarungspflicht herleitet.

V. Vernehmung einer Person unter 16 Jahren (§ 172 Nr. 4)

33 **1. Zweck der Vorschrift.** § 172 Nr. 4 dient, einem Vorbild im schwedischen Recht folgend, dem Schutz junger Zeugen[93]. Die Vorschrift berücksichtigt die besondere psychische Situation solcher Zeugen, „für die bereits das Auftreten vor Gericht, vollends vor zahlreichen Zuhörern, eine schwere Belastung darstellen kann, die auch durch ein Informationsinteresse der Öffentlichkeit nicht zu rechtfertigen ist"[94]. Ferner bezweckt die Vorschrift eine Sicherung der Wahrheitsfindung, indem durch den Öffentlichkeitsausschluß vermieden werden soll, daß die Fähigkeit und die Bereitschaft, die Wahrheit zu sagen, durch die Öffentlichkeit beeinträchtigt wird. Mit § 172 Nr. 4 bezwecken ferner §§ 241a Abs. 1, 247 S. 2 StPO und die durch das Zeugenschutzgesetz[95] neu in die StPO eingefügten Bestimmungen den Schutz des unter 16 Jahre alten Zeugen. Die strafrechtliche Abteilung des 62. Dt. Juristentages hat 1998 de lege ferenda angeregt, den Ausschluß während der Vernehmung von Zeugen unter 16 Jahren – und von Zeugen, die an ihrer Gesundheit gefährdet sind – als Regelfall vorzusehen[96].

34 **2. Vernehmung als Zeuge.** § 172 Nr. 4 spricht zwar allgemein von einer „Vernehmung", gedacht ist aber nur an die Vernehmung als Zeuge, nicht auch an die an sich denkbare (§§ 102, 103 JGG) Vernehmung als Angeklagter (§ 243 Abs. 4 StPO) vor dem Erwachsenengericht[97]. Das ergibt sich daraus, daß nach Art. 20 Nr. 7 Entw. EGStGB die Vorschrift lauten sollte: „ein Kind unter 14 Jahren vernommen wird", also nur kindliche Zeugen betreffen konnte. An diesem Ausgangspunkt änderte sich auch nichts, als der Sonderausschuß für die Strafrechtsreform das Schutzalter von „unter 14" auf „unter 16" erhöhte, denn die Erhöhung erfolgte mit der Begründung, daß die schädlichen Auswirkungen einer öffentlichen Vernehmung kindlicher Zeugen auch bei Jugendlichen über 14 Jahren zu befürchten seien[98].

35 **3. Ermessensentscheidung.** Aus dem Schutzzweck ergibt sich, daß bei der vom Gericht zu treffenden Ermessensentscheidung („kann") insbesondere die Betroffenheit des Zeugen durch die Tat und den Vernehmungsgegenstand sowie sein Entwicklungs-

---

93 *Kissel*³ 52; vgl. allgemein zum Thema junger Zeugen *Störzer*, S. 101; *Dippel* FS Tröndle S. 599; *Meier* JZ **1991** 638.

94 Begr. des Entw. BTDrucks. **7** 550, S. 321; Ausschußbericht BTDrucks. **7** 1261, S. 35.

95 Vom 30. 4. 1998, BGBl. I S. 820.

96 Beschlüsse des 62. Dt. Juristentages, NJW **1999** 117, 121.

97 Bei einer Vernehmung des jugendlichen Angeklagten vor dem Jugendrichter gilt § 48 JGG.

98 Bericht BTDrucks. **7** 1261, S. 35.

stand zu berücksichtigen sein werden. Ferner ist wichtig, welche Bedeutung die Aussage des jungen Zeugen für das Verfahren hat und ob die Gefahr besteht, daß seine Entwicklung wegen großer Öffentlichkeitsresonanz seiner Aussage gestört werden kann[99]. Abzulehnen ist die gelegentlich anzutreffende Praxis, wenn der Vorsitzende anstelle eines Ausschlusses nach § 172 Nr. 4 die Zuhörer bittet, sich freiwillig aus dem Sitzungssaal zu begeben[100]. § 172 Nr. 4 nennt eine absolute Altersgrenze, obwohl es nicht ausgeschlossen erscheint, daß auch ein Zeuge, der 16 Jahre oder wenig älter ist, in seiner Entwicklung so gestört ist[101], daß die diese Bestimmung tragenden Erwägungen für ihn in gleicher Weise zutreffen[102]. Soweit dann nicht bereits § 171b oder § 172 Nr. 1 Anwendung finden, wird eine analoge Anwendung des § 172 Nr. 4 angesichts seines klaren Wortlauts wohl nicht in Betracht kommen können.

4. Begleitpersonen. Der Ausschluß der Öffentlichkeit erstreckt sich grundsätzlich auf **36**
eine Person, die den jungen Zeugen zum Gericht begleitet hat. Ihr kann jedoch nach § 175 Abs. 2 die Anwesenheit gestattet werden (s. § 175, 7).

VI. Gerichtliche Ausschlußentscheidung

1. Ermessensentscheidung

a) Gerichtsentscheidung. In den Fällen des § 172 ist die Öffentlichkeit nicht – wie in **37**
§ 170 oder im Jugendstrafverfahren (§ 48 JGG) – kraft Gesetzes ausgeschlossen, vielmehr ist ein ausdrücklicher Beschluß des Gerichts erforderlich. Eine Anordnung des Vorsitzenden genügt nicht. Der Beschluß ergeht von Amts wegen. Zur Frage eines Antragsrechts s. unten Rdn. 50 und § 174, 2. Der Beschluß setzt eine Anhörung der Beteiligten (hierzu § 174, 1 ff) voraus. Das Verfahren ist in § 174 geregelt; auf die Erläuterungen zu dieser Vorschrift wird verwiesen.

b) Ermessen. Liegen die Voraussetzungen der Nrn. 1 bis 4 vor, so steht es im pflicht- **38**
gemäßen Ermessen des Gerichts, ob und gegebenenfalls für welchen Verfahrensabschnitt oder Zeitraum die Öffentlichkeit ausgeschlossen werden soll[103]. Niemand hat einen Anspruch auf Ausschluß oder Aufrechterhaltung der Öffentlichkeit[104]; dieser ergibt sich nicht aus Art. 6 Abs. 1 S. 2 MRK, der durch § 172 konkretisiert wird (dazu LR-*Gollwitzer* Art. 6 MRK [24. Aufl. Rdn. 86 bis 102]). Der Grundsatz der Verhältnismäßigkeit gebietet, vor einem Ausschluß der Öffentlichkeit stets zunächst zu prüfen, ob das verfolgte Ziel nicht schon mit Maßnahmen der Sitzungspolizei erreicht werden kann[105]. Die Bedeutung des Öffentlichkeitsprinzips gebietet es, den Ausschluß der Öffentlichkeit zeitlich grundsätzlich auf das unter Berücksichtigung des Schutzzwecks der einzelnen Bestimmung her Erforderliche zu beschränken[106]. Der Ausschluß darf nur so lange andauern, wie dieser Zweck der jeweiligen Bestimmung es gestattet[107]; entfällt

[99] *Kleinknecht/Meyer-Goßner*[45] 14; *Kissel*[3] 53.

[100] Was aber, solange tatsächlich die Freiwilligkeit gewahrt ist, nicht unzulässig ist: BGH NStZ **1999** 426. S. hierzu § 169, 35.

[101] Vgl. (den in der Praxis großzügig angewandten) § 105 Abs. 1 Nr. 1 JGG zur Frage der Anwendbarkeit des Jugendstrafrechts auf Heranwachsende.

[102] Vgl. als Beispiel für ähnliche Überlegungen § 247 S. 2 2. Alternative StPO.

[103] BGH GA **1978** 13; OLG Düsseldorf MDR **1981** 427; *Kissel*[3] 2.

[104] BGHSt **23** 82 für § 172 Nr. 2 a. F.; *Pfeiffer*[3] 1; KK-*Diemer*[4] 1; *Katholnigg*[3] 11; *Kissel*[3] 2; *Wieczorek/Schütze-Schreiber*[3] 2.

[105] *Pfeiffer*[3] 1.

[106] Ähnlich *Eb. Schmidt* 10; *Kissel*[3] 3 unter Beschränkung auf das „unabdingbar" Erforderliche; unklar insoweit *KMR*[7] 16, wonach eine Abgrenzung des nichtöffentlichen Teils „nicht kleinlich" zu erfolgen braucht.

[107] *Kissel*[3] 6.

dieser Zweck, ist die Öffentlichkeit unverzüglich wieder herzustellen[108]. Unter den Voraussetzungen des § 172 kann das Gericht auch nur einen Teil der Zuhörer ausschließen, wenn damit der verfolgte Zweck erreicht wird[109]. Bei der Entscheidung muß das Gericht auf den zu erwartenden Inhalt des in Frage stehenden Verhandlungsabschnitts abstellen[110]; die Revision kann nicht darauf gestützt werden, daß sich diese Prognose später als unzutreffend erweist[111].

2. Dauer des Ausschlusses

39 **a) Ausschluß für die Verhandlung oder einen Teil davon.** Nach § 172 kann die Öffentlichkeit für die Verhandlung oder einen Teil davon ausgeschlossen werden[112]. Die Ausschließung kann also sowohl bei Beginn der Hauptverhandlung wie auch jederzeit während ihres Verlaufs ausgesprochen werden, und zwar sowohl für die ganze noch ausstehende Verhandlung wie auch beschränkt auf einen Ausschnitt der Verhandlung. Der Ausschluß für die gesamte Verhandlungsdauer kann beispielsweise nach § 171b zulässig sein, wenn abzusehen ist, daß in der gesamten Beweisaufnahme Umstände aus dem persönlichen Lebensbereich von Verfahrensbeteiligten erörtert werden[113]. Auch bei § 172 Nr. 1 kommt ein Ausschluß für die ganze Verhandlung in Betracht, während dies bei § 172 Nr. 1a oder Nr. 2 nicht häufig möglich und bei § 172 Nr. 3 und Nr. 4 ausgeschlossen sein dürfte. Zulässig ist auch die Ausschließung „bis auf weiteres". Dann ist die Wiederherstellung der Öffentlichkeit ausdrücklich zu beschließen[114], sobald die Voraussetzungen für den Ausschluß entfallen sind. Ist die Öffentlichkeit ausgeschlossen, aber ohne Anordnung des Vorsitzenden durch ein Versehen wiederhergestellt worden, so bedarf es keines Gerichtsbeschlusses, um den Ausschluß der Öffentlichkeit wieder in Kraft treten zu lassen[115]. Abgesehen von der Verkündung des Urteilstenors (§ 173 Abs. 1) kann die Öffentlichkeit für jeden Verfahrensabschnitt ausgeschlossen werden; insbesondere ist es nicht zwingend geboten, daß der Anklagesatz öffentlich verlesen wird[116]. Zum Ausschluß der Öffentlichkeit während der Verkündung der Urteilsgründe oder eines Teiles davon bedarf es aber stets eines besonderen Beschlusses (s. § 173, 2); im Verfahren gegen Jugendliche und Heranwachsende umfaßt der Ausschluß der Öffentlichkeit auch die Urteilsverkündung (s. § 173, 5).

40 **b) Ausschluß für einen bestimmten Verfahrensabschnitt.** Da grundsätzlich die Öffentlichkeit nur soweit erforderlich ausgeschlossen werden darf, ist ihr Ausschluß in der Regel auf einen bestimmten Verfahrensabschnitt, etwa für die Vernehmung eines bestimmten Zeugen oder Sachverständigen, zu begrenzen. Der Ausschluß kann auch für die Erörterung zu einem bestimmten Thema, etwa der Frage der Schuldfähigkeit, einer Erkrankung oder einer von mehreren angeklagten Straftaten erfolgen; dabei ist jedoch darauf zu achten, daß aus dem Protokoll jener Zeitraum ersichtlich ist und anschließend die Öffentlichkeit rechtzeitig wiederhergestellt wird. Ein eng auf ein Thema begrenzter Ausschluß birgt jedoch die Gefahr, daß gleichzeitig andere damit nicht zusammenhängende Fragen erörtert werden, was eine Verletzung des Öffentlichkeitsgrundsatzes darstellen würde[117], und kann daher allenfalls bei präzise abgrenzbaren Themen empfohlen werden.

---

108 *Kleinknecht/Meyer-Goßner*[45] 1.
109 BGH bei Holtz MDR **1980** 273; *Katholnigg*[3] 13.
110 BGHSt **38** 248, 250.
111 *Pfeiffer*[3] 10; *Kleinknecht/Meyer-Goßner*[45] 10.
112 OLG Düsseldorf MDR **1981** 427; *Kissel*[3] 4.
113 BGH NStZ **1989** 483 = StV **1990** 9 mit Anm. *Frommel*; BGH bei *Holtz* MDR **1992** 634.
114 RG JW **1928** 1940; *Kleinknecht/Meyer-Goßner*[45] 17.
115 RG vom 10. 5. 1926 II 236/26.
116 RG vom 13. 5. 1927 I 392/27.
117 Vgl. BGH GA **1982** 275.

c) **Auslegung.** Ist die Dauer der Ausschließung oder der entsprechende Verfahrensabschnitt nicht präzise festgelegt, so ist der Ausschließungsbeschluß auszulegen. Für diese Auslegung sind vor allem protokollierte Vorgänge wie vorangegangene Anträge und Beschlüsse zu berücksichtigen; daneben kann aber auch der Verhandlungsgegenstand und der Sachzusammenhang eine Rolle spielen[118]. Fehlt jede Angabe zur Ausschlußdauer, so ist sie im Zweifel als für die ganze noch folgende Verhandlung beschlossen anzusehen[119]. 41

d) Zur **Wiederherstellung der Öffentlichkeit** während der Verhandlung bedarf es eines Gerichtsbeschlusses, wenn die Öffentlichkeit zunächst für die Verhandlung insgesamt oder „bis auf weiteres" ausgeschlossen war[120]; ein solcher Beschluß kann sich auch sonst zur Vermeidung von Unklarheiten empfehlen[121]. Andernfalls ist die Öffentlichkeit nach Ablauf des Verfahrensabschnitts, für den sie abgeschlossen war, spätestens vor Beginn der Urteilsverkündung (dazu Rdn. 43) ohne weiteres wiederherzustellen[122]. Wichtig ist, daß die tatsächliche Wiederzulassung der Öffentlichkeit im Protokoll vermerkt wird[123], da sie ebenso wie ein eventueller Wiederherstellungsbeschluß zu den wesentlichen Förmlichkeiten gehört, für die die Beweiskraft des § 274 StPO gilt[124]. Nach Ausschluß der Öffentlichkeit für die Vernehmung eines Zeugen soll ein förmlicher Wiederherstellungsbeschluß nach Oberlandesgericht Düsseldorf[125] auch dann erforderlich sein, wenn für vor dem Sitzungssaal wartende ausgeschlossene Zuhörer unklar bleibt, ab wann sie wieder zugelassen sind. Diese Frage dürfte indes keine Frage der Anordnung, sondern ihres Vollzugs sein. Zur Wiederherstellung der Öffentlichkeit s. im übrigen § 174, 21. 42

e) **Urteilsverkündung.** Ist die Öffentlichkeit „für die Verhandlung" oder „bis zur Urteilsverkündung" ausgeschlossen worden, so tritt die Öffentlichkeit vor der Urteilsverkündung von selbst wieder ein. Gleiches gilt für alle sonstigen Ausschließungsbeschlüsse, die nur eine zeitlich begrenzte Ausschließung vorsehen. Es bedarf in diesem Fall nicht der Verkündung eines besonderen Beschlusses oder einer besonderen Anordnung des Vorsitzenden[126]. Ein Ausschluß der Öffentlichkeit während der Verkündung des Urteilstenors ist nicht zulässig; ein Ausschluß während der Bekanntgabe der Urteilsgründe setzt einen besonderen Beschluß voraus (dazu § 173, 2). 43

f) **Unterbrechung. Verbindung.** Muß nach Unterbrechung einer Hauptverhandlung das Verfahren von neuem beginnen – auch innerhalb der Frist des § 229 StPO, aber bei Wechsel der Richterbesetzung –, so wird ein bereits gefaßter Beschluß über Ausschließung der Öffentlichkeit wirkungslos[127]. Wird mit einer Strafsache, die nicht öffentlich verhandelt wird, im Lauf der Verhandlung eine andere Strafsache gemäß § 237 StPO zur gemeinsamen Verhandlung verbunden, so bedarf es, wenn auch diese unter Ausschluß der Öffentlichkeit verhandelt werden soll, eines ergänzenden Beschlusses[128]. 44

3. Änderung des Beschlusses. Das Gericht kann seinen die Öffentlichkeit betreffenden Beschluß, gleichviel ob er die Ausschließung oder die Ablehnung eines Antrags auf 45

---

118 *Mösl* FS G. Pfeiffer (1988), S. 347.
119 BGH bei *Holtz* MDR **1992** 634; *Kleinknecht/Meyer-Goßner*[45] 8; *Kissel*[3] 10.
120 *Kleinknecht/Meyer-Goßner*[45] 17; *Kissel*[3] 4, 5.
121 OLG Düsseldorf StV **1985** 8; *Kissel*[3] 6.
122 BGH GA **1981** 473; RGSt **53** 271; *Kleinknecht/Meyer-Goßner*[45] 16; KK-*Diemer*[4] 2; *Katholnigg*[3] 12; *Kissel*[3] 4.
123 BGH StV **1989** 384; StV **1994** 471; *Eb. Schmidt* 13; *Seibert* DRiZ **1964** 195.
124 BGH bei *Herlan* GA **1971** 34.
125 StV **1985** 8.
126 RG JW **1926** 2762 Nr. 10; *Kleinknecht/Meyer-Goßner*[45] 16.
127 RGSt **62** 198; *Eb. Schmidt* 12; *Kissel*[3] 11.
128 *Kissel*[3] 11.

Ausschließung ausgesprochen hat, ändern, wenn die Verhandlung hierzu Veranlassung gibt[129]; eine solche Änderung gilt nur für die Zukunft, keinesfalls aber rückwirkend. Es ist dazu verpflichtet, wenn die Voraussetzungen für den Ausschluß der Öffentlichkeit entfallen sind.

46 **4. Zulässige Maßnahmen während des vorübergehenden Ausschlusses der Öffentlichkeit.** Soweit die Öffentlichkeit für die Vernehmung eines bestimmten Zeugen oder Sachverständigen ausgeschlossen wird, erstreckt sich der Ausschluß grundsätzlich auch auf alle Erklärungen, Anträge der Verfahrensbeteiligten und alle Entscheidungen des Gerichts, die sich aus der Zeugenvernehmung unmittelbar ergeben und mit ihr in einem unmittelbarem Zusammenhang stehen[130], z. B. auf eine während der Zeugenvernehmung erfolgte Verlesung von Urkunden[131] oder Besichtigung von Augenscheinsobjekten[132], soweit diese mit der Zeugenvernehmung in Zusammenhang stehen, auf die Anhörung des gesetzlichen Vertreters nach § 52 Abs. 2 StPO, auf Entscheidungen nach § 247 StPO und die gemäß § 247 S. 4 StPO dem Angeklagten zu machende Mitteilung[133], auf Erklärungen nach § 257 StPO sowie auf die zur Vernehmung gehörende Beeidigung des Zeugen. Während dieser Vernehmung dürfen auch Rückfragen, die durch die Vernehmung des Zeugen veranlaßt waren, an zuvor vernommene Zeugen[134] oder Angeklagte[135] erfolgen; letztere können auch im Anschluß an die Vernehmung des Zeugen, für dessen Vernehmung die Öffentlichkeit ausgeschlossen war, noch aufgrund desselben Beschlusses kurz nichtöffentlich vernommen werden[136]. Die vollständige Vernehmung mehrerer weiterer Zeugen ist hingegen unzulässig[137]. Ein solcher Beschluß kann auch mehrere zeitlich unmittelbar aufeinanderfolgende Vernehmungen eines Zeugen in einer Hauptverhandlung umfassen[138]; im Zweifel sollte hier jedoch jeweils ein neuer Beschluß gefaßt werden. Ob zu einer Zeugenvernehmung, für deren Dauer die Öffentlichkeit ausgeschlossen wurde, auch noch die Vernehmung eines Sachverständigen zur Glaubwürdigkeit dieses Zeugen gehört, erscheint zweifelhaft[139].

47 **Handlungen, die auch außerhalb der Hauptverhandlung vorgenommen werden dürfen,** etwa eine Umladeverfügung des Vorsitzenden, die Mitteilung der beabsichtigten weiteren Hauptverhandlungstermine, die Aufhebung der Bestellung eines Pflichtverteidigers, die Bekanntgabe der Beauftragung eines weiteren Sachverständigen, die Feststellung der Haftdauer des Angeklagten oder Erörterungen im Ablehnungsverfahren nach § 26 ff StPO[140], dürfen auch während des für eine Zeugenvernehmung erfolgten Öffentlichkeits-

---

129 *Kissel*³ 11.

130 RGSt **43** 367; BGH GA **1972** 184; BGH bei *Dallinger* MDR **1975** 198; BGH bei *Holtz* MDR **1976** 988; BGH GA **1981** 473; BGH DRiZ **1981** 193; BGH bei *Pfeiffer*/Miebach NStZ **1983** 213; *Kleinknecht/Meyer-Goßner*⁴⁵ 17; KK-*Diemer*⁴ 3; *Katholnigg*³ 12; einschränkend noch BGHSt **7** 220; *Eb. Schmidt* 10 will diesen Grundsatz eng begrenzt wissen.

131 BGH StV **1985** 402 mit Anm. *Fezer*.

132 BGH NStZ **1988** 190.

133 RGSt **60** 164; BGH StV **1994** 471.

134 BGH bei *Dallinger* MDR **1975** 198; BGH bei *Pfeiffer/Miebach* NStZ **1983** 213.

135 BGH NStZ **1989** 483 = StV **1990** 9 mit Anm. *Frommel*.

136 BGH bei Dallinger MDR **1957** 142 und MDR **1975** 198 (dort wurde auch eine nachvernommene Zeugin noch nichtöffentlich vereidigt); BGH StV **1990** 10 mit Anm. *Frommel*; NStZ **1992** 447 betreffend den Sonderfall, daß der Ausschluß sich von vornherein auf die Vernehmung beider Zeugen bezog; vgl. auch BGH DRiZ **1981** 194.

137 BGH StV **1990** 252.

138 BGH GA **1981** 320 (verneinend für den Fall einer zweiten Vernehmung zu einer inzwischen erhobenen Nachtragsanklage); NStE GVG § 174 Nr. 3; StV **1990** 10 mit Anm. *Frommel*; NStZ **1992** 447; BGHR, GVG § 174 Abs. 1 S. 1, Ausschluß 1; KK-*Diemer*⁴ 3; *Kissel*³ 8.

139 Verneinend: BGHSt **7** 218; KK-*Diemer*⁴ 3; *Kissel*³ 8; bejahend: BGH bei *Holtz* MDR **1976** 988.

140 BGH NStZ **1996** 399; bei *Becker* NStZ-RR **2002** 257, 261.

ausschlusses vorgenommen werden[141]. Ist die Öffentlichkeit für die Vernehmung eines Angeklagten zur Sache ausgeschlossen, umfaßt dies nicht ohne einen den Ausschluß erweiternden Beschluß auch die Vernehmung von Zeugen[142]. Auf **andere Verfahrensabschnitte** darf die nichtöffentliche Verhandlung aber nicht ausgedehnt werden[143], etwa auf eine Teileinstellung gemäß § 154 StPO[144] oder auf die Erteilung rechtlicher Hinweise nach nichtöffentlicher Vernehmung des Tatopfers[145]; etwas anderes gilt aber für den sich aus der Vernehmung ergebenden Hinweis auf tatsächlich veränderte Umstände (veränderte Tatzeit)[146]. Dies gilt insbesondere, wenn der Ausschluß der Öffentlichkeit auf einen kurzen Verfahrensabschnitt beschränkt wurde, etwa auf die Angaben einer Zeugin zu den Verhältnissen *während* ihrer Ehe; Angaben der Zeugin zu Geschehnissen *vor* der Eheschließung sind dann nur aufgrund eines weiteren Beschlusses zulässig[147]. Eine stillschweigende Verlängerung des für einen bestimmten Verfahrensabschnitt beschlossenen Ausschlusses auf folgende Verfahrensabschnitte ist nicht zulässig; hier bedarf es regelmäßig eines weiteren – im Verfahren gemäß § 174 und damit aufgrund einer Ausschließungsverhandlung gefaßten und öffentlich bekanntzugebenden – Beschlusses, z. B. wenn die nur für die Dauer der Vernehmung des Angeklagten und der Zeugen ausgeschlossene Öffentlichkeit vom Vorsitzenden erst nach den Schlußvorträgen wiederhergestellt wird[148]. Dabei genügt es nicht, wenn nach Beendigung des Verfahrensabschnitts, für den die Öffentlichkeit ausgeschlossen war, das Gericht einer Person nach § 175 Abs. 2 die Anwesenheit gestattet und damit die Absicht zu erkennen gibt, weiterhin nichtöffentlich zu verhandeln, ohne daß förmlich über weiteren Ausschluß der Öffentlichkeit beschlossen wird[149].

Wird nach Abschluß des Verfahrensabschnitts, für den die Öffentlichkeit ausgeschlossen war, **versehentlich nichtöffentlich weiterverhandelt**, so stellt dieses einen nach § 338 Nr. 6 StPO rügbaren Verfahrensfehler dar. Wird dieser Fehler alsbald bemerkt, so ist eine Heilung des Fehlers durch Wiederholung der wesentlichen Vorgänge in öffentlicher Verhandlung (dazu § 174, 20) möglich. Ist es ausnahmsweise ausgeschlossen, daß ein fehlerhaft während ausgeschlossener Öffentlichkeit durchgeführter Verfahrensabschnitt sich auf das Urteil ausgewirkt haben kann, etwa weil ein erteilter rechtlicher Hinweis nicht der später gefällten Entscheidung entsprach[150], eine Zeugenaussage sich als völlig unergiebig erwies[151] oder der Verfahrensabschnitt nur einen später nach § 154 Abs. 2 StPO eingestellten Tatvorwurf betraf[152], so hat dieser Fehler nicht die Aufhebung des Urteils zur Folge[153]. **48**

VII. Prozessuale Stellung des Geheimnisinhabers

Da der Geheimnisinhaber selbst als Zeuge – im Gegensatz zu anderen Verfahrensordnungen (vgl. § 384 Nr. 3 ZPO; § 98 VwGO) – kein Zeugnisverweigerungsrecht bei Fragen hat, deren Beantwortung in den Fällen der Nr. 2 die Offenbarung eines **49**

141 BGH bei *Kusch* NStZ-RR **2000** 294; NStZ **2002** 106.
142 BGH StV **1991** 199; *Kissel*[3] 9.
143 RG HRR **1935** Nr. 822; BGHSt **7** 218; BGH StV **1991** 199.
144 BGH StV **1994** 641; NStZ **1999** 371 = StV **2000** 248 mit Anm. *Ventzke*; *Katholnigg*[3] 12.
145 BGH StV **1994** 641; NStZ **1996** 49; **1999** 371 = StV **2000** 248 mit Anm. *Ventzke*.
146 BGH NStZ **1999** 371 = StV **2000** 248 mit abl. Anm. *Ventzke*.
147 BGH GA **1982** 275.
148 RG HRR **1935** Nr. 822.
149 BGHSt **7** 218; *Eb. Schmidt* 11.
150 BGH NStZ **1999** 371 = StV **2000** 248 mit abl. Anm. *Ventzke*; vgl. auch BGH NStZ **1996** 49.
151 BGHSt **33** 99 = NStZ **1985** 422 mit Anm. *Schöch* = StV **1985** 402 mit Anm. *Fezer*; KK-*Diemer*[4] 2.
152 BGH MDR **1995** 1160; NStZ **1999** 371; vgl. auch BGH NStZ **1996** 49.
153 KK-*Diemer*[4] 2; *Katholnigg*[3] 14.

Geschäfts- oder Betriebsgeheimnisses oder in den Fällen der Nr. 3 eines anvertrauten Privatgeheimnisses in sich schließt, muß er, darin vergleichbar dem durch eine Straftat Verletzten, der nicht Zeuge ist, in der Lage sein, prozessuale Maßnahmen zur Abwehr eines durch die öffentliche Erörterung des Geheimnisses drohenden Schadens zu ergreifen, hierzu geeignete Anträge zu stellen sowie an der Ausschließungsverhandlung teilzunehmen. Gleiches gilt bei Nr. 1a für den gefährdeten Zeugen und bei Nr. 4 für den jungen Zeugen (dazu § 174, 2). Auch die RiStBV gehen von einem Antragsrecht des Staatsanwalts aus[154]. Eine § 171b Abs. 1 S. 2, Abs. 2 entsprechende Bindung des Gerichts gibt es bei § 172 nicht.

VIII. Anfechtung des Urteils wegen Verletzung der die Öffentlichkeit betreffenden Vorschriften

50 Wegen der Fragen, wann ein Urteil mit der Begründung angegriffen werden kann, die Öffentlichkeit sei gesetzwidrig ausgeschlossen oder beschränkt worden, und umgekehrt mit der Begründung, die Öffentlichkeit sei nicht ausgeschlossen worden, obwohl dies geboten gewesen sei, wird zur Vermeidung einer mehrfachen Erörterung des Fragenbereichs auf die Darstellung bei § 169, 56 ff und § 338, 103 ff StPO verwiesen. Zur Frage der Anfechtung des die Ausschließung anordnenden oder ablehnenden **Beschlusses** vgl. § 174, 18 f.

§ 173

(1) Die Verkündung des Urteils erfolgt in jedem Falle öffentlich.

(2) Durch einen besonderen Beschluß des Gerichts kann unter den Voraussetzungen der §§ 171b und 172 auch für die Verkündung der Urteilsgründe oder eines Teiles davon die Öffentlichkeit ausgeschlossen werden.

Entstehungsgeschichte. Der ursprüngliche § 174 lautete: „Die Verkündung des Urteils erfolgt in jedem Falle öffentlich." Das Gesetz vom 5. April 1888 betr. die unter Ausschluß der Öffentlichkeit stattfindenden Gerichtsverhandlungen[1] ermöglichte dann den Ausschluß der Öffentlichkeit bei Verkündung der Urteilsgründe. Durch Art. 2 Nr. 3 des OpferschutzG vom 18. 12. 1986[2] ist in Absatz 2 die Verweisung auf § 171b eingefügt worden. Bezeichnung bis 1924: § 174.

Übersicht

[154] Vgl. Nr. 131 Abs. 1 S. 2, 131a S. 2 RiStBV.

[1] RGBl. 133.

[2] BGBl. I S. 2496.

1. Verkündung der Urteilsformel. Das „Urteil", womit die Urteilsformel (zum Begriff s. § 260, 23 ff StPO) gemeint ist[3], ist nach Absatz 1 stets öffentlich zu verkünden; dies muß aus dem Protokoll ersichtlich sein. Das Gebot öffentlicher Verkündung der Urteilsformel schließt nicht aus, einzelne Zuhörer, die durch ihr Verhalten eine ordnungsgemäße Verkündung der Urteilsformel (§ 268 Abs. 2 StPO) unmöglich machen, gemäß §§ 175 Abs. 1, 177 aus dem Sitzungsraum zu entfernen[4]. Ist wegen tumultartiger Störungen ein Ausschluß aller Zuhörer geboten (§ 172, 4), so bleibt im Hinblick auf Absatz 1 nur die Möglichkeit, die Verkündung auszusetzen oder abzubrechen und sie nach Wiederherstellung geordneter Verhältnisse in der Frist des § 268 Abs. 3 S. 2 StPO vorzunehmen[5]. 1

2. Verkündung der Urteilsgründe (Absatz 2). Die Urteilsgründe dürfen unter Ausschluß der Öffentlichkeit bekanntgegeben werden, wenn und soweit einer der Gründe der §§ 171b oder 172 vorliegt. Dabei ist stets zu prüfen, ob der Ausschluß der Öffentlichkeit auf einzelne Teile der Urteilsverkündung beschränkt werden kann. § 173 Abs. 2 erfordert für die nichtöffentliche Verkündung der Urteilsgründe stets einen besonderen, ausdrücklich darauf gerichteten und gemäß § 174 Abs. 1 S. 3 begründeten Beschluß[6]; ein Beschluß, der für die Verhandlung oder einen Teil davon die Öffentlichkeit ausgeschlossen hat, reicht für § 173 Abs. 2 nicht. Auch bedarf es für diesen – öffentlich zu verkündenden[7] – Beschluß einer besonderen Verhandlung (§ 174, 3[8]), die naturgemäß frühestens am Schluß der Beweisaufnahme stattfinden kann[9]. Die Verhandlung ist auch noch zulässig, wenn mit der Verkündung des Urteils bereits begonnen worden ist und die Verlesung der Urteilsformel bereits stattgefunden hat[10]. Bei öffentlicher Verkündung der Urteilsgründe bleibt auch hier (vgl. Rdn. 1) die Möglichkeit unberührt, einzelne Zuhörer aus dem Sitzungsraum zu entfernen (§ 177) oder ihnen den Zutritt zu verwehren (§ 175 Abs. 1)[11]. Ferner ist es bei vorausgegangenem Ausschluß der Öffentlichkeit der Verhandlung aus den Gründen des § 172 Nr. 2, 3 Sache des Vorsitzenden, bei der Urteilsbegründung von dem Verhandlungsergebnis nur soviel mitzuteilen, als notwendigerweise gesagt werden muß, damit nicht der Zweck des früheren Verhandlungsausschlusses auf dem Weg über eine ausführliche Urteilsbegründung illusorisch wird[12]. 2

3. Beschlüsse nach §§ 268a, 268b StPO sind zwar „mit dem Urteil zu verkünden" (§ 268a Abs. 1 2. Halbsatz StPO); sie sind aber kein Teil des Urteils und erst recht nicht der Urteilsformel, zumal es in der Regel zweckmäßiger ist, den Beschluß nach § 268a StPO erst nach Bekanntgabe der Urteilsgründe zu verkünden[13]. 3

4. Verkündung des Urteils nach vorangegangenem Öffentlichkeitsausschluß. War die Öffentlichkeit im Laufe der Verhandlung ausgeschlossen worden, so muß sie vor Beginn der Urteilsverkündung wiederhergestellt sein. Die Wiederherstellung muß aus dem Sitzungsprotokoll ersichtlich sein[14]. Bis zum Schluß der Hauptverhandlung kann eine fehlerhafte Verkündung abgebrochen und nach Wiederherstellung der Öffentlichkeit wiederholt werden[15]. 4

---

[3] *Kissel*[3] 1.
[4] *Kissel*[3] 4.
[5] *Kissel*[3] 3.
[6] RGSt **20** 383.
[7] RG GA **51** (1904) 399.
[8] RGSt **35** 103; **60** 280; *Kissel*[3] 5; *MünchKomm-Wolf*[2] 8; *Wieczorek/Schütze-Schreiber*[3] 3.
[9] RGSt **60** 279; **69** 175; BGHSt **4** 280; KK-*Diemer*[4] 2; *Kissel*[3] 6.
[10] RG Recht **1922** Nr. 911.
[11] *Katholnigg*[3] 1; *Kissel*[3] 4.
[12] Vgl. *Kleinknecht* in FS Schmidt-Leichner 116.
[13] BGHSt **25** 337; s. § 268a, 5 StPO.
[14] BGH bei *Herlan* GA **1971** 34; § 172, 42.
[15] *Pfeiffer*[3] 2; *Kleinknecht/Meyer-Goßner*[45] § 174, 10; KK-*Diemer*[4] 2; *Katholnigg*[3] 2; *KMR*[7] 4; *Eb. Schmidt* 6; *Kissel*[3] 2.

5 **5. Jugendverfahren.** Im jugendgerichtlichen Verfahren gegen **Jugendliche** erfolgt, abweichend von § 173, auch die Verkündung des Urteils grundsätzlich in nichtöffentlicher Verhandlung (§ 48 JGG), und zwar selbst dann, wenn der Angeklagte die Taten teils als Jugendlicher und teils als Heranwachsender begangen hat, das Verfahren bezüglich ersterer gem. § 154 StPO eingestellt wurde und ein Beschluß nach § 109 Abs. 1 S. 4 JGG nicht erging[16]. Im Verfahren gegen **Heranwachsende** kann nach § 109 Abs. 1 S. 4 JGG die Öffentlichkeit ausgeschlossen werden, wenn dies im Interesse des Angeklagten geboten ist. Geschieht dies, so kann auch das Urteil in nichtöffentlicher Verhandlung verkündet werden[17].

6 **6. Revision.** Die entgegen § 173 nichtöffentliche Verkündung des Urteils begründet einen absoluten Revisionsgrund nach § 338 Nr. 6 StPO[18].

§ 174

(1) [1]Über die Ausschließung der Öffentlichkeit ist in nichtöffentlicher Sitzung zu verhandeln, wenn ein Beteiligter es beantragt oder das Gericht es für angemessen erachtet. [2]Der Beschluß, der die Öffentlichkeit ausschließt, muß öffentlich verkündet werden; er kann in nichtöffentlicher Sitzung verkündet werden, wenn zu befürchten ist, daß seine öffentliche Verkündung eine erhebliche Störung der Ordnung in der Sitzung zur Folge haben würde. [3]Bei der Verkündung ist in den Fällen der §§ 171b, 172, 173 anzugeben, aus welchem Grund die Öffentlichkeit ausgeschlossen worden ist.

(2) Soweit die Öffentlichkeit wegen Gefährdung der Staatssicherheit ausgeschlossen wird, dürfen Presse, Rundfunk und Fernsehen keine Berichte über die Verhandlung und den Inhalt eines die Sache betreffenden amtlichen Schriftstücks veröffentlichen.

(3) [1]Ist die Öffentlichkeit wegen Gefährdung der Staatssicherheit oder aus den in § 171b und § 172 Nr. 2 und 3 bezeichneten Gründen ausgeschlossen, so kann das Gericht den anwesenden Personen die Geheimhaltung von Tatsachen, die durch die Verhandlung oder durch ein die Sache betreffendes amtliches Schriftstück zu ihrer Kenntnis gelangen, zur Pflicht machen. [2]Der Beschluß ist in das Sitzungsprotokoll aufzunehmen. [3]Er ist anfechtbar. [4]Die Beschwerde hat keine aufschiebende Wirkung.

Schrifttum. *Gollwitzer* Anhörung des Angeklagten zum Ausschluß der Öffentlichkeit – Anforderungen an die Begründung von Beschlüssen zum Öffentlichkeitsausschluß, JR **1979** 435; *Gössel* Über die revisionsrichterliche Nachprüfung von Beschlüssen über den Ausschluß der Öffentlichkeit, NStZ **2000** 181; *Kleinknecht* Schutz der Persönlichkeit des Angeklagten durch Ausschluß der Öffentlichkeit in der Hauptverhandlung, FS Schmidt-Leichner 111; *Miebach* Der Ausschluß der Öffentlichkeit im Strafprozeß, DRiZ **1977** 271; *Mösl* Der Beschluß über die Aus-

16 BGH NStZ **1998** 315; *Katholnigg*[3] 4.

17 BGHSt **42** 294 = NStZ **1998** 53 mit abl. Anm. *Eisenberg*; OLG Oldenburg NJW **1959** 1506; OLG Düsseldorf NJW **1961** 1547; *Pfeiffer*[3] 1; *Kleinknecht/Meyer-Goßner*[45] 2; KK-*Diemer*[4] 1; *Kissel*[3] 1.

18 BGHSt **4** 279; *Kleinknecht/Meyer-Goßner*[45] § 338, 48 StPO; *Katholnigg*[3] 3; *KMR*[7] 3; *Kissel*[3] 8; **a. A** noch RGSt **71** 377; *Baumbach/Lauterbach*[51] 1. Diese Frage war früher streitig. Zum Streitstand siehe *K. Schäfer in LR*[23] 3 f. Siehe hierzu § 338, 112 StPO und § 353, 20 StPO.

schließung der Öffentlichkeit im Strafverfahren, FS Pfeiffer (1988) S. 339; *Park* Der Öffentlichkeitsausschluß und die Begründungsanforderungen des § 174 I 3 GVG, NJW **1996** 2213; *Rieß* Anmerkung zu BGHSt **45** 117, JR **2000** 251.

Entstehungsgeschichte. Das VereinheitlG 1950 änderte § 174 nur stilistisch. Durch Art. 5 Nr. 3 des Ergänzungsgesetzes vom 20.12.1974 wurde in Absatz 1 S. 2 der Halbsatz 2 (betr. nichtöffentliche Verkündung) und durch Art. 22 Nr. 11 EGStGB 1974 ein neuer Absatz 2 eingefügt und Absatz 3 (bisher Absatz 2) S. 1 den Veränderungen des § 172 und der Einfügung des Absatzes 2 angepaßt. Durch Art. 2 Nr. 4 des OpferschutzG vom 18.12.1986 (BGBl. I 2496) wurde in Abs. 1 S. 3 und in Abs. 3 S. 1 jeweils § 171b in die Verweisungskette eingefügt. Bezeichnung bis 1924: § 175.

Übersicht

I. Die Ausschließungsverhandlung (Absatz 1 Satz 1)

1 **1. Grundsatz.** Bevor über die Ausschließung der Öffentlichkeit beschlossen werden kann, muß über die Ausschließungsfrage verhandelt werden. Diese Verhandlung findet grundsätzlich öffentlich statt, in nichtöffentlicher Sitzung aber, wenn ein Beteiligter es beantragt – insoweit genügt wegen der Bindung an den Antrag eine Verfügung des Vorsitzenden[1] – oder das Gericht es – durch Beschluß[2] – für angemessen erachtet. Beteiligte sind insoweit alle, die auch einen Antrag auf Ausschließung der Öffentlichkeit stellen können (dazu unten Rdn. 2). Den Kreis der insoweit Beteiligten enger auf die Verfahrensbeteiligten im engeren Sinn zu beschränken, würde dazu führen, daß ein Geheimnisinhaber in öffentlicher Sitzung die Schutzbedürftigkeit seines Geheimnisses darlegen und dieses damit möglicherweise bereits teilweise offenbaren müßte[3]. Die Ausschließungsverhandlung ist ein Zwischenverfahren (Inzidentverfahren) des erkennenden Gerichts, findet also in der für die Hauptverhandlung vorgeschriebenen Besetzung und daher unter Mitwirkung der Schöffen statt.

2 **2. Antragsberechtigte.** Beteiligte im Sinn der Vorschrift – für § 171b ist diese Frage in § 171b Abs. 1 S. 1 besonders festgelegt, vgl. dort Rdn. 4 – sind zunächst die Prozeßbeteiligten[4], also der Staatsanwalt, der in Nr. 131 RiStBV angewiesen ist, stets unabhängig vom Gericht zu prüfen, ob die Ausschließung der Öffentlichkeit geboten ist, der Angeklagte und der Privat- oder Nebenkläger; nicht dagegen der Schöffe, da das Gericht eine Einheit darstellt[5]. Beteiligte sind aber ferner alle, deren Interessen durch einen Ausschluß der Öffentlichkeit geschützt werden können[6]; insoweit schließt der „Beteiligte" im Sinne des § 174 Abs. 1 S. 1 den in § 171b Abs. 1 S. 1 neben dem „Prozeßbeteiligten" genannten Zeugen oder Verletzten ein. Hier kommt zunächst der *Zeuge* (auch der potentielle Zeuge, § 171b, 4) in Betracht, der geltend macht, daß Umstände aus seinem persönlichen Lebensbereich zur Sprache kämen, durch deren öffentliche Erörterung überwiegende schutzwürdige Interessen verletzt würden, ferner der **Zeuge und der Sachverständige**, für deren Entschließung, ob sie von ihrem Aussageverweigerungsrecht Gebrauch machen sollen, es von Bedeutung ist, ob die Öffentlichkeit während der Erörterung eines privaten Geheimnisses ausgeschlossen ist (§ 172 Nr. 3), und der Zeuge unter 16 Jahren, der selbst oder dessen gesetzlicher Vertreter den Schutz des § 172 Nr. 4 begehrt. Zeugen sind zwar als solche keine Prozeßsubjekte (Einl. I 5), aber sie erlangen prozessuale Beteiligungsbefugnisse, wenn es zu einem sie betreffenden Neben- oder Zwischenverfahren kommt, in dem sie ihnen drohende prozessuale Nachteile abwenden wollen[7] (vgl. Einl. I 6). Dieser Gesichtspunkt muß auch gelten, wenn der Zeuge (auch der Verletzte als potentieller Zeuge) die Nachteile abwenden will, die ihm aus einer öffentlichen Verhandlung drohen[8]. Und darüber hinaus kann auch, wenn der ihnen zugedachte Schutz nicht wirkungslos bleiben soll, den Inhabern von Geheimnissen der in § 172 Nr. 2 (wichtiges Geschäfts-, Betriebs-, Erfindungs- oder Steuergeheimnis) und in § 172 Nr. 3 (privates gegen unbefugte Offenbarung strafrechtlich geschütztes

---

[1] BGH NStZ **1999** 372; **a. A** *Pfeiffer*[3] 1; KK-*Diemer*[4] 1; *Kissel*[3] 7; *MünchKomm-Wolf*[2] 6, die nicht zwischen beiden Alternativen differenzieren und in jedem Fall einen Gerichtsbeschluß für erforderlich halten.

[2] BGH NStZ **1999** 372; *Kissel*[3] 7.

[3] *Kleinknecht* FS Schmidt-Leichner 115; *Kissel*[3] 7; *MünchKomm-Wolf*[2] 3; *Wieczorek/Schütze-Schreiber*[3] 1, 3; **a. A** *Kleinknecht/Meyer-Goßner*[45] 2; KK-*Diemer*[4] 2.

[4] S. dazu Einl. I 1 ff.

[5] *KMR*[7] 1; **a. A** *K. Schäfer in LR*[23] 1.

[6] *Kissel*[3] 3.

[7] Vgl. BVerfG NJW **1975** 103, 104.

[8] *Kleinknecht* FS Schmidt-Leichner 115; *Katholnigg*[3] 1; deutlich einschränkend *Kleinknecht/Meyer-Goßner*[45] 2, 3.

Geheimnis) bezeichneten Art ein Antragsrecht zur Abwehr der Gefahren aus Erörterung in öffentlicher Verhandlung nicht versagt werden, unabhängig davon, ob sie als Zeugen oder potentielle Zeugen in Betracht kommen, vorausgesetzt natürlich, daß sie von dem Termin, in dem solche Gefahren drohen, so rechtzeitig Kenntnis erlangen, daß sie im Termin zur Abwehr auftreten können. Diese Auffassung, die mit Bezug auf Geschäfts- und Betriebsgeheimnisse schon früher vertreten wurde[9], muß jetzt im Zeichen des erweiterten Geheimnisschutzes erst recht gelten[10]. Dagegen will *Meyer-Goßner*[11] Personen, die ein anzuerkennendes Interesse an dem Öffentlichkeitsausschluß haben, nur das Recht einräumen, den Ausschluß der Öffentlichkeit anzuregen, ohne daß sie am Inzidentverfahren beteiligt sind oder dieses erzwingen können.

3. Durchführung der Verhandlung. Auch wenn das Gericht von Amts wegen (ohne Antrag) die Ausschließungsverhandlung durchführt, muß es den Beteiligten Gelegenheit zur Äußerung geben[12]. Insbesondere muß es der Staatsanwaltschaft und dem (anwesenden) Angeklagten, von mehreren Angeklagten jedem einzelnen, und der Verteidigung[13] Gelegenheit zur Abgabe von Erklärungen geben[14]. Der Umstand, daß der Angeklagte aufgrund des § 247 StPO zeitweise aus dem Sitzungszimmer entfernt war, macht seine Anhörung nicht entbehrlich; vielmehr muß ihn das Gericht, um ihn zu hören, wieder in den Sitzungssaal führen lassen; es genügt nicht, daß in seiner Abwesenheit sein Verteidiger gehört ist[15]. Ggf. ist dem Nebenkläger oder seinem Vertreter, einem Einziehungsbeteiligten (§ 433 StPO) und im Privatklageverfahren dem Privatkläger Gelegenheit zur Stellungnahme zu geben. Daß jeder einzelne der Beteiligten ausdrücklich zu einer Erklärung aufgefordert werden müsse, ist nicht erforderlich; es genügt, daß den Beteiligten allgemein Gelegenheit zur Stellungnahme gewährt wird[16]. Eine ausreichende Ausschließungsverhandlung liegt deshalb vor, wenn auf den Antrag auf Ausschließung der Öffentlichkeit der Vorsitzende nach Stellungnahmen fragt und kein Beteiligter das Wort erbittet. 3

4. Auch bei mehrmaliger Ausschließung der Öffentlichkeit ist jeweils vorher die Ausschließungsverhandlung durchzuführen. Über Fälle, in denen es keines erneuten Ausschließungsbeschlusses und demgemäß auch keiner neuen Ausschließungsverhandlung bedarf, vgl. § 172, 46. 4

5. Freibeweis. Eine etwa während der Ausschließungsverhandlung erforderliche Beweiserhebung erfolgt, da es sich nur um eine Beweisaufnahme für Zwecke eines Zwischenverfahrens und nicht um eine solche zur Schuld- und Straffrage handelt, in der Form des Freibeweises[17]. 5

6. Jugendverfahren. In Verfahren der Jugendgerichte gegen Jugendliche gilt § 174 Abs. 1 nicht (§ 48 Abs. 1 JGG). Er gilt aber bei Verhandlungen der Jugendgerichte gegen 6

[9] *Wittkämper* BB **1963** 1160; *Eb. Schmidt* 3, 4, 8; *Humborg* JR **1966** 448, 450.
[10] Ebenso *Kissel*[3] 3.
[11] *Kleinknecht/Meyer-Goßner*[45] 2.
[12] *Kleinknecht/Meyer-Goßner*[45] 4; KK-*Diemer*[4] 1; *Katholnigg*[3] 1.
[13] RG GA **48** (1901) 133; JW **1931** 2505.
[14] *Pfeiffer*[3] 1.
[15] RGSt **18** 138; RG vom 18. 1. 1906 I 1732/05; BGH StV **1996** 134; *Gollwitzer* JR **1979** 435; *Park* NJW **1996** 2213; Kleinknecht/*Meyer-Goßner*[45] § 247, 6 StPO; *Kissel*[3] 3. **A. A** BGH NJW **1979** 276 = JR **1979** 434 mit Anm. *Gollwitzer*; *Pfeiffer*[3] 1; KK-*Diemer*[4] 1; *Katholnigg*[3] 1. Dies ist indes kein Problem des § 174, sondern der §§ 33 Abs. 1, 247 Abs. 1 StPO; vgl. LR-*Gollwitzer* § 247, 21 StPO.
[16] RGSt **37** 437; **47** 343; RG JW **1934** 1365; OGHSt **2** 113; BGH JZ **1951** 655; *Kissel*[3] 4.
[17] *Kleinknecht/Meyer-Goßner*[45] 4; *Katholnigg*[3] 1; *Kissel*[3] 6.

Heranwachsende (§ 109 Abs. 1 S. 4 JGG) und bei Verhandlungen gegen Jugendliche und Heranwachsende vor Erwachsenengerichten (§ 104 Abs. 2, 112 S. JGG)[18].

7 7. **Protokollierung.** Aus dem Sitzungsprotokoll (vgl. § 272, 20; § 274, 20 StPO) muß auf jeden Fall ersichtlich sein, daß den Prozeßbeteiligten Gelegenheit gegeben worden ist, sich über die beabsichtigte oder beantragte Ausschließung der Öffentlichkeit zu äußern[19]. Fehlt eine Beurkundung hierüber im Protokoll, so gilt die Förmlichkeit aufgrund der negativen Beweiskraft des Protokolls (s. § 274, 20 StPO) als nicht erfüllt. Wenn in dem Sitzungsprotokoll beurkundet ist, daß der Verteidiger zu der beabsichtigten Ausschließung eine Erklärung abgegeben hat, so muß in der Regel angenommen werden, daß auch der Angeklagte Gelegenheit gehabt hat, eine Erklärung abzugeben.

8 8. **Folgen unterbliebener Ausschließungsverhandlung.** Ist ein Antrag auf Ausschließung unbeachtet geblieben und die Anhörung unterblieben oder haben einzelne Verfahrensbeteiligte keine Gelegenheit zur Stellungnahme erhalten, so ist auch hier streitig[20], ob ein absoluter Revisionsgrund (§ 338 Nr. 6 StPO) vorliegt[21] oder nur ein Revisionsgrund nach § 337 StPO[22]. Den Vorzug verdient die letztere Auffassung[23]. Dabei kann ein Verfahrensbeteiligter eine Verfahrensrüge nur darauf stützen, daß er selbst – nicht aber ein anderer Verfahrensbeteiligter – nicht angehört worden sei[24].

II. Der Ausschließungsbeschluß

1. Verkündung des Beschlusses

9 **a) Öffentliche Verkündung.** Grundsätzlich muß der Beschluß, der die Öffentlichkeit ausschließt, seinem ganzen Inhalt (Rdn. 13) nach öffentlich verkündet werden[25]. Es muß also, wenn zunächst nach Absatz 1 S. 1 die Öffentlichkeit zur Verhandlung über die Ausschließung ausgeschlossen war, zur Verkündung des die Öffentlichkeit weiterhin ausschließenden Beschlusses die Öffentlichkeit wieder hergestellt werden und dies deutlich aus dem Protokoll ersichtlich sein[26]. Gleiches gilt, wenn der Angeklagte nach § 247 StPO aus der Verhandlung ausgeschlossen ist; auch er muß bei der Verhandlung und der Verkündung des die Öffentlichkeit ausschließenden Beschlusses zugegen sein[27].

10 **b) Nichtöffentliche Verkündung.** Nach dem bis zum 31. 12. 1974 geltenden Recht mußte der die Öffentlichkeit ausschließende Beschluß stets öffentlich verkündet werden. Der durch das Ergänzungsgesetz vom 20. 12. 1974 zum 1. StVRG geschaffene Absatz 1 S. 2 Halbsatz 2 sieht nunmehr vor, daß von der grundsätzlich vorgeschriebenen öffentlichen Verkündung des Ausschließungsbeschlusses abgesehen werden kann, wenn zu

---

18 *Kleinknecht/Meyer-Goßner*[45] 7.

19 RGSt **10** 92; **20** 21; **20** 52; **57** 26; *Eb. Schmidt* 10; *Kissel*[3] 5.

20 S hierzu die Darstellung des Streitstandes § 338, 111 StPO.

21 So RGSt **35** 103; **57** 26, 264; **60** 280; JW **1928** 2146; **1934** 1365; OLG Düsseldorf HESt **1** 206; *Kissel*[3] 7.

22 So RGSt **69** 175, 401; RG HRR **1939** Nr. 1567; BGH LM Nr. 2 zu § 33; BGH bei *Herlan* GA **1963** 102 und bei *Dallinger* MDR **1975** 199; KK-*Diemer*[4] 1; *Kissel*[3] 20; differenzierend *Katholnigg*[3] 1, der einen relativen Revisionsgrund bei unterbliebener Anhörung und einen absoluten Revisionsgrund bei übergangenem Ausschließungsantrag annimmt.

23 BGH JR **1979** 434; KK-*Diemer*[4] 1; näher: LR-*Hanack* § 338, 111; **a. A** *Eb. Schmidt* 11.

24 BGHSt **10** 119; KK-*Diemer*[4] 1; § 338, 111 StPO.

25 RG GA **38** (1890) 195; Recht **1918** Nr. 46; BGH bei *Herlan* MDR **1955** 653; BGH NStZ **1996** 202; *Pfeiffer*[3] 2; KK-*Diemer*[4] 3; *Katholnigg*[3] 2; *Kissel*[3] 8.

26 BGH bei *Dallinger* MDR **1972** 926.

27 BGH StV **1996** 134; *Park* NJW **1996** 2213; § 247, 21.

befürchten ist, daß die öffentliche Verkündung eine erhebliche Störung der Ordnung in der Sitzung auslöst. Dabei sind Maßnahmen nach §§ 177, 178 gegen einzelne Störer vorrangig[28]. Diese Annahme muß auf bestimmten Tatsachen beruhen, die sich in der Regel aus dem bisherigen Verhandlungsverlauf ergeben dürften. Die Entschließung über die nichtöffentliche Verkündung trifft das Gericht[29]. Soweit gefordert wird, der Beschluß über den Ausschluß der Öffentlichkeit für die Verkündung des Ausschlußbeschlusses müsse öffentlich verkündet werden[30], kann dem nicht gefolgt werden, da dadurch gerade die Unruhe herbeigeführt würde, zu deren Vermeidung der Gesetzgeber die nichtöffentliche Verkündung des Ausschlußbeschlusses ermöglicht hat[31].

c) Mehrfacher Ausschluß der Öffentlichkeit. War die Öffentlichkeit zunächst nur für einen Teil der Verhandlung ausgeschlossen und beschließt das Gericht anschließend, sie noch weiter auszuschließen, so gilt das Rdn. 9, 10 Ausgeführte auch für den neuen Beschluß[32]. Ebenso ist jeweils ein neuer Beschluß erforderlich, wenn die Öffentlichkeit im Laufe der Verhandlung wieder hergestellt wird und anschließend erneut ausgeschlossen werden soll[33]. 11

d) Ablehnung des Ausschlusses der Öffentlichkeit. Die Ablehnung eines Antrages auf Ausschluß der Öffentlichkeit erfordert bei §§ 171a, 172 und 173, anders als bei § 171b (s. dort Rdn. 23), nicht zwingend einen förmlichen Beschluß und dessen Verkündung[34]. Gleichwohl dürfte er sich aus Gründen der Klarheit der Verfahrenslage – insbesondere für die Zuhörer – empfehlen[35]. Ebenso muß ein Beschluß, durch den ein Antrag auf Wiederherstellung der Öffentlichkeit zurückgewiesen wird, nicht den dargestellten Erfordernissen des Ausschließungsbeschlusses entsprechen[36]. 12

2. Begründung des Beschlusses (Absatz 1 Satz 3)

a) Inhalt des Beschlusses. In dem Beschluß ist präzise festzulegen, für welchen Verfahrensabschnitt die Öffentlichkeit ausgeschlossen werden soll. Fehlt eine solche Angabe, so ist im Zweifel anzunehmen, daß sich der Ausschluß auf den verbleibenden Teil der Hauptverhandlung beziehen soll[37]. Dies kann bei einem Ausschluß nach § 171b zulässig sein, wenn abzusehen ist, daß in der gesamten Beweisaufnahme Umstände aus dem persönlichen Lebensbereich von Verfahrensbeteiligten erörtert werden[38]. Wird die Öffentlichkeit für die Zeit der Vernehmung eines Zeugen ausgeschlossen, so genügt ein solcher Beschluß auch, wenn diese Vernehmung am folgenden Verhandlungstag fortgesetzt wird[39] oder zunächst beendet, die danach erfolgte Entlassung des Zeugen sofort zurückgenommen und der Zeuge weiter vernommen wird[40]. Zur „Reichweite" eines 13

---

28 *Kissel*³ 8.

29 KK-*Diemer*⁴ 3; *KMR*⁷ 9; *Kissel*³ 8; **a. A** (Teil der Verhandlungsleitung): *Kleinknecht/Meyer-Goßner*⁴⁵ 8; offen gelassen von BGH NStZ **1996** 202.

30 KK-*Diemer*⁴ 3; *Kissel*³ 9. Die Entscheidung BGH NJW **1980** 2088 läßt sich für diese Auffassung nicht anführen, da sie einen Fall betraf, in dem eine Störung nicht zu befürchten war.

31 S dazu die Begründung zu Art. 2 Nr. 2 des Bundesrats-Entwurfs eines Gesetzes zum Schutz der Rechtspflege BTDrucks. **7** 2536; die Vorschrift ist mit einer hier nicht interessierenden Fassungsänderung Gesetz geworden.

32 BGH bei *Holtz* MDR **1976** 988; BGH NJW **1980** 2088; BGH NStZ **1985** 37.

33 RG Recht **1911** Nr. 3789.

34 *Kleinknecht/Meyer-Goßner*⁴⁵ 8; *KMR*⁷ 9; *Kissel*³ 9.

35 *Kleinknecht/Meyer-Goßner*⁴⁵ 8.

36 BGH GA **1983** 361; *Kleinknecht/Meyer-Goßner*⁴⁵ 9; *Katholnigg*³ 3.

37 BGH MDR **1992** 634; *Kleinknecht/Meyer-Goßner*⁴⁵ 8.

38 BGH NStZ **1989** 483 = StV **1990** 9 mit Anm. *Frommel*; BGH bei *Holtz* MDR **1992** 634.

39 BGH bei *Kusch* NStZ **1997** 376, 380.

40 BGH NStZ **1992** 447; Beschluß vom 19. Juli 1994, 1 StR 360/94.

Beschlusses, mit dem die Öffentlichkeit für die Vernehmung eines bestimmten Zeugen ausgeschlossen wird, s. § 172, 46.

14 **b) Zweck und Umfang der Begründung.** Die nur für die Fälle der §§ 171b, 172, 173 Absatz 2 vorgeschriebene Begründung dient vorrangig der rechtlichen Nachprüfbarkeit des Ausschlusses, daneben der Unterrichtung der Verfahrensbeteiligten, aber auch der Zuhörer[41], die den Grund gegebenenfalls schon im Hinblick auf die in § 174 Abs. 2 bestimmten Folgen erfahren müssen. Einer Begründung bedarf der Beschluß deshalb nur insofern, als er die Angabe enthalten muß, aus welchem der im Gesetz bezeichneten Gründe die Öffentlichkeit ausgeschlossen wird; eine weitere Begründung ist nicht vorgeschrieben[42]; insbesondere brauchen die den Ausschließungsgrund begründenden Tatsachen nicht konkret bezeichnet zu werden, da dies bereits dem Zweck des Öffentlichkeitsausschlusses zuwider laufen könnte[43]. Eine Begründung im Beschluß selbst ist auch dann erforderlich, wenn sich der Grund aus der Natur der zu verhandelnden Sache oder aus dem Sachzusammenhang (z. B. aus einem dem Beschluß vorangegangenen begründeten Antrag, auch einem solchen des Angeklagten oder seines Verteidigers) erkennen läßt[44]. Der 5.[45] und 3.[46] Strafsenat des Bundesgerichtshofs neigen allerdings dazu, im Falle des § 171b GVG eine Bezugnahme auf einen in öffentlicher Hauptverhandlung hinreichend begründeten Antrag auf Ausschließung der Hauptverhandlung genügen zu lassen, sofern dieser Antrag die Gründe ausreichend präzise bezeichnet und im Protokoll vollständig dokumentiert ist. Schließlich ist die Angabe auch deshalb notwendig, weil die rechtlichen Wirkungen des Beschlusses verschieden sind, je nachdem, auf welchen Ausschließungsgrund er gestützt wird (vgl. § 174 Absatz 2, 3).

15 c) Zur **Angabe des gesetzlichen Ausschließungsgrundes,** auf den sich der Beschluß stützt, gehört aber nicht ohne weiteres die Mitteilung des Gesetzeswortlauts, der andererseits oft auch nicht ausreicht. Vielmehr ist dem Begründungsgebot dann genügt, wenn die Angaben in dem die Öffentlichkeit ausschließenden Beschluß den Grund hierfür eindeutig erkennen lassen[47]. Enthält die angezogene Vorschrift mehrere Alternativen (§ 172 Nr. 1, 2), so muß unmißverständlich – etwa durch Mitteilung der konkret anzuwendenden Worte des Gesetzes – zum Ausdruck kommen, welche der genannten Alternativen das Gericht gemeint hat[48]. Soll z. B. in einem Verfahren wegen Wirtschaftsspionage die Öffentlichkeit ausgeschlossen werden, so genügt als Begründung des Ausschließungsbeschlusses nicht der bloße Hinweis auf § 172 Nr. 2. Vielmehr muß es etwa heißen, die Öffentlichkeit werde gemäß § 172 Nr. 2 ausgeschlossen, weil ein wichtiges Geschäftsgeheimnis zur Sprache komme[49]. Dagegen genügt, wenn den Ausschließungsgrund die Vernehmung einer Person unter sechzehn Jahren bildet, zur Begründung des Ausschließungsbeschlusses die Verweisung auf § 172 Nr. 4, weil diese Bestimmung nur einen

---

41 BGH StV **1982** 108; *Park* NJW **1996** 2213; *Park* StV **2000** 246.

42 RGSt **26** 396; BGHSt **1** 334.

43 BGHSt **30** 212; NJW **1986** 200; NStZ **1996** 202; *Gössel* NStZ **1982** 140; *Kleinknecht/Meyer-Goßner*[45] 9; KK-*Diemer*[4] 4; *Kissel*[3] 13; *MünchKomm-Wolf*[2] 10; *Wieczorek/Schütze-Schreiber*[3] 5; **a. A** *Park* NJW **1996** 2213.

44 RGSt **25** 248; RGZ **128** 216; BGHSt **1** 334; **2** 56; **27** 117; BGH bei *Herlan* GA **1971** 3; GA **1975** 283; BGH bei *Holtz* MDR **1976** 634 und MDR **1976** 988; JZ **1977** 57; StV **1981** 3; NStZ **1994** 591; Beschluß vom 9. 11. 1999 – 5 StR 252/99 –; NStE GVG § 174 Nr. 2; OLG Saarbrücken JBl Saar **1960** 233; *Kissel*[3] 11; **a. A** *Mösl* FS Pfeiffer 347; widersprüchlich KK-*Diemer*[4] 4.

45 BGH NStZ **1994** 591.

46 BGH NStZ **1999** 372; bei *Becker* NStZ-RR **2002** 257, 262.

47 BGH StV **1983** 268; NStZ **1989** 442.

48 BGHSt **27** 117; BGH GA **1975** 283; bei *Holtz* MDR **1976** 634; StV **1983** 268; StV **1984** 146; StV **1986** 376; StV **1996** 134; NStE GVG § 174 Nr. 1; BGHR GVG § 174 Abs. 1 S. 3, Begründung 1 und 2; *Pfeiffer*[3] 3; *Kleinknecht/Meyer-Goßner*[45] 9; KK-*Diemer*[4] 4; *Katholnigg*[3] 3; *Kissel*[3] 12.

49 Vgl. für die frühere Fassung des § 172 Nr. 2 BGHSt **27** 187.

Ausschlußgrund bezeichnet[50]; gleiches gilt für § 172 Nr. 1a[51]. Allgemein gilt, daß das Gericht bei der Fassung der Angabe des Ausschließungsgrundes in den Fällen des § 171b und des § 172 Nr. 2, 3 zum Schutz des Betroffenen möglichst schonende Formulierungen wählen sollte[52]. Bei wiederholtem Ausschluß der Öffentlichkeit aus demselben Grund kann in einem weiteren Ausschlußbeschluß auf den ersten einschlägigen Ausschlußbeschluß ausdrücklich[53] – nicht aber stillschweigend[54] – Bezug genommen werden; wenn dadurch der Ausschlußgrund unzweifelhaft bezeichnet ist[55].

3. Protokollierung. Der Beschluß einschließlich Begründung[56] sowie die Angabe, ob dieser öffentlich oder nichtöffentlich verkündet wurde, ist in das Protokoll aufzunehmen (§ 272 Nr. 5 StPO). Unzulänglich ist eine Beurkundung im Protokoll: „Auf allseitigen Wunsch wurde die Öffentlichkeit wegen … ausgeschlossen"; sie läßt nicht zweifelsfrei erkennen, ob die Öffentlichkeit durch das Gericht und nicht nur durch den Vorsitzenden ausgeschlossen wurde[57]. Dagegen kann die Formulierung „b.u.v." (für „beschlossen und verkündet") ausreichen, wenn im selben Protokoll für allein vom Vorsitzenden zu treffende Entscheidungen durchgängig die Formulierung „Anordnung des Vorsitzenden" gewählt wurde[58]. 16

III. Anfechtbarkeit der Entscheidung über den Ausschluß der Öffentlichkeit

1. Revision. Hat der Ausschließungsbeschluß keine Begründung, genügt diese nicht den Anforderungen des § 174 Abs. 1 S. 3 oder ist der Ausschließungsbeschluß ohne Vorliegen der oben Rdn. 10 genannten Voraussetzungen nicht öffentlich verkündet worden[59], so begründet dieser Verfahrensfehler grundsätzlich den absoluten Revisionsgrund des § 338 Nr. 6[60]. Der 1. Strafsenat hat nunmehr – nach vorangegangenem Anfrageverfahren nach § 132 Abs. 3[61] – in einem Fall der §§ 171b, 172 Nr. 1 entschieden[62], daß ausnahmsweise eine § 174 Abs. 1 S. 3 nicht genügende Beschlußbegründung einer Revision nicht zum Erfolg verhilft, wenn sich aus den Urteilsgründen und dem Sitzungsprotokoll der Verfahrensablauf bis zur Entscheidung über den Ausschluß ergibt und dies aufzeigt, daß es für die Zuhörer im Gerichtssaal ohne weiteres erkennbar war, auf welche Prozeßhandlung sich die Ausschließung beziehen sollte und welche Bedeutung diesen Prozeßhandlungen zukam, ferner auch das Revisionsgericht später aus den gleichen Gründen sicher ausschließen kann, daß nach der konkreten Sachlage aus rechtlichen Gründen eine andere Entscheidung des Tatgerichts in Betracht kam, und schließlich die materiellen Voraussetzungen für den Ausschluß der Öffentlichkeit zweifelsfrei vorliegen. Die damit verbundene Aufweichung der absoluten Revisionsgründe erscheint 17

---

50 BGHSt **27** 117; BGH NJW **1977** 1643. Weitere Kasuistik unter Mitteilung unveröffentlichter Entscheidungen bei *Miebach* DRiZ **1977** 271.

51 BGHSt **41** 145 = StV **1996** 135 mit abl. Anm. *Park*.

52 *Kleinknecht* FS Schmidt-Leichner 116; *Kissel*³ 14.

53 BGHSt **30** 298.

54 BGH GA **1982** 275; NStZ **1982** 169; *Katholnigg*³ 3.

55 BGHSt **30** 298; BGH JR **1979** 434; StV **1982** 108; GA **1983** 361; StV **1990** 10 mit Anm. *Frommel*; NStE GVG § 174 Nr. 3; **a. A** noch die frühere BGH-Rechtsprechung BGH bei *Holtz* MDR **1976** 988; NJW **1979** 276.

56 BGHSt **27** 187.

57 BGH MDR **1955** 653; StV **1984** 499; NStZ **1999** 371.

58 BGH StV **1985** 402.

59 RGSt **70** 109; BGH NJW **1980** 2088; StV **1985** 223; OLG Hamm JMBlNRW **1980** 10.

60 RGSt **70** 112, RGZ **128** 216; BGHSt **2** 56; BGH bei *Holtz* MDR **1976** 634; BGH NJW **1977** 1643; dazu kritisch *Miebach* DRiZ **1977** 272; vgl. hierzu die Darstellung dieser Fragen bei § 338, 103 ff, 111 StPO. Zur Frage, in welchem Umfang eine Aufhebung erforderlich ist, vgl. *Mösl* FS Pfeiffer 348.

61 Anfragebeschluß: BGH NStZ **1999** 92.

62 BGHSt **41** 117 mit kritischer Anm. *Rieß* JR **2000** 251; *Gössel* NStZ **2000** 181; *Park* StV **2000** 244; **a. A** *Kissel*³ 11.

bedenklich[63]. Man mag indes für die Entscheidung im Einzelfall, ein in jeder Hinsicht als richtig erkanntes Urteil[64] nicht aufzuheben und damit auch der Geschädigten eine nochmalige belastende Vernehmung zu ersparen, nicht wegen eines handwerklichen Formfehlers des Gerichts aufzuheben, Verständnis haben. Auch der Verteidiger, der selbst den Ausschluß der Öffentlichkeit beantragt hatte, kann die fehlende oder fehlerhafte Begründung rügen, da die Vorschriften über die Öffentlichkeit für den Angeklagten nicht verzichtbar sind[65]. Das Revisionsgericht ist nicht befugt, den Grund für den Ausschluß der Öffentlichkeit auszutauschen und statt des vom Tatgericht angenommenen unzutreffenden Grundes einen zutreffenden anzunehmen[66].

18 2. Der **Beschluß, der die Öffentlichkeit ausschließt**, ist als solcher nicht anfechtbar (§ 305 S. 1 StPO)[67]. Auch dritte Personen, die nicht das Urteil anfechten können (Zeugen, Sachverständige, Geheimnisinhaber oder Zuhörer), haben kein Beschwerderecht, denn sie werden durch die Ausschließung nicht im Sinn des § 305 S. 2 StPO in ihren Rechten betroffen[68].

19 3. Ein **die Ausschließung ablehnender Beschluß** ist ebenfalls für Beteiligte, denen gegen das Urteil die Revision zusteht, nach § 305 S. 1 StPO unanfechtbar[69]. Soweit dritte Personen an der Ausschließung der Öffentlichkeit unmittelbar interessiert sind (z. B. der als Zeuge beteiligte Unternehmer, der die Gefährdung eines ihm zustehenden wichtigen Geschäfts- oder Betriebsgeheimnisses befürchtet), erhebt sich die Frage, ob es nicht dem Antragsrecht (oben Rdn. 2) entspricht, ihnen bei Ablehnung des Antrags als Betroffenen im Sinn des § 305 S. 2 StPO das Recht der Beschwerde einzuräumen. Bisher wurde ein solches Beschwerderecht verneint[70]. Die erhöhte Bedeutung, die jetzt § 172 Nr. 2, 3 dem Schutz von Privatgeheimnissen und § 171b dem Schutz von Persönlichkeitsrechten beimißt, spräche eher für die Zubilligung des Beschwerderechts[71]. Doch könnte, wie mit *Eb. Schmidt* anzunehmen ist, das Beschwerdegericht die Ermessensausübung grundsätzlich nicht nachprüfen, sondern wäre auf eine Nachprüfung unter revisionsähnlichen Gesichtspunkten beschränkt. Die Kehrseite eines solchen Beschwerderechts wäre allerdings die Verpflichtung des erkennenden Gerichts, wenn es der Beschwerde nicht abhelfen will, die Entscheidung des Beschwerdegerichts abzuwarten, da andernfalls nach öffentlicher Erörterung von Umständen aus der Intimsphäre oder eines wichtigen Geschäftsgeheimnisses usw. eine der Beschwerde stattgebende Entscheidung des Beschwerdegerichts an der bereits eingetretenen Beeinträchtigung des Betroffenen nichts mehr ändern könnte[72]. Offen bleibt dann freilich die Frage, wie sich mit einem solchen Beschwerderecht der Grundsatz der Verfahrensbeschleunigung verträgt, wenn im Einzelfall die Wahrung der Fristen des § 229 StPO in Frage gestellt wäre. Auch bliebe eine Diskrepanz gegenüber der Beschränkung des Beschwerderechts aus § 174 Absatz 3 S. 3, 4 (unten Rdn. 34). Die Frage erscheint unverändert klärungsbedürftig.

---

63 Eingehend dazu *Rieß* JR **2000** 251; *Gössel* NStZ **2000** 181.

64 Wegen Vergewaltigung in Tateinheit mit sexueller Nötigung, vorsätzlicher Körperverletzung und Freiheitsberaubung zum Nachteil einer früheren Partnerin.

65 BGH bei *Holtz* MDR **1978** 461; vgl. aber auch BGH NStZ **1999** 372, wo es im Fall des § 171b für denkbar gehalten wird, nach Ausschluß der Öffentlichkeit auf eigenen Antrag eine entsprechende Revisionsrüge als rechtsmißbräuchlich anzusehen.

66 BGHSt **30** 193, 196; NStZ **1986** 86; **1987** 86; StV **1996** 134; *Park* NJW **1996** 2213.

67 *Katholnigg*[3] 4.

68 Ebenso OLG Nürnberg MDR **1961** 508: KK-*Diemer*[4] § 172, 11; *Eb. Schmidt* 7; *Wieczorek/Schütze-Schreiber*[3] § 172, 20.

69 KK-*Diemer*[4] § 172, 11; *Katholnigg*[3] 4; *Kissel*[3] § 172, 19; *Wieczorek/Schütze-Schreiber*[3] § 172, 20.

70 Vgl. LR[22] § 174, I 6 b.

71 So schon früher *Eb. Schmidt* 6; *Wittkämper* BB **1962** 1162.

72 So auch *Wittkämper* BB **1962** 1162.

IV. Heilung von Verstößen

Ein rechtzeitig bemerkter Verstoß gegen die Vorschriften über die Öffentlichkeit kann möglicherweise durch eine ordnungsgemäße Wiederholung des in Betracht kommenden Teiles der Verhandlung geheilt werden[73]. Es genügt hierbei die Wiederholung der wesentlichen Teile, die der Klärung der Schuld- und Straffrage dienen[74]. Hält das Gericht nach öffentlicher Verhandlung nachträglich eine nichtöffentliche Verhandlung für rechtlich geboten, so kommt eine Wiederholung in Betracht, wenn im Einzelfall eine nichtöffentliche Beweiserhebung zur Sachverhaltsaufklärung geboten und andernfalls eine Aufklärungsrüge begründet wäre[75]. 20

V. Wiederherstellung der Öffentlichkeit

Ein eventueller Beschluß über die Wiederherstellung der Öffentlichkeit braucht nicht in öffentlicher Sitzung verkündet zu werden. Im Protokoll muß vermerkt werden (§ 272 Nr. 5 StPO), daß der Beschluß tatsächlich ausgeführt, also von da ab in öffentlicher Sitzung verhandelt worden ist. Gleiches gilt, wenn die Öffentlichkeit im Anschluß an den Verfahrensabschnitt, für den sie ausgeschlossen war, wieder hergestellt wird[76]. Fehlt dieser Vermerk, so gilt gemäß § 274 StPO als feststehend, daß in nichtöffentlicher Sitzung weiter verhandelt wurde[77]; daraus ergibt sich in der Regel der absolute Revisionsgrund des § 338 Nr. 6 StPO, weil der Ausschließungsbeschluß die weiteren Verhandlungsteile nicht umfassen dürfte[78]. Nach Wiederherstellung der Öffentlichkeit wird der Vorsitzende oft, um den Gang der Verhandlung für Zuhörer transparent zu machen, kurz über das unter Ausschluß der Öffentlichkeit Erörterte berichten[79]; dabei kann es auch empfehlenswert sein, daß ein Sachverständiger sein zuvor nichtöffentlich erstattetes Gutachten kurz zusammenfassend darstellt[80]; zwingend geboten ist dies aber nicht[81]. 21

VI. Verbot öffentlicher Berichte (Absatz 2)

1. Entstehungsgeschichte. Der bis zum 31. 12. 1974 geltende Art. III Abs. 1 des Gesetzes betr. die unter Ausschluß der Öffentlichkeit stattfindende Gerichtsverhandlung vom 5. 4. 1888[82] bestimmte in seiner zuletzt geltenden Fassung: 22

> [1]Soweit bei einer Gerichtsverhandlung die Öffentlichkeit wegen Gefährdung der Staatssicherheit oder eines Geschäfts- oder Betriebsgeheimnisses ausgeschlossen war, dürfen Berichte über die Verhandlung durch die Presse nicht veröffentlicht werden. [2]Das gleiche gilt auch nach der Beendigung des Verfahrens in betreff der Veröffentlichung der Anklageschrift oder anderer amtlicher Schriftstücke des Prozesses.

73 RGSt **35** 353; vgl. auch RGSt **62** 198; BGHSt **30** 74; **33** 99; *Kleinknecht/Meyer-Goßner*[45] 10; *Kissel*[3] 20 und § 169, 61; *Schöch* NStZ **1985** 422.

74 OLG Hamm JMBlNRW **1976** 225; **a. A** *Kissel*[3] § 169, 61, der eine Wiederholung des ganzen entsprechenden Verhandlungsabschnitts fordert.

75 Vgl. BGH NStZ **1998** 586 mit abl. Anm. *Foth* NStZ **1999** 373; *Kleinknecht/Meyer-Goßner*[45] 6; *Kissel*[3] § 169, 61.

76 BGH StV **1994** 471.

77 BGH bei *Holtz* MDR **1977** 810; BGH StV **1989** 384; StV **1994** 471.

78 BGH StV **1994** 471.

79 *Kleinknecht* FS Schmidt-Leichner, S. 116.

80 Vgl. die von *Müller-Gindullis* NJW **1973** 1218 berichtete Verfahrensweise des BVerfG im „Lebach-Fall".

81 BGHSt **45** 117, 119.

82 RGBl. 133.

Zuwiderhandlungen gegen diese Vorschrift waren nach Art. III Abs. 2 in Verbindung mit Art. II des Gesetzes vom 5.4.1888 mit Geldstrafe oder mit Freiheitsstrafe bis zu sechs Monaten bedroht. Durch Art. 287 Nr. 30 EGStGB 1974 wurde das Gesetz vom 5.4.1888 aufgehoben. Durch Art. 22 Nr. 14 EGStGB 1974 wurde der Inhalt des Art. III Absatz 1 in veränderter Gestalt „aus systematischen Gründen" als Absatz 2 in § 174 aufgenommen. Die Strafdrohung ergibt sich nunmehr aus **§ 353d Nr. 1 StGB**, wonach mit Freiheitsstrafe bis zu einem Jahr oder mit Geldstrafe bestraft wird, wer „entgegen einem gesetzlichen Verbot über eine Gerichtsverhandlung, bei der die Öffentlichkeit ausgeschlossen war, oder über den Inhalt eines die Sache betreffenden amtlichen Schriftstücks öffentlich eine Mitteilung macht".

23 **2. Inhalt.** Das absolute, kraft Gesetzes eintretende Verbot des Absatzes 2 für Massenmedien, über die Verhandlung und den Inhalt eines die Sache betreffenden amtlichen Schriftstücks öffentlich zu berichten, beschränkt sich auf solche Verhandlungen oder Teile von Verhandlungen („soweit"), während derer die Öffentlichkeit gemäß §§ 172 Nr. 1, 173 Abs. 2 wegen Gefährdung der Staatssicherheit ausgeschlossen wurde. Abweichend vom früheren Recht ist der Schutz von Geschäfts- und Betriebsgeheimnissen vor öffentlicher Preisgabe nicht mehr in Absatz 2, sondern in Absatz 3 geregelt. Die Beschränkung des Absatzes 2 auf die Fälle der Gefährdung der Staatssicherheit beruht auf der Erwägung[83], daß hier eine Einzelabwägung („kann"), wie sie Absatz 3 vorsieht, „besonders problematisch erscheint, häufig ein großes journalistisches Interesse gegeben sein dürfte und andererseits von den Betroffenen, nämlich der Presse sowie Rundfunk und Fernsehen, gerade im Hinblick auf ihre öffentlichen Aufgaben Einsicht in die Bedeutung und die Folgen des Ausschlusses der Öffentlichkeit in solchen Fällen verlangt werden kann". Diese Beschränkungen gelten auch bei einer Zulassung von Presseberichterstattern nach § 175 Abs. 2.

24 **3. Berichte über die Verhandlung** sind Berichte über die Vorgänge in der Verhandlung und die zur Sprache gekommenen Tatsachen in der Zeit nach Ausschluß der Öffentlichkeit bis zu deren Wiederherstellung, deren Bekanntwerden über den Kreis der Anwesenden hinaus gerade durch Ausschließung der Öffentlichkeit unterbunden werden sollte. Dabei kommt es nicht darauf an, ob es sich um objektiv geheimhaltungsbedürftige Tatsachen handelt[84] oder ob die Veröffentlichung tatsächlich geeignet ist, die Staatssicherheit zu gefährden.

25 **4. Die Sache betreffende amtliche Schriftstücke** sind die Unterlagen, die zu den das Verfahren betreffenden gerichtlichen Akten gehören; sie betreffen „die Sache", wenn sie zu dem Tatsachenkomplex gehören, der für das Gericht den Grund zum Ausschluß der Öffentlichkeit gebildet hat. Hierher rechnen insbesondere alle amtlich in die Akten aufgenommenen Schriftstücke mit einem den sachlichen Gehalt des Verfahrens betreffenden Inhalt, wie z. B. Anklageschrift, Vernehmungsprotokolle, Anträge der Staatsanwaltschaft, Haftbefehle, gerichtliche Beschlüsse, Urteilsgründe. Das Verbot der Veröffentlichung von Berichten über den **Inhalt des amtlichen Schriftstückes** umfaßt die wörtliche wie die zusammenfassende inhaltliche Wiedergabe, sei es des ganzen, sei es eines Teils des Schriftstücks. Das Verbot richtet sich an Presse, Rundfunk und Fernsehen; öffentliche oder nichtöffentliche Berichte, die in anderer Weise geschehen, z. B. in

---

[83] Vgl. Begründung zu Art. 20 Nr. 8 Entw. EGStGB 1974 – BTDrucks. 7 550 S. 321.

[84] *Pfeiffer*[3] 4.

Versammlungen, fallen nicht unter § 174 Abs. 2, § 353d Nr. 1 StGB, doch bleiben andere Strafvorschriften, insbesondere die §§ 94 ff StGB, unberührt. Das Verbot besteht auch nach Beendigung des Verfahrens fort. Im übrigen darf wegen weiterer Einzelheiten, auch wegen des Begriffs der Veröffentlichung durch die Presse, auf die Erläuterungswerke zu § 353d StGB verwiesen werden.

VII. Gerichtliches Schweigegebot (Absatz 3)

1. Bedeutung der Vorschrift. Absatz 3 entspricht in erweiterter Form dem bis Ende 1974 geltenden Absatz 2 („Ist die Öffentlichkeit wegen Gefährdung der Staatssicherheit oder eines Geschäfts- oder Betriebsgeheimnisses ausgeschlossen, so kann …"). Absatz 3 überläßt es der Entscheidung des Gerichts („kann"), wieweit im Einzelfall Personen, die zu einer nichtöffentlichen Verhandlung zugelassen werden (§ 175 Absatz 2, 3), eine Schweigepflicht auferlegt werden soll, die dann allerdings („Geheimhaltung") über das bei Ausschluß der Öffentlichkeit wegen Gefährdung der Staatssicherheit nach Absatz 2 kraft Gesetzes eintretende Verbot für Presse usw., Berichte zu veröffentlichen, hinausgeht. Das Schweigeverbot ist nur bei Ausschluß der Öffentlichkeit wegen Gefährdung der Staatssicherheit nach § 172 Nr. 1 oder aus den in §§ 171b, 172 Nr. 2 und 3 bezeichneten Gründen zulässig und durch **§ 353d Nr. 2 StGB** („Mit … wird bestraft, wer entgegen einer vom Gericht auf Grund eines Gesetzes auferlegten Schweigepflicht Tatsachen unbefugt offenbart, die durch eine nichtöffentliche Gerichtsverhandlung oder durch ein die Sache betreffendes amtliches Schriftstück zur Kenntnis gelangt sind.") mit **Strafschutz** ausgestattet. Sinn der „Kann"-Vorschrift ist es, eine weitgehende Abwägung aller in Betracht kommenden Interessen zu ermöglichen[85]. Nr. 219 Abs. 3 RiStBV empfiehlt dem Staatsanwalt, in Münzstrafsachen die Auferlegung der Schweigepflicht zu beantragen, wenn und soweit das Herstellungsverfahren, die Fälschungsklassen oder die Verbreitung von Falschgeld erörtert werden. 26

2. Das Geheimhaltungsgebot im einzelnen

a) Betroffene Personen. Das Geheimhaltungsgebot richtet sich einheitlich an alle bei der Verhandlung Anwesenden, also den Angeklagten und seinen Verteidiger, Neben- und Privatkläger, Zeugen und Verletzte und deren Beistände, Sachverständige, Dolmetscher, Zuhörer und Presseberichterstatter. Es gilt auch für die Richter, Schöffen, sonstige Gerichtspersonen und den Staatsanwalt und umfaßt die nach § 175 Abs. 2 zugelassenen Personen[86]. Eine Ausnahme für einzelne Personen oder -gruppen ist nicht zulässig[87]. Dagegen bindet es nicht die zur Verfügung über das Geheimnis befugten Personen. 27

b) Form und Zeitpunkt der Anordnung. Das Geheimhaltungsgebot ergeht in Form eines in der Hauptverhandlung zu verkündenden Gerichtsbeschlusses. Eine entsprechende Anordnung vor Beginn der Hauptverhandlung oder nach deren Ende ist nicht zulässig[88], wie der eindeutige Wortlaut des § 174 Abs. 3 klarstellt[89]. In dem Beschluß 28

[85] Begründung zu Art. 20 Nr. 8 des RegEntwurfs des EGStGB 1974, BTDrucks. 7 550 S. 321.

[86] *Kleinknecht/Meyer-Goßner*[45] 13.

[87] Davon scheint aber Nr. 131 Abs. 2 S. 2 RiStBV auszugehen: „Ist zu befürchten, daß geheimzuhaltende Tatsachen über den Kreis der Zeugen und Zuhörer hinaus durch Presse und Rundfunk verbreitet werden, so sollen der Vorsitzende und der Staatsanwalt die Berichterstatter zu einer freiwilligen Beschränkung in ihrem Bericht veranlassen, wenn es nicht geboten ist, auch sie zur Geheimhaltung zu verpflichten."

[88] *Kissel*[3] 28; **A. A** noch *K. Schäfer in LR*[23] 24 und die dort für die damalige Rechtslage zitierten Autoren.

[89] So auch *Schönke/Schröder/Lenckner*[24] § 353d, 25 StGB.

müssen die geheimzuhaltenden Tatsachen so bestimmt bezeichnet sein, daß die Anwendung des § 353d Nr. 2 StGB nicht an der mangelnden Bestimmtheit des Kreises der geschützten Tatsachen scheitert. Dazu ist aber eine ins einzelne gehende Bezeichnung der geheimzuhaltenden Tatsachen nicht erforderlich; vielmehr können sie dem Beschluß unter einer Gesamtbezeichnung (z. B. bei Ausschluß der Öffentlichkeit wegen Gefährdung der Staatssicherheit: „die auf die militärische Anlage in A-Stadt bezüglichen Tatsachen") zusammengefaßt werden[90]. Das Schweigegebot bedarf keiner Begründung. Es empfiehlt sich, es mit einem Hinweis auf die Strafbarkeit seiner Verletzung zu verbinden (Nr. 131 Abs. 2 S. 1 RiStBV). Wird das Schweigegebot nicht zugleich mit dem Ausschluß der Öffentlichkeit angeordnet, ist zu bedenken, daß es nicht auf den Zeitpunkt des Öffentlichkeitsausschlusses zurückwirkt[91]. Es empfiehlt sich deshalb, ein Schweigegebot ggf. gleichzeitig mit dem Ausschluß der Öffentlichkeit anzuordnen.

29 **c) Gegenstand der Pflicht zur Geheimhaltung** sind Tatsachen, die dem bei der nichtöffentlichen Verhandlung Anwesenden zur Kenntnis gelangt sind a) durch die Verhandlung selbst oder b) durch ein die Sache betreffendes amtliches Schriftstück. Unter b) fallen auch Tatsachen, von denen der in der Verhandlung Anwesende schon vorher durch Lesen eines die Sache betreffenden amtlichen Schriftstücks Kenntnis erlangt hatte. Zwar ist nach § 353d Nr. 2 StGB nur die unbefugte, d. h. die ohne Rechtfertigungsgrund erfolgende Offenbarung der vom Schweigegebot erfaßten Tatsachen strafbar. In dem das Schweigegebot aussprechenden Beschluß wird aber auf individuelle Rechtfertigungsgründe keine Rücksicht genommen, er umfaßt vielmehr nur generell die Bezeichnung der Tatsachen, auf die sich die Geheimhaltungspflicht erstreckt.

30 **d) Inkrafttreten.** Das Schweigegebot tritt mit der Verkündung in Kraft. Fehlende Protokollierung (Absatz 2 S. 2) beeinträchtigt seine Wirksamkeit nicht, denn die Protokollierung dient nur Beweiszwecken[92].

31 **e) Folgen des Schweigegebots.** Nach Inkrafttreten des Geheimhaltungsgebots ist allen in der Verhandlung anwesenden Personen die Weitergabe der dem Schweigegebot unterliegenden Tatsachen verboten. Andererseits schließt es weder die Aufnahme der Tatsachen in die schriftlichen Urteilsgründe noch deren Erwähnung in internen Berichten der Staatsanwaltschaft aus. Auch kann einem Verteidiger oder Beistand nicht versagt sein, diese Tatsachen einem anderen, beispielsweise mit der Vorbereitung oder Durchführung eines Rechtsmittelverfahrens betrauten Rechtsanwalts mitzuteilen; ggf. wird er diesen aber auf das Schweigegebot hinzuweisen haben[93].

32 **f) Außerkrafttreten.** Das Gericht kann das Schweigegebot jederzeit, auch außerhalb der Hauptverhandlung, zurücknehmen[94]. Eine Bekanntgabe der Tatsachen bei der öffentlichen Verkündung der Urteilsgründe macht das Schweigegebot unwirksam[95]. Gleiches gilt, wenn das Schweigegebot nachträglich auf die Beschwerde eines Beteiligten aufgehoben wird. Dagegen wird das Schweigegebot nicht dadurch gegenstandslos, daß die Tatsachen, die es umfaßt, in den schriftlichen Urteilsgründen dargestellt werden.

33 **g) Weiterverhandeln nach Wiederherstellung der Öffentlichkeit.** Nach Wiederherstellung der Öffentlichkeit werden die Verfahrensbeteiligten, soweit es mit Rücksicht auf die

---

90 So schon Bericht der IX. Kommission des Reichstags vom 18. 2. 1888, S. 7; *Pfeiffer*[3] 5; *Kleinknecht/Meyer-Goßner*[45] 14; *Katholnigg*[3] 6; **a. A** KK-*Diemer*[4] 6.

91 *Kleinknecht/Meyer-Goßner*[45] 16; **a. A** *Katholnigg*[3] 6.

92 *Schönke/Schröder/Lenckner*[24] § 353 2, 25; **a. A** *Baumbach/Lauterbach-Albers*[59] 3.

93 *Katholnigg*[3] 6.

94 H. M; vgl. *Loesdau* MDR **1962** 777.

95 *Pfeiffer*[3] 6; *Kleinknecht/Meyer-Goßner*[45] 15; *Eb. Schmidt* 21.

Wahrnehmung ihrer Funktion möglich ist, das Geheimhaltungsgebot im Auge halten müssen. Gegebenenfalls ist für die Verhandlung über weitere Beweisanträge oder die Schlußvorträge sonst der erneute Ausschluß der Öffentlichkeit erforderlich[96].

3. Beschwerde (Absatz 3 Satz 3, 4). Die nichtfristgebundene Beschwerde ist nur gegen die Anordnung der Geheimhaltungspflicht zulässig, nicht auch gegen den Beschluß, durch den ein Antrag auf Erlaß eines Schweigegebots abgelehnt wird[97]. Die Beschwerde setzt voraus, daß das Schweigegebot von einem Gericht erlassen worden ist, dessen Beschlüsse nach § 304 StPO überhaupt der Beschwerde unterliegen; gegen einen von dem Bundesgerichtshof oder von einem Oberlandesgericht erlassenen Geheimhaltungsbeschluß findet daher keine Beschwerde statt. Die Beschwerde steht den Prozeßbeteiligten sowie jedem zu, der von dem Schweigegebot betroffen ist. **34**

4. Revision. Aus § 174 Abs. 2, 3 ergeben sich keine Revisionsgründe, da diese Bestimmungen nur Geheimnisschutz nach außen bewirken, aber ohne Einfluß auf die Urteilsfindung sind[98]. **35**

5. Jugendverfahren. Die Anordnung eines Geheimhaltungsgebots ist nur in Verbindung mit einem Ausschluß der Öffentlichkeit nach §§ 171b, 172 Nr. 1 (nur bei Gefährdung der Staatssicherheit), Nr. 2 und 3, nicht aber bei einer kraft Gesetzes nichtöffentlichen Verhandlung, wie sie gegen Jugendliche vor den Jugendgerichten nach § 48 Abs. 1 JGG stattfindet, zulässig. Hier hilft nur ein Appell an die freiwillige Geheimhaltung und eine restriktive Handhabung der Zulassung nach § 175 Abs. 2 GVG/§ 48 Abs. 2 JGG weiter[99]. **36**

VIII. Weiteres Verbot der öffentlichen Mitteilung von amtlichen Schriftstücken eines Strafverfahrens

Unter der gemeinsamen Überschrift „Verbotene Mitteilungen über Gerichtsverhandlungen" enthält § 353d StGB außer den in Rdn. 19 und 23 angeführten Nummern 1 und 2 unter Nummer 3 eine weitere Strafvorschrift, die sich gegen den richtet, der „die Anklageschrift oder andere amtliche Schriftstücke eines Strafverfahrens, eines Bußgeldverfahrens oder eines Disziplinarverfahrens, ganz oder in wesentlichen Teilen, im Wortlaut öffentlich mitteilt, bevor sie in öffentlicher Verhandlung erörtert worden sind oder das Verfahren abgeschlossen ist". § 353d Nr. 3 StGB übernimmt und ersetzt damit in erweiterter Form ein entsprechendes strafbewehrtes Verbot, das sich früher in § 17 des Reichspressegesetzes und später in der Mehrzahl der Landespressegesetze fand. Anders als § 353d Nr. 1, 2 StGB in Verbindung mit § 174 Abs. 2, 3 GVG hat § 353d Nr. 3 StGB aber nichts mit der Bewahrung schutzwürdiger Geheimnisse vor der Gefahr der Preisgabe an die Öffentlichkeit zu tun, die ihnen durch die Erörterung in gerichtlicher Verhandlung droht. Es ist auch nicht der Sinn des § 353d StGB, den Beschuldigten vor Bloßstellungen zu schützen. Schutzgut des § 353d Nr. 3 StGB ist vielmehr der Schutz der Unbefangenheit der Verfahrensbeteiligten, insbesondere der Schöffen vor Beeinträchtigungen durch vorzeitige öffentliche Erörterung schwebender Strafverfahren[100]. § 353d Nr. 3 StGB ist daher an dieser Stelle nicht weiter zu erörtern. **37**

---

96 *Kleinknecht/Meyer-Goßner*[45] 18.

97 *Kleinknecht/Meyer-Goßner*[45] 19.

98 *Kleinknecht/Meyer-Goßner*[45] 21; *Katholnigg*[3] 6.

99 *Kleinknecht/Meyer-Goßner*[45] 17; *Kissel*[3] 32; **a. A** *Katholnigg*[3] 7, der eine analoge Anwendung des § 174 Abs. 2, 3 für zulässig hält.

100 OLG Hamm NJW **1977** 967.

§ 175

(1) Der Zutritt zu öffentlichen Verhandlungen kann unerwachsenen und solchen Personen versagt werden, die in einer der Würde des Gerichts nicht entsprechenden Weise erscheinen.

(2) [1]Zu nicht öffentlichen Verhandlungen kann der Zutritt einzelnen Personen vom Gericht gestattet werden. [2]In Strafsachen soll dem Verletzten der Zutritt gestattet werden. [3]Einer Anhörung der Beteiligten bedarf es nicht.

(3) Die Ausschließung der Öffentlichkeit steht der Anwesenheit der die Dienstaufsicht führenden Beamten der Justizverwaltung bei den Verhandlungen vor dem erkennenden Gericht nicht entgegen.

Entstehungsgeschichte. Durch Art. 10 Nr. 6 des 1. StrRG vom 25. 6. 1969 (BGBl. I 645) wurden in Absatz 1 die Worte „die sich nicht im Besitz der bürgerlichen Ehrenrechte befinden" gestrichen. Durch Art. 2 Nr. 5 des OpferschutzG vom 18. 12. 1986 (BGBl. I 2496) wurde in Absatz 2 der jetzige Satz 2 eingefügt; der bisherige Satz 2 wurde Satz 3. Bezeichnung bis 1924: § 176.

Übersicht

1. Versagung des Zutritts (Absatz 1)

1 **a) Personenkreis.** § 175 bezieht sich nur auf solche Personen, die bei der Verhandlung selbst nicht beteiligt sind. Wann einer bei der Verhandlung beteiligten Person wegen dieser Beteiligung der Zutritt zu dem Sitzungszimmer versagt werden darf, darüber s. §§ 58, 243 Abs. 2 StPO und § 169, 37. Im übrigen sind die Gründe, aus denen einzelnen Personen der Zutritt verwehrt werden kann, hier nicht erschöpfend angegeben (vgl. § 169, 37; § 176, 20; 31 f).

2 **b) Unerwachsene Personen.** Entscheidend ist kein bestimmtes Lebensalter, sondern der Grad der körperlichen und geistigen Entwicklung, zunächst gemessen an der äußeren Erscheinung[1]. Die Versagungsmöglichkeit beruht einmal auf der Erwägung, daß die

[1] RGSt **47** 375; *Pfeiffer*[3] 2; *Kleinknecht/Meyer-Goßner*[45] 1; KK-*Diemer*[4] 1; zum Schutzzweck s. *Kissel*[3] 4.

Anwesenheit von Personen, die nach dem Grad ihrer körperlichen und geistigen Entwicklung die Bedeutung und den Ernst einer Strafverhandlung nicht erfassen können, nicht der Würde des Gerichts (§ 178, 1 ff) und eines gerichtlichen Verfahrens entspricht, zum anderen auf der Erwägung, daß auch dann, wenn die gesetzlichen Voraussetzungen für den Ausschluß der Öffentlichkeit nicht gegeben sind, der Unerwachsene durch Teilnahme an der Verhandlung, insbesondere bei Erörterung sittlicher Verfehlungen, gefährdet werden kann[2]. Volljährige sind nie unerwachsen[3].

c) Unter Personen, die **in einer der Würde des Gerichts nicht entsprechenden Weise** erscheinen, sind namentlich angetrunkene, betrunkene oder anstößig gekleidete Personen zu verstehen[4]. Hierzu und zum Begriff der „Würde des Gerichts" kann auf das zur Ungebühr Ausgeführte (§ 178, 3 f; 11 f) verwiesen werden. Ferner gehören hierzu auch geisteskranke, geistesschwache oder kranke Personen, bei denen konkret eine Störung der Verhandlung zu besorgen ist[5]. Hierher sind aber auch in sinngemäßer Fortentwicklung des Grundgedankens (Fernhaltung drohender Störungen) Personen zu rechnen, die – beispielsweise aufgrund mitgeführter Waffen oder Trillerpfeifen – erkennbar beabsichtigen, die Verhandlung zu stören (§ 169, 33)[6]. Denn es kann nicht gut verlangt werden, daß sie zunächst in den Sitzungssaal einzulassen seien und erst gemäß § 177 zwangsweise entfernt werden dürften, wenn sie – womöglich gleich bei Betreten des Sitzungssaals – erwartungsgemäß zu Störungen übergegangen sind. Ein Ausschluß von Zuhörern, die der Richter aufgrund ihres Erscheinungsbildes der Sympathisantengruppe um den Angeklagten zuordnet und deshalb von der Verhandlung ausschließt, kann möglicherweise die Befangenheit des Richters auslösen[7]. 3

d) Die **Befugnis,** den hier bezeichneten Personen **den Zutritt zu dem Sitzungszimmer zu versagen** oder sie wieder hinauszuweisen, liegt beim Vorsitzenden[8], der hierbei von dem mit der Bewachung des Zuhörerraums betrauten Justizwachtmeister unterstützt wird. Dieser darf in eindeutigen Fällen für den Vorsitzenden handeln (Nr. 128 Abs. 3 RiStBV)[9], muß aber auf Verlangen des Betroffenen dessen Entscheidung einholen[10]. Das Gericht kann, wie sich aus § 177 S. 2 ergibt, gegenüber Anordnungen des Vorsitzenden nicht angerufen werden[11]. Kommt eine betroffene Person der Anordnung des Vorsitzenden nicht nach, sind Maßnahmen nach §§ 177, 178 zu ergreifen. 4

2. Zutritt zu nichtöffentlichen Verhandlungen (Absatz 2)

a) Nur **einzelnen Personen** darf der Zutritt gestattet werden. Es verstößt gegen den Sinn und die Absicht des Gesetzes und kommt einer Aufhebung des Ausschlusses der Öffentlichkeit gleich, wenn einer größeren Zahl von Personen, die nicht Verletzte sind, der Zutritt gewährt wird[12]. Das schließt nicht aus, eine klar abgegrenzte, nach Zahl und Zusammensetzung bekannte Gruppe, etwa eine Gruppe ausländischer hospitierender Juristen, zuzulassen[13]. Personen, denen gemäß § 193 die Anwesenheit bei der Beratung 5

---

2 Vgl. Nr. 132 S. 2 RiStBV; § 172, 8 und *Heinen* DRiZ **1951** 197.

3 OLG Hamm NJW **1967** 1289; *Kleinknecht/Meyer-Goßner*[45] 1; KK-Diemer[4] 1; *Katholnigg*[3] 1; *KMR*[7] 2; *Eb. Schmidt* 3; *Zöller-Gummer*[22] 1; *Wieczorek/Schütze-Schreiber*[3] 1; **a. A** *MünchKomm-Wolf*[2] 3, der auch Heranwachsende noch zu den Unerwachsenen zählt.

4 *Kissel*[3] 7.

5 *KMR*[7] 3; weitergehend noch *K. Schäfer in LR*[23] 3.

6 *Stürner* JZ **1972** 666; *Pfeiffer*[3] 2; *Kleinknecht/Meyer-Goßner*[45] 3; *Katholnigg*[3] 1; **a. A** *Kissel*[3] 8: gem. §§ 176 ff zu verfahren.

7 AG Warendorf StV **1993** 406.

8 *Pfeiffer*[3] 1; *Kleinknecht/Meyer-Goßner*[45] 1; KK-*Diemer*[4] 1; *Kissel*[3] 10.

9 *Pfeiffer*[3] 1; *Kleinknecht/Meyer-Goßner*[45] 1.

10 *Pfeiffer*[3] 1.

11 *KMR*[7] 5; *Eb. Schmidt* 2; § 176, 45.

12 *Kissel*[3] 12.

13 *Katholnigg*[3] 2.

gestattet werden darf (§ 193, 11 bis 20), dürfen auch zu nichtöffentlichen Verhandlungen zugelassen werden.

6 **b) Zulassungspflicht nach internationalen Abkommen.** Nach Art. 105 Abs. 5 des Genfer Abkommens vom 12. 8. 1949 über die Behandlung der Kriegsgefangenen[14] haben die Vertreter einer Schutzmacht das Recht, den Verhandlungen gegen Kriegsgefangene beizuwohnen, sofern diese nicht ausnahmsweise im Interesse der Staatssicherheit unter Ausschluß der Öffentlichkeit stattfinden müssen. Nach Art. 25 des Zusatzabkommens zum Truppenstatut[15] sind die deutschen Gerichte bei Verhandlungen wegen strafbarer Handlungen gegen die Mitglieder der in der Bundesrepublik stationierten ausländischen Nato-Streitkräfte und ihrer Angehörigen verpflichtet, den Vertretern der zuständigen ausländischen Behörden zu gestatten, der Hauptverhandlung beizuwohnen.

7 **c) Zulassung von Verletzten.** Der Begriff des Verletzten entspricht im wesentlichem dem des § 172 StPO[16]. Verletzter ist danach, wer vom Schutzbereich einer zumindest mitverletzten Norm des Strafrechts derart erfaßt wird, daß diese Norm wenigstens auch seine rechtlich anerkannten Interessen schützen soll. § 175 Abs. 2 S. 2 betrifft nur solche Verletzten, die nicht als Nebenkläger zugelassen sind, denn dann ergibt sich ihr Anwesenheitsrecht aus § 397 Abs. 1 S. 1 StPO[17]; ebenso hat der Beistand des nebenklageberechtigten Verletzten ein Anwesenheitsrecht bereits aus § 406g Abs. 2 S. 1 StPO. Bei nichtöffentlicher Vernehmung des Verletzten bedarf die Zulassung einer Vertrauensperson des Verletzten neben einer Entscheidung nach § 406f Abs. 3 StPO keiner besonderen Zulassung nach § 175 Abs. 2. Das Anwesenheitsrecht des Verletzten besteht auch im Jugendverfahren (unten Rdn. 9). Von der Zulassung des Verletzten kann jedoch abgesehen werden, wenn er zum Beispiel noch als Zeuge vernommen werden soll oder ein besonderes Interesse an der Vertraulichkeit nach § 171b, § 172 Nr. 2 auch ihm gegenüber besteht[18]; dann wird der Verletzte jedoch grundsätzlich als erster Zeuge zu vernehmen sein[19].

8 **d) Ehegatten als Beistand.** Aus der Pflicht des Gerichts, auf Antrag den Ehegatten eines Angeklagten als Beistand zuzulassen und auf Verlangen zu hören (§ 149 StPO), läßt sich nicht herleiten, daß dem nicht als Beistand zugelassenen Ehegatten das bloße Zuhören bei Ausschluß der Öffentlichkeit gestattet werden müsse; die Rechte aus § 149 StPO hat der Ehegatte nur in seiner Eigenschaft als Beistand, um an der Verteidigung mitwirken zu können[20].

9 **e) Begleitpersonen junger Zeugen.** Bei der (gemäß § 172 Nr. 4) nichtöffentlichen Vernehmung von Zeugen unter 16 Jahren bedarf die Anwesenheit einer Begleitperson einer Zulassung nach § 175 Abs. 2. Dabei wird zu berücksichtigen sein, ob ihre Anwesenheit im Interesse des Kindes geboten ist und ob sie der Vernehmung voraussichtlich eher nützen oder schaden wird[21].

10 **f) Pressevertreter.** Absatz 2 ermöglicht grundsätzlich auch die Zulassung von Pressevertretern. Dabei ist eine Nichtzulassung einzelner Pressevertreter nicht deswegen zulässig, weil das von ihm repräsentierte Presseorgan bisher in unsachlicher Weise berichtet

[14] BGBl. **1954** II 838, 878; Vgl. Gesetz vom 21. 8. 1954, BGBl. II 781, gem. Bek. vom 4. 11. 1954, BGBl. II 1133 in Kraft seit dem 3. 3. 1955.

[15] BGBl. **1961** II 1218.

[16] Vgl. hierzu Vor § 406d, 6 StPO; § 172, 48 ff StPO.

[17] *Rieß/Hilger* NStZ **1987** 208; *Katholnigg*[3] 2.

[18] *Kleinknecht/Meyer-Goßner*[45] 5; *Rieß/Hilger* NStZ **1987** 208.

[19] *Ostendorf*[3], § 48, 13 JGG.

[20] BGH bei *Dallinger* MDR **1966** 384.

[21] *Kleinknecht/Meyer-Goßner*[45] § 172, 14.

hat[22]. Etwas anderes wird aber dann gelten müssen, wenn der Pressevertreter das in einer vorangegangenen Sitzung angeordnete Schweigegebot nach § 174 Abs. 3 nicht beachtet hat[23].

g) Jugendverfahren. Für das Jugendverfahren enthält § 48 Abs. 2 JGG besondere 11
Bestimmungen:

„(2) Neben den am Verfahren Beteiligten ist dem Verletzten und, falls der Angeklagte der Aufsicht und Leitung eines Bewährungshelfers oder der Betreuung und Aufsicht eines Betreuungshelfers untersteht oder für ihn ein Erziehungsbeistand bestellt ist, dem Helfer und Erziehungsbeistand die Anwesenheit gestattet. Das gleiche gilt in den Fällen, in denen dem Jugendlichen Hilfe zur Erziehung in einem Heim oder einer vergleichbaren Einrichtung gewährt wird, für den Leiter der Einrichtung. Andere Personen kann der Vorsitzende aus besonderen Gründen, namentlich zu Ausbildungszwecken, zulassen."

Zum Kreis der danach Anwesenheitsberechtigten wird auf die einschlägigen Kommentare zum JGG Bezug genommen[24]. Ebenso wie im Jugendverfahren gehört auch in den allgemeinen Strafverfahren ein Gerichts- oder Bewährungshelfer zu den Personen, die für eine Zulassung nach § 175 Abs. 2 in Betracht kommen[25].

h) Gestattung durch das Gericht. Durch das Gesetz vom 5. 4. 1888 ist die ursprüng- 12
liche Bestimmung dahin abgeändert worden, daß die Gestattung des Zutritts nicht mehr dem Vorsitzenden, sondern dem Gericht zusteht, weil sich die Gestattung als eine Teilabänderung des vom Gericht beschlossenen Ausschlusses der Öffentlichkeit darstellt. Die Gestattung erfolgt also in Form eines Beschlusses. Ein solcher kann jedoch ausnahmsweise auch stillschweigend in der Weise ergehen, daß das Gericht gegen das Verbleiben einzelner Personen keinen Widerspruch erhebt, wie dies allgemein hinsichtlich der dem Spruchkörper zur Ausbildung zugewiesenen Referendare und in Zivilprozessen bei den auf die nächsten anstehenden Sachen wartenden Anwälten in der Praxis üblich ist, oder daß der Vorsitzende ohne Widerspruch von anderer Seite die Anwesenheit gestattet[26]. Der Vorsitzende kann kraft des § 176 nachträglich anordnen, daß Personen, denen die Anwesenheit gemäß § 175 Absatz 2 gestattet worden war, sich aus dem Sitzungssaal entfernen[27]. Rechtlich ohne Bedeutung ist es, wenn jemand, dem die Anwesenheit nicht gestattet war, unbemerkt und insofern unbefugt bei der nichtöffentlichen Verhandlung anwesend ist. Im **Jugendgerichtsverfahren** entscheidet über die Zulassung anderer Personen nach § 48 Abs. 2 S. 3 JGG, abweichend von § 175 Abs. 2 GVG, der Vorsitzende (nicht das Gericht); seine diesbezüglichen Maßnahmen sind unanfechtbar[28].

i) Einer **Anhörung der Beteiligten** bedarf es nicht (Absatz 2 S. 3). Dies schließt jedoch 13
eine Anhörung nicht aus; bei unterschiedlichen Auffassungen der Verfahrensbeteiligten ist eine Anhörung sowohl der Verfahrensbeteiligten als auch der Personen, um deren Zulassung es geht, stets sinnvoll, um die verschiedenen Interessen der Beteiligten zu erfahren, damit das Gericht diese in seiner Ermessensentscheidung berücksichtigen kann[29].

---

22 Siehe § 176, 37; **a. A** *Katholnigg*[3] 2, der solche Berichterstatter nicht zulassen will, die durch unsachliche Berichte die Tätigkeit der Verteidigung behindern.

23 Vgl. Nr. 131 Abs. 2 S. 3 RiStBV.

24 *Brunner* JGG9, § 48, 12, 21 JGG; *Diemer/Schoreit/Sonnen* JGG § 48, 16 ff JGG; *Eisenberg* JGG6, § 48, 15 ff JGG; *Ostendorf* JGG3, § 48, 10 ff JGG.

25 Vgl. allgemein *Sontag*, NJW **1976** 1436.

26 BGH bei *Pfeiffer* NStZ **1981** 297; *Kleinknecht/Meyer-Goßner*[45] 4; *Kissel*[3] 16; **a. A** *Eb. Schmidt* 9.

27 RG GA **50** (1903) 119; *Kissel*[3] 17.

28 *Ostendorf*[3] § 48, 21 JGG.

29 *Kissel*[3] 14.

3. Dienstaufsichtsführende (Absatz 3)

14 **a)** Zu den **Beamten der Justizverwaltung,** die die Dienstaufsicht über die am Verfahren beteiligten Richter, Staatsanwälte und Urkundsbeamten[30] führen, gehören auch die mit der Dienstaufsicht als Aufgabe der Gerichtsverwaltung (§ 4 DRiG) betrauten Richter (Präsidenten, aufsichtsführende Richter), ihre Vertreter und die von ihnen Beauftragten, die allerdings offen und nicht heimlich an der Verhandlung teilnehmen sollten[31]. Diesem Personenkreis steht der Zutritt zu nichtöffentlichen Verhandlungen unbedingt offen; Absatz 2 findet auf sie keine Anwendung. Ein besonderer Zulassungsbeschluß ist nicht erforderlich[32].

15 **b)** § 175 Abs. 3 gilt auch im **Jugendverfahren**. Zwar erwähnt § 48 Abs. 2 JGG – anders als § 23 Abs. 3 JGG 1923 – die Dienstaufsichtsbeamten nicht mehr besonders; ihr Anwesenheitsrecht ergibt sich aber aus § 2 JGG in Verbindung mit § 175 Abs. 3 GVG.

16 **4. Anfechtung.** Eine unbegründete Verweigerung des Zutritts (Absatz 1) verletzt die Öffentlichkeit und ist ein absoluter Revisionsgrund nach § 338 Nr. 6 StPO[33]. Die Ermessensausübung als solche ist nicht revisibel. Der Nichtgebrauch des Absatzes 1[34] und die Gestattung nach Absatz 2 sind grundsätzlich nicht revisibel[35]; etwas anderes dürfte gelten, wenn wegen der großen Zahl der gemäß § 175 Abs. 2 zugelassenen Personen die Verhandlung entgegen dem Ausschließungsbeschluß tatsächlich öffentlich geführt worden wäre[36]. Eine Ablehnung einer beantragten Zulassung nach Abs. 2 ist nicht anfechtbar[37].

§ 176

Die Aufrechterhaltung der Ordnung in der Sitzung obliegt dem Vorsitzenden.

Schrifttum. *Amelung* Probleme des Rechtsschutzes gegen strafprozessuale Grundrechtseingriffe, NJW **1979** 1687; *Greiser* Störungen und Sabotageversuche in der Hauptverhandlung, JA **1983** 429; *Hassemer* Vorverurteilung durch die Medien, NJW **1985** 1921; *Hofmann* Sitzungspolizei im Strafprozeß, Diss. Frankfurt 1971; *Kaehne* Die Anfechtung sitzungspolizeilicher Maßnahmen (2000); *Krekeler* Durchsuchung des Verteidigers beim Betreten des Gerichtsgebäudes, NJW **1979** 185; *Krekeler* Der Rechtsanwalt als Beistand des Zeugen und die Sitzungspolizei, NJW **1980** 980; *Leinius* Zum Verhältnis von Sitzungspolizei, Hausrecht, Polizeigewalt, Amts- und Vollzugshilfe, NJW **1973** 448; *Molketin* Sitzungspolizeiliche Maßnahmen des Vorsitzenden – Anlaß zur Ablehnung wegen „Besorgnis der Befangenheit"? MDR **1984** 20; *Müller* Zwangsweise Entfernung eines Rechtsanwalts aus dem Sitzungszimmer, NJW **1979** 22; *Pardey* Versachlichung durch erzwungene Achtungsbezeugungen? DRiZ **1990** 132; *Rebmann/Schnarr* Der Schutz des gefährdeten Zeugen im Strafverfahren, NJW **1989** 1185; *Roxin* Aktuelle Probleme der Öffentlichkeit im Strafverfahren, FS Peters 393; *Rüping* Der Schutz der Gerichtsverhandlung – „Ungebühr" oder

[30] **A. A** hinsichtlich der über Staatsanwälte und Urkundsbeamte die Dienstaufsicht Führenden *Kissel*[3] 19.

[31] *Katholnigg*[3] 3; vgl. als (abzulehnendes) Beispiel den in BGH DRiZ **1971** 206 geschilderten Fall.

[32] *Kleinknecht/Meyer-Goßner*[45] 8.

[33] *Pfeiffer*[3] 5; *Katholnigg*[3] 1; *Kissel*[3] 11; § 338, 109 StPO.

[34] **A. A** *Roxin*, FS Peters, 408.

[35] BGH bei *Pfeiffer* NStZ **1981** 297 bezüglich der Zulassung von Vertretern der Finanzverwaltung.

[36] RGSt **77** 186; LR-*Hanack*[25] § 338, 108 bei Fußn. 291; *Kissel*[3] 18 für den Fall der ermessensmißbräuchlichen Gestattung.

[37] *KMR*[7] 10; *Kissel*[3] 18.

„betriebliche Ordnungsgewalt", ZZP **88** (1975) 212; *Seibert* Maßnahmen gegen Sitzungsstörer, NJW **1973** 127; *Weiland* Das Hauptverfahren in Strafsachen, JuS **1986** 710; *Wild* Die Sitzungspolizei in Strafsachen, Diss. 1933; *Willms* Sitzungspolizei und Öffentlichkeit der Verhandlung, JZ **1972** 653; *Zuck* Anwaltsberuf und Bundesverfassungsgericht, NJW **1979** 1121.

Bezeichnung bis 1924: § 177.

Übersicht

Alphabetische Übersicht

I. Grundsätzliches

1 **1. Begriff und Wesen der Sitzungspolizei.** Das Gerichtsverfassungsgesetz (vgl. die Überschrift des vierzehnten Titels) faßt (im Ausdruck nicht einwandfrei) alle Befugnisse und Maßnahmen, die zur Aufrechterhaltung der **äußeren Ordnung** in der Sitzung dienen, unter der Bezeichnung „Sitzungspolizei" zusammen. Ihre Handhabung steht teils dem Vorsitzenden (§§ 175 Absatz 1, 176, 177 S. 2, 178 Abs. 2, 179), teils dem Gericht (§ 177 S. 2, 178 Abs. 2) zu. Dem Vorsitzenden fallen – mit dieser Einschränkung ist § 176 zu verstehen – die Ordnungsaufgaben zu, die das Gesetz nicht dem Gericht vorbehält. Mit der Ausübung polizeilicher Gewalt im technischen Sinne hat die Sitzungspolizei nichts zu tun. Dem Vorsitzenden und dem Gericht sind nicht etwa die Aufgaben der vollziehenden Gewalt, auch nicht Aufgaben der (reinen) Justizverwaltung übertragen[1]. Die Sitzungspolizei dient vielmehr, indem sie den störungsfreien äußeren Verlauf der Sitzung ermöglicht, letztlich auch der Erreichung des Prozeßzwecks, der Wahrheits-

[1] Ebenso *Eb. Schmidt* 5; *Kissel*[3] 2; **a. A** *Kniestedt* MDR **1960** 197; **1961** 25, der die sitzungspolizeilichen Befugnisse aus dem „Hausrecht in Verbindung mit der Polizeigewalt" herleitet, mit der unmöglichen Forderung, daß bei Festsetzung von Ordnungshaft – § 178 – der Richter i. S. des Art. 104 Abs. 2 GG ein anderer sei als der die Ordnungshaft verhängende Richter.

findung „innerhalb angemessener Frist" (Art. 6 Abs. 1 MRK), d. h. unter Ausschaltung vermeidbarer Verzögerungen. Gerade deshalb ist sie dem Vorsitzenden und dem Gericht als eine Aufgabe der richterlichen Gewalt unter richterlicher Unabhängigkeit anvertraut[2]. Kraft der Sitzungspolizei ist der Vorsitzende befugt, Personen im Sitzungssaal Anweisungen zu erteilen und von ihnen ein bestimmtes Verhalten zu verlangen; insoweit stellt § 176 eine Eingriffsermächtigung dar.

2. Sitzungspolizei und Verhandlungsleitung. Die Sitzungspolizeigewalt, soweit sie dem 2
Vorsitzenden allein obliegt, ist ihm zwar zugleich mit der Verhandlungsleitung (§ 238 Abs. 1 StPO) anvertraut, von ihr aber doch nach Zweck und Wesen verschieden. Die Sitzungspolizei richtet sich auf die Aufrechterhaltung der äußeren Ordnung im Gerichtssaal. Dagegen betrifft die Sachleitungsbefugnis nicht die äußere Ordnung, sondern den Ablauf des einzelnen Verfahrens. Die Festlegung der Reihenfolge der Vernehmung einzelner Zeugen und das Entlassen dieser Zeugen gehört zur Sachleitungsbefugnis; die Aufforderung, nach der Vernehmung noch im Sitzungssaal Platz zu behalten, dagegen zur Sitzungspolizei. Insoweit kann es zu Überschneidungen kommen, beispielsweise bei der Frage, ob ein noch nicht als Zeuge vernommener Verletzter vor seiner Vernehmung im Gerichtssaal anwesend sein darf. Diese Unterscheidung ist für die Frage von Bedeutung, ob gegen Entscheidungen des Vorsitzenden das Gericht nach § 238 Abs. 2 StPO angerufen werden kann. Dies ist nur bei die Sachleitung berührenden Anordnungen des Vorsitzenden möglich, nicht aber bei rein sitzungspolizeilichen Maßnahmen[3].

3. Sitzungspolizei und Hausrecht im Gerichtsgebäude. Das Hausrecht des Gerichts- 3
präsidenten oder -direktors[4] ist zunächst als Rechtsgrundlage für alle Maßnahmen noch im Gerichtsgebäude, aber außerhalb des eigentlichen Sitzungsbereichs (s. dazu unten Rdn. 6), von Bedeutung[5]. Gegen Ausschreitungen im Eingangsbereich des Gerichtsgebäudes oder auf dessen Fluren sind nur Maßnahmen des Hausrechts, notfalls auch polizeiliche Maßnahmen, zulässig. Im Sitzungsbereich hat dagegen die Sitzungspolizei Vorrang vor dem Hausrecht[6]. Bei allen Maßnahmen in Wahrnehmung des Hausrechts sind die Beschränkungen, die sich aus den gesetzlichen Bestimmungen über die Öffentlichkeit der Gerichtsverhandlungen ergeben, zu beachten. Diese verbieten, einer Person, die als Verfahrensbeteiligter oder auch nur als Zuhörer an einer Gerichtsverhandlung teilnehmen will, diese Teilnahme durch ein Hausverbot unmöglich zu machen[7]. Einer Person kann die Anwesenheit im Sitzungssaal nur nach Maßgabe der §§ 175 bis 178 aufgrund der Sitzungspolizei untersagt werden. Ist ein störender Zuhörer aber gemäß § 177 aus dem Gerichtssaal entfernt worden, ohne daß seine Abführung zur Ordnungshaft angeordnet wurde, so kann ihn die Justizverwaltung kraft des Hausrechts auch aus dem Gerichtsgebäude entfernen[8], und er macht sich, wenn er alsbald wieder in das Gerichts-

---

[2] BGHSt **17** 201, 204; **24** 329; OLG Köln NJW **1963** 1508; OLG Hamburg NJW **1976** 1987; OLG Karlsruhe NJW **1977** 309; *Stürner* JZ **1972** 665; *Rüping* ZZP **88** (1975) 217; **h. M.**

[3] OLG Hamm GA **1972** 315; *Kleinknecht/Meyer-Goßner*[45] 16; KK-*Diemer*[4] 6; *Katholnigg*[3] 1, 10; *Eb. Schmidt* 14; *Kissel*[3] 2; LR-*Gollwitzer* § 238, 12 und 23 StPO und die bisher **h. M**; kritisch *Fuhrmann* GA **1963** 65, 69; *W. Schmidt* FS H. Mayer 558; *Gössel* GA **1976** 62.

[4] Zum Hausrecht des Präsidenten des Deutschen Bundestages und die bei dessen Ausübung zu beachtenden Grenzen s. VG Berlin NJW **2002** 1063.

[5] Zur Bedeutung des Hausrechts vor dem Inkrafttreten des 1. StVRErgG am 1. 1. 1975 vgl. BGHSt **24** 329; *K. Schäfer* in LR[23] 14 f.

[6] BGHSt **24** 329 = JZ **1972** 663 mit Anm. *Stürner*; BGHSt **30** 350; OLG Celle DRiZ **1979** 376; KK-*Diemer*[4] 5; *Katholnigg*[3] 5; *Kissel*[3] 3.

[7] OVG Schleswig NJW **1994** 340.

[8] *Kissel*[3] 5; *Stürner* JZ **1972** 665; vgl. auch *Willms* JZ **1972** 654.

gebäude zurückkehrt („widerrechtlich eindringt"), nach § 123 StGB wegen Hausfriedensbruchs strafbar. Kommt es aber nicht zu einer solchen Entfernung aus dem Gerichtsgebäude und betritt der aus dem Sitzungszimmer Entfernte diesen Raum alsbald wieder, so beschränkt sich die Reaktion kraft Sitzungspolizei auf die erneute Entfernung (und diesmal gewiß unter Anordnung oder Abführung zur Ordnungshaft), umfaßt aber nicht eine Strafbarkeit nach § 123 StGB, da die vorausgegangene Entfernung eben nicht kraft Hausrechts, sondern nur kraft der auf die Reaktion nach §§ 177, 178 beschränkten Sitzungspolizei erfolgte. Insbesondere dann, wenn Störungen zu erwarten sind, kann es sich für die Justizverwaltung empfehlen, dem Vorsitzenden die Befugnis zur Ausübung des Hausrechts zu erteilen[9]. Denn dann könnte der Vorsitzenden die erste Entfernung, die kraft Sitzungspolizei erfolgt, mit der aus dem übertragenen Hausrecht fließenden Aufforderung zum Verlassen des Gerichtsgebäudes verbinden[10]. Außerdem hätte der Vorsitzende dann die Möglichkeit, Maßnahmen nicht nur für den Sitzungsbereich des Gerichtsgebäudes, sondern auch für den Eingangsbereich und die verbindenden Flure anzuordnen; dies kann gerade in besonderen Gefährdungslagen sehr sinnvoll sein. Insbesondere ermöglicht es die Verlagerung von Eingangskontrollen aus dem Vorraum des Sitzungssaals in den Gerichtseingang[11].

4 **4. Sitzungspolizei und polizeiliche Gefahrenabwehr.** Grundsätzlich hat die Sitzungspolizei im Sitzungsbereich Vorrang vor polizeilichen Maßnahmen der Gefahrenabwehr[12]. Dies schließt nicht aus, daß aufgrund sitzungspolizeilicher Anordnungen Polizeibeamte im Wege der Amtshilfe im Gerichtssaal anwesend sind und dort ggf. gegen Störer einschreiten[13]. Eigenständige polizeiliche Maßnahmen im Gerichtssaal sind allenfalls dann denkbar, wenn das Gericht zu entsprechenden Anordnungen nicht mehr in der Lage ist[14].

5 **5. Sitzungspolizei und Öffentlichkeit.** Maßnahmen der Sitzungspolizei können die Öffentlichkeit der Verhandlung beeinträchtigen[15]. Soweit sie gemäß §§ 176 ff rechtmäßig erfolgen, stellen sie keine unzulässige Beschränkung der Öffentlichkeit dar; einen mit der Revision rügbaren Verfahrensverstoß bildet dagegen beispielsweise eine unbegründete Saalverweisung eines Zuhörers[16].

II. Begriff der Sitzung

6 **1. Räumliche Beschränkung auf den Bereich der Sitzung.** Unter Sitzung ist die Verhandlung zu verstehen, gleichviel an welchem Ort sie stattfindet[17]. Demgemäß erstrecken sich auch die Befugnisse des Gerichts und des Vorsitzenden auf den Bereich der Sitzung, das heißt alle für die Verhandlung erforderlichen Räumlichkeiten mit Einschluß des Beratungszimmers des Gerichts und der unmittelbar daran grenzenden

---

[9] *Stürner* JZ **1972** 666; *Kleinknecht/Meyer-Goßner*[45] 3, 12; KK-*Diemer*[4] 5; *Kissel*[3] 10.

[10] *Kissel*[3] 5. Zur Frage einer möglichen Strafbarkeit wegen Hausfriedensbruchs vgl. BGHSt **30** 350, wonach man „in der Regel davon ausgehen" kann, „daß der vom Vorsitzenden untersagte Zutritt eines Zuhörers zum Verhandlungssaal auch dem Willen des Hausrechtsinhabers widerspricht"; Anm. *Hassemer* hierzu in JuS **1982** 630; ähnlich *Katholnigg*[3] 5.

[11] *Stürner* JZ **1972** 666.

[12] *Kissel*[3] 3.

[13] *Leinius* NJW **1973** 448; *KMR*[7] 4; *Kissel*[3] 3.

[14] *Leinius* NJW **1973** 448.

[15] Vgl. *Willms* JZ **1972** 653.

[16] BGH NStZ **1982** 389; *Willms* JZ **1972** 654.

[17] RGSt **47** 332.

Vorräume (Flur, Korridor)[18]. Soweit *Kissel*[19] bereits den Vorraum zum Sitzungssaal nicht mehr zum Sitzungsbereich rechnet, kann dem nicht gefolgt werden. Der Bereich, in dem üblicherweise Zeugen und Sachverständige auf ihre Vernehmung und Beteiligte der nächsten Sache auf den Aufruf warten, ist so eng mit dem Geschehen im Sitzungssaal verbunden, daß auch die Aufrechterhaltung der Ordnung in diesem Bereich sinnvoll nur vom Vorsitzenden wahrgenommen werden kann. Das gleiche gilt für den Ort, an dem sich ein gemäß § 247a StPO vernommener Zeuge aufhält[20]. Insbesondere Maßnahmen zur Abwehr von Bedrohungen von Zeugen können nur einheitlich vom Vorsitzenden veranlaßt werden. Außerhalb dieses Sitzungsbereichs, z. B. im Treppenhaus, in der Eingangshalle des Gerichtsgebäudes oder außerhalb des Gebäudes auf der Straße sind sitzungspolizeiliche Maßnahmen unzulässig; hier obliegt die Abwehr von Störungen dem Inhaber des Hausrechts (s. oben Rdn. 3). Mit Art. 97 Abs. 1 GG ist es nicht vereinbar, wenn in Sicht- und Hörweite des Gerichtsgebäudes Veranstaltungen stattfinden, die das Ziel haben, auf eine Gerichtsverhandlung einzuwirken; insoweit ist das Versammlungsrecht – Art. 8 Abs. 2 GG – beschränkt[21]; hier einzugreifen ist aber Sache der Polizei.

2. Lokaltermin. Findet im Rahmen einer Hauptverhandlung eine Augenscheins- 7
einnahme auf öffentlicher Straße statt, so ist der Vorsitzende – über § 164 StPO hinaus – befugt, durch die Polizei die Öffentlichkeit durch Absperrung und sonstige Regelung des allgemeinen Verkehrs auf der Straße einzuschränken, soweit dies zur Sicherung der geordneten Vornahme des Augenscheins erforderlich und mit der gebotenen Verkehrssicherheit vereinbar ist[22]. Findet der Lokaltermin in Privaträumen statt, so kann der Hausrechtsinhaber Zuschauer von der Teilnahme ausschließen[23].

3. Beginn und Ende der Sitzung. Die Sitzung beginnt nicht erst, wie die Haupt- 8
verhandlung, mit dem Aufruf der Sache (§ 243 StPO), sondern mit der bevorstehenden Bereitschaft zur amtlichen Tätigkeit, also praktisch mit der Öffnung des Gerichtssaales und dem Eintreffen der ersten Verfahrensbeteiligten, während sich die Richter noch im Beratungszimmer aufhalten[24]. Sie endet nicht schon mit der Verkündung des Urteils und seiner Begründung, auch nicht schon mit der Erklärung des Vorsitzenden, die Sitzung sei geschlossen, vielmehr gehört zur Sitzung auch die Zeit, die das Gericht und die übrigen Verfahrensbeteiligten brauchen, um ohne Hast die mit der endgültigen Abwicklung der verhandelten Sache zusammenhängenden Verrichtungen vorzunehmen und in Ruhe den Sitzungssaal zu verlassen[25]. „In der Sitzung" wird danach beispielsweise Ungebühr (§ 178) begangen, wenn nach Urteilsverkündung die meisten Zuhörer bereits den Sitzungssaal verlassen haben, die Richter aber noch anwesend sind, und die verbliebenen Zuhörer nun zu randalieren beginnen[26]. Die Beratungen des Gerichts bilden Bestandteile der Sitzung: die Zeit, während der das Gericht sich zu einer Beschlußfassung im Beratungszimmer befindet, ist keine Pause[27]. Die Sitzung umfaßt

---

18 BVerfG NJW **1986** 310; BGHSt **40** 23; *Pfeiffer*[3] 3; *Kleinknecht/Meyer-Goßner*[45] 1; KK-*Diemer*[4] 2; *Katholnigg*[3] 3; *KMR*[7] 2; *Eb. Schmidt* 1; weitergehend *Wieczorek/Schütze-Schreiber*[3] 5, der zur Sitzung auch noch sämtliche Zugänge rechnet.

19 *Kissel*[3] 10.

20 *Rieß* NJW **1998** 3240, 3242.

21 VerwG München DRiZ **1968** 285.

22 RG HRR **1938** Nr. 715; *Kissel*[3] 12.

23 BGHSt **40** 191; BGH NStZ-RR **2000** 366 = BGHR GVG § 169 S. 1 Öffentlichkeit 3.

24 *Maul* MDR **1970** 286.

25 OLG Hamm NJW **1956** 1452; **1960** 1049; OLGSt § 176, 3; OLG Düsseldorf MDR **1986** 428; *Pfeiffer*[3] 2; KK-*Diemer*[4] 2; *Katholnigg*[3] 2; *Kissel*[3] 9.

26 OLG Hamm OLGSt § 176, 4.

27 OLG München St **4** 446; OLG Dresden OLGRspr. **23** 289; OLG Stuttgart *Alsb.* E **1** Nr. 26.

auch kürzere Pausen wie beispielsweise die Zeit zwischen der Verkündung einer Entscheidung und dem Aufruf der nächsten Sache[28], nicht jedoch längere Pausen, die im Lauf der Sitzung gemacht werden, beispielsweise eine mehrstündige Mittagspause[29].

III. Aufgabe des Vorsitzenden

9 Grundsätzlich obliegen die sitzungspolizeilichen Aufgaben dem Vorsitzenden, soweit sie nicht – wie bei den stärker in Rechte von Personen eingreifenden Maßnahmen – gemäß §§ 177 S. 2, 178 Abs. 2, 183 dem Gericht zugewiesen sind. Grenzen für die Zuständigkeit des Vorsitzenden können sich auch insoweit ergeben, als sich seine Anordnungen zugleich als Maßnahmen darstellen, die nach der Verfahrensordnung nur das Gericht anordnen darf (z. B. §§ 228 Abs. 1, 231a, 231b, 231c StPO, §§ 171a, 171b, 172)[30]. Soweit es beim Kollegialgericht eines Gerichtsbeschlusses bedarf, wirken auch die Schöffen bei den die Handhabung der Sitzungspolizei betreffenden Entscheidungen mit (§§ 30, 77). Findet die Hauptverhandlung vor dem Strafrichter statt, so gebührt ihm auch die Ausübung aller in den §§ 177 bis 179 dem Gericht zugewiesenen Ordnungsbefugnisse. Vgl. auch § 180. Hat anstelle des Vorsitzenden das Kollegialgericht entschieden, wird dadurch die Rechtmäßigkeit der Maßnahme nicht berührt[31]. Entscheidet der Vorsitzende anstelle des Kollegialgerichts, so kann dieses durch alsbaldige Billigung den Zuständigkeitsmangel heilen[32].

IV. Inhalt der sitzungspolizeilichen Befugnisse

1. Allgemeines

10 **a) Aufrechterhaltung der Ordnung.** Die dem Vorsitzenden übertragene Aufgabe, die Ordnung im Sitzungssaal aufrechtzuerhalten, umfaßt die Verpflichtung[33], einen Zustand zu wahren oder herzustellen, der dem Gericht und den Verfahrensbeteiligten eine störungsfreie Ausübung ihrer Funktionen ermöglicht, die Aufmerksamkeit der übrigen Anwesenden in der öffentlichen Verhandlung nicht beeinträchtigt und allgemein deren ungestörten Ablauf sichert[34]. Dazu gehört auch der Schutz der Persönlichkeitsrechte der Verhandlungsbeteiligten[35], insbesondere der Angeklagten, Geschädigten und sonstigen Zeugen. Zur Erfüllung dieser Aufgabe stehen ihm die Rdn. 13 bis 35 näher beschriebenen Befugnisse zur Verfügung.

11 **b) Ermessen.** Grundsätzlich ist es in das pflichtgemäße Ermessen des Vorsitzenden gestellt, welche Maßnahmen er zur Aufrechterhaltung der Ordnung im Sitzungssaal ergreift[36]. Gleiches gilt hinsichtlich der Frage, ob und in welcher Weise er auf ein ungebührliches Verhalten reagiert. Oft kann es im Interesse einer ungestörten Verhandlung

---

28 OLG München OLGRspr. **27** 6; OLG Hamm OLGSt § 176, 4.

29 *Kleinknecht/Meyer-Goßner*[45] 2; *Katholnigg*[3] 2; *Kissel*[3] 9.

30 *Kleinknecht/Meyer-Goßner*[45] 13 nimmt unter Berufung auf BGHSt **27** 201, 203 eine Zuständigkeit des Gerichts statt des Vorsitzenden an, wenn die Maßnahme die Verteidigung des Angeklagten beschränken, die wahrheitsgemäße Ermittlung des Sachverhalts gefährden oder die Grundsätze über die Öffentlichkeit verletzen würde.

31 *Pfeiffer*[3] 5; KK-*Diemer*[4] 7; *Kissel*[3] 6; *KMR*[7] 12; **a. A** OLG Koblenz MDR **1978** 693. Offengelassen von BGH NStZ **1982** 389.

32 BGH NStZ **1988** 85.

33 BGH NJW **1962** 280.

34 OLG Schleswig MDR **1977** 775; *Kern/Wolf* § 26 II 1.

35 *Kleinknecht/Meyer-Goßner*[45] 15; *Kissel*[3] 13.

36 BGH NJW **1962** 280; *Kleinknecht/Meyer-Goßner*[45] 6; *Kissel*[3] 36.

zweckmäßiger sein, leichtere Ungebührlichkeiten zu übergehen, als die Verhandlung für eine Ordnungsmittelanordnung zu unterbrechen[37]. Eine Pflicht zum Einschreiten besteht aber, sobald der ordnungsgemäße Verfahrensgang gefährdet erscheint[38]. Eine Pflicht zu präventiven Maßnahmen, etwa von Zugangskontrollen mit Personendurchsuchungen, besteht beispielsweise, wenn es konkrete Anhaltspunkte für eine bevorstehende Gewalttat im Sitzungssaal gibt[39].

c) Verhältnismäßigkeit. Bei allen Maßnahmen der Sitzungspolizei ist der Grundsatz der Verhältnismäßigkeit zu beachten. Soweit möglich, ist stets nur die am wenigsten einschneidende Maßnahme zu ergreifen[40]. In der Regel sollte zunächst stets eine Abmahnung erfolgen, bevor weitergehende Maßnahmen ergriffen werden. 12

2. Zugang zur und Ablauf der Sitzung

a) Beschränkung der Zahl der Zuhörer. Bei einem die vorhandenen Plätze für Zuhörer übersteigenden Interesse kann der Vorsitzende die Zulassung durch Ausgabe von Einlaßkarten beschränken, vorausgesetzt, diese werden ohne Bevorzugung einzelner Personengruppen ausgegeben[41]. Ebenso kann er bei vollbesetztem Saal die Einlassung weiterer Zuhörer untersagen[42]. 13

b) Sitzordnung. Der Vorsitzende weist gemäß § 176 jedem Verhandlungsbeteiligten seinen Platz zu. Dabei sollte die Anweisung an den Angeklagten, auf einer umfriedeten Anklagebank Platz zu nehmen, nur getroffen werden, wenn besondere Umstände vorliegen[43]. 14

c) Aufstehen. Der Vorsitzende veranlaßt die Anwesenden, sich bei Eintritt des Gerichts, bei Vereidigungen von Zeugen und Sachverständigen sowie bei der Urteilsverkündung von ihren Plätzen zu erheben[44]. Zur Ahndung einer evtl. Verweigerung s. § 178, 14; 23. 15

d) Wahrung äußerer Formen. Es ist Aufgabe des Vorsitzenden, auf die Achtung gewisser äußerer Formen hinzuwirken, die den Sinn haben, die Bedeutung bestimmter Verfahrensabschnitte für alle Anwesenden zu verdeutlichen, aber auch darauf gerichtet sein können, die gebotene offene und unbefangene Verhandlungsatmosphäre zu sichern[45] (s. § 178, 4). 16

e) Amtstracht. Die Frage, ob der Vorsitzende aufgrund seiner sitzungspolizeilichen Befugnisse berechtigt ist, einen nicht in Amtstracht (Robe) auftretenden Rechtsanwalt mit der Folge zurückzuweisen, daß er danach nicht mehr als eine an der Verhandlung beteiligte Person im Sinne der §§ 177, 178 anzusehen ist, ist lange heftig umstritten gewesen. Die jedenfalls früher und wohl auch heute noch herrschende Meinung hat diese Frage bejaht[46]. Das Bundesverfassungsgericht[47] hat in einer älteren Entscheidung, 17

37 *Kissel*³ 36; vgl. § 178, 23.

38 *Kissel*³ 36 mit weit. Nachw. und Hinweis auf mögliche dienstrechtliche Konsequenzen für den Vorsitzenden.

39 OLG Köln NJW-RR **1998** 1141, das eine Schadensersatzpflicht des Landes wegen mangelnder Sicherheitsmaßnahmen nach Schüssen des Nebenklägers auf Angeklagte und Zuhörer verneinte.

40 BVerfGE **28** 35; **48** 124; OLG Karlsruhe NJW **1977** 309; *Kissel*³ 12.

41 RG GA **69** (1922) 89; *Kissel*³ 16.

42 BGHSt **30** 350.

43 *Kissel*³ 15; vgl. Nr. 125 Abs. 2 RiStBV.

44 Vgl. Nr. 124 Abs. 2 RiStBV; **a. A** *Kissel*³ 21.

45 *Kissel*³ 22.

46 BVerfGE **28** 21; **34** 138; BGHSt (Anwaltssenat) **27** 34; BayVerfGH **25** 51 = AnwBl. **1972** 228; KG NJW **1970** 482; JR **1977** 172; OLG Karlsruhe NJW **1977** 309; *Kleinknecht/Meyer-Goßner*⁴⁵ 11 mit weit. Nachw.; KK-*Diemer*⁴ 4; *Katholnigg*³ 8; s. auch BGH NJW **1977** 398; **a. A** *KMR*⁷ 12; *Kissel*³ 19 f; *Sälzer* JZ **1970** 572; *Rüping* ZZP **88** (1975) 234; ausführlich zu dieser Frage *K. Schäfer* in LR²³ 16 ff.

47 BVerfGE **28** 21 vom 18. 2. 1970.

soweit nicht in einzelnen Bundesländern inzwischen entsprechende gesetzliche Regelungen existieren, die Pflicht eines Rechtsanwaltes, in der Sitzung vor dem Land- und Oberlandesgericht in Robe aufzutreten, aus Gewohnheitsrecht abgeleitet. Dabei handele es sich um eine dem Gerichtsverfassungsrecht – und nicht dem anwaltlichen Standesrecht – zuzuordnende Frage. Da zudem die Zurückweisung des Rechtsanwaltes nur für einen Verhandlungstermin erfolgt sei, habe es sich unter den gegebenen Umständen im Hinblick auf die Intensität des Eingriffs um das am wenigsten schwerwiegende Mittel gehandelt. Inzwischen haben sich auch insoweit die Anschauungen weiter gewandelt. Heute dürfte eine Zurückweisung eines Rechtsanwaltes, der pflichtwidrig ohne Robe auftritt, nicht mehr ohne weiteres angemessen sein[48]. Auch das Auftreten eines männlichen Rechtsanwaltes, bei dem nicht erkennbar ist, ob er unter einem schwarzen Pullover eine weiße Krawatte trägt, gibt zu Maßnahmen keinen Anlaß[49]. Dabei darf nicht übersehen werden, daß inzwischen auch gelegentlich von Richtern, insbesondere der Familiengerichtsbarkeit, berichtet wird, die ohne Robe verhandeln[50]. Es erschiene widersprüchlich, wollte man einerseits Verhandlungen von Richtern ohne Robe zulassen, andererseits aber ohne Robe auftretende Rechtsanwälte zurückweisen[51]. Etwas anderes muß dann gelten, wenn ein Rechtsanwalt in einer Art gekleidet wäre, die, wäre er Zeuge oder Zuhörer, Anlaß zu seiner Zurückweisung nach § 175 oder zu Maßnahmen nach § 178 gäbe.

3. Verhinderung von Behinderungen der Wahrheitsfindung

18 **a) Schutz von Zeugen, Sachverständigen und Dolmetschern.** Der Vorsitzende wirkt durch geeignete Maßnahmen darauf hin, daß Verfahrensbeteiligte, insbesondere Zeugen, Sachverständige und Dolmetscher, aber auch Mitbeschuldigte, keinem Druck zur Beeinflussung ihres Aussageverhaltens ausgesetzt sind[52]. In Betracht kommen Anordnungen über die Abschirmung der gefährdeten Person im Gerichtsgebäude, die Zuweisung eines gesonderten Warteraums, aber auch die in § 68 StPO in der ab 22. 9. 1992[53] geltenden Fassung eröffneten Möglichkeiten.

19 **b) Untersagen des Mitschreibens.** Soweit Zuhörer Aufzeichnungen über den Verfahrensgang, insbesondere die Aussagen von Angeklagten oder Zeugen, anfertigen und Anhaltspunkte dafür bestehen, daß sie diese verwenden wollen, um später noch zu vernehmende Zeugen zu beeinflussen, können die Aufzeichnungen untersagt und beschlagnahmt sowie die Personen von dem Vorsitzenden aus dem Sitzungssaal verwiesen werden[54].

20 **c) Entfernen einzelner Zuhörer.** Befinden sich unter den Zuhörern Personen, deren spätere Vernehmung als Zeuge in Betracht kommt, kann der Vorsitzende diese des Saales verweisen (§ 58 Abs. 1 StPO)[55], es sei denn, sie sind zur Anwesenheit berechtigt[56].

---

48 Vgl. *Weiland* JuS **1986** 711, wonach es einen zunehmenden Liberalisierungsprozeß gebe und die Justiz dazu neige, bei Angriffen auf ihre Würde übersensibel zu reagieren.

49 OLG Zweibrücken NStZ **1988** 144. Dort nahm der Vorsitzende dies noch 1987 sogar zum Anlaß, den bisherigen Pflichtverteidiger zu entpflichten und dem Angeklagten einen weiteren Pflichtverteidiger zu bestellen! Vgl. im übrigen BVerfGE **34** 138, das die Frage, ob zur Amtstracht auch eine weiße Krawatte gehört, ausdrücklich offen läßt.

50 S. BVerwG NJW **1983** 2589; OLG Frankfurt NJW **1987** 1208.

51 Ebenso *Kissel*³ 20.

52 Vgl. hierzu *Rebmann/Schnarr* NJW **1989** 1185.

53 In der ab 22. 9. 1992 geltenden Fassung des Gesetzes zur Bekämpfung des Rauschgifthandels und anderer Erscheinungsformen der Organisierten Kriminalität (OrgKG) vom 15. 7. 1992, BGBl. **I** 1302.

54 BGH NStZ **1982** 389; OLG Hamm JMBlNRW **1990** 42.; vgl. Nr. 128 Abs. 2 RiStBV.

55 BGH StV **1988** 417; StV **2002** 5; **2002** 6.

56 Beispielsweise als Nebenkläger, vgl. § 58, 4 StPO.

Dies setzt nicht voraus, daß die Person bereits als Zeuge geladen wurde oder auch nur deren Vernehmung angeordnet wurde. Es genügt, wenn das Gericht diese Vernehmung für erforderlich hält oder ein Verfahrensbeteiligter einen entsprechenden Beweisantrag stellt oder ankündigt (s. § 58, 5 StPO). Der Rechtsanwalt, der Beistand eines noch zu vernehmenden Zeugen ist, kann nicht aus dem Saal verwiesen werden[57].

4. Vermeidung von Störungen

a) Zugangskontrolle. Sind Ausschreitungen im Sitzungssaal zu befürchten, kann der Vorsitzende anordnen, daß die Angeklagten, Zeugen und Zuhörer auf den Besitz von Waffen und sonstigen zur Störung geeigneten Gegenständen (beispielsweise gefährliche Werkzeuge, Fotoapparate, Tonbandgeräte, Trillerpfeifen) zu durchsuchen sind, daß der Zutritt nur solchen Personen gestattet wird, die sich über ihre Person ausweisen können, und daß während der Dauer der Sitzung die Personalausweise (oder von diesen gefertigte Ablichtungen) der Zuhörer verwahrt werden. Ferner kann Zuhörern, die mit der Durchsuchung oder der Inverwahrungnahme vorgefundener Waffen etc. während der Sitzungsdauer nicht einverstanden sind, der Zutritt verweigert werden[58]. Führt die Durchführung solcher Maßnahmen dazu, daß rechtzeitig erschienene Zuhörer bis Sitzungsbeginn noch nicht in den Sitzungssaal eingelassen werden konnten, muß ggf. mit dem Beginn der Verhandlung abgewartet werden[59]. 21

b) Durchsuchung von Verteidigern und anderen Verfahrensbeteiligten. Besteht, etwa aufgrund von Erfahrungen in ähnlichen Verfahren, die Gefahr, daß Gefahren für die Aufrechterhaltung der Ordnung in der Sitzung auch von Verteidigern ausgehen könnten, kann der Vorsitzende anordnen, daß Zuhörer und Verfahrensbeteiligte, darunter auch **Verteidiger,** und die von ihnen mitgeführten Sachen und Akten auf verbotene Gegenstände zu durchsuchen sind[60]. Damit kann die Integrität und die Stellung der Verteidiger als unabhängige Organe der Rechtspflege geschützt werden, weil dann nicht zu befürchten ist, daß diese dem Druck Dritter ausgesetzt werden, die sie zum Einschmuggeln verbotener Gegenstände bewegen wollen. Daß durch solche Maßnahmen auch Verteidiger betroffen werden, die persönlich keinen Anlaß für eine derartige Befürchtung gegeben haben, muß im Interesse der Sicherheit in Kauf genommen werden[61]. Die Anordnung muß die Durchsuchungsintensität näher festzulegen und dem Verhältnismäßigkeitsgrundsatz genügen[62]. Es ist zu gewährleisten, daß eine solche äußerliche Kontrolle keinen Einblick in die Verteidigungsunterlagen ermöglicht. Gleiches gilt für Richter, Staatsanwälte und die übrigen Verfahrensbeteiligten. 22

c) Vorübergehendes Schließen der Saaltüren. Zur Vermeidung von Störungen ist die Anordnung zulässig, den Zuhörerraum während bestimmter wichtiger und zeitlich eng begrenzter Verfahrensakte, etwa während der Vereidigung eines Zeugen oder der Verkündung der Urteilsformel, nicht zu betreten oder zu verlassen und zu diesem Zweck 23

---

57 Vgl. für die Beweisaufnahme vor einem parlamentarischen Untersuchungsausschuß OVG Berlin NJW **2002** 313.

58 OLG Hamburg MDR **1977** 162; LG Berlin MDR **1982** 154 (einen Zivilprozeß betreffend); *Hartung* JR **1925** 626; *Kissel*[3] 17; s. auch §§ 169, 33; 175, 3.

59 BGH NJW **1979** 2622; **1995** 3196; einschränkend BGH NJW **1980** 249; NJW **1981** 61, letztere für die Fortsetzung der Verhandlung nach kurzer Pause.

60 BVerfG NJW **1978** 1049; **1998** 296 = StV **1998** 241 mit abl. Anm. *Hübel*, der Durchsuchungen nur bei einem konkreten Verdacht gegen jede zu durchsuchende Person für zulässig hält; *Pfeiffer*[3] 2; *Kleinknecht/Meyer-Goßner*[45] 5; KK-*Diemer*[4] 1; *Katholnigg*[3] 8; *KMR*[7] 8; *Kissel*[3] 18; kritisch dazu *Krekeler* NJW **1979** 185 und *Zuck* NJW **1979** 1125.

61 BVerfG NJW **1978** 1049; einschränkend NJW **1998** 297.

62 BVerfG NJW **1998** 297.

vorübergehend die Tür zum Gerichtssaal zu verschließen; sie enthält keinen Verstoß gegen den Grundsatz der Öffentlichkeit[63].

24 **d) Anwesenheit von Polizeibeamten im Zuhörerraum.** Der Vorsitzende kann bei zu befürchtenden Störungen bei der Aufrechterhaltung der Ordnung (§ 128 Abs. 3 RiStBV) die Anwesenheit mehrerer Justizwachtmeister anordnen oder zu deren Unterstützung die Polizei um Amtshilfe bitten und anordnen, daß Polizeibeamte im Sitzungssaal anwesend sind[64]. Dabei wird die Frage, ob diese Beamten uniformiert oder in Zivilkleidung und in welcher Ausstattung (Funkgerät?) und Bewaffnung (Schußwaffe?) anwesend sind, nach Möglichkeit im Einvernehmen von Vorsitzendem und Polizei zu entscheiden sein[65]. Gleiches gilt für die vorsorgliche Bereitstellung weiterer Polizeibeamter in einem Nachbarraum.

25 **e) Fesselung des Angeklagten.** Soweit eine Flucht des Angeklagten – oder eines in Haft befindlichen Zeugen – zu besorgen ist, kann seine Fesselung (vgl. § 119, 65 StPO) auch in der Sitzung angeordnet werden[66]. Ferner kommt die Zuweisung eines Platzes neben einem oder zwischen zwei Justizwachtmeistern in Betracht. Ebenso kann, wenn der Angeklagte wegen Verdunkelungsgefahr in Untersuchungshaft ist, der unkontrollierte Umgang mit seinem als Beistand (§ 149 StPO) auftretenden Ehegatten untersagt werden[67].

5. Abwehr von Störungen

26 **a) Ermahnung zu Ruhe und Mäßigung.** Aufgabe des Vorsitzenden ist es, die Verhandlungsbeteiligten zu ruhigem und sachlichem Vortrag anzuhalten. Insbesondere darf er die vor dem Gericht sprechenden Personen zur Ruhe und Mäßigung ermahnen, unangemessene Ausdrücke oder übermäßige Lautstärke sowie ein unpassendes, die Ordnung in der Sitzung störendes Verhalten rügen[68]. Dies gilt in besonderem Maße im Falle einer Ungebühr (§ 178). Dabei darf der Vorsitzende auch Maßregeln androhen, zu deren Verhängung ein Gerichtsbeschluß erforderlich ist[69].

27 **b) Störungen durch Zuhörer.** Die Abwehr von Störungen der Zuhörer ist eine wichtige sitzungspolizeiliche Aufgabe des Vorsitzenden. Dabei wird er zunächst versuchen, die Zuhörer zur Ruhe zu ermahnen und sie von lauten Beifalls- oder Mißfallensbekundungen abzuhalten. Bei aufkommenden Tumulten im Zuhörerraum, Werfen von Gegenständen, lautem Rufen wird der Vorsitzende die Verursacher gemäß § 177 aus dem Saal verweisen und Ordnungsmittel nach § 178 einsetzen.

28 **c) Foto- und Tonaufnahmen** aus dem Zuhörerraum heraus sind zu unterbinden. Dazu bedarf es einer – meist stillschweigend erfolgenden – Anordnung des Vorsitzenden (s. § 169, 52). Den Personen, die aus dem Zuhörerraum heraus fotografieren oder Tonaufzeichnungen anfertigen, können erforderlichenfalls bis zum Sitzungsschluß die Geräte weggenommen werden.[70] Zur Frage von Tonaufnahmen für Zwecke des Verfahrens s. § 169, 46 ff. In besonderen Gefährdungslagen kann der Vorsitzende ein generelles Fotografierverbot im Sitzungsbereich, das auch für Pressefotografen gilt, erlassen[71].

---

[63] Vgl. BGHSt **24** 73 = NJW **1971** 715 = LM Nr. 12 mit Anm. *Faller*; *Kleinknecht/Meyer-Goßner*[45] 7; *Kissel*[3] 24; § 169, 33.

[64] OLG Hamm NJW **1972** 1246; OLG Schleswig MDR **1977** 775; *Kissel*[3] 28; *Molketin* MDR **1984** 20.

[65] *Katholnigg*[3] 7; *Kissel*[3] 28 f; vgl. *Leinius* NJW **1973** 448.

[66] *Kissel*[3] 15.

[67] BGHSt **44** 82.

[68] *Kissel*[3] 23.

[69] BGHSt **24** 329; *Zöller-Gummer*[22] 5; dazu § 177, 3.

[70] OLG Koblenz HESt **3** 59; *Kissel*[3] 31.

[71] BVerfG NJW **1996** 310.

d) Aufzeichnungen durch den Angeklagten. Grundsätzlich kann der Vorsitzende dem Angeklagten aufgrund seiner sitzungspolizeilichen Befugnisse nicht verbieten, sich Aufzeichnungen über die Vorgänge in der Sitzung zu machen, gleichviel, ob sie den Zwecken der Verhandlung selbst oder einer späteren Verbreitung von Nachrichten über die Verhandlung dienen sollen und ob dadurch die Aufmerksamkeit des Angeklagten beeinträchtigt sein könnte[72]. 29

e) Aufzeichnungen durch Zuhörer. Aufzeichnungen von Zuhörern über Verhandlungsvorgänge sind nicht grundsätzlich unzulässig; sie können deswegen nicht verboten und noch weniger kann der Zuhörer, um die Aufzeichnungen zu verhindern, aus dem Saal entfernt werden[73]. Ausnahmsweise kann der Vorsitzende dies aber dann, wenn der Verdacht besteht, daß der Zuhörer sie zur Unterrichtung noch nicht vernommener Zeugen verwenden will (s. Rdn. 19; vgl. Nr. 128 Abs. 2 RiStBV)[74]. 30

f) Entfernung verhandlungsbeteiligter Personen aus dem Sitzungssaal. Eine Entfernung wegen Störung der Verhandlung kann bei an der Verhandlung beteiligten Personen gemäß § 177 von dem Gericht angeordnet werden. Der Vorsitzende darf diese aufgrund seiner Befugnisse aus § 176 androhen. Der Appell an die betroffene Person, freiwillig den Saal zu verlassen, setzt jedoch bereits eine Entscheidung des Gerichts voraus. Auf die Erläuterungen zu § 177 wird Bezug genommen. 31

g) Entfernung nicht an der Verhandlung Beteiligter aus dem Sitzungssaal. Bei groben Ordnungsverstößen von Zuhörern, z.B. bei Ausstoßen drohender Zurufe oder Verursachung von Lärm, der die geordnete Durchführung der Verhandlung unmöglich macht, kann der Vorsitzende gemäß § 177 die Entfernung der Person aus dem Sitzungssaal anordnen[75]. Auf die Erläuterungen zu § 177 wird Bezug genommen. 32

h) Unterbrechung der Sitzung. Zur Wiederherstellung eines ruhigen Verhandlungsklimas und zur Beseitigung von Störungen ist oft eine kurzfristige Unterbrechung der Sitzung geeignet; diese ist vom Vorsitzenden nach § 176 anzuordnen. 33

i) Ausschluß der Öffentlichkeit. Bei massiven, von den Zuhörern ausgehenden und nicht durch Entfernen der Störer zu vermeidenden massiven Störungen der Verhandlung kommt ein Ausschluß der Öffentlichkeit nach § 172 Nr. 1 in Betracht (s. § 172, 4). 34

j) Aufhebung der Sitzung. Als letzter Weg, falls kein anderes Mittel zur Aufrechterhaltung der Ordnung ausreicht, verbleibt dem Vorsitzenden schließlich noch die Aufhebung der Sitzung bis zum nächsten Verhandlungstag[76]. 35

6. Fernseh- und Fotoaufnahmen, Presse

a) Zulassung von Fernseh- und Fotoaufnahmen außerhalb der Verhandlung. Außerhalb der Verhandlung (s. hierzu § 169, 7), aber innerhalb der Sitzung können Fernsehaufnahmen als Ausfluß der Rundfunkfreiheit zulässig sein. Will der Vorsitzende solche Aufnahmen gemäß § 176 beschränken, was grundsätzlich zulässig ist, so hat er bei der erforderlichen Güterabwägung der Bedeutung der Rundfunkfreiheit Rechnung zu tragen und den 36

---

[72] BGH bei *Herlan* GA **1963** 102 (§ 176); Kissel[3] 25; **a. A** noch BGHSt **1** 332 = JZ **1952** 42 mit abl. Anm. *Eb. Schmidt*; *Beulke*[6] Rdn. 398, der darin eine Maßnahme der Sachleitung sieht.

[73] BGH NStZ **1982** 389 = StV **1982** 409 mit Anm. *Deckers* StV **1982** 458; OLG Hamm JMBlNRW **1990** 42.

[74] Vgl. auch *Strassburg* MDR **1977** 712.

[75] Die Frage, ob dies bereits aus § 176 folgt (so noch BGHSt **17** 204 zum alten Recht) oder nur gemäß § 177 angeordnet werden kann, ist seit Inkrafttreten des 1. StVRErgG am 1. 1. 1975 ohne Bedeutung. Vgl. hierzu *K. Schäfer* in LR[23] § 176, 8.

[76] RGZ **32** 390.

Grundsatz der Verhältnismäßigkeit zu beachten[77]. Deswegen hat das Bundesverfassungsgericht in dem Strafverfahren gegen E. Honecker u. a. eine entsprechende Anordnung des Vorsitzenden aufgehoben und durch eine einstweilige Anordnung[78] in beschränktem Umfang Fernseh- und Fotoaufnahmen innerhalb des Gerichtssaals vor und nach der Hauptverhandlung zugelassen. Andererseits hat der Vorsitzende bei seiner Entscheidung auch dem Gesichtspunkt des Persönlichkeitsschutzes der Verfahrensbeteiligten Rechnung zu tragen und eine unzumutbare Anprangerung zu vermeiden[79], wobei der Persönlichkeitsschutz der Richter und Schöffen hinter dem Interesse der Öffentlichkeit zurücktreten muß, es sei denn, besondere Umstände geben Anlaß zu der Befürchtung, eine Übertragung der Aufnahmen der Mitglieder des Spruchkörpers über das Fernsehen werde dazu führen, daß sie künftig erheblichen Beeinträchtigungen ausgesetzt sein werden[80]. Aus Sicherheitsgründen ist eine Anordnung, die das Fotografieren räumlich nicht nur im Sitzungssaal, sondern darüber hinaus in dem Vorraum des Sitzungssaales und zeitlich ab dem Öffnen des Sitzungssaales und während der Verhandlungspausen verbietet, bei konkreter Gefährdung zulässig[81].

37 **b) Verhalten gegenüber Presseberichterstattern.** Auch bei einem Ausschluß von Presseberichterstattern, die uneingeschränkt der Sitzungspolizei unterliegen[82], muß die Bedeutung der Pressefreiheit berücksichtigt werden. Ein Ausschluß darf insbesondere nicht mit einem Hinweis auf die frühere oder künftige Berichterstattung des von ihm repräsentierten Presseorgans begründet werden[83]. Damit ist die Entscheidung des Oberlandesgerichts Hamm[84] überholt, das es bei einer länger dauernden Verhandlung für zulässig erachtete, den Berichterstatter einer Zeitung wegen gröblich unsachlicher oder entstellender Berichte über die bisherige Verhandlung von der weiteren Teilnahme an der Verhandlung auszuschließen, wenn es wegen Fruchtlosigkeit vorangegangener ernster Ermahnungen erforderlich sei, um die ordnungsgemäße Durchführung des Verfahrens und das Recht des Angeklagten auf ungehinderte Verteidigung zu gewährleisten. Erst recht ist es unzulässig, einen Presseberichterstatter von der weiteren Teilnahme an der Verhandlung auszuschließen, weil er die ihm abverlangte Zusage verweigert, nicht mehr vor Abschluß der Beweisaufnahme über deren Ergebnisse zu berichten und deshalb zu befürchten sei, die später zu hörenden Zeugen könnten durch die Kenntnis der Einlassung des Angeklagten und der schon erfolgten Zeugenaussagen zum Nachteil der Wahrheitsfindung beeinflußt werden[85]; das Gesetz nimmt dies als unvermeidliche Folge des Öffentlichkeitsgrundsatzes in Kauf (LR-*K. Schäfer*[24]-Einleitung Kap. **13** 105 ff). Andererseits muß der Vorsitzende auch den Schutz der Persönlichkeitsrechte der Angeklagten und sonstigen Verfahrensbeteiligten im Auge behalten und darauf hinwirken, daß diese nicht in der Öffentlichkeit bloß gestellt oder angeprangert werden[86].

---

77 BVerfGE **91** 125 = NJW **1995** 184.
78 BVerfGE **87** 334 = NJW **1992** 3288.
79 *Kleinknecht/Meyer-Goßner*[45] 15.
80 BVerfG NJW **2000** 2890.
81 BVerfG NJW **1995** 310 = NStZ **1995** 184 mit Anm. Scholz; NJW **1996** 310.
82 *Kissel*[3] 47.
83 BVerfG NJW **1979** 1400.
84 NJW **1967** 1289; so noch *K. Schäfer* in LR[23] 12.
85 BVerfGE **36** 89; BGH vom 28. 2. 1973 – 2 StR 645/72; NJW **1964** 1485.
86 *Kleinknecht/Meyer-Goßner*[45] 15; vgl. den BGHSt **40** 23 zugrunde liegenden Fall, in dem der Vorsitzende eine Fotodiskette eines Pressefotografen, auf der vor dem Sitzungssaal aufgenommene Bilder einer Zeugin waren, sicherstellte.

V. Personen, auf die sich die Sitzungspolizei erstreckt

Der Sitzungspolizei sind **alle** im Sitzungszimmer anwesenden **Personen**, jedoch in verschiedenem Maße unterworfen. Es ist zu unterscheiden: 38

1. Die allgemeinen Befugnisse des Vorsitzenden aus § 176 (Rdn. 10) gelten gegenüber allen Personen in gleicher Weise. Insbesondere haben weder der als Sitzungsvertreter amtierende Staatsanwalt noch der Verteidiger noch gemäß § 175 Abs. 3 anwesende Personen in dieser Beziehung eine Ausnahmestellung[87]. Selbstverständlich wird der Vorsitzende dabei zu beachten haben, daß der Staatsanwalt der Vertreter einer gleichgeordneten Behörde und der Verteidiger Organ der Rechtspflege ist. Ein Fehlverhalten des Staatsanwalts würde unter Umständen eine Vertagung der Verhandlung und eine Anzeige bei seinem Vorgesetzten nötig machen[88]. Entsprechendes gilt bei Fehlverhalten der Gerichtspersonen (Richter, Schöffen, Urkundsbeamte). 39

2. Maßnahmen aus §§ 177, 178 kommen gegen die bei der Verhandlung amtlich beteiligten Personen, zu denen neben den Gerichtspersonen auch der Staatsanwalt gehört, nicht in Betracht. Bei Schöffen sind die sich aus §§ 56, 77 ergebenden Besonderheiten zu beachten, wenn der Schöffe sich „seinen Obliegenheiten entzieht". Wegen der übrigen an der Verhandlung beteiligten sowie der nicht beteiligten Personen, insbesondere auch zur Frage der Zulässigkeit derartiger Maßnahmen gegen Verteidiger s. bei § 177, 5 bis 17. 40

VI. Verfahrensfragen

1. Anhörung. Vor der Anordnung von sitzungspolizeilichen Maßnahmen ist eine Anhörung der betroffenen Personen grundsätzlich nicht erforderlich[89]. Sie kann jedoch geboten sein, wenn die Maßnahme nur unter bestimmten Voraussetzungen zulässig ist und hierzu eine Stellungnahme des Betroffenen zweckmäßig ist, beispielsweise bei der Frage, ob einem Zuhörer die Anfertigung von Notizen aus den oben Rdn. 19 dargestellten Gründen verboten werden muß. Ferner kann es angemessen sein, der Staatsanwaltschaft und dem Verteidiger bei umfassenden Maßnahmen zur Sicherung der Sitzung vorher Gelegenheit zur Stellungnahme zu geben. 41

2. Protokollierung. Zur Frage der Protokollierung vgl. § 182. Darüber hinaus empfiehlt sich eine Protokollierung auch immer dann, wenn eine Maßnahme Auswirkungen auf die Öffentlichkeit oder die Verteidigungsmöglichkeiten des Angeklagten haben kann[90]. 42

3. Ausführung der Anordnungen. Grundsätzlich obliegt die Ausführung von sitzungspolizeilichen Anordnungen, soweit es ihrer bedarf, den im Sitzungssaal anwesenden Justizwachtmeistern[91]. 43

4. Amts- und Vollzugshilfe der Polizei bei Ausübung der Sitzungspolizei. Zur Abwehr von Störungen im Sitzungsraum leistet die Polizei grundsätzlich nur auf Ersuchen 44

---

87 RGSt **11** 135; OLG Karlsruhe NJW **1977** 311; *KMR*[7] 5; *Eb. Schmidt* 12; *Kleinknecht/Meyer-Goßner*[45] 10; KK-*Diemer*[4] 4; *Baumbach/Lauterbach-Albers*[59] 3.

88 OLG Düsseldorf NJW **1963** 1167; *Seibert* NJW **1963** 1590.

89 *Kissel*[3] 38.

90 *Pfeiffer*[3] 5; *Katholnigg*[3] 9.

91 Vgl. Nr. 128 Abs. 3 RiStBV; *Kleinknecht/Meyer-Goßner*[45] 14.

Amts- oder Vollzugshilfe (s. auch oben Rdn. 4). Aus eigener Gefahrenabwehrzuständigkeit kann sie im Gerichtssaal nur tätig werden, wenn der Vorsitzende oder das Gericht ihre Funktionen nicht mehr wahrnehmen können[92].

VII. Rechtsbehelfe

45 **1. Anrufung des Gerichts nach § 238 Abs. 2 StPO.** Gegen sitzungspolizeiliche Maßnahmen des Vorsitzenden gibt es keine Anrufung des Gerichts nach § 238 Abs. 2 StPO[93]. Eine Ausnahme gilt dort, wo sich eine Maßnahme zugleich als sachleitende Verfügung darstellt (s. oben Rdn. 2)[94].

46 **2. Beschwerde.** Aus § 181 folgt, daß sitzungspolizeiliche Maßnahmen des Vorsitzenden grundsätzlich nicht mit der Beschwerde nach § 304 StPO angefochten werden können[95]. Für den Sonderfall der Zurückweisung des die Anlegung der Robe verweigernden Verteidigers hat Oberlandesgericht Karlsruhe[96] die Beschwerde für zulässig erachtet, weil deren Bedeutung über die Aufrechterhaltung der äußeren Ordnung der Verhandlung hinausgehe[97]. In der Regel besteht auch kein Bedürfnis für eine Beschwerde, da sitzungspolizeiliche Maßnahmen keine über die Dauer der Sitzung hinausgehende Wirkung haben, also z. B. weggenommene Sachen am Ende der Sitzung zurückgegeben werden müssen. Das Bundesverfassungsgericht hat Zweifel geäußert, ob diese Rechtslage vor der Rechtsschutzgarantie des Art. 19 Abs. 4 S. 1 GG Bestand haben kann[98].

47 **3. Verfahren nach §§ 23 ff EGGVG.** Die Zulässigkeit sitzungspolizeilicher Maßnahmen nach §§ 176 bis 178 kann nicht im Verfahren nach §§ 23 ff EGGVG überprüft werden, da sitzungspolizeiliche Maßnahmen keine Justizverwaltungsakte sind[99].

48 **4. Revision.** Soweit es sich lediglich um die Aufrechterhaltung der Ordnung in der Sitzung handelt, kann auch auf Maßnahmen, die der Vorsitzende innerhalb seiner Polizeigewalt ergreift oder unterläßt, die Revision grundsätzlich nicht gestützt werden. Eine Ausnahme gilt nur, wenn durch die Unterlassung gebotenen Einschreitens (z. B. die Zulassung von Tumultszenen) oder die Ergreifung von Maßnahmen über das zulässige und gebotene Maß hinaus die Ermittlung der Wahrheit gefährdet, der Angeklagte in seiner Verteidigung unzulässig beschränkt[100] oder die Grundsätze über die Öffentlichkeit verletzt werden[101]. Dasselbe gilt für die Ausübung sitzungspolizeilicher Befugnisse

[92] *Leinius* NJW **1973** 448.

[93] **A. A** *Kaehne*, 80 ff, der jede Maßnahme nach § 176 auch als Maßnahme der Sachleitung ansieht.

[94] OLG Hamm GA **1972** 315; *Kleinknecht/Meyer-Goßner*[45] 16; KK-*Diemer*[4] 6; *Katholnigg*[3] 1, 10; *Eb. Schmidt* 14; *Kissel*[3] 2; LR-*Gollwitzer* § 238, 12 und 23 StPO und die bisher h. M; kritisch *Fuhrmann* GA **1963** 65, 69; *W. Schmidt* in FS H. Mayer 558; *Gössel* GA **1976** 62.

[95] **H. M**; z. B. OLG Koblenz HESt **3** 59; OLGSt n. F § 181 Nr. 1 GVG; OLG Hamm NJW **1972** 1246; OLG Hamburg MDR **1977** 162; OLG Zweibrücken NStZ **1987** 477; vgl. BVerfG NJW **2001** 1633; *Kleinknecht/Meyer-*Goßner[45] 16; KK-*Diemer*[4] 7; *KMR*[7] 14; *Katholnigg*[3] 10; Eb. *Schmidt* 13; *Kissel*[3] 48.

[96] NJW **1977** 309.

[97] *Wolf* NJW **1977** 1064.

[98] BVerfGE **87** 334 = NJW **1992** 3288; ähnlich BGHSt **40** 23, der die grundsätzliche Frage offen ließ und eine Beschwerde gegen eine von einem Oberlandesgericht getroffene Sicherstellungsanordnung wegen § 181 Abs. 1 letzter Halbsatz als unzulässig verwarf; vgl. auch *Amelung* NJW **1979** 1690 und AnwBl. **1979** 321; *Krekeler* NJW **1979** 189.

[99] OLG Hamburg NStZ **1992** 509.

[100] Etwa, weil der Vorsitzende dem Angeklagten die Anfertigung von Notizen verbietet, s. oben Rdn. 29.

[101] BGHSt **17** 201, 202; NJW **1957** 271; **1962** 260; *Kissel*[3] 49.

durch das Gericht, soweit dieses nach §§ 177 S. 2, 178 Absatz 2 zur Mitwirkung berufen ist[102]. Wird eine anwesende Person, bei der ausgeschlossen ist, daß sie die Kontrollfunktion der Öffentlichkeit wahrnimmt – beispielsweise ein auf die nächste Sache wartender Staatsanwalt – ohne Grund des Saales verwiesen, soll ein absoluter Revisionsgrund nach § 338 Nr. 6 StPO nicht vorliegen[103].

5. Verfassungsbeschwerde. Eine unmittelbar gegen sitzungspolizeiliche Anordnungen gerichtete Verfassungsbeschwerde ist nur bei Verstoß gegen das Willkürverbot möglich[104]. **49**

6. Dienstaufsicht. Offensichtlich fehlerhafte Maßnahmen der Sitzungspolizei können Gegenstand von dienstaufsichtsrechtlichen Maßnahmen, insbesondere von Vorhalt und Ermahnung nach § 26 Abs. 3 DRiG, sein[105]. **50**

7. Befangenheit. Schließlich können im Einzelfall überzogene, sachlich nicht gerechtfertigte sitzungspolizeiliche Maßnahmen die Besorgnis der Befangenheit begründen[106]. **51**

§ 177

[1]Parteien, Beschuldigte, Zeugen, Sachverständige oder bei der Verhandlung nicht beteiligte Personen, die den zur Aufrechterhaltung der Ordnung getroffenen Anordnungen nicht Folge leisten, können aus dem Sitzungszimmer entfernt sowie zur Ordnungshaft abgeführt und während einer zu bestimmenden Zeit, die vierundzwanzig Stunden nicht übersteigen darf, festgehalten werden. [2]Über Maßnahmen nach Satz 1 entscheidet gegenüber Personen, die bei der Verhandlung nicht beteiligt sind, der Vorsitzende, in den übrigen Fällen das Gericht.

Schrifttum. *Greiser/Artkämper* Die „gestörte" Hauptverhandlung (2001); *Gross* Die gesetzliche Regelung des Verteidigerausschlusses, ZRP **1974** 25; *Holtz* Eine gesetzliche Regelung der Ausschließung des Verteidigers? JR **1973** 362; *Jahn* Sitzungspolizei contra „Konfliktverteidigung"? NStZ **1998** 389; *Kaehne* Die Anfechtung sitzungspolizeilicher Maßnahmen (2000); *Kramer* Die Zurückweisung von Rechtsanwälten und deren zwangsweise Entfernung aus dem Sitzungssaal, Diss. Bielefeld 2000; *Krekeler* Der Rechtsanwalt als Beistand des Zeugen und die Sitzungspolizei NJW **1980** 980; *Lantzke* Eine gesetzliche Regelung der Ausschließung des Verteidigers? JR **1973** 357; *Malmendier* „Konfliktverteidigung" – ein neues Prozeßhindernis? NJW **1997** 227; *Müller* Zwangsweise Entfernung eines Rechtsanwalts aus dem Sitzungszimmer, NJW **1979** 22; *Rudolph* Gesetzliche Regelung der Ausschließung des Verteidigers, DRiZ **1973** 257; *Schorn* Die Ausschließung eines Rechtsanwalts als Verteidiger, DRiZ **1964** 155; *Schmidt-Leichner* Der Ausschluß

---

102 RG DRZ **1927** Nr. 829; dort auch Ausführungen über die Grenzen zwischen Sachleitung und Sitzungspolizei.

103 OLG Karlsruhe NJW **1977** 311.

104 BVerfGE **50** 238; BVerfGE **87** 334 = NJW **1992** 3288; **91** 125 = NJW **1995** 184 jeweils für die Verfassungsbeschwerde von Presseorganen gegen eine Anordnung des Vorsitzenden wegen Nichtzulassung eines Presseberichterstatters bzw. zur Beschränkung von Fernseh- und Fotoaufnahmen; *Kissel*[3] 10.

105 BGH NJW **1977** 437 mit Anm. *Wolf* NJW **1977** 1063; StV **1988** 417; *Rudolph* DRiZ **1978** 13; *Arndt* DRiZ **1978** 78 und *Müller* NJW **1979** 22; **a. A** *MünchKomm-Wolf*[2] 16; *Wieczorek/Schütze-Schreiber*[3] 14.

106 LG Hamburg StV **1981** 617; LG Berlin MDR **1984** 154; *Baumbach/Lauterbach-Albers*[59] 6; *Zöller-Gummer*[22] 11; vgl. auch *Molketin* MDR **1984** 20; *Rabe* AnwBl. **1981** 331.

des Verteidigers, NJW **1973** 969; *Schwinge* Richter und Strafverteidiger in den USA, DRiZ **1976** 300; weiteres Schrifttum bei den §§ 176, 178.

Entstehungsgeschichte. In seiner ursprünglichen Fassung lautete § 177:

> Parteien, Beschuldigte, Zeugen, Sachverständige oder bei der Verhandlung nicht beteiligte Personen, die den zur Aufrechterhaltung der Ordnung erlassenen Befehlen nicht gehorchen, können auf Beschluß des Gerichts aus dem Sitzungszimmer entfernt, auch zur Haft abgeführt und während einer in dem Beschluß zu bestimmenden Zeit, die vierundzwanzig Stunden nicht übersteigen darf, festgehalten werden.

Durch Art. 22 Nr. 12 EGStGB wurde „Haft" durch „Ordnungshaft" ersetzt. Die weiteren Änderungen, insbesondere hinsichtlich der Anordnungsbefugnis gegenüber an der Verhandlung nicht beteiligten Personen, beruhen auf Art. 5 Nr. 4 des 1. StVRErgG vom 20. 12. 1974. Bezeichnung bis 1924: § 178.

Das GVG enthielt ursprünglich ferner folgenden § 180:

> Das Gericht kann gegen einen bei der Verhandlung beteiligten Rechtsanwalt oder Verteidiger, der sich in der Sitzung einer Ungebühr schuldig macht, vorbehaltlich der strafgerichtlichen oder disziplinaren Verfolgung, eine Ordnungsstrafe bis zu einhundert Mark festsetzen.

Diese Bestimmung wurde durch Gesetz vom 11. 3. 1921[1] in der Erwartung aufgehoben, die Ehrengerichtsbarkeit biete ausreichende Gewähr gegen ungebührliches Verhalten.

Übersicht

[1] Gesetz zur Entlastung der Gerichte, RGBl. **1921** 43.

1. Bedeutung der Vorschrift. Nach § 176 obliegt die Aufrechterhaltung der Ordnung in der Sitzung dem Vorsitzenden; er trifft also die nötigen Anordnungen zur Aufrechterhaltung der Ordnung. § 177 beschreibt die Mittel, die – äußerstenfalls – zur Verfügung stehen, wenn diesen Anordnungen nicht Folge geleistet wird. Damit ist § 177 zur Durchsetzung der Anordnungen nach § 176 gegenüber Störern bestimmt und enthält in dessen Ergänzung Regelungen für bestimmte schwerwiegendere Maßnahmen. Dagegen hat § 178 repressiven Charakter und dient der Ahndung von ungebührlichem Verhalten[2]. 1

2. Zulässige Maßnahmen. Nach § 177 können das Entfernen aus dem Sitzungssaal und die Ordnungshaft, die höchstens 24 Stunden andauern darf[3], angeordnet werden. Andere, weniger einschneidende Maßnahmen, etwa auch die Androhung einer Entfernung oder Ordnungshaft, kann der Vorsitzende in Wahrnehmung seiner Rechte aus § 176 alleine treffen. 2

3. Abgrenzung zu sitzungspolizeilichen Anordnungen des Vorsitzenden. § 177 enthält Regelungen für die Maßnahmen der Entfernung einer Person aus dem Sitzungssaal und der Inhaftnahme. Diese dürfen, soweit sie sich gegen Verfahrensbeteiligte richten, nur vom Gericht angeordnet werden. Sie gehen damit über die Kompetenz des Vorsitzenden aus § 176 hinaus. Dabei umfaßt der Begriff des Entfernens nicht nur die zwangsweise Durchsetzung dieser Maßnahme, sondern bereits die Aufforderung an den Betroffenen, den Sitzungssaal zu verlassen. Wenn etwa der Angeklagte durch Toben, Schreien und unablässiges Weiterreden eine ordnungsgemäße Durchführung der Verhandlung unmöglich macht, beschränken sich die Befugnisse des Vorsitzenden aus § 176 auf die Anordnung, der Angeklagte habe sich ruhig zu verhalten. Befolgt er diese nicht, steht die Anordnung, den Raum zu verlassen, nur dem Gericht zu, gleichviel, ob der Angeklagte freiwillig Folge leistet oder Zwang angewendet werden muß. Dies ergibt sich für den Angeklagten bereits aus dem mit § 177 korrespondierenden § 231b StPO (dazu dort Rdn. 13), denn andernfalls hätte es der Vorsitzende in der Hand, durch eine Anordnung des „Sichentfernens", die der Angeklagte ohne Zwang befolgt, die weitere Verhandlung einseitig zu beenden, wenn das Gericht die fernere Anwesenheit des Angeklagten für unerläßlich hält. Das schließt nicht aus, daß der Vorsitzende eine mögliche Entfernung androht (§ 176, 26). 3

4. Personenkreis. Maßnahmen nach § 177 – und nach § 178 mit einem identischen Kreis von Betroffenen – können sich sowohl gegen bestimmte an der Verhandlung beteiligte Personen als auch gegen solche Personen, die nicht an der Verhandlung beteiligt sind, richten. Diese Unterscheidung ist für die Frage der Anordnungskompetenz (dazu unten Rdn. 30) von Bedeutung. Da es sich bei den Maßnahmen nach § 177 um reine Ordnungsmaßnahmen ohne Sanktionscharakter handelt, ist § 177 auch bei Personen zulässig, die gemäß § 18 nicht der deutschen Gerichtsbarkeit unterliegen; gleiches gilt für Abgeordnete[4] und Jugendliche[5]. 4

a) An der Verhandlung beteiligte Personen. Parteien, Beschuldigte, Zeugen und Sachverständige sind als an der Verhandlung beteiligte Personen ausdrücklich genannt. 5

---

[2] *Katholnigg*[3] 1; *Eb. Schmidt* Vor § 176, 3 f; *Rehbinder* MDR **1963** 641.

[3] **H. M**, *Kleinknecht/Meyer-Goßner*[45] 10; KK *Diemer*[4] 6; Kissel[3] 5; **a. A** *Katholnigg*[3] 6, wonach die Ordnungshaft über das Sitzungsende soweit hinausgehen kann, bis alle Beteiligten das Gerichtsgebäude verlassen haben und der Gerichtsbetrieb beendet ist.

[4] *Kissel*[3] 23 mit weit. Nachw.

[5] Das JGG findet insoweit keine Anwendung.

Diese Aufzählung ist grundsätzlich abschließend, läßt indes einige Zweifelsfragen offen. Im Einzelnen ist hierzu zu bemerken:

6 **aa)** Der **Beschuldigte** (Angeklagte) ist besonders erwähnt, weil im Verfahren auf öffentliche Klage der Ausdruck „Partei" nicht auf ihn paßt. Die Strafprozeßordnung schließt eine zwangsweise Entfernung des Beschuldigten aus der Hauptverhandlung nicht aus; sie setzt vielmehr in § 231b StPO (s. auch § 247 StPO) die Anwendbarkeit des § 177 auch auf den Beschuldigten voraus. Auch der Grundsatz des rechtlichen Gehörs (Art. 103 Abs. 1 GG) wird durch eine zwangsweise Entfernung nicht verletzt. Nach § 231b Abs. 1 S. 2 StPO ist dem Angeklagten in jedem Fall Gelegenheit zu geben, sich zu der Beschuldigung zu äußern. Im übrigen muß er sich, wenn die Aufrechterhaltung der Ordnung seine Rückkehr in den Sitzungsraum wieder zuläßt, mit einer Unterrichtung über den wesentlichen Inhalt des in seiner Abwesenheit Verhandelten zufriedengeben – §§ 231b Abs. 2, 247 S. 4 StPO[6]. Allerdings wird im Interesse der Wahrheitsermittlung und mit Rücksicht auf das Verteidigungsrecht von der Befugnis, den Beschuldigten aus der Sitzung zu entfernen, nur im Notfall Gebrauch zu machen sein[7]; auch ist aus § 231b Abs. 2 StPO in Verb. mit Absatz 1 zu folgern, daß das Gericht die beschlossene Maßregel sobald als tunlich wieder aufheben, also wenigstens versuchen soll, ob sich der Beschuldigte demnächst ordnungsmäßig beträgt. Dies gilt insbesondere, wenn ihm sonst das letzte Wort (§ 258 Abs. 3 StPO) abgeschnitten würde; Maßnahmen nach § 177 sind insoweit nur zulässig, wenn ein Versuch, dem Angeklagten das letzte Wort zu gewähren, von vornherein aussichtslos erscheint[8]. Wegen der Bekanntmachung des Urteils vgl. § 268, 7 StPO. In der Begründung des Beschlusses, durch den die Entfernung des Angeklagten angeordnet wird, und in der Sitzungsniederschrift (§ 182), muß im einzelnen genau angegeben werden, aufgrund welcher Tatsachen und Umstände das Gericht die Entfernung des Angeklagten aus dem Sitzungszimmer angeordnet hat[9]. Beschließt das Gericht die Entfernung des sich nicht bereits in Untersuchungs- oder Strafhaft befindenden Beschuldigten, so wird es regelmäßig angemessen sein, ihn auch zur Ordnungshaft abführen zu lassen, damit das Gericht jederzeit in der Lage bleibt, sein Wiedererscheinen in der Sitzung herbeizuführen. Auf den Beistand des Beschuldigten nach § 149 Abs. 1 StPO und seinen gesetzlichen Vertreter (vgl. § 149 Abs. 1 StPO) sind §§ 177, 178 uneingeschränkt anwendbar[10].

7 **bb) Rechtsanwälte als Verteidiger** unterliegen nach dem aus der Entstehungsgeschichte des § 178 zu entnehmenden eindeutigen Willen des Gesetzgebers nicht den §§ 177, 178; gleiches gilt für den in Untervollmacht des Verteidigers auftretenden Rechtsreferendar[11] und sonstige Personen, die als Verteidiger auftreten dürfen (§§ 138 Abs. 2, 139 StPO; § 392 Abs. 1 AO)[12].

8 **Ausnahmsweise Entfernung zulässig?** Streitig ist jedoch, ob das Gericht die Befugnis hat, Rechtsanwälte – von dem (oben § 176, 17 erörterten) Fall des Auftretens ohne Robe abgesehen – von der Verhandlung auszuschließen, wenn diese Anwälte den Ablauf der Verhandlung durch massive Eingriffe, beispielsweise ständiges Unterbrechen des Vorsitzenden, lautes Rufen, Nichteinnahme des zugewiesenen Platzes etc. so stören, daß ein geordnetes Verfahren nicht mehr möglich ist[13]. *K. Schäfer* hat sich in den Vorauf-

---

6 BGH NJW **1968** 355; JZ **1977** 570.

7 BGHSt **25** 317, 320; BGH JZ **1977** 570; *Kissel*³ 18 („nur bei schwerwiegendsten Vorfällen").

8 BGHSt **9** 77; **25** 320.

9 RG HRR **1939** Nr. 450; BGHSt **9** 77.

10 *Kissel*³ 18.

11 OLG Düsseldorf VRS **84** (1994) 348.

12 *Kissel*³ 14.

13 Für Rechtsanwälte als Verteidiger bestand bis zum Erlaß des Gesetzes vom 11. 3. 1921 die Sondervorschrift des § 180 (der alten Fassung des Gerichtsverfassungsgesetzes). Die bei dessen Aufhebung

lagen[14] zu der Auffassung bekannt, daß auch bei die Verhandlung störenden Rechtsanwälten in äußersten Fällen – aber auch nur in diesen – die Justiz nicht vor dem verantwortungslos renitenten Anwalt zu kapitulieren brauche und daß die Justizgewährungspflicht dann auch das Recht gebe, jedes Hindernis, das der geordneten Abwicklung der Verhandlung entgegentritt, zu beseitigen. Der darin liegende Eingriff in das Grundrecht der Freiheit der Berufsausübung (Art. 12 GG) sei durch das Gesetz (§ 176) gedeckt. Diese Auffassung, die auch heute noch vielfach vertreten wird[15], ist nicht ohne Kritik geblieben[16]. An ihr wird nicht festgehalten. Gegen sie kann insbesondere eingewandt werden, daß sie dem klaren Wortlaut der §§ 177, 178 widerspricht. Zunächst kann schon zweifelhaft sein, ob die von *K. Schäfer*[17] angeführte Rechtsprechung geeignet ist, seine Auffassung zu stützen. Die zitierte Entscheidung des Bundesverfassungsgerichts[18] stützt seine Auffassung nicht. Dort heißt es: „Allerdings hindert die Einbeziehung des anwaltlichen Rechtsbeistands des Zeugen in den Kreis der Verfahrensbeteiligten im weiteren Sinn grundsätzlich nicht daran, den Rechtsanwalt von der Teilnahme an der Vernehmung des Zeugen auszuschließen, wenn sie erkennbar dazu mißbraucht wird, eine geordnete effektive Beweiserhebung zu erschweren oder zu verhindern und damit das Auffinden einer materiell richtigen und gerechten Entscheidung zu beeinträchtigen. Reichen dazu die rechtlichen Möglichkeiten der §§ 176 ff GVG nicht aus, ist der Gesetzgeber mangels sonstiger gesetzlicher Zurückweisungsgründe aufgerufen, entsprechende Regelungen unter Berücksichtigung der vom Bundesverfassungsgericht zur Entziehung der Verteidigungsbefugnis ausgesprochenen Grundsätze zu treffen.“ Diese Auffassung betrifft jedoch nur die verfassungsrechtliche Beurteilung. Ob die §§ 176 ff nach einfachem Recht diese verfassungsrechtlichen Möglichkeiten bereits ausschöpfen, bleibt unbeantwortet. Der Hinweis des Bundesverfassungsgerichts auf die Notwendigkeit gesetzgeberischer Maßnahmen spricht eher für das Gegenteil. Auch die überall als grundlegend angesehene Entscheidung des Richterdienstsenats des Bundesgerichtshofs[19] dürfte die Meinung *K. Schäfers* nicht stützen. In dem zugrundeliegenden Fall wandte sich ein Vorsitzender einer Kammer für Handelssachen gegen eine dienstaufsichtsrechtliche Ermahnung, weil er einen Rechtsanwalt, der in einem Zivilprozeß immer wieder den Vorsitzenden beim Diktat eines Protokolls unterbrochen hatte, aus dem Sitzungsraum entfernt hatte. Der Senat hat die Unzulässigkeit dieser Maßnahme ausdrücklich festgestellt und die Auffassung vertreten, der unzweideutige Wortlaut der §§ 177, 178 GVG lasse es nicht zu, „die zwangsweise Entfernung eines Anwalts in Situationen anzuordnen und vollziehen zu lassen, die nicht so außergewöhnlich sein, daß angenommen

gehegte Erwartung, die Ehrengerichtsbarkeit über die Rechtsanwälte böte schlechthin einen genügenden Ausgleich für fehlende Ordnungsmittelgewalt des Gerichts, hat sich aber, wie manche Vorfälle, insbesondere auch aus jüngerer Zeit zeigen, als unrealistisch erwiesen.

[14] *K. Schäfer* in LR[23] § 176, 16 ff mit weit. Nachw. und ausführlicher Begründung.

[15] *Malmendier* NJW **1997** 227, 233; *Krey* Bd. II, Rdn. 690; *Katholnigg*[3] 3; *Zöller/Gummer*[22] 2 („Das Gericht kann nicht gezwungen sein, sich der Sabotage des Verfahrens zu beugen.“); *Kramer* hält es für zulässig, einen die Verhandlung massiv störenden Verteidiger zunächst durch Anordnung des Vorsitzenden gem. § 176 als Rechtsanwalt zurückzuweisen, um ihn anschließend als am Verfahren unbeteiligte Person nach § 177 zu entfernen oder sein Verhalten gemäß § 178 zu ahnden. Dieser Auffassung stehen bereits die Zuständigkeitsregelungen der §§ 177 S. 2, 178 Abs. 2 entgegen.

[16] *Dahs* AnwBl. **1959** 177; *Schorn* DRiZ **1964** 155; *Lantzke* JR **1973** 361; *Wolf* NJW **1977** 1063; *Müller* NJW **1979** 22; *Krekeler* NJW **1980** 980; Jahn NStZ **1998** 389; *Kern/Wolf*[6] S. 259; *Kleinknecht/Meyer-Goßner*[45] 3; KK-*Diemer*[4] 2; *KMR*[7] § 176, 12; *Kissel*[3] 41 ff, § 176 40 ff; *Baumbach/Lauterbach*[59] 1; vgl. auch *Schwinge* DRiZ **1976** 301, der über die Situation hierzu in den USA berichtet.

[17] LR[23], § 176, 23 f.

[18] BVerfGE **38** 120.

[19] BGH NJW **1977** 437 mit Anm. *Wolf* NJW **1977** 1063; *Rudolph* DRiZ **1978** 13; *Arndt* DRiZ **1978** 78 und *Müller* NJW **1979** 22.

werden könnte, der Gesetzgeber habe sie nicht in seine Überlegungen eingeschlossen." Er hat weiter ausgeführt, der konkrete Fall sei von einem „Extremfall – dessen unaufschiebbare Bewältigung unter Beachtung des Grundsatzes der Verhältnismäßigkeit die zwangsweise Entfernung eines Störers in Anwaltsrobe als nicht ausgeschlossen erscheinen läßt – weit entfernt". Zur Bekräftigung dessen hat er ferner ausgeführt: „Auch das war offensichtlich." Aus diesem obiter dictum kann kaum gefolgert werden, der Senat habe ausdrücklich die Zulässigkeit einer solchen Maßnahme in einem Extremfall bejahen wollen. Ihm dürfte es vielmehr darum gegangen sein, den aus seiner Sicht[20] weiten Abstand des konkreten Einzelfalls von einem theoretischen Extremfall darzustellen. Auch im übrigen ist der veröffentlichten Rechtsprechung seit 1945, auch soweit abstrakt die Zulässigkeit der Entfernung eines Rechtsanwaltes für den Extremfall bejaht wird, kein Fall zu entnehmen[21], in dem konkret eine solche Maßnahme für zulässig gehalten wurde[22]. Dies läßt darauf schließen, daß entgegen den auch in der aktuellen Diskussion über mögliche Maßnahmen zur Entlastung der Strafrechtspflege oft zu hörenden Klagen[23] über die Störung des Verhandlungsablaufs durch Verteidiger das Bedürfnis für deren Ausschließung nicht häufig vorliegen dürfte. Andererseits ist bereits 1925 ein Verteidiger von einem Gericht von der Verhandlung ausgeschlossen worden, was seinerzeit eine heftige politische Diskussion auslöste[24]. Für die folgenden Jahre werden zwei weitere Fälle berichtet[25]. Dies läßt darauf schließen, daß dem Gesetzgeber 1974 das Problem durchaus geläufig war[26], als er – im Anschluß an eine Entscheidung des Bundesverfassungsgerichts vom 14. 2. 1973[27], in der dieses einen Verteidigerausschuß mangels gesetzlicher Grundlage für verfassungswidrig erachtet hatte – im 1. StVRErgG die Regelungen über den Verteidigerausschluß in den §§ 138a ff StPO schuf, gleichzeitig aber von entsprechenden Regelungen für den Fall des Störens der Hauptverhandlung in den §§ 176 ff absah. Die vom Oberlandesgericht Hamm[28] verwandte Formulierung, „daß ein Verteidiger in Anwendung der §§ 176, 177 GVG nur dann durch das Gericht von der weiteren Teilnahme an der Verhandlung ausgeschlossen werden kann, wenn das Verhalten des Verteidigers so außergewöhnlich ist, daß angenommen werden kann, der Gesetzgeber habe eine solche Situation nicht in seine Überlegungen einbeziehen können", mag zwar für den Gesetzgeber des 19. Jahrhunderts, aber nicht mehr für den des Jahres 1974 gelten[29]. Sollte deshalb ein Bedürfnis für die Ausschließung von störenden Verteidigern gesehen werden, wäre es Sache des Gesetzgebers, entsprechende Regelungen zu schaffen. De lege lata kann äußerstenfalls die Sitzung abgebrochen und die Einleitung standesrechtlicher Maßnahmen angeregt werden[30].

9 **cc) Zeugen und Sachverständige.** Maßnahmen nach §§ 177, 178 dürfen nicht dazu führen, daß die gebotene (§ 244 StPO) Vernehmung dieser Beweispersonen abgebrochen wird oder unterbleibt; diese muß ggf. später fortgesetzt oder nachgeholt werden.

---

[20] Zweifelnd insoweit *K. Schäfer* in LR[23] § 176, 24.

[21] *Kissel*[3] § 176, 43.

[22] Vgl. beispielsweise OLG Hamm JMBlNRW **1980** 215.

[23] *Kunkies* DRiZ **1993** 189; *Kintzi* DRiZ **1994** 325.

[24] Vgl. *Lantzke* JR **1973** 357; *K. Schäfer* in LR[23] § 176, 17.

[25] *Lantzke* JR **1973** 357; *Kissel*[3] § 176, 41.

[26] Zumal zu dieser Zeit die hier zu erörternde Frage zugleich mit der später durch §§ 138a ff StPO geregelten Frage im Schrifttum und zugleich im Juni 1973 auf dem 37. Deutschen Anwaltstag diskutiert wurde und auch zu §§ 176 ff eine gesetzliche Klarstellung gefordert wurde, vgl. *Lantzke* JR **1973** 357, 361; *Holtz* JR **1973** 362; *Schmidt-Leichner* NJW **1973** 969; *Rudolph* DRiZ **1973** 257; *Gross* ZRP **1974** 25, der in Fußn. 10 auf ein Problempapier des BMJ hinweist, in dem auch die Verfahrenssabotage behandelt werde.

[27] BVerfGE **38** 293.

[28] JMBlNRW **1980** 215 (das OLG Hamm sah im konkreten Fall entsprechende Maßnahmen als unzulässig an).

[29] Dies hat *Malmedier* NJW **1997** 227, 233 übersehen.

[30] Ebenso *Baumbach/Lauterbach-Albers*[59] 1; *Münch-Komm-Wolf*[2] 3; *Wieczorek/Schütze-Schreiber*[3] 3.

dd) Gerichtspersonen. §§ 177, 178 sind auf Richter und Schöffen einschließlich der Ergänzungsrichter und -schöffen sowie den Protokollführer und Wachtmeister nicht anwendbar[31]. 10

ee) Staatsanwälte. §§ 177, 178 gelten nicht für Staats- und Amtsanwälte (vgl. aber § 176, 39). Etwas anderes gilt, soweit Staatsanwälte noch nicht in dieser Funktion an der Verhandlung teilnehmen, sondern zuhörend auf den Aufruf „ihrer" Sache warten[32] oder selbst als Zeuge vernommen werden. 11

ff) Ob **Vertreter am Verfahren beteiligter Behörden**, z. B. in den Fällen des § 407 AO und des § 76 OWiG, wegen Ungebühr belangt werden können (wie dies früher Oberlandesgericht Colmar[33] annahm), erscheint zweifelhaft. Gleiches gilt für Wirtschaftsreferenten der Staatsanwaltschaften, die neben dem Staatsanwalt in der Hauptverhandlung Aufgaben der Staatsanwaltschaft wahrnehmen. Da auch sie einer öffentlich-rechtlichen Disziplinarstrafgewalt unterliegen, werden sie nicht gut anders behandelt werden können als der Staatsanwalt oder der Rechtsanwalt[34]. Das gleiche gilt schließlich für den Vertreter des Entsendestaates nach Art. 25 Abs. 1 des Zusatzabkommens zum Nato-Truppenstatut[35]. 12

gg) Neben- und Privatkläger, Verfalls- und Einziehungsbeteiligte und Antragsteller im Adhäsionsverfahren unterliegen, da sie als Parteien angesehen werden können, den §§ 177, 178[36]. Gleiches gilt für Vertreter der bußgeldbeteiligten juristischen Personen oder Personenvereinigungen (§ 444 StPO). 13

hh) Rechtsanwälte als Vertreter des Neben- oder Privatklägers oder eines sonstigen Nebenbeteiligten unterliegen den §§ 177, 178 mangels ausdrücklicher Nennung nicht[37]. Gleiches gilt für **Rechtsanwälte als Verletztenbeistände** nach § 406g StPO[38]. 14

ii) Rechtsanwälte als Zeugen-[39] oder Vernehmungsbeistände (§ 68b StPO) unterliegen, auch soweit sie einen Verletzten (§ 406 f Abs. 1 StPO) vertreten, nicht den §§ 177, 178[40]. 15

jj) Vertrauenspersonen von Opferzeugen nach § 406 f Abs. 3 StPO können keine weitergehenden Rechte haben als die von ihnen begleiteten Zeugen. Sie unterliegen daher in gleicher Weise wie Zeugen den §§ 177, 178. 16

b) Unbeteiligte. Schließlich finden §§ 177, 178 Anwendung auf alle Zuhörer und sonstige Personen, die in der Sitzung, z. B. als Pressevertreter (bei deren Ausschluß die Bedeutung der Pressefreiheit berücksichtigt werden muß und die nicht mit einem Hinweis auf die frühere oder künftige Berichterstattung des von ihm repräsentierten Presseorgans begründet werden darf[41]), anwesend sind. Gleiches gilt für auf „ihre" Sache 17

[31] *Kissel*[3] § 21.
[32] OLG Karlsruhe NJW **1977** 311; **a. A** *Kissel*[3] § 169, 22.
[33] ElsLothZ **33** 174.
[34] LSG München (NJW **1964** 1874) will im sozialgerichtlichen Verfahren sogar Prozeßbevollmächtigte der Körperschaften des öffentlichen Rechts und vertretungsberechtigter Behörden, wenn sie als Staatsbeamte einer Disziplinargewalt unterliegen, von der Anwendung der §§ 177, 178 ausnehmen. **A. A** *Kissel*[3] 13; *Rüping* ZZP **1975** 232.
[35] BGBl. II **1961** 1218, 1239.
[36] *Kleinknecht/Meyer-Goßner*[45] 5; KK-*Diemer*[4] 3; KMR[7] 2.
[37] *Kleinknecht/Meyer-Goßner*[45] 3; KK-*Diemer*[4] 3; *Eb. Schmidt* 3 (da sie die „Funktion eines Verteidigers" haben); *KMR*[7] 2; *Kissel*[3] 21; **a. A** *Rehbinder* MDR **1963** 642.
[38] *Kleinknecht/Meyer-Goßner*[45] 4; KK-*Diemer*[4] 3; *KMR*[7] 2.
[39] Dazu BVerfG NJW **1975** 103.
[40] *Krekeler* NJW **1980** 980; KK-*Diemer*[4] 2; *KMR*[7] 2; *Kissel*[3] 19; **a. A** *Kleinknecht/Meyer-Goßner*[45] 4 (§§ 177, 178 gelten nur für den Zeugenbeistand, der keinen Verletzten vertritt); *Katholnigg*[3] 3 mit Einschränkungen. Vgl. ferner die in Rdn. 8 wiedergegebene Entscheidung BVerfGE **38** 120.
[41] BVerfGE **50** 234 = NJW **1979** 1400.

wartende Rechtsanwälte oder Staatsanwälte oder zu Ausbildungszwecken anwesende Referendare. Gegen anwesende vorgesetzte Beamte der Staatsanwaltschaft und aufsichtsführende Richter nach § 175 Abs. 3 sind dagegen Maßnahmen nach §§ 177, 178 nicht zulässig[42]. Wegen der Befugnis des Gerichts, die Entfernung aller Zuhörer, also die Räumung des Sitzungszimmers, anzuordnen, s. § 172, 4. Will das Gericht, obwohl es zu dieser Maßregel schreitet, die Öffentlichkeit aufrechterhalten, so muß es nach der Räumung die Zuhörer von neuem einlassen, kann aber die ausschließen, die einer Störung der Ordnung verdächtig sind[43]. Wegen der Entfernung einzelner Zuhörer aus anderen Gründen als denen des § 177 vgl. § 169, 37.

5. Voraussetzungen für Maßnahmen

18 **a) In der Sitzung.** Zum Begriff der Sitzung vgl. § 176, 6ff und § 178, 6.

19 **b) Zur Aufrechterhaltung der Ordnung getroffene Anordnung.** Zunächst ist eine Anordnung des Vorsitzenden, eventuell auch eines in der Sitzung anwesenden Justizwachtmeisters[44], nach § 176 erforderlich. Diese mußte statthaft sein und eine ausreichende tatsächliche Grundlage haben[45]; daran kann es beispielsweise bei einem Mitschreibeverbot an einen Notizen anfertigenden Zuhörer fehlen, es sei denn, daß die durch konkrete Tatsachen begründete Gefahr besteht, daß das Mitschreiben dazu dienen soll, Aussagen und sonstige Verhandlungsvorgänge unzulässigerweise noch wartenden Zeugen mitgeteilt werden sollen[46]. Diese Anordnung muß in verständlicher Form erfolgt sein und von dem Betroffenen verstanden worden sein[47].

20 **b) Nichtbefolgen.** Ein Nichtbefolgen einer zur Aufrechterhaltung der Ordnung getroffenen Anordnung liegt vor, wenn jemand diese Anordnung kennt und ihr zuwiderhandelt[48]. Ob die Person vorsätzlich gehandelt haben muß, ist streitig. Das Erfordernis einer vorsätzlichen Nichtbefolgung wird damit begründet, die Maßnahme sei eine Ungehorsamsfolge[49]. Da § 177 (s. dort Rdn. 1) indes der Durchsetzung der Ordnung in der Sitzung dient und die Störung beseitigen soll, ist nach zutreffender Ansicht ein Verschulden nicht erforderlich[50]. Denn auch sonst setzen polizeiliche Maßnahmen zur Abwehr von Störungen kein Verschulden voraus.

21 **6. Maßnahmen.** Zwischen dem Entfernen aus dem Sitzungssaal und der Anordnung der Ordnungshaft besteht ein Stufenverhältnis. Letztere darf nicht angeordnet werden, wenn allein das Entfernen aus dem Sitzungssaal ausreicht, dort die öffentliche Ordnung wieder herzustellen; dies gebietet schon der Grundsatz der Verhältnismäßigkeit. In minder schweren Fällen kommen auch Abmahnungen, Rügen oder die Androhung von den nachfolgend erörterten Maßnahmen in Betracht[51].

22 **a) Entfernung aus dem Sitzungssaal.** Die Entfernung aus dem Sitzungssaal erfolgt zunächst in Form einer Anordnung an die betroffene(n) Person(en). Diese müssen hin-

---

42 *Kissel*[3] 22.

43 Vgl. RGRspr. **4** 152; RGSt **30** 104; RG GA **47** (1900) 290; LZ **1916** 309; § 175, 3.

44 *Pfeiffer*[3] 1; *Katholnigg*[3] 2.

45 OLG Hamm JMBlNRW **1990** 42 für § 178.

46 BGH NStZ **1982** 389; OLG Hamm JMBlNRW **1990** 42. S. dazu § 169, 19, 31.

47 *Kleinknecht/Meyer-Goßner*[45] 7; *Kissel*[3] 1.

48 Ebenso *KMR*[7] 1; *Baumbach/Lauterbach-Albers*[59] 1; **a. A** *v. Hippel* 344; *Eb. Schmidt* 6.

49 So noch *K. Schäfer* in LR[23] 7; *KMR*[7] 1 („wissentlich"); *Baumbach/Lauterbach-Albers*[59] 1.

50 KK-*Diemer*[4] 5; *Katholnigg*[3] 2; *Eb. Schmidt* 6; *Kissel*[3] 1; *Zöller/Gummer*[22] 1; *MünchKomm-Wolf*[2] 4; differenzierend *Kleinknecht/ Meyer-Goßner*[45] 7 ff, der Verschulden nur für die Ordnungshaft voraussetzt.

51 KK-*Diemer*[4] 4.

reichend genau beschrieben sein; die Anordnung, den Saal von den „offensichtlich am Krawall beteiligten Zuhörern zu räumen“ genügt[52]. Nur wenn die Betroffenen sich weigern, dieser Aufforderung nachzukommen, ist sie – durch Gerichtswachtmeister, notfalls unter Inanspruchnahme polizeilicher Amtshilfe – zwangsweise durchzusetzen. Die Entfernung von Personen, notfalls auch der Gesamtheit der anwesenden Zuhörer, darf nicht mit dem Ausschluß der Öffentlichkeit verwechselt werden. Deshalb müssen nicht soeben aus dem Saal entfernte Personen weiterhin als Zuhörer zugelassen werden[53]. Sollte dies nicht ausreichen, ist ein Ausschluß der Öffentlichkeit wegen Gefährdung der öffentlichen Ordnung nach § 172 Nr. 1 zu prüfen[54].

Sitzungen außerhalb des Gerichts. Findet die Verhandlung außerhalb eines Raumes statt (bei einer Ortsbesichtigung), so entspricht der Entfernung aus dem Sitzungszimmer der Ausschluß von der Teilnahme an der Verhandlung[55]; dabei sollte der Bereich der Verhandlung räumlich möglichst abgegrenzt sein. Der in Haft befindliche Angeklagte darf aber nicht deshalb von der Teilnahme an einer solchen im Zuge der Hauptverhandlung durchgeführten Ortsbesichtigung ausgeschlossen werden, weil er sich weigert, sich gefesselt zur Besichtigungsstelle zu begeben[56]. **23**

b) Ordnungshaft. Die Ordnungshaft des § 177 – § 231b StPO bezeichnet sie als „Haft“ – besteht in einfacher Freiheitsentziehung oder -beschränkung, die es (beim Angeklagten oder Zeugen) dem Gericht ermöglicht, einerseits das Wiedererscheinen in der Sitzung jederzeit herbeizuführen, andererseits eine Rückkehr auszuschließen, solange weitere Störungen zu befürchten sind. Die Haft kann daher, insbesondere, wenn am Gerichtsort keine Vollzugsanstalt ist, z. B. auch in einem verschlossenen Raum des Gerichtgebäudes durchgeführt werden. **24**

aa) Über ihr **dogmatisches Wesen** besteht Streit: teils wird sie – wie die Haft nach § 178 – als repressive Sanktion, teils – wie die Entfernung – als vorbeugende Sicherungsmaßnahme charakterisiert[57]. Vom Bundesgerichtshof[58] wird sie zwar als „Ordnungsstrafe“ bezeichnet, jedoch ist darin nach dem Zusammenhang wohl keine Stellungnahme zu der Streitfrage beabsichtigt. Man wird sie richtigerweise als verstärkte vorbeugende Sicherungsmaßnahme aufzufassen haben, die für die Fälle zur Verfügung steht, in denen eine bloße Entfernung nicht genügt, weil mit weiteren Störungen zu rechnen ist. Die Haft nach § 177 ist deshalb auch im Gegensatz zur Ungebührhaft nach § 178 Abs. 3 nicht auf eine eventuelle Strafe wegen desselben Sachverhalts anrechenbar. **25**

bb) Dauer der Ordnungshaft. Nach überwiegend vertretener Auffassung[59] darf die Haft, da sie nur den Schutz vor Störungen bezwecke, in der Regel nicht über die geschätzte Dauer der Sitzung hinaus angeordnet und aufrechterhalten werden; grundsätzlich ist sie bei Schluß der Sitzung aufzuheben. Eine Ausnahme ist jedoch zu machen, wenn zu besorgen ist, daß die Person die Verfahrensbeteiligten und Zuhörer am Verlassen des Sitzungssaals hindern oder den übrigen Gerichtsbetrieb stören würde; dann darf die Ordnungshaft bis zum Ende des Gerichtsbetriebes aufrechterhalten werden[60]. Dafür spricht, daß es praktisch keine Sitzung (= Versammlung an der **26**

---

[52] *Katholnigg*[3] 5.
[53] RGSt **30** 104; *Kleinknecht/Meyer-Goßner*[45] 8; *Katholnigg*[3] 5; *Kissel*[3] 3.
[54] *Kleinknecht/Meyer-Goßner*[45] 9.
[55] KK-*Diemer*[4] 4.
[56] BGHSt **25** 317 = NJW **1974** 1290 = JR **1975** mit Anm. *Gollwitzer* und dazu § 119 Abs. 5 StPO.
[57] Zu dieser Streitfrage eingehend *Eb. Schmidt* 12 mit Nachweisen.
[58] BGHSt **4** 309.
[59] Vgl. u. a. OLG Karlsruhe JR **1976** 383, 385; *Pfeiffer*[3] 4; *Kleinknecht/Meyer-Goßner*[45] 10; KK-*Diemer*[4] 1; *KMR*[7] 4; *Eb. Schmidt* 11; *Kissel*[3] 5; *Zöller/Gummer*[22] 3; *Baumann* FS Eb. Schmidt 454; *Rehbinder* MDR **1963** 641.
[60] *Pfeiffer*[3] 4; *Katholnigg*[3] 6; *Baumbach/Lauterbach*[59] 2.

Gerichtsstelle) gibt, die in unmittelbarem Zusammenhang vierundzwanzig Stunden und länger dauert. Die vorgesehene Höchstdauer von vierundzwanzig Stunden wäre dann auch unter dem Gesichtspunkt einer Vorsichtsmaßnahme mit großem Sicherheitskoeffizienten"[61] ohne Sinn. Gerade wenn man in der Haft eine Sicherungsmaßnahme sieht (Rdn. 1), kann das Bedürfnis bestehen, eine Haft ausnahmsweise auch über das Ende der Sitzung bis zum Ende des Gerichtsbetriebes andauern zu lassen. Bei erneuten Störungen können Maßnahmen nach § 177 wiederholt angeordnet werden[62].

27 **c) Maßnahmen nach § 178.** Enthält der Ungehorsam gleichzeitig eine Ungebühr, so kann neben der Entfernung oder Abführung zur Ordnungshaft noch ein Ordnungsmittel wegen Ungebühr festgesetzt werden (§ 178, 23). Außerdem kann, wenn zu befürchten ist, daß aus der Sitzung entfernte Personen auch zukünftig stören werden, ein – gemäß § 80 Abs. 2 VwGO für sofort vollziehbar zu erklärendes – Hausverbot in Betracht kommen (dazu § 176, 3).

28 **7. Folgen der Entfernung.** Die Maßnahmen nach § 177 bewirken, daß die von ihr Betroffenen mit allen rechtlichen Konsequenzen nicht mehr anwesend sind. Bei einem entfernten Angeklagten darf jedoch nur unter den Voraussetzungen des § 231b StPO weiterverhandelt werden.

8. Verfahren

29 **a) Einschreiten von Amts wegen.** Die in § 177 zugelassenen Maßregeln sind vom Gericht von Amts wegen zu treffen. Doch ist die Staatsanwaltschaft entsprechend ihrer Stellung im Strafverfahren befugt, unter Umständen sogar verpflichtet, eine Entfernung des Störers anzuregen (vgl. Nr. 128 Abs. 1 S. 1 RiStBV). Dagegen gibt es ebenso wie bei § 178 (dort Rdn. 33) kein förmliches Antragsrecht[63].

30 **b) Anordnungskompetenz.** Die Zuständigkeit zur Anordnung dieser Zwangsmittel ist nach Satz 2 beim Kollegialgericht abhängig von der Person, gegen die die Maßnahme sich richtet. Über Maßnahmen gegen am Verfahren beteiligte Personen (s. oben Rdn. 6 bis 16) entscheidet das Kollegialgericht, im übrigen der Vorsitzende[64]. Jedoch könnte, wenn statt des Kollegiums der Vorsitzende über die Maßnahme entscheidet, der Zuständigkeitsmangel durch alsbaldige Billigung seitens des Gerichts geheilt werden[65], während es unschädlich ist, wenn statt des Vorsitzenden allein das Kollegium mit der Stimme des Vorsitzenden entscheidet[66] (§ 176, 9).

31 **c) Anhörung.** Vor der Entscheidung ist der Betroffene grundsätzlich zu hören (Art. 101 Abs. 1 GG). Es gilt hier das gleiche wie im Fall des § 178 (dort Rdn. 34 ff)[67].

32 **d) Besonderheiten bei Entfernung des Angeklagten.** Der Beschluß über die Entfernung des Angeklagten gemäß § 177 in Verb. mit § 231b StPO ist ausführlich zu begründen und zu protokollieren[68]; neben dem Beschluß nach § 177 bedarf es nicht noch eines gesonderten Beschlusses nach § 231b StPO[69]. Ist der Angeklagte aus dem Sitzungssaal ent-

---

61 *Eb. Schmidt* 11.

62 *Pfeiffer*[3] 4; *Kleinknecht/Meyer-Goßner*[45] 10; KK-*Diemer*[4] 1; *Katholnigg*[3] 6.

63 **A. A** *Kissel*[3] 11.

64 Vor dem Inkrafttreten des 1. StVRErgG hatte auch insoweit das Kollegialgericht zu entscheiden. BGHSt **24** 329 ist deshalb überholt.

65 BGH NStZ **1988** 85; *Kleinknecht/Meyer-Goßner*[45] 11.

66 *Kleinknecht/Meyer-Goßner*[45] 11; offengelassen von BGH NStZ **1982** 389.

67 *Kleinknecht/Meyer-Goßner*[45] 14; *Katholnigg*[3] 8; *Kissel*[3] 7; weiter einschränkend wohl KK-*Diemer*[4] 7; *KMR*[7] 5.

68 BGHSt **9** 77.

69 BGH NJW **1993** 1343; *Kissel*[3] 18.

fernt worden, so ist er nach seiner Wiedervorlassung gemäß § 231b Abs. 2, § 231a Abs. 2 StPO über den wesentlichen Inhalt dessen, was in seiner Abwesenheit verhandelt wurde, zu unterrichten (näher § 231b, 21 StPO).

e) Sonstiges. Der Beschluß ist sofort vollstreckbar (§ 179). Das Gericht ist befugt, den Beschluß wieder zurückzunehmen oder die Vollstreckung auszusetzen oder zu unterbrechen, z. B. wenn der Ungehorsame bei der Verhandlung beteiligt ist und seine Anwesenheit dabei wieder erforderlich wird[70]. **33**

9. Anfechtung

a) Beschwerde. Gegen den eine Maßnahme nach § 177 anordnenden Beschluß ist keine verfahrensrechtliche Beschwerde zulässig; das ergibt sich aus § 181[71]. Bis zur Entscheidung des Beschwerdegerichts wäre ja auch in aller Regel die angeordnete Maßnahme längst erledigt. Eine Entschädigung für unbegründet erlittene Haft aufgrund sitzungspolizeilicher Maßnahmen sieht das StrEG nicht vor[72]. **34**

b) Die **Revision** kann auf sitzungspolizeiliche Maßnahmen, die Gericht oder Vorsitzender innerhalb ihrer Zuständigkeit und in den Grenzen ihres pflichtmäßigen Ermessens ergreifen oder unterlassen, nicht gestützt werden (§ 176, 48). Die unberechtigte Saalverweisung des Angeklagten begründet einen absoluten Revisionsgrund nach § 338 Nr. 5 StPO (s. § 338, 92 StPO), die eines Zuhörers stellt eine Verletzung der Öffentlichkeit dar[73]. Bei Ausschluß eines Pressevertreters kommt eine Verfassungsbeschwerde wegen Verstoßes gegen Art. 5 Abs. 1 S. 2 GG in Betracht[74]. **35**

§ 178

(1) [1]Gegen Parteien, Beschuldigte, Zeugen, Sachverständige oder bei der Verhandlung nicht beteiligte Personen, die sich in der Sitzung einer Ungebühr schuldig machen, kann vorbehaltlich der strafgerichtlichen Verfolgung ein Ordnungsgeld bis zu eintausend Euro oder Ordnungshaft bis zu einer Woche festgesetzt und sofort vollstreckt werden. [2]Bei der Festsetzung von Ordnungsgeld ist zugleich für den Fall, daß dieses nicht beigetrieben werden kann, zu bestimmen, in welchem Maße Ordnungshaft an seine Stelle tritt.

(2) Über die Festsetzung von Ordnungsmitteln entscheidet gegenüber Personen, die bei der Verhandlung nicht beteiligt sind, der Vorsitzende, in den übrigen Fällen das Gericht.

(3) Wird wegen derselben Tat später auf Strafe erkannt, so sind das Ordnungsgeld oder die Ordnungshaft auf die Strafe anzurechnen.

Schrifttum. *Baur* Die Würde des Gerichts, JZ **1970** 247; *Böhmer* Ungebühr vor Gericht, Diss. Göttingen 1977; *Düren* Das Rechtsinstitut des Contempt in der politischen Realität (1974); *Gmelch* Ungebühr vor Gericht – Zur Notwendigkeit einer Reform, Diss. München 1975; *in der Beeck* und

[70] *Kissel*[3] 12.

[71] *Kleinknecht/Meyer-Goßner*[45] 15; KK-*Diemer*[4] 8; *Katholnigg*[3] 9; *KMR*[7] 7; *Kissel*[3] 30 mit weit. Nachw.; **a. A** *Baumbach/Lauterbach-Albers*[59] 4; *MünchKomm-Wolf*[2] und *Wieczorek/Schütze-Schreiber*[3] 12 (nur gegen Ordnungshaftanordnung). *Kaehne* 188 schlägt vor, de lege ferenda Maßnahmen nach § 177 mit in § 181 einzubeziehen.

[72] *Schätzler* § 2, 4 StrEG.

[73] BGH NStZ **1982** 389; *Pfeiffer*[3] 7; *Kissel*[3] 31; s. § 338, 109 StPO.

[74] BVerfG NJW **1979** 1400.

Wuttke Wahrheitsfindung und GVG, NJW **1969** 684; *Kniestedt* Rechtliches Gehör und Sitzungspolizei, MDR **1960** 197 und MDR **1961** 25; *Levin* Richterliche Prozeßleitung und Sitzungspolizei (1913); *Michel* Der betrunkene Zeuge, MDR **1992** 544; *Pardey* Versachlichung durch erzwungene Achtungsbezeugungen, DRiZ **1990** 132; *Rehbinder* Das Ordnungsstrafverfahren wegen Ungebühr vor Gericht, MDR **1963** 640; *Rüping* Der Schutz der Gerichtsverhandlung – „Ungebühr" oder „betriebliche Ordnungsgewalt"? ZZP **88** (1975) 212; *Sarstedt* (Zum Begriff „Würde des Gerichts") Anm. zu OLG Nürnberg, JZ **1969** 152; *Eb. Schmidt* Formen im Gerichtssaal, ZRP **1969** 254; *Schneider* Ungebühr vor Gericht, MDR **1975** 622; *Schwind* „Ungebührliches" Verhalten vor Gericht und Ordnungsstrafe JR **1973** 133; *Seibert* Maßnahmen gegen Sitzungsstörer, NJW **1973** 127; *Steinbrenner* Sitzungspolizeiliche Fragen, insbes. im Zusammenhang mit Strafverfahren gegen Demonstranten, Die Justiz **1968** 235; *Tillmann* Rechtliches Gehör und Sitzungspolizei, MDR **1960** 640; *Wassermann* Zur Verantwortung des Richters für die Kultur der Gerichtsverhandlung, DRiZ **1986** 41; *Winter* Zum Zweck der Ordnungsmittel, NStZ **1990** 373; *Woesner* Rechtliches Gehör und Sitzungspolizei, NJW **1959** 866; weiteres Schrifttum bei den §§ 176, 177.

Entstehungsgeschichte. In seiner ursprünglichen Fassung[1] lautete die Vorschrift als § 179:

> Das Gericht kann gegen Parteien, Beschuldigte, Zeugen, Sachverständige oder bei der Verhandlung nicht beteiligte Personen, welche sich in der Sitzung einer Ungebühr schuldig machen, vorbehaltlich der strafgerichtlichen Verfolgung eine Ordnungsstrafe bis zu einhundert Mark oder bis zu drei Tagen Haft festsetzen und sofort vollstrecken lassen.

Die auf der EmmingerVO beruhende Bek. vom 22. 3. 1924[2] ersetzte die Worte „bis zu einhundert Mark" durch die Worte „in Geld" und führte die Paragraphenbezeichnung „§ 178" ein.

Eine weitere Änderung erfolgte durch Art. 22 Nr. 13 des EGStGB vom 9. 3. 1974[3], die noch vor Inkrafttreten durch Art. 5 Nr. 5 des 1. StVRErgG vom 20. 12. 1974[4], der § 178 vollständig neu fasste, gegenstandslos wurde. Schließlich wurde der Höchstbetrag des Ordnungsgeldes in Absatz 1 S. 1 durch Art. 1 Nr. 8 des Zivilprozeßreformgesetzes[5] mit Wirkung zum 1. Januar 2002 von zweitausend Deutsche Mark auf eintausend Euro umgestellt.

Übersicht

[1] RGBl. **1877** 41, 73.
[2] RGBl. 299.
[3] BGBl. I 469, 521
[4] BGBl. I 3686, 3690.
[5] Vom 27. Juli 2001, BGBl. I S. 1887.

I. Materielles Ordnungsmittelrecht

1. Ungebühr

a) Begriffsbestimmung. Während §§ 176, 177 dem Gericht vorbeugende Maßnahmen 1 zur Aufrechterhaltung der Ordnung in der Sitzung ermöglichen, gestattet § 178 Abs. 1 die repressive Verhängung von Ordnungsmitteln gegen bestimmte Personen, die sich in der Sitzung einer Ungebühr schuldig machen, ohne zu sagen, was unter Ungebühr zu verstehen ist. Die Bedeutung des durch § 178 geschützten Rechtsguts muß also durch Auslegung ermittelt werden. Nach der in diesem Kommentar von *K. Schäfer* früher vertretenen Auffassung war Ungebühr ein Verhalten, das geeignet ist, die Würde des Gerichts (§ 175 Abs. 1) erheblich zu verletzen oder die Ruhe und Ordnung einer gerichtlichen Verhandlung gröblich zu stören[6].

aa) Begriffseinengung im Schrifttum. Versuche im Schrifttum, das geschützte Rechts- 2 gut (durch Weglassung einer der beiden vorbezeichneten Zielrichtungen der Ungebühr) enger zu bestimmen, haben inzwischen breite Anerkennung gefunden. So wollte *Eb. Schmidt*[7] unter Ungebühr nur die Verletzung der dem Gericht geschuldeten Achtung verstehen, und auch gröbliche Störungen der Ordnung sollten nicht genügen, wenn sie nicht zugleich eine Kundgebung der Mißachtung gegen das Gericht enthalten; jedoch hat *Eb. Schmidt*[8] diese Verengung des Ungebührbegriffs wieder aufgegeben. Hauptsächlich richten sich die Angriffe im Schrifttum[9] dagegen, daß Ungebühr im Sinne des § 178 Absatz 1 auch die Verletzung der Würde des Gerichts umfasse und – als Hauptbeispiel – auch das demonstrative Sitzenbleiben bei Eintritt des Gerichts, bei Beeidigungen und bei der Urteilsverkündung als Ungebühr gewertet werde (vgl. dazu Rdn. 14). Gefordert wird eine Beschränkung des Ungebührbegriffs auf die Störung der äußeren Ordnung, die den gesetzmäßigen Ablauf des Verfahrens und die Wahrheitsfindung beeinträchtige, während von „Verletzung der Würde des Gerichts“, was sogar im Sinn einer Verletzung der „Ehrerbietung“ gegenüber dem Gericht mißverstanden werden könnte, nicht mehr gesprochen werden sollte. Denn die Würde des Gerichts könne nur durch den Richter

[6] *K. Schäfer* in LR[23] 1.
[7] *Eb. Schmidt* 3.
[8] ZRP **1969** 258.2
[9] *Sarstedt* JZ **1969** 152; *Rüping* ZZP **88** (1975) 220; *Schneider* MDR **1975** 622.

selbst verletzt werden; nicht das demonstrative Sitzenbleiben, sondern die Verhängung eines Ordnungsmittels störe die Verhandlung[10]. Diesen Auffassungen haben sich *Pfeiffer*, *Meyer-Goßner* und *Kissel* grundsätzlich, wenn auch mit unterschiedlichen Nuancen, angeschlossen. *Pfeiffer* definiert Ungebühr als Verletzung der Würde des Gerichts und auch der Störung in der Sitzung[11]. *Meyer-Goßner* sieht in der Ungebühr „einen erheblichen Angriff auf die Ordnung in der Sitzung, auf deren justizgemäßen Ablauf, auf den „Gerichtsfrieden" und damit auf die Würde des Gerichts"[12]. Nach *Kissel* ist Ungebühr „ein Fehlverhalten, das verfahrensrelevant ist"[13], so daß Ungebühr sich nur als Verstoß gegen die zur sachgerechten Durchführung der Verhandlung notwendigen Ordnung darstellen könne, die er näher erläutert. Eine Ungebühr scheide aber bei Verhalten aus, das keinen, auch nur mittelbaren Einfluß auf die ordnungsgemäße Durchführung der Verhandlung haben könne. *Katholnigg*[14] definiert Ungebühr „als Verletzung der Würde der gerichtlichen Verhandlung", die sowohl in einer Kundgabe der Mißachtung als auch in einer Störung liegen kann. *Wolf*[2] sieht die Aufgabe des § 178 darin, die Sachlichkeit der gerichtlichen Verhandlung zu sichern und das Ansehen des Gerichts als Institution der sozialen Gemeinschaft zu sichern[15].

3 **bb) Eigene Auffassung.** Der Begriff der Ungebühr ist nicht zeitlos, sondern zeitlichem Wandel unterworfen[16]. Das heutige Verständnis von dem Verhältnis der Bürger zu dem Staat, in dem sie leben, von ihren Rechten und Pflichten gegenüber dem Staat und den Aufgaben und Funktionen staatlicher Einrichtungen ist maßgeblich für den Begriff der Ungebühr[17]. Aufgabe des Gerichts ist es, als staatliche Einrichtung die Rechtsordnung zu wahren und durchzusetzen. Hierzu hat es im Einzelfall die Wahrheit zu finden und zu einer gerechten Entscheidung zu kommen. Aus dieser Aufgabe der Gerichte leitet sich ihre Befugnis gegenüber den Bürgern ab. § 178 steht im Zusammenhang mit §§ 176 und 177, die dem Vorsitzenden Möglichkeiten eröffnen, den Ablauf der Verhandlung möglichst störungsfrei zu gestalten. Ungebühr ist deshalb als ein nicht auf die Verfahrensförderung angelegtes Verhalten zu verstehen, das dem Gericht die Wahrnehmung seiner Rechtsprechungsaufgaben erheblich erschwert oder gar unmöglich macht, insbesondere die Wahrheitsfindung erschwert. Dazu gehört zunächst jede Störung des gesetzmäßigen Ablaufs der Verhandlung durch Nichtbeachtung der gesetzlichen Ordnungsvorschriften, wobei nicht jedes Verhalten, das prozessualen Vorschriften zuwiderläuft, ausreicht[18]. Auch ein Verhalten, das den Verfahrensbeteiligten die Wahrnehmung ihrer Rechte unmöglich macht oder auch nur erschwert, zählt hierzu. Darüber hinaus erfordert die Wahrheitsfindung eine Verhandlungsatmosphäre, in der in Ruhe, Sachlichkeit und gegenseitiger Toleranz[19] der Prozeßstoff erörtert und Zeugen und Sachverständige angehört werden. Dazu gehört, daß alle Beteiligten in gegenseitiger Achtung agieren und die Prozeßleitungsbefugnis des Gerichts bzw. dessen Vorsitzenden akzeptieren und dessen Anordnungen nachkommen. Äußerungen, die geeignet sind, eine Person herabzusetzen, das Prozeßklima zu verschärfen, Beweispersonen eine unbefangene und freie Aussage (vgl. §§ 241a, 247 StPO) unmöglich zu machen, muß das Gericht mit Entschiedenheit begegnen. Zur Ungebühr zählen weiter auch Angriffe auf die Ehre des Gerichts, die dem Gericht eine sachliche Verhandlungsführung unmittelbar

---

[10] So *Sarstedt* JZ **1969** 152 mit Zustimmung von *Schneider* MDR **1975** 623.
[11] *Pfeiffer*[3] 1.
[12] *Kleinknecht/Meyer-Goßner*[45] 2.
[13] *Kissel*[3] 7 ff, 10.
[14] *Katholnigg*[3] 2.
[15] *MünchKomm-Wolf*[2] 1.
[16] KK-*Diemer*[4] 2
[17] *Kissel*[3] 8.
[18] *Pfeiffer*[3] 3; OLG Stuttgart NStZ **1991** 297 (Verweigerung der Angabe der Privatanschrift durch einen Polizeibeamten als Zeugen).
[19] *Kissel*[3] 10.

oder bei Hinzutreten weiterer Faktoren unmöglich machen. Dabei darf das Grundrecht auf freie Meinungsäußerung nicht außer Betracht bleiben, das erfordert, daß dem Bürger nur solche Einschränkungen auferlegt werden, die im Hinblick auf die Erfordernisse der Wahrheitsfindung und den ordnungsgemäßen Ablauf gerichtlicher Verhandlungen notwendig sind.

cc) Wahrung gewisser äußerer Formen. Zum ordnungsgemäßen Ablauf des gerichtlichen Verfahrens gehört auch, „nicht weil dies der Tradition entspricht, sondern als Zeichen selbstverständlicher zeitloser, ideologisch wertfreier Achtung vor der besonderen Bedeutung des richterlichen Auftrags, losgelöst von der Person desjenigen, der jeweils diesen richterlichen Auftrag erfüllt"[20], die Achtung gewisser äußerer Formen. Diese können den Sinn haben, die Bedeutung bestimmter Verfahrensabschnitte für alle Anwesenden zu verdeutlichen, aber auch darauf gerichtet sein, die gebotene offene und unbefangene Verhandlungsatmosphäre zu sichern. Deswegen zählt auch die in Nr. 124 Abs. 2 der Richtlinien für das Strafverfahren und das Bußgeldverfahren dargestellte Übung, daß sich beim Eintritt des Gerichts zu Beginn der Sitzung, bei der Zeugenvereidigung und der Urteilsverkündung sämtliche Anwesenden – natürlich auch die Richter – von ihren Plätzen erheben, zum ordnungsgemäßen Verfahrensablauf, dessen Nichtbeachtung in der Regel eine Ungebühr darstellt. 4

b) Schuldform. Zur vollendeten Ungebühr ist zwar Schuldfähigkeit – nicht aber Verhandlungsfähigkeit[21] – erforderlich[22], der Eintritt eines bestimmten Erfolges aber nicht notwendig; auch Vorsatz ist – mag vorsätzliches Handeln auch die Regel bilden – nicht erforderlich[23]. Die praktische Bedeutung der Streitfrage ist gering, denn im allgemeinen wird ein Eingreifen mit Ordnungsmitteln erst in Betracht kommen, wenn der Beteiligte nach Zurechtweisung durch den Vorsitzenden (§ 176) bei seinem Verhalten beharrt[24]. 5

2. In der Sitzung. Zum Begriff der Sitzung siehe § 176, 6 ff. § 178 bezieht sich nur auf Ungebühr bei der Verhandlung, nicht auf Ungebühr im schriftlichen Verkehr gegenüber den Gerichten[25]. § 178 ist auch anwendbar, wenn die Handlung verübt wird, während sich das Gericht zur Beratung zurückgezogen hat. An einer Sitzung fehlt es dagegen, wenn sich eine Person weigert, ihre Wohnung (Art. 13 GG) zur Abhaltung einer ohne ihre Einwilligung nach dort anberaumten Verhandlungen zur Verfügung zu stellen[26]. Ungebühr auf der Geschäftsstelle fällt nicht unter § 178[27]. 6

3. Formen der Ungebühr

a) Beleidigungen. Ob die Handlung gegen das Gericht, den Staatsanwalt, eine Partei, einen Zeugen oder eine unbeteiligte Person gerichtet ist, ist belanglos[28]. Auch nicht 7

---

20 OLG Hamm MDR **1975** 600.

21 OLG Nürnberg JMBlBay. **1963** 344; *Katholnigg*³ 2.

22 OLG Koblenz OLGSt § 181, 3; *Kleinknecht/Meyer-Goßner*⁴⁵ 4.

23 KG GA **58** (1911) 230; OLG Darmstadt JW **1935** 2072; OLG Hamm Rpfleger **1951** 135; MDR **1966** 72; *Rehbinder* MDR **1963** 643; *Schorn* Schutz der Menschenwürde im Strafverf. 102; *Rüping* ZZP **88** (1975) 222; *Katholnigg*³ 2; *KMR*⁷ 2; Kissel³ 32; Eb. *Schmidt* 7; *Zöller-Gummer*²² 2; **a. A** BayObLG DRiZ **1930** Nr. 432; OLG München HRR **1937** 186; OLG Schleswig SchlHA **1962** 84; **1967** 152; *Schwind* JR **1973** 135; *Pfeiffer*³ 2; *Kleinknecht/Meyer-Goßner*⁴⁵ 4; KK-*Diemer*⁴ 5; *Baumbach/Lauterbach*⁵⁹ 2; *MünchKomm-Wolf*² 6; *Wieczorek/Schütze-Schreiber*³ 6; weitere Nachweise bei *Rüping* ZZP **88** (1975) 222.

24 OLG Schleswig SchlHA **1962** 84; unklar *Kissel*³ 32, der eine vorherige Androhung der Maßnahme nicht für erforderlich, aber in Rdn. 42 eine Abmahnung vor Festsetzung eines Ordnungsmittels für angezeigt hält.

25 *Kern* GerS **103** (1933) 317; *Rüping* ZZP **88** (1975) 229; *MünchKomm-Wolf*² § 180, 2.

26 OLG Düsseldorf MDR **1969** 689.

27 OLG Schleswig **1967** 162.

28 KG GA **58** (1911) 230; OLG Hamburg HansRGZ **1928** 588.

gegen das Gericht gerichtete grobe Beleidigungen, etwa einer Partei durch die Gegenpartei, eines Zeugen durch eine Partei oder den Beschuldigten, des Verteidigers durch einen Zeugen, des Prozeßbevollmächtigten durch die gegnerische Partei – insbesondere durch Gebrauch grober Schimpfworte („Gauner", „Lump", „Betrüger", „Rechtsverdreher") stören Ruhe und Ordnung der Verhandlung, den „Gerichtsfrieden"[29]. Jedoch ist nicht jede beleidigende Äußerung eine Ungebühr. Begreifliche Erregung oder die nervliche Anspannung durch eine längere Verhandlung können einer einmaligen Entgleisung den Charakter der Ungebühr nehmen[30] oder zumindest eine Ahndung noch nach Urteilsverkündung entbehrlich erscheinen lassen[31]. Auch ein Fehlgreifen im Ausdruck enthält noch keine Ungebühr[32], und die Grenzen einer zulässigen Verteidigung dürfen nicht zu eng gezogen werden. Unter diesen Gesichtspunkten sind insbesondere die Vorwürfe der „Lüge" oder des „Meineids" zu würdigen[33]. Die zur Verteidigung vorgebrachte Behauptung des Angeklagten, der Zeuge habe einen falschen Eid geschworen, kann ohne Hinzutritt besonderer Umstände nicht als Ungebühr angesehen werden[34], auch nicht der Vorwurf des Angeklagten, der das Vorgehen der Polizeibehörden gegen ihn als „Schikane" bezeichnet hat[35]. Erklärt eine wegen Beleidigung angeklagte Person, daß sie den Beleidigten nicht anders bezeichnen könne, als sie es getan habe, so behauptet sie die Rechtmäßigkeit ihres Verhaltens, und es ist auch hierin keine Ungebühr zu finden[36].

8 Die **Wahrnehmung berechtigter Interessen** (§ 193 StGB) schützt zwar vor der Bestrafung wegen Beleidigung, aber wegen der mit derartigen Auseinandersetzungen verbundenen Störung des Gerichtsfriedens nicht unbedingt vor der Festsetzung von Ordnungsmitteln wegen Ungebühr[37].

9 **b) Ungebührliche Äußerungen gegenüber dem Gericht.** Die Anrede eines Richters mit „Richter X" (Familienname) kann man heute nach der Umgestaltung der Amtsbezeichnungen (§ 19a DRiG) nicht mehr als Ungebühr ansehen. Die Entscheidung des Oberlandesgerichts Nürnberg[38] („Richter Meier") ist insoweit überholt. Das Weglassen von „Frau" oder „Herr" ist indes ebenso Ungebühr wie das Duzen des Richters[39]. Die Erklärung nach der Urteilsverkündung (vgl. § 35a StPO), sofort Berufung einlegen zu wollen, stellt dagegen keine Ungebühr dar[40]. Auch die Äußerung eines seine Unschuld beteuernden Angeklagten, die Bemühungen des Gerichts um die Aufklärung des ihm zur Last gelegten Betruges seien ehrenrührig, soll nach Oberlandesgericht Stuttgart[41] noch keine Ungebühr darstellen. Dagegen liegt nach der Rechtsprechung eine Ungebühr vor, wenn der Angeklagte in unangemessener Weise das Verhalten des Richters kritisiert[42], z. B. als „muffig" bezeichnet[43] oder ihn der Voreingenommenheit bezichtigt[44],

---

[29] OLG Darmstadt JW **1935** 2073; OLG Hamburg GA **72** (1924) 235; OLG Hamm JMBlNRW **1954** 60; NJW **1963** 1791; weitere Kasuistik bei *Rüping* ZZP **88** (1975) 228.

[30] OLG Bremen NJW **1959** 952; OLG Zweibrücken OLGSt § 178, 35.

[31] OLG Koblenz NStE § 178, 10.

[32] BayObLG HRR **1933** Nr. 1471; OLG Bamberg BayZ **1930** 288.

[33] Zur Bezeichnung einer Darstellung als „dummdreiste Lüge" vgl. auch *Wolf* in seiner Anmerkung zu BGH NJW **1978** 824, 825.

[34] OLG Hamburg *Alsb.* E **1** Nr. 32; OLG Koblenz MDR **1980** 76; **1990** 76.

[35] BayObLG DJZ **1933** 1380.

[36] OLG Hamburg LZ **1917** 356.

[37] KG GA **58** (1911) 230; OLG Düsseldorf MDR **1953** 555; OLG Hamm JMBlNRW **1954** 60; *Rüping* ZZP **88** (1975) 228 mit weit. Nachw.; *Kissel*³ 21; **a. A** OLG Schleswig SchlHA **1967** 152; *Eb. Schmidt* 4; *Wieczorek/Schütze-Schreiber*³ 4; *Rehbinder* MDR **1963** 643.

[38] JZ **1969** 150.

[39] *Kissel*³ 16.

[40] OLG Kolmar *Alsb.* E **1** Nr. 36; vgl. auch BayObLG ZStW **47** (1927) Beil. 224 und DRiZ **1933** Nr. 207.

[41] NStE § 178, 6.

[42] OLG Düsseldorf JMBl. NW **1988** 177.

[43] OLG Nürnberg DRiZ **1968** 386.

[44] OLG Koblenz OLGSt N. F § 178, 9.

oder die Belehrung, er habe mit einem Ordnungsmittel zu rechnen, mit „Dann erhalten Sie ein Disziplinarverfahren" beantwortet[45], wenn er seine Verurteilung als Justizirrtum bezeichnet, die er sich nicht gefallen lassen werde[46], wenn er den Richter als „kriminell" bezeichnet[47], ihm wiederholt „Schikane"[48] oder „Klassenjustiz" vorwirft, ihn einen Menschen nennt, vor dem er keine Achtung habe[49], oder wenn er die Mahnung, nicht in die Vernehmung eines Zeugen einzugreifen, damit beantwortet, der Vorsitzende könne ja gleich ohne die Vernehmung des Zeugen die Aussage dem Zeugen ins Protokoll diktieren, weil er ohnehin die Aussage dem Zeugen in den Mund lege[50]. Auch die Antwort „Das ist mir scheißegal" auf den Hinweis des Richters an den Angeklagten über die Folgen eines eventuellen Ausbleibens in der neuen Hauptverhandlung ist eine Ungebühr[51], ebenso die auf das Gericht bezogene Äußerung „Unverschämtheit" eines Zeugen beim Verlassen des Gerichtssaals[52] oder die Äußerung „Man meint, man wäre beim Volksgerichtshof"[53]. Ungebühr liegt auch vor, wenn ein Betroffener in einer Bußgeldsache nach Verkündung des Urteils ausruft, er höre sich das nicht länger an, das sei doch keine Rechtsprechung, sondern Willkür[54].

c) Tätlichkeiten gegenüber Verfahrensbeteiligten oder Zuhörern sind grundsätzlich Ungebühr[55]. 10

d) Erscheinen in angetrunkenem Zustand. Ungebühr liegt vor, wenn der Angeklagte stark angetrunken zum Termin erscheint[56]. Am Verschulden fehlt es, wenn der Angeklagte in trunkenem Zustand nicht freiwillig erscheint, sondern zur Hauptverhandlung, der er fernbleiben wollte, vorgeführt wird[57]. Gleiches gilt, wenn der Angeklagte zu dem Termin nicht ordnungsgemäß geladen worden war[58]. Dagegen ist das Erscheinen eines Zeugen in angetrunkenem, seine Vernehmung nicht zulassenden Zustand allein nach § 51 StPO zu ahnden; andernfalls würde bei einem Zeugen das Erscheinen in betrunkenem Zustand stärker geahndet als das Nichterscheinen[59]. 11

e) Erscheinen in ungebührlicher Kleidung. Im Erscheinen in salopper Kleidung, z. B. im Sportdreß oder im Sommer ohne Jackett und Binder, liegt allein angesichts der heute namentlich bei jüngeren Menschen weit verbreiteten Formlosigkeit in Bekleidungsfragen noch keine Ungebühr[60]. Überholt ist daher die abweichende ältere Rechtsprechung[61]. Entsprechendes gilt für das Erscheinen in extravaganter, aber noch der Mode oder dem Zeitgeist entsprechender Kleidung, Haar- und Barttracht, z. B. im superkurzen Minirock, mit wallender Beatlefrisur[62], in kurzer Hose und T-Shirt[63] oder in Jogginghose und mit einem „ärmellosen unterhemdähnlichen T-Shirt"[64]. Ungebühr ist aber das 12

---

45 OLG Hamm NJW **1969** 856.
46 OLG Hamm Rpfleger **1951** 135.
47 OLGSt § 181, 3.
48 OLG Koblenz OLGSt § 178, 19.
49 OLG Hamm OLGSt § 178, 25; OLGSt N. F § 178, 5.
50 OLG Hamm JMBlNRW **1977** 13.
51 OLG Koblenz OLGSt N. F § 178 Nr. 6.
52 **A. A** OLG Düsseldorf NStZ-RR **1997** 370, wo allerdings die Frage des Vorliegens einer Ungebühr mit der Frage der Notwendigkeit von deren Ahndung (unten Rdn. 23) vermischt wird.
53 OLG Koblenz VRS **72** (1987) 189.
54 OLG Koblenz VRS **61** (1981) 356.
55 BGH NJW **2001** 3275; OLG München OLGRspr. **27** 6; LG Saarbrücken NJW **1968**, 1686; *Kissel*³ 19.
56 OLG Nürnberg MDR **1961** 62; OLG Koblenz VRS **42** (1972) 296; OLG Hamm MDR **1966** 72; OLG Koblenz MDR **1985** 430; OLGSt N. F § 178 Nr. 2; OLG Düsseldorf NJW **1989** 241.
57 OLG Hamm MDR **1966** 72.
58 OLG Hamburg MDR **1979** 160.
59 OLG Stuttgart MDR **1989** 763; *Michel* MDR **1992** 544; *Kissel*³ 18.
60 OLG Düsseldorf JMBlNRW **1981** 215; *Pardey* DRiZ **1990** 132.
61 Z. B. BayObLGSt **30** 134 = JW **1930** 343 1.
62 KG JR **1966** 73; OLG München NJW **1966** 1935; *Eckstein* DRiZ **1968** 179; *Nüsse* DRiZ **1968** 88; einschränkend *Steinbrenner* Die Justiz **1968** 237 betr. Erscheinen in Shorts.
63 OLG Koblenz NJW **1995** 977.
64 OLG Naumburg, Beschluß vom 12. 9. 2000 – 1 Ws 436/00, vgl. FS Zehn Jahre Generalstaatsanwaltschaft Naumburg, Naumburg 2001, S. 50.

Erscheinen in provokativer Aufmachung, z. B. im Badedreß mit entblößtem Nabel[65], in betont verwahrlostem Aufzug, in verschmutzter (Arbeits-)Kleidung[66], und selbstverständlich das Auftreten in maskeradehaftem Aufzug[67]. Gleiches gilt, wenn die Person in bewußt nachlässiger Weise erscheint oder durch ihre Kleidung bewußt provozieren oder aus dem Rahmen fallen will[68]. Eine Ungebühr liegt nicht vor, wenn eine Person in unangemessener Kleidung erscheint, weil sie für sie überraschend, etwa direkt von einer Baustelle, zur Sitzung vorgeführt wird.

13 **f) Erregen von Lärm und Aufsehen.** Ungebühr kann weiterhin liegen in auffälligem oder störendem Essen[69], demonstrativem Kauen eines Kaugummis[70], Trinken oder Zeitungslesen[71], in Zwischenrufen, lautem Lachen, Klatschen oder Mißfallenskundgebungen, lauter Unterhaltung, in schamlosen Entblößungen (Zuhörerinnen entkleiden sich, um das Gericht zu „verunsichern"); in vermeidbarem oder gar demonstrativem Zuschlagen der Tür des Sitzungsraumes[72].

14 **g) Demonstratives Sitzenbleiben.** Entgegen der Auffassung, daß Sitzenbleiben (Nichterheben von den Plätzen) keine Ungebühr darstellen könne, weil dadurch der geordnete Ablauf der Verhandlung und die Wahrheitsfindung niemals beeinträchtigt werde (dazu oben Rdn. 2), aber auch keine Verletzung der „Würde des Gerichts" vorliege, weil es sich beim Sitzenbleiben nur um rechtlich nicht erzwingbare Höflichkeitsbekundungen handele[73], ist Ungebühr auch demonstratives Sitzenbleiben bei Eintritt des Gerichts zu Sitzungsbeginn[74], bei Beeidigungen und Verkündung der Urteilsformel[75] oder demonstratives Umdrehen und Zuwenden des Rückens zum Gericht[76]. Früher war es auch, von alten, gebrechlichen und kranken Personen abgesehen, „gebührlich", daß Angeklagte und Zeugen während der Vernehmung und bei Abgabe von Erklärungen standen oder wenigstens zu Beginn aufstanden. Das gilt jetzt nicht mehr[77]. Nach Nr. 124 Abs. 2 S. 3 RiStBV steht es – vom Aufstehen bei Eintreten des Gerichts usw. abgesehen – „allen am Prozeß Beteiligten frei, ob sie bei Abgabe von Erklärungen und bei Vernehmungen sitzen bleiben oder aufstehen".

15 **h) Prozessualer Ungehorsam** ist im allgemeinen keine Ungebühr. Da gilt z. B. für die Weigerung eines der deutschen Sprache mächtigen Ausländers, in der deutschen Gerichtssprache zu verhandeln[78], wenn der Angeklagte bei der Vernehmung über seine persönlichen Verhältnisse (§ 243 Abs. 2 StPO) beharrlich schweigt, ein Zeuge sich weigert, seine Privatanschrift anzugeben[79], oder die ihm gestellten Fragen nicht beantwortet. Anders dagegen, wenn er die Weigerung damit begründet, daß das Gericht ihn

---

65 OLG Hamm JMBlNW **1976** 21.

66 OLG Frankfurt OLGSt § 178, 3; OLG Düsseldorf JMBl. NW **1981** 215; JZ **1985** 1012; NJW **1986** 1505. Ein Erscheinen in sauberer Arbeitskleidung dürfte heute aber nicht mehr als Ungebühr zu werten sein, OLG Hamm NJW **1969** 1919; OLG Düsseldorf NJW **1986** 1505. Überholt erscheint daher BVerfG DRiZ **1966** 356 betr. Erscheinen des Angeklagten „im Sporthemd ohne Binder und mit einem Berufskittel bekleidet".

67 OLG Hamm NJW **1969** 1919; *Steinbrenner* Die Justiz **1968** 237; *Baur* JZ **1970** 248.

68 OLG Koblenz NJW **1995** 977.

69 Nicht dagegen das Lutschen eines Hustenbonbons durch einen erkälteten Zeugen, OLG Schleswig NStZ **1994** 199.

70 OLG Bamberg OLGSt N. F § 178, 11.

71 OLG Karlsruhe JR **1977** 392.

72 OLG Stuttgart Die Justiz **1962** 185; OLG Hamm JMBlNW **1975** 106.

73 So *Rüping* ZZP **88** (1975) 225; ähnlich *Kissel*³ 15; *Wieczorek/Schütze-Schreiber*³ 9; vgl. auch *Pardey* DRiZ **1990** 132.

74 OLG Karlsruhe Justiz **1981** 370; OLG Koblenz NStZ **1984** 234.

75 OLG Nürnberg DRiZ **1968** 386 = JZ **1969** 150 mit Anm. *Sarstedt*; OLG Stuttgart NJW **1969** 627; OLG Koblenz OLGSt N. F § 178 Nr. 3; MDR **1985** 696; OLG Hamm NJW **1975** 942 betr. Sitzenbleiben bei Urteilsverkündung.

76 OLG Köln NJW **1985** 446.

77 OLG Stuttgart NStZ **1986** 233.

78 OLG Kolmar ElsLothZ **28** 583.

79 OLG Stuttgart NStZ **1991** 297.

nur „fangen" wolle[80] oder wenn sich ein geladener und erschienener Zeuge – nicht jedoch ein Angeklagter[81] – vor oder nach Beginn seiner Vernehmung ohne Erlaubnis des Gerichts entfernt[82]. Auch das ordnungsstörende Fotografieren in der Hauptverhandlung trotz Verbots[83] und die heimliche Aufnahme einer Zeugenvernehmung auf Tonband als Eingriff in die Persönlichkeitssphäre[84] sind Ungebühr.

i) Nichtbefolgung von Anordnungen gemäß § 176 kann Ungebühr sei, so die wiederholte Weigerung eines Angeklagten, seinen Platz auf der Anklagebank (vgl. Nr. 125 Abs. 2 RiStBV) einzunehmen[85], ebenso das Dazwischenreden trotz wiederholter Ermahnung[86]. Setzt sich eine Person über eine Anweisung des Vorsitzenden hinweg, so kann darin eine Ungebühr liegen, wenn die Anweisung statthaft war und eine ausreichende tatsächliche Grundlage hatte[87]; daran kann es bei einem Mitschreibeverbot an einen Notizen anfertigenden Zuhörer fehlen[88]. 16

j) Kundgebungen des Beifalls und des Mißfallens sind jedenfalls dann Ungebühr, wenn sie den geordneten Gang des Verfahrens stören, wenn sie eine Mißachtung des Gerichts (etwa eine Mißbilligung seines Verhaltens) oder auch der Rechtsprechung im allgemeinen[89] zum Ausdruck bringen, wenn sie als Parteinahme auf die Unbefangenheit des Gerichts einzuwirken geeignet sind oder darauf abzielen, und stets, wenn sie trotz Abmahnung fortgesetzt oder wiederholt werden[90]. Eine einmalige spontane Beifallskundgebung, etwa Klatschen nach dem Schlußvortrag des Verteidigers, wird für sich allein in der Regel noch keine Ungebühr sein[91]. 17

k) Einwirkung auf Verfahrensbeteiligte durch Zuhörer. Drohgebärden, Zwischenrufe und ähnliches, mit dem Zuhörer versuchen, Verfahrensbeteiligte, Zeugen, Sachverständige oder Dolmetscher einzuschüchtern und/oder zu einem bestimmten (Aussage-)Verhalten zu veranlassen, sind stets Ungebühr[92]. 18

l) Sonstiges. Das wiederholte Verlassen des Sitzungssaals durch den Angeklagten trotz richterlicher Belehrung stellt eine Ungebühr dar[93], nicht jedoch bereits das eigenmächtige Entfernen in einer Pause vor der Urteilsverkündung[94]. Nimmt ein Zeuge während seiner Vernehmung einen Anruf auf seinem Handy entgegen und verläßt er den Sitzungssaal, um das Gespräch zu führen, so ist dies eine Ungebühr[95]. Gleiches gilt für das trotz Abmahnung fortgesetzte Rauchen während der Verhandlung[96]. 19

4. Personenkreis. Grundsätzlich gilt das bei § 177, 4 ff zum Personenkreis unter Verfahrensgesichtspunkten Ausgeführte hier entsprechend; darauf kann deshalb hier Bezug genommen werden. Besonders zu erörtern sind hier jedoch Jugendliche und Heranwachsende sowie Abgeordnete. 20

80 BGH JZ **1951** 791.
81 OLG München MDR **1956** 503; OLG Braunschweig DAR **1960** 22.
82 KG DJZ **1908** 484.
83 *Kleinknecht/Meyer-Goßner*[45] 3 mit weit. Nachw.; *Kissel*[3] 11.
84 OLG Schleswig SchlhA **1962** 84.
85 BayObLG DRiZ **1931** Nr. 373; OLG Hamburg *Alsb.* E **1** Nr. 29; Schwind JR **1973** 139.
86 OLG Stuttgart *Alsb.* E **1** Nr. 37.
87 OLG Hamm JMBlNRW **1990** 42; *Katholnigg*[3] 2.
88 OLG Hamm JMBlNRW **1990** 42; zur Frage der Zulässigkeit der Anfertigung von Notizen durch Zuhörer siehe § 176, 19; 30.
89 OLG Hamm OLGSt § 176, 3 betr. Rufe: „Nieder mit der bürgerlichen Klassenjustiz".
90 OLG Düsseldorf GA **57** (1901) 241; *Arndt* NJW **1962** 1615; *Rehbinder* MDR **1963** 643.
91 OLG Saarbrücken NJW **1961** 890; dagegen kritisch *Händel* NJW **1961** 1176; *Schwind* JR **1973** 136; weitere Nachweise bei *Rüping* ZZP **88** (1975) 225.
92 *Kissel*[3] 26, 31.
93 OLG Koblenz OLGSt N. F § 178 Nr. 7.
94 OLG München MDR **1956** 503; OLG Braunschweig DAR **1960** 22; *Kleinknecht/Meyer-Goßner*[45] 3.
95 OLG Hamburg NJW **1997** 3452.
96 KK-*Diemer*[4] 3.

21 **a) Jugendliche und Heranwachsende.** Für Jugendliche und Heranwachsende gilt nichts Besonderes[97]. Die Grundgedanken der §§ 1, 3 JGG, § 12 OWiG, daß Kinder (noch nicht 14 Jahre alte Personen) strafunmündig und Jugendliche (noch nicht 18 Jahre alte Personen) relativ strafmündig sind, gelten aber entsprechend auch hier[98].

22 **b) Abgeordnete.** Auch gegen Bundestags- oder Landtagsabgeordnete können Maßnahmen nach § 178 festgesetzt werden. Die Immunität nach Art. 46 Abs. 2, 3 GG steht nicht der Festsetzung, wohl aber ihrer Vollstreckung entgegen[99]. Nach Art. 46 Abs. 2 GG darf ein Abgeordneter „wegen einer mit Strafe bedrohten Handlung" grundsätzlich nur mit Genehmigung des Bundestags „zur Verantwortung gezogen" werden; nach Absatz 3 ist „bei jeder anderen Beschränkung der persönlichen Freiheit" eines Abgeordneten die Genehmigung des Bundestages erforderlich. Dies verbietet weder die Festsetzung von Ordnungsgeld noch von primärer oder Ersatzordnungshaft (Rdn. 25). Dafür spricht, daß ein Ordnungsmittel wegen Ungebühr nur in der Sitzung, in der die Ungebühr begangen wurde, festgesetzt werden kann (Rdn. 31). Es würde also, während sonst bei den „mit Strafe bedrohten Handlungen" die fehlende Genehmigung des Parlaments nur zu einem Aufschub der Verfolgung bis längstens zur Beendigung des Abgeordnetenmandats führt, das Erfordernis der Genehmigung auch schon bei der Festsetzung von Ordnungsmitteln wegen Ungebühr dazu führen, daß Abgeordnete wegen Ungebühr überhaupt nicht belangt werden könnten. Das kann nicht rechtens sein. Dagegen enthält die (sofortige oder später) Vollstreckung einer festgesetzten Ordnungshaft eine Beeinträchtigung der persönlichen Freiheit im Sinn des Art. 46 Abs. 3 GG, bedarf also der Genehmigung. Entsprechendes gilt für **Landtagsabgeordnete** (§ 152a StPO)[100] und **Exterritoriale**[101].

5. Rechtsfolgen der Ungebühr

23 **a) Opportunitätsprinzip.** Das Gericht *kann* ein Ordnungsmittel verhängen; „kann" bedeutet: nach pflichtmäßigem Ermessen[102] Nicht jede Ungebühr bedarf auch einer gerichtlichen Ahndung[103]. Dem Gericht verbleibt insoweit ein Ermessen, das im Falle der Beschwerde vom Beschwerdegericht ausgeübt wird[104]. Der vereinzelt vertretenen abweichenden Auffassung von *Baur*[105], „kann" bringe die Berechtigung des Gerichts zum Ausdruck, von der es bei zweifellos vorliegender Ungebühr Gebrauch machen müsse, kann nicht gefolgt werden: bei Ordnungsunrecht, wozu auch die „Ungebühr" zählt, gilt grundsätzlich nicht das Legalitäts-, sondern das Opportunitätsprinzip (§ 47 OWiG)[106]. Das Gericht kann sich auch darauf beschränken, die Entfernung des Schuldigen (§ 177) anzuordnen; dies ist auch neben einem Ordnungsmittel statthaft. Es kann auch bei unbedeutendem Verschulden in entsprechender Anwendung des § 153 StPO von einer Ahndung absehen[107], insbesondere wenn der Täter sich entschuldigt, wenn eine gerichtliche Verwarnung ausreicht oder wenn es sich um eine einmalige, aus einer gereizten Verfahrenssituation heraus geborene Entgleisung handelt[108]; dabei bedarf es

---

97 *Kleinknecht/Meyer-Goßner*[45] 5.

98 OLG Neustadt NJW **1961** 885; LG Bremen NJW **1970** 1429; *KMR*[7] 1.

99 *Bockelmann* Die Unverfolgbarkeit der Abgeordneten nach deutschem Immunitätsrecht **1951** 43; *Herlan* JR **1951** 326; *v. Mangoldt/Klein* II 6; *Maunz/Dürig/Herzog* 40, je zu Art. 46 GG; *Katholnigg*[3] 5; *Kissel*[3] 5; *KMR*[7] 1; **a. A** *Eb. Schmidt* 2; *Rehbinder* MDR **1963** 642.

100 Ausführlich *K. Schäfer* in LR[23] 19 f.

101 *Kissel*[3] 5.

102 OLG Stuttgart NStZ **1991** 297; *Pfeiffer*[3] 7.

103 OLG Koblenz NStE § 178, 10; *Kleinknecht/Meyer-Goßner*[45] 7; *Kissel*[3] 42.

104 OLG Köln NJW **1986** 2515.

105 JZ **1970** 247.

106 OLG Düsseldorf NJW **1986** 2516; OLG Köln NJW **1986** 2515.

107 OLG Neustadt NJW **1962** 602; OLG Stuttgart OLGSt § 178, 18.

108 OLG Koblenz NStE § 178, Nr. 10.

der Zustimmung der Staatsanwaltschaft nicht[109]. Das Ordnungsmittel „sollte nur das äußerste Mittel sein, ein verletztes Ansehen des Gerichts wieder herzustellen"[110], bei dessen Auswahl und Bemessung die allgemeinen Grundsätze für die Zumessung von Sanktionen gelten. Deshalb sollte in der Regel jeder Verhängung eines Ordnungsmittels eine Abmahnung durch den Vorsitzenden vorausgehen[111]. Greift der Richter bei schwerwiegenden, den Verhandlungsablauf gefährdenden oder erheblich störenden Ordnungswidrigkeiten in der Hauptverhandlung nicht energisch ein, kann darin eine Dienstpflichtverletzung zu sehen sein[112].

b) Ordnungsgeld. Es beträgt mindestens 5 Euro (Art. 6 Abs. 1 EGStGB[113]) und höchstens 1 000 Euro (§ 178 Abs. 1 S. 1). Es wird summenmäßig und nicht, wie die Geldstrafe (§ 40 StGB), in Tagessätzen festgesetzt. Zahlungserleichterungen (Zahlungsfrist, Ratenzahlung) können bei der Festsetzung und später durch die Stelle, der die Vollstreckung des Ordnungsgeldes obliegt (vgl. § 179), bewilligt werden (näheres Art. 7 EGStGB[114]). Zugleich mit der Festsetzung des Ordnungsgeldes wird für den Fall seiner Uneinbringlichkeit Ersatzordnungshaft in Höhe von einem Tag (vgl. Art. 6 Abs. 2 EGStGB) bis zu sieben Tagen festgesetzt; den Umrechnungsmaßstab bestimmt das Gericht nach freiem Ermessen. Ist die Bestimmung der Ersatzordnungshaft unterblieben, so wird sie, wenn sich das Ordnungsgeld als uneinbringlich erweist, durch gerichtlichen Beschluß nachgeholt (Art. 8 Abs. 1 EGStGB); das Gericht ordnet an, daß die Vollstreckung der Ersatzordnungshaft unterbleibt, wenn ihre Vollstreckung für den Betroffenen eine unbillige Härte wäre (Art. 8 Abs. 2 EGStGB). Ersatzordnungshaft ist gegen Jugendliche in gleichem Umfang wie gegen Erwachsene zulässig[115] (s. auch oben Rdn. 21). 24

c) Ordnungshaft. Sie beträgt mindestens einen Tag[116], höchstens sieben Tage und kann nur nach vollen Tagen bemessen werden[117]. Sie kann auch über das Ende der Sitzung hinaus andauern. 25

d) Mehrfache Ungebühr. Begeht der Täter in der gleichen Sitzung mehrfach eine Ungebühr, so können diese gemeinsam geahndet werden. Setzt die Person danach ihr ungebührliches Verhalten fort, so kann erneut ein Ordnungsmittel bis zum gesetzlichen Höchstbetrag, also auch wiederholt je sieben Tage Haft, festgesetzt werden[118]. 26

6. Verhältnis des Ordnungsmittels zur Kriminalstrafe und zu Disziplinarmaßnahmen (Absatz 1 Satz 1, Absatz 3)

a) Nach § 178 Absatz 1 S. 1 erfolgt die Festsetzung und Vollstreckung der Ordnungsmittel unter dem **Vorbehalt der strafgerichtlichen Verfolgung**. Damit ist der an sich selbstverständliche Grundsatz ausgesprochen, daß die Ahndung eines Verhaltens als Ungebühr die strafgerichtliche Verfolgung nicht hindert, wenn das ungebührliche Verhalten zugleich den Tatbestand einer strafbaren Handlung erfüllt, z. B. der Beleidigung 27

[109] OLG Zweibrücken MDR **1990** 79; zweifelnd *Katholnigg*[3] 8.

[110] OLG Schleswig SchlHA **1962** 84.

[111] *Pfeiffer*[3] 7; *Kissel*[3] 42; ähnlich *MünchKomm-Wolf*[2] 14.

[112] OVG Zweibrücken DRiZ **1988** 21; KK-*Diemer*[4] 2.

[113] Durch Art. 22 des Gesetzes zur Einführung des Euro in Rechtspflegegesetzen … vom 13. 12. 2001, BGBl. I 3572, wurde der Mindestbetrag mit Wirkung zum 1. Januar 2002 von fünf Deutsche Mark auf fünf Euro geändert.

[114] Abdrucke des Wortlauts der Art. 6 bis 9 EGStGB mit Erläuterungen in diesem Kommentar bei § 51 StPO, Anhang.

[115] *Dallinger/Lackner* § 1 JGG 3.

[116] Art. 6 Abs. 2 EGStGB.

[117] OLG Hamm NJW **1960** 2305.

[118] OLG Hamm JMBlNRW **1952** 86; OLG Bremen NJW **1953** 598; **1956** 113; OLG Koblenz OLGSt § 178, 21; *Kleinknecht/Meyer-Goßner*[45] 7; KMR[7] 8.

oder der Körperverletzung (vgl. dazu § 183); der Satz ne bis in idem (Art. 103 Abs. 3 GG) gilt insoweit nicht[119]; es bedarf selbstverständlich auch keines „Vorbehalts" der strafgerichtlichen Verfolgung im Strafbeschluß nach § 178. § 178 Absatz 3 bestimmt, daß Ordnungsgeld und Ordnungshaft auf die später erkannte Strafe anzurechnen sind. Die Begründung[120] bemerkt dazu lediglich: „Da die Strafverfolgung nach den allgemeinen Vorschriften vorbehalten ist, entspricht es rechtsstaatlichen Geboten, die Anrechnung eines erkannten Ordnungsgeldes oder einer verhängten Ordnungshaft auf eine später erkannte Strafe vorzuschreiben." Die Anrechnung setzt nach dem Gesetzeswortlaut nicht voraus, daß das Ordnungsmittel bereits vollstreckt ist, wenn später auf Strafe erkannt wird; anzurechnen ist auch ein Ordnungsmittel, das nur rechtskräftig festgesetzt, aber noch nicht vollstreckt, und dessen Vollstreckung auch noch nicht verjährt ist[121].

28 **b) Untersuchungsgefangene.** Nach vielfach vertretener Ansicht dürfen gegen einen Untersuchungsgefangenen, der sich vor Gericht einer Ungebühr schuldig macht, neben einem Ordnungsmittel aus § 178 keine Disziplinarmaßnahmen im Sinne der Nr. 68 UVollzO (dazu § 119, 65 ff StPO) mehr verhängt werden[122]. Diese Ansicht entspricht nicht dem praktischen Bedürfnis. Das Gericht hat in diesem Fall kein Machtmittel, um seine Stellung gegenüber einem Untersuchungsgefangenen zu wahren, der eine längere Freiheitsstrafe zu erwarten hat. Es muß für zulässig angesehen werden, wegen des Verhaltens, das zur Ahndung nach § 178 GVG geführt hat, zusätzlich Disziplinarmaßnahmen zu verhängen, wenn und soweit der Betroffene damit zugleich seine Pflichten aus dem Unterstellungsverhältnis verletzt hat[123], dies also zur Sicherung des Zweckes der Haft oder zur Aufrechterhaltung der Ordnung in der Vollzugsanstalt (§ 119 Abs. 3 StPO) erforderlich ist[124]. Wird die Ungebühr während einer richterlichen Vernehmung in der Anstalt begangen, so ist eine Disziplinarmaßnahme zur Aufrechterhaltung der Ordnung in der Anstalt stets zulässig, denn es müßte auf die Anstaltsdisziplin ungünstig einwirken, wenn die Mitgefangenen erkennen könnten, daß die Möglichkeiten aus § 178 dem Ungebühr Verübenden gegenüber wirkungslos bleiben. Ob dieser Gesichtspunkt darüber hinaus auch die Zulässigkeit einer Disziplinarmaßnahme rechtfertigt, wenn die Ungebühr im Gerichtssaal erfolgt, dürfte davon abhängen, ob dadurch die Aufrechterhaltung der Ordnung in der Anstalt berührt wird. Maßnahmen hierzu setzen nicht voraus, daß der Verstoß innerhalb der Anstalt begangen worden ist; entscheidend ist vielmehr, ob ein außerhalb der Anstalt begangener Verstoß die Aufrechterhaltung der Ordnung in der Anstalt berühren kann[125]. Diese Voraussetzung kann auch bei einem Verstoß in einer Verhandlung außerhalb der Anstalt gegeben sein. Nicht jede Ungebühr wird indes Anlaß zu Disziplinarmaßnahmen geben können.

29 **c) Strafgefangene.** Entsprechendes muß gelten, wenn sich ein Strafgefangener einer Ungebühr vor Gericht schuldig macht. Nach § 102 StVollzG können zwar Disziplinarmaßnahmen nur angeordnet werden, wenn der Gefangene „schuldhaft gegen Pflichten, die ihm durch dieses Gesetz (das Strafvollzugsgesetz) oder auf Grund dieses Gesetzes

119 BayObLGSt **25** 107.

120 BT-Drucks. 7 2536 S. 4.

121 Als Anhaltspunkt für die Art der Anrechnung können die Grundsätze dienen, die gelten, wenn nach vorgängiger Ahndung einer Tat durch Strafbefehl eine erneute Verfolgung und Verurteilung wegen der Tat unter dem Gesichtspunkt eines Verbrechens stattfindet (vgl. § 410, 21 StPO).

122 BayObLG DRZ **1927** Nr. 870; KG GA **56** (1909) 98; OLG Breslau GA **58** (1911) 468; *Greffrath* DJZ **1904** 1034; *Feisenberger* Anm. 5.

123 *KMR*[7] 18; ähnlich *Katholnigg*[3] 11.

124 Ebenso *Pade* DJZ **1904** 853; *Eisner* DJZ **1909** 1438; *Rehbinder* MDR **1963** 644; *KMR*[7] 4; *Kleinknecht/Meyer-Goßner*[45] 10; *Katholnigg*[3] 11.

125 OLG Düsseldorf JMBl. NRW **1955** 9 betr. Fluchtversuch eines Untersuchungsgefangenen während einer Ausführung aus der Anstalt.

auferlegt sind". Aus § 102 Abs. 3 StVollzG, wonach eine Disziplinarmaßnahme auch zulässig ist, wenn wegen derselben Verfehlung ein Straf- oder Bußgeldverfahren eingeleitet wird, folgt jedoch, daß zu den durch das Strafvollzugsgesetz dem Gefangenen auferlegten Pflichten im Sinn des § 102 Abs. 1 StVollzG auch die Pflichten gehören, die sich aus den allgemeinen Straf- und Ordnungswidrigkeitstatbeständen ergeben[126]. Den Ordnungswidrigkeiten im technischen Sinn müssen dann aber sinnvollerweise allgemeine Ordnungsunrechtstatbestände aus § 178 GVG gleichgeachtet werden. Dabei gilt allerdings auch hier die Einschränkung, daß neben einem Ordnungsmittel aus § 178 eine zusätzliche Disziplinarmaßnahme nach § 102 ff StVollzG nur in Betracht kommt, wenn durch die Ungebühr, sei es im Gerichtssaal, sei es in der Strafanstalt, insbesondere bei der mündlichen Anhörung des Gefangenen nach §§ 454, 462a StPO, die Sicherheit und das geordnete Zusammenleben im Vollzug (vgl. § 4 Abs. 2 StVollzG) berührt werden[127]. Auch bei Anordnung von Arrest (§ 103 Abs. 1 Nr. 9, Abs. 2 StVollzG) entfällt der Gesichtspunkt einer unzulässigen Doppelbestrafung (Art. 103 Abs. 3 GG), und zwar schon deshalb, weil Arrest keine weitere Freiheitsentziehung, sondern lediglich eine zusätzliche stärkere Unannehmlichkeit während einer bereits bestehenden Freiheitsentziehung ist[128].

7. Verjährung. Entsprechend den Vorschriften über die Verfolgungs- und Vollstreckungsverjährung bei Straftaten und Ordnungswidrigkeiten sieht Art. 9 EGStGB bei Ordnungsmitteln eine Festsetzungs- und eine Vollstreckungsverjährung vor. Die **Festsetzungsverjährungsfrist** beträgt zwei Jahre, beginnend mit der „Beendigung der Handlung". Da ein Ordnungsmittel nur während der Sitzung festgesetzt werden kann (unten Rdn. 31; § 181, 13), wird die Frage der Festsetzungsverjährung nur praktisch, wenn der Betroffene gegen die Festsetzung sofortige Beschwerde eingelegt hat (§ 181), die Akten aber erst (infolge Verlegung usw.) nach langer Zeit dem Beschwerdegericht vorgelegt werden und dort lange unbearbeitet bleiben. Auch die **Vollstreckungsverjährungsfrist** beträgt zwei Jahre (Art. 9 Abs. 2 S. 2 EGStGB). Sie beginnt, sobald das Ordnungsmittel vollstreckbar ist (Art. 9 Abs. 2 S. 3 EGStGB). Da eine sofortige Beschwerde hier – anders als im Fall des § 180 – keine aufschiebende Wirkung hat (§ 181 Abs. 2), beginnt die Vollstreckungsverjährung bereits mit der Bekanntmachung des Festsetzungsbeschlusses (§ 181, 7), also nicht erst mit dessen Rechtskraft; sie ruht nur unter den Voraussetzungen des Art. 9 Abs. 2 S. 4 EGStGB, z.B. während der Bewilligung einer Zahlungserleichterung, oder wenn das Beschwerdegericht gemäß § 307 Abs. 2 StPO die Aussetzung der Vollstreckung anordnet. 30

II. Verfahren

1. Anwendungsbereich (Festsetzung „in der Sitzung"). Ordnungsmittel können nur in der Sitzung[129] und nur durch den Richter (Absatz 2) festgesetzt werden, bei dem die Ungebühr begangen wurde. Mit dem Schluß der Sitzung endet die Ordnungsgewalt des Gerichts in gleicher Weise wie die sie begründende „Dingpflicht", das besondere Verhältnis der Unterordnung unter die Sitzungspolizei, in dem die in § 178 genannten Personen zu dem Gericht stehen[130]. Bei einer Verhandlung von mehrtägiger Dauer ist 31

---

126 *Callies/Müller-Dietz* § 102, 2.
127 *Callies/Müller-Dietz* § 102, 2.
128 OLG Celle JZ **1964** 524 mit Anm. *Altenhain*; OLG Hamm JMBlNRW **1971** 258; *Baumann* in FS Schmidt, S. 532; *Kleinknecht/Meyer-Goßner*[45] 10.
129 BayObLGSt **8** 58; BayObLGZ **1924** 181; OLG München HRR **1937** Nr. 186; OLG Stuttgart NJW **1969** 628; OLG Schleswig NJW **1971** 1321; OLG Koblenz OLGSt N. F § 178, 1.
130 OLG Stuttgart, Die Justiz **1960** 252; OLG Saarbrücken NJW **1961** 890; OLG Karlsruhe, Die Justiz **1964** 290; OLG Stuttgart NJW **1969** 627; OLG Koblenz OLGSt N. F § 178 Nr. 1; OLG Köln MDR **1993** 906; OLG Hamburg NJW **1999** 2607; *Pfeiffer*[3] 3.

„Sitzung" die gesamte Verhandlungsdauer, so daß eine am ersten Verhandlungstag begangene Ungebühr noch am zweiten Sitzungstag geahndet werden kann[131]; grundsätzlich sollte eine Ahndung jedoch möglichst umgehend erfolgen. Eine Ordnungsmittelfestsetzung wird nicht dadurch hinfällig, daß der Teil der Verhandlung, währenddessen sie verhängt wurde, wegen eines Mangels wiederholt werden muß.

32 **2. Feststellung der Ungebühr.** Die Ungebühr wird vom Gericht festgestellt. Konnte das Gericht die Ungebühr nicht selbst wahrnehmen, beispielsweise, weil es sich zu dieser Zeit im Beratungszimmer befand, kann es den Sachverhalt durch Zeugenvernehmungen feststellen[132].

33 **3. Rolle der Staatsanwaltschaft.** Die Staatsanwaltschaft hat – ebenso wie die übrigen Verfahrensbeteiligten – kein förmliches Recht, Maßnahmen wegen Ungebühr zu beantragen[133]. Es ist jedoch zulässig, entsprechende Maßnahmen anzuregen, etwa bei Beleidigungen des Staatsanwalts. Auch hat er das Gericht auf eine evtl. von diesem noch nicht bemerkte Ungebühr hinzuweisen. Eine bestimmte Maßnahme soll er grundsätzlich nicht anregen und, wenn die Ungebühr auf Ungewandtheit, Unerfahrenheit oder verständliche Erregung zurückzuführen ist, so soll er sogar ggf. darauf hinwirken, daß von einem Ordnungsmittel abgesehen wird (Nr. 128 Abs. 1 S. 3 RiStBV).

4. Rechtliches Gehör

34 **a) Grundsatz.** Heute ist allgemein anerkannt, daß dem Betroffenen rechtliches Gehör gewährt werden muß[134], und zwar grundsätzlich vor der Anordnung eines Ordnungsmittels. Denn der Anspruch auf Gehör besteht für jedermann „vor Gericht", also überall da, wo in Ausübung richterlicher Gewalt nachteilig in seine Rechtsstellung eingegriffen wird. Die Anhörung, die zweckmäßigerweise nach Protokollierung des die Ungebühr darstellenden Sachverhalts erfolgt[135], kann schon für die Feststellung des äußeren Tathergangs, vor allem aber kann sie für die Würdigung der subjektiven Seite und gegebenenfalls für die Bemessung von Art und Höhe des Ordnungsmittels von Bedeutung sein. Sie kann z. B. klären, ob das Verhalten des Täters mißdeutet worden ist, ob er sich durch vorangegangene Äußerungen gereizt gefühlt hat, ob er eine in der Erregung begangene Ungebühr bedauert und durch Entschuldigung eine Ehrenkränkung auszugleichen und den Gerichtsfrieden wieder herzustellen bereit ist[136]. Eine unterbliebene Anhörung vor Erlaß des Ordnungsmittelbeschlusses führt dann nicht zur Aufhebung in der Beschwerdeinstanz, wenn das Gericht auf die sofortige Gegenvorstellung des Betroffenen diesen angehört und danach durch weiteren Beschluß die getroffene Anordnung bestätigt hat[137].

35 **b) Ausnahmen.** Eine Anhörung erübrigt sich ausnahmsweise, wenn im Hinblick auf die Intensität oder die Art der Ungebühr dem Gericht eine solche Anhörung nicht zuge-

---

[131] *Pfeiffer*[3] 7; *Kleinknecht/Meyer-Goßner*[45] 9; *Katholnigg*[3] 9; *Kissel*[3] 49; *Zöller-Gummer*[22] 6; **a. A** *KMR*[7] 11 (nur am Tag der Ungebühr selbst).

[132] Vgl. auch Nr. 128 Abs. 3 S. 3 RiStBV, wonach der in der Sitzung anwesende Wachtmeister u. a. die Aufgabe hat, dem Vorsitzenden jede von ihm beobachtete Ungebühr mitzuteilen.

[133] *Kleinknecht/Meyer-Goßner*[45] 13; *Katholnigg*[3] 8.

[134] Vgl. u. a. OLG Celle MDR **1958** 265; OLG Bremen NJW **1959** 61; OLG Saarbrücken NJW **1961** 890; JBl. Saar **1963** 171; OLG Neustadt NJW **1961** 2320; OLG Hamm JMBlNRW **1977** 94, 131; OLG Schleswig SchlHA **1967** 152; OLG Koblenz GA **1989** 174; OLG Stuttgart NStE § 178, 9; OVG Lüneburg OVGE **15** 452; *Pfeiffer*[3] 7; *Kleinknecht/Meyer-Goßner*[45] 13; *KMR*[7] 10; *Eb. Schmidt* 8; *Kissel*[3] 45; *MünchKomm-Wolf*[2] 13; *Wieczorek/Schütze-Schreiber*[3] 13; *Maunz/Dürig/Herzog* Art. 103, 80 GG; *Röhl* NJW **1964** 275.

[135] *Katholnigg*[3] 8.

[136] Vgl. OLG Neustadt NJW **1961** 2320.

[137] OLG Stuttgart NStE § 178, 9.

mutet werden kann[138], etwa wenn der äußere Tathergang und auch der Ungebührwille außer jedem Zweifel steht, etwa bei Roheitsausschreitungen und gröbsten unflätigen Beleidigungen, und eine Anhörung nicht nur nichts zur Klärung des Falles beitragen kann, sondern nach dem bisherigen Verhalten des Täters bei Gewährung des rechtlichen Gehörs mit weiteren groben Ausfällen gerechnet werden muß; sie erübrigt sich ferner, wenn der Täter überhaupt nicht ansprechbar ist, z. B. wegen hemmungslosen Verhaltens, seines angetrunkenen Zustandes[139] oder weil er eigenmächtig den Sitzungssaal verlassen hat[140]. Eine Anhörung ist insbesondere überflüssig, wenn der Täter bereits wiederholt verwarnt, mit Ordnungsmitteln bedroht oder (s. oben Rdn. 26) ein Ordnungsmittel gegen ihn verhängt worden ist[141]. Ist danach eine Anhörung des Angeklagten selbst entbehrlich, so erübrigt dies nicht eine Anhörung seines Verteidiger[142].

c) Eine **Anhörung der Staatsanwaltschaft** ist nicht zwingend geboten, aber in der Regel empfehlenswert[143]. 36

5. Entscheidungskompetenz. Die Zuständigkeitsregelung des Absatz 2 ist aus Gründen der Verfahrensvereinfachung getroffen. Danach entscheidet über ein Ordnungsmittel gegen Verfahrensbeteiligte das Gericht (einschließlich der Schöffen). Über die Festsetzung eines Ordnungsmittels gegen nicht am Verfahren Beteiligte entscheidet allein der Vorsitzende. Entscheidet statt des Gerichts allein der Vorsitzende, so ist die Entscheidung nicht deswegen unwirksam[144], wohl aber anfechtbar. Entscheidet statt seiner der ganze Spruchkörper, bedarf es einer Aufhebung der Entscheidung auf die Beschwerde aus dem Rechtsgedanken des § 269 StPO nicht etwa deshalb, weil die Entscheidung nicht vom gesetzlichen Richter getroffen wurde (dazu § 176, 9)[145]. 37

6. Bedeutung der Ablehnung wegen Befangenheit. Auch ein bereits abgelehnter Richter kann ein Ordnungsmittel festsetzen, da es sich nicht um einen die anhängige Untersuchung betreffenden Akt handelt[146]. Auch bei **Beleidigung eines Richters** ist § 22 Nr. 1 StPO unanwendbar, der Beleidigte ist von der Mitwirkung bei dem das Ordnungsmittel verhängenden Beschluß nicht ausgeschlossen. Denn da nur das Gericht (der Richter), dem gegenüber die Ungebühr begangen ist, das Mittel verhängen kann (Rdn 37), muß die Anwendbarkeit des § 22 StPO notwendig ausgeschlossen sein[147]. 38

7. Verkündung des Beschlusses. Der ein Ordnungsmittel festsetzende Beschluß muß begründet[148] und noch während der Sitzung (dazu oben Rdn. 31) verkündet werden. 39

---

138 OLG Düsseldorf NStZ **1988** 238; NJW **1989** 241; NStE § 178, 8; *Pfeiffer*[3] 7; *Kleinknecht/Meyer-Goßner*[45] 14; KK-*Diemer*[4] 8 ; *Katholnigg*[3] 8; *Kissel*[3] 46.

139 BGH vom 2. 12. 1958, StR 520/58; OLG Neustadt NJW **1961** 2320; OLG Stuttgart Die Justiz **1962** 185; OLG Hamm JMBlNRW **1977** 94, 131; OLG Koblenz MDR **1987** 433; OLGSt § 178, 25; NStE § 178, 2; OLG Düsseldorf NStZ **1988** 238; NJW **1989** 241; NStE § 178, 8; *Rehbinder* MDR **1963** 644; *Röhl* NJW **1964** 275; *Eb. Schmidt*, 8; *KMR*[7] 10; *Maunz-Dürig-Herzog* Art. 103, 83 GG.

140 OLG Düsseldorf JMBlNRW **1988** 177.

141 OLG Saarbrücken JBl. Saar **1963** 171.

142 OLG Hamm JMBlNRW **1977** 131; KK-*Diemer*[4] 8.

143 Vgl. OLG Nürnberg JZ **1969** 150, 151; vgl. Nr. 128 Abs. 1 RiStBV und § 33, 19 StPO.

144 *Kleinknecht/Meyer-Goßner*[45] 12.

145 *Kleinknecht/Meyer*-Goßner[45] 12; KK-*Diemer*[4] 7; *Kissel*[3] 38; *KMR*[7] 12; *MünchKomm-Wolf*[2] 3; **a. A** OLG Koblenz MDR **1978** 693; *Baumbach/Lauterbach-Albers*[59] 9.

146 OLG Hamburg GA **70** (1922) 54.

147 BGH vom 11. 9. 1972 – 5 StR 682/71 –; Begründung, *Hahn* S. 175; *Rabe* NJW **1976** 172; weit. Nachw. bei LSG Essen NJW **1973** 2224; *Rehbinder* MDR **1963** 641 und *Rüping* ZZP **88** (1975) 217; einschränkend dagegen – in Verkennung der Rechtslage – LSG Essen NJW **1973** 2224.

148 OLG Koblenz GA **1989** 175; *Pfeiffer*[3] 7; *Kleinknecht/Meyer-Goßner*[45] 16; KK-*Diemer*[4] 9; dazu näher § 182, 12.

Ergeht ein Ordnungsmittelbeschluß zu einem Zeitpunkt, an dem der Betroffene nicht mehr anwesend ist, ist ihm der Beschluß zuzustellen[149].

40 **8. Rechtsmittelbelehrung.** Nach § 35a StPO ist der Betroffene über die Beschwerdemöglichkeit nach § 181 zu belehren (anders als bei Ungebühr im Zivilprozeß[150]), denn § 35a gilt auch für solche im Lauf eines Strafverfahrens ergehenden Entscheidungen, die nicht unmittelbar den Gegenstand des Strafverfahrens betreffen[151]. Dem Oberlandesgericht Schleswig[152], das die Notwendigkeit einer Belehrung verneint, ist zuzugeben, daß sie gegenüber einem erregten Betroffenen untunlich sein kann, wenn zu erwarten ist, daß sie ihn zu weiteren Ausfällen veranlassen kann (als Parallele zu oben Rdn. 35). Das ändert aber nichts daran, daß er die Wiedereinsetzung nach § 44 StPO beanspruchen kann, wenn aus verständlichen Gründen die Belehrung unterblieben ist. Ggf. sollte die Belehrung dann in schriftlicher Form nachgeholt werden[153].

41 **9. Protokollierung.** Zur Protokollierung der Ungebühr und des daraufhin ergehenden Beschlusses s. § 182. Außerdem ist die Gewährung rechtlichen Gehörs im Protokoll zu erwähnen (dazu § 182, 10).

42 **10. Vollstreckung.** Nach § 178 Absatz 1 S. 1 kann das festgesetzte Ordnungsmittels sofort vollstreckt werden, obwohl in den Fällen, in denen die Festsetzung nicht durch den Bundesgerichtshof oder ein Oberlandesgericht erfolgte, die Entscheidung mit sofortiger Beschwerde anfechtbar ist (§ 181) und erst rechtskräftig wird, wenn die Beschwerdefrist ungenützt verstrichen ist. Es handelt sich also, da einer eingelegten Beschwerde die aufschiebende Wirkung entzogen ist (§ 181 Absatz 2), um den durch die Besonderheit der Umstände gerechtfertigten Ausnahmefall einer vorläufigen Vollstreckbarkeit. Nach dem Gesetzeswortlaut erstreckt sich die sofortige Vollstreckbarkeit sowohl auf die Festsetzung von Ordnungsgeld wie von Ordnungshaft. Praktische Bedeutung hat sie aber in erster Linie für die primäre Ordnungshaft, während Ordnungsgeld im allgemeinen nach den Vorschriften der Einforderungs- und Beitreibungsanordnung (EBAO) vom 20. 11. 1974 (§ 1 Absatz 1 Nr. 3) eingefordert und beigetrieben wird und die Vollstreckung von Ersatzordnungshaft erst nach erfolgloser Beitreibung in Betracht kommt. (§ 179, 1). Ob die verhängte primäre Ordnungshaft sofort zu vollstrecken oder aus einem besonderen Grund von der Vollstreckung einstweilen abzusehen ist, unterliegt dem Ermessen des Gerichts[154], d. h. des Vorsitzenden oder des Kollegiums, je nachdem wer die Ordnungshaft nach Absatz 3 festgesetzt hat. Um die sofortige Vollstreckung der Ordnungshaft zu ermöglichen, kann der Betroffene bis zu der Entscheidung über das Ordnungsmittel im Sitzungssaal festgehalten werden[155]. Soweit sich nicht der Richter die Vollstreckung ganz oder teilweise vorbehält (§ 179, § 36 Abs. 2 S. 2 StPO), ist sie gemäß § 31 Abs. 3 RpflG dem Rechtspfleger übertragen. Den **Vollzug der Ordnungshaft** regeln §§ 171 ff StVollzG und Nr. 1 bis 3 VVStVollzG zu § 171.

---

149 *Pfeiffer*[3] 7.

150 Vgl. OLG Köln NJW **1960** 2294.

151 OLG Hamm NJW **1963** 1791; *Pfeiffer*[3] 9; *Kleinknecht/Meyer-Goßner*[45] 16; KK-*Diemer*[4] 9; *Katholnigg*[3] 9.

152 NJW **1971** 1321.

153 *Katholnigg*[3] 9.

154 *Püschel* DJZ **1911** 1554.

155 OLG Königsberg GA **70** (1922) 253.

§ 179

Die Vollstreckung der vorstehend bezeichneten Ordnungsmittel hat der Vorsitzende unmittelbar zu veranlassen.

Entstehungsgeschichte. Die Ersetzung von bisher „Ordnungsstrafen" durch „Ordnungsmittel" beruht auf Art. 22 Nr. 24 EGStGB 1974. Bezeichnung bis 1924: § 181.

Übersicht

1. Die Vollstreckung von Ordnungsmitteln obliegt dem **Vorsitzenden**. Dies bedeutet, wie auch § 36 Abs. 2 S. 2 StPO klarstellt, daß insoweit nicht die Staatsanwaltschaft (§ 451 StPO), sondern der Vorsitzende Vollstreckungsbehörde (dazu Vor § 449, 24 StPO) ist[1]. Dabei handelt es sich nicht um eine Aufgabe der Rechtsprechung, sondern der Verwaltung, so daß auch Verwaltungsbestimmungen, etwa die StVollstrO, zu beachten sind[2]. 1

2. Begriff der Ordnungsmittel. § 179 bezieht sich sowohl auf die sitzungspolizeilichen Anweisungen nach §§ 176[3] als auch auf Maßnahmen nach § 177 und Ordnungsmittel nach § 178[4]. Für die Erzwingungshaft nach § 70 Abs. 2 StPO gilt § 179 nicht[5]. 2

3. Durchführung der Vollstreckung. Bezüglich der Durchführung der Vollstreckung ist zwischen den verschiedenen Maßnahmen, die vollstreckt werden können, zu unterscheiden. Einheitlich für alle Maßnahmen gilt, daß dem Vorsitzenden hinsichtlich der Art der Vollstreckung ein Ermessen eingeräumt ist. Das Wort „unmittelbar" ist im Sinne von „selbst", nicht im Sinne von „sofort" zu verstehen. Daß der Vorsitzende die Vollstreckung „zu veranlassen" hat, schließt nicht aus, daß er selbst unmittelbaren Zwang anwendet[6]. 3

a) Vollstreckung von sitzungspolizeilichen Anordnungen. Maßnahmen nach § 176, beispielsweise das Entfernen von Personen aus dem Sitzungssaal oder die Durchsuchung von Zuhörern vor Betreten des Sitzungssaales (s. § 176, 21 f) werden in der Regel sofort von einem Justizwachtmeister – ggf. unter Amtshilfe durch die Polizei – zu vollziehen sein[7]. Das gleiche gilt für das Entfernen aus dem Sitzungssaal nach § 177[8]. 4

---

[1] *Kleinknecht/Meyer-Goßner*[45] 1; KK-*Diemer*[4] 1; *Kissel*[3] 1.
[2] KMR[7] 1.
[3] *Kissel*[3] 1; **a. A** *MünchKomm-Wolf*[2] 2; *Wieczorek/Schütze-Schreiber*[3] 1, die Maßnahmen nach § 176 für nicht vollstreckungsbedürftig halten – letztlich dürfte diese Frage ohne praktische Relevanz sein.
[4] *Kissel*[3] 1; **a. A** *Eb. Schmidt* 1.
[5] BGHSt **36** 155.
[6] RGSt **15** 227; *Eb. Schmidt* 2.
[7] *Pfeiffer*[3] 2; *Kissel*[3] 2.
[8] *MünchKomm-Wolf*[2] 4.

5 **b) Vollstreckung von Ordnungshaft.** Ob die Ordnungshaft sofort vollstreckt und dazu der Betroffene zur sofortigen Vollstreckung abgeführt wird, liegt im Ermessen des Vorsitzenden[9]. Dies kann aus Gründen der Abschreckung im Einzelfall erwünscht sein; die berechtigten Belange der betroffenen Person dürfen aber nicht unberücksichtigt bleiben. Es ist dem Vorsitzenden überlassen, zu bestimmen, ob und welche Vorschriften der Strafvollstreckungsordnung sinngemäß anzuwenden sind (§ 88 Abs. 2 StVollstrO). Der Vollzug von Ordnungshaft nach §§ 177, 178 richtet sich nach § 171 StVollzG.

6 **c) Vollstreckung von Ordnungsgeld.** Die Vollstreckung von Ordnungsgeldern erfolgt gemäß § 1 Abs. 1 Nr. 3 JBeitrO und § 1 Abs. 1 Nr. 3 Einforderungs- und Beitreibungs-Anordnung (EBAO). Zuständig ist der Vorsitzende (ggf. nach § 31 Abs. 3 RPflG der Rechtspfleger)[10]. Dabei ist dem Betroffenen eine angemessene Zahlungsfrist einzuräumen[11]. Eine Weisung des Vorsitzenden an den Justizwachtmeister, dem Störer den Geldbetrag sofort abzunehmen, wird deshalb nicht weiter als zulässig angesehen[12].

7 **4.** Innerhalb des Gerichts ist für die Vollstreckung gemäß § 31 Abs. 3 RpflG der **Rechtspfleger** zuständig, soweit der Richter sich dies nicht vorbehält[13]. Davon hängt auch die Zuständigkeit für die Überwachung der rechtzeitigen Entlassung nach Verbüßung von Ordnungshaft ab. Soweit Ordnungshaft nach § 177 von der Dauer der Sitzung abhängig ist (s. § 177, 26), dürften praktische Gründe dafür sprechen, daß der Vorsitzende die rechtzeitige Entlassung bewirkt[14].

8 **5.** Die **Vollstreckungsverjährung** (2 Jahre) richtet sich nach Art. 9 Abs. 2 EGStGB. Zur Frage der Bewilligung von **Zahlungsaufschub** oder Teilzahlung sowie über das Absehen von der Vollstreckung der Ersatzordnungshaft s. Art. 7, 8 Abs. 2 EGStGB[15].

§ 180

Die in den §§ 176 bis 179 bezeichneten Befugnisse stehen auch einem einzelnen Richter bei der Vornahme von Amtshandlungen außerhalb der Sitzung zu.

Entstehungsgeschichte. Die inhaltlich unveränderte Vorschrift hatte bis 1924 die Bezeichnung § 182. § 180 bestimmte ursprünglich, daß gegen einen Rechtsanwalt oder Verteidiger bei Ungebühr eine Ordnungsstrafe bis zu einhundert Mark festgesetzt werden konnte. Die Vorschrift wurde durch Ges. vom 11. 3. 1921[1] ersatzlos aufgehoben.

1 **1.** § 180 gilt für die Amtshandlungen, die ein Richter **außerhalb einer Sitzung**, d. h. einer Verhandlung vor dem erkennenden Gericht i. S. des § 169[2], vornimmt, also für die Termine, in denen der Richter als Ermittlungsrichter, beauftragter oder ersuchter Richter, in Strafvollstreckungssachen oder in Rechtshilfesachen tätig wird und Zeugen, Sachverstän-

---

[9] *Kissel*[3] 3.

[10] Die sonst nach der JBeitrO zuständige Gerichtskasse ist hier nicht zuständig (§ 2 Abs. 1 S. 1 JBeitrO); *Kissel*[3] 4.

[11] *Eb. Schmidt* 3; vgl. § 3 Abs. 2 EBAO, der für den Regelfall eine zweiwöchige Zahlungsfrist vorsieht.

[12] *Kissel*[3] 4. **A. A** noch Verf. in der 24. Aufl.

[13] *Kleinknecht/Meyer-Goßner*[45] 1; *Kissel*[3] 1.

[14] *MünchKomm-Wolf*[2] 6; *Wieczorek/Schütze-Schreiber*[3] 3; **a. A** (stets der Vorsitzende) *Baumbach/Lauterbach-Albers*[59] 1.

[15] Abdrucke des Wortlauts der Art. 6 bis 9 EGStGB mit Erläuterungen in diesem Kommentar bei § 51 StPO, Anhang.

[1] RGBl 230.

[2] Dazu § 169, 7.

dige oder Beschuldigte vernimmt oder Augenscheinseinnahmen oder Haussuchungen durchführt. Dabei muß es sich stets um spezifisch richterliche Amtshandlungen handeln[3]. Soweit solche Maßnahmen Teil der Hauptverhandlung sind – also eine unmittelbar auf die Entscheidung in der Sache selbst ausgerichtete Verhandlung stattfindet[4] –, ist, sind §§ 177, 179 unmittelbar (also ohne § 180) anwendbar; eine Beschwerde hat dann keine aufschiebende Wirkung (§ 181 Abs. 2). Immer aber wird eine (einer Sitzung des erkennenden Gerichts vergleichbare) richterliche Verhandlung[5] vorausgesetzt. Ein gelegentlicher mündlicher Verkehr im Dienstzimmer des Richters oder auf der Geschäftsstelle[6] zwischen dem Richter und einem Verfahrensbeteiligten, beispielsweise einem zum Strafantritt erschienenen Verurteilten ist keine Amtshandlung im Sinne des § 180[7].

2. **Einzelner Richter** ist der Richter beim Amtsgericht, der Ermittlungsrichter des Oberlandesgerichts und des Bundesgerichtshofs (§ 169 StPO) und der beauftragte Richter (vgl. Vor § 156, 13). Wegen der Befugnisse von Referendaren bei Erledigung von Rechtshilfeersuchen in Strafsachen vgl. die Erläuterungen zu § 10. 2

3. Wegen der **Vollstreckbarkeit** der von einem einzelnen Richter außerhalb der Sitzung verhängten Ordnungsmittel s. § 181 Abs. 2 und dort Rdn. 12. Zuständig für die Vollstreckung ist der anordnende Richter selbst[8]. 3

4. Wegen des **Verhältnisses des § 180 zu § 164 StPO**, der nach umstrittener Auffassung daneben anwendbar ist[9], vgl. LR-*Rieß* § 164, 3 StPO. 4

§ 181

(1) Ist in Fällen der §§ 178, 180 ein Ordnungsmittel festgesetzt, so kann gegen die Entscheidung binnen der Frist von einer Woche nach ihrer Bekanntmachung Beschwerde eingelegt werden, sofern sie nicht von dem Bundesgerichtshof oder einem Oberlandesgericht getroffen ist.

(2) Die Beschwerde hat in dem Falle des § 178 keine aufschiebende Wirkung, in dem Falle des § 180 aufschiebende Wirkung.

(3) Über die Beschwerde entscheidet das Oberlandesgericht.

Entstehungsgeschichte. Die Vorschrift ist, bis 1924 unter der Bezeichnung „§ 183", inhaltlich unverändert. § 18 der 2. KriegsmaßnahmenVO vom 27.9.1944[1] beseitigte die Beschwerdemöglichkeit. Das VereinhG 1950 hat die Änderung wieder beseitigt und im übrigen nur stilistische Änderungen vorgenommen. Die Ersetzung von „Ordnungsstrafe" in Absatz 1 durch „Ordnungsmittel" beruht auf Art. 22 Nr. 15 EGStGB 1974.

---

[3] *Pfeiffer*[3] 1; KK-*Diemer*[4] 1; *MünchKomm-Wolf*[2] 2; *Wieczorek/Schütze-Schreiber*[3] 2.

[4] *Kissel*[3] 1.

[5] *Pfeiffer*[3] 1; Nach *Kleinknecht/Meyer-Goßner*[45] 1 sind solche richterlichen Verrichtungen gemeint, bei denen ein Protokoll aufgenommen wird, z.B bei richterlichen Vernehmungen oder Augenscheinseinnahmen (vgl. § 168a Abs. 1 und 3 StPO, wo der Begriff „Verhandlung" verwendet wird); ebenso KK-*Diemer*[4] 1; *Katholnigg*[3] 1 („in sitzungsartigem Rahmen"); *KMR*[7] 1; *Eb. Schmidt* 3; *Kissel*[3] 1 mit einer weitergehenden Liste solcher richterlichen Tätigkeiten.

[6] Hier kommen ggf. Maßnahmen des Hausrechts in Betracht, soweit ein einzelner Richter zu dessen Ausübung ermächtigt wurde, *Kissel*[3] 2.

[7] OLG Darmstadt HRR **1934** Nr. 920; *Pfeiffer*[3] 1; *Katholnigg*[3] 1; *Kissel*[3] 1, 2.

[8] *Pfeiffer*[3] 2; *Katholnigg*[3] 3; *Kissel*[3] 3.

[9] *Pfeiffer*[3] 3; *Kleinknecht/Meyer-Goßner*[45] 1; KK-*Diemer*[4] 2; *Katholnigg*[3] 1; *KMR*[7] 1; *Kissel*[3] 2; weit. Nachweise auch zur Gegenmeinung § 164, 3 StPO.

[1] RGBl. I 229.

Übersicht

1 **1. Voraussetzung der Beschwerde** ist die Festsetzung eines Ordnungsmittels. Gegen Ordnungsmittelfestsetzungen eines Strafsenats des Oberlandesgerichts oder des Bundesgerichtshofs ist die Beschwerde nicht statthaft. Gegen eine entsprechende Anordnung eines Ermittlungsrichters des Oberlandesgerichts[2] oder des Bundesgerichtshofs ist eine Beschwerde gemäß § 135 Abs. 2 GVG; § 304 Abs. 5 StPO („Verhaftung") nur zulässig, soweit auf Ordnungshaft erkannt wurde[3]. Gegen die Ablehnung eines Antrags auf Festsetzung ist dem eindeutigen Wortlaut zufolge keine Beschwerde zulässig[4] (s. auch Rdn. 6). Bei Maßnahmen nach § 176[5] oder § 177[6] ist § 181 nicht, auch nicht entsprechend, anwendbar. Neben der Beschwerde nach § 181 ist eine Überprüfung im Verfahren nach § 23 EGGVG nicht zulässig[7]. Auf einen Beschluß, durch den ein wegen Ungebühr verhängtes Ordnungsgeld nachträglich gemäß Art. 8 EGStGB in Ordnungshaft umgewandelt wurde, ist § 181 nicht anwendbar; vielmehr ist die einfache Beschwerde nach § 304 StPO gegeben[8].

2 **2. Rechtsnatur.** Der rechtliche Charakter des „Beschwerde" genannten, aber fristgebundenen Rechtsmittels ist streitig. Nach herrschender und zutreffender Meinung ist das Rechtsmittel eine sofortige Beschwerde im Sinn der Prozeßgesetze (§ 577 ZPO, § 311 StPO). Dies ergibt sich aus der Entstehungsgeschichte, denn die ausdrückliche Bezeichnung als sofortige Beschwerde ist nur deshalb unterblieben, weil die Frist für diese Beschwerde im Strafprozeß anders bemessen ist als im Zivilprozeß[9]. Nach der Gegenmeinung handelt es sich um ein Rechtsmittel eigener Art, auf das die Vorschriften von Zivil- und Strafprozeßordnung keine Anwendung finden[10]. Der Bundesgerichtshof hat

---

[2] **A.A** KK-*Diemer*[4] 5, der gegen Entscheidungen des Ermittlungsrichters des OLG die Beschwerde in keinem Fall, und *Katholnigg*[3] 1, der sie uneingeschränkt für zulässig hält.

[3] BGHSt **36** 192, 194 ff (für die Erzwingungshaft nach § 70 Abs. 2 StPO); **44** 23; BGH NStZ **1994** 198; s. § 135, 5.

[4] OLG Jena DRZ **1907** 832; h. M.

[5] OLG Koblenz OLGSt § 181, 1; s. § 176, 46.

[6] S. § 177, 34; **a. A** *Baumbach/Lauterbach-Albers*[59] 1. *MünchKomm-Wolf*[2] 2; *Wieczorek/Schütze-Schreiber*[3] 2 wollen § 181 bei gemäß § 177 verhängter Ordnungshaft anwenden. De lege ferenda schlägt *Kaehne* 188 vor, Maßnahmen nach § 177 mit in § 181 aufzunehmen.

[7] OLG Hamburg NStZ **1991** 509 für die Überprüfung sitzungspolizeilicher Anordnungen nach § 176.

[8] OLG Celle NStZ-RR **1998** 210; *Katholnigg*[3] 1.

[9] Vgl. *Hahn* Mat. zum GVG 19 (Entw. § 145 Abs. 2), 338, 339, 345, 837, 838; so auch BayObLGSt. **1** 97; **2** 140; BayZ **1919** 62; OLG Hamm JZ **1954** 171; NJW **1963** 1791; **1967** 281; OLG Frankfurt JR **1967** 302; OLG München NJW **1968** 308; OLG Schleswig NJW **1971** 1321; *Pfeiffer*[3] 1; *Kleinknecht/Meyer-Goßner*[45] 1; KK-*Diemer*[4] 1; *KMR*[7] 1; *Kissel*[3] 2; *Eb. Schmidt* 1; *Wieczorek/Schütze-Schreiber*[3] 5.

[10] So KG DJZ **1900** 397; OLG Dresden JW **1930** 134; OLG Düsseldorf MDR **1977** 413; *Baumbach/Lauterbach*[59] 3; *Katholnigg*[3] 1 (der aber eine weitgehende entsprechende Anwendbarkeit der Vorschriften über die sofortige Beschwerde annimmt); *Rehbinder* MDR **1963** 645; offen gelassen von OLG Hamm NJW **1960** 2305.

diese Auffassung als „zumindest vertretbar" bezeichnet[11] und gefolgert, daß dann die allgemeinen Bestimmungen (konkret: § 306 Abs. 2, § 307 Abs. 2 StPO) über die Beschwerde anwendbar seien.

3. Folgerungen. Aus der hier angenommenen rechtlichen Natur des Rechtsmittels als sofortige Beschwerde folgt, daß das Gericht, das das Ordnungsmittel festgesetzt hat, seine Entscheidung nach Einlegung der Beschwerde nur im Rahmen des § 311 Abs. 3 S. 2 StPO aufheben[12] oder ändern kann. Das Oberlandesgericht Neustadt[13], das die Frage der Rechtsnatur der Beschwerde offenläßt, kommt zum gleichen Ergebnis, weil nach allgemeinen verfahrensrechtlichen Grundsätzen eine der Rechtskraft fähige Festsetzung der Abänderung durch den verhängenden Richter entzogen sei[14]. Nach Oberlandesgericht Hamm[15] ist die Änderung jedenfalls dann ausgeschlossen, wenn mit der Vollstreckung bereits begonnen ist und ihr durch die Änderung der Boden entzogen würde. Dagegen wäre von dem Standpunkt aus, die Beschwerde des § 181 sei ein Rechtsmittel eigener Art (Rdn. 2), der iudex a quo jederzeit in der Lage, seine Festsetzung auf Gegenvorstellung hin zu ändern. 3

4. Vollstreckung des Ordnungsmittels macht die Beschwerde nicht gegenstandslos[16]; das ergibt sich aus dem eine ähnliche Lage regelnden § 28 Abs. 1 EGGVG. 4

5. Eine Wiedereinsetzung in den vorigen Stand wegen Versäumnis der Frist ist nach allgemeinen Grundsätzen trotz Schweigens des Gesetzeswortlauts zulässig[17], beispielsweise bei fehlender Belehrung über die einwöchige Anfechtungsfrist, wenn die Fristversäumnis darauf beruht[18]. 5

6. Beschwerdeberechtigter. Die Beschwerde gegen ein Ordnungsmittel steht nur dem Betroffenen zu. Die Staatsanwaltschaft hat kein Beschwerderecht, denn es kann keinen Unterschied machen, ob die Festsetzung in einem Strafverfahren oder in einem sonstigen Gerichtsverfahren, an dem die Staatsanwaltschaft nicht beteiligt ist, erfolgt[19]. 6

7. Verfahren

a) Fristbeginn. In Strafsachen beginnt die einwöchige Beschwerdefrist mit der Verkündung, wenn die Entscheidung in Anwesenheit der betroffenen Person ergangen ist, in anderen Fällen mit der Zustellung (§§ 35, 311 StPO). Der Abwesenheit steht es gleich, wenn der körperlich anwesende Betroffene infolge geistiger oder körperlicher Gebrechen oder Übererregung die Tatsache der Bestrafung nicht wahrgenommen hat[20]. § 298 StPO gilt auch für einen Betroffenen, der nicht Beschuldigter ist[21]. In Privatklagesachen ist die Vertretung durch einen Rechtsanwalt (§ 378 StPO) nicht notwendig[22]. Die Frist für die 7

[11] BGH NJW **2001** 3275.

[12] Ebenso *Pfeiffer*[3] 1; *Kleinknecht/Meyer-Goßner*[45] 1; KK-*Diemer*[4] 1; *Kissel*[3] 12; ebenso auf der Basis der anderen Auffassung *Katholnigg*[3] 1.

[13] MDR **1953** 555.

[14] Ebenso *Rehbinder* MDR **1963** 645.

[15] NJW **1960** 2305.

[16] BayObLGSt **23** 15; OLG Hamm OLGSt § 176, 3; OLG Koblenz OLGSt § 178 Nr. 7; OLG Düsseldorf NJW **1992** 1712 (für die Beschwerde nach § 56 Abs. 2 S. 3); *Pfeiffer*[3] 1; *Kleinknecht/Meyer-Goßner*[45] 3; KMR[7] 3; *Katholnigg*[3] 4; *Eb. Schmidt* 4; *Kissel*[3] 9.

[17] OLG Hamm JZ **1954** 171; NJW **1963** 1791; OLG Nürnberg MDR **1961** 62; OLG Frankfurt NJW **1967** 1281; OLG Hamburg NJW **1999** 2607; *Kleinknecht/Meyer-Goßner*[45] 4; KK-*Diemer*[4] 3; *Katholnigg*[3] 1; *Kissel*[3] 5.

[18] *Kissel*[3] 5.

[19] BayObLGSt **13** 307; *Pfeiffer*[3] 2; *Kleinknecht/Meyer-Goßner*[45] 5; KK-*Diemer*[4] 2; KMR[7] 2; *Katholnigg*[3] 2; *Kissel*[3] 10; **a. A** OLG Stuttgart NStZ **1991** 297.

[20] OLG Nürnberg BayJMBl **1963** 344.

[21] OLG Neustadt NJW **1961** 885.

[22] OLG Hamburg LZ **1920** 583.

Anfechtung nach Berichtigung des Beschlusses über Festsetzung des Ordnungsmittels rechnet von der Zustellung des berichtigten Beschlusses an[23].

8 **b) Einlegung der Beschwerde.** Für die Einlegung der Beschwerde gelten mangels besonderer Vorschriften die Prozeßordnungen (§ 306 Abs. 1 StPO). Die Beschwerde ist beim Richter, dessen Entscheidungen angefochten wird, einzulegen[24]. Eine ausdrückliche Bezeichnung als Beschwerde ist nicht erforderlich; vielmehr genügt das erkennbare Begehren, eine Überprüfung des Beschlusses zu erreichen (§ 300 StPO). Eine Begründung der Beschwerde ist nicht erforderlich, kann aber unter Umständen zu empfehlen sein[25]. Der Richter, dessen Entscheidung angefochten wird, hat die Akten dem Beschwerdegericht spätestens in der Frist des § 306 Abs. 2 StPO vorzulegen[26]. Dieses kann ggf. gemäß § 307 Abs. 2 StPO die aufschiebende Wirkung der Beschwerde anordnen[27].

9 **c) Zuständigkeit (Absatz 3).** Für Entscheidungen über die Beschwerde ist nach Absatz 3 ohne Rücksicht auf den allgemeinen Rechtszug[28] das Oberlandesgericht sachlich zuständig, soweit nicht bei Anordnung von Ordnungshaft durch den Ermittlungsrichter des Bundesgerichtshofs gemäß § 135 Abs. 2 GVG, § 304 Abs. 5 StPO der Bundesgerichtshof zu entscheiden hat[29]. Für gleichartige Anordnungen nach § 304 Abs. 5 StPO durch den Ermittlungsrichter des Oberlandesgerichts ist gemäß § 120 Abs. 3 S. 2 ein Strafsenat des Oberlandesgerichts zuständig. Auch in Bayern entscheidet nicht das Bayerische Oberste Landesgericht, sondern das Oberlandesgericht[30]. Unberührt bleibt die Zuständigkeit des Staatsschutz-Oberlandesgerichts nach § 120 Abs. 3 S. 1, Abs. 4.

10 **Örtlich** zuständig ist das Oberlandesgericht, das dem Gericht, das das Ordnungsmittel festsetzte, im Instanzenzug übergeordnet ist, bei Festsetzung durch den ersuchten Richter also das diesem übergeordnete, nicht das dem ersuchenden Gericht übergeordnete Oberlandesgericht[31].

11 **d) Beschwerdeverfahren.** Die Darstellung des Sachverhalts im Protokoll (§ 182) in Verbindung mit den Gründen des Festsetzungsbeschlusses bildet die Grundlage der Entscheidung des Beschwerdegerichts (§ 182, 7). Zur Frage, inwieweit in der Beschwerdeinstanz eine weitere Sachaufklärung möglich ist, s. § 182, 6; 7. Das Beschwerdegericht trifft als Tatsachengericht eine selbständige eigene Ermessensentscheidung.

12 **e) Keine aufschiebende Wirkung. Absatz 2** geht davon aus, daß die Beschwerde grundsätzlich keine aufschiebende Wirkung hat[32], und stellt für den einzelnen Richter, der außerhalb einer Hauptverhandlung tätig wird (§ 180), eine Ausnahmebestimmung auf; er schließt die sofortige Vollstreckbarkeit des von einem solchen Richter verhängten

---

23 OLG Königsberg HRR **1931** Nr. 1179.

24 OLG Hamburg NJW **1999** 2607 mit ausführlicher Auseinandersetzung mit der Gegenmeinung; *Kleinknecht/Meyer-Goßner*[45] 1; *Kissel*[3] 6 (nur für den Strafprozeß); **A. A** (fristwahrende Einlegung auch beim Beschwerdegericht möglich): *Pfeiffer*[3] 2; KK-*Diemer*[4] 1 (unter Bezugnahme auf den inzwischen aufgehobenen § 311 Abs. 2 S. 2 StPO); *Katholnigg*[3] 3 sowie im Hinblick auf § 577 Abs. 2 S. 2 ZPO: *Baumbach/Lauterbach-Albers*[59] 2; *MünchKomm-Wolf*[2] 5; *Wieczorek/Schütze-Schreiber*[37].

25 Soweit in einer Begründung der zugrundeliegende Sachverhalt nicht bestritten werden sollte, müßte aber bedacht werden, daß eine entsprechende Beschwerdebegründung dazu führen könnte, den Erfolg einer Beschwerde, die auf das Fehlen des Protokollvermerks über den zugrundeliegenden Sachverhalt gestützt ist, zu verhindern, vgl. § 182, 9.

26 BGH NJW **2001** 3275.

27 BGH NJW **2001** 3275.

28 Hierzu ausführlich *K. Schäfer* in LR[23] 13.

29 *Kissel*[3] 20.

30 Art. 22 BayAGGVG.

31 OLG Schleswig SchlHA **1962** 84; *Kissel*[3] 21.

32 *Pfeiffer*[3] 2; *Kleinknecht/Meyer-Goßner*[45] 1; KK-*Diemer*[4] 4.

Ordnungsmittels in allen Fällen aus. Um zu verhindern, daß bei sofortiger Vollstreckung einer Ordnungshaft die möglicherweise aufhebende Entscheidung des Beschwerdegerichts erst nach vollständiger Verbüßung der Haft ergeht, kann[33] das Beschwerdegericht, wenn es die Beschwerde, etwa weil die Akten noch nicht vorliegen, nicht alsbald sachlich bescheiden kann, gemäß § 307 Abs. 2 die weitere Vollziehung aussetzen[34]. Das setzt allerdings voraus, daß die Beschwerdebegründung genügend konkrete Darlegungen enthält, die einen Erfolg nicht ausgeschlossen erscheinen lassen[35].

f) Entscheidung des Beschwerdegerichts. Es kann die Festsetzung aufheben, weil es an einer ausreichenden Feststellung des Sachverhalts fehlt (§ 182, 3 bis 9) oder weil der festgestellte Sachverhalt die Annahme einer Ungebühr nicht rechtfertigt. Die Nachprüfung des Beschwerdegerichts erstreckt sich auf Art und Maß der Festsetzung[36]. Es kann mildern, in entsprechender Anwendung des § 153 StPO bei unbedeutendem Verschulden auch von Festsetzung absehen[37], dagegen nicht verschärfen, da das Verbot der reformatio in peius sinngemäß auch hier gilt[38]. Eine Aufhebung und Zurückverweisung zu erneuter Entscheidung an die Vorinstanz kommt, da deren Sitzungsgewalt nach Beendigung der Sitzung[39] nicht mehr besteht, nicht in Betracht[40]. Bei Nichtgewährung des rechtlichen Gehörs in der Vorinstanz (§ 178, 34 ff) kommt eine Zurückverweisung zur Nachholung des rechtlichen Gehörs aus dem gleichen Grunde nicht in Betracht[41]. Auch eine nachträgliche Gewährung des rechtlichen Gehörs durch das Beschwerdegericht selbst scheidet grundsätzlich aus, da die Entscheidung des ersten Richters weitgehend auf dessen persönlichem Eindruck und auf Umständen beruht, die im Protokoll keinen Ausdruck finden können (z. B. Gestik des Betroffenen, die ganze Atmosphäre im Gerichtssaal). Es bleibt daher im Regelfall nichts übrig, als den Festsetzungsbeschluß aufzuheben[42]. Jedoch sind Ausnahmen möglich; etwa wenn der Beschwerdeführer das Vorliegen einer Ungebühr nicht in Zweifel zieht und sich nur unter Berufung auf schlechte wirtschaftliche Verhältnisse gegen die Höhe des Ordnungsgeldes wendet. 13

g) Eine **weitere Beschwerde** ist nicht statthaft[43]. 14

8. Kosten. Die Entscheidung des Oberlandesgerichts auf die Beschwerde ist gebührenfrei, denn in § 1 GKG ist das Gerichtsverfassungsgesetz nicht genannt[44]. Bei ganz oder teilweise erfolgreicher Beschwerde können die notwendigen Auslagen des 15

---

33 *MünchKomm-Wolf*² 8; *Wieczorek/Schütze-Schreiber*³ 10 sehen weitergehend eine Pflicht zur Aussetzung.

34 BGH NJW **2001** 3275; OLG Frankfurt NJW **1976** 303; KMR7 4; *Kissel*³ 11.

35 Vgl. OLG Karlsruhe NJW **1976** 2274; *Kissel*³ 11.

36 OLG Saarbrücken JBl Saar **1963** 171.

37 OLG Neustadt NJW **1962** 602; ebenso *KMR*⁷ 6, der jedoch eine entsprechende Anwendung des § 153 StPO nicht für erforderlich hält.

38 OLG Hamm NJW **1960** 2305; *Pfeiffer*³ 3; *Kleinknecht/Meyer-Goßner*⁴⁵ 6; *Katholnigg*³ 6; *Kissel*³ 15.

39 Dieses Argument dürfte allerdings für länger andauernde Hauptverhandlungen nur teilweise gelten.

40 OLG Koblenz NJW **1955** 349; OLG Stuttgart Die Justiz **1960** 252; OLG Saarbrücken NJW **1961** 890; OLG Hamm JMBlNRW **1977** 94; *Kleinknecht/Meyer-Goßner*⁴⁵ 6; *KMR*⁷ 4; *Eb. Schmidt* 8; *Kissel*³ 16; s. § 178, 25.

41 Hier hat aber das Gericht, dessen Entscheidung angegriffen wird, nach § 311 Abs. 3 S. 2 StPO die Möglichkeit, selbst erneut in der Sache zu entscheiden.

42 OLG Saarbrücken NJW **1961** 890; OLG Neustadt NJW **1961** 2320; OLG Stuttgart Die Justiz **1962** 185; OLG Hamm DRiZ **1970** 27; JMBlNRW **1977** 131; **a. A** *KMR*⁷ § 182, 3.

43 § 310 Abs. 1 StPO, da eine der dort genannten Ausnahmefälle nicht vorliegt; *Pfeiffer*³ 3; *Kissel*³ 22.

44 OLG München BayZ **1917** 228; **1919** 62; OLG Hamm OLGRspr. **40** 174; OLG Nürnberg BayZ **1930** 133; OLG Neustadt NJW **1962** 602; KG Rpfleger **1964** 352; OLG Frankfurt NJW **1967** 1282; *Kleinknecht/Meyer-Goßner*⁴⁵ 7; KK-*Diemer*⁴ 6; *Katholnigg*³ 7; *Kissel*³ 19; **a. A** – Kosten nach Maßgabe der zivil- oder strafprozessualen Kostenvorschriften – OLG Köln JW **1929** 520; OLG München BayZ **1931** 314; OLG Darmstadt JW **1935** 2073; OLG Neustadt NJW **1961** 885.

Beschwerdeführers der Staatskasse auferlegt werden. Eine entsprechende Anwendung des § 473 StPO mit der Folge, daß die Auslagen der Staatskasse bei Erfolglosigkeit der Beschwerde dem Beschwerdeführer auferlegen werden können, ist aufgrund der mit § 1 GKG bewußt getroffenen Entscheidung des Gesetzgebers abzulehnen[45].

16 **9. Keine Entschädigung bei Aufhebung der Festsetzung.** Bei Aufhebung des Festsetzungsbeschlusses kommt eine Entschädigung aus der Staatskasse nicht in Betracht. OLG Nürnberg[46] wollte nach früherem Recht bei Aufhebung der Festsetzung nach Vollstreckung von Haft die Vorschriften des Gesetzes betr. Entschädigung der im Wiederaufnahmeverfahren Freigesprochenen vom 20. 5. 1898 entsprechend anwenden. Das an die Stelle dieses Gesetzes getretene StrEG vom 8. 3. 1971, das die Entschädigungsvoraussetzungen enumerativ und abschließend regelt, sieht aber – beabsichtigtermaßen – bei Aufhebung einer Festsetzung wegen Ungebühr in der Beschwerdeinstanz eine Entschädigung nicht vor[47]. Bei Aufhebung einer Ordnungshaft nach ihrer Vollstreckung kann nur Übernahme der Kosten und notwendigen Auslagen des Verfahrens auf die Staatskasse nach den allgemeinen Vorschriften erfolgen. Ein schon vollstrecktes Ordnungsgeld ist nach Wegfall des Titels zurückzuzahlen.

17 **10. Einwendungen gegen die Art und Weise der Vollstreckung.** § 181 Absatz 3 ist unanwendbar, wenn nicht die Festsetzung von Ordnungsgeld durch das Amtsgericht angefochten wird, sondern nach rechtskräftiger Festsetzung Einwendungen gegen die Art und Weise der Vollstreckung erhoben werden; insoweit gelten für die Zuständigkeit des Gerichts zur Entscheidung entsprechend die gleichen Regeln wie bei der Vollstreckung von Geldstrafen[48].

§ 182

Ist ein Ordnungsmittel wegen Ungebühr festgesetzt oder eine Person zur Ordnungshaft abgeführt oder eine bei der Verhandlung beteiligte Person entfernt worden, so ist der Beschluß des Gerichts und dessen Veranlassung in das Protokoll aufzunehmen.

Entstehungsgeschichte. Die Ersetzung von „eine Ordnungsstrafe" durch „ein Ordnungsmittel" und von „Haft" durch „Ordnungshaft" erfolgte durch Art. 22 Nr. 16 EGStGB 1974. Bezeichnung bis 1924: § 184.

Übersicht

45 *Kleinknecht/Meyer-Goßner*[45] 7; KK-*Diemer*[4] 6; **A. A** *K. Schäfer* in LR[23] 11. Im übrigen dürfte es sehr unwahrscheinlich sein, daß solche Auslagen der Staatskasse im Beschwerdeverfahren überhaupt anfallen.

46 MDR **1960** 500.

47 OLG Frankfurt NJW **1976** 303; *Schätzler* § 1, 10 StrEG, h. M, vgl. *Kleinknecht/Meyer-Goßner*[45] 3; KK-*Diemer*[4] 4; *Katholnigg*[3] 4; *Kissel*[3] 18; **a. A** *Baumbach/Lauterbach-Albers*[59] 1.

48 Vgl. §§ 459c, 4 und 459h, 12 StPO und dazu OLG Frankfurt JZ **1953** 243.

1. Grundsatz. § 182 bezeichnet den Mindestinhalt des Protokolls bei den in den §§ 177 bis 179 bezeichneten Maßnahmen. Diese sind sämtlich durch das Protokoll zu beurkunden; eine Ausnahme gilt nur, wenn eine unbeteiligte Person aus dem Sitzungszimmer entfernt wird, ohne zugleich zur Haft abgeführt zu werden (§ 177). Auf die Entfernung des Angeklagten nach § 247 StPO ist § 182 dagegen nicht anwendbar[1]. Für sitzungspolizeiliche Anordnungen des Vorsitzenden nach § 176 gilt § 182 nicht[2]. 1

2. Aufnahme des Sachverhalts in das Protokoll. Die folgende Darstellung folgt der heute absolut herrschenden Auffassung[3] zur Funktion und zum notwendigen Inhalt der Darstellung der Veranlassung im Protokoll[4]. Danach ist zu unterscheiden zwischen der Protokollierung des zugrunde liegenden Sachverhalts einerseits (dazu Rdn. 3 ff) und dem darauf ergehenden Beschluß und dessen Protokollierung andererseits (dazu Rdn. 10 ff). 2

a) Aufgabe der Protokollierung. § 182 bezweckt, indem er außer der Aufnahme des Beschlusses auch noch besonders die Aufnahme des zugrundeliegenden Sachverhalts – die „Veranlassung" – in das Protokoll fordert, daß der gesamte Geschehensablauf, der zu dem Beschluß geführt hat, unter dem unmittelbaren frischen Eindruck des Geschehens von dem Vorsitzenden *und* dem Protokollführer schriftlich niedergelegt wird, um dem Beschwerdegericht (§ 181) ein möglichst objektives, von Erinnerungsfehlern freies und so umfassendes Bild des Vorgangs zu geben, daß es Grund und Höhe der Ordnungsmittelfestsetzung in der Regel ohne weitere Ermittlungen nachprüfen kann[5]; dadurch dient § 182 auch einem zügigen Rechtsmittelverfahren[6], das zur Vermeidung einer prozessualen Überholung wichtig ist[7]. Es genügt danach nicht, daß die Veranlassung der Ordnungsmittelfestsetzung in den Gründen des Beschlusses erwähnt und dieser Beschluß in das Protokoll aufgenommen wird, denn damit wäre nur die Darstellung des festsetzenden Richters über den Hergang, nicht auch die des Protokollführers niedergelegt. In Strafverfahren dient die Pflicht zur Protokollierung der nicht 3

---

1 *Pfeiffer*[3] 1; Zur Protokollierung in diesem Falle s. § 247, 51 StPO.

2 *Kissel*[3] 1; s. § 176, 42; § 273, 20 StPO.

3 OLG Köln JR **1952** 484; OLG Koblenz NJW **1955** 348; OLG Hamm Rpfleger **1956** 14 mit Anm. *Keidel*; OLG Celle NdsRpfl. **1957** 124; **1958** 57; OLG Stuttgart Justiz **1962** 185; OLG Hamm NJW **1963** 1791; OLG Karlsruhe Justiz **1964** 290; OLG Hamm NJW **1969** 1920; OLG Stuttgart NJW **1969** 627; OLG Düsseldorf JMBlNRW **1971** 222; OLG Hamm JMBlNRW **1977** 94; OLG Zweibrücken OLGSt § 178, 35; OLG Hamm MDR **1978** 780; KG JR **1982** 158; OLG Düsseldorf OLGSt § 182, 1; NStE § 182, 1; OLG Koblenz VRS **72** (1987) 189; OLG Stuttgart Justiz **1993** 146; *Kleinknecht/Meyer-Goßner*[45] 1; KK-*Diemer*[4] 1; *Katholnigg*[3] 2; *Eb. Schmidt* 3; *Kissel*[3] 2.

4 Hinsichtlich einer früher vertretenen abweichenden Auffassung (OLG Colmar DJZ **1915** 1142; OLG Bremen JR **1951** 693; OLG Hamburg NJW **1952** 59; OLG Stuttgart MDR **1955** 364; *von Staff* DStrafrZ **1914** 39; *Stumpf* GerS **73** (1909) 331) vgl. die ausführliche Darstellung und Diskussion in LR-*K. Schäfer*[23] 2 ff.

5 OLG Stuttgart Justiz **1993** 146; OLG Karlsruhe NJW-RR **1998** 144; *Pfeiffer*[3] 2; *Kleinknecht/Meyer-Goßner*[45] 1; KK-*Diemer*[4] 1; *Katholnigg*[3] 2; *Kissel*[3] 2.

6 OLG Karlsruhe NJW-RR **1998** 144; *Kissel*[3] 2; *Münch-Komm-Wolf*[2] 1; *Wieczorek/Schütze-Schreiber*[3] 2.

7 Vgl. BGH NJW **2001** 3275.

mit der Beschwerde nach § 181 anfechtbaren Maßnahmen dazu, dem Revisionsgericht bei entsprechenden Revisionsrügen die Nachprüfung zu ermöglichen, ob dadurch eine unzulässige Beschränkung der Öffentlichkeit oder des rechtlichen Gehörs erfolgt ist[8].

4 **b) Umfang der Protokollierung.** Das Protokoll muß also eine gesonderte Darstellung des zugrundeliegenden Sachverhalts enthalten. Diese Niederschrift muß das tatsächliche Geschehen so konkret darlegen, daß es unter die tatbestandlichen Voraussetzungen der §§ 177, 178 subsumierbar ist und Grund und Höhe der Sanktion ohne weiteres nachprüfbar sind[9]. Wertungen gehören nicht hierher; Platz dafür ist erst im anschließenden Beschluß des Gerichts[10]. Beleidigende Äußerungen müssen möglichst wörtlich, abwertende Gebärden und eine zu beanstandende Kleidung exakt dargestellt sein. Abstrakte Darstellungen des Inhalts, daß ein Zeuge die „Hauptverhandlung gestört" habe oder „dem Verteidiger erregt ins Wort gefallen"[11] sei, genügen nicht. Unzulänglich ist es auch, wenn das Protokoll nur den Vermerk enthält, ein Zeuge habe „die gestellten Fragen trotz Ermahnung immer wieder mit provokatorischen Gegenfragen beantwortet"; da es an einer auch durch die Unterschrift des Protokollführers gedeckten Darstellung fehlt, welche Fragen des Richters mit welchen Gegenfragen beantwortet wurden[12].

5 **c) Ausnahmefälle.** Soweit sich eine Ungebühr der unmittelbaren Wahrnehmung des Richters und des Protokollführers entzieht[13] und nur aufgrund einer Beweisaufnahme festgestellt werden kann, muß die Veranlassung nicht im Protokoll wiedergegeben werden; hier genügt es, wenn das zugrundeliegende Geschehen in den Gründen des Ordnungsmittelbeschlusses wiedergegeben wird[14].

6 **d) Bedeutung des Protokolls.** § 182 ersetzt für das Ordnungsmittelfestsetzungsverfahren § 273 StPO[15]. Insoweit kommt dem Protokoll keine förmliche Beweiskraft nach § 274 StPO zu[16]. Der Inhalt des Protokolls ist hier widerlegbar, beispielsweise durch Zeugenerklärungen oder dienstliche Erklärungen[17]. Wird der Vorfall auf einem Beiblatt zum Protokoll vermerkt, schadet das Fehlen der Unterschrift des Protokollführers hierauf nicht[18].

7 **e) Nachträgliche Ergänzung des Protokolls.** Wo freilich in einem Ausnahmefall eine weitere Sachaufklärung nötig erscheint, ist sie auch – und zwar formlos – zulässig[19]. Es ist daher auch zulässig, daß Vorsitzender und Protokollführer die Darstellung des Protokolls in bestimmten Einzelheiten im Hinblick auf die Ausführungen des Beschwerdeführers ergänzen[20]. Darauf und auf evtl. weitere Ermittlungen des Beschwerdegerichts

8 BGHSt **9** 77; *Kissel*[3] 2.

9 OLG Schleswig SchlHA **1967** 152; OLG Hamm JMBlNRW **1977** 94; OLG Stuttgart Justiz **1979** 347; OLG Düsseldorf StV **1983** 274; OLGSt § 182, 1; NStZ **1988** 238.

10 *MünchKomm-Wolf*[2] 8.

11 OLG Zweibrücken OLGSt § 178, 35.

12 OLG Hamm JMBlNRW **1977** 94.

13 Nach OLG Dresden GA **64** (1917) 569 können solche Vorgänge, die der Wahrnehmung durch die beteiligten Urkundspersonen entzogen waren, nicht wegen Ungebühr geahndet werden.

14 OLG Stuttgart Justiz **1993** 146 – Hier war ein Zeuge im Anschluß an seine Vernehmung auf dem Gerichtsflur von einer Angehörigen des Angeklagten mit den Worten, er werde nicht mehr lange leben, bedroht worden; *Katholnigg*[3] 2.

15 *Kleinknecht/Meyer-Goßner*[45] 2.

16 OLG Düsseldorf NStE § 182, 1; *MünchKomm-Wolf*[2] 11; § 273, 20 StPO.

17 *Kleinknecht/Meyer-Goßner*[45] 2.

18 OLG Düsseldorf JMBlNRW **1988** 177.

19 OLG Bremen JR **1951** 693 mit zust. Anm. *Dallinger*; OLG Hamm JMBlNRW **1952** 86; KK-*Diemer*[4] 1; **a. A** OLG Karlsruhe NJW-RR **1998** 144; *Kissel*[3] 4; *MünchKomm-Wolf*[2] 10; *Wieczorek/Schütze-Schreiber*[3] 6.

20 OLG Hamm JMBlNRW **1952** 86; OLG Celle MDR **1958** 265; OLG Hamm NJW **1969** 1919; *Pfeiffer*[3] 2; KK-*Diemer*[4] 1; *Katholnigg*[3] 2; **a. A** OLG Hamm JMBlNRW **1955** 139, wonach jede nachträgliche Aufklärung ausgeschlossen sein soll, weil sie dem Zweck des § 182 – schleunige Erledi-

kann schon deswegen nicht verzichtet werden, weil es dem Gericht nicht möglich ist, im Rahmen der Protokollierung des Vorfalls oder des Beschlusses auf später zur Begründung der Beschwerde vorgebrachte Gesichtspunkte (beispielsweise die vorangegangene Einnahme eines Medikaments), für die es in der Verhandlung keine Anhaltspunkte gab, einzugehen. An dem Grundsatz, daß eine völlig fehlende oder in wesentlichen Punkten lückenhafte Darstellung des Sachverhalts im Protokoll zur Aufhebung des Beschlusses führen muß, wird dadurch nichts geändert.

f) Keine Heilung der fehlenden Protokollierung der Veranlassung anhand der Begründung des Beschlusses. Grundsätzlich kann auch eine umfangreiche Begründung des Beschlusses die fehlende Protokollierung der Veranlassung nicht ersetzen[21] (vgl. aber Rdn. 5). Denn die Protokollierung der Veranlassung wird im Regelfall ausführlicher sein müssen als die Begründung des Beschlusses, in dem das Gericht nur noch die seine Entscheidung tragenden Umstände wertend darstellt[22]. 8

g) Folgerungen einer unzulänglichen Protokollierung. Fehlt die gesamte Feststellung der Veranlassung im Protokoll oder weist sie wesentliche Lücken auf, so muß der Beschluß auf Beschwerde, in der die tatsächlichen Vorgänge bestritten werden[23], hin aufgehoben werden[24]. Insbesondere kann die fehlende Protokollierung nicht durch nachträgliche dienstliche Erklärungen des Vorsitzenden und des Urkundsbeamten ersetzt werden. Wird dagegen der Vorgang von dem Beschwerdeführer selbst nicht in Abrede gestellt (z. B. weil dieser den Sachverhalt zweifelsfrei einräumt und sich nur darauf beruft, in krankheitsbedingter nervöser Überreizung gehandelt zu haben)[25], kann die Darstellung in den Gründen des angefochtenen Beschlusses eine ausreichende tatsächliche Grundlage für die Bescheidung der Beschwerde bilden[26]. 9

3. Protokollierung des Beschlusses

a) Grundsatz. Neben der Veranlassung muß auch der Beschluß selbst mit Begründung in das Protokoll aufgenommen werden; andernfalls ist er durch das Beschwerdegericht aufzuheben[27]. Außerdem ist im Protokoll zu vermerken, daß dem Betroffenen vor dem Beschluß rechtliches Gehör[28] gewährt wurde[29], oder ggf. der Grund dafür, warum von dieser Anhörung abgesehen wurde[30]. 10

b) Beschluß des Gerichts. Der das Ordnungsmittel festsetzende Beschluß kann nur von dem Richter erlassen werden, der den Termin wahrgenommen hat. Ein anderer Richter kann dies nicht an seiner Stelle tun[31]. Der Beschwerde muß auch stattgegeben werden, wenn der Beschluß nur in einem Nachtrag zum Sitzungsprotokoll steht und von dem Richter allein unterschrieben ist[32]. 11

---

gung des gesamten Vorgangs – widerspreche, selbst wenn dadurch eine Ungebühr ungeahndet bliebe; *Kissel*[3] 4 f, der nur eine Protokollberichtigung, nicht aber eine Protokollergänzung für zulässig hält; *Zöller-Gummer*[22] 4.

[21] H. M, vgl. *Kleinknecht/Meyer-Goßner*[45] 3; KK-*Diemer*[4] 2; *Kissel*[3] 6.

[22] *Wieczorek/Schütze-Schreiber*[3] 5.

[23] OLG Stuttgart Justiz **1979** 347; OLG Koblenz GA **1989** 174.

[24] OLG Hamm JMBlNW **1955** 139; KG JR **1982** 158 unter Darlegung der unterschiedlichen Auffassungen; KK-*Diemer*[4] 1; *Katholnigg*[3] 2; *Kissel*[3] 7; *Wieczorek/Schütze-Schreiber*[3] 8.

[25] Dazu OLG Düsseldorf StraFo. **2000** 412.

[26] OLG Hamm NJW **1963** 1791; *Kleinknecht/Meyer-Goßner*[45] 2; *Katholnigg*[3] 2; *Kissel*[3] 8.

[27] *Wieczorek/Schütze-Schreiber*[3] 8.

[28] Zur Entbehrlichkeit der Gewährung rechtlichen Gehörs in Ausnahmefällen siehe § 178, 35.

[29] OLG Stuttgart Justiz **1979** 347; *Kissel*[3] 3, *Zöller-Gummer*[22] 6; **a. A** *Katholnigg*[3] 8, der diese Protokollnotiz unter Bezugnahme auf OLG Hamm JMBlNW **1977** 94 nicht für vorgeschrieben, wohl aber für empfehlenswert hält.

[30] *Katholnigg*[3] 8; dazu § 178, 35.

[31] OLG Hamburg LZ **1917** 149.

[32] OLG Colmar Recht **1910** Nr. 767.

12 c) **Begründung des Beschlusses.** Der Beschluß ist zu begründen (§ 34 StPO) und mit den Gründen in das Protokoll aufzunehmen[33]. Das Fehlen einer Begründung und ihre Ersetzung durch eine ausdrückliche oder stillschweigende Bezugnahme auf den Protokollvermerk über die Veranlassung ist nur dann unschädlich, wenn nach der Darstellung im Protokoll die Gründe der Entscheidung für den Betroffenen außer Zweifel und wenn der Protokollvermerk dem Beschwerdegericht die volle Nachprüfung des Beschlusses ermöglicht[34].

§ 183

[1]Wird eine Straftat in der Sitzung begangen, so hat das Gericht den Tatbestand festzustellen und der zuständigen Behörde das darüber aufgenommene Protokoll mitzuteilen. [2]In geeigneten Fällen ist die vorläufige Festnahme des Täters zu verfügen.

Schrifttum. *Nierwetberg* Strafanzeige durch das Gericht, NJW **1996** 432.

Entstehungsgeschichte. Durch Art. 223 Nr. 17 EGStGB 1974 wurde in Satz 1 „strafbare Handlung" durch „Straftat" ersetzt. Bezeichnung bis 1924: § 185.

Übersicht

1 **1. In der Sitzung.** § 183 setzt voraus, daß eine Straftat[1] in der Sitzung (dazu § 176, 6 ff) begangen wurde, und begründet für diesen Fall eine Verpflichtung – und nicht nur eine nach Ermessen wahrzunehmende Befugnis – des Gerichts, den Sachverhalt in einem Protokoll festzustellen und dieses der zuständigen Staatsanwaltschaft mitzuteilen[2]. Diese Verpflichtung ist nicht auf die Fälle beschränkt, in denen bestimmte Geschehnisse in einer mündlichen Verhandlung zum Zweck der Beweissicherung gesondert protokolliert werden müssen[3]. Bei Amtshandlungen außerhalb der Sitzung (§ 180) besteht keine

[33] BayObLG HRR **1933** Nr. 1471.

[34] OLG Bremen JR **1951** 693; OLG Celle MDR **1958** 265 mit Nachw.; OLG Hamm JMBlNW **1976** 21; MDR **1978** 780; OLG Koblenz VRS **72** (1987) 189; OLG Düsseldorf NStZ **1988** 238; NStE § 178, 8; *Pfeiffer*[3] 3; *Kleinknecht/Meyer-Goßner*[45] 4; KK-*Diemer*[4] 3; *Kissel*[3] 10.

[1] Nach materiellem Recht ist „Straftat" die rechtswidrige und *schuldhafte* Verwirklichung eines Straftatbestandes. Da das Gericht die Schuldfrage nicht prüfen kann und sich auch an die rechtswidrige Tatbestandsverwirklichung eines Schuldunfähigen Rechtsfolgen anknüpfen können, ist „Straftat" im nichttechnischen Sinn (= rechtswidrige Straftatbestandsverwirklichung, § 11 Abs. 1 Nr. 5 StGB) zu verstehen.

[2] *Kissel*[3] 5; **a. A** *Nierwetberg* NJW **1996** 432.

[3] *Katholnigg*[3] 1; **a. A** *Nierwetberg* NJW **1996** 432; *Kissel*[3] 2.

Pflicht[4], nach § 183 S. 1 zu verfahren, wohl aber ein Recht hierzu[5]. Ein allgemeiner Grundsatz des Inhalts, daß ein Gericht, wenn es bei Wahrnehmung seiner Aufgaben Kenntnis von strafrechtlichen Verfehlungen erhält, davon der Strafverfolgungsbehörde Mitteilung zu machen habe, ist aus § 183 nicht abzuleiten[6]. Etwas anderes gilt jedoch für Steuerstraftaten: Nach § 116 Abs. 1 AO haben Gerichte und alle Behörden „Tatsachen, die sie dienstlich erfahren und die den Verdacht einer Steuerstraftat begründen, dem Finanzamt mitzuteilen", soweit nicht im Einzelfall das Post- und Fernmeldegeheimnis entgegensteht[7].

2. Gericht. § 183 gilt für die Sitzungen der Strafgerichte wie der Zivilgerichte[8]. Ob **2**
§ 183 auch für die Gerichte anderer Gerichtszweige gilt, deren Verfahrensordnungen, wie z. B. § 55 VwGO, die Vorschriften des Gerichtsverfassungsgesetzes über die Sitzungspolizei generell für entsprechend anwendbar erklären, ist streitig. Während teils[9] § 183 für uneingeschränkt anwendbar erachtet wird, eröffnet § 183 nach anderer Auffassung[10] eine Befugnis, aber keine Verpflichtung der Gerichte der übrigen Gerichtsbarkeiten. Dabei kann aus der auf „geeignete Fälle" beschränkten Pflicht des Gerichts („ist") zur vorläufigen Festnahme nichts hergeleitet werden. Zwar ist diese Pflicht der eines Richters (beim Amtsgericht) als Notstaatsanwalt (§ 165 StPO) ähnlich. Daraus kann jedoch nichts gegen eine Geltung für die übrigen Gerichtsbarkeiten abgeleitet werden, da die Pflicht aus § 183 auch Zivilkammern und -senate bis hin zum Bundesgerichtshof trifft, die dem Richter des § 165 StPO ebensowenig vergleichbar sind wie die Richter anderer Gerichtsbarkeiten[11].

3. Straftat. Trotz seiner Stellung hinter den Bestimmungen über die Sitzungspolizei **3**
bezieht sich § 183 nicht nur auf Straftaten, die sich als Störung der Ordnung in der Sitzung darstellen, sondern auf alle Straftaten[12]. Insbesondere kann gegen einen Zeugen, der eines in der Verhandlung begangenen Meineides oder einer falschen uneidlichen Aussage verdächtig ist, gemäß § 183 verfahren werden. § 183 umfaßt auch Privatklage- und Antragsdelikte, selbst wenn ein Strafantrag noch nicht gestellt wurde oder anzunehmen ist, daß die Staatsanwaltschaft voraussichtlich das Verfahren einstellen wird. Deswegen kann nicht von der Protokollierung und Unterrichtung der Staatsanwaltschaft abgesehen werden[13], der diese Entscheidung vorbehalten ist und die dank des Zentralen Staatsanwaltschaftlichen Verfahrensregisters über umfassendere Erkenntnisse zur Person verfügt.

Ordnungswidrigkeiten. Auf in der Sitzung begangene Ordnungswidrigkeiten ist § 183 **4**
nicht anzuwenden[14], obwohl nach § 46 OWiG für die Verfolgung von Ordnungswidrig-

---

[4] Deren Erfüllung beispielsweise bei Ortsterminen oft gar nicht möglich wäre.

[5] **A. A** *Kleinknecht/Meyer-Goßner*[45] 1; *Katholnigg*[3] 1, die § 183 für entsprechend anwendbar halten.

[6] BayObLG NJW **1968** 56.

[7] Da eine Steuerstraftat nicht durch unrichtige Buchführung oder durch „unsaubere Geschäfte", sondern durch eine falsche Erklärung gegenüber dem Finanzamt begangen wird (vgl. § 370 Abs. 1 AO), setzt ein solcher Verdacht Anhaltspunkte dafür voraus, daß unrichtige Erklärungen gegenüber dem Finanzamt abgegeben wurden. Allein die Kenntnis von einem „Konto in der Schweiz" dürfte dafür nicht ausreichen.

[8] RGSt **73** 335; *Kaiser* GA **1970** 80, 83.

[9] *Katholnigg*[3] 6.

[10] *Kissel*[3] 7.

[11] Auf eine eigene Stellungnahme wird hier verzichtet, weil diese Frage für den Strafprozeß ohne Bedeutung ist.

[12] Die Frage, ob ein im Zivilprozeß schriftsätzlich eingeleiteter Prozeßbetrug von § 183 erfaßt wird, wird verneint von *Nierwetberg* NJW **1996** 432.

[13] So aber *MünchKomm-Wolf*[2] 2; *Wieczorek/Schütze-Schreiber*[3] 2.

[14] *Pfeiffer*[3] 1; *Kleinknecht/Meyer-Goßner*[45] 3; *Katholnigg*[3] 1; *Kissel*[3] 1.

keiten sinngemäß die Vorschriften der StPO und des Gerichtsverfassungsgesetzes gelten. Denn die nach Satz 2 vorgesehene Festnahme ist wegen einer Ordnungswidrigkeit nicht zulässig (§ 46 Abs. 3 S. 1 OWiG). Auch vertragen sich die in § 183 dem Gericht auferlegten Pflichten zur Tatbestandsfeststellung nicht mit dem die Verfolgung und Ahndung von Ordnungswidrigkeiten beherrschenden Opportunitätsprinzips (§ 47 OWiG). Doch kann sich eine Befugnis zur Feststellung und Mitteilung der entsprechenden Tatsachen aus den allgemeinen Vorschriften über die Amtshilfe (Art. 35 GG) ergeben[15].

5 **4. Feststellung des Sachverhalts.** In welcher Weise das Gericht den Sachverhalt festzustellen hat, hängt von den besonderen Umständen des Falles ab. Wenn die Mitglieder des Gerichts die Begehung einer Straftat selbst gesehen und gehört haben, so bedarf es keiner weiteren Beweiserhebung. Es genügt die Darstellung des Vorgangs im Sitzungsprotokoll. Ist die Straftat nicht von dem Vorsitzenden, sondern von einzelnen Beisitzern oder anderen Personen beobachtet worden, so sind die Erklärungen der Tatzeugen, zumindest aber der Hinweis auf diese Zeugen, ebenso wie eventuelle Erklärungen des Verdächtigen in das Sitzungsprotokoll aufzunehmen. Ob § 183 auch die Befugnis zur Durchsuchung eines Verdächtigen eröffnet[16], ist zweifelhaft. Hierfür dürfte eine Befugnis des Gerichts ebenso fehlen wie für den Erlaß eines Haftbefehls (s. Rdn. 8). Unabhängig von der Frage der Zulässigkeit sollte der Richter bei gegen ihn gerichteten, in der Sitzung begangenen Antragsdelikten davon absehen, einen eigenen Strafantrag mit in das Protokoll aufzunehmen, weil er damit seine objektive Rolle aufgeben würde[17].

6 **5. Feststellung von Amts wegen.** Das Einschreiten des Gerichts ist nicht von einem Antrag der Staatsanwaltschaft abhängig. Unberührt bleibt Recht und Pflicht der Staatsanwaltschaft, geeignete Anträge zu stellen, insbes. bei begründetem Verdacht einer Eidesverletzung oder falscher uneidlicher Aussagen die Niederschrift der beanstandeten Aussage zu beantragen (Nr. 136 RiStBV). Auch kann die Staatsanwaltschaft unmittelbar aufgrund eigener gesetzlicher Befugnisse tätig werden[18].

7 **6. Die zuständige Behörde**, der das Protokoll mitzuteilen ist, ist regelmäßig die örtliche Staatsanwaltschaft, die auch im Falle ihrer örtlichen Unzuständigkeit kraft ihrer Notkompetenz nach § 143 Abs. 2 die notwendigen Maßnahmen treffen kann (s. § 142, 6 f). Befindet sich indes die (sachlich zuständige) Staatsanwaltschaft nicht am Ort und ist die alsbaldige Vornahme gerichtlicher Untersuchungshandlungen erforderlich, so kann das Protokoll auch dem Amtsgericht mitgeteilt werden (§ 163 Abs. 2 S. 2 StPO); dieses hat sodann gemäß § 165 StPO zu verfahren. Dem Richter beim Amtsgericht ist das Protokoll auch mitzuteilen, wenn ihm der festgenommene Täter vorgeführt wird (Rdn. 8).

8 **7. Vorläufige Festnahme.** Während § 127 StPO unter vorläufiger Festnahme eine Ergreifung ohne vorgängigen richterlichen Befehl versteht, wird hier mit diesem Ausdruck eine richterlich angeordnete Ergreifung bezeichnet. Der Sache nach handelt es sich aber um eine vorläufige Festnahme im Sinn des § 127 StPO, zu der § 183 das Gericht – nicht den Vorsitzenden[19] – ermächtigt und ggf. verpflichtet, nicht um eine Verhaftung. Zum Erlaß eines **Haftbefehls** ist das die Festnahme verfügende Gericht als

---

15 Ebenso *Kleinknecht/Meyer-Goßner*[45] 3; **a.** A *Katholnigg*[3] 1.

16 So *K. Schäfer* in LR[23] 5.

17 *Katholnigg*[3] 2.

18 Nr. 136 S. 2 RiStBV; *Kleinknecht/Meyer-Goßner*[45] 2.

19 *Pfeiffer*[3] 3; *Kissel*[3] 6.

solches nur befugt, wenn es dazu nach den allgemeinen Vorschriften zuständig ist[20]. Eine Festnahme in der Sitzung hat die gleiche Wirkung wie eine außergerichtliche Festnahme; es muß also gemäß § 128 StPO verfahren werden. Der danach zuständige Richter beim Amtsgericht hat nach seinem Ermessen, unabhängig von der Ansicht des Gerichts, das die Festnahme angeordnet hat, darüber zu entscheiden, ob genügender Grund zum Erlaß eines Haftbefehls vorliegt. In dem Antrag der Staatsanwaltschaft auf vorläufige Festnahme und ebenso in der vorläufigen Festnahme in einem bürgerlichen Rechtsstreit (z. B. gegen den des Meineids Verdächtigen) liegt die Einleitung einer Untersuchung gemäß § 158 Abs. 2 StGB[21].

8. Ungebühr. Eine in der Sitzung begangene Straftat kann u. U. auch als Ungebühr 9
geahndet werden (§ 178, 27).

9. Verhältnis zu § 266 StPO. Auf eine von einem Angeklagten in der Sitzung be- 10
gangene Straftat würde § 266 StPO seinem Wortlaut nach anwendbar sein[22]. Gegen eine Einbeziehung einer während einer Hauptverhandlung begangenen Straftat in dieselbe Hauptverhandlung spricht jedoch bereits, daß dann ein Richter verhandeln müßte, dessen Vernehmung als unmittelbarer Tatzeuge nach § 244 Abs. 2 StPO im Regelfall geboten und der deshalb alsbald nach § 22 Nr. 5 StPO ausgeschlossen wäre.

---

[20] H. M, s. OLG Hamm NJW **1949** 191; *Kleinknecht/Meyer-Goßner*[45] 2; KK-*Diemer*[4] 1; *Katholnigg*[3] 3; *KMR*[7] 4; *Eb. Schmidt* 4; einschränkend *Kissel*[3] 6, der Strafrichtern im Hinblick auf § 22d die Befugnis zum Erlaß eines Haftbefehls zugesteht (folgerichtig müßte dies dann aber für alle Richter des Amtsgerichts gelten).

[21] RGSt **73** 335.

[22] Ebenso *Kissel*[3] 4.

FÜNFZEHNTER TITEL

Gerichtssprache, Verständigung mit dem Gericht[1]

Vorbemerkungen

Schrifttum. *Basdorf* Strafverfahren gegen der deutschen Sprache nicht mächtige Beschuldigte, GedS Karlheinz Meyer (1990) 19; *Hülle* Entwicklungsstufen unserer Gerichtssprache, JuS **1990** 526; *Greßmann* Strafbefehlsverfahren mit Auslandsberührung, NStZ **1991** 216; *Meyer, Jürgen* „Die Gerichtssprache ist deutsch" – auch für Ausländer? ZStW **93** (1981) 508; *Schneider* Deutsch als Gerichtssprache, MDR **1979** 534; *Vogler* Das Recht auf unentgeltliche Beiziehung eines Dolmetschers (Art. 6 Abs. III Buchst. e MRK), EuGRZ **1979** 640; *Vogler* Deutsch als Amtssprache für ein Rechtshilfeersuchen, NJW **1985** 1764; *Weith* Gerichtssprachenproblematik im Straf- und Bußgeldverfahren (1992).

Übersicht

1. Geltungsbereich. Die Bestimmungen dieses Titels[2] gelten für den Bereich der ordentlichen streitigen Gerichtsbarkeit (§ 2 EGGVG). In den Gerichtsverfassungs- oder Verfahrensvorschriften der übrigen Gerichtsbarkeitszweige gelten entsprechende Vorschriften; vielfach wird auf die §§ 184 ff GVG verwiesen[3]. 1

2. Zweck. Die Vorschriften des 15. Titels dienen der Wahrheitserforschung. Sie bezwecken, daß der Prozeßstoff ohne Behinderung durch mangelnde Sprachkenntnisse und mangelndes Sprachvermögen der Beteiligten ausgebreitet und erörtert wird. Sie sichern damit die Verständigung der Verfahrensbeteiligten untereinander, ohne die ein Gerichtsverfahren nicht möglich wäre. Aus diesem Zweck des § 184 ergibt sich die weitergehende Folgerung, daß bei einer Person, die sich mangels ausreichender geistiger Fähigkeiten nur in einfachster Ausdrucksweise verständigen kann, besonders darauf geachtet werden muß, daß Äußerungen anderer Verfahrensbeteiligter auch für sie verständlich sind[4]. 2

[1] Die Überschrift wurde durch Art. 20 Nr. 2 des OLG-Vertretungsänderungsgesetzes vom 23.7.2002 (BGBl. I S. 2850), in Kraft getreten am 1.8.2002, neu gefaßt; zuvor lautete sie nur „Gerichtssprache".

[2] Zur historischen Entwicklung *Oldenburg* JuS **1990** 526 ff; *Weith* §§ 2, 4. Aus rechtsvergleichender Sicht *Meyer* ZStW **93** (1981) 508 ff, 515 ff.

[3] § 9 Abs. 2 ArbGG, § 17 BVerfGG, § 8 FGG, § 52 Abs. 1 FGO, § 61 S. 1 SGG, § 55 VwGO sowie § 46 Abs. 1 OWiG.

[4] Ob weitergehend auch gefordert werden muß, daß Äußerungen Dritter auch von dem Beschuldigten und den übrigen Verfahrensbeteiligten tatsächlich verstanden wurden, bleibt der weiteren Diskussion

3 **3. Verfassungsrechtliche Grundlagen.** Die Bestimmungen des GVG über die Gerichtssprache und insbesondere die Dolmetscherbeiziehung beruhen auf mehreren Verfassungsgeboten. Zum einen sind sie Ausdruck des Rechts auf ein faires, rechtsstaatliches Verfahren gemäß Art. 2 Abs. 1 in Verbindung mit Art. 20 Abs. 3 GG[5]. Sie verwirklichen ferner den Grundsatz des rechtlichen Gehörs aus Art. 103 Abs. 1 GG[6] und gewährleisten den Anspruch auf effektiven Rechtsschutz aus Art. 19 Abs. 4 GG[7]. Eine Verhandlung ohne die gebotene Zuziehung eines Dolmetschers beeinträchtigt das rechtliche Gehör eines Verfahrensbeteiligten, wenn er, weil er selbst der deutschen Sprache nicht mächtig, hör- oder sprachbehindert ist, sich nicht angemessen mitteilen kann oder wenn ein solcher Beschuldigter sich nicht richtig verteidigen kann. Gleiches gilt, wenn die Verfahrensbeteiligten die Aussage von Zeugen usw. in fremder Sprache nicht verstehen. Die Regelungen tragen schließlich dem Verbot des Art. 3 Abs. 3 GG Rechnung, daß niemand wegen seiner Sprache benachteiligt werden darf. Das Bundesverfassungsgericht[8] hat aus diesen verfassungsrechtlichen Gründen hergeleitet, daß jeder Ausländer im Verfahren vor Gerichten der Bundesrepublik die gleichen prozessualen Grundrechte und den gleichen Anspruch auf rechtsstaatliches Verfahren sowie auf umfassenden und effektiven gerichtlichen Schutz wie jeder Deutsche hat und daß mangelhafte Kenntnisse der deutschen Sprache nicht zu einer Verkürzung der verfassungsrechtlichen Rechtsschutzgarantien führen dürfen. Diese Überlegungen gelten für alle mit eigenen Rechten ausgestatteten Verfahrensbeteiligten[9], also neben dem Angeklagten insbesondere auch für Neben- oder Privatkläger.

4. Völkerrechtliche Gesichtspunkte

4 a) Nach **Art. 5 Abs. 2 MRK**[10] muß jeder *Festgenommene* unverzüglich und in einer ihm verständlichen Sprache[11] über die Gründe seiner Festnahme und über die gegen ihn erhobenen Beschuldigungen unterrichtet werden. Nach **Art. 6 Abs. 3 Buchst. a, e**[12] hat jeder *Angeklagte* das Recht, unverzüglich in einer für ihn verständlichen Sprache über die Art und den Grund der gegen ihn erhobenen Beschuldigung in Kenntnis gesetzt zu werden. Er kann ferner die unentgeltliche Beiziehung eines Dolmetschers verlangen, wenn er die Verhandlungssprache des Gerichts nicht versteht oder sich nicht darin ausdrücken kann[13]. Entsprechende weitgehend gleichlautende Bestimmungen finden sich auch in Art. 14 Abs. 3 Buchst. a und f des Internationalen Pakts vom 19.12.1966 über bürgerliche und politische Rechte[14]. Diesen Anforderungen entsprechen die §§ 184 ff[15]. Ihre Auslegung muß den völkerrechtlichen Vereinbarungen Rechnung tragen (vgl. § 184, 17 f). Zu der Frage, ob das Recht auf unentgeltliche Beiziehung den verurteilten An-

---

vorbehalten. Für die Beschuldigtenbelehrung nach § 136 Abs. 1, 163a Abs. 4 StPO verlangt dies inzwischen BGH NJW **1994** 333 (mit Anm. *Kiel* NJW **1994** 1267) mit der Folge der Unverwertbarkeit einer Aussage, die nach einer in ihrer Bedeutung nicht erfaßten Beschuldigtenbelehrung erfolgte.

5 BVerfGE **40** 95 = NJW **1975** 1597; BVerfGE **42** 120 = NJW **1976** 1021. Vgl. ausführlich *Weith,* § 9 mit weit. Nachw.; ferner *Meyer* ZStW **93** (1981), 508, 511 ff.

6 *Maunz/Dürig/Herzog* Art. 103, 79.

7 *Maunz/Dürig/Herzog* Art. 19 Abs. 4 Rdn. 16.

8 S. oben bei Fußn. 5.

9 So ausdrücklich das BVerfG NJW **1983** 2762 für das Recht auf rechtliches Gehör aus Art. 103 Abs. 1 GG. Dagegen wird dort das Recht auf ein faires Verfahren und aktive Verfahrensteilnahme zu eng als Recht des *Angeklagten* bezeichnet.

10 Ausführlich hierzu LR-*Gollwitzer* Art. 5 MRK (24. Aufl. Rdn. 89 ff).

11 Dabei braucht es sich nicht um seine Muttersprache zu handeln, vgl. LR-*Gollwitzer* Art. 5 MRK (24. Aufl. Rdn. 97).

12 Ausführlich hierzu LR-*Gollwitzer* Art. 6 MRK (24. Aufl. Rdn. 160 ff, 233 ff).

13 LG Nürnberg NStZ **1989** 428.

14 Zustimmungsgesetz vom 15.11.1973 (BGBl. II 1533) und Bekanntmachung betr. Inkrafttreten vom 14.6.1976 (BGBl. II 1068). Erläuterungen hierzu bei LR-*Gollwitzer* Art. 6 MRK.

15 *Jescheck* NJW **1954** 785.

geklagten von der Verpflichtung, die durch die Inanspruchnahme des Dolmetschers entstandenen Auslagen zu tragen, freistellt, vgl. § 185, 12 und § 465, 9, 10 StPO.

b) Dagegen geht Art. 105 Abs. 4 des **Genfer Abkommens** vom 12. 8. 1949[16] **über die Behandlung der Kriegsgefangenen**[17], wonach im Verfahren gegen Kriegsgefangene die Anklageschrift und sonstige bekanntzugebende Schriftstücke in einer dem Beschuldigten verständlichen Sprache zugestellt werden müssen, über § 184 GVG hinaus[18]. 5

c) Nach § 11 des Gesetzes über die Rechtsstellung **heimatloser Ausländer** vom 25. 4. 1951[19] sind heimatlose Ausländer (über diesen Begriff s. § 1 dieses Gesetzes) im Verfahren vor allen deutschen Gerichten den deutschen Staatsangehörigen gleichgestellt; es gelten also für sie die allgemeinen Vorschriften. 6

d) Nach Art. VII Abs. IX Buchst. f des **Nato-Truppenstatuts**[20] haben Mitglieder der in der Bundesrepublik stationierten ausländischen Truppen und ihres zivilen Gefolges sowie deren Angehörige bei strafrechtlicher Verfolgung durch die deutsche Gerichtsbarkeit „das Recht, falls er es für nötig hält, auf die Dienste eines befähigten Dolmetschers". 7

e) Die durch Gesetz vom 9. Juli 1998 ratifizierte[21] und für Deutschland am 1. 1. 1999 in Kraft getretene[22] **Europäische Charta der Regional- oder Minderheitensprachen des Europarats vom 5. November 1992**[23] enthält in Art. 9 folgende Bestimmung: 8

„Art. 9
Justizbehörden

(1) Die Vertragsparteien verpflichten sich, in bezug auf diejenigen Gerichtsbezirke, in denen die Zahl der Einwohner, welche die Regional- oder Minderheitensprachen gebrauchen, die nachstehenden Maßnahmen rechtfertigt, unter Berücksichtigung der Situation jeder dieser Sprachen und unter der Bedingung, daß die Inanspruchnahme der durch diesen Absatz gebotenen Möglichkeiten nach Auffassung des Richters eine ordentliche Rechtspflege nicht behindert,

a) in Strafverfahren

i) dafür zu sorgen, daß die Gerichte auf Antrag einer der Parteien das Verfahren in den Regional- oder Minderheitensprachen durchführen, und/oder

ii) sicherzustellen, daß der Angeklagte das Recht hat, seine Regional- oder Minderheitensprache zu gebrauchen, und/oder

iii) dafür zu sorgen, daß Anträge und Beweismittel, gleichviel ob schriftlich oder mündlich, nicht allein aus dem Grund als unzulässig angesehen werden, weil sie in einer Regional- oder Minderheitensprache abgefaßt sind, und/oder

iv) auf Verlangen Schriftstücke, die mit Gerichtsverfahren zusammenhängen, in der betreffenden Regional- oder Minderheitensprache abzufassen, wenn nötig durch Inanspruchnahme von Dolmetschern und Übersetzungen, wodurch den Betroffenen keine zusätzlichen Kosten entstehen dürfen;

b) …"

In der „Erklärung der Bundesrepublik Deutschland zur Vorbereitung der Ratifizierung der Europäischen Charta der Regional- oder Minderheitensprachen" vom

---

16 BGBl. II 1954, S. 838.

17 Gesetz vom 21. 8. 1954, BGBl. II S. 781, gem. Bek. vom 4. 11. 1954, BGBl. II S. 1133 in Kraft seit dem 3. 3. 1955.

18 *Jescheck* ZStW **65** (1953) „Mitteilungsblatt", 130.

19 BGBl. I S. 269.

20 BGBl. 1961 II S. 1190.

21 Gesetz vom 9. Juli 1998, BGBl. II 1314.

22 Bekanntmachung vom 30. 12. 1998, BGBl. 1999 II 59 ff. Die dort veröffentlichte deutsche Erklärung legt für zahlreiche deutsche Sprachgebiete fest, auf welche Sprachen welche Artikel der Charta Anwendung finden.

23 BGBl. 1998 II 1315 ff.

23. Januar 1998[24] sind mit Bezug auf Art. 9 Abs. 1 Buchst. a) der Charta nähere jeweils räumlich eingegrenzte Festlegungen für das dänische Sprachgebiet, das ober- und niedersorbische Sprachgebiet, das nord- und saterfriesische Sprachgebiet, für Niederdeutsch sowie bundesweit für die Sprache Romanes der Sinti und Roma enthalten.

§ 184

Die Gerichtssprache ist deutsch.

Schrifttum siehe bei den Vorbemerkungen.

Bezeichnung bis 1924: § 186.

Übersicht

I. Sonderregelung für Sorben im Einigungsvertrag

1 Die Anlage zum Einigungsvertrag[1] besagt, daß „das Recht der Sorben, in den Heimatkreisen der sorbischen Bevölkerung vor Gericht sorbisch zu sprechen"[2], durch § 184 nicht berührt wird[3]. Dieses Recht betrifft nur Angehörige des Sorbischen Volkes und ist räumlich beschränkt auf die Heimatkreise der sorbischen Bevölkerung. Es ist unabhängig davon, ob ein Sorbe die deutsche Sprache beherrscht, und gilt nicht nur für mündliche, sondern auch für schriftliche Äußerungen[4]. Aus ihr ergibt sich für des Deutschen mächtige Sorben kein Anspruch auf Übersetzung deutschsprachiger Äußerungen des Gerichts oder anderer Verfahrensbeteiligter in die sorbische Sprache. Es handelt sich dabei um eine Regelung zur Wahrung der Rechte von Minderheiten. Forderungen auf

---

[24] BGBl. 1998 II 1334, 1336.

[1] Vertrag zwischen der Bundesrepublik Deutschland und der Deutschen Demokratischen Republik über die Herstellung der Einheit Deutschlands vom 31. August 1990 (BGBl. II S. 889 ff).

[2] Anlage I Kapitel III Sachgebiet A Abschnitt III Nr. 1 Buchstabe r.

[3] Wegen weiterer Erläuterungen zu dieser Maßgabe des Einigungsvertrages siehe in der 24. Aufl. LR-Nachtrag „Einigungsvertrag" Teil B Rdn. 172 ff.

[4] *Kissel*[3] 24.

ähnliche Rechte, teils räumlich bezogen auf alle Gerichte im Bundesgebiet, sind in letzter Zeit auch von Angehörigen anderer Minderheiten[5] erhoben worden. Nähere Regelungen dazu enthält die am 1.9.1999 in Kraft getretene Europäische Charta der Regional- oder Minderheitensprachen des Europarats vom 5. November 1992 enthalten (dazu Vor § 184, 8).

II. Begriff der deutschen Sprache

1. Grundsatz. Unter deutscher Sprache ist zunächst die deutsche Hochsprache zu 2
verstehen[6]. Eine Unterschrift gilt nicht als Text, so daß Unterschriften auch in fremden Schriftzeichen erfolgen können[7].

2. Deutsche Mundarten. Der Begriff der deutschen Sprache im Sinn des § 184 3
umfaßt ferner deutsche Mundarten, soweit alle Verfahrensbeteiligten sie verstehen[8]. § 185 findet auf den, der einen deutschen „Dialekt" spricht, keine Anwendung; vielmehr steht es im Ermessen des Gerichts, ob es zu dessen Verständnis einen Dolmetscher zuziehen will[9]. Soweit ein Verfahrensbeteiligter nur eine nicht für alle Beteiligten geläufige Mundart spricht, ist ein Dolmetscher hinzuziehen[10]. Die Übertragung eines in „jiddischer" Sprache verfaßten, jedoch mit hebräischen Schriftzeichen geschriebenen Schriftstücks ist dagegen eine Übersetzung aus einer fremden Sprache[11].

3. Fachausdrücke. Die deutsche Sprache umfaßt auch Fremdwörter und Fachaus- 4
drücke, auch soweit sie – wie medizinische Fachausdrücke – der lateinischen Sprache entnommen sind. Dabei wird ggf. darauf hinzuwirken sein, daß diese ergänzend in jedermann verständlichem Deutsch erläutert werden. Keinesfalls darf die Verwendung in einer Art und einem Umfang geschehen, daß der Angeklagte oder ein anderer Verfahrensbeteiligter die Ausführungen nicht mehr verstehen kann[12].

4. Mathematische Formeln. Auch mathematische Formeln[13] gehören zur deutschen 5
Sprache[14]. Diese lassen sich – beispielsweise bei Bremswegberechnungen im Zusammenhang mit Verkehrsunfällen oder der Blutalkoholbestimmung anhand von Trinkmengen – nicht vermeiden. Hier ist in besonderem Maße darauf zu achten, daß derartige Darstellungen allen Verfahrensbeteiligten verständlich gemacht werden.

---

5 S. BGBl. 1998 II 1334, 1336.

6 *Kissel*[3] 1; *Weith* § 8 II.

7 VGH München NJW **1978** 510; *Wieczorek/Schütze-Schreiber*[3] 12.

8 *Kleinknecht/Meyer-Goßner*[41] 1; KK-*Diemer*[4] 1; *Kissel*[3] 2; *Weith* § 8 II.

9 RG Rspr. **8** 160; OLG Oldenburg HRR **1928** Nr. 392; *Rasch* Recht **1916** 8; ebenso zu der gleichlautenden Vorschrift in § 115 der alten MStGO RMG DJZ **1916** 344.

10 *Kissel*[3] 2; *Wieczorek/Schütze-Schreiber*[3] 3.

11 RG vom 7.9.1901, 3345/01.

12 Zur Wiedergabe medizinischer Gutachten in einem Urteil vgl. BSG MDR **1975** 697.

13 Als Beispiel sei § 32a Abs. 1 bis 4 EStG, der den Rechenweg zur Ermittlung der Einkommensteuer aus dem zu versteuernden Einkommen bestimmt, genannt.

14 *Weith* § 8 IV. Dagegen hält *Becker-Kuni* NJW **1977** 322 die „Verwendung mathematischer Formeln anstelle der Gerichtssprache" für einen Verstoß gegen das Rechtsstaatsprinzip.

III. Gerichtssprache

6 **1. Bedeutung.** Gerichtssprache bedeutet, daß die „offizielle" Sprache, in der das Gericht spricht, der Staatsanwalt sich äußert, das Urteil verkündet und niedergelegt wird usw., die deutsche Sprache ist. § 184 betrifft sowohl mündliche als auch schriftliche Äußerungen des Gerichts[15] und der übrigen Verfahrensbeteiligten. Die §§ 185 bis 191 beziehen sich dagegen nur auf die mündliche gerichtliche Verhandlung, nicht aber den Schriftverkehr mit dem Gericht. § 184 betrifft nicht die außerhalb des Verfahrens entstandenen, im Verfahren ggf. als Beweismittel in Betracht kommenden Schriftstücke[16]. Diese werden in ihrer Ursprungssprache vorgelegt und bei Bedarf von einem Sachverständigen (s. § 185, 1) übersetzt.

2. Schriftliche Äußerungen des Gerichts

7 **a) Grundsatz.** Schriftliche Erklärungen und Entscheidungen des Gerichts ergehen grundsätzlich in deutscher Sprache, auch wenn der Empfänger Ausländer oder sonst der deutschen Sprache nicht mächtig ist. Die ursprüngliche Auslegung des § 184 ging dahin, daß es nach dem Grundgedanken der Vorschrift Sache des Empfängers sei, sich über den Inhalt zu unterrichten. So wurde früher aus § 184 gefolgert, daß auch bei einem der deutschen Sprache nicht mächtigen Angeklagten den Vorschriften der §§ 200, 201 StPO durch Zustellung einer deutschsprachigen Anklageschrift genügt sei; es bedürfe nicht der Beifügung einer Übersetzung[17]. Aus Art. 6 Abs. 3 Buchst. a MRK ergibt sich jedoch, daß der Angeschuldigte das Recht hat, über die tatsächlichen und rechtlichen Gesichtspunkte der gegen ihn erhobenen Beschuldigten in einer für ihn verständlichen Sprache (also nicht notwendig in seiner Muttersprache) unterrichtet zu werden, wenn er die deutsche Sprache nicht versteht[18]. Dies dürfte für den Regelfall die Verpflichtung zur Übersetzung der Anklageschrift in eine solche Sprache bedeuten[19]. Soweit der der deutschen Sprache nicht mächtige Beschuldigte oder sonstige Verfahrensbeteiligte ein ihm vom Gericht nur in deutscher Sprache zugeleitetes Schreiben trotz von ihm entfalteter zumutbarer Bemühungen nicht versteht und deswegen einen Termin oder eine Frist versäumt, ist ihm – gegebenenfalls von Amts wegen – Wiedereinsetzung zu gewähren[20].

8 Nach **Nr. 181 RiStBV** sind Ladungen, Haftbefehle, Strafbefehle, Anklageschriften und sonstige gerichtliche Sachentscheidungen dem Ausländer, der die deutsche Sprache nicht hinreichend beherrscht, mit einer Übersetzung in eine ihm verständliche Sprache bekanntzugeben. Diese Verwaltungsanordnung, die nur für die Staatsanwaltschaften, nicht aber die Gerichte verbindlich ist und auch nicht selbständig Verfahrensrechte des Angeklagten zu begründen vermag[21], wurde in Verdeutlichung der vom Bundesverfassungsgericht[22] aufgestellten Grundsätze und der Vorschriften der Menschenrechtskonvention getroffen. Aus ihr ergibt sich, daß auch die Rechtsbehelfsbelehrung des

---

15 Zur Frage gerichtlicher Entscheidungen in Gedichtform vgl. *Beaumont* NJW **1989** 372.

16 *Katholnigg*[3] 5.

17 RG DRZ **1930** Nr. 21.

18 Vgl. LR-*Gollwitzer* Art. 6 MRK (24. Aufl. Rdn. 171 f).

19 KG StV **1994** 90 („zwingend erforderlich"); LG Essen NJW **1966** 1624; s. auch LR-*Rieß* § 201, 15 StPO.

20 BGHSt **30** 182; *Katholnigg*[3] 3.

21 BVerfG NJW **1983** 2762; BayObLG NStZ **1986** 248; NStZ **1996** 248.

22 BVerfGE **40** 95 = NJW **1975** 1597; BVerfGE **42** 120 = NJW **1976** 1021. Diese betreffen primär die Frage, welche Maßstäbe an ein Verschulden bei der Wiedereinsetzung wegen Versäumung der Einspruchsfrist gegen einen Strafbefehl bzw. einen Bußgeldbescheid zu stellen sind, wenn der die deutsche Sprache nicht beherrschende Beschuldigte bzw. Betroffene keine Rechtsmittelbelehrung in einer ihm verständlichen Sprache erhalten hat.

Strafbefehls[23] oder Bußgeldbescheids bei einem der deutschen Sprache nicht oder nicht hinreichend Mächtigen (und nicht durch einen Verteidiger vertretenen) Beschuldigten (Betroffenen) in einer ihm verständlichen Sprache erfolgen muß. Das gleiche gilt für die Belehrung[24] bei einer anderen mit einem befristeten Rechtsmittel anfechtbaren Entscheidung[25]. Demgemäß darf auch das Amtsgericht im Bußgeldverfahren nicht ohne Hauptverhandlung entscheiden, wenn es den Betroffenen nicht in einer für ihn verständlichen Sprache auf die Möglichkeit einer Entscheidung ohne Hauptverhandlung und des Widerspruchs hiergegen – § 72 OWiG – hingewiesen hat[26].

b) Strafbefehle und Anklageschriften. Danach entspricht es der Übung und ist auch rechtlich geboten (Art. 6 Abs. 3 Buchst. a MRK), dem Angeschuldigten den Strafbefehl oder die Anklageschrift in einer ihm verständlichen Sprache zuzustellen[27]. Ist dies[28] versehentlich unterblieben, kann im Einzelfall die mündliche Übersetzung des Anklagevorwurfs in der Hauptverhandlung ausreichen[29], wenn seine Verteidigungsmöglichkeiten dadurch nicht beeinträchtigt werden. Die Revision kann von einem verteidigten Angeklagten auf die unterlassene Mitteilung einer übersetzten Anklageschrift nur gestützt werden, wenn er diesen Mangel in der Hauptverhandlung gerügt und erfolglos Aussetzung nach § 265 Abs. 4 StPO beantragt hat[30]. 9

c) Ladungen. Auch die Zustellung von Ladungen soll gemäß Nr. 181 RiStBV in einer für den Empfänger verständlichen Sprache erfolgen; gesetzlich ist dies indes nicht geboten und deswegen eine Ladung einer der deutschen Sprache nicht mächtigen Person nur in deutscher Sprache gleichwohl wirksam[31]. Die mit der Ladung zur Hauptverhandlung im Berufungsverfahren nach § 323 Abs. 1 S. 2 StPO zu verbindende Belehrung über die Folgen des Ausbleibens ist dem Angeklagten in einer ihm verständlichen Sprache zu erteilen[32]. 10

d) Gerichtsentscheidungen. Entscheidungen, die **in Anwesenheit** des der deutschen Sprache nicht mächtigen Angeklagten, Privat- oder Nebenklägers **verkündet** und bei dieser Gelegenheit (selbstverständlich[33]) in eine für diesen Verfahrensbeteiligten verständliche Sprache übersetzt werden, brauchen dem anwaltlich beratenen Verfahrensbeteiligten grundsätzlich nicht außerdem auch in einer ihm verständlichen Sprache schriftlich zur Verfügung gestellt zu werden[34]. Hier erfüllt die Übersetzung der münd- 11

---

[23] In der Praxis sind inzwischen standardisierte Rechtsbehelfsbelehrungen zum Strafbefehl in vielen Sprachen verfügbar (vgl. BVerfGE **40** 98).

[24] In der Hauptverhandlung wird diese Belehrung in der Regel von dem anwesenden Dolmetscher mündlich übersetzt werden.

[25] KG JR **1977** 130; LG München II NJW **1972** 405.

[26] BayObLG NJW **1976** 2084.

[27] BVerfG NJW **1983** 2762; KG StV **1994** 90; OLG Hamburg StV **1994** 65 mit zust. Anm. *Kühne*; OLG Düsseldorf VRS **68** (1985) 119; StV **2001** 498; nach *Katholnigg*[3] 3 ist die Übersetzung nicht zuzustellen; schlichte Übermittlung reiche.

[28] Nach LG Aachen NStZ **1984** 283 ist die Veranlassung der Übersetzung Aufgabe des Gerichts, nicht der Staatsanwaltschaft. Dafür spricht, daß das Gericht einen Antrag auf Erlaß des Strafbefehls aus verschiedenen Gründen ablehnen kann (vgl. § 408, 15 ff StPO) und dann die Übersetzung unnötig gewesen wäre.

[29] OLG Düsseldorf StV **1985** 361; OLG Hamburg NStZ **1993** 53 (bei einem verteidigten Angeklagten, der schon zuvor durch seinen Verteidiger den Verzicht auf Einlassungsfristen angekündigt hatte); OLG Hamburg NStZ **1994** 65; kritisch LR-*Rieß* § 201, 15 StPO.

[30] BGHSt **44** 46; BGH NStZ **1982** 125 (allgemein für die fehlende Mitteilung der Anklageschrift); OLG Düsseldorf StV **1985** 361.

[31] OLG Hamm JMBlNRW **1981** 166; **1984** 78; BayObLG NJW **1996** 1836 (das unbefriedigende Ergebnis hätte von einem erfahreneren Verteidiger wohl vermieden werden können); *Kleinknecht/Meyer-Goßner*[45] 3; *Kissel*[3] 11.

[32] BayObLG NJW **1976** 2084 (für § 72 Abs. 1 S. 2 OWiG); OLG Köln StV **1996** 13; vgl. hierzu auch BayObLG NStZ **1996** 248.

[33] BVerfG NJW **1983** 2762.

[34] EGMR, Urteil im Fall Kamasinski vom 19.12.1989 (9/1988/153/207; Rdn. 85); BVerfG NJW **1983**

lichen Urteilsbegründung die Verpflichtungen aus Art. 6 Abs. 3 Buchst. e MRK. Etwas anderes muß jedoch gelten, wenn in Ausnahmefällen der Angeklagte zu seiner Verteidigung selbst zwingend auf die Kenntnis der schriftlichen Urteilsgründe angewiesen ist, etwa weil er ankündigt, eine Revision zu Protokoll der Geschäftsstelle begründen[35] zu wollen[36].

12 Ein **in Abwesenheit ergangen**es Urteil (§§ 231 Abs. 2, 231a, 231b, 232, 233 StPO) ist dem der deutschen Sprache nicht mächtigen und nicht verteidigten Angeklagten dagegen mit einer Übersetzung des Urteils in eine ihm verständliche Sprache zuzustellen oder mitzuteilen[37]. Gleiches gilt für sonstige für seine Verteidigung wesentliche in Abwesenheit ergangene Entscheidungen[38]. Einem der deutschen Sprache nicht mächtigen Untersuchungsgefangenen sollte der Haftbefehl in einer ihm verständlichen Sprache ausgehändigt werden[39]; zumindest ist er in einer ihm verständlichen Sprache mündlich zu unterrichten[40]. Darüber hinaus besteht kein Anspruch auf Übersetzung von gerichtlichen, die Untersuchungshaft betreffenden Entscheidungen[41]. Bei der Prüfung, in welchem Umfang Übersetzungen von Entscheidungen erforderlich sind, ist stets vorrangig zu prüfen, ob die durch die fehlende Verständigungsmöglichkeit ausgelösten Schwierigkeiten (in Verbindung mit weiteren Gesichtspunkten) Anlaß zur Bestellung eines Pflichtverteidigers nach § 140 Abs. 2 StPO geben (vgl. § 185, 9)[42].

13 e) **Rechtsmittelbelehrungen.** Bei in Anwesenheit des der deutschen Sprache nicht mächtigen Angeklagten, Privat- oder Nebenkläger ergehenden Entscheidungen ergeht im Regelfall eine mündliche, durch den Dolmetscher zu übersetzende Rechtsmittelbelehrung[43]. Bei allen anderen Entscheidungen ist der Angeklagte schriftlich über die möglichen Rechtsbehelfe zu unterrichten[44]. Selbst wenn eine Übersetzung der schriftlichen Rechtsmittelbelehrung[45] nicht zwingend geboten ist, ist sie doch dringend zu empfehlen, da eine nicht übersetzte Rechtsmittelbelehrung verfassungsrechtlich[46] einer fehlenden Rechtsmittelbelehrung gleich gesetzt wird[47]. Zu einer ordnungsgemäßen Rechtsmittelbelehrung gehört auch der Hinweis, daß ein schriftliches Rechtsmittel in deutscher Sprache erfolgen muß[48].

2762; BGH GA **1981** 262; OLG Hamburg NJW **1978** 2462; OLG Frankfurt NJW **1980** 1238 = GA **1980** 149; OLG Stuttgart NStZ **1981** 225; OLG Stuttgart MDR **1983** 256; LG Würzburg JurBüro **1983** 1494; OLG Düsseldorf StV **1985** 361: OLG Hamm StV **1990** 101; OLG Stuttgart NJW **1980** 1238 (für den Sonderfall der bereits vom Verteidiger begründeten Revision nach Ablauf der Revisionsbegründungsfrist); *Pfeiffer*[3] 2; *Kleinknecht/Meyer-Goßner*[45] Art. 6, 26 MRK; KK-*Diemer*[4] 3; *Kissel*[3] 10; **a. A** (Anspruch auf Übersetzung des schriftlichen Urteils) *Sieg* MDR **1981** 279; *Strate* AnwBl. **1980** 15; *Römer* NStZ **1981** 475.

35 Wozu ebenfalls ein Dolmetscher hinzuziehen ist, s. § 185, 4.

36 Ebenso *Strate* AnwBl. **1980** 15; *Sieg* MDR **1981** 279; *Römer* NStZ **1981** 475.

37 OLG Stuttgart MDR **1983** 256; *Pfeiffer*[3] 2; *Kleinknecht/Meyer-Goßner*[45] 3 und Art. 6, 26 (unabhängig von dem Vorhandensein eines Verteidigers); *Katholnigg*[3] 3; offen gelassen von KK-*Diemer*[4] 3.

38 OLG Stuttgart MDR **1983** 256; *Pfeiffer*[3] 2; *Kleinknecht/Meyer-Goßner*[45] Art. 6, 26 MRK.

39 Nr. 118 Abs. 2 RiStBV.

40 § 114a, 7 StPO; LR-*Gollwitzer* Art. 5 MRK (24. Aufl. Rdn. 89 ff).

41 OLG Stuttgart Die Justiz **1986** 307.

42 *Kleinknecht/Meyer-Goßner*[45] 3.

43 *Kissel*[3] 14.

44 Vgl. Nr. 142 Abs. 1 S. 2, Abs. 3 RiStBV.

45 Daß in der Praxis eine schriftliche Rechtsmittelbelehrung auch trotz erteilter mündlicher Rechtsmittelbelehrung sinnvoll ist, weil sie dem Angeklagten ermöglicht, diese auch noch später in Ruhe zu lesen, verdeutlicht Nr. 142 Abs. 1 S. 2 RiStBV, wo empfohlen wird, dem Angeklagten in der Hauptverhandlung im Anschluß an die Urteilsbegründung stets eine schriftliche Rechtsmittelbelehrung auszuhändigen.

46 BVerfGE **40** 95, 100 = NJW **1975** 1597.

47 *Greßmann* NStZ **1991** 216.

48 BVerfG NJW **1983** 2762; BGHSt **30** 182, 185; OLG Düsseldorf StV **1982** 359; Nr. 142 Abs. 1 S. 3 RiStBV.

f) Rechtshilfeersuchen. § 184 gilt auch für die Originale der von deutschen Gerichten an das Ausland gerichteten Rechtshilfeersuchen[49]. Deswegen braucht der deutsche Richter eine in die ihm nicht geläufige Sprache des um Rechtshilfe gebetenen Staates übersetzte Ladung nicht in dieser Sprache zu unterschreiben, wenn er die Verantwortung dafür nicht übernehmen will. Es ist ihm aber nicht untersagt, ein solches Dokument in fremder Sprache zu unterschreiben. 14

3. Schriftliche Erklärungen Prozeßbeteiligter

a) Grundsatz. Das Gesetz[50] berücksichtigt den Umstand, daß jemand der deutschen Sprache nicht mächtig ist, nur bei gerichtlichen (*mündlichen*) Verhandlungen (§§ 185, 188). Daraus ergibt sich die Frage, in welcher Sprache *schriftliche* Erklärungen abgefaßt sein müssen, die ein der deutschen Sprache nicht oder nicht genügend mächtiger Prozeßbeteiligter dem Gericht gegenüber abgibt, um rechtliche Wirkungen zu entfalten. 15

b) Herrschende Meinung. Der Bundesgerichtshof[51] hat aus §§ 184, 185 gefolgert, daß es den Prozeßbeteiligten nicht gestattet sei, schriftliche Erklärungen in einer anderen Sprache abzugeben, und daß in fremder Sprache abgefaßte Eingaben, durch die Rechtsmittel eingelegt werden oder Fristen gewahrt werden sollen, unwirksam seien, es sei denn, ihnen sei eine Übersetzung in die deutsche Sprache beigefügt[52]. Deshalb gelten sie als unbeachtlich und bräuchten nicht als aus Formgründen unzulässig verworfen werden[53]. Im Interesse der Vereinfachung und Beschleunigung der Verfahren, der Rechtsklarheit und der Rechtssicherheit müsse sichergestellt sein, daß die schriftlichen Eingaben für das deutsche Gericht und die übrigen Verfahrensbeteiligten schon im Zeitpunkt des Zugangs aus sich heraus verständlich seien und es nicht erst der zeitraubenden Erforschung ihres Inhalts durch Einschaltung verfahrensfremder Personen bedürfe. Dies gelte auch dann, wenn der Richter diese Sprache beherrsche und den Sinn der Eingabe auch in der fremden Sprache erfasse[54], weil es sonst von einem von keinem Verfahrensbeteiligten vorhersehbaren Zufall abhängen könne, ob eine fremdsprachige Eingabe als zulässig anerkannt werde[55]. Ausnahmsweise anerkennt die h. M eine Pflicht des Gerichts, eine fremdsprachige Eingabe übersetzen zu lassen, nur bei einer Rechtsmittelrücknahmeerklärung[56] oder bei 16

---

[49] BGHSt **32** 342 ff mit abl. Anm. *Vogler* NJW **1985** 1764; *Pfeiffer*[3] 3; *Kleinknecht/Meyer-Goßner*[45] 4; KK-*Diemer*[4] 4; *Kissel*[3] 23.

[50] § 23 VwVfG, dessen Absatz 1 bestimmt: „Die Amtssprache ist deutsch.", enthält in den Absätzen 2 bis 4 Vorschriften zur Klärung der Wirkung von Anträgen usw. in fremder Sprache. Sie können mit gewissen Einschränkungen als Hinweise zur Auslegung der §§ 184 ff GVG herangezogen werden (hierzu *Götz* NJW **1976** 1427).

[51] BGHSt **30** 182 mit abl. Anm. *Meurer* JR **1982** 517. Ebenso RGZ **31** 428; **162** 288; KG JR **1977** 129 (mit weit. Nachw. betr. Revisionseinlegung, § 341 Abs. 1 StPO); OLG Nürnberg bei *Büngerl* NStZ **1989** 428 hinsichtlich der Eingaben eines Strafgefangenen; OLG Düsseldorf NStZ-RR **1999** 364; JMBlNRW **2000** 68; *Kleinknecht/Meyer-Goßner*[45] 2; KK-*Diemer*[4] 2; *Katholnigg*[3] 4; *Kissel*[3] 5; *Baumbach/Lauterbach-Albers*[59] 3.

[52] *Wieczorek/Schütze-Schreiber*[3] 9.

[53] Die herrschende Meinung hält es nicht einmal für erforderlich, auf eine solche Eingabe hin den Einsender auf die Notwendigkeit hinzuweisen, seine Eingaben in deutscher Sprache einzureichen, vgl. *Kissel*[3] 5; insoweit **a. A** OLG Frankfurt NJW **1980** 1173; *Kissel*[3] 6; *Zöller-Gummer*[22] 4; *MünchKomm-Wolf*[2] 7; *Wieczorek/Schütze-Schreiber*[3] 8, 10.

[54] Insoweit bei grundsätzlicher Zustimmung zu der Auffassung des BGH **a. A** *Weith* § 12, der eine fremdsprachige Eingabe für fristwahrend hält, wenn der Richter ihren Inhalt versteht oder die Übersetzung innerhalb der Frist eingeht. Das OLG Düsseldorf NStZ-RR **2000** 215 hat ein in französischer Sprache abgefaßtes Schreiben, in dem es hieß „deMAND de CASASION (beROFUN)", als wirksame Berufung anerkannt; zustimmend *Pfeiffer*[3] 2; *Kleinknecht/Meyer-Goßner*[45] 2; *Münch-Komm-Wolf*[2] 7; *Wieczorek/Schütze-Schreiber*[3].

[55] BGHSt **30** 182 mit umfangreichen weiteren Nachweisen.

[56] *Kleinknecht/Meyer-Goßner*[42] 2 unter (ungenauer) Berufung auf BGHR StPO § 320 I Rücknahme 1; OLG Hamburg MDR **1989** 90; BGH NStZ **2000** 553.

in Haft befindlichen Personen[57]. Denkbare Nachteile aus der Unkenntnis der deutschen Sprache könnten durch eine frühzeitige Verteidigerbestellung, die Beiziehung eines Dolmetschers während des ganzen Verfahrens und eine nachsichtige Handhabung der Wiedereinsetzung[58] ausgeglichen werden[59]. Veranlaßt aber das Gericht die Übersetzung einer in fremder Sprache eingegangenen Erklärung, dann wird sie mit Eingang der Übersetzung bei Gericht wirksam[60].

17 **c) Eigene Auffassung.** Dieser strengen Auffassung, die ausnahmslos Erklärungen in fremder Sprache die fristwahrende Wirkung abspricht und zur Vermeidung von Unbilligkeiten nur den Weg der Wiedereinsetzung in den vorigen Stand vorsieht, kann nicht gefolgt werden. Vielmehr entspricht es dem Grundsatz der gerichtlichen Fürsorgepflicht, dem Gebot des rechtlichen Gehörs, das auch den möglichst ungehinderten Zugang zum Gericht beinhaltet, und der Notwendigkeit einer Anpassung der Auslegung des Gesetzes an grundsätzliche Veränderungen der tatsächlichen Gegebenheiten, auch einer in fremder Sprache abgegebenen Prozeßerklärung schon mit ihrem Eingang bei Gericht fristwahrende Bedeutung mindestens dann beizumessen, wenn sie von dem der deutschen Sprache nicht hinreichend Mächtigen in einer gängigen europäischen Sprache abgefaßt ist und wenn das Gericht sie entweder selbst versteht oder wenn es unverzüglich eine Übersetzung veranlassen kann oder eine solche von dem Prozeßbeteiligten auf Verlangen unverzüglich nachgereicht wird[61]. Es wäre unverständlich, gerade von einem mit dem deutschen Recht nicht so vertrauten Ausländer zu verlangen, daß er nicht nur die Förmlichkeiten seines vorrangigen Begehrens beachtet, sondern zusätzlich noch alles das[62] vorträgt, was dem Gericht gegenüber seine Fristüberschreitung entschuldigen könnte. Schließlich darf nicht unberücksichtigt bleiben, daß § 23 Abs. 4 VwVfG[63] für das Verwaltungsverfahren unter bestimmten Umständen eine fremdsprachige Eingabe als fristwahrend anerkennt. Was bereits für das Verwaltungsverfahren gesetzlich bestimmt ist, sollte als Auslegungshilfe auch für das die Rechte einer Person weit mehr beeinträchtigende Strafverfahren und sonstige gerichtliche Verfahren Gewicht haben.

18 Auch ein **Vergleich mit mündlichen Erklärungen** eines Verfahrensbeteiligten spricht für diese Auffassung. Der die deutsche Sprache nicht beherrschende Verfahrensbeteiligte gibt seine Erklärungen notwendig in einer ihm verständlichen Sprache ab. Für die Übersetzung dieser Sprache in die Gerichtssprache ist dann gemäß § 185 das Gericht zuständig, das den Dolmetscher zu finden, zu beauftragen und schließlich auch zu bezahlen hat. Dies gilt auch dann, wenn eine solche Person etwas zu Protokoll der Geschäftsstelle zu erklären hat[64]. Warum bei einer schriftlichen Eingabe an das Gericht etwas anderes

---

[57] OLG Frankfurt NJW **1980** 1773; *Katholnigg*³ 4; *Kissel*³ 16; *MünchKomm-Wolf*² 7; *Wieczorek/Schütze-Schreiber*³ 8.

[58] Womit dem der deutschen Sprache nicht mächtigen Verfahrensbeteiligten weitere Darlegungslasten aufgebürdet werden (§ 45 Abs. 2 StPO); insoweit vgl. BayObLG NJW **1996** 1836.

[59] BVerfG StV **1985** 394; BGHSt **30** 182, 185. Im konkreten Fall hat der BGH dem Angeklagten, der eine Revision in türkischer Sprache eingelegt hatte, Wiedereinsetzung in den vorigen Stand gewährt, weil der Angeklagte über die Notwendigkeit der Rechtsmitteleinlegung in deutscher Sprache nicht belehrt worden war.

[60] BGHR StPO § 320 I Rücknahme 1; NStZ **2000** 553 für den Fall einer Rechtsmittelrücknahmeerklärung; OLG Hamburg NStZ **1988** 566. Ebenso für das Verwaltungsverfahren § 23 Abs. 3, 4 VwVfG, das allerdings eine fremdsprachige Eingabe als fristwahrend anerkennt, wenn zugunsten eines Beteiligten eine Frist gegenüber der Behörde gewahrt werden soll und der Beteiligte auf Aufforderung der Behörde innerhalb einer von dieser zu setzenden Frist eine Übersetzung vorlegt.

[61] So auch VGH München NJW **1976** 1048; **1978** 510; OLG Frankfurt MDR **1980** 151; LG Berlin JR **1961** 384; *KMR*⁷ 9; *Eb. Schmidt* 4; *Meurer* JR **1982** 516 f; *Meyer* ZStW **93** (1981) 507 ff mit ausführlichen Nachweisen über die Rechtslage in anderen europäischen Staaten.

[62] Ohne daß er über das hierfür Erforderliche oder gar über die bei einem Wiedereinsetzungsantrag zu beachtenden Förmlichkeiten belehrt wurde.

[63] S. oben Fußn. 61.

[64] KG JR **1977** 129; *Katholnigg*³ § 185, 1; vgl. § 185, 4.

gelten soll als bei einer mündlichen, ist nicht recht verständlich, vor allem, wenn man bedenkt, daß damit dem fremdsprachigen Verfahrensbeteiligten auch die Auswahl des Übersetzers und – entgegen der von Art. 6 Abs. 3 Buchst. e MRK verbürgten Kostenfreiheit – die Kosten der Übersetzung aufgebürdet werden. Dabei ist auch zu bedenken, daß die Vollmacht, die ein ausländischer Beschuldigter seinem Verteidiger erteilt, zu ihrer Wirksamkeit nicht in „deutscher" Schrift geschrieben sein muß; es genügt z. B., wenn ein arabischer Volkszugehöriger sie mit arabischen Schriftzeichen unterzeichnet, sofern nur sein Name in deutscher Schrift an anderer Stelle der Vollmacht oder in der Eingabe des Verteidigers erscheint[65]. Auch wird die Vorlegung fremdsprachiger Urkunden als Beweismittel und die Zustellung fremdsprachiger Schriftstücke im Wege der zwischenstaatlichen Rechtshilfe in Strafsachen durch § 184 nicht gehindert[66].

d) Verpflichtung zur Übersetzung. Aus der hier vertretenen Auffassung[67] folgt weiter, 19
daß das Gericht verpflichtet ist, in fremder Sprache eingegangene Erklärungen von Verfahrensbeteiligten übersetzen zu lassen[68]. Warum die herrschende Meinung eine solche Pflicht nur in Sonderfällen, beispielsweise bei einer Rechtsmittelrücknahmeerklärung[69] oder bei in Haft befindlichen Personen[70], anerkennen will, erscheint nicht überzeugend. Für den Fall, daß der Einsender darlegt, daß er aufgrund einer finanziellen Notlage eine Übersetzung nicht beibringen könne, gebietet bereits Art. 103 Abs. 1 GG, daß das Gericht eine Übersetzung veranlaßt[71]. Eine Aufforderung an den Einsender, alsbald eine Übersetzung in deutscher Sprache nachzureichen[72], dürfte nicht ausreichen.

3. Anspruch auf Wiedereinsetzung in den vorigen Stand. Angesichts der vielfach be- 20
stehenden Schwierigkeiten, rasch einen geeigneten Übersetzer zu finden, ist dem der deutschen Sprache nicht mächtigen Verfahrensbeteiligten Wiedereinsetzung zu gewähren, falls er wegen übersetzungsbedingter Verzögerungen nicht rechtzeitig Kenntnis von dem Inhalt einer ihm nur in deutscher Sprache übermittelten Entscheidung erlangen konnte oder dem Gericht nicht rechtzeitig in der vorgeschriebenen Form antworten konnte[73]. Dabei ist zu berücksichtigen, daß der Betroffene über die für die reine Kenntnisnahme benötigte Zeit hinaus auch noch Zeit zu kurzer Abwägung und zur Formulierung einer evtl. Rechtsmittelschrift benötigt, die nach überkommener Auffassung (Rdn. 16) ihrerseits wieder in die deutsche Sprache übersetzt werden muß. Hierbei darf ihm nicht entgegengehalten werden, er habe sich nicht „rechtzeitig" um eine Übersetzung bemüht, außer wenn er der Wahrnehmung seiner Rechte mit „vermeidbarer Gleichgültigkeit" gegenübersteht[74]. Wiedereinsetzung ist ihm auch von Amts wegen zu gewähren, wenn in einer Rechtsmittelbelehrung (§§ 35a, 44 S. 2 StPO) der nach herrschender Auffassung erforderliche Hinweis fehlt, daß das Rechtsmittel in deutscher Sprache einzulegen ist[75], oder wenn diese Rechtsmittelbelehrung nicht in einer ihm verständlichen Sprache erteilt wurde[76].

---

65 VGH München NJW **1978** 510.

66 RGSt **67** 221.

67 Anerkannt ist allgemein, daß für die Bereitstellung eines Dolmetschers für die Besuchsüberwachung oder eines Übersetzers für die Postkontrolle eines fremdsprachigen Untersuchungsgefangenen die für diese Kontrollen zuständige Stelle zu sorgen hat (LG Hannover StV **1993** 646). Vgl. auch LG Baden-Baden MDR **1982** 247.

68 Ebenso *Schneider* MDR **1979** 534; *Meyer* ZStW **93** (1981) 507, 527 f; *Strate* AnwBl. **1980** 16; *Basdorf* 23.

69 *Kleinknecht/Meyer-Goßner*[42] 2 unter (ungenauer) Berufung auf BGHR StPO § 320 I Rücknahme 1; OLG Hamburg MDR **1989** 90; BGH NStZ **2000** 553.

70 OLG Frankfurt NJW **1980** 1773; *Katholnigg*[3] 4.

71 BVerfG NStE § 184, 1.

72 So aber *Meurer* JR **1982** 518.

73 BGHSt **30** 182; KG JR **1977** 129; OLG Celle StV **1994** 7 für den Sonderfall, daß bei einer Urteilszustellung zugleich die Benachrichtigung des Verteidigers nach § 145a Abs. 3 S. 2 StPO unterblieben ist.

74 BVerfGE **42** 126.

75 BGHSt **30** 182, 185.

76 BVerfGE **40** 95, 100 = N JW **1975** 1597.

IV. Zwingende Natur des § 184

21 § 184 ist zwingender Natur und jeder Verfügungsbefugnis der Beteiligten entzogen[77]. § 184 schließt aber nicht aus, daß der Vorsitzende im Rahmen der in deutscher Sprache geführten Verhandlung sich mit dem Angeklagten teilweise in einer beiden geläufigen fremden Sprache unterhält, wenn Frage und Antwort vom Vorsitzenden ins Deutsche übertragen werden[78].

§ 185

(1) [1]Wird unter Beteiligung von Personen verhandelt, die der deutschen Sprache nicht mächtig sind, so ist ein Dolmetscher zuzuziehen. [2]Ein Nebenprotokoll in der fremden Sprache wird nicht geführt; jedoch sollen Aussagen und Erklärungen in fremder Sprache, wenn und soweit der Richter dies mit Rücksicht auf die Wichtigkeit der Sache für erforderlich erachtet, auch in der fremden Sprache in das Protokoll oder in eine Anlage niedergeschrieben werden. [3]In den dazu geeigneten Fällen soll dem Protokoll eine durch den Dolmetscher zu beglaubigende Übersetzung beigefügt werden.

(2) Die Zuziehung eines Dolmetschers kann unterbleiben, wenn die beteiligten Personen sämtlich der fremden Sprache mächtig sind.

Schrifttum. *Jessnitzer* Dolmetscher (1982); *Kabbani* Dolmetscher im Strafprozeß, StV **1987** 410; *Kallee* Der Übersetzer im Strafprozeß, StrAbh. Heft 130 (1911); *Kühne* Die Kosten für den Dolmetscher im Strafverfahren, FS. H. Schmidt, 33; *Morten* Stellung, Aufgabe und Rolle von Dolmetscherinnen und Dolmetschern im Strafverfahren, StraFo. **1995** Sept./Okt. 80; *Römer* Anspruch auf Urteilsübersetzung im Strafverfahren, NStZ **1981** 474; *Sommer* Der Dolmetscher im Strafprozeß, GerS **70** (1907) 99; *Sommer* Verteidigung und Dolmetscher, StraFo. **1995** 45; *Staudinger* Dolmetscherzuziehung und/oder Verteidigerbeiordnung bei ausländischen Beschuldigten, StV **2002** 327; *Tormin* Reform des Dolmetscherwesens bei Gerichten und Behörden, ZRP **1987** 422; siehe ferner die Schrifttumsangaben bei den Vorbemerkungen.

Bezeichnung bis 1924: § 187

Übersicht

[77] RGSt **67** 223.

[78] KG HRR **1935** Nr. 991; vgl. § 185 Abs. 2.

I. Abgrenzung Dolmetscher/Übersetzer

Die Zuziehung eines Dolmetschers ist nach Absatz 1 nur erforderlich, wenn unter Beteiligung von Personen, die der deutschen Sprache nicht mächtig sind, verhandelt wird; die Aufgabe des Dolmetschers besteht also darin, den Prozeßverkehr des Gerichts mit den der Gerichtssprache unkundigen anderen Prozeßbeteiligten durch Übertragung der schriftlichen oder mündlichen zum Prozeß abgegebenen Erklärungen zu ermöglichen. Dagegen ist die Zuziehung eines nach § 189 vereidigten Dolmetschers nicht erforderlich, wenn lediglich der Sinn einer außerhalb des Prozeßverkehrs abgegebenen und als Beweismittel verwendeten fremdsprachigen Erklärung zu ermitteln ist. Bedarf es zur Ermittlung des Sinnes einer zulässigerweise verlesbaren fremdsprachigen Urkunde in Ermangelung eigener Sprachkunde des Gerichts der Zuziehung eines Sprachkundigen in der Hauptverhandlung und überträgt dieser sie erst in der Hauptverhandlung oder verliest er eine vorher angefertigte Übersetzung in der Hauptverhandlung, so wird er insoweit als Sachverständiger tätig[1]; er ist dann gemäß §§ 72, 57 StPO zu belehren und gemäß § 79 StPO über die Frage seiner Vereidigung zu entscheiden[2]; das gleichzeitige Tätigwerden als Dolmetscher und Sachverständiger ist unbedenklich[3]. Als Übersetzer- und damit Sachverständigentätigkeit gilt auch die Herstellung einer deutschen Fassung der Niederschrift eines nach § 100a StPO aufgezeichneten fremdsprachigen Telefongesprächs[4]. Wegen der Verlesung einer vorher angefertigten Übersetzung in der Hauptverhandlung ohne Beteiligung des Übersetzers vgl. § 249, 32 ff StPO. Zulässig ist es ebenfalls, eine amtlich angefertigte Übersetzung in die deutsche Sprache zu verlesen, die ein auswärtiger Staat, der um Zeugenvernehmung ersucht worden war, den in der fremden Sprache aufgenommenen Protokollen beigefügt hatte[5]. 1

---

1 BGHSt **1** 4; *Pfeiffer*[3] 1.

2 BGHSt **1** 4; BGH NJW **1965** 643; NStZ **1988** 158; *Kissel*[3] 18; **a. A** RGSt **27** 268 und die 19. Aufl. (mit weiteren Nachweisen über die Streitfrage).

3 BGH NStZ **1998** 158; *Katholnigg*[3] 2.

4 BGH NStZ **1985** 466; Ob die Übertragung von in der Hauptverhandlung abgespielten derartigen Tonbändern Dolmetscher- oder Übersetzer(= Sachverständigen)-Tätigkeit ist, hat BGH, Beschluß vom 24.11.1992, 5 StR 572/92, offen gelassen, weil im konkreten Fall ein vereidigter Dolmetscher die Übertragung vorgenommen hatte. Vgl. hierzu auch BGH StV **1991** 517.

5 RGSt **36** 371.

II. Notwendigkeit der Zuziehung eines Dolmetschers

2 **1. Beherrschung der deutschen Sprache.** Jemand ist der deutschen Sprache nicht mächtig, wenn er sie überhaupt nicht oder so wenig versteht, daß er der Verhandlung nicht folgen kann; nur in diesem Fall ist die Anwesenheit eines Dolmetschers für die ganze Dauer der Hauptverhandlung erforderlich (Rdn. 16 f). Der deutschen Sprache nicht mächtig ist aber auch ein Verfahrensbeteiligter, der zwar gewisse deutsche Sprachkenntnisse besitzt, die aber nicht ausreichen, so daß er dem Verfahren nicht genügend folgen und er deshalb seine Rechte schon aus sprachlichen Gründen nicht genügend wahrnehmen kann[6]. Das Gericht ist nicht an die Erklärungen des Beteiligten, dessen Staatsangehörigkeit kein zwingender Anhaltspunkt für oder gegen seine Beherrschung der deutschen Sprache ist, über seine Sprachkenntnisse gebunden[7]. Im Zweifel ist ein Dolmetscher beizuziehen[8].

3 **2. Nur passive Sprachbeherrschung.** Ist jemand außerstande, sich verständlich deutsch auszudrücken, während er das deutsch Gesprochene genügend versteht, so ist es statthaft, ihn nur für seine eigenen Erklärungen als der deutschen Sprache nicht mächtig zu behandeln, die Mitwirkung des Dolmetschers also auf die Übertragung dieser Erklärungen zu beschränken[9]. Insoweit ist die Zuziehung eines Dolmetschers aber auch dann erforderlich, wenn der Beteiligte durch eine mitgebrachte, beider Sprachen kundige Vertrauensperson (z. B. seine Ehefrau) seine Erklärungen abgeben will; ggf. muß die Vertrauensperson als Dolmetscher zugezogen und (§ 189) vereidigt werden[10].

4 **3. Verhandlung** („wird verhandelt") ist jeder gerichtliche Termin, an dem der Beteiligte teilnahmeberechtigt ist und teilnimmt[11]. Die bei den Verhandlungen in Strafsachen beteiligten Personen, die hier in Betracht kommen, sind der Beschuldigte und die sonstigen von der Strafverfolgung betroffenen Personen, z. B. ein Verfalls- und Erziehungsbeteiligter (§§ 431, 442 StPO), der Privatkläger und der Nebenkläger, die Zeugen, die Sachverständigen, die aufgrund des § 149 StPO zugelassenen Beistände des Beschuldigten und die Verteidiger, die als solche nur mit Genehmigung des Gerichts auftreten können (§ 138 Abs. 2 StPO; übrigens darf das Gericht unbedenklich gerade daraus, daß der zum Verteidiger Gewählte der deutschen Sprache nicht mächtig ist, einen Anlaß zur Versagung der Genehmigung entnehmen). Außerdem sind hier die Schöffen zu nennen, da die §§ 31 bis 35 Deutsche, die der deutschen Sprache nicht mächtig sind (Rückkehrer aus dem Ausland), nicht grundsätzlich von der Berufung zum Schöffenamt ausschließen[12]. Zur Verhandlung gehört auch die Abgabe von Erklärungen zu Protokoll eines Rechtspflegers oder Urkundsbeamten der Geschäftsstelle[13].

5 **4. Entbehrlichkeit der Zuziehung. Absatz 2** ist hauptsächlich für das Vorverfahren und für die sonstigen Vernehmungen außerhalb der Hauptverhandlung von Bedeutung. In der Hauptverhandlung wird er im allgemeinen nur die Bedeutung haben, daß einzelne Aussagen in einer fremden Sprache der Übertragung nicht bedürfen, falls alle bei

---

6 OLG Zweibrücken VRS **53** (1977) 39.

7 RG GA **47** 384 (1900); **50** (1903) 394.

8 *Katholnigg*[3] 1.

9 OLG Frankfurt NJW **1952** 1310; OLG Zweibrücken VRS **53** (1977) 39.

10 OLG Frankfurt NJW **1952** 1310.

11 OLG Stuttgart NJW **1967** 509.

12 Dies hat ggf. zur Folge, daß solche Dolmetscher auch zu der Beratung des Gerichts zugezogen werden müssen. Deswegen fordert *Eb. Schmidt* 6, daß Schöffen der deutschen Sprache mächtig sein müssen; § 185 beziehe sich nicht auf sie.

13 BayObLG Rpfleger **1977** 113; KG JR **1977** 129; *Pfeiffer*[3] 1; KK-*Diemer*[4] 1; *Katholnigg*[3] 1.

der Verhandlung beteiligten Personen die fremden Sprache beherrschen. Im Regelfall kann, auch wenn alle Verfahrensbeteiligten die in Betracht kommenden Fremdsprachen beherrschen, auf die Mitwirkung eines mit den Verhältnissen des Herkunftslandes des Angeklagten vertrauten Dolmetschers (oder Sachverständigen) nicht verzichtet werden; die bloße Kenntnis der Fremdsprache bei allen Beteiligten genügt im allgemeinen deshalb nicht, da bei der Verhandlung auch die besondere Mentalität, die Lebensgewohnheiten und die Religion des Angeklagten von Bedeutung sind, deren Kenntnis und richtige Würdigung für die Tat die bloße Kenntnis der Fremdsprache nicht gewährleistet[14]. Unzulässig wäre es, eine Hauptverhandlung vollständig in der von dem Beschuldigten gesprochenen fremden Sprache zu führen, sollten auch alle mitwirkenden Gerichtspersonen und sonstigen Beteiligten dieser Sprache mächtig sein; die Leitung der Verhandlungen, die Verkündung der Entscheidungen, die Vorträge der Staatsanwaltschaft und der Rechtsanwälte müssen in deutscher Sprache stattfinden[15]. Dies gebietet schon die Öffentlichkeit des Verfahrens[16]. Daß das Protokoll stets in deutscher Sprache geführt werden muß, ist selbstverständlich.

5. Mitgliedern einer Truppe, eines zivilen Gefolges und deren Angehörigen, für die 6
das NATO-Truppenstatut gilt, ist auf deren Verlangen ein Dolmetscher zur Verfügung zu stellen. Eine Prüfung, ob diese Person die deutsche Sprache ausreichend beherrscht, ist nicht zulässig[17].

6. Kein Verzicht auf Zuziehung. Der der deutschen Sprache nicht mächtige Verfah- 7
rensbeteiligte kann auf die nach Rdn. 1 bis 6 notwendige Übertragung nicht verzichten[18].

7. Prüfung von Amts wegen. Ob es der Zuziehung eines Dolmetschers bedarf, ist von 8
Amts wegen zu prüfen[19]. Dies sollte schon bei der ersten verantwortlichen Vernehmung eines Ausländers im Vorverfahren geschehen (dazu Nr. 181 Abs. 1 RiStBV). Bei Personen mit fremder Muttersprache ist der Richter zu einer solchen Prüfung verpflichtet, wenn nicht ausnahmsweise nach den Besonderheiten des Einzelfalles von vornherein kein Zweifel an der Sprachkundigkeit des Beteiligten besteht[20]. Die Ablehnung des Antrags auf Zuziehung eines Dolmetschers ist nicht mit Beschwerde anfechtbar (§ 305 StPO)[21].

III. Dolmetscher bei der deutschen Sprache nicht mächtigen Beschuldigten

1. Pflichtverteidigung und Dolmetscherbeiziehung. Ist ein Beschuldigter[22] der deut- 9
schen Sprache nicht mächtig, so stellt sich regelmäßig die Frage, ob er in der Lage ist, sich mit Hilfe eines Dolmetschers selbst zu verteidigen, oder ob ihm (außer dem Dolmetscher auch) nach § 140 Abs. 2 StPO ein Pflichtverteidiger zu bestellen ist. Vielfach

---

[14] Vgl. Redaktioneller Bericht über eine Erörterung im Dt. Bundestag DRiZ **1972** 429.

[15] KK-*Diemer*[4] 5; *KMR*[7] 9; *Eb. Schmidt* 10; *Kissel*[3] 9.

[16] KK-*Diemer*[4] 5; *Kissel*[3] 9.

[17] Nato-Truppenstatut Art. VII Abs. IX Buchst. f); KK-*Diemer*[4] 3; Vor § 184, 7.

[18] *Pfeiffer*[3] 2; KK-*Diemer*[4] 4; *KMR*[7] 2; *Benneckel Beling* 286, Anm. 12; **a. A** *Glaser* **1** 429.

[19] OLG Zweibrücken VRS **53** (1977) 39.

[20] BSG NJW **1957** 1087.

[21] Vgl. auch OLG Stuttgart NJW **1962** 540.

[22] Bei Nebenklägern dürfte ggf. die Bewilligung von Prozeßkostenhilfe für einen Nebenklägervertreter nach § 397a Abs. 1 StPO wegen mangelnder Fähigkeit, seine Interessen selbst ausreichend wahrzunehmen, in Betracht kommen. Hierauf ist er ggf. hinzuweisen (vgl. §§ 406h, 406g StPO).

wird, wenn die Frage erörtert wird, in welchem Umfang ein Beschuldigter Anspruch auf Übersetzung schriftlicher Gerichtsentscheidungen hat, auf den möglichen Beistand durch einen Verteidiger hingewiesen[23]. Es ist anerkannt, daß Sprachschwierigkeiten ein wichtiger Gesichtspunkt sein können, einem Beschuldigten wegen fehlender Selbstverteidigungsmöglichkeit einen Pflichtverteidiger zu bestellen[24], wobei dieser Gesichtspunkt allein die Pflichtverteidigerbestellung jedoch nicht begründen kann[25]. Dabei ist zu berücksichtigen, daß mit Sprachschwierigkeiten oft auch weitere Probleme wie abweichende kulturelle Vorstellungen oder weitgehende Unkenntnis des deutschen Gerichtssystems verbunden sind[26]. Auch ist die Bestellung eines Pflichtverteidigers darauf gestützt worden, daß der Beschuldigte die Mittel für den Dolmetscher, der die Verständigung mit dem Verteidiger bewirken solle, nicht aufbringen kann[27]. Andererseits erscheint es nicht ausgeschlossen, daß in sehr einfachen Fällen die sachgerechte Verteidigung schon durch die Hinzuziehung eines Dolmetschers gewährleistet sein kann[28].

10 **2. Dolmetscherbestellung für Verteidigergespräche.** Selbst wenn einem sprachunkundigen Beschuldigten ein Pflichtverteidiger bestellt wurde, ist damit eine sachgerechte Verteidigung solange nicht sichergestellt, wie nicht zugleich auch die notwendige Kommunikation zwischen dem Beschuldigten und seinem Verteidiger ermöglicht wird. Zwar wird dieses Problem möglicherweise dadurch entschärft, daß solche Beschuldigten oft Verteidiger wählen oder vorschlagen (§ 142 Abs. 1 S. 2 StPO), zu denen sie besonderes Vertrauen haben, weil diese ihre Sprache beherrschen und mit den kulturellen Besonderheiten vertraut sind. Meist ist jedoch auch für die Verständigung zwischen Beschuldigten und Verteidigern die Beiziehung eines Dolmetschers erforderlich. Soweit das Gericht dem Angeklagten einen Pflichtverteidiger bestellt hat, war schon seit längerem anerkannt, daß zu den Kosten der Pflichtverteidigung[29] auch die Kosten für einen Dolmetscher gehören, der die Verständigung zwischen Beschuldigtem und Verteidiger herbeiführt[30]. Ob für die Verständigung zwischen dem Beschuldigten und seinem Wahlverteidiger ebenfalls kostenfrei ein Dolmetscher gestellt werden muß, war lange umstritten. Hierzu wurden eine Reihe unterschiedlicher Auffassungen vertreten. Teils wurde ein Anspruch auf Dolmetscherbestellung verneint[31], teils dem Beschuldigten aber ein Anspruch auf Erstattung der Dolmetscherkosten gegen die Gerichtskasse zugebilligt[32], wobei dieser Anspruch teils nur dann gelten soll, wenn der Beschuldigte

---

23 BVerfG NJW **1983** 2764; BGHSt **30** 182, 185.

24 BVerfG NJW **1983** 2764; BGHSt **30** 182, 185; OLG Köln StV **1986** 238; OLG München StV **1986** 422; OLG Celle NStZ **1987** 521; OLG Karlsruhe NStZ **1987** 522; OLG Zweibrücken StV **1988** 379; LG Aachen StV **1989** 148; StV **1989** 457; OLG Köln wistra **1989** 157; BayObLG StV **1990** 103; OLG Schleswig SchlHA **1990** 116; LG Gießen StV **1992** 370; OLG Koblenz NDR **1994** 1137; OLG Frankfurt StV **1997** 573; OLG Karlsruhe StV **2002** 299; s. LR-*Lüderssen* § 140, 103 ff StPO.

25 OLG Koblenz MDR **1994** 1137; *Kissel*³ § 184, 17.

26 *Katholnigg*³ 8.

27 KG StV **1985** 184; **1986** 239; OLG München StV **1986** 422; OLG Celle StV **1987** 518; OLG Zweibrücken StV **1988** 379; LG Krefeld StV **1987** 432; LG Bochum StV **1988** 101; LG Aachen StV **1989** 148; LG Gießen StV **1992** 370.

28 OLG Düsseldorf StV **1992** 363 – Der konkret entschiedene Fall (Berufungsverhandlung nach Verhängung einer sechsmonatigen Jugendstrafe in erster Instanz unter Mitwirkung eines Wahlverteidigers gegen eine „forensisch nicht unerfahrene Angeklagte“) dürfte jedoch kaum zu diesen Fällen gehören; OLG Frankfurt StV **1997** 573 (im konkreten Fall verneint). LG Baden-Baden StV **1983** 236 hält dies für „in der Regel nicht sicher gewährleistet“.

29 § 97 Abs. 2 BRAGO.

30 GStA Düsseldorf bei OLG Düsseldorf StV **1992** 362; KG StV **1990** 171; LG Landshut StV **1994** 239.

31 OLG Düsseldorf StV **1992** 362; StV **1992** 363; NStZ-RR **1999** 215; StV **2000** 194; NStZ-RR **2001** 211 für das Auslieferungsverfahren.

32 KG NStZ **1990** 402 für den Fall der unterbliebenen Beiordnung mit zust. Anm. *Hilger*; OLG Düsseldorf NStZ-RR **1999** 215; StV **2000** 194 (nur für den Fall der notwendigen Verteidigung); LG Köln StV **1994** 492; LG Hamburg StV **1989** 16; **a. A** *Katholnigg*³ 7 (im Verurteilungsfall nur bei bestelltem Pflichtverteidiger).

diese Kosten nicht selbst zu tragen vermag[33] oder wenn der Beschuldigte selbst einen Dolmetscher beauftragt hat, ohne sich zuvor an das Gericht zu wenden[34]. Eine weitere Meinung, die hier noch in der 24. Auflage vertreten wurde, bejahte die Verpflichtung zur Dolmetscherbestellung nur für den Fall der notwendigen Verteidigung[35]. Daran wird nicht festgehalten. Die Verpflichtung aus Art. 6 Abs. 3 Buchst. e MRK zur *unentgeltlichen* Beistellung eines Dolmetschers knüpft, anders als die Verpflichtung in Art. 6 Abs. 3 Buchst. c zur Verteidigerbeiordnung, nicht daran an, ob diese Maßnahme im Interesse der Rechtspflege erforderlich ist. Die Verpflichtung aus Art. 6 Abs. 3 Buchst. e MRK gilt für das gesamte Verfahren, nicht nur für die Hauptverhandlung, und umfaßt deswegen auch die vorbereitenden Gespräche mit einem Verteidiger[36]. Damit ist dem Beschuldigten für seine Gespräche mit dem Verteidiger unabhängig davon, ob es sich um einen Pflicht- oder einen Wahlverteidiger handelt, ob es sich um einen Fall der notwendigen Verteidigung handelt oder ob der Beschuldigte zur Bezahlung der Dolmetscherkosten in der Lage wäre, ein Dolmetscher zu bestellen[37]. Soweit das Gericht einem entsprechenden Antrag nicht oder nicht rechtzeitig vor einem vorzubereitenden Termin statt gibt, sind die angemessenen[38] Kosten für die Übersetzung der Gespräche des Beschuldigten mit dem Wahl- oder Pflichtverteidiger unabhängig von der Frage der Kostentragung im Verurteilungsfall auf Antrag zu erstatten[39]. In welchem Umfang die Kosten für auf Veranlassung des Verteidigers erstellte Übersetzungen von Aktenteilen erstattet werden, hängt von der Erforderlichkeit für die Verteidigung ab. Diese wurde bei durch einen Rechtsanwalt verteidigten Angeklagten beispielsweise verneint bei dem Urteil erster Instanz für Zwecke des Revisionsverfahrens[40], polizeilichen Vernehmungsprotokollen[41] und einem Gutachten zur Beurteilung der Glaubwürdigkeit des Hauptbelastungszeugen[42].

3. Auswahl des Dolmetschers für Verteidigergespräche. Dieser sollte möglichst ein 11
anderer Dolmetscher sein als derjenige, der als Sprachmittler bei Vernehmungen, Haftprüfungsterminen oder in der Hauptverhandlung tätig wird, damit ausgeschlossen werden kann, daß er im Rahmen der Übersetzung für das Gericht oder die Staatsanwaltschaft Informationen einfließen läßt, die er bei der Übersetzung von Verteidigergesprächen erfahren hat. Über das, was er bei der Übersetzung von Gesprächen zwi-

[33] KG GA **1977** 278; OLG Zweibrücken NJW **1980** 2143; OLG Stuttgart StV **1986** 491, das die Erstattungsfähigkeit davon abhängig macht, daß das Gericht dem Angeklagten einen Dolmetscher beigeordnet hat; OLG Düsseldorf StV **1986** 491; **1992** 362; **1992** 363 mit Abl. Anm. *Wolf*, der auch die Frage einer Übernahme solcher Dolmetscherkosten aus Mitteln der Sozialhilfe erörtert.

[34] OLG Zweibrücken NJW **1980** 2143; OLG Düsseldorf NJW **1980** 2655; OLG Stuttgart StV **1986** 491; OLG Dusseldorf NStZ-RR **1999** 351.

[35] OLG Frankfurt NStZ-RR **1996** 320; *Pfeiffer*[3] 1,4.

[36] EGMR NJW **1979** 1091.

[37] BGHSt **46** 178, 183 = JR **2002** 121 mit Anm. *Tag*; KG NStZ **1990** 402; OLG Frankfurt StV **1991** 457; OLG Hamm StV **1994** 475; OLG Celle StV **1997** 432; LG Düsseldorf StV **1984** 112; LG Bremen StV **1987** 193; LG Hamburg StV **1990** 16; LG Berlin StV **1990** 449; LG Bamberg NStZ **1992** 500 (im Falle eines inhaftierten Angeschuldigten); LG Berlin StV **1994** 11; LG Köln StV **1994** 492; LG Aachen StV **1997** 404; LG Oldenburg, NStZ-RR **1999** 149; LG Duisburg StV **2000** 195; AG Bremen StV **1984** 113; AG Kiel StV **2000** 195; *Müller* NStZ **1994** 479; *Staudinger* StV **2002** 327; LR-*Gollwitzer* Art. 6 MRK (24. Aufl. Rdn. 244); *Pfeiffer*[3] § 259, 1 StPO; MRK; *Kissel*[3] 2 und § 184, 17.

[38] Der angemessene Umfang solcher Übersetzungen bemißt sich nach den allgemeinen Grundsätzen für die Erstattung von Verteidigeraufwendungen, vgl. die Erläuterungen zu § 464a StPO.

[39] KG NStZ **1990** 402; OLG Düsseldorf NStZ-RR **1999** 215; *Kleinknecht/Meyer-Goßner*[45] Art. 6, 24 MRK; HK-*Julius*[3] § 259, 16 StPO; HK-*Krehl*[3] § 464c, 1 StPO; *Kissel*[3] § 184, 17; ähnlich AK-*Dästner*, § 259, 3 StPO.

[40] BVerfG NStZ **1983** 466; OLG Stuttgart NStZ **1981** 225 bei noch ausstehender Revisionsbegründung; OLG Düsseldorf NStZ-RR **1999** 351; hierzu *Römer* NStZ **1981** 474.

[41] OLG Hamm NStZ-RR **1999** 223.

[42] OLG Hamm NStZ-RR **1999** 158.

schen Beschuldigten und Verteidigern erfahren hat, kann er gemäß § 53a StPO das Zeugnis verweigern[43].

12 **4. Keine Belastung eines Angeklagten mit Dolmetscherkosten.** Wird ein Angeklagter zur Tragung der Kosten des Verfahrens verurteilt und wurde ein Dolmetscher zugezogen, weil der Angeklagte die deutsche Sprache nicht versteht, so darf er mit den Kosten dieses Dolmetschers, soweit dessen Übersetzungstätigkeit für die Verteidigung wesentlich war[44], nicht belastet werden; soweit der Beschuldigte verteidigungswesentliche Aufwendungen für Dolmetscher selbst getragen hat, beispielsweise für die nach herrschender Meinung (s. § 184, 16) zwingende Übersetzung seiner Eingaben an das Gericht in die deutsche Sprache, sind ihm diese zu erstatten. Dies ergibt sich aus Art. 6 Abs. 3 Buchst. e MRK[45], dem Umkehrschluß aus § 464c StPO und dem Zusatz zu Nr. 9005 des Kostenverzeichnisses zum GKG[46]. Eine Ausnahme[47] gilt nach § 464c StPO nur für den Fall, daß der Angeklagte diese Kosten durch schuldhafte Säumnis oder in sonstiger Weise schuldhaft unnötig verursacht hat[48], beispielsweise, durch das wahrheitswidrige Vorspiegeln, die deutsche Sprache nicht zu beherrschen[49]. Streitig ist, ob die bei Untersuchungsgefangenen im Zusammenhang mit der Post-, Telefongesprächs- und Besuchskontrolle angefallenen Dolmetscherkosten im Verurteilungsfall vom der deutschen Sprache nicht mächtigen Angeklagten zu tragen sind[50]. Hierzu läßt sich aus Art. 6 Abs. 3 Buchst. e MRK, der nur die für Verteidigungszwecke notwendigen Übersetzungen betrifft, nichts herleiten[51]. Es kann nicht im Interesse der Justiz sein, daß ein Beschuldigter aus Sorge vor diesen Kosten den Kontakt zu seiner Familie über das durch die Haft Bedingte hinaus einschränkt. Im Hinblick auf den besonderen Schutz der Familie durch Art. 6 Abs. 1 GG sind diese Kosten deshalb nicht von dem in die Kosten des Verfahrens Verurteilten einzuziehen[52]; auch wenn man diese Ansicht nicht teilt, ist es nicht zulässig, die Genehmigung eines Besuchs davon abhängig zu machen, daß der Untersuchungsgefangene für die Kosten für einen Dolmetscher, der einen Besuch oder ein Telefongespräch überwachen soll, einen Vorschuß leistet oder diese Kosten verauslagt[53]. Diese Beschränkung der Belastung mit Dolmetscherkosten ist, wie sich aus dem Zusammenhang des Art. 6 Abs. 3 MRK („Jede angeklagte Person") ergibt, Ausfluß der Stellung als

---

43 LG Verden StV **1996** 371.

44 LR-*Gollwitzer* Art. 6 MRK (24. Aufl. Rdn. 242).

45 EKMR NJW **1978** 477; EGMR NJW **1979** 1091; KK-*Diemer*[4] 2; LR-*Gollwitzer* Art. 6 MRK (24. Aufl. Rdn. 242); **a. A** *Pfeiffer*[3] 4; *Katholnigg*[3] 7 (nur bei notwendiger Verteidigung).

46 Dieser besagt, daß Auslagen für Dolmetscher und Übersetzer, welche im Strafverfahren herangezogen werden, um die für die Verteidigung des sprachunkundigen Beschuldigten erheblichen Erklärungen oder Schriftstücke zu übertragen, grundsätzlich von dem zur Kostentragung Verurteilten nicht zu erstatten sind. Hiervon werden auch die dem Verteidiger erstatteten Dolmetschergebühren für Verteidigergespräche umfaßt.

47 Zum Sonderfall des zur Verständigung mit dem Einvernehmensanwalt nach § 28 EuRAG bestellten Dolmetschers vgl. KG NStZ **2002** 52.

48 Dies steht nicht im Widerspruch zu Art. 6 Abs. 3 Buchst. e MRK, vgl. LR-*Gollwitzer* Art. 6 MRK (24. Aufl. Rdn. 245).

49 KK-*Franke*[4] § 464c, 3 StPO; KMR-*Stöckel*[8] § 464c, 4 StPO.

50 So OLG Frankfurt NStZ-RR **1998** 158; LG Mainz NStZ-RR **1996** 32; AG Montabaur NStZ **1997** 616; *Pfeiffer*[3] 1, 4; **a. A** OLG Düsseldorf NStZ-RR **1999** 256.

51 LR-*Gollwitzer* Art. 6 MRK (24. Aufl. Rdn. 245).

52 Ebenso AV des Justizministeriums Baden-Württemberg vom 7.12.1994 (4572 – IV/40), Die Justiz **1995** 33; OLG Frankfurt StV **1986** 24; OLG Düsseldorf NStZ **1991** 403; OLG Köln StV **1994** 326; Paeffgen NStZ **1989** 423; **1990** 533; *Kleinknecht/Meyer-Goßner*[45] Art. 6, 24 MRK; *Katholnigg*[3] 7; *Kissel*[3] 20; HK-*Krehl*[3] § 464c, 1 StPO; **a. A** OLG Stuttgart StV **1995** 260; OLG Koblenz NStZ-RR **1996** 159; StV **1997** 429 mit Anm. *Kühne*; OLG Frankfurt NStZ-RR **1998** 158; LG Mainz NStZ-RR **1996** 32; *Pfeiffer*[3] 1.

53 OLG Frankfurt StV **1984** 427; OLG Celle StV **1994** 587; OLG Stuttgart StV **1995** 260; LG Berlin StV **1989** 350; LG Stuttgart StV **1995** 260; *Korte* StV **1983** 43 und die vom ihm zitierte Stellungnahme des hessischen Ministerpräsidenten in einem Verfassungsbeschwerdeverfahren; und die Fußn. 52 genannten Entscheidungen.

Angeklagter; sie findet deshalb auf Neben- und Privatkläger keine Anwendung[54]. Der Angeklagte hat im Verurteilungsfall die Kosten für einen Dolmetscher zu tragen, dessen Zuziehung wegen mangelnder Sprachkenntnisse eines Zeugen oder Sachverständigen erforderlich wurde[55].

IV. Zuziehung von Dolmetschern

1. Zahl der Dolmetscher. Es genügt stets die Zuziehung *eines* Dolmetschers, sofern nicht verschiedene Beteiligte auf Dolmetscher für unterschiedliche Sprachen angewiesen sind. Das Gericht kann zwar, auf Antrag oder von Amts wegen, die Zuziehung mehrerer Dolmetscher beschließen, wenn es hierzu besondere Veranlassung findet; ein Anspruch hierauf steht aber keinem der Prozeßbeteiligten zu. **13**

2. Auswahl der Dolmetscher. Die Auswahl des Dolmetschers steht dem Gericht zu (§ 191, 2). Es hat nach freiem, nicht revisiblem Ermessen darüber zu befinden, ob jemand befähigt ist[56], den Dienst des Dolmetschers der fremden Sprache wahrzunehmen[57] und, sollten sich insoweit noch nachträglich Bedenken ergeben, das Erforderliche zu veranlassen[58]. Das Vorliegen dieser Befähigung braucht nicht durch das Sitzungsprotokoll festgestellt zu werden[59]. Ist bei dem Gericht ein für die Sprache im allgemeinen verpflichteter Dolmetscher vorhanden, so wird regelmäßig dieser zuzuziehen sein (vgl. § 189, 6; § 191, 2; § 73 Abs. 2 StPO). Über den Vorsitzenden als Dolmetscher s. § 184, 21; § 190, 1. **14**

V. Durchführung der Übertragung

1. Grundsatz. Maßgeblich dafür, welche Verhandlungsteile in eine fremde Sprache oder aus einer fremden Sprache übertragen werden müssen, ist zunächst, in welcher Verfahrensrolle sich diejenige Person befindet, deren Sprachprobleme die Beiziehung des Dolmetschers erfordert hat. Dabei beschränkt sich die Tätigkeit des Dolmetschers nicht allein auf die wörtliche Übertragung. Ggf. hat er alle Umstände, insbesondere den kulturellen Hintergrund zu erläutern, der für das Verständnis und die Würdigung einer fremdsprachigen Aussage erforderlich ist[60]. **15**

2. Übersetzung wegen eines Verfahrensbeteiligten

a) Übersetzungen aus der Sprache des Verfahrensbeteiligten in die deutsche Sprache. Erklärungen des fremdsprachigen Verfahrensbeteiligten müssen stets vollständig in die deutsche Sprache übertragen werden. Dies gebietet schon der Grundsatz des rechtlichen Gehörs, der verlangt, daß das Gericht Erklärungen von Verfahrensbeteiligten zur Kenntnis nimmt. Andernfalls könnten das Gericht seine Verpflichtung zur Wahrheitsfindung und der Vorsitzende seine Leitungsfunktion nicht erfüllen[61]. Daraus folgt, **16**

---

54 BVerfG NStZ **1981** 230; *Katholnigg*³ 7.

55 KK-*Diemer*⁴ 2; *Kissel*³ 20.

56 Zu den Problemen, das ausreichende Vorhandensein qualifizierter Dolmetscher sicherzustellen, s. *Tormin* ZRP **1987** 422.

57 RG GA **68** (1920) 348; RGSt **76** 177; **a. A** bzgl. der Revisibilität *Eb. Schmidt* 11.

58 *Kissel*³ 8.

59 RGSt **1** 397.

60 *Katholnigg*³ 3.

61 *Kissel*³ 11.

daß der wegen eines Verfahrensbeteiligten beigezogene Dolmetscher grundsätzlich während der gesamten Hauptverhandlung, solange dieser Verfahrensbeteiligte anwesend ist, zugegen sein muß[62]. Zur Frage der Übertragung des Eideswortlauts ins Deutsche s. § 188, 2.

17 **b) Übersetzungen aus der deutschen Sprache in die Sprache des Verfahrensbeteiligten.** In der Hauptverhandlung müssen, wenn eine der beteiligten Personen, abgesehen von den Zeugen und Sachverständigen, der deutschen Sprache nicht mächtig ist, alle wesentlichen Verhandlungsakte, die in Gegenwart der Person in deutscher Sprache vorgenommen werden, möglichst in die Muttersprache, hilfsweise in eine andere der betreffenden Person vertraute Sprache übertragen werden[63]. Das gilt insbesondere für die Verlesung des Anklagesatzes (§ 243 Abs. 3 StPO), die Belehrung des Angeklagten nach § 243 Abs. 4 S. 1 StPO[64], für die Vernehmung der Mitbeschuldigten, der Zeugen und der Sachverständigen[65], für die Verlesung von Schriftstücken, die Stellung von Anträgen[66], die Verkündung der Entscheidungen usw.[67], in der Berufungsverhandlung für die Verlesung des Urteils erster Instanz[68], falls es dem Beteiligten nicht schon bekannt ist. Entgegen der in der früheren Rechtsprechung des Reichsgerichts vertretenen Auffassung[69] sollten auch die Angaben von Zeugen und Sachverständigen vollständig übertragen werden[70]. Denn niemand außer dem Beschuldigten und seinem Verteidiger kann letztlich übersehen, inwieweit ein bestimmtes Detail in einer solchen Aussage für die Verteidigung wichtig sein kann. Für die Schlußvorträge der Staatsanwaltschaft und des Verteidigers ermöglicht § 259 Abs. 1 StPO eine (zurückhaltend zu nutzende[71]) Einschränkung, die lediglich den Mindestumfang des zu Übersetzenden festlegt (s. § 259, 1 StPO).

18 Ist der Beteiligte, wenn auch nicht voll, so doch in dem Umfang der deutschen Sprache kundig, daß eine **Verständigung teilweise möglich** ist, so unterliegt es dem pflichtgemäßen Ermessen des Tatrichters, in welchem Umfang er unter oder ohne Mitwirkung eines Dolmetschers verhandeln will[72]. Er wird aber auf die Mitwirkung eines Dolmetschers nur für solche Verhandlungsteile verzichten dürfen, die, weil sprachlich einfach, von dem Angeklagten mit Bestimmtheit verstanden werden[73]. Die Überprüfung des Revisionsgerichts beschränkt sich insoweit auf die Prüfung, ob dieses Ermessen fehlerhaft ausgeübt wurde[74].

19 **3. Übersetzung von Zeugen- und Sachverständigenaussagen.** Ist dagegen ein der deutschen Sprache nicht mächtiger Zeuge oder Sachverständiger zu vernehmen, beschränkt sich die Tätigkeit des Dolmetschers auf die Übersetzung der Kommunikation mit dieser Person. Dazu gehören die Übersetzungen der erforderlichen Belehrungen, die Fragen und Vorhalte, die Angaben der Beweisperson zur Person und zur Sache und schließlich

---

62 BGH StV **2002** 296.

63 RGSt **43** 443; *Kissel*[3] 12.

64 Dabei wird das Gericht besonders darauf zu achten haben, daß der Angeklagte diese Belehrung auch tatsächlich verstanden hat, weil sonst seine Angaben einem Beweisverwertungsverbot unterliegen können: BGH in NJW **1994** 333 mit zust. Anm. *Kiehl* in NJW **1994** 1267.

65 Anders noch RG GA **43** (1895) 253 = JW **1895** 572, wo die Übertragung der Begründung eines Gutachtens nur auf Verlangen eines Beteiligten für notwendig erklärt wird.

66 RG JW **1900** 782.

67 RGSt **43** 443.

68 OLG Dresden JW **1931** 1640.

69 RG GA **43** (1895) 253 zur Übersetzung eines Gutachtens oder RG Recht **1913** Nr. 1836 zur Übersetzung von Zeugenaussagen; ebenso *Kissel*[3] 10.

70 Ebenso *Katholnigg*[3] 3; *Kabbani* StV **1987** 410.

71 Ähnlich *Katholnigg*[3] 3; KMR-*Stuckenberg*[8] § 259, 5 StPO; HK-*Julius*[3] § 259, 2, 4 StPO.

72 RG GA **47** (1900) 384; **50** (1903) 394; BGHSt **3** 285; BGH NStZ **2002** 275.

73 BGH GA **1963** 148.

74 BGH NJW **1984** 1765; BGH bei *Miebach/Kusch* NStZ **1991** 230 Nr. 27; BGHR GVG § 185, Zuziehung 2, zeitweise Abwesenheit; BGH, Beschluß vom 22. 9. 1993 – 5 StR 448/93; BGH StV **2002** 296.

der deutschen Eidesformel aus der deutschen Sprache in eine von der Auskunftsperson beherrschte Sprache und aller Aussagen der Auskunftsperson in die deutsche Sprache. Zur Frage der Rückübersetzung der von dem Zeugen in seiner Sprache gesprochenen Eidesformel siehe § 188, 2.

VI. Sonstige Fragen

1. Unbefangenheit. Dem Dolmetscher sind erforderlichenfalls Fragen über Umstände vorzulegen, die seine Unbefangenheit (Glaubwürdigkeit) in der vorliegenden Sache betreffen; vgl. §§ 72, 68 StPO. **20**

2. Schutz gefährdeter Dolmetscher. Durch das Gesetz zur Bekämpfung des illegalen Rauschgifthandels und anderer Erscheinungsformen der Organisierten Kriminalität[75] sind in §§ 68, 200 und 222 StPO Regelungen zum Schutz gefährdeter Zeugen[76] aufgenommen worden, die es bei entsprechender Gefährdung ermöglichen, daß Zeugen in der Hauptverhandlung anonym auftreten und deren Identität betreffende Unterlagen, solange die Gefährdung andauert, nicht zu den dem Verteidiger zugänglichen Gerichtsakten genommen werden. Inzwischen verstärken sich Hinweise darauf, daß zunehmend auch Dolmetscher bedroht werden, insbesondere wenn sie die gleiche Volkszugehörigkeit haben wie der Beteiligte, aus bzw. in dessen Sprache er übersetzen soll[77]. Hier ist zu erwägen, §§ 68 Abs. 2, 3 StPO auch auf den Dolmetscher anzuwenden (§ 72 StPO)[78]. **21**

3. Protokoll

a) Grundsatz. Die Zuziehung eines Dolmetschers und die Veranlassung dazu muß durch das Protokoll[79] beurkundet werden[80]. Ergibt dieses, daß die Zuziehung des Dolmetschers für die ganze Verhandlung (vgl. Rdn. 1; 16) angeordnet worden ist, so ist es nicht erforderlich, bei jedem Verhandlungsakt oder zu Beginn eines jeden Fortsetzungstermins[81] die Mitwirkung des Dolmetschers noch besonders zu erwähnen[82]. Das gilt auch für § 259 StPO[83]. Insbesondere braucht nicht in das Protokoll aufgenommen zu werden, daß der Dolmetscher den Angeklagten durch vollständige und richtige Übersetzung über die in der Hauptverhandlung zur Sprache gekommenen Umstände unterrichtet hat[84], und wie das Gericht sich hierüber vergewissert hat[85]. Das Protokoll hat hinsichtlich der Tätigkeit des Dolmetschers im einzelnen keine Beweiskraft nach § 274 StPO[86]. **22**

b) Niederschrift in der fremden Sprache. Ob eine Aussage oder Erklärung außer in der deutschen auch in der fremden Sprache niederzuschreiben ist, entscheidet das **23**

---

75 Vom 15. 7. 1992 (BGBl. I S 1302).

76 S. hierzu das ZeugenschutzharmonisierungsG vom 11. 12. 2001, BGBl. I 3510.

77 Vgl. die Große Anfrage vom 12. 5. 1993, BTDrucks. **12** 4948, Frage 36, auf die die Bundesregierung nur mündlich geantwortet hat, und die Große Anfrage vom 3. 7. 1995, BTDrucks. **13** 1925 mit Antwort der Bundesregierung, BTDrucks. **13** 4942, jeweils Frage 45.

78 Das ZeugenschutzharmonisierungsG (oben Fußn. 76) enthält keine Regelungen zum Schutz gefährdeter Dolmetscher.

79 Zum Wegfall der Beweiskraft des Protokolls wegen Unklarheit vgl. BGH bei *Kusch* NStZ-RR **2000** 293; Beschluß vom 22. Mai 2001 – 3 StR 462/00 –; § 274, 23 ff StPO.

80 Darüber hinausgehend verlangt *Kissel*³ 13 zu protokollieren, welche Prozeßvorgänge übersetzt worden sind.

81 BGH, Beschluß vom 15. 7. 1999 – 5 StR 203/99 (Erwähnung in den Teilprotokollen „überflüssige Übung").

82 RGSt **1** 397; **43** 442; *Rasch* Recht **1916** 12.

83 RG JW **1890** 270.

84 BGH NStE § 185, 2.

85 BGH GA **1982** 40; NStZ **1983** 357 Nr. 26.

86 *Kissel*³ 14.

Ermessen des Richters; das gilt auch von der Beifügung einer Übersetzung. In der Hauptverhandlung steht nach Maßgabe des § 238 StPO die Entscheidung zunächst dem Vorsitzenden und nur gegebenenfalls dem Gericht zu[87]. Die Reichstags-Kommission hatte einen Antrag abgelehnt, nach dem ein nicht in der Sprache des Beschuldigten aufgenommenes Protokoll zum Beweis eines Geständnisses nicht sollte benutzt werden dürfen[88]. Wird Niederschrift in der fremden Sprache angeordnet, so obliegt diese, gleichviel ob sie in das Protokoll selbst oder in eine Anlage aufgenommen wird, dem Dolmetscher im Zusammenwirken mit dem Vorsitzenden und dem Urkundsbeamten[89].

VII. Revision und sonstige Rechtsfolgen

24 **1. Revision.** Der Dolmetscher gehört, unter der Voraussetzung des Absatzes 1 S. 1, zu den Personen, deren Anwesenheit das Gesetz vorschreibt (§ 338 Nr. 5 StPO, dort Rdn. 100). Wird ohne Dolmetscher verhandelt, so ist das ein absoluter Revisionsgrund nach § 338 Nr. 5 StPO[90], der jedoch nur von dem Angeklagten, Privat- oder Nebenkläger gerügt werden kann, in dessen Person die Notwendigkeit der Dolmetscherzuziehung gegeben ist[91]. Das gilt auch für die früheren Abschnitte der Hauptverhandlung, wenn sich die Tatsache, daß der Beteiligte der deutschen Sprache nicht mächtig ist, erst im Lauf der Hauptverhandlung herausstellt[92]. Ein relativer Revisionsgrund ist dagegen gegeben, soweit ein anwesender Dolmetscher wichtige Teile der Verhandlung nicht übersetzt hat. Wird bei einer längeren Urteilsbegründung mit Beweis- und rechtlicher Würdigung diese dem Angeklagten nur in abgekürzter Form übertragen, so kann darauf in der Regel das Urteil nicht beruhen[93]. Soweit ein Dolmetscher nicht während der gesamten Hauptverhandlung anwesend sein muß (Rdn. 2; 18), kann das Revisionsgericht die Ausübung des tatrichterlichen Ermessens nur nach der Richtung nachprüfen, ob die Ermessensgrenzen nicht überschritten sind[94]. Gleiches gilt für die vom Gericht nach pflichtgemäßem Ermessen zu treffende Entscheidung über die Anzahl der Dolmetscher und deren Auswahl[95]. Die Rüge eines ausländischen Angeklagten, ihm sei die Anklage nicht in einer ihm verständlichen Sprache mitgeteilt worden, setzt voraus, daß der Beschwerdeführer diesen Mangel in der Hauptverhandlung gerügt und einen Aussetzungsantrag nach § 265 Abs. 4 StPO gestellt hat sowie diese Umstände in der Revisionsbegründung darlegt[96], es sei denn, in der Hauptverhandlung sei der Anklagesatz ebenfalls nicht übersetzt worden[97]. Soweit ein Dolmetscher zugleich als Übersetzer und damit als Sachverständiger tätig war (oben Rdn. 1), kann das Urteil auf der unterbliebenen Entscheidung über die Vereidigung als Sachverständiger (§ 79 Abs. 1 StPO) nicht beruhen, wenn der Dolmetschereid geleistet wurde[98].

25 **2. Sonstige Rechtsfolgen.** Ein Rechtsmittelverzicht, den ein der deutschen Sprache nicht mächtiger Angeklagter ohne Zuziehung eines Dolmetschers erklärt, ist wirkungs-

---

87 Ebenso *Stenglein* 7.

88 Prot. 45.

89 *Kleinknecht/Meyer-Goßner*[45] 4; KK-*Diemer*[4] 6; **a. A** *K. Schäfer in LR*[23] 13; *KMR*[7] 9, die diese Aufgabe allein dem Dolmetscher übertragen wollen.

90 BGHSt **3** 285 mit Anm. *Jagusch* bei LM Nr. 2 zu § 338 Nr. 5 StPO; OLG Zweibrücken VRS **53** (1977) 39; *Pfeiffer*[3] 5; KK-*Kuckein*[4] § 338, 6 StPO; HK-*Temming*[3] § 338, 27 StPO.

91 *Pfeiffer*[3] 5; KK-*Diemer*[4] 7 mit weit. Nachw.; KK-*Kuckein*[4] § 338, 82 StPO.

92 RG GA **47** (1900) 384.

93 BGH GA **1963** 148.

94 OLG Zweibrücken VRS **53** (1977) 39.

95 RGSt **76** 177; *Kleinknecht/Meyer-Goßner*[45] 10; KK-*Diemer*[4] mit weit. Nachw.

96 OLG Düsseldorf JZ **1985** 200.

97 BGH StV **1993** 2.

98 BGH NStZ **1998** 158; *Kleinknecht/Meyer-Goßner*[45] 6.

los[99]. Angaben, die ein Beschuldigter gemacht hat, ohne die ihm erteilte Belehrung verstanden zu haben, sind unter bestimmten Voraussetzungen nach den Grundsätzen über die Verwertbarkeit von Aussagen ohne vorherige Belehrung nach §§ 136 Ab s. 1, 243 Abs. 4 S. 1 StPO nicht verwertbar[100].

§ 186

(1) [1]Die Verständigung mit einer hör- oder sprachbehinderten Person in der Verhandlung erfolgt nach ihrer Wahl mündlich, schriftlich oder mit Hilfe einer die Verständigung ermöglichenden Person, die vom Gericht hinzuziehen ist. [2]Für die mündliche und schriftliche Verständigung hat das Gericht die geeigneten technischen Hilfsmittel bereitzustellen. [3]Die hör- oder sprachbehinderte Person ist auf ihr Wahlrecht hinzuweisen.

(2) Das Gericht kann eine schriftliche Verständigung verlangen oder die Hinzuziehung einer Person als Dolmetscher anordnen, wenn die hör- oder sprachbehinderte Person von ihrem Wahlrecht nach Absatz 1 keinen Gebrauch gemacht hat oder eine ausreichende Verständigung in der nach Absatz 1 gewählten Form nicht oder nur mit unverhältnismäßigem Aufwand möglich ist.

Schrifttum. *Hamm* Notwendige Verteidigung bei behinderten Beschuldigten, NJW **1988** 1820; *Werner* Neuregelung der notwendigen Verteidigung für taube, stumme und blinde Beschuldigte, NStZ **1988** 346; siehe ferner die Schrifttumsangaben bei den Vorbemerkungen.

Entstehungsgeschichte. § 186 – Bezeichnung bis 1924: § 188 – wurde durch Art. 20 Nr. 3 des OLG-Vertretungsänderungsgesetzes (OLGVertrÄndG)[1] neu gefaßt[2]. Zuvor lautete § 186:

„Zur Verhandlung mit tauben oder stummen Personen ist, sofern nicht eine schriftliche Verständigung erfolgt, eine Person als Dolmetscher zuzuziehen, mit deren Hilfe die Verständigung in anderer Weise erfolgen kann".

Übersicht

[99] OLG Hamm NJW **1983** 530 – hier hatte der Angeklagte zusätzlich auch noch auf eine Rechtsmittelbelehrung verzichtet.

[100] BGH in NJW **1994** 333 mit zust. Anm. *Kiehl* in NJW **1994** 1267.

[1] Vom 23. 7. 2002 (BGBl. I S. 2850), in Kraft getreten am 1. 8. 2002.

[2] Die Änderungen des § 186, die Löschung des § 187 und die Einführung des § 191a sowie die Anpassung der Überschrift des 15. Titels wurden erst während der Beratungen des Rechtsausschusses des Dt. Bundestages in den Gesetzentwurf eingefügt. Eine Begründung dieser Gesetzesänderungen findet sich daher in dessen Bericht (BTDrucks. **14** 9266 S. 40 ff). Diese Gesetzesänderungen werden ergänzt durch entsprechende Änderungen der §§ 66e, 140 Abs. 2 Satz 2, 259 Abs. 2, 464c StPO durch Art. 16 OLGVertrÄndG und der Anmerkungen zu Nr. 9000, 9005 der Anlage 1 zum GKG durch Art. 28 OLGVertrÄndG.

1 **1. Verhältnis des § 186 zu § 140 StPO.** § 186 muß – soweit es um hör- und sprachbehinderte Beschuldigte geht – im Zusammenhang mit den Regelungen über die notwendige Verteidigung in § 140 StPO gesehen werden. Durch Gesetz zur Änderung der Strafprozeßordnung vom 17. 5. 1988[3] ist die zuvor durch das StVÄG 1987 auf blinde Beschuldigte ausgeweitete Regelung in § 140 Abs. 1 Nr. 4 StPO, die eine notwendige Verteidigung bei blinden, stummen oder tauben Beschuldigten zwingend vorsah, geändert worden. Seitdem sieht § 140 Abs. 2 S. 2 StPO vor, daß dem Antrag eines tauben oder stummen Beschuldigten auf Bestellung eines Pflichtverteidigers zu entsprechen ist Dadurch ist eine als bevormundend empfundene Regelung zugunsten einer die Dispositionsbefugnis dieser Beschuldigten stärkenden Regelung aufgehoben worden[4]. Auch der Anwendungsbereich des § 140 Abs. 2 S. 2 StGB ist durch das OLGVertrÄndG zum 1. August 2002 auf hör- und sprachbehinderte Beschuldigte ausgedehnt worden. Dagegen ist die Nutzung der Verständigungshilfen nach § 186 zwingend. Außerdem gilt § 140 Abs. 2 S. 2 StPO nur für hör- und sprachbehinderte Beschuldigte, während § 186 nicht auf solche Personen in dieser Prozeßrolle beschränkt ist.

2. Betroffene Personen

2 **Hör- oder sprachbehinderte Personen.** Bis zum 31. Juli 2002 galt § 186 nur für taube und stumme Personen. Als taub galt eine Person, deren Gehör für immer oder zeitweise vollständig aufgehoben ist[5], und als stumm eine Person, deren Fähigkeit zu sprechen für immer oder zeitweise vollständig aufgehoben ist[6]. Anliegen der Neufassung ist es, den Kreis der betroffenen Personen auszudehnen. Zu den hör- und sprachbehinderte Personen gehören nunmehr auch schwerhörige und nur beeinträchtigt sprechfähige Personen ohne Rücksicht darauf, ob diese Behinderung andauernd oder nur in speziellen Situationen, etwa der besonderen Anspannung während einer Vernehmung als Angeklagter oder Zeuge, hervortritt. Der Anwendungsbereich bleibt aber unverändert auf diese sensorischen Behinderungen beschränkt[7].

3 **Personen mit kognitiven (geistigen) Behinderungen** unterfallen dagegen nicht dem § 186. Auch in solchen Fällen hat der Vorsitzende – bei Beanstandung seiner Anordnungen das Gericht – die geeigneten Maßnahmen zu treffen, um eine effektive Verständigung mit den Verfahrensbeteiligten zu ermöglichen und ggf. dem behinderten Angeklagten das Verständnis der Verhandlung zu vermitteln; die hierzu erforderlichen Maß-

---

[3] BGBl. I S. 606.
[4] Zu den Hintergründen dieser Änderung s. *Werner* NStZ **1988** 346 und *Hamm* NJW **1988** 1820.
[5] RG vom 7. 1. 1915 III 1090/14.
[6] RG GA **59** (1912) 337; BGHSt **13** 366.
[7] Begründung des Rechtsausschusses des Dt. Bundestages, BTDrucks. **14** 9266 S. 40.

nahmen unterliegen dem richterlichen Ermessen[8]. Deswegen hat der Gesetzgeber davon abgesehen, diesen Personenkreis in die neue Regelung einzubeziehen[9].

Auf **Blinde** ist § 186 nicht anzuwenden; für diese hat das OLGVertrÄndG in § 191a eine spezielle Regelung getroffen. **4**

3. Wege der Verständigung. § 186 nennt als Wege der Verständigung die mündliche und schriftliche Verständigung und die Hinzuziehung einer die Verständigung ermöglichenden Person. Dabei stehen diese Wege nicht alternativ, sondern auch kumulativ zur Verfügung. Auch eine Verbindung mehrerer Verständigungswege ist statthaft. So kann z. B. dem sprachbehinderten Angeklagten der Anklagesatz zum Durchlesen vorgelegt werden, während ihm die Aussagen der Zeugen und sonstige wesentliche Vorgänge der Verhandlung (z. B. Fragen des Gerichts) durch Vermittlung eines Verständigungshelfers zur Kenntnis gebracht und seine eigenen mündlichen Äußerungen den übrigen Verfahrenshelfern auf dem gleichen Wege zugänglich gemacht werden[10]. **5**

a) Mündliche Verständigung. Zur mündlichen Verständigung als der Regelform der Verständigung in der Hauptverhandlung zählt auch die unter Nutzung technischer Hilfsmittel, etwa eines Hörgerätes[11] oder Kehlkopfmikrophons, erfolgte Verständigung. Nr. 21 RiStBV empfiehlt bei Verhandlungen mit Schwerhörigen, sie aufzufordern, das, was sie von Fragen, Zeugenaussagen oder mündlichen Erörterungen verstanden haben, zu wiederholen[12]. **6**

b) Schriftliche Verständigung. Zur schriftlichen Verständigung im Sinn des § 186 gehört nicht, daß sie sich beiderseits schriftlich, also durch Niederschreiben der Fragen und der Antworten vollzieht. Vielmehr genügt auch eine einseitige schriftliche Verhandlung, also z. B. die Vorlegung schriftlicher Fragen an eine hörbehinderte, aber des Sprechens fähige Person oder die schriftliche Beantwortung mündlich gestellter Fragen durch eine sprachbehinderte, aber hörfähige Person[13]. Es ist auch zulässig, daß die schriftliche Äußerung nur zu solchen Fragen erfolgt, die die Person nicht mit einem bloßen Ja oder Nein beantworten will oder kann[14], und sie sich im übrigen durch Kopfnicken- oder schütteln äußert (dazu unten Rdn. 10). **7**

c) Verständigung mit Hilfe eines Verständigungshelfers. Die Verständigung mit Hilfe einer die Verständigung ermöglichenden Person (Verständigungshelfer) ist ein weiterer möglicher Verständigungsweg. § 186 Abs. 1 vermeidet hier bewußt den Begriff „Dolmetscher", was verdeutlicht, daß nicht nur professionelle Helfer gemeint sind. Hier kommen vielmehr vorrangig Personen aus der persönlichen Umgebung der hör- oder sprachbehinderten Person, etwa Familienmitglieder, mit denen diese sich mündlich, durch Gesten oder Zeichen oder auf sonstigem Wege[15] verständigen kann, in Betracht[16]. Da diese Personen, wie Absatz 2 verdeutlicht, „als Dolmetscher" tätig werden, können **8**

[8] RGSt **15** 172; RG Recht **1910** Nr. 4224; RG vom 17.10.1935 – 3 D 678/35 –; OLG Freiburg JZ **1951** 23.

[9] Begründung des Rechtsausschusses des Dt. Bundestages, BTDrucks. **14** 9266 S. 40, unter Berufung auf BGHSt **43** 62=NJW **1997** 2335 ff.

[10] RG HRR **1939** Nr. 2983.

[11] OLG Freiburg JZ **1951** 23.

[12] Die weitergehende Empfehlung in Nr. 21 RiStBV, dann, wenn die hörbehinderte Person zu einer Wiederholung nicht in der Lage ist, den Weg der schriftlichen Verständigung einzuschlagen, darf im Hinblick auf das Wahlrecht der Person nur als Anregung an sie herangetragen werden.

[13] RGSt **31** 313.

[14] BGHSt **13** 366 = NJW **1960** 584.

[15] Die Gesetzesbegründung nennt beispielhaft lautsprachbegleitende Gebärden, das Lormen – ein „Tastalphabet" als Handzeichensystem für Taubblinde – oder die Methode der „gestützten Kommunikation", Begründung des Rechtsausschusses des Dt. Bundestages, BTDrucks. **14** 9266 S. 40.

[16] RGSt **33** 181; BGH JZ **1952** 730; BGHSt **43** 62; *Pfeiffer*[3] 1; KK-*Diemer*[4] 2; *MünchKomm-Wolf*[2] 4.

diese, sofern das Gericht dies zur Herbeiführung einer wahrheitsgemäßen Verständigungshilfe für erforderlich hält, als Dolmetscher vereidigt werden (§ 189); zwingend erforderlich ist dies aber nicht[17]. Für die Zuziehung der Verständigungshelfer gilt das zu § 185, 4 ff Bemerkte[18] sinngemäß.

9 **d) Hinzuziehung eines Dolmetschers.** Anders als bei § 185, wo die Zuziehung eines Dolmetschers der Regelfall ist, ist hier die Zuziehung eines Dolmetschers – als eines Sonderfalls des Verständigungshelfers – ultima ratio. Maßnahmen, die eine unmittelbare Verständigung ermöglichen, haben Vorrang[19]. Da es sehr viele Personen gibt, die, obwohl hörbehindert, doch imstande sind, anderen Personen die Worte von den Lippen abzulesen[20], sind unter Dolmetschern im Sinne des § 186 nicht lediglich der Zeichensprache Kundige, sondern in erster Linie Taubstummenlehrer zu verstehen. In der Regel empfiehlt sich die Zuziehung eines solchen Dolmetschers, um dem tauben Angeklagten die erforderliche Kenntnis von allen für die Schuld- und Straffrage wesentlichen Vorgängen zu geben (Nr. 21 Abs. 2 RiStBV). Daneben kann auch die Zuziehung eines Psychiaters geboten sein, der Kenntnisse und Erfahrungen über die seelisch-geistige Eigenart von Hör- und Sprachbehinderten besitzt (Nr. 21 Abs. 2 RiStBV).

10 **e) Verständigung in anderer Weise.** Eine Verständigung ist schließlich auch in der Form möglich, daß die hör- oder sprachbehinderte Person Fragen durch Kopfnicken oder -schütteln beantwortet, sofern der Vorsitzende diese Antworten wiederholt und damit Mißverständnisse ausschließt[21].

11 **4. Wahlrecht der betroffenen Person (Abs. 1 S. 1).** Die hör- oder sprachbehinderte Person steht die Auswahl zwischen den im Einzelfall in Betracht kommenden Verständigungswegen (dazu oben Rdn. 5 ff) zu. Hierzu gehört auch die Benennung eines geeigneten, ihr bereits vertrauten Verständigungshelfers. Hingegen kann ein hör- oder sprachbehinderter Angeklagter, gegen den ohne Verständigungshelfer verhandelt wird, nicht auf die schriftliche Mitteilung aller wesentlichen Vorgänge verzichten[22].

12 **5. Belehrung der betroffenen Person über ihr Wahlrecht (Abs. 1 S. 3).** Die hör- oder sprachbehinderte Person ist auf ihr Recht, den Verständigungsweg zu wählen, hinzuweisen. Dies sollte zweckmäßigerweise, sofern die Hör- oder Sprachbehinderung bereits bekannt ist, rechtzeitig vor der Vernehmung dieser Person geschehen, um das Gericht in die Lage zu versetzen, einen benötigten Verständigungshelfer oder Dolmetscher rechtzeitig hinzuziehen und notwendige Vorbereitungen hinsichtlich der technischen Hilfsmittel (dazu unten Rdn. 14) zu treffen, um andernfalls notwendige Vertagungen vermeiden zu können.

13 **6. Bestimmung des Verständigungsweges durch das Gericht (Abs. 2).** Macht die hör- oder sprachbehinderte Person von ihrem Wahlrecht keinen Gebrauch, ist eine ausreichende Verständigung auf dem von der Person gewählten Verständigungsweg nicht möglich oder wäre diese nur mit unverhältnismäßigem Aufwand möglich, kann das Gericht die Hinzuziehung eines Verständigungshelfers als Dolmetschers anordnen oder

---

17 Begründung des Rechtsausschusses des Dt. Bundestages, BTDrucks. **14** 9266 S. 40; RGSt **33** 181; BGH JZ **1952** 730; BGHSt **43** 62; KK-*Diemer*[4] 2; **a. A** (Vereidigung notwendig) *Katholnigg*[3] 1.

18 Vgl. auch RGSt **36** 355.

19 *Kissel*[3] 9; *Wieczorek/Schütze-Schreiber*[3] 2.

20 Dazu RG GA **68** (1920) 348.

21 BGHSt **13** 366; *Pfeiffer*[3] 1; *Kleinknecht/Meyer-Goßner*[45] 3; KK-*Diemer*[4] 1; KMR[7] 2; *Katholnigg*[3] 2; *Kissel*[3] 8.

22 RGJW **1904** 21; *Rasch* aaO 595.

den Weg der schriftlichen Verständigung wählen („verlangen"). Dagegen läßt der Wortlaut des § 186 nicht zu, dass das Gericht eine mündliche Verständigung unter Einsatz technischer Hilfsmittel, etwa eines Hörgeräts, anordnet. Verweigert die hör- oder sprachbehinderte Person eine Verständigung auf dem zulässigerweise vom Gericht bestimmten Weg, ist dies einer Zeugnisverweigerung gleichzusetzen (§ 70 StPO).

7. Bereitstellung der technischen Hilfsmittel (Abs. 1 S. 2). Das Gericht ist verpflichtet, die geeigneten technischen Hilfsmittel für eine mündliche oder schriftliche Verständigung zur Verfügung zu stellen. Zu denken ist beispielsweise Tonübertragungseinrichtungen (Höranlagen), bei denen die Beteiligten in Mikrophone sprechen[23]. Normalerweise dürfte davon auszugehen sein, daß eine hör- oder sprachbehinderte Person über notwendige technische Verständigungshilfsmittel, die regelmäßig speziell angepaßt werden müssen, selbst verfügt. Notfalls müßte sich das Gericht der Hilfe eines Hörgeräteakustikers oder eines entsprechenden Fachbetriebes bedienen. 14

8. Kumulieren Fremdsprachigkeit und Hör- oder Sprachbehinderung, so sind §§ 185ff unter beiden Gesichtspunkten anzuwenden[24]; notfalls ist zweistufig zu dolmetschen[25]. 15

9. Wegen der **Vereidigung** hör- und sprachbehinderter Personen s. § 66e StPO[26]. 16

10. Unmöglichkeit der Verständigung. Ist eine Verständigung mit hör- oder sprachbehinderten Personen auch bei Ausschöpfung aller denkbaren Verständigungswege und -mittel nicht möglich, so liegt keine „Vernehmung" vor; die bei einem Verständigungsversuch gewonnenen Eindrücke können jedoch verwertet werden[27]. 17

11. Kostentragung bei hör- oder sprachbehinderten Beschuldigten. § 464c StPO[28] sieht vor, daß einem der deutschen Sprache nicht mächtigen, hör- oder sprachbehinderter Angeschuldigten die für den Dolmetscher entstandenen Auslagen (nur) auferlegt werden, soweit er diese schuldhaft, insbesondere durch Säumnis, verursacht hat. 18

12. Revision. Das Nichtzuziehen eines Verständigungshelfers ist wegen der subsidiären Regelung des § 186 kein absoluter Revisionsgrund[29], kann aber möglicherweise die Aufklärungsrüge begründen[30]. Im übrigen siehe § 185, 24. 19

§ 187

(ohne Bedeutung für Strafverfahren; aufgehoben durch Art. 20 Nr. 4 des OLG-Vertretungsänderungsgesetzes vom 23. 7. 2002, BGBl. I S. 2850).

---

23 Begründung des Rechtsausschusses des Dt. Bundestages, BTDrucks. **14** 9266 S. 40.

24 *Kissel*[3] 5.

25 *MünchKomm-Wolf*[2] 4.

26 Neugefaßt durch Art. 16 Nr. 1 OLGVertrÄndG; s. dazu die Erl. im Nachtrag.

27 RGSt **33** 403; *Pfeiffer*[3] 3; *Kleinknecht/Meyer-Goßner*[45] 2; *Kissel*[3] 6.

28 Eingeführt durch Art. 4 Abs. 2 des Gesetzes zur Regelung des Geschäftswertes bei land- oder forstwirtschaftlichen Betriebsübergaben und zur Änderung sonstiger kostenrechtlicher Vorschriften vom 15. Juni 1989 (BGBl. I S. 1082) und angepaßt durch Art. 16 Nr. 5 des OLGVertrÄndG.

29 *Pfeiffer*[3] 4; *Katholnigg*[3] 6.

30 BGHSt **43** 62, 64.

§ 188

Personen, die der deutschen Sprache nicht mächtig sind, leisten Eide in der ihnen geläufigen Sprache.

Bezeichnung bis 1924: § 190.

1 § 188 betrifft den **Eid eines Zeugen oder Sachverständigen**. Wegen der Eidesnorm s. §§ 66c, 66d, 79 Abs. 2 StPO. Die Eidesleistung Hör- und Sprachbehinderter bestimmt sich nach § 66e StPO.

2 Bei der **Vereidigung** wird der **Dolmetscher** dem Zeugen oder Sachverständigen die deutsche Eidesformel in die ihm geläufige Sprache übersetzen. Dabei ist es bei einem Dolmetscher, dem die Eidesformel bekannt ist, nicht erforderlich, daß der Vorsitzende die Eidesformel vorspricht[1]. Der zu Vereidigende spricht die Eidesformel in der ihm geläufigen Sprache nach, wobei ihm gestattet ist, der Eidesformel eine in seinem Kulturkreis übliche Bekräftigungsformel beizufügen[2]. Mit dem Nachsprechen der Eidesformel ist die Eidesleistung abgeschlossen[3]. Eine (Rück-)Übertragung des in fremder Sprache geleisteten Eides in die deutsche Sprache ist jedenfalls dann erforderlich, wenn Zweifel an der Korrektheit der Eidesleistung bestehen[4], im übrigen zwar zu empfehlen[5], aber nicht zwingend geboten[6].

3 Für die **Bekräftigung nach § 66d StPO** gilt § 188 sinngemäß[7]. Bei einer **Versicherung an Eides** statt ist die Versicherung gemäß §§ 184, 185 zu übersetzen[8].

§ 189

(1) [1]Der Dolmetscher hat einen Eid dahin zu leisten: daß er treu und gewissenhaft übertragen werde. [2]Gibt der Dolmetscher an, daß er aus Glaubens- oder Gewissensgründen keinen Eid leisten wolle, so hat er eine Bekräftigung abzugeben. [3]Diese Bekräftigung steht dem Eid gleich; hierauf ist der Dolmetscher hinzuweisen.

(2) Ist der Dolmetscher für Übertragungen der betreffenden Art im allgemeinen beeidigt, so genügt die Berufung auf den geleisteten Eid.

Entstehungsgeschichte. Absatz 1 S. 2 und 3 wurden durch Art. 5 Nr. 1 des 1. StVRErgG angefügt. Bezeichnung bis 1924: § 191.

---

1 *Pfeiffer*[3] 2; KMR[7] 1; *Katholnigg*[3] 1; *Eb. Schmidt* 1; *Kissel*[3] 1; *MünchKomm-Wolf*[2] 3; *Wieczorek/Schütze-Schreiber*[3] 2.

2 OLG Köln MDR **1969** 501; *Baumbach/Lauterbach-Albers*[59] 1; *MünchKomm-Wolf*[2] 3; *Wieczorek/Schütze-Schreiber*[3] 2.

3 *Pfeiffer*[3] 1; KMR[7] 1; *Katholnigg*[3] 1; *Eb. Schmidt* 2.

4 *Katholnigg*[3] 1.

5 *Pfeiffer*[3] 1; *Baumbach/Lauterbach-Albers*[59] 1; *MünchKomm-Wolf*[2] 3; *Wieczorek/Schütze-Schreiber*[3] 2.

6 RGSt **45** 304; unklar *Kleinknecht/Meyer-Goßner*[45] 1.

7 *Katholnigg*[3] 2

8 *Pfeiffer*[3] 2; *Katholnigg*[3] 2.

Übersicht

1. Notwendigkeit der Vereidigung

a) Unverzichtbarkeit der Vereidigung. Die Übertragung bedarf stets der eidlichen Bekräftigung in der einen (Absatz 1) oder anderen (Absatz 2) Form; einzige Ausnahme: § 190 S. 2 (dort Rdn. 3). Ein Verzicht der Prozeßbeteiligten auf die Vereidigung ist in Strafsachen nicht statthaft[1]. Wer nicht vereidigt werden kann, darf auch nicht als Dolmetscher tätig sein[2]. § 189 gilt grundsätzlich auch im Ermittlungsverfahren[3] und im Auslieferungsverfahren; doch berührt hier in bestimmten Fällen eine unterlassene Vereidigung eines Dolmetschers nicht die Wirksamkeit einer von ihm übersetzten Einverständniserklärung nach § 41 IRG[4]. Bei einer konsularischen Vernehmung ist eine Vereidigung des Dolmetschers dagegen nicht erforderlich[5]. Übersetzt der Dolmetscher in der Hauptverhandlung Urkunden, dann ist er insoweit nicht als Dolmetscher, sondern als Sachverständiger tätig; die Frage der Vereidigung bestimmt sich insoweit nach § 79 StPO[6]. § 189 gilt nicht für eine vom Gericht neben einem Dolmetscher zur Verständigung mit einem behinderten Zeugen als Verständigungshelfer beigezogene Person; hier steht es im Ermessen des Gerichts, ob diese Person mit dolmetscherähnlicher Funktion vereidigt wird[7]; dies dürfte aber zu empfehlen sein. 1

b) Vereidigung in jeder einzelnen Sache. Die eidliche Bekräftigung der Übertragung (nach Absatz 1 oder Absatz 2) bildet, da nichts Entgegenstehendes vorgeschrieben ist, gleich der Vereidigung eines Sachverständigen einen Bestandteil der einzelnen Verhandlung; mithin muß sie, wenn in einer Sitzung mehrere die Zuziehung des Dolmetschers erfordernde Sachen zur Verhandlung kommen, in jeder besonders abgegeben werden[8]. Das ist allerdings ein Übelstand, wenn ein Gerichtsbeamter als Dolmetscher tätig und als solcher im allgemeinen vereidigt ist; es wäre angemessener, die eidliche Bekräftigung in diesem Falle für entbehrlich zu erklären. 2

c) Vereidigung bei mehrfacher Zuziehung in derselben Sache. Der Fall, daß der Dolmetscher bei einer späteren Verhandlung in derselben Sache abermals zugezogen wird, ist im Gesetz nicht geregelt. Mangels einer ausdrücklichen Bestimmung ist die einmal abgegebene eidliche Bekräftigung nicht auch für alle folgenden Verhandlungen in derselben Sache, wohl aber für eine mehrtägige Übertragung innerhalb derselben Verhand- 3

[1] RGSt **75** 332; BGHSt **22** 118, 120; *Kissel*[3] 4.
[2] *Rasch* Recht **1916** 12.
[3] BGH StV **1992** 552.
[4] OLG Düsseldorf NJW **1993** 3084.
[5] § 15 Abs. 3 S. 2 KonsG.
[6] *MünchKomm-Wolf*[2] 2.
[7] Bericht des Rechtsausschusses des Dt. Bundestages, BTDrucks. **14** 9266 S. 40; RGSt **33** 181; BGH JZ **1952** 730; BGHSt **43** 62; **a. A** (Vereidigung notwendig) *Katholnigg*[3] 2.
[8] BGH NStZ **1987** 568; *Pfeiffer*[3] 1; *Kleinknecht/Meyer-Goßner*[45] 1; *Kissel*[3] 3; *Zöller-Gummer*[22] 1.

lung wirksam[9]. War der Dolmetscher bei der ersten Zuziehung gemäß Absatz 1 besonders vereidigt worden und wird er dann in demselben Vorverfahren[10] oder in demselben Verfahren[11] abermals zugezogen, so genügt, wie bei Zeugen und Sachverständigen, die Versicherung unter Berufung auf den früher geleisteten Eid (vgl. §§ 67, 72 StPO)[12]. Der im Ermittlungsverfahren geleistete Eid genügt dagegen nicht für das Hauptverfahren[13]. Es ist auch nicht ausreichend, wenn in der Hauptverhandlung vom Vorsitzenden nur festgestellt wird, daß der Dolmetscher bereits anläßlich einer Übertragung in einer früheren Hauptverhandlung[14] oder im Haftprüfungsverfahren vereidigt worden ist[15].

2. Durchführung der Vereidigung (Absatz 1)

4 **a) Eidesformel.** Wegen der Formel des vom Dolmetscher nach Absatz 1 S. 1 zu leistenden Eides oder der nach Absatz 1 S. 2 abzugebenden Bekräftigung und wegen der Art der Ableistung (Bekräftigung) sind für Strafsachen die §§ 66c, 66d StPO maßgebend (§ 72 StPO)[16]. Der Hinweis, daß die Bekräftigung nach Absatz 1 S. 2 dem Eid gleich steht, ist im Hinblick auf § 155 Nr. 1 StGB strafrechtlich bedeutsam; er sollte deswegen protokolliert werden[17].

5 **b) Voreid.** Der Dolmetschereid nach Absatz 1 ist – im Gegensatz zu § 59 StPO – als Voreid und damit nach Aufruf der Sache, aber vor Beginn der Übertragung zu leisten („daß er … übertragen werde")[18].

3. Vereidigung im allgemeinen (Absatz 2)

6 **a) Allgemeine Vereidigung.** Die Rechtsverhältnisse der allgemein vereidigten Dolmetscher zu regeln, ist Sache der Landesgesetzgebung. Diese Vereidigung erfolgt im allgemeinen durch den Präsidenten des Landgerichts[19] und bezieht sich auf bestimmte Sprachen bzw. die Übertragung nach § 186. Sie ist unter Umständen auf einen Gerichtsbezirk beschränkt[20]. Die Voraussetzungen der allgemeinen Vereidigung können durch ministeriellen Erlaß geregelt werden[21]. Gegen die Ablehnung eines Antrages auf allgemeine Vereidigung als Dolmetscher ist der Antrag auf gerichtliche Entscheidung gem. § 23 ff EGGVG statthaft[22].

7 **b)** Die Worte **„Übertragungen der betreffenden Art"** beziehen sich zunächst auf die Verschiedenheit der in § 185 und der in § 186 behandelten Fälle. Außerdem besagen sie, daß die Berufung auf den allgemeinen Eid unstatthaft ist, wenn es sich um eine andere fremde Sprache handelt als um die, für die der Dolmetscher im allgemeinen vereidigt ist.

---

[9] BGH GA **1979** 272; *Kleinknecht/Meyer-Goßner*[45] 1; *Katholnigg*[3] 3; *Kissel*[3] 3.

[10] *Katholnigg*[3] 3; KMR[7] 1.

[11] BGH GA **1979** 272; BVerwG NJW **1986** 3154; KK-*Diemer*[4] 1; *Katholnigg*[3] 3; *Kissel*[3] 3; *KMR*[7] 1.

[12] BayObLG MDR **1979** 696; *Kleinknecht/Meyer-Goßner*[45] 1; *Katholnigg*[3] 3; *Kissel*[3] 3; *Baumbach/Lauterbach-Albers*[59] 1; *Zöller-Gummer*[22] 1; *Wieczorek/Schütze-Schreiber*[3] 3.

[13] BGH StV **1991** 504; *Katholnigg*[3] 3; *Kissel*[3] 3; *Wieczorek/Schütze-Schreiber*[3] 3.

[14] BayObLG MDR **1979** 696.

[15] BGH StV **1991** 504.

[16] *Pfeiffer*[3] 2; *Kleinknecht/Meyer-Goßner*[45] 1; vgl. § 191, 4.

[17] *Katholnigg*[3] 2.

[18] Vgl. BGH MDR **1970** 778; OLG Saarbrücken NJW **1975** 66; OLG Hamm NJW **1975** 1574; *Pfeiffer*[3] 1; *Kissel*[3] 6; *Baumbach/Lauterbach-Albers*[59] 1.

[19] Vgl. z. B. § 2 Abs. 1 des Gesetzes über die öffentliche und allgemeine Beeidigung von Dolmetschern und Übersetzern des Landes Mecklenburg-Vorpommern vom 6. 1. 1993, GVBl. MV **1993** S. 2. Vgl. die Erläuterungen zu § 79 Abs. 3 StPO.

[20] Vgl. die den Fällen BGH GA **1986** 177 und BGH NStZ **1986** 469 zugrundeliegenden Sachverhalte.

[21] OLG Frankfurt NJW-RR **1999** 646.

[22] OLG Frankfurt NJW-RR **1999** 646.

c) **Die Berufung auf den im allgemeinen geleisteten Eid.** Die Berufung auf den im allgemeinen geleisteten Eid erfordert eine ausdrückliche Erklärung des Dolmetschers selbst[23]; eine Verweisung durch das Gericht genügt nicht[24]. Die Form der Bezugnahme muß deutlich erkennen lassen, daß der Dolmetscher gerade durch den Eid zu treuer und gewissenhafter Übertragung verbunden ist; eine bloße Versicherung treuer und gewissenhafter Übertragung genügt deshalb den Anforderungen nicht[25]. Eine dem Absatz 2 genügende Berufung liegt aber auch schon vor, wenn der Dolmetscher zur Person erklärt, „öffentlich bestellter und vereidigter Dolmetscher für die (jeweilige) Sprache" zu sein[26]. Entscheidend ist, daß aufgrund einer Äußerung des Dolmetschers deutlich wird, daß er unter Eid überträgt[27]. Auch die Berufung hat vor Beginn der Tätigkeit des Dolmetschers zu erfolgen[28]. 8

4. Reichweite des Eides. Der Eid des Dolmetschers bezieht sich nicht nur auf die eigentliche Übertragung; er deckt die gesamte Aussage, die der Dolmetscher bei Erfüllung seiner Aufgaben zu machen hat. Infolgedessen umfaßt er auch die Erklärung, daß der Zeuge nach der Überzeugung des Dolmetschers von dem Wesen des Eides keine Vorstellung habe[29]. Der Dolmetscher, der bewußt unrichtig überträgt, begeht – wie der Sachverständige, der bewußt ein unrichtiges Gutachten erstattet – einen nach §§ 154, 155 StGB zu beurteilenden Meineid[30]. 9

5. Protokollierung. Die Vereidigung und die Berufung auf die allgemeine Vereidigung gehören zu den für die Hauptverhandlung vorgeschriebenen Förmlichkeiten, deren Beachtung nur durch das Protokoll bewiesen werden kann[31]. Im Protokoll muß deutlich werden, daß der Dolmetscher selbst sich auf die allgemeine Vereidigung berufen hat. Eine Protokollnotiz „allgemein vereidigt" ist vom Bundesgerichtshof mehrfach nicht als Vermerk über eine Erklärung des Dolmetschers anerkannt worden[32]; sie sollte vermieden werden. Möglicherweise kann ein solcher Protokollvermerk aber mehrdeutig und deshalb das Freibeweisverfahren zur Frage eröffnet sein, ob der Dolmetscher selbst eine entsprechende Erklärung abgegeben hat[33]. 10

6. Revision. Grundsätzlich begründet ein Verstoß gegen § 189, der weder durch widerspruchslose Entgegennahme der Übersetzung geheilt noch durch sonstiges Verhalten verwirkt werden kann[34], die Revision. Der Verstoß gegen § 189 GVG, der durch das Schweigen des Protokolls gemäß § 274 StPO unwiderlegbar bewiesen wird[35], ist jedoch kein absoluter Revisionsgrund[36]. Indes läßt sich meist, beispielsweise wenn das Urteil im wesentlichen auf vom (unvereidigten) Dolmetscher übertragenen Zeugenaussagen gestützt ist, nicht ausschließen, daß das Urteil auf dem Mangel der Nichtvereidigung beruht[37]. Ein Beruhen kann jedoch im Einzelfall ausgeschlossen 11

---

23 RGRspr. **7** 426; RG HRR **1933** Nr. 1153; *Kissel*³ 5.

24 BGH bei *Dallinger* MDR **1975** 199.

25 RGSt **75** 332.

26 BGH bei *Dallinger* MDR **1975** 199.

27 *Kleinknecht/Meyer-Goßner*⁴⁵ 2; *Kissel*³ 5.

28 *Pfeiffer*³ 3.

29 RG LZ **1921** 694.

30 BGHSt **4** 154; *Pfeiffer*³ 4; *Katholnigg*³ 1; *Kissel*³ 9.

31 BGH NStZ **1982** 517; **1988** 20; StV **1996** 531; BGHR GVG § 189 Beeidigung 1; *Pfeiffer*³ 2.

32 BGH NStZ **1981** 69; BGH StV **1984** 146 („Personalien und allgemeine Vereidigung gerichtsbekannt.")

33 BGH bei *Holtz* MDR **1978** 280; BGHSt **31** 39; BGH NStZ **2000** 49; NJW **2001** 3795; BGHR GVG § 189 Abs. 2, Vereidigung 1; *Kissel*³ 4; *Wieczorek/Schütze-Schreiber*³ 7.

34 OLG Hamm StV **1996** 532.

35 BGH NStZ **1982** 517; **1988** 20; StV **1997** 515. Vgl. für den Fall eines unklaren Protokollvermerks BGHSt **31** 39.

36 RGSt **75** 332; BGH NStE § 189, 3; OLG Karlsruhe GA **1971** 214, 216; OLG Saarbrücken NJW **1975** 66; BSG MDR **1993** 173.

37 BGH NStZ **1982** 517; **1983** 359 bei *Pfeiffer/Miebach*; NStZ **1988** 20; **1991** 230; StV **1983** 510; **1986** 238; **1987** 516.

sein[38], etwa weil die Richtigkeit der Übersetzung leicht kontrollierbar war[39] oder durch andere Umstände bestätigt wurde[40] oder weil die Übersetzung nur einen geringfügigen Teilkomplex im Rahmen einer größeren Tatkomplexes betrifft[41]. Gleiches gilt, wenn der Dolmetscher nur bei der Urteilsverkündung übersetzt[42], wenn der Dolmetscher statt vor erst nach Beendigung seiner Tätigkeit vereidigt wird[43], oder wenn der Dolmetscher, der sich auf einen für Übertragungen einer bestimmten Sprache allgemein geleisteten Eid berufen hatte, bei seiner Übertragung zusätzliche Übersetzungen aus einer anderen Sprache vornehmen muß[44]. Gehen Dolmetscher und Gericht irrtümlich (weil der Eid sich nur auf einen anderen Gerichtsbezirk bezog) davon aus, der Eid, auf den der Dolmetscher sich bezogen hat, binde ihn auch im jetzigen Verfahren[45], so ist ein Beruhen ebenso ausgeschlossen wie für den Fall, daß der Eid, auf den der Dolmetscher sich beruft, ohne Wissen des Dolmetschers und des Gerichts nicht ordnungsgemäß ist[46]. Schließlich kann ein Beruhen bei einem Dolmetscher auch ausgeschlossen sein, bei dem – etwa aufgrund seiner Angaben zur Person, er sei allgemein vereidigter Dolmetscher, während einer zugleich erfolgten Vernehmung als Sachverständiger – keine Anzeichen dafür sprechen, daß der Dolmetscher sich der Bindung an den Eid nicht bewußt ist[47]. Bei forensisch erfahrenen Dolmetschern kann im Regelfall davon ausgegangen werden, daß diese sich, auch wenn sie sich im Einzelfall nicht auf den allgemein geleisteten Eid berufen haben sollten oder diese Berufung nicht im Protokoll vermerkt worden sein sollte, doch bewußt sind, daß sie an den Eid gebunden sind[48]. Angesichts der zahlreich erhobenen Rügen von Verfahrensfehlern im Zusammenhang mit der Dolmetschervereidigung ist es zu begrüßen, daß die Rechtsprechung die Beruhensfrage zunehmend anhand der Besonderheiten des Einzelfalles untersucht. Zur Begründung der Verfahrensrüge der Verletzung des § 189 ist darzulegen, welcher Art die von dem unvereidigten oder fehlerhaft vereidigten Dolmetscher getätigten Übersetzungen waren, vor allem, wessen Äußerungen in welche Sprache übersetzt wurden[49].

12 **7. Sonstige Folgerungen einer unterbliebenen Vereidigung.** Die unterbliebene Vereidigung anläßlich einer richterlichen Vernehmung im Ermittlungsverfahren führt zur Unverlesbarkeit der Niederschrift dieser Zeugenvernehmung nach § 251 Abs. 1 – nicht jedoch Abs. 2 – StPO[50] und einer entsprechenden Beschuldigtenvernehmung nach § 254 Abs. 1 StPO[51]. Ist in diesen Fällen die Vereidigung des Dolmetschers unterblieben, so kann der Mangel nicht dadurch geheilt (die Niederschrift verwertbar gemacht) werden, daß der Dolmetscher in der Hauptverhandlung als Zeuge unter Eid bekundet, seinerzeit treu und gewissenhaft übertragen zu haben[52].

---

[38] BGH NStZ **1984** 328; **1987** 568; OLG Koblenz VRS **71** (1986) 438. Ein Fall des Nichtberuhens ist BGH, 29.12.1993, 3 StR 515/92, bei dem eine unvereidigte Dolmetscherin aus einer gängigen Fremdsprache nur eine kurze – zudem noch durch einen weiteren Zeugen bestätigte – Auskunft zu einem einfach gelagerten Geschehen (Zeitpunkt der Bestellung von Karten für ein Musical) übersetzte.

[39] BGH NStZ **1994** 230.

[40] BGH NStZ **1996** 608; **1998** 204.

[41] OLG Koblenz VRS **71** (1986) 438 (die Übersetzung betraf einen Betrugsschaden von 550 DM bei einem gesamten Betrugsschaden von fast 24.000 DM).

[42] *Katholnigg*[3] 3; *Kissel*[3] 7.

[43] RG HRR **1939** Nr. 1117; OLG Saarbrücken NJW **1975** 65; *Pfeiffer*[3] 5; offen gelassen von OLG Hamburg StV **1983** 410; *Liemersdorf* NStZ **1981** 69.

[44] BGH NJW **1987** 1033.

[45] BGH GA **1986** 177; NStZ **1986** 211; *Kissel*[3] 7.

[46] BGH NStZ **1984** 328; *Pfeiffer*[3] 5.

[47] BGH NStZ **1987** 568 (dort war der Dolmetscher zudem auch Rechtsanwalt).

[48] *Katholnigg*[3] 5.

[49] BGH bei *Kusch* NStZ **1984** 26.

[50] Vgl. BGHSt **22** 119 = NJW **1968** 1485; OLG Hamburg NJW **1975** 1573; *Pfeiffer*[3] 1; *Katholnigg*[3] 1; *Kissel*[3] 8; s. § 251, 11 StPO.

[51] BGH StV **1985** 315; StV **1992** 551; *Katholnigg*[3] 1; s. § 254, 6 StPO.

[52] OLG Hamburg NJW **1975** 1573.

§ 190

[1]Der Dienst des Dolmetschers kann von dem Urkundsbeamten der Geschäftsstelle wahrgenommen werden. [2]Einer besonderen Beeidigung bedarf es nicht.

Entstehungsgeschichte. Die Änderung des Satzes 1 („dem" statt früher „einem") beruht auf dem VereinhG. Bezeichnung bis 1924: § 192.

Übersicht

1. Urkundsbeamter. Nur der in der Hauptverhandlung das Protokoll führende Urkundsbeamte[1] (§ 153, 10), nicht aber der beteiligte Richter, Staatsanwalt oder Verteidiger darf als Dolmetscher tätig sein (s. § 191, 1). Referendare sind nicht Urkundsbeamte der Geschäftsstelle, so daß § 190 für sie nicht gilt[2]. § 190 eröffnet nur die Möglichkeit, daß der Urkundsbeamte der Geschäftsstelle als Dolmetscher tätig wird, nicht seine diesbezügliche Pflicht[3]; diese kann sich lediglich aus Dienstrecht ergeben[4]. Ob der Urkundsbeamte fähig ist, die Aufgabe des Dolmetschers in der fremden Sprache zu erfüllen, muß selbstverständlich bei ihm wie bei anderen Personen geprüft werden (vgl. § 185, 14). 1

Der **Urkundsbeamte** darf **als Dolmetscher** nur mündliche Erklärungen, nicht aber – als Sachverständiger – Schriftstücke übersetzen[5]. 2

2. Entbehrlichkeit der Vereidigung (Satz 2). Satz 2 bezieht sich nur auf den Urkundsbeamten, der als solcher in der Verhandlung mitwirkt[6]. Wird ein anderer Urkundsbeamter als Dolmetscher zugezogen – es handelt sich dann nicht um einen Fall des § 190 – so findet auf ihn § 189 Anwendung[7]; das wird durch die Fassung „dem" statt früher „einem" Urkundsbeamten verdeutlicht[8]. Satz 2 gilt nicht für mit der Wahrnehmung der Aufgaben des Urkundenbeamten betraute Angestellte[9]. 3

§ 191

[1]Auf den Dolmetscher sind die Vorschriften über Ausschließung und Ablehnung der Sachverständigen entsprechend anzuwenden. [2]Es entscheidet das Gericht oder der Richter, von dem der Dolmetscher zugezogen ist.

Bezeichnung bis 1924: § 193.

---

1 *Kleinknecht/Meyer-Goßner*[45] 1; KK-*Diemer*[4] 1; *KMR*[7] 1; *Katholnigg*[3] 1; *Kissel*[3] 4; **a. A** *Eb. Schmidt* 1.

2 *Eb. Schmidt*, 3; **a. A** *Katholnigg*[3] 2.

3 KK-*Diemer*[4] 1.

4 *Kissel*[3] 1.

5 *MünchKomm-Wolf*[2] 1; *Wieczorek/Schütze-Schreiber*[3] 2.

6 KK-*Diemer*[4] 1; KMR[7] 1; *Katholnigg*[3] 1; *Kissel*[3] 4; *Zöller-Gummer*[22] 1; *MünchKomm-Wolf*[2] 2; *Wieczorek/Schütze-Schreiber*[3] 3.

7 RGSt **2** 372.

8 Ebenso *Kleinknecht/Meyer-Goßner*[45] 1; KK-*Diemer*[4] 1; *KMR*[7] 1; *Katholnigg*[3] 1; *Kissel*[3] 4; **a. A** *Eb. Schmidt* 1.

9 *Katholnigg*[3] 2.

Übersicht

1 **1. Person des Dolmetschers.** Als Dolmetscher kommt jede Person in Betracht, die über ausreichende Sprachkenntnisse verfügt, um den Prozeßstoff zuverlässig zwischen zwei Sprachen zu übertragen. Ob eine Person fähig ist, die Aufgabe des Dolmetschers in der fremden Sprache zu erfüllen, muß selbstverständlich jeweils geprüft werden (vgl. § 185, 9). Die Funktion des erkennenden Richters, des Staatsanwalts oder des Verteidigers ist mit der Rolle des Dolmetschers unvereinbar[1]. Dagegen gestattet § 190, den in der Hauptverhandlung das Protokoll führenden Urkundsbeamten als Dolmetscher hinzuzuziehen[2]. Referendare können – außerhalb des § 190 –, sofern sie nicht als Verteidiger oder Vertreter der Staatsanwaltschaft am Verfahren teilnehmen, als Dolmetscher hinzugezogen werden. Ebenso kommen Sachverständige und Zeugen als Dolmetscher in Betracht (§ 74 Abs. 1 S. 2 StPO)[3]. Auch Verwandte des Beschuldigten oder eines zu vernehmenden fremdsprachigen Zeugen sind nicht eo ipso als Dolmetscher ausgeschlossen; im Einzelfall wird jedoch sorgfältig die Frage der Befangenheit zu prüfen sein[4].

2 **2. Rechtsstellung des Dolmetschers.** Ob der Dolmetscher begrifflich zu den Sachverständigen gehört, war früher streitig (vgl. die Nachweise in Anm. 4 der 20. Aufl.). Das Reichsgericht hatte diese Frage verschieden beantwortet. In einigen Entscheidungen wurde ausgeführt, daß der Dolmetscher auf dem Gebiet des Strafverfahrens die Stellung eines Sachverständigen habe[5], in anderen dagegen wurde der Dolmetscher als Sachverständiger im weiteren Sinn, nicht im juristisch-technischen Sinn bezeichnet[6]. Im Anschluß an den Bundesgerichtshof[7] wird jetzt allgemein angenommen, daß die Stellung des Dolmetschers der eines Sachverständigen nur „in vielem ähnlich" ist. Das Gemeinsame ist, daß sie kraft ihrer besonderen Fachkenntnisse Gehilfen der Richter sind[8]. Das entspricht dem § 191, da nur einzelne Bestimmungen „entsprechende" Anwendung finden sollen. Für diese Ansicht spricht auch § 189, der eine besondere Eidesformel aufstellt und die Vereidigung – im Gegensatz zu dem für den Sachverständigen geltenden § 79 StPO – zwingend vorschreibt[9]. Demgemäß gelten für den Dolmetscher ausschließlich die Vorschriften des Gerichtsverfassungsgesetzes, für den Sachverständigen dagegen die Vorschriften der Prozeßordnungen. § 68 StPO findet auf Dolmetscher keine unmittelbare Anwendung; die Vorlegung der Fragen nach der Person unterliegt dem richterlichen Ermessen[10]. Aus § 75 StPO kann keine Pflicht zur Über-

---

1 OLG Karlsruhe Die Justiz **1962** 93; KK-*Diemer*[4] 1; KMR[7] § 190, 2; *Katholnigg*[3] § 190, 2; *Kissel*[3] 6; *Eb. Schmidt* § 190, 3; **a. A** KG JR **1935** 991; vgl. § 184, 9. Zur Zulässigkeit einer zeitweiligen Verhandlung in einer Fremdsprache s. § 185, 5.

2 *Kleinknecht/Meyer-Goßner*[45] 1; KK-*Diemer*[4] 1; *KMR*[7] 1; *Katholnigg*[3] 1; *Kissel*[3] 4; **a. A** *Eb. Schmidt* 1.

3 RGSt **45** 304 (um beispielsweise seine Aussage oder Erklärungen anderer Prozeßbeteiligter aus dem Deutschen in eine dem Angeklagten verständliche Sprache zu übertragen); *Pfeiffer*[3] 2; *Kleinknecht/Meyer-Goßner*[45] 1. s. die Erläuterungen zu § 74 Abs. 1 S. 2 StPO.

4 Vgl. hierzu die Erläuterungen zu § 74 StPO.

5 RGSt **9** 53; **25** 354; **45** 304; RG JW **1924** 707.

6 RGRspr. **8** 97; RG LZ **1921** 693.

7 BGHSt **4** 154.

8 Vgl. *Eb. Schmidt* § 185, 1; § 191, 1; *KMR* 2; *Kleinknecht/Meyer-Goßner*[45] § 185, 7; *Gerland* 180.

9 RG JW **1936** 464.

10 RGRspr. **8** 203; *Kissel*[3] 4.

nahme des Amtes eines Dolmetschers hergeleitet werden[11], was nicht ausschließt, daß durch Verwaltungsanordnung eine solche Pflicht für bestimmte Klassen der Justizbeamten eingeführt wird (vgl. § 190). Ob § 77 Abs. 1 StPO auf Dolmetscher anwendbar sind, ist streitig[12]. Auch § 245 StPO ist nicht auf Dolmetscher anwendbar[13]. Zu den entsprechend anwendbaren Vorschriften gehören die §§ 67, 72 StPO (vgl. § 189, 3). Dolmetscher im Sinn des fünfzehnten Titels ist aber nur ein Sprachkundiger, der den Verkehr der Beteiligten mit dem Gericht vermittelt. Dagegen liegt Sachverständigentätigkeit vor, wenn es sich um die Vermittlung des Sinns einer außerhalb des Prozeßverkehrs abgegebenen fremdsprachigen Äußerung handelt (vgl. § 185, 1). Schließlich sind allgemein vereidigte Dolmetscher keine Amtsträger im Sinne des § 11 Abs. 1 Nr. 4 StGB[14].

3. Ablehnbarkeit des Dolmetschers. Satz 1 verweist auf § 74 StPO und § 406 ZPO. 3
Beide Prozeßordnungen kennen nur die Ablehnung, keine Ausschließung von Sachverständigen; Tatsachen, aufgrund derer ein Richter kraft Gesetzes ausgeschlossen ist, sind bei einem Sachverständigen nur geeignet, die Ablehnung zu begründen (vgl. § 74 Abs. 1, § 24 Abs. 1 StPO). Werden diese Tatsachen vor der Hinzuziehung bekannt, sind sie – vom Fall des § 22 Nr. 5 StPO abgesehen (dazu Rdn. 1, 4) – Anlaß, von seiner Beauftragung abzusehen[15]. Soweit § 191 auch die Ausschließungsvorschriften für anwendbar erklärt, liegt also ein Redaktionsversehen vor[16].

4. Ablehnungsgründe. Für Dolmetscher kommen alle Gründe, die auch die Ab- 4
lehnung eines Sachverständigen gerechtfertigt erscheinen lassen könnten, in Betracht[17]. Dazu gehören auch die Gründe, die – mit Ausnahme des § 22 Nr. 5 StPO – die Ausschließung eines Richters begründen könnten. Ein Dolmetscher kann indes nicht allein deswegen abgelehnt werden, weil er als Sachverständiger oder Zeuge vernommen worden ist[18] oder bereits im Ermittlungsverfahren tätig war[19]. Beispielsweise können Zusatzbemerkungen des Dolmetschers mit einer eigenen Bewertung, die dieser seiner Übersetzung beifügt, seine Ablehnung wegen Besorgnis der Befangenheit rechtfertigen[20]. Ebenso kommt eine bewußt – möglicherweise mit gezielt ent- oder belastender Tendenz – fehlerhafte Übersetzung als Ablehnungsgrund in Betracht[21].

5. Folgen einer erfolgreichen Ablehnung. Im Fall einer erfolgreichen Ablehnung sind 5
die von dem abgelehnten Dolmetscher erfolgten Übertragungen unberücksichtigt zu lassen[22] und deshalb die entsprechenden Verfahrensteile mit einem neuen Dolmetscher zu wiederholen, es sei denn, daß sich die Gründe der Ablehnung bei der Übersetzung ausnahmsweise[23] nicht ausgewirkt haben können[24]; insoweit ist größte Vorsicht ge-

---

[11] *Bennecke/Beling* 287; *Gerland* 180.

[12] Bejahend: OLG Koblenz VRS **47** (1974) 353; **a. A** LG Nürnberg-Fürth NJW **1978** 1119; AG Tiergarten StV **1987** 13; *Wittschier*, Unentschuldigtes Ausbleiben eines Dolmetschers im Strafprozeß, NJW **1985** 2873; bezüglich der Kosten bejahend, bezüglich des Ordnungsgeldes verneinend *Kleinknecht/Meyer-Goßner*[45] § 185, 7.

[13] RGRspr. **8** 97.

[14] BGH NJW **1996** 3158.

[15] OLG Köln NJW **1987** 1091.

[16] VG Köln NJW **1986** 2207; *Kleinknecht/Meyer-Goßner*[45] 2; *Kissel*[3] 2; KMR[7] 1; *Baumbach/Lauterbach-Albers*[59] 1; *MünchKomm-Wolf*[2] 1; *Wieczorek/Schütze-Schreiber*[3] 3; *Wittschier* NJW **1985** 2874.

[17] *Wieczorek/Schütze-Schreiber*[3] 3.

[18] § 74 Abs. 1 S. 2 StPO, s. § 74, 9 StPO.

[19] *Katholnigg*[3] 1; s. § 74, 12 StPO.

[20] LG Darmstadt StV **1995** 239; *Kleinknecht/Meyer-Goßner*[45] 2.

[21] LG Berlin StV **1994** 180.

[22] BVerwG NJW **1985** 757; das BVerwG hat allerdings im konkreten Fall, der die Übersetzung von Erklärungen eines Verfahrensbeteiligten betraf, ein Beruhen des Urteils mangels entsprechenden Revisionsvortrages ausgeschlossen; *Kissel*[3] 2; **a. A** *Zöller/Gummer*[22] 3.

[23] Beispielsweise, weil der Ablehnungsgrund erst nachträglich entstanden ist, vgl. *Zöller-Gummer*[22] 3.

[24] *Katholnigg*[3] 1; s. hierzu die Erläuterungen zu § 74 StPO.

boten[25]. Ein Polizei- oder Zollbeamter, der bei einer Vernehmung gedolmetscht hat und deswegen als Dolmetscher wegen Besorgnis der Befangenheit abgelehnt worden ist, kann aber grundsätzlich zu den von ihm übersetzten Angaben Dritter als (sachverständiger) Zeuge gehört werden[26].

6 **6.** Die in § 274 geregelte **Beweiskraft des Sitzungsprotokolls** bezieht sich zwar auf die Anwesenheit, nicht aber auf die Tätigkeit des Dolmetschers[27], insbesondere nicht auf die Frage, welche Teile der Hauptverhandlung der Dolmetscher übertragen hat. Diese Frage muß im Falle einer Revisionsrüge ggf. durch Einholung dienstlicher Äußerungen des Vorsitzenden oder des Sitzungsvertreters der Staatsanwaltschaft geklärt werden.

7 **7. Entscheidung des Gerichts (Satz 2).** Die Schöffen nehmen an der Entscheidung über die Ablehnung teil (§§ 30, 77)[28].

8 **8. Revision.** Ein Verstoß gegen § 191 begründet keinen absoluten Revisionsgrund, sondern führt nur zur Aufhebung, wenn das Urteil auf dem Fehler beruht[29].

§ 191a

(1) [1]Eine blinde oder sehbehinderte Person kann nach Maßgabe der Rechtsverordnung nach Absatz 2 verlangen, dass ihr die für sie bestimmten gerichtlichen Schriftstücke auch in einer für sie wahrnehmbaren Form zugänglich gemacht werden, soweit dies zur Wahrnehmung ihrer Rechte im Verfahren erforderlich ist. [2]Hierfür werden Auslagen nicht erhoben.

(2) [1]Das Bundesministerium der Justiz bestimmt durch Rechtsverordnung, die der Zustimmung des Bundesrats bedarf, unter welchen Voraussetzungen und in welcher Weise die in Absatz 1 genannten Schriftstücke und Schriftstücke, die von den Parteien zur Akte gereicht werden, einer blinden oder sehbehinderten Person zugänglich gemacht werden, sowie ob und wie diese Person bei der Wahrnehmung ihrer Rechte mitzuwirken hat.

Entstehungsgeschichte. § 191a wurde durch Art. 20 Nr. 5 des OLG-Vertretungsänderungsgesetzes[1] eingefügt.

---

[25] Vgl. den Fall LG Berlin StV **1994** 180, in dem Grund der Ablehnung eine die Belastung des Angeklagten fehlerhaft verstärkende Übersetzung einer Zeugenaussage war, das Gericht dann diese Zeugenvernehmung, nicht aber die von dem abgelehnten Dolmetscher zuvor übersetzte Vernehmung des Angeklagten wiederholte.

[26] BGH NStZ **2002** 44 und BayObLG NStZ **1998** 270 für den vergleichbaren Fall der Vernehmung eines abgelehnten Sachverständigen über von ihm erhobene Befundtatsachen; s. LR-*Krause* § 74, 33 StPO); **a. A** LG Köln StV **1992** 460; *Kleinknecht/Meyer-Goßner*[45] 2; *Katholnigg*[3] 3; *Baumbach/Lauterbach-Albers*[59] 1.

[27] RGSt **43** 442; *Kissel*[3] 5.

[28] *Kissel*[3], 7.

[29] Vgl. BVerwG NJW **1985** 757; *MünchKomm-Wolf*[2] 3.

[1] Vom 23. 7. 2002 (BGBl. I S. 2850), in Kraft getreten am 1. 8. 2002.

Übersicht

1. Verhältnis zu § 140 StPO. § 191a muß im Zusammenhang mit der früheren Gesetzgebung vor allem zu § 140 StPO gesehen werden. Durch das StVÄG 1987 wurde der blinde Beschuldigte in § 140 Abs. 1 Nr. 4 StPO aufgenommen und damit für ihn ein Fall notwendiger Verteidigung begründet. Aufgrund heftiger Proteste von Blindenverbänden, die darin eine Diskriminierung von Behinderten sahen und zugleich beklagten, im Gesetzgebungsverfahren des StVÄG 1987 nicht beteiligt worden zu sein, wurde bereits durch Gesetz vom 17. 5. 1988[2] § 140 Abs. 1 Nr. 4 StPO aufgehoben und durch § 140 Abs. 2 S. 2 StPO ersetzt, der bestimmt, daß einem Antrag tauber oder stummer, nicht aber blinder Beschuldigter auf Pflichtverteidigerbeiordnung zu entsprechen ist[3]. Die Schaffung des § 191a setzt die damalige Entwicklung fort, ist aber nicht mehr auf Blinde in der Verfahrensrolle des Beschuldigten beschränkt. 1

2. Betroffener Personenkreis. § 191a betrifft blinde und sehbehinderte Personen. Dazu sind nur solche Personen, die Schriftstücke auch mit Hilfe gängiger Hilfsmittel, insbesondere Brillen oder Kontaktlinsen, nicht mehr zuverlässig wahrnehmen können, zu rechnen. Die Regelung gilt nicht nur für Beschuldigte, sondern auch für Verletzte, Privat- und Nebenkläger und Zeugen, nicht dagegen für den Ehegatten als Beistand nach § 149 StPO (soweit dieser überhaupt Anspruch auf Einsicht in gerichtliche Schriftstücke hat). 2

Nicht betroffener Personenkreis. § 191a bezieht sich nach seinem Normzweck nicht auf solche blinden oder sehbehinderten Personen, die von Berufs wegen mit dem Verfahren befaßt sind, also Richter, Staatsanwälte, Rechtsanwälte (als Verteidiger, Neben-, Privatkläger-, Einziehungsbeteiligtenvertreter oder Zeugenbeistände), Urkundsbeamte der Geschäftsstelle, Ermittlungsbeamte oder Sachverständige; diese müssen sich den Inhalt von Schriftstücken ggf. durch technische Hilfsmittel oder Berufshelfer erschließen. Keinesfalls kann § 191a den Anspruch eines blinden Verteidigers begründen, ihm im Rahmen der Akteneinsicht eine vollständige Aktenabschrift in Blindenschrift zur Verfügung zu stellen. 3

3. Bereitstellung von Schriftstücken

a) Bereitstellung nur auf Antrag. Die blinde Person kann die Bereitstellung für sie wahrnehmbarer Schriftstücke „verlangen". Eine entsprechende Bereitstellung ist folglich nur auf entsprechenden Antrag, der jedenfalls bei Beschuldigten nur einmal für das Verfahren und nicht für jedes Schriftstück gesondert gestellt werden muß, notwendig. 4

---

[2] BGBl. I S. 606.

[3] Vgl. dazu *Hamm* NJW **1988** 1820; *Werner* NStZ **1988** 346; s. auch § 186, 1.

5 **b) Gerichtliche Schriftstücke.** Der Anspruch auf Bereitstellung betrifft „gerichtliche Schriftstücke". Dazu gehören nicht nur vom Gericht erstellte Schriftstücke, sondern – wie Absatz 2 verdeutlicht – alle Schriftstücke, die in einem gerichtlichen Verfahren zu den Gerichtsakten zu nehmen sind, also beispielsweise auch die Anklageschrift, Protokolle über Beschuldigten- und Zeugenaussagen und Sachverständigengutachten oder die Schutzschriften von Verteidigern.

6 **c) Umfang der Bereitstellung.** Die Bereitstellungsverpflichtung besteht nur, „soweit dies zur Wahrnehmung ihrer Rechte im Verfahren erforderlich ist." Damit hängt der notwendige Umfang der zur Verfügung zu stellenden Schriftstücke in für Blinde wahrnehmbarer Form von der jeweiligen Prozeßordnung, der Verfahrensrolle und den damit verbundenen (Einsichts-)Rechten ab. Dabei kann der Umfang der einem der deutschen Sprache nicht mächtigen Verfahrensbeteiligten zur Verfügung zu stellenden Übersetzungen als Orientierungsrahmen dienen (dazu § 184, 7ff).

7 **d) Für blinde Personen wahrnehmbare Form.** Dazu zählen sowohl Schriftstücke in Blindenschrift, evtl. – abhängig von dem Grad der Sehbehinderung der betroffenen Person – auch Schriftstücke mit besonders großer Schrift. Verfügt die berechtigte Person über einen Computer mit Braille-Zeile oder Sprachausgabe, ist auch die Bereitstellung des Schriftstücks in elektronischer Form, etwa auf Diskette in Betracht zu ziehen. Hat sie auch einen Internet-Anschluß, ist auch – sofern eine ausreichende Datensicherheit gewährleistet ist – eine Übermittlung auf elektronischem Wege (E-Mail, Bereitstellung zum Online-Abruf) zulässig[4].

8 **4. Nach Maßgabe einer Rechtsverordnung.** Die vorstehend dargestellte Bereitstellungspflicht besteht nur nach Maßgabe einer vom Bundesministerium der Justiz mit Zustimmung des Bundesrates[5] zu erlassenden Rechtsverordnung. Vor deren Erlaß hat § 191a daher zunächst keine konkreten Folgen für die Praxis. Diese werden sich im einzelnen erst aus dieser Rechtsverordnung ergeben, die sich auch zur Frage verhalten soll, ob und wie die blinde oder sehbehinderte Person bei der Wahrnehmung ihrer Rechte mitzuwirken hat.

9 **5.** Die **Herstellung der für Blinde wahrnehmbaren Schriftstücke** hat, soweit nicht eine elektronische Form in Betracht kommt (oben Rdn. 7), stets auf Veranlassung des Gerichts bzw. während des Ermittlungsverfahrens der Staatsanwaltschaft durch spezielle Übersetzer für Blindenschrift zu erfolgen. Dagegen ist es im Regelfall unzulässig, von dritter Seite in blindengerechter Form eingereichte Schriftstücke weiterzureichen, es sei denn, es ist im Einzelfall gewährleistet, dass diese mit den bei den Akten vorhandenen Ausfertigungen in normallesbarer Schrift inhaltsgleich sind.

10 **6. Einzureichende Schriftstücke.** § 191a enthält keine Regelung über von einer blinden oder sehbehinderten Person in nur blindenwahrnehmbarer Form zu den Akten gereichte Schriftstücke. Insoweit gilt das Gleiche wie für die von einem der deutschen Sprache nicht mächtigen Verfahrensbeteiligten in einer Fremdsprache eingereichten Schriftstücke (dazu § 184, Rdn. 17ff). Die nach Absatz 2 zu erlassende Verordnung soll sich auch hierzu verhalten[6].

---

[4] Begründung des Rechtsausschusses des Dt. Bundestages, BTDrucks. **14** 9266 S. 41.

[5] Das Erfordernis der Zustimmung des Bundesrats zu der nach § 191a Abs. 2 zu erlassenden Rechtsverordnung wurde erst im Vermittlungsverfahren in das Gesetz aufgenommen, vgl. BTDrucks. **14** 9633, S. 2 Nr. 1.

[6] Begründung des Rechtsausschusses des Dt. Bundestages, BTDrucks. **14** 9266 S. 41.

7. Kostenfolgen. Nach Abs. 1 Satz 3 werden Auslagen für die Bereitstellung der blindengerechten Schriftstücke nicht erhoben. Dies knüpft an den in § 464c StPO enthaltenen Rechtsgedanken an, wonach einem der deutschen Sprache nicht mächtigen Verurteilten die Kosten für Dolmetscher, auf deren Mitwirkung er zur Verständigung im Strafverfahren angewiesen war, grundsätzlich nicht zu tragen hat (es sei denn, er hat durch Säumnis zusätzliche Kosten verursacht, vgl. §§ 464c, 467 Abs. 2 StPO; Anm. zu Nr. 9005 der Anlage 1 zum GKG). Nach seinem Wortlaut stellt Abs. 1 Satz 3 den Verurteilten auch von der Tragung jener Kosten, die durch die Bereitstellung blindenwahrnehmbarer Schriftstücke an andere Verfahrensbeteiligte entstanden sind, frei. Damit werden diese Kosten anders behandelt als die – vom Verurteilten im Rahmen der Verfahrensauslagen zu tragenden – Kosten des Dolmetschers, der die Aussage eines der deutschen Sprache nicht mächtigen Zeugen übertragen hat. 11

2. **Kostenfolgen.** Nach Abs. 1 Satz 3 werden Auslagen für die Bereitstellung der blindengerechten Schriftstücke nicht erhoben. Dies knüpft an den in § 464c StPO enthaltenen Rechtsgedanken an, wonach ein der deutschen Sprache nicht mächtiger Verurteilter die Kosten für Dolmetscher, auf deren Mitwirkung er zur Verständigung im Strafverfahren angewiesen war, grundsätzlich nicht zu tragen hat (es sei denn, er hat durch Säumnis zusätzliche Kosten verursacht, vgl. §§ 464c, 467 Abs. 2 StPO, Anm. zu Nr. 9005 der Anlage 1 zum GKG). Nach seinem Wortlaut stellt Abs. 1 Satz 3 den Verurteilten auch von der Tragung jener Kosten, die durch die Bereitstellung blindengerechter Schriftstücke an andere Verfahrensbeteiligte entstanden sind, frei. Damit werden diese Kosten anders behandelt als die – vom Verurteilten im Rahmen der Verfahrensauslagen zu tragenden – Kosten des Dolmetschers, der die Aussage eines der deutschen Sprache nicht mächtigen Zeugen übersetzt hat. 11

SECHZEHNTER TITEL

Beratung und Abstimmung

Vorbemerkungen

Zu diesem Titel sind die Vorbemerkungen Vor § 33 StPO und die Erläuterungen zu §§ 33, 34 StPO zu vergleichen, die sich auf Erlaß, Begründung und Benennung der strafgerichtlichen Entscheidungen beziehen. Wegen des Verhältnisses der §§ 192 ff zu § 263 StPO siehe dort Rdn. 1.

§ 192

(1) Bei Entscheidungen dürfen Richter nur in der gesetzlich bestimmten Anzahl mitwirken.

(2) Bei Verhandlungen von längerer Dauer kann der Vorsitzende die Zuziehung von Ergänzungsrichtern anordnen, die der Verhandlung beizuwohnen und im Falle der Verhinderung eines Richters für ihn einzutreten haben.

(3) Diese Vorschriften sind auch auf Schöffen anzuwenden.

Entstehungsgeschichte. Durch Art. II Nr. 41 PräsVerfG wurde in Absatz 3 „und Geschworene" hinter „Schöffen" gestrichen. Bezeichnung bis 1924: § 194.

Übersicht

I. Entscheidung durch die gesetzlich bestimmte Richterzahl – „Quorum" – (Absatz 1)

1 **1. Grundgedanke.** Durch Absatz 1 in Verbindung mit Absatz 3 ist zunächst ausgesprochen, daß die Zahl der bei der Entscheidung mitwirkenden Gerichtspersonen nur die im Gesetz bestimmte (keine größere und keine geringere) sein darf. Zu den Entscheidungen zählen alle im Verfahren zu treffenden, nicht nur die abschließenden Entscheidungen[1]. Für die mit Schöffen besetzten Spruchkörper ist damit ferner bestimmt, daß innerhalb dieser Spruchkörper die Zahl der Schöffen nur die im Gesetz bestimmte sein darf; ein Schöffe kann nicht durch einen Richter, ein Richter nicht durch einen Schöffen ersetzt werden. Trifft ein Gericht eine Entscheidung in einer vom Gesetz abweichenden Besetzung, so stellt dies einen Revisionsgrund (§ 338 Nr. 1 StPO) und zivilrechtlich auch eine Amtspflichtverletzung gegenüber den Prozeßbeteiligten (den Parteien des Zivilprozesses, dem Beschuldigten im Strafprozeß) dar[2].

2 **2. Anzahl der Richter und Schöffen.** Die Bestimmungen über die Anzahl der Richter und Schöffen sind in den §§ 22, 25, 28, 76, 78b, 122, 132, 139 GVG und §§ 33a, 33b JGG enthalten. Für Entscheidungen der Großen Senate und der Vereinigten Großen Senate sieht § 132 Abs. 5 nunmehr[3] eine im Regelfall feste Besetzung vor.

II. Ergänzungsrichter (Absatz 2)

3 **1. Grundgedanke.** Nach dem Grundsatz der Mündlichkeit dürfen bei einer aufgrund einer Hauptverhandlung zu erlassenden Entscheidung nur die Richter und Schöffen mitwirken, die an der ganzen Hauptverhandlung ununterbrochen teilgenommen haben (§ 226 StPO). Hieraus folgt, daß, wenn im Lauf der Verhandlung eine dieser Gerichtspersonen durch Erkrankung oder in anderer Weise an der weiteren Mitwirkung verhindert wird, die bisherige Hauptverhandlung wiederholt werden muß. Der danach bestehenden Gefahr, eine Verhandlung von längerer Dauer wegen nachträglich eingetretener Verhinderung eines Richters oder Schöffen wiederholen zu müssen, will das Gesetz nach Möglichkeit dadurch vorbeugen, daß es die Zuziehung von Ergänzungsrichtern und -schöffen gestattet. Fällt ein Richter oder Schöffe bereits vor Beginn der Hauptverhandlung aus, so handelt es sich nicht um einen Fall des § 192, sondern um einen Vertretungsfall, der für Richter gemäß § 21e Abs. 1 S. 1 und für Schöffen gemäß § 48 Abs. 2 zu behandeln ist. § 192 ist auch nicht anzuwenden, wenn im Laufe des Verfahrens festgestellt wird, daß ein mitwirkender Richter wegen eines Verstoßes gegen § 70 Abs. 2 nicht ordnungsgemäß bestellt wurde[4], denn der Verhinderungsfall lag schon vor Beginn der Hauptverhandlung vor. Außerdem könnte der Eintritt des Ergänzungsrichters die zuvor fehlerhafte Besetzung nicht heilen[5].

2. Anordnung der Zuziehung

4 **a) Zuziehungsberechtigter.** Die Zuziehung von Ergänzungspersonen steht im Ermessen des Vorsitzenden des verhandelnden Gerichts, nicht des Gerichtsvorstandes

---

[1] Vor § 33, 2 StPO; *Pfeiffer*[3] 1; KK-*Diemer*[4] 2; *Kissel*[3] 3.

[2] BGHZ **36** 144, 151 = NJW **1962** 583, 585.

[3] Neufassung durch das Rechtspflege-Vereinfachungsgesetz vom 17. 12. 1990 (BGBl. I 2847, 2854); vgl. hierzu die Erläuterungen zu § 132, Entstehungsgeschichte und Rdn. 43 bis 45.

[4] LG Bremen StV **1998** 13; **a. A** *Katholnigg*[3] 5.

[5] § 338, 6 f StPO.

(Landgerichtspräsident usw.)[6]. Der Vorsitzende entscheidet in richterlicher Unabhängigkeit.

b) Zeitpunkt der Zuziehungsanordnung. Die Zuziehungsanordnung ergeht vor Beginn der Hauptverhandlung. Nur so kann das Gericht dem Gebot des § 226 StPO Rechnung tragen. 5

c) Ergänzungsrichter und -schöffen. Der Vorsitzende kann die Zuziehung von Ergänzungsrichtern und Ergänzungsschöffen unabhängig voneinander anordnen; die Zuziehung eines Ergänzungsrichters erfordert nicht auch die Zuziehung eines Ergänzungsschöffen und umgekehrt. Das Gesetz nennt nur die Verhandlung von längerer Dauer als möglichen Grund für die Zuziehung. Eine Zuziehung dürfte in analoger Anwendung jedoch auch zulässig sein, wenn aus anderen Gründen ein Ausscheiden eines Richters oder Schöffen möglich erscheint. 6

d) Zahl der Ergänzungsrichter. Ebenso ist die Zahl der zuzuziehenden Ergänzungspersonen in das Ermessen des Vorsitzenden gestellt. In der Regel wird je eine Ergänzungsperson genügen. Mehr als je zwei Ergänzungspersonen werden nur in seltenen Ausnahmefällen in Betracht kommen. Die Zuziehung mehrerer Ergänzungsrichter kommt nur bei Verhandlungen von längerer Dauer in Betracht, d. h. – nach den heutigen Gegebenheiten – bei voraussichtlich mehrwöchigen oder gar mehrmonatigen Verhandlungen. Letztlich wird maßgeblich sein, wie wahrscheinlich während der voraussichtlichen Verhandlungsdauer der Ausfall eines Richters oder Schöffen ist. 7

e) Spruchkörper. Bei erfahrungsgemäß kürzeren Hauptverhandlungen, bei denen nur *ein* Berufsrichter mitwirkt, besteht kein Bedürfnis für die Zuziehung eines Ergänzungsrichters[7]. Es ist deshalb nach Zweck und Sinn der Vorschrift nicht statthaft, den einzigen in einer Verhandlung mitwirkenden Berufsrichter (Richter beim Amtsgericht) als Einzelrichter sowie den Vorsitzenden des Schöffengerichts oder der kleinen Strafkammer – soweit diese Spruchkörper nicht gemäß §§ 29 Abs. 2, 76 Abs. 3 um einen zweiten Berufsrichter ergänzt worden sind – durch einen Ergänzungsrichter zu ersetzen[8]. Ergänzungsschöffen sind hier dagegen möglich; insoweit sind an den Begriff der „längeren Dauer" des Verfahrens geringere Anforderungen zu stellen. 8

f) Zurücknahme der Zuziehungsanordnung. Der Vorsitzende kann seine Anordnung, einen Ergänzungsrichter zuzuziehen, jederzeit widerrufen[9], selbst wenn sich eine Zurücknahme vor Schluß der Beweisaufnahme nicht empfehlen wird[10]. Nach *Kern*[11] ist dagegen die Zurücknahme nur bei Wegfall des sachlichen Bedürfnisses nach einem Ergänzungsrichter zulässig. Indessen wird durch die Möglichkeit jederzeitiger Zurücknahme nach freiem Ermessen der Grundsatz des gesetzlichen Richters nicht berührt. Denn bei etwaiger späterer Verhinderung eines mitwirkenden Richters wirkt in der von neuem begonnenen Hauptverhandlung wieder ein im voraus bestimmter Richter mit, so daß Willkürmanipulationen ausscheiden. Mit dem Eintritt des Verhinderungsfalles während der Sitzung ist selbstverständlich eine Aufhebung der Heranziehung – hinsichtlich der nachrückenden Gerichtsperson – ausgeschlossen. 9

---

6 RGSt **56** 138; BGHSt **26** 324; KK-*Diemer*[4] 4; *Katholnigg*[3] 3; *Kissel*[3] 11.

7 Hierauf deutet auch der Wortlaut des Absatzes 2 („*eines* Richters") hin.

8 Ebenso *Eb. Schmidt* 8; *Kleinknecht/Meyer-Goßner*[45] 3; *Kissel*[4] 1, 9; KK-*Diemer*[4] 3; *Wieczorek/Schütze-Schreiber*[3] 9; **a. A** *Katholnigg*[3] 3; *KMR*[7] 2.

9 RGSt **56** 138; BGHSt **26** 325; *Pfeiffer*[3] 2; *Katholnigg*[3] 3; *Kissel*[3] 15.

10 RGSt **14** 211.

11 JZ **1963** 766.

3. Ausführung der Zuziehungsanordnung

10 **a) Berufsrichter.** In welcher Weise die Anordnung des Vorsitzenden auszuführen ist, welche Stelle also die Person des oder der Ergänzungsrichter bestimmt, ist, soweit es sich um die Berufsrichter handelt, im Gesetz nicht geregelt. Soweit so viele Ergänzungsrichter benötigt werden, wie dem Spruchkörper als weitere, nicht zum Quorum gehörende Mitglieder angehören, kann der Vorsitzende dieses bzw. diese gemäß § 21g bestellen[12]; andernfalls sind die Ergänzungsrichter durch das Präsidium zu bestimmen[13]. Die allgemeine Vertretungsregelung ist insoweit nicht maßgeblich[14]. Hinsichtlich eventueller Eilmaßnahmen des Gerichtspräsidenten nach § 21i Abs. 2 siehe die dortigen Erläuterungen. Der Ergänzungsrichter ist also nicht etwa der regelmäßige oder zeitweilige Vertreter eines der mitwirkenden Richter; er muß aber Mitglied des Gerichts sein, bei dem der Spruchkörper besteht, zu dem er als Ergänzungsrichter hinzugezogen wird[15]. Werden zwei oder mehr Ergänzungsrichter oder -schöffen zugezogen, ist schon bei der Bestellung die Reihenfolge ihrer Heranziehung festzulegen[16], und zwar hinsichtlich der Richter durch das Präsidium[17]. Dabei kann auch bestimmt werden, daß ein bestimmter Ergänzungsrichter einem bestimmten Richter des Quorums zugeordnet wird[18]. Ist eine solche Bestimmung nicht getroffen worden, ist die Reihenfolge, in der sie in der Benennungsmitteilung aufgeführt sind, maßgebend. Bei nicht gleichzeitiger Berufung entscheidet der Zeitpunkt der Heranziehung. Nach Beginn der Hauptverhandlung ist eine Änderung nicht mehr zulässig.

11 **b) Schöffen.** Die Ergänzungsschöffen sind nach Maßgabe der §§ 48, 49, 77 einzuberufen, d. h. es ist der in dem Zeitpunkt, zu dem die Anordnung des Vorsitzenden bei der die Hilfsschöffenliste führenden Geschäftsstelle eingeht (§ 49 Abs. 3 S. 1)[19], anstehende Hilfsschöffe heranzuziehen[20]. Hat der Vorsitzende die Heranziehung eines Ergänzungsschöffen angeordnet und fällt vor Beginn der Sitzung ein Hauptschöffe aus, so übernimmt der Ergänzungsschöffe die Rolle des Hilfsschöffen und tritt kraft Gesetzes an die Stelle des ausgefallenen Hauptschöffen[21]. Viele der in diesem Zusammenhang früher diskutierten Streitfragen haben durch das StVÄG 1979 eine gesetzliche Antwort gefunden[22]. Vgl. hierzu die Erläuterungen zu §§ 48, 49. Fällt ein Ergänzungsschöffe vor Beginn der Hauptverhandlung aus, so tritt an seine Stelle der nach der Hilfsschöffenliste nächstberufene Schöffe. Dabei rückt ggf. ein vorher zugewiesener Hilfsschöffe in der Schöffenliste um einen Platz nach vorn. Der Ergänzungsschöffe darf nach seiner „Zuziehung" während der Dauer des betreffenden Verfahrens nicht durch Heranziehung als Hauptschöffe zu anderen Verfahren seiner Tätigkeit als Ergänzungsschöffe entzogen werden[23].

---

[12] *Pfeiffer*³ 3; *Kissel*³ 12; KK-*Diemer*⁴ 5.

[13] *Kleinknecht/Meyer-Goßner*⁴⁵ 5; *Katholnigg*³ 4. Näher hierzu § 21e, 14.

[14] BGHSt **26** 324; KK-*Diemer*⁴ 5; *Katholnigg*³ 4.

[15] RGSt **59** 20.

[16] KK-*Diemer*⁴ 5; *Katholnigg*³ 4; *Kissel*³ 14.

[17] *Katholnigg*³ 4, der auch eine Änderung der Reihenfolge durch das Präsidium für zulässig hält.

[18] *Kissel*³ 14.

[19] Zur Beurteilung der Frage, ob es auf den Zeitpunkt des Eintreffens der Anordnung des Vorsitzenden bei der die Hilfsschöffenliste führenden Geschäftsstelle oder den Zeitpunkt der Anordnung selbst ankommt, nach dem vor dem 1. 1. 1981 geltenden Recht vgl. BGH JR **1980** 170 mit Anm. *Katholnigg*.

[20] BGH JZ **1963** 766; KK-*Diemer*⁴ 5; *Kleinknecht/Meyer-Goßner*⁴⁵ 6; *Katholnigg* NJW **1978** 2377.

[21] BGHSt **18** 349; **22** 289, 293; *Pfeiffer*³ 2.

[22] Als Beispiel sei § 48 Abs. 2 GVG hinsichtlich der in BGHSt **18** 349 diskutierten Frage genannt.

[23] BGHSt **25** 66.

4. Der Verhandlung beiwohnen

a) Begriff. Zur Beiwohnung gehört, daß der aufgrund der Anordnung des Vorsitzenden Hinzugezogene in der amtlichen Eigenschaft als Ergänzungsrichter oder -schöffe in der Verhandlung von Anfang an ununterbrochen zugegen ist. Nur er kann für einen verhinderten Richter eintreten. Ein Richter, der bei der Verhandlung nur als Zuhörer anwesend war, kommt als Ergänzungsrichter nicht in Betracht. **12**

b) Sitzplatz. Die Ergänzungspersonen haben der Verhandlung auf bestimmten, ihrer amtlichen Eigenschaft entsprechenden Plätzen beizuwohnen. Es dürfte am angemessensten sein, den Ergänzungsrichtern und -schöffen Plätze an oder neben dem Richtertisch zuzuweisen, die gewährleisten, daß sie den Gang der Verhandlung in gleicher Weise beobachten können wie die dem Quorum angehörenden Richter. **13**

c) Aufgaben und Befugnisse. Solange die Ergänzungsperson noch keine Gerichtsperson ersetzt hat, ist sie nur berufen, in der Hauptverhandlung anwesend und darauf vorbereitet zu sein, jederzeit den freiwerdenden Platz im Quorum einzunehmen. Sie muß deshalb der Hauptverhandlung so folgen und folgen können, als ob sie an der Beratung und Beschlußfassung des Urteils teilnehmen müsse[24]. Da sie aber, solange der Verhinderungsfall nicht eingetreten ist, nicht an den Entscheidungen teilzunehmen hat, darf sie auch nicht bei der Beratung im Beratungszimmer zugegen sein[25]. Sie kann sich an der Beweisaufnahme beteiligen. Ihr ist gemäß § 240 Abs. 1 StPO zu gestatten, Fragen an Zeugen und Sachverständige zu richten, und an einer Augenscheinseinnahme teilzunehmen[26]. Sie kann auch Urkunden verlesen[27]. Die Teilnahme als Ergänzungsrichter vor dem Eintritt in das Quorum stellt keine die Ausschließung begründende „Mitwirkung bei einer Entscheidung" im Sinne des § 23 StPO dar[28]. Der Ergänzungsrichter ist erkennender Richter im Sinne des § 28 Abs. 2 StPO, so daß er einerseits wegen Besorgnis der Befangenheit abgelehnt[29], andererseits eine Entscheidung über ein Befangenheitsgesuch nur mit dem Urteil angefochten werden kann[30]. Die vorübergehende Abwesenheit eines Ergänzungsrichters während der Verhandlung ist nur dann absoluter Revisionsgrund nach §§ 338 Nr. 5, 226 StPO, wenn er an einer Entscheidung mitgewirkt hat[31]. **14**

5. Der Verhinderungsfall. Der Eintritt eines Ergänzungsrichters oder -schöffen setzt voraus, daß zunächst ein dem Quorum angehörender Richter oder Schöffe verhindert ist. **15**

a) Die Verhinderung. Die Frage, wann ein Richter oder Schöffe verhindert ist, ist in § 192 nicht geregelt. Hier gelten die allgemeinen Grundsätze über die Verhinderung von Richtern und Schöffen, wobei diese hinsichtlich der Schöffen nach dem Bundesgerichtshof[32] entsprechend, nach *Katholnigg* unmittelbar Anwendung finden[33]. Vgl. hierzu hinsichtlich der Richter die Erläuterungen zu § 21f und hinsichtlich der Schöffen § 54, 2 ff. **16**

b) Zeitpunkt der Verhinderung. Ist ein Richter beispielsweise wegen Krankheit gehindert, weiter an der Hauptverhandlung teilzunehmen, so kann der Vorsitzende zunächst abwarten, ob dem Richter noch innerhalb der Frist des § 229 StPO die weitere Teilnahme an der Hauptverhandlung möglich ist. Erst wenn feststeht, daß dies nicht möglich **17**

---

24 BVerfGE **30** 149, 156.

25 RGSt **65** 40; RG JW **1926** 1227; BGHSt **18** 331; OLG Schleswig StV **1994** 641; *Pfeiffer*[3] 4; *Kleinknecht/Meyer-Goßner*[45] 3; KK-*Diemer*[4] 9; *Kissel*[3] 17; *Baumbach/Lauterbach-Albers*[59] 1; *MünchKomm-Wolf*[2] 4; *Wieczorek/Schütze-Schreiber*[3] 10.

26 BVerfGE **30** 149, 156; RGSt **27** 172; **67** 227.

27 BVerfGE **30** 149, 156. *Pfeiffer*[3] 4; *Kissel*[3] 17.

28 BVerfGE **30** 149, 156. Siehe hierzu § 23, 6; *Arzt* NJW **1971** 1112, 1115.

29 KK-*Diemer*[4] 9; *Kissel*[3] 17.

30 OLG Celle NJW **1973** 1054; *Pfeiffer*[3] 4.

31 Pfeiffer[3] 5; KK-*Diemer*[4] 9.

32 BGHSt **35** 367 = JR **1989** 346 mit Anm. *Katholnigg*.

33 JR **1989** 349.

ist, ist die Verhinderung und der Eintritt eines Ergänzungsrichters festzustellen[34]. Sollte eine Wiedergenesung in dieser Frist von vornherein ausgeschlossen sein, dürfte aber der Beschleunigungsgrundsatz gebieten, die Verhinderung sofort festzustellen. Eine bewußte kurzfristige „Überziehung" der Frist des § 229 StPO in der Erwartung der baldigen Genesung des Richters begründet den absoluten Revisionsgrund des § 338 Nr. 1 StPO[35].

18 **c) Feststellungskompetenz.** Die Feststellung des Verhinderungsfalles ist Sache des Vorsitzenden[36]. Eine Gerichtsentscheidung nach § 238 Abs. 2 StPO kommt nicht in Betracht, da die Entscheidung die personelle Besetzung, nicht die Sachleitung betrifft[37]. An der in den früheren Auflagen mit der damals herrschenden Meinung vertretenen Auffassung, die Feststellung erfolge durch Gerichtsbeschluß, an dem bereits der neu eingetretene Ergänzungsrichter oder -schöffe mitwirke[38], wird nicht festgehalten. Diese Auffassung widerspräche dem System der Regelungen des Gerichtsverfassungsrechts. Denn auch bei einer vor Beginn der Hauptverhandlung eintretenden Verhinderung trifft der Vorsitzende die Feststellung der Verhinderung eines Richters im Fall des § 21g Abs. 2[39] und eines Schöffen gemäß § 54 Abs. 2[40]. Zudem würde diese Ansicht für den Fall, daß die Feststellung der Verhinderung – etwa, weil die Rückkehr des verhinderten Richters innerhalb der Frist des § 229 StPO möglich erscheint – abzulehnen ist, dazu führen, daß der nachrückende Richter seine eigene Nichtheranziehung mitbeschließen müßte und dann anschließend wieder von der weiteren Beschlußfassung ausgeschlossen wäre. Vor der Feststellung der Verhinderung hat der Vorsitzende den Verfahrensbeteiligten rechtliches Gehör zu gewähren[41].

19 **d) Form der Feststellung.** Die Feststellung der Verhinderung kann auch durch schlüssiges Verhalten erfolgen, beispielsweise durch Aufnahme eines Protokollvermerks, aus dem sich der Hinderungsgrund und der Eintritt eines Ergänzungsrichters in das Quorum ergeben[42]. Da das Protokoll – wenn auch erst nach Fertigstellung und damit nach Schluß der Hauptverhandlung – zu den Akten genommen wird, ist dadurch auch eine Aktenkundigmachung erfolgt. Zumindest bei außerhalb der Hauptverhandlung getroffenen Entscheidungen ist es jedoch geboten, die Verhinderung in einem Aktenvermerk niederzulegen[43], §§ 77 Abs. 3 S. 3, 54 Abs. 3 S. 2[44].

20 **6. Verhinderung des Vorsitzenden.** Bei Verhinderung des Vorsitzenden übernimmt, wenn sich unter den Beisitzern der ihm zum regelmäßigen Vertreter bestimmte Richter (§ 21 f Abs. 2) befindet, dieser, sonst der Dienst- bzw. Lebensälteste der anwesenden Richter den Vorsitz[45]. Kennt nur der Berichterstatter die Akten genügend, um die Verhandlung führen zu können, so kann er den Vorsitz übernehmen[46], falls er bei dem

---

[34] BGH StV **1986** 369; BGHSt **35** 367 = JR **1989** 346 mit Anm. *Katholnigg*.

[35] BGH StV **1986** 369; KK-*Diemer*[4] 7; *Kleinknecht/Meyer-Goßner*[45] 7; *Katholnigg*[3] 5.

[36] BGHSt **35** 366 = JR **1989** 346 mit zustimmender Anm. *Katholnigg*; *Pfeiffer*[3] 4; *Kleinknecht/Meyer-Goßner*[45] 7; KK-*Diemer*[4] 6; *Katholnigg*[3] 5; *Kissel*[3] 18; LR-*Hanack* § 338, 37 StPO.

[37] BGHSt **35** 366, 371; *Zöller-Gummer*[22] 2; *Wieczorek/Schütze-Schreiber*[3] 9.

[38] LR[23], Rdn. 14.

[39] Siehe die Erläuterungen zu § 21 f.

[40] § 54 Abs. 1 S. 1.

[41] BVerfG NJW **1993** 2229 für den vergleichbaren Fall der richterlichen Selbstablehnung gemäß § 30 StPO; vgl. den von BGH NStZ **1986** 518 entschiedenen Fall, **a. A** *Kissel*[3] 18.

[42] BGHSt **35** 367, 372 = JR **1989** 346 mit zustimmender Anm. *Katholnigg*.

[43] *Kissel*[3] 19.

[44] Weitergehend *Katholnigg* JR **1989** 349, der eine grundsätzliche Aktenkundigmachung fordert.

[45] BGHSt **21** 108 = LM Nr. 3 mit Anm. *Martin*; *Pfeiffer*[3] 3; *Kleinknecht/Meyer-Goßner*[45] 8; KK-*Diemer*[4] 8; *Katholnigg*[3] 4; *Kissel*[3] 20.

[46] RGSt **36** 63; BGHSt **21** 111; *Kleinknecht/Meyer-Goßner*[45] 8; KK-*Diemer*[4] 8; *Katholnigg*[3] 4; *Kissel*[3] 20.

betreffenden Gericht auf Lebenszeit angestellter Richter ist (§ 28 DRiG). Für den zum Vorsitzenden aufgerückten Beisitzer rückt ein Ergänzungsrichter nach. Vgl. § 21 f.

7. Fortgang der Verhandlung. Nach Eintritt eines Ergänzungsrichters oder -schöffen wird die Verhandlung in dem bisher erreichten Stadium fortgesetzt[47]. Das Gericht ist also nicht verpflichtet, nach dem Eintritt der Ergänzungsperson vor dem Urteil von neuem über eine Frage zu entscheiden, über die bereits unter Mitwirkung des ausgeschiedenen Richters eine Entscheidung ergangen ist[48], sofern nicht eine besondere Veranlassung zu nochmaliger Nachprüfung besteht[49]. **21**

8. Revision. Die Verkennung des Rechtsbegriffs der Verhinderung begründet nicht die Revision[50]; eine Überprüfung findet nur auf Willkür statt[51]. Ist jedoch die Feststellung des Verhinderungsfalles über die Frist des § 229 StPO hinaus unterlassen worden, begründet dies den absoluten Revisionsgrund des § 338 Nr. 1 StPO[52]. Dieser ist auch gegeben, wenn im zutreffend festgestellten Verhinderungsfall ein falscher Ergänzungsrichter nachrückt. Schließlich begründet jeder Verstoß gegen Abs. 1 einen absoluten Revisionsgrund[53] und stellt außerdem eine Amtspflichtverletzung gegenüber den Verfahrensbeteiligten dar[54]. Dagegen stellen Besetzungsmängel in der Person eines später durch einen Ergänzungsrichter abgelösten Richters keinen absoluten Revisionsgrund nach § 338 Nr. 1 StPO dar[55]. **22**

§ 193

(1) Bei der Beratung und Abstimmung dürfen außer den zur Entscheidung berufenen Richtern nur die bei demselben Gericht zu ihrer juristischen Ausbildung beschäftigten Personen und die dort beschäftigten wissenschaftlichen Hilfskräfte zugegen sein, soweit der Vorsitzende deren Anwesenheit gestattet.

(2) [1]Ausländische Berufsrichter, Staatsanwälte und Anwälte, die einem Gericht zur Ableistung eines Studienaufenthaltes zugewiesen worden sind, können bei demselben Gericht bei der Beratung und Abstimmung zugegen sein, soweit der Vorsitzende deren Anwesenheit gestattet und sie gemäß den Absätzen 3 und 4 verpflichtet sind. [2]Satz 1 gilt entsprechend für ausländische Juristen, die im Entsendestaat in einem Ausbildungsverhältnis stehen.

(3) [1]Die in Absatz 2 genannten Personen sind auf ihren Antrag zur Geheimhaltung besonders zu verpflichten. [2]§ 1 Abs. 2 und 3 des Verpflichtungsgesetzes vom 2. März 1974 (BGBl. I S. 469, 547 – Artikel 42) gilt entsprechend. [3]Personen, die nach Satz 1 besonders verpflichtet worden sind, stehen für die Anwendung der Vorschriften des Strafgesetzbuches über die Verletzung von Privatgeheimnissen (§ 203 Abs. 2 Satz 1 Nr. 2, Satz 2, Abs. 4 und 5, § 205), Verwertung fremder Geheimnisse (§§ 204, 205), Verletzung des Dienstgeheimnisses (§ 353b Abs. 1 Satz 1 Nr. 2, Satz 2,

---

47 *Kissel*[3] 19.

48 RGSt **67** 276; *Katholnigg*[3] 7; *Kissel*[3] 19.

49 *Eb. Schmidt* 20 ff, *KMR*[7] 5.

50 *Kleinknecht/Meyer-Goßner*[45] 7; *Kissel*[3] 18; offen gelassen in BGHSt **35** 366, 373; für Schöffen ergibt sich dies aus §§ 77, 54 Abs. 3 S. 1, 336 S. 2 StPO.

51 § 338, 37 StPO; *Katholnigg* in JR **1989** 349; nach Erörterung offen gelassen von BGHSt **35** 367; *Kleinknecht/Meyer-Goßner*[45] 7; **a. A** *Kissel*[3] 18.

52 BGH StV **1986** 370; KK-*Diemer*[4] 7; *Kleinknecht/Meyer-Goßner*[45] 7.

53 *Kissel*[3] 7; *Wieczorek/Schütze-Schreiber*[3] 7.

54 BGH NJW **1962** 583; *Kissel*[3] 7.

55 BGH NJW **2002** 1508.

Abs. 3 und 4) sowie Verletzung des Steuergeheimnisses (§ 355) den für den öffentlichen Dienst besonders Verpflichteten gleich.

(4) [1]Die Verpflichtung wird vom Präsidenten oder vom aufsichtsführenden Richter des Gerichts vorgenommen. [2]Er kann diese Befugnis auf den Vorsitzenden des Spruchkörpers oder auf den Richter übertragen, dem die in Absatz 2 genannten Personen zugewiesen sind. [3]Einer erneuten Verpflichtung bedarf es während der Dauer des Studienaufenthaltes nicht. [4]In den Fällen des § 355 des Strafgesetzbuches ist der Richter, der die Verpflichtung übernommen hat, neben dem Verletzten antragsberechtigt.

Schrifttum. *Bichelmeir* Der juristische Hilfsarbeiter an den obersten deutschen Gerichten (1970); *Bayreuther* Keine Zulassung von Jurastudenten zur Urteilsberatung, JuS **1996** 686; *v. Coelln* Das Beratungsgeheimnis (1931); *Damrau* Dürfen wissenschaftliche Hilfsarbeiter an Beratungen teilnehmen (§ 193 GVG)? NJW **1968** 633; *v. Danwitz* Zur Stellung des ehrenamtlichen Richters in der Rechtspflege, ZRP **1995** 5442; *Herr* Abordnung von Richtern an die obersten Gerichte, DRiZ **1962** 228; *Kohlhaas* Das Beratungsgeheimnis, NJW **1953** 401; *Kruschke* Die Tätigkeit als wissenschaftlicher Mitarbeiter beim Bundesverfassungsgericht und bei den obersten Gerichtshöfen des Bundes, JuS **1973** 326; *Lamprecht* Beratungsgeheimnis, „dissenting vote" und richterliche Unabhängigkeit, DRiZ **1996** 233; *Mellinghoff* Fragestellung, Abstimmungsverfahren und Abstimmungsgeheimnis im Strafverfahren (1989); *Michel* Beratung, Abstimmung und Beratungsgeheimnis, DRiZ **1992** 263; *Niebler* Beratungsgeheimnis und abweichende Meinung, FS Tröndle (1989), 585; *Scheuerle* Richterliches Beratungsgeheimnis und richterliche Meinungsfreiheit, ZZP **68** (1955) 317; *Schmidt-Räntsch* Gegenstand, Sinn und Grenzen des Beratungsgeheimnisses, JZ **1958** 329; *Schneider* Die Teilnahme Dritter, insbesondere der Referendare an der Beratung, MDR **1968** 973; *Seifert* Studenten im Beratungszimmer – ein Verstoß gegen § 193 I GVG? MDR **1996** 125; *Semar* Das richterliche Beratungsgeheimnis, Diss. Freiburg 1937; *Spendel* Das richterliche Beratungsgeheimnis und seine Grenzen im Strafprozeß, ZStW **65** (1953) 403.

Entstehungsgeschichte. Seine jetzige Fassung erhielt § 193 durch Gesetz vom 24. Juni 1994[1]. Die ursprüngliche Fassung der Vorschrift gab zu Zweifeln Veranlassung, insbesondere darüber, ob ein Aufsichtsbeamter (§ 175 Absatz 3) und ob der Urkundsbeamte der Beratung und Abstimmung beiwohnen dürfe; das ist durch die spätere Fassung aufgrund Gesetzes vom 5.4.1888[2] verneinend entschieden worden. Danach hatte § 193 folgenden Wortlaut:

> Bei Beratung und Abstimmung dürfen außer den zur Entscheidung berufenen Richtern nur die bei demselben Gericht zu ihrer juristischen Ausbildung beschäftigten Personen zugegen sein, soweit der Vorsitzende deren Anwesenheit gestattet.

Die Änderung im Jahr 1994 aufgrund des Gesetzes zur Änderung des Rechtspflegergesetzes und anderer Gesetze bezweckte, auswärtigen Hospitanten eine Teilnahme an der Beratung zu ermöglichen, und zugleich klarzustellen, daß wissenschaftlichen Mitarbeitern insbesondere an obersten Bundesgerichten die Teilnahme gestattet werden kann. Bezeichnung bis 1924: § 195.

---

[1] BGBl. I S. 1374. An Gesetzesmaterialien können genannt werden: Gesetzentwurf mit Stellungnahme des Bundesrates und Gegenäußerung der Bundesregierung: BTDrucks. **12** 6243; Beschlußempfehlung und Bericht des Rechtsausschusses: BTDrucks. **12** 7277.

[2] RGBl 133.

Übersicht

Alphabetische Übersicht

I. Grundgedanke

1 Nach § 192 Abs. 1 dürfen Richter bei Entscheidungen nur in der gesetzlich bestimmten Zahl mitwirken. Darüber hinaus verbietet § 193, daß – mit den dort vorgesehenen Ausnahmen – andere Personen als die zur Entscheidung berufenen Richter bei der Beratung und Abstimmung zugegen sind. Damit soll ausgeschlossen werden, daß andere Personen, auch wenn sie nicht im Sinne des § 192 Abs. 1 „mitwirken", durch ihr Verhalten oder auch schon durch ihre bloße Gegenwart beeinträchtigend auf die Unabhängigkeit und freie Entschließung der Richter einwirken; auch wäre die Wahrung des Beratungsgeheimnisses (§ 43 DRiG – vgl. Rdn. 39 ff) nicht gesichert. Diese Erwägungen müssen aber gegenüber den in § 193 genannten Personen zurücktreten. Hinsichtlich der Referendare gehört es auch zu deren Ausbildung zu erlernen, wie sich die Willensbildung des Gerichts bei Beratung und Abstimmung vollzieht und einen dem Beratungsergebnis entsprechenden Entwurf der Entscheidung zu fertigen. Das gleiche gilt für solche ausländischen Hospitanten, die im Rahmen von Juristenaustauschprogrammen die deutsche Rechtspflege kennenlernen sollen.

II. Geltungsbereich

2 Schon die Nebeneinanderstellung von „Beratung und Abstimmung" zeigt, daß § 193 **nur beim Kollegialgericht** in Betracht kommt, also nicht beim Strafrichter (Einzelrichter) als erkennender Richter oder sonstiger Einzelrichter (z. B. § 78b Absatz 1 Nummer 1)[3]. Der Einzelrichter geht wohl, volkstümlich gesprochen, mit sich „zu Rate", aber er kann – gegen den Bundesgerichtshof[4] – im technischen Sinn nicht „mit sich selbst beraten", denn Beratung bedeutet schon dem Wortsinn nach Aussprache zwischen mehreren Richtern. Der der Beratung und Abstimmung beim Kollegialgericht entsprechende Vorgang tritt bei ihm nicht äußerlich, sondern nur innerlich in Erscheinung, indem er das Ergebnis der Hauptverhandlung abwägt und sich zu einer Entscheidung entschließt (wegen der aus diesem Unterschied sich ergebenden Folgerungen vgl. unten Rdn. 19). Wie das Kollegialgericht (vgl. Rdn. 5), so kann auch der Einzelrichter diesen Vorgang schon während der Hauptverhandlung vorbereiten, auch – als Entwurf – die Urteilsformel schon während der Schlußvorträge der Beteiligten niederschreiben. Dabei sollte er sich jedoch Zurückhaltung auferlegen, da in der Öffentlichkeit schnell der Eindruck

[3] BGHSt **11**, 74, 79; OLG Hamm NJW **1958** 74; OLG Saarbrücken JZ **1968** 308; OLG Koblenz VRS **38** (1970) 56; *Kissel*[3] 37; *KMR*[7] 1; *Zöller-Gummer*[22] 2; *MünchKomm-Wolf*[2] 1 und Vor § 192, 4; *Wieczorek/Schütze-Schreiber*[3] 2; *Katholnigg*[3] 4 für den Fall, daß nicht der äußere Anschein einer Kollegialberatung erweckt werde.

[4] BGHSt **11** 74, 79.

einer vorzeitig abgeschlossenen Entscheidungsfindung entstehen kann. Seinen endgültigen Entschluß darf auch er erst nach dem letzten Wort des Angeklagten treffen. Doch ist es nicht erforderlich, wohl aber empfehlenswert, daß er dieses Stadium abschließender Überlegung und Fassung des endgültigen Entschlusses äußerlich erkennbar macht[5]. § 193 gilt für die Beratung sowohl der **Urteile** wie der **Beschlüsse** des Gerichts. Für die Beratungen des Bundesverfassungsgerichts bestimmt § 25 seiner Geschäftsordnung, daß nur die mitwirkenden Richter anwesend sein dürfen.

III. Beratung

1. Begriff. Eine Beratung liegt nur vor, wenn das Gericht als solches eine Aussprache mit dem Ziel einer gerichtlichen Willensbildung abhält. Ein Kennzeichen dafür, daß eine Beratung im Sinne des § 193 stattgefunden hat, ist regelmäßig darin zu erblicken, daß aufgrund der Aussprache eine Entscheidung erlassen wird[6]. Die Beratung setzt nicht voraus, daß alle an der Beratung teilnehmenden Richter die Akten oder den der Beratung zugrundeliegenden Schriftsatz gelesen haben. Vielmehr genügt es, wenn der Berichterstatter hierzu vorträgt und dadurch die übrigen Mitglieder des Gerichts mit dem Sachverhalt vertraut macht[7]. Die Beratung ist beendigt, wenn der Zweck der Aussprache erreicht ist, also z. B. bei Beratung eines Urteils mit der Willensbildung über den Inhalt des Urteils. Es liegt deshalb kein Verstoß gegen § 193 vor, wenn eine irrtümlich niedergeschriebene Urteilsformel, nachdem die Verkündung des Urteils unterbrochen worden ist, in Gegenwart des Urkundsbeamten (vgl. Rdn. 28) mit der zuvor schon beschlossenen Entscheidung in Einklang gebracht wird, ohne daß eine neue Beratung und Abstimmung stattfindet[8]. 3

Nicht zur Beratung gehören allgemeine Gespräche über Rechtsfragen mit Kollegen, und sei es auch aus Anlaß eines bestimmten Falles[9]. Ebensowenig gehört zur Beratung die Erörterung eines Falles allein zwischen einem Richter und dem ihm zur Ausbildung zugewiesenen Referendar oder Studenten oder dem ihm zugeteilten wissenschaftlichen Mitarbeiter. Daß die der Urteilsverkündung vorausgehende Überlegung und Entschließung des Einzelrichters keine „Beratung" darstellt, wird deutlich, wenn er – etwa um sich eine schwierige Rechtsfrage in Ruhe zu überlegen – seine Entscheidung nicht alsbald nach Schluß der Verhandlung, sondern später innerhalb der Frist des § 268 Abs. 3 S. 2 StPO verkündet. Hier müßte ja – nach der abgelehnten Auffassung – jede Minute, die er innerhalb der Frist des § 268 Abs. 3 S. 2 StPO dem Überlegen und der Fassung eines Entschlusses widmet, eine Beratung darstellen und jede Anwesenheit Dritter während dieser Zeit (des Wachtmeisters, der Akten bringt, oder des Kollegen, mit dem er dasselbe Dienstzimmer teilt) gegen § 193 verstoßen. 4

2. Ort und Art der Beratung. § 193 erfordert nicht, daß sich das Gericht bei Erlaß einer jeden Entscheidung in das Beratungszimmer zurückziehen müßte. Es ist vielmehr, und zwar selbst bei Anwesenheit von Zuhörern, statthaft, daß sich die Mitglieder des Gerichts im Sitzungszimmer mit leiser Stimme über die Entscheidung verständigen; nur dürfen, zwecks Wahrung des Beratungsgeheimnisses, ihre Worte nicht für andere hörbar 5

[5] BGHSt **11** 74.
[6] RG HRR **1940** Nr. 50.
[7] BVerfG NJW **1987** 2219; BGH NStZ **1994** 353.
[8] RG HRR **1940** Nr. 51; vgl. RGSt **43** 41; **46** 374; **64** 167.
[9] *Kissel*[3] 21.

sein[10]. Im allgemeinen kommt ein solches Verfahren, oft „kurze Verständigung" genannt, nur bei Beschlüssen in Betracht, bei denen es sich um einfach liegende Fragen handelt. Bei Urteilen ist es zur Verhütung von Übereilungen und Irrungen, aber auch wegen des Eindrucks auf den Angeklagten und den Verteidiger stets angemessen, die Beratung und Abstimmung im Beratungszimmer vorzunehmen. Ausnahmsweise kann auch bei Urteilen nach Beratung und anschließendem Wiedereintritt in die Verhandlung die abschließende Beratung in der vorerwähnten abgekürzten Form im Sitzungsraum stattfinden, wenn es nur noch einer Vergewisserung bedarf, daß es bei dem Ergebnis der bisherigen Beratung bleiben soll, weil sich keine neuen belangvollen Umstände ergeben haben. Doch ist auch hier größte Zurückhaltung am Platz[11], und es muß der Vorsitzende insbesondere darauf achten, daß die Laienrichter voll beteiligt werden[12]. Hat der Angeklagte, der sich bisher nicht geäußert hatte, nach der vorläufigen Beratung eine Erklärung abgegeben, ist eine Verständigung im Gerichtssaal nicht zulässig[13]. Ebensowenig kommt eine Beratung im Sitzungssaal über einen von dem Angeklagten gestellten Beweisantrag in Betracht[14]. Andererseits setzt eine solche kurze Verständigung nicht voraus, daß der vorangegangene Verhandlungsteil ohne jeden sachlichen Gehalt war[15]. Der Umstand, daß eine Zwischenverständigung stattfand, muß für die übrigen Verfahrensbeteiligten äußerlich erkennbar geworden sein[16]. Nr. 218 RiStV 1935 empfahl auch dem Einzelrichter, im Interesse des Ansehens der Rechtspflege das Urteil nicht unmittelbar nach dem letzten Wort des Angeklagten zu verkünden, sondern sich zur Würdigung des Verhandlungsergebnisses und zur Niederschrift der Urteilsformel in das Beratungszimmer zu begeben. Auch eine kurze Verständigung der Richter und der Schöffen im Sitzungssaal sollte im Protokoll vermerkt werden[17].

6 **3. Vorberatung.** Es ist nicht unzulässig, daß die Richter schon vor dem Schluß der Hauptverhandlung über die zu treffende Entscheidung vorberaten, d. h. die bisherigen Ergebnisse der Hauptverhandlung vorbereitend besprechen und für die endgültige Beratung schriftlich (in Form von Notizen) festhalten[18]. Ein solches Verfahren ist z. B. bei Großprozessen von monatelanger Dauer und einer Vielzahl von Angeklagten und Anklagepunkten unentbehrlich, wenn nicht das Gericht jeden Überblick verlieren will. Auf jeden Fall muß aber noch eine **endgültige**, den gesamten Gegenstand der Verhandlung umfassende und nicht bloß formale **Beratung** nach dem letzten Wort des Angeklagten stattfinden. Denn aus § 261 StPO und Art. 103 Abs. 1 GG ergibt sich, daß der Richter das letzte Wort des Angeklagten anhören und bei der Urteilsfindung berücksichtigen muß und sich vorher keine endgültige Überzeugung bilden darf[19].

7 **Ein Verzicht auf** eine **abschließende Beratung** kann ausnahmsweise dann in Betracht kommen, wenn sich nach Wiedereintritt in die Verhandlung kein neuer Prozeßstoff ergeben hat und die Entscheidung durch eine nochmalige Beratung nicht beeinflußt werden

[10] RGSt **22** 396; **30** 230; **42** 86; **46** 374; RG HRR **1939** Nr. 361; OGHSt 2 193; BGHSt **19** 156 = NJW **1964** 308; BGH NStZ **1987** 472; StV **1989** 379; NJW **1989** 1230; NStZ **1992** 552; NStZ **1992** 601; *Pfeiffer*[3] 2; *Kleinknecht/Meyer-Goßner*[45] 3; KK-*Diemer*[4] 3; *Katholnigg*[3] 6; *Kissel*[3] 34; *Baumbach/Lauterbach-Albers*[59] 1; **a. A** *Mellinghoff* 16.

[11] BGHSt **24** 170 = NJW **1971** 2082; *Kissel*[3] 34.

[12] BGHSt **19** 156 = NJW **1964** 308.

[13] BGH StV **1991** 547.

[14] BGH StV **1989** 379; *Kissel*[3] 34.

[15] BGH NStZ **1992** 601.

[16] BGH NStZ **1992** 552; *Kissel*[3] 34.

[17] BGH NStZ **1987** 472; NStZ **1992** 552; *Pfeiffer*[3] 2; KK-*Diemer*[4] 3; *Katholnigg*[3] 6; *Kissel*[3] 34.

[18] BGHSt **17** 337, 339; *Pfeiffer*[3] 1; **a. A** *Strate* FS Rieß (2002) 611, 618 f.

[19] RGSt **42** 86; **43** 51; **46** 437; RG JW **1930** 55; OGHSt **2** 191; BGHSt **11** 74, 79; **17** 337 = NJW **1962** 1873; BGHSt **24** 171; OLG Bamberg NStZ **1981** 191; *Michel* DRiZ **1992**; **a. A** – Unzulässigkeit von „Vorberatungen" – *Arndt* NJW **1963** 848; s. auch *Croissant* NJW **1963** 1711.

konnte, wenn zum Beispiel nach einem Hinweis auf die Veränderung des rechtlichen Gesichtspunkts die Prozeßbeteiligten weder neue Erklärungen abgeben noch neue Anträge stellen[20], oder wenn der Angeklagte bei nochmaliger Befragung eine ganz unerhebliche Erklärung abgibt, z. B. daß er das Urteil nicht anerkenne[21], oder wenn die weitere Verhandlung nur zur Nachholung versäumter Prozeßhandlungen diente[22], z. B. zur nachträglichen Beeidigung eines Zeugen, mit der das Gericht bei der Beratung bereits gerechnet hatte[23]. In solchen Fällen genügt eine im Gerichtssaal erfolgende kurze Verständigung, daß es bei dem Ergebnis der vorangegangenen Beratung im Beratungszimmer verbleiben soll; in diese Verständigung müssen die Schöffen mit einbezogen werden. Diese Grundsätze über den ausnahmsweise geltenden Bestand des auf einer Vorberatung beruhenden Urteils gelten unter besonderen Umständen auch dann, wenn die Urteilsverkündung nicht in der gleichen Sitzung wie die Vorberatung geschieht[24].

4. Vorberatung von Beschlüssen. Eine Vorberatung ist unproblematisch, wenn sie 8
lediglich dazu dient, durch Aussprache die für die Entscheidung maßgeblichen Gesichtspunkte zur weiteren Überprüfung herauszustellen, um demnächst über das Ergebnis abschließend zu beraten. Jedoch ist auf Verlangen auch nur eines der beteiligten Richter oder Schöffen erneut in die Beratung einzutreten[25].

5. Keine Beurkundung. Beratung und Abstimmung sind, selbst wenn sie im Sitzungs- 9
saal in Gegenwart der am Verfahren Beteiligten stattfanden, nicht im Protokoll zu beurkunden; zu ihrem Nachweis ist daher Raum für freie Beweiswürdigung; § 274 StPO gilt nicht[26]. Jedoch kann es sich in geeigneten Fällen empfehlen, zur Beseitigung von Unklarheiten oder Mißverständnissen bei einer abgekürzte Beratung im Gerichtssaal (Rdn. 5) einen Vermerk in die Sitzungsniederschrift aufzunehmen[27].

IV. Keine Akt der Beweisaufnahme im Beratungszimmer

Im Beratungszimmer darf kein Akt der Beweisaufnahme stattfinden, insbesondere 10
auch keine nochmalige Befragung eines in der Hauptverhandlung vernommenen Zeugen oder Sachverständigen (§ 261, 22 StPO). Deshalb ist es auch unzulässig, daß das Gericht die Beratung am Tatort abhält, um auf diese Weise den Eindruck einer vorangegangenen Augenscheinseinahme festzuhalten[28]. Dagegen ist es nicht unzulässig, daß das Gericht in der Beratung einfache technische Versuche anstellt, um sich ein Urteil

[20] BGHSt **24** 170; BGH NStZ **1987** 472.
[21] RG LZ **1921** 509.
[22] BGH NJW **1951** 206.
[23] RG DJZ **1922** 558; Recht **1928** Nr. 128.
[24] Vgl. den Fall in BGH NStZ **1988** 470.
[25] Vgl. den Sonderfall OLG Bamberg NStZ **1981** 191. Dort hatten sich die drei Richter am 19. des Monats über die zu treffende Entscheidung geeinigt, aber mit dem Vorbehalt, daß nochmals in eine Beratung einzutreten sei, wenn sich bis zu einem bestimmten Zeitpunkt (nach Meinung des Vorsitzenden und des Berichterstatters am Nachmittag des 19., nach Meinung des dritten Richters am 22.) für einen der beteiligten Richter ein neuer Gesichtspunkt ergeben sollte. Da der dritte Richter während des 19. nichts von sich hatte hören lassen, setzte der Berichterstatter unter dem 22. den Beschluß entsprechend der Vorberatung ab, den er und der Vorsitzende unterschrieben. Wegen Erkrankung des dritten Richters an diesem Tag wurde zugleich für den dritten Richter dessen Verhinderung vermerkt. Mit Recht hat das OLG Bamberg auf Beschwerde diesen Beschluß aufgehoben. Zu einer gesetzmäßigen Beratung gehört die ausdrückliche Vergewisserung aller drei Richter, daß der Vorbehalt gegenstandslos geworden ist.
[26] RGSt **27** 2; OGHSt **3** 121; BGHSt **5** 29; **37** 143.
[27] Nachweise in Fußn. 17.
[28] RGSt **66** 28; BGHSt **3** 187.

darüber zu bilden, ob es eines Sachverständigen bedürfe[29], oder daß es Überführungsstücke und andere Augenscheinsgegenstände in das Beratungszimmer mitnimmt[30]. Vgl. im einzelnen § 261, 22; 23 StPO[31].

V. Zur Teilnahme an der Beratung berechtigte Personen

1. Personenkreis

11 **a) Referendare.** Zu ihrer juristischen Ausbildung beschäftigt sind die dem Gericht zugewiesenen Referendare, an die der ursprüngliche Gesetzgeber offenbar allein gedacht hat. Die Anwesenheit eines zu seiner Ausbildung bei Gericht beschäftigten Referendars bei der Beratung wird nicht dadurch unzulässig, daß er in der Sitzung als Urkundsbeamter tätig wird[32]. Dagegen darf ein Referendar der Beratung nicht beiwohnen, wenn er über die Anwesenheit zu Ausbildungszwecken hinaus noch in anderer Rolle an der Hauptverhandlung beteiligt war und deshalb (der Idee nach) in die Beratung Erkenntnisse hineintragen kann, die er in jener anderen Rolle gewonnen hat, z. B. wenn er in der Sache als Zeuge vernommen wurde[33] oder anstelle des auf kurze Zeit abwesenden Verteidigers zum Verteidiger bestellt war, auch wenn er sich in dieser Eigenschaft lediglich zuhörend betätigte und seine Ausbildungstätigkeit sich sonst nicht auf die Sache erstreckte[34]. Das gleiche gilt für einen der Berufungskammer zugewiesenen Referendar, der im ersten Rechtszug den Angeklagten verteidigt hatte; auch hier ist die Möglichkeit einer unzulässige Beeinflussung des Gerichts durch Anwesenheit bei der Beratung nicht ausgeschlossen[35].

12 **b) Teilnehmer einer einstufigen Juristenausbildung.** Inwieweit Teilnehmer einer einstufigen Juristenausbildung (§ 5b DRiG), soweit eine solche nach Auslaufen der „Experimentierklausel" übergangsweise nach Maßgabe der landesrechtlichen Vorschriften noch stattfindet (vgl. § 10, 2), bei der Beratung zugegen sein dürfen, richtet sich danach, ob sie nach ihrem Ausbildungsgang und -stand „bei demselben Gericht zu ihrer juristischen Ausbildung beschäftigt sind"; die hier für Referendare geltenden Beschränkungen von deren Anwesenheit der Beratung gelten dann in gleicher Weise auch für sie (vgl. § 5b Abs. 2 S. 2 DRiG).

13 **c) Personen mit der Befähigung zum Richteramt** können zur „juristischen Ausbildung beschäftigt" sein, wenn sie einem Gericht nicht zur Erledigung von Rechtsprechungsaufgaben, sondern lediglich zur Einarbeitung zugewiesen sind. Deshalb hat das Reichsgericht[36] zutreffend einen zum Hilfsrichter bestellten Volksdeutschen, dem zwar die Befähigung zum Richteramt zuerkannt war, der aber dem Landgericht nur zur Einarbeitung in das deutsche Recht zugewiesen war, als zur juristischen Ausbildung beschäftigt angesehen. Die Neufassung geht auf diesen Personenkreis nicht gesondert ein. Da Anliegen des Gesetzes aber die Ausweitung des Kreises der zulassungsfähigen Personen war, darf aus der Neufassung nicht geschlossen werden, daß Personen mit der Befähigung zum Richteramt nur noch dann zugelassen werden dürfen, wenn sie wissenschaft-

[29] RG HRR **1930** Nr. 851.

[30] RG BayZ **1930** 370.

[31] Vgl. auch RGSt **67** 279 (Privatgespräch eines Schöffen mit einem vernommenen Sachverständigen vor Beginn der Beratung).

[32] RGSt **18** 161; RG Recht **1916** Nr. 604; HRR **1928** Nr. 291; OGHSt **2** 62.

[33] RGSt **66** 252; *Kissel*[3] 33.

[34] RG HRR **1937** Nr. 538; BGHSt **18** 165 = NJW **1963** 549; BVerwG NJW **1982** 1716; *Pfeiffer*[3] 4; KK-*Diemer*[4] 4.

[35] OLG Hamburg NJW **1955** 1938.

[36] RGSt **76** 322.

liche Hilfskräfte oder ausländische Hospitanten sind. Nach § 52 FGO dürfen bei der Beratung und Abstimmung auch die zur steuerlichen Ausbildung beschäftigten Personen, die die Befähigung zum Richteramt haben, zugegen sein, wenn der Vorsitzende ihre Anwesenheit gestattet[37].

In den Justizdienst der neuen Bundesländer übernommene **Richter von Gerichten der ehemaligen DDR**, die in der ersten Zeit nach der Wiedervereinigung an Gerichten in den alten Bundesländern hospitierten, können nach dem Vorstehenden als in juristischer Ausbildung stehend angesehen werden, sofern sie bei einem Gericht zur Ausbildung beschäftigt waren. Denn ihr Interesse ging dahin, sich mit dem für sie neuen Recht der Bundesrepublik vertraut zu machen. **14**

d) Wissenschaftliche Mitarbeiter. Beim Bundesverfassungsgericht, den obersten Bundesgerichten (auch beim Bundesgerichtshof), aber auch bei anderen Obergerichten werden abgeordnete Richter anderer Gerichte (§ 37 DRiG) und Staatsanwälte als „wissenschaftliche Hilfskräfte" – nicht als Hilfsrichter – verwendet. Sie sind den einzelnen Senaten zur Unterstützung der Richter bei der Vorbereitung der Sitzung und bei der Absetzung von Entscheidungen zugewiesen (vgl. § 124, 1). **15**

Nach der **bisherigen Rechtslage** bestanden Zweifel, ob diese „wissenschaftlichen Hilfskräfte", wie das Gesetz jetzt diese Mitarbeiter nennt, an der Beratung teilnehmen durften[38]. Die Frage wurde überwiegend unter restriktiver Auslegung des Begriffs „Ausbildung" verneint[39]. Danach konnten die wissenschaftlichen Mitarbeiter die von ihnen gefertigten Stellungnahmen zu Rechtsfragen zwar in einer der Verhandlung vorausgehenden Vorberatung vortragen und verteidigen, waren aber von der Teilnahme an der nach der Verhandlung stattfindenden Beratung ausgeschlossen. In diesem Kommentar wurde diese enge Auffassung jedoch abgelehnt[40], weil sie der seit Schaffung des § 193 eingetretenen Veränderung der Lage keine Rechnung trug, nach der auch die Weiterbildung nach Abschluß eines Grundexamens noch „Ausbildung" ist. Dabei bildete der in Rdn. 13 angeführte § 52 FGO einen Anhaltspunkt dafür, wie der Gesetzgeber zu jener Zeit die Lage würdigte. Beim Bundesgerichtshof wurde die Anwesenheit der wissenschaftlichen Mitarbeiter bei der Beratung des Senats, dem sie zugeteilt sind, allgemein zugelassen[41]. Eine Teilnahme der Mitarbeiter an der Beratung ist nicht nur sinnvoll, wenn der wissenschaftliche Mitarbeiter den Richter bei der Absetzung des Urteils wirksam unterstützen soll, sondern dient auch der „Ausbildung" für höhere Richterstellen. **16**

Durch die **Neufassung** des § 193 hat der Gesetzgeber – klarstellend[42] und damit die hier bisher vertretene Auffassung bestätigend – die wissenschaftlichen Hilfskräfte ausdrücklich in Absatz 1 aufgeführt. Damit ist die bisherige Diskussion über die Zulässigkeit ihrer Teilnahme gegenstandslos geworden. **17**

---

[37] Vgl. dazu auch die Vorschläge der Ausbildungskommission des Deutschen Richterbundes DRiZ **1973** 32, wonach Richter auf Probe den Gerichten zunächst nur zur „Weiterbildung" (und ohne Zuteilung zu einem Spruchkörper als richterliche Kraft) überwiesen werden sollten. S. zur „postassessoralen" Ausbildung auch DRiZ **1973** 104, 329, 439 und *Lemke* DRiZ **1974** 18, und zu Reformforderungen eines verstärkten Einsatzes von Volljuristen als Richterassistenten in der höheren Gerichtsbarkeit *Hanack* ZZP **84** (1974) 445.

[38] Kritisch zur Frage der Verwendung solcher Hilfskräfte *Arndt* NJW **1963** 648, der aber in seinen Folgerungen zu weit geht; gegen ihn mit Recht *Schilgen* NJW **1963** 1588.

[39] BVerwGE **5** 85 = JR **1957** 473; BSGE **13** 147 = MDR **1961** 265; BAG NJW **1967** 1581; OVG Berlin DÖV **1954** 568; Arndt NJW **1963** 848; *Eb. Schmidt* 11; *Buchholz* DRiZ **1959** 46; **1961** 17; *Kruschke* JuS **1973** 327.

[40] LR-*K. Schäfer*[23] 13. Ebenso *Schilgen* NJW **1963** 1588; *Damrau* NJW **1968** 633; *Herr* DRiZ **1972** 228; *Mattern* JZ **1970** 557; KK-*Diemer*[4] 5; *Kissel*[3] 26 mit weiteren Nachweisen.

[41] Vgl. *Herr* DRiZ **1972** 228.

[42] So die amtliche Begründung des Gesetzentwurfes, vgl. BTDrucks. **12** 6243, S. 9.

18 **e) Rechtsstudenten.** Nachdem lange zweifelhaft war, ob Rechtsstudenten, die nach den landesrechtlichen Ausbildungsordnungen während der Zeit des juristischen Studiums mehrere Wochen zu ihrer Ausbildung und als Voraussetzung der Zulassung zum Referendarexamen bei einem Amtsgericht tätig sein müssen, bei der Beratung *des Schöffengerichts* zugegen sein durften, hat der Bundesgerichtshof[43] in Übereinstimmung mit der schon bisher herrschenden Meinung[44] entschieden, daß Rechtsstudenten, die bei einem Gericht ein Praktikum ableisten, nicht an den Urteilsberatungen teilnehmen dürfen.

19 Wenn der **Strafrichter** (Einzelrichter) beim Amtsgericht vor der Urteilsverkündung im Beratungszimmer oder in dem von den Prozeßbeteiligten und den Zuhörern geräumten Sitzungssaal die dem Amtsgericht zur Ausbildung zugewiesenen Rechtsstudenten über den Fall belehrt, so liegt – unabhängig von der Frage, ob diese als „zur juristischen Ausbildung" beschäftigt anzusehen sind – ein Verstoß gegen § 193 schon deshalb nicht vor, weil keine Beratung, d. h. kein Meinungsaustausch eines Kollegiums (oben Rdn. 2) stattfindet[45]. Eine solche belehrende Erörterung wäre zudem nicht geeignet, Einfluß auf die Urteilsbildung des Richters auszuüben[46].

20 **f) Ausländische Hospitanten.** Seit der Neufassung im Jahr 1994 dürfen ausländische Berufsrichter, Staatsanwälte und Rechtsanwälte, die einem Gericht zur Ableistung eines Studienaufenthaltes zugewiesen worden sind, bei diesem Gericht an der Beratung teilnehmen (Absatz 2), sofern sie gemäß Absatz 3 und 4 besonders zur Geheimhaltung verpflichtet worden sind. Die Notwendigkeit für diese Neuregelung ergab sich aus dem intensiven Juristenaustausch mit anderen Ländern und der dortigen Handhabung der Zulassung deutscher Austauschteilnehmer an Beratungen der Gastgerichte[47]. Die Neuregelung lehnt sich an die entsprechende französische Regelung an. Von einer Beschränkung auf Teilnehmer aus bestimmten Staaten ist bewußt abgesehen worden, um den zunehmenden Kontakten mit mittel- und osteuropäischen Staaten Rechnung tragen zu können. Ebenso sind ausländische Staats- und Rechtsanwälte in die Regelung einbezogen worden, weil auch im Ausland vielfach ein Wechsel zwischen Richteramt und dem Amt des Staatsanwalts stattfindet. Die Einbeziehung der Rechtsanwälte entspricht einem in der Praxis vielfach geäußerten Wunsch. Ebenfalls sind ausländische Referendare („die im Entsendestaat in einem Ausbildungsverhältnis stehen"), nicht aber ausländische Studenten in die Regelung einbezogen worden.

21 **2. Dasselbe Gericht.** Bei demselben Gericht ist eine Person so lange beschäftigt, bis ihre Ausbildung oder Tätigkeit bei diesem Gericht abgeschlossen ist, auch wenn sie schon vorwiegend im nächsten Ausbildungsabschnitt beschäftigt wird[48]. Dabei ist auf das Gericht insgesamt, auf das sich auch stets das Beschäftigungsverhältnis bezieht, nicht aber auf den Spruchkörper abzustellen[49].

22 **3. Beschäftigung/Zuweisung.** § 193 setzt bei den in Absatz 1 genannten Personen eine „Beschäftigung" bei dem jeweiligen Gericht und bei den in Absatz 2 genannten eine

[43] BGHSt **41** 119 = NStZ **1996** 397 mit abl. Anm. *Speiermann* = NStZ **1996** 607 mit Anm. *Meyer-Goßner*; **a. A** (mit dem Focus auf Aspekte der Ausbildung) *Seifert* MDR **1996** 125; *Bayreuther* JuS **1996** 686.

[44] KG JW **1935** 1256; OLG Bremen NJW **1959** 1145; OLG Karlsruhe NJW **1969** 628 mit abl. Anm. *Kreft* NJW **1969** 1784; *Schneider* MDR **1968** 974; *Kleinknecht/Meyer-Goßner*[45] 4; KK-*Diemer*[4] 4; *Katholnigg*[3] 2; *Zöller-Gummer*[22] 4; *Eb. Schmidt* 10; *Peters*[4] 484; **a. A** *Kissel*[3] 24; *Wieczorek/Schütze-Schreiber*[3] 6.

[45] Ebenso KG HRR **1935** Nr. 1107; *Eb. Schmidt* 10; *Kissel*[3] 37.

[46] So mit Recht KG HRR **1935** Nr. 1107.

[47] Vgl. im einzelnen hierzu die amtliche Begründung, BTDrucks. **12** 6243, S. 9 f.

[48] BGH GA **1965** 93.

[49] *Kissel*[3] 23; **a. A** OLG Stuttgart OLGSt § 193, 3.

„Zuweisung" voraus. Diese unterschiedlichen Formulierungen tragen dem Umstand Rechnung, daß die in Absatz 2 genannten Personen jedenfalls nicht regelmäßig bei dem jeweiligen Gericht auch aktiv tätig werden und daß ihr Aufenthalt bei einem Gericht meist nur von kürzerer Dauer sein dürfte. Der Begriff „Zuweisung" ist weiter und schließt ein „Beschäftigtsein" bei einem Gericht, d. h. eine Tätigkeit ähnlich einem Referendar durch Vorbereitung eines Votums oder Entwurfs einer Entscheidung begrifflich nicht aus.

4. Gestattung durch den Vorsitzenden. Alle in § 193 Abs. 2 genannten Personen haben kein automatisches Anwesenheitsrecht. Vielmehr bedarf es einer Entscheidung des Vorsitzenden, die nicht der Zustimmung der übrigen Mitglieder des Spruchkörpers bedarf, aber auch nicht gegen deren Mehrheit erfolgen sollte[50]. Die Entscheidung kann nicht nur die Zulassung zur Beratung vorsehen, sondern darüber hinaus auch Auflagen oder Bedingungen enthalten („*soweit* der Vorsitzende deren Anwesenheit gestattet") und damit die Intensität einer Beratungsteilnahme beschränken[51] (vgl. hierzu Rdn. 24 f). Damit ist der Vorsitzende in der Lage, den unterschiedlichen Interessen der verschiedenen Personengruppen und Situationen Rechnung zu tragen und beispielsweise solchen Personen eine aktive Beratungsteilnahme bei der Urteilsberatung zu verwehren, die nur einen kleineren Ausschnitt einer längeren Hauptverhandlung miterlebt haben. 23

5. Zugegensein

a) Referendare, Studenten und wissenschaftliche Mitarbeiter. § 193 Abs. 1 läßt zu, daß die genannten Personen bei Beratung und Abstimmung „zugegen sind". Nach *Peters*[52] dürfen Referendare „nicht aktiv an der Beratung teilnehmen, da sonst eine Einflußnahme durch einen Nichtrichter auf die Urteilsfindung stattfinden kann". Dem kann nicht gefolgt werden. Eine solche Forderung widerspräche nicht nur der allgemeinen Übung der Praxis, sondern auch dem Zweck der Ausbildung bzw. Tätigkeit. Die in Absatz 1 genannten Personen sollen ja lernen, ihre Auffassung in der Beratung zu äußern, ihr Votum vorzutragen und gegen Einwendungen zu verteidigen[53]. 24

b) Ausländische Hospitanten. Der Gesetzgeber hat davon abgesehen, die Intensität der Beratungsteilnahme ausländischer Hospitanten gesondert zu regeln. Damit gilt das zu Absatz 1 (Rdn. 24) Ausgeführte grundsätzlich entsprechend. Der Schwerpunkt auch einer aktiven Beratungsteilnahme dürfte aber darin bestehen, das Verständnis des ausländischen Hospitanten für das deutsche Rechtssystem und die getroffene Entscheidung zu fördern. Auch eine Darstellung der nach seinem Heimatrecht gebotenen Entscheidung einer Rechtssache kann nützlich sein. Es ist aber nicht ausgeschlossen, dem Hospitanten eine ähnlich intensive Beratungsteilnahme zu gestatten, wie sie nach der hier vertretenen Auffassung einem Referendar oder einem wissenschaftlichen Mitarbeiter eingeräumt werden kann. Dies bleibt daher im Einzelfall der Anordnung des Vorsitzenden vorbehalten. 25

---

[50] *Katholnigg*[3] 11.

[51] Die amtliche Begründung des Gesetzentwurfs sieht diese Möglichkeit ausdrücklich vor, vgl. BTDrucks. **12** 7243, S. 10.

[52] *Peters*[4] 484.

[53] So auch BAGE **19** 185; BSG MDR **1971** 522; *Schneider* MDR **1968** 973; 975; *Koffka* ZStW **81** (1969) 962; *Pfeiffer*[3] 4; KK-*Diemer*[4] 4; *Katholnigg*[3] 3; *Kissel*[3] 23; *MünchKomm-Wolf*[2] 4, 7; *Wieczorek/Schütze-Schreiber*[3] 6; auch die amtliche Begründung zur Neufassung 1994 geht davon aus, daß dem Referendar die Befugnis eingeräumt werden kann, seine Argumente vorzutragen und sie mit den erkennenden Richtern zu erörtern, vgl. BTDrucks. **12** 6243, S. 10.

VI. Sonstige Personen

26 **1. Ergänzungsrichter.** Wegen der Teilnahme des Ergänzungsrichters an der Beratung siehe § 192, 14.

27 **2.** Eine Anwesenheit des **Staatsanwalts** während der Beratung ist nicht zulässig. So widerspricht es beispielsweise dem Grundgedanken des § 193[54], wenn der Einzelrichter in der Pause zwischen dem letzten Wort des Angeklagten und der Urteilsverkündung den Prozeßstoff mit dem Sitzungsvertreter der Staatsanwaltschaft erörtert.

28 **3. Urkundsbeamter** (in Strafrichtersachen). Aus dem in Rdn. 2 angeführten Grund ist es auch ohne Bedeutung, wenn im geräumten Sitzungszimmer der Urkundsbeamte, der nicht Referendar ist, zurückbleibt, während der Einzelrichter („Strafrichter") die zu erlassende Entscheidung überlegt und die Urteilsformel zu Papier bringt[55]. Dagegen soll nach Oberlandesgericht Schleswig[56] auch hier § 193 anwendbar sein, weil er jede mittelbare Beeinflussung des entscheidenden Richters durch bloße Anwesenheit oder gar Mittätigkeit nicht an der Urteilsbildung beteiligter Personen ausschließen wolle. Ein Revisionsgrund gemäß § 337 StPO (unten Rdn. 30) könnte nach dieser Auffassung nur durch dienstliche Erklärungen des Richters und des Urkundsbeamten, daß keine „Beratung" stattgefunden habe, ausgeräumt werden[57].

29 **4. Dolmetscher**. Soweit ausnahmsweise ein Richter nicht die deutsche Sprache beherrscht, die Richter sich untereinander auch nicht in einer gemeinsam beherrschten anderen Sprache verständigen können und deshalb auf einen Dolmetscher angewiesen sind, wird dieser auch an der Beratung teilnehmen müssen[58]. Bei Mitwirkung eines blinden oder hör- oder sprachbehinderten Richters kommt dagegen die Teilnahme einer Vorleseperson oder eines Gehörlosendolmetschers nicht in Betracht, da statt dessen auch ein anderer Richter vorlesen kann oder die Verständigung mit dem Gehörlosen auf schriftlichem Weg möglich ist[59].

VII. Revision

30 **1. Fehlen einer Beratung**. Ist eine Beratung unterblieben, so ist stets anzunehmen, daß das Urteil auf dem Gesetzesverstoß beruht (§ 337 StPO). Dies gilt in der Regel auch, wenn nach einer Vorberatung erneut in die Hauptverhandlung eingetreten wird und danach eine abschließende Beratung unterbleibt. Vgl. hierzu näher Rdn. 7.

31 **2. Anwesenheit Unbefugter während der Beratung.** Bei einem Verstoß gegen § 193 ist das Urteil auf Revision nur aufzuheben, wenn es auf dem Verstoß beruht (§ 337), d. h.

---

[54] OLG Schleswig DAR **1964** 139. S. auch OLG Hamm NJW **1958** 74: Verletzung des § 261 StPO, wenn der Einzelrichter in einer Verkehrsstrafsache während der „Beratung" sich seine Überzeugung durch Befragung eines in Kraftfahrzeugsachen erfahrenen Kollegen verschafft. Vgl. dazu auch *Schneider* MDR **1968** 975.

[55] Ebenso OLG Neustadt NJW **1963** 2088; OLG Saarbrücken JZ **1968** 308; OLG Koblenz VRS **38** (1970) 56; *Kissel*[3] 37.

[56] SchlHA **1957** 164; DAR **1964** 139; s. auch OLG Hamm MDR **1961** 170.

[57] S. dazu auch KG VRS **37** (1969) 206, wo die Frage, ob § 193 auf den Einzelrichter Anwendung findet, offengelassen, ein Revisionsgrund i. S des § 337 StPO aber verneint wird, wenn der Richter dienstlich erklärt, er habe nicht mit dem Protokollführer über die zu treffende Entscheidung gesprochen.

[58] *Kissel*[3] 22.

[59] *Kissel*[3] 22.

wenn nicht auszuschließen ist, daß die Anwesenheit der dazu nicht berechtigten Person auf die Entscheidung Einfluß gehabt hat[60]. Das wird allerdings in solchen Fällen – unter Anlegung des gebotenen strengen Maßstabs[61] – schwer auszuschließen sein[62]. Die Entscheidung beruht nicht auf der Anwesenheit, wenn Personen außerhalb des Beratungsraums ohne Wissen der Gerichtsperson mithören[63]; die Mithörenden sind dann überhaupt nicht „zugegen" im Sinne des § 193[64]. Dagegen hat der Bundesgerichtshof[65] das Urteil als auf der Verletzung des § 193 beruhend in einem Fall angesehen, in dem der Vorsitzende den Staatsanwalt ins Beratungszimmer rufen ließ und ihn zur Aufklärung von Zweifeln über den Inhalt seines Strafantrags vor den übrigen Mitgliedern des Gerichts befragte, und hat ausgesprochen, daß bei den zu stellenden strengen Anforderungen für den Nachweis der Wirkungslosigkeit eines Verstoßes gegen § 193 auf das Urteil durch erst längere Zeit nach der Hauptverhandlung abgegebene dienstliche Äußerungen angesichts der Unzulänglichkeit der menschlichen Erinnerung nicht mit Sicherheit auszuschließen sei, daß der Staatsanwalt nicht auch gleichzeitig seinen Antrag begründet und dies nachteilig für den Angeklagten auf die Meinungsbildung des Gerichts eingewirkt habe. War die Teilnahme einer der in Abs. 2 genannten Personen unzulässig, weil die Verpflichtung nach Abs. 3, 4 an einem weder von dieser Person noch dem Gericht erkannten Formmangel litt, so kann ein Beruhen des Urteils ausgeschlossen sein[66].

Die **Dauer der Beratung** unterliegt nicht der Überprüfung durch das Revisions- **32**
gericht[67].

VIII. Förmliche Verpflichtung ausländischer Hospitanten

1. Grundsatz. Absatz 3 S. 1 enthält den Grundsatz, daß ausländische Hospitanten zur **33**
Geheimhaltung besonders verpflichtet worden sein müssen, bevor ihnen die Teilnahme an Beratungen gestattet werden darf. Entsprechend dem bei Rdn. 2 und 19 Ausgeführten dürfte eine förmliche Verpflichtung solange nicht erforderlich sein, wie der Hospitant nur einem Einzelrichter zugewiesen ist und mit diesem dessen Entscheidungen diskutiert.

2. Bedeutung der Verpflichtung. Die Verpflichtung betrifft sowohl das Beratungs- **34**
geheimnis – was sich schon aus seiner Einordnung in § 193 ergibt – als auch die Verpflichtung zur allgemeinen Dienstverschwiegenheit, auf die sich die in Absatz 3 in Bezug genommenen §§ 203, 353b, 355 StGB beziehen. Daraus folgt, daß im Falle einer eventuellen Vernehmung als Zeuge (vgl. hierzu unten Rdn. 53 ff) auch eine Aussagegenehmigung des (letzten deutschen) Dienstherrn erforderlich ist.

3. Einmalige Verpflichtung genügt. Erstreckt sich der Studienaufenthalt auf mehrere **35**
Gerichte, genügt eine einmalige Verpflichtung, die für die Dauer des gesamten Studienaufenthaltes wirksam bleibt (Absatz 4 S. 3).

---

60 RGSt **46** 374; RG JW **1925** 1227; HRR **1926** Nr. 643; BGHSt **18** 165, 166; **18** 331; OLG Schleswig SchlHA **1957** 164; OLG Bremen NJW **1959** 1145; OLG Karlsruhe NJW **1969** 628; *Kleinknecht/Meyer-Goßner*[45] 8.

61 BGHSt **41** 119, 122.

62 Vgl. RGSt **64** 167; BGHSt **18** 331; BGH NJW **1972** 2083; BGHSt **41** 119; BVerwG NZWehrr **1997** 169; *Pfeiffer*[3] 7.

63 RG DRiZ **1927** 500; *Kissel*[3] 36.

64 BGH bei *Herlan* GA **1964** 134.

65 Bei *Dallinger* MDR **1955** 272.

66 *Katholnigg*[3] 16 unter Hinweis auf die Rechtsprechung zum nicht ordnungsgemäß beeideten Dolmetscher; dazu § 189, 11.

67 BGHSt **37** 141.

36 4. **Zuständig** für die Verpflichtung ist der Präsident oder Direktor des Gerichts, bei dem der Hospitant während des Studienaufenthalt erstmals an einer Beratung teilnehmen möchte. Die Verpflichtungsbefugnis kann auf den Vorsitzenden des Spruchkörpers oder den Richter übertragen werden (Absatz 4 S. 2).

37 **5. Durchführung der Verpflichtung.** Hierzu verweist Absatz 3 S. 2 auf § 1 Abs. 2 und 3 des Verpflichtungsgesetzes[68]. Diese lauten:

(2) Die Verpflichtung wird mündlich vorgenommen. Dabei ist auf die strafrechtlichen Folgen einer Pflichtverletzung hinzuweisen.

(3) Über die Verpflichtung wird eine Niederschrift aufgenommen, die der Verpflichtete mit unterzeichnet. Er erhält eine Abschrift der Niederschrift; davon kann abgesehen werden, wenn dies im Interesse der inneren oder äußeren Sicherheit der Bundesrepublik Deutschland geboten ist.[69]

38 **6. Wirkung der Verpflichtung.** Die wirksam vorgenommene Verpflichtung führt dazu, daß der ausländische Hospitant sich durch unbefugt vorgenommene Mitteilungen über die ihm während der Beratung – nicht aber der öffentlichen[70] Hauptverhandlung nach Absatz 4 S. 4 (vgl. hierzu Rdn. 44) – bekanntgewordenen Tatsachen nach den einzelnen in Absatz 3 genannten Strafbestimmungen strafbar machen kann. Der nach § 355 Abs. 3 StGB erforderliche Strafantrag kann neben dem Verletzten auch von dem Richter, der die Verpflichtung vorgenommen hat, gestellt werden.

IX. Beratungsgeheimnis

1. Kreis der Geheimhaltungspflichtigen

39 **a) Früheres Recht.** Eine Pflicht zur Wahrung des Beratungsgeheimnisses war früher ausdrücklich nur für die Schöffen und damaligen Geschworenen in § 198 GVG[71] (jetzt § 45 Abs. 1 S. 2 DRiG) ausgesprochen[72]. Für die Berufsrichter und die nach § 193 alter Fassung zulässigerweise bei der Beratung anwesenden Personen, insbesondere Referendare, fehlte es dagegen an einer entsprechenden Vorschrift. Daß aber auch sie geheimhaltungspflichtig waren, war schon früher nicht zweifelhaft[73]. Streit bestand nur über die rechtliche Begründung der Pflicht (Ableitung aus der dienstrechtlichen allgemeinen Pflicht der Referendare zur Amtsverschwiegenheit, aus der richterlichen Unabhängigkeit, aus einem argumentum a minore ad majus, aus Gewohnheitsrecht?).

40 **b) Geltendes Recht.** Durch § 43 DRiG wurde für die Berufsrichter die bisherige Rechtsauffassung legalisiert[74]. An einer ausdrücklichen Vorschrift für die **Referendare**

[68] Vom 2. März 1974 – BGBl. I S. 469, 547.

[69] Die in § 193 Abs. 3 genannte Fundstelle bezeichnet die ursprüngliche Fundstelle des Verpflichtungsgesetzes, läßt aber die vor seinem Inkrafttreten durch Gesetz vom 15. 8. 1974 (BGBl. I S. 1942) vorgenommene Einfügung des § 1 Abs. 3 S. 2 2. Halbsatz unerwähnt. Mangels entsprechendem Hinweis in der amtlichen Begründung dürfte dies als ein Redaktionsversehen anzusehen sein und nicht die Annahme rechtfertigen, daß dieser Halbsatz hier nicht gelten soll.

[70] Was der Hospitant während nichtöffentlicher Teile einer Hauptverhandlung erfährt, ist ggf. durch § 353d Nr. 2 StGB in Verbindung mit einer Anordnung des Gerichts nach § 174 Abs. 3 GVG geschützt.

[71] Zur Entstehungsgeschichte des § 198 GVG vgl. *Grünhut* Minderheitsvotum S. 624; *Federer* JZ **1968** 511, 514.

[72] Vgl. hierzu *v. Danwitz* ZRP **1995** 442.

[73] LR[20] § 198, 2; *Kissel*[3] 4.

[74] § 43 DRiG lautet: „Der Richter hat über den Hergang bei der Beratung und Abstimmung auch nach Beendigung seines Dienstes zu schweigen".

fehlt es auch jetzt noch. Selbstverständlich kann daraus, das § 43 DRiG die frühere Gesetzeslücke nur bezüglich der Berufsrichter geschlossen hat, nicht gefolgert werden, daß sie das Beratungsgeheimnis nicht mehr zu wahren hätten. Im Deutschen Richtergesetz, das sich grundsätzlich (Ausnahme: § 122 DRiG) nur mit der Rechtsstellung der Richter befaßt, war für eine ausdrückliche Regelung dieser Frage kein Raum. Wie früher (Rdn. 38) läßt sich die Pflicht der Referendare zur Wahrung des Beratungs- und Abstimmungsgeheimnisses, die über die auch die Referendare als Beamte im Vorbereitungsdienst treffende allgemeine beamtenrechtliche Amtsverschwiegenheit hinausgeht (unten Rdn. 45), aus Gewohnheitsrecht, aus einem Schluß a maiore ad minus, aber auch aus der Natur der Sache herleiten. Denn das Beratungsgeheimnis könnte nicht gewahrt werden, wenn zwar die Richter schweigen müssen, andere Teilnehmer an der Beratung aber reden dürften. Demgemäß sind auch Personen, die ohne Ernennung zu Beamten auf Widerruf zum Vorbereitungsdienst zugelassen sind (vgl. LR[23] § 5a, 3 DRiG) und Teilnehmer einer einstufigen Juristenausbildung (§ 5b DRiG), soweit sie Referendaren gleichgestellt sind, sowie sonstige zur Teilnahme an der Beratung zugelassene Personen zur Wahrung des Beratungsgeheimnisses verpflichtet. Diese Überlegungen sind auch durch die Neufassung des § 193, die lediglich für den in Absatz 2 genannten Personenkreis die förmliche Verpflichtung zur Verschwiegenheit vorgesehen hat, nicht hinfällig geworden; für die jetzt in Abs. 1 genannten Personen bleibt es bei der dargelegten Rechtslage[75].

2. Wesen und Zweck des Beratungsgeheimnisses

a) Wahrung der richterlichen Unabhängigkeit. Der (Berufs-)Richter unterliegt kraft 41
Dienstrechts der allgemeinen Pflicht zur Wahrung der Amtsverschwiegenheit nach Maßgabe der beamtenrechtlichen Vorschriften (§§ 46, 71 DRiG; § 61 BBG; § 39 BRRG). Die Pflicht zur Wahrung des Beratungsgeheimnisses ist aber kein Spezialfall der allgemeinen Verschwiegenheitspflicht[76] (wie sich schon aus ihrer Erstreckung auf ehrenamtliche Richter ergibt), sondern eine davon unabhängige eigenständige richterliche Pflicht. Die allgemeine Amtsverschwiegenheit, die sich im übrigen auf alle dienstlichen Vorgänge und nicht nur die Beratung erstreckt, besteht nicht gegenüber dem Dienstherrn, und sie entfällt gegenüber Dritten, wenn der Dienstherr den Beamten von der Amtsverschwiegenheit entbindet. Gerade das kann aber für das Beratungsgeheimnis nicht gelten. Schon entstehungsgeschichtlich verfolgte nämlich die Einführung des Beratungsgeheimnisses in Deutschland – nach den Erfahrungen im „Vormärz" (1848) – in erster Linie den Zweck, in Prozessen mit politischem Einschlag der Justizverwaltung das Wissen, wie der einzelne Richter gestimmt hat, vorzuenthalten. Über diesen engeren Ausgangspunkt des Schutzes des Richters vor möglichen Benachteiligungen durch die Justizverwaltung hinaus steht das Beratungsgeheimnis ganz allgemein in engstem Zusammenhang mit der richterlichen Unabhängigkeit: der Richter soll sich bei Beratungen und Abstimmungen frei und nur nach seiner Überzeugung äußern können, nicht gehemmt durch die Vorstellung, welche Resonanz sein Votum bei Außenstehenden finden könnte, gleichviel ob es sich um die Justizverwaltung, öffentliche Meinung, Presse, Interessenverbände usw. handelt. Das Beratungsgeheimnis soll also den mitwirkenden Richtern die volle Unbefangenheit bei der Kundgabe ihrer Auffassung sichern. So ge-

---

[75] Der Gesetzentwurf nennt keine Gründe dafür, daß er Referendare und wissenschaftliche Mitarbeiter nicht – was nahe gelegen hätte – in die Regelung der Absätze 3 und 4 einbezogen hat.

[76] *Schmidt-Räntsch* § 43, 5. **A. A** jedoch *Fürst*, Richtergesetz, § 43 Anm. I DRiG: Beratungsgeheimnis als „besonderer Teil" seiner allgemeinen Verschwiegenheitspflicht.

sehen kann man von dem Beratungsgeheimnis als einem Palladium der richterlichen Unabhängigkeit[77] sprechen. Dabei ist aber zu bedenken, daß dieser Gesichtspunkt allein Kollegialgerichte betrifft.

42 **b) Schutz des Ansehens von Kollegialentscheidungen.** Das Beratungsgeheimnis dient aber auch – das ist grundsätzlich der Standpunkt des geltenden Rechts – dem Ansehen (der „Autorität") der vom Kollegium gefällten Entscheidung. Hat sich nach den Bedenken und Zweifeln der Beratung die gesetzmäßige Mehrheit des Kollegiums zu einer festen Überzeugung durchgerungen, so darf es um der Rechtssicherheit willen keine Urteile „erster Klasse", hinter denen das ganze Kollegium steht, und Urteile „zweiter Klasse", die mit geringerer Mehrheit gefaßt sind, mehr geben. Es müßte auf den Verurteilten verbitternd wirken und würde ihm stets Anlaß zu klagen geben, wenn er wüßte, daß seine Verurteilung zu schwerster Strafe statt des erhofften Freispruchs von *einer* Stimme abhing. Wie ließe es sich rechtfertigen, dem rechtskräftigen Urteil (vorbehaltlich der engen gesetzlichen Ausnahmen) unverbrüchliche und endgültige Geltung beizulegen, wenn es den dissentierenden Richtern der Tatsacheninstanz selbst gestattet wäre, vor aller Öffentlichkeit zu bekennen, daß sie gegen das Urteil gestimmt hätten, weil sie es für falsch hielten, wenn sie gar bei einer öffentlichen Kritik an dem Urteil in die Kritik einstimmten und ihre Bemühungen schildern dürften, die anderen Richter von der Fällung des „falschen" Urteils abzuhalten? Auch vom Standpunkt eines auf resozialisierende Einwirkung gerichteten Strafvollzugs hat *Blau*[78] mit Recht darauf hingewiesen, daß es dem Verurteilten erhebliche psychologische Schwierigkeiten bereiten würde, einen Strafausspruch zu akzeptieren, zu dem ihm gleichzeitig eine ihm günstige abweichende Minderheitsmeinung zugänglich gemacht wird; hierdurch müßte eine etwa vorhandene oder zu weckende Bereitschaft, für die Tat einzustehen und die Strafe als gerecht anzusehen, vereitelt werden. Andererseits könnte ein Urteil vielleicht von ihm eher als gerecht akzeptiert werden, würde das Minderheitsvotum eine deutlich härtere Bestrafung fordern (soweit man im Hinblick auf § 196 Abs. 3 von einem Minderheitsvotum sprechen kann). An dieser Betrachtungsweise hat sich auch durch die besonderen für das Bundesverfassungsgericht geltenden Vorschriften nichts geändert.

43 **c) Einzelrichter.** Bereits aus der Natur des Beratungsgeheimnisses ergibt sich, daß bei einem allein entscheidenden Richter das Beratungsgeheimnis insoweit entfällt, als er die Begründung seiner Entscheidungen offenlegen muß. Die in den Gesetzgebungsmaßnahmen der letzten Jahre[79] erkennbar gewordene Tendenz des Gesetzgebers, in zunehmendem Umfang erstinstanzliche Entscheidungen einem Einzelrichter zu übertragen, führt zugleich dazu, daß die Zahl der faktisch dem Beratungsgeheimnis nicht unterworfenen Richter kontinuierlich zunimmt. Dies darf bei der Frage nach den Grenzen des Beratungsgeheimnisses nicht außer acht gelassen werden.

44 **3. Gegenstand des Beratungsgeheimnisses.** Das Beratungsgeheimnis betrifft die Beratung und Abstimmung. Daraus ergibt sich zunächst, daß die Beratung und Abstimmung grundsätzlich unter Ausschluß der Öffentlichkeit zu erfolgen haben. Dabei umfaßt das Geheimnis grundsätzlich sowohl die Frage, mit welchen Mehrheiten eine Entscheidung getroffen wurde, als auch die Frage, welche Beratungsteilnehmer – einschließlich der nach § 193 Abs. 1 und 2 zur Anwesenheit Berechtigten – in welcher Weise votiert haben. Soweit die Entscheidungen des Gerichts nach außen begründet werden müssen, umfaßt

---

[77] RGSt **26** 204.
[78] ZStW **90** (1978) 219.
[79] Rechtspflege-Vereinfachungsgesetz vom 17.12.1990 (BGBl. I S. 2847) und das Gesetz zur Entlastung der Rechtspflege vom 11.1.1993 (BGBl. I S. 50).

das Beratungsgeheimnis dagegen nicht die die getroffene Entscheidung tragenden Erwägungen; diese sind vielmehr im Rahmen der erforderlichen Begründungen als Teil derselben mitzuteilen. Nicht unter das Beratungsgeheimnis fallen weiter solche Tatsachen, die dem Richter aus der – in der Regel öffentlichen – Hauptverhandlung selbst bekannt sind, so beispielsweise die anhängigen Streitsachen, der Inhalt der Akten, zum Beweis vorliegenden Urkunden oder Augenscheinsobjekte und die sonst ihm in der Hauptverhandlung oder aus den Akten bekannt gewordenen Umstände[80]. Auch vertrauliche Hinweise von Seiten der Verfahrensbeteiligten unterfallen nicht dem Beratungsgeheimnis.

4. Beratungsgeheimnis und allgemeine Schweigepflicht. Die vorstehenden, nicht unter das Beratungsgeheimnis fallenden Erkenntnisse unterliegen jedoch der allgemeinen richterlichen Schweigepflicht aus § 46 DRiG in Verbindung mit § 39 BRRG und § 61 BBG. Diese steht selbständig neben dem Beratungsgeheimnis und ist unabhängig von diesem zu beachten[81]. Von dieser Schweigepflicht kann der Richter durch die zuständige Dienstbehörde entbunden werden. 45

5. Sondervotum des überstimmten Richters. Die Bekanntgabe einer abweichenden Meinung einzelner Richter („dissenting vote") sieht das GVG nicht vor[82], während dem Bundesverfassungsgericht diese Mitteilung ausdrücklich gestattet ist[83]. 46

6. Wissenschaftliche Erörterung der Rechtsfrage durch den überstimmten Richter. Der überstimmte Richter wird durch das Beratungsgeheimnis nicht gehindert, seine Auffassung in *abstrakter Form*, also frei von jeder Bezugnahme auf das konkrete Verfahren[84] oder die in der Beratung zutage getretenen Auffassungen, öffentlich (beispielsweise in einem wissenschaftlichen Aufsatz in einer Fachzeitschrift) zu vertreten; eine solche Teilnahme an der wissenschaftlichen Behandlung eines Problems, die die Allgemeinheit nicht erkennen läßt, daß der betreffende Richter in einem bestimmten Einzelfall überstimmt worden ist, steht dem Richter wie jedem anderen zu[85]. Dies gilt indes nur für Rechtsfragen[86]. 47

7. Nicht zur Kenntnis Dritter bestimmtes Sondervotum

a) Zulässigkeit. Ein überstimmter Richter ist berechtigt, seine abweichende Auffassung in einem schriftlichen, der Kenntnis Dritter entzogenen Sondervotum (Separatvotum) niederzulegen[87]. Schon die Reichstagskommission hatte im Anschluß an ältere Vorbilder[88] in erster Lesung[89] eine Vorschrift vorgesehen: „Jeder Richter ist befugt, seine von dem Beschlusse des Gerichts abweichende Ansicht in den Geheimakten desselben 48

[80] *Schmidt-Räntsch* § 43, 4 f.

[81] *Schmidt-Räntsch* § 43, 5; *Kissel*[3] 9.

[82] Vgl. zu dieser Frage ausführlich LR-*K. Schäfer*[23] § 43, 5 ff DRiG; *Kissel*[3] 5; *Lamprecht* DRiZ **1996** 233 vor dem Hintergrund eines politisch brisanten Einzelfalles.

[83] § 30 Abs. 2 BVerfGG i. d. F. des Gesetzes vom 25. 12. 1970 (BGBl. I S. 1765).

[84] Die sich möglicherweise auch aus einem engen zeitlichen Zusammenhang mit der Entscheidung ergeben kann.

[85] Vgl. *Rasehorn* NJW **1961** 398; *Wassermann* NJW **1963** 2363; *Schmidt-Räntsch* § 43, 9; *Kissel*[3] 11; abweichend oder einschränkend *Erdsiek* NJW **1960** 2233; **1961** 399; *Gerner/Decker/Kaufmann* § 43, 2; *Eb. Schmidt* JZ **1963** 80; s. auch *Schultz* MDR **1977** 110.

[86] Zur Frage, ob eine wissenschaftliche Äußerung zu einer Rechtsfrage, die bereits vor der Befassung mit einem einschlägigen Verfahren erfolgte, die Befangenheit des Richters begründen kann, vgl. BGH NStZ **1989** 220 bei *Miebach*.

[87] *Pfeiffer*[3] 3; KK-*Diemer*[4] 8; *Katholnigg*[3] 9; *Kissel*[3] 6.

[88] Vgl. hierzu LR[20] § 193, 5 GVG.

[89] Protokoll 59 ff.

niederzulegen". Sie wurde zwar in zweiter Lesung wieder gestrichen, weil sie teils als sachlich unangemessen, teils als unnötig bezeichnet worden war[90]. Ein solches Sondervotum ist aber auch ohne eine besondere, es zulassende Vorschrift statthaft, denn es widerspricht weder dem Grundgedanken des Beratungsgeheimnisses noch sonstigen gesetzlichen Vorschriften und hat praktische Bedeutung in den Fällen, in denen sich aus einer unrichtigen Entscheidung die Gefahr einer Inanspruchnahme der beteiligten Richter ergeben kann[91].

49 **b) Aufbewahrung.** Das Sondervotum kann – grundsätzlich in einem verschlossenen Umschlag – entweder zu den besonderen Senatsakten[92], den allgemeinen Präsidialakten oder zu den Personalakten genommen werden; ggf. ergibt sich das Nähere aus landesrechtlichen Aufbewahrungsbestimmungen. Dagegen darf das Sondervotum – auch nicht in einem verschlossenen Umschlag – nicht in die jeweiligen Verfahrensakten genommen werden, da sonst jeder, der Akteneinsicht nimmt, Kenntnis von der Existenz eines Sondervotums erhält. Siehe in diesem Zusammenhang auch § 100 Abs. 3 VwGO, der ausdrücklich die Entwürfe zu Entscheidungen, die Arbeiten zu ihrer Vorbereitung und Schriftstücke, die Abstimmungen betreffen, von jeder Akteneinsicht oder Vorlegungspflicht ausschließt.

8. Ausnahmen vom Beratungsgeheimnis

50 **a) Grundsatz.** Beratung und Abstimmung sind innere Angelegenheiten des Gerichts. Kraft des Beratungsgeheimnisses darf grundsätzlich weder in den Entscheidungsgründen, noch durch Aktenvermerke, bei der Verkündung des Urteils oder in anderer Form irgendwie erkennbar gemacht werden, ob und welche Meinungsverschiedenheiten bestanden haben und mit welcher Stimmenzahl entschieden worden ist. Jede Entscheidung soll nach außen als die Entscheidung des ganzen Kollegiums in Erscheinung treten[93]. So verlockend es etwa einem Schwurgerichtsvorsitzenden bei der Verkündung einer auf Indizienbeweis begründeten Verurteilung zu schwerer Strafe erscheinen mag, zur Erhöhung der Überzeugungskraft des Urteils hervorzuheben, es sei einstimmig beschlossen worden, so widerstrebt ein solches Verfahren doch dem Grundsatz des Gesetzes, das ja gerade eine unterschiedliche Bewertung der Entscheidungen in Abhängigkeit von dem Stimmenverhältnis vermieden wissen will[94].

51 **b) Ausnahmen.** Ausnahmen sind jedoch zu machen bei Meinungsverschiedenheiten über die Art der Abstimmung und bei offensichtlichen Gesetzesverstößen.

52 **Meinungsverschiedenheiten über die Art der Abstimmung** erfordern eine Ausnahme vom Beratungsgeheimnis. Hängt eine Entscheidung davon ab, in welcher Weise eine Abstimmung vorgenommen wird, so ist das Gericht befugt und verpflichtet, die vom ihm bei der Abstimmung befolgten Grundsätze in den Entscheidungsgründen darzulegen, damit bei Anfechtung das Revisionsgericht diese Grundsätze prüfen und eine aus einer unrichtigen Abstimmung hervorgegangene Entscheidung aufheben kann[95].

---

90 Protokoll 694.

91 Vgl. aus dem Schrifttum: *Rotberg* Zu einem Richtergesetz (1950) 29; *Kohlhaas* NJW **1953** 404; *Seibert* MDR **1957** 597; *Eb. Schmidt* Lehrkomm. I Rdn. 554; *Schmidt-Räntsch* § 43, 6; *Gerner/Decker/Kauffmann* § 43, 4; *Eyermann/Fröhler*[7] § 56, 22 mit weiteren Nachweisen.

92 LR-*K. Schäfer*[23] § 43, 16 DRiG unter Hinweis auf einschlägige Bestimmungen der Geschäftsordnungen einiger oberster Bundesgerichte.

93 RG Rspr. **2** 70.

94 Vgl. *Heinitz* FS Eb. Schmidt 278.

95 RGSt **2** 379; **5** 404; **8** 218; **60** 296; BGH VRS **48** (1975) 362 f; DRiZ **1976** 319; § 263, 19 StPO; *Spendel* ZStW **65** (1953) 411 mit weiteren Nachweisen; *Katholnigg*[3] 9; *Kissel*[3] 10; Dahs/*Dahs* Revision[6] Rdn. 372; *Peters*[4] § 53 II 3.

Beruht das Urteil **auf einem offensichtlichen Gesetzesverstoß**, ist es nicht nur zulässig, sondern geboten, daß das Urteil nicht schweigt, sondern diesen Gesetzesverstoß nennt. Dies gilt gleichermaßen, wenn es sich um ein Versehen handelt – wenn beispielsweise irrtümlich die nach § 263 StPO erforderliche Mehrheit bejaht wurde – oder um einen bewußten Verstoß (eine Minderheit bejaht zwar das Vorliegen eines Straftatbestandes, will aber gleichwohl freisprechen, weil sie den Tatbestand für überholt hält). Ob in solchen Fällen Recht und Pflicht, die Vorgänge bei der Abstimmung in den Urteilsgründen zu offenbaren, schon aus dem richtig verstandenen Begründungszwang für Gerichtsentscheidungen (vgl. insbesondere § 267 Abs. 5 StPO für den durch gesetzwidrige Abstimmung erzwungenen Freispruch) folgt[96], oder ob das Offenbarungsrecht aus einem allgemeinen, an § 34 StGB anknüpfenden Satz herzuleiten ist, daß grundsätzlich die Geheimhaltungspflicht entfällt, wenn infolge der Geheimhaltung ein höheres Rechtsgut nicht gewahrt werden könnte[97], kann hier unentschieden bleiben. 53

c) Sonstige Offenbarung. Auch außerhalb der Urteilsgründe (hierzu Rdn. 52, 53) kann den Teilnehmern an der Beratung und Abstimmung ausnahmsweise das Recht zustehen, die Vorgänge bei der Beratung und Abstimmung zu offenbaren. In der Rechtsprechung der Strafsenate des Reichsgerichts war zwar der Satz ausgebildet worden, daß die Verschwiegenheitspflicht den Richter im Strafverfahren hindere, als Zeuge über die Vorgänge bei der Beratung und Abstimmung auszusagen, daß sich daraus ein Vernehmungsverbot ergebe und daß demzufolge eine Revision nicht auf die – aus den Entscheidungsgründen des angefochtenen Urteils nicht belegbare – Behauptung gestützt werden könne, es sei bei Beratung und Abstimmung gesetzwidrig verfahren worden, und zwar auch dann nicht, wenn ein Schöffe unter Verletzung der Schweigepflicht eine diesbezügliche Äußerung getan habe[98]. Gegen das strikte Aussage- und Vernehmungsverbot sind aber seit langem im Schrifttum Bedenken erhoben worden. Die heute im Schrifttum herrschende Meinung ist sich, wenn auch zu verschiedenen Ergebnissen kommend, in der Ablehnung eines uneingeschränkten Verbots einig[99]. 54

Wird ein Richter in rechtlich zulässiger Weise **wegen seiner Mitwirkung an einer Entscheidung persönlich zur Verantwortung gezogen,** muß die Verschwiegenheitspflicht ebenfalls entfallen. Das Beratungsgeheimnis würde sonst entweder ein Schutzschild sein, sich der persönlichen Verantwortung zu entziehen, und dem Kollegialgericht eine nicht gerechtfertigte Vorzugsstellung gegenüber dem Einzelrichter verschaffen, oder es würde ihm umgekehrt die Verteidigung durch die Benennung von Kollegen als Zeugen zu seiner Entlastung unmöglich machen. Das Reichsgericht[100] hat deshalb zu Recht im Zivilprozeß wegen Amtspflichtverletzung den Beweis zugelassen, daß der Berufsrichter von den Schöffen überstimmt worden war. Die Festsetzung von Ordnungsgeld (§ 56) gegen einen Schöffen, der in der Beratung seine Mitwirkung verweigert[101], kann nicht daran scheitern, daß damit ein Vorgang bei der Beratung offenbart werden muß. In 55

---

[96] *Spendel* ZStW **65** (1953) **413** und die dort Anm. 46 Genannten; **a. A** *Alsberg* JW **1926** 2164; s. auch JW **1930** 762 und 2521.

[97] RGSt **60** 296; BGH VRS **48** (1975) 364; BayObLG JW **1929** 1062 mit zust. Anmerkung *Mannheim*; *Eb. Schmidt* Lehrkomm. I Nr. 553.

[98] Vgl. RGSt **26** 202; **36** 373; **61** 218 **67** 267, 280; RG GA **56** (1909) 212; **64** (1917) 553; JW **1928** 1310; **1930** 2561; vgl. auch BGHSt **4** 282 und dazu § 173, 6 sowie BGH VRS **48** (1975) 364, wo die Frage der Zulässigkeit solcher Verfahrensrügen offen gelassen wird.

[99] Vgl. zu § 198 a. F. GVG *Eb. Schmidt* Lehrkomm. I Rdn. 552 f und § 198,1; *Kohlhaas* NJW **1953** 401; *Spendel* ZStW **65** (1953) 403 ff; *Heinitz* FS Eb. Schmidt 277; *Schmidt-Räntsch* JZ **1958** 329; *Schmidt-Räntsch* § 43, 12; *Gerner/Decker/Kauffmann* § 43, 3; *Mellerhoff* 160 ff; einschränkend auf extreme, notstandsähnliche Ausnahmefälle KK-*Diemer*[4].

[100] RGZ **89** 14.

[101] Dazu § 56, 4.

einem Strafverfahren gegen einen Richter eines Kollegialgerichts wegen Rechtsbeugung (§ 336 StGB) ist nach ständiger Rechtsprechung für eine Verurteilung der Nachweis erforderlich, daß der angeklagte Richter der Entscheidung zugestimmt hat. Ein solcher Nachweis kann aber ebenso wie eine sachgerechte Verteidigung nur geführt werden, wenn das Beratungsgeheimnis einer Aufklärung der Vorgänge in der Beratung und Abstimmung nicht entgegensteht.

56 Auch bei einem **Disziplinarverfahren** oder einer **Richteranklage**, wo für den betroffenen Richter wichtigste Belange auf dem Spiel stehen, darf die Verteidigung nicht durch das Beratungsgeheimnis gehindert werden[102]. Wenn Art. 98 GG, obwohl bei den Beratungen des Parlamentarischen Rates die Frage nach der Bedeutung des Beratungsgeheimnisses in dem Verfahren einer Richteranklage erörtert wurde[103], sich einer Regelung enthielt, so ist das aus der Erwägung verständlich, daß solche Einzelheiten jedenfalls nicht in das Grundgesetz gehören. Es kann daraus aber kein anderer Schluß gezogen werden als aus dem Verzicht auf eine ausdrückliche Regelung der Grenzen der Geheimhaltungspflicht in §§ 201 ff StGB. So gut der ungeschriebene, aber nicht bezweifelte Grundsatz gilt, daß die Offenbarung nicht unbefugt ist, wenn sie zur Wahrung entgegenstehender eigener oder fremder Interessen erfolgt, vorausgesetzt, daß die Offenbarung unter Abwägung widerstreitender Belange ein angemessenes Mittel zur Interessenwahrung ist[104], so gilt dies auch hier: So wesentlich auch die Wahrung des Beratungsgeheimnisses für die Belange der Rechtspflege ist, so muß es doch ein noch wesentlicheres Anliegen sein, die Verteidigung des zur Verantwortung gezogenen Richters im Interesse einer gerechten Rechtsfindung nicht auszuschließen. Der Betroffene selbst und die als Zeugen aufgerufenen Beratungsteilnehmer – letztere gleichviel, ob sie ihn entlasten oder belasten – müssen über die Beratungsvorgänge aussagen dürfen[105]. Dabei wird es nicht darauf ankommen dürfen, ob im Einzelfall für den Betroffenen ein schwererer oder geringerer Nachteil droht[106].

57 Nicht anders kann aber der Fall behandelt werden, daß – ohne daß dies aus den Urteilsgründen erkennbar wäre – aus gewichtigen Gründen ein hinreichender Verdacht besteht, es sei **bei der Abstimmung gesetzwidrig verfahren** worden. Auch hier erlaubt das höhere Interesse an einem gesetzmäßigen gerechten Urteil den beteiligten Richtern die Durchbrechung des Beratungsgeheimnisses. Die gleichen Gründe, die die Offenbarung von Abstimmungsvorgängen in den Urteilsgründen rechtfertigen (oben Rdn. 52), müssen auch hier gelten[107]. Es ist in der Tat ein nicht wegzuleugnender Widerspruch in der Rechtsprechung des Reichsgerichts, wenn es in dem einem Fall erlaubte, was es in dem anderen Fall versagte. Der Bundesgerichtshof[108] hat dienstliche Äußerungen der Richter über Vorgänge in der Beratung nicht als unzulässig zurückgewiesen, sondern ihnen nur in dem entschiedenen Fall wegen der zu stellenden besonders hohen Beweisanforderungen die Beweiskraft abgesprochen. Von einem Vernehmungsverbot, das ja nur aus einer strikten Schweigepflicht hergeleitet werden könnte, kann dann keine Rede sein. Eine Flut von Revisionen, gestützt auf die bloße Behauptung, es sei falsch abgestimmt worden, ist dabei nicht zu befürchten. Dem steht schon § 344 Abs. 2 S. 2

---

102 *Kissel*³ 13 f; **a. A** *Pfeiffer*³ 3; KK-*Diemer*⁴ 7, die eine Beweisaufnahme über den Hergang der Beratung und Abstimmung grundsätzlich für unzulässig halten.

103 Vgl. *v. Mangoldt* Art. 98, 4 GG.

104 *Dreher/Tröndle/Fischer*⁵⁰ § 203, 30; s. auch § 53, 8 StPO.

105 So auch *KMR*⁸ § 54, 1a StPO; *Schmidt-Räntsch* § 43, 13; *Fürst* § 43 Rdn. 17 ff DRiG.

106 *Eb. Schmidt* Lehrkom. I Rdn. 553; *Spendel* ZStW **65** (1953) 419; **a. A** *Mannheim* JW **1929** 1062; *v. Coelln* Beratungsgeheimnis S. 85; *Kohlhaas* NJW **1953** 403.

107 *Kissel*³ 12.

108 Bei Dallinger MDR **1955** 272; vgl. auch BGH VRS **48** (1975) 364.

StPO entgegen, der konkrete Behauptungen erfordert[109]. Ein Antrag, alle mitwirkenden Richter zu hören, wäre ein unbeachtlicher Beweisermittlungsantrag[110].

d) Aussagerecht oder Aussagepflicht des Richters als Zeuge? Streitig ist, ob der als Zeuge vernommene Richter eine Aussagepflicht hat, mit der Folge, daß das vernehmende Gericht zunächst über die Zulässigkeit einer Offenbarung entscheidet und bejahendenfalls der Richter die prozessuale Zeugenpflicht zu erfüllen hat, oder ob der einzelne zu vernehmende Richter selbst entscheiden muß, ob er im Einzelfall Umstände aus einer Beratung offenbart. Da den Richtern ein Zeugnisverweigerungsrecht nicht eingeräumt ist, wird teilweise ein Entscheidungsrecht des vernehmenden Gerichts mit der Folge einer Aussagepflicht des Richters angenommen[111]. Dagegen wird aus dem Umstand, daß das Beratungsgeheimnis den einzelnen Beratungsteilnehmern anvertraut ist, in deren Interesse es auch besteht, gefolgert, daß die Frage einer Aussage in die Entscheidung des zu vernehmenden Richters gestellt ist[112]. Dafür spricht, daß auch bei der allgemeinen beamtenrechtlichen Verschwiegenheit nicht das vernehmende Gericht, sondern der (der Sphäre des Zeugen zuzurechnende) Dienstherr und im Fall von Interessenkollisionen bei berufsbedingten Verschwiegenheitspflichten der Berufsangehörige über die Berechtigung zur Aussage entscheidet[113]. 58

e) Verwertbarkeit. Soweit Mitglieder des Gerichts **freiwillig** Angaben über die Vorgänge bei der Beratung und Abstimmung gemacht haben, sind sie ohne weiteres verfahrensrechtlich verwertbar[114]. 59

f) Gerechtfertigte Durchbrechung des Beratungsgeheimnisses in anderen Ausnahmefällen. Der Grundsatz der Güterabwägung erlaubt unter ganz besonderen Umständen schließlich eine Durchbrechung des Beratungsgeheimnisses auch in anderen als den vorstehend (Rdn. 52 bis 58) beschriebenen Fällen. Dies gilt beispielsweise, wenn ein Mitglied eines erkennenden, nicht mehr bestehenden Gerichts lange Zeit nach Erlaß eines viel angegriffenen Urteils die Ausnahmelage darstellt, aus der die Entscheidung erwachsen ist[115]. Andererseits rechtfertigt ein **Ablehnungsgesuch** gegen einen Richter, gestützt auf dessen von einem Verfahrensbeteiligten vermutetes Abstimmungsverhalten, nicht die Durchbrechung des Beratungsgeheimnisses. Der Richter darf sich in seiner dienstlichen Äußerung (§ 26 Abs. 3 StPO) nicht zu dem Beratungsverlauf äußern[116]. 60

9. Folgen der Verletzung des Beratungsgeheimnisses. Die Verletzung des Beratungsgeheimnisses kann gegenüber den Berufsrichtern disziplinarisch[117], gegenüber den ehrenamtlichen Richtern mit Ordnungsgeld nach § 56 GVG[118] geahndet werden. Soweit daneben bei Berufsrichtern, Referendaren oder wissenschaftlichen Mitarbeitern eine 61

---

109 BGH VRS **48** (1975) 364.

110 *Kohlhaas* NJW **1953** 403.

111 *Schmidt-Räntsch*[4] § 43, 13 DRiG; *derselbe* JZ **1958** 334; *Kissel*[3] 17; *Spendel* ZStW **65** (1953) 419; *Heinitz* FS Eb. Schmidt 277.

112 So *K. Schäfer* in LR[23] § 43, 25 DRiG; *Eb. Schmidt* Lehrkom. I. Rdn. 553; *Katholnigg*[3] 9; *KMR*[8] § 54, 1a StPO; *Kohlhaas* NJW **1953** 403.

113 Inwieweit eine Aussage bei Aussagebereitschaft eines Richters daneben noch eine Aussagegenehmigung der vorgesetzten Dienstbehörde bedarf – § 54 StPO nennt den Richter ausdrücklich auch! –, wird bisher kaum diskutiert. Sie dürfte aber bereits im Hinblick auf jene Vernehmungsteile, die nicht unter das Beratungsgeheimnis fallende Tatsachen betreffen, regelmäßig erforderlich sein; vgl. *Eb. Schmidt*, § 198, 1 GVG a. F.; *Schmidt-Räntsch*, § 43 Rdn. 5 DRiG.

114 OGHSt **1** 222; BGH bei *Dallinger* MDR **1955** 272; *Pfeiffer*[3] 3; § 54, 56 StPO.

115 Vgl. die Darlegungen von *Hartung* JZ **1954** 430 über die Hintergründe von RGSt **74** 85. Eine solche Durchbrechung kann aber nur in seltensten Ausnahmefällen in Betracht kommen.

116 BFH, Urteil vom 3. April 2000 (I B 16/99), zitiert nach JURIS.

117 *Kissel*[3] 20.

118 *Schmidt-Räntsch* § 45, 6 DRiG.

Verletzung der allgemeinen Pflicht zur Dienstverschwiegenheit oder bei ausländischen Hospitanten der Pflicht zur Geheimhaltung aufgrund erfolgter Verpflichtung vorliegt, kommt eine Strafbarkeit nach den dafür geltenden Strafbestimmungen – vgl. die in Absatz 3 S. 2 genannten Straftatbestände – in Betracht.

§ 194

(1) Der Vorsitzende leitet die Beratung, stellt die Fragen und sammelt die Stimmen.

(2) Meinungsverschiedenheiten über den Gegenstand, die Fassung und die Reihenfolge der Fragen oder über das Ergebnis der Abstimmung entscheidet das Gericht.

Schrifttum. *von Bar* Zur Lehre von der Abstimmung in den Richterkollegien, KrVjSchr **10** 467 ff; *Beling* Bindings Lehre von der Abstimmung im Strafgericht, ZStW **37** (1916) 365; *Beling* Zur Lehre von der ratsgerichtlichen Abstimmung, ZStW **42** (1921) 599 ff; *Binding* Die Beschlußfassung im Kollegialgericht, Abhandl. **2** 140; *Breetzke* Abstimmung, Spruch, Gründe, DRiZ **1962** 5; *Facilides* Abstimmung über Urteil oder über Gründe, ZStW **16** (1896) 790 ff; *Heinemann* Die Abstimmung in Strafgerichten. Abstimmung nach Gründen oder nach dem Gesamtergebnis, ZStW **15** (1895) 1 ff; *Pabsthardt* Über die Form der Beratung im Kollegialgericht, DRiZ **1971** 18; *Renning* Die Entscheidungsfindung durch Schöffen und Richter in rechtlicher und psychologischer Sicht (1993); *Zacke* Über Beschlußfassungen in Versammlungen und Richterkollegien (1867) 60 ff; *Zeiler* Ein neuer Lösungsversuch zur Frage der Abstimmung im Ratsgericht, ZStW **41** (1920) 528; Weiteres Schrifttum bei § 263 StPO.

Bezeichnung bis 1924: § 196.

Übersicht

1 **1. Verteilung der Aufgaben.** Soweit über den Gegenstand[1], die Fassung und die Reihenfolge der vom Gericht zu entscheidenden Fragen keine Meinungsverschiedenheit besteht, ist ihre Aufstellung lediglich Aufgabe des Vorsitzenden. Anders verhält es sich

[1] Die Beratung bei einem Kollegialgericht muß sich auf alle bedeutsamen Fragen erstrecken, vgl. BVerfG NStZ **1987** 334.

bei Meinungsverschiedenheiten; sie können nur durch Beschluß des Gerichts selbst erledigt werden, da schon „die Aufstellung der Fragen unter Umständen in die Sachentscheidung selbst hineingreift und für sie präjudizierlich sein kann" (Begr. 98). Hier hat die Fragestellung des Vorsitzenden nur die Bedeutung „eines von dem Gericht zu genehmigenden oder zu berichtigenden Vorschlages". Auch eine Meinungsverschiedenheit darüber, was als das Ergebnis der Abstimmung anzusehen ist, kann nur von dem Gericht selbst entschieden werden.

2. Art der Abstimmung. Abstimmung nach Gründen, nach dem Endergebnis oder nach Teilen

a) Entwicklungsgeschichte. Über die Art (den Inhalt) der Abstimmungen enthält das Gesetz keine Vorschrift, insbesondere hat es nicht die ehemals sehr streitige Frage berührt, ob in den Spruchkörpern nach Gründen oder nach dem Endergebnis, für das sich die einzelnen Mitglieder entscheiden, abzustimmen ist. Die Begr. (96) sagt dazu, es sei nicht Sache des Gesetzes, „in diesen theoretischen Streit durch positive Bestimmungen einzugreifen". Demgegenüber wurde in der Reichstagskommission von verschiedenen Seiten die Notwendigkeit geltend gemacht, die Streitfrage im Gesetz zu lösen; die darauf gerichteten Anträge wurden indes nach längerer Beratung (Prot. 47 ff) abgelehnt. So blieb denn der Fragenkomplex der Lösung „durch Wissenschaft und Rechtsprechung" überlassen mit der Folge, daß das Schrifttum sich lange und ausführlich damit befaßte[2]. Heute können die wesentlichen Fragen als gelöst gelten. 2

b) Grundsatz der Entscheidung nach dem Ergebnis. Wenn eine Entscheidung von der Beantwortung mehrerer rechtlicher oder tatsächlicher Fragen abhängt, so kann die im älteren Schrifttum z. T. empfohlene Methode einer **Abstimmung nach Gründen** „heute als überwunden gelten"[3]. Wenn nämlich z. B. zwar alle fünf Mitglieder der großen Strafkammer für Freispruch sind, aber A, weil er den Angeklagten für nicht überführt ansieht, B, weil der Angeklagte zur Tatzeit schuldunfähig gewesen sei, C, weil er in unvermeidbarem Verbotsirrtum gehandelt habe, D, weil er durch Notwehr gerechtfertigt und E, weil er durch Notstand entschuldigt sei (§ 35 StGB), so müßte „eigentlich", weil keiner der Freisprechungsgründe eine Mehrheit findet, Verurteilung erfolgen, obwohl keiner der Richter Verurteilung wünscht[4]. 3

c) Abstimmung nach Teilen. Andererseits ist aber auch der richtige Gegensatz zu einer Abstimmung nach Gründen nicht die Abstimmung nach dem Endergebnis, sondern nach Teilen. Denn auch eine Abstimmung lediglich nach dem Endergebnis würde Entscheidungen hervorrufen können, für die sich gar kein von dem Gericht als solchem d. h. von der Mehrheit, gebilligter Grund anführen ließe. Beispiel: Die Revision gegen ein Urteil der großen Strafkammer ist auf zwei Anfechtungsgründe gestützt; die Richter 4

---

[2] Eine Übersicht über das die Streitfrage behandelnde Schrifttum bei *Zacke* Über Beschlußfassungen in Versammlungen und Richterkollegien (1867) 60 ff. Außerdem s. besonders *von Bar* Zur Lehre von der Abstimmung in den Richterkollegien KrVjSchr **10** 467 ff; *Binding* Grundr. 171 ff; *Beling* Die Beschlußfassung im Kollegialgericht, Abhandl. **2** 140; *Glaser* **1** 165 ff; *von Kries* 439 ff; *Birkmeyer* 471 ff; *Beling* Lehrb. 245 ff; *Beling* Bindings Lehre von der Abstimmung im Strafgericht, ZStW **37** (1916) 365; *derselbe* Zur Lehre von der ratsgerichtlichen Abstimmung, ZStW **42** (1921) 599 ff; GA **67** (1919) 141 ff; *Rosenfeld* § 49; *Stenglein* § 262 Anm. 1, 2; *Graf zu Dohna* 77; *Gerland*, Lehrb. 284 ff; *Henkel* 253; *Eb. Schmidt* 1 ff (sehr ausführlich); *Breetzke* Abstimmung, Spruch, Gründe, DRiZ **1962** 5; *Schneider* DRiZ **1984** 361; *Peters*[4] Lehrb. § 53 I; *Heinemann* ZStW **15** (1895) 1 ff; *Zeiler* ZStW **41** (1920) 528; *Feisenberger* 168 bis 175; *Roxin*[25] § 47 Rdn. 11 ff; endlich noch gegen die Streifrage als solche *Facilides* ZStW **16** (1896) 790 ff.

[3] *Eb. Schmidt* 11.

[4] *Eb. Schmidt* 12.

A, B halten nur den ersten, die Richter C, D nur den zweiten für zutreffend, während der Richter E beide für unzutreffend hält. Hier muß die Revision verworfen werden, obwohl im Ergebnis vier Stimmen die Aufhebung des Urteils wollen. Denn da jeder der beiden Anfechtungsgründe mit drei gegen zwei Stimmen verworfen wird, so ist das Revisionsgericht außerstande, eine Aufhebung des Urteils zu begründen[5]. Selbstverständlich wäre es unzulässig und geradezu sinnlos, das Urteil aufzuheben und beide Anfechtungsgründe für zutreffend zu erklären. Denn das Revisionsgericht würde auf diese Weise dahin gelangen, Rechtsansichten auszusprechen, die es in seiner Mehrheit für unrichtig hält und die es vielleicht unmittelbar darauf in einer anderen Sache, in der es sich nur um einen der beiden Anfechtungsgründe handelt, verwerfen würde. Freilich ergeben sich Zweifel auch bei Anerkennung des Grundsatzes der Abstimmung nach Teilen. Wenn etwa von den fünf Richtern der großen Strafkammer aus Gründen, die jeweils auf tatsächlichem Gebiet liegen (Zweifel über den Zeitpunkt der Tatbegehung usw.), zwei fehlenden Strafantrag, zwei Verjährung und einer Niederschlagung durch Straffreiheitsgesetz annehmen, so soll nach einer verbreiteten Meinung[6] hier eine Totalabstimmung erforderlich, also die Einstellung des Verfahrens auszusprechen sein, weil alle fünf Richter für Einstellung stimmen. Aber wie soll ein solches Urteil begründet werden, wenn sich für keinen der drei in Frage stehenden Sachverhalte eine Mehrheit findet? Hier bleibt nichts übrig, als die Voraussetzungen einer Einstellung zu verneinen[7].

5 **d) Reihenfolge der Abstimmung.** In welcher Reihenfolge die einzelnen Teilfragen zu stellen sind, über die getrennt abgestimmt werden muß, kann nicht für alle Fälle einheitlich bestimmt werden. Maßgebend sind die Gesichtspunkte der Folgerichtigkeit und der Zweckmäßigkeit[8]. Aus beiden Gesichtspunkten folgt, daß zunächst die Fragen zu erledigen sind, die Prozeßvoraussetzungen – und zwar bei mehreren zu erörternden Verfahrenshindernissen gesondert[9] – und Prozeßhindernisse betreffen[10]. Nach dem aufgestellten Grundsatz versteht es sich insbesondere, daß bei der Beratung über das Strafurteil die Schuldfrage und die Rechtsfolgenfrage (vgl. § 263, 5; 11 StPO) gesondert zu entscheiden sind und nicht miteinander vermischt werden dürfen[11]; erst nach der Entscheidung der ersten kann die zweite Gegenstand der Beratung und Abstimmung sein. Schließlich folgt die Beratung der Kosten- und Auslagenentscheidung, der Entschädigungsentscheidung (§ 8 StrEG) und sonstiger Entscheidungen (§§ 268a, 268b StPO).

3. Abstimmung über die Schuldfrage

6 **a) Grundsatz.** Eine wesentliche Ausnahme von dem Grundsatz, daß über einzelne Teilfragen abzustimmen ist (Rdn. 3), gilt jedoch bei der Entscheidung der Schuldfrage (über eine Einschränkung s. unten Rdn. 14). Die Schuldfrage (ist der Beschuldigte der ihm zur Last gelegten Straftat schuldig?) setzt sich zusammen aus der Beweisfrage (sind die Tat und die Täterschaft erwiesen?) und aus der Frage der Gesetzesanwendung (erfüllen die erwiesenen Tatsachen den im Strafgesetz bezeichneten Tatbestand?); zu diesen beiden Fragen kann die dritte hinzutreten, ob ein die Rechtswidrigkeit oder die Schuld ausschließender Umstand vorliegt. Bei der Abstimmung über die Schuldfrage, d. h. über die Frage, ob der Beschuldigte rechtswidrig und schuldhaft den gesetzlichen Tatbestand einer bestimmten Straftat verwirklicht hat, ist jede der drei Unterfragen von

---

[5] Ebenso *Breetzke* DRiZ **1962** 6.

[6] Vgl. *Eb. Schmidt* 14 mit Nachweisen.

[7] Ebenso *KMR*[7] 2.

[8] Ähnlich *Kleinknecht/Meyer-Goßner*[45] 1; KK-*Diemer*[4] 2; *Katholnigg*[3] 5; ausführlich: *Michael* DRiZ **1992** 265: Grundsätze der Logik.

[9] *Mellinghoff* 112 ff, 137 f; *Kleinknecht/Meyer-Goßner*[45] 1; *Katholnigg*[3] 4.

[10] Ausführlich zu den Prozeßvoraussetzungen und -hindernissen LR-*Rieß* § 206a, 23 ff StPO.

[11] *Beling* ZStW **37** (1916) 367.

gleichwertiger Bedeutung. Dem muß bei der Entscheidung über die Schuldfrage dadurch Rechnung getragen werden, daß über die Schuldfrage ungeteilt abgestimmt wird (§ 263, 5 StPO). Ergibt sich für einen Schuldspruch nicht die erforderliche Mehrheit der Stimmen, gleichviel, welches Element des Schuldspruchs verneint wird, so muß der Beschuldigte für nicht schuldig erklärt werden, sollten auch die einzelnen Nichtschuldig stimmenden Mitglieder in ihren Gründen auseinandergehen. Eine Abstimmung lediglich nach Teilen oder Gründen, d.h. über die vorbezeichneten Unterfragen, würde auf eine künstliche, dem Wesen der Sache widerstreitende Zergliederung der „Tat" hinauslaufen und dahin führen können, daß jemand verurteilt würde, den die Mehrheit nicht für schuldig hält und freisprechen will. Eine solche Verurteilung wäre mit dem obersten Grundsatz des Strafprozesses unvereinbar; sie würde die Verurteilung eines Nichtschuldigen sein.

Wenn etwa als **Beispiel** von den fünf Mitgliedern der Strafkammer eines freisprechen 7
will, weil der Beschuldigte zur Zeit der Tat schuldunfähig gewesen sei; eines, weil er in Notwehr gehandelt habe, und drei verurteilen wollen, so muß freigesprochen werden, obwohl eine 2/3 Mehrheit des Kollegiums (nämlich je vier Stimmen) annimmt, daß der Beschuldigte schuldfähig gewesen sei und daß er nicht in Notwehr gehandelt habe. Entscheidend ist, daß sich nicht die in § 263 StPO geforderte Mehrheit des Kollegiums gefunden hat, die eine schuldhafte rechtswidrige Tatbestandsverwirklichung bejaht. Das Ergebnis entspricht der durchaus herrschenden Meinung[12]. Die abweichende Auffassung von *Binding* Abhandl. **2** 155, daß diese Art der Urteilsfindung auf der allertiefsten Stufe richterlicher Gründlichkeit stehe und daher nur in ganz einfachen, durchsichtigen Fällen angewendet werden dürfe, hat keinen Widerhall gefunden. In solchen Ausnahmefällen ist es dann freilich unvermeidlich, daß in der Urteilsbegründung wahrheitsgemäß das Abstimmungsergebnis dargestellt wird. Das ist mit dem richtig verstandenen Sinn des Beratungsgeheimnisses (§ 43 DRiG) nicht unverträglich[13].

Wird der Beschuldigte von der erforderlichen Mehrheit **für schuldig befunden**, so ist 8
selbstverständlich auch bei jeder der einzelnen Unterfragen, aus denen sich die Schuldfrage zusammensetzt, die erforderliche Mehrheit für die dem Beschuldigten ungünstige Beantwortung vorhanden, da kein Richter für das Schuldig stimmen kann, der auch nur eine dieser Unterfragen zugunsten des Beschuldigten beantwortet. Eine Abstimmung über die einzelnen Unterfragen hat daher nur die Bedeutung einer näheren Prüfung, ob sich die auf schuldig lautende Stimmabgabe der einzelnen Mitglieder wirklich begründen und rechtfertigen läßt.

b) Tatbestandsbezogene Abstimmung. Die Notwendigkeit einheitlicher Erledigung 9
der gesamten Schuldfrage besteht auch, wenn die Tat im Beweisergebnis (nicht wegen verschiedener Auslegung des Strafgesetzes) eine verschiedene rechtliche Beurteilung zuläßt und daher die Meinungen in der strafrechtlichen Einordnung der Tat auseinandergehen. Beispiel: von fünf Richtern halten zwei den Beschuldigten des Raubversuchs, zwei ihn des Versuchs der Vergewaltigung, einer ihn für nicht schuldig. Hier muß, wenn keine Mehrheit zu erzielen ist, wegen der Unmöglichkeit, das Schuldig durch einen Mehrheitsbeschluß zu begründen, das Nichtschuldig ausgesprochen werden[14]. Denn die

[12] Vgl. aus der älteren Rechtsprechung RGSt **2** 379; **8** 218; RGRspr **3** 797 und die Nachweise über das ältere Schrifttum LR20 § 194, 3 c; *von Lilienthal* 53, 59; *Graf zu Dohna* 82; *Rosenfeld* **1** 32; *Feisenberger* 171 StPO Anm. 4; *Beling* ZStW **37** (1916) 365 ff; **42** (1921) 599 ff; GA **67** (1919) 152; *Gerland* 285; aus neuerer Zeit s. etwa *Henkel*[1] 302, *Peters*[4] 487; *KMR*[7] 2 ff; *Eb. Schmidt* 14; *Roxin*[25] § 46 Rdn. 12.

[13] Vgl. § 193, 38 ff; *Eb. Schmidt* § 194, 34 bis 36; *Baumann* NJW **1957** 1017 f, *Breetzke* DRiZ **1962** 5; *Schmidt-Räntsch*[5] § 43, 7 DRiG; s. auch OLG Hamm JMBlNRW **1964** 7.

[14] Ebenso *Henkel*[1] 302; *KMR*[7] 5; *Breetzke* DRiZ **1962** 8.

Schuldfrage kann nur für ein bestimmtes Strafgesetz gestellt werden; es ist nicht statthaft, zunächst darüber abzustimmen, ob der Beschuldigte überhaupt einer strafbaren Handlung schuldig sei, und sodann darüber, welches Strafgesetz er verletzt habe. Ein Streit über die rechtliche Einordnung der Tat kann vielmehr nur in der Art ausgetragen werden, daß zunächst über den einen Tatbestand (z. B. den des Raubversuchs) und sodann, falls hier nicht die erforderliche Mehrheit für das Schuldig vorhanden ist, über den Tatbestand (z. B. des Vergewaltigungsversuchs) abgestimmt wird.

10 Eine **Einschränkung** gilt aber, wenn die Tat lediglich durch das Hinzutreten eines straferhöhenden oder strafmindernden Umstandes eine besondere strafrechtliche Würdigung erfährt (vgl. unten Rdn. 15). Eine weitere Einschränkung muß gelten, wenn sich die in Frage stehenden rechtlichen Würdigungen der Tat lediglich wie Mehr und Weniger zueinander verhalten; in diesen Fällen enthält die Bejahung des Mehr auch die Bejahung des Weniger, z. B. wenn ein Teil des Gerichts Raub, ein anderer Teil einfachen Diebstahl annimmt[15].

11 **c) Wahlfeststellung.** Bei einer Wahlfeststellung muß zunächst über die einzelnen in Frage stehenden Straftatbestände, sodann über die Wahlfeststellung abgestimmt werden[16]. Kommt z. B. Verurteilung wegen Diebstahls oder Hehlerei in Betracht und bejahen von fünf Richtern drei nur Diebstahl unter Verneinung der Möglichkeit einer Hehlerei, während der vierte Richter für Wahlfeststellung von Diebstahl oder Hehlerei und der fünfte für Freispruch stimmt, so ist der Angeklagte, obwohl vier Richter ihn als schuldig ansehen, freizusprechen, da sich weder für eine Verurteilung nur wegen Diebstahls noch für eine Wahlfeststellung eine genügende Mehrheit findet[17].

12 **d) Schuldform.** Wird bei der Anklage wegen einer vorsätzlichen Straftat der Vorsatz nicht mit der erforderlichen Stimmenzahl bejaht, so besteht kein rechtliches Hindernis, denselben geschichtlichen Vorgang auch unter dem Gesichtspunkt der Fahrlässigkeit zu prüfen[18]. In diesem Falle handelt es sich nicht um eine andere Tat, sondern nur um eine andere Schuldform derselben Tat. Die in der Minderheit gebliebenen, den Vorsatz bejahenden Stimmen sind aber nicht ohne weiteres den die Fahrlässigkeit bejahenden hinzuzurechnen, vielmehr kann nach Lage des Falles erneut Abstimmung über die Fahrlässigkeit geboten sein[19]. Geht es darum, ob eine Tat mit bedingtem Vorsatz oder mit bewußter Fahrlässigkeit begangen ist, ob also der Angeklagte den voraussehbaren Erfolg für den Fall seines Eintritts innerlich billigte oder ablehnte, so ist abstimmungsmäßig die bewußte Fahrlässigkeit nicht ein aliud, sondern ein Minus gegenüber dem bedingten Vorsatz. Aus der Natur des mehrgliedrigen Gerichtskörpers folgt, daß ein Richter, der bei der Abstimmung über die höhere Schuldform in der Minderheit geblieben ist, diese Frage als durch die Entscheidung des Gerichts erledigt betrachten muß. Wenn jedes Mitglied eines Gerichts ohne Rücksicht auf frühere Abstimmungen an seiner Ansicht über die Schuldform oder den Schuldgrad festhalten dürfte, so wäre es nur in ganz einfachen Sachen möglich, einen brauchbaren Gerichtsbeschluß herbeizuführen[20]. Der überstimmte Richter befindet sich in solchen Fällen in keiner anderen Lage als der, der bei Beantwortung der Schuldfrage überstimmt ist und später über das Strafmaß mitbeschließen muß[21].

---

15 Vgl. *Binding* Grundr. 173, 174; Abhandl. **2** 146; *Stenglein* § 262, 2 StPO; *von Kries* 446; *v. Hippel* 356; einschränkend *Peters*[4] 487; s. aber auch über den Abstimmungshergang *Eb. Schmidt* 18.

16 § 263, 5 StPO; *KMR*[7] 7; *Eb. Schmidt* 24; *Peters*[4] 489.

17 OLG Hamm JMBlNRW **1964** 7; § 263, 5 StPO.

18 RGSt **59** 83.

19 *Eb. Schmidt* 22; *Peters*[4] 487.

20 RGRspr **4** 203; RG JW **1902** 301; RGSt **41** 391; vgl. § 195.

21 *Graf zu Dohna* 83; *Gerland* 286; *Henkel* 302.

4. Beweisfrage

a) Einzelne Beweisgründe. Ob sich aus dem Grundsatz, daß über die Schuldfrage ungeteilt abgestimmt wird (Rdn. 3), auch ergibt, daß eine vorherige besondere Abstimmung über die einzelnen Beweisgründe, z. B. über die Glaubwürdigkeit eines Zeugen oder den Wert eines Belastungsgrundes, unzulässig ist (wie dies in der 22. Auflage § 194 III 5 angenommen wurde), mag zweifelhaft sein. Denn es kann besonders bei umfangreichen Sachen zweckmäßig sein, daß sich die Mitglieder des Gerichts zunächst durch Abstimmung mit Stimmenmehrheit (§ 196 Absatz 1) über den Beweiswert einzelner Beweismittel Klarheit verschaffen, um zu klären, ob das vorliegende Beweisergebnis überhaupt schon die Entscheidung über die Schuldfrage zuläßt oder ob es noch der Erhebung weiterer Beweise bedarf[22]. Aber auch wenn man eine solche Teilabstimmung mit vorbereitendem Charakter für zulässig hält, kann nicht zweifelhaft sein, daß sie nicht eine „Abstimmung über eine vorhergegangene Frage" im Sinne des § 195 darstellt. Wenn also z. B. zunächst in der großen Strafkammer über die Glaubwürdigkeit der Belastungszeugen abgestimmt wird und zwei Mitglieder sie bejahen, so hindert dies die beiden Mitglieder nicht, bei der „Schlußabstimmung" die Schuldfrage mit der Begründung zu verneinen, daß sie wegen Unglaubwürdigkeit der Belastungszeugen von der Schuld nicht überzeugt seien, mit der Folge, daß es an der nach § 263 Abs. 1 StPO erforderlichen 2/3-Mehrheit zur Verurteilung fehlt. Denn andernfalls würde der Kardinalsatz des § 263 Abs. 1 StPO, daß es zur Bejahung der Schuldfrage einer qualifizierten Mehrheit bedarf, durch Aufteilung der Schuldfrage in Elemente, über die mit einfacher Mehrheit zu entscheiden wäre, unterlaufen; das aber kann nicht rechtens sein[23]. 13

b) Bildung der Überzeugung von der Täterschaft. Umgekehrt kommt es aber auch bei einer Bejahung der Schuldfrage durch eine 2/3-Mehrheit nicht darauf an, aus welchen Umständen die vier Mitglieder der Kammer, die die Täterschaft des Angeklagten als erwiesen ansehen, ihre Überzeugung herleiten, ob etwa zwei die Aussagen unmittelbarer Tatzeugen für glaubwürdig halten, der Dritte ein früher abgelegtes Geständnis trotz späteren Widerrufs für ausschlaggebend hält und der Vierte von einem gelungenen Indizienbeweis ausgeht. Denn indem das Gesetz für die Entscheidung der Beweisfrage den Richter lediglich auf seine Überzeugung verweist, ohne ihn an Beweisregeln zu binden, gestattet es zugleich, daß sich diese Überzeugung bei den verschiedenen Richtern in verschiedener Weise bildet. Eine Übereinstimmung der Mehrheit ist daher nur darüber erforderlich, daß alle wesentlichen Merkmale der Straftat sowie die Täterschaft des Beschuldigten erwiesen sind oder daß der etwa in Rede stehende Schuld- oder Rechtswidrigkeitsausschließungsgrund nicht erwiesen ist. Besteht darin Übereinstimmung, so kommt es nicht weiter darauf an, ob über die einzelnen Beweistatsachen und Beweismittel, z. B. die Glaubwürdigkeit eines Zeugen oder den Wert eines Belastungsgrundes oder über die Frage, ob die als Belastungsgrund zu verwertende Tatsache überhaupt erwiesen ist, die Meinungen auseinandergehen. Vgl. hierzu für die schriftliche Abfassung der Urteilsgründe § 267 StPO und die dortigen Erläuterungen. Das schließt nicht aus, im Einzelfall das den einzelnen Beweisgründen zugrunde liegende Stimmenverhältnis in den Urteilsgründen zu offenbaren, weil mit Revisionsangriffen gegen die Verwertung bestimmter Beweismittel gerechnet werden kann, und nur solche Offenlegung eine sichere Nachprüfung durch die Rechtsmittelinstanz ermöglicht[24]. 14

---

22 BGH DRiZ **1976** 319.

23 So auch BGH DRiZ **1976** 319.

24 BGH DRiZ **1976** 319; § 263, 19 StPO und *Spendel* ZStW **65** (1953) 411 f.

5. Ausnahmen

Der Satz, daß über die Schuldfrage ungeteilt abzustimmen ist, erfährt aber eine doppelte Einschränkung:

15 **a)** Für die **Strafaufhebungsgründe**, d. h. die Umstände, die nach Begehung einer Straftat eintreten und die Wirkung haben, den bereits entstandenen Strafanspruch zu vernichten (z. B. §§ 24, 163 Abs. 2, 314a StGB). Die Abstimmung über diese Umstände ist, obwohl sie zu den die Strafbarkeit ausschließenden Gründen im Sinne des § 263 Abs. 2 StPO (dort Rdn. 6) gehören, von der Abstimmung über die Entstehung des Strafausspruchs zu trennen, da erst dessen Bejahung die Bahn frei macht für die Abstimmung, ob ein Strafaufhebungsgrund vorliegt. Zur Verneinung eines solchen Strafaufhebungsgrundes bedarf es dann wieder einer 2/3-Mehrheit, jedoch liegt es begrifflich anders als bei den Schuld- und Strafaufhebungsgründen[25]. Nicht zu den Strafaufhebungsgründen in diesem Sinn gehört die Gewährung von Straffreiheit durch ein Amnestiegesetz; sie ist vielmehr abstimmungsmäßig unter dem Gesichtspunkt eines Verfolgungshindernisses (s. Rdn. 5) vorweg zu prüfen. Ebenso ist die Verjährung, auch wenn man ihr materielle Bedeutung zuspricht, abstimmungsmäßig nur als Prozeßhindernis zu werten (§ 263 Abs. 3 StPO).

16 **b)** Für die **im Strafgesetz besonders hervorgehobenen Umstände, die die Strafbarkeit erhöhen oder vermindern** (§ 263 Abs. 2, § 265 Abs. 2, § 267 Abs. 2 StPO). Ihnen stehen die Umstände gleich, die es nach den materiellrechtlichen Strafvorschriften dem Gericht gestatten, unter Schuldigsprechung von Strafe abzusehen (vgl. § 260 Abs. 4 S. 4 StPO). Diese Umstände gehören allerdings ebenfalls zur Schuldfrage im Sinne des § 263 Abs. 2 StPO; sie betreffen aber nicht die Frage, ob der Angeklagte schuldig ist, sondern die Frage, in welchem Umfang er schuldig ist. Auch ihre Feststellung wird erst erforderlich, wenn das Gericht beschlossen hat, die Schuldfrage (den Grundtatbestand) zu bejahen. Zulässig ist in diesen Fällen sowohl die Gesamtabstimmung als auch die Teilabstimmung. So kann etwa, wenn die Frage: „einfache oder qualifizierte Körperverletzung?" zur Entscheidung steht, zunächst über den Grundtatbestand, dann über die Qualifizierung abgestimmt werden, aber auch die Abstimmung sogleich auf den „Mehr"-Tatbestand gerichtet werden. Welches Verfahren den Vorzug verdient, hängt von den Umständen des Falles ab. Entscheidend ist der Gesichtspunkt der Zweckmäßigkeit. Die Frage ist jedoch bestritten[26]. Nicht in diesen Zusammenhang gehört die Frage, ob ein besonders schwerer Fall im Rahmen eines Regelbeispiels vorliegt; sie ist zur Straffrage zu rechnen (§ 263, 10 StPO).

17 **6. Mehrere Abstimmungen.** Darüber, wie ein bei der einen Abstimmung in der Minderheit gebliebenes Mitglied bei den ferneren Abstimmungen zu stimmen hat, s. § 195, 1.

18 **7. Revisionsinstanz.** Über Abstimmungen in der Revisionsinstanz vgl. § 351, 10 f StPO, in den Großen Senaten und in den Vereinigten Großen Senaten des Bundesgerichtshofs vgl. § 132, 51 GVG. Aus der statistisch belegten Häufigkeit der Revisionsverwerfung durch Beschluß nach § 349 Abs. 2 StPO läßt sich bei der verfassungsrechtlichen Überprüfung im Einzelfall nichts herleiten[27].

---

25 Streitig, siehe Nachweise in LR[23] § 194, 15.

26 Vgl. die Übersicht bei *Eb. Schmidt* 15, 16, der darin, daß zu dieser Frage nur spärlich Entscheidungen ergangen sind – vgl. z. B. RGSt **5** 404 –, mit Recht ein Zeichen dafür sieht, „daß die praktische Bedeutung der ganzen Problematik nicht überschätzt werden darf".

27 BVerfG NStZ **1987** 334.

8. Änderung der Stimmabgabe. Ein Mitglied kann seine Stimmabgabe in der Zeit zwischen der Feststellung des Abstimmungsergebnisses und der Urteilsverkündung jederzeit ändern und dadurch eine nochmalige Beratung und Abstimmung herbeiführen, denn bis zur Verkündung stellt das beschlossene Urteil nur einen Entwurf dar, an den das Gericht nicht gebunden ist[28]. Dies ist für das Bundesverfassungsgericht ausdrücklich bestimmt[29]. Nach anderer Ansicht[30] ist ein Antrag auf erneute Abstimmung lediglich zulässig, wenn sich neue Gesichtspunkte ergeben haben oder Abstimmungsfehler unterlaufen sind. Dies begründet *Kissel* damit, daß andernfalls die Arbeit eines Kollegiums mit steter Unsicherheit hinsichtlich der vorangegangenen, späterer Entscheidungselemente bedingenden Fragen behaftet sei. Dies vermag nicht zu überzeugen. Solange das Gericht selbst nicht an seine Entscheidung gebunden ist und erneut in die Beratung eintreten kann – nämlich bis zum Abschluß der Urteilsverkündung (§ 268, 36 ff StPO) –, muß dieser Meinungswandel des Gerichts auch spruchkörperintern durch einen Meinungswandel der beteiligten Richter vorbereitet werden können. Keine Zwischenberatung darf einen Spruchkörper daran hindern, eine inzwischen als falsch erkannte Ansicht noch vor der abschließenden Entscheidung zu korrigieren[31]. 19

9. Beratung bei Beschlüssen außerhalb der Hauptverhandlung

a) Mündliche Beratung. Insoweit bestehen keine Vorschriften über den genauen Ablauf. Erforderlich ist jedenfalls nicht, daß alle Mitglieder die Akten oder einzelnen Schriftstücke vollständig lesen; vielmehr genügt, daß sie von allen bedeutsamen Fragen – ggf. auf Grund des mündlichen Vortrags des Berichterstatters – Kenntnis erlangen und sie erörtern[32]. 20

b) Umlaufverfahren. Bei Beschlüssen, die ohne mündliche Verhandlung ergehen, kann sich in einfach liegenden Sachen eine förmliche mündliche Beratung erübrigen; die Beschlußfassung geschieht dadurch, daß die beteiligten Richter im Wege des Umlaufs den Beschlußentwurf des Berichterstatters oder des Vorsitzenden unterzeichnen; die Beratung erfolgt gewissermaßen schriftlich, indem sich die beteiligten Richter durch die Gründe des Entwurfs überzeugen lassen und durch die Unterzeichnung zustimmen. § 194 steht einem solchen Verfahren nicht entgegen[33]. Rechtlich ist auch dann nach § 194 die Herbeiführung der Zustimmung, das „Sammeln der Stimmen", Sache des Vorsitzenden[34]. In solchen Fällen kann, auch wenn die beschlossene Entscheidung schon von allen beteiligten Richtern unterschrieben, aber noch nicht nach außen kundgegeben ist, jedes Mitglied eine erneute Beratung verlangen, insbesondere, wenn nachträglich hervorgetretene neue tatsächliche oder rechtliche Gesichtspunkte (z. B. nach der Beschlußfassung bekannt gewordene abweichende höchstrichterliche Entscheidungen) Bedenken gegen die bisher beschlossene Entscheidung erwecken. Eine erneute Beschlußfassung ist dann nicht deshalb ausgeschlossen, weil die Besetzung des Kollegiums nach der ersten 21

---

[28] RGSt **3** 117; **27** 118; KK-*Diemer*[4] 5; *KMR*[7] 11; *Eb. Schmidt* 6; *Katholnigg*[3] 5.

[29] § 26 Abs. 1 der (vom Plenum des Bundesverfassungsgerichts beschlossenen) Geschäftsordnung des Bundesverfassungsgerichts lautet: „Jeder Richter, der an der Entscheidung mitgewirkt hat, kann bis zu deren Verkündung oder bis zu deren Ausfertigung zum Zwecke der Zustellung die Fortsetzung der Beratung verlangen, wenn er seine Stimmabgabe ändern will; er kann die Fortsetzung der Beratung beantragen, wenn er bisher nicht erörterte Gesichtspunkte vortragen möchte oder wenn ihm ein Sondervotum dazu Anlaß gibt."

[30] *Pfeiffer*[3] 2; *Kleinknecht/Meyer-Goßner*[45] 4; *Kissel*[3] 5.

[31] *Mellinghoff* 18 hält es für ein nobile Offizium, daß der Vorsitzende bei einer Zwischenberatung ausdrücklich auf deren Unverbindlichkeit hinweist.

[32] BVerfG NStZ **1987** 334; BGH NStZ **1994** 353.

[33] OLG Bamberg NStZ **1981** 191; KK-*Diemer*[4] 3; **a. A** *Mellinghoff* 14 ff; *Papsthart* DRiZ **1971** 18.

[34] BSG MDR **1971** 960.

Beschlußfassung gewechselt hat; den neuen Beschluß faßt das Kollegium dann in seiner jetzigen geschäftsplanmäßigen Besetzung[35].

22 **10. Revision.** Inwieweit Fehler im Abstimmungsverfahren mit der Revision erfolgreich geltend gemacht werden können, ist streitig. Nach einer Ansicht[36] können solche Fehler nur dann einer Revision zum Erfolg verhelfen, wenn das Tatgericht sie in den Entscheidungsgründen selbst offenlegt. Dadurch würde jedoch dem Tatrichter selbst in die Hand gelegt, ob ein – möglicherweise von ihm nicht einmal bemerkter – Abstimmungsfehler sich auf den Bestand des Urteils auswirken kann. Deshalb können Abstimmungsfehler mit der Revision nach § 337 StPO gerügt werden[37]. Die Dauer der Beratung unterliegt indes zu Recht keiner revisionsgerichtlichen Nachprüfung[38]. Zum einen verlangt das Gesetz keine bestimmte Mindestberatungsdauer[39]; im übrigen fehlt jeder geeignete Maßstab hierfür.

§ 195

Kein Richter oder Schöffe darf die Abstimmung über eine Frage verweigern, weil er bei der Abstimmung über eine vorhergegangene Frage in der Minderheit geblieben ist.

Schrifttum. *Seibert* Der überstimmte Richter, MDR **1957** 597; weiteres Schrifttum s. bei § 194.

Entstehungsgeschichte. Der frühere Wortlaut („kein Richter, Schöffe oder Geschworener") wurde durch Art. II Nr. 42 PräsVerfG geändert. Bezeichnung bis 1924: § 197.

1 **1. Verpflichtung zur Abstimmung.** § 195 setzt die Pflicht jedes Richters und Schöffen zur Mitwirkung an der Abstimmung als selbstverständlich voraus. Er schreibt vor, daß auch der Überstimmte an den ferneren Abstimmungen teilnehmen muß, gibt aber keine Vorschrift darüber, wie er demnächst zu stimmen hat. Die Begr. (96) bemerkt hierüber: „Die vielerörterte Frage, ob das bei einer Vorfrage überstimmte Mitglied des Kollegiums sich bei den ferneren Abstimmungen auf den Standpunkt der früheren Mehrheit zu stellen hat oder berechtigt ist, den eigenen früheren Standpunkt festzuhalten, läßt sich durch positive gesetzliche Vorschriften nicht beantworten und wird nach logischen Grundsätzen in Gemäßheit der Verschiedenheit der Fälle verschieden beantwortet werden müssen." Vgl. dazu § 194, 3; 4; 11.

2 **2. Verbindlichkeit des Mehrheitsbeschlusses.** Für Strafsachen ist bei Beantwortung der in Rdn. 1 gestellten Frage zunächst daran zu erinnern, daß nach der § 194, 3 näher dargestellten Auffassung über die Schuldfrage grundsätzlich (mit den Rdn. 14; 15 bezeichneten Ausnahmen) ungeteilt abzustimmen ist. Danach kann, von diesen Ausnah-

[35] BFH NJW **1964** 1591.
[36] BGH bei *Holtz* MDR **1976** 989; *Pfeiffer*[3] 3; KK-*Diemer*[4] 6.
[37] *Kissel*[3] § 193, 35 mit weiteren Nachweisen; Vgl. hierzu näher, insbesondere zu den sich daraus ergebenden Nachweisproblemen, § 263, 19. Umfassend *Mellinghoff*, 152 ff.
[38] BGHSt **37** 141; *Michel* DRiZ **1992** 264.
[39] BGHSt **37** 143.

men abgesehen, nicht davon die Rede sein, daß ein Richter durch den Verlauf der Abstimmung genötigt werden könnte, über die Schuldfrage in einem nicht von ihm gewollten Sinne abzustimmen. Unter dieser Voraussetzung folgt aus dem Wesen des mehrgliedrigen Gerichts allerdings, daß sich der bei der einen Abstimmung Überstimmte bei den ferneren Abstimmungen auf den Standpunkt der Mehrheit stellen, also das von dieser Beschlossene als maßgebend anerkennen muß[1]. Abzulehnen ist die Auffassung von *Peters* § 17 IV, § 53 I (unter Hinweis auf § 22 österr. StPO), der überstimmte Richter brauche bei einer mit seiner Auffassung unvereinbaren Frage wegen des Gewissenskonfliktes und aus Gründen der Logik nicht mehr mitzuwirken[2] und seine Stimme sei dann bei den weiteren Abstimmungen der für den Beschuldigten günstigsten Meinung zuzuzählen. Es bedeutet eben keinen Gewissenskonflikt, sondern ergibt sich aus dem Grundgedanken des Kollegialgerichts, daß der Überstimmte die Auffassung der Mehrheit des Kollegiums respektieren muß (so auch im Ergebnis, in der Begründung abweichend, *Eb. Schmidt* 2). Er darf sich sonach bei den ferneren Abstimmungen nicht lediglich von dem Bestreben leiten lassen, eine Entscheidung herbeizuführen, die der von ihm ursprünglich gewollten im Ergebnis am nächsten kommt; ein derartiges Verhalten des Überstimmten würde mit dem Erfordernis einer folgerichtigen Begründung der Gerichtsentscheidung im Widerspruch stehen (obwohl regelmäßig der Fehler in den Entscheidungsgründen nicht erkennbar sein würde). Am deutlichsten zeigt sich das bei der Strafzumessung: der bei der Entscheidung der Schuldfrage Überstimmte darf nicht lediglich deshalb, weil er den Beschuldigten für nicht schuldig hält, für eine milde Strafe oder gar für das gesetzliche Mindestmaß stimmen; denn das würde, wie *von Bar*[3] treffend sagt, mittelbar zur Verhängung von Verdachtsstrafen führen[4].

Derselbe Gesichtspunkt ist auch für das **sonstige weitere Abstimmungsverhalten des Überstimmten** maßgebend. Der Richter, der nicht schuldig gestimmt hat, darf also bei der Abstimmung über das Vorliegen eines minder schweren Falles oder eines bestimmten Strafmilderungsgrundes oder das Absehen von Strafe die dem Beschuldigten günstige Ansicht nur aus Gründen vertreten, deren Geltendmachung auch vom Standpunkt der Mehrheit aus möglich ist. Ebenso verhält es sich mit der Abstimmung über die die Strafbarkeit erhöhenden Tatsachen; es wäre z. B. nicht folgerichtig, wenn der bei der Schuldfrage Überstimmte, der den des Diebstahls Beschuldigten für nicht überführt hält, lediglich deshalb auch die zweifelsfrei ermittelte Tatsache, daß der Diebstahl mittels Einsteigens begangen worden ist, für nicht erwiesen erklären wollte oder sich nur deshalb gegen das Vorliegen eines Regelfalles eines besonders schweren Diebstahls (§ 243 StGB) aussprechen würde[5]. Der aufgestellte Satz gilt ferner auch für die Abstimmung über Tatsachen, die die an sich begründete Strafbarkeit wieder aufheben. So darf z. B. der bei der Schuldfrage Überstimmte, der den des fahrlässigen Falscheides Beschuldigten für nicht überführt hält, nicht lediglich aus diesem Grund die Frage bejahen, ob der Beschuldigte seine Aussage rechtzeitig berichtigt habe (§ 163 Abs. 2 StGB). 3

Anders liegt es bei einer vorausgegangenen **Abstimmung über den Umfang der Beweisaufnahme** (dazu § 194, 12). Wird hier die „Vorfrage", ob es zur Aufklärung der Sache noch einer weiteren Beweiserhebung bedürfe, von der Mehrheit verneint, weil der Sach- 4

---

[1] Ganz h. M, s. *Pfeiffer*[3] 1; *Kleinknecht/Meyer-Goßner*[45] 1; KK-*Diemer*[4] 1; *Katholnigg*[3] 1; KMR[7] 1; *Zöller-Gummer*[22] 1; *MünchKomm-Wolf*[2] 2; *Wieczorek/Schütze-Schreiber*[3] 1; *Michel* DRiZ **1992**, 265.

[2] Dazu LR-*K. Schäfer*[24] § 1, 13.

[3] KrVJSchr **10** 489.

[4] Ebenso *Binding* 176; *Henkel*[2] 254; *KMR* 1; *Eb. Schmidt* 4; *Kleinknecht/Meyer-Goßner*[45] 1; *Breetzke* DRiZ **1962** 6; **a. A** im älteren Schrifttum *Geyer* 611; *Glaser* **2** 269; *v. Kries* 448; *Beling* Lehrb. 253; *Graf zu Dohna* 82.

[5] **A. A** *v. Bar* KrVJSchr **10** 499; *Binding* 174; *v. Kries* 444.

verhalt bereits völlig aufgeklärt sei, so muß der, der für die Beweiserhebung gestimmt hat, demnächst zwar in der Hauptsache, also über die Schuld des Beschuldigten, abstimmen; er ist aber selbstverständlich nicht an die Gründe der Mehrheit, die den Beschuldigten als überführt ansah, gebunden. Vielmehr ist er berechtigt und verpflichtet, für nicht schuldig zu stimmen[6].

5 **3. Abweichende strafrechtliche Bewertung.** Nicht in den Bereich der hier erörterten Frage gehört streng genommen der Fall, daß nach Verneinung der ersten Schuldfrage darüber abzustimmen ist, ob nicht die Tat des Beschuldigten unter einen anderen strafrechtlichen Gesichtspunkt fällt, z. B. ob der des Mordes für nicht schuldig erklärte Beschuldigte einer vorsätzlichen Körperverletzung mit Todesfolge (§ 227 StGB) schuldig ist. Denn die Verneinung der ersten Schuldfrage hat eben keine andere Bedeutung als die einer Verneinung; die Gründe für das Nichtschuldig können bei den verschiedenen Abstimmenden ganz verschieden gewesen sein; über die Verneinung hinaus ist von einem „Standpunkt der Mehrheit" überhaupt nicht, wenigstens nicht in abstracto, die Rede. Ob der, der die erste Schuldfrage bejaht hat, demnächst für die Bejahung oder aber für die Verneinung der zweiten Schuldfrage zu stimmen haben wird, hängt davon ab, ob in dem von ihm in erster Linie angenommenen Tatbestand der in der zweiten Schuldfrage bezeichnete mitenthalten ist oder nicht. In dem Beispielsfall wird, wer für schuldig wegen Mordes gestimmt hat, die zweite Schuldfrage unbedenklich zu bejahen haben. Ebenso verhält es sich, wenn die erste Schuldfrage die vorsätzliche, die zweite Schuldfrage dagegen die fahrlässige Begehung der Tat zum Gegenstand hat[7].

6 **4. Überstimmter Vorsitzender oder Berichterstatter.** Der in der Beratung überstimmte Vorsitzende darf in der Urteilsbegründung seine eigene Meinung nicht erkennen lassen und das getroffene Urteil nicht desavouieren[8]. Vielmehr muß er sich unter Ausschaltung seiner eigenen Bedenken bemühen, die für den Mehrheitsbeschluß maßgeblichen Gründe loyal und so überzeugend darzustellen, als ob er selbst der Mehrheit angehört habe. Dies gilt insbesondere für den Vorsitzenden eines Schöffengerichts. Er muß der „Stimme des Volkes" den rechten rechtlichen Ausdruck geben und darf, von krassen Fehlern eines handgreiflichen Fehlurteils abgesehen, nicht seinem Unmut durch entsprechende Fassung der mündlichen Urteilsbegründung und der schriftlichen Urteilsgründe Raum geben. Das gleiche gilt für den überstimmten Berichterstatter. Auch darf ein überstimmter Richter nicht seine Unterschrift verweigern; diese erklärt nicht die Billigung des Urteils, sondern bescheinigt nur, daß das schriftliche Urteil das Ergebnis der Beratung zutreffend wiedergibt[9]. Weigert ein Richter sich gleichwohl, das Urteil zu unterschreiben, so kann dessen Unterschrift nicht (durch einen Verhinderungsvermerk nach § 275 Abs. 2 S. 2 StPO) ersetzt werden. Vielmehr handelt es sich nur um einen Urteilsentwurf, der bei Anfechtung aufzuheben ist[10].

7 **5. Sondervotum.** Zum Sondervotum des überstimmten Richters siehe § 193, 48 f.

---

[6] Ebenso *Eb. Schmidt* 3.

[7] RGRspr **4** 198, RGSt **59** 83, *v. Bar* KrVJSchr **10** 494.

[8] *Seibert* MDR **1957** 597; *Kleinknecht/Meyer-Goßner*[45] 2; *Katholnigg*[3] 2; *Kissel*[3] 3.

[9] *Kleinknecht/Meyer-Goßner*[45] 2; *Kissel*[3] 6.

[10] BGH NJW **1977** 765; *Kissel*[3] 6. Vgl. § 275, 36 ff, 40 StPO.

§ 196

(1) Das Gericht entscheidet, soweit das Gesetz nicht ein anderes bestimmt, mit der absoluten Mehrheit der Stimmen.

(2) Bilden sich in Beziehung auf Summen, über die zu entscheiden ist, mehr als zwei Meinungen, deren keine die Mehrheit für sich hat, so werden die für die größte Summe abgegebenen Stimmen den für die zunächst geringere abgegebenen solange hinzugerechnet, bis sich eine Mehrheit ergibt.

(3) [1]Bilden sich in einer Strafsache, von der Schuldfrage abgesehen, mehr als zwei Meinungen, deren keine die erforderliche Mehrheit für sich hat, so werden die dem Beschuldigten nachteiligsten Stimmen den zunächst minder nachteiligen so lange hinzugerechnet, bis sich die erforderliche Mehrheit ergibt. [2]Bilden sich in der Straffrage zwei Meinungen, ohne daß eine die erforderliche Mehrheit für sich hat, so gilt die mildere Meinung.

(4) Ergibt sich in dem mit zwei Richtern und zwei Schöffen besetzten Gericht in einer Frage, über die mit einfacher Mehrheit zu entscheiden ist, Stimmengleichheit, so gibt die Stimme des Vorsitzenden den Ausschlag.

Schrifttum. *Kern* Die qualifizierten Mehrheiten im Strafverfahren, DJ **1936** 1386; *Mellinghoff* Fragestellung, Abstimmungsverfahren und Abstimmungsgeheimnis im Strafverfahren (1989); *Meyke* Entscheidungsfindung mit richtungsweisendem Vorsitzenden, DRiZ **1990** 287; *Michel* Beratung, Abstimmung und Beratungsgeheimnis, DRiZ **1992** 263; *Michel* Die vorläufige Einstellung des Strafverfahrens nach neuem Recht, MDR **1993** 409; *Niebler* Beratungsgeheimnis und abweichende Meinung, FS Tröndle (1989), 585; *Papsthart* Über die Form der Beratung im Kollegialgericht, DRiZ **1971** 18.

Entstehungsgeschichte. Mit der Aufhebung des erweiterten Schöffengerichts durch VO vom 14. 6. 1932 (RGBl I 285), erster Teil Kap. I Art. 1 § 1 Nr. 3, wurde Absatz 3 S. 3, der die Abstimmung beim erweiterten Schöffengericht regelte, gegenstandslos. Bei der Wiedereinführung des erweiterten Schöffengerichts durch das 3. StRÄG 1953 wurde der frühere Absatz 3 S. 3 als neuer Absatz 4 eingefügt. Dabei ist die frühere Fassung: „Ergibt sich … besetzten Schöffengericht, von der Schuld- und Straffrage abgesehen, Stimmengleichheit", in Anpassung an § 263 Abs. 1 StPO in der Weise abgeändert, daß die Stimme des Vorsitzenden bei Stimmengleichheit nur den Ausschlag bei Fragen gibt, über die mit einfacher Mehrheit zu entscheiden ist. Durch das am 1. März 1993 in Kraft getretene Gesetz RpflEntlG ist in Absatz 4 das Wort „Schöffengericht" durch das Wort „Gericht" ersetzt worden, um die Geltung dieses Absatzes auf die nur mit zwei Berufsrichtern besetzten großen Strafkammern (§ 76 Abs. 2 GVG, § 33b Abs. 2 JGG)[1] und die zugleich eingeführten „erweiterten kleinen Strafkammern" (§ 76 Abs. 3 GVG)[2] zu erstrecken. Bezeichnung bis 1924: § 188.

1. Grundsatz und Ausnahmen (Absatz 1). Nach § 196 Abs. 1 entscheidet das Gericht grundsätzlich mit der absoluten, das heißt (vgl. Absatz 4) der einfachen Mehrheit der Stimmen. Dies gilt nicht, wenn das Gesetz eine andere Mehrheit fordert. Eine Zweidrittel- 1

[1] Zeitlich beschränkt bis zum 31. 12. 2004 nach Art. 15 II RpflEntlG i. d. F des Art. 1 des Gesetzes vom 19. 12. 2000, BGBl. I 1756, und Art. 24 des OLGVertrÄndG vom 23. 7. 2002, BGBl. I S. 2850. Vgl. hierzu *Rieß* in LR[24], Anhang „Rechtsänderungen im Gerichtsverfassungsgesetz und im Rechtspflegerecht des Beitrittsgebiets" (32. Lieferung), 45ff.

[2] Vgl. hierzu *Rieß* aaO (Fußn. 1), 53.

mehrheit ist gemäß § 263 StPO für jede dem Angeklagten nachteilige Entscheidung über die Schuldfrage und die Rechtsfolgen der Tat (hierzu § 263, 3 ff StPO) erforderlich. Eine Verurteilung (dazu § 465 Abs. 1 S. 2 StPO) oder die Festsetzung einer Maßregel der Besserung und Sicherung ist danach nur möglich, wenn im (einfachen) Schöffengericht, im Jugendschöffengericht und in der (einfachen) kleinen Strafkammer zwei, im erweiterten Schöffengericht, der in der Hauptverhandlung nur mit zwei Richtern besetzten großen Strafkammer (§ 76 Abs. 2 GVG, § 33b Abs. 2 JGG) und der erweiterten kleinen Strafkammer (§ 76 Abs. 3 S. 1 GVG) drei und in der mit drei Richtern besetzten großen Strafkammer und in den erstinstanzliche Sachen verhandelnden Strafsenaten des Oberlandesgerichts vier Mitglieder die Schuldfrage bejahen. Die gleiche Mehrheit ist für jede Abstimmung in der Rechtsfolgenfrage erforderlich.

2 **§ 263 StPO** ist im Erkenntnisverfahren vor dem Tatrichter (dem Gericht des ersten Rechtszuges und dem Berufungsgericht) anwendbar. Dies ergibt sich aus dem Begriff „Angeklagten“ und der Stellung der Vorschrift im Abschnitt „Hauptverhandlung“ der StPO. Dagegen entscheidet das Revisionsgericht grundsätzlich mit einfacher Mehrheit; mit Zweidrittelmehrheit entscheidet es nur dann, wenn es nach § 354 Abs. 1 StPO dem Angeklagten ungünstige Entscheidungen in der Schuld- oder Rechtsfolgenfrage trifft[3]. Außerhalb des Erkenntnisverfahrens, also bei den Ergänzungsentscheidungen (§ 268a Abs. 1, 2 StPO) und den Nachtragsentscheidungen (§§ 453, 454 StPO) entscheidet das Kollegialgericht mit einfacher Stimmenmehrheit (die sich ohnehin meist mit der Zweidrittelmehrheit deckt). Das gleiche gilt für Entscheidungen der großen Strafvollstreckungskammern nach § 454 StPO i. V. m. § 78b Abs. 1 Nr. 1 GVG (also über die Aussetzung der Vollstreckung des Restes einer lebenslangen Freiheitsstrafe). Wegen der Anwendbarkeit des § 263 StPO im einzelnen vgl. § 263, 3 ff StPO.

3 **Verfahrenseinstellung gemäß §§ 153, 153a StPO.** Für Entscheidungen über die Verfahrenseinstellung durch Beschluß, soweit diese in das Ermessen des Gerichts gestellt ist, ist die einfache Mehrheit nach § 196 Abs. 1 ausreichend[4].

4 **§ 349 Abs. 2 StPO** enthält für die Verwerfung offensichtlich unbegründeter Revisionen durch Beschluß das Erfordernis der Einstimmigkeit. Vgl. hierzu § 349, 12 StPO.

5 **2. Entscheidung über Summen (Absatz 2).** Die Vorschrift gilt auch in Strafsachen, in denen über die Höhe der zuerkannten Entschädigung entschieden wird, also beispielsweise im Adhäsionsverfahren oder für die Entschädigung nach dem StrEG. Dagegen findet für die Entscheidung über die Höhe einer Geldbuße (§§ 56b, 59a StGB) Absatz 3 als lex specialis Anwendung[5]; hierfür spricht außerdem die Einheitlichkeit der Entscheidung über Auflagen (und Weisungen), die nicht nur Geldbeträge betrifft und regelmäßig von Strafzumessungserwägungen beeinflußt ist.

6 **3. Stimmenverschiedenheit (Absatz 3).** Absatz 3 unterscheidet bei den Entscheidungen „in einer Strafsache“ zwischen Entscheidungen in der Schuldfrage, die nicht unter die Vorschrift fallen („von der Schuldfrage abgesehen“), und Entscheidungen über die Rechtsfolgen, die Satz 2 als Entscheidungen „in der Straffrage“ bezeichnet. Nach § 263 StPO ist zu einer dem Angeklagten nachteiligen Entscheidung über die Rechtsfolgen der Tat in gleicher Weise eine Zweidrittelmehrheit erforderlich wie bei der Entscheidung über

---

[3] Im einzelnen streitig. Vgl. *Kleinknecht/Meyer-Goßner*[45] 1; *Katholnigg*[3] 1; § 263, 4 StPO und ausführlich § 351, 11 StPO.

[4] *Michel* DRiZ **1992** 266 und MDR **1993** 409.

[5] **A. A** *Pfeiffer*[3] 2; *Katholnigg*[3] 2; KK-*Diemer*[4] 1; *Kissel*[3] 2, die hier Absatz 2 anwenden wollen. Im Ergebnis dürfte es jedoch keine Unterschiede geben, da der niedrigere Betrag stets der dem Angeklagten günstigere sein dürfte.

die Schuldfrage. Gleichwohl hat die Unterscheidung in § 196 ihre Bedeutung behalten. Denn anders als bei der Entscheidung über die Schuldfrage können sich über den Umfang der Rechtsfolgen Meinungsverschiedenheiten ergeben, die einer Klärung in der in Absatz 3 S. 2 beschriebenen Weise bedürfen. Stimmen z. B. (als Schreckbeispiel) von den fünf Mitgliedern der großen Strafkammer einer für ein Jahr und sechs Monate, einer für ein Jahr und vier Monate, einer für ein Jahr, einer für acht Monate und einer für sechs Monate Freiheitsstrafe, so ist eine dem § 263 Abs. 1 StPO entsprechende Zweidrittelmehrheit nur insofern vorhanden, als vier Mitglieder für eine mindestens acht Monate betragende Freiheitsstrafe stimmen. Da im übrigen eine Zweidrittelmehrheit nicht zu gewinnen ist, fingiert Absatz 3 S. 1, daß diejenigen, die eine über acht Monate hinausgehende Strafe für erforderlich halten, wenigstens für acht Monate stimmen. Absatz 3 S. 2 trifft eine entsprechende Regelung für den Fall, daß sich nur zwei Meinungen gegenüberstehen und keine eine Zweidrittelmehrheit erreicht, wenn also z. B. von den fünf Mitgliedern drei für ein Jahr Freiheitsstrafe, zwei für neun Monate stimmen. Da sich alle Mitglieder für eine Strafe von mindestens neun Monaten aussprechen, fingiert Absatz 3 S. 2 die Zustimmung derjenigen, die ein Mehr fordern, zu neun Monaten Freiheitsstrafe; das liegt im Sinn des § 263 Abs. 1 StPO. Droht das Gesetz wahlweise Freiheits- und Geldstrafe an, so ist bei Meinungsverschiedenheiten über die Strafart zunächst über die (ggf. mit Strafaussetzung zur Bewährung verbundene) Freiheitsstrafe und erst, wenn sich hierfür keine Zweidrittelmehrheit findet, über die Geldstrafe abzustimmen, und zwar – in Anwendung von Absatz 3 S. 2 – zunächst über die Zahl der Tagessätze, von denen die Höhe der Ersatzfreiheitsstrafe abhängt (§ 43 StGB), und sodann über deren Höhe[6]. Kommen außer der Hauptstrafe weitere Rechtsfolgen der Tat in Betracht, so ist über diese besonders abzustimmen, und es gelten bei Meinungsverschiedenheiten über eine festzusetzende Dauer (vgl. z. B. §§ 44 Abs. 1, 45 Abs. 2, 69a Abs. 1, 70 Abs. 1 StGB) die Grundsätze des § 196 Absatz 3.

4. Stichentscheid (Absatz 4). Der Anwendungsbereich dieser Bestimmung ist durch das RPflEntlG auf weitere Spruchkörper ausgeweitet worden (vgl. Entstehungsgeschichte). Diese Regelung ist verfassungsrechtlich unbedenklich. Es gibt keinen Verfassungsgrundsatz, daß im Kollegialgericht kein Richter mehr Stimmrecht als die übrigen Richter haben dürfe[7]. Für die Großen Senate und die Vereinigten Großen Senate des Bundesgerichtshofs enthält § 132 Abs. 6 S. 4 eine entsprechende Bestimmung. 7

Ob bei einem **Streit** zwischen den beiden Richtern **über die Abfassung des Urteils** eine erneute Beschlußfassung unter Einschluß der 1 erforderlich wird[8] oder ob hier ebenfalls die Meinung des Vorsitzenden nach Absatz 4 den Vorrang hat[9], ist streitig. Wegen der geringen praktischen Bedeutung des erweiterten Schöffengerichts war diese Frage bisher selten von Bedeutung. Seit dem Inkrafttreten des RpflEntlG stellt sich diese Frage jedoch auch für alle in der Hauptverhandlung mit 2 Richtern und 2 Schöffen besetzten Strafkammern[10]. Hier dürfte jedoch auch dann, wenn ein Vorsitzender Richter am Landgericht den Vorsitz führt, kein Anlaß zur Abweichung von der zu § 30 GVG vertretenen Auffassung bestehen. 8

5. Revision. Vgl. hierzu § 194, 22. 9

---

6 *Pfeiffer*[3] 3; KK-*Diemer*[4] 1; *Kissel*[3] 5.

7 *Kern* JZ **1959** 320; s. dazu auch *Kühne* DRiZ **1960** 391; *Kissel*[3] 6.

8 BVerwG NJW **1997** 1086; LR-*Siolek* § 30, 30; *Eb. Schmidt* § 29, 15; *Deisberg/Hohendorf* DRiZ **1984** 269; *Kissel*[3] 7.

9 *Kleinknecht/Meyer-Goßner*[45] 2; *Katholnigg*[3] § 29, 7 für das erweiterte Schöffengericht.

10 Also den reduzierten Großen Strafkammern nach § 76 Abs. 2 GVG, § 33b Abs. 2 JGG und der erweiterten Kleinen Strafkammer nach § 76 Abs. 3 S. 1 GVG.

§ 197

[1]Die Richter stimmen nach dem Dienstalter, bei gleichem Dienstalter nach dem Lebensalter, ehrenamtliche Richter und Schöffen nach dem Lebensalter; der jüngere stimmt vor dem älteren. [2]Die Schöffen stimmen vor den Richtern. [3]Wenn ein Berichterstatter ernannt ist, so stimmt er zuerst. [4]Zuletzt stimmt der Vorsitzende.

Schrifttum. *Kern* Die Reihenfolge der Abstimmung im Ratsgericht, ZAkadDR **1939** 562; *Mellinghoff* Fragestellung, Abstimmungsverfahren und Abstimmungsgeheimnis im Strafverfahren (1989); *Meyke* Entscheidungsfindung mit richtungsweisendem Vorsitzenden, DRiZ **1990** 287; *Michel* Beratung, Abstimmung und Beratungsgeheimnis, DRiZ **1992** 263.

Entstehungsgeschichte. VO vom 4. 1. 1924 § 20 Abs. 1 (RGBl. I 18). Durch Art. II Nr. 43 PräsVerfG ist in Satz 1 „Handelsrichter" durch „ehrenamtliche Richter" ersetzt und die Angabe „und Geschworene(n)" in Satz 1, 2 gestrichen worden. Bezeichnung bis 1924: § 199.

1 **1. Bedeutung.** § 197 regelt nur – im Gegensatz zur Beratung – die Abstimmung und bezweckt eine möglichst unabhängige Stimmabgabe[1]. Die Reihenfolge, in der die Mitglieder bei der Beratung ihre Meinung äußern, bestimmt der Vorsitzende (§ 194)[2]. Es dürfte sich aber für den Vorsitzenden empfehlen, auch in der Beratung zunächst Schöffen und Beisitzern Gelegenheit zur Äußerung zu geben[3].

2 **2. Dienstalter.** Zum Dienstalter der Berufsrichter siehe §§ 20, 144 DRiG; ein noch nicht auf Lebenszeit angestellter Richter stimmt vor den lebenslang angestellten Richtern ab[4]. **Lebensalter**: Sind zwei Schöffen an demselben Tag geboren, wird die Reihenfolge der Abstimmung durch Los bestimmt[5].

3 **3. Berichterstatter.** Berichterstatter sind auch die bei den Tatgerichten als künftige Verfasser des Urteilsentwurfs zum Berichterstatter bestellten Richter[6], nicht nur die Richter, die aufgrund einer gesetzlichen Vorschrift (vgl. §§ 324, 351 StPO)[7] zu dieser Tätigkeit bestellt worden sind. Dies ergibt sich schon daraus, daß das Gesetz das Vorhandensein eines Berichterstatters nicht voraussetzt – was es gekonnt hätte, wären nur die Fälle der §§ 324, 351 StPO gemeint gewesen –, sondern zur Voraussetzung macht („*Wenn* ein Berichterstatter *ernannt* ist, ..."). Ist der Vorsitzende selbst der Berichterstatter, so stimmt er zuletzt ab[8].

4 **4. Revision.** Eine Revision wegen Verletzung des § 197 erscheint nur möglich, wenn die Entscheidung selbst diesen Fehler erkennen läßt und darauf beruht[9]. Bei einem einstimmigen Votum dürfte dies im Regelfall auszuschließen sein.

---

[1] *Baumbach/Lauterbach-Albers*[59] 1; *MünchKomm-Wolf*[2] 1; *Wieczorek/Schütze-Schreiber*[3] 1.

[2] *Pfeiffer*[3] 1; KK-*Diemer*[4] 1; *Kissel*[3] 2. Zum Einfluß des Vorsitzenden in der Beratung vgl. *Meyke* DRiZ **1990** 287 ff.

[3] *Pfeiffer*[3] 1; KK-*Diemer*[4] 1.

[4] *Katholnigg*[3] 2; *Kissel*[3] 4; *Michel* DRiZ **1992** 264.

[5] *Hümmer* LZ **1918** 33; *Eb. Schmidt* 1; *KMR*[7] 1.

[6] *Kern* ZAkadDR **1939** 564, *Eb. Schmidt* 3; KK-*Diemer*[4] 1; *Katholnigg*[3] 4; *Kissel*[3] 2.

[7] So aber noch *K. Schäfer* in LR[23] unter Berufung auf den Bericht der Reichstagskommission von 1910, 3152.

[8] BVerwG BayVerwBl. **1980** 305; *Katholnigg*[3] 4; *Kissel*[3] 2.

[9] KK-*Diemer*[4] 1; *Katholnigg*[3] 5: Praktisch nur im Umlaufverfahren; Vgl. § 263, 19. *Kissel*[3] 7, § 196, 10, hält dagegen eine entsprechende Revision einschließlich einer Beweisaufnahme über das Abstimmungsergebnis, *MünchKomm-Wolf*[2] 6 sowie *Wieczorek/Schütze-Schreiber*[3] 6 halten auch eine Beweisaufnahme über die Abstimmreihenfolge für zulässig.

§ 198

§ 198 betr. Verpflichtung der Schöffen zur Wahrung des Beratungsgeheimnisses wurde durch § 85 Nr. 13 DRiG 1961 aufgehoben. Vgl. jetzt §§ 43, 45 Abs. 3 DRiG und § 193, 39 ff.

SIEBZEHNTER TITEL

Gerichtsferien

Der die Gerichtsferien regelnde Siebzehnte Titel wurde durch Gesetz vom 7. 3. 1935 (RGBl. I S. 253) aufgehoben, durch Art. 1 Nr. 79 des VereinhG 1950 wieder eingeführt und schließlich durch das Gesetz zur Abschaffung der Gerichtsferien vom 28. 10. 1996 (BGBl. I S. 1546) mit Wirkung zum 1. 1. 1997 erneut aufgehoben[1].

[1] Näher dazu DRiZ **1996** 428; *Feiber* NJW **1997** 160.

Einführungsgesetz zum Gerichtsverfassungsgesetz

vom 27. Januar 1877 (RGBl. S. 77)

in der im Bundesgesetzblatt Teil III, Gliederungsnummer 300-1, veröffentlichten bereinigten Fassung, zuletzt geändert durch Art. 1 des Justizmitteilungsgesetzes vom 18. 6. 1997 (BGBl. I S. 1430)

Vorbemerkungen

Das Einführungsgesetz zum Gerichtsverfassungsgesetz (EGGVG) war ursprünglich ein typisches Einführungsgesetz mit einer Reihe von Übergangsbestimmungen, in denen sich die Gerichts- und Staatsverfassung der siebziger Jahre des vorigen Jahrhunderts widerspiegelte. Vom ursprünglichen Inhalt des Gesetzes sind heute nur noch die Regelungen der §§ 2 bis 4 und der §§ 8 bis 10 aktuell. Deshalb hat das Gesetz aber nicht an Bedeutung verloren. Im Gegenteil: Es wurde in der jüngeren Vergangenheit vom Gesetzgeber wiederholt mit neuen und wichtigen Regelungsmaterien aufgefüllt. Die §§ 23 bis 30 über die Anfechtung von Justizverwaltungsakten gehen auf die Verwaltungsgerichtsordnung[1] zurück, die §§ 31 bis 38 über die Kontaktsperre auf das Kontaktsperregesetz[2] und die §§ 12 bis 22 über die verfahrensübergreifenden Mitteilungen vom Amts wegen auf das Justizmitteilungsgesetz[3]. Kleinere Neuerungen wie § 4 a und der neue § 6 kamen dazu. Dadurch hat sich der Charakter des Gesetzes völlig gewandelt. Es stellt sich heute überwiegend nicht mehr als Einführungsgesetz dar. Vielmehr vereinigt es verschiedene, untereinander und mit dem Recht des Gerichtsverfassungsgesetzes nur locker zusammenhängende Materien und ist damit zu einer Art Abstellplatz für justizbezogene, ansonsten nur schwer unterzubringende Regelungen mit verfahrensrechtlicher Prägung geworden.

[1] Vom 21. 1. 1960 (BGBl. I S. 17).
[2] Vom 30. 9. 1977 (BGBl. I S. 1877).
[3] Vom 18. 6. 1997 (BGBl. I S. 1430).

ERSTER ABSCHNITT

Allgemeine Vorschriften

§ 1

(betrifft Inkrafttreten des GVG, gegenstandslos)

§ 2

Die Vorschriften des Gerichtsverfassungsgesetzes finden nur auf die ordentliche streitige Gerichtsbarkeit und deren Ausübung Anwendung.

Übersicht

1. Anwendbarkeit auf die ordentliche streitige Gerichtsbarkeit

1 **a) Begriffsbestimmungen.** Die streitige Gerichtsbarkeit ist die Gerichtsbarkeit in bürgerlichen Rechtsstreitigkeiten und in Strafsachen. Die ordentliche streitige Gerichtsbarkeit ist die Gerichtsbarkeit, die von den ordentlichen Gerichten in diesen Rechtssachen ausgeübt wird[1]. Wegen des Begriffs der „ordentlichen Gerichte" vgl. § 12 GVG; zu den „Strafsachen" vgl. auch § 3 EGStPO.

2 **b)** Außer in Strafsachen im technischen Sinn, die die Durchsetzung des staatlichen Strafrechts zum Gegenstand haben, findet das Gerichtsverfassungsgesetz auch in Verfahren Anwendung, in denen es nicht um die den deutschen Strafverfolgungsbehörden obliegende Verfolgung einer Straftat, sondern um **verwandte Angelegenheiten** handelt, die wegen ihrer inneren Beziehung zu Strafsachen einer strafjustizförmigen Behandlung bedürfen. Hierher gehören insbesondere die Entscheidungen über die Zulässigkeit von Rechtshilfemaßnahmen nach dem Gesetz über die internationale Rechtshilfe in Strafsachen und das Verfahren wegen (nicht krimineller) Ordnungswidrigkeiten nach Maßgabe des Gesetzes über Ordnungswidrigkeiten. § 77 IRG erklärt die Vorschriften des Gerichtsverfassungsgesetzes für sinngemäß anwendbar, soweit es nicht selbst besondere Verfahrensvorschriften enthält. Eine entsprechende, auch für das Verfahren vor der Verwaltungsbehörde geltende Vorschrift enthält § 46 Abs. 1 OWiG. Bei der Anfechtung von Justizverwaltungsakten auf dem Gebiet der Strafrechtspflege nach §§ 23 ff ergibt sich die Anwendbarkeit des Gerichtsverfassungsgesetzes daraus, daß § 29 Abs. 2 die Vorschriften der Strafprozeßordnung über das Beschwerdeverfahren für sinngemäß anwendbar erklärt

---

[1] Mot 13, 97.

und damit zugleich die Vorschriften des Gerichtsverfassungsgesetzes; für die Anfechtung von Maßnahmen der Kontaktsperre gilt § 37 Abs. 4.

2. Anwendung in anderen Bereichen

a) Geltendes Recht. Das Gerichtsverfassungsgesetz hatte von vornherein, wie die Motive[2] es ausdrücken, einen „fragmentarischen" Charakter; seine Aufgabe war lediglich, die gemeinsamen Grundlagen für die gleichmäßige Anwendung der Prozeßordnungen wie der Straf- und der Zivilprozeßordnung zu schaffen. Diese aber regeln nur das Verfahren, das vor den ordentlichen Gerichten stattfindet, und demgemäß behandelt auch das Gerichtsverfassungsgesetz nur die ordentliche streitige Gerichtsbarkeit (Rdn. 1). Außerhalb des sachlichen Geltungsbereichs des Gerichtsverfassungsgesetzes lagen, historisch bedingt, die freiwillige Gerichtsbarkeit und insbesondere die Gerichtsbarkeit der Arbeits-, Verwaltungs-, Sozial- und Finanzgerichte. Die Rechtsentwicklung ist weitergegangen. Es ist hier aber nicht nachzuzeichnen, inwieweit das Gerichtsverfassungsgesetz für die freiwillige Gerichtsbarkeit gilt[3] und inwiefern in den Verfahrensgesetzen der anderen Zweige der Gerichtsbarkeit auf die Vorschriften des GVG ausdrücklich oder der Sache nach Bezug genommen wird[4]. 3

b) Gegenstand der Reformdiskussionen war und ist die Schaffung eines für alle Zweige der Gerichtsbarkeit möglichst einheitlich geltenden Gerichtsverfassungsrechts. Ein bedeutsamer Schritt auf diesem Wege war die Herausnahme der früher im Gerichtsverfassungsgesetz enthaltenen Vorschriften über das Richteramt und ihre Überführung in das Deutsche Richtergesetz, das die Rechtsverhältnisse der Richter aller Gerichtszweige regelt. 4

3. Einschränkungen des Geltungsbereichs. Im jugendgerichtlichen Verfahren haben die Vorschriften des Gerichtsverfassungsgesetzes nach § 2 JGG nur Geltung, soweit nicht dieses Gesetz selbst Bestimmungen trifft. Für das Verfahren wegen Steuerstraftaten bestimmt § 385 Abs. 1 AO, daß das GVG gilt, soweit die §§ 386 ff AO nichts anderes bestimmen. Auch § 46 Abs. 1 OWiG verweist auf das GVG nur insoweit, als das OWiG nichts anderes bestimmt. 5

4. Verhältnis des Gerichtsverfassungsgesetzes zu den Landesgesetzen. Die Motive[5] bemerken, daß wegen des „fragmentarischen" Charakters des Gerichtsverfassungsgesetzes die Landesgesetzgebung berufen sei, das Reichsrecht in erheblichem Umfang zu ergänzen. Das gilt nur für Gegenstände, die im Gerichtsverfassungsgesetz entweder überhaupt nicht oder nur in der Art geregelt sind, daß die Bestimmungen des Gerichtsverfassungsgesetzes einen von der Landesgesetzgebung auszufüllenden Rahmen darstellen. Das ist z. B. der Fall bei den Bestimmungen über das Amt der Staatsanwaltschaft[6]. Im übrigen hat aber die Landesgesetzgebung die Befugnis, das Gerichtsverfassungsgesetz zu ergänzen, nur insoweit, als sie ihr ausdrücklich beigelegt ist (vgl. z. B. § 34 Abs. 2 GVG). Das gilt namentlich von allen Bestimmungen, die, wie Titel 14 bis 16 des Gerichtsverfassungsgesetzes, keinen eigentlich „organisatorischen", sondern einen verfahrensrechtlichen Inhalt haben und nur aus Gründen der Zweckmäßigkeit aus den Prozeßordnungen ausgeschieden worden sind. Diese rein äußerliche Abtrennung verfahrensrechtlicher Gegenstände von dem übrigen Prozeßrecht kann sachlich keinen Unterschied begründen; vielmehr sind für das Verhältnis des Bundesrechts zum Landesrecht die ver- 6

---

2 Mot. S. 14; s. auch Einl. E 10.
3 Dazu *Kissel* 2 ff.
4 *Kissel* 14 ff.
5 Mot. S. 97.
6 S. die Erl. Vor § 141 GVG (24. Aufl. Rdn. 1).

fahrensrechtlichen Bestimmungen des Gerichtsverfassungsgesetzes mit den Vorschriften der Prozeßordnungen auf eine Linie zu stellen; mithin gilt auch für sie der Grundsatz des § 6 EGStPO. Auch ist es selbstverständlich, daß Zweifel oder Meinungsverschiedenheiten, zu denen die Bestimmungen des Gerichtsverfassungsgesetzes Anlaß geben, nicht durch die Landesgesetzgebung entschieden werden können. In allen Ländern bestehen Bestimmungen zur Ausführung des Gerichtsverfassungsgesetzes.

§ 3

(1) [1]Die Gerichtsbarkeit in bürgerlichen Rechtsstreitigkeiten und Strafsachen, für welche besondere Gerichte zugelassen sind, kann den ordentlichen Landesgerichten durch die Landesgesetzgebung übertragen werden. [2]Die Übertragung darf nach anderen als den durch das Gerichtsverfassungsgesetz vorgeschriebenen Zuständigkeitsnormen erfolgen.

(2) Auch kann die Gerichtsbarkeit letzter Instanz in den vorerwähnten Sachen auf Antrag des betreffenden *Bundesstaates* mit Zustimmung des *Bundesrats* durch *Kaiserliche* Verordnung dem Bundesgerichtshof übertragen werden.

(3) Insoweit für bürgerliche Rechtsstreitigkeiten ein von den Vorschriften der Zivilprozeßordnung abweichendes Verfahren gestattet ist, kann die Zuständigkeit der ordentlichen Landesgerichte durch die Landesgesetzgebung nach anderen als den durch das Gerichtsverfassungsgesetz vorgeschriebenen Normen bestimmt werden.

Entstehungsgeschichte. Aufgrund Art. 8 III Nr. 88 VereinhG 1950[1] wurde in Absatz 2 das Wort „Reichsgericht" durch das Wort „Bundesgerichtshof" ersetzt.

1 **1. Übertragung der Aufgaben zugelassener Sonderstrafgerichte auf die ordentlichen Gerichte.** Die Absätze 1 und 2 setzen voraus, daß für Strafsachen besondere Gerichte bundesrechtlich zugelassen sind und durch die Landesgesetzgebung solche Sondergerichte auch errichtet worden sind. Da es solche Gerichte nicht gibt[2], ist § 3 Abs. 1, 2 ebenso wie der ergänzende § 3 Abs. 2 EGStPO für Strafsachen obsolet.

2 **2.** Absatz 2 ist durch **Art. 99 GG** überholt, der bestimmt, daß durch Landesgesetz dem Bundesgerichtshof die Entscheidung letzter Instanz in solchen Sachen zugewiesen werden kann, bei denen es sich um die Anwendung von Landesstrafrecht handelt. Der Landesgesetzgeber kann z. B. bestimmen, daß auch in den Fällen des § 121 Abs. 1 Nr. 1 Buchst. c GVG über die ausschließlich auf die Verletzung von Landesrecht gestützten Revisionen der Bundesgerichtshof entscheidet. Aus Art. 99 GG ergibt sich nicht, daß die letztinstanzliche Entscheidung durch den Bundesgerichtshof bei Anwendung von Landesrecht nur durch den Landesgesetzgeber begründet werden könnte[3]. Die Gesetzgebungskompetenz des Bundes auf dem Gebiet des Gerichtsverfassungsrechts umfaßt auch das Recht, durch Bundesgesetz den Bundesgerichten die Nachprüfung von Landesrecht zu übertragen. Die Bedeutung des Art. 99 GG besteht darin, daß eine solche Befugnis auch dem Landesgesetzgeber zugesprochen wird[4].

---

[1] Vom 12. 9. 1950 (BGBl. I S. 455).

[2] Zu den Rheinschiffahrts- und Moselschiffahrtsgerichten vgl. die Erl. zu § 14 GVG (24. Aufl. Rdn. 7 ff).

[3] BAG JZ **1958** 252; BGH NJW **1962** 2348.

[4] BVerfGE **10** 285; BGHZ **6** 152; BAG JZ **1958** 252; *Maunz* in: Maunz/Dürig Art. 99, 20 GG.

§ 4

[1]Durch die Vorschriften des Gerichtsverfassungsgesetzes über die Zuständigkeit der Behörden wird die Landesgesetzgebung nicht gehindert, den betreffenden Landesbehörden jede andere Art der Gerichtsbarkeit sowie Geschäfte der Justizverwaltung zu übertragen. [2]Andere Gegenstände der Verwaltung dürfen den ordentlichen Gerichten nicht übertragen werden.

1. § 4 hat eine **doppelte Bedeutung**. Er stellt (Satz 1) zunächst klar, daß die Regelung des Gerichtsverfassungsgesetzes über Zuständigkeit und Aufgabenbereich der ordentlichen Gerichte und der Staatsanwaltschaft (der „betreffenden Landesbehörden") keine abschließende ist, sondern der Landesgesetzgebung Raum läßt, den ordentlichen Gerichten weitere, aus dem Landesrecht sich ergebende Rechtsprechungsaufgaben („jede andere Art der Gerichtsbarkeit") zu übertragen. Insoweit ist die Bedeutung der Vorschrift heute gering, nachdem in der seit dem Inkrafttreten des Gerichtsverfassungsgesetzes verstrichenen Zeit der Reichs- und Bundesgesetzgeber, letzterer in Ausübung seiner konkurrierenden Gesetzgebungszuständigkeit, auf dem Gebiet der Gerichtsverfassung und des gerichtlichen Verfahrens nach Art. 74 Nr. 1 GG, für alle praktisch bedeutsamen Gebiete Rechtswegvorschriften erlassen hat. Ein Beispiel für eine entsprechende Übertragung ist die der Berufsgerichtsbarkeit für die Heilberufe oder die Architekten[1]. Ferner (Satz 2) besagt § 4, daß es dem Landesrecht freistehe, den Gerichten und Staatsanwaltschaften **Justizverwaltungsgeschäfte** zu übertragen. Gleichzeitig verbietet er die Übertragung anderer Verwaltungsgeschäfte auf die ordentlichen Gerichte, untersagt also, daß die ordentlichen Gerichte gleichzeitig als Verwaltungsbehörden tätig werden. Das ergibt sich heute auch aus dem Verfassungsgrundsatz der Gewaltenteilung, so daß § 4 seine Bedeutung insoweit verloren hat. Für die Staatsanwaltschaften gilt das Verbot des Satzes 2 nicht[2]. 1

2. Daß die **Bundesgesetzgebung** den ordentlichen Gerichten jede Art von Gerichtsbarkeit übertragen kann, ist selbstverständlich. Jedoch findet das Bundesrecht eine Begrenzung seiner Befugnis, durch einfaches Bundesgesetz den ordentlichen Gerichten Aufgaben der Gerichtsbarkeit zu übertragen, darin, daß nach Art. 95 Abs. 1 GG für die Verwaltungs-, Finanz-, Arbeits- und Sozialgerichtsbarkeit oberste Bundesgerichte zu errichten sind, deren letztinstanzliche Entscheidungszuständigkeit durch einfaches Bundesgesetz nicht ausgeschlossen werden kann. 2

3. Geschäfte der **Justizverwaltung**. Über den Begriff der Justizverwaltung und die Abgrenzung der Justizverwaltung gegenüber der Rechtsprechung („der Gerichtsbarkeit" i. S. des § 4) vgl. Einl. B 29 ff. Die Abgrenzung kann im Einzelfall zweifelhaft sein. Maßgebend ist nicht die gesetzliche Bezeichnung, sondern der materielle Inhalt, der Charakter der entsprechenden Tätigkeit[3]. Schwierig kann auch die Abgrenzung von Justizverwaltung zu sonstiger Verwaltungstätigkeit sein. Zur Justizverwaltung gehört nicht nur die Verwaltung der Gerichte und Staatsanwaltschaften im engeren Sinn, also das Personalwesen einschließlich Aus- und Fortbildung, die Haushaltsangelegenheiten mit Bau- und Beschaffungswesen, die Organisation einschließlich der EDV, ferner das Prüfungswesen, sondern auch weitere herkömmlich der Justizverwaltung zugerechnete Aufgaben, so auch Repräsentation und Öffentlichkeitsarbeit. Ein wichtiger Teil der Justizverwaltung ist die Dienstaufsicht über Gerichte und Richter sowie über die Staatsanwaltschaften; dabei ist 3

[1] Vgl. Art. 62 BayHeilberufe-KammerG sowie Art. 36 BayArchitektenG.

[2] Dazu kritisch *Katholnigg* 3: „Rechtspolitisch bedenklich"; ähnlich *Kissel* 3: „Nicht wünschenswert".

[3] RGZ **82** 39, 43; *Kissel* § 12, 84 GVG; *Katholnigg* 2.

§ 151 Satz 1 GVG zu beachten. Auch die Stellungnahme zu Gesetzentwürfen oder zu sonst beabsichtigten Regelungen im Bereich der Justiz ist eine Tätigkeit der Justizverwaltung, die den Gerichten übertragen werden kann. Die Aufgaben der Justizverwaltung werden von den Leitern der Gerichte und der Staatsanwaltschaften und von den durch sie herangezogenen Richtern und Beamten wahrgenommen (§ 13 GVGVO)[4]. Diese sind in ihrer Verwaltungstätigkeit weisungsgebunden. Nur zum Teil, nämlich soweit thematisch die Voraussetzungen des § 23 gegeben sind, sind die im Rahmen der Justizverwaltung getroffenen Maßnahmen mit dem Antrag auf gerichtliche Entscheidung zum Oberlandesgericht anfechtbar. Im übrigen ist, soweit nach Art. 19 Abs. 4 GG Rechtsschutz geboten ist, der Verwaltungsrechtsweg eröffnet (vgl. § 23, 32).

4 **4. Wahrnehmung von Verwaltungsaufgaben durch den einzelnen Richter.** Nicht geregelt ist in § 4, inwieweit der einzelne Richter außer seiner Rechtsprechungstätigkeit Verwaltungsaufgaben wahrnehmen darf; die Regelung dieser Frage sollte dem Landesrecht überlassen bleiben[5]. Diese Lücke ist bundesrechtlich durch § 4 DRiG ausgefüllt. Nach § 4 Abs. 1 DRiG darf ein Richter nicht zugleich Rechtsprechungs- und Verwaltungsaufgaben wahrnehmen. § 4 Abs. 2 DRiG läßt aber zu, daß Richter insbesondere Aufgaben der Gerichtsverwaltung, ferner Aufgaben der Forschung und Lehre an wissenschaftlichen Hochschulen, öffentlichen Unterrichtsanstalten sowie amtlichen Unterrichtseinrichtungen und Prüfungsangelegenheiten wahrnehmen. Wegen der Einzelheiten der Abgrenzung wird auf die Erläuterungswerke zum Deutschen Richtergesetz Bezug genommen[6]. Wegen der Zuständigkeit zur Ausübung der Dienstaufsicht und der Heranziehung zu Justizverwaltungsgeschäften vgl. §§ 13 ff GVGVO.

§ 4 a

(1) Die Länder Berlin und Hamburg bestimmen, welche Stellen die Aufgaben erfüllen, die im Gerichtsverfassungsgesetz den Landesbehörden, den Gemeinden oder den unteren Verwaltungsbezirken sowie deren Vertretungen zugewiesen sind.

(2) Das Land Berlin kann unbeschadet der in § 141 des Gerichtsverfassungsgesetzes getroffenen Regelung durch Gesetz bei dem Landgericht eine weitere Staatsanwaltschaft einrichten, wenn dies aus besonderen Gründen erforderlich ist.

Entstehungsgeschichte. Absatz 1 wurde eingefügt durch Art. 7 Abs. 1 des RpflVereinfG vom 17. 12. 1990[1]. Absatz 2 wurde angefügt durch Art. 9 des Gesetzes vom 24. 6. 1994[2].

1 **1. Absatz 1** dient der Klarstellung. Die Stadtstaaten Berlin und Hamburg sind nicht in Gemeinden gegliedert; ihr Verwaltungsaufbau weicht von der im Gerichtsverfassungsgesetz vorausgesetzten Gliederung teilweise ab. Um Unklarheiten, insbesondere bei der Anwendung der Bestimmungen über die Vorbereitung der Schöffenwahl (§§ 36 ff GVG), zu vermeiden, sollen die beiden Stadtstaaten bestimmen, welche Stellen bei ihnen die Aufgaben erfüllen, die das Gerichtsverfassungsgesetz den Gemeinden oder den unteren

---

[4] Vom 20. 3. 1935 (BGBl. III 300-5).
[5] Mot. S. 98.
[6] Vgl. *Schmidt-Räntsch* § 4, 16 ff DRiG.

[1] BGBl. I S. 2847.
[2] BGBl. I S. 1374.

Verwaltungsbezirken sowie deren Vertretungen zuweist[3]. Dies wird durch Rechtssatz zu geschehen haben[4].

2. Absatz 2 ermächtigt das Land Berlin, bei dem Landgericht Berlin eine weitere (zweite) Staatsanwaltschaft zu errichten, wenn dies aus besonderen Gründen erforderlich ist. Damit sollte der besonderen Belastung der Berliner Staatsanwaltschaft durch die strafrechtliche Aufarbeitung der Regierungskriminalität in der früheren DDR Rechnung getragen werden. Es erwies sich als zweckmäßig, die damit zusammenhängenden Aufgaben organisatorisch zu verselbständigen[5]. Auf Antrag Berlins[6] hat der Bundesgesetzgeber das Land Berlin zu einer entsprechenden Regelung ermächtigt. Berlin hat in § 8 Abs. 2 des Berliner AGGVG davon Gebrauch gemacht. 2

§ 5

(betrifft die Landesherren und die Mitglieder der landesherrlichen Familien, gegenstandslos)

§ 6

(1) Vorschriften über die Wahl oder Ernennung ehrenamtlicher Richter in der ordentlichen Gerichtsbarkeit einschließlich ihrer Vorbereitung, über die Voraussetzung hierfür, die Zuständigkeit und das dabei einzuschlagende Verfahren sowie über die allgemeinen Regeln über Auswahl und Zuziehung dieser ehrenamtlichen Richter zu den einzelnen Sitzungen sind erstmals auf die erste Amtsperiode der ehrenamtlichen Richter anzuwenden, die nicht früher als am ersten Tag des auf ihr Inkrafttreten folgenden zwölften Kalendermonats beginnt.

(2) Vorschriften über die Dauer der Amtsperiode ehrenamtlicher Richter in der ordentlichen Gerichtsbarkeit sind erstmals auf die erste nach ihrem Inkrafttreten beginnende Amtsperiode anzuwenden.

Entstehungsgeschichte. Die Vorschrift wurde in ihrer heutigen Fassung eingefügt durch Art. 3 des Strafverfahrensänderungsgesetzes 1987[1].

1. Grundgedanke. Die Vorschrift soll die Gesetzgebung bei zukünftigen Änderungen im Recht der ehrenamtlichen Richter der ordentlichen Gerichtsbarkeit dadurch einfacher und berechenbarer machen, daß anstelle jeweils im Kontext des Änderungsgesetzes zu treffender Übergangsregelungen eine allgemeine Übergangsvorschrift sozusagen vor die Klammer gezogen wird[2]. 1

2. Anwendungsbereich des Absatzes 1. Diese Vorschrift gilt für alle ehrenamtlichen Richter in der ordentlichen Gerichtsbarkeit und damit insbesondere auch für die Schöffen. Neue gesetzliche Vorschriften über die Wahl der Schöffen, die Vorbereitung der Schöf- 2

[3] BTDrucks. **11** 3621 S. 58.

[4] *Kissel* zu § 4 a; *Katholnigg* 1: Maßgebend das Landesverfassungsrecht.

[5] BTDrucks. **12** 6915 S. 4.

[6] BRDrucks. 17/94.

[1] Vom 21. 1. 1987 (BGBl. I S. 475).

[2] *Kissel* 1; MünchKomm-*Wolf* 1; *Zöller/Gummer* 1; *Katholnigg* 1; *Kleinknecht/Meyer-Goßner*[43] 1.

fenwahl, die Voraussetzungen hierfür, die Zuständigkeit und das dabei einzuschlagende Verfahren sowie über die allgemeinen Regeln über Auswahl und Zuziehung der Schöffen zu den einzelnen Sitzungen gelten danach nicht für Schöffen, die bei Inkrafttreten der Regelung schon im Amt sind. Sie gelten immer erst für die Schöffen, die in der nächsten Wahlperiode das Schöffenamt bekleiden und auch das nur, wenn die nächste Amtsperiode nicht früher als am ersten Tag des auf das Inkrafttreten des Änderungsgesetzes folgenden zwölften Kalendermonats beginnt; andernfalls gelten die neuen Regelungen erst für die übernächste Wahlperiode. Es gilt also eine „Schutzfrist" von 11 bis 12 Monaten, die sicherstellen soll, daß eine ausreichende Vorbereitung möglich ist[3].

3 Nach dem Wortlaut des Absatzes 1 gelten die neuen Vorschriften nur, wenn die **erste Amtsperiode** der Schöffen nach Ablauf der Schutzfrist beginnt. Wird der Schöffe wiedergewählt, handelt es sich also um seine zweite Amtsperiode, würde danach auf ihn das neue Recht keine Anwendung finden[4]. Das mag allenfalls sinnvoll sein, soweit es um die Voraussetzungen einer Berufung zum Schöffen (§§ 32 bis 34 GVG) geht. Es ist nicht zweckmäßig, soweit es sich um Vorschriften handelt, die das Verfahren der Schöffenwahl und die Heranziehung der Schöffen zu den einzelnen Sitzungen betreffen. Es ist schwer vorstellbar, daß in diesen Fällen zweierlei Recht für die erstmalig zu berufenden Schöffen und für die wiederzuwählenden gelten soll. Es findet sich in der Entwurfsbegründung[5] auch kein Hinweis, daß Derartiges gewollt war. Durch eine Klarstellung bei zukünftigen Änderungen im Schöffenrecht, die als späteres Gesetz der Regelung in § 6 vorgehen, wird dem Rechnung zu tragen sein.

4 **3. Absatz 2** bestimmt, daß neue Vorschriften über die Dauer der Amtsperiode erstmals auf die nächste Amtsperiode anzuwenden sind. Hier gilt keine Schutzfrist.

§ 7

(betrifft Militärgerichtsbarkeit sowie den Standesherren gewährte Austräge, gegenstandslos)

§ 8

(betrifft bürgerliche Rechtsstreitigkeiten)

§ 9

[1]**Durch die Gesetzgebung eines Landes, in dem mehrere Oberlandesgerichte errichtet werden, können die zur Zuständigkeit der Oberlandesgerichte gehörenden Entscheidungen in Strafsachen oder in Verfahren nach dem Gesetz über die internationale Rechtshilfe in Strafsachen ganz oder teilweise ausschließlich einem der mehreren Oberlandesgerichte oder an Stelle eines solchen Oberlandesgerichts dem**

[3] *Katholnigg* 2; *Kleinknecht/Meyer-Goßner*[43] 2.
[4] MünchKomm-*Wolf* 2.
[5] BTDrucks **10** 1313 S. 56.

Obersten Landesgericht zugewiesen werden. ²Dem Obersten Landesgericht können auch die zur Zuständigkeit eines Oberlandesgerichts nach § 120 des Gerichtsverfassungsgesetzes gehörenden Entscheidungen zugewiesen werden.

Entstehungsgeschichte. § 9 wurde geändert durch Art. III des Gesetzes vom 17. 5. 1898[1]. § 21 Abs. 2 Nr. 3 DVO vom 13. 3. 1940[2] zur ZuständigkeitsVO vom 21. 2. 1940[3] hob die Bestimmung auf. Die jetzige Fassung des Satzes 1 beruht auf Art. 1 II Nr. 82 VereinhG 1950 vom 12. 9. 1950[4], Art. 4 des 20. StrÄndG vom 8. 12. 1981[5] und § 79 IRG vom 23. 12. 1982[6]. Satz 2 wurde angefügt durch Art. 4 Nr. 1 des StaatsschStrafsG vom 8. 9. 1969[7].

Übersicht

1. Allgemeine Bedeutung. Ursprünglich hatte die Regelung nur für Bayern und Preußen Bedeutung, da nur in diesen beiden Ländern mehrere Oberlandesgerichte bestanden. Heute betrifft die Regelung Baden-Württemberg, Bayern, Niedersachsen, Nordrhein-Westfalen und Rheinland-Pfalz. Durch Satz 1 soll die Möglichkeit gegeben werden, die Einheitlichkeit der Rechtsprechung in Strafsachen auf dem Gebiet eines Landes durch eine Zuständigkeitskonzentration zu fördern. Gedacht war dabei ursprünglich vor allem an eine einheitliche Auslegung des Landesstrafrechts. Dieser Aspekt ist mit der Ausweitung des Reichs- und Bundesstrafrechts zurückgetreten. 1898 trat neben die Möglichkeit der Konzentration bei einem von mehreren Oberlandesgerichten die der Zuweisung an ein Oberstes Landesgericht. Die Einfügung der Worte „ganz oder teilweise" durch das 20. StrÄndG erlaubt sachlich eine Teilkonzentration. Durch das IRG wurden die Verfahren nach diesem Gesetz in die Konzentrationsermächtigung einbezogen. Die Schaffung des Satzes 2 beruht darauf, daß § 120 GVG für die dort bezeichneten Entscheidungen die Zuständigkeit des Hauptstadtoberlandesgerichts begründet, eine Konzentration gemäß § 9 Satz 1, der von der Zuständigkeit mehrerer Oberlandesgerichte innerhalb eines Landes ausgeht, also nicht möglich gewesen wäre. Es bedurfte deshalb einer Vorschrift, die es in Bayern gestattet, statt der Zuständigkeit des Oberlandesgerichts München die des Bayerischen Obersten Landesgerichts (Rdn. 2) zu begründen. 1

2. Das Bayerische Oberste Landesgericht. Ein Oberstes Landesgericht bestand und besteht nur in Bayern. Anknüpfend an die Tradition des 1625 gegründeten „Revisoriums" und des späteren Oberappellationsgerichts in München wurde das Oberste Landesgericht unter dieser Bezeichnung durch Art. 42 AGGVG vom 23. 2. 1879[8] in Verb. mit VO vom 2. 4. 1879[9] errichtet. Im Zuge der Verreichlichung der Justiz durch VO vom 19. 3. 1935[10] aufgehoben, wurde es durch Gesetz vom 11. 5. 1948[11] wiedererrichtet. Seine Organisation 2

[1] RGBl. S. 252.
[2] RGBl. I S. 489.
[3] RGBl. I S. 405.
[4] BGBl. I S. 455.
[5] BGBl. I S. 1329.
[6] BGBl. I S. 2071.
[7] BGBl. I S. 1582.
[8] GVBl. S. 273.
[9] GVBl. S. 356.
[10] RGBl. I S. 383; zu dieser auch Einl. E 53.
[11] GVBl. S. 83.

und Zuständigkeit sind in Art. 10 und 11 des BayAGGVG vom 23. 6. 1981[12], zuletzt geändert durch Gesetz vom 26. 7. 1995[13], geregelt[14]. Das Oberste Landesgericht ist den bayerischen Oberlandesgerichten in Strafsachen (anders als im Falle des § 8[15]) nicht übergeordnet, sondern steht neben diesen und tritt nur in bestimmten Fällen an ihre Stelle. Es kann nur solche Aufgaben wahrnehmen, für die nach Bundesrecht die Zuständigkeit eines Oberlandesgerichts begründet ist[16].

3. Umfang der Zuweisung

3 **a) Begriff der Strafsachen.** Zu den „Strafsachen" i. S. des Satzes 1 gehören die Jugendstrafsachen nach dem JGG, aber auch die Bußgeldsachen nach dem OWiG[17]. Sie sind zwar keine Strafsachen im technischen Sinn, da nicht die Aburteilung von Straftaten in Frage steht, müssen aber, da sie sich historisch aus den Strafsachen entwickelt haben, diesen bei der Anwendung von Gesetzen aus früherer Zeit, die von der Betrachtung aller staatlich geahndeten Gesetzesverletzungen als Straftaten ausgehen, gleich geachtet werden[18]. Demgemäß kann auch die Entscheidung über die Rechtsbeschwerden nach §§ 79, 80 OWiG konzentriert werden; dies ist in Bayern durch Art. 11 Abs. 2 Nr. 3 AGGVG geschehen. Für Kartellordnungswidrigkeiten gilt § 93 GWB.

4 **b) Entscheidungen in Strafsachen.** In der ursprünglichen Fassung sprach Satz 1 nur von der Verhandlung und Entscheidung über „Revisionen und Beschwerden". Daraus wurde gefolgert[19], daß die Möglichkeit einer Zuweisung bei den sonstigen durch GVG und StPO den Oberlandesgerichten zugewiesenen Entscheidungen ausgeschlossen sei. Deshalb hat das VereinhG klargestellt, daß grundsätzlich alle den Oberlandesgerichten in Strafsachen zugewiesenen Entscheidungen konzentrationsfähig sind[20]. Nicht konzentrationsfähig ist freilich die Bestimmung des zuständigen Gerichts, wenn die in Betracht kommenden Gerichte verschiedenen Oberlandesgerichtsbezirken eines Landes angehören. Denn in diesen Fällen ist nicht das Oberlandesgericht und deshalb auch nicht das Konzentrationsoberlandesgericht oder das Oberste Landesgericht zuständig, sondern der Bundesgerichtshof[21]. Dagegen ist im gerichtlichen Bußgeldverfahren das Bayerische Oberste Landesgericht nach Art. 11 Abs. 2 Nr. 3 AGGVG (Rdn. 2, 6) gemeinschaftliches oberes Gericht über die bayerischen Amtsgerichte, auch wenn sie verschiedenen Oberlandesgerichtsbezirken angehören, da hier eine verfahrensrechtliche Zuständigkeit des Bundesgerichtshofs nicht gegeben ist[22].

5 **c) Teilweise Konzentration.** In den Fällen des Satzes 1 ist, nachdem die Worte „ganz oder teilweise" eingefügt wurden (oben Rdn. 1), auch eine Teilkonzentration zulässig. Der Gesetzgeber wollte damit ermöglichen, auch nur die Entscheidungen über Beschwerden gegen Entscheidungen der Strafvollstreckungskammer, gegebenenfalls auch nur die Entscheidungen, die Fälle von lebenslanger Freiheitsstrafe betreffen, zu konzentrieren[23]. In den Fällen des Satzes 2 ist dagegen nur eine Vollübertragung zulässig, wie sich im Gegen-

---

[12] BayRS 300 – 1 – 1 – J.

[13] GVBl. S. 392.

[14] Dazu *Jaeger* DJZ **1911** 402; *Wehrmann* DRiZ **1961** 309; *Gerner* NJW **1975** 720; *Hillermeier* BayVBl. **1975** 182; *Kalkbrenner* BayVBl. **1975** 184; *Schäfer* BayVBl. **1975** 192; *Haegele* Rpfleger **1975** 113; *Herbst* (Hrsg.) Das Bayerische Oberste Landesgericht. Geschichte und Gegenwart (1993).

[15] Vgl. BGHZ **17** 176, 179.

[16] BGHSt **11** 80.

[17] *Kissel* 2; *Katholnigg* 2; *Kleinknecht/Meyer-Goßner*[43] 1.

[18] BayObLG NJW **1961** 186 Nr. 19.

[19] Vgl. LR[19] 2 mit Nachw.

[20] *Kissel* 2; *Katholnigg* 2.

[21] BGHSt **11** 80; BGH bei *Holtz* MDR **1976** 634; BayObLG NJW **1957** 1566; *Kissel* 3; *Katholnigg* 1; *Kleinknecht/Meyer-Goßner*[43] 1.

[22] BayObLG NJW **1957** 1810; **a. A** *Katholnigg* 1.

[23] BTDrucks. **9** 450 S. 9; *Kissel* 3; *Katholnigg* 1.

schluß aus dem Wortlaut des Satzes 1 ergibt, also einschließlich der Beschwerden nach § 120 Abs. 4 GVG[24].

4. Aus den landesrechtlichen Zuweisungen ist hervorzuheben: 6

a) In **Bayern** sind durch Artikel 11 Abs. 2 AGGVG dem Bayerischen Obersten Landesgericht in Strafsachen die folgenden nach Bundesrecht den Oberlandesgerichten obliegenden Aufgaben zugewiesen: 1. Die Entscheidungen nach § 120 GVG; 2. die Entscheidung über die Revisionen in Strafsachen; 3. die Entscheidung über die Rechtsbeschwerden aufgrund des Wirtschaftstrafgesetzes, des Gesetzes über Ordnungswidrigkeiten oder einer anderen Vorschrift, die hinsichtlich des Verfahrens auf die Bestimmungen dieser Gesetze verweist; 4. die Entscheidung über die Bestätigung einer Feststellung nach § 35 und die Entscheidung über die Rechtmäßigkeit einzelner Maßnahmen nach § 37 in Fällen der Kontaktsperre.

b) Wegen Teilkonzentrationen in **anderen Ländern** vgl. für Baden-Württemberg § 44 7
AGGVG, für Niedersachsen das Gesetz über die Zuständigkeit des Oberlandesgerichts Celle für Beschwerdeentscheidungen über die Aussetzung der Vollstreckung lebenslanger Freiheitsstrafe vom 17. 6. 1982[25], für Nordrhein-Westfalen das Gesetz zur Übertragung von Beschwerdeentscheidungen über die Aussetzung des Strafrestes bei lebenslanger Freiheitsstrafe auf das Oberlandesgericht Hamm vom 6. 4. 1982[26] und für Rheinland-Pfalz § 4 Abs. 3 Nr. 1 GerichtsOrgG.

c) Im **früheren Preußen** war durch Art. 50 PrAGGVG vom 24. 4. 1878 i. d. F des 8
Gesetzes vom 5. 11. 1925[27] die Entscheidung über Revisionen in Strafsachen bei dem Kammergericht konzentriert, soweit die Revision auf die Verletzung einer in Landesgesetzen enthaltenen Regelung gestützt wurde. Ziel war es, die einheitliche Anwendung des Landesrechts sicherzustellen; die einheitliche Anwendung des Reichsrechts sah man durch das Reichsgericht gewährleistet. Das Kammergericht war kein Oberstes Landesgericht, sondern ein Oberlandesgericht und führte den traditionsreichen Namen aus historischen Gründen fort[28].

5. Ergänzende Vorschriften. Weitere Konzentrationsermächtigungen enthalten § 25 9
Abs. 2, § 35 Satz 2 Halbsatz 2 sowie § 37 Abs. 4, ferner § 121 Abs. 3 GVG. Vgl. außerdem § 4 des Gesetzes über das gerichtliche Verfahren in Binnenschiffahrtssachen. Eine über die Landesgrenzen hinausgreifende Konzentration läßt etwa § 120 Abs. 5 Satz 2 GVG zu, ebenso § 93 Abs. 2 GWB.

§ 10

(1) Die allgemeinen sowie die in § 116 Abs. 1 Satz 2, §§ 124, 130 Abs. 1 und § 181 Abs. 1 enthaltenen besonderen Vorschriften des Gerichtsverfassungsgesetzes finden auf die obersten Landesgerichte der ordentlichen Gerichtsbarkeit entsprechende Anwendung; ferner sind die Vorschriften der §§ 132, 138 des Gerichtsverfassungsgesetzes mit der Maßgabe entsprechend anzuwenden, daß durch Landesgesetz die Zahl der Mitglieder der Großen Senate anderweitig geregelt oder die Bildung eines einzigen Großen Senats angeordnet werden kann, der aus dem Präsidenten und minde-

[24] BGHSt **28** 103; *Kissel* 4; *Katholnigg* 3.
[25] GVBl. Nds. S. 195.
[26] GVBl. NW S. 170.
[27] GS S. 155.
[28] Vgl. LR[19] § 12, 2 GVG.

stens acht Mitgliedern zu bestehen hat und an die Stelle der Großen Senate für Zivilsachen und für Strafsachen sowie der Vereinigten Großen Senate tritt.

(2) Die Besetzung der Senate bestimmt sich in Strafsachen, in Grundbuchsachen und in Angelegenheiten der freiwilligen Gerichtsbarkeit nach den Vorschriften über die Oberlandesgerichte, im übrigen nach den Vorschriften über den Bundesgerichtshof.

Entstehungsgeschichte. Die jetzt geltende Fassung beruht auf Art. 1 II Nr. 83 VereinhG 1950 vom 12. 9. 1950. Absatz 1 erster Halbsatz wurde neu gefaßt durch Gesetz vom 26. 5. 1972 (PräsVerfG), Abs. 1 zweiter Halbsatz durch Gesetz vom 17. 12. 1990 (RpflVereinfG).

1 **1. Anwendbare Vorschriften (Absatz 1).** Neben den „allgemeinen" Vorschriften des GVG, die nicht die Verfassung der einzelnen Gerichte betreffen, gelten nach Absatz 1 Halbsatz 1 auch die „besonderen" Vorschriften der §§ 116 Abs. 1 Satz 2, §§ 124, 130 Abs. 1 und § 181 Abs. 1 GVG, und zwar unabhängig davon, ob das Oberste Landesgericht anstelle des Bundesgerichtshofs oder anstelle des Oberlandesgerichts entscheidet. Letzteres ist in Strafsachen der Fall (§ 9, 2). Nach Absatz 1 Halbsatz 2 gelten auch die Bestimmungen der §§ 132, 138 GVG über die Großen Senate und die Vereinigten Großen Senate; doch hat der Landesgesetzgeber insoweit die Möglichkeit modifizierender Regelung. Er kann die Zahl der Mitglieder der Großen Senate abweichend von § 132 Abs. 5 Satz 1 GVG regeln. Davon ist in Bayern durch Art. 11 Abs. 4 AGGVG Gebrauch gemacht worden; der Große Senat für Strafsachen besteht nach dieser Regelung aus dem Präsidenten und je einem Mitglied der Strafsenate. Auch könnte der Landesgesetzgeber bestimmen, daß anstelle der Großen Senate in Zivil- und Strafsachen und der Vereinigten Großen Senate ein einziger Großer Senat tritt. Es fehlt eine ausdrückliche Vorschrift über das Verhältnis der Vorlegungspflicht nach § 121 Abs. 2 GVG zu der nach §§ 132 Abs. 2 GVG in Verb. mit § 10 Abs. 1. Das Bayerische Oberste Landesgericht hat in einer älteren Entscheidung offengelassen, ob die Anrufung seines Großen Senats in Strafsachen ausgeschlossen ist, wenn die Voraussetzungen einer Vorlage der Sache an den Bundesgerichtshof nach § 121 Abs. 2 GVG gegeben sind[1]. Auszugehen ist davon, daß das Oberste Landesgericht in Strafsachen als Oberlandesgericht entscheidet und damit nach § 121 Abs. 2 GVG vorlegungspflichtig ist. Auch sein Großer Senat in Strafsachen darf bei Bereinigung einer Innendivergenz nicht von einer Entscheidung des Bundesgerichtshofs abweichen, sondern muß gegebenenfalls nach § 121 Abs. 2 GVG verfahren. Daraus folgt, daß sich eine Anrufung des Großen Senats des Bayerischen Obersten Landesgerichts erübrigt, wenn ein Strafsenat dieses Gerichts dieselbe Rechtsansicht wie der Bundesgerichtshof vertritt, von der andere Senate des Bayerischen Obersten Landesgerichts abgewichen sind[2]. Auch im Verhältnis zu den Oberlandesgerichten anderer Länder ist das Bayerische Oberste Landesgericht in bezug auf § 121 Abs. 2 GVG in Strafsachen wie ein Oberlandesgericht zu behandeln.

2 **2. Besetzung (Absatz 2).** In Strafsachen gilt für die Besetzung des Obersten Landesgerichts § 122 GVG. Die Richter am Bayerischen Obersten Landesgericht sind in Besoldungsgruppe R 3 eingestuft, die Vorsitzenden Richter in Besoldungsgruppe R 5.

3 **3. Abordnung von Richtern.** Auf § 177 GVG (und damit auf § 70 Abs. 1 GVG) ist in § 10 nicht ausdrücklich verwiesen. Daraus wird in Bayern gefolgert, daß eine Verwendung abgeordneter Richter am Bayerischen Obersten Landesgericht ebenso wie am Bundesgerichtshof nicht zulässig ist[3].

---

[1] BayObLG GA **1971** 116.

[2] BayObLGSt **1974** 141, 145; vgl. auch LR-*Schäfer/Harms*[24] § 121, 50 ff GVG sowie die Erl. zu § 121 GVG in dieser Auflage.

[3] *Zöller/Gummer* 4.

§ 11

(1) Die landesgesetzlichen Bestimmungen, durch welche die strafrechtliche oder zivilrechtliche Verfolgung öffentlicher Beamten wegen der in Ausübung oder in Veranlassung der Ausübung ihres Amts vorgenommenen Handlungen an besondere Voraussetzungen gebunden ist, treten außer Kraft.

(2) Unberührt bleiben die landesgesetzlichen Vorschriften, durch welche die Verfolgung der Beamten entweder im Falle des Verlangens einer vorgesetzten Behörde oder unbedingt an die Vorentscheidung einer besonderen Behörde gebunden ist, mit der Maßgabe:

1. daß die Vorentscheidung auf die Feststellung beschränkt ist, ob der Beamte sich einer Überschreitung seiner Amtsbefugnisse oder der Unterlassung einer ihm obliegenden Amtshandlung schuldig gemacht habe;

2. daß in den *Bundesstaaten*, in welchen ein oberster Verwaltungsgerichtshof besteht, die Vorentscheidung diesem, in den anderen *Bundesstaaten* dem *Reichsgericht* zusteht.

Die Vorschrift hat keine praktische Bedeutung mehr[1]. Für zivilrechtliche Ansprüche ist sie gegenstandslos, da nach Art. 131 WRV, jetzt Art. 34 GG, bei Amtspflichtverletzungen in Ausübung eines öffentlichen Amtes für den Anspruch auf Schadensersatz und für den Rückgriff der ordentliche Rechtsweg nicht ausgeschlossen werden kann[2]. Art. 34 GG hat alle entgegenstehenden Vorschriften gemäß Art. 31 GG außer Kraft gesetzt. Die Zulässigkeit von landesrechtlichen Vorschriften der hier fraglichen Art für Strafsachen würde zwar durch Art. 34 GG nicht berührt. Gleichwohl hat § 11 auch hier keine praktische Bedeutung. Die die Reichsbeamten betreffende Vorschrift in § 13 des Reichsbeamtengesetzes: „Jeder Reichsbeamte ist für die Gesetzmäßigkeit seiner amtlichen Handlungen verantwortlich" wurde zutreffend in Rechtsprechung und Schrifttum dahin ausgelegt, daß damit für diese alle landesgesetzlich bestehenden Schranken der Verfolgbarkeit aufgehoben seien[3]. Der Grundsatz, daß jeder Beamte für die Rechtmäßigkeit seiner dienstlichen Handlungen die volle persönliche Verantwortung trägt, gilt jetzt für alle Beamten (§ 56 BBG, § 38 BRRG). Danach könnte § 11 Abs. 2 nur Bedeutung gewinnen, wenn — bei entsprechender Änderung des Bundesrechts — in Zukunft durch Landesrecht Vorbescheide auf strafrechtlichem Gebiet eingeführt werden könnten[4].

---

[1] Zur früheren Bedeutung und zur Rechtsentwicklung vgl. LR-*K. Schäfer*[21] § 11, 3.

[2] Vgl. RGZ **106** 34.

[3] RGSt **32** 322.

[4] *Eb. Schmidt* 3; dazu LR-*Schäfer*[20] § 11, 3–5.

ZWEITER ABSCHNITT

Verfahrensübergreifende Mitteilungen von Amts wegen

Vorbemerkungen

Schrifttum. *Engelhardt* Die Neufassung der Anordnung über Mitteilungen in Strafsachen, NJW **1978** 137; *Fleig* Die Mitteilungspflichten der Justizorgane bei Straftaten von Angehörigen des öffentlichen Dienstes im Lichte neuerer Rechtsprechung, NJW **1991** 1016; *Franzheim* Informationspflichten in Strafsachen im Konflikt mit dem Daten- und Geheimnisschutz, ZRP **1981** 6; *Krumsiek* Die unendliche Geschichte des Justizmitteilungsgesetzes, DVBl. **1993** 1229; *Schickedanz* Die Verfassungsmäßigkeit der Mitteilungspflicht der Staatsanwaltschaft gegenüber anderen Behörden, BayVBl. **1981** 588; *Simitis* Die informationelle Selbstbestimmung – Grundbedingung einer verfassungskonformen Informationsordnung, NJW **1984** 398; *Simitis* Konsequenzen des Volkszählungsurteils: Ende der Übergangsfrist, NJW **1989** 21; *Steinböhmer* Amtshilfe und Geheimhaltungspflicht, DVBl. **1981** 340; *Vogelgesang* Der Übergangsbonus, DVBl. **1989** 962; *von Wedel/Eisenberg* Informationsrechte Dritter in (Jugend-)Strafverfahren, NStZ **1989** 505; *Wollweber* Justitias langer Arm – Analyse und Kritik des Justizmitteilungsgesetzes, NJW **1997** 2488; *Zuck* Verfassungsrechtliche Anforderungen an eine Regelung der MiStra, StV **1987** 32.

Übersicht

1 **1. Die Mitteilungen in Strafsachen.** In Strafsachen sind ebenso wie in Zivilsachen und in Angelegenheiten der freiwilligen Gerichtsbarkeit im Laufe des Verfahrens von Amts wegen vielfach Mitteilungen an öffentliche Stellen (Gerichte, Behörden, öffentlich-rechtliche Körperschaften) zu machen, die diese zur Erfüllung ihrer Aufgaben benötigen. Die Mitteilungen betreffen vor allem Verfahrensbeteiligte, aber auch Dritte. In Strafsachen konnten sich diese Mitteilungen bisher nur zum geringen Teil auf eine gesetzliche Grundlage stützen; sie waren in der zwischen den Justizverwaltungen des Bundes und der Länder bundeseinheitlich vereinbarten „Anordnung über Mitteilungen in Strafsachen (MiStra)", einer Verwaltungsvorschrift, geregelt[1]. Durch das Justizmitteilungsgesetz vom 18. 6. 1997[2] erhalten die Mitteilungen in Strafsachen mit Wirkung vom 1. 6. 1998 eine gesetzliche Grundlage in zahlreichen bereichsspezifischen Regelungen sowie in den §§ 12

[1] Zuletzt in der Fassung vom 15. 3. 1985 (BAnz. Nr. 60/1985); zur bis in das vergangene Jahrhundert zurückreichenden Geschichte dieser Verwaltungsvorschrift vgl. *Schickedanz* BayVBl. **1981** 588.

[2] BGBl. I S. 1430.

bis 22. Zugleich haben Bund und Länder eine Neufassung der MiStra in Kraft gesetzt[3]. Das Justizmitteilungsgesetz hat auch die Mitteilungen in Zivilsachen (MiZi) einschließlich der von den Arbeitsgerichten zu machenden Mitteilungen (§ 13 Abs. 2 ArbGG) geregelt; darauf wird im folgenden nicht näher eingegangen.

2. Die Frage nach der Rechtsgrundlage. Als ausreichende Rechtsgrundlage wurde, 2
nachdem diese Frage in den Blick geraten war, zunächst — wenig problematisiert[4] — der Amtshilfegrundsatz des Art. 35 Abs. 1 GG angesehen[5]. Nur einige wenige Mitteilungspflichten konnten sich auf eine ausdrückliche Rechtsgrundlage stützen[6]. 1981 hat sich der zuständige Ausschuß der Justizministerkonferenz mehrheitlich für eine bundesgesetzliche Regelung der Mitteilungen in Strafsachen ausgesprochen[7]. Nach der Entscheidung des Bundesverfassungsgerichts vom 15. 12. 1983 zum Volkszählungsgesetz[8] war klar, daß eine solche Regelung verfassungsrechtlich unvermeidbar ist. Eingriffe in das Recht auf „informationelle Selbstbestimmung" bedürfen nach dieser Entscheidung einer gesetzlichen Grundlage, aus der sich die Voraussetzungen und der Umfang der Beschränkungen klar und für den Bürger erkennbar ergeben, die also dem Gebot der Normenklarheit entspricht. Die Beschränkungen sind nur zulässig, soweit sie zum Schutz öffentlicher Interessen unerläßlich sind. Es sind organisatorische und verfahrensrechtliche Vorkehrungen zu treffen, welche der Gefahr einer Verletzung des Persönlichkeitsrechts entgegenwirken. Diese Grundsätze gelten nach der Rechtsprechung des Bundesverfassungsgerichts nicht nur für den Bereich der elektronischen Datenverarbeitung[9]. Sie müssen auch bei den Mitteilungen in Strafsachen beachtet werden.

3. Gesetzesgeschichte. 1984 hat die Justizministerkonferenz ausgesprochen, daß die 3
MiStra auf eine gesetzliche Grundlage gestellt werden muß; die Länder haben ihre Bereitschaft erklärt, den Bund in seinen Bemühungen zu unterstützen, so bald wie möglich Vorschläge für eine gesetzliche Regelung zu erarbeiten[10]. Zum 1. 4. 1985 wurde eine Neufassung der MiStra in Kraft gesetzt, deren Vorbemerkung betont, daß diese nur für die Übergangszeit — bis zur Schaffung der erforderlichen gesetzlichen Regelung — gilt. Diese Übergangszeit, in der die Mitteilungen in Strafsachen den in der Rechtsprechung des Bundesverfassungsgerichts anerkannten Übergangsbonus[11] in Anspruch nahmen, zog sich bis zum Inkrafttreten des JuMiG am 1. 6. 1998 hin. Grund für diese lange Zeit der Vorbereitung des Justizmitteilungsgesetzes — schon 1986 wurde in der Presse von „skandalöser Säumnis" des Gesetzgebers gesprochen[12] — war in erster Linie die Komplexität der Materie: Es galt, die Vorgaben des Bundesverfassungsgerichts zu beachten, den berechtigten Informationsinteressen der Empfängerbehörden Rechnung zu tragen und Rücksicht auf die ohnehin große Belastung der Strafjustiz zu nehmen. Die Wiedervereinigung mit ihren vordringlichen Aufgaben für den Gesetzgeber brachte zusätzliche Verzögerungen[13]. 1992 kam es schließlich zu einem Gesetzentwurf der Bundesregierung[14]. Er wurde vom Deutschen Bundestag in der 12. Wahlperiode nicht mehr verabschiedet. 1996 hat die Bundesregierung erneut einen Gesetzentwurf[15] eingebracht. Er wurde in den Ausschüssen des

---

3 Neufassung der Anordnung über Mitteilungen in Strafsachen vom 29. 4. 1998, BAnz. Nr. 99a/1998.

4 *Schickedanz* BayVBl. **1981** 588 sprach von einem „Mauerblümchendasein" der MiStra in der Rechtswissenschaft.

5 Vgl. OLG Frankfurt NJW **1975** 2028; kritisch *Maeck* MDR **1981** 185 mit weit. Nachw.

6 So beruhte die in Nr. 34 MiStra vorgeschriebene Mitteilung an die Schule auf § 70 Satz 1 JGG.

7 Vgl. *Krumsiek* DVBl. **1993** 1230.

8 BVerfGE **65** 1.

9 BVerfGE **78** 77.

10 *Krumsiek* DVBl. **1993** 1230.

11 Dazu *Vogelgesang* DVBl. **1989** 962.

12 *Reisenberger* AnwBl. **1986** 279.

13 Vgl. *Krumsiek* DVBl. **1993** 1233.

14 BTDrucks. **12** 3199.

15 BTDrucks. **13** 4709.

Deutschen Bundestags intensiv und zügig beraten und am 24. 4. 1997 vom Bundestag mit den Stimmen der CDU/CSU, der FDP und der SPD beschlossen[16]. Der Bundesrat hat dem Gesetz zugestimmt[17].

4 **4. Regelungsgegenstand.** Die §§ 12 bis 22 regeln nur die Datenübermittlung **von Amts wegen**, nicht auf Ersuchen, und nur für **verfahrensübergreifende Übermittlungen**, also für Mitteilungen, die anderen Zwecken dienen als den Zwecken des Verfahrens, für die die Daten erhoben wurden (§ 12 Abs. 1 Satz 1).

5 **5. Vorrang bereichsspezifischer Regelungen.** Dabei geht das Gesetz vom Vorrang bereichsspezifischer Übermittlungsregelungen aus (§ 12 Abs. 1 Satz 2). Das JuMiG hat zugleich mit der Schaffung der §§ 12 bis 20 in seinen Artikeln 2 ff eine ganze Reihe solcher bereichsspezifischer Regelungen für Mitteilungen in Strafsachen geschaffen, so im Beamtenrechtsrahmengesetz (Art. 5) und im Soldatengesetz (Art. 17), im Betäubungsmittelgesetz (Art. 6), im Außenwirtschaftsgesetz (Art. 20), im Gesetz über das Kreditwesen (Art. 21) und im Versicherungsaufsichtsgesetz (Art. 22) sowie im Arbeitnehmerüberlassungsgesetz (Art. 25). Soweit die Mitteilungen nicht bereichsspezifisch geregelt sind, bestimmen §§ 12 ff die Zulässigkeitsvoraussetzungen und regeln das zu beachtende Verfahren.

6 **6. Keine gesetzlichen Mitteilungspflichten.** Anders als teilweise in den bereichsspezifischen Regelungen (vgl. z. B. § 125 c BRRG oder § 60 a KWG) sind in den §§ 12 bis 17 keine Mitteilungspflichten geschaffen worden, sondern lediglich Mitteilungsbefugnisse. Die Begründung des Regierungsentwurfs[18], die sich der Rechtsausschuß des Deutschen Bundestags zu eigen gemacht hat[19], geht davon aus, daß es auf diese Weise eher gelingt, die Mitteilungsfälle auf das unbedingt Erforderliche zu beschränken[20]. Unter Beachtung des Grundsatzes der Verhältnismäßigkeit ist es die Aufgabe von Verwaltungsvorschriften, im Wege der Normkonkretisierung und der Ermessensbindung die Fälle zu bestimmen, in denen Mitteilungen zweifelsfrei geboten sind, und diejenigen zu bezeichnen, in denen es bei einer Ermessensausübung im Einzelfall durch die zuständige Justizverwaltungsbehörde verbleiben muß[21]. Auf eine solche konkretisierende Verwaltungsvorschrift sind die §§ 12 ff angewiesen. Das JuMiG geht davon aus, daß es bei dem bewährten System bundeseinheitlich zwischen den Justizverwaltungen des Bundes und der Länder vereinbarter Verwaltungsvorschriften verbleibt. Nur vorsorglich ist in das Gesetz (§ 12 Abs. 5) eine Ermächtigung an das Bundesministerium der Justiz aufgenommen worden, mit Zustimmung des Bundesrats allgemeine Verwaltungsvorschriften zu erlassen[22]. Die neu erlassene MiStra ist, der Erwartung des Gesetzgebers gemäß, zwischen Bund und Ländern vereinbart worden.

---

[16] Vgl. Beschlußfassung und Bericht des Rechtsausschusses BTDrucks. **13** 7489; Protokoll über die 172. Sitzung des Bundestags am 24. 4. 1997, Plenarprotokoll **13** 172 S. 15509 A; zur Ablehnung durch die Fraktion Bündnis 90/Die Grünen vgl. BTDrucks **13** 7513.

[17] Protokoll über die 712. Sitzung des Bundesrats am 16. 5. 1997 S. 168 D/181.

[18] BTDrucks. **13** 4709 S. 18.

[19] BTDrucks. **13** 7489 S. 54.

[20] Zum Sonderfall des Art. 32 JuMiG vgl. § 14, Anhang. In der Entwurfsbegründung nicht ausgesprochen, aber ebenfalls berechtigt ist die Erwartung, daß von Mitteilungspflichten, die bloß durch Verwaltungsvorschrift angeordnet wurden, eine weniger starke Wirkung auf die Justizpraxis ausgeht als von gesetzlichen Mitteilungspflichten, was letztlich zu einer Verringerung der Mitteilungsfälle führt. Kritisch zum Regelungskonzept *Wollweber* NJW **1997** 2489.

[21] BTDrucks. **13** 4709 S. 18.

[22] BTDrucks. **13** 4709 S. 19.

7. Vorrang für die Belange der Strafrechtspflege. Da die §§ 12 bis 17 keine Mitteilungspflichten, sondern nur Mitteilungsbefugnisse regeln, hatte der Gesetzgeber keine Veranlassung, ausdrücklich zu bestimmen, daß im Einzelfall die Belange der Strafrechtspflege einer Übermittlung entgegenstehen können. Er setzt dies, ohne daß die Entwurfsbegründung darauf einginge, als selbstverständlich voraus. Aufgabe der Strafgerichte und Staatsanwaltschaften ist es in erster Linie, die ihnen anvertrauten Strafverfahren zu einem sachgerechten Abschluß zu bringen. Soweit und solange diese Aufgabe durch Mitteilungen im Sinne der §§ 12 ff gefährdet würde, haben diese zurückzustehen. Das ist unproblematisch im Rahmen der Ermessensausübung bei bloßen Mitteilungsbefugnissen. Die vorweggenommene Konkretisierung dieses Ermessens in der MiStra sieht denn auch in Nr. 2 Abs. 1 Satz 4 MiStra vor, daß eine Mitteilung unterbleibt, solange Zwecke des Strafverfahrens entgegenstehen. Es gilt aber auch dort, wo bereichsspezifisch Übermittlungspflichten begründet sind. Nr. 2 Abs. 1 Satz 4 MiStra gilt auch für diese Fälle und zu Recht: In einem Pflichtenkonflikt zwischen der gebotenen Förderung des Strafverfahrens und einer gesetzlichen Mitteilungspflicht zugunsten der Aufgabenerfüllung durch den Empfänger muß letzteres einstweilig zurückstehen; daß die Zwecke des Strafverfahrens auf Dauer der Erfüllung der Mitteilungspflicht entgegenstehen, ist kaum vorstellbar. 7

8. Abschließende Regelung? Die Frage, ob die §§ 12 bis 17 die Befugnis zu Mitteilungen in Strafsachen an öffentliche Stellen von Amts wegen abschließend regeln, ist differenzierend zu beantworten. § 12 Abs. 1 Satz 2 bestimmt den Vorrang bereichsspezifischer Übermittlungsregelungen. § 13 Abs. 1 Nr. 1 nimmt ausdrücklich auf Übermittlungsbefugnisse in anderen Vorschriften Bezug. Insofern sind die §§ 12 ff nicht abschließend. Jedoch verweisen sowohl § 12 Abs. 1 Satz 2 wie § 13 Abs. 1 Nr. 1 nur auf anderweitige **Rechts**vorschriften, nicht auf Verwaltungsvorschriften. Ausgangspunkt und Strukturprinzip des JuMiG ist, daß die dort geregelten Mitteilungen von Amts wegen an öffentliche Stellen einer Rechtsgrundlage bedürfen[23]. Mitteilungen, die einer Rechtsgrundlage entbehren, sind zukünftig unzulässig. Insofern ist die Regelung der §§ 12 ff abschließend. Dabei ist freilich zu beachten, daß § 17 eine sehr weit gefaßte Übermittlungsbefugnis enthält. Daß es über die dort genannten Fälle hinaus Fallkonstellationen geben könnte, in denen wegen eines überragenden öffentlichen Interesses an einer Übermittlung eine solche unter Rückgriff auf den Gedanken der Güter- und Pflichtenabwägung auch ohne ausdrückliche Rechtsgrundlage zulässig ist, erscheint angesichts des weiten Umgriffs der §§ 14, 17 kaum vorstellbar. Eine andere, in Nr. 1 Abs. 3 der MiStra angesprochene Frage ist, ob es, bei gegebener Übermittlungsbefugnis, ungeschriebene Mitteilungspflichten gibt. Dies ist, da §§ 12 bis 17 nur die Befugnis zu Mitteilungen regeln, keine Frage der §§ 12 ff. 8

9. Verfahrensgrundsätze. Neben den Zulässigkeitsvoraussetzungen für Mitteilungen in Strafsachen regelt das Gesetz auch das bei solchen Mitteilungen zu beachtende Verfahren. Es trägt damit der Forderung des Bundesverfassungsgerichts, durch verfahrensrechtliche Vorkehrungen der Gefahr einer Verletzung des Persönlichkeitsrechts entgegenzuwirken[24], Rechnung. Als solche grundrechtschützende Verfahrensgrundsätze sind insbesondere anzusehen der Grundsatz der Zweckbindung (§ 19), die Nachberichts- und Berichtigungspflicht (§ 20) und die Auskunftspflicht gegenüber dem Betroffenen (§ 21). Letztlich gehören hierher aber auch die Regelungen über den Rechtsschutz. 9

10. Rechtsschutz. Durch eine ausdrückliche Regelung über den Rechtsschutz bei Mitteilungen in Strafsachen (§ 22) klärt das Gesetz bisher bestehende Zweifel, ob eine Mittei- 10

[23] Entwurfsbegründung BTDrucks. **13** 4709 S. 16/17. [24] BVerfGE **65** 1 ff.

lung in Strafsachen eine nach § 23 anfechtbare Maßnahme ist (vgl. § 23, 31; 49). Die Regelung berücksichtigt, daß als Maßnahme, gegen die nach Art. 19 Abs. 4 GG Rechtsschutz zu gewähren ist, einerseits die Mitteilung durch die Justizbehörde, andererseits deren Umsetzung durch die Empfängerbehörde in Betracht kommen. In dem Bestreben, eine doppelte Anrufung der Gerichte möglichst zu vermeiden, wird, wenn Rechtsschutz gegen eine Maßnahme der Empfängerbehörde in Anspruch genommen werden kann, auch die Überprüfung der Übermittlung grundsätzlich diesem gerichtlichen Verfahren zugewiesen.

11 **11. Zuständigkeit.** Befugt zu den Übermittlungen nach §§ 13 bis 17 sind Gerichte und Staatsanwaltschaften (§ 13 Abs. 1, Abs. 2 Satz 1). Nähere Bestimmungen trifft das Gesetz nicht. Die durch das JuMiG begründeten bereichsspezifischen Übermittlungsregelungen erklären zum Teil ebenfalls das Gericht und die Staatsanwaltschaft nebeneinander für zuständig (vgl. § 125 c BRRG, § 60 a KWG; § 145 b VAG). Die MiStra differenziert in Nr. 4 MiStra für den von ihr erfaßten Bereich weiter. In Anlehnung an §§ 147 Abs. 5, 406 e Abs. 4 Satz 1 StPO und Nr. 183 RistBV bestimmt Nr. 4 Abs. 1 MiStra, daß für Mitteilungen bis zur Erhebung der öffentlichen Klage die Staatsanwaltschaft zuständig ist, für Mitteilungen nach Erhebung der öffentlichen Klage und der Privatklage bis zur Rechtskraft der Entscheidung das Gericht und für Mitteilungen nach Rechtskraft des Verfahrens die Vollstreckungsbehörde. Nr. 4 Abs. 2, 3 MiStra regelt, wer innerhalb der Gerichte und Staatsanwaltschaften tätig werden muß (vgl. § 13, 11).

12 **12. Allgemeine Bedeutung.** Das Justizmitteilungsgesetz dient dem Datenschutz[25]. Es nimmt Bezug auf datenschutzrechtliche Denkformen und datenschutzrechtliche Terminologie. Bei der Erläuterung der §§ 12 bis 22 kann deshalb wiederholt auf das Schrifttum zum Bundesdatenschutzgesetz verwiesen werden. Wie andere datenschutzrechtliche Regelungen beeindruckt das JuMiG durch perfektionistisch anmutende und entsprechend umfangreiche Regelungen. Eine während des Gesetzgebungsverfahrens erholte Stellungnahme des Max-Planck-Instituts für Ausländisches und Internationales Strafrecht in Freiburg[26] hat gezeigt, daß die meisten vergleichbaren Länder überhaupt keine gesetzliche Regelung des Mitteilungswesens haben. Eine eingehende Regelung wurde nur in Österreich festgestellt. Mit der Regelungsintensität des JuMiG dürfte Deutschland einen Spitzenplatz besetzen.

§ 12

(1) [1]Die Vorschriften dieses Abschnitts gelten für die Übermittlung personenbezogener Daten von Amts wegen durch Gerichte der ordentlichen Gerichtsbarkeit und Staatsanwaltschaften an öffentliche Stellen des Bundes oder eines Landes für andere Zwecke als die des Verfahrens, für die die Daten erhoben worden sind. [2]Besondere Rechtsvorschriften des Bundes oder, wenn die Daten aus einem landesrechtlich geregelten Verfahren übermittelt werden, eines Landes, die von den §§ 18 bis 22 abweichen, gehen diesen Vorschriften vor.

[25] Entwurfsbegründung BTDrucks. **13** 4709 S. 20; kritisch aus datenschutzrechtlicher Sicht *Wollweber* NJW **1997** 2488.

[26] Vgl. *Krumsiek* DVBl. **1993** 1234.

(2) Absatz 1 gilt entsprechend für die Übermittlung personenbezogener Daten an Stellen der öffentlich-rechtlichen Religionsgesellschaften, sofern sichergestellt ist, daß bei dem Empfänger ausreichende Datenschutzmaßnahmen getroffen werden.

(3) Eine Übermittlung unterbleibt, wenn ihr eine besondere bundes- oder entsprechende landesgesetzliche Verwendungsregelung entgegensteht.

(4) Die Verantwortung für die Zulässigkeit der Übermittlung trägt die übermittelnde Stelle.

(5) [1]Das Bundesministerium der Justiz kann mit Zustimmung des Bundesrates allgemeine Verwaltungsvorschriften zu den nach diesem Abschnitt zulässigen Mitteilungen erlassen. [2]Ermächtigungen zum Erlaß von Verwaltungsvorschriften über Mitteilungen in besonderen Rechtsvorschriften bleiben unberührt.

Entstehungsgeschichte. S. Vor § 12, 1 bis 3.

Übersicht

1. Zweck. § 12 bestimmt den Geltungsbereich der §§ 12 bis 22 und zieht einige allgemeine Grundsätze, die für das Mitteilungswesen gelten, „vor die Klammer". 1

2. Geltungsbereich der §§ 12 bis 22

a) Übermittlung personenbezogener Daten. Die Vorschriften des neuen zweiten Abschnittes gelten für die Übermittlung personenbezogener Daten. Damit sind Begriffe des Datenschutzrechts verwendet. Personenbezogene Daten sind nach § 3 Abs. 1 Bundesdatenschutzgesetz (BDSG) Einzelangaben über persönliche oder sachliche Verhältnisse einer bestimmten oder bestimmbaren natürlichen Person (Betroffener). Es muß sich also um Daten handeln, die Informationen über den Betroffenen selbst oder über einen auf ihn beziehbaren Sachverhalt enthalten. Übermitteln ist nach § 3 Abs. 5 Satz 2 Nr. 3 BDSG das Bekanntgeben personenbezogener Daten an einen Dritten (Empfänger) in der Weise, daß die Daten an den Empfänger weitergegeben werden oder der Empfänger für ihn zur Einsicht oder zum Abruf bereitgehaltene Daten einsieht oder abruft. Zur Auslegung dieser Merkmale im einzelnen wird auf die Erläuterungswerke zum BDSG[1] und zu den entsprechenden Datenschutzgesetzen der Länder Bezug genommen. 2

b) Übermittlungen von Amts wegen. Geregelt sind nur Übermittlungen von Amts wegen. Übermittlungen auf Ersuchen regelt das Gesetz nicht. Sie sollen, soweit Mitteilun- 3

[1] Z. B. *Auernhammer* BDSG, 3. Aufl. 1993; *Bergmann/Möhrle/Herb* BDSG, Loseblattausgabe; *Dörr/Schmidt* BDSG, 2. Aufl. 1992; *Gola/Schomerus* BDSG, 6. Aufl. 1997; *Schaffland/Wiltfang* BDSG, Loseblattausgabe; *Simitis* u. a. BDSG, 4. Aufl. 1992.

gen aus Strafverfahren betroffen sind, in der Strafprozeßordnung geregelt werden. Ein entsprechendes Gesetz — Gesetz zur Änderung und Ergänzung des Strafverfahrensrechts (StVÄG)[2] — ist in Vorbereitung.

4 **c)** Geregelt sind nur Übermittlungen an **öffentliche Stellen des Bundes oder eines Landes**, nicht die Übermittlungen an nichtöffentliche Stellen, insbesondere an Privatpersonen. Der Begriff der öffentlichen Stellen des Bundes und der Länder soll dieselbe Bedeutung haben wie im BDSG[3]. Nach § 2 Abs. 1 und 2 BDSG gehören hierzu die Organe der Rechtspflege und die Behörden und andere öffentlich-rechtlich organisierte Einrichtungen des Bundes, der bundesunmittelbaren Körperschaften, Anstalten und Stiftungen des öffentlichen Rechts sowie der Länder, der Gemeinden und der Gemeindeverbände und sonstiger der Aufsicht eines Landes unterstehender juristischer Personen des öffentlichen Rechts sowie deren Vereinigungen ungeachtet ihrer Rechtsform. Als öffentliche Stellen gelten auch die aus dem Sondervermögen Deutsche Bundespost durch Gesetz hervorgegangenen Unternehmen, solange ihnen ein ausschließliches Recht nach dem Postgesetz oder dem Gesetz über Fernmeldeanlagen zusteht. Nichtöffentliche Stellen sind nach § 2 Abs. 4 Satz 1 BDSG natürliche und juristische Personen, Gesellschaften und andere Personenvereinigungen des privaten Rechts, soweit sie nicht in § 2 Abs. 1 bis 3 BDSG als öffentliche Stellen behandelt werden. Nach § 2 Abs. 4 Satz 2 BDSG ist eine nichtöffentliche Stelle jedoch insoweit als eine öffentliche Stelle im Sinne des Datenschutzrechts anzusehen, als sie hoheitliche Aufgaben der öffentlichen Verwaltung wahrnimmt. Demnach sind die Postaktiengesellschaften insoweit öffentliche Stellen des Bundes, als sie für die bei ihnen beschäftigten Beamten die Befugnisse des Dienstherrn ausüben[4].

5 **d)** Die Stellen **öffentlich-rechtlicher Religionsgesellschaften** werden den öffentlichen Stellen des Bundes und der Länder gleichgestellt, sofern sichergestellt ist, daß bei dem Empfänger ausreichende Datenschutzmaßnahmen getroffen werden (Absatz 2). Das entspricht der Regelung in § 15 Abs. 4 BDSG; auf die Erläuterung dieser Bestimmung in den Kommentaren zum BDSG wird verwiesen[5]. Auch an die Stellen der großen christlichen Kirchen und der israelitischen Kultusgemeinden, die den Status eine Körperschaft des öffentlichen Rechts haben, können also, wenn sie ausreichende Datenschutzregelungen getroffen haben[6], nach Maßgabe der §§ 13 ff personenbezogene Daten aus Strafverfahren übermittelt werden.

6 **e) Verfahrensübergreifende Mitteilungen.** Nur Übermittlungen für **andere Zwecke** als die des Verfahrens, für das die Daten erhoben wurden, sind in §§ 12 ff gemeint. Damit fallen Übermittlungen im gerichtlichen Instanzenzug ebensowenig in den Anwendungsbereich der §§ 12 bis 22 wie Berichte zur Wahrnehmung von Aufsichts-, Kontroll- und Weisungsbefugnissen. Auch Übermittlungen für Zwecke der Rechnungsprüfung, für Organisationsuntersuchungen oder für Ausbildungs- und Prüfungszwecke — letzteres unter dem Vorbehalt, daß nicht überwiegende schutzwürdige Interessen des Betroffenen entgegenstehen — sollen von dem Gesetz nicht erfaßt werden. Die Entwurfsbegründung verweist insoweit auf § 14 Abs. 3 BDSG, der einen allgemeinen, auch für das JuMiG geltenden Grundsatz enthalte[7]. Dort wird für diese Fallgruppen das Vorliegen einer Zweckänderung

---

2 Entw. eines StVÄG 1994, BTDrucks. **13** 194; Entw. eines StVÄG 1996, BTDrucks. **13** 9718; s. auch Einl. E 152.

3 Entwurfsbegründung BTDrucks. **13** 4709 S. 20.

4 Art. 143 b Abs. 3 GG i. V. mit § 1 Abs. 1 Postpersonalrechtsgesetz – vgl. Entwurfsbegründung BT-Drucks. **13** 4709 S. 20.

5 Vgl. etwa *Auernhammer* § 15, 23 ff BDSG; *Gola/Schomerus* § 15, 6 BDSG.

6 Nachweise bei *Gola/Schomerus* § 15, 6.4 BDSG.

7 BTDrucks. **13** 4709 S. 20.

verneint. Wegen der Einzelheiten wird auf die Kommentierung des § 14 Abs. 3 BDSG in den Kommentaren zum BDSG verwiesen[8].

f) Vorrang bereichsspezifischer Verfahrensregelungen. Die §§ 18 bis 22 gelten grundsätzlich auch für Übermittlungen, die bereichsspezifisch geregelt sind, ihre Rechtsgrundlage in anderen Gesetzen haben. Dies gilt, wie Absatz 1 Satz 2 bestimmt, aber nur, soweit dort nichts Abweichendes bestimmt ist. **7**

3. Entgegenstehende Verwendungsregelungen (Absatz 3). Nach Absatz 3 unterbleibt eine Übermittlung, wenn besondere bundesgesetzliche oder entsprechende landesgesetzliche Verwendungsregelungen entgegenstehen. Auch der hier verwendete Begriff der Verwendung ist ein datenschutzrechtlicher Begriff (§ 3 Abs. 6 BDSG); er schließt sowohl das Verarbeiten wie das Nutzen personenbezogener Daten ein, umfaßt also insbesondere auch das Übermitteln von Daten als Unterfall des Verarbeitens von Daten. Somit fallen unter Absatz 3 auch Übermittlungsverbote. Auf diese Weise werden nicht nur der Schutz besonderer Amts- und Berufsgeheimnisse, sondern auch die Beachtung sonstiger Regelungen sichergestellt, die einen gesteigerten Schutz personenbezogener Daten bewirken sollen, deren Verwendung z. B. das Steuer- oder das Sozialgeheimnis (§ 30 Abs. 1, 4 AO, § 35 SGB I, §§ 67 ff SGB X) entgegensteht[9]. Zu den Verwendungsregelungen ist auch das Verwertungsverbot der §§ 51, 52 und 63 Abs. 4 BZRG zu rechnen[10]. Dieses Verwertungsverbot ist für die von Amts wegen vorzunehmenden Mitteilungen in der Regel nicht von Bedeutung, weil diese üblicherweise unmittelbar nach Abschluß des Verfahrens vorzunehmen sind, das Verwertungsverbot aber erst später wirksam wird. Ab diesem Zeitpunkt bindet es aber den Empfänger[11]. **8**

Sperrwirkung kommt auch bestimmten datenschutzrechtlich geprägten **landesgesetzlichen Verwendungsregelungen** zu, die bundesgesetzlichen Verwendungsregelungen entsprechen, wie etwa die in den Kommunalabgabenordnungen konstituierten Geheimhaltungspflichten, die dem bundesgesetzlichen Steuergeheimnis entsprechen[12]. Die Einbeziehung beruht auf der Überlegung, daß es für den hier in Rede stehenden Schutz des Persönlichkeitsrechts nicht darauf ankommen kann, ob der Bundes- oder der Landesgesetzgeber für den jeweiligen Sachbereich zuständig ist. Die Begründung des Gesetzentwurfs geht davon aus, daß es nicht einsichtig wäre, wenn, existieren zum Schutze der Persönlichkeit besondere bundesrechtliche Verwendungsregelungen, entsprechenden landesrechtlichen Regelungen, also Vorschriften, die im gleichen Maße sensible Daten betreffen, keine Sperrwirkung beikommen würde; aus der Verteilung der Gesetzgebungskompetenz zwischen Bund und Ländern, die das Verfassungsrecht unter staatsorganisationsrechtlichen Gesichtspunkten vornehme, ließen sich keine Folgerungen für die Wertigkeit des Schutzes des Persönlichkeitsrechts ableiten[13]. **9**

4. Entgegenstehende Zwecke des Strafverfahrens. Übermittlungen haben, ohne daß das Gesetz dies ausdrücklich bestimmen würde, auch zu unterbleiben, solange Zwecke des Strafverfahrens entgegenstehen. Das ergibt sich daraus, daß die Strafgerichte und Staatsanwaltschaften in erster Linie auf die Förderung ihrer Verfahren verpflichtet sind (vgl. Vor § 12, 7 und Nr. 2 Abs. 4 MiStra). **10**

---

8 Vgl. z. B. *Auernhammer* § 14, 21 BDSG; *Gola/Schomerus* § 14, 4 BDSG.
9 Entwurfsbegründung BTDrucks. **13** 4709 S. 20.
10 Entwurfsbegründung BTDrucks. **13** 4709 S. 20.
11 Entwurfsbegründung BTDrucks. **13** 4709 S. 20.
12 Vgl. z. B. Art. 13 Abs. 1 Nr. 1c bayer. Kommunalabgabengesetz.
13 BTDrucks. **13** 4709 S. 20.

11 **5. Regelung der Verantwortung (Absatz 4).** Die Verantwortung für die Zulässigkeit der Übermittlung trägt im Anwendungsbereich des JuMiG die übermittelnde Stelle, also die Justizbehörde. Sie hat zu prüfen, ob die gesetzlichen Voraussetzungen der Übermittlung gegeben sind. Dabei soll ihr die zur Konkretisierung und Durchführung des Gesetzes erlassene MiStra eine Hilfe sein. Der in Absatz 4 aufgestellte Grundsatz entspricht § 15 Abs. 2 Satz 1 BDSG[14].

§ 13

(1) Gerichte und Staatsanwaltschaften dürfen personenbezogene Daten zur Erfüllung der in der Zuständigkeit des Empfängers liegenden Aufgaben übermitteln, wenn

1. eine besondere Rechtsvorschrift dies vorsieht oder zwingend voraussetzt,
2. der Betroffene eingewilligt hat,
3. offensichtlich ist, daß die Übermittlung im Interesse des Betroffenen liegt, und kein Grund zu der Annahme besteht, daß er in Kenntnis dieses Zwecks seine Einwilligung verweigern würde,
4. die Daten auf Grund einer Rechtsvorschrift von Amts wegen öffentlich bekanntzumachen sind oder in ein von einem Gericht geführtes, für jedermann unbeschränkt einsehbares öffentliches Register einzutragen sind oder es sich um die Abweisung des Antrags auf Eröffnung des Insolvenzverfahrens mangels Masse handelt oder
5. auf Grund einer Entscheidung
   a) bestimmte Rechtsfolgen eingetreten sind, insbesondere der Verlust der Rechtsstellung aus einem öffentlich-rechtlichen Amts- oder Dienstverhältnis, der Ausschluß vom Wehr- oder Zivildienst, der Verlust des Wahlrechts oder der Wählbarkeit oder der Wegfall von Leistungen aus öffentlichen Kassen, und
   b) die Kenntnis der Daten aus der Sicht der übermittelnden Stelle für die Verwirklichung der Rechtsfolgen erforderlich ist;

   dies gilt auch, wenn auf Grund der Entscheidung der Erlaß eines Verwaltungsaktes vorgeschrieben ist, ein Verwaltungsakt nicht erlassen werden darf oder wenn der Betroffene ihm durch Verwaltungsakt gewährte Rechte auch nur vorläufig nicht wahrnehmen darf.

(2) [1]In anderen als in den in Absatz 1 genannten Fällen dürfen Gerichte und Staatsanwaltschaften personenbezogene Daten zur Erfüllung der in der Zuständigkeit des Empfängers liegenden Aufgaben einschließlich der Wahrnehmung personalrechtlicher Befugnisse übermitteln, wenn eine Übermittlung nach den §§ 14 bis 17 zulässig ist und soweit nicht für die übermittelnde Stelle offensichtlich ist, daß schutzwürdige Interessen des Betroffenen an dem Ausschluß der Übermittlung überwiegen. [2]Übermittelte Daten dürfen auch für die Wahrnehmung der Aufgaben nach dem Sicherheitsüberprüfungsgesetz oder einem entsprechenden Landesgesetz verwendet werden.

---

[14] Vgl. dazu *Auernhammer* § 15, 16 ff BDSG; *Gola/ Schomerus* § 15, 4 BDSG.

Entstehungsgeschichte. S. Vor § 12, 1 bis 3. Nach Art. 35 JuMiG gilt Absatz 1 Nr. 4 bis zum 31. 12. 1998 in folgender Fassung:

> „4. die Daten auf Grund einer Rechtsvorschrift von Amts wegen öffentlich bekanntzumachen sind oder in ein von einem Gericht geführtes, für jedermann unbeschränkt einsehbares öffentliches Register einzutragen sind oder es sich um die Abweisung des Antrags auf Eröffnung des Konkursverfahrens oder des Gesamtvollstreckungsverfahrens mangels Masse handelt, oder".

Übersicht

1. Regelungsgegenstand. Absatz 1 benennt — Straf- und Zivilsachen übergreifend — die Fälle, in denen die Gerichte der ordentlichen Gerichtsbarkeit und die Staatsanwaltschaften personenbezogene Daten an öffentliche Stellen des Bundes oder eines Landes ohne weitere Abwägung übermitteln dürfen. Voraussetzung ist dabei nur, daß die Übermittlung zur Erfüllung der in der Zuständigkeit des Empfängers liegenden Aufgaben erfolgt. Absatz 2 läßt darüber hinausgehend eine Datenübermittlung in den Fällen der §§ 14 bis 17 zu. Hier ist aber zusätzlich Voraussetzung, daß eine Abwägung stattgefunden hat, bei der sich ergab, daß die einer Übermittlung entgegenstehenden schutzwürdigen Interessen des Betroffenen nicht überwiegen. Die erforderliche Abwägung kann weitgehend durch Verwaltungsvorschrift vorweggenommen werden (vgl. unten Rdn. 9) und wird in der MiStra auch vorweggenommen. 1

2. Absatz 1. Die Nummern 1 bis 3 des § 13 Abs. 1 entsprechen inhaltlich § 14 Abs. 2 Nrn. 1 bis 3 BDSG. Auf deren Erläuterung in den Kommentaren zum BDSG wird deshalb Bezug genommen[1]. 2

a) Nummer 1 stellt klar, daß **bereichsspezifische Regelungen**, die eine Übermittlung vorsehen oder zwingend voraussetzen, durch die nachstehenden Vorschriften nicht eingeschränkt werden. Dies gilt auch, wenn die entsprechende bereichsspezifische Regelung sich im Landesrecht findet[2]. Als Beispiele für bereichsspezifische Regelungen in diesem Sinne nennt die Entwurfsbegründung aus dem Bundesrecht § 18 Abs. 1 Nr. 2 BVerfSchG, § 8 Abs. 1 und 2 BNDG, § 76 AuslG, § 8 Abs. 2 AsylVfG, § 64 a BNotO und § 36 a BRAO[3]; vgl. außerdem etwa § 14, 7. 3

b) Daß die **Einwilligung des Betroffenen** die Übermittlung rechtfertigt, entspricht einem allgemeinen Grundsatz des Datenschutzrechts (vgl. § 4 BDSG). Die Einwilligung muß sich auf die Änderung der Zweckbestimmung beziehen. Anders als das Bundesdatenschutzgesetz (§ 4 BDSG) enthalten §§ 12 bis 22 keine Bestimmungen zur Form der Einwilligung und zum Verfahren der Einholung der Einwilligung. Daß das Gesetz in § 13 Abs. 1 bewußt auf § 14 Abs. 2 BDSG rekurriert[4] und diese Bestimmung wiederum die 4

---

[1] Vgl. etwa *Auernhammer* § 14, 12 ff BDSG; *Gola/Schomerus* § 14, 3.1 bis 3.4 BDSG.

[2] Vgl. Entwurfsbegründung BTDrucks. **13** 4709 S. 21.

[3] BTDrucks. **13** 4709 S. 21.

[4] Entwurfsbegründung BTDrucks. **13** 4709 S. 21.

Regelung in § 4 BDSG zur Grundlage hat, führt nicht dazu, daß § 4 Abs. 2 BDSG auch im Falle einer Übermittlung nach § 13 Abs. 1 entsprechend gilt. Freilich wird, soweit nicht wegen besonderer Umstände eine andere Form angemessen ist, die Einwilligung auch hier zweckmäßigerweise schriftlich vorliegen. Jedenfalls sollte sie in den Akten dokumentiert sein. Grundsätzlich ist auch bei Mitteilungen in Strafsachen sicherzustellen, daß der Betroffene sich der Tragweite seiner Einwilligung bewußt ist. Die Erklärung der Einwilligung durch einen Vertreter ist wie in den Fällen des § 4 BDSG zulässig.

5 c) Nummer 3 hat die Fälle der **mutmaßlichen Einwilligung** im Auge, in denen eine Einwilligung nicht vorliegt, diese auch nicht oder nur mit erheblichem Aufwand herbeizuführen wäre, nach Lage des Falles aber, weil die Übermittlung im Interesse des Betroffenen liegt, davon auszugehen ist, daß er in die Zweckänderung einwilligen würde. In Fällen, in denen die Übermittlung zu einer für den Betroffenen nachteiligen Entscheidung führen kann, fehlt es an diesen Voraussetzungen. Umgekehrt kann daraus, daß eine für den Betroffenen nachteilige Entscheidung nicht zu erwarten ist, nicht ohne weiteres geschlossen werden, daß er seine Einwilligung in die Übermittlung geben würde. Die Entwurfsbegründung nennt als praktischen Anwendungsfall die Mitteilung von einer Einstellung des Verfahrens oder der Freisprechung des Beschuldigten an diejenige öffentliche Stelle, die das Strafverfahren veranlaßt hat; die Entwurfsbegründung drückt zugleich die Hoffnung aus, daß diese „aus Prozeßfürsorge gebotene Mitteilung" in den Verwaltungsvorschriften ausdrücklich festgelegt wird[5]. Eine entsprechende Mitteilung ist in der MiStra jedoch nicht vorgesehen. Dabei mag eine Rolle spielen, daß es sich bei dem Beispielsfall nicht um den typischen Fall einer verfahrensübergreifenden Mitteilung handeln würde (vgl. § 171 StPO), um die es im JuMiG (§ 12 Abs. 1) und in der MiStra allein geht. Auch im Bereich der zweifelsfrei verfahrensübergreifenden Mitteilungen wird eine mutmaßliche Einwilligung des Betroffenen in die Übermittlung eines für ihn günstigen Verfahrensausgangs aber vielfach vorliegen.

6 **d) Die Regelung in Nummer 4** war im Regierungsentwurf noch in § 15 enthalten[6] und unterlag damit dem Abwägungsgebot des § 13 Abs. 2. Auf Vorschlag des Bundesrats wurde die Regelung in § 13 Abs. 1 eingestellt[7]. Dies ändert nichts daran, daß es sich um eine Regelung handelt, die Mitteilungen in Zivilsachen einschließlich der Angelegenheiten der freiwilligen Gerichtsbarkeit behandelt. Sie ist deshalb hier nicht näher zu betrachten.

7 e) **Nummer 5** faßt die Fälle zusammen, in denen an eine Entscheidung — entweder nach deren Inhalt oder durch Rechtsvorschriften bestimmt — **Rechtsfolgen** geknüpft sind und die Mitteilung erforderlich ist, um deren Beachtung und Umsetzung zu gewährleisten. Als Rechtsvorschriften, in denen die eintretenden Rechtsfolgen geregelt sind, kommen neben bundesrechtlichen Regelungen auch Landesgesetze, Rechtsverordnungen der Länder, aber auch Satzungsvorschriften von Selbstverwaltungskörperschaften in Betracht. Die Vorschrift stellt klar, daß sie auch dann anzuwenden ist, wenn die gegenüber dem Betroffenen wirksam werdende Rechtsfolge zusätzlich einen Verwaltungsakt erfordert oder wenn die Rechtsfolge darin besteht, daß ein Verwaltungsakt nicht erlassen werden darf. Ausdrücklich einbezogen ist der Fall, daß der Betroffene ihm durch Verwaltungsakt gewährte Rechte auch nur vorläufig nicht wahrnehmen darf. Als Beispielsfall für letzteres nennt die Entwurfsbegründung[8], daß in einer Verkehrsstrafsache ein Führerschein in amtliche Verwahrung genommen wird, den der Beschuldigte freiwillig, ohne vorläufige Ent-

---

[5] BTDrucks. **13** 4709 S. 21.

[6] BTDrucks. **13** 4709 S. 6.

[7] BTDrucks. **13** 4709 S. 40 und schriftlicher Bericht des Rechtsausschusses, BTDrucks. **13** 7489 S. 54.

[8] BTDrucks. **13** 4709 S. 21.

ziehung nach § 111 a StPO, herausgegeben hat. Obwohl die Fahrerlaubnis in diesem Fall noch besteht, darf der Beschuldigte nach § 21 Abs. 2 Nr. 2 StVG kein Kraftfahrzeug führen. Verschiedene Mitteilungspflichten der MiStra stützen sich auf Nummer 5. Das gilt für Nr. 12 MiStra (Mitteilungen zum Wählerverzeichnis); die Regelung dient der Umsetzung des § 45 StGB (Nr. 12 Abs. 1 MiStra) sowie der §§ 6 a Abs. 1 Nr. 3 EuWG, 13 Nr. 3 BundeswahlG und der entsprechenden Regelungen in den Landeswahlgesetzen und kommunalrechtlichen Wahlvorschriften (Nr. 12 Abs. 2 MiStra). Auf Nummer 5 beruht Nr. 18 MiStra (Mitteilungen bei Strafverfahren gegen Versorgungsberechtigte), soweit dort Mitteilungen in den Fällen vorgesehen sind, in denen die strafrechtliche Entscheidung kraft Gesetzes unmittelbare Auswirkungen auf die versorgungsrechtliche Situation hat (vgl. auch § 14, 12). Entsprechendes gilt für Nr. 20 MiStra (Mitteilungen in Strafsachen gegen frühere Soldaten). Nr. 37 MiStra (Mitteilungen in Strafsachen gegen Inhaber von Jagdscheinen) beruht insoweit auf Nummer 5, als es bei den Mitteilungen nach Nr. 37 Abs. 3 Nr. 2 MiStra darum geht, eine Entziehung des Jagdscheins bzw. eine Sperrfrist zur Erteilung des Jagdscheins (§ 41 BJagdG) oder ein Jagdausübungsverbot (§ 41a BJagdG), die rechtskräftig angeordnet wurden, umzusetzen. Auf Nummer 5 beruht Nr. 40 MiStra (Mitteilungen bei Strafverfahren gegen mit Atomanlagen oder radioaktiven Stoffen verantwortlich befaßte Personen) insofern, als sie die Mitteilung rechtskräftiger Entscheidungen umfaßt, die ein entsprechendes Berufsverbot aussprechen. Schließlich beruht Nr. 45 MiStra (Mitteilungen in Fahrerlaubnissachen) auf Nummer 5, weil es dort darum geht, die Entscheidungen über die Entziehung der Fahrerlaubnis nach § 69 StGB sowie über die Anordnung einer Sperrfrist und deren Aufhebung nach § 69 a StGB sowie über eine vorläufige Entziehung der Fahrerlaubnis nach § 111a StPO umzusetzen.

3. Absatz 2

a) Abwägungserfordernis. Absatz 2 Satz 1 bestimmt, daß bei den Übermittlungen, die ihre Grundlage nicht in Absatz 1 haben, sondern nach den §§ 14 bis 17 erfolgen, neben der selbstverständlichen Voraussetzung, daß die Übermittlung der Erfüllung der in der Zuständigkeit des Empfängers liegenden Aufgaben dient, eine weitere Voraussetzung vorliegen muß: Eine Abwägung zwischen dem öffentlichen Interesse an der Übermittlung und etwaigen schutzwürdigen Interessen des Betroffenen an einem Ausschluß der Übermittlung muß zu dem Ergebnis geführt haben, daß letztere nicht überwiegen. Diese Abwägung ist eine Ausprägung des Verhältnismäßigkeitsgrundsatzes. 8

b) Offensichtlichkeitserfordernis. Freilich ist für die übermittelnde Justizbehörde vielfach nicht leicht zu beurteilen, wie groß das Interesse der Empfängerbehörde an der Übermittlung ist. Schon der Regierungsentwurf sah deshalb vor, daß die Übermittlung nur unterbleibt, wenn das Überwiegen der entgegenstehenden Interessen des Betroffenen für die Justizbehörde „erkennbar" ist[9]. Auf Vorschlag des Bundesrats[10] hat der Bundestag dies verstärkt; das Gesetz verlangt jetzt, daß das Überwiegen des Betroffenenschutzes für die übermittelnde Justizbehörde **offensichtlich** sein muß. Dabei geht das Gesetz davon aus, daß in den Fällen der § 14 Abs. 1, § 16 die Abwägung in der zu erlassenden Verwaltungsvorschrift (MiStra) vorweggenommen wird. Wenn danach eine Übermittlung zu erfolgen hat, soll eine solche nur dann unterbleiben, wenn es sich für die übermittelnde Justizbehörde aufgrund besonderer Umstände aufdrängt, daß überwiegende schutzwürdige Interesse des Betroffenen einer Übermittlung entgegenstehen, und zwar ohne daß 9

---

9 BTDrucks. **13** 4709 S. 4; schon dagegen Bedenken aus datenschutzrechtlicher Sicht bei *Wollweber* NJW **1997** 2488.

10 BTDrucks. **13** 4709 S. 41.

weitere Ermittlungen angestellt würden (vgl. auch Nr. 2 Abs. 1 Satz 2 MiStra). Drängen sich der Justizbehörde solche Umstände nicht auf, legt sie die Abwägung in der MiStra zugrunde und nimmt eine nach dieser veranlaßte Übermittlung vor. Mit zusätzlichen Prüfungen soll sie nicht belastet sein[11].

10 **c) Zweckumschreibung.** Anders als Absatz 1 hebt Absatz 2 hervor, daß zu den Aufgaben der Empfängerbehörde, für die eine Übermittlung zulässig ist, auch die Wahrnehmung personalrechtlicher Befugnisse gehören kann. Das dient der Klarstellung im Hinblick auf § 14 Abs. 1 Nr. 5, wo eine Übermittlung von Daten der im öffentlichen Dienst sowie bei den öffentlich-rechtlichen Religionsgemeinschaften beschäftigten Arbeitnehmer vorgesehen ist[12].

11 **d) Sicherheitsüberprüfungen.** Nach Absatz 2 Satz 2 dürfen übermittelte Daten auch für die Wahrnehmung der Aufgaben nach dem Sicherheitsüberprüfungsgesetz oder einem entsprechenden Landesgesetz verwendet werden. Das gilt nach der systematischen Stellung dieser Regelung zunächst einmal für die Übermittlungen nach Absatz 2. Man wird darin aber auch einen allgemeinen Grundsatz sehen können, der auch bei Übermittlungen nach Absatz 1 Geltung beansprucht.

12 **4. Zuständigkeit.** Sowohl in den Fällen des Absatzes 1 wie in den Fällen des Absatzes 2 in Verbindung mit §§ 14 bis 17 sind Gerichte und Staatsanwaltschaften zur Übermittlung befugt. Eine nähere Bestimmung trifft das Gesetz nicht (Vor § 12, 11). Die bereichsspezifischen Übermittlungsregelungen sehen teilweise ebenfalls eine Zuständigkeit sowohl der Gerichte wie der Staatsanwaltschaften vor (§ 125 c BRRG, § 60 KWG, § 145 b VAG). Für den von ihr erfaßten Bereich trifft die MiStra nähere Bestimmungen. Nr. 4 Abs. 1 MiStra bestimmt, welche Justizbehörde jeweils zu handeln hat. Bis zur Anklageerhebung ist dies die Staatsanwaltschaft, anschließend bis zur Rechtskraft der Entscheidung das Gericht, nach Rechtskraft der Entscheidung die Vollstreckungsbehörde. Damit lehnt sich die MiStra an die Zuständigkeitsregelung in §§ 147 Abs. 5, 406 e Abs. 4 Satz 1 StPO und in Nr. 183 RiStVB an. Nr. 4 Abs. 2, 3 MiStra regelt, wer innerhalb der jeweils zuständigen Justizbehörde zu handeln hat. Danach entscheiden Richter und Staatsanwälte jeweils in den Fällen, in denen die MiStra dies ausdrücklich bestimmt; das sind die Fälle, in denen im Einzelfall eine Abwägung vorzunehmen ist[13]. Für Richter und Staatsanwälte handelt es sich dabei um eine Aufgabe der Justizverwaltung[14]. Im übrigen entscheidet bei den Gerichten der Urkundsbeamte der Geschäftsstelle, bei den Staatsanwaltschaften der vom Behördenleiter dazu bestimmte Bedienstete, bei der Vollstreckungsbehörde ein Beamter des gehobenen Dienstes, soweit die vorgesetzten Stellen nichts anderes bestimmen.

---

[11] So die Begründung des Bundesrats, BTDrucks. **13** 4709 S. 42.

[12] Entwurfsbegründung BTDrucks. **13** 4709 S. 21.

[13] Nr. 1 Abs. 3 Satz 2, Nr. 2 Abs. 2, Nr. 6 Abs. 4 Satz 2, Abs. 5 Satz 2, Abs. 6 Satz 2, Halbsatz 2, Abs. 7 Satz 2, Nr. 7 Abs. 1 Satz 2, Nr. 15 Abs. 3 Satz 3, Nr. 16 Abs. 3 Satz 3, Nr. 19 Abs. 3 Satz 3, Nr. 20 Abs. 3, Nr. 21 Abs. 3 Satz 3, Nr. 22 Abs. 3 Satz 3, Abs. 4 Satz 3, Nr. 23 Abs. 3 Satz 3, Nr. 24 Abs. 3 Satz 3, Nr. 26 Abs. 2 Satz 3, Nr. 28 Abs. 2 Satz 3, Nr. 29 Abs. 3, Nr. 31 Abs. 2, Nr. 33 Abs. 2, Nr. 34 Abs. 2, Nr. 35 Abs. 2, Nr. 36 Abs. 4 Satz 4, Nr. 36a Abs. 2, Nr. 38 Abs. 3 Satz 3, Nr. 39 Abs. 4, Nr. 42 Abs. 8, Nr. 45 Abs. 2 Satz 3, Nr. 47 Abs. 2 Satz 4, Nr. 48 Abs. 3, Nr. 49 Abs. 4, Nr. 51 Abs. 4 MiStra.

[14] Entwurfsbegründung BTDrucks. **13** 4709 S. 18.

§ 14

(1) In Strafsachen ist die Übermittlung personenbezogener Daten des Beschuldigten, die den Gegenstand des Verfahrens betreffen, zulässig, wenn die Kenntnis der Daten aus der Sicht der übermittelnden Stelle erforderlich ist für

1. die Vollstreckung von Strafen oder von Maßnahmen im Sinne des § 11 Abs. 1 Nr. 8 des Strafgesetzbuches oder die Vollstreckung oder Durchführung von Erziehungsmaßregeln oder Zuchtmitteln im Sinne des Jugendgerichtsgesetzes,

2. den Vollzug von freiheitsentziehenden Maßnahmen,

3. Entscheidungen in Strafsachen, insbesondere über die Strafaussetzung zur Bewährung oder ihren Widerruf, in Bußgeld- oder in Gnadensachen,

4. dienstrechtliche Maßnahmen oder Maßnahmen der Aufsicht, falls

a) der Betroffene wegen seines Berufs oder Amtsverhältnisses einer Dienst-, Staats- oder Standesaufsicht unterliegt, Geistlicher einer Kirche ist oder ein entsprechendes Amt bei einer anderen öffentlich-rechtlichen Religionsgesellschaft bekleidet oder Beamter einer Kirche oder einer Religionsgesellschaft ist und

b) die Daten auf eine Verletzung von Pflichten schließen lassen, die bei der Ausübung des Berufs oder der Wahrnehmung der Aufgaben aus dem Amtsverhältnis zu beachten sind oder in anderer Weise geeignet sind, Zweifel an der Eignung, Zuverlässigkeit oder Befähigung hervorzurufen,

5. die Entscheidung über eine Kündigung oder für andere arbeitsrechtliche Maßnahmen, für die Entscheidung über eine Amtsenthebung, für den Widerruf, die Rücknahme, die Einschränkung einer behördlichen Erlaubnis, Genehmigung oder Zulassung zur Ausübung eines Gewerbes, einer sonstigen wirtschaftlichen Unternehmung oder eines Berufs oder zum Führen einer Berufsbezeichnung, für die Untersagung der beruflichen, gewerblichen oder ehrenamtlichen Tätigkeit odre der sonstigen wirtschaftlichen Unternehmung oder für die Untersagung der Einstellung, Beschäftigung, Beaufsichtigung von Kindern und Jugendlichen, für die Untersagung der Durchführung der Berufsausbildung oder für die Anordnung einer Auflage, falls

a) der Betroffene ein nicht unter Nummer 4 fallender Angehöriger des öffentlichen Dienstes oder des Dienstes einer öffentlich-rechtlichen Religionsgemeinschaft, ein Gewerbetreibender oder ein Vertretungsberechtigter eines Gewerbetreibenden oder eine mit der Leitung eines Gewerbetriebes oder einer sonstigen wirtschaftlichen Unternehmung beauftragte Person, ein sonstiger Berufstätiger oder Inhaber eines Ehrenamtes ist und

b) die Daten auf eine Verletzung von Pflichten schließen lassen, die bei der Ausübung des Dienstes, des Gewerbes, der sonstigen wirtschaftlichen Unternehmung, des Berufs oder des Ehrenamtes zu beachten sind oder in anderer Weise geeignet sind, Zweifel an der Eignung, Zuverlässigkeit oder Befähigung hervorzurufen,

6. Dienstordnungsmaßnahmen mit versorgungsrechtlichen Folgen oder für den Entzug von Hinterbliebenenversorgung, falls der Betroffene aus einem öffentlich-rechtlichen Amts- oder Dienstverhältnis oder aus einem Amts- oder Dienstverhältnis mit einer Kirche oder anderen öffentllich-rechtlichen Religionsgesellschaft Versorgungsbezüge erhält oder zu beanspruchen hat,

7. den Widerruf, die Rücknahme, die Versagung oder Einschränkung der Berechtigung, der Erlaubnis oder der Genehmigung oder für die Anordnung einer Auflage, falls der Betroffene

a) in einem besonderen gesetzlichen Sicherheitsanforderungen unterliegenden genehmigungs- oder erlaubnispflichtigen Betrieb verantwortlich tätig oder
b) Inhaber einer atom-, waffen-, sprengstoff-, gefahrstoff-, immissionsschutz-, abfall-, wasser-, seuchen-, tierseuchen-, betäubungsmittel- oder arzneimittelrechtlichen Berechtigung, Erlaubnis oder Genehmigung, einer Genehmigung nach dem Gentechnikgesetz, dem Gesetz über die Kontrolle von Kriegswaffen oder dem Außenwirtschaftsgesetz, einer Erlaubnis zur Arbeitsvermittlung nach dem Dritten Buch Sozialgesetzbuch, einer Verleiherlaubnis nach dem Arbeitnehmerüberlassungsgesetz, einer Erlaubnis nach tierschutzrechtlichen Vorschriften, eines Jagdscheins, eines Fischereischeins, einer verkehrsrechtlichen oder im übrigen einer sicherheitsrechtlichen Erlaubnis oder Befähigung ist oder einen entsprechenden Antrag gestellt hat,
8. Maßnahmen der Aufsicht, falls es sich
a) um Strafsachen im Zusammenhang mit Betriebsunfällen, in denen Zuwiderhandlungen gegen Unfallverhütungsvorschriften bekannt werden, oder
b) um Straftaten gegen Vorschriften zum Schutz der Arbeitskraft oder zum Schutz der Gesundheit von Arbeitnehmern handelt, oder
9. die Abwehr erheblicher Nachteile für Tiere und Pflanzen, Boden, Wasser, Luft, Klima und Landschaft.

(2) [1]In Privatklageverfahren, in Verfahren wegen fahrlässig begangener Straftaten, in sonstigen Verfahren bei Verurteilung zu einer anderen Maßnahme als einer Strafe oder einer Maßnahme im Sinne des § 11 Abs. 1 Nr. 8 des Strafgesetzbuches, oder wenn das Verfahren eingestellt worden ist, unterbleibt die Übermittlung in den Fällen des Absatzes 1 Nr. 4 bis 9, wenn nicht besondere Umstände des Einzelfalles die Übermittlung erfordern. [2]Die Übermittlung ist insbesondere erforderlich, wenn die Tat bereits ihrer Art nach geeignet ist, Zweifel an der Zuverlässigkeit oder Eignung des Betroffenen für die gerade von ihm ausgeübte berufliche, gewerbliche oder ehrenamtliche Tätigkeit oder für die Wahrnehmung von Rechten aus einer ihm erteilten Berechtigung, Genehmigung oder Erlaubnis hervorzurufen. [3]Die Sätze 1 und 2 gelten nicht bei Straftaten, durch die der Tod eines Menschen verursacht worden ist, und bei gefährlicher Körperverletzung. [4]Im Falle der Einstellung des Verfahrens ist zu berücksichtigen, wie gesichert die zu übermittelnden Erkenntnisse sind.

Entstehungsgeschichte. S. Vor § 12, 1 bis 3; durch Art. 25 Nr. 1 des 1. SGB III-ÄndG v. 16. 12. 1997 (BGBl. I S. 2970) wurde in Abs. 1 Nr. 7 Buchst. b das Wort „Arbeitsförderungsgesetz" durch die Worte „Dritten Buch Sozialgesetzbuch" ersetzt.

Übersicht

1. Grundgedanke. Absatz 1 enthält einen Katalog von Zwecken, die von öffentlichen Stellen (§ 12) verfolgt werden. Für diese Zwecke dürfen in Strafsachen personenbezogene Daten (dazu oben § 12, 2) des Beschuldigten, die den Gegenstand des Verfahrens betreffen, grundsätzlich übermittelt werden. Den Gegenstand des Verfahrens bilden alle Daten, die für die Entscheidung irgendwie von Bedeutung sein können, neben den zur Tat im prozessualen Sinne gehörenden Daten also auch alle personenbezogenen Informationen, die für die Bestimmung der Rechtsfolgen und für Nebenentscheidungen erheblich sein können[1]. Nur personenbezogene Daten des Beschuldigten, nicht anderer Verfahrensbeteiligter, sind erfaßt (anders § 17). Voraussetzung der Übermittlung ist, daß die Kenntnis der Daten aus der Sicht der übermittelnden Justizbehörde für die Verfolgung der genannten Zwecke erforderlich ist. Diese Formulierung will klarstellen, daß die Justizbehörde keine Ermittlungen anstellen muß, ob die Empfängerbehörde die Daten benötigt. Sind die Daten ihrer Art nach gemäß den für die Empfängerbehörde geltenden Rechtsvorschriften zur Erfüllung der Zwecke grundsätzlich beachtlich, so ist die Kenntnis der Daten für die Empfängerbehörde im Sinne des Absatzes 1 erforderlich. Ob die Empfängerbehörde aufgrund der Datenübermittlung tatsächlich Maßnahmen ergreift, ist unbeachtlich. Es genügt, wenn die Daten für die Empfängerbehörde Anlaß bieten zu prüfen, ob Maßnahmen zu ergreifen sind[2]. Die auf seiten der übermittelnden Justizbehörde anzustellende „Schlüssigkeitsprüfung"[3], ob in diesem Sinne eine Übermittlung erforderlich ist, kann durch Verwaltungsvorschrift vorweggenommen werden und wird durch die MiStra auch vorweggenommen. 1

Ob die auf die Strafjustiz orientierten Fälle des Absatzes 1 Nrn. 1 bis 3 im Rahmen des § 14 Dauerrecht sind oder vom Gesetzgeber im Hinblick auf eine im StVÄG (§ 12, 3) geplante **entsprechende Regelung in § 479 StPO** wieder gestrichen werden, läßt sich noch nicht absehen. 1a

Absatz 2 enthält als Ausdruck des **Verhältnismäßigkeitsgrundsatzes** Einschränkungen und Ausnahmen für weniger gravierende Straftaten (dazu unten Rdn. 17 ff). Weitere im Entwurf der Bundesregierung vorgeschlagene Einschränkungen bei der Übermittlung von Daten nach Absatz 1 und deren Verwendung hat der Deutsche Bundestag nicht übernommen (vgl. dazu unten Rdn. 24). 2

2. Der Katalog des Absatzes 1

a) Nummer 1 betrifft Mitteilungen für Zwecke der Vollstreckung strafrechtlicher Sanktionen, die in anderen Verfahren als dem, in dem die Daten erhoben worden sind, verhängt wurden. Im einzelnen nennt das Gesetz die Vollstreckung von Strafen sowie von Maßregeln der Besserung und Sicherung, des Verfalls, der Einziehung und der Unbrauchbarmachung (Maßnahmen im Sinne des § 11 Abs. 1 Nr. 8 StGB) sowie die Vollstreckung und Durchführung von Erziehungsmaßregeln und Zuchtmitteln im Sinne des Jugendgerichtsgesetzes (§§ 9, 13 JGG). In § 14 Abs. 2 Nr. 7 BDSG findet sich eine entsprechende Regelung. Im Interesse einer nachdrücklichen Vollstreckung strafrichterlicher und jugendrichterlicher Erkenntnisse soll es möglich sein, sachdienliche Informationen, die in 3

[1] Entwurfsbegründung BTDrucks. **13** 4709 S. 22.
[2] Entwurfsbegründung BTDrucks. **13** 4709 S. 22.
[3] Entwurfsbegründung BTDrucks. **13** 4709 S. 22.

einem anderen Strafverfahren erhoben wurden, also innerhalb der Strafrechtspflege vorhanden sind, zu nutzen. Die Entwurfsbegründung[4] nennt als Beispielsfall den Hinweis auf bestimmte Vermögenswerte, die die Vollstreckung einer Geldstrafe ermöglichen. Grundsätzlich kommen für Übermittlungen nach Nummer 1 zahlreiche personenbezogene Daten des Beschuldigten in Betracht, vom Aufenthalt über die Arbeitsstelle bis hin zu den Gegenständen seines Vermögens; praktisch werden Mitteilungen von Amts wegen in diesem Bereich eine geringere Rolle spielen als Mitteilungen auf Ersuchen der Vollstreckungsbehörde. Die MiStra enthält zu Nummer 1 keine spezielle Regelung. Allerdings hat die im wesentlichen vollzugsrechtlich geprägte Mitteilungspflicht nach Nr. 43 MiStra (vgl. unten Rdn. 4) auch vollstreckungsrechtliche Bedeutung, weil sie die Anstalt befähigt, sachgerechte Stellungnahmen nach § 454 Abs. 1 Satz 2 StPO in Verbindung mit § 463 Abs. 1, 3 StPO abzugeben. Deshalb kann sich Nr. 43 MiStra auch auf Nummer 1 stützen.

4 **b) Nummer 2** soll Mitteilungen für Zwecke des Vollzugs freiheitsentziehender Maßnahmen ermöglichen. Dazu gehören in erster Linie die freiheitsentziehenden Maßnahmen, die ihre Grundlage im Straf- und Strafprozeßrecht haben, insbesondere Freiheitsstrafe und Jugendstrafe, die freiheitsentziehenden Maßregeln der Besserung und Sicherung, der Jugendarrest, die Untersuchungshaft und die einstweilige Unterbringung. Auch soweit diese Maßnahmen außerhalb des Justizbereichs vollzogen werden, wie die Unterbringung in einem psychiatrischen Krankenhaus oder in der Entziehungsanstalt, gilt, daß für den Vollzug wichtige Informationen, die im Bereich der Strafrechtspflege vorhanden sind, sollen genutzt werden können. Die Entwurfsbegründung[5] verweist auf den Fall, daß in einem anderen Strafverfahren Umstände bekanntwerden, die für die Entscheidung über Vollzugslockerungen (§ 11 StVollzG) wichtig sind. Entsprechendes gilt bei Entscheidungen über Urlaub und sonstige Außenkontakte im Vollzug. Nach dem Wortlaut des Gesetzes ist die Regelung in Nummer 2 nicht auf den Fall beschränkt, daß freiheitsentziehende Maßnahmen auf strafrechtlicher Grundlage vollzogen werden. Sie gilt deshalb auch für den Vollzug anderer freiheitsentziehender Maßnahmen wie der Ordnungs-, Sicherungs-, Zwangs- und Erzwingungshaft, der Auslieferungs- und der Abschiebehaft sowie der Unterbringung nach den Unterbringungsgesetzen der Länder[6]. In allen Fällen soll das Wissen, das Gerichte und Staatsanwaltschaften im Strafverfahren über den Beschuldigten erlangen, für die bestmögliche Erreichung des Vollzugszwecks nutzbar gemacht werden können, was sich im Einzelfall ebenso für wie gegen den von der freiheitsentziehenden Maßnahme Betroffenen auswirken kann. Nr. 43 MiStra enthält eine Mitteilungspflicht, wenn gegen Untersuchungsgefangene, Strafgefangene, Sicherungsverwahrte oder in einem psychiatrischen Krankenhaus oder in einer Entziehungsanstalt Untergebrachte ein weiteres Verfahren eingeleitet wird. Mitzuteilen sind die Einleitung des Verfahrens, die Erhebung der öffentlichen Klage und der Ausgang des Verfahrens, und zwar jeweils den Leitern der Justizvollzugsanstalt bzw. des psychiatrischen Krankenhauses oder der Entziehungsanstalt. Die Bedeutung dieser Informationen für vollzugliche Entscheidungen liegt auf der Hand; Nr. 43 MiStra läßt sich deshalb auf Nummer 2 stützen.

5 **c) Nummer 3** dient der Entscheidungsfindung in Strafsachen, wobei die Entscheidungen im Zusammenhang mit einer Strafaussetzung zur Bewährung besonders hervorgehoben sind, sowie in Bußgeldsachen und schließlich in Gnadensachen. Erkenntnisse über den Beschuldigten, die für andere Verfahren der genannten Art erheblich sind, sollen an die zuständigen Behörden übermittelt werden können. Wie in den Nummern 1 und 2 geht

[4] BTDrucks. **13** 4709 S. 22.
[5] BTDrucks. **13** 4709 S. 22.
[6] Ebenso die Entwurfsbegründung (zu § 14 Abs. 2) BTDrucks. **13** 4709 S. 24.

es darum, das in der Strafrechtspflege vorhandene Wissen auch für andere strafrechtliche Verfahren zu nutzen, hier verstanden unter Einschluß der Bußgeldsachen und der Gnadenverfahren. Aus der Entwurfsbegründung[7] kann man entnehmen, daß die Entscheidung über die Aussetzung einer Freiheitsstrafe im Urteil in Nummer 3 nicht gemeint ist; sie soll in § 17 Nr. 1 (Strafverfolgung) mit erfaßt sein. Im Wortlaut der Nummer 3 findet dies keinen Ausdruck. Zwar ist es sicher zutreffend, daß zur Strafverfolgung im Sinne von § 17 Nr. 1 auch das Strafurteil in allen seinen Teilen gehört (vgl. § 17, 2) und damit auch eine eventuelle Bewährungsentscheidung; aber in der Nummer 3 sind Entscheidungen in Strafsachen einschließlich derer über die Strafaussetzung zur Bewährung und deren Widerruf ebenfalls ohne Einschränkung umfaßt, so daß sich Nummer 3 und § 17 Nr. 1 insoweit teilweise überschneiden. Praktisch wird die weitergehende Regelung des § 17 Nr. 1, die nicht auf Beschuldigtendaten beschränkt ist, vorgehen. In sachlicher Übereinstimmung mit den bisherigen Regelungen der MiStra sieht Nr. 13 MiStra für einen Teilbereich eine Mitteilungs*pflicht* vor, nämlich wenn Umstände bekanntwerden, die in einem anderen Verfahren zu einem Bewährungswiderruf oder dem Widerruf eines Straferlasses führen können; gleichgestellt sind die Fälle, in denen die Verurteilung zu einer vorbehaltenen Geldstrafe oder die Verhängung einer nach § 27 JGG vorbehaltenen Jugendstrafe in Betracht kommen.

d) Nummer 4

aa) Grundsatz. Nummer 4 will sicherstellen, daß die aus Anlaß des Strafverfahrens gegen den Beschuldigten, der wegen seines Berufs oder Amtsverhältnisses einer Dienst-, Staats- oder Standesaufsicht unterliegt, notwendigen dienstrechtlichen oder aufsichtlichen Maßnahmen ergriffen werden können. Voraussetzung der Mitteilung ist, daß die im Strafverfahren angefallenen Informationen, deren Übermittlung in Frage steht, auf eine Verletzung von Pflichten schließen lassen, die bei der Ausübung des Berufs oder bei der Wahrnehmung der Aufgaben aus dem Amtsverhältnis zu beachten sind, oder die sonst geeignet sind, Zweifel an der Eignung, Zuverlässigkeit oder Befähigung in bezug auf den Beruf oder das Amtsverhältnis aufkommen zu lassen. Es sind in sich sehr unterschiedliche Berufe und Ämter, für die damit eine Übermittlungsbefugnis begründet wird. Dementsprechend unterschiedlich ist der Pflichtenkreis[8]. Die einschlägigen berufsrechtlichen Regelungen finden sich im Bundes- wie im Landesrecht. Die Überwachung der Einhaltung der beruflichen Pflichten und die Ahndung von Verstößen ist teilweise Behörden, teilweise den öffentlich-rechtlichen Berufsorganisationen sowie den Disziplinar- und Berufsgerichtsbarkeiten zugewiesen. Die Übermittlung erfolgt an die Stelle, die für die Aufsicht zuständig ist. Unterliegt ein Beruf nur einer Standesaufsicht, keiner Staatsaufsicht, so rechtfertigt Nummer 4 nur die Übermittlung an die für die Standesaufsicht zuständige Stelle; eine (zusätzliche) Mitteilung an eine für sonstige Maßnahmen zuständige Behörde kann daneben nach Nummer 5 gerechtfertigt sein[9]. Für die Justizbehörden ist nicht leicht zu beurteilen, ob im Strafverfahren angefallene Daten Veranlassung zur Prüfung dienstrechtlicher oder aufsichtlicher Maßnahmen geben. Deshalb kommt insoweit konkretisierenden Verwaltungsvorschriften wie der MiStra besondere Bedeutung zu. 6

bb) Bereichsspezifisch geregelte Fälle. Der Wortlaut der Nummer 4 ist umfassend. Für besonders wichtige Fallgruppen existieren aber bereichsspezifische Sonderregelungen. So sind in Nummer 4 nicht erfaßt Beamte und Richter. Für diese ist in § 125 c BRRG, §§ 46 Abs. 1, 71 Abs. 3 DRiG eine bereichsspezifische Regelung getroffen wor- 7

[7] BTDrucks. **13** 4709 S. 22.

[8] Vgl. Entwurfsbegründung BTDrucks. **13** 4709 S. 22.

[9] Entwurfsbegründung BTDrucks. **13** 4709 S. 22.

den, die Mitteilungs*pflichten* vorsieht. Diese Regelung ist in Nr. 15 MiStra und Nr. 29 MiStra wiedergegeben. Nicht erfaßt in Nummer 4 sind ferner Soldaten und Zivildienstleistende. Insofern sind bereichsspezifische Regelungen in § 62 Abs. 1 und 3 SG und § 45 a ZDG getroffen worden; auch sie sehen Mitteilungspflichten vor und werden in Nrn. 19, 21 und 29 MiStra ausgeführt. Nicht von Nummer 4 erfaßt werden Notare, Rechtsanwälte und Patentanwälte. Insoweit gelten die bereichsspezifischen Regelungen in § 64 a Abs. 3 BNotO, § 24 a Abs. 3 NotVO, § 36 a Abs. 3 BRAO und § 32 a Abs. 3 PatAnwO; sie sind in Nrn. 23 und 29 MiStra wiedergegeben. Bereichsspezifische Regelungen sind in §§ 61a, 130 Abs. 1 WPO und in § 10 Abs. 2 StBerG für Wirtschaftsprüfer und Steuerberater enthalten (vgl. dazu Nr. 24 und Nr. 29 MiStra), in § 60 a Abs. 1 KWG für die Inhaber und Geschäftsleiter von Kreditinstituten (dazu Nr. 25 und Nr. 29 MiStra), in § 40 a WertpapierhandelsG für Inhaber und Geschäftsleiter von Wertpapierdienstleistungsunternehmen (Nr. 25 a und Nr. 29 MiStra) und in § 145 b Abs. 1 VAG für Geschäftsleiter von Versicherungsunternehmen (Nr. 25 b und Nr. 29 MiStra).

8 **cc) Von Nummer 4 erfaßte Fälle.** Für zahlreiche andere Berufe und Amtsverhältnisse, die einer Dienst-, Staats- oder Standesaufsicht unterliegen, bestehen jedoch keine bereichsspezifischen Übermittlungsregelungen. Insoweit greift die Befugnisnorm der Nummer 4 Platz. Auf dieser Grundlage bestimmt die MiStra für eine Reihe von Berufen Mitteilungspflichten, so in Nummer 23 für die nicht verkammerten Rechtsbeistände[10] und sonstige Rechtsberater sowie für Prozeßagenten (§ 157 Abs. 3 ZPO), in Nummer 24 u. a. für öffentlich bestellte und vereidigte Sachverständige und für verkammerte Architekten und Ingenieure und in Nummer 26 für Ärzte, Zahnärzte, Tierärzte, Apotheker und weitere Angehörige der Heilberufe. Anhaltspunkte dafür, daß die Justizverwaltungen dabei die gesetzliche Übermittlungsbefugnis nach Nummer 4 in Verbindung mit § 13 Abs. 2 überschritten hätten, bestehen nicht.

9 **dd) Geistliche** einer Kirche und Inhaber entsprechender Ämter in einer anderen **öffentlich-rechtlichen Religionsgesellschaft** sowie **Beamte der Kirchen** und Religionsgesellschaften sind in Nummer 4 ebenfalls erfaßt, weil eine bereichsspezifische Regelung nicht existiert. Nr. 22 MiStra begründet insoweit Mitteilungspflichten.

e) Nummer 5

10 **aa) Allgemeines.** Die Vorschrift umfaßt in sich sehr unterschiedliche Fallgruppen. Es geht einmal um arbeitsrechtliche Maßnahmen bis hin zur Kündigung gegen die dem Tarifrecht unterstehenden Angehörigen des öffentlichen Dienstes sowie des Dienstes einer öffentlich-rechtlichen Religionsgesellschaft, die nicht unter Nummer 4 fallen. Dementsprechend ist Voraussetzung, daß die im Strafverfahren bekanntgewordenen Daten, deren Übermittlung in Frage steht, auf eine Verletzung dienstlicher Pflichten schließen lassen oder sonst geeignet sind, Zweifel an der Eignung oder Befähigung des betroffenen Beschuldigten für seine dienstlichen Aufgaben hervorzurufen. Es geht sodann um Maßnahmen gegen Gewerbetreibende und deren Vertretungsberechtigte, gegen die mit der Leitung eines Gewerbebetriebs oder einer sonstigen wirtschaftlichen Unternehmung beauftragten Personen und gegen sonstige Berufstätige. Als Maßnahmen kommen insoweit vor allem der Widerruf, die Rücknahme oder die Einschränkung einer etwa erforderlichen behördlichen Erlaubnis, Genehmigung oder Zulassung zur Ausübung des Gewerbes, der sonstigen wirtschaftlichen Unternehmung oder des Berufs oder zum Führen einer Berufsbezeichnung in Betracht. Bei erlaubnisfreien Gewerben und Berufen soll die Ent-

---

[10] Für Rechtsbeistände, die Mitglieder in einer Rechtsanwaltskammer sind, gelten dieselben Vorschriften wie für Rechtsanwälte (§ 209 Abs. 1 BRAO).

scheidung über eine Untersagung oder die Festsetzung von Auflagen ermöglicht werden. Ferner geht es darum, eine aufgrund der im Strafverfahren bekanntgewordenen Umstände etwa veranlaßte Untersagung der Einstellung, Beschäftigung und Beaufsichtigung von Kindern und Jugendlichen und die Untersagung der Durchführung der Berufsausbildung zu prüfen, z. B. nach den Vorschriften des Jugendarbeitsschutzgesetzes und des Berufsbildungsgesetzes[11]. Schließlich geht es um Maßnahmen gegen Inhaber eines Ehrenamtes, insbesondere die Versagung der ehrenamtlichen Tätigkeit. Auch in allen diesen Fällen ist Voraussetzung der Übermittlung, daß sich aus den zu übermittelnden Daten Hinweise auf eine Verletzung von Pflichten bei der Ausübung des Gewerbes, der sonstigen wirtschaftlichen Unternehmung, des Berufs oder des Ehrenamtes ergeben oder auf eine mangelnde Eignung, Zuverlässigkeit oder Befähigung.

bb) Einzelfälle. Die Mannigfaltigkeit der von Nummer 5 erfaßten Fälle und der inso- **11**
weit relevanten Daten ist durch die Justizbehörden kaum übersehbar. Sie werden sich auf die durch Verwaltungsvorschriften, insbesondere die MiStra, konkretisierten Mitteilungsfälle beschränken. Die MiStra begründet unter ausdrücklicher Bezugnahme auf Nummer 5 eine ganze Reihe von Mitteilungs*pflichten*. Nr. 16 MiStra betrifft Personen, die in einem privatrechtlichen Arbeitnehmer- oder Ausbildungsverhältnis zu einer Körperschaft, Anstalt oder Stiftung des öffentlichen Rechts stehen, sowie Personen, die in einem öffentlich-rechtlichen Beschäftigungsverhältnis stehen, das in Nr. 15 MiStra nicht erfaßt ist. Nr. 17 MiStra regelt Mitteilungspflichten bei ehrenamtlichen Richtern aller Zweige der Gerichtsbarkeit. Nr. 27 MiStra enthält Mitteilungspflichten für Angehörige von Lehr- und Erziehungsberufen, sofern sie in einer öffentlichen Einrichtung tätig sind, aber nicht in einem Beamten- oder Arbeitnehmerverhältnis stehen oder bei privaten Einrichtungen beschäftigt sind. Nr. 28 MiStra ordnet Mitteilungen in Strafverfahren gegen Betreiber und Beschäftigte von Alten- und Pflegeheimen an. Nr. 35 MiStra bestimmt Mitteilungen zum Schutz von Minderjährigen und stützt sich dabei, soweit die in Nummer 5 genannten Personen betroffen sind, auch auf diese Befugnisnorm. Auch die in Nr. 36 MiStra angeordneten Mitteilungspflichten in Strafsachen gegen die Inhaber waffenrechtlicher und sprengstoffrechtlicher Berechtigungen und sonstige nach dem WaffG und dem SprengG berechtigte Personen stützen sich, soweit es um Verfahren gegen die Inhaber und Leiter von Betrieben zur Waffenherstellung und zum Waffenhandel sowie zum Umgang oder Verkehr mit oder zur Beförderung von explosionsgefährlichen Stoffen geht, auf Nummer 5. Die in Nr. 38 MiStra begründeten Mitteilungspflichten in Strafsachen gegen die Inhaber luftrechtlicher Erlaubnisse oder Genehmigungen sowie sonstige nach dem Luftverkehrsgesetz berechtigte Personen stützt sich teilweise auf Nummer 5, nämlich soweit es um die Inhaber und Leiter von Luftfahrtunternehmen und Luftfahrtschulen und um das Luftfahrt- und Flugsicherungspersonal geht. Auf Nummer 5 stützt sich u. a. Nr. 39 MiStra, die Mitteilungspflichten in Strafverfahren gegen Inhaber von Berechtigungen und gegen Gewerbetreibende begründet; die Mitteilungspflicht soll insbesondere eine Prüfung von Maßnahmen nach § 35 GewO ermöglichen. Auch die Mitteilungspflicht bei Betriebsunfällen nach Nr. 44 MiStra, nach der in Strafsachen, in denen Verstöße gegen Unfallverhütungsvorschriften bekanntwerden, Mitteilungen an die zuständige Aufsichtsbehörde vorzunehmen sind, hat neben Nummer 8 Buchst. a und § 17 Nr. 3 auch die Nummer 5 zur Grundlage.

---

[11] Vgl. Entwurfsbegründung BTDrucks. **13** 4709 S. 22, 23.

12 **f) Nummer 6.** In sich vergleichsweise homogen ist der Inhalt dieser Regelung. Sie soll bei Beziehern von Versorgungsbezügen aus einem öffentlich-rechtlichen Amts- oder Dienstverhältnis oder aus einem Amts- oder Dienstverhältnis mit einer Kirche oder einer anderen öffentlich-rechtlichen Religionsgesellschaft die Prüfung erlauben, ob Dienstordnungsmaßnahmen mit versorgungsrechtlichen Folgen oder der Entzug von Hinterbliebenenversorgung veranlaßt ist. Den Beziehern von Versorgungsbezügen sind diejenigen gleichgestellt, die solche zu beanspruchen haben. Nummer 6 betrifft die Fälle, in denen strafrechtliche Erkenntnisse zur Einleitung eines Verfahrens gegen den Versorgungsempfänger bzw. den Hinterbliebenen führen und die in diesem Verfahren ergehende Entscheidung versorgungsrechtliche Wirkungen haben kann. Dagegen ist § 13 Abs. 1 Nr. 5 einschlägig, wenn die strafrechtliche Entscheidung kraft Gesetzes unmittelbare Auswirkungen auf die versorgungsrechtliche Stellung des Ruhestandsbeamten oder des Hinterbliebenen hat[12]. Im ersteren Fall geht es der Sache nach um disziplinäre Mitteilungen; Rechtsgrundlagen für das Verfahren der Empfängerbehörde sind bei Beamten § 2 Abs. 1 Nr. 2 BDO in Verbindung mit § 77 Abs. 2 BBG und die entsprechenden Bestimmungen des Landesrechts, bei Richtern in Verbindung mit §§ 46, 63 DRiG bzw. entsprechendes Landesrecht, bei Soldaten §§ 1 Abs. 2 Satz 2, 59, 60 WDO, § 23 SG. Für den Entzug der Hinterbliebenenversorgung gilt bei Beamten § 64 BeamtVG und entsprechendes Landesrecht, bei Richtern in Verbindung mit § 71a DRiG. Demgegenüber knüpft § 13 Abs. 1 Nr. 5 für Beamte an § 59 BeamtVG in Verbindung mit § 48 BBG und entsprechendes Landesrecht an, für Richter in Verbindung mit §§ 46, 71a DRiG und für Soldaten an § 56 SVG in Verbindung mit §§ 53, 57 SG, bei Hinterbliebenen von Beamten an § 61 Abs. 1 Nr. 4 BeamtVG und entsprechendes Landesrecht, von Richtern in Verbindung mit §§ 46, 71a DRiG und von Soldaten an § 59 Abs. 1 Nr. 4 SVG, bei den (hier erfaßten) Arbeitern und Angestellten im öffentlichen Dienst an § 66 Abs. 3 der Satzung der Versorgungsanstalt des Bundes und der Länder. Diese für die übermittelnden Justizbehörden nicht leicht zugänglichen Regelwerke sind in Nr. 18 MiStra und in Nr. 20 Mistra zusammenfassend aufgearbeitet; dort werden Mitteilungspflichten für beide Fallgruppen begründet.

g) Nummer 7

13 **aa) Allgemeines.** Gegen die in Nummer 7 Buchstabe a bezeichneten Verantwortlichen von genehmigungs- und erlaubnispflichtigen Betrieben, die besonderen gesetzlichen Sicherheitsanforderungen unterliegen, und gegen die Inhaber der in Nummer 7 Buchstabe b aufgezählten Berechtigungen, Erlaubnisse, Genehmigungen und Befähigungen soll, wenn die im gegen sie geführten Strafverfahren bekanntgewordenen Informationen dies nahelegen, eine Prüfung ermöglicht werden, ob ein Widerruf, eine Rücknahme oder Einschränkung der Berechtigung, Erlaubnis oder Genehmigung oder die Anordnung einer Auflage veranlaßt ist. Gleichgestellt ist der Fall, daß eine entsprechende Berechtigung, Erlaubnis oder Genehmigung beantragt wurde und nun über eine Versagung zu entscheiden ist. Wegen der möglichen Gefährdung Dritter sollen die zuständigen Behörden in die Lage versetzt werden, auf diese Weise zum Schutz der Allgemeinheit tätig zu werden[13].

14 **bb) Einzelfälle.** Auf Nummer 7 beruht eine Reihe der in der MiStra enthaltenen Mitteilungspflichten. Auf Nummer 7 Buchstabe b beruht Nr. 36 MiStra, soweit dort Mitteilungen in Verfahren gegen die Inhaber waffen- und sprengstoffrechtlicher Berechtigungen angeordnet sind (vgl. zu Nr. 36 MiStra im übrigen oben Rdn. 11), ebenso Nr. 36 a MiStra,

---

[12] Entwurfsbegründung BTDrucks. **13** 4709 S. 23 und oben § 13, 7.

[13] Entwurfsbegründung BTDrucks. **13** 4709 S. 23.

soweit dort aus waffen- und sprengstoffrechtlichen Gründen sonstige Mitteilungen angeordnet sind und dabei auf die Überprüfung der entsprechenden Erlaubnisse abgezielt wird. Auf Nummer 7 Buchstabe b beruht Nr. 37 MiStra, soweit sie Mitteilungen in Strafsachen gegen Inhaber von Jagdscheinen und gegen solche Personen, die einen entsprechenden Antrag gestellt haben, anordnet. Nr. 38 MiStra beruht ebenfalls auf Nummer 7 Buchstabe b, insofern dort Mitteilungen in Verfahren gegen Inhaber luftrechtlicher Erlaubnisse angeordnet sind (zu Nr. 38 MiStra im übrigen vgl. oben Rdn. 11); dasselbe gilt für Nr. 39 MiStra, insofern dort ganz allgemein Mitteilungen in Verfahren gegen die Inhaber von Berechtigungen angeordnet werden.

h) Nummer 8 ist thematisch wiederum verhältnismäßig eng eingegrenzt. Es geht **15**
darum, aufsichtliche Maßnahmen zu ermöglichen, wenn in Strafverfahren im Zusammenhang mit Betriebsunfällen Zuwiderhandlungen gegen Unfallverhütungsvorschriften bekanntwerden (Buchst. a) oder wenn Strafverfahren wegen Straftaten geführt werden, die dem Schutz der Arbeitskraft oder dem Schutz der Gesundheit von Arbeitnehmern dienen (Buchst. b). In beiden Fällen geht es um den Schutz der körperlichen Unversehrtheit; auch sollen Arbeitnehmer, deren Arbeitgeber eine Verleiherlaubnis erteilt wurde, geschützt werden[14]. Unter anderem auf der Grundlage von Nummer 8 Buchst. a (vgl. im übrigen oben Rdn. 11) wird in Nr. 44 MiStra (Betriebsunfälle) eine Mitteilungspflicht bestimmt. Nummer 8 Buchst. b wird in Nr. 46 MiStra in eine Mitteilungspflicht umgesetzt; Nummer 46 MiStra zählt — lediglich beispielhaft — 17 Gesetze auf, die Vorschriften zum Schutz der Arbeitskraft und der Gesundheit von Arbeitnehmern enthalten, und weist ausdrücklich darauf hin, daß sich arbeitsschutzrechtliche Vorschriften auch in Rechtsverordnungen finden, wofür 3 Beispiele genannt werden.

i) Nummer 9 dient dem Schutz der Umwelt. Die zuständigen Behörden sollen in die **16**
Lage versetzt werden zu prüfen, ob zur Abwehr erheblicher Nachteile für Tiere und Pflanzen, Boden, Wasser, Luft, Klima und Landschaft ein Einschreiten geboten ist. Personenbezogene Daten des Beschuldigten, die den Gegenstand des Verfahrens betreffen (oben Rdn. 1) und dazu Veranlassung geben oder dabei behilflich sein können, dürfen übermittelt werden. Das Schutzziel ist, nicht zuletzt im Hinblick auf die sich diesbezüglich schnell ändernden wissenschaftlichen Erkenntnisse, sehr weit gefaßt[15]. Eine im Hinblick auf den Verhältnismäßigkeitsgrundsatz notwendige Eingrenzung soll dadurch erreicht werden, daß es sich um **erhebliche** Nachteile handeln muß, die den genannten Umweltgütern drohen. Die gesetzliche Formulierung entstammt § 2 Abs. 1 Satz 2 Nr. 1 des Gesetzes über die Umweltverträglichkeitsprüfung[16]. Nr. 51 MiStra begründet auf der Grundlage von Nummer 9 eine Mitteilungs*pflicht*. Danach sind in Strafsachen wegen Straftaten gegen Vorschriften zum Schutz der Umwelt die Einleitung und der Ausgang des Verfahrens mitzuteilen, wenn dies zur Abwehr erheblicher Nachteile für die in Nummer 9 genannten Schutzgüter erforderlich ist (Nr. 51 Abs. 1 MiStra) . Dazu werden beispielhaft 11 Sachgebiete aufgezählt, in denen Vorschriften zum Schutz der Umwelt getroffen sind (Nr. 51 Abs. 3 MiStra). Die Voraussetzungen der Mitteilungspflicht sind dabei erheblich enger gefaßt als die der Übermittlungsbefugnis nach Nummer 9, weil die Mitteilungspflicht nur in Umweltstrafsachen besteht, also voraussetzt, daß bereits der Verdacht einer strafbaren Beeinträchtigung von Umweltgütern besteht.

---

[14] Entwurfsbegründung BTDrucks. **13** 4709 S. 23.
[15] Entwurfsbegründung BTDrucks. **13** 4709 S. 23.
[16] Entwurfsbegründung BTDrucks. **13** 4709 S. 23.

3. Die Einschränkung des Absatzes 2

17 **a) Grundgedanke.** Absatz 2 soll dem Grundsatz der Verhältnismäßigkeit, der schon in § 13 Abs. 2 Ausdruck gefunden hat, zusätzlich und in besonderer Weise[17] Rechnung tragen. In den Fällen des Absatzes 1 Nr. 4 bis 9 wird eine Übermittlung bei leichteren Straftaten oder in Fällen geringer Schuld sowie im Falle der Verfahrenseinstellung grundsätzlich ausgeschlossen. Gleichgestellt sind die Fälle, in denen gegen einen Jugendlichen oder Heranwachsenden lediglich Erziehungsmaßregeln oder Zuchtmittel verhängt wurden. Dieser Grundsatz wird nur durchbrochen, wenn besondere Umstände im Einzelfall eine Übermittlung erfordern.

18 **b) Die ausgenommenen Fälle.** Absatz 2 behandelt als leichtere Fälle in diesem Sinn zunächst alle Privatklageverfahren. Ausgenommen sind ferner, und das greift wesentlich tiefer, alle Verfahren wegen Fahrlässigkeitstaten, ausgenommen solche, durch die der Tod eines Menschen verursacht wurde. Ausgenommen sind sodann Verfahren, in denen zu einer anderen Maßnahme als zu einer Strafe oder einer Maßnahme im Sinne des § 11 Abs. 1 Nr. 8 StGB verurteilt wurde: Das sind etwa die Fälle der Verwarnung mit Strafvorbehalt (§ 59 StGB), vor allem aber die jugendstrafrechtlichen Fälle der Verhängung von Erziehungsmaßregeln und Zuchtmitteln, bei denen unter Umständen sehr gravierende Straftaten, insbesondere auch Verbrechen, zugrunde liegen können; auch eine Aussetzung der Verhängung der Jugendstrafe nach § 27 JGG fällt unter die Ausnahmeregelung des Absatzes 2 Satz 1. Ausgenommen sind schließlich die Fälle, in denen das Verfahren eingestellt wird, insbesondere auch die Fälle einer Verfahrenseinstellung nach § 153 a StPO. Die beiden letzteren Gruppen von Ausnahmen, die an das Verfahrensergebnis anknüpfen, können naturgemäß nur eine Mitteilung über den Verfahrensausgang sperren. Nicht unter die Ausnahmeregelung fallen (Absatz 2 Satz 3), unabhängig vom Verfahrensergebnis, Fälle der gefährlichen Körperverletzung und der Straftaten, durch die der Tod eines Menschen verursacht wurde.

19 **c) Die Rückausnahme.** Auch in den hiernach von der Ermächtigung zur Datenübermittlung ausgenommenen Fällen sind Übermittlungen jedoch zulässig, wenn im Einzelfall besondere Umstände die Übermittlung erfordern. Das Gesetz erläutert diese Rückausnahme in Absatz 2 Satz 2 beispielhaft („insbesondere") dahin, daß eine Übermittlung erforderlich ist, wenn die Tat bereits ihrer Art nach geeignet ist, Zweifel an der Zuverlässigkeit oder Eignung des Betroffenen für die gerade von ihm ausgeübte berufliche, gewerbliche oder ehrenamtliche Tätigkeit oder für die Wahrnehmung von Rechten aus einer ihm erteilten Berechtigung, Genehmigung oder Erlaubnis hervorzurufen. Dies ist im Einzelfall festzustellen. So ist etwa ein fahrlässiges Verkehrsdelikt, z. B. eine fahrlässige Straßenverkehrsgefährdung (§ 315 c Abs. 3 Nr. 2 StGB), geeignet, Zweifel an der Zuverlässigkeit oder Eignung eines Arbeitnehmers in bezug auf den von ihm ausgeübten Beruf eines städtischen Busfahrers hervorzurufen. Es ist nicht erforderlich, daß seine Zuverlässigkeit oder Eignung für eine Tätigkeit im öffentlichen Dienst schlechthin in Zweifel steht[18]. Als weiteres Beispiel nennt die Entwurfsbegründung[19] den Fall, daß ein wegen einer Trunkenheitsfahrt gegen den Inhaber eines Waffenscheins geführtes Verfahren nach § 153 a StPO eingestellt wird. Die Entwurfsbegründung äußert die Erwartung, daß die im Rahmen der Rückausnahme anzustellende Abwägung für einen Teil der Fälle durch Verwaltungsvorschrift vorweggenommen wird[20].

20 **d) Entsprechende bereichsspezifische Regelungen.** Eine Einschränkung von Mitteilungen auf Straftaten, die als gravierend angesehen werden, findet sich auch in den bereichs-

---

17 Entwurfsbegründung BTDrucks. **13** 4709 S. 23.
18 Entwurfsbegründung BTDrucks. **13** 4709 S. 24.
19 Entwurfsbegründung BTDrucks. **13** 4709 S. 24.
20 Entwurfsbegründung BTDrucks. **13** 4709 S. 24.

spezifischen Übermittlungsregelungen. Die in Absatz 2 verwendete Technik einer Ausnahme von Übermittlungsregelungen für leichtere Straftaten wird z. B. auch in § 125 c Abs. 2, 3 BRRG, § 60 a Abs. 1 Satz 2 KWG und § 145 b Abs. 1 Satz 2 VAG verwendet.

e) Umsetzung in der MiStra. Die Einschränkungen des Absatzes 2 werden in der MiStra ebenso wie die Einschränkungen in den bereichsspezifischen Übermittlungsregelungen übernommen, teilweise wörtlich und ohne weitere Konkretisierung, insbesondere der Rückausnahmen des Satzes 2 (vgl. Nrn. 16 Abs. 3, 22 Abs. 3, 24 Abs. 3, 26 Abs. 3, 27, 28 und 39 MiStra). **21**

f) Einstellungen. Nach Absatz 2 Satz 4 ist im Falle der Einstellung des Verfahrens zu berücksichtigen, wie gesichert die zu übermittelnden Erkenntnisse sind. Das hat nur Bedeutung, wenn an sich trotz Einstellung des Verfahrens wegen Vorliegens der in Satz 2 umschriebenen besonderen Umstände des Einzelfalls eine Übermittlung vorzunehmen wäre. Dann kann die Tatsache, daß der Vorgang nicht ausermittelt wurde, wie dies etwa bei Einstellungen nach § 153 StPO häufig ist, einer Übermittlung gleichwohl entgegenstehen. Wenn die Empfängerbehörde bei der Übermittlung darauf hingewiesen wird, daß die übermittelten Daten nicht gesichert sind, wird damit jedoch ebenfalls der gesetzlichen Intention entsprochen. Die Entscheidung über das Ob und das Wie der Übermittlung ist in diesen Fällen auf der Grundlage der vorliegenden Erkenntnisse zu treffen. Zusätzliche Ermittlungen zum Zwecke einer Mitteilung sind ausgeschlossen[21]. **22**

g) Übermittlungen nach Absatz 1 Nr. 1 bis 3 sind von der einschränkenden Regelung des Absatzes 2 nicht erfaßt. Diese Übermittlungen dienen ganz überwiegend[22] Zwecken der Strafrechtspflege; insofern besteht ein vergleichsweise enger Zusammenhang zwischen dem Zweck der Übermittlung und dem Zweck, für den die Daten erhoben wurden[23]. In den Fällen der Nummern 1 bis 3 wird auch den Informationen aus weniger gewichtigen Strafverfahren, wie die Entwurfsbegründung hervorhebt[24], für Entscheidungen und Maßnahmen der Empfängerbehörde erhebliche Bedeutung zukommen. So kann die Kenntnis von einem erneuten Strafverfahren, auch wenn die Schuld des Täters dort gering ist, zur Folge haben, daß eine in Erwägung gezogene Reststrafenaussetzung zunächst unterbleibt. Erkenntnisse über den Aufenthalt oder über Vermögenswerte des Betroffenen können unabhängig vom Ergebnis des Verfahrens, in dem sie gewonnen wurden, der Vollstreckung der Strafe aus einem anderen Strafverfahren zum Erfolg verhelfen[25]. **23**

4. Weitere Einschränkungen enthält das Gesetz nicht. Der Gesetzentwurf der Bundesregierung sah in § 14 noch weitere Einschränkungen vor. Für Empfänger, denen nach § 41 BZRG und nach § 61 BZRG keine Auskunft erteilt würde, sollten Verwendungsbeschränkungen gelten. Außerdem sollte der Grundsatz gelten, daß Übermittlungen erst nach rechtskräftigem Abschluß oder nach nicht nur vorläufiger Einstellung des Verfahrens zulässig sind. Der Rechtsausschuß des Deutschen Bundestags hat beide Vorschläge nicht übernommen. Zu ersterem hat er sich den Bedenken des Bundesrats[26], denen die Bundesregierung beitrat[27], angeschlossen. Zu letzterem hat er die Auffassung vertreten, daß eine entsprechende Eingrenzung entbehrlich sei, weil eine Übermittlung ohnehin nur zulässig ist, wenn sie für die im Gesetz genannten Zwecke erforderlich ist[28]; auch wenn diese Begründung nicht voll überzeugt, so liegt doch jedenfalls eine bewußte Entscheidung des Parlaments gegen eine entsprechende Einschränkung vor[29]. **24**

---

21 Entwurfsbegründung BTDrucks. **13** 4709 S. 24.

22 In den Fällen der Nummer 2 ist auch der Vollzug freiheitsentziehender Maßnahmen auf nicht strafrechtlicher Grundlage erfaßt (vgl. oben Rdn. 4).

23 Entwurfsbegründung BTDrucks. **13** 4709 S. 24.

24 Entwurfsbegründung BTDrucks. **13** 4709 S. 24.

25 Entwurfsbegründung BTDrucks. **13** 4709 S. 24.

26 BTDrucks. **13** 4709 S. 42.

27 BTDrucks. **13** 4709 S. 56.

28 Schriftlicher Bericht BTDrucks. **13** 7489 S. 54.

29 Kritisch dazu *Wollweber* NJW **1997** 2490, 2491.

Anhang zu § 14

Artikel 32 JuMiG

Benachrichtigung der Polizei über den Ausgang des Strafverfahrens

(1) Die Staatsanwaltschaft teilt der Polizeibehörde, die mit der Angelegenheit befaßt war, ihr Aktenzeichen mit.

(2) [1]Sie unterrichtet die Polizeibehörde in den Fällen des Absatzes 1 über den Ausgang des Verfahrens durch Mitteilung der Entscheidungsformel, der entscheidenden Stelle sowie des Datums und der Art der Entscheidung. [2]Die Übersendung eines Abdrucks der Mitteilung zum Bundeszentralregister ist zulässig, im Falle des Erforderns auch des Urteils oder einer mit Gründen versehenen Einstellungsentscheidung.

(3) In Verfahren gegen Unbekannt sowie bei Verkehrsstrafsachen, soweit sie nicht unter die §§ 142, 315 bis 315 c des Strafgesetzbuches fallen, wird der Ausgang des Verfahrens nach Absatz 2 von Amts wegen nicht mitgeteilt.

(4) Wird ein Urteil übersandt, das angefochten worden ist, so ist anzugeben, wer Rechtsmittel eingelegt hat.

Entstehungsgeschichte. S. Vor § 12, 1 bis 3.

1

1 **1. Vorbemerkung.** Die Vorschrift, die Mitteilungs*pflichten* enthält, ist übergangsweise in den Regelungszusammenhang des JuMiG aufgenommen worden. Ihren endgültigen Platz soll sie in der StPO finden[1]. Das ist im derzeit vorbereiteten Strafverfahrensänderungsgesetz (StVÄG, Vgl. § 12, 3) vorgesehen, das die Mitteilungen auf Ersuchen, die Akteneinsicht und die Verwendung von Informationen aus Strafverfahren regeln wird. Um zu verhindern, daß aus § 13 der Umkehrschluß gezogen wird, die bisher und zukünftig in Nr. 11 MiStra geregelten Mitteilungen an die Polizei seien nicht mehr zulässig, ist die Regelung in Art. 32 JuMiG (Regierungsentwurf: Art. 27 JuMiG) eingestellt worden[2].

2 **2. Absatz 1** regelt eine Selbstverständlichkeit. Die Mitteilung des staatsanwaltschaftlichen Aktenzeichens an die Polizei dient der Zusammenarbeit zwischen Staatsanwaltschaft und Polizei, indem sie es der Polizeibehörde, die mit der Sache befaßt war, erleichtert, sich mit Rückfragen an die Staatsanwaltschaft zu wenden und Dritte an die Staatsanwaltschaft zu verweisen.

3 **3.** Die in **Absatz 2** in Satz 1 vorgesehene Übermittlungspflicht dient der Rückmeldung an die Polizei und der Aktualisierung des polizeilichen Datenbestandes. Die Übermittlungspflicht ist dementsprechend auf die Fälle des Absatzes 1 beschränkt, also auf die Fälle, in denen die Polizei bereits mit der Sache befaßt war. Mit dem „Ausgang der Sache" ist entgegen der Entwurfsbegründung[3] nicht nur der rechtskräftige Abschluß des Verfahrens gemeint, sondern auch die vorläufig abschließende Entscheidung. Das ergibt sich aus Absatz 4[4]. Satz 2 stellt in seiner ersten Alternative klar, daß es aus Gründen der Arbeitsvereinfachung[5] statthaft ist, die Mitteilung über den Ausgang des Verfahrens in der Weise vorzunehmen, daß die Polizei einen Abdruck der Mitteilung zum Bundeszentralregister

---

[1] Entwurfsbegründung BTDrucks. **13** 4709 S. 37.

[2] Entwurfsbegründung BTDrucks. **13** 4709 S. 37.

[3] BTDrucks. **13** 4709 S. 37.

[4] Vgl. auch Nr. 6 Abs. 7 MiStra.

[5] Entwurfsbegründung BTDrucks. **13** 4709 S. 37.

erhält, wenn eine solche zu machen ist. Die zweite Alternative des Satzes 2 erweitert die in Satz 1 geregelte Übermittlungspflicht im Falle des „Erforderns" auf die vollständige Entscheidung einschließlich etwa in Bezug genommener Unterlagen (§§ 267 Abs. 1 Satz 3, Abs. 4 Satz 1 StPO)[6]. Erfordert wird die Übermittlung vollständiger Entscheidungen, wenn dies zur Pflege des polizeilichen Datenbestandes notwendig ist; dies wird die Staatsanwaltschaft vielfach nur aus einer polizeilichen Anforderung ersehen können. Nr. 11 MiStra sieht deshalb eine diesbezügliche Übermittlung nur auf Ersuchen der Polizei vor. Über die Erforderlichkeit hat die Staatsanwaltschaft unter Einbeziehung datenschutzrechtlicher Gegengesichtspunkte unter Beachtung des Grundsatzes der Verhältnismäßigkeit zu entscheiden, wobei auch etwaige Geheimhaltungsinteressen dritter Personen, über die sich die Entscheidung ausläßt, zu berücksichtigen sind. In aller Regel wird es im Hinblick auf die notwendig enge Zusammenarbeit zwischen Staatsanwaltschaft und Polizei angebracht sein, einem entsprechenden Ersuchen der Polizei zu entsprechen.

4. Nach **Absatz 3** unterbleibt die Übermittlung nach Absatz 2 in Verfahren gegen **4**
Unbekannt und in Verkehrsstrafsachen mit Ausnahme derer wegen §§ 142, 315 bis 315c StGB. Das entspricht der bisherigen, mit der Polizei abgesprochenen Praxis. Hat die Polizei in solchen Fällen ausnahmsweise Interesse an einer Unterrichtung über den Verfahrensausgang, ersucht sie mittels des ihr gemäß Absatz 1 übermittelten Aktenzeichens um Auskunft oder Akteneinsicht. Darauf weist Nr. 11 Abs. 4 Satz 2 MiStra ausdrücklich hin.

§ 15

In Zivilsachen einschließlich der Angelegenheiten der freiwilligen Gerichtsbarkeit ist die Übermittlung personenbezogener Daten zulässig, wenn die Kenntnis der Daten aus der Sicht der übermittelnden Stelle erforderlich ist

1. **zur Berichtigung oder Ergänzung des Grundbuchs oder eines von einem Gericht geführten Registers oder Verzeichnisses, dessen Führung durch eine Rechtsvorschrift angeordnet ist, und wenn die Daten Gegenstand des Verfahrens sind, oder**
2. **zur Führung des in § 2 Abs. 2 der Grundbuchordnung bezeichneten amtlichen Verzeichnisses und wenn Grenzstreitigkeiten Gegenstand eines Urteils, eines Vergleichs oder eines dem Gericht mitgeteilten außergerichtlichen Vergleichs sind.**

Die Vorschrift betrifft ausschließlich Zivilsachen und wird deshalb hier nicht erläutert.

§ 16

Werden personenbezogene Daten an ausländische öffentliche Stellen oder an über- oder zwischenstaatliche Stellen nach den hierfür geltenden Rechtsvorschriften übermittelt, so ist eine Übermittlung dieser Daten auch zulässig

1. **an das Bundesministerium der Justiz und das Auswärtige Amt,**
2. **in Strafsachen gegen Mitglieder einer ausländischen konsularischen Vertretung zusätzlich an die Staats- oder Senatskanzlei des Landes, in dem die konsularische Vertretung ihren Sitz hat.**

---

[6] Entwurfsbegründung BTDrucks. **13** 4709 S. 37.

Entstehungsgeschichte. S. Vor § 12, 1 bis 3.

1 **1. Grundgedanke.** Eine Vielzahl völkerrechtlicher Verträge sieht die Übermittlung personenbezogener Daten an ausländische öffentliche Stellen oder an über- oder zwischenstaatliche Stellen vor. Für diese Fälle soll die Möglichkeit eröffnet werden, diese Daten auch dem Bundesministerium der Justiz und dem Auswärtigen Amt mitzuteilen. Die Vorschrift hat insbesondere dann Bedeutung, wenn die Daten auf diplomatischem Weg zu übermitteln sind. In Strafsachen gegen Mitglieder ausländischer konsularischer Vertretungen soll zusätzlich die Übermittlung der Daten an die Staats- oder Senatskanzlei des Landes möglich sein, in dem die Vertretung ihren Sitz hat. Die Staats- oder Senatskanzlei muß für den Fall, daß die betreffende Vertretung sich an die Landesregierung wendet, unterrichtet sein[1].

2 **2.** Der Begriff **„Mitglieder einer konsularischen Vertretung"** ist Artikel 1 Abs. 1 Buchst. g des Wiener Übereinkommens über konsularische Beziehungen[2] entnommen und umfaßt den Leiter der Vertretung, die sonstigen Konsularbeamten, die Bediensteten des Verwaltungs- oder technischen Personals und die Mitglieder des dienstlichen Hauspersonals[3].

3 **3.** Bei Strafsachen gegen Mitglieder ausländischer Konsulate begründet Nr. 41 MiStra eine **Mitteilungspflicht**. Sie umfaßt die Einleitung des Verfahrens, die Festnahme und den Vollzug eines Haft- oder Unterbringungsbefehls. Zu unterrichten ist auch der Leiter der konsularischen Vertretung, es sei denn, er ist selbst von der Maßnahme betroffen; dies hat seine Rechtsgrundlage in Artikel 42 des obengenannten Wiener Übereinkommens.

§ 17

Die Übermittlung personenbezogener Daten ist ferner zulässig, wenn die Kenntnis der Daten aus der Sicht der übermittelnden Stelle
1. **zur Verfolgung von Straftaten oder Ordnungswidrigkeiten,**
2. **für ein Verfahren der internationalen Rechtshilfe,**
3. **zur Abwehr erheblicher Nachteile für das Gemeinwohl oder einer Gefahr für die öffentliche Sicherheit,**
4. **zur Abwehr einer schwerwiegenden Beeinträchtigung der Rechte einer anderen Person oder**
5. **zur Abwehr einer erheblichen Gefährdung Minderjähriger**

erforderlich ist.

Entstehungsgeschichte. S. Vor § 12, 1 bis 3.

1 **1. Grundgedanke.** Die weitgefaßte Vorschrift erlaubt zugunsten der in ihr genannten Zwecke abweichend von § 14 (vgl. § 14, 1) nicht nur die Übermittlung von Daten des Beschuldigten, sondern jedweder personenbezogener Daten, also auch der Daten von Dritten, und zwar nicht nur als unvermeidbare Nebenfolge, wie dies in § 18 Abs. 1 geregelt und mit einem Verwendungsverbot versehen ist, sondern unmittelbar und gezielt. Es

[1] Entwurfsbegründung BTDrucks. **13** 4709 S. 25.
[2] BGBl. 1969 II S. 1587, 1591.
[3] Entwurfsbegründung BTDrucks. **13** 4709 S. 25.

kann deshalb auch zu einer Überschneidung mit § 14 kommen. Die Übermittlungszwecke, die solchermaßen eine umfassende Übermittlung aller in einem Strafverfahren bekanntgewordenen personenbezogenen Daten erlauben, sind entsprechend hochrangig. Sie haben teilweise (§ 17 Nr. 1, 3, 4) auch schon in § 14 BDSG als Rechtfertigungsgrund für eine Zweckänderung im öffentlichen Interesse Anerkennung gefunden.

2. Die anerkannten Übermittlungszwecke

a) Nummer 1 erlaubt eine Übermittlung zur Verfolgung von Straftaten und Ordnungs- **2**
widrigkeiten. Das entspricht § 14 Abs. 2 Nr. 7 BDSG. Im Strafverfahren bekanntgewordene Informationen sollen umfassend für die Verfolgung von Straftaten und Ordnungswidrigkeiten genutzt werden können, selbstverständlich nach Maßgabe der nach § 13 Abs. 2 vorzunehmenden Abwägung. Es besteht ein Zusammenhang mit § 14 Abs. 1 Nr. 3, auch eine teilweise Überschneidung (§ 14, 5), weil die Verfolgung von Straftaten und Ordnungswidrigkeiten im Sinne der Nummer 1 das gesamte Verfahren von der Prüfung des Anfangsverdachts bis zum Abschluß eines eventuellen gerichtlichen Verfahrens umfaßt, also auch die Entscheidungsfindung im Sinne des § 14 Abs. 1 Nr. 3. Dagegen umfaßt die Verfolgung von Straftaten und Ordnungswidrigkeiten im Sinne der Nummer 1 nicht eine Vollstreckung verhängter Maßnahmen und einen eventuellen Vollzug. Dies ergibt sich aus dem Sprachgebrauch, ferner daraus, daß insoweit in § 14 Abs. 1 Nrn. 1 und 2 umfassende Regelungen getroffen sind, die auf Beschuldigtendaten beschränkt sind und die Vollstreckung von Bußgeldentscheidungen ausklammern, und schließlich daraus, daß in § 14 Abs. 2 Nr. 7 BDSG, an die sich die Nummer 1 bewußt anlehnt[1], neben der Verfolgung von Straftaten und Ordnungswidrigkeiten die Vollstreckung und der Vollzug verhängter Maßnahmen ausdrücklich geregelt sind, freilich unter Einbeziehung der Vollstreckung von Bußgeldentscheidungen.

b) Die in **Nummer 2** genannten Verfahren der internationalen Rechtshilfe sind in **3**
erster Linie die der Rechtshilfe in Strafsachen[2]. Allerdings läßt sich dem Wortlaut eine etwa gewollte Beschränkung auf die Rechtshilfe in Strafsachen nicht entnehmen, so daß auch eine Übermittlung für ein Verfahren der internationalen Rechtshilfe auf anderen Rechtsgebieten zulässig ist. Nummer 2 erweist sich damit als Norm zur umfassenden informationellen Förderung des Rechtshilfeverkehrs mit dem Ausland, was durchaus Sinn macht.

c) Nummer 3 lehnt sich eng an § 14 Abs. 2 Nr. 6 BDSG an. Im Unterschied zur dorti- **4**
gen Regelung genügt freilich jede Gefahr für die öffentliche Sicherheit; daß sie unmittelbar droht, verlangt das Gesetz nicht. Auch stehen die beiden anerkannten Übermittlungszwecke der Abwehr erheblicher Nachteile für das Gemeinwohl und der Abwehr von Gefahren für die öffentliche Sicherheit anders als in § 14 Abs. 2 Nr. 6 BDSG selbständig nebeneinander. Während das Schutzgut der öffentlichen Sicherheit als Unversehrtheit der Rechtsordnung und der grundlegenden Einrichtungen und Veranstaltungen des Staates sowie als Unversehrtheit von Gesundheit, Ehre, Freiheit, Eigentum und sonstiger Rechtsgüter der Bürger in Rechtsprechung und Literatur zum Polizei- und Sicherheitsrecht Konturen erhalten hat, ist der Begriff des Gemeinwohls weniger bestimmt. Im Datenschutzrecht wird teilweise die Auffassung vertreten, er sei gleichbedeutend mit dem Begriff „Wohl des Bundes oder eines Landes", den das Bundesdatenschutzgesetz in anderen Bestimmungen verwendet (§§ 19 Abs. 4 Nr. 2, 33 Abs. 2 Nr. 4 BDSG)[3] und den auch die

---

1 Entwurfsbegründung BTDrucks. **13** 4709 S. 25.
2 Entwurfsbegründung BTDrucks. **13** 4709 S. 25.
3 *Auernhammer* § 14, 17 BDSG.

Strafprozeßordnung (§§ 54 Abs. 3, 96 StPO) kennt. Jedenfalls gibt die Auslegung dieses Begriffs einen Anhalt dafür, was mit dem des „Gemeinwohls" gemeint ist. Durch das Erfordernis, daß die ihm drohenden Nachteile erheblich sein müssen, bezweckt das Gesetz eine Einschränkung; auch deren Konturen bleiben freilich unscharf. Dementsprechend wird der nach § 13 Abs. 2 vorgeschriebenen Abwägung erhebliches Gewicht zukommen[4].

5 **d) Nummer 4** entspricht wörtlich § 14 Abs. 2 Nr. 8 BDSG, weshalb insoweit auf die Kommentare zum BDSG Bezug genommen werden kann[5]. Geschützt sind Rechte aller Art. Es muß eine Rechtsbeeinträchtigung drohen; durch wen sie droht, ist unerheblich. Die abstrakte Möglichkeit einer Beeinträchtigung reicht nicht aus; es müssen konkrete Anhaltspunkte für eine drohende Beeinträchtigung vorliegen. Ob die drohende Beeinträchtigung der Rechte einer anderen Person (als des Betroffenen) schwerwiegend ist, muß anhand der sich aus dem Grundgesetz ergebenden Wertmaßstäbe entschieden werden. Da die Individualsphären zweier Bürger in Konkurrenz stehen, wird der nach § 13 Abs. 2 vorgeschriebenen Abwägung auch hier besondere Bedeutung zukommen. Nicht erforderlich ist, daß die Übermittlung die drohende Gefahr völlig beseitigt; es genügt, wenn sie zur Eindämmung oder Verringerung der Gefahr beiträgt.

6 **e) Nummer 5** dient dem Jugendschutz. Auch hier ist wie bei der Übermittlung im Interesse des Gemeinwohls nach Nummer 3 Voraussetzung der Übermittlung, daß die drohende Gefährdung erheblich ist.

7 **3. Umsetzung in der MiStra.** Mehrere Mitteilungspflichten nach der MiStra bauen auf § 17 auf. Nr. 35 MiStra (Mitteilungen zum Schutz von Minderjährigen) beruht wesentlich auf Nummer 5; in Nr. 35 Abs. 2 MiStra ist die allgemeine, an den Wortlaut der Nummer 5 anschließenden Mitteilungspflicht für bestimmte Fallgruppen konkretisiert. Nr. 36 MiStra (Mitteilungen über Inhaber waffen- und sprengstoffrechtlicher Berechtigungen usw.) beruht nicht nur auf § 14 Abs. 1 Nr. 5, 7 Buchst. b, sondern auch auf Nummer 3. Ebenso beruhen auf Nummer 3 die Mitteilungspflichten nach Nr. 36 a MiStra (sonstige Mitteilungen aus waffenrechtlichen oder sprengstoffrechtlichen Gründen), Nr. 37 MiStra (Mitteilungen gegen Inhaber von Jagdscheinen usw.), Nr. 38 MiStra (Mitteilungen über Inhaber einer luftrechtlichen Erlaubnis usw.), Nr. 44 MiStra (Betriebsunfälle), Nr. 45 MiStra (Fahrerlaubnissachen) und Nr. 51 MiStra (Straftaten gegen Vorschriften zum Schutze der Umwelt); Nr. 45 MiStra stützt sich teilweise auch auf Nummer 1.

§ 18

(1) [1]Sind mit personenbezogenen Daten, die nach diesem Abschnitt übermittelt werden dürfen, weitere personenbezogene Daten des Betroffenen oder eines Dritten so verbunden, daß eine Trennung nicht oder nur mit unvertretbarem Aufwand möglich ist, so ist die Übermittlung auch dieser Daten zulässig, soweit nicht berechtigte Interessen des Betroffenen oder eines Dritten an deren Geheimhaltung offensichtlich überwiegen. [2]Eine Verwendung der Daten durch den Empfänger ist unzulässig; für Daten des Betroffenen gilt § 19 Abs. 1 Satz 2 entsprechend.

---

[4] Vgl. auch *Gola/Schomerus* § 14, 3.7 BDSG und *Schaffland/Wiltfang* § 14, 29 BDSG, die eine entsprechende Abwägung schon bei der Prüfung der Erforderlichkeit für notwendig halten.

[5] Vgl. etwa *Gola/Schomerus* § 14, 3.9 BDSG.

(2) [1]Die übermittelnde Stelle bestimmt die Form der Übermittlung nach pflichtgemäßem Ermessen. [2]Soweit dies nach der Art der zu übermittelnden Daten und der Organisation des Empfängers geboten ist, trifft sie angemessene Vorkehrungen, um sicherzustellen, daß die Daten unmittelbar den beim Empfänger funktionell zuständigen Bediensteten erreichen.

Entstehungsgeschichte. S. Vor § 12, 1 bis 3.

1. Absatz 1 Satz 1 regelt in sachlicher Übereinstimmung mit § 15 Abs. 3 BDSG die **1**
Übermittlung **„überschießender Daten"**. Personenbezogene Daten, die nach §§ 14 bis 17 übermittelt werden dürfen, sind häufig mit weiteren Daten des Betroffenen oder mit Daten eines Dritten, für die eine Übermittlungsbefugnis nach §§ 14 bis 17 nicht besteht, derart verbunden, daß die an sich gebotene isolierte Übermittlung daran scheitert, daß der innere und äußere Zusammenhang der zu übermittelnden Daten zerstört würde oder daß die Trennung dieser Daten mit unverhältnismäßigem Aufwand verbunden wäre[1]. In diesem Fall erlaubt Satz 1 eine Übermittlung der überschießenden Daten, wenn nicht berechtigte Interessen des Betroffenen oder eines Dritten an der Geheimhaltung der Daten offensichtlich überwiegen; das Überwiegen der Geheimhaltungsinteressen muß also, ohne daß diesbezüglich noch Ermittlungen erforderlich wären, so klar zutage liegen, daß eine andere Entscheidung praktisch nicht möglich ist[2]. Im Einzelfall wird die Übermittlung von Ablichtungen, auf denen die nicht übermittlungsfähigen Daten geschwärzt sind, helfen können[3].

2. Nach Absatz 1 Satz 2 besteht hinsichtlich der überschießenden Daten für den Emp- **2**
fänger grundsätzlich ein **Verwendungsverbot**. Sie dürfen vom Empfänger weder gespeichert noch in sonstiger Weise genutzt noch an dritte Stellen übermittelt werden[4]. Für Daten von Dritten gilt dies ausnahmslos. Für überschießende Daten des Betroffenen ordnet das Gesetz jedoch die entsprechende Anwendung des § 19 Abs. 1 Satz 2 an. Das bedeutet, daß sie für Zwecke verwendet werden dürfen, für die sie auch hätten übermittelt werden dürfen. Mit dieser Regelung ist der Bundestag einem Vorschlag des Bundesrats[5] gefolgt, der auf Gründe der Praktikabilität gestützt wurde. Wenn überschießende Betroffenendaten für einen anderen Zweck nach den §§ 14 bis 17 übermittelt werden durften, sollen sie, ohne daß es einer nochmaligen Übermittlung bedarf, für diesen Zweck vom Empfänger auch verwendet werden dürfen.

3. Nach Absatz 2 Satz 1 bestimmt die übermittelnde Stelle die **Form der Übermitt- 3**
lung nach pflichtgemäßem Ermessen. Daraus folgt, daß die übermittelnde Stelle entscheidet, ob sie zum Beispiel die Abschrift einer Entscheidung oder nur bestimmte Daten übersendet und ob sie den Zweck der Übermittlung nennt oder statt dessen die entsprechende Bestimmung der MiStra bezeichnet, aus der sich der Zweck für den Empfänger ergibt[6].

4. Absatz 2 Satz 2 soll sicherstellen, daß zum Beispiel eine Entscheidung, die dem **4**
öffentlich-rechtlichen Arbeitgeber zu übermitteln ist, durch entsprechende Adressierung, etwa an den Leiter der Behörde persönlich, und mittels verschlossenen Umschlags nur denjenigen Bediensteten zur Kenntnis gelangt, die für die Personalangelegenheiten

---

[1] Vgl. Entwurfsbegründung BTDrucks. **13** 4709 S. 25; *Auernhammer* § 15, 29 BDSG.

[2] Vgl. *Gola/Schomerus* § 15, 7.1. mit weit. Nachw.

[3] *Auernhammer* § 15, 29 BDSG.

[4] Entwurfsbegründung BTDrucks. **13** 4709 S. 25.

[5] BTDrucks. **13** 4709 S. 43.

[6] Vgl. Entwurfsbegründung BTDrucks. **13** 4709 S. 25.

zuständig sind. Durch das Wort „angemessen" soll sichergestellt werden, daß nur solche Vorkehrungen erforderlich sind, die mit zumutbarem Aufwand durchgeführt werden können[7].

5 **5.** Die **MiStra** regelt für ihren Anwendungsbereich den Inhalt der Mitteilungen, die Form der Übermittlung und deren Dokumentation detailliert. So regelt Nr. 5 Abs. 2 MiStra die Dokumentation erfolgter Mitteilungen. Der Inhalt der Mitteilungen ist in Nr. 7 MiStra geregelt (vgl. auch Nr. 8 MiStra). Zur Form der Mitteilungen sind in Nrn. 9 und 10 MiStra Bestimmungen getroffen. Unter den Voraussetzungen der Nr. 9 Abs. 2 MiStra können Mitteilungen auch im automatisierten Verfahren erfolgen.

§ 19

(1) [1]Die übermittelten Daten dürfen nur zu dem Zweck verwendet werden, zu dessen Erfüllung sie übermittelt worden sind. [2]Eine Verwendung für andere Zwecke ist zulässig, soweit die Daten auch dafür hätten übermittelt werden dürfen.

(2) [1]Der Empfänger prüft, ob die übermittelten Daten für die in Absatz 1 genannten Zwecke erforderlich sind. [2]Sind die Daten hierfür nicht erforderlich, so schickt er die Unterlagen an die übermittelnde Stelle zurück. [3]Ist der Empfänger nicht zuständig und ist ihm die für die Verwendung der Daten zuständige Stelle bekannt, so leitet er die übermittelten Unterlagen dorthin weiter und benachrichtigt hiervon die übermittelnde Stelle.

Entstehungsgeschichte. S. Vor § 12, 1 bis 3.

Übersicht

1 **1.** § 19 ist Ausdruck des für das Datenschutzrecht zentralen Grundsatzes der **Zweckbindung**. Ebenso wie die entsprechenden Bestimmungen des § 15 Abs. 3 BDSG und des § 28 Abs. 4 BDSG verlängert er gewissermaßen den Grundsatz der Zweckbindung, Ausgangspunkt der Regelung über die Zulässigkeit der Übermittlung, auf die Daten empfangende Stelle nach Abschluß des Übermittlungsvorgangs[1].

2 **2.** Nach Absatz 1 Satz 1 ist eine Verwendung der übermittelten Daten grundsätzlich nur für den Zweck zulässig, für den sie übermittelt wurden. Diese Regelung setzt voraus, daß durch die übermittelnde Justizbehörde bei jeder Mitteilung gegenüber der Empfänger-

[7] Vgl. Entwurfsbegründung BTDrucks. **13** 4709 S. 25.

[1] *Auernhammer* § 15, 21 BDSG; vgl. auch *Gola/Schomerus* § 15, 5 BDSG.

behörde eine **Zweckbestimmung** erfolgt[2]. Dies ist für den Anwendungsbereich der MiStra in Nr. 9 Abs. 5 MiStra ausdrücklich vorgesehen: Formularmäßig wird durch den Hinweis auf die entsprechende Regelung der MiStra jeweils der Zweck der Übermittlung angegeben. Die Zweckbestimmung ist bei der Justizbehörde im Hinblick auf eine eventuelle gerichtliche Überprüfung der Übermittlung (vgl. § 22) aktenkundig zu machen[3].

3. Absatz 1 Satz 2 läßt eine Verwendung für andere Zwecke zu, wenn die Übermitt- 3
lung auch für diese Zwecke hätte vorgenommen werden dürfen (vgl. auch § 15 Abs. 3 Satz 2 BDSG). Für die dann darin liegende Zweckänderung bei der Empfängerbehörde ist naturgemäß diese, nicht die übermittelnde Justizbehörde verantwortlich; die Empfängerbehörde hat die Zweckänderung auch zu dokumentieren[4].

4. Klar ist, daß eine Verwendung für andere Zwecke auch zulässig ist, wenn eine 4
besondere Rechtsvorschrift dies erlaubt; darauf weist die Entwurfsbegründung ausdrücklich hin[5].

5. Kein Fall einer Zweckänderung ist es nach der Entwurfsbegründung[6], wenn die 5
Empfängerbehörde die Daten zur Wahrnehmung von Aufsichts- und Kontrollbefugnissen, zur Rechnungsprüfung, zur Durchführung von Organisiationsuntersuchungen oder zu Ausbildungs- und Prüfungszwecken verwendet. Dies läßt sich aus § 14 Abs. 3 BDSG ableiten, der einen allgemeinen Grundsatz enthält. Wegen des öffentlichen Interesses an einer den Geboten der Rechtmäßigkeit, Zweckmäßigkeit und Kostengerechtigkeit entsprechenden Verwaltung und an diesbezüglichen Kontrollmaßnahmen sowie, falls überwiegende schutzwürdige Interessen des Betroffenen nicht entgegenstehen (vgl. § 14 Abs. 3 Satz 2 BDSG), wegen des öffentlichen Interesses an einem funktionierenden Ausbildungs- und Prüfungswesen wird insoweit das Nichtvorliegen einer Zweckänderung fingiert[7].

6. Abs. 2 Satz 1, 2 enthält eine **Verpflichtung der Empfängerbehörde** zur Prüfung, 6
ob die übermittelten Daten für den Übermittlungszweck erforderlich sind; andernfalls hat sie grundsätzlich die übermittelten Unterlagen an die übermittelnde Justizbehörde **zurückzusenden**. Erforderlich ist die Übermittlung freilich schon dann, wenn die Daten für die Empfängerbehörde Anlaß geben zu prüfen, ob Maßnahmen veranlaßt sind; daß tatsächlich Maßnahmen getroffen werden, ist nicht geboten[8]. Auch bei diesem Verständnis der Erforderlichkeit, das in der MiStra für die einzelnen Mitteilungsfälle konkretisiert wird, ist es unvermeidbar, daß die übermittelnde Stelle gelegentlich Mitteilungen versendet, die für die Empfängerbehörde nicht, auch nicht für eine bloße Prüfung, ob Maßnahmen veranlaßt sind, erforderlich sind, etwa weil die Empfängerbehörde nicht zuständig ist. „Um eine unnötige Streuung personenbezogener Daten zu vermeiden"[9], ordnet das Gesetz in diesen Fällen die Rücksendung an die Justizbehörde an. Der Bundestag hielt dies für besser als ein vom Bundesrat vorgeschlagenes Gebot, die überflüssigen Unterlagen zu vernichten, weil die Justizbehörde auf diese Weise die Gelegenheit erhält zu prüfen, warum es zu der überflüssigen Übermittlung kam, und etwaige Folgerungen daraus zu ziehen[10].

---

[2] Entwurfsbegründung BTDrucks. **13** 4709 S. 25.
[3] Entwurfsbegründung BTDrucks. **13** 4709 S. 26.
[4] Entwurfsbegründung BTDrucks. **13** 4709 S. 25.
[5] Entwurfsbegründung BTDrucks. **13** 4709 S. 26.
[6] Entwurfsbegründung BTDrucks. **13** 4709 S. 26.
[7] *Auernhammer* § 14, 21 BDSG; *Gola/Schomerus* § 14, 4 BDSG.
[8] Entwurfsbegründung BTDrucks. **13** 4709 S. 26 und oben § 14, 1.
[9] Entwurfsbegründung BTDrucks. **13** 4709 S. 26.
[10] Entwurfsbegründung BTDrucks. **13** 4709 S. 26; zum Gegenvorschlag des Bundesrats vgl. BTDrucks. **13** 4709 S. 44.

7 **7.** Liegt der Fehler darin, daß die Empfängerbehörde nicht zuständig war, so ordnet Absatz 2 Satz 3 an, daß sie die Unterlagen **an die zuständige Stelle weiterleitet**, wenn ihr diese bekannt ist, und daß sie die übermittelnde Stelle davon benachrichtigt. Letzteres ist wegen der Nachberichtspflicht nach § 20 und des Auskunftsrechts des Betroffenen nach § 21 erforderlich. Kennt die Empfängerbehörde die zuständige Behörde nicht, verbleibt es bei der Rücksendung der Unterlagen an die übermittelnde Justizbehörde.

8 **8.** Die Entwurfsbegründung[11] hält es für nützlich, die Empfängerbehörde bei der Mitteilung auf ihre aus § 19 sich ergebenden Pflichten hinzuweisen. Dies ist in **Nr. 9 Abs. 5 MiStra** vorgesehen.

§ 20

(1) [1]Betreffen Daten, die vor Beendigung eines Verfahrens übermittelt worden sind, den Gegenstand dieses Verfahrens, so ist der Empfänger vom Ausgang des Verfahrens zu unterrichten; das gleiche gilt, wenn eine übermittelte Entscheidung abgeändert oder aufgehoben wird, das Verfahren, außer in den Fällen des § 153 a der Strafprozeßordnung, auch nur vorläufig eingestellt worden ist oder nach den Umständen angenommen werden kann, daß das Verfahren auch nur vorläufig nicht weiter betrieben wird. [2]Der Empfänger ist über neue Erkenntnisse unverzüglich zu unterrichten, wenn dies erforderlich erscheint, um bis zu einer Unterrichtung nach Satz 1 drohende Nachteile für den Betroffenen zu vermeiden.

(2) [1]Erweist sich, daß unrichtige Daten übermittelt worden sind, so ist der Empfänger unverzüglich zu unterrichten. [2]Der Empfänger berichtigt die Daten oder vermerkt ihre Unrichtigkeit in den Akten.

(3) Die Unterrichtung nach Absatz 1 oder 2 Satz 1 kann unterbleiben, wenn sie erkennbar weder zur Wahrung der schutzwürdigen Interessen des Betroffenen noch zur Erfüllung der Aufgaben des Empfängers erforderlich ist.

Entstehungsgeschichte. S. Vor § 12, 1 bis 3.

1 **1.** Sind vor Beendigung des Verfahrens Mitteilungen gemacht worden und betreffen die übermittelten Daten, wie regelmäßig, den Gegenstand des Verfahrens, so ordnet Absatz 1 Satz 1 eine **Nachberichtspflicht** an: Der Empfänger ist auch über den Ausgang des Verfahrens zu unterrichten. Dies ist im Interesse der Empfängerbehörde geboten, deren Informationsstand andernfalls durch die weitere Entwicklung des Verfahrens überholt wäre. Hat sich das Verfahren zugunsten des Betroffenen entwickelt, ist es aber auch in seinem Interesse. Eine Nachberichtspflicht besteht auch, wenn eine übermittelte Entscheidung abgeändert oder aufgehoben wird. Das kann vor der Beendigung des Verfahrens sein, etwa wenn ein übermittelter Haftbefehl aufgehoben oder außer Vollzug gesetzt wird, aber auch nach Beendigung des Verfahrens, so wenn ein rechtskräftiges Urteil im Wiederaufnahmeverfahren aufgehoben wird[1]. Als Auslöser einer Nachberichtspflicht nennt das Gesetz schließlich die Fälle der vorläufigen Verfahrenseinstellung, wobei die Fälle des § 153 a StPO aus Gründen der Praktikabilität ausdrücklich ausgenommen sind[2],

[11] BTDrucks. **13** 4709 S. 26.

[1] Entwurfsbegründung BTDrucks. **13** 4709 S. 26.

[2] Vgl. BTDrucks. **13** 4709 S. 44.

und den nicht so sehr im Strafprozeß als im Verfahren der freiwilligen Gerichtsbarkeit denkbaren Fall, daß das Verfahren auch nur vorläufig nicht weiter betrieben wird[3]. Erfaßt ist danach etwa das Absehen von der Erhebung der öffentlichen Klage nach § 153 b StPO[4].

2. Ausnahmsweise kann nach Absatz 1 Satz 2 mit dem Nachbericht nicht bis zum Ausgang des Verfahrens abgewartet werden. Ist die Übermittlung neuer Erkenntnisse, etwa einer wesentlichen Abschwächung des Tatverdachts, geboten, um drohende Nachteile für den Betroffenen zu vermeiden, so ist der Empfänger davon unverzüglich im Wege einer **Zwischenbenachrichtigung** in Kenntnis zu setzen. 2

3. Absatz 2 Satz 1 enthält das Gebot, übermittelte Daten, deren Unrichtigkeit sich herausgestellt hat, gegenüber dem Empfänger zu **berichtigen**. Satz 2 verpflichtet den Empfänger, die unrichtigen Daten zu berichtigen oder ihre Unrichtigkeit in den Akten zu vermerken. Damit wird einem das Datenschutzrecht beherrschenden Grundsatz (vgl. § 20 Abs. 1 BDSG) Rechnung getragen. 3

4. Sowohl ein **Nachbericht** nach Absatz 1 Satz 1 wie die **Berichtigung** nach Absatz 2 sind nach Absatz 3 **entbehrlich**, wenn sie weder zur Wahrung schutzwürdiger Interessen des Betroffenen noch zur Aufgabenerfüllung durch die Empfängerbehörde erforderlich sind. Dies kann etwa der Fall sein, wenn sich die Unrichtigkeit übermittelter Daten nur in unwesentlichen Randbereichen herausgestellt hat, wobei freilich nicht auf die strafrechtliche Relevanz, sondern auf die schutzwürdigen Geheimhaltungsinteressen des Betroffenen und auf die Aufgaben der Empfängerbehörde abzustellen ist. In den Fällen des Absatzes 1 Satz 2 ist nicht denkbar, daß die Interessen des Betroffenen eine Unterrichtung der Empfängerbehörde entbehrlich erscheinen lassen; sie sind deshalb in der Regelung des Absatzes 3 ausgenommen. 4

5. Nr. 7 MiStra trifft für die Folgemitteilungen des § 20 im Anwendungsbereich der MiStra nähere Regelungen. 5

§ 21

(1) [1]Dem Betroffenen ist auf Antrag Auskunft über die übermittelten Daten und deren Empfänger zu erteilen. [2]Der Antrag ist schriftlich zu stellen. [3]Die Auskunft wird nur erteilt, soweit der Betroffene Angaben macht, die das Auffinden der Daten ermöglichen, und der für die Erteilung der Auskunft erforderliche Aufwand nicht außer Verhältnis zu dem geltend gemachten Informationsinteresse steht. [4]Die übermittelnde Stelle bestimmt das Verfahren, insbesondere die Form der Auskunftserteilung, nach pflichtgemäßem Ermessen.

(2) [1]Ist der Betroffene bei Mitteilungen in Strafsachen nicht zugleich der Beschuldigte oder in Zivilsachen nicht zugleich Partei oder Beteiligter, ist er gleichzeitig mit der Übermittlung personenbezogener Daten über den Inhalt und den Empfänger zu unterrichten. [2]Die Unterrichtung des gesetzlichen Vertreters eines Minderjährigen, des Bevollmächtigten oder Verteidigers reicht aus. [3]Die übermittelnde Stelle

[3] Entwurfsbegründung BTDrucks. **13** 4709 S. 26.

[4] Entwurfsbegründung BTDrucks. **13** 4709 S. 26.

bestimmt die Form der Unterrichtung nach pflichtgemäßem Ermessen. [4]Eine Pflicht zur Unterrichtung besteht nicht, wenn die Anschrift des zu Unterrichtenden nur mit unvertretbarem Aufwand festgestellt werden kann.

(3) Bezieht sich die Auskunftserteilung oder die Unterrichtung auf die Übermittlung personenbezogener Daten an Verfassungsschutzbehörden, den Bundesnachrichtendienst, den Militärischen Abschirmdienst oder, soweit die Sicherheit des Bundes berührt wird, andere Behörden des Bundesministers der Verteidigung, ist sie nur mit Zustimmung dieser Stellen zulässig.

(4) [1]Die Auskunftserteilung und die Unterrichtung unterbleiben, soweit
1. **sie die ordnungsgemäße Erfüllung der Aufgaben der übermittelnden Stelle oder des Empfängers gefährden würden,**
2. **sie die öffentliche Sicherheit oder Ordnung gefährden oder sonst dem Wohle des Bundes oder eines Landes Nachteile bereiten würden oder**
3. **die Daten oder die Tatsache ihrer Übermittlung nach einer Rechtsvorschrift oder ihrem Wesen nach, insbesondere wegen der überwiegenden berechtigten Interessen eines Dritten, geheimgehalten werden müssen und deswegen das Interesse des Betroffenen an der Auskunftserteilung oder Unterrichtung zurücktreten muß.**

[2]Die Unterrichtung des Betroffenen unterbleibt ferner, wenn erhebliche Nachteile für seine Gesundheit zu befürchten sind.

(5) Die Ablehnung der Auskunftserteilung bedarf keiner Begründung, soweit durch die Mitteilung der tatsächlichen und rechtlichen Gründe, auf die die Entscheidung gestützt wird, der mit der Auskunftsverweigerung verfolgte Zweck gefährdet würde.

Entstehungsgeschichte. S. Vor § 12, 1 bis 3.

Übersicht

1. Auskunftsanspruch (Absatz 1)

1 **a) Grundgedanke.** In Übereinstimmung mit § 19 Abs. 1 BDSG regelt Absatz 1 den Auskunftsanspruch des Betroffenen. Die Entwurfsbegründung hebt hervor, daß damit der Forderung des Bundesverfassungsgerichts entsprochen wird sicherzustellen, daß die Bürger erfahren können, „wer was wann und bei welcher Gelegenheit über sie weiß“[1]. Der Anspruch richtet sich gegen die übermittelnde Justizbehörde. Ihre Auskunftspflicht erstreckt sich auf die übermittelten Daten, also alle, und den Empfänger.

[1] BTDrucks. **13** 4709 S. 27; vgl. dazu BVerfGE **65** 43.

b) Voraussetzung der Auskunftserteilung ist ein **Antrag** des Betroffenen. Für ihn gilt abweichend von der Regelung in § 19 Abs. 1 BDSG Schriftform (Absatz 1 Satz 2). Antragstellung durch einen bevollmächtigten Vertreter ist, da das Gesetz nichts anderes bestimmt, zulässig[2]. Eine Begründung muß der Antrag nicht enthalten[3]. **2**

c) Jedoch muß der Betroffene **Angaben** machen, die das **Auffinden der Daten** ermöglichen; andernfalls wird die Auskunft nicht erteilt (Absatz 1 Satz 3). Diese aus § 19 Abs. 1 Satz 3 BDSG übernommene Regelung wird bei den Mitteilungen aus Strafverfahren regelmäßig keine große Bedeutung haben. Wenn der Betroffene das Strafverfahren bezeichnet, auf das sich sein Auskunftsbegehren bezieht, lassen sich damit Inhalt und Empfänger der Mitteilung regelmäßig ohne weiteres feststellen. Das im Anwendungsbereich des § 19 BDSG zu lösende Problem, daß möglicherweise aus großen Datenbeständen ein einzelnes Datum herausgesucht werden muß, stellt sich hier nicht. **3**

d) Die Auskunft wird — diese Regelung entstammt ebenfalls § 19 Abs. 1 Satz 3 BDSG — auch dann nicht erteilt, wenn der für die Erteilung der Auskunft erforderliche Aufwand **außer Verhältnis** zu dem geltend gemachten Informationsinteresse steht. Auch das wird bei den Mitteilungen in Strafsachen selten zum Tragen kommen. Das Informationsinteresse wird hier regelmäßig hoch zu veranschlagen sein. Auf der anderen Seite kann das Feststellen der übermittelten Daten sowie des Empfängers im allgemeinen keinen großen Aufwand verursachen. Anders mag es einmal sein, wenn ein Drittbetroffener Auskunft begehrt, ob ihn betreffende Daten übermittelt wurden, und die erfolgten Mitteilungen nachträglich daraufhin überprüft werden müßten. **4**

e) Das **Verfahren**, insbesondere die **Form** der Auskunftserteilung, bestimmt die Justizbehörde nach pflichtgemäßem Ermessen. Nr. 3 Abs. 3 MiStra empfiehlt grundsätzlich, dem Betroffenen einen Abdruck der Mitteilung zu übersenden, wobei von der Beifügung von Schriftstücken, die der Betroffene schon erhalten hat (etwa ein Urteil), abgesehen werden könne. Dies ist sachgemäß. Im übrigen wird die Justizbehörde im Einzelfall zu bestimmen haben, welche Anforderungen sie an die Identifizierung des Antragstellers bzw. an den Nachweis der Vertretungsmacht stellt[4]. **5**

2. Die Unterrichtungspflicht (Absatz 2)

a) Grundgedanke. Der Beschuldigte, der von dem gegen ihn geführten Ermittlungsverfahren weiß, muß damit rechnen, daß von den Justizbehörden Mitteilungen an andere öffentliche Stellen gemacht werden, seien diese bereichsspezifisch geregelt (§ 13, 3), sei es, daß sie ihre Grundlage in den §§ 14 bis 17 haben. Er kann sich mit einem Auskunftsbegehren nach Absatz 1 vergewissern, ob und an wen Mitteilungen erfolgt sind.[5] Ist der von einer Mitteilung Betroffene im Strafverfahren dagegen nicht der Beschuldigte, sondern Dritter, wird er vielfach von dem Verfahren nichts wissen und deshalb auch keine Veranlassung haben, ein Auskunftsbegehren zu stellen. Deshalb sieht Absatz 2 Satz 1 für diese Fälle eine Unterrichtung des Betroffenen durch die übermittelnde Justizbehörde vor. Eine entsprechende Unterrichtungspflicht war auch schon bisher in Nr. 2 Abs. 2 MiStra vorgesehen; das Bundesdatenschutzgesetz schreibt in bestimmten Fällen (§§ 16 Abs. 3 Satz 1, 33 BDSG) ebenfalls eine Unterrichtung des Betroffenen vor. **6**

---

[2] Vgl. *Auernhammer* § 19, 13 BDSG; *Schaffland/Wiltfang* § 19, 10 BDSG.

[3] *Schaffland/Wiltfang* § 19, 15 BDSG.

[4] *Auernhammer* § 19, 18 BDSG; *Gola/Schomerus* § 19, 5.1 BDSG.

[5] Kritisch zu diesem Konzept *Wollweber* NJW **1997** 2489.

7 **b) Adressat, Zeitpunkt, Form, Inhalt.** Die Unterrichtung erfolgt gegenüber dem betroffenen Dritten. Eine Unterrichtung des gesetzlichen Vertreters eines minderjährigen Betroffenen, eines Bevollmächtigten des Betroffenen oder seines Verteidigers reicht aus. Die Unterrichtung erfolgt zeitgleich mit der Mitteilung. Die Form der Unterrichtung bestimmt die übermittelnde Stelle nach pflichtgemäßem Ermessen. Nr. 3 Abs. 3 MiStra empfiehlt auch insofern (zur Auskunftserteilung vgl. oben Rdn. 5), dem Betroffenen einen Abdruck der Mitteilung zu übersenden. Damit ist dann zugleich den inhaltlichen Anforderungen an die Unterrichtung genügt: Zu unterrichten ist über den Inhalt der Übermittlung und deren Empfänger.

8 **c)** Die Unterrichtung entfällt, wenn die **Anschrift des betroffenen Dritten** nur mit unverhältnismäßigem Aufwand festgestellt werden kann. Dies ist etwa bei Ausländern vorstellbar.

9 **3.** Für **besonders sicherheitsrelevante Bereiche** bestimmt Absatz 3, daß die Auskunftserteilung nach Absatz 1 und die Unterrichtung nach Absatz 2 der Zustimmung des Empfängers bedürfen. Dies gilt für Mitteilungen an die Verfassungsschutzbehörden des Bundes und der Länder, den Bundesnachrichtendienst, den Militärischen Abschirmdienst und, soweit die Sicherheit des Bundes berührt wird, an andere Behörden des Bundesministers der Verteidigung. Die Regelung entspricht § 19 Abs. 3 BDSG. Daß die Datenbestände der genannten Sicherheitsbehörden vor einer Ausforschung geschützt werden müssen, liegt auf der Hand. Das ältere Datenschutzrecht hatte in diesen Fällen eine Auskunftserteilung gänzlich ausgeschlossen[6].

10 **4. Ausnahmen von der Auskunfts- und Unterrichtungspflicht** sieht das Gesetz nach Absatz 4, der sich eng an § 19 Abs. 4 BDSG anlehnt, in drei verschiedenen Fallgruppen vor.

11 **a)** Auskunft und Unterrichtung unterbleiben erstens, soweit durch sie die **ordnungsgemäße Aufgabenerfüllung** bei der **übermittelnden Justizbehörde** oder bei der **Empfängerbehörde** gefährdet würde. Hierher gehört vor allem der Fall, daß durch Auskunftserteilung oder Unterrichtung Zwecke des Strafverfahrens, insbesondere die Aufklärung des Sachverhalts, etwa durch vorzeitiges Bekanntwerden der Ermittlungen, gefährdet würden. Denkbar ist auch, daß, wenn zahlreiche Betroffene vorhanden sind, durch Auskunftserteilung und Unterrichtung bei der übermittelnden Justizbehörde ein Übermaß an Kräften gebunden wird und die Ermittlungen darunter leiden; gleiches ist bei vielfach wiederholten Auskunftsbegehren vorstellbar[7]. Auch bei der Empfängerbehörde kann es so liegen, daß ein vorzeitiges Bekanntwerden der Mitteilung die sachgerechte Verwendung der übermittelten Daten stört; freilich wird dies für die übermittelnde Justizbehörde, an die sich Absatz 4 wendet, nicht immer einsehbar sein.

12 **b)** Auskunft und Unterrichtung unterbleiben ferner, wenn sie die öffentliche Sicherheit oder Ordnung gefährden oder sonst dem **Wohl des Bundes oder eines Landes** Nachteile bereiten würden. Der Begriff des Wohles des Bundes oder eines Landes, den das Gesetz als Obergriff behandelt, wird auch in § 54 Abs. 3, § 96 StPO verwendet. Die Begriffe der öffentlichen Sicherheit und Ordnung sind aus dem Polizei- und Sicherheitsrecht vertraut. Geht es bei der öffentlichen Sicherheit um die objektive Rechtsordnung, die Einrichtungen und Veranstaltungen des Staates sowie die subjektiven Rechte und Rechtsgüter des

---

6 Vgl. *Auernhammer* § 19, 24 BDSG.

7 *Auernhammer* § 19, 28 BDSG mit weit. Nachw.; *Gola/Schomerus* § 19, 8.3 BDSG.

einzelnen, liegt eine Gefährdung der öffentlichen Ordnung bei einer Mißachtung der Gesamtheit der ungeschriebenen Regeln des gedeihlichen gesellschaftlichen Zusammenlebens vor[8].

c) Schließlich unterbleiben Auskunft und Unterrichtung, wenn die übermittelten Daten selbst oder die Tatsache ihrer Übermittlung **nach einer Rechtsvorschrift** oder **nach ihrem Wesen geheimgehalten** werden müssen, insbesondere wegen überwiegender berechtigter Interessen eines Dritten. Hier ist etwa an den Fall zu denken, daß sich aus der Auskunft über eine getätigte Mitteilung eine Gefährdung eines Informanten der Polizei ergeben könnte[9]. **13**

d) In allen drei Fallgruppen unterbleiben Auskunft und Unterrichtung jeweils nur, wenn wegen Vorliegens der Ausnahmetatbestände das Informationsinteresse des Betroffenen zurücktreten muß und auch nur, soweit und solange dies der Fall ist. Hier ist also jeweils **im Einzelfall eine Abwägung** erforderlich. **14**

e) Auskunft und Unterrichtung unterbleiben schließlich, ohne daß es einer Interessenabwägung im Einzelfall bedarf, wenn erhebliche **Nachteile für die Gesundheit** des Betroffenen zu befürchten wären. Dies ist zum Beispiel vorstellbar, wenn Gegenstand der Mitteilung medizinische Befunde sind, deren Kenntnis dem Betroffenen erhebliche gesundheitliche Schäden zufügen könnte, aber auch in Fällen, in denen mit einer Selbstgefährdung des Betroffenen gerechnet werden muß. **15**

5. Begründungspflicht. In Übereinstimmung mit § 19 Abs. 5 Satz 1 BDSG bestimmt Absatz 5, daß die Ablehnung einer Auskunftserteilung keiner Begründung bedarf, soweit durch die Mitteilung der tatsächlichen und rechtlichen Gründe, auf die die Entscheidung gestützt wird, der mit der Auskunftsverweigerung verfolgte Zweck gefährdet würde. Damit ist zugleich klargestellt, daß in den übrigen Fällen der Ablehnungsbescheid zu begründen ist[10]. **16**

6. Rechtsschutz. Der Anspruch des Betroffenen auf Auskunft und, in den Fällen des Absatzes 2, auf Unterrichtung ist eine gesetzliche Konkretisierung seines Rechts auf informationelle Selbstbestimmung. Die Ablehnung des Auskunftsbegehrens oder seine Nichtbescheidung sowie das Unterbleiben der Unterrichtung können den Betroffenen in seinen Rechten verletzen; nach Artikel 19 Abs. 4 GG muß deshalb Rechtsschutz gewährleistet sein. Im Datenschutzrecht wird die Ablehnung des Auskunftsanspruchs als Verwaltungsakt qualifiziert, der nach den Vorschriften der VwGO anfechtbar ist[11]. Gegen ein Untätigwerden wird die Leistungsklage nach der VwGO für zulässig gehalten[12]. Es stellt sich die Frage, ob bei § 21 Rechtsschutz ebenfalls über §§ 42 ff VwGO oder über §§ 23 ff zu gewähren ist. Die Frage wird durch § 22 nicht direkt beantwortet, denn danach ist eine Anfechtung nach §§ 23 ff nur insofern vorgesehen, als die Rechtmäßigkeit der Übermittlung überprüft werden soll. Hier geht es jedoch um die vorgelagerte Stufe der Auskunft bzw. Unterrichtung. Es handelt sich dabei zweifelsfrei um Maßnahmen im Sinne des § 23 Abs. 1, denn darunter fallen nicht nur Verwaltungsakte im technischen Sinn, sondern auch schlicht hoheitliches Handeln, insbesondere Realakte (§ 23, 44). Nicht völlig zweifelsfrei **17**

---

[8] Vgl. *Auernhammer* § 19, 29 mit Nachw. und oben § 17, 4.

[9] Vgl. *Auernhammer* § 19, 32 BDSG.

[10] So für den Bereich des Bundesdatenschutzgesetzes auch *Auernhammer* § 19, 33 BDSG; *Gola/Schomerus* § 19, 9.1 BDSG mit weit. Nachw.

[11] *Auernhammer* § 19, 16 BDSG; *Gola/Schomerus* § 19, 9.1 BDSG; *Erbs/Kohlhaas-Ambs* § 19, 1 BDSG; *Schaffland/Wiltfang* § 19, 22 BDSG je mit Nachw.; vgl. aber auch VGH München NVwZ **1990** 775.

[12] *Auernhammer* § 19, 16 mit Nachw.

ist aber, ob es sich um Maßnahmen einer Justizbehörde auf dem Gebiet der Strafrechtspflege im Sinne des § 23 Abs. 1 handelt. Zuständig sind für Auskunft und Unterrichtung die Staatsanwaltschaften und die Gerichte, also Justizbehörden im organisatorischen Sinn. Erforderlich ist aber, daß sie Verwaltungsaufgaben auf einem der in § 23 Abs. 1 Satz 1 bezeichneten Gebiete, hier auf dem Gebiet der Strafrechtspflege, wahrnehmen. Da die Übermittlungen nach den §§ 12 ff und nach den bereichsspezifischen Übermittlungsregelungen überwiegend anderen Zwecken dienen als denen des Strafverfahrens, nämlich der Erfüllung der von der jeweiligen Empfängerbehörde wahrzunehmenden Verwaltungsaufgaben, ist dies zu problematisieren[13]. Freilich werden zugleich Zwecke des Strafverfahrens miterfüllt, ist doch das Strafrecht darauf angelegt, in die anderen staatlichen und gesellschaftlichen Bereiche hineinzuwirken. Es geht beim Rechtsschutz im Bereich des § 21 auch um richterliche Kontrolle der Anwendung eines Justizgesetzes, nämlich des auf eine Annexkompetenz zum gerichtlichen Verfahrensrecht gestützten JuMiG[14] durch Justizbehörden im organisatorischen Sinn. Den Ausschlag gibt letztlich, daß das Gesetz in § 22 die Überprüfung der Rechtmäßigkeit der Übermittlungen selbst, soweit sie selbständig erfolgt, grundsätzlich dem Verfahren nach den §§ 23 ff zugewiesen hat. Es wäre ungereimt und kann dem Willen des Gesetzgebers nicht entsprochen haben, daß für den Rechtsschutz auf der vorhergehenden Stufe der Auskunft und der Unterrichtung die Verwaltungsgerichte berufen sind und für den Rechtsschutz auf der folgenden Stufe der Überprüfung der Übermittlung selbst die Oberlandesgerichte. Es ist also sachgerecht, auch im Bereich des § 21 die §§ 23 ff anzuwenden.

§ 22

(1) [1]Ist die Rechtsgrundlage für die Übermittlung personenbezogener Daten nicht in den Vorschriften enthalten, die das Verfahren der übermittelnden Stelle regeln, sind für die Überprüfung der Rechtmäßigkeit der Übermittlung die §§ 23 bis 30 nach Maßgabe der Absätze 2 und 3 anzuwenden. [2]Hat der Empfänger auf Grund der übermittelten Daten eine Entscheidung oder andere Maßnahme getroffen und dies dem Betroffenen bekanntgegeben, bevor ein Antrag auf gerichtliche Entscheidung gestellt worden ist, so wird die Rechtmäßigkeit der Übermittlung ausschließlich von dem Gericht, das gegen die Entscheidung oder Maßnahme des Empfängers angerufen werden kann, in der dafür vorgesehenen Verfahrensart überprüft.

(2) [1]Wird ein Antrag auf gerichtliche Entscheidung gestellt, ist der Empfänger zu unterrichten. [2]Dieser teilt dem nach § 25 zuständigen Gericht mit, ob die Voraussetzungen des Absatzes 1 Satz 2 vorliegen.

(3) [1]War die Übermittlung rechtswidrig, so spricht das Gericht dies aus. [2]Die Entscheidung ist auch für den Empfänger bindend und ist ihm bekanntzumachen. [3]Die Verwendung der übermittelten Daten ist unzulässig, wenn die Rechtswidrigkeit der Übermittlung festgestellt worden ist.

Entstehungsgeschichte. S. Vor § 12, 1 bis 3.

---

[13] Zur Verwaltung der Strafakten und zu Auskünften aus diesen vgl. § 23, 22, zu Presseauskünften vgl. § 23, 23, zur Akteneinsicht an Dritte § 23, 5, 91 ff.

[14] Entwurfsbegründung BTDrucks. **13** 4709 S. 18.

Übersicht

1. Grundgedanke. Es war das Anliegen des Gesetzgebers, den nach Artikel 19 Abs. 4 GG für erforderlich gehaltenen Rechtsschutz aus Gründen der Praktikabilität auf das erforderliche Maß zu beschränken. Er hat vor Augen gehabt, daß einerseits Rechtsschutz gegen die übermittelnde Stelle in Betracht kommt, andererseits Rechtsschutz gegen die Empfängerbehörde. Er hat weiter berücksichtigt, daß nicht alle Mitteilungen ihre Rechtsgrundlage in bereichsspezifischen Übermittlungsregelungen oder in den §§ 12 ff haben, sondern daß Mitteilungen teilweise auch in den von den Justizbehörden anzuwendenden Verfahrensgesetzen, etwa dem Jugendgerichtsgesetz, angeordnet sind. Für die letzteren Fälle wollte es der Gesetzgeber bei den im jeweiligen Verfahrensgesetz getroffenen Regelungen über den Rechtsschutz belassen. Diese Mitteilungen sind in § 22 nicht erfaßt[1]. Für die übrigen Fälle ist in Absatz 1 Satz 1 bestimmt, daß die Überprüfung der Rechtmäßigkeit der Übermittlung (zum Rechtsschutz bezüglich Auskunfterteilung und Unterrichtung vgl. oben § 21, 17) sich nach den §§ 23 bis 30 richtet. Das Gesetz stellt klar, daß es sich bei den Übermittlungen um Maßnahmen von Justizbehörden auf dem Gebiet der Strafrechtspflege handelt, was nicht völlig unproblematisch ist (vgl. § 21, 17), aber vom Gesetzgeber richtig gesehen wurde und jedenfalls so entschieden werden kann. Eine selbständige Anfechtung nach den §§ 42 ff VwGO ist damit ausgeschlossen. **1**

2. Vorrang des Rechtsschutzes gegen die Empfänger. Hat der Empfänger aufgrund der übermittelten Daten Maßnahmen getroffen und dies dem Betroffenen bekanntgegeben, so bestimmt Absatz 1 Satz 2, daß in diesem Fall auch die Rechtmäßigkeit der vorangegangenen Übermittlung ausschließlich von dem Gericht geprüft wird, das gegen die Maßnahme der Empfängerbehörde angerufen werden kann, und zwar in der dafür vorgesehenen Verfahrensart. In diesem Sinn hat der Rechtsschutz gegen Maßnahmen des Empfängers den Vorrang. Dies gilt allerdings nur, wenn ein Antrag auf gerichtliche Entscheidung nach § 23 noch nicht gestellt war. Hat sich der Betroffene mit einem Antrag nach § 23 an das Oberlandesgericht mit dem Begehren gewendet, die Rechtmäßigkeit einer Übermittlung zu überprüfen, und trifft sodann die Empfängerbehörde aufgrund einer Übermittlung eine Maßnahme, gegen die Rechtsschutz z. B. nach § 42 VwGO gegeben ist, so bleibt es bei der Zulässigkeit des Antrags nach § 23. **2**

3. Voraussetzung für den Vorrang des Rechtsschutzes gegen der Empfänger ist, daß dieser aufgrund der übermittelten Daten eine Entscheidung oder eine sonstige Maßnahme getroffen und dies dem Betroffenen mitgeteilt hat. Befindet sich die Empfängerbehörde noch im Stadium der Überlegungen oder ist sie zu dem Ergebnis gekommen, daß nichts veranlaßt ist und eine Bekanntgabe an der Betroffenen unterbleiben kann, so bleibt es, was die Zulässigkeit der Übermittlung betrifft, beim Rechtsschutz nach §§ 23 ff. Hat der Empfänger die Entscheidung getroffen, daß die übermittelten Daten keine Veranlassung zu **3**

[1] Entwurfsbegründung BTDrucks. **13** 4709 S. 27.

Maßnahmen gegen den Betroffenen geben und dem Betroffenen dies mitgeteilt, muß dasselbe gelten. In diesem Fall kann der Betroffene gegen die Empfängerbehörde nicht vorgehen. Voraussetzung dafür, daß der Rechtsschutz nach §§ 23 ff zurücktritt, ist nach dem Wortlaut des Gesetzes aber, daß ein Gericht gegen das Handeln des Empfängers angerufen werden kann. Dafür spricht auch, daß andernfalls Rechtsschutz gegen eine rechtswidrige Übermittlung unter Umständen nicht bestünde, gegen die Justizbehörde nicht, weil der Empfänger tätig geworden ist, und gegen den Empfänger nicht, weil sein Handeln nicht anfechtbar ist. Ein solches Ergebnis wird seit dem Volkszählungsurteil des Bundesverfassungsgerichts[2] nicht mehr als akzeptabel angesehen werden können. Es ist jedenfalls nicht die Position des Gesetzes das „lückenlosen" Rechtsschutz erstrebt[3]. Hat der Empfänger aufgrund der Mitteilung ein Verfahren eingeleitet und dies dem Betroffenen mitgeteilt, etwa verbunden mit der Gewährung von rechtlichem Gehör, so wird dagegen in aller Regel noch kein Rechtsbehelf gegeben sein, so daß es ebenfalls bei der Zulässigkeit des Antrags auf gerichtliche Entscheidung zum Oberlandesgericht verbleibt. Die praktische Bedeutung des Vorrangs ist deshalb nicht sehr groß. Er realisiert sich in Fällen, in denen die Empfängerbehörde aufgrund der Mitteilung zu einer einstweiligen Maßnahme schreitet oder Untersuchungsmaßnahmen veranlaßt, die selbständig anfechtbar sind. Dagegen wird der Betroffene vielfach schon einen Antrag nach § 23 gestellt haben, bevor die Empfängerbehörde aufgrund der Übermittlung zu einer abschließenden anfechtbaren Maßnahme gegen den Betroffenen schreitet.

4 **4. Beteiligung des Empfängers.** Um sicherzustellen, daß der Vorrang des Rechtsschutzes gegen Maßnahmen des Empfängers beachtet werden kann, sieht Absatz 2 Satz 1 vor, daß die Empfängerbehörde davon zu unterrichten ist, wenn ein Antrag nach § 23 gestellt wurde. Die Unterrichtung hat durch das Oberlandesgericht als Adressat des Antrags nach § 23 zu erfolgen, auch wenn der Antrag, wie § 26 Abs. 1 erlaubt, zur Niederschrift der Geschäftsstelle eines Amtsgerichts gestellt wurde. Die Empfängerbehörde ihrerseits hat sodann nach Absatz 2 Satz 2 dem Oberlandesgericht mitzuteilen, ob die Voraussetzungen des Absatzes 1 Satz 2 vorliegen. Das Oberlandesgericht soll prüfen können, ob der ihm vorliegende Antrag auf gerichtliche Entscheidung zulässig ist oder ob der Vorrang des Rechtsschutzes gegen Maßnahmen des Empfängers Platz greift[4]. Dazu muß das Oberlandesgericht wissen, ob der Empfänger aufgrund der übermittelten Daten eine Entscheidung oder eine sonstige Maßnahme getroffen und dies dem Betroffenen bekanntgegeben hat und wann dies gegebenenfalls geschehen ist. Das Oberlandesgericht muß ferner wissen, ob gegen die Maßnahme des Empfängers ein Rechtsbehelf eröffnet ist. Dies ist zwar eine Rechtsfrage, die das Gericht selbst zu prüfen hat, doch wird es nicht verfehlt sein, wenn die Empfängerbehörde ihre Rechtsansicht dazu darlegt.

5 **5. Prüfungsgegenstand** ist im Verfahren des Oberlandesgerichts die Rechtmäßigkeit der Übermittlung. Im Regelfall wird eine Übermittlung bereits erfolgt sein. Deshalb ordnet Absatz 3 Satz 1 an, daß, wenn die Übermittlung rechtswidrig *war*, das Gericht dies auszusprechen hat[5]. Das entspricht der Entscheidung beim Fortsetzungsfeststellungsantrag nach § 28 Abs. 1 Satz 4.

6 **6.** Während § 28 Abs. 1 Satz 4 aber für den Ausspruch der Rechtswidrigkeit einer durch Vollzug erledigten Maßnahme ein **berechtigtes Feststellungsinteresse** verlangt (§ 28, 8 ff), ist dies in der Fällen des § 22 nicht erforderlich. Dies ergibt sich aus Absatz 3

---

[2] BVerfGE **65** 1.

[3] Entwurfsbegründung BTDrucks. **13** 4709 S. 27.

[4] Vgl. Entwurfsbegründung BTDrucks. **13** 4709 S. 27.

[5] Entwurfsbegründung BTDrucks. **13** 4709 S. 27.

Satz 1, der eine solche Einschränkung nicht vorsieht; die Verweisung auf die §§ 23 bis 30 in Absatz 1 Satz 1 steht unter der Maßgabe der Regelungen in den Absätzen 2 und 3. Im übrigen würde sich praktisch auch nur wenig ändern, wollte man ein berechtigtes Feststellungsinteresse verlangen. Da nach Absatz 3 Satz 2 der Ausspruch der Rechtswidrigkeit der Übermittlung für den Empfänger bindend ist und nach Absatz 3 Satz 3 ein Verwendungsverbot hinsichtlich der übermittelten Daten begründet, könnte ein berechtigtes Interesse an einem solchen Ausspruch kaum jemals verneint werden.

7. Entscheidung in den Fällen des Vorrangs. Hat der Empfänger aufgrund der Übermittlung eine Maßnahme getroffen, die anfechtbar ist, und kommt es zu einer gerichtlichen Überprüfung dieser Maßnahme, so hat das angegangene Gericht, im Regelfall wird es das Verwaltungsgericht sein, nach Absatz 1 Satz 2 auch die Rechtmäßigkeit der Übermittlung zu prüfen. Da das Gesetz lückenlosen Rechtsschutz gegen etwa rechtswidrige Übermittlungen gewähren will, ist das angerufene Gericht zu einer solchen Überprüfung auch dann verpflichtet, wenn es für seine Entscheidung nicht darauf ankäme, etwa weil die angegriffene Maßnahme auch aus anderen Gründen rechtswidrig und aufzuheben ist[6]. Insofern wirkt § 22 in andere Verfahrensordnungen hinein. Die Regelungen des Absatzes 3 über die Feststellung der Rechtswidrigkeit, deren Bindungswirkung und das daran geknüpfte Verwendungsverbot gelten auch in diesen Fällen. 7

8. Bindungswirkung und Verwendungsverbot. Absatz 3 Satz 2 ordnet an, daß der Ausspruch über die Rechtswidrigkeit der Übermittlung auch für den Empfänger bindend ist und ihm bekanntzumachen ist. Kommt es nach einer entsprechenden Entscheidung des Oberlandesgerichts also zu einem Nachfolgeprozeß, weil der Betroffene eine vom Empfänger aufgrund der Übermittlung später getroffene belastende Maßnahme angreift, so hat das Gericht in diesem Nachfolgeprozeß die Bindungswirkung und das damit verbundene Verwendungsverbot zugrunde zu legen; in diesem Sinn ist auch es an die Feststellung der Rechtswidrigkeit durch das Oberlandesgericht gebunden[7]. Das Verwendungsverbot gilt, da es an die rechtswidrige Übermittlung zum Empfänger anknüpft, auch für Dritte, die durch den Empfänger Kenntnis von den übermittelten Daten erhalten haben. Dagegen entfaltet das Verwendungsverbot keine Fernwirkung. Gibt die Übermittlung Anlaß zu weiteren Nachforschungen, so können die dabei gewonnenen Erkenntnisse verwendet werden, auch wenn die übermittelten Daten selbst nach Absatz 3 Satz 3 unverwendbar geworden sind. Das wird auch für den Fall gelten, daß die Empfängerbehörde Einsicht in die Strafakten begehrt und nach den hierfür geltenden Vorschriften (derzeit noch Nr. 185 Abs. 1, 2 RistBV) befugterweise erhält. Die rechtswidrig übermittelten Daten bleiben zwar unverwendbar; sonstige auf diese Weise gewonnenen Erkenntnisse können aber verwendet werden. Bindungswirkung kommt dem Ausspruch der Rechtswidrigkeit der Übermittlung nicht nur zu, wenn das Oberlandesgericht entschieden hat, sondern ebenso, wenn etwa das Verwaltungsgericht entschied; gleiches gilt für das daran geknüpfte Verwendungsverbot (vgl. Rdn. 7). 8

9. § 23 regelt den Rechtsschutz gegen eine bereits erfolgte Übermittlung. Daß der Betroffene mittels eines **vorbeugenden Unterlassungsantrags** erreichen könnte, daß eine Übermittlung unterbleibt, sieht das Gesetz nicht vor; auch die Entwurfsbegründung geht darauf nicht ein[8]. Ob der vorbeugende Unterlassungsantrag im Anwendungsbereich der 9

---

6 Dies ist auch das Anliegen vom *Wollweber* NJW **1997** 2490.

7 Vgl. Entwurfsbegründung BTDrucks. **13** 4709 S. 27.

8 Vgl. BTDrucks. **13** 4709 S. 27.

§ 23 ff überhaupt zulässig ist, ist strittig; die herrschende Auffassung verneint es (vgl. § 23, 77). Auch wenn man die Frage, wie der Verfasser, grundsätzlich bejaht, so kommt ein solcher Antrag doch nur dann in Betracht, wenn ein qualifiziertes Rechtsschutzbedürfnis besteht, dem Betroffenen also eine Verweisung auf den vom Gesetz vorgesehenen Rechtsschutz gegen die erfolgte Übermittlung nicht zugemutet werden kann[9]. Da das Gesetz die nachträgliche Feststellung der Rechtswidrigkeit mit einer Bindungswirkung ausgestattet und mit einem Verwendungsverbot verbunden hat, wird man dies kaum jemals bejahen können[10].

10 **10. Auskunft und Unterrichtung.** Zum Rechtsschutz gegen eine verweigerte Auskunft und eine unterbliebene Unterrichtung vgl. § 21, 17.

---

9 § 23, 59 mit Nachw.
10 Weitergehend *Wollweber* NJW **1997** 2490.

DRITTER ABSCHNITT

Anfechtung von Justizverwaltungsakten

Vorbemerkungen

Schrifttum. *Altenhain* Der Rechtsschutz gegen Verwaltungsmaßnahmen der Strafjustiz- und Vollzugsbehörden, JVBl. **1960** 193; **1961** 173; **1962** 196; *Altenhain* Die Strafgerichtliche Rechtsprechung zum Rechtsschutz gegen Justizverwaltungsakte, JZ **1965** 756; JZ **1966** 16; *Altenhain* Die Rechtsprechung der Strafsenate zum Rechtsschutz gegen Justizverwaltungsakte auf dem Gebiet des Strafrechts, DRiZ **1970** 105; *Amelung* Rechtsschutz gegen strafprozessuale Grundrechtseingriffe (1976); *Amelung* Probleme des Rechtsschutzes gegen strafprozessuale Grundrechtseingriffe, NJW **1979** 1987; *Amelung* Zur dogmatischen Einordnung strafprozessualer Grundrechtseingriffe, JZ **1987** 737; *Bachmann* Probleme des Rechtsschutzes gegen Grundrechtseingriffe im strafrechtlichen Ermittlungsverfahren (1994); *Bottke* Rechtsbehelfe der Verteidigung im Ermittlungsverfahren – eine Systematisierung, StV **1986** 120; *Buermeyer* Rechtsschutzgarantie und Gerichtsverfahrensrecht (1975); *Cassardt* Rechtsgrundlagen und Zuständigkeiten für Maßnahmen im Vollzug der Untersuchungshaft, NStZ **1994** 523; *Dörr* Rechtsschutz gegen vollzogene Durchsuchungen und Beschlagnahmen im Strafermittlungsverfahren, NJW **1984** 2258; *Eisenberg/Conen* § 152 II StPO: Legalitätsprinzip im gerichtsfreien Raum? NJW **1998** 2241; *Eppinger* Die gerichtliche Überprüfbarkeit strafprozessualer Zwangsmaßnahmen, Diss. Tübingen 1982; *Eyermann/Fröhler* Verwaltungsgerichtsordnung, 9. Aufl. 1988 und 10. Aufl. 1998; *Feiter* Die Bedeutung des Rechtsschutzes nach den §§ 23 ff EGGVG für den Bereich der Strafrechtspflege (1992); *Fezer* Rechtsschutz gegen erledigte strafprozessuale Zwangsmaßnahmen, Jura **1982** 18, 126; *Franzheim* Zur Neuordnung des Rechtsschutzes gegen strafprozessuale Zwangsmaßnahmen. Ein unzeitgemäßer Referentenentwurf, DRiZ **1981** 300; *Goergen* Die organisationsrechtliche Stellung der Staatsanwaltschaft zu ihren Hilfsbeamten und zur Polizei (1973); *Hamann* Die gerichtliche Nachprüfung von Anordnungen, Verfügungen und sonstigen Maßnahmen der Justiz- und Vollzugsbehörden, DVBl. **1959** 7; *Heinrich* Die gerichtliche Nachprüfung von Entscheidungen der Staatsanwaltschaft im Zusammenhang mit der Anklageerhebung, NStZ **1996** 110; *Henkel* Die Rechtsprechung des Hanseatischen Oberlandesgerichts auf dem Gebiet der Strafrechtspflege nach den §§ 23 ff EGGVG, Diss. Hamburg 1969; *Hilgendorf* Verfahrensfragen bei der Ablehnung eines befangenen Staatsanwalts, StV **1996** 50; *Hilger* Zum Rechtsweg gegen Sperrerklärung und Verweigern der Aussagegenehmigung in V-Mann-Prozessen, NStZ **1984** 145; *Kaiser* Die Bedeutung der §§ 23–30 EGGVG, insbesondere für Entscheidungen der Staatsanwaltschaft, NJW **1961** 200; *Kalsbach* Die gerichtliche Nachprüfung von Maßnahmen der Staatsanwaltschaft im Strafverfahren (1967); *Keller* Die gerichtliche Kontrolle prozessualer Ermessensentscheidungen der Staatsanwaltschaft, GA **1983** 497; *König* Die Entwicklung der strafprozessualen Zwangsmaßnahmen im Ermittlungsverfahren seit 1877. Tendenzen zur Verpolizeilichung des Ermittlungsverfahrens durch präventiv ausgerichtete Zwangsbefugnisse (1993); *Kopp* Verwaltungsgerichtsordnung, 10. Aufl. 1994; *Lisken/Dürr* Zur Neuordnung des Rechtsschutzes gegen strafprozessuale Zwangsmaßnahmen, DRiZ **1981** 387; *Lorenz* Der Rechtsschutz des Bürgers und die Rechtsweggarantie (1973); *Lüke* Die gerichtliche Nachprüfung von Justizverwaltungsakten, JuS **1961** 205; *Markworth* Rechtsschutz gegen eigenverantwortliche Strafverfolgungsmaßnahmen der Polizei, DVBl. **1975** 575; *Merten/Merten* Vorbeugende Verbrechensbekämpfung. Rechtsweg- und Standortfragen, ZRP **1991** 213; *Meyer* Rechtsschutz gegen Maßnahmen der Polizei im Strafermittlungsverfahren, JuS **1971** 294; *Meyer* Zur Anfechtung der durch Vollzug erledigten Maßnahmen der Staatsanwaltschaft im Ermittlungsverfahren, FS Schäfer 119; *Meyer-Goßner* Die Behandlung kriminalpolizeilicher Spurenakten im Strafverfahren, NStZ **1982** 353; *Nelles* Kompetenzen und Ausnahmekompetenzen in der Strafprozeßordnung (1980); *Niese* Doppelfunktionelle Prozeßhandlungen (1950); *Pfeuffer* Die innerhalb von

Strafvollstreckung und Strafvollzug gemäß den §§ 458, 462 StPO und §§ 23 ff EGGVG anfechtbaren Maßnahmen und die zukünftige Regelung ihrer Überprüfbarkeit in einem Bundesstrafvollzugsgesetz, Diss. Hamburg 1969; *Redeker/von Oertzen* Verwaltungsgerichtsordnung, 12. Aufl. 1997; *Rieß* Neuordnung des Rechtsschutzes gegen strafprozessuale Zwangsmaßnahmen, ZRP **1981** 101; *Rieß/Thym* Rechtsschutz gegen strafprozessuale Zwangsmaßnahmen, GA **1981** 189; *Röhl* Der Rechtsweg gegen Strafvollzugsmaßnahmen, NJW **1960** 413; *Schätzler* Handbuch des Gnadenrechts (1976); *Schenke* Rechtsschutz gegen Strafverfolgungsmaßnahmen der Polizei, VerwArch. **1969** 332; *Schenke* Rechtsschutz bei strafprozessualen Eingriffen von Staatsanwaltschaft und Polizei, NJW **1976** 1816; *Schenke* Rechtsschutz gegen erledigtes Verwaltungshandeln, Jura **1980** 133; *Schmidt* Anfechtung von Justizverwaltungsakten nach §§ 23 ff EGGVG, SchlHA **1962** 73; *Schoch/Schmidt-Aßmann/Pietzner* VwGO (Stand 1997); *Schoreit* Verwaltungsstreit um Kriminalakten, NJW **1985** 169; *Sommermeyer* Schutz der Wohnung gegenüber strafprozessualen Zwangsmaßnahmen, ein Phantom? JR **1990** 493; *Sommermeyer* Neuralgische Aspekte der Betroffenenrechte und ihres Rechtsschutzes bei strafprozessualen Hausdurchsuchungen, NStZ **1991** 257; *Strubel/Sprenger* Die gerichtliche Nachprüfbarkeit staatsanwaltschaftlicher Verfügungen, NJW **1972** 1734; *Terbach* Rechtsschutz gegen die staatsanwaltschaftliche Zustimmungsverweigerung zur Verwahrungseinstellung nach §§ 153 II 153 a II StPO, NStZ **1998** 172; *Wasmuth* Bemerkungen zum Rechtsschutz gegen Pressemitteilungen von Ermittlungsbehörden, NJW **1988** 1705; *Welp* Rechtsschutz gegen verweigerte Akteneinsicht, StV **1986** 446; *Wohlers* Das berechtigte Interesse an der Feststellung eines erledigten strafprozessualen Zwangsmitteleinsatzes, GA **1992** 214; *Zieger* Akteneinsichtsrecht des Verteidigers bei Untersuchungshaft, StV **1993** 320.

Übersicht

1 **1. Allgemeine Bedeutung der §§ 23 ff.** Die §§ 23 bis 30 weisen die Entscheidung über die Rechtmäßigkeit der Justizverwaltungsakte (Anordnungen, Verfügungen oder sonstige Maßnahmen), die auf den in § 23 Abs. 1 Satz 1 genannten Gebieten ergangen sind, den ordentlichen Gerichten zu, ebenso die Entscheidung über die Rechtmäßigkeit der in § 23 Abs. 1 Satz 2 näher bezeichneten Vollzugsmaßnahmen. Sie schließen damit den Verwaltungsrechtsweg aus, § 40 Abs. 1 Satz 1 VwGO. Der Grund dafür ist die größere Sachnähe der ordentlichen Gerichte. Wie in Auslieferungssachen nach dem IRG oder im Bußgeldverfahren nach dem OWiG sind den ordentlichen Gerichten wegen des inneren Zusammenhangs mit der Strafrechtspflege Aufgaben zugewiesen, die materiell dem Gebiet der Verwaltungsrechtsprechung angehören. Gleichzeitig stellen sich die § 23 ff als Ausprägung und Konkretisierung der Rechtsweggarantie des Art. 19 Abs. 4 GG dar, die einen wirkungsvollen[1], einen wirksamen[2] Rechtsschutz gegen Akte der öffentlichen Gewalt gewährleisten will.

2 Beides, in Abweichung von der Regel des § 40 Abs. 1 VwGO die Zuständigkeit der ordentlichen Gerichte, und zwar der Oberlandesgerichte, zu begründen und in einem Teilbereich Art. 19 Abs. 4 GG zu konkretisieren, ergänzt sich[3]. Ursprünglich war der Zweck

---

[1] BVerfGE **60** 269.

[2] *Schmidt-Aßmann* in *Maunz/Dürig* Art. 19 Abs. 4, 5.

[3] **A. A** *Feiter* 19 ff.

der §§ 23 ff in erster Linie der Ausschluß des Verwaltungsrechtswegs für die Justizverwaltungssachen und die Schaffung eines rechtsstaatlich einwandfreien Verfahrens vor den als sachnäher angesehenen Oberlandesgerichten, die Schaffung eines „Justizverwaltungsrechtswegs“[4]. Es ist deshalb verständlich, daß dieser Aspekt nach Inkrafttreten der Regelung besonders betont wurde[5]. Indem die §§ 23 ff in dem von ihnen erfaßten Bereich die Rechtsweggarantie des Art. 19 Abs. 4 GG konkretisieren, werden sie jedoch unvermeidlich auch zum Schauplatz des Ringens um einen immer weiter reichenden **Rechtsschutz** gegen Maßnahmen der öffentlichen Gewalt. Dieser Aspekt hat mit den Jahren an Bedeutung gewonnen. Schon früh hat sich das Bundesverwaltungsgericht[6] gegen eine zu enge Auslegung des § 23 Abs. 1 mit der Begründung gewandt, die §§ 23 ff seien „dazu bestimmt, auf den bezeichneten Rechtsgebieten den durch Art. 19 Abs. 4 GG genannten umfassenden Rechtsschutz gegen Verwaltungsmaßnahmen zu gewährleisten“. Die vielfach vertretene Auffassung, § 23 sei als Ausnahme von der Regel des § 40 VwGO eng auszulegen[7], kann allenfalls zutreffen, sofern es um die Abgrenzung zum Verwaltungsrechtsweg geht. Auch insoweit ist sie jedoch problematisch. Zu Recht hat das Bundesverwaltungsgericht darauf hingewiesen, daß Rechtswegregelungen in besonderem Maße von Zweckmäßigkeitserwägungen des Gesetzgebers bestimmt sind. Es kommt deshalb wesentlich darauf an, ob die Sachnähe der Oberlandesgerichte, auf die das Gesetz in §§ 23 ff abgestellt hat, im Einzelfall eine Zuordnung zu den §§ 23 ff nahelegt. Auf keinen Fall ist § 23 Abs. 1 durchgängig eng auszulegen, wenn es um die Frage geht, ob überhaupt ein anfechtbares Justizverwaltungshandeln vorliegt; diese Frage ist jeweils im Lichte des Art. 19 Abs. 4 GG zu entscheiden.

§§ 23 bis 30 gelten für **Justizverwaltungsakte**, nicht für die Tätigkeit, die von Gerichten (Richtern) in richterlicher Unabhängigkeit ausgeübt wird. So wie Artikel 19 Abs. 4 GG keinen Rechtsschutz gegen Akte der Rechtsprechung gewähren will, keinen „Rechtsschutz gegen den Richter“[8], so wollen die zur Ausführung des Artikels 19 Abs. 4 GG ergangenen §§ 23 bis 30, wie Wortlaut und Entstehungsgeschichte eindeutig zeigen, nur den Rechtsschutz gegen Verwaltungsakte von Justizbehörden regeln. Kein Verwaltungshandeln ist die richterliche Geschäftsverteilung im Sinne des § 21e GVG. Mag Artikel 19 Abs. 4 GG dem betroffenen Richter dagegen Rechtsschutz garantieren[9], so stellt der in richterlicher Unabhängigkeit beschlossene Geschäftsverteilungsplan doch keinen Justizverwaltungsakt im Sinne des § 23 Abs. 1 dar[10]. **3**

§§ 23 ff haben die Zuständigkeit der ordentlichen Gerichte zur Überprüfung von Justizverwaltungs- und Vollzugsakten begründet. Soweit ihre Zuständigkeit bereits begründet war, sollte daran nichts geändert werden (Abs. 3). Obwohl der Wortlaut des § 23 Abs. 3 insoweit nicht eindeutig ist („behält es hierbei sein Bewenden“), bezweckt diese Bestimmung keine Versteinerung des Rechtszustandes bei Inkrafttreten der §§ 23 ff. Vielmehr handelt es sich um eine für zukünftige Entwicklungen **offene Subsidiaritätsklausel**[11]. Sie ist offen für die Schaffung neuer Rechtsbehelfe durch den Gesetzgeber (vgl. Rdn. 7 ff) wie für die Weiterentwicklung bereits bestehender durch Rechtsprechung und Schrifttum (Rdn. 12). **4**

---

4 VGH Mannheim NJW **1989** 3398.

5 Vgl. BGHSt **16** 225, 230.

6 BVerwGE **47** 255, 259; ebenso BVerwG NJW **1989** 412.

7 KG DVBl. **1960** 812, 814; OLG Köln JMBlNW **1963** 179; OVG Münster NVwZ **1982** 205; *Kissel* § 23, 6; MünchKomm-*Wolf* § 23, 1; *Baumbach/Lauterbach/Albers* § 23, 1; *Ehlers* in *Schoch/Schmidt-Aßmann/Pietzner* § 40, 586 VwGO; *Wyermann/Rennert*[10] § 40, 126 VwGO.

8 BVerfGE **15** 275, 280 und st. Rspr.

9 **A. A** noch LR-*K. Schäfer*[24] § 21e, 68 GVG; vgl. unten § 23, 9 und *Kissel* § 21e, 109 GVG mit Nachw.

10 BVerwGE **50** 11, 15; s. auch die Erl. zu § 21e GVG (24. Aufl. Rdn. 68 ff).

11 BGHSt **29** 33, 35.

5 **2. Zur Entstehungsgeschichte der §§ 23 bis 30.** Nach dem Inkrafttreten des Grundgesetzes bestanden zunächst mancherlei Zweifel, unter welchen Voraussetzungen, vor welchem Gerichtszweig und in welchen prozessualen Formen die durch Artikel 19 Abs. 4 GG gewährleistete Nachprüfung von Justizverwaltungsakten durchzuführen sei[12]. Die bundesrechtliche Ordnung des Verwaltungsgerichtsverfahrens durch die VwGO vom 21. 1. 1960[13] gab Veranlassung, auch die gerichtliche Nachprüfung von Justizverwaltungsakten einheitlich zu regeln. Durch § 179 VwGO wurden die §§ 23 bis 30 in das EGGVG eingefügt. Die Regelung geht auf einen Vorschlag des Bundesrats[14] zurück, dem die Bundesregierung[15] nicht widersprechen wollte. Die Nachprüfung der „spezifisch justizmäßigen" Verwaltungsakte der Justizverwaltung sollte danach den ordentlichen Gerichten übertragen werden, da diese „über die dazu erforderlichen zivil- und strafrechtlichen Kenntnisse und Erfahrungen" verfügen. Dabei erschien es Bundesrat und Bundesregierung zweifelhaft, ob der beschrittene Weg, diese Verwaltungsakte generalklauselartig zu beschreiben, für die Praxis brauchbar sein werde. Sie sprachen sich deshalb dafür aus, im Gesetzgebungsverfahren zu prüfen, ob die den §§ 23 ff unterstellten Maßnahmen in einem enumerativen Katalog erfaßt werden können. Im Ergebnis blieb es bei der Generalklausel.

6 **3. Übergangsregelung als gesetzgeberisches Ziel.** Der Rechtsausschuß des Deutschen Bundestags hat in seinem schriftlichen Bericht über die Ausschußberatung[16] zu den §§ 23 bis 30 „festgestellt", daß die §§ 23 ff „nur vorübergehende Bedeutung haben werden". Es müsse „die Aufgabe des Bundesgesetzgebers sein, in den Einzelgesetzen den Rechtsweg und das Verfahren bei der Anfechtung der sogenannten Justizverwaltungsakte so zu regeln, daß etwaige Unklarheiten, die bei der jetzt gewählten Generalklausel unvermeidlich sind, ausgeschlossen werden". Diesem Willen des Rechtsausschusses des Bundestags ist in der Folge nur zögernd und nur in Teilbereichen Rechnung getragen worden (Rdn. 7 ff). §§ 23 bis 30 sind zum Dauerrecht geworden und haben auch heute noch einen beachtlichen Anwendungsbereich. Dabei hat sich die Voraussage des Rechtsausschusses, die Regelung in § 23 werde zu Unklarheiten und Schwierigkeiten für die Praxis führen, als durchaus zutreffend erwiesen. Zuständigkeit und Verfahren in Justizverwaltungssachen gelten als „selbst für den Sachkenner kaum mehr durchschaubar"[17]. Bei dieser Sachlage fällt das Urteil darüber, daß in §§ 23 ff die Zuständigkeit der Oberlandesgerichte im ersten und letzten Rechtszug begründet wurde, nicht leicht. Als Übergangsrecht sinnvoll, ist es als Dauerrecht problematisch, die als Rechtsmittelgericht ausgelegten Oberlandesgerichte über Sachverhalte von vielfach geringer Bedeutung entscheiden zu lassen[18]. Andererseits ist die Rechtslage in diesen Fällen manchmal so unklar, daß die Kompetenz der Oberlandesgerichte durchaus gefordert ist. Nachdem die Strafvollzugssachen in das Verfahren nach §§ 109 ff StVollzG abgewandert sind (Rdn. 7), ist die quantitative Belastung der Strafsenate der Oberlandesgerichte durch Verfahren nach §§ 23 bis 30 auch nicht mehr allzu groß[19].

7 **4.** Eine praktisch bedeutsame **gesetzgeberische Einschränkung des Anwendungsbereichs** der §§ 23 ff ist als Folge der Neufassung des § 23 Abs. 1 Satz 2 EGGVG **durch**

12 Vgl. LR-*K. Schäfer*[22] Vor § 23, 1; *Feiter* 5 ff.

13 BGBl. I S. 17.

14 BTDrucks. **3** 55 S. 60.

15 BTDrucks. **3** 55 S. 79.

16 BTDrucks. **3** 1094 S. 15.

17 *Kissel* § 23, 5; *Eyermann/Fröhler*[9] § 179, 1 VwGO; weniger dramatisch MünchKomm-*Wolf* § 23, 4: „zuweilen schwierig".

18 LR-*K. Schäfer*[23] Vor § 23, 3.

19 Bei den drei bayerischen Oberlandesgerichten z. B. sind es zusammen jährlich etwa 100 Verfahren, gegenüber 250 Verfahren nach dem StVollzG.

§ 180 des Strafvollzugsgesetzes vom 16. 3. 1976[20] mit Wirkung vom 1. 1. 1977 erfolgt. Seitdem war die Zuständigkeit der Oberlandesgerichte zur Entscheidung über die Rechtmäßigkeit von Maßnahmen der Vollzugsbehörden nur noch gegeben, wenn es sich um den Vollzug der Jugendstrafe, des Jugendarrests, der Untersuchungshaft sowie derjenigen Freiheitsstrafen und Maßregeln der Besserung und Sicherung handelt, die außerhalb des Justizvollzugs vollzogen werden. Für die gerichtliche Überprüfung von Maßnahmen der Vollzugsbehörden innerhalb des Justizvollzugs, also während des Vollzugs von Freiheitsstrafen sowie der Sicherungsverwahrung, gelten seitdem die §§ 108 ff StVollzG. Danach entscheidet über den Antrag auf gerichtliche Entscheidung desjenigen, der geltend macht, durch eine Maßnahme der Vollzugsbehörde oder ihre Ablehnung oder Unterlassung in seinen Rechten verletzt zu sein, die Strafvollstreckungskammer, in deren Bezirk die beteiligte Vollzugsbehörde ihren Sitz hat (§ 110 StVollzG). Durch das Gesetz zur Änderung des Strafvollzugsgesetzes vom 20. 1. 1984[21] wurde mit Wirkung vom 1. 1. 1985 auch der Vollzug der Unterbringung in einem psychiatrischen Krankenhaus oder in einer Entziehungsanstalt in das Rechtsschutzsystem der § 109 ff StVollzG einbezogen (§ 138 Abs. 2 StVollzG). Gegen die Entscheidung der Strafvollstreckungskammer ist die Rechtsbeschwerde gegeben, über die ein Strafsenat des Oberlandesgerichts entscheidet, in dessen Bezirk die Strafvollstreckungskammer ihren Sitz hat (§§ 116, 117 StVollzG). Die Rechtsbeschwerde kann nur darauf gestützt werden, daß die Entscheidung der Strafvollstrekkungskammer auf einer Verletzung des Gesetzes beruhe; sie ist ferner nur zulässig, wenn es geboten ist, die Nachprüfung zur Fortbildung des Rechts oder zur Sicherung einer einheitlichen Rechtsprechung zu ermöglichen (§ 116 StVollzG). Will ein Oberlandesgericht bei seiner Entscheidung über die Rechtsbeschwerde von einer nach dem 1. 1. 1977 ergangenen Entscheidung eines anderen Oberlandesgerichts oder des Bundesgerichtshofs abweichen, so hat es die Sache dem Bundesgerichtshof vorzulegen (§ 121 Abs. 2 GVG). Die Einzelheiten des gerichtlichen Nachprüfungsverfahrens, dessen Regeln weitgehend den §§ 23 ff EGGVG nachgebildet wurden, sind hier nicht darzustellen. Insoweit ist in erster Linie auf die Kommentare zum Strafvollzugsgesetz zu verweisen.

5. Soweit bei der Neufassung des **§ 23 Abs. 1 Satz 2** die Nachprüfungszuständigkeit des Oberlandesgerichts für bestimmte Vollzugsmaßnahmen (beim Vollzug der Jugendstrafe usw.) aufrechterhalten wurde, stellt dies nach den gesetzgeberischen Intentionen **keine Dauerlösung** dar. Zur Nichteinbeziehung dieser Vollzugsmaßnahmen in die Regelung der §§ 109 ff StVollzG wurde in der Begründung des Entwurfs des Strafvollzugsgesetzes ausgeführt, eine Einbeziehung „würde einer gesetzlichen Regelung dieser Bereiche vorgreifen, für die gesetzgeberische Vorarbeiten bisher noch nicht weit genug fortgeschritten sind. Dies gilt namentlich für den Jugendstrafvollzug, in dem … abweichende Lösungen denkbar sind. Vor allem soll vermieden werden, daß Strafvollstreckungskammern durch eine sinngemäße Anwendung Rechte und Pflichten der Gefangenen aus diesem Entwurf auf den Jugendstrafvollzug übertragen. Der Nachteil, daß für Entscheidungen über Vollzugsverwaltungsakte im Vollzug der Freiheitsstrafe und anderer Arten der Freiheitsentziehung künftig unterschiedliche Spruchkörper, nämlich Strafvollstreckungskammern und Strafsenate zuständig sind, muß für eine Übergangszeit in Kauf genommen werden. Die Befürchtung, es könne sich eine uneinheitliche Rechtsprechung herausbilden, ist ohnedies gering, da die Strafsenate auch über die Rechtsbeschwerden gegen die Entscheidungen der Strafvollstreckungskammer zu befinden haben“[22]. **8**

---

[20] BGBl. I S. 581, 2088 und BGBl. **1977** I S. 436.
[21] BGBl. I S. 97.
[22] BTDrucks. **7** 918 S. 102.

9 **6. Weitere Planungen.** Auch wenn der als Interimslösung gedachte Verbleib dieser freiheitsentziehenden Maßnahmen im Anwendungsbereich der §§ 23 ff inzwischen lange Zeit besteht, ist eine Änderung keineswegs zu den Akten gelegt. Sowohl in den Planungen des Bundesministeriums der Justiz für eine gesetzliche Regelung des Jugendstrafvollzugs wie in seinen Planungen für ein Untersuchungshaftvollzugsgesetz ist nach dem letzten Stand jeweils vorgesehen, den Rechtsbehelf nach §§ 23 ff durch andere Rechtsbehelfe abzulösen.

10 **7.** Eine **Einengung** erfuhr der Anwendungsbereich der §§ 23 bis 30 auch **durch** die Schaffung des Rechtsbehelfs nach **§ 161 a Abs. 3 StPO**, der durch Artikel 1 Nr. 43 des 1. StVRG vom 9. 12. 1974[23] eingefügt wurde. Der Antrag auf gerichtliche Entscheidung nach dieser Vorschrift, über den grundsätzlich das Landgericht entscheidet, ist gegen staatsanwaltschaftliche Entscheidungen nach § 161 a Abs. 2 Satz 1 StPO über Zwangsmittel gegen Zeugen und Sachverständige gegeben. Er ist nach § 163 a Abs. 3 Satz 3 StPO, eingefügt durch Artikel 1 Nr. 46 1. StVRG, auch gegeben gegen die Vorführung des Beschuldigten durch die Staatsanwaltschaft. § 111 l Abs. 6 StPO, eingefügt durch Artikel 1 Nr. 28 1. StVRG, sieht diesen Rechtsbehelf ferner gegen die Entscheidungen der Staatsanwaltschaft und ihrer Hilfsbeamten betreffend die Notveräußerung vor. Seit dem Opferschutzgesetz vom 18. 12. 1986[24] schließlich ist dieser Rechtsbehelf gegen die Versagung der Akteneinsicht gegenüber dem Verletzten durch die Staatsanwaltschaft gegeben, § 406 e Abs. 4 Satz 2 StPO. Soweit danach der Anwendungsbereich des § 161 a Abs. 3 StPO reicht, ist § 161 a Abs. 3 StPO gegenüber §§ 23 ff, soweit man in den erfaßten Entscheidungen der Staatsanwaltschaft überhaupt Justizverwaltungsakte sehen kann (dazu unten), als lex specialis anzusehen und hat nach § 23 Abs. 3 Vorrang. In den Reformvorhaben zur Regelung der Einsicht in Strafakten und zur Erteilung von Auskünften aus diesen an Dritte[25] wird vorgeschlagen, auch insoweit gegen die Entscheidungen der Staatsanwaltschaft den Rechtsbehelf nach § 161 a Abs. 3 StPO zu gewähren. Es besteht also auch in diesem Bereich die Möglichkeit, daß der Gesetzgeber durch Regelungen im Sinne des § 23 Abs. 3 den Anwendungsbereich der §§ 23 ff einengt.

11 **8.** Eine zwiespältige Regelung hat der Gesetzgeber im **Justizmitteilungsgesetz** vom 18. 6. 1997[26] getroffen. Der durch Artikel 1 Nr. 2 dieses Gesetzes eingeführte § 22 bestimmt zwar grundsätzlich, daß bei Mitteilungen in Strafsachen Rechtsschutz nach §§ 23 ff bestehen kann. Insoweit kommt es nicht zu einer Ablösung der §§ 23 ff, vielmehr zu einer Zementierung. Weil in § 22 aber dem Rechtsschutz gegen Maßnahmen der Empfängerbehörde vor dem Rechtsschutz gegen die übermittelnde Justizbehörde grundsätzlich der Vorrang eingeräumt ist, wird praktisch doch eine Teilablösung des Verfahrens nach §§ 23 ff durch andere Rechtsschutzsysteme erreicht. Wegen der Einzelheiten wird auf die Erläuterungen zu § 22 Bezug genommen.

12 **9. Einschränkung des Anwendungsbereichs durch die Rechtsprechung.** Über § 23 Abs. 3 wird der Anwendungsbereich der §§ 23 ff nicht zuletzt dadurch beeinflußt, daß Rechtsprechung und Schrifttum durch erweiternde Auslegung oder entsprechende Anwendung anderer Rechtsbehelfe, etwa des Antrags auf gerichtliche Entscheidung nach § 98 Abs. 2 Satz 2 StPO oder des Rechtsbehelfs nach § 161 a Abs. 3 StPO, diesen einen

[23] BGBl. I S. 3393, 3533.

[24] BGBl. I S. 2496.

[25] Gesetzentwurf der Bundesregierung für ein Gesetz zur Änderung und Ergänzung des Strafverfahrensrechts – Strafverfahrensänderungsgesetz 1996 (StVÄG 1996) vom 20. 12. 1996 (BTDrucks. **13** 9718); Gesetzentwurf des Bundesrates für ein Strafverfahrensänderungsgesetz 1994 (StVÄG 1994) vom 14. 10. 1994 (BTDrucks. **13** 194).

[26] BGBl. I S. 1430; dazu *Wollweber* NJW **1997** 2488.

größeren Anwendungsbereich verschaffen. Eine solche Entwicklung ist zu beobachten (dazu § 23, 85 ff). Daß hierbei Grenzen derart bestehen, daß die Rechtsprechung durch § 23 und das dahinterstehende Grundrecht aus Art. 19 Abs. 4 GG rechtlich gehindert ist, den Bürger auf ein „rechtsstaatlich schwächer ausgestattetes Verfahren", als es die §§ 23 ff sind, abzudrängen, wie teilweise angenommen wird[27], erscheint problematisch (vgl. § 23, 83 ff). So wie dem Gesetzgeber aufgegeben ist, dem Verfassungsgebot wirksamen Rechtsschutzes in den verschiedenen Rechtsbereichen so Rechnung zu tragen, daß sowohl dieses Gebot als auch die anderen in die Abwägung einzubeziehenden Verfassungsnormen insgesamt zu bestmöglicher Wirksamkeit gelangen[28], so wird man auch der Rechtsprechung bei der Fortbildung des Art. 19 Abs. 4 GG konkretisierenden einfachen Rechts keine zu engen Grenzen setzen können, zumal die Frage, wie Rechtsschutz wirksam gewährt wird, nicht allein im Hinblick auf das Vorhandensein oder Fehlen einzelner Regelungen entschieden werden kann. Es kommt dazu, daß die §§ 23 ff als letztlich abzulösende Übergangsregelung geschaffen wurden (vgl. § 23, 84).

10. Regelung für die ordentliche Justiz. §§ 23 ff gelten nur für Justizverwaltungsakte **13**
der ordentlichen Justiz, nicht für Justizverwaltungsakte im Bereich der anderen Gerichtsbarkeiten. Dies ergibt sich eindeutig aus der Entstehungsgeschichte und den Regelungsstandort EGGVG, das ebenso wie das GVG (§ 2) grundsätzlich nur für die ordentliche Justiz gilt[29].

§ 23

(1) [1]Über die Rechtmäßigkeit der Anordnungen, Verfügungen oder sonstigen Maßnahmen, die von den Justizbehörden zur Regelung einzelner Angelegenheiten auf den Gebieten des bürgerlichen Rechts einschließlich des Handelsrechts, des Zivilprozesses, der freiwilligen Gerichtsbarkeit und der Strafrechtspflege getroffen werden, entscheiden auf Antrag die ordentlichen Gerichte. [2]Das gleiche gilt für Anordnungen, Verfügungen oder sonstige Maßnahmen der Vollzugsbehörden im Vollzug der Jugendstrafe, des Jugendarrestes und der Untersuchungshaft sowie derjenigen Freiheitsstrafen und Maßregeln der Besserung und Sicherung, die außerhalb des Justizvollzuges vollzogen werden.

(2) Mit dem Antrag auf gerichtliche Entscheidung kann auch die Verpflichtung der Justiz- oder Vollzugsbehörde zum Erlaß eines abgelehnten oder unterlassenen Verwaltungsaktes begehrt werden.

(3) Soweit die ordentlichen Gerichte bereits auf Grund anderer Vorschriften angerufen werden können, behält es hierbei sein Bewenden.

Entstehungsgeschichte. S. Vor § 23, 5 ff. § 23 Abs. 1 Satz 2 lautete ursprünglich: „Das gleiche gilt . . . der Vollzugsbehörden im Vollzug der Freiheitsstrafen, der Maßregeln der Sicherung und Besserung, des Jugendarrests und der Untersuchungshaft." Art. 23 EGStGB hat die „Maßregeln der Sicherung und Besserung" durch die „Maßregeln der Besserung und Sicherung" ersetzt. Im übrigen beruht die jetzige Fassung des Satzes 2 auf § 180 StVollzG.

---

[27] *Feiter* 35 ff; ansatzweise bereits *Schenke* NJW **1976** 1816, 1821.

[28] *Schmidt-Aßmann* in *Maunz/Düring* Art. 19 Abs. 4, 5 GG und BVerwG NJW **1984** 189.

[29] *Kissel* § 23, 12; *Eyermann/Fröhler*[9] § 179, 4a VwGO.

Übersicht

Alphabetische Übersicht

I. Geltungsbereich

1 Gegenstand der gerichtlichen Nachprüfung sind nach Absatz 1 Maßnahmen der Justizbehörden auf dem Gebiet der Strafrechtspflege sowie Maßnahmen der Vollzugsbehörden im Vollzug bestimmter Freiheitsentziehungen, nämlich der Jugendstrafe, des Jugendarrests, der Untersuchungshaft sowie derjenigen Freiheitsstrafen und Maßregeln der Besserung und Sicherung, die außerhalb des Justizvollzugs vollzogen werden. Begrifflich sind auch die den Vollzug von Jugendstrafe, Jugendarrest und Untersuchungshaft betreffenden Vollzugsmaßnahmen „Maßnahmen der Justizbehörden auf dem Gebiet der Strafrechtspflege", da der Justizvollzug der Strafrechtspflege zugehört. Sie werden klarstellend in § 23 Abs. 1 Satz 2 besonders aufgeführt, weil der Vollzug teilweise auch außerhalb des Justizbereichs durchgeführt wird. Die Behörden der Bundeswehr vollziehen auf Ersuchen der Vollstreckungsbehörden an Soldaten kurze Freiheitsstrafen sowie Jugendarrest[1]. Die Maßregeln der Unterbringung in einem psychiatrischen Krankenhaus und in einer Entziehungsanstalt werden nach Maßgabe des Landesrechts (§ 138 Abs. 2 StVollzG) ebenfalls außerhalb des Justizvollzugs vollzogen und waren ursprünglich von § 23 Abs. 1 Satz 2 erfaßt (Vor § 23, 7 ff). Dies und der Umstand, daß die gerichtliche Überprüfung von Vollzugsmaßnahmen schrittweise aus dem Rechtsschutzsystem der §§ 23 ff herausgenommen und „vollzugsnäher" geregelt wird, läßt die gesonderte Regelung in Absatz 1 Satz 2 sinnvoll erscheinen.

II. Die Justizbehörden (Absatz 1 Satz 1)

2 **1. Allgemeines.** Der Begriff der Justizbehörde ist nicht eindeutig; er kann in einem engeren und in einem weiteren Sinn verstanden werden. Nach der engeren Auslegung umfaßt er nur Behörden, die organisationsrechtlich unmittelbar dem Geschäftsbereich der Justiz angehören; nach der weiteren Auslegung, die auf die wahrgenommenen Funktionen abstellt (**funktionale** Betrachtungsweise), sind Justizbehörden auch solche, die zwar ressortmäßig anderen Geschäftsbereichen angehören, aber kraft ausdrücklicher Bestimmung Aufgaben zu erfüllen haben, wie sie auch den Justizbehörden im organisationsrechtlichen Sinne obliegen, die also gewissermaßen „der Strafjustiz dienstbar gemacht sind". Im Streit der Meinungen, welche dieser beiden Auslegungen die richtige ist, hat sich die funktionale Betrachtungsweise durchgesetzt[2]. Justizbehörde im Sinne des § 23 Abs. 1 Satz 1 ist danach jede Behörde, die (auch) Verwaltungsaufgaben auf dem Gebiet der Strafrechtspflege (unten Rdn. 27 ff) wahrnimmt. Dazu gehören neben den Justizministerien, den ordentlichen Gerichten und den Staatsanwaltschaften insbesondere auch die Polizei- und Finanzbehörden, soweit sie strafverfolgend tätig sind (vgl. unten Rdn. 12 ff).

---

[1] LR-*Wendisch* Vor § 449, 32 StPO.

[2] BVerwGE **47** 255, 262; **69** 192, 195; BGHSt **28** 206, 209; BGHZ **105** 395, 399; OLG Hamburg NJW **1982** 297; OLG Stuttgart NJW **1985** 77; OLG Karlsruhe NJW **1992** 642; *Amelung* Rechtsschutz 36 ff; *Kissel* 13; *Katholnigg* 4; *Kleinknecht/Meyer-Goßner*[43] 2; MünchKomm-*Wolf* 11; *Baumbach/Lauterbach/Albers* 1; *Zöller/Gummer* 1; *Wieczorek/Schütze/Schreiber* 4; *Eyermann/Fröhler*[9] § 179, 3 VwGO; *Kopp* § 179, 6 VwGO; *Ehlers* in *Schoch/Schmidt-Aßmann/Pietzner* § 40, 590 VwGO; **a. A** *Markworth* DVBl. **1975** 575.

2. Die **Justizministerien** des Bundes und der Länder gehören organisationsrechtlich ebenso unzweifelhaft zu den Justizbehörden wie die ordentlichen Gerichte und die Staatsanwaltschaften. Sie nehmen unter anderem auch Verwaltungsaufgaben auf dem Gebiet der Strafrechtspflege wahr. Insoweit unterfallen sie § 23[3]. Zu den Aussagegenehmigungen und Sperrerklärungen durch die Justizminister vergleiche unten Rdn. 26. 3

3. Die ordentlichen Gerichte

a) Tätigkeit unter richterlicher Unabhängigkeit. Schon aus dem Sinn des § 23 als einer Ausführungsvorschrift zu Artikel 19 Abs. 4 GG (Vor § 23, 1, 2) ergibt sich, daß außerhalb des Anwendungsbereichs der Vorschrift jede Tätigkeit liegt, die von Richtern unter richterlicher Unabhängigkeit ausgeübt wird, mag es sich um Rechtsprechung im engeren Sinn oder um sog. justizförmige Verwaltungstätigkeit handeln[4]. Unzulässig ist z. B. der Antrag des Angeklagten, den Strafrichter zu verpflichten (§ 23 Abs. 2), die Gründe des verkündeten Urteils alsbald zu den Akten zu bringen, da die schriftliche Begründung ein Akt der Rechtsprechung ist[5]. Unzulässig ist der Antrag, der sich gegen die Ablehnung der Verlegung eines Hauptverhandlungstermins richtet, weil darüber in richterlicher Unabhängigkeit zu entscheiden ist[6]. Das gleiche gilt für den Antrag eines Prozeßbeteiligten, Briefe Dritter, die er zu den Verfahrensakten eingereicht und die das Gericht zu Aktenbestandteilen gemacht hat, während des Verfahrens aus den Akten zu entfernen[7]. Zur Rechtsprechung gehört die Entscheidung über den Antrag des mittellosen Angeklagten auf Bewilligung eines Vorschusses für die notwendigen Kosten der Reise zur Hauptverhandlung[8]. Richterliche Tätigkeit sind auch die Mitwirkung bei einem das Privatklageverfahren beendigenden Vergleich durch Entgegennahme der Erklärungen der Parteien und deren Beurkundung im Protokoll[9], die Zustimmung zu Amtshandlungen eines ortsfremden Gerichts nach früherem Recht[10] und die Tätigkeit als Vorsitzender im Schöffenwahlausschuß[11]. Der Rechtsprechung zuzurechnen sind Maßnahmen der Sitzungspolizei[12], nach Meinung des OLG Hamm[13] auch die Entscheidung über eine Dienstreisegenehmigung für Angehörige der Führungsaufsichtsstelle zur Betreuung eines Verurteilten. 4

b) Insbesondere: Akteneinsicht und Auskünfte an Dritte. Die Entscheidung über die Gewährung von Akteneinsicht an am Verfahren nicht beteiligte Dritte (Behörden, Private, wissenschaftliche Einrichtungen) und über die Erteilung entsprechender Auskünfte, die derzeit gesetzlich noch nicht geregelt ist, wird durch Nr. 183 RiStBV von der Zeit vom Eingang der Anklage bei Gericht bis zum rechtskräftigen Abschluß des Verfahrens in Anlehnung an die Regelungen der §§ 147 Abs. 5, 406 e Abs. 4 Satz 1 StPO dem Vorsitzenden des jeweils mit der Sache befaßten Gerichts zugewiesen. Die vorliegenden Reformentwürfe[14] wollen diese Regelung beibehalten. Darin findet zutreffend Ausdruck, daß die Gewährung von Informationen aus Strafakten an außenstehende Dritte während 5

---

[3] Im Ergebnis ebenso OLG Frankfurt NJW **1977** 217; KG GA **1978** 14; OLG Hamburg MDR **1982** 602; OLG Hamm NStZ **1982** 215; BVerwGE **49** 221; OVG Münster NJW **1977** 1790; *Kissel* 14; *Katholnigg* 4; *Kleinknecht/Meyer-Goßner*[43] 2; MünchKomm-*Wolf* 12; *Kopp* § 179, 6 VwGO; die Wahrnehmung von Verwaltungsaufgaben auf strafrechtlichem Gebiet durch den Justizminister wurde im Einzelfall abgelehnt von OLG Hamburg GA **1973** 52 für Gnadensachen in Hamburg und von OLG Hamm GA **1975** 178 für die Auslandsrechtshilfe.

[4] Allgemeine Meinung; vgl. OLG Hamm MDR **1983** 75; NStZ **1983** 232; OLG Karlsruhe NStZ **1988** 983; NStZ **1993** 104; OLG Stuttgart NJW **1985** 2343; *Kissel* 9; *Katholnigg* 6; *Kleinknecht/Meyer-Goßner*[43] 2; MünchKomm-*Wolf* 7.

[5] OLG Hamm vom 23. 10. **1961** – 1 VAs. 17/61 –.

[6] OLG Brandenburg OLGSt § 23 EGGVG Nr. 19.

[7] OLG Köln NJW **1966** 1761.

[8] BGHZ **64** 139; OLG Bremen NJW **1965** 1617; OLG Düsseldorf GA **1983** 365.

[9] OLG Koblenz MDR **1973** 521.

[10] OLG Celle NJW **1966** 1473.

[11] OLG Stuttgart NJW **1985** 2343.

[12] OLG Hamburg NStZ **1992** 509.

[13] OLG Hamm NStZ **1984** 285.

[14] Vgl. Vor § 23, 10 Fußn. 25.

des gerichtlichen Verfahrens einen so engen Bezug zur Rechtspflege hat, so unmittelbare Auswirkungen auf die richterliche Verfahrensführung haben kann, daß es sachgerecht erscheint, mag es sich materiell auch um Justizverwaltung handeln, sie der richterlichen Tätigkeit zuzuordnen und wie diese der richterlichen Unabhängigkeit zu unterstellen[15]. Weisungen an den Vorsitzenden scheiden auch in diesem Bereich aus. Der Vorsitzende kann auch nicht als Justizbehörde im Sinne des § 23 angesehen werden. Eine andere, hier nicht zu erörternde Frage ist, inwieweit man die Zuständigkeit des Vorsitzenden exklusiv begreift. Auskünfte, die während des gerichtlichen Verfahrens durch die Staatsanwaltschaft gegeben werden[16] oder, bei Auskünften an die Presse, durch eine gerichtliche Pressestelle, sind jedenfalls der Justizverwaltung zuzurechnen; zu Entscheidungen über Akteneinsicht durch die Staatsanwaltschaft unten Rdn. 114 ff.

6 c) **Gerichte als Justizbehörden.** Soweit Gerichte und Richter dienstlich, aber nicht unter richterlicher Unabhängigkeit tätig werden, sind auch sie Justizbehörden, gleichviel ob sie zu dieser Tätigkeit kraft allgemeiner Ermächtigung durch Anordnung der Justizverwaltung herangezogen werden (§ 13 GVGVO 1935; § 42 DRiG) oder ob es sich um eine ausdrücklich im Gesetz vorgesehene Tätigkeit handelt. Letzteres ist der Fall bei der Tätigkeit des Jugendrichters als Vollstreckungsleiter nach § 82 Abs. 1 JGG[17]; einige besonders wichtige Vollstreckungsentscheidungen werden durch § 83 JGG freilich zu jugendrichterlichen, unter dem Schutz der richterlichen Unabhängigkeit stehenden Entscheidungen erklärt, womit sie aus dem Anwendungsbereich des § 23 herausgenommen sind. Es wäre nicht richtig, den Begriff Justizbehörde mit Justizverwaltungsbehörde gleichzusetzen und damit die Tätigkeit der Gerichte (Richter) schlechthin aus dem Bereich des § 23 auszuklammern[18]; vielmehr kommt es darauf an, in welcher Eigenschaft das Gericht handelt[19].

7 Die **praktische Bedeutung** der durch die Gerichte ausgeübten Justizverwaltung auf strafrechtlichem Gebiet ist **nicht** allzu **groß**; denn in erster Linie sind es die Staatsanwaltschaften, von denen hier Justizverwaltungsakte erlassen werden[20]. Als Beispielsfall für verwaltende Tätigkeit auf strafrechtlichem Gebiet ist die Entscheidung über die Einsicht in eine bei einem Gericht geführte Entscheidungssammlung durch den Präsidenten des Landgerichts angesehen worden[21]. Justizverwaltung ist die Gewährung von Einsicht in die Besetzungsunterlagen des Gerichts; neben § 222 a Abs. 3 StPO ist freilich der Rechtsbehelf nach § 23 ausgeschlossen[22]. Justizverwaltung ist die Entscheidung über die Einsicht in weggelegte Akten rechtskräftig abgeschlossener Strafverfahren an Dritte[23]; in der Regel wird darüber nach Nr. 183 RistBV aber die Staatsanwaltschaft als aktenverwaltende Stelle entscheiden. Dagegen muß die Entscheidung des Vorsitzenden über die Akteneinsicht an Dritte vom Eingang der Anklage bei Gericht bis zum rechtskräftigen Abschluß des Verfahrens der rechtsprechenden Tätigkeit zugerechnet werden[24]. Gleiches gilt für Auskünfte aus den Akten durch den Vorsitzenden, auch für Auskünfte des Vorsitzenden

---

15 OLG Düsseldorf NJW **1965** 1033; NJW **1980** 1293; OLG Hamm NJW **1968** 169; NStZ-RR **1996** 310; OLG Hamburg NJW **1972** 1586; NStZ **1982** 482; OLG Köln NJW **1985** 336; *Hilger* NStZ **1984** 541; KK-*Laufhütte* § 147, 20, 21 StPO; *Kleinknecht/Meyer-Goßner*[43] § 147, 41 StPO; **a. A** *Altenhain* JZ **1965** 757; DRiZ **1970** 107.

16 So ausdrücklich § 478 Abs. 1 Satz 2 StPO i. d. F. des Entwurfs des StVÄG 1996 (BTDrucks. **13** 9718).

17 OLG Stuttgart NStZ **1986** 141.

18 So mißverständlich KG JVBl. **1961** 165.

19 *Altenhain* DRiZ **1963** 9; JZ **1965** 757.

20 *Feiter* 41.

21 KG NJW **1976** 1326; NJW **1988** 1738.

22 OLG Düsseldorf MDR **1979** 1043; OLG Hamm NJW **1980** 1009; KK-*Treier*, § 222 a, 14 StPO; *Kleinknecht/Meyer-Goßner*[43] § 222 a, 23 StPO; LR-*Gollwitzer* § 222 a, 17 StPO.

23 OLG Bremen NJW **1964** 2175; KG NJW **1976** 1326; NJW **1989** 534; OLG Hamm NJW **1984** 880; OLG Karlsruhe NStZ **1994** 50 = JR **1995** 79 mit Anm. *Otto*; *Kissel* § 12, 68 GVG; *Kleinknecht/Meyer-Goßner*[43] § 147, 42 StPO; LR-*Lüderssen* Erl. zu § 147 StPO (24. Aufl. Rdn. 163).

24 Oben Rdn. 5.

gegenüber der Presse. Dagegen gehören Auskünfte, die der Präsident oder eine Justizpressestelle erteilen, zur Justizverwaltung. Es handelt sich bei Presseauskünften über Strafverfahren auch um Justizverwaltung auf strafrechtlichem Gebiet[25]; dies ist allerdings sehr umstritten[26] und wird unter Rdn. 29 erörtert. Auch Presseauskünfte über Strafverfahren werden freilich häufiger von den Staatsanwaltschaften erteilt. Als Justizverwaltungsakt wurde vereinzelt die gerichtsinterne Zuweisung eines bestimmten Sitzungssaales gewertet[27]. Richtig ist, daß es sich bei der Verteilung der Sitzungssäle auf die einzelnen Spruchkörper um Justizverwaltung handelt[28]. Sie liegt jedoch regelmäßig nicht auf strafrechtlichem Gebiet (unten Rdn. 32). Es handelt sich dabei regelmäßig auch nicht um eine Maßnahme im Sinne des § 23; Außenwirkung hat vielmehr die Terminierung, die der Rechtsprechung zugehört[29]. Entsprechend verhält es sich mit dem Bau und der Ausstattung von Sitzungssälen für die Strafrichter[30].

d) Andere Fälle. Das Kammergericht[31] hatte den Fall zu entscheiden, daß der Verur- **8**
teilte den damaligen (inzwischen bei einem anderen Gericht tätigen) Vorsitzenden des erkennenden Gerichts um die Beantwortung einiger Fragen gebeten hatte, die mit dem Strafverfahren im Zusammenhang standen; der Richter lehnte eine Beantwortung ab und gab auf die Frage des Verurteilten nach den Gründen der Ablehnung keine Antwort. Der Antrag des Verurteilten nach § 23 zielte auf die Angabe von Gründen der Ablehnung. Das Kammergericht wies den Antrag u. a. mit der Begründung zurück, daß die Anfrage sich nicht an eine Justizbehörde gerichtet habe; die Beantwortung sei weder eine dem Richter obliegende, die Fürsorgepflicht mitumfassende richterliche noch eine ihm obliegende Justizverwaltungsaufgabe[32].

e) Im engeren Sinn nicht zur Rechtsprechung[33], aber auch nicht zur Justizverwaltung **9**
gehört die **richterliche Geschäftsverteilung** durch das Präsidium[34]. Das unter richterlicher Unabhängigkeit handelnde Präsidium ist keine Justizbehörde; der Geschäftsverteilungsplan ist keine Verwaltungsmaßnahme im Sinne des § 23, sondern ein „Organisationsakt gerichtlicher Selbstverwaltung" (BVerwG)[35], ein „multifunktionaler gerichtlicher Selbstverwaltungsakt sui generis" (*Kissel*)[36]. Eine Anfechtung nach §§ 23 ff kommt nicht in Betracht[37].

f) Die **Vertretung der Gerichte in Verwaltungssachen** richtet sich nach allgemeinen **10**
Grundsätzen. Für das Gericht handelt grundsätzlich der Präsident oder der aufsichtsführende Richter, andere Richter oder nichtrichterliche Angehörige des Gerichts nur, soweit sie beauftragt sind, das Gericht nach außen zu vertreten. Fehlt es hieran, ist zunächst eine Entscheidung des Behördenvorstandes herbeizuführen[38]. Andernfalls wird es vielfach für einen Antrag nach § 23 am Rechtsschutzbedürfnis fehlen (vgl. auch Rdn. 73).

4. Die Staatsanwaltschaft. Justizbehörde ist vor allem die Staatsanwaltschaft, und **11**
zwar sowohl wenn sie als Strafverfolgungsbehörde im Ermittlungsverfahren oder im

[25] *Kissel* § 12, 72 GVG.

[26] Verneinend insbesondere BVerwG NStZ **1988** 513; NJW **1992** 62; bejahend z. B. OLG Koblenz StV **1987** 430; OLG Hamm NStZ **1995** 412; OLG Karlsruhe NJW **1995** 899; *Kissel* § 12, 72 GVG; *Kopp* § 179, 4 VwGO.

[27] OLG Hamburg NJW **1979** 279, wo die Frage letztlich allerdings offenbleibt.

[28] Ebenso *Kissel* § 12, 50 GVG.

[29] So zutreffend *Kissel* 150.

[30] Vgl. VG Stuttgart NJW **1975** 1790 (Stammheim) und unten Rdn. 32.

[31] KG vom 29. 10. 1962 – 1 Ws 278/72 –.

[32] Ebenso *Kissel* 15.

[33] *Kissel* § 21 e, 93 GVG; *Zöller/Gummer* § 21 e, 34 GVG.

[34] Dazu eingehend die Erl. zu § 21 e (24. Aufl. Rdn. 68 ff mit weit. Nachw.).

[35] BVerwGE **50** 11.

[36] *Kissel* § 21 e, 93 GVG; *Zöller/Gummer* § 21 e, 34 GVG; MünchKomm-*Wolf* § 21 e, 6 ff GVG.

[37] BVerwGE **50** 11; **67** 222; BGHZ **90** 41; BGH NJW **1991** 425; BVerfG DRiZ **1991** 100.

[38] OLG Stuttgart JVBl. **1971** 114; *Kissel* 16.

Hauptverfahren tätig ist[39], wie auch wenn sie als Vollstreckungsbehörde (§ 36 Satz 2 StPO) oder als Strafvollstreckungsbehörde (§ 451 StPO) oder als Zentralregisterbehörde (unten Rdn. 34) handelt. Das bedeutet nicht, daß das Handeln der Staatsanwaltschaft in diesen verschiedenen Bereichen einer durchgehenden Kontrolle nach §§ 23 ff unterliegt. Die Maßnahmen der Staatsanwaltschaft als Strafverfolgungsbehörde sind in der Mehrzahl der Fälle aus unterschiedlichen Gründen einer Anfechtung nach § 23 ff entzogen, nicht zuletzt, weil § 23 Abs. 3 Platz greift (dazu unten Rdn. 82 ff). Auch die Maßnahmen der Staatsanwaltschaft als Strafvollstreckungsbehörde unterliegen teilweise einer gerichtlichen Kontrolle nach andere Vorschriften, so daß §§ 23 ff ausscheiden. Zu der Sonderfrage, ob der Beschuldigte, der wegen Besorgnis der Befangenheit des amtierenden Staatsanwalts bei dessen Dienstvorgesetzten die Ersetzung durch einen anderen Staatsanwalt beantragt, die ablehnende Entscheidung gemäß § 23 anfechten kann, vergleiche unten Rdn. 125.

12 **5. Polizei, Hilfsbeamte der Staatsanwaltschaft.** Der Meinungsstreit, ob der Begriff der Justizbehörde im organisationsrechtlichen oder im funktionellen Sinn zu verstehen ist (oben Rdn. 2), hatte hauptsächlich die Tätigkeit der Polizei zum Gegenstand.

13 **a)** Soweit die Polizei rein **präventiv-polizeilich**, also zur Abwehr von Gefahren für die öffentliche Sicherheit oder Ordnung, insbesondere zur Verhütung von Straftaten, tätig wird, findet § 23 naturgemäß keine Anwendung[40]. Das gilt insbesondere für erkennungsdienstliche Maßnahmen (§ 81b StPO), die nicht einem gegenwärtigen Ermittlungsverfahren, sondern künftiger Täterermittlung („Zwecken des Erkennungsdienstes") dienen. Sie sind nach § 42 VwGO anfechtbar; gleiches gilt für Entscheidungen im Zusammenhang mit der Aufbewahrung und Vernichtung von Unterlagen, die aus solchen erkennungsdienstlichen Maßnahmen stammen[41]. Ebenso wird man ganz allgemein das Anlegen und Führen von Sammlungen und Dateien für Zwecke künftiger Strafverfolgung behandeln müssen[42]. Es mag im grundsätzlichen fragwürdig sein, ob die Vorbereitung künftiger Strafverfolgung, wie dies die neuen Polizeigesetze vorsehen, ausschließlich als Teil der Gefahrenabwehr angesehen werden kann. Dem Ergebnis, daß der Verwaltungsrechtsweg und nicht der Rechtsbehelf nach § 23 gegeben ist, wird man zustimmen können (vgl. auch unten Rdn. 17).

14 **b)** Soweit die Polizeibehörden und -beamten und die Hilfsbeamten der Staatsanwaltschaft (§ 152 GVG) im Rahmen eines anhängigen Ermittlungsverfahrens **auf Ersuchen oder im Auftrag der Staatsanwaltschaft** tätig werden (§ 161 StPO, § 152 GVG), besteht seit langem Einigkeit, daß sie, weil der Begriff „Justizbehörde" im funktionellen Sinn zu verstehen ist, als Justizbehörde handeln[43]. Denn in diesem Fall ist die Polizei (der Hilfsbeamte) nur der „verlängerte Arm" der Staatsanwaltschaft, und diese trägt daher die Verantwortung für die Rechtmäßigkeit des Ersuchens und der in Ausführung des Ersuchens ergriffenen Maßnahmen. Die Maßnahmen der Polizei (des Hilfsbeamten) sind also wie solche der Staatsanwaltschaft anzusehen und unterliegen der Nachprüfung nach §§ 23 ff in dem Umfang, als entsprechende von der Staatsanwaltschaft selbst ergriffene Maßnahmen unter § 23 fallen, wie es denn ja auch dem Sinn des § 23 widerspräche, wenn über die Maßnahmen der Staatsanwaltschaft das Oberlandesgericht nach § 23, über die auf-

---

[39] S. näher Einl. B 31 und I 56 f.

[40] BVerwG NJW **1975** 893 mit Nachw.; OLG Karlsruhe NJW **1976** 1417; *Kissel* 22; *Eyermann/Fröhler*[9] § 179, 3 VwGO; *Kopp* § 179, 7 VwGO.

[41] BVerfGE **16** 89, 94; BVerwGE **11** 181; **26** 169; BGH NJW **1975** 2075, 2076; OVG Hamburg MDR **1977** 80; *Kopp* § 179, 7 VwGO; enger BayVGH BayVBl. **1986** 337 und *Schoreit* NJW **1985** 172.

[42] Vgl. BVerwG BayVBl. **1967** 207; BVerwGE **66** 192; BayVGH BayVBl. **1984** 27; *Eyermann/Fröhler*[9] § 179, 3 a VwGO; trotz gewisser Bedenken („nicht unproblematisch") zustimmend auch *Ehlers* in *Schoch/Schmidt-Aßmann/Pietzner* § 40 605 VwGO; kritisch: *Merten/Merten* ZRP **1991** 213, 216 ff.

[43] BVerwGE **47** 255; OVG Hamburg NJW **1970**

tragsgemäß vollzogenen Maßnahmen der Polizei und der Hilfsbeamten das Verwaltungsgericht entschiede.

c) Das gilt sinngemäß auch, wenn **ein Polizeibeamter, der Hilfsbeamter der Staatsanwaltschaft ist, aus eigener Initiative** (also ohne Auftrag der Staatsanwaltschaft) eine Maßnahme trifft, die er nur in seiner Eigenschaft als Hilfsbeamter treffen kann[44]. Denn hier übernimmt er wegen Gefahr im Verzug als Hilfsorgan des Staatsanwalts (gewissermaßen als dessen Notvertreter) dessen Aufgabe. In diesem Sinne bestimmte schon § 40 Abs. 2 PreußPol.VerwG vom 1. 6. 1931, daß Anordnungen oder sonstige Maßnahmen, die die Polizeibehörden und -beamten auf Ersuchen der Staatsanwaltschaft treffen, sowie diejenigen Maßnahmen, die Polizeibeamte — gleichviel ob sie auf Ersuchen oder aus eigener Initiative handeln — nur in ihrer Eigenschaft als Hilfsbeamte der Staatsanwaltschaft treffen können, keine polizeiliche Verfügungen sind, also nicht der verwaltungsgerichtlichen Nachprüfung unterliegen. **15**

d) Ob die funktionelle Betrachtungsweise auch Platz greifen kann, wenn die **Polizeibehörden und Polizeibeamte, die nicht Hilfsbeamte der Staatsanwaltschaft sind, aus eigener Initiative** (gemäß §§ 127; 131 Abs. 2 Satz 2; 163 StPO) auf dem Gebiet der Strafverfolgung tätig werden, war einige Zeit sehr umstritten. Die verneinende Auffassung[45], soweit sie nicht überhaupt „Justizbehörde" im streng organisatorischen Sinne verstand[46], stützte sich dabei hauptsächlich auf § 40 Abs. 2 PreußPol.VerwG (oben Rdn. 15) und entsprechende Vorschriften in den Landespolizeigesetzen. In der Folge hat sich aber die herrschende Meinung auch hier für die funktionale Betrachtungsweise ausgesprochen[47]. Für diese herrschende Meinung spricht, daß zwar nach § 152 Abs. 2 StPO die Staatsanwaltschaft bei Verdacht von Straftaten einzuschreiten hat, in der Mehrzahl der Fälle aber, weil die Staatsanwaltschaft eines eigenen Vollzugsapparats entbehrt, die Aufgabe des ersten Zugriffs der Polizei zufällt (§ 163 StPO), die somit kraft Gesetzes „der Strafjustiz dienstbar gemacht ist"[48]. Und zwar übernimmt die Polizei in Fällen der §§ 127 Abs. 2, 131 Abs. 2 Satz 2, 163 StPO materiell Strafverfolgungsaufgaben unter Umständen, daß Gefahr im Verzug wäre, wenn das Eingreifen des Staatsanwalts (des Richters nach § 165 StPO) abgewartet werden müßte. Die Polizei ist auch hier gewissermaßen Notvertreter der justiziellen Strafverfolgungsorgane und auch hier verlängerter Arm der Staatsanwaltschaft[49]. Es läßt sich weiterhin geltend machen, daß es oft rein vom Zufall abhängt, ob die Polizei aus eigener Initiative oder auf Ersuchen (Auftrag) der Staatsanwaltschaft tätig wird[50]. Kein Gegenargument bildet, daß die Polizei bei diesem ihrem Vorgehen nicht unmittelbar von der Staatsanwaltschaft gelenkt wird, denn auch die Stellung eines Ersuchens (Erteilung eines Auftrags) nach § 161 Satz 2 StPO beschränkt sich häufig nicht auf bestimmte Ermittlungen und läßt der Polizei mehr oder weniger freie Hand. Schließlich ist zu beden- **16**

1699; OVG Berlin NJW **1971** 637; OLG Hamburg NJW **1970** 1811; OLG Karlsruhe MDR **1976** 224; *Markworth* DVBl. **1975** 575.

[44] Vgl. BayVGH BayVBl. **1967** 92 mit Anm. *Samper*; *Altenhain* JZ **1965** 759; DRiZ **1970** 107; **a. A** *Meyer* JuS **1971** 295, *Markworth* DVBl. **1975** 577.

[45] Vgl. OLG Hamburg JVBl. **1962** 191 mit Anm. *Altenhain*; offengelassen von VG Berlin NJW **1971** 637.

[46] *Markworth* DVBl. **1975** 575.

[47] BVerwGE **47** 255 = NJW **1975** 893 mit Anm. *Schenke* NJW **1975** 1529 = JZ **1975** 523 mit Anm. *Amelung* = DÖV **1975** mit Anm. *Naumann*; OVG Hamburg MDR **1970** 872; OLG Stuttgart NJW **1972** 21; OLG Hamm NJW **1973** 1089; OLG Karlsruhe NJW **1976** 1417; OVG Münster NJW **1980** 855; OLG Nürnberg NStZ **1986** 575; StV **1988** 372; KG NStZ **1986** 135; *Kissel* 22; *Katholnigg* 4; *Kleinknecht/Meyer-Goßner*[43] 2; *Eyermann/Fröhler*[9] § 179, 3 VwGO; *Kopp* § 179, 6 VwGO; **a. A** neuerdings wieder *Schröder* Das verwaltungsrechtlich organisatorische Verhältnis der strafverfolgenden Polizei zur Staatsanwaltschaft (1996) 163 ff.

[48] BVerwGE **47** 263.

[49] BVerwGE **47** 263.

[50] So z. B. *Schenke* VerwArch. **60** (1969) 332, 339; *Altenhain* DRiZ **1970** 107.

ken, daß auch hier die polizeiliche Tätigkeit vorübergehender Natur ist (§ 163 Abs. 2 StPO) und daß materiell die polizeiliche Maßnahme, sobald die Sache in die Verfügungsgewalt der Staatsanwaltschaft gelangt ist, in eine solche der Staatsanwaltschaft übergeht, wenn diese sich die Ergebnisse polizeilicher Maßnahmen zu eigen macht oder nicht Abhilfe schafft. Es würde dem Sinn des § 23 widersprechen, das als einheitliches Ganzes aufzufassende strafrechtliche Ermittlungsverfahren hinsichtlich der Frage des Rechtsweges bei der gerichtlichen Nachprüfung aufzuspalten und damit die Gefahr widersprechender Entscheidungen oder einer unvertretbaren Verzögerung zu begründen.

17 e) **Zweispuriges Handeln der Polizei.** Wird die Polizei bei einem einheitlichen Lebenssachverhalt zugleich auf dem Gebiet der Strafverfolgung wie auch präventivpolizeilich tätig (z. B. bei polizeilicher Festnahme einer Person, die sowohl auf den Gesichtspunkt einer vorläufigen Festnahme — § 127 StPO — wie auf den der präventivpolizeilichen Festnahme eines Störers gegründet werden kann, oder beim Eingreifen der Polizei bei gewalttätigen Demonstrationen, das zugleich der Ermittlung der Täter und der Verhinderung von Straftaten dient), so würde vom Standpunkt der funktionellen Betrachtungsweise theoretisch der Rechtsweg sowohl nach § 23 zum Oberlandesgericht wie zu den Verwaltungsgerichten eröffnet, die jeweils den einheitlichen Gesamtvorgang unter verschiedenen rechtlichen Gesichtspunkten zu prüfen hätten. Dies wird in der Tat teilweise befürwortet[51]. Wegen der Einheit der Rechtsordnung könne auch eine solchermaßen doppelfunktionale Maßnahme zwar letztlich nur insgesamt rechtmäßig oder rechtswidrig sein, und es genüge für die Rechtmäßigkeit insoweit, daß sie entweder nach Polizeirecht oder nach dem Recht der Strafverfolgung rechtmäßig sei. Darüber abschließend und auch mit Wirkung für den anderen Bereich zu entscheiden, sei aber weder das Verwaltungsgericht noch das ordentliche Gericht zuständig; das Verwaltungsgericht könne nur für den Bereich des Polizeirechts, das ordentliche Gericht nur für den Bereich des Strafverfolgungsrechts entscheiden, und es sei durchaus denkbar und sinnvoll, daß das Verwaltungsgericht eine Maßnahme nicht aufhebt, weil sie nach Polizeirecht nicht zu beanstanden ist, der ordentliche Richter dagegen sie aufhebt, weil sie gegen die StPO verstößt. Die Aufhebung der Maßnahme sei dem jeweils mit der Sache befaßten Gericht allerdings verwehrt, solange nicht rechtskräftig entschieden ist, daß sie auch nach dem Recht des anderen Bereichs nicht gerechtfertigt ist. Solange müsse es sich gegebenenfalls auf die Feststellung beschränken, daß die Maßnahme, vorbehaltlich ihrer Rechtfertigung als Maßnahme des anderen Bereichs, rechtswidrig sei.

18 Gegenüber dieser wenig praktikablen Auffassung stellt die herrschende Meinung auf den **Schwerpunkt der Maßnahme** nach dem objektiven Gesamteindruck, auf das Schwergewicht der polizeilichen Tätigkeit nach ihrer objektiven Zweckrichtung ab. Ging es danach um Strafverfolgung, ist die Polizei im Sinne des § 23 als Justizbehörde auf dem Gebiet des Strafrechts tätig geworden[52]. Gemäß den auch für die Staatsanwaltschaft geltenden Grundsätzen ist dann zu prüfen, ob eine Anfechtung nach § 23 möglich ist[53].

---

[51] *Kopp* § 179, 6 VwGO; vgl. auch *Schwan* VerwArch. **70** (1979) 129; *Schoreit* NJW **1985** 172; im Ansatz ebenso *Ehlers* in *Schoch/Schmidt-Aßmann/Pietzner* § 40, 607 VwGO, der aber über § 17 Abs. 2 Satz 1 GVG zu einer einheitlichen Entscheidung kommt.

[52] BVerwGE **47** 255, 264; OVG Berlin NJW **1970** 637 mit Anm. *Olschewsky* NJW **1971** 1195; OVG Münster NJW **1980** 855; OVG Lüneburg NJW **1984** 940; BayVGH NJW **1984** 2235; BayVBl. **1986** 337; OLG Celle StV **1988** 373; *Schenke* NJW **1975** 1529; *Amelung* JZ **1975** 523; *Kissel* 24; KK-*Kissel* 18; *Katholnigg* 4; *Kleinknecht/Meyer-Goßner*[43] 2; *Eyermann/Fröhler*[9] § 179, 3 VwGO; *Eyermann/Rennert*[10] § 40, 130 VwGO: Läßt sich ein Schwerpunkt nicht feststellen, stehen beide Rechtswege offen und das angegangene Gericht entscheidet nach § 17 Abs. 2 Satz 1 GVG umfassend; kritisch *Merten/Merten* ZRP **1991** 213, 216 mit weit. Nachw.

[53] *Kopp* § 179, 6 VwGO.

f) Polizeiliches Tätigwerden im Bußgeldverfahren. Nach § 53 OWiG werden die Behörden und Beamten des Polizeidienstes als Hilfsorgan der Verwaltungsbehörde bei der Verfolgung von Ordnungswidrigkeiten tätig. Nach § 57 Abs. 2 OWiG können hierzu ermächtigte Polizeibeamte unter den Voraussetzungen des § 56 Abs. 2 OWiG bei geringfügigen Ordnungswidrigkeiten die Betroffenen unter Erhebung eines Verwarnungsgeldes verwarnen. Ob die Polizei insoweit Justizbehörde im Sinne des § 23 ist, erscheint zweifelhaft[54]. Allerdings ist nach heute herrschender Meinung auch nicht der Verwaltungsrechtsweg gegeben, sondern (nach Aufsichtsbeschwerde zur Verwaltungsbehörde) der Antrag auf gerichtliche Entscheidung nach § 62 OWiG[55]. 19

6. Strafverfolgungsmaßnahmen des Finanzamts. Führt das Finanzamt gemäß § 386 Abs. 2 AO selbständig Ermittlungsverfahren wegen Steuerzuwiderhandlungen durch, so ist es Justizbehörde im Sinne des § 23[56]. Denn in diesem Fall nimmt nach § 399 Abs. 1 AO das Finanzamt „die Rechte und Pflichten wahr, die der Staatsanwaltschaft im Ermittlungsverfahren zustehen", das heißt, das Finanzamt handelt anstelle der Staatsanwaltschaft. Dies kommt auch darin zum Ausdruck, daß das Finanzamt die sonst der Staatsanwaltschaft vorbehaltende Befugnis ausüben kann, einen Strafbefehl beim Amtsgericht zu beantragen (§§ 400, 406 AO). „Herrin des Ermittlungsverfahrens" bleibt in jedem Fall die Staatsanwaltschaft. Das zeigt sich darin, daß auch das zu selbständiger Durchführung des Ermittlungsverfahrens befugte Finanzamt das Ermittlungsverfahren jederzeit an die Staatsanwaltschaft abgeben und diese es jederzeit an sich ziehen kann (§ 386 Abs. 4 AO). Wenn und solange das Finanzamt widerruflich als Vertreter der Staatsanwaltschaft tätig wird, müssen seine Maßnahmen im gleichen Umfang nach § 23 anfechtbar sein wie solche der Staatsanwaltschaft selbst. Wenn demgegenüber der Bundesfinanzhof zunächst[57] geltend gemacht hat, das Finanzamt sei der Staatsanwaltschaft gegenüber nicht weisungsgebunden und übe deshalb keine Hilfstätigkeit für eine organisatorische Justizbehörde aus, so trifft dies nicht den Kern der Sache; entscheidend ist nicht, ob Weisungsgebundenheit besteht, sondern daß das Finanzamt als widerruflicher Vertreter der Staatsanwaltschaft tätig wird[58]. Führt die Staatsanwaltschaft das Ermittlungsverfahren durch, so hat nach § 402 AO das Finanzamt die Rechte und Pflichten wie die Polizeibehörden nach der Strafprozeßordnung und die Befugnisse eines Hilfsbeamten der Staatsanwaltschaft. 20

Entsprechendes gilt nach § 404 AO für die **Zollfahndungsämter** und die mit der **Steuerfahndung** befaßten Dienststellen. In diesem Fall müssen für die Anfechtung der Maßnahmen des Finanzamts die gleichen Grundsätze maßgebend sein, die gelten, wenn die Polizei und die sonstigen Hilfsbeamten der Staatsanwaltschaft auf dem Gebiet der Strafverfolgung tätig werden. Hat aber das Finanzamt das von ihm geführte Ermittlungsverfahren eingestellt, so ist gegen eine Verfügung, durch die dem Verteidiger nachgesuchte Einsicht in die Ermittlungsakten abgelehnt wird, der Weg der §§ 23 ff nicht mehr gegeben, denn soweit das Finanzamt die Akten verwaltet, handelt es nur noch als Finanzbehörde, und seine Entschließungen über Akteneinsichtsgewährung sind nicht mehr eine Maßnahme auf dem Gebiet der Strafrechtspflege, sondern eine Abgabeangelegenheit i. S. des § 33 Abs. 2 FGO, für die der Finanzrechtsweg nach § 33 Abs. 1 FGO eröffnet ist[59]. 21

---

54 Vgl. BVerwG **24** 8.

55 OLG Hamburg NJW **1987** 2173; *Göhler* § 53, 29 OWiG; § 56, 37 OWiG mit Nachw.; *Kissel* 167.

56 OLG Stuttgart NJW **1972** 2146; OLG Karlsruhe NJW **1978** 1238; OLG Celle NJW **1990** 1802; OLG Karlsruhe NStZ **1995** 48; *Altenhain* DRiZ 1970, 105; *Kissel* 25; *Katholnigg* 4; *Kleinknecht/Meyer-Goßner*[43] 2; BFHE **138** 164 (**a. A** noch BFHE **104** 187).

57 BFHE **104** 187.

58 OLG Stuttgart NJW **1972** 2146.

59 BFH NJW **1978** 78; OLG Karlsruhe NJW **1978** 1338.

22 **7. Sonstige Fälle.** Justizbehörde ist die Vergleichsbehörde nach § 380 StPO (vgl. unten Rdn. 35). Justizbehörde ist die Hamburger ÖRA[60]. Als Justizbehörde ist angesehen worden die zentrale Stelle der Landesjustizverwaltungen in Ludwigsburg[61]. Nicht als Justizbehörde wurde dagegen der Bundesbeauftragte für die Unterlagen des Staatssicherheitsdienstes der ehemaligen DDR betrachtet[62].

8. Sperrerklärungen, Verweigerung der Aussagegenehmigung

23 **a) Sperrerklärungen.** Nach § 96 StPO kann die oberste Dienstbehörde die Vorlage von Akten mit der Begründung sperren, daß andernfalls das Wohl des Bundes oder eines Landes Nachteile erleiden würde. Die Vorschrift wird auf Auskunftsverlangen, insbesondere auch auf das Verlangen einer Auskunft über Namen und ladungsfähige Anschrift eines behördlich geheimgehaltenen Informanten entsprechend angewendet[63], wobei für verdeckte Ermittler § 110 b Abs. 3 StPO gilt. Strittig ist die Frage, ob Sperrerklärungen, die die oberste Dienstbehörde in direkter oder entsprechender Anwendung des § 96 StPO abgibt, von den Verfahrensbeteiligten, insbesondere dem Angeklagten, nach § 23 oder nach § 42 VwGO angefochten werden können[64]. Die Frage wird praktisch vor allem, aber keineswegs nur bei Sperrerklärungen des Innenministers, mit denen in entsprechender Anwendung des § 96 StPO Auskunft über die Identität eines Informanten oder einer Vertrauensperson der Polizei verweigert wird. Entscheidend ist bei der gebotenen funktionalen Betrachtungsweise (oben Rdn. 2), ob der Innenminister mit der Sperrerklärung eine Aufgabe auf dem Gebiet der Strafrechtspflege wahrnimmt und deshalb insoweit Justizbehörde im Sinne des § 23 ist. Dies wird wegen der unter Umständen einschneidenden Auswirkungen einer Sperrerklärung auf das Strafverfahren, durch die die Wahrheitsfindung und die Durchsetzung des Strafrechts ebenso betroffen sein können wie die Verteidigungsmöglichkeiten des Angeklagten, von einer sehr starken, vor allem in der Rechtsprechung der Oberlandesgerichte vertretenen Auffassung bejaht[65]. Tatsächlich können die Auswirkungen auf das betroffene Strafverfahren bedeutsamer sein als viele Ermittlungsmaßnahmen der Polizei, die unbedenklich als Handeln einer Justizbehörde qualifiziert werden. Auch geht es um die Anwendung einer Norm des Strafprozeßrechts. Schließlich müssen bei der Entscheidung über die Sperrerklärung nach der Rechtsprechung des Bundesverfassungsgerichts[66] die Schwere der Straftat, das Ausmaß der dem Beschuldigten drohenden Nachteile und der Stellenwert des angestrebten Beweismittels im Rahmen der Beweislage, also die Belange des Strafverfahrens, mit dem Geheimhaltungsinteresse abgewogen werden; dafür sind die Strafsenate mit ihrer Sachkunde besonders befähigt.

24 Auf der anderen Seite bezweckt die Sperrerklärung gerade nicht die Förderung des von ihr betroffenen Strafverfahrens (vgl. unten Rdn. 27), „behindert" sie vielmehr[67] und dient dem **Schutz anderer**, sozusagen konkurrierender **Staatsaufgaben**, die zu ihrer Erfüllung der Geheimhaltung bedürfen. Deshalb lehnt es die Gegenmeinung, die die **Rechtspre-**

---

60 OLG Hamburg HambJVBl. **1980** 69.

61 VGH Mannheim NJW **1969** 1319.

62 KG NStZ **1993** 45.

63 LR-*Schäfer* Erl. zu § 96 StPO (24. Aufl. Rdn. 18, 19).

64 LR-*Schäfer* Erl. zu § 96 StPO (24. Aufl. Rdn. 61 ff); de lege ferenda für einen dritten Weg, nämlich eine Überprüfung durch das erkennende Strafgericht. Weigend Gutachten (zum 62. DJT 1998 C45; ausf. *Fischer* StV **1998** 821.

65 OLG Celle NStZ **1983** 570 = JR **1984** 297 mit krit. Anm. *Meyer*; NJW **1991** 856; OLG Stuttgart NStZ **1985** 136 mit Anm. *Hilger*; MDR **1986** 690; NJW **1991** 1071 mit Anm. *Arloth* NStZ **1992** 96; OLG Hamburg JR **1982** 434 mit Anm. *Franzheim*; StV **1984** 11; OLG Hamm NStZ **1985** 566; NStZ **1990** 44 mit Anm. *Schäfer*; NStZ **1998** 316 (Vorlagebeschluß); OVG Münster NJW **1977** 1790; OVG Lüneburg NJW **1984** 940; *Hilger* NStZ **1984** 145; *Katholnigg* 7.

66 BVerfGE **57** 250, 285.

67 *Meyer* JR **1984** 298.

chung der Verwaltungsgerichte bestimmt[68] und der sich jüngst dem Bundesgerichtshof angeschlossen hat[69], ab, in der Abgabe einer Sperrerklärung die Erfüllung einer Aufgabe auf strafrechtlichem Gebiet zu sehen; sie kommt über den funktionalen Begriff der Justizbehörde nicht zum Rechtsbehelf nach § 23, sondern bejaht den Verwaltungsrechtsweg. Dieser Auffassung ist zu folgen. In Fallgestaltungen, in denen die durch die Sperrerklärung geschützten Geheimhaltungsinteressen keinen Bezug zur Strafrechtspflege haben, leuchtet dies ohne weiteres ein. Wenn etwa die auswärtigen Belange der Bundesrepublik Deutschland oder die Belange der Landesverteidigung durch die Sperrerklärung geschützt werden sollen oder auch Leib und Leben einer Person, die mit der Strafrechtspflege nichts zu tun hat, so ist schwer einzusehen, warum die zuständige oberste Dienstbehörde bei der Sperrerklärung als Justizbehörde handeln soll. Problematischer sind die Fälle, in denen das geschützte Geheimhaltungsinterese eine Berührung zur Strafrechtspflege hat, weil es z. B. um den Schutz eines Anzeigeerstatters oder einer eingesetzten V-Person geht oder um die Wiederverwendung einer V-Person oder um die Geheimhaltung kriminalpolizeilicher Strukturen und Strategien. Ist im Ergebnis der Schutz eines Anzeigeerstatters oder der V-Person noch einigermaßen sicher der Gefahrenabwehr und nicht der Strafverfolgung zuzuordnen — wenn ihnen die Vertraulichkeit im Strafverfahren zugesichert wurde, ist dies nicht zweifelsfrei[70] —, kann man dies für die beiden letzten Fälle, in denen die Sperrerklärung auf die Sicherung zukünftiger Strafverfolgung gerichtet ist, bezweifeln, auch wenn das neuere Polizeirecht darin einen Fall der Prävention sieht. Jedoch kann die Entscheidung, welcher Rechtsweg gegen Sperrerklärungen eröffnet ist, wohl nicht davon abhängen, ob die geschützten Geheimhaltungsinteressen im Einzelfall eine mehr oder weniger enge Berührung zur Strafrechtspflege haben[71]. Es geht in § 96 StPO um Geheimschutz für die verschiedenartigsten staatlichen Aufgaben. Zu diesem Zweck werden der Wahrheitsfindung im Strafprozeß Grenzen gesetzt. Bei einer Gesamtbetrachtung ist diese Aufgabe nicht der Strafrechtspflege zuzuordnen.

b) Versagung der Aussagegenehmigung. Die Versagung der Aussagegenehmigung **25**
nach § 54 StPO in Verbindung mit den beamtenrechtlichen Bestimmungen (§§ 61, 62 BBG, § 39 BBRG) kann von den Verfahrensbeteiligten, die ein rechtliches Interesse an der Aussage haben, angefochten werden (§ 54, 24 StPO). Gegeben ist der Verwaltungsrechtsweg. Anders als bei Sperrerklärungen nach § 96 StPO (oben Rdn. 23) ist dies praktisch allgemeine Auffassung[72]. Das Bundesverwaltungsgericht hat sie damit begründet, daß es sich um eine Klage aus dem Beamtenverhältnis im Sinne der §§ 126, 127 BRRG handelt. Die Auswirkungen der Versagung der Aussagegenehmigung auf das Strafverfahren sind ähnlich einschneidend wie die einer Sperrerklärung nach § 96 StPO. Auch hier folgt daraus und aus dem Umstand, daß die Auswirkungen auf das Strafverfahren bei der Entscheidung über die Versagung mitzubedenken ist[73], aber nicht, daß die zuständige Behörde als Justizbehörde auf dem Gebiet der Strafrechtspflege handelt.

---

68 BVerwGE **69** 192; BVerwGE **74** 1; BayVGH StV **1993** 460; VGH Mannheim NJW **1991** 2097; KG StV **1996** 531; *Kissel* 151; KK-*Nack* § 96, 12 StPO; SK-*Rudolphi* § 96, 15 StPO; *Kleinknecht/Meyer-Goßner*[43] § 96, 14 StPO; *Roxin* § 34, 13; *Pfeiffer/Fischer* § 96, 4 StPO; LR-*Schäfer* Erl. zu § 96, StPO (24. Aufl. Rdn. 61 ff); im Grundsatz auch *Ehlers* in *Schoch/Schmidt-Aßmann/Pietzner* § 40, 610 VwGO.

69 BGH StV **1998** 411.

70 Vgl. *Arloth* NStZ **1992** 96; **a. A** *Ehlers* in *Schoch/Schmidt-Aßmann/Pietzner* § 40, 610 VwGO.

71 Kritisch dazu auch *Hilger* NStZ **1985** 138; **a. A** OLG Hamm NStZ **1985** 567.

72 BVerwGE **18** 58; **34** 254; **66** 39; BayVGH NJW **1980** 198; OVG Berlin StV **1984** 280; OLG Stuttgart NStZ **1985** 163 mit Anm. *Hilger*; *Kissel* 151; KK-*Pelchen* § 54, 20 StPO; *Kleinknecht/Meyer-Goßner*[43] § 54, 28 StPO; LR-*Dahs* § 54, 27 StPO; kritisch *Hilger* NStZ **1984** 147.

73 BVerfGE **57** 250, 283 ff; BGHSt **32** 115, 124 (GSSt); BVerwGE **66** 39.

26 **c) Handeln des Justizministers.** Zu erörtern ist noch, ob sich an der zu Rdn. 23 ff dargestellten Rechtsauffassung etwas ändert, wenn der Justizminister, organisationsrechtlich zweifellos Justizbehörde, gehandelt hat. Soweit es um die Versagung der Aussagegenehmigung für Beamte oder Richter nach den Beamten- und Richtergesetzen geht, ist die nach ganz herrschender Meinung[74] nicht der Fall. Dem ist zuzustimmen: Zwar handelt eine Justizbehörde, aber nicht auf dem Gebiet der Strafrechtspflege. Auch insoweit ist also der Verwaltungsrechtsweg gegeben. Für Sperrerklärungen nach § 96 StPO wird dagegen verbreitet der Rechtsweg nach § 23 für gegeben erachtet[75]. Das leuchtet nicht recht ein. Auch der Justizminister bezweckt, wenn er eine Sperrerklärung abgibt, nicht die Förderung des davon betroffenen Strafverfahrens (vgl. unten Rdn. 27), sondern nimmt gegenläufige, in der Regel präventive Belange wahr. Insoweit ist kein grundsätzlicher Unterschied zu den Sperrerklärungen des Innenministers und sonstiger oberster Dienstbehörden zu erkennen. Daß das Justizministerium noch mehr als andere oberste Dienstbehörden bei seiner Entscheidung die Belange der Strafverfolgung mitabwägen wird, reicht nicht aus, um sein Handeln insoweit der Strafrechtspflege zuzuordnen[76].

III. Das Gebiet der Strafrechtspflege (Absatz 1 Satz 1)

27 **1. Begriff; Verwaltung der Akten und Dateien.** Die Strafrechtspflege umfaßt nicht nur die Strafverfolgung im engeren Sinn, das heißt die Durchführung von Strafverfahren (und von Bußgeldverfahren, soweit eine Mitwirkung der Justizbehörden in Betracht kommt) sowie die Vollstreckung von Entscheidungen der Strafgerichte, sondern auch die damit in einem spezifischen Zusammenhang stehenden allgemeinen und besonderen Maßnahmen der Justizbehörden zur Ermöglichung und geordneten Durchführung der Strafverfolgungs- und Strafvollstreckungstätigkeit. Im Erfordernis des spezifischen Zusammenhangs mit Strafverfolgung und Strafvollstreckung liegt die Abgrenzung zur allgemeinen Justizverwaltung (vgl. Rdn. 32). In diesem Sinn zur Strafrechtspflege gehört die **Verwaltung** der in den verschiedenen Stadien des Strafverfahrens anfallenden **Akten**. Die Gewährung von Einsicht in diese Akten, die Erteilung von Auskünften aus den Akten oder von Ablichtungen und Abschriften (vgl. Nr. 182 Abs. 2 RistBV) sind unabhängig davon, ob sie der Rechtsprechung oder der Justizverwaltung zuzuordnen sind (vgl. oben Rdn. 5, 7) und unbeschadet dessen, ob im letzteren Fall eine anfechtbare „Maßnahme" im Sinne des § 23 Abs. 1 Satz 1 gegeben ist, und unbeschadet der Frage des § 23 Abs. 3 (dazu unten Rdn. 82 ff, insbes. Rdn. 114 ff), jedenfalls dem Gebiet der Strafrechtspflege zuzuordnen. Davon ist der Gesetzgeber bei der Regelung der Mitteilungen in Strafsachen im Justizmitteilungsgesetz ebenfalls ausgegangen (vgl. unten Rdn. 31 und § 21, 16 sowie § 22, 1). Das gilt auch, soweit das zugrundeliegende Strafverfahren rechtskräftig abgeschlossen ist. Solange die im Zusammenhang mit einem Strafverfahren angefallenen Akten von den Justizbehörden aufbewahrt werden, geschieht dies in Wahrnehmung von Aufgaben der Strafrechtspflege.

28 Zur Strafrechtspflege gehört auch die **Verwaltung der** für Zwecke des Strafverfahrens errichteten und geführten **Dateien**, Register und Sammlungen, auch hier unbeschadet der

---

[74] BVerwGE **66** 39; OLG Hamm NJW **1968** 1440; OVG Berlin StV **1984** 280; *Hilger* NStZ **1984** 145; *Kissel* 112; *Kleinknecht/Meyer-Goßner*[43] § 54, 28 StPO; LR-*Dahs* § 54, 27; **a. A** OLG Hamburg NJW **1982** 297.

[75] OVG Münster NJW **1977** 1790; BayVGH NStZ **1992** 452; *Arloth* NStZ **1992** 96; *Kissel* 151; *Kleinknecht/Meyer-Goßner*[43] § 96, 14 StPO.

[76] Wie hier LR-*Schäfer* Erl. zu § 96 StPO (24. Aufl. Rdn. 65); KK-*Nack* § 96, 12 StPO; *Ehlers* in *Schoch/Schmidt-Aßmann/Pietzner* § 40, 610 VwGO.

Frage, ob anfallende Entscheidungen im Einzelfall der Rechtsprechung zuzuordnen sind oder der Justizverwaltung, und unabhängig davon, ob im letzteren Fall eine anfechtbare „Maßnahme" inmitten steht. Das reicht von Dateien, die für ein einzelnes Strafverfahren, z. B. eine umfangreiche Wirtschaftsstrafsache, errichtet und geführt werden, über Verfahrensregister auf Behördenebene, wie der herkömmlichen zentralen Namensdatei der Staatsanwaltschaften[77], bis zu Dateien auf Landes- oder Bundesebene, wie dem seiner Verwirklichung noch entgegensehenden zentralen staatsanwaltschaftlichen Verfahrensregister beim Bundeszentralregister (§§ 474 ff StPO). Wegen der von der Polizei zur vorbeugenden Bekämpfung von Straftaten geführten Dateien vgl. oben Rdn. 13).

2. Presseerklärungen. Ob Auskünfte an die Presse über abgeschlossene oder laufende Strafverfahren dem Gebiet der Strafrechtspflege zuzuordnen sind und deshalb im Einzelfall der Rechtsbehelf nach § 23 gegeben sein kann, ist hochkontrovers. Das Bundesverwaltungsgericht verneint dies; gegeben sei der Rechtsweg nach § 40 VwGO. Bei Erklärungen gegenüber der Presse nehmen die Justizbehörden nach Auffassung des Bundesverwaltungsgerichts keine spezifische Aufgabe auf dem Gebiet der Strafrechtspflege wahr, sondern betreiben Öffentlichkeitsarbeit. Daß ein unmittelbarer Zusammenhang mit den Strafverfolgungsaufgaben besteht, genüge nicht[78]. Demgegenüber vertreten einige Oberlandesgerichte die Auffassung, der Zusammenhang zwischen entsprechenden Auskünften gegenüber der Presse und der strafverfolgenden Tätigkeit sei so eng, daß auch die Auskunftserteilung im Sinne des § 23 der Strafrechtspflege zuzurechnen sei[79]. Vielfach seien bei der Entscheidung über die Zulässigkeit der Pressearbeit Fragen zu klären, die auch Gegenstand des Strafverfahrens selbst sind. So werde etwa zu prüfen sein, ob die Ermittlungsbehörde berechtigterweise von einem Anfangsverdacht ausging, ob die strafrechtliche Würdigung des Sachverhalts zutraf oder ob die angeordneten strafprozessualen Maßnahmen rechtmäßig waren. Die richterliche Untersuchung derartiger Fragen erfordere spezifische strafrechtliche Kenntnisse und Erfahrungen. Deshalb wäre es nicht sachgerecht, Rechtsschutz gegen entsprechende Presseerklärungen durch die Verwaltungsgerichte zu gewähren. 29

Dieser Auffassung, die den **Rechtsweg nach § 23** bejaht, ist zu folgen[80]. Für sie sprechen der enge sachliche Zusammenhang, der zwischen der strafverfolgenden Tätigkeit selbst und entsprechenden Auskünften besteht, und die Notwendigkeit, daß die entscheidenden Richter über besondere strafrechtliche Kenntnisse und Erfahrungen verfügen. Dazu kommt: Anders als bei der Entscheidung über Aussagegenehmigungen und Sperrerklärungen (oben Rdn. 23 ff) geht es bei Presseauskünften nicht darum, ein mit den Strafverfolgungsinteressen konkurrierendes Interesse mit diesen abzuwägen und gegebenenfalls zu Lasten der Strafverfolgungsinteressen durchzusetzen. Vielmehr wird mit der Unterrichtung der Öffentlichkeit eine wesentliche Aufgabe der wegen ihres generalpräventiven Auftrags auf öffentliche Wirkung angewiesenen Strafrechtspflege erfüllt. Insofern nehmen die Justizbehörden mit Presseinformationen über anhängige oder abgeschlossene Verfahren nicht etwa Interessen der Öffentlichkeit oder gar der Medien, sondern eine spezifische Aufgabe der Strafrechtspflege wahr. Dies gilt im übrigen auch, wenn sich die Presseinformation nicht auf ein einzelnes Verfahren bezieht, sondern z. B. auf die Entwicklung in bestimmten Kriminalitätsbereichen, die Belastungssituation der Justiz o. ä.; freilich wird hier kaum jemals eine Maßnahme im Sinne des § 23 inmitten stehen. Ob das 30

77 Vgl. OLG Frankfurt OLGSt § 23 EGGVG Nr. 16.

78 BVerwG NStZ **1988** 573; NJW **1992** 62.

79 OLG Koblenz StV **1987** 430; OLG Karlsruhe NJW **1995** 839; OLG Hamm NStZ **1995** 412, je mit Hinweisen auf die ältere Rechtsprechung.

80 *Wasmuth* NStZ **1990** 138; *Feiter* 110; *Kissel* § 12, 72 GVG, *Katholnigg* 7; MünchKomm-*Wolf* 43; *Ehlers* in *Schoch/Schmidt-Aßmann/Pietzner* § 40, 600 VwGO; **a. A** *Zöller/Gummer* 13; *Strubel/Sprenger* NJW **1972** 1738.

Bundesverwaltungsgericht ein Handeln auf dem Gebiet der Strafrechtspflege auch dann ablehnen will, wenn die Unterrichtung der Öffentlichkeit gezielt zu Ermittlungszwecken erfolgt, z. B. im Rahmen einer Öffentlichkeitsfahndung[81], ist offen. Hier sollte überhaupt kein Zweifel bestehen, daß die Strafverfolgungsbehörde auf strafrechtlichem Gebiet handelt, es liegt eine sog. Prozeßhandlung vor (dazu Rdn. 53).

31 **3. Mitteilungen in Strafsachen** sind in der Vergangenheit überwiegend nicht als nach § 23 anfechtbare Justizverwaltungsakte auf strafrechtlichem Gebiet angesehen worden[82]. Freilich wurde dies weniger damit begründet, daß sie anderen als strafrechtlichen Zwekken dienen, als mit dem fehlenden Regelungscharakter (vgl. unten Rdn. 49). Tatsächlich dienen die meisten der in der MiStra vorgesehenen Mitteilungen letztlich anderen als strafrechtlichen Zwecken, doch geht es andererseits um die geordnete Verwaltung der im Strafverfahren anfallenden Informationen. Die Mitteilungen haben inzwischen in §§ 12 ff eine gesetzliche Regelung erfahren. Zum Rechtsschutz vgl. § 21, 16 und die Erläuterungen zu § 22.

32 **4. Allgemeine Justizverwaltung, Dienstaufsicht.** Wie jede staatliche Tätigkeit und alle Zweige der Rechtspflege bedarf auch die Strafrechtspflege der Unterstützung durch eine Verwaltung, die die sächlichen und persönlichen Voraussetzungen für die Erfüllung ihrer Aufgaben schafft und laufend erhält. Die damit umschriebene Verwaltungstätigkeit, die Bau- und Ausstattungsfragen ebenso einschließt wie Materialbeschaffung, elektronische Datenverarbeitung und Organisation sowie das große Gebiet des Personalwesens einschließlich Ausbildung, Prüfung und Fortbildung, ist zwar für eine funktionierende Strafrechtspflege unerläßlich, deshalb aber doch nicht Justizverwaltung auf dem Gebiet der Strafrechtspflege im Sinne des § 23, weil es an dem erforderlichen spezifischen Zusammenhang (Rdn. 27) fehlt. Es handelt sich um allgemeine Justizverwaltung („Gerichtsverwaltung“)[83], die in § 23 Abs. 1 Satz 1 nicht erwähnt ist, genausowenig wie die Gerichtsverfassung. Soweit in diesen, nach herkömmlichem Sprachgebrauch als Justizverwaltung bezeichneten Gebieten der Verwaltung Rechtsschutz nach Art. 19 Abs. 4 GG zu gewähren sein sollte, ist der Rechtsweg nach § 40 VwGO gegeben. Es handelt sich nicht um Gebiete, auf denen die besonderen Kenntnisse und Erfahrungen der Strafsenate auf dem Gebiet des Strafrechts nutzbar gemacht werden müssen. Bei dem Bau und der Ausstattung von Sitzungssälen z. B. handeln die Justizbehörden also nicht auf strafrechtlichem Gebiet. Nur wenn durch entsprechende Maßnahmen inhaltlich auf bestimmte Strafverfahren eingewirkt, ein spezifischer Einfluß auf bestimmte Verfahren ausgeübt werden soll, kann man es anders sehen. So lag der Fall, als für ein bestimmtes Strafverfahren ein besonders gesicherter Sitzungssaal in Stuttgart/Stammheim gebaut wurde[84]. Freilich bleibt dann immer noch die Frage, ob eine Maßnahme mit Außenwirkung vorliegt oder ob Außenwirkung nur der gerichtlichen Terminierung zukommt, die der Rechtsprechung zuzuordnen ist (vgl. oben Rdn. 7).

33 Nicht zur Strafrechtspflege gehören **Personalmaßnahmen** der Justizbehörden, auch wenn sie Strafrichter oder Staatsanwälte sowie das nichtrichterliche Personal im Bereich der Strafrechtspflege betreffen. Solche Maßnahmen, etwa Beförderungen, Versetzungen, Abordnungen, Beurlaubungen, haben ihren Schwerpunkt im Richter- oder Beamtenrecht und werden von § 23 Abs. 1 Satz 1 nicht erfaßt. Das gilt auch für Disziplinarmaßnah-

---

[81] Vgl. KG GA **1984** 24.

[82] OLG Hamm NJW **1972** 2145; OLG Karlsruhe NStZ **1988** 184; *Kissel* 154; **a. A** MünchKomm-*Wolf* 40; *Ostendorf* DRiZ **1986** 257 und ähnlich OLG Frankfurt NJW **1975** 2028.

[83] *Lüke* JuS **1961** 206.

[84] VG Stuttgart NJW **1975** 1294.

men[85]. Darüber hinaus hat der Bundesgerichtshof entschieden, daß Maßnahmen der **Dienstaufsicht** grundsätzlich nicht zu den spezifischen Aufgaben auf den in § 23 Abs. 1 genannten Gebieten gehören[86]. Ob diese zu dienstaufsichtlichen Maßnahmen in einer Entmündigungssache ergangene Entscheidung auch für die Aufsichts- und Leitungstätigkeit der Justizbehörden gemäß §§ 147 GVG, 152 Abs. 1 GVG, 160 Satz 2 StPO Geltung beanspruchen kann, erscheint allerdings zweifelhaft. Eine andere Frage ist auch hier, inwiefern einer entsprechenden Leitungstätigkeit Maßnahmencharakter im Sinne des § 23 Abs. 1 zukommt (dazu Rdn. 50).

5. Zur Strafrechtspflege gehört das **Bundeszentral- und Erziehungsregisterwesen**, 34
weil es den Zwecken der Strafverfolgung und dem Ziel eines gerechten Urteils dient. Bei der Entscheidung über die im BZRG zugelassenen begünstigenden Maßnahmen sind dem Ermessen des registerführenden Generalbundesanwalts einerseits durch die berechtigten Belange des Betroffenen, andererseits durch die Rücksichtnahme auf entgegenstehende öffentliche Interessen Grenzen gezogen. Durch diese „Verrechtlichung" der registerrechtlichen Entschließungen fallen sie aus dem Gebiet der Gnadenentschließungen (dazu unten Rdn. 36) heraus. Ein Antrag auf gerichtliche Entscheidung nach § 23 ist daher zulässig, wenn ein Gesuch um Vergünstigungen abgelehnt wird[87], wie dies bereits für die entsprechende Rechtslage nach dem früheren Recht (Straftilgungsgesetz 1920) allgemein anerkannt war[88]: Dies gilt für ablehnende Entscheidungen zu § 25 BZRG (Entfernung von Eintragungen nach §§ 10, 11 BRZG), § 39 BZRG (Nichtaufnahme von Verurteilungen), § 49 BZRG (Tilgung in besonderen Fällen), § 55 Abs. 2 BZRG (Entfernung ausländischer Verurteilungen), § 63 Abs. 3 BZRG (Entfernung von Eintragungen aus dem Erziehungsregister). Die im Gesetz jeweils vorgeschriebene Beschwerde an den Bundesminister der Justiz ist Beschwerde im Sinne des § 24 Abs. 2 (vgl. § 24, 15). § 23 ist auch anwendbar bei einem Streit über die Berechnung der gesetzlichen Fristen, über die Voraussetzungen des § 48 BZRG[89] und darüber, ob kraft eines Straffreiheitsgesetzes ein Vermerk im Register zu tilgen ist[90]. Zuständiges Oberlandesgericht ist das Oberlandesgericht Karlsruhe und, wenn ein Beschwerdeverfahren zum Bundesminister der Justiz vorausgegangen ist, (derzeit noch) das Oberlandesgericht Hamm (§ 25, 4).

6. Schiedsmannwesen. Die Vergleichsbehörden des § 380 StPO sind funktionell 35
Organe der Rechtspflege[91]. Eine Maßnahme einer Justizbehörde auf dem Gebiet der Strafrechtspflege liegt daher vor, wenn der Schiedsmann nach den entsprechenden landesrechtlichen Vorschriften gegen den zum Sühnetermin (§ 380 StPO) unentschuldigt ausgebliebenen Beschuldigten Ordnungsmittel verhängt. Die in den entsprechenden Regelungen vorgesehene Beschwerde im Aufsichtsweg ist eine förmliche Beschwerde im Sinne des § 24 Abs. 2[92]. Wenn der aufsichtsführende Richter es ablehnt, einem Schiedsmann die Genehmigung zur Aussage (§ 54 StPO) als Zeuge in einem Strafverfahren über Vorgänge in einem Sühnetermin zu erteilen, ist, weil es an der erforderlichen Verknüpfung mit der Strafrechtspflege fehlt, dagegen nicht der Rechtsweg nach § 23, sondern der nach § 40 VwGO gegeben[93].

---

85 Vgl. OLG Koblenz GA **1975** 151.

86 BGH NJW **1989** 587; vgl. auch schon OLG Köln OLGZ **1970** 119.

87 KG GA **1973** 180; OLG Hamm NStZ **1985** 559; NStZ **1988** 136; *Götz* § 1, 9 BZRG; *Rebmann/Uhlig* § 1, 22 BZRG.

88 BGHSt **20** 205; weitere Nachweise bei LR-*K. Schäfer*[23] 18.

89 OLG Karlsruhe MDR **1992** 284; OLG Hamm MDR **1992** 283; *Götz* § 1, 9 BZRG.

90 BVerwG NJW **1960** 1924.

91 LR-*Hilger* § 380, 5 StPO.

92 KG vom 6. 3. 1961 – 1 Ws 396/60 –; OLG Hamm vom 14. 2. 1962 – 1 VAs 8/62 –; OLG Celle JVBl. **1970** 42.

93 BVerwG NJW **1964** 1088; OLG Hamm NJW **1968** 1440.

36 **7. Gnadenwesen.** Die strittige Rechtsfrage, ob Gnadenentscheidungen, soweit es um Rechtsfolgen geht, die durch die Strafjustiz auferlegt wurden, dem Gebiet der Strafrechtspflege zuzuordnen sind[94], hängt mit der grundsätzlichen Frage zusammen, ob Gnadenentscheidungen der Rechtsweggarantie des Artikel 19 Abs. 4 GG unterfallen. Das Bundesverfassungsgericht[95] hat unter Hinweis auf den historischen Sinn des Begnadigungsrechts aus dem System und dem Gesamtgefüge des Grundgesetzes entnommen, daß ablehnende Gnadenentscheidungen ebensowenig wie positive einer gerichtlichen Nachprüfung unterliegen. Der Entscheidung lag ein Fall aus dem Strafrecht zugrunde. Vier Richter dissentierten bei dieser Entscheidung; sie gingen davon aus, der Rechtsweg sei durch Artikel 19 Abs. 4 GG garantiert; die Frage, ob ein Justizverwaltungsakt im Sinne des § 23 anzunehmen ist, ließen sie offen. Die Literatur ist gespalten, tritt aber überwiegend dafür ein, ablehnende Gnadenentscheidungen in die Rechtsweggarantie des Art. 19 Abs. 4 GG einzubeziehen[96]. Das Bundesverwaltungsgericht hat sich in einer beamtenrechtlichen Sache der Rechtsprechung des Bundesverfassungsgerichts[97] angeschlossen. Es ist der Auffassung, daß die Verfassungen, als sie die Gnade als Korrelat zur Strafe („Gnade vor Recht") übernahmen, eine Anfechtbarkeit von Gnadenentscheidungen nicht wollten, daß es dementsprechend auch keine Kriterien für eine gerichtliche Überprüfung gibt und folgerichtig auch keine Begründungspflicht für ablehnende Gnadenentscheidungen besteht[98]. In Auslegung des jeweiligen Landesverfassungsrechts bejahen die Landesverfassungsgerichte von Bayern[99] und Hessen[100] die Zulässigkeit der Verfassungsbeschwerde bzw. der Grundrechtsklage, wobei jedenfalls der Bayerische Verfassungsgerichtshof zur Auslegung des Artikels 19 Abs. 4 GG dem Bundesverfassungsgericht freilich ausdrücklich folgt. Schließt man sich der Auffassung des Bundesverfassungsgerichts und des Bundesverwaltungsgerichts an, ist es praktisch unerheblich, ob man entsprechende Gnadenentscheidungen dem Gebiet der Strafrechtspflege zurechnet.

37 Nach einer einstimmig ergangenen Entscheidung des Bundesverfassungsgerichts[101] unterfällt der **Widerruf einer positiven Gnadenentscheidung** der Rechtsweggarantie des Artikels 19 Abs. 4 GG. Durch die positive Gnadenentscheidung sei dem Verurteilten eine Rechtsstellung eingeräumt worden, die nicht mehr der freien Verfügung der Exekutive unterliege, sondern nur nach Maßgabe der Gnadenentscheidung selbst widerrufen werden könne; insoweit sei der Widerruf rechtlich gebunden und der gerichtlichen Kontrolle zugänglich. Welcher Rechtsweg gegeben ist, ließ das Bundesverfassungsgericht offen. Die Rechtsprechung nimmt überwiegend an, daß es sich bei dem Widerruf um eine Maßnahme auf dem Gebiet der Strafrechtspflege nach § 23 Abs. 1 Satz 1 handelt[102]. Das OLG Hamburg[103] hat die Auffassung vertreten, nach Hamburgischem Recht sei der Verwaltungsrechtsweg nach § 40 VwGO gegeben; ein Justizverwaltungsakt im Sinne des § 23 liege nicht vor, weil die Justizbehörden in Hamburg lediglich als Mandatare des Senats entschieden. Demgegenüber hat das Bundesverwaltungsgericht[104] zu Recht darauf hingewiesen, daß es für die gebotene funktionelle Betrachtung unerheblich ist, ob die

---

94 Bejahend BVerwG NJW **1976** 305; *Maurer* JZ **1963** 27; JZ **1969** 739; *Knemeyer* DÖV **1970** 121; **a. A** OLG Hamburg GA **1973** 52; *Eyermann/Fröhler*[9] § 179, 3 a VwGO.

95 BVerfGE **25** 352.

96 *Schmidt-Aßmann* in *Maunz/Dürig* Art. 19 Abs. 4 GG, 80; BK-*Schenke* Art. 19 Abs. 4 GG, 232 ff, je mit Nachw.; *Ehlers* in *Schoch/Schmidt-Aßmann/Pietzner* § 40, 124 ff VwGO mit Nachw.; *Schätzler* Handbuch, 8.3; *Feiter* 114 mit Nachw.

97 BVerfG **25** 352; **45** 187; **66** 337.

98 BVerwG NJW **1983** 187.

99 BayVerfGE **18** 140; vgl. auch BayVerfGH NStZ-RR **1997** 39.

100 HessStGH NJW **1974** 791.

101 BVerfGE **30** 108.

102 BVerwGE **49** 221; KG GA **1978** 14; NStZ **1993** 54; OLG Saarbrücken MDR **1979** 338; OLG Stuttgart MDR **1988** 886; OLG Celle NJW **1989** 114.

103 OLG Hamburg MDR **1973** 70.

104 BVerwGE **49** 221.

Justizbehörden als Mandatare oder Delegatare des Staatsoberhaupts als Gnadenträger entscheiden. Der herrschenden Meinung ist zu folgen. Bei dem Widerruf von Gnadenentscheidungen zu strafgerichtlich angeordneten Rechtsfolgen handelt es sich um eine spezifisch justizmäßige Maßnahme, bei deren Überprüfung die Kenntnisse und Erfahrungen der Strafsenate der Oberlandesgerichte zum Tragen kommen müssen.

So wie die positive und die negative Gnadenentscheidung selbst einer gerichtlichen Kontrolle nicht unterliegen, ist die Gnadenbehörde auch in der **Gestaltung des Gnadenverfahrens** grundsätzlich frei und nicht der gerichtlichen Nachprüfung unterworfen. Das gilt auch hinsichtlich der Gewährung von rechtlichem Gehör. Insbesondere besteht kein Anspruch des Betroffenen auf Einsicht in die Gnadenakten, der nach § 23 durchsetzbar wäre[105]. In den Gnadenordnungen der Länder wird Akteneinsicht teilweise ausdrücklich ausgeschlossen[106]. Handelt es sich dagegen um den Widerruf eines Gnadenerweises, so unterliegt wie die Entscheidung selbst so auch das vorbereitende Verfahren grundsätzlich gerichtlicher Kontrolle; in diesem Rahmen besteht ein Anspruch auf rechtliches Gehör und Akteneinsicht[107]. **38**

8. Internationale Rechtshilfe in Strafsachen. Wenn Justizbehörden im organisationsrechtlichen Sinne, insbesondere Justizministerien und Staatsanwaltschaften, auf dem Gebiet der internationalen Rechtshilfe in Strafsachen tätig werden, handelt es sich grundsätzlich nicht um Justizverwaltungsakte auf dem Gebiet der Strafrechtspflege. Das wird, wenn es um Rechtshilfe für ausländische Strafverfahren geht, teilweise damit begründet, daß § 23 nur Maßnahmen im Rahmen der inländischen Strafrechtspflege erfasse[108]. Diese Begründung greift nicht, wenn es um ausgehende Ersuchen (§§ 68 ff IRG) geht, mit denen ausländische Stellen um Rechtshilfe für ein deutsches Strafverfahren gebeten werden. Hier wie bei den eingehenden Ersuchen greift aber das weitere Argument, daß Entscheidungen über die Gewährung oder Inanspruchnahme internationaler Rechtshilfe, gleich ob die Bundesregierung handelt oder die Entscheidung Behörden der Länder zugewiesen ist, der Pflege der auswärtigen Beziehungen dienen. Hierauf liegt der Schwerpunkt; ein Justizverwaltungsakt auf strafrechtlichem Gebiet liegt deshalb nicht vor[109]. Inwiefern ein entsprechendes Tätigwerden der Justizbehörden eine Maßnahme mit Außenwirkung ist[110] und ob das Rechtsschutzsystem des IRG eine abschließende Regelung enthält[111], ist deshalb für die Anwendbarkeit der §§ 23 ff nicht mehr entscheidend. **39**

Für **Ersuchen um Vollstreckung** nach § 71 IRG hat das Bundesverfassungsgericht mit Beschluß vom 18. 6. 1997[112] entschieden, daß die Entscheidung der Staatsanwaltschaft, ein Vollstreckungsersuchen durch die Bundesregierung an die Türkei nicht anzuregen, eine Maßnahme sei, gegen die nach Art. 19 Abs. 4 GG Rechtsschutz bestehen müsse. Zugrunde liegt, daß die Bundesregierung im Verfahren des Bundesverfassungsgerichts **40**

---

105 OLG Hamburg NJW **1975** 1985 mit Anmerkung *Maurer* NJW **1976** 123.

106 Vgl. § 7 Abs. 4 Satz 2 GnO NW; § 20 Abs. 1 Satz 4 BayGnO; § 16 Abs. 2 GnO BW; § 4 Abs. 3 HessGnO; § 19 Abs. 2 GnO MV.

107 Vgl. §§ 7 Abs. 4 Satz 2, 39 Abs. 5 GnO NW.

108 *Kleinknecht/Meyer-Goßner*[43] 4; offengelassen in OLG Hamm GA **1975** 150 und bei LR-*K. Schäfer*[23] 55.

109 OLG Hamm GA **1975** 150; OLG Hamburg GA **1985** 325; OLG Stuttgart StV **1990** 123; KG StV **1993** 543; *Vogler* NJW **1982** 468, 471; *Schomburg/Lagodny* § 74, 5, 6 IRG; *Kissel* 68; **a. A** für Ersuchen an die ehemalige DDR OLG Hamm NStZ **1982** 215.

110 Verneinend OLG München NJW **1975** 509 (Ersuchen um Übernahme der Verfolgung an Dänemark); OLG Bamberg NStZ **1985** 224 (Ablehnung, ein Vollstreckungsübernahmeersuchen an die Türkei vorzubereiten) – dazu BVerfG unten Fußn. 112.

111 So OLG Hamm GA **1975** 150 (zum DAG); OLG Stuttgart StV **1990** 123; kritisch *Schomburg/Lagodny* Vor § 68, 41 IRG: Bei Ablehnung eines Rechtshilfeersuchens an das Ausland ist der Verwaltungsrechtsweg gegeben.

112 BVerfG NJW **1997** 3013 = NStZ **1998** 140 mit Anm. *Schomburg* = JZ **1998** 564 mit Anm. *Lagodny*.

ausgeführt hat, es sei strikt zu trennen zwischen der nach außenpolitischen Gesichtspunkten von ihr zu treffenden Entscheidung über ein Vollstreckungsersuchen an den fremden Staat und der vorgängigen Entscheidung der Vollstreckungsbehörde, ob ein solches Ersuchen angeregt wird. Die letztere Entscheidung treffe die Vollstreckungsbehörde abschließend, an eine negative Entscheidung betrachte sich die Bundesregierung im Hinblick auf die Kompetenzordnung des GG gebunden. Auf dieser Grundlage hat das Bundesverfassungsgericht die Entscheidung der Vollstreckungsbehörde als Maßnahme mit Außenwirkung, nicht als bloßes Verwaltungsinternum, angesehen, gegen die, da der verfassungsrechtliche Anspruch auf Resozialisierung berührt wird, Rechtsschutz erforderlich ist. Welcher Rechtsweg gegeben ist, hat das Bundesverfassungsgericht offengelassen. Man wird, wenn die vollstreckungsrechtliche Seite in solcher Weise verselbständigt wird, davon ausgehen müssen, daß eine Maßnahme auf dem Gebiet der Strafrechtspflege vorliegt und deshalb der Antrag nach § 23 gegeben ist[113].

41 **9. NATO-Truppenstatut.** Lehnt die Staatsanwaltschaft es ab, den von der Bundesrepublik gegenüber einem Entsendestaat erklärten Verzicht auf das Vorrecht zur Ausübung der konkurrierenden Strafgerichtsbarkeit (Art. VII NATO-Truppenstatut, Art. 19 Zusatzabkommen zum NATO-Truppenstatut) im Einzelfall zurückzunehmen, trifft sie eine Maßnahme auf dem Gebiet der Strafrechtspflege. Der danach statthafte Antrag nach § 23 wird jedoch in aller Regel nach § 24 Abs. 1 unzulässig sein, da eine Verletzung rechtlich geschützter Interessen des Betroffenen nicht in Betracht kommt. Die Rücknahme des Verzichts setzt nach Art. 19 Abs. 3 Satz 1 Zusatzabkommen zum NATO-Truppenstatut voraus, daß Belange der deutschen Strafrechtspflege, also öffentliche Interessen, die Rücknahme erfordern[114].

IV. Maßnahmen zur Regelung einzelner Angelegenheiten

42 **1. Gegenstand der Nachprüfung** sind nach § 23 Abs. 1 Satz 1 ebenso wie nach § 23 Abs. 1 Satz 2 (dazu unten Rdn. 60 ff) Anordnungen, Verfügungen oder sonstige Maßnahmen zur Regelung einzelner Angelegenheiten. Anordnungen und Verfügungen sind danach Unterfälle einer Maßnahme; der Begriff der Maßnahme ist der Oberbegriff. Demgemäß spricht das Gesetz in den §§ 24, 28 auch nur von Maßnahmen, nicht von Anordnungen und Verfügungen. Es ist üblich und läßt sich als Sprachgebrauch bis auf die Gesetzesmaterialien zurückverfolgen[115], den Gegenstand der Nachprüfung nach § 23 Abs. 1 als „Justizverwaltungsakt" zu bezeichnen. Das Gesetz verwendet diesen Begriff im Gesetzestext nicht; neuerdings hat der Gesetzgeber des Justizmitteilungsgesetzes diesen Begriff allerdings in der neuen Abschnittsüberschrift für die §§ 23 bis 30 verwandt (Art. 1 Nr. 3 JuMiG), ersichtlich ohne sich dabei viel zu denken[116]. § 23 Abs. 2 spricht davon, daß Gegenstand des Verpflichtungsantrags der Erlaß eines abgelehnten und unterlassenen Verwaltungsakts sein könne; auch in § 27 Abs. 2 Satz 2 wird das Wort „Verwaltungsakt" verwendet. Diese unterschiedliche Terminologie sowie der Umstand, daß das gesetzgeberische Vorbild der Regelung in § 23, nämlich § 42 VwGO, ausschließlich mit dem Begriff des Verwaltungsakts arbeitet, ebenso § 113 VwGO, hat zunächst zu erheblichen Zweifeln geführt, wie der Begriff der Maßnahme auszulegen sei.

43 **2. Auslegung des Begriffs der „Maßnahme".** Zum Teil wurde aus Absatz 2 gefolgert, daß er gewissermaßen eine Legaldefinition in dem Sinne enthalte, es müsse sich bei

---

113 Ebenso im Ergebnis *Schomburg/Lagodny*³ § 71, 14d JRG.

114 OLG Hamm NStZ **1998** 210.

115 BTDrucks. **3** 55 S. 61, BTDrucks. **3** 1094 S. 15.

116 Vgl. Entwurfsbegründung BTDrucks. **13** 4709 S. 19, 27.

der „Maßnahme" des Absatzes 1 um einen Verwaltungsakt im technischen Sinne des § 42 VwGO handeln, und unter Verwaltungsakt im Sinne des § 42 VwGO wurde verstanden eine in Ausübung öffentlicher Gewalt (hoheitlich) getroffene behördliche Maßnahme, von der unmittelbar rechtliche Wirkungen ausgehen, Lebensverhältnisse bestimmend geordnet werden und damit in die Rechts- und Lebensverhältnisse des Betroffenen gestaltend eingegriffen wird[117]. Heute enthält § 35 VwVfG eine gesetzliche Definition des Verwaltungsakts dahin, daß Verwaltungsakt jede Verfügung, Entscheidung oder andere hoheitliche Maßnahme ist, die eine Behörde zur Regelung eines Einzelfalles auf dem Gebiet des öffentlichen Rechts trifft und die auf unmittelbare Rechtswirkung nach außen gerichtet ist. Allerdings gilt das VwVfG im Anwendungsbereich der §§ 23 ff nicht unmittelbar, § 2 Abs. 3 Nr. 1 VwVfG. Unabhängig davon hat sich aber auch die Auffassung durchgesetzt, daß der Begriff der „Maßnahme" nicht durch Rückgriff auf § 42 VwGO oder § 35 VwVfG zu gewinnen ist und daß im Gebrauch des Wortes „Verwaltungsakt" in Absatz 2 lediglich eine vereinfachende Zusammenfassung von „Anordnungen, Verfügungen oder sonstigen Maßnahmen" zu erblicken ist. Für diese Auffassung spricht, daß jetzt der im übrigen dem § 23 Abs. 2 nachgebildete § 109 Abs. 1 Satz 2 StVollzG nicht von der Verpflichtung zum Erlaß eines abgelehnten oder unterlassenen Verwaltungsakts, sondern von der Verpflichtung zum Erlaß einer abgelehnten oder unterlassenen Maßnahme spricht, andererseits aber § 109 Abs. 1 Satz 1 StVollzG auch im Wortlaut ausdrücklich zum Ausdruck bringt, daß Gegenstand der gerichtlichen Entscheidung nur eine Maßnahme zur Regelung einzelner Angelegenheiten auf dem Gebiet des Strafvollzugs ist. Damit ist § 109 StVollzG als eine authentische Interpretation des in § 23 Abs. 2 verwendeten Begriffs des Verwaltungsakts zu werten.

Der **Begriff der Maßnahme** ist danach unmittelbar aus Wortlaut, Sinn und Zweck des § 23 zu entwickeln. Das Ergebnis ist, daß eine Maßnahme nicht nur bei Vorliegen eines Verwaltungsakts gegeben ist, sondern auch bei schlicht hoheitlichem Handeln, auch rein tatsächlichen Handlungen (Realakten) wie z. B. der Art und Weise einer Vernehmung oder Durchsuchung oder — im Bereich des Absatzes 1 Satz 2 — bei der vielzitierten Anrede von Heranwachsenden im Jugendstrafvollzug mit „Du"[118]. Für diesen weiten Begriff der Maßnahme, der mit dem Wortsinn vereinbar ist, spricht das gesetzgeberische Ziel, den nach Art. 19 Abs. 4 GG gebotenen Rechtsschutz gegen Verwaltungshandeln auf dem Gebiet der Strafrechtspflege den sachnäheren Oberlandesgerichten zu übertragen. Dieses Ziel würde verfehlt, wenn als Maßnahme im Sinne des § 23 Abs. 1 nur Verwaltungsakte begriffen würden, denn dann hätten die Verwaltungsgerichte zu entscheiden, soweit Rechtsschutz gegen sonstiges Verwaltungshandeln gewährt werden muß[119]. Der weite Begriff der Maßnahme, der schlicht hoheitliches Handeln einschließt, ist heute herrschende Auffassung[120]. **44**

3. Regelung einzelner Angelegenheiten. Da der Begriff der Maßnahme schlicht hoheitliches Handeln einschließt, dürfen bei dem Erfordernis, daß die Maßnahme die Regelung einzelner Angelegenheiten bezwecken muß, keine überzogenen Anforderungen **45**

[117] So z. B. OLG Hamm JVBl. **1962** 41; NJW **1972** 2145; OLG Hamburg NJW **1965** 776; OLG Karlsruhe NJW **1965** 1545; *Altenhain* JZ **1966** 16.

[118] OLG Hamm MDR **1969** 600.

[119] Ebenso *Kissel* 28; MünchKomm-*Wolf* 5.

[120] OLG Hamm MDR **1969** 600; StV **1982** 125; NStZ **1984** 136; OLG Hamburg NJW **1979** 279; KG NJW **1987** 197; NStZ **1993** 45; BVerwG NStZ **1988** 513; VGH Mannheim NJW **1969** 1319; NJW **1973** 214; OVG Münster NJW **1977** 1790; *Kissel* 28, 29; *Katholnigg* 1; *Kleinknecht/Meyer-Goßner*[43] 6; MünchKomm-*Wolf* 5; *Baumbach/Lauterbach/Albers* 1; *Zöller/Gummer* 1; *Wieczorek/Schütze/Schreiber* 7; *Ehlers* in *Schoch/Schmidt-Aßmann/Pietzner* § 40, 593 VwGO.

gestellt werden. Es genügt, ist andererseits aber auch erforderlich, daß die Maßnahme hoheitlich getroffen wird und unmittelbare Rechtswirkungen nach außen entfaltet (vgl. § 35 VwVfG) und den Betroffenen in seinen Rechten verletzen kann[121]. Letzteres kann aus § 24 Abs. 1 hergeleitet werden, ergibt sich aber auch unmittelbar daraus, daß § 23 eine Konkretisierung von Art. 19 Abs. 4 GG ist und auf den von ihm erfaßten Gebieten der Justizverwaltung den durch Art. 19 Abs. 4 gebotenen Rechtsschutz sicherstellen will. Daß ein Einzelfall, einzelne Angelegenheiten, geregelt werden müssen, schließt es aus, allgemeine Verwaltungsanordnungen, die die Rechtsstellung des einzelnen nicht unmittelbar berühren, mit dem Antrag nach § 23 anzugreifen. Der Weg nach § 23 ist erst eröffnet, wenn in Anwendung einer solchen generellen Anordnung auf einen konkreten Einzelfall eine Verletzung des Betroffenen in seinen Rechten in Betracht kommt. Anders ist es nur, wenn die generelle Anordnung schon durch ihre Existenz unmittelbar in die Rechte des einzelnen eingreifen und sich für diesen nachteilig auswirken kann[122]. Andererseits ist es nicht erforderlich, daß die Maßnahme sich gegen bestimmte einzelne Personen richtet; auch die Allgemeinverfügung (§ 35 Satz 2 VwVfG), das heißt eine Maßnahme, die einen konkreten Sachverhalt für einen nach allgemeinen Merkmalen bestimmten oder bestimmbaren Personenkreis regelt, wird von § 23 Abs. 1 erfaßt[123].

46 **4. Folgerungen.** Mit der Begründung, es fehle an einer Maßnahme zur Regelung eines Einzelfalles, ist von der Rechtsprechung in einer Reihe von Fällen und Fallgruppen die Zulässigkeit eines Antrags nach § 23 verneint worden. Die ältere Rechtsprechung ist teilweise überholt, z. B. dadurch, daß heute im Lichte des Artikels 19 Abs. 4 GG auch schlicht hoheitliches Handeln dem Begriff der Maßnahme im Sinne des § 23 Abs. 1 unterstellt wird oder daß bei der Frage, ob eine Rechtsverletzung vorliegen kann, die Rechtsprechung des Bundesverfassungsgerichts zum informationellen Selbstbestimmungsrecht zu berücksichtigen ist.

47 **a)** Nicht als anfechtbare Maßnahme im Sinne des § 23 wurden bloße **Hinweise** auf bestehende Vorschriften[124], insbesondere darauf, daß eine andere Stelle zuständig ist[125], **und Auskünfte** über die Rechtslage[126] angesehen. Hier fehlt es im Regelfall in der Tat an der Entfaltung von Rechtswirkungen und der Möglichkeit einer Rechtsverletzung. Allerdings bedarf es der Würdigung jedes Einzelfalls; je nach den Umständen kann in solchen Hinweisen auch eine Sachentscheidung stecken[127]. Das liegt besonders nahe, wenn mit dem Hinweis Ermahnungen verbunden und für den Fall der Nichtbeachtung die möglichen Konsequenzen dargelegt werden[128].

48 **b)** Auch bei der **Ablehnung von Auskünften** durch die Justizbehörden ist der Charakter einer anfechtbaren Maßnahme teilweise verneint worden, wenn kein Anspruch auf die Rechtsauskunft bestand[129]. Richtig wird es sein, solche Fälle an § 24 Abs. 1 scheitern zu

121 OLG Hamm NJW **1972** 2145; NStZ **1984** 136; OLG Hamburg NJW **1979** 279; *Kissel* 31; *Katholnigg* 2; *Kleinknecht/Meyer-Goßner*[43] 6; *Wieczorek/Schütze/Schreiber* 7; MünchKomm-*Wolf* 6 will die Möglichkeit der Rechtsverletzung nicht beim Maßnahmebegriff, sondern (nur) bei § 24 Abs. 1 prüfen; *Ehlers* in *Schoch/Schmidt-Aßmann/Pietzner* § 40, 594 VwGO sieht auch die unmittelbare Außenwirkung nicht als Element des Maßnahmebegriffs an.

122 KG NJW **1971** 476; OLG Frankfurt NJW **1977** 2177; OLG Hamm NStZ **1988** 93; *Holch* JR **1979** 350; *Kleinknecht/Meyer-Goßner*[43] 7.

123 BGHSt **29** 135; KG NJW **1971** 477; OLG Saarbrücken NJW **1978** 1446; *Hanack* JR **1971** 273; *Katholnigg* 3; *Kleinknecht/Meyer-Goßner*[43] 7.

124 OLG Hamm vom 4. 9. 1962 – 1 VAs 1/62 –.

125 OLG Bamberg JVBl. **1963** 175 mit Anm. *Altenhain*; vgl. auch BVerfGE **16** 89.

126 OLG Hamm JVBl. **1963** 117.

127 So auch OLG Bamberg JVBl. **1963** 175.

128 Vgl. den Fall bei OLG Stuttgart JVBl. **1971** 114.

129 OLG Schleswig GA **1964** 185.

lassen, wenn denn eine Verletzung des Antragstellers in seinen Rechten nicht in Betracht kommt[130].

c) Sogenannte Wissenserklärungen. Der Charakter einer Maßnahme wurde insbesondere verneint bei der Abgabe sogenannter Wissenserklärungen, das heißt bei behördlichen Mitteilungen über bestimmte Umstände an eine andere Stelle, der es überlassen bleibt, ob und gegebenenfalls welche Konsequenzen sie daraus zieht. Hauptanwendungsfall waren die Mitteilungen in Strafsachen nach der MiStra (vgl. oben Rdn. 31) und Presseerklärungen über Strafverfahren (vgl. oben Rdn. 29, 30). **Mitteilungen in Strafsachen**, auch die sensible Mitteilung nach Nr. 15 MiStra an den Dienstvorgesetzten eines straffälligen Beamten, wurden als bloße Wissenserklärungen ohne Regelungscharakter betrachtet, weil es beim Empfänger der Mitteilung liege, ob und welche dem Betroffenen nachteiligen Folgerungen aus der Mitteilung er ziehe[131]. Die Mitteilung nach Nr. 15 MiStra, so das Oberlandesgericht Karlsruhe noch im Jahre 1987, „regelt nichts, gestaltet nichts, wirkt auf die Lebens- und Rechtsverhältnisse des Betroffenen nicht ein"[132]. Das ist im Hinblick auf die Rechtsprechung des Bundesverfassungsgerichts zum informationellen Selbstbestimmungsrecht als Teilinhalt des allgemeinen Persönlichkeitsrechts nach Art. 2 Abs. 1 GG in Verbindung mit Art. 1 Abs. 1 GG[133] anfechtbar geworden. Wenn nach dieser Rechtsprechung grundrechtlicher Schutz gegen die unbegrenzte Weitergabe und Verwendung persönlicher Daten besteht und Einschränkungen nur im überwiegenden Allgemeininteresse und unter Beachtung des Verhältnismäßigkeitsgrundsatzes zulässig sind[134], so läßt sich der Maßnahmencharakter entsprechender Mitteilungen, bei denen u. U. sensible Informationen aus dem Bereich der Strafjustiz hinausgelangen, nur schwer bestreiten, und gleiches gilt für ähnliche Mitteilungen und Auskünfte aus Strafverfahren. Diese Auffassung hat der Gesetzgeber im Justizmitteilungsgesetz zugrunde gelegt (Vor § 12, 2, 3). Vorsorglich hat das Oberlandesgericht Karlsruhe in der zitierten Entscheidung auch zur Begründung des Antrags Stellung genommen[135]. Das Oberlandesgericht Hamm hat in einer gleichzeitig veröffentlichten Entscheidung sich mit der Zulässigkeit des gegen eine Mitteilung nach Nr. 15 MiStra gerichteten Antrags gar nicht mehr näher befaßt und gleich die Begründetheit geprüft[136]. Für **Presseerklärungen** über Strafverfahren gilt, wenn darin personenbezogene Informationen enthalten sind, sei es über den Beschuldigten oder über Dritte, dasselbe. Auch sie haben Außenwirkung und können das allgemeine Persönlichkeitsrecht der Betroffenen verletzen[137]. **49**

d) Der Maßnahmencharakter fehlt bei behördeninternen Vorgängen, die eine Entscheidung der Justizbehörde erst vorbereiten sollen, wie Entwürfen, Vermerken und Stellungnahmen der beteiligten Referate und Sachbearbeiter, Besprechungsergebnissen, Festlegungen, Anordnungen und Weisungen, daß eine bestimmte Maßnahme getroffen werden soll[138]. Der Maßnahmencharakter fehlt auch bei **verwaltungsinternen Vorgängen**, die zwar die Behörde verlassen, aber im Bereich der Justizverwaltung bleiben und **50**

---

130 Vgl. OLG Hamburg JR **1965** 189 mit Anm. *Kohlhaas*; wie hier *Ehlers* in *Schoch/Schmidt-Aßmann/Pietzner* § 40, 594 VwGO.

131 OLG Hamm JVBl. **1962** 41; NJW **1972** 2145; OLG Karlsruhe NStZ **1988** 184; **a. A** OLG Hamm NStZ **1988** 186; *Jonigk* NStZ **1988** 187; MünchKomm-*Wolf* 40.

132 OLG Karlsruhe NStZ **1988** 184.

133 BVerfGE **65** 1.

134 BVerfGE **65** 1; **78** 77.

135 OLG Karlsruhe NStZ **1988** 185.

136 OLG Hamm NStZ **1988** 186.

137 BVerwG NStZ **1988** 513; OLG Koblenz StV **1987** 430; OLG Karlsruhe NJW **1995** 899; OLG Hamm NStZ **1995** 412; *Strubel/Sprenger* NJW **1972** 1734; *Wasmuth* NJW **1988** 1705; NStZ **1990** 138; *Kissel* 36; *Katholnigg* 7; *Kleinknecht/Meyer-Goßner*[43] 15; MünchKomm-*Wolf* 43; im Ergebnis ebenso *Ehlers* in *Schoch/Schmidt-Aßmann/Pietzner* § 40, 600 VwGO.

138 *Kissel* 37, 38; KK-*Kissel* 26, 29; *Kleinknecht/Meyer-Goßner*[43] 7; **a. A** MünchKomm-*Wolf* 6, der die Außenwirkung (erst) im Rahmen des § 24 Abs. 1 prüfen will.

keine unmittelbare Rechtswirkung nach außen haben. So liegt es bei Weisungen einer Justizbehörde an eine nachgeordnete Justizbehörde, auch wenn die Weisung auf eine regelnde Maßnahme abzielt. Nicht die Weisung als bloßes Internum, erst das Tätigwerden der angewiesenen Behörde kann regelnden Charakter haben[139]. Erst recht sind Bitten und Anregungen an eine nachgeordnete Justizbehörde, in einem bestimmten Sinne zu verfahren, keine Maßnahme[140], ebensowenig Berichte und Vorschläge gegenüber einer vorgesetzten Behörde. An der unmittelbaren Außenwirkung fehlt es auch, wenn eine Justizbehörde gegenüber einer gleichgeordneten anderen Justizbehörde auf strafrechtlichem Gebiet eine gesetzlich vorgeschriebene Stellungnahme abgibt, etwa die Staatsanwaltschaft gegenüber einer Vollzugsbehörde[141]. Deren Maßnahme oder Unterlassung, nicht die Stellungnahme der Staatsanwaltschaft, ist anfechtbar. Wenn die Staatsanwaltschaft eine nach Landesrecht erforderliche Zustimmung zu Lockerungen im Maßregelvollzug gegenüber dem psychiatrischen Krankenhaus versagt, liegt es ebenso: Nicht die Versagung der Zustimmung, sondern die daraufhin erfolgte Versagung der Vollzugslockerung ist eine Maßnahme, die angefochten werden kann, hier nach §§ 109 ff StVollzG[142]. Daran ändert sich auch nichts, soweit bei diesen Vorgängen personenbezogene, im Strafverfahren erhobene Informationen verwendet werden.

51 e) **Maßnahmen im Verhältnis zu einer anderen Behörde** sollen nach verbreiteter Auffassung aus dem Anwendungsbereich des § 23 herausfallen[143]. Das ist im Verhältnis der Justizbehörden zu anderen staatlichen Behörden zutreffend. § 23 ist eine Konkretisierung von Art. 19 Abs. 4 GG und will den Rechtsschutz vor Maßnahmen der öffentlichen Gewalt gewährleisten. Davon kann nicht die Rede sein, wenn der Justizbehörde eine andere Behörde desselben Hoheitsträgers gegenübersteht. Anders kann man es bei Behörden anderer Hoheitsträger sehen, insbesondere solcher, die Träger von Grundrechten sein können wie die Kommunen und die Universitäten[144]. Das Problem kann sich im Zusammenhang mit einer beantragten Einsicht in Strafakten stellen. Wird ein von dem Lehrstuhl einer Universität zu wissenschaftlichen Zwecken gestelltes Gesuch um Einsicht in Strafakten abgelehnt, wird der gebotene Rechtsschutz im Verfahren nach §§ 23 ff zu gewähren sein, solange nicht der Gesetzgeber eine andere Regelung, etwa die Anwendbarkeit von § 161 a Abs. 3 StPO, vorsieht.

5. Maßnahmen der Strafverfolgungsbehörden im Ermittlungs- und Strafverfahren

52 a) **Praktische Bedeutung.** Wäre das Handeln der Staatsanwaltschaft und der anderen Strafverfolgungsbehörden im Ermittlungs- und Strafverfahren in allen seinen Schritten von der Prüfung des Anfangsverdachts (§ 152 Abs. 2 StPO) und der Einleitung des Ermittlungsverfahrens über die verschiedenen Schritte zur Erforschung des Sachverhalts (§ 160 Abs. 1 StPO), die Entscheidung über die Erhebung der öffentlichen Klage, die Antragstellung in der Hauptverhandlung bis zur Vollstreckung der gerichtlichen Entscheidung als Maßnahme im Sinne des § 23 anzusehen, so könnte ein einzelnes Strafverfahren zahlreiche gerichtliche Nebenverfahren auslösen, seien es Verfahren vor dem Strafsenat nach § 23 Abs. 1, seien es nach § 23 Abs. 3 vorrangige andere gerichtliche Verfahren. Die

139 *Kissel* 34; KK-*Schoreit* § 146, 12 GVG; *Wieczorek/Schütze/Schreiber* 7.

140 OLG Koblenz MDR **1972** 169.

141 OLG Hamm NJW **1985** 2040.

142 OLG Stuttgart NStZ **1986** 525 mit Anm. *Walter/Pieplow*.

143 OLG Celle NJW **1966** 1473; *Kissel* 38; *Kleinknecht/Meyer-Goßner*[43] 6.

144 Ebenso OLG Celle NJW **1990** 1802.

Strafverfolgung könnte damit außerordentlich verkompliziert und verzögert und praktisch zum Erliegen gebracht werden.

b) Deutung als Prozeßhandlungen. Nach einer namentlich in der Rechtsprechung verbreiteten Auffassung sind Verfahrenshandlungen der Staatsanwaltschaft, d. h. Maßnahmen, die sie als Rechtspflegeorgan zur Einleitung, Durchführung und Beendigung eines Strafverfahrens trifft[145], grundsätzlich (von gewissen Einschränkungen abgesehen) keine „Justizverwaltungsakte" im Sinne des § 23. Sie werden vielmehr wegen ihrer funktionalen Bedeutung für das Strafverfahren, wegen ihres auf die Rechtsprechungstätigkeit der Gerichte ausgerichteten Ziels, materiell dem Bereich der nicht unter § 23 fallenden Rechtsprechungstätigkeit zugerechnet[146]. Der Charakter als nach § 23 nicht anfechtbarer Prozeßhandlung wird dabei nicht nur den Anträgen und Erklärungen der Staatsanwaltschaft gegenüber dem Gericht, sondern auch den selbständig getroffenen Strafverfolgungsmaßnahmen der Staatsanwaltschaft im Ermittlungsverfahren beigelegt[147] und weitergehend[148] auch den Verfolgungsmaßnahmen der Hilfsbeamten der Staatsanwaltschaft und der Polizei. **53**

c) Eine gängige **Begründung** ist die von der untrennbaren Einheit zwischen dem Ermittlungsverfahren und dem gerichtlichen Eröffnungs- und Hauptverfahren. Dagegen erhebt sich freilich das Bedenken, daß die Staatsanwaltschaft das Ermittlungsverfahren nicht von vornherein mit dem Ziel betreibt, ein gerichtliches Verfahren herbeizuführen, sondern zunächst einmal eine Entscheidung treffen will, ob das Ermittlungsverfahren einzustellen oder Anklage zu erheben ist. Kommt es zur Einstellung des Verfahrens, so fehlt es an der Verknüpfung von Ermittlungsverfahren und gerichtlichem Verfahren; die Einstellung verhindert gerade, daß es zu einer Rechtsprechungstätigkeit im Hauptverfahren kommt. Eine andere Begründung geht dahin, die Herausnahme der von der Staatsanwaltschaft, ihren Hilfsbeamten und der Polizei im Ermittlungsverfahren getroffenen Maßnahmen und Entschließungen aus dem Anwendungsbereich der §§ 23 ff entspreche dem **Willen des Gesetzgebers**. Aus der Entstehungsgeschichte dieser Vorschriften ergebe sich nämlich, daß der Rechtsweg zum Oberlandesgericht nur zur Nachprüfung von „Verwaltungsmaßnahmen" eröffnet werden solle. Mit den auf Ermittlung, Aufklärung und Ahndung gerichteten Verfahrenshandlungen der Staatsanwaltschaft werde aber nicht „verwaltet"; sie gehörten vielmehr funktionell zur Rechtspflege. In der Tat läßt sich den Gesetzesmaterialien nicht entnehmen, daß der Gesetzgeber daran dachte, mit den §§ 23 ff den Rechtsschutz gegen die Tätigkeit der Staatsanwaltschaft im Ermittlungs- und Strafverfahren zu regeln. Andererseits ergibt sich aus den Materialien auch nicht, daß der Gesetzgeber sogenannte Prozeßhandlungen der Staatsanwaltschaft von einer Anfechtbarkeit ausschließen wollte. Mit dieser Frage hat er sich nicht befaßt. **54**

d) Erwirkungs- und Bewirkungshandlungen. Eine andere Betrachtungsweise lehnt zwar die Lehre ab, daß generell „Prozeßhandlungen" der Staatsanwaltschaft nicht unter § 23 fielen, kommt aber zur Herausnahme eines Teils der Verfahrenshandlungen der Staatsanwaltschaft aus dem Bereich des § 23 durch die Unterscheidung zwischen Bewir- **55**

---

145 S. auch Einl. B 31, I 56 und J 15 sowie zu dem hier hineinspielenden Prozeßhandlungsbegriff insgesamt J 5 ff.

146 OLG Hamm NJW **1965** 1241; NJW **1966** 684; NJW **1969** 808; NStZ **1984** 280, 423; OLG Stuttgart NJW **1972** 2146; NJW **1977** 2276; OLG Hamburg NJW **1972** 1586; NStZ **1984** 566; StV **1986** 422; OLG Bamberg JVBl. **1966** 239; OLG Nürnberg GA **1968** 59; OLG Karlsruhe NJW **1976** 1417; NJW **1978** 1595; NStZ **1982** 434 mit Anm. *Rieß*; OLG Koblenz GA **1975** 340; vgl. auch BVerfG NStZ **1984** 228; NJW **1985** 1019; offengelassen von BGH GA **1981** 226; kritisch: OLG Frankfurt StV **1989** 96; **a. A** OLG Celle NStZ **1983** 379; NJW **1990** 1802.

147 Z. B. OLG Koblenz GA **1975** 340; OLG Stuttgart NJW **1977** 2276; OLG Karlsruhe NJW **1978** 1595.

148 Z. B. OLG Karlsruhe NJW **1976** 1417.

kungshandlungen und Erwirkungshandlungen[149]. Danach sind Erwirkungshandlungen wie z. B. der Antrag auf Erlaß eines Haftbefehls im Ermittlungsverfahren, die Erhebung der Anklage oder die Einlegung eines Rechtsmittels gegen eine gerichtliche Entscheidung keine „Justizverwaltungsakte", weil sie keine „Regelung" enthielten; es fehle an einer unmittelbaren rechtsgestaltenden Wirkung, weil sie lediglich darauf abzielten, daß ein bestimmter Sachverhalt durch den Strafrichter geregelt werde. Dagegen seien Bewirkungshandlungen wie z. B. die Einstellung des Ermittlungsverfahrens, Rechtsmittelverzicht und -zurücknahme wegen ihrer unmittelbaren Gestaltungswirkung Justizverwaltungsakte und nach § 23 angreifbar, soweit nicht § 23 Abs. 3 eingreift oder eine Rechtsbeeinträchtigung (§ 24) nicht in Frage stehen kann. Dieser Lösungsansatz führt einen Schritt weiter, begegnet aber dem Bedenken, daß die Grenzen zwischen Erwirkungs- und Bewirkungshandlungen fließend sein können, insbesondere ein und dieselbe Maßnahme sowohl Erwirkungs- wie Bewirkungscharakter haben kann. So ist z. B. die Erhebung der Anklage Erwirkungshandlung, weil sie den Sachverhalt der richterlichen Entscheidung unterbreitet; sie ist aber auch Bewirkungshandlung, weil sie Rechtshängigkeit im weiteren Sinne bewirkt und den Beschuldigten in den Status des Angeschuldigten versetzt.

56 **e) Vollstreckungsmaßnahmen. Doppelfunktionelle Prozeßhandlungen.** Nach anfänglichem Schwanken ist heute weithin anerkannt, daß Prozeßhandlungen der Staatsanwaltschaft im Hinblick auf Artikel 19 Abs. 4 GG in zwei Fallgruppen einer gerichtlichen Überprüfung, sei es nach § 23, sei es aufgrund eines sonstigen Rechtsbehelfs, zugänglich sein müssen, nämlich bei der Vollstreckung gerichtlicher Entscheidungen nach § 36 Abs. 2 StPO[150] und bei sogenannten doppelfunktionellen Prozeßhandlungen[151], die einerseits der Wahrheitserforschung im Prozeß dienen und andererseits materiellrechtlich einen Grundrechtseingriff ermöglichen, wie dies etwa bei der körperlichen Untersuchung nach § 81 a StPO oder bei der Durchsuchung nach § 102 StPO der Fall ist[152].

57 **f) Eigener Standpunkt.** Die Auffassung, daß sich die Tätigkeit der Staatsanwaltschaft im Strafverfahren weithin nicht als Justizverwaltungsakt, sondern als Prozeßhandlung darstellt, die einer Anfechtung entzogen sein muß, enthält einen wahren Kern[153]. Viele Handlungsschritte der Staatsanwaltschaft im Ermittlungsverfahren wie in den nachfolgenden Verfahrensabschnitten haben keine selbständige Bedeutung, sondern erschöpfen sich darin, die das Ermittlungsverfahren abschließende Verfügung der Staatsanwaltschaft vorzubereiten und das Gericht bei seinen Aufgaben im Ermittlungs-, Zwischen- und Hauptverfahren sowie bei der Strafvollstreckung zu unterstützen. Insoweit hat die Tätigkeit der Staatsanwaltschaft bloß vorbereitenden Charakter, es fehlt in der Tat an einer Maßnahme im Sinne eines hoheitlichen Handelns mit Außenwirkung, eine Verletzung von Rechten scheidet aus. Für das Bußgeldverfahren hat der Gesetzgeber in § 62 Abs. 1 Satz 2 OWiG eine Anrufung des Gerichts gegen bloß vorbereitende Maßnahmen der Verwaltungsbehörde ohne selbständige Bedeutung ausdrücklich ausgeschlossen; eine vergleichbare Regelung enthält § 44 a VwGO. Dies läßt sich als Ausdruck eines allgemeinen Grundsatzes auch auf die Tätigkeit der Staatsanwaltschaft und der übrigen Strafverfolgungsbehörden im Ermittlungsverfahren übertragen. Anders liegt es, wenn die Strafverfolgungsbe-

---

149 OLG Frankfurt vom 11. 2. **1971** – 3 VAs. 61/70 –; ähnlich OLG Hamm NJW **1965** 1241; vgl. *Rieß/Thym* GA **1981** 189, 202; näher zu dieser Unterscheidung Einl. J 13 f.

150 OLG Stuttgart NJW **1972** 2146; KG GA **1978** 244; *Altenhain* JZ **1965** 756, 758; DRiZ **1970** 105, 106; *Kissel* 41.

151 Dazu im Anschluß an *Niese* Doppelfunktionelle Prozeßhandlungen (1950), *Eb. Schmidt* I S. 46; NJW **1963** 1086; *Rieß/Thym* GA **1981** 189, 201; Einl. J 15.

152 *Kissel* 40; *Katholnigg* 15; *Kleinknecht/Meyer-Goßner*[43] 10.

153 *Rieß/Thym* GA **1981** 189, 201; *Feiter* 60; *Katholnigg* 14.

hörden im Zuge des Strafverfahrens in die Rechtssphäre anderer Personen, sei es der Beschuldigte, seien es Dritte, eingreift. Dann ist, mag dieses Handeln sich auch als Vorbereitung der abschließenden Verfügung der Staatsanwaltschaft oder als Vorbereitung gerichtlicher Entscheidungen darstellen, die Ausübung öffentlicher Gewalt im Sinne des Art. 19 Abs. 4 GG gegeben, gegen die grundsätzlich Rechtsschutz zu gewähren ist.

In welcher Weise dieser Rechtsschutz zu gewähren ist und zu welchem Zeitpunkt, ist **58**
im Ergebnis weithin eine **Frage des** nach § 23 Abs. 3 vorrangigen und im Lichte des Art. 19 Abs. 4 GG auszulegenden **Strafverfahrensrechts** (dazu unten Rdn. 82 ff); daß bei dieser Auslegung das Gebot zügiger Durchführung des Strafverfahrens und die Erfordernisse einer wirksamen und funktionstüchtigen Strafrechtspflege, ohne die die Gerechtigkeit nicht durchgesetzt werden kann, berücksichtigt werden dürfen, hat das Bundesverfassungsgericht ausdrücklich anerkannt[154]. Die Unzulässigkeit einer Anrufung des Strafsenats nach § 23 Abs. 1 läßt sich also nicht schon daraus herleiten, daß Prozeßhandlungen der Strafverfolgungsbehörden inmitten stehen. Mag der historische Gesetzgeber bei Schaffung der §§ 23 ff an sie nicht gedacht haben, der Wortlaut des § 23 Abs. 1 Satz 1 schließt sie ein. Die gesetzgeberische Absicht, den nach Art. 19 Abs. 4 GG erforderlichen Rechtsschutz gegen Maßnahmen der Justizbehörden auf dem Gebiet der Strafrechtspflege den sachnäheren Strafsenaten der Oberlandesgerichte und nicht den Verwaltungsgerichten zu übertragen, spricht ebenfalls dagegen, Prozeßhandlungen der Strafverfolgungsbehörden pauschal aus dem Anwendungsbereich der §§ 23 ff auszunehmen. Tatsächlich geht es der Lehre von den Prozeßhandlungen auch nicht um die Frage, ob Rechtsschutz nach §§ 23 ff oder nach §§ 40 ff VwGO zu gewähren ist, sondern darum, eine selbständige Anfechtbarkeit überhaupt auszuschließen oder allenfalls mit den Rechtsbehelfen der StPO zuzulassen. Dafür lassen sich aber Argumente nur aus dem Regelungszusammenhang der StPO und nicht aus der Begrifflichkeit und dem Zweck des § 23 Abs. 1 gewinnen. Deshalb ist die Frage nach dem Rechtsschutz gegen Prozeßhandlungen zugleich eine Frage des § 23 Abs. 3[155].

Als Prozeßhandlung einer **Anfechtung schlechterdings entzogen** können nur die **59**
Handlungen der Strafverfolgungsbehörden sein, die keine selbständige Bedeutung haben, weil sie in niemandes Rechtssphäre eingreifen. In den **anderen Fällen** ist zu prüfen, welchen Rechtsschutz das Strafverfahrensrecht gewährt (dazu unten Rdn. 82 ff). Daraus, daß dieses für Prozeßhandlungen im Einzelfall eine gerichtliche Überprüfung nicht sofort, sondern erst zu einem späteren Zeitpunkt und nicht isoliert, sondern nur in einem größeren Zusammenhang vorsieht, kann nicht ohne weiteres auf eine Gesetzeslücke geschlossen werden, die durch die Zulassung einer Überprüfung nach §§ 23 ff geschlossen werden müßte[156]. Vielmehr ist das Überprüfungs- und Kontrollsystem der StPO einschließlich flankierender gesetzlicher Regelungen in seiner Gesamtheit zu sehen[157]. Dabei erweist sich dann für eine weitere Gruppe von Prozeßhandlungen, daß sie tatsächlich einer (isolierten) Anfechtung entzogen sind (unten Rdn. 106 ff).

---

154 BVerfG NJW **1985** 1019; vgl. *Rieß/Thym* GA **1981** 189, 191.

155 Ähnlich *Kissel* 40: „spielt untrennbar hinein". Wie hier *Ehlers* in *Schoch/Schmidt-Aßmann/Pietzner* § 40, 592, 612 VwGO: Bei Prozeßhandlungen mit Eingriffscharakter scheidet § 23 nur aus, wenn die ordentlichen Gerichte nach anderen Vorschriften angerufen werden können oder wenn die anderen Vorschriften zwar keinen Rechtsschutz ermöglichen, den Zugang zum Gericht aber abschließend regeln. *Eisenberg/Conen* NJW **1998** 2241, 2248 erörtern die Frage des § 23 Abs. 3 nicht und kommen deshalb problemlos zu der These, daß gegen die Einleitung und Weiterführung des Ermittlungsverfahrens der Antrag nach § 23 gegeben ist.

156 BVerfG NJW **1985** 1019; OLG Hamm NStZ **1984** 280; OLG Frankfurt StV **1989** 96.

157 *Rieß* NStZ **1982** 435 und unten Rdn. 106 ff.

V. Maßnahmen der Vollzugsbehörden (Absatz 1 Satz 2)

1. Die Vollzugsbehörden

60 **a) Begriff.** Vollzugsbehörden im Sinne des Absatzes 1 Satz 2 sind die Behörden, denen der Vollzug der in dieser Bestimmung ausdrücklich genannten und der von ihr mitumfaßten freiheitsentziehenden Maßnahmen übertragen ist.

61 **b)** Für den **Vollzug der Jugendstrafe** sind dies grundsätzlich die Jugendstrafanstalten (§ 92 Abs. 1 JGG). Ist der Verurteilte nach § 92 Abs. 3 JGG vom Jugendstrafvollzug ausgenommen und wird die Jugendstrafe in einer Justizvollzugsanstalt vollzogen, ist diese Vollzugsbehörde; freilich gelten dann nach § 92 Abs. 2 Satz 2 JGG nicht nur die materiellen Regelungen des Strafvollzugsgesetzes, sondern es werden auch die §§ 23 ff durch §§ 109 ff StVollzG verdrängt[158]. Die Entscheidung des Vollstreckungsleiters über die Ausnahme vom Jugendstrafvollzug nach § 92 Abs. 3 JGG ist gemäß § 83 Abs. 1 JGG eine jugendrichterliche Entscheidung, gegen die nach § 83 Abs. 3 JGG die sofortige Beschwerde statthaft ist; §§ 23 ff kommen nicht zur Anwendung[159]. Eine Vollzugsmaßnahme im Sinne von Abs. 1 Satz 2 liegt dagegen vor, wenn, ohne daß eine Ausnahme aus dem Jugendstrafvollzug nach § 92 Abs. 3 JGG erfolgt wäre, die Jugendstrafe in einer Untersuchungshaftanstalt vollzogen wird[160]. Es geht hier nicht um die Zulässigkeit der Strafvollstreckung (§ 458 StPO), sondern um die Art und Weise des Vollzugs[161].

62 **c)** Der **Jugendarrest** wird grundsätzlich in Jugendarrestanstalten oder in Freizeitarresträumen der Landesjustizverwaltungen vollzogen, § 90 Abs. 2 Satz 1 JGG. Leiter des Arrestvollzugs ist der dazu bestellte Jugendrichter am Ort des Vollzugs (§ 90 Abs. 2 Satz 2 JGG), der insoweit weisungsgebundene Verwaltungstätigkeit ausübt. Seine Maßnahmen sind deshalb nach § 23 Abs. 1 Satz 2 anfechtbar[162]. Bei Soldaten der Bundeswehr wird der Jugendarrest auf Ersuchen des Vollstreckungsleiters von den Behörden der Bundeswehr wie Strafarrest vollzogen (Art. 5 Abs. 2 Satz 1 EGWStG). Auch ihre Maßnahmen im Vollzug des Jugendarrests sind von Absatz 1 Satz 2 erfaßt[163].

63 **d)** Beim Vollzug der **Untersuchungshaft** ist zu unterscheiden: Hat der Haftrichter nach § 119 Abs. 6 StPO über eine Vollzugsmaßnahme entschieden, so scheidet Absatz 1 Satz 2 von vornherein aus, weil eine richterliche Entscheidung in richterlicher Unabhängigkeit vorliegt, nicht die Entscheidung einer Behörde. Hat dagegen die Anstaltsleitung gehandelt oder die Staatsanwaltschaft oder ein Polizei- oder Justizbeamter, unter dessen Aufsicht sich der Gefangene befand, so kommt der Rechtsbehelf nach Absatz 1 Satz 2 grundsätzlich in Betracht. Er tritt nach Absatz 3 aber in all den Fällen als subsidiär zurück, in denen der Haftrichter angerufen werden kann. Das sind zahlreiche Fälle. Für den Antrag nach Absatz 1 Satz 2 bleiben im wesentlichen die Maßnahmen der Anstaltsleitung, die der Entscheidungszuständigkeit des Haftrichters deshalb entzogen sind, weil sie sich nicht gegen einen bestimmten Untersuchungsgefangenen richten, sondern lediglich die allgemeine Vollzugsorganisation betreffen[164].

---

158 BGHSt **29** 33; *Brunner/Dölling* § 92, 6; *Eisenberg* § 92, 17; *Ostendorf* § 92, 27; *Calliess/Müller/Dietz* § 109, 1; *Volckart* § 109, 4; *Schwind/Schuler* § 109, 4.

159 *Brunner/Dölling* § 92, 6; die abweichende Entscheidung des OLG Hamm NJW **1967** 1976 (vgl. KK-*Kissel* 40) ist durch Art. 26 Nr. 39 EGStGB überholt.

160 KG NJW **1978** 284 mit kritischer Anmerkung *Frenzel*.

161 LR-*Wendisch* § 458, 10 StPO; KG aaO.; vgl. auch BGHSt **19** 240; **a. A** LR-*Schäfer*[23] 46.

162 *Brunner/Dölling* § 90, 13; *Eisenberg* § 90, 18; *Ostendorf* § 90, 17.

163 *Kissel* 161; KK-*Kissel* 40.

164 Unten Rdn. 126 ff und LR-*Hilger* § 119, 160 ff StPO.

e) Maßnahmen im Vollzug der **Freiheitsstrafe** unterfallen Absatz 1 Satz 2 nur, wenn die Freiheitsstrafe außerhalb des Justizvollzugs vollzogen wird; sonst gelten §§ 109 ff StVollzG. Das ist der Fall, wenn gemäß Art. 5 Abs. 2 Satz 1 EGWStG an Soldaten der Bundeswehr Freiheitsstrafen bis zu 6 Monaten auf Ersuchen der Vollstreckungsbehörde (§ 451 Abs. 1 StPO) von den Behörden der Bundeswehr vollstreckt werden[165]. §§ 109 ff StVollzG finden keine Anwendung, wenn es sich nicht um eine Maßnahme im Vollzug der Freiheitsstrafe, sondern um eine Vollstreckungsmaßnahme handelt. Eine solche soll nach freilich umstrittener Auffassung vorliegen, wenn die länderübergreifende Verlegung eines Strafgefangenen von der Justizverwaltung des Landes, die den Gefangenen aufnehmen soll, abgelehnt wird[166]. Dann findet § 23 Anwendung. **64**

f) Maßnahmen im Vollzug der **Unterbringung in einem psychiatrischen Krankenhaus und in einer Entziehungsanstalt** nach § 63 StGB und § 64 StGB fielen früher in den Anwendungsbereich des § 23 Abs. 1 Satz 2. Seit 1. 1. 1985 bestimmt § 138 Abs. 2 StVollzG in Verbindung mit § 78 a Abs. 1 Satz 2 Nr. 2 GVG die Anwendbarkeit der §§ 109 ff StVollzG und die Zuständigkeit der Strafvollstreckungskammer; der subsidiäre Rechtsbehelf nach § 23 ist damit gegen Entscheidungen der psychiatrischen Krankenhäuser und Entziehungsanstalten im Vollzug der Maßregel nach § 63 StGB und nach § 64 StGB nicht mehr gegeben[167]. Das gilt auch, wenn diese Maßregeln gemäß § 7 JGG gegen einen Jugendlichen oder gemäß § 105 Abs. 1 JGG in Verbindung mit § 7 JGG gegen einen Heranwachsenden verhängt wurden[168]. Der Gesetzgeber hat den Vollzug dieser Maßregeln an Jugendlichen und Heranwachsenden hinsichtlich des Rechtsbehelfs ersichtlich nicht abweichend behandeln wollen. Dafür gab es auch keine zwingenden Gründe. Insbesondere spricht die materielle Sonderregelung des § 93 a JGG über den Vollzug der Maßregel nach § 64 StGB nicht eindeutig dafür, daß insoweit der Rechtsbehelf nach § 23 und nicht der nach § 109 StVollzG gegeben sein soll. Für den Vollzug der Maßregel nach § 63 StGB enthält das JGG ohnehin keine Sondervorschriften. Es ist eine rechtspolitische Frage, ob im Kontext eines kommenden Jugendstrafvollzugsgesetzes § 138 Abs. 2 StVollzG geändert und beim Vollzug der Maßregeln nach §§ 63 und 64 StGB an Jugendlichen und Heranwachsenden ein Antrag auf gerichtliche Entscheidung zur Jugendkammer vorgesehen wird. **65**

g) Vollzug sonstiger Arten des Freiheitsentzugs. Auf den Vollzug anderer freiheitsentziehender Maßnahmen, die in Absatz 1 Satz 2 nicht ausdrücklich genannt sind, findet Absatz 1 Satz 2 ebenfalls Anwendung[169], und zwar in folgenden Fällen: **66**

aa) Der Vollzug der **einstweiligen Unterbringung** nach § 126 a StPO ist in Absatz 1 Satz 2 nicht erwähnt. Es besteht aber weithin Übereinstimmung, daß insofern dasselbe gilt wie für den Vollzug der Untersuchungshaft[170]. Dafür spricht, daß § 126 a Abs. 2 StPO die einstweilige Unterbringung weitestgehend dem Recht der Untersuchungshaft unterstellt, insbesondere auch § 119 StPO für anwendbar erklärt. Deshalb ist für die meisten Vollzugsentscheidungen der verwahrenden Einrichtung der Antrag zum Unterbringungsrichter gemäß § 126 a Abs. 2 Satz 1 StPO in Verbindung mit § 119 Abs. 6 StPO gegeben. Für die **67**

165 *Kissel* 161; KK-*Kissel* 40; *Kleinknecht/Meyer-Goßner*[43] 3; vgl. auch LR-*Wendisch* Vor § 449, 32 StPO.

166 OLG Stuttgart ZfStrVo. (SH) **1977** 59; **1998** 55; KG ZfStrVo. **1995** 112; **a. A** OLG Hamm ZfStrVo. (SH) **1979** 91; OLG Zweibrücken ZfStrVo. **1983** 248.

167 Vor § 23, 7; zu § 138 Abs. 2 StVollzG *Calliess/Müller-Dietz* § 138, 2, 3.

168 OLG Karlsruhe NStZ-RR **1997** 348; OLG Hamm NStZ **1989** 495; *Brunner/Dölling* § 91, 22; § 85, 11, § 93 a, 10; *Ostendorf* § 93 a, 8; § 7, 17; **a. A** *Eisenberg* § 93 a, 12 und NStZ **1998** 104.

169 **A. A.** wohl *Kissel* 160; KK-*Kissel* 97.

170 LR-*Hilger* § 126 a, 20 StPO; OLG Hamm NJW **1967** 693; KK-*Boujong* § 126 a, 12 StPO; *Kleinknecht/Meyer-Goßner*[43] § 126 a, 14 StPO.

verbleibenden Vollzugsmaßnahmen bietet sich wegen der Parallelität zur Untersuchungshaft die Zuweisung an den Strafsenat des Oberlandesgerichts an. Es kann davon ausgegangen werden, daß dies dem Willen des Gesetzgebers entspricht. Daß der Gesetzgeber insoweit an Rechtsschutz durch die Verwaltungsgerichte dachte, kann nicht angenommen werden. Zwar tritt, wenn einstweilige Unterbringung sich in einer Unterbringung nach § 63 StGB oder nach § 64 StGB fortsetzt, dann ein Wechsel der Zuständigkeit zur Strafvollstreckungskammer ein. Auch dies entspricht aber der Situation bei der Untersuchungshaft, wenn diese sich im Vollzug einer Freiheitsstrafe fortsetzt.

68 **bb)** Ebenfalls auf § 119 StPO verweist die Regelung über die **Sicherungshaft** in **§ 453 c StPO.** Auch für den Vollzug dieser Sicherungshaft — nicht zu verwechseln mit der in § 171 StVollzG dem Regime der §§ 109 ff StVollzG unterstellten Haft zur Sicherstellung einer gefährdeten Zwangsvollstreckung, einer Form der „Zivilhaft“[171] — gilt das Recht der Untersuchungshaft entsprechend: Soweit gegen Vollzugsmaßnahmen nicht über § 453 c Abs. 2 Satz 2 StPO in Verbindung mit § 119 Abs. 6 StPO die Entscheidung des für den Sicherungshaftbefehl zuständigen Gerichts angerufen werden kann[172], ist der Antrag nach Absatz 1 Satz 2 statthaft; dies ergibt sich aus derselben Erwägung wie im Falle der einstweiligen Unterbringung (oben Rdn. 67).

69 **cc)** Für den Vollzug der **Auslieferungshaft** verwies schon § 22 DAG auf § 119 StPO. § 27 IRG unterstellt den Vollzug jeder auslieferungsrechtlichen richterlichen Freiheitsentziehung den Bestimmungen der StPO und des JGG über den Vollzug der Untersuchungshaft, wobei die richterlichen Verfügungen nach § 27 Abs. 3 IRG vom Vorsitzenden des Senats des zuständigen Oberlandesgerichts (§ 13 IRG) getroffen werden. Aus dieser Regelung wird man entnehmen müssen, daß wie im Falle der Untersuchungshaft für die Vollzugsmaßnahmen, gegen die nicht gemäß § 27 Abs. 1 IRG in Verbindung mit § 119 Abs. 6 StPO der Vorsitzende des Strafsenats angerufen werden kann, weil die Maßnahme nicht unmittelbar den Auslieferungsgefangenen betrifft, der Antrag nach Absatz 1 Satz 2 statthaft ist. Zwar verweist das Gesetz in § 27 Abs. 1 IRG ausdrücklich nur auf die Vorschriften der StPO und des IRG über den Vollzug der Untersuchungshaft. Die Regelung des Absatzes 1 Satz 2 muß jedoch als mitgedacht angesehen werden. Artikel 19 Abs. 4 GG verlangt wirksamen Rechtsschutz auch für solche Vollzugsmaßnahmen, für die eine Anrufung des Richters nach § 119 Abs. 6 StPO nicht möglich ist. Rechtsschutz durch die Verwaltungsgerichte kann der Gesetzgeber nicht gewollt haben. Eine Zuständigkeit der Strafvollstreckungskammer nach dem Strafvollzugsgesetz besteht nicht.

70 **h)** Maßnahmen im Vollzug der Maßregel der **Sicherungsverwahrung** sind gemäß § 130 StVollzG nach §§ 109 ff StVollzG anfechtbar. § 23 findet keine Anwendung.

71 **i)** Gleiches gilt nach § 167 StVollzG, wenn **Strafarrest** in Justizvollzugsanstalten vollzogen wird.

72 **j) „Zivilhaft“ und Abschiebungshaft.** Für den Vollzug der in § 171 StVollzG genannten Form der „Zivilhaft“[173] gelten nach dieser Bestimmung §§ 109 ff StVollzG. Der Antrag nach § 23 ist damit ausgeschlossen (§ 23 Abs. 3). § 171 StVollzG findet auch Anwendung auf den Vollzug der Abschiebungshaft nach § 57 des Ausländergesetzes, wie § 8 Abs. 2 des Gesetzes über das gerichtliche Verfahren bei Freiheitsentziehungen bestimmt. Damit ist auch diese praktisch bedeutsame freiheitsentziehende Maßnahme den §§ 109 ff StVollzG unterstellt, nicht § 23.

---

[171] Dazu *Calliess/Müller-Dietz* § 171, 1 mit Nachw.

[172] Dazu LR-*Wendisch* § 453 c, 16, 17 StPO.

[173] *Calliess/Müller-Dietz* § 171, 1.

2. Handeln für die Vollzugsbehörde. So wie in den Fällen des Satzes 1 der Antrag auf gerichtliche Entscheidung gegen eine von der Justizbehörde getroffene Maßnahme eröffnet ist, muß in den Fällen des Satzes 2 ein der Vollzugsbehörde zuzurechnendes Handeln vorliegen. Ist ein Bediensteter tätig geworden, der nicht befugt ist, für die Vollzugsbehörde zu handeln, muß nach verbreiteter Auffassung zunächst die Entscheidung eines zuständigen Amtsträgers, in der Regel des Behördenleiters (vgl. § 156 Abs. 2 StVollzG), herbeigeführt werden; dagegen erst soll dann der Antrag nach Absatz 1 Satz 2 gegeben sein[174]. Dies ist zumindest mißverständlich. Hat ein nachgeordneter, zur Vertretung des Anstaltsleiters nicht befugter Bediensteter unmittelbar in die Rechtsstellung des Gefangenen eingegriffen, so muß sich die Vollzugsbehörde dies grundsätzlich zurechnen lassen[175]. Das Bundesverfassungsgericht hat die gegenteilige Auffassung unter dem Gesichtspunkt der Willkür beanstandet[176]. Eine andere Frage ist, ob ein Rechtsschutzbedürfnis gegeben ist, wenn durch die Anrufung des Behördenleiters Abhilfe zu erreichen ist und der Betroffene dies versäumt hat. Dies wird in vielen Fällen zu verneinen sein. Das Problem stellt sich nur in Ländern, die kein Verwaltungsvorverfahren vorgesehen haben[177]. 73

3. Die Vollzugsmaßnahmen. Der Begriff der Maßnahme (Anordnungen, Verfügungen oder sonstige Maßnahmen) in Absatz 1 Satz 2 ist derselbe wie in Absatz 1 Satz 1 (dazu oben Rdn. 42 ff). Auch in den Fällen des Satzes 2 muß es sich, obwohl das Gesetz dies nicht ausdrücklich sagt, um eine Maßnahme zur Regelung einzelner Angelegenheiten handeln. Wie in Satz 1 ist das Vorliegen eines Verwaltungsaktes nicht erforderlich. Schlicht hoheitliches Handeln genügt. Auch rein tatsächliches Handeln, ein Realakt, kann eine Maßnahme im Sinne des Absatzes 1 sein, wenn das Handeln hoheitlich erfolgt, unmittelbare Rechtswirkung entfaltet und den Betroffenen in seinen Rechten verletzen kann (oben Rdn. 45). Der Begriff entspricht dem Begriff der Maßnahme in § 109 Abs. 1 Satz 1 StVollzG. Wegen der reichhaltigen Rechtsprechung zum vollzugsrechtlichen Anwendungsbereich des Maßnahmenbegriffes kann deshalb ergänzend auf die Erläuterungswerke zu § 109 StVollzG verwiesen werden. 74

VI. Antragsarten (Absatz 2). Gegenstand des Antrags. Bestimmtheitserfordernis

1. Anfechtungs- und Verpflichtungsantrag. § 23 setzt einen Antrag voraus. Gegenstand der Entscheidung ist die Rechtmäßigkeit einer getroffenen Maßnahmen (§ 23 Abs. 1) oder die Rechtmäßigkeit der Ablehnung bzw. der Unterlassung einer begehrten Maßnahme (§ 23 Abs. 2). Wie sich aus § 28 ergibt, kennt das Gesetz neben dem Anfechtungsantrag (§ 23 Abs. 1 in Verb. mit § 28 Abs. 1 Satz 1) und dem Fortsetzungsfeststellungsantrag (§ 23 Abs. 1 in Verb. mit § 28 Abs. 1 Satz 4) nur den Verpflichtungsantrag (§ 23 Abs. 2 in Verb. mit § 28 Abs. 2), wobei der Verpflichtungsantrag, wie § 27, voraussetzt, daß zunächst bei der zuständigen Behörde ein Antrag auf Erlaß des begehrten Verwaltungsakts gestellt worden ist[178]. 75

---

[174] OLG Stuttgart JVBl. **1971** 114; OLG Karlsruhe ZfStrVo. **1978** 41; OLG Frankfurt ZfStrVo. **1979** 95; ZfStrVo. **1987** 252; OLG Koblenz ZfStrVo. **1990** 55; *Kleinknecht/Meyer-Goßner*[43] 3.

[175] BVerfG NStZ **1990** 557; OLG Zweibrücken NStZ **1990** 512; LG Krefeld NStZ **1984** 576; Münch-Komm-*Wolf* 14; *Calliess/Müller-Dietz* § 109, 12; *Schwindt/Schuler* § 109, 11; *Volckart* § 109, 9; offengelassen in LG Hamburg NStZ **1992** 303.

[176] BVerfG NStZ **1990** 557.

[177] *Calliess/Müller-Dietz* § 109, 12.

[178] KG NJW **1968** 609.

76 **2. Allgemeiner Feststellungs- und allgemeiner Leistungsantrag.** Mangels gesetzlicher Regelung ist die Statthaftigkeit eines allgemeinen Feststellungsantrags entsprechend § 43 VwGO und eines allgemeinen Leistungsantrags, wie er in der VwGO gesetzlich vorausgesetzt und anerkannt ist[179], von Rechtsprechung[180] und Literatur[181] vielfach verneint worden. Insbesondere sei, so wird gesagt, der vorbeugende Unterlassungsantrag als Unterfall der allgemeinen Leistungsklage dem Verfahren nach §§ 23 ff fremd[182]. Im Anwendungsbereich des Strafvollzugsgesetzes wird dies anders gesehen. Obwohl der Wortlaut der §§ 109, 113 StVollzG sich insoweit an den der §§ 23, 28 anlehnt, wird dort angenommen, daß auch Feststellungs- und (vorbeugender) Unterlassungsantrag grundsätzlich in Betracht kommen, wenn im Einzelfall ein Rechtsschutzbedürfnis bejaht werden kann[183]. Für die unterschiedliche Sicht ist ein sachlicher Grund nicht erkennbar. Sowohl § 23 wie § 109 StVollzG gehen von einem weiten Begriff der Maßnahme aus, der schlicht hoheitliches Handeln einschließt. Dies läßt es verständlich erscheinen, daß ein Bedürfnis dafür, neben dem Anfechtungsantrag, dem Fortsetzungsfeststellungsantrag und dem Verpflichtungsantrag, die das Gesetz vorsieht, auch noch den allgemeinen Feststellungs- und den allgemeinen Leistungsantrag zuzulassen, bisher nicht deutlich hervorgetreten ist.

77 Es läßt sich jedoch auch im Anwendungsbereich der §§ 23 ff nicht ausschließen, daß im Einzelfall ein wirksamer Rechtsschutz mit den drei gesetzlich vorgesehenen Antragsarten nicht erreicht werden kann. Wie § 109 StVollzG will § 23 für den von ihm erfaßten Bereich den nach Art. 19 Abs. 4 GG gebotenen Rechtsschutz gewährleisten. Es ist in der verfassungsrechtlichen Literatur anerkannt[184], daß Art. 19 Abs. 4 GG grundsätzlich auch vorbeugenden Rechtsschutz gebietet, wenn anders wirksamer Rechtsschutz nicht möglich ist, ebenso wie vorläufiger Rechtsschutz gewährleistet sein muß[185]. Anerkannt ist auch, daß, wenn vorbeugender Rechtsschutz einfachgesetzlich nicht vorgesehen ist, unmittelbar auf Art. 19 Abs. 4 GG zurückzugreifen ist[186]. Neben dem Gesichtspunkt, daß die Auslegung von § 23 Abs. 1 und von § 109 StVollzG ohne wichtigen Grund nicht auseinanderfallen sollte, spricht also ein gewichtiges verfassungsrechtliches Argument dafür, auch im Verfahren nach §§ 23 ff die **Zulässigkeit eines allgemeinen Feststellungsantrags und** des **vorbeugenden Unterlassungsantrags** grundsätzlich anzuerkennen. Voraussetzung ist allerdings, daß im Einzelfall dafür ausnahmsweise ein qualifiziertes Rechtsschutzbedürfnis besteht[187]. An diesem fehlt es, wenn der Antragsteller in zumutbarer Weise auf den von §§ 23 ff als grundsätzlich angemessen und ausreichend angesehenen nachträglichen Rechtsschutz verwiesen werden kann. Danach werden es nur wenige Fälle sein, in denen ein allgemeiner Feststellungsantrag oder ein vorbeugender Unterlassungsantrag zulässig sind. In diesen Fällen sollte die Zulässigkeit entgegen der h. M aber bejaht werden[188].

---

179 *Eyermann/Happ*[10] § 42, 62 ff VwGO.

180 OLG Stuttgart JVBl. **1971** 115; KG GA **1974** 251; OLG Hamm GA **1975** 151; GA **1975** 179; JR **1996** 257; OLG Frankfurt NStZ **1982** 134; OLG Karlsruhe NStZ **1985** 525; OLG Koblenz NJW **1985** 2040.

181 LR-*Schäfer*[23] 42; KK-*Kissel* 41; *Kissel* 56; *Katholnigg* 11; *Kleinknecht/Meyer-Goßner*[43] vor § 23, 2.

182 OLG Koblenz NJW **1985** 2040.

183 OLG Celle NStZ **1981** 250; OLG Hamm NStZ **1983** 240; *Volckart* § 109, 22 ff; *Calliess/Müller-Dietz* § 109, 4; *Schwind/Schuler* § 109, 25 ff.

184 *Schmidt-Aßmann* in *Maunz/Dürig* Art. 19 Abs. 4 GG, 278, 279 mit Nachw.; BK-*Schenke* Art. 19 Abs. 4 GG, 390 ff mit Nachw.

185 BK-*Schenke* Art. 19 Abs. 4 GG, 414 ff mit Nachw. und dazu unten § 29, 6.

186 BK-*Schenke* Art. 19 Abs. 4 GG, 62 mit Nachw.

187 *Schmidt-Aßmann* in *Maunz/Dürig* Art. 19 Abs. 4 GG, 279.

188 Wie hier VGH Mannheim NJW **1969** 1319; NJW **1973** 214; VG Freiburg DVBl. **1965** 577 mit Anm. *Finkelnburg*; VG Stuttgart NJW **1975**, 1294; MünchKomm-*Wolf* 16 und § 28, 17, 18; *Wieczorek/Schütze/Schreiber* 12; *Eyermann/Fröhler*[9] § 179, 5 VwGO; *Kopp* § 179, 2 VwGO; entsprechend für das Verfahren nach der BRAO BGHZ **34** 244.

3. Gegenstand des Antrags

a) Änderungen im Vorschaltverfahren. Ist ein förmliches Beschwerdeverfahren (Vorschaltverfahren) im Sinne des § 24 Abs. 2 vorausgegangen, so ist Gegenstand der Nachprüfung die ursprüngliche Maßnahme in der Gestalt, die sie im Vorschaltverfahren gefunden hat; der Beschwerdebescheid ist nur dann selbständiger Anfechtungsgegenstand, wenn er den Antragsteller über die Beschwer aus der ursprünglichen Maßnahme hinaus zusätzlich und selbständig beschwert[189]. §§ 23 ff enthalten dazu keine Regelung, doch kann § 79 VwGO, der dies für das Widerspruchsverfahren nach der VwGO vorsieht, entsprechend angewandt werden. **78**

b) Zweitbescheid. Hat die Verwaltungsbehörde auf Gegenvorstellungen des Betroffenen hin eine Änderung der Maßnahme abgelehnt, so ist grundsätzlich die erste Maßnahme (nicht die Ablehnung der Änderung) Nachprüfungsgegenstand. Der sogenannte Zweitbescheid ist aber dann eine selbständig anfechtbare (neue) Maßnahme, wenn er nicht lediglich auf die Regelung des Erstbescheids verweist, sondern eine neue, wenn auch im Ergebnis mit dem Erstbescheid übereinstimmende Regelung trifft, indem er neue Ermittlungsergebnisse oder bisher nicht erörterte Gesichtspunkte rechtlicher oder tatsächlicher Art berücksichtigt[190]. **79**

c) Bescheid auf Dienstaufsichtsbeschwerde. Ist gegen eine Maßnahme erfolglos Dienstaufsichtsbeschwerde erhoben worden, so ist Anfechtungsgegenstand die ursprüngliche Maßnahme. Denn die Zurückweisung der Dienstaufsichtsbeschwerde ist selbst keine selbständige Maßnahme, sondern besagt nur, daß die Dienstaufsichtsbehörde keinen Anlaß zum Einschreiten gefunden hat. Dies ist allgemeine Auffassung. Nur dann, wenn der Beschwerdebescheid durch eine neue zusätzliche Belastung einen neuen selbständigen Anfechtungsgrund schafft, kommt der dienstaufsichtliche Bescheid als Gegenstand der gerichtlichen Nachprüfung in Betracht[191]. **80**

4. Bestimmtheitserfordernis. Der Antrag muß bestimmt sein. Er muß das Rechtsschutzziel angeben, im Regelfall also die Maßnahme bezeichnen, deren Rechtmäßigkeit beanstandet und deren Aufhebung begehrt wird bzw. deren Erlaß erstrebt wird. Er muß in substantiierter Weise angeben, warum das behördliche Handeln rechtswidrig ist und den Antragsteller in seinen Rechten verletzt (vgl. § 24, 2). Allgemeine Mißfallenskundgebungen oder Beschimpfungen reichen nicht aus; erschöpft sich das Vorbringen darin, ist der Antrag als unzulässig abzuweisen[192]. Der Antrag muß den Antragsgegner bezeichnen, schon damit diesem der Antrag nach § 29 Abs. 2 in Verbindung mit § 308 Abs. 1 Satz 1 StPO zur Gegenäußerung mitgeteilt werden kann[193]. Genügt der Antrag diesen Anforderungen nicht, erscheint der Mangel aber behebbar, kann die Fürsorgepflicht im Einzelfall gebieten, dem Antragsteller Gelegenheit zur Nachbesserung zu geben (§ 24, 6). Zu Form und Frist des Antrags vgl. § 26. **81**

---

[189] OLG Hamm vom 14. 11. **1960** – 1 VerwS 1/60 –; MünchKomm-*Wolf* 19.

[190] OLG Hamm vom 19. 12. 1960 – 1 VerwS 3/60 –; *Haueisen* NJW **1959** 2137; NJW **1965** 561; KK-*Kissel* 42; *Kleinknecht/Meyer-Goßner*[43] 8; MünchKomm-*Wolf* 19.

[191] BGHZ **42** 390; BVerwG DVBl. **1961** 87; OLG Celle MDR **1961** 251; OLG Hamm JVBl. **1970** 238; OLG Hamburg MDR **1975** 248; KG GA **1976** 342; OLG Koblenz GA **1976** 151; OLG Stuttgart NStZ **1986** 480 (zu § 109 StVollzG); *Kissel* 112; *Kleinknecht/Meyer-Goßner*[43] 8; MünchKomm-*Wolf* 19.

[192] KG NJW **1969** 151 = JZ **1969** 268 mit Anm. *Eb. Schmidt*; OLG Düsseldorf MDR **1993** 463 (zu § 296 StPO); KG bei *Matzke* NStZ **1998** 399 (zu § 109 StVollzG); *Kissel* 60; *Kleinknecht/Meyer-Goßner*[43] Vor § 23, 3; MünchKomm-*Wolf* 17; *Wieczorek/Schütze/Schreiber* 14.

[193] KG GA **1978** 244; *Kissel* 58; *Kleinknecht/Meyer-Goßner*[43] vor § 23, 3; MünchKomm-*Wolf* 17.

VII. Subsidiarität des § 23 (Absatz 3)

82 **1. Allgemeine Bedeutung.** Absatz 3 bestimmt, daß da, wo die ordentlichen Gerichte zur Nachprüfung des Handelns von Justiz- und Vollzugsbehörden bereits nach anderen Vorschriften angerufen werden können, eine Nachprüfung nur nach diesen anderen Vorschriften stattfindet und der Weg der §§ 23 ff verschlossen ist. Die §§ 23 ff haben also nur subsidiäre Bedeutung[194]. Über den Gesetzeswortlaut hinaus entfallen §§ 23 ff auch dort, wo Gerichte anderer Gerichtsbarkeiten angerufen werden können[195]. Ziel der §§ 23 ff war es, zu Lasten der verwaltungsgerichtlichen Generalzuständigkeit (§ 40 Abs. 1 Satz 1 VwGO) den Rechtsschutz gegen Justizverwaltungsakte den ordentlichen Gerichten zuzuweisen (Vor § 23, 1, 2). Am Rechtsweg zu anderen Gerichten sollte nichts geändert werden. Anders als der Wortlaut nahelegt („behält es hierbei sein Bewenden"), handelt es sich bei Absatz 3 um eine **für zukünftige Entwicklungen offene Subsidiaritätsklausel** (Vor § 23, 4). Entscheidend ist, ob nach dem jeweiligen Rechtszustand eine Anrufung der ordentlichen Gerichte nach anderen Vorschriften möglich ist. Die Rechtslage bei Inkrafttreten der §§ 23 ff ist nicht maßgeblich.

83 Darüber, ob aufgrund anderer Vorschriften Rechtsschutz durch die ordentlichen Gerichte erlangt werden kann, der die §§ 23 ff als subsidiär zurücktreten läßt, ist **maßgeblich die Auslegung der anderen Vorschriften** (Vor § 23, 12). Das gilt insbesondere auch im Verhältnis zum Rechtsschutzsystem der Strafprozeßordnung. Es ist in erster Linie eine Frage des Strafverfahrensrechts, wie der durch Art. 19 Abs. 4 GG gebotene Rechtsschutz gegen die öffentliche Gewalt im Strafverfahren sichergestellt wird. Unter Beachtung der Eigenart des Strafprozesses und unter Berücksichtigung von dessen Rechtsschutzsystem muß diese Frage gelöst werden. Aus §§ 23 ff lassen sich dafür keine Auslegungshilfen gewinnen. Nur soweit die Strafprozeßordnung in ihrer Auslegung durch Rechtsprechung und Literatur gegen Maßnahmen der Justizbehörden, insbesondere der Strafverfolgungsbehörden, Rechtsschutz, der nach Artikel 19 Abs. 4 GG geboten ist, nicht gewährleistet, können §§ 23 ff eingreifen (vgl. oben Rdn. 57).

84 Wenn teilweise unter Berufung darauf, daß §§ 23 ff als Ausführungsvorschrift zu Art. 19 Abs. 4 GG ergangen seien, für eine **restriktive Auslegung des Absatzes 3** in dem Sinne eingetreten wird, daß nur solche Regelungen der StPO, die einen den §§ 23 ff vergleichbaren Rechtsschutz bieten, den Vorrang vor § 23 haben[196], so wird den §§ 23 ff damit eine Bedeutung zugemessen, die sie nicht haben. Es war nicht die Absicht des Gesetzgebers, mit den §§ 23 ff einen Standard für den im Strafverfahren zu gewährenden Rechtsschutz aufzustellen, und der Gesetzgeber konnte dies auch nicht bezwecken: Dafür sind die §§ 23 ff zu sehr auf Verwaltungshandeln zugeschnitten. Im übrigen wird etwa die extensive Auslegung des § 98 Abs. 2 Satz 2 StPO, die den Anwendungsbereich des § 23 zurückdrängt, vielfach gerade damit begründet, daß damit dem Gebot wirksamen Rechtsschutzes gemäß Art. 19 Abs. 4 GG besser entsprochen werde. Ebensowenig läßt sich im Ergebnis aus §§ 23 ff als subsidiärer Regelung entnehmen, daß, wie teilweise angenommen[197], eine analoge Anwendung etwa von § 98 Abs. 2 Satz 2 StPO oder von § 406 e Abs. 4 Satz 2 StPO deshalb ausgeschlossen ist, weil es im Hinblick auf §§ 23 ff an einer Regelungslücke fehle. Mit der Frage, wie das Rechtsschutzsystem der Strafprozeßordnung im Lichte des Artikels 19 Abs. 4 GG weiterzuentwickeln ist, hat sich der Gesetzge-

---

[194] BGHSt **29** 33, 35.

[195] OLG Bremen MDR **1966** 867; OLG Hamm NJW **1966** 607; KK-*Kissel* 2; *Katholnigg* 13; *Kleinknecht/Meyer-Goßner*[43] 12.

[196] *Feiter* 35 ff; *Schenke* NJW **1976** 1816, 1821; vgl. auch Vor § 23, 12.

[197] *Feiter* 36; ebenso *Schenke* DÖV **1978** 731 sowie *Ehlers* in *Schoch/Schmidt-Aßmann/Pietzner* § 40, 614 VwGO; Bedenken auch bei *Rieß/Thym* GA **1981** 189, 205.

ber bei Schaffung der §§ 23 ff nicht befaßt. §§ 23 ff enthalten dazu auch keine Richtungsentscheidung; vielmehr geht das Gesetz davon aus, daß §§ 23 ff durch bereichsspezifische Rechtsschutzregelungen nach und nach ersetzt werden (Vor § 23, 6 ff). Eine Ablösung der §§ 23 ff durch eine Ausweitung der spezifisch strafprozessualen Rechtsbehelfe liegt in dieser Intention; auch die Ausweitung durch analoge Anwendung wird durch § 23 nicht versperrt.

2. Der Antrag auf gerichtliche Entscheidung nach § 98 Abs. 2 Satz 2 StPO. Soweit nach § 98 Abs. 2 Satz 2 StPO gerichtliche Entscheidung beantragt werden kann, scheidet der subsidiäre Rechtsbehelf des § 23 nach § 23 Abs. 3 aus. Es ist deshalb ein für die Reichweite der §§ 23 ff bedeutsamer Vorgang, daß dem Rechtsbehelf nach § 98 Abs. 2 Satz 2 StPO (entsprechend §§ 111 e Abs. 2 Satz 3, 111 o Abs. 3 Satz 3, 111 p Abs. 4, 132 Abs. 3 Satz 2 StPO) in den vergangenen 30 Jahren ein immer größerer Anwendungsbereich zugewiesen worden ist. **85**

a) Maßnahmen aufgrund Eilkompetenz. Sehr früh wurde der Rechtsbehelf nach dieser Vorschrift über den Fall der Beschlagnahme hinaus auch bei anderen durch die Staatsanwaltschaft und ihre Hilfsbeamten aufgrund einer Eilkompetenz angeordneten Ermittlungsmaßnahmen für zulässig gehalten, insbesondere bei von der Staatsanwaltschaft angeordneten Durchsuchungen. Der Ermittlungsrichter des Bundesgerichtshofs bezeichnete dies schon 1977 als „allgemeine Meinung"[198]. **86**

b) Vollständig durchgeführte Eilmaßnahmen. Ausgehend vor allem von *Peters*[199] und *Amelung*[200] und frühzeitig aufgegriffen durch den Bundesgerichtshof[201] setzte sich in der Folge die Auffassung durch, daß der Antrag nach § 98 Abs. 2 Satz 2 StPO auch zulässig ist (und der Antrag nach § 23 damit ausscheidet), wenn die aufgrund einer Eilkompetenz angeordnete Maßnahme bereits vollständig durchgeführt wurde, sich dadurch erledigt hat und deshalb nur noch eine nachträgliche Überprüfung ihrer Rechtmäßigkeit in Betracht kommt. Diese Auffassung wurde zwar mit guten Argumenten bekämpft, nicht zuletzt in diesem Kommentar[202]. Sie ist heute jedoch ganz herrschende Auffassung[203]. Es ist vorliegend müßig, die Bedenken nachzuzeichnen, die gegen ein so weites Verständnis des § 98 Abs. 2 Satz 2 StPO vorgebracht wurden, und zu diskutieren, ob es sich dabei um eine Analogie[204] oder noch um Auslegung[205] handelt. Durchgesetzt hat sich jedenfalls die Auffassung, daß die Anwendung des § 98 Abs. 2 Satz 2 StPO in diesen Fällen praktikabler sei als das Verfahren nach §§ 23 ff[206], orts- und sachnäher, weniger kompliziert und damit effektiver[207]. Dies muß man akzeptieren. Der angerufene Richter prüft in diesen Fällen die Rechtmäßigkeit der erledigten Maßnahme. Wie dies für das Verfahren nach § 23 in § 28 Abs. 1 **87**

---

198 BGH NJW **1978** 1013 mit zust. Anm. *Amelung*.

199 *Peters* JR **1972** 300.

200 *Amelung*, Rechtsschutz 46 ff; NJW **1978** 1013; NJW **1979** 1687.

201 BGH NJW **1978** 1013; BGHSt **28** 206 = NJW **1979** 882 mit Anm. *Lisken* NJW **1979** 1992.

202 LR-*Schäfer*[23] 69 ff; vgl. ferner *Schenke* VerwArch. **60** (1969) 332; NJW **1975** 1530; NJW **1976** 1815; DÖV **1978** 731; *Meyer* FS Schäfer 119; *Dörr* NJW **1984** 2258; *Feiter* 72 ff; *Ehlers* in *Schoch/Schmidt-Aßmann/Pietzner* § 40, 614 VwGO.

203 Vgl. BGH NJW **1978** 1013 mit Anm. *Amelung*; NJW **1979** 881; BGHSt **28** 57; BGHSt **28** 160; BGHSt **28** 206 = NJW **1979** 882 mit Anm. *Lisken*; BGH GA **1981** 223; BGHSt **37** 79 = JR **1991** 515 mit Anm. *Sommermeyer*; OLG Oldenburg Nds Rpfl. **1990** 157; OLG Karlsruhe NStZ **1991** 50; KG JR **1998** 216; *Rieß/Thym* GA **1981** 189, 205; *Nelles* 79, 80; *Fezer* Jura **1982** 126; *Roxin* § 29, 8; KK-*Nack* § 98, 22 StPO; AK-*Achenbach* § 163, 35 StPO; SK-*Rudolphi* § 98, 31 StPO; *Kleinknecht/Meyer-Goßner*[43] § 98, 23 StPO; *G. Schäfer* in der Erl. zu § 98 StPO (24. Aufl. Rdn. 47).

204 *Meyer* FS Schäfer S. 119, 132 ff: Doppelte und erweiternde Analogie.

205 *Rieß/Thym* GA **1981** 189, 205: Erweiternde verfassungskonforme Auslegung.

206 *Amelung* NJW **1978** 1013.

207 Vgl. BGH GA **1981** 223, 226; OLG Braunschweig NStZ **1991** 551; *Achenbach* NStZ **1989** 83; *Roxin* StV **1997** 656.

Satz 4 normiert ist, wird dabei ein besonderes Feststellungsinteresse verlangt, wobei dieselben Erwägungen angestellt werden wie zu § 28 Abs. 1 Satz 4 (vgl. § 28, 8 ff).

88 **c) Maßnahmen aufgrund originärer Zuständigkeit.** In den Fällen, in denen die Strafverfolgungsbehörden nicht aufgrund einer Eilkompetenz handeln, sondern aufgrund originärer Zuständigkeit einen Ermittlungseingriff anordnen (vgl. §§ 81 b, 127 Abs. 2, 131, 163 b, 164 StPO), ist die Entwicklung noch im Fluß. Hier kann noch nicht davon gesprochen werden, daß §§ 23 ff durch die Anwendung des § 98 Abs. 2 Satz 2 StPO vollständig verdrängt sind. Das nimmt nicht wunder, geht es doch hier anders als im Falle der Beschlagnahme und in den anderen Fällen einer Eilkompetenz nicht darum, dem an sich zur Entscheidung berufenen, nur wegen Gefahr im Verzug nicht eingeschalteten Richter nachträglich eine Entscheidung zu ermöglichen. Deshalb wird hier von einer Reihe von Autoren anders als bei Maßnahmen aufgrund einer Eilkompetenz der Strafverfolgungsbehörden die Anwendung von § 98 Abs. 2 StPO abgelehnt und Rechtsschutz über §§ 23 ff befürwortet[208]. Allerdings ist für den Fall der durch Entlassung beendeten vorläufigen Festnahme (§ 127 StPO) durch den Bundesgerichtshof anerkannt, daß die Rechtmäßigkeit der Maßnahme nicht im Verfahren nach § 23, sondern in entsprechender Anwendung von § 98 Abs. 2 Satz 2 StPO durch den Haftrichter zu überprüfen ist[209]. Läßt sich dies mit den in § 128 StPO begründeten Besonderheiten dieses Ermittlungseingriffs begründen[210], so hat der Bundesgerichtshof auch entschieden, daß gegen polizeiliche Maßnahmen an einer Kontrollstelle gemäß § 111 StPO der Antrag entsprechend § 98 Abs. 2 Satz 2 StPO zu dem für die Anordnung der Kontrollstelle zuständigen Richter, nicht der Antrag nach § 23 gegeben ist[211]. Für die erkennungsdienstlichen Maßnahmen zur Durchführung des Strafverfahrens (§ 81 b StPO 1. Alternative) liegen mehrere Entscheidungen von Oberlandesgerichten vor, wonach der Antrag nach § 98 Abs. 2 Satz 2 StPO der richtige Rechtsbehelf ist[212]; im Rahmen einer Entscheidung nach § 19 StPO ist der Bundesgerichtshof dieser Auffassung beigetreten[213]. In diesen Entscheidungen wird § 98 Abs. 2 Satz 2 StPO im Licht des Artikels 19 Abs. 4 GG als Ausdruck eines allgemeinen, das ganze Strafverfahrensrecht durchziehenden Rechtsgedankens verstanden, der alle Eingriffe der Ermittlungsbehörden, namentlich soweit sie Grundrechte berühren, erfasse[214]. Auch *Roxin* hat sich dieser Auffassung angeschlossen[215]. War es vielleicht auch verfrüht, wenn *Katholnigg*[216] im Jahre 1990 meinte, der „Glaubenskrieg" in dieser Frage sei zugunsten einer Anwendung des § 98 Abs. 2 Satz 2 StPO entschieden, geht die Entwicklung doch unverkennbar in diese Richtung. Doch wird jedenfalls für einzelne Maßnahmen, zu denen die Strafverfolgungsbehörden originär zuständig sind, derzeit zum Teil noch die Auffassung vertreten, daß Rechtsschutz über § 23 zu gewähren ist. Das gilt insbesondere für § 164 StPO[217], aber auch für § 131 StPO[218] und für § 163 b StPO[219].

---

208 *Amelung*, Rechtsschutz 35; NJW **1979** 1687; *Rieß/Thym* GA **1981** 189, 207; *Fezer* Jura **1982** 126, 131; *Merten/Merten* ZRP **1991** 213; *Feiter* 83 ff; AK-*Achenbach* § 163, 35 StPO.

209 BGH GA **1981** 223; **a. A** OLG Celle StV **1982** 513: § 28 Abs. 1 Satz 4; dazu LR-*Hilger* § 127, 47 StPO.

210 Darauf stellen *Rieß/Thym* GA **1981** 189, 207 ab.

211 BGHSt **35** 363 = NStZ **1989** 81 mit zust. Anm. *Achenbach*; BGHSt **36** 30.

212 OLG Schleswig SchlHA **1981** 90; OLG Stuttgart StV **1988** 424; OLG Oldenburg mit Anm. *Katholnigg* NStZ **1990** 504; GA **1991** 225; OLG Braunschweig NStZ **1991** 551; NdsRPfl. **1992** 56.

213 Vgl. OLG Stuttgart StV **1988** 424.

214 OLG Oldenburg NStZ **1990** 504; OLG Braunschweig NStZ **1991** 551; ebenso KMR-*Paulus* § 81 b, 22 StPO; *Kleinknecht/Meyer-Goßner*[43] § 81 b, 21 StPO; § 98, 23 StPO; *Bachmann* S. 227.

215 *Roxin* § 29, 8.

216 *Katholnigg* NStZ **1990** 504.

217 Näher die Erl. zu § 164 StPO (24. Aufl. Rdn. 19); KK-*Schoreit* § 164, 11 StPO; *Kleinknecht/Meyer-Goßner*[43] § 164, 6 StPO.

218 KG GA **1984** 24; SK-*Paeffgen* § 131, 11 StPO; offengelassen von LR-*Hilger* § 131, 35 StPO.

219 Näher die Erl. zu § 163 b StPO (24. Aufl. Rdn. 47); für die Vernichtung nach § 163 b Abs. 2 StPO gewonnener, bei den Ermittlungsakten befindlicher Unterlagen auch *Kleinknecht/Meyer-Goßner*[43] § 163 c, 19 StPO.

d) Art und Weise des Vollzugs. Geht es nicht um die Ermittlungsmaßnahme selbst, sondern um Art und Weise des Vollzugs der Maßnahme, so wird in der Rechtsprechung überwiegend, auch vom Bundesgerichtshof, die Auffassung vertreten, daß der nach Art. 19 Abs. 4 GG erforderliche Rechtsschutz über §§ 23 ff zu gewähren ist[220]. Da der Rechtsschutz gegen die Vollstreckungstätigkeit der Strafverfolgungsorgane in der Strafprozeßordnung nicht geregelt ist, sei die Lücke durch Anwendung des § 23 zu schließen[221]. Hiervon macht der Bundesgerichtshof allerdings eine Ausnahme für den Fall, daß die Maßnahme noch andauert und nach § 98 Abs. 2 Satz 2 StPO der Richter noch mit dem Ziel einer Aufhebung der Maßnahme angerufen werden kann. Der Richter, der über die Maßnahme selbst und ihre Grenzen zu entscheiden habe, könne damit auch die Modalitäten des Vollzugs regeln; sei die Maßnahme aber vollzogen, bleibe nur der Rechtsbehelf nach § 23[222]. **89**

Diese **Differenzierung**, die bei vollzogenen Maßnahmen zu einer vielfach als unerwünscht bezeichneten[223] Rechtswegspaltung führt, je nachdem, ob es um die Rechtmäßigkeit der Maßnahme selbst geht oder um die Art und Weise ihres Vollzugs, ist **nicht** sehr **überzeugend**. Wenn man der Meinung ist, die Kontrolle der Art und Weise des Vollzugs einer strafprozessualen Ermittlungsmaßnahme sollte bei dem Richter liegen, der auch über die Rechtmäßigkeit der Anordnung der Maßnahme zu entscheiden hat, ist der Weg nicht weit, auch bei erledigten Maßnahmen diese Parallelität herzustellen. So wie auf Antrag nach § 98 Abs. 2 Satz 2 StPO nachträglich die Rechtmäßigkeit der Anordnung einer Ermittlungsmaßnahme überprüft wird, wären danach auch Art und Weise des Vollzugs einer nachträglichen Kontrolle über einen Antrag entsprechend § 98 Abs. 2 Satz 2 StPO zuzuführen. Der Einwand, daß die Strafprozeßordnung dies nicht vorsieht, kann angesichts der Entwicklung, die das Verständnis des § 98 Abs. 2 Satz 2 StPO in Rechtsprechung und Literatur genommen hat, nicht mehr allzu schwer wiegen. Wenn man in verfassungskonformer Auslegung in § 98 Abs. 2 Satz 2 StPO den Ausdruck eines allgemeinen Rechtsgedankens sieht[224], sollte es möglich sein, auch den nach Art. 19 Abs. 4 GG erforderlichen Rechtsschutz gegen Rechtsverstöße **beim Vollzug** von Ermittlungsmaßnahmen über diese Vorschrift zu gewähren und unpraktikable Rechtswegspaltungen zu vermeiden. Die Überlegung, daß es Sache des Gesetzgebers sei, eine entsprechende Regelung zu treffen, überzeugt, so berechtigt sie ist, deshalb nicht voll, weil der Gesetzgeber angesichts der Schwierigkeit der Materie zu einer solchen Regelung, zu der bereits einmal vergeblich angesetzt wurde, kaum schreiten wird. In einem Teil der Literatur wird deshalb für die nachträgliche Kontrolle von Art und Weise des Vollzugs erledigter Ermittlungsmaßnahmen der Rechtsbehelf nach § 98 Abs. 2 Satz 2 StPO befürwortet[225]. Dem ist zuzustimmen. Das Kammergericht hat sich diese Auffassung kürzlich in einem Vorlagebeschluß zu eigen gemacht[226]. **90**

e) Vollzug richterlicher Maßnahmen. Teilweise wird sogar die Auffassung vertreten, daß § 98 Abs. 2 Satz 2 StPO, nicht § 23, auch in den Fällen Anwendung findet, in denen es um die Art und Weise des Vollzugs einer vom Richter angeordneten Ermitt- **91**

---

220 BGHSt **28** 206 = NJW **1979** 882 mit Anm. *Lisken* NJW **1979** 1992; BGHSt **37** 79 = JR **1991** 515 mit Anm. *Sommermeyer*; OLG Stuttgart NJW **1972** 2146; OLG Oldenburg NdsRpfl. **1990** 157; OLG Karlsruhe NStZ **1991** 50; NStZ **1995** 48; *Rieß/Thym* GA **1981** 189; KK-*Nack* § 98, 82 StPO; *Kleinknecht/Meyer-Goßner*[43] § 98, 23 StPO.

221 BGHSt **28** 206.

222 BGHSt **28** 206; vgl. auch die Erl. zu § 98 StPO (24. Aufl. Rdn. 77).

223 *Rieß/Thym* GA **1981** 189; *Beulke* 326; vgl. auch die Erl. zu § 98 StPO (24. Aufl. Rdn. 78).

224 Vgl. oben Fußn. 214.

225 LG Köln StV **1993** 574; *Lisken* NJW **1979** 1992; *Fezer* Jura **1982** 132; *Sommermeyer* NStZ **1991** 257, 262; *Beulke* 326; wohl auch *Roxin* § 29, 12; AK-*Achenbach* § 163, 38 c StPO; SK-*Rudolphi* § 98, 6 StPO; KMR-*Paulus* vor § 1, 14 StPO; *Bachmann* 226.

226 KG JR **1998** 216.

lungsmaßnahme durch die Strafverfolgungsbehörden geht[227]. Dies steht freilich im Gegensatz dazu, daß der erforderliche Rechtsschutz gegen Vollstreckungsmaßnahmen der Staatsanwaltschaft im Sinne des § 36 Abs. 2 Satz 1 StPO im allgemeinen über § 23 zu gewährleisten ist[228]. Hiervon für Ermittlungseingriffe eine Ausnahme zu machen besteht wohl kein Grund, da es insoweit nicht darum geht, eine Rechtswegspaltung zu vermeiden.

3. Der Antrag auf gerichtliche Entscheidung nach § 161 a Abs. 3 StPO

92 **a) Allgemeine Tendenz.** Bisher von geringerer praktischer Bedeutung für den Anwendungsbereich des § 23 und auch weniger dramatisch ist die Entwicklung bei dem Rechtsbehelf nach § 161 a Abs. 3 StPO verlaufen, der ebenfalls eine den §§ 23 ff vorgehende andere Vorschrift im Sinne des Absatzes 3 ist, bei der es „sein Bewenden hat". Der Rechtsbehelf, in § 161 a Abs. 3 Satz 1 StPO gegen die staatsanwaltschaftlichen Zwangsbefugnisse bei der Vernehmung von Zeugen und Sachverständigen, in § 163 a Abs. 3 Satz 3 StPO gegen die Vorführung des Beschuldigten und in § 111 l Abs. 6 StPO gegen die Anordnung der Notveräußerung beschlagnahmter oder gepfändeter Gegenstände eröffnet, ist später in § 406 e Abs. 4 StPO auf die Entscheidung über die Gewährung von Akteneinsicht an den Verletzten erweitert worden. Es ist beabsichtigt, diesen Rechtsbehelf auch bei der Entscheidung über Akteneinsicht an Dritte gesetzlich zu eröffnen (Vor § 23, 10). Auch bei der Auslegung dieser Bestimmung ist die allgemeine Tendenz erkennbar, Rechtsschutz, der nach Art. 19 Abs. 4 GG erforderlich erscheint, über diesen strafprozessualen Rechtsbehelf zu gewähren und nicht auf die subsidiäre Regelung des § 23 zurückzugreifen.

93 **b) Weite Auslegung?** Eine weite Auslegung des § 161 a Abs. 3 StPO hat insbesondere *Rieß* in diesem Kommentar befürwortet; über die in § 161 a Abs. 2 Satz 1 StPO genannten Maßnahmen hinaus sei der Rechtsbehelf auf alle sonstigen bei der staatsanwaltschaftlichen Vernehmung erforderlichen Maßnahmen zu erstrecken, gegen die wegen ihres Eingriffscharakters nach Art. 19 Abs. 4 GG Rechtsschutz zu gewähren ist[229]. Das betrifft insbesondere die Zurückweisung eines mitgebrachten Zeugenbeistands durch die Staatsanwaltschaft. Darin liegt ein Eingriff. Sachnäher als die Anwendung von § 98 Abs. 2 Satz 2 StPO, die das OLG Hamburg für richtig gehalten hat[230], erscheint in der Tat die entsprechende Anwendung von § 161 a Abs. 3 StPO[231].

94 **c) Androhung der Vorführung.** Zu § 163 a Abs. 3 Satz 3 StPO in Verbindung mit § 161 a Abs. 3 Satz 2 bis 4 StPO ist anerkannt, daß der Antrag auf gerichtliche Entscheidung nicht nur gegen die Vorführung selbst zulässig ist, sondern bereits gegen die Androhung der Vorführung[232], freilich noch nicht gegen die bloße Ladung, auch wenn darin auf die Möglichkeit einer Vorführung hingewiesen wird[233]. Das wird vor allem damit begründet, daß die Anrufung des Gerichts gegen die Vorführung selbst in aller Regel zu spät kommen werde; sie werde durch den Vollzug der angedrohten Vorführung überholt werden[234]. Unabhängig davon, in welchem Sinne letzteres zutrifft (dazu nachfolgend

[227] So *Beulke* 326.

[228] Vgl. LR-*Wendisch* § 36, 33 StPO; KK-*Maul* § 36, 17 StPO; *Kleinknecht/Meyer-Goßner*[43] § 36, 15 StPO.

[229] LR-*Rieß*[24] § 161 a, 48 StPO; ebenso *Gössel* GA **1976** 62; *Bachmann* 148; **a. A** KK-*Wache* § 161 a, 21 StPO; *Feiter* 53.

[230] OLG Hamburg GA **1984** 566.

[231] Vgl. LR-*Rieß*[24] § 161 a, 50 StPO.

[232] BGHSt **39** 96, 99; noch offengelassen in BGH NStZ **1989** 539; KK-*Wache* § 161 a, 20 StPO; *Kleinknecht/Meyer-Goßner*[43] § 161 a, 21 StPO; zweifelnd KMR-*Müller* § 161 a, 6 StPO.

[233] BGH NStZ **1989** 539; ebenso mit eingehender Begründung *Bachmann* 144; **a. A** Gössel GA **1976** 62; vgl. die Erl. zu § 161 a StPO mit Nachw. (24. Aufl. Rdn. 51).

[234] KK-*Wache* § 161 a, 20 StPO; *Kleinknecht/Meyer-Goßner*[43] § 161 a, 21 StPO.

Rdn. 95), ist die Androhung der Vorführung, auch wenn die Staatsanwaltschaft dadurch zu nichts verpflichtet wird, ein Rechtseingriff, gegen den Rechtsschutz zu gewähren ist[235].

d) Erledigte Maßnahmen. Ist die Vorführungsanordnung der Staatsanwaltschaft und die Zurückweisung des Zeugenbeistands bei der Vernehmung durch Vollzug erledigt — bei der Festsetzung von Kostenfolgen und Ordnungsgeld ist dies weniger gut vorstellbar —, so kann Artikel 19 Abs. 4 GG in Einzelfällen nachträglichen Rechtsschutz gebieten. Es liegt in der Linie, die die Anwendung des § 98 Abs. 2 Satz 2 StPO genommen hat (oben Rdn. 85 ff), diesen Rechtsschutz durch Anwendung des § 161 a Abs. 3 StPO zu gewähren[236] und nicht — das wäre die Alternative — über § 28 Abs. 1 Satz 4[237]. **95**

e) Art und Weise des Vollzugs. Es bleibt wie bei der Anwendung des § 98 Abs. 2 Satz 2 StPO die Frage, ob § 161 a Abs. 3 StPO auch anwendbar ist, wenn es nicht um die Maßnahme selbst geht, sondern nur um die Art und Weise ihres Vollzugs; praktisch kann diese Frage vor allem bei der Vorführung auftreten. Der Vermeidung einer Rechtswegspaltung würde es dienen, den nach Art. 19 Abs. 4 GG etwa gebotenen Rechtsschutz über § 161 a Abs. 3 StPO zu gewähren und nicht über § 28 Abs. 1 Satz 4. Diese Lösung wird deshalb empfohlen. Allerdings führt dann, wenn Art und Weise des Vollzugs eines **richterlichen Vorführbefehls** in Frage gestellt sind, kein Weg am Verfahren nach § 23 ff vorbei; insofern gilt dasselbe wie sonst bei der Vollstreckung richterlicher Entscheidungen nach § 36 Abs. 2 Satz 1 StPO (oben Rdn. 91). **96**

f) § 406 e Abs. 4 Satz 2 StPO in Verbindung mit § 161 a Abs. 3 Satz 2 bis 4 StPO eröffnet den Antrag auf gerichtliche Entscheidung gegen die Versagung der Akteneinsicht an den Verletzten durch die Staatsanwaltschaft. Schon früh ist die Frage aufgeworfen worden, ob dieser Rechtsbehelf auch gegeben ist, wenn sich der Beschuldigte oder Dritte dagegen wehren wollen, daß die Staatsanwaltschaft dem Verletzten Einsicht gewährt hat, oder ob insoweit der Antrag nach § 23 gegeben ist[238]. Die Entwicklung ist auch hier dahin gegangen, der entsprechenden Anwendung des § 406 e Abs. 4 Satz 2 StPO den Vorzug zu geben[239]. Auch insoweit tritt der Rechtsbehelf des § 23 als subsidiär zurück. **97**

4. Gerichtliche Entscheidungen nach §§ 458, 459 h, 459 i, 463 StPO

a) Allgemeines. Der Rechtsbehelf nach § 458 StPO, mit dem der Verurteilte oder sonst von der Strafvollstreckung Betroffene eine gerichtliche Entscheidung über Einwendungen gegen die Zulässigkeit der Strafvollstreckung allgemein oder über einzelne Entscheidungen der Vollstreckungsbehörde herbeiführen kann, geht nach Absatz 3 dem Antrag nach § 23 vor[240]. Gleiches gilt für den Rechtsbehelf nach § 459 h StPO, der für die Geldstrafenvollstreckung die richterliche Zuständigkeit bei Einwendungen gegen die Entscheidungen der Vollstreckungsbehörde zusammenfassend regelt und insoweit auch § 458 StPO vorgeht[241]. § 459 i StPO verweist für die Vollstreckung der Vermögensstrafe auf **98**

---

[235] Zur Androhung von Zwangsmitteln als Verwaltungsakt vgl. § 18 VwVfG.

[236] So etwa LR-*Rieß*[24] § 161 a, 52 ff StPO; *Bachmann* 132; **a. A** KK-*Wache* § 161 a, 19 StPO: Kein Rechtsschutz wegen prozessualer Überholung; ähnlich *Kleinknecht/Meyer-Goßner*[43] § 161 a, 21 StPO.

[237] Dafür noch *Rieß/Thym* GA **1981** 189, 209.

[238] Für ersteres *Rieß/Hilger* NStZ **1987** 146, 155; für letzteres *Schlothauer* StV **1987** 356, 359; *Böttcher* JR **1987** 133, 134.

[239] BGHSt **39** 112; OLG Hamm NStZ **1991** 353, 354; KMR-*Fezer* § 406 e, 35; *Kleinknecht/Meyer-Goßner*[43] § 406 e, 11 StPO; LR-*Hilger* Erl. zu § 406 e StPO (24. Aufl. Rdn. 17); kritisch: *Otto* NStZ **1993** 357; **a. A** noch OLG Koblenz NJW **1988** 3275, 3276; StV **1988** 332.

[240] Allgemeine Meinung; vgl. LR-*Wendisch* § 458, 25 StPO; KK-*Fischer* § 458, 2 StPO; *Kleinknecht/Meyer-Goßner*[43] 15.

[241] LR-*Wendisch* § 459 h, 3 StPO; KK-*Fischer* § 458, 21 StPO.

§ 459 h StPO[242]. Für die Vollstreckung der Maßregeln der Besserung und Sicherung ist in § 463 Abs. 1 StPO im Grundsatz die sinngemäße Anwendung der Bestimmungen über die Strafvollstreckung, also auch des § 458 StPO, angeordnet[243].

99 Anders als bei § 98 Abs. 2 Satz 2 StPO (oben Rdn. 85 ff) und bei § 161 a Abs. 3 StPO (oben Rdn. 92 ff) läßt sich bei diesen Rechtsbehelfen des Strafvollstreckungsrechts bisher kaum eine Tendenz feststellen, ihren Anwendungsbereich im Wege erweiternder Auslegung oder gar der Analogie auszudehnen und den des § 23 entsprechend zurückzudrängen[244]. Es herrscht eine **enge Auslegung**: Die Rechtsbehelfe der §§ 458, 459 h StPO werden nur bejaht, wenn ihre Voraussetzungen unmittelbar gegeben sind[245]. Dies wird im wesentlichen mit dem Wortlaut und der Systematik dieser Bestimmungen begründet. Einwendungen gegen die Zulässigkeit der Strafvollstreckung im Sinne des § 458 Abs. 1 StPO liegen nur vor, wenn geltend gemacht wird, die allgemeinen Voraussetzungen der Vollstreckung eines Strafurteils fehlten oder es bestehe ein Vollstreckungshindernis[246]. Andernfalls wäre es überflüssig, daß in § 458 Abs. 2 StPO und in § 459 h StPO noch Einwendungen gegen einzelne Entscheidungen der Vollstreckungsbehörde zugelassen sind. Aus der Enumeration in § 458 Abs. 2 StPO und in § 459 h StPO andererseits ergibt sich, daß nur die dort genannten Entscheidungen dem vollstreckungsrechtlichen Rechtsbehelf unterliegen[247]. Bei den dort nicht genannten Entscheidungen der Vollstreckungsbehörden kommt, wenn sie Maßnahmencharakter haben und eine Rechtsverletzung des Betroffenen möglich erscheint, § 23 zur Anwendung[248].

b) Einzelfälle

100 **aa)** So wird der Antrag nach § 23 insbesondere für zulässig gehalten gegen einen von der Vollstreckungsbehörde nach § 457 Abs. 2 StPO erlassenen **Vorführungs- oder Haftbefehl**[249]. Wird der Verurteilte aufgrund eines Vollstreckungshaftbefehls in Strafhaft gebracht, so hat der Haftbefehl sich durch den Vollzug erledigt, weil Rechtsgrundlage der Strafhaft nunmehr das rechtskräftige Strafurteil ist. Es kommt nur noch eine nachträgliche Rechtmäßigkeitskontrolle (§ 28 Abs. 1 Satz 4) in Betracht, wenn daran ein berechtigtes Interesse besteht[250].

---

242 Dazu LR-*Wendisch* § 459 i, 12 StPO; KK-*Fischer* § 459 i, 2 StPO; *Kleinknecht/Meyer-Goßner*[43] § 459 i, 2 StPO.

243 LR-*Wendisch* § 463, 2 StPO; *Kleinknecht/Meyer-Goßner*[43] § 463, 2 StPO.

244 Deshalb ist es bemerkenswert, daß *Wendisch* (LR-*Wendisch* § 459 h, 7 StPO) die entsprechende Anwendung des § 459 h StPO auf Streitigkeiten über die Anrechnung im Sinne des § 459 b StPO vorschlägt. **A. A** denn auch KK-*Fischer* § 459 b, 5 StPO; *Kleinknecht/Meyer-Goßner*[43] § 459 b, 5 StPO: § 23. Ebenfalls einen Ansatz, § 458 StPO zu Lasten des § 23 auszuweiten, enthält OLG Frankfurt NJW **1998** 1165, wonach bei erledigten Vollstreckungsmaßnahmen nicht § 23 bzw. § 28 Abs. 1 Satz 4, sondern ein Fortsetzungsfeststellungsantrag im Rahmen des Verfahrens nach §§ 458, 462 a StPO in Betracht kommt. Hier könnte sich eine Entwicklung wie bei § 98 Abs. 2 Satz 2 StPO anbahnen, auf die das OLG ausdrücklich Bezug nimmt.

245 BGHSt **19** 240; OLG Hamburg NJW **1975** 1132; LR-*Wendisch* § 458, 25.

246 KK-*Fischer* § 458, 10 StPO; *Kleinknecht/Meyer-Goßner*[43] § 458, 8 StPO; LR-*Wendisch* § 458, 6 StPO.

247 OLG Hamburg NJW **1975** 1132; OLG Düsseldorf MDR **1989** 1016; vgl. auch OLG Zweibrücken JR **1983** 168 mit Anm. *Katholnigg*.

248 KK-*Fischer* § 458, 2 StPO; *Kleinknecht/Meyer-Goßner*[43] § 458, 15 StPO; LR-*Wendisch* § 458, 25 StPO.

249 OLG Saarbrücken NJW **1973** 1012; OLG Hamm NStZ **1982** 524; OLG Düsseldorf StV **1986** 27; OLG Hamm MDR **1987** 519; OLG Düsseldorf MDR **1989** 1016; *Amelung* NJW **1979** 1688; § 457, 31 StPO; KK-*Fischer* § 457, 12 StPO; *Kleinknecht/Meyer-Goßner*[43] 16 und § 457, 16 StPO.

250 OLG Hamm MDR **1983** 157; MDR **1987** 519; KK-*Fischer* § 457, 12 StPO; *Kleinknecht/Meyer-Goßner*[43] § 457, 16 StPO; LR-*Wendisch* § 457, 31 StPO.

bb) Der Antrag nach § 23 ist gegeben, wenn die Vollstreckungsbehörde es ablehnt, nach **§ 456 a Abs. 1 StPO** von der Vollstreckung einer freiheitsentziehenden Maßnahme mit Rücksicht auf eine Auslieferung oder Ausweisung des Verurteilten abzusehen[251]. **101**

cc) Wie nach der Neufassung des § 35 Abs. 2 BtmG durch das Gesetz zur Änderung des BtmG vom 9. 9. 1992[252] ausdrücklich bestimmt wird, ist der Antrag nach § 23 gegen die Ablehnung der **Zurückstellung der Strafvollstreckung nach § 35 BtmG** gegeben. Damit ist die schon früher herrschende Meinung[253] vom Gesetzgeber bestätigt worden. Während früher allerdings die erforderliche Zustimmung des Gerichts 1. Instanz überwiegend als unanfechtbar angesehen wurde[254], unterliegt sie jetzt der Beschwerde durch die Vollstreckungsbehörde, und der Verurteilte erreicht ihre Überprüfung im Rahmen der Nachprüfung durch das Oberlandesgericht nach §§ 23, 28 (§ 35 Abs. 2 Satz 2 BtmG). Der Antrag nach § 23 ist auch gegeben gegen **Auflagen und Weisungen**, die mit einer Zurückstellung nach § 35 BtmG verbunden werden[255]. **102**

dd) Der Rechtsbehelf nach § 23 und nicht der nach § 458 Abs. 2 StPO ist nach herrschender Meinung gegeben, wenn die Vollstreckungsbehörde es ablehnt, die Vollstreckung einer Freiheitsstrafe zum Halbstrafenzeitpunkt mit dem Ziel zu unterbrechen, zu einer **Strafaussetzung nach § 57 Abs. 2 Nr. 2 StGB** zu kommen. Da dieser Fall anders als der des § 57 Abs. 2 Nr. 1 StGB (Erstverbüßer) in § 454 b Abs. 2 StPO nicht erfaßt ist, greift auch § 458 Abs. 2 StPO nicht, mit der Folge, daß es bei dem Antrag nach § 23 bleibt[256]. Ebenfalls der Antrag nach § 23 und nicht die Einwendung nach § 458 Abs. 2 StPO ist eröffnet, wenn die Vollstreckungsbehörde es ablehnt, die Vollstreckung eines **widerrufenen Strafrestes** zum Zwecke nochmaliger Aussetzung zu unterbrechen. Bei Neufassung des § 454 b StPO durch das 23. Strafrechtsänderungsgesetz vom 13. 4. 1986[257] war es, wie der Bundesgerichtshof[258] festgestellt hat, Absicht des Gesetzgebers, daß es für die Ablehnung der Unterbrechung eines widerrufenen Strafrestes (§ 454 b Abs. 2 Satz 2 StPO) dabei bleiben soll, daß nur der Antrag nach § 23, nicht das Verfahren nach § 458 Abs. 2 StPO eröffnet ist. **103**

ee) Der Antrag nach § 23 ist gegeben bei Anordnungen der Vollstreckungsbehörde zur **Reihenfolge der Vollstreckung gleichartiger Maßregeln** der Besserung und Sicherung aus verschiedenen Urteilen. Trotz der Generalverweisung in § 463 Abs. 1 StPO kann dieser Fall, so das OLG Hamm[259], nicht als von § 454 b StPO erfaßt angesehen werden; § 458 Abs. 2 StPO kommt deshalb nicht zur Anwendung[260]. Ebenfalls § 23, nicht § 458 StPO ist bejaht worden, wenn der Verurteilte sich dagegen wendet, daß die Vollstreckungsbehörde keinen **Therapieplatz** zur Vollstreckung einer Maßregel nach § 64 StGB beibringt[261]. **104**

ff) Dagegen ist der Rechtsbehelf nach § 458 Abs. 2 StPO und nicht der Antrag nach § 23 gegeben, wenn die Vollstreckungsbehörde eine **Strafunterbrechung aus Krank-** **105**

---

251 OLG Hamburg NJW **1975** 1132; KG StV **1992** 428; OLG Stuttgart StV **1993** 258; KK-*Fischer* § 456 a, 5 StPO; *Kleinknecht/Meyer-Goßner*[43] § 456 a, 9 StPO; LR-*Wendisch* § 456 a, 17 StPO.

252 BGBl. I S. 1593.

253 Vgl. OLG Hamm NStZ **1982** 484; OLG Frankfurt MDR **1983** 156; OLG Zweibrücken JR **1983** 168 mit Anm. *Katholnigg*; OLG Stuttgart NStZ **1986** 141.

254 OLG Hamm JR **1988** 259 mit Anm. *Katholnigg*; OLG Stuttgart NStZ **1986** 141; OLG Hamm GA **1989** 517; OLG Frankfurt StV **1989** 159.

255 OLG Hamm NStZ **1986** 333 mit insoweit zust. Anm. *Kreuzer*.

256 OLG Celle MDR **1990** 176 mit zahlreichen Nachw.; OLG Hamm MDR **1993** 26; KK-*Fischer* § 454 b, 28 StPO; **a. A** OLG Zweibrücken JR **1990** 211 mit kritischer Anm. *Wendisch*.

257 BGBl. I S. 393.

258 BGH NJW **1991** 2030 = StV **1991** 205; ebenso KK-*Fischer* § 454 b, 28 StPO.

259 OLG Hamm NStZ **1988** 430.

260 OLG Celle NStZ **1983** 188; OLG Düsseldorf NStZ **1993** 393.

261 OLG Hamburg NStZ **1988** 242.

heitsgründen ablehnt. Die gegenteilige Rechtsprechung[262] ist überholt durch die aufgrund des 23. Strafrechtsänderungsgesetzes[263] erfolgte Anfügung des Absatzes 4 an § 455 StPO. Damit sind auch die dort geregelten Fälle der Entscheidung über eine Strafunterbrechung wegen Krankheit in den Anwendungsbereich des § 458 Abs. 2 StPO gelangt[264].

5. Das „Überprüfungs- und Kontrollsystem der StPO" und Absatz 3

106 **a) Ausgangspunkt.** Schon Anfang der achtziger Jahre hat *Rieß*[265] die Frage aufgeworfen, ob das Überprüfungs- und Kontrollsystem der StPO einschließlich flankierender gesetzlicher Regelungen in seiner Gesamtheit als eine abschließende gesetzliche Regelung der Anrufung der ordentlichen Gerichte im Sinne des Absatzes 3 angesehen werden kann, bei der es für die gerichtliche Kontrolle der Staatsanwaltschaft und der anderen Strafverfolgungsbehörden im Sinne des Absatzes 3 sein Bewenden hat. Hinter dieser Frage stand die Überlegung, daß es die im deutschen Strafprozeß zugrundegelegte Rollenverteilung zwischen Staatsanwaltschaft und Gericht aus den Angeln haben würde, wollte man die gesamte Tätigkeit der Staatsanwaltschaft im Ermittlungs- und Hauptverfahren, von der Prüfung des Anfangsverdachts bis zum Schlußvortrag in der Hauptverhandlung, in jedem Einzelakt gerichtlicher Kontrolle unterstellen, ein Gedanke, der, ins Praktische gewendet, auch die Lehre von der Unanfechtbarkeit sogenannter Prozeßhandlungen der Staatsanwaltschaft (oben Rdn. 53 ff) bestimmt hat. In der Tat könnte man, wollte man eine derart umfassende gerichtliche Kontrolle fordern, nicht mehr davon sprechen, daß die Sachverhaltserforschung im Ermittlungsverfahren allein in die Verantwortung der Staatsanwaltschaft als einer von den Gerichten unabhängigen Behörde gelegt ist, daß die Entscheidung, ob, wann und in welchem Umfang ein gerichtliches Verfahren nötig wird, der Staatsanwaltschaft zugewiesen ist und daß die Staatsanwaltschaft als von den Gerichten unabhängige Behörde auf das gerichtliche Verfahren vielfältigen Einfluß nehmen kann. Der rechtsstaatliche Fortschritt, der in der Überwindung des Inquisitionsprozesses lag, müßte im Ergebnis teilweise rückgängig gemacht werden; das Verständnis der Staatsanwaltschaft „als Wächterin des Gesetzes" wäre zu problematisieren.

107 Daß der Gesetzgeber mit den §§ 23 ff etwas Derartiges gewollt, sich damals auch nur hätte vorstellen können, ist schnell ausgeschlossen. *Rieß* ging mit Recht davon aus, daß der eigentliche Prüfstein des von ihm zur Diskussion gestellten Ansatzes Artikel 19 Abs. 4 GG ist[266]. Insofern lag es letztlich in der Hand des Bundesverfassungsgerichts, ob das Prozeßmodell der StPO beibehalten werden kann. Die an Art. 19 Abs. 4 GG zu messende Frage, in welchen Fällen Rechtsschutz gegen das Handeln der Staatsanwaltschaft gewährt werden muß — dies ist, wie *Bachmann*[267] richtig betont, eine Frage des Rechtsschutzbedürfnisses —, kann nur vor dem Hintergrund des Gesamtsystems der Strafprozeßordnung beantwortet werden; das hat auch das Bundesverfassungsgericht zugrunde gelegt. Sie ist zu unterscheiden von der Frage, ob Rechtsschutz über §§ 23 ff zu gewähren ist. Wenn dem „Überprüfungs- und Kontrollsystem der StPO" im Sinne des Absatzes 3 der Vorrang zuerkannt wird, so steckt darin auch die Überlegung, daß der nach Art. 19 Abs. 4 GG zu gewährende Rechtsschutz besser durch eine Weiterentwicklung der strafprozessualen Rechtsbehelfe erfolgt. Wie gesehen (oben Rdn. 85 ff) ist dies auch der Kurs, den die Rechtsentwicklung genommen hat.

---

262 BGHSt **19** 148; OLG Hamburg NStZ **1982** 264.
263 Vom 13. 4. 1986 (BGBl. I S. 393).
264 OLG Karlsruhe NStZ **1988** 525.
265 *Rieß* NStZ **1982** 435; dazu kritisch *Bachmann* 116.
266 *Rieß* NStZ **1982** 435.
267 Vgl. *Bachmann* 127 ff; vgl. auch oben Rdn. 57.

b) Die Rechtsprechung des Bundesverfassungsgerichts. Das Bundesverfassungsgericht hat in einigen Entscheidungen, überwiegend von Vorprüfungsausschüssen, die Rollenverteilung zwischen Staatsanwaltschaft und Gericht, wie sie in der Strafprozeßordnung angelegt ist, grundsätzlich als mit Artikel 19 Abs. 4 GG vereinbar angesehen[268]. Als zentrale Entscheidung kann im vorliegenden Zusammenhang die Entscheidung eines Vorprüfungsausschusses vom 19. 12. 1983[269] angesehen werden. Artikel 19 Abs. 4 GG verlange, so ist dort ausgeführt, Rechtsschutz „noch zur rechten Zeit". Der Rechtsschutzanspruch sei dabei um so stärker, je schwerer die dem Betroffenen auferlegte Belastung wirkt und je mehr die Maßnahme der öffentlichen Gewalt Unabänderliches bewirkt. Damit sei es vereinbar, wenn Rechtsschutz gegen die Einleitung und Führung eines Ermittlungsverfahrens noch im Ermittlungsverfahren grundsätzlich nicht zur Verfügung steht. Das Bundesverfassungsgericht weist darauf hin, daß das Ermittlungsverfahren ein vorbereitendes Verfahren ist, dessen Ziel die Entschließung der Staatsanwaltschaft ist, ob und inwieweit öffentliche Klage geboten ist. Komme es zur Anklage, so werde der Tatverdacht gerichtlicher Prüfung zugeführt. Ein Zuwarten bis dahin sei dem Beschuldigten in aller Regel zuzumuten. Sein Rechtsschutz sei im Zwischen- und Hauptverfahren regelmäßig weitreichender und umfassender, als es eine Nachprüfung von Einzelmaßnahmen der Staatsanwaltschaft im Ermittlungsverfahren sein könnte. Rechtsverstöße der Staatsanwaltschaft ließen sich zumeist korrigieren, jedenfalls seien die Folgen aus etwaigem Fehlverhalten zu ziehen. Komme es im Einzelfall zur Einstellung, fehle es an einem anzuerkennenden Interesse für die Inanspruchnahme des Rechtsweges. Dem Beschuldigten, der unter dem Schutz der Unschuldsvermutung stehe, könne eine der Einstellung des Ermittlungsverfahrens vergleichbare gerichtliche Entscheidung keine weitergehende rehabilitierende Wirkung verschaffen; denn die Fortsetzung des Strafverfahrens mit dem Ziel des Nachweises der Unschuld könne niemand verlangen. Daß es dem Beschuldigten unter Umständen versagt bleibe, möglicherweise rechtswidriges Vorgehen der Staatsanwaltschaft einer gerichtlichen Prüfung zuzuführen, sei von Verfassungs wegen nicht zu beanstanden. Er könne im übrigen Strafanzeige wegen Verfolgung Unschuldiger, § 344 StGB, erstatten. In der Entscheidung eines Vorprüfungsausschusses vom 8. 11. 1983[270] wird betont, es liege in der Natur des Ermittlungsverfahrens, daß es nicht von vornherein offen geführt werden könne. Sachverhaltserforschung und Wahrheitsfindung, zentrale Anliegen des Strafverfahrens, wären sonst von vornherein untragbaren Erschwernissen und Verdunkelungsmöglichkeiten ausgesetzt. Der Beschuldigte bleibe, wenn nicht das Verfahren vorher eingestellt wird, nur vorläufig über die Verdachtsgründe im unklaren. Eine Reihe verfahrensrechtlicher Vorkehrungen bewahre ihn davor, im Ermittlungsverfahren zum bloßen Objekt zu werden. Im Hinblick auf die Erfordernisse einer wirksamen und funktionstüchtigen Strafrechtspflege, ohne die die Gerechtigkeit nicht durchgesetzt werden könne, sei es von Rechtsstaats wegen nicht zu beanstanden, der Staatsanwaltschaft im Ermittlungsverfahren gleichsam einen Informationsvorsprung einzuräumen. Die Beeinträchtigungen, die für einen Beschuldigten mit einem Ermittlungsverfahren verbunden sein können, müßten im Interesse einer funktionstüchtigen Strafrechtspflege für einen angemessenen Zeitpunkt als unvermeidbar hingenommen werden. 108

[268] BVerfGE **51** 176, 184; BVerfG NStZ **1982** 430; BVerfG NStZ **1984** 228; BVerfG NJW **1984** 1451; BVerfG NJW **1985** 1019; eine Auseinandersetzung mit dieser Rechtsprechung fehlt bei *Eisenberg/Conen* NJW **1998** 2241, 2248, die entgegen der h. M. zu dem Ergebnis kommen, daß Art. 19 Abs. 4 GG Rechtsschutz gegen die Einleitung und Weiterführung des Ermittlungsverfahrens (Bejahung des Anfangsverdachts) gebietet.

[269] BVerfG NStZ **1984** 228, ergangen im Anschluß an BVerfG NStZ **1982** 430.

[270] BVerfG NJW **1984** 1451.

109 Die Entscheidung eines Vorprüfungsausschusses vom 28. 12. 1984[271] äußert sich zur **Ablehnung von Akteneinsicht** gegenüber dem Beschuldigten. Artikel 19 Abs. 4 GG verlange möglichst wirksamen Rechtsschutz. Das bedeute aber nicht stets sofortigen Rechtsschutz, sondern nur „Rechtsschutz innerhalb angemessener Zeit", wobei die Angemessenheit nach den besonderen Umständen des einzelnen Falles zu beurteilen sei. Diesem Maßstab laufe es nicht zuwider, wenn die Fachgerichte Rechtsschutz gegen die Versagung der Akteneinsicht durch die Staatsanwaltschaft noch während des Ermittlungsverfahrens nicht zur Verfügung stellen. Dem Rechtsschutzbegehren werde damit nur vorübergehend nicht entsprochen, was mit Blick auf die Erfordernisse einer funktionstüchtigen Strafrechtspflege in aller Regel zumutbar sei.

110 In der Senatsentscheidung vom 8. 5. 1979[272] wird die Auffassung des Bundesgerichtshofs[273] gebilligt, daß die **Bejahung des besonderen öffentlichen Interesses** gemäß § 230 (früher: § 232) StGB durch die Staatsanwaltschaft gerichtlich nicht nachprüfbar ist. Wer einer Straftat hinreichend verdächtig ist, habe keinen Anspruch auf Freistellung von der Strafverfolgung. Deshalb könne der Beschuldigte auch durch eine entsprechende Entscheidung der Staatsanwaltschaft grundsätzlich nicht in seinen Rechten verletzt sein. Andererseits könne der Verletzte durch eine Verneinung des besonderen öffentlichen Interesses ebenfalls nicht in seinen Rechten verletzt sein, „denn es gibt grundsätzlich keinen verfassungsrechtlich verbürgten Anspruch auf Strafverfolgung eines anderen durch den Staat"[274].

111 **c) Folgerung.** Im Grundsatz kann man davon ausgehen, daß die in der StPO angelegte Rollenverteilung zwischen Staatsanwaltschaft und Gericht und die dort vorgesehenen Möglichkeiten des Rechtsschutzes gegen das Handeln der Staatsanwaltschaft und der anderen Strafverfolgungsbehörden nach Auffassung des Bundesverfassungsgerichts mit Artikel 19 Abs. 4 GG grundsätzlich vereinbar sind, sofern man die Fortentwicklung des Strafverfahrensrechts beim Rechtsschutz gegen einzelne Ermittlungsmaßnahmen (oben Rdn. 85 ff) einbezieht, wobei diese Entwicklung durchaus noch weitergehen mag. In diesem Sinne kann das „Überprüfungs- und Kontrollsystem" der StPO deshalb nicht nur insoweit als nach Absatz 3 vorrangig angesehen werden, als es Rechtsschutz gegen einzelne Ermittlungsmaßnahmen über eine Anwendung von § 98 Abs. 2 Satz 2 StPO und von § 161 a Abs. 3 StPO gewährt, sondern auch insoweit, als dort gegen die Einleitung des Ermittlungsverfahrens und seine Fortführung grundsätzlich kein Rechtsschutz gewährt wird, auch nicht dagegen, daß die Ermittlungen heimlich geführt werden, und schließlich nicht dagegen, daß teilweise die Entscheidung über Ausnahmen vom Legalitätsprinzip allein in die Hand der Staatsanwaltschaft gelegt ist.

112 **d) Ausnahme bei Willkür.** In mehreren der genannten Entscheidungen hat das Bundesverfassungsgericht ausdrücklich offengelassen, ob etwas anderes gelten müßte, wenn der Staatsanwaltschaft Willkür vorgeworfen wird; es neigt wohl dazu, die Frage zu bejahen[275]. Würde die Staatsanwaltschaft willkürlich, aus „schlechthin unhaltbaren Gründen"[276] handeln, liegt es in der Tat nahe, daß, soweit eine Maßnahme im Sinne des § 23 inmitten steht, insbesondere die erforderliche Außenwirkung gegeben ist (Rdn. 43 ff, 57), der Betroffene sich dagegen mit dem Antrag nach § 23 wehren kann[277]. Freilich — Willkür ist rasch behauptet — wird damit die Gefahr eröffnet, daß es zu einer großen Zahl

---

271 BVerfG NJW **1985** 1019.
272 BVerfGE **51** 176, 184.
273 BGHSt **16** 225.
274 BVerfGE **51** 176, 187.
275 BVerfGE **51** 176, 184; BVerfG NJW **1984** 1451; BVerfG NStZ **1984** 228; ähnlich BVerfG NStZ **1982** 430; dazu *Heinrich* NStZ **1996** 110.
276 BVerfG NStZ **1984** 228.
277 *Heinrich* NStZ **1996** 110; *Ranft* 309; *Bachmann* 151.

letztlich aussichtsloser Anträge kommt, dadurch die Strafverfolgungstätigkeit behindert und die knappe personelle Ausstattung der Justiz über Gebühr beansprucht wird. Im Ergebnis wird man — es geht um die Beachtung der Rechtsschutzgarantie des Artikels 19 Abs. 4 GG — darauf abzustellen haben, ob im Hinblick auf behauptete Willkür im Einzelfall sofortiger Rechtsschutz geboten erscheint oder ob dem Betroffenen zugemutet werden kann, den weiteren Gang und den Abschluß des Ermittlungsverfahrens abzuwarten, um sodann, wenn es nicht zur Einstellung kommt, um richterliche Überprüfung nachzusuchen. Vielfach wird ihm dies zumutbar sein. Es lassen sich aber auch Fälle ausdenken — z. B. die Einleitung von Ermittlungen oder die Verschleppung einer Einstellung ausschließlich aus parteipolitischen Gründen im Vorfeld einer Wahl oder die Versagung der Akteneinsicht mit dem Ziel, aus sachfremden Motiven die Aufrechterhaltung nicht gerechtfertigter Untersuchungshaft zu erreichen —, in denen alsbaldiger Rechtsschutz geboten ist. Dafür steht das Verfahren nach §§ 23 ff dann bereit. Eine entsprechende Anwendung des § 98 Abs. 2 Satz 2 StPO, an die man auch denken könnte, ist für solche Fälle bisher nicht in Erwägung gezogen worden und liegt wohl auch fern. Wenn es um einen Willkürvorwurf gegenüber der Staatsanwaltschaft geht, ist die Autorität des Strafsenats durchaus gefordert. Der Antrag wäre in diesen Fällen auf Einstellung des Verfahrens gerichtet und damit ein Verpflichtungsantrag. Soweit es um die Fälle geht, in denen die Staatsanwaltschaft von einer Einstellung nach §§ 153 Abs. 1 Satz 2, 153 a Abs. 1 Satz 6 StPO absieht oder das (besondere) öffentliche Interesse bejaht, scheidet dagegen auch bei behaupteter Willkür ein Antrag nach § 23 aus. Soweit Rechtsschutz gewährt werden muß, wäre dieser im Zwischen- oder Hauptverfahren bei dem Gericht der Hauptsache nachzusuchen (unten Rdn. 121, 123). Im übrigen ist zu betonen, daß es, wie das Bundesverfassungsgericht festgestellt hat[278], für sich allein keinen Fall der Willkür begründet, wenn die Staatsanwaltschaft in anderen vergleichbaren Fällen anders verfahren ist.

e) Zusammenfassung

aa) Nach Maßgabe der Ausführungen zu dem letztgenannten, mehr theoretischen Fall der Willkür ist also der herrschenden Auffassung zuzustimmen, wenn sie, meist unter Rückgriff auf die Rechtsfigur der Prozeßhandlung, eine Anfechtung nach § 23 durch den Beschuldigten für unzulässig hält, soweit es um die Einleitung des Ermittlungsverfahrens und die auf die Durchführung und **Gestaltung des Ermittlungsverfahrens** gerichteten einfachen Ermittlungsmaßnahmen der Strafverfolgungsbehörden geht, wie die Anforderung von Auszügen aus dem Bundeszentralregister, die Vernehmung von Zeugen, die Erholung von Auskünften und Gutachten sowie die Vernehmung des Beschuldigten; Entsprechendes gilt für die Weigerung der Staatsanwaltschaft, dem Beschuldigten die Verdachtsgründe bekanntzugeben[279] oder die Ermittlungen einzustellen, sei es nach § 170 StPO, sei es nach §§ 153 ff StPO (vgl. dazu Rdn. 121). **113**

bb) Akteneinsicht. Bestätigt durch das Bundesverfassungsgericht[280] geht die Rechtsprechung praktisch einmütig davon aus, daß die auf **§ 147 Abs. 2 StPO** gestützte Verweigerung der Akteneinsicht durch die Staatsanwaltschaft grundsätzlich nicht nach § 23 **114**

---

278 BVerfGE **21** 245, 261; BVerfGE **51** 176, 184.

279 BVerfG NStZ **1982** 430; NStZ **1984** 228; OLG Karlsruhe NStZ **1982** 434 mit Anmerkung *Rieß*; OLG Hamm NJW **1966** 684; OLG Stuttgart NJW **1972** 2146; OLG Hamm NStZ **1983** 38; OLG Hamm NStZ **1984** 280; OLG Hamburg NStZ **1984** 566; OLG Hamm NStZ **1995** 413; *Roxin* § 29, 9; *Beulke* 321; *Ranft* 308; *Bottke* StV **1986** 121; *Bachmann* 112; *Kissel* 41; KK-*Kissel* 32; *Katholnigg* 14; *Kleinknecht/Meyer-Goßner*[43] 9.

280 BVerfG NJW **1985** 1019; ebenso BVerfG NJW **1994** 503; BVerfG NJW **1994** 3219.

anfechtbar ist[281]. Begründet wird dies überwiegend damit, daß die Verweigerung der Akteneinsicht kein Justizverwaltungsakt, sondern Prozeßhandlung sei. Doch findet sich zunehmend auch die Erwägung, daß zwar der Maßnahmencharakter dieser Entscheidung nicht zu leugnen sei, aus dem nach Absatz 3 vorgängigen Regelungssystem der StPO aber entnommen werden könne, daß eine richterliche Entscheidung über die Gewährung von Akteneinsicht erst nach Anklageerhebung herbeigeführt werden kann; dieser Aufschub sei dem Beschuldigten im Regelfall zumutbar[282]. Im Schrifttum findet diese Rechtsprechung nur teilweise Unterstützung[283]. Eine, wie das OLG Karlsruhe[284] kürzlich formulierte, „beachtliche Gegenmeinung" tritt dafür ein, daß gegen die Versagung der Akteneinsicht an den Verteidiger stets der Antrag nach § 23 zulässig ist[285].

115 **Zuzustimmen ist** entgegen der von *Lüderssen* in diesem Kommentar[286] vertretenen Auffassung **der Rechtsprechung**. Zwar läßt sich nicht bestreiten, daß die Versagung der Akteneinsicht eine Maßnahme im Sinne des § 23 Abs. 1 Satz 1 ist. Die Regelung der StPO, hiergegen Rechtsschutz während des Ermittlungsverfahrens nicht zu gewähren, ist aber wohlbegründet. Wollte der Strafsenat nachprüfen, ob die Akteneinsicht den Untersuchungszweck gefährden kann, müßte er den bisherigen Gang und die weitere Planung des Ermittlungsverfahrens nachvollziehen. Dies würde nicht nur die Rollenverteilung zwischen Staatsanwaltschaft und Gericht erheblich verändern, sondern auch den Informationsvorsprung der Staatsanwaltschaft vor der Verteidigung beseitigen, der in vielen Fallgestaltungen für eine Aufklärung von Straftaten notwendig ist. In aller Regel ist dem Beschuldigten auch zumutbar, daß eine richterliche Entscheidung über die Akteneinsicht erst nach Abschluß der Ermittlungen erlangt werden kann. Hiervon hat die Rechtsprechung allerdings Ausnahmen anerkannt. Wie das Bundesverfassungsgericht hervorgehoben hat, können besondere Umstände sofortigen Rechtsschutz ausnahmsweise verfassungsrechtlich notwendig machen[287]. Abgesehen von dem eher theoretischen Fall willkürlicher Versagung der Akteneinsicht (oben Rdn. 112) gehört hierher der Fall, daß dem Beschuldigten wegen extrem langer Dauer des Ermittlungsverfahrens ein weiteres Zuwarten nicht zumutbar ist. Davon ging das OLG Hamm in einem Fall mit fünfjähriger Dauer des Ermittlungsverfahrens aus[288]; das OLG Karlsruhe hat einen solchen Fall bei einem Ermittlungsverfahren von dreijähriger Dauer nicht angenommen[289]. Hierher gehören auch die Fälle, in denen der in Untersuchungshaft befindliche Beschuldigte ohne Akteneinsicht seinen Anspruch auf rechtliches Gehör zur Haftentscheidung nicht wahrnehmen kann[290]. Entsprechendes wird für den Unterrichtungsanspruch aus Art. 6 III lit. a MRK zu gelten haben[291].

---

281 OLG Hamm NStZ **1984** 280; StV **1993** 299; StV **1995** 571 mit Anm. *Mehle/Hiebl*; OLG Hamburg StV **1986** 422; OLG Schleswig SchlHA **1987** 117; OLG Frankfurt StV **1989** 96 mit Anm. *Welp;* StV **1989** 194; StV **1993** 292 mit Anm. *Taschke*; StV **1993** 297; StV **1996** 310; OLG Karlsruhe StV **1996** 302 mit Anm. *Rieß*; NStZ **1997** 49; OLG Saarbrükken NJW **1995** 1440; **a. A** OLG Celle NStZ **1983** 279.

282 OLG Hamm NStZ **1984** 280; StV **1993** 299; OLG Frankfurt StV **1989** 96; StV **1993** 292; StV **1993** 297; StV **1996** 310.

283 KK-*Laufhütte* § 147, 18 StPO; *Kleinknecht/Meyer-Goßner*[43] § 147, 39 StPO; *Theisen* JR **1996** 436; *Kissel* § 141, 37 GVG.

284 OLG Karlsruhe NStZ **1997** 49.

285 LR-*Lüderssen*[24] § 147, 157 ff StPO; AK-*Stern* § 147, 64 StPO; KMR-*Müller* § 147, 13 StPO; *Wasserburg* NJW **1980** 2440, 2444; *Keller* GA **1983** 510; *Groh* DRiZ **1985** 54; *Welp* StV **1986** 446; *Bottke* StV **1986** 123; *Taschke* StV **1993** 292; *Mehle/Hiebl* StV **1995** 571; ähnlich *Frister* StV **1998** 159, 163 zum Unterrichtungsanspruch aus Art. 6 III lit. a MRK.

286 LR-*Lüderssen*[24] § 147, 157 ff StPO.

287 BVerfG NJW **1985** 1019; NJW **1994** 3219.

288 OLG Hamm StV **1993** 299.

289 OLG Karlsruhe NStZ **1997** 49.

290 BVerfG NJW **1994** 3219; nach BVerfG StV **1998** 108 nicht übertragbar auf die Fälle des erlassenen, aber noch nicht vollzogenen Haftbefehls; vgl. auch *Zieger* StV **1993** 320.

291 Dazu die Erl. zu Art. 6 MRK (24. Aufl. Rdn. 160 ff).

Entsprechendes gilt schließlich für die Fälle, in denen dem Verteidiger die Einsicht in die nach **§ 147 Abs. 3 StPO** privilegierten Unterlagen versagt wird[292]. Da § 147 Abs. 3 StPO dem Verteidiger sofortige Akteneinsicht gewährt, ist, wie das OLG Hamm[293] formuliert hat, im Falle der Vorenthaltung Rechtsschutz nach § 23 „die logische Folgerung". Die Gründe, die einer gerichtlichen Kontrolle staatsanwaltlicher Entscheidungen nach § 147 Abs. 2 StPO entgegenstehen (oben Rdn. 115), sind hier nicht gegeben. Das Akteneinsichtsrecht des Beschuldigten nach § 147 Abs. 3 StPO konkretisiert sein Recht auf rechtliches Gehör[294]; gegen dessen Verletzung ist Rechtsschutz zu gewähren. **116**

Anerkannt ist außerdem, daß die Versagung der Einsicht in **Spurenakten**, die den Ermittlungsakten nicht beigefügt sind, nach § 23 angefochten werden kann[295]. Eine Verweisung des Beschuldigten darauf, daß der nach Artikel 19 Abs. 4 GG gebotene Rechtsschutz nachgeholt werden könne, kommt hier nicht in Betracht. **117**

Beruht die Versagung des Rechtsbehelfs nach § 23 in den Fällen des § 147 Abs. 2 StPO darauf, daß dem Beschuldigten regelmäßig zuzumuten ist, nach Anklageerhebung eine richterliche Entscheidung über die Akteneinsicht herbeizuführen, so kann dieses Argument **nach Einstellung des Ermittlungsverfahrens** nicht mehr greifen. Wenn das Ermittlungsverfahren eingestellt wurde und dem davon Betroffenen Akteneinsicht verweigert wird, kann dies eine Rechtsgrundlage auch nicht mehr in § 147 Abs. 2 StPO haben. Der Antrag nach § 23 ist deshalb zulässig[296]. **118**

Der Fall liegt nicht anders als bei Akteneinsichtsgesuchen von **Dritten**, wo anerkannt ist, daß die ablehnende Entscheidung der Staatsanwaltschaft nach § 23 einer Überprüfung zugeführt werden kann, wenn eine Rechtsverletzung im Sinne des § 24 möglich erscheint[297]. Zu der Überlegung de lege ferenda, den Rechtsbehelf nach § 161 a Abs. 3 StPO zu gewähren, vgl. oben Vor § 23, 10. Umgekehrt kann sich auch der von der Gewährung von Akteneinsicht an Dritte betroffene Verfahrensbeteiligte mit dem Antrag nach § 23 gegen die Akteneinsicht wehren[298]. **119**

Nach § 23 anfechtbar sind schließlich auch die Entscheidungen der Staatsanwaltschaft über die Einsicht in **weggelegte Akten** rechtskräftig abgeschlossener Verfahren, die von ihr verwahrt werden[299]. Richterliche Entscheidungen über die Akteneinsicht während des gerichtlichen Verfahrens, auch Entscheidungen gegenüber Dritten, ergehen dagegen unter dem Schutz der richterlichen Unabhängigkeit und scheiden damit als Gegenstand eines Antrags nach § 23 aus (oben Rdn. 5). **120**

---

292 OLG Celle NStZ **1983** 279; OLG Hamm NStZ **1987** 572; StV **1995** 571; OLG Karlsruhe StV **1996** 302; offengelassen von OLG Hamburg StV **1986** 423. Zustimmend KK-*Laufhütte* § 147, 18 StPO; *Kleinknecht/Meyer-Goßner*[43] § 147, 39 StPO; *Theisen* JR **1996** 436 sowie die Autoren (oben Fußn. 285), die gegen die Versagung der Akteneinsicht grundsätzlich den Antrag nach § 23 für zulässig halten.

293 OLG Hamm NStZ **1987** 572.

294 OLG Hamm NStZ **1987** 572; StV **1995** 571.

295 BVerfGE **63** 45, 66; OLG Hamm NStZ **1984** 423 mit Anm. *Meyer-Goßner*; *Meyer-Goßner* NStZ **1982** 353, 358; KK-*Laufhütte* § 147, 18 StPO; KMR-*Müller* § 147, 13 StPO; *Kleinknecht/Meyer-Goßner*[43] § 147, 39 StPO; *Kissel* § 141, 42 GVG.

296 OLG Hamm NJW **1984** 880; KK-*Laufhütte* § 147, 18 StPO; *Kleinknecht/Meyer-Goßner*[43] § 147, 42 StPO; *Kissel* § 141, 45 GVG.

297 OLG Frankfurt NJW **1975** 2028; OLG Hamm NJW **1984** 880; OLG Koblenz NStZ **1985** 426; NStZ **1988** 89; OLG Bremen NStZ **1989** 276; OLG Celle NJW **1990** 1802; KG NStZ **1993** 403; OLG Karlsruhe NStZ **1993** 351; StV **1995** 576; NStZ **1997** 49; *Hilger* NStZ **1984** 541, 542; *Kleinknecht/Meyer-Goßner*[43] § 147, 40 StPO; *Kissel* § 141, 42 GVG.

298 OLG Koblenz NJW **1986** 3093, OLG Celle NJW **1992** 253; *Hilger* NStZ **1984** 542; *Kleinknecht/Meyer-Goßner*[43] § 147, 40 StPO.

299 Vgl. OLG Karlsruhe NStZ **1994** 50 = JR **1995** 79 mit Anm. *Otto*; KK-*Laufhütte* § 147, 21 StPO; *Kleinknecht/Meyer-Goßner*[43] § 147, 42 StPO; *Kissel* § 141, 45 GVG.

121 **cc)** Im Zusammenhang mit dem **Abschluß der Ermittlungen** sind einer Anfechtung durch den Beschuldigten nach § 23 entzogen: neben der Einstellung nach § 170 Abs. 2 StPO und dem Absehen von der Verfolgung nach §§ 153 Abs. 1, 153 a Abs. 1, auch in den Fällen der §§ 153 Abs. 1 Satz 2, 153 a Abs. 1 Satz 6 StPO, sowie nach den §§ 153 b ff StPO und der Beschränkung der Strafverfolgung nach § 154 a Abs. 1 StPO auch jeweils die gegenteilige Entscheidung, von §§ 153 ff StPO keinen Gebrauch zu machen[300], ferner die Erhebung der öffentlichen Klage, auch soweit es sich um Privatklagesachen (§ 376 StPO) handelt oder die Bejahung des besonderen öffentlichen Interesses nach §§ 230, 248 a, 303 c StGB zugrunde liegt[301]. Auch in Fällen der Willkür kann man hier nur daran denken, daß der Beschuldigte die Bejahung des (besonderen) öffentlichen Interesses im eingeleiteten Strafverfahren angreifen kann[302]; ein Antrag nach § 23 kommt nicht in Betracht.

122 **dd)** Auch der **Verletzte** kann sein Interesse an der Durchführung oder an der Nichtdurchführung des Verfahrens, an der Erhebung der öffentlichen Klage oder an einer Einstellung nicht über § 23 gegenüber der Staatsanwaltschaft durchsetzen. Die Ausformung seiner Rechtsstellung durch das materielle Strafrecht (Strafantragsrecht) und die Strafprozeßordnung (Privatklageverfahren, Klageerzwingungsverfahren, Verletztenrechte einschließlich Nebenklage) sind grundsätzlich als eine im Sinne des Absatzes 3 vorrangige Regelung anzusehen. Den berechtigten Interessen des Verletzten ist bei der Auslegung dieser Regelung Rechnung zu tragen, so etwa durch Zulassung des Klageerzwingungsverfahrens bei einer Einstellung nach § 153 StPO, wenn die Tat in Wahrheit ein Verbrechen war[303]. Die gesetzliche Regelung genügt grundsätzlich auch den verfassungsrechtlichen Anforderungen; einen verfassungsrechtlich verbürgten Anspruch auf Strafverfolgung eines anderen durch den Staat gibt es nicht[304]. Umgekehrt begegnet es grundsätzlich auch keinen Bedenken, wenn das Gesetz bei bestimmten Antragsdelikten und allgemein bei Privatklagedelikten die Staatsanwaltschaft zur Strafverfolgung auch gegen einen entgegenstehenden Willen des Verletzten befugt[305]. In dem theoretischen Fall, daß die Staatsanwaltschaft willkürlich handelt[306], müßte der Verletzte dies ebenso wie der Beschuldigte im Hauptverfahren geltend machen; das Verfahren nach §§ 23 ff ist dafür nicht eröffnet[307].

123 **ee)** Unanfechtbar nach § 23 sind schließlich die **Anträge** der Staatsanwaltschaft **an das Gericht** im Ermittlungs-, Zwischen- und Hauptverfahren und ihre Stellungnahmen und Erklärungen gegenüber dem Gericht, auch die Entscheidung über eine Zustimmung zur Einstellung nach §§ 153 Abs. 2, 153 a Abs. 2 StPO oder über die Einlegung oder Rücknahme von Rechtsmitteln sowie über einen Rechtsmittelverzicht[308]. Ebenso ist das **Unterlassen** eines Antrags oder einer Erklärung gegenüber dem Gericht durch die Staatsanwaltschaft nicht nach § 23 anfechtbar. Das gilt auch für den Fall behaupteter Willkür. Soweit im Hinblick auf Art. 3 Abs. 1 GG und die Rechtsschutzgarantie des Art. 19 Abs. 4

---

300 OLG Hamm NStZ **1985** 472; OLG Karlsruhe NStZ **1994** 142; KK-*Schoreit* § 153, 33; *Kaiser* NJW **1961** 201, 1102; *Kleinknecht/Meyer-Goßner*[43] 9; für §§ 153 Abs. 1 Satz 2, 153 a Abs. 1 Satz 6 StPO auch *Terbach* NStZ **1998** 172, selbst im Falle der Willkür; **a. A** *Strubel/Sprenger* NJW **1972** 1734; *Katholnigg* 15 bejaht bei negativen Entscheidungen nach §§ 153 Abs. 1 Satz 2, 153 a Abs. 1 Satz 6, 153 c, 153 d, 154 b, 154 e StPO eine anfechtbare Maßnahme, sieht aber keine Rechtsverletzung.

301 BVerfGE **51** 176; BGHSt **16** 225; **a. A** noch OLG Bremen MDR **1961** 167 sowie, bei „Ermessensfehlern" der Staatsanwaltschaft, OLG Celle MDR **1961** 251.

302 *Heinrich* NStZ **1996** 114; *Lüke* JuS **1961** 211.

303 Vgl. OLG Hamm MDR **1993** 461.

304 BVerfGE **51** 187.

305 BGHSt **16** 229; **a. A** noch OLG Bremen MDR **1961** 167.

306 Dazu *Heinrich* NStZ **1996** 112.

307 OLG Karlsruhe NStZ **1994** 143.

308 OLG Hamm NStZ **1985** 472; KK-*Kissel* 37; *Kleinknecht/Meyer-Goßner*[43] 15.

GG Rechtsschutz gegen willkürliches Handeln der Staatsanwaltschaft für erforderlich gehalten wird, ist durch Fortbildung des Verfahrensrechts im Licht dieser Verfassungsbestimmungen dafür Sorge zu tragen, daß Rechtsschutz im Verfahren der Hauptsache möglich ist; das Nebenverfahren nach §§ 23 ff eignet sich dafür nicht[309].

ff) Das gilt auch für den **Antrag der Staatsanwaltschaft nach § 141 Abs. 3 Satz 2** **124**
StPO, dem Beschuldigten bereits im Ermittlungsverfahren einen Verteidiger zu bestellen. Gegen das Unterlassen eines solchen Antrags ist der Antrag nach § 23 nicht zulässig[310]. Zu diesem Ergebnis kann man auf unterschiedlichem Wege kommen. Folgt man der Meinung, daß das Antragsrecht der Staatsanwaltschaft gemäß § 141 Abs. 3 Satz 2 StPO nicht exklusiv ist, der Beschuldigte vielmehr auch selbst eine Entscheidung des Vorsitzenden anrufen kann[311], so fehlt es für eine Anfechtung der staatsanwaltschaftlichen Untätigkeit am Rechtsschutzbedürfnis. Versteht man die Antragsbefugnis der Staatsanwaltschaft exklusiv[312], so wird man eine Ausnahme für die Fälle machen müssen, in denen es dem Beschuldigten im Hinblick auf Art. 19 Abs. 4 GG nicht zumutbar ist zuzuwarten, bis nach Erhebung der Anklage gemäß § 141 Abs. 1 StPO eine Entscheidung des Vorsitzenden über die Bestellung ergeht, die, falls negativ, mit der Beschwerde angefochten werden kann. Das OLG Karlsruhe[313] hält dies im Regelfall für zumutbar, zieht aber in Erwägung, daß es bei willkürlicher Weigerung der Staatsanwaltschaft, einer entsprechenden Anregung des Beschuldigten nachzukommen und einen Antrag zu stellen, anders sein könnte. Ob Willkür allein ein Zuwarten unzumutbar macht oder ob zu den abwegigen Beweggründen auf seiten der Staatsanwaltschaft noch eine besondere Bedürfnislage auf seiten des Beschuldigten hinzukommen müßte (vgl. oben Rdn. 112), ist nicht zu vertiefen. In solchen Fällen wird man jedenfalls auch vom Boden dieser Auffassung aus dazu kommen, daß der Beschuldigte selbst eine Entscheidung des Vorsitzenden herbeiführen kann, womit eine Anfechtung der Untätigkeit der Staatsanwaltschaft unzulässig ist.

gg) Nach herrschender Meinung ist der Antrag nach § 23 auch unzulässig, wenn die **125**
Ersetzung eines Staatsanwalts wegen Besorgnis der Befangenheit nach § 145 GVG abgelehnt wurde[314]. Dies wird überwiegend damit begründet, daß die Strafprozeßordnung de lege lata kein Recht auf Auswechslung eines Staatsanwalts wegen Besorgnis der Befangenheit einräume, der Beschuldigte durch die Ablehnung derselben deshalb auch nicht in seinen Rechten verletzt sein könne. Die Mindermeinung[315] geht demgegenüber davon aus, daß der Beschuldigte ein Recht auf einen unbefangenen Staatsanwalt hat. Der herrschenden Auffassung ist zu folgen. Es ist durchaus erwägenswert, eine gesetzliche Regelung zu schaffen, die die Ablösung eines Staatsanwalts wegen Besorgnis der Befangenheit erzwingbar macht[316]. Aus dem geltenden Recht ergibt sie sich nicht. Näher als

---

309 Ebenso im Ergebnis *Terbach* NStZ **1998** 172, der bei willkürlicher Versagung der Zustimmung nach §§ 153 Abs. 2, 153 a Abs. 2 StPO eine Substituierung dieser Zustimmung durch das Gericht für möglich hält; weitergehend *Lagodny* JZ **1998** 568, der über die Fälle der Willkür hinaus eine richterliche Kontrolle der Zustimmungsentscheidung für geboten hält.

310 OLG Oldenburg StV **1993** 511 mit Anm. *Köster*; OLG Karlsruhe StV **1998** 123; KK-*Laufhütte* § 141, 6 StPO; *Katholnigg* 14; *Kleinknecht/Meyer-Goßner*[43] § 141, 5 StPO; **a. A** LR-*Lüderssen*[24] § 141, 24 StPO für den Fall, daß ein anwaltlich vertretener Nebenkläger vorhanden ist.

311 LR-*Lüderssen*[24] § 141, 24 StPO; AK-*Stern* § 141, 7 ff StPO; *Pfeiffer/Fischer* § 141, 2 StPO; *Weider* StV **1987** 317, 318; offengelassen von OLG Karlsruhe StV **1998** 123.

312 KK-*Laufhütte* § 141, 6 StPO; *Kleinknecht/Meyer-Goßner*[43] § 141, 5 StPO.

313 OLG Karlsruhe StV **1998** 124.

314 OLG Hamm NJW **1969** 808; OLG Karlsruhe MDR **1974** 423; OLG Schleswig SchlHA **1983** 106; LR-*Wendisch* Vor § 22 StPO, 10; KK-*Pfeiffer* § 24, 13 StPO; SK-*Rudolphi* vor § 22, 35 StPO; *Kleinknecht/Meyer-Goßner*[43] 15 und vor § 22, 55 StPO; *Pawlik* NStZ **1995** 314; *Kissel* 8; *Beulke* 96.

315 *Roxin* § 10, 13; *Hilgendorf* StV **1996** 50; *Bottke* StV **1986** 123; *Buckert* NJW **1970** 847.

316 LR-*Wendisch* Vor § 22, 10 StPO; *Hilgendorf* StV **1996** 55, der die Anwendung von § 23 nur als „Notbehelf" sieht.

eine Anwendung von § 23 läge im übrigen, die Mitwirkung eines befangenen Staatsanwalts als Revisionsgrund zu behandeln[317].

6. Die Anrufung des Haftrichters

126 **a) Allgemeines.** Auch für die Maßnahmen der Vollzugsbehörden im Vollzug der Untersuchungshaft (Abs. 1 Satz 2) wird die Anwendung der §§ 23 ff aufgrund der Subsidiaritätsklausel des Absatzes 3 wesentlich beschränkt. Dem Antrag nach § 23 vorrangig ist der Antrag auf gerichtliche Entscheidung durch den Haftrichter (§ 126 StPO) nach § 119 Abs. 6 StPO; soweit der Haftrichter angerufen werden kann, scheidet der Antrag nach § 23 aus. Die Abgrenzung des Anwendungsbereichs des § 119 Abs. 6 StPO bereitet allerdings Schwierigkeiten[318], so daß die Bestimmung der für § 23 verbleibenden Fälle nicht einfach ist[319]. Im Grundsatz ist zu unterscheiden, ob die Maßnahme der Vollzugsbehörde, um die es geht, dem Bereich der allgemeinen Vollzugsorganisation zuzuordnen ist (dann § 23) oder ob sie ein individuelles Haftverhältnis betrifft (dann § 119 Abs. 6 StPO). Dabei steht nicht im Vordergrund, ob der Haftrichter in die Organisation der Anstalt eingreifen kann oder darf[320]. In der Literatur wird zu Recht darauf hingewiesen, daß entsprechende Rücksichten auch für den Strafsenat im Verfahren nach § 23 gelten würden[321].

127 Vielmehr geht es um ein **Rechtsschutzproblem**; dem Grundsatz des § 119 Abs. 3 StPO soll zur möglichst effektiven Durchsetzung verholfen werden. Mit Blick auf den einzelnen Untersuchungsgefangenen kann aber, wie der Bundesgerichtshof ausgesprochen hat[322], nur der Haftrichter aufgrund seiner Kenntnis vom Stand des Verfahrens und der Persönlichkeit des betreffenden Gefangenen beurteilen, ob die Maßnahme erforderlich und angemessen ist, den Haftzweck unter Wahrung der Ordnung in der Anstalt zu erreichen. In dem vom Bundesgerichtshof entschiedenen Fall ging es um die Anfechtung einer Anordnung der Anstaltsleitung, wonach alle Besucher einer Haftanstalt in bestimmter Weise zu kontrollieren waren, durch einen Anwalt. Der Bundesgerichtshof hat die Zulässigkeit des Antrags nach § 23 bejaht, weil der Antrag sich gegen die Anordnung als solche richtete. Er hat aber zugleich darauf hingewiesen, daß eine Anrufung des Haftrichters in Betracht gekommen wäre, wenn der Antrag darauf abgezielt hätte, für ein bestimmtes Mandatsverhältnis des Anwalts eine Ausnahme von der allgemeinen Anordnung zu erreichen[323]. Daran wird deutlich, daß im Einzelfall auch lediglich organisatorische, den Vollzug der Untersuchungshaft in der betreffenden Anstalt allgemein regelnde Maßnahmen einer Prüfung durch den Haftrichter nach § 119 Abs. 6 StPO zugeführt werden können, nämlich wenn geltend gemacht wird, daß die allgemeine Regelung einen bestimmten Gefangenen übermäßig beschwert[324]. Ein anderes Beispiel dafür war der vom Kammergericht entschiedene Fall, daß ein Gefangener die in der Anstalt bestehende Regelung über die Dauer der Einschaltung der Deckenbeleuchtung in den Zellen angriff. Das Kammergericht wies darauf hin, daß die Regelung der Deckenbeleuchtung zwar grundsätzlich eine organisatorische Frage ist, es aber eine dem Haftrichter zugängliche Frage ist, ob einem bestimmten Gefangenen wegen seiner Persönlichkeit und seines Verfahrens durch eine von der allgemeinen Regelung abweichende Regelung der Zellenbeleuchtung entgegengekommen werden muß[325]. So ist es im Ergebnis zwar unrichtig, daß die Anrufung des Haft-

---

317 Dazu BGH NJW **1980** 845.

318 Dazu LR-*Hilger* § 119, 160 ff StPO; KK-*Boujong* § 119, 103 StPO; SK-*Paeffgen* § 119, 74, 83 StPO; *Kleinknecht/Meyer-Goßner*[43] § 119, 50 StPO; *Cassardt* NStZ **1994** 523; *Krack* JR **1966** 258.

319 *Krack* **1996** 259: Kein überzeugendes Unterscheidungskriterium gefunden.

320 So KG JR **1978** 82; OLG Hamm NStZ **1981** 156.

321 *Cassardt* NStZ **1994** 523; *Krack* JR **1996** 258.

322 BGHSt **29** 135.

323 BGHSt **29** 138.

324 So zutreffend *Cassardt* NStZ **1994** 523; vgl. auch *Schriever* NStZ **1998** 159.

325 KG JR **1978** 82.

richters gegen Maßnahmen der Vollzugsbehörden im Untersuchungshaftvollzug immer möglich ist, wie dies vereinzelt behauptet wurde[326]. Nicht falsch ist es aber, daß der Haftrichter „in der Regel“ angerufen werden kann[327] oder, wie *Hilger* in diesem Kommentar formuliert, „fast stets“[328]. Als Ergebnis bleibt für den Antrag nach § 23, wie schon die 23. Auflage feststellte[329], beim Vollzug der Untersuchungshaft „wenig Raum“.

b) Einzelfälle. Weil es in jedem Einzelfall darauf ankommt, was mit dem Antrag auf gerichtliche Entscheidung begehrt wurde (Rdn. 127), ist die Kasuistik mit Vorsicht zu nutzen. Als Fälle des § 119 Abs. 6 StPO wurden im Ergebnis angesehen Maßnahmen, die die Teilnahme an Gemeinschaftsveranstaltungen, die Gewährung von Bastelmöglichkeiten, den Umfang des Hofgangs für einzelne Gefangene betrafen[330], das an bestimmte Gefangene gerichtete Verbot, Verteidigerbesuch zu empfangen[331], die Anordnung, daß für Besuche bei bestimmten Gefangenen eine Zelle mit Trennscheibe zu verwenden ist[332], die Zuweisung einer Zelle mit besonderen Sicherheitsvorkehrungen (Nr. 63 Abs. 1 Nr. 9 UVollzO)[333], die Beschränkung des zusätzlichen Einkaufs von Nahrungs- und Genußmitteln (vgl. § 119 Abs. 4 StPO)[334]. Dem ist in allen Punkten zuzustimmen. **128**

Dagegen ist eine rein **organisatorische Maßnahme** angenommen und die Zulässigkeit des Antrags nach § 23 bejaht worden bei der Anordnung von Kontroll- und Durchsuchungsmaßnahmen für alle Besucher einer Vollzugsanstalt[335] (dazu oben Rdn. 127), der Festlegung von Besuchszeiten für Verteidiger[336], der Anordnung, daß Verteidiger nur mit richterlicher Sprecherlaubnis die Anstalt zum Besuch von Gefangenen betreten dürfen[337], bei Anordnungen, die die bauliche Gestaltung der Anstalt und ihrer einzelnen Teile, insbesondere auch die bauliche Gestaltung der Zellen sowie der Besuchsräume zum Gegenstand haben[338], bei der Zuweisung von Arbeit an den Gefangenen und der Festlegung der Vergütung[339], bei der Streichung eines früher gewährten Taschengeldes[340], bei der Aufforderung an einen Gefangenen, sich zu duschen[341], bei der Ablehnung einer Ausnahme von der bundeseinheitlichen Regelung über den Paketempfang an bestimmten Festtagen (Nr. 39 Abs. 1 Satz 1 UVollzO in Verb. mit § 33 Abs. 1 StVollzG und den dazu ergangenen Verwaltungsvorschriften)[342]. Auch die Weigerung der Vollzugsbehörde, einem Untersuchungsgefangenen die aus vorangegangenem Strafvollzug noch bestehende Rücklage auszuzahlen, soll, weil keine Beschränkung im Sinne des § 119 Abs. 3 StPO, sondern die Ablehnung einer staatlichen Leistung beinhaltend, nur nach § 23 angegriffen werden können[343]. Nach den in Rdn. 127 ausgeführten Grundsätzen muß diese Judikatur teilweise als problematisch gewertet werden. **129**

Bei der **ärztlichen Versorgung** der Untersuchungsgefangenen wird unterschieden. Während der Antrag nach § 119 Abs. 6 StPO für zulässig gehalten wird bei Ablehnung einer Behandlung durch externe, vom Gefangenen gewählte Ärzte, weil es insoweit um eine Beschränkung im Sinne des § 119 Abs. 3 StPO gehe, stehe § 23 zur Verfügung, soweit die Qualität der seitens der Anstalt zur Verfügung gestellten ärztlichen Betreuung **130**

326 *Röhl* NJW **1960** 416.
327 SK-*Paeffgen* § 119, 83 StPO.
328 LR-*Hilger* § 119, 160.
329 LR-*K. Schäfer*[23] 80.
330 OLG Hamm NStZ **1981** 156; OLG Braunschweig NStZ **1990** 608.
331 KG GA **1977** 148.
332 KG GA **1979** 340.
333 OLG Braunschweig NStZ **1990** 608 mit Anm. *Paeffgen* NStZ **1991** 423.
334 OLG Oldenburg NJW **1979** 731.
335 BGHSt **29** 135; KG NJW **1971** 446, 447 mit krit. Anm. *Schmidt-Leichner*; OLG Saarbrücken NJW **1978** 1446.
336 OLG Hamm NStZ **1985** 432; OLG Karlsruhe NStZ **1997** 407; OLG Stuttgart StV **1998** 147.
337 OLG Frankfurt NStZ **1982** 134.
338 KG GA **1979** 430.
339 OLG Düsseldorf StV **1988** 68.
340 OLG Celle NStZ-RR **1998** 89 = StV **1998** 495 mit Anm. *Wünsch*.
341 OLG Celle bei *Franke* NStZ **1995** 355.
342 OLG Hamm NStZ **1982** 134.
343 OLG Hamburg NJW **1967** 168.

angegriffen wird[344]. Dies gelte auch für die Ablehnung des Antrags, den Untersuchungsgefangenen im Rahmen der ärztlichen Betreuung durch die Anstalt externen Ärzten und Einrichtungen zu Untersuchungen zuzuführen[345]; auch insoweit gehe es um die Ausgestaltung einer staatlichen Leistung, nicht um eine Beschränkung nach § 119 Abs. 3 StPO. Es wird nach obigem (Rdn. 127) auf den Einzelfall ankommen.

131 Kein Fall des § 23 ist es schließlich, wenn die Anstalt sich weigert, eine **haftrichterliche Entscheidung zu vollziehen**. Dagegen kann der betroffene Gefangene nur Dienstaufsichtsbeschwerde einlegen[346].

132 **c) Maßnahmen gegen Dritte, insbesondere Verteidiger.** Als Maßnahmen, durch die Dritte betroffen werden, kommen vorzugsweise Beschränkungen beim Besuchsverkehr in Betracht. Daß dadurch Dritte in eigenen Rechten verletzt sein können, ist anerkannt[347]. Das trifft insbesondere auf den Verteidiger zu[348]. Insofern ist kein Unterschied zwischen dem Antrag auf gerichtliche Entscheidung nach § 119 Abs. 6 StPO und dem Antrag nach § 23: In beiden Fällen ist Voraussetzung, daß eine Verletzung in eigenen Rechten möglich ist. Der Verteidiger, der in seinem aus § 148 StPO fließenden Besuchsrecht durch die Vollzugsbehörde beschränkt wird, sei es durch ein Besuchsverbot, sei es durch Erschwerungen des Besuchsverkehrs, kann, soweit er sich gegen Erschwerungen seines Verkehrsrechts mit einem bestimmten Gefangenen wenden will, die Entscheidung des Haftrichters nach § 119 Abs. 6 StPO anrufen. Wendet er sich gegen eine beschränkende Regelung, die alle Besucher trifft oder doch alle Rechtsanwälte, die als Verteidiger die Vollzugsanstalt besuchen wollen, so ist der Antrag nach § 23 gegeben (oben Rdn. 127). Der Antrag nach § 23 ist auch der richtige Rechtsbehelf, wenn den Mitgliedern eines Anwaltvereins, der in einer Vollzugsanstalt eine unentgeltliche Rechtsberatung für Gefangene organisiert, der Zutritt zur Anstalt durch Kontrollmaßnahmen erschwert wird[349].

§ 24

(1) Der Antrag auf gerichtliche Entscheidung ist nur zulässig, wenn der Antragsteller geltend macht, durch die Maßnahme oder ihre Ablehnung oder Unterlassung in seinen Rechten verletzt zu sein.

(2) Soweit Maßnahmen der Justiz- oder Vollzugsbehörden der Beschwerde oder einem anderen förmlichen Rechtsbehelf im Verwaltungsverfahren unterliegen, kann der Antrag auf gerichtliche Entscheidung erst nach vorausgegangenem Beschwerdeverfahren gestellt werden.

Entstehungsgeschichte. Vor § 23, 5 ff.

---

344 OLG Hamburg NJW **1963** 2388 unter teilweiser Aufgabe der früheren Rechtsprechung (NJW **1962** 1930); vgl. auch OLG Frankfurt GA **1996** 57.

345 OLG Hamburg NJW **1982** 2133.

346 OLG Hamm NJW **1965** 1544; OLG Karlsruhe Justiz **1972** 109.

347 BGHSt **29** 135; überholt: OLG Bremen MDR **1976** 686.

348 BGHSt **29** 137.

349 OLG Hamm NStZ **1988** 93; zur Frage der Rechtsverletzung vgl. unten § 24, 5.

Übersicht

1. Antragsbefugnis (Absatz 1)

a) Grundgedanke. In enger Anlehnung an den Wortlaut des § 42 Abs. 2 VwGO bestimmt Absatz 1, daß der Antrag auf gerichtliche Entscheidung nur zulässig ist, wenn der Antragsteller geltend macht, durch die Maßnahme oder ihre Ablehnung oder Unterlassung in seinen Rechten verletzt zu sein. Anhaltspunkte dafür, daß die Regelung im Verfahren nach §§ 23 ff eine andere Funktion hat als im Verwaltungsprozeß, sind nicht ersichtlich. Wie dort geht es darum, die sogenannte Popularklage und die Geltendmachung fremder Rechte auszuschließen und die Justizverwaltungs- und Vollzugsbehörden als Antragsgegner vor unnötiger Inanspruchnahme zu schützen[1]. Deshalb kann zur Auslegung auch die reichhaltige Rechtsprechung und Literatur zu § 42 Abs. 2 VwGO herangezogen werden[2]. § 109 Abs. 2 StVollzG hat die Regelung des Absatzes 1 wörtlich übernommen, weshalb auch die Entwicklung der vollzugsrechtlichen Rechtsprechung und Literatur für die Auslegung von Interesse ist[3]. 1

b) Geltendmachung einer Rechtsverletzung. Die bloße Behauptung einer Rechtsverletzung genügt nicht. Das ist allgemeine Auffassung[4]. Ebensowenig genügt ein unsubstantiierter, in allgemeinen Wendungen sich ergehender Vortrag, etwa „die wohlerworbenen Rechte als deutscher Staatsbürger seien verletzt"[5], oder ein Vortrag, der sich in Beleidigungen des Antragsgegners erschöpft[6]. Erforderlich ist vielmehr, daß der Antragsteller substantiiert einen Sachverhalt vorträgt, Tatsachen, die eine Verletzung seiner Rechte als möglich erscheinen lassen[7]. Das entspricht der im Verwaltungsprozeß herrschenden Möglichkeitstheorie[8], die auch die Auslegung des § 109 Abs. 2 StVollzG bestimmt[9]. Teilweise wird im Verwaltungsprozeß sogar für ausreichend angesehen, daß nach dem Antrag eine Rechtsverletzung „nicht offensichtlich und eindeutig nach jeder denkbaren Betrachtungsweise unmöglich erscheint"[10]. Zu § 109 Abs. 2 StVollzG wird die Auffassung vertreten, es genüge, daß eine Rechtsverletzung nicht „von vornherein völlig abwegig und ausgeschlossen erscheint"[11]. Enger ist die im Verwaltungsprozeß nur vereinzelt[12], zu § 24 aber 2

---

[1] *Kopp* § 42, 37 VwGO und *Eyermann/Happ*[10] § 42, 71 ff VwGO, je mit Nachw.; vgl. auch *Wahl/Schütz* in *Schoch/Schmidt-Aßmann-Pietzner* § 42 Abs. 2, 5 ff VwGO.

[2] Ebenso MünchKomm-*Wolf* 1.

[3] Z. B. *Calliess/Müller-Dietz* § 109, 9 ff mit Nachw.; *Schwind/Böhm/Schuler* § 109, 26 ff StVollzG mit Nachw.

[4] OLG Hamm MDR **1983** 602; OLG Karlsruhe NStZ **1991** 50; *Kissel* 1; KK-*Kissel* 1; *Katholnigg* 3; *Kleinknecht/Meyer-Goßner*[43] 1; MünchKomm-*Wolf* 2; *Wieczorek/Schütze/Schreiber* 2; *Zöller/Gummer* 1; *Baumbach/Lauterbach/Albers* 2.

[5] KG vom 27. 10. 1961 – 1 Ws. 400/61 –.

[6] KG NJW **1969** 151 = JZ **1969** 268 mit Anm. *Eb. Schmidt*; § 23, 81.

[7] OLG Karlsruhe NStZ **1991** 50; *Wieczorek/Schütze/Schreiber* 2; *Baumbach/Lauterbach/Albers* 2.

[8] *Kopp* § 42, 98 VwGO und *Eyermann/Happ*[10] § 42, 93 VwGO, *Redeker/von Oertzen* § 42, 20 VwGO, je mit Nachw.; eingehend *Wahl/Schütz* in *Schoch/Schmidt-Aßmann/Pietzner* § 42 Abs. 2, 66 ff VwGO.

[9] *Calliess/Müller-Dietz* § 109, 13 und *Schwind/Böhm/Schuler* § 109, 29, je mit Nachw.

[10] *Kopp* § 42, 39 VwGO mit Nachw.; *Redeker/von Oertzen* § 42, 15 VwGO mit Nachw.; ebenso für § 24 MünchKomm-*Wolf* 2.

[11] *Callies/Müller-Dietz* § 109, 13.

[12] Vgl. *Eyermann/Happ*[10] § 42, 93 VwGO.

verschiedentlich vertretene Auslegung, wonach der Antragsteller eine Rechtsverletzung „schlüssig“ behaupten muß[13], einen Sachverhalt vortragen muß, aus dem sich „im Wege der Schlüssigkeitsprüfung“ seine Rechtsverletzung feststellen läßt[14], Tatsachen angeben muß, die, wenn sie zuträfen, die Rechtsverletzung ergäben[15]. Strenggenommen würde dies bedeuten, daß die Rechtsfragen bereits im Rahmen der Zulässigkeitsprüfung abschließend zu entscheiden sind, was nicht wünschenswert ist[16]. Teilweise wird versucht, beide Auffassungen zu verbinden, so wenn grundsätzlich das schlüssige Behaupten einer Rechtsverletzung verlangt wird, **zumindest** jedoch das Behaupten der Möglichkeit einer solchen[17], was im Ergebnis auf die Übernahme der Möglichkeitstheorie hinausläuft. Tatsächlich sprechen gute Gründe dafür, die Möglichkeitstheorie auch zu § 24 Abs. 1 zu vertreten und sich damit der Rechtsentwicklung im Verwaltungsprozeß anzuschließen[18]. Sie erfüllt den Zweck, Popularklagen fernzuhalten, und vermeidet zu hohe Anforderungen an die Antragsbegründung, die, auch im Hinblick auf Art. 19 Abs. 4 GG, problematisch wären. Es genügt also, daß der Antragsteller einen Sachverhalt schildert, der es möglich erscheinen läßt, daß er in seinen Rechten verletzt ist. Rechtsausführungen sind nicht erforderlich[19]. Die angefochtene oder begehrte Maßnahme muß individualisiert sein[20], die behauptete Rechtsverletzung konkretisiert[21]. Ob der vom Antragsteller vorgetragene Sachverhalt wahr ist, wird im Rahmen der Begründetheit geprüft[22].

3 **c) Verletzung eigener Rechte.** Der Antragsteller muß eine Verletzung von Rechten geltend machen. Die Verletzung irgendwelcher Interessen reicht nicht aus[23]. Nur wenn es sich um rechtlich geschützte Interessen handelt, werden sie den subjektiven Rechten gleichgestellt[24]. Das verletzte Recht oder das rechtlich geschützte Interesse kann sich aus dem Verfassungsrecht oder dem einfachen Recht, aus dem geschriebenen wie dem ungeschriebenen Recht, aus dem nationalen wie dem zwischenstaatlichen Recht ergeben[25]. Die als verletzt behauptete Rechtsnorm muß zumindest auch zum Schutz von Individualinteressen zu dienen bestimmt sein („Schutznorm“)[26]. Dient eine Norm ausschließlich dem öffentlichen Interesse und wird der einzelne von ihr nur in Gestalt eines Rechtsreflexes begünstigt, kann auf ihre Verletzung der Antrag nach § 23 nicht gestützt werden[27]. Als Schutznorm kommen Normen des materiellen Rechts in Betracht, aber auch solche des formellen Rechts (Verfahrensrechte), jedenfalls soweit sie dem Schutz materieller Rechtspositionen dienen[28]. Erstrebt der Antragsteller die Aufhebung einer ihn belastenden Maßnahme, wird sich die Klagebefugnis insoweit vielfach ohne weiteres ergeben[29]. Eine in ihrer Wirkung rechtssatzgleiche Regelung liegt auch vor, wenn ein bisher durch förmliche Rechtssätze nicht erfaßter Lebensraum durch allgemeine Verwaltungsanordnung geregelt

---

13 *Zöller/Gummer* 1.

14 *Kissel* 1.

15 OLG Hamm MDR **1983** 602; *Kleinknecht/Meyer-Goßner*[43] 1.

16 Dagegen auch *Kissel* 1.

17 So LR-*K. Schäfer*[23] 2; *Katholnigg* 2.

18 Ebenso MünchKomm-*Wolf* 2; *Wieczorek/Schütze/Schreiber* 2.

19 *Katholnigg* 3.

20 *Calliess/Müller-Dietz* § 109, 13.

21 OLG Celle NStZ **1989** 295 (zu § 109 Abs. 2 StVollzG); *Zöller/Gummer* 1.

22 KG DVBl. **1960** 812; *Kissel* 1; *Kleinknecht/Meyer-Goßner*[43] 1; MünchKomm-*Wolf* 2.

23 *Kissel* 1.

24 *Zöller/Gummer* 1; MünchKomm-*Wolf* 4; *Wieczorek/Schütze/Schreiber* 3.

25 *Kopp* § 42, 43 VwGO mit Nachw.

26 Schutznormtheorie – dazu aus verfassungsrechtlicher Sicht *Schmidt-Aßmann* in *Maunz/Dürig* Art. 19 Abs. 4 GG, 127 ff und für den Verwaltungsgerichtsprozeß *Redeker/von Oertzen* § 42, 102 VwGO; *Kopp* § 42, 48 VwGO und *Eyermann/Happ*[10] § 42, 86 VwGO mit Nachw.; eingehend *Wahl/Schütz* in *Schoch/Schmidt-Aßmann/Pietzner* § 42 Abs. 2, 45 ff VwGO; wie hier MünchKomm-*Wolf* 4; *Wieczorek/Schütze/Schreiber* 3.

27 OLG Hamburg GA **1977** 156; *Wieczorek/Schütze/Schreiber* 2; *Katholnigg* 2.

28 *Kopp* § 42, 43 VwGO; *Eyermann/Happ*[10] § 42, 87 VwGO; aus der Sicht des Artikels 19 Abs. 4 GG: *Schmidt-Aßmann* in *Maunz/Dürig* Artikel 19 Abs. 4, 157 ff; wie hier MünchKomm-*Wolf* 4; enger: *Katholnigg* 2.

29 *Kissel* 2.

ist; der Betroffene hat dann einen aus dem Gleichheitsgrundsatz sich ergebenden Anspruch darauf, nach Maßgabe der allgemeinen Verwaltungsregelung behandelt zu werden[30]. Bei einer Ermessensentscheidung liegt eine Rechtsverletzung auch in Ermessensüberschreitung und Ermessensmißbrauch (§ 28 Abs. 3). Bei Gefangenen und Untergebrachten (§ 23 Abs. 1 Satz 2) liegt eine Verletzung in ihren Rechten vor, wenn die Vollzugsbehörde die Vollzugsvorschriften, auch die in Form allgemein geltender Verwaltungsvorschriften erlassenen, nicht einhält oder nicht richtig anwendet und dadurch gegen den Gleichheitsgrundsatz (Art. 3 GG) verstößt. Räumen die Vollzugsvorschriften kein Recht auf bestimmte Maßnahmen ein, sind diese nur dem Ermessen der Vollzugsbehörden überlassen oder in den Bestimmungen nicht vorgesehen, aber auch nach dem Straf- und Vollzugszweck nicht unzulässig, so ist die Unterlassung der Maßnahme oder Ablehnung eines Antrags auf eine Maßnahme nur dann eine Rechtsverletzung, wenn sie auf Ermessensmißbrauch oder -überschreitung beruht. Der bloße Umstand, daß durch eine (beabsichtigte oder durchgeführte) Maßnahme die Interessenlage des Betroffenen nachteilig berührt wird, begründet keine Rechtsverletzung, wenn nicht ein Rechtsanspruch auf Unterlassung der Maßnahme besteht.

d) Einzelfälle. Die Ablehnung einer erbetenen Auskunft ist nur Rechtsverletzung, **4**
wenn auf die Erteilung ein Rechtsanspruch besteht[31]. Macht die Behörde von ihrem Ermessen in der Mehrzahl der Fälle in einer bestimmten Weise Gebrauch, so erwächst daraus dem Antragsteller noch kein Anspruch, in gleicher Weise behandelt zu werden; eine Verletzung des Artikels 3 GG wäre nur gegeben, wenn sie vergleichbare Fälle stets in gleicher Weise behandelte[32]. Bloßes „unkorrektes" Verhalten wie Unhöflichkeit, barsches Wesen und dergleichen ist noch keine Rechtsverletzung und kann nur Gegenstand einer Dienstaufsichtsbeschwerde sein[33]. Anträge nach §§ 23 ff betreffen immer wieder die ärztliche Versorgung im Vollzug (dazu § 23, 130). Der Gefangene (Untergebrachte) hat Anspruch auf sachgerechte Heilfürsorge, aber grundsätzlich kein Recht auf freie Arztwahl[34] und auch nicht Anspruch auf eine bestimmte oder von ihm gewünschte Behandlungsweise, etwa eine Operation[35]. Fragen des ärztlichen Ermessens entziehen sich dabei grundsätzlich der gerichtlichen Nachprüfung; in seinen Rechten ist der Gefangene nur verletzt, wenn die vom Arzt gewählte Behandlungsmethode unter keinem sachlichen Gesichtspunkt zu rechtfertigen ist, wenn also Mißbrauch des ärztlichen Ermessens vorliegt[36].

e) Anträge Dritter. Zur Behauptung des Antragstellers, in seinen Rechten verletzt zu **5**
sein (oben Rdn. 2), gehört der Vortrag eines Sachverhalts, der es möglich erscheinen läßt, daß in *seine* Rechtssphäre eingegriffen wurde. Grundsätzlich muß die Rechtsverletzung unmittelbar sein[37]. Auch Dritte, das heißt Personen, die nicht Adressaten der angegriffenen oder erstrebten Maßnahme sind, können antragsbefugt sein[38]. Voraussetzung ist, daß sie in ihren eigenen Rechten betroffen sind[39]. Ob dies der Fall ist, muß gegebenenfalls durch Auslegung der zugrundeliegenden Schutznorm wie der angefochtenen Maßnahme ermittelt werden. Bei Maßnahmen im Vollzug, die die Kontakte zur Außenwelt beschrän-

30 BGHSt **21** 316.
31 OLG Hamburg MDR **1965** 224.
32 OLG Hamburg NJW **1975** 1133.
33 OLG Frankfurt vom 19. 9. 1962 – 2 VAs 14/62 –.
34 *Calliess/Müller-Dietz* § 58, 4; KK-*Boujong* § 119, 76 StPO, je mit Nachw.; § 119, 130 StPO.
35 OLG Bremen NJW **1960** 2261; OLG Frankfurt GA **1966** 57; OLG Hamm NJW **1976** 2312.
36 OLG Bremen NJW **1960** 2261; OLG Bremen NJW **1964** 1194.
37 *Zöller/Gummer* 1; zu der Streitfrage im Verwaltungsprozeßrecht, ob in gewissen Fällen auch mittelbare Betroffenheit genügt: *Kopp* § 42, 85 VwGO mit Nachw.
38 *Zöller/Gummer* 1; *Katholnigg* 2; **a. A** im Grundsatz *Kissel* 4; *Wieczorek/Schütze/Schreiber* 5; für den Verwaltungsprozeß: *Kopp* § 42, 79 ff VwGO mit Nachw.
39 *Kopp* § 42, 80 VwGO mit Nachw.; *Redeker/von Oertzen* § 42, 102 VwGO.

ken, ist dies hinsichtlich der kontaktsuchenden Außenstehenden vielfach gegeben[40]. Das OLG Bremen hat in einer Entscheidung vom 8. 3. 1975[41] einen mit einer Verletzung der Gesundheit und des allgemeinen Persönlichkeitsrechts begründeten Antrag der Eltern und Geschwister eines flüchtigen Beschuldigten, der sich gegen eine Fernsehfahndung nach diesem richtete, für zulässig gehalten. Dem ist — unter dem Aspekt der Drittbetroffenheit — auf der Grundlage der Möglichkeitstheorie zuzustimmen[42]. Das OLG Hamm[43] hat als zweifelhaft angesehen, ob ein Anwaltverein bei Kontrollmaßnahmen antragsbefugt ist, denen seine Mitglieder bei der Wahrnehmung eines durch den Anwaltverein organisierten Beratungsdienstes in einer Justizvollzugsanstalt unterworfen werden. In der Tat wird man eine Verletzung des Anwaltvereins in eigenen Rechten nur dann für möglich halten können, wenn die Kontrollmaßnahmen geeignet gewesen wären, das Projekt des Anwaltvereins zu beeinträchtigen. Zur Antragsbefugnis von Organen der Gefangenenmitverantwortung in Vollzugsangelegenheiten vgl. *Schwind/Böhm/Schuler* § 109, 27 StVollzG.

6 **f) Mängel des Antrags.** Genügt der Antrag den Erfordernissen des Absatzes 1 nicht, ist der Mangel aber behebbar, so kann der Antragsteller die Mängel beheben. Die Fürsorgepflicht, die etwa gegenüber einem anwaltlich nicht vertretenen Antragsteller aus dem Jugendstrafvollzug (§ 23 Abs. 1 Satz 2) oder einem der deutschen Sprache nur unzureichend mächtigen Gefangenen besondere Bedeutung hat, kann es gebieten, den Antrag nicht sofort zu verwerfen, sondern dem Antragsteller Gelegenheit zu geben, die Mängel seines Antrags zu beheben[44]. Das Gericht ist im übrigen zwar an den Antrag gebunden, hat ihn jedoch nach seinem Sinn auszulegen und voll auszuschöpfen; es soll dazu beitragen, daß der Rechtsschutz nicht an bloßen Förmlichkeiten scheitert.

7 **g) „Zweitbescheide".** Zu der Frage, welcher Akt Gegenstand des Nachprüfungsverfahrens ist, wenn der Betroffene formlose Dienstaufsichtsbeschwerde oder eine förmliche Beschwerde eingelegt hat oder ein „Zweitbescheid" erteilt wurde, vgl. § 23, 79, 80.

2. Vorschaltverfahren (Absatz 2)

8 **a) Bedeutung der Vorschrift.** Absatz 2 bestimmt nicht, daß der Antrag auf gerichtliche Entscheidung erst gestellt werden könne, nachdem die angegriffene Verwaltungsmaßnahme zuvor in einem Verwaltungsverfahren geprüft worden sei. Die Vorschrift besagt vielmehr, daß *wenn („soweit")* die angegriffene Maßnahme der Beschwerde oder einem anderen förmlichen Rechtsbehelf im Verwaltungsverfahren unterliegt, das Durchlaufen dieses Vorschaltverfahrens Voraussetzung für die Zulässigkeit des Antrags auf gerichtliche Entscheidung ist. § 24 Abs. 2 überläßt es damit den zur Regelung zuständigen Stellen — das sind grundsätzlich die Länder[45] —, über die Einrichtung eines Vorschaltverfahrens zu befinden, und knüpft von Bundes wegen daran nur die Rechtsfolgen, die sich für die Anrufung des Oberlandesgerichts ergeben, wenn ein Vorschaltverfahren besteht. Die Bedeutung des Vorschaltverfahrens wird darin gesehen, daß es die Möglichkeit einer formlosen Erledigung von Beschwerden gibt und damit in gewissem Umfang einer Entlastung der Gerichte dient. Denn es hat nicht nur die Kontrolle der Rechtmäßigkeit, sondern auch die der Zweckmäßigkeit der angegriffenen Maßnahme zum Gegenstand, und über die dem Oberlandesgericht in § 28 Abs. 3 eröffnete Kontrolle auf Ermessensüberschreitung und Ermessensmißbrauch hinaus kann es zu einer gleichmäßigen Ermessens-

---

[40] OLG Frankfurt NStZ **1987** 221.

[41] VAs 5/74 – mitgeteilt bei *Böttcher/Grothe* NJW **1974** 1647.

[42] **A. A** *Kissel* 4.

[43] OLG Hamm NStZ **1988** 93; vgl. auch oben § 23, 132.

[44] KG NStZ **1983** 432; *Calliess/Müller-Dietz* § 109, 13 mit Nachw.

[45] BVerfGE **40** 255.

handhabung durch die nachgeordneten Behörden und damit zu einer dem Gerechtigkeitsempfinden entsprechenden Gleichbehandlung beitragen[46].

Ob, wenn ein Vorschaltverfahren besteht, dieses seinen Bestimmungen entsprechend durchlaufen ist, ist nach § 24 Abs. 2 **von Amts wegen zu prüfende Verfahrensvoraussetzung**. Ist sie nicht gegeben, so muß der Antrag als unzulässig verworfen werden[47]. Der Antrag ist auch unzulässig, wenn die im Vorschaltverfahren vorgesehene Beschwerdefrist versäumt wurde[48] und die zur Bescheidung im Vorschaltverfahren zuständige Behörde keine Wiedereinsetzung gewährt hat. Hat sie ungeachtet der Verspätung eine Sachentscheidung getroffen, ist der Antrag zulässig. Diese Auffassung entspricht der Rechtsentwicklung im Verwaltungsgerichtsprozeß (verspäteter Widerspruch)[49], ist allerdings sehr umstritten[50]. Für die gegenteilige Auffassung wird auf die Parallelität zur entsprechenden Problematik bei § 172 StPO verwiesen[51]. Ein Antrag auf gerichtliche Entscheidung, der vor Durchlaufen des Vorschaltverfahrens gestellt ist, ist nicht als unzulässig zu verwerfen, wenn im Zeitpunkt der Entscheidung das Vorschaltverfahren durchlaufen ist und nicht zu einer Änderung der Maßnahme geführt hat; dann ist der ursprüngliche Verfahrensmangel geheilt[52]. 9

b) Begriff des förmlichen Rechtsbehelfs. § 24 Abs. 2 hat solche Vorschaltverfahren zum Gegenstand, in denen über die Beschwerde oder einen anderen förmlichen Rechtsbehelf gegen die Maßnahme der Justiz- oder Vollzugsbehörde entschieden wird. Bei der Beschwerde muß es sich um eine förmliche Beschwerde handeln, da hier die Beschwerde als Hauptfall eines förmlichen Rechtsbehelfs („oder einen anderen förmlichen Rechtsbehelf") angeführt ist. Eine förmliche Beschwerde liegt jedenfalls dann vor, wenn sie in einem Gesetz oder einer Rechtsverordnung ausdrücklich (im Einzelfall oder generell) als Rechtsbehelf vorgesehen und die Stelle bezeichnet ist, die darüber entscheidet. Andererseits ist eine jederzeit auch ohne besondere Zulassung zulässige formlose Dienstaufsichtsbeschwerde, die in der formlosen Anrufung der vorgesetzten Behörde mit der Bitte um Abhilfe im Wege der Dienstaufsicht besteht, ebensowenig eine förmliche Beschwerde wie eine formlose Gegenvorstellung, mit der die Behörde, die die Maßnahme getroffen hat, um Überprüfung und Abänderung gebeten wird. Das ist ganz allgemeine Meinung[53]. 10

Streitig war dagegen lange Zeit, ob eine förmliche Beschwerde nur gegeben ist, wenn sie auf einem Rechtssatz beruht, oder ob sie auch dann vorliegt, wenn sie in einer **generellen veröffentlichten Verwaltungsanordnung** förmlich als Behelf gegen Verwaltungsmaßnahmen vorgesehen ist. Praktisch ging es dabei vor allem um die Beschwerde des Gefangenen gegen Maßnahmen und Entscheidungen des Anstaltsvorstands im Strafvollzug und sodann um die in § 21 StVollstrO vorgesehenen „Einwendungen" gegen Entscheidungen oder andere Maßnahmen der Strafvollstreckungsbehörde. Für die Masse der Vollzugsbeschwerden ist durch § 109 Abs. 3 StVollzG inzwischen eine selbständige Regelung getroffen worden. Die Auslegung des § 24 Abs. 2 ist noch von Bedeutung für 11

46 BVerfGE **40** 256.

47 OLG Hamm vom 19. 12. **1960** – I VerwS 3/60 –; OLG Schleswig SchlHA **1961** 249; OLG Stuttgart NStZ **1986** 480.

48 OLG Oldenburg NdsRpfl. **1968** 234; OLG Celle NJW **1969** 522; OLG Stuttgart NJW **1970** 718.

49 Dazu *Eyermann/Rennert*[10] § 70, 7 ff VwGO; *Kopp* § 70, 6 VwGO; *Redeker/von Oertzen* § 70, 7 ff VwGO; je mit Nachw.; kritisch *Dolde* in *Schoch/Schmidt-Aßmann/Pietzner* § 70, 36 ff VwGO.

50 Wie hier OLG Celle NJW **1969** 522; OLG Bremen vom 13. 9. 1974 – VAs. 10/74 –; *Kastendiek* DRiZ **1977** 50; *Kissel* 5; MünchKomm-*Wolf* 10; *Katholnigg* 9, *Wieczorek/Schütze/Schreiber* 7; **a. A** OLG Stuttgart NJW **1970** 718; *Kleinknecht/Meyer-Goßner*[43] 4; *Schmid* NStZ **1990** 451.

51 OLG Stuttgart NJW **1970** 718.

52 OLG Bremen vom 5. 8. **1961** – VAs. 5/61 –; OLG Hamburg Rpfleger **1964** 217; OLG Hamm NStZ **1982** 134; *Kastendiek* DRiZ **1977** 50; *Kissel* 5; *Kleinknecht/Meyer-Goßner*[43] 4.

53 *Kissel* 8; MünchKomm-*Wolf* 8; *Katholnigg* 7; *Kleinknecht/Meyer-Goßner*[43] 5.

die Einwendungen gegen Maßnahmen der Strafvollstreckungsbehörde und bei der Anfechtung von Maßnahmen der Vollzugsbehörden im Bereich des § 23 Abs. 1 Satz 2. Für die Praxis ist der frühere Streit durch BVerfGE **40** 237[54] geklärt. Wegen seiner grundsätzlichen Bedeutung soll er gleichwohl noch einmal nachgezeichnet werden, wobei wegen der Einzelheiten ergänzend auf die Darstellung der Vorauflagen[55] verwiesen wird.

12 Das **Kammergericht**[56] hatte seinen Standpunkt, daß ein förmlicher Rechtsbehelf nur vorliegt, wenn er auf Gesetz oder einer Rechtsverordnung beruhe, u. a. damit begründet, das Verwaltungsrecht habe seit jeher unter einem förmlichen Rechtsbehelf ein subjektiv öffentliches Recht auf materielle und formelle Nachprüfung, das auf Gesetz oder Rechtsverordnung zurückzuführen ist, verstanden, und diese Begriffsbestimmung des Verwaltungsrechts sei für die Auslegung des § 24 Abs. 2 maßgeblich, da bei der Schaffung dieser Vorschrift der Gesetzgeber von verwaltungsrechtlichen Begriffsvorstellungen ausgegangen sei. Auch könne die Verwaltung den in einer Verwaltungsanordnung gesetzten „Rechtsweg“ durch Verwaltungsanordnung jederzeit wieder abschaffen; es liege also in der Hand der Verwaltung, ob sie den vom Gesetz (§ 23) zugelassenen Rechtsweg sofort eröffnen oder verzögern wolle. „Das kann nicht Rechtens sein“. Demgegenüber sah das **OLG Hamm**[57] das damals durch Nrn. 194 Abs. 2, 196 Abs. 1 DVollzO eröffnete Beschwerdeverfahren als Vorschaltverfahren i. S. des § 24 Abs. 2 an. Zwar liege eine förmliche Beschwerde nur vor, wenn sie auf einem Rechtssatz beruhe. Nach neuerer Lehre komme aber auch abstrakten und generellen Verwaltungsanordnungen zur Regelung besonderer Gewaltverhältnisse Rechtssatzcharakter zu, falls eine ausreichende Ermächtigung der Verwaltung zur Rechtssetzung und zur Bekanntgabe an den Kreis der Beteiligten vorliege. Das sei bei der Vollzugsbeschwerde der Fall: Auf dem (damals) weitgehend einer gesetzlichen Regelung entbehrenden Gebiet des Strafvollzugs sei gewohnheitsrechtlich der Staat zu lückenausfüllenden Regelungen ermächtigt. An diesem Standpunkt hielt das OLG Hamm fest[58], nachdem auf seinen auf § 29 Abs. 1 gestützten Vorlegungsbeschluß[59] hin der Bundesgerichtshof[60] eine Entscheidung abgelehnt und die Sache dem Oberlandesgericht zur Entscheidung in eigener Zuständigkeit zurückgegeben hatte. Es verwarf den Antrag eines Gefangenen auf gerichtliche Entscheidung gegen eine Vollzugsmaßnahme, weil die Beschwerde verspätet eingelegt sei. Die dagegen erhobene und mit Verletzung der Grundrechte aus Artikel 19 Abs. 4 GG und Artikel 103 Abs. 3 GG begründete Verfassungsbeschwerde wurde durch das Bundesverfassungsgericht zurückgewiesen[61].

13 Das **Bundesverfassungsgericht**[62] ging davon aus, § 24 Abs. 2 sei eine bewußt „unvollständige“ Norm. Der Bundesgesetzgeber habe sich mit der Bestimmung begnügt, daß dann, wenn ein verwaltungsgerichtliches Vorschaltverfahren eröffnet ist, der Antrag auf gerichtliche Entscheidung erst nach vorangegangenem Beschwerdeverfahren gestellt werden könne. Dagegen habe er das Ob und Wie eines solchen Vorverfahrens den Ländern überlassen; soweit nicht andere Vorschriften des Gesetzes, insbesondere § 27 EGGVG, den Ländern Grenzen setzten, seien sie frei, ob und in welcher Form sie ein Vorverfahren einführen wollten. Damit sei auch Raum für eine Regelung durch allgemeine Verwaltungsanordnung. Grundgesetzliche Bedenken stünden dem nicht entgegen. Zwar sei gegenüber früheren Rechtsvorstellungen eine Ausdehnung des allgemeinen Gesetzesvorbehalts in dem Sinne anzunehmen, daß es eines Gesetzes nicht nur bei Eingriffen in

---

54 Dazu kritisch *Schenke* DÖV **1977** 27.
55 LR-*K. Schäfer* 23. Aufl. Rdn. 11 ff und 22. Aufl. Rdn. 6.
56 KG NJW **1967** 1870.
57 OLG Hamm NJW **1961** 693.
58 OLG Hamm NJW **1963** 1465; NJW **1966** 607.
59 OLG Hamm NJW **1963** 224.
60 BGH NJW **1963** 1214.
61 BVerfGE **40** 237.
62 BVerfGE **40** 237.

Freiheit und Eigentum, sondern zur Entscheidung aller grundsätzlichen Fragen bedürfe, die den Bürger unmittelbar betreffen. Daraus folge aber nicht, daß vom Grundgesetz, insbesondere durch Artikel 19 Abs. 4, Artikel 101 Abs. 3, die Regelung der Behördenzuständigkeiten und des Verwaltungsverfahrens bis in alle Einzelheiten dem Gesetz vorbehalten sei. Auch eine abstrakt generelle Bestimmung von Fristen und Formen für ein verwaltungsrechtliches Vorverfahren durch Verwaltungsverordnung gegenüber einem bestimmten Personenkreis genüge, sofern gewährleistet sei, daß sie jedem, den es angehe, bekanntwerden könne und daß die getroffene Regelung für jeden gleich gehandhabt werde.

Unabhängig von den Erwägungen, mit denen das Bundesverfassungsgericht die vorgebrachten verfassungsrechtlichen Bedenken ausräumte, muß aber auch gelten, daß auch bei Auslegung des einfachen Rechts eine durch generelle Verwaltungsanordnung geregelte Beschwerde deshalb ein förmlicher Rechtsbehelf im Sinne des § 24 Abs. 2 ist, weil sie kraft des Grundsatzes der **Selbstbindung der Verwaltung** dem Bürger, der von ihr Gebrauch macht, eine qualitativ gleiche Rechtsstellung gewährt, wie bei Ergreifung einer Beschwerde, die auf Gesetz oder Rechtsverordnung beruht[63]. Dieser Auffassung entspricht auch die Rechtsprechung des Bundesgerichtshofs. Der Bundesgerichtshof[64] hat im Rahmen einer Entscheidung über die Verweigerung der Zulassung als Prozeßagent in der durch Allgemeine Verfügung des Reichsjustizministers vom 28. 3. 1935[65] geregelten Beschwerde einen förmlichen Rechtsbehelf i. S. des § 24 Abs. 2 gesehen, weil sich die Allgemeine Verfügung mit der Zulassung der Beschwerde als Sachbeschwerde an den abgewiesenen Bewerber „wende", und es müsse — dies zu den Bedenken der Abänderbarkeit der Regelung im Verwaltungsweg — die Rechtsförmlichkeit der Sachbeschwerde so lange anerkannt werden, als sie in Anwendung der Allgemeinen Verfügung ausnahmslos gewährt werde. „Eine zu enge Auslegung dieses Begriffs (des förmlichen Rechtsbehelfs) im Rahmen des § 24 EGGVG würde dazu führen, daß der Justizverwaltungsakt . . . der Nachprüfung in einem einfachen, schnellen und vor allen Dingen sämtliche Ermessensgrundlagen der Entscheidung mitergreifenden behördlichen Beschwerdeverfahren entzogen wird"[66]. Auf entsprechenden Erwägungen beruht eine Entscheidung des Bundesgerichtshofs zur Nachprüfbarkeit der (früher) nur in einer Verwaltungsanordnung (Allgemeine Verfügung) geregelten Entscheidung über die Gewährung einer Entschädigung für unschuldig erlittene Untersuchungshaft nach Billigkeit[67]. 14

c) Einzelfälle. Das Bundeszentralregistergesetz sieht in §§ 25 Abs. 2, 39 Abs. 3, 49 Abs. 3, 55 Abs. 2 Sätze 3, 4, § 63 Abs. 3 Satz 2 jeweils ein Vorschaltverfahren vor. Kein Vorschaltverfahren ist etwa gegen die Ablehnung der Entfernung einer im BZR eingetragenen ausländischen Verurteilung (§ 56 BZRG) vorgesehen[68]. In Vollzugssachen ist in verschiedenen Ländern ein Vorschaltverfahren gesetzlich vorgeschrieben, das sich teilweise nicht nur auf das Verfahren nach §§ 109 ff StVollzG, sondern auch auf das Verfahren nach § 23 Abs. 1 Satz 2 bezieht[69]. Daß das Beschwerdeverfahren nach § 21 StVollstrO ein förmlicher Rechtsbehelf i. S. des Absatzes 2 ist, ist nunmehr in Rechtsprechung und Schrifttum ganz herrschende Meinung[70]. 15

---

63 MünchKomm-*Wolf* 9.
64 BGHZ **46** 354.
65 DJ 486.
66 BGHZ **46** 364.
67 BGHSt **21** 316.
68 OLG Karlsruhe NStZ **1992** 40.
69 Vgl. für Baden-Württemberg: § 43 AGGVG; für Bremen: § 26 AGGVG; für Hamburg: § 6 AGVwGO; für Niedersachsen: §§ 9 ff AGGVG; für Nordrhein-Westfalen: Vorschaltverfahrensgesetz vom 20. 2. 1979 (GVBl. S. 40); für Schleswig-Holstein: Vollzugsbeschwerdegesetz i. d. F. vom 9. 9. 1977 (GBl. S. 333).
70 OLG Hamburg MDR **1981** 607; OLG Stuttgart NStZ **1986** 141; OLG Hamm NStZ **1988** 380; KG StV **1989** 27; OLG Oldenburg NStZ **1991** 512; *Kissel* 5; KK-*Kissel* 6; *Katholnigg* 7; *Kleinknecht/Meyer-Goßner*[43] 5; MünchKomm-*Wolf* 8; *Wieczorek/Schütze/Schreiber* 7; für die Anwendung des § 21 StVollstrO im Anwendungsbereich des

16 **d) Erledigte Maßnahmen.** Ob ein vorgesehenes Vorschaltverfahren auch zu durchlaufen ist, wenn sich die Maßnahme erledigt hat und eine Feststellung nach § 28 Abs. 1 Satz 4 erstrebt wird[71], ist keine Frage des § 24 Abs. 2, sondern muß aus der jeweiligen Regelung des Vorschaltverfahrens entnommen werden. In aller Regel wird der mit der Einrichtung eines Vorschaltverfahrens erstrebte Zweck, daß die Verwaltung sich nach Möglichkeit selbst korrigiert und die Oberlandesgerichte dadurch entlastet werden, in Fällen einer Erledigung nicht mehr zu erreichen sein. Die Verwaltung wird eine nachträgliche Rechtmäßigkeitskontrolle regelmäßig nicht als ihre Aufgabe ansehen. *Katholnigg*[72] ist jedoch zuzugeben, daß durchaus vorstellbar ist, daß auch durch eine Beschwerdeentscheidung der Verwaltung das Interesse befriedigt wird, dem die Regelung in § 28 Abs. 1 Satz 4 dient.

17 **3.** Zu den **weiteren Zulässigkeitsvoraussetzungen**: § 26, 12.

§ 25

(1) [1]Über den Antrag entscheidet ein Zivilsenat oder, wenn der Antrag eine Angelegenheit der Strafrechtspflege oder des Vollzugs betrifft, ein Strafsenat des Oberlandesgerichts, in dessen Bezirk die Justiz- oder Vollzugsbehörde ihren Sitz hat. [2]Ist ein Beschwerdeverfahren (§ 24 Abs. 2) vorausgegangen, so ist das Oberlandesgericht zuständig, in dessen Bezirk die Beschwerdebehörde ihren Sitz hat.

(2) Ein Land, in dem mehrere Oberlandesgerichte errichtet sind, kann durch Gesetz die nach Absatz 1 zur Zuständigkeit des Zivilsenats oder des Strafsenats gehörenden Entscheidungen ausschließlich einem der Oberlandesgerichte oder dem Obersten Landesgericht zuweisen.

Entstehungsgeschichte. S. Vor § 23, 5 ff.

1 **1. Zuständigkeit.** Bei Maßnahmen auf dem Gebiet der Strafrechtspflege und des Vollzugs (§ 23 Abs. 1 Satz 2) ist sachlich stets das Oberlandesgericht zuständig, auch wenn es sich um Maßnahmen einer Bundesbehörde handelt. Örtlich zuständig, und zwar ausschließlich[1], ist das Oberlandesgericht, in dessen Bezirk die Behörde, die die Maßnahme erlassen hat oder erlassen soll, ihren Sitz hat, bei vorausgegangenem Beschwerdeverfahren das Oberlandesgericht, in dessen Bezirk die Beschwerdebehörde ihren Sitz hat. Regelmäßig ist der Behördensitz durch Rechtsnorm bestimmt; sonst kommt es darauf an, wo die Verwaltung geführt wird. Unter mehreren Strafsenaten des Oberlandesgerichts ist der durch die Geschäftsverteilung bestimmte zuständig. Daß nach § 25 Abs. 1 Satz 1 „ein" Strafsenat zu entscheiden hat, bedeutet — wie bei der entsprechenden Ausdrucksweise in §§ 74 Abs. 2, 74 a Abs. 1 und § 74 c Abs. 1 GVG („eine Strafkammer") — nicht, daß ausnahmslos alle Anträge nur ein und demselben Strafsenat zugewiesen werden müßten; es

---

§ 35 Abs. 2 BtmG nach dessen Neufassung: OLG München NStZ **1993** 455 = JR **1994** 296 mit zust. Anm. *Katholnigg*; OLG Stuttgart MDR **1994** 297.

[71] Verneinend OLG Frankfurt NJW **1965** 2315; KG NJW **1972** 169; OLG Stuttgart NStZ **1984** 574; OLG Koblenz NJW **1986** 3093; *Kissel* 17; *Kleinknecht/Meyer-Goßner*[43] 4; *Wieczorek/Schütze/Schreiber* 9; zweifelnd *Katholnigg* 10.

[72] *Katholnigg* 10.

[1] *Kissel* 2; *Katholnigg* 1.

gelten vielmehr dieselben Grundsätze wie zu den genannten Konzentrationsbestimmungen auf der Ebene des Landgerichts[2].

2. Bei Anträgen, die das **Bundeszentral- oder Erziehungsregister** betreffen (vgl. § 24, 15), ist örtlich zuständig das Oberlandesgericht Karlsruhe, da das Bundeszentralregister zwar (derzeit noch) in Berlin eingerichtet ist, aber vom Generalbundesanwalt geführt wird, dessen Behörde ihren Sitz in Karlsruhe hat[3]. Ist ein Beschwerdeverfahren (§ 24 Abs. 2) durchgeführt worden, so ist, weil das Bundesministerium der Justiz seinen Sitz derzeit noch in Bonn hat, gegenwärtig das Oberlandesgericht Hamm zuständig (vgl. Rdn. 4)[4]. **2**

3. Es ist inzwischen verbreitete Auffassung, daß, obwohl §§ 23 ff dazu keine ausdrückliche Regelung enthalten und § 17 a GVG das Verhältnis der verschiedenen Zweige der Gerichtsbarkeit vor Augen hat, der Strafsenat befugt ist, bei fehlender Zuständigkeit die Sache auch innerhalb der ordentlichen Gerichtsbarkeit **an das zuständige Gericht** zu **verweisen**. Das Bundesverfassungsgericht hält es im Hinblick auf Artikel 19 Abs. 4 GG für verfassungsrechtlich geboten, daß in grundsätzlich allen Verfahrensordnungen die Möglichkeit eröffnet ist, hilfsweise die Verweisung an das zuständige Gericht zu beantragen[5]. Dem tragen die Oberlandesgerichte überwiegend dadurch Rechnung, daß sie eine Verweisung vom Strafsenat an den Beschwerde-, Haft- oder Ermittlungsrichter wie an die Strafvollstreckungskammer für zulässig halten und umgekehrt ebenso eine Verweisung an den Strafsenat[6]. Dem ist zuzustimmen[7]. Bindungswirkung entfaltet die Verweisung nach § 17 a Abs. 2 Satz 3 GVG nur hinsichtlich des Rechtsweges. Deshalb wird eine Weiterverweisung innerhalb der ordentlichen Gerichtsbarkeit für zulässig gehalten[8]. Der Unterschied zu der Auffassung, innerhalb der ordentlichen Gerichte komme keine Verweisung, sondern lediglich eine formlose Abgabe in Betracht[9], ist dann nicht groß. **3**

4. Eine **Zuständigkeitskonzentration gemäß Absatz 2** ist in Nordrhein-Westfalen durch das Gesetz vom 8. 11. 1960[10] erfolgt (Zuweisung der den Strafsenaten obliegenden Tätigkeit an das OLG Hamm). In Baden-Württemberg sind nach § 43 Abs. 4 AGGVG die Entscheidungen über Anträge nach § 23 Abs. 1 Satz 2 beim Oberlandesgericht Stuttgart konzentriert. **4**

---

2 Vgl. die Erl. zu den §§ 74 (24. Aufl. Rdn. 8), 74 a (24. Aufl. Rdn. 3) und 74 c (24. Aufl. Rdn. 4) GVG.

3 OLG Karlsruhe NStZ **1992**, 40; *Kissel* 19, KK-*Kissel* 2; *Katholnigg* 2; *Kleinknecht/Meyer-Goßner*[43] 1.

4 *Katholnigg* 2. Wenn das BMJ seinen Sitz nach Berlin verlegt, wird hierfür das Kammergericht zuständig werden.

5 BVerfGE **57** 9, 22.

6 KG GA **1985** 271; OLG Karlsruhe NJW **1988** 84; OLG Braunschweig NStZ **1990** 608; OLG Braunschweig NStZ **1991** 551; OLG Hamm NStZ-RR **1996** 210; KG StV **1996** 326; **a. A** KG GA **1977** 149; OLG Oldenburg NStZ **1990** 504 mit kritischer Anm. von *Katholnigg*; OLG Hamburg NStZ **1995** 252; OLG Frankfurt StV **1997** 260 und NJW **1998** 1165: Keine Verweisung, aber formlose Abgabe an den zuständigen Haftrichter.

7 Ebenso *Katholnigg* § 29, 7; *Kleinknecht/Meyer-Goßner*[43] 2; MünchKomm-*Wolf* 4; *Baumbach/Lauterbach/Albers* § 17 a, 4 GVG; *Wieczorek/Schütze/Schreiber* 4; *Krack* JR **1996** 260; wohl auch *Kissel* § 28, 2.

8 Vgl. OLG Karlsruhe MDR **1995** 88; *Kleinknecht/Meyer-Goßner*[43] 2; wohl **a. A** MünchKomm-*Wolf* 4.

9 OLG Frankfurt NStZ **1996** 565 (offengelassen) und StV **1997** 260.

10 GVBl. S. 353.

§ 26

(1) Der Antrag auf gerichtliche Entscheidung muß innerhalb eines Monats nach Zustellung oder schriftlicher Bekanntgabe des Bescheides oder, soweit ein Beschwerdeverfahren (§ 24 Abs. 2) vorausgegangen ist, nach Zustellung des Beschwerdebescheides schriftlich oder zur Niederschrift der Geschäftsstelle des Oberlandesgerichts oder eines Amtsgerichts gestellt werden.

(2) War der Antragsteller ohne Verschulden verhindert, die Frist einzuhalten, so ist ihm auf Antrag Wiedereinsetzung in den vorigen Stand zu gewähren.

(3) [1]Der Antrag auf Wiedereinsetzung ist binnen zwei Wochen nach Wegfall des Hindernisses zu stellen. [2]Die Tatsachen zur Begründung des Antrags sind bei der Antragstellung oder im Verfahren über den Antrag glaubhaft zu machen. [3]Innerhalb der Antragsfrist ist die versäumte Rechtshandlung nachzuholen. [4]Ist dies geschehen, so kann die Wiedereinsetzung auch ohne Antrag gewährt werden.

(4) Nach einem Jahr seit dem Ende der versäumten Frist ist der Antrag auf Wiedereinsetzung unzulässig, außer wenn der Antrag vor Ablauf der Jahresfrist infolge höherer Gewalt unmöglich war.

Entstehungsgeschichte. S. Vor § 23, 5 ff.

Übersicht

1 **1. Formerfordernis (Absatz 1).** Der Antrag auf gerichtliche Entscheidung ist formgebunden. Er kann gestellt werden: entweder schriftlich beim Oberlandesgericht[1] oder zur Niederschrift der Geschäftsstelle[2], und zwar der Geschäftsstelle des nach § 25 örtlich zuständigen Oberlandesgerichts oder der Geschäftsstelle eines (also irgendeines) Amtsgerichts. Auch der auf freiem Fuß befindliche Antragsteller kann den Antrag bei jedem beliebigem Amtsgericht stellen (anders § 299 StPO). Wegen der inhaltlichen Erfordernisse des Antrags vergleiche § 24, 2 ff. Der Antrag muß innerhalb der Frist begründet werden[3]. Er muß in deutscher Sprache gestellt sein, § 184 GVG[4]. Die Frist des § 26 wird auch gewahrt durch Stellung eines Antrags auf Prozeßkostenhilfe (§ 29 Abs. 3), der den formellen und inhaltlichen Erfordernissen eines Antrags genügt[5]. Dagegen wahrt ein Gesuch des Gefangenen bei der Anstalt, den Antrag anbringen zu dürfen, die Frist nicht[6]. Zu den sonstigen Zulässigkeitsvoraussetzungen s. Rdn. 12.

---

1 Erl. zu § 306 StPO (24. Aufl. Rdn. 11 f).
2 Erl. zu § 306 StPO (24. Aufl. Rdn. 6).
3 OLG Celle NdsRpfl. **1980** 156; OLG Hamm MDR **1983** 602; *Kissel* 19; *Kleinknecht/Meyer-Goßner*[43] 3.
4 *Kissel* 22.
5 *Kissel* 19; KK-*Kissel* 17; *Katholnigg* 3; *Kleinknecht/Meyer-Goßner*[43] 3.
6 OLG Schleswig SchlHA **1961** 146.

2. Antragsfrist (Absatz 1)

a) Fristbeginn. Die Antragsfrist von einem Monat, für deren Berechnung nach § 29 Abs. 2 die Regelung des § 43 StPO gilt[7], beginnt mit der Zustellung oder der schriftlichen Bekanntgabe des Bescheids, wenn ein Vorschaltverfahren nach § 24 Abs. 2 vorausgegangen ist mit der Zustellung des Beschwerdebescheids. Nur mündlich getroffene oder zwar schriftlich getroffene, aber nur mündlich bekanntgegebene Maßnahmen oder ein Realakt (§ 23, 44) setzen die Antragsfrist nicht in Lauf[8]. Der Betroffene ist aber, sofern kein Vorschaltverfahren stattfindet, nicht gehindert, die Entscheidung des Oberlandesgerichts alsbald anzurufen. Die nur mündlich erfolgte Bekanntgabe einer Maßnahme setzt auch dann die Antragsfrist nicht in Lauf, wenn der Betroffene Dienstaufsichtsbeschwerde eingelegt hat und aus dem ein aufsichtliches Einschreiten ablehnenden schriftlichen Bescheid die Gründe für die mündlich bekanntgegebene Maßnahme zu entnehmen sind[9]. Nur wenn die Dienstaufsichtsbehörde im Rahmen ihrer Befugnis, die Aufgaben der Justiz- und Vollzugsbehörde an sich zu ziehen und selbst wahrzunehmen, die schriftliche Bekanntgabe einer nur mündlich eröffneten Maßnahme deutlich erkennbar nachholen will, wird mit der schriftlichen Bekanntgabe die Frist des § 26 Abs. 1 hinsichtlich des Ausgangsbescheides in Lauf gesetzt; sonst beginnt diese Frist mit der schriftlichen Bekanntgabe des auf Dienstaufsichtsbeschwerde ergangenen Bescheids nur, wenn dieser einen sogenannten Zweitbescheid darstellt, weil mit ihm die beanstandete Maßnahme erneut und selbständig getroffen wird[10]. 2

b) Bekanntgabe. Wenn Absatz 1 den Fristbeginn an die Zustellung des Bescheides knüpft, trifft er damit keine Regelung darüber, ob und nach welchen Bestimmungen die Justiz- und Vollzugsbehörden ihre Bescheide zuzustellen haben. Dies regelt sich vielmehr nach den für die jeweilige Behörde in dem entsprechenden Bereich geltenden Bestimmungen[11]. Dementsprechend kann auch nicht angenommen werden, in Absatz 1 sei stets eine Zustellung in sinngemäßer Anwendung der ZPO gemeint[12] oder stets eine Zustellung im Sinne des VwZG[13]. Gemäß Absatz 1 wird der Lauf der Frist in Gang gesetzt, wenn eine nach den jeweiligen Bestimmungen zulässige Zustellung vorgenommen wird. Um die Antragsfrist in Lauf zu setzen, genügt aber auch eine schriftliche Bekanntgabe. Sie erfolgt gegenüber Anwesenden durch Übergabe eines den Bescheid enthaltenden Schriftstücks, gegenüber Abwesenden ist der Bescheid nicht schon mit dem (in der Regel aus den Akten nachweisbaren) Zeitpunkt der Absendung, sondern erst mit dessen Zugang an den Betroffenen bekanntgegeben (vgl. § 130 BGB), also mit dem Zeitpunkt, in dem er so in den Machtbereich des Empfängers gelangt ist, daß bei Annahme gewöhnlicher Verhältnisse damit zu rechnen war, daß dieser von ihm Kenntnis nehmen konnte. Ist ein Vorschaltverfahren vorausgegangen, so beginnt der Fristlauf mit der Zustellung des Beschwerdebescheids; eine schriftliche Bekanntgabe ist hier nicht ausreichend. 3

c) Verwirkung. Auch wenn im Einzelfall keine Antragsfrist besteht, ist der Antrag auf gerichtliche Entscheidung nicht unbegrenzt möglich. Zwar sieht das Gesetz keine Ausschlußfrist vor. Auch dürfte es nicht angängig sein, die Regelung über die Befristung des Untätigkeitsantrags nach § 27 Abs. 3 entsprechend anzuwenden[14]. Doch gelten die allge- 4

---

7 *Kissel* 2.

8 BGH NJW **1963** 1798; OLG München NJW **1973** 1293; KG GA **1976** 243; OLG Saarbrücken NJW **1978** 1447; OLG Hamm NStZ **1984** 136; OLG Koblenz StV **1987** 430; *Kissel* 3; *Katholnigg* 1; *Kleinknecht/Meyer-Goßner*[43] 4; MünchKomm-*Wolf* 2; *Zöller/Gummer* 3; *Baumbach/Lauterbach/Albers* 2.

9 KG GA **1976** 342.

10 KG GA **1976** 342; vgl. auch § 23, 79.

11 *Katholnigg* 2; für die entsprechende Regelung des § 112 StVollzG: *Calliess/Müller-Dietz* § 112, 1 mit Nachw.

12 So LR-*K. Schäfer*[23] 2; vgl. auch KK-*Kissel* 3.

13 So *Kissel* 3; *Baumbach/Lauterbach/Albers* 2.

14 **A. A** für den Bereich des StVollzG: *Calliess/Müller-Dietz* § 112, 1 mit Nachw.

meinen Grundsätze über die Verwirkung[15]. Eine gegen Treu und Glauben und das öffentliche Interesse am Rechtsfrieden verstoßende Verzögerung des Antrags bis zu einem Zeitpunkt, zu dem redlicherweise mit dem Antrag nicht mehr gerechnet werden mußte, macht diesen unzulässig[16].

5 **d)** Bei **nichtigen Verwaltungsakten**, die keinerlei Rechtswirkung entfalten können (§§ 43 Abs. 3, 44 VwVfG), kann die Nichtigkeit zu jeder Zeit, auch nach Ablauf der Monatsfrist, geltend gemacht werden[17].

6 **e)** Wird eine wegen Fristablaufs **unanfechtbar gewordene Anordnung** durch eine Maßnahme im Sinne des § 23 vollzogen, so können, soweit die Vollziehung selbständig anfechtbar ist, grundsätzlich nur Mängel des Vollziehungsakts, nicht aber sachliche Einwendungen gegen den zugrundeliegenden Verwaltungsakt geltend gemacht werden[18].

7 **f) Rechtsbehelfsbelehrung.** Eine Rechtsbehelfsbelehrung ist bei der Zustellung und der schriftlichen Bekanntgabe des Bescheids im Gesetz nicht vorgeschrieben. Sie läßt sich weder aus § 59 VwGO herleiten, der nur für Bundesbehörden gilt, noch aus § 58 VwGO, noch aus § 73 Abs. 3 VwGO, die sämtlich nur im Anwendungsbereich der Verwaltungsgerichtsordnung gelten. Eine Pflicht zur Rechtsbehelfsbelehrung ergibt sich auch nicht aus § 35 a StPO, der nur für gerichtliche Entscheidungen gilt, noch aus § 35 a StPO in Verbindung mit § 29 Abs. 2, die erst anwendbar sind, wenn das Verfahren vor dem Strafsenat des Oberlandesgerichts in Frage steht[19]. Aus § 79 VwVfG ist ebenfalls nichts herzuleiten, da das Verwaltungsverfahrensgesetz im Anwendungsbereich der §§ 23 ff unanwendbar ist (§ 2 Abs. 3 Nr. 1 VwVfG; vor § 23, 6). Aus dem Fehlen einer die Rechtshelfsbelehrung vorschreibenden Bestimmung ist zu folgern, daß die Frist des § 26 Abs. 1 auch zu laufen beginnt, wenn eine solche Belehrung nicht erteilt ist[20]. Das Bundesverfassungsgericht[21] hat dahingestellt sein lassen, ob und inwieweit sich aus Art. 19 Abs. 4 GG oder aus anderen Bestimmungen ableiten ließe, daß belastende staatliche Akte mit einer Rechtsbehelfsbelehrung bekanntzumachen sind und welche Folgen sich im Einzelfall bei Nichtbelehrung ergeben würden, und hat ausgesprochen, daß jedenfalls auch verfassungsrechtlich eine Belehrung bei Bekanntgabe einer Einzelmaßnahme nicht erforderlich sei, wenn der Betroffene **generell** über einen in derartigen Fällen gegebenen Rechtsbehelf belehrt worden sei. Generelle Belehrungen können sich bei Gefangenen aus der Hausordnung der Vollzugsanstalt ergeben (vgl. §§ 5 Abs. 2, 161 Abs. 2 Nr. 3 StVollzG); spezielle Belehrungen können durch Verwaltungsanweisung vorgeschrieben sein wie z. B. bei Maßnahmen auf dem Gebiet des Bundeszentralregisterwesens nach § 29 der 1. allgemeinen Verwaltungsvorschrift vom 24. 5. 1985[22]. Wegen der Folgen des Fehlens oder einer unrichtigen und unvollständigen Rechtsbehelfsbelehrung siehe unten Rdn. 10.

---

[15] *Kissel* 5; *Katholnigg* 1; *Kleinknecht/Meyer-Goßner*[43] 4; MünchKomm-*Wolf* 5; *Wieczorek/Schütze/Schreiber* 4; offengelassen von OLG Bremen MDR **1966** 867.

[16] Vgl. *Kopp* § 74, 18 VwGO; *Redeker/von Oertzen* § 58, 18 VwGO; *Dolde* in *Schoch/Schmidt-Aßmann/Pietzner* § 70, 22 VwGO und *Eyermann/Jörg Schmidt*[10] § 58, 21 VwGO, je mit Nachw. zur verwaltungsgerichtlichen Rechtsprechung.

[17] *Kissel* 7; *Katholnigg* 1; *Kleinknecht/Meyer-Goßner*[43] 3; MünchKomm-*Wolf* 4; *Wieczorek/Schütze/Schreiber* 5.

[18] OLG Hamm vom 30. 7. 1962 – 1 VAs 24/62 – unter Berufung auf *Haueisen* NJW **1956** 1457, 1460; *Kissel* 4.

[19] OLG Hamm GA **1968** 310; *Altenhain* JZ **1966** 16, 18.

[20] BGH NJW **1974** 1335; OLG Oldenburg NJW **1973** 2000; *Kissel* 8; *Katholnigg* 4; *Kleinknecht/Meyer-Goßner*[43] 5; MünchKomm-*Wolf* 6; *Zöller/Gummer* 3; *Baumbach/Lauterbach/Albers* 2; *Wieczorek/Schütze/Schreiber* 3.

[21] BVerfGE **40** 237, 258.

[22] BAnz. Nr. 99 vom 31. 5. 1985.

3. Wiedereinsetzung (Absätze 2 bis 4)

a) Verhältnis zu §§ 44 ff StPO. Die Absätze 2 bis 4 sind — zum größten Teil wörtlich — den Absätzen 1 bis 3 des § 60 VwGO (s. auch § 32 Abs. 1 bis 3 VwVfG) nachgebildet. Von der Regelung der Wiedereinsetzung in §§ 44 ff StPO unterscheidet sich die hier getroffene Regelung dadurch, daß eine dem § 44 Satz 2 StPO entsprechende Vorschrift fehlt, daß die Frist für den Wiedereinsetzungsantrag von einer Woche (§ 45 StPO) auf zwei Wochen erhöht ist und daß andererseits — entsprechend § 234 Abs. 3 ZPO — eine in der Strafprozeßordnung fehlende Ausschlußfrist von einem Jahr eingefügt ist (§ 26 Abs. 4), deren Strenge aber wieder in engen Grenzen durch eine Härteklausel gemildert ist. Soweit die Wiedereinsetzungsvoraussetzungen des § 26 von denjenigen des § 44 StPO abweichen, erscheint es mit Rücksicht auf die entstehungsgeschichtliche Herkunft der Absätze 2 bis 4 des § 26 aus der Verwaltungsgerichtsordnung und mit Rücksicht auf die materielle Verschiedenheit des Strafverfahrens gegenüber dem Verfahren nach §§ 23 ff zulässig und geboten, die Auslegung des § 26 Abs. 2 an der des § 60 VwGO, nicht an § 44 StPO auszurichten[23]. **8**

b) Das gilt insbesondere für die Frage, ob das **Verschulden eines** beauftragten oder im Wege der Prozeßkostenhilfe (§ 29 Abs. 3) bestellten **Rechtsanwalts** — namentlich des in einem vorausgegangenen Strafverfahren tätig gewesenen Verteidigers — dem Antragsteller zuzurechnen ist. Das wird von der herrschenden Meinung im Einklang mit der Auslegung des § 60 Abs. 1 VwGO[24] — vergleiche auch die ausdrückliche Regelung in § 32 Abs. 1 Satz 2 VwVfG — bejaht[25]. Zur Begründung dieser Auffassung wird ausgeführt, der für die abweichende Auslegung des § 44 StPO tragende Gesichtspunkt, daß ein Angeklagter nicht durch eine Fristversäumnis eines Verteidigers in die Gefahr einer möglicherweise ungerechtfertigten Bestrafung geraten dürfe, komme für das Verfahren nach § 23 ff nicht in Betracht[26]. Unterstützend wird darauf hingewiesen, daß beim Klageerzwingungsverfahren (§ 172 StPO), das mit dem Verfahren nach §§ 23 ff eine gewisse Verwandtschaft aufweise, und beim Privat- und Nebenkläger weithin die Auffassung vertreten wird, das Verschulden des Vertreters sei dem Antragsteller usw. zuzurechnen. In neuerer Zeit stößt die dargestellte Auffassung aber auch auf Widerspruch. So kommt *Wendisch* in diesem Kommentar[27] zu dem Ergebnis, daß das Verschulden des Rechtsanwalts und seines Personals an der Fristversäumnis weder für den Privat- oder Nebenkläger noch für den Antragsteller im Klageerzwingungsverfahren noch für den Antragsteller im Verfahren nach §§ 23 ff zum Nachteil gereichen dürfe, ihnen vielmehr der Antrag auf Wiedereinsetzung offenstehe, es sei denn, daß sie selbst durch eigenes Verschulden eine Ursache für die Fristversäumung gesetzt haben. Das geht sehr weit. In der neueren Rechtsprechung wird im Anwendungsbereich des § 26 die Zulässigkeit der Wiedereinsetzung bei Anwaltsverschulden ausnahmsweise für den Fall bejaht, daß die Anwaltstätigkeit dem Schutz des Antragstellers vor staatlicher Strafverfolgung dient[28]. Dem ist zuzustimmen. **9**

---

23 OLG Hamm GA **1968** 310; *Kissel* 10.

24 *Kopp* § 60, 15 VwGO; *Eyermann/Jörg Schmidt*[10] § 60, 14 VwGO.

25 OLG Hamburg NJW **1968** 854; *Kissel* 15; KK-*Kissel* 13; *Katholnigg* 5; *Kleinknecht/Meyer-Goßner*[43] 7; MünchKomm-*Wolf* 9; *Zöller/Gummer* 5; *Baumbach/Lauterbach/Albers* 4; *Wieczorek/Schütze/Schreiber* 10.

26 OLG Oldenburg vom 10. 3. **1966** – 3 VAs. 1/66 –; OLG Hamburg NJW **1968** 854.

27 LR-*Wendisch* § 44, 55 bis 61 StPO.

28 OLG Hamm NStZ **1982** 483: Ablehnung der Zurückstellung der Strafvollstreckung nach § 35 BtmG; OLG Stuttgart NStZ **1988** 430: Widerruf einer im Gnadenweg gewährten Strafaussetzung zur Bewährung. Dagegen nimmt die Rechtsprechung im Anwendungsbereich des § 112 Abs. 2 StVollzG an, daß der Gefangene sich das Verschulden seines Bevollmächtigten zurechnen lassen muß (OLG Frankfurt NStZ **1981** 408; NStZ **1982** 351; weitere Nachweise bei *Schwind/Böhm/Schuler* § 112, 8; **a. A** *Calliess/Müller-Dietz* § 112, 3).

10 **c)** Das **Fehlen einer Rechtsmittelbelehrung** (oben Rdn. 7) ist — abweichend von § 44 Satz 2 StPO — allein noch kein Wiedereinsetzungsgrund; es kommt darauf an, ob dem Antragsteller, wenn er keine Kenntnis von der Notwendigkeit der Fristwahrung hatte, nach den Umständen eine Erkundigung möglich und zumutbar war[29]. Eine unverschuldete Unkenntnis liegt jedenfalls vor, wenn die einem Gefangenen bekanntgegebenen Verhaltens- und Vollzugsvorschriften unvollständig und dadurch geeignet sind, unrichtige Vorstellungen über die Rechtslage hervorzurufen, z. B. wenn sie lediglich aussprechen, daß der Betroffene einen Antrag auf gerichtliche Entscheidung stellen kann, ohne auf das Erfordernis einer Wahrung der Antragsfrist hinzuweisen[30]. Im übrigen ist die Rechtsprechung bei fehlender Rechtsbehelfsbelehrung weitgehend geneigt, die Zumutbarkeit einer Erkundigungspflicht zu verneinen und die Voraussetzungen des § 26 Abs. 2 als gegeben anzusehen[31].

11 **d) Höhere Gewalt (Absatz 4).** Absatz 4 enthält eine Ausschlußfrist. Gegen ihre Versäumung kann keine Wiedereinsetzung gewährt werden[32]. Vielmehr kann sich der Antragsteller gegen die Versäumung der Jahresfrist nur auf höhere Gewalt berufen. Höhere Gewalt ist ein außergewöhnliches Ereignis, das unter den gegebenen Umständen auch durch äußerste, nach Lage der Sache vom Betroffenen zu erwartende Sorgfalt nicht verhütet werden kann; geringstes eigenes Verschulden schließt höhere Gewalt aus[33].

12 **4. Sonstige Zulässigkeitsvoraussetzungen.** Die persönlichen Eigenschaften, denen der Antragsteller genügen muß, damit ein wirksamer Antrag vorliegt, können keine anderen sein, als sie bei einem entsprechenden Beschuldigten zur wirksamen Einlegung von Rechtsmitteln oder bei einem entsprechenden Verurteilten zu wirksamen Einwendungen gegen die Vollstreckung nach § 458 StPO vorliegen müssen. Das ergibt sich auch aus § 29 Abs. 2 Halbsatz 2, wonach auf das Verfahren vor dem Strafsenat die Vorschriften der Strafprozeßordnung über das Beschwerdeverfahren sinngemäß gelten. Es genügt also Verhandlungsfähigkeit[34]. Aber auch der gesetzliche Vertreter und bei Jugendlichen die Erziehungsberechtigten (§ 298 StPO, § 67 Abs. 3 JGG) sind als berechtigt anzusehen, selbständig den Antrag zu stellen. Es besteht kein Anwaltszwang; Vertretung ist jedoch zulässig[35]. Vertreter kann selbstverständlich auch der Verteidiger sein, doch gilt die Regelung des § 297 StPO grundsätzlich nicht.

§ 27

(1) [1]Ein Antrag auf gerichtliche Entscheidung kann auch gestellt werden, wenn über einen Antrag, eine Maßnahme zu treffen, oder über eine Beschwerde oder einen anderen förmlichen Rechtsbehelf ohne zureichenden Grund nicht innerhalb von drei Monaten entschieden ist. [2]Das Gericht kann vor Ablauf dieser Frist angerufen werden, wenn dies wegen besonderer Umstände des Falles geboten ist.

(2) [1]Liegt ein zureichender Grund dafür vor, daß über die Beschwerde oder den förmlichen Rechtsbehelf noch nicht entschieden oder die beantragte Maßnahme

---

29 OLG Hamburg NJW **1968** 854.

30 OLG Hamm GA **1968** 310.

31 OLG Bremen vom 14. 7. 1961 – VAs 8/61 –; OLG Hamburg vom 24. 10. 1961 – VAs 48/61 –; weitere Nachweise bei *Altenhain* DRiZ **1966** 365; ebenso *Kissel* 9, 16; *Katholnigg* 4; MünchKomm-*Wolf* 9; *Wieczorek/Schütze/Schreiber* 4.

32 *Kissel* 18; *Kleinknecht/Meyer-Goßner*[43] 9.

33 *Kissel* 18; *Kleinknecht/Meyer-Goßner*[43] 9; MünchKomm-*Wolf* 11.

34 Ebenso OLG Frankfurt JR **1964** 393; *Kissel* 24; KK-*Kissel* 21; *Katholnigg* § 24, 5; *Kleinknecht/Meyer-Goßner*[43] 1; MünchKomm-*Wolf* 7; *Wieczorek/Schütze/Schreiber* 6.

35 *Kissel* 25; *Zöller/Gummer* 1; *Wieczorek/Schütze/Schreiber* 6.

noch nicht erlassen ist, so setzt das Gericht das Verfahren bis zum Ablauf einer von ihm bestimmten Frist, die verlängert werden kann, aus. [2]Wird der Beschwerde innerhalb der vom Gericht gesetzten Frist stattgegeben oder der Verwaltungsakt innerhalb dieser Frist erlassen, so ist die Hauptsache für erledigt zu erklären.

(3) Der Antrag nach Absatz 1 ist nur bis zum Ablauf eines Jahres seit der Einlegung der Beschwerde oder seit der Stellung des Antrags auf Vornahme der Maßnahme zulässig, außer wenn die Antragstellung vor Ablauf der Jahresfrist infolge höherer Gewalt unmöglich war oder unter den besonderen Verhältnissen des Einzelfalls unterblieben ist.

Entstehungsgeschichte. S. Vor § 23, 5 ff.

Übersicht

1. Grundgedanke. In Anlehnung an § 75 VwGO (und den durch Gesetz vom 24. 8. 1976[1] aufgehobenen § 76 VwGO) ergänzt § 27 den durch § 23 gewährten Rechtsschutz gegen Maßnahmen der Justiz- und Vollzugsbehörden. Entscheidet die zuständige Behörde über einen Antrag, eine Maßnahme zu treffen, oder über einen eingelegten förmlichen Rechtsbehelf nicht in angemessener Frist, kann unter den Voraussetzungen des § 27 durch den sogenannten Untätigkeitsantrag eine Entscheidung des Strafsenats herbeigeführt werden. § 113 StVollzG enthält eine ähnliche Regelung. Selbstverständlich ist auch der Antrag nach § 27 ausgeschlossen (Subsidiarität), wenn die Voraussetzungen des § 23 Abs. 3 gegeben sind[2]. **1**

2. Voraussetzungen (Absatz 1)

a) Inhaltlich sind zwei Fallgruppen erfaßt. Entweder muß über einen Antrag, mit dem eine Maßnahme im Sinne des § 23 Abs. 1, also ein Justiz- oder Vollzugsakt[3], begehrt wurde, nicht entschieden worden sein; in diesem Fall ist der Untätigkeitsantrag auf eine Verpflichtung der Behörde zum Erlaß der Maßnahme gerichtet. Es reicht nicht aus, wenn mit dem Antrag lediglich allgemein ein Tätigwerden oder eine nicht näher bezeichnete Bescheidung begehrt wird[4]. Oder es muß über eine Beschwerde oder einen anderen förmlichen Rechtsbehelf im Sinne des § 24 Abs. 2 nicht entschieden worden sein; daß über eine Dienstaufsichtsbeschwerde oder sonst einen formlosen Rechtsbehelf nicht entschieden wurde, genügt also nicht[5]. In diesem Fall bestimmt sich der Untätigkeitsantrag nach dem Ziel des Rechtsbehelfs: Ist er auf Aufhebung eines Justiz- oder Vollzugsaktes gerichtet, ist der Untätigkeitsantrag ein Anfechtungsantrag; zielt der Rechtsbehelf auf eine Verpflichtung zum Erlaß einer solchen Maßnahme, ist der Untätigkeitsantrag als Verpflich- **2**

---

1 BGBl. I S. 2437.

2 OLG Hamm vom 15. 1. **1962** – 1 VAs. 32/61 –.

3 OLG Hamm NStZ **1983** 38; *Kissel* 8; unterbleibt ein Akt der Rechtsprechung, scheidet § 27 aus – OLG Bamberg v. 18. 3. 1996 – VAs. 4/96 und 5/96 –.

4 VGH Mannheim NJW **1975** 707; *Kissel* 4; *Kleinknecht/Meyer-Goßner*[43] 1.

5 OLG Hamm vom 5. 8. 1961 – 1 VAs. 9/61 –; *Kleinknecht/Meyer-Goßner*[43] 1.

tungsantrag zu erheben[6]. Über den Antrag bzw. den förmlichen Rechtsbehelf ist im Sinne des Absatzes 1 dann nicht entschieden, wenn keine Entscheidung in der Sache ergangen ist; daß Absatz 1 dies anders als § 75 VwGO nicht ausdrücklich hervorhebt, ist unerheblich. Sachstandsmitteilungen und Zwischenbescheide sind keine Entscheidung in der Sache[7]. Andererseits liegt eine Entscheidung im Sinne des Absatzes 1 auch dann vor, wenn der Antrag oder der Rechtsbehelf als unzulässig zurückgewiesen wurde[8].

3 **b) Zeitlich** ist Voraussetzung, daß ohne zureichenden Grund nicht innerhalb von drei Monaten entschieden wurde. Die Dreimonatsfrist beginnt mit dem Eingang des Antrags bzw. des Rechtsbehelfs bei der zuständigen Behörde[9]. Für ihre Berechnung gelten die allgemeinen Vorschriften[10]. Ohne zureichenden Grund muß die Dreimonatsfrist überschritten worden sein. Ob ein zureichender Grund vorliegt, hängt in erster Linie vom Umfang und von der Schwierigkeit der Sache ab sowie von dem Verfahrensaufwand, den sie verursacht[11]. Auf der anderen Seite ist die Dringlichkeit der Sache und das Interesse des Antragstellers bzw. Beschwerdeführers an einer baldigen Entscheidung zu berücksichtigen; mangelnde Dringlichkeit allein ist allerdings kein ausreichender Grund für eine Nichtbescheidung[12]. Die Geschäftsbelastung der Behörde kann berücksichtigt werden. Im Einzelfall kann die bevorstehende Entscheidung eines Musterprozesses oder eines anderen Präzedenzfalles einen Aufschub der Entscheidung rechtfertigen[13]. Wegen weiterer Einzelheiten kann auf die Rechtsprechung und Literatur zu § 75 VwGO verwiesen werden[14].

4 **c) Besondere Umstände** des Falles lassen den Untätigkeitsantrag auch schon vor Ablauf der Dreimonatsfrist zu (Absatz 1 Satz 2). Die besonderen Umstände können sich aus der objektiven Eilbedürftigkeit wie aus dem Rechtsschutzbedürfnis des Antragstellers ergeben. Sie liegen etwa vor, wenn die begehrte Maßnahme bei weiterer Verzögerung sinnlos würde, so etwa wenn aus dem Jugendstrafvollzug eine Ausführung zu einem familiären Ereignis beantragt wird[15] oder wenn der Antragsteller bei weiterer Verzögerung unverhältnismäßige Nachteile erleiden, etwa eine einmalige Gelegenheit zur Teilnahme an einer Ausbildungsmaßnahme versäumen würde[16].

5 **3. Unzulässig** ist der Untätigkeitsantrag bei Fehlen der inhaltlichen Voraussetzungen (Rdn. 2). Unzulässig ist nach der Konzeption des Gesetzes („. . . kann angerufen werden, wenn . . .“) an sich auch der Antrag, der vor Ablauf von drei Monaten gestellt wird, es sei denn, daß besondere Umstände im Sinne des Absatzes 1 Satz 2 gegeben sind (Rdn. 3, 4). Ausreichend ist es allerdings, daß die Dreimonatsfrist zu dem für die Entscheidung des Strafsenats maßgeblichen Zeitpunkt abgelaufen ist[17]. Da eine Verwerfung des Antrags als unzulässig vor Ablauf der Dreimonatsfrist einen neuerlichen Antrag nach Ablauf der Dreimonatsfrist nicht hindert, wird es, wenn die Dreimonatsfrist demnächst abläuft, jedenfalls zweckmäßig sein, die Entscheidung solange zurückzustellen und dann in der Sache

[6] Vgl. auch *Katholnigg* 2.
[7] *Kopp* § 75, 6 VwGO.
[8] *Kopp* § 75, 6 VwGO; *Redeker/von Oertzen* § 75, 3 VwGO; *Eyermann/Rennert*[10] § 75, 6 VwGO, je mit Nachw.
[9] *Kissel* 4; *Katholnigg* 2; MünchKomm-*Wolf* 2.
[10] *Kissel* 4.
[11] *Kissel* 8; MünchKomm-*Wolf* 5.
[12] OLG Celle NStZ **1985** 5.
[13] *Kissel* 8; MünchKomm-*Wolf* 5; **a. A** für den Verwaltungsgerichtsprozeß *Eyermann/Rennert*[10] § 75, 9 VwGO: Nur bei Zustimmung des Betroffenen; ebenso *Dolde* in *Schoch/Schmidt-Aßmann/Pietzner* § 75, 8 VwGO.
[14] *Kopp* § 75 13 ff VwGO; *Eyermann/Rennert*[10] § 75, 9 VwGO, beide mit Nachw.
[15] OLG Hamburg JVBl. **1964** 47: Ausführung zu einer Beerdigung.
[16] Vgl. *Kopp* § 75, 12 VwGO.
[17] *Kissel* 2; *Katholnigg* 2.

zu entscheiden[18]. Teilweise wird sogar vertreten, daß eine Abweisung als unzulässig im Hinblick auf den Schutzzweck des Absatzes 1 Satz 2 rechtlich ausgeschlossen ist[19].

4. Aussetzung des Verfahrens (Absatz 2). Stellt der Betroffene den Untätigkeitsantrag nach Ablauf der drei Monate und erweist sich, daß die Entscheidung aus zureichendem Grund noch nicht getroffen war, so fehlt es zwar an einer der Zulässigkeitsvoraussetzungen des Absatzes 1. Da aber für den Betroffenen vielfach schwer übersehbar ist, ob die Verzögerung der Entscheidung auf einem zureichenden Grund beruht, erfolgt in diesem Falle nach Absatz 2 Satz 1 nicht Verwerfung des Antrags als unzulässig, sondern das Gericht setzt das Verfahren auf bestimmte Zeit aus. Ist nach Ablauf der Frist, die — auch wiederholt — verlängert werden kann, die Verzögerung der Entscheidung nicht mehr ausreichend begründet, so entscheidet das Oberlandesgericht selbst nach Maßgabe des § 28 Abs. 2 über den Antrag, eine Maßnahme zu treffen. Soweit förmliche Beschwerde im Vorschaltverfahren eingelegt war, trifft es selbst die Entscheidung über die Rechtmäßigkeit des mit der Beschwerde angegriffenen Verwaltungsakts, so als lautete die grundlos unterbliebene Beschwerdeentscheidung auf Zurückweisung der Beschwerde. Eine Höchstfrist für die Aussetzung sieht das Gesetz nicht vor. Die Jahresfrist des Absatzes 3 gilt insoweit nicht, doch wird sich eine längere Aussetzung nur unter „besonderen Verhältnissen" im Sinne des Absatzes 3 rechtfertigen lassen[20]. 6

5. Entscheidung der Justiz- oder Vollzugsbehörde. Entscheidet die Justiz- oder die Vollzugsbehörde, nachdem der Untätigkeitsantrag gestellt wurde, so ist zu unterscheiden: Wird auf einen förmlichen Rechtsbehelf im Sinne des § 24 Abs. 2 negativ entschieden, d. h. entspricht die Entscheidung nicht dem, was mit dem Rechtsbehelf erstrebt wurde, sei es Aufhebung oder Erlaß eines Justiz- oder Vollzugsaktes, so kann der Antragsteller den zulässigen Antrag unter Einbeziehung des ergangenen Beschwerdebescheides fortführen, sei es als Anfechtungsantrag, sei es als Verpflichtungsantrag; darüber ist dann nach § 28 in der Sache zu entscheiden[21]. Wird während des gerichtlichen Verfahrens ein Vornahmeantrag durch die Verwaltungsbehörde negativ verbeschieden, so kann der Antragsteller den Untätigkeitsantrag als Verpflichtungsantrag fortführen. Ob das auch insoweit gilt, als ein Vorschaltverfahren vorgeschrieben ist, ist allerdings ebenso wie die entsprechende Frage zu § 75 VwGO[22] strittig. *Kissel*[23] hält ein Vorschaltverfahren für notwendig, weil es andernfalls der Antragsteller in der Hand hätte, durch den Antrag nach § 27 das Vorschaltverfahren zu umgehen. Das hat in der Rechtsprechung teilweise Zustimmung gefunden[24]. Andere halten das Vorschaltverfahren in diesen Fällen für entbehrlich[25]. Teilweise wird eine vermittelnde Auffassung vertreten[26]. 7

Seinem Wortlaut nach („kann erst gestellt werden") regelt § 24 Abs. 2 den Fall der Fortführung eines bereits anhängigen Untätigkeitsantrags als Verpflichtungsantrag nicht. Gründe der Prozeßökonomie werden in vielen Fällen dafür sprechen, von einer Aussetzung bis zum Abschluß des Vorschaltverfahrens, wie es die Konsequenz von *Kissels* Auffassung ist, abzusehen und alsbald in der Sache zu entscheiden. In den Fällen, in denen ein 8

18 *Kissel* 2; *Wieczorek/Schütze/Schreiber* 2; für den Verwaltungsgerichtsprozeß *Redeker/von Oertzen* § 75, 11 VwGO: „unwirtschaftlich".

19 MünchKomm-*Wolf* 3, 8; für den Verwaltungsgerichtsprozeß BVerwGE **23** 135; *Eyermann/Rennert*[10] § 75, 8 VwGO; *Kopp* § 75, 17 VwGO.

20 Ebenso *Katholnigg* 5.

21 OLG Hamburg GA **1963** 316; s. auch OLG Karlsruhe NStZ **1987** 344; *Kissel* 3; MünchKomm-*Wolf* 7; *Baumbach/Lauterbach/Albers* 3.

22 *Kopp* § 75, 19 ff VwGO; *Eyermann/Rennert*[10] § 75, 14 ff VwGO, je mit Nachw.

23 *Kissel* 3; ebenso MünchKomm-*Wolf* 4.

24 OLG Hamm MDR **1990** 465.

25 OLG Celle NStZ **1985** 576; *Katholnigg* 4; *Baumbach/Lauterbach/Albers* 3.

26 *Kopp* § 75, 21 ff VwGO.

ausreichender Grund für die Untätigkeit der Behörde nicht vorlag, erscheint es mißlich, daß der Antragsteller durch eine verspätete Entscheidung der Behörde im gerichtlichen Verfahren eine Verzögerung erleiden soll. Im Ergebnis ist zwar dann, wenn die Behörde noch innerhalb der Dreimonatsfrist entschieden hat, auf der **Durchführung eines vorgesehenen Vorverfahrens** zu bestehen und das gerichtliche Verfahren zu diesem Zweck auszusetzen, es sei denn, besondere Umstände im Sinne des Absatzes 1 Satz 2 erzwingen eine vorherige Entscheidung. Hat der Strafsenat nach Absatz 2 zur Entscheidung über den Vornahmeantrag eine Nachfrist gesetzt und ergeht innerhalb der Nachfrist eine negative Entscheidung, kann entsprechend verfahren werden. In den übrigen Fällen ist ein Vorverfahren aber entbehrlich[27]. Wird während des gerichtlichen Verfahrens von der Justiz- oder Vollzugsbehörde positiv, d. h. im Sinne des Antragstellers entschieden, sei es auf seinen Vornahmeantrag, sei es auf seine Vorschaltbeschwerde, so ist die Hauptsache für erledigt zu erklären. Absatz 2 Satz 2 bestimmt dies ausdrücklich für den Fall einer Entscheidung der Verwaltungsbehörde innerhalb der gemäß Absatz 2 Satz 1 vom Strafsenat gesetzten Frist. Es muß entsprechend gelten, wenn die positive Entscheidung ergeht, bevor es zu einer solchen Aussetzung gekommen ist, vorausgesetzt der Untätigkeitsantrag war zulässig. Die Erledigterklärung ist nach Absatz 2 Satz 2 nicht von entsprechenden Anträgen der Parteien abhängig[28]. Allerdings kann der Antragsteller zum Feststellungsantrag nach § 28 Abs. 1 Satz 4 übergehen. Dann bedarf es eines gesonderten Ausspruches über die Erledigung nicht[29].

9 **6.** Die **Jahresfrist des Absatzes 3** ist eine Ausschlußfrist, gegen deren Versäumung es keine Wiedereinsetzung in den vorigen Stand gibt. Vielmehr läßt das Gesetz ausnahmsweise trotz Fristablaufs eine nachträgliche Stellung des Antrags zu, wenn der Antragsteller infolge höherer Gewalt (§ 26, 11) an der Wahrung der Frist verhindert war oder die rechtzeitige Antragstellung unter den besonderen Fällen des Einzelfalles unterblieben ist, z. B. weil offensichtlich war, daß es der Behörde nicht möglich war, innerhalb der Jahresfrist die Entscheidung zu treffen. Bei Fristverhinderung durch höhere Gewalt ist der Antrag in entsprechender Anwendung des § 26 Abs. 3 binnen zwei Wochen nach dem Wegfall des Hindernisses zu stellen[30].

§ 28

(1) [1]Soweit die Maßnahme rechtswidrig und der Antragsteller dadurch in seinen Rechten verletzt ist, hebt das Gericht die Maßnahme und, soweit ein Beschwerdeverfahren (§ 24 Abs. 2) vorausgegangen ist, den Beschwerdebescheid auf. [2]Ist die Maßnahme schon vollzogen, so kann das Gericht auf Antrag auch aussprechen, daß und wie die Justiz- oder Vollzugsbehörde die Vollziehung rückgängig zu machen hat. [3]Dieser Anspruch ist nur zulässig, wenn die Behörde dazu in der Lage und diese Frage spruchreif ist. [4]Hat sich die Maßnahme vorher durch Zurücknahme oder anders erledigt, so spricht das Gericht auf Antrag aus, daß die Maßnahme rechts-

27 Vgl. zu § 75 VwGO *Eyermann/Rennert*[10] § 75, 14 ff mit Nachw.; *Dolde* in *Schoch/Schmidt-Aßmann/Pietzner* § 75, 22 ff VwGO mit Nachw. **a. A** *Redeker/von Oertzen* § 75, 10, 12, VwGO: Kein Vorschaltverfahren bei nachträglicher Bescheidung, auch nicht bei Bescheidung innerhalb der Sperrfrist.

28 *Kissel* 12; MünchKomm-*Wolf* 6; **a. A** *Baumbach/Lauterbach/Albers* 3.

29 *Kissel* 12; *Katholnigg* 4.

30 BVerwG MDR **1973** 523; *Kissel* 7; *Katholnigg* 6; *Kleinknecht/Meyer-Goßner*[43] 2.

widrig gewesen ist, wenn der Antragsteller ein berechtigtes Interesse an dieser Feststellung hat.

(2) [1]Soweit die Ablehnung oder Unterlassung der Maßnahme rechtswidrig und der Antragsteller dadurch in seinen Rechten verletzt ist, spricht das Gericht die Verpflichtung der Justiz- oder Vollzugsbehörde aus, die beantragte Amtshandlung vorzunehmen, wenn die Sache spruchreif ist. [2]Andernfalls spricht es die Verpflichtung aus, den Antragsteller unter Beachtung der Rechtsauffassung des Gerichts zu bescheiden.

(3) Soweit die Justiz- oder Vollzugsbehörde ermächtigt ist, nach ihrem Ermessen zu handeln, prüft das Gericht auch, ob die Maßnahme oder ihre Ablehnung oder Unterlassung rechtswidrig ist, weil die gesetzlichen Grenzen des Ermessens überschritten sind oder von dem Ermessen in einer dem Zweck der Ermächtigung nicht entsprechenden Weise Gebrauch gemacht ist.

Entstehungsgeschichte. S. Vor § 23, 5 ff.

Übersicht

1. Grundgedanke. § 28 ist den §§ 113, 114 VwGO nachgebildet. Er regelt den möglichen Inhalt der Sachentscheidung über die in §§ 23, 27 zugelassenen Anfechtungs- und Verpflichtungsanträge. Anträge im Sinne der Feststellungsklage nach § 43 VwGO und der allgemeinen Leistungsklage des Verwaltungsgerichtsprozesses sehen die §§ 23 ff nicht ausdrücklich vor. Sie sind, wenn anders ausnahmsweise der nach Art. 19 Abs. 4 GG gebotene wirksame Rechtsschutz nicht möglich ist, gleichwohl zulässig (oben § 23, 76, 77); da § 28 insoweit keine Regelungen trifft, ist zum Inhalt einer diesbezüglichen Sachentscheidung gegebenenfalls auf Rechtsprechung und Literatur zur VwGO zurückzugreifen. Voraussetzung der in § 28 geregelten Sachentscheidungen ist jeweils, daß der Antrag nach den §§ 23, 24, 26 und 27 zulässig ist. § 28 regelt nur den Inhalt der stattgebenden Sachentscheidungen. Es ist selbstverständlich, daß der Antrag zurückzuweisen ist, wenn die Maßnahme bzw. deren Ablehnung oder Unterlassung rechtmäßig ist oder wenn es beim Antragsteller an einer Rechtsverletzung fehlt. Wegen der Zulässigkeit einstweiliger Anordnungen vgl. § 29, 8. **1**

2. Prüfungsumfang, maßgeblicher Zeitpunkt. Das Oberlandesgericht entscheidet über die Rechtmäßigkeit der angegriffenen Maßnahme (§ 23), und zwar bei Ermessensentscheidungen nach Maßgabe des Absatzes 3. Anders als etwa im Rechtsbeschwerdeverfahren nach dem Gesetz über Ordnungswidrigkeiten entscheidet das Oberlandesgericht aber nicht als Rechtsrügegericht unter Bindung an die tatsächlichen Feststellungen der Beschwerdeentscheidung im Vorschaltverfahren (§ 24 Abs. 2) oder an die Feststellungen, **2**

die die Verwaltungsbehörde getroffen hat und die sie in der Begründung des Verwaltungsakts oder in einer nachträglichen Stellungnahme zu dem Nachprüfungsantrag anführt. Vielmehr hat das Oberlandesgericht, wie sich schon aus der Verweisung auf die strafprozessualen Vorschriften über das Beschwerdeverfahren (§ 308 Abs. 2 StPO) in § 29 Abs. 2 ergibt, den Sachverhalt auch in tatsächlicher Hinsicht daraufhin zu überprüfen, ob die Maßnahme rechtmäßig ist. Das ist heute allgemeine Meinung[1]. Nur bei diesem Prüfungsumfang genügt das Verfahren den Anforderungen des Artikels 19 Abs. 4 GG[2]. Und zwar ist in der Regel beim Anfechtungsantrag (§ 23 Abs. 1, § 28 Abs. 1) die Sach- und Rechtslage im Zeitpunkt des Erlasses der Maßnahme bzw. des Beschwerdebescheides[3], beim Verpflichtungsantrag (§ 23 Abs. 2, § 28 Abs. 2) dagegen die Sach- und Rechtslage im Zeitpunkt der Entscheidung des Oberlandesgerichts der Beurteilung zugrunde zu legen[4]. Bei Anfechtung einer Maßnahme mit Dauerwirkung ist nicht zu prüfen, ob die Maßnahme zu irgendeinem vergangenen Zeitpunkt rechtswidrig war, sondern ob sie es gegenwärtig noch ist[5]; gegebenenfalls ist ex nunc aufzuheben. Von der Frage des maßgeblichen Zeitpunkts für die Beurteilung der Sach- und Rechtslage ist die Frage zu unterscheiden, ob beim Anfechtungsantrag Umstände, die zum Zeitpunkt der Vornahme der Maßnahme oder des Erlasses des Beschwerdebescheids im Vorschaltverfahren schon vorlagen, aber zur **Begründung** nicht herangezogen wurden, **nachgeschoben** werden können. Dies ist grundsätzlich zu bejahen, da das Oberlandesgericht bei der Entscheidung über die Rechtmäßigkeit der Maßnahme ohnehin alle tatsächlichen und rechtlichen Gesichtspunkte berücksichtigen muß. Allerdings darf das Nachschieben die Maßnahme nicht in ihrem Wesen ändern[6]. Zum Nachschieben von Gründen bei Ermessensentscheidungen vgl. Rdn. 21.

3 **3. Aufhebung der Maßnahme. Anordnung der Folgenbeseitigung.** Soweit die Maßnahme rechtswidrig und der Antragsteller dadurch in seinen Rechten verletzt ist, hebt das Oberlandesgericht nach Absatz 1 Satz 1 die Maßnahme und den im Vorschaltverfahren ergangenen Beschwerdebescheid auf. Wie im Gesetzeswortlaut („soweit") zum Ausdruck kommt, beschränkt sich bei Maßnahmen (Beschwerdebescheiden) mit teilbarem Inhalt die Aufhebung auf die Teile, die die Rechtsverletzung des Antragstellers begründen; Teilbarkeit der Maßnahme wird im Anwendungsbereich des § 28 nur selten vorliegen, meist wird ein untrennbarer Zusammenhang der Teile des Verwaltungsakts bestehen[7]. Ist die Maßnahme schon vollzogen, so kann das Oberlandesgericht nach Absatz 1 Satz 2 auf Antrag neben der Aufhebung („auch") aussprechen, daß und wie die Justiz- oder Vollzugsbehörde die Vollziehung rückgängig zu machen hat[8]. Voraussetzung ist freilich (Absatz 1 Satz 3), daß die Behörde zur Rückgängigmachung tatsächlich und rechtlich in der Lage ist[9] und daß die Frage der Rückgängigmachung spruchreif ist, das heißt dem Oberlandesgericht insoweit eine Entscheidung zusammen mit der Aufhebung des Verwaltungsakts möglich ist, dafür insbesondere keine weiteren Ermittlungen notwendig

---

1 BGHSt **24** 290; *Kissel* 2; *Katholnigg* 2; *Kleinknecht/Meyer-Goßner*[43] 1; MünchKomm-*Wolf* 2.

2 BVerfGE **21** 191, 194.

3 KG GA **1977** 116; OLG Frankfurt NStZ **1986** 240; *Kissel* 7; *Kleinknecht/Meyer-Goßner*[43] 1; MünchKomm-*Wolf* 3; zur neuen Entwicklung im Verwaltungsprozeßrecht *Schenke* JZ **1996** 1067.

4 *Kissel* 7; *Kleinknecht/Meyer-Goßner*[43] 1; MünchKomm-*Wolf* 10.

5 KG GA **1973** 49; OLG Karlsruhe GA **1985** 32; *Kissel* 7; *Kleinknecht/Meyer-Goßner*[43] 1; MünchKomm-*Wolf* 3; *Wieczorek/Schütze/Schreiber* 3.

6 Ebenso *Kissel* 8; *Eyermann/Jörg Schmidt*[10] § 113, 22 ff VwGO mit Nachw.; *Redeker/von Oertzen* § 108, 28 ff, 34 VwGO mit Nachw.; **a. A** teilweise *Kopp* § 113, 28 ff VwGO.

7 *Kissel* 6; *Katholnigg* 3, *Zöller/Gummer* 8; *Wieczorek/Schütze/Schreiber* 4; zu § 113 VwGO: *Kopp* § 113, 13 ff; *Eyermann/Jörg Schmidt*[10] § 113, 9 VwGO.

8 OLG Hamburg NJW **1970** 1811.

9 OLG Karlsruhe JVBl. **1972** 165; *Kissel* 13; *Katholnigg* 4; MünchKomm-*Wolf* 6.

sind[10]. Der Folgenbeseitigungsausspruch dient der Prozeßökonomie und der raschen Wiederherstellung des Rechtsfriedens. Ist er möglich, sollte ein entsprechender Antrag im Verfahren vor dem Oberlandesgericht deshalb angeregt werden, wenn damit weitere Auseinandersetzungen vermieden werden können[11]. Andererseits besteht kein Anspruch des Antragstellers, einen nicht spruchreifen Folgenbeseitigungsanspruch spruchreif zu machen[12]. Wird ein Antrag auf Entscheidung über die Folgenbeseitigung nicht gestellt oder hat er mangels Spruchreife keinen Erfolg, ist es dem Antragsteller unbenommen, eine noch mögliche Folgenbeseitigung gegenüber der Justiz- oder Vollzugsbehörde weiterhin geltend zu machen, gegebenenfalls durch Antrag nach §§ 23 ff[13].

4. Anfechtung vollzogener Maßnahmen. Bei rechtswidrigen Maßnahmen kommt 4
grundsätzlich auch dann eine Aufhebung in Betracht, wenn sie bereits vollzogen sind. Davon geht Absatz 1 Satz 2 aus. Soweit die Vollziehung rückgängig zu machen ist, besteht auch kein Streit, daß eine rechtswidrige Maßnahme, die den Antragsteller in seinen Rechten verletzt, aufzuheben ist. Ob mit der Aufhebung ein Ausspruch über die Folgenbeseitigung verbunden wird, was Spruchreife voraussetzt, ist dafür unerheblich. Strittig ist jedoch, ob eine Aufhebung ausscheidet, wenn der Vollzug der Maßnahme nicht mehr rückgängig zu machen ist. Dies wird von der wohl überwiegenden Auffassung bejaht, die in diesen Fällen lediglich einen Antrag auf Feststellung der Rechtswidrigkeit nach Absatz 1 Satz 4 unter den dort genannten Voraussetzungen (dazu Rdn. 5) für zulässig hält[14]. Dem wird insbesondere entgegengehalten, daß diese Auffassung im Wortlaut des § 28 keine Stütze finde[15]. Anzuknüpfen ist an den Begriff der Erledigung, den das Gesetz in Absatz 1 Satz 4 verwendet. Soweit der Vollzug zu einer Erledigung geführt hat, greift diese Bestimmung ein. Erledigung bedeutet Wegfall der Beschwer (unten Rdn. 7). Der Vollzug einer Maßnahme läßt für sich allein die Beschwer nicht entfallen. Auch wenn der Vollzug nicht mehr rückgängig zu machen ist, muß die Beschwer damit nicht entfallen; es ist vielmehr möglich, daß die Maßnahme gleichwohl noch belastende Rechtswirkungen äußert[16]. Entscheidend ist, ob der Betroffene an der Aufhebung noch ein berechtigtes Interesse haben kann. Wenn die Maßnahme sich in ihrem Vollzug erschöpft[17], wenn sie keine unmittelbaren rechtlichen Auswirkungen mehr entfaltet[18], ist die Beschwer weggefallen. In diesen Fällen kann nurmehr nachträgliche Feststellung der Rechtswidrigkeit begehrt werden, vorausgesetzt, es ist ein berechtigtes Feststellungsinteresse gegeben. Mit dieser Maßgabe ist der herrschenden Auffassung zuzustimmen.

5. Feststellung der Rechtswidrigkeit erledigter Maßnahmen (Absatz 1 Satz 4)

a) Anwendungsbereich. Hat sich die angefochtene Maßnahme erledigt, bevor das 5
Oberlandesgericht über ihre Aufhebung entschieden hat, so ist zwar eine Aufhebung nach

---

10 MünchKomm-*Wolf* 6; *Wieczorek/Schütze/Schreiber* 6; teilweise **a. A** *Katholnigg* 4.

11 *Kissel* 15; *Katholnigg* 4; *Baumbach/Lauterbach/Albers* 3.

12 **A. A** wohl *Katholnigg* 4: OLG muß Spruchreife herbeiführen, soweit ihm das zumutbarerweise möglich ist; ähnlich *Baumbach/Lauterbach/Albers* 3; für § 113 VwGO: *Gerhardt* in *Schoch/Schmidt-Aßmann/Pietzner* § 113, 60 VwGO mit Nachw.; wie hier zu § 113 VwGO: *Kopp* § 113, 45; *Redeker/von Oertzen* § 113, 21 VwGO.

13 *Kissel* 15; MünchKomm-*Wolf* 6; für § 113 VwGO: *Kopp* § 113, 46 VwGO.

14 BGHSt **29** 33, 34; BGH NStZ **1985** 553, 554; KG NJW **1972** 169; KG GA **1976** 79; OLG Hamm NStZ **1987** 183; KG NJW-RR **1991** 1085; vgl. auch BVerfGE **42** 224; ferner *Kissel* 10; *Kleinknecht/Meyer-Goßner*[43] 4; MünchKomm-*Wolf* 7; *Wieczorek/Schütze/Schreiber* 8; *Zöller/Gummer* 2.

15 *Katholnigg* 3; wie er BayerVerfGH **21** 177, 179; OLG Bremen JVBl. **1961** 191; OLG Saarbrücken JVBl. **1964** 40.

16 *Eyermann/Jörg Schmidt*[10] § 113, 81 VwGO mit Nachw.; **a. A** *Gerhardt* in *Schoch/Schmidt-Aßmann/Pietzner* § 113, 88 VwGO.

17 *Eyermann/Fröhler*[9] § 113, 39 VwGO.

18 *Kopp* § 113, 52 VwGO mit Nachw.

Absatz 1 Satz 1 nicht mehr möglich, weil entweder die Maßnahme nicht mehr besteht oder der Antragsteller aus anderen Gründen kein berechtigtes Interesse an der Aufhebung haben kann, es also an einem Rechtsschutzbedürfnis fehlt. Auf Antrag ist jedoch auszusprechen, daß die Maßnahme rechtswidrig gewesen ist, wenn der Antragsteller an dieser Feststellung ein berechtigtes Interesse hat. Auf die Möglichkeit eines entsprechenden Antrags hat der Senat gegebenenfalls hinzuweisen. Der Antrag muß nicht ausdrücklich gestellt werden, es genügt, wenn er dem Vorbringen des Antragstellers entnommen werden kann[19]. Wie sich aus dem Zusammenhang des Absatzes 1 ergibt, regelt Absatz 1 Satz 4 den Fall, daß die Erledigung während des gerichtlichen Verfahrens eintritt. Absatz 1 Satz 4 wird aber auf die Fälle der vorprozessualen Erledigung entsprechend angewendet[20]. Ein Vorschaltverfahren nach § 24 Abs. 2 ist in diesen Fällen nicht durchzuführen (str., vgl. § 24, 16). Ist die später erledigte Maßnahme allerdings bereits unanfechtbar geworden, ist auch der Feststellungsantrag entsprechend Absatz 1 Satz 4 nicht mehr zulässig[21].

6 Zu erörtern ist außerdem, ob Absatz 1 Satz 4 entsprechend auf die Fälle angewendet werden kann, in denen sich nicht eine rechtswidrige belastende Maßnahme im Sinne von Absatz 1 Satz 1 erledigt hat, sondern die **rechtswidrige Unterlassung einer begünstigenden Maßnahme** im Sinne von Absatz 2. Für die entsprechende Regelung in § 113 Abs. 1 Satz 4 VwGO ist dies herrschende Auffassung[22]. Zu §§ 23 ff wird diese Auffassung in einer Entscheidung des Kammergerichts ebenfalls vertreten[23], teilweise auch für die entsprechende Regelung in § 115 StVollzG[24]. Das Oberlandesgericht Karlsruhe hat sie in einer Entscheidung zu § 115 StVollzG vor allem mit der Begründung abgelehnt, daß der Strafprozeßordnung, deren subsidiäre Anwendung § 120 Abs. 1 StVollzG bestimmt, ein derartiger Rechtsschutz fremd sei[25]. Das würde wegen § 29 Abs. 2 für das Verfahren vor dem Strafsenat ebenfalls gelten, überzeugt jedoch nicht. Es geht darum, ob die von dem Vorbild des § 113 Abs. 1 Satz 4 VwGO geprägte Regelung des Absatzes 1 Satz 4, die wie diese der Umsetzung von Artikel 19 Abs. 4 GG dient, ebenso wie im Verwaltungsgerichtsprozeß auf die Fälle der rechtswidrigen Unterlassung begünstigender Verwaltungsakte entsprechend anzuwenden ist. Hier liegt die Parallele zum Verwaltungsgerichtsprozeß weit näher als die Berufung auf das andersartige Rechtsschutzsystem der StPO. Der erwähnten Rechtsprechung des Kammergerichts ist zuzustimmen.

7 **b) Erledigung** ist der nachträgliche Wegfall der Beschwer[26]. Eine belastende Maßnahme hat sich erledigt, wenn ein außerprozessuales Ereignis eine Aufhebung derselben unmöglich gemacht oder dazu geführt hat, daß der Antragsteller aus anderen Gründen kein Interesse an der Aufhebung mehr haben kann[27]. Das Gesetz nennt als Beispiel die Rücknahme der Maßnahme. Andere Fälle sind die Ersetzung der Maßnahme durch eine andere, das Auslaufen der Geltungsdauer. Der Vollzug führt zur Erledigung, wenn sich damit die Beschwer erschöpft hat, wenn der Verwaltungsakt nach der Vollziehung keine unmittelbaren nachteiligen Auswirkungen auf den Betroffenen mehr hat, ein berechtigtes

---

[19] *Kissel* 16; MünchKomm-*Wolf* 7; zu § 113 VwGO: *Eyermann/Jörg Schmidt*[10] § 113, 66.

[20] OLG Frankfurt NJW **1965** 2315; KG NJW **1972** 169; KG GA **1976** 79; *Kissel* 17; *Kleinknecht/Meyer-Goßner*[43] 5; MünchKomm-*Wolf* 8; *Zöller/Gummer* 7; *Wieczorek/Schütze/Schreiber* 9; für § 113 VwGO: *Kopp* § 113, 47 VwGO; *Eyermann/Jörg Schmidt*[10] § 113, 72 VwGO, je mit Nachw.

[21] *Kissel* 17; MünchKomm-*Wolf* 8; *Wieczorek/Schütze/Schreiber* 9; zu § 113 VwGO vgl. *Eyermann/Jörg Schmidt*[10] § 113, 69 VwGO; *Kopp* § 113, 47 VwGO mit Nachw.

[22] BVerwG NJW **1963** 553; *Kopp* § 113, 107 VwGO; *Eyermann/Jörg Schmidt*[10] § 113, 97 VwGO mit Nachw.; *Gerhardt* in *Schoch/Schmidt-Aßmann/Pietzner* § 113, 100 ff VwGO.

[23] KG StV **1985** 70; ebenso *Kleinknecht/Meyer-Goßner*[43] 5.

[24] *Calliess/Müller-Dietz* § 115, 12 mit Nachw.

[25] OLG Karlsruhe NStZ **1985** 525.

[26] BGH NJW **1973** 616, 617; *Eyermann/Jörg Schmidt*[10] § 113, 76 VwGO; *Kopp* § 113, 51 VwGO, je mit Nachw.

[27] *Kopp* 113, 47 VwGO mit Nachw.

Interesse an der Aufhebung der Maßnahme deshalb nicht mehr besteht (oben Rdn. 4), sondern allenfalls an der Feststellung, daß die Maßnahme rechtswidrig war.

c) Feststellungsinteresse. Der Feststellungsanspruch setzt voraus, daß der Antragsteller ein berechtigtes Interesse an der Feststellung der Rechtswidrigkeit hat. Es muß kein rechtliches Interesse sein; auch wirtschaftliche und ideelle Interessen reichen aus, wenn sie von der Rechtsordnung als schutzwürdig anerkannt sind[28]. Das berechtigte Interesse versteht sich nicht von selbst, ergibt sich insbesondere nicht aus der Rechtswidrigkeit der Maßnahme selbst[29], sondern muß gesondert festgestellt werden können und ist zu diesem Zweck vom Antragsteller substantiiert darzulegen[30]. Wenn in der Rechtsprechung davon gesprochen wird, ein berechtigtes Interesse werde „nur in Ausnahmefällen" gegeben sein[31], nur „unter engen Voraussetzungen" zu bejahen[32], so nimmt das hierauf Bezug und berücksichtigt zum anderen die in § 23 Abs. 3 getroffene Grundentscheidung für die Subsidiarität des Rechtsbehelfs nach §§ 23 ff (vgl. § 23, 82 ff). Soweit der Antragsteller den nach Artikel 19 Abs. 4 GG gebotenen Rechtsschutz in einem anderen bereits anhängigen oder noch zu erwartenden Verfahren vor den ordentlichen Gerichten erhalten kann, wird in der Regel ein Feststellungsinteresse zu verneinen sein[33]. Insofern besteht ein Unterschied zum Verwaltungsgerichtsprozeß[34]. In Rechtsprechung und Literatur werden als Beispielsfälle eines berechtigten Feststellungsinteresses namentlich anerkannt: 8

aa) Wiederholungsgefahr, sofern diese hinreichend konkretisiert ist. Trägt der Antragsteller Tatsachen vor, die eine Wiederholung der rechtswidrigen Maßnahme als tatsächlich bevorstehend oder doch in absehbarer Zeit sich konkret abzeichnend, zumindest als möglich erscheinen lassen, begründet dies ein Feststellungsinteresse. Vage Vermutungen und bloße Befürchtungen reichen dagegen nicht aus[35]. 9

bb) Fortwirkende Diskriminierung. Das Feststellungsinteresse ist auch zu bejahen, wenn die Feststellung, daß die Maßnahme rechtswidrig war, zur Rehabilitierung des Antragstellers notwendig ist, weil die Maßnahme nach der Art des Eingriffs und der betroffenen Rechte diskriminierende, den Antragsteller in seinem Persönlichkeitsrecht verletzende Wirkung hatte, die fortwirkt und anders nicht beseitigt werden kann[36]. Zu § 113 VwGO wird vielfach angenommen, daß ein Rehabilitierungsinteresse in diesem Sinn bei rechtswidrigen Grundrechtseingriffen in der Regel besteht[37]. Diese Auffassung wird teilweise auch zu § 28 Abs. 1 Satz 4 vertreten[38]; der rechtswidrige Grundrechtsein- 10

---

28 *Kissel* 18; *Katholnigg* 5; zu § 113 VwGO VGH Mannheim NJW **1984** 1833; *Kopp* § 113, 57 mit Nachw.

29 BGHSt **37** 78, 83 = BGH StV **1992** 55 mit Anm. *Wolf* = BGH JR **1991** 515 mit Anm. *Sommermeyer*.

30 Ebenso zu § 113 VwGO *Kopp* § 113, 57 mit Nachw.; zur Substantiierung bei Geltendmachung einer Wiederholungsgefahr als Grund für ein berechtigtes Feststellungsinteresse BGHSt **37** 79, 89; KG NStZ **1986** 135; OLG Karlsruhe NStZ **1986** 567; OLG Nürnberg StV **1988** 372; *Kissel* 18; *Kleinknecht/Meyer-Goßner*[43] 6.

31 BGHSt **33** 196, 207.

32 KG GA **1984** 24.

33 BGHSt **33** 196, 207.

34 Vgl. aber auch *Kopp* § 113, 57 VwGO.

35 BGHSt **37** 79, 83; OLG Frankfurt NJW **1965** 2315; KG GA **1972** 169; KG GA **1976** 81; KG GA **1977** 115; KG GA **1984** 74; OLG Stuttgart NStZ **1984** 574; OLG Hamm NStZ **1989** 85; OLG Koblenz StV **1994** 284 mit Anm. *Globig*; *Kissel* 18; *Katholnigg* 5; *Kleinknecht/Meyer-Goßner*[43] 6; zu § 113 VwGO *Kopp* § 113, 59 VwGO; *Eyermann/Jörg Schmidt*[10] § 113, 86 VwGO; *Gerhardt* in *Schoch/Schmidt-Aßmann/Pietzner* § 113, 93 VwGO.

36 So zu § 113 VwGO *Kopp* § 113, 60 mit Nachw.; *Eyermann/Jörg Schmidt*[10] § 113, 92 VwGO; *Gerhardt* in *Schoch/Schmidt-Aßmann/Pietzner* § 113, 92 VwGO; zu § 115 StVollzG *Calliess/Müller-Dietz* § 115, 11; zu § 28 Abs. 1 Satz 4: *Kissel* 18; MünchKomm-*Wolf* 9; *Katholnigg* 5; *Kleinknecht/Meyer-Goßner*[43] 6.

37 *Kopp* § 113, 61a VwGO mit Nachw.; *Eyermann/Jörg Schmidt*[10] § 113, 93 VwGO; enger *Gerhardt* in *Schoch/Schmidt-Aßmann/Pietzner* § 113, 91 VwGO: bei spezifischen Grundrechtsverletzungen, die trotz Erledigung zu einer Befassung des BVerfG führen können.

38 OLG Stuttgart NJW **1972** 2146; OLG Celle StV **1985** 139; *Dörr* NJW **1984** 2258; *Wolf* StV **1992** 56; *Fezer* JZ **1996** 609; offengelassen von OLG Köln wistra **1994** 201.

griff bewirke eine „Diskriminierung aus sich selbst heraus"[39]. Der Bundesgerichtshof ist dem unter Berufung auf den Gesetzeswortlaut, wonach Rechtswidrigkeit der Maßnahme (die nicht selten einen Grundrechtseingriff beinhaltet) allein nicht genügt, sondern zusätzlich ein berechtigtes Feststellungsinteresse vorliegen muß, nicht gefolgt[40]. Ihm ist zuzustimmen. Die Voraussetzung einer fortdauernden Diskriminierung verliert jegliche Kontur, wenn sie bei Grundrechtseingriffen in der Regel angenommen wird (vgl. aber Rdn. 12). Auch Eingriffe in Grundrechte erschöpfen sich vielfach in ihrem Vollzug, haben jedenfalls keine anhaltende diskriminierende Wirkung. Eine solche wird vielmehr nur ausnahmsweise, unter besonderen Umständen, zum Beispiel bei einer erniedrigenden, den Antragsteller in seiner Menschenwürde verletzenden Behandlung in Betracht kommen[41]. Diese Umstände sind im Einzelfall darzulegen.

11 Die Frage wird häufig noch am Beispiel **erledigter strafprozessualer Ermittlungseingriffe** erörtert. Insoweit ist der gebotene Rechtsschutz jedoch über eine entsprechende Anwendung des § 98 Abs. 2 Satz 2 StPO zu gewähren (§ 23, 85 ff), so daß § 28 Abs. 1 Satz 4 unmittelbar nicht anwendbar ist. Bei Anwendung des § 98 Abs. 2 Satz 2 StPO stellen sich freilich entsprechende Fragen. Deshalb ist auf folgendes hinzuweisen: Richteten sich strafprozessuale Ermittlungseingriffe gegen den Beschuldigten, so kann eine diskriminierende Wirkung sowohl von der darin liegenden Äußerung eines Verdachts ausgehen wie unter besonderen Voraussetzungen auch in der Durchführung der Maßnahme liegen[42]. Die Äußerung des Verdachts begründet kein Feststellungsinteresse. Über die Berechtigung des Verdachts wird im anhängigen Strafverfahren entschieden. Durch Einstellung oder Freispruch erreicht der Beschuldigte insoweit ein Mehr an Rehabilitierung, als im Verfahren nach Absatz 1 Satz 4 (bzw. dem entsprechenden Verfahren nach § 98 Abs. 2 Satz 2 StPO) erreichbar ist[43]. Davon bleibt aber unberührt, daß auch der Beschuldigte bei der Durchführung strafprozessualer Ermittlungseingriffe in einer Weise erniedrigt, diskriminiert werden kann, daß deshalb ein Feststellungsinteresse gegeben ist. Eine pauschale Verweisung des Beschuldigten auf die Möglichkeit einer Rehabilitierung im anhängigen Strafverfahren ist deshalb nicht möglich; über die diskriminierende Durchführung einzelner Ermittlungseingriffe wird dort nicht entschieden[44].

12 **cc) Tiefgreifende Grundrechtseingriffe.** Auch wenn die belastende Maßnahme sich in ihrem Vollzug erschöpft und keine anhaltende Diskriminierung zur Folge hat, muß ein Rechtsschutzinteresse nach einer neueren Senatsentscheidung des Bundesverfassungsgerichts[45] angenommen werden, wenn die Maßnahme einen tiefgreifenden Grundrechtseingriff enthielt. Dies folgt nach Auffassung des Bundesverfassungsgerichts aus dem Gebot effektiven und möglichst lückenlosen richterlichen Rechtsschutzes gegen Akte der öffentlichen Gewalt gemäß Art. 19 Abs. 4 GG. Das Bundesverfassungsgericht hält es mit Art. 19 Abs. 4 GG zwar grundsätzlich für vereinbar, wenn die Gerichte ein Rechtsschutzinteresse nur so lange als gegeben ansehen, als ein gerichtliches Verfahren dazu dienen kann, eine gegenwärtige Beschwer auszuräumen, einer Wiederholungsgefahr zu begegnen oder eine fortwirkende Beeinträchtigung durch einen an sich beendeten Eingriff zu beseitigen[46]. Es hält die Annahme eines Rechtsschutzbedürfnisses aber auch in Fällen tiefgreifender Grundrechtseingriffe für geboten, in denen sich die direkte Belastung durch den

---

39 *Dörr* NJW **1984** 2258.

40 BGHSt **37** 79, 83.

41 Vgl. auch *Amelung* NJW **1979** 1688, 1689; zu § 113 VwGO VGH Mannheim NJW **1984** 1833 und OVG Münster DVBl. **1993** 567.

42 *Amelung* NJW **1979** 1689; *Dörr* NJW **1984** 2258.

43 BGHSt **37** 83; KG GA **1984** 24; KG NStZ **1986** 135; OLG Hamm NStZ **1989** 85.

44 *Amelung* NJW **1979** 1689; *Dörr* NJW **1984** 2258; *Wolf* StV **1992** 56; *Wohlers* GA **1992** 214, 226.

45 BVerfGE **96** 27 = BVerfG NJW **1997** 2163 = JR **1997** 382 mit Anm. *Amelung* = JZ **1997** 1060 mit Anm. *Fezer*; vgl. auch BVerfG StV **1997** 505; BVerfG NJW **1998** 2131, 2432; anders noch BVerfGE **49** 329; vgl. auch Einl. G 22.

46 BVerfG StV **1997** 343; StV **1997** 505.

angegriffenen Hoheitsakt nach dem typischen Verfahrensablauf auf eine Zeitspanne beschränkt, in welcher der Betroffene gerichtlichen Rechtsschutz kaum erlangen kann. Effektiver Rechtsschutz gebiete es in diesen Fällen, daß der Betroffene Gelegenheit erhält, die Berechtigung des schwerwiegenden, wenn auch tatsächlich nicht mehr fortwirkenden Grundrechtseingriffs gerichtlich klären zu lassen. Einen tiefgreifenden Grundrechtseingriff in diesem Sinn erblickt das Bundesverfassungsgericht etwa in einer Durchsuchung von Wohn- und Geschäftsräumen einschließlich der in diesem Rahmen erfolgenden Beschlagnahmeanordnungen[47], gegen die Rechtsschutz freilich nicht über §§ 23 ff, sondern in entsprechender Anwendung des § 98 Abs. 2 Satz 2 StPO gewährt ist (oben § 23, 86 ff). Diese Rechtsprechung des Bundesverfassungsgerichts berührt sich also im praktischen Ergebnis mit der Auffassung, die bei schweren Grundrechtseingriffen stets eine anhaltende Diskriminierung bejaht[48] und auf diesem Weg zur Bejahung des Rechtsschutzbedürfnisses kommt. Sie soll nach einer neuen Kammerentscheidung des Bundesverfassungsgerichts[49] nicht gelten, soweit es lediglich um Art und Weise des Vollzugs der Durchsuchung geht. Offengelassen ist in dieser Kammerentscheidung, ob die oben dargestellten Grundsätze auch für eine unberechtigte Anordnung nach § 81 a StPO gelten.

dd) Vorbereitung eines Amtshaftungsprozesses. Im Verwaltungsgerichtsprozeß ist anerkannt, daß ein Feststellungsinteresse nach § 113 Abs. 1 Satz 4 VwGO dann besteht, wenn die Feststellung für die Geltendmachung von Ansprüchen aus Amtspflichtsverletzung (Art. 34 GG, § 839 BGB) erheblich ist, ein entsprechender Rechtsstreit mit hinreichender Sicherheit zu erwarten und nicht offenbar aussichtslos ist[50]. Allerdings soll dies nach der neueren Rechtsprechung der Verwaltungsgerichte nur gelten, wenn die Erledigung erst eingetreten ist, nachdem die Sache beim Verwaltungsgericht anhängig wurde[51]. Für das Verfahren nach § 28 Abs. 1 Satz 4 ist von der Rechtsprechung ein Feststellungsinteresse bei beabsichtigtem Amtshaftungsprozeß verneint worden, wenn die Erledigung vor Anhängigkeit des Antrags nach § 23 eingetreten ist[52]. Teilweise wird aber auch angenommen, daß ein geplanter Amtshaftungsprozeß grundsätzlich kein Feststellungsinteresse begründen kann[53] oder allenfalls dann, wenn bei Eintritt der Erledigung hinsichtlich der nun begehrten Feststellung bereits Entscheidungsreife besteht[54]. Dieser letzteren Auffassung ist zu folgen. Für sie spricht: Es geht hier nicht darum, dem Antragsteller den durch Artikel 19 Abs. 4 GG garantierten Rechtsschutz zu gewährleisten, sondern um Prozeßökonomie. Im Hinblick auf die Subsidiarität des Rechtsbehelfs nach §§ 23 ff (§ 23 Abs. 3) läßt sich die im Verwaltungsprozeßrecht geführte Diskussion, ob der Betroffene einen Anspruch auf Entscheidung durch den sachnäheren Richter (gemeint: der Verwaltungsrichter) habe[55], nicht voll auf das Verfahren vor dem Strafsenat übertragen. Zwar entfaltet 13

---

[47] BVerfG StV **1997** 393; StV **1997** 505; BVerfG NJW **1998** 2131; Bei Pressebeschlagnahmen fällt zusätzlich der Eingriff in die Pressefreiheit ins Gewicht; vgl. auch schon *Schenke* DÖV **1978** 731, 739; zur Problematik anderer Grundrechtseingriffe vgl. *Fezer* JZ **1997** 1062.

[48] *Amelung* JR **1997** 386; *Roxin* StV **1997** 656 und oben Rdn. 10.

[49] BVerfG NStZ **1998** 92; zur Anwendung, wenn sich die richterliche Anordnung von Abschiebehaft erledigt hat, vgl. OLG Karlsruhe NVwZ-Beil. **1998** 52; OLG Düsseldorf NVwZ-Beil. **1998** 53 und neuerdings BGH NJW **1998** 2829: keine Anwendung.

[50] *Kopp* § 113, 58 VwGO; *Eyermann/Jörg Schmidt*[10] § 113, 87 VwGO.

[51] BVerwG NJW **1980** 2426; BayVGH BayVBl. **1983** 473; *Kopp* § 113, 58 VwGO mit Nachw.; *Eyermann/Jörg Schmidt*[10] § 113, 87 VwGO.

[52] OLG Frankfurt NJW **1965** 2315; KG GA **1976** 79; GA **1984** 24; NStZ **1986** 135; NStZ **1997** 563; OLG Karlsruhe NStZ **1986** 567; OLG Nürnberg GA **1987** 273; ebenso *Kissel* 18; MünchKomm-*Wolf* 9; entsprechend zu § 115 Abs. 3 StVollzG OLG Stuttgart NStZ **1986** 431 mit krit. Anm. *Volckart*; zustimmend *Calliess/Müller-Dietz* § 115, 11; weitergehend *Dörr* NJW **1984** 2258 und *Katholnigg* 5.

[53] KG GA **1984** 24; *Wohlers* GA **1992** 214, 219; *Kleinknecht/Meyer-Goßner*[43] 6.

[54] OLG Hamm NStZ **1987** 183.

[55] Nachweise bei *Kopp* § 113, 58 VwGO.

nach der neueren Rechtsprechung des Bundesgerichtshofs[56] die Entscheidung des Strafsenats über die Rechtswidrigkeit der Maßnahme im nachfolgenden Amtshaftungsprozeß Bindungswirkung. Doch können die Zivilgerichte im Amtshaftungsprozeß über die Rechtswidrigkeit der beanstandeten Maßnahme auch als Vorfrage entscheiden, wodurch der Antragsteller Rechtsschutz erhält. Nur wenn das Verfahren vor dem Oberlandesgericht im Zeitpunkt der Erledigung schon zur Entscheidungsreife gediehen ist, drängt es sich auf, dem Antragsteller, der einen Amtshaftungsprozeß beabsichtigt und deshalb zum Fortsetzungsfeststellungsantrag übergeht, den erreichten Verfahrensstand, die „Früchte des bisherigen Prozesses"[57] zu erhalten.

6. Verpflichtung zur Vornahme einer Maßnahme

14 **a) Grundsatz.** Ist der Antragsteller dadurch in seinen Rechten verletzt, daß, wie das Gesetz sagt, die Ablehnung oder Unterlassung einer Maßnahme rechtswidrig ist, das heißt, daß ein begehrter begünstigender Verwaltungsakt rechtswidrig unterblieb — Fehlerhaftigkeit der Ablehnung reicht nicht aus[58] —, so eröffnet Absatz 2 zwei Möglichkeiten, über einen Verpflichtungsantrag des Antragstellers zu entscheiden: Ist die Sache spruchreif, spricht das Oberlandesgericht nach Satz 1 die Verpflichtung der Justiz- oder Vollzugsbehörde aus, die Maßnahme vorzunehmen. Das Gesetz sieht nicht ausdrücklich vor, daß zugleich die Aufhebung einer ablehnenden Entscheidung der Verwaltung, auch einer ablehnenden Beschwerdeentscheidung, ausgesprochen wird, doch kann dies zur Klarstellung zweckmäßig sein[59]. Fehlt es an der Spruchreife, so wird die Verwaltungsbehörde verpflichtet, den Antragsteller unter Beachtung der Rechtsauffassung des Oberlandesgerichts, wie sie sich aus dessen Entscheidung ergibt, zu bescheiden. Auch insofern kann es zweckmäßig sein, einen bereits vorliegenden ablehnenden Bescheid aufzuheben. In keinem Fall erläßt das Oberlandesgericht selbst die erstrebte Maßnahme[60].

15 **b) Spruchreife** ist gegeben, wenn dem Oberlandesgericht eine abschließende Entscheidung über den Antrag möglich ist, ohne daß weitere Erhebungen notwendig sind. Grundsätzlich ist das Oberlandesgericht in den Fällen des Absatzes 2 verpflichtet, die Spruchreife herbeizuführen[61]. Das ergibt sich aus dem die Strafprozeßordnung bestimmenden Untersuchungsgrundsatz, der über § 29 Abs. 2 für das Verfahren vor dem Strafsenat gilt. Der Fall liegt anders als bei der in Absatz 1 Satz 3 zu entscheidenden Frage, ob mit der Aufhebung der rechtswidrigen Maßnahme ein Ausspruch über die Folgenbeseitigung verbunden wird, was nur geschehen soll, wenn dies das Verfahren nicht wesentlich verlängert. Jedoch erfährt die grundsätzlich bestehende Verpflichtung des Oberlandesgerichts, in den Fällen des Absatzes 2 den Sachverhalt bis zur Spruchreife aufzuklären, um sodann eine Verpflichtung der Verwaltungsbehörde zum Erlaß der Maßnahme aussprechen zu können, erhebliche Einschränkungen. Grundsatz ist, daß das Gericht nicht Aufgaben und Funktionen an sich ziehen soll, die der Verwaltungsbehörde obliegen[62]. Eine Ausprägung dieses Grundsatzes ist, daß das Gericht nicht sein Ermessen an die Stelle des Verwaltungsermessens der Behörde setzen darf, dieses vielmehr nur auf Ermessensüberschreitung und -mißbrauch zu prüfen hat, Absatz 3. Geht es um eine Ermessensentscheidung, so kann Spruchreife deshalb nur gegeben sein, wenn das Verwaltungsermessen auf

---

[56] BGH LM § 839 BGB Nr. 95 (Ca).

[57] Vgl. BVerwG DVBl. **1989** 873, 874.

[58] Zu § 113 VwGO: *Kopp* § 113, 79; *Eyermann/Jörg Schmidt*[10] § 113, 33 VwGO mit Nachw.

[59] *Kissel* 20; zu § 113 VwGO: *Kopp* § 113, 79; *Eyermann/Jörg Schmidt*[10] § 113, 33 VwGO.

[60] *Kissel* 20; *Katholnigg* 6; MünchKomm-*Wolf* 10; *Baumbach/Lauterbach/Albers* 3.

[61] *Kissel* 20; MünchKomm-*Wolf* 10; *Zöller/Gummer* 12; *Wieczorek/Schütze/Schreiber* 12; zu § 113 VwGO; *Kopp* § 113, 83 VwGO.

[62] *Kissel* 20; zu § 113 VwGO: *Eyermann/Jörg Schmidt*[10] § 113, 40 VwGO.

Null geschrumpft ist, fehlerfrei nur noch in einer Richtung ausgeübt werden kann, jede andere Ermessensbetätigung also fehlerhaft wäre[63]. Es gibt auch noch andere Fälle, in denen das Oberlandesgericht Spruchreife nicht selbst herbeiführen kann, ohne in unangemessener Weise Aufgaben und Funktionen der Verwaltung zu übernehmen; da diese Fälle im Verwaltungsgerichtsprozeß eine größere Rolle spielen, wird auf die Erläuterungen zu § 113 Abs. 5 VwGO Bezug genommen[64].

c) Im Verhältnis zur Verpflichtung, die beantragte Maßnahme vorzunehmen (Absatz 2 **16**
Satz 1), ist die **Verpflichtung zur Bescheidung** nach Absatz 2 Satz 2 **ein weniger**. Hält der Antragsteller an seinem Verpflichtungsantrag fest, obwohl mangels Spruchreife nur eine Verpflichtung zur Bescheidung möglich ist, muß demgemäß Teilabweisung des Antrags erfolgen[65].

d) Bindungswirkung. Die Verwaltungsbehörden sind an die in der Entscheidung nach **17**
Absatz 2 Satz 2 niederzulegende Rechtsauffassung des Oberlandesgerichts gebunden. Die Bindungswirkung ist der Bindungswirkung zurückverweisender Urteile vergleichbar[66]. Es kann deshalb auf die Auslegung des § 358 Abs. 1 StPO Bezug genommen werden[67]. Insbesondere binden auch im Falle des Absatzes 2 Satz 2 nur die die Entscheidung des Oberlandesgerichts tragenden Gründe, nicht eventuelle Ratschläge des Oberlandesgerichts zur weiteren Sachbehandlung.

7. Ermessensentscheidungen prüft nach Absatz 3 das Gericht nicht unter dem **18**
Gesichtspunkt, wie es selbst das Ermessen ausgeübt hätte, wenn es anstelle der Verwaltungsbehörde zu entscheiden gehabt hätte, vielmehr beschränkt sich die Nachprüfung darauf, ob die Behörde die gesetzlichen Grenzen ihres Ermessens eingehalten hat und von dem Ermessen in einer dem gesetzlichen Zweck entsprechenden Weise Gebrauch gemacht hat. Zu der sachlich übereinstimmenden Vorschrift des § 114 VwGO liegt umfangreiche Rechtsprechung und Literatur vor[68]; darauf kann verwiesen werden. Ob im Einzelfall der Justiz- oder Vollzugsbehörde ein Ermessen zusteht, das Gesetz also grundsätzlich mehrere Entscheidungen als rechtmäßig ansieht[69], welches die Grenzen dieses Ermessens sind und welche Erwägungen bei der Ausübung dieses Ermessens anzustellen sind und mit welcher Gewichtung, ist durch Auslegung der jeweiligen Vorschrift zu ermitteln[70]. Fehlerhaft sind nicht nur die Ermessensüberschreitung, bei der die Behörde die ihr eingeräumte Entscheidungsfreiheit überdehnt, und der Ermessensfehlgebrauch, sondern auch die Annahme in Wahrheit nicht bestehender Beschränkungen des Ermessens oder die irrige Annahme einer gebundenen Entscheidung[71]. Davon unberührt ist, daß in Einzelfällen möglicherweise nur eine ermessensfehlerfreie Entscheidung möglich ist (Ermessensreduktion auf Null)[72]. Die in Absatz 3 bestimmten Grenzen für die Nachprüfung des behördlichen Ermessens beziehen sich aber nicht auf die Feststellung des Sachverhalts, auf dem die Ermessensentscheidung beruht; dieser unterliegt in vollem Umfang der Nachprüfung[73], wobei für die Art und Weise der Nachprüfung § 29 Abs. 2 in Verbindung mit § 309 Abs. 2 StPO maßgebend ist[74].

---

63 *Kissel* 21; *Katholnigg* 6; MünchKomm-*Wolf* 11; *Baumbach/Lauterbach/Albers* 3; *Zöller/Gummer* 14; zu § 113 VwGO: *Eyermann/Jörg Schmidt*[10] § 113, 41 VwGO.

64 *Eyermann/Jörg Schmidt*[10] § 113, 39 ff VwGO; *Kopp* § 113, 83 ff VwGO.

65 Zu § 113 VwGO: *Eyermann/Jörg Schmidt*[10] § 113, 43 VwGO; *Kopp* § 113, 80 VwGO.

66 Zu § 113 VwGO: *Kopp* § 113, 93 VwGO.

67 S. dort Rdn. 1 ff.

68 Nachweise bei *Kopp* § 114 VwGO; *Eyermann/Rennert*[10] § 114 VwGO; *Redeker/von Oertzen* § 114 VwGO; *Gerhardt* in *Schoch/Schmidt-Aßmann/Pietzner* § 114 VwGO.

69 *Kissel* 3; MünchKomm-*Wolf* 12.

70 *Kopp* § 114, 1 a VwGO; *Eyermann/Rennert*[10] § 114, 14 VwGO mit Nachw.

71 *Kopp* § 114, 14 VwGO mit Nachw.

72 *Kopp* § 114, 6 VwGO.

73 BVerfGE **21** 191, 195; BGHSt **24** 292.

74 KG NJW **1968** 608.

19 Anders als der Ermessensgebrauch ist die **Auslegung unbestimmter Rechtsbegriffe** (z. B. „wichtiger Grund", „öffentliches Interesse") durch die Justiz- und Vollzugsbehörden grundsätzlich in vollem Umfang nachzuprüfen[75]. Dies gilt nur dann nicht, wenn der Behörde ein Beurteilungs- oder Wertungsspielraum eingeräumt ist, der gerichtlich nur eingeschränkt kontrolliert werden soll, was im Einzelfall durch Auslegung festzustellen ist[76]; die Auslegung der jeweiligen Regelung muß dann auch über Inhalt und Intensität der gerichtlichen Kontrolle entscheiden[77]. Die Frage, ob der Behörde ein Beurteilungsspielraum eingeräumt ist, kann insbesondere bei der Anfechtung von Maßnahmen aus dem Bereich des Vollzugs (§ 23 Abs. 1 Satz 2) auftreten[78].

20 Um die gerichtliche Nachprüfung des Ermessens (des Beurteilungsspielraums bei unbestimmten Rechtsbegriffen) zu ermöglichen, muß eine ablehnende **Entscheidung** grundsätzlich **begründet sein**, es sei denn, die Ablehnungsgründe liegen so auf der Hand, daß sie jeder Beteiligte ohne nähere Erörterung erkennen kann[79]. In der Begründung muß ersichtlich gemacht werden, welche Erwägungen die Behörde bei der erforderlichen Abwägung des Für und Wider angestellt und aus welchen wesentlichen Erwägungen sie sich entschieden hat[80]. Enthält der Bescheid keine diesen Anforderungen genügende Begründung, muß er aufgehoben werden.

21 Allerdings ist ein **Nachschieben von Gründen** im gerichtlichen Verfahren grundsätzlich zulässig. Die Frage ist freilich umstritten[81]. Sie wurde in der Vergangenheit auch für das Verwaltungsgerichtsverfahren kontrovers diskutiert[82]. Gründe der Praktikabilität sprechen dafür, eine nachträgliche Ergänzung und Verdeutlichung der Begründung zuzulassen. Artikel 1 des 6. VwGOÄndG vom 1. 11. 1996[83] hat § 114 VwGO inzwischen als Satz 2 die Regelung angefügt, daß die Verwaltungsbehörde ihre Ermessenserwägungen hinsichtlich des Verwaltungsakts auch noch im verwaltungsgerichtlichen Verfahren ergänzen kann. Auch wenn eine entsprechende Regelung in § 28 Abs. 3 nicht getroffen wurde, ebensowenig wie in § 115 Abs. 5 StVollzG, wird man die Rechtsänderung als zusätzliches Argument für die hier vertretene Auffassung heranziehen können. Allerdings wird wie bei gebundenen Entscheidungen (oben Rdn. 2) zu gelten haben, daß die nachgeschobene Begründung die Entscheidung nicht in ihrem Wesen verändern darf, etwa wenn eine irrig als gebundene Entscheidung getroffene Maßnahme nunmehr als Ermessensentscheidung aufrechterhalten werden soll[84]. Auch kann eine auf sachfremden Erwägungen, etwa rassistischen oder frauenfeindlichen Überlegungen, beruhende und deshalb rechtswidrige Entscheidung nicht dadurch „geheilt" werden, daß im gerichtlichen Verfahren eine einwandfreie Begründung nachgeschoben wird[85].

---

75 BGH NJW **1982** 1057, 1058; OLG Oldenburg NJW **1968** 1440; OLG Hamburg MDR **1972** 971; *Kissel* 4; MünchKomm-*Wolf* 16; *Katholnigg* 7; zu § 114 VwGO BVerwG NJW **1972** 596.

76 *Kopp* § 114, 23, 24 VwGO; *Eyermann/Rennert*[10] § 114, 51 VwGO; *Redeker/von Oertzen* § 114, 15 ff VwGO; zu § 115 Abs. 5 StVollzG BGH NJW **1982** 1058.

77 *Kopp* § 114, 31 VwGO; *Redeker/von Oertzen* § 114, 15 ff VwGO.

78 Vgl. zu § 115 Abs. 5 StVollzG BGH NJW **1982** 1058; KG NJW **1979** 2574; *Calliess/Müller-Dietz* § 115, 18 mit Nachw. zur Rspr. in Strafvollzugssachen.

79 OLG Frankfurt NJW **1966** 465; OLG Hamm NJW **1967** 1976; OLG Stuttgart NJW **1969** 671; OLG Bamberg JVBl. **1964** 148; OLG Celle StV **1981** 407; OLG Hamm StV **1983** 524; *Kissel* 5; MünchKomm-*Wolf* 15; *Kleinknecht/Meyer-Goßner*[43] 8; gegen letztere Ausnahme Bedenken bei *Katholnigg* 7.

80 KG GA **1973** 180; OLG Karlsruhe JR **1983** 386 mit Anm. *Katholnigg*.

81 Wie hier OLG Karlsruhe Justiz **1980** 450; *Kissel* 8; *Kleinknecht/Meyer-Goßner*[43] 8; **a. A** OLG Hamm NJW **1967** 1976; *Katholnigg* 7; LR-*K. Schäfer*[23] 11.

82 Vgl. *Eyermann/Jörg Schmidt*[10] § 113, 25 ff VwGO; *Kopp* § 113, 28 ff, beide mit Nachw.

83 BGBl. I S. 1626; dazu *Redeker/von Oertzen* § 108, 29 VwGO.

84 Ebenso *Kissel* 8; *Eyermann/Jörg Schmidt*[10] § 113, 25 VwGO.

85 *Eyermann/Jörg Schmidt*[10] § 113, 25 VwGO.

§ 29

(1) [1]Die Entscheidung des Oberlandesgerichts ist endgültig. [2]Will ein Oberlandesgericht jedoch von einer auf Grund des § 23 ergangenen Entscheidung eines anderen Oberlandesgerichts oder des Bundesgerichtshofes abweichen, so legt es die Sache diesem vor. [3]Der Bundesgerichtshof entscheidet an Stelle des Oberlandesgerichts.

(2) Im übrigen sind auf das Verfahren vor dem Zivilsenat die Vorschriften des Reichsgesetzes über die Angelegenheiten der freiwilligen Gerichtsbarkeit über das Beschwerdeverfahren, auf das Verfahren vor dem Strafsenat die Vorschriften der Strafprozeßordnung über das Beschwerdeverfahren sinngemäß anzuwenden.

(3) Auf die Bewilligung der Prozeßkostenhilfe sind die Vorschriften der Zivilprozeßordnung entsprechend anzuwenden.

Entstehungsgeschichte. S. Vor § 23, 5 ff. In Absatz 3 wurden durch Art. 4 Nr. 3 des ProzeßkostenhG vom 13. 6. 1980 (BGBl. I S. 1677) die Worte „des Armenrechts" durch die Worte „der Prozeßkostenhilfe" ersetzt.

Übersicht

1. Endgültigkeit der Entscheidung (Absatz 1 Satz 1). Daß die Entscheidung endgültig ist, bedeutet zunächst, daß sie unanfechtbar ist. Das ist hervorgehoben worden, weil § 304 Abs. 4 StPO keine unmittelbare Anwendung findet und immerhin zweifelhaft sein könnte, ob § 29 Abs. 2 (sinngemäße Anwendbarkeit der Vorschriften der Strafprozeßordnung über das Beschwerdeverfahren) auch die sinngemäße Anwendbarkeit des § 304 Abs. 4 StPO mit umfaßt. Die zur Sache ergehende Entscheidung des Oberlandesgerichts hat auch materielle Rechtskraftwirkung, indem sie den Anspruch des Betroffenen auf Nachprüfung der Rechtmäßigkeit der bestimmten, den Gegenstand des Verfahrens bildenden Maßnahme verzehrt und das Oberlandesgericht an seine Entscheidung bindet[1]. Diese Rechtskraftwirkung kann der Antragsteller nicht dadurch zerstören, daß er nach Ergehen der Entscheidung seinen Antrag nach § 23 oder seinen die Grundlage des Verfahrens bildenden Antrag an die Justiz- oder Vollzugsbehörde zurücknimmt[2]. Eine weitergehende Rechtskraftwirkung hat die Entscheidung nicht. Sie hindert den Antragsteller nicht, mit der Behauptung, daß sich die für die Entscheidung maßgebliche Sach- und Rechtslage inzwischen geändert habe, bei der Behörde eine neue Regelung zu beantragen und gegen die ablehnende Entscheidung das Oberlandesgericht anzurufen[3]. Die Endgültigkeit schließt eine Berichtigung des Beschlusses wegen offensichtlichen Versehens nicht aus[4], 1

[1] OLG Hamburg Rpfleger **1965** 45; MünchKomm-*Wolf* 2; *Wieczorek/Schütze/Schreiber* 3; *Zöller/Gummer* 1.

[2] OLG Hamburg Rpfleger **1965** 45; *Kissel* 4; MünchKomm-*Wolf* 2; *Kleinknecht/Meyer-Goßner*[43] 1.

[3] *Kissel* 4; *Kleinknecht/Meyer-Goßner*[43] 1.

[4] OLG Schleswig vom 10. 9. 1963 – VAs. 11/63 –; *Kleinknecht/Meyer-Goßner*[43] 1.

wohl aber eine Änderung des Beschlusses auf Gegenvorstellung, da auch das Oberlandesgericht an seine endgültige Entscheidung gebunden ist[5]. Ob das Oberlandesgericht seinen den Antrag aus formellen Gründen (§ 26 Abs. 1) als unzulässig verwerfenden Beschluß wegen unrichtiger tatsächlicher Annahmen auf Gegenvorstellung oder von Amts wegen zurücknehmen kann, richtet sich nach den zu § 349 Abs. 1 StPO herausgebildeten Grundsätzen. Nach verbreiteter Meinung ist dies — anders als bei einem Rechtsirrtum — zulässig[6]. Zur Entlastung des Bundesverfassungsgerichts ist eine etwaige Verletzung des rechtlichen Gehörs durch entsprechende Anwendung des § 33 a StPO zu heilen[7].

2. Vorlegungspflicht

2 **a) Voraussetzungen (Absatz 1 Satz 2).** § 29 Abs. 1 Satz 2 ist ein Fall des Divergenzausgleichs. Die Vorschrift wird ergänzt durch § 121 Abs. 2 GVG, wonach das Oberlandesgericht als Rechtsbeschwerdegericht (§§ 116, 117 StVollzG) vorlegungspflichtig ist, wenn es bei seiner Entscheidung über die Rechtsbeschwerde gegen die Entscheidung der Strafvollstreckungskammer von einer nach dem 1. 1. 1977 (Inkrafttreten des Strafvollzugsgesetzes) ergangenen Entscheidung eines anderen Oberlandesgerichts oder von einer Entscheidung des Bundesgerichtshofs abweichen will. Für die Vorlegungspflicht nach § 29 Abs. 1 Satz 2 gelten im allgemeinen die zu § 121 Abs. 2 GVG entwickelten Grundsätze. Die Vorlegungspflicht setzt voraus, daß das gemäß § 23 angerufene Oberlandesgericht in einer Rechtsfrage von einer Entscheidung abweichen will, die ein anderes Oberlandesgericht im Verfahren nach §§ 23 ff EGGVG oder die der Bundesgerichtshof auf Vorlegung gemäß § 29 Abs. 1 Satz 2 erlassen hat[8]. Die Divergenz muß von seiner Rechtsauffassung aus entscheidungserheblich[9] sein. Eine „auf Grund des § 23 ergangene Entscheidung" ist nicht nur eine Entscheidung, die die Rechtmäßigkeit der angegriffenen Maßnahme betrifft, vielmehr ergehen auch solche Entscheidungen auf Grund des § 23, die die Zulässigkeit des Antrags auf gerichtliche Überprüfung der Maßnahme (§ 24) und andere Fragen des gerichtlichen Überprüfungsverfahrens betreffen[10].

3 Die Vorlegungspflicht ist auch gegeben, wenn das andere Oberlandesgericht auf Grund der vor dem 1. 1. 1977 bestehenden Rechtslage (des § 23 Abs. 1 Satz 2 a. F) entschieden hat. Die Vorlegungspflicht entfällt aber, wenn solche Entscheidungen durch die seither eingetretene Änderung der Rechtslage, insbesondere auf Grund des Strafvollzugsgesetzes, ihre Bedeutung verloren haben. Im übrigen ist die Vorlegungspflicht nicht auf die Fälle beschränkt, daß ein Strafsenat eines anderen Oberlandesgerichts von der Entscheidung eines Strafsenats eines anderen Oberlandesgerichts abweichen will oder daß es sich um die gleiche Materie (Strafrechtspflege usw.) handelt. Die Vorlegungspflicht besteht vielmehr z. B. auch, wenn ein Strafsenat in einer Vollzugsangelegenheit (§ 23 Abs. 1 Satz 2) von der **Entscheidung eines Zivilsenats** des anderen Oberlandesgerichts

[5] *Kissel* 5; *Kleinknecht/Meyer-Goßner*[43] 1.

[6] *Kissel* 5; MünchKomm-*Wolf* 2; *Kleinknecht/Meyer-Goßner*[43] 1; s. näher die Erl. unter § 349, 28 und § 346, 35 StPO mit Nachw.

[7] OLG Koblenz NJW **1987** 855; *Kissel* 6; MünchKomm-*Wolf* 2; *Katholnigg* 3; *Kleinknecht/Meyer-Goßner*[43] 4; *Wieczorek/Schütze/Schreiber* 4; *Zöller/Gummer* 1.

[8] *Katholnigg* 1 nimmt Vorlagepflicht auch an, wenn die Entscheidung des anderen Oberlandesgerichts oder des Bundesgerichtshofs nicht im Verfahren nach § 23, sondern im Bereich einer anderen Vorlagepflicht ergangen ist. Das wäre im Hinblick auf die Vorlegungspflicht in Strafvollzugssachen möglicherweise praktisch, doch steht dem der Gesetzeswortlaut entgegen. Im Ergebnis wie hier OLG Nürnberg GA **1987** 270; *Kissel* 8; *Baumbach/Lauterbach/Albers* 2. Über die Bedeutung einer nach § 23 ergangenen Entscheidung für die Vorlegungspflicht nach § 28 Abs. 2 FGG vgl. BGHZ **46** 88 = NJW **1966** 1811 mit Anm. *Träger* und *Jessen* NJW **1968** 352.

[9] BGHZ **77** 209; *Kissel* 8; MünchKomm-*Wolf* 4; *Katholnigg* 1.

[10] BGHZ **46** 355; *Kissel* 8; *Katholnigg* 1; *Kleinknecht/Meyer-Goßner*[43] 2; *Wieczorek/Schütze/Schreiber* 6.

auf dem Gebiet des bürgerlichen Rechts abweichen will, immer vorausgesetzt, daß es sich um die gleiche Rechtsfrage handelt[11]. Divergenzen in der Auslegung des § 30 und der Vorschriften der Kostenordnung, deren sinngemäße Anwendung dort vorgeschrieben ist, führen nicht zur Vorlegung, da es sich dabei nicht um Entscheidungen „auf Grund des § 23", d. h. nicht um Entscheidungen über den Antrag selbst handelt[12]. Ebenso entfällt die Vorlegungspflicht, wenn das andere Oberlandesgericht über die Beschwerde gegen Anordnungen des Haftrichters (§ 119 Abs. 3, 6 StPO) entschieden hat[13].

Wie bei § 121 Abs. 2 GVG spielt es keine Rolle, ob die Rechtsfrage die Auslegung 4
von Bundesrecht oder **Landesrecht** betrifft. In älteren, vor Inkrafttreten des Strafvollzugsgesetzes liegenden Entscheidungen des Bundesgerichtshofs[14] und einzelner Oberlandesgerichte[15] ist allerdings die Auffassung vertreten worden, die Vorlegungspflicht gelte für Fragen des landesrechtlich geregelten Vollzugs nicht, hier sei vielmehr die Entscheidungszuständigkeit des Bundesgerichtshofs und damit die Vorlegungspflicht der Oberlandesgerichte auf Auslegungsdivergenzen beschränkt, die Bundesrecht betreffen. Das läßt sich aus dem Wortlaut und heute auch aus Sinn und Zweck der Vorschrift kaum herleiten. Es verträgt sich auch schlecht damit, daß § 121 Abs. 2 GVG bei der Vorlegungspflicht in Strafvollzugssachen nach dem Strafvollzugsgesetz nicht danach unterscheidet, ob es um die Auslegung von Bundes- oder Landesrecht geht. Der landesrechtlich geregelte Vollzug der Maßregeln nach § 63 StGB und § 64 StGB ist durch das StVollzÄndG vom 20. 1. 1984[16] in das Rechtsschutzsystem der §§ 109 ff StVollzG einbezogen worden (§ 138 Abs. 2 StVollzG). Die hier vertretene Auffassung verhindert, daß für die im Anwendungsbereich des Absatz 1 Satz 2 verbliebenen Teile des Strafvollzugs abweichendes gilt[17]. Divergenzen bei der Auslegung von Verwaltungsvorschriften begründen keine Vorlegungspflicht[18].

b) Die Sachentscheidung des Bundesgerichtshofs (Absatz 1 Satz 3). § 121 Abs. 2 5
GVG enthält keine Vorschrift darüber, in welchem Umfang im Falle einer zulässigen Vorlegung der Bundesgerichtshof zur Entscheidung berufen ist. Nach den in der Rechtsprechung des Bundesgerichtshofs herausgebildeten Grundsätzen kann der Bundesgerichtshof bei Revisionen nach Zweckmäßigkeit verfahren und sich auf die Entscheidung der Rechtsfrage beschränken, aber auch über die Revision abschließend entscheiden[19]. Demgegenüber hat nach § 29 Abs. 1 Satz 3, der den § 28 Abs. 3 FGG, § 79 Abs. 3 GBO nachgebildet ist, der Bundesgerichtshof grundsätzlich anstelle des vorlegenden Oberlandesgerichts die sonst diesem obliegende Entscheidung über die Rechtmäßigkeit der Maßnahme zu treffen. Der Bundesgerichtshof hat sich aber in restriktiver Auslegung des § 29 Abs. 1 Satz 3 auf den Standpunkt gestellt, daß jedenfalls dann, wenn die streitige Rechtsfrage nicht die Entscheidung in der Sache selbst, sondern nur die Vorfrage der Zulässigkeit des Antrags auf gerichtliche Nachprüfung betrifft (z. B. ob ein Antrag überhaupt gestellt werden kann oder ob ein an sich zulässiger Antrag rechtzeitig gestellt ist), der Bundesge-

---

11 *Kissel* 8.

12 OLG Hamm vom 6. 11. **1963** – 1 VAs. 42/63 –; *Kissel* 8; MünchKomm-*Wolf* 4; *Katholnigg* 1; *Kleinknecht/Meyer-Goßner*[43] 2; *Wieczorek/Schütze/Schreiber* 6.

13 KG GA **1974** 248.

14 BGH NJW **1963** 1214; BGHSt **19** 241.

15 OLG Celle NJW **1967** 692; OLG München NJW **1968** 610; OLG Stuttgart NJW **1970** 719.

16 BGBl. I S. 97.

17 Wie hier *Katholnigg* 1; *Kleinknecht/Meyer-Goßner*[43] 2; *Kreuzer* GA **1970** 68; *Altenhain* NJW **1963** 1463; JVBl. **1964** 66; **a. A** *Kissel* 7; *Baumbach/Lauterbach/Albers* 2; MünchKomm-*Wolf* 4 will Vorlage jedenfalls dann ausschließen, wenn das Landesrecht nur im Bezirk des Oberlandesgerichts gilt (vgl. § 549 Abs. 1 ZPO); ebenso *Wieczorek/Schütze/Schreiber* 6.

18 BGH GA **1986** 275; *Kissel* 7; *Katholnigg* 1; *Kleinknecht/Meyer-Goßner*[43] 2.

19 Vgl. die Erl. zu § 121 GVG (24. Aufl. Rdn. 79, 81).

richtshof nur über die Zulässigkeitsfrage entscheide und bei Bejahung der Zulässigkeit dem Oberlandesgericht die weitere Sachentscheidung über die Begründetheit des Antrags überlasse[20]. In gleicher Weise überläßt der Bundesgerichtshof die Sachentscheidung dem Oberlandesgericht, wenn die streitige Rechtsfrage darin besteht, ob der angefochtene Bescheid nur unter dem Gesichtspunkt einer Ermessensentscheidung oder ob der Sachverhalt in vollem Umfang der Nachprüfung unterliegt[21]. Dem kann nicht widersprochen werden[22].

3. Verfahren (Absatz 2)

6 a) **Beteiligte.** Absatz 2 verweist auf die §§ 307 bis 309 StPO. Beteiligt an dem Verfahren sind — beim Fehlen einer dem § 111 StVollzG[23] entsprechenden ausdrücklichen Bestimmung — der Antragsteller und als Antragsgegner i. S. des § 308 Abs. 1 StPO die Justiz- oder Vollzugsbehörde, deren Maßnahme den Gegenstand der Nachprüfung bildet, oder die Aufsichtsbehörde, die diese Behörden im Verfahren vertritt. Zur Vertretungsbehörde kann allgemein oder im Einzelfall auch der Generalstaatsanwalt bestimmt sein[24]. Unabhängig davon wird nach § 309 Abs. 1 Halbs. 2 StPO „in geeigneten Fällen" auch der Generalstaatsanwalt gehört. Diese Vorschrift wird von den Oberlandesgerichten so ausgelegt, daß grundsätzlich alle Fälle „geeignet" sind und eine Anhörung ausnahmsweise nur unterbleibt, wenn eine sofortige Entscheidung erforderlich ist (z. B. nach § 307 Abs. 2 StPO) oder wenn die Stellungnahme der Staatsanwaltschaft feststeht oder sonst bekannt ist. Eine Beiladung entsprechend § 65 VwGO sieht das Gesetz nicht vor[25]. Zu den persönlichen Voraussetzungen in der Person des Antragstellers vgl. § 26, 12.

7 b) **Aussetzung des Vollzugs.** Aus der Verweisung auf § 307 StPO ergibt sich, daß dem Antrag auf gerichtliche Entscheidung keine aufschiebende Wirkung beigelegt ist (§ 307 Abs. 1 StPO), das Oberlandesgericht aber die Vollziehung der angefochtenen Maßnahme aussetzen kann (§ 307 Abs. 2 StPO). Sinngemäß kommt als Richtlinie für die Handhabung der Aussetzungsbefugnis § 114 Abs. 2 Satz 1 StVollzG in Betracht, wonach der Vollzug der angefochtenen Maßnahme ausgesetzt werden kann, wenn die Gefahr besteht, daß die Verwirklichung eines Rechts des Antragstellers vereitelt oder wesentlich erschwert wird und ein höher zu bewertendes Interesse an dem sofortigen Vollzug nicht entgegensteht. Dabei kann, um der Rechtsschutzgarantie des Art. 19 Abs. 4 GG Rechnung zu tragen, der Antrag auf Anordnung der Vollzugsaussetzung beim Oberlandesgericht schon vor der Entscheidung im Vorschaltverfahren (§ 24 Abs. 2) gestellt werden, um zu vermeiden, daß durch die Vollziehung der Maßnahme Tatsachen geschaffen werden, die auch dann nicht mehr rückgängig gemacht werden können, wenn die Maßnahme sich bei der Nachprüfung durch das Oberlandesgericht als rechtswidrig erweist[26]; § 114 Abs. 3 StVollzG spricht dies förmlich aus.

8 c) Ob das Oberlandesgericht auch eine **einstweilige Anordnung** erlassen kann, war früher streitig. Die Frage wurde überwiegend — auch in diesem Kommentar[27] — verneint[28]. Nachdem § 114 Abs. 2 Satz 2 StVollzG unter Verweisung auf § 123 Abs. 1 VwGO einstweilige Anordnungen ausdrücklich zuläßt, ließ sich dieser Standpunkt nicht

[20] BGH NJW **1963** 1789; BGHSt **19** 148.
[21] BGHSt **24** 290.
[22] Ebenso *Kissel* 9; *Katholnigg* 2; *Kleinknecht/Meyer-Goßner*[43] 2; **a. A** MünchKomm-*Wolf* 5; *Jansen* 3.
[23] Dazu *Calliess/Müller-Dietz* § 111, 1.
[24] *Katholnigg* 4 mit Nachw.
[25] OLG Celle NdsRpfl. **1990** 254; *Kleinknecht/Meyer-Goßner*[43] 3.
[26] BVerfGE **37** 150; *Kissel* 18; *Kleinknecht/Meyer-Goßner*[43] 3.
[27] LR-*K. Schäfer*[22] § 28, 2.
[28] OLG Hamm GA **1975** 151; *Altenhain* DRiZ **1966** 365 mit Nachw.; offengelassen von OLG Hamburg GA **1977** 156.

mehr aufrechterhalten[29]. § 114 Abs. 2 Satz 2 StVollzG ist nicht eine Spezialregelung, die nur beim Vollzug von Freiheitsstrafen und freiheitsentziehenden Maßregeln in Justizvollzugsanstalten in Betracht kommt, sondern stellt sich als eine Regelung von allgemeiner Bedeutung dar, die der Forderung des Art. 19 Abs. 4 GG nach umfassendem Rechtsschutz entspricht[30] und daher unbedenklich als eine nachträgliche authentische Interpretation der Tragweite des § 29 angesehen werden kann. Auch hier gilt, daß der Antrag auf einstweilige Anordnung beim Oberlandesgericht schon vor der Entscheidung im Vorschaltverfahren gestellt werden kann. Ein Antrag auf eine einstweilige Anordnung ist aber — auch das entspricht einem allgemein geltenden Grundsatz — unzulässig, wenn eine Anordnung begehrt wird, die dem Antragsteller endgültig gewährt, was ihm allenfalls erst nach Durchführung des Verfahrens in der Hauptsache zugesprochen werden könnte[31].

d) Weitere Bedeutung der Verweisung. Ein allgemeiner Grundsatz, daß im Verfah- **9**
ren vor dem Strafsenat die Vorschriften der Strafprozeßordnung und des Gerichtsverfassungsgesetzes lückenausfüllend Anwendung finden, ist nicht ausdrücklich ausgesprochen, ergibt sich aber durch die Verweisung auf die Vorschriften der Strafprozeßordnung über das Beschwerdeverfahren[32]. Diese Verweisung muß so verstanden werden, daß sie sich nicht nur auf die besonderen Vorschriften über das Beschwerdeverfahren bezieht, sondern auch auf die allgemeinen Verfahrensgrundsätze, soweit sie für das Beschwerdeverfahren Bedeutung haben[33]. Anwendbar sind z. B. die Vorschriften der §§ 22 ff StPO über die Ausschließung und Ablehnung von Richtern[34]. Der Antragsteller ist hinsichtlich des Ablehnungsrechts (§ 24 Abs. 3 StPO) einem Beschuldigten im Strafverfahren gleichzuachten[35]. Ein Richter, der beim Erlaß der angefochtenen Maßnahme beteiligt war, z. B. ein Richter am Amtsgericht als Vollstreckungsbehörde nach §§ 82 ff JGG, ist gemäß § 23 Abs. 1 StPO ausgeschlossen[36]. Anzuwenden sind § 33 a StPO (oben Rdn. 1)[37], ebenso § 137 StPO[38]. Ob § 147 StPO für die Frage der Akteneinsicht heranzuziehen ist, wird je nach Fallgestaltung entschieden werden müssen; unter Umständen kann — entsprechend § 100 VwGO — auch dem anwaltlich nicht vertretenen Antragsteller Akteneinsicht gewährt werden[39]. Anzuwenden sind § 299 StPO und § 302 StPO[40]; wie die Beschwerde kann der Antrag (bis zum Ergehen einer Entscheidung, oben Rdn. 1) zurückgenommen werden. Das entspricht einem Verzicht, so daß der Antrag auch innerhalb der Antragsfrist nicht erneuert werden kann[41].

e) Entscheidung durch Beschluß. Mündliche Verhandlung findet nicht statt[42]. Dies **10**
schließt nicht aus, daß das Gericht den Antragsteller und weitere Beteiligte mündlich anhört, wenn dies zur Aufklärung des Sachverhalts geboten ist[43]. Anders als bei der „voll-

---

[29] OLG Karlsruhe NStZ **1994** 143 mit Nachw.; *Kissel* § 28, 22; *Katholnigg* § 23, 12; *Kleinknecht/Meyer-Goßner*[43] 3; MünchKomm-*Wolf* § 23, 21; *Wieczorek/Schütze/Schreiber* § 23, 15; *Baumbach/Lauterbach/Albers* 3; **a. A** OLG Celle JR **1984** 297.

[30] Vgl. BVerfGE **46** 166.

[31] OLG Hamburg GA **1977** 155; OLG Hamburg NJW **1979** 279 = JR **1979** 349 mit Anm. *Holch*; OLG Karlsruhe NStZ **1994** 143; *Kissel* § 28, 22; MünchKomm-*Wolf* § 23, 21; *Kleinknecht/Meyer-Goßner*[43] 3.

[32] *Müller* MDR **1964** 361.

[33] OLG Bremen JVBl. **1963** 12; *Kissel* 21; *Katholnigg* 3; *Kleinknecht/Meyer-Goßner*[43] 4.

[34] KG NJW **1961** 2363; *Kissel* 21; *Katholnigg* 5; *Kleinknecht/Meyer-Goßner*[43] 4.

[35] KG NJW **1961** 2363.

[36] BGH FamRZ **1963** 356; *Müller* NJW **1961** 102; *Katholnigg* 5.

[37] OLG Koblenz NJW **1987** 855; *Kissel* 6; *Katholnigg* 3; *Kleinknecht/Meyer-Goßner*[43] 4.

[38] *Greiffenhagen* GA **1964** 238; *Katholnigg* § 26, 3.

[39] Ähnlich *Altenhain* JVBl. **1960** 196; **a. A** *Katholnigg* 7: stets § 100 VwGO.

[40] *Kleinknecht/Meyer-Goßner*[43] 4.

[41] OLG Frankfurt vom 14. 8. 1964 – 3 VAs. 11/64 – und vom 14. 10. 1965 – 3 VAs. 66/65 –; *Kleinknecht/Meyer-Goßner*[43] 4.

[42] OLG Hamburg vom 8. 7. 1963 – VAs. 67/62 –; KG NJW **1968** 608; *Kissel* 20; *Kleinknecht/Meyer-Goßner*[43] 3; **a. A** *Katholnigg* 8.

[43] *Kissel* 20; vgl. auch die Erl. zu § 309 StPO.

zugsnahen Strafvollstreckungskammer“[44] wird eine persönliche Anhörung vor dem Strafsenat aber nur ausnahmsweise in Betracht kommen und, wo eine richterliche Anhörung geboten erscheint, sie von dem beauftragten oder ersuchten Richter durchzuführen sein. Für die Art einer erforderlichen Beweiserhebung ist § 308 Abs. 2 StPO maßgebend; nimmt das Gericht die Ermittlungen nicht selbst vor, so kann es sich zu deren Vornahme eines ersuchten Richters, der Staatsanwaltschaft oder Polizei, bei Anfechtung von Vollzugsmaßnahmen (§ 23 Abs. 1 Satz 2) auch des Anstaltsvorstandes bedienen[45]. Darin liegt keine unzulässige Übertragung der Beweiserhebung auf den Antragsgegner[46]; der Senat hat im Rahmen seiner Amtsaufklärungspflicht zu entscheiden, ob ihm die Feststellungen des Anstaltsvorstandes ausreichen. Die Entscheidung ergeht durch Beschluß. Eine Zurückweisung kommt der Natur der Sache nach nicht in Betracht. Wegen der Verfahrenskosten vgl. § 30; die Verweisung auf das Beschwerdeverfahren bedeutet nicht etwa zugleich eine Verweisung auf § 473 StPO; dieser wird durch § 30 verdrängt[47].

11 **f) Bekanntgabe, Vollstreckung.** Da die Entscheidung des Strafsenats unanfechtbar ist, genügt gemäß § 35 Abs. 2 Satz 2 StPO formlose Mitteilung[48]. § 36 Abs. 2 Satz 1 StPO gilt nicht; das Gericht hat selbst für die Ausführung seiner Entscheidung zu sorgen[49]. Eine Vollstreckung der stattgebenden Entscheidung gegenüber der Justiz- oder Vollzugsbehörde entsprechend § 33 FGG, §§ 170 bis 172 VwGO sieht das Gesetz nicht vor; eine entsprechende Anwendung dieser Bestimmungen findet nicht statt[50].

12 **4.** Die **Bewilligung von Prozeßkostenhilfe** richtet sich gemäß Abs. 3, der § 120 Abs. 2 StVollzG entspricht, nach §§ 114 ff ZPO. Vor einer Bewilligung muß die am Verfahren beteiligte Justiz- oder Vollzugsbehörde gehört werden, wenn dies nicht, was kaum vorstellbar ist, im Einzelfall aus besonderen Gründen unzweckmäßig erscheint, § 118 Abs. 1 Satz 1 ZPO. Für den Antrag gilt § 117 ZPO; erforderlich ist eine zusammenhängende, aus sich heraus verständliche Sachdarstellung[51], die eine Beurteilung der Erfolgsaussichten erlaubt. Dabei dürfen die Anforderungen allerdings nicht überspannt werden, da kein Anwaltszwang besteht[52]. Vielfach wird Ziel des Antrags auf Prozeßkostenhilfe die Beiordnung eines Rechtsanwalts sein. Diese richtet sich nach § 121 Abs. 2 Satz 1 ZPO; § 140 Abs. 2 StPO ist nicht entsprechend anwendbar[53]. Zu der Frage, ob Bezüge, die ein Gefangener nach dem Strafvollzugsgesetz erhält (vgl. § 176 StVollzG), bei der Feststellung der wirtschaftlichen Verhältnisse des Antragstellers gemäß § 114 ZPO zu berücksichtigen sind, wird auf die Kommentierung des § 120 Abs. 2 StVollzG in den Erläuterungsbüchern zum Strafvollzugsgesetz verwiesen. Die Ablehnung des Antrags auf Prozeßkostenhilfe ist gebührenfrei; für eine Kostenentscheidung ist kein Raum[54].

---

[44] Dazu *Calliess/Müller-Dietz* § 115, 4.

[45] KG NJW **1968** 608.

[46] Dazu *Katholnigg* 8; ähnlich *Wagner* GA **1975** 326.

[47] *Kissel* 17; *Kleinknecht/Meyer-Goßner*[43] § 30, 1; **a. A** OLG Hamburg NJW **1968** 854; NJW **1972** 1586.

[48] *Kissel* 3; *Kleinknecht/Meyer-Goßner*[43] § 28, 9; MünchKomm-*Wolf* 2; *Zöller/Gummer* 1; *Wieczorek/Schütze/Schreiber* 3.

[49] *Kleinknecht/Meyer-Goßner*[43] § 28, 9.

[50] OLG Celle NdsRpfl. **1990** 254; *Kleinknecht/Meyer-Goßner*[43] 6; ebenso für Entscheidungen nach § 115 StVollzG OLG Frankfurt NStZ **1983** 335; **a. A** *Katholnigg* 9.

[51] *Katholnigg* 10; *Kleinknecht/Meyer-Goßner*[43] 5.

[52] Vgl. zum Antrag auf Prozeßkostenhilfe nach § 172 Abs. 3 Satz 2 StPO die Erl. zu § 172 StPO (24. Aufl. Rdn. 164).

[53] *Kleinknecht/Meyer-Goßner*[43] 6; *Wetterich/Hamann* 45.

[54] OLG Schleswig vom 29. 11. **1963** – 2 VAs. 11/63 –; *Kissel* 22.

§ 30

(1) [1]Für die Kosten des Verfahrens vor dem Oberlandesgericht gelten die Vorschriften der Kostenordnung entsprechend. [2]Abweichend von § 130 der Kostenordnung wird jedoch ohne Begrenzung durch einen Höchstbetrag bei Zurückweisung das Doppelte der vollen Gebühr, bei Zurücknahme des Antrags eine volle Gebühr erhoben.

(2) [1]Das Oberlandesgericht kann nach billigem Ermessen bestimmen, daß die außergerichtlichen Kosten des Antragstellers, die zur zweckentsprechenden Rechtsverfolgung notwendig waren, ganz oder teilweise aus der Staatskasse zu erstatten sind. [2]Die Vorschriften des § 91 Abs. 1 Satz 2 und der §§ 102 bis 107 der Zivilprozeßordnung gelten entsprechend. [3]Die Entscheidung des Oberlandesgerichts kann nicht angefochten werden.

(3) [1]Der Geschäftswert bestimmt sich nach § 30 der Kostenordnung. [2]Er wird von dem Oberlandesgericht durch unanfechtbaren Beschluß festgesetzt.

Entstehungsgeschichte. S. Vor § 23, 5 ff. Die Bezugnahme auf § 102 ZPO in Absatz 2 Satz 2 ist durch Aufhebung des § 102 ZPO durch Gesetz vom 27. 11. 1964 (BGBl. I S. 933) gegenstandslos geworden.

Übersicht

1. Gerichtskosten

a) Geltung der KostO. Anders als bei der Anfechtung von Strafvollzugsmaßnahmen 1
(vgl. § 121 StVollzG, §§ 1 Abs. 1 Buchst. a, 48 a GKG) gelten für die Gebühren und Auslagen des Verfahrens vor dem Strafsenat nach Absatz 1 nicht die Vorschriften der §§ 464 ff StPO in Verbindung mit den Vorschriften des Gerichtskostengesetzes, sondern sinngemäß die **Vorschriften der Kostenordnung**. Die Aufnahme des Antrags ist gebührenfrei, § 129 KostO. Gebühren werden nach § 130 KostO nur bei (vollständiger oder teilweiser) Zurücknahme und Zurückweisung (als unbegründet oder unzulässig) des Antrags erhoben. Gebührenfrei ist die dem Antrag stattgebende Entscheidung, auch die Feststellung der Rechtswidrigkeit nach § 28 Abs. 1 Satz 4. Auch die Erklärung der Hauptsache für erledigt im Falle des § 27 Abs. 2 Satz 2 ist gebührenfrei. Das gleiche gilt, wenn sich eine Maßnahme „anders" als durch Zurücknahme des Antrags erledigt hat und ein besonderer Antrag nach § 28 Abs. 1 Satz 4 nicht gestellt ist. Wird einem Verpflichtungsantrag nach Maßgabe des § 28 Abs. 2 Satz 2 stattgegeben, so erreicht der Antragsteller zwar weniger, als er mit dem Antrag aus § 23 Abs. 2 erstrebte; darin liegt aber keine Teilzurückweisung i. S. des § 130 Abs. 4 KostO, da der Antragsteller gezwungen war, den uneingeschränkten Antrag nach § 23 Abs. 2 zu stellen, um auch nur eine Entscheidung in der beschränkten Form herbeizuführen[1].

---

[1] OLG Hamburg vom 8. 1. 1962 – VAs 48/61 –; MünchKomm-*Wolf* 2.

2 **b)** Eines besonderen **Kostenausspruchs** im Beschluß des Oberlandesgerichts bedarf es — anders als nach § 464 StPO — nicht[2]. Die Kostentragungspflicht ergibt sich vielmehr unmittelbar aus den in Betracht kommenden Vorschriften der Kostenordnung. Jedoch ist ein entsprechender (deklaratorischer) Ausspruch im Beschluß weitgehend üblich und empfehlenswert[3]. Streitigkeiten über den Umfang der Kostentragungspflicht werden im Kostenansatzverfahren (§ 14 KostO) ausgetragen.

3 **c)** Ob die Einforderung eines **Kostenvorschusses** (§ 8 KostO) in Betracht kommt, ist streitig[4]. Dagegen wird ausgeführt, daß die stattgebende Entscheidung, die das Ziel des Antrags ist, keine Gebühren auslöst. Dafür spricht, daß die Verweisung auf die Vorschriften der KostO in Abs. 1 auch § 8 KostO einschließt und daß der mit der Vorschußpflicht des § 8 KostO verfolgte Zweck auch bei Anträgen nach §§ 23 ff seine Berechtigung hat; die letzteren Gesichtspunkte überwiegen.

2. Außergerichtliche Kosten

4 **a) Entscheidung über die Erstattung.** Absatz 2 betrifft die außergerichtlichen Kosten (z. B. die durch die Beauftragung eines Rechtsanwalts entstandenen Kosten; vgl. § 66 a BRAGebO), die einem Antragsteller erwachsen sind, der mit seinem Antrag ganz oder teilweise Erfolg gehabt hat. Sie werden dem Antragsteller ganz oder teilweise aus der Staatskasse **erstattet**, wenn und soweit das Oberlandesgericht dies in dem Beschluß über den Antrag oder in einem nachträglichen Beschluß ausdrücklich anordnet. Die Entscheidung trifft das Oberlandesgericht von Amts wegen. Es entscheidet nach billigem Ermessen[5]. Die Belastung der Staatskasse bildet dabei nicht die Regel, sondern die Ausnahme, die einer besonderen Rechtfertigung durch die Lage des Einzelfalles bedarf[6]. Zum Erfolg in der Sache müssen deshalb weitere Umstände kommen, z. B. offensichtliche oder grobe Fehlerhaftigkeit des angegriffenen Verwaltungshandelns[7]. Erstattungsfähig sind nur die außergerichtlichen Kosten des Antragstellers. Damit ist der Kreis der Personen, deren außergerichtliche Aufwendungen erstattet werden können, abschließend geregelt; das Oberlandesgericht kann nicht Erstattung der Auslagen eines Dritten anordnen, der sich aus eigenem Antrieb oder im Rahmen des rechtlichen Gehörs am Verfahren beteiligt hat[8]. Mangels einer § 162 Abs. 2 VwGO entsprechenden Regelung können auch nur die außergerichtlichen Kosten für das Verfahren vor dem Strafsenat, nicht die für ein eventuelles Vorverfahren (§ 24 Abs. 2) berücksichtigt werden[9].

5 **b)** Ordnet das Gericht die Erstattung an, so erfolgt die **Festsetzung** nach dem für anwendbar erklärten § 104 ZPO in Verbindung mit § 21 RpflG durch den Rechtspfleger beim Oberlandesgericht. Er entscheidet darüber, welche Auslagen zur zweckentsprechen-

---

[2] OLG München NJW **1975** 511; MünchKomm-*Wolf* 2; *Wieczorek/Schütze/Schreiber* 3; *Zöller/Gummer* 1.

[3] *Kissel* 3; *Katholnigg* 1; *Kleinknecht/Meyer-Goßner*[43] 1.

[4] Bejahend OLG Hamburg Rpfleger **1966** 27; *Kissel* 4; MünchKomm-*Wolf* 3; *Wieczorek/Schütze/Schreiber* 3; *Baumbach/Lauterbach/Albers* 1; *Hartmann* Anhang nach § 161 KostO 2; verneinend OLG Hamm JVBl. **1964** 36; *Katholnigg* 1; *Kleinknecht/Meyer-Goßner*[43] 2; *Jansen* 1; *Zöller/Gummer* 1.

[5] Dagegen – trotz BVerfG NJW **1987** 2569 – verfassungsrechtliche Bedenken bei MünchKomm-*Wolf* 5.

[6] *Kissel* 5; *Kleinknecht/Meyer-Goßner*[43] 3.

[7] OLG Hamm JVBl. **1970** 238; *Kissel* 5; MünchKomm-*Wolf* 6; *Zöller/Gummer* 3; *Wieczorek/Schütze/Schreiber* 6.

[8] OLG Hamm Rpfleger **1974** 228; *Drischler* MDR **1975** 551; *Kissel* 5; MünchKomm-*Wolf* 7; *Wieczorek/Schütze/Schreiber* 4; *Katholnigg* 2; *Kleinknecht/Meyer-Goßner*[43] 3; *Baumbach/Lauterbach/Albers* 2; *Jansen* 4.

[9] OLG Hamm NStZ **1984** 332; *Kissel* 5; MünchKomm-*Wolf* 7; *Katholnigg* 2; *Kleinknecht/Meyer-Goßner*[43] 3.

den Rechtsverfolgung notwendig waren, soweit nicht bereits das Oberlandesgericht („teilweise") die Erstattung auf bestimmte Auslagen beschränkt oder die Erstattung bestimmter Auslagen angeordnet hat. Da nur § 91 Abs. 1 Satz 2 ZPO, nicht § 91 Abs. 2 ZPO für entsprechend anwendbar erklärt ist, ist über die Notwendigkeit der Inanspruchnahme eines Rechtsanwalts nach Lage des Einzelfalles zu entscheiden[10]. Dabei ist nicht kleinlich zu verfahren[11]. Über Erinnerungen gegen den Festsetzungsbeschluß des Urkundsbeamten entscheidet abschließend das Oberlandesgericht (§ 104 ZPO). Stirbt der Antragsteller vor Abschluß des Verfahrens, so ist § 91 a ZPO (Entscheidung über die notwendigen Auslagen nach billigem Ermessen unter Berücksichtigung des bisherigen Sach- und Streitstandes) entsprechend anzuwenden[12].

3. Der für die Höhe der Gebühren nach Absatz 1 maßgebliche **Geschäftswert** **6**
bestimmt sich gemäß Abs. 3 nach § 30 KostO. Nach dieser Vorschrift wird der Geschäftswert nach freiem Ermessen bestimmt. Und zwar ist er in Ermangelung genügender tatsächlicher Anhaltspunkte für eine Schätzung regelmäßig mit 5.000,— DM anzunehmen, kann jedoch nach Lage des Falles niedriger (nicht unter 200,— DM) oder höher (nicht über 1 Million DM) angenommen werden. Nach der dem § 30 Abs. 3 KostO entsprechenden Vorschrift des § 12 Abs. 2 Satz 1 GKG sind bei der Ermessensausübung alle Umstände des Einzelfalles, insbesondere der Umfang des Verfahrens und die Bedeutung der Sache, sowie die Vermögens- und Einkommensverhältnisse der Parteien — hier: des Antragstellers — zu berücksichtigen[13]. Diese Vorschrift ist ergänzend zur Auslegung des § 30 Abs. 3 KostO heranzuziehen[14].

---

10 *Kissel* 6; *Wieczorek/Schütze/Schreiber* 5.

11 Noch weitergehend *Katholnigg* 2: Im allgemeinen als notwendig anzusehen.

12 OLG Hamm NJW **1971** 209; *Kissel* 5; MünchKomm-*Wolf* 7; *Katholnigg* 2; *Kleinknecht/Meyer-Goßner*[43] 3.

13 *Foth* JR **1962** 417.

14 *Kissel* 7.

VIERTER ABSCHNITT

Kontaktsperre

Vorbemerkungen

Schrifttum. *Amelung* Nochmals: § 34 StGB als öffentlich-rechtliche Eingriffsnorm? NJW **1978** 623; *Böckenförde* Der verdrängte Ausnahmezustand, NJW **1978** 1881; *Dokumente und Materialien* zur Kontaktsperre für Verteidiger, Kritische Justiz **1977** 395; *Ebert* Tendenzwende in der Straf- und Strafprozeßgesetzgebung, JR **1978** 136; *Jung* Das Kontaktsperre-Gesetz, JuS **1977** 846; *Krekeler* Strafverfahrensrecht und Terrorismus, AnwBl. **1979** 212; *Krekeler* Änderung des sogenannten Kontaktsperregesetzes, NJW **1986** 417; *Lange* Terrorismus kein Notstandsfall? NJW **1978** 984; *Rebmann* Terrorismus und Rechtsordnung, DRiZ **1979** 363; *Vogel* Strafverfahrensrecht und Terrorismus – Eine Bilanz, NJW **1978** 1217; *v. Winterfeld* Terrorismus – „Reform" ohne Ende? ZRP **1977** 265; *Zuck* Anwaltsberuf und Bundesverfassungsgericht, NJW **1979** 1121.

Entstehungsgeschichte. Die §§ 31 bis 34, §§ 35 bis 38 sind eingefügt durch Art. 1 des Gesetzes zur Änderung des Einführungsgesetzes zum Gerichtsverfassungsgesetz vom 30. 9. 1977[1] — des sog. Kontaktsperregesetzes —, das nach Art. 5 dieses Gesetzes am 2. 10. 1977 in Kraft trat. § 34 a ist eingefügt durch Gesetz vom 4. 12. 1985[2] und trat gem. Art. 4 dieses Gesetzes am 13. 12. 1985 in Kraft. Die ursprünglich für Berlin geltenden Besonderheiten sind entfallen. Das Kontaktsperregesetz gilt einheitlich im Bundesgebiet. Zu den Einzelheiten der Entstehungsgeschichte vgl. Rdn. 1 bis 9.

Übersicht

1. Anlaß des Kontaktsperregesetzes

1 **a) Maßnahmen im Verwaltungsweg.** Den unmittelbaren Anlaß zu dem Gesetz gab der die Öffentlichkeit weithin und tief erregende Fall der Entführung des Präsidenten der Vereinigung deutscher Arbeitgeberverbände und des Bundesverbandes der deutschen Industrie *Dr. Hanns-Martin Schleyer* durch Terroristen am 5. 9. 1977. Die Terroristen hatten die drei Polizeibeamten, die Dr. Schleyer begleiteten, und den Kraftfahrer erschossen und machten die Freigabe des Entführten von der Erfüllung bestimmter Forderungen, insbesondere der Freilassung als Untersuchungs- oder Strafgefangene einsitzender Terrori-

[1] BGBl. I S. 1877.
[2] BGBl. I S. 2141.

sten, abhängig und drohten bei Nichterfüllung ihrer Forderung mit Tötung auch des Entführten. Dies war ein neuer Höhepunkt in der Serie schwerer terroristischer Anschläge, die seit etwa 1972 die Öffentlichkeit beunruhigten und denen im Jahre 1977 schon Generalbundesanwalt *Siegfried Buback* und seine Begleiter sowie *Jürgen Ponto*, Vorstandssprecher der Dresdner Bank, zum Opfer gefallen waren. *Dr. Schleyer* wurde am 19. 10. 1977 ermordet aufgefunden. Davor, am 13. 10. 1977, hatten Terroristen die mit Urlaubern besetzte Lufthansa-Maschine „Landshut" auf dem Heimflug von Mallorca nach Mogadischu entführt und den Flugkapitän *Jürgen Schuhmann* erschossen; die Entführung konnte durch die GSG 9 am 18. 10. 1977 gewaltsam beendet werden[3].

Am 7. 9. 1977 ließ der Bundesjustizminister durch den Generalbundesanwalt die Lan- **2**
desjustizminister bitten, jeglichen Kontakt inhaftierter Terroristen mit der Außenwelt — also auch und gerade mit ihren Verteidigern und hier ohne Rücksicht auf §§ 119 Abs. 3, 148 Abs. 1 StPO — zu unterbinden; die Rechtsgrundlage hierfür biete der **Rechtsgedanke des rechtfertigenden Notstandes** (§ 34 StGB). Ausgangspunkt war dabei die aus vorangegangenen ähnlichen Gewaltakten bekannte Tatsache, daß die inhaftierten terroristischen Gewalttäter und die noch in Freiheit befindlichen Täter ein „Informationsfluß von hohem Entwicklungsstand" verbinde und die Kommunikation auch über Verteidiger stattfinde, wobei offenblieb, inwieweit sie unbewußt (durch chiffrierte Mitteilungen) oder unmittelbar als Vermittler eingeschaltet wurden. Die meisten Landesjustizverwaltungen trafen entsprechende Anordnungen, doch lehnte der Justizsenator von Berlin die Informationsabsperrung ab, weil es dafür an einer gesetzlichen Grundlage fehle und ihr gesetzliche Vorschriften entgegenstünden. Bei der Durchsetzung der Kontaktsperre in der Vollzugspraxis und bei den Reaktionen der gegen die Kontaktsperre angerufenen Gerichte gab es Unsicherheit und unterschiedliche Auffassungen[4].

Im Lande Hessen hatte der Justizminister durch einen an die hessischen Vollzugsan- **3**
stalten gerichteten Erlaß vom 9. 9. 1977 angeordnet, daß die Verteidiger mehrerer in hessischen Justizvollzugsanstalten einsitzender Gefangener, die nach seiner Auffassung zum Kreis terroristischer Gewalttäter gehörten, weder mündlich noch schriftlich mit ihren Mandanten verkehren dürfen. Einer der von der Anordnung betroffenen Untersuchungsgefangenen und seine Verteidiger beantragten **gerichtliche Nachprüfung** gemäß § 23. Das Oberlandesgericht Frankfurt hob mit Beschluß vom 16. 9. 1977[5] die Anordnung wegen Verletzung der Antragsteller in ihren Rechten aus § 148 Abs. 1 StPO auf. Zwar setze das Recht auf grundsätzlich ungehinderten Verkehr zwischen dem Beschuldigten und dem Verteidiger voraus, daß es nur den Zwecken der Verteidigung diene und nicht zu anderen Zwecken mißbraucht werde. Eine Einschränkung oder völlige Versagung des Verkehrsrechts wegen Mißbrauchs könne jedoch „überhaupt" nur dann in Betracht gezogen werden, wenn konkrete Tatsachen vorlägen, die einen Mißbrauchsverdacht begründen könnten. Daran fehle es im vorliegenden Fall. Ob die Untersagung des schriftlichen und mündlichen Verkehrs aus dem Rechtsgedanken des § 34 StGB gerechtfertigt werden könne, ließ das OLG Frankfurt dahingestellt, weil es an konkreten Anhaltspunkten für die Annahme fehle, daß durch die Aufrechterhaltung des Kontakts zwischen dem betroffenen Untersuchungsgefangenen und seinen Verteidigern die Gefahr für das Leben des entführten *Dr. Schleyer* noch erhöht werde; es seien keine Umstände vorgetragen worden, die darauf schließen ließen, daß gerade die antragstellenden Verteidiger bereit und

[3] Wegen der Einzelheiten vgl. die Dokumentation der Bundesregierung zu den Ereignissen und Entscheidungen im Zusammenhang mit der Entführung von Hanns-Martin Schleyer und der Lufthansa-Maschine „Landshut", 1977.

[4] Dokumente und Materialien zur Kontaktsperre für Verteidiger, Kritische Justiz **1977** 395.

[5] OLG Frankfurt NJW **1977** 2177.

in der Lage wären, mit den Entführern unmittelbaren oder mittelbaren Kontakt aufzunehmen.

4 Einen anderen Standpunkt nahm der **Bundesgerichtshof** in seinem Beschluß vom 23. 9. 1977[6] ein. Diese Entscheidung gab einer Beschwerde des Generalbundesanwalts gegen einen Beschluß des Ermittlungsrichters des Bundesgerichtshofs statt. Dieser hatte gemäß § 119 StPO gegen bestimmte als Terroristen inhaftierte Beschuldigte eine Reihe von Beschränkungen des Verkehrs mit Besuchern und anderen Gefangenen angeordnet, die Verteidigerbesuche aber von der Besucherbeschränkung ausgenommen; dagegen richtete sich die Beschwerde des Generalbundesanwalts. Bei voller Würdigung der Grundentscheidung des Gesetzgebers für die völlig freie Verteidigung, so der Bundesgerichtshof[7], müsse doch in einer außergewöhnlichen Lage, wie sie durch die Entführung *Schleyers* und die Forderung der Entführer gekennzeichnet sei, eine Verletzung des § 148 Abs. 1 StPO aufgrund einer Abwägung der in Betracht kommenden Rechtsgüter — des bedrohten menschlichen Lebens gegenüber der nur vorübergehenden Beeinträchtigung der freien Verteidigung — rechtmäßig sein. Es entspreche einem allgemeinen Rechtsgedanken, daß die Verletzung eines Rechts in Kauf genommen werden muß, wenn es nur so möglich erscheint, ein höheres Rechtsgut zu retten. Wenn nach § 34 StGB die äußere Erfüllung eines Straftatbestandes erlaubt sei, sofern sie der sonst nicht möglichen Abwendung der Gefahr für ein wesentlich überwiegendes Interesse diene, so müsse es um so eher möglich sein, zum Schutz eines solchen Interesses verfahrensrechtlich geschützte Interessen zu verletzen, die nicht einmal ein Strafgesetz berührten. In der gegebenen außerordentlichen Situation könne nur durch die Unterbindung jeder Kommunikationsmöglichkeit zwischen inhaftierten terroristischen Gewalttätern und den Entführern *Schleyers* der Gefahr vorgebeugt werden, daß die Häftlinge den Entführern durch Information Hilfe gewährten oder aus den Vollzugsanstalten heraus auf die Begehung flankierender Terroranschläge hinwirkten. Die Erwägung, daß die Anwaltschaft in ihrer weit überwiegenden Mehrheit kein Mißtrauen verdiene, rechtfertige kein anderes Ergebnis; bei der Dringlichkeit der Maßnahme, vorübergehend unmittelbare Kontakte zu den Häftlingen auszuschließen, müsse notwendigerweise generalisierend verfahren werden. Das liege übrigens auch im wohlverstandenen Interesse der betroffenen Verteidiger, da mit der Kontaktsperre dann kein persönliches Werturteil verbunden sei[8].

5 Im übrigen wies der Bundesgerichtshof auf **zwei notwendige Einschränkungen einer Kontaktsperre** hin: Werde das Verfahren gegen den Beschuldigten fortgeführt und komme es zu Situationen, in denen Rechtsrat durch einen Verteidiger unerläßlich sei, so müsse ihm auf seinen Antrag oder vom Amts wegen ein anderer, vom Gericht auszuwählender Verteidiger bestellt werden. Ferner sei die Sperre auf den Zeitraum zu beschränken, in dem sie unerläßlich sei; das in kurzen Abständen zu prüfen sei Sache sowohl der Bundesanwaltschaft wie auch des Ermittlungsrichters[9].

6 **b) Notwendigkeit gesetzgeberischer Lösung.** Aus der Überzeugung, daß das Problem der vorübergehenden Kontaktsperre in besonderen Gefahrenlagen für die Zukunft im Interesse der Rechtsklarheit und Rechtssicherheit einer umfassenden gesetzlichen Regelung bedürfe, die die Voraussetzungen, die Rechtsfolgen, das Verfahren und den gerichtlichen Rechtsschutz der Betroffenen bei einer Kontaktunterbrechung umfasse, entstand in einem ungewöhnlichen Eilverfahren das Gesetz zur Änderung des Einführungsgesetzes zum Gerichtsverfassungsgesetz. Es waren vor allem drei Gründe, die nach Auf-

---

6 BGHSt **27** 260.
7 BGHSt **27** 262.
8 BGHSt **27** 265.
9 BGHSt **27** 266.

fassung der Bundesregierung diese Eile rechtfertigten. Es dürfe die „Inanspruchnahme des Grundgedankens des rechtfertigenden Notstandes gemäß § 34 StGB und der entsprechenden Bestimmungen der §§ 228, 904 BGB" nicht länger andauern, als es zwingend geboten sei. Zweitens sei eine einheitliche Handhabung in der Bundesrepublik nur auf gesetzlichem Wege zu gewährleisten. Schließlich müsse der Zustand, daß in Einzelfällen richterliche Entscheidungen und das Handeln der Exekutive nicht miteinander im Einklang stehen, so rasch wie möglich beendet werden[10].

2. Werdegang des Gesetzes. Die Fraktionen der im Bundestag vertretenen Parteien **7** (CDU/CSU, SPD, FDP) brachten am 28. 9. 1977 gemeinsam einen von der Bundesregierung als Formulierungshilfe ausgearbeiteten Gesetzentwurf mit Begründung ein[11]. Er wurde noch am gleichen Tag in der 43. Sitzung des Bundestags in erster Lesung behandelt und dem Rechtsausschuß zur Beratung überwiesen[12]. Der Rechtsausschuß beriet den Gesetzentwurf in seiner 21. Sitzung vom 28. 9. 1977. Er nahm dabei, auch unter Berücksichtigung von Vorschlägen des gleichzeitig tagenden Rechtsausschusses des Bundesrats, eine Reihe von Änderungen des Entwurfs vor. Das Ergebnis waren die Beschlußempfehlung des Rechtsausschusses vom 29. 9. 1977[13] und der die Begründung für die Abweichungen vom ursprünglichen Entwurf enthaltende Bericht des Rechtsausschusses[14].

Die **Grundgedanken** im allgemeinen, von denen der Rechtsausschuß bei seinen Bera- **8** tungen und den Änderungen des ursprünglichen Entwurfs ausging, sind der Beschlußempfehlung als eine Art Präambel vorangestellt und im übrigen dem Bericht des Rechtsausschusses zu entnehmen. Ausgangspunkt ist, daß „zwischen Gefangenen und in Freiheit befindlichen Mitgliedern terroristischer Vereinigungen ein Kommunikationsnetz besteht, das die Planung und Durchführung von Anschlägen erleichtert und die Gefahren, die von solchen Vereinigungen ausgehen, erheblich erhöht"[15]. Die Rechtfertigung einer vorübergehenden Kontaktsperre als Mittel, diesen Gefahren zu begegnen, gründet sich auf die Überlegung, daß „zur Abwendung von Gefahren für höchste Rechtsgüter in besonderen Gefahrenlagen Maßnahmen zur Unterbrechung der Kommunikation zwischen inhaftierten und noch in Freiheit befindlichen Terroristen notwendig sein können. Solche Maßnahmen sind aus dem Rechtsgedanken der Güterabwägung gerechtfertigt. Sie bedürfen aus Gründen der Rechtsstaatlichkeit klar abgegrenzter und fest umrissener Tatbestände als Grundlagen", wobei es der Ausschuß als seine besondere Aufgabe ansah, „eine Mittel-Zweck-Relation zwischen den Maßnahmen zur Unterbrechung der Verbindung und der Abwehr der gegenwärtigen Gefahr herzustellen"[16]. Unter diesen Gesichtspunkten legt § 31 des Entwurfs die Voraussetzungen (mit dem Kernstück einer förmlichen Feststellung der Voraussetzungen) fest, unter denen die Unterbindung des Verkehrs von Gefangenen untereinander und mit der Außenwelt zulässig ist. § 32 regelt die Zuständigkeit für den Ausspruch der in § 31 bezeichneten Feststellung. § 34, der die Folgemaßnahmen aufzählt, bezweckt, nachteilige Folgen einer Unterbrechung des Verkehrs für die Betroffenen soweit wie möglich, d. h. soweit es mit dem Zweck der Maßnahme noch zu vereinbaren ist, zu vermeiden. § 35 sieht für die Feststellung nach § 31 die gerichtliche Kontrolle in Form der Bestätigung vor. § 36 zieht der Wirkungsdauer der Feststellung zeitliche Grenzen. § 37

---

10 Vgl. die Ausführungen des Bundesministers der Justiz in der 449. Sitzung des Bundesrats vom 30. 9. 1977, Prot. S. 227.

11 BTDrucks. **8** 935.

12 Plenarprot. **8** 43 S. 3272.

13 BTDrucks. **8** 943 und **8** 944.

14 BTDrucks. **8** 945.

15 BTDrucks. **8** 943.

16 BTDrucks. **8** 945 S. 1.

soll den gerichtlichen Rechtsschutz des einzelnen Betroffenen gegen die die Feststellung konkretisierenden Einzelmaßnahmen der nach § 33 zuständigen Stellen gewährleisten.

9 Der vom Rechtsausschuß empfohlene Entwurf wurde in **zweiter und dritter Lesung** in der 44. Sitzung des Bundestags vom 29. 9. 1977 unverändert mit großer Mehrheit angenommen; es gab nur vereinzelte Gegenstimmen und wenige Enthaltungen[17]. Ein zu § 34 eingebrachter Änderungsantrag der Fraktion der FDP, wonach einem Gefangenen, der der Kontaktsperre unterliegt, auf seinen Antrag ein Verteidiger zu bestellen sei und mit diesem Verteidiger der schriftliche und mündliche Kontakt möglich sein solle[18], wurde von der Mehrheit als mit dem Grundanliegen der Kontaktsperre unverträglich abgelehnt[19]. Der Bundesrat stimmte in seiner 449. Sitzung vom 30. 9. 1977 dem Gesetz einstimmig zu[20]. Am 1. 10. 1977 wurde das Gesetz verkündet und trat gemäß Art. 5 am Tage nach der Verkündung, also am 2. 10. 1977, in Kraft. Noch am gleichen Tage traf der Bundesminister der Justiz (§ 32 Satz 2) die erste (und bisher einzige) Feststellung gemäß § 31 Satz 1. Sie wurde durch Beschluß des Bundesgerichtshofs vom 13. 10. 1977[21] gemäß § 35 bestätigt, freilich nicht bezüglich aller in der Feststellung bezeichneter Gefangener und mit Einschränkungen, auf die bei den Erläuterungen zu §§ 31, 35, 37 eingegangen wird. Nach der Ermordung *Dr. Schleyers* nahm der Bundesminister der Justiz die Feststellung am 20. 10. 1977 zurück.

10 **3. Verfassungsmäßigkeit der Kontaktsperre.** Die Entscheidung des Bundesverfassungsgerichts vom 4. 10. 1977[22] befaßte sich noch nicht mit der Verfassungsmäßigkeit des Gesetzes vom 30. 9. 1977, sondern mit Anträgen auf Erlaß einstweiliger Anordnungen, gestellt von Untersuchungsgefangenen, die aufgrund von Haftbefehlen wegen Verdachts von Straftaten nach § 129 a StGB einsaßen, und ihren Wahlverteidigern. Die Anträge auf Erlaß einstweiliger Anordnungen richteten sich gegen die Unterbrechung der Verbindung mit dem Verteidiger, die verschiedene Anstaltsleiter auf Ersuchen einer Landesjustizverwaltung angeordnet hatten (oben Rdn. 2, 3), wie auch gegen entsprechende Sperren, die der Bundesgerichtshof angeordnet hatte (oben Rdn. 4). Das Bundesverfassungsgericht wies die Anträge zurück. Bei der gebotenen Abwägung zwischen den Folgen, die eintreten würden, wenn eine einstweilige Anordnung nicht erginge, der Antrag in der Hauptsache aber Erfolg hätte, und den Nachteilen, die entstünden, wenn die begehrte einstweilige Anordnung erlassen würde, der Antrag in der Hauptsache aber erfolglos bliebe, überwögen die gegen eine einstweilige Anordnung sprechenden Gründe eindeutig. Der überwiegende Nachteil einer Außervollzugsetzung der einstweiligen Besuchsverbote wird in der ernsthaften Gefahr gesehen, daß — über Verteidiger — den Entführern und anderen terroristischen Gewalttätern aus den Vollzugsanstalten heraus unterstützende Hinweise oder Weisungen zugespielt würden, welche das Leben der Geiseln zusätzlich gefährden, die Bemühungen der Behörden um eine Lösung des Entführungsfalles vereiteln oder erheblich erschweren und eine Bedrohung von Leib und Leben weiterer Personen bewirken könnten[23]. Zwar sei nicht zu verkennen, daß die Unterbindung von Kontakten zwischen Verteidigern und inhaftierten Mandanten unterschiedslos alle Verteidiger treffe, jedoch müsse diese unvermeidliche Generalisierung **im Interesse des Schutzes höherrangiger Rechtsgüter** vorübergehend hingenommen werden. Damit wurde, wenn auch diese Vorschrift nicht ausdrücklich genannt wird, auf den Rechtsgedanken des § 34 StGB verwiesen, auf den der Beschluß des Bundesgerichtshofs vom 23. 9. 1977[24] auf-

---

17 Plenarprot. **8** 44 S. 3366 ff.
18 BTDrucks. **8** 962.
19 Plenarprot. **8** 44 S. 3373; vgl. jetzt § 34 a
20 Prot. der 449. Sitzung S. 226.
21 BGHSt **27** 276.
22 BVerfGE **46** 1.
23 BVerfGE **46** 12, 13.
24 BGHSt **27** 260.

baute[25]. Auch während des Gesetzgebungsverfahrens bestand die Vorstellung, daß es sich bei dem Gesetz vom 30. 9. 1977 um eine Konkretisierung des Grundgedankens des § 34 StGB handle (oben Rdn. 6, 8). Der damalige Bundesjustizminister *Dr. Vogel* sprach später vom Kontaktsperregesetz „als rechtsstaatlicher Präzisierung vorhandener und nicht Schaffung neuer Rechtsgrundlagen“[26]. Im Schrifttum war und ist strittig, ob § 34 StGB als „öffentlich-rechtliche Eingriffsnorm“ gehandhabt werden dürfe[27]. Darauf ist hier nicht näher einzugehen. Für das Kontaktsperregesetz ist die Streitfrage ohne wesentliche Bedeutung, da — vom Standpunkt der die Anwendbarkeit des § 34 StGB verneinenden Auffassung — mit diesem Gesetz eine selbständige öffentlich-rechtliche Eingriffsnorm geschaffen und für die damals laufende Sperre durch eine Überleitungsvorschrift in Art. 3 des Kontaktsperregesetzes vom 30. 9. 1977[28] „nachgeschoben“ wurde.

Mit dem einstimmig ergangenen Beschluß vom 1. 8. 1978[29] hat das Bundesverfassungsgericht Verfassungsbeschwerden einiger betroffener Gefangener zurückgewiesen und das Kontaktsperregesetz für **verfassungsmäßig** erklärt. Zwar könne eine aufgrund dieses Gesetzes durchgeführte Kontaktsperre je nach den Umständen des konkreten Falles einschneidend in Grundrechte der betroffenen Gefangenen eingreifen[30]. Dem stehe aber gegenüber, daß das Gesetz auf den Schutz des menschlichen Lebens als verfassungsrechtlichen Höchstwert abziele sowie auf den Schutz der Grundrechte auf körperliche Unversehrtheit und persönliche Freiheit, denen im Gefüge der Grundrechte ebenfalls ein besonders hoher Rang eingeräumt sei[31]. Die erforderliche Abwägung habe der Gesetzgeber im Kontaktsperregesetz unter Beachtung des Grundsatzes der Verhältnismäßigkeit in nicht zu beanstandender Weise vorgenommen. Es wäre eine „Sinnverkehrung“ des Grundgesetzes, „wolle man dem Staat verbieten, terroristischen Bestrebungen mit den erforderlichen rechtsstaatlichen Mitteln entgegenzutreten“[32]. Auf Einzelheiten wird bei der Kommentierung der §§ 31, 35, 37 eingegangen. Die Frage zu prüfen, ob die staatlichen Organe schon vor Inkrafttreten des Kontaktsperregesetzes zu entsprechenden Anordnungen befugt waren, boten die Verfassungsbeschwerden im Bundesverfassungsgericht, wie es klargestellt hat[33], keinen Anlaß. **11**

4. Europäische Menschenrechtskonvention. Die europäische Kommission für Menschenrechte hat in ihrer Entscheidung vom 8. 7. 1978 zu den Individualbeschwerden einiger von der Kontaktsperre betroffener Gefangener, die auch die Kontaktsperre der Beschwerdeführer erwähnt haben, keinen Anlaß gesehen, die Verletzung der MRK in Betracht zu ziehen. Die Beschwerden wurden insgesamt als offensichtlich unbegründet und deshalb unzulässig zurückgewiesen, wie die Bundesregierung auf eine kleine Anfrage dem Deutschen Bundestag berichtet hat[34]. **12**

5. Abschließende Regelung. Eine abschließende Regelung enthalten §§ 31 ff insofern, als in der durch § 31 umschriebenen Gefahrenlage ein unmittelbarer Rückgriff auf allgemeine Notstandsregelungen ausgeschlossen ist, vielmehr nur das Verfahren nach § 31 als gesetzgeberische Konkretisierung des Notstandsprinzips zur Verfügung steht[35]. Eine darüber hinausreichende Sperrwirkung für andere Gefahrenlagen kommt §§ 31 ff **13**

[25] Ebenso *Lange* NJW **1978** 784.
[26] *Vogel* NJW **1978** 1217.
[27] Kritisch etwa *Amelung* NJW **1978** 623; bejahend z. B. *Lange* NJW **1978** 784; zum heutigen Meinungsstand wird auf die strafrechtlichen Erläuterungsbücher zu § 34 StGB verwiesen, z. B. LK-*Hirsch* § 34, 6 ff, und *Tröndle*[48] § 34, 24.
[28] BGBl. I S. 1877; Abdruck bei LR-*Schäfer*[23] nach § 38.
[29] BVerfGE **49** 24 ff.
[30] BVerfGE **49** 54.
[31] BVerfGE **49** 53.
[32] BVerfGE **49** 56.
[33] BVerfGE **49** 69.
[34] BTDrucks. **8** 3565 S. 5.
[35] Ebenso *Kissel* 11; KK-*Kissel* 6; *Kleinknecht/Meyer-Goßner*[43] vor § 31; *Vogel* NJW **1978** 1223.

nicht zu. Es kann *Kissel*[36] deshalb nicht gefolgt werden, wenn er die §§ 31 ff dahin versteht, daß sie „auch in vergleichbaren Situationen" einen Rückgriff auf das allgemeine Notstandsprinzip ausschlössen. Nur die in § 31 Satz 1 umschriebene Gefahrenlage wollte der Gesetzgeber regeln, an andere zu denken hatte er keinen Anlaß. Sollten sie eintreten, wird man auf die vom Bundesgerichtshof[37] und vom Bundesverfassungsgericht[38] herangezogenen Verfassungsgrundsätze zurückzugreifen haben.

14 **6. Standortfrage.** Die Frage, ob die Vorschriften über die Kontaktsperre in §§ 31 ff systematisch „richtig" untergebracht seien, ist seinerzeit nach zwei verschiedenen Richtungen problematisiert worden. Einerseits wurde darauf hingewiesen, daß die Sperrmaßnahmen aus der Sicht der Betroffenen unmittelbar deren Stellung im Strafverfahren bzw. im Strafvollzug tangieren[39], was für eine Regelung in der Strafprozeßordnung und im Strafvollzugsgesetz spräche; mit dieser Alternative hat sich der Rechtsausschuß des Bundestags in seinem Bericht ausdrücklich auseinandergesetzt[40]. Andererseits ist vorgeschlagen worden, die Regelungen in einem — möglicherweise befristeten — Sondergesetz gegen Terrorismus oder innerhalb rechtlicher Regelungen für den Ausnahmezustand zu treffen[41]. Der Gesetzgeber hat eine „mittlere Lösung" gewählt, die einerseits das alltäglich anzuwendende Strafprozeß- und Strafvollzugsrecht freihält von Regelungen, die nach Hoffnung aller Beteiligter nicht mehr anzuwenden sein werden, andererseits ein Sonderrecht für bestimmte Gefahrenlagen vermeidet. Die Verbindungen zwischen dem Verfahren nach § 37 und dem Verfahren nach den §§ 23 ff sprechen für die gefundene Lösung[42].

15 **7. Bedeutung des Kontaktsperregesetzes.** Das Kontaktsperregesetz ist im Jahre 1977 im Hinblick auf die Entführung von *Dr. Schleyer* geschaffen und in dieser Gefahrenlage angewendet worden. Es hat das Leben von *Dr. Schleyer* nicht retten können. Eine entsprechende Gefahrenlage ist seitdem nicht mehr aufgetreten, so daß es bei einmaliger Anwendung des Gesetzes verblieb. Das hat der Frage Auftrieb gegeben, ob das Gesetz wieder aufgehoben werden soll[43]. Sieht man im Kontaktsperregesetz, wie hier, gesetzlich konkretisiertes und rechtsstaatlich präzisiertes allgemeines Notstandsrecht[44], macht dies freilich keinen Sinn. Nach Zustandekommen[45] und Inhalt erscheint das Kontaktsperregesetz vielmehr als wertvolles Beispiel dafür, daß der Rechtsstaat sich in äußerst angespannten Lagen behaupten kann[46].

§ 31

[1]Besteht eine gegenwärtige Gefahr für Leben, Leib oder Freiheit einer Person, begründen bestimmte Tatsachen den Verdacht, daß die Gefahr von einer terroristischen Vereinigung ausgeht, und ist es zur Abwehr dieser Gefahr geboten, jedwede Verbindung von Gefangenen untereinander und mit der Außenwelt einschließlich des schriftlichen und mündlichen Verkehrs mit dem Verteidiger zu unterbrechen, so kann eine entsprechende Feststellung getroffen werden. [2]Die Feststellung darf sich

---

36 *Kissel* 11; KK-*Kissel* 6.
37 BGHSt **27** 260.
38 BVerfGE **49** 24.
39 *Jung* JuS **1977** 846.
40 BTDrucks. **8** 945 S. 1.
41 *v. Winterfeld* ZRP **1977** 265; *Böckenförde* NJW **1978** 1882; ein befristetes Sondergesetz hatte die Bundesrechtsanwaltskammer in ihrer Stellungnahme vom 28. 9. 1977 gegenüber den Fraktionen des Deutschen Bundestags vorgeschlagen; kritisch: *Ebert* JR **1978** 142; *Vogel* NJW **1978** 1218.
42 *Kleinknecht/Meyer-Goßner*[43] 1.
43 *Zuck* NJW **1979** 1124; *Krekeler* AnwBl. **1979** 215 und NJW **1986** 418 mit weit. Nachw.; **a. A** *Rebmann* DRiZ **1979** 306.
44 Ebenso *Vogel* NJW **1978** 1217.
45 Kritisch dazu *Böckenförde* NJW **1978** 1882.
46 *Vogel* NJW **1978** 1216.

nur auf Gefangene beziehen, die wegen einer Straftat nach § 129 a des Strafgesetzbuches oder wegen einer der in dieser Vorschrift bezeichneten Straftaten rechtskräftig verurteilt sind oder gegen die ein Haftbefehl wegen des Verdachts einer solchen Straftat besteht; das gleiche gilt für solche Gefangene, die wegen einer anderen Straftat verurteilt oder die wegen des Verdachts einer anderen Straftat in Haft sind und gegen die der dringende Verdacht besteht, daß sie diese Tat im Zusammenhang mit einer Tat nach § 129 a des Strafgesetzbuches begangen haben. [3]Die Feststellung ist auf bestimmte Gefangene oder Gruppen von Gefangenen zu beschränken, wenn dies zur Abwehr der Gefahr ausreicht. [4]Die Feststellung ist nach pflichtgemäßem Ermessen zu treffen.

Entstehungsgeschichte. S. Vor § 31, 1 bis 9.

Übersicht

1. Bedeutung der Feststellung. Die in Abs. 1 Satz 1 vorgesehene, von der nach § 32 zuständigen Stelle getroffene Feststellung ist ein Hoheitsakt auf dem Gebiet der Strafrechtspflege, der selbst noch nicht unmittelbar in die Rechtsstellung der Betroffenen eingreift. Seine Bedeutung besteht darin, daß er für die zuständigen Landesbehörden das Recht und die Pflicht begründet, die zur Unterbrechung der Verbindung der Gefangenen untereinander und mit der Außenwelt erforderlichen Maßnahmen zu treffen[1]. **1**

2. Voraussetzungen der Feststellung

a) Es muß eine **gegenwärtige Gefahr für Leben, Leib oder Freiheit einer Person** bestehen. Diese Merkmale knüpfen an die entsprechenden Merkmale in §§ 34, 35 StGB an; insoweit kann auf die Erläuterung dieser Begriffe in den Kommentaren zum Strafgesetzbuch verwiesen werden[2]. Die gegenwärtige Gefahr muß nicht für eine bestimmte Person bestehen, etwa einen von Terroristen Entführten; noch weniger muß die Person identifiziert sein. Es genügt, wenn die Gefahr für irgendeine Person aus einer Gruppe besteht, zum Beispiel für Bedienstete von Justizvollzugsanstalten oder für Angehörige bestimmter Justiz- und Polizeidienststellen[3]. **2**

b) Bestimmte Tatsachen müssen den Verdacht begründen, **die Gefahr gehe von einer terroristischen Vereinigung aus**. Terroristische Vereinigungen sind solche im Sinne des § 129 a StGB. Wegen der Auslegung des Begriffs wird auf die Erläuterungen zu §§ 129, 129 a StGB in den strafrechtlichen Kommentaren[4] Bezug genommen. Es muß der Verdacht bestehen, daß die Gefahr von einer solchen Vereinigung ausgeht. Dieses Merkmal **3**

[1] BVerfGE **49** 49.

[2] Vgl. LK-*Hirsch*, § 34, 26 ff, § 35, 9 ff; *Tröndle*[48] § 34, 3 ff, § 35, 2 ff.

[3] *Katholnigg* 3.

[4] Z. B. *Tröndle*[48] § 129, 3; § 129 a, 3.

darf nicht zu eng verstanden werden. Herbeiführung der Gefahr, alleinige Verursachung der Gefahr, ist nicht erforderlich. Es genügt, wenn die Gefahr durch die terroristische Vereinigung mitverursacht, verstärkt oder aufrechterhalten wird. Das kann auch bei bloß verbaler Unterstützung von Gefährdungshandlungen Dritter durch eine terroristische Vereinigung der Fall sein[5]. Die Gefahr kann gleichzeitig von mehreren terroristischen Vereinigungen ausgehen, denn „die Zusammenarbeit terroristischer Vereinigungen untereinander ist seit langem offenkundig; das Zusammenwirken der Entführer Schleyers und der einer anderen Organisationen angehörenden Entführer eines Flugzeugs der Deutschen Lufthansa in diesen Tagen [Fall Mogadischu] erweist sie erneut"[6]. Der Verdacht muß durch bestimmte Tatsachen begründet sein. Damit knüpft das Gesetz an die entsprechende Ausdrucksweise in § 100 a StPO an, die ihrerseits in § 112 Abs. 2 StPO eine Entsprechung hat; vgl. deshalb die Erl. zu § 100 a und § 112, 23. Die Ausdrucksweise ist ungenau, stellt aber jedenfalls klar, daß Gerüchte und Vermutungen nicht ausreichen, sondern eine Tatsachengrundlage vorhanden sein muß, aus der sich nach Lebenserfahrung und Denkgesetzen, vor allem aber nach kriminalistischer Erfahrung der Verdacht mit einiger Wahrscheinlichkeit ergibt. Ein solchermaßen konkretisierter Verdacht ist erforderlich, reicht aber auch aus, sowohl bezüglich des Bestehens einer terroristischen Vereinigung wie des Ausgehens der Gefahr von ihr.

4 c) Es muß **zur Abwendung der Gefahr geboten** sein, jedwede Verbindung von Gefangenen untereinander und mit der Außenwelt zu unterbrechen. Zur Gefahrenabwendung geboten kann die Kontaktsperre nur sein, wenn sie dazu geeignet ist[7]. Es muß also davon auszugehen sein — die bloße Möglichkeit genügt nicht[8] —, daß die Kontakte bestimmter Gefangener untereinander oder zur Außenwelt von Bedeutung sind für den Fortbestand der Gefahr und daß die Unterbrechung dieser Kontakte die Gefahr beseitigen oder doch vermindern kann. Dies setzt nicht voraus, daß die Gefahrenlage von Gefangenen gesteuert wird. Auch wenn die Gefangenen sich passiv verhalten, kann die Kontaktsperre im Einzelfall ein geeignetes Mittel zur Gefahrenabwehr sein, etwa wenn die Gefahrenlage geschaffen wurde, um die Gefangenen freizupressen. Wenn das Bundesverfassungsgericht[9] eine „gefahrenerhöhende Einflußnahme" der Gefangenen auf die Geschehnisse außerhalb der Haftanstalt verlangt hat, so muß dies nicht im Sinne einer durch die Gefangenen entfalteten Aktivität verstanden werden. Nach Wortlaut und Sinn der Vorschrift und nach dem durch das Bundesverfassungsgericht anerkannten Schutzzweck des § 31 setzt die Kontaktsperre voraus, daß durch sie die Gefahrenlage positiv beeinflußt wird. Das kann auch der Fall sein, wenn der Kontakt mit den Gefangenen nur in der Vorstellung der in Freiheit befindlichen Terroristen für das weitere Geschehen wesentlich ist. Weiter muß die Kontaktsperre zur Abwehr der Gefahr erforderlich sein. Die Abwehr der Gefahr darf nicht durch weniger einschneidende Maßnahmen auch möglich sein[10]. Das heißt nicht, daß etwa in Betracht kommende weniger einschneidende Maßnahmen auf der Grundlage der StPO oder des StVollzG erfolglos erprobt werden müßten. Wenn sie keinen Erfolg versprechen, darf sofort zur Kontaktsperre geschritten werden. Insofern liegt der Fall ebenso wie bei den ausdrücklichen gesetzlichen Subsidiaritätsklauseln[11].

5 **3. Inhalt der Kontaktsperre.** Absatz 1 Satz 1 definiert die Kontaktsperre als die Unterbrechung jedweder Verbindung von Gefangenen untereinander und mit der Außen-

---

[5] *Kissel* 14; KK-*Kissel* 9; *Katholnigg* 4.
[6] KG vom 17. 10. 1977 – 2 As 16/77 –.
[7] *Kissel* 16; KK-*Kissel* 11; *Katholnigg* 5.
[8] **A. A** wohl *Kissel* 16; KK-*Kissel* 11.
[9] BVerfGE **49** 61.
[10] BVerfGE **49** 61; *Kissel* 17; KK-*Kissel* 12; *Katholnigg* 5.
[11] Dazu *Rieß* GedS Meyer 367.

welt einschließlich des schriftlichen und mündlichen Verkehrs mit den Verteidigern. Die Unterbrechung der Verbindung von Gefangenen untereinander bedeutet, daß sie zu trennen sind und zu verhindern ist, daß sie miteinander Verbindung haben können. Die Unterbrechung der Verbindung mit der Außenwelt, die jeden Informationsfluß von außen in die Anstalt und umgekehrt abschneiden soll, erfaßt insbesondere jeden Besuchs- und Schriftverkehr, den Empfang von Fernseh- und Rundfunksendungen, von Paketen, Zeitungen und Zeitschriften. Die Einzelheiten sind in den Anordnungen nach § 33 zu regeln. Nicht zur Außenwelt im Sinne des § 31 Satz 1 zählen die in der Vollzugsanstalt mit der Beaufsichtigung und Betreuung der betroffenen Gefangenen befaßten Bediensteten einschließlich der Anstaltsärzte, Anstaltspsychologen und Anstaltsgeistlichen. Das gilt grundsätzlich auch dann, wenn das entsprechende Personal nicht voll in die Anstalt integriert ist wie etwa ein Vertragsarzt[12]. Im Interesse des Schutzzweckes der Kontaktsperre wird jedoch im Rahmen der Anordnungen nach § 33 sorgfältig zu prüfen sein, welchen Bediensteten der Kontakt mit den betroffenen Gefangenen ermöglicht werden muß; der Kreis muß möglichst klein gehalten werden. Andererseits muß eine ausreichende Betreuung der Gefangenen, z. B. auch in medizinischer Hinsicht, gewährleistet sein. Nicht zur Außenwelt zählen nach dem Sinn des Gesetzes auch die Angehörigen der Sicherheitsbehörden, die präventiv oder repressiv mit der Bekämpfung der Gefahrenlage befaßt sind, derentwegen die Kontaktsperre angeordnet wurde. Ihnen ist deshalb ein Kontakt mit den betroffenen Gefangenen, z. B. eine Vernehmung, zu gestatten[13].

Noch weitergehend hält *Kissel*[14] **Ausnahmen** für möglich, wenn die Einhaltung der Kontaktsperre im Außenverhältnis gewährleistet ist. Das ist schwer zu begründen, gerade weil auch ein über jeden Verdacht erhabener Verteidiger der Kontaktsperre unterliegt. Ausgenommen von der Kontaktsperre ist in gewissem Umfang (§ 34 a Abs. 5) der als Kontaktperson beigeordnete Rechtsanwalt. Für das Verhältnis des Gefangenen zu Staatsanwaltschaft und Gericht in einem anhängigen Strafverfahren gilt § 34 Abs. 3. Das Petitionsrecht nach Art. 17 GG bleibt, dies ist vom Gesetzgeber so gewollt[15], grundsätzlich unberührt, ist aber in seiner Ausübung eingeschränkt, wie das Bundesverfassungsgericht[16] dargelegt hat. Ausgeschlossen ist die Ausübung des gemeinschaftlichen Petitionsrechts; das individuelle Petitionsrecht bleibt bestehen. Die Petition ist von dem nach § 37 Abs. 2 zuständigen Richter aufzunehmen, wobei der Richter solche Eingaben, deren Mitteilung an den Empfänger dem Zweck der Kontaktsperre zuwiderlaufen würde, in entsprechender Anwendung von § 37 Abs. 3 nicht aufnehmen darf. **6**

4. Gefangene, auf die sich die Feststellung beziehen kann

a) Nach dem **Wortlaut des § 31 Satz 2** darf sich die Feststellung nur auf drei Gruppen von Straf- und Untersuchungsgefangenen beziehen. Einbezogen werden können erstens Gefangene, die wegen einer Straftat nach § 129 a StGB rechtskräftig verurteilt sind oder gegen die ein Haftbefehl wegen des Verdachts einer solchen Straftat besteht. Zweitens können Gefangene einbezogen werden, die wegen einer der im Katalog des § 129 a StGB genannten Straftaten rechtskräftig verurteilt sind oder gegen die wegen einer solchen Katalogtat ein Haftbefehl besteht. Drittens können Gefangene erfaßt werden, die wegen einer anderen Straftat, einer Nichtkatalogtat, rechtskräftig verurteilt oder in Untersuchungshaft sind, wenn gegen sie der dringende Verdacht besteht, daß sie diese Tat im Zusammenhang mit einer Tat nach § 129 a StGB begangen haben. **7**

12 **A. A** *Katholnigg* 7.
13 *Katholnigg* 7.
14 *Kissel* 30.
15 Bericht des Rechtsausschusses, BTDrucks. **8** 945, S. 2.
16 BVerfGE **49** 64, 65.

8 **b)** Das Gesetz bedarf bezüglich der **zweiten Gruppe** von Gefangenen der **einschränkenden Auslegung**. Nach dem reinen Wortlaut wären auch Gefangene erfaßt, die zwar wegen einer Katalogtat, etwa wegen eines Totschlags, in Haft sind, aber keinerlei Beziehung zu einer terroristischen Vereinigung haben. Da die §§ 31 ff den Gefahren des Terrorismus entgegenwirken wollen, verlangt der Bundesgerichtshof[17] zu Recht, daß insoweit als ungeschriebene Eingriffsvoraussetzung ein Zusammenhang mit dem organisierten Terrorismus besteht; das Bundesverfassungsgericht hält diese Eingrenzung für verfassungsrechtlich geboten[18]. Sie hat allgemeine Zustimmung gefunden[19].

9 **c)** In den Fällen der zweiten Gruppe muß deshalb ebenso wie in denen der dritten Gruppe die **Zugehörigkeit** des Gefangenen **zum organisierten Terrorismus** gesondert dargelegt werden. In den Fällen der dritten Gruppe sind die Anforderungen, die insoweit zu stellen sind, durch das Gesetz klargestellt: Es muß ein dringender Verdacht im Sinne des § 112 StPO vorliegen, daß der Gefangene die Tat, derentwegen er in Haft ist, in Zusammenhang mit einer Straftat nach § 129 a StGB begangen hat. In den Fällen der zweiten Gruppe wird man so weit nicht gehen können. Der vom Bundesgerichtshof verlangte Zusammenhang ist auch zu bejahen, wenn zwar die Katalogtat, derentwegen der Gefangene in Haft ist, keinen Zusammenhang mit einer Tat nach § 129 a StGB aufweist, der Gefangene aber inzwischen zum Unterstützerkreis des organisierten Terrorismus gehört. Der erforderliche Zusammenhang mit dem organisierten Terrorismus kann durch die Tat vermittelt sein, derentwegen der Gefangene in Haft ist, muß es aber nicht. In jedem Fall ist die Darlegung des erforderlichen Zusammenhangs in der Begründung der Feststellung (unten Rdn. 16) vorzunehmen. Davon geht auch der Bundesgerichtshof aus, der sich in seiner Entscheidung nach § 35 mit dieser Frage auseinandergesetzt hat. Dagegen will *Kissel* die Prüfung dieser Frage in das Verfahren nach §§ 33, 37 verweisen[20].

10 **d) Übergangsregelung.** § 31 knüpft an § 129 a StGB an. § 129 a StGB ist durch Gesetz vom 18. 8. 1976[21] eingeführt worden. Für Straf- und Untersuchungsgefangene, bei denen § 31 allein deshalb nicht anwendbar ist, weil in weiter zurückliegender Zeit § 129 a StGB noch nicht eingeführt war, bestimmt die Übergangsregelung des Art. 2 des Kontaktsperregesetzes (Abdruck 23. Aufl. nach § 38) die entsprechende Anwendung der §§ 31 bis 38.

11 **e) Andere Gefangene.** Das Kontaktsperregesetz bezieht sich auf Straf- und Untersuchungsgefangene. Wegen der Geltung für Personen, gegen die eine freiheitsentziehende Maßregel der Besserung und Sicherung oder ein Unterbringungsbefehl nach § 126 StPO vollzogen wird, vgl. § 38. Für Personen, die auf anderer rechtliche Grundlage in Haft gehalten werden, gelten §§ 31 ff nicht.

12 **f) Einbeziehung von Personen, die nicht Gefangene sind.** §§ 31 ff betreffen die Abschottung von Gefangenen. Wie sich aus § 34 Abs. 3 Nr. 4 ergibt, können in die Feststellung aber auch Personen einbezogen werden, die nicht Gefangene sind, wenn gegen sie ein Haftbefehl besteht und die übrigen Voraussetzungen des § 31 gegeben sind. Auf diese Möglichkeit hat der Bundesgerichtshof ausdrücklich hingewiesen[22]. Die erforderlichen Durchführungsmaßnahmen nach § 33 können naturgemäß erst dann getroffen werden, wenn die Person ergriffen und damit zum Gefangenen geworden ist. Entsprechendes gilt bei Personen, gegen die aufgrund eines rechtskräftigen Urteils Freiheitsstrafe im Sinne des § 31 Satz 2 und 3 zu vollstrecken ist.

---

17 BGHSt **27** 278.
18 BVerfGE **49** 62.
19 *Kissel* 21; KK-*Kissel* 16; *Katholnigg* 8.
20 *Kissel* 23; KK-*Kissel* 18.
21 BGBl. I S. 2181.
22 BGHSt **27** 280.

5. Konkretisierung der Betroffenen. Nach § 31 Satz 3 hat die zur Feststellung zuständige Stelle die Feststellung auf bestimmte Gefangene oder bestimmte Gruppen von Gefangenen zu beschränken, wenn dies zur Abwehr der Gefahr ausreicht. Bei der bisher einzigen Feststellung ist der Bundesminister der Justiz so verfahren, daß er die betroffenen Gefangenen namentlich bezeichnet hat. Er hat dann allerdings die Feststellung weiter erstreckt auf diejenigen Personen, „die während der Geltungsdauer der Feststellung aufgrund eines Haftbefehls, der Straftaten nach § 129 a StGB zum Gegenstand hat oder solche Taten, bei denen der dringende Verdacht besteht, daß sie im Zusammenhang mit einer Tat nach § 129 a StGB begangen worden sind, in Haft gebracht werden" sowie auf entsprechende Fälle im Sinne der Übergangsregelung gemäß Artikel 2 des Kontaktsperregesetzes (oben Rdn. 10). Dies hat der Bundesgerichtshof beanstandet, weil ihm damit im Rahmen des Bestätigungsverfahrens die erforderliche Einzelfallprüfung verwehrt werde[23]. Daraus zieht die Literatur[24] den Schluß, die betroffenen Gefangenen seien stets namentlich aufzuführen. Dem kann nicht gefolgt werden. Das Gesetz geht in § 31 Satz 3 ersichtlich davon aus, daß es Fälle gibt, in denen eine Beschränkung der Feststellung auf bestimmte Gefangene nicht möglich ist. Solche Fälle sind auch praktisch vorstellbar, etwa bei einer sehr großen Zahl einzubeziehender Personen und besonderer Eilbedürftigkeit der Kontaktsperre. Der Bundesgerichtshof hat seine Entscheidung darauf gestützt, daß in dem ihm vorliegenden Einzelfall eine Beschränkung der Feststellung auf bestimmte Gefangene möglich gewesen sei. Er hat aber nicht in Abrede gestellt, daß es andere Fallgestaltungen geben könne, in denen dies nicht möglich ist. Wortlaut und Schutzzweck des § 31 sprechen eindeutig dafür, eine Feststellung auch dann zuzulassen, wenn eine namentliche Bezeichnung der Betroffenen (noch) nicht möglich ist. 13

6. Pflichtgemäßes Ermessen. § 31 Satz 4 stellt die Entscheidung über die Feststellung in das pflichtgemäße Ermessen der zuständigen Behörde. Wie das Bundesverfassungsgericht[25] dargelegt hat, bedeutet das nicht, daß ein Ermessensspielraum in bezug auf die tatbestandlichen Voraussetzungen der Feststellung und auf die Grenzen, innerhalb derer die Einbeziehung bestimmter Gefangener zulässig ist, besteht. Insoweit handelt es sich um die Auslegung unbestimmter Rechtsbegriffe (§ 35, 2). Eine Ermessensentscheidung ist erst zu treffen, wenn die Voraussetzungen des § 31 Satz 1 bis 3 vorliegen und zu entscheiden ist, ob die Feststellung getroffen werden und auf welche Gefangene sie sich beziehen soll. Wegen der Folgen für das Bestätigungsverfahren s. § 35, 2. 14

7. Inhaltlich beschränkte Kontaktsperre. Nach dem Gesetzeswortlaut beinhaltet die Kontaktsperre die Unterbrechung „jedweder Verbindung" zu den Gefangenen. Dem Bericht des Rechtsausschusses des Bundestags[26] kann man entnehmen, daß der Rechtsausschuß des Bundestages auch eine inhaltlich beschränkte Kontaktsperre für möglich und, wenn diese ausreicht, im Hinblick auf das Verhältnismäßigkeitsgebot für geboten hielt. Danach wäre mit den Worten „jedwede Verbindung" also nur die äußerste Grenze der Kontaktsperre bezeichnet. Das Bundesverfassungsgericht ist dem entgegengetreten. Weder dürfe sich die Feststellung darauf beschränken, eine gegenständlich beschränkte Kontaktunterbrechung anzuordnen, noch dürften die zuständigen Stellen der Länder die Feststellung zum Anlaß für solche begrenzten Unterbrechungsmaßnahmen nehmen. Gestatteten die Umstände des Einzelfalls eine solche Begrenzung, so könne das ein Indiz dafür sein, daß es an der in § 31 Satz 1 vorausgesetzten Intensität der Gefahr fehle[27]. 15

---

[23] BGHSt **27** 279.

[24] *Kissel* 27; KK-*Kissel* 21; *Katholnigg* 9; *Kleinknecht/Meyer-Goßner*[43] 4.

[25] BVerfGE **49** 66.

[26] BTDrucks. **8** 945 S. 2, 5.

[27] BVerfGE **49** 61.

Dagegen wendet sich *Kissel*[28] unter Berufung auf das Verhältnismäßigkeitsgebot. Er hält eine Kontaktsperre, die sich auf die Verbindung zu bestimmten Personen, etwa zu dem Verteidiger, beschränkt oder auf bestimmte Kommunikationsformen, für zulässig und, wenn ausreichend, auch für geboten. Dem kann nicht gefolgt werden. Für die meisten Fallgestaltungen, die *Kissel* im Auge hat, bedarf es einer Feststellung nach § 31 nicht, weil die erforderlichen Maßnahmen auf § 119 StPO oder auf das StVollzG gestützt werden können. Die danach nicht zulässige Unterbrechung des Kontakts zum Verteidiger soll aber nur dann möglich sein, wenn zugleich alle anderen denkbaren Wege des gefährdenden Informationsaustausches verbaut werden. Werden die §§ 31 ff solchermaßen als letztes und radikales Mittel der Kontaktunterbrechung verstanden, kann gegenständlich beschränkten Maßnahmen, die sich auf StPO und StVollzG stützen lassen, auch nicht die Spezialität des Kontaktsperregesetzes (Vor § 31, 13) entgegengehalten werden.

16 **8. Bekanntgabe und Form der Feststellung.** Da die Feststellung gegenüber den von ihr betroffenen Gefangenen keine unmittelbaren Rechtswirkungen hat (oben Rdn. 1), sind diese am Verfahren der Feststellung und der gerichtlichen Bestätigung (§ 35, 3) nicht beteiligt. Obwohl sie nicht Adressat der Feststellung sind, ist die Feststellung den betroffenen Gefangenen wie auch ihren Verteidigern gleichwohl bekanntzumachen, allerdings in den Grenzen des § 37 Abs. 3. Andernfalls würde ihr Rechtsschutz gegen Maßnahmen nach § 33, die ihrerseits auf der Feststellung beruhen, wesentlich erschwert[29]. § 34 a Abs. 6 sieht die Bekanntgabe der Feststellung auch ausdrücklich vor. Sie ist mit der Belehrung nach dieser Bestimmung zu verbinden. Ebenso wie die Maßnahmen nach § 33 (§ 33, 3) bedarf die Feststellung einer konkreten Begründung. Diese ist unerläßlich im Hinblick auf das Bestätigungsverfahren nach § 35. Sie ist auch notwendig, um den betroffenen Gefangenen effektiven Rechtsschutz gegen die Maßnahmen nach § 33 zu gewähren. Das Gesetz sieht für die Feststellung keine bestimmte Form vor. Praktisch wird den inhaltlichen Anforderungen an die Feststellung im Regelfall nur bei schriftlicher Abfassung entsprochen werden können, die im Zeitalter der elektronischen Nachrichtenübermittlung auch nicht zu Verzögerungen führen muß. Jedoch ist in extremen Situationen auch eine mündliche Feststellung denkbar; das Bundesverfassungsgericht hat ebenfalls vom Erfordernis einer schriftlichen oder mündlichen Begründung gesprochen[30]. Abweichend hiervon wird teilweise eine schriftliche Begründung für ausnahmslos notwendig gehalten[31].

17 **9. Gerichtliche Überprüfung.** Die Feststellung unterliegt im Verfahren nach § 35 einer, wie das Bundesverfassungsgericht[32] ausgedrückt hat, „internen gerichtlichen Kontrolle staatlichen Handelns". An diesem Verfahren sind die betroffenen Gefangenen ebensowenig beteiligt wie am Verfahren der Feststellung selbst. Ihnen steht gegen die Feststellung kein Rechtsbehelf zu. Sie sind auf das Verfahren nach § 37 verwiesen, in dessen Rahmen die Feststellung überprüft wird (§ 37, 1; 4). Die Feststellung kann auch nicht unmittelbar mit der Verfassungsbeschwerde angegriffen werden, sondern nur mittelbar im Rahmen einer Verfassungsbeschwerde, die sich gegen eine Maßnahme nach § 33 richtet[33].

[28] *Kissel* 35; KK-*Kissel* 28.
[29] BVerfGE **49** 67.
[30] BVerfGE **49** 66.
[31] *Kissel* 19; KK-*Kissel* 14.
[32] BVerfGE **49** 49.
[33] BVerfGE **49** 49.

§ 32

[1]Die Feststellung nach § 31 trifft die Landesregierung oder die von ihr bestimmte oberste Landesbehörde. [2]Ist es zur Abwendung der Gefahr geboten, die Verbindung in mehreren Ländern zu unterbrechen, so kann die Feststellung der Bundesminister der Justiz treffen.

Entstehungsgeschichte. S. Vor § 31, 1 bis 9.

Übersicht

1. Zuständigkeit der Landesregierung. Zuständig zur Feststellung nach § 31 ist grundsätzlich die Landesregierung, in deren Bereich die Verbindungen zu Gefangenen zu unterbinden sind. Gegebenenfalls können die Regierungen mehrerer Länder gleichzeitig oder nacheinander zuständig sein. Die Feststellung auf Landesebene verpflichtet jeweils die zuständigen Behörden dieses Landes (§ 33) zu den erforderlichen Kontaktsperrmaßnahmen. 1

2. Zuständigkeit des Landesjustizministers. Die Landesregierung kann die Zuständigkeit zur Feststellung nach § 31 auf eine oberste Landesbehörde übertragen. In einigen Ländern ist dies in der Weise geschehen, daß die Zuständigkeit des Landesjustizministers bestimmt wurde. Dies gilt für Baden-Württemberg[1], Bayern[2], Hessen[3], Nordrhein-Westfalen[4] und Rheinland-Pfalz[5]. 2

3. Zuständigkeit des Bundesministers der Justiz. Abweichend von § 32 Satz 2 des ursprünglichen Entwurfs, wonach der Bundesjustizminister die Feststellung zu treffen hatte, wenn es zur Abwendung der Gefahr geboten ist, die Verbindung in mehreren Ländern zu unterbrechen, sieht Satz 2 einer Empfehlung des Rechtsausschusses des Bundesrats entsprechend vor, daß in diesem Fall der Bundesminister der Justiz die Feststellung treffen *kann*. Damit sollte klargestellt werden, daß den Ländern die Feststellungsbefugnis verbleibt, wenn der Bundesminister keine Feststellung trifft. Die Voraussetzung der Kann-Befugnis des Bundesjustizministers („in mehreren Ländern") ist erfüllt, wenn mindestens zwei Länder betroffen sind[6]. Weitere Voraussetzungen für ein Tätigwerden des Bundesministers der Justiz wie etwa besondere Eilbedürftigkeit oder ein Untätigbleiben eines betroffenen Landes bestehen nicht[7]. Der Rechtsausschuß des Bundestags ging davon aus, daß in der Regel der Bundesjustizminister tätig wird, weil dann gemäß § 35 Satz 2 für die Bestätigung der Feststellung der Bundesgerichtshof zuständig ist[8]. Dies ist in der Tat ein Gesichtspunkt, den der Bundesminister im Rahmen der Ermessensausübung, ob er 3

[1] VO vom 15. 11. 1977 (GBl. S. 672).
[2] VO vom 4. 10. 1977 (GBl. S. 505).
[3] Anordnung vom 20. 1. 1978 (GVBl. I S. 91).
[4] VO vom 25. 10. 1977 (GBl. S. 368).
[5] Anordnung vom 13. 10. 1977 (GVBl. S. 341).
[6] Bericht des Rechtsausschusses BTDrucks. **8** 945 S. 5.
[7] Ebenso *Katholnigg* 2; **a. A** *Kissel* 2; KK-*Kissel* 2; *Kleinknecht/Meyer-Goßner*[43] 2.
[8] Bericht des Rechtsausschusses BTDrucks. **8** 945 S. 3.

tätig wird, neben anderen Gesichtspunkten wie der Größe und der Art der Gefahr und der Zahl und der Zusammensetzung der betroffenen Gefangenen zu berücksichtigen haben wird.

4 **4. Rechtsnatur der Feststellung.** Die Feststellung entfaltet keine Außenwirkung (§ 31, 1; 16), sondern ist Verwaltungsanordnung, die lediglich die zuständigen Behörden zum Tätigwerden nach § 33 verpflichtet. Die Anordnung des Bundesministers der Justiz ist für die zuständigen Landesbehörden im gesamten Bundesgebiet verbindlich[9]. Diese Regelung läßt sich — das Kontaktsperregesetz ist ein Zustimmungsgesetz — auf Art. 84 Abs. 5 GG stützen.

5 **5. Mehrere Feststellungen.** Liegen bereits Feststellungen von Ländern vor, wenn eine Feststellung durch den Bundesminister der Justiz ergeht, so ist zweifelhaft, ob diese dadurch ihre Wirksamkeit verlieren[10]. Zwar ist die Feststellung des Bundesministers für die nach § 33 zuständigen Landesbehörden verbindlich. Damit ist aber nicht gesagt, daß Feststellungen der Länder unwirksam werden. Die Frage hat praktische Bedeutung nicht nur in den Fällen, in denen Feststellungen der Länder zusätzliche Gefangene einbeziehen, sondern auch dann, wenn die Feststellung des Bundesministers der Justiz aufgehoben oder zurückgenommen wird. Der Rechtsausschuß des Bundestags ging ersichtlich davon aus (oben Rdn. 3), daß, wenn eine Feststellung durch den Bundesminister der Justiz ergangen ist, nur diese wirksam ist. Diese Auffassung findet im Gesetzeswortlaut („Die Feststellung nach § 31") auch Ausdruck. Sie entspricht den praktischen Bedürfnissen in derartig zugespitzten Krisensituationen. Der Gesichtspunkt, daß nach der Zuständigkeitsverteilung des Grundgesetzes grundsätzlich die Länder für den Bereich der inneren Sicherheit zuständig sind, muß demgegenüber zurücktreten. Es ist deshalb davon auszugehen, daß, wenn eine Feststellung des Bundesministers der Justiz nach Satz 2 ergangen ist, vorliegende Feststellungen der Länder ihre Wirksamkeit verlieren und daß während der Wirksamkeit der Feststellung des Bundesministers der Justiz durch die Länder keine Feststellungen getroffen werden können[11]. Anders ist es, wenn der Bundesminister der Justiz seine Feststellung zurücknimmt. Dann können die Länder (erneut) eine Feststellung treffen. Wird die Feststellung des Bundesministers der Justiz dagegen vom Bundesgerichtshof aufgehoben, kommt ein Neuerlaß durch die Länder bei unveränderter Tatsachenlage im Hinblick auf den Rechtsgedanken des § 36 Satz 4 (§ 36, 5) sowie wegen der Vorlagepflicht im Verfahren nach § 37 (§ 37, 8; 9) nicht in Betracht.

§ 33

Ist eine Feststellung nach § 31 erfolgt, so treffen die zuständigen Behörden der Länder die Maßnahmen, die zur Unterbrechung der Verbindung erforderlich sind.

Entstehungsgeschichte. S. Vor § 31, 1 bis 9.

1 **1. Zuständigkeit.** Die praktische Durchführung der nach §§ 31, 32 getroffenen Feststellung ist, gleichgültig ob die Feststellung vom Bundesminister der Justiz oder von einer

9 *Kissel* 5; KK-*Kissel* 5; *Katholnigg* 2; *Kleinknecht/Meyer-Goßner*[43] 3.

10 Verneinend *Kleinknecht/Meyer-Goßner*[43] 2.

11 **A. A** *Katholnigg* 2: Zusätzliche Feststellung bezüglich weiterer Gefangener möglich.

Landesbehörde getroffen wurde, Sache der zuständigen Landesbehörde. Dabei sind in erster Linie die Behörden des Strafvollzugs angesprochen, doch kann auch die Mitwirkung anderer Landesbehörden erforderlich sein, etwa der Polizei. So ist es etwa in Fällen, in denen sich die Feststellung auf Personen erstreckt, gegen die zwar ein Haftbefehl besteht, die sich aber noch in Freiheit befinden (§ 31, 12): Vom Zeitpunkt der Festnahme an ist auch die Polizei verpflichtet, den Gefangenen im Sinne der Feststellung abzuschotten. Die Mitwirkung von Bundesbehörden bei der Durchführung der Feststellung ist im Gesetz nicht angesprochen; soweit ihre Mitwirkung in Betracht kommt (etwa die Mitwirkung der Zollbehörden), sind sie ebenfalls dazu verpflichtet.

2. Einzelne Durchführungsmaßnahmen. Inhaltlich sind die zuständigen Landesbehörden an die Feststellung gebunden; sie haben das zu veranlassen, was im Einzelfall zur Umsetzung der Feststellung erforderlich ist[1]. Von den Regelungen des Strafvollzugsgesetzes und der Strafprozeßordnung, auch von vorliegenden haftrichterlichen Entscheidungen oder Entscheidungen der Strafvollstreckungskammer, kann dabei abgewichen werden: Die Durchführung der Feststellung geht vor[2]. Da nach der hier vertretenen Auffassung (§ 31, 15) die Kontaktsperre stets eine totale zu sein hat[3], sind die Entscheidungen der Landesbehörden in Bereichen wie Besuchsverkehr, Postempfang, Medienkonsum, Einzelunterbringung, weitgehend vorgegeben. In Teilbereichen haben die Landesbehörden aber durchaus noch abzuwägen, so bei den Fragen, welche Sicherheitsvorkehrungen gegen eine Durchbrechung der Abschottung getroffen werden und welche Vollzugsbediensteten Berührung mit den betroffenen Gefangenen haben dürfen und welchen Angehörigen der mit der Gefahrenlage befaßten Sicherheitsbehörden der Kontakt mit den Gefangenen gestattet wird (vgl. § 31, 5). 2

3. Bekanntgabe. Durch die Durchführungsmaßnahmen wird in die Rechtsstellung des Gefangenen eingegriffen. Gegen sie steht dem Gefangenen der Rechtsbehelf nach § 37 zu. Deshalb müssen ihm die Durchführungsmaßnahmen ausdrücklich bekanntgegeben werden; es genügt nicht, daß er ihren Vollzug erlebt. Dabei sind die Maßnahmen zu begründen, wobei freilich § 37 Abs. 3 entsprechend anzuwenden ist. Mitteilungen, die den Zweck der Kontaktsperre gefährden würden, haben vorerst zu unterbleiben; sie sind nachzuholen, sobald dies ohne Gefährdung möglich ist. Die Bekanntgabe kann, da das Gesetz hierzu schweigt, schriftlich oder mündlich erfolgen[4]. Schriftliche Fixierung wird aber in aller Regel veranlaßt sein, damit für die notwendige Bekanntgabe eine eindeutige und klare Grundlage geschaffen wird und § 37 Abs. 3 beachtet ist. Soweit gerichtliche Verfahren anhängig sind, ist auch dem Gericht mitzuteilen, daß Durchführungsmaßnahmen nach § 33 getroffen sind, weil dies die in § 34 bezeichneten Folgen auslöst[5]. Allerdings kommt es insoweit auf die einzelnen Maßnahmen nicht an; die Mitteilung kann deshalb pauschal gehalten sein. Der Verteidiger muß von Durchführungsmaßnahmen unterrichtet werden[6], allerdings nur von solchen, die ihn in seinen Rechten betreffen; insoweit hat er auch ein eigenes Antragsrecht nach § 37 (§ 37, 3). 3

[1] *Kissel* 2; KK-*Kissel* 2; *Katholnigg* 1.

[2] *Kissel* 2; KK-*Kissel* 2; *Kleinknecht/Meyer-Goßner*[43] 1.

[3] **A. A** *Kissel* § 31, 35.

[4] BVerfGE **49** 66; *Kleinknecht/Meyer-Goßner*[43] 2; **a. A** *Kissel* 3; KK-*Kissel* 3; *Katholnigg* 1: „schriftlich".

[5] *Kissel* 3; KK-*Kissel* 3.

[6] *Kissel* 3; KK-*Kissel* 3.

§ 34

(1) Sind Gefangene von Maßnahmen nach § 33 betroffen, so gelten für sie, von der ersten sie betreffenden Maßnahme an, solange sie von einer Feststellung erfaßt sind, die in den Absätzen 2 bis 4 nachfolgenden besonderen Vorschriften.

(2) Gegen die Gefangenen laufende Fristen werden gehemmt, wenn sie nicht nach anderen Vorschriften unterbrochen werden.

(3) In Strafverfahren und anderen gerichtlichen Verfahren, für die die Vorschriften der Strafprozeßordnung als anwendbar erklärt sind, gilt ergänzend folgendes:

1. **Gefangenen, die keinen Verteidiger haben, wird ein Verteidiger bestellt.**
2. **[1]Gefangene dürfen bei Vernehmungen und anderen Ermittlungshandlungen auch dann nicht anwesend sein, wenn sie nach allgemeinen Vorschriften ein Recht auf Anwesenheit haben; gleiches gilt für ihre Verteidiger, soweit ein von der Feststellung nach § 31 erfaßter Mitgefangener anwesend ist. [2]Solche Maßnahmen dürfen nur stattfinden, wenn der Gefangene oder der Verteidiger ihre Durchführung verlangt und derjenige, der nach Satz 1 nicht anwesend sein darf, auf seine Anwesenheit verzichtet. [3]§ 147 Abs. 3 der Strafprozeßordnung ist nicht anzuwenden, soweit der Zweck der Unterbrechung gefährdet würde.**
3. **Eine Vernehmung des Gefangenen als Beschuldigter, bei der der Verteidiger nach allgemeinen Vorschriften ein Anwesenheitsrecht hat, findet nur statt, wenn der Gefangene und der Verteidiger auf die Anwesenheit des Verteidigers verzichten.**
4. **[1]Bei der Verkündung eines Haftbefehls hat der Verteidiger kein Recht auf Anwesenheit; er ist von der Verkündung des Haftbefehls zu unterrichten. [2]Der Richter hat dem Verteidiger das wesentliche Ergebnis der Vernehmung des Gefangenen bei der Verkündung, soweit der Zweck der Unterbrechung nicht gefährdet wird, und die Entscheidung mitzuteilen.**
5. **[1]Mündliche Haftprüfungen sowie andere mündliche Verhandlungen, deren Durchführung innerhalb bestimmter Fristen vorgeschrieben ist, finden, soweit der Gefangene anwesend ist, ohne den Verteidiger statt; Nummer 4 Satz 2 gilt entsprechend. [2]Eine mündliche Verhandlung bei der Haftprüfung ist auf Antrag des Gefangenen oder seines Verteidigers nach Ende der Maßnahmen nach § 33 zu wiederholen, auch wenn die Voraussetzungen des § 118 Abs. 3 der Strafprozeßordnung nicht vorliegen.**
6. **[1]Eine Hauptverhandlung findet nicht statt und wird, wenn sie bereits begonnen hat, nicht fortgesetzt. [2]Die Hauptverhandlung darf bis zur Dauer von dreißig Tagen unterbrochen werden; § 229 Abs. 2 der Strafprozeßordnung bleibt unberührt.**
7. **Eine Unterbringung zur Beobachtung des psychischen Zustandes nach § 81 der Strafprozeßordnung darf nicht vollzogen werden.**
8. **[1]Der Gefangene darf sich in einen gegen ihn gerichteten Strafverfahren schriftlich an das Gericht oder die Staatsanwaltschaft wenden. [2]Dem Verteidiger darf für die Dauer der Feststellung keine Einsicht in diese Schriftstücke gewährt werden.**

(4) Ein anderer Rechtsstreit oder ein anderes gerichtliches Verfahren, in dem der Gefangene Partei oder Beteiligter ist, wird unterbrochen; das Gericht kann einstweilige Maßnahmen treffen.

Entstehungsgeschichte. S. Vor § 31, 1 bis 9.

Übersicht

I. Grundgedanke der Vorschrift

Die Unterbrechung der Verbindung des Gefangenen mit der Außenwelt kann Auswirkungen auf das laufende Strafverfahren, auf andere gerichtliche Verfahren und darüber hinaus ganz allgemein im Rechtsverkehr haben. § 34 bezweckt, daß den Betroffenen möglichst keine vermeidbaren und nicht mehr behebbaren Rechtsnachteile entstehen. Ob die Vorschrift darüber hinaus auch den Schutz betroffener Dritter bezweckt[1], ist für die Auslegung von Absatz 4 bedeutsam (Rdn. 20). Die in den Absätzen 2 bis 4 getroffenen Sonderregelungen gelten für den Betroffenen von der ersten ihn betreffenden Maßnahme (§ 33) an bis zu dem Zeitpunkt, zu dem ihm gegenüber die Feststellung ihre Wirkung verliert. Aus dem Gesetzeswortlaut „von der Feststellung erfaßt“ und dem Sinn der Regelung muß man dabei entnehmen, daß das Sonderrecht der Absätze 2 bis 4 nicht schon dann endet, wenn die Feststellung durch Rücknahme, Aufhebung oder Außerkrafttreten wegfällt, sondern erst, wenn daraufhin auch die Durchführungsmaßnahmen aufgehoben werden[2]. **1**

II. Hemmung des Fristablaufs (Absatz 2)

Die Vorschrift gilt für Fristen jeder Art, also für gesetzliche, richterlich gesetzte oder vertraglich vereinbarte Fristen und ohne Rücksicht darauf, welchem Rechtsgebiet die Frist angehört, ob dem bürgerlichen Recht, dem Strafrecht, dem Verfahrensrecht usw. **Gegen den Gefangenen** laufende Fristen sind solche, deren Ablauf für den Gefangenen mit Nachteilen verbunden ist, die er (möglicherweise) durch Maßnahmen abwenden könnte, wenn er an deren Ergreifung nicht durch die Unterbrechung des Verkehrs mit der Außenwelt gehindert wäre. Die Hemmung der Frist (vgl. § 205 BGB) bedeutet, daß der Zeitraum, während dessen die Sondervorschrift des Absatzes 2 gilt (Rdn. 1), nicht in die Frist eingerechnet wird. Da § 187 Abs. 1 BGB nicht anwendbar ist, wird in die Zeit der Hemmung sowohl der Tag der Maßnahme wie der Tag der Aufhebung der Maßnahme mit eingerechnet[3]. Ein dem Gefangenen günstiger Fristablauf wird durch die Kontaktsperre nicht **2**

---

1 So *Katholnigg* 1.

2 Ebenso *Kissel* 1; **a. A** *Katholnigg* 1; *Kleinknecht/ Meyer-Goßner*[43] 2.

3 *Kissel* 2; *Katholnigg* 2.

berührt; es läuft also z. B. die Sechsmonatsfrist des § 121 Abs. 1 StPO weiter (freilich ist die Kontaktsperre mit dem Verbot der Durchführung einer Hauptverhandlung — § 34 Abs. 3 Nr. 6 — ein wichtiger Grund i. S. des § 121 Abs. 1 StPO, der das Urteil noch nicht zuläßt). Unberührt bleiben auch Vorschriften, nach denen ein der Kontaktsperre vergleichbarer Hinderungsgrund, eine Frist wahrzunehmen, zu einer Unterbrechung des Fristablaufs führt mit der Folge, daß mit dem Aufhören der Verhinderung die Frist von neuem zu laufen beginnt.

3 **Beispiele:** Ist der Gefangene Schuldner einer Forderung, so wird der Lauf der Verjährungsfrist durch Absatz 2 nicht berührt, da der Gefangene durch den Ablauf der Verjährungsfrist keine Nachteile erleidet. Umgekehrt wird übrigens auch der Gläubiger durch die Kontaktsperre nicht berührt, denn er ist nicht gehindert, die Verjährung durch Erhebung der Klage zu unterbrechen (§ 209 BGB), wobei es zur Zustellung der Klage (§ 253 Abs. 1 ZPO) genügt, daß sie — was durch die Kontaktsperre nicht gehindert wird — an den Leiter der Justizvollzugsanstalt erfolgt (§ 181 Abs. 2 ZPO). Ist der Gefangene dagegen Gläubiger der verjährungsbedrohten Forderung, so greift zu seinen Gunsten § 34 Abs. 2 ein. Ist der Gefangene der durch ein Antragsdelikt Verletzte, so wird gemäß Absatz 2 die Antragsfrist des § 77 b Abs. 1 Satz 1 StGB gehemmt; ist der Gefangene umgekehrt Täter eines Antragsdelikts, so ist Absatz 2 ohne Bedeutung; der Verletzte kann die Antragsfrist durch Stellung des Strafantrags gemäß § 158 Abs. 2 StPO wahren, ohne durch § 34 Abs. 2 behindert zu sein. Anfechtungs- und Rechtsmittelfristen, etwa im Zivilprozeß, werden zugunsten des Gefangenen gehemmt, nicht zugunsten des Gegners; insoweit ist aber die in Absatz 4 angeordnete Unterbrechung des Verfahrens zu beachten (dazu Rdn. 20).

III. Besondere Vorschriften für das Strafverfahren (Absatz 3)

4 Die die Hemmung von Fristen anordnende Vorschrift des Absatzes 2 gilt allgemein auch für strafprozessuale Fristen, die gegen den Gefangenen in einem gegen ihn gerichteten Strafverfahren laufen, wie etwa für die Frist zum Einspruch gegen einen Strafbefehl (§ 409 Abs. 1 Nr. 7 StPO), die Berufungsfrist (§ 314 StPO), die Revisionseinlegungsfrist und Begründungsfrist (§§ 341, 345 StPO). Absatz 3 ergänzt die Schutzvorkehrungen des Absatzes 2. Die Vorschrift gilt auch für andere gerichtliche Verfahren, die sich nach den Vorschriften der Strafprozeßordnung richten; hier kommen insbesondere das Bußgeldverfahren (§§ 46, 71 OWiG), aber auch das Verfahren nach §§ 23 ff (§ 29 Abs. 2) und das Disziplinarverfahren (§ 25 BDO) in Betracht.

1. Verteidigerbestellung (Nummer 1)

5 **a)** Hat der von einer Kontaktsperre betroffene **Untersuchungsgefangene** bereits einen (Wahl- oder beigeordneten) **Verteidiger**, so wird dessen Stellung durch die Kontaktsperre (nur) insofern berührt, als ein unmittelbarer schriftlicher oder mündlicher Verkehr zwischen dem Verteidiger und dem in Haft befindlichen Mandanten (§ 148 StPO) während der Dauer der Sperre nicht mehr möglich ist. Im übrigen wird seine Verteidigerstellung und Verteidigeraufgabe nicht inhaltslos; in aller Regel wird der Verteidiger aufgrund seines bisherigen Kontakts zu dem Mandanten einen Informationsstand haben, der es ihm auch nach Eintritt der Kontaktsperre zumindest in Teilbereichen noch ermöglicht, für den Mandanten tätig zu werden, z. B. Entlastungsmaterial zusammenzutragen oder Anträge vorzubereiten. Bei der Beratung des Kontaktsperregesetzes im Deutschen Bundestag ist die Auffassung vertreten worden, die Informationsmöglichkeit des Verteidigers sei durch die Kontaktsperre zwar eingeschränkt, aber „nicht so weit eingeschränkt, daß der Verteidiger gar nichts mehr weiß. Der Beschuldigte hat nach wie vor das Recht, die Tatsachen, die er zu seiner Entlastung dem Gericht oder der Ermittlungsbehörde vortragen will, vor-

zutragen. Soweit der Zweck der Unterbrechung der Kontakte das nicht verbietet, ist es möglich, dem Verteidiger diese Informationen zugänglich zu machen. Der Verteidiger ist also von daher nicht total uninformiert, sondern sehr wohl in der Lage, das zu tun, was er zur Wahrnehmung der Rechte seines Mandanten tun muß"[4]. Dazu ist zu bemerken, daß das Recht des Gefangenen, sich schriftlich (mit Ausführungen und Entlastungsbeweisanträgen; §§ 136 Abs. 1 Satz 2, 3, 163 a Abs. 2 StPO) an das Gericht oder die Staatsanwaltschaft zu wenden, in Absatz 3 Nr. 8 Satz 1 ausdrücklich niedergelegt ist. Da nach Satz 2 dieser Vorschrift dem Verteidiger aber während der Dauer der Feststellung keine Einsicht in diese Schriftstücke gewährt werden darf, können die „Informationen an den Verteidiger" nicht in der abschriftlichen Mitteilung der schriftlichen Eingaben des Beschuldigten bestehen, sondern müssen sich auf die Mitteilung von Umständen beschränken, durch deren Bekanntgabe der Zweck der Unterbrechung nicht gefährdet wird (vgl. dazu auch Absatz 3 Nr. 4 Satz 2). Solche herauszufiltern, wird für Gericht und Staatsanwaltschaft vielfach nicht möglich und für den Verteidiger im übrigen wenig ergiebig sein. Bei realistischer Betrachtung ist der Verteidiger deshalb während der Kontaktsperre von Informationen des Gefangenen tatsächlich abgeschnitten. Vor diesem Hintergrund ist die Regelung des § 34 a zu sehen.

b) Hat der Untersuchungsgefangene noch keinen Verteidiger, so wird ihm — 6
unabhängig davon, ob die Voraussetzungen einer Beiordnung nach §§ 140, 141 StPO vorliegen — von Amts wegen für die Dauer der Verbindungsunterbrechung ein Verteidiger bestellt, da, so der Rechtsausschuß des Bundestags, „davon ausgegangen werden kann, daß für ihn die Sach- und Rechtslage wegen der Unterbrechung schwierig ist"[5]. Wegen der Zuständigkeit zur Bestellung und der Auswahl des zu bestellenden Verteidigers gelten §§ 141 Abs. 4, 142 StPO. Der Rechtsausschuß des Deutschen Bundestags war der Auffassung, daß eine Bestellung nach Nr. 1 entfällt, wenn der Gefangene erklärt, daß er einen Verteidiger seines Vertrauens mit der Verteidigung beauftragen wolle, denn die Vorschrift der Nr. 1 „kann und darf den Grundsatz der freien Verteidigerwahl natürlich nicht beeinträchtigen"[6]. Das hat im Wortlaut des Gesetzes keinen Ausdruck gefunden und überzeugt auch deshalb nicht, weil der Gefangene während der Kontaktsperre einen Verteidiger nicht beauftragen kann. Dem gesetzgeberischen Ausgangspunkt, daß die Kontaktsperre einen Fall notwendiger Verteidigung begründet, kann nur dadurch Rechnung getragen werden, daß dem Gefangenen auch gegen seinen Willen stets ein Verteidiger bestellt wird[7]. Die Beiordnung endet mit der Entlassung aus der Kontaktsperre, weshalb eine über diesen Zeitpunkt hinausreichende Beiordnung nach den allgemeinen Vorschriften Vorrang hat[8]. Auch der nach Nr. 1 bestellte Verteidiger ist — nicht anders als ein schon vor Beginn der Verbindungsunterbrechung gewählter oder bestellter Verteidiger — wegen der Anordnung der Verbindungsunterbrechung zu einem unmittelbaren mündlichen oder schriftlichen Verkehr nicht in der Lage und darauf angewiesen, diejenigen Verteidigungsaufgaben zu erfüllen, die ihm ohne einen solchen Verkehr möglich sind (dazu oben Rdn. 5). Zum Verhältnis zu einer Kontaktperson gemäß § 34 a vgl. § 34 a, 4.

c) Verteidiger für Strafgefangene. Für Strafgefangene, gegen die kein weiteres Straf- 7
verfahren anhängig ist, gilt Nummer 1 nicht, ihnen wird kein Verteidiger beigeordnet[9]. Unter „Strafverfahren" im Sinne des § 34 Abs. 3 Nr. 1 ist, wie sich auch aus Absatz 3 Nrn.

---

4 Abgeordneter *Dr. Emmerlich* in der 44. Sitzung des Bundestags vom 29. 9. 1977, Plenarprot. **8** 44 S. 3376.

5 Bericht des Rechtsausschusses BTDrucks. **8** 945 S. 2.

6 Bericht des Rechtsausschusses BTDrucks. **8** 945 S. 2.

7 *Kissel* 5; KK-*Kissel* 5; *Kleinknecht/Meyer-Goßner*[43] 5.

8 *Kissel* 6; *Kleinknecht/Meyer-Goßner*[43] 5.

9 *Kissel* 6; *Kleinknecht/Meyer-Goßner*[43] 5.

3 bis 8 ergibt, ersichtlich nur das Strafverfahren im engeren Sinn zu verstehen, das mit der rechtskräftigen Verurteilung endet. Unberührt bleibt eine Verteidigerbestellung nach den allgemeinen Vorschriften, etwa im Rahmen des Vollstreckungsverfahrens. Auch ein solcher bestellter und ein vom Strafgefangenen zur Wahrnehmung seiner Rechte im Strafvollzug gewählter Verteidiger ist, wenn der Gefangene unter die Kontaktsperre fällt, vom unmittelbaren mündlichen und schriftlichen Verkehr mit dem Mandanten ausgeschlossen. Wird gegen den Strafgefangenen jedoch ein Ermittlungsverfahren geführt, so ist ihm unabhängig davon, ob in diesem Ermittlungsverfahren ein Haftbefehl mit der Folge des § 122 StVollzG ergeht, nach Nummer 1 in diesem Ermittlungsverfahren ein Verteidiger zu bestellen.

2. Beschränkungen des Anwesenheitsrechts des Beschuldigten (Verteidigers) bei Ermittlungshandlungen (Nummer 2)

8 **a) Richterliche Untersuchungshandlungen.** Die Kontaktsperre unterbricht das gegen den Gefangenen geführte Strafverfahren nicht, wie der Gegenschluß aus § 34 Abs. 4 ergibt. Insbesondere können die Ermittlungen der Strafverfolgungsbehörden während der Kontaktsperre grundsätzlich weitergeführt werden. Der Gefangene darf bei entsprechenden Untersuchungshandlungen allerdings nicht anwesend sein, und zwar auch dann nicht, wenn es sich um die richterliche Vernehmung von Zeugen oder Sachverständigen oder um einen richterlichen Augenschein handelt, bei dem der Gefangene nach § 168 c Abs. 2 StPO und § 168 d Abs. 1 ein Recht auf Anwesenheit hätte. Das in diesen Vorschriften begründete Anwesenheitsrecht des Verteidigers bleibt dagegen grundsätzlich unberührt, da es dem Zweck der Kontaktsperre nicht zuwiderläuft. Der Verteidiger ist von der Anwesenheit nur ausgeschlossen, wenn bei der Untersuchungshandlung ein von der Kontaktsperre erfaßter Mitgefangener anwesend ist; zur Anwesenheit der Kontaktperson in diesem Fall § 34 a, 8.

9 **b) Erhaltung des rechtlichen Gehörs.** Um die durch das Anwesenheitsverbot des Satzes 1 eintretende Verkürzung des rechtlichen Gehörs auszuschließen, bestimmt **Nummer 2 Satz 2**, daß Ermittlungshandlungen der in Satz 1 bezeichneten Art nur stattfinden dürfen, wenn der Gefangene selbst oder der Verteidiger ihre Durchführung verlangt und außerdem derjenige, der nach Satz 1 nicht anwesend sein darf, auf seine Anwesenheit verzichtet. Bei dieser Ausnahmeregelung ist an den Fall gedacht, daß der Gefangene selbst, wenn auch unter Verzicht auf seine Anwesenheit, ein Interesse an der weiteren Durchführung des Verfahrens hat, um einem drohenden Beweisverlust vorzubeugen[10].

10 **c) Einschränkung des Akteneinsichtsrechts.** Durch Nummer 2 **Satz 3** ist ein nach § 147 Abs. 3 StPO sonst unbeschränkt bestehendes Protokolleinsichtsrecht des Verteidigers, der bei Ermittlungshandlungen anwesend war oder in Recht auf Anwesenheit hatte, dahin eingeschränkt, daß es zurücktritt, wenn und soweit der Zweck der Kontaktsperre gefährdet würde. Die Regelung ist nach ihrem klaren Wortlaut und nach ihrem Schutzzweck nicht beschränkt auf Niederschriften, die während der Kontaktsperre anfallen[11].

11 **3. Beschränkung der Vernehmung des Gefangenen als Beschuldigten (Nummer 3).** Dem Sinn der Kontaktsperre, den Verkehr des von ihr betroffenen Gefangenen mit der Außenwelt zu unterbinden, entspricht es, daß bei seiner Vernehmung als Beschuldigter der Verteidiger nicht anwesend sein darf; §§ 168 c Abs. 1 und 163 a Abs. 3 Satz 2 StPO in Verbindung mit § 168 c Abs. 1 StPO, die dem Verteidiger ein

---

[10] Bericht des Rechtsausschusses BTDrucks. **8** 945 S. 6.

[11] *Kissel* 9; KK-*Kissel* 7; *Kleinknecht/Meyer-Goßner*[43] 8.

Recht auf Anwesenheit bei der Vernehmung des Beschuldigten durch die Staatsanwaltschaft oder den Richter einräumen, sind also unanwendbar. Entsprechend dem Grundgedanken der Nummer 2 Satz 2 (oben Rdn. 9), den Fortgang des Verfahrens nicht auszuschließen, wenn der Beschuldigte ein Interesse daran hat, auch ohne Anwesenheit des Verteidigers vernommen zu werden, z. B. in der Erwartung, bei seiner Vernehmung Verdachtsgründe ausräumen und Entlastungsanträge stellen zu können (§ 163 a Abs. 2 StPO), läßt Absatz 3 Nr. 3 eine Vernehmung des Beschuldigten zu, wenn sowohl er wie der Verteidiger auf die Anwesenheit des Verteidigers verzichten. Zur Anwesenheit der Kontaktperson vgl. § 34 a Abs. 2 Satz 2.

Nicht ausdrücklich geregelt ist, inwieweit die beabsichtigte **Vernehmung des Gefangenen als Zeuge** in einem Verfahren von der Kontaktsperre berührt wird. Diese Fälle bedurften, so die Entwurfsbegründung[12], „keiner gesonderten Regelung. Da die Vernehmung des Gefangenen in der Anstalt unzulässig ist und eine Vorführung zum Termin nicht erfolgt, ist der Gefangene für die Dauer der Unterbindung als Beweismittel unerreichbar". Dem ist für den Regelfall zuzustimmen[13], doch trifft dies nicht alle Fälle. Zwar widerstreitet es grundsätzlich dem Sinn der Kontaktsperre, den Gefangenen, und sei es auch innerhalb der Anstalt, für Zeugenvernehmungen zur Verfügung zu stellen. Eine Ausnahme wird man aber für die Fälle machen müssen, in denen die Zeugenvernehmung der Bekämpfung der Gefahrenlage dient, derentwegen die Feststellung erging (§ 31, 5). **12**

4. Verkündung eines Haftbefehls (Nummer 4). Die Vorschrift hat vor allem den Fall im Auge, daß eine Person, gegen die ein Haftbefehl besteht und die in die Feststellung einbezogen ist, erst nach Ergehen der Feststellung ergriffen wird und damit Gefangener im Sinne des § 34 Abs. 1 geworden ist (§ 31, 12). Sie gilt aber auch für die Fälle, in denen Überhaft zu vollstrecken ist. Nummer 4 ändert nichts an den allgemeinen Vorschriften über die Voraussetzungen, die Begründung (§ 114 StPO), die Bekanntgabe („Verkündung") eines Haftbefehls (§ 114 a StPO) und die richterliche Vernehmung des aufgrund des Haftbefehls ergriffenen Beschuldigten (§ 115 StPO). Nummer 4, als lex specialis gegenüber Nummer 3, stellt vielmehr klar, daß die nach §§ 115 Abs. 2, 115 a Abs. 2 Satz 1 StPO vorgeschriebene Beschuldigtenvernehmung stattzufinden hat, und bestimmt, daß der Verteidiger weder bei der Bekanntgabe noch bei der Vernehmung anwesend sein darf. Die Verkündung des Haftbefehls und die ergehende Entscheidung sind mitzuteilen, das wesentliche Ergebnis der Vernehmung nur, soweit dies den Zweck der Kontaktsperre nicht gefährdet. Wegen der Anwesenheit der Kontaktperson vgl. § 34 a, 8. Nummer 4 findet keine Anwendung in Fällen der vorläufigen Festnahme und nachfolgender richterlicher Vernehmung nach §§ 127 Abs. 2, 128 StPO. Solange ein Haftbefehl nicht vorliegt, kann sich die Feststellung nach § 31 nicht auf den Beschuldigten beziehen[14]. **13**

5. Mündliche Haftprüfung (Nummer 5). Die Haftprüfung nach §§ 117, 121, 122 StPO hat grundsätzlich auch während der Kontaktsperre stattzufinden. Für die mündliche Haftprüfung nach §§ 118, 118 a StPO und entsprechende mündliche Verhandlungen — vgl. §§ 122, 126 StPO, § 71 JGG — bestimmt Nummer 5, daß, soweit der Gefangene anwesend ist, der Verteidiger von der Anwesenheit ausgeschlossen ist; wegen der Anwesenheit der Kontaktperson vgl. § 34 a Abs. 2 Satz 2. Damit stellt das Gesetz zugleich klar, daß dem Gefangenen die Teilnahme an der mündlichen Haftprüfung zu ermöglichen ist, wobei geeignete Vorkehrungen gegen eine Durchbrechung der Abschottung zu treffen **14**

---

12 BTDrucks. **8** 935 S. 6.

13 *Kissel* 11; KK-*Kissel* 9; *Kleinknecht/Meyer-Goßner*[43] 7.

14 *Kissel* 12; KK-*Kissel* 10; *Kleinknecht/Meyer-Goßner*[43] 11.

sind[15]. Dieser Grundsatz erfährt freilich eine Einschränkung, soweit im Rahmen der mündlichen Haftprüfung eine Beweisaufnahme veranlaßt ist (§ 118 Abs. 3 Satz 2 StPO). Insoweit muß, soll nicht die Abschottung durchbrochen werden, dem Gefangenen die Anwesenheit in entsprechender Anwendung von Absatz 3 Nr. 2 Satz 1 verboten sein[16]. Nimmt der Gefangene an der Haftprüfung teil und ist der Verteidiger deshalb ausgeschlossen, so wird dem Verteidiger entsprechend Nummer 4 Satz 2 das Ergebnis der Haftprüfung und, soweit der Zweck der Kontaktsperre dadurch nicht gefährdet wird, auch das wesentliche Ergebnis der Verhandlung mitgeteilt; diese Einschränkung entfällt selbstverständlich, wenn der Haftbefehl aufgehoben und der Gefangene damit aus der Kontaktsperre entlassen ist. Bleibt der Haftbefehl aufrechterhalten, so können sowohl der Gefangene wie der Verteidiger nach Beendigung der Kontaktsperre und unabhängig von den Voraussetzungen des § 118 Abs. 3 StPO die Wiederholung der mündlichen Haftprüfung verlangen. Entsprechendes gilt für die anderen Anwendungsfälle der Nummer 5.

15 **6. Hauptverhandlungen (Nummer 6).** Daß Hauptverhandlungen während der in § 34 Abs. 1 bestimmten Zeit nicht stattfinden dürfen, ist, so die Entwurfsbegründung[17], „die notwendige Folge der Unterbrechung des Verkehrs mit der Außenwelt". Eine Hauptverhandlung im Sinne der Nummer 6 ist auch eine „mündliche Verhandlung", für die die Vorschriften über die Hauptverhandlung entsprechend gelten (vgl. z. B. § 441 Abs. 3 StPO). Hatte die Hauptverhandlung in dem nach § 34 Abs. 1 maßgeblichen Zeitpunkt bereits begonnen (§ 243 Abs. 1 StPO), so bewirkt das Verbot der Fortsetzung, daß kraft Gesetzes ein Stillstand (eine „Unterbrechung") bis zu dem Zeitpunkt eintritt, in dem der Gefangene, z. B. aufgrund Zurücknahme der Feststellung (§ 36 Satz 1) oder deren Nichtbestätigung innerhalb der Zweiwochenfrist (§ 35 Satz 1), nicht mehr einer Kontaktsperre unterliegt. Weniger klar ist die Bedeutung des Satzes 2, der bei erneuten Feststellungen gemäß § 36 Satz 5 nicht mehr anwendbar ist. Nummer 6 Satz 2 kann dahin verstanden werden, daß die Dauer einer durch das Fortsetzungsverbot kraft Gesetzes eingetretenen Unterbrechung 30 Tage — das entspricht nach § 36 Satz 2 der Wirkungsdauer einer bestätigten Feststellung — nicht überschreiten darf.

16 Betrug die **Dauer der** durch die Wirkungsdauer der Feststellung bedingten **Unterbrechung** nicht mehr als 30 Tage, so könnte die Hauptverhandlung fortgesetzt werden, und es könnte, wenn sie an mindestens 10 Tagen fortgesetzt wurde, gemäß Nummer 6 Satz 2 Halbsatz 2 in Verbindung mit § 229 Abs. 2 Satz 2 StPO die Hauptverhandlung durch Gerichtsbeschluß noch einmal auf die Dauer bis zu 30 Tagen unterbrochen werden[18]. Möglich erscheint nach dem Gesetzeswortlaut („darf unterbrochen werden") aber auch die Auslegung, die das „darf" als eine Ermächtigung des Gerichts versteht, so daß dieses bei Beginn der Kontaktsperre, deren Ende ja in diesem Zeitpunkt noch nicht absehbar ist, befugt wäre, die Hauptverhandlung (ohne die Voraussetzungen des § 229 Abs. 2 Satz 1 StPO) im Interesse eines geordneten Ablaufs auf die Dauer von 30 Tagen zu unterbrechen, und es bliebe dann die Unterbrechung auch bestehen, wenn die Dauer der Verbindungsunterbrechung vor Ablauf von 30 Tagen endet[19]. Die erstgenannte Auffassung verdient, da sie den Eingriff in die Konzentrationsmaxime auf das Unerläßliche beschränkt, den Vorzug. Auf jeden Fall muß Nummer 6 Satz 2 in Verbindung mit § 36 Satz 5 dahin verstanden werden, daß, wenn das Fortsetzungsverbot (Nummer 6 Satz 1) mehr als 30 Tage besteht (infolge erneuter Feststellung), bei endgültiger Beendigung der

---

15 *Kissel* 14; KK-*Kissel* 11.
16 *Kissel* 16; KK-*Kissel* 13.
17 BTDrucks. **8** 935 S. 5.
18 So *Kissel* 19; KK-*Kissel* 15.
19 So wohl *Katholnigg* 6.

Verbindungssperre gemäß § 229 Abs. 4 StPO mit der Hauptverhandlung von neuem zu beginnen ist[20].

Entscheidungen, die gegen den Gefangenen **außerhalb einer Hauptverhandlung** ergehen können, werden an sich, wie sich aus § 34 Abs. 3, Nrn. 4, 5 ergibt, durch die Kontaktsperre nicht ausgeschlossen. Es ist also z. B. möglich, einen Strafbefehl zu erlassen oder durch Beschluß eine Gesamtstrafe nachträglich zu bilden (§§ 460, 462 StPO); dann verlängert sich die Einspruchsfrist und die Frist der sofortigen Beschwerde (§ 462 Abs. 3 StPO) gemäß § 34 Abs. 2. 17

7. Das Verbot des Vollzugs von Unterbringungsanordnungen nach § 81 StPO (Nummer 7) beruht auf der Erwägung, so der Rechtsausschuß des Bundestags, daß „unter den Bedingungen einer Verkehrsunterbrechung eine Untersuchung kaum möglich wäre“[21]. Das weitere Argument, daß die erforderliche Abschottung in einem psychiatrischen Krankenhaus nur schwer möglich ist, hält der Gesetzgeber, wie § 38 zeigt, nicht für durchschlagend. Eine bereits begonnene Untersuchung ist abzubrechen; der Gefangene — nur wenn ein Haftbefehl besteht, kann er von der Feststellung erfaßt sein — ist in die zuständige Vollzugsanstalt zu verbringen. Auf die Unterbringung nach § 73 JGG ist die Regelung entsprechend anwendbar[22]. Nummer 7 hindert nicht die Anordnung der Unterbringung, sondern nur den Vollzug[23]. 18

8. Zulässigkeit schriftlichen Verkehrs mit Gericht und Staatsanwaltschaft (Nummer 8). Satz 1 bringt zum Ausdruck, daß es keinen Verkehr mit der Außenwelt, sondern einen Verkehr im justiziellen Innenbereich darstellt, wenn der Gefangene sich innerhalb des gegen ihn gerichteten Strafverfahrens **schriftlich** mit Anträgen, Gesuchen und Beschwerden an das Gericht oder die Staatsanwaltschaft wendet (vgl. auch § 37 Abs. 2). Der Begriff des Strafverfahrens ist hier wie in § 34 insgesamt eng zu verstehen und umfaßt nur den Abschnitt bis zum rechtskräftigen Abschluß des Verfahrens. Es bestehen aber keine Bedenken, Nummer 8 entsprechend dem Vorschlag *Katholniggs*[24] auf das Vollstreckungsverfahren entsprechend anzuwenden. Das Verbot, dem Verteidiger Einsicht in diese Schriftstücke zu gewähren (Satz 2), ist durch Gericht und Staatsanwaltschaft zu gewährleisten. Zu den Auswirkungen auf die Verteidigung vgl. oben Rdn. 5. Nummer 8 berührt nach Auffassung des Rechtsausschusses des Bundestags „selbstverständlich“ nicht die Ausübung des Petitionsrechts nach Artikel 17[25]. Tatsächlich ist die Ausübung des gemeinschaftlichen Petitionsrechts während der Kontaktsperre ausgeschlossen und das individuelle Petitionsrecht insoweit eingeschränkt, als bei der Aufnahme der Petition § 37 Abs. 2 Anwendung findet. Beides hat das Bundesverfassungsgericht[26] für verfassungsmäßig erklärt (§ 31, 6). 19

IV. Einwirkung der Verbindungsunterbrechung auf andere Rechtsstreite (Absatz 4)

Die Regelung des Absatzes 4 betrifft „andere“ Rechtsstreite und „andere“ gerichtliche Verfahren — im Gegensatz zu den Strafverfahren und anderen gerichtlichen Verfahren, für die die Vorschriften der Strafprozeßordnung als anwendbar erklärt sind und die den Gefangenen als Beschuldigten oder Verurteilten betreffen (§§ 31 Abs. 1, 34 Abs. 3). Es 20

---

20 *Katholnigg* 6; **a. A** *Jung* JuS **1977** 847.
21 BTDrucks. **8** 945 S. 2.
22 *Kleinknecht/Meyer-Goßner*[43] 14.
23 *Kissel* 21; KK-*Kissel* 17; *Katholnigg* 7; *Kleinknecht/Meyer-Goßner*[43] 14.
24 *Katholnigg* 8.
25 BTDrucks. **8** 945 S. 2.
26 BVerfGE **49** 64.

kann sich dabei um Strafverfahren handeln, z. B. wenn der Gefangene Privatkläger eines Privatklageverfahrens ist oder sich als Verletzter an dem Strafverfahren gegen einen Dritten beteiligt. Das Gesetz verfährt sehr pauschal, indem es für ausnahmslos alle gerichtlichen Verfahren einer Unterbrechung anordnet. Wegen der davon betroffenen Verfahren wird auf die Kommentierung bei *Kissel*[27] Bezug genommen. Das Gericht kann, um die Härte dieser Rechtsfolge zu mildern, einstweilige Maßnahmen treffen[28]. Ob es dabei ausschließlich zum Schutz des Gefangenen handeln darf[29] oder auch das Interesse des jeweiligen Gegners wahrnehmen darf[30], ist streitig. Auch wenn § 34 insgesamt den Schutz des Gefangenen erstrebt, ermöglicht der weite Wortlaut des Absatzes 4 doch die Auslegung, daß das Gericht zum Ausgleich übermäßiger Härten als Folge der Unterbrechung nach billigem Ermessen auch zugunsten des Gegners des Gefangenen tätig werden kann, der nicht weniger schutzwürdig ist als dieser.

V. Rechtsbehelfe

21 Meinungsverschiedenheiten über die Anwendung des § 34 sind nicht im Verfahren nach § 37 auszutragen. Die Anwendung des § 34 ist keine Maßnahme nach § 33. Vielmehr sind insoweit nur die in den jeweiligen Prozeßgesetzen eröffneten Rechtsbehelfe gegeben.

§ 34 a

(1) [1]Dem Gefangenen ist auf seinen Antrag ein Rechtsanwalt als Kontaktperson beizuordnen. [2]Der Kontaktperson obliegt, unter Wahrung der Ziele der nach § 31 getroffenen Feststellung, die rechtliche Betreuung des Gefangenen, soweit dafür infolge der nach § 33 getroffenen Maßnahmen ein Bedürfnis besteht; die Kontaktperson kann insbesondere durch Anträge und Anregungen auf die Ermittlung entlastender Tatsachen und Umstände hinwirken, die im Interesse des Gefangenen unverzüglicher Aufklärung bedürfen.

(2) [1]Soweit der Gefangene damit einverstanden ist, teilt die Kontaktperson dem Gericht und der Staatsanwaltschaft die bei dem Gespräch mit dem Gefangenen und im weiteren Verlauf ihrer Tätigkeit gewonnenen Erkenntnisse mit; sie kann im Namen des Gefangenen Anträge stellen. [2]Die Kontaktperson ist im Einverständnis mit dem Gefangenen befugt, an Vernehmungen und Ermittlungshandlungen teilzunehmen, bei denen der Verteidiger nach § 34 Abs. 3 Nr. 3, Nr. 4 Satz 1 und Nr. 5 Satz 1 nicht anwesend sein darf. [3]Die Kontaktperson darf Verbindung mit Dritten aufnehmen, soweit dies zur Erfüllung ihrer Aufgaben nach Absatz 1 unabweisbar ist.

(3) [1]Über die Beiordnung einer Kontaktperson und deren Auswahl aus dem Kreis der im Geltungsbereich dieses Gesetzes zugelassenen Rechtsanwälte entscheidet der Präsident des Landgerichts, in dessen Bezirk die Justizvollzugsanstalt liegt, innerhalb von 48 Stunden nach Eingang des Antrags. [2]Der Verteidiger des Gefangenen darf nicht beigeordnet werden. [3]Der Präsident ist hinsichtlich der Beiordnung und der Auswahl Weisungen nicht unterworfen; seine Vertretung richtet sich nach § 21 h

---

[27] *Kissel* 23 bis 27.

[28] Einzelheiten bei *Kissel* 28 ff.

[29] So *Kissel* 33; KK-*Kissel* 26.

[30] So *Katholnigg* 9.

des Gerichtsverfassungsgesetzes. [4]Dritte dürfen über die Person des beigeordneten Rechtsanwalts, außer durch ihn selbst im Rahmen seiner Aufgabenerfüllung nach Absatz 1 und 2, nicht unterrichtet werden. [5]Der beigeordnete Rechtsanwalt muß die Aufgaben einer Kontaktperson übernehmen. [6]Der Rechtsanwalt kann beantragen, die Beiordnung aufzuheben, wenn hierfür wichtige Gründe vorliegen.

(4) Der Gefangene hat nicht das Recht, einen bestimmten Rechtsanwalt als Kontaktperson vorzuschlagen.

(5) [1]Dem Gefangenen ist mündlicher Verkehr mit der Kontaktperson gestattet. [2]Für das Gespräch sind Vorrichtungen vorzusehen, die die Übergabe von Schriftstücken und anderen Gegenständen ausschließen.

(6) Der Gefangene ist bei Bekanntgabe der Feststellung nach § 31 über sein Recht, die Beiordnung einer Kontaktperson zu beantragen, und über die übrigen Regelungen der Absätze 1 bis 5 zu belehren.

Schrifttum. *Krekeler* Änderung des sogenannten Kontaktsperregesetzes, NJW **1986** 417.

Entstehungsgeschichte. § 34 a wurde eingefügt durch Artikel 1 des Gesetzes zur Änderung des Einführungsgesetzes zum Gerichtsverfassungsgesetz vom 4. 12. 1985 (BGBl. I S. 2141) und trat am 13. 12. 1985 in Kraft.

Übersicht

1. Grundgedanke der Vorschrift. Durch die Feststellung nach § 31 und deren Durch- 1
führung gemäß § 33 wird der Gefangene von jedweder Verbindung zur Außenwelt abgeschnitten. Gerade auch der Kontakt zum Verteidiger soll unterbunden werden. Der Gesetzgeber ging im Herbst 1977 davon aus, daß nur dann der mit dem Kontaktsperregesetz erstrebte Schutzzweck erreicht werden könne. Deshalb wurde damals ein bei der Beratung des Gesetzes im Deutschen Bundestag von der FDP eingebrachter Änderungsantrag, dem von der Kontaktsperre betroffenen Gefangenen einen Verteidiger beizuordnen, mit dem schriftlicher und mündlicher Verkehr möglich ist[1], als mit dem Grundanliegen der Kontaktsperre in Widerspruch stehend abgelehnt (Vor § 31, 9). § 34 a will die rechtliche Betreuung des Gefangenen verbessern, ohne den Schutz vor terroristischen Aktivitäten zu beeinträchtigen[2], beschreitet also einen mittleren Weg: Es bleibt dabei, daß die Verbindung zum Verteidiger unterbrochen ist, auch zu dem nach § 34 Abs. 3 Nr. 1 bestellten Verteidiger, und ebenso zu anwaltschaftlichen Beratern und Bevollmächtigten in anderen Rechtssachen. Dem Gefangenen wird, wenn er dies wünscht, in den Grenzen, die durch die Kontaktsperre bestimmt sind, aber eine anwaltliche Betreuung ermöglicht, was seine strafprozessuale Situation verbessern kann und ebenso seine Position in anderen rechtlichen Verfahren. Daß damit beim Schutzkonzept der Kontaktsperre gewisse Abstri-

[1] BTDrucks. **8** 962.

[2] Entwurfsbegründung BTDrucks. **10** 902 S. 4.

che gemacht werden[3], ist nicht zu leugnen. Dieses Schutzkonzept hat aber deshalb nicht seine Legitimation und seine verfassungsrechtliche Rechtfertigung verloren[4].

2 **2. Antragserfordernis.** Die anwaltliche Kontaktperson wird dem Gefangenen nach Absatz 1 Satz 1 nur auf Antrag beigeordnet. Über sein Antragsrecht ist der Gefangene gleichzeitig mit der Bekanntgabe der Feststellung nach § 31 zu belehren, Absatz 6. Das Gesetz regelt nicht, was zu geschehen hat, wenn der Gefangene den Antrag nach erfolgter Beiordnung zurücknimmt oder um Rücknahme der Beiordnung ersucht. Da die Kontaktperson im Interesse des Gefangenen tätig wird und bei der Erfüllung ihrer Aufgaben weitgehend auf das Einvernehmen mit dem Gefangenen angewiesen ist (§ 34 a Abs. 2 und dazu Rdn. 3), erscheint es sachgerecht, in diesem Fall die Beiordnung aufzuheben[5]. Ein erneuter Antrag ist unzulässig[6]; sonst könnte der Gefangene versuchen, durch wiederholte Anträge Einfluß auf die Auswahl der Kontaktperson zu gewinnen, was ihm nach Absatz 4 verwehrt ist. Verbindet der Gefangene seinen Antrag mit dem Vorschlag, einen bestimmten Rechtsanwalt als Kontaktperson beizuordnen, was nach Absatz 4 unzulässig ist, so ist zu klären, ob der Antrag dadurch bedingt sein soll, daß dem Vorschlag entsprochen wird[7]. Ist dies der Fall, muß der Antrag zurückgewiesen werden[8]; andernfalls ist der Vorschlag als unbeachtlich zu behandeln.

3 **3. Aufgabe der Kontaktperson (Absatz 1 Satz 2).** Die Aufgabe der anwaltlichen Kontaktperson ist in Absatz 1 Satz 2 Halbsatz 1 allgemein dahin umschrieben, daß sie unter Wahrung der Ziele der Kontaktsperre den Gefangenen rechtlich betreuen soll, soweit sich dafür durch die Abschottung gemäß § 33 ein Bedürfnis ergibt. Was mit rechtlicher Betreuung gemeint ist, erhellt einerseits daraus, daß dem Gefangenen nach Absatz 5 Satz 1 mündlicher Verkehr mit der Kontaktperson gestattet ist, andererseits daraus, daß die Kontaktperson entsprechend ihrem anwaltlichen Beruf in „rechtlicher" Beziehung tätig werden soll[9], also nicht in psychosozialer oder in politischer Hinsicht. Die Kontaktperson soll den Gefangenen in Rechtsfragen beraten und ihn darin unterstützen. Diese Aufgabe ist aber zeitlich durch die Dauer der Kontaktsperre begrenzt und auch gegenständlich eingeschränkt: Nur soweit gerade infolge der Kontaktsperre ein Bedürfnis dafür besteht, soll die Kontaktperson betreuend tätig werden. Beispielsfälle für ein solches Tätigwerden auf strafrechtlichem Gebiet nennt das Gesetz in Absatz 1 Satz 2 Halbsatz 2 und in Absatz 2 Satz 1 und 2. Auch in anderen als strafrechtlichen Rechtsangelegenheiten (vgl. § 34 Abs. 4) ist Betreuungsbedarf denkbar, so daß auch für einen Gefangenen, gegen den kein Strafverfahren läuft, der Antrag auf Beiordnung einer Kontaktperson sinnvoll sein kann[10]. Allerdings wird hier besonders darauf zu achten sein, daß die Betreuung gerade durch die Kontaktsperre veranlaßt ist, z. B. durch die in § 34 Abs. 4 angeordnete Unterbrechung zivilgerichtlicher Verfahren, und nicht nur bei Gelegenheit der Kontaktsperre in Anspruch genommen wird. Die anwaltliche Kontaktperson, die sich um ein Vertrauensverhältnis zu dem Gefangenen bemühen muß, wird hier freilich eine gewisse Flexibilität zeigen müssen und auch dürfen. Oberstes Gebot ist die Wahrung der Ziele der Kontaktsperre. Jede auf eine Durchbrechung der Kontaktsperre gerichtete Tätigkeit muß der Rechtsanwalt ablehnen und bei allen Aktivitäten darauf achten, daß er nicht ungewollt zum Nachrichtenmittler wird.

---

3 *Krekeler* NJW **1986** 418.

4 **A. A** wohl *Krekeler* NJW **1986** 418.

5 *Krekeler* NJW **1986** 418; *Katholnigg* 2; *Kleinknecht/Meyer-Goßner*[43] 1; vgl. auch Entwurfsbegründung BTDrucks. **10** 902 S. 7.

6 *Katholnigg* 2.

7 Bericht des Rechtsausschusses BTDrucks. **10** 3958 S. 7; *Katholnigg* 2.

8 **A. A** wohl *Kissel* 9; KK-*Kissel* 9.

9 Bericht des Rechtsausschusses BTDrucks. **10** 3958 S. 6 und *Kissel* 2; KK-*Kissel* 2; *Katholnigg* 3.

10 *Kissel* 2; KK-*Kissel* 2; *Katholnigg* 3.

4. Verhältnis zum Verteidiger. Die Kontaktperson ist, obzwar sie den Gefangenen auch und gerade in einem gegen diesen anhängigen Strafverfahren „rechtlich betreut" (Absatz 1 Satz 2), kein Verteidiger. Sie steht neben dem Verteidiger, den der Gefangene, gegen den ein Strafverfahren geführt wird, stets hat, sei es, weil er schon bevor die Feststellung nach § 31 getroffen wurde, einen Verteidiger hatte, sei es, weil ihm nach Wirksamwerden der Feststellung ein Verteidiger nach § 34 Abs. 3 Nr. 1 bestellt wurde. Die Kontaktperson soll auszugleichen versuchen, daß der Verteidiger aufgrund der Kontaktsperre nur eingeschränkt für den Gefangenen tätig werden kann. Andererseits kann die Kontaktperson durch ihr Tätigwerden das Konzept der Verteidigung stören oder gar unterlaufen[11]. Eine Absprache der Kontaktperson mit dem Verteidiger wird regelmäßig gegen das Ziel der Kontaktsperre verstoßen und deshalb unzulässig sein. Der potentielle Konflikt mit dem Verteidiger ist deshalb auf diesem Weg in der Regel nicht auflösbar[12]. Die Kontaktperson muß sich dieses möglichen Konflikts bewußt sein. 4

5. Befugnisse der Kontaktperson

a) Ermittlung entlastender Umstände. Nach Absatz 1 Satz 2 Halbsatz 2 kann die Kontaktperson auf die Ermittlung entlastender Tatsachen und Umstände hinwirken, die im Interesse des Gefangenen unverzüglicher Aufklärung bedürfen, etwa weil sonst ein Beweismittelverlust droht. Dabei ist in erster Linie an das Strafverfahren gedacht, und insoweit besteht dann auch die Gefahr, das Konzept des Verteidigers zu stören. Die Regelung bezieht sich aber auch auf Tatsachen und Umstände, die den Gefangenen in bezug auf die Kontaktsperre „entlasten" können, also für ein Verfahren nach § 37 bedeutsam sind[13]. Die Kontaktperson kann auf die Ermittlung entlastender Umstände durch Anträge und Anregungen an Staatsanwaltschaft und Gericht hinwirken. Es ist ihr, soweit das unter Wahrung der Ziele der Kontaktsperre möglich ist, auch nicht verwehrt, eigene Ermittlungen anzustellen. Soweit es dazu einer Kontaktaufnahme mit Dritten bedarf, gilt Absatz 2 Satz 3, der gerade für solche Fälle gedacht ist[14]. Die Kontaktaufnahme muß „unabweisbar" sein, was nur in besonderen Ausnahmefällen bejaht werden kann[15]. Nach dem Wortlaut des Gesetzes bedarf die Kontaktperson für ein Hinwirken auf die Ermittlung entlastender Umstände nicht des Einverständnisses des Gefangenen. Nur wenn sie dabei im Namen des Gefangenen Anträge stellt, läßt sich ein solches Erfordernis aus Absatz 2 Satz 1 Halbsatz 2 begründen[16]. Wegen der Gefahr, durch eine solche Einschaltung in die Ermittlungen die bisherige, der Kontaktperson unbekannte Verteidigungslinie des Gefangenen und seines Verteidigers zu stören, wird die Kontaktperson aber auf eine Abstimmung mit dem Gefangenen achten müssen. 5

b) Mitteilungen an Gerichte und Staatsanwaltschaften. Mit Einverständnis des Gefangenen hat die Kontaktperson Erkenntnisse, die sie bei dem Gespräch mit dem Gefangenen und dem weiteren Verlauf ihrer Tätigkeit gewonnen hat, Gericht und Staatsanwaltschaft mitzuteilen. Der Gefangene wird sein Einverständnis nur erteilen, wenn es Erkenntnisse sind, die für ihn günstig sind, sei es im Hinblick auf das Strafverfahren, sei es im Hinblick auf ein Verfahren nach § 37. Dahingehend hat ihn die Kontaktperson auch zu beraten, zumal ihr selbst, wenn der Gefangene eingewilligt hat, kein Spielraum mehr verbleibt („teilt mit"). 6

---

11 *Krekeler* NJW **1986** 418.

12 Anders wohl *Kissel* 2; KK-*Kissel* 2.

13 *Kissel* 3; KK-*Kissel* 3.

14 Entwurfsbegründung BTDrucks. **10** 902 S. 4; *Katholnigg* 4.

15 *Kissel* 6; KK-*Kissel* 6; *Katholnigg* 4; *Kleinknecht/Meyer-Goßner*[43] 6.

16 Vgl. *Katholnigg* 3.

7 **c) Anträge.** Ebenfalls mit Einverständnis des Gefangenen kann die Kontaktperson im Namen des Gefangenen Anträge stellen. Auch hier sind Anträge in bezug auf das Strafverfahren und Anträge in bezug auf die Kontaktsperre gemeint[17]. Bei Anträgen in bezug auf das Strafverfahren wird die Kontaktperson mit Rücksicht auf ein etwa entgegenstehendes Verteidigungskonzept dem Gefangenen zur Vorsicht raten.

8 **d) Teilnahme an Vernehmungen und Ermittlungshandlungen.** Nach § 34 Abs. 3 Nr. 3, Nr. 4 und Nr. 5 Satz 1 ist der Verteidiger während der Kontaktsperre von der Anwesenheit bei den dort genannten Vernehmungen und Ermittlungshandlungen ausgeschlossen. Für diese Fälle bestimmt Absatz 2 Satz 2, daß die Kontaktperson teilnehmen kann, wenn der Gefangene damit einverstanden ist. Naturgemäß kann die Anwesenheit der Kontaktperson, so wertvoll sie dem Gefangenen im Einzelfall ist, die des Verteidigers nicht ersetzen. Die Schutzvorschriften des § 34 Absatz 3 Nr. 4 Satz 2 und Nr. 5 Satz 2 zugunsten der Verteidigung bleiben deshalb unberührt, wenn die Kontaktperson anwesend ist[18]. Nicht erwähnt ist in Absatz 2 Satz 2 der Fall des § 34 Abs. 3 Nr. 2 Satz 1 Halbsatz 2. *Kissel*[19] hält dies für ein Redaktionsversehen, das im Wege der Auslegung zu korrigieren sei. Dem kann nicht gefolgt werden. § 34 Abs. 3 Nr. 2 Halbsatz 2 schließt den Verteidiger von Ermittlungshandlungen aus, bei denen ein von der Feststellung nach § 31 erfaßter Mitgefangener anwesend ist. Das Gesetz geht davon aus, daß der Kontakt des Verteidigers mit einem der Kontaktsperre unterliegenden Mitgefangenen den Schutzzweck der Kontaktsperre gefährdet. Eine Gefährdung dieses Schutzzwecks kann auch dann nicht ausgeschlossen werden, wenn die Kontaktperson in eine Verbindung zu einem Mitgefangenen tritt, der der Kontaktsperre unterliegt, und damit, über die Kontaktperson, eine Verbindung zweier der Kontaktsperre unterliegender Gefangener hergestellt wird. Die Fassung des Absatzes 2 Satz 2 läßt sich also mit nachvollziehbaren Sicherheitserwägungen rechtfertigen.

9 **e) Verbindung mit Dritten.** Absatz 2 Satz 3 erlaubt der Kontaktperson, Verbindung mit Dritten aufzunehmen, soweit dies zur Erfüllung ihrer Aufgaben unabweisbar ist. Gemeint ist die Kontaktaufnahme des Rechtsanwalts mit Dritten in seiner Eigenschaft als Kontaktperson, in erkennbarer Bezugnahme auf diese Aufgabe. In diesem Sinn will das Gesetz das Herantreten der Kontaktperson an Dritte, gerade auch an den Verteidiger, wegen der darin liegenden Gefahren auf ein Minimum beschränken. Hier beansprucht die Leitlinie für die Tätigkeit der Kontaktperson, daß die Ziele der nach § 31 getroffenen Feststellung zu wahren sind, besondere Geltung[20].

10 **f) Verkehr mit dem Gefangenen.** Mit dem Gefangenen ist der Kontaktperson nach Absatz 5 Satz 1 mündlicher Verkehr gestattet. Schriftverkehr und die Übergabe von Schriftstücken und anderen Gegenständen sind ausgeschlossen. Für das mündliche Gespräch sind Vorrichtungen vorzusehen, wie sie auch § 148 Absatz 2 Satz 3 StPO vorsieht („Trennscheibe"), durch die die Übergabe von Schriftstücken und anderen Gegenständen ausgeschlossen wird, Absatz 5 Satz 2.

11 **6. Auswahl und Stellung der Kontaktperson.** Nur Rechtsanwälte können als Kontaktperson bestellt werden. Jeder in Deutschland zugelassene Rechtsanwalt kann bestellt werden, Absatz 3 Satz 1. Der Verteidiger des Gefangenen scheidet allerdings als Kontaktperson aus, Absatz 3 Satz 2; dem Sinn dieser Regelung entspricht es, auch die Verteidiger der von der Kontaktsperre erfaßten Mitgefangenen als Kontaktperson auszuschließen[21].

---

[17] *Kissel* 3; KK-*Kissel* 3.
[18] *Kissel* 5.
[19] *Kissel* 5; KK-*Kissel* 5.
[20] *Kissel* 6; KK-*Kissel* 6; *Katholnigg* 4; *Kleinknecht/Meyer-Goßner*[43] 6.
[21] *Katholnigg* 5.

Unzulässig ist die Beiordnung einer Kontaktperson für mehrere Gefangene[22]. Der beigeordnete Rechtsanwalt ist nach Absatz 3 Satz 5 verpflichtet, die Aufgabe der Kontaktperson zu übernehmen. Er kann bei Vorliegen wichtiger Gründe beantragen, die Beiordnung aufzuheben, Absatz 3 Satz 6. Man wird, das ist im Gesetz nicht geregelt, aber auch eine Aufhebung der Beiordnung von Amts wegen zulassen müssen, wenn dafür ein wichtiger Grund vorliegt, der Rechtsanwalt etwa wegen Krankheit ausfällt oder seine Aufgabe grob mangelhaft wahrnimmt[23]. Zum Schutz der Kontaktperson bestimmt Absatz 3 Satz 4, daß Dritte über die Person des beigeordneten Rechtsanwalts nicht unterrichtet werden dürfen; dadurch soll verhindert werden, daß die Kontaktperson zum Opfer nötigender Anschläge wird. Der Rechtsanwalt selbst darf im Rahmen der Aufgabenerfüllung nach Absätzen 1 und 2 seine Beiordnung als Kontaktperson offenbaren, wobei er freilich die vorrangige Wahrung der Ziele der Kontaktsperre (Absatz 1 Satz 2) und die Schranke der „Unabweisbarkeit" (Absatz 2 Satz 3) zu beachten hat. Als Vergütung für die Tätigkeit als Kontaktperson erhält der Rechtsanwalt nach § 97 a Abs. 1 Satz 1 BRAGebO aus der Staatskasse das Zweifache der Höchstgebühr des § 83 Abs. 1 Nr. 1 BRAGebO. Für eine besonders umfangreiche Tätigkeit kann das Oberlandesgericht auf Antrag eine höhere Gebühr bewilligen (§ 97 a Abs. 1 Satz 2 BRAGebO)[24].

7. Zuständigkeit und Verfahren. Zuständig zur Beiordnung der Kontaktperson ist nach Absatz 3 Satz 1 der Präsident des Landgerichts, in dessen Bezirk die Justizvollzugsanstalt liegt, in der der Gefangene verwahrt wird; über den Antrag muß binnen 48 Stunden nach Eingang des Antrags entschieden werden. Absatz 3 Satz 3 bestimmt, daß der Präsident des Landgerichts hinsichtlich der Auswahl und der Beiordnung der Kontaktperson Weisungen nicht unterworfen ist; seine Vertretung richtet sich nach § 21 h GVG. Daraus folgert *Katholnigg*[25], daß der Präsident insoweit als Rechtsprechungsorgan handle, womit eine Anfechtung nach § 23 ausgeschlossen wäre; die Unanfechtbarkeit der Entscheidung über die Beiordnung sei im Interesse des Schutzzwecks der Kontaktsperre auch ein erwünschtes Ergebnis. Demgegenüber geht die Entwurfsbegründung davon aus, daß der Präsident des Landgerichts als Organ der Justizverwaltung handelt mit der Folge, daß seine Maßnahme nach § 23 anfechtbar ist[26]. Dem folgt die heute überwiegende Meinung[27]. Sie überzeugt systematisch und führt auch nicht zu einem unbefriedigenden Ergebnis. Mag ein fehlerhafter Gebrauch des Auswahlermessens (§ 28 Abs. 3) durch den Präsidenten des Landgerichts angesichts der Weite seines Ermessensspielraums sehr ferne liegen[28] und die gesetzliche 48-Stunden-Frist für eine alsbaldige Entscheidung des Landgerichtspräsidenten sorgen, so ist andererseits nicht zu erkennen, welche ernsthaften Nachteile für die Kontaktsperre sich aus der Anrufung des Strafsenats des Oberlandesgerichts sollen ergeben können. Für den Antrag nach § 23 gilt § 37 Abs. 2 entsprechend, da der Gefangene auch insoweit rechtlicher Beratung bedarf. **12**

8. Belehrung des Gefangenen. Nach Absatz 6 ist der Gefangene bei Bekanntgabe der Kontaktsperre nicht nur über sein Recht, die Beiordnung einer Kontaktperson zu beantragen, zu belehren, sondern über den gesamten Inhalt des § 34 a. Zweckmäßig wird dies durch Übergabe des Gesetzestextes geschehen[29]. **13**

---

22 Entwurfsbegründung BTDrucks. **10** 902 S. 8; *Kleinknecht/Meyer-Goßner*[43] 2.

23 Entwurfsbegründung BTDrucks. **10** 902 S. 8.

24 *Krekeler* NJW **1986** 41.

25 *Katholnigg* 6.

26 BTDrucks. **10** 902 S. 5.

27 *Kissel* 12; KK-*Kissel* 12; *Kleinknecht/Meyer-Goßner*[43] 8.

28 *Katholnigg* 6.

29 *Katholnigg* 8.

§ 35

[1]Die Feststellung nach § 31 verliert ihre Wirkung, wenn sie nicht innerhalb von zwei Wochen nach ihrem Erlaß bestätigt worden ist. [2]Für die Bestätigung einer Feststellung, die eine Landesbehörde getroffen hat, ist ein Strafsenat des Oberlandesgerichts zuständig, in dessen Bezirk die Landesregierung ihren Sitz hat, für die Bestätigung einer Feststellung des Bundesministers der Justiz ein Strafsenat des Bundesgerichtshofes; § 25 Abs. 2 gilt entsprechend.

Entstehungsgeschichte. S. Vor § 31, 1 bis 9.

Übersicht

1. Das Bestätigungsverfahren

1 **a) Antragserfordernis.** Das Gesetz sieht bereits für die den Unterbrechungsmaßnahmen nach § 33 zugrunde liegende Feststellung nach § 31 eine gerichtliche Nachprüfung in Form des Bestätigungsverfahrens vor (§ 31, 17). Abgesehen von der Bestimmung des für die Bestätigung örtlich und sachlich zuständigen Gerichts und der Art des zur Entscheidung berufenen Spruchkörpers (Satz 2) sind die Einzelheiten des Verfahrens nicht geregelt. Insbesondere fehlt es an einer Bestimmung, wie das Verfahren in Gang gesetzt wird. § 34 des ursprünglichen Entwurfs sah vor, daß die Feststellung nach § 31 ihre Wirkung verliere, wenn nicht innerhalb einer Woche nach ihrem Erlaß ihre Bestätigung beantragt worden sei, ohne aber zu bestimmen, wer antragsberechtigt sei. Der Rechtsausschuß des Bundestags änderte dies ab. Ein Antrag als Voraussetzung des Verfahrens wird nicht mehr erwähnt. „Der Rechtsausschuß geht dabei davon aus, daß es unnötig ist, die feststellende Behörde im Gesetz zu verpflichten, einen Antrag zu stellen.“[1] Das wird dahin zu verstehen sein, daß das Bestätigungsverfahren einen Antrag der feststellenden Behörde voraussetzt. Die feststellende Behörde ist aber nicht gezwungen, einen Bestätigungsantrag zu stellen. Sie kann davon absehen, wenn sie kein Bedürfnis für eine zwei Wochen überschreitende Dauer der Feststellungswirkung sieht[2]. Dann ist gerichtliche Kontrolle nur durch § 37 gewährleistet. Allerdings wird die Behörde den Eindruck zu vermeiden haben, sie scheue das gerichtliche Bestätigungsverfahren. Jedenfalls läßt sich aus dem Gesetzeswortlaut nichts dafür entnehmen, daß das zuständige Gericht von Amts wegen binnen zwei Wochen nach dem Ergehen der Feststellung über die Bestätigung zu entscheiden hätte; das widerspräche auch allen verfahrensrechtlichen Grundsätzen.

2 **b) Umfang der Nachprüfung.** Da es sich, wie das Bundesverfassungsgericht[3] festgestellt hat, bei den in § 31 Satz 1 normierten Voraussetzungen der Feststellung und bei den in § 31 Satz 2 und 3 bestimmten Grenzen für die Einbeziehung von Gefangenen in die Feststellung um unbestimmte Rechtsbegriffe handelt (§ 31, 14), prüft der Senat insoweit

[1] Bericht des Rechtsausschusses BTDrucks. **8** 945 S. 2, 3.

[2] **A. A** *Kleinknecht/Meyer-Goßner*[43] 3: „verpflichtet“; wie hier *Kissel* 4; KK-*Kissel* 4.

[3] BVerfGE **49** 66.

die Feststellungsentscheidung in vollem Umfang nach. Dagegen unterliegt die Ermessensentscheidung, ob, bei gegebenen Voraussetzungen, eine Feststellung getroffen werden soll und welche der Gefangenen, bei denen die Voraussetzungen für eine Einbeziehung gegeben sind, tatsächlich einbezogen werden, nur beschränkter Nachprüfung, § 28 Abs. 3. So ist der Bundesgerichtshof in dem bisher einzigen Bestätigungsverfahren auch vorgegangen[4].

c) Verfahren. Beteiligt an dem Verfahren ist nur die Stelle, die die Feststellung getroffen hat. Nicht beteiligt sind die durch die Feststellung Betroffenen[5]. Sie sind darauf verwiesen, ihre Rechte — auch durch Angehen gegen die Feststellung — im Rahmen des § 37 wahrzunehmen (dazu § 37, 1). Die Nichtbeteiligung der Betroffenen schließt aber nicht aus, daß der Strafsenat unaufgefordert eingereichte Schriftsätze ihrer Verteidiger in seine Erwägung einbezieht. So ist der Bundesgerichtshof jedenfalls verfahren[6]. In Ermangelung von Verfahrensvorschriften ist es dem Gericht überlassen, das Verfahren nach seinem Ermessen zu gestalten; eine Anlehnung an die Vorschriften der Strafprozeßordnung über das Beschwerdeverfahren, auf die § 29 Abs. 2 verweist, bietet sich an. *Kissel*[7] hält die §§ 29, 30 für unmittelbar anwendbar. Es gelten jedenfalls die Grundsätze des Freibeweises, so daß sich der Senat aller ihm zur Verfügung stehender Erkenntnisquellen wie z. B. Urkunden, offenkundiger oder dem Senat aus anderen Strafverfahren bekannter Tatsachen bedienen kann[8]. Die Feststellungsbehörde kann sich in dem Verfahren nach allgemeinen Grundsätzen vertreten lassen, insbesondere auch durch die zuständige Staatsanwaltschaft[9]. Die Entscheidung ergeht mit einfacher Stimmenmehrheit durch Beschluß. 3

2. Zuständigkeit. Die Zuständigkeitsregelung des Satzes 2 knüpft, soweit der Strafsenat des Oberlandesgerichts zuständig ist, an die in § 120 GVG getroffene Regelung an; damit soll die Sachkunde des Staatsschutzstrafsenats, die er aus der Befassung mit den in § 120 Abs. 1 Nr. 6 GVG bezeichneten Straftaten gewonnen hat, nutzbar gemacht werden. Diesem Zweck entspricht es, daß durch den Geschäftsverteilungsplan dem Staatsschutzstrafsenat auch die Entscheidung im Bestätigungsverfahren übertragen wird. Allerdings ist ein Strafsenat des Oberlandesgerichts, in dessen Bezirk die feststellende Landesregierung ihren Sitz hat, auch dann für die Bestätigung zuständig, wenn durch eine Vereinbarung gemäß § 120 Abs. 5 Satz 2 GVG die Zuständigkeit dieses Oberlandesgerichts, die ihm nach § 120 Abs. 1 GVG zustünde, dem Oberlandesgericht eines anderen Landes übertragen worden ist. Der im ursprünglichen Entwurf noch nicht enthaltene und erst vom Rechtsausschuß des Bundestags hinzugefügte Halbsatz 2 des Satzes 2 ermöglicht lediglich Bayern für das Bayerische Oberste Landesgericht eine parallele Gestaltung der Zuständigkeit nach § 120 GVG (vgl. § 9 Satz 2 EGGVG) mit derjenigen nach § 35 Satz 2. Bayern hat davon Gebrauch gemacht und die Zuständigkeit des Bayerischen Obersten Landesgerichts begründet, Artikel 11 Abs. 2 Nr. 4 BayAGGVG. 4

3. Entscheidung. Die Entscheidung lautet auf Bestätigung oder Aufhebung der Feststellung. Auch eine Teilbestätigung ist möglich in der Weise, daß die Einbeziehung bestimmter Gefangener bestätigt wird, anderer nicht. So ist der Bundesgerichtshof[10] seinerzeit verfahren. Entgegen *Kissel*[11] ist es dagegen nicht möglich, auch hinsichtlich des 5

[4] BGHSt **27** 277.

[5] BVerfGE **49** 50; BGHSt **27** 280; *Kissel* 5; KK-*Kissel* 5; *Katholnigg* 1; *Kleinknecht/Meyer-Goßner*[43] 3; § 31, 17.

[6] BGHSt **27** 280.

[7] *Kissel* 4; KK-*Kissel* 4; ebenso *Kleinknecht/Meyer-Goßner*[43] 3.

[8] So auch BGHSt **27** 277.

[9] *Katholnigg* 1; *Kleinknecht/Meyer-Goßner*[43] 3.

[10] BGHSt **27** 279.

[11] *Kissel* 6; KK-*Kissel* 6.

Inhalts der Kontaktsperre eine Teilbestätigung auszusprechen (§ 31, 15). Eine Bestätigung verhindert, wenn sie rechtzeitig ist, das Wirkungsloswerden der Feststellung und hat im übrigen die in § 36 genannten Wirkungen (§ 36, 2 bis 5). Rechtzeitig ist die Bestätigung, wenn sie innerhalb von zwei Wochen nach Erlaß der Feststellung erfolgt. Für die Fristberechnung ist § 36 Satz 2 Halbsatz 2 heranzuziehen; die Frist beginnt also („nach") mit Ablauf des Tages, an dem die Feststellung getroffen wurde[12]. Wird die Feststellung nicht bestätigt, so bleibt es nicht etwa beim Status quo, vielmehr ist die Feststellung — nur das entspricht dem Sinn des Bestätigungsverfahrens — aufzuheben und verliert damit ex nunc ihre Wirkung. Alle auf der Grundlage der Feststellung getroffenen Unterbrechungsmaßnahmen gemäß § 33 sind sofort aufzuheben[13].

6 **Maßgebender Zeitpunkt** für die Beurteilung der Feststellung ist der Zeitpunkt der gerichtlichen Entscheidung, nicht der der Feststellung[14]. Das ergibt sich aus § 36 Satz 1. War die Feststellung ursprünglich rechtmäßig, sind ihre Voraussetzungen aber weggefallen, wird der Senat dies, wenn die Feststellungsbehörde es beantragt, in den Gründen der aufhebenden Entscheidung auszusprechen haben, weil hieran ein erhebliches öffentliches Interesse bestehen kann[15]. Anders liegt der Fall, wenn die Feststellungsbehörde selbst im Rahmen ihrer fortlaufenden Prüfungspflicht nach § 36 Satz 1 die Feststellung während des laufenden Bestätigungsverfahrens zurücknimmt. Damit hat sich das Bestätigungsverfahren erledigt. Die nachträgliche Überprüfung einer erledigten Feststellung entsprechend § 28 Abs. 1 Satz 4 sieht das Gesetz nicht vor. Eine Entscheidung über Kosten und Auslagen ist nicht vorgesehen. Die Kosten trägt in jedem Fall die Staatskasse[16]. Die Entscheidung ist nicht anfechtbar. Sie ist zu begründen und wird der Feststellungsbehörde und, nach Maßgabe des § 37 Abs. 3, den betroffenen Gefangenen sowie ihren Verteidigern bekanntgemacht[17].

§ 36

[1]Die Feststellung nach § 31 ist zurückzunehmen, sobald ihre Voraussetzungen nicht mehr vorliegen. [2]Sie verliert spätestens nach Ablauf von dreißig Tagen ihre Wirkung; die Frist beginnt mit Ablauf des Tages, unter dem die Feststellung ergeht. [3]Eine Feststellung, die bestätigt worden ist, kann mit ihrem Ablauf erneut getroffen werden, wenn die Voraussetzungen noch vorliegen; für die erneute Feststellung gilt § 35. [4]War eine Feststellung nicht bestätigt, so kann eine erneute Feststellung nur getroffen werden, wenn neue Tatsachen es erfordern. [5]§ 34 Abs. 3 Nr. 6 Satz 2 ist bei erneuten Feststellungen nicht mehr anwendbar.

Entstehungsgeschichte. S. Vor § 31, 1 bis 9.

Übersicht

[12] *Kissel* 1; KK-*Kissel* 1; *Kleinknecht/Meyer-Goßner*[43] 1.

[13] *Kissel* 2; KK-*Kissel* 2; *Katholnigg* 1.

[14] *Kissel* 6; KK-*Kissel* 6; *Katholnigg* 1; *Kleinknecht/Meyer-Goßner*[43] 4.

[15] Ähnlich *Katholnigg* 1.

[16] *Kissel* 6; KK-*Kissel* 6; *Kleinknecht/Meyer-Goßner*[43] 4.

[17] BVerfGE **49** 67.

1. Rücknahmepflicht. Satz 1 statuiert die Verpflichtung der Feststellungsbehörde, die Feststellung fortlaufend darauf zu kontrollieren, ob ihre Voraussetzungen noch vorliegen[1]. Ist dies nicht der Fall, ist die Feststellung zurückzunehmen. Die Verpflichtung besteht auch während eines laufenden Bestätigungsverfahrens, das mit der Rücknahme seine Erledigung findet (§ 35, 6). 1

2. Dauer der Feststellungswirkung. Das Gesetz sieht mehrere zeitliche Begrenzungen der Feststellungswirkung vor. Sieht die feststellende Behörde davon ab, rechtzeitig die Bestätigung zu beantragen, so endet die Wirkung mit Ablauf von zwei Wochen nach Erlaß der Feststellung (§ 35, 1). Ergeht eine Entscheidung im Bestätigungsverfahren, so endet die Wirkung alsbald, wenn und soweit die Feststellung nicht bestätigt wird. Wird die Feststellung bestätigt, so endet die Wirkung nach Ablauf von 30 Tagen, beginnend mit Ablauf des Tages, unter dem die Feststellung erging. Schon vor Ablauf der Zweiwochen- und der Dreißigtagefrist endet die Wirkung, wenn die Behörde ihre Feststellung zurücknimmt. 2

3. Erneute Feststellung

a) Grundsatz. Feststellungen nach § 31 können jeweils so oft getroffen werden, als bei neuen Fällen von Entführungen, Gefangenenbefreiung usw. die Voraussetzungen des § 31 gegeben sind. Das bedurfte keiner besonderen Regelung. Die Vorschriften in § 36 Satz 3 und 4 befassen sich vielmehr mit der Frage, was Rechtens ist, wenn eine bestätigte Feststellung gemäß § 36 Satz 1 nach Ablauf der Dreißigtagedauer ihre Wirkung verliert, die Feststellungsbehörde aber die Fortdauer der Kontaktsperre für geboten hält oder wenn eine Feststellung nicht bestätigt wurde, die Feststellungsbehörde aber eine alsbaldige nochmalige Feststellung aufgrund neuer Tatsachen für geboten hält. 3

b) Ist **eine Feststellung gemäß § 35 bestätigt worden**, so kann die Feststellungsbehörde mit deren Ablauf — so daß also die Kontaktsperre ohne Unterbrechung bestehenbleibt — eine erneute Feststellung nach § 31 treffen. Diese Feststellung bedarf, nicht anders als die vorausgegangene erste Feststellung, wenn sie nicht zwei Wochen nach ihrem Erlaß ablaufen soll, einer Bestätigung nach § 35. Im neuen Bestätigungsverfahren ist, ohne Bindung an die erste Bestätigungsentscheidung, die erneute Feststellung auf ihre Rechtmäßigkeit nachzuprüfen, wobei sich das Gewicht der Nachprüfung wohl darauf verlagern wird, ob die in dem vorangegangenen Bestätigungsbeschluß bejahten Voraussetzungen der Feststellung noch vorliegen. Auch für diese bestätigte erneute Feststellung gilt wiederum die Vorschrift des § 36 Satz 2, daß sie ihre Wirkung spätestens mit Ablauf der Dreißigtagefrist verliert. Das Gesetz schließt nicht aus, daß eine Wiederholung der Feststellung mehrfach — theoretisch beliebig oft — stattfindet; praktisch erscheint eine über einen langen Zeitraum ununterbrochen anhaltende Kontaktsperre bei Berücksichtigung des Grundsatzes der Verhältnismäßigkeit kaum denkbar. 4

c) War eine **Feststellung nicht bestätigt worden** — gleichviel ob ein Bestätigungsantrag unterblieb, die Feststellung vor der Bestätigungsentscheidung zurückgenommen oder die Bestätigung abgelehnt wurde —, so kann die Feststellungsbehörde eine gleiche Feststellung erneut nur treffen, wenn neue Tatsachen es erfordern. Mit dem Erfordernis neuer Tatsachen sollte klargestellt werden, wie es im Bericht des Rechtsausschusses des Bundestags heißt, daß die nicht bestätigte Feststellung „nur bei einer Veränderung der tatsächlichen Verhältnisse, nicht der bloßen Beurteilung der Sachlage erneut getroffen werden 5

---

[1] *Kissel* 1; KK-*Kissel* 1.

kann. Dabei geht der Ausschuß davon aus, daß auch das Auftauchen neuer Beweismittel für die in § 31 bezeichneten Voraussetzungen neue Tatsachen darstellen"[2]. Diese erneute Feststellung verpflichtet dann ausnahmsweise (§ 35, 1) die Feststellungsbehörde, einen Antrag auf gerichtliche Bestätigung zu stellen. Denn sonst wäre es möglich, daß die Feststellungsbehörde, die zunächst die Beantragung der Bestätigung unterläßt, bei Ablauf der Zweiwochenfrist eine erneute, auf § 36 Satz 4 gestützte Feststellung trifft und durch erneute Unterlassung des Bestätigungsantrags eine Sperre von vier Wochen herbeiführt; das aber widerspräche § 36 Satz 2, der zeigt, daß nur auf der Grundlage einer bestätigten Feststellung eine länger andauernde Verbindungsunterbrechung zulässig sein soll.

§ 37

(1) Über die Rechtmäßigkeit einzelner Maßnahmen nach § 33 entscheidet auf Antrag ein Strafsenat des Oberlandesgerichts, in dessen Bezirk die Landesregierung ihren Sitz hat.

(2) Stellt ein Gefangener einen Antrag nach Absatz 1, so ist der Antrag von einem Richter bei dem Amtsgericht aufzunehmen, in dessen Bezirk der Gefangene verwahrt wird.

(3) [1]Bei der Anhörung werden Tatsachen und Umstände soweit und solange nicht mitgeteilt, als die Mitteilung den Zweck der Unterbrechung gefährden würde. [2]§ 33 a der Strafprozeßordnung gilt entsprechend.

(4) Die Vorschriften des § 23 Abs. 2, des § 24 Abs. 1, des § 25 Abs. 2 und der §§ 26 bis 30 gelten entsprechend.

Entstehungsgeschichte. S. Vor § 31, 1 bis 9.

Übersicht

1 **1. Verhältnis zum Verfahren nach § 35.** Während das Bestätigungsverfahren des § 35 die Nachprüfung der Rechtmäßigkeit der gemäß § 31 getroffenen Feststellung zum Gegenstand hat, regelt § 37 die Nachprüfung der Rechtmäßigkeit der Einzelmaßnahmen, die gemäß § 33 in Befolgung der Feststellung von den zuständigen Behörden der Länder getroffen worden sind. Dabei erhebt sich die Frage, welche Bedeutung einer nach § 35 erfolgten Bestätigung für die Anwendung des § 37 zukommt. Die Begründung des ursprünglichen Entwurfs bemerkte dazu lediglich: „Zwar kann die Anfechtung (nach § 37) darauf gestützt werden, daß der Gefangene nicht zu dem nach § 31 Satz 2 erfaßten Personenkreis gehört; sie kann aber nicht darauf gestützt werden, daß von ihm, obwohl er

[2] Bericht des Rechtsausschusses BTDrucks. **8** 945 S. 3.

zu dem Personenkreis gehöre, keine Gefahr ausgehe."[1] Nach § 36 Abs. 1 des ursprünglichen Entwurfs sollte über die Rechtmäßigkeit der Einzelmaßnahmen der Strafsenat des für die Bestätigung der Feststellung zuständigen Gerichts entscheiden, also ein Strafsenat des Bundesgerichtshofs, wenn der Bundesjustizminister die Feststellung getroffen hatte, im übrigen ein Strafsenat des Oberlandesgerichts. Nachdem § 36 des Entwurfs (jetzt § 37 Abs. 1 des Gesetzes) im Rechtsausschuß des Bundestags dahin abgeändert war, daß stets ein Strafsenat des Oberlandesgerichts zuständig ist[2], stand für den Rechtsausschuß die Frage im Vordergrund, wie Differenzen zwischen Bestätigungsentscheidungen des Bundesgerichtshofs nach § 35 Satz 2 und Einzelmaßnahmenentscheidungen des Oberlandesgerichts nach § 37 auszugleichen seien (dazu unten Rdn. 8). Unter diesem Gesichtspunkt ist im Bericht des Rechtsausschusses[3] ausgeführt, die Gefahr divergierender Entscheidungen sei gering und hinnehmbar. „Soweit die Anfechtung (nach § 37) darauf gestützt wird, daß der Antragsteller nicht zu dem von der Feststellung umfaßten Personenkreis gehöre, ist die Entscheidung ohnehin nur nach den konkreten Umständen des Einzelfalles zu treffen. Allerdings kann und muß nach Meinung des Ausschusses auch im Anfechtungsverfahren inzidenter die Frage geprüft werden, ob die Feststellung als solche, soweit sie überhaupt justitiabel ist, rechtmäßig ist. Liegt jedoch inzwischen eine Bestätigung des Bundesgerichtshofs vor, was regelmäßig der Fall sein wird, so darf das Oberlandesgericht sich damit nicht in Widerspruch setzen, sondern muß (gemäß § 37 Abs. 4 in Verb. mit § 29) die Sache dem Bundesgerichtshof vorlegen."

Die hier — ohne nähere Begründung — vertretene Auffassung, daß die Nachprüfung **2** der einzelnen Maßnahmen nach § 37 auch das Recht und die Pflicht des Gerichts umfasse, die **Rechtmäßigkeit einer bestätigten Feststellung zu prüfen**, hat sich der Bundesgerichtshof[4] zu eigen gemacht. Der Bundesgerichtshof legt das Gesetz dahin aus, daß der Betroffene seine Rechte im Rahmen des § 37 wahrnehmen kann. Die dort geregelte Prüfung der Rechtmäßigkeit einzelner Maßnahmen nach § 33 durch das zuständige Oberlandesgericht müsse sich danach auch auf die Frage erstrecken, ob die — bestätigte — Feststellung zu Recht besteht. Das Oberlandesgericht hat danach auch die Folgerungen zu ziehen, wenn es im Zuge der Nachprüfung der Einzelmaßnahmen zu der Auffassung gelangt, die Feststellung dürfe wegen veränderter tatsächlicher Umstände oder im Hinblick auf inzwischen gewonnene Erkenntnisse, die sich auf eine solche Umstände beziehen, nicht mehr aufrechterhalten bleiben. Die Nachprüfungsbefugnis des Oberlandesgerichts im Verfahren nach § 37 bezüglich der Rechtmäßigkeit der Feststellung bestehe im gleichen Umfang wie bei der Nachprüfung im Bestätigungsverfahren (dazu § 35, 2). Das Bundesverfassungsgericht[5] hat diese Auslegung gebilligt. Ihr ist zuzustimmen[6]. Wegen des Verfahrens, wenn das Oberlandesgericht von der Bestätigungsentscheidung des Bundesgerichtshofs abweichen will, vgl. unten Rdn. 8.

2. Antragserfordernis. Verfahrensvoraussetzung für die Nachprüfung nach § 37 ist **3** ein Antrag (§ 37 Abs. 1). Die Antragsberechtigung bestimmt sich nach § 37 Abs. 4 in Verb. mit § 24 Abs. 1; Anträge können danach von dem Gefangenen selbst, von der für ihn handelnden Kontaktperson (§ 34 a), aber auch vom Verteidiger im eigenen Namen sowie von Dritten gestellt werden, soweit sie in ihren Rechten betroffen sein können[7]. Stellt der Gefangene selbst den Antrag, so ist dieser nach Absatz 2 von einem Richter bei

[1] BTDrucks. **8** 935 S. 6.
[2] Wegen der Gründe für diese Änderung Ausschußbericht BTDrucks. **8** 945 S. 3.
[3] BTDrucks. **8** 945 S. 3.
[4] BGHSt **27** 276, 280.
[5] BVerfG **49** 67.
[6] *Kissel* 7; KK-*Kissel* 8; *Katholnigg* 1; *Kleinknecht/Meyer-Goßner*[43] 5.
[7] *Kissel* 4; KK-*Kissel* 4; *Katholnigg* 3; *Kleinknecht/Meyer-Goßner*[43] 2.

dem Amtsgericht aufzunehmen, in dessen Bezirk der Gefangene verwahrt wird. „Absatz 2 ermöglicht dem Gefangenen, trotz Unterbrechung aller Verbindungen, den Antrag nach Absatz 1 zu stellen. Da ihm einerseits der Kontakt mit dem Verteidiger auch hierfür nicht gestattet werden kann, andererseits der Gefangene rechtskundige Betreuung haben soll, sieht § 37 die Aufnahme des Antrags durch den Richter vor, der sich dazu in die Vollzugsanstalt begeben wird, sobald diese ihn von einem entsprechenden Wunsch des Gefangenen unterrichtet."[8] Diese fürsorgliche Regelung, die eine schriftliche Antragstellung durch den Gefangenen gemäß § 34 Abs. 3 Nr. 8 ausschließt[9], hat nach wie vor Bedeutung, auch wenn inzwischen die Möglichkeit besteht, daß die anwaltliche Kontaktperson (§ 34 a) den Antrag für den Gefangenen stellt. Es kann keineswegs davon ausgegangen werden, daß der Gefangene stets die Beiordnung einer Kontaktperson wünscht. Der Antrag ist fristgebunden (§ 26 in Verb. mit § 37 Abs. 4). „Die Antragsfrist beginnt nur dann zu laufen, wenn ein Bescheid schriftlich bekanntgegeben oder schriftlich bestätigt wird."[10] Der Richter beim Amtsgericht hat den Gefangenen auf dessen Verlangen über die ihm zustehenden Rechte aufzuklären; über diese Möglichkeit ist der Gefangene zu belehren[11].

4 **3. Gegenstand der Überprüfung** sind die einzelnen im Vollzug der Feststellung getroffenen Maßnahmen. Es kann auch die Ablehnung oder Unterlassung von Maßnahmen zur Überprüfung gestellt werden (§ 37 Abs. 4 in Verb. mit § 24 Abs. 1), auch wenn dies nur geringe praktische Bedeutung haben wird[12]. Prüfungsmaßstab ist unmittelbar, ob die Maßnahme oder ihr Unterbleiben zur Durchführung der Feststellung erforderlich war. Das beinhaltet, wenn die betroffenen Gefangenen in der Feststellung nicht namentlich, sondern nach Gruppenbezeichnungen oder sonst nach abstrakten Merkmalen bezeichnet wurden (§ 31 Satz 4 und dazu § 31, 13), auch die Prüfung, ob der einzelne Gefangene von der Feststellung überhaupt erfaßt wird. Auch insoweit geht es um den Vollzug der Feststellung, der unproblematisch zur alleinigen Überprüfung der Oberlandesgerichte steht, auch wenn die Feststellung durch den Bundesgerichtshof bestätigt wurde. Ist dagegen geklärt, daß sich die Feststellung auf den Gefangenen bezieht, aber unklar, ob dies zu Recht geschah, ist dem Oberlandesgericht, wenn die Feststellung vom Bundesgerichtshof bestätigt wurde, eine abweichende Entscheidung verwehrt (unten Rdn. 8). Wenn unter Berufung auf die in Rdn. 1 mitgeteilten Äußerungen des Rechtsausschusses des Bundestags im Schrifttum die Auffassung vertreten wird, die Überprüfung durch das Oberlandesgericht erstrecke sich auf die Frage, ob der Gefangene zu dem Personenkreis gehört, der in § 31 Satz 2 und 3 genannt ist[13], so bedarf das also der Differenzierung. Soweit es darum geht, ob der Gefangene in die Feststellung einbezogen **wurde**, gilt dies ohne Einschränkung; geht es darum, ob der Gefangene in die Feststellung einbezogen **werden durfte**, handelt es sich bei der Überprüfung durch das Oberlandesgericht um Inzidentkontrolle der Feststellung, die zwar in vollem Umfang stattzufinden hat[14], bei der das Oberlandesgericht aber unter Umständen vorlegen muß.

5 **4. Zuständigkeit.** Zuständig ist ein Strafsenat des Oberlandesgerichts, in dessen Bezirk die Landesregierung ihren Sitz hat. In Bayern ist nach Art. 37 Abs. 4 in Verb. mit § 25 Abs. 2 das Bayerische Oberste Landesgericht für zuständig erklärt worden, Artikel 11 Abs. 2 Nr. 4 BayAGGVG.

---

8 Entwurfsbegründung BTDrucks. **8** 935 S. 6.

9 *Kissel* 3; KK-*Kissel* 3; *Katholnigg* 3; *Kleinknecht/Meyer-Goßner*[43] 3.

10 Entwurfsbegründung BTDrucks. **8** 935 S. 7.

11 BVerfGE **49** 68.

12 Entwurfsbegründung BTDrucks. **8** 935 S. 9.

13 *Kissel* 6; KK-*Kissel* 7; *Katholnigg* 1.

14 BVerfGE **49** 67; BGHSt **27** 280.

5. Verfahren. § 37 Abs. 4 verweist hinsichtlich des Verfahrens in weitem Umfang auf §§ 23 ff. So ist § 29 Abs. 2 entsprechend anwendbar, wonach auf das Verfahren bei dem Strafsenat die Vorschriften der Strafprozeßordnung über das Beschwerdeverfahren sinngemäß anwendbar sind. Die nur entsprechende Anwendung des § 29 Abs. 2 bedeutet, daß die Vorschriften über das Beschwerdeverfahren nur insoweit anzuwenden sind, als der Zweck des Gesetzes nicht entgegensteht[15]. Das wird durch § 37 Abs. 3 verdeutlicht; diese Vorschrift betrifft nicht nur die Aufnahme des Antrags durch den Richter, sondern auch den Fall, daß es zur Aufklärung des Sachverhalts einer weiteren Anhörung des Gefangenen bedarf, die, wenn sie mündlich geschieht, in der verwahrenden Vollzugsanstalt erfolgt. Anwendbar ist die Regelung des § 308 Abs. 1 StPO über die Beteiligung der zuständigen Behörde. Dies ist zunächst die Behörde, die nach § 33 gehandelt hat, kann aber, soweit es um die Inzidentkontrolle der Feststellung geht, auch die Feststellungsbehörde nach § 32 sein. Auch § 309 Abs. 1 StPO ist anwendbar: Die Entscheidung ergeht ohne mündliche Verhandlung durch Beschluß, in geeigneten Fällen nach Anhörung der Staatsanwaltschaft, insbesondere wenn diese die Feststellungsbehörde vertritt. Für die Kostenentscheidung gilt § 30. Prozeßkostenhilfe kann bewilligt werden, § 29 Abs. 2 in Verb. mit § 37 Abs. 4. Der Beschluß ist unanfechtbar, § 29 Abs. 1 Satz 1. **6**

Nach § 35 Satz 2 ist für die Bestätigung der von einer Landesregierung getroffenen Feststellung ein Strafsenat des Oberlandesgerichts zuständig; ein Strafsenat dieses Gerichts entscheidet auch über Anträge nach § 37. Das Gesetz geht davon aus, daß der gleiche Spruchkörper für beide Entscheidungen zuständig ist oder sein kann. Dies macht deutlich, daß die Identität des Spruchkörpers als solche **keinen Befangenheitsgrund darstellen soll**[16]. **7**

6. Vorlegungspflicht. § 37 Abs. 4 erklärt, indem er auf die §§ 26 bis 30 verweist, auch § 29 Abs. 1 Satz 2, 3 für entsprechend anwendbar. § 29 Abs. 1 Satz 2 betrifft die Vorlegungspflicht des Oberlandesgerichts bei beabsichtiger Abweichung von einer aufgrund des § 23 ergangenen Entscheidung eines anderen Oberlandesgerichts oder des Bundesgerichtshofs. Da Entscheidungen im Bestätigungsverfahren (§ 35) und im Nachprüfungsverfahren nicht aufgrund des § 23 Abs. 1 ergehen — § 37 Abs. 4 nimmt diese Vorschriften von der Verweisung aus —, muß die Verweisung auf die Vorlagepflicht dahin verstanden werden, daß sie sich auch auf Abweichungen von Bestätigungsentscheidungen des Bundesgerichtshofs und anderer Oberlandesgerichte bezieht[17]. Und zwar ist die Vorlegung an den Bundesgerichtshof auch dann geboten, wenn das Oberlandesgericht bei der Nachprüfung nach § 37, die auch die Rechtmäßigkeit einer vom Bundesgerichtshof bestätigten Feststellung des Bundesjustizministers umfaßt (oben Rdn. 1), zu der Auffassung gelangt, die Feststellung dürfe wegen veränderter tatsächlicher Umstände oder im Hinblick auf inzwischen gewonnene Erkenntnisse, die sich auf solche Umstände beziehen, nicht mehr aufrechterhalten bleiben. **8**

Auch wenn das Oberlandesgericht lediglich den antragstellenden Gefangenen aus der Feststellung entlassen will, hat es, wenn die Einbeziehung gerade dieses Gefangenen Inhalt der vom Bundesgerichtshof bestätigten Feststellung ist, vorzulegen[18]. Dagegen bedarf es keiner Vorlage, wenn die vom Bundesgerichtshof bestätigte Feststellung die einbezogenen Gefangenen nur nach abstrakten Merkmalen umschrieb, die Konkretisierung durch die nach § 33 zuständige Landesbehörde erfolgte und der Angriff dahin geht, die Konkretisierung sei fehlerhaft. Eine Vorlagepflicht besteht nach § 29 Abs. 1 Satz 2 in **9**

---

15 Entwurfsbegründung BTDrucks. **8** 935 S. 7.

16 Entwurfsbegründung BTDrucks. **8** 935 S. 6; ebenso *Kissel* 12; KK-*Kissel* 13.

17 BGHSt **27** 280 unter Hinweis auf die Ausführungen im Bericht des Rechtsausschusses BTDrucks. **8** 945 S. 3.

18 *Kleinknecht/Meyer-Goßner*[43] 5.

Verbindung mit § 37 Abs. 4 auch dann, wenn von der Entscheidung eines anderen Oberlandesgerichts abgewichen werden soll. Das kann sich im Rahmen der Inzidentprüfung der Feststellung ergeben, wenn gleichgerichtete Feststellungen von anderen Landesregierungen vorliegen, die durch die jeweils zuständigen Oberlandesgerichte bestätigt wurden.

10 **7. Erledigte Maßnahmen.** Hat sich die angegriffene Maßnahme durch Rücknahme oder in anderer Weise erledigt, so ist nach § 28 Abs. 1 Satz 4 in Verb. mit § 37 Abs. 4 eine nachträgliche Rechtmäßigkeitskontrolle eröffnet, wenn der Antragsteller ein berechtigtes Interesse daran hat. Das gilt während der Wirksamkeit der Feststellung für die einzelnen Durchführungsmaßnahmen. Es gilt erst recht, wenn die Feststellung weggefallen ist, sei es durch Rücknahme (§ 36 Satz 1), Aufhebung im Bestätigungsverfahren (§ 35) oder Verlust der Wirkung wegen Zeitablaufs (§§ 35 Satz 1, 36 Satz 2)[19]. In diesem Falle gilt § 37 Abs. 2 und 3 nicht; für die Antragstellung und eine eventuelle Anhörung des Gefangenen gelten dann die allgemeinen Vorschriften[20].

§ 38

Die Vorschriften der §§ 31 bis 37 gelten entsprechend, wenn eine Maßregel der Besserung und Sicherung vollzogen wird oder wenn ein Unterbringungsbefehl nach § 126 a der Strafprozeßordnung besteht.

Entstehungsgeschichte. S. Vor § 31, 1 bis 9.

1 **1. Ziel der Vorschrift** ist es, im Interesse der Lückenlosigkeit der Kontaktsperre über den in § 31 genannten Personenkreis hinaus weitere Personengruppen in den Anwendungsbereich des Kontaktsperregesetzes einzubeziehen, also ein Mehr an Sicherheit zu gewährleisten[1].

2 **2. Personenkreis.** Einbezogen werden die Personen, gegen die eine freiheitsentziehende Maßregel der Besserung und Sicherung vollzogen wird, also Unterbringung in einem psychiatrischen Krankenhaus nach § 63 StGB, Unterbringung in einer Entziehungsanstalt nach § 64 StGB oder Sicherungsverwahrung nach § 66 StGB, ferner die Personen, gegen die ein Unterbringungsbefehl nach § 126 a StPO besteht. Diese Personen können also unter den in § 31 genannten Voraussetzungen (dazu § 31, 2 bis 12) in die Feststellung einbezogen werden.

3 **3. Durchführung der Feststellung.** Sind Personen aus dem in § 38 genannten Personenkreis in eine Feststellung nach § 31 einbezogen, so haben die nach § 33 zuständigen Landesbehörden die erforderlichen Abschottungsmaßnahmen zu treffen. Das wird die Leiter der psychiatrischen Krankenhäuser und die Träger dieser Kliniken vor erhebliche Probleme stellen, die der Gesetzgeber aber für lösbar hält. Auch für die Unterbringung im psychiatrischen Krankenhaus und in der Entziehungsanstalt gilt, daß die Abschottung total sein muß und daß der Sicherungszweck der Kontaktsperre allen anderen, teilweise sehr gegenläufigen Zielen der Unterbringung übergeordnet werden muß[2]. Der Gesetzgeber hat

---

[19] BVerfGE **49** 51; *Kissel* 13; KK-*Kissel* 14; *Katholnigg* 1; *Kleinknecht/Meyer-Goßner*[43] 5.

[20] *Katholnigg* 3.

[1] Entwurfsbegründung BTDrucks. **8** 935 S. 7.

[2] Ebenso *Katholnigg* 1.

keine Möglichkeit vorgesehen, die praktischen Probleme, die in einem psychiatrischen Krankenhaus entstehen können, dadurch zu lösen, daß der Untergebrachte für die Zeit der Kontaktsperre in einer Justizvollzugsanstalt verwahrt wird[3]. Für die Anfechtung der einzelnen Abschottungsmaßnahmen gegen den Untergebrachten gilt § 37.

Besteht ein **Unterbringungsbefehl nach § 126 a StPO** und befindet sich der Beschuldigte noch auf freiem Fuß, so kann der Beschuldigte, wenn die Voraussetzungen des § 31 gegeben sind, wie bei Bestehen eines Haftbefehls (§ 31, 12) für den Fall der Ergreifung in die Feststellung einbezogen werden[4]. 4

4. Abschließende Regelung. Die Aufzählung der zusätzlich in den Anwendungsbereich des Kontaktsperregesetzes einbezogenen Personengruppen durch § 38 ist abschließend. Personen, die sich in sonstigen Formen des Freiheitsentzugs befinden, können nicht in eine Feststellung nach § 31 einbezogen werden[5]; zur Unterbringung nach § 81 StPO vgl. § 34, 18. 5

[3] *Kissel* 2.

[4] *Katholnigg* 1.

[5] *Kissel* 5; KK-*Kissel* 5; *Katholnigg* 2; *Kleinknecht/Meyer-Goßner*[43] 2.

Verordnung zur einheitlichen Regelung der Gerichtsverfassung

vom 20. März 1935 (RGBl. I S. 403)
in der im Bundesgesetzblatt Teil III,
Gliederungsnummer 300-5, veröffentlichten bereinigten Fassung

Vorbemerkungen

1 **1. Bedeutung.** Im Zusammenhang mit der Überleitung der Justizhoheit der Länder auf das Reich im Jahre 1934 sollte eine Reihe von das Gebiet der Gerichtsverfassung betreffenden oder berührenden Angelegenheiten, die bis dahin durch Landesrecht geregelt oder Landesorganen zur Wahrnehmung zugewiesen waren, reichseinheitlich geregelt werden. Diese Aufgabe übernahm auf einem Teilgebiet die Verordnung vom 20. 3. 1935 (GVGVO). Sie war nach ihren Eingangsworten nur als Übergangsregelung („übergangsweise") gedacht, blieb aber, da die umfassende Neuordnung des Verfahrens- und Gerichtsverfassungsrechts, die man im „Dritten Reich" plante, nicht zustande kam, bis zum 8. 5. 1945 bestehen. 1945 fiel die Justizhoheit an die Länder zurück; damit verlor Artikel 5 des Ersten Gesetzes zur Überleitung der Rechtspflege auf das Reich vom 16. 2. 1934[1], der die Rechtsgrundlage für den Erlaß der GVGVO bildete, seine Bedeutung. Der Wegfall der Ermächtigungsgrundlage berührte indessen nach allgemeinen Rechtsgrundsätzen die Weitergeltung der zur Zeit des Bestehens der Ermächtigungsgrundlage wirksam erlassenen Verordnung nicht.

2 **2.** Das **Vereinheitlichungsgesetz 1950** hob in Artikel 8 II Nr. 7 die §§ 5, 6, 10, 11 und 20 GVGVO auf. Ferner wurde durch § 87 DRiG 1961 § 7 Abs. 4 GVGVO aufgehoben. Unzweifelhaft haben aber auch andere Vorschriften, obwohl nicht förmlich aufgehoben, durch die vom Vereinheitlichungsgesetz vorgenommene Neutextierung des Gerichtsverfassungsgesetzes ihre Bedeutung verloren, so z. B. § 7 Abs. 5 betreffend Bestellung der Mitglieder der detachierten Strafkammer durch § 78 Abs. 2 GVG. Es kann also nicht davon gesprochen werden, daß der Katalog der in Artikel 8 II Nr. 7 VereinheitlG 1950 aufgehobenen Vorschriften erschöpfend sei mit der Wirkung, daß die nicht erwähnten Vorschriften der GVGVO – immer mit dem Vorbehalt der Anpassung an die staatsrechtlichen Veränderungen – nach der Vorstellung des Bundesgesetzgebers damals in vollem Umfang als fortgeltend anzusehen seien. Inwieweit andere Vorschriften auch ohne förmliche Aufhebung überholt sind, ist bei der Erläuterung der einzelnen Vorschriften dargelegt.

3 **3. Weitergeltung teils als Bundes-, teils als Landesrecht.** Nach Art. 125 GG ist altes Recht, das Gegenstände der konkurrierenden Gesetzgebung des Bundes betrifft, Bundesrecht geworden. Da die Gerichtsverfassung nach Art. 74 Nr. 1 GG zur konkurrierenden Gesetzgebung des Bundes gehört, ist die Verordnung Bundesrecht geworden und damit einer Abänderung durch die Landesgesetzgebung entzogen, soweit sie Gerichtsverfas-

[1] RGBl. I S. 91; s. dazu auch Einl. E 53.

sungsrecht erhält. Die Verordnung enthält aber auch Vorschriften gerichtsorganisationsrechtlicher Art (z. B. § 3), die nach den Ausführungen in den Vorbemerkungen zum Gerichtsverfassungsgesetz über die Abgrenzung des Gerichtsverfassungsrechts gegenüber dem Gerichtsorganisationsrecht in das Regelungsgebiet des Landesrechts fallen. Vor allem enthält die GVGVO auch Justizverwaltungsrecht, das, soweit die Justiz der Länder betroffen ist, seit jeher die Domäne des Landesrechts darstellt (vgl. § 4 EGGVG). Das gilt vor allem für die Organisation der Dienstaufsicht (§§ 4, 13 bis 17), wenn sich auch in Einzelheiten (vgl. § 4, 2) Zweifel ergeben können, inwieweit die Bestimmung der Dienstaufsichtsbehörden dem Gerichtsverfassungsrecht zuzurechnen ist. Insoweit erhielten die Vorschriften der Verordnung den Charakter von Landesrecht.

4. Landesrechtliche Änderungen. In unterschiedlichem Ausmaß sind die Vorschrif- **4**
ten der GVGVO in den Ländern aufgehoben oder geändert worden. Teils geschah dies durch Einzelvorschriften, teils in der Weise, daß in den neu erlassenen oder neu textierten landesrechtlichen Ausführungsgesetzen zum Gerichtsverfassungsgesetz Vorschriften der Verordnung von 1935 aufgehoben, geändert oder durch Übernahme in das betreffende Ausführungsgesetz gegenstandslos wurden. Soweit solche Änderungen, auf die bei den einzelnen Vorschriften hingewiesen wird, nicht erfolgten, gelten die Justizverwaltungsrecht betreffenden Vorschriften der GVGVO in den Ländern als Landesrecht weiter.

Artikel I

Gliederung der Gerichte

§ 1

(1) Die Errichtung und Aufhebung eines Gerichts und die Verlegung eines Gerichtssitzes wird durch *Reichsgesetz* angeordnet.

(2) . . .

(3) Stadt- und Landgemeinden, die mit ihrem ganzen Gebiet einheitlich einem Amtsgericht zugeteilt sind, gehören dem Bezirk dieses Gerichts mit ihrem jeweiligen Gebietsumfang an.

Absatz 1 und 3 sind geltendes Recht, Absatz 1 mit der Maßgabe, daß es bei Landesge- **1**
richten (der ordentlichen Gerichtsbarkeit) eines Landesgesetzes bedarf.

Absatz 2 enthielt eine Ermächtigung an den Reichsminister der Justiz, Änderungen in **2**
der Abgrenzung der Gerichtsbezirke zu verordnen. Diese Ermächtigung ist nicht auf die Landesjustizverwaltungen übergegangen, sondern gemäß Art. 129 Abs. 3 GG erloschen[1].

[1] BVerfGE **2** 307; *LR-Schäfer*[24] § 59, 12 GVG.

§ 2

Der *Reichsminister der Justiz* entscheidet über

1. bis 5. . . .

6. die Zuweisung von Angelegenheiten der freiwilligen Gerichtsbarkeit aus den Bezirken mehrerer Oberlandesgerichte an ein Oberlandesgericht.

Betrifft, soweit nicht aufgehoben oder gegenstandslos, die freiwillige Gerichtsbarkeit.

Artikel II

Amtsgerichte

§ 3

Der *Reichsminister der Justiz* kann anordnen, daß außerhalb des Sitzes eines Amtsgerichts Zweigstellen errichtet oder Gerichtstage abgehalten werden.

§ 3 gab dem Reichsjustizminister die Befugnis, im **Verwaltungswege** Anordnungen über die Errichtung von Zweigstellen und die Abhaltung von Gerichtstagen zu treffen, und zwar unabhängig davon, welcher Form (Gesetz, Verordnung, Verwaltungsanordnung) es nach bisherigem Landesrecht zu entsprechenden Maßnahmen bedurfte. Die Anordnungsbefugnis steht jetzt der Landesjustizverwaltung zu. § 3 galt, da es sich um ausgesprochene Justizverwaltungsangelegenheiten handelt, als **Landesrecht** weiter[1]. Landesrecht war daher befugt, den § 3 durch neue Vorschriften zu ersetzen, was teilweise geschehen ist[2].

§ 4

(1) . . .

(2) [1]Der *Reichsminister der Justiz* kann einen oder mehrere Amtsrichter zu ständigen Vertretern des aufsichtführenden Amtsrichters bestellen. [2]Wird kein ständiger Vertreter bestellt oder ist dieser behindert, so wird der aufsichtführende Amtsrichter durch den dem Dienstalter, bei gleichem Dienstalter durch den der Geburt nach ältesten Amtsrichter vertreten. [3]Der *Reichsminister der Justiz* kann Grundsätze für die Vertretung des aufsichtführenden Amtsrichters aufstellen.

1 **Absatz 1,** der vorsah, daß der Reichsminister der Justiz bei den mit mehreren Amtsrichtern besetzten Amtsgerichten den aufsichtführenden Amtsrichter bestellt, ist **gegenstandslos** im Hinblick auf § 22 Abs. 3 GVG. Diese letztere Bestimmung hält sich im Rah-

[1] BayObLGSt **1975** 9.

[2] Vgl. § 2 AGGVG BW; § 2 Abs. 2 AGGVG Berlin; § 3 Abs. 3 SächsGerOrgG; dazu im übrigen die Erl. zu § 22 GVG (24. Aufl. Rdn. 2).

men der konkurrierenden Zuständigkeit auf dem Gebiet des Gerichtsverfassungsrechts des Bundes (Art. 74 Nr. 1 GG), weil sie klarstellt, wer aufsichtführender Richter im Sinne des § 21 a Abs. 2 Satz 1 GVG ist.

Dagegen enthält **Absatz 2** Landesrecht, gilt also nur, soweit die Länder nicht abweichende Vorschriften getroffen haben[3], was vielfach geschehen ist[4], oder künftig treffen. Aus § 22 Abs. 3 GVG kann nicht entnommen werden, daß der Bundesgesetzgeber allgemein die Regelung der Dienstaufsicht als zum Gerichtsverfassungsrecht gehörig ansehe und § 4 Abs. 2 demgemäß nach Artikel 125 GG Bundesrecht darstelle. Grundsätzlich ist die Organisation der Dienstaufsicht Justizverwaltungsangelegenheit und fällt, soweit die Landesjustiz betroffen ist, in die Zuständigkeit des Landesgesetzgebers. Davon geht auch das Gerichtsverfassungsgesetz aus. Es überläßt es z. B. in § 22 b Abs. 4 GVG stillschweigend dem Landesgesetzgeber, zu bestimmen, daß – abweichend von § 22 Abs. 3 GVG – die Dienstaufsicht nicht dem Präsidenten des übergeordneten Landgerichts, sondern dem Präsidenten eines anderen Amtsgerichts übertragen wird (vgl. § 14 Abs. 3 GVGVO). Es geht ferner in § 21 c Abs. 1 GVG zwar davon aus, daß der aufsichtführende Richter einen Vertreter hat, überläßt aber (vgl. § 21 h GVG) dem Landesrecht die Bestimmung des Vertreters durch Bestellung eines oder mehrerer ständiger Vertreter. 2

§§ 5, 6

(**aufgehoben** durch Art. 8 II Nr. 7 VereinhG)

Artikel III

Landgerichte

§ 7

(1) [1]*Der Reichsminister der Justiz kann Grundsätze für die Verteilung der Geschäfte bei den Landgerichten und für die Vertretung des Landgerichtspräsidenten aufstellen.* [2]*Er bestellt den ständigen Vertreter des Präsidenten (§ 66 Abs. 2 des Gerichtsverfassungsgesetz).*

(2) Die Zahl der Zivil- und Strafkammern bei den Landgerichten bestimmt der Landgerichtspräsident; der Oberlandesgerichtspräsident kann ihm Weisungen hierfür erteilen.

(3) bis (5) . . .

---

1 Vgl. Vor § 1, 3.

2 § 7 AGGVG BW; Art. 4 BayAGGVG; § 4 AGGVG Berlin; § 3 NdsAGGVG; § 5 AGGVG LSA; § 9 ThürAGGVG.

Artikel IV

Oberlandesgerichte

§ 8

(1) [1]*Der Reichsminister der Justiz kann Grundsätze für die Verteilung der Geschäfte bei den Oberlandesgerichten und für die Vertretung des Oberlandesgerichtspräsidenten aufstellen.* [2]*Der ständige Vertreter des Präsidenten (§ 66 Abs. 2, § 117 des Gerichtsverfassungsgesetzes) ist der Vizepräsident des Oberlandesgerichts.*

(2) Die Zahl der Zivil- und Strafsenate bei den Oberlandesgerichten bestimmt der Oberlandesgerichtspräsident; der ***Reichsminister der Justiz*** **kann ihm hierfür Weisungen erteilen.**

Erläuterung zu § 7 und § 8

1 **1. Überholte Vorschriften.** § 7 Abs. 4 (Bestellung des Vorsitzenden der Kammer für Handelssachen) ist durch § 87 DRiG 1961 aufgehoben. § 7 Abs. 3 (Bestellung der Untersuchungsrichter) und § 7 Abs. 5 (Bestellung der Mitglieder der auswärtigen Strafkammer) sind überholt. § 7 Abs. 1 und 2 und § 8 Abs. 1 und 2 sind zum Teil landesrechtlich aufgehoben[1]. Auch wo dies nicht geschehen ist, ist Absatz 1 Satz 1 betreffend die Aufstellung von Grundsätzen für die Verteilung der Geschäfte in beiden Bestimmungen überholt, weil mit § 21 e GVG unverträglich. Auch ist Absatz 1 Satz 1 in § 7 wie in § 8 insoweit überholt, als er die Landesjustizverwaltungen ermächtigt, Grundsätze für die Vertretung des Landgerichts- und des Oberlandesgerichtspräsidenten in den ihnen nach dem Gerichtsverfassungsgesetz obliegenden Geschäften aufzustellen, denn die Vertretung der Präsidenten in diesen Geschäften ist abschließend durch § 21 h GVG geregelt. Die Ermächtigung bezieht sich also nur auf die Geschäfte, die der Landgerichts- bzw. der Oberlandesgerichtspräsident als Justizverwaltungsorgan zu erfüllen haben (§ 13 Satz 2 GVGVO).

2 **2. Fortgeltende Vorschriften.** § 7 Abs. 1 Satz 2 und Abs. 2 sowie § 8 Abs. 1 Satz 2 und Abs. 2, soweit sie nicht inzwischen von der Landesgesetzgebung aufgehoben und durch neue Vorschriften ersetzt sind[2], stellen fortgeltendes Landesrecht dar[3]. Das gilt für den Absatz 1 Satz 2, dessen Weitergeltung der an die Stelle des § 66 Abs. 2 a. F GVG getretene § 21 h GVG geradezu voraussetzt, wie auch von Absatz 2, denn die Festsetzung der Zahl der Kammern ist von jeher Justizverwaltungsangelegenheit gewesen[4].

---

[1] Vor § 1, 3.

[2] *Holch* DRiZ **1976** 135; vgl. dazu § 5 AGGVG BW; Art. 5 BayAGGVG; § 5 AGGVG Berlin; § 7 BbgGerNeuOG; § 9 BremAGGVG; § 11 Hmb AGGVG; § 5 GOrgG-MV; § 2 NdsAGGVG; § 3 SAG GVG; § 1 SächsVerfAG; § 4 AGGVG LSA; § 3 Thür AGGVG.

[3] BGHSt **20** 134.

[4] Erl. zu § 60 GVG (24. Aufl. Rdn. 6).

Artikel V

Staatsanwaltschaft

§ 9

(§ 9 – „Die Beamten der Staatsanwaltschaft sind nichtrichterliche Beamte" – ist in der bereinigten Fassung als gegenstandslos nicht berücksichtigt[1]; vgl. § 148 GVG und, zum Beamtenstatus der Staatsanwälte in den Ländern, BVerfG NJW **1972** 25 ff).

Artikel VI

Hilfsrichter

§ 10

Artikel VII

Schöffen und Geschworene

§ 11

(**aufgehoben** durch Art. 8 II Nr. 7 VereinhG)

Artikel VIII

Geschäftsstellen und Gerichtsvollzieher

§ 12

Der Reichsminister der Justiz erläßt die allgemeinen Anordnungen für die Geschäftsstellen der Gerichte und der Staatsanwaltschaften und für die Gerichtsvollzieher.

§ 12 ist überholt durch §§ 153, 154 GVG. Zum Recht der Geschäftsstellen (§ 153 GVG) finden sich in den Ausführungsgesetzen der Länder zum Gerichtsverfassungsgesetz

[1] Dazu LR-*Schäfer/Boll*[24] § 148, 2 GVG.

nähere Bestimmungen, teilweise verbunden mit einer Verordnungsermächtigung an die Landesjustizverwaltung[1].

Artikel IX

Justizverwaltung

§ 13

[1]Die Präsidenten der Gerichte, die aufsichtführenden Amtsrichter, der *Oberreichsanwalt*, die Leiter der Staatsanwaltschaften und die Vorsteher der Gefangenenanstalten haben nach näherer Anordnung des *Reichsministers der Justiz* die ihnen zugewiesenen Geschäfte der Justizverwaltung zu erledigen. [2]Sie werden im Falle der Behinderung in diesen Geschäften durch ihren ständigen Vertreter vertreten und können die ihrer Dienstaufsicht unterstellten Beamten zu den Geschäften der Justizverwaltung heranziehen.

1 **1.** Zur Frage der **Weitergeltung** und der Bedeutung der §§ 13 bis 17 vgl. Vor § 1, 3 und 4 sowie § 4, 2. Soweit die Gerichte und Behörden der Länder betroffen sind, gilt § 13 als Landesrecht fort. In den Ausführungsgesetzen der Länder zum Gerichtsverfassungsgesetz sind vielfach entsprechende Regelungen getroffen worden, die an die Stelle von § 13 getreten sind[1]. Für den Strafvollzug vgl. § 156 StVollzG.

2 **2.** Eine **Heranziehung von Richtern zu Justizverwaltungsaufgaben (Satz 2)** unter Entbindung von Rechtsprechungsaufgaben ist bei ihrem Einverständnis ohne Einschränkung zulässig; bleiben sie in der Rechtsprechung tätig, so ergeben sich hinsichtlich der Art der Geschäfte, zu denen sie herangezogen werden können, Schranken aus § 4 DRiG. Hinsichtlich des Umfangs der Heranziehung ohne Einwilligung des Richters vgl. § 42 DRiG; auf diese Vorschrift wird in § 16 Abs. 1 des Saarländischen AGGVG ausdrücklich hingewiesen. Wegen der Anfechtbarkeit der Heranziehung vgl. § 62 Abs. 1 Nr. 4 Buchst. d, § 78 Nr. 4 Buchst. d DRiG. Über die Heranziehung von Richtern auf Probe und kraft Auftrags siehe §§ 13, 16 Abs. 2 DRiG.

§ 14

(1) Die Dienstaufsicht üben aus

1. der *Reichsminister der Justiz* über sämtliche Gerichte, Staatsanwaltschaften und Gefangenenanstalten,

---

[1] Vgl. § 12 AGGVG BW; Art. 15, 16 BayAGGVG; §§ 10, 11 AGGVG Berlin; §§ 19, 20 Brem AGGVG; § 21 HmbAGGVG; §§ 7, 8 RPf AGGVG; §§ 9 bis 11 SAGGVG; § 12 Thür AGGVG.

[1] Vgl. § 17 AGGVG BW; Art. 19 Abs. 1 Bay AGGVG; § 16 AGGVG Berlin; § 23 Brem AGGVG; § 22 HmbAGGVG; § 6 GOrgG-MV; § 12 NdsAGGVG; § 16 SAGGVG; § 21 AGGVG LSA; § 8 ThürAGGVG.

2. die Präsidenten des *Reichsgerichts* . . . über das Gericht, dem sie angehören,
3. der Oberlandesgerichtspräsident und der Landgerichtspräsident über die Gerichte ihres Bezirks,
4. der aufsichtsführende Amtsrichter über das Amtsgericht,
5. der *Oberreichsanwalt* über die *Reichsanwaltschaft*,
6. der Generalstaatsanwalt beim Oberlandesgericht und der Oberstaatsanwalt beim Landgericht über die Staatsanwaltschaften, der Generalstaatsanwalt auch über die Gefangenenanstalten des Bezirks,
7. der Vorsteher des Badischen Notariats, der Leiter der Amtsanwaltschaft und der Vorsteher der Gefangenenanstalt über die unterstellte Behörde.

(2) Dem Landgerichtspräsidenten steht die Dienstaufsicht über ein mit einem Präsidenten besetztes Amtsgericht nicht zu.

(3) Der *Reichsminister der Justiz* bestimmt, bei welchen Amtsgerichten der Präsident die Dienstaufsicht über andere zum Bezirk des übergeordneten Landgerichts gehörigen Amtsgerichte an Stelle des Landgerichtspräsidenten ausübt.

Die in **Absatz 1** über die Zuständigkeit zur Ausübung der Dienstaufsicht getroffenen Regelungen sind in erheblichem Umfang überholt. Für den Bereich der Staatsanwaltschaften ist § 147 GVG zu berücksichtigen, für den Bereich des Strafvollzugs § 151 StVollzG, sowie, beim Vollzug freiheitsentziehender Maßnahmen außerhalb des Justizbereichs, die diesbezüglichen Regelungen. Im übrigen haben die Länder in ihren Ausführungsgesetzen zum Gerichtsverfassungsgesetz Regelungen über die Dienstaufsicht über ihre Gerichte und Staatsanwaltschaften getroffen[1].

§ 15

[1]Die Dienstaufsicht über eine Behörde erstreckt sich zugleich auf die bei ihr angestellten oder beschäftigten Beamten, Angestellten und Arbeiter. [2]Die Dienstaufsicht des aufsichtführenden Amtsrichters beschränkt sich jedoch, . . ., auf die bei dem Amtsgericht angestellten oder beschäftigten nichtrichterlichen Beamten, die Angestellten und Arbeiter; die Dienstaufsicht des Leiters der Amtsanwaltschaft, sofern er nicht Oberstaatsanwalt ist, beschränkt sich auf die nicht dem höheren oder dem Amtsanwaltsdienst angehörigen Beamten.

Der **Sinn der Vorschrift**, insbesondere der Regelung des Satzes 2, erschließt sich nicht ohne weiteres. Der in die bereinigte Fassung nicht aufgenommene Vorschriftenteil enthielt eine Bezugnahme auf § 5 Abs. 1, der aufgehoben worden ist. Der Sinn dieser Bezugnahme war es, die Reichweite der Regelung des Satzes 2 auf den Fall zu beschränken, daß der aufsichtsführende Richter beim Amtsgericht nicht Amtsgerichtpräsident ist[1]. Wird das Amtsgericht von einem Präsidenten geleitet, so soll ihm auch die Dienstaufsicht

---

[1] Vgl. § 16 AGGVG BW; Art. 20 BayAGGVG; § 14 AGGVG Berlin; § 6 BbgGerNeuOG; § 24 Brem AGGVG; § 23 HmbAGGVG; § 3 GOrg-MV; § 10 NdsAGGVG; § 14 SAGGVG; § 4 SächsVerfAG; § 20 AGGVG LSA; § 10 Thür-AGGVG.

[1] Vgl. dazu näher LR-*Schäfer*[23] 2.

über die Richter beim Amtsgericht obliegen. Entsprechende Regelungen enthalten teilweise auch die Ausführungsgesetze der Länder zum Gerichtsverfassungsgesetz[2].

§ 16

(1) Wer die Dienstaufsicht über einen Beamten ausübt, ist Dienstvorgesetzter des Beamten.

(2) In der Dienstaufsicht liegt die Befugnis, die ordnungswidrige Ausführung eines Amtsgeschäfts zu rügen und zu einer sachgemäßen Erledigung zu ermahnen.

Absatz 2 ist, soweit es sich um die Dienstaufsicht über Richter handelt, überholt durch § 26 Abs. 2 DRiG. Für den Bereich der Landesjustiz haben die Länder im übrigen teilweise Regelungen zum Inhalt der Dienstaufsicht getroffen, durch die § 16 überholt ist[1].

§ 17

(1) Beschwerden in Angelegenheiten der Justizverwaltung werden im Dienstaufsichtswege erledigt.

(2) Über Aufsichtsbeschwerden, die sich gegen einen im ersten Rechtszuge vom Präsidenten eines Amtsgerichts erlassenen Bescheid richten, entscheidet der Oberlandesgerichtspräsident endgültig, wenn für Beschwerden dieser Art bestimmt ist, daß die Entscheidung des Landgerichtspräsidenten endgültig ist.

Soweit § 17 bestimmt, daß jedermann, der sich durch Maßnahmen der Justizverwaltung beschwert fühlt, das Recht hat, sich mit der formlosen Dienstaufsichtsbeschwerde um Abhilfe an die Dienstaufsichtsstellen zu wenden und gegen ablehnende Bescheide letztlich das Ministerium anzurufen, regelt er eine Selbstverständlichkeit[1]. Die Möglichkeit, gegen Justizverwaltungshandeln gerichtlichen Rechtsschutz in Anspruch zu nehmen, unter den Voraussetzungen des § 23 durch die Oberlandesgerichte, bleibt davon unberührt. Ist allgemein bestimmt, daß für bestimmte Arten von Dienstaufsichtsbeschwerden es bei einer Beschwerdeentscheidung des Präsidenten des Landgerichts sein Bewenden hat, so tritt, falls Ausgangsbehörde der Präsident eines Amtsgerichts ist, an die Stelle des Landgerichtspräsidenten der Präsident des Oberlandesgerichts.

---

[2] § 16 Abs. 2 AGGVG BW; Art. 20 Abs. 2, 3 Bay AGGVG; § 15 AGGVG Berlin; § 6 Abs. 2 BbgGerNeuOG; § 25 BremAGGVG; § 24 Hmb-AGGVG; § 3 Abs. 3 GOrg-MV; § 11 NdsAGGVG; § 14 Abs. 2 SAGGVG; § 4 Abs. 2 SächsVerfAG; § 20 AGGVG LSA; § 10 Abs. 2 ThürAGGVG.

[1] Vgl. § 16 Abs. 2 AGGVG BW; Art. 20 Abs. 3 Bay AGGVG; § 15 Abs. 1 AGGVG Berlin; § 11 Nds AGGVG; § 15 S AGGVG; § 4 Abs. 2 Satz 1 SächsVerfAG; § 20 Abs. 2 AGGVG LSA; § 10 Abs. 3 Satz 1 ThürAGGVG.

[1] Über Dienstaufsichtsbeschwerden in Angelegenheiten der Justizverwaltung äußern sich im übrigen § 16 Abs. 3 AGGVG BW; § 17 AGGVG Berlin; § 28 BremAGGVG; § 85 AGGVG NRW; § 17 SAGGVG; § 4 Abs. 3 SächsVerfAG; § 10 Abs. 4 ThürAGGVG.

Artikel X

Schluß- und Übergangsvorschriften

§ 18

Der *Reichsminister der Justiz* kann die Ausübung der ihm in dieser Verordnung übertragenen Befugnisse auf die ihm unmittelbar nachgeordneten Präsidenten der Gerichte und Leiter der Staatsanwaltschaften übertragen.

§ 18 sieht die Möglichkeit einer Delegation von Befugnissen nach der GVGVO von der Landesjustizverwaltung auf die Präsidenten der Oberlandesgerichte und die Generalstaatsanwälte vor. Dies kommt in Betracht für die Befugnisse nach §§ 3, 4 und 14 Abs. 3.

§ 19

(erledigte Übergangsvorschrift)

§ 20

(**aufgehoben** durch Art. 8 II Nr. 7 VereinhG)

§ 21

(1) Diese Verordnung tritt mit dem 1. April 1935 in Kraft.
(2) . . .